漢字語源語義辞典

加納喜光

東京堂出版

まえがき

本書は常用漢字2136字、人名漢字861字、併せて2997字を網羅している。ただし人名漢字のうち旧字体および異体字のいくつかは親文字と抱き合わせにし、実際に語源・字源を説いた漢字は2776字である。これは現代日本の言語生活上、十分とは言わないにせよ必要な漢字であろう。本書は各漢字の成り立ちと意味をていねいに解説した。本書の大きな特徴は次の二点である。

（1）漢字を語源・字源・語義から総体的に理解すること。
（2）漢字を日本語および英語と比較して語の発想（造語法や語感）の違いだけでなく普遍性を知ること。

漢字を研究する学問を伝統的に文字学という。文字学は大きな弱点を抱えている。それは言語と切り離されているため、音とは何か、意味とは何かを曖昧にしている点である。これは根本問題であり、これを明確にしない限り漢字は永遠にわからないと言ってさしつかえない。文字学は漢字の形から意味を引き出すが、大きな誤りである。「漢字の形に意味がある、音は漢字の読み方である」——これが世間の常識かもしれない。しかし根本から発想を転換させる必要がある。

そもそも漢字とはどんな記号か。文字を理論的に定義づけたのはスイスの言語学者フェルディナン・ド・ソシュールである。ソシュールによれば意味の最小単位を記号素（単語を念頭に置けばよい）という。記号素は「意味するもの」（聴覚心像、音声）と「意味されるもの」（概念・イメージ、意味）から成り立つ。記号素は聴覚的なものであるが、それを表記するために視覚記号に切り換える、これが文字である。切り換えの仕方に二通りある。一つは音声のレベルで切り換える。これが表音文字となる。もう一つは意味のレベルで切り換える。これが表意文字となる。後者の代表が漢字である。以上がソシュールによる漢字の定義である。これに基づき、筆者なりに漢字の原理を考えると、「漢字とは意味のイメージの図形化」と断言できる。

ソシュールの記号学の図式にならって漢字の形（図形）、音、義（意味）を図式化すると次頁の通りである。ここから明確にわかることとは、音が記号素の音声と対応し、義が記号素の意味と対応することである。

文字学者は音を漢字の読み方としか考えていないようである。アルファベットならAをエーと読む。仮名文字なら「あ」をアと読む。ハングルなら〃ㄹ〃をリウルと読む。これは文字につけられた呼び名（名称）である。しかし漢字の音はこれと全く性質が異なる。漢字という文字の読み方（呼び方）ではなく漢語という言葉の読み方なのである。つまり音とは言葉そのもの（正しくは記号素の音声部分）である。この事実を理解しないと意味というものがわからない。文字学者は音が漢字の読み方と錯覚すると同時に、意味が漢字にあると錯覚する。大方の読者の理解もそうかもしれないが、これは文字学が漢字の理解を妨げている原因の一つである。

では意味とは何なのか、またどこにあるのか。古代漢語にk'uen（犬）という言葉があった。k'uenはソシュールのいう「意味するもの」に当たる。これが具体的文脈に出てくると、「意味されるもの」としてワンワンと鳴く動物（イヌ）が思い浮かぶ。脳に喚起されるイヌのイメージが意味である。「犬」という図形がイヌを意味するのではなく、k'uenという音声がイヌのイメージを喚起するのである。音声と意味は切り離すことができない。漢字という図形に意味があるとする文字学者の説は根本的に言語学に反する。

意味を知る手がかりは漢字にしかないから、漢字の形を分析して意味を知る必要があるのではないか、という反論がありそうである。しかし形を分析して言語化したものは解釈であって意味ではない。例えば「休」を「人＋木」と分析して「人が木陰で休む」意味とするのは解釈に過ぎない。極端な場合「家」は「宀（屋根）＋豕（ブタ）」だから豚小屋になりかねない。図形的解釈をストレートに意味とするのが従来の文字学の通弊である。では意味はどこにあるのか。何によって知るのか。それは文脈以外にない。先験的に（ひとりでに）意味があるのではなく、文脈における語の使い方こそ意味である。漢字は古代漢語を表記する文字である。したがって漢語の中に意味があり、漢語の使用される古典の中に意味がある。

以上から漢字理解の正道が見えてくる。それは図形から意味を引き出すのではなく、意味がどのように図形として表現されたかを究明することである。意味とは漢語のもつ意味である。漢語とは古代中国で使用された古典語である。古典の具体的文脈で現れるのが意味である。古典はすでに漢字で書かれているので、文脈から意味がわかる。本来なら図形から意味を導く必要はない。古典こそ漢字の故郷である。

記号素＝ 意味するもの（聴覚心像、音声） / 意味されるもの（概念、意味）

漢字（形）＝ 音（記号素の音声部分） / 義（記号素の意味部分）

日本は中国古典を受容し、漢字を表記の記号として採用してから千年以上になる。本来は外来語であるがその意識は全くない。このことはギリシア語やラテン語が英語に大量に定着している事実と比べられよう。漢字は日本語の血肉になっていると言っても過言ではない。韓国語も同様であるが、漢字を廃止したため特に概念語などの理解が混乱・減退しているという報告もある。漢字文化圏が漢字を廃止することは自己否定に等しい。古典の蓄積と断絶し、伝統文化が衰えることは十分考えられる。しかも漢字離れが進みつつあるのが現状である。筆者は漢字離れをとどめ、伝統文化を守り、言語生活における漢字の役割を豊かにすべく、最も効果的な漢字学習の基礎となるべき辞典を構想した。これが本書である。

本書の最大の目的はまた、漢字の理論を文字学から記号学（言語学）へ転回させ、漢字を科学的に（また他言語と比較して）理解する筋道をつけようとすることにもある。本書の内容を項目ごとに説明する。

（1）語音

漢字を論ずる際、語音は欠かせない。語音とは漢語の読み方（記号素の音声部分）である。時代と地域によって変化がある。上古音（周～漢）、中古音（六朝～唐）は古代漢語の音。これを先に示し、ついで現代中国語、韓国語の順に掲げる。上古音は主として下記参考文献2による。ただし15・22・23を参考にして改めた所がある。中古音の展開として日本の呉音と漢音を挙げる。呉音は六朝時代に日本に伝わった音、漢音は唐代に伝わった音である。ほかに近世に伝わった宋音と唐音（あわせて唐宋音）がある。また本来の音からずれた音を慣用音という。中国語音は下記の参考文献25・26、韓国語音は主として29による。以上により音の変遷がほぼ通覧できる。

（2）語源

印欧語（例えば英語）の語源は語形を遡って他の言語と比較し、原初的な意味を探求するのが普通の方法であるが、漢語の語源は比較するものがないので、word familyという方法がとられる。音と意味の似たいくつかの語を比較して共通の語源から発したものと考え、この集合を単語家族と名づける。藤堂明保は似た語形を抽出し形態基と名づけ、これらの家族に共通する意味を基本義と名づけた（藤堂は223の単語家族を立て、それぞれに基本義を設ける）。本書では藤堂の方法をコアイメージという概念で新しく発展させる。意味とは語の使い方である。つまり文脈で実現される表層的な意味である。これを実現させる深層のイメージがあると考え、これをコアイメージと名づける。本書はすべての漢字に「コアイメージ」を設定する。コアイメージが具体的な文脈で現れたのが「実現される意味」である。「解説」ではコアイメージの根拠を詳述する。古代漢語の使用者の言語感覚、語源意識を重視するので、古典の注釈を多く引用する。また、古代・近代の中国の学者（例えば釈名の著者劉熙［後漢の人］、説文解字注の著者段玉裁［清朝の人］など）、さらに現代言語学に基づいた理論家（特に藤堂明保と王力）の説を引用する。また漢字の訓については日本語の語源が落とせない。そのため日本の古典語の語源を探求した大野晋の説を多く引用し、漢語の意味と比較する。また下記の参考文献11～14を利用して英語の語源との比較を行う。その結果、諸言語によって語源や発想に違いもあるが、普遍性もあることが見出される。本書では漢字（漢語）の意味と対応する英語を記載する。「実現される意味」のⓐが最初の意味、それに対応する英語を冒頭に掲げる。最後の「グループ」では標記の字が基幹記号になる場合に設ける（例えば「亜」）。基幹記号を中心に語の集合が形成される（亜・悪など）。グループは同源語であるが、グループの枠を外したのが単語家族である。家族やグループのまとめ方は人為的なものであるが、語がグループをなして存在するという事実は漢語の大きな特徴である。

（3）字源

漢字の探求はまず語源から入り、次に字源に行くのが正道である。コアイメージが実現した意味がどのような図形で表現されたかを探るのが字源である。この順序を逆にしたり、語源が念頭になければ、字源の解釈は恣意的になる。日本の代表的な文字学者である白川静の方法は語源を全く無視し、字源から漢字の意味を求める。そのため字形の解釈をそのまま意味とするという大きな誤りを犯した。言い換えれば「図形的解釈と意味の混同」が白川説の特徴である。本書では従来の字源説を通覧し（参考文献18が便利）、最も妥当な解釈を施すものである。特に白川説を問題にしたのは文字と言葉の混同という中国古来の文字学の通弊が典型的に現れているからである。本書では語源と字源は厳密に区別される。本書の漢字解剖法は象形、指事、会意、形声といった用語を用いないで、ほとんどの漢字を「A（音・イメージ記号）＋B（限定符号）」の組み合わせと解剖する。Aが音と関わりのない場合（例えば「安」）や、Bのない場合（例えば「亜」）はその異型である。またA・BのほかにC（イメージ補助記号）を付け足す場合（例えば「尉」）もある。A（音・イメージ記号）は語のイメージの根幹をなす部分、B（限定符号）はそのイメージをもつ意味がどの領域に属しているかを指定する部分である（限定符号解説を巻末に付した）。例えば清は「青（音・イメージ記号）＋水（限定符号）」と分析される。青は「汚れがなく澄む」というイメージを与え、水は液体の領域に限定することを示す。しかし限定符号にこだわると意味を取り違えることも生じる。意味の世界は比喩が多く、比喩や象徴によって図形化されることも多いのである。字源の説明の後に古代文字（参考文献18～20などから引用）を掲げる。ただし主としてAが基幹となる場合（例えば「亜」）、基幹を含む場合（例えば「圧」）や、イメージを見る上で重要である場合（例えば「位」）などに古代文字を掲載する。

（4）語義

語義とは漢語の意味である。これを字義というのは間違っている。国語学者すら字音、字義などを使っているが、文字学の弱点がここにも影響しており、漢字を理解しがたくする。漢字学説では意味の分野が最も遅れている。合理的な意味の記述が少ないのである。例えば白川静は「口」を「祝詞を入れる箱」の意味とした。図形的解釈と意味の混同という顕著な誤りが見られるが、これでは古典の「くち」の説明ができない。「口」は最初から「くち」の意味であり（正しく言えば「くち」を意味する古代漢語*k'uenを「口」の図形で表記した）、これから「ことば」の意味と、「あな」の意味に展開する。前者は換喩的転義、後者は隠喩的転義である。英語のmouthも全く同じ転義をする。ここに万国共通の普遍性がある。本書では最初の意味をⓐとし、そこからの展開をⓑⓒ……として記述する。すべての漢字にこのような意味論に基づいた論理的な意味展開を記述する。これは本書の大きな特徴である。さらにⓐと対応する英語だけでなく、展開義に対応する英語も掲載した。これによって語義の見通しがよくなり、語義の把握が容易になる。漢字（漢語）と英語の対応はカールグレン（中国古代語学・金石学の大家、文献15）が先鞭を着けた。本書はこれを参考にしたが、不十分な所は文献16・17によって補った。それでも不十分な所は日本の和英辞典（文献30～32）を参考にして補足した。万一不備があるとすれば筆者の責任である。なお漢語の語義は品詞によって細分化しないのが本書の方針である。漢語は品詞が混然と一体をなした一種の概念語（動詞が形容詞にも名詞にもなるなど）であるので、漢語の語義は英語の品詞と必ずしも一対一に対応しないことも多い（例えば飢［うえる］に対応するhungryは形容詞）。したがって一つの語義に動詞（自動詞・他動詞）、形容詞、名詞などを同時に記載することがある。

意味記述の後に「熟語」の項を設けた。スペースの関係で各意味について二語（まれに三語）以内にとどめた。意味の理解に支障を来すのを恐れるがやむを得ない。

(5) 文献

語の意味は文脈から独立して存在するのではなく、文脈における使い方にほかならない。文脈がなければ意味の取りようがない。したがって文脈を示すことはきわめて重要である。しかも最初の用例を示す必要がある。最も古い文献から引用するのは当然である。本書は最古の古典である五経（詩経・書経・易経・春秋・礼［三礼］）、特に詩経（ＢＣ11～ＢＣ７世紀）を最も重視した。古典漢語はここから始まると言っても過言ではない。漢字の前段階として甲骨文字、金文があるが、特殊な場で出現する文字であり、それによって表される語音は不明、意味は未確定なものが多い（定説がない）から、引用するのは不適である（古代文字として字源の参考にとどめる）。五経以外の古典については「主要出典一覧」参照。原文を引用した後に翻訳（訓読と現代語訳）を添える。これによってその語がいかなる文献に初出し、いかなる意味で使われたかがわかる。これらの意味は現代中国では変容・消滅したものもあるが、日本では生きたものが多い。したがって古典が現代日本でも最大の根拠となりうる。

参考文献

●引用書（略称）

1　藤堂明保　漢字語源辞典（藤堂①）　学燈社　1968
2　藤堂明保　学研漢和大字典（藤堂②）　学習研究社　1996
3　王力　同源字典（王力①）　北京　1982
4　王力（主編）　王力古漢語字典（王力②）　北京　2000
5　大野晋・佐竹昭広・前田金五郎　岩波古語辞典（大野①）　岩波書店　1996
6　大野晋（編）　古典基礎語辞典（大野②）　角川学芸出版　2012
7　大槻文彦　大言海　冨山房　1966
8　白川静　字統（白川①）　平凡社　1984
9　白川静　常用字解（白川②）　平凡社　2004
10　加藤常賢　漢字の起原（加藤①）　角川書店　1982
11　下宮忠雄・金子貞雄・家村睦夫　スタンダード英語語源辞典（下宮①）　大修館書店　1990
12　小島義郎・岸暁・増田秀夫・高野嘉明　英語語義語源辞典（小島①）　三省堂　2004
13　政村秀實　イメージ活用英和辞典（政村①）　小学館　2008
14　田中茂範・武田修一・川出才紀　Eゲイト英和辞典（田中①）　ベネッセコーポレーション　2004
15　B.Karlgren, Grammata Serica Recensa,Stockholm, 1972
16　呉光華（主編）　漢字英釈大辞典　上海　2002
17　姚乃強（主編）　漢英双解新華字典　北京　2000

●参考文献

18 李圃（主編） 古文字詁林（1～12） 上海 2004
19 徐無聞（主編） 甲金篆隷大字典 成都 2008
20 石川鴻斎 篆文詳註日本大玉篇 博文館 1891
21 馬如森 殷墟甲骨文実用字典 上海 2008
22 李珍華・周長楫 漢字古今音表（修訂本） 北京 1999
23 郭錫良 漢字古音手冊（増訂本） 北京 2010
24 王国珍 釈名語源疏証 上海 2009
25 徐中舒（主編） 漢語大字典（縮印本） 湖北・四川 1995
26 羅竹鳳（主編） 漢語大詞典（縮印本） 上海 1997
27 宗福邦・陳世鐃・蕭海波（主編） 故訓匯纂 北京 2003
28 劉復・李家瑞 宋元以来俗字譜 台湾 1992
29 青山秀夫・熊木勉 朝鮮語漢字語辞典 大学書林 1999
30 M.Collick,D.P.Dutcher, 田辺宗一・金子稔 新和英中辞典 研究社 2002
31 近藤いね子・高野フミ 小学館プログレッシブ和英辞典 小学館 1993
32 小西友七 ジーニアス和英辞典 大修館書店 1998

主要出典一覧

・引用は主に四庫全書版に拠る。
・括弧は四庫全書のテキスト名。
・巻数、著者、編者を付記。

●周代（西周、春秋・戦国時代）

詩経　「毛詩注疏」（別名、毛詩正義）
書経　「尚書注疏」（別名、尚書正義）
易経　「周易注疏」（別名、周易正義）
春秋　「春秋左伝注疏」「左伝杜林合注」
春秋左氏伝　「春秋左伝注疏」
春秋公羊伝　「春秋公羊伝注疏」
春秋穀梁伝　「春秋穀梁伝注疏」
礼記　「礼記注疏」
周礼　「周礼注疏」
儀礼　「儀礼注疏」
論語　「論語注疏」「論語集注」
孟子　「孟子注疏」「孟子集注」
老子　「老子道徳経」
荘子　「荘子注」
墨子　五十三篇
管子　七十六篇
荀子　三十二篇
韓非子　五十五篇
商君書　「商子」二十六篇
孫子　十三篇
呂氏春秋　百六十篇
晏子春秋　八篇
国語　二十一篇
戦国策　三十三篇
楚辞　「楚辞章句」
山海経　十八篇

●漢代（前漢、後漢）

新書　十巻・五十五篇　賈誼
韓詩外伝　十巻　韓嬰
淮南子　「淮南鴻烈解」二十一篇
春秋繁露　八十二篇　董仲舒
史記　百三十巻　司馬遷
塩鉄論　六十篇　桓寛
易林　「焦氏易林」十六巻　焦延寿
大戴礼記　十三巻・四十篇　戴徳
説苑　二十篇　劉向
列女伝　「古列女伝」七篇　劉向
爾雅　「爾雅注疏」

方言 十三巻 揚雄
法言 「揚子法言」十三篇 揚雄
漢書 「前漢書」百二十巻 班固
白虎通義 四十三篇 班固
論衡 八十四篇 王充
潜夫論 三十六篇 王符
呉越春秋 十篇 趙曄
風俗通義 十巻 応劭
説文解字 十五巻 許慎
釈名 二十七篇 劉熙
素問 「黄帝内経素問」八十一篇
霊枢 「霊枢経」八十一篇

●三国・六朝（南北朝）

広雅 十九篇 魏・張揖
孔子家語 十巻 魏・王粛
三国志 六十五巻 晋・陳寿
後漢書 百二十巻 晋・司馬彪＋南朝宋・范曄
列子 八篇
博物志 十巻 晋・張華
古今注 八篇 晋・崔豹
捜神記 二十巻 東晋・干宝
抱朴子 七十一篇 東晋・葛洪
世説新語 三十六篇 南朝宋・劉義慶

水経注 四十巻 北魏・酈道元
斉民要術 十巻 北魏・賈思勰

●総集（歴代作品集）

文選 六十巻 南朝梁・蕭統
玉台新詠 十巻 南朝陳・徐陵
楽府詩集 百巻 北宋・郭茂倩
漢魏六朝百三家集 百十八巻 明・張溥
全唐詩 九百巻 清・彭定求等

凡例

【悪】❶ 11(心・7)❷❸ 常❹ ─ 常用音訓❺ アク・オ わるい

❻〔惡〕12(心・8) 人❼ ─ 音❽ アク・オ 訓 わるい・にくむ・あし・いずくんぞ

語音 (1)*ag❾(上古)❿ ·o⓫(中古→呉ウ⓬ 漢ヲ(＝オ)) wù・è(中)⓭ 오⓮

(2)*·ak(上古) ·ak(中古→呉漢アク) è(中) 악(韓)

語源 [コアイメージ]⓯ 上から押さえつける。[実現される意味]⓰ 気分がむかむかする(むかつく)ⓐ。[英]⓱feel sick, ill

〔解説〕 悪とは何か。説文解字では「亜は醜なり。人の局背の形に象る」とあり、亜が背の曲がった人の形なので、醜悪の意味が生まれたという。これを支持する学者もいる。白川静は亜は墓の玄室の形なので、死喪凶礼→凶事に臨む心情の意味になったという(白川①)。以上は形から意味を求める説。純粋に言語に視座を置いて悪の深層構造を明らかにしたのは藤堂明保である。亜は「おさえる・つかえる」という基本義が

説明

❶常用漢字・人名漢字を五十音順に配列。同音の場合は総画数の順。同画数の場合は部首順。

❷総画数。

❸部首と部首内画数。

❹常は常用漢字。

❺常用漢字表にある音をカタカナで、訓をひらがなで掲出。全編を通じて音はカタカナ表記、訓はひらがな表記とする。

❻旧字体が人名漢字である場合、ポイントを落として併出。

❼人は人名漢字。

❽常用音訓でない音と訓。旧字体の人名漢字では常用音訓と一致するものも挙げてある。

❾音が二つ以上ある漢字は(1)(2)… と分ける。

❿上古は上古音。*印は推定であることを示す。

⓫中古は中古音。

⓬呉は中古音に由来する日本の呉音。漢は同じく漢音。そのほか必要に応じて宋(宋音)、唐(唐音)、慣(慣用音)を出す。これらの場合の音の表記は旧仮名遣いとし、括弧内に新仮名遣いを示す。

⓭中は現代中国語音。

⓮韓は韓国語音で、ハングル表記。

⓯「コアイメージ」は語の深層構造におけるイメージ。

⓰「実現される意味」は表層レベルに現れる意味、すなわち具体的文脈で使われる意味。ⓐは最初の意味(歴史的に最初と

（亜科）、subspecies（亜種）など。このように亜は便利な訳語である。

〔グループ〕⑱亜・悪・唖ア（声がつかえて出ない［唖然］）・堊アク・ア（壁に上塗りをする粘土、しっくい［白堊］）・婭ア（妻の姉妹の夫どうし、あいむこ）・掗ア（上か

字源「亞」⑲が正字。建物の基礎を描いた図形。基礎は上から下に重いものを載せて、下に重力をかけて押し下げるような姿を呈するので、

（甲） 　（金） 　（篆）　⑳

〔字体〕㉑「亜」は近世中国で発生した「亞」の俗字。現代中国の簡体字は「亚」。悪の字体もこれに倣う。

ふさぐ」というイメージに展開する（⇩愛）。「曖」は日光が雲などにふさがれて、あたりが暗くなる様子を暗示させる。

語義㉓［展開］㉒暗い意味ⓐから、物事がはっきりしない意味ⓑに展開する。［英］dim; ambiguous　［和訓］㉔くらい　［熟語］㉕ⓐ曖曖・ⓑ曖昧

文献㉖ⓐ韓非子・主道「明君之行賞也、曖乎如時雨、百姓利其澤＝明君の賞を行ふや、曖乎として時雨の如く、百姓其の沢タクに利す（明君が賞を行う時は、恵みの雨があたりをぼんやりとふさいで降るように、多くの民に潤い

は限らない。語源的に、また論理上最初の意味である）。

⑰ⓐと対応する英語。翻訳や説明ではなく、意味上対応するものである。ただしぴったり対応しない場合は近似的な語を選ぶ（二語以上の場合もある）。また複合語（二語以上から成るもの）よりもなるべく一語（単語）を選ぶ。

⑱「グループ」はある基幹記号をもとにして派生する語群。グループのうち常用漢字と人名漢字には読みをつけない。それ以外には音と意味・用例（熟語）を付す。

⑲字源は旧字体（正字）や本字のあるものはそれによって説明する。

⑳古代文字を時代順に掲げる（解説に必要な場合のみ）。甲は甲骨文字（殷代）、金は金文（殷〜周代）、篆は篆文（秦代）。そのほか古文（周代）、籀文（周代）を挙げたものもある。

㉑字体が変容した漢字についてその由来などを記す。

㉒語義が派生・展開する場合に「展開」としてⓐ以下の意味を論理的展開の順番にⓑⓒ…の形で記述する。

㉓ⓐ以下に展開する語義と対応する英語。セミコロンごとに対応する。

㉔和訓は常用漢字表にない訓読み。人名漢字の場合は親文字の後の訓として掲出。

㉕熟語は語義に対する一種の用例である。二語以内を掲出（ただし難解なもの、見慣れないものは出さない）。ⓐⓑ…は語義のⓐⓑ…と対応。

㉖最初の実例を古典から引用。原文の後に訓読、現代語訳を付す。

目次

装　丁＝中山銀士
電子組版＝株式会社　あおく企画

漢字語源語義辞典

あ

【亜】7(二・5) 常 ｜ 常用音訓 ア

〔亞〕8(二・6) 人 ｜ 音 ア 訓 つぐ・つぎ

語音 *・ǎg(上古) ・ǎ(中古→呉エ 漢ア) yà(中) 아(韓)

語源 [コアイメージ] 上から下に押さえつける。[実現される意味] 位・格などが次に位置する(トップに準じる、二番手である)ⓐ。[英] next to, second, sub-

〔解説〕亜流の亜、亜熱帯の亜、亜鉛の亜はどんなイメージをもつ語か。それを解く鍵は中国古典にあった。下記の儀礼の注釈に「亜は次なり」とある(漢の鄭玄の注)。これは古典の通訓である。詩経では「侯(こ)れ亜、侯れ旅(次男たちよ、皆の衆よ)」という詩句があり、毛伝(漢の毛亨の注)に「亜は仲叔(次男三男)なり」とある。長男に次ぐ兄弟の意味である。また相婿という意味がある。Aが姉をめとるとBが次いで妹をめとるので亜という。亜の表層的な意味は「次ぐ」であるが、意味の深層構造は何か。それを探り当てたのは藤堂明保である。氏は亜のグループ、於のグループ、鳥のグループ、央のグループを同じ単語家族にくくり、「おさえる・つかえる」という基本義があるとした(藤堂①)。亜に「おさえる」という基本義があるという指摘は前人未発の語源説で、亜だけでなく亜のグループ全体を説明できる。序列において、下のものは上のものに押さえられて、上に出られない。そのため常にトップの下位にある。この事態を古代漢語で*・ǎgという。「亜は次なり」の訓は「おさえる」というコアイメージから実現された表層的意味を捉えたものである。亜は右の単語家族だけでは収まりきれない広がりをもつ。押・圧・凹・遏(アツ)・安・印・抑なども非常に近い関係にあり、「上から下に押さえつける」というコアイメージが共通する。亜は科学用語でも使われている。性質などが鉛に次ぐ(準ずる)ものが亜鉛、酸化の程度が次位にあるのが亜硫酸・亜硝酸、またそれより下のものに次亜～の接頭語がつく(次亜塩素酸など)。また英語のsub-(下・下位の意)は亜と訳されることがある。subcontinent(亜大陸)、subtropical(亜熱帯)、subarctic(亜寒帯)、subfamily(亜科)、subspecies(亜種)など。このように亜は便利な訳語である。

〔グループ〕亜・悪・唖(ア)(声がつかえて出ない[唖然])・堊(アク・ア)(壁に上塗りをする粘土、しっくい[白堊])・婭(ア)(妻の姉妹の夫どうし、あいむこ)・掗(ア)(上から下に押し下げる)・椏(ア)(押し下げてY形にへこんだ木の枝→また。〈日〉三椏(みつまた)は木の名)・錏(ア)(頸部を押さえて保護する金属製の部品→しころ)・鵶(ア)(=鴉。つかえた声で鳴く鳥、カラス)

字源 「亞」が正字。建物の基礎を描いた図形。基礎は上から下に重いものを載せて、下に重力をかけて押し下げるような姿を呈するので、「上から下に(重みをかけて)押さえつける」というイメージを表すことができる。字源については諸説紛々である。宮中の道、家、暖炉、隅角等々の説がある。加藤常賢は「古代の地下穴居の室の形」(加藤①)、藤堂明保は「建物や墓をつくるために地下に四角く掘った土台」(藤堂②)、白川静は「陵墓の墓室の形」(白川①)、徐中舒は「墓穴の四面に台階の有る形」とする。劉熙の釈名・釈宮室では堊と亜を関連づけ、「堊は亜なり、次なり。先づ之に泥し、次ぎて白灰を以て之に飾るなり」と述べている。建物を建設する際の粘土を堊という。亜という図形の発想が建物と関係があったことの記憶が堊に残っていると考えられる。ただし亜はストレートに建物の基礎を意味するのではなく、*・ǎgという語の表記として考案されたものである。

(甲)　(金)　(篆)

〔字体〕「亜」は近世中国で発生した「亞」の俗字。現代中国の簡体字は「亚」。悪の字体もこれに倣う。

語義 ［展開］トップに準じる(つぐ)意味ⓐ。またコアイメージから、下に押し下げる意味ⓑを派生する。また、アジアの音写字ⓒ。［英］next to, second, sub-; push down; Asia ［熟語］ⓐ亜聖・亜流・ⓒ東亜

文献 ⓐ儀礼・士虞礼「魚亞之＝魚、之に亜つぐ(魚は次の位置に置かれる)」

【阿】8(阜・8) 人 ｜ 音ア 訓くま・おもねる・お

語音 *ag(上古) ·a(中古→呉漢ア) ā・ē(中) 아(韓)

語源 ［コアイメージ］┓形や┗形に曲がる。［実現される意味］山が行き止まりになって┗形に奥まった所(くま)ⓐ。［英］corner

〔解説〕釈名・釈丘に「偏高を阿丘と曰ふ。阿は荷なり。人の物を担荷するが如く、一辺偏高なるなり」とある。┓のような形をした丘という解釈。阿は荷だけではなく、何・河・苛などを包括する可のグループに属する語である。これらは「┓形に曲がる」というコアイメージを共有する。またこれは「┗形や(形に曲がる」「(くねくねと)曲がる」というイメージにも展開する。このコアイメージから「くま」のほかに「おもねる」の意味が生まれる。日本語の「おもねる」はオモ(面)ネル(練)で、「顔を右に左に向ける意」が原義で、ここから、へつらう・こびる(追従する)意味に展開するという(大野①)。

〔グループ〕阿・婀ア(女性が体を曲げてくねくねさせるさま→なまめかしい[婀娜アダ])・痾ア(奥まった所に入り込んで治りにくい病気[宿痾])

字源 「可カ(音・イメージ記号)＋阜(限定符号)」を合わせた字。「可」は「┓形に曲がる」というイメージがある(⇩可)。「阿」は曲がってつかえて、これ以上は行けない奥まった所、山のくまを暗示させる。

語義 ［展開］山のくまの意味ⓐ、(形の大きな丘の意味ⓑ、川の┗形に曲がった所の意味ⓒ、建物の┗形に曲がった所(隅)の意味ⓓに展開する。また、「曲がる」というコアイメージから、自分の意志を曲げて他人に従う(おもねる)意味ⓔを派生する。また、梵語の音写字ⓕ。［英］corner; big mound, hill; riverbank; flatter, fawn; phonetic loan for Sanskrit

［熟語］ⓐ山阿・ⓒ水阿・ⓓ四阿・ⓔ阿世・阿諛・ⓕ阿修羅・阿弥陀

文献 ⓐ詩経・考槃「考槃在阿＝考槃コウハンして阿に在り(遊びほうけて山のくままでやってきた)」ⓑ詩経・無羊「或降于阿＝或いは阿より降る(あるものは丘から降りてくる)」ⓔ孟子・公孫丑上「汚不至阿其所好＝汚なれども其の好む所に阿おもねるに至らず(いくら汚くても彼の好みにへつらうまでにはならない)」

あい

【哀】9(口・6) 常 ｜ 常用音訓 アイ あわれ・あわれむ

語音 *ər(上古) ·ai(中古→呉アイ・オ 漢アイ) āi(中) 애(韓)

語源 ［コアイメージ］いっぱい詰まる。［実現される意味］悲しみがいっぱいで胸がふさがる(悲しむ・悲しみ)ⓐ。［英］grieve, sad

〔解説〕釈名・釈言語に「哀は愛なり。愛すれば乃ち之を思念するなり」とある。哀が愛の意味だというのではなく、哀と愛が同源のことばであり、思念するという点で共通のものがあると述べたものである。漢語の訓詁で、「AはBなり」を数学的にA＝Bと理解すると間違ってしまう。藤堂明保は愛だけではなく、さらに範囲を拡大させ、乙のグループ、气キのグループ(気)、乞のグループ、既のグループとも同源で、「つまる・いっぱいにこもる」という基本義があるとする(藤堂①)。日本語の「あわれ(あはれ)」は「事柄を傍から見て、しみじみと感じ入った気持ち」の

ことで、感動詞としては「対象への抑えられない共感の情を表」し、形容動詞としては「いとしく思うさま」や「気の毒なさま」「もの悲しいさま」などに展開するという（大野②）。漢語の哀は悲しみで胸がふさがる思いなので、「あはれむ」とは少しイメージが違う。

[字源]「衣ィ（音・イメージ記号）＋口（限定符号）」を合わせた字。「衣」は「（肌を）隠して見せない」「中のものをふさいで外に出さない」というイメージがある（⇩衣）。「哀」は悲しみを胸の中にふさいでいっぱい詰まらせ、ため息をつく様子を暗示させる。白川静は「衣の襟もとに、祝詞を収める器である口を加えて、魂よばいをする形」から、「死者に対する哀告の儀礼を行う」の意味とする（白川①）。図形から意味を引き出す説。

[語義] [展開] 悲しくて胸が詰まる（かなしむ）意味ⓐから、かわいそうで胸が詰まる（気の毒に思う、あわれむ）意味ⓑに展開する。あわれっぽく（同情心を誘うさま）の意味ⓒは日本的用法。[英]grieve, sad, sorrow, mourn; pity; piteously [熟語] ⓐ哀愁・悲哀・ⓑ哀憐・ⓒ哀願・哀訴

[文献] ⓐ詩経・采薇「我心傷悲、莫知我哀＝我が心傷悲す、我が哀かなしみを知るもの莫なし（私の心は痛み悲しむ、私の悲しみを誰が知ろう）」ⓑ詩経・鴻雁「哀此鰥寡＝此の鰥寡カンカを哀れむ（かわいそうだよ、この独り者）」

【娃】9(女・6) [人] ― [音]アイ・ア

[語音] *・uěg（上古）・ai（中古→[呉]エ [漢]アイ [慣]ア） wá（中） 왜（韓）

[語源] [コアイメージ] すっきりと整っている。[実現される意味] 美しい女ⓐ。[英]pretty girl

[解説] 圭にコアイメージの源泉がある。圭は形のよさという美的感覚と関わる語である。佳の項参照。

[字源]「圭ケィ（音・イメージ記号）＋女（限定符号）」を合わせた字。「圭」は「かどが∧形にとがっている」というイメージがあり、「かどがあってすっきりと整っている」というイメージに展開する（⇩圭）。「娃」は顔や体の形がきれいに整った女を表す。

[語義] 美しい女の意味ⓐ。[熟語] ⓐ宮娃キュウアイ・呉娃ゴアイ

[文献] ⓐ山海経・北山経「炎帝之少女、名曰女娃＝炎帝の少女、名を女娃ジョアイと曰ふ（炎帝［伝説上の古帝王の名］の娘の名を女娃といった）」

【挨】10(手・7) [常] ― [常用音訓] アイ

[語音] *・ag（上古）・ai（中古→[呉]エ [漢]アイ） āi（中） 애（韓）

[語源] [コアイメージ] つかえて止まる。[実現される意味] 身動きできないほど迫る（近くまで迫る、側にくっつく）ⓐ。[英]come close

[解説] 広雅・釈詁に「矣ィは止なり」とある。また已ィとも同源である。矣は「くっついて止まる」というコアイメージをもち、専ら文の終わりにつけて完了や断定を示す助詞に用いられる。詩経・鶏鳴篇に「鶏既鳴矣＝鶏既に鳴けり」（漢文では矣は訓読しない）の用例がある。この矣をコアにして下記のグループが形成された。

[グループ] 挨・埃アイ（飛んできて物に止まってくっつく土→ほこり）・俟シ（じっと止まって待つ）・竢シ（待つ）・涘シ（流れの止まる水際）・唉アイ（のどにつかえて出る音、ああという嘆息の声）・騃ガイ（知能が遅い、愚か）

[字源]「矣ィ（音・イメージ記号）＋手（限定符号）」を合わせた字。「ム」は㠯ィ・已ィと同じで、「（仕事や行為が）終わる」というイメージがある（⇩已）。「矣」は「已ィ（音・イメージ記号）＋矢（限定符号）」を合わせて、飛んできた矢が止まる様子を暗示させる。ここに「進行するものが何かにつかえて止まる」というイメージがある。「挨」は前の人に別の人がぶつかって止まる様子を暗示させる。この意匠によって、身動きできないほど迫ることを表象する。

（篆）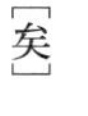［矣］　（篆）

語義 [展開] 側まで迫る意味ⓐから、背後に迫って撃つ意味ⓑ、いくつかのものが集まって押し合いへし合いする意味ⓒを派生する。日本ではⓒから挨拶という語が生まれ、押し問答して相手の悟りの程度を試すこと、転じて、受け答えする・会釈する意味ⓓになった。[英]come close; attack; push and shove; greet [和訓] せまる・うつ [熟語] ⓓ挨拶

文献 ⓑ墨子・迎敵祀「五兵咸備、乃下出挨＝五兵咸(みな)備はり、乃ち下りて出でて挨(う)つ(五つの兵器がすべて備わると、下りて撃って出る)」

【愛】 13(心・9) 常 常用音訓 アイ

語音 *·əd(上古)・ai(中古→呉オ・アイ 漢アイ) ài(中) 애(韓)

語源 [コアイメージ] いっぱい詰まる。[実現される意味] (胸がふさがるほど)相手のことを切なく思う。また、好きでたまらない切ない気持ちⓐ。[英]love

〈解説〉ラブ(love)は古今を問わず人間の普遍的感情である。古代漢語ではこれを*·ədという。最古の恋愛詩集である詩経に用例がある。下記の静女篇の愛を儒教的詩学でも愛悦(男女の愛)の意味に解している。しかしこの愛を曖や薆の仮借で、「隠れる」の意味とする説もある。また、古代では愛という感情は宗教的な観念(神への思慕)に由来すると説く学者もいる。いずれも人間性から懸け離れた見方であり、言語的な感覚に疎い。しかし古人は「愛は哀なり」という正当な語源意識をもっていた。*·ədという語の深層構造をあらわにしたのは藤堂明保である。氏は愛の根底に旡(キ)があり、これが既・慨などをも構成し、ともに「つまる・いっぱいにこもる」という基本義をもち、愛とは「胸いっぱいになって苦しい気持ち」だという(藤堂①)。さらに乙のグループ、气のグループ(気)、乞のグループとも基本義が共通とする。このように愛という語の語源的視野が広がりを見せる。日本人は愛に「めぐし」「かなし」「いとし」などの訓をつけた。大野晋によると、メグシはメ(目)+グシ(苦)で、「見ているのが苦しい」意から「自分は無力で相手にもはや何もできない」意。カナシは「悲しい」の意、さらに「かわいくて切ないほどだ」の意。イトシ(イトホシ)はイトフ(厭)と同根で、「弱い者、劣った者を見ているに忍びず、目をそむけたいと思うのが原義」で、ここから「相手がかわいい、心ひかれる」の意になったという。大野は「日本人の〝愛しさ(いとしさ)〟の感情は、相手に対し、このように〝自分の力の不足を感じる〟ことに発するという型がある」と述べる(以上、大野②)。漢語の愛は相手を思って胸がふさがるという一途な感情表現の語で、「かなし」や「いとし」とは相当イメージが異なる。愛にぴったりの訓がないから、原語の愛をそのまま、また動詞として「愛する」を用いるようになったのは便宜的だがやむをえない。

〈グループ〉愛・曖・僾(イア)(息が詰まる、心苦しい)・噯(イア)(胸が詰まって出るげっぷ[噯気])・靉(イア)(雲が日光をふさいで盛んに起こるさま[靉靆(アイタイ)])

字源 「㤅(イア)(音・イメージ記号)+夊(限定符号)」を合わせた字。「旡」は後ろ向きになってげっぷをする人を描いた図形で、「いっぱい詰まる」「詰まってふさがる」というイメージがある(⇩既)。「旡(キ)(音・イメージ記号)+心(限定符号)」を合わせた「㤅」は、思いが心にいっぱい詰まり、ハーとため息をつく様子を暗示させる。これら生理・心理現象を行為の場面へ移したのが、足の動作に限定する符号を添えた「愛」である。「愛」は胸が詰まって足が進まない情景を設定した図形。この意匠によって、相手を思う切ない気持ちを比喩的に表現している。白川静は「後ろに心を残しながら、立ち去ろうとする人の姿」で、「心意の定まらぬおぼろげな状態をいう語」とする(白川①)。これが愛好・親愛の愛の意味とは奇妙である。〈補説〉説文解字では夊の部にあるが、康熙字典では心の部に変更された。部首(漢字の分類法)と限定符号(文字の構成法に属する)は違う概念である。食い違いの例はほかにもあるが、いちいち言

及しない。

(金)　(篆)　〔㤅〕　(篆)

語義 [展開] 人を大切に思って胸がふさがる(いとしく思う)意味ⓐから、気に入って大切にする(好んで楽しむ、めでる)意味ⓑ、大切にして手放したくないと思う(おしむ)意味ⓒに展開する。[英]love; like; grudge [和訓] めでる・いとおしむ・いとしい・うい・かなしい・まな・おしむ [熟語] ⓐ愛情・恋愛・ⓑ愛好・愛用・ⓒ割愛

文献 ⓐ詩経・静女「愛而不見、搔首踟蹰＝愛すれども見えず、首(こうべ)を搔きて踟蹰(チチュ)す(切なく思っているのにあなたは来ない、頭をかいて行ったり来たり)」ⓒ詩経・将仲子「豈敢愛之、畏我父母＝豈(あに)敢へて之を愛(お)しまんや、我が父母を畏る(それ[折れた木]が惜しいのじゃありません、両親[に見つかるの]が怖いのです)」

【曖】 17(日・13) 常 ―(常用音訓) アイ

語音 *·əd(上古) ·ai(中古→(呉)オ・アイ (漢)アイ) ài(中) 애(韓)

語源 [コアイメージ] ふさがる。[実現される意味] 覆いかぶさってあたりが暗くなる(くらい)ⓐ。[英]dim

字源 「愛(アイ)(音・イメージ記号)＋日(限定符号)」を合わせた字。「愛」は「いっぱい詰まる」というイメージがあり、「ふさがる」「中を周囲からふさぐ」というイメージに展開する(⇨愛)。「曖」は日光が雲などにふさがれて、あたりが暗くなる様子を暗示させる。

語義 [展開] 暗い意味ⓐから、物事がはっきりしない意味ⓑに展開する。[英]dim; ambiguous [和訓] くらい [熟語] ⓐ曖曖・ⓑ曖昧

文献 ⓐ韓非子・主道「明君之行賞也、曖乎如時雨、百姓利其澤＝明君の賞を行ふや、曖乎として時雨の如く、百姓其の沢(タク)に利す(明君が賞を行う時は、恵みの雨があたりをぼんやりとふさいで降るように、多くの民に潤いを与える)」

あく ……………………………………

【悪】 11(心・7) 常 ―(常用音訓) アク・オ わるい
〔惡〕 12(心・8) 人 ―(音)アク・オ (訓)わるい・にくむ・あし・いずくんぞ

語音 (1)*·ag(上古) ·o(中古→(呉)ウ (漢)ヲ〈＝オ〉) wù・è(中) 오(韓) (2)*·ak(上古) ·ak(中古→(呉)(漢)アク) è(中) 악(韓)

語源 [コアイメージ] 上から押さえつける。[実現される意味] 気分がむかむかする(むかつく)ⓐ。[英]feel sick, ill

[解説] 悪(アク)とは何か。説文解字では「亜は醜なり。人の局背の形に象る」とあり、亜が背の曲がった人の形なので、醜悪の意味が生まれたという。これを支持する学者もいる。白川静は亜は墓の玄室の形なので、死喪凶礼→凶事に臨む心情の意味になったという(白川①)。以上は形から意味を求める説。純粋に言語に視座を置いて悪の深層構造を明らかにしたのは藤堂明保である。亜は「おさえる・つかえる」という基本義があり、「胸がつかえるといういやな感じ」を悪とする(藤堂①)。悪の概念は漢語では心理的な次元から発生したと見てよい。にくむことを意味する*·agが名詞化して、いやな気分を与えるものの意味となり、これを*·akと称する。「にくむ」こともきわめて具象的で、胸がむかむかするという生理的な現象に由来する。日本語の「わるい(わるし)」は古くはワロシで、「性質がよくない、過っている、悪質である意」という(大野①)。漢語の悪(アク)にほぼ相当する。また「あし」は「ひどく不快である、嫌悪されるという感覚・情意を表現するのが本来の意味」という(大野①)。これは漢語の悪(オ)に近い。またその展開義は漢語の悪(アク)にほぼ一致する。本来なら常用漢字表に「あし」の訓も採るべきであった。英語で

は bad(物の質や状態が悪い)と evil・wicked(道徳的に悪い)は区別される。体調・気分が悪い意から、悪い・悪事の意に転じる ill と漢語の悪はやや似ている。

字源 「惡」が正字。「亞ア(音・イメージ記号)＋心(限定符号)」を合わせた字。「亞」は「上から押さえつける」というイメージがあり、「上につかえて出られない」というイメージに展開する(⇩亜)。「惡」は胸(具体的には胃)が押さえつけられて捌け口がなく、気分がむかむかする様子を暗示させる。

語義 [展開] 気分がむかむかする(むかつく)意味ⓐから、心理的に嫌になる(にくむ)という意味ⓑに展開する(以上は1の場合)。ここから、嫌な感じを与える事柄(わるい事柄)という意味ⓒ、正しくない(わるい)意味ⓓ、むかつかせるほど嫌である意味ⓔ、よくない(上等ではない、粗末な)の意味ⓕを派生する(以上は2の場合)。[英]feel sick, ill; disgust, hate; evil, vice; bad, wicked; hateful, abominable; coarse [熟語] ⓐ悪寒・悪阻・ⓑ嫌悪・憎悪・ⓒ罪悪・善悪・ⓓ悪事・最悪・ⓔ悪臭・醜悪・ⓕ粗悪

文献 ⓑ詩経・遵大路「無我惡兮＝我を悪にくむ無かれ(私を嫌わないでください)」ⓒ詩経・雨無正「覆出爲惡＝覆つかえて出だして悪を為す(あべこべに悪事をするばかり)」ⓕ論語・里仁「恥惡衣惡食者、未足與議也＝悪衣悪食を恥づる者は、未だ与もとに議するに足らず([道を志しながら]粗末な衣食を恥じる者とは話し合えない)」

【握】 12(手・9)

常 ｜ 常用音訓 アク にぎる

語音 *・ŭk(上古) ・ɔk(中古→呉漢アク) wò(中) 악(韓)

語源 [コアイメージ] 隙間なく覆いかぶせる。[実現される意味] にぎるⓐ。[英]grasp, grip

〔解説〕 コアイメージの源泉は屋にある。これは「隙間なく覆いかぶせる」というイメージである。親指と他の四本の指を へ の形に曲げて、物の上を隙間なく覆いかぶせて物をつかむことを握という。これは日本語の「にぎる」に当たる。「にぎる」は「手の指を内側に曲げて、しっかりと保つ」意という(大野①)。「にぎる」は「覆いかぶせる」に力点がある。英語の grasp は握りしめる・つかむの意味から、理解する意味に転じる。これは漢語の握と同じ。

字源 「屋クオ(音・イメージ記号)＋手(限定符号)」を合わせた字。「屋」は「隙間なく覆いかぶせる」というイメージがある(⇩屋)。「握」は手の指を隙間なく物にかぶせてつかむ行為を暗示させる。

語義 [展開] にぎる意味ⓐから、しっかり自分のものにする意味ⓑに展開する。[英]grasp(ⓐⓑ), grip(ⓐⓑ) [熟語] ⓐ握手・ⓑ掌握・把握

文献 ⓐ詩経・小宛「握粟出卜＝粟を握り出でて卜す(あわを握って占いを立てる)」

【渥】 12(水・9)

人 ｜ 音 アク 訓 あつい

語音 *・ŭk(上古) ・ɔk(中古→呉漢アク) wò(中) 악(韓)

語源 [コアイメージ] かぶせる・ふさぐ。[実現される意味] 水分をたっぷり含んで潤うⓐ。[英]moisten

字源 「屋クオ(音・イメージ記号)＋水(限定符号)」を合わせた字。「屋」は「(屋根を)上からかぶせる」というイメージがあり、中に視点を置くと、「内部に物をふさぐ」というイメージに展開する(⇩屋)。「渥」は水分を中に入れてふさぐ様子を暗示させる。

語義 [展開] 潤う意味ⓐから、水分で潤って艶がある意味ⓑ、恩沢にたっぷりひたる意味ⓒに展開する。[英]wet, moisten; lustrous; be favored with [熟語] ⓑ渥美・ⓒ優渥

文献 ⓐ詩経・信南山「既優既渥＝既に優たゆかに既に渥うるおす(大地は豊かに潤った)」ⓑ詩経・終南「顏如渥丹＝顔は渥丹の如し([殿方の]顔はつややかな朱色のよう)」

あつ

【圧】5(土・2) 常 常用音訓 アツ

語音 *・ăp(上古) ・ăp(中古→呉エフ〈＝ヨウ〉 漢アフ〈＝オウ〉・[慣]アツ) yā(中) 압(韓)

語源 [コアイメージ] 上から押さえつける。[実現される意味] 上から力を加えて押さえつけるⓐ。[英]press

〔解説〕猒(エン)にコアイメージの源泉があり、これを分析すると猒(エン)がコアの記号である。さらに分析すると肰(ゼン)に行き着く。要するに犬にまつわる情景から発想されている。ただしこれは図形の話。*・ăpという語のイメージを表すため壓が考案されたものである。王力は遏(アツ)・閼(アツ)・按・堰(エン)・抑・圧・厭・擪(エン)・淤(オ)・瘀(オ)・湮(イン)が同源で、押さえ止めるという意味があるとする(王力①)。藤堂明保は甲のグループ、盍(コウ)のグループ(蓋など)、甘のグループ、函(カン)のグループ、奄(エン)のグループ、猒のグループ(厭・圧など)が同じ単語家族に属し、「ふたをして封じる・おおう」という基本義があるとする(藤堂①)。これは「上から覆い・重み・力などを加えて押さえつける」と言い換えることもできる。右の語やグループのほか押・凹・亜・安・印なども近く、いずれも「上から押さえつける」というコアイメージが共通である。*・ăpという語の図形化は犬の肉から発想され、肰→猒→厭→壓の四段階を経て形成された。ちなみに英語のpressは「(圧力をかけて)押しつける」がコアイメージという(田中①)。これは漢語の圧のコアイメージと同じである。

〔グループ〕圧・厭(エン)(飽きる、いやになる、また、押さえつける[厭戦])・擪(エン)(かぶせて押さえつける)・厴(エン)(巻貝の口にある蓋)・魘(エン)(押さえつけられた感じでうなされる)・靨(ヨウ)(笑うと押さえられたようにへこむ「えくぼ」)・饜(エン)(食べ飽きる)・檿(エン)(蚕が好んで食べる植物、シマグワ、ヤマグワ)・黶(エン)(押したような黒いしみ、あざ・ほくろ)

字源 「壓」が正字。「厭(エン)(音・イメージ記号)＋土(限定符号)」を合わせた字。「月(肉)＋犬」を合わせたのが「肰(ゼン)」(然の上部と同じ)で、端的にイヌの肉を表す。「肰(イメージ記号)＋甘(口に物を含む形。イメージ補助記号)」を合わせたのが「猒」で、イヌの肉を食べることを表している。説文解字に「猒は飽なり」とあり、食べ飽きる様子。「猒(エン)(音・イメージ記号)＋厂(蓋をかぶせることを示すイメージ補助記号)」を合わせた「厭」は、イヌの肉に食べ飽きて、もういやだと蓋をかぶせる場面を設定した図形。前半に視点を置けば「飽きていやになる」というイメージ、後半に視点を置けば「上からかぶせる」「上から押さえつける」というイメージになる。厭戦の厭は前者のイメージ、厭勝(ヨウショウ)(まじないによって、魔物などを屈服させる)の厭は後者のイメージである。後者のイメージを利用して「壓」が作られた。これは土を上からかぶせて押さえつける様子を暗示させる図形であるが、意味は単に「上から力を加えて押さえつける」で、土は意味に含まれない。

(金) (篆) [猒] (篆) [厭]

(篆)

〔字体〕「圧」は日本で生まれた「壓」の俗字。現代中国の簡体字は「压」。

語義 [展開] 力を加えて押さえつける意味ⓐから、押さえつける力の意味ⓑを派生する。[英]press; pressure [和訓] おす・おさえる・へす

[熟語] ⓐ圧迫・弾圧・ⓑ気圧・電圧

文献 ⓐ春秋左氏伝・昭公2「仲壬夢天壓己弗勝＝仲壬、天の己を圧して勝たざるを夢みる(仲壬は天が自分を押さえつけて耐えられなかった夢をみた)」

【斡】 14(斗・8)

語音 *・uat(上古)　・uat(中古→呉ワチ　漢ワツ・[慣]アツ)　wò(中)　알(韓)

| 人 | 音アツ　訓めぐる |

語源 [コアイメージ] 高く上げて回す。[実現される意味] 柄杓の柄ⓐ。[英]handle of a dipper

字源 「倝(イメージ記号)＋斗(限定符号)」を合わせた字。「倝」は「(太陽が)高く上がる」というイメージがある(⇨乾)。柄杓で液体を汲み上げる際、柄杓の柄は太陽のように空中を回る状態になるので、柄杓の柄を意味する語を「斡」の図形で表記した。

語義 [展開] 柄杓の柄が原義ⓐ。またコアイメージから、ぐるぐる回る、ぐるりと回る(めぐる)という意味ⓑを派生する。[英]handle of a dipper; spin　[熟語] ⓑ斡旋

文献 ⓑ楚辞・天問「斡維焉繫＝斡維(アツイ)焉(いず)くにか繫がる(天を回す太綱[天柱]はどこにつながれているのか)」

あつかう……

【扱】→きゅう

あてる……

【宛】→えん

あらし……

【嵐】→らん

あん……

【安】 6(宀・3)

語音 *・an(上古)　・an(中古→呉漢アン)　ān(中)　안(韓)

| 常 | 常用音訓　アン　やすい |

語源 [コアイメージ] 上から下に押さえる・動きのあるものがその動きを押さえ止めて、ある場所にじっとさせる。[実現される意味] 静かに落ち着くⓐ。[英]settle

[解説] 図形は「宀＋女」というきわめて舌足らずな(情報量が少ない)もので、何とでも解釈ができる。しかしコアイメージを捉えることが大切である。釈名・釈言語では「安は晏(アン)なり。晏晏然として和らぎ喜び、動懼(恐怖)無きなり」とある。王力も安・晏・宴を同源とし、静か・安らかの意味があるとする(王力①)。これらは安のグループ内で語源を捉えたもの。範囲を拡大すると、*・anという語は圧・遏・押・凹・亜・印・抑などと非常に近く、「上から下に押さえる」というコアイメージをもつと言える。王力はまた按・遏・圧などは同源で、押さえ止めるという意味があるとする(王力①)。上から力を加えて押さえれば、下のものは落ち着いて動かない。静かに落ち着いて安泰、安心であるという意味が実現される。下記のグループは表層的意味は異なるが、深層構造が共通である。日本語の「やすい(やすし)」はヤスム(休)と同根で、「物事の成り行きについて、責任や困難がなく、気が楽である意」で、ここから「容易である」「値段が低い」などに展開するという(大野①)。漢語の安のⓐは「やすらか」「気楽である」(平穏無事)、ⓑⓒは「やすい」と対応するが、「値段が低い」の意味は安にない。英語のsettleは「(ふらふら移動していたものが)一定の場所に落ち着く」がコアイメージという(田中①)。漢語の安のコアイメージとよく似ている。settleは「止まる」「落ち着く」の意味のほかに「置く」の意味に展開するが、安にもそれらの意

味がある。

〔グループ〕安・案・按・晏・鞍・頞《アツ》（眉間から鼻先の間で押さえられたように低くへこんだ部分→鼻筋・鼻梁）・鴳《アン》（=鷃。あまり遠く飛べず、飛ぶとすぐ地上に降りて身を落ち着ける鳥、ミフウズラ）・鼹《エン》（四肢が短くて、低く押さえつけたような体形をした動物、モグラ）　鮟*（半国字。鮟鱇《アンコウ》）

[字源]「女（おんな。イメージ記号）＋宀（限定符号）」を合わせた字。女が家の中に腰を落ち着けて居る情況を設定した図形。この意匠によって、「上から下に押さえつける」「動きのあるものがその動きを押さえ止めて、ある場所にじっとさせる」というイメージを表すことができる。白川静は「新しく嫁してきた婦を、その家廟に入れて廟見の礼を行い、祖霊にその安寧を求める儀礼」が原義という（白川①）が、これは図形的解釈であって意味ではない。加藤常賢は「裀褥の上の女が深屋下に覆われている意」とするが（加藤①）、これも同断。

（甲）　（金）　（篆）

[語義]［展開］情況において危険がなく静かに落ち着いている意味ⓐから、心理的にゆったりと落ち着く意味（やすらか、やすんじる）ⓑ、事が容易である（やすい、たやすい）意味ⓒに展開する。また、じっととどめ置く意味ⓓを派生する。値段がやすい意味ⓔは日本的用法。[英]settle, calm, quiet, tranquil, safe, secure, peaceful; rest, ease; easy; fix, fit; cheap　［熟語］ⓐ安全・安泰・ⓑ安心・安楽・ⓒ安易・安産・ⓔ安価

[文献]ⓐ詩経・常棣「喪亂既平、既安且寧=喪乱既に平らぎ、既に安らかに且つ寧《やす》し（さまざまの苦難は今はなく、世は安らかに落ち着いた）」ⓑ論語・公冶長「老者安之=老者は之を安んぜしむ（[孔子の志望の一つは]老人には安心させることである）」ⓓ斉民要術5「以粟糠著布上、糠上安灰=粟糠を以て布上に著け、糠上に灰を安《アン》ず（粟の糠を布に着け、糠の上に灰を置く）」

【按】
9（手・6）　[人]　[音]アン　[訓]おさえる

[語音]*・an（上古）・an（中古→[呉][漢]アン）àn（中）안（韓）

[語源]［コアイメージ］上から押さえる・動きを押さえ止める。［実現される意味］じっと手で押さえるⓐ。[英]press, push, restrain

[字源]「安《アン》（音・イメージ記号）＋手（限定符号）」を合わせた字。「安」は「上から押さえる」「動きを押さえ止める」というイメージがある（⇩安）。「按」はじっと上から押さえる、押さえて止めるという動作を表す。

[語義]［展開］「動きを押さえ止める」というコアイメージから、じっと手で押さえる意味ⓐ、物事を押さえて調べる意味ⓑ、根拠を押さえてよく考えてみる意味ⓒに展開する。[英]press, push, restrain; check; consider, comment　［熟語］ⓐ按摩・ⓑ按配・按分・ⓒ按語

[文献]ⓐ詩経・皇矣「以按徂旅=以て徂《ゆ》ける旅《リョ》を按《おさ》ふ（行進する軍隊を押さえて止めた）」

【晏】
10（日・6）　[人]　[音]アン　[訓]おそい・やすい・やすらか

[語音]*・ǎn（上古）・ǎn（中古→[呉]エン [漢]アン）yàn（中）안（韓）

[語源]［コアイメージ］押さえ止める・じっと落ち着く。［実現される意味］時刻が遅いⓐ。[英]late

[字源]「安《アン》（音・イメージ記号）＋日（限定符号）」を合わせた字。「安」は「押さえ止める」「じっと落ち着く」というイメージがある（⇩安）。「晏」は太陽が西の方に落ち着く（進行を止める）様子を暗示させる。この意匠によって、時刻が遅いことを表象する。

[語義]［展開］時刻が遅い意味ⓐ。また、「押さえる」というコアイメージから、静かに落ち着いている（やすらか）の意味ⓑを派生する。[英]late; quiet　［熟語］ⓐ晏起・ⓑ晏如・晏然

[文献]ⓐ論語・子路「冉子退朝、子曰何晏也=冉子《ゼンシ》、朝を退く。子

曰く、何ぞ晏(おそ)きや(再有[人名]が朝廷を退いた際、なぜそんなに遅かったのかと孔子が言った)」ⓑ詩経・羔裘「羔裘晏兮＝羔裘、晏たり(黒い羊の皮衣はしっくりと落ち着いている)」

【案】10(木・6) 常 ｜ 常用音訓 アン

語音 *·an(上古) ·an(中古→呉漢アン) àn(中) 안(韓)

語源 [コアイメージ] 押さえ止める。[実現される意味] 物を載せる台(つくえ)ⓐ。[英]stool, tray, table

〔解説〕王念孫は「案の言は安なり。食器を安置する所以なり」(広雅疏証)と語源を説く。案という器具は「動きを押さえて止める」というコアイメージによる命名である。この案を思案・図案・草案などの語に用いるが、机案とどんな関係があるのか。これを理解する鍵がコアイメージである。

字源 「安(アン)(音・イメージ記号)＋木(限定符号)」を合わせた字。「安」は「動きのある物の動きを押さえ止めて、ある場所にじっとさせておく」というイメージがある(⇨安)。「案」は文書や食器などをじっと動かないように置く台や机を表す。

語義 [展開] つくえが原義ⓐ。また、「動きを押さえ止める」というコアイメージから、押さえる意味ⓑ、証拠や要点を押さえ止めて調べてみる(考える)意味ⓒ、考えた事柄・内容の意味ⓓ、調べたことや考えたことを記した文書(下書き)の意味ⓔを派生する。[英]stool, tray, table; press; check, consider; idea, plan, proposal; document, file, draft [和訓] つくえ・おさえる [熟語] ⓐ案下・机案・ⓑ案剣(＝按剣)・ⓒ考案・思案・ⓓ原案・答案・ⓔ公案・草案

文献 ⓐ周礼・考工記・玉人「案、十有二寸＝案は十有二寸(台の高さは十二寸である)」ⓑ荘子・盗跖「案剣瞋目＝剣を案じて目を瞋(いか)らす(剣を押さえて、かっと目を見張った)」ⓒ管子・明法解「案其功而行賞、案其罪而行罰＝其の功を案じて賞を行ひ、其の罪を案じて罰を行ふ(功績を押さえて賞を与え、罪を押さえて罰する)」

【庵】11(广・8) 人 ｜ 音アン 訓いおり・いお

語音 *·em(上古) ·em(中古→呉オム〈＝オン〉 漢アム〈＝アン〉) ān(中) 암(韓)

語源 [コアイメージ] 覆いかぶせる。[実現される意味] 草ぶきの粗末な建物ⓐ。[英]hut

〔解説〕釈名・釈宮室に「庵は奄(エン)なり。自ら覆奄する所以なり(庵は奄と同源の語である。[草などを]覆いかぶせたものである)」と正しく語源を説いている。日本語の「いおり(いほり)」は「仮のやどりをすること。また、そのための仮小屋」の意という(大野①)。本宅を離れて農地や旅先などで一時的に宿ることである。漢語の庵は屋根を草で覆いかぶせた粗末な建物の意味で、必ずしも仮住まいではない。

字源 「奄(エン)(音・イメージ記号)＋广(限定符号)」を合わせた字。「奄」は「上から覆いかぶせる」というイメージがある(⇨奄)。「庵」は草を覆いかぶせた家を暗示させる。菴(アン)と同じ。

語義 [展開] 草ぶきの家の意味ⓐから、僧侶などの住む小さな家の意味ⓑを派生する。[英]hut; hermitage [熟語] ⓐ草庵・ⓑ庵室・僧庵

文献 ⓐ神仙伝8「河上公…結草為庵于河之濱＝河上公…草を結びて庵を河の浜に為(つく)る(河上公は黄河の岸辺でいおりを結んだ)」

【暗】13(日・9) 常 ｜ 常用音訓 アン くらい

語音 *em(上古) em(中古→呉オム〈＝オン〉 漢アム〈＝アン〉) àn(中) 암(韓)

語源 [コアイメージ] 中にこもる。[実現される意味] くらいⓐ。[英]dark

〔解説〕音にコアイメージの源泉がある。しかし「おと」と「くらい」はあまりに意味が懸け離れている。語源的に何の関係があるのか。意味の表層だけを見てはわからない。深層構造を探る必要がある。音は実は外側に発出する響きというイメージではなく、内側にこもるうなり声なのである。外に出ず口の中でウーウーとうなるおとを*ɪəm(音)という。真っ暗な物(空間)からは光が出ない。中にこもるのは何も見えない闇である。ここに「こもる」というイメージを介して聴覚と視覚の共感覚メタファーが発動され、音と暗が結びつけられる。音と暗の深層構造を明らかにしたのは藤堂明保である(音の項参照)。日本語の「くらい(くらし)」はクル(暮)と同根で、光がない、光がかすかで対象が見えない意(大野②)。英語のdarkは心理的に暗い(腹黒い)意味に転じるが、漢語の暗は道理に暗い(愚か)の意味に転じる。また漢語の暗は「そらんずる」(暗記・暗算などの暗)の意味に展開するところが特異である。何も見えない→原本などを見ない(目の前になく、そらで)と転じたもの。英語では「そらんずる」を一語で言い表せないようである。

字源 「音（オン）(音・イメージ記号)＋日(限定符号)」を合わせた字。「音」は「中に閉じ込める」「中にこもる」というイメージがある(⇩音)。「暗」は何かに遮られて閉じ込められたため、日の光が中まで届かない様子を暗示させる。この意匠によって、光が差さずくらいことを表象する。白川静は闇が本字で、「神の音なひがあらわれることを闇とい」い、「それとなく、人知れずあらわれるものであるから、幽暗の意が生まれ」たというが(白川①)、意味の展開の説明があまりに皮相的である。

語義 [展開] 光が差さずくらい意味ⓐから、はっきりと見えない(人に知られない)意味ⓑ、道理がわからない意味ⓒ、口に出さずに心で覚える(何も見ないで覚えたことを言う、そらんずる)意味ⓓに展開する。ⓓは諳と通用。[英]dark; hidden; ignorant, stupid; learn by heart [和訓]くらむ・くらます・そらんずる [熟語]ⓐ暗黒・明暗・ⓑ暗殺・暗示・ⓒ暗愚・暗君・ⓓ暗記・暗算

文献 ⓐ韓非子・解老「以為暗乎、其光昭昭＝以て暗しと為さんか、其の光昭昭たり(〔宇宙の根源である道は〕暗いものかと思ったら、かえって明るいものだ)」ⓒ荀子・天論「上暗而政険＝上暗にして政険なり(君主がばかだと政治は危うい)」

【鞍】 15(革・6)　人　音アン　訓くら

語音 *·an(上古)　·an(中古→呉漢アン)　ān(中)　안(韓)

語源 [コアイメージ] 押さえて止める。[実現される意味] 馬につけるくらⓐ。[英]saddle

字源 「安（アン）(音・イメージ記号)＋革(限定符号)」を合わせた字。「安」は「落ち着ける」「押さえ止める」というイメージがある(⇩安)。「鞍」は尻を押さえて安定させる革製の馬具を表す。

語義 くらの意味ⓐ。[熟語]ⓐ鞍上・鞍馬

文献 ⓐ管子・山国軌「被鞍之馬千乗＝鞍を被る馬千乗(くらをつけた馬車が千台)」

【闇】 17(門・9)　常　常用音訓 やみ

語音 *əm(上古)　əm(中古→呉オム〈＝オン〉・漢アム〈＝アン〉)　àn(中)　암(韓)

語源 [コアイメージ] 中に閉じこもる。[実現される意味] 暗いⓐ。[英]dark

[解説] 日本語の「やみ」は光が全くなく暗い状態、特に月が出ず暗い意味であるが、漢語の闇（アン）は一般に「くらい」の意味。また比喩的な使い方に道理に暗い(愚か)の意味がある。ただし闇相場のような比喩的意味はない。

字源 「音（オン）(音・イメージ記号)＋門(限定符号)」を合わせた字。「音」は

「中に閉じこもる」というイメージがある(⇩音)。「闇」は入り口が閉じられて中に光が差さない様子を暗示させる。

語義 [展開] 暗くてはっきり見えない意味ⓐから、道理がわからない(愚か)の意味ⓑを派生する。暗と通用。また、表立たない。公然ではない(やみ)の意味ⓒは日本的用法。[英]dark; ignorant, stupid; shady, illegal [熟語] ⓐ闇夜・暁闇・ⓑ闇君

文献 ⓐ荘子・譲王「今天下闇、周徳衰＝今天下闇(らく)し、周徳衰ふ(現在、天下は真っ暗だ、周の徳が衰えたから)」

イ

い

【已】 3(已・0)　人　(音)イ　(訓)やむ・すでに・のみ

語音 *diag(上古)　yiei(中古→(呉)(漢)イ)　yǐ(中)　이(韓)

語源 [コアイメージ] 物事を終える。[実現される意味] 仕事や行為をやめるⓐ。[英]cease

〔解説〕王力は止と已を同源とする(王力①②)。王念孫は已は㠯と同じとする(広雅疏証)。已は㠯(＝以)から派生・展開した語と考えられる。「物事をやめる・おえる」がコアイメージである。

字源 「㠯(イ)」を変形させた字。「㠯」は農具の鋤(すき)の形で、耜(シ)の原字(⇩以)。道具を用いて何かをすることを表すのが「㠯(＝以)」である。これをもとにして、仕事や行為を始めることを表すのが「台(イ・タイ)」。これに対して、仕事や行為を終えることを「已(イ)」で表した。

語義 [展開] 仕事や行為を終える(やむ・やめる)意味ⓐから、もう終わって(すでに)という意味ⓑ、病気を止める(治す・いやす)意味ⓒに展開する。また以と同じ用法で、それを起点として(〜より、〜から)の意味ⓓに用いられる。[英]cease, end, stop; already; cure; from [熟語] ⓐ滅已・ⓑ已往・已然・ⓓ已下(＝以下)

文献 ⓐ詩経・鶏鳴「鶏鳴不已＝鶏鳴已(や)まず(ニワトリが鳴きやまない)」ⓑ論語・微子「道之不行、已知之矣＝道の行はれざる、已(すで)に之を知る(世の中に道が行われなくなったことは、もうすでに知っている)」ⓒ山海経・西山経「食之已痔＝之を食すれば痔を已(い)やす(これを食べれば痔が治る)」

【以】 5(人・3)　常　常用音訓 イ

語音 *diag(上古)　yiei(中古→(呉)(漢)イ)　yǐ(中)　이(韓)

語源 [コアイメージ] 人工を加える。[実現される意味] 道具を用いて何かをするⓐ。[英]use

〔解説〕字源から「用いる」の意味を引き出した人はいるが、語源を説いた人は藤堂明保以外にない。氏は以を台のグループ、弋(ヨク)のグループ(式など)、さらに辞・能・耐・飾などと同じ単語家族に入れ、「道具で人工を加える」という基本義があるとした(藤堂①)。自然のものに働きかけてAをBに変えることは爲(＝為)であるが、以はこれとは異なり、働きかけ自体に焦点を当てた語である。自然に働きかける際には道具を用いることが第一歩である。したがって「道具を用いて人工を加える」が以のコアイメージである。*diagという語は台(道具を用いて動作や行為を起こす)・式(道具を用いて工作する)・食(素材に手を加えてこなれるようにした食べ物)などと同源である。「道具を用いる」の意味を抽象化させて、「〜でもって」という助詞の用法が生まれた。この意味に当たる英語のbyは「…に近接して」がコアイメージで、「近くに寄って」と「何かによって」の意味に展開するという(田中①)。またfromは「(物事の起点を示して)…から」がコアイメージという(田中①)。これは以のⓒに対応する。

〈グループ〉以・似・耜シ(農耕のために土を掘り起こす道具、すき[耒耜])・苡イ(＝苢。葉が妊娠したように輪形に広がる草、オオバコ[芣苢フイ]。また、懐胎に効のあるとされた草、ジュズダマ・ハトムギ[薏苡ヨクイ])

字源 㠯→ム→以と変化する。「㠯(＝ム)」は農具の鋤(すき)を描いた図形。これだけで「道具を用いて何かをする」ことを表象できるが、楷書の段階で「ムイ(音・イメージ記号)＋人(限定符号)」を合わせて「以」となった。「道具を用いて対象に働きかける」、つまり「人工を加える」というイメージがコアになっている。㠯を耜(すき)の原字としたのは徐中舒が最初である。ほかには巳の鏡文字、薏苡ヨクイの実、植物の発芽の形などの説がある。

(甲)  (金)  (篆) 

語義 [展開] 用いる意味ⓐから、何かを用いて(～[で]もって)の意味ⓑに展開する。また、何かを用いて行為を始めることから、そこを起点としてそれからという意味ⓒを派生する。[英]use; by, with; from [和訓] もって・もちいる・ゆえ [熟語] ⓑ以心伝心・ⓒ以下・以前

文献 ⓐ論語・八佾「周人以栗＝周人は栗を以もちゐる(周の人は祭りに栗の木を用いた)」ⓑ詩経・東門之楊「昏以為期＝昏を以て期と為す(日暮れをデートの約束とした)」

【伊】
6(人・4)　人　―　音イ　訓これ・かれ

語音 *・ĭər(上古)　ii(中古→呉漢イ)　yī(中)　이(韓)

語源 [コアイメージ] 全体をうまくまとめる。[実現される意味] 固有名詞(人名・地名)ⓐ。[英]proper noun

〈解説〉説文解字に「殷の聖人阿衡、天下を尹治イン チ(うまく治める)者なり」とある。尹にコアイメージの源泉がある。これは君のコアをなす記号で、「全体をうまくまとめる(調和させる)」というコアイメージをもつ。

〈グループ〉伊・君・尹イン(治める、また、長官[県尹])・咿イ(物音を表す擬音語[咿唔])・蛜イ(蛜蝛イイは伊威と同じ。ワラジムシ。語源未詳)

字源 「尹イン(音・イメージ記号)＋人(限定符号)」を合わせた字。「尹」は「丨(縦棒)＋又(手)」を合わせて、指揮棒を持って采配する様子を暗示させる(⇩君)。「伊」は世界をうまくまとめて調和させる人を表す。最初は専ら伊尹を指した。伊尹は夏王朝に仕えたという宰相の名である。書経や論語に出る。

語義 [展開] 古典では固有名詞ⓐのほか、代名詞(かれ・これ・この)ⓑ、また、助詞(これ)ⓒに用いられる。[英]proper noun; he, that, this; particle [熟語] ⓐ伊水(川の名)・伊尹イイン(古代の聖人の名)

文献 ⓑ詩経・蒹葭「所謂伊人＝所謂伊この人(私のいとしいあの方)」

【夷】
6(大・3)　人　―　音イ　訓えびす・たいら・たいらげる

語音 *di̥er(上古)　yii(中古→呉漢イ)　yí(中)　이(韓)

語源 [コアイメージ] 低い。[実現される意味] 古代中国で東方に住んでいた異民族ⓐ。[英]eastern non-Han people

〈解説〉王力は夷・剃テイ・鬄テキ・薙テイなどを同源とし、除く・刈るという意味があるとする(王力①)。これは表層的な意味のレベルである。藤堂明保は深層のレベルを探り、夷の基本義を「まっすぐで短い・ひくい」とし、矢のグループ、尸シのグループ(屍・屎など)、氐テイのグループ(低など)、弟のグループなどと同じ単語家族に所属させた(藤堂①)。視点を縦(垂直)の軸に置くと「まっすぐで短い」から「低い」「低く下がる」というイメージに転化するが、視点を横(水平)の軸に変えると、「平ら」というイメージに転化する。古典では「えびす」の意味と「平ら」の意味で使われている。古代中国人は夏カ(背の高い中華の人)に対して東方に住んでいた異民族を*di̥erと称し、夷と表記した。夷は丈が低い人という含意がある。訓の「えびす」はエミシ(エゾの古称で、東国に住んでいた民族)

の転。後に意味が拡大されて異民族の意になった。

〔グループ〕夷・洟イ(垂れ下がる鼻汁、また、なみだ[涕洟])・姨イ(妻の妹、また、母の姉妹)・痍イ(刀で皮膚を平らにそいでつけた傷→切り傷[創痍])・荑イテ(丈の低いイヌビエ。稊イテに同じ。また、まっすぐで短いチガヤの穂、つばな)・鮧イテ(=鯷・鮷。頭部が低く平らな魚、オオナマズ)・鴺イテ(=鵜。くちばしの下に低く垂れ下がる袋のある鳥、ペリカン)

字源 「大(人の形)+弓」を合わせた字。「弓」は弓矢の弓ではなく、巻きつける符号(弟にも含まれている)。これは折りたたまれて丈が低く下がるというイメージを表す符号になる。「夷」は背丈の低い人を暗示させる。

(金)　(篆)

語義 [展開] 東方の異民族の意味ⓐから、未開の人種(えびす)の意味ⓑを派生する。また、「低い」というイメージから「平ら」というイメージに転化し、でこぼこがなく平らの意味ⓒ、心理的に平らか(平静である様子)の意味ⓓ、世の中が平らか(乱がなく穏やかな様子)の意味ⓔ、混乱を平らげる(平定する、滅ぼす)という意味ⓕに展開する。[英]eastern non-Han people; barbarian; smooth, even; easy; calm, safe; suppress, exterminate [熟語] ⓐ夷狄イテキ・東夷・ⓑ攘夷ジョウイ・征夷・ⓒ坦夷・ⓕ焼夷

文献 ⓐ詩経・江漢「淮夷來求=淮夷を来り求む([兵士らは]淮のえびすを求めて行った)」ⓓ詩経・草虫「我心則夷=我が心則ち夷たいらかなり(私の心の波は静まった)」ⓕ詩経・出車「玁狁于夷=玁狁ケンイン于ここに夷げり(玁狁[異民族の名]はすっかり平定された)」

【衣】6(衣・0) 常 ｜ 常用音訓 イ　ころも

語音 *・ıər(上古)　・ıəi(中古→呉エ　漢イ)　yī(中)　의(韓)

語源 [コアイメージ] 肌身を隠す。[実現される意味] ころもⓐ。[英]garment, clothes

〔解説〕白虎通義・衣裳篇に「衣は隠なり。裳は障なり。形を隠して自ら障閉する所以なり」、釈名・衣服篇に「衣は依なり。人の依りて以て寒暑を庇かばふ所なり」と語源を説く。正当な語源説である。衣は隠や依と同源のことばで、「(肌身が見えないように、あるいは、肌身をかばって)隠す」がコアイメージである。衣の和訓に「きぬ」と「ころも」がある。「きぬ」は「絹の意。それゆえ、衣服の意の場合も、布地としての柔らかい感触、すれあう音などを、感覚的に賞美する気持ちで使われる傾向がある」が、「ころも」は「モ(裳)が原義で、身をつつみまとうことに重点があり、衣服としての意味に重きを置いて使われる」という(大野①)。漢語の場合は「衣は隠なり」という語源意識が普遍的であった。必ずしも儒教的倫理観の影響ではなく(衣の成立は周代以前である)、衣服の本来の機能が肌身を隠すことにあるとされたからである。英語のgarmentはgar(保護する)ment(物)で、「体を覆う衣服」というイメージの語という(政村①)。漢語の衣も「覆い隠す」の語感がある。またgarmentは上着の意味が基本であることも衣と同じ。

〔グループ〕衣・依・哀・扆イ(内部が見えないようにする家具、ついたて)

字源 襟元を合わせた衣服を描いた図形。

(甲)　(金) 　(篆) 

語義 [展開] ころもの意味ⓐであるが、裳(下半身に着るもの)に対するときは上着を指す。また、着物を着る意味ⓑ、衣に見立てたものや、覆いかぶせるものの意味ⓒを派生する。[英]garment, clothes, dress(ⓐⓑ); clothe; coating, covering [和訓] きぬ・そ・きる [熟語] ⓐ衣裳・衣服・ⓑ衣錦・ⓒ地衣・胞衣

文献 ⓐ詩経・七月「無衣無褐、何以卒歳=衣も無く褐も無し、何を

以て歳を卒へん(衣もぬのこもなくて、なんで年が越せよう)」ⓑ詩経・碩人「衣錦褧衣＝錦を衣て褧衣す(錦を着て薄い打ち掛けを羽織る)」

【位】

7(人・5) [常] | [常用音訓] イ　くらい

[語音] *ɦuəd(上古) ɦui(中古→[呉][漢]ヰ〈＝イ〉) wèi(中) 위(韓)

[語源] [コアイメージ] 回りを取り巻く。[実現される意味] 人や物のあるべき場所(定まった座席・位置・立場)ⓐ。[英]place, location

〔解説〕 位は人が立つ所だから「くらい」の意味になるなどと説くのは、形から意味を引き出す俗説。また、立と位を同字とする文字学者が多いが、立*liəpと位*ɦuədは言葉が全く違う。詩経などの古典では標記の意味で使われている。定められた座席・位置・ポストなど、ある人が本来いるべき場所を*ɦuədという。この語がどんな場面や情況から発想されたかについては、説文解字に「中庭(＝廷)の左右に列する、之を位と謂ふ」とある。これは位の意味の説明というよりは、位という語の発生基盤を述べたものである。要するに、朝廷において王を中心にして群臣が取り巻く状況を想定し、それぞれの定まった位置が位であると見たものである。このような発生基盤を考慮に入れると、*ɦuədという語は囲・衛・回などと同源で、「回りを取り巻く」というコアイメージをもつと言える。すでに藤堂明保は「丸い・めぐる・取り巻く」という基本義をもつ、韋(囲・衛など)・胃・回・懐・帰・鬼・貴・癸・均・君・軍・血・骨・困・昆など、多くの語群の中に位を所属させている(藤堂①)。日本語の「くらい(くらゐ)」は座(くら)居の意で、「高くしつらえた席に坐ること。また、その坐る場所」の意という(大野①)。その展開義に、座席、天皇の地位、官職の地位のほかに、「親王・王・諸臣などの、朝廷における地位・序列を示す身分標識」がある(大野②)。これは漢語の位と重なる所がある。

[字源] 「立(イメージ記号)＋人(限定符号)」を合わせた字。「立」は「並び立つ」「並ぶ」というイメージがある(⇩立)。「位」は人(臣下)が並んで座に就く情景を設定した図形。この意匠によって、朝廷の中で君主を取り巻くようにして臣下が占める座席(定まった位置)を表象する。

(篆) 

[語義] [展開] 人の定められた座席、あるべき場所や立場の意味ⓐから、官職における地位や身分の意味ⓑ、席次・等級・クラスの意味ⓒに展開する。また、人を直接指さないで、その位置によって指す敬語ⓓに用いられる。[英]place, location; position, status; post, rank; honorific for persons [熟語] ⓐ位置・方位・ⓑ王位・地位・ⓒ首位・順位・ⓓ各位

[文献] ⓐ詩経・楚茨「孝孫徂位＝孝孫は位に徂く(先祖を祭る子孫は席に就く)」ⓑ論語・里仁「不患無位、患所以立＝位無きを患へず、立つ所以を患ふ(地位がないのは気にしないが、どうしてそれに就いたかを気にする)」

【医】

7(匸・5) [常] | [常用音訓] イ

[語音] *・ɪəg(上古) ・iei(中古→[呉][漢]イ) yī(中) 의(韓)

[語源] [コアイメージ] 押さえ込んで隠す。[実現される意味] 病気を治すⓐ。[英]cure, heal

〔解説〕 後漢書・郭玉伝に「醫の言為たるは意なり」とある。「医は意なり」という諺は心が医療の大切な要素であると理解された。しかしもと「医は意なり」は医と意が言語上の親縁関係にあることを説明したものである。医と意は語形が全く同じで、「中に入れてふさぐ」という共通のイメージがある。ここに古代の医療観が反映している。いわゆる中国医学は病気を身体の調和の乱れと見る生理学的病気観を取るが、まだ医学が発達していない上古では病気を実体と見る存在論的病気観が普通であった。邪悪な病原の侵入を押さえ込むことが治療と考えられた。

醫を構成する医イェ・殹イェという記号にコアイメージの源泉がある。これは「押さえ込んで隠す」というイメージである。

〔グループ〕医・翳イェ(車のかざし、覆い隠す、かげ[陰翳])・瞖イェ(白内障)・蠮エツ(蠮・翁は擬音語。ジガバチ[蠮螉エツオウ])・鷖イェ(扇をかざすように飛翔する鳥、カモメ)

字源 「醫」が正字。「殹イェ(音・イメージ記号)+酉(限定符号)」を合わせた字。「医」は「矢+匸(隠す符号)」を合わせて、矢をしまっておく道具を表し、「しまいこんで隠す」というイメージがある。「医イェ(音・イメージ記号)+殳(限定符号)」を合わせた「殹」は、「覆いをかぶせて隠す」「中にふさいで押さえ込む」というイメージを示す。「醫」は薬酒によって病気を押さえ込む様子を暗示させる。異体字の「毉」は「巫(シャーマン)」を限定符号とし、呪術によって病原を押さえ込むことを表している。藤堂明保は醫は「酒壺に薬草を封じ込み、薬酒を醸すこと」とする(藤堂②)。白川静は「殹は矢をうつときのかけ声」で、これによって悪霊を祓うので殹は病気をいやす意味になったとする(白川②)。

(篆)［医］　(篆)［殹］　(篆)［醫］

〔字体〕「医」は近世中国で発生した「醫」の俗字。「毉」は異体字。

語義 [展開] 病気を治す(いやす)意味ⓐから、病気を治す人の意味ⓑに展開する。[英]cure, heal; doctor [和訓] いやす・くすし [熟語] ⓐ医術・医療・ⓑ女医・名医

文献 ⓐ論語・子路「人而無恒、不可以作巫醫＝人にして恒無くんば、巫医を作なすべからず(人間でありながら、しんがなければ、そんな人には呪術も医術も施せない)」ⓑ国語・晋「上毉毉國＝上毉(＝醫)は国を毉やす(最高の医者は国家の病を治す)」

【囲】7(囗・4)　常　常用音訓 イ　かこむ・かこう

語音 *ɦuər(上古)　ɦuəi(中古→呉ヰ〈＝エ〉漢ヰ〈＝イ〉)　wéi(中)　위(韓)

語源 [コアイメージ] 回りをぐるりと取り巻く。[実現される意味] ぐるりと取りかこむⓐ。[英]encircle, surround

〔解説〕コアイメージの源泉は韋ィにあるが、常用漢字では肝腎の韋が略されたため旧字体に遡る必要がある。韋は毛を除き柔らかくした皮革(なめしがわ)のことであるが、これの用途の一つは物を束ねることにあるので、「回りを取り巻く」というイメージがある。逆にこのイメージをもつ*ɦuərという語によって「なめしがわ」が命名されたというべきである。王力は囲・帷・幃・衛は同源の語で、めぐる・めぐらすという意味があるとする(王力①)。藤堂明保は韋のグループを位・胃・回・懐・帰・鬼・貴・癸・均・君・軍・血・骨・困・昆など多くの語とともに一つの単語家族にまとめ、「丸い・めぐる・取り巻く」という基本義があるとする(藤堂①)。韋の図形化はなめしがわという物体ではなく、囲や衛と関係のある情景の設定によって実現された。それはある物の回りをぐるりと回る情景である。回るとは一点から↑の方向に出発すると、途中で↓の方向に向きを変えて元に戻ることである。ここに「⇅の形に逆向きになる」というイメージが生まれる。「○」(丸い・丸く回る)のイメージと「⇅の形」(逆方向になる)のイメージは可逆的(相互転化可能な)イメージといえる。回にもこれと同じイメージ転化現象がある。日本語の「かこむ」はぐるりと取り巻く意で、漢語の囲とほぼ同じ。英語のencircleはen-(中に入れる)+circle(円)で、囲むの意(下宮①)。漢語の囲とぴったり対応する。

〔グループ〕囲・偉・違・緯・衛・葦・韋ィ(なめしがわ[韋編])・幃ィ(周囲を囲む幕[幃幕])・煒ィ(光が丸い輪を描いて輝く)・諱キ(↓の方向から来る事態に対して、↑の方向に意識をそむけて、言うことを避ける、いむ[忌諱])・闈ィ(囲いに設けた出入り口→宮中の小門[宮闈])

字源 「圍」が正字。「韋ィ(音・イメージ記号)+囗(限定符号)」を合わせ

た字。「韋」は場所を示す「口」の上に左向きの足、下に右向きの足を配置した図形。ある地点をぐるぐる回る情景を設定したもの。足の形に焦点を合わせると、上の足が←の方向に向き、下の足が→の方向に向くので、「逆方向(⇅の形)に行く」というイメージを表すことができる。足の動きに視点を置くと、「ある地点の回りを○の形に回る」というイメージを表すことができる。また、○の形のイメージから、「丸い」というイメージ、さらに「丸くて目立つ」というイメージを表すことができる。「圍」は二番目のイメージを用い、物の回りをぐるりと取り巻く様子を暗示させる。

(甲) (金) (篆)［韋］ (篆)

〈字体〉「囲」は日本で生じた「圍」の俗字。現代中国の簡体字は「围」。

〈語義〉［展開］回りを囲む意味ⓐから、囲い・回り・周囲の意味ⓑに展開する。［英］encircle, surround, enclose; around, enclosure ［熟語］ⓐ囲繞(イニョウ)・包囲・ⓑ周囲・範囲

〈文献〉ⓐ孫子・謀攻「用兵之法、十則圍之＝用兵の法、十なれば則ち之を囲む(兵を用いる戦法は、味方の兵数が敵の十倍ならば包囲することだ)」ⓑ詩経・長発「帝命式于九圍＝帝、命じて九囲に式(のっと)らしむ(上帝は[殷の湯王を]九つの囲った区域[九州の意]に模範とさせた)」

【依】 8(人・6) 常 ｜ 常用音訓 イ・エ

〈語音〉*·ıər(上古) ·ıəi(中古→呉エ 漢イ) yī(中) 의(韓)

〈語源〉［コアイメージ］(肌身を)隠す。［実現される意味］物の陰に隠れて身を寄せるⓐ。［英］lean upon

〈解説〉王力は依・倚(イ)・椅を同源とし、よりかかる意味があるとする(王力①)。しかし古典に「衣は依なり」という語源説が普通にあったので、依は衣と同源で、「隠す」をコアイメージとするのがよい。ちなみに倚は「⌐形に曲がる」というイメージから「斜め(∠の形)に寄りかかる」というイメージに転化する。倚・椅はそのようなイメージをもつ語である。同じ「よる」の訓をもつ漢字に依・倚・寄・因・由・拠などがあるが、すべてコアイメージが異なる。

〈字源〉「衣(イ)(音・イメージ記号)＋人(限定符号)」を合わせた字。「衣」は「肌身を隠す」というイメージがある(⇩衣)。「依」は人や物の陰に身を隠す様子を暗示させる。

〈語義〉［展開］物の陰に隠れて身を寄せる意味ⓐから、人の陰に寄り添ってその人に頼る、何かをよりどころにする(よる)意味ⓑ、また、寄り添って離れ難いさまの意味ⓒに展開する。［英］lean upon; depend on, rely on; be reluctant to part ［和訓］よる ［熟語］ⓐ帰依(キエ)・憑依(ヒョウイ)・ⓑ依願・依拠・ⓒ依然

〈文献〉ⓐ詩経・魚藻「魚在在藻、依于其蒲＝魚は在り藻に在り、其の蒲に依る(魚は水藻に住まい、ガマの陰に身を寄せる)」ⓑ論語・述而「據於徳、依於仁＝徳に拠り、仁に依る(徳に根拠を置き、仁に寄り添う)」

【委】 8(女・5) 常 ｜ 常用音訓 イ ゆだねる

〈語音〉*·ıuar(上古) ·ıuě(中古→呉漢ヰ〈＝イ〉) wěi(中) 위(韓)

〈語源〉［コアイメージ］しなやかに垂れ下がる。［実現される意味］自分ではやらないで他人にまかせる(ゆだねる)ⓐ。［英］entrust, leave

〈解説〉劉熙が「委は萎なり。萎蕤(イズイ)(柔弱のさま、しなだれる様子)として之に就くなり」(釈名・釈言語)と語源を説いたのは、この語をしっかりつかまえている。禾にコアイメージの源泉があり、力がなく弱々しくしなだれる→しなやかに垂れ下がるというイメージがコアをなす。王力は紆・迂・委・逶(イ)・冤(エン)・宛・婉・腕などを同源とし、曲がるという意味があるとする(王力①)。「しなやかに垂れ下がる」というイメージは力がなくしなだれた状態であるから、「うねうねと曲がりくねる」というイ

メージにも転化する。このイメージの図形化は稲の穂から発想された。これが委である。力がなく弱々しくしなだれた状態は、積極的に事を行わない状態であるから、ある事を自分ではやらないで他人のなすがままにまかせるという意味を生む。これが委任・委託の委である。日本語の「ゆだねる(ゆだぬ)」はユヅル(譲)と通じ、「己が事を他に行はしむ」意という(大言海)。また別訓の「まかせる(まかす)」は「物事の進行を、他の自由な意志・力のままにさせる意」という(大野①)。漢語の任は自分では仕事をしないでそれを他人に抱え込ませる意味で、「自分の仕事を他人に抱え込ませる」にポイントがあるが、委は「自分ではやらないで他人のなすがままにさせる」にポイントがある。日本語の「まかせる」は任よりは委に近い。英語のentrustは信頼して任せる意だが、leaveは「持っていかないで(そのままの状態にして)去る」がコアイメージで、手をつけないで残す→人に任せる意味に展開するという(田中①)。自分ではやならいで他人のなすがままに任せるという点ではleaveが語感的には漢語の委に近い。

〔グループ〕委・萎・倭・痿ィ(体の一部が麻痺・萎縮して機能しなくなる病気[痿疾])・矮ワイ(背丈が低い[矮小])・逶ィ(道がうねうねと曲がる[逶迤イイ])・餧イダ(=餒。飢えてぐったりする)

字源 「禾カ(音・イメージ記号)+女(限定符号)」を合わせた字。「禾」は稲の穂が丸く実って垂れ下がる姿を描いた図形で、「丸い」のほかに、「しなやかに垂れ下がる」というイメージも表すことができる(⇩禾)。「委」は女性のように柔軟性があって逆らわず、相手の言いなりに従う様子を暗示させる。この意匠によって、自分ではやらないで他人にまかせることを表象する。女は比喩的限定符号で、語の意味素(意味的要素)に含まれない。白川静は「穀霊に象る禾形の作り物を被って舞う女の姿」で、舞う姿勢が低くしなやかだから、委靡・委曲・委随などの意味が出たとする(白川①)。加藤常賢は「女の意符を伴う以上、女に関する意でなければならぬ」「(女が)くねくねと身体を曲げて、しなを作る意」とする(加藤①)。いずれも限定符号にこだわった説。

(篆) 

語義 [展開] 自分ではやらないで他人にまかせる(ゆだねる)意味ⓐから、やらないで放っておく、打ち捨てる(すてる)意味ⓑ、しなやかである(なよなよしたさま)の意味ⓒに展開する。また、「垂れ下がる」というイメージが「下や端まで垂れ下がる」というイメージに転化し、末端の意味ⓓ、端や隅まで(細かい所まで)行き届いている(くわしい)意味ⓔを派生する。[英]entrust, leave; cast aside, abandon; lithe; end; detailed, minute [和訓] まかせる・すてる・くわしい [熟語] ⓐ委託・委任・ⓑ委棄・ⓒ委蛇イイ・ⓓ原委・ⓔ委曲・委細

文献 ⓐ春秋左氏伝・襄公31「子皮以爲忠、故委政焉=子皮以て忠と為す、故に政を委ぬ(子皮さんはまじめだったので、彼に政治をまかせたのです)」ⓑ孟子・滕文公上「其親死、則擧而委之於壑=其の親死すれば、則ち挙げて之を壑たにに委すつ([古代の人は]親が死ぬとみんな死体を谷間に捨てた)」

【威】 9(女・6) 常 (常用音訓) イ

語音 *·ɪuər(上古) ·ɪuəi(中古→呉漢ヰ〈=イ〉) wēi(中) 위(韓)

語源 [コアイメージ] 押さえつける。[実現される意味] 相手をおどして力ずくで押さえつける(恐れさせる)ⓐ。[英]overawe, terrify

〔解説〕釈名・釈言語に「威は畏なり。畏懼クイせしむ(おそれさせる)べきなり」と語源を説く。王力も威と畏を同源とする(王力①②)。藤堂明保は畏だけでなく、尉・鬱・穴や、昷オンのグループ(温など)、屈のグループなどを同じ単語家族にくくり、「あな・ほる・押し下げる・凹む」という基本義をもつとする(藤堂①)。「下方に力で押さえつける」というコア

イメージと言い換えることができる。上から下に押さえると、「凹む」というイメージにも転化する。武器や力で押さえつけると、相手の力や意志を凹ませ、従わせることができる。これを古代漢語で*・iuarといい、威の図形が考案された。

字源 「戌(斧に似た武器の形。イメージ記号)＋女(限定符号)」を合わせた字。武器と女を合わせただけの舌足らず(情報不足)な図形で、何とでも解釈ができるが、コアイメージを念頭に置くと、女性を武器でおどす場面を設定した図形と解釈できる。

(金)　(篆)

語義 [展開] 力で押さえつけて人を恐れさせる(おどす)意味ⓐから、相手を従わせるたけだけしい力や勢いの意味ⓑに展開する。[英] overawe, terrify; power, might, dignity [和訓] おどす・たけし [熟語] ⓐ威圧・威嚇・ⓑ威厳・権威

文献 ⓐ詩経・采芑「荊蠻來威＝荊蛮来り威ィす(野蛮人も恐れて服する)」ⓑ論語・述而「威而不猛＝威ありて猛たけからず(威厳はあるが荒々しくない)」

【為】 9(火・5) 常 (常用音訓) イ

〔爲〕 12(爪・8) 人 (音) イ (訓) なす・なる・する・つくる・ため・たり

語音 *ɦuar(上古) ɦuĕ(中古→(呉)(漢)ヰ〈＝イ〉) wéi(中) 위(韓)

語源 [コアイメージ] 人工を加える。[実現される意味] 手を加えてAをBに変える(何かを作る、何かの行いをする、別のものになる)。[英] make

〈解説〉爲の形を「象を使役する」と解釈し、作為の意味を引き出すのが通説であるが、語の説明にはならない。語源的に爲の深層構造を解明したのは藤堂明保である。氏は化のグループ、爲のグループ、玄のグループ、および縣・幻を一つの単語家族にくくり、「姿を変える」という基本義があるとした(藤堂①)。姿を変えることの前提には手を加えるなどの働きかけがある。筆者は爲には「人工を加える」というコアイメージがあり、その結果として「姿や性質を変える」というイメージに展開すると考える。「姿が変わる」というイメージでは化に近く、「人工を加える」というイメージでは以に近い。わざと手を加えることが作為である。清の郝懿行は「爲と僞は古へ通用す。凡そ天性に非ずして人の造作する所の者は皆僞なり。僞は即ち爲なり」と述べている(爾雅義疏)。不自然にわざと手を加えた究極の行為が偽(いつわり)である。老子が無為を尊び自然回帰思想を打ち立てたこと、荀子が人間性の根源は偽(人為)であるとして性悪説を唱えたことは、爲が自然に反し、人間的(人工的)なしわざだからである。日本語の「なす」は㋐「以前には存在しなかったものを、積極的に働きかけることによって存在させる」、㋑「すでに存在しているものに働きかけ、別なものに変化させる」意という(大野①)。これは漢語の為とぴったり対応する。一方、為には「ため」の訓もある。「ため」とは「その人・その事にとって役立つこと、利益になることの意が原義」という(大野①)。これは為の意味ⓒの「有為」などから連想した訓であろう。為には目的や原因・理由などを表す用法があり、漢文訓読の影響で、日本語の「ため」にもこの意味が生じた。英語のmakeは「(材料に手を加えて)何かを作る」がコアイメージという(田中①)。これは漢語の為のコアイメージと合致する。

〈グループ〉為・偽・譌カ(言葉が変化する、なまる・なまり[譌伝])・蔿カ(つぼみから変化した「はな」)

字源 篆書・楷書とも形が崩れて字源が不明。甲骨文字に遡ると「爪(手)＋象」を合わせた字と判明する。殷代では黄河流域まで象が棲息していたらしい。野生の象を飼い馴らして作業をさせる情景を設定した図形が、「象(ゾウ。イメージ記号)＋爪(限定符号)」を合わせた「爲」である。

この意匠によって、自然のものに手を加えて姿や性質を別のものに変えることを表象する。爲の字源を「手もて象を牽く形」としたのは羅振玉が最初で、これが定説になっている。

(甲) (金) (篆)

〔字体〕「爲」が正字。「為」は書道で生じた「爲」の俗字。現代中国の簡体字は「为」。偽もこれに倣う。

語源 [展開] 手を加えて何かをする(手を加えて何かを作る)意味ⓐから、手を加えて(わざと)行う意味ⓑ、行いの意味ⓒ、姿が変わる(Aが変化してBになる)意味ⓓ、AをBとする(〜と見なす、〜と思う)意味ⓔ、〜である意味ⓕ、ある目的のために何かをする(〜のために)の意味ⓖに展開する。[英]make; do, act; deed; become, turn into; regard. think; be; for, in order to, because of [熟語] ⓐ為政・ⓑ作為・当為・ⓒ行為・有為

文献 ⓐ詩経・七月「爲公子裳＝公子の裳を為(つく)らん(公子様のはかまを作りましょう)」ⓑ詩経・采苓「人之爲言＝人の為せる言(他人がわざと言い触らすうわさ)」ⓓ詩経・蒹葭「白露爲霜＝白露、霜と為(な)る(白い露が霜になる)」ⓔ詩経・鶉之奔奔「我以爲兄＝我は以て兄と為(な)さん(私はあなた[夫]を兄と見なそう)」ⓕ詩経・何人斯「爲鬼爲蜮、則不可得＝鬼為(た)り蜮(ヨク)為り、則ち得べからず([あの人は]鬼だ、化け物だ、得体が知れぬ)」ⓖ論語・憲問「古之學者爲己、今之學者爲人＝古の学者は己の為にし、今の学者は人の為にす(昔の学者は自分のために学問をしたが、今の学者は人に知られたいためにやっている)」

【畏】 9(田・4) 常 | 常用音訓 イ おそれる

語音 *・ɪuər(上古) ・ɪuəi(中古→呉ヱ〈＝エ〉 漢ヰ〈＝イ〉) wèi(中) 외(韓)

語源 [コアイメージ] 押さえてへこませる。[実現される意味] 何かに威圧された感じを受ける(おそれる)ⓐ。[英]awe, fear

〔解説〕広雅・釈言に「畏は威なり」とある。*・ɪuərという語は威・尉などと同源で、「押さえつける」というコアイメージをもつ。力を加えて押さえつけると、へこむことになる。空間的・物理的なイメージは心理的なイメージにも転化する。「へこむ」というイメージから、心理的にへこませる、つまり「おそれさせる」という意味が実現される。日本語の「おそれる(おそる)」は「危険を前もって心配し、警戒する。こわがる」意味で、「うやまいつつしむ」意味に展開するという(大野①)。この展開義は漢語の畏のⓑに当たる。畏には「かしこし」「かしこまる」の訓もつけられた。「かしこし」とは「あらゆる自然の事物に精霊を認め、それらの霊威に対して感じる、古代日本人の身も心もすくむような畏怖の気持ちをいうのが原義」、「かしこまる」は「相手に対して畏怖・畏敬の念を抱き、身をちぢこませるようにする意」という(大野①)。これらの訓も畏のⓑと重なる所がある。ただし漢語の畏には神秘的な要素はない。

〔グループ〕畏・隈・猥(ワイ)(押し曲げて、みだりに・みだれる[猥雑])・喂(イ)(おそれる)・餵(イ)(食べ物を押しつける→餌をやる)・嵔(イ)(＝崴(イ)。威圧するように山が険しいさま)

字源 篆書・楷書とも形が崩れて字源が不明。甲骨文字・金文は「鬼(亡霊、化け物)＋卜(卜形の武器)」を合わせて、化け物が武器を持っている情景を設定した図形。力を加えて人をおどしている様子を暗示させる。この意匠によって、威圧を加えて人をおそれさせることを表象する。

(甲) (金) (篆)

語義 [展開] おそれる意味ⓐから、こわい目にあう意味ⓑ、威圧を受けてかしこまる(心服して敬う)意味ⓒに展開する。[英]awe, fear; have a dreadful experience; respect [和訓] かしこい・かしこまる・かしこむ [熟語] ⓐ畏縮・畏怖・ⓒ畏敬・畏友

文献 ⓐ詩経・将仲子「畏我父母＝我が父母を畏る（私の両親がこわい）」ⓑ論語・子罕「子畏於匡＝子、匡に畏る（先生〈＝孔子〉は匡〈＝地名〉でこわい目にあった）」

【胃】9（肉・5）　常　｜　常用音訓　イ

語音 *ɦiuər（上古）　ɦiuəi（中古→呉漢ヰ〈＝イ〉）　wèi（中）　위（韓）

語源 ［コアイメージ］丸く取り囲む。［実現される意味］いぶくろⓐ。［英］stomach

〈解説〉釈名・釈形体に「胃は囲なり」と語源を説く。いぶくろは食べ物を入れて外側を囲み、ほぼ丸い形を呈する。*ɦiuər という語は囲・回・鬼・塊などと同源で、「丸い」「丸く取り巻く」というコアイメージをもつ。

〈グループ〉胃・彙・謂・喟キ（胸がいっぱい詰まってため息をつくさま［喟然］）・蝟イ（＝彙。全身に針状の毛で取り巻かれた獣、ハリネズミ［蝟集］）

字源 「図（食べ物の入ったいぶくろの形。イメージ記号）＋肉（限定符号）」を合わせた字。「図」は独立した字ではない。

（金）　（篆）

語義 消化を掌る器官の名ⓐ。六腑の一つ。［熟語］ⓐ胃炎・胃腸・健胃剤

文献 ⓐ韓非子・五蠹「腥臊悪臭而傷害腹胃＝腥臊セイソウ悪臭にして腹胃を傷害す（［上古の民の食べ物は］生臭いものだったので、腹と胃をこわした）」

【尉】11（寸・8）　常　｜　常用音訓　イ

語音 *·iuəd（上古）　·iuəi（中古→呉漢ヰ〈＝イ〉）　wèi（中）　위（韓）

語源 ［コアイメージ］上から押さえつける。［実現される意味］軍事・警察をつかさどる官ⓐ。［英］officer of army or police

〈解説〉警察や軍事の官名、あるいは軍隊の階級の名に使われる。これらの官の特徴は武力にある。武力で民（あるいは敵）を抑えて自由にさせないことから命名された。古人は「上より下を安んずるを尉と曰ふ。武官悉く以て称と為す」と述べる（史記集解）。*·iuəd という語は威や畏と同源で、「上から押さえつける」というコアイメージを持つ。この語の図形化はひのし（アイロン）から発想された。ひのしは衣類の皺を伸ばすため、上から下に押さえつける道具である。ひのしは *·iuəd を少し変えて *·iuət といい、熨と書く。白川静は「ひのしで布帛を平らかにする意」とし（白川①）、官名の由来を捉えていない。コアイメージこそ両者をつなぐかなめである。

〈グループ〉尉・慰・熨ウツ（ひのし［熨斗］）・蔚イ・ウツ（熱などの症状を抑えつける薬効のある草、オトコヨモギ。また、草木がこんもりと茂って、上から押さえつけるように密集する様子［蔚然］）

字源 「𡰥（イメージ記号）＋火（イメージ補助記号）＋寸（限定符号）」を合わせた字。「𡰥」は「尸（しり）＋＝（重ねることを示す符号）」を合わせて、尻を物の上に重ねて敷く様子を示す図形。篆文では「寸」が「又」になっているが、「又」も手の動作を示す限定符号。したがって「尉」は尻で下の物を敷くのと同じようなしぐさをして、火を使った道具を衣類に押しつけて、皺を伸ばす情景を設定した図形。これはひのし（アイロン）を当てる情景を図形にしたものである。

（篆）

語義 ［展開］軍事・警察の官の意味ⓐ。また、軍隊の階級の一つⓑに用いられる。［英］officer of army or police; one of military rank ［熟語］ⓐ尉官・校尉・ⓑ大尉・中尉

文献 ⓐ春秋左氏伝・閔公2「羊舌大夫為尉＝羊舌大夫、尉と為る（羊舌大夫が軍尉となった）」

【惟】11(心・8) 人 | 音 イ・ユイ 訓 おもう・おもんみる・ただ・これ

語音 *dịuər(上古) yiui(中古→呉ユイ 漢イ) wéi(中) 유(韓)

語源 [コアイメージ] 一点に重みをかける。[実現される意味] ただそれだけをひたすら思う(a)。[英]consider

字源 「隹(スイ)(音・イメージ記号)+心(限定符号)」を合わせた字。「隹」は「ずっしりと重い」というイメージから、「一点に重みをかける」というイメージに展開する(⇨維・唯)。「惟」はただ一つのことだけをひたすら思う様子を暗示させる。

語義 [展開] ただそれだけをひたすら思う(おもんみる)意味(a)から、ただそれだけの意味(b)を派生する。(b)は唯と通用。[英]consider, deliberate, reflect; alone, only [熟語] (a)思惟

文献 (a)詩経・生民「載謀載惟=載(すなわ)ち謀り載ち惟ふ(ただそれだけを思いはかる)」

【異】11(田・6) 常 | 常用音訓 イ こと

語音 *diag(上古) yiei(中古→呉漢イ) yì(中) 이(韓)

語源 [コアイメージ] もう一つ別にある。[実現される意味] それとは別にする・それとは別の(a)。[英]another

〔解説〕藤堂明保は異・翌・翼を同源とし、「もう一つ別の」という基本義をもつとする(藤堂①)。Aのほかに同じようなBが別に存在する場合に使う言葉が*diagである。今日のほかに次に訪れるであろう日(あす)を翌*diakという。両側に同じように存在する鳥の羽(つばさ)を翼*diakという。異はこれらを抽象化したような意味である。日本では異を「こと」「ことなる(ことなり)」と訓じる。「こと」とは「ある物と違う、別である、変わっているというのが原義」という(大野①)。漢語の異はAとBが等しくない(違う)という意味ではなく、Aとは別にBがあるという意味である。異は人が両手を挙げる情景から図形化された。しかし両手を挙げた奇怪な化け物を描いた形だから、「変わっている」という意味に解釈すると、言葉を正しく捉えたことにならないし、翼が異を元にした理由も説明できない。図形は同時性しか表現できないので、片手を挙げ、次に別の手を挙げる行為を表現するために、一度に両手を挙げた図形とせざるを得ないのである。漢字の解釈では静止画像を動画風に読む必要がある場合もある(例えば危)。英語のanotherは「もう一つ」がコアイメージで、「はじめに指したもの(one)とは、(同じ種類の)別のものを指す」語という(田中①)。漢語の異の最初の使い方は、例えば異日とは他日と同じで、ある日とは別の日の意味であり、異体字とは同じ語を表記する字で、ある形をもつ字体とは別に存在する字体である。また英語のdifferはラテン語のdifftre、dis-(反対、分離)+ferre(運ぶ)(運ぶ)が語源で、「(集団・基準から外れて)異なる」の意味という(下宮①、政村①)。これは漢語の異の(b)に当たる。

〔グループ〕異・翼・廙(ヨク)(別に作る仮の小屋)・冀(キ)(かなわないことをもう一度実現させたいと願い求める→こいねがう[冀望])・驥(キ)(めったにない名馬[驥尾])

字源 頭の大きな人が両手を挙げている情景を描いた図形。左右の手を挙げていることに焦点を置いて、Aとは別にBが存在することを表象する。字源については、頭上に物を戴く形(王国維)、両手を上げて覆翼する(覆いかぶせる)形(羅振玉)、鬼状の如き頭を奉ずる形で、驚異すべきの意(葉玉森)などがある。白川静は「霊鬼の象形」で、それから異常・異変・奇異の意が生じたとする(白川①)。

(甲) (金) (篆)

語義 [展開] Aを基準にするとBはそれとは別であるという意味(a)から、普通とは違っている(ことなる)意味(b)、変わっている、変わった事柄・出来事の意味(c)、不思議に思う(あやしむ)意味(d)に展開する。[英]

another; differ, different; strange, extraordinary, incident; wonder 【熟語】ⓐ異義・異国・ⓑ異常・怪異・ⓒ異変・災異・ⓓ驚異

文献 ⓐ詩経・大車「穀則異室、死則同穴＝穀(い)きては則ち室を異にするも、死しては則ち穴を同じくせん(生きている時は寝室が別でも[夫婦になれなくても]、死んで同じ墓の中で結ばれたい)」ⓑ詩経・静女「洵美且異＝洵(まこと)に美にして且つ異なり(本当に美しくて珍しい)」

【移】 11(禾・6)

常 ―― 常用音訓 イ うつる・うつす

語音 *diar(上古) yiĕ(中古→呉漢イ) yí(中) 이(韓)

語源 【コアイメージ】横に延びていく。【実現される意味】他の場所に動いて位置・状態などが変わる(うつる・うつす)ⓐ。[英]move, shift

〔解説〕王力は延・施・移を同源とし、延びるという意味があるとする(王力①)。藤堂明保は它(タ)のグループ(蛇など)、也のグループ(池など)、帯のグループ、延のグループ、曳(エイ)のグループ、世のグループなどと同源とし、「うねうねと伸びる・伸ばす」という基本義があるとする(藤堂①)。A・Bの地点の間を飛んでうつるのではなく、Aからずるずると這うように延びてBにうつることが*diarの意味である。この図形化はヘビ(它・也)から発想されたものとして迤(タ)(横に延びて進む)や迆(イ)(横にずれて行く)があるが、稲の穂波から発想したものが移である。鄭玄が「移の言は靡池(イビ)(なびきうつる)なり」(礼記注)と述べているのが的を射ている。ヤマナラシ(ハコヤナギ)は風が吹くと、葉がなびいて、こすれたような音を出すので、移(イ)(移楊(イヨウ)、扶移(フイ))という。日本語の「うつす」はウツシ(顕)・ウツツ(現)と同根で、「物の形や内容そのままを、他の所にあらわれさせる意」という(大野①)。文字を写す、光を映す意味のほかに、「そのまままそっくり移動させる」や「そのまま時を過ごす」意味に展開する。後の展開義が漢語の移に近いが、ずるずると延びて移動するのではなく、ぽんと一気に空間を飛び越えて他の所に行くといったイメージで、過程よりも結果に重点を置いた語であろう。これに対して漢語の移はA→Bのように移動するその過程に重点がある。しかし移動した結果は場所や状態が前と比べて変化しているので、「変わる」というイメージが当然含まれることになる。

字源 「多(タ)(音・イメージ記号)＋禾(限定符号)」を合わせた字。藤堂は「多」を単なる音符としたが(藤堂②)、筆者は音・イメージ記号と見る。「多」のコアイメージは「いくつも(上に)重なる」であるが(⇩多)、視点を縦(垂直)の軸から横(水平)の軸に変えると、「次々に重なるようにしてつながっていく」というイメージに展開しうる(これは二次的イメージである)。したがって「移」は稲の穂波が風に揺れて横になびく情景を設定した図形である。説文解字では「移は禾の相倚移(イイ)する(斜めに寄りかかって移る)なり」と解釈している。この意匠によって、A点からB点に飛んでうつるのではなく、両点の間をずるずると延びてうつることを表象する。禾およびその情況設定はあくまで比喩と見るべきである。しかし文字学者にはこのような考え方はない。白川静は「両者(禾穀と肉)を供えて祀り、災異を他に移すこと」とする(白川①)。禾と肉を祭る行為と災異を移すことの間に必然性がない。

語義 【展開】空間的に移る・移す意味ⓐから、時間が経過する(うつり変わる)意味ⓑ、文書を回す(回し文)の意味ⓒに展開する。[英]move, shift, transfer; change; circular 【熟語】ⓐ移行・移動・ⓑ推移・ⓒ移文

文献 ⓐ論語・陽貨「唯上知與下愚不移＝唯上知と下愚とは移らず(最高の知者と最低の愚者だけが[どんな環境でも]変わらない)」

【萎】 11(艸・8)

常 ―― 常用音訓 イ なえる

語音 *・iuar(上古) ・iuĕ(中古→呉漢ヰ〈＝イ〉) wēi(中) 위(韓)

語源 【コアイメージ】しなやかに垂れ下がる。【実現される意味】草木が枯れたりしてぐったりしたりする(しおれる)ⓐ。[英]wither, wilt

〈解説〉委にコアイメージの源泉がある。これは「しなやかに(力がなく)垂れ下がる」というイメージである。日本語の「なえる(なゆ)」は「手足の力がぬけて、正常に働かなくなる」意、「しおれる(しをる)」は「植物が雪や風に押されて、たわみ、うなだれる意」、「しぼむ」は「生気が抜け、ちぢまる。しなびる」意という(大野①)。漢字の萎の訓としては「しおれる」がふさわしい。また、「なえる」の表記としては漢字の痿(イ)(手足の筋力がぐったりと弱くなる)がふさわしい。

字源 「委(イ)(音・イメージ記号)＋艸(限定符号)」を合わせた字。「委」は「しなやかに垂れ下がる」というイメージがある(⇩委)。「萎」は草の枝葉が生気を失ってしなやかに垂れる様子を暗示させる。

語義 [展開] 草木が枯れてぐったりする(しおれる)意味ⓐから、生気や力を失ってぐったりとなる、勢いがなくなる(なえる)意味ⓑに展開する。[英]wither, wilt; decline, weaken [和訓] しおれる・しなびる・しぼむ [熟語] ⓐ萎靡・ⓑ萎縮・陰萎

文献 ⓐ詩経・谷風「無木不萎＝木として萎(イ)せざるは無し(しおれていない木はない)」

【偉】 12(人・10) 常 常用音訓 イ えらい

語音 *ɦiuər(上古) ɦiuəi(中古→呉漢ヰ〈＝イ〉) wěi(中) 위(韓)

語源 [コアイメージ] 丸くて目立つ。[実現される意味] 体格や容貌が人並外れて立派であるⓐ。[英]big and tall

〈解説〉王力は偉と傀(カイ)を同源とする(王力①)。説文解字に「傀は偉なり」とあり、徐鍇は「偉は人材傀偉(カイ)なり」と述べる(説文繫伝)。体格が立派なことを傀偉という。これは二音節化した語であるが、一音節語としては傀・偉は大きくて目立つことである。日本語の「えらい(えらし)」はイライラシ(苛々し)やイラナシ(苛甚し)が転じた語(大言海の説)。「いらなし」はイラ(刺の意)＋ナシ(甚だしい意)で、「刺が鋭い、また、刺が突きさして痛いことが原義」で、そこから「心が痛い」「するどい」「目に刺さるようにきわだっている」と展開する(大野①)。甚だきわだっている意味から、現在の「すぐれている」の意味が生じた。これは漢語の偉の転義のⓑに相当する。

字源 「韋(イ)(音・イメージ記号)＋人(限定符号)」を合わせた字。「韋」は「回りをぐるりと回る」というイメージがあり(⇩囲)、「丸い」というイメージから「丸くて目立つ」というイメージに展開する。「偉」は立派な姿で目立つ人を暗示させる。

語義 [展開] 体格や容貌が立派である意味ⓐから、人格や業績などが優れて立派である(えらい)意味ⓑ、物が目立って大きい意味ⓒに展開する。[英]big and tall; great; grand, magnificent [熟語] ⓐ偉丈夫・魁偉・ⓑ偉人・偉大・ⓒ偉観・偉容

文献 ⓐ荘子・大宗師「偉哉夫造物者＝偉(イ)なる哉、夫(か)の造物者(立派だよ、あの万物の創造者は)」

【椅】 12(木・8) 常 常用音訓 イ

語音 (1)*·ıar(上古) ·ıĕ(中古→呉漢イ) yǐ(中) 의(韓) (2)i(宋イ) yǐ(中) 의(韓)

語源 [コアイメージ] (1)┓形に曲がる。(2)斜めに寄りかかる。[実現される意味] イイギリⓐ。[英]Idesia

字源 (1)「奇(キ)(音・イメージ記号)＋木(限定符号)」を合わせた字。「奇」は「┓形に曲がる」というイメージがある(⇩奇)。まっすぐな枝が果実をぶら下げて曲がる姿を呈する木を暗示させる。この意匠によって、イイギリを表象する。イイギリは秋に果実が赤く熟し、枝の端から多数垂れ下がる。(2)「倚(イ)(寄りかかりもたれる)の略体(音・イメージ記号)＋木(限定符号)」を合わせて、寄りかかってもたれる木製の座具を表す。後の椅は宋代の文献に初出。

語義 イイギリ科の木、イイギリの意味ⓐ（1の場合）。また、背もたれの座具（腰掛け）の意味ⓑ（2の場合）。［英］Idesia; chair ［熟語］ⓑ椅子

文献 ⓐ詩経・湛露「其桐其椅、其實離離＝其の桐其の椅、其の実離離たり（キリの木もイイギリの木も、実はたわわに連なる）」

【彙】13（彑・10） 常 常用音訓 イ

語音 *ɦuad（上古） ɦuai（中古→呉漢ヰ〈＝イ〉） hui（中） 휘（韓）

語源 ［コアイメージ］丸く取り巻く（囲む）。［実現される意味］ハリネズミⓐ。［英］hedgehog

字源 「胃ヰ（音・イメージ記号）＋㣇（イノシシに似た獣を示す限定符号）」を合わせた字。「胃」は「丸く取り巻く」というイメージがある（⇩胃）。全身に針状の毛で取り巻かれた獣、ハリネズミを暗示させる。蝟は異体字。

語義 ［展開］ハリネズミが原義ⓐ。また、「丸く取り巻く」というコアイメージから、一所に丸く集まる意味ⓑ、多くの（同類の）物の集まりという意味ⓒを派生する。［英］hedgehog; assemble; collection ［熟語］ⓑ彙報・ⓒ語彙

文献 ⓐ山海経・北山経「其狀如彙＝其の状、彙の如し（その［獣の］姿はハリネズミに似ている）」

【意】13（心・9） 常 常用音訓 イ

語音 *·ɪəg（上古） ·iei（中古→呉漢イ） yi（中） 의（韓）

語源 ［コアイメージ］中にこもる・ふさがる。［実現される意味］心の中に思いをこめる（思う）ⓐ。［英］think

〔解説〕霊枢・本神篇に「心に憶おもふ所有る、之を意と謂ふ」、また、易経の注釈に「意は億なり」とある（焦循の易章句）。億の右側の薏ヨクは思いが心の中にこもることである。意と薏は同源の語で、「ふさがれて中にいっぱいこもる」というイメージがある。これの図形化は音から発想された。音*·ɪəmと意*·ɪəgは類音的な関係にある。言葉として出さずに口の中におとをこもらせるのが音、言葉に出さずに心の中に思いをこめるのが意である。藤堂明保は意・医・矣イ・疑などを同源とし、「つかえる」という基本義があるとする（藤堂①）。「つかえる」というイメージは「中にもこってふさがる」というイメージからの転化と考えてよい。

〔グループ〕意・億・憶・臆・噫イ（胸が詰まって出る嘆息の声、ああ）・檍オク（億万の寓意をもつ常緑樹、モチノキ、別名万年木）・薏ヨク（ハスの種子の中に入っている胚芽。また、薏苡ヨクイは殻に薏に似た種子の入っている草、ジュズダマ・ハトムギ［薏苡］）

字源 「音オン（音・イメージ記号）＋心（限定符号）」を合わせた字。「音」は「中に入れてふさぐ」「こもる」というイメージがある（⇩音）。「意」は言葉として口に出さないで、心の中に思いや考えをふさいで閉じ込める様子を暗示させる。この意匠によって、心の中に思いをこめること、また、心中にこもる思いを表象する。藤堂は「音（含む）＋心」の会意文字（藤堂②）、白川静は「その音がなにを意味するかをおしはかる、つまり神意をおしはかる意」とする（白川②）。白川説ではコアイメージという考えがないので、音（おと）という実体（物理現象）から「おしはかる」という意味を導く。

語義 ［展開］心中に思いをこめる（おもう）意味ⓐから、心中にこもる思い（考え、こころ）の意味ⓑ、臆測すること、勝手な思いの意味ⓒ、物事に含まれる内容（わけ）の意味ⓓに展開する。［英］think; thought, idea; conjecture; meaning ［和訓］おもう ［熟語］ⓐ意図・不意・ⓑ意志・好意・ⓓ意義・意味

文献 ⓐ詩経・正月「曾是不意＝曽かつて是れ意おもはざりき（あなたはかつて思ってもみなかった）」ⓑ孟子・万章上「以意逆志、是爲得之＝意を以て志を逆むかふ、是れ之を得たりと為す（自分の考えで相手［詩の作者］の意図をく

み取ること、これこそ詩が理解できたと言える)」ⓒ論語・子罕「毋意＝意なる毋かれ(［孔子が退けた四つの心情の一つは］臆測を持つな)」ⓓ淮南子・精神訓「深原道徳之意＝深く道徳の意を原ぬ(深く道徳の意味を探究する)」

【葦】13(艸・10)　人　｜　㊔イ　㊀あし・よし

語音 *ɦuər(上古)　ɦuəi(中古→㊐㊊ヰ〈＝イ〉)　wěi(中)　위(韓)

語源 ［コアイメージ］丸い。［実現される意味］植物のアシⓐ。［英］reed

字源 「韋ィ(音・イメージ記号)＋艸(限定符号)」を合わせた字。「韋」は「丸い」というイメージがある(⇨偉)。「葦」は円筒形の茎をもつ植物を表す。

語義 イネ科植物の名、アシの意味ⓐ。成長段階に従って蒹→葭→蘆→葦と名が変わる。

文献 ⓐ詩経・河広「一葦杭之＝一葦もて之を杭る(［黄河は広いけれど］一つのアシの葉でも渡れる)」

【違】13(辵・10)　常　｜　常用音訓　イ　ちがう・ちがえる

語音 *ɦuər(上古)　ɦuəi(中古→㊐㊊ヰ〈＝イ〉)　wěi(中)　위(韓)

語源 ［コアイメージ］逆方向(⇅の形)に行く。［実現される意味］向こうに立ち去るⓐ。［英］go away, leave

〔解説〕古典に「回は違なり」の訓がある。王力は韋・違・回を同源とし、背く意があるとする(王力①②)。違は⇅の形に食い違うこと、回はまわることであるが、なぜ両者に「食い違い、よこしま」という似た意味があるのか。回るとはある点から出発して○の形(Cの形)に回って元の点に戻ることである。↑の方向に出たものが、途中で↓の方向に向きを変えて行くことになる。ここに「⇅の形に反対方向になる」というイメージが生まれる。韋という記号のコアイメージはこれである。「⇅の形」のイメージと「○の形」(丸い・丸く回る)の二つのイメージを同時にもっている。ただし違では○の形のイメージではなく、⇅の形のイメージが取られる。前者だと回って元に戻るという意味が実現しそうであるが、そうはならず、逆方向に去るという意味が実現された。訓の「ちがう(ちがふ)」はチ(方向)＋カフ(交)で、「同じ種類の動作が互いに交差する意」という(大野①)。これは⇅や×のイメージであろう。また「たがう(たがふ)」はタ(手)＋カフ(換)で、「相手の意向、自分の予定、正しいことなどに対する現実の手段・実行・行動が入れちがいである意。つまり、相手にそむき、事志に合わず、間違う意」という(大野①)。「ちがう」は漢語の違のⓑ、「たがう」は漢語の違のⓒにほぼ相当する。常用漢字表に「たがう」の訓も採るべきである。漢語では「去る」と「ちがう」「たがう」の意味がコアイメージを介して違の一語となっているが、日本語ではこれらはちがう語である。

字源 「韋ィ(音・イメージ記号)＋辵(限定符号)」を合わせた字。「韋」は「口(場所)」の上に左向きの足、下に右向きの足を配置した図形。一方が↑の方向に行けば、他方は↓の方向に行くので、「逆方向(⇅の形)に行く」というイメージを表すことができる(⇨囲)。「違」は向こうからここへ来た人が向こう(逆の方向)へ行く様子を暗示させる。

語義 ［展開］「逆方向に行く」というコアイメージから、向こうに立ち去る意味ⓐ、行き違ってちぐはぐになる(食い違う)意味ⓑ、ルールなどにそむく意味ⓒに展開する。［英］go away, leave; differ; go against, disobey, deviate, violate　［和訓］たがう・さる　［熟語］ⓑ相違・差違・ⓒ違反・違法

文献 ⓐ詩経・殷其雷「何斯違斯＝何ぞ斯れ違るや(なぜあなたは去っていったの)」ⓑ詩経・谷風「徳音莫違＝徳音違ふ莫し(愛の言葉に食い違いはない)」ⓒ論語・為政「孟懿子問孝、子曰、無違＝孟懿子孝を問ふ、子曰く、違ふ無かれ(孟懿子が孝について問うた。先生は答えた、［礼

に」そむかないことだ)」

【維】14(糸・8) [常] [常用音訓] イ

[語音] *d̥ɪuər(上古) yiui(中古→[呉]ユイ [漢]イ) wéi(中) 유(韓)

[語源] [コアイメージ] ずっしりと重い。[実現される意味] 太い綱ⓐ。[英]big rope, hawser

[字源] 「隹(イス)(音・イメージ記号)+糸(限定符号)」を合わせた字。「隹」は「重くずっしりしている」というイメージがある(⇩推)。「維」は重いものを支える太い綱を表す。

[語義] [展開] 大綱の意味ⓐから、支えるもの、国の大本の意味ⓑ、糸筋の意味ⓒに展開する。また、綱や縄で物を結ぶことから、つなぎとめる意味ⓓを派生する。また、漢詩でリズム調節詞(漢文で「これ」と読む)ⓔに用いられる。[英]big rope, hawser; principle; thread, fiber; tie; particle [和訓] つなぐ・これ [熟語] ⓐ四維・地維・ⓑ維綱・ⓒ繊維・ⓓ維持・ⓔ維新

[文献] ⓐ楚辞・天問「斡維焉繫=斡維(アツイ)は焉(いず)くにか繫(つな)がる(天を回す太綱[天柱]はどこでつながれているのか)」ⓓ詩経・節南山「四方是維=四方を是れ維(つな)ぐ(四方の国をつなぎとめる)」ⓔ詩経・文王「其命維新=其の命維れ新たなり(天命が新たに下された)」

【慰】15(心・11) [常] [常用音訓] イ なぐさめる・なぐさむ

[語音] *·ɪuəd(上古) ·ɪuəi(中古→[呉][漢]ヰ〈=イ〉) wèi(中) 위(韓)

[語源] [コアイメージ] 押さえつける。[実現される意味] 相手や自分の気持ちをなだめて落ち着かせる(なだめる・なぐさめる)ⓐ。[英]comfort, console, soothe

〔解説〕コアイメージの源泉は尉にある。胡三省は「尉は慰と同じ。安なり」「撫して之を安んずるを慰と曰ふ」と述べる(資治通鑑の注)。尉の「上から下に(力で)押さえつける」というコアイメージから、心理動詞である慰が派生した。苦しみなどをもつ人(自分を含めて)をなだめて落ち着かせることを慰という。日本語の「なぐさめる(なぐさむ)」はナグサの動詞形で、ナグサはナギ(凪)・ナゴヤカ(和)と同根で、「心の波立ちを静め、穏やかにする意」という。そこから「気をまぎらわす」「もてあそぶ」「気持ちをやわらげる・なだめる」「(疲れを)いたわる」の意味に展開する(大野①)。しかし「まぎらわす」「もてあそぶ」という意味は漢語の慰にはない。

[字源] 「尉(イ)(音・イメージ記号)+心(限定符号)」を合わせた字。「尉」は「(上から力を加えて)押さえつける」というイメージがある(⇩尉)。「慰」は心の不安や苦痛を、何らかの力でもって、押さえつけてなだめる様子を暗示させる。

[語義] [展開] なだめる・なぐさめる意味ⓐ。もてあそぶ(なぐさむ)の意味ⓑや、楽しみ(なぐさみ)の意味ⓒは日本的用法。[英]comfort, console, soothe; sport with; diversion [熟語] ⓐ慰安・慰問

[文献] ⓐ詩経・凱風「有子七人、莫慰母心=子七人有り、母の心を慰むる莫(な)し(七人の子があるけれど、母の心をいたわらない)」

【遺】15(辵・12) [常] [常用音訓] イ・ユイ

[語音] (1)*g̊ɪuər(上古) yiui(中古→[呉]ユイ [漢]イ) yí(中) 유(韓) (2)*g̊ɪuər(上古) yiui(中古→[呉]ユイ [漢]イ) wèi(中) 유(韓)

[語源] [コアイメージ] ㋐空っぽ・㋑満たす。[実現される意味] 捨てたり忘れたりして、その場から去るⓐ。[英]leave

〔解説〕遺の訓(意味の取り方)として古典では亡、棄、留、送などがあるが、ほとんどばらばらで、いかなる統括的な意味があるのかわからないし、その深層構造を明らかにした人はいない。遺の深層構造は何か。コアイメージの源泉は貴にある。貴は「中身がいっぱいになる」というイ

メージがあるが、その前提をなすのが「空っぽ」のイメージである。したがって貴には「満ちる」と「空っぽ」の正反対のイメージがある。空っぽな空間を満たそうとすることと、空っぽな空間から抜け出ようとするという方向が逆の二つの行為や現象が貴という記号によって統括される。空っぽな所から抜け出るというイメージが亡・失・忘・棄などの意味を実現し、空っぽな所に満たすというイメージが送・贈・与の意味を実現するのである。英語のleaveは「持っていかないで(そのままの状態にして)去る」がコアイメージで、離れる(去る)意と残す意に展開するという(田中①)。漢語の遺はこれと近い。

字源 「貴(キ)(音・イメージ記号)+辵(限定符号)」を合わせた字。「貴」は「空っぽな囲いの中に物を詰める」というイメージと、「物が囲いから出て空っぽになる」というイメージがある(⇩貴)。「遺」は囲いから物が抜け出たのに気づかずに行ってしまう様子を暗示させる。この意匠によって、忘れたり捨てたりして、後に残したまま去ってしまうことを表象する。

語義 [展開] 捨てたり、落としたり、忘れたりしたものを、そのまま残して立ち去るという行為が基本的意味ⓐ。ここから、打ち捨てる、うっかり落とす意味ⓑ、忘れる、忘れて気づかない意味ⓒ、後に残る、死後に残す意味ⓓ、うっかり何かをしてしまう意味ⓔに展開する(以上は1の場合)。また、「空っぽな所を満たす」というイメージから、人に物をおくって手元を満たしてやる(おくる)意味ⓕが実現される(2の場合)。日本では1と2で読みの区別をしない。[英]leave; lose, omit, abandon; forget; keep back, leave behind, bequeath; slip; present [和訓] すてる・わすれる・のこす・おくる [熟語] ⓐ遺世・ⓑ遺棄・補遺・ⓒ遺失・遺留・ⓓ遺産・遺書・ⓔ遺尿・遺漏・ⓕ遺贈

文献 ⓑ孟子・梁恵王上「未有仁而遺其親者也=未だ仁にして其の親を遺(す)つる者有らざるなり(仁愛がありながら親を捨てたという人間はいまだかっていない)」ⓒ詩経・谷風「棄予如遺=予を棄つること遺(わす)るるが如し(私を棄てて忘れたかのよう)」ⓓ詩経・雲漢「則不我遺=則ち我を遺(のこ)さず(「天の神様は」私を生き残らせてくれない)」ⓕ孟子・滕文公下「湯使遺之牛羊=湯、之に牛羊を遺(おく)らしむ(湯王は彼に牛や羊を贈らせた)」

【緯】 16(糸・10) 常 | 常用音訓 イ

語音 *ɦuər(上古) ɦuəi(中古→呉漢ヰ〈=イ〉) wěi(中) 위(韓)

語源 [コアイメージ] 逆方向(⇅の形)に行く。[実現される意味] 織物の横糸ⓐ。[英]weft, woof

字源 「韋(イ)(音・イメージ記号)+糸(限定符号)」を合わせた字。「韋」は「逆方向(⇅の形)に行く」というイメージがある(⇩違)。「緯」はまっすぐに張られている縦糸の間を、→の方向に通っていき、また折り返して←の方向に通っていく横糸を表す。

語義 [展開] 横糸の意味ⓐから、横の線、左右・東西の方向の意味ⓑ、また、正統的古典である経を神秘的に解釈する書物(予言や占いの書)の意味ⓒに展開する。[英]weft, woof; horizontal line, latitude; books of mysticism [和訓] よこいと [熟語] ⓐ経緯・ⓑ緯度・北緯・ⓒ緯書

文献 ⓐ春秋左氏伝・昭公24「嫠不恤其緯、而憂宗周之隕=嫠(リ)は其の緯を恤(あわ)れまず、而して宗周の隕(お)ちたるを憂ふ(機を織るやもめは横糸を気にしなくても、周国の衰微を心配する)」ⓑ淮南子・地形訓「凡地形東西爲緯、南北爲経=凡そ地形は東西を緯と為し、南北を経と為す」

【謂】 16(言・9) 人 | 音イ 訓いう・いわれ

語音 *ɦuəd(上古) ɦuəi(中古→呉漢ヰ〈=イ〉) wèi(中) 위(韓)

語源 [コアイメージ] 丸く取り巻く。[実現される意味] ある事柄の内容について話題にして述べるⓐ。[英]tell, say

字源 「胃(イ)(音・イメージ記号)+言(限定符号)」を合わせた字。「胃」は

「丸く取り囲む(囲む)」というイメージがある(⇩胃)。「謂」はある事柄を取り囲んで話題にする様子を暗示させる。

語義 [展開] 話題にして述べる意味ⓐから、人に話しかける意味ⓑ、理由・わけ(いわれ)の意味ⓒ、〜と呼ぶ、呼び名の意味ⓓに展開する。[英]tell, say; speak; meaning; call [熟語] ⓓ称謂

文献 ⓐ詩経・河広「誰謂河廣＝誰か謂ふ河は広しと(黄河が広いと誰が言うのか)」ⓑ論語・為政「或謂孔子曰＝或ひと孔子に謂ひて曰く(ある人が孔子に対してこう言った)」ⓓ詩経・葛藟「謂他人父＝他人を父と謂ふ(赤の他人を父と呼ぶ)」

いき

【域】 11(土・8) 常 常用音訓 イキ

語音 *ɦuək(上古) ɦuək(中古→呉ヰキ〈＝イキ〉漢ヨク) yù(中) 역(韓)

語源 [コアイメージ] 枠を区切る。[実現される意味] 区切られた場所・土地ⓐ。[英]area

〔解説〕「枠を区切る」というコアイメージをもつ或から域と國(国)が分化した。英語のareaは「(境界を伴う)区域」がコアイメージで、地域・場所・分野の意味に展開するという(田中①)。漢語の域とぴったり合致する。

字源 「或(クヮ)(音・イメージ記号)＋土(限定符号)」を合わせた字。「或」は「囗(四方を区切る印。イメージ記号)＋戈(限定符号)」を合わせて、ここが自分の領土だと、区切って境界線をつけ、武器で目印とする情景を設定した図形(⇩或)。ここに「一定の枠を区切る」というイメージがある。「域」は区切られた土地を表す。

語義 [展開] 区切られた場所の意味ⓐから、区切った枠・範囲の意味ⓑ、特定の土地や国の意味ⓒに展開する。[英]area, territory, region, domain; scope, field; country [熟語] ⓐ地域・領域・ⓑ音域・声域・ⓒ異域・西域

文献 ⓐ詩経・葛生「葛生蒙棘、蘞蔓于域＝葛は生じて棘(キョク)を蒙(おお)ひ、蘞(レン)は域に蔓(は)ふ(クズが生えてサネブトナツメを覆い、ヤブガラシは墓の区域に這っていく)」

いく

【育】 8(肉・4) 常 常用音訓 イク そだつ・そだてる・はぐくむ

語音 *diok(上古) yiuk(中古→呉漢イク) yù(中) 육(韓)

語源 [コアイメージ] 通って出てくる。[実現される意味] 子を生む・子が生まれるⓐ。[英]bear, breed

〔解説〕下記の易経の注釈に「育は生なり」とある。育は「生む」が本義である。楚辞・天問に「死して則ち又育す」の詩句がある。月が欠けて再び生じることを言ったもの。語源については古典に「育は賣(クイ)なり」がある。賣は續(＝続)・讀(＝読)・瀆(水を通すみぞ)などを構成し、「次々に(スムーズに)通す」というイメージがある。子が産道を通って生まれることが育である。しかし生む行為そのものをいう産とは違い、生まれた結果に重点を置くのが育である。それは生命をもつことである。子の視座から見れば「長ずる」という意味、親の視座から見れば「養う」という意味とつながる。王力は育と畜(やしなう)を同源とする(王力①)。生育・成育という語が示すように、生まれることと育つことが、*diokという語では連鎖的につながりをもつ。日本語の「そだつ」が巣立つに語源があるとするならば(大言海の説)、日本語の「そだつ」も生まれる(生い立つ)ことから成長するへと重点を移した語といえそうである。「はぐくむ」はハ(羽)＋ククム(含)で、「親鳥が子を自分の羽の下でかばい、育てる」意という(大野①)。英語のbreedは「(動物が)子を産む」の意味と

「育てる」の意味がある。これは育と似ている。

字源 「𠫓（イメージ記号）＋肉（限定符号）」を合わせた字。「𠫓」は「子」の逆さ文字で、頭を下にして生まれる子。「育」は子が生まれ出る情景を設定した図形。

（篆）

語義 [展開] 子が生まれて生命をもつ（うむ・うまれる）意味ⓐから、成長する（そだつ）という意味ⓑ、養ったり教えたりして成長させる（そだてる、はぐくむ）という意味ⓒに展開する。[英]bear, breed; grow(ⓑⓒ); raise, rear, nourish, foster, educate [熟語] ⓑ成育・発育・ⓒ教育・保育

文献 ⓐ易経・漸「婦孕不育＝婦、孕（はら）みて育せず（女性が妊娠しながら子を生まない）」ⓑ詩経・生民「載生載育＝載（すなわ）ち生まれ載ち育つ（子が生まれてすくすく育つ）」ⓒ詩経・蓼莪「長我育我＝我を長じ我を育す（[母は]私を養い育ててくれた）」

【郁】 9(邑・6) 人 音イク

語音 ＊・ıuək(上古) ・ıuk(中古→呉漢ヰク〈＝イク〉) yù(中) 욱(韓)

語源 [コアイメージ] 一定の部分だけ特に目立つ。[実現される意味] 目立つ模様のある様子ⓐ。[英]brilliantly colored

字源 「有（ウ）（音記号）＋邑（限定符号）」を合わせて、もとは地名を表記した字。郁郁や馥郁の郁は、彧→戫→郁と転じたもので、地名の郁と同形衝突した。「彧」は「或（ワク）（枠を区切る。音・イメージ記号）＋彡（限定符号）」を合わせて、枠に縁取られて目立つ様子を暗示させる。「有」は「一定の枠の中に囲い込む」というイメージがある（⇩有）。「彧（イク）＋有（ウ）（どちらも音・イメージ記号）」を合わせた「戫」は、区切られた一定の部分だけ特に目立つ様子を暗示させる。

語義 [展開] 視覚的に目立って美しい様子の意味ⓐから、嗅覚的に香気が特に引き立つ様子（かぐわしい）の意味ⓑに展開する。[英]brilliantly colored; fragrant [熟語] ⓐ郁郁・ⓑ馥郁（フクイク）

文献 ⓐ論語・八佾「周監於二代、郁郁乎文哉＝周は二代に監（かんが）〈＝鑑〉みれば、郁郁乎として文なる哉（周の文化は夏・殷の二代に照らしてみると、何とも目立ってあやがあるよ）」

いち

【一】 1(一・0) 常 常用音訓 イチ・イツ ひと・ひとつ

語音 ＊・iet(上古) ・iĕt(中古→呉イチ 漢イツ) yī(中) 일(韓)

語源 [コアイメージ] いっぱい詰まる。[実現される意味] 数詞の1（ひとつ）ⓐ。[英]one

〔解説〕「ひとつ」を意味する数詞であるが、それだけではなくきわめて多義的である。そのうち全体という意味がある。これは英語のoneには見られない意味であろう。なぜこんな意味を持ちうるかの鍵はコアイメージにある。古典に「一は壱なり」とあるように、古人は一＊・ietと壱＊・ietを同源と見なした。壱は「いっぱい詰まる」がコアイメージである。＊・ietという語は多くのものがまとまって統一体をなしている状態を意味する（これが全体の意味にもなる）。言ってみればカオスである。中国哲学（特に老荘）で一を宇宙の根源としている理由はまさにここにある。日本語の「ひと」は「不可分、単一の観念を表す」という（大野②）。数詞のほか、ちょっと、同じ、全体、いっぱい、或るという意味に展開するのは漢語の一と同じである。英語では数詞と序数で語を異にする。数詞oneからの意味展開のうち、或る、一方、同一の意味は漢語の一と同じ。序数firstからの転義は最初・始めの意味が漢語の一と同じ。また冠詞のaには「一つの」「同じ」「ある…」などの意味がある（田中①）。

字源 1本の横線でもって、数詞の1を意味する*・ietという語を表記した。古代人の数観念では、いっぱい詰まって統一体をなし、未分化である状態が数詞の1と見なされた。分化した状態が2である。

（甲）一　（金）一　（篆）一

語義 [展開] 数詞の1の意味ⓐ、序数の1番目の意味ⓑ、回数の一回(ひとたび)の意味ⓒに展開する。また、数詞から次のように意味が派生・展開する。⑴数が小さい→わずか・ちょっと・しばしの意味ⓓ。⑵順位が最初→始め・最上・トップの意味ⓔ。⑶未分化の状態(まとまっている・全部そろっている)→一つにまとまる(集中する)意味ⓕ、全体の意味ⓖ、同じである意味ⓗ、ただそれだけ(もっぱら・ひとえに・ひたすら)の意味ⓘ。⑷未定・不定の状態→ある・あるいはの意味ⓙ、ある時は・一方では(～したり～したり)の意味ⓚ。[英]one; first; once; few, little; beginning, top; concentrate; whole; same; solely, wholly; one, a, certain; and also [熟語] ⓐ一員・一夜・ⓑ一階・一審・ⓒ一過・一巡・ⓓ一瞬・一笑・ⓔ一等・一流・ⓕ合一・統一・ⓖ一家・一門・ⓗ均一・同一・ⓘ一途(イチズ)・専一・ⓙ一説・一旦・ⓚ一喜一憂

文献 ⓐ詩経・野有蔓草「有美一人＝美なる一人有り(美しい女が一人あり)」ⓑ詩経・七月「一之日于貉＝一の日于(ここ)に貉(カク)す(一番目の日はタヌキ狩り)」ⓓ詩経・彤弓「一朝饗之＝一朝之に饗せん(しばしごちそう進ぜよう)」ⓕ詩経・鳲鳩「其儀一兮＝其の儀は一なり(威儀は全部整った)」ⓗ詩経・素冠「聊與子如一兮＝聊(いさ)か子と一の如くならん(あなたと一つになり[同化し]たかった)」ⓘ詩経・北門「政事一埤益我＝政事一に我に埤益す(お殿の勤めがもっぱら増えた)」

【壱】 7(士・4)　常

常用音訓 イチ

語音 *・iet(上古)　・iet(中古→呉イチ　漢イツ)　yī(中)　일(韓)

語源 [コアイメージ] いっぱい詰まる。[実現される意味] 一つのことだけに集中するⓐ。[英]concentrate

[解説] 王力は一・壱・殪(エイ)を同源とする(王力①②)。藤堂明保は吉のグループや、咽・臣・緊などと同源で、「固く締まる」という基本義があるとする(藤堂①)。古人は一と壱を同源と見なした。いろいろなものがまとまって、一体化した状態(全体が一つになった状態)が*・ietという語であり、「いっぱい詰まる」というのがコアイメージである。これは「固く締まる」というイメージにも転化しうる。

[グループ] 壱・噎(エツ)(喉に食べ物が詰まる、息が詰まる→むせぶ)・殪(エイ)(壱発で倒す、倒れて息が詰まって死ぬ)・曀(エイ)(日光がふさがれて曇る、かげる)・饐(イ)(飯に暑気や湿気が詰まってべとべとして腐る→食べ物が腐って味が変わる、すえる)・懿(イ)(心がいっぱい詰まって充実している→品性が立派である[懿徳])

字源 「壹」が正字。「吉(キツ)(音・イメージ記号)＋壺(イメージ補助記号)」を合わせた字。「吉」は「いっぱい詰まる」というイメージがある(⇨吉)。「壹」は壺の中にいっぱい物を詰める様子を暗示させる。この意匠によって、「いっぱい詰まる」というイメージを表すことができる。

（篆）

[字体] 「壹」は旧字体。「壱」は書道に由来する常用漢字の字体。

語義 [展開] 「いっぱい詰まる」というコアイメージが「いろんなものをまとめて、一つだけに集中させる」という意味ⓐを実現させる。ここから、専らそれだけに集中して(ひとえに)の意味ⓑ、ひとつ(数詞の1)の意味ⓒに展開する。中国では一の大字として壱が用いられた(日本でもこれを踏襲する)。[英]concentrate; wholly; one [和訓] ひとつ [熟語] ⓐ専壱

文献 ⓐ孟子・公孫丑上「志壹則動氣＝志、壱(イツ)なれば、則ち気を動かす(精神が集中すれば体内の気を動かす)」ⓑ詩経・小宛「壹醉日富＝壱(イツ)に

酔ひて日に富む(ひたすら酒に酔い、日々ぜいたく)」ⓒ詩経・騶虞「壹發五豝＝壱発五豝ハゴ(一発の矢で五頭のイノシシ)」

いつ

【逸】 11(辵・8) 常 ―常用音訓 イツ

〔逸〕 12(辵・8) 人 ―音イツ・イチ 訓それる・はやる・はぐれる

語音 *dïet(上古) yiět(中古→呉イチ 漢イツ) yì(中) 일(韓)

語源 [コアイメージ] するりと抜け出る。[実現される意味] ある場所からさっと抜け去るⓐ。[英]get away, slip

〔解説〕逸走・逸脱・逸話・安逸・秀逸などの逸はそれぞれ意味が違うように見える。すべてを概括する深層構造はないだろうか。藤堂明保は申のグループ、寅のグループ、引のグループ、失のグループと同じ単語家族にくくり、「のびる・のばす」という基本義があるとする(藤堂①)。説文解字では「逸は失なり」とあるが、ストレートに「うしなう」という意味に解すると誤ってしまう。失の深層構造は「するりと抜け出る」というイメージであり、逸もまさにこのイメージである。抜け出るとは横の方にずるずると延びて出ていくことなので、藤堂は「のびる・のばす」に概括した。逸と佚ツイ(抜け出る)はほとんど同語である。王力も逸と佚を同源としている(王力①)。和訓の「それる(そる)」のソは背ソの意で、「背後に弓なりになる」「弧を描いて曲がる」から「正規の道筋からはずれる」意味に展開するという(大野①)。これは漢語の逸のⓒにやや近い。また、「はやる」はハヤシ(速)・ハヤス(映・囃)と同根で、「直線的に前方へ活力がはげしく働く意」で、「勢いに乗る」「勇み立つ」に展開するという(大野①)。この意味は漢語の逸にない。「はやる」は逸走・奔逸などから類推した訓であろう。英語のslipは「(つるっと)滑る」がコアイメージで、「するりと抜け出る、逃げる」「(時・好機が)過ぎる、なくなる」「物事がするりと失せる、外れる」の意味などに展開するという(田中①)。slipと逸の原義は違うが、展開義は漢語の逸とよく似ている。

字源 「逸」が正字。「兔(うさぎ。イメージ記号)＋辵(限定符号)」を合わせて、ウサギが素早く逃げる情景を設定した図形。この意匠によって、その場からさっと逃げて抜け去ることを表象する。孫子の兵法に「始めは処女の如く、後には脱兎の如し」があるように、ウサギは逃げ足の速い動物とされたから、図形化に兎が利用された。

(篆) 

〔字体〕「逸」は日本で生じた「逸」の俗字。現代中国では「辶＋免」の字体。

語義 [展開]「するりと抜け出る」というコアイメージから、次の意味に展開する。ある場所からさっと抜け去る意味ⓐ、枠から抜け出る意味ⓑ、脇にそれてさっと逃げ去る(逃げる・逃す)意味ⓒ、世の中から抜け出て姿を消す意味ⓓ、ルールから外れて気ままにする意味ⓔ、ストレスが抜け出て楽しむ意味ⓕ、他人より頭一つ抜け出る(優れる、ぬきんでる)意味ⓖ。はやる意味ⓗは日本的用法。[英]get away, slip; deviate; flee, escape, miss; retire; willful; relax, at ease; excel; rouse oneself [熟語]ⓐ後逸・散逸・ⓑ逸脱・ⓒ逸機・奔逸・ⓓ逸話・隠逸・ⓔ淫逸・放逸・ⓕ逸楽・安逸・ⓖ逸品・秀逸

文献 ⓐ春秋左氏伝・桓公8「随侯逸＝随侯逸す(随の殿様はさっと逃げ去った)」ⓓ論語・尭曰「擧逸民＝逸民を挙ぐ(世間から抜け出て姿を隠した人を挙用する)」ⓔ詩経・十月之交「民莫不逸＝民は逸ならざるは莫なし(気ままに楽しまぬ民はいない)」

【溢】 13(水・10) 人 ―音イツ 訓あふれる・あぶれる・こぼれる・こぼす

語音 *ɡiet(上古) yiet(中古→呉イチ 漢イツ) yi(中) 일(韓)

語源 [コアイメージ] いっぱい詰まる。[実現される意味] あふれんばかりに満ちるⓐ。[英]overflow

〔解説〕日本語の「あふれる(あふる)」はアブルの転。アブルは「一定の入れ物や枠に入りきれないではみ出し、はみ出たものは使いものにならなくなる意」が原義で、「あまってこぼれる」の意味に展開するという(大野①)。漢語の溢は「満ちる」と「あふれる」の二つの意味がある。英語のoverflowも同じ。

字源 「益(音・イメージ記号)+水(限定符号)」を合わせた字。「益」は「いっぱい詰まる」というイメージがある(⇩益)。枠の中にいっぱい詰まったものは枠の外にはみ出ようとする。したがって「いっぱい詰まる」というイメージは「(いっぱいになった結果)枠をはみ出る」というイメージに展開する。「溢」は水が器いっぱいになり、またその結果、外にあふれ出る様子を暗示させる。

語義 [展開] あふれんばかりに満ちる意味ⓐ、いっぱいになって外にあふれ出る(満ちあふれる)意味ⓑ、程度が過ぎる意味ⓒに展開する。[英]overflow(ⓐ~ⓒ) [熟語] ⓐ横溢・充溢・ⓑ溢血・溢水・ⓒ溢美

文献 ⓐ孟子・離婁上「沛然徳教溢于四海=沛然として徳教、四海に溢る(徳の教えが全世界に勢いよくぱっと満ちあふれる)」

いばら……

【茨】 ↓し

いも……

【芋】 ↓う

いわし……

【鰯】 21(魚・10) 人 純国字

字源 イワシを表記するために日本で生まれた疑似漢字。「弱(よわい)」に「魚」を添えて、弱い魚を暗示させた。平安京の木簡に初出。

語義 ニシン目の海水魚イワシ類の総称。普通はマイワシを指す。[英]sardine

いん……

【允】 4(儿・2) 人 音イン 訓まこと・ゆるす・じょう

語音 *ɡiuən(上古) yiuěn(中古→呉漢イン) yǔn(中) 윤(韓)

語源 [コアイメージ] 均整が取れている。[実現される意味] まことⓐ。[英]sincere

〔解説〕藤堂明保は尹(調和が取れる)や均(均整が取れる)と同源の語とする(藤堂②)。また允は俊にも含まれている。カールグレンは允と夋のグループを一つのword family(単語家族)とする。「均整が取れている」というイメージは「細い」「細長い」「ほっそりとしてスマートである」というイメージとつながりをもつ。

〔グループ〕允・吮(口を細く尖らせて液体をすう[吮疽])・夋(立ちすくむ、しりごみする。俊・逡などのコアをなす記号)

字源 バランスよくすらりと立つ人を描いた図形。白川静は「後ろ手に縛られた人の形」で、「虜囚の人」の意味とするが(白川①)、こんな意味はない。字形から無理に意味を引き出した。

(甲) (金) (篆)

語義 [展開] バランスがよい→偏らず調和が取れている→偏りがなく本当であるとイメージが展開し、まこと(信実、誠実)の意味ⓐ、まことに(本当に)の意味ⓑが実現された。また、角を立てずに聞き入れる(ゆるす)意味ⓒを派生する。[英]sincere; truly; permit, allow [熟語] ⓒ允許

文献 ⓐ詩経・車攻「允矣君子＝允(まこと)なるかな君子(まことのあるお方だ)」 ⓑ論語・尭曰「允執其中＝允(まこと)に其の中を執れ(本当に中庸をしっかり守りなさい)」

【引】 4(弓・1) 常 ｜ 常用音訓 イン ひく・ひける

語音 *ɖien(上古) yiĕn(中古→呉漢イン) yĭn(中) 인(韓)

語源 [コアイメージ] ずるずると長く延ばす。[実現される意味] 手元の方へひっぱる・ひき寄せるⓐ。[英]draw, pull

〔解説〕 釈名・釈姿容に「引は演(のびる)なり。演広せしむるなり」と正当に語源を説く。王力は演のほかに、延・衍(エン)・曳(エイ)・泄(エイ)・柁(ダ)・舵などとも同源とする(王力①)。藤堂明保は申のグループ、寅のグループ、引のグループ、失のグループ、また逸が同じ単語家族に属し、「のびる・のばす」という基本義があるとする(藤堂①)。いずれにしても*ɖienは「ずるずると長くのびる」というコアイメージをもつ語である。物が長くのびることをもたらす原因に焦点を置けば、「ひっぱる」という行為になる。図形化は弓の場面から発想された。日本語の「ひく」は「相手をつかんで、抵抗があっても、自分の手許へ直線的に近づける意」という(大野①)。意味の展開は漢語の引と多くは合致するが、一部は表記を変えることがある。例えば、興味をひくは惹く、楽器をひくは弾く、鋸をひくは挽く、臼でひくは碾くなど。英語のpullは「自分の方にぐいっと引く」がコアイメージで、引く動作に焦点があり、drawは「(ゆっくり滑らかに)引く」がコアイメージで、引いた結果に焦点があり、後者は引っ張る、引き伸ばす、長引かせる、引き寄せる、招き寄せる、引き出すなどの意に展開するという(田中①)。漢語の引は両者を含むが、意味展開はdrawと共通点が多い。

〔グループ〕 引・蚓(イン)(＝螾。体の長く延びた虫、ミミズ[蚯蚓(キュウイン)])・靷(イン)(車を引かせる引き綱)

字源 「丨(延ばす印。イメージ記号)＋弓(限定符号)」を合わせて、弓に矢をつがえて手元の方へひき寄せる情景を設定した図形。

(金) (篆)

語義 [展開] ずるずるとひっぱる意味ⓐから、長くのばす・ひき延ばす意味ⓑ、ひき連れる意味ⓒ、ひき下がる意味ⓓ、ひき受ける意味ⓔ、文章や事例をひき出す意味ⓕに展開する。[英]draw, pull; stretch, prolong; lead; withdraw; undertake; quote, cite [熟語] ⓐ引力・牽引・ⓑ延引・導引・ⓒ引率・引導・ⓓ引退・ⓔ引責・ⓕ引用・索引

文献 ⓐ詩経・行葦「以引以翼＝以て引き以て翼(たす)く([老人の]手を引き、助けてあげる)」 ⓑ孟子・梁恵王上「天下之民皆引領而望之＝天下の民、皆領(くび)を引きて之を望む(世界中の民がみな首を長く延ばしてそれを待ち望む)」 ⓒ孟子・滕文公下「引而置之荘嶽之間＝引きて之を荘・岳の間に置く(子どもを引き連れて荘・岳[ともに地名]の間に住まわせる)」

【印】 6(卩・4) 常 ｜ 常用音訓 イン しるし

語音 *·ien(上古) ·iĕn(中古→イン呉・漢) yìn(中) 인(韓)

語源 [コアイメージ] 上から下へ押しつける。[実現される意味] はんこⓐ。[英]seal

〔解説〕 はんこは上から下に押しつけるものだから、「くっつく」「近づく」というコアイメージと、「押さえる」というコアイメージがありうる。前者から璽、後者から印が生まれた。*·ienという語は抑*·iək(押さえる)と同源である。釈名・釈書契では「印は因なり」と述べている。因

は「上にのる」「上に重なる」というイメージがあるから、印と因も同源のことばである。日本語の「しるし」は「しるす」の名詞形。「しるす」はシルシ(著)と同根で、「他の事と紛れることなく、すぐそれと見分けのつく形で表現する意」で、「しるし」は「ありありと現れ出て、他とまがう余地のないもの」の意。ここから、前兆、効験、証拠、目じるし、皇位継承のしるし(神璽)などの意味に展開するという(以上、大野①)。最後の二つの意味が漢語の印に近い。英語のprint(印、印する、印刷)はラテン語のpremere(圧迫する)に由来し、pressと同根という(下宮①)。漢語の印のコアイメージと一致する。

字源 「爪(下向きの手)＋卩(ひざまずく人)」を合わせて、上から手で押さえて人をひざまずかせる場面を設定した図形。具体はすべて捨象して「上から下へ押さえつける」というイメージだけを取り、この意匠によってはんこを表象する。

(甲)　(金)　(篆)

語義 【展開】「上から下へ押しつける」というコアイメージから、はんこの意味ⓐ、形やイメージなどを所定の場所に押しつける意味ⓑ、版を押して刷る意味ⓒ、押しつけられた痕(しるし・記号・標識)の意味ⓓに展開する。また、仏教では梵語mudrāの訳語として、手の指で作る象徴的なしるしの意味ⓔに用いられる。また、インドの音写字ⓖ。[英]seal, stamp; print(ⓑⓒⓓ); mark, sign; symbolic signs with one's fingers; India 【和訓】しるす 【熟語】ⓐ印鑑・押印・ⓑ印画・印象・ⓒ印刷・印税・ⓓ法印・烙印・ⓔ結印・手印・ⓖ印度・目印

文献 ⓐ墨子・号令「授其印＝其の印を授く(そのはんこを授ける)」

【因】 6(口・3) 常 ｜ 常用音訓 イン よる

語音 *・ien(上古) ・iĕn(中古→㊐㊥イン) yīn(中) 인(韓)

語源 【コアイメージ】上に乗る・重なる。【実現される意味】ある物事をもとにしてそれに頼るⓐ。[英]rest on, rely on

【解説】藤堂明保は因と印を同源とする(藤堂②)。二つは語形が同じで、イメージも近い。印は「上から下に押しつける」というコアイメージがある。上から下へ向かう視点を下から上へ向かう視点に変えると、「物の上に乗る」「上に重なる」というイメージに展開する。兪樾は「因の言は重襲(かさなる)なり」と述べている(群経平議)。この語の図形化はしとねの情景から発想された。朱駿声が「因は即ち茵(しとね)の古文」(説文解字通訓定声)というのが参考になる。あるもの(目前にあるもの、以前にあったもの)を踏まえて、それを頼りにして従うことが因である。日本語の「よる」は「物や心を引きつける方へ、自然に自発的に近づいて行く意」が原義で、大きく分けると、㋐「空間的に、ある地点に引きつけられる」意味(これは「寄る」に近い)と、㋑「心理的に対象に引きつけられる」意味が生まれる。後者から「気持ちが傾く」「従う、服従する」「頼りにする」、さらに「依拠する、基づく」(他の意味は省略)に展開するという(大野①)。㋑の二番目以後の展開義が漢語の因に近い。

【グループ】因・咽・姻・恩・氤(陰気と陽気が重なりあってもやもやと立ちこめるさま[氤氳])・烟(＝煙。重なり合ってもくもくと出るけむり)・絪(上に重ねる敷物)・茵(＝裀。敷物、シーツ、しとね[茵席])

字源 「大(イメージ記号)＋囗(イメージ補助記号)」を合わせた字。「大」は大の字になった人の形。「囗」は囲いを示す限定符号だが、敷物の形と見ることもできる。「因」は敷物の上に人が寝そべる情景を設定した図形。この意匠によって、「ある物の上に乗っかる」「ある物の上に重なる」というイメージを表すことができる。

(甲)  (金)  (篆) 

語義 【展開】「ある物の上に乗る」というコアイメージから、ある物

事に乗っかってそれを頼りにする意味ⓐ、ある物事を踏まえてその通りにやってくる(従来の物事に従う)意味ⓑ、あることがもとになる(よる、ちなむ)意味ⓒ、その事態が何を踏まえてやってきたかの根拠という意味ⓓ、あることをもとにして(よって)の意味ⓔに展開する。また「重なる」というイメージから、ある物の上に重なる(加わる)意味ⓕを派生する。[英]rest on, rely on; follow; be caused by, be due to; cause; because of, therefore; add 【和訓】ちなむ・よすが・よって 【熟語】ⓑ因習・因循・ⓒ起因・ⓓ因果・原因

【文献】ⓐ詩経・載馳「誰因誰極＝誰に因より、誰に極たいらん(誰を頼り、誰のもとに行こうか)」ⓑ論語・為政「周因於殷禮＝周は殷の礼に因る(周王朝は殷王朝の礼を踏襲した)」ⓕ論語・先進「因之以饑饉＝之に因かさぬるに饑饉を以てす(さらに飢饉が重なってくる)」

【咽】9(口・6) 常 ―― 常用音訓 イン

【語音】(1)*.en(上古) ・en(中古→呉漢エン・[慣]イン) yān(中) 인(韓) (2)*.en(上古) ・en(中古→呉漢エン) yàn(中) 연(韓) (3)*.et(上古) ・et(中古→呉エチ 漢エツ) yè(中) 열(韓)

【語源】【コアイメージ】上から押しつける。【実現される意味】のど(食道の入り口)ⓐ。[英]gullet

【字源】「因イ(音・イメージ記号)＋口(限定符号)」を合わせた字。「因」は「あるものの上に乗っかる」というイメージがあり、「下にあるものを上から押さえる」というイメージに展開する(⇩因)。「咽」は口に入れた食べ物をぐっと押して食道に下す働きのある「のど」を表す。

【語義】【展開】のど(食道の入り口)の意味ⓐ(1の場合)から、のどにつかえたものをぐっと下す意味ⓑ(2の場合)、物がのどにつかえてむせぶ意味ⓒ(3の場合)を派生する。[英]gullet; swallow; be choked 【和訓】のど・むせぶ・むせる 【熟語】ⓐ咽喉・咽頭・ⓑ咽下ゲエン(＝嚥下)・ⓒ嗚咽オエツ

【文献】ⓐ漢書・息夫躬伝「咽已絶＝咽のど已に絶ゆ(のどから息はすでに絶えていた)」

【姻】9(女・6) 常 ―― 常用音訓 イン

【語音】*.ien(上古) ・iěn(中古→呉漢イン) yīn(中) 인(韓)

【語源】【コアイメージ】上に乗る・重なる。【実現される意味】縁組みⓐ。[英]marriage

【解説】古人は姻と因の同源意識をもっていた。白虎通義・嫁娶篇では「姻なる者は婦人、夫に因りて(頼りにして)成る。故に姻と曰ふ」、説文解字では「姻は婿の家なり。女の因る(身を寄せる)所、故に姻と曰ふ」、釈名・釈親属では「婿の父を姻と曰ふ。姻は因なり。女往くに媒に因る(依拠する)なり」とある。意味の捉え方に差があるが、いずれも儒教的な婚姻観に基づく解釈。

【字源】「因イ(音・イメージ記号)＋女(限定符号)」を合わせた字。「因」は「あるものの上に乗っかる」というイメージがあり、「下にあるものの上に重なる」というイメージに展開する(⇩因)。「姻」は女性を媒介にして、Aという姓がBという姓に重なっていく様子を暗示させる。この意匠によって、縁組みを表象する。

【語義】【展開】縁組みの意味ⓐから、嫁ぎ先(夫の家)の意味ⓑを派生する。[英]marriage; husband's familly 【熟語】ⓐ姻戚・婚姻・ⓑ姻家

【文献】ⓐ詩経・蝃蝀「乃如之人也、懐昏姻也＝乃ち之かくの如き人、昏姻を懐おもふなり(何とあの娘は、結婚したいと思っている)」

【胤】9(肉・5) 人 ―― 音イン 訓たね

【語音】*dien(上古) yiěn(中古→呉漢イン) yìn(中) 윤(韓)

【語源】【コアイメージ】長く延びる。【実現される意味】先祖のあとを

つなぐ血筋・子孫ⓐ。[英]offspring, descendant

〔解説〕古典に「胤は引なり」「胤は演なり」という訓詁がある。*dienという語は引・延・演などと同源で、「長く延びる」というコアイメージを持つ。先祖から受け継ぐ血筋を絶やすことなく延ばしていくこと、また、その血筋や子孫を胤という。日本語の「たね」は種子の意味で、「生物の子孫を生ずる基」はその転義（大言海）。これは漢語の胤に近い。

〔字源〕「幺（細い糸。イメージ記号）＋八（分かれる符号。イメージ補助記号）＋肉（限定符号）」を合わせた字。親から分かれて、細い糸のように途切れなく延びていく血筋を暗示させる。

（金）　（篆）

〔語義〕〔展開〕血筋を受け継ぐ子孫の意味ⓐから、子孫があとを受け継ぐ意味ⓑを派生する。[英]offspring, descendant; inherit 〔熟語〕ⓐ皇胤・落胤・ⓑ胤嗣

〔文献〕ⓐ詩経・既酔「其胤維何＝其の胤は維これ何ぞ（そのあとつぎはどんなものか）」

【員】 10（口・7）

常 ― 常用音訓 イン

〔語音〕(1)*ɦɪuan（上古） ɦɪuɛn（中古→呉漢ヱン〈＝エン〉） yuán（中） 원（韓） (2)*ɦɪuən（上古） ɦɪuən（呉ウン 漢ヰン〈＝イン〉） yuán（中） 원（韓）

〔語源〕〔コアイメージ〕丸い・丸い枠。〔実現される意味〕円形ⓐ。[英]circle

〔解説〕方（四角）に対することば、つまり円形を古代漢語で*ɦɪuanといい、員・圓と表記する。王力は円・員・圜エン・丸を同源とする（王力①）。藤堂明保はさらに範囲を拡大し、果のグループ、元のグループ、原のグループ、巻のグループ、官のグループ、亘セン のグループ（垣エンなど）、夗エンのグループ（宛エンなど）、袁エンのグループ（園・環など）と同じ単語家族に入れ、「まるい・とりまく」という基本義があるとした（藤堂①）。「まるい」のイメージの図形化は「〇」がふさわしいが、古代では文字と認められなかった。その代わり最も具象的な物から図形化が行われた。それは鼎である。鼎の口はまるい。そこで「〇＋鼎」を合わせて員が考案された。

〔グループ〕員・円・韻・殞イン（穴に落ちる→死ぬ［殞命］）・隕イン（ぽとんと落ちる［隕石］）

〔字源〕「〇（まるい形、まるい枠）＋鼎（かなえ）」を合わせた字。鼎は古代中国で作られた三本足の器で、口が丸く、その中に食べ物を入れて煮炊きするものである。したがって「員」は「丸い」「丸い枠」、さらに「丸い枠の中に入る」というイメージを表すことができる。この意匠によって、円形の意味のほかに、一定の枠の中に収める物や人の数を表象する。員が専ら後者の意味に使われるようになったため、前者には圓が生まれた。

（甲）　（金）　（籀）　（篆）

〔語義〕〔展開〕丸い、円形の意味ⓐが本義で、回りの意味ⓑはその転義（以上は1の場合）。また「丸い枠の中に入る」というイメージから、一定の枠に入る数（人や物の数）の意味ⓒ、一定の組織を構成するメンバーの意味ⓓを派生する（以上は2の場合）。[英]circle; circumference; number; member 〔和訓〕かず 〔熟語〕ⓐ方員（＝方円）・ⓑ幅員・ⓒ員数・金員・ⓓ人員・隊員

〔文献〕ⓐ孟子・離婁上「規矩、方員之至也＝規矩は方員ホウエンの至りなり（定規とコンパスは方形と円形を描く最高のものだ）」ⓒ商君書・禁使「不可蔽員不足＝員の不足を蔽ふべからず（数の不足を覆い隠せない）」

【院】 10（阜・7）

常 ― 常用音訓 イン

〔語音〕*ɦɪuan（上古） ɦɪuɛn（中古→呉漢ウン・［慣］ヰン〈＝イン〉） yuàn

(中) 원(韓)

語源 [コアイメージ] 丸く取り巻く。[実現される意味] 屋敷を取り巻く垣ⓐ。[英]wall round a courtyard

字源 「完カン(音・イメージ記号)＋阜(限定符号)」を合わせた字。「元」は「丸い」というイメージがある(⇩元)。「完」は家の周りを丸く取り巻く塀を暗示させる。説文解字では「院は堅なり」とあるが、用例がない。広雅・釈宮に「院は垣なり」とある。しかし使用例は六朝以後である。

語義 [展開] 屋敷をめぐらす塀の意味ⓐから、塀をめぐらした大きな屋敷や建物の意味ⓑ、建物で囲まれた中庭の意味ⓒ、公共性のある施設・機関の意味ⓓ、特に病院の意味ⓔに展開する。上皇・法皇の御所の意味ⓕは日本的用法。[英]wall round a courtyard; mansion; courtyard; institution; hospital; ex-emperor [熟語] ⓑ妓院・書院・ⓒ院落・ⓓ学院・寺院・ⓔ退院・入院・ⓕ院政

文献 ⓒ王羲之・問慰諸帖「此院冬桃不能得＝此の院、冬の桃は得る能たはず(この庭では、冬の桃は得られない)」(漢魏六朝百三家集59)

【寅】 11(宀・8) 人 音イン 訓とら

語音 *dien(上古) yiěn(中古→呉漢イン) yín(中) 인(韓)

語源 [コアイメージ] 長く延びる。[実現される意味] 十二支の第三位ⓐ。[英]the third earthly branch

〔解説〕釈名・釈天に「寅は演(のびる)なり。生物を演ずるなり」、史記・律書に「寅は万物始めて生じ螾然イン ゼン(うごめく様子)たるなり」とある。*dienという語は引・延・衍などと同源で、「長く延びる」というコアイメージをもつ。十二支は植物の生長段階を象徴として語と図形が生まれた。第一位は植物が発生して次々に殖えていく状態を象徴として、子と命名された。第二位は植物が固くならず柔軟性を保持する状態を象徴として、丑が生まれた。植物が枝葉を伸ばす段階を象徴としたのが寅である。十二支は殷代に始まり、十干と組み合わせて、日を記した。後世では年・月・時刻を記した。動物の虎に配当したのは漢代である。

〔グループ〕寅・演・夤イ(背筋をまっすぐ伸ばしてつつしむ)・螾イ(＝蚓。ずるずると体の延びた虫、ミミズ)

字源 「矢(や)＋臼(両手)」を合わせて、矢をまっすぐ延ばす情景を設定した図形。「長く延ばす」というイメージを作り出した記号である。字源については諸説紛々である。矢の形、矢を奉ずる形、引の原字、胂(背骨を挟む肉)の原字、廟堂で束帯している形、等々がある。「両手で矢竹の曲がりをまっすぐに伸ばす形」とする加藤常賢の説(加藤①)がよい。

(甲) (金) (篆)

語義 十二支の第三位(とら)の意味ⓐ。時刻では午前三時から五時を指す。方位(東北東)は日本的用法。

文献 ⓐ春秋・桓公12「夏六月壬寅＝夏六月、壬寅ジン イン(夏六月のみずのえとらの日)」

【淫】 11(水・8) 常 常用音訓 イン みだら

語音 *diəm(上古) yiəm(中古→呉・漢イム〈＝イン〉) yín(中) 음(韓)

語源 [コアイメージ] じわじわと深く入る。[実現される意味] 水がじわじわと深く染み込むⓐ。[英]soak

〔解説〕王力は淫・婬イン・霪イン・霖リンを同源とする(王力①②)。藤堂明保は淫・深・探・審・沈・甚・貪などを同じ単語家族にくくり、「奥深く入りこむ」という基本義があるとする(藤堂①)。釈名・釈言語では「淫は浸なり。浸淫旁入(しみこんで、そばから入る)の言なり」とある。液体などが段々と深い方へ入っていくことが浸である。淫と浸はイメージが非常に近い。浅から深へ、近から遠へ段々と順を追って進むというイメージから、時間的には「久しい」というイメージにも転化する。説文解字に

「淫は侵淫して理に随ふなり」とあるが、理(筋目)に随うとは段々と順を追うことである。和訓の「みだら」はミダリ(乱・妄・猥)やミダリガハシと同根であろう。乱雑で無秩序のありさまから、特に男女関係の乱れをいう。漢語の淫の転義のⓓに当たる。

〔グループ〕淫・婬(イン)(女色に深入りする[邪婬])・霪(イン)(長雨[霪雨])

字源 「㸒(イン)(音・イメージ記号)+水(限定符号)」を合わせた字。「壬(テイ)」(壬は変形)は爪先立つ人を描いた図形。この記号は望にも含まれており、見えないものを見ようと求める行為に使われている。これを手の行為に置き換えたのが「㸒」。「爪(下向きの手)+壬」を合わせた「㸒」は、無いものを手で探り求めようとする様子を暗示させる図形。ここに「段々と(浅から深へ、近から遠へ)入っていく」というイメージがある。かくて「淫」は水がじわじわと浅い所から深い所へ入りこむ様子を暗示させる。

(篆) [㸒] (篆)

語義 [展開]「じわじわと深く入る」というコアイメージから、水がじわじわと染み込む意味ⓐ、物事を過度に行う(ふける)、悪事に深入りする意味ⓑ、程度をこえる(時間的には長々と久しい)意味ⓒ、正しくない男女関係を行う(みだら)という意味ⓓに展開する。ⓓは婬(イン)と通用。[英] soak; indulge; excessive; lewd, immoral [熟語] ⓑ淫楽・書淫・ⓒ淫雨・ⓓ淫行・荒淫

文献 ⓒ詩経・有客「既有淫威=既に淫威有り(すでに甚だしい威勢がある)」ⓓ論語・衛霊公「鄭聲淫=鄭声は淫なり(鄭国の音楽はみだらだ)」

【陰】 11(阜・8) 常

常用音訓 イン かげ・かげる

語音 *・iəm(上古) ・iəm(中古→呉オム〈=オン〉 漢イム〈=イン〉) yin(中) 음(韓)

語源 [コアイメージ] かぶせてふさぐ。[実現される意味] 山の北側ⓐ。[英]north of a hill

〔解説〕王力は暗・晻(エン)・陰・隠を同源とし、不明の意味があるとする(王力①)。これは表層的なレベルでの語源である。もっと深いレベルで語源を探究したのは藤堂明保である。氏は今のグループ(金・禽も含む)を、音のグループ、禁のグループ、咸(カン)のグループ(減・緘など)、さらに邑・合・及・泣などと同じ単語家族に入れ、「中に入れてふさぐ」という基本義があるとする(藤堂①)。陰は今のグループの一員である。釈名・釈天では「陰は蔭なり。気、内に在りて奥蔭なるなり(気が覆われて内に在る)」とあるが、これは気象に関する陰の説明となっている。日光が雲に覆われて暗くなる状態が陰である。今という記号にコアイメージの源泉があり、これは「下の物や中の物を覆いかぶせて閉じ込める」というイメージである。日本語の「かげ」は「光によってできる像。明暗ともにいう」が原義で、明の場合は、光、物の姿などの意味、暗の場合は、㋐「光が物に当たって、光の反対側に生じる暗い像」、㋑「物にさえぎられて光の当たらない所」の意味に展開する(大野①)。暗の場合の㋐が漢語の影、㋑が漢語の陰に当たる。影と陰は別語であるが、日本語ではともに「かげ」である。

字源 「侌(イン)(音・イメージ記号)+阜(限定符号)」を合わせた字。「今」は「かぶせてふさぐ」というイメージがある(⇩今)。「今(キン)(音・イメージ記号)+云(雲を示すイメージ補助記号)」を合わせた「侌」は、雲がかぶさって下界を覆う情景を設定した図形。この意匠によって、「覆いかぶさる」「かぶせてふさぐ」というイメージを表すことができる。「陰」は山の峰が覆いかぶさるため日光が当たらずかげになった所を表す。

(古) [侌] (篆)

語義 [展開] 山の北側の意味からⓐ、川の南側の意味ⓑ、日光の当たらない所(物かげ、また日影)の意味ⓒ、光が遮られて暗い意味ⓓ、雲に覆

われて光が差さない(くもる)意味ⓔ、また心理現象に転用して、気分が晴れない意味ⓕ、表面に現れない(ひそかに)の意味ⓖに展開する。また、日時計のかげのことから、時間の意味ⓗが生まれた。また、陰と陽をペアにする思想の影響から、消極性・マイナスの側面や性質を指す語ⓘ、隠語的な用法として性器を指す語ⓙに用いられる。[英]north of a hill; south of a river; shade; dark, gloomy; cloudy; depressed; hidden, secret; time; negative principle; genitals 【和訓】くもる・くらい・ひそかに 【熟語】ⓐ山陰・ⓒ樹陰・緑陰・ⓓ陰影・夜陰・ⓔ陰雨・秋陰・ⓕ陰鬱・陰険・ⓖ陰徳・陰謀・ⓗ光陰・寸陰・ⓘ陰性・陰陽・ⓙ陰茎・女陰

【文献】ⓐ詩経・公劉「相其陰陽＝其の陰陽を相る(山の南北をよく観察する)」ⓒ呂氏春秋・察今「審堂下之陰、而知日月之行＝堂下の陰を審かにして、日月の行を知る(建物のかげを調べると、月日の運行がわかる)」ⓔ詩経・谷風「以陰以雨＝以て陰り以て雨ふる(空はくもり雨が降る)」ⓘ易経・繫辞伝上「一陰一陽之謂道＝一陰一陽、之を道と謂ふ(陰になったり陽になったりするのが道[宇宙の根源]である)」

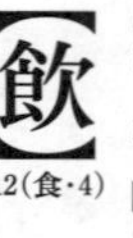

【飲】 12(食・4) 常 常用音訓 イン のむ

【語音】*・ıəm(上古) ・ıəm(中古→㊐オム〈＝オン〉 ㊊イム〈＝イン〉) yǐn(中) 음(韓)

【語源】[コアイメージ]中に入れてふさぐ。[実現される意味]液体をのむⓐ。[英]drink

【解説】「のむ」とは液体を口に入れて喉に通すという一連の行為である。これの前半に焦点を置くのが*・ıəmという語のコアイメージである。陰・音などと同源で、「中に入れてふさぐ」というのがコアイメージ。釈名・釈飲食に「飲は奄(覆いかぶせる)なり。口を以て奄ぎて引きて之を咽むなり」と語源を説くように、奄や掩(おおう)とも近い。呑は物をかまずにのみこむ意、咽は喉につかえたものをぐっと下す意であるが、飲は口に入れて含むことに重点を置いた語である。日本語の「のむ」は「液体を、喉を通して胃におさめる」意(大野①)。ノドの古語ノミト(液体を通すところ)と同根なので、「液体を通す」にポイントがある語らしい。そうすると漢語の呑とイメージが近い。

【字源】「飲」にはコアイメージの指標がないが、古字の「歙」には指標がある。これは「酓(音・イメージ記号)＋欠(限定符号)」を合わせた字。「今」は「かぶせてふさぐ」というイメージがある(⇨今)。「今(音・イメージ記号)＋酉(限定符号)」を合わせた「酓」は、酒を口の中に入れてふさぐ(含む)様子を暗示させる。「酓」だけで液体をのむことを表しうるが、口を開ける行為を明示するため「欠」を添えて「歙」となった。後に字体が「欠(口を開ける。イメージ記号)＋食(限定符号)」を合わせた「飲」に変わった。

(篆)[酓] (古) (篆)

【語義】[展開]液体をのむ意味ⓐから、飲み物の意味ⓑ、酒飲み(宴会・酒宴)の意味ⓒ、感情をのみ込んでふさぐ意味ⓓ、また、馬に水を与える(みずかう)意味ⓔに展開する。[英]drink(ⓐⓑ); beverage; drinking party; keep in the heart; water 【和訓】みずかう 【熟語】ⓐ飲酒・飲食・ⓒ宴飲・ⓓ飲泣・飲恨

【文献】ⓐ詩経・皇矣「無飲我泉＝我が泉に飲むもの無し(我々の泉の水を飲むものはいない)」ⓑ論語・雍也「一簞食、一瓢飲＝一簞の食、一瓢の飲(弁当一個の飯、コップ一杯の飲み物)」ⓒ詩経・湛露「厭厭夜飲＝厭厭たる夜飲(たっぷり楽しむ夜の宴)」ⓓ江淹・恨賦「自古皆有死、莫不飲恨而呑聲＝古へ自り皆死有り、恨みを飲みて声を呑まざるは莫し(人は昔から死を免れぬ。恨みを胸におさめてこらえない者はいない)」(文選16) ⓔ楚辞・離騒「飲余馬於咸池兮＝余が馬を咸池に飲ふ(私の馬に咸池で水を飲ませる)」

【蔭】14(艸・11) [人] [音]イン・オン [訓]かげ・おおう

[語音] *・ɪəm(上古) ・ɪəm(中古→[呉]オム〈=オン〉 [漢]イム〈=イン〉) yìn(中) 음(韓)

[語源] [コアイメージ] 上から覆いかぶさる。[実現される意味] 木陰ⓐ。[英]shade(of a tree)

〔解説〕日本語の「かげ」は覆われる所→庇護される所の意に転じ、庇護・恩恵の意味が生まれる。これが「おかげ様」のかげの意味である。漢語の蔭も同様の転義をする。

[字源] 「陰ィ(音・イメージ記号)+艸(限定符号)」を合わせた字。「陰」は「かぶせてふさぐ」というイメージがある(⇩陰)。「蔭」は草木の枝葉が覆いかぶさる様子を暗示させる。

[語義] [展開] 草木に覆われてできる陰(木陰)の意味ⓐから、覆いかぶせる意味ⓑ、かばい護る(他人の助け、お蔭)の意味ⓒ、父祖の手柄で官職につく意味ⓓに展開する。[英]shade(of a tree); cover; shelter; grant hereditary post [熟語] ⓐ樹蔭・緑蔭・ⓑ蔭蔽・ⓒ庇蔭・ⓓ蔭官

[文献] ⓐ荀子・勧学「樹成蔭而衆鳥息焉=樹、蔭を成して、衆鳥息ふ(木がかげを作ると、多くの鳥が休める)」

【隠】14(阜・11) [常] [常用音訓] イン かくす・かくれる

[語音] *・ɪən(上古) ・ɪən(中古→[呉]オン [漢]イン) yǐn(中) 은(韓)

[語源] [コアイメージ] 中に隠して外に出さない。[実現される意味] 物のかげに隠れる(隠れて見えないようにする、表に出さない)ⓐ。[英]hide, conceal

〔解説〕王力は曖・翳・隠が同源で、かくれる意味があり、また、暗・陰・隠が同源で、暗い意味があるとする(王力①)。藤堂明保は隠を衣のグループ、殷ィのグループ、垔ィのグループ(湮・煙)と同じ単語家族に所属させ、「かくす」という基本義があるとする(藤堂①)。古典に「衣は隠なり」とあり、その逆も真である。また古典では隠と殷が通用される。殷は「中にこもる」というイメージがあり、憂いがこもる様子を殷殷といい、真心がこもる様子を殷勤(=慇懃)という。下記の詩経の用例は殷憂とも書かれる。中にこもれば隠れることになる。煙はあたりにこもって物を見えなくする。したがって隠・殷・煙はイメージが非常に近い。日本語の「かくれる(かくる)」は「物の陰に入って他人・他所から見えなくなる意」(大野②)。これは漢語の隠のⓐに当たる。

〔グループ〕隠・穏・檃ィ(枠の中に物を入れて、その物のゆがみを直す道具、ためぎ)・讔ィ(隠語、なぞなぞ)

[字源] 「隱」が正字。𤔌→㥯→隱と三段階を経て造形された。まず「𤔌」は「爪(下向きの手)+工(物を示す符号)+彐(=又。上向きの手)」を合わせて、両手の間に何かを隠し持つ情景を設定した図形。これで十分「かくす」を表象できるが、字体はだんだん複雑になる。心理の場面に移して「㥯」が造形される。これは「𤔌ィ(音・イメージ記号)+心(限定符号)」を合わせた字で、心の中に思いをこめる様子を暗示させる。最後に地理・地形に場面を移す。「㥯ィ(音・イメージ記号)+阜(限定符号)」を合わせた「隱」は、山に隔てられて隠される様子を暗示させる。どの段階でも「中に隠して外に出さない」というコアイメージが通底する。

(篆) 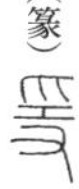 [𤔌] (篆)  [㥯] (篆) 

〔字体〕「隠」は近世中国で発生した「隱」の俗字。現代中国の簡体字は「隐」。穏もこれに倣う。

[語義] [展開] 物のかげに隠れる意味ⓐから、世間から身を隠す、また、身を隠した人の意味ⓑ、物のかげに身を寄せる(よりかかる)意味ⓒ、また、相手の身になって心配する(いたむ)意味ⓓに展開する。[英]hide, conceal; retire, hermit; lean; be grieved, worry [熟語] ⓐ隠匿・隠密

・ⓑ隠居・隠者・ⓓ惻隠

文献 ⓐ詩経・柏舟「如有隠憂＝隠憂有るが如し（深く隠された憂いがあるかのようだ）」ⓑ論語・微子「子曰、隠者也＝子曰く、隠者なり（［彼は］世間から隠れた者だよ、と先生［孔子］は言った）」ⓒ荘子・斉物論「隠几而坐＝几に隠りて坐す（床几によりかかって座る）」ⓓ孟子・梁恵王上「隠其無罪而就死地＝其の罪無くして死地に就くを隠む（罪もないのに殺される民をいたましく思う）」

【韻】 19（音・10）　常　｜常用音訓｜ イン

語音 *ɦiuen（上古）　ɦiuen（中古→呉漢ウン・［慣］キン〈＝イン〉）　yùn（中）　운（韓）

語源 [コアイメージ] 丸く行き渡る。[実現される意味] 調和した音の調べ（音楽や言葉の心地よい響き）ⓐ。［英］agreeable sound

字源 「員ｲﾝ（音・イメージ記号）＋音（限定符号）」を合わせた字。「員」は「丸い」というイメージがあり（⇩員）、「丸く行き渡る」というイメージに展開する。「韻」は丸く行き渡って調和する音の調べを表す。「韵」は異体字で、「匀ｲﾝ」は「全体に等しく行き渡る」というイメージがある（⇩均）。

語義 [展開] 調和した音の調べの意味ⓐから、物の出す音の意味ⓑに展開する。また、言語の分野に転用され、語音の響きの意味ⓒ。漢語では一音節を二つの要素に分け、後の部分を韻という（例えばɦiuenのuanの部分）。ここから、韻を踏んだ詩歌の意味ⓓ、風流・趣の意味ⓔを派生する。［英］agreeable sound; sound; rhyme; verse; charm　[熟語] ⓐ哀韻・余韻・ⓑ松韻・ⓒ押韻・音韻・ⓓ韻文・ⓔ気韻・風韻

文献 ⓐ蔡邕・琴賦「五音舉韻＝五音、韻を挙ぐ（五つの音階はいい音色を上げる）」（漢魏六朝百三家集18）ⓔ陶潜・帰園田居「少無適俗韻＝少かきより俗韻に適ふ無し（若い時から俗物主義が肌に合わない）」

う

【右】 5（口・2）　常　｜常用音訓｜ ウ・ユウ　みぎ

語音 *ɦiuəg（上古）　ɦiəu（中古→呉ウ　漢イウ〈＝ユウ〉）　yòu（中）　우（韓）

語源 [コアイメージ] かばって助ける。[実現される意味] みぎⓐ。［英］right hand, right

〔解説〕古代漢語でみぎのことを*ɦiuəgという。これはみぎ手から発想された語である。古代中国（漢字の発生した舞台）はみぎ手を優勢とする社会であったと考えられる。みぎ手の機能から、*ɦiuəgという語は「枠を作ってその中に物を囲う」「中の物を周囲からかばって助ける」というコアイメージをもつ。甲骨文字の段階では又という図形が考案され、「みぎ」「また」「有る」「たすける」という意味合いで使われている。後に右・又・有・祐の四字に分化した。しかしこれらの語には上記のコアイメージが脈々と伝えられている。又のグループ（右・有・友）が「かばう」という基本義をもつと指摘したのは藤堂明保である（藤堂①）。日本語の「みぎ」はみぎが西の方位に当たり、太陽の没する方向と連想されて、左に対して「劣る」「下位」という意味が生じたという（大野②）。古代日本では左を優位とした。右を優位とする古代中国で成立した左と右には明確なイメージの違いがある。左のコアが「ささえる」というイメージであるのに対し、右は「かばう」というイメージである。右が左よりも優位なので、右は下位のもの（劣ったもの）をかばうというイメージ、左は上位のものをささえる（輔佐する）というイメージになる。右も左も「たすける」の訓があるが、以上のように意味が異なる。英語のrightは

右の意味と正しい・正義の意味、また権利という意味を同時にもつ。西欧語も右手優先の社会で生まれたらしい。

〔グループ〕 右・佑・祐

字源 「又(ウ・ユ)（音・イメージ記号）＋口（物を示すイメージ補助記号）」を合わせた字。「又」は「枠を作ってその中に囲う」というイメージがある（⇩又）。「右」はある物をみぎ手で囲う情景を設定した図形。この意匠によって、「みぎ」の意味と、「かばって助ける」という意味を表象する。

（金）　（篆）

語義 [展開]「枠を作ってその中に物を囲う」「中の物を周囲からかばって助ける」というコアイメージから、みぎの意味ⓐ、かばい助ける意味ⓑが実現される。また、右手を優先する習慣から、上位の意味ⓒ、たっとぶ意味ⓓを派生する。北から南に向かうとみぎ手の方角が西に当たるので、西の方角の意味ⓔもある。また、イギリス国会の座席の位置から、保守的という意味ⓕが生じた。[英]right hand, right; assist; upper rank; respect; west; conservative [和訓]たすける [熟語]ⓐ左右・座右・ⓓ右文・ⓔ江右・ⓕ右派・右翼

文献 ⓐ詩経・竹竿「淇水在右＝淇水[川の名]は右に在り」ⓑ詩経・仮楽「保右命之＝保右(ホウユウ)して之に命ず（天は助け守って彼に命を下す）」ⓒ漢書・高帝紀「漢廷臣無能出其右者＝漢の廷臣、能く其の右に出づる者無し（漢の朝臣の中で彼の右に出る者がなかった）」

【宇】 6(宀・3)　常　｜　常用音訓 ウ

語音 *ɦuag（上古） ɦuo（中古→呉漢ウ） yǔ（中） 우（韓）

語源 [コアイメージ]（形にかぶさる・（形に曲がる。[実現される意味] 建物の屋根・ひさし・のきⓐ。[英]eaves

〔解説〕 釈名・釈宮に「宇は羽なり。鳥の羽翼の如く、自ら覆蔽するなり」とある。これは適切な語源説である。宇と羽は同じ語形と、「（形にかぶさる」という同じコアイメージがある。雨もこれに加えることができる。藤堂明保は于のグループ（夸・華を含む）は瓜・壺と同じ単語家族に属し、「（型、）型に曲がる」という基本義をもつとするが、一方では、宇・雨・羽が同源で、「上からかぶさる」という基本義があるとする（藤堂①）。筆者はこの二つは「（形にかぶさる」というコアイメージに概括できると考える。（形にかぶさる屋根が宇であるが、宙と組み合わさって、大空、天地の意味に拡大され、近代になるとコスモスに当たる哲学用語に変貌した。

〔グループ〕 宇・芋・汚・華・迂・紆(ウ)（折れ曲がる[紆余]）・于(ウ)（息が喉につかえて言葉にならずに出るウー、アーという嘆息の声）・吁(ウ・ク)（嘆息の声[吁嗟]）・盂(ウ)（)形にくぼんだ大皿[腎盂]）・竽(ウ)（長さの違う三十六本の竹の管を縦に)形の形に並べた古楽器、笙の大きなもの[濫竽]）・雩(ウ)（ワーワーと叫んで雨乞いをする、日照りで雨を祈る儀式）・夸(カ・コ)（大げさに言って自慢する、ほこる）・訏(ク)（大げさに言う、大きい）

字源 「亏(ウ)（音・イメージ記号）＋宀（限定符号）」を合わせた字。「于（＝亏）」は「一＋丂」を合わせたもの。「丂」は号・朽・考に含まれており、上につかえて曲がる符号である。したがって、「于」は一線につかえて（形に曲がる様子を暗示させ、「（形に曲がる」というイメージを表す記号とする。またこれは「)形に曲がる（くぼむ）」「（形に覆いかぶさる」というイメージに展開する。かくて「宇」は建物の上にかぶさる（形の屋根を暗示させる。

（甲）　（金）　（篆）[于]　（篆）

語義 [展開]建物の屋根・ひさし・のきの意味ⓐから、換喩によって、大きな建物の意味ⓑに転ずる。また（形に屋根をかぶせた大きな建物の意味から、隠喩によって、地上を（形に覆う大空、大きな空間、また、

天地・世界の意味ⓒ、また、大きな器量の意味ⓓを派生する。［英］eaves; mansion, house; universe, cosmos, space; capacity ［和訓］いえ・のき ［熟語］ⓐ眉宇・ⓑ一宇・堂宇・ⓒ宇宙・ⓓ気宇

文献 ⓐ詩経・七月「八月在宇＝八月宇に在り（［コオロギは］八月になると家ののきにやってくる）」ⓒ荘子・庚桑楚「有實而無乎處者宇也、有長而無本剽者宙也＝実有りて処無き者は宇なり、長さ有りて本剽〈＝標〉無き者は宙なり（実体はあるが場所を持たないものが宇であり、長さはあるが始めも終わりもないものが宙である）」

【羽】
6(羽・0) 常 ｜ 常用音訓 ウ は・はね

語音 *ɦɪuag(上古) ɦɪuo(中古→呉漢ウ) yǔ(中) 우(韓)

語源 ［コアイメージ］上からかぶさる。［実現される意味］鳥のはねⓐ。［英］feather

〔解説〕風俗通義・声音篇に「羽なる者は宇なり。物聚蔵して、之を宇覆する（覆いかぶせる）なり」とある。古人の言語意識では羽と宇は同源とされる。宇は「（形にかぶさる」というコアイメージがある。鳥のはねの形態（あるいは機能）に着目して、はねを*ɦɪuagという。日本語の「は」は鳥の全身を覆う毛の意で、つばさの意味にも転じる。また「はね」は本来は鳥の「は」の根元の意味だが、「は」と混用される。

字源 「羽」が正字。左右に並ぶ鳥の翼の風切り羽を描いた図形。翼が左右に背き合った姿に視点をおいた図形が非であるが、それに対して、羽は畳んだ翼の風切り羽が並ぶ姿に視点を置いた図形である。習などでは「重なる」というイメージ記号として使われている。

(甲)  (篆) 羽

〔字体〕「羽」は旧字体。「羽」は書道で生じた字体。羽に従う他の字体もこれに倣う。ただし「习」の形をとる場合もある（濯など）。

語義 ［展開］翼を含めて全身を覆う鳥のはねの意味ⓐであるが、提喩によって、鳥類の意味ⓑに拡大される。また、鳥の羽の用途から、矢ばねの意味ⓒ、羽飾りの意味ⓓに用いる。［英］feather(ⓐ～ⓓ) ［熟語］ⓐ羽毛・羽翼・ⓑ羽族・ⓒ羽箭(ウセン)

文献 ⓐ詩経・燕燕「差池其羽＝差池(シチ)たる其の羽（先がぎざぎざに見えるよ、ツバメの尾羽は）」ⓑ詩経・蜉蝣「蜉蝣之羽＝蜉蝣(フユウ)の羽（カゲロウのはね）」ⓔ詩経・宛丘「値其鷺羽＝其の鷺羽を値(た)つ（シラサギの羽飾りを立てて持つ）」

【芋】
6(艸・3) 常 ｜ 常用音訓 いも

語音 *ɦɪuag(上古) ɦɪuo(中古→呉漢ウ) yù(中) 우(韓)

語源 ［コアイメージ］（形や）形に曲がる。［実現される意味］サトイモⓐ。［英］Colocasia

字源 「亐(ウ)（音・イメージ記号）＋艸（限定符号）」を合わせた字。「亐」は「（形に曲がる」というイメージがある（⇩宇）。「芋」は太く彎曲した地下茎のできる植物を暗示させる。

語義 ［展開］サトイモ科の草、サトイモが本義ⓐ。葉は卵円形で大きく、地下茎は肥大する。別名、蹲鴟(ソンシ)・芋魁(ウカイ)。日本ではジャガイモ・サツマイモなどを含むイモ類の総称ⓑに用いる。［英］Colocasia; potato ［熟語］ⓐ芋魁(ウカイ)

文献 ⓐ管子・四時「毋蹇華絶芋＝華を蹇(ぬ)き芋を絶つ毋(な)かれ（花を抜いたり芋を切ったりしてはいけない）」

【迂】
7(辵・3) 人 ｜ 音 ウ

語音 *ɦɪuag(上古) ɦɪuo(中古→呉漢ウ) yū(中) 우(韓)

語源 ［コアイメージ］（形に曲がる。［実現される意味］遠回りするⓐ。［英］detour

字源 「于ゥ(音・イメージ記号)＋辵(限定符号)」を合わせた字。「于」は「(形に曲がる」というイメージがある(⇩宇)。「迂」はまっすぐ行かないで回り道をする様子を暗示させる。

語義 [展開] 遠回りする意味ⓐから、世事にうとい意味ⓑに展開する。[英]detour, roundabout; unfamiliar [熟語] ⓐ迂遠・迂回・ⓑ迂闊

文献 ⓐ孫子・軍争「軍争之難者、以迂爲直、以患爲利＝軍争の難きは、迂を以て直と為し、患を以て利と為す(軍と軍の争いの難しさは、いかに回り道を近道とし、災難を有利にするかだ)」ⓑ論語・子路「有是哉、子之迂也＝是れ有る哉、子シの迂なるや(これだから先生は世間にうといのです)」

【雨】 8(雨・0) 常 ― 常用音訓 ウ あめ・あま

語音 *ɦuag(上古) ɦuo(中古→呉漢ウ) yǔ(中) 우(韓)

語源 [コアイメージ] 上からかぶさる。[実現される意味] あめⓐ。[英]rain

〔解説〕釈名・釈天では「雨は羽なり。鳥羽の如く、動けば則ち散るなり」とあるが、釈宮では「宇は羽なり。鳥の羽翼の如く、自ら覆蔽するなり」とある。少しちぐはぐだが、「上からかぶさる」という共通のイメージがある点で雨・宇・羽は同源のことばである。日本語の「あめ」は天(あめ)と同根という(大野①)。漢語の雨が宇と同源であるのは「上からかぶさる」というコアイメージがあるからで、天とは無縁。天は「平ら」というイメージである。

字源 空から雨粒が点々と落ちてくる情景を描いた図形。

(甲) (金) (篆)

語義 [展開] あめの意味ⓐから、雨が降るという動詞ⓑ、また、雨のように上から落ちる(ふらす)意味ⓒに展開する。[英]rain(ⓐ~ⓒ) [和訓] あめふる・ふる・ふらす [熟語] ⓐ雨天・降雨・ⓑ陰雨

文献 ⓐ詩経・燕燕「泣涕如雨＝泣涕、雨の如し(涙が雨のように降り注ぐ)」ⓑ詩経・柏舟「其雨其雨＝其れ雨ふれ其れ雨ふれ(雨よ降れ降れ)」ⓒ春秋・文公3「雨螽于宋＝螽シュウを宋に雨ふらす(宋にイナゴが降ってきた)」

【烏】 10(火・6) 人 ― 音ウ・オ 訓からす・いずくんぞ

語音 *・ag(上古) ・o(中古→呉ウ 漢ヲ〈＝オ〉) wū(中) 오(韓)

語源 [コアイメージ] ㋐擬音語・㋑詰まってつかえる。[実現される意味] カラスⓐ。[英]crow

〔解説〕古代漢語でカラスを*・agという。また*・ăgという。これらはカラスの鳴き声に模した擬音語に由来する。前者を烏、後者を鴉と表記する。カラスの鳴き声は喉がつかえて詰まったような印象がある。したがって*・agという語は於などと同源で、「詰まって(つかえて)止まる」というコアイメージをもつ。また、カラスは強大なくちばしに特徴があるので、牙と同源で、「かみ合う」というコアイメージをもつ(⇩雅)。カラスを意味する二つの語は擬音語であるとともに、特徴的なイメージを兼ねる。

〔グループ〕烏・嗚オ(アーという嘆声[嗚呼アア]。また、喉が詰まってむせび泣く[嗚咽オエツ])・塢オ(水流をせき止めた小さな堤[村塢])・歍オ(喉を詰まらせてむせび泣く[歍咽])

字源 「鳥」の目玉の部分を示す「一」を省いた図形。この意匠でもって、真っ黒な鳥であるカラスを表象した(段玉裁・説文解字注)。図形にコアイメージは反映されていない。

(金) (篆)

語義 [展開] カラスの意味ⓐから、黒色の意味ⓑ。また、太陽に三本足のカラスが棲むという中国神話から、太陽の意味ⓒ。また、「ああ」という感嘆詞ⓓ、「ああ?」と不審な気持ちを発する疑問詞(「いずくん

ぞ」と読む)ⓔに転用される。[英]crow; black; sun; oh; what [熟語] ⓐ烏合・ⓑ烏鷺・ⓒ烏兎・金烏・ⓓ烏乎(=嗚呼)・ⓔ烏有

文献 ⓐ詩経・正月「誰知烏之雌雄=誰か烏の雌雄を知らんや(カラスの雌雄なんか誰にわかるか)」

うた

【唄】→ばい

うつ

【鬱】

29(鬯・19)　常　常用音訓 ウツ

語音 *ʔıuət(上古)　・ıuət(中古→呉ウチ 漢ウツ)　yù(中)　울(韓)

語源 [コアイメージ] 気が中にこもる。[実現される意味] 草木がこんもりと茂るⓐ。[英]thickly-wooded, luxuriant

[解説] 香草(ハーブ)を酒に浸して保存すると香気がこもる。このことを古代漢語で*・ıuətという。森林にフィトンチッドが存在することが知られるようになったのは最近のことだが、古代人はそれに気づいていたかのごとく、樹木がこんもりと茂って気が中にこもることを同じく*・ıuətと呼んだ。さらに心中に気がふさがる状態、これにも*・ıuətが適用される。これらに共通するのは気であり、気がふさがって外に出ないことである。王力は鬱・温・熅・燠を同源とし、温暖の意味があるとするが(王力②)、温は「熱気がこもる」がコアイメージである。

字源 「鬱」が成り立つ前に「鬰」があった。「鬰」は「臼(両手)+缶(土器)+冖(覆い)+鬯(薬草酒)+彡(香りが発散する符号)」を合わせて、器に香草を浸して、気が外に抜けないように蓋をする情景を設定した図形。ここに「香気が中にこもる」というイメージがある。「鬰(ツウ)の略体(音・イメージ記号)+林(イメージ補助記号)」を合わせたのが「鬱」で、樹木がこんもりと茂って、その中に樹木の気がこもる様子を暗示させる。

(篆)　[鬰]　(篆)

[字体] 「欝」は異体字。

語義 [展開] 「気が中にこもる」というコアイメージから、草木がこんもりと茂る意味ⓐ、水気や蒸気などがふさがって通らない意味ⓑ、気分がこもってふさぐ意味ⓒ、気がこもって盛んなさまの意味ⓓに展開する。[英]thickly-wooded, luxuriant; block up; depressed; fragrant [熟語] ⓐ鬱然・鬱蒼・ⓑ鬱血・鬱積・ⓒ鬱憤・憂鬱・ⓓ鬱勃

文献 ⓐ詩経・晨風「鬱彼北林=鬱たる彼の北林(木がこんもり茂るよ、あの北の森)」ⓑ呂氏春秋・達鬱「水鬱則為汚=水、鬱すれば則ち汚と為る(水がふさがれて流れないと汚水になる)」ⓒ書経・五子之歌「鬱陶乎予心=予が心に鬱陶す(私の心は気分がふさがって晴れない)」

うね

【畝】→ほ

うら

【浦】→ほ

うん

【云】

4(二・2)　人　音 ウン　訓 いう

語音 *ɦıuən(上古)　ɦıuən(中古→呉漢ウン)　yún(中)　운(韓)

[語源] [コアイメージ] 気のようなものがもやもやと空中に漂う。[実現される意味] 物をしゃべるⓐ。[英]say

〔解説〕雲気や蒸気などガス状のものが空中にもくもくと漂う状態を*ɦuənといい、云で図形化した。この語は「気がもやもやと漂う」というイメージがあり、老子・十六章の「夫れ物の芸芸(ウンウン)たる、各其の根に復帰す(物はうじゃうじゃと多いが、すべてその根に帰る)」とある芸(ウン)に反映されている。説文解字では云を雲の古文としているが、古典初期ですでに雲の意味には使われず、全く別の意味を獲得した。それは「物をしゃべる」という意味。しゃべる行為は口から音声を出すことである。古人は気のようなものが漂い出る情景を想定し、この行為を*ɦuənと名づけ、云で表記した。

〔グループ〕云・雲・魂・紜(ウン)(多くの物が入り乱れるさま[紛紜])・耘(ウン)(土を混ぜ返して雑草を除く[耕耘])・芸(ウン)(強烈な香気を漂わせる草、ヘンルーダ[芸香])。また、草木が鬱蒼と茂るさま)

[字源] 何かの気体が巻いて空中に漂う姿を描いた図形。「気のようなものがもやもやと漂う」というイメージがあり、この意匠によって、口中から気のようなもの(音声)が漂い出る(物をしゃべる)ことを表象する。

(古) 

[語義] [展開] 物をしゃべる意味ⓐから、むにゃむにゃという意味のないはやしことば(詩のリズムを調節することば)ⓑに転用される。また、コアイメージから、気体がもくもくと漂うさまや、物がうじゃうじゃと多いさまの意味ⓒに用いられる。[英]say; particle; numerous [熟語] ⓐ云云(ウンヌン)

[文献] ⓐ詩経・召旻「泉之竭矣、不云自中=泉の竭(つ)くるは、中自(よ)りすと云はずや(泉が尽きるのは、内部からというではないか)」ⓑ詩経・桑中「云誰之思=云(ここ)に誰をか之れ思ふ(誰のことを思っているの)」ⓒ呂氏春秋・圜道「雲氣西行云云然=雲気西に行きて云云(ウンウン)然たり(雲気がもくもくと西に漂っていく)」

【運】 12(辵・9) [常] [常用音訓] ウン はこぶ

[語音] *ɦuən(上古) ɦuən(中古→[呉][漢]ウン) yùn(中) 운(韓)

[語源] [コアイメージ] 丸く回る。[実現される意味] ぐるぐる回る・回す・めぐるⓐ。[英]turn around, revolve

〔解説〕王力は回・環・還・運を同源とし、転(めぐる)の意味があるとする(王力①)。藤堂明保は軍のグループを韋のグループ(囲など)、胃のグループ、鬼のグループ、昆のグループ、また回・骨などと同じ単語家族に入れ、「丸い・めぐる・取りまく」という基本義があるとする(藤堂①)。運は軍にコアイメージの源泉がある。「丸く回る」というコアイメージがあり、具体的文脈でそのままの意味が実現される。また、○(丸い、丸く回る)のイメージは○○○…の形に点々と移るというイメージに転化する。伝にも見られるイメージ転化現象である。運が「はこぶ」意味になるのはこのゆえである。日本語の「はこぶ」は車などに物を乗せて(積んで)送る意味で、運の展開義の一つに当たる。運動、運用、運命などは「はこぶ」の訓では理解できない。

[字源] 「軍(グン)(音・イメージ記号)+辵(限定符号)」を合わせた字。「軍」は「丸く取り巻く」というイメージがあり、「丸くめぐる」というイメージに展開する(⇨軍)。「運」は同じ所をぐるぐる回る様子を暗示させる。

[語義] [展開] ぐるぐる回る(まわる・まわす・めぐる)が本義ⓐ。「丸く回る」というイメージから、丸いものが点々と転がるようにして移るというイメージに展開し、物事がスムーズに動く意味ⓑ、物事をスムーズに働かす意味ⓒ、物をはこんで移す意味ⓓ、また、世の中の移りゆき(めぐり合わせ)の意味ⓔを派生する。[英]turn around, revolve, spin; move; operate, work; carry, transport, convey; fortune, fate, luck [和訓] めぐ

る・めぐらす［熟語］ⓑ運転・運動・ⓒ運営・運用・ⓓ運搬・運輸・ⓔ運命・幸運

文献 ⓐ孟子・梁恵王上「天下可運於掌＝天下は掌に運らすべし（天下を治めるのは手のひらの上で物を転がすように簡単だ）」ⓑ荘子・天道「天道運而無所積、故萬物成＝天道運りて積む所無し、故に万物成る（天道はスムーズに運行し滞ることがない。だから万物が形成されるのである）」ⓒ孫子・九地「併氣積力運兵＝気を併せ、力を積み、兵を運らす（［我が軍隊の］気を合わせ、力を蓄えて、そして兵を自由に駆使する）」ⓓ三国志・蜀志・諸葛亮伝「以木牛運＝木牛を以て運ぶ（木牛で［糧食を］運んだ）」

【雲】 12(雨・4) 常 ｜ 常用音訓 ウン　くも

語音 *ɦiuən(上古)　ɦiuən(中古→呉漢ウン)　yún(中)　운(韓)

語源 ［コアイメージ］（気が）もやもやと漂う。［実現される意味］くもⓐ。［英］cloud

［解説］釈名・釈天に「雲は猶お云云たるがごとし。衆盛の意なり。又、運を言ふなり。運は行なり」とある。云は気体のようなものがもやもやと立ちこめる状態をいう。このイメージは逆に「くも」の現象に由来するとも考えられる。また、雲はめぐり動くものなので、「雲は運なり」という語源意識も古人は持っていた。英語のcloudは岩の塊、丘が原義で、重なり合った形が岩山に似ているから雲の意になったという（小島①）。漢語の雲のイメージとは異なる。

［グループ］雲・蕓（菜の花が群がるように咲く草、アブラナ［蕓薹］）繧*（純国字。彩色法の一つ［繧繝］）

字源 「云（音・イメージ記号）＋雨（限定符号）」を合わせた字。「云」は雲気が巻いて空中に漂っている姿を描いた図形。「気のようなものがもやもやと漂う」というイメージがある（⇨云）。「雲」は空中にもやもやと起こって漂う気象を暗示させる。

語義 ［展開］くもの意味ⓐ。また、形が雲に似たものの喩えⓑ。［英］cloud(ⓐⓑ)［熟語］ⓐ白雲・浮雲・ⓑ疑雲・朶雲

文献 ⓐ詩経・出其東門「有女如雲＝女有りて雲の如し（雲のように白く美しい女性がいる）」

エ

えい

【永】 5(水・1) 常 ｜ 常用音訓 エイ　ながい

語音 *ɦiuăŋ(上古)　ɦiuʌŋ(中古→呉ヰヤウ〈＝ヨウ〉漢ヱイ〈＝エイ〉)　yǒng(中)　영(韓)

語源 ［コアイメージ］長く延びる・長く続く。［実現される意味］どこまでも長く続くⓐ。［英］long, continuous

［解説］*ɦiuăŋという語は往（足を延ばしてずんずん進む）と同源のことばで、「どこまでも延びていく」というイメージをもつ。空間のイメージは時間のイメージに転化する。というよりも、時間を表すことばが空間化されて実現されると言い換えてもよい。永・長・常はこの例。日本語の「ながい（ながし）」のナガはナガル（流）・ナグ（投）のナガと同根で、「ナガは線条的に伸びて行くさま」の意という（大野①）。空間的にながい、時間的にながい（久しい）の両義がある。時間を空間的イメージで捉えるのは日本語でも同じである。

［グループ］永・泳・詠・咏（声をながく引いて嘆息する、また、うたう［咏歌］）怺*（純国字。こらえる）

字源 水が幾筋にも分かれて流れる情景を描いた図形。この意匠によ

って、どこまでも長く続くことを表象する。

(甲) (金) (篆)

[語義]［展開］空間的にどこまでも長く続く(ながい)意味ⓐから、時間がいつまでも長く続く(久しい)意味ⓑ、長く延ばす(長引かせる)意味ⓒに展開する。[英]long, continuous; eternal, everlasting, forever; extend, prolong ［和訓］とこしえ ［熟語］ⓐ永巷・ⓑ永遠・永久

[文献] ⓐ詩経・漢広「江之永矣、不可方思＝江の永き、方(いかだ)すべからず(長江は長いよ、いかだじゃ渡れぬ)」(矢・思はリズム調節詞) ⓑ詩経・木瓜「永以爲好也＝永く以て好を為すなり(いつまでも愛情をささげます)」ⓒ詩経・白駒「以永今朝＝以て今朝を永くせよ(この朝を[時間を延ばして]たっぷり過ごされよ)」

【曳】6(曰・2) [人] ｜ [音]エイ [訓]ひく

[語音] *d̥iad(上古) yiɛi(中古→[呉][漢]エイ) yè(中) 예(韓)

[語源]［コアイメージ］長く延びる。［実現される意味］物をずるずると長く引きずるⓐ。[英]drag, trail

〔解説〕王力は曳・引・演・延・衍(エン)などを同源とし、ひく意味があるとする(王力①)。これは表層レベルの捉え方。藤堂明保は延・衍のほかに、它(タ)のグループ、帯のグループ、世のグループ、および移・池・羨などと同じ単語家族に入れ、「うねうねと伸びる・伸ばす」という基本義をもつとする(藤堂①)。*d̥iadという語は移・涎(ゼン)(よだれ)・泄(セツ・エイ)(水がずるずると漏れる)などと同源で、「這うようにずるずると延びていく」というコアイメージがある。

〔グループ〕曳・洩(エイ・セツ)(長く延びる、また、水がずるずるともれる)・拽(エイ)(ずるずると長く引っ張る)・絏(セツ)(ものをぐるぐる縛る縄)

[字源]「申(伸びる)＋丿(長く引き延ばす符号)」を合わせて、「長く延びる」というイメージを表す。

(篆)

[語義] 長く引きずる意味ⓐ。［熟語］ⓐ曳航・揺曳

[文献] ⓐ詩経・山有枢「子有衣裳、弗曳弗婁＝子(シ)に衣裳有るも、曳(ひ)かず婁(ひ)かず(君には着物があるけれど、裾を引きずって着もしない)」

【泳】8(水・5) [常] ｜ [常用音訓]エイ およぐ

[語音] *ɦɪuăŋ(上古) ɦɪuʌŋ(中古→[呉]ヰヤウ〈＝ヨウ〉 [漢]ヱイ〈＝エイ〉) yǒng(中) 영(韓)

[語源]［コアイメージ］長く延びる・長く続く。［実現される意味］およぐⓐ。[英]swim

〔解説〕下記の詩経の毛伝では「潜行を泳と為す」とある。これは游(水上に浮かんでおよぐ)と区別したもの。永にコアイメージの源泉があり、水上や水中を長く(時間的には久しく)延びていく(進んでいく)行為を泳という。これに対し游は水上を同じ所にとどまらないであっちこっちに移動するというイメージの語である。名義抄では泳に「くぐる」「みなくぐり(水潜り)」の訓をつけている。水中を潜って進むという漢語の泳を訳したもの(カールグレンも泳の訳語をgo down in waterとする)。ただし泳と游はコアイメージは異なるが、溺れることなく水のある所を移動する(つまり「およぐ」)という点では同じである。

[字源]「永(エイ)(音・イメージ記号)＋水(限定符号)」を合わせた字。「永」は「長く延びる」「長く続く」というイメージがある(⇨永)。「泳」はいつまでも水の上や中に溺れることなくいられる様子を暗示させる。

[語義] およぐ意味ⓐ。［熟語］ⓐ水泳・遊泳

[文献] ⓐ詩経・漢広「漢之廣矣、不可泳思＝漢の広き、泳ぐべからず(漢水は広いよ、泳いで渡れぬ)」(矢・思はリズム調節詞)

【英】8(艸・5) 常 常用音訓 エイ

語音 *·ïăŋ(上古) ·ïaŋ(中古→呉ヤウ〈=ヨウ〉 漢エイ) yīng(中) 영(韓)

語源 [コアイメージ] くっきりと分かれて目立つ。[実現される意味] はなⓐ。[英]flower

〔解説〕藤堂明保は英を亜・於・烏などと同じ単語家族に入れ、「おさえる・つかえる」という基本義をもつとし、中央がくぼんだ花を英とした。一方、映を境・景・競などと同じ単語家族に入れ、「がっちりと固い・くっきりと区切る」という基本義があるとしている(藤堂①)。筆者は英も後者に入れた方がよいと考える。「くっきりと区切る」というイメージは「けじめがはっきりついて目立つ」というイメージに転化する。植物の「はな」にはこのイメージがある。「はな」を意味する語に花・華・栄・英・葩があるが、それぞれコアイメージが異なる。

〔グループ〕英・瑛・暎エイ(映る、映す)・霙エイ(花のように飛び散る気象→雪の花・雪片、また、みぞれ)

字源 「央オウ(音・イメージ記号)+艸(限定符号)」を合わせた字。「央」は「真ん中を押さえる」というイメージがあり、「中心で上下にくっきりと分かれる」というイメージに展開する(⇨央)。「英」は植物体の中で特にくっきりと目立つ形をしたもの(つまり「はな」)を暗示させる。

語義 [展開] 植物のはなが本義ⓐ。「くっきりと目立つ」というコアイメージから、くっきりと目立って美しい(色があざやか)の意味ⓑ、才能がとりわけ優れている(立派である、ひいでる)、また、優れた人という意味ⓒを派生する。また、近代中国でEnglishを英吉利と音写したことから、イギリスの意味ⓓ。[英]flower; brilliant, beautiful; excellent, hero; England [和訓] はな・はなぶさ・ひいでる [熟語] ⓐ落英・ⓒ英雄・俊英・ⓓ英語・渡英

文献 ⓐ詩経・汾沮洳「美如英＝美なること英の如し([彼女は]はなのように美しい)」 ⓑ詩経・白華「英英白雲＝英英たる白雲(色鮮やかな白い雲)」 ⓒ孟子・尽心上「得天下英才而教育之、三楽也＝天下の英才を得て之を教育するは、三楽なり(世界中の優れた人物を得て、彼らを教育するのは、第三の楽しみである)」

【映】9(日・5) 常 常用音訓 エイ うつる・うつす・はえる

語音 *·ïăŋ(上古) ·ïaŋ(中古→呉ヤウ〈=ヨウ〉 漢エイ) yìng(中) 영(韓)

語源 [コアイメージ] くっきりと分かれて目立つ。[実現される意味] 光を受けて物の姿がくっきりと現れる(うつる・うつす)ⓐ。[英]reflect

〔解説〕英と同じく、「くっきりと区切る」というイメージから、「区切り目がはっきりとついて目立つ」というイメージに転じ、光を受けて物の姿がはっきりと現れることを映という。日本語の「うつる」はウツス(写・移)の自動詞形で、「物の形や内容が、そっくりそのまま、他の所にあらわれる意」という。また「はえる(はゆ)」は「他から光や力を受けて、そのものが本来持つ美しさ・立派さがはっきりと現れる」意である(以上、大野①)。これらは漢語の映とほぼ合致する。英語のreflectはラテン語のreflectere(後ろへ曲げる)に由来し、「反射する」が原義で、「鏡などが像を映しだす」は転義(下宮①、小島①)。reflectには反射するというイメージがあるので、漢語の映とは語感が少し違う。映は「くっきりと目立つ」という語感である。

字源 「央オウ(音・イメージ記号)+日(限定符号)」を合わせた字。「央」は「中心で上と下にはっきり分かれる」というイメージから、「くっきりと分かれて目立つ」というイメージに展開する(⇨央)。「映」は明と暗のさかいがくっきりと分かれて際立つ様子を暗示させる。藤堂明保は映は

景・影・境と同源の語で、央を単なる音符としたが(藤堂②)、筆者は音・イメージ記号と見る。

語義 [展開] 光を受けて姿が現れる(うつる)意味ⓐから、像をうつし出す(うつす)意味ⓑ、また、映画の意味ⓒに展開する。[英]reflect(ⓐⓑ); project; movie [熟語] ⓐ反映・ⓑ映写・映像・ⓒ放映・上映

文献 ⓐ後漢書・張衡伝「冠咢咢其映蓋兮＝冠咢咢として其れ蓋に映ず(冠は高く上がって車蓋と照らし合ってはっきり見える)」

【栄】 9(木・5) 常

常用音訓 エイ さかえる・はえ・はえる

〔榮〕 14(木・10) 人

音 エイ 訓 さかえる・はえ・はえる

語音 *ɦiuĕŋ(上古) ɦiuʌŋ(中古→呉ヰヤウ〈＝ヨウ〉 漢ヱイ〈＝エイ〉) róng(中) 영(韓)

語源 [コアイメージ] 周囲を丸く取り巻く。[実現される意味] はなⓐ。[英]blossom

〔解説〕 釈名・釈言語に「榮は猶熒(ひかり)のごときなり。熒熒は照明の貌なり」とある。熒と同源としたのはよいが、現象面だけを見て、語の深層構造を捉えていない。深層構造を明らかにしたのは藤堂明保である。氏は下記のグループは規・画・畦・街や、嬰のグループ(桜など)と同源で、「とりまく、周囲に区切りをつける」という基本義があるとした(藤堂①)。榮(＝栄)は炏にコアイメージの源泉がある。これは「周囲を丸く取り巻く」というイメージで、サクラなどのように木全体を取り巻いて咲く花を栄という。微視的に見ると一つ一つの花であるが、巨視的に見ると木の全体が花に見える。このような形状をなす花が栄である。ほかに花・華・英などがあるが、それぞれコアイメージが異なる。英語で花をflowerまたはblossomという。flowerは一般的な言い方であるが、blossomは果樹の花、特に木全体を取り巻く花で、栄える意味もあり、漢語の栄にぴったりである。日本では「さかえる(さかゆ)」の訓がついた。サカユとはサク(咲)・サカリ(盛)と同根で、「充実した生命が、表に向かって現れ出る。花ならば咲き満ち、人ならば幸せに勢いがあふれる意」という(大野①)。これは漢語の栄のⓒに当たる。また「はえる(はゆ)」は「他から光や力を受けて、そのものが本来持つ美しさ・立派さがはっきりと現れる」意で、これは漢語の映に近いが、転義の「他の物に引き立てられて輝く美しさ・良さ」(大野①)は漢語の栄のⓓに近くなる。

〔グループ〕 栄・営・蛍・熒(光源の丸く取り巻いたともしび、ひかり[熒惑])・塋(周囲を丸く取り巻いた墓地[塋域])・嶸(山が取り巻いて競い立つさま[崢嶸])・瑩(玉が明るく輝くさま、また、明らか[瑩徹])・縈(周囲を丸く取り巻く、めぐる[縈帯])・蠑(足が四方に出た虫、イモリ[蠑螈])。〈日〉蠑螺は栄螺と同じで、サザエ)・鶯(首の周りを黒い輪が取り巻く鳥、コウライウグイス)・蘙(種子の入った室が丸い輪型に取り巻く果実の生る草、イチビ、苘麻[蘙麻])

字源 「榮」が正字。「炏」は独立字となっていないが、熒の原形である。枠の周りを火が取り巻く情景を設定した図形で、「光の輪が取り巻く」、また、「周りをまるく取り巻く」というイメージを示す記号になる。「榮」はサクラのように木の周り全体を取り巻いて咲く花を表す。字源については諸説があるが、于省吾が「上は二火に従い、下は交縈の形に象る。炏に従う字、熒・蘙・瑩・營・榮・縈等の如きは、均しく光明交互に繁盛なるの義有り」(双剣誃古文雑釈)というのがほぼ当たっている。

(金) [炏] (篆)

〔字体〕 「栄」は日本で生まれた「榮」の略字。中国の簡体字は「荣」。

語源 [展開] 木の全体を取り巻いて咲く花の意味ⓐから、盛んに茂る

意味ⓑ、はなやかに咲く(さかえる)意味ⓒ、はなやかな名誉、輝かしいほまれという意味ⓓ、活力を盛んにする意味ⓔに展開する。[英]blossom; bloom(ⓑⓒ), flourish(ⓑⓒ)thrive; honor, glory; vitalize 【熟語】ⓑ栄枯・ⓒ栄華・繁栄・ⓓ栄光・栄誉・ⓔ栄養

文献 ⓐ管子・水地「凡道無根無莖無葉無榮＝凡そ道は根無く、茎無く、葉無く、栄無し(いったい道[宇宙の本体]というものは根も茎も葉も花もないものだ)」ⓒ論語・子張「其生也榮＝其の生くるや栄ゆ(生きている間は繁栄する)」ⓓ易経・繫辞伝上「樞機之發、榮辱之主也＝枢機の発するは栄辱の主なり(君子のかなめとなるもの[言葉と行い]の発現こそ、名誉と屈辱の決め手である)」

【営】12(口・9)　常 | 常用音訓 エイ　いとなむ

語音 *ɦiueŋ(上古)　yiuɛŋ(中古→呉ヤウ〈=ヨウ〉漢エイ)　yíng(中)　영(韓)

語源 【コアイメージ】周囲を丸く取り巻く。【実現される意味】周りをめぐる・めぐらすⓐ。[英]surround

【解説】古典の注釈に「営は繞(めぐる)なり」「営は環(めぐらす)なり」などの訓があり、「周りをめぐる・めぐらす」が本義。都市や建物など根拠地を造る際、土地に区画をつけ、周りを柵や土塁で囲む。縦に筋を通して区画することを経といい、周りを取り囲むように区画することを営という。経営という語はすでに詩経に現れている。詩経では本義の「めぐる」という意味も使われている。経営はその転義である。日本語の「いとなむ」はイトナシ(暇無)の語幹に接尾語のついた形で、「暇がないほど忙しくするのが原義」という(大野①)。熱心に務める、世を渡るために仕事をするという転義では、漢語の営のⓒに近くなる。

字源 「營」が正字。「𤇾(音・イメージ記号)＋呂(イメージ補助記号)」を合わせた字。「𤇾」は「周りを丸く取り巻く」というイメージがある(⇨栄)。「呂」は背骨のように○-○-○-の形に点々と並び連なるものを示す記号(⇨呂)。「營」は土塁や柵などを並べ連ねて、周りを丸く取り巻く様子を暗示させる。

(篆)

【字体】「営」は日本で生まれた「營」の略字。現代中国の簡体字は「营」。

語義 【展開】周りをめぐる・めぐらすが本義ⓐ。「周囲を丸く取り巻く」というコアイメージから、区画をつける意味ⓑ、仕事や事業を計画して行う意味ⓒ、また、柵をめぐらして軍隊をとめる所(陣地)の意味ⓓを派生する。[英]surround; demarcate; plan, manage; camp 【熟語】ⓒ営業・造営・ⓓ軍営・陣営

文献 ⓐ詩経・青蠅「營營青蠅＝営営たる青蠅(辺りをぐるぐる回るアオバエ)」ⓑ詩経・霊台「經之營之＝之を経し之を営す(土地を測って区画をつける)」ⓒ詩経・黍苗「召伯營之＝召伯之を営む(召伯様がこれ[戦功]を計画された)」ⓓ史記・衛将軍列伝「自環爲營＝自ら環らして営を為る(自分で周囲に柵をめぐらして陣地を作った)」

【瑛】12(玉・8)　人 | 音エイ

語音 *·iăŋ(上古)　·ıaŋ(中古→呉ヤウ〈=ヨウ〉漢エイ)　yīng(中)　영(韓)

語源 【コアイメージ】くっきりと目立つ。【実現される意味】玉の輝く光ⓐ。[英]jade luster

字源 「英(音・イメージ記号)＋玉(限定符号)」を合わせた字。「英」は「くっきりと分かれて目立つ」というイメージがある(⇨英)。玉の光がくっきりと目立つ様子を表す。

語義 【展開】玉の輝く光の意味ⓐから、美しく目立つ玉の意味ⓑを派生する。[英]jade luster; fine jade

文献 ⓐ王逸・九思・哀歳「椒瑛兮涅汚＝椒瑛、涅汚せらる（山椒の香気と玉の美しい光彩がけがされる）」（漢魏六朝百三家集20）

【詠】12(言・5) 常 常用音訓 エイ よむ

語音 *ɦiuăŋ(上古) ɦiuʌŋ(中古→呉ヰヤウ〈＝ヨウ〉 漢ヱイ〈＝エイ〉) yǒng(中) 영(韓)

語源 [コアイメージ] 長く延ばす。[実現される意味] 声を長く引いて歌を歌うⓐ。[英]chant

〔解説〕唐の顔師古は「詠なる者は永なり。永は長なり。歌ひて之を長言する所以」（漢書の注）と語源を説く。コアイメージの源泉は永にある。日本語の「よむ」は「一つずつ順次数えあげてゆくのが原義」という（大野①）。この展開義である「一つ一つの音節を数えながら和歌をつくりだす」は漢語の詠のⓑに当たる（ただし和歌ではなく漢詩）。また「一字ずつ声を立てて唱えてゆく」は漢語の読に当たる。ⓐの意味（詠嘆・吟詠）は日本語の「よむ」にない。

字源 「永（音・イメージ記号）＋言（限定符号）」を合わせた字。「永」は「長く延びる」「長く続く」というイメージがある（⇩永）。「詠」は歌う時、声を長く引き延ばすことを表す。

語義 [展開] 声を長く引いて歌を歌う意味ⓐから、詩歌を作る（よむ）意味ⓑ、詩歌の意味ⓒに展開する。[英]chant; compose a song; song [熟語] ⓐ詠嘆・吟詠・ⓑ偶詠・題詠・ⓒ遺詠・近詠

文献 ⓐ論語・先進「詠而帰＝詠じて帰らん（歌を吟詠しながら帰ろう）」

【影】15(彡・12) 常 常用音訓 エイ かげ

語音 *・ıăŋ(上古) ・ıaŋ(中古→呉ヤウ〈＝ヨウ〉 漢エイ) yǐng(中) 영(韓)

語源 [コアイメージ] くっきりと境界をつける。[実現される意味] 光に照らされて生じる物のかげⓐ。[英]shadow

〔解説〕光とかげはポジとネガ、表と裏のような関係である。Aに光を当てると反対側にかげができる。A｜Bの形になるので、ここに「境界をつける」というイメージが現れる。古代漢語では光の部分を*kıăŋといい、かげの部分を*・ıăŋといい、どちらも景で表記されたが、やがて分化して影が生まれた。日本語の「かげ」は「光によってできる像」の意。そこから、「光」「物の姿」「光が物に当たって、光の反対側に生じる暗い像」などの意味に展開する（大野①）。これは漢語の影に当たる。また、「物にさえぎられて光のあたらない所」の意味に展開する（大野①）。これは漢語の陰と対応する。日本語では「かげ」の一語であるが、英語と漢語ではshadowと影、shadeと陰が対応する。ただしshadowはもともと同根らしい（下宮①）。

字源 「景（音・イメージ記号）＋彡（限定符号）」を合わせた字。景」は「くっきりと境界をつける」というコアイメージがある（⇩景）。「影」は明るい部分とくっきりとさかいのついた暗い部分を暗示させる。

語義 [展開] 光によって生じる物のかげの意味ⓐ。また、影（かげ）の原因は景（ひかり）にあるので、視点が移動して、ひかりの意味ⓑに転じる。そこから、光に照らされて浮き上がる物の姿や像の意味ⓒ、写真に写された像の意味ⓒを派生する。[英]shadow; light; figure, image; picture [熟語] ⓐ影響・陰影・ⓑ月影・灯影・ⓒ機影・敵影・ⓓ遺影・撮影

文献 ⓐ管子・心術「若影之象形、響之應聲也＝影の形に象（に）、響きの声に応ずるが若（ごと）きなり（影が形と似ており、響きが声に応じるようなものだ）」

【鋭】15(金・7) 常 常用音訓 エイ するどい

語音 *diuad(上古) yiuɛi(中古→呉漢エイ) ruì(中) 예(韓)

語源 [コアイメージ] 中身が抜け出る・よく通る。[実現される意味] 刃物がよく切れる・先が尖ってするどいⓐ。[英]sharp

〔解説〕古典の注釈に「鋭は利なり」とある。利のコアイメージは「ス

ムーズに通る」で、ここから利は刃物の通りがよい(よく切れる)という意味が生まれる。鋭は利と同じ発想から出た語である。よく切れるものは先端が尖っている必要がある。だから鋭には「先がとがる」「へ形や∠形をなす」というイメージが生まれる(これは二次的イメージである)。日本語の「するどい(するどし)」はスルドが古形で、「先がとがっていること」が原義という(大野①)。

【字源】「銳」が正字。「兌(タイ)(音・イメージ記号)+金(限定符号)」を合わせた字。「兌」は「中身が抜け出る」というイメージがある(⇩脱)。「銳」は刃先がよく物を通って抜け出る様子を暗示させる。

【語義】[展開] 刃先がするどい意味ⓐから、勢いや動きなどがすばやい(気勢が盛ん)の意味ⓑ、するどい武器の意味ⓒ、敏捷な兵士の意味ⓓに展開する。また、∠のように尖った形のイメージから、角度が小さい意味ⓔを派生する。[英]sharp(ⓐⓑⓔ); quick, keen, acute(ⓑⓔ); sharp weapon; vigorous soldier [熟語] ⓐ鋭鋒・鋭利・ⓑ鋭敏・気鋭・ⓓ新鋭・精鋭・ⓔ鋭角

【文献】ⓐ荘子・天下「鋭則挫矣=鋭ければ則ち挫く(刃が鋭ければ折れやすい)」ⓑ孟子・尽心上「其進鋭者其退速=其の進むこと鋭(はや)き者は、其の退くこと速やかなり(すばやく進むものは、退くのも速い)」ⓒ戦国策・楚一「吾被堅執鋭、赴強敵而死=吾、堅を被り鋭を執りて、強敵に赴きて死す(私は堅いよろいをかぶり、鋭い武器を手にして、強敵に当たって死にます)」

【叡】16(又・14)　人　音エイ　訓さとい

【語音】*g̊iuad(上古) yiuɛi(中古→呉エ 漢エイ) ruì(中) 예(韓)

【語源】[コアイメージ] よく通る。[実現される意味] 物事を深く見通して賢い(さとい)ⓐ。[英]wise

【解説】説文解字に「叡は深明なり、通なり」とある。知力の働きが深く通るというイメージの語である。鋭とイメージが近い。英語のwiseは「物事によく通じていて賢い」がコアイメージという(田中①)。

【字源】「㕡(イメージ記号)+目(限定符号)」を合わせた字。「㕡」は「𣦼+谷」と分析できる。「𣦼」は「歺(ほね)+又(て)」を合わせて、骨を穿ってばらばらにする様子を暗示させる図形で(⇩燦)、「(詰まったものをばらばらにして)隙間を通す」というイメージを示す。「𣦼(イメージ記号)+谷(限定符号)」を合わせた「㕡」は、土を穿って水路を通す場面を設定した図形(みぞを意味する壑(ガク)の原字)。ここに「スムーズに通す」というイメージがある。「叡」は物事をよく見通す様子を暗示させる。

(篆)　[叡]　(篆)

【字体】「睿」は叡の異体字(古文の字体)。

【語義】[展開] 賢い・さとい意味ⓐから、天子に対する尊敬語ⓑに転用される。[英]wise; honorific for emperor [熟語] ⓐ叡知・ⓑ叡聞・叡覧

【文献】ⓐ荘子・天地「齧缺之爲人也、聰明叡知=齧欠(ゲッケツ)の人と為(な)りや、聡明叡知なり(齧欠[人名]の人間性は聡明で賢い)」

【衛】16(行・10)　常　常用音訓 エイ
〔衞〕16(行・10)　人　音エイ・エ　訓まもる

【語音】*ɦɪuad(上古) ɦɪuɛi(中古→呉ヱ〈=エ〉 漢ヱイ〈=エイ〉) wèi(中) 위(韓)

【語源】[コアイメージ] 周りをぐるりと取り巻く。[実現される意味] 外から来るもの(外敵など)を周りで防いで中のものを守るⓐ。[英]defend, protect, guard

【解説】古典の注釈に「衛は護なり」「衛は守なり」とある。衛・護・守は言葉が違うが、中の物を外側から取り囲むようにする行為であることは一致している。特に衛は韋(イ)にコアイメージの源泉があり、圍(=囲)と

同源である。周りをぐるりと取り囲んでまもることを衛という。衛の古訓に「めぐる」があるのはよくコアイメージを反映している。英語のdefendはラテン語のdefendere、de-(分離、除去)+fendere(打つ)が語源で、相手の攻撃をかわす(防御する)意、protectはラテン語のprotegere、pro-(前に)+tegere(覆う)が語源で、前を覆って中身を守る意、guardは見張り・警戒・用心してまもる意という(下宮①、政村①)。衛は語源的にはprotectに近い。

字源 「衞」が正字。「韋ィ(音・イメージ記号)+帀(イメージ補助記号)+行(限定符号)」を合わせた字。「韋」は「ある場所の回りを回る」というイメージがある(⇩囲)。「帀」は「めぐる」というイメージがある(⇩師)。「衞」はある物の周囲をぐるぐると回り歩く情景を設定した図形。

(甲)　(金)　(篆)

〔字体〕「衞」は旧字体。「衛」は金文にあるもっと古い字体。現代中国の簡体字は「卫」。

語義 [展開] 周りを防いで守る意味ⓐから、守備する者の意味ⓑ、周りを回る(めぐる)意味ⓒに展開する。[英]defend, protect, guard(ⓐⓑ); defender; go round, revolve [熟語] ⓐ護衛・防衛・ⓑ守衛・門衛・ⓒ衛星

文献 ⓐ国語・斉「以衛諸夏之地＝以て諸夏の地を衛る(それで中華の国々を守った)」

えき

【亦】 6(亠・4) 人 音エキ 訓また

語音 *d̥iăk(上古) yiɛk(中古→呉ヤク 漢エキ) yi(中) 역(韓)

語源 [コアイメージ] 同じものが両脇にもう一つある。[実現される意味] ～もまたⓐ。[英]also, too

〔解説〕ある事態と同じ事態が再び起こる場合、*d̥iăkという副詞を用いる。この語のコアにあるのは「両脇に同じものがもう一つある」というイメージである。形で表すと□–□の形であるが、並ぶ姿に焦点を合わせると、□・□・□・の形のイメージにもなる。そうなると駅のイメージと同一である。藤堂明保は亦(夜を含む)のグループは尺・度や睪エキのグループ(駅・択など)と同じ単語家族に属し、「数珠つなぎ、―・―型」という基本義があるとする(藤堂①)。

〔グループ〕亦・夜・跡・迹セキ(点々と続く足跡[垂迹スイジャク])・奕エキ(次々に重なって続く[奕世])・弈エキ(石を点々と並べるゲーム、囲碁[博弈])

字源 「大(人の形)」の両側に二点をつけて、人の両脇を示した図形。この意匠によって、一つの事態の次に別の事態が同じように重ねて起こることを表象する。段玉裁は腋(わき)の原字とするが(説文解字注)、亦自体には「わき」の意味はない。

(甲)　(金)　(篆)

語義 同じような事態が重なって起こるさま(AのほかにBもまた)の意味ⓐ。

文献 ⓐ詩経・載馳「亦各有行＝亦た各おの行有り(「女性にも」またそれぞれ定めがある)」

【易】 8(日・4) 常 常用音訓 エキ・イ やさしい

語音 (1)*d̥iek(上古) yiɛk(中古→呉ヤク 漢エキ) yi(中) 역(韓) (2)*d̥ieg(上古) yiĕ(中古→呉漢イ) yi(中) 이(韓)

語源 [コアイメージ] (平面上を)平らに延びて移る。[実現される意味] 別のものに変わるⓐ。[英]change

〔解説〕交易、易断、容易などの易に何らかの共通性があるだろうか。

コアイメージを究明すれば共通性を見出すことができる。藤堂明保は易を地・氏・遞などと同じ単語家族にくくり、「薄く平らに伸びる」という基本義があるとした(藤堂①)。王引之は「易は延なり」「易は移なり」と述べている(経義述聞)。易の深層構造は「物が平らに延びていく(移る)」という一つのコアイメージに概括できる。甲骨文字では易は錫(たまう)や賜(たまう)の意味で使われている。賜とは物を相手の方に平面的にずるずると延ばして移していく行為である。施(ほどこす)や予(あたえる)もこれと同じ発想で生まれた。また、A点からずるずると延びてB点に移ると、場所や状態が変わることになるから、「AからBに変わる」というイメージが生まれる。これが変易の易。移にもこれと似た転義現象がある。また「平ら」というイメージから、でこぼこや抵抗がないというイメージに転化する。これが容易、難易の易。日本語の「やさしい(やさし)」はヤス(痩)と同根で、「身も痩せ細る思いがする意。転じて、遠慮がちにつつましく気をつかう意」という(大野①)。その転義の一つに「平易である。むつかしくない」があり、漢語の易のⓔに当たる。英語のchangeは「全面的に、あるいは別のものに変える」がコアイメージで、変化する意味と取り替える意味に展開するという(田中①)。これは漢語の易と同じ。またeasyはdifficultの対。difficultは「取り扱いにてこずる」がコアイメージ、easyは「(課題・気持ち・対応などが)楽な」がコアイメージという(田中ら①)。取り扱いが容易なのは障害や摩擦がなくてスムーズというイメージであるから、easyは漢語の易にほぼ当たる。

【グループ】易・賜・錫・剔(邪魔ものをそぎ取って平らにする[剔抉])・惕(心細くなる[怵惕])・裼(衣をずらして裸になる[袒裼])・舓(=舐。舌で平面をなめる)・蜴(トカゲ[蜥蜴])・鬄(本物の髪に代わるもの→かつら)・鯣*(半国字。するめ)・鶍*(純国字。イスカ)

字源 トカゲを描いた図形。説文解字では「易は蜥易、蝘蜓、守宮なり」とある。易は蜥蜴の蜴の原字で、トカゲ、ヤモリ、カメレオン、カナヘビなどを含むトカゲ亜目の爬虫類である。トカゲやヤモリは姿が扁平で、地面や壁にへばりついて這う特徴から、「平らに延びて移る」というイメージを表すことができる。易をトカゲの形と見るのが通説(孫詒譲、カールグレン、加藤常賢など)だが、「日(玉)がかがやいて、その光が放射する形」とする説(白川②)もある。

(甲)  (金)  (篆)  

語義 【展開】A点から延びてB点に場所を移すというイメージから、AがBに変わる(別のものに変わる、また、状態が変わる)意味ⓐ。また、貨幣を出して商品を得ることもAがBに変わることなので、取り替えるという意味ⓑに展開する。また、変化を予測する占術(うらない)の意味ⓒ、占いの書(五経の一つ)の意味ⓓに転用される(以上は1の場合)。「平ら」というイメージから、でこぼこや抵抗がないというイメージに転化し、動きや働きがスムーズである(～しやすい)の意味ⓔ、抵抗がなくスムーズに動くさま(たやすい)、また、軽々しい、身軽である意味ⓕ、軽んずる(あなどる)意味ⓖ、平らに治まる・治める意味ⓗに展開する(以上は2の場合)。[英]change; exchange; divination, fortune-telling; the Book of Change; easy(ⓔⓕ); light, simple, slight, disregard; settle, calm 【和訓】かえる・かわる・やすい 【熟語】ⓐ不易・変易・ⓑ交易・貿易・ⓒ易者・易断・ⓓ易経・周易・ⓔ難易・ⓕ安易・容易

文献 ⓐ論語・微子「滔滔者天下皆是也、而誰以易之=滔滔たる者は天下皆是れなり、而して誰か以て之を易へん(洪水のように流れていくのが世界のすべてだ、誰がそれを変えられようか)」ⓑ易経・繫辞伝下「上古穴居而野處、後世聖人易之以宮室=上古は穴居して野処す、後世の聖人之に易ふるに宮室を以てす(上古の民は穴居や野宿をして暮らしていたが、後世の聖人がそれを建物に取り替えた)」ⓒ易経・繫辞伝上「子曰、易其至矣乎=子曰く、易は其れ至れるかな(先生[孔子]は言った、易はこの上ないものだ

なあ)」ⓔ論語・陽貨「小人學道、則易使也＝小人道を学べば、則ち使ひ易し(小人物が道を学ぶと使いやすくなる)」ⓕ詩経・韓奕「朕命不易＝朕が命は易からず(我が命令は厳しく重い)」

【疫】9(疒・4) 常 ｜常用音訓｜エキ・ヤク

語音 *d̥iuek(上古) yiuɛk(中古→㊋ヤク ㊌エキ) yì(中) 역(韓)

語源 [コアイメージ] 一人一人に割り当てる。[実現される意味] 流行病ⓐ。[英]epidemic, plague

字源 「役(エキ)の略体(音・イメージ記号)＋疒(限定符号)」を合わせた字。「役」は天子(為政者)が民を次から次へと徴発して肉体労働をさせることで、「一人一人に割り当てる」というイメージがある(これは二次的イメージ)。「疫」は天(神)が人から人へ見境なくうつす病気を表した。

語義 流行病の意味ⓐ。[和訓] え・えやみ [熟語] ⓐ疫病・疫痢

文献 ⓐ礼記・月令「民殃於疫＝民、疫に殃(わざわ)ひあり(民に流行病の災害がふりかかる)」

【益】10(皿・5) 常 ｜常用音訓｜エキ・ヤク

語音 *·iek(上古) ·iɛk(中古→㊋ヤク ㊌エキ) yì(中) 익(韓)

語源 [コアイメージ] いっぱい詰まる。[実現される意味] その上に増し加える(ふえる)ⓐ。[英]increase

[解説] 春秋元命包(春秋の緯書の一つ)に「益の言為(た)るは阸(ヤク)(ふさがって狭い)なり」とある。ある空間がふさがって狭いのは、中が詰まっているからである。詰まった状態は微視的に見ると何かがいっぱいになった状態でもある。「ふさがる」「詰まる」「いっぱいである(満ちる)」は互いに転化し合う三つ組みイメージである。戹(行き詰まる)は益と同源で、搤(ヤク)と扼、隘(アイ)と阨は互いに通用する。

[グループ] 益・溢・嗌(アク・ヤク)(のどが詰まる、また、のど)・搤(ヤク)(＝扼。締めつけられて動きがとれない)・縊(イ)(首をしめて殺す[縊死])・隘(アイ)(ふさがって狭い所[狭隘])・鎰(イツ)(金の重量の単位。「かぎ」は国訓)

字源 「益」が正字。「水」を横にした形と「皿(さら)」を合わせて、水が器にいっぱいになっている情景を写した図形。

(甲) (金) (篆)

[字体] 「益」は近世中国で生まれた「益」の俗字。

語義 [展開] 物がいっぱいになって増える(ます・ふえる)意味ⓐから、プラスになる(ためになる)意味ⓑ、足りない所を満たすもの(ためになるもの、もうけ)の意味ⓒ、ますます(いよいよ、一層)の意味ⓓに展開する。[英]increase; benefit, advantageous; profit; increasingly [和訓] ます・ますます [熟語] ⓐ増益・ⓑ益鳥・有益・ⓒ権益・利益

文献 ⓐ詩経・信南山「益之以霢霂＝之を益すに霢霂(ミャクモク)を以てす(雪のほかに小雨がやってくる)」ⓑ論語・季氏「樂多賢友、益矣＝賢友多きを楽しむは益なり(多くの賢い友人をもつのを楽しむのは、有益だ)」

【液】11(水・8) 常 ｜常用音訓｜エキ

語音 *d̥iak(上古) yiɛk(中古→㊋ヤク ㊌エキ) yè(中) 액(韓)

語源 [コアイメージ] 同じものが点々と(—・—・—の形に)つながる。[実現される意味] 体液ⓐ。[英]body fluid

字源 「夜(ヤ)(音・イメージ記号)＋水(限定符号)」を合わせた字。「夜」は「同じものが両脇にもう一つある」というイメージがあり、「同じものが点々と(—・—・—の形に)続く」というイメージに展開する(⇨夜)。「液」は水滴が点々とつながって流体をなす情景を暗示させる。

語義 [展開] 汗・唾・涙などの体液の総称ⓐから、一般にしる(液体)の意味ⓑに転じる。[英]body fluid; liquid [和訓] しる [熟語] ⓐ血液・唾液・ⓑ液汁・液体

文献 ⓐ素問・宣明五気論「五蔵化液＝五蔵、液を化す(五臓が水分などを変化させて、[汗・唾・涙などの]体液をつくる)」ⓑ楚辞・遠遊「吸飛泉之微液兮＝飛泉の微液を吸ふ(飛泉のたえなる汁を吸う)」

【駅】14(馬・4) 常 ｜ 常用音訓 エキ

語音 *diak(上古) yiɛk(中古→(呉)ヤク (漢)エキ) yì(中) 역(韓)

語源 [コアイメージ] 数珠つなぎ(—・—・—の形)につながる。[実現される意味] 乗り継ぎの馬ⓐ。[英]relay

〔解説〕宿場の乗り継ぎ馬が駅の原義。コアイメージの源泉は睪にある。睪について説文解字は「目視なり。吏をして目を将って罪人を捕らへしむるなり」と説明している。要するに、役人に罪人を面通しさせて捕まえる様子を表したのが睪である。同書が言うような目視の意味があったのかは、用例がないので不明。特別のイメージを作り出すためにふさわしい具体的な場面に基づいた図形が考案されたと見るべきであろう。それが犯人を逮捕する役所の一場面である。一人を面通しするのではなく、容疑者を次々に調べていく情景を設定することによって、「—・—・—の形に次々に通っていく」というイメージを表すことができる。*diakという語の深層構造を明らかにしたのは藤堂明保である。氏は睪のグループは尺、度のグループ、亦のグループ(夜を含む)と同じく「数珠つなぎ、—・—型」という基本義をもつとした(藤堂①)。数珠つなぎにつながる宿場を次々につなげていく(馬)というイメージの語が駅である。英語のrelayは「旅行や猟などの変え馬、乗り継ぎ馬、替え犬」が本義で、リレー競走、中継は転義という(小島①)また、postは宿場→早馬→郵便に転義したという(田中①)。

〔グループ〕駅・択・沢・釈・訳・繹(間を置いて次々と続く[絡繹・演繹])・鐸(一定の間隔を置いて鳴らす鈴[木鐸])・懌(心の緊張が一つ一つと間を置いて解ける→よろこぶ[悦懌])・斁(心の緊張が解けてゆるむ→いとう)・擇(点々と落ちる落ち葉)

字源 「驛」が正字。「睪(音・イメージ記号)＋馬(限定符号)」を合わせた字。「睪」は「罒(＝目)＋幸(手錠の形)」を合わせて、手錠を掛けられた容疑者を面通しする情景を設定した図形。ここに「似たものが—・—・—の形につながる」というイメージがある。「驛」は人や物を輸送するため、—・—・—の形につなげた宿場で馬を乗り継ぎする様子を暗示させる。

(篆) [睪] (篆)

〔字体〕「驛」は旧字体。「駅」は由来不明の常用漢字の字体。現代中国の簡体字は「驿」。睪に従う他の字体もこれに倣う。

語義 [展開] 宿場を乗り継ぐ馬の意味ⓐから、次々と人や物を送り伝える宿場の意味ⓑに展開する。また、コアイメージがそのまま実現されて、数珠つなぎに続くさまの意味ⓒに用いる。鉄道の発着所の意味ⓓは日本的用法。[英]relay; stage, post; string together; station [和訓] うまや [熟語] ⓐ駅馬・ⓑ駅伝・宿駅・ⓒ駱駅(＝絡繹)・ⓓ駅長・駅頭

文献 ⓐ呂氏春秋・士節「乗驛而自追晏子＝駅に乗りて自ら晏子を追ふ(宿継ぎの馬[馬車]に乗って、自ら晏子を追いかけた)」ⓒ詩経・載芟「驛驛其達＝駅駅として其れ達す([作物の苗が]次々に地面に出てくる)」

えつ

【悦】10(心・7) 常 ｜ 常用音訓 エツ

語音 *diuat(上古) yiuet(中古→(呉)エチ (漢)エツ) yuè(中) 열(韓)

語源 [コアイメージ] 中身が抜け出る。[実現される意味] 心配のたねが消えて心が晴れ晴れする(よろこび楽しむ、よろこぶ)ⓐ。[英]delight

〔解説〕兌にコアイメージの源泉がある。これは「中身が抜け出る」と

いうイメージである。喜び・楽しみのような感情を表す語に、苦痛の原因となるものを除くという発想から生まれたものがある。悦のほか愉快などはその例。これは漢語意味論の特徴の一つである。

[字源] 「悦」が正字。「兌（イタ）(音・イメージ記号)＋心(限定符号)」を合わせた字。「兌」は「中身が抜け出る」というイメージがある(⇩脱)。「悦」は心の中にわだかまっているしこりやストレスが抜け出て愉快な気分になる様子を暗示させる。説から分化した字。白川静は兌は「兄(祝（はふり）)が祈ってエクスタシーの状態にあること」で、悦は「その神意にかなうこと」とする(白川①)。字形の解釈を意味に置き換えるので、余計な意味素を混入させ、意味を曲げる。

[語義] [展開] よろこび楽しむ意味ⓐから、楽しませる(よろこばす)意味ⓑに展開する。[英]delight(ⓐⓑ), rejoice; please [和訓] よろこぶ・よろこばす [熟語] ⓐ喜悦・愉悦・ⓑ悦目

[文献] ⓐ孟子・公孫丑上「以徳服人者、中心悦而誠服也＝徳を以て人を服せしむる者は、中心悦びて誠に服するなり(徳で人を服従させるなら、心からよろこんで服従するものだ)」

【越】

12(走・5) [常] [常用音訓] エツ こす・こえる

[語音] *ɦɪuăt(上古) ɦɪuʌt(中古→[呉]ヲチ〈＝オチ〉・ヱチ〈＝エチ〉 [漢]ヱツ〈＝エツ〉) yuè(中) 월(韓)

[語源] [コアイメージ] (弾みをつけて)跳ね返る。[実現される意味] 物の上を飛び越える(こす・こえる)ⓐ。[英]jump over, pass over

〔解説〕戉（ツエ）にコアイメージの源泉がある。先端が（の形に反り返った武器(まさかり)を戉という。具体を捨象すると、「（形に反り返る」という抽象的なイメージが現れる。（の形のイメージは）の形のイメージにも転化する。背を（の形に曲げ、次に）の形に起き上がる動作を蹶（ツケ）(はね上がる)という。漢の鄭玄が「越の言は蹶なり」(礼記の注)と述べているように、越と蹶は同源である。身をかがめたり、足を何かにひっかけたりして勢いをつけ、跳ね上がって、物の上を（の形に飛びこえることが越である。日本語の「こえる(こゆ)」は蹴るを意味するコユ(足の先を上げる)と同根で、「目的物との間にある障害物をまたいで一気に通り過ぎる意」という(大野①)。漢語の越とほぼ同じ。英語ではtrans-が「越えて」の意をもつ接頭語。またoverは「(弧を描くように)…を覆って」がコアイメージで、「上を越えて」の意、beyondは「(ある基準)を越えて彼方の方へ」がコアイメージで、「…の向こうへ」「…を越えて」の意という(田中①)。

〔グループ〕越・戉（ツエ）(まさかり)・鉞（ツエ）(まさかり[斧鉞])・樾（ツエ）(樹木が茂って（の形に蔭をなすこと、木陰)

[字源] 「戉（ツエ）(音・イメージ記号)＋走(限定符号)」を合わせた字。「戉」は刃が大きく反り返った武器を描いた図形で、鉞(まさかり)の原字。ここに「（形に反り返る」というイメージがあり、「(弾みをつけて)（形や）形に跳ね返る」というイメージに展開する。「越」は足で地面を蹴って弾力をつけて跳ね返り、物の上を（形にとびこえる様子を暗示させる。

(甲)  (金)  (篆)  [戉] (篆) 

[語義] [展開] ある空間の境界を飛び越える意味ⓐから、一定の時間の境目を越える意味ⓑ、順序を飛び越えて進む(踏み越える)意味ⓒ、程度が他の上に行く(まさる)意味ⓓに展開する。また、体勢を失って（の形に前のめりに倒れる意味ⓔを派生する。[英]jump over, pass over; pass; overstep, transgress; exceed, surpass; tumble [熟語] ⓐ越境・超越・ⓑ越冬・越年・ⓒ激越・僭越・ⓓ卓越・優越・ⓔ顚越

[文献] ⓐ礼記・檀弓「五十無車者、不越疆而弔人＝五十にして車無き者は、疆を越えて人を弔はず(五十歳で車のない人は、国境を越えて弔問に行かなくてよい)」ⓒ詩経・長発「率履不越＝履〈＝礼〉に率（したが）ひて越えず

(礼に従って踏み越えない)」

【謁】15(言・8) 常 常用音訓 エツ

〔謁〕16(言・9) 人 音 エツ 訓 まみえる

語音 *·iăt(上古) ·ıət(中古→呉オチ 漢エツ) yè(中) 알(韓)

語源 [コアイメージ] (人を)押し止める。[実現される意味] 上位の人に会って申し上げる(告げる)ⓐ。[英]announce

字源 「謁」が正字。「曷(カツ)(音・イメージ記号)＋言(限定符号)」を合わせた字。「曷」は「さえぎり止める」「押し止める」というイメージがある(⇩渇)。「謁」は取り次ぎを押しとめて貴人に会って申し上げることを表す。

語義 [展開] 目上の人に申し上げる意味ⓐから、貴人にお目にかかる意味ⓑ、請い求める意味ⓒ、名刺の意味ⓓに展開する。[英]announce; go to see, call on(a superior); request; visiting card [熟語] ⓑ謁見・拝謁

文献 ⓐ春秋左氏伝・昭公32「卜人謁之＝卜人、之に謁す(占い師が彼に会って申し上げた)」

【閲】15(門・7) 常 常用音訓 エツ

語音 *diuat(上古) yiuɛt(中古→呉エチ 漢エツ) yuè(中) 열(韓)

語源 [コアイメージ] 中身を抜き出す。[実現される意味] チェックして調べるⓐ。[英]inspect, check

字源 「閲」が正字。「兌(イタ)(音・イメージ記号)＋門(限定符号)」を合わせた字。「兌」は「中身を抜き出す」というイメージがある(⇩脱)。「閲」は出入口で中身を抜き出して数をチェックする様子を暗示させる。

語義 [展開] チェックして調べる意味ⓐ。また、一つ二つと数えてチェックすることから、次々に経過する意味ⓑ、一つまた一つと重ねてきた手柄(功績)の意味ⓒを派生する。[英]inspect, check; pass, elapse; achievement [和訓] けみする [熟語] ⓐ閲覧・校閲・ⓑ閲歴・ⓒ閥閲

文献 ⓐ春秋・桓公6「秋八月壬午、大閲＝秋八月壬午、大いに閲す(秋八月みずのえうまの日、大々的に閲兵した)」

えん

【円】4(冂・2) 常 常用音訓 エン まるい

〔圓〕13(口・10) 人 音 エン 訓 まる・まるい・まどか・まろやか・つぶら

語音 *ɦuan(上古) ɦuɛn(中古→呉漢ヱン〈＝エン〉) yuán(中) 원(韓)

語源 [コアイメージ] まるい。[実現される意味] 円形ⓐ。[英]circle

〔解説〕 古代漢語で円形を*ɦuanという。この語は圜・環・丸と同源で、◯(まる)のイメージをもつ。この語の図形化は鼎という器の口の形から発想された。始めは員の図形であったが、やがて圓が作られた。円形のイメージは「欠け目がない」というイメージにつながる。説文解字では「圓は圜く全きなり」と解釈している。これは転義である。日本語の「まる」はマロの転で、「球形の意。転じて、ひとかたまりであるさま」、「まどか」は「ものの輪郭が真円であるさま。欠けた所なく円いさま」、「つぶら」はツブ(粒)と同根で、「まるくて、ふっくらしていること」という(以上、大野①)。漢語の円は「まどか」に近い。英語のcircleはギリシア語のkirkos(輪)に淵源があるらしい(小島①)。漢語の圓は員(鼎の丸い口)という具象物からイメージが取られた。円とcircleは語源的に似ている。

字源 「圓」が正字。「員(音・イメージ記号)＋囗(限定符号)」を合わせた字。「員」は「まるい枠」「まるい」というイメージがある(⇩員)。

「圓」は○形にまるく囲む様子を暗示させる。

〔字体〕「円」は「圓」の崩れた字体。かつて中国にも存在したが、現在は使われていない。簡体字は「圆」。

語義 [展開]「まるい」というコアイメージから、円形(まる)の意味ⓐ、まるく行き渡って欠け目がない(かどがない、まろやか)という意味ⓑに展開する。日本では、ある範囲の周辺の意味ⓒや、通貨の単位ⓓに用いる。[英]circle; well-rounded, mellow; around; yen [熟語] ⓐ円環・円形・ⓑ円滑・円満・ⓒ一円・ⓓ円本・新円

文献 ⓐ韓非子・外儲説左下「人莫能左畫方而右畫圓也＝人は能く左もて方を画き、右もて円を画くこと莫きなり(人は同時に左手で方形を描き、右手で円形を描くことはできない)」

【奄】8(大・5) 人 | 音エン 訓おおう

語音 *・iam(上古) ・ɪɛm(中古→呉漢エム〈＝エン〉) yǎn(中) 엄(韓)

語源 [コアイメージ] 覆いかぶせる。[実現される意味] 上から大きくかぶさるⓐ。[英]cover

〔解説〕王力は奄-掩、淹-醃をそれぞれ同源とする(王力①)。藤堂明保は奄のグループ全体が甲のグループ、盍のグループ(蓋など)、甘のグループ、猒のグループ(厭・圧など)と同じ単語家族に属し、「ふたをして封じる・おおう」という基本義をもつとする(藤堂①)。上から覆いかぶせると、中は外部と通じずふさがり、内部は外に出ずいっぱいに詰まった状態になる。*・iamは「かぶせる(覆う)」「ふさがる」「満ちる」という相互転化可能な三つ組みイメージをもつ語である。

〔グループ〕奄・俺・庵・掩(覆い隠す[掩護])・晻(日光がふさがれて暗い)・淹(水に漬ける、満たす。また、いつまでも留まる[淹留])・罨(網をかぶせて鳥獣を捕らえる、またその網。また、覆いかぶせる[罨法])・菴(草をかぶせた家、いおり)・閹(精気をふさぐ→去勢する・宦官[閹人])・醃(＝腌。肉などを塩漬けにする[醃蔵])・鵪(くさむらの陰に身を隠す鳥、ミフウズラ。鵪鶉はウズラ)

字源 「大(蓋をかぶせる符号)＋申(伸びる符号)」を合わせて、下から伸びようとするものを、上から覆いかぶせる様子を暗示させる図形。

(篆)

語義 [展開] 上から大きくかぶさる(おおう)意味ⓐから、ふさがる意味ⓑ、隠れて気づかないうちに(にわかに、たちまち)の意味ⓒを派生する。[英]cover; close, block, choke; suddenly [熟語] ⓑ気息奄奄・ⓒ奄忽

文献 ⓐ詩経・皇矣「奄有四方＝四方を奄有す(四方の国々を支配する)」

【宛】8(宀・5) 常 | 常用音訓 あてる

語音 *・ıuăn(上古) ・ıuʌn(中古→呉ヲン〈＝オン〉 漢エン〈＝エン〉) wǎn(中) 완(韓)

語源 [コアイメージ] まるく曲がる。[実現される意味] 体をくねらせるⓐ。[英]twist and turn

〔解説〕夗にコアイメージの源泉がある。これについて説文解字は「夗は転臥(背を丸めて臥せる)なり」と説明している。しかし夗は古典に用例のない字で、むしろ*・ıuănという語のコアイメージを作り出すために考案された図形と考えられる。これは「(背を)まるくする」というイメージである。「まるめる」というイメージが人体の特殊な状態から取られることがある。例えば巻は背や膝をまるめることから発想され(𢍏の原形は掌をまるめてこぶしを作る情景)、臥は背をまるめて寝ることから発想され、ともに「まるい」というコアイメージをもつ記号である。同じように夗も寝るときに背をまるめる情景から発想された。これによって「まるい」「まるく曲がる」「(形に曲がる」というコアイメージを表す記号とした。訓の「あてる(あつ)」は「物を狙った物や所にぶつからせ

る」が基本義で、ここから「割り当てる」「あてはめる」「あてがう」などに転義するという（大野①）。漢語の宛にこの意味はない。

〔グループ〕宛・怨・苑・腕・椀・碗・婉（女性の体がくねくねと曲がってなまめかしい［婉転・婉曲］）・惋（怨む、残念がる［嘆惋］）・捥（手首）・琬（先端がまるみを帯び、角のない圭）・鋺（金属製のわん、かなまり）・埦（土製のわん）・剜（まるくえぐりとる）・踠（体をまるくかがめる。「もがく」は国訓）・菀・（柔らかく曲がったひげ根をもつ草、シオン［紫菀］。また、植物が︵の形にこんもりと茂る様子）・豌（くねくねと曲がった巻きひげをもつ豆類の草、エンドウ［豌豆］）・蜿（虫などが体をくねらせて進むさま［蜿蜒］）・鴛（︶形に曲がった銀杏羽をもつ鳥、オシドリ［鴛鴦］）

字源 「夗（音・イメージ記号）+宀（限定符号）」を合わせた字。「夗」は「夕（よる）+卩（背を曲げてかがむ人）」を合わせて、人が夜間に体をまるめて寝る場面を設定した図形。同様に「宛」も屋根の下に体を曲げて休む情景を暗示させる図形。いずれも「まるく（︵形に）曲がる」というコアイメージを表すことができる。

（篆）［夗］ （篆）

語義 ［展開］「曲がる」というコアイメージから、体をくねらせる意味ⓐ、くねくねと曲がる意味ⓑが実現される。また、まっすぐに断定するのではなく、「どうもそれらしい」「さながら似ている」「あたかも似ている」と婉曲的にいう用法ⓒが生まれた。また、「あてる」（割り当てる、向ける意）は日本的用法ⓓ。これはⓒの「AがあたかもBに似ている」から、「AをBにあてがう」と転化させて生じた訓か。［英］twist and turn; winding; as if; address ［和訓］あたかも・さながら・ずつ ［熟語］ⓐ宛転・ⓒ宛然

文献 ⓐ詩経・小宛「宛彼鳴鳩＝宛たる彼の鳴鳩（カッコウがくるりと身を返す）」ⓒ詩経・蒹葭「宛在水中央＝宛として水の中央に在り（どうも川の真ん中にいるらしい）」

【延】

8（廴・5） 常 常用音訓 エン のびる・のべる・のばす

語音 *ḍian（上古） yiɛn（中古→呉漢エン） yán（中） 연（韓）

語源 ［コアイメージ］ずるずると長くのびる。［実現される意味］長くのびる（のばす）ⓐ。［英］extend, lengthen

〔解説〕足の機能は止まることもあるし、進むこともある。足を交互に出して進むとき、Aの足とBの足の間隔は延びることになる。また、A点から進んだB点までの距離も延びることになる。*ḍianという語は「長く延びる」というコアイメージを持ち、これの図形化として足の機能が利用された。*ḍianは衍（水がずるずると流れる）・演（長く伸ばす）・曳（長く引きずる）などと同源のことばである。王力は衍・演・引・延を同源とし（王力②）、藤堂明保はもっと範囲を拡大させ、它のグループ（拕・舵など）、也のグループ（池など）、世のグループ（泄など）、帯のグループ、また移・羨なども同源とする（藤堂①）。英語のextendはラテン語のextendenre、ex-（外へ）+tendere（伸ばす）が語源で、ある方向へ向けて伸ばす→延長する意、prolongはラテン語のprolongare、pro-（前へ）+longus（延ばす）が語源で、期間を延長する意という（下宮①、政村①）。pro-は「時間・場所・順番が前の、先の、前へ」を表す接頭語（小島①）である。

〔グループ〕延・誕・涎（ずるずると延び出るよだれ［垂涎］）・埏（どこまでも延びた大地の果て、また、土をこねて柔らかくし、延ばしやすい状態にする［埏埴］）・梴（木の丈が長いさま）・筵（平らに延ばして敷く竹製品、むしろ［講筵］）・蜒（ずるずると虫が長く延びて行くさま［蜿蜒］）

字源 「止（あし。イメージ記号）+丿（横にずれていくことを示すイメージ補助記号）+廴（限定符号）」を合わせて、歩幅をゆったり伸ばして進む情景を設定した図形。この意匠によって、空間的・時間的に間がのびることを表象する。

（金）　（篆）

語義 [展開] 空間的に長くのびる意味ⓐから、時間的に間がのびる（長引く）意味ⓑに展開する。また、「ずるずると長くのびる」というコアイメージから、ずるずるとこちらの方へ引き寄せるという意味ⓒを派生する。[英]extend(ⓐⓑ), lengthen; prolong, postpone, delay, defer; invite [和訓] ひく [熟語] ⓐ延長・敷延・ⓑ延期・延命・ⓒ延見

文献 ⓐ春秋左氏伝・成公23「君亦悔禍之延＝君も亦た禍の延ぶるを悔ゆ（君主も禍が長引くのを後悔した）」ⓑ荀子・致仕「美意延年＝意を美にして年を延ばす（心を楽しくして寿命を延ばす）」

【沿】 8(水・5) 常 ｜ 常用音訓 エン　そう

語音 *diuan(上古)　yiuɛn(中古→呉漢エン)　yán(中)　연(韓)

語源 [コアイメージ] 一定のルートに従う。[実現される意味] ルートに従って行く（そう）ⓐ。[英]go along

〔解説〕 古典の注釈に「沿は順なり」「沿は循なり」の訓がある。また、下記の書経の注釈に「流れに順ひて下るなり」（蔡沈・書集伝）とある。*diuan という語は順・循・述などと同源で、「一定のルートに従う」というのがコアイメージである。釈名・釈船に「船は循なり。水に循ひて行くなり」とあるように、船のコアイメージも沿と共通である。訓の「そう（そふ）」は「線条的なもの、あるいは線条的に移動するものに、近い距離を保って離れずにいる意」という（大野①）。そばにつく（寄りそう・連れそう）の意味は漢語の添・副に当たるが、「岸にそう」などの用例では漢語の沿に当たる。前者は静的なイメージだが、後者は動的なイメージである。英語の along は「…に沿って移動する」がコアイメージという（田中①）。

〔グループ〕 沿・船・鉛

字源 「㕣エン（音・イメージ記号）＋水（限定符号）」を合わせた字。「㕣」は「八（分かれる符号）＋口（くぼみ）」を合わせて、くぼみから水が分かれ出る情景を設定した図形。水がくぼみに沿って流れることに焦点を合わせて、「一定のルートに従う」というイメージを示す記号になる。「沿」は流れに従って行く様子を暗示させる。説文解字では「㕣は山間の陥泥の地」とあるが、用例のない字である。㕣は沿のイメージの図形化のために考案された特別な記号と考えてよい。

（篆）［㕣］　（篆）

語義 [展開] ルート（空間的な一定の筋道）に従って行く意味ⓐから、時間の流れに従って進行する（後に従う）意味ⓑに展開する。[英]go along; follow [熟語] ⓐ沿岸・沿道・ⓑ沿革

文献 ⓐ書経・禹貢「沿于江海、達淮泗＝江海に沿ひて、淮泗（ワイシ）に達す（長江と海に沿って行き、淮水・泗水に到達する）」ⓑ礼記・楽記「五帝殊時、不相沿樂＝五帝時を殊にし、楽に相沿（したが）はず（五帝は時代を異にしたので、お互い前の音楽に従わなかった）」

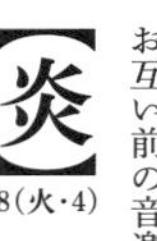

【炎】 8(火・4) 常 ｜ 常用音訓 エン　ほのお

語音 (1)*ɦiam(上古)　ɦiɛm(中古→呉漢エム〈＝エン〉)　yán(中)　염(韓)
(2)*dam(上古)　dam(中古→呉ダム〈＝ダン〉　漢タム〈＝タン〉)　tán(中)

語源 [コアイメージ] 薄っぺらでゆらゆらする。[実現される意味] 火が燃え上がるⓐ。[英]blaze, flame

〔解説〕 字源から意味を導くのは簡単であるが、正しい方法ではない。とはいえ炎を語源から究明するのは難しい。藤堂明保は曄*ɦiap の語尾pがmと入れ代わった語が*ɦiam（炎）であるとする（藤堂②）。曄（ヨウ）は光を盛んに放つ意味。*ɦiam とは火が盛んに燃え上がる意味である。しかし炎のグループを説明するにはこれとはやや違うコアイメージを導入した

い。燃え上がる火の先端(ほのお)はめらめらと揺れながら燃える。ここに「薄いものがゆらゆらと盛んにゆれる」というイメージが捉えられる。これは下記のグループをうまく説明できる。「薄い」は「平ら」「くっつく」のイメージにも転化する。「薄い」「平ら」「くっつく」は可逆的(相互転化可能な)三つ組みイメージで、白や薄にも同じイメージ転化現象がある。また、「平ら」からは「平らなものが震える」というイメージに転化する。戦や弾にも似たイメージ転化現象が見られる。炎においては「薄い」と「揺れる(震える)」が一体化したイメージになっている。日本語の「ほのお(ほのほ)」は火の穂の意で、燃える火の先を穂に見立てた語。英語のblazeとflameは「燃え上がる」と「ほのお」の二つの意味があり、漢語の炎と同じ。

〔グループ〕炎・淡・談・啖(薄っぺらな舌を動かして食べる[健啖])・毯(薄く平らな敷物[絨毯])・剡(削って、炎の先のようにとがらせる、するどい)・琰(先をとがらせた圭)・惔(心配で胸が焼け焦がれる)・痰(くっついて出る病的な液[喀痰])・菼(びっしりくっついて群生する草、オギ)

字源 「火＋火」を合わせて、火が燃え上がる様子を暗示させる図形。

(甲) 𤆍　(金) 𤆍　(篆) 炎

語義 [展開] 火が燃え上がる意味ⓐから、ほのおの意味ⓑ、熱気が激しい意味ⓒ、熱や痛みを起こす症状の意味ⓓに展開する(以上は1の場合)。また、弁舌が派手ではなばなしい意味ⓔを派生する(2の場合)。ⓑは焰・燄・焱と通用。[英]blaze(ⓐⓑ), flame(ⓐⓑ), flare(ⓐⓑ); burning, scorching; in-flammation; magnificent　[和訓] ほむら　[熟語] ⓐ炎炎・炎上・ⓑ火炎・光炎・ⓒ気炎・情炎・ⓓ炎症・肺炎

文献 ⓐ詩経・雲漢「赫赫炎炎＝赫赫たり炎炎たり(日はかっかと照りつけ、燃える火のよう)」ⓔ荘子・斉物論「大言炎炎＝大言は炎炎たり(優れた言葉ははなやかである)」

【苑】 8(艸・5)　人　|　音 エン・オン　訓 その

語音 (1)*·ɪuǎn(上古)　·ɪuʌn(中古→呉ヲン〈＝オン〉　漢ヱン〈＝エン〉)　yuàn(中)　원(韓)　(2)*·ɪuət(上古)　·ɪuət(中古→呉ウチ　漢ウツ)　yù(中)　울(韓)　(3)*ɦuǎn(上古)　ɦuʌn(中古→呉漢ウン)　yùn(中)

語源 [コアイメージ] 丸く曲がる。[実現される意味] 植物を植えたり、動物を放し飼いにしたりする所ⓐ。[英]botanical or zoological garden

字源 「夗(音・イメージ記号)＋艸(限定符号)」を合わせた字。「夗」は「丸く曲がる」というイメージがある(⇩宛)。「苑」は周囲を丸く柵や垣根でめぐらした所を暗示させる。

語義 [展開] 植物園や動物園が本義ⓐで、宮廷のそのの意味ⓑ、物の集まる所の意味ⓒは派生義(以上は1の場合)。また「丸く曲がる」というコアイメージから、樹木が(形に覆いかぶさって茂る意味ⓓ(2の場合)、また、心がふさがる意味ⓔ(3の場合)を派生する。[英]botanical or zoological garden; garden in the court; gathering place, center; luxuriate; depressed, pent-up　[熟語] ⓐ苑囿・鹿苑・ⓑ御苑・禁苑・ⓒ芸苑・文苑

文献 ⓐ呂氏春秋・聴言「侈其臺榭苑囿、以奪人財＝其の台榭・苑囿に侈り、以て人財を奪ふ([世の君主は]物見台や植物園・動物園を贅沢にするため、人民の財産を奪っている)」ⓔ詩経・都人士「我心苑結＝我が心苑結す(私の心はふさがった)」

【垣】 9(土・6)　常　|　常用音訓 かき

語音 *ɦuǎn(上古)　ɦuʌn(中古→呉ヲン〈＝オン〉　漢ヱン〈＝エン〉)　yuán(中)　원(韓)

語源 [コアイメージ] まるく取り巻く。[実現される意味] 家の回り

にめぐらす塀・かきⓐ。[英]fence, wall

〔解説〕王念孫は「垣の言は環なり。宮外を環繞（めぐらす）するなり」（広雅疏証）と正当に語源を説く。コアイメージの源泉は亘にある。日本語の「かき」は「（屋敷や占有地などの）しきり」の意という（大野①）。

字源 「亘（セン）（音・イメージ記号）＋土（限定符号）」を合わせた字。「亘」は「周囲にまるくめぐらす」というイメージがある（⇩亘）。「垣」は家の周囲を取り巻く土塀を表した。

語義 〔展開〕家にめぐらす塀（垣）の意味ⓐから、垣をめぐらした役所（官署）の意味ⓑを派生する。[英]fence, wall; government office 〔熟語〕ⓐ垣牆（エンショウ）・女垣

文献 ⓐ詩経・小弁「耳属于垣＝耳、垣に属す（塀に耳がついている[壁に耳あり]）」

【怨】9(心・5) 常 ｜ 常用音訓 エン・オン

語音 *·ɪuǎn(上古) ·ɪuʌn(中古→(呉)ヲン〈＝オン〉 (漢)ヱン〈＝エン〉) yuàn(中) 원(韓)

語源 〔コアイメージ〕曲がる・押さえる。〔実現される意味〕うらむⓐ。[英]have a grudge

〔解説〕怨とはどんな感情を表す語か。日本語の「うらむ」は「相手の仕打ちに不満を持ちながら、表立ってやり返せず、いつまでも執着して、じっと相手の本心や出方をうかがっている意」という（大野①）。漢語の怨は冤罪の冤（エン）（理由なく無実の罪をかぶせられて心が晴れないこと）と非常に近い。古典では「冤は屈なり」「冤は曲なり」「冤の言は鬱なり」などとある。鬱屈した心理が冤である。押さえられて屈折したり、伸びずに屈服するような心理状態である。怨もこれと似た感情で、心が押さえられて不快・無念にさせられ、鬱屈した心理状態をいう。

字源 「夗（エン）（音・イメージ記号）＋心（限定符号）」を合わせた字。「夗」は「まるく（⌒の形に）曲がる」というイメージがあり（⇩宛）、これは「かがまって（押さえられて）伸びない」というイメージにも展開する。「怨」は心が何かに押さえられて不快になり伸び伸びしない様子を暗示させる。この意匠によって、鬱屈して伸びない気分、いつまでも根にもって晴れない気分を表象する。

語義 〔展開〕うらむ意味ⓐから、うらめし気である（悲しい）意味ⓑ、うらみを抱く相手（あだ）の意味ⓒに展開する。[英]have a grudge; sorrowful; enemy 〔和訓〕うらむ 〔熟語〕ⓐ怨恨・怨念・ⓑ哀怨・ⓒ仇怨

文献 ⓐ詩経・角弓「民之無良、相怨一方＝民の良きこと無き、一方を相怨む（人のよくないことは、かってに片方を逆恨みすること）」ⓑ詩経・大序「亂世之音怨以怒＝乱世の音は怨みて以て怒る（乱世の音楽はうらめし気で激しい）」ⓒ論語・里仁「放於利而行、多怨＝利に放（よ）りて行へば、怨み多し（利益にまかせて行動すると、敵が多くなる）」

【俺】10(人・8) 常 ｜ 常用音訓 おれ

語音 (1)*·ɪam(上古 ·ɪɛm(中古→(呉)(漢)エム〈＝エン〉) yǎn(中) (2)am((宋)アム) ǎn(中) 엄(韓)

語源 〔コアイメージ〕広く大きい。〔実現される意味〕大きいⓐ。[英]large

字源 「奄（エン）（音・イメージ記号）＋人（限定符号）」を合わせた字。「奄」は「上から大きくかぶさる」というイメージがある（⇩奄）。「俺」は覆いかぶさるように大きい様子を暗示させる（1の場合）。説文解字に「俺は大なり」とあるが、実例はない。

語義 〔展開〕大きいが原義ⓐ。後世、中国の方言の一人称にamという語があり、その表記に俺を流用した。一人称の代名詞ⓑ（2の場合）。宋の頃の文献に初出。[英]large; I

【宴】10(宀・7) 常 常用音訓 エン

語音 *·en(上古) ·en(中古→呉漢エン) yàn(中) 연(韓)

語源 [コアイメージ] (上から押さえて)落ち着ける。[実現される意味] 安らかに落ち着いて楽しむⓐ。[英]rest, have pleasure

〔解説〕下記の詩経の毛伝に「宴は安なり」とある。王力は安・晏・宴を同源とする(王力①)。*·enという語は「上から押さえて落ち着ける」というコアイメージをもつ。

字源 「妟アン(音・イメージ記号)+宀(限定符号)」を合わせた字。「妟」は「日+女」を合わせただけで、きわめて舌足らず(情報不足)である。説文解字に「妟は安なり」とあり、日の入りとともに女性が休む場面を設定した図形と解釈できそうである。したがって「妟」は安と同源で、「上から下に押さえて落ち着く」というイメージを持つ。「宴」は家の中でじっと落ち着く様子を暗示させる。

(篆) (篆)[妟]

語義 [展開] 安らかに落ち着いて(休んで)楽しむ意味ⓐから、落ち着く(くつろぐ)意味ⓑ、酒を飲んだりして楽しむ(酒盛り、うたげ)の意味ⓒを派生する。[英]rest, have pleasure; relax, comfortable; feast, banquet [和訓] うたげ [熟語] ⓐ宴楽・ⓑ宴居・ⓒ宴会・饗宴

文献 ⓐ詩経・谷風「宴爾新昏＝爾が新昏を宴たのしむ(お前は新妻とお楽しみだ)」ⓒ春秋左氏伝・昭公1「禮終乃宴＝礼終りて乃ち宴す(儀礼が終わると宴会をした)」

【堰】12(土・9) 人 音エン 訓せき

語音 *·ĭăn(上古) ·ıʌn(中古→呉オン 漢エン) yàn(中) 언(韓)

語源 [コアイメージ] 押さえて止める。[実現される意味] 水を押さえて止めるダムⓐ。[英]dam

〔解説〕王力は遏・按・堰・抑・圧などを同源とし、止める意味があるとする(王力①)。妟アンにコアイメージの源泉がある。これは宴と共通で、「上から下に押さえて落ち着ける」→「押さえて止める」というイメージである。「押さえて止める」のイメージは水平の方向でもよい。水を押さえて止めるものが堰である。また、垂直の方向に視点を置けば、「上から下に押し下げる」→「低い」というイメージにも転化する。

〔グループ〕堰・匽エン(ふせて隠す)・偃エン(身を低くしてふせる[偃武])・蝘エン(身を低くして壁にへばりつく虫、ヤモリ[蝘蜓テン])・鰋エン(頭が低く平らな魚、ナマズ)・鼴エン(＝鼹。四肢が短くて、低く押さえつけたような体形をした鼠の類、モグラ、偃鼠[鼴鼠])

字源 「匽エン(音・イメージ記号)+土(限定符号)」を合わせた字。「匽」は「上から下に押さえて落ち着ける」というイメージがあり、「上から下に押さえつける」というイメージに展開する(⇨宴)。「妟アン(音・イメージ記号)+匸(隠すことを示すイメージ補助記号)」を合わせた「匽」は、身を低く押さえつけて隠す様子を暗示させる。これも「下に押さえつける」「押さえて止める」というイメージを示す記号になる。「堰」は水を押さえ止めるダムを暗示させる。

語義 [展開] せきの意味ⓐから、水をせき止める意味ⓑを派生する。[英]dam(ⓐⓑ) [熟語] ⓐ堰堤・ⓑ堰塞

文献 ⓐ荀子・非相「渠堰キョエン(用水路とダム)」

【媛】12(女・9) 常 常用音訓 エン

語音 *ɦiuan(上古) ɦiuɛn(中古→呉漢ヱン〈＝エン〉) yuàn(中) 원(韓)

語源 [コアイメージ] ゆったりしている。[実現される意味] 美しい女性ⓐ。[英]beautiful woman

〔解説〕説文解字では語源を説いて、「媛は美女なり。人の援ひかるる所

なり」、つまり人が引きつけられるものの意とする。これは表層のレベルでの語源説。深層構造は爰（エン）の「ゆったりしている」というイメージにある。女性の美の一つを姿態から捉えた語である。

字源 「爰（エン）（音・イメージ記号）＋女（限定符号）」を合わせた字。「爰」は「緊張したものをゆったりさせる」というイメージがあり、「ゆったりしている」というイメージに展開する（⇩援）。「媛」は物腰がゆったりしたたおやかな女を暗示させる。

語義 **［展開］** 美しい女性、立派な女性の意味ⓐ。「ひめ」（女性の尊称、また、貴人の娘）は日本的用法ⓑ。［英］beautiful woman; honorific title of woman **［和訓］** ひめ **［熟語］** ⓐ才媛・名媛

文献 ⓐ詩経・君子偕老「展如之人兮、邦之媛兮＝展（まこと）に之（か）くの如き人は、邦の媛なり（本当にこのような人こそ、国一番の美女だ）」

【援】 12(手・9) 常 ― 常用音訓 エン

語音 *ɦuăn(上古) ɦuʌn(中古→呉ヲン〈＝オン〉 漢ヱン〈＝エン〉) yuán (中) 원(韓)

語源 **［コアイメージ］** 引っ張って緊張したものをゆったりさせる。**［実現される意味］** 引っ張るⓐ。［英］pull

〔解説〕 「引っ張る」が本義だが、現代日本では援助の援、「助ける」の意味で使われている。二つの意味にどんな関係があるのか。爰（エン）にコアイメージの源泉がある。詩経・兎爰篇に「有兔爰爰＝兎有りて爰爰たり（ウサギがおっちら野道を行くよ）」という詩句があり、注釈に「爰爰は緩の意」（毛伝）という。動作や行動がゆったりしたありさまの意味である。「緊張した状態をゆるめる」というのが爰のコアイメージである。一方、緊張した状態をゆるめる手段が「引く」ことである。きつく引くとかえって緊張するが、そうではなく、空間的に狭苦しい状態、時間的に差し迫った状態、心理的に緊張した状態を、両方向から引くことによって隙間をあけてやることが「ゆるめる」というイメージにつながる。このように爰には「引く」というイメージと「ゆるめる」というイメージが同時に含まれる。前者のイメージが具体的な文脈では「引っ張る」の意味を実現させ、後者のイメージが「助ける」を実現させる。藤堂明保は爰のグループ、奐（カン）のグループ（換など）、袁（エン）のグループ（遠など）、咼（カ）のグループ（禍など）などを同じ単語家族にくくり、「ゆとりをあける」という基本義があるとしたが（藤堂①）、筆者は「引っ張って緊張したものをゆったりさせる」が爰のコアイメージと考える。英語のrelieve（救済する、救援する）はラテン語のrelevare、分析するとre-（再び）＋levare（持ち上げる）から成り、重荷を軽くする→不安からの引き上げ（苦痛を和らげる）→救援する意に転じたという（小島①、政村①）。漢語の援は緊張を緩める（解放する）ことから救援の意が生まれた。英語のrelieve（名詞はrelief）とよく似ている。

〔グループ〕 援・緩・媛・暖（＝煖）・猨（エン）（＝猿）・湲（カン）（水がさらさらと流れるさま［潺湲（センカン）］）・諼（ケン）（間を置いて疎くなる→わすれる）・蕿（ケン）（憂いを忘れさせるという草、ワスレグサ、諼草）

字源 「爰（エン）（音・イメージ記号）＋手（限定符号）」を合わせた字。「爰」は「爪（下向きの手）＋于（紐状の物）＋又（上向きの手）」を合わせて、上下から紐状の物を引っ張って中間に隙間を開ける様子を暗示させる図形。前半に視点を置くと「引っ張る」というイメージ、後半に視点を置くと「ゆったりさせる」というイメージになる。「援」はこちらの方へ引っ張ることを表す。

（甲）  （金）  （篆） ［爰］ （篆）

〔字体〕 「援」は正字（旧字体）。「援」は古くから書道で行われた字体。爰に従う他の字体もこれに倣う。

語義 **［展開］** 引っ張る・引き寄せる（ひく）意味ⓐから、縄などを引き

寄せて上に登る意味(よじ登る)ⓑに展開する。また、「緊張した状態をゆるめる」というコアイメージから、緊迫した事態に助けの手を差し伸べて一時的にゆとりをもたせること、つまり助けの手を差し伸べる(たすける、たすけ)の意味ⓒを派生する。[英]pull; scramble; relieve, rescue, relief 【和訓】たすける・ひく 【熟語】ⓐ援引・援用・ⓑ攀援・ⓒ援助・救援

文献 ⓐ孟子・告子上「援弓繳而射之＝弓繳(キュウシャク)を援(ひ)きて之を射る(いぐるみを引いてそれを射た)」ⓑ詩経・皇矣「鉤援(コウエン)(引っかけて城壁に上がる機械と、よじ登って城壁に上がる機械)」ⓒ孟子・離婁上「嫂溺則援之以手乎＝嫂(あによめ)溺るれば則ちこれを援(たす)くるに手を以てするか(兄嫁が水に溺れたら手を貸して助けるだろうか)」

【淵】12(水・9)　人　音エン　訓ふち

語音 *·uān(上古)　·uen(中古→呉オン　漢エン)　yuān(中)　연(韓)

語源 【コアイメージ】深い。【実現される意味】水の深くたまった所(ふち)ⓐ。[英]abyss

字源 「𣶒(エン)(音・イメージ記号)+水(限定符号)」を合わせた字。「𣶒」は川の両岸の間に水が深くたまっている姿を描いた図形。

(篆)　〔𣶒〕　(篆)

語義 【展開】深いふちの意味ⓐから、深い・奥深い意味ⓑ、物の出てくる所の意味ⓒ、物が多く集まる所の意味ⓓに展開する。[英]abyss; deep, profound; source; gathering place 【熟語】ⓐ深淵・ⓑ淵博・ⓒ淵源・ⓓ淵叢

文献 ⓐ詩経・鶴鳴「魚潜在淵＝魚は潜みて淵に在り(魚はふちに隠れて潜んでいる)」ⓑ詩経・燕燕「其心塞淵＝其の心、塞淵(ソクエン)なり(彼女の心は奥ゆかしかった)」

【焰】12(火・8)　人　音エン　訓ほのお・ほむら

語音 *ɦiam(上古)　yiɛm(中古→呉漢エム〈＝エン〉)　yàn(中)　염(韓)

語源 【コアイメージ】低い。【実現される意味】燃え始めの微かな炎ⓐ。[英]faint flame

字源 「燄」が本字。「臽」は「くぼみ、へこみ」というイメージがあり(⇩陥)、「低い」というイメージに展開する。「臽(カン)(音・イメージ記号)+炎(限定符号)」を合わせた「燄」は、まだ高く上がらない炎を暗示させる。

〔字体〕「焰」は「燄」の異体字。

語義 【展開】火がつき始めた最初のほのおの意味ⓐから、一般に、ほのおの意味ⓑに転じる。また、盛んな気勢の意味ⓒを派生する。[英]faint flame; flame, blaze; high spirit 【熟語】ⓑ火焰・紅焰・ⓒ気焰

文献 ⓐ書経・洛誥「火始燄燄＝火始めて燄燄たり(火は始めて微かに炎を出した)」

【園】13(口・10)　常　常用音訓 エン　その

語音 *ɦuǎn(上古)　ɦuɐn(中古→呉ヲン〈＝オン〉　漢ヱン〈＝エン〉)　yuán(中)　원(韓)

語源 【コアイメージ】丸くゆったりと取り巻く・丸くて中がゆったりしている。【実現される意味】周囲に垣をめぐらして植物を栽培する所ⓐ。[英]garden

〔解説〕袁(エン)にコアイメージの源泉がある。説文解字に「袁は長衣の皃(かたち)」とあるが、そんな意味の用例がない。したがって袁は*ɦuǎnという語(園・遠)のコアイメージを作り出すために考案された図形と見てよい。それは「周囲が丸くて中がゆったりしている」「丸くゆったりと取り巻く」というイメージである。古典の注釈に「袁は爰と通ず」とあ

る。藤堂明保は爰のグループ（援など）のほかに、奐（カン）のグループ（換など）、咼（カ）のグループ（禍など）、また活・寛とも同源とし、「ゆとりをあける」という基本義があるとする（藤堂①）。爰は引っ張って隙間をあけた結果「ゆったりする」のイメージになるが、袁は外側を丸く取り巻いた結果「（中が）ゆったりする」というイメージである。「丸い」というイメージが前面に現れたのが睘（カン）で、環・還・圜（エン）（まるい）を構成する。果樹や野菜などを栽培するため周囲を垣根で囲った庭や畑が園である。日本語の「その」は「花卉・果樹・野菜などを植える庭園」の意（大野①）。漢語の園と同じ。漢語の苑もほぼ同じ。ただし苑は動物を放し飼いにする場所でもある。英語のgardenは印欧祖語の*gher-(to enclose)に淵源があり、「囲まれた」が原義という（小島①）。漢語の園も周囲に垣をめぐらしたものであるから、gardenと園は語源的に似ている。

〈グループ〉 園・遠・猿・薗・轅（エン）（）形に曲がっている車のながえ［轅門］）・睘（カン）（環・還のコアになる記号）

字源 「袁（エン）（音・イメージ記号）＋囗（限定符号）」を合わせた字。「袁」は飾りのついた衣の中に「○」の符号を入れて、内部を広くして体にゆったりとめぐらすガウンの類を暗示させる図形。この意匠によって、「周囲に丸くめぐらす」「丸くゆったりと取り巻く」というイメージを表すことができる。「園」は囲いを周囲にめぐらせた所を暗示させる。

（篆） ［袁］ （篆）

語義 ［展開］ 垣をめぐらして植物を栽培する所（その）の意味ⓐから、何かの目的で周囲を仕切った庭や空間の意味ⓑ、帝王などの墓の意味ⓒに展開する。日本では児童を教育・保護する施設の意味ⓓに使われる。［英］garden（ⓐⓑ）; emperor's tomb; preschool ［熟語］ ⓐ菜園・田園・ⓑ学園・公園・ⓒ禁園・ⓓ保育園・幼稚園

文献 ⓐ詩経・将仲子「無踰我園＝我が園を踰（こ）ゆる無かれ（私のうちの園を越えてはいけない）」

【塩】

13（土・10） 常 ｜ 常用音訓 エン しお

語音 *g̊iam（上古） yiɛm（中古→㊁㊂エム〈＝エン〉） yán（中） 염（韓）

語源 ［コアイメージ］ 枠の中に入れる。［実現される意味］ しおⓐ。［英］salt

〈解説〉 「しお」を表す言葉とその図形は製造法に由来する。説文解字に「古者（いにしえ）沙に宿して初めて作り、海塩を煮る」とある。海水を砂地に引き込んで煮て塩を造ったので、*g̊iamという語は「枠の中に収める（入れる）」というイメージをもつ。

字源 「鹽」が正字。「監（カン）（音・イメージ記号）＋鹵（限定符号）」を合わせた字。「監」は「一定の枠の中に収める」というイメージがある（⇩監）。「鹵」は塩田あるいは塩地を描いた図形。したがって「鹽」は塩田に海水を引き入れて塩を製造する情景を暗示させる。

（篆）

〈字体〉 「塩」は日本で生じた「鹽」の俗字。現代中国の簡体字は「盐」。

語義 ［展開］ しおの意味ⓐから、塩漬けにする意味ⓑに展開する。また、現代では酸と塩基の化合物の意味ⓒに用いる。［英］salt（ⓐ～ⓒ） ［熟語］ ⓐ岩塩・食塩・ⓑ塩蔵・ⓒ塩酸・塩類

文献 ⓐ周礼・天官・塩人「鹽人掌鹽之政令＝塩人は塩の政令を掌る（塩人は塩の行政を管轄する）」

【煙】

13（火・9） 常 ｜ 常用音訓 エン けむる・けむり・けむい

語音 *・ăn（上古） ・en（中古→㊁㊂エン） yān（中） 연（韓）

語源 ［コアイメージ］ 隠して見えなくする。［実現される意味］ けむりⓐ。［英］smoke

〔解説〕説文解字では「垔シイは塞（ふさぐ）なり」とあり、王念孫は「垔・陻・闉シイ・堙シイ・湮シイは並びに字異なりて義同じ」（広雅疏証）という。垔は下記のグループのコアイメージを表すために特別に作られた記号である。これは「ふさがれたり隠したりして見えなくなる」というイメージである。けむりを意味する*ʔənはまさにこのイメージをもとに成立した。藤堂明保は垔のグループは隠・穏・殷や衣のグループと同源で、「かくす」という基本義があるとする（藤堂①）。

〔グループ〕煙・堙シイ（土をかぶせて埋める、隠して見えなくする［堙滅］）・湮シイ（水をせき止めてふさぐ［湮滅］）・禋シイ（煙を上げて天の神を祭る）・闉シイ（閉じ込めてふさぐ、また、城の外郭の門）・陻シイ（隠して見えなくする）

字源 「垔シイ（音・イメージ記号）＋火（限定符号）」を合わせた字。「垔」は竈がふさがって、けむりが曲がって出る情景を設定した図形。「ふさいで見えなくする」というイメージから、「隠して見えない」というイメージに展開する。「煙」は視界をふさいで物の姿を隠すものを暗示させる。垔の字源については定説がない。藤堂は「香炉から煙をたてるさま」（藤堂②）、白川静は「竈の煙がたちこめて、煙抜きの窓（西）から外に流れ出る形」（白川②）とする。

（金）［垔］　（篆）

〔字体〕「煙」は正字（旧字体）。「煙」は古くから書道で行われた字体。「烟」は異体字。現代中国では煙を烟に統合している。

語義 ［展開］けむりの意味ⓐから、もや・スモッグの意味ⓑ、すすの意味ⓒ、たばこの意味ⓓに展開する。［英］smoke(ⓐⓑⓓ); mist, smog; soot; tobacco ［熟語］ⓐ黒煙・硝煙・ⓑ煙霧・雲煙・ⓒ煤煙・油煙・ⓓ喫煙・禁煙

文献 ⓐ韓非子・喩老「百尺室以突隙之煙焚＝百尺の室も突隙の煙を以て焚ゃく（百尺の建物も煙突の隙間から出る煙で焼けてしまう）」

【猿】13（犬・10）　常　（常用音訓）エン　さる

語音 *ɦuǎn（上古）　ɦuʌn（中古→(呉)ヲン〈＝オン〉　(漢)エン〈＝エン〉）　yuán（中）　원（韓）

語源 ［コアイメージ］㋐ゆったりする・㋑長く延びる。［実現される意味］テナガザルⓐ。［英］Hylobates, gibbon

〔解説〕説文解字では「蝯は善く援ひく」とある。爰は「引っ張る」というイメージがあるので、巧みに木の枝や蔓を引っ張って移動する動物と見たもの。説文解字は生態的特徴を見たが、形態的特徴による命名と解釈することもできる。蝯はやがて字体が猿に変わる。爰と袁は通用し、「ゆったりする」というコアイメージが共通である（⇩援・園）。空間的には幅や長さがあってゆったりするというイメージなので、「長く延びる」というイメージに展開する。そうすると蝯も猿も手が長いという形態的特徴を捉えたものといえる。これはテナガザル科のサルで、尾と頰嚢がなく、前肢が長い。猴コウ（オナガザル）とは違う種類のサルである。

字源 「袁エン（音・イメージ記号）＋犬（限定符号）」を合わせた字。「袁」は「空間的にゆったりしている」というイメージから、「長く延びる」というイメージに展開する（⇩園・遠）。「猿」は手の長く延びた獣を暗示させる。本字の「蝯」は「爰エン（音・イメージ記号）＋虫（限定符号）」を合わせた字。「爰」は「空間的に間をあけてゆったりさせる」というイメージがあり（⇩援）、袁と同様に「長く延びる」というイメージに転化する。

〔字体〕「蝯」「猨」は異体字。

語義 ［展開］テナガザルⓐが本義であるが、一般にサルの意味ⓑ。日本では日本産のオナガザルⓒに当てる。また、制御しにくいものの喩えⓓ。［英］Hylobates, gibbon; monkey; Japanese macaque; metaphor of being unable to control ［熟語］ⓐ猿猴・犬猿・ⓓ意馬心猿

文献 ⓐ山海経・西山経「有獸焉、其狀如猿＝獣有り、其の状は猿の

如し(サルに似た獣がいる)」

【遠】13(辵・10) 常 常用音訓 エン・オン とおい

語音 *ɦuăn(上古) ɦuʌn(中古→呉ヲン〈＝オン〉 漢エン〈＝エン〉) yuǎn(中) 원(韓)

語源 [コアイメージ] 丸くて中がゆったりしている。[実現される意味] 空間的に隔たりが大きい(とおい)ⓐ。[英]far, distant

〔解説〕袁にコアイメージの源泉がある。これは「周囲が丸くて中がゆったりしている」「丸くゆったりと取り巻く」というイメージである。空間的な距離に視点を置くと、直線ではなく○のイメージなので、「距離が長く延びる」「A点からB点まで隔たりがある」というイメージにつながる。ある地点から距離が大きく隔たることを古代漢語では*ɦuănといい、遠で表記する。日本語の「とおい(とほし)」は「関係が切れてしまうほど相手との間に距離がある意。空間的にも時間的にも、心理的関係などにも用いる」という(大野①)。遠もこれと同じである。

字源 「袁(音・イメージ記号)＋辵(限定符号)」を合わせた字。「袁」は「周囲が丸くて中がゆったりしている」というイメージがある(⇩園)。「遠」は近道を行かないで、ゆったりと距離を取って遠回りする様子を暗示させる。この意匠によって、ある地点から空間的距離が離れていることを表象する。白川静は袁は「襟もとに玉をおき、枕べに止(はきもの)を加えて死者を送る形」で、遠は「死者の遠行」の意味とする(白川①)。字形の解釈をそのまま意味とするので、死者という余計な意味素が混入する。

語義 [展開] 空間が大きく離れている(とおい)意味ⓐから、時間的に間が開いている意味ⓑ、関係が離れて疎くなる意味ⓒ、また、大きく離れ去る(とおざかる・とおざける)意味ⓓに展開する。[英]far, distant(ⓐ~ⓒ), remote(ⓐ~ⓒ); go away, keep away [熟語] ⓐ遠近・遠路・ⓑ永遠・久遠・ⓒ迂遠・疎遠・ⓓ遠心・敬遠

文献 ⓐ詩経・河広「誰謂宋遠＝誰か謂はん宋は遠しと(宋が遠いなんて誰が言う)」ⓑ詩経・蕩「殷鑑不遠＝殷鑑遠からず(殷の戒めは昔のことではない)」ⓒ詩経・泉水「女子有行、遠父母兄弟＝女子行有り、父母兄弟を遠ざかる(女に嫁ぐ定めあり、父母兄弟をあとにして)」ⓓ論語・雍也「敬鬼神而遠之＝鬼神を敬して之を遠ざく(神霊には敬意を払うけれども距離を置く)」

【鉛】13(金・5) 常 常用音訓 エン なまり

語音 *diuan(上古) yiuɛn(中古→呉漢エン) qiān(中) 연(韓)

語源 [コアイメージ] 一定のルートに従う。[実現される意味] なまりⓐ。[英]lead

〔解説〕古典の注釈に「鉛は循なり」とあり、沿と同じく「ルートに従う」というコアイメージをもつ。用途からの命名である。日本では金→こがね、銀→しろがね、鉄→くろがね、銅→あかがねというように、色で区別しただけで、金属に固有の呼び名がなかったらしい。鉛と錫は例外である。大槻文彦は「生(なま)りの義にて、固からぬ意。朝鮮古言、ナイムル」という(大言海)。後に鉛をクロナマリ、錫をシロナマリと区別した。

字源 「㕣(音・イメージ記号)＋金(限定符号)」を合わせた字。「㕣」は「一定のルートに従う」というイメージがある(⇩沿)。「鉛」は加工するとき型に沿って流れる柔らかい金属を暗示させる。

語義 [展開] なまりの意味ⓐ。また、鉛から化粧料を製したので、おしろいの意味ⓑ、鉛に似た物質の意味ⓒに転用される。[英]lead; powder; lead-like substance [熟語] ⓐ鉛管・鉛毒・ⓑ鉛白・鉛粉・ⓒ鉛筆・亜鉛

文献 ⓐ管子・地数「上有鉛者、其下有銀＝上に鉛有れば、其の下に

銀有り（上方に鉛を含む地形の下方には銀が存在する）」

【演】14(水・11)　常　｜常用音訓　エン

語音 *dien(上古)　yiɛn(中古→呉漢エン)　yǎn(中)　연(韓)

語源 [コアイメージ] 長く延びる。[実現される意味] 水が長く延びて流れるⓐ。[英]flow out

〔解説〕釈名・釈言語に「演は延なり。蔓延して広がるを言ふなり」、釈姿容に「引は演なり。演広せしむるなり」とある。王力は引・曳・演・延・衍などを同源とし、引く意味があるとする（王力①）。藤堂明保は申のグループ、寅のグループ、引のグループ、失のグループは同じ単語家族に属し、「のびる・のばす」という基本義があるとする（藤堂①）。演は寅にコアイメージの源泉がある。これは「長く延びる」というイメージである。水がずるずると長く延びて流れることを演という。

字源 「寅（音・イメージ記号）＋水（限定符号）」を合わせた字。「寅」は「長く延びる」というイメージがある（⇩寅）。「演」は水が長々と延びて流れる様子を暗示させる。

語義 [展開] 水が長く延びて流れる意味ⓐから、水分がずるずると延びて物をうるおす意味ⓑ、物事を長く引き延ばす意味ⓒ、話やしぐさを段々と引き延ばして展開させる意味ⓓに展開する。[英]flow out; moisten; extend; perform, play [熟語] ⓐ演漾・ⓒ演繹・演義・ⓓ演技・演武

文献 ⓐ阮籍・詠懐其七十六「汎汎乗輕舟、演漾靡所望＝汎汎として軽舟に乗り、演漾して望む所靡し（足の速い舟に乗って浮かび、流れ漂って景色を眺める暇もない）」（漢魏六朝百三家集34）ⓑ国語・周「夫水土演而民用也＝夫れ水土演ひて民用ゐるなり（水土がうるおって、はじめて民の資源となる）」ⓒ史記・日者列伝「自伏羲作八卦、周文王演三百八十四爻、而天下治＝伏羲八卦を作り、周の文王、三百八十四爻に演じし自り、天下治まる（伏羲が易の八卦を創造し、周の文王が三百八十四爻に引き延ばしてから、天下は治まった）」

【鳶】14(鳥・3)　人　｜音エン　訓とび

語音 *diuan(上古)　yiuɛn(中古→呉漢エン)　yuān(中)　연(韓)

語源 [コアイメージ] ぐるぐる回る。[実現される意味] トビⓐ。[英]kite

字源 「弋（音・イメージ記号）＋鳥（限定符号）」を合わせた字。「弋」は「∞形に互い違いに入れ代わる」というイメージがあり（⇩代）、「ぐるぐる回る」というイメージに展開する。「鳶」は∞形に空中をぐるぐる飛び回る鳥を暗示させる。

語義 タカ科の鳥、トビの意味ⓐ。輪を描いて滑空する習性がある。[熟語] ⓐ鳶肩・紙鳶（たこ）

文献 ⓐ詩経・旱麓「鳶飛戻天＝鳶は飛んで天に戻る（トビは天まで飛んでいく）」

【縁】15(糸・9)　常　｜常用音訓　エン　ふち

〔緣〕15(糸・9)　人　｜訓　ふち・へり・ゆかり・えにし・よすが・よる

語音 *diuan(上古)　yiuɛn(中古→呉漢エン)　yuàn・yuán(中)　연(韓)

語源 [コアイメージ] ㋐垂れ下がる・㋑ルートに従う。[実現される意味] 衣のへりの飾りⓐ。[英]fringe

〔解説〕説文解字に「縁は衣の純なり」とある。純は「ずっしりと重く垂れ下がる」というコアイメージから、ずっしりと垂れた衣の縁飾りという意味が生まれた。縁と純は非常に近い。縁では彖にコアイメージの源泉がある。藤堂明保は彖のグループを垂のグループ、隋のグループ（堕など）、耑のグループ（端など）、段のグループ、また断・朶・妥など

と同じ単語家族に入れ、「上から下へおちる(おす)」という基本義があるとする(藤堂①)。しかし緣は純と近いので、「(上から下に)垂れ下がる」というコアイメージとしたい。緣は衣の裾に垂れた飾り(フリル)をいう。「(↓の形に)垂れ下がる」は垂直軸に視点を置いたものだが、水平軸に視点を置けば、「(→の形に)A点からB点に線条に沿って行く」というイメージになる。段玉裁は「緣なる者は其の辺に沿って之を飾るなり」と述べている(説文解字注)。また王力は遯・遁・遂・彖を同源とし、逃げる意味があるとする。古典の注釈には「緣は循なり」「緣は順なり」の訓もある。ここから緣は沿・循などと同源とする語源意識もあったことがわかる。これらに共通なイメージは「ルートに従う」というイメージである。しかし実は前述の通り「ルートに従う」は「垂れ下がる」から視点を変えることによって転化した二次的イメージである。和訓の「ふち」は「物の周縁」の意、「へり」はへ(端・辺)と同根で、「中心部から遠く離れた周辺部の意」、「ゆかり」は「つながりをたどれば見出される関係」の意、「よすが」は「身を近づけ寄せる所」の意から、血縁者、手がかりの意味に展開するという(以上、大野①)。なお「えにし」は漢語の縁の呉音エンに由来。

〔グループ〕緣・椽テン(屋根を支えるため、棟から軒の方へ垂れ下がるように張り出す木材、たるき)・篆テン(線が垂れたように書かれる漢字の書体[篆書])・掾エン(上官の下につく官吏、属官[掾属])・櫞エン(大きな果実が垂れ下がる木、シトロン、マルブシュカン[枸櫞クエン])

字源 「緣」が正字。「彖タン(音・イメージ記号)+糸(限定符号)」を合わせた字。「彖」は頭の大きなブタを描いた図形。大きなブタはたいてい腹が垂れているから、「彖」は「垂れ下がる」というイメージを表しうる。「緣」は衣の裾に垂れるふち飾りを暗示させる。

(篆) [彖]　(篆)

〔字体〕「縁」は近世中国で発生した「緣」の俗字。現代中国の簡体字は「缘」。

語義 [展開] 衣のふち飾り(フリル)の意味ⓐから、ふち飾り・ふち取りをつける意味ⓑ、物の周辺部(ふち・へり)の意味ⓒ、周囲にめぐらす意味ⓓに展開する。また「ルートに従う」というイメージから、一定のルートに寄り沿う(よる)意味ⓔ、あるものに寄り沿って(よって)の意味ⓕ、寄り沿って出てきたもと(原因・理由・わけ)の意味ⓖ、それをきっかけにして生じた関係(つながり・手づる・えにし)の意味ⓗ、特に婚姻によって生じる関係という意味ⓘ、また、仏教用語として、ある結果を生じる間接的条件の意味ⓙを派生する。[英]fringe(ⓐ~ⓒ), border; edge(ⓑⓒ), hem(ⓑⓒ); verge, margin, brink; surround; go along; consequently; reason, cause; connection, relationship; marriage knot; karma [熟語] ⓒ外縁・周縁・ⓔ攀縁・ⓖ縁由・由縁・ⓗ血縁・近縁・ⓘ縁戚・復縁・ⓙ縁起・因縁インネン

文献 ⓐ戦国策・斉四「士不得以爲緣＝士は以て縁と為すを得ず(士はそれ[きらびやかなもの]を縁にしてはならない)」ⓔ孟子・梁恵王上「猶緣木而求魚也＝猶おな木に縁よりて魚を求むるがごときなり([王の望みは]木に寄り沿って登り、魚を得ようとするようなものだ[不可能の喩え])」

【燕】

16(火・12)　人　|　音エン　訓つばめ

語音 *・ǎn(上古)　・en(中古→呉漢エン)　yàn(中)　연(韓)

語源 [コアイメージ] ㋐擬音語・㋑落ち着く。[実現される意味] ツバメⓐ。[英]swallow

〔解説〕*・ǎnはツバメの鳴き声を模した擬音語に由来する。*・ĕtもあり、これを乙ツア(＝鳦)と書く。ツバメの別名を乙鳥という。ツバメは毎年同じ場所に帰ってきて巣を造る習性がある。ここから「燕は安なり」「燕は宴なり」という同源意識が生じた。安・宴は「落ち着く」というイメー

ジをもつ語である。
〔グループ〕燕・嚥(咽の[食道の入り口]をぐっと押し下げて、物をのみ下す→飲みこむ)・臙(焉支[＝燕支]で採れたことから、ベニバナ、また化粧料のベニ[＝臙脂])・讌(打ち解けて楽しむ)・醼(酒盛り)

字源 ツバメの全形を描いた図形。

(篆)

語義 [展開] ツバメが本義ⓐ。「落ち着く」というイメージから、心理的にゆったりと落ち着く意味ⓑ、酒盛りをして楽しむ意味ⓒを派生する。[英]swallow; relax; feast, banquet [熟語] ⓐ燕雀・燕尾服・ⓑ燕居・ⓒ燕飲

文献 ⓐ詩経・燕燕「燕燕于飛＝燕燕于に飛ぶ(ツバメが飛んでいる)」ⓑ詩経・北山「或燕燕居息＝或いは燕燕として居息す(家でゆったりとくつろぐ者もいる)」ⓒ詩経・蓼蕭「燕笑語兮＝燕しみて笑語す(心楽しく笑いさざめく)」

【薗】17(艸・13)　人　音エン　訓その

語音 ɦɪuʌn(中古→呉ヲン〈＝オン〉 漢ヱン〈＝エン〉) yuán(中)

語源 [コアイメージ] 丸く取り巻く。[実現される意味] そのⓐ。[英]garden

字源 「園(音・イメージ記号)＋艸(限定符号)」を合わせた字。周囲を囲って植物を植える「その」を表す。

語義 植物を植える所(その)の意味ⓐ。園と同じ。

【艶】19(色・13)　常　常用音訓 エン　つや

語音 *ɦiam(上古) yiɛm(中古→呉漢エム〈＝エン〉) yàn(中) 염(韓)

語源 [コアイメージ] 盛ん・はなやか・派手である。[実現される意味] 色気があり美しいⓐ。[英]sexy, amorous

〔解説〕下記の詩経の別のテキストでは剡または閻になっている。これらは炎・焰・爓と関係がある。いずれも炎の意味で、炎のように盛んに光を放つことから、「はなやか」「派手である」というイメージがある。女性の美の一つを炎のイメージで表現したのが艶で、容色が派手で色気のある美しさをいう。炎と艶は全く同音である。日本語の「つや」は「物の表面の美しくみずみずしい光沢」の意で、「色っぽいこと」はその転義の一つ(大野①)。この展開義が漢語の艶に近いが、本義の光沢の意味は漢語の艶にない。

字源 「豔」が本字。「豐(イメージ記号)＋盍(イメージ補助記号)」を合わせた字。「豐」は「ゆたかに満ちる(豊満)」というイメージを示す(⇩豊)。「盍」は「去(ふた)＋皿(さら)」を合わせて、器にふたをかぶせる様子(⇩蓋)。器の中に視点を置くと、「中に物を詰める」というイメージにもなる。「豔」は女性の体に肉がたっぷりと詰まって豊満な様子を暗示させる。色気があるというイメージもあるので、字体は「豐(イメージ記号)＋色(限定符号)」を合わせた「艷」に変わった。図形にコアイメージは反映されていない。

(篆)

〔字体〕「艷」は旧体字。「艶」は近世中国で生まれた俗字。現代中国の簡体字は「艳」。

語義 [展開] 色気があり美しい意味ⓐから、男女の色事に関わることの意味ⓑを派生する。光沢(つや)の意味ⓒは日本的用法。[英]sexy, amorous; love affair; luster [和訓] あでやか・なまめかしい [熟語] ⓐ妖艶・ⓑ艶福・艶聞

文献 ⓐ詩経・十月之交「豔妻煽方處＝艶妻煽んに方に処る(あでな妻は寵愛盛ん)」

[オ]

お

【汚】6(水・3) [常] ―[常用音訓]オ　けがす・けがれる・けがらわしい・よごす・よごれる・きたない

[語音] *・uag(上古)　・o(中古→[呉]ウ　[漢]ヲ〈＝オ〉)　wū(中)　오(韓)

[語源] [コアイメージ]⌒形に曲がる。[実現される意味]水たまりⓐ。[英]puddle

〔解説〕釈名・釈言語に「汚は洿ォ(⌒形の水たまり)なり」とある。洿と汚は同音同義。*・uagという語は宇(⌒形の大空)・盂ゥ(⌒形の大皿)・胯コ(∧形のまた)と同源で、「⌒形に曲がる」というコアイメージを持つ。日本語の「けがれる(けがる)」は「死・出産・月経など異常な状態、触れるべきでない不浄とされた状態になる意」、「きたない(きたなし)」はキタシ(堅塩)・キタ(北)のキタにナシ(甚だしい意)のついた形で、不潔である、よこしまである意味、「よごれる(よごる)」は「汚いものにまみれて汚くなる」意という(以上、大野①)。「けがれる」の原義に当たる漢語はないが、よごれる・きたなくなる意に転義すると、汚や穢に近くなる。

[字源] 「汙」が本字。「于ゥ(音・イメージ記号)＋水(限定符号)」を合わせた字。「于」は「⌒形に曲がる」というイメージがあり、「⌒形に曲がる」というイメージにも展開する(⇩宇)。「汙」は⌒形にくぼんだ水たまりを暗示させる。

〔字体〕「汙」「汚」「污」は異体字の関係にある。日本では汚、中国では污を用いている。

[語義] [展開]流れのストップする水たまりの意味ⓐから、水が流れず濁ってよごれる意味ⓑに展開する。また、比喩的に、物事が不潔である意味ⓒ、道徳的に行いなどがきたない意味ⓓ、名誉がけがされる意味ⓔを派生する。[英]puddle, slop, stagnant water; foul(ⓑ~ⓓ), dirty(ⓑ~ⓓ); filthy, unclean, impure; immoral, indecent, corrupt; disgrace, dishonor [熟語]ⓐ汚池・ⓑ汚水・汚泥・ⓒ汚染・汚物・ⓓ汚職・汚点・ⓔ汚辱・汚名

[文献] ⓐ詩経・十月之交「田卒汚萊＝田、卒ことごとく汚萊オライたり(田畑はすべて水たまりや荒れ地になった)」ⓑ呂氏春秋・達鬱「水鬱則爲汚＝水、鬱すれば則ち汚と為る(水がふさがれて流れないと汚水になる)」

【於】8(方・4) [人] ―[音]オ　[訓]おいて・おける

[語音] (1)*・ag(上古)　・o(中古→[呉]ウ　[漢]ヲ〈＝オ〉)　wū(中)　오(韓)　(2)*・iag(上古)　・io(中古→[呉]オ　[漢]ヨ)　yú(中)　어(韓)

[語源] 〈コアメージ〉(1)擬音語。(2)つかえて止まる。[実現される意味]感嘆詞。[英]oh

〔解説〕*・agはアー、ウーという嘆息や感嘆の声である。段玉裁は「古者いにしえ短言すれば於、長言すれば烏呼。於・烏は一字なり」という(説文解字注)。*・agは烏(カラス)の鳴き声と同じである。カラスの鳴き声は喉がつかえて詰まったような印象があるので、*・agという語は「詰まって(つかえて)止まる」というコアイメージをもつ。カラスの鳴き声のように喉に詰まった感じの擬音語(感嘆の声)を於で表す。

〔グループ〉於・淤ォ(水がつかえて流れず、たまった泥)・瘀ォ(つかえて流れない血液)・閼ツア(詰まってふさがる)

[字源] 説文解字に「於」は烏(からす)の古文(戦国時代の書体)とある。烏から少し変えた図形。

(古) 

[語義] [展開]「ああ」という感嘆詞が本義ⓐ(1の場合)。「詰まって(つ

かえて）止まる」というコアイメージから、ある場所に止めることを示す用法が生まれた（2の場合）。具体的には、「〜において」と場所を示す語ⓑ、「〜に」と場所や動作を示す前置詞ⓒ、「〜より」と原因や比較を示す語ⓓ。［英］oh; at, in, on; at; than

文献 ⓐ詩経・抑「於乎小子＝於乎（ああ）小子よ（ああ小僧っ子よ）」ⓑ詩経・九罭「於女信宿＝女（なんじ）に於いて信宿せん（あなたの所で連泊したい）」

おう

【王】

4（玉・0）　常　常用音訓 オウ

語音 *ɦuaŋ（上古）　ɦuaŋ（中古→呉漢ワウ〈＝オウ〉）　wáng（中）　왕（韓）

語源 ［コアイメージ］大きい。［実現される意味］最高の支配者（天子・君主・キング）ⓐ。［英］king

〔解説〕古人は「王は往なり」と語源を説いた。古いところでは春秋穀梁伝・荘公三年に「其の王と曰ふ者は、民の帰往する所なり（なぜ王というのか、人民がそこに慕って行くからだ）」と述べている。これは儒教的政治思想を反映した語源説。往の意味はどこまでも延び広がって行くことであって、そのコアには「大きく広がる」というイメージがある。王のコアイメージもこれである。藤堂明保は王のグループ、兄のグループ、永のグループ、広のグループを同じ単語家族にくくり、「大きく拡がる」という基本義をもつとする（藤堂①）。*ɦuaŋという聴覚記号の図形化はまさかりのような武器から発想された。まさかりが権力の象徴だからではなく、「大きい」というイメージを作り出すための具体的状況設定なのである。父の図形的意匠もこれと似ている。

〔グループ〕王・往・皇・狂・旺・匡・枉（オウ）（まっすぐなものを）形や（形に曲げる［枉駕］）・尩（オウ）（足や体が曲がって弱い［尩弱］）・汪（オウ）（大きく広いさま［汪溢］）。また、）形にくぼんだ水たまり）・迋（キョウ）（＝誑。おおげさな言葉で人をだます）

字源 下部が）形（末広がり）に大きく広がった儀式用のまさかりを描いた図形。この意匠によって、「大きく広がる」「）形をなす（）形に曲がる）」というイメージを表すことができる。前者のイメージを取って、国を支配する偉大な人（トップに立つ人）を表象する。字源については諸説紛々である。地中の火、炎上して光を放つ形、金を溶かす器、冠の形、人が端坐する形、男性性器の形などがあるが、斧の形とする説（呉其昌、加藤常賢）が妥当。徐中舒は刃が下を向いた斧の形で、刑罰を主とする斧鉞によって王者の権威を象徴したという（甲骨文字典）。白川静も徐の説と同じ（白川①）。藤堂は「手足を広げた人が天と地の間に立つさま」と解釈したが（藤堂②）、「大きく広がる」という基本義は変わらない。

（甲）　（金）　（篆）

語義 ［展開］最高の支配者（天子・君主）の意味ⓐ。また、覇に対して、徳によって天下を治める者の意味ⓑ、王族の親族の意味ⓒ、祖父母などに対する尊称ⓓ、大きい意味ⓔ、最高のもの、実力の優れたものの意味ⓕに展開する。また、王になるという動詞ⓖにも使われる。［英］king（ⓐⓕ）; ruler of justice; royal family; honorific title for grandfather etc.; great, grand; the best; become a king　［和訓］きみ・おおきみ　［熟語］ⓐ国王・帝王・ⓑ王道・覇王・ⓒ親王・ⓓ王父・ⓕ四天王・魔王

文献 ⓐ詩経・伯兮「為王前驅＝王の前駆と為る（王の［軍の］先駆けとなる）」ⓑ論語・子路「如有王者、必世而後仁＝如し王者有らば、必ず世（せい）にして後に仁ならん（もし［天命を受けた］王者が現れたら、きっと三十年後に仁の世界が達成されよう）」ⓖ詩経・皇矣「王此大邦＝此の大邦に王たり（この大国の王になった）」

【央】

5（大・2）　常　常用音訓 オウ

語音 *·ɪaŋ（上古）　·ɪaŋ（中古→呉アウ〈＝オウ〉　漢ヤウ〈＝ヨウ〉）　yāng

（中） 앙（韓）

語源 ［コアイメージ］ ㋐真ん中を押さえる・㋑（途中で押さえて）上下にくっきりと分ける。［実現される意味］ 真ん中ⓐ。［英］center, middle

〔解説〕 上から↓の方向の力と、下から↑の方向の力があって、そのちょうど中間に当たる所を*·ıaŋという。上から下への方向に視点を置けば、「↓・の形に中間点を押さえる」というイメージ、中間点に視点を置けば、「↑・↓の形に（上下に）分ける」というイメージになる。央の語源を初めて捉えたのは藤堂明保である。氏は央のグループを亜のグループ、於のグループ、烏のグループと同じ単語家族に入れ、「おさえる・つかえる」という基本義をもつとした（藤堂①）。「押さえる」というイメージが下記のグループに通底する。

〔グループ〕 央・映・英・怏（オウ）（気分がふさがって楽しくない［怏怏］）・殃（オウ）（生命を押さえつけて邪魔するもの、わざわい［禍殃］）・泱（オウ）（押さえを押しのけるように雲や水が湧き起こるさま［泱泱］）・秧（オウ）（押さえて植えつける稲の苗［新秧］）・鞅（オウ）（馬の胸の中央を押さえて鞍を固定させる帯、むながい）・鴦（オウ）（背中がくぼんだ姿をした鳥、オシドリ［鴛鴦（エンオウ）］）

字源 「大（大の字に立つ人）＋冂（枠の符号）」を合わせて、頭部と体部の中心である首根っ子を押さえる情景を設定した図形。この意匠によって、「真ん中を押さえる、押し下げる」というイメージと、「途中で押さえて上下に分ける」というイメージを表すことができる。字源については肩に物を担ぐ形、物を頭に戴く形、頸に枷を乗せる形（丁山の説で、白川静もこれに従う）などがある。白川は央は殃（わざわい）の原字で、「手や足でなく体の中央に近い首に加える刑罰であるから、まんなかの意味となる」とする（白川②）。しかし「人間の頭の真ん中を押し下げた姿」（藤堂②）という解釈が妥当。

（金） （篆）

語義 ［展開］ 真ん中の意味ⓐ。また「↓・の形に中間点を押さえる」というイメージから、途中で止まる（つきる）意味ⓑを派生する。また、「↑・↓の形に（上下に）分ける」というイメージから、くっきり分かれて鮮明である意味ⓒを派生する。［英］center, middle; end, finish; brilliant ［和訓］ なか・なかば・つきる ［熟語］ ⓐ中央・ⓑ未央

文献 ⓐ詩経・蒹葭「宛在水中央＝宛として水の中央に在り（いつの間にやら川の真ん中に）」ⓒ詩経・六月「白旆央央＝白旆（ハイ）央央たり（白い吹き流しが鮮やかだ）」

【凹】 6（凵・3） 常 （常用音訓） オウ

語音 ·ʌp（中古→呉エフ〈＝ヨウ〉 漢アフ〈＝オウ〉） āo（中） 요（韓）

語源 ［コアイメージ］ 押し下げる。［実現される意味］ 下に押し下げられたようにへこむⓐ。［英］hollow, concave

〔解説〕 ·ʌpという語は押・圧と同源で、「（上から下に）押し下げる」というコアイメージをもつ。

字源 「凹」という図形の外面的形体そのものによって、「押し下げる」というコアイメージを表現している。これは象徴的符号である。

語義 周囲が高く、中がへこむ（くぼむ）意味ⓐ。［和訓］ へこむ・くぼむ ［熟語］ ⓐ凹凸・凹面鏡

文献 ⓐ抱朴子・登渉「凹陥者牝銅也＝凹陥する者は牝銅なり（へこんで中央がくぼんだものが牝の銅だ）」

【応】 7（心・3） 常 （常用音訓） オウ こたえる

〔應〕 17（心・13） 人 音オウ 訓こたえる・いらえる・まさに

語音 *·ıəŋ（上古） ·ıəŋ（中古→呉オウ 漢ヨウ） yìng（中） 응（韓）

語源 ［コアイメージ］ 先方から来るものを受け止める。［実現される

意味】問いや呼びかけを受け止めて、答えなどの意思表示を返すⓐ。[英]respond

〔解説〕古典の注釈では「当なり」「受なり」「対なり」などの訓があるが、應(=応)の意味の一面を示しているだけである。*·ıəŋという語は「向こうから来るものをこちらでしっかり受け止める」という意味である。この語のコアイメージの図形化はタカの調教から発想された(鷹の項参照)。鷹と應は密接な関係がある。日本語の「こたえる(こたふ)」はコト(言・事)+アフ(合)で、「他からの問いかけや疑問などのコト(言・事)があったときに、言葉や文字を使って、きちんと返事、返答をすること」という(大野②)。漢語では応・答・対では区別がある。応は先方からの呼びかけ・働きかけを受け止めること、答は問いにぴったり合わせて返事を返すこと、対は面と向き合って、問いなどにこたえること(対話が前提にある)である。「こたえる」はこの三つを含むが、受け止める(反応する、応ずる)という場合に「応える」と表記する。「こたえる」に対応する英語にanswer、reply、respondなどがあるが、answerとreplyは答・対に、respondは応にほぼ対応する。respondは「約束し返す」が原義で、「言葉や手紙などで応答する」「刺激などに対して人が動作などで反応を示す」の意という(小島①)。

〔グループ〕応・鷹・膺(胸に受け止める[服膺])。また、胸

字源 「應」が正字。「雁(音・イメージ記号)+心(限定符号)」を合わせた字。「雁」の金文は「人+|+隹(とり)」を合わせて、人が鳥を胸の前に抱き止める場面を設定した図形(⇩鷹)。鷹匠がタカを手なずける行為を念頭に置いて図形的意匠が考案された。したがって鷹(たか)の原字といえる。「雁」は「むこうから来るものを受け止める」というイメージを表すことができる。「應」は外部から来るシグナルを心にしっかり受け止める様子を暗示させる。白川静は鷹狩りの結果は神意のあらわれと考えられたので、「こたえる」の意味になるとする(白川②)。語の深層構造ではなく、表面をなぞった意味解釈である。

(篆)

〔字体〕「応」は「應」を略した日本の俗字。現代中国の簡体字は「应」。

語義 [展開]「受け止める」というコアイメージから、問いや呼びかけを受け止めて、答えなどの意思表示を返す意味ⓐ、要求や働きかけなどを受け止める(受け入れる)意味ⓑ、手応えを感じる(ぴんと来る)意味ⓒに展開する。また、これから来るであろう物事に手応えを感じて、当然それを受け止めるべきだとか、きっと受け止めているはずだという意味の用法ⓓ(漢文で「まさに〜べし」と読む)が生まれた。[英]respond; accept; correspond; ought [熟語]ⓐ応答・呼応・ⓑ応対・反応

文献 ⓐ孟子・公孫丑下「吾應之曰可=吾、之に応へて曰く可なりと(私はこれを受け止めて"よろしい"とこたえた)」ⓑ詩経・下武「應侯順德=侯との順徳に応へよ(彼らの優しい恩徳を受け入れなさい)」ⓒ荘子・天道「得之於手、而應於心=之を手に得て、心に応ず(これ[車輪の作り方]を手で習得し、心で会得する)」ⓓ詩経・賚「我應受之=我、応に之を受くべし(私は当然それ[彼の事業]を受け入れるべきだ)」

【往】 8(彳·5)　常　常用音訓 オウ

語音 *ɦɪuaŋ(上古)　ɦɪuaŋ(中古→呉漢ワウ〈=オウ〉)　wǎng(中)　왕(韓)

語源 [コアイメージ] 大きく広がる。[実現される意味] 前に進んで行くⓐ。[英]go

〔解説〕往の右側に隠れている王にコアイメージの源泉がある。㞷(主はその変形)について説文解字では「草木妄生(むやみに生える)なり」とあり、段玉裁は「妄生は猶お怒生のごとし」という。垂直軸では草が上に勢いよく伸び出る、水平軸では草が一面に生え広がると解釈できる。これは王のコアイメージである「大きく広がる」と合う。大きく広がるとは一

点から距離が離れていくイメージでもある。したがって歩行の領域に場面を移すと、前に進んで距離を広げていくことが往である。反対に引き返すことを復という。

字源 「㞷オウ(音・イメージ記号)＋彳(限定符号)」を合わせた字。「㞷」は「大きく広がる」というイメージがある(⇩王)。「㞷」は「王オウ(音・イメージ記号)＋中(限定符号)」を合わせて、草木が大きく伸びていく、あるいは、一面に大きく広がり生える様子を暗示させる。「往」は前に向かってどこまでも(大きく広がって)進んで行くことを表す。甲骨文字では中の代わりに止(足の形)になっている。これは足を延ばしてずんずん進み、空間的に延び広がっていく様子を暗示させる図形と解釈できる。往の原字である。

(甲)　(篆)　[㞷]　(篆)

語義 [展開] ずんずん進んで行く意味ⓐから、時間が過ぎ去る、また過去の意味ⓑ、これから先(将来)の意味ⓒを派生する。[英]go; past, previous; hereafter [和訓] ゆく・いく・いぬ・いにしえ [熟語] ⓐ往復・往来・ⓑ往古・往年・ⓒ以往

文献 ⓐ詩経・終風「莫往莫來、悠悠我思＝往く莫なく来る莫し、悠悠たる我が思ひ(彼は私のもとに行きもしないし来もしない、いつまで続くわが思い)」ⓑ論語・微子「往者不可諫也＝往く者は諫むべからず(過ぎ去ったことはどうしようもない)」

【押】 8(手・5)　常　常用音訓 オウ　おす・おさえる

語音 *·ăp(上古)　·ăp(中古→呉エフ〈＝ヨウ〉　漢アフ〈＝オウ〉)　yā(中)　압(韓)

語源 [コアイメージ] 表面に覆いかぶさる。[コアイメージ] 上からおさえつける(おす・おさえる)ⓐ。[英]press, push

〔解説〕甲にコアイメージの源泉がある。藤堂明保は甲のグループは蓋・甘・函カン・奄エン・圧などと同源で、「ふたをして封じる・おおう」という基本義があるとする(藤堂①)。言い換えると「表面に覆いかぶさる」というコアイメージである。表面にかぶさると、下のものは押しつけられた状態にもなるから、「上からかぶせて押さえつける」というイメージに転化する。日本語の「おす」は「面積あるいは量を持つものの、上面または側面に密着して力を加える意」という(大野①)。漢語の押とほぼ同じ。また「おす」は前に進むように力を加えるという意にも展開する。この場合は漢語の推に当たる。「おさえる(おさふ)」はオス(押)＋アフ(合)で、「相手を動かさないように、相手の力の度合に応じて、こちらの力で押しつづける意」という(大野①)。漢語の押はこの意味を含みうるが、特に押さえ止める(抑止する)意味の場合は抑と合致する。英語のpressは「(圧力をかけて)押しつける」がコアイメージで、押された結果に焦点があるが、pushは「前方に(あるいは自分から離すように)押す力を加える」がコアイメージで、押す動作に焦点があり、駆り立てる、押し進める意に展開するという(田中①)。pressは漢語の圧・押、pushは漢語の推にほぼ当たる。

字源 「甲コウ(音・イメージ記号)＋手(限定符号)」を合わせた字。「甲」は「表面に覆いかぶさる」というイメージがある(⇩甲)。「押」は手を物の上にかぶせるようにしておしつける様子を暗示させる。

語義 [展開] 上から押さえつける意味ⓐから、取り押さえる、差し押さえる意味ⓑ、韻を合わせる意味ⓒ、署名・はんこの意味ⓓに展開する。[英]press, push; attach, distrain; rhyme; signature, seal [熟語] ⓐ押印・押捺・ⓑ押収・押領・ⓒ押韻・ⓓ花押

文献 ⓐ後漢書・東夷伝「児生欲令其頭扁、皆押之以石＝児生まれて其の頭を扁ならしめんと欲し、皆之を押すに石を以てす(子どもが生まれると、その頭を扁平にしたいと思い、皆石で頭を押さえつける)」

【旺】8(日・4) 常 ｜ 常用音訓 オウ

語音 ɦuaŋ(中古→呉漢ワウ〈＝オウ〉) wàng(中) 왕(韓)

語源 [コアイメージ] 大きく広がる。[実現される意味] 気や勢いが大きく盛んである ⓐ。[英]vigorous

字源 「王(音・イメージ記号)＋日(限定符号)」を合わせた字。「王」は「大きく広がる」というイメージがある(⇩王)。「旺」は日の光が大きく広がる様子を暗示させる。

語義 勢いが盛んの意味 ⓐ。[和訓] さかん [熟語] ⓐ旺盛

文献 ⓐ鍼灸甲乙経8「心以夏旺、不受邪＝心は夏旺なるを以て邪を受けず(心臓は夏に気が盛んになるため邪気を受けない)」

【欧】8(欠・4) 常 ｜ 常用音訓 オウ

語音 *·ug(上古) ·əu(中古→呉ウ 漢オウ) ōu・ǒu(中) 구(韓)

語源 [コアイメージ] 曲がる。[実現される意味] 食べ物をもどす。また、吐き出す ⓐ。[英]vomit

〔解説〕食べ物をもどす(吐く)ことを古代漢語で*·ugといい、歐・嘔と書く。釈名・釈疾病では「嘔は傴なり。将に吐かんとする所有りて、脊、曲傴(背中が曲がる)なり」と語源を説く。吐く姿態が傴と似ているからだという。王念孫も嘔・嫗(背の曲がった老女)・傴を同源と見ている(広雅疏証)。しかし謳歌の謳と同源と見ることもできる。声を喉で屈曲させて(抑揚をつけて)歌う、つまり楽器の伴奏がなく、節回しだけで歌うことを謳という。區の「曲がる」というコアイメージはすべてに通底するが、人体のどこが曲がるかによって、傴・嫗・毆と謳・歐に分かれる。

字源 「歐」が正字。「區(音・イメージ記号)＋欠(限定符号)」を合わせた字。「區」は「小さく曲がる」というイメージから、単に「曲がる」というイメージにもなる(⇩区)。「歐」は食べた物が胃から戻ってきて、喉元でつかえて曲がり、口から吐き出すことを表す。

語義 [展開] 吐く・もどすが原義 ⓐ。近世中国でラテン語のEuropaを欧羅巴と音写し、専らヨーロッパの意味 ⓑ に使うようになった。そのため本来の意味には嘔と書かれる。[英]vomit; Europe [和訓] はく [熟語] ⓐ欧吐(＝嘔吐)・ⓑ欧州・西欧

文献 ⓐ山海経・海外北経「一女子跪、據樹歐絲＝一女子跪き、樹に拠りて糸を欧く(一人の女子[蚕の神]がひざまずいて、木によりかかって糸を吐いている)」

【殴】8(殳・4) 常 ｜ 常用音訓 オウ なぐる

語音 *·ug(上古) ·əu(中古→呉ウ 漢オウ) ōu(中) 구(韓)

語源 [コアイメージ] 曲がる。[実現される意味] 棒などで打ちたたく(打ちすえる) ⓐ。[英]beat, knock

〔解説〕日本語の「なぐる」は横ざまに打つことで、ナグ(薙)(横ざまに切り払う)と関係があるらしい(大言海の説)。漢語の毆とは少しイメージが違う。毆は傴や嫗と同源で、背が曲がるというイメージに由来する。打ちすえた結果の体の変化に着目した語である。原因と結果を結びつけるレトリックがある。

字源 「毆」が正字。「區(音・イメージ記号)＋殳(限定符号)」を合わせた字。「區」は「曲がる」というイメージがある(⇩区)。「毆」は棒や杖を使って、相手の体をのけぞらせて曲がるほど(骨が曲がるほど)打ちすえる様子を暗示させる。

語義 棒などで打ちたたく意味 ⓐ。[和訓] うつ・たたく [熟語] ⓐ殴殺・殴打

文献 ⓐ史記・留侯世家「良愕然欲毆之＝良、愕然として之を殴たんと欲す(張良は驚いて彼を棒でたたこうとした)」

【桜】10(木・6) 常 ｜ 常用音訓 オウ さくら

〔櫻〕21(木・17) 人 ｜ 音オウ 訓さくら

語音 *·ĕŋ(上古) ·ɛŋ(中古→呉ヤウ〈=ヨウ〉 漢アウ〈=オウ〉) yīng(中) 앵(韓)

語源 [コアイメージ] 周りに丸く巻きつく。[実現される意味] シナミザクラⓐ。[英]cherry

〔解説〕日本ではサクラの意味で使われるが、古代漢語の*·ĕŋ(櫻)はバラ科サクラ属のPrunus pseudocerasus、すなわちシロハナミザクラ(別名シナミザクラ)を指す。春に白い花を咲かせ、夏に赤い小さな球形の実(サクランボ)が生る。語源については、果実が瓔珠(首飾りの玉)と似ているからという説(本草綱目)や、鸎ウォ(=鶯。コウライウグイス)が好むからという説(後漢の高誘)などがある。櫻は嬰イェや賏イェのイメージに基づくが、その根底をなすのは「周りに丸く巻きつく」というイメージである。頸の周りを取り巻くネックレスが賏であり、母の胸に抱かれる(取り巻いた形になる)赤ちゃんを嬰という。釈名・釈長幼に「人始めて生まるるを嬰児と曰ふ。胸前を嬰と曰ふ。之を胸前に抱き、之を乳養するなり」と述べている。櫻はネックレスの玉や赤ちゃんの唇(丸く小さく、赤みを帯びているというイメージがある)に見立てた命名と考えられる。女性の唇を桜唇というのもこれと軌を一つにしたレトリック(類似性による比喩、見立て)といえる。

〔グループ〕桜・賏イェ(首飾り)・嬰イェ(赤ん坊[嬰児])・嚶ウォ(鳥が赤ん坊のような声で鳴くさま[嚶嚶])・瓔ヨ(玉を連ねた首飾り[瓔珞])・攖イェ(周りを取り巻いて中心に近づいていく→迫る)・癭イェ(頸の周りを取り巻くこぶ、甲状腺腫[癭瘤])・纓イェ(顔の周りを取り巻く冠のひも[冠纓])・蘡イェ(蔓を巻きつける植物、エビヅル[蘡薁エイイク])・鸎ウォ(頸の周りに黒い輪が取り巻く鳥、コウライウグイス)・鸚ウォ(頸に輪のような帯のある鳥、ダルマインコ。広く、オウムやインコの類[鸚鵡・鸚哥])

字源 「櫻」が正字。「嬰イェ(音・イメージ記号)＋木(限定符号)」を合わせた字。「賏」は「貝」を二つ並べて、ネックレスを表す図形で、「周囲に丸く巻きつく」というイメージがある。「賏イェ(音・イメージ記号)＋女(限定符号)」を合わせた「嬰」はネックレスを頸に巻きつけるように、母親の胸や頸にまといつく赤ん坊を暗示させる。これも「周囲に丸く巻きつく」というイメージを表す記号になる。「櫻」は赤ちゃんの丸く小さな唇に似た、あるいは、ネックレスの丸い珠に似た果実の生る木を暗示させる。

(篆)[賏] (篆)[嬰] (篆)

〔字体〕「桜」は書道に由来する日本製の俗字。

語義 [展開] シナミザクラが本義ⓐ。日本ではサクラの意味ⓑに用いる。新撰字鏡が「さくら」の訓を与えたが、本来は誤用。ただし現代中国でもサクラの意味で使われている。[英]cherry, sweet cherry; oriental cherry [熟語] ⓐ桜唇・桜桃・ⓑ桜花・観桜

文献 ⓐ司馬相如・上林賦「櫻桃蒲陶＝桜桃・蒲陶(シナミザクラとブドウ)」(文選8)

【翁】10(羽・4) 常 ｜ 常用音訓 オウ

語音 *·uŋ(上古) ·uŋ(中古→呉ウ 漢ヲウ〈=オウ〉) wēng(中) 옹(韓)

語源 [コアイメージ] (毛髪が)両側に分かれる。[実現される意味] 鳥の頭から頸にかけて垂れ下がる毛ⓐ。[英]hair on bird necks

〔解説〕鳥の頭の毛と人間の「おきな」という意味領域の異なる語がともに*·uŋであり、同一の図形を共有する。ここには類似性に基づくレトリックがある。鳥の頭の毛が長発の老人の姿に似ているので、両者が結びつけられた。今も昔も変わらない見立てのレトリックである。言語

遊戯のなぞなぞ遊びとも共通のものがある。

字源 「公(音・イメージ記号)＋羽(限定符号)」を合わせた字。「公」は囲い込んだものを両側に開いて見せる情景を設定した図形で、「両側に分ける」というイメージがある(⇩公)。「翁」は鳥の頭から首にかけて両側に分かれて垂れた毛を表した。藤堂明保は公を単なる音符とし、おきな(長老)の意味は公の当て字とした(藤堂②)。

語義 [展開] 鳥の頭の毛が本義ⓐ。頭から両側に分かれて垂れた毛をもつ鳥の姿が長髪の老人を髣髴とさせるので、年長の男性(おきな)の意味ⓑ、父の尊称ⓒ、男性の敬称ⓓに転用された。[英]hair on bird necks; old man; father; honorific title of man [和訓] おきな [熟語] ⓑ塞翁・村翁・ⓒ岳翁・ⓓ沙翁・蕉翁

文献 ⓐ山海経・西山経「黒文而赤翁＝黒文にして赤翁([その鳥の姿は]黒い模様があり、頭の毛は赤色)」 ⓑ論衡・無形篇「凡可冀者以老翁變爲嬰兒＝凡そ冀ふべき者は老翁を以て変じて嬰児と為る(たいていの人が願うことは、じいさんが赤ん坊に変身することだ)」 ⓒ史記・項羽本紀「吾翁即若翁＝吾が翁は即ち若が翁なり(私の父はとりもなおさずお前の父だ)」

【凰】 11(几・9) 人 ― 音 オウ

語音 *ɦuaŋ(上古) ɦuaŋ(中古→呉ワウ〈＝オウ〉 漢クワウ〈＝コウ〉) huáng(中) 황(韓)

語源 [コアイメージ] 大きい。[実現される意味] 想像上の鳥の名ⓐ。[英](female) phoenix

字源 「皇(音・イメージ記号)＋几(鳳の略体。限定符号)」を合わせた字。「皇」は「大きい」というイメージがある(⇩皇)。「凰」は大きな鳥を暗示させる。始めは鳳皇と書かれていたが、字体を整形して鳳凰となった。

語義 泰平の世に出現するという空想的な瑞鳥の意味ⓐ。鳳は雄、凰は雌とされる。[熟語] ⓐ鳳凰

文献 ⓐ管子・封禅「今鳳凰麒麟不來＝今、鳳凰・麒麟来らず([乱世の]現在は鳳凰も麒麟も姿を現さない)」

【奥】 12(大・9) 常 ― 常用音訓 オウ おく

〔奧〕 13(大・10) 人 ― 音 オウ 訓 おく

語音 (1)*・og(上古) ・au(中古→呉漢アウ〈＝オウ〉) ào(中) 오(韓) (2)*・ıok(上古) ・ıuk(中古→呉ヲク〈＝オク〉 漢ヰク〈＝イク〉) yù(中) 욱(韓)

語源 [コアイメージ] かすかで見えにくい。[実現される意味] 部屋の西南の隅ⓐ。[英]southwest corner of a house

〔解説〕 王念孫は「奥の言は幽なり」と述べる(広雅疏証)。王力は幽のほかに、杳・窈とも同源とし、深いという意味があるとする(王力①)。藤堂明保はさらに範囲を拡大し、幺のグループ(幼など)、夭のグループ(妖など)、憂のグループが奥のグループと同源とし、「ほそい・かすか」という基本義をもつとする(藤堂①)。*・og という語は「暗くて(かすかで)見えにくい」というコアイメージに概括できる。建物の中で、周囲が閉ざされて、奥深くて中が見えない所(祖先の神を祭る西南の隅)を奥という。日本語の「おく」はオキ(沖)と同根で、「入り口から深く入った所で、人に見せず大事にする所をいうのが原義」という(大野①)。

〔グループ〕 奥・襖・澳(川の奥深く入り込んだ所、くま)・燠(熱が奥深くこもって暖かい)・懊(おく深く思い悩む、[懊悩])・墺(奥まった土地)・隩(川のくま)

字源 「奧」が正字。「釆(イメージ記号)＋宀(限定符号)」を合わせた字。「釆」は種子を播くために握りこぶしを作る情景を設定した図形(⇩拳)。拳(握りこぶし)の原字である。巻・券においては「丸く巻く」というイメージであるが、握りこぶしを作ってその中に物を閉じ込めるから、「周囲を囲って中に閉じ込める」というイメージも表すことができる(こ

れは二次的イメージ)。かくて「奥」は家の中で、周囲を囲って中を見えないようにした薄暗い場所を暗示させる。この意匠によって、家の西南の隅を表象する。

(篆) 

〔字体〕「奧」は旧字体。「奥」は釆を米に略したもので、中国では古くから書道で使われていた字体(現代中国でもこれを用いる)。

語義 [展開] 部屋の西南の隅の意味ⓐから、おく深い所の意味ⓑ、また、おく深い意味ⓒに展開する(以上は1の場合)。また、水がおく深く入り込んだ所(川のくま)の意味ⓓを派生する(2の場合)。ⓓは澳(クイ)と通用。[英]southwest corner of a house; recess, innermost; profound; corner of a river, nook [熟語] ⓑ胸奥・内奥・ⓒ奥義・蘊奥

文献 ⓐ論語・八佾「與其媚於奧、寧媚於竈＝其の奥に媚びんよりは寧ろ竈に媚びよ(奥の神様のご機嫌をとるより、かまどの神様のご機嫌をとれ)」ⓑ老子・六十二章「道者萬物之奧＝道なる者は万物の奥なり(道とは万物の奥底にあるものである)」ⓓ詩経・淇奥「瞻彼淇奧、綠竹青青＝彼の淇(キ)の奥を瞻(み)れば、緑竹青青たり(あの淇の川のくまを見れば、緑の竹がすがすがしい)」

【横】 15(木・11) 常 | 常用音訓 オウ よこ

〔橫〕16(木・12) 人 | 音 オウ 訓 よこ

語音 *fuăŋ(上古) fuăŋ(中古→呉ワウ〈＝オウ〉 漢クワウ〈＝コウ〉) héng(中) 횡(韓)

語源 [コアイメージ] 四方に広がる。[実現される意味] 中心線から左右または東西に延びる方向(よこ)ⓐ。[英]horizontal line, sideways

〔解説〕日本語の「よこ」はヨク(避)と同根で、「平面上の中心を、右また左にはずした所、また、その方向の意」という(大野①)。漢語の横はどんなイメージか。黄にコアイメージの源泉がある。これは✥の形(四方)に広がるというイメージであるが、↔の形(左右)に延び出るというイメージに転化する。他の例を挙げると、方は↔の形(左右)に張り出るというイメージから、✥の形(四方)に出ていくというイメージに転化する。要するに✥と↔の二つのイメージは相互転化可能なイメージである。人が南を向く際、右手が西、左手が東の方角であるが、左右・東西に延び出る線が横である。

字源 「横」が正字。「黄(ワウ)(音・イメージ記号)＋木(限定符号)」を合わせた字。「黄」は「四方(✥)に広がる」というイメージがあるが、「↔の形に延び出る」というイメージにも展開する(⇨黄)。「横」は門に↔の形に渡した横木を暗示させる。この意匠によって「よこ」を表象する。

〔字体〕「横」は黃→黄に倣った字体。現代中国でもこの字体を用いる。

語義 [展開] よこの意味ⓐ、よこに置く(よこたえる)意味ⓑ、よこに渡る(よこぎる)意味ⓒに展開する。また、「四方に広がる」というコアイメージから、延び放題になる(勝手気ままに振る舞う)意味ⓓ、道理からはずれる(普通ではない、まともでない)の意味ⓔを派生する。[英]horizontal line, sideways; lay; cross, traverse; unrestrained; unjust [熟語] ⓐ横転・縦横・ⓑ横断・ⓒ横絶・ⓓ横行・専横・ⓔ横死

文献 ⓐ周礼・秋官・野廬氏「禁野之横行徑踰者＝野の横行径踰する者を禁ず(田野で横や縦にむやみに突っ切ることを禁止する)」ⓑ礼記・曲礼「並坐不横肱＝並び坐するに肱を横にせず(二人並んで座るときにはひじを横に張らない)」ⓓ孟子・滕文公下「處士横議＝処士横議す(官に仕えていない士が勝手気ままに議論している)」

【鴨】 16(鳥・5) 人 | 音 オウ 訓 かも

語音 *·ăp(上古) ·ăp(中古→呉エフ〈＝ヨウ〉 漢アフ〈＝オウ〉) yā

(中) 압(韓)

語源 [コアイメージ] 枠をかぶせて手なずける。[実現される意味] アヒルⓐ。[英]duck

字源 「甲(音・イメージ記号)＋鳥(限定符号)」を合わせた字。「甲」は「表面に覆いかぶさる」というイメージがあり(⇩甲)、「枠をかぶせて手なずける」というイメージに展開する。「鴨」は野生の鳥を手なずけて飼い慣らした鳥を表す。

語義 [展開] 家禽の一つで、アヒルが本義ⓐ。古くはアヒルを鶩(ボク)といったが、漢代以後に鴨という。日本ではカモの意味ⓑに誤用する。[英]duck; wild duck [熟語] ⓐ野鴨

文献 ⓐ西京雑記2「魯恭王好闘鶏鴨及鵞雁＝魯の恭王、鶏鴨及び鵞雁を闘はすを好む([漢代の]魯の恭王はニワトリ・アヒル・ガチョウ・ガンを闘わせるのが好きであった)」

【襖】 18(衣・13) 人 音オウ 訓ふすま

語音 ・au(中古→呉漢アウ〈＝オウ〉) ǎo(中)

語源 [コアイメージ] おく深い。[実現される意味] あわせの上着ⓐ。[英]fur garment

字源 「奥(おく深い。音・イメージ記号)＋衣(限定符号)」を合わせた字。「襖」は内側に深く重ねた衣を暗示させる。

語義 [展開] あわせの上着(綿入れの類)の意味ⓐ。日本では建具の一つ、ふすまの意味ⓑに用いる。[英]fur garment; fusuma

【鷗】 22(鳥・11) 人 音オウ 訓かもめ

語音 *・ug(上古) ・əu(中古→呉ウ 漢オウ) ōu(中) 구(韓)

語源 [コアイメージ] あわのように浮かぶ。[実現される意味] カモメⓐ。[英]gull

字源 「漚(ウォ)の略体(音・イメージ記号)＋鳥(限定符号)」を合わせた字。カモメのことを古くは鷖(イエ)といい、その異名を漚鳥(オウチョウ)といった。漚はあわの意味で、あわのように海上に浮いて見えるところからの命名(本草綱目の説)。「區」は「細かく区切る」というイメージがあり(⇩区)、細かく仕切られたように浮かぶ水のあわを「漚」で表記した。

語義 チドリ目カモメ科の海鳥、カモメの意味ⓐ。頭と腹は白色、くちばしと足は黄色。[熟語] ⓐ沙鷗・白鷗

文献 ⓐ山海経・海外東経「其爲人衣魚食鷗＝其の人と為り、魚を衣(き)、鷗を食す(その国の人の習性は、魚を着物とし、カモメを食料とする)」

おか

【岡】→こう

おく

【屋】 9(尸・6) 常 常用音訓 オク や

語音 *・uk(上古) ・uk(中古→呉漢ヲク〈＝オク〉) wū(中) 옥(韓)

語源 [コアイメージ] 隙間なく覆いかぶせる。[実現される意味] 建物にかぶせる屋根ⓐ。[英]roof

〔解説〕段玉裁は「屋なる者は室の覆なり。之を引申して、凡そ上を覆ふ者、皆屋と曰ふ」と述べる(説文解字注)。下記のグループから帰納されるコアイメージは「隙間なく覆いかぶさる」ということである。それの図形化は室と意匠が似ているが、言葉も意味も異なる。日本語の「や」は「建物そのものをいう語」で、屋根はその転義という(大野①)。

〔グループ〕屋・握・渥・幄(アク)(上からかぶせるテント、天幕[帷幄])・偓(アク)(差し迫ってゆとりがない[偓促])・齷(アク)(歯の隙間が狭い。また、差し迫ってせかせか

する［齷齪（アクサク・アクセク）］）

字源 「至（イメージ記号）＋尸（限定符号）」を合わせた字。「至」は「これ以上は行けない所まで到達する」というイメージから、「隙間がない」というイメージに展開する。「屋」は建物に隙間なく覆いかぶせる屋根を暗示させる。

（篆）

語義 ［展開］屋根の意味ⓐ。部分と全体の関係に基づく換喩により、建物の意味ⓑに転じる。［英］roof; house　［熟語］ⓐ屋上・ⓑ屋内・家屋

文献 ⓐ詩経・行露「何以穿我屋＝何を以て我が屋を穿（うが）つ（何でわが家の屋根に穴を開けたのか）」ⓑ詩経・小戎「在其板屋＝其の板屋に在り（板囲いの粗末な家に住んでいる）」

【億】 15（人・13）　常　｜常用音訓　オク

語音 *·ɪək（上古）　·ɪək（中古→呉オク　漢ヨク）　yì（中）　억（韓）

語源 ［コアイメージ］（胸の中に）いっぱいこもる。［実現される意味］十進法の数の単位名（六番目の位）ⓐ。［英］the sixth digit

〔解説〕漢数字は十進法で、位が十倍進むごとに別の位の名を必要とする。十、百、千、万の次の位を*·ɪəkといい、億と書く。百・千・万は具体的な物のイメージを借りて造形がなされたが、万以後の大数の図形化は、数が多いという抽象的なイメージを表現する手法でなされた。意は「胸の中にいっぱいこもる」というイメージで、いっぱいありすぎて数えきれないほどの多数を寓意するのが億である。億は臆と同じく盈（いっぱい満ちる）の意味があり、王念孫は「億は盈数（いっぱい満ちた数）の名なり」と述べる（広雅疏証）。なお大数を数える場合、英語の数詞は三桁ずつ区切り、漢数字は四桁ずつ区切れば数えやすい。

〔数字〕1234567891234

〔英数詞〕1(trillion)、234(billion)、567(million)、891(thousand)、234

〔漢数字〕一（兆）、二三四五（億）、六七八九（万）、一二三四

字源 篆文は「〓（ヨク）（音・イメージ記号）＋人（限定符号）」を合わせた字。「〓」は「言＋中」を合わせて（言の真ん中に中を挿入した図形）、言葉が口の中にこもる様子。「〓（ヨク）（音・イメージ記号）＋心（限定符号）」を合わせた「〓」は、思いが心の中にこもる様子。いずれも「中にいっぱいこもる」というイメージがある。隷書では「〓」が「意」に変わった。「意」には「ふさがれていっぱいこもる」というイメージがある。「億」は胸の中で思うだけで、数えきれないほど数がいっぱいある様子を暗示させる。この意匠によって、万の次の単位を表象する。

（篆）［〓］　（篆）［〓］　（篆）

語義 ［展開］万の次の単位ⓐ。また、数詞の一億の意味ⓑ。万の十倍であるが、現在では万の一万倍とする。そこで、多数の意味ⓒを派生する。また、「胸の中にいっぱいこもる」というコアイメージから、あれこれと思いはかる意味ⓓを派生する。［英］the sixth digit; one hundred million; numerous; guess　［熟語］ⓑ数億・ⓒ億万・巨億

文献 ⓐ詩経・伐檀「胡取禾三百億兮＝胡（なん）ぞ禾（か）三百億を取らんや（どうして三千万本の稲が取れようか）」ⓑ詩経・文王「其麗不億＝其の麗（かず）は億のみならず（その数は一億とはきかない）」ⓓ論語・先進「億則屢中＝億（おもんぱか）れば則ち屢（しばしば）中（あた）る（あれこれと考えれば予想がしばしば当たる）」

【憶】 16（心・13）　常　｜常用音訓　オク

語音 *·ɪək（上古）　·ɪək（中古→呉オク　漢ヨク）　yì（中）　억（韓）

語源 ［コアイメージ］ふさがれて中にこもる。［実現される意味］胸のうちに深く思いをこめるⓐ。［英］think

〔解説〕釈名・釈言語に「憶は意なり。恒に意中に在るなり」と、意と

憶を同源としたのは卓見。「ふさがれて中にこもる」が意のコアイメージである。何かの思いがいつも意中にこもる状態を憶という。和訓に「おぼえる(おぼゆ)」がある。「刺激、また認知の対象を感じる」の意味は漢語の覚に当たるが、別に㋐「思い出す」、㋑「記憶する。暗記する」、㋒「思い出して語る。記憶を言動に表す」の意味があり(大野②による)、これが漢語の憶に当たる。英語のrememberは「記憶にとどめていて必要なときに取り出す」がコアイメージで、情報を覚えること(入力)、記憶にとどめること(保持)、取り出すこと(想起)の三つの部分を含むという(田中①)。以上を参考にすると漢語の憶の意味構造が明らかになる。王力は㋐思念(思いをこめる)、㋑回憶(思い出す)、㋒記住(しっかり覚える)の三つの意味を記述している。常用漢字表には覚に「おぼえる」の訓があるが、憶にも採るべきである(二つは意味が違う)。

字源 「意ｨ(音・イメージ記号)＋心(限定符号)」を合わせた字。「意」は「ふさがれて中にこもる」というイメージがある(⇩意)。「憶」は心中に深く思いをこめることを表す。

語義 [展開] 心の中に思いをこめる(おもう)意味ⓐから、心の中にとめる(記憶する、おぼえる)意味ⓑ、心の中にとめたものを思い出す意味ⓒに展開する。[英]think; remember, memory; recall, recollect [和訓] おもう・おぼえる [熟語] ⓑ記憶・ⓒ回憶・追憶

文献 ⓐ霊枢・本神「心有所憶、謂之意＝心に憶(おも)ふ所有る、之を意と謂ふ(心にこもるもの、これを意という)」

【臆】
17(肉・13)　常　｜常用音訓　オク

語音 *·ıək(上古)　·ıək(中古→呉オク　漢ヨク)　yì(中)　억(韓)

語源 [コアイメージ] ふさがれて中にこもる。[実現される意味] 思いが中にこもってふさがれる(思いがいっぱいで胸が詰まる)ⓐ。[英]depress

字源 「意ｨ(音・イメージ記号)＋肉(限定符号)」を合わせた字。「意」は「ふさがれて中にこもる」というイメージがある(⇩意)。「臆」はいろいろな思いで胸がふさがれていっぱいになる様子を暗示させる。

〔字体〕「肊」は異体字。

語義 [展開] 胸がふさがれて詰まる意味ⓐから、思いの詰まった胸中の意味ⓑ、胸の意味ⓒ、また、あれこれと胸中で思いはかる(自分の胸のうちで勝手に考える)意味ⓓを派生する。気後れする意味ⓔは日本的用法。[英]depress; chest(ⓑⓒ), bosom(ⓑⓒ); guess, conjecture; lose one's nerve [熟語] ⓐ膈臆(ヒョクオク)・ⓑ胸臆・ⓓ臆説・臆測・ⓔ臆病

文献 ⓐ史記・扁鵲倉公列伝「言未卒、因嘘唏服臆＝言未だ卒(お)らず、因りて嘘唏(キョキ)服臆[＝膈臆(ヒョクオク)]す([相手の]言葉がまだ終わらないうちに、泣きじゃくり、[怒りや悲しみで]胸が詰まった)」ⓒ史記・屈原賈生列伝「請對以臆＝請ふ、対(こた)ふるに臆を以てせん(臆測で答えさせてほしい)」

おそれ

【虞】
→ぐ

おつ

【乙】
1(乙・0)　常　｜常用音訓　オツ

語音 *·ıĕt(上古)　·ıĕt(中古→呉オツ・オチ　漢イツ)　yǐ(中)　을(韓)

語源 [コアイメージ] 押さえつける・つかえて曲がる。[実現される意味] 十干の第二位ⓐ。[英]the second heavenly stem

〔解説〕十干(甲・乙・丙・丁・戊・己・庚・辛・壬・癸)は殷代に始まる序数詞で、別の序数詞である十二支(子・丑・寅・卯・辰・巳・午・未・申・酉・戌・亥)と組み合わせた六十四進法によって、日付を記すものである(後世では年・月も記す)。十干・十二支の命名の起源はおおむね植物の生長

段階を象徴的に捉えたと推測される。釈名・釈天に「乙は軋アツ(押さえる)なり。自ら抽軋して出づるなり(自ら押さえつつ出てくる)」と語源を説く。甲は「表面にかぶさる」というイメージによって植物のつぼみの状態を暗示させ、十干の始まりに用いられた。同様に、乙は植物がやっと芽を出した状態をイメージとして捉え、第二位としたと考えられる。「乙は軋なり」は古人の普遍的な語源意識で、*·ĕtという語は「押さえつける」「つかえて曲がる」というコアイメージをもつ。藤堂明保は乙のグループは气のグループ(気など)、乞キツのグループ(吃など)、旡キのグループ(既・愛など)と同じ単語家族に属し、「つまる・いっぱいこもる」という基本義をもつとする(藤堂①)。詰まった状態は隙間なく押さえる、つかえて伸びずに曲がるというイメージと結びつく。

〔グループ〕乙・札・軋アツ(押さえつけてこすれる、きしむ)・扎サツ(針を押し下げて刺す)・穵アツ(∪形に土を押し下げて穴を掘る)

字源 何かが伸びようとするが押さえられて曲がり、それ以上伸びきらない状態を示した象徴的符号。「つかえ曲がってとまることを示す指事文字」(藤堂②)と見てもよい。字源については諸説紛々で、魚の腸、燕、札、流水の形、また、小曲刀(加藤①)、へらの形(白川①)等々がある。古人が「春、草木冤曲して出づ」(説文解字)、「物(植物)、蕃屈して節有り、出でんと欲す」(白虎通義)と解釈したのがまだよい。

(甲) (金) (篆)

語義 〔展開〕十干の第二位(きのと)の意味ⓐから、順位の二番目の意味ⓑを派生する。また、文の終わりに、押さえ止めることを示す印ⓒに用いる。〔英〕the second heavenly stem; second; mark of period 〔和訓〕きのと・おと 〔熟語〕ⓐ甲乙・ⓑ乙種・ⓒ不乙

文献 ⓐ書経・顧命「翌日乙丑、王崩＝翌日乙丑、王崩ず(翌日きのとうしの日、王が死んだ)」

おれ

【俺】→えん

おろす

【卸】→しゃ

おん

【音】

9(音・0) 常 常用音訓 オン・イン おと・ね

語音 *·ɪəm(上古) ·ɪəm(中古→呉オム〈＝オン〉 漢イム〈＝イン〉) yīn (中) 음(韓)

語源 〔コアイメージ〕中に入れてふさぐ。〔実現される意味〕物の発する響き(おと)ⓐ。〔英〕sound

〔解説〕白虎通義・礼楽篇に「音なる者は飲インなり。其の剛柔清濁、和して相飲むなり」と語源を説く。これは楽器の音を念頭に置いたものだが、一般に口をふさいでウーウーとうなって出る「おと」を*·ɪəmという。音の深層構造を初めて明らかにしたのは藤堂明保である。氏は音のグループは今のグループ(吟・金・陰など)、禁のグループ、また及・泣・合・邑などと同じ単語家族に属し、「中に入れてふさぐ」という基本義があるとした(藤堂①)。飲とも同源である。*·ɪəmという聴覚記号の図形化は言を元にして発想された。言(ことば)とはどういうものであるかの認識があって、初めて「おと」に対する認識とその図形化が可能になる。無意味な「おと」を区切って意味をもたせたものが言(ことば)であり、ことばにならない無意味なる声が音(おと)である。日本語では「お

と」と「ね」を区別する。オトは「離れていてもはっきり聞こえてくる、物のひびきや人の声」、ネは「意味あるように聞く心に訴えてくる声や音」の意という(大野①)。また「オトはそれを発する本体の存在に関心を置く語で、ネは聞く側の心に訴えるものとして耳に入る音声」ともいわれる(大野②)。漢語の音にこの区別はない。漢語では言語的な意味をもたない響きが音であるが、ことばの響きの要素にも音が使われるようになった。

〔グループ〕音・暗・闇・意・喑(イン)(口をふさいでしゃべらない)・瘖(イン)(しゃべれない病気[瘖唖])・諳(アン)(口には出さずに覚える、そらんずる[諳誦])・愔(イン)(物音を立てず静かなさま)・歆(キン)(物を中に入れてふさぐ→受け入れる)・黯(アン)(暗い)

字源 「言」の「口」の部分に「一」を入れて、ことばを口の中に入れてふさぐ状況を想定した図形。この意匠によって、ウーウーとうなるだけでことばにならない「おと」を表象する。分節化された「言」に対して、分節化されないもの(連続した音声)が「音」である。言と音を同字とする文字学者(例えば加藤常賢ら)が多いが、言と音は語としては全く別である。

(金) (篆)

語義 [展開] 分節化されない(ことばにならない)おと、つまり物の発する響きの意味ⓐから、楽器の出す音(ね、音色)の意味ⓑに展開する。また、分節化されたもの(ことば)のうち音声的な要素の意味ⓒ、便り・おとずれの意味ⓓを派生する。訓に対する音(オン)(中国語由来の漢字の読み方)の意味ⓔは日本的用法。[英]sound(ⓐ~ⓒ); tone; phone; news; Chinese-style pronunciation of a character [熟語] ⓐ音響・音声・ⓑ音楽・音符・ⓒ音韻・語音・ⓓ音信・福音・ⓔ音訓・漢音

文献 ⓐ詩経・燕燕「燕燕于飛、下上其音=燕燕(エンエン)于(ここ)に飛ぶ、下上する其の音(ツバメが飛んで行く、下に上に音だけ残して)」ⓑ詩経・鼓鍾「笙磬同音=笙(シヨウ)と磬(ケイ)、音を同じくす(笙と磬[ともに古楽器の名]の音色がそろう)」ⓒ詩経・有女同車「徳音不忘=徳音(トクイン)忘れず(優しいお言葉忘れられぬ)」

【恩】 10(心・6) 常 常用音訓 オン

語音 *·ən(上古) ·ən(中古→呉漢オン) ēn(中) 은(韓)

語源 [コアイメージ] 上に乗っかる・上に重なる。[実現される意味] 愛情や恵みを与えるⓐ。[英]love

〔解説〕古典の注釈では「恩は恵なり」「恩は愛なり」などとある。これは意味を述べたものだが、語源的には恩はどんなイメージの語なのか。因にコアイメージの源泉がある。それは「上に乗る」「上に重なる」というイメージである。Aの姓にBの姓が重なっていくことが姻(縁組み)である。これと同じように、Aの心にBの心が重なっていくというイメージをもつ語が恩である。最古の古典である詩経では、愛情や恵みを与えるという意味で使われている。

字源 「因(イン)(音・イメージ記号)+心(限定符号)」を合わせた字。「因」は「上に乗る」「上に重なる」というイメージがある(⇩因)。「恩」はA(他人)の心にB(自分)の心(思いやり)を重ねて乗せる様子を暗示させる。Aに視点を置くと思いやり(恵み)を与えること、Bに視点を置くと、ありがたいという気持ちとなる。

語義 [展開] 愛情や恵みを与える(いつくしむ)意味ⓐから、人から受けた恵みをありがたいと思う気持ち(与えられた恵み)の意味ⓑに展開する。[英]love; kindness, favor, grace [和訓] いつくしむ・めぐむ [熟語] ⓐ恩愛・恩寵・ⓑ恩義・恩師

文献 ⓐ詩経・鴟鴞「恩斯勤斯=斯(こ)れを恩(いつく)しみ斯を勤(いそ)しむ([いとけない我が子を]かわいがり、一生懸命育ててあげた)」ⓑ礼記・経解「禮廢則臣子之恩薄=礼廃すれば則ち臣子の恩薄し(儀礼が廃れると、臣下の[君主に対して]

ありがたいと思う気持ちは薄くなる)」

【温】12(水・9) 常　—常用音訓 オン　あたたか・あたたかい・あたたまる・あたためる

〔溫〕13(水・10) 人　—音 オン・ウン 訓 あたたか・あたたかい・あたたまる・あたためる・ぬくい・ぬるい

語音 *・uən(上古)　・uən(中古→呉漢ヲン〈＝オン〉)　uən(唐ウン)　wēn(中)　온(韓)

語源 [コアイメージ] 熱気が中にこもる。[実現される意味] 熱気であたたかいⓐ。[英]warm

〔解説〕王力は鬱・温・郁《イク》・燠《イク》を同源とし、気が盛んという意味があるとする(王力①)。藤堂明保は温・鬱・屈・穴・潰・壊・畏・威・尉などを同じ単語家族にくくり、「あな・ほる・押し下げる・凹む」という基本義があるとする(藤堂①)。*・uənという語は鬱(気が中にこもる)と非常に近く、「熱気が中にこもる」というコアイメージをもつと考えた方がよい。凹みや穴の中に入った状態は「中にこもる」というイメージにつながるから、右の家族の一員であることと矛盾しない。熱気がこもってあたたかいことが温であるが、詩経ではすでに比喩的に使われている。日本語の「あたたか」は「物や外界の空気から受ける熱感の強すぎず弱すぎず、快い状態」の意という(大野①)。日本語の「あたたか」も性格などがあたたかい(おだやか、やさしい)という比喩的意味がある。なぜこんな意味になるのか。漢語の温は「熱気が中にこもる」というコアイメージがある。熱気があると硬さや緊張がほぐされて、しっとりと柔らかくなり、おだやかになる。この状態を人間の心理や精神の比喩としたのが温和、温良などの使い方である。下記の詩経ⓔの注釈に「温は和なり」とある(朱子・詩集伝)。日本語の「あたたか」も同じような転義をしたと考えられる。英語のwarmも心が温かい意味に転義する。なお漢語には「熱気であたたかい」を意味する語に暖もある。暖は寒に対する語で、気候・気象などで温度が程よくあたたかい意味である。

〔グループ〕温・慍《ウン》(心の中にむっと怒気がこもる、いかる・うらむ[慍色])・氳《ウン》(気がもやもやと立ちこめるさま[氤氳《インウン》])・熅《ウン》(気が立ちこめるさま[烟熅《インウン》])。また、おき火・うずみ火)・瘟《オン》(急性の熱病[瘟疫])・縕《ウン》(乱雑に集めて熱気をこもらせた麻のくずや古い綿[縕袍])・褞《ウン》(綿入れ・どてら[褞袍])・薀《ウン》(中にこもる)・蘊《ウン》(中に深くこもる、蓄える[蘊奥・蘊蓄])・醞《ウン》(原料を壺の中に入れて酒をかもす[醞醸])・韞《ウン》(入れ物の中にしまいこむ、包み入れる)・轀《オン》(温度を調節できる車[轀輬《オンリョウ》])・榲《オツ》(果実に香気がこもる木、マルメロ[榲桲《オツボツ》])・膃《オツ》(脂肪がたまってよく肥えた動物、オットセイ[膃肭臍])・*鰛(半国字。イワシ)・*饂(純国字。うどん[饂飩《ウドン》])

字源 「溫」が正字。「𥁕《オン》(音・イメージ記号)+水(限定符号)」を合わせた字。「囚」は囲いの中に閉じこめることから、「枠の中に入れる」「中に押しこめる」というイメージがある(⇩囚)。「囚(イメージ記号)+皿(限定符号)」を合わせた「𥁕」は、食器に蓋をして熱が逃げないようにする様子を暗示させる。したがって「溫」は水をあたためて中に熱気をこめる様子を暗示させる。

(篆)  [𥁕]　(篆) 

〔字体〕「溫」は旧字体。「温」は𥁕の俗字を昷とするのに倣った字体。

語義 [展開] 中に熱気がこもってあたたかい意味ⓐから、熱をこもらせる(あたためる)意味ⓑ、また比喩的に、性格がおだやかである(優しい)の意味ⓒ、冷えたものをもう一度あたため直す(おさらいをする)意味ⓓ、あたたかさの度合い(温度)の意味ⓔに展開する。[英]warm(ⓐ~ⓒ); heat; mild, gentle; review; temperature [熟語] ⓐ温泉・温暖・ⓑ温存・ⓒ温顔・温和・ⓓ温習・ⓔ気温・体温

文献 ⓐ礼記・曲礼「凡爲人之禮、冬溫而夏凊＝凡そ人為《た》るの礼、冬は温にして夏は清《すず》[＝凊]し(子の[親に対する]礼儀は、冬にはあたたかくし、

夏には涼しくしてあげることだ)」ⓒ論語・為政「溫故而知新、可以爲師矣=故きを温めて新しきを知る、以て師為るべし(古い事柄をおさらいして、その中から新しいものを発見する。それでこそ人の師となれる)」ⓔ詩経・燕燕「終溫且惠=終に温にして且つ恵なり(性格が穏やかな上に、思いやりがあった)」

【穩】16(禾・11)　常 | 常用音訓 オン　おだやか

語音 ·uən(中古→呉漢ヲン(=オン))　wěn(中)　온(韓)

語源 [コアイメージ] 中に隠して外に出さない。[実現される意味] 安らかに落ち着いている(おだやか)ⓐ。[英]stable, quiet, tranquil

[解説] 名義抄に穏の訓を「おだひかなり」とする。「おだひ」「おだし」が古形で、「落ち着いて平安なさま」の意という(大野①)。漢文訓読体で「おだひか」が使われ、ここから「おだやか」に転じた。「おだやか」は漢語の穏と同じ。

字源 「穩」が正字。「㥯イン(音・イメージ記号)+禾(限定符号)」を合わせた字。「㥯」は「中に隠して外に出さない」というイメージがある(⇩隱)。「穩」は生活の基盤である作物を倉に隠して安心できる状態に置く場面を設定した図形。この意匠によって、落ち着いて安定していることを表象する。

語義 [展開] 「中に隠して外に出さない」というコアイメージから、安らかに落ち着いている(おだやか)の意味ⓐ、性格や言動がとげとげしさ・険しさを表面に表さずおだやかである意味ⓑに展開する。[英]stable, quiet, tranquil; gentle, mild, moderate　[熟語] ⓐ安穏・平穏・ⓑ穏健・穏当

文献 ⓐ晋書・輿服志「負重致遠、安而穩也=重きを負ひ遠きに致し、安にして穏なり([牛は]重いものを負い、遠くまで運んでも、落ち着いて安定している)」

カ

か……………………

【下】 3(一・2) 常

常用音訓 カ・ゲ　した・しも・もと・さげる・さがる・くだる・くだす・くださる・おろす・おりる

語音 *ɦăg(上古)　ɦă(中古→呉ゲ・漢カ)　xià(中)　하(韓)

語源 [コアイメージ] 上から覆いかぶさる。[実現される意味] 空間的に低い位置(低い方、した)ⓐ。[英]under, below

〔解説〕日本語の「した」は「上に何か別の物が加わった結果、隠されて見えなくなっているところが原義」という(大野①)。ここから㋐「空間的に、低い位置」、㋑「他のものが載っていたり、覆っていたりして、外から見えない領域」の意に展開する(大野②)。後者の展開義㋑は漢語の下の語源と符合する。漢語の下の語源を考えた学者は藤堂明保のほかにいない。氏は下を家のグループ、叚カのグループ(仮など)、夏のグループ、胡のグループ(湖など)、賈カのグループ(価など)、また庫・居などと同じ単語家族に入れ、「したの物をカバーする」という基本義をもつとした(藤堂①)。ある物が上からかぶさって、したにあるものを覆っている状態、上からかぶさってしたの方に↓の形にさがっていった位置、これを古代漢語では*ɦăgという。ある物がそのうえに乗って、↑の形にあがっていく位置が上であるのとぴったり照応する。日本語の「さがる」は「ものの一端が固定されながら、全体としては中途半端な状態に垂れる意」で、「高い位置から低い位置に移る」はその展開義。「くだる」は「上から下へ線条的に一気に移動する意」、「おりる(おる)」は「終始注意をはらって下まで行き着く意」という(大野①)。「くだる」はむしろ漢語の降に当たる。英語のunderは「…の下に」がコアイメージで、「基本的にはover(上から全体を覆う)の反意語」、またbelowは「ある規準より下に(ある)」がコアイメージで、位置・程度・価値などが下の意、downは「下方への運動」がコアイメージで「下へ」、「低い所に」などの意という(田中①)。これらは漢語の下とほぼ一致する。

字源 ある物(小さな線で示す)を⌒形に覆いかぶせている様子を暗示させる象徴的符号。この意匠によって、上からかぶさっている位置(したの方)を表象する。篆文は形が崩れて字源が不明だが、甲骨文字・金文に遡るとこのように解釈できる。「⌒なる何物かをもって一なる何物かを覆う形」と解釈したのは加藤常賢の説(加藤①)。藤堂は「おおいの下に物があることを示す指事文字」とした(藤堂②)が、「覆いかぶさる(カバーする)」という基本義は変わらない。

(甲)　(金)　(古)　(篆)

語義 [展開] 空間的位置関係が低い方(した)の意味ⓐが原義。ここから、身分・地位・等級・程度・価値が低い方の意味ⓑ、時間・順序が後の方の意味ⓒ、空間的・時間的な範囲を限定することばⓓ、支配・管理を受ける側(もと)の意味ⓔ、貴人に対してへりくだり、尊敬を示すことばⓕに展開する。また、「上からかぶさって↓形にさがっていく」というイメージから、高い所から低い所へ移る(くだる・おりる・さがる)意味ⓖ、中心から周辺へ移る意味ⓗ、上位から下位へ移す(下し与える、くだす)意味ⓘ、上の者や強い者に身を低くする(へりくだる)意味ⓙに展開する。[英]under, below(ⓐⓑ), down; lower, subordinate; next, latter; during, within; under; hornorific term; go down, descend, fall; leave; grant, give; humble　[和訓] ひくい　[熟語] ⓐ下方・下面・ⓑ下位・下級・ⓒ下巻・下記・ⓓ時下・都下・ⓔ傘下・門下・ⓕ閣下・殿下・ⓖ下車・降下・ⓗ下校・南下・ⓘ下賜・下付・ⓙ卑下

文献 ⓐ詩経・北山「溥天之下、莫非王土＝溥天の下とも、王土に非ざ

るは莫し(広い天の下は、王の土地でないところはない)」ⓑ論語・季氏「困而不學、民斯爲下矣＝困しみて学ばざる、民斯れを下と為す(行き詰まっても学ばないもの、そんな民は最低である)」ⓒ孟子・尽心下「百世之下＝百世の下(何百年の後)」ⓖ詩経・四牡「翩翩者鵻、載飛載下＝翩翩たる鵻《イス》、載《すなわ》ち飛び載ち下る(すいすいと舞うシラコバト、高く飛んではまた下る)」ⓘ孟子・離婁下「膏澤不下于民＝膏沢、民に下らず(恩恵が人民に届かない)」ⓙ論語・顔淵「慮以下人＝慮《おもんばか》りて以て人に下る(思慮深くして人に謙遜する)」

【化】

4(ヒ・2)　常　｜　常用音訓　カ・ケ　ばける・ばかす

語音 *huăr(上古)　huă(中古→㊐クヱ〈＝ケ〉・㊙クワ〈＝カ〉)　huà(中)　화(韓)

語源 [コアイメージ] 別のものに変わる。[実現される意味] 本来の姿や性質が全く別のものに変わる ⓐ。[英]change, transform

〔解説〕荀子・正名篇に「状変じて、質、別無くして、異と為る者、之を化と謂ふ」とあり、楊倞は「旧形を改むるの名なり」と注をつけている。実体は変わらないが、形が古いものから新しいものに変わるという解釈。藤堂明保は化のグループを為のグループと同源とし、「姿を変える」という基本義があるとする(藤堂①)。最古の文献の一つである詩経に化はないが、吪と訛があるから、すでに化も存在したことがわかる。詩経・破斧篇では「四国を是れ吪《カ》す(四方の国を変えていく)」、同・沔水篇に「民の訛言(民のでたらめなうわさ)」という詩句がある。これらは「手を加えて物の性質を変える」というイメージで、特に訛は偽(わざとらしく見せかける、いつわる)に近くなる。訛が譌と書かれるのも化と為を同源とする意識があったからである。日本語の「ばける(ばく)」は「人をたぶらかすために、姿を変ずる」意という(大野①)。漢語の化が偽のイメージに近くなることが、日本語の「ばける」の訓がよく示している。英語のchangeは「全面的に、あるいは別のものに変える」がコアイメージという(田中①)。これは漢語の化にほぼ当たる。またtransformは「外見・構造・様相を変える、変形させる」の意(小島①)。trans-は「越えて」の意を表す接頭語である。したがってtransformはAからBへ形が超越する(変化する)という語感であろう。そうするとこれも化とほぼ同じといえる。

〔グループ〕化・花・貨・靴・囮《カ》(わからないように姿を変えて、鳥をおびき寄せるもの、おとり)・訛《カ》(本来の意味を変えて言う、いつわる。また、本来の発音が別の発音に変わる、なまる[訛伝・転訛])

字源 「人(正常に立っている人)＋匕(ひっくり返っている人)」を合わせて、正常な姿が変な姿に変わる情景を設定した図形。左から右へ動画風に読む。説文解字は匕を独立させて「匕は変なり」という。そうすると「匕《カ》(音・イメージ記号)＋人(限定符号)」と解析することもできる。白川静は「死人の倒錯している形」で、「死去の意」が出たとする(白川①)。形から意味を引き出すと、限定的な意味しか出てこない。図形は抽象的な意味を暗示させるための具象的図案(意匠)にすぎない。意味は語(記号素)にあり、具体的文脈で実現される。文脈における使い方が意味である。

(甲)　(金)　(篆)

語義 [展開] 姿や性質が別のものに変わる意味ⓐから、何らかの働きで良いものに変える意味ⓑ、自然が存在するものをさまざまな姿に変えていく働きの意味ⓒ、不思議な姿になる(ばける)意味ⓓに展開する。また、名詞や形容詞に添えて、そういう性質や状態に変えることを示す接尾語ⓔに用いる。[英]change, transform; convert; creation, nature; turn into strange appearance; -ize, -ify　[熟語] ⓐ化身・変化・ⓑ感化・文化・ⓒ進化・造化・ⓓ妖怪変化・ⓔ悪化・強化

文献 ⓐ荘子・逍遥遊「化而爲鳥、其名爲鵬＝化して鳥と為る、其の

名を鵬と為す(鯤という魚は鳥に姿を変える、その名が鵬である)」ⓑ老子・五十七章「我無爲而民自化之＝我、無為にして民自ら化す(私が何もしなければ、民は自然に教化される)」ⓒ孟子・尽心上「有如時雨化之者＝時雨の之を化するが如き者有り(程良い時に降る雨が自然界の万物を育てて変えていくような何かがある)」

【火】4(火・0)　常　常用音訓 カ　ひ・ほ

語音 *m̥uăr(上古)　hua(中古→呉・漢クワ〈＝カ〉)　huo(唐コ)　huǒ(中)　화(韓)

語源 [コアイメージ](物を焼いて)見えなくさせる。[実現される意味] ひⓐ。[英]fire

[解説] 古代では「火は化なり」と「火は燬キ(焼き尽くす)なり」の二つの語源説があった。釈名・釈天に「火は化なり。物を消化するなり。亦た毀(こわす)を言ふなり。物、中に入れば皆毀壊(こわれてくずれる)するなり」と、二つとも同源と見ている。しかし王力は火・毀・燬キを同源とする(王力①)。藤堂明保は毀(形あるものをばらばらにこわして形をなくする)・燬(焼けて形がなくなる)のほかに、微・美・尾・眉・未・勿・没・民などとも同源とし、これらは「小さい・よく見えない・微妙な」という基本義をもつとする(藤堂①)。火は物を焼き尽くすものなので、「よく見えない」というコアイメージを見るのがすなおである。日本語の「ひ」はホが古形で、「熱や光を伴って、ものを焼き、燃やすもの」の意という(大野①)。

字源 燃え上がっているほのおを描いた図形。

(甲)　(金)　(篆)

語義 [展開]「ひ」の意味ⓐから、火を使うことや、そのための道具の意味ⓑ、燃え上がる意味ⓒに展開する。また、エネルギー・感情が激しいことなどの喩えⓓに用いる。[英]fire(ⓐ～ⓓ)　[熟語] ⓐ火炎・火災・ⓑ火薬・火力・ⓒ火車・火宅・ⓓ火急・情火

文献 ⓐ詩経・長発「如火烈烈＝火の烈烈たるが如し(火がはげしく燃え上がるかのようだ)」

【加】5(力・3)　常　常用音訓 カ　くわえる・くわわる

語音 *kăr(上古)　kă(中古→呉ケ・漢カ)　jiā(中)　가(韓)

語源 [コアイメージ] 上に乗せる。[実現される意味] ある物の上に別の物を乗せるⓐ。[英]put on

[解説] 古典の注釈に「加は増なり」「加は益なり」「加は重なり」などの訓がある。さらに「加は上なり」「加は載なり」「加は覆なり」などの訓もある。ばらばらのように見えるが、これらを統括するのは「上に乗せる」というコアイメージである。段玉裁は「凡そ其の上に拠る(坐を占める)を加と謂ふ。故に加巣は架巣なり」と述べる(説文解字注)。王力は加・枷・架・駕・蓋を同源とし、重ねる意味があるとする(王力①)。藤堂明保は加のグループは何のグループや、掲・傑・乾・旱・軒・建などと同じ単語家族に属し、「上にのせる・高くあがる」という基本義があるとする(藤堂①)。Aという物の上にBという別の物をのせれば、増すことにもなり、重なることにもなる。また、Bは具体物でなくてもよい。力を他の身の上にのせれば、その人を圧迫し凌ぐことになる。下記の論語の加の使い方はこれである。日本語の「くわえる(くはふ)」は「組み立てて全体ができているものに、さらに等質のものをしっかり組み合わせて足す意」で、「本体に別のものをつけ足す」はその展開義という(大野②)。これは漢語の加のⓑに当たる。

[グループ] 加・架・賀・駕・嘉・伽・珈・袈・茄・枷カ(柄の先端に回転できる横棒を乗せて、穀物を打って脱穀する道具、からざお[連枷]。また、肩にのせて頸にはめる木製の刑具、かせ[枷鎖])・痂カ(きずなどが治る際に生じる固い皮、

かさぶた[膿痂疹])・笳カ(葭カの転用。アシの葉を丸く巻いて吹き鳴らす楽器[胡笳])・跏カ(足の甲をももの上にのせて胡座をかく[結跏])

【字源】「力(イメージ記号)+口(限定符号)」を合わせた字。腕の力のほかに口(ことば)の力も添えて、人に圧力を加える様子を暗示させる。この意匠によって、「上にのせる」というコアイメージを表すことができる。「力を以て人に加える」という馬叙倫の解釈が妥当(説文解字六書疏証)。藤堂は「手に口を添えて勢いを助ける意を示す」し、「その上にプラスする」意味(藤堂②)、白川静は「耜を清めて生産力を高めるための儀礼」の意味とする(白川②)。

(金) 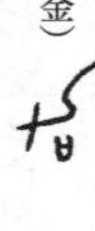 (篆)

【語義】【展開】ある物の上に別の物を乗せる意味が本義ⓐ。ここから、物事をその上に重ねてプラスする(くわえる)意味ⓑ、力を加えて相手の上に出る(しのぐ)意味ⓒ、力や行為を及ぼす意味ⓓ、仲間の一員になる意味ⓔに展開する。[英]put on; add, plus; beat; inflict, apply; join, enter

【熟語】ⓐ加冠・加担・ⓑ増加・追加・ⓓ加害・加工・ⓔ加入・参加

【文献】ⓐ詩経・女曰鶏鳴「弋言加之、與子宜之=弋して言に之を加へ、子と之を宜しとせん([鳥を]射止めてきたらお膳に供え、お前と一緒に味わおう)」ⓒ論語・公冶長「我不欲人之加諸我也、吾亦欲無加諸人=我、人の諸を我に加ふるを欲せざるなり、吾も亦た諸を人に加ふるを欲せず(私は人が自分に力を加えるのを願わないし、私も人に力を加えようとは思わない)」

【可】 5(口・2) 常 常用音訓 カ

【語音】 *k'ar(上古) k'a(中古→呉・漢カ) kě(中) 가(韓)

【語源】[コアイメージ]つかえて曲がる・┓形に曲がる。[実現される意味]まっすぐに素直に肯定するのではなく、曲がりなりにしぶしぶと許可する(まあまあオーケーだ、これでよかろうと認める)ⓐ。[英]allow, approve, concede

【解説】日本では成績評価の三段階を優・良・可の順とし、可はマイナスイメージがある。これはなぜか。漢語の可の深層構造を探らないと理由がわからない。深層構造を探り当てたのは藤堂明保である。氏は可のグループ(奇を含む)は匃カのグループ(曷カ・喝・渇など)と同じ単語家族に属し、「かぎ型に曲がる」という基本義をもつとする。可とは「どうにかこれでよろしいと許容することば」「すらりと通すのでなく、屈曲をへて、曲がりなりに承知すること」という(藤堂①)。朱子も下記の論語ⓐの可に「可なる者は僅可にして未だ尽くさざる所有るの辞」(論語集伝)と注釈している。まだ十分ではないがかろうじて認める言葉という解釈。このように不十分ながら認めるという消極的な発言なので、マイナスイメージがあるわけである。可のグループのうち、可・何・歌・呵カ・訶カは言語行為と関係があり、どなりつけてしかることが呵カ・訶カ、不審なものをどなりつけて問うことが何、節をつけてうたうことが歌である。これらはのど元で息を摩擦させて発声する行為であり、かすれた声を出す行為の根底には「つかえて曲がる」というイメージがある。「つかえて曲がる・┓形に曲がる」というコアイメージを提供する記号が可である。具体的文脈で使われる可の意味は「不満はあるが、まあまあよし！と言って認める」ことで、吐き捨てるようにどなって承諾するというニュアンスがある。語音もk'arという堅い有気音である。英語のmayは「ある行為・認識に対して、〝それを妨げるものがない〟ということを示す」がコアイメージで、「…してもよい」の意、canは「あることが実現可能である」がコアイメージで、「(能力として)…できる」「(許可されて)…してもよい」などの意になるという(田中①)。

【グループ】可・何・奇・河・歌・荷・珂・苛・阿・呵カ(声をのどもとで屈曲させて、かすらせてどなる[呵責])・訶カ(大声でどなってしかる)・哥カ(=歌。

また、小児語から「あに」の意）・哥ᵏᵃ(よしとする、まあよろしい)・柯ᵏᵃ（┓形をなす斧の柄、また、幹から┳の形に出る木の枝[爛柯]）・舸ᵏᵃ(へさきが┓形に切り立った大きな船[軽舸]）・軻ᵏᵃ(摩擦があって、事がうまく進まないさま[轗軻カンカ]）・駉ᵏᵃ（┓形に首をあげる鳥、サカツラガン。ガチョウの原種）

字源 「丂(イメージ記号)＋口(限定符号)」を合わせた字。「丂」は「つかえて曲がる」というイメージがあり、「┓形に曲がる」というイメージに展開する(⇩朽・考・号)。「可」は息をのど元で屈曲させてかすれた声を出してどなる様子を暗示させる。この意匠によって、「まあ、よし！」とどなるように返事をすることを表象する。

(甲)　(金)　(篆)

語義 [展開] まあまあよいと認める(可とする)意味ⓐから、しぶしぶ認めて聞き入れる意味ⓑ、何かをしてよろしい、何かをしてさしつかえない(できる)意味ⓒ(漢文で「べし」と読む)、そうするに値することを示す語ⓓに展開する。[英]allow, approve; concede; grant; may, can, able; be worth [和訓] よい・べし・きく [熟語] ⓐ許可・認可・ⓒ可能・不可・ⓓ可愛・可憐

文献 ⓐ論語・雍也「仲弓問子桑伯子、子曰、可也、簡＝仲弓、子桑伯子を問ふ。子曰く、可なり。簡なればなり(仲弓[孔子の弟子の名]が子桑伯子[人名]のことを質問した。先生は〝まあまあけっこうだ。鷹揚だから〟と答えた)」ⓑ論語・顔淵「忠告而善道之、不可則止＝忠告して之を善道するも、可(き)かざれば則ち止む(友達に忠告してよく導いても、相手が聞き入れなければそれまでだ)」ⓒ詩経・衡門「衡門之下、可以棲遅＝衡門の下、以て棲遅すべし(かぶき門の家でも、暮らしはできる)」ⓓ詩経・将仲子「仲可懐也＝仲も懐ふべきなり(仲さんも慕わしい方です)」

【禾】

5(禾・0)　[人]　㊟カ　㊙いね・のぎ

語音 *ɦuar(上古)　ɦua(中古→㊀ワ・㊁クワ〈＝カ〉)　hé(中)　화(韓)

語源 [コアイメージ] ㋐丸い・㋑しなやかに垂れ下がる。[実現される意味] いねⓐ。[英]rice

〔解説〕 イネを、その穂が丸く実った状態から捉えた語が*ɦuarである。「丸い」というイメージから「丸くてしなやか」「しなやかに垂れ下がる」というイメージに展開する。古典の注釈に「禾の言は和なり(孔穎達・尚書正義)」、「其の和を以て人の性命を調す」(尹知章・管子注)などがあり、イネを調和のイメージで捉えたが、逆に和が禾のコアイメージから生まれた語である。藤堂明保は禾は果・瓦・丸・元・巻・官・環などと同源で、「まるい・とりまく」という基本義があるとする(藤堂①)。

〔グループ〕 禾・委・和・科・蝌ᵏᵃ(頭の丸いオタマジャクシ、蝌蚪カト)

字源 イネが実って、穂が丸くなって垂れ下がる姿を描いた図形。

(甲)　(金)　(篆)

語義 [展開] イネの意味ⓐから、アワの意味ⓑにも転用され、穀物の総称の意味ⓒに拡大された。[英]rice; millet; grain [熟語] ⓐ禾本科・ⓒ禾穀

文献 ⓐ詩経・伐檀「胡取禾三百億兮＝胡(な)んぞ禾三百億を取らんや(「作付けしないと」どうして三百億個の稲が取れようか)」

【仮】

6(人・4)　[常]　(常用音訓) カ・ケ　かり

語音 *kăg(上古)　kă(中古→㊀ケ・㊁カ)　jiă(中)　가(韓)

語源 [コアイメージ] 覆いかぶさる・カバーして中身を隠す。[実現される意味] 一時的な間に合わせで本当ではないⓐ。[英]false, fake

〔解説〕 「虎の威を仮る」という成語がある。一般に古典の注釈では「仮は借なり」という訓でかたづけられている。しかし仮は物や金銭の貸し借りに使われる語ではない。この語の深層構造を解き明かしたのは藤堂明保である。氏は仮を下・家・夏・胡・賈・庫などと同じ単語家族にくくり、「したのものをカバーする」という基本義をもつとした(藤堂①)。「実体を覆い隠して見せないようにする」というイメージから、仮病の仮(本当のように見せかける)、仮説の仮(一時的な間に合わせで本当ではない)、そして仮借の仮(一時的によそから借りて本当のように見せかける)に展開するのである。日本語の「かり」はカル(借)の名詞形で、「一時的。また、間に合わせであるさま」の意味(大野②)。日本人が「虎の威を仮る」を「虎の威を借りる」と理解するのは、「仮は借なり」の訓だけではなく、日本語で「かりる」と「かり」が同源であることにも由来するようである。「虎の威を仮る」とは虎の威力を一時的に借りて自分にも威力があるかのように見せかけるという意味である。

〔グループ〕仮・暇・霞・蝦・瑕カ(玉の内部に隠されて、本当のように見せかけたきず→ちょっとしたきず・欠点[瑕瑾・瑕疵])・煆カ(火気をかぶせてあぶる[煆焼])・嘏カ(大きく覆いかぶさる→大きい・さいわい)・豭カ(大きいいのこ、雄のブタ)・葭カ(下を覆い隠すほど群生する草、アシ)・遐カ(かなたが隠されて見えないほど懸け離れている→遠い・はるか[登遐])・鰕カ(殻の覆いかぶさった生物、エビ)

字源 「假」が正字。「叚カ(音・イメージ記号)+人(限定符号)」を合わせた字。「叚」は「厂(垂れた布)+二(ある物)+爪(下向きの手)+又(上向きの手)」を合わせて、ベールのようなものを両手で物に覆いかぶせる情景を設定した図形。この意匠によって、「覆いかぶせる」「カバーして実体を隠す」「うわべだけで実体が隠されている」というイメージを表すことができる。「假」は実体を隠して表面を取りつくろう様子を暗示させる。

(金) (篆) [叚] (篆)

〔字体〕「仮」は日本で生まれた「假」の俗字。

語義 [展開]「カバーして中身を隠す」というイメージは、「うわべだけで実体が隠されている」というイメージに展開する。具体的な文脈では、一時的な間に合わせで本当ではない意味ⓐ、また、自分にないものをよそから一時的に借りてうわべだけを取りつくろう意味ⓑが実現される。また、かりに～だとすると(もし)の意味ⓒ、一時的に仕事を休むこと(いとま)の意味ⓓに用いられる。ⓓは暇と通用。[英]false, fake; feign, simulate; suppose, if; vacation [和訓]かる・かりる [熟語]ⓐ仮説・仮名・ⓑ仮装・仮病・ⓓ請仮(=請暇)

文献 ⓐ詩経・小弁「假寐永歎=仮寐ビカして永歎す(うたた寝[仮の眠り]してもため息ばかり)」ⓑ孟子・公孫丑上「以力假仁者覇=力を以て仁に仮かる者は覇なり(仁がないのに仁があるように見せかけ、実際は力を用いる者が覇者である)」

【瓜】

6(瓜・0) 人 音カ 訓うり

語音 *kuăg(上古) kuă(中古→呉クヱ〈=ケ〉・漢クワ〈=カ〉) guā(中) 과(韓)

語源 [コアイメージ](形に曲がる。[実現される意味]ウリⓐ。[英]gourd

〔解説〕*kuăgという語は壺コ(つぼ)・瓠コ(フクベ)・宇(⌒形の大空)などと同源で、「(形に曲がる」というコアイメージをもつ。ウリの果実の形態的特徴による命名。

〔グループ〕瓜・孤・弧・呱コ(赤ん坊の泣き声[呱呱])・狐コ(太く彎曲した尾を持つ動物、キツネ)・菰コ(=苽。太く彎曲した[紡錘形の]茎を持つ草、マコモ)・窊ワ(()形の窪地)・觚コ(上部がラッパ形にくびれた酒器)

字源 彎曲したウリの実が生っている姿を描いた図形。

(金) (篆)

〔字体〕瓜は本来中の形が厶で5画。常用漢字では瓜と書いて6画とする。現代中国ではすべて5画である。

[語義] ウリ科植物の総称ⓐ。[熟語] ⓐ瓜田

[文献] ⓐ詩経・七月「七月食瓜＝七月瓜を食らふ（七月になるとウリを食べる）」

【何】 7（人・5） [常] [常用音訓] カ なに・なん

[語音] *ɦar（上古） ɦa（中古→[呉]ガ・[漢]カ） hé（中） 하（韓）

[語源] [コアイメージ] ┓形に曲がる・つかえて曲がる。[実現される意味] 肩に物をかつぐ（になう）ⓐ。[英]shoulder

〔解説〕不審なものを問うことを誰何という。古人は「何は呵なり」という語源意識をもっていた。どなりつけるようにしてとがめる時に発する語が*ɦarであり、これを何と書く。本来は何は「肩に物をかつぐ」という意味であった。これを誰何の何に用いる理由はイメージの共通性にある。肩に荷をかつぐ場合┓の形を呈する。一方、どなる行為は息をのどで屈曲させてかすらせるので、つかえて曲がるイメージがある。かくて「┓形に曲がる」というコアイメージをもつ可が利用された。日本語の「なに」について、大野晋は「相手に対する反問・詰問の意を含むことが多い」（大野①）と述べている。漢語の何も同じである。

[字源]「可ヵ（音・イメージ記号）＋人（限定符号）」を合わせた字。「可」は「┓形に曲がる」「つかえて曲がる」というイメージがある（⇩可）。「何」は肩に荷物を┓形にかつぐ様子を暗示させる。

[語義] [展開] 物をかつぐが原義ⓐ。また、「┓形に曲がる・つかえて曲がる」というコアイメージから、不審なことや疑わしいものに対して、声をのど元でかすらせて（どなって）、「だれだ！なんだ！」ととがめて問う意味ⓑ、また、わからないものに対して「なに？」と問う疑問詞ⓒを派生する。後の意味に専用されると、「になう」の意味は「荷」と書くようになった。[英]shoulder; challenge; what [和訓] いずれ・なんぞ・いずこ・いずく [熟語] ⓑ誰何

[文献] ⓐ詩経・無羊「何蓑何笠＝蓑を何（にな）ひ笠を何ふ（肩に蓑や笠をかついでいる）」ⓒ詩経・何人斯「彼何人斯＝彼、何人（なにびと）ぞや（彼はいったいどんな人？）」

【伽】 7（人・5） [人] [音]カ・ガ・キャ [訓]とぎ

[語音] gĭa（中古→[呉]ギャ・[漢]キャ・[慣]カ・ガ） qié（中） 가（韓）

[字源]「加ヵ（音記号）＋人（限定符号）」を合わせた字。仏典翻訳の際、梵語を音写するために創作された。

[語義] [展開] 音写に用いる字ⓐであるが、日本では「とぎ」（退屈を慰めるため、話し相手を務めること）ⓑに当てる。[英]character for loanword; keep somebody company [熟語] ⓐ伽羅（キャラ）・伽藍（ガラン）・閼伽（アカ）・僧伽（ソウギャ）

【花】 7（艸・4） [常] [常用音訓] カ はな

[語音] huă（中古→[呉]クヱ〈＝ケ〉・[漢]クワ〈＝カ〉） huā（中） 화（韓）

[語源] [コアイメージ] 姿を変える。[実現される意味] 植物のはなⓐ。[英]flower

〔解説〕古代漢語では植物のはなのことを*huăgといった。先秦・漢代の古典では華と表記された。六朝の頃に花という表記が生まれた（段玉裁は花の字は北朝で起こったという）。花が華に完全に取って代わったわけではなく、二語が平行して使われた。花の出現は語源意識の変化に基づくと考えられる。華は︵形や︶形に大きく彎曲して開いたはな、つまり大型のはなで、「派手ではなやか」というイメージがある。一方、はなは植物体の中では時間が短く、移ろいやすいという観念がつきまとう。そのため「姿を変える」というイメージをもつhuă（化）と結びつき、花という表記が発生した。ほかに蘤ヵという表記も生まれた。爲は化と同

源で、「性質や姿が別のものに変わる」というイメージがある。

字源 「化ヵ(音・イメージ記号)＋艸(限定符号)」を合わせた字。「化」は「姿を変える」というイメージがある(⇩化)。「花」はつぼみが姿を変えたものを暗示させる。

語義 [展開] はなの意味ⓐから、花のように美しいものの意味ⓑ、美しい女性に喩える語ⓒを派生する。[英]flower(ⓐⓑ), bloom, blossom; metaphor of beauty(ⓑⓒ) [熟語] ⓐ花卉・百花・ⓑ花顔・詞花・ⓒ花街・名花

文献 ⓐ斉民要術4「凡五果花盛時遭霜則無子＝凡そ五果は、花盛んなる時霜に遭へば、則ち子無し(だいたい五果[桃・李・杏・栗・棗]は、花が盛んに咲くころ霜に遭うと、実がみのらない)」

【佳】8(人・6) 常 | 常用音訓 カ

語音 *kĕg(上古) kăi(中古→呉ケ・漢カイ・[慣]カ) jiā(中) 가(韓)

語源 [コアイメージ] ∧形をなす。[実現される意味] 姿がすっきりとして美しいⓐ。[英]beautiful

〈解説〉圭にコアイメージの源泉がある。これは「∧形をなす」というイメージである。なぜこれが美しいという意味を実現させるのか。古代漢語のイメージ展開の特徴の一つが佳に見られる。円形(○)はマイナスイメージになる場合があるが(⇩頑)、角のある形(∧・∠・┗など)はプラスイメージになる場合が多い。我(∧形のイメージ)と娥(美女)、厂(┗形のイメージ)と彦(美男)、兼(∠形のイメージ)と廉(いさぎよい)などはこの例。同様に圭は∧形のイメージから、「形がきちんとして美しい」というイメージに転化するのである。

字源 「圭ィケ(音・イメージ記号)＋人(限定符号)」を合わせた字。「圭」は「先端が∧形をなす」というイメージがあり、「形がきちんとして美しい」というイメージに展開する(⇩圭)。「佳」は人の体形がすっきりと整って美しい様子を暗示させる。

語義 [展開] 姿が整って美しい意味ⓐから、形や質がよい(立派である)意味ⓑ、時期がちょうどよい(めでたい)意味ⓒに展開する。[英]beautiful; good, fine; auspicious [和訓] よい [熟語] ⓐ佳人・佳麗・ⓑ佳句・佳作・ⓒ佳境・佳節

文献 ⓐ楚辞・九歌・湘夫人「與佳期兮夕張＝佳と期して夕べに張る(美人とデートの約束をして、夕べに会合の支度をする)」ⓑ老子・三十一章「夫佳兵者、不祥之器＝夫れ佳兵なる者は、不祥の器なり(立派な兵器は不吉な道具である)」

【価】8(人・6) 常 | 常用音訓 カ あたい
〔價〕15(人・13) 人 | 音カ 訓あたい

語音 *kăg(上古) kă(中古→呉ケ・漢カ) jià(中) 가(韓)

語源 [コアイメージ] 上から覆いかぶせる。[実現される意味] 商品の値段ⓐ。[英]price

〈解説〉商売には二つの形態がある。店を構える場合と構えない場合である。店を構えないのが古く、これを商(行商)という。店を構えて商売するのが賈ｺである(店という字の出現はかなり遅い)。商品を売買するには貯えておく店や倉庫が必要である。商品をストックするところから、*kăgという語は「下の物を覆いかぶせる」というイメージがある。藤堂明保は下・家・仮・夏・胡・賈などを同源とし、「したの物をカバーする」という基本義があるとする(藤堂①)。賈の実現される意味は商売、商人、値段である。すでに詩経に「賈の三倍なるが如き、君子是れ識る(商売のうまみが三倍になるのは、君子は誰でも知っている)」(瞻卬篇)という用例がある。値段の意味では後に價に分化した。日本語の「あたい(あたひ)」はアタフ(適・能)の名詞形で、「物の価値に相等しいものの意」と

いう(大野①)。意味は漢語の価と同じだが、語源的には値とイメージが近い。

〔グループ〕価・賈カ(あきない・あきんど)・檟カ(死体を覆いかぶせる棺の材料になる木、トウキササゲ)

字源 「價」が正字。「賈カ(音・イメージ記号)＋人(限定符号)」を合わせた字。「襾(=西)」は下のものを上から覆いかぶせることを示す符号。「襾ア(音・イメージ記号)＋貝(限定符号)」を合わせた「賈」は、商品に覆いをかぶせてストックする情景を設定した図形。この意匠によって、商品を一定の場所に置いて売買する行為を表象する。「賈」には店を構えて売買する意味、商人の意味、売買される商品につける値段の意味がある。後者に限定するために改めて「價」が作られた。

(篆) [襾] (篆) [賈] (篆)

〔字体〕「価」は「價」の旁の一部を略した日本製の俗字。中国の簡体字は「价」。

語義 [展開] 商品の値段の意味ⓐから、物に内在する値打ちの意味ⓑ、計算して得られる数(数値)の意味ⓒに展開する。[英]price; value(ⓑⓒ), merit; numerical value [熟語] ⓐ価格・定価・ⓑ価値・評価・ⓒ音価・原子価

文献 ⓐ戦国策・燕二「一旦而馬價十倍=一旦にして馬の価十倍す(たちまち馬の値段が十倍になった)」

【果】 8(木・4) 常 (常用音訓) カ はたす・はてる・はて

語音 *kuar(上古) kua(中古→呉・漢クワ〈=カ〉) guǒ(中) 과(韓)

語源 [コアイメージ] 丸い。[実現される意味] 木の実ⓐ。[英]fruit

〔解説〕果実がすべて丸いわけではないが、一般的に果実に抱くイメージは「丸い」というイメージである。古代漢語でも同じで、*kuarという語は禾・渦・丸・元・原・環・巻・官などと同源で、「丸い」というコアイメージがある(藤堂①)。果実は、種子や花を原因とすると、それの結果といえる。ここから果に最終的なできばえという意味が生まれる。日本語の「はてる(はつ)」は「時の流れとともに一つの路線を進んでいる物事の成り行きが、いつの間にか限界・終極に達する意」、「はたす」は「事の成り行きを終極まで行かせる意。転じて成り行きに決着をつける意」という(大野①)。日本人は果に最終的な結末という意味合いがあるのを酌んで、「はつ」の訓をつけたが、この意味は漢語の果にない。しかし「はたす」は漢語の果のⓒに近い。

〔グループ〕果・課・菓・裸・窠カ(丸い穴→ねぐら)・裹カ(外から丸くつつむ[包裹])・踝カ(丸い形のくるぶし)・顆カ(丸い粒[顆粒])・髁カ(丸い形をした膝の骨)・夥カ(物が集まって非常に多い→おびただしい[夥多])・稞カ(ハダカムギ)・猓カ(行動が果敢・敏捷の意の果然が語源。オナガザル[猓然カゼン])・蜾カ(尻が丸く腰の細い昆虫、ジガバチ[蜾蠃カラ])・蠃ラ(果実が丸い瓜、チョウセンカラスウリ[果蠃カラ])

字源 丸い木の実を描いた図形。

(金) (篆)

語義 [展開] 木の実が本義ⓐ。果実は種子が変化発展してできたものなので、ある原因から生み出される最終的なできばえという意味ⓑに展開する。また、最終的な結果が出てくることが当然予想されるから、結果を見越して予想した通りに事を行う(やりとげる、はたす)という意味ⓒ、思い切って物事をやる意味ⓓ、また、予想通り(はたして)の意味ⓔを派生する。「はて」ⓕは日本的用法。[英]fruit; result; accomplish; resolute, decisive; as expected; end, limit [熟語] ⓐ果実・果樹・ⓑ効果・成果・ⓓ果敢・果断・ⓔ果然

文献 ⓐ礼記・曲礼「賜果於君前=果を君前に賜ふ(殿様の前で果実をい

ただいた)」ⓑ呂氏春秋・至忠「不能得果＝果を得ること能はず(成果を手に入れることができなかった)」ⓒ孟子・公孫丑下「聞王命而遂不果＝王命を聞きて遂に果たさず(王命を聞きながらとうとう果たさなかった)」ⓓ論語・子路「行必果＝行へば必ず果なり(物事を行うときは思い切ってやる)」

【河】8(水・5) 常 ｜ 常用音訓 カ かわ

語音 *ɦar(上古) ɦa(中古→呉ガ・漢カ) hé(中) 하(韓)

語源 [コアイメージ] ┓形に曲がる。[実現される意味] 黄河ⓐ。[英] the Yellow (Huanghe) River

〔解説〕河は固有名詞である。固有名詞にもコアイメージはある。河は流路の特徴から名づけられた。黄河は陝西省の潼関でほとんど直角に曲がって東に流れる。紀元前には渤海湾に達する前に真北に向かい、途中東に折れて湾に入った。古代人は黄河の特徴を┓形に曲がる川と捉えて、*ɦarという語形で呼び、河という図形で表記した。甲骨文字には「┓」の符号が添えられている。ちなみに河に黄の形容詞がつくのは黄土高原の環境破壊が進んだ結果、土砂が流入し水質が黄濁したからである。黄河の語は漢書・高恵高后文功臣表に初出。

字源 「可カ(音・イメージ記号)＋水(限定符号)」を合わせた字。「可」は「┓形に曲がる」というイメージがある(⇩可)。「河」は┓形に折れ曲がって流れる川を暗示させる。

(甲) (金)  (篆) 

語義 [展開] 黄河の意味ⓐから、大きな川の意味、広く、川の意味ⓑに展開する。また、川に見立てたもの(天の川)の意味ⓒに用いる。[英] the Yellow (Huanghe) River; river; galaxy, the Milky Way [熟語] ⓐ河清・黄河・ⓑ河川・山河・ⓒ河漢・銀河

文献 ⓐ詩経・衡門「豈其食魚、必河之鯉＝豈其れ魚を食らふに、必ずしも河の鯉のみならんや(どうして魚を食べるのに、黄河のコイと限ろうか)」ⓑ詩経・君子偕老「如山如河＝山の如く河の如し(「ゆったりとおうような姿は」山のよう、川のよう)」

【苛】8(艸・5) 常 ｜ 常用音訓 カ

語音 *ɦar(上古) ɦa(中古→呉ガ・漢カ) kē(中) 가(韓)

語源 [コアイメージ] つかえて曲がる。[実現される意味] 物事がきつく激しいⓐ。[英]cruel, severe, harsh

字源 「可カ(音・イメージ記号)＋艸(限定符号)」を合わせた字。「可」は「つかえて曲がる」というイメージがある(⇩可)。呵(声をのどもとで屈曲させ、かすらせてどなる)もこのイメージがコアにあり、「まっすぐ行かないでつかえる」「きつくこする(摩擦する、刺激する)」というイメージにも展開しうる。「苛」はこの語源を利用して、刺や毒のある草が身体をちくちくと刺激する様子を暗示させる。

語義 [展開] きつく激しい(ひどい、むごい)意味ⓐから、ちくちく刺激する、いらいらさせる意味ⓑを派生する。いじめる意味ⓒは日本的用法。[英]cruel, severe, harsh; stimulate, irritate, annoy; bully, tease [和訓] いら・いじめる・さいなむ [熟語] ⓐ苛酷・苛政・ⓑ苛性

文献 ⓐ管子・法法「上苛則下不聴＝上苛なれば則ち下聴かず(君主がむごいと、人民は言うことを聴かなくなる)」

【茄】8(艸・5) 人 ｜ 音カ 訓なす・なすび

語音 (1)*kăr(上古) kă(中古→呉ケ・漢カ) jiā(中) (2)giă(中古→呉ギャ・漢キャ・[慣]カ) qié(中) 가(韓)

語源 [コアイメージ] 上にのせる。[実現される意味] ハスの茎ⓐ。[英]lotus stem

字源 「加カ(音・イメージ記号)＋艸(限定符号)」を合わせた字。「加」は

「上にのせる」というイメージがある(⇩加)。「茄」は大きな花をのせるハスの茎を表した。

語義 [展開] ハスの茎の意味ⓐ(1の場合)。また、晋から南北朝時代にかけてインド方面からナスが伝わった際、茄をナスの意味ⓑに転用した(2の場合)。ナス科の一年草で、花は淡紫色。萼に刺がある。[英]lotus stem; eggplant [熟語] ⓑ茄子

文献 ⓐ爾雅・釈草「荷芙蕖、其茎茄＝荷は芙蕖(フキョ)(ハス)なり。其の茎は茄なり」ⓑ南方草木状「茄樹交廣草木、經冬不衰、故蔬圃之中種茄＝茄樹は交広の草木、冬を経て衰へず、故に蔬圃(ソホ)の中、茄を種う(ナスは交州や広州の植物で、冬でも枯れない。故に菜園でナスを植える)」

【架】 9(木・5) 常 常用音訓 カ かける・かかる

語音 *kăr(上古) kă(中古→呉ケ・漢カ) jià(中) 가(韓)

語源 [コアイメージ] 上にのせる。[実現される意味] 物をのせるため、支柱の間にかけた棚や台ⓐ。[英]stand, shelf, rack

〔解説〕書架・衣架の架は用途に着目した語である。その用途とは「物をのせる」ことにある。「Aの上に別のBをのせる(プラスする)」というコアイメージをもつ記号が加である。物をのせる道具の作り方は両側に支柱を置いてその間に木や板などを張り渡す構造になっている。これを架という。ここから架橋・架線の架(ある範囲の間に物をかけ渡す)という意味が生まれる。日本語の「かける(かく)」は「ある物の一部を別の物や場所の一点にくっつけて食い込ませたり、固定させたりして、重みをすべてそこに委ねることで、ひっかけてぶら下げるの意」で、多くの意味に展開するが、その一つに「事物を一方から他方へ渡す」がある(大野②)。これは漢語の架のⓑに近い。

字源 「加(カ)(音・イメージ記号)＋木(限定符号)」を合わせた字。「加」は「上にのせる」というイメージがある(⇩加)。「架」は物をのせるための木製の台を表す。

語義 [展開] 支柱の間にかけた棚や台の意味ⓐから、支柱の間に(あるいは、一方の端から他方の端へ)かけ渡す(かける)意味ⓑ、支柱を使った道具類を数える語ⓒに展開する。[英]stand, shelf, rack; bridge, span; classifier for vehicles, etc. [熟語] ⓐ衣架・書架・ⓑ架橋・架空・ⓒ一架

文献 ⓑ韓詩外伝8「有鳥於此、架巣於葭葦之顚＝此(ここ)に鳥有り、巣を葭葦(イカ)の顚に架く(アシの天辺に巣をかけた鳥がいる)」

【珂】 9(玉・5) 人 音カ

語音 k'a(中古→呉・漢カ) kē(中) 가(韓)

語源 [コアイメージ] ┓形に曲がる。[実現される意味] 馬のくつわの装飾物ⓐ。[英]ornament on a bridle

字源 「可(カ)(音・イメージ記号)＋玉(限定符号)」を合わせた字。「可」は「┓形に曲がる」というイメージがある(⇩可)。「珂」は馬のくつわに┓形にかけた装飾物を表す。

語義 [展開] 馬のくつわの飾りの意味ⓐ。この飾りには多くバカガイが用いられたので、バカガイの意味ⓑに転用される。バカガイ科の二枚貝で、殻は三角形。浅海の砂泥に棲む。別名、蛤蜊(コウリ)。[英]ornament on a bridle; surf clam [熟語] ⓑ馬珂(バカ)(バカガイ)

【珈】 9(玉・5) 人 音カ

語音 *kăr(上古) kă(中古→呉ケ・漢カ) jiā(中) 가(韓)

語源 [コアイメージ] 上にのせる。[実現される意味] 女性の髪につけるアクセサリーの玉ⓐ。[英]gem on a hairpin

字源 「加(カ)(音・イメージ記号)＋玉(限定符号)」を合わせた字。「加」は「上にのせる」というイメージがある(⇩加)。「珈」は女性の頭にのせる玉を暗示させる。

語義［展開］髪に飾る玉の意味ⓐが本義。日本では音写字ⓑに用いられる。［英］gem on a hairpin; character for loanword ［熟語］ⓑ珈琲(コーヒー)

文献 ⓐ詩経・君子偕老「副笄六珈＝副笄(フクケイ)と六珈(リクカ)（添え髪のこうがいに、六つの髪飾りの玉）」

【科】9(禾・4)　常　常用音訓 カ

語音 *k'uar(上古)　k'ua(中古→呉・漢クワ〈＝カ〉)　kē(中)　과(韓)

語源 ［コアイメージ］基準に従って品分けする。［実現される意味］質の違いで分けられる等級ⓐ。［英］class, degree

［解説］釈名・釈典芸に「科は課なり。其の法の如きならざる者に課して之を罪責するなり（法に従わない者に割り当てて罪を問うことである）」とあるが、これは派生義のⓔを念頭に置いた解釈である。しかし課と同源と見たのはよい。禾も果も「丸い」というイメージがある。果は丸い果実→成果と転義し、成果の善し悪しを試すことを課という。同じように、禾は実った丸い種子から成果というイメージに転じ、成果の善し悪しを品分けすることを科で表したと考えられる。科の語源を説いた人は劉熙のほかにいない。

字源 「禾(カ)（音・イメージ記号）＋斗（限定符号）」を合わせた字。「禾」は作物の種子が丸く実って穂の垂れた姿から、「収穫、成果」というイメージを表しうる（これは二次的イメージである）。「斗」は量を量るますのことから、ものさし、尺度、基準とかかわりがあることを示す限定符号になる。したがって「科」はできあがったものを基準によって品分けする様子を暗示させる。加藤常賢は「禾を計り数える意」（加藤①）、白川静は「ますなどの量器で穀物の量をはかること」（白川②）とするが、こんな意味はない。図形的解釈を意味にすりかえている。

語義 ［展開］「成果の善し悪しを品分けする」というイメージから、質の違いや基準によって分けた等級・クラスの意味ⓐ、内容などで分類した課程の意味ⓑ、罪の違いによって分ける法律の条文の意味ⓒ、罪・とがの意味ⓓ、法に照らして罪を責める意味ⓔ、収入の違いによって税金を割り当てる意味ⓕに展開する。また、「丸い」というコアイメージが潜在的にあるので、丸い穴の意味ⓖにも用いられた。これを受けて、丸い頭のオタマジャクシⓗを科斗（＝蝌蚪）という。［英］class, degree; course, subject; legal articles; crime; punish; tax; hole; tadpole ［和訓］しな・とが・しぐさ ［熟語］ⓐ文科・理科・ⓑ学科・教科・ⓒ金科玉条・ⓓ罪科・前科・ⓔ科刑・ⓗ科斗

文献 ⓐ論語・八佾「爲力不同科＝力を為すに科を同じくせず（力を発揮するには、人それぞれ等級の違いがある）」ⓑ孟子・尽心下「夫子之設科也、往者不追、来者不拒＝夫子の科を設くるや、往く者は追はず、来る者は拒まず（先生が教科を設置した際は、去る者は追わず、来る者は拒まなかった）」

【迦】9(辵・5)　人　音 カ

語音 (1)*ɦĕg(上古)　ɦăi(中古→呉ゲ・漢カイ)　xiè(中)　(2)kïă(中古→漢キャ・慣カ)　jiā(中)　가(韓)

語源 ［コアイメージ］加わる。［実現される意味］AとBが出会うⓐ。［英］meet unexpectedly

字源 「加(カ)（その上にくわえる。音・イメージ記号）＋辵（限定符号）」を合わせた字。AにBが出会って加わる様子。もともと邂逅（ばったり出会う）の邂と同じ（1の場合）。太玄経に出る。一方、仏典翻訳の際、梵語を音写するために、「加(カ)（音記号）＋辵（限定符号）」を合わせた「迦」が創作された（2の場合）。

語義 邂逅する意ⓐは失われ、現在は音写字ⓑに用いられる。［英］meet unexpectedly; character for loanword ［熟語］ⓑ釈迦(シャカ)・莫迦(バカ)

【夏】10(夊・7)　常　常用音訓 カ・ゲ なつ

語音 *fhăg(上古)　fhă(中古→呉ゲ・漢カ)　xià(中)　하(韓)

語源 [コアイメージ] ㋐覆いかぶさる・㋑大きい。[実現される意味] 季節のなつ。また、中国人の自称。[英]summer; Chinese

〔解説〕季節の名はその季節の特徴の一つを捉えて命名された。なつは樹木が繁茂するという特徴から*fhăgという。しかしこの語の図形化は樹木とは関係のないものである。説文解字では「夏は中国の人なり」とある。二つはどんな関係があるのか。白虎通義・五行篇では「夏の言は大なり」といい、釈名・釈天では「夏は仮なり。万物を寛仮(寛く大きいの意)ならしめ、生長せしむるなり」と述べる。両者とも季節のなつを「大きい」というイメージで捉えているが、根底には仮のコアイメージである「覆いかぶさる」のイメージがある。「覆いかぶさる」と「大きい」はつながりのあるイメージで、(形に上から覆いかぶさると、覆われた空間は隙間なく広がる(面積が大きい)からである(奄も同じイメージ転化の例)。藤堂明保は夏は下・家・仮・胡・賈などと同源で、「したの物をカバーする」という基本義があり、「大きい」はその派生義としている(藤堂①)。一方、中国人を図形化したという夏は衣冠をかぶった大きな人の姿で、夷(背の低い人)に対して、中国の人を「大きい人」という意味合いで呼んだ自称である。このように二つの語が「覆いかぶさる」というイメージで結ばれていた。領域の違う言葉が同じ語形、同じ図形を共有する。ここに比喩、見立てというレトリックが働いている。全く異なる領域(意味の世界)に類似性を発見するのは人間の認識の原初的・根源的なもので、詩の原理でもある。

〔グループ〕夏・榎・廈ヵ(大きな建物)

字源 衣冠をかぶった大きな人を描いた図形。加藤常賢、白川静は宋・戴侗(六書故)の舞人説を取り、「なつ」の意味は仮借とした。藤堂明保も字源的には「頭上に飾りをつけた大きな面をかぶり、足をずらせて舞う人」(藤堂②)と解するが、語源的に「カバーする」という基本義を設けるので、仮借の考えを取らない。夏の字源については、手足をくつろげる人、蟬の形などの説もある。

(金)　(篆)

語義 [展開]「覆いかぶさる」というコアイメージから、一年のうち植物が最も大きく生長し地表を覆う時期、すなわちなつの意味ⓐが実現される。また「大きい」というイメージから、中国人の意味ⓑが実現され、中国の意味ⓒ、王朝の名ⓒに展開する。また、大きい意味ⓓにも使われる。[英]summer; Chinese; China; name of dynasty; great　[熟語] ⓐ夏季・夏期・ⓒ中夏(=中華)

文献 ⓐ詩経・葛生「冬之夜、夏之日、百歳之後、歸于其室=冬の夜、夏の日、百歳の後、其の室に帰らん(冬の夜、夏の日が過ぎて、百年たったら、彼の待つ墓室に帰ろう)」ⓒ詩経・長発「昆吾夏桀=昆吾と夏桀([殷が征伐するのは]昆吾と夏の桀王)」ⓓ詩経・権輿「夏屋渠渠=夏屋渠渠たり(大きな建物は広々と)」

【家】

10(宀・7)　常　常用音訓 カ・ケ　いえ・や

語音 *kăg(上古)　kă(中古→呉ケ・漢カ)　jiā(中)　가(韓)

語源 [コアイメージ] 上から覆いをかぶせる。[実現される意味] 人の住むいえⓐ。[英]house

〔解説〕字形から意味を求めると、宀(屋根)と豕(ぶた)を合わせて、豚小屋の意味——これは語源俗解も甚だしい。段玉裁でさえ「家は豕の居で、「人の居」は仮借とする(説文字解注)。字形の呪縛に大学者も落ち込んだ。発想を転換させ、語源的に探究したのは藤堂明保である。氏は家のグループは、叚ヵのグループ(仮など)、夏のグループ、胡のグループ(湖など)、賈ㇳのグループ(価)、また下・庫・居などと同じ単語家族に属し、「したの物をカバーする」という基本義をもつとした(藤堂①)。「上から覆いかぶさる」というコアイメージと言い換えてよい。このコアイメージが具体的文脈では「いえ」という意味を実現させる。すでに詩経に用例がある。*kăgという語の図形化に豕を利用したのは、豚が住む所だからではなく、大切なものを雨露から守るべく、覆ってかばうことに重点を置くからである。「上から覆いかぶせる」というコアイメージが要である。日本語の「いえ(いへ)」は「家族の住むところ、家庭・家族・家柄・家系をいうのが原義」、「や」は「建物そのものをいう語」という(大野①)。「いえ」は漢語の家、「や」は漢語の屋に当たる。家は建物そのものだけでなく、そこにまとまって住む人を予想していう語である。英語のhouseは「建物としての家屋・住居」がコアイメージだが、家族の意味にも展開するという(田中①)。

〔グループ〕家・嫁・稼

字源 「豕(イメージ記号)＋宀(限定符号)」を合わせた字。「豕」はブタを描いた形で、身近な家畜の一つとして選ばれた。「家」は雨露を防ぐために大切な家畜に屋根をかぶせる情景を設定した図形。人が住む建物を表現するために家畜に場面を移したのは隠喩的な造形法といってよい。その意図は「屋根をかぶせる」という状況を生き生きと現前させることにある。白川静は「犬牲を埋めて奠基とする建物の意」とするが(白川①)、古典には証拠がない。しかも図形的解釈をそのまま意味とするので、余計な意味素が混入する。

(甲)　(金)　(篆)

語義 [展開] 人の住む建物(いえ)の意味ⓐから、家を構えて血縁でまとまった単位(家族)の意味ⓑに展開する。また、換喩的に、家の人(連れ合い、妻、夫)の意味ⓒ、自分の家(うち)という意味ⓓ、また、学問・技芸で一派をなす人の意味ⓔ、特に古代中国の思想家の流派の意味ⓕを派生する。[英]house; family, household; spouse; home; specialist; school [熟語] ⓐ家屋・民家・ⓑ家系・家庭・ⓒ家内・ⓓ家兄・家父・ⓔ画家・作家・ⓕ儒家・道家

文献 ⓐ詩経・緜「未有家室＝未だ家室有らず(〔穴居の時代には〕まだ家はなかった)」ⓑ詩経・我行其野「復我邦家＝我が邦家に復さん(私の故郷の家に帰ります)」ⓒ詩経・行露「誰謂女無家＝誰か謂はん女(なんじ)に家無しと(お前に夫がいないなんて誰がいう)」

【荷】

10(艸・7)　常　｜　常用音訓　カ　に

語音 *ɦar(上古)　ɦa(中古→呉ガ・漢カ)　hé・hè(中)　하(韓)

語源 [コアイメージ] 丁形を呈する。[実現される意味] 植物のハスⓐ。[英]lotus

字源 「何(カ)(音・イメージ記号)＋艸(限定符号)」を合わせた字。「何」は「┏形に曲がる」というイメージがあり、「丁形をなす」というイメージに展開する(⇩何)。「荷」は水中から茎が伸びて、丸い大きな葉が水面に丁形に広がる植物のハスを暗示させる。

語義 [展開] ハスが原義ⓐ。「┏形に曲がる」というコアイメージから、肩に荷物を┏形にかつぐ(になう)意味ⓑを派生する。この場合もとは何と書いた。になう意味から、重いものを引き受ける(負担する)意味ⓒ、恵みをおしいただく意味ⓓに展開する。「に」(荷物)の意味ⓔは日本的用法。[英]lotus; shoulder(ⓑⓒ); bear; be obliged; load, burden, baggage [和訓] はす・になう [熟語] ⓐ荷葉・ⓒ荷担・負荷・ⓔ集荷・出荷

文献 ⓐ詩経・沢陂「彼澤之陂、有蒲與荷＝彼の沢の陂(つつみ)に、蒲と荷あり(あの沢の土手に、ガマとハスが生えている)」ⓑ論語・憲問「有荷蕢而過孔氏之門者＝蕢(き)を荷(にな)ひて孔氏の門を過(よぎ)る者有り(もっこを担いで孔子の門前を通りかかったものがいた)」ⓓ春秋左氏伝・隠公3「百祿是荷＝百禄を是れ荷(にな)ふ(多くの幸いをいただいた)」

【華】 10(艸・7) 常 常用音訓 カ・ケ はな

語音 (1)*huăg(上古) huă(中古→㊃クヱ〈＝ケ〉・㊅クワ〈＝カ〉) huā(中) 화(韓) (2)*ɦuăg(上古) ɦuă(中古→㊃グヱ〈＝ゲ〉・㊅クワ〈＝カ〉) huá(中) 화(韓)

語源 [コアイメージ]（形や）形に曲がる。[実現される意味] 植物のはなⓐ。[英]flower

〔解説〕花の本字であるが、コアイメージが花とは全く異なる。華を分析していくと最後に于に到達する。于にコアイメージの源泉がある。于は「（形や）形に曲がる」というのがコアイメージである。花弁が（形や）形に大きく彎曲して開く花を華という。華には派手ではなやか(華美)のイメージが本来的に内在している。

〔グループ〕華・嘩・樺・譁ヵ(派手に言い立ててやかましく騒ぐ、かまびすしい[諠譁ケン カ])

字源 「蕐」が本字。「雩ヵ(音・イメージ記号)＋艸(限定符号)」を合わせた字。「雩」は「于ゥ(音・イメージ記号)＋𠂹(イメージ補助記号)」を合わせた字。「于」は「（形や）形に曲がる」というイメージがある(⇩宇)。「𠂹」は草木の枝葉の垂れた形(⇩垂)。「雩」は垂れた枝葉をもつ草木の中で（形や）形に大きく彎曲して開いたもの(はな)を暗示させる。この意匠で十分「はな」を表象できるが、やがて限定符号の「艸」を加えて「蕐」となった。

(金) (篆) [雩] (篆)

〔字体〕「蕐」が本字(篆文の字体)。隷書で「華」(旧字体)、楷書で「華」となる。現代中国の簡体字は「华」。

語義 [展開] はなの意味ⓐから、花が咲く意味ⓑに展開する(以上は1の場合)。また、比喩的に、はなやか・美しい意味ⓒ、輝かしいもの(光、つや)の意味ⓓ、派手に目立つ存在(美しいもの、優れたもの)の意味ⓔ、うわべだけ派手で中身がない意味ⓕを派生する。また、中国を華夏と称したことから、中国の美称ⓖに用いられる(以上は2の場合)。日本では1と2の音を区別しない。[英]flower(ⓐⓑⓔ), bloom(ⓐⓑ), blossom(ⓐⓑ); come out, open; gorgeuos; light; superficial; China [熟語] ⓐ華道・散華・ⓒ華麗・栄華・ⓓ鉛華・月華・ⓔ豪華・精華・ⓕ浮華・ⓖ華僑・華人

文献 ⓐ詩経・桃夭「桃之夭夭、灼灼其華＝桃の夭夭たる、灼灼たり其の華(桃は若いよ、光り輝く花よ)」ⓑ詩経・出車「黍稷方華＝黍稷ショ ショク方(まさ)に華(はな)さく(キビがちょうど花を開いた)」ⓓ詩経・著「尚之以瓊華＝之に尚(くわ)ふるに瓊華ケイ カを以てす(さらに帯玉には美しい宝石を加えている)」ⓕ老子・三十八章「處其實、不居其華＝其の実に処り、其の華に居らず([身を処するには]実質に置き、派手で浮ついた所に置かない)」

【菓】 11(艸・8) 常 常用音訓 カ

語音 *kuar(上古) kua(中古→㊃・㊅クワ〈＝カ〉) guǒ(中) 과(韓)

語源 [コアイメージ] 丸い。[実現される意味] 木の実(くだもの)ⓐ。[英]fruit

字源 「果ヵ(音・イメージ記号)＋艸(限定符号)」を合わせた字。「果」は「丸い」というコアイメージから、果実の意味を実現させたが、別の意味を派生したため、改めて「菓」が作られた。果から分化した字。

語義 [展開] 日本では常食以外の食べ物の意味ⓑに転用される。[英]fruit; snack, confectionery [熟語] ⓐ菜菓・ⓑ菓子・茶菓

文献 ⓐ漢書・叔孫通伝「古者有春嘗菓＝古者(いにしえ)は春に菓を嘗むる有り(昔は春に果物を食べることがあった)」

【貨】 11(貝・4) 常 常用音訓 カ

語音 *huar(上古) hua(中古→呉・漢クワ〈＝カ〉) huò(中) 화(韓)

語源 [コアイメージ] 別のものに姿を変える。[実現される意味] 価値のあるもの(金銭・貨幣)ⓐ。[英]money

〔解説〕段玉裁は「広韻に、蔡氏・化清経を引きて曰く、貨なる者は化なりと。変化反易(姿を変え、取り替える)の物、故に字は化に従ふ」と述べている(説文解字注)。古人は「貨は化なり」という語源意識を持っていたようである。この語源説はわかりやすい。

字源 「化カ(音・イメージ記号)＋貝(限定符号)」を合わせた字。「化」は「姿を変える」というイメージがある(⇩化)。「貨」は貝(昔の貨幣)を差し出すと別のものに姿を変えて、手元に返ってくる様子を暗示させる。この意匠によって、取引に使われる価値あるものを表象する。

語義 [展開] 金銭の意味ⓐから、価値のあるもの(宝物・財物)の意味ⓑ、商品・用品の意味ⓒ、賄賂をおくる、また、賄賂の意味ⓓに展開する。[英]money; property; goods, commodity; bribe [和訓] たから [熟語] ⓐ貨幣・通貨・ⓑ財貨・ⓒ貨物・雑貨

文献 ⓐ周礼・秋官・職金「掌受士之金罰貨罰＝士の金罰・貨罰を受くるを掌る(その職責は、士が罰として支払う銅の貨幣や、布の貨幣を受け取ることである)」ⓑ老子・十二章「難得之貨、令人行妨＝得難きの貨は、人の行ひを妨げしむ(手に入れにくい宝物は人にむちゃな行動をさせる)」

【渦】12(水・9) 常 常用音訓 カ うず

語音 ・ua(中古→呉・漢ワ・[慣]クワ〈＝カ〉) wō(中) 와(韓)

語源 [コアイメージ] 丸く回る。[実現される意味] 水流の作るうずまき(うず)ⓐ。[英]whirlpool, eddy

字源 「咼カ(音・イメージ記号)＋水(限定符号)」を合わせた字。「咼」は「丸い」「くるくる回る」というイメージがある(⇩過)。「渦」は水がくるくる回転する現象、つまり「うず」を表す。渦は安徽省を流れる川の名も表したが、同形衝突した。

語義 [展開] うずの意味ⓐ。比喩的に、混乱した状態の意味ⓑを派生する。[英]whirlpool, eddy, vortex(ⓐⓑ) [熟語] ⓐ渦紋・ⓑ渦中・戦渦

文献 ⓐ郭璞・江賦「盤渦谷轉＝盤渦、谷のごとく転ず(くるくる回るうずが深い谷のように転じていく)」(文選12)

【過】12(辵・9) 常 常用音訓 カ すぎる・すごす・あやまつ・あやまち

語音 *kuar(上古) kua(呉・漢クワ〈＝カ〉) guò(中) 과(韓)

語源 [コアイメージ] 丸い・くるくる回る。[実現される意味] ある地点を通って行くⓐ。[英]pass

〔解説〕咼カにコアイメージの源泉がある。*kuar(咼)という語は骨の関節から発想されたことばである。関節は骨と骨をつなぐ関節腔に液が入っていて、滑らかな動きを作る仕組みであるが、古人は上の骨の穴の中に下の骨がはまり込んで、くるくると動くと考えたようである。したがって*kuar(咼)という語は「丸い」「くるくる回る」というイメージをもつ。藤堂明保は「丸い」というイメージをもつ渦と蝸を、果・禾・瓦・元・原・環・巻・官などと同じ単語家族に入れ、「まるい・とりまく」という基本義があるとした(藤堂①)。しかし咼の場合は、「周囲を丸く取り巻く」という静的なイメージよりも、「○の形にくるくる回る」という動的なイメージが強い。このイメージは「○○○…の形にころころと転がるように移る」というイメージに転化する。これが通過の過の意味を実現させる。同じようなイメージ転化現象は運や伝にも見られる。日本語の「すぎる(すぐ)」は「空間的には、止まるべきところ、立ち寄るべきところに、止まらず、立ち寄らず、先に進む意。時間的には、ある特定の時点や、期間をこえて、その先へ時間がどんどん進む意」という(大野②)。漢語の過は視座を置いた場所や地点を通って行く意味で、特定の地点を立ち寄らずに通りすぎるといったニュアンスはない。漢文では

「よぎる」とも読むが、「よぎる」は「前を通り過ぎる。通過する」意（大野②）。この方が漢語の過に近い。過には「あやまつ」の訓もある。「あやまつ」とは「道にはずれた行動をする。道徳・法律などを犯す」意味で（大野①）、「すぎる」「よぎる」とは別語。しかし漢語の過は規範などを行き過ぎてしまう（逸脱する）ことで、通過の過からの展開なのである。英語のpassは「通過する」がコアイメージで（田中①）、漢語の過と合致するが、意味の展開は物理的な通過→時間的な経過が共通するだけで、行き過ぎる（基準を超える、あやまつ）への転義は漢語独得のようである。

〔グループ〕過・渦・過・禍・鍋・剮カ（丸く穴を開ける、えぐる）・堝カ（金属などを溶かす土製の丸いつぼ、るつぼ［坩堝カンカ］）・窩カ（丸い穴［眼窩・燕窩］）・萵ワ（葉が丸く巻く草、レタス、チシャ、チサ［萵苣ワキョ］）・蝸カ（丸く渦を巻いたような殻をもつ虫、カタツムリ［蝸牛］）

字源 「咼カ（音・イメージ記号）＋辵（限定符号）」を合わせた字。「冎」は骨の関節の部分を描いた図形（⇩骨）。「冎カ（音・イメージ記号）＋口（穴を示すイメージ補助記号）」を合わせた「咼」は、骨が穴にはまっている関節を暗示させる図形。この意匠によって、「丸い」「くるくる丸く回る」というイメージを表すことができる。このイメージは「点々と回るように動いて移る」というイメージに展開する。したがって「過」は視座を置いた場所や地点を通って行く様子を暗示させる。中国の文字学者は冎を骨の原字とする。咼を「丸い穴にはまりこむ骨」、すなわち関節の形と解したのは藤堂明保である（藤堂①）。

（篆）［冎］　（篆）［咼］　（篆）

語義 ［展開］視座を置いた地点や場所を通って行く意味ⓐから、特定の範囲や程度の基準を超えてしまう（行き過ぎる）意味ⓑ、事態をやり過ごす意味ⓒ、時間がたつ意味ⓓ、正当な規範を逸脱する（あやまつ、あやまち）の意味ⓔに展開する。［英］pass; exceed; let a thing go past; elapse, spend, past; error, mistake ［和訓］よぎる ［熟語］ⓐ経過・通過・ⓑ過剰・超過・ⓒ看過・黙過・ⓓ過去・過日・ⓔ過誤・過失

文献 ⓐ論語・季氏「鯉趨而過庭＝鯉リ、趨ハシりて庭を過ヨぎる（鯉［孔子の息子］は小走りで庭を通って行った）」ⓑ論語・憲問「過猶不及＝過ぎたるは猶ナお及ばざるがごとし（行き過ぎと足りなさは同じようなものだ）」ⓔ論語・学而「過則勿憚改＝過ちては則ち改むるに憚ること勿れ（間違いを改めるのに遠慮するな）」

【嘩】13（口・10） 人 ｜ 音 カ 訓 かまびすしい

語音 ɦuă（中古→呉グヱ〈＝ゲ〉・漢クワ〈＝カ〉） huá（中） 화（韓）

語源 ［コアイメージ］はなばなしい。［実現される意味］やかましく騒ぐⓐ。［英］make noise, clamor

字源 「華カ（はなばなしい。音・イメージ記号）＋口（限定符号）」を合わせた字。人々がはなばなしく大声を立てて騒ぐ様子を暗示させる。

〔字体〕「譁」は異体字。

語義 ［展開］やかましく騒ぐが原義ⓐ。日本ではいさかい、口論の意味ⓑに用いる。［英］make noise, clamor; quarrel ［熟語］ⓑ喧嘩

【嫁】13（女・11） 常 ｜ 常用音訓 カ よめ・とつぐ

語音 *kăg（上古） kă（中古→呉ケ・漢カ） jià（中） 가（韓）

語源 ［コアイメージ］上からかぶせる。［実現される意味］女性が結婚する（とつぐ）。［英］marry

〔解説〕日本語の「とつぐ」はト（門）＋ツグ（欠けた所をふさぐ意）で、「男女交合の意」が原義という（大野①）。漢語の嫁は家にコアイメージがある。AがBにかぶさってくる様子。ただし日本語のような交合を表すのではなく、異姓がかぶさることである。姻と造形の発想が似ている。ま

た日本語の「よめ」は息子の妻の意であるが、漢語の嫁にこの意味がない。古代漢語では婦という。英語のmarryを含め、ヨーロッパ諸語では、男女とも主語になるという(下宮①)。漢語では女性が主語なら嫁・帰(とつぐ)、男性が主語なら娶(めとる)という。婚・姻(縁組み)は男女共通である。

字源 「家カ(音・イメージ記号)+女(限定符号)」を合わせた字。「家」は「上からかぶせる」というイメージがある(⇩家)。「嫁」はAという姓(女性側)がBという姓(男性側)にかぶさっていく様子を暗示させる。この意匠によって、女性がとつぐことを表象する。「家」をストレートに「いえ」として、女性が他の家に行くことを表すと解釈してもよい。しかし「かぶせる」というコアイメージを想定すれば、意味の展開がスムーズに理解できる。

語義 [展開] とつぐ意味ⓐ。また、「かぶせる」というコアイメージから、自分に都合の悪いこと(罪や責任など)を他人にかぶせる意味ⓑを派生する。「よめ」ⓒは日本的用法。[英]marry; shift, transfer; bride [熟語] ⓐ再嫁・降嫁・ⓑ転嫁

文献 ⓐ詩経・大明「來嫁于周＝来りて周に嫁す([殷から]周にお輿入れ)」ⓑ史記・趙世家「欲嫁其禍於趙也＝其の禍を趙に嫁せんと欲するなり(その災禍を趙になすりつけようと思った)」

【暇】13(日・9) 常 常用音訓 カ ひま

語音 *ɦăg(上古) ɦă(中古→呉ゲ・漢カ) xiá(中) 가(韓)

語源 [コアイメージ] 実体を隠す。[実現される意味] 労働しないで家で休む時間(一時的に仕事を休むこと、いとま)ⓐ。[英]leisure, vacation

〔解説〕日本語の「ひま」はヒ(物の割れ目)+マ(間)で、「空間的なせまい割れ目、すきまを指すのが原義。転じて、時間的・心理的な割れ目」という(大野①)。漢字の暇は、「暇は閑なり」「暇は間なり」という訓があり、日本語の「ひま」にぴったり当たるように見えるが、間ではなく叚カにコアイメージの源泉がある。これは「実体を隠す」というイメージである。表で仕事をしているときは人前に姿を現しているが、仕事をやめて家にいるときは姿を隠している。姿を隠して人前に出ない(仕事を休む)事態が暇である。日本語の「いとま」はイト(休みの時の意)+マ(間)で、「仕事を休んでいる時」という(大野①)。これが漢語の暇にほぼ相等する。常用漢字表に「いとま」の訓を採るべきである。

字源 「叚カ(音・イメージ記号)+日(限定符号)」を合わせた字。「叚」は「実体が覆い隠されて見えない」というイメージがある(⇩仮)。「暇」は仕事をする場から退いて、一時的に身を隠している時間を暗示させる。

語義 一時的に仕事を休むこと(いとま)の意味ⓐ。[和訓] いとま [熟語] ⓐ閑暇・休暇

文献 ⓐ詩経・何草不黄「朝夕不暇＝朝夕暇いとまあらず(朝も晩もいとまがない)」

【禍】13(示・9) 常 常用音訓 カ

〔禍〕14(示・9) 人 音カ 訓わざわい・まが

語音 *ɦuar(上古) ɦua(中古→呉グワ〈＝ガ〉・漢クワ〈＝カ〉) huò(中) 화(韓)

語源 [コアイメージ] 穴にはまりこむ。[実現される意味] 思いがけない不幸、身にふりかかる災難(わざわい)ⓐ。[英]misfortune, disaster, calamity

〔解説〕和訓の「わざわい(わざはひ)」はワザ(隠された神意の意)+ハヒ(あたりに這うように広がる意)で、「いましめる神意のきざし」の意味から、悪い気配、災難の意味へと展開する(大野①)。漢語の禍とは少しイメージが違う。「わざわい」はよそから来るもの、人力では致し方ないもの

といったニュアンスであろうが、禍は行き過ぎて思いもよらぬ結果を招いたものというニュアンスである。同じ「わざわい」の訓をもつ災は、順調な生活を妨げる自然の災害を意味する。また「まが」はマガル(曲)と同根で、「原始的な信仰において凶(不吉)とされること」という(大野②)。これも漢語の禍とは少しイメージが違う。

【字源】「禍」が正字。「咼ｶ(音・イメージ記号)＋示(限定符号)」を合わせた字。「咼」は「冎(関節)＋口(あな)」を合わせて、関節の骨が穴にはまり込む様子を暗示させる図形。この意匠によって、「丸い」「くるくる回る」というイメージのほかに、「丸い穴にはまりこむ」というイメージを表すことができる(⇩過)。「禍」は行き過ぎて思わず落とし穴にはまりこむ情景を設定した図形。この意匠によって、思いがけない不幸・災難を表象する。

〔字体〕「禍」は旧字体。「禍」は書道で生じた字体。現代中国の簡体字は「祸」。

【語義】［展開］わざわいの意味ⓐから、わざわいをなす、災難にはめる意味ⓑを派生する。［英］misfortune, disaster, calamity, impute; bring disaster upon ［熟語］ⓐ禍福・惨禍

【文献】ⓐ詩経・何人斯「誰為此禍＝誰か此の禍を為す(だれがこの不幸を作り出したのか)」ⓑ孟子・告子上「率天下之人而禍仁義者、必子之言夫＝天下の人を率ひて仁義に禍ｶする者は、必ず子の言なるかな(天下中の人を道連れにして、仁義に害をなすのは、あなたの言説だね)」

【靴】 13(革・4) 常 ｜ 常用音訓 カ くつ

【語音】hua(中古→呉クヱ〈＝ケ〉・漢クワ〈＝カ〉) xuē(中) 화(韓)

【語源】［コアイメージ］別のものに姿を変える。［実現される意味］皮革製のくつⓐ。［英］shoes, boots

〔解説〕布製のくつを表す漢字は古くは履・屨ｸ・舄ｾｷなどであるが、六朝時代に革製のくつが登場して靴の字が生まれた。これは北方にいた鮮卑(トルコ系遊牧民族)の言語の音写といわれる。外来語の音写字は往々音意両訳の技巧を凝らすものが多い。僧・塔・鉢・魔などはその例。

【字源】もとは「鞾」と書いた。騎馬民族の履く皮革製のくつを意味する外来語を音写するため、「華ｶ(音記号)＋革(限定符号)」を合わせた「鞾」が作られた。その後、「華」を「化」に替えて「靴」となった。「化」は「別のものに姿を変える」というイメージがあり、動物の皮を加工して形を変えた生産物という意味合いをこめたもの。

【語義】くつの意味ⓐ。［熟語］ⓐ軍靴・製靴

【文献】ⓐ傅咸・涼州表「涼州民、先辦靴従軍之物、然後作衣＝涼州の民は、先づ靴と従軍の物を辨じ、然る後に衣を作る(涼州の民はまず靴と従軍用の小物を整え、その後で衣類を作る)」(漢魏六朝百三家集46)

【嘉】 14(口・11) 人 ｜ 音カ 訓よい・よろしい・よみする

【語音】*kăr(上古) kă(中古→呉ケ・漢カ) jiā(中) 가(韓)

【語源】［コアイメージ］上にのせる。［実現される意味］物事がたっぷりあってけっこうである(すばらしい・よい)ⓐ。［英］good, fine

【字源】「加ｶ(音・イメージ記号)＋壴(イメージ補助記号)」を合わせた字。「加」は「上にのせる」というイメージがある(⇩加)。「壴」は太鼓の形(⇩鼓)。「嘉」は音楽を添えて喜びや楽しみを倍加させる情景を設定した図形。この意匠によって、物事がたっぷりあって気分的によいことを表象する。

(金)  (篆) 

【語義】［展開］すばらしい・よい意味ⓐ、めでたい、喜ばしい意味ⓑ、けっこうだと褒める(よみする)意味ⓒに展開する。［英］good, fine; auspicious, happy; praise ［熟語］ⓐ嘉会・嘉肴・ⓑ嘉瑞・嘉節・ⓒ嘉

賞・嘉納

文献 ⓐ詩経・魚麗「物其多矣、維其嘉矣＝物其れ多し、維れ其れ嘉よろし(物は多いよ、けっこうなものよ)」ⓒ論語・子張「嘉善而矜不能＝善を嘉みよして不能を矜あわれむ([君子は]善人を褒めるが、能力のないものには同情する)」

【寡】14(宀・11)　常 ─ 常用音訓 カ

語音 *kuăg(上古)　kuă(中古→呉クヱ〈＝ケ〉・漢クワ〈＝カ〉)　guă(中)　과(韓)

語源 [コアイメージ] ひとり。[実現される意味] 独り者、やもめⓐ。[英]single, widow

〔解説〕釈名・釈親属では「夫無きを寡と曰ふ。寡は踝カなり。踝踝たるは、単独の言なり」とあり、踝と同源と見ている。踝(くるぶし)や顆(つぶ)などは果のグループに属し、「丸い」というコアイメージがある。ひとりぼっちの状態を「丸い」というイメージで捉えるのは孤と同じである。「○」の形は未分化のカオスのイメージとつながりがある(⇩頑・混)。未分化のカオスは数字では一であり、分かれて対をなすのは二である。カップルをなさないひとりものを古代漢語では*kuăgという。藤堂明保と王力は寡と孤を同源の語としている。

字源 金文は屋根の下に一人の人が居る情景を設定した図形。篆文は字体が変わって、「分(分散する。イメージ記号)＋頁(人または頭を示すイメージ補助記号)＋宀(限定符号)」を合わせた字。家の中で人数(頭数)が分散して少なくなる様子を暗示させる。

(金) 　(篆)

語義 [展開] 独り者の意味ⓐ。区別するときは、男の独り者(おとこやもめ)を鰥カンといい、女の独り者(やもめ)を寡という。また「ひとり」のイメージから、数が少ない意味ⓑ。また、徳が少ないの意で、君主の自称ⓒに用いられる。[英]single, widow; few, little; I [和訓] すくない・やもめ

[熟語] ⓐ寡婦・ⓑ寡少・衆寡・ⓒ寡君・寡人

文献 ⓐ詩経・鴻雁「哀此鰥寡＝此の鰥寡カンカを哀れむ(この独り者をあわれむ)」ⓑ論語・季氏「和無寡＝和すれば寡きことなし(仲良くすれば人数が少なくなることはない)」

【榎】14(木・10)　人 ─ 音カ　訓えのき・え

語音 *kăg(上古)　kă(中古→呉ケ・漢カ)　jiă(中)　가(韓)

語源 [コアイメージ] 大きくかぶさる。[実現される意味] トウキササゲⓐ。[英]Chinese catalpa

字源 「夏カ(音・イメージ記号)＋木(限定符号)」を合わせた字。「夏」は「なつ」の意味であると同時に、「大きくかぶさる」というイメージがある(⇩夏)。夏に枝葉が大きくかぶさって、良い木陰を作る木を暗示させる。

語義 [展開] ノウゼンカズラ科キササゲ属の落葉高木、トウキササゲが原義ⓐ。日本では良い木陰をなす特徴がエノキと似ているので(江戸時代に一里塚に植えられた)、榎をエノキⓑに当てた。[英]Chinese catalpa; hackberry

文献 ⓐ爾雅・釈木「槐小葉曰榎＝槐の小葉なるを榎と曰ふ」(郭璞・爾雅注では「楸[キササゲ]の細葉なる者を榎と為す」)

【樺】14(木・10)　人 ─ 音カ　訓かば・かんば

語音 ɦuă(中古→呉グヱ〈＝ゲ〉・漢クワ〈＝カ〉)　huà(中)　화(韓)

語源 [コアイメージ] はなやかに目立つ。[実現される意味] シラカバⓐ。[英]birch

字源 「華カ(音・イメージ記号)＋木(限定符号)」を合わせた字。「華」は「はなやかに目立つ」というイメージがある。樹皮の白色が

目立つ木を暗示させる。

【語義】カバノキ科カバノキ属の落葉高木、シラカバの意味ⓐ。樹皮は白色で剝げやすい。

【文献】ⓐ陳書・蕭摩訶伝「胡著絳衣、樺皮装弓＝胡は絳衣を著し、樺皮もて弓に装ふ（えびすの兵士は赤い衣を着け、カバの皮を弓に巻いていた）」

【歌】14（欠・10） 常 常用音訓 カ うた・うたう

【語音】*kar（上古） ka（中古→呉・漢カ） gē（中） 가（韓）

【語源】［コアイメージ］つかえて曲がる。［実現される意味］歌をうたうⓐ。［英］sing

〔解説〕可にコアイメージの源泉がある。ことばの発声にかかわる語で、可をもとに造形されたものに、歌のほかに何・呵カ・訶カがある。かすれた声でどなるのが誰何の何や呵（しかる）である。節をつけてうたう行為ものどを摩擦させて発声する。これらの行為の根底には「つかえて曲がる」というイメージがある。日本語の「うたう（うたふ）」のウタはウタガフ（疑）・ウタタ（転）のウタと同根で、「自分の気持ちをまっすぐに表現する意」という（大野①）。これは「うた」から派生した語で、表出の仕方に視点を置いた語であろう。漢語の歌はのどから発声する行為を生理学的に想像して生まれた語といえる。

【字源】「哥カ（音・イメージ記号）＋欠（限定符号）」を合わせた字。「可」は「つかえて曲がる・┓形に曲がる」というイメージがある（⇩可）。「可」を二つ重ねた「哥」はのど元で息を屈曲させる様子を暗示させる。「呵」と意匠が同じで、同源の語。「呵」が声をかすらせてどなることを表象するのに対し、「哥」は節回しをつけてうたうことを表象する。後に「欠」（大口を開ける行為に関わる限定符号）を添えて「歌」となった。

（篆）［哥］　（篆）

【語義】［展開］うたうという行為の意味ⓐから、うたの意味ⓑに展開する。下記の詩経ⓐの毛伝に「曲、楽（楽器）に合はすを歌と曰ひ、徒歌（伴奏なしで歌う）を謡と曰ふ」とあり、歌と謡を区別する。また、日本では特に三十一文字の短歌（和歌）ⓒを指す。［英］sing; song; tanka poetry ［熟語］ⓐ歌唱・謳歌・ⓑ歌曲・国歌・ⓒ歌人・和歌

【文献】ⓐ詩経・園有桃「心之憂矣、我歌且謡＝心の憂ひ、我歌ひ且つ謡はん（心が悲しいよ、歌でも歌おう）」ⓑ詩経・四牡「是用作歌＝是ここを用もて歌を作る（こんなわけで歌を作ります）」

【箇】14（竹・8） 常 常用音訓 カ

【語音】*kag（上古） ka（中古→呉・漢カ） ko（唐コ） gè（中） 개（韓）

【語源】［コアイメージ］固い。［実現される意味］形あるものを数えることばⓐ。［英］piece

【字源】「固コ（音・イメージ記号）＋竹（限定符号）」を合わせた字。「固」は「かたい」というイメージがある（⇩固）。「箇」は竹のような固いものを数えることばを表す。個とほとんど同義であるが、箇が古い。

【語義】［展開］数えることばⓐから、指し示すことば（これ・この）ⓑに転用される。［英］piece; this ［熟語］ⓐ箇所・箇条・ⓑ箇中コチュウ・真箇シンコ

【文献】ⓐ荀子・議兵「負服矢五十箇＝服矢五十箇を負ふ（えびらの矢を五十個背負う）」

【稼】15（禾・10） 常 常用音訓 カ かせぐ

【語音】*kăg（上古） kă（中古→呉ケ・漢カ） jià（中） 가（韓）

【語源】［コアイメージ］上からかぶせる。［実現される意味］作物を植えつけるⓐ。［英］sow, plant

【字源】「家カ（音・イメージ記号）＋禾（限定符号）」を合わせた字。「家」は「上からかぶせる」というイメージがある（⇩家）。「稼」は作物の種をま

いてその上に土をかぶせる様子を暗示させる。

語義 [展開] 作物を植えつける意味ⓐ。植えつけと取り入れを稼穡というが、意味が穡(取り入れ)の方に移動して、みのって収穫(取り入れ)を待つ作物の意味ⓑを派生する。日本では金銭を手に入れるために働く(かせぐ)意味ⓒに用いる。[英]sow, plant; crop; earn [熟語] ⓐ稼穡・ⓑ禾稼・ⓒ稼業・稼働

文献 ⓐ詩経・伐檀「不稼不穡、胡取禾三百億兮＝稼せず穡(ショク)せずんば、胡(なん)ぞ禾三百億を取らんや(作物を植えつけもせず取り入れもしなければ、どうして三百億個の稲が得られようか)」 ⓑ詩経・大田「大田多稼＝大田稼(カ)多し(大きな田んぼは収穫が多い)」

【蝦】 15(虫・9)

人 ｜ 音カ・ガ 訓えび

語音 (1)*ɦăg(上古) ɦă(中古→呉ゲ・漢カ・[慣]ガ) há(中) 하(韓) (2)*ɦăg(上古) ɦă(中古→呉ゲ・漢カ) xiā(中) 하(韓)

語源 [コアイメージ] 上から覆いかぶせる。[実現される意味] ヒキガエルⓐ。[英]toad

字源 「叚(カ)(音・イメージ記号)＋虫(限定符号)」を合わせた字。「叚」は「覆いかぶせる」というイメージがある(⇩仮)。「蝦」は背が扁平で上から覆いかぶさるような姿をした虫を暗示させる。

語義 [展開] 両生類の名で、ヒキガエルの総称ⓐ(1の場合)。また、「覆いかぶさる」というイメージの共通性から、殻の覆いかぶさった生物、つまりエビの意味ⓑを派生する(2の場合)。ⓑはもとは鰕と書いた。[英]toad; shrimp [熟語] ⓐ蝦蟇(ガマ)・ⓑ魚蝦

文献 ⓐ春秋繁露・求雨「取五蝦蟇錯置社中＝五つの蝦蟇を取りて社中に錯置(ソチ)す(五匹のガマを取ってやしろの中に置いた)」 ⓑ論衡・商虫篇「水田之中、時有魚蝦蟹之類＝水田の中、時に魚・蝦・蟹の類有り(水田には往々魚やエビやカニが生息する)」

【課】 15(言・8)

常 ｜ 常用音訓 カ

語音 *k'uar(上古) k'ua(中古→呉・漢クワ〈＝カ〉) kè(中) 과(韓)

語源 [コアイメージ] 最終的なできばえ(結果・成果)。[実現される意味] 成果を期待できるかどうかを試す(試験する)ⓐ。[英]try, test

[解説] 原因があって結果が生まれるという事態は日常経験することである。くだもの(果実)はある原因から生じたもので、一つの結果でもある。果という語はくだものの意味から、最終的なできばえの意味に展開する。また、原因から結果が出ることは予想されることであるが、予想されない場合もありうる。予想される場合は、予想した通りに事をやりとげる(はたす)という意味に転義する。予想されない場合は、予想した通りにやれるかどうか試してみる必要がある。このような転義を独立させた語が課で、成果を期待することができるかを試すことを意味する。

字源 「果(カ)(音・イメージ記号)＋言(限定符号)」を合わせた字。「果」はある原因から生まれ出る最終的なできばえの意味がある。「課」は最終的な成果を予想して物事をなしとげることができるかどうかを試すことを表す。

語義 [展開] 成果が出るかどうかを試す(試験する)意味ⓐから、成果を期待して人に割り当てる意味ⓑ、割り当てた仕事や負担(学業・税金などを含む)の意味ⓒ、仕事を割り当てられた職場の単位の意味ⓓ、税を割り当てる、また、割り当てた税の意味ⓔに展開する。[英]try, test; assign; task, lesson; section, department; impose, levy, tax [熟語] ⓐ功課・考課・ⓑ課題・課業・ⓒ学課・日課・ⓓ課長・分課・ⓔ課金・課税

文献 ⓐ楚辞・天問「何不課而行之＝何ぞ課せずして之を行(や)る(どうして成果が上がるか試さないで彼を行かせたのか)」 ⓑ三国志・魏志・任城威王彰伝「課彰讀詩書＝彰に詩書を読むを課す(彰[人名]に詩経・書経を読むことを割り当てた)」

【鍋】 17(金・9)　常　｜常用音訓 なべ

語音 *kuar(上古)　kua(中古→呉・漢クワ〈=カ〉)　guō(中)　과(韓)

語源 [コアイメージ] 丸い穴にはまりこむ。[実現される意味] かりも㋐。[英]iron ring

字源 「咼(カ)(音・イメージ記号)+金(限定符号)」を合わせた字。「咼」は「丸い穴にはまりこむ」というイメージがある(⇩過)。「鍋」は車輪の轂(コク)(こしき、ハブ)の中央で、車軸のはまりこむ丸い穴のあいた鉄の管(かりも)を表す。

語義 [展開] かりもの意味㋐。物を詰め込む丸い穴という類似性から、飯を煮炊きする丸い鉄製の器具(なべ)の意味㋑に転用された。[英]iron ring; pan

文献 ㋐方言9「車釭齊燕海岱之間、謂之鍋=車釭(かりも)は斉・燕・海・岱(イタ)の間、之を鍋と謂ふ」㋑南史・孝義伝「母好食鍋底飯=母、鍋の底の飯を食(く)らふを好む」

【霞】 17(雨・9)　人　｜音 カ　訓 かすみ・かすむ

語音 *ɦăg(上古)　ɦă(中古→呉ゲ・漢カ)　xiá(中)　하(韓)

語源 [コアイメージ] 覆いかぶせる・カバーして中身を隠す。[実現される意味] 雲が日光を受けて赤く見える現象(朝焼け・夕焼け)㋐。[英]morning or evening glow

字源 「叚(カ)(音・イメージ記号)+雨(限定符号)」を合わせた字。「叚」は「覆いかぶせる」「カバーして中身を隠す」というイメージがある(⇩仮)。「霞」は明け方や夕方に、日光に照らされた雲が、空に覆いかぶさってかすんで見える現象を表す。

語義 [展開] 朝焼け・夕焼けの意味㋐から、空中に立ちこめてかすんで見えるもや(かすみ)の意味㋑を派生する。[英]morning or evening glow; haze, mist [熟語] ㋐朝霞・晩霞・㋑雲霞・煙霞

文献 ㋐楚辞・遠遊「漱正陽而含朝霞=正陽に漱(くちすす)ぎて朝霞を含む」(日光で口をすすぎ、朝焼けの気を口に含む)

が

【牙】 4(牙・0)　常　｜常用音訓 ガ・ゲ　きば

語音 *ŋăg(上古)　ŋă(中古→呉ゲ・漢ガ)　yá(中)　아(韓)

語源 [コアイメージ] 互い違い(∧∨の形)にかみあう。[実現される意味] 獣のきば(犬歯)㋐。[英]fang, tusk

〔解説〕 釈名・釈形体に「牙は樝牙(ガサ)(ぎざぎざしたさま)なり。形に随ひて之を言ふなり」とある。きばは形がぎざぎざしているからŋăgと呼ぶ。「ぎざぎざ」とは∧∧∧の形であるが、∧∨∧∨の形にもなる。これはかみ合う姿である。∧∨を上下に合わせれば×の形になる。これは交差する姿である。交差の姿は⇅の形でも表せる。これらは「交差する」というイメージで概括することもできる。藤堂明保は牙のグループ、五のグループ、互のグループ、午のグループ、屰(ギャク)のグループ(逆・咢など)、卬(ギョウ)のグループ(迎など)、与のグループを同じ単語家族にくくり、「かみ合う、×型、↓↑型」の基本義があるとする(藤堂①)。日本語の「きば」はキ(とがって芽ばえるものの意)+ハ(歯)で、「とがった歯」の意という(大野①)。漢語の牙と同じ。

〔グループ〕 牙・芽・雅・邪・耶・椰・冴(=冱)・鴉(ア)(強大にかみ合うくちばしをもつ鳥、カラス)・枒(ヤ)(=椰)・訝(ガ)(↓形に来る人を↑形に出迎える。また、ある事態を素直に受け取れず怪しむ、いぶかる[怪訝(ケゲン)])・迓(ガ)(出迎える)・蚜(ガ)(若芽の汁を吸う虫、アリマキ)

字源 二つのものがかみ合った様子を示す象徴的符号。端的に虎などのきばを描いた図形と解してもよい。いずれにしても「∧∨の形にかみ

合う」というイメージが大切である。

〔字体〕牙(4画)以外の常用漢字・人名漢字では形を少し変えて5画になる。

(金) (篆)

語義 [展開] 獣のきばの意味ⓐから、特に象牙のこと、また、象牙製の意味ⓑ。「かみ合う」というコアイメージから、互い違いにかみ合う(ちぐはぐ、ぎざぎざの様子)の意味ⓒ、売り手と買い手を⇅の形にかみ合わせて仲介する人(仲買人、ブローカー)の意味ⓓを派生する。[英]fang, tusk; ivory; jagged; broker [熟語] ⓐ歯牙・毒牙・ⓑ牙旗・牙城・ⓒ槎牙・ⓓ牙行・牙保

文献 ⓐ詩経・相鼠「誰謂鼠無牙＝誰か謂はんや鼠に牙無しと(ネズミに牙がないなんて誰が言うか)」

【瓦】5(瓦・0) 常 常用音訓 ガ かわら

語音 *ŋuăr(上古) ŋuă(中古→呉グヱ〈＝ゲ〉・漢グワ〈＝ガ〉) wǎ(中) 와(韓)

語源 [コアイメージ] 丸い。[実現される意味] 素焼きの土器ⓐ。[英]brick

〔解説〕釈名・釈宮室に「瓦は踝ヵなり。踝は确堅(かたい)の貌」とあるが、踝は文字通り「くるぶし」がよい。踝は「丸い」というイメージがある。瓦は屋根瓦より前に紡錘のおもしに使われた。これはくるくる回転させて糸を巻き取る道具である。藤堂明保は瓦を果・禾・丸・元・環・巻・官などと同じ単語家族に入れ、「まるい・とりまく」という基本義があるとする(藤堂①)。

字源 ⌒形のかわらが互い違いに重ねられた姿を描いた図形。この意匠によって、円形・半円形の素焼きの土器を表象する。

(篆) 

語義 [展開] 紡錘などに用いた素焼きの土器が本義ⓐ。屋根にふくかわらの意味ⓑはその転義。[英]brick; tile [和訓] グラム [熟語] ⓐ瓦器・瓦当・ⓑ瓦解・煉瓦

文献 ⓐ詩経・斯干「載弄之瓦＝載すなわち之に瓦ガを弄せしむ([女の子が生まれたら]糸を紡ぐ紡錘を与えて遊ばせる)」ⓑ論衡・四諱篇「恐瓦墮撃人首也＝瓦の堕ちて人の首を撃つを恐るるなり(屋根瓦が落下して人の頭を撃つのがこわい)」

【我】7(戈・3) 常 常用音訓 ガ われ・わ

語音 *ŋar(上古) ŋa(中古→呉・漢ガ) wǒ(中) 아(韓)

語源 [コアイメージ] かみ合う・交わる。[実現される意味] われ(一人称代名詞)ⓐ。[英]I

〔解説〕人称代名詞は仮借文字とされることが多い。その語にふさわしい図形がない(創作しにくい)場合、別の同音の字を借りるものである(これを六書の一つの仮借という)。しかし我は殷代の甲骨文字の段階ですでに一人称の代名詞であり、ほかの意味はない。読みも*ŋarに似た音と考えられる。いったい古代漢語では人称代名詞はどういう発想から生まれたのか。おそらく二人の人間関係から発想されたと推測される。話し手と聞き手が対話をする場面を想定すると、「かみ合う」「交わる」というイメージが存在する。これは×の形でもあるし、⇅の形でもある。A×B、あるいはA⇅Bという関わりにおいて、発話をする主体、発話の当事者(A・Bどちらでもよい)を呼ぶことばが*ŋarである。これが一人称である。二人称と三人称は空間的距離感(主体から近いか遠いか)から発想され、*nier(爾)、*piar(彼)と呼ぶ。一人称の*ŋarは我と表記された。*ŋarが少し変化した*gagは吾、*ŋaŋは卬と表記された。これらはすべて「×

形にかみ合う」「↕形に交差する」というコアイメージをもつ。我・吾・印は同源と見てよい(王力①)。藤堂明保は我のグループ(義を含む)は宜・岸・彦・言などと同じ単語家族に属し、「かどばっている」という基本義があるとする(藤堂①)。「かどばる」は∧形・∨形のイメージであるから、「かみ合う」のイメージと通ずる。藤堂、加藤常賢、白川静はともに我を仮借文字とするが、筆者は仮借説を取らない。

〔グループ〕我・餓・義・俄・娥・峨・莪(ガ)(ぎざぎざの葉をもつアザミの類)・蛾(ガ)(触角が∧形に尖った昆虫、ガ)・鵞(ガ)(我は擬音語。また、首を┏形に挙げて歩く特徴から、ガチョウ[鵞鳥])

字源 ぎざぎざの刃がついている武器を描いた図形。「∧形や∨形をなす」「ぎざぎざ(∧∧の形)」というイメージがあり、「∧」と「∨」を向かい合わせると、「×」の形、要するに「かみ合う」「交わる」「二つのものが×形にかみ合う」というイメージに展開する。このイメージを利用して、二人が交わって対話する際の主体(当事者、自分)を意味する*ŋar という語を我で表記する。字源については諸説があるが、兵器の形と解したのは王国維で、これがほぼ定説となっている。

(甲)　(金)　(篆)

語義 [展開] 一人称、私・自分の意味ⓐから、自分の考えに執着すること、ひとりよがり(自己中心)の意味ⓑに展開する。[英]I; selfish [熟語] ⓐ自我・彼我・ⓑ我執・我流

文献 ⓐ詩経・緑衣「我思古人＝我、古人を思ふ(私は昔なじみを思い出す)」ⓑ論語・子罕「毋我＝我なる毋(な)かれ(自己中心になるな)」

【画】 8(凵・6) 常 ｜ 常用音訓 ガ・カク

語音 (1)*ɦuĕk(上古) ɦuɛk(中古→呉ワク・漢クワク〈＝カク〉) huó(中) 획(韓) (2)*ɦuĕg(上古) ɦuăi(中古→呉グワ〈＝ガ〉・ヱ〈＝エ〉・漢クワイ〈＝カイ〉) huà(中) 화(韓)

語源 [コアイメージ] 区切りをつける。[実現される意味] 周囲を区切るⓐ。[英]mark off, delimit

〔解説〕計画の画と絵画の画はことばが違うように見えるが、音が似ており、同じ図形を共有する。二つは密接なつながりをもつ。その深層構造は何か。これを明らかにしたのは藤堂明保である。氏は画を規のグループ、𤇾(ケイ)のグループ(栄・営など)、および畦・街・嬰(エイ)などと同じ単語家族に入れ、「とりまく・周囲に区切りをつける」という基本義があるとする(藤堂①)。のっぺらぼうな白紙状態に輪郭をつけて目的の物事を形あるものにしようとすることが計画であり、紙などに物の輪郭をつけて形状を描くことが絵画である。二つの行為に「区切りをつける」というコアイメージが貫いている。絵と画はコアイメージが異なる。

〔グループ〕画・劃(カク)(区切る・かぎる[区劃])

字源 「畫」が正字。「凵」(四方を区切る形。イメージ記号)＋聿(イメージ補助記号)＋田(限定符号)」を合わせた字。「聿」は筆を手に持つ形。筆は筆記用具であるが、区画をつける手段を表す。「畫」は田の周囲に区画をつける情景を設定した図形。この意匠によって、周囲を区切ることを表象する。

(金)　(篆)

〔字体〕「画」は近世中国で発生した「畫」の俗字。

語義 [展開] 周囲を区切る(区切りをつける、かぎる)意味ⓐから、まだ形のないものに輪郭をつけて形をなそうと図る意味ⓑ、横の線を引くこと、また、漢字を構成する線(字画)の意味ⓒに展開する(以上は1の場合)。(1)は劃(カク)と通用。また、輪郭をつけて形をなすことから、絵をかく意味ⓓ、絵の意味ⓔ、映画や画像の意味ⓕを派生する(以上は2の場合)。[英]mark off, delimit; plan; stroke; draw, paint; drawing, painting, picture(ⓔ

ⓕ); movie ［和訓］え・えがく ［熟語］ⓐ画一・区画・ⓑ企画・計画・ⓒ画数・筆画・ⓓ画餅・描画・ⓔ絵画・図画・ⓕ映画・洋画

文献 ⓐ春秋左氏伝・襄公4「畫爲九州＝画して九州と為す(九つの州に区切る)」ⓑ戦国策・東周「爲公畫陰計＝公が為に陰計を画さん(殿様のために陰謀を計画しましょう)」ⓓ周礼・春官・司常「皆畫其象焉＝皆其の象を画く(みんなその姿を絵にかく)」ⓔ韓非子・外儲説左上「畫孰最難＝画は孰れか最も難き(絵は何がいちばん難しいか)」

【芽】 8(艸・5) 常 常用音訓 ガ め

語音 *ŋăg(上古) ŋă(中古→呉ゲ・漢ガ) yá(中) 아(韓)

語源 ［コアイメージ］∧形を呈する。［実現される意味］植物のめⓐ。［英］bud, sprout

字源 「牙(音・イメージ記号)＋艸(限定符号)」を合わせた字。「牙」は「互い違い(∧∨の形)にかみ合う」というイメージから、「食い違ってちぐはぐになる」「∧∨形(ぎざぎざ)を呈する」というイメージに展開する(⇩牙)。「芽」は茎から∧∨形に出てくる植物の「め」を暗示させる。

語義 ［展開］植物のめの意味ⓐから、物事が発生する(芽生える)意味ⓑに展開する。［英］bud(ⓐⓑ), sprout(ⓐⓑ) ［和訓］めぐむ・きざす ［熟語］ⓐ胚芽・発芽・ⓑ萌芽

文献 ⓐ礼記・月令「是月也、安萌芽、養幼少＝是の月や、萌芽を安んじ、幼少を養ふ(この[仲春の]月は、萌え出る芽を安定させ、幼い命を育てる)」ⓑ春秋繁露・三代改制質文「物始芽＝物始めて芽む(物が始めて発生する)」

【俄】 9(人・7) 人 音ガ 訓にわか

語音 *ŋar(上古) ŋa(中古→呉・漢ガ) é(中) 아(韓)

語源 ［コアイメージ］∧形をなす。［実現される意味］斜めに傾くⓐ。［英］slant

字源 「我(音・イメージ記号)＋人(限定符号)」を合わせた字。「我」は「∧形をなす」というイメージがあり(⇩我)、「まっすぐなものが∧形や┏形に折れ曲がる」というイメージに展開する。「俄」はまっすぐ立っている人が斜めに傾く様子を暗示させる。

語義 ［展開］傾く意味ⓐから、まっすぐ進んできた事態が急に転回する→事態が急である(にわか)という意味ⓑを派生する。［英］slant; suddenly ［熟語］ⓑ俄然

文献 ⓐ詩経・賓之初筵「側弁之俄＝弁を側だてて之れ俄たり([酔って]冠が斜めに傾いた)」ⓑ荘子・大宗師「俄而子輿有病＝俄かにして子輿病有り(急に子輿が病気になった)」

【臥】 9(臣・2) 人 音ガ 訓ふす・ふせる

語音 *ŋuar(上古) ŋua(中古→呉・漢グワ〈＝ガ〉) wò(中) 와(韓)

語源 ［コアイメージ］丸い。［実現される意味］睡眠・休息・病気のために床や地面にふせるⓐ。［英］lie in bed, lie down

〔解説〕睡眠・休息や病気で体を横たえることであるが、寝る際に体を丸める状況を捉えて*ŋuarと呼んだ。藤堂明保は果・瓦・禾・丸・元・巻・官など「まるい・とりまく」という基本義をもつ単語家族の一員とする(藤堂①)。日本語の「ふす」は「顔や腹を下にして低い姿勢をとる意」が原義で、腹這いになる、顔を下に向けて姿勢を低くする、寝るために横になる意味などに展開するという(大野①)。前の二義は漢語の伏、後は漢語の臥に当たる。漢語の臥は寝る際の姿勢の特徴に視点を置いた語である。体を丸めて寝る情景から生まれた語に夗・宛があり、藤堂はこれも臥と同源とする。

字源 「臣(イメージ記号)＋人(限定符号)」を合わせた字。「臣」は横から見た目玉を描いて、君主の前で体をかがめてうつむきかげんに控える家

来を暗示させる図形。「かがんでうつむく」というイメージがある(これは二次的イメージ)。「臥」はうつむきかげんに伏せる様子を暗示させる。図形はコアイメージを反映していない。寝る姿勢はうつむくこともあるので、この図形が考案された。

(篆)

語義 [展開] 睡眠や病気でふせる意味ⓐから、寝たように横たわる意味ⓑを派生する。[英]lie in bed, lie down; lie [熟語] ⓐ臥竜・仰臥・ⓑ臥雲

文献 ⓐ孟子・公孫丑下「隱几而臥＝几に隠ょりて臥す(床几にもたれて寝た)」

【峨】10(山・7) 人 音ガ

語音 *ŋar(上古) ŋa(中古→呉・漢ガ) é(中) 아(韓)

語源 [コアイメージ] ∧形をなす。[実現される意味] ∧形に高くとがるさま。また、山が高く険しいさまⓐ。[英]high, lofty, towering

字源 「我ガ(音・イメージ記号)＋山(限定符号)」を合わせた字。「我」は「∧形をなす」というイメージがある(⇨我)。「峨」は山が高く∧形にとがる様子を暗示させる。

語義 高いさま、また、山が高く険しいさまの意味ⓐ。[熟語] ⓐ峨峨・嵯峨

文献 ⓐ詩経・棫樸「奉璋峨峨＝璋を奉じて峨峨たり(高々と玉を捧げ持つ)」

【賀】12(貝・5) 常 常用音訓 ガ

語音 *ɦag(上古) ɦa(中古→呉ガ・漢カ) hè(中) 하(韓)

語源 [コアイメージ] 上にのせる。[実現される意味] 物や言葉を贈って喜び事を祝うⓐ。[英]congratulate

解説 説文解字では「賀は礼を以て相奉慶するなり」とあり、段玉裁は「賀の言は加なり」と述べる(説文解字注)。加にコアイメージの源泉がある。「上にのせる」というイメージである。喜び事や祝いを表明するために言葉や礼物を相手の上に加えることが賀である。

字源 「加カ(音・イメージ記号)＋貝(限定符号)」を合わせた字。「加」は「上にのせる」というイメージがある(⇨加)。「賀」は財貨(礼物)を何かの上に載せて行く場面を設定した図形。この意匠によって、礼物を持って祝うことを表象する。

語義 喜び事を祝う意味ⓐ。[和訓] よろこぶ [熟語] ⓐ慶賀・祝賀

文献 ⓐ詩経・下武「四方來賀＝四方来り賀す(四方の国が祝福にやって来る)」

【雅】13(隹・5) 常 常用音訓 ガ

語音 (1)*ŋăg(上古) gă(中古→呉ゲ・漢ガ) yǎ(中) 아(韓) (2)*·ăg(上古) ·ă(中古→呉エ・漢ア) yā(中)

語源 [コアイメージ] ∧形をなす。[実現される意味] (1)正しい。[英]correct (2)カラス。[英]crow

解説 説文解字に「雅は楚烏(ハシブトガラス、または、ハシボソガラス)なり」とある。後世の鴉アと同じである。一方、非常に早い段階で雅は「正しい」という意味で使われた(詩経のジャンルの名)。二つの間に何の関係があるのか。釈名・釈典芸では「雅は義なり」と語源を説く。義はぎざぎざの形(∧∧の形)のイメージから「正しい」の意味を実現させる。雅も同様のイメージ転化現象の語である。カラスは∧∨の形にかみ合った強大なくちばしをもつ特徴から、牙のコアイメージを取って*·ăgと名づけられ、雅と表記された。ほとんど同時に、∧∧形や∧∨形をなすというイメージから、「形がきちんとして正しい」というイメージに転

化した*ŋăgという語を雅で表記したのである。古代中国人(古代漢語の使用者)の言語習慣では┏や∧の形が美意識とつながるという特色がある(⇩義・佳)。和訓の「みやび」はミヤブの名詞形。ミヤ(宮)＋ブ(接尾語)で、「宮廷風であること」の意、ここから「上品で洗練されていること」「風流なこと」の意に展開するという(大野②)。展開義は漢語の雅のⓑにほぼ当たる。英語のelegantはelect(選ぶ)と同根で、ラテン語のeligere(選ぶ)に由来し、「(注意深く)選ぶところの」が原義という。またrefrainはre-(再び)＋fineで、精製する→洗練する意となった(下宮①)。

字源 「牙(ガ)(音・イメージ記号)＋佳(限定符号)」を合わせた字。「牙」は「かみ合う」「∧形をなす」というイメージがある(⇩牙)。かみ合って∧∨形をなす大きなくちばしをもつカラスを表した(2の場合)。カラスの表記は鴉に取って代わり、現在は1のみが用いられる。

語義 [展開]「∧形をなす」というイメージは「角立って形がきちんとしている」というイメージに展開し、形がきちんとして正しい意味ⓐ。ここから、上品で美しい(みやびやか)の意味ⓑ、生活がきちんとして変わらない(平素から、もとより)の意味ⓒに展開する(以上は1の場合)。また、カラスの意味ⓓ(2の場合)。ⓓは後に鴉と書かれる。[英]correct, proper; elegant, refined, graceful; usually; crow [和訓] みやび・みやびやか・もとより [熟語] ⓐ雅楽・雅言・ⓑ風雅・優雅・ⓒ雅懐・雅志

文献 ⓐ論語・述而「子所雅言、詩書執禮、皆雅言也＝子の雅言する所は、詩・書・執礼、皆雅言するなり(先生[孔子]が正しい音で読むのは詩経・書経・礼であり、これらはすべて正しく発音した)」ⓑ荀子・修身「由禮則雅＝礼に由れば則ち雅なり(礼法に従えば態度が上品になる)」ⓒ史記・高祖本紀「雅不欲屬沛公＝雅(もと)より沛公に属するを欲せず([彼は]普段から沛公[劉邦]に付き従いたくなかった)」

【餓】15(食・7) 常 ― 常用音訓 ガ

語音 *ŋar(上古) ŋa(中古→呉・漢ガ) è(中) 아(韓)

語源 [コアイメージ] ∧形をなす。[実現される意味] うえるⓐ。[英]starve, hungry

字源 「我(ガ)(音・イメージ記号)＋食(限定符号)」を合わせた字。「我」は「ぎざぎざ」「∧形をなす」というイメージがある(⇩我)。「餓」は物を食わないため体が痩せて、肋骨が浮き上がり、ごつごつした様相を呈する様子を暗示させる。この意匠によって、食べ物がなくてひもじい思いをすることを表象する。

語義 食べ物がなくてひもじい思いをする(うえる)意味ⓐ。[和訓] うえる [熟語] ⓐ餓死・飢餓

文献 ⓐ論語・季氏「伯夷叔齊餓于首陽之下＝伯夷・叔斉、首陽の下に餓(う)う(伯夷と叔斉の兄弟は首陽山のふもとで飢えた)」

【駕】15(馬・5) 人 ― 音ガ 訓のる

語音 *kăg(上古) kă(中古→呉ケ・漢カ・[慣]ガ) jià(中) 가(韓)

語源 [コアイメージ] 上にのせる。[実現される意味] 車に馬をつけて馬車を仕立てるⓐ。[英]harness

字源 「加(カ)(音・イメージ記号)＋馬(限定符号)」を合わせた字。「加」は「上にのせる」というイメージがある。「駕」は馬にくびきを乗せて車を装備する様子を暗示させる。

語義 [展開] 馬車を仕立てる意味ⓐから、馬車や輿に乗る意味ⓑ、乗り物の意味ⓒ、使いこなす(あやつる)意味ⓓ、他より上に出る意味ⓔに展開する。[英]harness; ride, drive; carriage; handle; surpass [熟語] ⓑ来駕・ⓒ枉駕・車駕・ⓓ駕御・ⓔ凌駕

文献 ⓐ詩経・采薇「戎車既駕＝戎車既に駕す(戦車はすでに仕立てられた)」ⓑ詩経・丰「駕予與行＝駕して予(われ)与(とも)に行かん(車に乗って私はあなたと一緒に行きます)」

かい

【介】

4(人・2) 常 ｜ 常用音訓 カイ

語音 *kăd(上古) kʌi(中古→呉ケ・漢カイ) jiè(中) 개(韓)

語源 [コアイメージ] ㋐二つに分ける・㋑両側から挟む。[実現される意味] 中のものを挟む、間に挟み入れるⓐ。[英]interpose, insert

〔解説〕古典の注釈では「介は間なり」のほか、夾・副・輔・操・独・甲など、さまざまな意味を挙げている。意味のまとまりがないように見えるが、すべてを一つのイメージで概括することはできないだろうか。○|○の形(中心のものを両側から挟む)がコアイメージである。↑|↓の形と見れば「両側に分ける」というイメージ、↓|↑の形と見れば「両側から挟む」というイメージになる。藤堂明保は割・契・間・諫・刊・研・見・看などと同源で、「ふたつに分ける・あいだ」という基本義があるとする(藤堂①)。

〔グループ〕介・界・堺・芥・疥(丘疹や線状のしきりのついた発疹が出る皮膚病、ひぜん[疥癬])・蚧(二枚貝の一種。また、ヤモリの一種、オオヤモリ、トッケイ[蛤蚧])

字源 「八(左右に分ける。イメージ記号)+人(限定符号)」を合わせて、人を左右から挟んだ情景を設定した図形。羅振玉や王国維はよろいを着けた人の形とする。これに従う文字学者(加藤常賢、白川静など)は多い。藤堂は「人+八」によって「両側に二つにわかれること」を示す会意文字とする(藤堂②)。これがわかりやすい。

(甲) (金) (篆)

語義 [展開] 中のものを挟む、また、間に挟み入れる意味ⓐから、中のものを挟むような形で守る固いもの(よろいや殻をかぶった生物など)の意味ⓑ、固い、守りが堅い意味ⓒ、中のものを両側から盛り上げて助ける(付き添って助ける)意味ⓓに展開する。また、中間に視点を置くと、中間に立って双方を取り持つ意味ⓔ、中のものだけ孤立する(ひとつ、ひとり)の意味ⓕ、ひとつだけ目立って大きい意味ⓖを派生する。[英]interpose, insert; shell, armor; firm, solid; assist; mediate; alone, soritary; great [和訓] すけ [熟語] ⓐ介在・介入・ⓑ魚介・耳介・ⓒ狷介・節介・ⓓ介護・介助・ⓔ紹介・仲介・ⓕ一介・ⓖ介福

文献 ⓐ春秋左氏伝・襄公30「介於大國=大国に介す(二つの大国の間に挟まる)」ⓑ礼記・月令「其蟲介=其の虫は介(その[季節を代表する]虫は甲羅や殻をかぶった虫である)」ⓓ詩経・七月「以介眉壽=以て眉寿を介く(長寿の老人を手助けする)」ⓔ後漢書・符融伝「因以介於李膺、由是知名=以て李膺を介するに因り、是れ由り名を知らる([登竜門の話で有名な]李膺が取り持ったので、これ以後名を知られるようになった)」

【会】

6(人・4) 常 ｜ 常用音訓 カイ・エ あう

語音 (1)*ɦuad(上古) ɦuai(中古→呉ヱ〈=エ〉・漢クワイ〈=カイ〉) huì(中) 회(韓) (2)*k'uad(上古) k'uai(中古→呉クヱ〈=ケ〉・漢クワイ〈=カイ〉) kuài(中)

語源 [コアイメージ] 多くのものが一か所に集まる。[実現される意味] 出会うⓐ。[英]meet

〔解説〕日本語の「あう(あふ)」は「二つのものが互いに寄って行き、ぴったりとぶつかる」意から、対面する、出あう意味に展開するという(大野①)。漢語の会とほぼ同じだが、違う点は、会は二つ以上のもの(多くのもの)が一つにあわさるというイメージが基本なので、集まるという意味に展開することである。藤堂明保は蘳のグループ(歓・勧など)や和・話などと同源とし、「合わせそろえる」という基本義を設けた(藤堂①)。英語のmeetは「(二つ以上のものが)会う・接(触)する」がコアイメージと

いう(田中①)。会合する・集会の意味に展開するのは漢語の会と同じ。

〔グループ〕会・絵・檜(桧)・儈(売り手と買い手を引き合わせる人、仲買人、ブローカー[牙儈])・膾(獣などの肉を細かく切って、一所に寄せ集め、盛り合わせた料理、なます[膾炙])・獪(悪知恵を集めて働かす、ずるい[老獪])・薈(草木が集まって茂る。蘆薈は音写字)・鱠(魚肉を細かく切って盛り合わせた料理、なます)

字源 「會」が正字。「曾の略体(イメージ記号)＋亼(イメージ補助記号)」を合わせた字。「曾」は「重なって増える」というイメージがある(⇩曽)。「亼」は三方から中心に寄り集まることを示す符号。したがって「會」は多くの物(または人)が一点(一か所)に寄ってきて、重なるように数が増える状況を設定した図形。この意匠によって、二つ(二人)以上のものが同じ場に集まることを表象する。

(金)　(篆)

〔字体〕「会」は近世中国で発生した「會」の俗字。絵もこれに倣う。

語義 [展開] 二つ以上のものが一点に集まることから、二人(または二人以上)の人が出会う意味ⓐ、多くの物や人が集まる意味ⓑ、物や人の集まりの意味ⓒ、何かに出くわすチャンス(めぐり合わせ)の意味ⓓに展開する。また、ぴったり合う・合わせる意味ⓔ、外から来る情報が心と合致して納得する意味ⓕを派生する(以上は1の場合)。また、数を集めて計算する意味ⓖを派生する(2の場合)。[英]meet; assemble; meeting, assembly, party, group, society, club; chance; fit; understand; calculate

[熟語] ⓐ会見・面会・ⓑ会合・集会・ⓒ学会・協会・ⓓ機会・ⓔ照会・附会・ⓕ会心・会得・ⓖ会計

文献 ⓐ詩経・鶏鳴「會且帰矣＝会ひて且に帰らんとす(会ったとたんに帰ろうとする)」ⓑ詩経・車攻「會同有繹＝会同、繹たる有り(みんな集まり勢揃い)」ⓒ詩経・大明「其會如林＝其の会は林の如し([軍の]集団は林のようだった)」ⓓ後漢書・周章伝「必資非常之會＝必ず非常の会に資す(普段にないチャンスに役立てねばならない)」ⓕ韓非子・解老「其智深則其會遠＝其の智深ければ則ち其の会遠し(知恵が深ければ理解も深い)」

【回】

6(口・3)　常　常用音訓 カイ・エ　まわる・まわす

語音 *ɦuər(上古)　ɦuəi(中古→呉ヱ〈＝エ〉・漢クワイ〈＝カイ〉)　huí(中)　회(韓)

語源 [コアイメージ] 丸くまわる。[実現される意味] ぐるぐるまわるⓐ。[英]circle

〔解説〕王力は回・還・環・運を同源とする(王力①)。藤堂明保は韋のグループ(囲など)や、胃・位・骨・血・鬼・貴・懐・軍・君・均・昆などと同じ単語家族に入れ、「丸い・めぐる・取りまく」という基本義があるとする(藤堂①)。「周囲を○の形にまわる」が回のコアイメージである。出発点から↻の形にまわり終わると元の位置に戻ることになる。また、↷の形に途中で向きを変えるというイメージ、○○○…の形に転々と回るように移っていくというイメージも生まれる。また、↑の方向に出発すると、途中で↓の方向に向きを変えるので、⇅の形(食い違う)のイメージが生まれる。違も同じイメージ転化をする語である。藤堂も王力も回と違を同源とする。日本語の「まわる(まはる)」はマフ(舞)と同根で、「平面上を旋回する意」、「めぐる」は「物の周囲を一周りするようにかこむ意。転じて、一つの方向に順次移動して、再び出発点に戻る意」という(大野①)。これらは漢語の回とほぼ同じ。常用漢字表で「めぐる」の訓が巡にあって回にないのは手落ちである(回が「めぐる」の意で、巡はあちこち見てまわる意)。

〔グループ〕回・廻・徊(あちこち回り歩く[徘徊])・洄(↓形に流れる川を↑形にさかのぼる[遡洄])・迴(ぐるぐる回る)・茴(口臭などを元通りにする効があるという草、ウイキョウ[茴香])・蛔(体内を回っていく虫、カイチュウ[蛔虫」）

字源 渦巻き模様を描いた象徴的符号。この意匠によって、「丸くまわる」というイメージを表すことができる。

(金) (古) (篆)

〔字体〕「囘」は異体字。

語義 [展開] ぐるぐる回る意味ⓐから、ぐるりと回って元に戻る意味ⓑ、向きを変える意味ⓒ、振り返る意味ⓓ、順に移して行く(回って行く)意味ⓔ、ひと回り(回数)の意味ⓕに展開する。また、途中で←の方向に対して→の方向に向きが変わることから、⇅の形に行き違う、食い違う(たがう、よこしま)の意味ⓖを派生する。[英]circle, turn around, revolve; return; turn; look back; go around; time; differ [和訓] めぐる・かえる・たがう [熟語] ⓐ回転・旋回・ⓑ回帰・撤回・ⓒ回天・回避・ⓓ回顧・回想・ⓔ回読・回覧・ⓕ回数・次回

文献 ⓐ詩経・雲漢「倬彼雲漢、昭回于天＝倬(タク)たる彼の雲漢、昭らかに天を回(めぐ)る(高く掛かった天の川は、明るく輝いて天を回る)」ⓒ楚辞・離騒「回朕車以復路兮＝朕が車を回らして以て路を復る(私の車の向きをめぐらして元の道を帰っていく)」ⓖ詩経・鼓鐘「其徳不回＝其の徳、回(たが)はず(彼の愛情は少しも変わらない)」

【灰】 6(火・2) 常 | 常用音訓 カイ はい

語音 *m̥uəg(上古) huai(中古→呉クヱ〈＝ケ〉・漢クワイ〈＝カイ〉) huī(唐クイ) huī(中) 회(韓)

語源 [コアイメージ] 暗くてはっきり見えない。[実現される意味] 物が燃えた後に残るかす(はい)ⓐ。[英]ash

〔解説〕釈名・釈天に「晦(暗い)は灰なり」とある。逆に「灰は晦なり」と言える。古代漢語では「はい」は「暗い」というイメージで捉えられた。それは「はい」が立つと辺りを見えなくするし、色も曖昧ではっきりしないからである。*m̥uəgという語は黒・墨や煤(すす)とも同源である(藤堂①)。日本語の「はい(はひ)」は灰の中古音huaiと似ているが、偶然であろう。

〔グループ〕灰・恢・盔(カイ)(頭部を覆って見えなくする武具、かぶと)・詼(カイ)(真意をくらましてふざける、たわむれる[詼諧])

字源 「灰」が正字。「火(イメージ記号)＋又(限定符号)」を合わせて、手で燃えかすをかき回す情景を設定した図形。図形にコアイメージは反映されていない。

(篆)

〔字体〕「灰」は旧字体。「灰」は近世中国で発生した俗字。現代中国では正字を用いる。

語義 [展開] はいの意味ⓐから、はい色の意味ⓑ、勢いや生気がないものの喩えⓒに展開する。[英]ash; gray; metaphor of staleness [熟語] ⓐ灰燼(カイジン)・石灰・ⓑ灰陶・灰白・ⓒ死灰

文献 ⓐ礼記・月令「毋焼灰＝灰を焼く毋(な)かれ(［この季節に］灰を焼いてはならない)」ⓒ荘子・知北遊「心若死灰＝心は死灰の若(ごと)し(心はまるで生気がない)」

【快】 7(心・4) 常 | 常用音訓 カイ こころよい

語音 *k'uăd(上古) k'uăi(中古→呉クヱ〈＝ケ〉・漢クワイ〈＝カイ〉) kuài(中) 쾌(韓)

語源 [コアイメージ] (切り分けて)中身をえぐり取る。[実現される意味] いやな気分が取れてすっきりする(気分がよい、こころよい)ⓐ。[英]refreshing, pleasant

〔解説〕下記の易経の注釈に「快は夬(カイ)なり」とある(焦循・易章句)。夬

にコアイメージの源泉がある。これは「中身をえぐり取る」というイメージ。古代漢語では「よろこぶ」や「たのしい」という精神現象を、心の中にある不快をもたらす何かを取り除くという心の働きで表象することがある。悦や愉には「不快なものを取る」→「気分がよくなる」というイメージ転化がある。快も同じ発想から生まれた。一方、障害物をえぐり取ると、「障害や摩擦が取れて通りがよくなる」というイメージが生まれる。これが快速の快、快刀の快である。訓の「こころよい」は精神現象だけで、快速や快刀には及ばない。

[字源]「夬(音・イメージ記号)+心(限定符号)」を合わせた字。「夬」は「コ型にえぐり取る」というイメージがある(⇩決)。「快」はストレスや病根など、心身によくないものを取り去る様子を暗示させる。

[語義] [展開] いやな気分が取れてすっきりする(こころよい)意味ⓐから、病根が取れて気分がよくなる(病気が治る)意味ⓑ、胸がすくような(痛快な)の意味ⓒに展開する。また、「通りがよくなる」というイメージに転化し、速度が速い意味ⓓ、よく切れる意味ⓔを派生する。[英]refreshing, pleasant; cure, heal; exciting, thrilling; quick, rapid; sharp

[熟語] ⓐ快楽・愉快・ⓑ快癒・全快・ⓒ快勝・明快・ⓓ快速・軽快・ⓔ快刀

[文献] ⓐ易経・艮「其心不快=其の心快ならず(その心は愉快ではない)」ⓓ晋書・王湛伝「此馬雖快、然力薄不堪苦行=此の馬快なりと雖も、然れども力薄くして苦行するに堪へず(この馬はスピードは速いが、力がないため荷物を運ぶには堪えきれない)」

【戒】 7(戈・3) [常]

[常用音訓] カイ いましめる

[語音] *kăg(上古) kai(中古→[呉]ケ・[漢]カイ) jiè(中) 계([韓])

[語源] [コアイメージ] 引き締める。[実現される意味] 注意を与えて、たるんだ心を引き締める(身を引き締めて用心する)ⓐ。[英]guard against, caution

[解説] 予期せぬ事態に出会うと心身が緊張する。緩んだものが引き締まって固くなる。*kăgという語はたるみに活を入れて、緊張させること、言い換えれば、心を引き締め用心させることを意味する。*kăgを代替する図形が戒である。戈(ほこ)と廾(両手)を合わせただけの舌足らず(情報不足)な図形である。図形から意味を引き出すと兵(武器、つわもの)と同じになりかねない。藤堂明保は語源について、改・革・劾・克・極などと同源で、「ぴんと張る」という基本義をもつとする(藤堂①)。古典の注釈では「戒は警なり」とあり、警とも非常に近い。王力は忌・誋・戒・誡を同源とする(王力①②)。おもしろいことに、日本語の「いましめる(いましむ)」もイム(忌)と関係がある。イムにシム(使役の助動詞)がついた形がイマシムで、「謹慎させる、すなわち、忌み遠ざける、慎ませるが原義」。謹慎させる意味から、「心を引き締めて用心する」「自由がきかないように縛る」の意味に展開するという(大野②)。後の意味は漢語の戒にはない。

[グループ] 戒・械・誡(注意を与えて引き締める、また、戒めの言葉[誡告・訓誡])

[字源]「戈(ほこ。イメージ記号)+廾(限定符号)」を合わせた字。武器を両手で持つ情景を設定した図形。意匠は斧を両手で持つ図形である兵と似ている。説文解字は戒の図形を「不虞を戒むるなり(予測できない事態に備えて用心する)」と説明している。

(甲) 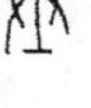 (金)  (篆) 

[語義] [展開] たるんだ心を引き締める(いましめる)意味ⓐから、たるまないように引き締めるべき事がら(いましめ)の意味ⓑ、仏道を修める者の守るべきおきての意味ⓒに展開する。手足などを縛ったりして自由を拘束する(いましめる、いましめ)の意味ⓓは日本的用法。この場合の漢

字表記は「縛め」が普通。[英]guard against, caution(ⓐⓑ); warning; commandment; bind, restrain 【熟語】ⓐ戒告・警戒・ⓑ鑑戒・十戒・ⓒ戒律・破戒・ⓓ戒具

文献 ⓐ詩経・大叔于田「戒其傷女＝其の女(なんじ)を傷つくるを戒めよ(それ[虎]に傷つけられないように用心しなさい)」ⓑ書経・五子之歌「述大禹之戒以作歌＝大禹の戒めを述べて以て歌を作る(禹王の戒めを述べて歌を作った)」

【改】

7(攴・4) 常 ― 常用音訓 カイ あらためる・あらたまる

語音 *kəg(上古) kəi(中古→呉・漢カイ) gǎi(中) 개(韓)

語源 [コアイメージ] ㋐ぴんと立ち上がる・㋑たるみを引き締める。[実現される意味] たるんだものを新しく立て直すⓐ。[英]renew, reform

〔解説〕物事が古くなるとたるみが生じる。たるんだものはぺしゃんこになっているというイメージがある。ぺしゃんこになったものに活を入れて、立ち上がらせ、もう一度よみがえらせることが*kəgである。よみがえった結果はたるみがぴんと引き締まることになる。藤堂明保は*kəgという語は戒・革などと同源で、「ぴんと張る」という基本義があるとする(藤堂①)。これは「たるみを引き締める」と言い換えてもよい。日本語の「あらためる(あらたむ)」はアラタ(開墾したばかりの田)と同根で、物事を新しくする意。「あらたまる」は「物事が新段階に入る意」(大野①)。漢語の改は古いものとの関係から発想され、古くだめになったものをもう一度立て直すという語感である。

字源 「己(キ)(音・イメージ記号)＋攴(限定符号)」を合わせた字。「己」は「起き上がって、目立つ姿を現す」というイメージがある(⇩己)。「改」はたるんで古くなったものをもう一度立ち上がらせること、あるいは、たるんで古くなったものがもう一度立ち直って姿を現すことを暗示させる。

語義 [展開] 古いものを新しいものに変える(あらためる)意味ⓐから、今までの姿が変わる(あらたまる)意味ⓑ、間違いや過ちを直す意味ⓒに展開する。間違いがないかを調べる意味ⓓは日本的用法。[英]renew, reform, innovate; change, transform; correct; check 【熟語】ⓐ改革・改新・ⓑ改歳・ⓒ改悛・改心・ⓓ改札

文献 ⓐ詩経・緇衣「敝予又改為＝敝(やぶ)れなば、予又改め為さん([衣が]破れたら、私がもう一度新しく作り直しましょう)」ⓑ詩経・都人士「其容不改＝其の容改まらず(その[都の役人の]物腰はいつも変わらぬ)」ⓒ論語・学而「過則勿憚改＝過ちては則ち改むるに憚ること勿れ(間違ったら遠慮なくそれを直しなさい)」

【芥】

7(艸・4) 人 ― 音カイ・ケ 訓あくた・からし・からしな

語音 *kăd(上古) kăi(中古→呉ケ・漢カイ) jiè(中) 개(韓)

語源 [コアイメージ] 小さい。[実現される意味] カラシナⓐ。[英]mustard

字源 「介(カイ)(音・イメージ記号)＋艸(限定符号)」を合わせた字。「介」は「二つに分ける」というイメージから「分散して小さくなる」「小さい」というイメージに展開する(⇩介)。「芥」は種子の小さい草を暗示させる。

語義 [展開] アブラナ科の草、カラシナが本義ⓐ。種子はきわめて小さく、味が辛い。また、「小さい」というイメージから、小さなごみ(あくた)の意味ⓑ、小さいもの、つまらないものに喩える語ⓒを派生する。[英]mustard; dust; trivial 【熟語】ⓐ芥子・ⓑ塵芥・ⓒ土芥

文献 ⓐ礼記・内則「膾、春用葱、秋用芥＝膾は、春に葱を用ゐ、秋に芥を用ゐる(なます料理[の香味料]には、春にはネギ、秋にはカラシナを用いる)」ⓑ荘子・逍遥遊「覆杯水於坳堂之上、則芥為之舟＝杯水を坳堂(オウドウ)

の上に覆せば、則ち芥之(これ)が舟と為る(杯の水をひっくり返して広間のくぼみに置けば、あくたも船になる)」ⓒ孟子・離婁下「君之視臣如土芥＝君の臣を視ること土芥の如し(君主が家来を見る見方はまるでごみのようだ)」

【届】8(尸・5)　常　常用音訓　とどける・とどく

語音 *kăd(上古)　kai(中古→呉ケ・漢カイ)　jiè(中)　계(韓)

語源 [コアイメージ] つかえて止まる。[実現される意味] 行き着いて止まる(いたる)ⓐ。[英]arrive at, reach

〔解説〕日本語の「とどく」は「起点からのびていって目標点に達する意」で、ここから「文・知らせ・人・物などを送りつける」意味に展開するが(大野②)、漢語の届(カイ)は究極点に行き着く(いたる)意味で、物を送りつける意味はない。

字源 「屆」が正字。「凷(カイ)(音・イメージ記号)＋尸(限定記号)」を合わせた字。「凷」は「土＋凵(箱または穴)」を合わせて、土が箱にいっぱい詰まった情景を設定した図形。塊(土のかたまり)と同音同義だが、「固くつかえて、これ以上は動かない」というイメージが取られる。「屆」は胴体のいちばん底部にある尻のように、これ以上は行けない究極の所を暗示させる。この意匠によって、究極の地点に至ることを表象する。

(篆)［凷］　(篆)

〔字体〕「届」は書道で生じた「屆」の俗字。現代中国でも届を用いる。

語義 [展開]「これ以上は行けない究極の地点に行き着く」が本義ⓐであるが、日本では少し意味の似た「とどける」(物を目的の所に送りつける意)ⓑに当てて用いる。[英]arrive at, reach; send, deliver

文献 ⓐ詩経・小弁「譬彼舟流、不知所屆＝譬へば彼の舟の流れて、屆(いた)る所を知らず([私の心は]喩えてみれば、あの舟が流れて、どこに行き着くかわからないようなものだ)」

【怪】8(心・5)　常　常用音訓　カイ　あやしい・あやしむ

語音 *kuăr(上古)　kuai(中古→呉クヱ〈＝ケ〉・漢クワイ〈＝カイ〉)　guài(中)　괴(韓)

語源 [コアイメージ] 丸い。[実現される意味] 見慣れない奇妙な姿をしている・得体が知れない・不思議であるⓐ。[英]strange, mysterious, odd, queer, weird

〔解説〕馬叙倫は怪は鬼・傀(カイ)の本字とする。藤堂明保は鬼・塊・瘣(カイ)(丸いこぶ)、さらに懐・貴・菌・昆なども同源とし、これらの単語家族は「丸い・めぐる・とり巻く」という基本義があるとする(藤堂①)。*kuărという語は「丸い」がコアイメージと考えられる。これは○の形(まる、円形)のイメージである。古代中国人(古典漢語の使用者)の言語心理では、○のイメージはマイナスイメージにつながることがある。例えば昆・頑・願など。昆においては、○は未分化でごちゃごちゃに混ざり合ったカオスのイメージであり、得体が知れぬものというイメージに転化する。得体が知れぬ不思議なものを直接に指す語が*kuărであり、これの図形化が怪である。圣は怪以外に使われないレアな記号で、特殊な記号には特別のイメージを作ることが多い。日本語の「あやしい(あやし)」は「自分の解釈し得ず、不思議と感じる異常なものに心をひかれて、アヤと声を立てたい気持ちをいうのが原義」という(大野①)。

字源 「圣(コツ)(音・イメージ記号)＋心(限定符号)」を合わせた字。「圣」は「又(手)」と「土」を合わせただけの舌足らず(情報不足)な図形で、何とでも解釈できる。説文解字では地を掘った窟(ほらあな)と解した。この意匠によって、「うつろな穴」→「ぽっかりと空虚になる」というイメージを表したと考えられる。したがって「怪」は心がぽっかりとうつろになる感じを暗示させる。図形は奇妙な存在を見た結果引き起こされる心理に焦点を合わせて創作された。

（篆）［圣］（篆）

語義 ［展開］得体が知れず不思議である（あやしい）意味ⓐから、不思議に思う（腑に落ちない、あやしむ）意味ⓑ、常識では考えられない不思議な存在の意味ⓒに展開する。［英］strange, mysterious, odd, queer, weird; wonder; monster, demon, devil ［熟語］ⓐ怪異・怪奇・ⓑ怪訝（カイガ・ケゲン）・ⓒ怪物・妖怪

文献 ⓐ論語・述而「子不語怪力亂神＝子は怪・力・乱・神を語らず（先生［孔子］が口にしない事柄は怪異・暴力・無秩序・神霊の四つ）」ⓑ韓詩外伝7「王怪而問之＝王、怪しみて之に問ふ（王は不思議に思って彼に質問した）」

【拐】8（手・5）　常 ｜ 常用音訓 カイ

語音 kuai（宋）クワイ〈＝カイ〉・［慣］カイ　guǎi（中）　괴（韓）

語源 ［コアイメージ］曲がる。［実現される意味］人をだまして金品などを持っていく・だまして連れ去るⓐ。［英］swindle, abscond, abduct, kidnap

〔解説〕柺（カイ）（老人などが用いる先の曲がった杖）から派生・分化した語であり、字である。現代中国では「角を曲がる」という意味でも用いられている。

字源 「冎（カ）（音・イメージ記号）＋手（限定符号）」を合わせた字。「拐」の右側は「別」の左側と同じで、「冎」の変形である。「冎」は「咼」と同様に「丸く回る」というイメージがあり（⇩過）、これは「曲がる」というイメージに展開する。「拐」は曲がった手段で金品をだまし取ることを表す。宋代の文献に初出。

語義 金品をだまし取る・だまして連れ去る意味ⓐ。［和訓］かどわかす ［熟語］ⓐ拐帯・誘拐

文献 ⓐ黄氏日抄79（宋・黄震撰）「被某人拐脱銭若干＝某人に銭若干を拐脱せらる（ある人にいくばくかの銭をだまし取られた）」

【廻】9（廴・6）　人 ｜ 音カイ・エ　訓めぐる・まわる・かえる

語音 *ɦuər（上古）　ɦuəi（中古→呉ヱ〈＝エ〉・漢クワイ〈＝カイ〉）　huí（中）　회（韓）

語源 ［コアイメージ］丸く回る。［実現される意味］ぐるぐる回るⓐ。［英］circle

字源 「回（カイ）（丸く回る。音・イメージ記号）＋廴（限定符号）」を合わせた字。ぐるぐる回って行く様子を暗示させる。

語義 ［展開］ぐるぐる回る意味ⓐから、元に戻る意味ⓑ、順に回して行く意味ⓒに展開する。回と通用。［英］circle, turn around, revolve; return; go around ［熟語］ⓐ廻転・輪廻（リンネ）・ⓑ廻送・ⓒ廻向・廻船

【悔】9（心・6）　常 ｜ 常用音訓 カイ　くいる・くやむ・くやしい

〔悔〕10（心・7）　人 ｜ 音カイ・ケ　訓くいる・くやむ・くやしい

語音 *muəg（上古）　huəi（中古→呉クヱ〈＝ケ〉・漢クワイ〈＝カイ〉）　huǐ（中）　회（韓）

語源 ［コアイメージ］暗い。［実現される意味］失敗を思い出して残念がる（くやむ）ⓐ。［英］regret, repent

〔解説〕毎にコアイメージの源泉がある。これは無のイメージから、見えない→暗いと展開するイメージである。暗い気分になることを*muəgという。古典の注釈に「悔の言は晦（カイ）なり。晦は猶（なお）終のごときなり」（尚書正義）とある。晦日（月末）の晦としたのは正しい。海・悔・誨（カイ）も「暗い」というコアイメージを共有する。日本語の「くいる（くゆ）」は「自分のしたことを後でよくなかった、しなければよかったと思う」意という（大野①）。漢語

の悔のような暗い気分ではなく、嘆く気分のようである。

[字源]「悔」が正字。「毎イマ(音・イメージ記号)＋心(限定符号)」を合わせた字。「毎」は「暗い」というイメージがある(⇩毎)。「悔」は気分が暗くなることを暗示させる。この意匠によって、「しくじった」「まずかった」と以前の行為を残念がる気持ちを表象する。白川静は「悔はすべて神から与えられるもの、天罰を意味する語」というが(白川①)、こんな意味はない。

[語義] [展開] 失敗を思い出して残念がる(くやむ)意味ⓐ。人の死を弔うこと(くやみ)の意味ⓑは日本的用法。[英]regret, repent; condolence

[熟語] ⓐ悔恨・後悔

[文献] ⓐ詩経・丰「悔予不送兮＝予の送らざるを悔やむ(私が[彼女を]見送らなかったのが悔やまれる)」

【恢】9(心・6) [人] [音]カイ [訓]ひろい

[語音] *k'uər(上古) k'uai(中古→[呉]ケヱ〈＝ケ〉・[漢]クワイ〈＝カイ〉) huī(中) 회(韓)

[語源] [コアイメージ] 暗くて見えない。[実現される意味] 細かい所がはっきり見えないほど、おおまかで広い(広く大きい)ⓐ。[英]extensive, vast

[字源]「灰カイ(音・イメージ記号)＋心(限定符号)」を合わせた字。「灰」は「暗くて見えない」というイメージがある(⇩灰)。「恢」は物がはっきり見えないほどだだっ広いことを表す。

[語義] [展開] 広く大きい意味ⓐから、窮屈な所をゆったりと広める(くつろげる)意味ⓑに展開する。[英]extensive, vast; relax [熟語] ⓐ恢恢・ⓑ恢復

[文献] ⓐ老子・七十三章「天網恢恢、疎而不失＝天網恢恢、疎にして失はず(天が定めた法の網は目が粗くてはっきり見えないが、悪人を逃すことはない)」

【海】9(水・6) [常] [常用音訓] カイ うみ
〔海〕10(水・7) [人] [音]カイ [訓]うみ

[語音] *mə̆g(上古) hai(中古→[呉]・[漢]カイ) hǎi(中) 해(韓)

[語源] [コアイメージ] 暗い。[実現される意味] うみⓐ。[英]sea

[解説]「海は晦カ(暗い)なり」とは古代の普遍的な語源意識である。三つの内容を含む。第一は、中国の辺境(海側)に住む民は礼儀や知識に暗いからという説(賈公彦や孫炎など昔の注釈家)。第二は、海はすべての汚れたものを受け入れるので黒くて暗いという説(釈名)、第三は、海は遠くて暗い所という説(荀子の楊倞注)。これから推測すると、中原に住んでいてめったに海を見たことのない周代の中国人がたまたま海を見たとき、海の色を暗いと感じ、あるいは、心理的には遠く暗い世界の果てにあると意識されて、*mə̆gという語が成立したと考えられる。日本語の「うみ」はオホ(大)ミ(水)のオホがウにつづまり、ウミとなったという(大言海の説)。中国では「暗い」、日本では「大きい」がうみに対して抱いた語感らしい。

[字源]「海」が正字。「毎イマ(音・イメージ記号)＋水(限定符号)」を合わせた字。「毎」は「暗い」というイメージがある(⇩毎)。「海」は深くて暗い感じの色をした水、すなわち「うみ」を暗示させる。

[語義] [展開] うみの意味ⓐ、大きな湖や池の意味ⓑ、遠い土地、世界の果ての意味ⓒに展開する。また、比喩的に、広大なものや、豊かに集まったものの意味ⓓ、広い所や深い所の意味ⓔを派生する。[英]sea; big lake; the ends of the earth; a great number of people or things; wide or profound place [熟語] ⓐ海洋・航海・ⓑ瀚海(バイカル湖)・ⓒ四海・ⓓ雲海・樹海・ⓔ官海・苦海

文献 ⓐ詩経・沔水「沔彼流水、朝宗于海＝沔ベたる彼の流水、海に朝宗す(あふれんばかりに流れる川の水は、海に注ぎこむ)」ⓒ論語・顔淵「四海之内、皆為兄弟也＝四海の内、皆兄弟為たり(世界中がみな兄弟だ)」

【界】9(田・4) 常 常用音訓 カイ

語音 *kăd(上古) kai(中古→呉ケ・漢カイ) jiè(中) 계(韓)

語源 [コアイメージ] 二つに分ける。[実現される意味] 空間をそれによって二つに分ける線(さかい目)ⓐ。[英]boundary, borderline

字源 「介イカ(音・イメージ記号)+田(限定符号)」を合わせた字。「介」は「両側に(二つに)分ける」というイメージがある(⇩介)。「界」は田と田を分けるさかい目を暗示させる。

語義 [展開] さかいの意味ⓐから、一定の区切りの中、区切られた特定の範囲・領域の意味ⓑに展開する。[英]boundary, borderline; scope, extent, circles, world [和訓] さかい [熟語] ⓐ境界・限界・ⓑ下界・世界

文献 ⓐ韓非子・五蠹「去門十里以為界＝門を去ること十里、以て界と為す(門から十里離れた所を境界とする)」

【皆】9(白・4) 常 常用音訓 カイ みな

語音 *kĕr(上古) kai(中古→呉ケ・漢カイ) jiē(中) 개(韓)

語源 [コアイメージ] 並びそろう。[実現される意味] 全部そろっている(あまねくそろう)ⓐ。[英]complete

〔解説〕下記のグループから帰納されるコアイメージは「並びそろう」ということである。同じようなものが▯-▯-▯の形に並んで一様にそろった状態を古代漢語で*kĕrといい、皆の視覚記号で再現させる。日本語の「みな」は「居合わせる人全部の意」という(大野①)。漢語の皆は人と物に関わりなく、すべてが欠け目なくそろってそこにあることである。

〔グループ〕皆・階・楷・諧・偕イカ(そろって、ともに[偕老])・揩イカ(表面を拭き取ってきれいにならす、ぬぐう)・喈イカ(鳥が声をそろえて鳴くさま[喈喈])

字源 「比(イメージ記号)+白(限定符号)」を合わせた字。「比」は右向きの人を二つ並べた図形で、「▯-▯の形に同じようなものが並ぶ」というイメージがある(⇩比)。「白」は習の下部と同じで、自の変形で、動作の意味領域に限定する符号である。したがって「皆」は同じようなものが並びそろっている様子を暗示させる。

(金) (篆)

語義 [展開] 全部そろっている意味ⓐから、全部そろって(みな)の意味ⓑに展開する。すっかり、全くの意味ⓒは日本的用法。[英]complete; all; entirely [熟語] ⓑ皆既・悉皆・ⓒ皆無・皆目

文献 ⓐ詩経・豊年「降福孔皆＝福を降すこと孔はなだ皆あまねし(福が全部に漏れなく下された)」ⓑ詩経・緜「百堵皆興＝百堵皆興る(百丈の垣がみな立った)」

【掛】11(手・8) 常 常用音訓 かける・かかる・かかり

語音 *kuĕg(上古) kuăi(中古→呉クヱ〈=ケ〉・漢クワイ〈=カイ〉・慣クワ〈=カ〉) guà(中) 괘(韓)

語源 [コアイメージ] ∧形をなす。[実現される意味] 物を∧形や┏形にひっかけるⓐ。[英]hang

〔解説〕圭にコアイメージの源泉がある。これは「∧形をなす」というイメージである。物を∧形や┏形にひっかけてぶら下げることを*kuĕgという。携帯の携とイメージが近い。日本語の「かける(かく)」は「ある物の一部を別の物や場所の一点にくっつけて食い込ませたり、固定させたりして、重みをすべてそこに委ねることで、ひっかけてぶら下げる

の意」という（大野②）。これは漢語の掛と懸に当たる。ぶら下げる意味と気にかける意味以外の掛の漢字表記（掛け算、掛け金、掛(かか)りなど）はたいてい日本的用法である。

字源 「挂」が本字。「圭(ケイ)（音・イメージ記号）＋手（限定符号）」を合わせた字。「圭」は「へ形をなす」というイメージがある（⇩圭）。「挂」は手に物をへ形にかける様子を暗示させる。のち、「圭」を「卦」に替えて「掛」となった。「圭(ケイ)（音・イメージ記号）＋卜（限定符号）」を合わせた「卦」は、卜占の際、筮竹を指にへ形にかける様子を暗示させる。この意匠によって、易の八卦を表象する。「卦」にも「へ形をなす」というイメージがあるので、「掛」は物をへ形に手にひっかけてぶらさげることを表象する。

語義 [展開] 物をへ形にひっかける意味ⓐから、心にひっかかる意味ⓑを派生する。[英]hang; be on one's mind [熟語] ⓐ掛錫(カシャク)（＝挂錫）・ⓑ掛念(ケネン)（＝懸念）

文献 ⓐ呉越春秋・夫差内伝「掛吾目於門、以觀呉國之喪＝吾が目を門に掛けよ、以て呉国の喪(ほろ)ぶを観ん（私の目を門に掛けておけ。呉国の滅亡を見てやる）」

【晦】 11（日・7） 人 音カイ 訓くらい・みそか・くらます

語音 *m̥uəg（上古） huai（中古→呉クヱ〈＝ケ〉・漢クワイ〈＝カイ〉） huì（中） 회（韓）

語源 [コアイメージ] 暗い。[実現される意味] 光が差さず暗いⓐ。[英]dark

字源 「毎(マイ)（音・イメージ記号）＋日（限定符号）」を合わせた字。「毎」は「暗い」というイメージがある（⇩毎）。「晦」は日の光が差さず暗いことを表す。

語義 [展開] 暗い意味ⓐから、月の末（みそか）の意味ⓑ、よくわからない意味ⓒ、姿が見えなくなる（くらます）意味ⓒに展開する。[英]dark; the last day of the month; obscure; abscond [熟語] ⓐ晦冥・ⓑ晦朔・晦日・ⓒ晦渋・ⓓ韜晦(トウカイ)

文献 ⓐ詩経・風雨「風雨如晦＝風雨、晦きが如し（激しい風雨はやみのよう）」ⓑ荘子・逍遥遊「朝菌不知晦朔＝朝菌は晦朔を知らず（朝菌［短命のキノコの名］は月の終わりと始めを知らない）」

【械】 11（木・7） 常 常用音訓 カイ

語音 *ɦăg（上古） ɦʌi（中古→呉ゲ・漢カイ） xiè（中） 계（韓）

語源 [コアイメージ] 引き締める。[実現される意味] 手足にはめる刑具（かせ）ⓐ。[英]shackles, fetters

〔解説〕かせが原義。日本語の「かせ」は紡いだ糸を巻きつける道具のかせ（桛）と同源かという（大野②）。漢語の械も似た発想から生まれた。戒は「心身を引き締める」という心理的・身体的イメージであるが、「何かで体を締めつける」という物理的イメージに転化する。日本語の「いましめる」も自由がきかないように縛る意に転義する。手足を縛る刑具が械である。ただし首にはめる刑具は枷(カ)（首かせ）といい、区別される。

字源 「戒(カイ)（音・イメージ記号）＋木（限定符号）」を合わせた字。「戒」は「緊張する」「引き締める」というイメージがあるが、「何かで体を締めつける」というイメージにも展開する（⇩戒）。「械」は手や足を締めつけて、自由に動けないようにする刑具を暗示させる。

語義 [展開] 刑具の意味ⓐから、人体に加えられる兵器の意味ⓑ、仕掛けをもつ道具（からくり）の意味ⓒに展開する。[英]shackles, fetters; weapon; instrument, tool [和訓] かせ [熟語] ⓐ手械・ⓑ兵械・ⓒ機械・器械

文献 ⓐ漢書・公孫賀伝「斜谷之木不足爲我械＝斜谷(ヤコク)の木は我が械

と為すに足らず(斜谷[地名]の木は私のかせにするには足りない)」ⓑ墨子・公輸「公輸盤爲楚造雲梯之械＝公輸盤、楚の為に雲梯の械を造る(公輸盤[人名]は楚のために雲梯[城壁を上るはしご車]という兵器を造った)」ⓒ荘子・天地「有械於此、一日浸百畦＝此に械有り、一日に百畦を浸す(一日で百の畝に水をかけられる装置がある)」

【堺】12(土・9) 人 ｜ 音カイ 訓さかい

語音 kai(中古→呉ケ・漢カイ) jiè(中) 계(韓)

語源 [コアイメージ] 二つに分ける。[実現される意味] さかい目ⓐ。[英]boundary, borderline

字源 「界(二つに分ける。音・イメージ記号)＋土(限定符号)」を合わせた字。土地を二つに分けるさかい目を表す。

語義 さかい目の意味ⓐ。界と通用。

【絵】12(糸・6) 常 ｜ 常用音訓 カイ・エ

語音 *ɦuad(上古) ɦuai(中古→呉ヱ〈＝エ〉・漢クワイ〈＝カイ〉) huì(中) 회(韓)

語源 [コアイメージ] 多くのものを集める。[実現される意味] えⓐ。[英]painting, picture

〔解説〕説文解字に「絵は五采の繡を会合するなり」とある。「絵は会なり」は古人の普遍的な語源意識である。刺繡の際にざまざまな色を合わせることから発想された語が絵である。これに対し、何もない所に区切りをつける(輪郭を描く)ことから発想された語が画である。

字源 「繪」が正字。「會(音・イメージ記号)＋糸(限定符号)」を合わせた字。「會」は「多くのものが一か所に集まる」というイメージがある(⇩会)。「繪」はいろいろな色の糸を取り合わせて模様を描き出す情景を暗示させる。

語義 [展開]「え」の意味ⓐから、絵を描く意味ⓑを派生する。[英]painting, picture; draw, paint [熟語] ⓐ絵画・図絵・ⓑ絵師

文献 ⓐ論語・八佾「繪事後素＝絵事は素を後にす(絵をかく場合は、白色[胡粉]で最後の仕上げをする)」ⓑ新唐書・白居易伝「繪爲九老圖＝絵きて九老図と為す(九老図を絵に描いた)」

【開】12(門・4) 常 ｜ 常用音訓 カイ ひらく・ひらける・あく・あける

語音 *k'ər(上古) k'ai(中古→呉・漢カイ) kāi(中) 개(韓)

語源 [コアイメージ] ㋐(閉じたものを)広くあけて明るくする・㋑並んでそろう。[実現される意味] 閉まっているものをあける(ひらく)ⓐ。[英]open

〔解説〕閉じた状態をひらくことを*k'ərという。閉じた状態は暗く、よく見えないというイメージがある。この状態を明るくし、見えるようにする行為が開である。藤堂明保と王力は開・啓・闓を同源とする。闓について王念孫は「闓の言は開明なり」と述べる(広雅疏証)。豈のグループには「明るい」というイメージの語もある(⇩凱)。門を開け放って内部を明るく見せることが闓である。したがって*k'ərという語は「(閉じたものを)開放して明るくする」というイメージがある。日本語の「ひらく」は「ものの閉じ目を前後左右、上下などに広くあける意」、「あける(あく)」は「明るくなる、ものを明るみに出す意」という(大野①)。後者は「閉じてある戸を引く」に転義するが、もともと「明ける」と「開ける」は同根である。漢語の開もひらいた結果明るくなるというイメージが根底にある。英語のopenは「(さえぎるものがなく)開いた」がコアイメージで、開ける・開く意味のほかに、空いている意味や始める意味にも展開する(田中①)。この転義の仕方は漢語の開と同じ。

字源 古文は「門＋一＋廾(両手)」を合わせて、両手で門のかんぬきを外す情景を設定した図形。図形にコアイメージは反映されていない。

後に字体が変わった。篆文は「幵ケン(音・イメージ記号)＋門(限定符号)」を合わせた字。「幵」は「干(棒の形)」を二つ並べて、「▯-▯の形に並んでそろう」というイメージを示す(⇩研)。「開」は閉じてある観音開きの戸を両側に▯-▯の形に開いてそろえる様子を暗示させる。開いた扉が左右に均等に並んだ姿を捉えた意匠である。

(古)　(篆)

語義 ［展開］閉じてあるものをあける(ひらく・あける)意味ⓐから、縛ったものをとき放す意味ⓑ、埋もれたもの、隠れたもの、手の加わっていないものをひらいて明るみに出す意味ⓒ、空間的に間があく意味ⓓ、手をつけていない物事をし始める意味ⓔ、気分が明るくなる(伸び伸びする、笑う)意味ⓕ、滞った状態を切り開いて明るくする(人知が暗い状態から明るい状態になる)意味ⓖに展開する。［英］open(ⓐⓓⓔ); set free; develop, exploit; spread, unfold; begin, start; smile; civilize ［熟語］ⓐ開閉・開門・ⓑ開放・ⓒ開墾・開発・ⓓ疎開・展開・ⓔ開業・開始・ⓕ開顔・ⓖ開化・未開

文献 ⓐ詩経・良耜「以開百室＝以て百室を開く(多くの部屋をあける)」ⓑ書経・多方「開釋無辜＝無辜を開釈す(罪のない民を釈放する)」ⓒ韓非子・初見秦「開地數千里、此其大功也＝地数千里を開くは、此れ其の大功なり(数千里の土地を開発したのは彼の大功績である)」ⓔ詩経・武「克開厥後＝克く厥その後を開く([文王は]子孫のための事業を起こした)」

【階】12(阜・9) 常 常用音訓 カイ

語音 *kăr(上古)　kăi(中古→呉ケ・漢カイ)　jiē(中)　계(韓)

語源 ［コアイメージ］並びそろう。［実現される意味］高い所に登るために造られた段々(きざはし)ⓐ。［英］stairs, steps

〔解説〕和訓の「きざはし」「きだはし」はハシが古形。ハシはハシ(橋)、ハシゴ(梯)のハシと同じで、これと区別するためにキザム(刻)のキザやキダ(段、切れ目の意)がついた。漢語の階と同じ。

字源 「皆カイ(音・イメージ記号)＋阜(限定符号)」を合わせた字。「皆」は「▯-▯の形に並びそろう」というイメージがある(⇩皆)。「階」は▯-▯-▯-の形に一段一段と区切られ、並びそろっている段々(きざはし)を暗示させる。

語義 ［展開］きざはしの意味ⓐから、予想される目的に至るための端緒になるものの意味ⓑ、きちんとそろった順序・等級の意味ⓒに展開する。建物のフロアの意味ⓓは日本的用法。［英］stairs, steps; first step; rank; floor ［和訓］きざはし ［熟語］ⓐ階段・ⓑ階梯・ⓒ階級・階層・ⓓ一階・地階

文献 ⓐ論語・衛霊公「及階＝階に及ぶ(階段まで届く)」ⓑ詩経・瞻卬「維厲之階＝維これ厲れいの階なり(災難の起こるもとだ)」

【塊】13(土・10) 常 常用音訓 カイ　かたまり

語音 *k'uər(上古)　k'uəi(中古→呉クヱ〈＝ケ〉・漢クワイ〈＝カイ〉)　kuài(中)　괴(韓)

語源 ［コアイメージ］丸い。［実現される意味］土のかたまりⓐ。［英］clod

〔解説〕日本語の「かたまり」は固まるの転じた語で、物の性質を捉えたもの。漢語の塊は「丸い」というコアイメージをもつ。これは物の形状を捉えた語である。古典の注釈に「塊は独なり」の訓もある(意味のⓒに対応する)。「丸い」のイメージが「ひとつ・ひとり」に連合する例は孤や寡にも見られる。

字源 「鬼キ(音・イメージ記号)＋土(限定符号)」を合わせた字。「鬼」は「丸く大きい」というイメージがある(⇩鬼)。「塊」は丸い土のかたまりを暗示させる。

語義 [展開] 土のかたまりの意味ⓐ、かたまりの形状をなすものの意味ⓑ、ぽつんと一つだけ目立つさまの意味ⓒに展開する。[英]clod; lump, block, chunk; alone [和訓] つちくれ [熟語] ⓐ土塊・泥塊・ⓑ金塊・肉塊

文献 ⓐ春秋左氏伝・僖公23「乞食于野人、野人與之塊＝食を野人に乞ふ、野人之に塊を与ふ（[重耳が]百姓に食べ物を無心すると、百姓は彼に土の塊を与えた）」ⓒ荘子・応帝王「塊然獨以其形立＝塊然として独り其の形を以て立つ（[心は混沌に帰って]肉体だけで独りぽつんと立っていた）」

【楷】13(木・9) 常 常用音訓 カイ

語音 (1)*kăr(上古) kăi(中古→呉ケ・漢カイ) jiē(中) 해(韓) (2)*k'ăr(上古) k'ăi(中古→呉ケ・漢カイ) kăi(中) 해(韓)

語源 [コアイメージ] 並びそろう。[実現される意味] カイノキⓐ。[英]Chinese pistachio

字源 「皆(音・イメージ記号)＋木(限定符号)」を合わせた字。「皆」は「並びそろう」というイメージがある(⇩皆)。羽状の小葉が形よく並ぶ木を暗示させる。

語義 [展開] ウルシ科の落葉高木、カイノキ(黄連木)が本義ⓐ(1の場合)。「きちんと並びそろう」というコアイメージから、きちんと整った方式(手本・模範・モデル)の意味ⓑ、また、篆書(曲線の多い書体)とは違い、直線が多く点画をきちんと整えた漢字の書体の意味ⓒを派生する(2の場合)。[英]Chinese pistachio; model; block style of Chinese character [熟語] ⓐ楷木・ⓑ楷式・ⓒ楷書・隷楷

文献 ⓐ説文解字「楷、楷木也、孔子冢蓋樹之者＝楷は楷木なり。孔子の冢[＝塚]に蓋(おほ)ひて之を樹(う)うる者なり(楷とは楷木である。孔子の墓に植えて覆いかぶせた木である)」ⓑ礼記・儒行「後世以爲楷＝後世以て楷と為す(後世ではそれを手本とした)」

【解】13(角・6) 常 常用音訓 カイ・ゲ とく・とかす・とける

語音 (1)*kĕg(上古) kăi(中古→呉ゲ・漢カイ) jiĕ(中) 해(韓) (2)*ɦĕg(上古) ɦăi(中古→呉ゲ・漢カイ) xiè(中) 해(韓)

語源 [コアイメージ] ばらばらに分ける。[実現される意味] 一体化したものを切り分ける(ばらばらにとける)ⓐ。[英]cut up, divide

【解説】古典の注釈では判・分・散・釈などの訓を与えているが、解の一面を捉えたに過ぎない。分散するというイメージの前提にはまとまったもの、一体化したものの存在がある。これを○のイメージで表せば、○が崩れて✣(四方に出る形)のイメージになることが解のコアイメージである。藤堂明保は解のグループ、隔、および支のグループが同じ単語家族に所属し、「ばらばらに分かれる」という基本義をもつとする(藤堂①)。○は未分化のイメージで、心理的にはカオスの状態、訳が分からない状態であるので、これをばらばらにすることは分かる(理解する)こと、また、言葉によって分からせる(解説する)という意味に展開する。日本語の「とく」は「締まり固まっているものをゆるくして流動できるようにする意」という(大野①)。日本語でも、結ばれて固くなったものを緩める→凍りついたものを緩める→心のわだかまりをとく→不明な事柄を明らかにするへと展開する。英語のdivide(分ける、分割する)、dissolve(解放する)、dismiss(解雇する)のdi-、dis-は「分離」を意味する接頭語で(下宮①)、漢語の解の「分散」というコアイメージと似ている。

【グループ】解・蟹・懈(カイ)(心の緊張がとけてだらける、おこたる[懈怠(ケタイ)])・廨(カイ)(多くの部署に枝分かれした役所[官廨])・邂(カイ)(別れたものがばったり出会う[邂逅])・獬(カイ)(正邪を見分けるという想像上の動物[獬豸(カイチ)])

字源 「牛(イメージ記号)＋角(イメージ補助記号)＋刀(限定符号)」を合わせて、牛を解体する場面を設定した図形。牛の角を刀でとくという意匠によって、一体のものを切り分けてばらばらにすることを表象する。加

藤常賢は「刀で牛を分析する意」（加藤①）、白川静は「獣体を解く意」（白川①）とする。字形にこだわると獣の解体の意味に限定されてしまう。角・刀・牛という要素からできているが、「解」という図形は語の意味（ばらばらにとき分ける）を暗示させる装置であって、角・刀・牛は意味素に入らない。図形的解釈をそのまま意味とすると、余計な意味素を混入させてしまう。語の意味は図形にあるのではなく、記号素（*kĕg ということば）にある。

（金）　（篆）

語義 ［展開］ばらばらに解き分ける意味ⓐから、もつれた事態を分けてはっきりさせる（ときほぐす）意味ⓑ、束縛からとき放す意味ⓒ、役目をといて外す意味ⓓ、意味のこんがらがった箇所を整理して意味をつかむ（わかる）意味ⓔ、意味の分からないところを分かるようにする意味ⓕ、意味の取り方（考え）の意味ⓖに展開する（以上は1の場合）。また、緊張が解けてだらける意味ⓗを派生する（2の場合）。ⓗは後に懈と書かれる。［英］cut up, divide, dissolve; solve; untie, undo; dismiss; uderstand, comprehend; explain, interpret; opinion; slack ［和訓］ほどく・わかる ［熟語］ⓐ解散・分解・ⓑ解決・和解・ⓒ解禁・解放・ⓓ解雇・解職・ⓔ理解・了解・ⓕ解釈・解説・ⓖ見解

文献 ⓐ荘子・養生主「庖丁為文恵君解牛＝庖丁（ホウテイ）、文恵君の為に牛を解く（庖丁［料理人の名］は文恵君のために牛を解体した）」ⓑ孟子・公孫丑下「賈請見而解之＝賈（コ）、見（まみ）えて之を解せんことを請ふ（私賈［人名］が彼にお目にかかって、そのことを弁解いたしましょう）」ⓒ韓非子・難一「桓公解管仲之縛而相之＝桓公、管仲の縛を解きて之を相とす（桓公は管仲のいましめを解いて、彼を宰相にした）」ⓔ荘子・天地「大惑者終身不解＝大惑する者は終身解せず（大いに惑う者は一生涯悟れない）」ⓗ詩経・烝民「夙夜匪解＝夙夜解（おこた）るに匪（あら）ず（朝から晩まで怠けない）」

【魁】 14（鬼・4） 人 音カイ 訓さきがけ

語音 *k'uər（上古） k'uəi（中古→呉クヱ〈＝ケ〉・漢クワイ〈＝カイ〉） kuí（中） 괴（韓）

語源 ［コアイメージ］丸い。［実現される意味］羹（あつもの）を汲むひしゃくⓐ。［英］dipper, ladle

字源 「鬼（キ）（音・イメージ記号）＋斗（限定符号）」を合わせた字。「鬼」は「丸い」「丸い頭」というイメージがある（⇩鬼）。「魁」は長い柄に丸い頭のついた柄杓を表す。

語義 ［展開］頭の丸いひしゃくの意味ⓐから、かしら（頭目・首領）の意味ⓑ、体格・容貌が大きくて目立つ意味ⓒ、北斗七星の第一星の意味ⓓに展開する。さきがけの意味ⓔは日本的用法。［英］dipper, ladle; chief; big and tall, stalwart; the first star of the Big Dipper; heraldi, pioneer ［熟語］ⓑ巨魁・首魁・ⓓ魁偉・魁傑・ⓔ魁星・魁斗

文献 ⓑ書経・胤征「殲厥渠魁＝厥（そ）の渠魁を殲（ころ）す（悪者のかしらを殲滅した）」

【潰】 15（水・12） 常 常用音訓 カイ つぶす・つぶれる

語音 *ɦuəd（上古） ɦuəi（中古→呉ヱ〈＝エ〉・漢クワイ〈＝カイ〉） kuì（中） 궤（韓）

語源 ［コアイメージ］空っぽになる。［実現される意味］組織体が秩序を失って崩れる（崩れて形がなくなる）ⓐ。［英］break, collapse, crumble

解説 王力は殨（カイ）（組織体がただれて崩れる）と同源とする（王力①）。藤堂明保はもっと範囲を拡大し、屈のグループ（掘・窟など）や、穴・壊・毀などと同じ単語家族にくくり、「あな・ほる・押し下げる・凹む」という基本語があるとする（藤堂①）。内部に穴があいたりして組織体が崩れることが潰である。古訓は「つひゆ（ついえる）」であった。ツヒユとは費

えると同根で、生気を失う→やつれ衰える→形が崩れるへと転義する。最後の意味が「つぶれる」と近いので、「つぶれる(つぶる)」の訓がつけられた。「つぶる」とはツブ(粒)と同根で、「すり切れたり、毛が抜けたりして丸くなり、機能を果たさなくなるのが原義」で、ここから「押されて形が平たくなり、崩れてしまう」意に転義する(大野①)。漢語の潰のイメージとは遠くなった。

字源 「貴キ(音・イメージ記号)+水(限定符号)」を合わせた字。「貴」は「空所に物を入れる」というイメージと、「物が囲いから出て空っぽになる」というイメージがある(⇩貴・遺)。「潰」は水が堤防の土を突き破って内部を空っぽにする状況を設定した図形。この意匠によって、内部ががたがたになって崩れ去ることを表象する。藤堂は貴は単なる音符としている(藤堂②)。

語義 [展開] 組織体が秩序を失って崩れる(ついえる)意味ⓐから、生物体の組織がただれる意味ⓑに展開する。ぺしゃんこになってつぶれる・つぶす意味ⓒや、物事がだめになる意味ⓓは日本的用法。[英]break, collapse, crumble; fester; crush; crash [和訓] ついえる [熟語] ⓐ潰滅・潰乱・ⓑ潰瘍・潰爛

文献 ⓐ詩経・召旻「我相此邦、無不潰止=我此この邦を相みるに、潰いつえざるは無し(私の見るこの国は、どこもかしこもがたがただ)」

【壊】 16(土・13) 常

常用音訓 カイ こわす・こわれる

〔壞〕 19(土・16) 人 音カイ・エ 訓こわす・こわれる

語音 *ɦuər(上古) ɦuʌi(中古→呉エ〈=エ〉・漢クワイ〈=カイ〉) huài(中) 괴(韓)

語源 [コアイメージ] 内部に穴があく。[実現される意味] 統一体がぼろぼろに崩れてこわれるⓐ。[英]break, collapse, destroy

〔解説〕古典の注釈に「壊は毀キ(物をばらばらにしてこわす)なり」とある。藤堂明保は潰イカとも同源とする(藤堂①)。隋(随・堕)に含まれる隓キ(=隳。崩れて定形がなくなる)とも近い。統一体・組織体の内部に穴があいたり、亀裂が入ったりして、形が崩れることを壊という。日本語の「こわす(こはす)」は「ととのっているものの形・機能を失わせる」意という(大野①)。漢語の壊とほぼ同じである。

字源 「壞」が正字。「褱イカ(音・イメージ記号)+土(限定符号)」を合わせた字。「褱」は衣の中に涙を包み隠す様子を示す図形(⇩懐)。内部に包み入れるふところのイメージから、内部に開いた穴のイメージに展開する。「壞」は壁の内部に穴があいて崩れる様子を暗示させる。この意匠によって、組織体の内部にほころびが生じ、全体ががらがらと崩れ落ちることを表象する。

語義 [展開] 統一体がぼろぼろに崩れる(こわす・こわれる)意味ⓐから、生体の一部の組織が機能を失う意味ⓑに展開する。[英]break, collapse, destroy; be ruined [和訓] やぶる・やぶれる・くずれる・こぼつ [熟語] ⓐ破壊・崩壊・ⓑ壊死シエ・壊疽ソエ

文献 ⓐ詩経・板「無俾城壞=城をして壊こぼたしむる無かれ(城をぼろぼろに壊させてはいけない)」ⓑ詩経・小弁「譬彼壞木、疾用無枝=譬へば彼の壊木の、疾やみて用もって枝無し(喩えて言えば朽ちた木の、病んで枝のないかのよう)」

【懐】 16(心・13) 常

常用音訓 カイ ふところ・なつかしい・なつかしむ・なつく・なつける

〔懷〕 19(心・16) 人 音カイ 訓ふところ・なつく・なつかしい

語音 *ɦuər(上古) ɦuʌi(中古→呉エ〈=エ〉・漢クワイ〈=カイ〉) huái(中) 회(韓)

語源 [コアイメージ] 中に包み隠す。[実現される意味] 胸の中に思

いをいだく(大切に思い慕う)ⓐ。[英]conceive, cherish, yearn

【解説】「ふところ」と「なつく」は何の関係もなさそうな意味であるが、漢語の懐においてはコアイメージが二つを結びつける。それは「中に包み隠す」というイメージである。釈名・釈姿容では「懐は回なり。本(とも)去る意有るも、回り来りて己に就く。亦た帰を言ふなり。来りて己に帰するなり」とある。懐は回と同源。去ろうとする人を回らして自分の方へ寄せるからだ。また、帰と同源。自分の方へ帰着させるからだ、といった解釈。これは意味のⓓⓔを念頭に置いた語源説。藤堂明保は回・帰のほかに、囲・胃なども同源とし、「丸い・めぐる・とり巻く」という基本義があるとする(藤堂①)。「丸く取り巻く」というイメージは「内部に包み隠す」というイメージにも展開する。物を包み隠す所が「ふところ」であり、ふところに包み込むように人を抱き込むことが懐柔の懐である。これの和訓が「なつく・なつける」。日本語の「なつく」は「離れがたく親しみ、まつわりつく」意、「なつかしい(なつかし)」は相手が気に入って、密着していたいと思う意」という(大野①)。後者の意味は漢語の懐にはない。英語のconceiveは「自分の内に取り入れて保つ」ことから、子宮に種を宿す(妊娠する)→物事を心に抱く意になるという(小島①)。漢語の懐は逆の転義の仕方であるが、conceiveと同じく両方の意味があるのはおもしろい。

【グループ】懐・壊・櫰(カイ)(=槐。エンジュ。莢の中に種子が数珠のように連なる姿を懐胎に見立てた語)

【字源】「懷」が正字。「褱(カイ)(音・イメージ記号)+心(限定符号)」を合わせた字。「眔」は「罒(=目)+水」を合わせて、目から涙が垂れ落ちる情景を設定した図形。「眔(イメージ記号)+衣(限定符号)」を合わせた「褱」は、衣で涙を隠す様子を暗示させる。この意匠によって、「中に包み隠す」というイメージを表すことができる。かくて「懷」は心の中に何かに対する思いを大切に抱く様子を暗示させる。

(金) (篆)【褱】 (篆)

【字体】「懐」は近世中国で発生した「懷」の俗字。現代中国の簡体字は「怀」。壊もこれに倣う。

【語義】【展開】心の中に思いをいだく意味ⓐから、心にいだく思いの意味ⓑに展開する。また、「中に包み隠す」というイメージは「丸く抱きこむ」「内部に開いた穴」というイメージにも展開する。かくて、内に隠し持つ(いだく)意味ⓒ、子を宿す意味ⓓ、丸く抱きこむようにこちらに寄せる(なつける)、また、こちらに慕い寄ってくる(なつく)意味ⓔ、内部に包み入れる所(胸のうち、衣の中、ふところ)の意味ⓕを派生する。なつかしい意味ⓖは日本的用法。[英]conceive(ⓐⓓ), cherish, yearn; mind; embrace; become pregnant; attach; bosom, inside breast; dear, good old

【和訓】いだく・おもう 【熟語】ⓐ懐疑・感懐・ⓑ坦懐・本懐・ⓒ懐抱・ⓓ懐胎・懐妊・ⓔ懐柔・ⓕ懐中・襟懐

【文献】ⓐ詩経・野有死麕「有女懷春、吉士誘之=女有り春を懐(おも)ふ、吉士之を誘へ(春を思う女がいる、良き男よ、いざなうがよい)」ⓑ詩経・雄雉「我之懷矣、自詒伊阻=我の懐ひ、自ら伊(こ)の阻を詒(おく)れり(私の物思いが、自ら別れを招いてしまった)」ⓒ論語・陽貨「懷其寶而迷其邦=其の宝を懐きて其の邦を迷はす(心に宝を抱きながら、国をうまく治めきれない)」ⓔ論語・公冶長「少者懷之=少者は之を懐けん(若者には慕い寄られるようにしたい)」ⓕ詩経・谷風「寘予于懷=予を懐に寘(お)く(私をふところに抱くようにかわいがる)」

【諧】16(言・9) 常 (常用音訓)カイ

【語音】*ɦăr(上古) ɦăi(中古→(呉)ゲ・(漢)カイ) xié(中) 해(韓)

【語源】[コアイメージ]並びそろう。[実現される意味]調子が合うⓐ。[英]be in tune

【字源】「皆（音・イメージ記号）＋言（限定符号）」を合わせた字。「皆」は「並びそろう」というイメージがある（⇨皆）。「諧」は言葉（音声）の調子やリズムがきちんとそろっている様子を暗示させる。

【語義】［展開］調子が合う意味ⓐから、雰囲気や気分が穏やかに和らぐ、雰囲気を和やかにさせる意味ⓑ、おかしいこと（冗談）を言う、また、たわむれ・こっけい・おどけの意味ⓒに展開する。［英］be in tune; harmonious; humor ［和訓］かなう・やわらぐ・ととのう ［熟語］ⓐ諧声・諧調・ⓑ諧語・和諧・ⓒ諧謔・俳諧

【文献】ⓐ春秋左氏伝・襄公11「如樂之和、無所不諧＝楽の和するが如く、諧らがざるは無し（音楽が調子を合わせるかのように、すべてが和らぐ）」

【檜】17（木・13） 人 ｜ 音カイ 訓ひのき・ひ

〔桧〕10（木・6） 人 ｜ 音カイ 訓ひのき・ひ

【語音】*kuad（上古） kuai（中古→呉クヱ〈＝ケ〉・漢クワイ〈＝カイ〉） guì（中） 회（韓）

【語源】［コアイメージ］あわせる。［実現される意味］イブキⓐ。［英］Chinese juniper

【字源】「會（音・イメージ記号）＋木（限定符号）」を合わせた字。「會」は「二つ以上のものを一つの所にあわせる」というイメージがある（⇨会）。「檜」は針状と鱗状の葉をあわせて持つ木、イブキを暗示させる。爾雅・釈木では「柏葉松身」とあり、柏と松の形状をあわせ持つとする。

〔字体〕「桧」は會→会に倣った「檜」の俗字。

【語義】［展開］ヒノキ科の常緑高木、イブキが本義ⓐ。葉は針状と鱗状の二型をあわせ持つ。日本では日本特産の木であるヒノキの意味ⓑに当てる。葉は鱗状。材に芳香がある。［英］Chinese juniper; Japanese cypress ［熟語］ⓐ檜柏・檜葉

【文献】ⓐ詩経・竹竿「檜楫松舟＝檜の楫に松の舟（イブキで作ったかじと、マツで作ったふね）」

【蟹】19（虫・13） 人 ｜ 音カイ 訓かに

【語音】*ɦĕg（上古） ɦăi（中古→呉ゲ・漢カイ） xiè（中） 해（韓）

【語源】［コアイメージ］ばらばらに分ける。［実現される意味］カニⓐ。［英］crab

【字源】「解（音・イメージ記号）＋虫（限定符号）」を合わせた字。「解」は「ばらばらに分ける」というイメージがある（⇨解）。「蟹」は甲を解いて脱皮する虫を暗示させる。

【語義】甲殻類のカニの総称ⓐ。頭と胸は甲で覆われる。五対の足があり、第一対は螯（はさみ）となる。［熟語］ⓐ蟹眼・蟹行

【文献】ⓐ礼記・檀弓「蟹有匡＝蟹に匡有り（カニは背に殻がある）」

かい

【貝】→ばい

がい

【刈】4（刀・2） 常 ｜ 常用音訓 かる

【語音】*ŋɪăd（上古） ŋɪʌi（中古→呉ゲ・漢ガイ） yì（中） 예（韓）

【語源】［コアイメージ］×形に交わる。［実現される意味］草をかり取るⓐ。［英］mow

〔解説〕藤堂明保は園芸の芸や、蘖（木を切った後に生えるひこばえ）などと同源で、「切り取る」という基本義があるとする（藤堂①）。

〔グループ〕刈・乂（草を刈り取る、また、余計な部分を切り捨てて形を整える、

おさめる［乂安］）・艾イガ（病根を取り除いてくれる草、もぐさの原料になるチョウセンヨモギ）

字源 「乂イガ（音・イメージ記号）＋刀（限定符号）」を合わせた字。「乂」は二つの線を交差させた図形。「刈」は刀で╳の形に切り取る様子を暗示させる。

（篆）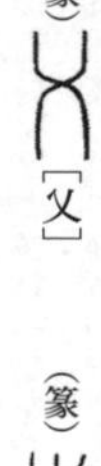［乂］　（篆）

〔字体〕「苅」は異体字。

語義 ［展開］草を刈る意味ⓐから、斬り殺す意味ⓑを派生する。［英］mow; kill ［熟語］ⓐ刈穫・ⓑ斬刈

文献 ⓐ詩経・漢広「言刈其楚＝言ここに其の楚を刈る（ニンジンボクを刈り取る）」

【外】5(夕・2)　常

（常用音訓）ガイ・ゲ　そと・ほか・はずす・はずれる

語音 *ŋuad(上古)　ŋuai(中古→呉グヱ〈＝ゲ〉・漢グワイ〈＝ガイ〉)　uai(唐ウイ)　wai(中)　외(韓)

語源 ［コアイメージ］えぐり取る・中身が欠ける。［実現される意味］ある範囲のそとがわⓐ。［英］outside

〔解説〕古代漢語では、内外の位置関係を表す語は、一定の空間内に入っていく方向で捉えたのが内、一定の空間の中身を取り去る方向で捉えたのが外である。藤堂明保によれば、*ŋuadという語は月のグループ、夬カイのグループ（抉［えぐる］・缺［＝欠］など）、劂ケツ（彫刻刀）などと同源で、「コ型にえぐりとる」という基本義をもつという（藤堂①）。これは「中身が欠ける」と言い換えてもよい。月が欠けると中身は空白で、弦だけが残る。中身をえぐり取って外側の枠だけが残る様相を呈する。このような月の現象から発想された語が内外の外である。ただし*ŋuadという語の視覚記号化（図形化）は月の観察から占いの場面へ移して構想された。日本語の「そと」はトが古形。トは「自分を中心にして、ここまでがウチだとして区切った線の向こう。自分に疎遠な場所だという気持ちが強く働く場所」、また「ほか」は「中心点からはずれた端の方の所の意」という（大野①）。漢語の外は当面する所（中心点）から除かれた部分ということで、「そと」も「ほか」も含まれる。中心から取り除くという意味に展開するのは漢語の外の特徴である。これはもともと*ŋuadという語に「えぐり取る」「中身が欠ける」というコアイメージがあるからである。日本語の「はずれる（はづる）」は「肝心な所をそれて、外縁部の方へ物が行ってしまう意」（大野①）で、中心からそれるという語感である。

字源 金文では「月ガツ（音・イメージ記号）＋卜（限定符号）」を合わせた字。「月」は原形は「月＋卜」、篆文で「夕＋卜」に変わった。したがって三日月の図形で、「欠ける」というイメージがある（⇨月）。月が欠けると弦が残り、外側だけが見える。同じように、占いの際、亀の腹甲が焼け火箸でえぐられた後の、その外側の硬い部分というのが外の図形的意匠である。これによって、内部をえぐって残った部分、すなわちそとがわを表象する。月を音符と見るのはカールグレンの説（藤堂②もこれに従う）。

（金）　（篆）

語義 ［展開］中心になるものの外側（そと）という意味ⓐから、当面する物事からはずれている（ほか）の意味ⓑ、中央・中心・正統からはずれている、また、それからはずれた所や物事の意味ⓒ、当面する物事から外に出す（はずす・はずれる）の意味ⓓに展開する。［英］outside, out, outer, exterior; other; unofficial, foreign; exclude, except, omit ［和訓］と ［熟語］ⓐ屋外・内外・ⓑ意外・望外・ⓒ外国・外地・ⓓ除外・疎外

文献 ⓐ詩経・白華「聲聞于外＝声、外に聞こゆ（［鐘の］声は家の外まで聞こえてくる）」ⓑ孟子・滕文公下「公都子曰、外人皆稱夫子好辯＝公都

子曰く、外人皆夫子弁を好むと称す(公都子が言うには、ほかの人はみんな先生が弁舌好きだと言っています)」ⓓ老子・七章「外其身而身存＝其の身を外にして身存す(自分の身を無視してこそ身は安泰だ)」

【亥】6(亠・4) [人] [音]ガイ [訓]い

[語音] *ɦəg(上古) ɦəi(中古→[呉]ガイ・[漢]カイ) hài(中) 해(韓)

[語源] [コアイメージ] 全体に張り詰める。[実現される意味] 十二支の最後の順位ⓐ。[英]the twelfth earthly branch

〔解説〕十二支は十二進法による循環的序数詞で、十干と組み合わせて、日・月・年を記す。子、丑、寅…と数えて最後が亥である。淮南子・天文訓では「亥は閡ガイ(閉じる)なり」と語源を説く。藤堂明保は亥のグループは改・戒・革・克・極・恒などと同じ単語家族に属し、「ぴんと張る」という基本義をもつとする(藤堂①)。亥は「全体に張り詰める」「ごつごつと固い」というコアイメージがあり、「隅まで張り詰めて、そこでつかえて止まる」、あるいは「固い所に当たってつかえて止まる」というイメージに展開する。このイメージは閡ガイ(閉ざす、つかえて止まる)・垓ガイ(大地の果て)に実現されている。したがってつかえて止まる最後の順位を亥とした。十干の最後を、一巡して終わるということから癸キと名づけられたのと発想が似ている。

〔グループ〕亥・劾・刻・核・該・骸・咳ガイ(息が胸につかえてせきをする[咳嗽]、また、幼児が笑う)・垓ガイ(つかえて行き止まりになる土地→大地の果て[九垓])・孩ガイ(幼児が何かを伝えようとして喉を詰まらせて言葉にならずただ笑う[孩笑]、また、乳飲み子[孩提])・欬ガイ(胸がつかえてせきをする)・痎ガイ(痩せて骨がごつごつと張り詰める病気[癆痎])・荄ガイ(芯の固い木の根)・閡ガイ(つかえて止まる、門を閉ざす)・賅ガイ(全体に行き渡る、そなわる)・駭ガイ(びっくりしてはっと緊張する[驚駭])

[字源] 動物の固い骨格の全体像を描いた図形。骸の原字。この意匠によって、「全体に張り詰める」「ごつごつと固い」というイメージを表すことができる。字源については諸説紛々で、豕(ぶた、いのしし)、荄(木の根)、耒(すき)、怪獣の形などの説がある。加藤常賢は豕と同字(加藤①)、白川静は獣の形とする(白川①)。骸の原字としたのは藤堂明保である(藤堂①)。

(甲)  (金)  (篆) 

[語義] 十二支の第十二位の意味ⓐ。十二支を動物に配当したのは後漢の頃で、亥を豕とする(日本では「い」と読む)。[熟語] ⓐ癸亥キガイ・辛亥

[文献] ⓐ春秋・隠公8「夏六月辛亥、宿男卒＝夏六月辛亥、宿男卒シュツす(六月かのといの日、宿男が死んだ)」

【劾】8(力・6) [常] [常用音訓]ガイ

[語音] (1)*ɦəg(上古) ɦəi(中古→[呉]ガイ・[漢]カイ) (2)*ɦək(上古) ɦək(中古→[呉]ゴク・[漢]コク) hé(中) 핵(韓)

[語源] [コアイメージ] 固く引き締める。[実現される意味] 罪状を調べて、不正を厳しく問い詰めるⓐ。[英]impeach

[字源] 「亥ガイ(音・イメージ記号)＋力(限定符号)」を合わせた字。「亥」は「ごつごつして全体に固く張り詰めている」というイメージがある(⇨亥)。「劾」は罪状を相手につきつけて、法の力でぐいぐいと固く締めつける様子を暗示させる。この意匠によって、罪人を調べて厳しく責めることを表象する。1と2の音があるが、日本では1を用いる。

[語義] 罪を厳しく問い詰める意味ⓐ。[熟語] ⓐ弾劾

[文献] ⓐ管子・君臣「文劾、不以私論＝文もて劾し、私を以て論ぜず(法律の条文に基づいて弾劾し、自分勝手な考えで論じない)」

【害】10(宀・7) [常] [常用音訓]ガイ

語音 (1)*ɦad(上古) ɦai(中古→呉ガイ・漢カイ) hài(中) 해(韓) (2) *ɦat(上古) ɦat(中古→呉ガチ・漢カツ) hé(中) 갈(韓)

語源 [コアイメージ] 途中で断ち切って止める。[実現される意味] 順調な進行を遮り止める(邪魔する、邪魔するもの)ⓐ。[英]damage, harm

〔解説〕釈名・釈天に「害は割なり。物を割削するが如きなり」と語源を説く。藤堂明保は害を「ふさぎ止める」という基本義をもつ轄・憲・遏・謁などと同じ単語家族に入れ、また割を「ふたつに分ける」という基本義をもつ契・介・間・諫・研・見などと同じ単語家族に入れる(藤堂①)。—|—の形に二つに分ける場合、中間に視点を置くと、→|の形に止めることになるから、害と割は「途中で止める」というイメージに概括できる。契にも含まれる丯(カイ)がコアイメージの源泉である。これは、—←—の形に切れ目を入れるというイメージで、「途中で断ち割る」というイメージにもなり、「途中で遮って、そこでストップさせる」というイメージにもなる。順調な進行を途中でストップさせることが殺害、災害の害にほかならない。

〔グループ〕害・割・轄・憲・豁(カツ)(邪魔物を切り取って、広々と開けるさま[豁然])・瞎(カツ)(視力が遮られて、目が見えない[鈍瞎漢])・犗(カイ)(生殖能力を断たれた牛、去勢牛)

字源 字源については諸説紛々である。それは金文と篆文で形が大きく違うためである。篆文は*ɦadという語と丯*kădとの同源意識が生まれてから成立した図形なので、篆文から解釈してかまわない。篆文は「丯(カイ)(音・イメージ記号)+宀(イメージ補助記号)+口(限定符号)」を合わせた字。「丯」は縦の線に三つの斜線を交わらせた象徴的符号で、「切れ目を入れる」「切り刻む」というイメージを示す(⇩契)。「宀」は「覆いかぶせて(ふさいで)邪魔をする」というイメージを示す記号。「害」は人の発言を途中で断ち切るように邪魔をして、それ以上進ませない状況を設定した図形。この意匠によって、生命などの順調な進行を途中で遮り止めることを表象する。藤堂は金文から「かぶせる物+口または古(あたま)」を合わせて、「かぶせてじゃまをし進行をとめることを示す」とする(藤堂②)。

(金) (篆)

〔字体〕龶の部分を丯と書くのが正しい字体(旧字体)。常用漢字では「害」となった。割・轄や憲もこれに倣う。

語義 [展開] 順調な進行を途中で遮り止める意味ⓐから、生命をストップさせる(殺す、そこなう)意味、また、生命をそこねるものの意味ⓑ、順調な進行を止める自然のわざわいの意味ⓒ、また、人の通行を遮り止める所の意味ⓓに展開する(以上は1の場合)。一方、「遮り止める」というイメージの共通性から、遮り止めて不審なことを問うことば(「なに」「なんぞ」「いつ」と読む疑問詞)ⓔに用いる(2の場合)。ⓔは曷(カツ)と同じ用法。[英]damage, harm; kill, murder; calamity, disaster; barrier; what, when [和訓] そこなう [熟語] ⓐ阻害・妨害・ⓑ殺害・傷害・ⓒ災害・水害・ⓓ要害

文献 ⓐ詩経・泉水「不瑕有害=瑕(なん)ぞ害有らざらん(差し障りのないはずはない)」ⓑ詩経・大田「無害我田稺=我が田稺[=稚]を害すること無からしむ([害虫に]畑の苗を食われないようにする)」ⓒ孟子・離婁上「貨財不聚、非國之害也=貨財聚まらざるは、国の害に非ざるなり(財物が集まらないのは、国家の災害ではない)」ⓔ孟子・梁恵王上「時日害喪=時(こ)の日、害(いつ)か喪(ほろ)びん(この太陽はいつ滅びるのか)」

【崖】 11(山・8) 常 常用音訓 ガイ がけ

語音 *ŋĕg(上古) ŋăi(中古→呉ゲ・漢ガイ) yá・ái(中) 애(韓)

語源 [コアイメージ]「形をなす。[実現される意味] がけⓐ。[英]

cliff

〔解説〕圭にコアイメージの源泉がある。これは「∧形」のイメージであるが、「┏形・┓形・┗形」でもかまわない。自然界においてこのような地形をなす所を*ŋĕgといい、厓の図形で表記する。山なら崖、川なら涯と書き分けるが、もともと同じ語である。日本語の「がけ」はカケが古形で、「山や岸の絶壁」の意という(大野①)。

〔グループ〕崖・涯・厓(がけ)・啀(角立てて言い合う、いがむ)・睚(<形や∧形をなす目の端、目頭・目尻[睚眦])

[字源]「厓(音・イメージ記号)+山(限定符号)」を合わせた字。「圭」は「∧形をなす」というイメージがあり(⇩圭)、これは容易に「┏形・┓形・┗形」などのイメージに展開する。「圭(音・イメージ記号)+厂(限定符号)」を合わせた「厓」は「┏形をなすがけ」を表す。「崖」は涯と区別するために、山のがけであることを明示したもの。

[篆]  [厓] [篆] 

[語義][展開]がけの意味ⓐから、限り・果ての意味ⓑ、外枠・輪郭の意味ⓒに展開する。[英]cliff; limit, margin; outline [熟語]ⓐ懸崖・断崖

[文献]ⓐ荀子・勧学「淵生珠而崖不枯=淵珠を生じて、崖枯れず(川の淵に真珠が生じると、がけが枯れることはない)」ⓑ荘子・山木「望之而不見其崖=之を望みて其の崖を見ず(これ[海]を望むと果てが見えない)」

【涯】 11(水・8) [常] ｜ [常用音訓]ガイ

[語音]*ŋĕg(上古) ŋăi(中古→[呉]ゲ・ガイ[漢]) yá(中) 애(韓)

[語源][コアイメージ]┏形をなす。[実現される意味]岸辺ⓐ。[英]waterside, bank

[字源]「厓(音・イメージ記号)+水(限定符号)」を合わせた字。「圭」は「∧形をなす」というイメージがあり、「┏形をなす」というイメージに展開する(⇩圭)。「圭(音・イメージ記号)+厂(限定符号)」を合わせた「厓」は┏形をなすがけを表す。「涯」は┏形をなす水際を表す。

[語義][展開]水際の意味ⓐから、行き着く末端(限り・果て)の意味ⓑを派生する。[英]waterside, bank; margin, limit [和訓]みぎわ [熟語]ⓐ水涯・ⓑ生涯・天涯

[文献]ⓐ書経・微子「今殷其淪喪、若渉大水、其無津涯=今殷は其れ淪喪せんとす、大水を渉りて、其の津涯無きが若し(今や殷は沈没しかかっている。水際のない大川を渡るかのようだ)」ⓑ荘子・養生主「吾生也有涯=吾が生や涯有り(私の生命には限りがある)」

【凱】 12(几・10) [人] ｜ [音]ガイ [訓]たのしむ・やわらぐ

[語音]*k'ər(上古) k'ai(中古→[呉]・[漢]カイ・[慣]ガイ) kǎi(中) 개(韓)

[語源][コアイメージ]にぎやかな音をたてる。[実現される意味]勝利を喜ぶ音楽(軍楽)ⓐ。[英]triumphant strains

〔解説〕「にぎやかな音をたてる」というイメージから、「朗らかで明るい」というイメージにも展開する。一方、楽しむ・和らぐという心理的なイメージから、肌を接する(睦み合い、近づく)→こすり合わせるという物理的なイメージも生まれた。「切る」「接する」から「身近(したしい)」に転化する親とは逆である。

〔グループ〕凱・鎧・豈(にこやかなさま、また、あに[反問の助詞])・愷(音楽をにぎやかに奏して楽しむ→にこやかに喜ぶ[愷悌])・皚(雪や霜が明るく白い[皚皚])・闓(門をからりと開け放つ)・剴(堅いものにこすり合わせて刀を磨く、また、ぴったり当たる[剴切])・磑(溝をつけた石をこすり合わせて穀物を粉にする道具、石臼・ひき臼)

[字源]「豈(音・イメージ記号)+几(限定符号)」を合わせた字。「豈」は飾りひものついた太鼓を描いた図形。この意匠によって、勝利を祝って

にぎやかな音楽を奏して喜ぶことを表象する。のち「豈」は反問することば(「あに」と読む)に用いられ、本義は「凱」で表すようになった。

(篆)［豈］

語義 [展開] 勝利を喜ぶ音楽の意味ⓐから、勝利の歌を歌う(勝ち鬨の声を上げる)意味ⓑ、にこやかに喜ぶ(楽しむ・和らぐ)意味ⓒに展開する。[英]triumphant strains; rise a shout of triumph; delightful, happy [熟語] ⓑ凱歌・凱旋・ⓒ凱風

文献 ⓒ詩経・凱風「凱風自南＝凱風南自(よ)りす(和らいだ風が南から吹いてくる)」

【街】12(行・6) 常 ｜ 常用音訓 ガイ・カイ まち

語音 *kuĕg(上古) kăi(中古→呉ケ・漢カイ・[慣]ガイ) jiē(中) 가(韓)

語源 [コアイメージ] ┏形に区切る。[実現される意味] 町の中を四通する道(町並みを区切る道、大通り)ⓐ。[英]street

[解説] 説文解字に「四通の道なり」とある。まちを十字形などで区切った通り道を街という。日本語の「まち」は「土地の区画・区切り・仕切りの意」から、「市街地を道路で区切った、その一区画」に転義する(大野①)。これは漢語の街のⓑに当たる。

字源 「圭(ケイ)(音・イメージ記号)＋行(限定符号)」を合わせた字。「圭」は「へ形をなす」というイメージがある(⇩圭)。へのイメージは┏にもつながり、また┳(┏と┓が合わさった形)にも╋(┳と┻が合わさった形)にもつながる。したがって「街」は町並みを┳形や╋形に区切った通り道を表す。

語義 [展開] 町並みを区切る道の意味ⓐから、┏形に区切られた町の意味ⓑに展開する。[英]street, avenue, boulevard; town, city [熟語] ⓐ街道・街路・ⓑ街区・市街

文献 ⓐ韓非子・内儲説上「棄灰於街、必掩人＝灰を街に棄つれば、必ず人を掩(おお)ふ(灰を通り道に捨てると、必ず人にかぶさってしまう)」

【慨】13(心・10) 常 ｜ 常用音訓 ガイ

語音 *k'əd(上古) k'ai(中古→呉・漢カイ・[慣]ガイ) kǎi(中) 개(韓)

語源 [コアイメージ] いっぱいに満ちる。[実現される意味] 胸を詰まらせてため息をつく(なげく)ⓐ。[英]sigh

[解説] 王力は気・喟(キ)・慨・嘅(ガイ)・愾(ガイ)を同源とし、ため息、なげく意味があるとする(王力①)。これは表層レベルの語源説。藤堂明保は气(キ)のグループ(乞を含む)、旡(キ)のグループ(既・愛を含む)のほかに、乙のグループや哀とも同源とし、「つまる・いっぱいにこもる」という基本義があるとする(藤堂①)。「中身が詰まる」というイメージは「いっぱいに満ちる」「(詰まって)ふさがる」というイメージともつながる。「詰まる」「満ちる」「ふさがる」は可逆的な(相互転化可能な)三つ組みイメージである。胸が何かの思いでいっぱい満ちてふさがる、その結果ため息をつくことを*k'ədという。悲しみでため息をつくことも、切なくてため息をつくことも心理としては同じ現象である。慨は愛・哀、また敵愾心の愾(むかむかと怒りをこめる)とも近い。

字源 「慨」が正字。「既(キ)(音・イメージ記号)＋心(限定符号)」を合わせた字。「既」は「いっぱいに満ちる」というイメージがある(⇩既)。「慨」は胸がいっぱいになってはあとため息をつく様子を暗示させる。白川静は「既は食事が既に既(お)わるの意味で、その姿が嘆くときのふるまいと似ているので、心をそえて、なげくの意味となる」とする(白川②)。語の深層構造ではなく、表面をなぞった解釈である。

語義 ため息をつく意味ⓐ。[和訓] なげく [熟語] ⓐ慨嘆・感慨・憤慨

文献 ⓐ荀子・宥坐「孔子慨然歎曰嗚呼＝孔子慨然として歎じて曰く、嗚呼(ああ)(孔子はため息をついて嘆いて、〝ああ〟と言った)」

【蓋】13(艸・10) [常] [常用音訓] ガイ　ふた

[語音] *kab(上古) kai(中古→[呉]・[漢]カイ・[慣]ガイ) gài(中) 개(韓)

[語源] [コアイメージ] 覆いかぶせる。[実現される意味] 上から覆いかぶせる(a)。[英]cover

〔解説〕王力は蓋・加・架・枷・駕を同源とし、重なる・覆うという意味があるとする(王力①)。上からふたなどがかぶさって、下のものを覆うことが*kabである。この語は合や盒(ふたのある容器)とも近い。

〔グループ〕蓋・盍(ふたをかぶせる、覆う)・闔(閉じ合わせる[開闔])・嗑(上あごが下あごにかぶさって、物をかむ)・壒(かぶさってたまる土埃)・溘(覆い隠れて気づかないうちに→たちまち[溘然])

[字源] 「盍(音・イメージ記号)+艸(限定符号)」を合わせた字。「盍」の本字は「盇」で、「大(ふたの形)+一+皿(さら)」を合わせたもの。「一+皿」は皿に血液を入れた形で、「血」と同じ。「盇」は血液を入れた皿にふたをかぶせる様子を暗示させる。具体は捨象して単に「覆いかぶせる」というイメージを用いる。「蓋」は草をかぶせて屋根を葺く場面を設定した図形。この意匠によって、上から覆いかぶせること、また、覆いかぶせるものを表象する。

(篆)  [盇]　(篆) 

〔字体〕「蓋」「盖」は異体字。

[語義] [展開] 上から覆いかぶせる意味(a)から、覆い・ふたの意味(b)に展開する。また、「広く覆いかぶせる」というイメージから、全体に押しかぶせて大まかに物事を推測する意味の副詞的用法(漢文で「けだし」と読む)が生じた。だいたい、おそらく、思うにの意味(c)。[英]cover(a)(b); lid; probably [和訓] おおう・けだし [熟語] (a)蓋棺・蓋世・(b)華蓋・天蓋・(c)蓋然

[文献] (a)呂氏春秋・知接「蟲流出於戸上、蓋以楊門之扇＝虫流れて戸上に出で、蓋ふに楊門の扇を以てす(死体から虫が戸外に流出したので、楊門の扇を覆いかぶせた)」(c)論語・述而「蓋有不知而作之者＝蓋し知らずして之を作る者有り(思うに、知識がないのに創作する手合いがいるだろう)」

【該】13(言・6) [常] [常用音訓] ガイ

[語音] *kəg(上古) kəi(中古→[呉]・[漢]カイ・[慣]ガイ) gāi(中) 해(韓)

[語源] [コアイメージ] 全体に張り詰める。[実現される意味] 広く行き渡る(全体にそなわる)(a)。[英]complete

[字源] 「亥(音・イメージ記号)+言(限定符号)」を合わせた字。「亥」は「全体に張り詰める」というイメージがある(⇩亥)。「該」は言語行為の場において、たるみを引き締めるために、命令を全体に行き渡らせる様子を暗示させる。この意匠によって、全体に広く行き渡ることを表象する。

[語義] [展開] 欠け目なく全部がそなわる意味(a)から、全体がぴったりそろって一致する→ちょうど当てはまってずれがないという意味(b)、ちょうどそれだと指すことば(c)を派生する。[英]complete; applicable; this, that, said [熟語] (a)該博・(b)該当・当該・(c)該書

[文献] (a)荘子・天下「不該不偏＝該せず偏せず(能力・知識が広く行き渡っていない)」

【概】14(木・10) [常] [常用音訓] ガイ

[語音] *kəd(上古) kəi(中古→[呉]・[漢]カイ・[慣]ガイ) gài(中) 개(韓)

[語源] [コアイメージ] いっぱいに満ちる。[実現される意味] 升を平らに均す棒(ますかき・とかき)(a)。[英]strickle

[字源] 「槪」が正字。「既(音・イメージ記号)+木(限定符号)」を合わせた字。「既」は「いっぱいに満ちる」というイメージがある(⇩既)。

「概」は穀類などを量る際、升にいっぱいになるよう表面を掻いて均す木の棒を表す。

〔字体〕「槩」は異体字。

語義 [展開] ますかき・とかきが原義ⓐ。ますかきが升を平らに均す機能をもつことから、全体を平らに均す意味ⓑ、全体のあらましの意味ⓒ、おおむね（一般に、概して）の意味ⓓに展開する。また、ますかきがいっぱいの量を入れることから、物事を受け入れることのできる器量、あるいは、物事の大きさを見るスケールという意味ⓔ、全体を見渡した景色・おもむきの意味ⓕを派生する。[英]strickle; level, generalize; general, outline; generally; capacity, caliber; scene [和訓] とかき・おおむね [熟語] ⓑ概括・ⓒ梗概・大概・ⓔ気概・ⓕ勝概

文献 ⓐ管子・水地「量之不可使概、至滿而止＝之を量るに概を使ふべからず、満に至りて止まる（[水を]量るにはますかきを使ってはならない。満杯になると自然に止まるからだ）」ⓑ韓非子・説難「毋以其難概之＝其の難を以て之を概すること毋（な）かれ（困難さを一様に均してはいけない）」

【骸】16(骨・6) 常 常用音訓 ガイ

語音 *ɦəg(上古) ɦăi(中古→㊺ゲ・㊼カイ・[慣]ガイ) hái(中) 해(韓)

語源 [コアイメージ] 全体に張り詰める。[実現される意味] 骨組み(骨格・体)ⓐ。[英]skeleton

字源 「亥（ガイ）（音・イメージ記号）＋骨（限定符号）」を合わせた字。「亥」は動物の骨格の全体像を描いた図形で、「全体に張り詰める」というイメージがある（⇩亥）。「骸」は体全体に張り詰めた骨格を暗示させる。

語義 [展開] 骨組みの意味ⓐから、死体（むくろ）の意味ⓑに展開する。[英]skeleton; corpse [和訓] むくろ [熟語] ⓐ形骸・ⓑ骸骨・死骸

文献 ⓐ墨子・迎敵祀「斂其骸以爲醢＝其の骸を斂（おさ）めて以て醢（カイ）と為す（それら[動物]の骨を入れて塩辛とする）」

【鎧】18(金・10) 人 音ガイ 訓よろい

語音 *k'ər(上古) k'əi(中古→㊺・㊼カイ・[慣]ガイ) kǎi(中) 개(韓)

語源 [コアイメージ] こすり合わせる。[実現される意味] よろいⓐ。[英]armor

字源 「豈（キ）（音・イメージ記号）＋金（限定符号）」を合わせた字。「豈」は「こすり合わせる」というイメージがある（⇩凱）。「鎧」は金属片をこすり合わせるように綴った武具、「よろい」を表す。

語義 よろいの意味ⓐ。[熟語] ⓐ鎧甲・鎧冑（ガイチュウ）

文献 ⓐ管子・地数「制之以爲劍鎧矛戟＝之を制して以て剣・鎧・矛・戟（ゲキ）を為（つく）る（これ[金属]を断ち切ってつるぎ・よろい・ほこ・戟[ほこの一種]を作る）」

かき

【垣】→えん

【柿】→し

かく

【各】6(口・3) 常 常用音訓 カク おのおの

語音 *klak(上古) kak(中古→㊺・㊼カク) gè(中) 각(韓)

語源 [コアイメージ] 固いものにつかえて止まる。[実現される意味] 一つ一つ取り上げる様子（おのおの・めいめい・それぞれ）ⓐ。[英]each, every

〔解説〕同類の集合A、B、C…を取り上げて、一つ一つ指して例外が

ないという場合、それを言語化して*klakといい、これを図形化して各とする。各はすでに甲骨文字・金文に存在し、「来る」や「止まる」の意味と解釈されているが、なぜ各人の各（おのおの）の意味の*klakを各が表記しうるのか、従来誰も述べていない。せいぜい仮借とするだけである。各の深層構造の解明にヒントを与えたのは藤堂明保である。氏によれば、各のグループは古のグループと同源で、「かたい」「固くつかえる」という基本義があり、各は「個（かたい個体）の意味に近く、一つずつこちんこちんとつかえる→それぞれにの意味となった」という（藤堂②）。*klakという語における認識の様態は、A、B、Cという個の視点から見ると、A→B、B→Cというぐあいにぶつかって止まるのイメージ（→□の形）、集合の視点から見ると、A-B-Cというぐあいに点々と連なり並ぶのイメージ（□-□-□-の形）であり、これら二つのイメージが各のコアをなすといえる。甲骨文字における各は足がある場所にぶつかって停止することである。ここに「→□の形」のイメージがある。これが連鎖すると「□-□-□-の形」のイメージに展開する。各はこのようなコアイメージをもつために、同類の事物（人や物）A・B・Cをひっくるめて指し示す用法が発生したのである。日本語の「おのおの」はオノ（己）を重ねた形で、自分自分、めいめいの意味。英語のeachは二つ以上のものについて個別に指し示す語で、「おのおの、めいめい、それぞれ、一つ一つ」の意。これに対しeveryは「三者以上についてまず全体をイメージしてから個別の要素に目を向け」、「どの…もみな、あらゆる」の意という（田中①）。漢語の各は語感としてはeachに近いが、everyの意味にもなる。なお各の語形は上古ではkl-の複声母であったが、各を音・イメージ記号にもつ語群は、k-の語形と、l-の語形に分かれた。主として前者は「固いものにつかえて止まる（→□の形）」というイメージの語、後者は「次々に並び連なる（□-□-□-の形）」というイメージの語である（例外もある）。藤堂は下記のグループのうち絡・洛・落・略などの各を単なる音符としたが（藤堂②）、筆者は右に述べたイメージ転化現象を踏まえてすべて音・イメージ記号と見る。

〔グループ〕 各・格・閣・客・絡・落・酪・略・路・賂・洛・咯カク（＝喀。喉や胸に詰まったものを吐き出す［喀血］）・恪カク（心を固く持して慎む、きまじめなさま［恪勤］）・挌カク（外から来る力を止めて立ち向かう→打ちかかる［挌闘］）・貉カク（＝狢。アナグマの穴に一時的にやってきて宿るという獣、タヌキ。〈日〉ムジナ・アナグマ）・茖カク（ギョウジャニンニク［茖葱カクソウ］）・骼カク（固い骨組み［骨骼］）・烙ラク（火にかけてからからに固くする→あぶる［烙印・炮烙］）・珞ラク（玉をつないだもの［瓔珞ヨウラク］）・輅ロ（大路を行く大きな車→天子の車［大輅］）・駱ラク（駱駝はもとは馲駝タクダで、外来語の音写）

字源 「夂＋口」を合わせた字。「夂」は下に向く足の形。「口」はくちではなく、「石」の甲骨文字・金文にもあるように、石ころのような固いものを示す象徴的符号である。「各」は歩いてきた足が固いものにぶつかって止まる情景を設定した図形。この意匠によって、「固いものにつかえて止まる」「次々に（点々と）連なる」というイメージを表すことができる。各を来格（いたる）の本字としたのは羅振玉の説。

（甲）

（金）

（篆）

語義 おのおの、めいめいの意味ⓐ。［熟語］ⓐ各自・各地

文献 ⓐ詩経・雨無正「各敬爾身＝各、爾が身を敬せよ（めいめいが自分の身を慎みなさい）」

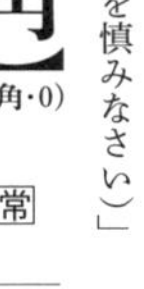

【角】 7（角・0） 常 ｜ 常用音訓 カク かど・つの

語音 *kŭk（上古） kɔk（中古→㊇・㊈カク） jiǎo・jué（中） 각（韓）

語源 ［コアイメージ］中空で外側が固い。［実現される意味］動物のつのⓐ。［英］horn

〔解説〕 牛などのつのは中が空洞になっており、また、獣のつのを加工

してさかずきや笛などを作ったので、中空のイメージがある。藤堂明保は角のグループと殻のグループが同源で、「中空の固い殻」という基本義があるとする(藤堂①)。「固い」というイメージでは確や核とも近い。王力は角と較を同源とするが(王力②)、角と較は偶然似た意味になっただけで、コアイメージが異なる。

〔グループ〕角・埆(痩せてこちこちに固い土地[墝埆])・确(石の多い痩せ地[磽确])・桷(屋根を支える角材)・斛(中空に物を入れて容量を計るもの、ます。転じて容量の単位[万斛])・槲(殻斗をますに見立てた植物、カシワ)

字源 獣のつのを描いた図形。

(甲)　(金)　(篆)

語義 [展開] 動物のつのの意味ⓐ。また、つのの外形のイメージから、∧形のとがった形、突き出た形(∧・∠・┏などの形)をしたもの(かど)の意味ⓑ、また、∠形になった地形(すみ)の意味ⓒに展開する。また、獣が角を突き合わせて戦うことを比喩にして、力を比べて争う意味ⓓを派生する。[英]horn; angle; corner; contend [和訓] すみ・くらべる [熟語] ⓐ犀角・触角・ⓑ角柱・三角・ⓒ隅角・ⓓ角逐・互角

文献 ⓐ詩経・行露「誰謂雀無角=誰か謂はん雀に角無しと(誰がスズメにつのがないなんて言うのか)」ⓒ大戴礼記・曽子天円「如誠天圓而地方、則是四角之不揜也=如し誠に天円にして地方ならば、則ち是れ四角の揜おはれざるなり(本当に天が円形、地が方形ならば、四つの隅が覆われないことになる)」ⓓ韓非子・外儲説左下「角力而不勝=力を角べて勝たず(力比べをして勝てなかった)」

【拡】 8(手・5) 常 常用音訓 カク

語音 *k'uak(上古) k'uak(中古→呉・漢クワク(=カク)) kuò(中) 확(韓)

語源 [コアイメージ] 四方に広がる。[実現される意味] 枠を広げるⓐ。[英]expand

字源 「擴」が正字。「廣(音・イメージ記号)+手(限定符号)」を合わせた字。「廣」は「四方に広がる」というイメージがある(⇩広)。「擴」は枠を四方に張り広げることを表す。

語義 枠を広げる意味ⓐ。[和訓] ひろげる [熟語] ⓐ拡充・拡大・拡張

文献 ⓐ孟子・公孫丑上「擴而充之矣=拡げて之を充たす(枠を広げて、それを充実させる)」

【革】 9(革・0) 常 常用音訓 カク かわ

語音 *kăk(上古) kɛk(中古→呉キャク・漢カク) gé(中) 혁(韓)

語源 [コアイメージ] ぴんと張り詰める。[実現される意味] 毛を取り去った獣のかわⓐ。[英]leather

〔解説〕皮革の革と改革の革に何か関係があるのか。日本人にはぴんと来ない。あるいは中国人もそうかもしれない。二つの意味に筋道をつけたのは藤堂明保である。氏は「革とはぴんと全軀の張ったかわである。改革の革とはたるんだ物をぴんと緊張させるという意味である」と述べ、「ぴんと張る」が基本義だという(藤堂①)。陰干しした毛皮を*kăkという。乾燥させるのでぴんと張った状態になる。また、引き締まった状態になる。*kăkという語は戒(身を引き締める)と同源である。藤堂はそのほか亥のグループや、改・克・極・恒とも同源とした(藤堂①)。王力は改・更・革が同源で、あらためる意味、また、棘・亟・革・急が同源で、急の意味があるとする(王力①②)。

字源 頭つきの獣のかわをぴんと張って乾かしている姿を描いた図形。白川静は「生の皮とすっかり異なるものとなるので、あらたまるの意味となる」とする(白川②)。語の深層構造を捉えていない。

(金) (篆)

語義 [展開] 毛を取り去った獣のかわの意味ⓐから、かわで作った武具(よろいなど)や、かわを巻いた戦車の意味ⓑに展開する。また、「たるみがなくぴんと張り詰める」というイメージから、たるんでいる状態に何らかの作用を及ぼして、ぴんと張り詰めた状態にする(旧態を脱して新しくなる)という意味ⓒ、事態が張り詰めた状態になる(急に差し迫る)という意味ⓓを派生する。[英]leather; armor; change, reform; urgent [和訓] あらたまる・あらためる [熟語] ⓐ革帯・皮革・ⓑ兵革・ⓒ革新・改革

文献 ⓐ詩経・羔羊「羔羊之革=羔羊の革(黒い子羊の毛皮)」ⓑ孟子・公孫丑下「威天下不以兵革之利=天下を威するに兵革の利を以てせず(武器や武具の鋭利で天下を脅しつけない)」ⓒ易経・革「天地革而四時成=天地革(あらた)まりて四時成る(天地が改まり、四季が完成した)」ⓓ礼記・檀弓「夫子之病革矣=夫子の病革まる(先生[孔子]は危篤になった)」

【格】 10(木・6) 常 ｜ 常用音訓 カク・コウ

語音 *kăk(上古) kʌk(中古→呉キャク・漢カク・[慣]カウ〈=コウ〉) gé(中) 격(韓)

語源 [コアイメージ] 固いものにつかえて止まる。[実現される意味] 支えて止めるもの。固く押さえ止める道具(固い木の棒や柵)ⓐ。[英]holder, shelf

[解説] 厳格・人格・合格などの格はなかなか意味が取りにくい。統一的に意味をつかむには深層構造を捉える必要がある。コアイメージの源泉は各にある。「固いものにつかえて止まる」というイメージである。図示すると→▯の形である。→の部分に視点を置くと、終点までやって来る(いたる)という意味、▯の部分に視点を置くと、固くつかえるもの、固く手応えのある芯という意味になる。大きく分けると格の意味は二通りである。

字源 「各(カク)(音・イメージ記号)+木(限定符号)」を合わせた字。「各」は「固いものにつかえて止まる」というイメージがある(⇨各)。「格」は外から来る力に対して、止めたり支えたりする固い木の棒や柵や棚を暗示させる。

語義 [展開] 固く押さえ止める道具が本義ⓐ。「固いものにつかえて止まる」というコアイメージから、さまざまな意味に展開する。動詞では、向こうから来るものを遮って止める意味ⓑ、向こうからやって来てある場所で足を止める(いたる)意味ⓒ、向こうから来るものに立ち向かう(打ちかかる、捕まえる)意味ⓓ、また、固い芯が通るようにゆがみをきちんと正す(正しい)という意味ⓔになる。名詞では、固い芯が通ってきちんとした品質の意味ⓕ、押さえて止めたり、はみ出たりしないようにするために設けた基準や決まりの意味ⓖ、また、正しくきちんとした形(方形)の意味ⓗに展開する。ⓓは挌と通用。[英] holder, shelf; hinder, obstruct; reach, arrive; resist, hit; correct; quality; standard, rule; square, grid [和訓] ただす・いたる [熟語] ⓐ書格(本棚)・ⓑ扞格(固くつかえて動けないようにする)・ⓒ格物・ⓓ格技・格闘・ⓔ厳格・ⓕ骨格・品格・ⓖ格式・規格・ⓗ格子

文献 ⓒ詩経・楚茨「神保是格=神保是れ格(いた)る(先祖の霊がやってくる)」ⓓ司馬相如・子虚賦「手格此獸=手もて此の獣に格す(素手でこの獣と格闘する)」(文選7)ⓔ論語・為政「齊之以禮、有恥且格=之を斉(ととの)ふるに礼を以てすれば、恥有りて且つ格(ただ)し(礼で治めるならば、[民は]廉恥を知るだけでなく正しくなる)」ⓖ礼記・緇衣「行有格也=行ひに格有るなり(行為に基準がある)」

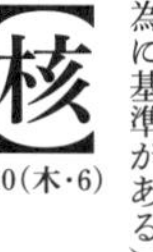

【核】 10(木・6) 常 ｜ 常用音訓 カク

語音 *ɦək(上古)　ɦɛk(中古→㊣ギャク・㊤カク)　hé(中)　핵(韓)

語源 [コアイメージ] ごつごつと固い。[実現される意味] 果実のさねⓐ。[英]pit

字源 「亥(音・イメージ記号)+木(限定符号)」を合わせた字。「亥」は獣の内部にある骨格の全形を描いた図形で、「全体に張り渡る」というイメージのほかに、「ごつごつと固い」というイメージを表すことができる(⇩亥)。「核」は果実の中にあるごつごつと固い部分、「さね」を表す。

語義 [展開] 果実のさねの意味ⓐ。さねは果実の中心にあるので、物事の固い芯(中心)という意味ⓑに展開する。近現代になって、細胞の中心をなすもの(細胞核)の意味ⓒ、原子の中心をなすもの(原子核)の意味ⓓに用いる。[英]pit; core; nucleus(ⓒⓓ)　[和訓] さね　[熟語] ⓐ核果・ⓑ核心・中核・ⓒ核膜・結核・ⓓ核兵器

文献 ⓐ礼記・曲礼「賜果於君前、其有核者、懐其核=果を君前に賜ひ、其の核有る者は、其の核を懐く(君主の前で果実を頂く時、さねがあるなら、そのさねを懐に入れる)」ⓑ論衡・量知篇「文吏不學世之教無核也=文吏は世の教へを学ばざれば核無きなり(文官は世間の教えを学ばないと、芯がなくなる)」

【殻】11(殳・7)　常　(常用音訓) カク　から

語音 *k'ŭk(上古)　k'ɔk(中古→㊣コク・㊤カク)　ké・qiào(中)　각(韓)

語源 [コアイメージ] 外側が固く、中が空っぽ。[実現される意味] 中空の固い外皮(から)ⓐ。[英]shell

〔解説〕藤堂明保は殻のグループと角のグループは同じ語源に属し、「中空の固いから」という基本義があるとする(藤堂①)。古典の注釈では「殻は核なり」とある。固いというイメージでは殻は核とも近い。日本語の「から」はカラダのカラ(軀)、マメガラ・ヤガラのカラ(幹)、カラ(空)、カル(枯)などと同根で、「水分・生命がすっかり失われて、ぬけがらとなったもの」の意という(大野①)。漢語の殻は「中空でかつ固い」というイメージである。

〔グループ〕殻・穀・愨(心が堅くきまじめ、まこと[愨実])・榖(茎に乳汁を含む木、カジノキ)・轂(車輪の中心部で、軸を通す中空の穴、こしき、ハブ[轂撃])・瑴(こつんと固い玉)・彀(弓を枠いっぱいに張る)・鷇(殻を破って生まれるひな鳥)

字源 「㱿」が本字。「青(音・イメージ記号)+殳(限定符号)」を合わせた字。「青」は紐でつるした貝殻を描いた図形で、「中空で外側が固い」「固いから」というイメージがある。「㱿」は固いものをこつんとたたく様子を暗示させる。「青」の字源については定説がないが、「貝殻を紐でぶら下げた首飾りの形」(藤堂①)とする説に従う。

(篆)[青]　(篆)

〔字体〕「㱿」が本字(正字)で、「殼」(旧字体)はその俗字。「一」を省いた「殻」は近世中国の俗字。現代中国の簡体字は「壳」。

語義 [展開] 固いものをたたくという意味は廃れ、本来コアイメージとしてある「中空の固いから」の意味ⓐが実現された。また、中が空っぽなさまの意味ⓑを派生する。[英]shell; empty　[熟語] ⓐ地殻・甲殻・ⓑ殻然

文献 ⓐ張衡・思玄賦「玄武縮于殻中兮=玄武は殻中に縮む(玄武は甲羅の中に首を縮める)」(文選29)

【郭】11(邑・8)　常　(常用音訓) カク

語音 *kuak(上古)　kuak(中古→㊣・㊤クワク〈=カク〉)　guō(中)　곽(韓)

語源 [コアイメージ] 外枠で囲む・枠を広げる。[実現される意味] 城(町・都市)の外側を囲った垣や壁ⓐ。[英]outer city wall

〔解説〕外部を枠で囲い、内部が空っぽになっている状態を*kuak(郭)という。殻と似ているが、殻は外部が固いことに焦点があり、郭は枠を広げることに焦点がある。釈名・釈宮室では「郭は廓なり。廓落(広くてうつろなさま)として城外に在るなり」と述べている。藤堂明保は拡・攫(鷲摑みにする)・獲・篗(糸を巻いて収める道具、かせ・わく)・筐(四角い枠、箱)などと同源で、「枠、枠で囲む」という基本義があるとする(藤堂①)。王力は椁・鞟・革が同源で、外部に在るの意味をもつとする(王力②)。日本語の「くるわ」は「城または砦などの周囲にめぐらして築いた、土や石の囲い」の意(大野①)。これは漢語の郭・廓とほぼ同じ。遊女屋の集まった色町の意味は漢語の郭・廓にない。

〔グループ〕郭・廓(中ががらんとして大きい、また、枠を広げる[廓清]。また、くるわ[城廓])・椁(=槨。内側のひつぎを囲む外側のひつぎ、外棺[棺椁・石椁])・鞟(=鞹。毛や肉を取り去ったかわ)

字源 「𩫖(音・イメージ記号)+邑(限定符号)」を合わせた字。「𩫖」は亭(城門)が上下に対称になっている都城の全形を描いた図形。段玉裁は真ん中の◎は内城と外廓の形、上下の「亠+口」およびその逆形は内城と外廓の両亭が相対する形という(説文解字注)。「𩫖」の意匠によって、城(都市)の外側を取り囲む外枠(外廓)を表しているが、後に限定符号の「邑」を添えて「郭」になった。

(甲)  (金)  (篆)[𩫖] (篆)

語義 [展開] 都市の外側を囲う垣・壁の意味ⓐから、物の外枠の意味ⓑ、外枠を広げる意味ⓒに展開する。色町の意味ⓓに使うのは日本的用法。[英]outer city wall; outline; expand, enlarge; red-light district [和訓] くるわ [熟語] ⓐ山郭・城郭・ⓑ外郭・輪郭・ⓒ郭大(=廓大)・ⓓ遊郭(=遊廓)

文献 ⓐ孟子・公孫丑下「三里之城、七里之郭、環而攻之而不勝=三里の城、七里の郭、環りて之を攻めて勝たず(三里の大きさの城、七里の大きさの外囲いは、取り囲んで攻めても勝てない)」

【覚】

12(見・5) 常 ― 常用音訓 カク おぼえる・さます・さめる

語音 (1)*kɔ̆g(上古) kău(中古→㊁ケウ〈=キョウ〉・㊀カウ〈=コウ〉) jiào(中) 교(韓) (2)*kɔ̆k(上古) kɔk(中古→㊁・㊀カク) jué(中) 각(韓)

語源 [コアイメージ] 交差する。[実現される意味] 目がさめるⓐ。[英]wake, awake

〔解説〕目がさめることを意味する漢語に覚と寤がある。醒もあるが、醒は酒などに酔って混濁した意識からさめることである。覚と寤は「交差する」というコアイメージから生まれた。何が交差するのか。眠っている時は何も見えず、いわば無の状態である。この状態において、無(非存在)と有(存在、物の像やイメージ)が交差する。こうして見える状態に移行するというのが覚や寤である。寤のコアイメージの源泉は吾、その中の五であり、これは「×」の記号を含む。同様に覺には爻が含まれ、これも「×」が根源のイメージを提供する記号である。目がさめると感覚が再び働くようになる。かくて覚は外界のありさまや動きを意識に感じ取るという意味に転じる。日本語の「さめる(さむ)」はサムシ(寒・冷)と同根で、「熱や気持ちの高ぶりが冷える意から転じて、酔いや迷いが晴れる意」。ここから「(酔い・夢・眠り・前後不覚から)正気にもどる」意味に展開するという(大野①)。漢語の覚より意味範囲が広い。また、「おぼえる(おぼゆ)」はオモホユ(思)の転で、「オモフという動作が自発的に行われる意」が原義で、「自然にそう思われる」「思い及ぶ」「感覚として意識される」などに展開し、さらに「記憶する」意味も出てくる(大野②)。最後の意味は漢語の覚にはない。記憶する意を表す漢語は憶と記である。常用漢字表で憶に「おぼえる」の訓がないのは手落ちである。

〔グループ〕覚・攪(カク/コウ)（×形にかき混ぜてごちゃごちゃに乱す、かきまわす［攪拌(コウハン・カクハン)］）

字源　「覺」が正字。「學(ガク)の略体（音・イメージ記号）＋見（限定符号）」を合わせた字。「學」は「二つのものが交わる」というイメージがある（⇩学）。「覺」は眠っていて物が見えない意識が現実の物と交わって、物が見えるようになる様子を暗示させる。藤堂明保は「見聞きした刺激が一点に交わってまとまり、はっと知覚されること」とする（藤堂②）。これは「さとる」を最初の意味とするもの。

〔字体〕「覚」は書道で生じた「覺」の俗字。現代中国の簡体字は「觉」。

語義　［展開］目がさめる意味ⓐが原義（1の場合）。ここから、意識がはっきりしてさまざまの感覚が働く（五感が働き、心や体にはっきりと感じられる）意味ⓑ、また、今まではっきりしなかった物事がはっきりとわかる（理解する、さとる）意味ⓒに展開する（以上は2の場合）。日本では1と2を区別しないでカクと読む。［英］wake, awake; feel, sense; perceive, comprehend　［和訓］さとる・おぼしい　［熟語］ⓐ覚醒・ⓑ感覚・知覚・ⓒ覚悟・自覚

文献　ⓐ詩経・兎爰「尚寐無覺＝尚(こいねが)はくは寐(い)ねて覚むること無からん（このままずっと眠って目覚めたくない）」ⓑ淮南子・氾論訓「恭王乃覺怒＝恭王乃ち怒りを覚ゆ（恭王は怒りを感じた）」ⓒ論語・憲問「先覺者是賢乎＝先に覚(さと)る者は是れ賢ならんか（誰よりも先に察知する者こそ賢者ではないか）」

【塙】13（土・10）　人　｜　音カク　訓はなわ

語音　*k'ɔk（上古）　k'ɔk（中古→呉・漢カク）　què（中）　고（韓）

語源　［コアイメージ］こちこちに乾く。［実現される意味］固くて動かせない（かたい）ⓐ。［英］hard, solid

字源　「高(コウ)（音・イメージ記号）＋土（限定符号）」を合わせた字。「高」は「水分が高く上がって乾く」というイメージがある（⇩高・稿）。「塙」はこちこちに乾いた土を暗示させる。意味のⓑの場合は「土＋高（たかい）」を合わせた半国字の可能性がある。

語義　［展開］固いが本義ⓐであるが、日本でははなわ（山の小高く突き出た所）の意味ⓑに当てる。［英］hard, solid; hillock, hummock

【較】13（車・6）　常　｜　常用音訓カク

語音　(1)*kɔk（上古）　kɔk（中古→呉・漢カク）　jué（中）　각（韓）　(2)*kɔg（上古）　kău（中古→呉ケウ〈＝キョウ〉・漢カウ〈＝コウ〉）　jiào（中）　교（韓）

語源　［コアイメージ］交差する。［実現される意味］車の箱の両側にある横木（てすり）ⓐ。［英］bars on top of both sides of carriage box

字源　「較」が本字。「爻(コウ)（音・イメージ記号）＋車（限定符号）」を合わせた字。「爻」は「乂」（交わる記号）を二つ合わせて「交差する」というイメージを示す（⇩学）。「較」は車の上に立つ人が体を安定させる横木の一つで、軾(ショク)（車の箱の前部にある横木）と交わらせて、箱の両側に取りつけた横木のこと。のち字体は「交(コウ)（交わる。音・イメージ記号）＋木（限定符号）」を合わせた「較」に変わった。

（甲）　（金）　（篆）［爻］　（篆）較

語義　［展開］体を安定させる車のてすりの意味ⓐが本義（1の場合）。「交差する」というコアイメージから、いろいろの物を交えて見比べる意味ⓑ、対比がはっきりして明らかである意味ⓒに展開する（以上は2の場合）。［英］bars on top of both sides of carriage box; compare; clear, obvious　［和訓］くらべる　［熟語］ⓑ較差・比較・ⓒ較著(コウチョ)

文献　ⓐ詩経・淇奥「倚重較兮＝重較(チョウカク)に倚(よ)る（飾りのついたてすりに寄りかかる）」ⓑ老子・二章（王弼本）「長短相較＝長短相較(くら)ぶ（長と短は互いに比較の上に成り立つ）」

【隔】 13(阜・10) 常 ｜ 常用音訓 カク　へだてる・へだたる

語音 *klĕk(上古)　kɛk(中古→㊐キャク・㊑カク)　gé(中)　격(韓)

語源 [コアイメージ] 別々に分かれる。[実現される意味] 二つの間に何かが入って分けへだてる ⓐ。[英]separate

〔解説〕 釈名・釈形体に「膈は塞なり。上下を塞ぎて、気をして穀と相乱れざらしむるなり(気と穀をごちゃごちゃにさせない)」とある。これは膈の説明だが、膈と塞は同源ではなく、隔と同源である。藤堂明保は隔を解のグループ、支のグループと同源とし、「ばらばらに分かれる」という基本義があるとする(藤堂①)。「ばらばら」は ↑・↓(四方に分かれる)のイメージだが、これは ↑・↓(二つに分かれる)のイメージにも転化する。*klĕk という語の図形化は調理器具から発想された。日本語の「へだてる(へだつ)」は「二つの物の間に境界を立てて、互いに見えず、行き来できなくするのが原義」という(大野①)。漢語の隔と転義の仕方も同じ。

〔グループ〕 隔・鬲(レキ・カク)(かなえ)・膈(カク)(胸腔と腹腔をへだてる膜[膈膜])・翮(カク)(鳥の羽の境目・つけね[羽翮])

字源 「鬲(レキ・カク)(音・イメージ記号)＋阜(限定符号)」を合わせた字。「鬲」は三本足の蒸し器を描いた図形。この器の構造は、上が食べ物を蒸す部分、下の足が空洞になっていて、水を入れて煮沸する部分で、中間が仕切られている。これによって「別々に分かれる」というイメージを表すことができる。「隔」は山や丘によって分けへだてられている情景を暗示させる図形。

(甲)　(金)　(篆)[鬲]　(篆)

語義 [展開] 空間的に二点間を分けへだてる、また、遠く離れている(へだたる)意味 ⓐ から、時間的に間があいている、また、一定の間をあける意味 ⓑ、心理的に人との関係に隙間ができる意味 ⓒ に展開する。また、胸腔と腹腔をへだてる膜の意味 ⓓ に用いる。ⓓ は後に膈と書かれる。[英]separate, be apart from, remote; at an interval of; estrange, alienate; diaphragm [熟語] ⓐ 隔離・遠隔・ⓑ 隔日・隔年・ⓒ 隔意・阻隔・ⓓ 隔膜

文献 ⓒ 韓非子・難一「一人之力能隔君臣之間＝一人の力能く君臣の間を隔つ(一人の力だけで君臣の間を分け隔てることができる)」

【摑】 14(手・11) 人 ｜ ㊒カク　㊗つかむ

語音 kuɛk(中古→㊑クワク〈＝カク〉)　guó(中)

語源 [コアイメージ] 枠を区切る。[実現される意味] 打つ ⓐ。[英]slap, smack

字源 「國(コク)(音・イメージ記号)＋手(限定符号)」を合わせた字。「國」は「枠を区切る」というイメージがある(⇩国)。「摑」は手のひらで枠を作って物に当てる様子を暗示させる。唐代以後の文献に出る。

語義 [展開] 掌で打つ、びんたを張る意味 ⓐ であるが、日本では「つかむ」ⓑ に当てる。攫(カク)(鷲づかみにする)と混同したものであろう。[英]slap, smack; grasp, catch

【閣】 14(門・6) 常 ｜ 常用音訓 カク

語音 *kak(上古)　kak(中古→㊐・㊑カク)　gé(中)　각(韓)

語源 [コアイメージ] 固いものにつかえて止まる。[実現される意味] 扉止め ⓐ。[英]peg of a gate

〔解説〕 爾雅・釈宮に「扉を止(とど)むる所以、之を閣と謂ふ(扉を止めるものを閣という)」とあり、扉止めが本義。しかしそれより早い詩経・斯干篇では閣閣(固く縛って止めるさま)という擬態語の用例がある。「各」のコアイメージである「固いものにつかえて止まる」が最初から閣にも存在する。

〈グループ〉閣・擱カク(動きを止める、ひっかかって止まる[擱筆])

字源 「各カク(音・イメージ記号)＋門(限定符号)」を合わせた字。「各」は「固いものにつかえて止まる」というイメージがある(⇩各)。「閣」は開いた門が動かないように固く押さえて止める木の棒を表す。

語義 [展開]「つかえて止まる」というコアイメージから、扉止めの意味ⓐ、食物などを支えて止めておく所(物を載せる棚)の意味ⓑ、険しい山の斜面を通行するために木を組んで足場を支えるもの(かけはし)の意味ⓒ、器物や書物などを収蔵するため台脚で支えた建物(書庫)の意味ⓓ、さらに、高い建物(たかどの)の意味ⓔ、行政の中枢となる役所(政府の中枢機関、内閣)という意味ⓕに展開する。また、敬称ⓖに用いる。[英]peg of a gate; shelf; plank roadway; library; pavilion; cabinet; term of respect [和訓]たかどの [熟語]ⓑ庋閣キカク・ⓒ閣道・剣閣・ⓓ芸閣ウンカク・書閣・ⓔ殿閣・楼閣・ⓕ内閣・幕閣・ⓖ閣下

文献 ⓑ礼記・内則「大夫七十而有閣＝大夫七十にして閣有り(大夫[身分階級の一つ]は七十歳になると食物棚を所有する)」ⓓ漢書・刑法志「文書盈於九閣＝文書、九閣に盈つ(文書が九つの書庫に満ちあふれている)」ⓔ淮南子・主術訓「接屋連閣＝屋を接し閣を連ぬ(屋根を接して宮殿が連なる)」ⓕ後漢書・陳寵伝「久留臺閣＝久しく台閣に留まる(長い間政府にとどまっていた)」

【確】15(石・10) 常 常用音訓 カク たしか・たしかめる

語音 *k'ŏk(上古) k'ɔk(中古→呉・漢カク) què(中) 확(韓)

語源 [コアイメージ]固い。[実現される意味]固く定まっていて動かしようがないⓐ。[英]firm, solid

〈解説〉k'ŏkという語形には土が固いという意味の語もあり、墧カク・碻カク・埆カク・确カクなどと書く。これらは「固い」というコアイメージをもつ。これは物理的なイメージだが、比喩的に、事実が固い、つまり、動かしようがなくしっかりと定まっているというイメージにも転用できる。この語もk'ŏkといい、これを確で表記する。図形化は意外にも鶴を元にして考案された。藤堂明保は隺カクのグループは高のグループ(槁・稿・膏など)や、暁・皦・皓などと同源で、「かわいた・しろい・かたい」という基本義をもつという(藤堂①)。物が高い所にあると、乾き、その結果ひからびて固くなったり、白くなったりする。したがって「乾く」「固い」「白い」は互いに転化可能な三つ組みイメージである。日本語の「たしか」は「窮迫・困窮、また、それに耐える意が原義。ゆとりが無い意から転じて、密である、密着している、しっかりしているなどのさまを表す」という(大野①)。漢語の確とはかなりイメージが違う。英語のcertainはラテン語のcernere(区別する)に由来し、(区別がはっきりして)確かなの意(客観的確実性)、sureはラテン語のsecurus(心配がない、安全な)に由来し、(疑いを入れず)確かなの意(主観的な確信)、また、trueは印欧祖語の*deru-(堅固な)を淵源とし、本当の、間違いのない、正確なの意という(以上、小島①、下宮①)。語源的に確と近いのはtrueである。

〈グループ〉確・鶴・搉カク(固い物でこつこつとたたく)・榷カク(固い木を渡した橋→丸木橋)

字源 「隺カク(音・イメージ記号)＋石(限定符号)」を合わせた字。「隺」はツルを表す図形(⇩鶴)。この記号は言語外的事実から「白い」というイメージを表しうる。また言語内のレベルでは、「乾く」「固い」「白い」という可逆的(相互転化可能な)三つ組みイメージによって、「固い」というイメージを表すことができる。したがって「確」は事態が石のように固くて動きようがない様子を暗示させる。石は比喩的限定符号である。藤堂は隺を単なる音符としたが(藤堂②)、筆者は音・イメージ記号と見る。

語義 [展開]固くて動かしようがない意味ⓐから、はっきりしていて間違いがない(たしか)の意味ⓑ、間違いがないかをはっきりさせる(たし

かめる)意味ⓒに展開する。[英]firm, solid; certain, sure, true, exact, accurate, definite, precise; confirm, verify 【熟語】ⓐ確乎・確守・ⓑ確実・正確・ⓒ確認

【文献】ⓐ易経・乾「確乎其不可抜＝確乎として其れ抜くべからず(固くしっかりして[その人の意志を]奪い取ることはできない)」

【獲】16(犬・13)　常　常用音訓 カク　える

【語音】*ɦuăk(上古) ɦuɛk(中古→呉ワク・漢クワク〈＝カク〉) huò(中) 획(韓)

【語源】[コアイメージ] 枠の中に入れこむ。[実現される意味] 獲物などをつかまえるⓐ。[英]capture, catch

〔解説〕王力は獲・穫を同源とする(王力①②)。獲と穫が同源であるということは誰でも感じ取れる。藤堂明保は範囲を拡大させ、郭のグループや、黄のグループの一部(広・拡・横)、また攫カク(鷲づかみにする)・匡(筐)・幌なども同源とし、「枠、枠で囲む」という基本義があるとする(藤堂①)。手や腕で⊂形に枠を作り、その中に物を入れ、枠で囲むような取り方を*ɦuăkという。行為そのものに焦点を置いた語で、何を取るかは決まっていない。しかし図形化に鳥獣を利用しているので、主として獲物(鳥獣や奴隷など)という具体物を捕まえる用法が多い。それ以外は比喩である。たとえば詩経・緑衣篇に「実に我が心を獲たり」とあるのは、獲物を捕まえるようにしっかりと相手の心をとらえるという意味で使われている。日本語の「える(う)」は自分のものにする意味で、意味範囲が非常に広い。獲物(動物・植物・人など)をえる場合は漢字を利用して「獲る」と表記する。

〔グループ〕獲・穫・護・擭クワ(腕に⊂の形に抱え込む)・矱クワ(⊂の形に囲んだ枠)・籆クワ(糸を巻き取る道具、かせ・わく)・蠖カク(∩の形に体を曲げて進む虫、シャクトリムシ[尺蠖セキカク])・鑊カク(肉などを入れて煮る大きなかなえ[鼎鑊])

【字源】「獲」が正字。「蒦カク(音・イメージ記号)＋犬(限定符号)」を合わせた字。「萑」は毛角をもつ鳥(ミミズク)を描いた図形(⇩旧)。「又」は手の動作を表す限定符号であるとともに、「枠で囲う」というイメージを示す記号でもある。したがって「萑(イメージ記号)＋又(イメージ補助記号、また、限定符号)」を合わせた「蒦」は、ミミズクを枠の中に囲う情景を設定した図形。ミミズクという具体を捨象して、「枠の中に入れこむ」という抽象的イメージを表すことができる。「獲」は犬が(あるいは、犬を使って)獲物をつかまえる様子を暗示させる。

(篆) [蒦]　(篆)

〔字体〕「獲」は旧字体。「獲」は書道などに見られる字体。穫もこれに倣う。現代中国では獲と穫を統合して、簡体字を「获」とする。

【語義】[展開] 獲物をつかまえる意味ⓐから、手に入れたもの(獲物)の意味ⓑを派生する。[英]capture(ⓐⓑ), catch(ⓐⓑ); game, bag 【和訓】とる 【熟語】ⓐ獲得・捕獲・ⓑ漁獲・収獲

【文献】ⓐ詩経・巧言「遇犬獲之＝犬に遇へば之を獲ん(犬に遇ったらこれ[ウサギ]はつかまってしまう)」

【嚇】17(口・14)　常　常用音訓 カク

【語音】*hăk(上古) hak(中古→呉キャク・漢カク) hè(中) 혁(韓)

【語源】[コアイメージ] ㋐擬音語・㋑燃えさかる。[実現される意味] カッとどなる声ⓐ。[英]sound of shouting

〔グループ〕嚇・赫カク(燃えるように赤い[赫赫]。また、真っ赤になって怒る[赫怒])

【字源】「赫カク(音・イメージ記号)＋口(限定符号)」を合わせた字。「赫」は*hăkという擬音語を表記する。また同時に、「赤」を重ねて、火が赤く燃え上がる様子の図形的意匠によって、「燃え盛る」というイメージを

示す。「嚇」は口から火を吐くようにカッとどなる様子を暗示させる。

語義 [展開] どなる声の意味ⓐ、カッとなって怒る、また、盛んにどなる意味ⓑ、おどしつける意味ⓒに展開する。[英]sound of shouting; yell, fly into a rage; threaten [和訓] おどす [熟語] ⓒ威嚇

文献 ⓐ荘子・秋水「鵷鶵過之、仰而視之曰、嚇＝鵷鶵(エンスウ)之を過(よ)ぎる、仰ぎて之を視て曰く、嚇!(鵷鶵[鳳凰の類]が通り過ぎると、トビは空を仰ぎ見て、カッと言った)」ⓒ荘子・秋水「子欲以子梁國而嚇我邪＝子は子の梁国を以て我を嚇(おど)さんと欲するや(君は君の梁国のために私をおどしつけたいのか)」

【穫】18(禾・13) 常 常用音訓 カク

語音 *ɦuak(上古) ɦuak(中古→呉ワク・漢クワク〈＝カク〉) huò(中) 확(韓)

語源 [コアイメージ] 枠の中に入れこむ。[実現される意味] 作物を取り入れる(刈り入れる)ⓐ。[英]reap, harvest

字源 「蒦(クカ)(音・イメージ記号)＋禾(限定符号)」を合わせた字。「蒦」は「枠の中に入れこむ」というイメージがある(⇩獲)。「穫」は稲を刈って納屋などに取りこむ様子を暗示させる。

語義 [展開] 作物を取り入れる意味ⓐから、刈り入れたもの、取り入れたものの意味ⓑに展開する。[英]reap, harvest(ⓐⓑ) [和訓] かる [熟語] ⓑ収穫

文献 ⓐ詩経・七月「八月其穫＝八月其れ穫(か)る(八月に[作物の]刈り入れをする)」

【鶴】21(鳥・10) 常 常用音訓 つる

語音 *ɦɔk(上古) ɦak(中古→呉ガク・漢カク) hè(中) 학(韓)

語源 [コアイメージ] 白い。[実現される意味] ツルⓐ。[英]crane

字源 「隺(クカ)(音・イメージ記号)＋鳥(限定符号)」を合わせた字。「隺」は「冖(枠を示す符号)＋隹(とり)」を合わせて、鳥が天上に高く飛ぶ情景を設定した図形。「隺」自体がツルを念頭に置いて造形されたものであるが、さらに「鳥」を添えて意味を明確にした。「隺」は「白い」「固い」「乾く」という三つ組みイメージをもつ記号である(⇩確)。

(篆) [隺]　(篆)

語義 [展開] ツルの意味ⓐ。また、白色や長寿などに喩える語ⓑに用いられる。[英]crane; metaphor of white or longevity [熟語] ⓐ白鶴・ⓑ鶴髪・亀鶴(キカク)

文献 ⓐ詩経・白華「有鶴在林＝鶴有り林に在り(ツルが森の中にいる)」

がく

【学】8(子・5) 常 常用音訓 ガク まなぶ

語音 *ɦŏk(上古) ɦɔk(中古→呉ガク・漢カク) xué(中) 학(韓)

語源 [コアイメージ] 二つのものが交わる。[実現される意味] まなぶⓐ。[英]learn

[解説] 白虎通義・辟雍篇に「学の言為(た)るは覚なり。以て知らざる所を覚悟(さとる)するなり」とある。覚も悟も「交差する」というイメージの語である。また、朱子は下記の論語ⓐに「学は效(＝効)なり」と注釈している(論語集注)。效は傚と同じでまねる・ならう意味で、やはり「交差する」のイメージをもつ。王力は学・斅(コウ)・効・教・校を同源とし、ならう意味があるとする(王力②)。日本語の「まなぶ」もマネルやマネブと同根である。マネルは「そっくり似せた動作」、マネブは「興味や関心の対象となるものを、そっくりそのまま、真似て再現する意」で、マナブとは「教えられる通りまねて、習得する意」という(大野①)。漢

語の学も傚(まねる)と同源である。学は爻(コウ)にコアイメージの源泉がある。これは×の記号を含み、「交差する」というイメージである。交差は×の形でもあるし、⇅の形でもある。「まねる」という行為はA→Bという方向の力関係に対して、A←Bという方向に意志が向かって成り立つ。同様に「まなぶ」という行為にも「⇅の形に交差する」というコアイメージが存在する。師匠と子弟が交わり、師匠→子弟の方向と、師匠←子弟の方向に知識のやりとりが行われる。後者の流れが「まなぶ」こと、前者の流れが「おしえる」である。「おしえる」は学と方向が違うだけで、同じ行為の片方である。これを斅(コウ)・教という。教も爻のコアイメージを元にしている。

〔グループ〕 学・覚・教・肴・爻(コウ)(交わる。また、易で組み合わせのもとになる陰と陽の記号)・較(コウ・カク)(=較)・斅(コウ)(教える)・鱟(コウ)(雌が雄を背に負い、交わる姿を呈する生物、カブトガニ)・鷽(ガク)(他の鳥を巧みにまねる鳥、サンジャク。「うそ」は国訓)

字源 「學」が正字。「爻(コウ)(音・イメージ記号)+臼(両手。イメージ補助記号)+冖(建物。イメージ補助記号)+子(限定符号)」を合わせた字。「爻」は「乂(×形の符号)」を二つ重ねて、「×形に交わる」というイメージを示す記号。したがって「學」は子弟(生徒)が師匠(先生)と交わって、建物の中で学習の行為をしている場面を設定した図形である。白川静は「屋上に千木のある建物の形」で、「メンズハウスの意味」とする(白川①)。字形をなぞって意味を引き出す説で、語の深層構造を穿っていない。

(甲)  (金)  (篆) 

〔字体〕 「学」は書道で生じた「學」の俗字。現代中国の簡体字も同じ。

語義 **[展開]** まなぶ意味ⓐから、学ぶ内容(知識の体系)の意味ⓑ、学ぶ所(学校)の意味ⓒ、学ぶ人の意味ⓓに展開する。[英]learn; learning, scholarship, knowledge; school; scholar, student **[熟語]** ⓐ学習・勉学・ⓑ学識・学問・ⓒ学長・大学・ⓓ碩学・先学

文献 ⓐ論語・述而「學而時習之、不亦説乎=学びて時に之を習ふ、亦た説(よろこ)ばしからずや(学んではおりふしにおさらいする。楽しいことではないか)」ⓑ論語・為政「吾十有五而志于學=吾、十有五にして学に志す(私は十五歳で学問を目指した)」ⓒ礼記・学記「國有學=国に学有り(国には学校がある)」

【岳】 8(山・5) 常

常用音訓 ガク たけ

語音 *ŋɔk(上古) ŋɔk(中古→呉・漢ガク) yuè(中) 악(韓)

語源 **[コアイメージ]** ごつごつと角立っている。**[実現される意味]** ごつごつとそびえる大きな山(高く大きな山)ⓐ。[英]high mountain

〔解説〕 白虎通義・巡守篇に「嶽の言為(た)るは埆(カク)(固い)なり」とある。への形に角があるというイメージも含まれる。藤堂明保は玉・獄と同源で、「ごつごつと堅い」という基本義があるとする(藤堂①)。日本語の「たけ」はタカ(高)と同根で、「高い所の意」が原義という(大野①)。

字源 古文は「岳」。「丘+山」を合わせた字。ただ「高い山」を暗示させるだけで、コアイメージは反映されていない。篆文では「嶽」に変わった。「獄(ゴク)(音・イメージ記号)+山(限定符号)」を合わせた字。「獄」は「かみ合わないで角が立つ」というイメージがある(⇩獄)。これは心理的なイメージだが、物理的なイメージにも展開しうる。すなわち「角があって、ごつごつ、ぎざぎざしている」というイメージである。「嶽」はごつごつと鋭角的にそびえる山を暗示させる。

(古)  (篆) 

〔字体〕 「岳」と「嶽」は異体字であるが、日本では「嶽」を旧字体、「岳」を新字体(常用漢字の字体)として扱う。現代中国では岳に統括する。

語義 **[展開]** 高く大きな山の意味ⓐから、妻の父母を敬う語ⓑに転用

される。[英]high mountain; wife's parents [熟語] ⓐ山岳・峻岳・ⓑ岳父・岳母

文献 ⓐ詩経・崧高「崧高維嶽＝崧高(スウコウ)なるは維(こ)れ岳(高くそびえる御岳)」

【楽】13(木・9) 常 ―― 常用音訓 ガク・ラク　たのしい・たのしむ

〔樂〕15(木・11) 人 ―― 音 ガク・ラク　訓 たのしい・たのしむ

語音 (1)*ŋlɔk(上古)　ŋɔk(中古→呉・漢ガク)　yuè(中)　악(韓)　(2)*ŋ̊lɔk(上古)　lak(中古→呉・漢ラク)　lè(中)　낙(韓)　(3)*ŋlɔg(上古)　ŋău(中古→呉ゲウ〈＝ギョウ〉・漢ガウ〈＝ゴウ〉)　yaò(中)　요(韓)

語源 [コアイメージ] 丸く小さい粒。[実現される意味] ミュージック(音楽)ⓐ。[英]music

〔解説〕楽器の音声を視覚化したのがこの語の起源であろう。原始的な土製や石製の楽器をたたくと、恐らくポコポコという音がする。断続的な音を粒状のものが点々と転がるというイメージで捉えたのが古人の感覚である。これを*ŋlɔkという聴覚記号で命名し、樂という視覚記号で再現させた。したがって「丸く小さい粒」というのがこの語のコアイメージである。樂が成立すると、藥(＝薬。草を小さくすりつぶした粒状のくすり)・𤻲(リョウ)(＝療。病根をばらばらにつぶして癒やす)・爍・礫・轢などが生まれ、コアイメージはこれらに連綿と受け継がれている。藤堂明保は樂を号・嗷(ゴウ)(さけぶ)・囂(ゴウ)(さわぐ)・謔(ギャク)(冗談を言う)などと同じ単語家族に入れ、「がやがやと音(声)を出す」という基本義があるとし、また、薬以下のグループを燎・労・了などと同じ単語家族に入れ、「ずるずると続く」「粒状をなす」という基本義があるとした(藤堂①)。筆者は両者とも「丸く小さい粒」というコアイメージで概括できると考える。なお語形は上古ではŋl-という複声母で、後にŋ-とl-の語形に分かれた。日本語の「たのしい(たのし)」は「満腹で満ち足りた気持ちである意。後に、物質的に充足している意」という(大野①)。飲食などの欲望の充足から発した語らしい。漢語の楽は音楽と密接な関係があり、精神的に快い気分、うきうきした気分をいう。

〔グループ〕楽・薬・爍(シャク)(火光の粒が四方に出る[爍爍]。また、金属を熱でつぶして溶かす[爍金])・礫(レキ)(ごろごろした小さい石、つぶて[瓦礫])・轢(レキ)(車輪でひいて粒状につぶす、ひく[轢断])・鑠(シャク)(金属をつぶして溶かす[鑠金]。また、勢いが盛んなさま[矍鑠(カクシャク)])・櫟(レキ)(クヌギ)

字源 「樂」が正字。「白＋幺＋幺(以上はイメージ記号)＋木(限定符号)」を合わせた字。「白」はどんぐりの形。「幺」はヤママユガの繭の姿。「樂」はどんぐりとヤママユガの繭のある木、すなわち櫟(レキ)(クヌギ)の原字。丸く小さいものがたくさん乗っかっている姿から連想して、「丸く小さい粒」というイメージを表すことができる。字源については、簴(キョ)(楽器の台座)、琴の形などの説がある。藤堂は櫟(クヌギ)の原字(藤堂①)、白川静は「木の柄のある手鈴の形」とする(白川①)。なおクヌギ説は水上静夫が最初という(加藤①)。ただしいずれも音楽や安楽の意は仮借とされる。筆者は仮借説を採らない。

(甲)　(金)　(篆)

〔字体〕「楽」は近世中国で生まれた「樂」の俗字。現代中国の簡体字は「乐」。

語義 [展開] ミュージックの意味ⓐが原義(1の場合)。ここから、たのしむ意味ⓑが派生する(2の場合)。またここから、喜び好む意味ⓒ(3の場合)が派生する。たやすい・安らかの意味ⓓは日本的用法。[英]music; enjoy, amuse, pleasant, delightful; be fond of; easy, comfortable

[熟語] ⓐ楽器・音楽・ⓑ安楽・歓楽・ⓓ楽勝・気楽

文献 ⓐ詩経・賓之初筵「樂既和奏＝楽、既に和らぎ奏す(音楽は間も

なく和やかに演奏された)」ⓑ詩経・関雎「鍾鼓樂之＝鍾鼓もて之を楽しまん(鐘や太鼓を奏でて楽しもう)」ⓒ論語・雍也「知者樂水、仁者樂山＝知者は水を楽(この)み、仁者は山を楽む(知者は水を愛好し、仁者は山を愛好する)」

【額】 18(頁・9) 常 ― 常用音訓 ガク ひたい

語音 *ŋăk(上古) ŋʌk(中古→呉ギャク・漢ガク) é(中) 액(韓)

語源 [コアイメージ] 固くつかえる。[実現される意味] ひたい ⓐ。[英]forehead

字源 「額」が本字。「各(カク)(音・イメージ記号)＋頁(限定符号)」を合わせた字。「各」は「固いものにつかえて止まる」というイメージがある(⇩各)。のち「各」を「客」に替えて「額」となったが、「客」も「固いものにつかえる」というイメージがある(⇩客)。「額」は顔面のうち比較的固い部分、すなわち「ひたい」を表す。

語義 [展開] ひたいの意味ⓐ。ひたいは顔面の上の方に上がった部分なので、上方や表面に掲げて示すもの、すなわち字や絵を書いて掲げるものの意味ⓑ、また、表に掲げて示す数量・数値(金高)の意味ⓒを派生する。[英]forehead; tablet; amount, sum [和訓] ぬか・ぬかずく [熟語] ⓐ前額・ⓑ額装・扁額・ⓒ金額・巨額

文献 ⓐ史記・滑稽列伝「叩頭且破額＝頭を叩き、且(まさ)に額を破らんとす(頭をたたいて額を割ろうとした)」

【顎】 18(頁・9) 常 ― 常用音訓 ガク あご

語音 ŋak(中古→漢ガク) é(中) 악(韓)

語源 [コアイメージ] 逆方向に行く・↓↑形にかみ合う。[実現される意味] あごⓐ。[英]jaw

〔解説〕 咢は屰を含む。この記号にコアイメージの源泉がある。「逆方向(↑↓の形)に行く」というイメージである。↓↑の形も逆方向だから、「↓↑の形にかみ合う」というイメージに展開する。

〔グループ〕 顎・愕(ガク)(予期しない事態に対して感情が↓↑形にぶつかる、ぎょっとする、おどろく[驚愕])・萼(ガク)(花びらを↓↑の形に支えているがく、花の外側にあって花びらを包んで保護するもの)・諤(ガク)(遠慮せずにズバズバと意見を述べる、直言する[諤諤])・鍔(ガク)(剣の中心から↑↓の方向に出た端の部分、剣の諸刃。「つば」は国訓)・鰐(ガク)(↓↑の形にかみ合う強大な顎をもつ動物、ワニ)・鶚(ガク)(↓↑の形にかみ合う強いくちばしをもつ鳥、ミサゴ)

字源 「腭」が本字。「咢(ガク)(音・イメージ記号)＋肉(限定符号)」を合わせた字。「咢」を分析すると「吅＋屰」となる。「屰」は逆さになった人の形で、「逆方向(↑↓の形)に行く」というイメージがある(⇩逆)。「屰(ギャク)(音・イメージ記号)＋吅(口々に言うことを示すイメージ補助記号)」を合わせた「咢」は、人が対立して↓↑の形に意見をぶつけ合って騒ぐ場面を設定した図形。諤(直言する)の原字。そのコアには「↓↑形にかみ合う」というイメージがある。「腭」は↓↑形にかみ合うあごを暗示させる。

(篆) [咢]

〔字体〕 「腭」は唐の頃に現れるが、やがて「顎」の字体に変わった。

語義 あごの意味ⓐ。[熟語] ⓐ下顎・上顎

文献 ⓐ千金要方9「有著頬裏及上腭如此名重腭＝頬裏及び上腭[＝顎]に著して此(か)くの如き者有るを重腭と名づく(〔新生児の〕頬の裏及びうわあごにこのようなできものが着くのを重腭と名づける)」

かし

【樫】 16(木・12) 人 ― 半国字

字源 「堅(かたい)＋木」を合わせた和製疑似漢字。日本で樹木のカシを表記するために考案された。カシは材質が堅くて強い木である。樫の

字は中国にも存在したが、意味不詳。したがって樫は半国字とする。

語義 ブナ科の常緑高木の名。シラカシ・アラカシなどの総称。建築材などに利用される。[英]evergreen oak

かた ……………………

【潟】→せき

かつ ……………………

【括】9(手・6) 常 ｜ 常用音訓 カツ

語音 *kuat(上古) kuat(中古→呉クワチ〈=カチ〉・漢クワツ〈=カツ〉) kuò(中) 괄(韓)

語源 [コアイメージ] Y形または∪形をなす。[実現される意味] 袋などの口をくびれた形に結ぶ(結んでくくる)ⓐ。[英]tie

〔解説〕括の旁の舌は「した」ではなく、昏の変形である。昏に含まれる氒《ケツ》という記号にコアイメージの源泉がある。これはY形や∪形の工具(彫刻刀の類)を図形化したもの。「穴をあけて内部をゆったりさせる」というイメージを表すために考案された図形である。形態に主眼を置くと「Y形または∪形をなす」というイメージ、機能に主眼を置くと「丸い穴があいてゆったり物を入れる」「何の障害もなく滑らかに通る」というイメージに展開する。下記のグループにはこれらのイメージが通底する。袋などに物を入れる際、内部をゆったりさせて入り口を締めくくる。「締めくくる」という原因に視点を移した語が括嚢の括(くくる)である。一方、結果に視点を移すと、いろいろな物が合わさって一つになる(包括・概括の括)という意味が派生する。

〔グループ〕活・括・憩・話・筈・刮《カツ》(表面を∪形にえぐって削る[刮目])・栝《カツ》(Y形をした矢の末端、矢はず)・聒《カツ》(言葉を勢いよく発して騒がしい)・蛞《カツ》(殻から身がすっぽりと通り抜け出た虫、ナメクジ[蛞《カツ》蝓《ユ》])・闊《カツ》(間が開いて離れる、ひろい[広闊])

字源 「昏《カツ》(音・イメージ記号)+手(限定符号)」を合わせた字。「舌」は口舌の舌(した)ではなく、「氒」に「口」を添えて「昏」となり、「舌」に変わったもの。「氒」は先端がY形や∪形にくびれた道具(彫刻刀の類)を描いた図形。これに「口(あな)」を添えた「昏」は「穴をえぐる」「穴を開けてスムーズに通す」というイメージを表すことができる。また「氒」と同じく「Y形や∪形をなす」というイメージを示す記号にもなる。筈《カツ》(Y形や∪形をした矢筈)にこのイメージがはっきり生きている。「括」は弦がくびれた矢筈にぴったりはまるように、紐をY形や∪形のくびれた形にしてその間に物を入れることを表す。古典では括は筈の意味でも使われている。氒を剞劂《キケツ》(曲刀)の形としたのは加藤常賢が最初(加藤①)。これを承けて藤堂明保は「丸くくびれ凹んだスパナのような形の彫刻刀の象形」とした(藤堂①)。

(篆)  [氒]　(金)　(篆)  [昏]

(篆)

語義 [展開] 袋などの口を結んでくくる意味ⓐ。くくってぴったりはまることから、合わせて一つにまとめる意味ⓑ、多くのものが会って一つになる(一か所に集まりまとまる)意味ⓒを派生する。[英]tie; bring together, lump; gather [和訓] くくる・くびれる [熟語] ⓐ括嚢・嚢括・ⓑ概括・総括

文献 ⓐ易経・坤「括嚢無咎=嚢《ふくろ》に括りて、咎《とが》無し(物を嚢に入れて口をくくっておけば、失敗することはない)」ⓒ詩経・君子于役「羊牛下括=羊牛下り括《あ》ふ(羊と牛は牧場から帰って牧舎に集まった)」

【活】9(水・6) 常 常用音訓 カツ

語音 (1)*kuat(上古) kuat(中古→呉クワチ〈＝カチ〉・漢クワツ〈＝カツ〉) guō(中) (2)*ɦuat(上古) ɦuat(中古→呉グワチ〈＝ガチ〉・漢クワツ〈＝カツ〉) huó(中) 활(韓)

語源 [コアイメージ] (穴を開けて)スムーズに通る。[実現される意味] 水が勢いよく流れるⓐ。[英]purl as running water

〔解説〕下記の詩経ⓒの注釈に「活は生なり」とある(朱熹・詩集伝)。生も活も死に対する語で、「いきる」という意味であるが、生が「汚れがなく清らかに澄む」というコアイメージをもつのに対し、活は「スムーズに通る」というコアイメージをもつ。生気やエネルギーがスムーズに働いて動いている状態が活である。だから活動・活躍・活用などの用法が生じる。活に「いきる」「いかす」の訓があるが、「いかす」は存命させる意味から、働きを十分に発揮させるという意味(生にはない意味)に転じる。したがって後者の場合は「生かす」よりは「活かす」と表記するのがふさわしい。

字源 「𠯑(カツ)(音・イメージ記号)＋水(限定符号)」を合わせた字。「𠯑」は「氒(ケツ)(音・イメージ記号)＋口(穴を示すイメージ補助記号)」を合わせたもの。「氒」はY形または∪形の工具(彫刻刀の類)を描いた図形。「𠯑」はそのような形に穴を開ける様子を暗示する。したがって「𠯑」は「Y形や∪形をなす」というイメージのほかに、「∪形に穴をえぐる」「穴を開けてスムーズに通す」というイメージも表すことができる(⇩括)。かくて「活」は水が穴から押し出されるように勢いよく流れる様子を暗示させる。

語義 [展開] 水が勢いよく流れる意味ⓐ(1の場合)。ここから、エネルギーをもって動いている(生き生きしている)意味ⓑ、生命やエネルギーがあって生き生きと動く(生きている・生きる・生かす)意味ⓒ、また、生き生きと動くように役立てる(いかす)意味ⓓに展開する(以上は2の場合)。[英]purl as running water; vivid, active, lively; live, living; work, utilize [和訓] いきる・いかす・いける [熟語] ⓑ活気・活躍・ⓒ死活・生活・ⓓ活用

文献 ⓐ詩経・碩人「北流活活＝北に流れて活活たり([黄河は]北の方へ勢いよく流れる)」ⓑ詩経・載芟・疏「皆含此當生之活氣＝皆、此の当(まさ)に生ずべきの活気を含む([種子には]穀物を生長させるべき生き生きした気[生命力]が含まれている)」ⓒ詩経・撃鼓「不我活兮＝我を活かさず(私を生かしてくれない)」

【喝】11(口・8) 常 常用音訓 カツ

語音 (1)*·ǎd(上古) ·ǎi(中古→呉エ・漢アイ) yè(中) 애(韓) (2)*hat(上古) hat(中古→呉カチ・漢カツ) hè(中) 갈(韓)

語源 [コアイメージ] 遮り止める。[実現される意味] 声がかすれるⓐ。[英]hoarse

〔解説〕かすれ声を出す場合、のどの状況を想像すると、息が何かにひっかかってまっすぐに通らない。これを言語化すると、→|の形(遮られて止まる)や┏の形(屈曲する)のイメージが捉えられる。前者が曷という記号、後者が可・何という記号に造形される。古典の注釈に「曷は何なり」とある。藤堂明保は可のグループと曷のグループを同じ単語家族にくくり、「かぎ型に曲がる、┏型・┗型」という基本義をもつとする(藤堂①)。一喝の喝、呵責の呵(どなって叱る)は意味が近い。のどと関係があるのは息だけではない。水(唾などの体液)もある。何かに遮られて水が通らない状況を想定すると、水分が尽きるというイメージが生まれる。饑渇の渇(のどがかわく)はこれである。喝や渇のコアイメージの源泉は匃(カイ)にある。これは丐(カイ)(物乞いをする)と同じ意味である。物乞いとは相手を無理に押し止めて物を求める行為で、「遮り止める」というイメー

ジがその語のコアにある。

〔グループ〕喝・渇・褐・葛・謁・掲・遏アツ(押し止める、遮り止める[防遏])・歇ケツ(活動を止める、休む[間歇泉])・竭ケツ(力を出し尽くす[竭尽])・偈ケツ(足を高く挙げて速く駆けるさま。偈ゲは音写字)・碣ケツ(行く手に掲げて足を止めさせる碑[墓碣])・蝎カツ(樹木を枯らすほど食害する虫、カミキリムシの幼虫、テッポウムシ)・蠍カツ(尾部を高く掲げる求愛のディスプレーによって雌を遮り止めようとする虫、サソリ、特にキョウクトウサソリ)・羯カツ(生殖器を切断して精液を止められた[去勢した]羊)・鶡カツ(雌を争って力が尽きるまで激しく戦う習性のある鳥、ミミキジ)

字源 「喝」が正字。「曷カツ(音・イメージ記号)+口(限定符号)」を合わせた字。「匃」は「亾(=亡。ついたて状のもので人を遮る形)+人」を合わせて、物乞いをするために、人を遮って押し止める情景を設定した図形。この意匠によって、「→|の形に遮り止める」というイメージを表すことができる。「匃カイ(音・イメージ記号)+曰(限定符号)」を合わせた「曷」は、声が摩擦や障害に遮られてスムーズに通らずにかすれる様子を暗示させる。曷が何(疑問詞)と同じ使い方に転じたので、限定符号の「口」を添えて「喝」とした。

(甲) 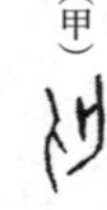 (金)  (篆)  [匃]

(篆)  [曷] (篆)

〔字体〕「喝」は近世中国で生じた「喝」の俗字。曷に従う他の漢字もこれに倣う。現代中国では曷を略さない。

語義 [展開] 声がかすれる意味ⓐが原義(1の場合)。ここから、かすれた声でどなる(大声でどなる)意味ⓑ、大声を出しておどす意味ⓒを派生する(以上は2の場合)。[英]hoarse; shout loudly; threaten [熟語] ⓑ喝破・一喝・ⓒ恐喝・恫喝

文献 ⓐ司馬相如・子虚賦「榜人歌、聲流喝=榜人歌ひ、声流れて喝むせぶ(舟人が歌を歌えば、声はむせび流れゆく)」(文選7) ⓑ史記・蘇秦列伝「恫疑虚喝=恫疑虚喝す(脅してつけてどなった)」

【渇】 11(水・8) 常 (常用音訓)カツ かわく

〔渴〕 12(水・9) 人 音カツ 訓かわく

語音 (1)*k'at(上古) k'at(中古→呉カチ・漢カツ) kě(中) 갈(韓) (2)*giat(上古) giɛt(中古→呉ゲチ・漢ケツ) jié(中) 걸(韓)

語源 [コアイメージ] 遮り止める。[実現される意味] のどがかわくⓐ。[英]thirsty

〔解説〕曷にコアイメージの源泉がある。さらに曷の根底には匃カイがあり、「→|の形に遮り止める」というイメージである。水ならば、水分がスムーズに通じずに尽きるという意味が実現される。王力は歇ケツ・竭ケツのほかに、涸・枯・槁とも同源とする(王力②)。日本語の「かわく」のカワは「物のさっぱりと乾燥したさまをいう擬態語」で、「水分や湿気がなくなる」意、また「口中がからからになる」意という(大野①)。普通は前者を乾く、後者を喝くと表記して区別する。

字源 「渴」が正字。「曷カツ(音・イメージ記号)+水(限定符号)」を合わせた字。「曷」は「遮り止める」というイメージがある(⇩喝)。「渴」は水分が遮られてのどがかわく様子を暗示させる。

語義 [展開] のどがかわく意味ⓐから、ひどくほしがる意味ⓑに展開する(以上は1の場合)。また、水分が尽きる(水がかれる)意味ⓒを派生する(2の場合)。日本では1・2を区別しないで、カツと読む。[英]thirsty(ⓐⓑ); yearn, long; dry up [熟語] ⓐ飢渇・口渇・ⓑ渇仰・渇望・ⓒ渇水・枯渇

文献 ⓐ詩経・車舝「匪飢匪渇=飢うるに匪あらず、渇くに匪ず(飢えてい

るのでもなく、のどが渇いているのでもない)」ⓒ周礼・地官・草人「渇澤用鹿＝渇沢に鹿を用ゐる(枯れた沢では鹿を利用する)」

【割】12(刀・10) 常 ─ 常用音訓 カツ　わる・わり・われる・さく

語音 *kat(上古)　kat(中古→呉カチ・漢カツ)　gē(中)　할(韓)

語源 [コアイメージ] 途中で切って止める。[実現される意味] 二つに切り裂くⓐ。[英]cut

〔解説〕古典に「割は害なり」「害は割なり」とあり、害と割に対して、古くから同源意識があった。同源だからこそ、割が生まれたとも言える。害は「途中で切って止める」というコアイメージをもつ語である。―|―の形に二つに分ける場合、中間に視点を置くと、→|の形に止めることになり、両側に視点を置くと、「(断ち切った結果)←|→の形に二つに分かれる」というイメージにもなる。後者が割に展開する。日本語の「わる」は「固いものの平面にひびが入って、その筋目に従ってばらばらになり、全体としてのまとまりを失う意」、「さく」は「一つのものに、反対方向に働く二つの力を加え、切れ目や割れ目を入れて二つにする意」という(大野②)。「さく」が漢語の割のイメージに近い。英語のcutは切り離す意味のほかに「切って止める、停止する」の意味がある。後者は漢語の割のコアイメージと同じだが、割の場合、この意味は具体的文脈では実現されていない。

字源 「害(音・イメージ記号)＋刀(限定符号)」を合わせた字。「害」は「途中で切って止める」というイメージがある(⇩害)。「割」は一つの物を途中で二つに切って止め、切られた方を離す様子を暗示させる。藤堂明保は割は契・介・界・間などと同源で、害を単なる音符としたが(藤堂①②)、筆者は上記の通り害にイメージ転化を見、音・イメージ記号とする。

語義 [展開] 二つに切り裂く意味ⓐから、割って二つに離す、また、分け与える(さく)意味ⓑに展開する。[英]cut; divide [熟語] ⓐ割腹・割烹・ⓑ割譲・分割

文献 ⓐ論語・陽貨「割鶏焉用牛刀＝鶏を割くに焉くんぞ牛刀を用ゐんや(鶏をさくのに牛を解体する刀は必要がない)」ⓑ戦国策・秦四「寡人欲割河東而講＝寡人河東を割きて講ぜんと欲す(私は河東を割いて講和したいと思います)」

【筈】12(竹・6) 人 ─ 音 カツ　訓 はず

語音 kuat(中古→呉クワチ〈＝カチ〉・漢クワツ〈＝カツ〉)　kuò(中)　괄(韓)

語源 [コアイメージ] Y形または∪形をなす。[実現される意味] 矢の末端にあって、弓の弦をはめる部分(やはず)ⓐ。[英]notch of an arrow

字源 「𠯑(舌はその変形。音・イメージ記号)＋竹(限定符号)」を合わせた字。「𠯑」は「Y形または∪形をなす」というイメージがある(⇩括)。「筈」は矢の末端にあって、弓の弦をはめるY形の「はず」を表す。古くは括で「矢はず」を表したが、後に限定符号を竹に替えたもの。また栝と同じ。

語義 [展開] やはずの意味ⓐ。日本では、矢筈と弦がぴったり合うことから、当然そうなる道理である(〜のはずである)という意味ⓑを示すことばに使われる。[英]notch of an arrow; must

文献 ⓐ陸機・為顧彦先贈婦二首「離合非有常、譬彼弦與筈＝離合常有るに非ず、彼の弦と筈とに譬ふ(別れと出会いの定めなさ、譬えてみれば弦と筈)」(文選24)

【葛】12(艸・9) 常 ─ 常用音訓 カツ　くず

語音 *kat(上古)　kat(中古→呉カチ・漢カツ)　gé(中)　갈(韓)

語源 [コアイメージ] ㋐遮り止める・㋑水分がなくなる。[実現される意味] クズⓐ。[英]kudzu vine

字源 「曷ｶﾂ(音・イメージ記号)＋艸(限定符号)」を合わせた字。「曷」は「遮り止める」というイメージがあり、「水分がなくなる」というイメージにも転化する(⇩曷)。「葛」は他の木を遮って枯らしてしまうほど強大になる植物を暗示させる。この意匠によって、クズを表象する。

語義 [展開] マメ科のつる性草本、クズの意味ⓐ。つるは長く伸び、他の植物に絡みついてよじのぼる。隠喩によって、もつれることⓑ、換喩によって、クズで作った布や衣(粗末な衣)の意味ⓒに転義する。かずら(つる植物の総称)の意味ⓓや、つづら(ツヅラフジのつるで編んだ箱)の意味ⓔは日本的用法。[英]kudzu vine; metaphor of tangle; humble clothes; creeper; wicker basket [和訓] かずら・かつら・つづら [熟語] ⓐ葛巾・葛根・ⓑ葛藤・ⓒ葛衣

文献 ⓐ詩経・葛生「葛生蒙楚＝葛は生じて楚を蒙おほふ(クズが生えてニンジンボクを覆いつくす)」ⓒ韓非子・外儲説左下「冬羔裘、夏葛衣＝冬は羔裘、夏は葛衣(冬は皮衣、夏はクズの衣を着る)」

 滑 13(水・10) 常 ｜常用音訓 カツ・コツ すべる・なめらか

語音 (1)*ɦuăt(上古) ɦuat(中古→呉グエチ〈＝ゲチ〉・漢クワツ〈＝カツ〉) huá(中) 활(韓) (2)*kuat(上古) kuat(中古→呉コチ・漢コツ) gǔ(中) 골(韓)

語源 [コアイメージ] するするとスムーズに動く。[実現される意味] 物事がすらすらと進み滞りがない(なめらか)ⓐ。[英]slippery, smooth

[解説] 釈名・釈形体に「骨は滑なり。骨堅くして滑らかなり」とある。古人は骨と滑が同源であるという意識をもっていた。骨が堅いものであることは当然であるが、その働きは滑らかな動きをもたらすと考えた。骨は関節から発想された語だからである。骨(*kuət)から派生した*ɦuăt という語は「するするとスムーズに動く」というコアイメージをもつ。日本語の「すべる」は「物が、他の物の面に沿ってなめらかに移動する意」という(大野①)。これは漢語の滑のⓑに当たる。日本語では「すべる」と「なめらか」は別語であるが、漢語では「すべる」は「なめらか」からの展開義である。

字源 「骨ｺﾂ(音・イメージ記号)＋水(限定符号)」を合わせた字。「骨」は自由に動く関節の骨のことで、「なめらかに動く」というイメージがある(⇩骨)。「滑」は水分や流れがスムーズでなめらかに動く様子を暗示させる。

語義 [展開] 物事がすらすらと進み滞りがない(なめらか)の意味ⓐから、するするとすべる意味ⓑに展開する(以上は1の場合)。また、「スムーズに動く」というイメージから、物をかき回して自在に動かす意味ⓒ、言葉がスムーズに出る(よどみなくしゃべる)、転じて、冗談を言っておどける意味ⓓを派生する(以上は2の場合)。[英]slippery, smooth; slip, slide, glide; confuse; make a joke, funny [和訓] ぬめ・ぬめる [熟語] ⓐ円滑・潤滑・ⓑ滑降・滑走・ⓓ滑稽

文献 ⓐ周礼・天官・医師「以滑養竅＝滑を以て竅を養ふ(通りのよい性質の食べ物で穴[感覚器官や排泄器官]を養う)」ⓓ史記・滑稽列伝「滑稽多辯＝滑稽にして弁多し([淳于髡は]よくしゃべって人を笑わせた)」

 褐 13(衣・8) 常 ｜常用音訓 カツ

語音 *ɦat(上古) ɦat(中古→呉ガチ・漢カツ) hè(中) 갈(韓)

語源 [コアイメージ] 水分が尽きてなくなる。[実現される意味] 粗い毛や麻で作った粗末な衣ⓐ。[英]coarse cloth

字源 「褐」が正字。「曷ｶﾂ(音・イメージ記号)＋衣(限定符号)」を合わせた字。「曷」は「遮り止める」というイメージから、「水分が遮られてなくなる」というイメージに展開する(⇩喝・渇)。「褐」は水分のうるおいに乏しい衣服を暗示させる。この意匠によって、粗い毛や麻で編んだ衣を表象する。

語義 [展開] 粗末な衣の意味ⓐから、みなりが粗末である意味ⓑに展開する。また、うるおいがないような色、つまり黒みがかった茶色の意味ⓑに転用される。[英]coarse cloth; shabby; brown [熟語] ⓐ短褐・ⓑ褐寛博・ⓒ褐色・褐藻

文献 ⓐ詩経・七月「無衣無褐＝衣も無く褐も無し(シルクもなく、ぬのもない)」ⓑ孟子・公孫丑上「自反而不縮、雖褐寛博、吾不惴焉＝自ら反りみて縮からずんば褐寛博と雖も、吾惴れざらんや(自分が正しくないと反省すれば、相手が卑しい者でも恐れるだろう)」

【轄】 17(車・10) 常 | 常用音訓 カツ

語音 *ɦăt(上古) ɦăt(中古→呉ゲチ・漢カツ) xiá(中) 할(韓)

語源 [コアイメージ] 途中で切って止める・遮り止める。[実現される意味] 車のくさびⓐ。[英]linchpin

字源 「害(音・イメージ記号)＋車(限定符号)」を合わせた字。「害」は「途中で遮り止める」というイメージがある(⇨害)。「轄」は車輪が車軸から脱落しないように車軸の頭に止める金具を表す。

語義 [展開] 車輪が車軸から外れないようにする金具の意味ⓐから、一定の枠(秩序や決まり)から外れないように取り締まる意味ⓑを派生する。[英]linchpin; administer [和訓] くさび [熟語] ⓐ車轄・ⓑ管轄・統轄

文献 ⓐ墨子・魯問「子之爲鵲也、不如匠之爲車轄＝子の鵲を為るや、匠の車轄を為るに如かず(お前がかささぎ[のフィギュア]を造るのは、大工がくさびを造るのにかなわない)」

かつ

【且】→しゃ

かぶ

【株】→しゅ

かま

【釜】→ふ

【鎌】→れん

かる

【刈】→がい

かん

【干】 3(干・0) 常 | 常用音訓 カン ほす・ひる

語音 *kan(上古) kan(中古→呉・漢カン) gān(中) 간(韓)

語源 [コアイメージ] ㋐固くて強い心棒・㋑無理に突き冒す。[実現される意味] たてⓐ。[英]shield

〔解説〕干は詩経などの古典では盾の意味で使われているが、本来は十手のように防御にも攻撃にもなる棒状の武器であったと考えられる。説文解字に「干は犯なり」とあるのは敵を攻撃する武器の機能から生じた意味である。干の用法はこれだけではなく、長い心棒の意味もある。これはこの武器の形態面から生じた意味である。干のコアイメージは機能面から見ると「無理に突き冒す」というイメージ、形態面から見ると

「棒状」「長い」というイメージが捉えられる。ここから「固くて強い」「高く上がる」というイメージにも展開する。物が高く上がると「(水分が)かわく」というイメージに転じる。これに対して日本では「ほす」「ひる」の訓をつけた。「ほす」は「日光・風・熱に当てて水分をなくさせる意」、「ひる」は「水気がなくなる。からからにかわく」の意味(大野②)。これらは干のⓗにほぼ当たる。

〔グループ〕干・刊・汗・肝・幹・軒・岸・竿・奸(悪事を犯す、また、悪事・悪人[奸臣])・扞(防ぎ守る[扞格])・杆(盾、また、竿)・罕(長い柄のついた鳥網)・骭(太く固い棒状の骨、むこうずね)・鼾(喉を突き冒して鼻から出る息の音→寝ている時に出るいびき)・旱(雨が降らず万物が乾いた状態、日照り[旱魃])・捍(防ぐ[捍衛])・悍(気が強い[精悍])・桿(細長い棒、さお[槓桿])・稈(穀物や草木の高くまっすぐ延びた茎[麦稈])・駻(気の荒い馬)

字源 先端がふたまたになった長くて太い棒(一種の武器)を描いた図形。字源については盾(郭沫若、カールグレン、白川静)、人を刺す枝のついた古兵器(楊樹達)、「木枝をもって作った突き刺す武器」(加藤常賢)などがあるが、ふたまたの棒の形で、人を突く武器にも身を守る武具にも用いるものとする藤堂明保の説(藤堂②)が妥当。

(甲)  (金)  (篆)

語義 [展開] 攻撃・防禦の両用の機能から、名詞としては、たての意味ⓐ、長い心棒(さお)の意味ⓑ、支えとなる木の棒の意味ⓒ、中心となるものの意味ⓓに展開する。動詞としては、相手の領分に突き進んで犯す意味ⓔ、他人の領分に無理に入りこむ(無理に立ち入る)意味ⓕ、無理に物を求める意味ⓖに展開する。また、「高く上がる」というイメージから、水分が上がって乾く(干上がる)意味ⓗを派生する。日本では旱(日照り)の代用字ⓘとする。[英]shield; pole; bar; stem; offend; interfere; seek; dry; drought [和訓] たて・おかす・もとめる [熟語] ⓐ干戈・干城・ⓒ欄干・ⓓ干支・十干・ⓔ干犯・ⓕ干渉・干与・ⓖ干禄・ⓗ干拓・干潮・ⓘ干魃=(旱魃)

文献 ⓐ詩経・兎罝「赳赳武夫、公侯干城=赳赳たる武夫は、公侯の干城(たけだけしい武士は、殿様の盾と城だ)」ⓑ詩経・干旄「孑孑干旄、在浚之郊=孑孑(ケツケツ)たる干旄(カンボウ)、浚の郊に在り(ぽつんと立つヤクの尾を飾った旗竿が、浚[地名]の郊外に現れた)」ⓔ春秋左氏伝・昭公20「政平而不干=政、平にして干(おか)さず(政治が公平だから侵犯しない)」ⓖ詩経・旱麓「干祿豈弟=祿を干(もと)めて豈弟(ガイテイ)たり(福を求めて和やかに)」

【刊】 5(刀・3) 常 ｜ 常用音訓 カン

語音 *k'an(上古) k'an(中古→呉・漢カン) kān(中) 간(韓)

語源 [コアイメージ] 突き入れる。[実現される意味] 木などを切るⓐ。[英]cut

〔解説〕下記の書経にある通り「(木などを)切る」という用法が古く、「削る」という意味にも転用された。昔は木や石に文字を刻んだり彫り込んだりしたので、誤字を訂正する場合は刀で削ることになる。一字も削れない完璧な書物を「不刊の書」という。後世になると、技術の進歩により、版木に文字を刻んで印刷し、書物にして世に出すという意味が刊に加わった。

字源 「干(カン)(音・イメージ記号)+刀(限定符号)」を合わせた字。「干」は「無理に突き進む」というイメージがあり(⇩干)、「突き入れる」というイメージに展開する。「刊」は木などに刀を強引に突き入れて切る様子を暗示させる。

語義 [展開] 木などを切る意味ⓐから、削る意味ⓑ、特に石などを削って文字を彫る(書き入れる)意味ⓒ、間違った文字を削る意味ⓓを派生する。そこからさらに、文字を版木に彫り込んで(または印刷して)出版するという意味ⓔに転用される。[英]cut; plane; engrave; delete; print, publish ［和訓］きる・けずる ［熟語］ⓒ刊石・ⓓ刊誤・不刊・ⓔ刊行・発刊

文献 ⓐ書経・禹貢「随山刊木＝山に随ひて木を刊る（山に沿って行き、目印になる木を切る）」ⓑ礼記・雑記「刊其柄與末＝其の柄と末とを刊る（その柄と末尾の部分を削る）」

【甘】5(甘・0) 常 常用音訓 カン あまい・あまえる・あまやかす

語音 *kam(上古) kam(中古→呉・漢カム〈＝カン〉) gān(中) 감(韓)

語源 ［コアイメージ］中に含む。［実現される意味］味があまいⓐ。［英］sweet

［解説］味覚の一つである日本語の「あまい」は語源的に「うまい」と関係があるという(大野②)。うまいものを口にした時の味覚が「あまい」である。漢語でも同じ事態が考えられる(英語のsweetにも「うまい」の意味がある)。うまいものはいつまでも口に入れて味わいたくなる。釈名・釈言語では「甘は含なり。人の含む所なり」と語源を説いている。*kamという語は口の中に含む意味の*ɦəm(含)に近い。中に含むと、外側は閉じることになるから、「覆ってふさぐ」「閉じ込める」というイメージとも関連がある。藤堂明保は甲のグループ、盍のグループ(蓋など)、奄のグループ(庵・掩など)、猒のグループ(厭・圧など)や、函・檻などとともに、「ふたをして封じる・おおう」という基本義をもつ単語家族に帰属させた(藤堂①)。日本語では「あまい」から「あまえる」が派生する。アマユは「人の好意にいい気でよりかかる」「なれなれしい態度を示す」(大野①)という意味になる。しかし漢語の甘にこのような意味はない。

［グループ］甘・紺・敢・柑・坩(物を入れる土製のつぼ、るつぼ[坩堝])・拑(蓋をして中に含みこめる、はさむ)・嵌(深く入り込んだ山中のくぼ地、ほら穴。また、くぼみにはまり込む、はめ込む[象嵌])・箝(両側からはさんで中に閉じ込める道具、はさみ・はさむ[箝口])・鉗(罪人の頸にはめる輪、くびかせ。また、はさみ・はさむ[鉗子])・酣(酒をうまく味わって楽しむ、酒に酔ってうっとりする)・蚶(味のうまい貝、アカガイ)

字源 「口＋一」を合わせて、口の中に物を含んでいる情景を設定した図形。

(金) (篆)

語義 ［展開］味があまい意味ⓐから、うまい・おいしい意味ⓑ、心地よい(気に入る)意味ⓒ、満足する(あまんじる)意味ⓓに展開する。［英］sweet; good, delicious; pleasant; content, reconcile ［熟語］ⓐ甘苦・甘味・ⓑ甘美・ⓒ甘言・ⓓ甘受・甘心

文献 ⓐ詩経・谷風「誰謂荼苦、其甘如薺＝誰か謂ふ荼は苦しと、其の甘きこと薺の如し(ノゲシが苦いなんて誰が言う、[私の苦痛と較べたら]ナズナのように甘いのだ)」ⓑ孟子・尽心下「飢者甘食、渇者甘飲＝飢ゑたる者は食を甘しとし、渇したる者は飲を甘しとす(飢えている者はどんな食べ物でもうまいと思い、喉がかわいた者はどんな飲み物でもうまいと思う)」ⓓ詩経・鶏鳴「甘與子同夢＝子と夢を同じくするに甘んず(お前と同じ夢を見て満足したよ)」

【汗】6(水・3) 常 常用音訓 カン あせ

語音 *ɦan(上古) ɦan(中古→呉ガン・漢カン) hàn(中) 한(韓)

語源 ［コアイメージ］無理に突き進む。［実現される意味］あせⓐ。［英］sweat

字源 「干(音・イメージ記号)＋水(限定符号)」を合わせた字。「干」は「無理に突き進む」というイメージがある(⇩干)。「汗」は体内から皮膚の表面に突き犯すように出る水(体液)を暗示させる。

語義 ［展開］あせの意味ⓐ、あせをかく意味ⓑに展開する。また、

khan(モンゴルやトルコなどの君主の称号、ハン)の音写字ⓒに用いる。[英]sweat(ⓐⓑ); perspire; khan 【熟語】ⓐ発汗・冷汗・ⓑ汗顔・汗血・ⓒ可汗

文献 ⓐ荘子・田子方「汗流至踵＝汗流れて踵に至る(汗が流れてかかとに達した)」

【缶】6(缶・0) 常 常用音訓 カン

語音 (1)〈罐〉kuan(中古→呉・漢クワン〈＝カン〉) guàn(中) 관(韓) (2)〈缶〉*pıog(上古) pıəu(中古→呉フ・漢フウ) fǒu(中) 부(韓)

語源 [コアイメージ] (1)左右にバランスよくそろう。(2)丸くふくれる。[実現される意味] 水を汲む道具ⓐ。[英]well bucket

字源 (1)「罐」が正字。「雚カン(音・イメージ記号)＋缶(限定符号)」を合わせた字。「雚」は「左右にバランスよくそろう」というイメージがある(⇨勧)。「罐」は桶が二つ付いていて、バランスを取りながら上げ下げして水を汲む道具(つるべの一種)を表した。(2)腹が丸くふくれて口の小さい土器を描いた図形。

(金)　(篆)　[缶]

〔字体〕「缶」は本来「罐」とは別の字であるが、日本で「罐」の略字としたため、同形衝突した。中国では「罐」の代わりに「缶」を用いない。

語義 [展開] 罐は水を汲む道具(つるべの一種)の意味ⓐから、水や薬を入れる円筒形のつぼの意味ⓑに展開する。日本ではオランダ語kanの音写で、食物などを貯蔵する金属製の容器の意味ⓒに用いる(以上は1の場合)。缶フは酒や水を入れる器(ほとぎ)の意味ⓓ(2の場合)。[英]well bucket; jar, pot; can; earthenware 【和訓】ほとぎ 【熟語】ⓑ薬缶ヤカン・ⓒ製缶

文献 ⓓ詩経・宛丘「坎其撃缶＝坎カンとして其れ缶フを撃つ(ポンとほとぎを打ちたたく)」

【串】7(丨・6) 常 常用音訓 くし

語音 (1)*kuăn(上古) kuăn(中古→呉クヱン〈＝ケン〉・漢クワン〈＝カン〉) guàn(中) 관(韓) (2)tʃʻuɛn(中古→呉・漢セン) chuàn(中) 천(韓)

語源 [コアイメージ] 貫き通す。[実現される意味] 貫くⓐ。[英]run through

字源 二つの枠を縦の線で貫き通すことを示す象徴的符号。患に含まれる。串には1と2の両音がある。

語義 [展開] 貫・慣とコアイメージが共通なので、古典では、貫く意味ⓐ、慣れる、また、習わし(習慣)の意味ⓑで使われる。日本では文字の形が「突き通す」というイメージを呼び起こすので、「くし」ⓒに当てられる。[英]run through; custom; skewer, spit 【熟語】ⓐ串通(＝貫通)

【完】7(宀・4) 常 常用音訓 カン

語音 *ɦuan(上古) ɦuan(中古→呉グワン〈＝ガン〉・漢クワン〈＝カン〉) wán(中) 완(韓)

語源 [コアイメージ] 丸く行き渡る。[実現される意味] 全体に行き渡って欠けたところがないⓐ。[英]complete, perfect

〔解説〕欠け目がなく全体に行き渡っていることを*ɦuanという。欠け目がない状態を図示すると○のイメージである。このイメージの源泉は元にある。これが重要な記号で、宀(屋根、建物)にこだわると、何か特別な建物の意味になりかねない。和訓の「またし」は「欠けたところがなく、完璧である意」という(大野②)。全も同じような意味があるが、全と完は同源の語ではない。全は「欠け目がなくそろっている」「全体に渡ってそなわっている」ことに重点があり、全部の意味に展開するが、完は「全体に行き渡って欠け目がない」ことに重点があり、「まっとう

する」という動詞になると全は保全、完は完了という意味に展開するところに違いが現れる。完が完全から完了に転義するのは英語のcompleteと似ている。completeは「最初から最後まで完全に終える。特に欠けている部分を補って完成する」の意という（田中①）。

〔グループ〕完・院・莞・浣（水を満遍なくかけて垢を落とす→あらう［浣腸］）・脘（胃袋の空所、胃の室）・筦（丸い筒型の笛）・鯇（丸みを帯びた体形の魚、ソウギョ。〈日〉アメノウオ［ビワマスの異名］）

字源「元（音・イメージ記号）＋宀（限定符号）」を合わせた字。「元」は「丸い」というイメージがある（⇩元）。「完」は家の周囲に垣をめぐらす（あるいは、上に屋根をめぐらす）情景を設定した図形。この意匠によって、全体に行き渡って欠けたところがないことを表象する。加藤常賢は「家の周囲を環繞する壁の意」（加藤①）と、図形の解釈をストレートに意味とする。

語義［展開］欠け目がない（またし、まったし）の意味ⓐから、全体に行き届くようにする（完全にする、まっとうする）意味ⓑ、おしまいまで行き届いて終了する（全部やりとげる、おえる）意味ⓒに展開する。［英］complete（ⓐ～ⓒ）, perfect（ⓐⓑ）; accomplish; fulfill, finish ［和訓］まったく・まっとうする・またし ［熟語］ⓐ完全・完備・ⓑ完璧・補完・ⓒ完結・完了

文献ⓐ孟子・離婁上「城郭不完＝城郭完からず（城が完全ではない）」ⓑ詩経・韓奕「燕師所完＝燕師の完うする所（［城は］燕の大衆が完成した）」

【肝】 7(肉・3) 常 常用音訓 カン きも

語音 *kan(上古) kan(中古→呉・漢カン) gān(中) 간(韓)

語源［コアイメージ］中心となるもの。［実現される意味］きもⓐ。［英］liver

〔解説〕釈名・釈形体に「肝は幹なり」、白虎通義・情性篇に「肝の言為るは干なり」と語源を説く。干も幹も「中心となる固くて強い心棒」というイメージがある。古代中国の身体観では精神・思考の中枢は心臓にあると考えられたが、体力・気力の中心はきも（肝臓）にあると考えられた。日本語の「きも」は肝臓、また、内臓の総称で、胆力の意味と肝要の意味はその転義である。漢語では肝（五臓の一つ）と胆（六腑の一つ）は別の臓器で、肝要の意味は肝、胆力の意味は胆とつながる。また「きもをつぶす」は漢語では破胆という。

字源「干（音・イメージ記号）＋肉（限定符号）」を合わせた字。「干」は「固くて強い心棒」というイメージがある（⇩干）。「肝」は体の中心にあって体力・気力を強くする臓器を暗示させる。

語義［展開］きもの意味ⓐから、こころの意味ⓑ、中心となるポイント（大切な所）の意味ⓒを派生する。［英］liver; heart; main point ［熟語］ⓐ肝炎・肝臓・ⓑ肝胆・肺肝・ⓒ肝腎・肝要

文献ⓐ礼記・月令「其祀門、祭先肝＝其れ門を祀るは、祭るに肝を先にす（門の祭祀では、［いけにえの］肝臓を最初に供えて祭る）」

【侃】 8(人・6) 人 音カン 訓ただしい・つよい

語音 *k'an(上古) k'an(中古→呉・漢カン) kǎn(中) 간(韓)

語源［コアイメージ］まっすぐ。［実現される意味］性格や言動がまっすぐで強いⓐ。［英］straightforward

字源 分析すると「㐰＋川」となる。「㐰」は「信」の古文の字体。「信」は「まっすぐ進む」というイメージがある（⇩信）。「信（イメージ記号）＋川（イメージ補助記号）」を合わせて、川の流れのように後ろに退かずにまっすぐ進む様子を暗示させる。

語義 性格や言動がまっすぐで強い意味ⓐ。［熟語］ⓐ侃侃諤諤

文献ⓐ論語・郷党「朝與下大夫言、侃侃如也＝朝して下大夫と言ふ、

侃侃如たり（[孔子は]朝廷に出て下級の大夫としゃべる際、まっすぐに意見を述べた）」

【函】 8(凵・6)　人　｜　音カン　訓はこ

語音 *ɦəm(上古)　ɦəm(中古→呉ゴム〈=ゴン〉・漢カム〈=カン〉)　hán(中)　함(韓)

語源 [コアイメージ] 中に含む。[実現される意味] 中に入れるⓐ。[英]contain

〔解説〕段玉裁は「函の言為るは含なり」と語源を説く(説文解字注)。*ɦəmという語は含・甘と同源のことば。藤堂明保は甘のほかに、庵・檻・蓋・匣(はこ)なども同源で、「ふたをして封じる・おおう」という基本義があるとする(藤堂①)。

〔グループ〕函・涵(水に入れてひたす、うるおす[涵養])・頷(食べ物を入れて封じる働きのあるあご)

字源 矢を入れる箱の姿を描いた図形。

(甲) 　(金) 　(篆) 

語義 [展開] 中に入れる意味ⓐから、物を入れるはこの意味ⓑ、はこのように身を包むよろいの意味ⓒに展開する。[英]contain; case, envelope; armor [熟語] ⓑ経函・投函・ⓒ函人

文献 ⓐ詩経・良耜「實函斯活=実は函まれ、斯ち活きたり(穀物の種子は土に含まれ、生きて育っている)」

【官】 8(宀・5)　常　｜　常用音訓 カン

語音 *kuan(上古)　kuan(中古→呉・漢クワン〈=カン〉)　guān(中)　관(韓)

語源 [コアイメージ] 丸く取り巻く。[実現される意味] 公の機関(役所・朝廷・政府)ⓐ。[英]official's residence, office

〔解説〕詩経に官はないが、管や館などがあるから、すでに官が存在していたことは確かである。古典では役所などの公の建物を*kuanといった。大きな敷地で周囲に塀をめぐらしたであろうことは当然予想される。春秋元命包(漢代の緯書)に「官の言為るは宣(丸く取り巻く)なり」と語源を説いているのはうなずける。藤堂明保は元のグループ(完・院など)、亘のグループ(垣・宣など)、宛のグループ(苑など)、巻のグループ(拳・圏など)、また円・園・環・丸・瓦・禾・果・渦など、「まるい・とりまく」という基本義をもつ単語家族の中に官のグループを収めている(藤堂①)。官の古訓は「つかさ」。「つかさ」はツカ(塚)と同根で、「高く位置して命令するものの意」から、役所、役人、官職の意に展開するという(大野①)。英語のofficeはラテン語のofficium(仕事をすること)が語源で職務→公職(官職)、役所の意になったという(下宮①)。後者は意味展開が「つかさ」や官とは違うようである。

〔グループ〕官・棺・管・館・菅・痯(疲れて背を丸める)・綰(丸く束ねる→わがねる)

字源 「𠂤(𠂤はその変形。イメージ記号)+宀(限定符号)」を合わせた字。「𠂤」は丸く盛り上がった土が連なる人工的な堆積物を描いた図形で、堆の原字。しかし雑然とした寄せ集めではなく、丸くまとまった物の集まりである。ここから「丸く取り巻く」「たくさん集まる」「いくつかのものがつながる」などの複合イメージが生じる(⇩師・追・帰)。「官」は多くの人を集めて、周囲を垣根で丸く取り巻いた建物を暗示させる。字源については諸説がある。加藤常賢は𠂤は音符で、「仕事をする舎の意」(加藤①)、藤堂は𠂤は集団を示し、「家屋に大勢の人の集まったさま」(藤堂②)、白川静は𠂤は祭肉の形で、「祭肉をおく軍の聖所の意」とする(白川①)。館(役人などの住む公の建物)の原字とする説(兪樾、藤堂など)が比較的妥当。

（甲）　（金）　（篆）

語義　[展開] 公の建物（役所）の意味ⓐから、仕事をこなす役人の意味ⓑ、公の仕事・役目の意味ⓒ、いろいろな働きや機能をもつものの意味ⓓに展開する。[英]official's residence, office(ⓐⓒ); officer; government post; organ　[和訓] つかさ　[熟語] ⓐ官舎・官邸・ⓑ官吏・官僚・ⓒ官職・任官・ⓓ器官・五官

文献　ⓐ論語・八佾「官事不攝＝官事は摂かねず（役所［役人］の仕事を掛け持ちしていない）」ⓑ論語・憲問「百官總己＝百官、己を総すぶ（［君主が死んだ場合］多くの官吏は自分で自宅を総括する）」ⓒ孟子・公孫丑上「不卑小官＝小官を卑しとせず（低い官職を卑しまない）」ⓓ孟子・告子上「心之官則思＝心の官は則ち思ふ（心臓は思考の働きをする器官である）」

【冠】 9（冖・7）　常　｜ 常用音訓 カン　かんむり

語音　*kuan(上古)　kuan(中古→㊀・㊁クワン〈＝カン〉)　guān(中)　관(韓)

語源　[コアイメージ] ㋐丸い・丸い頭。㋑取り巻く。[実現される意味] かんむりⓐ。[英]crown

〔解説〕説文解字に「冠は絭（ひもで巻く）なり」とある。*kuanという語は巻と同源で、「丸く取り巻く」というイメージがある。日本語の「かんむり」はカウブリの転で、頭にかぶるものの意。覆いかぶせるというイメージから生まれた漢語は帽である。しかし冠が礼装用であるのに対し、帽は布製の簡便なものを指す。英語のcrownは王冠で、漢語の冠は王だけのかぶり物ではないが、語義の展開で冠とcrownは共通する点が多い。語源的にはcrownはcurve(曲がる)と同根で、頭にかぶせる花輪が原義という(小島①)。漢語の冠も頭に丸く取り巻くというコアイメージがある。語源的に見てもcrownと冠は似た点がある。

字源　「元ゲン（音・イメージ記号）＋寸（手を示すイメージ補助記号）＋冖（限定符号）」を合わせた字。「元」は「丸い」「丸い頭」というイメージがある（⇩元）。「冠」は丸い頭を丸く取り巻くかぶりものを暗示させる。

語義　[展開] かんむりの意味ⓐから、かんむりに似たものの意味ⓑ、かんむりをつける（特に元服する）意味ⓒ、物の頂上にかぶせる意味ⓓ、物の上の部分（頂上、トップ）の意味ⓔ、立派な地位やタイトルの意味ⓕ、トップに立つ意味ⓖに展開する。[英]crown(ⓐ~ⓕ); get an upper rank(ⓖ)　[和訓] かぶる・こうぶり　[熟語] ⓐ衣冠・王冠・ⓑ鶏冠・樹冠・ⓒ弱冠・ⓓ冠水・冠雪・ⓔ冠羽・冠詞・ⓕ栄冠・ⓖ冠軍・冠絶

文献　ⓐ詩経・素冠「庶見素冠兮＝庶がねはくは素冠を見ん（白い冠［の人］にお会いしたい）」ⓒ孟子・滕文公下「丈夫之冠也、父命之＝丈夫の冠するや、父之を命ず（男子が冠をつけて元服するのは、父の命令による）」ⓕ史記・蕭相国世家「位冠群臣＝位、群臣に冠たり（位は群臣のトップだ）」

【巻】 9（己・6）　常　｜ 常用音訓 カン　まく・まき

〔卷〕 8（卩・6）　人　｜ ㊂カン・ケン　㊃まく・まき

語音　(1)*kɪuan(上古)　kɪuɛn(中古→㊀・㊁クヱン〈＝ケン〉・[慣]クワン〈＝カン〉)　juǎn(中)　권(韓)　(2)*gɪuan(上古)　gɪuɛn(中古→㊀グヱン〈＝ゲン〉・㊁クヱン〈＝ケン〉・[慣]クワン〈＝カン〉)　quán(中)　권(韓)

語源　[コアイメージ] ○の形にまく。[実現される意味] 丸く巻くⓐ。[英]roll, wind

〔解説〕人体の中で丸く曲がる部分として背、膝、手腕などがある。手の指を使えばこぶしの形を作ることもできる。こぶしを言語化する場合、甲の部分に視点を置くと「へ形に曲がる」というイメージを捉えることもできるし、五本の指の形に視点を置くと「○の形にまく」というイメージを捉えることもできる。こぶしを古代漢語で*gɪuanといい、季で

図形化された。これから拳のほか、共通のコアイメージをもつ下記の語が次々に造形された。巻はその一つで、丸く巻くことを意味する。日本語の「まく」は「一点、または一つの軸を中心にして、その周囲に渦状の現象や状態が生ずる意」という(大野①)。漢語の巻は握りこぶしを作るように円形ないし半円形の状態にすることである。

〔グループ〕巻・拳・券・圏・倦・捲・惓(ケン)(疲れてがっくりする)・眷(ケン)(首を回して振り返る、目をかける[眷顧])・睠(ケン)(かえりみる[睠睠])・綣(ケン)(からみつく[綣繾(ケンケン)])・蜷(ケン)(虫が体を丸く屈曲させるさま。「にな」は国訓)・鬈(ケン)(髪が美しいさま)

字源 「巻」が正字。「𢍏(ケン)(龹はその変形。音・イメージ記号)+卩(イメージ補助記号)」を合わせた字。「釆」は説文解字では獣の足裏と解釈しているが、人のてのひらという解釈も成り立つ。てのひらを意味するのではなく、手を握った状態(握りこぶし)をぱっと開いた図形で、「(種子などを播くために)四方に開く」というイメージを示す記号である(⇩番)。漢字は握りこぶしを開くとか、握りこぶしを作るといった動画風の動きを表せないので、最初から手指を開いた形にせざるを得ない。「釆(イメージ記号)+廾(限定符号)」を合わせた「𢍏」は、種子を播くために握りこぶしを作る情景を設定した図形。拳(握りこぶし)の原字である。これによって「曲げる」「丸める」というイメージを表すことができる。「卩」はしゃがんで膝を曲げている人の図形。したがって「巻」は人が背を丸める(あるいは、膝を曲げる)様子を暗示する図形である。この意匠によって、平らな状態にあるものを丸く曲げてまくことを表象する。

(篆) [𢍏]　(篆)

〔字体〕「卷」は旧字体。「巻」は書道に由来する常用漢字の字体。龹に従う他の常用漢字もこれに倣う。

語義 [展開] 丸くまく意味ⓐが本義。昔、竹簡や木簡を巻いて保存したことから、巻物の意味ⓑ、書物の意味ⓒ、書物や篇章を数える語ⓓを派生する(以上は1の場合)。また、「〇の形にまく」というイメージは「(形や)形に曲がる」というイメージも含まれるので、曲がる・曲がりくねる意味ⓔ、くねくねと曲がってなまめかしい(しなやかで美しい)意味ⓕに展開する(以上は2の場合)。[英]roll, wind; scroll; book; section; curve; handsome [熟語] ⓐ巻雲・席巻・ⓑ経巻・合巻・ⓒ巻頭・圧巻・ⓓ一巻・ⓔ巻曲

文献 ⓐ詩経・柏舟「我心匪席、不可巻也＝我が心は席(むしろ)に匪(あら)ず、巻くべからず(私の心はむしろではないから、[他人が]自由に巻くことはできない)」ⓔ詩経・巻阿「有巻者阿＝巻(ケン)たる阿有り(曲がりくねった丘がある)」ⓕ詩経・沢陂「有美一人、碩大且巻＝美なる一人有り、碩大にして且つ巻(ケン)なり(美しい女が一人、腰は豊かになまめかしい)」

【柑】 9(木・5) 人 音カン

語音 (1)*gıam(上古) gıɛm(中古→呉ゲム〈＝ゲン〉・漢ケム〈＝ケン〉・[慣]カン) qián(中) 겸(韓) (2)kam(中古→呉・漢カム〈＝カン〉) gān(中) 감(韓)

語源 [コアイメージ] 中に含む。[実現される意味] (1)馬の口にくつわをはめる。[英]put a bit in a horse's mouth (2)ミカン。[英]mandarin orange

字源 「甘(カン)(音・イメージ記号)+木(限定符号)」を合わせた字。「甘」は「中に含む」というイメージがある(⇩甘)。馬の口に木を含ませる様子を表す。一方、ミカンは甘い果汁を含むので単に「甘」で表記されたが(史記に見える)、後に木偏を添えて柑となった。したがって1と2はもともと別字である。

語義 馬の口にくつわをはめる意味ⓐ(1の場合)。また、果樹の名、ミカン科ミカン属の総称ⓑ(2の場合)。狭義ではポンカンを指す。果実は

橙黄色。日本に伝わってウンシュウミカンが生まれた。[熟語] ⓑ柑橘・蜜柑

[文献] ⓑ水経注37「呉丹陽太守李衡植柑其上＝呉の丹陽太守李衡、柑を其の上に植う(呉の丹陽の長官李衡はその上にミカンを植えた)」

【看】 9(目・4)　[常]　[常用音訓] カン

[語音] *k'an(上古)　k'an(中古→[呉]・[漢]カン)　kān・kàn(中)　간(韓)

[語源] [コアイメージ] 隙間をあける。[実現される意味] 様子を伺い見るⓐ。[英]watch

[解説] 日本語の「みる」は非常に広い概念だが、漢語ではどのように見るかによって細かく区別する。k'anを表記する看は、瞯(カン)(隙間から覗き見る)・俔(ケン)(隙間を伺うスパイ)などと同源で、様子をそっと伺い見ることである。王力は看・観・瞰(カン)を同源とする(王力①)が、疑問である。藤堂明保が間のグループや介・柬などと同源で、「ふたつに分ける・あいだ」という基本義をもつとする(藤堂①)のがよい。隙間を分け開いて様子を見るのが瞯・俔・看である。

[字源] 「手(イメージ記号)＋目(限定符号)」を合わせて、よく見えるように手をかざして視線を走らせる情景を設定した図形。この意匠によって、対象を注意深く伺い見ることを表象する。図形にコアイメージは反映されていない。

(篆) 

[語義] [展開] どんな様子かを伺い見る意味ⓐから、一つの所を注意して見張る(見守る・世話をする)意味ⓑに展開する。[英]watch, see, look at; take care of, tend　[和訓] みる　[熟語] ⓐ看視・看破・ⓑ看護・看病

[文献] ⓐ韓非子・外儲説左下「其姉往看之＝其の姉往きて之を看る(彼の姉が彼の様子を見に行った)」

【竿】 9(竹・3)　[人]　[音]カン　[訓]さお

[語音] *kan(上古)　kan(中古→[呉]・[漢]カン)　gān(中)　간(韓)

[語源] [コアイメージ] 固くて強い心棒。[実現される意味] 竹の棒(さお)ⓐ。[英]pole, rod

[字源] 「干(カン)(音・イメージ記号)＋竹(限定符号)」を合わせた字。「干」は「固くて強い心棒」というイメージがある(⇩干)。「竿」は固くて強い竹の棒を表す。

[語義] [展開] 竹の棒の意味ⓐ、釣り竿の意味ⓑに展開する。[英]pole, rod ⓐⓑ　[熟語] ⓐ竿灯・竿頭・ⓑ釣竿

[文献] ⓑ詩経・竹竿「籊籊竹竿、以釣于淇＝籊籊(テキテキ)たる竹竿、以て淇(キ)に釣る(釣り竿を高々と上げ、淇の川で釣りをした)」

【栞】 10(木・6)　[人]　[音]カン　[訓]しおり

[語音] *k'an(上古)　k'an(中古→[呉]・[漢]カン)　kān(中)　간(韓)

[語源] [コアイメージ] そろえる。[実現される意味] 標識とする木を切るⓐ。[英]cut

[解説] 日本語の「しおり(しをり)」は「山道などで、木の枝を折りかけて道しるべとすること」の意という(大野①)。これは漢語の栞(カン)と合致する。ただし栞は刊と同源で、動詞である(下記の文献は書経では栞が刊になっている)。

[字源] 「幵(ケン)(音・イメージ記号)＋木(限定符号)」を合わせた字。「幵」は「平らにそろえる」というイメージがある(⇩研)。「栞」は木を切りそろえて標識にする様子を暗示させる。

[語義] [展開] 目印の木を切る意味ⓐから、道しるべの意味ⓑを派生する。日本ではしおり(本にはさんで目印にするもの)の意味ⓒに用いる。[英]cut; signpost; bookmark

文献 ⓐ史記・夏本紀「行山栞木＝山に行き木を栞る(山に沿って行き、目印の木を切る)」

【莞】10(艸・7) 人 ― 音カン 訓い

語音 (1)*kuan(上古) kuan(中古→呉・漢クワン〈＝カン〉) guān(中) 관(韓) (2)*fuǎn(上古) fuǎn(中古→呉グヱン〈＝ゲン〉・漢クワン〈＝カン〉) wǎn(中) 완(韓)

語源 [コアイメージ] 丸い。[実現される意味] フトイⓐ。[英]bulrush

字源 「完(カン)(音・イメージ記号)＋艸(限定符号)」を合わせた字。「完」は「丸い」というイメージがある(⇨完)。太い円柱形の茎をもつ草、フトイを表す。

語義 [展開] カヤツリグサ科の草、フトイの意味ⓐ(1の場合)。また、「丸い」というコアイメージから、表情をまろやかにして笑う(にっこり笑うさま)の意味ⓑを派生した(2の場合)。[英]bulrush; with a smile [熟語] ⓑ莞爾

文献 ⓐ詩経・斯干「下莞上簟＝莞を下にし簟(テン)を上にす(下にはフトイのむしろ、上には竹のむしろ)」ⓑ論語・陽貨「夫子莞爾而笑曰＝夫子、莞爾として笑ひて曰く(孔先生はにっこり笑って言った)」

【陥】10(阜・7) 常 ― 常用音訓 カン おちいる・おとしいれる
〔陷〕11(阜・8) 人 ― 音カン 訓おちいる・おとしいれる

語音 *ɦăm(上古) ɦam(中古→呉ゲム〈＝ゲン〉・漢カム〈＝カン〉) xiàn(中) 함(韓)

語源 [コアイメージ] へこむ・くぼんだ穴。[実現される意味] 穴に落ち込む・穴に落とすⓐ。[英]fall into a hole

〔解説〕藤堂明保は欠伸の欠(ケン)や坎(カン)(穴)、また謙(へこんで退く)・怯(キョウ)(ひるんで引き下がる)などと同源で、「くぼむ」という基本義をもつとする(藤堂①)。説文解字に「臽(カン)は小阱(ショウセイ)(小さな落とし穴)なり」とあり、∪形の穴(へこみ・くぼみ)というイメージをもつ語である。穴に落ち込むことを陥という。訓の「おちいる」は落ち入る、「おとしいれる(おとしいる)」は落とし入るの意である。漢語の陥の意味に合うように作られた複合語であろう。

〔グループ〕陥・焰・啗(タン)(空腹を満たそうとがつがつ食べる)・諂(テン)(一歩さがって相手の気に入るようにする→へつらう[諂諛(テンユ)])・萏(タン)(花の台座に穴があいて、実の入っているもの、ハスの花[菡萏(カンタン)])・閻(エン)(村里に入るために開けた壁の穴→村落の門。閻魔は音写字)

字源 「陷」が正字。「臽(カン)(音・イメージ記号)＋阜(限定符号)」を合わせた字。「臽」は「人＋臼(∪形にくぼんだ穴)」から成り、人がくぼんだ穴に落ち込もうとする情景を設定した図形。「陷」は落とし穴にはまり込む様子を暗示させる。

(甲) 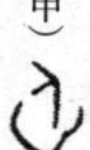 (金)  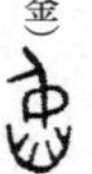  (篆)  [臽] (篆) 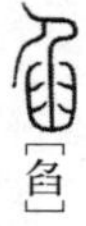

〔字体〕「陷」は旧字体。「陥」は書道に由来する常用漢字の字体。

語義 [展開] 穴に落ち込む、また、穴に落とす意味ⓐから、落とし穴の意味ⓑ、わなにはまり込む意味ⓒに展開する。また、城などが攻撃されてがらがらと落ちてへこんだ状態になる(城などを攻め落とす)意味ⓓ、正常な事態の一部が欠ける、また、足りない所という意味ⓔを派生する。[英]fall into a hole; pitfall, trap; entrap; capture(a city), fall; defect [熟語] ⓐ陥入・陥没・ⓑ陥穽・ⓓ陥落・失陥・ⓔ欠陥

文献 ⓐ論語・雍也「君子可逝也、不可陥也＝君子は逝かしむべし、陥るべからず(君子は[井戸端に]行かせることはできても、[井戸に]おとしいれることはできない)」ⓒ孟子・梁恵王上「陥於罪＝罪に陥る(罪にはまる)」

ⓓ呂氏春秋・貴卒「所衝無不陥＝衝く所、陥らざるは無し(攻撃して落ちないものはない)」

【乾】11(乙・10) 常 ｜ 常用音訓 カン かわく・かわかす

語音 (1)*kan(上古) kan(中古→呉・漢カン) gān(中) 건(韓) (2)*giɑn(上古) giɛn(中古→呉ゲン・漢ケン) qián(中) 건(韓)

語源 [コアイメージ] 高く上がる。[実現される意味] 水分が蒸発してかわく・かわかすⓐ。[英]dry

〔解説〕王力は乾・旱・熯(カン)・暵(カン)は同源で、かわく意味があるとする(王力②)。これは表層レベルの語源説。かわくという現象は水分が蒸発した結果であるので、「上に上がる」というイメージがある。乾は倝(カン)にコアイメージの源泉があり、下記のグループを形成する。藤堂明保は加のグループ、何のグループ(荷など)、干のグループの一部(旱・軒など)、また暵(日照り)・傑・建・健などと同じ単語家族に入れ、「上にのせる・高くあがる」という基本義があるとする(藤堂①)。これが深層レベルの語源である。日本語の「かわく」は「熱気あるいは火気にあたって、水分が蒸発する意」、「ひる」は「水分が自然のままの状態で蒸発し、または力衰えてなくなる意」、「ほす」のホはヒルのヒの古形で、「日光・風・熱によって、水気をとる」意という(大野①)。漢語の乾にはこのような区別はない。常用漢字表では乾に「かわく」「かわかす」、干に「ほす」「ひる」の訓をつけているが、根拠がない(乾に統合してかまわない)。

〔グループ〕乾・幹・韓・翰(カン)(鳥が高く飛ぶ[翰飛]。また、長い羽毛で作った筆、転じて文書[書翰])・澣(カン)(衣服を水中から高く上げる動作を繰り返して洗う[澣衣])・瀚(カン)(広く大きい[浩瀚])・榦(カン)(矢の幹、やがら)

字源 「倝(カン)(音・イメージ記号)＋乙(イメージ補助記号)」を合わせた字。「倝」を分析すると「㫃＋昜」となる。「㫃」は旗をかかげる形(⇩旗)。「昜」は太陽が高く上がる形(⇩陽)。「昜(イメージ記号)＋㫃(イメージ補助記号)」を合わせた「倝」は、高く上がる旗のように太陽が空高く上がる情景を設定した図形。旗や太陽を比喩として、「(何かが)高く上がる」というイメージを示すのが「倝」である。「乙」は曲がりつつ出ていくありさまを示す記号(⇩乙)。したがって「乾」は何か(蒸気のようなもの)が曲がりつつ高く上がっていく様子を暗示させる。この意匠によって、水分がかわくことを表象する。

(金) (篆) [倝] (篆)

語義 [展開] 水分がかわく意味ⓐ。水分が外に出て乾くと、内部は空になるから、空っぽにする意味ⓑを生じる。また、水分は表面に浮き上がるから、表面的である、うわべだけである(義理の)という意味ⓒが生まれる(以上は1の場合)。また、「高く上がる」というコアイメージから、高く上がっている天空を象徴とする易の八卦の一つⓓとなった(2の場合)。[英]dry; empty; superficial; one of eight diagrams; [和訓] ほす・ひる・いぬい [熟語] ⓐ乾燥・乾物・ⓑ乾杯・ⓒ乾児(子分)・ⓓ乾坤(ケンコン)・乾徳(ケントク)

文献 ⓐ詩経・中谷有蓷「暵其乾兮＝暵(カン)として其れ乾く(日照りで[草が]からからに乾いている)」ⓓ易経・乾「大哉乾乎＝大なる哉、乾や(偉大だよ乾は)」

【勘】11(力・9) 常 ｜ 常用音訓 カン

語音 *k'əm(上古) k'ʌm(中古→呉コム〈＝コン〉・漢カム〈＝カン〉) kān(中) 감(韓)

語源 [コアイメージ] 深い。[実現される意味] 罪や過ちを深く突き詰めて調べるⓐ。[英]investigate

字源 「甚(ジン)(音・イメージ記号)＋力(限定符号)」を合わせた字。「甚」は「程度が深い」というイメージがある(⇩甚)。「勘」は深く突き詰める様子を暗示させる。

語義 [展開] 罪や過失を突き詰めて調べる意味ⓐから、間違いがないか突き合わせてよく調べる(考え合わせる)意味ⓑを派生する。怒りに触れてとがめを受ける意味ⓒや直感の意味ⓓは日本的用法。[英]investigate; collate; disown; intution, hunch [熟語] ⓐ勘当・ⓑ勘定・校勘・ⓒ勘気・勅勘

文献 ⓐ塩鉄論・禁耕「不勘責取庸＝勘責せず庸を取る(罪を調べて責めないで、登用する)」

【患】 11(心・7) 常 | 常用音訓 カン わずらう

語音 *ɦuăn(上古) ɦuăn(中古→呉グエン〈＝ゲン〉・漢クワン〈＝カン〉) huàn(中) 환(韓)

語源 [コアイメージ] 貫き通す。[実現される意味] 心配事で心が痛む(くよくよと気にかける)ⓐ。[英]worry, anxious

[解説] 串(カン)にコアイメージの源泉がある。これは「貫き通す」というイメージである。藤堂明保は貫・患・関・穿・川などを同源とし、「突き抜ける」という基本義があるとした(藤堂①)。痛みが突き通るという生理的なイメージから、心に痛みを感じるという心理動詞と、体が痛んで病むという身体的な行為・状態を表す語に分化する。前者を「うれえる」、後者を「わずらう」と読む。日本語の「わずらう(わづらふ)」は「まつわりついてくるような障害や病苦を相手に、長期にわたって対処に苦しむ意」という(大野②)。これは心理的な意味だが、「病気になる」という意味にも展開する。したがって前者の場合は煩う、後者は患うと表記する。

[グループ] 串・患・槵(カン)(種子に病患を治す効があるとされ、無患子と名づけられたことから、ムクロジ)

字源 「串(カン)(音・イメージ記号)＋心(限定符号)」を合わせた字。「串」は「貫き通す」というイメージがある(⇨串)。「患」は心が突き通されるような感じを暗示させる。

(古)  (篆)

語義 [展開] 心配する(うれえる)意味ⓐから、心配事・災難・わざわいの意味ⓑに展開する。また、「貫き通す」というコアイメージから、体が痛みで突き通される(病気にかかる、わずらう。また、病気)の意味ⓒ、病気になった人(患者)の意味ⓓに展開する。[英]worry, anxious; trouble, disaster; suffer, illness; patient [和訓] うれえる [熟語] ⓐ患苦・苦患(クゲン)・ⓑ患禍・患難・ⓒ患部・疾患・ⓓ急患・新患

文献 ⓐ論語・里仁「不患莫己知＝己を知る莫(な)きを患(うれ)へず(自分が理解されないのを心配しない)」ⓑ詩経・小毖「予其懲而毖後患＝予其れ懲りたり、後患を毖(つつ)しまん＝私はもう懲りたから、今後の禍を慎もう)」

【菅】 11(艸・8) 人 | 音カン 訓すげ・すが

語音 *kăn(上古) kăn(中古→呉ケン・漢カン) jiān(中) 간(韓)

語源 [コアイメージ] 丸く取り巻く。[実現される意味] メガルガヤⓐ。[英]villous themeda

字源 「官(カン)(音・イメージ記号)＋艸(限定符号)」を合わせた字。「官」は「丸く取り巻く」というイメージがある(⇨官)。「菅」は茎が太く管状をなす草を表す。

語義 [展開] イネ科メガルガヤ属の草の名が原義ⓐ。茎は太くて叢生する。日本ではスゲの意味ⓑに用いる。カヤツリグサ科スゲ属の総称で、カサスゲなど。茎は三角柱をなす。[英]villous themeda; sedge [熟語] ⓐ菅茅(カンボウ)

文献 ⓐ詩経・東門之池「東門之池、可以漚菅＝東門の池、以て菅を漚(ひた)すべし(東門の池なら、カヤがひたせる)」

【貫】 11(貝・4)　常　|　常用音訓 カン　つらぬく

語音 *kuan(上古)　kuan(中古→呉・漢クワン〈=カン〉)　guàn(中)　관(韓)

語源 [コアイメージ] 突き抜ける。[実現される意味] 貫き通すⓐ。[英]go through

〔解説〕王力は貫・慣・関を同源とする(王力①②)。藤堂明保は関のほかに範囲を拡大させ、串・患・穿・川とも同源とし、「突き抜ける」という基本義があるとする(藤堂①)。穴や容積のある空間の内部に線条のものが突き抜けて通ることを*kuanという。日本語の「つらぬく」は列(つら)抜くの義という(大言海)。ツラ(列)は「縦に一列につらなるもの」、ヌク(抜・貫)は「物を引いて取り去り、後にすっぽり穴を残す意。また、穴に物を通す意」という。そこで「つらぬく」は「表から裏へ、端から端へ通す」の意味となる(以上、大野①)。始めから終わりまでやり抜くという意味に展開するのは漢語の貫と同じ。しかし「なれる」や「なじむ」の意味は漢語独得の転義である。

〔グループ〕貫・慣・摜(カン)(手足を通す)・鏆(カン)(腕に通すアクセサリーの輪)

字源 「毌(カン)(音・イメージ記号)＋貝(限定符号)」を合わせた字。「毌」は丸いものを横の線で貫いた様子を示す象徴的符号。「貫」は貝に紐を通す様子を暗示させる。説文解字に従えば、穴開き銭にひもを通したぜにさしを表す。しかし詩経の時代にぜにさしが存在したかは不明。貨幣に使われた貝を紐でつないだものと解するのが無難である。ただしそんな意味を表すのではなく、「つらぬき通す」というイメージの語を表記するための具体的状況設定に過ぎない。

(篆) [毌]　(篆)

語義 [展開] つらぬき通す意味ⓐから、主張や行動などが始めから終わりまで一筋に行われる(一筋にやり通す)意味ⓑに展開する。また、時を通して同じ事態がずっと繰り返される(なれる、なじむ)意味ⓒ、繰り返されてなれた行い(ならわし)の意味ⓓ、世代を通して変わらない出自(出身地・戸籍)という意味ⓔを派生する。ⓒⓓは後に慣と書かれる。ⓐからの転義として、穴開き銭千文をひもで通したもの(ぜにさし)の意味ⓕでも使われる。金銭や重量の単位ⓖは日本的用法。[英]go through, pass through, penetrate; carry through; intimate with, familiar with, get used to; custom; birthplace; string; unit of weight [和訓] ぬく・ぬき [熟語] ⓐ貫通・突貫・ⓑ貫徹・一貫・ⓓ旧貫(=旧慣)・ⓔ貫籍・本貫・ⓖ貫禄・尺貫法

文献 ⓐ詩経・猗嗟「射則貫兮＝射れば則ち貫く(矢を射ると的を貫く)」ⓑ論語・里仁「吾道一以貫之＝吾が道一以て之を貫く(私の道は一つのことで貫かれている)」ⓒ詩経・碩鼠「三歳貫女＝三歳女(なんじ)に貫(な)る(三年間おまえになじんできた)」

【喚】 12(口・9)　常　|　常用音訓 カン

語音 *huan(上古)　huan(中古→呉・漢クワン〈=カン〉)　huàn(中)　환(韓)

語源 [コアイメージ] ゆとりを開けて広がる・四方に発散する。[実現される意味] 大声で叫ぶ(わめく)ⓐ。[英]yell, shout

〔解説〕氷が溶けて水が四方に散り広がることを渙という。火の光が四方に発散することを煥という。奐(カン)にコアイメージの源泉がある。これは内部をゆったりと開けて八(∧)の形に出ていくイメージから、✣の形に四方に発散して出ていくというイメージに転じる。同じように、意味領域を人の行為である発声に限定すると、大声を発散させる行為が喚である。藤堂明保は奐は単なる音符で、喚を歓・喧と同源の語とした(藤堂②)。筆者は奐のグループを統一的に解釈する。

字源 「奐(音・イメージ記号)+口(限定符号)」を合わせた字。「奐」は「ゆとりを開けて取り出す」というイメージがあり(⇩換)、これは「ゆとりを開けて出るものが四方に広がっていく」というイメージに展開しうる。「喚」はのどから声を出して、それが四方に広がっていく様子を暗示させる。この意匠によって、大声を出して呼ぶことを表象する。

語義 [展開] 大声で呼ぶ意味ⓐから、呼び寄せる意味ⓑを派生する。[英]yell, shout; call, summon [和訓] わめく・よぶ [熟語] ⓐ喚呼・叫喚・ⓑ喚問・召喚

文献 ⓐ易林2「喚呼鴆毒、爲國患灾=喚呼す、鴆毒、国の患灾と為ると(鴆の毒が国の災いになるぞとわめき叫ぶ)」ⓑ列女伝5「使人喚婦=人をして婦を喚ばしむ(人に妻を呼ばせた)」

【堪】12(土・9) 常 | 常用音訓 カン たえる

語音 *k'əm(上古) k'əm(中古→呉コム〈=コン〉・漢カム〈=カン〉) kān(中) 감(韓)

語源 [コアイメージ] 深い。[実現される意味] じっと持ちこたえるⓐ。[英]bear, endure

〔解説〕深くて重い圧力が→の方向からかかってくると、抵抗する力が←の方向に働いて支えようとする。このようにして持ちこたえることを*k'əmという。王力は克と堪を同源とする(王力①)。克は耐え抜いて打ち勝つことから、よくできる意味に転じる点で堪と似ているが、コアイメージが異なる。また耐も粘り強くたえることから、物事をする力が十分ある意味を派生し、堪と似るが、耐は能と同源の語である。「たえる」意味ではほかに勝もある。これらはそれぞれ異なる語源から発した語である。日本語の「たえる(たふ)」は「自分に加えられる圧力に対して、その圧力に応ずる手段をもって対抗する意」で、「ささえとめる」「持ちこたえる」「成し得る。能力がある」意味に展開するという(大野①)。漢語の堪の展開とほぼ同じ。英語のbearは「(我慢して)支え持つ」がコアイメージで、「(背負って)運ぶ」「身につける、帯びる、抱く」「支え持つ」、さらに「我慢する、耐える」の意味に展開するという(田中①)。これも漢語の堪の意味展開と似ている。

字源 「甚(音・イメージ記号)+土(限定符号)」を合わせた字。「甚」は「程度が深い」というイメージから、「厚みや幅が深い」という空間的イメージに展開しうる。「堪」は土が分厚く存在する場面を設定した図形。この意匠によって、重いものを下で支える→重みなどを持ちこたえることを表象する。

語義 [展開] 持ちこたえる(たえる)意味ⓐから、何かをするのに十分な力がある(できる)意味ⓑに展開する。[英]bear, endure; can [和訓] こたえる・こらえる・たまる [熟語] ⓐ堪忍・ⓑ堪能

文献 ⓐ詩経・訪落「未堪家多難=未だ家の難多きに堪へず(家に災難の多いのにたえられない)」

【寒】12(宀・9) 常 | 常用音訓 カン さむい

語音 *ɦan(上古) ɦan(中古→呉ガン・漢カン) hán(中) 한(韓)

語源 [コアイメージ] 固くつかえる・固く引き締める。[実現される意味] さむいⓐ。[英]cold

〔解説〕釈名・釈天に「寒は扞(つかえる)なり」と語源を説くように、古人は「固くつかえる」という語源意識でさむさを捉えた。さむさは物を固く引き締めるし、動きをにぶくする。下記のグループには「固くつかえる」というコアイメージが通底している。寒は「柔らかい」というイメージをもつ暖とちょうど反対である。外気の温度が低いのが寒であるが、触覚的に温度が低いと感じられるのが冷である。寒と冷の違いは、寒が「かじかむ」という意味に転義するのに対し、冷が「ひっそりとする」「落ち着く」に転義するのに現れている。しかし寒は冷も含むこと

がある。日本語の「さむい(さむし)」はサム(冷)と同根で、「苦痛を感じるまでに気温が低いさま」、「つめたい(つめたし)」は「ものに触れるとその手先が痛いと感じられるまでに、対象の温度が低いさま」という(大野②)。また「こごえる(こごゆ)」はコゴル(凝)と同根で、「(寒さで)身体の各部分が固くなる意」という(大野①)。「こごえる」は漢語の寒とコアイメージが似ている。

〔グループ〕寒・蹇ケン(足がまっすぐ伸びず動作がにぶい[蹇蹇])・騫ケン(足が悪くて動きのにぶい馬)・褰ケン(長い裾を短く引き締める[褰帳])・謇ケン(言葉がつかえて出ない、どもる)

字源 「寒」が正字。「宀＋茻＋人＋冫」と分析できる(篆文の字体)。「茻」は「屮(くさ)」を四つ重ねて、敷物やかぶり物を示す。「茻(イメージ記号)＋宀＋人(ともにイメージ補助記号)＋冫(限定符号)」を合わせた「寒」は、人が屋根の下で敷物をかぶって氷の冷たさに震えている場面を設定した図形。この意匠によって、さむいことを表象する。図形はコアイメージを反映していない。

(金)  (篆) 

〔字体〕「寒」は旧字体。「寒」は書道で発生した字体。

語義 [展開] さむい意味ⓐ、冷たい意味ⓑ、冷たくする(冷やす)意味ⓒに展開する。また、「固くつかえる」というイメージから、手足が固くかじかむ(こごえる)意味ⓓ、ぞっとする意味ⓔ、さびしい・わびしい(貧しい)の意味ⓕを派生する。[英]cold(ⓐⓑ); chilly; chill(ⓒⓔ); cool; freeze(ⓓⓔ); tremble; poor, needy [和訓] ひやす・こごえる [熟語] ⓐ寒暖・寒冷・ⓑ寒水・寒風・ⓒ寒剤・ⓓ飢寒・ⓔ寒心・悪寒・ⓕ寒村・貧寒

文献 ⓐ詩経・小明「二月初吉、載離寒暑＝二月初吉、載(すなわ)ち寒暑に離(かか)る(時は二月の初め、暑さと寒さの苦に遭った)」ⓑ詩経・凱風「爰有寒泉＝爰(ここ)に寒泉有り(ここに冷たい泉がある)」ⓒ孟子・告子上「十日寒之＝十日之を寒(ひや)す(十日間それを冷やす)」ⓓ孟子・梁恵王上「黎民不飢不寒＝黎民飢ゑず寒(こご)えず(庶民は飢えることもなく、こごえることもない)」

【換】 12(手・9) 常

常用音訓 カン かえる・かわる

語音 *ɦuan(上古) ɦuan(中古→呉グワン〈＝ガン〉・漢クワン〈＝カン〉) huàn(中) 환(韓)

語源 [コアイメージ] ゆとりを開けて中身を抜き出す。[実現される意味] 中身を入れかえる(取りかえる)ⓐ。[英]change, exchange

〔解説〕古代漢語では「取りかえる」ことは「変わる」からの転義現象である場合がある。例えば交易・貿易の易は物と金を取りかえる行為であるが、これは変易(物が変わる)から転義したもの。変易はある事態や状況が別の事態や状況と入れかわった現象と見れば、この転義は納得できよう。同じような転義現象が換にも見られる。「中身を抜き出す」がコアイメージであるが、中身を抜き出した結果、事態や状況が別の事態や状況に変わったと見ることができる。中身を抜き出す→中身を入れかえるという転義が成立する。日本語の「かえる(かふ)」は「二つのものを互いに入れちがいにするのが原義」で、「これを与えてあれをとる。取りかえる」という意味、それから「状態や質を別のものに入れかえ、変わらせる」という意味に転義する(大野①)。漢語の易と換はこれとは逆の転義をする。

〔グループ〕換・喚・奐カン(光が四方に広がるさま[輪奐])・渙カン(氷が解けて水が広がるさま[渙然・渙発])・煥カン(火の光が四方に散らばるさま[煥発])

字源 「奐カン(音・イメージ記号)＋手(限定符号)」を合わせた字。「奐」は「⺈(しゃがんだ人)＋宂(尻または骨盤)＋廾(両手)」を合わせて、産婦の開いた産道から両手で胎児を取り出そうとする情景を設定した図形。「ゆとりを開けて中身を抜き出す」というイメージがある。この意匠によっ

て、中身を抜き出して、中の状況を変える→Aという物や事態をBという物や事態に置き換えることを表象する。奐の解釈は藤堂明保による(藤堂①②)。

(篆) [奐] (篆)

語義 取り換える意味ⓐ。[熟語] ⓐ交換・変換

文献 ⓐ墨子・備城門「時換吏卒署＝時に吏卒の署を換ふ(時々兵士の持ち場を取りかえる)」

【敢】12(攴・8) 常 ｜ 常用音訓 カン

語音 *kam(上古) kam(中古→呉・漢カム(＝カン)) gǎn(中) 감(韓)

語源 [コアイメージ] 枠を払いのける。[実現される意味] 困難を押しのけて何かを思い切って行うⓐ。[英]dare

[解説] 広雅・釈詁に「敢は犯なり」とあるが、これは転義の特徴をよく捉えている。犯すことの前提には、犯せないようにする力が存在する。これは「枠が覆いかぶさる」という事態である。かぶさった枠をはねのけて突き進む力が働くという転義現象は犯や冒に共通する。敢という語にも同様の転義現象がある。藤堂明保は敢を甲・蓋・甘・檻・函・奄・厭などと同じ単語家族に入れ、「ふたをして封じる・おおう」という基本義をもつとした(藤堂①)。「(中の物を)覆いかぶせる」というイメージと言い換えてよい。枠がかぶさった事態を前提にして、枠を払いのける(犯す)、あるいは、枠からはみ出るというイメージが生じる。「枠を払いのける」が敢にあるコアイメージである。上からかぶさった困難な事態を払いのけて思い切って突き進むことが敢であり、これが果敢・勇敢という意味につながる。古訓は「あう(あふ)」である。アフ(合)と同根で、「事の成り行きや、相手・対象の動き・要求などに合わせる。転じて、ことを全うし、堪えきる意」という(大野①)。消極的な意味であるが、漢文で敢を「あえて(あへて)」と訓読したため、「押し切って。強引に」という意味が生じた。無理に突き進むという漢語の敢の積極的な意味が日本語にも影響を与えたと考えられる。英語のdareは「大胆な」という意味の印欧祖語やギリシア語に由来し、「あえて…する」「思い切って…する」の意(下宮①)。これは漢語の敢と同じ。敢は「あえて」という副詞にもなるが、dareは動詞ⓐか助動詞ⓒである。

[グループ] 敢・厳・瞰(カン)(邪魔ものを払いのけて視線を送る→遠くを見る・見下ろす[鳥瞰])・闞(カン)(隙間を押し開いて様子を伺う、また、虎がたけりほえるさま)・橄(カン)(橄欖は音写字、カンラン。オリーブは誤用)

字源 楷書は形が崩れて字源が不明。篆文は「古＋爪＋又」から成る。しかし金文に遡ると「古」ではなく「甘」になっている。「敢」は「甘(カン)(音・イメージ記号)＋爪＋ノ＋又(三つ合わせてイメージ補助記号)」を合わせた字である。「甘」は「中に含む」というイメージがあり(⇨甘)、これは「枠の中に封じ込める」というイメージに展開する。「爪＋ノ＋又」は争や爰と同趣旨の図形で、両手で力をこめて引き合う姿を示す。したがって「敢」は封じ込められた枠をはねのけようと強い力をこめる様子を暗示させる図形。この意匠によって、強い力や堅い意思をもって困難や圧力などをはねのけて行うことを表象する。

(金) (篆)

語義 [展開] 思い切って何かをやる意味ⓐから、思い切りがよい、強くて勇気がある、大胆である意味ⓑに展開する。また、強く押し切って、思い切ってという意味の副詞的用法ⓒに転用される(漢文で「あえて」と読む)。[英]dare(ⓐⓒ); daring, courageous, brave; venture [和訓] あえて [熟語] ⓑ果敢・勇敢・ⓒ敢行・敢然

文献 ⓐ詩経・大車「豈不爾思、畏子之敢＝豈に爾を思はざらんや、子の敢へてせざるを畏る(あなたが好きでたまらないのに、あなたが思い切っ

て[駆け落ちを]しないのが怖い)」ⓑ論語・陽貨「悪果敢而窒者＝果敢にして窒ふさがる者を悪にくむ(大胆に行動するが、行き詰まって進めない人が嫌いだ)」ⓒ詩経・蝃蝀「莫之敢指＝之を敢へて指さすもの莫なし(これ[虹]を思い切って指さすものはいない)」

【棺】12(木・8) 常 ｜ 常用音訓 カン

語音 *kuan(上古) kuan(中古→呉・漢クワン〈＝カン〉) guān(中) 관(韓)

語源 [コアイメージ] 丸く取り巻く。[実現される意味] ひつぎⓐ。[英]coffin

〔解説〕下記の論語の注釈に「棺の言為たるは完なり。尸を蔵して完全ならしむる所以なり」とある(論語正義で白虎通義を引用)。遺体を完璧に保つという風習に基づく語源説である。本当は官にコアイメージの源泉がある。管と同源で、「丸く取り巻く」というイメージの語である。ひつぎに三つあり、遺体にじかに接するひつぎは櫬シン、それをカバーするひつぎが棺、その外側を囲うものは椁カク(＝槨)という。

字源 「官カン(音・イメージ記号)＋木(限定符号)」を合わせた字。「官」は「丸く取り巻く」というイメージがある(⇩官)。「棺」は遺体を取り巻くひつぎを表す。

語義 遺体を入れる木の箱(ひつぎ)の意味ⓐ。[和訓] ひつぎ [熟語] ⓐ棺椁・石棺

文献 ⓐ論語・先進「鯉也死、有棺而無椁＝鯉リや死して、棺有りて椁カク無し(鯉[孔子の息子]が死んだとき、棺はあったが椁[棺の外側を囲むひつぎ]はなかった)」

【款】12(欠・8) 常 ｜ 常用音訓 カン

語音 *k'uan(上古) k'uan(中古→呉・漢クワン〈＝カン〉) kuǎn(中) 관(韓)

語源 [コアイメージ] くぼみ・くぼみを満たす。[実現される意味] 真実の心(真心・誠実・まこと・よしみ)ⓐ。[英]sincere

〔解説〕王力は空・孔・窾カン・款などを同源とし、空しいの意味があるとする(王力①)。*k'uanという語は「くぼみ・穴」というコアイメージがあるといえる。「くぼみ」というイメージから、「くぼみに満たそうとする」というイメージに展開する。これと似たイメージ転化現象は谷(くぼんだ穴)→欲(くぼみを満たしたいと願う気持ち)にも見られる。説文解字に「意(こころ)に、欲する所有るなり」と説明しているのは当を得ている。

〔グループ〕款・窾カン(あな、空っぽ)

字源 「款」の左側は「祟」または「柰」の変形。「祟」は「出スイ(へこむ。音・イメージ記号)＋示(限定符号)」を合わせて、人をへこませてぺしゃんこに押しつぶす神のたたりを表す。具体は捨象して「へこむ」というイメージだけを取る。「祟(イメージ記号)＋欠(限定符号)」を合わせて、腹をへこませる様子を暗示させる。次に「柰」は中国在来のリンゴであるイヌリンゴのこと(⇩奈)。「柰(イメージ記号)＋欠(限定符号)」を合わせた「款」は、くぼんだ腹を果物(うまい食べ物)で満たそうとする様子を暗示させる。これらの意匠によって、「へこみ・くぼみ」→「くぼみを満たす」というイメージを表すことができる。

(篆)

語義 [展開]「くぼみ」「くぼみを満たす」というコアイメージから、いっぱい満ちて欠け目のない気持ち(真心)の意味ⓐ、空っぽな心を満たしてうれしくなる(打ち解けて喜ぶ)意味ⓑ、また、空しい、空っぽなことⓒ、くぼんだ形に文字を刻む、また、凹ませて彫る文字の意味ⓓ、箇条書きの文章、法律などの項目の意味ⓔ、項目別に立てた金額の意味ⓕに展開する。[英]sincere; delight; empty; engrave, inscribe; article; sum

[熟語] ⓐ交款・通款・ⓑ款待・ⓓ款識・落款・ⓔ定款・約款・ⓕ借款

文献 ⓐ管子・国蓄「大國内款＝大国、款を内る（大国がよしみを求めてきた）」

【間】

12（門・4）　常 ｜ 常用音訓 カン・ケン　あいだ・ま

語音 (1)*kăn（上古）　kʌn（中古→㊃ケン・㊅カン）　jiān（中）　간（韓）　(2)*ɦăn（上古）　ɦʌn（中古→㊃ゲン・㊅カン）　xián（中）　한（韓）

語源 [コアイメージ] 二つに分ける・隙間があく。[実現される意味] 二つの物のあいだⓐ。［英］between

〔解説〕王力は隙*k'ïăkと同源とするが（王力①②）、語形が少し離れ過ぎて、同源とは言いがたい。藤堂明保は丯（契・割を含む）・介・間・柬（選り分ける）・見・看などを同じ単語家族にくくり、「ふたつに分ける・あいだ」という基本義があるとする（藤堂①）。↑□↓の形のイメージの真ん中に視点を置くと、「あいだ」「隙間」というイメージ、両側に視点を置くと「分け隔てる」というイメージになる。日本語の「あいだ（あひだ）」は「二つの物が近接して存在する場合、それにはさまれた中間の、物の欠けて脱けているところをいうのが原義」、「ま」は「連続して存在する物と物との間に当然存在する間隔の意。転じて、物と物との中間の空隙・すきま」という（大野①）。漢語の間にこの区別はない。英語のbetweenはby twoが語源で、二者間の関係を示し、「二つのものの間に」というコアイメージがあるという（田中①）。漢語の間とほぼ同じ。

〔グループ〕間・簡・澗（谷間）・癇（小児がひきつけを起こして意識を失う病気）・蕑（蘭と同じ。邪気を払い分けて退ける効のあるという草、フジバカマ）・鷳（＝鷴。色が白と黒にはっきりと分かれている鳥、ハッカン［白鷴］）　*燗（半国字。かん。酒をほどほどの温度の加減に温めること）・*繝（半国字。彩色法の一つ。暈を間えるが語源という［繧繝］）

字源 「閒」が正字。「月（つき。イメージ記号）＋門（限定符号）」を合わせた字。門のすきまから月が見える情景を設定した図形。この意匠によって、二つの物のあいだに隙間があいていることを表象する。

（金）　（篆）

〔字体〕「間」は旧字体。「閒」は古くから用いられた字体。簡もこれに倣う。

語義 [展開] 空間的に二つの物のあいだの意味ⓐから、隙間の意味ⓑ、部屋の意味、また部屋や家を数える語ⓒ、時の流れにおける一定のあいだの意味ⓓ、短い時間（しばらく）の意味ⓔに展開する。また「隙間があく」というイメージから、二つを引き離してそのあいだにすきまを入れる（分け隔てる）意味ⓕ、すきまをあけて様子を伺うこと、また、スパイの意味ⓖ、疑いをはさむ意味ⓗ、病気が少しよくなる（小康を得る、いえる）意味ⓘを派生する（以上は1の場合）。また、時の流れの中でぽっかりあいた「ひま」という意味ⓙを派生する（2の場合）。ⓙは閑と通用。［英］between; space in between, opening; room; interval; short time; separate; spy; interpose; be in a lull; leisure　[和訓] あい・へだてる・はざま　[熟語] ⓐ間隔・中間・ⓑ間隙・空間・ⓓ期間・時間・ⓕ離間・ⓖ間者・間諜・ⓗ間然・ⓙ間暇

文献 ⓐ詩経・十畝之間「十畝之閒兮、桑者閑閑兮＝十畝の間、桑者閑閑たり（十畝［約18アール］の畑のなか、クワ摘み女はのびやかに）」ⓔ孟子・滕文公上「憮然爲閒曰＝憮然として間を為して曰く（がっかりして暫くたってから言った）」ⓕ漢書・西域伝「閒以河山＝間するに河山を以てす（山河によって隔てられている）」ⓖ孫子・用間「非仁義、不能使閒＝仁義に非ざれば、間を使ふ能はず（［君主に］仁義がなければ、間者を使ってはならない）」ⓗ論語・先進「人不閒於其父母昆弟之言＝人、其の父母・昆弟の言を間せず（世間の人は誰も彼の父母兄弟の言葉を疑おうとしない）」ⓘ論語・子罕「病閒＝病、間ゆ（病気が少しよくなった）」ⓙ荘子・大宗師「其心閒

而無事＝其の心間にして事無し（彼の心はひま［静か］で何事もない）」

【閑】12（門・4） 常 常用音訓 カン

語音 *ɦăn（上古） ɦan（中古→呉ゲン・漢カン） xián（中） 한（韓）

語源 ［コアイメージ］遮り止める。［実現される意味］人馬の進入を遮り止める木の柵（駒除け）ⓐ。［英］barrier, fence

〔解説〕説文解字に「閑は闌（出入りを遮って防ぐ）なり」とある。王力も閑・闌・欄・攔（さえぎる）を同源とする（王力②）。「遮り止める」がコアイメージであるが、言葉（音声）としては闌と同源ではなく、むしろ憲（勝手な行動を押さえ止める枠）や扞（攻撃を止めて防ぐ）などと同源である。藤堂明保はそのほか轄・遏・謁・諫なども同源とし、「ふさぎ止める」という基本義があるとする（藤堂①）。現在ではもっぱら「ひま」「しずか」（閑暇・閑静）の意味に用いられる。「遮り止める」がコアイメージなので、邪魔な物事（仕事を含めて）が遮られて入ってこない状態と解釈できる。

〔グループ〕閑・嫻（＝嫺。規制をかけてならす、なれる）・鷳（＝鷴。観賞用に飼いならす鳥、ハッカン［白鷳］）

字源 「門（入り口。イメージ記号）＋木（限定符号）」を合わせた字。出入り口をふさいで人馬の進入を遮る木を暗示させる。この意匠によって、通行や進入を遮り止める柵を表象する。

（金） （篆）

語義 ［展開］「遮り止める」というコアイメージから、人馬の進入を遮る柵の意味ⓐ、悪事をしないように制止する決まりや法則（のり）の意味ⓑ、邪魔ものを遮って防ぐ意味ⓒ、規制に慣れて言うことを聞く（おとなしくなる、なれる、ならう）意味ⓓ、慣れてどうでもよくなる（いい加減になる）意味ⓔを派生する。また、仕事などを一時的に止めて生じるひまな時（ひま、のんびりしている）の意味ⓕ、ひまができてゆったりと落ち着く意味ⓖ、ひっそりと静かにしている意味ⓗに展開する。［英］barrier, fence; rule; defense; tame; neglect, idle; leisure; easy; quiet ［和訓］ひま・しずか・のり ［熟語］ⓔ閑却・等閑・ⓕ閑暇・閑話・ⓖ閑散・閑静・ⓗ閑雲・森閑

文献 ⓐ周礼・夏官・虎賁氏「舎則守王閑＝舎れば則ち王の閑を守る（王が外出して宿る際には、王の駒除けを守る）」ⓑ論語・子張「大徳不踰閑＝大徳は閑を踰えず（立派な人物は決まりから外れることはない）」ⓒ孟子・滕文公下「閑先聖之道＝先聖の道を閑ぐ（昔の聖人の道を妨害者から防ぎ守る）」ⓓ詩経・駟驖「四馬既閑＝四馬既に閑らふ（四頭の馬はおとなしく進む）」ⓕ詩経・十畝之間「十畝之間兮、桑者閑閑兮＝十畝の間、桑者閑閑たり（十畝［約18アール］の畑のなか、クワ摘み女はのびやかに）」ⓖ司馬法・厳位「氣欲閑＝気は閑ならんことを欲す（気息はひっそりとさせたい）」

【勧】13（力・11） 常 常用音訓 カン すすめる

語音 *k'ɪuăn（上古） k'ɪuɐn（中古→呉コン・漢クヱン〈＝ケン〉・［慣］クワン〈＝カン〉） quàn（中） 권（韓）

語源 ［コアイメージ］左右にバランスよくそろう。［実現される意味］わきから人に何かをするようにと、励ましてすすめるⓐ。［英］exhort, encourage

〔解説〕勧・歓・観・権などは表層の意味は互いに全く違うが、深層に何らかの共通性があるだろうか。これらの深層構造を明らかにしたのは藤堂明保である。氏は和・会・話・喧などと雚のグループ（勧・歓・権など）を同じ単語家族にくくり、「合わせそろえる」という基本義をもつとした（藤堂①）。雚が深層構造を解くかぎである。説文解字に「雚は小爵なり」とあり、詩経の東山篇の詩句「雚鳴于垤＝雚、垤（蟻塚）に鳴く」を引用しているが、現在の詩経のテキストでは雚は鸛になっている。すなわち雚はコウノトリにほかならない。コウノトリは雌雄がそろって

巣の上で子育てをする習性があり、また、一生同じつがいを守る鳥である。古代中国ではコウノトリは夫婦仲の良い鳥とされた。このような観念から「雚」は「同じようなものが左右にバランスよくそろう」というイメージを示す記号となった。物事をするようにわきから声をそろえて(繰り返し言って)すすめることが勸である。日本語の「すすめる(すすむ)」はススム(進)の他動詞形。前方に行かせる意味から、誘ってその気にさせようとする意に展開する(大野①)。

〔グループ〕勸・歓・観・権・罐(=缶)・灌カン(水をいっぱい注ぎ入れる[灌漑]。また、多くの木が一所に集まったもの[灌木])・讙カン(声をそろえて騒ぐ→かまびすしい[讙呼])・懽カン(声をそろえてよろこぶ[懽楽])・驩カン(にぎやかに声を立ててよろこぶ[交驩])・鑵カン(罐と通用)・顴ケン(左右にそろった頬骨[顴骨])・貛カン(左右の幅が等しくそろって筒型になった穴を巧みに掘る習性のある獣、アナグマ)・鸛カン(コウノトリ)

字源 「勸」が正字。「雚カン(音・イメージ記号)+力(限定符号)」を合わせた字。「雚」は「艹(二つの頭)+吅(二つの口)+隹(とり)」を合わせて、雌雄が仲良く並んでいる鳥を暗示させる図形で、鸛(コウノトリ)の原字。この意匠によって、「バランスよくそろう」というイメージを表すことができる。「勸」は両わきから人に何かをするように、声をそろえて力づけてやる様子を暗示させる。雚の字源については、コウノトリ、ミミズク、讙の原字、飌(=風)の原字などの諸説がある。

(甲) (金) (篆)[雚] (篆)

〔字体〕「勧」は近世中国で発生した「勸」の俗字。現代中国の簡体字は「劝」。雚に従う他の漢字もこれに倣う。

語義 励ましてすすめる意味ⓐ。[熟語] ⓐ勧奨・勧誘

文献 ⓐ論語・為政「使民敬忠以勸、如之何=民をして敬忠にして以て勸めしむるには、之を如何いかせん(尊敬と忠実の心をもって人民に仕事をするように励ましすすめるには、どうしたらよいでしょうか)」

【寛】13(宀・10) 常 ―常用音訓 カン

〔寬〕14(宀・11) 人 ―音カン 訓ひろい・くつろぐ

語音 *k'uan(上古) k'uan(中古→呉・漢クワン〈=カン〉) kuān(中) 관(韓)

語源 [コアイメージ] ゆったりしている。[実現される意味] 態度・度量などがゆったりしている(おおまかで、厳しくない)ⓐ。[英]generous

〔解説〕王力は広・寛・闊を同源とし、(空間的に)広い意味があるとする(王力①)。しかし最初に現れる意味(下記の詩経)は心理的なものである。藤堂明保は過・活・寛・緩などを同源とし、「ゆとりをあける」という基本義があるとする(藤堂①)。これも多分に空間的イメージを含むが、「ゆとりがある」は心理的イメージである。寛の造形に萈カンを用いたのが注目される。これは寛以外に用いることのない稀な記号である。独得の記号には特別のイメージを表出することが多い。萈は山羊や羚羊(アンテロープ)を念頭において構想された図形という。これらの動物は性質がおとなしく、体形が優雅であるので、「(姿や性質が)ゆったりしている」というイメージを表すのにふさわしい。

〔グループ〕寛・髖カン(=臗。両股の上端に連なる幅の広い骨、こしぼね)

字源 「寬」が正字。「萈カン(音・イメージ記号)+宀(限定符号)」を合わせた字。「萈」は山羊(ヤギの類)を描いた図形。説文解字に「山羊の細角なる者」とある。ヤギは性質がおとなしく、行動もゆったりしている動物なので、「ゆったりしている」というイメージを表すことができる。「寬」は家の中でゆったりとくつろいでいる場面を設定した図形。この意匠によって、態度・気質・行為などにおいてゆったりとゆとりがあることを表象する。

（篆）［莧］　（篆）

〔字体〕「寛」または「寬」は旧字体。「寛」は書道などで古くから使われた「寛」の俗字。

語義 ［展開］態度・度量などがゆったりしている意味ⓐから、ゆるめてゆったりさせる（のんびりする・くつろぐ）意味ⓑに展開する。また、「ゆったりと余裕がある」というイメージから、幅に余裕がある（空間的に広い）意味ⓒにも転用される。［英］generous; relax, relieve; wide, broad ［熟語］ⓐ寛大・寛容・ⓑ寛解・ⓒ寛闊・褐寛博

文献 ⓐ詩経・淇奥「寛兮綽兮＝寛たり綽（シャク）たり（［その男性の態度は］おおまかでゆったりしている）」

【幹】13（干・10）　常　常用音訓 カン　みき

語音 (1)*kan（上古）　kan（中古→呉・漢カン）　gàn（中）　간（韓）　(2)*ɦan（上古）　ɦan（中古→呉ガン・漢カン）　hán（中）

語源 ［コアイメージ］㋐高く上がる・㋑中心となるもの。［実現される意味］版築（城壁などを築く）工法で両側に立てる柱や板ⓐ。［英］posts in framework used in rearing earth walls

〔解説〕やがらを幹（カン）といい、鳥が高く上がる動作を翰（カン）といい、水分が上がってかわくことを乾（カン）という。ここに共通するコアイメージは「高く（まっすぐ）上がる」である。一方、藤堂明保は幹を干（棒）・竿・桿（カン）（太い棒）と同源とする（藤堂②）。幹は乾のグループとも干のグループともかかわり、「高く上がる」と「中心となるもの」という二つのコアイメージをもつ。

字源 「榦」から分化した字。これは「倝（カン）（音・イメージ記号）＋木（限定符号）」を合わせたもの。「倝」は「高く上がる」というイメージがある（⇩乾）。「榦」は高く（まっすぐ）突っ立つ木を暗示させる。この意匠によって、壁を築く際、土を挟む板を支える木の柱を表象する。後、物事の中心となるものという意味を派生した。後者の意味に限定するために「木」を「干」に替えて「幹」が生まれた。「干」は「固くて強い心棒」「高く上がる」というイメージがあり、「中心となるもの」というイメージも表しうる（⇩干）。「幹」は「倝（カン）（音・イメージ記号）＋干（音・イメージ記号かつ限定符号）」を合わせた字である。

（篆）

〔字体〕「榦」は異体字。

語義 ［展開］版築工法で両側に立てる柱や板の意味ⓐから、高く（まっすぐ）立つ木のみきの意味ⓑに展開する。また、版築の板は両側から土を挟んで固定する働きがあるので、まっすぐにする（正す）意味ⓒを派生する。また、みきは木の中心であることから、物事の中心となるもの（根本・本体）の意味ⓓ、身体の中心となる部分（ボディー）の意味ⓔ、中心となって物事を執り行うことや、その人の意味ⓕ、固くて強い力（才能）の意味ⓖを派生する（以上は1の場合）。また、版築の板囲いとの類似性から、井戸の回りを囲む板の枠（いげた）の意味ⓗが生まれた（2の場合）。［英］posts in framework used in rearing earth walls; stem, trunk; correct; basis; body; perform; capable; well curb ［熟語］ⓑ樹幹・鉄幹・ⓓ基幹・根幹・ⓔ軀幹・脳幹・ⓕ幹事・主幹・ⓖ才幹

文献 ⓒ詩経・韓奕「榦不庭方、以佐戎辟＝不庭の方を榦（カン）し、以て戎（なんじ）が辟（きみ）を佐けよ（恭順せぬ国々を正し、あなたの王を助けなさい）」ⓓ春秋左氏伝・成公13「禮身之幹也＝礼は身の幹なり（礼は身体の幹のようなものだ）」ⓖ三国志・蜀志・諸葛亮伝「理民之幹、優於將略＝民を理（おさ）むる幹は将略に優る（政治の才は軍事の才より優れていた）」

【感】13（心・9）　常　常用音訓 カン

語音 *kəm(上古) kəm(中古→呉コム〈=コン〉・漢カム〈=カン〉) gǎn(中) 감(韓)

語源 [コアイメージ] 強いショックを与える。[実現される意味] 心にショックを与えて動かすⓐ。[英]move, touch

〔解説〕郝懿行は「感の言為るは撼(動かす)なり」(爾雅義疏)と言うが、動く・動かすだけで感の意味を捉えるのは不十分である。コアイメージの源泉は咸にある。これは「強い刺激を与える」というイメージである。したがって「強い力や衝撃を与えて心を動かす」というイメージの語が感である。一方では咸には「外を閉ざして内部に封じ込める」というコアイメージもある。前者から後者へのイメージ転化は心理的に考えれば納得できよう。強い刺激の反作用として、防御システムが働いて抵抗する心理が生まれることは、古人も知っていたので、咸に二つのイメージを付与したと考えられる。

〔グループ〕感・憾・減・咸(多くのものを一つに取り込む→全部含めて、みな)・喊(大声で張り上げて叫ぶ[吶喊])・撼(強い衝撃を与えて揺さぶり動かす[震撼])・緘(箱の外側を縛って物を中に封じ込めるための紐や縄、また、封じ込める[封緘])・鹹(舌を刺激する味→塩辛い[鹹水])・轗(前がふさがって、事がうまく進まないさま[轗軻])・鍼(生体に刺激を与えるはり[鍼灸])・箴(竹製のはり[箴言])・鱵(下あごが針のように突き出た魚、サヨリ)・鰔(他の魚に衝撃を与える凶猛な魚、竿魚、ボウウオ)

字源 「咸(音・イメージ記号)+心(限定符号)」を合わせた字。「咸」は「戌+口」と分析する。「戌」は刃の広い斧に似た武器を描いた図形。「戌(イメージ記号)+口(限定符号)」を合わせた「咸」は、武器でおどして、ショックで口をふさいで黙らせる情景を設定した図形。この意匠によって、「外からの刺激が心や体の内部に入る」というイメージを表すことができる。このイメージの前半に視点を置くと「強いショックを与える」というイメージ、後半に視点を置くと「内部にふさがって出て行かない」というイメージになる。「感」は前者のイメージを用い、外からショックや刺激を心に与えることを表象する。

(甲) 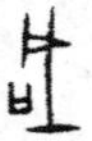 (金) 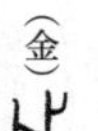 (篆)〔咸〕 (篆)

語義 [展開] 外からの刺激に触れて、心が動く(心を動かす)意味ⓐから、外から来る物に触発されて起こる心の動き、また、五感に起こる動きや反応の意味ⓑに展開する。また、心にショックを与えて動かす意味から、物に力や衝撃を与えて動かす意味ⓒ、生体に刺激を与える(外からの刺激に体が反応する)意味ⓓを派生する。また、強いショックが恨みとしていつまでも残る(うらむ、うらみ)の意味ⓔを派生する。後にⓒは撼、ⓔは憾と書かれる。[英]move, touch, affect; feel, sense; shake; sensitize; regret [和訓] うごく [熟語] ⓐ感激・感動・ⓑ快感・情感・ⓓ感染・感電

文献 ⓐ易経・咸「聖人感人心而天下和平=聖人、人心を感ぜしめて、天下和平なり(聖人が人心を感動させて天下が平和になる)」ⓒ詩経・野有死麕「無感我帨兮=我が帨を感かしむる無かれ(私のエプロンに手を触れないで)」ⓓ素問・陰陽応象大論「故倶感於邪=故に倶に邪に感ず(だからそろって邪気に感応する)」

【漢】 13(水・10) 常 ｜常用音訓｜ カン

〔漢〕14(水・11) 人 ｜音 カン 訓 から・あや・おとこ

語音 *han(上古) han(中古→呉・漢カン) hàn(中) 한(韓)

語源 [コアイメージ] 水分がない。[実現される意味] 天の川ⓐ。[英]the Milky Way

〔解説〕銀河(帯状に見える星の集まり)を川に見立てるのは日本語と同じだが、水の無い川と見るのが漢語流。銭益は「漢の言は暵(乾く)なり」

と言う(方言箋疏)。乾くとは水分がなくなることである。「小さい・少ない・わずか」「(水分が)尽きる」というイメージを示す記号が莫や堇キンである。藤堂明保は莫・堇のグループを幾のグループ、斤のグループなどと同じ単語家族に含め、「せまい・こまかい・わずか」という基本義があるとする(藤堂①)。

〔グループ〕 漢・暵カン(からからに乾く、また、日照り)・熯カン(日照りで乾く)・堇キン(僅・勤・謹・菫のコアになる記号)

字源 篆文では「堇キン(音・イメージ記号)+水(限定符号)」を合わせた字。隷書では「莫カン(音・イメージ記号)+水(限定符号)」を合わせた字。「堇」の原形が「莫」であるが、これは単独字になっていない(仮にカンと読む)。「莫」は「革+火」と分析できる。頭と足のついた獣の革を火であぶって乾かしている情景を設定した図形。この意匠によって、「水分が乾いて尽きる」「少ない」「わずか」というイメージを表すことができる。「莫カン(音・イメージ記号)+土(限定符号)」を合わせた「堇」は乾いた粘土のことで、同様のイメージを表す記号となる。したがって「漢」は水の無い川を暗示させる。

(甲)　(金)　(篆)　[莫・堇]　(篆)

〔字体〕「漢」は正字(旧字体)。「漢」は書道に由来する常用漢字の字体。現代中国の簡体字は「汉」。莫に従う他の常用漢字(嘆・難)もこれに倣う。

語義 [展開] 天の川の意味ⓐから、地上の川の名(陝西省から出て、長江に入る。漢水)ⓑに転用され、さらに、地名(秦が漢中郡を置いたのが始まりで、陝西省にあった)ⓒ、王朝名(前漢[前二〇二~後八]と後漢[二五~二〇八])ⓓ、そこから中国の意味ⓔ、中国人(漢民族)の意味ⓕ、男の意味ⓖに展開する。[英]the Milky Way, galaxy; the Han River; place name; one of dynasty; China; Chinese; man [熟語] ⓐ河漢・銀漢・ⓑ漢江・漢水・ⓓ後漢・前漢・ⓔ漢詩・漢籍・ⓕ漢語・漢才・ⓖ悪漢・巨漢

文献 ⓐ詩経・大東「維天有漢＝維これ天に漢有り(天上にあるは天の川)」ⓑ詩経・漢広「漢之廣矣、不可泳思＝漢の広き、泳ぐべからず(漢水の広いことよ、泳いでは渡れぬ)」

【慣】
14(心・11)　常　常用音訓 カン　なれる・ならす

語音 *kuǎn(上古)　kuǎn(中古→呉クヱン〈＝ケン〉・漢クワン〈＝カン〉)　guàn(中)　관(韓)

語源 [コアイメージ] 突き抜ける・貫き通す。[実現される意味] 時を通して同じ事柄が繰り返されてなじむ(なれる)ⓐ。[英]used to, accustom

〔解説〕 貫は空間的に穴などを線条のものが突き抜けるというイメージであるが、時間的に時の流れの中を一本の筋が通るというイメージに転化することもある。一本の筋が時点時点で変わらないから、同じ事態の繰り返しというイメージになる。このイメージを心理的な領域に限定すると、同じ事態の繰り返しでなじむという意味が生まれる。これが慣である。日本語の「なれる(なる)」はナラス(均)・ナラフ(習)と同根で、「物事に絶えず触れることによって、それが平常と感じられるようになる意」という(大野①)。

字源 「貫カン(音・イメージ記号)+心(限定符号)」を合わせた字。「貫」は「貫き通す」というコアイメージから、「時を通して同じ事態がずっと繰り返される」という意味が実現された(⇩貫)。これを精神の領域に限定したのが「慣」である。すなわち、いつも同じことが繰り返されて、精神的になれるという意味を表している。

語義 [展開] 時を通して同じ事柄が繰り返されてなじむ(なれる)意味ⓐから、時を通して繰り返し行われてきた事柄(ならわし)の意味ⓑに展開する。[英]used to, accustom; custom [熟語] ⓐ慣熟・慣性・ⓑ慣用・習慣

文献 ⓐ易林11「孩子心慣＝孩子の心慣る(子供の心は物事になれる)」

【管】14(竹・8) 常 ｜ 常用音訓 カン くだ

語音 *kuan(上古) kuan(中古→呉・漢クワン〈＝カン〉) guǎn(中) 관(韓)

語源 [コアイメージ] 丸く取り巻く。[実現される意味] 古楽器の名(笛に似、六つの孔がある)。また、管楽器の総称ⓐ。[英]flute, wind instrument

〔解説〕「中空」という点では段玉裁が「莞の言は管なり」と言うように(説文解字注)、莞(フトイ)と同源。しかし更に深いコアを求めると、官の「回りを丸く取り巻く」に行き着く。「中空」のイメージは回りを取り巻いた結果である。王力は管・関・楗(鍵)を同源とするが(王力②)、意味のⓔだけにかかわる。違うコアイメージから偶然似た意味に展開したもの。

字源 「官(カン)(音・イメージ記号)＋竹(限定符号)」を合わせた字。「官」は「丸く取り巻く」というイメージがある(⇩官)。「管」は竹の節をくり抜いて、中空状の回りを丸く取り巻いた形にした楽器を暗示させる。

語義 [展開] 円筒形の楽器の意味ⓐから、円筒形で中空のもの(くだ)の意味ⓑに展開する。類似性の比喩により、視野の狭い喩えⓒ、筆の軸、筆の意味ⓓ、筒型の錠前の意味ⓔを派生する。さらにⓔの意味から、物事を取り締まる(つかさどる)の意味ⓕ、取り締まりや、取り締まる人や部署の意味ⓖを派生する。[英]flute, wind instrument; pipe, tube; metaphor of limited outlook; writing brush; lock; manage, administer; management, manager [熟語] ⓐ管弦・木管・ⓑ血管・鉄管・ⓒ管見・ⓓ筆管・ⓕ管轄・保管・ⓖ管下・主管

文献 ⓐ詩経・有瞽「簫管備擧＝簫と管は備はり挙ぐ(簫も管もみなそろった)」ⓑ荘子・秋水「用管闚天＝管を用(もっ)て天を闚(うかが)ふ(管から天をのぞく[見識の狭い喩え])」ⓓ詩経・静女「貽我彤管＝我に彤管を貽(おく)る(私に赤い筆を贈ってきた)」ⓕ漢書・食貨志「管山林之饒＝山林の饒(ジョウ)を管す(豊かな山林の産物を管理する)」

【関】14(門・6) 常 ｜ 常用音訓 カン せき・かかわる

語音 *kuǎn(上古) kuǎn(中古→呉クヱン〈＝ケン〉・漢クワン〈＝カン〉) guān(中) 관(韓)

語源 [コアイメージ] 貫き通す。[実現される意味] 門をしめるための横木(かんぬき)ⓐ。[英]bar

〔解説〕門を閉じると人を通行させないから、「通す」というイメージと矛盾するようであるが、門を閉じる前提として、門の左右の扉に横木を通すという行為がある。ここに「貫き通す」というイメージの根源がある。その根源のイメージを提供する記号が丱(カン)(＝卝)である。角の形にした前髪にかんざしを通した子どもの髪型を丱というが、関のコアイメージと共通である。藤堂明保は貫・串・患・穿・卝・関・川を同じ単語家族にくくり、「突き抜ける」という基本義があるとする(藤堂①)。関は門に横木を突き通す→門を閉じる→せきに転義する。一方では「かかわる」の意味も生じた。二点間を貫き通すからAとBに接点(つながり)ができる。これが関係の関である。日本語の「かかわる(かかはる)」は掛け合ふ→かかふ→かかはるになった語で、カケアフとは「彼(かし)に係りて、此(ここ)に合ふ」意、カカハルとは「事、彼れと此とに亙る、互いに係る」意という(大言海)。AとBに接点ができて関係が生じるということでは漢語の関の転義ⓖに近い。日本語の「せき」と「かかわる」は非常に離れた語であるが、漢語の関は両者が「貫き通す」というコアイメージで結ばれている。

〔グループ〕関・丱(カン)(＝卝。児童や少女の髪型、あげまき[丱頭])

字源 「關」が正字。「𢇇(カン)(音・イメージ記号)＋門(限定符号)」を合わせ

た字。「丱」は「卝」とも書き、二本の縦線の間に一本の横線を通すさまを象徴的に示す符号である。「丱カン（音・イメージ記号）＋絲の略体（イメージ補助記号）」を合わせた「𢇇」は、機織りで、杼（「ひ」という道具）に糸を通す情景を設定した図形。ここに「｜→｜の形に貫き通す」というイメージがある。「關」は横木（かんぬき）を貫き通して門をしめる様子を暗示させる。

（古）［丱］　（篆）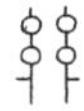［𢇇］　（篆）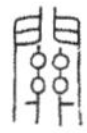

〔字体〕「関」は近世中国で発生した「關」の俗字。現代中国の簡体字は「关」。

[語義] [展開] かんぬきの意味ⓐから、門をしめる（とざす）意味ⓑ、通行を遮る門や要塞（せき）の意味ⓒ、入り口の意味ⓓに展開する。また、二点間を｜→｜の形に通してつなぐというイメージから、部品と部品をつないで動かす仕掛けの意味ⓔ、体のつなぎ目に当たって、自在に動く部位の意味ⓕ、また、二つのものの間に接点ができてつながりを持つ（かかわる）という意味ⓖを派生する。[英]bar; shut, close; barrier; entrance; mechanism; joint; relate, connect [熟語] ⓐ関鍵・関鑰(カンヤク)・ⓒ函谷関・寒税関・通関・ⓓ関門・難関・ⓔ機関・ⓕ関節・ⓖ関係・関連・相関

[文献] ⓐ老子・二十七章「善閉無關鍵＝善閉は関鍵無し（最高の閉め方はかんぬきもかぎも要らない）」ⓑ淮南子・覧冥訓「城郭不關＝城郭、関せず（城郭は閉ざされない）」ⓒ孟子・告子下「古之爲關也、將以禦暴＝古の関を為(つく)るや、将(まさ)に以て暴を禦(ふせ)がんとす（昔関所を作った目的は乱暴を防ぐためであった）」ⓕ素問・刺禁論「刺關節、中液出、不得屈伸＝関節を刺せば、中液出で、屈伸するを得ず（鍼で関節を刺すと、体内の液が出て、屈伸できなくなる）」ⓖ世説新語・文学「略所無關＝略(ほぼ)関する所無し（ほとんどかかわりようがなかった）」

【歓】 15（欠・11） [常] [常用音訓] カン

[語音] *huan（上古） huan（中古→[呉]・[漢]クワン〈＝カン〉） huān（中） 환（韓）

[語源] [コアイメージ] 一緒に合わせそろえる。[実現される意味] 声を上げて喜びどよめく（にぎやかに喜び楽しむ）ⓐ。[英]cheer, rejoice

〔解説〕心の中でひそかに喜ぶことではなく、ワイワイとにぎやかに喜ぶことで、楽しい意味も含まれる。それは喧(ケン)（にぎやかに騒ぐ、かまびすしい）や讙と同源だからで、讙は「にぎやかに喜ぶ」と「にぎやかに騒ぐ」の両義がある。したがって歓も「にぎやか」のイメージが含まれている。これは「いくつかのものを一緒に合わせる」のイメージの展開である。

[字源] 「歡」が正字。「雚(カン)（音・イメージ記号）＋欠（限定符号）」を合わせた字。「雚」は「左右にそろう」というイメージがあり、「一緒に合わせそろえる」というイメージに展開する（⇨勧）。「歡」はみんな一緒に声を合わせてわいわいと喜びはしゃぐ場面を設定した図形。この意匠によって、みんなで喜びの声を上げてどよめくことを表象する。

〔字体〕「歓」は近世中国で発生した「歡」の俗字。現代中国の簡体字は「欢」。

[語義] [展開] にぎやかに喜び楽しむ（よろこぶ）意味ⓐから、飲酒や宴会の楽しみの意味ⓑ、喜んで相手と交わる（付き合い、よしみ）に意味ⓒに展開する。[和訓] よろこぶ [英]cheer, rejoice; drinking, banquet; companionship [熟語] ⓐ歓喜・歓楽・ⓑ歓会・合歓

[文献] ⓐ荘子・漁父「飲酒則歡樂、處喪則悲哀＝酒を飲めば則ち歓楽し、喪に処れば則ち悲哀す（酒を飲めばにぎやかに喜び楽しみ、喪に服すれば心をいためる）」ⓑ礼記・曲礼「君子不盡人之歡＝君子は人の歓を尽くさず（君子は宴会の楽しみをとことん尽くすことはしない）」ⓒ史記・田敬仲完世

家「陽生素與乞歡＝陽生、素より乞［人名］と歓ぶ（陽生は平素から乞と付き合っていた）」

【監】

15（皿・10） 常 ｜ 常用音訓 カン

語音 *klăm（上古） kăm（中古→呉ケム〈＝ケン〉・漢カム〈＝カン〉） jiān・jiàn（中） 감（韓）

語源 ［コアイメージ］一定の枠の中に収める。［実現される意味］（上から下へ）一定の範囲を見張るⓐ。［英］look at, inspect, watch

〔解説〕「見る」行為であるが、対象をよく見張ることを*klămという。一定の範囲を見張る場合、目線は上から下への方向になる。したがってこの語は「枠の内部だけを見る」ことと、「目線を上から下へ向ける」という二つの要素を同時に含む。*klămという語の図形化は水鏡から発想され、監が生まれた。監は鑑（一定の枠を持ち、その内部で姿を映して見るもの）と覧（上から下へ見下ろす）のコアになり、二つのイメージを同時に表すことができる。王力は鑑・監・鏡・景・光などを同源とするが（王力①）、これは表層レベルで語源を扱うもの。藤堂明保は深層構造を探究し、兼のグループ（簾など）、僉のグループ（斂・倹など）、また獵・協と同源とし、「集めて引き締める」という基本義があるとした（藤堂①）。監の場合は「枠の中に収める」と言い換えることができる。「枠の中に収める」というイメージは、反作用で、収まりきれないではみ出るというイメージに転化することがある。氾濫の濫はこれである。下記のグループは上古に*kl〜という複声母があり、一つの声母が脱落して、k〜（監・鑑など）のグループと、l〜（覧・濫など）のグループに分かれた（艦・塩は例外）。

〔グループ〕監・艦・鑑・覧・濫・鹽（＝塩）・藍・檻（動物を閉じ込める木の柵、おり［折檻］）・籃（竹で編んだかご［揺籃］）・襤（裏がはみ出た衣類、ぼろきれ［襤褸］）

字源 「臣（イメージ記号）＋人＋一（二つともイメージ補助記号）＋皿（限定符号）」を合わせた字。「臣」は横から見た目玉の形で、君主の前に控える家来の目を象徴化したもの。これによって、うつむき加減に見る目のイメージが作られている（これは二次的イメージ）。「監」は人が水を張った器（水鏡）の上を見下ろしている情景を設定した図形。この意匠によって、右の二つのイメージを同時に表すことができた。

（甲）　（金）　（篆）

語義 ［展開］決められた範囲をよく見張る意味ⓐ、上から下を見下ろす意味ⓑが基本。ⓐから、鏡に自分の姿を映して見るように、先例に照らしてよく見極める意味ⓒ、枠やルールから外れないように取り締まる意味ⓓ、見張り役（監査役・監督役）の意味ⓔ、罪人を入れて見張る牢屋（監房）の意味ⓕに展開する。また、役所の名ⓖ、宮中に仕える役人（宦官）の意味ⓗを派生する。［英］look at, inspect, watch; look down, overlook; observe; supervise, superintend; inspector; prison; one of government office; eunuch ［和訓］みる・かんがみる ［熟語］ⓐ監禁・監視・ⓓ監査・監督・ⓔ学監・技監・ⓕ監房・収監・ⓖ国子監・ⓗ太監

文献 ⓐ詩経・節南山「何用不監＝何を用って監せざる（［国がだめになったのに］あなたはなぜ見張らなかったのか）」ⓑ詩経・皇矣「天監在下＝天は監みて下に在り（天は下界をみそなわす）」ⓒ論語・八佾「周監於二代、郁郁乎文哉＝周は二代に監みれば、郁郁乎として文なる哉（周の文化は夏・殷の二代に照らしてみると、何とも目立ってあやがあるよ）」ⓔ詩経・賓之初筵「既立之監＝既に之が監を立つ（そのために［酒の］監査役を定めた）」

【緩】

15（糸・9） 常 ｜ 常用音訓 カン ゆるい・ゆるやか・ゆるむ・ゆるめる

語音 *ɦuan（上古） ɦuan（中古→呉グワン〈＝ガン〉・漢クワン〈＝カン〉） huǎn（中） 완（韓）

語源 ［コアイメージ］緊張した状態をゆったりさせる。［実現される

意味】緊張した状態をゆるめる。[英]loosen

〔解説〕爰ｴﾝにコアイメージの源泉がある。これは「緊張した状態をゆったりさせる」というイメージ。空間的には狭苦しい状態、時間的には差し迫った状態、心理的・精神的にはゆとりがなくきつい状態、これらの緊張状態にゆとりをもたせてゆったりさせるというのが緩の意味構造である。古典の注釈に「緩は寛なり」とある。藤堂明保は寛だけではなく、過・活・換・遠などとも同源とし、「ゆとりをあける」という基本義があるとする(藤堂①)。日本語の「ゆるい(ゆるし)」は「ゆるやかである」「ゆったりしている」「心の緊張がたるんでいる」「寛大である」という意味に展開するという(大野①)。漢語の緩とほぼ同じ。

字源 「爰ｴﾝ(音・イメージ記号)＋糸(限定符号)」を合わせた字。「爰」は「引っ張る」と「ゆったりさせる」の二つのイメージがある(⇨援)。これは「(引っ張った結果)間延びさせる」「空間的に幅・ゆとりをもたせる」というイメージに展開する。「緩」はひもの結び目に手や道具を差し入れて、間をあけてゆるめる情景を設定した図形。この意匠によって、緊張した状態に隙間をあけてゆるくすることを表象する。

語義 [展開] 緊張した状態をゆるめる意味は、具体的文脈では、空間的に幅をあけてゆったりさせる意味ⓐ、時間的に幅をもたせる(時間を延長して遅らせる)意味ⓑ、心理的・精神的に緊張した状態を解く(手を抜いてゆるめる)意味ⓒ、心身の緊張をゆるめてぐったりとだれる(怠る)意味ⓓに展開する。[英]loosen; delay, slow; relax; neglect [熟語] ⓐ緩衝・緩和・ⓑ緩急・緩慢・ⓒ緩解・ⓓ緩怠

文献 ⓐ春秋穀梁伝・文公18「三人緩帯＝三人、帯を緩む(三人は帯をゆるめてゆったりする)」ⓑ春秋左氏伝・文公18「復緩師＝復た師を緩む(再び出兵を遅らせた)」ⓒ易経・中孚「君子以議獄緩死＝君子は以て獄を議かり死を緩む(君子はそれでもって裁判を論議し、死刑をしないようにする)」ⓓ韓非子・亡徴「緩心而無成＝心を緩めて成ること無し(心をだらけさせると成功はしない)」

【憾】 16(心・13) 常 常用音訓 カン

語音 *ɦəm(上古) ɦəm(中古→呉ゴム〈＝ゴン〉・漢カム〈＝カン〉) hàn(中) 감(韓)

語源 [コアイメージ] 強いショックで心を動かす。[実現される意味] 残念に思う(うらむ)ⓐ。[英]regret

字源 「憾」は古くから古典で使われているが、説文解字にない。もとは感が憾の意味もカバーしていた。したがって憾は感から分化した字(古典にある憾は感から書き換えられたものと考えられる)。感のコアイメージは「強いショックを与える」である。「感ｶﾝ(音・イメージ記号)＋心(限定符号)」を合わせた「憾」は、平常心が強いショックで動かされて、残念だと思う気持ちがいつまでも残ること、つまり、うらみに思うことを表した。

語義 残念に思う(うらむ、うらみ)意味ⓐ。[和訓] うらむ [熟語] ⓐ遺憾

文献 ⓐ論語・公冶長「敝之而無憾＝之を敝ぶりて憾み無し(これら[衣服など]を破っても後悔しない)」

【還】 16(辵・13) 常 常用音訓 カン

語音 (1)*ɦuǎn(上古) ɦuǎn(中古→呉グエン〈＝ゲン〉・漢クワン〈＝カン〉) huán(中) 환(韓) (2)*g̊iuan(上古) ziuɛn(中古→呉ゼン・漢セン) xuán(中) 선(韓)

語源 [コアイメージ] 丸く回る。[実現される意味] ひとめぐりして元の地点に戻る(かえる)ⓐ。[英]come back, return

〔解説〕古人は「環は還なり。還は営(めぐる)なり」とか「還は旋(めぐる)なり」と語源を説く。営や旋は「同じ地点をぐるぐる回る」という

イメージがある。ただし営や旋は回って元の地点に戻るという意味への展開はない。むしろ帰や回にこのイメージ転化がある。藤堂明保は還と帰が同源、王力は還と回が同源と見ている。英語のreturnはラテン語の「ろくろ、円くする、回す」の意味の語に由来するという(下宮①)。漢語の還のコアイメージと酷似する。またreturnに「戻る」と「返す」の意味があるのも還と同じ。

字源 「睘(音・イメージ記号)＋辵(限定符号)」を合わせた字。「睘」は「丸く回る」というイメージがある(⇩環)。「還」はぐるっと回って元いた場所に戻ってくることを表す。

語義 [展開] 元いた地点に戻ってくる意味ⓐから、元の所に物を戻す(かえす)意味ⓑ、首を回す(振り返る)意味ⓒ、回りを取り巻く(めぐらす)意味ⓓに展開する(以上は1の場合)。また、「丸く回る」というコアイメージから、くるりと回す(方向を転じる)意味ⓔ、くるくる回る(めぐる)意味ⓕ、動きがすばやい意味ⓖを派生する(以上は2の場合)。[英]come back, return(ⓐⓑ); give back; look back; surroud; turn(ⓔⓕ); spin, revolve; agile [和訓] かえる・かえす・めぐる [熟語] ⓐ往還・帰還・ⓑ還付・返還・ⓒ還視

文献 ⓐ詩経・緇衣「還予授子之粲兮＝還らば予子の粲を授けん(あなたがお帰りになったら、あなたに食事を差し上げます)」ⓑ韓非子・外儲説左上「買其櫝而還其珠＝其の櫝を買ひて、其の珠を還す([宝石の入った]箱を買いながら[その中の]珠を返却した)」ⓔ詩経・泉水「還車言邁＝車を還らして言に邁く(車の向きを変えてまっすぐ進む)」ⓖ詩経・還「子之還兮＝子の還なる(君は何て身軽なんだ)」

【館】 16(食・8) 常 常用音訓 カン やかた

語音 *kuan(上古) kuan(中古→〔呉〕・〔漢〕クワン〈＝カン〉) guǎn(中) 관(韓)

語源 [コアイメージ] 丸く取り巻く。[実現される意味] 役人などの住む建物(官舎)ⓐ。[英]official residence

[解説] 館は人の住む建物であるが、家とも舎ともイメージが異なる。館は公共性のある建物で、このことは官と関係があるからである。官のコアイメージ「丸く取り巻く」が館でも生きている。したがって塀で取り巻いた比較的大きな建物が館である。日本語の「やかた」は屋形、つまり船にのせる屋の形をしたものが原義で、貴人の屋敷・邸宅はその転義である。また「たち」は「地方在庁の官人などの官舎」の意という(以上、大野①)。「たち」の方が漢語の館に近い。

字源 「官(音・イメージ記号)＋食(限定符号)」を合わせた字。「官」は多くの人を集めて、周囲を垣根で丸く取り巻いた建物を暗示させる図形(⇩官)。したがって「館」も同じ。「官」が役所の意味に専用され、「館」が役人を住まわせるための、周囲に塀をめぐらせた大きな建物の意味となった。「食」で限定したのは役人が住むだけでなく、賓客や旅客を宿泊させる機能もなしたからである。

[字体] 「舘」は異体字。

語義 [展開] 役人などの住む建物(官舎・邸宅)の意味ⓐから、客をもてなす宿舎(宿屋)の意味ⓑ、公共性のある大きな建物の意味ⓒ、官舎・宮室を建てる意味ⓓ、また、住まわせる・泊める意味ⓔに展開する。[英]official residence, mansion; lodging-house, inn, hotel; large building for public service, hall; build a mansion; lodge [和訓] たち・たて [熟語] ⓐ館舎・洋館・ⓑ商館・旅館・ⓒ会館・公館

文献 ⓐ詩経・緇衣「適子之館兮＝子の館に適かん(あなたの住むやかたに参ります)」ⓑ孟子・告子下「可以假館＝以て館を仮るべし(一時的に宿をとることができる)」ⓓ詩経・公劉「于豳斯館＝豳に于いて斯れ館す(豳[地名]でやかたを建てた)」ⓔ孟子・万章下「帝館甥于貳室＝帝は甥を弐室に館す(帝尭は娘婿[帝舜]を離宮で泊めた)」

【環】

17(玉・13) 常 ｜ 常用音訓 カン

語音 *ɦuǎn(上古) ɦuǎn(中古→呉グエン〈＝ゲン〉・漢クワン〈＝カン〉) huán(中) 환(韓)

語源 [コアイメージ] 丸く回る。[実現される意味] ドーナツ型の円い玉ⓐ。[英]circular jade

〔解説〕説文解字では「環は璧なり」とある。確かに形体的には璧と似た玉であるが、コアイメージが異なる。ということは語の認識、事物の把握の仕方が異なるということである。璧が平面の姿の特徴を捉えた語であるのに対し、環は周辺の形(丸く取り巻いた形)から発想された語である。環は還と同源である。睘《カン》にコアイメージの源泉がある。この根底には袁《エン》の「丸い」「丸く囲む」というイメージがある。園は環とコアイメージが近い。環は苑・垣・圏・円とも近い。藤堂明保はさらに範囲を拡大させ、果のグループ、咼《カ》のグループ(渦など)、禾《カ》のグループ(和など)、元のグループ(完・院など)、原のグループ、亘のグループ、夗・宛のグループ、巻のグループ、官のグループ、および臥・瓦・丸などとも同源とし、「まるい・とりまく」という基本義があるとした(藤堂①)。訓の「わ」は円い輪郭の意、「たまき」は腕輪のことで、漢語の環の転義の一部に当たる。

〔グループ〕環・還・圜《エン》(円形)・寰《カン》(丸い大空に覆われた世界、天下[寰宇])・鐶《カン》(金属製の輪)・擐《カン》(丸い穴を通して突き抜ける)・糫《カン》(小麦粉を環の形に揚げた食品、まがり)・轘《カン》(曲線をなす車の轅《ながえ》)・闤《カン》(町を取り巻く垣や囲い)・鬟《カン》(輪の形に髪を束ねたもの、みずら)

字源 「睘《カン》(音・イメージ記号)＋玉(限定符号)」を合わせた字。「睘」は「褱」の変形。「袁」は飾りのついた衣の中に「○」の符号を入れた図形で、内部を広くして体にゆったりとめぐらすガウンの類を暗示させ、この意匠によって、「周囲に丸くめぐらす」「丸く取り巻く」というイメージを表すことができる(⇩園)。「袁《エン》(音・イメージ記号)＋目(限定符号)」を合わせた「睘」は、驚いて目玉をきょろきょろさせて見回す情景を設定した図形である。これも「丸く回る」というイメージを表すことができる。かくて「環」は中空で回りを◎の形に取り巻いた玉を暗示させる。なお睘の音はひとりぼっちの意味の睘《ケイ》ではなく、環と同音である(カールグレンの説)。

(金) (篆)[睘] (篆)

語義 [展開] 円形の玉の意味ⓐから、丸い輪(首輪・耳輪・腕輪などを含む)の意味ⓑ、周囲を丸くめぐらす意味ⓒ、ぐるぐる回る意味ⓓ、周囲を取り巻く(囲む)意味ⓔに展開する。[英]circular jade; ring, link; encircle; turn, revolve; surround [和訓] わ・たまき・めぐる [展開] ⓐ玉環・ⓑ円環・連環・ⓒ環視・ⓓ環流・循環・ⓔ環境・環礁

文献 ⓐ詩経・盧令「盧重環＝盧は環を重ぬ(黒い猟犬は首輪を二つ重ねている)」ⓒ孟子・公孫丑下「環而攻之而不勝＝環《めぐ》らして之を攻むるも勝たず([城郭を]包囲して攻めても勝てない)」

【簡】

18(竹・12) 常 ｜ 常用音訓 カン

語音 *kǎn(上古) kʌn(中古→呉ケン・漢カン) jiǎn(中) 간(韓)

語源 [コアイメージ] 隙間があく。[実現される意味] 文字を書く竹の札ⓐ。[英]bamboo slips for writing

〔解説〕紙がまだ無かった時代は竹や木を削って文字を書いた。文字を書く一本だけの竹のふだは札というが、綴り合わせて冊にするものは簡という。簡を綴る際、適当に隙間をあけると冊を巻いたり畳んだりすることが容易になる。その特徴から簡は間(隙間があく)と共通のイメージを取って命名された。劉熙は「簡は間なり。之を編み、篇篇に間有るなり」と語源を説いている(釈名・釈書契)。竹簡・木簡が原義である。簡

を書簡などに用いるのは理解しやすいが、簡単・簡明などは竹簡・書簡などとのつながりがわかりにくい。しかしコアイメージをつかめば一気に解決する。

字源 「閒(=間。音・イメージ記号)+竹(限定符号)」を合わせた字。「閒」は「隙間があく」というイメージがある(⇩間)。「簡」は隙間をあけて綴りあわせるための竹のふだを暗示させる。

語義 [展開] 文字を書く竹や木の札(竹簡・木簡)の意味ⓐから、書き付け(文書・手紙)の意味ⓑに展開する。また、「隙間があく」というコアイメージから、間があいて込み入っていない(余計なものを省いている、手軽である)意味ⓒ、間が省かれている(手を抜いている、大まかである)意味ⓓ、大まかでこせこせしない(動作がゆったりとしている)意味ⓔ、心がゆるんでおろそかにする(怠る)意味ⓕを派生する。また、「隙間によって二つに分ける」というイメージから、善し悪しを選り分ける(えらぶ)という意味ⓖを派生する。[英]bamboo slips for writing; letter; simple, brief; not minding small matters; slow; neglect; select [和訓] ふだ・えらぶ [熟語] ⓐ竹簡・木簡・ⓑ簡牘・書簡・ⓒ簡易・簡明・ⓖ料簡

文献 ⓐ詩経・出車「豈不懷歸、畏此簡書=豈帰るを懐はざらんや、此の簡書を畏る(国に帰りたいと思うけど、[竹簡に書かれた]軍の命令が怖い)」ⓒ管子・桓公問「法簡而易行=法、簡にして行ひ易し(法律が簡単なので実行しやすい)」ⓓ論語・公冶長「吾黨之小子狂簡=吾が党の小子は狂簡(我が村の若者は、志は大きいが性格が大まかだ)」ⓔ詩経・簡兮「簡兮簡兮、方將萬舞=簡たり簡たり、方将に万舞せんとす(静々とゆるやかに、これより始まる文武の舞)」ⓕ孟子・尽心下「子敖以我爲簡=子敖我を以て簡と為す(子敖[人名]は私を怠慢だと見なした)」

【観】 18(見・11) 常 | 常用音訓 カン

語音 *kuan(上古) kuan(中古→(呉)・(漢)クワン(=カン)) guān(中) 관(韓)

語源 [コアイメージ] 左右にそろう・合わせそろえる。[実現される意味] 対象を仔細に見渡すⓐ。[英]survey, observe

解説 王力は観・看・瞰が同源というが(王力①)、三つはそれぞれコアイメージが異なる。見るの軸(限定符号)ではなく、雚の軸(音・イメージ記号)で考えれば、権(左右にそろう竿秤のおもり)・罐(=缶。左右に箱のそろうつるべ)・顴(左右に対をなす頰骨)など、意味領域(カテゴリー)の異なる存在の間に深いコアをなすイメージ、すなわち「左右にそろう」を見出すことができる。観が観察、観光、景観、楼観などの意味を持ちうるのは、「左右に(全体を)一望する」というイメージがあるからである。藤堂明保は「物をそろえてみわたす」→「そろえてみる・みわたしてみくらべる」の意味と捉えている(藤堂②)。

字源 「觀」が正字。「雚(音・イメージ記号)+見(限定符号)」を合わせた字。「雚」は「左右にそろう」「一緒にそろえる」というイメージがある(⇩勧)。「觀」は対象がどんな様子であるかを知るために、全体を合わせてまとめて見る様子を暗示させる。

字体 「観」は近世中国で生じた「觀」の俗字。現代中国の簡体字は「观」。

語義 [展開] 対象を総体的に見渡す意味ⓐから、景色などを一望のうちに見る(見物する)意味ⓑ、手のうちの全部を相手に見せて示す意味ⓒに展開する。またⓑから見渡す全体の姿・眺めの意味ⓓ、見晴らし台・物見台の意味ⓔを派生する。また、視覚から知覚・思考へ転義して、物事を見て意味や本質をつかむ意味ⓕ、物事に対する見方の意味ⓖが生じた。[英]survey, observe; watch, sightseeing; show; aspect, scene, sight, view; lookout, platform, watch tower; comprehend; concept, notion [和訓] みる・しめす [熟語] ⓐ観察・観測・静観・ⓑ観客・観光・拝観・ⓒ観兵・観閲・ⓓ外観・壮観・ⓔ台観・楼観・ⓕ観賞・達観・ⓖ主観

・悲観

文献 ⓐ詩経・公劉「觀其流泉＝其の流泉を観る(〔都市を造るために〕流れる泉を観察する)」ⓑ詩経・溱洧「女曰觀乎＝女は曰ふ、観んか(〝遊びを見に行きましょう〟と女がいう)」ⓒ韓非子・難三「擧善以觀民＝善を挙げて以て民に観しめす(善人を取り上げて民に見せる)」

【韓】 18(韋・8) 常 常用音訓 カン

語音 *ɦan(上古) ɦan(中古→呉ガン・漢カン) hán(中) 한(韓)

語源 [コアイメージ] 中心となるもの。[実現される意味] 井桁ⓐ。[英]well curb

〔解説〕説文解字に「韓は井垣なり」とあり、井戸の回りを囲う木組み(井桁)の意味とするが、用例がない。きわめて早い時期にすでに国名となっている。

字源 「倝カン(音・イメージ記号)＋韋(イメージ補助記号)」を合わせた字。「倝」は「中心となるもの」というイメージがある(⇩幹)。「韋」はなめしがわのことで、丸く取り巻くものというイメージがある(⇩囲)。「韓」は井戸の回りを丸く取り巻くもの(井桁)を暗示させる。これを国名に用いた理由は、中国の中心の領域を囲った国という意味合いで名づけられたもの。

語義 [展開] 井桁が本義ⓐ。この意味は幹に移り、韓は専ら固有名詞に用いられる。古代中国にあった国名ⓑで、周初の諸侯国の一つ。また、戦国時代では七雄の一つ。山西省から河南省にまたがる地にあった。また、朝鮮の古代国家の名ⓒに転用される。また、朝鮮の別名。[英]well curb; name of feudal state(in ancient China); Korea [和訓] から [熟語] ⓒ韓国・三韓

文献 ⓑ詩経・韓奕「韓侯受命＝韓侯、命を受く(韓の殿様は〔国を始める〕命令を受けた)」

【艦】 21(舟・15) 常 常用音訓 カン

語音 *ɦăm(上古) ɦăm(中古→呉ゲム〈＝ゲン〉・漢カム〈＝カン〉) jiàn(中) 함(韓)

語源 [コアイメージ] 一定の枠の中に収める。[実現される意味] 戦闘用の船ⓐ。[英]warship, battleship

〔解説〕劉熙は「上下に版を重ぬるを艦と曰ふ。四方に板を施し、以て矢石を禦ふせぐ。其の内、牢檻の如きなり」と語源を説く(釈名・釈船)。きわめて適切な説明である。艦と檻は同源の語である。

字源 「監カン(音・イメージ記号)＋舟(限定符号)」を合わせた字。「監」は「一定の枠の中に収める」というイメージがある(⇩監)。「艦」は敵の攻撃を防ぐために何重にも板囲いをしたいくさ船を暗示させる。

語義 戦闘用の船の意味ⓐ。[和訓] いくさぶね [熟語] ⓐ軍艦・戦艦

文献 ⓐ三国志・呉志・周瑜伝「劉表治水軍、蒙衝鬪艦、乃以千數＝劉表、水軍を治め、蒙衝・闘艦、乃ち千を以て数ふ(劉表は水軍を訓練し、戦闘用の船が千隻もあった)」

【鑑】 23(金・15) 常 常用音訓 カン かんがみる

語音 *klăm(上古) kăm(中古→呉ケム〈＝ケン〉・漢カム〈＝カン〉) jiàn(中) 감(韓)

語源 [コアイメージ] 一定の枠の中に収める。[実現される意味] かがみⓐ。[英]mirror

〔解説〕王力は鑑と鏡を同源と見るが(王力①)、二つはコアイメージが異なる。かがみの原初の形態は水鏡で、水を張った器に姿を映したと考えられる。水を張る器だから、一定の枠の中に収まるようになっている。このような水鏡から発想されたのが監・鑑である。一方、鏡という語の

成り立ちはこれとは発想が違う。「区切りをつける」というイメージである。鑑は物体のかがみの意味であったが、比喩的な意味で使われることが多い。日本語の「かんがみる」はかがみるの転。かがみるは「かがみ」の動詞化。「かがみる」は「規範に照らして考え合わせる」意という(大野①)。これは漢語の鑑の転義のⓓに当たる。

字源 「監(音・イメージ記号)+金(限定符号)」を合わせた字。「監」は水鏡で姿を映す場面を設定した図形で、「一定の枠の中に収める」というイメージがある(⇩監)。「鑑」は水鏡で姿を映すように、一定の枠の中で姿を映す金属製のかがみを暗示させる。

〔字体〕「鑒」は異体字。

語義 [展開] 水鏡のことから、一般にかがみの意味ⓐ、水を入れる大きな盆の意味ⓑ、かがみに姿を映して見る意味ⓒに展開する。また、かがみは客観的に本当の姿を映して教えるものだから、手本や前例に照らして反省する(戒めとする)意味ⓓ、戒めとなる手本や前例(教訓や反省の材料になるもの)の意味ⓔ、教えてくれる手本の意味ⓕ、また、照らし合わせて本当の姿をはっきりと見分ける(善し悪しを見分ける)意味ⓖ、本物かどうかを見分けるものの意味ⓗを派生する。[英]mirror(ⓐⓒ); big bowl; reflect; take a warning; example for reflection; sample, model; distinguish; thing to distinguish truth or falsehood [和訓] かがみ [熟語] ⓐ宝鑑・ⓔ殷鑑・ⓕ図鑑・年鑑・ⓖ鑑識・鑑賞・ⓗ印鑑・門鑑

文献 ⓐ詩経・柏舟「我心匪鑑=我が心は鑑に匪ず(私の心はかがみではない)」ⓑ周礼・天官・凌人「春始治鑑=春始めて鑑を治む(春になったら始めて盆の手入れをする)」ⓒ荘子・徳充府「人莫鑑於流水而鑑於止水=人は流水に鑑みること莫くして、止水に鑑る(人は流れる水ではなく流れない水で姿を映すものだ)」ⓓ詩経・文王「宜鑑于殷=宜しく殷に鑑みるべし(殷[の失敗]を戒めとしなさい)」ⓔ詩経・蕩「殷鑑不遠、在夏后之世=殷鑑遠からず、夏后の世に在り(殷の戒めは遠い話ではなく、先例は夏の王朝にあった)」

がん

【丸】 3(丶・2) 常

(常用音訓) ガン まる・まるい・まるめる

語音 *ɦuan(上古) ɦuan(中古→㊐グワン〈=ガン〉・㊊クワン〈=カン〉) wán(中) 환(韓)

語源 [コアイメージ] まるい。[実現される意味] 球状の物体(たま)。[英]pellet, ball

〔解説〕王力は円・圜・丸を同源とする(王力①)。藤堂明保はさらに範囲を拡大させ、果のグループ、禾のグループ(和など)、元のグループ(完・院など)、原のグループ、亘のグループ(垣・桓など)、宛のグループ(苑など)、瞏のグループ(圜・環など)、巻のグループ、官のグループ、員のグループ(円)、また渦・臥・瓦などが丸と同じ単語家族に属し、「まるい・とりまく」という基本義があるとする(藤堂①)。下記の呂氏春秋で丸を鳥の卵の意味に使った例があり、丸と卵も同源の語と見てよい(現代中国語で睾丸を卵子という)。これらの語は円形と球形のイメージの違いがある。形だけに焦点を絞れば両者は同じ形であるが、実質に焦点を置けば平面では円形、立体では球形が意識され、語としては円と丸で区別される。日本語の「まる」(古形はマロ)は球形が原義。円形の意味にも用いたが、円形は普通は「まどか」という。丸=球形=まる、円=円形=まどかの図式が成り立つ。

〔グループ〕丸・紈(まろやかで滑らかな肌触りの絹[紈素])・芄(卵形に近い葉をもつ草、ガガイモ[芄蘭])

字源 説文解字に「丸は圜(まるい)なり。傾側して転ずる者なり。反仄に従ふ」とある。「丸」は「仄」の鏡文字(左右反転の字)である。鏡文字は元の図形の意匠を逆転させることが多い。「仄」は「厂(がけ)+人」

を合わせて、人ががけで行き詰まる情景を設定した図形。この意匠によって、一方に偏ってバランスを欠いた状態、つまり傾くことを表している。これを逆転させると、一方に傾かずバランスのとれた状態を暗示させる。この状態の理想型が円環のイメージである。円形で容積をもつ物体(球体)のイメージを図形化するのは容易ではないので、すでに存在した「仄」を利用したと考えられる。加藤常賢は丸は反と同じで、「人が身体を輾転させる意」(加藤①)、藤堂明保は「曲がった線＋人が体をまるめてしゃがむさま」を合わせて、「まるいことを表す」(藤堂②)、白川静は「弓の弦にまるい弾をあてがった形」(白川②)とする。

(篆)

語義 [展開] 球状の物体(たま)の意味ⓐから、まるい、また、まるまった様子の意味ⓑ、卵の意味ⓒ、球状にした薬剤の意味ⓓに展開する。[英]pellet, ball; round, spherical; egg; pill [熟語] ⓐ一丸・弾丸・ⓓ丸剤・丸薬

文献 ⓐ荀子・大略「流丸止於甌臾＝流丸は甌臾(オウユ)に止まる(流れだまはへこんだ器に当たれば自然に止まるものだ)」ⓑ詩経・殷武「松柏丸丸＝松柏丸丸たり(マツとコノテガシワがこんもりと茂る)」ⓒ呂氏春秋・本味「丹山之南、有鳳之丸＝丹山の南に鳳凰の卵がある」

【含】 7(口・4) 常 常用音訓 ガン ふくむ・ふくめる

語音 *ɦəm(上古) ɦəm(中古→呉ゴム〈＝ゴン〉・漢カム〈＝カン〉・慣ガン) hán(中) 함(韓)

語源 [コアイメージ] かぶせてふさぐ。[実現される意味] 口の中に入れる(ふくむ)ⓐ。[英]hold in the mouth

〔解説〕 釈名・釈飲食に「含は合なり。口を合はせて之を停むるなり。銜(カン)も亦然るなり」とある。含ɦəmと合ɦəpは音もイメージも近い。口に物を入れてふさぐ働きのあるのは頷(コン)(あご)であり、頜(コウ)(あご)である。馬の口にはめるくつわを銜(カン)という。また、死者の口に含ませる玉を琀(ガン)という。物を入れるはこを函(カン)という。これらは同源の語である。コアイメージの源泉は今(コン)にある。これは「かぶせてふさぐ」というイメージである。口の中に物を入れて閉じてふさぐことを含という。日本語の「ふくむ」は「中に物を包み持つ」が原義で、「口の中に入れる」は転義という(大野②)。

〔グループ〕 含・頷(ガン)(あご)・琀(ガン)(死者の口中に含ませる玉)・莟(カン・ガン)(＝菡。花の台座の穴に種子を含むもの、ハスの花、菡萏(カンタン)。〈日〉つぼみ)

字源 「今(コン)(音・イメージ記号)＋口(限定符号)」を合わせた字。「今」は下にある物を上から蓋でかぶせる様子を示す象徴的符号(⇩今)。「含」は口の中に物を入れてふさぐ様子を暗示させる。

語義 [展開] 口の中にふくむ意味ⓐから、中に物を包み入れる(含みもつ)意味ⓑ、中に閉じ込め、外にあらわに出さない意味ⓒに展開する。[英]hold in the mouth; contain, include; bear, cherish [熟語] ⓐ含水・含味・ⓑ含有・包含・ⓒ含羞

文献 ⓐ韓非子・三守「醫善吮人之傷、含人之血、非骨肉之親也＝医は善く人の傷を吮(す)ひ、人の血を含むも、骨肉の親に非ざるなり(医者は他人の傷を吸ったり、血を口に入れたりするが、親戚というわけではない)」ⓑ老子・五十五章「含德之厚、比於赤子＝徳を含むことの厚きは、赤子に比す(徳をたっぷり蓄えた人は赤子に喩えられる)」ⓒ春秋左氏伝・宣公15「國君含垢、天之道也＝国君垢(はじ)を含むは、天の道なり(君主が恥をあらわに出さないのは、天の道である)」

【岸】 8(山・5) 常 常用音訓 ガン きし

語音 *ŋan(上古) ŋan(中古→呉・漢ガン) àn(中) 안(韓)

語源 [コアイメージ] ┗形をなす。[実現される意味] 水際の高く切

り立ったがけ(きし)ⓐ。［英］bank

〔解説〕厂にコアイメージの源泉がある。これは文字通りがけの形であるが、「ㄴ形」のイメージを示す記号でもある。川や海が山や陸地に接する所はㄴ形をなす地形が多い。これを*ŋanといい、岸で表記する。日本語の「きし」は「急傾斜に切り立った所。古くは水際だけでなく、山なども指していった」という(大野②)。漢語の岸は最初の用例が川のきしである。藤堂明保は厂のグループ(下記)、我・義のグループ、宜のグループ、また言を同じ単語家族にくくり、「かどばっている」という基本義があるとする(藤堂①)。「かどばっている」は「ㄴ形」や「∧形」のイメージである。がけを厓(山なら崖、川なら涯)という。これもㄴ形や∧形のイメージをもつ。厓と岸は非常に近い。しかし岸には「高い」というイメージが含まれる点が少し違う。「高い」のイメージを示す補助記号が干である。

〔グループ〕岸・彦・顔・雁

字源 「厂(音・イメージ記号)+干(イメージ補助記号)+山(限定符号)」を合わせた字。「厂」はがけの形で、「ㄴ形をなす」というイメージがある。「干」は「高く上がる」というイメージがある(⇩干)。「岸」は山の、高く切り立ったㄴ形の地形を暗示させる。

(篆) 厂 [厂]　(篆) 岸

語義 [展開] きしの意味ⓐ。「ㄴ形に切り立つ」というイメージは「∧形にごつごつと角立つ」というイメージに展開し、これと同じコアイメージをもつ獄(牢屋)の意味ⓑ、また、ごつごつと尖って角がある(他人との折り合いが悪い)という意味ⓒを派生する。［英］bank, shore, coast; prison; lofty, haughty [熟語] ⓐ岸壁・沿岸・ⓒ傲岸

文献 ⓐ詩経・氓「淇則有岸＝淇には則ち岸有り(淇の川にはきしがあるものだ)」ⓑ詩経・小宛「宜岸宜獄＝岸に宜し獄に宜し([哀れな彼らは]牢屋につながれるのがふさわしい)」

【岩】 8(山・5)　常　常用音訓 ガン　いわ

語音 ŋăm(中古→呉ゲム〈＝ゲン〉・漢ガム〈＝ガン〉)　yán(中)　암(韓)

語源 [コアイメージ] ごつごつと固い。[実現される意味] ごつごつと固い大きな石(いわ)ⓐ。［英］rock

字源 三国時代以後に生まれた「巖」の俗字である。「巖」は「ごつごつと固い」というイメージを「嚴」によって示しているが、「山(イメージ記号)+石(限定符号)」を合わせた「岩」は、ただ山にある石を暗示させただけで、図形にコアイメージを示す指標がない。

語義 いわの意味ⓐ。[熟語] ⓐ岩窟・岩石

文献 ⓐ曹植・洛神賦「覩一麗人於岩之畔＝一麗人を岩の畔に覩る(一人の美女を岩のほとりで見かけた)」(曹子建集3。文選では岩を巖に作る)

【玩】 8(玉・4)　常　常用音訓 ガン

語音 *ŋuan(上古)　ŋuan(中古→呉・漢グワン〈＝ガン〉)　wán(中)　완(韓)

語源 [コアイメージ] 丸い。[実現される意味] 珍しいものを愛好して遊び楽しむ(おもちゃにして遊ぶ、もてあそぶ)ⓐ。［英］play, toy

〔解説〕玩と弄に「もてあそぶ」の訓がある。「もてあそぶ」はモテ(接頭語)+アソブ(遊)で、「遊び相手にする」の意から「なぐさみにする」の意に展開する(大野①)。漢語の玩・弄も同じ転義をする。現代日本では「もてあそぶ」は「なぶる」や「好き勝手にする」という使い方が優勢であるため、常用漢字表では弄だけに「もてあそぶ」の訓を与えている。

字源 「元(音・イメージ記号)+玉(限定符号)」を合わせた字。「元」は「丸い」というイメージがあり、「丸める」「丸く回る」というイメージ

に展開する(⇩元)。「玩」は両手を丸めて玉を転がしている場面を設定した図形。この意匠によって、おもちゃや珍しいものを愛好して楽しむことを表象する。

【語義】［展開］物をおもちゃにして遊ぶ意味ⓐから、人をいたぶってひそかに快感を覚える(なぶる)意味ⓑ、物事をいじっておもしろく味わう意味ⓒ、また、味わって楽しむ物の意味ⓓに展開する。［英］play, toy; make sport, trifle; appreciate; object for appreciation ［和訓］もてあそぶ ［熟語］ⓐ玩具・愛玩・ⓑ玩弄・ⓒ玩味・賞玩・ⓓ珍玩

【文献】ⓐ書経・旅獒「玩人喪徳、玩物喪志＝人を玩べば徳を喪ひ、物を玩べば志を喪ふ(人を遊び半分に扱うと徳を失い、物を愛好しすぎると志を失う)」ⓑ国語・呉「将還玩呉國於股掌之上、以得其志＝将(まさ)に還りて呉国を股掌の上に玩び、以て其の志を得んとす(帰国してから、呉の国を自在になぶって、意趣を遂げようとした)」ⓒ易経・繫辞伝上「所楽而玩者、爻之辭也＝楽しみて玩する所の者は、爻の辞なり(楽しんで玩味するものこそ、爻[易の陰陽の符号]につけられた言葉である)」

【眼】 11(目・6) 常

常用音訓 ガン・ゲン まなこ

【語音】 *ŋǎn(上古) ŋʌn(中古→呉ゲン・漢ガン) yǎn(中) 안(韓)

【語源】［コアイメージ］じっと止まる・痕がじっと残る。［実現される意味］目玉ⓐ。［英］eyeball, eye

〔解説〕釈名・釈形体では「眼は限なり。瞳子、限限として出づるなり」と語源を説く。瞳がくっきりと視力を出すといった解釈であろう。これは目の機能面からの語源説。しかし眼の語源は形態と機能の両面から、別の解釈ができる。藤堂明保は艮だけの単語家族を設け、「じっと止まる」という基本義があるとする(藤堂①)。易経・艮に「其の背に艮(とど)まる(その背中にじっと止まる)」とあるのは生きた用例。したがって眼は頭蓋骨にいつまでも残る穴に入る目玉、あるいは、対象にじっと視線を止めて見る働きをもつ目玉というイメージの語である。前者は顔面に開いた穴という解剖学的な「めだま」、後者は見る機能をもつものという生理学的な「め」である。ちなみに、目(モク)はまぶたに覆われて保護されているという生理学的な特徴から捉えられた語で、眼(ガン)とはコアイメージが異なる。日本語の「まなこ」はマ(目)＋ナ(連体助詞)＋コ(子)で、黒目、瞳孔、眼球の意味。これは生理学的な目である。その機能から視力・視線の意味に展開する。

〔グループ〕眼・根・恨・痕・限・銀・墾・懇・艮(コン・ゴン)(止まって動かない。また、易の六十四卦の一つ)・艱(カン)(困難で動きが取れない[艱難])・垠(ギン)(限り、大地の果て)・很(コン)(根を降ろしたようにかたくななさま)・跟(コン)(足がしっかりと地に着く部分、くびす)・莨(コン)(多数のひげ根が地中に生じる草、ウマノアシガタ[毛莨])・齦(ギン)(歯の根元[歯齦])

【字源】「艮(コン)(音・イメージ記号)＋目(限定符号)」を合わせた字。「艮」は「目＋匕(ナイフ、メス)」を合わせて、メスで目(の周り)に施術する情景を設定した図形。ここから「いつまでも消えないように痕を残す」「じっと止まって動かないようにする」というイメージを示す記号となる。「眼」は頭蓋骨にいつまでも残る穴に入る目玉、あるいは、対象にじっと視線を止める働きのある目を暗示させる。艮の字源については、見と同字とする説、眼の原字とする説などがある。白川静は目(呪的な目的で掲げられている邪眼)と人(後ろ向きに退く人の形)に従う字で、「邪眼をもって、侵入者を卻ける意」とする(白川①)。藤堂は「目＋匕(小刀)」の会意文字で、「小刀で目のまわりにいつまでもとれない入れ墨をすること」と解する(藤堂②)。後者の説がほぼ妥当。

(篆) ［艮］　(篆)

【語義】［展開］ⓐ目玉の意味ⓐから、見る働きの意味ⓑ、目のつけどころの意味ⓒ、また、穴の意味ⓓに展開する。［英］eyeball, eye(ⓐⓑ);

eyesight; point; hole ［和訓］め ［熟語］ⓐ眼球・眼瞼・ⓑ眼識・肉眼・ⓒ眼目・主眼・ⓓ銃眼・方眼

［文献］ⓐ荘子・盗跖「比干剖心、子胥抉眼、忠之禍也＝比干は心を剖(ひら)き、子胥は眼を抉(えぐ)る、忠の禍なり（比干［人名］は胸を解剖され、呉子胥は目玉をえぐられた。忠義から起こった災難だ）」

【雁】12（隹・4） 人 ｜ 音ガン 訓かり

［語音］*ŋăn（上古） ŋan（中古→呉ゲン・漢ガン） yàn（中） 안（韓）

［語源］［コアイメージ］∧形をなす。［実現される意味］ガンⓐ。［英］wild goose

［解説］ガンには四徳（信・礼・節・智）があるとされた。季節通りに渡るのが信、飛行に順序があるのが礼、一雌一雄を守るのが節、警戒心が強く身を守るのが智である。雁の造字法は礼の徳と関係がある。厂(カン)にコアイメージの源泉がある。*ŋănという語は∧形に列をなして飛行する習性を捉えた語である。詩経に雁行の語があるから、ガンの習性の観察と造字法の結合が非常に早いことがわかる。

［グループ］雁・贋(ガン)（形よく整えて本物にそっくり似せた品物→にせもの・にせ［贋作］）

［字源］「厂(カン)（音・イメージ記号）＋人（イメージ補助記号）＋隹（限定符号）」を合わせた字。「厂」はがけの図形で、「┗形をなす」というイメージがある（⇩岸）。これは「∧形をなす」というイメージに展開する。「雁」はまるで人が行列をなすかのように、∧形にきれいに整列して飛ぶ鳥を暗示させる。

［字体］「鴈」は異体字。

［語義］［展開］カモ目の真正ガン類の総称ⓐ。特にマガンを指す。漢の蘇武が北地で幽閉された際、ガンの足に手紙を巻いて故郷に知らせた故事から、手紙・たよりの意味ⓑを生じた。［英］wild goose; letter ［熟語］ⓐ雁行・帰雁・ⓑ雁書

［文献］ⓐ詩経・女曰鶏鳴「弋鳧與雁＝鳧(かも)と雁とを弋(よく)せん（カモとガンとを射止めてやるよ）」

【頑】13（頁・4） 常 ｜ 常用音訓 ガン

［語音］*ŋuăn（上古） ŋuăn（中古→呉グヱン〈＝ゲン〉・漢グワン〈＝ガン〉） wán（中） 완（韓）

［語源］［コアイメージ］丸い。［実現される意味］無知で愚か（物の道理がわからない）ⓐ。［英］stupid

［解説］説文解字に「頑は梱頭(コントウ)（丸く太い頭）なり」とあるが、こんな意味はない。丸い頭→愚かとストレートに解釈するのも間違い。近代以前には頭に精神の働きがあるという思想はない。したがって意味の展開は別に考える必要がある。段玉裁は「まん丸でのっぺらぼうなものが梱頭である。分析したものは鋭いが、まん丸なものは鈍い。だから愚かの意味になる」（説文解字注）と説明している。分析しないカオスの状態が愚鈍のイメージにつながると見ているようである。古代中国人（古典漢語の使用者）の言語感覚では、△や∧の形に美意識を見出す傾向がある（⇩佳・義・廉）。それに対して、○の形はプラス・マイナスの両面がある。円（円形の意）は円満のようにプラスイメージになるが、昆（丸い一団の意）は混沌の混、すなわちもやもやとした未分化の状態というマイナスイメージになる。鯤(コン)は得体の知れぬ怪魚の名である。これと同じように、頑もマイナスイメージで造形された語と考えられる。元がコアイメージの源泉である。これは○のイメージから、「分かれていない混沌（カオス）」のイメージにつながり、性格において「ぼんやりして融通がきかない」とか、「善悪の判断ができない」というイメージを作り出すのである。和訓の「かたくな」はカタ（片、不揃いなさま）＋クナ（曲がっているさま）で、「まともに判断できず愚かなさま」の意という（大野②）。漢語の頑とほぼ

同じ。

【字源】「元（ガン）（音・イメージ記号）＋頁（限定符号）」を合わせた字。「元」は「丸い」というイメージがある（⇩元）。ここから「（カオスのように）のっぺらぼうで区別がない」「ぼんやりしている」などのイメージに転ずる。「頑」は人格や性格がはっきりせず、ぼんやりしている様子を暗示させる。この意匠によって、愚鈍で物事がわからないことを表象する。

【語義】[展開] 愚かで物事の判断がつかない意味ⓐから、性格が融通が利かない（かたくな）の意味ⓑ、体が固く丈夫である意味ⓒに展開する。[英]stupid; stubborn, rigid; sturdy, tough [熟語] ⓐ頑愚・頑迷・ⓑ頑固・頑物・ⓒ頑強・頑健

【文献】ⓐ書経・尭典「父頑母嚚＝父は頑、母は嚚（ギン）なり（[舜の]父はわからず屋、母はでしゃばりであった）」

【顔】18（頁・9） 常 ｜ 常用音訓 ガン かお

【語音】*ŋăn（上古） ŋăn（中古→呉ゲン・漢ガン） yán（中） 안（韓）

【語源】[コアイメージ] ┗形をなす。[実現される意味] ひたいⓐ。[英]forehead

〔解説〕古人は「顔は見なり」「顔は顕なり」と語源を説く。色がはっきりと現れる所という解釈であろう。しかし王念孫が広雅の「顔は額なり」に対し、「顔の言為(た)るは岸然（切り立つさま）として高きなり」（広雅疏証）と述べるのがよい。顔と岸に共通するのは「┗形」のイメージで、厂（カン）という記号にコアイメージの源泉がある。本来は┗形をなす額のことを*ŋănという。日本語の「かお（かほ）」は「表面にあらわし、外部にはっきり突き出すように見せるもの」が原義という（大野①）。漢語の顔の古人の解釈とよく似ているが、下記の詩経ⓐにあるように、顔は額の意味が古い。

【字源】「顔」が正字。「彥（ゲン）（音・イメージ記号）＋頁（限定符号）」を合わせた字。「厂」はがけの形で、「┗形をなす」というイメージを示す（⇩岸）。これを含む「彥」は男性の額を横から見て、┗形にくっきりと整った様子を暗示させる図形（実現される意味はハンサムな男性。⇩彦）。「彥」のコアには「┗形をなす」というイメージがある。したがって「顔」は┗形をなして整った額を表す。

【語義】[展開]「ひたい」の意味ⓐから、「かお」全体ⓑへと意味範囲が拡大された。ここから、顔の表情（かおいろ）の意味ⓒ、体面の意味ⓓ、色どりの意味ⓔに展開する。[英]forehead; face(ⓑⓓ); complexion; honor, color [和訓] かんばせ [熟語] ⓑ顔面・洗顔・ⓒ顔色・温顔・ⓔ顔料

【文献】ⓐ詩経・君子偕老「揚且之顔也＝揚にして且つ顔（ガン）なり（[彼女の顔は]眉があがって広い額）」ⓑ詩経・有女同車「顔如舜華＝顔は舜華の如し（顔はムクゲの花のようだ）」ⓒ詩経・抑「輯柔爾顔＝爾の顔を輯柔（シュウジュウ）にす（[友達付き合いでは]自分の顔色を和らげる）」

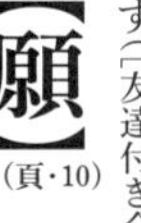

【願】19（頁・10） 常 ｜ 常用音訓 ガン ねがう

【語音】*ŋiuăn（上古） ŋiuʌn（中古→呉ゴン・漢グエン〈＝ゲン〉・[慣]グワン〈＝ガン〉） yuàn（中） 원（韓）

【語源】[コアイメージ] 丸い。〈実現される〉 一つのことをひたすら（一途に）思い詰めるⓐ。[英]wish, desire

〔解説〕説文解字では「願は大頭なり」とするが、こんな意味はない。これは字形の解釈と見るべきである。頭の働きから「ねがう」の意味を導くのも間違い。近代以前に頭や脳に精神の坐があるという思想はない。王引之は「願の言は元なり」という（経義述聞）。元は「丸い」というイメージがある。原も同じである。したがって頑と願は図形的意匠が似ている。コアイメージはともに○（まる）である。古代中国人（古典漢語の使用者）の言語心理では、○のイメージはマイナスイメージにつながるこ

とがある(⇩頭)。○のイメージは「物が分かれていないカオス」のイメージとなり、事態を二つに分けられない→意識が一つのことにとらわれて他に向ける余裕がないというイメージを作り出す。このように、一つのことだけを一途に思いつめる心理を*ŋuǎnといい、願の図形で表記するのである。日本語の「ねがう(ねがふ)」は「神仏や他人の助力、または、恵みによって自分の求めることが実現するように求め祈る意」という(大野②)。漢語の願とは少しイメージが違う。しかし願は「一途に思念する」という意味なので、神仏に祈り求める意味も生じた。英語のwishは「(実現の可能性が低いこと、または不可能なことを)望む、願う」、hopeは「(他者に働きかけずに自ら)(実現が期待できることを)望む」の意という(田中①)。漢語の願はwishに近い。

字源 「原(ゲン)(音・イメージ記号)+頁(限定符号)」を合わせた字。「原」は「丸い」というイメージがある(⇩原)。これから「(カオス、のっぺらぼうで)分けられない」「判断・分析ができない」「一つのことだけにとらわれ融通がきかない」というイメージに転化するのは元と同じ。「願」は一つのことだけにとらわれ、ひたすら思い詰める様子を暗示させる。

語義 [展開] 一途に思い詰める意味ⓐから、一途な思いの意味ⓑに展開する。また、得たいと思うことを望む(請い求める)意味ⓒ、神仏に祈り求める意味ⓓを派生する。[英]wish(ⓐ~ⓒ), desire(ⓐⓑ); plea; request, implore; pray [熟語] ⓐ願望・懇願・ⓑ心願・念願・ⓒ願書・請願・ⓓ悲願・満願

文献 ⓐ詩経・伯兮「願言思伯、甘心首疾=願ひて言(こと)に伯を思へば、首疾に甘心す(ひたすら伯さんを思い詰めれば、じっとこらえる頭の痛み)」ⓑ詩経・野有蔓草「邂逅相遇、適我願兮=邂逅して相遇ふ、我が願ひに適(なか)へり(やっとあなたに会えた今、わたしの願いをかなえました)」ⓒ孟子・告子上「所以不願人之膏粱之味也=人の膏粱の味を願はざる所以なり(「仁義に満足すれば」他人の極上の味も欲しいとは思わなくなる)」

【巌】20(山・17) 人 (音)ガン (訓)いわお・いわ

〔巖〕23(山・20) 人 (音)ガン (訓)いわお・いわ

語音 *ŋăm(上古) ŋăm(中古→(呉)ゲム〈=ゲン〉・(漢)ガム〈=ガン〉) yán(中) 암(韓)

字源 [コアイメージ] ごつごつと固い。[実現される意味] ごつごつした大きな石(いわ・いわお)。[英]rock

字源 「巖」が正字。「嚴(ゲン)(音・イメージ記号)+山(限定符号)」を合わせた字。「敢」は強い力や堅い意思をもって困難を押しのけて行動することを意味し、「強く硬い」というイメージがコアにある(⇩敢)。このイメージは心理的なものだが、物理的なイメージにも転用できる。「敢(カン)(音・イメージ記号)+厂(限定符号)」を合わせた「𠪚」は、固く角立った石を暗示させる。この意匠で十分「いわ」を表象できるが、字体は「𠪚」を「嚴」に替えて「巖」となった。「嚴」にも「ごつごつと角立つ」というイメージがある(⇩厳)。

〔字体〕「巌」は巖→巌に倣った字体。「岩」は「巖」の古くからある俗字。現代中国では巖を岩に統合している。

語義 [展開] 大きな石(いわ)の意味ⓐ。また、石が積み重なるさまⓑ、高く切り立って険しいさまⓒ、また、岩穴の意味ⓓを派生する。[英]rock; rocky; precipitous; cave [熟語] ⓐ奇巌・巨巌・ⓓ巌棲

文献 ⓐ孟子・尽心上「知命者不立乎巖牆之下=命を知る者は巌牆の下に立たず(命の大切さがわかる人は岩のごつごつとした塀の下には立たない)」ⓑ詩経・節南山「維石巖巖=維れ石巌巌たり(いかつい石がうずだかい)」ⓓ荘子・達生「魯有單豹者、巖居而水飲=魯に単豹(ゼンピョウ)なる者有り、巌居して水飲す(魯国に単豹という人がおり、岩穴に住み、水だけ飲んで暮らしている)」

キ

き……………………

【企】6(人・4)　常　常用音訓　キ　くわだてる

語音 *k'ieg(上古)　k'iě(中古→呉・漢キ)　qǐ(中)　기(韓)

語源 [コアイメージ] 緊張する。[実現される意味] つま先で立つⓐ。[英]stand on tiptoe

〔解説〕遠くを望む前提としてつま先で立つという行為がある。足の指先だけを地面に着け、かかとを上げる動作なので、バランスが崩れそうで、体を緊張させる。したがって*k'iegという語は警*kieŋ(身を引き締める)と同源である(藤堂①)。日本語の「くわだてる(くはだつ)」はクハ(踵)+タツ(立)で、かかとを立てる意。足をつまだてる→事を起こそうと前途を見る意に展開する(大野①)。漢語の企と全く同じ。

字源 「止(あしの形。イメージ記号)+人(限定符号)」を合わせた字。足の指先で立つ情景を設定した図形。図形にコアイメージは反映されていない。

(甲)　(古)　(篆)

語義 [展開] つま先で立つ意味ⓐから、かかとを上げて望み見る(待ち望む)意味ⓑ、何かをしようと計画する意味ⓒに展開する。[英]stand on tiptoe; long for, expect; attempt [和訓] たくらむ [熟語] ⓒ企画・企図

文献 ⓐ老子・二十四章「企者不立=企する者は立たず(つま先で立つ者は[不安定な姿勢なので]いつまでも立っていられない)」ⓑ後漢書・桓帝紀「企其休息=其の休息を企つ(それを休息させようと望んだ)」

【伎】6(人・4)　常　常用音訓　キ

語音 (1)*gieg(上古)　giě(中古→呉ギ・漢キ)　qí(中)　(2)*gieg(上古)　giě(中古→呉ギ・漢キ)　jì(中)　기(韓)

語源 [コアイメージ] 細かく分かれる。[実現される意味] 足を細々と動かして速く走るさまⓐ。[英]speedy

字源 「支(音・イメージ記号)+人(限定符号)」を合わせた字。「支」は「細かく分かれる」「細かい」というイメージがある(⇨支)。「伎」は足を細かく動かす様子を暗示させる。

語義 [展開] 速く走る意味ⓐ(1の場合)。また、「細かく分かれる」というイメージから、「手先を細々と働かす」というイメージに転化し、手わざの巧みな人、特に歌舞などのわざに長けた人(芸人・俳優)の意味ⓑ、細々とした手わざの意味ⓒを派生する(以上は2の場合)。ⓒは技と通用。[英]speedy; singer, dancer; skill [和訓] わざ・わざおぎ [熟語] ⓑ伎楽(ギガク)・倡伎(ショウギ)・ⓒ伎倆(ギリョウ)・雑伎(ザツギ)

文献 ⓐ詩経・小弁「鹿斯之奔、維足伎伎=鹿の奔る、維れ足伎伎(キキ)たり(シカは走るよ、足取り軽く)」ⓒ老子・五十七章「人多伎巧、奇物滋起=人、伎巧多く、奇物滋(ます)ます起こる(人民に技巧が多いと、変な物がますます発生する)」

【危】6(卩・4)　常　常用音訓　キ　あぶない・あやうい・あやぶむ

語音 *ŋiueg(上古)　ŋiuě(中古→呉・漢グヰ〈=ギ〉・慣キ)　wēi(中)　위(韓)

語源 [コアイメージ] バランスを欠いて傾く。[実現される意味] バランスを欠いて崩れそうになるⓐ。[英]insecure, unsteady

〔解説〕藤堂明保は危は圭のグループ、および携・頃・傾と同源で、「へ

型・ななめ」という基本義があるとする(藤堂①)。正常な形や安定した形は―や┸の形のイメージであるが、何かの原因でバランスを欠くと∠の形や∧の形のイメージになる。バランスを欠いて崩れそうになる事態を*ŋuegといい、危で表記する。日本語の「あぶない(あぶなし)」は「無考えに行動して、人に迷惑をかけそうだの意」、「あやうい(あやふし)」は「周囲の状況から推察して、物事自身が壊れ、そこなわれそうだの意」という(大野①)。漢語の危は両者を区別しない(日本語でも両者が混同される)。強いて危と対応させると、「あぶない」はほぼⓑⓒ、「あやうい」はほぼⓐに当たる。

〔グループ〕危・詭キ(正常ではない言葉を使って企みごとをする→いつわる[詭計・詭弁])・跪キ(足を∠や∟の形に曲げて座る→ひざまずく[拝跪])・垝キ(傾いて崩れかかる)・鮠イガ(吻が∠形に突き出た魚、イノシシギギ。〈日〉ハヤ)

字源 「⺈(=人。正常に立つ人)+厂(がけ)+㔾(=卩。膝を曲げてかがんでいる人)」を合わせた字。漢字は基本的にはイラストの特徴をもっていて、静止画面しか表せないが、動画風に読む必要がある場合もある。「危」は上から下に読む。正常に立つ人ががけの上から落ちて、やがてうずくまった状態になる情景を暗示させる図形。この意匠によって、「バランスを欠いて傾く」というイメージを表すことができる。

(篆) 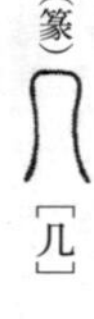

語義 [展開]「バランスを欠いて傾く」というコアイメージから、不安定で今にも崩れそうである(あやうい)意味ⓐ、安全をおびやかす(あぶない・あぶなさ)の意味ⓑ、今にも何かをしそうである(あぶなくて不安を感じる)意味ⓒ、今にも何かが起こりそうなさま(あやうく)の意味ⓓ、今にも崩れそうなほど険しく立つ意味ⓔ、崩れないようにまっすぐな姿勢にする意味ⓕに展開する。[英]insecure, unsteady; dangerous, risky, perilous, danger, risk; feel uneasy; almost, nearly; precipitous; upright [熟語]ⓐ傾危・ⓑ危険・危殆・ⓒ危惧・ⓔ危檣・危峰・ⓕ危坐

文献 ⓐ論語・子張「士見危致命＝士は危ふきを見て命を致す(士は国の危うさを見て、命を投げ出すものだ)」ⓑ孟子・離婁下「好勇闘很、以危父母＝勇を好み闘很して、以て父母を危ふくす(勇気を好んで闘争して父母を危険な目に会わせる)」

【机】 6(木・2)　常　常用音訓 キ　つくえ

語音 *kier(上古)　kii(中古→呉・漢キ)　jī(中)　궤(韓)

語源 [コアイメージ]小さい。[実現される意味]ひじかけⓐ。[英]small table, armrest

〔解説〕藤堂明保は肌と飢を幾のグループ、斤のグループ、堇キンのグループ(僅など)と同じ単語家族に入れ、「せまい・こまかい・わずか」という基本義があるとした(藤堂①)。机もここに含めてよいと思われる。几のグループは「小さい」「細かい」というコアイメージをもつ。藤堂は下記のグループの几を単なる音符としたが(藤堂②)、筆者は音・イメージ記号と見る。

〔グループ〕机・肌・飢・几キ(物を載せる台、つくえ[床几])・麂キ(小型のシカ、キョン)

字源 「几キ(音・イメージ記号)+木(限定符号)」を合わせた字。「几」は坐るときに肘を載せたり、腰を下ろしたりするための∩形の台を描いた図形。丈が低い、短いというイメージから、「小さい」というイメージを表すことができる。「机」はひじを載せる小型の台を表す。

(篆)　[几]　　(篆)

語義 [展開] ひじかけの意味ⓐから、物を載せる家具(つくえ)の意味ⓑに展開する。[英]small table, armrest; desk [熟語]ⓑ机案・机上・明窓浄机

文献 ⓐ荘子・秋水「公子牟隠机大息＝公子牟ボウ、机キに隠ヨりて大息す（公子牟［人名］はひじかけにもたれてため息をついた）」

【気】6（气・2） 常 ｜ 常用音訓 キ・ケ

〔氣〕10（气・6） 人 ｜ 音 キ・ケ

語音 *k'ıəd（上古） k'ıəi（中古→呉ケ・漢キ） qì（中） 기（韓）

語源 ［コアイメージ］いっぱい立ち込める。［実現される意味］ガス状の物質（気体）ⓐ。［英］gas, air

〔解説〕釈名・釈天に「気は愾ガなり。愾然として声有りて形無きなり」とある。ため息として出る気体を念頭に置いた語源説。愾と同源と見たのは正しい。王力は愾のほかに概・嘳キとも同源とする（王力①）。しかしもっと視野を広げる必要がある。藤堂明保は乙のグループ、气のグループ、乞のグループ、旡キのグループ（既・愛を含む）、また哀を同じ単語家族にくくり、「つまる・いっぱいにこもる」という基本義があるとする（藤堂①）。「いっぱい立ち込める、満ちる」というコアイメージと言い換えてもよい。一定の空間内（宇宙また身体）に満ちるガス状の物質を*k'ıədという。その表記として最初は气が考案された。英語のgasは空気以外の気体、airは地球を取り巻く空気、大気の意という。またairはギリシア語aēr（息、大気）に由来するという（以上、小島①）。airの語源は漢語の気と似ている。しかしgasもairも漢語の気のような意味展開はない。

〔グループ〕気・汽・愾ガイ（胸がいっぱいになりため息をつく［敵愾心］）・餼キ（栄養の詰まった食糧、また、生きたいけにえ［餼羊］）

字源 「氣」が正字。「气キ（音・イメージ記号）＋米（限定符号）」を合わせた字。「气」はガス（蒸気）がもやもやと屈曲しつつ上がって行く情景を設定した図形で、「（空中に）もやもやといっぱい立ち込める」というイメージがある。「氣」は米を炊くときに湯気が立ち込めて出ていく様子を暗示させる。この図形はきわめて小さな分野に限定したもの。文字にとらわれると単に湯気の意味になってしまう。

（甲） （金） （篆）［气］ （篆）

〔字体〕「氣」は旧字体。「気」は由来不明の常用漢字の字体。現代中国の簡体字は「气」。

語義 ［展開］息も湯気も蒸気もすべてカバーして、目に見えるもの・見えないものに限らず、ガス状の物質（気体）の意味ⓐ。そこから、宇宙に充満する根源的物質の意味ⓑ、自然の現象を引き起こす力やエネルギーの意味ⓒ、身体・精神に生命や活力を与えるものの意味ⓓ、あたりに漂う何かのけはい（雰囲気）の意味ⓔ、季節の移り変わりを示す一定の期間の意味ⓕに展開する。［英］gas, air, breath, vapor; vital principle, vital energy; weather; spirit; air, atmosphere; changing of the seasons ［熟語］ⓐ気息・気体・ⓑ運気・元気・ⓒ気候・気象・ⓓ血気・精気・ⓔ鬼気・殺気・ⓕ節気・二十四気

文献 ⓐ墨子・節葬「氣無發洩於上＝気、上に発洩すること無し（気が地上に漏れない）」ⓑ孟子・公孫丑上「我善養吾浩然之氣＝我善く吾が浩然の気を養ふ（私は自分の浩然の気を上手に養っている）」ⓓ論語・季氏「少之時、血氣未定＝少わかき時は、血気未だ定まらず（若い時は血気はまだ安定していない）」

【肌】6（肉・2） 常 ｜ 常用音訓 はだ

語音 *kıə̆r（上古） kıi（中古→呉・漢キ） jī（中） 기（韓）

語源 ［コアイメージ］細かい。［実現される意味］身体の、細かい組織の詰まっている部分（筋肉）ⓐ。［英］muscle, flesh

〔解説〕日本語の「はだ」は「本体をおおっている表層の部分の称」という（大野①）。表面の外皮は漢語では膚であって、肌ではない。しかし

肌も「はだ」を含めて言うことがある。

字源 「几キ(音・イメージ記号)＋肉(限定符号)」を合わせた字。「几」は「小さい」というイメージがあり、「細かい」というイメージに展開する(⇩机)。「肌」は肉体の、細かい組織がびっしりとある部分を暗示させる。

語義 [展開] 皮膚の内部の柔らかい組織の意味ⓐから、それの表面の部分(はだ)の意味ⓑに転用される。[英]muscle, flesh; skin [熟語] ⓐ肌肉・ⓑ肌膚・美肌

文献 ⓐ韓非子・用人「仁割其肌＝仁もて其の肌キを割く(仁の心から彼の筋肉を割いた)」ⓑ荘子・逍遥遊「肌膚若氷雪、綽約若處子＝肌膚フキは氷雪の若ごとく、綽約として処子の若し([その仙人は]はだが氷や雪のように白く、処女のようにしなやかなである)」

【岐】 7(山・4) 常 (常用音訓) キ

語音 *gieg(上古) giĕ(中古→呉ギ・漢キ) qí(中) 기(韓)

語源 [コアイメージ] 細かく分かれる。[実現される意味] 枝分かれした道ⓐ。[英]fork, branch

字源 「支シ(音・イメージ記号)＋山(限定符号)」を合わせた字。「支」は竹の枝を示す図形で、「いくつかに枝分かれする」というイメージがある(⇩支)。「岐」は枝分かれする山道を暗示させる。

語義 [展開] 枝分かれした道の意味ⓐから、枝分かれする(いくつかに分かれる)意味ⓑに展開する。[英]fork(ⓐⓑ), branch(ⓐⓑ); ramify, diverge [和訓] わかれる・ちまた [熟語] ⓐ岐路・多岐・ⓑ岐出・分岐

文献 ⓐ呂氏春秋・疑似「墨子見岐道而哭之＝墨子、岐道を見て之に哭す(墨子は枝分かれした道を見て、[道が多くて迷わせるから]泣いた)」

【希】 7(巾・4) 常 (常用音訓) キ

語音 *hɪər(上古) hɪəi(中古→呉ケ・漢キ) xī(中) 희(韓)

語源 [コアイメージ] 小さい・わずか。[実現される意味] 小さな隙間があいているさま(まばら)ⓐ。[英]thin, sparse

〔解説〕 希有(めったにない)と希望の希に何の関係があるのか。二つを統括する深層構造は「小さい・わずか」というイメージである。隙間が小さく細かい状態(まばらであること)を*hɪərといい、希と表記する。藤堂明保は希を幾と同源とする(藤堂②)。幾は斤のグループ、几のグループ(肌など)、菫キンのグループ(僅など)と同源で、「せまい・こまかい・わずか」という基本義がある(藤堂①)。これは「隙間が小さい」「空間的に近い」というイメージでもある。漢語では「近い」というイメージから「いのる(祈)」に、「わずか(幾)」というイメージから「こいねがう(庶幾)」に転義する。同様に、求めるものにわずかな距離まで近づこうとすることが希望の希である。名義抄は庶幾と希に「こひねがふ」の訓をつけた。これはコフ(請)とネガフ(願)を合わせた複合語である。おそらく漢文訓読で作られた語であろう。英語のwishは「(実現の可能性が低いこと、または不可能なことを)望む、願う」の意、hopeは「(実現が期待できることを)望む」の意という(田中①)。漢語の希は「わずか」「めったにない」というイメージが含まれているので、語のイメージとしてはhopeよりはwishに近い。

〔グループ〕 希・稀・晞キ(水分が少なくなる→かわく)・欷キ(か細い声ですすり泣く[歔欷キョキ])・絺チ(隙間が細かく空いた布で織った衣[絺綌チゲキ]) *鯑(純国字。かずのこ)

字源 「爻(イメージ記号)＋巾(限定符号)」を合わせた字。「爻」は「乂(×形の符号)」を二つ重ねた形。「希」は糸を×形に交差させて布を織る情景を設定した図形。稠密な絹織物とは違って、麻のような織り目のまばらな夏服(これを絺チという)が念頭に置かれている。この意匠によって、びっしり詰まっていず、小さな隙間があいていることを表象する。

(篆)

語義 [展開] 小さな隙間があいているさま(まばらである、かすかである)が原義ⓐ。「小さい」「わずか」というイメージから、数やチャンスが少ない(めったにない、まれである)という意味ⓑを派生する。また、「小さい」「わずか」は「(空間的に)近い」というイメージに展開し、求めるものに近づこうとする(そうあってほしいと願う)意味ⓒを派生する。ⓐⓑは稀と通用。[英]thin, sparse; rare, few, scarce; wish, hope, desire [和訓] まれ・こいねがう [熟語] ⓐ希釈・希薄・ⓑ希有・希少・ⓒ希求・希望

文献 ⓐ老子・四十一章「大音希聲＝大音は希声(大きな音はかえってかすかで聞こえないものだ)」ⓑ論語・季氏「十世希不失矣＝十世失はざること希なり(十代も[権力を]保つことはめったにない)」ⓒ史記・五宗世家「王后希得幸＝王后、幸を得んことを希ふ(皇后は寵愛を得たいと願った)」

【忌】 7(心・3) 常 常用音訓 キ いむ・いまわしい

語音 *giəg(上古) giei(中古→呉ゴ・漢キ) ji(中) 기(韓)

語源 [コアイメージ] 起き上がる。[実現される意味] いやなことを嫌って避ける(にくむ・いむ)。[英]detest, abominate

〔解説〕ある対象に対して、いやだという感情が起こると用心し避けようとする。その心理を漢語で*giəgという。その心理状態では身を引き締めることもある。だから古典の注釈に「忌の言は戒なり」(礼記の鄭玄注)とある所以である。王力は忌・諅(いましめる)・戒を同源とする(王力①)。コアイメージの源泉は己にある。これは「伏せたものが起き上がる」というイメージである。ある事態が平静な心を起き上がらせ、警戒心を起こすことから、いやだと嫌って避ける(にくむ、いむ)という意味が生まれる。日本語の「いむ」は「神聖な事柄を行う際に身体を穢れに触れないよう謹慎する意」から、「物忌みをして避ける」「嫌悪する」などに展開するという(大野②)。最後の展開義が漢語の忌に近い。

字源 「己(音・イメージ記号)＋心(限定符号)」を合わせた字。「己」は「伏せたものが起き上がる」というイメージがある(⇨己)。「忌」はある事態に対して、平常心がむくむくと起き上がって用心する様子を暗示させる。この意匠によって、いやなことに対して心の抵抗が生じて避けようとする心理を表象する。

語義 [展開] いやなことを嫌って避ける(にくむ・いむ)意味ⓐから、さしさわりのあるものをはばかって避ける意味ⓑ、はばかって避けるべきもの(タブー)の意味ⓒ、特に死をはばかって慎む意味ⓓに展開する。[英]detest, abominate; avoid, abstain from; taboo; mourning [熟語] ⓐ忌憚・忌避・ⓑ畏忌・ⓒ忌諱・ⓓ忌日・忌中

文献 ⓐ詩経・瞻卬「維予胥忌＝維れ予を胥忌む(ただ私を憎むだけ)」ⓑ詩経・桑柔「胡斯畏忌＝胡ぞ斯れ畏忌するや(何を畏れはばかるのか)」ⓒ老子・五十七章「天下多忌諱、而民彌貧＝天下に忌諱多くして、民弥よ貧し(天下に禁忌事項[禁令やタブー]が多いと、ますます民は貧しくなる)」

【汽】 7(水・4) 常 常用音訓 キ

語音 k'iəi(宋キ) qì(中) 기(韓)

語源 [コアイメージ] いっぱい立ち込める。[実現される意味] 水蒸気ⓐ。[英]vapor, steam

〔解説〕古くは説文解字に「汽は水の涸れるなり」とあるが、この場合の汽は汔(水がかれる意)の別体と見るべきであろう。後世の汽はこれとは系統が違い、气を受け継ぐものである。類篇(宋、司馬光撰)に「汽は水気なり」とあるのが初出。

字源 「气(音・イメージ記号)＋水(限定符号)」を合わせた字。「气」は

ガス状の気体で、「いっぱい立ち込める」というイメージがある(⇩気)。「汽」は水蒸気を表す。

語義 [展開] 水蒸気・湯気の意味が本義ⓐ。塩分が混じる意味ⓑに転用される。ⓑの本字は瀛キ(水に塩がこもる意)である。[英]vapor, steam; brackish [熟語] ⓐ汽車・汽船・ⓑ汽水

【其】 8(八・6) 人 | 音キ 訓それ・その

語音 *gɪəg(上古) gɪei(中古→呉ゴ・ギ・漢キ) qí(中) 기(韓)

語源 [コアイメージ] 四角い。[実現される意味] 発語の辞(文の調子・リズムを整えることば)ⓐ。[英]particle

〔解説〕文を述べる際、めりはりをつけるために発することば、リズムを整えるために挿入することばを*gɪəgという。この語は内実(具体的な意味)を持たず、形式的である。これを図形化するために箕キ(み)の形状から発想された。箕は四角い形をした家具で、「四角い」「方形」のイメージがあり、「きちんと区切られて整っている」というイメージを表すことができる。したがってこの図形によって、文のリズムを整える効果のあることばを表記した。藤堂明保は其だけで一つの単語家族を設け、「四角い」という基本義があるとしている(藤堂①)。「四角い(□の形)」のイメージは「きちんと区切る」「きちんと区切られて整っている」「かどがあって(めりはりが利いて)きちんとしている」というイメージに展開し、下記のグループを形成する。

〔グループ〕其・基・期・旗・棋・碁・欺・箕・麒・朞キ(一年)・琪キ(形の整った美玉)・祺キ(吉祥、幸い)・萁キ(豆の茎、まめがら)・錤キ(冂形のくわ[鎡錤ジキ])・蜞キ(冂形をしたカニ、ベンケイガニ[螃蜞ボウキ])・魌キ(四角い鬼の面[魌頭])・騏キ(碁盤の目のような模様のある馬[騏驥キキ])・鯕キ(四角い形の魚、魴ホウ[ヒラウオ]の別名。また、シイラ[鯕鰍キシュウ])

字源 箕を描いた形と、丌(台の形)を合わせた図形。箕の原字。

(甲) (金) (古) (篆)

語義 [展開] 文のリズムを整える助詞ⓐが本義。また、物や人を指す代名詞(それ・その)ⓑに用いる。此(これ)よりもやや遠いものを指す。[英]particle; that

文献 ⓐ詩経・伯兮「其雨其雨＝其れ雨あめふれ其れ雨れ(雨よ降れ降れ)」ⓑ詩経・摽有梅「其實七兮＝其の実は七つ(その[梅の]実は七個)」

【奇】 8(大・5) 常 | 常用音訓 キ

語音 (1)*gɪar(上古) gɪě(中古→呉ギ・漢キ) qí(中) 기(韓) (2)*kɪar(上古) kɪě(中古→呉・漢キ) jī(中) 기(韓)

語源 [コアイメージ] バランスを欠いて片寄る。[実現される意味] 普通とは変わっているⓐ。[英]unusual, uncommon, rare

〔解説〕奇と可は関係がある。「┓形に曲がる」というイメージをもつ語が*k'arで、可と図形化された。このイメージが転化して、「∠形に曲がる」というイメージになる。これはバランスを欠いた状態であり、一方に片寄った状態である。これを表す語を*gɪarといい、可を用いて奇と図形化された。藤堂明保は可のグループのほか咼カイ・曷カツのグループ(喝など)とも同源とし、「かぎ型に曲がる」、「┓型・┗型」という基本義があるとする(藤堂①)。

〔グループ〕奇・寄・崎・埼・騎・椅・綺・倚イ(斜めに寄りかかる[倚門])・猗イ(寄りかかる、しなだれる、なよなよしたさま[猗猗])・羇キ(旅をして身を寄せる[羇旅キリョ])・掎キ(片足を引っ張って∠形に傾ける[掎角])・欹イ(斜めに立つ、そばだつ)・攲キ(片方に傾斜する)・觭キ(片方に傾く)・踦キ(体が片方に傾く)・畸キ(普通ではない、半端な数[畸人])・琦キ(珍しい玉)・漪イ(水面が傾いて起こる波[漣漪])・碕キ(曲がって突き出た岸)・剞キ(先の曲がった彫刻刀[剞劂キケツ])・錡キ(刃が∧形に突き出た工具、のみや鋸)

字源 「可ヵ(音・イメージ記号)＋大(イメージ補助記号)」を合わせた字。「可」は「つかえて曲がる」「┓型に曲がる」というイメージがある(⇩可)。「大」は大の字型に立つ人を示す形で、これは正常な姿である。「奇」は正常に立つ人が姿勢を∠の形に傾けたために正常ではなくなる様子を暗示させる。この意匠によって、普通とは変わっていることを表象する。

語義 [展開] 普通とは変わっている(珍しい)意味ⓐから、不思議なこと(常識で考えられない、怪しい)の意味ⓑ、普通では思いつかないこと(意想外の手段)の意味ⓒ、普通ではないと思う(珍しいことだと思う)意味ⓓに展開する(以上は1の場合)。また、偶は配偶の偶(カップル)のことで、バランスが取れているから偶数の偶になるが、それに対して奇はバランスが取れていないから、半端な数(二で割り切れない数、奇数)の意味ⓔを派生する(2の場合)。[英]unusual, uncommon, rare; strange, odd, queer; unexpected, unpredictable; wonder; odd number [和訓] くし・あやしい [熟語] ⓐ奇禍・奇跡・ⓑ奇怪・奇形・ⓒ奇計・奇策・ⓓ奇異・ⓔ奇偶・奇数

文献 ⓐ書経・旅獒「珍禽奇獸、不育于國＝珍禽・奇獣は、国に育せず(珍しい鳥や変わった獣は、国では生育しない)」ⓒ孫子・勢「凡戰者以正合、以奇勝＝凡そ戦なる者は正を以て合ひ、奇を以て勝つ(戦というものは、正[正攻法]で始め、奇[奇策]で勝つものである)」ⓓ史記・扁鵲列伝「扁鵲奇之＝扁鵲ヘンジャク、之を奇とす(扁鵲[伝説上の名医]は彼を普通ではないと思った)」

【季】 8(子・5) 常 ｜ 常用音訓 キ

語音 *kied(上古) kii(中古→呉・漢キ) ji(中) 계(韓)

語源 [コアイメージ] 小さい。[実現される意味] 兄弟のうち小さい方(末っ子)ⓐ。[英]the youngest brother

〔解説〕兄弟の序列を年齢順に伯(長男)・仲(次男)・叔(三男)・季(末っ子)という。*kiedは「小さい」というイメージをもつことばで、動悸の悸(小刻みに震える、どきどきする)に反映している。

〔グループ〕季・悸キ(驚きや恐れのため心臓が小刻みに搏動する[動悸])

字源 「禾(イメージ記号)＋子(限定符号)」を合わせた字。「禾」は穂が実ったばかりの稲を描いた図形。稲にはなっていないので、「まだ成熟していず小さい」というイメージを表すことができる(これは二次的イメージ)。「季」は小さい子を暗示させる。

(甲)　(金)　(篆)

語義 [展開] 末の子の意味ⓐから、年が若い意味ⓑ、いくつかに分けた時期の終わりの意味ⓒ、更に一年を四区分した各時期(シーズン)の意味ⓓに展開する。一年の意味ⓔや、俳句における四季の風物の意味ⓕは日本的用法。[英]the youngest brother; young; the end of an epoch; season; year; season word [和訓] すえ [熟語] ⓐ季子・ⓑ季女・ⓒ季夏・澆季ギョウキ・ⓓ季節・四季・ⓔ年季・半季・ⓕ季語・季題

文献 ⓐ詩経・陟岵「母曰嗟予季＝母曰く、嗟ああ予が季よ(ああ私の末っ子よ、と母は言った)」ⓑ詩経・候人「季女斯飢＝季女斯これ飢ゑたり(若い女はひもじい思い)」

【祈】 8(示・4) 常 ｜ 常用音訓 キ いのる

〔祈〕 9(示・4) 人 ｜ 音キ 訓いのる・いのり

語音 *gıər(上古) gıəi(中古→呉ギ・漢キ) qí(中) 기(韓)

語源 [コアイメージ] 近づく・近づける。[実現される意味] 幸せを得たいと神に求めるⓐ。[英]pray

〔解説〕祈は単純でわかりやすい意味であるが、その深層構造は何か。

語源を初めて解き明かしたのは藤堂明保である。氏は斤のグループは幾のグループ、几のグループ(肌など)、堇のグループ(僅など)と同じ単語家族に属し、「せまい・こまかい・わずか」という基本義をもつとする(藤堂①)。「隙間がせまい・小さい」から「(空間的に)近い・近づく」というイメージに展開する。祈とは「神々の恩恵に近づこうと求める」ことであると、氏は述べる(藤堂①)。「近づく」から「願う」や「求める」へのイメージ転化現象は幾や希にも例がある。これは漢語の意味論的特徴の一つである。日本語の「いのる」の語源はイ(斎、神聖なものの意)+ノル(告)であるらしい。「みだりに口にすべきでない言葉を口に出す意」が原義で、「声を出して神に幸福を願う(祈禱する)」という意味に展開する(大野①)。漢語の祈は祈禱という行為の有無には関わりなく、求める対象に近づきたいと神などに願う意味である。いのりのための声を発する行為は、漢語では禱という。英語のprayはラテン語のprex(=request)、pracari(=to beg)に由来し、もとは「懇願する、強く希望する」の意で、「祈る、祈願する」は転義という(小島①)。漢語の祈とは逆である。

字源 「祈」が正字。「斤(音・イメージ記号)+示(限定符号)」を合わせた字。「斤」は「わずかな距離にまで近づける」というイメージがある(⇨斤)。「祈」は神に願って、求める対象に限りなく近づく様子を暗示させる。

〔字体〕「祈」は旧字体。「祈」は古くから書道で行われた字体。

語義 [展開]神にいのる意味ⓐから、(神を媒介せずに)何かを求めたいと自主的に願う(請い求める)意味ⓑに展開する。[英]pray; wish, hope

[熟語] ⓐ祈雨・祈禱・ⓑ祈求・祈念

文献 ⓐ詩経・甫田「以御田祖、以祈甘雨=以て田祖を御へ、以て甘雨を祈る(田の神様をお迎えし、恵みの雨をお祈りする)」ⓑ詩経・賓之初筵「發彼有的、以祈爾爵=彼の有的に発し、以て爾が爵を祈れ(弓の的に矢を当てて、褒美の杯を願いなさい)」

【祁】 8(示・3)　人　(音)キ

語音 *gier(上古)　gii(中古→(呉)ギ・(漢)キ)　qí(中)　기(韓)

語源 [コアイメージ]盛り上がる。[実現される意味]数が多いⓐ。[英]numerous

字源 「示(音・イメージ記号)+邑(限定符号)」を合わせた字。もとは地名を表したが、祇(土地の神)の語源を利用して、土を盛り上げて祭ることから、物が盛り上がって多いという意味に使われた。

語義 [展開]数が多い意味ⓐから、盛り上がって大きい意味ⓑを派生する。[英]numerous; large

文献 ⓐ詩経・吉日「瞻彼中原、其祁孔有=彼の中原を瞻れば、其れ祁として孔だ有り(あの原のあたりを見れば、うじゃうじゃと獲物がいっぱい)」

【紀】 9(糸・3)　常　常用音訓　キ

語音 *kɪəg(上古)　kiei(中古→(呉)コ・(漢)キ)　jì(中)　기(韓)

語源 [コアイメージ]目立つ印。[実現される意味]いとぐちⓐ。[英]leading thread

〔解説〕釈名・釈言語に「紀は記なり。之を紀識(印をつける)するなり」とある。「目印をつける」というイメージが紀と記に共通する。具体的には紀は「いとぐち」である。淮南子・泰族訓に「繭の性は糸を為す。然れども工女煮るに熱湯を以てして其の統紀を抽かざれば、則ち糸を成す能はず(繭から糸を作るが、女工がそれを熱湯で煮て糸口を引き出さないと、糸を成さない)」とあるのがよい説明になっている。いとぐちは目印に外ならない。

字源 「己(音・イメージ記号)+糸(限定符号)」を合わせた字。「己」は「起き上がって、目立つ姿が現れる」というイメージがあり、「目立つ形

「や印」というイメージに展開する(⇨己)。「紀」は繭から糸を製する際、糸束の先端につける目印を暗示させる。

語義 [展開] 糸口の意味ⓐから、物事の端緒(始め)の意味ⓑに展開する。また、目印となる糸口によって整理がスムーズに進むので、きちんとした筋道の意味ⓒ、きちんと筋道をつける(治める)意味ⓓ、物事を順序立てて整理する(順序立てて記す)意味ⓔ、秩序づけるための手順や規則(のり)の意味ⓕ、何かを基準にした年の意味ⓖを派生する。[英]leading thread; beginning; thread, method; regulate; order, record; rule, discipline; age, era [和訓] おさめる・のり [熟語] ⓔ紀行・紀要・ⓕ紀律・軍紀・ⓖ世紀・芳紀

文献 ⓐ墨子・尚同「譬若絲縷之有紀、罔罟之有綱＝譬へば糸縷(ルシ)に紀有り、罔罟(モウコ)に綱有るが若(ごと)し(喩えて言えば、糸には糸口が、網には綱があるようなものだ)」ⓑ詩経・四月「滔滔江漢、南國之紀＝滔滔たる江漢は、南国の紀(豊かに流れる長江と漢水は、南国の始めになる川)」ⓒ墨子・小取「審治亂之紀＝治乱の紀を審らかにす(世の中の治乱の筋道を明らかにする)」ⓓ詩経・棫樸「綱紀四方＝四方を綱紀す(四方の国を正しく治める)」

【軌】 9(車・2) 常 常用音訓 キ

語音 *kuǎg(上古) kui(中古→呉・漢クヰ〈＝キ〉) guǐ(中) 궤(韓)

語源 [コアイメージ] 曲がってつかえる・どん詰まり。[実現される意味] 車軸の端ⓐ。[英]wheel-axle ends

字源 「九(キュウ)(音・イメージ記号)＋車(限定符号)」を合わせた字。「九」は「曲がってつかえる」「つかえて進めないどん詰まり」というイメージがある(⇨九)。「軌」は車軸が穴を通っていって、つかえて止まった末端を暗示させる。

語義 [展開] 車軸の両端の意味ⓐから、両輪の幅の意味ⓑ、車輪の通る跡(わだち・レール)の意味ⓒ、踏み外してはならない一定の筋道の意味ⓓに展開する。[英]wheel-axle ends; gauge; rut, track, rail; rule [熟語] ⓑ同軌・ⓒ軌道・広軌・ⓓ軌範・常軌

文献 ⓐ詩経・匏有苦葉「濟盈不濡軌＝済(セイ)盈ちて軌を濡らさず(済の川が満ちると、車軸の頭を濡らさない[車を乗り入れて渡らない])」ⓑ礼記・中庸「今天下車同軌、書同文＝今天下、車は軌を同じくし、書は文を同じくす(現在天下は、車は車輪の幅が統一され、書物は文字が統一されている)」ⓒ孟子・尽心下「城門之軌、兩馬之力與＝城門の軌は、両馬の力ならんや(町の門にある車の深い通り跡は、二頭の馬の力でできるだろうか)」ⓓ韓非子・有度「一民之軌、莫如法＝民の軌を一にするは、法に如(し)くは莫(な)し(民の行き方を統一するものは、法にかなうものはない)」

【姫】 10(女・7) 常 常用音訓 ひめ

語音 *kɪəg(上古) kɪei(中古→呉・漢キ) jī(中) 희(韓)

語源 [コアイメージ] ふくよか。[実現される意味] 身分の高い女性ⓐ。[英]a woman of noble rank

〔解説〕語源の難しい語であるが、𦣞(イ)や巸(イ)のグループの一員と考えられる。説文解字に「巸(イ)は広き𦣞(＝頤。あご)なり」とあり、𦣞・巸は「広い、ゆったりしている、ふくよかである」というイメージがある。姫とは身分の高い女性をふくよかな肉体的特徴や、ゆったりした物腰に見出した語のようである。日本語の「ひめ」はヒ(日)＋メ(女)で、「立派な女性の意。女子に対する尊称」で、貴人の娘の意味にも展開する(大野②)。漢語の姫と一部重なるが、微妙に違う。

〔グループ〕姫・熙・頤(イ)(あご、おとがい[頤使])

字源 「姬」が正字。「𦣞(イ)(音・イメージ記号)＋女(限定符号)」を合わせた字。「𦣞」は二重になった顎を描いた図形で、頤(あご、おとがい)の原字。「広い、ふくよか」というイメージを表すことができる。「姬」はふくよかでおっとりした高貴の女性を暗示させる。

(金) (篆)  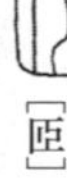 [𦣝] (金)  (篆) 

〈字体〉書道などでは「姫」を「姫」と書き、やがて「姫」とも書かれるようになった。そのためもとからある姫(音はシン、意味は慎む)と同形衝突した。現代中国では姫の代わりに姫を用いない。

語義 [展開] 高貴の女性の意味ⓐから、女性の美称、また、美女の意味ⓑ、貴人の側室の意味ⓒに展開する。[英]a woman of noble rank; beauty; nobleman's concubine [熟語] ⓑ美姫・妖姫・ⓒ寵姫

文献 ⓐ詩経・東門之池「彼美淑姫＝彼の美なる淑姫(あのしとやかな高貴の娘)」ⓑ詩経・泉水「孌彼諸姫＝孌(レン)たる彼の諸姫(美しいあの娘ごら)」ⓒ史記・秦始皇本紀「見呂不韋姫悦而取之＝呂不韋の姫を見て悦びて之を取る(呂不韋の側室を見て気に入り、彼女を奪い取った)」

【帰】 10(巾・7) 常 常用音訓 キ かえる・かえす

語音 *kuər(上古) kuəi(中古→呉クヱ〈＝ケ〉・漢クヰ〈＝キ〉) guī(中) 귀(韓)

語源 [コアイメージ] ぐるりと回る。[実現される意味] 女性がとつぐ。また、かえる。[英]marry; return

〈解説〉古代漢語ではとつぐことも、かえることも、ともに*kuərといった。二つの意味にどんな関係があるのか。藤堂明保は韋(ィ)のグループ(囲など)、鬼のグループ(塊など)、貴のグループ、君のグループ、軍のグループ(運・揮など)、また回・懐・揆・血・骨・困・昆・旬・胃・位などが帰と同じ単語家族に属し、「丸い・めぐる・とりまく」という基本義があるとした(藤堂①)。「ぐるりと回る」というコアイメージと言い換えてもよい。古代の婚姻形態は氏族婚で、Aの氏族とBの氏族の間に通婚関係があれば、Aの女性は当然のこととしてBの氏族に帰着(帰属)することになる。女性がぐるりと回るようにして元の所に戻っていくというのが*kuərの意味するところである。したがってこの語には「とつぐ」と「かえる」の意味が同時に含まれる。最古の古典の一つである詩経にはすでに二つの意味で使われている。日本語の「かえる(かへる)」は「同一のものの上下・表裏とか、運動の方向とかが逆になる意」が原義で、㋐「同一のものの位置・状態が以前とは逆になる」意、㋑「人や物事がもとの所・状態などへもどる」意に展開するという(大野①)。㋐は漢語の反・覆、㋑は漢語の返・復・帰・還・回にほぼ当たる。

字源 「歸」が正字。「𠂤＋止＋帚」と分析する。「𠂤」は「丸く取り巻く」というイメージがあり、「丸く回る」というイメージに展開する(⇩官・師)。「帚」は箒を手にもつ形で、女性とかかわることを象徴する(⇩婦)。「𠂤(イメージ記号)＋帚(イメージ補助記号)＋止(限定符号)」を合わせた「歸」は、女性がぐるりと回って本来あるべき所に戻っておさまる(とつぐ)様子を暗示させる。藤堂は𠂤を単なる音符としたが(藤堂②)、筆者はイメージ記号と見る。

(甲)  (金) 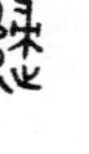 (篆)

〈字体〉「帰」は近世中国で発生した「歸」の俗字。現代中国の簡体字は「归」。

語義 [展開] 女性がとつぐ意味ⓐ、また、元に戻る(かえる)意味ⓑが本義。ⓑの意味から、本来あるべき所に戻っておさまる(落ち着く)意味ⓒ、しかるべき所に当てはめる(あるべき所に属する)意味ⓓ、相手の手中におさまるように物をおくる意味ⓔを派生する。[英]marry(of a woman); return; arrive at, result in; attribute, belong; send [和訓] とつぐ [熟語] ⓑ帰還・復帰・ⓒ帰着・ⓓ帰属

文献 ⓐ詩経・桃夭「之子于歸＝之(こ)の子于(ここ)に帰(とつ)ぐ(この娘は嫁にいく)」ⓑ詩経・式微「胡不歸＝胡(なん)ぞ帰らざる([あなたは]どうして[私のもとに]帰らないのか)」ⓒ論語・子張「天下之悪皆歸焉＝天下之悪、皆焉(これ)に

帰す（世界中の悪事が彼に帰着させられる）」ⓔ詩経・静女「自牧帰荑＝牧自より荑を帰る（野からつばなを送ってきた）」

【既】

10（旡・5） 常 ｜ 常用音訓 キ すでに

語音 *kıər（上古） kıəi（中古→呉ケ・漢キ） jì（中） 기（韓）

語源 ［コアイメージ］いっぱい満ちる・詰まる。［実現される意味］食べ尽くす。また、すっかり尽きるⓐ。［英］complete a repast, finish

〔解説〕既婚の既は事態が「すでに」終了していることを示す副詞であるが、なぜこんな意味があるのか。コアイメージの源泉は旡キにある。「いっぱい満ちる」「いっぱい詰まる」というイメージを表すため、身体の動作や状態から発想された記号である。腹をへこませてあくびをする行為が欠ケンによって造形されたが、旡はそれの鏡文字である。鏡文字は元のものと反対のイメージを示すことが多い。腹をいっぱいにふくらませてげっぷをすることが旡であり、この意匠によって「いっぱい満ちる」「いっぱい詰まる」というイメージを表すことができる。食べ物を腹に入れて満たした状態は食べ物を食べ尽くしたことになる。したがって旡は「食べ尽くす」というイメージにつながる。この意味を実現させるのが既である。食べ尽くす行為において、人の腹に視点をおくと、「いっぱい満ちる」というイメージであるが、食べ物に視点をおくと、「（あったものが）すっかりなくなる」というイメージになる。そこから事態がもう済んでしまったということを示す副詞的用法が生まれたのである。旡という記号は既のグループだけでなく愛のコアにもなっている。既と愛はコアイメージが共通である。藤堂明保はそれだけではなく、乙のグループ、気のグループ（氣）、乞のグループ、また哀にまで範囲を拡大させ、「つまる・いっぱいこもる」という基本義があるとした（藤堂①）。日本語の「すでに」はスム（澄む）にテ（道・方向の意）がついてスミテ→スデ、それに助詞をつけてスデニとなった。「事が今までに全体として落着し、終了している意」という（大野①）。漢語の既は食べるという行為の終了に由来する。

〔グループ〕既・慨・概・愛・漑イガ（田や容器に水を注いでいっぱい満たす「灌漑」）・塈キ（尽きる）・鱀キ（脂肪が多くて豚のように腹の膨れた生物、ヨウスコウカワイルカ、別名江豚）

字源 「旣」が正字。「旡キ（音・イメージ記号）＋皀（イメージ補助記号）」を合わせた字。「旡」は欠の鏡文字で、後ろを振り向いてげっぷをする人の姿。腹がいっぱいになってげっぷをすることから、「いっぱい詰まる」「いっぱい満ちる」というイメージを示す記号になる。「皀」は食・卽（＝即）などにも含まれ、器に盛ったごちそうの姿。したがって「旣」はごちそうを腹いっぱい食べてしまった情景を設定した図形。この意匠によって、食べ尽くすことを表象する。

（甲） （篆） ［旡］

（甲） （金） （篆）

〔字体〕「旣」は旧字体。「既」は異体字。既は常用漢字の字体。現代中国の簡体字は既の右側が旡（4画）である。既に従う他の字体もこれに倣う。

語義 ［展開］食べ尽くす（すっかり尽きる）意味ⓐが原義。あったものがすっかり尽きてなくなることから、事態がその時までに済んでしまったということを示すことば、すでに・間もなくの意味ⓑに転用される。［英］complete a repast, finish; already ［熟語］ⓐ皆既日食・ⓑ既婚・既述

文献 ⓐ春秋・桓公3「日有食之、既＝日、之を食する有り、既っくせり（日食があって、すっかりなくなった）」ⓑ詩経・汝墳「既見君子＝既に君子を見る（間もなく殿方に会えました）」

【記】10(言・3)　常　常用音訓　キ　しるす

語音 *kɪəg(上古)　kiei(中古→呉コ・漢キ)　jì(中)　기(韓)

語源 [コアイメージ] 目立つ印。[実現される意味] 忘れないように印づける(書きとめる)ⓐ。[英]write down, record

〔解説〕釈名・釈典芸に「記は紀なり。之を紀識(シキ)するなり」とある。記と紀は同源で、「印をつける」というイメージが共通である。最初に実現される意味は違うが(記は文字で書きとめる、紀はいとぐちの意味)、展開した意味(派生義)においては近くなる。日本語の「しるす」はシル(知)・シルシ(著)と同根で、「他の事と紛れることなく、すぐそれと見分けのつく形で表現する意」で、「目じるしをつける」「忘れぬように書きつける」はその展開義という(大野①)。展開義は漢語の記と同じ。英語のrecordはre-(再び)+cord(ラテン語のcordis、心、心臓)が語源で、心の中に思い描く(思い出す、心に留める)が原義という(下宮①など)。recordは記録する意味しかないが、漢語の記は「書き留める(記す)」と「心に記す(おぼえる)」の両方とも存在する。

字源 「己(キ)(音・イメージ記号)+言(限定符号)」を合わせた字。「己」は「起き上がって、目立つ姿が現れる」というイメージがあり、「目立つ形や印」というイメージに展開する(⇩己)。「記」は言葉や文字という印をつける様子を暗示させる。

語義 [展開] 文字で書きとめる(しるす)ⓐという具象的な行為だけでなく、心理的次元で、言葉で心に印づける、すなわち、忘れないように心に印づけておく(おぼえる)という意味ⓑにも展開する。また、印・印章の意味ⓒ、書きとめたもの(文書)の意味ⓓ、文書をつかさどる人(記録係)の意味ⓔを派生する。[英]write down, record; remember, memory; mark, sign; document, record; scribe　[熟語] ⓐ記述・記録・ⓑ記憶・暗記・ⓒ記号・記章・ⓓ伝記・日記・ⓔ書記

文献 ⓐ春秋公羊伝・隠公3「天子記崩、不記葬＝天子は崩と記し、葬と記さず(天子[の死亡]については崩と書き、葬とは書かない)」ⓑ荘子・山木「弟子記之＝弟子、之を記せ(弟子どもよ、覚えておきなさい)」

【起】10(走・3)　常　常用音訓　キ　おきる・おこる・おこす

語音 *k'ɪəg(上古)　k'iei(中古→呉コ・漢キ)　qǐ(中)　기(韓)

語源 [コアイメージ] (伏せたものが)起き上がる。[実現される意味] 横になっていたものが立ち上がる(起き上がる)ⓐ。[英]rise

〔解説〕己にコアイメージの源泉がある。これは伏せたものが立ち上がるというイメージである。起立の起はまさにこれである。日本語の「おきる」「おこる」「おこす」の根底にあるのはオコである。オコはイキ(息)の転で、「生命の活動の根源である息をすること」という(大野①)。眠りから覚めて息づく状態になることから転じて、体を立ち上がらせる行為をすることが「おきる(おく)」の意味。そこから、古びたものなどを盛んに振るい立たせる意味の「おこす」、活動が自然に始まって盛んになる意味の「おこる」が派生する。漢語の起には眠りから覚めて起き上がる意味(起床の起)も含まれているが、最初の意味ではない。英語のriseは「下から上へ移動する」がコアイメージで、「立ち昇る」「立ち上がる」などのほかに「生じる、起こる、現れる」の意味に展開するという(田中①)。これは漢語の起の意味展開と似ている。

字源 「己(キ)(音・イメージ記号)+走(限定符号)」を合わせた字。「己」は「伏せたものが起き上がって、目立つ印を現す」というイメージがある(⇩己)。「起」は伏せたものが立ち上がって、はっきりと姿を現す様子を暗示させる。篆文では「起」であるが、巳では音もイメージも合わないので、字鑑(元・李文仲撰)で指摘している通り、巳は己の間違いと考えられる。

〔字体〕「起」は旧字体。隷書・楷書では「起」と「起」が併用されてい

る。

語義 [展開] 伏せたものが立ち上がる(おきる)意味ⓐから、見えなかったものや、活動をやめていたものが姿を現し出す意味ⓑ、何かの行為・行動をやり始める(立ち上げる、おこす)意味ⓒ、あることから始まる、始まりの意味ⓓ、意識や自覚を呼びおこす意味ⓔに展開する。[英]rise; get up, stand up; appear; set up, raise; start, begin; awake [和訓] たつ [熟語] ⓐ起伏・起立・ⓑ興起・生起・ⓒ起業・起工・ⓓ起源・起点・ⓔ喚起・想起

文献 ⓐ詩経・楚茨「皇尸載起＝皇尸、載(すなわ)ち起(た)つ(かたしろは立ち上がった)」ⓑ孟子・公孫丑上「聖人復起＝聖人また起こる(聖人が再び現れる)」ⓒ管子・形勢「以之起事則不成＝之を以て事を起こせば則ち成らず(これ[怠慢な態度]で事業を始めると、成し遂げることはできない)」ⓓ韓非子・喩老「大必起於小＝大は必ず小より起こる(大きなことは必ず小さなことから始まる)」ⓔ論語・八佾「起予者商也＝予を起こす者は商なり(私をはっと気づかせてくれるのは商[子夏]だよ)」

【飢】10(食・2) 常 常用音訓 キ うえる

語音 *kɪăr(上古) kɪi(中古→呉・漢キ) jī(中) 기(韓)

語源 [コアイメージ] 少ない。[実現される意味] 食物がなくてひもじくなる(うえる)ⓐ。[英]hungry

字源 「几(キ)(音・イメージ記号)＋食(限定符号)」を合わせた字。「几」は「小さい」というイメージから、「細かい」「少ない」「わずか」というイメージに展開する(⇩机)。「飢」は食べ物が欠乏してひどくひもじくなる様子を暗示させる。

語義 [展開] ひもじくなる意味ⓐから、食物が欠乏して飢えること(飢饉・凶年)の意味ⓑに展開する。[英]hungry; famine [熟語] ⓐ飢餓・飢渇・ⓑ飢饉

文献 ⓐ詩経・采薇「載飢載渇＝載(すなわ)ち飢ゑ載ち渇く(ひもじくなるし、のども渇く)」ⓑ詩経・雨無正「飢成不遂＝飢ゑ成りて遂(すす)からず(飢饉は進み、世は不安)」

【鬼】10(鬼・0) 常 常用音訓 キ おに

語音 *kuər(上古) kuəi(中古→呉・漢クヰ(＝キ)) guǐ(中) 귀(韓)

語源 [コアイメージ] 丸い・丸くて大きい。[実現される意味] 死者の亡霊ⓐ。[英]ghost, spirit

〔解説〕古人は、例えば爾雅・釈訓に「鬼の言為(た)るは帰なり」とあるように、鬼と帰が同源だという語源意識をもっていた。死者は土に帰るという考えからである。表層的な「かえる」の意味で鬼を捉えたわけだが、帰のコアイメージは「回る」だから、深層的には「回る」→「丸い」というイメージのつながりが出てくる。「○」の形のイメージはマイナスイメージになることが多く、丸い→カオス→得体の知れぬ化け物とイメージが転化する(⇩頭・混)。藤堂明保は帰・回のほか、怪・壊・骨・血・囲・胃・君・昆・均・困など、「丸い・めぐる・とり巻く」という基本義をもつ単語家族に鬼のグループを入れている(藤堂①)。

〔グループ〕鬼・塊・魁・傀(カイ)(大きくて目立つさま、一人[一つ]だけ目立つさま[傀然]。また、丸い頭の人形[傀儡(カイライ)])・槐(カイ)(数珠のような丸い種子の連なる木、エンジュ)・瑰(カイ)(大きく目立って美しい宝石・玉。また、その玉に似た紫紅色の花の咲く植物、ハマナス[玫瑰(バイカイ)])・嵬(カイ)(山の石がごろごろしている→険しい[崔嵬(サイカイ)])・隗(カイ)(山頂や岩がごつごつして険しい)・愧(キ)(気がひけて体を固くする→はずかしく思う[慙愧])・魏(ギ)(城門などがそそり立って高く大きいさま[魏魏])・巍(ギ)(山が高くそびえ立つさま[巍巍])

字源 丸くて大きな頭をした人の姿を描いた字。「丸い」「丸くて大きい」というイメージを表すことができる。この意匠によって、死者の亡霊を表象する。

(甲) (金) (篆)

語義 [展開] 死者の亡霊の意味ⓐから、得体の知れない精霊・化け物の意味ⓑ、人知を超えたもの、また、技や力が人間離れしている意味ⓒに展開する。日本では仏教や陰陽道の影響で鬼に「おに」の訓を与えた。頭に角を生やした想像上の怪物の意味ⓓ。これは漢字本来の意味ではない。しかし派生義では両者とも人知を超えた存在というニュアンスが生まれたため、区別があいまいになった。[英]ghost, spirit; demon, monster, devil; superhuman; ogre [熟語] ⓐ鬼哭・鬼籍・ⓑ鬼神・悪鬼・ⓒ鬼才・鬼謀・ⓓ鬼畜・餓鬼

文献 ⓐ論語・先進「季路問事鬼神、子曰、未能事人、焉能事鬼＝季路、鬼神に事(つか)ふるを問ふ。子曰く、未だ人に事ふる能はず、焉(いず)くんぞ能く鬼(き)に事へん(季路[子路]が鬼神に仕える方法を質問した。先生[孔子]は、人間に仕えることができないのに、どうして霊魂に仕えることができようぞ、と言った)」ⓑ詩経・何人斯「爲鬼爲蜮、則不可得＝鬼(き)為(た)り蜮(よく)為り、則ち得べからず(化け物なのか、タガメ[古代では悪魔の昆虫とされた]なのか、得体が知れぬ)」ⓒ韓非子・八経「其用人也鬼＝其の人を用ゐるや鬼なり([明君の]人の使い方は人知を超えて計り知れない)」

【基】 11(土・8) 常 常用音訓 キ もと・もとい

語音 *kɪəg(上古) kɪei(中古→呉コ・漢キ) jī(中) 기(韓)

語源 [コアイメージ] 四角い。[実現される意味] 建物の基礎・土台ⓐ。[英]foundation, base

〔解説〕建物の土台を「四角い」というイメージで捉えた語。その図形化には四角い形状の道具である箕が利用された。日本語の「もと」は「草木の株・根本が原義」で、物事の根本はその転義。また、「もとい(もとゐ)」はモト(本)＋ヰ(居)で、「建築などの土台石」の意という(大野①)。「ともい」は漢語の基のⓐに対応し、「もと」はⓑに対応する。

字源 「其(き)(音・イメージ記号)＋土(限定符号)」を合わせた字。「其」は「箕の形＋丌(台の形)」を合わせた図形で、箕(穀類の殻やごみを選り分ける道具、「み」)の原字(⇩其)。箕も、それを載せる台も、四角い形をしているので、「其」は「四角い」というイメージを示す記号となる。「基」は建物の四角い土台を表す。

語義 [展開] 建物の土台の意味ⓐから、物事を下で支えるもの、物事のもとになるもの(大本・根拠)の意味ⓑ、また、根拠とする(もとづく)意味ⓒに展開する。[英]foundation(ⓐⓑ), base(ⓐ~ⓒ); basis; found [熟語] ⓐ基址・基礎・ⓑ基盤・基本・ⓒ基因

文献 ⓐ詩経・公劉「止基迺理＝基を止めて迺(すなわ)ち理(おさ)む([建物の]いしずえを定めて整えた)」ⓑ詩経・南山有台「邦家之基＝邦家の基([あなたは]国家を支えるいしずえだ)」ⓒ春秋左氏伝・襄公29「始基之矣＝始めて之に基づけり(始めてそれを根拠とした)」

【埼】 11(土・8) 常 常用音訓 さい

語音 *gɪar(上古) gɪě(中古→呉ギ・漢キ) qí(中) 기(韓)

語源 [コアイメージ] バランスを欠いて片寄る。[実現される意味] 曲がった岸ⓐ。[英]crooked bank

字源 「奇(き)(音・イメージ記号)＋土(限定符号)」を合わせた字。「奇」は「バランスを欠いて片寄る」というイメージから、「∠形に傾く」というイメージに展開する(⇩奇)。「埼」は┓形、∠形、(形などに曲がった地形を暗示させる。

語義 [展開] 日本では崎と同じく「さき」ⓑに当てる。「さい」は「さき」から訛った訓。地名にしか使われない。[英]crooked bank; cape

文献 ⓐ史記・司馬相如列伝「觸穹石、激堆埼＝穹石に触れ、堆埼(たいき)に激す([川の水は]アーチ状の石に触れ、曲がってうずだかい岸にぶつかる)」

【寄】11(宀・8) 常 常用音訓 キ よる・よせる

語音 *kiar(上古) kiě(中古→呉・漢キ) jì(中) 기(韓)

語源 [コアイメージ] ⌐形をなす・斜めに傾く。[実現される意味] 一時的によそに立ちよる(身をよせる)ⓐ。[英]live away from home temporarily

〔解説〕目的地へまっすぐ向かって行くものが途中でどこかに止まったり宿ったりする場合、そのような行動のパターンは「↓形(まっすぐ)」から「⌐形や∠形」に転ずるイメージである。したがって一時的によそに身をよせることを意味する*kiarという語は、⌐形や∠形に曲がる(傾く)というイメージをもつ奇から展開して生まれたものである。日本語の「よる」は「物や心を引きつける方へ、自然に自発的に近づいて行く意」(大野①)で、「近づく」が基本義。ここから「接近する」や「心の向く所に訪れる。立ち寄る」意味などに展開する。展開義では漢語の寄と近くなるが、コアイメージは異なる。

字源 「奇キ(音・イメージ記号)+宀(限定符号)」を合わせた字。「奇」は┃形や┻形(まっすぐ)に立つ人が姿勢を崩して∠形(ななめ)に傾く様子から、「バランスを欠いて片寄る」「斜めに傾く」というイメージを示す(⇨奇)。「寄」はまっすぐ通過しないで、他人の家の方向に体が傾いて、そこにとまる場面を設定した図形。この意匠によって、自分の領域を離れて一時的によそに身をあずけることを表象する。

語義 [展開] 一時的に身を寄せる意味ⓐから、何かをよそに一時的にあずける意味ⓑ、相手に物をよこす意味ⓒに展開する。そばに近づく(よる)意味ⓓや、寄せ集める(よせる)意味ⓔは日本的用法。[英]live away from home temporarily; entrust; send; come near, approach; gather [熟語] ⓐ寄宿・寄生・ⓑ寄託・ⓒ寄進・寄贈

文献 ⓐ戦国策・趙一「無所得寄宿＝寄宿を得る所無し(身を寄せて宿る所が得られなかった)」ⓑ論語・泰伯「可以寄百里之命＝以て百里の命を寄すべし([この人に]大国の政治をあずけることができる)」

【崎】11(山・8) 常 常用音訓 さき

語音 *k'iar(上古) k'iě(中古→キ呉・漢) qí(中) 기(韓)

語源 [コアイメージ] 斜めに片寄る。[実現される意味] 地勢や道が平らでなく険しいさまⓐ。[英]slanting, inclined

字源 「奇キ(音・イメージ記号)+山(限定符号)」を合わせた字。「奇」は「∠形に傾く」「斜めに片寄る」というイメージがある(⇨奇)。「崎」は山の道が傾いて平らでない様子を暗示させる。

〔字体〕「﨑」「嵜」「嵜」は異体字。

語義 [展開] 地勢が平らでない意味ⓐから、バランスを欠いて傾く意味ⓑに展開する。また、崎という語には∠形のイメージがあるので、日本では先(突端の意)とからめて、陸地が海に突き出た地形の意味ⓒに用いる。[英]slanting, inclined, rugged; lean, slant, incline; headland, cape

[熟語] ⓐ崎嶇クキ

文献 ⓐ呉越春秋・越王無余外伝「民去崎嶇、歸於中國＝民、崎嶇クキを去りて、中国に帰す(人民は険しい土地を去って、中国に帰属した)」ⓑ宋玉・高唐賦「傾崎崖隤＝傾崎し崖[＝崖]隤ずくる([岩石は]バランスを欠いて傾き、崖が崩れた)」(文選19)

【規】11(見・4) 常 常用音訓 キ

語音 *kiueg(上古) kiuě(中古→呉・漢キ) guī(中) 규(韓)

語源 [コアイメージ] 区切りをつける。[実現される意味] コンパスⓐ。[英]compass

〔解説〕コンパスは円形を描く道具であるが、*kiuegという語は円のイメージではなく、「区切りをつける」というイメージで名づけられた。用

途による命名である。下記の国語の注釈に「規は画(クヮ)なり」とあり、規*kɪuĕg と画*ɦuĕg はきわめて近い。畫(=画)に含まれる聿は筆の形で、筆は区画をつける働きがある。コンパスも輪郭を描く働きがある。藤堂明保は画のほかに、圭のグループの一部(畦・街など)、熒(ケイ)のグループ(営・栄など)、嬰(エイ)のグループ(纓など)とも同源とし、「とりまく・周囲に区切りをつける」という基本義があるとする(藤堂①)。

【グループ】規・槻・窺・闚(キ)(隙間からのぞき見る、うかがう)

字源 正字通(明、張自烈撰)では規を正字とする。「夫」は篆文で「矢」とよく似ているため、間違えたという。矢は端末が∧の形をしているので、「∧形」というイメージが取られる。「見」は「姿を現す」というイメージがある。「矢(イメージ記号)+見(イメージ補助記号)」を合わせた「規」は、∧の形を回して○の形を現出させる様子を暗示させる。図形にコアイメージは反映されていない。

(篆)

語義 [展開] コンパスの意味ⓐから、丸い枠(円形)の意味ⓑ、丸い枠を描く(丸く区切る、輪郭をつける)意味ⓒ、行為の基準としてはめられる一定の枠(決まり・法則・模範)の意味ⓓ、枠から外れないように正す意味ⓔ、過失などを諌めて正す意味ⓕ、何かをしようと心に思い描く(はかる、はかりごと)の意味ⓖの意味に展開する。[英]compass; circle; draw regulating lines; rule, regulation, code; regulate; admonish; plan [和訓] のり・ただす・はかる [熟語] ⓐ規矩・ⓑ半規・ⓓ規則・規範・ⓔ規正・規制・ⓕ規戒・ⓖ規画

文献 ⓐ孟子・離婁上「規矩方員之至也=規矩は方員(ホウエン)の至りなり(コンパスと定規は円形と方形を作る最高のものである)」ⓒ国語・周「規其臀以墨=其の臀に規するに墨を以てす(臀部に墨で丸い印をつけた)」ⓓ韓非子・解老「萬物莫不有規矩=万物、規矩有らざるは莫し(すべて法則のない物はない)」ⓕ春秋左氏伝・昭公4「以規過=以て過ちを規(ただ)さしむ(〔王は〕過ちを直すように命じた)」

【亀】

11(龜・0) 常 (常用音訓) キ かめ

語音 (1)*kɪuə̆g(上古) kɪui(中古→呉・漢キ) guī(中) 귀(韓) (2)*kɪŭn(上古) kɪĕn(中古→呉コン・漢キン) jūn(中) 균(韓)

語源 [コアイメージ] 枠で回りを囲んでかばう。[実現される意味] カメⓐ。[英]turtle, tortoise

【解説】古典では「亀は久なり」「亀は旧なり」と語源を説いている。カメは長寿であると考えられたからである。しかし観念よりも形態から語源を説くのが妥当と思われる。カメは頭と四肢を甲に収めて身を守る習性がある。したがって*kɪuə̆g という語は柩(遺体を収めるひつぎ)や簋(キ)(供物を入れる器)と同源のことばで、「枠で回りを囲んでかばう」というコアイメージをもつ。藤堂明保はそのほかに又のグループ(右・有・友など)、或のグループ(域・国など)などとも同源とし、「かばう・かこう」という基本義があるとする(藤堂①)。

字源 「龜」が正字。カメの全形を描いた図形。

(甲) (金)

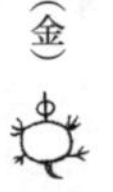

(篆)

【字体】「亀」は近世中国で発生した「龜」の俗字。現代中国の簡体字は「龟」。

語義 [展開] カメの意味ⓐ。また、カメが占いに使われ、占いのしるしを現すことから、手本・模範とするものの意味を派生するⓑ。また、その特性から、長寿の喩えⓒに用いられる(以上は1の場合)。また、カメの甲に割れ目を入れて占いをしたことから、ひび割れする意味ⓓが生じた(2の場合)。日本では2の場合も1の音で読むことが多い。[英]turtle, tortoise; model; metaphor of longevity; crack [熟語] ⓐ亀甲・ⓑ亀鑑・

ⓒ亀鶴・ⓓ亀裂

[文献] ⓐ詩経・緜「爰契我龜＝爰(ここ)に我が亀に契(きざ)む（私の亀に占いの文句を刻みつける）」ⓓ荘子・逍遥遊「宋人有善爲不龜手之藥者＝宋人に善く不亀手(フキンシュ)の薬を為(つく)る者有り（宋国に、手のひび割れを直す薬を作るのがうまい人がいた）」

【喜】 12（口・9） [常] [常用音訓] キ よろこぶ

[語音] *hıəg（上古） hıei（中古→[呉]コ・[漢]キ） xǐ（中） 희（韓）

[語源] ［コアイメージ］にぎやかに声をたてる。［実現される意味］嬉しがって（はしゃいで、にこにこと）よろこぶⓐ。［英］please, rejoice, delight

〔解説〕日本語の「よろこぶ」は「うれしく思う気持ちを言葉や態度にあらわす意」が原義で、そこから「うれしく思い感謝の意をあらわす」「慶事をことほぐ」「物事が自分の気持ちにかなって快い感じがする」などに展開するという（大野①）。かなり静的な感情表現であるが、漢語の喜はそれとは違い、動的な感情表現の語である。藤堂明保によれば喜のグループと熙は「ヒイと息を出す」という基本義をもち、*hıəgという語は「人間がヒイ！と息を出す声になぞらえた擬声語」だという（藤堂①）。笑い声をたてたり、はしゃいだりして嬉しがるような、感情表現の豊かなよろこび方が喜である。この聴覚記号の視覚記号化（図形化）は太鼓という具体物から構想された。楽器の音声を象徴として心理表現に用いたのである。太鼓の音を聞いてよろこぶというストレートな造形法ではなく、うきうきと舞い上がるような情動を太鼓の音声に見立てた造形法である。ここにはメタファーがある。

〔グループ〕喜・嬉・嘻(キ)（声を立てて笑う［嘻嘻］。また、感嘆の声を出す［噫嘻(キイ)］）・憙(キ)（にこにこしてうれしがる）・熹(キ)（立ち上る熱気で煮炊きする）・禧(キ)（めでたいこと［新禧］）・蟢(キ)（めでたいことをもたらす虫、アシナガグモ［蟢蛛(キチュ)］）・*鱚（半国字。キス）

[字源] 「壴（イメージ記号）＋口（限定符号）」を合わせた字。「壴」は鼓に含まれ、太鼓を立てた図形（⇨鼓）。太鼓はにぎやかな音を出す楽器として選択された。「喜」はにぎやかに声をたてて楽しむ様子を暗示させる。字源については饎(シ)（酒食、ごちそう）の原字とする説もある。

（甲）  （金）  （篆） 

[語義] ［展開］嬉しがってよろこぶ意味ⓐから、好んで嬉しがる、愛好する意味ⓑ、めでたい、また、めでたいことの意味ⓒに展開する。また、にぎやかに笑いさざめくさまの意味ⓓを派生する。ⓓは嬉・嘻と通用。［英］please, rejoice, delight, pleasure, joy; like; auspicious; joyful, merry, cheerful ［熟語］ⓐ喜悦・歓喜・ⓒ喜雨・ⓓ喜喜（＝嬉嬉・嘻嘻）

[文献] ⓐ詩経・風雨「既見君子、云胡不喜＝既に君子を見る、云胡(なんぞ)喜ばざらん（殿方に会えた今、このうれしさいかばかり）」ⓑ史記・扁鵲倉公列伝「中庶子喜方者＝中庶子、方を喜(この)む者（中庶子という方術好きの人）」ⓒ荘子・譲王「不祈喜＝喜を祈らず（幸せを神に祈って求めることはしない）」

【幾】 12（幺・9） [常] [常用音訓] キ いく

[語音] *kıər（上古） kıəi（中古→[呉]ケ・[漢]キ） jī・jǐ（中） 기（韓）

[語源] ［コアイメージ］小さい・わずか。［実現される意味］近いⓐ。［英］near

〔解説〕下記の詩経の注釈に「幾は近なり」とある（鄭箋）。事態がわずかな距離まで接近していることが*kıərの意味である。ここに含まれているコアイメージは「間隔が小さい、わずか」ということである。藤堂明保は幾のグループ、斤のグループ、几のグループ（肌・飢）、堇(キン)のグループ（僅など）を同じ単語家族にくくり、「せまい・こまかい・わずか」という基本義があるとする（藤堂①）。「近い」のイメージもこれに含めてよい。幾は希とも同源である。「近い」というイメージから祈(願い求める)や希(こいねがう)が派生するように、幾も「こいねがう」という意味が生まれる。和訓の「いく」は「数量についての疑いを表す語」(大野①)という。漢語の幾はそれほど多くはないことを予想して数量を問うことばである。

【グループ】幾・畿・機・磯・饑(食料がわずか[饑饉])・譏(それとなく非難する、そしる[譏刺])・蟣(シラミの小さな卵)

字源 「𢆶(イメージ記号)+人(イメージ補助記号)+戈(限定符号)」を合わせた字。「幺」は糸の上の部分で、細く小さな糸のこと。これを二つ並べて、「小さい」「わずか」「かすか」などのイメージを示す(⇩幽)。「幾」は人に武器を限りなく近づけている情景を設定した図形。人を撃つことを意味するのではなく、わずかな距離まで近づけることを表象するための図形的意匠である。斤と意匠が似ている。

(金) (篆)

語義 [展開] 近い意味ⓐから、ほとんどの意味ⓑに展開する。また、「小さい」「わずか」というコアイメージから、かすかの意味ⓒ、少しずつ・それとなくの意味ⓓ、わずかなきざしの意味ⓔ、数や時間がわずかの意味ⓕ、小さい数(一から九)を問う疑問詞ⓖを派生する。また、「近い」というイメージから、求めるものに近づきたいという願望のことば、そうあってほしいと願う(こいねがう)意味ⓗを派生する。[英]near; nearly, almost; subtle; slightly; first signs; few, several, some; how many; beg, wish [和訓] ちかい・ほとんど・ねがう [熟語] ⓒ幾微(=機微)・ⓓ幾諫・ⓖ幾何(いくばく)・ⓗ庶幾

文献 ⓐ詩経・瞻卬「天之降罔、維其幾矣=天の罔[=網]を降すは、維これ其れ幾ちかし(天が法の網を下す日は、身近に迫っている)」ⓑ孟子・離婁下「幾希矣=幾ほとんど希なり([チャンスが]ほとんどない)」ⓒ易経・繋辞伝上「幾事不密、則害成=幾事密ならざれば、則ち害成る(微妙なことは秘密にしないと、障害が起こる)」ⓓ論語・里仁「事父母幾諫=父母に事つかへては幾諫キカンす(父母に仕える時は、[父母に過ちがあれば]それとなく忠告する)」ⓔ易経・繋辞伝下「知幾其神乎=幾を知るは其れ神か(かすかな兆しを知ることは神業であろうか)」ⓕ詩経・甫田「未幾見兮、突而弁兮=幾いくばくも未なくして見れば、突として弁せり(しばらく顔を見ぬうちに、あっという間に冠姿)」ⓗ詩経・頍弁「既見君子、庶幾有臧=既に君子を見る、庶幾こいねがはくは臧よきこと有らん(やっと殿方に会えました。どうぞお情け下さるように)」

【揮】 12(手・9) 常 常用音訓 キ

語音 *huər(上古) huəi(中古→呉クヱ〈=ケ〉・漢クヰ〈=キ〉) hui(中) 휘(韓)

語源 [コアイメージ] 丸くめぐる。[実現される意味] 手を振り回すⓐ。[英]wave, brandish, swing

字源 「軍グ(音・イメージ記号)+手(限定符号)」を合わせた字。「軍」は「丸く取り巻く」というイメージがあり、「丸くめぐる」というイメージに展開する(⇩軍)。「揮」は手をぐるぐると振り回す様子を暗示させる。

語義 [展開] 手を丸く振り回す意味ⓐから、手を振るようなしぐさをして何かを行う(振るう、動かす、揺らす、散らす、払うなど)の意味ⓑ、振り払われるように散らばる意味ⓒを派生する。[英]wave, brandish, swing; exercise, wield, command; disperse [和訓] ふるう [熟語] ⓑ指揮・発揮・ⓒ揮発

文献 ⓐ淮南子・覧冥訓「揮戈而撝之=戈を揮ふるひて之を撝まねく(ほこをぐるぐる回して合図した)」ⓑ韓非子・外儲説右下「人撫一絃而揮、則音必敗、曲不遂矣=人ごとに一絃を撫して揮ふるへば、則ち音必ず敗れ、曲遂げざらん(人がそれぞれ一本の絃に手を当ててぶるんと弾けば、その音はめち

やくちゃになり、音楽にならないだろう」ⓒ晏子春秋・内篇・雑下「揮汗成雨＝汗を揮へば雨と成る（手で汗を振り払うと、飛び散って雨のようになる）」

【期】

12（月・8）　常　｜常用音訓　キ・ゴ

語音　(1)*gıəg（上古）　gıei（中古→呉ゴ・漢キ）　qí（中）　기（韓）　(2)*kıəg（上古）　kıei（中古→呉コ・漢キ）　jī（中）　기（韓）

語源　[コアイメージ] きちんと区切る。[実現される意味] 一定の区切られた時間（取り決めた日時）ⓐ。[英]a stipulated time

〔解説〕古典では「期は会なり」とあり、会う約束をする意味に取っているが、期日の期と期待の期はどんな関係にあるのか。それらを統括する深層構造は何か。これを解き明かしたのは藤堂明保である。氏は其が「四角い」という基本義をもつとし、期の成立には二つの発想があるという。それは「春―夏―秋―冬が一巡する一年に該当する意味と、朔―上弦―満月―下弦を一巡する一月に該当する意味」で、「要するに四つのポストが正確にあい応じて、均衡のとれた大系をなしており、台や机の四脚と酷似している」と述べる（藤堂①）。「きちんと区切る」がコアイメージなので、きちんと時間を決める、決めた通りになる（そうなるように予定する）という意味が生まれる。英語のdateは日付・期日の意から、日付を入れる→デートをするという意味に展開する。これは漢語の期と同じ。

字源　「其キ（音・イメージ記号）＋月（限定符号）」を合わせた字。「其」は「四角い」というイメージがあり、「四角にきちんと区切る」というイメージに展開する（⇩其）。「期」は月が上弦→満月→下弦→新月という四つのポイントを経て一巡する様子を暗示させる。この意匠によって、いつからいつまでと区切られた一定の時間を表象する。

語義　[展開] 一定の区切られた時間の意味ⓐ。きちんと時間を区切ることから、日時をきちんと定める（約束する）意味ⓑ、きっとそうなると当てにする意味ⓒに展開する（以上は1の場合）。また、朞キと同じに用いる。朞は春分→夏至→秋分→冬至と四つのポイントを経て一巡すること、すなわち一年の意味ⓓ（2の場合）。[英]a stipulated time; fix a date, date; expect; year　[熟語]ⓐ期間・期日・ⓑ期会・ⓒ期待・予期・ⓓ期月・期年

文献　ⓐ詩経・君子于役「不知其期＝其の期を知らず（[帰りの]日時がわからない）」ⓑ詩経・桑中「期我乎桑中＝我を桑中に期す（私と桑畑でデートする）」ⓒ孟子・告子上「至於味、天下期於易牙＝味に至りては、天下易牙に期す（味に関しては、世界中の人が易牙[料理人の名]に[旨い料理を]期待する）」ⓓ論語・陽貨「三年之喪、期已久矣＝三年の喪、期すら已に久し（三年の喪[父母の喪]について言えば、一年でも長すぎる）」

【棋】

12（木・8）　常　｜常用音訓　キ

語音　*gıəg（上古）　gıei（中古→呉ゴ・漢キ）　qí（中）　기（韓）

語源　[コアイメージ] 四角い台。[実現される意味] 碁盤ⓐ。[英]Go board

字源　「其キ（音・イメージ記号）＋木（限定符号）」を合わせた字。「其」は「四角い台」のイメージがある（⇩碁）。「棋」は碁というゲームを行う四角い盤を表す。

〔字体〕「棊」は「棋」の異体字。「碁」も異体字だが、日本では棋と碁を使い分ける。

語義　[展開] 碁盤の意味ⓐ。古代では囲碁のことを弈エキといい、碁盤を棋といったが、ゲームとしての碁の意味ⓑもカバーするようになった。また、碁石の意味ⓒ。日本では将棋の意味ⓓ、中国では象棋の意味ⓔにも用いる。[英]Go board; Go game; Go stone; shogi; Japanese chess; xiang-qi, Chinese chess　[熟語]ⓑ棋士・琴棋・ⓒ棋子・棋布・ⓓ将棋・象棋

文献 ⓒ春秋左氏伝・襄公25「弈者擧棋不定、不勝其耦＝弈なる者は、棋を挙げて定まらざれば、其の耦[＝偶]に勝たず（碁というものは、碁石をどこに打つかをしっかり決めなければ、相手に勝てないものだ）」

【稀】12(禾・7)　人　|　音キ・ケ　訓まれ

語音 *hıər(上古)　hıəi(中古→呉ケ・漢キ)　xī(中)　희(韓)

語源 [コアイメージ] 小さい・少ない。[実現される意味] 稠密ではなく小さな隙間があいている（まばら）ⓐ。[英]sparse

字源 「希（キ）（音・イメージ記号）＋禾（限定符号）」を合わせた字。「希」は「小さい」「少ない」というイメージがある（⇨希）。「稀」は稲が小さな隙間があってまばらに生えている情景を暗示させる。

語義 [展開]「小さい・少ない」というコアイメージから、まばらの意味ⓐ、数が少ない、めったにない（まれ）の意味ⓑに展開する。[英]sparse; rare　[熟語] ⓐ稀釈・稀薄・ⓑ稀有（ケウ）・古稀

文献 ⓐ曹操・短歌行「月明星稀＝月明らかに星稀なり（月は明るく、星はまばら）」（漢魏六朝百三家集23）ⓑ張衡・思玄賦「仙夫稀＝仙夫稀なり（仙人はめったにいない）」（文選29）

【葵】12(艸・9)　人　|　音キ　訓あおい

語音 *giuər(上古)　giui(中古→呉ギ・漢キ)　kuí(中)　규(韓)

語源 [コアイメージ] ぐるぐる回る。[実現される意味] フユアオイⓐ。[英]curled mallow

〔解説〕太陽の方向に向く植物と言えば、現代ではヒマワリであるが、北米原産のヒマワリが中国に伝わったのは明代である。古代で太陽を向くとされた植物はフユアオイである。早くも詩経に登場する。詩経では単に風物の一つに過ぎないが、それ以後は象徴性を帯びるようになった。藤堂明保によれば、癸のグループは回・懐・帰・鬼・貴・君・軍・血・骨・昆・胃・囲などと同源で、「丸い・めぐる・とり巻く」という基本義をもつとする。葵は太陽に向かって回転する特徴から命名された語であるという（藤堂①）。

〔グループ〕葵・癸（キ）（十干で、一巡する最後の順位、第十位、みずのと）・揆（キ）（始めから終わりまで見積もって計る[揆度（キタク）]。また、計る規準[一揆]）・睽（ケイ）（一巡する場合、↑の方向に出発すると、途中で↓の方向に向きを変えて戻るので、食い違う・そむく意味[睽離]）・闋（ケツ）（音楽の一巡り、一曲を終えること[数闋]）

字源 「癸（キ）（音・イメージ記号）＋艸（限定符号）」を合わせた字。「癸」は四方に刃の出た鉄菱に似た武器を描いた図形。戣（キ）（四方に刃の張り出た鉾）の原字。その形態から、あるいは、回転させて用いる用途から、「ぐるぐる回る」というイメージを示す記号になる。「葵」は葉が太陽の方に回って向きを変える草、フユアオイを暗示させる。

(甲)　(金)　(篆)　[癸]　(篆)

語義 アオイ科の草、フユアオイが原義ⓐ。また、アオイの総称とされる。

文献 ⓐ詩経・七月「七月亨葵及菽＝七月、葵及び菽を亨（に）[＝烹]る（七月にフユアオイとダイズを煮る）」

【貴】12(貝・5)　常　|　常用音訓キ　たっとい・とうとい・たっとぶ・とうとぶ

語音 *kuəd(上古)　kuəi(中古→呉・漢クヰ〈＝キ〉)　guì(中)　귀(韓)

語源 [コアイメージ] ㋐中身がいっぱい満ちる・㋑大きく目立つ。[実現される意味] 物の価値が高いⓐ。[英]precious, valuable

〔解説〕漢語に特徴的なイメージ転化現象の一つとして、谷（くぼみ、空っぽ）→欲（くぼみを満たす）のように、相反のイメージが互いに結びついている場合がある。「満ちる」の前提には「空っぽ」があると言ってもよい。物の価値が高いことは、いっぱい物が満ちている状態で捉えられ、

その前提に空っぽな状態が想定される。空っぽ→満ちる→大きく目立つ→値打ちがあるというイメージ転化を経て貴が造形された。藤堂明保は貴は鬼・塊・魁・偉などと同源で、「ひときわ目立って大きい財貨を表した」という（藤堂①）。日本語の「とうとい（たふとし）」はタ（接頭語）＋フトシ（壮大の意）で、「自然現象を壮んで立派であるとし、人の身分を高く価値ありと畏敬する心持ちを表す。後に転じて、有り難いと思う意」という（大野①）。これは漢語の貴のⓒにほぼ相当する。

〔グループ〕貴・遺・潰・匱キ（内身が空っぽ→とぼしい［匱乏］）・櫃キ（中が空っぽな物入れ→ひつ）・簣キ（＝蕢。土を詰め込んで運ぶ道具、あじか［一簣］）・饋キ（物を贈って空っぽな懐を満たす）・繢カイ（目立つ模様を施す→絵を描く）

[字源]「臾キ（音・イメージ記号）＋貝（限定符号）」を合わせた字。「臾」は蕢キ（あじか、もっこ）の古文である「臾キ」と同じ。これは土や物を入れて運ぶ道具である。この道具の用途から、「空っぽな囲いの中に物を詰める」というイメージのほかに、それを裏返した「物が囲いから出て空っぽになる」という二つのイメージがある（⇩遺・遺）。「貴」は前者のイメージを用い、財貨が袋や財布などにいっぱい詰まり、丸く膨れて目立つという状況を設定した図形。この意匠によって、物の価値が高いことを表象する。

（古）［臾］　（篆）

[語義]［展開］物の値打ちが高い意味ⓐから、物価が高い意味ⓑ、身分が高い意味ⓒ、値打ちのあるものとして大事にする（たっとぶ）意味ⓓ、大切である、大事な、また、大事なものの意味ⓔ、相手を敬う語ⓕに展開する。［和訓］たかい［英］precious, valuable; expensive; noble; value; important; hornorific ［熟語］ⓐ貴石・珍貴・ⓑ騰貴・ⓒ高貴・富貴・ⓓ貴重・ⓕ貴下・貴社

[文献]ⓑ韓非子・難二「踴貴而屨賤＝踴（ヨウ）は貴（たか）くして屨（くつ）は賤（やす）し（「刑罰が厳しいため」足切り者用の靴は高く、一般の靴は安い）」ⓒ論語・述而「不義而富且貴、於我如浮雲＝不義にして富み且つ貴きは、我に於いて浮雲の如し（不正なことをして金持ちになり身分が高いのは、私にとっては浮雲のようにはかない）」ⓓ論語・泰伯「君子所貴乎道者三＝君子、道に貴ぶ所の者は三（君子が礼法で尊重することが三つある）」ⓔ孟子・尽心下「民為貴、社稷次之、君為輕＝民を貴しと為し、社稷之に次ぎ、君を軽しと為す（民が一番大切、国家はその次、君主は軽いのであります）」

【暉】13（日・9）　[人]　[音]キ　[訓]ひかり・かがやく

[語音] *huər（上古）　huər（中古→[呉]・[漢]クヰ〈＝キ〉）　hui（中）　휘（韓）

[語源]［コアイメージ］丸くめぐる。［実現される意味］四方に広がる光ⓐ。［英］emitting light

[字源]「軍グン（音・イメージ記号）＋日（限定符号）」を合わせた字。「軍」は「丸くめぐる」というイメージがある（⇩軍）。「暉」は日の光が丸く広がっていく様子を暗示させる。

[語義]［展開］四方に広がる光の意味ⓐから、光が広がり輝く、明るく輝かす意味ⓑに展開する。［英］emitting light; brighten, shine ［熟語］ⓐ光暉・春暉

[文献]ⓐ易経・未済「君子之光、其暉吉也＝君子の光、其の暉（ひかり）吉なり（「君子の光」というのは、君子の輝かしい光が吉だということだ）」ⓑ荘子・天下「不暉於數度＝数度を暉かさず（術数・制度を華々しく輝かすことがなかった）」

【棄】13（木・9）　[常]　[常用音訓]キ

[語音] *k'ied（上古）　k'ii（中古→[呉]・[漢]キ）　qi（中）　기（韓）

[語源]［コアイメージ］無用のものとして扱う。［実現される意味］無用のものとして打ちすてる（すて置く）ⓐ。［英］throw away, abandon

〔解説〕従来棄の語源を説いた人はいない。古典に「棄は捐ヱ(すてる)なり」「棄は去(しりぞける)なり」などとあるが、意味を述べただけ。釈名・釈喪制では「(遺体を)埋むるを得ざるを棄と曰ふ。之を野に棄つるを謂ふなり」と説明している。ごみのように無用、無駄なものとして扱うというイメージのあることばである。詩経・生民篇に周の始祖が生まれたときに捨てられる神話が出ている。この始祖は棄と名づけられた。*k'iedという語の図形化は捨て子の場面から発想された。日本語の「すてる(すつ)」は「持っているものを、無用として、ほうり出す」の意味から「顧みない」「葬る」の意味に展開するという(大野①)。これは漢語の棄に近い。漢語の捨は手を緩めて物を放るという動作に焦点のある語で、棄とはイメージが違う。常用漢字表で棄にも「すてる」の訓を採るべきである。

[字源]「𠫓(イメージ記号)+箕に似た箱の形(イメージ補助記号)+廾(限定符号)」を合わせた字。「𠫓」は「子」の逆さ文字で、頭を下にして生まれ出る子。したがって「棄」は生まれたばかりの赤ちゃんを箱に入れて捨てる場面を設定した図形。古文は「𠫓+廾」を合わせた形。これらの意匠によって、無用のものとして打ちすてることを表象する。

(甲) (古) (籀) (篆)

〔字体〕「弃」は異体字。現代中国の簡体字はこれを用いている。

[語義][展開]すてる意味ⓐから、昔の刑罰の一つで、死体を打ちすてる(さらす)意味ⓑに転用される。[英]throw away, abandon, discard; expose to public display [和訓]すてる [熟語]ⓐ遺棄・放棄

[文献]ⓐ詩経・陟岵「猶來無棄＝猶来りて棄つること無かれ(自分を投げやりにせず、帰ってきておくれ)」ⓑ史記・秦始皇本紀「有敢偶語詩書、棄市＝敢へて詩書を偶語するもの有らば、棄市す(二人が会って詩経・書経を語るものがいたら、屍体をさらす刑に処する)」

【毀】 13(殳・9) [常] [常用音訓]キ

[語音]*huar(上古) huě(中古→[呉]・[漢]クヰ〈＝キ〉) huī(中) 훼(韓)

[語源][コアイメージ]こわして形がなくなる。[実現される意味]形あるものをばらばらにしてこわすⓐ。[英]demolish, destroy,ruin, damage

〔解説〕釈名・釈天に「火は亦た毀を言ふなり。物、中に入れば皆毀壊するなり」とある。*huarという語は火・燬キ(焼きつくして物を消滅させる)と同源で、「形あるものを見えなくする」というイメージがある。藤堂明保は微・未・勿・没・火・民・昏など、「小さい・よく見えない・微妙な」という基本義をもつ単語家族に入れる(藤堂①)。和訓の「こぼつ」は「コホ(擬声語)ウツ(打つ)の約か。がたがたと打つのが原義」で、「音を立ててこわす」意味に展開するという(大野①)。漢語の毀はこれと少しイメージが違う。英語のdemolish(取り壊す)はラテン語のde-(反対)+moliri(建てる)、またdestroy(破壊する)はラテン語のde-(反対)+struere(積み重ねる)が語源という(下宮①)。いずれも「壊す」の前提である「建てる」から造語されたようである。漢語の毀は「(壊して)形をなくする」という結果に重点を置く語である。

[字源]「毇キの略体(音・イメージ記号)+土(限定符号)」を合わせた字。「毇」は「臼(うす)+米(こめ)+殳(動作の符号)」を合わせて、臼で米を搗いて精白する情景を設定した図形。ここに「細かくばらばらにする」というイメージがある。「毀」は土の塊をこなごなにしてこわす様子を暗示させる。この意匠によって、形あるものをぶちこわして形をなくすることを表象する。

(篆) [毇] (篆)

[語義][展開]物をこわして形をなくする意味ⓐから、穴が開いてこわれる(やぶれる)意味ⓑ、人の悪口を言って名誉を失わせる(そしる)意味ⓒ

を派生する。[英]demolish, destroy, ruin, damage; break; defame, slander
[和訓] こぼつ・やぶる・やぶれる・そしる [熟語] ⓐ毀壊・毀傷・ⓑ毀損・ⓒ毀誉褒貶
[文献] ⓐ詩経・鴟鴞「無毀我室＝我が室を毀(こぼ)つ無かれ（私の部屋をこわなさいで）」ⓑ荘子・人間世「以為器則速毀＝以て器を為(つく)れば則ち速やかに毀(やぶ)る（それ[役立たずの木]で器を作ると速くやぶれてしまう）」ⓒ論語・子張「叔孫武叔毀仲尼＝叔孫武叔、仲尼を毀(そし)る（叔孫武叔[人名]が孔子の悪口を言った）」

【旗】 14(方・10) [常] [常用音訓]キ はた

[語音] *gıəg(上古) gıei(中古→[呉]ゴ・ギ・[漢]キ) qí(中) 기(韓)
[語源] [コアイメージ] 四角い。[実現される意味] はたⓐ。[英]flag
〔解説〕釈名・釈兵では「旗は期なり。衆と下に期するを言ふ」と語源を説く。多くの人をその下に会わせるものが旗であるとする。これは用途説。しかし単純に形態的特徴を捉えた語とするのがよい。はたはたいてい四角い形に作られる。さまざまの「はた」（常・物・旂・旌・旆・旄などがある）の総称であり、それらの特徴を統括したのが旗である。
[字源] 「其(キ)（音・イメージ記号）＋㫃（限定符号）」を合わせた字。「其」は「四角い」というイメージがある（⇩其）。「旗」は布などを四角に切って作った「はた」を暗示させる。
[語義] [展開] はたの意味ⓐから、はた印、印とするもの（標識）の意味ⓑに展開する。[英]flag; banner, standard [熟語] ⓐ旗色・国旗・ⓑ旗幟(シキ)
[文献] ⓐ孫子・軍争「無邀正正之旗、勿撃堂堂之陣＝正正の旗を邀(むか)ふる無かれ、堂堂の陣[＝陣]を撃つ勿れ（整った旗[を立てた軍]を迎えてはならない。強大な陣[を構えた軍]を撃ってはならない）」ⓑ春秋左氏伝・閔公2「佩、衷之旗也＝佩(ハイ)は衷の旗なり（腰のおび物は衷心を示す標識である）」

【熙】 14(火・10) [人] [音]キ [訓]ひろい

[語音] *hıəg(上古) hıei(中古→[呉]・[漢]キ) xī(中) 희(韓)
[語源] [コアイメージ] ふっくらと（大きく）広がる。[実現される意味] 光が広がって明るいⓐ。[英]bright
[字源] 「熈」が本字。「巸(イ)（音・イメージ記号）＋火（限定符号）」を合わせた字。「𦣝」は二重顎の形で、「ふくよか」「ふっくらしている」というイメージがあり、「ふっくらと広がる」というイメージに展開する（⇩姫）。「巳」は胎児の形（⇩巳）。「𦣝(イ)（音・イメージ記号）＋巳（限定符号）」を合わせた「巸」は、胎児がふっくらと大きくなる様子を暗示させる。かくて「熈」は火の光が上がって丸く広がる様子を暗示させる。
〔字体〕「熈」は本字。「凞」「熙」はその異体字。「熙」は姫→姫などに倣った字体。なお𦣝は6画、𦣞は7画に数える。
[語義] [展開] 光が明るく広がる意味ⓐから、広く行き渡る、大きく広がる（ひろめる・ひろい）意味ⓑに展開する。また、光が明るいことを心理のメタファーとして、なごやかに楽しむ意味ⓒを派生する。[英]bright; spread; enjoy [和訓] ひろい・ひろめる・ひろまる [熟語] ⓐ光熙・ⓑ洪熙・ⓒ熙熙
[文献] ⓐ詩経・酌「時純熙矣＝時、純(おお)いに熙(キ)なり（暗い時世がとても明るくなった）」ⓑ書経・舜典「熙帝之載＝帝の載(こと)を熙(ひろ)む（帝王の事績を広める）」ⓒ老子・二十章「衆人熙熙、如享太牢＝衆人は熙熙として、太牢を享くるが如し（人はみんな楽しげにごちそうに就くかのよう）」

【箕】 14(竹・8) [人] [音]キ [訓]み

[語音] *kıəg(上古) kıei(中古→[呉]・[漢]キ) jī(中) 기(韓)
[語源] [コアイメージ] 四角い。[実現される意味] 穀物の殻やごみを篩い分ける四角い形の農具（み）。[英]winnowing basket

字源 箕の原字は其である(⇩其)。其が「その・それ」という指示の助詞に使われたので、これと区別するため、「其キ(音・イメージ記号)+竹(限定符号)」を合わせた「箕」が作られた。

語義 [展開]「み」の意味ⓐから、両足を∩の形に伸ばして座る意味ⓑを派生する。また、箕の形をした星の名(みぼし)ⓒに用いられる。[英]winnowing basket; sit with one's legs stretched out; name of a star [熟語]ⓑ箕踞・箕坐

文献 ⓒ詩経・大東「維南有箕＝維(こ)れ南に箕キ有り(南の空にはみぼしあり)」

【綺】14(糸・8) 人 音キ 訓あや

語音 *k'iar(上古) k'iĕ(中古→呉・漢キ) qǐ(中) 기(韓)

語源 [コアイメージ] 斜め。[実現される意味] 柄模様を織りなした絹織物(あやぎぬ)ⓐ。[英]patterned silk

[解説] 釈名・釈采帛に「綺は攲キ(斜め)なり。其の文は攲邪(斜め)にして、経緯の縦横に順はざるなり(縦糸と横糸の順序通りではなく斜めに模様をつける)」と語源を説く。

字源 「奇キ(音・イメージ記号)+糸(限定符号)」を合わせた字。「奇」は「斜めに傾く」というイメージがある(⇩奇)。「綺」は糸を縦横(十の形)に織る過程で、斜め(／や∠の形)に柄模様を入れる様子を暗示させる。

語義 [展開] あやぎぬの意味ⓐから、あやがあって美しい意味ⓑ、巧みに織りなす意味ⓒに展開する。[英]patterned silk; beautiful, gorgeous; highly embellish [熟語]ⓐ綺羅・ⓑ綺語・綺麗・ⓒ綺譚・綺談

文献 ⓐ戦国策・斉四「曳綺縠＝綺縠キコクを曳く([宮女らは]あやぎぬとちりめんの衣を着て裾を地面にひきずっている)」

【器】15(口・12) 常 常用音訓 キ うつわ

〔器〕16(口・13) 人 音キ 訓うつわ

語音 *k'ied(上古) k'ii(中古→呉・漢キ) qì(中) 기(韓)

語源 [コアイメージ] 中空。[実現される意味] 入れ物(うつわ)ⓐ。[英]vessel

[解説] 唐の陸徳明は「器は気なり」という(経典釈文)。兪樾も器と気は音が近く意味が通ずるという(諸子平議)。気は「いっぱい満ちる」というイメージがある。入れ物の用途は満たすことにあるが、その前提をなすのは空っぽなことである。匱キ(はこ)や櫃キ(ひつ)を構成する貴には「満ちる」と「空っぽ」の相反イメージがある。器はこれらとも同源の語と言える。日本語の「うつわ(うつは)」はウツハモノの略。ウツハはウツホ(空っぽの意)の転という(大言海の説)。期せずして漢語の器と日本語の「うつわ」は発想の似た語である。

字源 「器」が正字。「㗊(イメージ記号)+犬(イメージ補助記号)」を合わせた字。「㗊」は「口」を四つ合わせて、中空になった多くの入れ物を暗示させる。「犬」は古代に食用(または犠牲用)にされたので、添えられた符号である。「器」はさまざまな物を入れる中空の「うつわ」を暗示させる。字源については、全体が入れ物の象形とする説、喪器とする説などがある。

(金) (篆)

[字体] 「器」は近世中国で発生した「器」の俗字。現代中国では正字を用いる。

語義 [展開] うつわの意味ⓐ。また、うつわは中に物を入れることによって役立てるので、いろいろな用途に使われる道具の意味ⓑ、一定の形と働きのあるもの(器官)の意味ⓒ、形(肉体)の中に入っている度量や才能の意味ⓓに展開する。[英]vessel, container; instrument, utensil;

organ; capacity, talent [熟語] ⓐ食器・容器・ⓑ器具・楽器・ⓒ器官・臓器・ⓓ器量・大器

文献 ⓐ老子・十一章「當其無、有器之用＝其の無に当たりて、器の用有り(何もない[中空]という点にこそ器の働きがある)」ⓑ論語・為政「君子不器＝君子は器(キ)ならず(君子はある方面に役立つような器ではない)」ⓓ論語・八佾「管仲之器小哉＝管仲の器は小なる哉(管仲[人名]の器量は小さいね)」

【嬉】 15(女・12) 人 音キ 訓うれしい

語音 *hıəg(上古) hei(中古→呉・漢キ) xī(中) 희(韓)

語源 [コアイメージ] にぎやかに声をたてる。[実現される意味] ふざけあって楽しむⓐ。[英]amuse oneself, have fun

〔解説〕陽気にはしゃいでよろこぶという感情を表す喜から派生した語で、にぎやかにふざけあって楽しむことを嬉という。和訓の「うれしい(うれし)」はウラ(心)＋イシ(良)で、「晴れ晴れと、いい気持ちだ」の意という(大野①)。漢語の嬉とは使い方(意味)が異なる。しかし喜には「うれしい」という瞬間的に感じる感情も含まれているので、嬉にもこのイメージがダブることがある。

字源 「喜(キ)(音・イメージ記号)＋女(限定符号)」を合わせた字。「喜」は「にぎやかに声をたてる」というイメージがある(⇩喜)。「嬉」は女性がにぎやかに声をたて、はしゃいで楽しむ様子を暗示させる。

語義 [展開] ふざけあって楽しむ意味ⓐから、にぎやかに笑いさざめく様子の意味ⓑに展開する。日本では「うれしい」ⓒに当てる。[英] amuse oneself, have fun; laugh merrily; happy, glad [熟語] ⓐ嬉戯・嬉遊・ⓑ嬉嬉(＝喜喜・嘻嘻)

文献 ⓐ史記・孔子世家「嬉戲常陳俎豆＝嬉戲して常に俎豆を陳(つら)ぬ([孔子は幼い頃]いつも祭りの道具を並べて遊んだ)」

【槻】 15(木・11) 人 音キ 訓つき

語音 kiuĕ(中古→呉・漢キ) guī(中) 규(韓)

語源 [コアイメージ] ∧形をなす。[実現される意味] トネリコⓐ。[英]ash

字源 「規(キ)(音・イメージ記号)＋木(限定符号)」を合わせた字。「規」はコンパスの意味で、「∧形をなす」というイメージがある(⇩規)。「槻」は二本の花柱がコンパスのように∧の形に反り返って裂ける特徴をもつ木、トネリコを表す。六朝時代の文献に初出。日本ではケヤキとする。ケヤキは樹冠が扇状をなすので、槻は「規(半円形)」に木偏をつけた半国字の可能性がある。

語義 [展開] モクセイ科の落葉高木、トネリコが原義ⓐ。樊槻(ハンキ)。別名は梣(シ)・白蠟樹。生薬名は秦皮。日本では「つき」(ケヤキの古名)ⓑに当てる。[英]ash; Japanese zelkova

【毅】 15(殳・11) 人 音キ 訓つよい

語音 *ŋıər(上古) ŋıəi(中古→呉ゲ・漢ギ・[慣]キ) yì(中) 의(韓)

語源 [コアイメージ] 強く押し出す。[実現される意味] 態度や意志が強くて物事に屈しないⓐ。[英]resolute

字源 「豙(ギ)(音・イメージ記号)＋殳(限定符号)」を合わせた字。「豙」は「辛(先の尖った刃物)＋豕(イノシシ)」を合わせて、イノシシが毛を逆立てる様子を設定した図形。「強く押し出す」というイメージを表すことができる。「毅」は決然と押し出して後ろにひかない様子を暗示させる。

(篆) [豙]　(篆)

語義 [展開] 意志が強い意味ⓐから、厳しい・ひどい意味ⓑを派生する。[英]resolute; severe [熟語] ⓐ毅然・剛毅

[文献] ⓐ論語・子路「剛毅木訥近仁＝剛毅・木訥は仁に近し（心が強く、果敢に押し出し、素朴で寡黙なことは、仁の徳に近い）」ⓑ韓非子・内儲説上「棄灰之罪輕、斷手之罰重、古人何太毅也＝灰を棄つるの罪軽し、手を断つの罰重し、古人何ぞ太はなはだ毅きびしきや（灰を捨てる罪は軽いのに、手を断ち切る罰は重すぎる。昔の人のやり方は何てひどいことだろう）」

【畿】15（田・10）　[常]　[常用音訓] キ

[語音] *gɪər（上古） gɪəi（中古→[呉]ゲ・キ[漢]） ji（中） 기（韓）

[語源] [コアイメージ] 近い。[実現される意味] 都に近い土地（天子の直轄地）ⓐ。[英]royal domain

[字源] 「幾キ（音・イメージ記号）＋田（限定符号）」を合わせた字。「幾」は「近い」というイメージがある（⇩幾）。「畿」は国都に近い土地を表す。

[語義] [展開] 都に近い土地の意味ⓐ。また、家を都に見立てて、家に入る周辺の場所（門の内）の意味ⓑを派生する。日本では、京都の周辺の地域の意味ⓒに用いる。[英]royal domain; place inside the door; vicinity of Kyoto [熟語] ⓐ王畿・ⓒ畿内・近畿

[文献] ⓐ詩経・玄鳥「邦畿千里（王都に近い土地［天子の直轄地］は千里の広さ）」ⓑ詩経・谷風「薄送我畿＝薄いささか我を畿に送れ（私を門口まで見送って）」

【輝】15（車・8）　[常]　[常用音訓] キ　かがやく

[語音] *hɪuər（上古） hɪuəi（中古→[呉]クヱ〈＝ケ〉・[漢]クヰ〈＝キ〉） hui（中） 휘（韓）

[語源] [コアイメージ] 丸く取り巻く。[実現される意味] 光が四方にきらきらと発する（かがやく）ⓐ。[英]shine, brighten

[字源] 「軍グン（音・イメージ記号）＋光（限定符号）」を合わせた字。「軍」は「周囲を丸く取り巻く」というイメージがある（⇩軍）。「輝」は火の回りを丸い輪をなして光が四方に発散する情景を暗示させる。

[語義] [展開] 光が輝く意味ⓐから、比喩的に、名誉などがはなばなしい意味ⓑに展開する。[英]shine, brighten; splendid, glorious [熟語] ⓐ輝石・輝度・ⓑ光輝

[文献] ⓐ易経・大畜「輝光日新＝輝光、日に新たなり（［自然界の物象は］輝きが日に日に新たになる）」ⓑ史記・賈生列伝「覽德輝而下之＝徳輝を覧みて之に下る（［君主の］徳が輝くのを見て、［鳳凰は］彼のもとに下ってくる）」

【機】16（木・12）　[常]　[常用音訓] キ　はた

[語音] *kɪər（上古） kɪəi（中古→[呉]ケ・[漢]キ） ji（中） 기（韓）

[語源] [コアイメージ] 小さい・わずか・細かい。[実現される意味] 弩ド（いしゆみ）を発射する装置。また、布を織る装置。[英]device for crossbow; loom

〔解説〕古代に仕掛けのある道具が発明され、仕掛けの簡単なもの、例えば水汲みの道具などは械と言ったが、より複雑で動力を要するものは機と言った。特に弩（いしゆみ）を発射する装置、織物を織る装置などはこれである。*kɪərという語は幾・近・希などと同源で、「小さい」「わずか」「細かい」「かすか」「近い」というコアイメージをもつ。小さい部品どうしを近づけて、細々とした仕掛けを作り、互いに連係させることによって、わずかな力で動かせるようにした装置を*kɪərといい、機という図形で再現させた。

[字源] 「幾キ（音・イメージ記号）＋木（限定符号）」を合わせた字。「幾」は「わずかな距離まで近づく」「小さい」「わずか」というイメージがあり、「細かい」というイメージにもなる（⇩幾）。「機」は細かい仕組みで動く装置を暗示させる。

[語義] [展開] 弩（いしゆみ）を発射する装置の意味ⓐ、また、織物を織

る装置(はた)の意味ⓑが原義。ここから、細かい部品のかみ合う仕掛け(からくり)の意味ⓒ、複雑な仕組みや巧みな働きの意味ⓓ、つなぎ目の大切なポイントの意味ⓔ、何かに触れ合うきっかけ(チャンス)の意味ⓕ、細かい心の働きの意味ⓖに展開する。また、「わずか」「かすか」というコアイメージから、表面に見えないきざしの意味ⓗ、表向きにはわからないことの意味ⓘの意味を派生する。ⓒから特に飛行機の意味ⓙに用いる。[英]device for crossbow; loom; mechanism, machine; divice, function; crucial point; chance, opportunity; wit; secret; plane 【熟語】ⓐ機軸・ⓑ織機・断機・ⓒ機械・機関・ⓓ機構・機能・ⓔ枢機・万機・ⓕ機会・危機・ⓖ機知・機敏・ⓗ機運・機微・ⓘ機事・機密・ⓙ機長・敵機

文献 ⓐ墨子・公孟「譬若機之将發也＝譬へば機の将に発せんとするが若(ごと)きなり(喩えて言えば石弓の装置から石弓が発せられるようなものだ)」ⓒ戦国策・宋「公輸般爲楚設機＝公輸般、楚の為に機を設く(公輸般[人名]は楚のために城攻めの機械を造った)」ⓓ孟子・尽心上「爲機變之巧者、無所用恥焉＝機変の巧を為す者は、用(もっ)て恥づる所無し(巧みな偽りをする人は羞恥心がない)」ⓔ韓非子・八説「任人以事、存亡治亂之機也＝人に任ずるに事を以てするは、存亡治乱の機なり(人に仕事を任せることは、生存するか滅亡するか、治まるか乱れるかの要である)」ⓕ史記・項羽本紀「因其機而遂取之＝其の機に因りて遂に之を取る(そのチャンスに乗じてついに手に入れた)」

【窺】16(穴・11) 人 音キ 訓うかがう

語音 *k'iueg(上古) k'iuĕ(中古→呉・漢キ) kuī(中) 규(韓)

語源 [コアイメージ] 丸い隙間を開ける。[実現される意味] ひそかに様子をうかがい見るⓐ。[英]peep, peek

〈解説〉和訓の「うかがう(うかがふ)」は「他人に知られないように周囲に心を配りながら、相手の真意や、事の真相をつかもうとする意」が原義で、すきを狙う、様子を探るなどに展開する(大野①)。これは漢語の窺・伺とほぼ同じ。しかし「貴人などの指図や言葉を頂く」や「問う・たずねる」の意味は漢語の窺・伺にない。伺には貴人のご機嫌を問うという意味があるので、強いて区別するならば、前者(様子をうかがう)には「窺う」と「伺う」、後者の場合(ご機嫌をうかがう)は「伺う」の表記になる。

字源 「規(キ)(音・イメージ記号)＋穴(限定符号)」を合わせた字。「規」は円形に区切ることから、「丸い隙間を開ける」というイメージを示す(⇩規)。「窺」は丸い穴を開けて、その隙間からのぞく様子を暗示させる。

語義 様子をうかがう意味ⓐ。【熟語】ⓐ窺伺・管窺

文献 ⓐ孫子・虚実「無形則深間不能窺＝形無ければ則ち深間も窺ふ能はず([我が軍が]形を無くすれば、深く潜入した間者も内情をうかがうことはできない)」

【徽】17(彳・14) 人 音キ 訓しるし

語音 *m̥ɪuər(上古) hɪuəi(中古→呉クヱ〈＝ケ〉・漢クヰ〈＝キ〉) huī(中) 휘(韓)

語源 [コアイメージ] か細い・小さい。[実現される意味] 旗印ⓐ。[英]banner

字源 「微(ビ)の略体(音・イメージ記号)＋糸(限定符号)」を合わせた字。「微」は「細くかすかで見えにくい」というイメージから、「か細い」「小さい」というイメージに展開する(⇩微)。「徽」は細く小さいあや・模様を織りなした旗印を表す。

語義 [展開] 旗印の意味ⓐから、目印、標識の意味ⓑに展開する。また、「か細い」「小さい」というコアイメージから、微妙で美しい、何とも言えずすばらしいという意味ⓒを派生する。[英]banner; badge, emblem, insignia; fine, good 【熟語】ⓐ徽幟(シキ)・ⓑ徽号・徽章・ⓒ徽音(キイン)

【文献】ⓒ詩経・角弓「君子有徽猷＝君子、徽猷（キユウ）有り（君子は良い計画をもっている）」

【磯】17（石・12）　人　｜音キ　訓いそ

【語音】*kıər（上古）　kıəi（中古→呉ケ・漢キ）　jī（中）　기（韓）

【語源】［コアイメージ］わずかな距離にまで近づく。［実現される意味］川の水が激しく石にぶつかるⓐ。［英］water pound against rocks

【字源】「幾（キ）（音・イメージ記号）＋石（限定符号）」を合わせた字。「幾」は「わずかな距離にまで近づく」というイメージがある（⇩幾）。「磯」は水が水際の石にぶつかる様子を暗示させる。

【語義】［展開］水が石にぶつかる意味ⓐから、水面に石が露出した岩場の意味ⓑ、また比喩的に、感情が激する意味ⓒに展開する。日本ではⓑから類推して、「いそ」（岩の多い海岸）ⓓに当てる。［英］water pound against rocks; rock projecting over the water; excite; rocky shore

【文献】ⓒ孟子・尽心下「親之過小而怨、是不可磯也＝親の過ち小にして怨むは、是れ磯（キ）すべからざるなり（親の過失が小さいのに怨む人がいるが、こんな場合、感情を激しくしてはいけないことだ）」

【騎】18（馬・8）　常　｜常用音訓　キ

【語音】*giar（上古）　giĕ（中古→呉ギ・漢キ）　qí（中）　기（韓）

【語源】［コアイメージ］∧形を呈する。［実現される意味］馬にまたがって乗るⓐ。［英］ride

〔解説〕釈名・釈姿容に「騎は支なり。両脚枝別するなり」とある。両足が枝分かれする形で乗ることが騎である。奇にコアイメージの源泉がある。

【字源】「奇（キ）（音・イメージ記号）＋馬（限定符号）」を合わせた字。「奇」は「∠形や┏形に曲がる」というイメージがあり、「∧形を呈する」というイメージに展開する（⇩奇）。「騎」は足を∧形にして馬にまたがる様子を暗示させる。

【語義】［展開］馬に乗る意味ⓐから、乗用の馬の意味ⓑ、馬に乗った兵士の意味ⓒに展開する。［英］ride; horse; cavalry　［和訓］のる　［熟語］ⓐ騎虎・騎乗・ⓒ単騎・鉄騎

【文献】ⓐ韓非子・説難「龍之爲蟲也、柔可狎而騎也＝竜の虫為（た）るや、柔にして狎らして騎（の）るべきなり（竜の性質はおとなしいので、馴らして乗ることができる）」

【麒】19（鹿・8）　人　｜音キ

【語音】*gıəg（上古）　gıəi（中古→呉ゴ・ギ・漢キ）　qí（中）　기（韓）

【語源】［コアイメージ］四角い。［実現される意味］想像上の瑞獣の名（麒麟）ⓐ。［英］male kylin

〔解説〕もともと単音節語で麟と称したが、のち、雌雄のペアにするため二音節語の麒麟となった。麒が雄、麟が雌とされる。その形状は、体は麕（キバノロ）、尾は牛、足は馬に似、蹄は丸く、一本の角がある。角の端には肉があるため、他の動物を殺さず、生きた植物を踏まない。理想的な政治や環境が達成された時に出現するとされる。

【字源】「其（キ）（音・イメージ記号）＋鹿（限定符号）」を合わせた字。「其」は「四角い」というイメージがある（⇩其）。「麒」は体に四角い模様（格子縞）のある鹿に似た動物を表した。

【語義】［展開］空想上の瑞祥動物の名が原義ⓐ。また、明代にソマリア語giriの音写字に用いた。偶蹄目キリン科の哺乳類、ジラフの意味ⓑ。［英］male kylin; giraffe　［熟語］ⓐⓑ麒麟

【文献】ⓐ孟子・公孫丑上「麒麟之於走獸、鳳凰之於飛鳥…類也＝麒麟の走獣に於ける、鳳凰の飛鳥に於ける…類なり（麒麟と獣、鳳凰と鳥…これらはそれぞれ同じ類だ）」

【技】 7(手・4) 常 常用音訓 ギ わざ

語音 *gieg(上古) giě(中古→呉ギ・漢キ) jì(中) 기(韓)

語源 [コアイメージ] 細かく分かれる。[実現される意味] 細々と働く手わざ(上手に細工や仕事をするわざ)ⓐ。[英]skill, technique

〔解説〕 日本語の「わざ」は「こめられている神意をいうのが原義」で、深い意味のこめられた行為や行事、また神事の意味などに展開するという(大野①)。神意を演じてみせる人がワザヲキ(わざおぎ、芸人)で、それを演じる手段・方法もワザというようになったようである。漢語の技はどんな語源か。支にコアイメージの源泉がある。これは「細かく分かれる」というイメージである。詩経に、動物が足を細々と動かして速く駆ける様子を伎伎と表現する例がある。本体や一つのものから次々に細かく分かれる状態や事態を支といい、これから展開する語が植物なら枝、道なら岐、走る行為なら伎であり、伎から技が派生してくる。すなわち、ある目的のために手足を細々と巧みに働かせる行為が技である。

字源 「支ｼ(音・イメージ記号)+手(限定符号)」を合わせた字。「支」は「細かく枝分かれする」というイメージがある(⇩支)。「技」は手先を細かく働かせて上手にやってのける様子を暗示させる。この図形的意匠によって、いろいろなことを上手に行う「わざ」を表象する。

語義 [展開] わざの意味ⓐから、わざの巧みな人(工匠)の意味ⓑに展開する。[英]skill, technique; craftsman [熟語] ⓐ技巧・技能

文献 ⓐ荘子・養生主「三年技成=三年、技成る(三年かかって技術が完成した)」ⓑ荀子・富国「百技所成、所以養一人也=百技の成る所、一人を養ふ所以なり(もろもろの職人ができるのは、一人の人[君主]を養うためだ)」

【宜】 8(宀・5) 常 常用音訓 ギ

語音 *ŋiar(上古) ŋiě(中古→呉・漢ギ) yí(中) 의(韓)

語源 [コアイメージ] 形がきちんと整っている。[実現される意味] 形や程度、物のあり方がちょうどよい(あるべき姿としてふさわしい)ⓐ。[英]proper, suitable

〔解説〕 古典の注釈に「宜の言は義なり」(礼記正義)とある。王力は宜と義を同源とする(王力①)。藤堂明保は義のグループだけでなく、我のグループ、厂のグループ(岸・雁・彦など)、また言にまで範囲を拡大させ、「かどばっている」という基本義があるとする(藤堂①)。「かどばっている」とは┏の形や∧の形であり、これは「形がきちんと整っている」というイメージに展開する。圭などに同様のイメージ転化現象がある。事物の形・程度・在り方がちょうどよい(ふさわしい)ことを宜という。和訓の「よろしい(よろし)」はヨラシの転で、「その方へなびき寄り近づきたい気持ちがする意」が原義で、「適当である。ふさわしい。似合うさまである」の意味に展開するという(大野①)。展開義は漢語の宜とほぼ同じ。また、「むべ」はウベの転。ウベは「承知する意」から「もっとも」という副詞に使われる。漢語の宜も副詞にも形容詞にもなる。

〔グループ〕 宜・誼・萓ｷﾞ(宜男草、ワスレグサ)

字源 甲骨文字と金文では「且+多(肉が重なったさま)」、古文では「宀+多+一」、篆文では「宀+多の略体+一」であるが、隷書で「宀+且」の字体に変わった。「且」はだんだんと重なることを示す象徴的符号(⇩且)。「且(イメージ記号)+宀(限定符号)」を合わせた「宜」は、建物の中で供え物がだんだんと重ねて供えてある情景を設定した図形。この意匠によって、きちんと形が整っていて、ちょうど具合がよいことを表象する。字源については、廟の形、肉が俎上に在る形(商承祚、容庚、白川静など)、二人が同居する形などの諸説がある。

（甲）　（金）　（古）　（篆）

語義 ［展開］形や程度がちょうどよい意味ⓐから、ちょうどよい事柄・機会の意味ⓑに展開する。また、ちょうど具合がよいという意味から、何かをするのがちょうどふさわしい（ベターである）という意味（漢文で「よろしく～べし」と読む）ⓒ、もっともだ、当然であるという意味ⓓを派生する。［英］proper, suitable, appropriate; fitting thing, opportunity; should, ought to; just, natural ［和訓］よろしい・よい・むべ・うべ ［熟語］ⓐ適宜・便宜・ⓑ事宜・時宜

文献 ⓐ詩経・緇衣「緇衣之宜兮、敝予又改爲兮＝緇衣ィシの宜しき、敝やぶれなば予又改め為さん（黒い衣がよくお似合いですわ、破れたら私がお繕いしましょう）」ⓒ詩経・文王「宜鑑于殷＝宜しく殷に鑑みるべし（殷を鑑とするのがよい）」ⓓ論語・子張「夫子之云、不亦宜乎＝夫子の云ふこと、亦た宜むべならずや（あの方がおっしゃることはもっともだ）」

【祇】

9（示・4）　人　｜音ギ・キ

語音 (1)*gieg（上古）　giĕ（中古→呉ギ・漢キ）　qí（中）　기（韓）　(2)*tieg（上古）　tʃiĕ（中古→呉・漢シ）　zhī（中）　지（韓）

語源 ［コアイメージ］まっすぐ（指し示す）。［実現される意味］土地の神ⓐ。［英］earth spirit

字源 「示キ（音・イメージ記号）＋氏（限定符号）」を合わせた字。「示」は祭壇を描いた図形で、土地の神を表した。祭壇に神意がまっすぐに現れて示されることから、「示」は指し示す意味に用いられた。そのため土地の神には、氏族と関わりがあることを示す「氏」を添えて「祇」と書く。

語義 ［展開］土地の神が原義ⓐ（1の場合）。古典では祇シ（まさに、ただ）と混同して、「ただ」の意味ⓑでも使われる（2の場合）。［英］earth spirit; only ［和訓］くにつかみ ［熟語］ⓐ神祇・地祇

文献 ⓐ論語・述而「禱爾于上下神祇＝爾を上下神祇に禱る（お前を［病気が治るように］天の神と地の神に祈る）」ⓑ詩経・無将大車「無思百憂、祇自重兮＝百憂を思ふ無かれ、祇ただ自ら重なるのみ（もろもろの憂いを思うな、ただ憂いが重なってくるだけだ）」

【偽】

11（人・9）　常　｜常用音訓ギ　いつわる・にせ

〔僞〕14（人・12）　人　｜音ギ　訓いつわる・にせ

語音 *ŋuar（上古）　ŋuĕ（中古→呉・漢グヰ〈＝ギ〉）　wĕi（中）　위（韓）

語源 ［コアイメージ］作為を加える。［実現される意味］うわべだけ本物に見せかけて人を欺く（いつわる）ⓐ。［英］sham, fake, feign, pretend

〔解説〕為にコアイメージの源泉がある。これは「（自然物に）人工を加える」というイメージである。荀子・性悪篇の「人の性は悪なり。其の善なる者は偽なり」に対する唐の楊倞の注釈に、「偽は為なり、矯なり、其の本性なり。凡そ天性に非あらずして人之を作為する者、皆之を偽と謂ふ」とある。作為を加えることの極限状況では、本来のものは不自然になり、本物ではないことになる。為から偽への意味の展開は、古代の学者の思いつきではなく、言語学的（意味論的）に見ても納得できよう。日本語の「いつわる（いつはる）」はウツハルの転で、「然らぬことを然りとす、嘘を言ふ」の意味（大言海）。「にせ（似せ）」は「似るようにする。また、本物のように見せかける」意味（大野①）。本物に見せかければいつわることになる。漢語の偽は「にせ」と「いつわる」の意味を兼ねる。英語のsham, fake, feign, pretendはいずれも本物らしく見せかける、装うことで、語感としては漢語の偽や日本語の「にせ」に近い。

字源 「僞」が正字。「爲イ（音・イメージ記号）＋人（限定符号）」を合わせた字。「爲」は象を飼い馴らす場面を図にして、自然のものに手を加え

て人工的なものに変えることを暗示させる記号で、「人工（作為）を加える」というコアイメージがある（⇩為）。「僞」は本物（自然の物）に作為（人間のしわざ）を加えて、うわべだけ本物らしく見せかけることを表す。

【語義】［展開］うわべだけ本物に見せかけて人を欺く（いつわる）意味ⓐから、いつわり・うその意味ⓑに展開する。［英］sham, fake, feign, pretend; false, falsehood ［熟語］ⓐ偽称・偽装・ⓑ虚偽・真偽

【文献】ⓐ孟子・万章上「然則舜僞喜者與＝然らば則ち舜は偽りて喜ぶ者か（そうならば舜はだまして喜んだふりをしたのか）」ⓑ孟子・滕文公上「國中無僞＝国中偽り無し（国じゅうにうそ偽りはない）」

【欺】12（欠・8） 常 ｜ 常用音訓 ギ あざむく

【語音】*k'ɪəg（上古） k'ɪei（中古→呉コ・漢キ・［慣］ギ） qī（中） 기（韓）

【語源】［コアイメージ］四角い。［実現される意味］実体を隠して人をだます（うそをついてあざむく）ⓐ。［英］deceive

【解説】古代中国で方相氏という官があり、疫病神を退治する儀式を行った。彼がかぶる仮面を*k'ɪəgといい、倛または魌（＝䫏）と書く。方相は四角い姿の意味で、四角い仮面には四つの目玉があった。醜く恐ろしげな仮面をかぶって鬼神を退治させることから、実体を隠して人をだますという意味の言葉が生まれた。これも*k'ɪəgといい、其を利用して欺と書く。日本語の「あざむく」のアザはアザ（痣）・アザヤカ（鮮）のアザ（人の気持ちにかまわずどぎつく現れるものの意）と同根、ムクはフク（吹）の転で、「人の気持ちにかまわず自分の意のままに行動し、人を馬鹿にしあやつる意」という（大野①②）。漢語の欺とかなりイメージが違う。しかし展開義の「見くびって自分の思うままにする。だます」は欺に近くなる。

【字源】「其キ（音・イメージ記号）＋欠（限定符号）」を合わせた字。「其」は「四角い」というイメージがある（⇩其）。「欺」は四角い仮面をかぶって疫病を嚇して恐れさせるように、実体を隠して人をあざむく様子を暗示させる。

【語義】［展開］あざむく意味ⓐから、張り合ってへこませる（ひけをとらない、圧倒する）意味ⓑを派生する。［英］deceive, cheat; overpower ［熟語］ⓐ欺瞞・詐欺

【文献】ⓐ論語・憲問「子路問事君、子曰、勿欺也＝子路、君に事（つか）ふるを問ふ、子曰く、欺くこと勿（な）かれ（子路が君主に対する仕え方を問うと、先生は、欺かないことだと答えた）」

【義】13（羊・7） 常 ｜ 常用音訓 ギ

【語音】*ŋɪar（上古） ŋɪĕ（中古→呉・漢ギ） yì（中） 의（韓）

【語源】［コアイメージ］形がきちんと整っている。［実現される意味］形・性質などが良いⓐ。［英］righteous

【解説】「義は宜なり」は古典の通訓である。早くも韓非子に「義なる者は其の宜を謂ふなり」（解老篇）とある。朱子は理とからめて「義とは天理の宜とする所」と述べる（論語集注）。語源の説明であるよりは哲学上の定義づけになっている。漢の董仲舒は「義の言為（た）るは我なり」という（春秋繁露・仁義法篇）。これがぴったりの語源説だが、続いて「義は我に在り、之を義と謂ふ」と述べているのを見ると、語の深層構造ではなく表面的な捉え方であることがわかる。義の深層構造を解明したのは藤堂明保である。氏は義のグループを我のグループ、宜のグループ、厂のグループ（岸・雁・彦など）、および言と同じ単語家族に入れ、「かどばっている」という基本義があるとした（藤堂①）。我にコアイメージの源泉がある。「かどばっている」は┗形や┏形や∧形のような角のある形である。古代中国人（古典漢語の使用者）の美意識では、角のある形はきちんと整った形と意識されて、美のイメージと結びつくことが多い（⇩佳・廉）。藤堂は義を「かどめがたってかっこうのよいこと」「きちんとして

かっこうがよいと認めらるやり方」と解釈している(藤堂②)。

〔グループ〕義・儀・犠・議・艤ギ(船をきちんと装備する[艤装])・蟻ギ(きちんと形よく隊列を組む虫、アリ)・嶬ギ(山がぎざぎざして険しい)・礒ギ(石がぎざぎざしたさま)・鸃ギ(姿が整って美しい鳥、キンケイ[鵔鸃シュンギ])

字源 「我ガ(音・イメージ記号)＋羊(限定符号)」を合わせた字。「我」は刃がᐱᐱᐱ(ぎざぎざ)の形をした武器の図形で、「ᐱ形」のイメージがある(⇩我)。「羊」は形の美しい動物の代表とされ、比喩的な限定符号として用いられている。したがって「義」は羊のように物の形が美しく整っている様子を暗示させる。この意匠によって、形が良く、筋道がきちんと通っていること、正しい筋道を表象する。

(甲) (金) (篆)

語義 [展開] 形・性質などが良い意味ⓐ。また、正しい筋道が通っていることから、人としてなすべき正しい筋道の意味ⓑ、公共のために行うことの意味ⓒ、言葉の中に通っている正しい筋道(つまり意味)の意味ⓓに展開する。また、本来関係のないものに筋道をつけて名目上の関係を結ぶ意味ⓔ、実物の代わり(仮)の意味ⓕを派生する。[英]righteous; righteousness, justice; morality, public duty; meaning, sense; nominal; false [和訓]よい [熟語]ⓐ不義・ⓑ正義・大義・ⓒ義金・義塾・ⓓ意義・教義・ⓔ義兄・義父・ⓕ義歯・義手

文献 ⓐ詩経・蕩「不義従式＝不義に従ひ式のっとる(悪いやつらに従い倣う)」ⓑ論語・為政「見義不爲無勇也＝義を見て為さざるは勇無きなり(正義を見ながら実行しないのは勇気がないからだ)」ⓓ春秋穀梁伝・昭公4「春秋之義、用貴治賤、用賢治不肖、不以亂治亂也＝春秋の義は、貴を用もって賤を治め、賢を用て不肖を治む、乱を以て乱を治めざるなり(春秋[五経の一]の意味は、身分の高い者が低い者を治め、賢い者が愚かな者を治めることであって、乱でもって乱を治めることではない)」

【疑】 14(疋・9) 常 常用音訓 ギ うたがう

語音 *ŋɪəg(上古) ŋiei(中古→呉・漢ギ) yí(中) 의(韓)

語源 [コアイメージ] つかえて止まる。[実現される意味] じっと止まるⓐ。[英]stand still, stop

〔解説〕古典の注釈に「疑は止なり」「疑は由豫(＝猶予)して果ならざるなり」とあるように、「止まる」「ぐずぐずとためらう」というのが本義である。藤堂明保は疑のグループを矣イのグループ(埃など)、意のグループ、また医・抑などと同じ単語家族に収め、「つかえる」という基本義があるとする(藤堂①)。疑は「つかえて止まる」というのがコアイメージで、ああでもない、こうでもないと、ぐずぐずして決められず、何かに迷って思考を中断させる心理状態を表す用法が生まれた。日本語の「うたがう(うたがふ)」のウタはウタ(歌)・ウタタ(転)のウタと同根で、「自分の気持ちをまっすぐに表現する意」、それにカフ(交)がついて、「事態に対して自分の思う所をまげずにさしはさむ意」という(大野①)。漢語の疑とはかなりイメージが違う。その違いは不審な対象に対する態度表明の違いである。日本語の「うたがう」はずばりと対象に向き合って不審をぶつけるイメージだが、漢語の疑は不審な対象に対する判断が心中にとどまって決着がつかないイメージである。英語のdoubtはラテン語のdubitāre(ためらう)に由来し、「二つ(duo)のうちのどちらを選ぶか躊躇する」が原義という(下宮①)。躊躇から疑問の意味が展開するのは漢語の疑と同じである。

〔グループ〕疑・擬・凝・儗ギ(ためらう)・礙ガイ(つかえて止まる[障礙・無礙ゲ])。碍は礙の俗字[碍子])・嶷ギョク(山がじっとそそり立つさま)

字源 甲骨文字と金文は「𠤕ギ」。足を止めて後ろを振り返って見る人を描いた図形。篆文では「𠤕ギ(＝矣。音・イメージ記号)＋子(イメージ補助記号)＋止(限定符号)」を合わせた「疑」の字体に変わった。親が子を振

り返って足を止める情景を設定した図形。具体はすべて捨象して、「進行するものが何かにつかえてストップする」「つかえて止まる」というイメージをこの意匠によって表現する。

(甲) (金) (篆)

語義 **[展開]** 「つかえて止まる」というイメージから、じっと止まる意味ⓐ、ぐずぐずとためらう意味ⓑ、判断がつかず迷う意味ⓒ、不審な事態に対して是非を決めかねるさま(うたがう、うたがわしい、うたがい)の意味ⓓに展開する。[英]stand still, stop; hesitate; be irresolute; doubt, suspect, question, doubtful, suspicion **[熟語]** ⓐ止疑・ⓑ遅疑・狐疑逡巡・ⓒ懐疑・嫌疑・ⓓ疑問・疑惑

文献 ⓐ詩経・桑柔「靡所止疑＝止疑する所靡し(足を止める場所がない)」ⓑ書経・大禹謨「去邪勿疑＝邪を去ること疑する勿れ(邪悪を除くことにためらってはいけない)」ⓒ論語・顔淵「居之不疑＝之に居りて疑はず(その立場にありながら迷いもしない)」ⓓ論語・為政「多聞闕疑、慎言其餘、則寡尤＝多く聞きて疑はしきを闕き、慎みて其の余を言へば、則ち尤寡し(人から多くのことを聞いても、疑わしい点を省き、それ以外のことを慎重に述べれば、過ちは少ない)」

【儀】

15(人・13) 常 常用音訓 ギ

語音 *ŋıar(上古) ŋıĕ(中古→呉・漢ギ) yí(中) 의(韓)

語源 **[コアイメージ]** 形がきちんと整っている。**[実現される意味]** きちんと整った振る舞いや身形ⓐ。[英]proper demeanor

〔解説〕 詩経の注釈に「儀は義なり」(毛伝)、また、釈名・釈典芸に「儀は宜なり。其の宜を得るなり」とある。古くから儀・義・宜の同源意識があった。

字源 「義(音・イメージ記号)＋人(限定符号)」を合わせた字。「義」は「形がきちんと整っている」というイメージがある(⇩義)。「儀」は人の整った振る舞いを暗示させる。

語義 **[展開]** きちんと整った身形の意味ⓐから、きちんと整った形式・作法の意味ⓑ、手本としてのっとるもの(のり)の意味ⓒ、手本・模範とする(のっとる)意味ⓓ、測定の基準となるものの意味ⓔに展開する。事柄の意味ⓕは日本的用法。[英]proper demeanor; ceremony, rite; model; apparatus; thing, affair, matter **[和訓]** のり **[熟語]** ⓐ威儀・容儀・ⓑ儀式・礼儀・ⓒ儀軌・儀表・ⓓ儀刑・儀型・ⓔ地球儀・ⓕ公儀・難儀

文献 ⓐ詩経・相鼠「相鼠有皮、人而無儀＝鼠を相れば皮有り、人にして儀無し(ネズミを見ると皮があるが、[あの人は]人間なのに振る舞いがなっていない)」ⓑ詩経・猗嗟「儀既成兮＝儀は既に成る(儀式はすでに完成した)」ⓒ荀子・正論「上者下之儀也＝上なる者は下の儀なり(上に立つ者は下々の模範である)」ⓓ詩経・文王「儀刑文王＝文王を儀刑す([周の]文王を手本とする)」

【戯】

15(戈・11) 常 常用音訓 ギ たわむれる

〔戲〕 17(戈・13) 人 音ギ 訓たわむれる

語音 (1)*hıar(上古) hıĕ(中古→呉ケ・漢キ・[慣]ギ・ゲ) xì(中) 희(韓) (2)*hag(上古) ho(中古→呉ク・漢コ) hū(中) 호(韓)

語源 **[コアイメージ]** (1)にぎやかに楽しむ。(2)擬音語。**[実現される意味]** 力比べをする。[英]contend, compete

〔解説〕 詩経の用例(下記のⓑ)が古く、ふざけ合う意味であるが、ふざけ合う前提に試合やゲームのような娯楽があったらしい。国語(下記のⓐ)の注釈では「戯は角力なり」とあるから、格闘や武術などの試合が想定される。段玉裁は戯は兵器の名が本義で、これから武器を戦わしてふざ

けて遊ぶ意味が派生したという(説文解字注)。藤堂明保は1の場合も擬音語とする。呼・謼と同源の語で、「はあはあ」と声を立てて、おどけ笑う意味という(藤堂②)。日本語の「たわむれる(たはむる)」はタハブルの転で、「常軌を逸したことをする、ふざけた気持ちで人に応接する意」(大野①)で、遊び興じる、冗談を言うはその展開義。これは漢語の戯のⓑⓒに当たる。また戯れ言の「ざれる(ざる)」はサルの転で、「日光・風雨の当たるままに置かれて白けるのが原義」で、「あかぬけする」「たわむれる」の意味を派生する(大野①)。シャレ(洒落)の語源もここにある。

字源 「戲」が正字。「䖒キ(音・イメージ記号)+戈(限定符号)」を合わせた字。「䖒」は「虍(=虎。イメージ記号)+豆(限定符号)」を合わせて、虎の模様を描いた祭器。この意匠によって、神前における饗宴の場面を設定し、「(音楽や余興などをして)にぎやかに楽しむ」というイメージを作り出す。喜・熙などと同源の語。「戲」は武器を舞わしたり、力比べをしたりして、にぎやかに楽しむ様子を暗示させる。藤堂は䖒を単なる音符とするが(藤堂②)、レアな記号には特別なイメージを与えることが多いので、音・イメージ記号と見るのがよい。

(篆) [䖒]　(篆)

[字体] 「戯」は近世中国で発生した「戲」の俗字。現代中国の簡体字は「戏」。

語義 **[展開]** 力比べをするが原義ⓐ。「にぎやかに楽しむ」というイメージから、ふざけ合う、冗談を言う意味ⓑ、遊ぶ、遊びの意味ⓒ、歌舞・芝居の意味ⓓを派生する(以上は1の場合)。また、乎・呼と同じく、ハーと息を発する擬音語を表記し、感嘆詞ⓔに用いる(2の場合)。[英]contend, compete; joke; play; drama; oh **[和訓]** ざれる・たわける **[熟語]** ⓑ戯画・戯作・ⓒ児戯・遊戯・ⓓ戯曲・ⓔ於戯コオ(=嗚呼)

文献 ⓐ国語・晋「聞牛断有力、請與之戯=聞く、牛談力有りと。請ふ之と戯ギせん(牛談[人名]は力持ちと聞いています。どうか彼と力比べをさせてください)」ⓑ詩経・節南山「不敢戯談=敢へて戯談せず(冗談を言う勇気もない)」ⓒ史記・孔子世家「嬉戯常陳俎豆=嬉戯して常に俎豆を陳ツらぬ([孔子は幼い頃]いつも祭りの道具を並べて遊んだ)」

【誼】15(言・8)　人　|　音ギ　訓よい・よしみ

語音 *ŋiar(上古)　ŋiĕ(中古→呉・漢ギ)　yí(中)　의(韓)

語源 **[コアイメージ]** 形がきちんと整っている。**[実現される意味]** 正しい筋道・道理ⓐ。[英]right principle

字源 「宜ギ(音・イメージ記号)+言(限定符号)」を合わせた字。「宜」は「形がきちんと整っている」「きちんと筋目が通っている」というイメージがある(⇨宜)。「誼」は言語行為や人間関係において、きちんと筋目が通っている様子を暗示させる。

語義 **[展開]** 正しい筋道・道理の意味ⓐから、言葉の中に通っている正しい筋道(意味)の意味ⓑに展開する。また、きちんと維持する人間関係(親しい付き合い、よしみ)の意味ⓒを派生する。ⓐⓑは義と同義で、ⓒは新しい展開である。[英]right principle; meaning; friendship **[和訓]** よい・よしみ **[熟語]** ⓐ恩誼(=恩義)・ⓑ古誼(=古義)・ⓒ交誼・厚誼

文献 ⓐ漢書・地理志「君子有勇而亡誼、則爲亂=君子勇有りて誼亡ナければ、則ち乱を為す(君子に勇気はあるけれど正義がなければ、乱をしでかすだろう)」ⓒ漢書・哀帝紀「專爲後之誼=専ら後の誼と為す(専ら後々の付き合いとする)」

【擬】17(手・14)　常　|　常用音訓　ギ

語音 *ŋiag(上古)　ŋiei(中古→呉ゴ・漢ギ)　nǐ(中)　의(韓)

語源 [コアイメージ] つかえて止まる・ためらう。[実現される意味] それではないがそれに似た物や行いに当てはめる(それらしい振りをする、似せる、なぞらえる)ⓐ。[英]simulate, imitate

〔解説〕古典の注釈に「擬は疑なり。相似たるを言ふなり」(漢書の顔師古注)とある。AとBが似ていてどちらが本物かためらわせるということであるが、もっと具体的な動作を表す語である。漢書・李広伝に「剣を挙げて之に擬す」とあり、この擬は剣に手をかけて相手を斬ろうとする直前の動作になっている。A(相手に打ちかかる)という動作に似せたB(剣に手をかける)という動作を行うということである。和訓の「なぞらえる(なぞらふ)」はナズラフの転で、「甲でない乙を甲と同格の扱いをする。そのものと同じに見なす」意という(大野①)。漢語の擬とほぼ同じ。

字源 「疑ギ(音・イメージ記号)+手(限定符号)」を合わせた字。「疑」は「(進行するものが)つかえて止まる」「(判断を止めて)ためらう」というイメージがある(⇩疑)。「擬」はAという行為や物事をそのまま持ち出さず、Bという行為や物事をためらいつつ当てはめてみる様子を暗示させる。

語義 [展開] それではないがそれに似た物や行いに当てはめる(AをBになぞらえる、似せる)意味ⓐから、結論を出す前に、AにするかBにするか(どうしようか)と思案する意味ⓑを派生する。[英]simulate, imitate; pause [和訓] なぞらえる・もどき・まがい [熟語] ⓐ擬古・模擬・ⓑ擬定

文献 ⓐ荀子・非相「血氣態度擬於女子＝血気・態度、女子に擬す(表情や態度が女子ではないのに女子に似ている)」

【犠】 17(牛・13) 常 常用音訓 ギ

語音 *hiar(上古) hıě(中古→呉・漢キ・慣ギ) xī(中) 희(韓)

語源 [コアイメージ] (形や色が)整っている。[実現される意味] 祭儀に供される動物(いけにえ)ⓐ。[英]sacrificial animal, pure victim

〔解説〕いけにえにもいろいろ種類(形や色)があり、古典の注釈では犠について純色、純毛、全具(五体がそろっている)などと記している。義(形が整っている)にコアイメージの源泉がある。

字源 「犧」が正字。「羲キ(音・イメージ記号)+牛(限定符号)」を合わせた字。「羲」を分析すると「義+兮」となる。「義」は「形がきちんと整っている」というイメージがある(⇩義)。「兮」は「八(二つに分かれる符号)+丂(息がつかえつつ出る形)」を合わせて、息が分かれて出る様子を暗示させる図形。「義ギ(音・イメージ記号)+兮(イメージ補助記号)」を合わせた「羲」は、息遣いが整っている様子を暗示させ、「乱れないで正しく整っている」というイメージを示す記号になる。かくて「犧」はいろいろな色の毛が一つも交じっていない牛、または、毛や体が整っていて一つも欠けていない牛を暗示させる。この意匠によって、いけにえを表象する。

(篆) [羲]　(篆)

〔字体〕「犧」は旧字体。「犠」は書道に由来する常用漢字の字体。現代中国の簡体字は「牺」。

語義 [展開] いけにえの意味ⓐから、比喩的に、ある目的のために命や利益を投げ出すことの意味ⓑに用いられる。[英]sacrificial animal, pure victim; sacrifice [和訓] いけにえ [熟語] ⓐ犠牲・供犠・ⓑ犠打・犠飛

文献 ⓐ詩経・閟宮「享以騂犧＝享するに騂犧セイギを以てす(赤いいけにえをお供えする)」

【議】 20(言・13) 常 常用音訓 ギ

語音 *ŋiar(上古) ŋıě(中古→呉・漢ギ) yì(中) 의(韓)

語源 [コアイメージ] 形がきちんと整っている。[実現される意

味】筋道をきちんと立てて話し合う(相談する、はかる)ⓐ。[英]discuss, talk over

字源 「義ギ(音・イメージ記号)+言(限定符号)」を合わせた字。「義」は「形がきちんと整っている」というイメージがある(⇩義)。「議」は話の筋道をきちんと整えて話す様子を暗示させる。

語義 [展開] 筋道をきちんと立てて話し合う意味ⓐから、あれこれとはかり考える(思いはかる)意味ⓑ、あれこれと理屈をつけて批判する意味ⓒ、意見を述べ合う(討論する)意味ⓓ、話し合う内容(意見)の意味ⓔに展開する。[英]discuss, talk over; conjecture; criticize; debate; opinion [和訓] はかる [熟語] ⓐ議論・談議・ⓑ不思議・不可思議・ⓒ横議・非議・ⓓ会議・討議・ⓔ建議・衆議

文献 ⓐ論語・里仁「未足與議也＝未だ与(とも)に議するに足らず(彼とは一緒に話し合えない)」ⓑ詩経・斯干「唯酒食是議、無父母詒罹＝唯酒食を是れ議(はか)り、父母に罹(うれ)ひを詒(おく)る無かれ([女の子は]ただ食事のことだけを心がけ、父母に心配かけないように)」ⓒ詩経・北山「或出入風議＝或いは出入に風議す(あちこちであれこれ噂する人もいる)」

きく

【掬】 11(手・8) 人 音キク 訓すくう

語音 *kiok(上古) kuk(中古→呉・漢キク) jú(中) 국(韓)

語源 [コアイメージ] 丸く中心に集める。[実現される意味] 両手ですくい取るⓐ。[英]hold with both hands

〔解説〕 両の手のひらを合わせて丸め、物をすくうことが*kiokの意味。)の形でも○の形でもよいが、「中心に向けて引き締める(引き絞る)」というイメージである。藤堂明保は求のグループ、丩キュウのグループ(糾・叫など)、匊キクのグループ、告のグループ、また仇・鳩などを同じ単語家族にくくり、「引き締める・よじり合わせる」という基本義があるとする(藤堂①)。「丸く中心に集める」と言い換えることもできる。和訓の「すくう(すくふ)」は「くぼみのあるもので物をしゃくってとる」意で、スクフ(救)と同語という(大野①)。

〔グループ〕 掬・菊・鞠・毱キク(まり)・麴キク(麦や米などを蒸したものを握って丸めたみそ玉、こうじ)・鞫キク(罪人などを突き詰めて尋ねる[鞫問])

字源 「匊キク(音・イメージ記号)+手(限定符号)」を合わせた字。「匊」は「勹(周囲を丸くめぐらす符号。イメージ記号)+米(限定符号)」を合わせて、両手で手のひらを丸めて米粒をすくう様子を暗示させる図形。「掬」は手の動作であることを明示したもの。

(金)  (篆) [匊]

語義 [展開] 両手ですくい取る意味ⓐから、両手いっぱいの量(二升)の意味ⓑを派生する。[英]hold with both hands; a double handful [熟語] ⓐ掬水・ⓑ一掬

文献 ⓐ春秋左氏伝・宣公12「舟中之指可掬矣＝舟中の指、掬すべきなり(船の中で[切り落とされた]指が手ですくえるくらいいっぱいだった)」

【菊】 11(艸・8) 常 常用音訓 キク

語音 *kiok(上古) kuk(中古→呉・漢キク) jú(中) 국(韓)

語源 [コアイメージ] 丸く中心に集まる。[実現される意味] キクⓐ。[英]chrysanthemum

字源 「蘜」が本字。「鞠キク(音・イメージ記号)+艸(限定符号)」を合わせた字。「鞠」は「丸く中心に集まる」というイメージがある(⇩鞠)。「蘜」は花の周辺がほぼ丸く、多くの小花が中心に向けて放射状に集まる特徴をもつ植物を暗示させる。のち字体は「匊キク(音・イメージ記号)+艸(限定符号)」を合わせた「菊」に変わった。「匊」も「丸く中心に集ま

る」というイメージを示す記号である(⇩掬)。

〔字体〕「蘜」は異体字。

語義 キク科の草の名、キクの意味ⓐ。秋に黄色の花を開く。古代中国ではキクは不老長生のシンボルとされた。[熟語] ⓐ菊花・菊水・除虫菊

文献 ⓐ呂氏春秋・季秋紀「菊有黄華＝菊に黄華有り(菊に黄色い花が咲いた)」

【鞠】17(革・8) 人 ｜ 音キク 訓まり

語音 *kiuk(上古) kuk(中古→呉・漢キク) jū(中) 국(韓)

語源 [コアイメージ] 丸く中心に集まる。[実現される意味] まりⓐ。[英]football

字源 「匊(キク)(音・イメージ記号)+革(限定符号)」を合わせた字。「匊」は「中心に向けて引き締める」「丸く中心に集まる」というイメージがある(⇩掬)。「鞠」は布などを中心に集めて、周囲を皮で丸く巻いた「まり」を表す。

語義 [展開] 「中心に向けて締める」「丸く中心に締める」というイメージから、まりの意味ⓐ、母が子を大切に抱いて養う(保育する)意味ⓑ、また、ぎゅうぎゅうと締めつけるようにして問い詰める意味ⓒ、ぐっと身を引き締めてかがむ意味ⓓに展開する。ⓒは鞫(キク)と通用。[英]football; rear; interrogate; bend [熟語] ⓐ蹴鞠・ⓑ鞠育・ⓒ鞠訊・鞠問・ⓓ鞠躬如

文献 ⓑ詩経・蓼莪「父兮生我、母兮鞠我＝父や我を生み、母や我を鞠(やしな)ふ(父は私を生んでくれた、母は私を育ててくれた)」ⓒ詩経・南山「曷又鞠止＝曷(なん)ぞ又鞠(きわ)むるや(どうして問い詰め尋ねるのか)」(止はリズム調節詞) ⓓ論語・郷党「入公門、鞠躬如也＝公門に入るとき、鞠躬如たり(表門に入る際は身を引き締めてかしこまる)」

きち

【吉】6(口・3) 常 ｜ 常用音訓 キチ・キツ

語音 *kiet(上古) kiĕt(中古→呉・漢キチ・キツ) jí(中) 길(韓)

語源 [コアイメージ] 中身がいっぱい詰まる。[実現される意味] 運がよい。また、幸運ⓐ。[英]lucky, luck

〔解説〕古典に「吉は善なり」とある。善は「たっぷりと多い」がコアイメージ。古代人の言語感覚では物事がたっぷりあることが、「よい」こと、「めでたい」ことにつながる。また釈名・釈言語に「吉は実なり。善実有るなり」とある。吉と実は同源の語ではないが、「いっぱい満ちる」というイメージで捉えたのはよい。凶について同書は「凶は空なり」と述べている。吉と凶は充実と空虚という正反対のイメージから生まれた語である。「いっぱい詰まる」というイメージは、「間隔が詰まる」「突き詰める」「引き締まる」「固く締まる」というイメージにも展開し、下記のグループはこれらのイメージを共有する。藤堂明保は吉のグループ、臤(ケン)のグループ(堅・緊など)、また臣・虔などを同じ単語家族にくくり、「固く締まる」という基本義があるとする(藤堂①)。これは「中身がいっぱいに詰まる」というイメージに概括できる。一とも同源である。

〔グループ〕吉・結・詰・桔・壹(イチ)(＝壱)・拮(キツ)(手の指が引き締まってこわばる[拮据(キッキョ)])・頡(キツ・ケツ)(鳥が羽を引き締めて舞い上がる[頡頏])・黠(カツ)(悪知恵が働く、悪賢い[姦黠(カンカツ)])・髻(ケイ)(髪を締めて束ねた所、もとどり)・纈(ケツ)(布を糸で縛って染めること[纐纈・臈纈])

字源 「士(蓋をかぶせる印。イメージ記号)+口(入れ物の形。イメージ補助記号)」を合わせた字。「吉」は容器に物を詰め込んで蓋をする情景を設定した図形。図形に「詰め込む」という意味は含まれていないが、「中身

がいっぱい詰まる」というイメージを想像力で補わせる仕掛けである。この意匠によって、幸運がいっぱいあってすばらしいことを表象する。漢字の造字法には舌足らずな図形が多く、想像力を働かせる必要がある。しかし働かせ過ぎると独断的な解釈に陥る。図形の解釈の前に語源の探究が先立たねばならないのはこのゆえである。吉の字源については諸説紛々である。鉞、矛、兵器、男性性器、トーテムポール等々、きりがない。加藤常賢は「食物を口に満たして喫する」意とする(加藤①)。字形からあり得ない意味を引き出した。白川静は「祝詞を収めた器の上に、聖器として鉞頭をおき、祝詞の呪能を封じこめて、これを守る」意味とする(白川①)。これも図形的解釈をストレートに意味とするので、余計な意味素が混入し、意味を理解しがたくする。

(甲) 　(金) 　(篆) 

[語義] [展開] 運がよい意味ⓐから、めでたい、また、よい日柄の意味ⓑ、すばらしく良い(立派である)意味ⓒに展開する。[英]lucky, luck; auspicious; good [和訓] よい [熟語] ⓐ吉凶・吉祥・ⓑ吉日・吉報・ⓒ吉士

[文献] ⓐ詩経・定之方中「卜云其吉=卜して云(ここ)に其れ吉なり(占いを立てると吉と出た)」ⓑ詩経・摽有梅「求我庶士、迨其吉兮=我を求むる庶士よ、其の吉に迨(およ)べ(私をほしがる男たちよ、良い日柄を外さないで)」ⓒ詩経・無衣「不如子之衣、安且吉兮=子の衣に如かず、安にして且つ吉(ツキ)なり(あなたの衣装にかなわない、落ち着いていてしかも立派だもの)」

きつ

【乞】 3(乙・2) [常]

[常用音訓] こう

[語音] *k'ıət(上古) k'ıət(中古→[呉]コツ・コチ・[漢]キツ) qǐ(中) 걸(韓)

[語源] [コアイメージ] つかえて止まる。[実現される意味] 物を請い求めるⓐ。[英]beg

〔解説〕人に物を請い求める行為の前提には相手を引き留める(押し止める)という行為がある。押し止める(遮り止める)→物を求めるというイメージ転化現象は匃(カ)ときわめて似ている。匃は「遮り止める」から物乞いをする意味へと転化した(⇩喝・謁)。人を遮って(押し止めて)物を無理に求めるというイメージの語が乞である。和訓の「こう(こふ)」は「神仏・主君・親・夫などに対して、人・臣下・子・妻などが祈り、または願って何かを求める意」という(大野①)。漢語の乞とはイメージが違うように見えるが、「こふ」は神・主君など立ちはだかるものを引き留めて無理にねだって求めるとも解釈できるから、漢語の乞に近いといえる。

〔グループ〕乞・迄・吃(キツ)(息がつかえる→どもる[吃音])・屹(キツ)(高くて上につかえる→そばだつ[屹立])・汔(キツ)(水が止まって流れない→かれる)・訖(キツ)(物事が行き着いて止まる→おわる)

[字源] 「气(キ)」から分化した字。「气」はガス状のものがいっぱい立ちこめる様子を示した図形(⇩気)。全体に視点を置くと、「いっぱい満ちる(詰まる)」というイメージ、部分に視点を置くと、「(前後が詰まって)つかえて止まる」というイメージになる。「つかえて止まる」は「その場に押し止める」というイメージにも展開する。このイメージ展開に基づき、人をその場に押し止めて、物を要求することを、「气」を少し変形させた「乞」で表象する。

[語義] [展開] 請い求める意味ⓐから、道中で物乞いをする意味ⓑに展開する。[英]beg; beg one's meals [熟語] ⓐ乞骸(コツガイ)・乞巧奠(キコウデン)・ⓑ乞丐(キッカイ)・乞食(コツジキ)

[文献] ⓐ論語・公冶長「或乞醯焉醯=或るひと醯(イケ)を乞ふ(ある人が[隣人に]酢を貸してくれと請うた)」ⓑ孟子・告子上「蹴爾而與之、乞人不屑也=蹴爾(シュクジ)として之に与ふれば、乞人も屑(いさぎよ)しとせず(蹴飛ばして物を与

えるなら、物乞いさえも潔しとはしない)」

【迄】7(辵・3) 人 音キツ 訓まで

語音 *hiət(上古) hiət(中古→呉コチ・漢キツ) qì(中) 흘(韓)

語源 [コアイメージ] つかえて止まる。[実現される意味] 終点の所・時まで行き着く(いたる)ⓐ。[英]come to a final point

字源 「乞(キツ)(音・イメージ記号)+辵(限定符号)」を合わせた字。「乞」は「つかえて止まる」というイメージがある(⇨乞)。「迄」は終点まで来て止まる様子を暗示させる。

語義 [展開] 終点に行き着く(いたる)意味ⓐから、終わりに(ついに)の意味ⓑに展開する。日本では、「まで」(時間や程度の限界を示すことば)ⓑに当てる。[英]come to a final point; finally; till, until

文献 ⓐ詩経・生民「以迄于今=以て今に迄(いた)る(そうして現在に至っている)」

【桔】10(木・6) 人 音キツ・ケツ

語音 *ket(上古) ket(中古→呉ケチ・漢ケツ・[慣]キツ) jié(中) 길(韓)

語源 [コアイメージ] 中にいっぱい詰まる。[実現される意味] キキョウⓐ。[英]Chinese bellflower

字源 桔梗で一語。「吉」は「いっぱい詰まる」というイメージ、「更」は「ぴんと張ってたるみがない」というイメージがある(⇨吉・更)。「吉(キツ)(音・イメージ記号)+木(限定符号)」を合わせた桔と、「更(コウ)(音・イメージ記号)+木(限定符号)」を合わせた梗を結びつけて、根や花冠が詰まったように膨らみ、茎がぴんとまっすぐ張った植物を表した。

語義 [展開] 桔梗はキキョウ科の草、キキョウの意味ⓐ。茎は直立する。花冠は鐘形で、気球のように膨らむ。また、腹の膨れた器をまっすぐ伸びた棒に吊して水を汲み上げる道具(はねつるべ)の意味ⓑを派生する。[英]Chinese bellflower; sweep-bucket [熟語] ⓐ桔梗・ⓑ桔槔(ケッコウ)

文献 ⓐ戦国策・斉三「今求柴胡桔梗於沮澤、則累世不得一焉=今柴胡(サイコ)・桔梗を沮沢に求むれば、則ち累世一を得ず(もしサイコ・キキョウを沢で探すと、一生一つも得られない)」ⓑ荘子・天運「子獨不見夫桔槔者乎=子独り夫(か)の桔槔なる者を見ずや(君ははねつるべというものを知らないかね)」

【喫】12(口・9) 常 常用音訓キツ

語音 *k'ek(上古) k'ek(中古→呉キャク・漢ケキ・[慣]キツ) chī(中) 끽(韓)

語源 [コアイメージ] 切れ目を入れる。[実現される意味] 食べるⓐ。[英]eat

字源 「契(ケツ)(音・イメージ記号)+口(限定符号)」を合わせた字。「契」は「切れ目を入れる」というイメージがある(⇨契)。「喫」は歯で食べ物に切れ目を入れて食べる様子を暗示させる。

語義 [展開] 食べる意味ⓐから、飲む・吸う意味ⓑにも拡大された。また、体内に取り込むことを比喩にして、外界から衝撃などを身にこうむる(身に受ける)意味ⓒを派生する。[英]eat; drink; get, receive, suffer [和訓] のむ [熟語] ⓐ喫飯・満喫・ⓑ喫煙・喫茶・ⓒ喫驚・喫緊

文献 ⓐ新書7「越王之窮、至乎喫山草、飲腑水、易子而食=越王の窮するや、山草を喫し、腑水を飲み、子を易へて食ふに至る(越王の窮乏ぶりは、山草を食べ、腐った水を飲み、子供を取り替えて食うまでになった)」

【詰】13(言・6) 常 常用音訓キツ つめる・つまる・つむ

語音 *k'iet(上古) k'iĕt(中古→呉キチ・漢キツ) jié(中) 힐(韓)

語源 [コアイメージ] 突き詰める。[実現される意味] 問い詰める(罪や責任を問うて責める、なじる)ⓐ。[英]reproach, reprove, rebuke

〔解説〕日本語の「つめる(つむ)」は「一定の枠の中に物を入れて、すき間・ゆるみをなくす意」という(大野①)。これは漢語の詰にない意味である。詰は下記の書経の注釈に「詰は猶お窮のごときなり。四方の姦を窮むるなり」とあるように、罪を問いつめることである。吉には「中身がいっぱい詰まる」というイメージがあるから、詰にも「つめる」の意味があってもよさそうなものだが、実現されなかった。詰には「なじる」の和訓もある。これは「非難して問い詰める」意味。これが漢語の詰に近い。常用漢字表に「なじる」の訓がないのは手落ちである。

〔字源〕「吉(音・イメージ記号)+言(限定符号)」を合わせた字。「吉」は「中に物がいっぱい詰まる」というイメージがある(⇩吉)。入り口から物を入れていくと、底の方まで詰まることになる。したがって、「最後のどん詰まりまで突き詰める」というイメージに展開する。かくて「詰」は罪や責任をとことんまで突き詰めて問うことを表す。

〔語義〕〔展開〕問い詰める意味ⓐから、とことんまで突き詰める意味ⓑ、行き詰まる意味ⓒに展開する。日本では「中に物が詰まる」「突き詰める」というイメージをそのまま利用して、詰め込むⓓ、間隔が詰まるⓔ、最後のどん詰まり(結局)ⓕなどの意味に用いる。〔英〕reproach, reprove, rebuke; investigate; come to a deadlock; pack, stuff; choke, fill; in the end, finally 〔和訓〕なじる 〔熟語〕ⓐ詰問・難詰・ⓒ詰屈

〔文献〕ⓐ書経・周官「司寇掌邦禁、詰姦慝、刑暴亂＝司寇は邦禁を掌り、姦慝を詰し、暴乱を刑す(司法職は国の禁令を管轄し、悪人を追及し、暴動を処罰する)」ⓑ老子・十四章「此三者不可致詰＝此の三者は致詰すべからず(この三つ[道の属性である夷・希・微]は突き詰めようがない)」

【橘】16(木・12) 人 音キツ 訓たちばな

〔語音〕*kiuet(上古) kiuĕt(中古→呉キチ・漢キツ) jú(中) 귤(韓)

〔語源〕〔コアイメージ〕丸い。〔実現される意味〕ミカンの類ⓐ。〔英〕orange, tangerine

〔解説〕柑と同じくミカンの総称である。柑が味覚による命名であるのに対し、橘は形態による命名。「丸い」「丸い穴」というイメイージをもつ矞を利用した。穴と同源の語である。

〔グループ〕橘・譎(わなをかけてだます、いつわる[譎詐])・鷸(錐のように細長いくちばしで穴を開けて獲物を探る鳥、シギ)

〔字源〕「矞(音・イメージ記号)+木(限定符号)」を合わせた字。「冏」は裔(衣の裾)にも含まれ、尻の形。尻→丸い穴というイメージを作り出す。「冏(イメージ記号)+矛(限定符号)」を合わせた「矞」は、錐で丸い穴を開ける様子。説文解字に「矞は錐を以て穿つ所有るなり」とある。したがって「矞」は「丸い」「丸い穴」「丸い穴を開ける」というイメージを表すことができる。「橘」は丸い果実の生る木を暗示させた。

(篆)[矞] (篆)

〔語義〕〔展開〕ミカン類の意味が原義ⓐ。日本では特にタチバナの意味ⓑに用いる。葉に香気がある。果実は扁平で、酸味が強く食べられない。〔英〕orange, tangerine; tachibana 〔熟語〕ⓐ橘中・柑橘

〔文献〕ⓐ周礼・考工記・序「橘踰淮而北爲枳＝橘、淮を踰えて北すれば枳と為る(橘が淮河を越えて北上するとカラタチになる)」

きゃく

【却】7(卩・5) 常 常用音訓 キャク

〔語音〕*k'iak(上古) k'iak(中古→呉カク・漢キャク) què(中) 각(韓)

〔語源〕〔コアイメージ〕へこむ。〔実現される意味〕その場から後ろに引き下がる(しりぞく)ⓐ。〔英〕withdraw, retreat, step back

〔解説〕却(しりぞく)と去(さる)はきわめてイメージが似ている。出発点

を一の線で表すと、次の段階で中央がへこんで）の形や∨の形になるというのが却・去の深層のイメージである。「へこむ」から「引き下がる」へのイメージ転化を明らかにしたのは藤堂明保である。氏は「人が後ろにさがって凹むことを却という」と述べる(藤堂①)。英語の withdraw は with(離れて)+draw(引っ張る)で、「引っこめる、退く」の意、retreat はラテン語の re-(元のように)+trahere(引く)が語源で、「退く、退却する」の意という(下宮①)。どちらも「引っこめる」がコアイメージのようである。これは漢語の却のイメージ転化と似ている。

字源 「卻」が本字。「谷キャク(音・イメージ記号)+卩(イメージ補助記号)」を合わせた字。「谷」は谷(たに)ではなく、郤ゲキ(すきま)の左側と同じで、人中(鼻と口の間の溝、はなみぞ)を描いた図形。その形状から「）の形にへこむ」というイメージがあり、これは「一線から下方に下がる」というイメージに展開する。「卩」は人が膝を曲げる(ひざまずく)形で、脚が膝より後ろの方へ出るイメージを作り出す。したがって「卻」はひざまずくと脚が後ろへ下がるようなぐあいに、あるものが一線から後方へ引き下がる様子を暗示させる。隷書で字体が「却」に変わった。「去」も「へこむ」というイメージがある(⇨去)。「却」は「卻」と図形的意匠が同じである。

(篆) [谷]　(篆) [卻]

語義 [展開] 後ろに引き下がる(しりぞく)意味ⓐから、引っ込める、押し返す(しりぞける)意味ⓑ、手元から離れる意味ⓒに展開する。また、すっかり〜をしてしまう意味ⓓ、予期に反して(かえって)の意味ⓔを派生する。[英]withdraw, retreat, step back; repulse; get rid of; finish off; however [和訓] しりぞく・しりぞける・かえって [熟語] ⓐ却行・退却・ⓑ却下・棄却・ⓒ消却・返却・ⓓ困却・忘却

文献 ⓐ荘子・秋水「逡巡而却＝逡巡して却しりぞく(ぐずぐずしながら退却した)」ⓑ老子・四十六章「天下有道、却走馬以糞＝天下に道有れば、走馬を却けて以て糞フンす(天下に理想の道が達成されれば、速馬は農耕用に追いやる)」

【客】

9(宀・6)　常　常用音訓 キャク・カク

語音 *k'ăk(上古) k'ʌk(中古→呉キャク・漢カク) kè(中) 객(韓)

語源 [コアイメージ] (固いものに)つかえて止まる。[実現される意味] よそから訪ねて来る人ⓐ。[英]visitor, guest

[解説] 古典の注釈では客は賓に通ずるとしており、客と賓の違いを認識していない。客の深層構造を明らかにしたのは藤堂明保である。各にコアイメージの源泉がある。これは「つかえて止まる」というイメージ。動いていくものが固いものに足がひっかかってストップする。このような事態から「つかえて止まる」というイメージが生まれた。外出するものがある場所(人の家など)に足をとめるのも、このイメージと同じである。家にいるものが主人の主で、これは「(中心にいて)じっと動かない」がコアイメージ。これに対して、よそから動いてきて一時的にその家に足を止めるものが客である。一方、主人のそばに寄り添うものが賓である。和訓の「まろうど」はマラヒトの転で、「稀に来る人の意」という(大野①)。

[グループ] 客・額・喀カク(喉や胸につかえて詰まったものを吐き出す、嘔吐する[喀血])

字源 「各カク(音・イメージ記号)+宀(限定符号)」を合わせた字。「各」は「夂(下向きの足)+口(石ころ)」を合わせて、進んで来る足が固いものにぶつかって止まる情景を設定し、「(何か固いものに)つかえて止まる」というイメージを示す(⇨各)。「客」は他人の家にやって来て足を止める様子を暗示させる。この意匠によって、よそからやって来て一時的に止まること、また、その人のことを表象する。

語義 [展開] よそから訪ねて来る人の意味ⓐから、よそからやって来て、そこに一時的に止まる意味ⓑ、何かの目的で一時的に他国・他郷に行く人の意味ⓒ、ある目的で当面の場所によそからやって来る人(旅人)の意味ⓓ、よその家に世話になっている人(居候)の意味ⓔ、見知らぬ人(よそ者)の意味ⓕ、一芸にたけた人の意味ⓖ、ある目的のために料金を払って利用する人の意味ⓗに展開する。また、客は主と対するので、当事者の側ではないこと(第三者の立場に立つこと)の意味ⓘ、本来的ではなく一時的に関わることの意味ⓙ、当面していない意味ⓚに展開する。[英]visitor, guest; stop, stay; foreigner; traveler; parasite; stranger; a master of a certain field; customer, client; outer; temporary; last [和訓] まろうど [熟語] ⓐ客人・賓客・ⓒ客死・異客・ⓓ行客・旅客・ⓔ食客・ⓖ剣客・論客・ⓗ顧客・乗客・ⓘ客観・客体・ⓙ客員・客演・ⓚ客歳・客臘

文献 ⓐ詩経・楚茨「爲賓爲客＝賓と為り客と為る(当家のお客になる)」ⓑ素問・五蔵生成篇「此皆衛氣之所留止、邪氣之所客也＝此れ皆衛気の留止する所、邪気の客する所なり(ここが衛気の[いつも]留まっている場所であり、邪気が[一時的に]止まる場所である)」ⓓ管子・軽重乙「爲諸侯之商賈立客舍＝諸侯の商賈の為に客舎を立つ(諸侯の商人のためにはたごやを立てた)」ⓔ戦国策・斉四「孟嘗君客我＝孟嘗君、我を客とす(孟嘗君は私を食客にしてくれた)」ⓕ易経・繋辞伝下「重門擊柝、以待暴客＝門を重ね柝を撃ち、以て暴客を待つ(門を二重にし、拍子木を叩いて、乱暴なよそ者に対処する)」

【脚】 11(肉・7)　常　｜　常用音訓 キャク・キャ　あし

語音 *kıak(上古)　kıak(中古→呉カク・漢キャク)　kiau(唐キャ)　jiǎo(中)　각(韓)

語源 [コアイメージ] 引き下がる。[実現される意味] 膝から下のあしⓐ。[英]leg

〔解説〕日本語の「あし」は腿(股)から足裏までを指すが、漢語では足と脚で違いがある。古代では足は腿(股)から足裏までを指す場合と、脛から足裏までを指す場合があった。脚は脛の部分を指す(王力②による)。足の第一義は日本語の「あし」と同じである。英語ではlegは太股の付け根から下の部分、特に足首まで、footは足首から下の部分を指すのが通例という(田中①による)。各言語で意味範囲にずれがある。脚の語源については釈名・釈形体に「腳(＝脚)は郤なり。其の坐する時、郤の後に在るを以てなり(腳と郤は同源である。座るとき膝裏の凹みが後ろにあるからだ)」と説明している。しかし郤と卻は別字である。脚の語源の捉え方は釈名がおもしろいが、ストレートに卻(＝却)から説明するのがよい。

字源 「腳」が本字。「卻(キャ)(音・イメージ記号)＋肉(限定符号)」を合わせた字。「卻」は膝を曲げると足の下半部(leg)が後ろの方へ出ることを比喩として、一線から引き下がることを暗示させる図形であるが(⇨却)、比喩ではなく文字通り、ひざまずくと膝の後ろの方へあし(leg)が引き下がることに視点を置き換えることもできる。したがって「腳」は膝から下のあし(leg)を表象する。隷書で「脚」に変わったが、「却」にも「へこむ」→「引き下がる」というイメージがある。

語義 [展開] 膝から下のあしの意味ⓐから、物の下の部分、また、下で支えるものの意味ⓑに展開する。近世中国で、出身などを書いた履歴書を脚色といったことから、芝居の台本・下書き、また配役の意味ⓒが生じた。[英]leg; base; scenario [熟語] ⓐ脚部・脚力・ⓑ脚注・橋脚・ⓒ脚色・脚本

文献 ⓐ韓非子・外儲説右下「抽刀而刎其脚＝刀を抽きて其の脚を刎ぬ(刀を抜いてそのあしを切り払った)」

ぎゃく……

【虐】9(虍・3) 常 常用音訓 ギャク しいたげる

語音 *ŋɪok(上古) ŋɪak(中古→呉・漢ギャク) nüè(中) 학(韓)

語源 [コアイメージ] 激しい・きつい。[実現される意味] ひどい仕打ちをする(しいたげる)ⓐ。[英]cruel

〔解説〕清朝の馬瑞辰は下記の詩経ⓐの注釈で「虐の言は劇なり」、同じくⓑの注釈で「虐の言は謔なり」という(毛詩伝箋通釈)。*ŋɪokという語は激とも同源で、「激しい」「きつい」というコアイメージをもつ。日本語の「しいたげる(しひたぐ)」はシヘタグの転。シヘはシヒ(強)に通じ、「非道にあつかう」意味という(大言海の説)。

〔グループ〕虐・謔ギャク(きつい冗談を言う、ふざける・おどける[諧謔])・瘧ギャク(症状が激しい病気、マラリアの類[瘧疾])

字源 篆文では「虎(トラ)+爪(つめ)」を合わせた図形で、虎の凶暴性を比喩に用いて、むごいことをする様子を暗示させる。楷書では「虍+彐(又の反転形)」を合わせた「虐」に変わった。

(篆)

〔字体〕「虐」は旧字体。「虐」は古くから書道に見られる字体。

語義 [展開] しいたげる意味ⓐから、むごいこと、災いの意味ⓑに展開する。「いじめる」ⓒは日本的用法。[英]cruel, maltreat, mistreat; disaster, calamity; bully, tease [和訓] いじめる・むごい [熟語] ⓐ虐殺・虐待・ⓑ残虐・暴虐

文献 ⓐ詩経・淇奥「善戯謔兮、不為虐兮=善く戯謔すれど、虐を為さず([君子は]よく冗談は言うけれど、手荒なことはなさらない)」ⓑ詩経・雲漢「旱魃爲虐=旱魃、虐を為す(日照りの神はむごいことをなさる)」

【逆】9(辵・6) 常 常用音訓 ギャク さか・さからう

語音 *ŋiăk(上古) ŋɪak(中古→呉ギャク・漢ゲキ) nì(中) 역(韓)

語源 [コアイメージ] 逆方向(⇅の形)に行く。[実現される意味] 順序や方向が普通とは反対になる(さかさま)ⓐ。[英]go against, contrary, opposite

〔解説〕さかさまとは普通とは反対になることである。↓の方向に行くことが普通だとすれば、↑の方向に行くことは反対になる。「⇅の形、または、↓↑の形になる」というのが*ŋiăkのコアイメージ。この語の図形化は人を逆さにした姿から発想された。↑の方向に立つ「大」が普通の姿とすれば、↓の方向になった「屰」は反対の姿になる。王力は忤と逆を同源とする(王力①)。これは「さからう」という表層のレベルの語源説。深層構造を探り当てたのは藤堂明保である。氏は屰のグループ(咢ガクのグループも含む)を牙のグループ、五のグループ、午のグループ、互のグループ、与のグループ、卬ギョウのグループ(迎・仰など)、呉のグループと同じ単語家族に入れ、「かみ合う、×型、↓↑型」という基本義があるとした(藤堂①)。「⇅の形」もこれに含めてよい。逆の古訓にサカサマとサカフがある。倒の古訓にもサカサマがあるように、上下の位置が反対になることがサカの意味。順当なものに対して反対に行動することがサカフであり、これがサカラフになる。これらの日本語は漢語の逆のⓐⓑにほぼ合致する。英語のagainstは「…に対抗して」がコアイメージで、「(↓↑の形に)緊張している状態」と図式化され、「…に逆らって」の意味が実現される(田中①)。↓の方向に対して↑の方向に行くという逆のコアイメージとよく似ている。またcontraryはラテン語のcontra(=against)に由来し、「性質・順序・方向などが全く逆の」の意という(小島①)。これも逆とほぼ合致する。

〔グループ〕逆・咢ガク(顎・萼などのコアになる記号)

字源 「屰ギャク(音・イメージ記号)+辵(限定符号)」を合わせた字。「屰」は「大」の逆さ文字(上下反転形)。これで「逆方向(⇅の形)になる」という

イメージを表すことができる。「逆」は逆方向に行く様子を暗示させる。この意匠によって、物事の順序や方向が普通とは反対向きになることを表象する。

(甲) 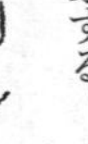 (金)  (篆) 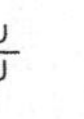 [屰]

(甲)  (金)  (篆) 

[語義] [展開] 順序や方向が普通とは反対になる(さかさま、あべこべ、反対)の意味ⓐから、正当な物事や道理にそむく(さからう)意味ⓑに展開する。また、「逆方向に行く」は出発点に視点を置いたイメージだが、到着点に視点を置くと、反対の方向からこちらへ来るというイメージにもなり、あちらから来る人をこちらで→←の形で出迎える意味ⓒ、→の方向から来るものに対して←の方向に前もって対応すること、つまりあらかじめ予想するという意味ⓓを派生する。[英]go against, contrary, opposite, reverse, counter; defy, disobey, rebel; welcome; anticipate [和訓]むかえる・あらかじめ [熟語]ⓐ逆行・逆順・ⓑ逆臣・反逆・ⓒ逆旅(ゲキリョ)・ⓓ逆睹(ゲキト)

[文献] ⓐ孟子・滕文公下「當堯之時、水逆行、氾濫於中國＝堯の時に当たりて、水逆行し、中国に氾濫す(帝堯の時代、川の水がさかさまに行き、中国を水浸しにした)」ⓑ詩経・泮水「孔淑不逆＝孔(はなは)だ淑く、逆はず([敵は]とても従順で、逆らわなくなった)」ⓒ孫子・軍争「背丘、勿逆＝丘を背にするは、逆(むか)ふる勿れ(丘を背にした軍を迎えて戦うな)」ⓓ論語・憲問「不逆詐、不億不信、抑亦先覺者、是賢乎＝詐を逆(むか)へず、不信を億(はか)らず、抑も亦た先づ覚る者は、是れ賢ならんか(あらかじめ詐りだと予想するわけでもなく、信用ならぬと憶測するわけでもないが、それなのに真っ先に察知できる人こそ賢いといえるね)」

きゅう

【九】 2(乙・1) [常] | [常用音訓] キュウ・ク ここの・ここのつ

[語音] *kiog(上古) kɪəu(中古→[呉]ク・[漢]キウ〈＝キュウ〉) jiŭ(中) 구(韓)

[語源] [コアイメージ] どん詰まり。[実現される意味] 数詞の9(ここのつ)ⓐ。[英]nine

[解説] 古代中国の記数法は十進法であった。したがって9が最後の基数である。白虎通義・礼楽篇に「九の言たるは究なり」とあるように、古人は九と究(きわまる)を同源と見ている。もちろん数は9で終わるわけではなく次の10に進むことができるが、ここからは新しい位の数である。九は基数の中ではいちばん大きな数なので、「多く集まる」「一緒に集まる」というイメージも生まれた(これは二次的イメージ)。藤堂明保は九のグループを丂(コウ)のグループ(朽など)や咎・宮・窮などと同源の単語家族に入れ、「つかえて曲がる」という基本義があるとする(藤堂①)。「つかえて曲がる」は「これ以上進めず最後になる」というイメージに展開する。

[グループ] 九・究・軌・尻・旭・鳩・仇(キュウ)(集まって相手になる仲間→ペアになる対等の仲間・敵対する相手[仇敵])・犰(キュウ)(皮膚を伸ばしたり縮めたりして体を丸める動物、アルマジロ[犰狳(キュウヨ)])・鼽(キュウ)(鼻が詰まる)

[字源] 腕を伸ばそうとして、何かにつかえて曲がり、これ以上伸びない情景を暗示させる図形。「つかえて曲がる」というイメージから展開して、「これ以上は進めないどん詰まり」というイメージを表現できる。字源については諸説紛々で、屈曲の形、曲がった鉤、尾を曲げた虫、地面を踏む動物の足、竜蛇、食指を曲げた形等々の説がある。加藤常賢は肘の原字とする丁山の説に従い、数詞は仮借とする(加藤①)。白川静は「身を折り曲げている竜の形」で、数詞は仮借とする(白川②)。藤堂明保

が「手を曲げて引き締める姿」と解する(藤堂②)のが妥当。

(甲) (金) (篆)

語義 [展開] 数詞の9の意味ⓐから、序数の9番目の意味ⓑ、数が多い意味ⓒに展開する。[英]nine; ninth; numerous [熟語] ⓐ九回・九州・ⓑ九階・九月・ⓒ九死・九拝

文献 ⓐ詩経・長発「帝命式于九圍＝帝、命じて九囲に式(のっと)らしむ(天帝は彼に命じて九州[中国全土]の模範とさせた)」ⓑ詩経・七月「九月授衣＝九月、衣を授く(九月は衣替え)」ⓒ詩経・東山「九十其儀＝其の儀を九・十にす(儀礼を九にも十にもする[あまた行う])」

【久】 3(丿・2) 常 | 常用音訓 キュウ・ク ひさしい

語音 *kɪuəg(上古) kɪəu(中古→呉ク・漢キウ〈＝キュウ〉) jiǔ(中) 구(韓)

語源 [コアイメージ] 曲がる。[実現される意味] 長い時がたつ(ひさしい)ⓐ。[英]long

〔解説〕清朝の郝懿行は「久の言は旧なり」という(爾雅義疏)。釈名・釈親属では「舅は久なり」とあるから、旧・舅のコアをなす臼とも同源である。これらは「)形や(形に曲がる」というコアイメージをもつ。藤堂明保は旧のほかに九・究・考とも同源とする(藤堂②)。曲がった状態は長い時間がたって古くなるというイメージを喚起させる。臼())形に曲がる)→舊(＝旧。時間がたって古い)になるのも同じイメージ転化現象である。時間を空間のイメージによって捉えることは永や常などにも見られる。ただし永は空間と時間を同時に含むが、久は時間のみの意味である。

〔グループ〕久・玖・灸・疚(キュウ)(体が病んでかがまるさま)・柩(キュウ)(死体をかがめて収める棺桶[霊柩車])

字源 「⺈(背の曲がった人の形)＋乀(支えることを示す符号)」を合わせた字。体が古くなって曲がりつつも命を支えている老人を暗示させる図形である。この意匠によって、長い時間が経過していることを表象する。字源については灸の原字、炮烙(火あぶり)の刑、跪く人の形、「背の曲がった老人」(藤堂②)、「人の死体を後ろから木で支えている形」(白川②)などの説がある。

(篆)

語義 [展開] 長い時間がたつ(ひさしい)意味ⓐから、長く時間をかける(ひさしくする)意味ⓑに展開する。[英]long; take long time [熟語] ⓐ久遠・永久

文献 ⓐ詩経・旄丘「何其久也＝何ぞ其の久しきや([彼が去ってから]なぜそんなに長い時間がたったのか)」ⓑ孟子・公孫丑上「可以久則久、可以速則速、孔子也＝以て久しかるべくんば則ち久しくし、以て速やかなるべくんば則ち速やかなるは、孔子なり(長くいた方がよいなら長くいて、速く去った方がよいなら速く去っていくのが孔子である)」

【及】 3(丿・2) 常 | 常用音訓 キュウ およぶ・および・およぼす

語音 *gɪəp(上古) gɪəp(中古→呉ゴフ〈＝ゴウ〉・漢キフ〈＝キュウ〉) jí(中) 급(韓)

語源 [コアイメージ] 追いつく。[実現される意味] 追いついて届くⓐ。[英]reach

〔解説〕A→Bの形にAがBの点まで追いついて至るというのが*gɪəpの意味。AとBの間隔は限りなく狭くなる。また、A→Bの形が連続すると、A→B→C…という形も予想され、「□・□・□…の形に点々と並ぶ」というイメージに展開する。後者は泣・給のもつイメージと近くなる。日本語の「およぶ」は「足もとの位置はもとのままで、離れた所に届くように、手足・上体をのばすのが原義」で、㋐身を乗り出してとり

つく、㋑届く、㋒匹敵する、㋓ある状況・数量に達するなどに展開するという(大野①)。㋑以後の展開義が漢語の及とほぼ同じ。

〔グループ〕及・吸・急・扱・級・扱・汲・笈

字源 「及」が正字。「人(イメージ記号)+又(限定符号)」を合わせた字。人の背後に他の人の手が届くという具体的な情景を設定した図形である。この意匠によって、AがBの後に追いつくことを暗示させる。

(甲) (金) (篆)

〔字体〕「及」は旧字体。「及」は古くから書道にある字体。及に従う他の常用漢字もこれに倣う。

語義 [展開] 抽象的な対象や目標に追いつく意味ⓐから、空間的な場所、また時間や範囲まで至る意味ⓑに展開する。また、AがBの所まで追いついてくることから、能力や程度がある段階に到達する意味ⓒを派生する。また、AとBを並列させる用法(AおよびB)ⓓが生まれた。[英]reach(ⓐⓑ), come up to, catch up; arrive; attain; and [熟語] ⓑ及第・追及

文献 ⓐ詩経・燕燕「瞻望弗及＝瞻望(センボウ)すれど及ばず(遠く眺めても視線が届かない)」ⓑ論語・季氏「及其壮也、血氣方剛＝其の壮に及ぶや、血気方(まさ)に剛(つよ)し(彼[君子]が壮年になると、ちょうど血気が強くなる)」ⓒ論語・公冶長「非爾所及也＝爾の及ぶ所に非ざるなり(お前の力ではまだ到達できないよ)」ⓓ詩経・斯干「兄及弟矣＝兄及び弟よ」

【弓】3(弓・0) 常

常用音訓 キュウ ゆみ

語音 *kiuəŋ(上古) kiuŋ(中古→㊦ク・クウ・㊥キュウ) gōng(中) 궁(韓)

語源 [コアイメージ] （形に曲がる。[実現される意味] ゆみⓐ。[英]bow

〔解説〕説文解字では「弓は近きを以て遠きを窮むるなり(弓は近い所から遠距離に行き着くものだ)」と、弓の機能から語源を説く。一方、釈名・釈兵では「弓は穹なり。之を張ること穹隆(アーチ)然なり」と、形態から語源を説く。弓・穹・窮は同源の語であるが、形態説が妥当である。*kiuəŋという語は「アーチ状(（の形)に曲がる」というコアイメージをもつ。藤堂明保は厷(コウ)のグループ(肱・宏・雄など)とも同源とし、「外枠を張る」という基本義を設けた(藤堂①)。（形のイメージと∠形のイメージを「外枠を張る形」に概括したもの。

〔グループ〕弓・窮・穹・躬(キュウ)(背骨が）形をした体[躬行])・芎(キュウ)(茎のてっぺんに咲く花を天穹になぞらえた植物、センキュウ[川芎・芎藭(キュウ)])

字源 木を曲げて弦を張ったゆみを描いた図形。

(甲) (金) (篆)

語義 [展開] ゆみの意味ⓐ。また、形態や機能が弓に似たもの(楽器の弓など)の意味ⓑを派生する。[英]bow(ⓐⓑ) [熟語] ⓐ弓矢・弓箭・ⓑ胡弓・弾弓

文献 ⓐ詩経・吉日「既張我弓＝既に我が弓を張る(やがて私の弓を張った)」

【丘】5(一・4) 常

常用音訓 キュウ おか

語音 *k'iuəg(上古) k'iəu(中古→㊦ク・㊥キウ〈＝キュウ〉) qiū(中) 구(韓)

語源 [コアイメージ] （形をなす。[実現される意味] 小高い山(おか)ⓐ。[英]hill, mound

〔解説〕*k'iuəgという語は臼と同源である。「）形にへこむ」は「（形に曲がる」と表裏をなすイメージである。臼をひっくり返したような（形の小山(いわゆる擂鉢山)が*k'iuəgの意味である。清朝の言語学者であ

る銭繹と王念孫はともに「丘の言は虚なり」と語源を説く。王力も丘と虚を同源とする(王力①)。虚は「∪形にへこむ」と「∩形に曲がる」の二つのイメージがあり、後者は「おか」の意味を実現させる。

〔グループ〕丘・邱(おか)・蚯(丘蚓が語源。糞を並べて盛り上げる習性を丘に見立てた語。ミミズ[蚯蚓])

字源 二つの峰のある山を描いた図形。図形から見ると、中央が∪形にへこむというイメージをもつが、これは「∩形に曲がる」というイメージをもつ*k'iuəg の視覚記号となりうる。

(甲) (金) (篆)

語義 [展開] おかの意味ⓐから、∩形に土を盛り上げた墓の意味ⓑを派生する。[英]hill, mound; grave [熟語] ⓐ丘陵・砂丘・ⓑ丘墳

文献 ⓐ詩経・丘中有麻「丘中有麻=丘の中に麻有り(丘に麻を植えた畑がある)」

【旧】 5(|・4) 常 常用音訓 キュウ

語音 *giog(上古) giəu(中古→呉グ・漢キウ〈=キュウ〉・[慣]ク) jiù(中) 구(韓)

語源 [コアイメージ] ∩形に曲がる。[実現される意味] 時を経て古くなっている(ふるい、久しい)ⓐ。[英]old

〔解説〕下記の論語の注釈に「旧の言為(た)るは久なり」とある(劉宝楠・論語正義)。久は「曲がる」というイメージから「時を経ている」というイメージに転化する。舊のコアイメージを提供する臼もこれと同じである。時間を表す語は空間のメタファーで造語されることが多い。

字源 「舊」が正字。「臼(音・イメージ記号)+萑(限定符号)」を合わせた字。「萑」はミミズクを描いた図形なので、説文解字では「舊」をミミズクの意味とするが、用例がない。「萑」は比喩的限定符号と解するのがよい。「臼」は「∪形に曲がる」というイメージがあり(⇩臼)、視点を変えれば「∩形に曲がる」というイメージにも転化する。「舊」はミミズクのように背中が∩形に曲がった情景を暗示させる図形。これは老人を彷彿させる姿である。「曲がる」というイメージが「長い時間がたつ」というイメージに転化するのは久と同じである。この意匠によって、長い時間がたって古くなっていることを表象する。

(甲) (金) (篆)

〔字体〕「舊」は旧字体。「旧」は近世中国で発生したその俗字。

語義 [展開] 時を経て古くなっている意味ⓐから、今より以前(昔、また、もとの事柄・状態)の意味ⓑ、古くからの付き合い、古いなじみの意味ⓒに展開する。[英]old; former; old friendship [和訓] ふるい・ひさしい・もと [熟語] ⓐ旧態・旧弊・新旧・ⓑ旧年・復旧・ⓒ旧知・故旧・親旧

文献 ⓐ書経・畢命「席寵惟舊=寵に席(お)ること惟れ舊(ひさ)し(寵愛を受けてから久しい)」ⓑ詩経・抑「於乎小子、告爾舊止=於乎(ああ)小子よ、爾に旧を告げん(ああ、小僧っ子よ、お前らに昔のことを教えよう)」ⓒ論語・泰伯「故舊不遺、則民不偸=故旧遺(わす)れざれば、則ち民偸(うす)からず(古いなじみを忘れなければ、人情が薄くなることはない)」

【休】 6(人・4) 常 常用音訓 キュウ やすむ・やすまる・やすめる

語音 *hiog(上古) hiəu(中古→呉ク・漢キウ〈=キュウ〉) xiū(中) 휴(韓)

語源 [コアイメージ] (身を)かばう。[実現される意味] 体をかばってやすめる(やすむ)ⓐ。[英]rest

〔解説〕古典の注釈に「休は蔭なり」「休は庇蔭なり」の訓がある。蔭には「(上から覆って)かばう」という意味がある。ただし蔭と休は同源の

語ではない。藤堂明保は休を好(子を大切にする、愛する)・孝(親を大事に養う)・畜(家畜を養う)と同源とし、「大切にかばう」という基本義があるとする(藤堂①)。これらは大切なものを手でかばうようにして保護するというイメージである。人間は活動ばかりしては疲れる。時には活動をやめて自分の身体を保護する必要がある。活動をやめて身をかばって大切にするという意味を実現するのが休である。日本語の「やすむ」はヤスシ(安)と同根で、「物事の成り行きについて、気を楽にして、事の進行を一応止める意」で、ここから休息する、横臥する意に展開するという(大野①)。漢語の休は活動をやめる意味にも展開するが、日本語の「やむ」は別語である。英語のrestは休息する意から止まる意に展開する。これは漢語の休と同じ。

〔グループ〕休・咻ク(病人をいたわる時に発する声)・鵂キュウ(物陰に身を寄せてじっと留まる鳥、オオスズメフクロウ[鵂鶹キュウリュウ])　鮴*(純国字。ゴリ。カジカの別名)

字源 「木(イメージ記号)＋人(限定符号)」を合わせた字。人が木陰に身を寄せるという状況を設定した図形。これは何かに保護されて身をかばうという*hiogにあるイメージを具体的な情景でデザインしたもの。したがって木は意味素に含まれない。ストレートに木陰で休むという意味に取るのは誤り。

(甲)  (金)  (篆)

語義 [展開] 体をかばって休む意味ⓐから、活動や仕事をやめる・やむ意味ⓑに展開する。また、「身をかばう」というコアメージから、かばわれて心が安らぐ意味ⓒ、また、かばわれたような幸福感(幸い・ありがたいこと・めでたいこと)の意味ⓓを派生する。[英]rest(ⓐ~ⓒ); stop, cease; ease, pause, halt, recess, relax, serenity; happiness, luck, blessing [和訓] やむ・やめる [熟語] ⓐ休憩・休息・ⓑ休業・休止・ⓓ休祥・休戚

文献 ⓐ詩経・十月之交「我獨不敢休＝我独り敢へて休まず(私ひとり休もうとしない)」ⓑ詩経・瞻卬「休其蠶織＝其の蚕織を休ゃむ(養蚕と紡織をやめる)」ⓒ詩経・蟋蟀「良士休休＝良士は休休たり(良きおのこは心安らぐ)」

【吸】 6(口・3) 常 | 常用音訓 キュウ すう

語音 *hiəp(上古) hiəp(中古→呉コフ〈＝コウ〉・漢キフ〈＝キュウ〉) xī(中) 흡(韓)

語源 [コアイメージ] 追いつく。[実現される意味] 息をすうⓐ。[英] breathe, take a breath

〔解説〕及にコアイメージの源泉がある。これはA→Bの形にAがBに限りなく接近して届くというイメージである。届いたらAとBは□・□の形に連鎖的につながることになる。点の連続性(□・□・□…)は線条のイメージ(――の形)に転化する。及という語はこのようなコアイメージをもつ。吸(息をすう)は点々と(あるいは線条的に)連なるという点で泣(なみだ)や給(次々に継ぎ足す)とイメージが似ている。日本語の「すう(すふ)」は吐く・吹くの対で、「液体などを口から体内に引き入れる」意(大野②)。漢語の吸は呼(息をはく)の対。

字源 「及キュウ(音・イメージ記号)＋口(限定符号)」を合わせた字。「及」は「(目標に)追いついて届く」というイメージがあり(⇩及)、「点々と(線条的に)つながる」というイメージに展開する。「吸」は物がずるずるとつながるような形で、口の中へ到達する様子を暗示させる。この意匠によって、息をすうことを表象する。

語義 [展開] 息をすう意味ⓐから、広く、気体や液体を口にすいこむ意味ⓑ、また比喩的に、手元に引き寄せる意味ⓒに展開する。[英] breathe, take a breath; inhale, suck; absorb [熟語] ⓐ吸気・呼吸・ⓑ

吸血・吸水・ⓒ吸収・吸着

文献 ⓐ淮南子・泰族訓「吸陰陽之和、食天地之精、呼而出故、吸而入新＝陰陽の和を吸ひ、天地の精を食(らく)ひ、呼して故を出だし、吸ひて新を入る（陰陽の調和の気を吸い、天地の精気を食べ、息を吐いて古い気を出し、息を吸って新しい気を取り入れる）」ⓑ荘子・逍遥遊「吸風飲露＝風を吸ひ露を飲む」

【扱】6(手・3) 常 ― 常用音訓 あつかう

語音 (1)*k'ɪəp(上古) k'ɪəp(中古→呉コフ〈＝コウ〉・漢キフ〈＝キュウ〉) qì(中) 급(韓) (2)*hɪəp(上古) hɪəp(中古→呉コフ〈＝コウ〉・漢キフ〈＝キュウ〉) xī(中) 흡(韓) (3)*ts'ăp(上古) tṣ'ʌp(中古→呉セフ〈＝ショウ〉・漢サフ〈＝ソウ〉) chā(中) 삽(韓)

語源 [コアイメージ] 追いついて届く。[実現される意味] 地面に手が届くⓐ。[英]reach(hands to the earth)

〔解説〕日本語の「あつかう(あつかふ)」は「丁寧に日常の世話をする。面倒を見る」が原義という(大野①)。しかし漢語の扱(キュウ)にこの意味はない。手が及ぶという字面から、相手に厚意が及ぶという意味合いを取って、「扱う」の表記が生まれたと考えられる。大言海では「手及の合字。手の及ぶ意」としている。そうすると扱は半国字の可能性もある。

字源 「及(キュウ)(音・イメージ記号)＋手(限定符号)」を合わせた字。「及」は「追いついて届く」というイメージがある(⇩及)。「扱」は手が地面に届く様子を暗示させる。

語義 [展開] 地面に手が届く意味ⓐ(1の場合)。AがBに届くことから、AをBに取り込む(収める)意味ⓑ(2の場合)、また、AとBの間が狭まることから、間に物を挟む(さしはさむ)意味ⓒを派生する(3の場合)。日本では「あつかう」ⓓなどに当てる。[英]reach(hands to the earth), bring down; take in; insert; deal with [和訓] しごく・こく・こぐ

文献 ⓐ儀礼・士昏礼「婦拝扱地＝婦は拝して地に扱(たい)る(婦人は拝礼するとき地面に手が届く)」

【朽】6(木・2) 常 ― 常用音訓 キュウ くちる

語音 *hɪog(上古) hɪəu(中古→呉ク・キウ〈＝キュウ〉漢) xiǔ(中) 후(韓)

語源 [コアイメージ] (伸びきらず)つかえて曲がる。[実現される意味] (草木が)腐るⓐ。[英]rot, decay

〔解説〕下記の古典の注釈では「朽は腐なり」「朽は爛なり」とあるが、表層の意味を述べたもの。深層構造を明らかにしたのは藤堂明保である。氏は、丂(コウ)のグループは九のグループや、宮・窮などと同源で、「つかえて曲がる」という基本義があるとした(藤堂①)。活動するもの、成長するものが途中で何かにつかえて、それ以上伸びていかない状態を丂という記号で形象化する。一線につかえるので「曲がる」というイメージが生まれる。丂は于にも利用され、于は「(形や)形に曲がる」というコアイメージを表す。日本語の「くちる(くつ)」は「時の経過によって物の盛りが過ぎ、本質的な部分が生命を失って機能を果たさなくなる意」という(大野①)。漢語の朽は活動していたものが形を崩して機能を失った状態を、その形状から捉えた語である。

〔グループ〕朽・巧・号・考・攷(コウ)(奥まで突き詰めて考える[論攷])

字源 「丂(コウ)(音・イメージ記号)＋木(限定符号)」を合わせた字。「丂」は伸び出ようとするものが一線でつかえて曲がる様子を暗示させる象徴的符号。この意匠によって、「つかえて曲がる」「曲がって伸びない」「これ以上はない所に達する」というイメージを表すことができる。「朽」は木が枯れていびつに曲がる様子を暗示させる。丂の字源については諸説があるが、説文解字に「気、舒出せんと欲するも、上、一に礙(さまた)げらるるなり」という解釈がよい。

（甲） （金） （篆） ［丂］ （篆）

語義 ［展開］草木が腐る意味ⓐから、腐ってだめになる、古くなって役に立たなくなる意味ⓑを派生する。［英］rot, decay; decrepit ［熟語］ⓐ朽木・腐朽・ⓑ衰朽・老朽

文献 ⓐ詩経・良耜「荼蓼朽止＝荼・蓼は朽ちたり（ノゲシとタデは腐ってしまった）」（止はリズム調節詞）

【臼】6（臼・0） 常 常用音訓 キュウ うす

語音 *giog（上古） gɪau（中古→呉グ・漢キウ〈＝キュウ〉） jiù（中） 구（韓）

語源 ［コアイメージ］ ）形に曲がる。［実現される意味］うすⓐ。［英］mortar

［解説］穀物を杵で搗くための道具を古代漢語で*giogといい、臼と表記する。その形状から「）形に曲がる」というコアイメージがある。古典には臼をコアとする舅について、「舅は旧なり」（白虎通義・三綱六紀篇）、「舅は久なり」（釈名・釈親属）とある。臼・旧・舅・久は同源の語で、ともに「）形や（形に曲がる」というコアイメージをもつ。

［グループ］臼・舊（＝旧）・舅（年をとった男→自分から見て年長であるおじやしゅうと［舅姑］）

字源 木や石をくり抜いた姿を描いた図形。

（篆）

語義 ［展開］うすの意味ⓐから、うすの形をしたものの意味ⓑを派生する。［英］mortar; mortar-shaped thing ［熟語］ⓐ臼状・杵臼・ⓑ臼歯・脱臼

文献 ⓐ易経・繫辞伝下「掘地爲臼＝地を掘りて臼を為る（地面を掘って臼を作った）」

【求】7（水・2） 常 常用音訓 キュウ もとめる

語音 *giog（上古） gɪəu（中古→呉グ・漢キウ〈＝キュウ〉） qiú（中） 구（韓）

語源 ［コアイメージ］中心に向けて引き締める。［実現される意味］自分のものにしようと、ぐっと手元に引き寄せてもとめるⓐ。［英］ask, seek, demand, claim

［解説］日本語の「もとめる（もとむ）」は「モト（本・元）を目指して進み、目的物を手に入れようとすることが原義」という（大野②）。漢語の求はどんなイメージをもつ語か。求の深層構造を明らかにしたのは藤堂明保である。氏は、求のグループは丩のグループ（糾など）、匊のグループ（掬など）、告のグループなどと同じ単語家族に属し、「引き締める・よじり合わせる」という基本義をもち、求は「ちりぢりに離れてしまわぬよう、ぐいと中心に締める」こととする（藤堂①）。*giogという語を視覚記号化（図形化）したのが求である。説文解字では求は裘（皮衣）の古文とするが、この意味では使われない。皮衣の機能を考えると、皮衣は体に密着させて着るものなので、「周辺から中心に向けて引き締める」というイメージがある。ここから「中心である自分の方に周辺から物を引き寄せる」というイメージに展開する。要求の求とはこのイメージをもつ語である。日本語の「もとめる」は目的物の方へ向かって進むイメージであるが、漢語の求は目的物を自分の方へ引き寄せるイメージで、二つは方向が正反対である。しかし求に「もとめる」の訓がついたため、求の正しい語感を日本人はつかめなくなった。

［グループ］求・救・球・毬・裘（皮衣［狐裘］）・逑（一か所に集める、また、一組になった仲間［好逑］）・捄（物を引き寄せて集める）・梂（クヌギの果実、どんぐり。〈日〉いが）・蛷（はさみで獲物を引き絞って捕る虫、ハサミムシ、蠷螋［蛷螋］）

字源 頭と四肢のついた動物の毛皮を描いた図形。裘(かわごろも)の原字。この意匠によって、何かをこちらの方へたぐり寄せるようにしてもとめることを表象する。

(甲)　(金)　(篆)　[裘]
(金)　(古)

語義 [展開] 手元に引き寄せてもとめる意味ⓐから、中心に向かう意味ⓑを派生する。[英]ask, seek, demand, claim; centripetal [熟語] ⓐ求愛・要求・ⓑ求心力

文献 ⓐ詩経・関雎「寤寐求之＝寤寐(ゴビ)之を求む(寝ても覚めても彼女を求める)」

【汲】 7(水・4) 人 　音キュウ　訓くむ

語音 *kıəp(上古) kıəp(中古→呉コフ〈＝コウ〉・漢キフ〈＝キュウ〉) jí(中) 급(韓)

語源 [コアイメージ] 追いつく。[実現される意味] 水をくむⓐ。[英]draw water

字源 「及(キュウ)(音・イメージ記号)＋水(限定符号)」を合わせた字。「及」は「(目標に)追いついて届く」というイメージがある(⇨及)。「汲」は容器(釣瓶や桶など)を水面に届かせてそれを引き上げる様子を暗示させる。この意匠によって、水をくむことを表象する。

語義 [展開] 水をくむ意味ⓐ。「追いつく」というイメージは「A－B－C－と間を置かずにずるずると続く」というイメージに展開し、慌ただしくてせわしない意味ⓑを派生する。[英]draw water; be very busy

[熟語] ⓐ汲引・汲水・ⓑ汲汲

文献 ⓐ易経・井「可用汲＝用(もっ)て汲むべし([清らかな水は]汲んでよい)」

【灸】 7(火・3) 人 　音キュウ　訓やいと

語音 *kıog(上古) kıəu(中古→呉ク・漢キウ〈＝キュウ〉) jiǔ(中) 구(韓)

語源 [コアイメージ] 黒ずむ。[実現される意味] もぐさで皮膚を焼灼する療法(やいと)ⓐ。[英]moxibustion

字源 「久(キュウ)(音・イメージ記号)＋火(限定符号)」を合わせた字。「久」は「時間がたって古くなる」→「曲がる」「黒ずむ」というイメージに展開する。「灸」は皮膚の一部を焼き、その痕が黒ずむ様子を暗示させる。

語義 [展開] やいとの意味ⓐから、焼灼する(やく)意味ⓑを派生する。[英]moxibustion; cauterize [熟語] ⓐ灸術・鍼灸

文献 ⓐ荘子・盗跖「無病而自灸＝病無くして自ら灸す(病気がないのに自分でお灸をする[余計なことをして自ら苦しむ喩え])」

【究】 7(穴・2) 常 　常用音訓 キュウ　きわめる

語音 *kıog(上古) kıəu(中古→呉ク・漢キウ〈＝キュウ〉) jiū(中) 구(韓)

語源 [コアイメージ] つかえて曲がる。[実現される意味] とことんまで突き詰めるⓐ。[英]investigate

〔解説〕九にコアイメージの源泉がある。これは「つかえて曲がる」というイメージ。「つかえて曲がる」から「これ以上は進めない最終点に達する」「物事を(とことんまで、深く)突き詰める」というイメージに転化する。考・攷・窮にも例のある漢語特有のイメージ転化現象の一つである。下記の詩経ⓐの注釈に「究は窮なり」(鄭箋)とある。九のグループは丂(コウ)のグループ(考・攷など)、躬(キュウ)(窮など)と同源である(藤堂①)。日本語の「きわめる(きはむ)」は「キハ(涯)に至るようにする意」が原義で、「ぎりぎりの極限まで押し進める」「追究してぎりぎりの所まで達する」意に展開するという(大野①)。これは漢語の究・窮にほぼ同じ。極とも近い。英語のinvestigateはラテン語のinvestigare、in-(中へ)＋

vestigare（跡を追う）が語源で、中に入って跡を追う→事実をたどるように調べていく意という（下宮①、政村①）。漢語の究（とことんまで突き詰める、追究する）とほぼ対応する。

字源「九（音・イメージ記号）＋穴（限定符号）」を合わせた字。「九」は「つかえて曲がる」というイメージから、「曲がりながら進んでいって最後の所でつかえる」「最後のどん詰まりまで来る」「これ以上は進めないどん詰まり」というイメージに展開する（⇩九）。「究」は穴の中を探っていって最後のどん詰まりまで来る情景を設定した図形。この意匠によって、とことんまで突き詰めることを表象する。

語義［展開］物事をとことんまで突き詰める（追究する、きわめる）意味ⓐから、どん詰まりまで来る（きわまる）意味ⓑ、とどの詰まり（ついに）の意味ⓒに展開する。［英］investigate, scrutinize; go to the end, reach the extreme; ultimately［熟語］ⓐ究明・追究・ⓑ究極・ⓒ究竟

文献ⓐ詩経・節南山「家父作誦、以究王訩＝家父誦を作り、以て王訩を究む（家父［人名］が歌を作って、王国の騒乱を突き詰める）」ⓑ詩経・蕩「靡届靡究＝届ること靡く、究まること靡し（最後の地点まで来ることがない）」ⓒ詩経・鴻雁「雖則劬労、其究安宅＝則ち劬労すと雖も、其れ究に宅に安んず（苦労はしたけれど、ついに家に身を落ち着けた）」

【泣】8(水・5) 常 常用音訓 キュウ なく

語音 *k'ıəp(上古) k'ıəp(中古→呉コフ〈＝コウ〉・漢キフ〈＝キュウ〉) qì(中) 읍(韓)

語源［コアイメージ］点々と並ぶ・点々とつながる。［実現される意味］なみだⓐ。［英］tear

【解説】なみだを表す漢語は、「垂れ下がる」というイメージから涕が生まれ、「はね返る・分散する」というイメージから涙が生まれ、「粒をなす」というイメージから泣が生まれた。なみだが目やまぶたに止まっている場合は粒に見立てることができる。したがって泣と粒は同源の語である。なみだを流す（なく）場合は、粒状のものが点々と連鎖的に続くというイメージである。「□・□・□…の形に連鎖する」というイメージは「線条をなす（——の形）」のイメージにも転化する。このイメージ転化現象は吸にもある。日本語の「なく」は「生物が何らかの刺激を受けて声を立てる意」が原義という（大野②）。「声を立てる」が意味素にあるから、「なく」は泣く・鳴くの両方の意味がある。漢語の泣と鳴はコアイメージの全く異なる別語である。

字源「立（イメージ記号）＋水（限定符号）」を合わせた字。「立」は両足を並べて安定して立つ形（⇩立）。□・□の形に二つ並ぶことから、「□・□・□…のように点々とつながる」というイメージになる。また、点の連続は線条のイメージにも転化する。かくて「泣」は点々と粒をなす涙、また、涙がずるずると線条に流れる様子を暗示させる。

語義［展開］なみだの意味ⓐから、なみだを流す（なく）意味ⓑに展開する。［英］tear; weep［和訓］なみだ［熟語］ⓐ泣涕・ⓑ号泣・悲泣

文献ⓐ詩経・燕燕「泣涕如雨＝泣涕雨の如し（涙がはらはらと降り注ぐ）」ⓑ詩経・燕燕「佇立以泣＝佇立して以て泣く（じっとたたずみ、涙を流す）」

【穹】8(穴・3) 人 音キュウ

語音 *k'ıoŋ(上古) k'ıuŋ(中古→呉ク・漢キュウ) qióng(中) 궁(韓)

語源［コアイメージ］（形に曲がる。［実現される意味］大空・天ⓐ。［英］sky

字源「弓（音・イメージ記号）＋穴（限定符号）」を合わせた字。「弓」は「（形に曲がる」というイメージがある（⇩弓）。「穹」は（形の大空を表す。

語義［展開］天空の意味ⓐから、アーチ状、アーチ状をなすものの意

味ⓑを派生する。[英]sky; arch, dome 【熟語】ⓐ蒼穹・天穹・ⓑ穹窿

文献 ⓐ詩経・桑柔「以念穹蒼＝以て穹蒼を念ふ（困難を見るにつけ）いちずに天のことを思う）」

【急】 9(心・5)

常 ｜ 常用音訓 キュウ いそぐ

語音 *kıəp(上古) kıəp(中古→呉コフ〈＝コウ〉・漢キフ〈＝キュウ〉) jí(中) 급(韓)

語源 [コアイメージ] 追いつく。[実現される意味] 心にゆとりがない（せかせかする）、また、差し迫って物事をする（いそぐ）ⓐ。[英]hurry, hasten

〔解説〕釈名・釈言語に「急は及なり。之を操切して、相逮及せしむる（せかせかと切迫して、追いつくようにする）なり」と、語源を正当に説明している。及にコアイメージの源泉がある。これはA→Bの形に一方が他方に追いついて届くというイメージ。AがBに追いつくと、AとBの間隔は限りなく狭くなる。空間的イメージは時間的・心理的イメージにも転用できる。何かをする際、ゆとりがなく差し迫った心理状態が急である。日本語の「いそぐ」はイソシ(勤)・イソイソなどと同根で、「仕事に積極的に励む意」が原義で、ここから「短い時間に事を仕上げようとする」意に展開するという(大野①)。時間的イメージと心理的イメージが混然と一体をなす。

字源 「㤂」が本字。「及(音・イメージ記号)＋心(限定符号)」を合わせた字。「及」は「A→Bの形に追いつく」というイメージがあり、「間隔が近づいて狭くなる」というイメージに展開する(⇩及)。「急」は差し迫って余裕のない気持ちを暗示させる。

(篆)

〔字体〕「急」は旧字体。「急」は書道で古くから使われた字体。

語義 [展開] いそぐ意味ⓐから、事態が切迫している、また、切迫した事態の意味ⓑ、迫って急がせる(せかす)意味ⓒ、にわかに・突然の意味ⓓに展開する。また、時間的に間隔が短い(スピードが速い)意味ⓔ、空間的に傾斜があって迫る意味ⓕを派生する。[英]hurry, hasten; urgent, pressing, urgency, emergency; press; suddenly; rapid; steep [和訓] せく・せかす [熟語] ⓐ性急・躁急・ⓑ急迫・緊急・ⓓ急遽・急死・ⓔ急行・急速・ⓕ急坂・急流

文献 ⓐ詩経・六月「我是用急＝我是を用て急ぐ(私はそのせいで急いでいる)」ⓑ論語・雍也「君子周急、不繼富＝君子は急を周して、富めるを継がず(君子は切羽詰まったものには補ってやるが、豊かなものには足してやらない)」ⓒ戦国策・楚一「齊急宋、宋許之＝斉、宋を急がす、宋之を許す(斉国は宋国に[援軍を出すように]せかしたら、宋国はそれを許可した)」

【級】 9(糸・3)

常 ｜ 常用音訓 キュウ

語音 *kıəp(上古) kıəp(中古→呉コフ〈＝コウ〉・漢キフ〈＝キュウ〉) jí(中) 급(韓)

語源 [コアイメージ] 追いつく・点々とつながる。[実現される意味] 順を追って設けたもの(しな、クラス)ⓐ。[英]rank

〔解説〕糸は比喩的限定符号で、意味素に入らない。コアイメージの源泉は及にある。AがBに追いつくのが及のイメージだが、A→Bの事態が連鎖するとA-B-C-というぐあいに順を追ってつながるというイメージに展開する。ある規準に従って段々と順を追って設けたものを漢語では*kıəpといい、級と表記する。和訓は「しな」である。「しな」とは「階段のように順次に高低の差別・序列のあるもの」の意という(大野①)。科にも「しな」の訓があるが、漢語の科は「質の違いや基準によって分けた等級・クラス」の意味で、前提にあるのは質の違いであ

る。質の違ったさまざまなものは漢語では品という。常用漢字表では「しな」の訓は品だけにあるが、しなものの意味は「しな」の転義である。本来の「しな」の意味は級と合致する。英語のgradeは階段→段階・等級の意に転じ、rankは列→階級・等級・地位の意に転じたという(政村①による)。両者とも順をなすというイメージがある。漢語の級も同じである。

【字源】「及(音・イメージ記号)＋糸(限定符号)」を合わせた字。「及」は「AがBに追いつく」というイメージがあり、A→B→C…という具合に「(順を追って)点々とつながる」というイメージに展開する(⇩及・吸)。「級」は機織りの際、模様を織り込む糸を順序通りにつなげていく様子を暗示させる。この意匠によって、順を追って設けたもの(しな、クラス)を表象する。

【語義】[展開]ある基準で定められた順序や位の意味ⓐ、ある基準で分けられるクラスの意味ⓑ、点々とつながる段の意味ⓒに展開する。また、戦で敵の首を取ると位が上がった故事から、戦で切り落とした頭を数える語ⓓに用いた。[英]rank; grade, class; step; decapitated head [和訓]しな [熟語]ⓐ階級・等級・ⓑ学級・同級・ⓒ石級・ⓓ首級

【文献】ⓐ礼記・月令「授車以級＝車を授くるに級を以てす(車の与え方は位の順序とする)」ⓒ礼記・曲礼「拾級聚足＝級を拾るに足を聚む(段々を上るには、一段ごとに足をそろえて上る)」

【糾】9(糸・3) 常 (常用音訓)キュウ

【語音】*kiog(上古) kieu(中古→呉・漢キウ〈＝キュウ〉) jiū(中) 규(韓)

【語源】[コアイメージ]§の形によじり合わせる・引き締める。[実現される意味]縄や紐をより合わせる(あざなう)ⓐ。[英]twist, plait

【解説】二本の縄を互い違いによじって結ぶことを*kiogという。これの図形化が丩という記号で、説文解字に「丩は相糾繚する(互いによじって巻きつける)なり」とある。また古典に「絞は糾なり」とある。×の形に絞める動作と§の形によじる動作は非常に似ている。藤堂明保は丩のグループを求のグループや匊のグループ(掬など)と同じ単語家族に入れ、「引き締める・よじり合わせる」という基本義があるとする(藤堂①)。糾には「あざなう」(より合わせる意)の和訓がある。アザはアゼ(校)の古形で、「棒状・線状のものが組み合う意」、ナフは綯ふで、「太い繊維をより合わせる」意という(大野①)。

【グループ】糾・叫・収・赳・虯(とぐろを巻いて体をよじる姿をした虫→竜の一種、みずち[虯竜])

【字源】「丩(音・イメージ記号)＋糸(限定符号)」を合わせた字。「丩」は二つの曲がった線を互い違いによじる姿を示す象徴的符号。「§の形によじり合わせる」「引き絞る」「引き締まる」というイメージを示す記号となる。「糾」は紐をより合わせる様子を暗示させる。

(甲)　(金)　(篆)　[丩]　(篆)

【字体】丩はもとは2画。常用漢字では収が2画、他は3画である。中国ではすべて2画。「糺」は異体字。

【語義】[展開]縄をよじり合わせる意味ⓐから、よじれて解けない(もつれる、絡み合うさま)の意味ⓑに展開する。また、「互い違いによじる」というイメージから、「引き締める」というイメージに展開し、引き締めて集める意味ⓒ、法やルールから外れないように取り締まる(引き締めて正す)意味ⓓを派生する。[英]twist, plait; entangle; gather; correct [和訓]あざなう・ただす [熟語]ⓐ糾纆・ⓑ紛糾・ⓒ糾合・ⓓ糾弾・糾明

【文献】ⓐ詩経・良耜「其笠伊糾＝其の笠は伊れ糾ふ(その笠は紐をより合わせて出来ている)」ⓑ詩経・葛屨「糾糾葛屨＝糾糾たる葛屨(紐の絡み合うクズ製の靴)」ⓓ周礼・秋官・大司寇「以五刑糾萬民＝五刑を以

て万民を糾(だた)す（五つの刑罰を用いて人民を取り締まる）」

【宮】10（宀・7） 常 ― 常用音訓 キュウ・グウ・ク　みや

語音 *kioŋ（上古）　kiuŋ（中古→呉ク・クウ・漢キュウ・［慣］グウ）　gōng（中）　궁（韓）

語源 ［コアイメージ］奥深く達する。［実現される意味］奥深い大きな屋敷や建物。広く、住まい・部屋ⓐ。［英］dwelling-house

〔解説〕奥の深い大きな建物を古代漢語で*kioŋという。これは躳・窮と同源で、「行き尽くす所まで行く」「奥深くまで達する」というコアイメージをもつ。躳（本字は躬）は呂（背骨の形）をもとにしている。背骨は背面から見ると、「○-○-○の形に連なる」というイメージだが、横から見ると、「）の形に彎曲する」というイメージである。これは「（形に曲がる」というイメージにもなる。「曲がる」というイメージが「突き詰める」というイメージに展開するのは九→究、丂→考・攷にも例がある。「突き詰める」→「行き尽くす所まで行く」「奥深く達する」と転化するのは自然である。かくて*kioŋの図形化には呂が利用された。日本語の「みや」はミ（霊力）+ヤ（屋）で、「神や霊力のあるものの屋」が原義で、神の住む御殿、また、皇居の意に展開するという（大野①）。

字源 甲骨文字・金文では「宀＋口二つ」を合わせて、点々と建物（または部屋）が並ぶ情景を設定した図形。篆文では「呂（イメージ記号）＋宀（限定符号）」を合わせた字体に変わった。説文解字では「躳(キュウ)の略体」を音・イメージ記号とする。「呂」は「（形に曲がる」というイメージから、「ぎりぎりの所まで行って、つかえて止まる」というイメージに展開する。「宮」は奥深くまで進んでやっと最後の所に達するほど大きな建物を暗示させる。

（甲）　（金）　（篆）

語義 ［展開］人の住む大きな建物の意味ⓐから、天子や王の住む御殿の意味ⓑ、先祖を祭る奥深い場所（宗廟）の意味ⓒに展開する。人体で、子を宿す所を宮になぞらえる用法ⓓ、男子を去勢し、女子を幽閉する刑罰の名ⓔ、また、横道十二宮の星座の呼び名ⓕに用いられる。日本ではⓒとの連想から、神社の意味ⓖに用いる。［英］dwelling-house; palace; temple; womb; punishment(castration for men, confinement for women); name of constellation; shrine　［熟語］ⓐ宮観・迷宮・ⓑ宮廷・宮殿・ⓓ子宮・ⓔ宮刑・ⓕ白羊宮・ⓖ参宮・神宮

文献 ⓐ詩経・桑中「期我乎桑中、要我乎上宮＝我と桑中に期し、我を上宮に要(かむ)ふ（［彼女は］私と桑畑でデートをし、私を建物の上に迎えてくれた）」ⓑ詩経・定之方中「作于楚宮＝楚に宮を作る（楚の土地で宮殿を作る）」ⓒ詩経・雲漢「自郊徂宮＝郊自(よ)り宮に徂(ゆ)く（郊［天を祭る所］から宗廟に至る）」ⓔ呂氏春秋・知接「豎刁自宮以近寡人＝豎刁(ジュチョウ)自ら宮して以て寡人に近づく（豎刁［人名］は自分で去勢して私に近づいた）」

【笈】10（竹・4） 人 ― 音キュウ　訓おい

語音 *gıəp（上古）　gıəp（中古→呉ゴフ〈＝ゴウ〉・漢キフ〈＝キュウ〉）　jí（中）　급（韓）

語源 ［コアイメージ］（背後に）届く。［実現される意味］背に負う箱ⓐ。［英］bookcase

字源 「及(キュウ)（音・イメージ記号）＋竹（限定符号）」を合わせた字。「及」は「背後に手が届く」「AがBの後ろに追いつく」というイメージがある（⇩及）。「笈」は背後にぴったりと届かせて背負う箱を暗示させる。

語義 書物を入れて背負う箱、おいの意味ⓐ。［熟語］ⓐ書笈・負笈

文献 ⓐ塩鉄論・相刺「誦詩書負笈、不爲有道＝詩書を誦んじ笈を負ふも、道有りと為さず（詩経・書経を諳誦するほどたくさん書物を読んでも、道を心得ているわけではない）」

【赳】10(走・3) 人 ｜ 音キュウ 訓たけし

語音 *kiog(上古) kieu(中古→呉・漢キウ〈＝キュウ〉) jiū(中) 규(韓)

語源 [コアイメージ] 引き締まる。[実現される意味] 筋肉が引き締まって強いⓐ。[英]powerful

字源 「丩（キュウ）（音・イメージ記号）＋走（限定符号）」を合わせた字。「丩」は「引き締まる」というイメージがある（⇨糾）。「赳」は筋肉が引き締まって力強く動作する様子を暗示させる。

語義 たくましくて強い、強く勇ましい意味ⓐ。[熟語] ⓐ赳赳

文献 ⓐ詩経・兎罝「赳赳武夫、公侯干城＝赳赳たる武夫は、公侯の干城（勇ましいもののふは、殿様の守り手）」

【救】11(攴・7) 常 ｜ 常用音訓 キュウ すくう

語音 *kiog(上古) kiəu(中古→呉ク・漢キウ〈＝キュウ〉) jiù(中) 구(韓)

語源 [コアイメージ] 中心に向けて引き締める。[実現される意味] 手元に引き寄せて助ける（すくう）ⓐ。[英]help, save, rescue

〔解説〕日本語の「すくう（すくふ）」は「くぼみのあるもので物をしゃくってとる」意で、掬うと同じ（大野①）。「掬い上げる」ことから、「陥った危難からたすける」という意味に転義する。漢語の救はこれと少しイメージが違う。求にコアイメージの源泉がある。これは「中心である自分の方に周辺から物を引き寄せる」というイメージである。困難な事態に陥った人を自分の方に引き寄せる行為が救である。人に視点を置くと、引き寄せて助けることになるが、困難な事態に視点を置けば、食い止められることになる。したがって「困難な事態を食い止めて、そこから困難者を助ける」という行為のどこに視点を置くかによって意味が変わる。英語のhelpは「窮地からの引き上げ（救助、治療）」、saveは「窮地への陥落を防ぐ（予防）」、rescueは「危険を振り払う→危険から助け出す（救出）」の語感という（政村①）。

字源 「求（キュウ）（音・イメージ記号）＋攴（限定符号）」を合わせた字。「求」は「中心に向けて引き締める」というイメージがある（⇨求）。「救」は自分の方へ困った人を引き寄せる様子を暗示させる。この意匠によって、災難や困った事態に遭った人をすくうことを表象する。

語義 [展開] 災難や難儀などから人をすくう意味ⓐから、困った事態を食い止める意味ⓑに展開する。[英]help, save, rescue; check, prevent [展開] ⓐ救援・救助・ⓑ抱薪救火

文献 ⓐ詩経・谷風「凡民有喪、匍匐救之＝凡そ民喪（うしな）へる有れば、匍匐して之を救ふ（いったい人は物をなくせば、腹這いしてでも救おうとする）」ⓑ論語・八佾「女弗能救與＝女（なんじ）は救ふこと能はざるか（お前はそれを制止できなかったのか）」

【毬】11(毛・7) 人 ｜ 音キュウ 訓まり・いが・かさ

語音 giəu(中古→呉グ・漢キウ〈＝キュウ〉) qiú(中) 구(韓)

語源 [コアイメージ] 中心に向けて引き締める。[実現される意味] 球技用のボール（まり）ⓐ。[英]ball

〔解説〕まりが本義で、いが（栗などの果実を取り巻く刺のある外皮）の意味は漢語の毬にはない。いがぐりは梂栗と書かれた。梂はクヌギなどのどんぐりの意味。いがに毬と書くのは、梂の木偏を毛偏に替えた半国字と考えられる。

字源 「求（キュウ）（音・イメージ記号）＋毛（限定符号）」を合わせた字。「求」は「中心に向けて引き締める」というイメージがある（⇨求）。「毬」は毛や布を中心に詰めて丸くした「まり」を暗示させる。

語義 [展開] まりが本義ⓐ。日本では「いが」ⓑに当てる。[英]ball; bur [熟語] ⓐ打毬

文献 ⓐ荊楚歳時記「打毬鞦韆施鈎之戯＝打毬・鞦韆（シュウセン）・施鈎の戯

（けまり・ぶらんこ・綱引きの遊び）」（説郛69）

【球】11(玉·7) 常 ｜ 常用音訓 キュウ たま

語音 *giog(上古) giəu(中古→呉グ・漢キウ〈＝キュウ〉) qiú(中) 구(韓)

語源 [コアイメージ] 中心に向けて引き締める。[実現される意味] 丸く美しい玉ⓐ。[英]a kind of precious stone(jade)

〔解説〕宝石の一種である。立体的で丸い形状のものを球という。日本語の「たま」はタマ(魂)と同根で、「人間を見守りたすける働きを持つ精霊の憑り代となる、まるい石などの物体が原義」という(大野①)。丸いというイメージでは漢語の球に近い。漢語の玉はごつごつと固い石というイメージで、必ずしも丸いとは限らない。しかし美しいものという比喩的な意味は球になく、玉にある。

字源 「求キュウ(音・イメージ記号)＋玉(限定符号)」を合わせた字。「求」は「中心に向けて引き締める」というイメージがある(⇩求)。「球」は周辺から中心に等距離に引き絞られて、毬のように周囲が円形になった玉を暗示させる。

語義 [展開] 丸い宝玉の意味ⓐ。ここから、丸いたまや、球のような立体をなすものの意味ⓑ、ボールや、また、ボールを使うゲームの意味ⓒに展開する。野球の意味ⓓは日本的用法。[英]a kind of precious stone(jade); sphere, globe; ball; baseball [熟語] ⓐ球琳・ⓑ球体・地球・ⓒ球技・野球・ⓓ球場・球団

文献 ⓐ書経・禹貢「厥貢惟球琳琅玕＝厥その貢は惟れ球・琳リン・琅玕ロウカン(その地方からの貢ぎ物は球と琳と琅玕[すべて美しい玉の種類])」

【給】12(糸·6) 常 ｜ 常用音訓 キュウ

語音 *kıəp(上古) kıəp(中古→呉コフ〈＝コウ〉・漢キフ〈＝キュウ〉) gěi・jǐ(中) 급(韓)

語源 [コアイメージ] 次々につながる(続く)。[実現される意味] 足りない所に継ぎ足す(あてがう)ⓐ。[英]supply, provide

〔解説〕Bが足りなくなるとAを継ぎ足す。これはA→Bというイメージである。これを拡張するとA→B→C…というイメージにもなる。古典の注釈に「給は及なり」「給は急なり」の訓がある。給は及や急と同源の語で、「次々につながる(続く)」というコアイメージをもつ。途切れがないように、次々に続けて継ぎ足すことが給の意味である。

字源 「合コウ(音・イメージ記号)＋糸(限定符号)」を合わせた字。「合」は「亼(ふた)＋口(くぼみ・入れ物)」を合わせて、容器に蓋をかぶせる情景を設定した図形(⇩合)。AをBにぴったり合わせるというイメージがあるが、また、Bに足りない所があるとAを重ね合わせるというイメージも表しうる。かくて「給」は裁縫や機織りのとき、糸が足りなくなるとほかの糸をそれに重ねて付け足す様子を暗示させる。この意匠によって、足りない所に物を継ぎ足すことを表象する。

語義 [展開] 足りない所に継ぎ足す(足りない物を手当てする、あてがう)意味ⓐから、十分にあてがわれて足りる意味ⓑ、用に充てる、世話をする意味ⓒに展開する。また、Aの後に追いつくようにBを継ぎ足すことから、A→B→C…という具合にひっきりなしに続くというイメージが現れ、言葉が口からひっきりなしに出てくること、つまり口先がうまいという意味ⓓを派生する。充てがい扶持(手当て)の意味ⓔは日本的用法。[英]supply, provide; ample, sufficient; serve; voluble; allowance, salary [和訓] たまう・たまわる [熟語] ⓐ供給・補給・ⓑ贍給センキュウ・ⓒ給仕・女給・ⓓ口給・ⓔ月給・俸給

文献 ⓐ戦国策・斉四「孟嘗君使人給其食＝孟嘗君、人をして其の食を給せしむ(孟嘗君は人を遣わして彼に食事を十分に与えさせた)」ⓑ孟子・梁恵王下「秋省斂而助不給＝秋には省斂セイレンして不給を助く(秋には収穫を視

察して、足りないものを援助する)」ⓒ墨子・備梯「役身給使＝身を役して給使す(身を粉にして人のために働く)」ⓓ論語・公冶長「禦人以口給、屢憎於人＝人を禦ぐに口給を以てすれば、屢しばしば人に憎まる(口達者で人に対処すると、しばしば人に憎まれる)」

【嗅】

13(口・10) 常 ｜ 常用音訓 キュウ かぐ

語音 *hɪog(上古) hɪəu(中古→呉ク・漢キウ〈＝キュウ〉) xiù(中) 후(韓)

語源 [コアイメージ] かぎ分ける。[実現される意味] 臭いをかぐⓐ。[英]smell

〔解説〕日本語の「かぐ」はカ(香)の活用形という(大言海)。香りや臭いを感じ取る意味。漢語ではかぐとにおいの区別はなく、ともに*hɪogといい、臭と表記したが、やがてにおいを*kɪogといい、臭(におい)と嗅(かぐ)に分化した。

字源 「齅」が本字。「臭キュウ(音・イメージ記号)＋鼻(限定符号)」を合わせた字。もともと「臭」が臭いをかぐことを表したが、「におい・におう」の意味を派生したため、改めて「齅」が作られた。やがて限定符号を鼻から口に替えて「嗅」となった。

語義 臭いをかぐ意味ⓐ。[熟語] ⓐ嗅覚

文献 ⓐ論語・郷党「三嗅而作＝三たび嗅ぎて作たつ([キジ料理を供された孔子は]三度臭いをかいで席を立った)」

【鳩】

13(鳥・2) 人 ｜ 音キュウ 訓はと

語音 *kɪog(上古) kɪəu(中古→呉ク・漢キウ〈＝キュウ〉) jiū(中) 구(韓)

語源 [コアイメージ] 多くのものが集まる。[実現される意味] ハトⓐ。[英]pigeon, dove

字源 「九キュウ(音・イメージ記号)＋鳥(限定符号)」を合わせた字。「九」は基数で最大の数なので、「数が多い」というイメージがあり、「多くのものが一緒に集まる」というイメージに展開する(⇩九)。「鳩」は群れて一所に集まる習性のある鳥、ハトを表した。藤堂明保は九を単なる音符とし、鳩を球・逑・糾と同源で、「引き締め集める」という基本義をもつとした(藤堂②)。しかし九には「多くのものが集まる」という二次的イメージがあるので、筆者は九を音・イメージ記号と見る。九を擬音語とする説もある。

語義 [展開] ハトの総称ⓐだが、キジバト・カノコバト・シラコバトなどを指し、鶻ウコ(カワラバト・ドバト)とは区別される。また、多くのものが一所に集まる意味ⓑを派生する。[英]pigeon, dove; collect, assemble [熟語] ⓐ鳩舎・斑鳩・ⓑ鳩合・鳩首

文献 ⓐ詩経・氓「于嗟鳩兮、無食桑葚＝于嗟ああ鳩よ、桑葚ソウジンを食くらふ無かれ(ああハトよ、クワの実を食わないで)」

【厩】

14(厂・12) 人 ｜ 音キュウ 訓うまや

語音 *kɪuəg(上古) kɪəu(中古→呉ク・漢キウ〈＝キュウ〉) jiù(中) 구(韓)

語源 [コアイメージ] 一緒に集める。[実現される意味] 馬を飼う建物ⓐ。[英]stable

〔解説〕釈名・釈宮室に「廏は勼キュウなり。勼は聚なり。牛馬の聚まる所なり」とある。*kɪuəgという語は九・勼・鳩と同源で、「多くのものを一所に集める」というコアイメージをもつ。馬を一緒に集めて養う建物が*kɪuəgの意味。

字源 「廏」が本字。廏→廐→厩と変わった。「𣪘(イメージ記号)＋广(限定符号)」を合わせた字。「𣪘」は「皀(食べ物を器に盛る形)＋殳(手に道具をもつ形)」を合わせて、人がえさをやる情景を設定した図形。「廏」は家畜を飼う建物を暗示させる。図形にコアイメージは反映されていない。

(金) (篆) [𣪘] (篆)

語義 馬小屋(うまや)の意味ⓐ。[熟語] ⓐ厩舎

文献 ⓐ詩経・鴛鴦「乗馬在廄＝乗馬、厩に在り(馬車馬はうまやにいる)」

【窮】15(穴・10) 常 常用音訓 キュウ きわめる・きわまる

語音 *gɪoŋ(上古) gɪuŋ(中古→呉グ・グウ・漢キュウ) qióng(中) 궁(韓)

語源 [コアイメージ] （形に曲がる。[実現される意味] ぎりぎりの所まで来て行き詰まる(きわまる)ⓐ。[英]come to an end, go to extreme, reduced to extremity

〔解説〕「（形に曲がる」と「行き詰まる」は可逆的(相互転化可能な)イメージである。藤堂明保は窮を九のグループ、丂(コウ)のグループと同じ単語家族に収め、「つかえて曲がる」という基本義があるとした(藤堂①)。最終点まで来てつかえて進めないなら、止まるか曲がるかしかない。「曲がる」と「行き詰まる」はつながりのあるイメージである。ぎりぎりの点まで来て行き詰まることが窮の意味である。日本語の「きわまる(きはまる)」はキハムの自動詞形で、「おのずとキハ(涯)に至る意」という(大野①)。

字源 「竆」が本字(篆文の字体)。「躳(キュウ)(音・イメージ記号)＋穴(限定符号)」を合わせた字。「呂」は背骨の形で、「）の形に彎曲する」というイメージがある。「呂(イメージ記号)＋身(限定符号)」を合わせた「躳」は、）の形に彎曲する体を暗示させる。）形や（形に曲がる」というイメージは「弓」にもあるので、呂を弓(キュウ)(音・イメージ記号)に替えて躬とも書かれるようになった。「（形や）形に曲がる」というイメージは、「そこでつかえて止まり、それ以上は進めない」というイメージに展開する。かくて「竆(＝窮)」は穴の奥まで来て、先に進めず行き詰まる様子を暗示させる。

(篆) (篆) [躬] (篆)

語義 [展開] ぎりぎりの所まで来て行き詰まる(きわまる)意味ⓐから、生活や金に困って行き詰まる意味ⓑ、これ以上行けない所まで行き尽くす、最後まで見届ける(きわめる)意味ⓒ、行き尽くした果て(最終点)の意味ⓓ、年の終わりの意味ⓔに展開する。[英]come to an end, go to extreme, reduced to extremity; poor; examine thoroughly; end, limit; the end of a year [熟語] ⓐ窮地・無窮・ⓑ困窮・貧窮・ⓒ窮理・追窮・ⓓ窮極・窮北・ⓔ窮陰・窮冬

文献 ⓐ論語・衛霊公「君子亦有窮乎＝君子も亦た窮すること有るか(君子も二進も三進も行かなくなることがあるのですか)」ⓑ詩経・谷風「以我御窮＝我を以て窮を御(ふせ)ぐ([あなたは]私を利用して困窮をしのいできた)」ⓒ易経・説卦伝「窮理盡性、以至於命＝理を窮め性を尽くし、以て命に至る(物事の道理を見きわめ、人の本性を知り尽くして、天命に到達する)」

ぎゅう

【牛】4(牛・0) 常 常用音訓 ギュウ うし

語音 *ŋɪog(上古) ŋɪəu(中古→呉グ・漢ギウ〈＝ギュウ〉・[慣]ゴ) niú(中) 우(韓)

語源 [コアイメージ] 擬音語。[実現される意味] ウシⓐ。[英]cattle, ox, cow

〔解説〕*ŋɪogという語はウシの鳴き声を模した擬音語に由来すると考えられる。吽(ゴ)(ウシの鳴き声)と似ている。ウシの鳴き声を模した語ではほかに牟(ム)(*mɪog)もある。日本語では「うし」以外にないが、漢語では汎

称が牛（英語のcattleに当たる）、牡のうしを犍（ケン）(ox)、牝のうしを牸（シ）(cow)、子うしを犢（トク）(calf)という。

字源 ウシの頭部、特に角の特徴を捉えた図形。

（甲）（金）（篆）

語義 [展開] ウシの意味ⓐから、大食らいや、足が遅いことの喩えⓑに用いられる。[英]cattle, ox, cow; metaphor of heavy eating or slow walking [熟語] ⓐ牛肉・猛牛・ⓑ牛飲馬食・牛歩

文献 ⓐ詩経・無羊「誰謂爾無牛＝誰か謂はん、爾に牛無しと（お前に牛がいないなんて誰が言う）」

きょ

【巨】5(丨・4)　常　常用音訓 キョ

語音 *giag(上古) gio(中古→呉ゴ・漢キョ・[慣]コ) jù(中) 거(韓)

語源 [コアイメージ] 幅が隔たる。[実現される意味] きわめて大きいⓐ。[英]huge, gigantic

〔解説〕説文解字では「巨は規巨（＝規矩（キク））なり」というが、定規の意味では使われず、「大きい」という意味で使われる。これは定規の形態と機能に由来する。矩は匚の形をした大工道具で、直角や方形を引くほか、幅も測った。したがって、形態の面から「上端と下端が離れている」、二点間の距離を測る機能から、「二点間を隔てる」というイメージを表すことができる。大は空間的なゆとりがあっておおきい意味であるが、巨は幅が広く離れておおきい意味である。巨をおおきい意味で使う理由を初めて説明したのは藤堂明保である（藤堂②）。

〔グループ〕巨・拒・距・矩・渠（キョ）（両幅を広げて水を通すみぞ[暗渠]）・炬（キョ）（束ねた薪の先端に火を燃やし、それから間隔を隔てた下端を持ち上げる照明具、たいまつ[松炬]）・苣（キョ）（葉が巻いて大きくなる植物、チシャ、レタス[萵苣（ワキョ）]）・鉅（キョ）（おおきい）・磲（コ）（殻の表面に車のわだちのようなみぞのある貝、シャコガイ[硨磲（シャコ）]）

字源 「巨」が正字。匚形に取っ手のついた定規を描いた図形で、矩（ク）（さしがね）の原字。この意匠によって、幅が隔たって大きいことを表象する。

（金）（古）（篆）

〔字体〕「巨」は旧字体。「巨」は古くから書道で行われた字体。巨に従う他の常用漢字もこれに倣う。

語義 [展開] 形が大きい意味ⓐから、数量が多い意味ⓑを派生する。[英]huge, gigantic, tremendous, enormous; many, much [和訓] おおきい [熟語] ⓐ巨人・巨大・ⓑ巨多・巨万

文献 ⓐ荘子・知北遊「六合爲巨、未離其内＝六合を巨と為す、未だ其の内を離れず（宇宙はとても大きく、その中から外には出られない）」

【去】5(ム・3)　常　常用音訓 キョ・コ　さる

語音 *k'iag(上古) k'io(中古→コ呉・漢キョ) qù(中) 거(韓)

語源 [コアイメージ] へこむ。[実現される意味] その場から引き下がって離れる（さる）ⓐ。[英]go away, leave

〔解説〕基準線の下方に下がることが*k'iagの意味である。一（平ら）の形が下方に下がると∨の形や）の形（へこむ・くぼむ）になる。この語は谷（キャク）（）形にへこんだ鼻溝）と同源である。谷（キャク）は郤（キャク）のコアイメージを提供するが、郤は却とも書かれる。藤堂明保は去のグループを谷（キャク）のグループ（郤（ゲキ）・卻（キャク）など）や虚・隙などと同じ単語家族に入れ、「くぼむ・うつろ・からっぽ」という基本義があるとする（藤堂①）。日本語の「さる」は「こちらの気持ちにかかわりなく、移動して来たり、移動して行ったり

する意」が原義で、時間的に移りめぐってくる、空間的に遠ざかる意味に展開するという(大野①)。

〔グループ〕去・却・脚・劫・怯(臆病で尻込みする[怯懦・卑怯])・袪(穴の開いた袖口、また、取り除く[袪痰])・祛(わざわいを除く、はらう)・蜐(潮の干満とともに、足を出したりへこませたりする虫、カメノテ[石蜐])

字源 「厺」が本字(篆文の字体)。「凵(音・イメージ記号)+大(イメージ補助記号)」を合わせた字。「凵」は底のくぼんだかごを描いた図形で、筶(飯を入れる器)の原字。「下の方(後ろ)にへこむ」というイメージを示す記号になる。「大」は人の形。したがって「厺(=去)」は人が一線から下の方(後ろ)にへこんでいく様子を暗示させる。この意匠によって、その場から引き下がることを表象する。

(篆) [凵]

(甲) (金) (篆)

語義 [展開] その場から引き下がって離れる(さる)意味ⓐから、引き下がらせる(取り下げる、除く)意味ⓑ、二つの間隔が離れている意味ⓒに展開する。また、空間的に後ろに下がる意味から、時間的に後ろの方へ下がっていく(過ぎ去る)、また、時間的に間が離れている意味ⓓを派生する。[英]go away, leave; remove, rid, eliminate; be apart from; pass; last [和訓]いぬ [熟語]ⓐ去就・去来・ⓑ除去・撤去・ⓒ離去・ⓓ去年・過去

文献 ⓐ詩経・生民「鳥乃去矣=鳥は乃ち去る(鳥はやっと飛び去った)」ⓑ詩経・大田「去其螟螣=其の螟螣を去る(ズイムシ・イナゴを取り除く)」ⓒ孟子・離婁下「地之相去也、千有餘里=地の相去るや、千有余里(土地が千里余りも離れている)」ⓓ孟子・公孫丑上「紂之去武丁未久也=紂の武丁を去ること未だ久しからず(殷の紂王は武丁の時代とそれほど離れていない)」

【居】 8(尸・5) 常

常用音訓 キョ いる

語音 *kiag(上古) kio(中古→呉コ・漢キョ) jū(中) 거(韓)

語源 [コアイメージ]ア固い・イ垂れ下がる。[実現される意味]腰を落ち着けて動かない(じっと座る)ⓐ。[英]settle down, sit down

〔解説〕古がコアイメージの源泉である。「固い」というイメージと「垂れ下がる」というイメージがある(⇩胡)。「固い」は固くて動かない→安定して落ち着くというイメージにつながる。「垂れ下がる」は下の方へ下がって落ち着くというイメージにつながる。しっかりした(危なくない)所に腰を下ろして体を安定させるというイメージの語が居である。これは座る意味も含まれる。しかし座が膝を折り曲げてすわるという動作そのものであるのに対し、居は腰を下ろした結果落ち着く状態に焦点がある。日本語の「いる(ゐる)」は「同じ所にじっと座って動かない意が原義」という(大野②)。漢語の居とほぼ同じ。「おる(をり)」は「人がじっと座りつづけている意。転じて、ある動作をしつづける意」という(大野①)。

〔グループ〕居・据・裾・鋸・倨(尻を下ろして尊大に構える→いばる・おごる[倨傲])・踞(尻を下ろして動かない→うずくまる[蹲踞])

字源 「古(音・イメージ記号)+尸(限定符号)」を合わせた字。「古」は「固い」というイメージがあり(⇩古)、「がっしりとして動かない」というイメージに展開する。「居」はある場所に尻を据えてじっと動かない様子を暗示させる。この意匠によって、どっしりと腰を落ち着けること、また、安らかに腰を落ち着ける場所を表象する。

語義 [展開] 腰を落ち着けて動かない(すわる)意味ⓐから、ある事態や状態に身をおく(おる)意味ⓑ、腰を落ち着けて住む意味ⓒ、住む場所(住まい)の意味ⓓに展開する。また、手元に取っておく(しまっておく)意

味ⓔを派生する。[英]settle down, sit down; occupy; dwell, reside; residence; store up [和訓]おる・おく [熟語]ⓐ居処・起居・ⓑ居敬・ⓒ居住・隠居・ⓓ皇居・新居

[文献] ⓐ詩経・鵲巣「維鳩居之＝維れ鳩之に居る(鳲鳩[カッコウ]が[他の鳥の巣に]じっと居座る)」ⓑ論語・子張「君子悪居下流＝君子は下流に居るを悪む(君子は下等のクラスに身をおくのを嫌う)」ⓒ詩経・皇矣「居岐之陽＝岐の陽に居る(岐山の南側に住む)」ⓓ詩経・蟋蟀「職思其居＝職として其の居を思ふ(もっぱら自分の家のことを思っている)」ⓔ史記・呂不韋列伝「奇貨可居＝奇貨居くべし(珍しい商品は[利用するために]取っておくべきだ)」

【拒】 8(手・5) 常 ｜ 常用音訓 キョ こばむ

[語音] *giag(上古) gio(中古→呉ゴ・漢キョ) jù(中) 거(韓)

[語源] [コアイメージ] 距離を隔てる。[実現される意味] 抵抗して近寄らせない(ふせぐ)ⓐ。[英]resist

〔解説〕AとBの間に距離を置き近寄らせないことが拒のイメージである。日本語の「こばむ」は㋐「かたくなにさからう。ささえ防ぐ」の意味から、㋑「受け入れずにはねつける」の意味に展開するという(大野①)。漢語の拒の意味展開もこれと全く同じ。英語のresistはラテン語のresistere、re-(後ろに、反対)+sistere(立つ、立てる)が語源で、「攻撃などに強い意志を示して立ち向かい抵抗する」の意という(小島①)。漢語の拒はこれに近い。

[字源] 「巨(音・イメージ記号)+手(限定符号)」を合わせた字。「巨」は「二点間の距離が隔たる」というイメージがある(⇩巨)。「拒」は二人の間に距離を置いて近寄らせない様子を暗示させる。

[語義] [展開] 抵抗して近寄らせない(ふせぐ)意味ⓐから、だめだと抵抗して相手を受け入れない(こばむ)意味ⓑに展開する。[英]resist; refuse [和訓] ふせぐ [熟語] ⓐ拒止・抗拒・ⓑ拒絶・拒否

[文献] ⓐ孫子・九地「始如処女、敵人開戸、後如脱兎、敵不及拒＝始めは処女の如く、敵人戸を開く、後には脱兎の如く、敵、拒ぐに及ばず(最初は処女のようにおとなしく見せると、敵は油断して門戸を開く。後には逃げるウサギのように素速く行動すると、敵は防ぐひまがない)」ⓑ論語・子張「可者與之、其不可者拒之＝可なる者は之に与し、其の不可なる者は之を拒め(付き合ってよい者は仲間にし、よくない者は断りなさい)」

【拠】 8(手・5) 常 ｜ 常用音訓 キョ・コ

[語音] *kiag(上古) kio(中古→呉コ・漢キョ) jù(中) 거(韓)

[語源] [コアイメージ] 力を頼みにする。[実現される意味] 頼りになるものに身を置く(頼りにする)ⓐ。[英]depend on, rely on

〔解説〕釈名・釈姿容に「拠は居なり」とあり、居(腰を据えて落ち着く)と同源の語。落ち着ける前提にあるのはしっかりした基盤や根拠である。それを頼みにしてしっかりと身を置くというのが*kiagの意味。拠の和訓に「よる」がある。「よる」は「物や心を引きつける方へ、自然に自発的に近づいて行く意」が原義であるが、「心理的に対象に引きつけられる」意に展開し、「頼りにする」「依拠する、基づく」などの意味を派生するという(大野①)。この派生義が漢語の拠に近くなる。

〔グループ〕拠・劇・遽(根拠地[宿場]を設けて、乗り継ぎの馬を走らせる→早馬、事態が速い、にわか[急遽])・醵(金銭を頼みにして飲み会を催す→みんなで金を出し合って酒を飲む[醵金])

[字源] 「據」が正字。「豦(音・イメージ記号)+手(限定符号)」を合わせた字。「豦」は「虍(トラ)+豕(イノシシ)」を合わせたもの。これだけでは舌足らず(情報不足)だが、トラとイノシシが戦う場面を想定することによって、力と力がぶつかる情景を寓したと考えられる。説文解字に「豕と虎の闘ひて解けざるなり」と字源を説く。ここに「激しく力を出

す」というイメージがあるが(⇩劇)、他方では、「力を頼みにする」というイメージも表しうる。「據」は力になるものを頼りにしてそれに身を置く様子を暗示させる。藤堂は拠は居・据と同源で、豦は単なる音符とする(藤堂②)。しかしレアな記号には特別なイメージを作ることが多いので、筆者は音・イメージ記号と見る。

(金)  (篆)  [豦] (篆) 

〔字体〕「拠」は近世中国で発生した「據」の俗字。現代中国の簡体字は「据」。

語義 [展開] 頼りになるものに身を置く意味ⓐから、ある場所に足場を据えてそれによりかかる(よりどころとする)意味ⓑを派生する。[英] depend on, rely on; ground, base [和訓] よる・よりどころ [熟語] ⓐ依拠・準拠・ⓑ根拠・証拠

文献 ⓐ詩経・柏舟「亦有兄弟、不可以據＝亦た兄弟有るも、拠(よ)るべからず(また兄弟はあるが、頼りにならない)」ⓑ論語・述而「據於徳、依於仁＝徳に拠り、仁に依る(徳をよりどころにし、仁を頼りにする)」

【挙】10(手・6)

常 ｜ 常用音訓 キョ あげる・あがる

語音 *kiag(上古) kio(中古→呉コ・漢キョ) jǔ(中) 거(韓)

語源 [コアイメージ] (手をそろえて)↗↖の形に持ち上げる。[実現される意味] 上に持ち上げる(高くあげる・あがる)ⓐ。[英] lift, raise

〔解説〕與(＝与)にコアイメージの源泉がある。これは与(ヨ)(かみ合う)と舁(ヨ)(手をそろえてかつぐ)のイメージが同時に含まれる。手をそろえて上に持ち上げることが擧である。同訓の上(ジョウ)は上の方や高い方へ移すことで、純粋に位置の移動を表す語であるが、擧は上に高くあげた結果、目立った行動を起こすというイメージに力点が置かれる。日本語の「あげる(あぐ)」は「物の位置や状態を高くする意。高くした結果を示す語」というう(大野②)。その展開は、㋐位置を上方に移す、㋑価値の高い所へ移す、㋒程度は価値を高める、㋓目立つようにするというのが基本で、擧は㋐の一部と㋓に当たる。また「こぞる」は「(すべての成員や部分が)一致した行動をする」意から、「全部をあげて、残すところがない」意に展開するという(大野①)。展開義は挙のⓕに当たる。挙党・挙国の挙は全部を取り上げる→こぞっての意味。英語のliftは「(まっすぐ)持ち上げる」がコアイメージ、raiseは「(持ち)上げて高くする」がコアイメージで、「起こす」の意味にも展開するという(田中①)。liftとraiseは揚にも対応するが、意味展開としてはraiseと挙が似ており、語源的にはliftと揚が似ている。

〔グループ〕挙・欅(キョ)(枝が高く挙がって樹冠が∧形を呈する木、オオバケヤキ) 欅*(純国字。たすき)

字源 「擧」が正字。「與(ヨ)(音・イメージ記号)＋手(限定符号)」を合わせた字。「與」は「何人かが一緒に手を組む」ことから、「手をそろえて↗↖の形に持ち上げる」というイメージに展開する(⇩与)。「擧」は両手をそろえて物を上に持ち上げる様子を暗示させる。

〔字体〕「擧」は旧字体。「舉」は異体字。「挙」は書道に由来する常用漢字の字体。現代中国の簡体字は「举」。誉もこれに倣う。

語義 [展開] 上に高く上げる意味ⓐから、事を起こす意味ⓑ、目立つ行いの意味ⓒ、めぼしい物を取り上げる意味ⓓ、人を取り上げて用いる意味ⓔ、残さずに取り上げることから転じて、全部そろって(あげて、ことごとく)の意味ⓕに展開する。[英] lift, raise; start; act, deed; cite; select; all [和訓] こぞる [熟語] ⓐ挙手・ⓑ挙式・挙兵・ⓒ快挙・暴挙・ⓓ枚挙・列挙・ⓔ推挙・選挙・ⓕ挙国・挙党

文献 ⓐ詩経・大叔于田「火烈具擧＝火烈具(もと)に挙がる(火の手が一斉に上がった)」老子・七十七章「下者擧之＝下(ひく)き者は之を挙ぐ(低いものは上に上げてやる)」ⓑ漢書・項籍伝「遂擧呉中兵＝遂に呉中に兵を挙ぐ(とう

とう呉中で挙兵した)」ⓒ春秋左氏伝・荘公23「君擧必書＝君が挙は必ず書す(君主の行いは必ず記す)」ⓓ論語・述而「擧一隅、不以三隅反、則不復也＝一隅を挙げて、三隅を以て反(かえ)さざれば、則ち復(ま)たせざるなり(私が一つの隅を取り上げて示すと、相手が三つの隅を返してこないと、私は彼に二度と教えてやらない)」ⓔ墨子・尚賢「湯得而擧之＝湯、得て之を挙ぐ(湯[殷の王の名]は彼を獲得して登用した)」ⓕ孟子・公孫丑下「天下之民擧安＝天下民、挙げて安らかなり(天下の人民はことごとく安泰になった)」

【据】 11(手・8)　常　―　常用音訓　すえる・すわる

語音 (1)*kiag(上古)　kio(中古→呉コ・漢キョ)　jū(中)　거(韓)　(2)*kiag(上古)　kio(中古→呉コ・漢キョ)　jù(中)　거(韓)

語源 [コアイメージ] 固く動かない。[実現される意味] 手が固くこわばる ⓐ。[英]stiff

〔解説〕日本語の「すえる(すう)」は「人・物などを安定した姿・形で、それぞれふさわしい場所にきちんと置く、または設置することが原義」という(大野②)。「すわる」は「すう」の自動詞形で、坐ると同語である。漢語の据には「すえる」「すわる」の意味はない。居に「ゐる」(坐るが原義)の和訓がつけられたため、居に手偏を添えて「すわる」「すえる」を表記したと考えられる。そうすると据は半国字である。

字源 「居(キョ)(音・イメージ記号)＋手(限定符号)」を合わせた字。「居」は「固く動かない」というイメージがある(⇩居)。「据」はきつい労働のため手が固くこわばって動かなくなることを表す。

語義 [展開] 手が固くこわばることが原義ⓐ(1の場合)。拠と居が同源で、「腰を落ち着ける」というイメージがあるため、拠と同じ用法が生まれた。よりどころとする意味ⓑ(2の場合)。「すえる」ⓒは日本的用法。[英]stiff; ground, base; fix, put, place　[熟語] ⓐ拮据(キッキョ)

文献 ⓐ詩経・鴟鴞「予手拮据＝予が手は拮据す(私の手はこわばった)」ⓑ漢書・酷吏伝賛「据法守正＝法に据(よ)りて正を守る(法を根拠として正義を守る)」

【虚】 11(虍・5)　常　―　常用音訓　キョ・コ

〔虛〕 12(虍・6)　人　―　音キョ・コ　訓むなしい・うつろ・そら・うつけ

語音 *hiag(上古)　hio(中古→呉コ・キョ漢)　xū(中)　허(韓)

語源 [コアイメージ] (形に曲がる・)形にへこむ。[実現される意味] おかⓐ。[英]hill

〔解説〕詩経では「おか」の意味と「むなしい」の意味で使われているが、二つを統合する根源のイメージは何か。藤堂明保は虚を去のグループや郤(ゲキ)・隙と同じ単語家族に入れ、「くぼむ・うつろ・からっぽ」という基本義があるとする(藤堂①)。一方、王力は虚と丘を同源と見ている(王力①)。*hiagという語は「)形」(くぼみ)のイメージをもつが、このイメージは視点を変えれば「(形をなす」というイメージに展開する。丘は(形をなす小山(擂鉢山)で、これを虚ともいった。「)形をなす」と「(形をなす」は表裏の関係にある(相互転化可能な)イメージである。くぼんでいる状態は実質が欠けた状態であるので、「中身が空っぽ、むなしい」のイメージに展開する。それゆえ虚は「おか」と「むなしい」の二つの意味を持ち得たのである。和訓の「むなしい(むなし)」は「そこにあるべきだと期待される中身、実体がない」の意味(大野②)。これは漢語の虚と同じ。空もムナシの訓がある。空と虚はコアイメージは異なるが、実現される意味は近くなる。

〔グループ〕虚・墟(キョ)(形の大きな丘、また、都の跡[殷墟・廃墟])・嘘(キョ)(のど元で息を摩擦させて吐き出す[嘘気]。「うそ」は国訓)・歔(キョ)(息をすすって泣く[歔欷(キョキ)])

字源 「虛」が正字。「虍(コ)(音・イメージ記号)＋丘(限定符号)」を合わせた字。「虍」はトラの頭の形。トラの頭は丸みを帯びているので、「丸い」というイメージがあり、これは「(形をなす」というイメージに展開する(⇩虎・炉)。「虚」は(形の大きな丘を暗示させる。

(篆)

〔字体〕「虚」は古くから使われた「虛」の俗字。「虗」は異体字。

語義 [展開] おかが原義ⓐ。「(形をなす」と「)形をなす」のイメージ相互転化により、「くぼむ」のイメージ、さらに「空っぽ」のイメージに展開し、人が住まなくなって空っぽになった都の跡の意味ⓑを派生する。また、空っぽ(空しい、中身がない)、また、空っぽにする(空しくする)意味ⓒ、真実がない(うそ・いつわり)の意味ⓓ、備えがないこと(すき)の意味ⓔ、邪心がない意味ⓕを派生する。ⓐⓑは墟と通用。[英]hill; abandoned city; empty; false; void; modest [熟語] ⓒ虚無・空虚・ⓓ虚偽・虚構・ⓔ虚虚実実・ⓕ虚心・謙虚

文献 ⓐ詩経・定之方中「升彼虚矣＝彼の虚に升る(あの丘に登る)」ⓒ論語・述而「虚而為盈＝虚しくして盈てると為す(空っぽなのに充実していると見せかける)」老子・三章「虚其心、實其腹＝其の心を虚しくし、其の腹を実たす(民の心を空っぽにし、民の腹を満たしてやる)」ⓓ詩経・北風「其虚其邪＝其れ虚なり、其れ邪なり(いつわりだよ、邪悪だよ)」

【許】 11(言・4) 常 常用音訓 キョ ゆるす

語音 (1)*hag(上古) ho(中古→呉ク・漢コ) hǔ(中) 호(韓) (2)*hiag(上古) hio(中古→呉コ・漢キョ) xǔ(中) 허(韓)

語源 [コアイメージ] ⇅の形に交差する。[実現される意味] 労働する際の掛け声ⓐ。[英] the sound produced to synchronize movement while working

〔解説〕古典の注釈では「許は聴(聞き入れる)なり」、また聴言(言うことを聞き入れる)、聴従(聞き入れて従う)などと意味を取る。日本語の「ゆるす」はユルシ(緩)と同根で、「きつく引き締めていた力を弱めて、対象を自由にさせる意」という(大野②)。これは漢語の赦に当たるが、展開義の「相手を受け入れる」が漢語の許に当たる。

字源 「午(音・イメージ記号)＋言(限定符号)」を合わせた字。「午」は杵を描いた図形。杵は上げ下げして穀物などを搗く道具である。ここに「⇅の形に交差する」というイメージがある(⇩午)。「許」は労働する際に、Aが声を掛けてBがそれに応じること、また、その掛け声を表す。

語義 [展開] 労働する時の掛け声を表す語ⓐ(1の場合)。Aが声を掛けてBがそれに応じることから、Aが発言することをBがそれに応じて聞き入れること、つまり相手の言うことを聞き入れる(認める、ゆるす)という意味ⓑに転じた。また、もと・ところの意味ⓒ、大体の数量を示す語(～ばかり)ⓓに用いる(以上は2の場合)。[英] the sound produced to synchronize movement while working; allow, permit; place; about, approximately [和訓] もと・ばかり [熟語] ⓐ許許・ⓑ許可・許容・ⓓ許多・少許

文献 ⓐ詩経・伐木「伐木許許＝木を伐ること許許たり(木を伐る声がエイエイホー)」ⓑ孟子・梁恵王上「明足以察秋毫之末、而不見輿薪、則王許之乎＝明は以て秋毫の末を察するに足る、而して輿薪を見ず、則ち王之を許すか(視力は秋の獣の細い毛がはっきり見えるのに、車に積んだ薪は見えないとしたら、王はこれを認めますか)」ⓒ墨子・非楽「吾將惡許用之＝吾将に悪許に之を用ゐん(私はどこでそれ[船や車]を用いたらよかろうか)」

【距】 12(足・5) 常 常用音訓 キョ

語音 *giag(上古) gio(中古→呉ゴ・漢キョ) jù(中) 거(韓)

語源 [コアイメージ] 距離を隔てる。[実現される意味] けづめⓐ。[英]spur

字源「巨(音・イメージ記号)＋足(限定記号)」を合わせた字。「巨」は「二つの間に距離を隔てる」というイメージがある(⇩巨)。「距」は足指の後方に長く間伸びして鋭い突起となって、それを用いることによって敵を近寄らせないニワトリのけづめを暗示させる。

語義［展開］ニワトリやキジのけづめが原義ⓐ。「二つの間を隔てる」というイメージから、相手との間に距離を置いて近寄らせない(抵抗してふせぐ、こばむ)意味ⓑ、また、空間的・時間的に二点間の幅が隔たる(二つの間を隔てる)意味ⓒを派生する。ⓑの意味は後に拒に譲った。［英］spur; resist; distant, distance ［和訓］へだたる・へだてる・けづめ ［熟語］ⓐ距爪・ⓒ距離

文献ⓐ山海経・南山経「有獸焉、其狀如豚、有距＝獸有り、其の狀は豚の如し、距有り(姿がブタに似、けづめのある獣がいる)」ⓑ詩経・皇矣「敢距大邦＝敢へて大邦を距ばむ(［小国のくせに］あえて大国をはねつけた)」ⓒ列子・湯問「不知距齊州幾千萬里＝斉州を距つること幾千万里なるかを知らず(［その国は］中国から幾千万里隔たっているかわからない)」

【裾】13(衣・8)　常　常用音訓 すそ

語音 *kiag(上古)　kio(中古→呉コ・漢キョ)　jū(中)　거(韓)

語源［コアイメージ］下の方に下がる。［実現される意味］衣服のすそⓐ。［英］hem

〈解説〉釈名・釈衣服に「裾は倨なり。倨倨然として直なり。亦た後ろに在りて常に踞(腰を下ろす)を見る」とあり、倨・踞と同源の語である。

字源「居(音・イメージ記号)＋衣(限定符号)」を合わせた字。「居」は腰を落ち着ける、尻を据えて座ることから、「下の方に下がる」、あるいは、「地面に着く」というイメージに転用できる。「裾」は衣の、地面に垂れ下がる部分、つまり「すそ」を表した。

語義［展開］衣のすその意味ⓐから、すそのように本体から垂れ下がる部分の意味ⓑを派生する。［英］hem; hem-shaped thing ［熟語］ⓑ裾礁

文献ⓐ後漢書・虞詡伝「縫其裾爲幟＝其の裾を縫ひて幟と為す(すそを縫って幟を作った)」

【鋸】16(金・8)　人　音 キョ　訓 のこぎり

語音 *kiag(上古)　kio(中古→呉コ・漢キョ)　jū(中)　거(韓)

語源［コアイメージ］∧形をなす。［実現される意味］木を挽き切る工具、のこぎりⓐ。［英］saw

〈解説〉∧形の鋭い歯を鋸歯というが、踞歯と書くこともある。踞は膝を曲げて腰を下ろすことで、「∠形や┗形をなす」というイメージがある。これは「∧形をなす」というイメージに展開する。

字源「居(音・イメージ記号)＋金(限定符号)」を合わせた字。「居」は「腰を地面に着ける」というイメージから、「┛形をなす」というイメージに展開し、「∧形をなす」というイメージを表すことができる(⇩居)。淮南子に居牙(鋭い牙)の用例がある。「鋸」は∧形の鋭い歯を持った金物を表す。

語義［展開］のこぎりの意味ⓐから、足切りに用いる刑具の意味ⓑを派生する。［英］saw; instrument used to cut off the feet ［熟語］ⓐ鋸歯・鋸屑・ⓑ刀鋸

文献ⓐ墨子・備城門「斧斤鑿鋸椎＝斧・斤・鑿・鋸・椎(おの・のみ・のこぎり・つち)」ⓑ国語・魯「中刑用刀鋸＝刑に中つるに刀鋸を用ゐる(刑罰を加えるのには刀と鋸を用いる)」

ぎょ

【魚】11(魚・0)　常　常用音訓 ギョ　うお・さかな

語音 *ŋiag(上古) ŋio(中古→呉ゴ・漢ギョ) yú(中) 어(韓)

語源 [コアイメージ] 筋張って硬い。[実現される意味] うおⓐ。[英]fish

〔解説〕字源は明白すぎているが、語源を探究した人は藤堂明保以外にいない。氏は魚を更のグループ、庚(コウ)のグループ(康など)と同じ単語家族に収め、「固いしんが張っている」という基本義があるとした(藤堂①)。うおの骨の形態的特徴を捉えた語である。鯁(コウ)(魚などの固い骨)はその特徴を表した語。和訓の「さかな」はサカ(酒)+ナ(菜)で、酒に添える食べ物が原義。これがうおの意味に転じたので、原義は肴(さかな)と書く。

字源 うおの全形を描いた図形。特に硬い骨が筋張っているところが強調されている。

(甲) (金) (篆)

語義 [展開] うおの意味ⓐ。また、うおのように水に棲む動物や、うおに似た(あるいは、見立てた)動物や物体の意味ⓑに転用される。うおを捕るという動詞ⓒでも使われた。ⓒは後に漁と書かれて分化した。[英]fish(ⓐⓒ); fish-shaped thing; catch fish [熟語] ⓐ魚族・魚類・ⓑ魚雷・木魚・ⓒ魚網

文献 ⓐ詩経・鶴鳴「魚潛在淵＝魚は潜みて淵に在り(魚は淵に潜んでいる)」ⓒ春秋左氏伝・隠公5「公將如棠觀魚者＝公将(まさ)に棠に如(ゆ)き魚者を観んとす(殿様は棠[地名]に行って魚を捕る者を見物しようと思った)」

【御】 12(彳・9) 常 ｜ 常用音訓 ギョ・ゴ おん

語音 (1)*ŋiag(上古) ŋio(中古→呉ゴ・漢ギョ) yù(中) 어(韓) (2)*ŋăg(上古) ŋă(中古→呉ゲ・漢ガ) yà(中) 아(韓)

語源 [コアイメージ] 逆方向(⇅の形)に行く。[実現される意味] 馬や車を操るⓐ。[英]drive(a chariot)

〔解説〕馬を御すること、人民を統御すること、機械を制御することに共通するイメージは何か。それは「扱いにくいものをコントロールする」というイメージである。その根源をなすのが午のもつ「逆方向(⇅の形)に行く」というイメージである。↓の方向に来る力に対抗して、↑の方向に向けて相手の力を抑えること、これが「扱いにくいものをコントロールする」ことに外ならない。藤堂明保は午・牙・五・互・呉などは「かみ合う、×型、↓↑型」の基本義があるとし、御は「(杵で堅い穀物を柔らかくつきならすように)堅い物や、言うことをきかぬ物を制御して手なずけること」と述べる(藤堂①)。もっとも杵の比喩からではなく、抽象化したコアイメージで説明するのがよい。

〔グループ〕御・禦(ギョ)(手強いものを押さえて防ぐ)

字源 甲骨文字・金文にある古い字体は「午+卩」であるが、篆文では「午(ゴ)(音・イメージ記号)+卩(背をかがめる人。イメージ補助記号)+彳+止(二つ合わせて辵と同じ。限定符号)」を合わせた「御」に変わった。「午」は杵を描いた図形。杵は臼に入れた穀類を搗いて軟らかくする道具であり、↓の方向に打ち下ろして穀類を搗き、次に↑の方向に挙げ、この動作を繰り返す。ここに「逆方向(⇅の形)に行く」というイメージがある。「御」は乗り手が↓の方向に行こうとするもの(馬が想定されている)を手なずけて、↑の方向に行かせる様子を暗示させる。この意匠によって、扱いにくい馬や車を操ることを表象する。別説では、「道路に養馬が進行する意」(加藤①)、ひざまずいた人(卩)が杵(午)を拝み、邪悪なものを禦(ふせ)ぐこと(白川ⓐ)などの説がある。

(甲)    (金)  (篆) 

語義 [展開] 馬や車を操る意味ⓐから、馬を使いならす人、また、その役目の意味ⓑに展開する。また、「逆方向(⇅の形)に行く」というイメージは「扱いにくいものを手なずけてならす」というイメージに展開し、

天子・君主が人民を支配する(治める)意味ⓒ、人が機器類を使いこなす(コントロールする)意味ⓓ、手強いものを押さえて防ぐ意味ⓔを派生する。また、ⓒとの関連から、天子のそばに仕えることや、その人の意味ⓕ、天子に対する尊敬語ⓖに用いる(以上は1の場合)。ⓔは禦と通用。また、↓の方向から来るものを↑の方向に進み出て迎えるという意味ⓗを派生する(2の場合)。他人に対する尊敬語・丁寧語ⓘに使うのは日本的用法(読みは1と同じ)。[英]drive(a chariot); charioteer, driver; govern; control, manage; resist, defend; serve, attendant; honorific for emperor; meet, welcome; honorific for another person 【和訓】お・み・おさめる・ふせぐ 【熟語】ⓐ御者・射御・ⓒ御宇・統御・ⓓ制御・ⓔ防御・ⓕ侍御・入御・ⓖ御璽・崩御・ⓘ御意・御用

文献 ⓐ詩経・鵲巣「百兩御之＝百両もて之を御す(百台の車を操って運んでいく)」ⓑ詩経・黍苗「我徒我御＝我が徒、我が御(私の兵卒、私の御者)」ⓒ詩経・思斉「以御家邦＝以て家邦を御(おさ)む(家と国を丸く治める)」ⓔ詩経・谷風「亦以御冬＝亦た以て冬を御(ふせ)ぐ(それでもって厳しい冬をしのいだ)」ⓕ詩経・崧高「王命傅御＝王、傅御に命ず(王は侍御に命じた)」ⓗ詩経・甫田「以御田祖＝以て田祖を御(むか)ふ(そうして田の神様をお迎えする)」

【漁】14(水・11) 常 常用音訓 ギョ・リョウ

語音 *ŋiag(上古) ŋio(中古→呉ゴ・漢ギョ) yú(中) 어(韓)

語源 [コアイメージ] 筋張って硬い。[実現される意味] 魚を捕る(すなどる)ⓐ。[英]catch fish, fishing

字源 うおを意味する魚は「うおを捕る」という意味も派生した(英語のfishも同じ)。うおと区別して派生義を表すため、「魚(ギョ)(音・イメージ記号)＋水(限定符号)」を合わせて「漁」ができた。

語義 [展開] 魚を捕る意味ⓐから、手当たり次第に探し求める(あさる)意味ⓑを派生する。日本では猟の音を借用してレフ(リョウ)と読むことがある。[英]catch fish, fishing; hunt, search 【和訓】すなどる・あさる・いさる 【熟語】ⓐ漁獲・漁法・ⓑ漁史・漁色

文献 ⓐ易経・繫辞伝下「以佃以漁＝以て佃(デン)し、以て漁す(狩りをしたり、すなどりしたりする)」

きょう

【凶】4(凵・2) 常 常用音訓 キョウ

語音 *huŋ(上古) hioŋ(中古→呉ク・クウ・漢キョウ) xiōng(中) 흉(韓)

語源 [コアイメージ] 空っぽ。[実現される意味] 異変が起こりそうで不吉である(めでたくない、運が悪い)ⓐ。[英]unlucky

〔解説〕凶と吉は相対する語である。釈名・釈言語に「凶は空なり。空亡(空っぽで何もない)に就くなり」とあるように、*huŋという語は空・谷(くぼみ)などと同源で、「空っぽ」というコアイメージをもつ。「空っぽ・うつろ」というイメージは、不吉で悪いことが起こりそうであるというイメージに転化する。心理的には不安な感覚を呼び起こし、社会的には禍や異変を予感させる。吉はいっぱい詰まる→よいというイメージに転じるが、凶は空っぽ→悪いというイメージに転じる。

〔グループ〕凶・胸・兇(キョウ)(悪いことが起こりそうで不安になる。また、悪い・悪者[兇器・元兇])・匈(キョウ)(肋骨などで取り囲まれた上体の空所、胸腔)・恟(キョウ)(恐れて不安になる[恟恟])・洶(キョウ)(＝汹。水が空気を包み込み泡立つ→波が逆巻く[洶涌])・詾(キョウ)(＝訩。やかましく騒ぎたてる。また、異変や騒乱)・酗(ク)(酒に酔って荒々しくなる)

字源 「凵(くぼんだ所)＋×(交差する符号)」を合わせて、空っぽな穴に落ちて、絡まって出られなくなる情景を設定した図形。落とし穴の意匠

は「中が空っぽである」というイメージを表すことができる。

(篆) 

[語義] [展開] 運が悪い意味ⓐから、不吉な現象や事態(異変・災害)の意味ⓑ、作物がとれない(不作・飢饉)の意味ⓒ、悪い、また、悪者の意味ⓓ、人を殺傷する意味ⓔに展開する。ⓓⓔは兇と通用。[英]unlucky, inauspicious; misfortune, bad omen; lean crops, famine; fierce; murder [熟語] ⓐ凶兆・大凶・ⓑ凶災・凶乱・ⓒ凶年・豊凶・ⓓ凶悪・元凶・ⓔ凶器・凶弾

[文献] ⓐ詩経・十月之交「日月告凶＝日月、凶を告ぐ(日と月が凶を知らせる)」ⓑ詩経・兎爰「逢此百凶＝此の百凶に逢へり(たくさんの災いに遭ってしまった)」ⓒ孟子・梁恵王上「河内凶則移其民於河東＝河内凶なれば、則ち其の民を河東に移す(河内が飢饉になったら住民を河東に移住させる)」

【叶】5(口・2) [人] [音]キョウ [訓]かなう・かなえる

[語音] *ɦāp(上古) ɦep(中古→[呉]ゲフ〈＝ギョウ〉・[漢]ケフ〈＝キョウ〉) xié(中) 협(韓)

[語源] [コアイメージ] 多くのものを合わせる。[実現される意味] ぴったり合ってまとまる(合う)ⓐ。[英]join, combine

〔解説〕日本語の「かなう(かなふ)」はカネ(兼)＋アフ(合)の転で、「両方にわたって、うまく条件が合う意」から、㋐「無理なく条件にぴったり合う」、㋑「思いどおりになる」意味に展開するという(大野①)。漢語の叶には㋑の意味がない。

[字源]「十(イメージ記号)＋口(限定符号)」を合わせた字。「十」は「(多くのものを)まとめて一本化する」というイメージがある(⇩十)。「叶」は多くの口(ことば)を合わせて一つにまとめる様子を暗示させる。説文解字では協の古文とする。

[語義] [展開] いくつかのものがぴったり合う、また、ぴったり合ってまとまる(和合する)意味ⓐで、協と通用。思い通りになる意味ⓑは日本的用法。[英]join, combine; attain [熟語] ⓐ叶韻

[文献] ⓐ論衡・斉世篇「叶和萬國＝万国を叶和す(すべての国をまとめ合わせて仲良くさせる)」

【共】6(八・4) [常] [常用音訓]キョウ とも

[語音] *kɪuŋ(上古) kɪoŋ(中古→[呉]ク・クウ・[漢]キョウ) gòng(中) 공(韓)

[語源] [コアイメージ] 一緒にそろえる。[実現される意味] 一緒にそろって何かをする(一緒にそろう)ⓐ。[英]share with

〔解説〕両手をそろえて大事そうに持つこと、また、一緒にそろって何かをすることを意味する言葉が*kɪuŋである。この語は「一緒にそろえる」というコアイメージをもつ。共の意味範囲は動作に主眼を置いた供、心理面に主眼を置いた恭を含むが、それらが分化した後は、主として「一緒にそろう」というコアの部分を表すようになった。訓の「とも」(普通は「ともに」の形を取る)はトモ(友・伴)から転じたもので、「同類として」「二つながら」の意味という(大野①)。

〔グループ〕共・供・恭・洪・巷・港・拱《キョウ》(胸の前に両手を組み合わせて敬意を表す、こまぬく[拱手])・栱《キョウ》(棟木を一緒に支える木、ますがた)・哄《コウ》(一斉に大声を立てる[哄笑])・鬨《コウ》(一斉に立てるときの声)

[字源]「廾《キョウ》(音・イメージ記号)＋廿(ある物を示すイメージ補助記号)」を合わせた字。「廾」は両手の形。「両手をそろえる」というイメージを示す記号になる。「共」は両手をそろえて物をうやうやしく差し上げる情景を設定した図形。この図形的意匠の前半に視点を置いたのが「共」、後半に視点を置いたのが「供」、うやうやしいという心理面に視点を置い

たのが「恭」である。

(甲) 　(金) 　(篆) 　[廾]

(甲) 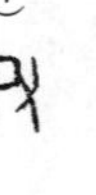　(金)　(篆)

語義 [展開] 一緒にそろって何かをする(一緒にそろう)意味ⓐから、一緒にそろって(みんなで・ともに)の意味ⓑに展開する。また、大事そうにささげる意味ⓒ、恭しい意味ⓓにも用いられる。ⓒは供、ⓓは恭と通用。[英]share with; together; hold up; respectful [熟語] ⓐ公共・ⓑ共存・共通

文献 ⓐ老子・十一章「三十輻共一轂＝三十輻は一轂を共にす(三十本のや[スポーク]が一つのこしき[ハブ]を共にする)」ⓑ論語・子罕「可與共學、未可與適道＝与(とも)に共に学ぶべきも、未だ与に道に適(ゆ)くべからず(その人と一緒に学ぶことはできても、一緒に人道に進んでいくことはできない)」ⓒ詩経・六月「共武之服＝武の服を共す(戦の道具をささげ持つ)」ⓓ詩経・小明「念彼共人＝彼の共人を念ふ(あの恭しく穏やかな人を思い出す)」

【匡】6(匚・4)　人　音キョウ　訓ただす

語音 *k'iuaŋ(上古)　k'iuaŋ(中古→呉クワウ〈＝コウ〉・漢クヰヤウ〈＝キョウ〉)　kuāng(中)　광(韓)

語源 [コアイメージ] ㋐伸び広がる・㋑枠をはみ出る。[実現される意味] ゆがみや間違いを正しく直すⓐ。[英]correct, right

〔解説〕 和訓の「ただす」は「まっすぐにする意」(大野①)であるが、その前提にあるのはゆがみや曲がりである。漢語の匡も同じ。ゆがみは規格や基準からはみ出た状態である。一定の枠(基準・模範)からはみ出ないように、きちんと枠にはめて押さえることが匡のイメージである。「枠からはみ出る」と「枠に押さえる」は可逆的な(相互転化可能な)イメージで、濫(枠からはみ出る)―檻(はみ出ないようにする枠、おり)、犯(枠をはみ出す、犯す)―範(踏み外さないための一定の枠・基準)の関係などにこれと似たイメージ転化現象が見られる。

〔グループ〕 匡・框(キョウ)(器物にはめる木の枠。「かまち」は国訓)・筐(キョウ)(物を入れる箱。特に、四角い箱・かご、かたみ[筐底])・眶(キョウ)(目の外枠、まぶた)

字源 「㞷(オウ)(王はその変形。音・イメージ記号)＋匚(枠を示す限定符号)」を合わせた字。「㞷」は「むりに伸び広がる」というイメージがあり、「枠からはみ出ていく」というイメージに展開する(⇨往・狂)。「匡」は中からはみ出ないようにかぶせる枠を暗示させる。この意匠によって、ゆがみを直して正しい型に合うようにすることを表象する。

語義 [展開] ゆがみや間違いを正しく直す(ただす)意味ⓐ。「(はみ出ないようにするための)枠」のイメージがあることから、カニの背にかぶさる殻の意味ⓑにも転じる。[英]correct, right; armor [熟語] ⓐ匡正

文献 ⓐ詩経・六月「以匡王國＝以て王国を匡(ただ)す(こうして王国を立て直す)」ⓑ礼記・檀弓「蟹有匡＝蟹に匡有り(カニには殻がある)」

【叫】6(口・3)　常　常用音訓 キョウ　さけぶ

語音 *kög(上古)　keu(中古→呉・漢ケウ〈＝キョウ〉)　jiào(中)　규(韓)

語源 [コアイメージ] §の形によじり合わせる・引き絞る。[実現される意味] 金切り声を出す(大声を出す)ⓑ。[英]shout

〔解説〕 王力は叫・号・吼(コウ)・哮(コウ)・噭(キョウ)・嚻(ゴウ)などを同源とする(王力①)。これは表層レベルでの語源説。藤堂明保は深層構造を探り、丩(キュウ)のグループ(糾・叫など)を求のグループ、匊(キク)のグループ(掬など)、告のグループなどと同源とし、「引き締める・よじり合わせる」という基本義があるとする(藤堂①)。大声を出す行為を、のどを引き絞るという生理的現象として想像して造語されたのが叫である。のど元で息を屈曲させて摩擦を起こ

して発声することを想定した号・呵・喝・歌なども似た発想である。日本語の「さけぶ」は「大声をあげる。声をふりしぼって何かひとこと言う」意味(大野②)。漢語の叫とほぼ同じ。英語のshoutのsh-は「声がのどを通るときの摩擦音」という説がある(政村①)。漢語の叫・号などの造語法とよく似ている。

字源 「丩(キュウ)(音・イメージ記号)＋口(限定符号)」を合わせた字。「丩」は「§の形によじり合わせる」というイメージから、「引き締める」「引き絞る」というイメージに展開する(⇩糾)。「叫」はのどを引き絞って声を出す様子を暗示させる。この意匠によって、金切り声でさけぶことを表象する。

語義 [展開] さけぶ意味ⓐから、呼ぶ、呼び寄せる意味ⓑを派生する。[英]shout, scream, cry, yell, exclaim; call [熟語] ⓐ叫喚・絶叫

文献 ⓐ詩経・北山「或不知叫號＝或いは叫号を知らず(悲痛の叫び声を知らぬものもいる)」ⓑ王逸・九思・疾世「叫我友兮配耦＝我が友を叫(よ)びて配耦す(わが友を呼んでカップルとなる)」

【杏】 7(木・3) 人 音キョウ・アン 訓あんず

語音 *ɦăŋ(上古) ɦʌŋ(中古→呉ギヤウ〈＝ギョウ〉・漢カウ〈＝コウ〉・慣キヤウ〈＝キョウ〉) hiaŋ(唐アン) xìng(中) 행(韓)

語源 [コアイメージ] 卵形。[実現される意味] アンズⓐ。[英]apricot

〈解説〉この語は珩(コウ)(半円を組み合わせた円形の玉)と同源で、珩と似た卵形の葉の特徴から命名されたという(夏緯瑛・植物名釈札記)。

字源 「口(イメージ記号)＋木(限定符号)」を合わせて、食べておいしい実の生る木を暗示させる図形。図形にはコアイメージは反映されていない。

語義 バラ科サクラ属の果樹の名、アンズの意味ⓐ。葉は卵形に近い。生食できる。[熟語] ⓐ杏花・杏仁

文献 ⓐ管子・地員「其梅其杏＝其の梅、其の杏([その土に適した植物は]ウメとアンズと)」

【狂】 7(犬・4) 常 常用音訓 キョウ くるう・くるおしい

語音 *guaŋ(上古) guaŋ(中古→呉グワウ〈＝ゴウ〉・漢クキヤウ〈＝キョウ〉) kuáng(中) 광(韓)

語源 [コアイメージ] ㋐伸び広がる・㋑枠をはみ出る。[実現される意味] 常識の枠から外れてむちゃくちゃな振る舞いをする(精神や行動が普通ではない)ⓐ。[英]mad, crazy

〈解説〉常識の枠から逸脱することが*guaŋの意味である。この聴覚記号の図形化に王のコアイメージが用いられた。王の「大きく伸び広がる」というイメージはむやみやたらに進むというイメージに転化し(往)、究極では、常識の枠を外れた振る舞いをする(狂)、でたらめに人をだますというイメージに転化する(誑)。匡(キョウ)(枠からはみ出ないようにゆがみを正す)とは正反対であるが、同源の語である。それは「枠をはみ出る」と「枠にはめる」が可逆的な(相互転化可能な)イメージだからであり、漢語特有の意味論的構造がある。日本語の「くるう(くるふ)」は「クルシ(苦)と同根か。心の安定を失う。正常の心を失う」「常軌を逸している」意味という(大野①)。漢語の狂とはコアイメージが違うが、意味はほぼ同じ。

〈グループ〉狂・誑(キョウ)(たぶらかす[誑惑])・逛(キョウ)(当てもなく歩き回る)・鵟(キョウ)(気味の悪い声で鳴くフクロウの一種、茅鴟(ボウシ)。〈日〉ノスリ)

字源 「㞷(オウ)(王はその変形。音・イメージ記号)＋犬(限定符号)」を合わせた字。「㞷」は「大きく広がる」「むりに伸び広がる」というイメージがあり、「枠からはみ出ていく」というイメージに展開する(⇩往・匡)。「狂」は犬が制止を聞かずにむちゃくちゃに歩き回る情景を設定した図形。この意匠によって、常識の枠を外れて普通ではない行動を取ることを表象

する。

(篆)

語義 [展開] 常識の枠から外れてむちゃくちゃな振る舞いをする(くるう)意味ⓐから、志やスケールが常識の枠を外れている意味ⓑ、常軌を逸して物事にはまる人(マニア)の意味ⓒ、野放図な様子(むちゃくちゃな、激しい)の意味ⓓに展開する。おかしい・こっけいである意味ⓔは日本的用法。[英]mad, crazy, insane; extravagant; maniac; violent, wild; funny, comic [熟語] ⓐ狂気・狂人・ⓑ狂簡・狂狷・ⓒ偏執狂・ⓓ狂奔・狂瀾・ⓔ狂歌・狂言

文献 ⓐ詩経・載馳「衆稚且狂＝衆(おお)いに稚く且つ狂なり([自分の行動は]幼稚な上にむちゃだった)」ⓑ論語・陽貨「古之狂也肆、今之狂也蕩＝古の狂や肆(シ)、今の狂や蕩なり(昔の型破りはおおまかであったが、今の型破りはでたらめだ)」

【京】 8(亠・6) 常 常用音訓 キョウ・ケイ

語音 *kliăŋ(上古) kɪaŋ(中古→呉キヤウ〈＝キョウ〉・漢ケイ) kiaŋ(唐キン) jing(中) 경(韓)

語源 [コアイメージ] 高く大きい。[実現される意味] 高くて大きな丘ⓐ。[英]high ground, hill

〔解説〕高くて大きな台地を*kliăŋという。古代中国では低湿地を避けて高くて見通しのよい場所に都市を造営したらしい。したがってこの語には「大きい」「高い」「明るい」などの複合イメージがある。王力は京・鯨・麖は同源で、大の意味があるとする(王力②)。藤堂明保は景・鯨のほかに岡と同源とする(藤堂②)。

〔グループ〕京・景・鯨・涼・掠・椋・諒・亮・黥(ゲイ)(額に墨を入れて地よりはっきりと目立たせる→いれずみ[黥面])・麖(ケイ)(大型のシカの一種、サンバー、水鹿)

字源 高い台地の上に楼閣が建っている姿を描いた図形。*kliăŋという語は大きな丘の意味であるが、図形はみやこを予想した意匠になっている。

(甲)　(金)　(篆)

語義 [展開] 大きな丘の意味ⓐから、みやこ(首都)の意味ⓑ、大きい意味ⓒに展開する。また、大数の名(古くは兆の十倍。現在は兆の一万倍)ⓓに使われる(ケイと読む)。万以上の大数は「数えきれないほど多い、大きい」というイメージで名づけられた。[英]high ground, hill; capital city; great; ten million [和訓] みやこ [熟語] ⓑ京師・京城

文献 ⓐ詩経・定之方中「景山與京＝山と京を景(はか)る(日影を見て山と丘の高さを測る)」ⓑ詩経・下泉「念彼周京＝彼の周京を念ふ(かの周の都をいちずに思う)」ⓒ詩経・正月「憂心京京＝憂心京京(ケイケイ)たり(心の憂いはますます募る)」

【亨】 8(亠・6) 常 常用音訓 キョウ

語音 *hiaŋ(上古) hɪaŋ(中古→呉カウ〈＝コウ〉・漢キヤウ〈＝キョウ〉) xiăng(中) 향(韓)

語源 [コアイメージ] →形にスムーズに通る・⇅形に通い合う。[実現される意味] 供え物をしてすすめる。また、ごちそうしてもてなすⓐ。[英]offer(a sacrifice), feast

〔解説〕古典の注釈に「亨の言為(た)るは嚮(キョウ)(むかう)なり」の訓がある。藤堂明保はさらに範囲を拡大し、向・香・亨・享、および郷のグループを同じ単語家族にくくり、「空気が動く」という基本義があるとする(藤堂①)。A点からB点へ空気などが線条的に流れることは、「一定の方向(→の形)に向かう」というイメージに概括できる。視点の置き所によっ

てA→Bの形でもあるし、A←Bの形でもあるから、A⇄B(AとBの間で通い合う)というイメージにも展開する。享は人と神の間でやりとりがあることに使われる語であるが、人に視点を置くと物をすすめる意味、神に視点を置くともてなし(恵み)を授ける意味になる。ここに人⇄神(二つの間で⇄の形に通い合う)という図式が成立する。饗宴の饗は双方向のイメージ(互いに向かい合って会食する)、響・香は単方向のイメージを持つ(音や香気がある方向へ通っていく)。

字源 「亯」(篆文の字体)が本字。宗廟(先祖を祭るみたまや)を描いた図形。人が先祖の神に供え物をして祭り、神から幸せを受ける場面を想定した意匠によって、「スムーズに通る」というイメージと、「二つの間に何かが⇄の形に通い合う」というイメージを表すことができる。「亯」は隷書の段階で「享」と「亨」に分化し、受ける意味には享、スムーズに通る意味では亨を使い分けるようになった。字源については宗廟の形とする呉大澂の説がよい。ほかに食物を煮る器、供物の場所、饗宴の場所、建築物等々の説がある。

(甲)　(金)　(篆)

語義 [展開] 供え物をすすめる、ごちそうしてもてなす意味ⓐから、与えられたものを受け入れる(身に受ける)意味ⓑに展開する。[英]offer(a sacrifice), feast; enjoy [和訓] うける [熟語] ⓐ享宴・ⓑ享受・享楽

文献 ⓐ詩経・信南山「享于祖考=祖考に享す(御先祖様にお供えする)」ⓑ荘子・譲王「我享其利=我、其の利を享く(私はその利益を受ける)」

【供】 8(人・6) 常 ｜ 常用音訓 キョウ・ク　そなえる・とも

語音 *kiuŋ(上古) kioŋ(中古→呉ク・漢キョウ・[慣]グ) gòng(中) 공(韓)

語源 [コアイメージ] 両手をそろえる。[実現される意味] 恭しくささげ持つ(そなえる)ⓐ。[英]hold up respectfully, offer

解説 日本語の「そなえる(そなふ)」は「必要な種類と数を欠ける所なく用意する意」という(大野①)。これは漢語の備・具に当たる。展開義の「神仏に物を整えて差し上げる」が漢語の供に当たる。また日本語の「とも」は「主となるものにそば近く寄り添って従うもの」の意という(大野①)。この意味は漢語の供にない。共に「とも」(「ともに」のとも)の訓があるので、従者の「とも」はそれとは区別して供を漢字表記に用いたと考えられる。

字源 「共」(音・イメージ記号)+人(限定符号)」を合わせた字。「共」は両手をそろえてある物をうやうやしく差し上げる場面を設定した図形(⇨共)。「供」は恭しく物を捧げてそなえることを表す。

語義 [展開] 恭しく捧げ持つ意味ⓐから、役立てるために物を差し上げる(差し出す)意味ⓑに展開する。また、裁判に供する意見を申し立てる(事情を述べる)意味ⓒを派生する。とも(従者)の意味ⓓは日本的用法。[英]hold up respectfully, offer; provide; confess; attendant [熟語] ⓐ供応・供物・ⓑ供給・提供・ⓒ供述・自供

文献 ⓐ孟子・滕文公下「無以供犧牲也=以て犧牲を供する無きなり(いけにえを供えることがない)」ⓑ孟子・梁恵王上「王之諸臣、皆足以供之=王の諸臣、皆以て之を供するに足る(御家来衆がそれ[王の欲しいもの]を十分提供している)」

【協】 8(十・6) 常 ｜ 常用音訓 キョウ

語音 *ɦăp(上古) ɦep(中古→呉ゲフ〈=ギョウ〉・漢ケフ〈=キョウ〉) xié(中) 협(韓)

語源 [コアイメージ] →・←の形に合わせる。[実現される意味] 力を合わせるⓐ。[英]join forces, cooperate

解説 藤堂明保は協を兼のグループや僉のグループ(倹・斂など)と同

じ単語家族に入れ、「集めて引き締める」という基本義があるとし、一方では脇・脅を夾のグループ(挟など)や箝・鉗と同じ単語家族に入れ、「間にはさむ」という基本義があるとした(藤堂①)。この二つは一つのコアイメージに概括できないだろうか。それは「→・←の形に合わさる」というイメージであろう。真ん中に視点を置くと、左右または上下から中心に集まる(集めて引き締める)というイメージになり、左右または上下に視点を置くと、「中のものを両側から挟む」というイメージになる。いくつかの力を合わせて一つにまとめることが協である。

〔グループ〕協・脅・脇・勰(気持ちが合う→やわらぐ)

字源 「劦(音・イメージ記号)＋十(イメージ補助記号)」を合わせた字。「劦」は「力」を三つ重ねた図形で、「力を合わせる」というイメージを示す。この図形で十分*fiapを表記できるが、「両側から挟む」というイメージも生じたため、「十」を加えた。「十」は十進法で基数の後に来る新しい単位を表す語で、「まとめて一本化する」というイメージがある(⇩十)。したがって「協」は多くの力を合わせて一つにまとめる様子を暗示させる。「叶」は古文(⇩叶)。

(篆) [劦] (篆)

語義 [展開] 力を合わせる意味ⓐから、いくつかのものがぴったり合う意味ⓑ、ぴったり合ってまとまる(和合する)意味ⓒに展開する。[英] join forces, cooperate; conform; harmonious [和訓] あわせる・あう・かなう [熟語] ⓐ協同・協力・ⓑ協韻・協律・ⓒ協調・協和

文献 ⓐ書経・湯誓「有衆率怠弗協＝有衆率ゐて、怠りて協せず(多くの人が導きながら、怠って力を合わせなかった)」ⓑ春秋左氏伝・昭公7「告之夢、夢協＝之に夢を告ぐ、夢協ふ(彼に夢の話をすると、[二人の]夢はぴったり合った)」ⓒ春秋左氏伝・僖公22「吾兄弟不協＝吾が兄弟は協はず(我々兄弟は気が合わない)」

【況】 8(水・5) 常 | 常用音訓 キョウ

語音 *huaŋ(上古) huaŋ(中古→(呉)クワウ〈＝コウ〉・(漢)クヰヤウ〈＝キョウ〉) kuàng(中) 황(韓)

語源 [コアイメージ] (比較して)大きい。[実現される意味] (状況や程度が)前よりも程度が一段と進む様子(ますます)ⓐ。[英]increasingly

〔解説〕語源が難しいことばである。詩経では「ますます」という副詞的用法がある。ありさまの似た二つのものAとBを比較して、「AはBに比べてますます程度が大きい」ということを意味する。この語を図形化するために兄が用いられた。兄は弟と比べて大きいからである。

字源 「兄(音・イメージ記号)＋水(限定符号)」を合わせた字。兄は弟と比べて大きいことから、AとBを比べてAが大きいというイメージを「兄」で表せる。かくて「況」はAの時期の川の水かさや水温などがBの時期と比べて大きい様子を暗示させる。この具体的場面設定により、状況や程度がますます大きくなることを表象する。詩経では兄だけでその意味を表すこともある。

語義 [展開] 前よりも程度が一段と進む様子(ますます)の意味ⓐ。AとBを比べることの前提として、似たありさまがある。Aをありさまの似たBになぞらえる(たとえる)という意味ⓑに展開し、また、ありさまの意味ⓒを派生する。また、Bはこうだと最初に言い出して、その後にそれより程度の上のAは言うまでもないという用法(漢文で「いわんや」と読む)ⓓが生じた。[英]increasingly; compare; situation; moreover, besides [和訓] たとえる・いわんや・まして [熟語] ⓑ比況・ⓒ実況・状況

文献 ⓐ詩経・常棣「況也永歎＝況ます永歎す(ますますため息が出る)」(也はリズム調節詞)ⓑ論衡・別道篇「推類以況之也＝類を推して以て之に況するなり(似た点を推測してこれにたとえるのだ)」ⓓ易経・乾「天且弗違、

而況於人乎、況於鬼神乎＝天すら且つ違はず、而して況んや人に於いてをや、況んや鬼神に於いてをや（天すらそむかないのに、まして人は言うまでもない、まして鬼神は言うまでもない）」

【俠】9（人・7） 人 ｜ 音キョウ 訓おとこだて・きゃん

語音 *ɦāp（上古） ɦep（中古→呉ゲフ〈＝ギョウ〉・漢ケフ〈＝キョウ〉） xiá（中） 협（韓）

語源 ［コアイメージ］↓・↑の形に（両側から）挟む。［実現される意味］義によって弱い者を助ける人。また、男気があることⓐ。［英］chivalrous person, chivalry

字源 「夾（キョウ）（音・イメージ記号）＋人（限定符号）」を合わせた字。「夾」は「両側から挟む」というイメージがある（⇩挟）。「俠」は両脇に子分をかかえる親分を暗示させる。

語義 ［展開］男気の意味ⓐ。蓮っ葉な女（おきゃん）の意味ⓑは日本的用法。［英］chivalrous person, chivalry; tomboy ［熟語］ⓐ俠客・武俠

文献 ⓐ韓非子・五蠹「俠以武犯禁＝俠は武を以て禁を犯す（俠客は武力で禁令を犯す）」

【峡】9（山・6） 常 ｜ 常用音訓 キョウ

〔峽〕10（山・7） 人 ｜ 音キョウ 訓はざま・かい

語音 *ɦăp（上古） ɦap（中古→呉ゲフ〈＝ギョウ〉・漢カフ〈＝コウ〉・慣ケフ〈＝キョウ〉） xiá（中） 협（韓）

語源 ［コアイメージ］↓・↑の形に（両側から）挟む。［実現される意味］山と山に挟まれた谷（はざま）ⓐ。［英］gorge, ravine

字源 「峽」が正字。「夾（キョウ）（音・イメージ記号）＋山（限定符号）」を合わせた字。「夾」は「真ん中のものを両側から挟む」というイメージがある（⇩挟）。「峽」は二つの山に挟まれた地形を暗示させる。

語義 ［展開］はざまの意味ⓐから、川の両側が山に挟まれて狭くなった所の意味ⓑに展開する。［英］gorge, ravine; isthmus, strait ［熟語］ⓐ峡谷・山峡・ⓑ海峡・地峡

文献 ⓐ新序・善謀「道險峽難至＝道険しく峡至り難し（道が険しくてはざまに到達するのが難しい）」 ⓑ水経注4「其水東南流出峽＝其の水東南に流れて峡を出づ（その川は東南に流れて峡を出る）」

【挟】9（手・6） 常 ｜ 常用音訓 キョウ はさむ・はさまる

語音 *ɦāp（上古） ɦep（中古→呉ゲフ〈＝ギョウ〉・漢ケフ〈＝キョウ〉） xié（中） 협（韓）

語源 ［コアイメージ］↓・↑の形に（両側から中のものを）挟む。［実現される意味］指の間にはさむⓐ。［英］hold between fingers

〔解説〕協と同源の語で、協は「↓・↑の形に合わさる」というのがコアイメージ。中心に視点を置くと「一つに合わさりまとまる」というイメージに展開し（協力・協和の協）、左右に視点を置くと「両側からはさむ」というイメージに展開する。後者のイメージが夾と図形化された。日本語の「はさむ」は「物と物とで、その間にあるものを両方から押しつける」意という（大野①）。漢語の夾・挟とほぼ同じ。

〔グループ〕峡・挟・狭・頰・俠・莢（キョウ）（豆類の種子を挟む外皮、さや）・筴（キョウ）（物を挟む箸）・篋（キョウ）（書物などを入れる箱［篋底］）・裌（コウ）（裏地をつけた衣、あわせ）・蛺（キョウ）（羽を両側から挟むようにしてひらひらと動かす虫、チョウ［蛺蜨・蛺蝶］。〈日〉タテハチョウ）・鋏（キョウ）（鍛冶用のはさみ。かなばさみ・かなばし。〈日〉裁縫用のはさみ［入鋏］）

字源 「挾」が正字。「夾（キョウ）（音・イメージ記号）＋手（限定符号）」を合わせた字。「夾」は「大（大の字型に立つ人）」の左右に「人（左向きの人）」と「匕（右向きの人）」を配置し、真ん中のものを両側から挟む情景を設定し

た図形。この意匠によって、「↓・↑の形に中のものをはさむ」というイメージを示す記号となる。「挟」は指や脇の間に物をはさむ様子を暗示させる。

（甲）　（金）　（篆）［夾］　（篆）

〔字体〕「挟」は近世中国で発生した「挾」の俗字。夾に従う他の常用漢字もこれに倣う。

語義　［展開］指の間にはさむ意味ⓐ、脇の間にはさむ（わきばさむ）意味ⓑから、広く、両側から中の物をはさむ意味ⓒに展開する。また、何かを抱えて頼みとする（たのむ）意味ⓓを派生する。ⓒは夾と通用。［英］hold between fingers; clasp under arm; hold between, sandwich; rely on ［和訓］わきばさむ・さしはさむ　［熟語］ⓑ挟持・挟書・ⓒ挟撃

文献　ⓐ詩経・吉日「既挟我弓＝既に我が弓を挟む（やがて私の弓を指に挟んで持った）」ⓑ孟子・梁恵王上「挟太山以超北海＝太山を挟（わきばさ）みて北海を超ゆ（泰山を脇に抱えて北海を越える［不可能の喩え］）」ⓓ孟子・尽心上「挟貴而問、挟賢而問…皆所不答也＝貴を挟みて問ひ、賢を挟みて問ひ…皆答へざる所なり（身分の高さを鼻にかけたり、賢明ぶりを鼻にかけりした質問には、一切答えません）」

【狭】 9（犬・6）　常　｜（常用音訓）キョウ　せまい・せばめる・せばまる

〔狹〕 10（犬・7）　人　｜ ㊥キョウ　㊫せまい・せばめる・せばまる

語音　*ɦăp（上古）　ɦʌp（中古→㊮ゲフ〈＝ギョウ〉・㊯カフ〈＝コウ〉・［慣］ケフ〈＝キョウ〉）　xiá（中）　협（韓）

語源　［コアイメージ］↓・↑の形に（両側から）挟む。［実現される意味］間隔がせまいⓐ。［英］narrow

〔解説〕日本語の「せまい（せまし）」はセバシの転。語根のセは「ゆとりがなくせまい状態」の意で、セム（迫む）・セマル（迫る）のセも同根という（大野②）。セバシは漢語の狭と意味が同じ。狭が「迫る」というイメージに転化するのは日本語のセと似ている。

字源　「狹」が正字。「夾（キョウ）（音・イメージ記号）＋犬（限定符号）」を合わせた字。「夾」は「両側から挟む」というイメージがあり（⇩挟）、「中のものに迫る」というイメージに展開する。「狹」は犬が両側から迫る場面を設定した図形。この意匠によって、間隔がせまいことを表象する。本来は「陜」と書き、山と山に挟まれる情景を設定し、はざまの意味と、間隔がせまい意味を実現したが、やがて前者には峡、後者には狭と分化したものである。犬は比喩的限定符号である。

語義　［展開］間隔がせまい意味ⓐから、度量がせまい意味ⓑ、身近に迫る（差し迫る）意味ⓒに展開する。［英］narrow（ⓐⓑ）; narrow-minded; urgent　［熟語］ⓐ狭軌・狭窄・ⓑ狭量・偏狭

文献　ⓐ韓非子・外儲説右上「幅狭於度＝幅、度よりも狭し（［紐の］幅が基準よりも狭かった）」ⓒ礼記・楽記「狭則思欲＝狭なれば則ち欲を思ふ（［音楽の］音が急ならば欲望をかきたてられる）」

【恐】 10（心・6）　常　｜（常用音訓）キョウ　おそれる・おそろしい

語音　*k'ɪuŋ（上古）　k'ioŋ（中古→㊮ク・㊯キョウ）　kǒng（中）　공（韓）

語源　［コアイメージ］突き通す・空っぽⓐ。［実現される意味］不安におびえてびくびくする（おそれる）。［英］fear

〔解説〕「おそれる」という感情語の捉え方は、漢語では恐・怖・畏・懼（＝惧）・虞などがあるが、それぞれ発想が違う。恐は工にコアイメージの源泉がある。これは「突き通す」というイメージがあり、また、「空っぽになる」というイメージに展開する。心が何かに突き通されてうつろになったような感情が *k'ɪuŋ である。凶（空っぽ）から恟（おそれる）に転化するのと似ている。王力は恐と恟を同源としている（王力①）。藤堂明

保は広い視野から、工のグループと凶のグループだけでなく、口・谷・孔・后・侯・公なども同源とし、「穴・突き抜ける」という基本義があるとした(藤堂①)。日本語の「おそれる(おそる)」は「危険を前もって心配し、警戒する」意という(大野①)。これは漢語の虞(何か起こらないかと予想して心配する)に近い。英語のfearは「〈恐怖〉の感情から、そのようなことが起こるのではないかという〝恐れ〟〝心配〟の気持ちを表す」という(田中①)。fearと漢語の恐は転義の仕方が似ている。

〔グループ〕恐・蛩(キョウ)(恐れて震えるかのように、羽を震わせて鳴く虫、コオロギ)・跫(キョウ)(空間を突き通って響く足音[跫音])・鞏(キョウ)(革ひもを物に突き通して固く縛る→解けないように固く丈夫にする、かためる[鞏固])・銎(キョウ)(斧などの柄を突き通す穴)

字源 「巩(キョウ)(音・イメージ記号)+心(限定符号)」を合わせた字。「工」は「突き通す」というイメージがあり、「空っぽ」というイメージに展開する(⇩工・空)。突き抜けた空間は何もなく空っぽである。「丮」はひざまずいて両手を差し出す人の形。「工(コウ)(音・イメージ記号)+丮(限定符号)」を合わせた「巩」は、空っぽな板囲いの中に棒で土を突く様子を暗示させる図形(築に含まれている)。「巩」のコアも「突き通す」「空っぽ」というイメージをもつ。かくて「恐」は何かに心を突き抜かれて、ぽっかりと空っぽになったような気分を暗示させる。この意匠によって、びくびくとおそれることを表象する。

(金) (篆) [巩] (篆)

語義 [展開] おそれる意味ⓐから、ひょっとすると~ではないかと心配する意味(漢文では文頭の恐を「おそらくは~」とも読む)ⓑを派生する。恐れ入る意味ⓒは日本的用法。[英]fear(ⓐⓑ), dread; I'm afraid, probably; be sorry [和訓] こわい [熟語] ⓐ恐懼・恐怖・ⓒ恐悦・恐縮

文献 ⓐ詩経・谷風「將恐將懼＝将(はた)恐れ、将懼(おそ)る([生活の不安に]恐れおののく)」ⓑ史記・扁鵲倉公列伝「不治、将恐深＝治せずんば、将に深からんことを恐る(もし病気を治さないと、深い所に入るのではと心配されます)」

【恭】 10(心・6) 常 (常用音訓) キョウ うやうやしい

語音 *kiuŋ(上古) kioŋ(中古→呉ク・漢キョウ) gōng(中) 공(韓)

語源 [コアイメージ] 両手をそろえる。[実現される意味] 丁寧で慎み深い(うやうやしい)ⓐ。[英]respectful, reverential

〔解説〕両手をそろえて物を捧げる行為(供)の心理面に焦点を置いた語が恭である。和訓の「うやうやしい(うやうやし)」のウヤはキヤと同じで、敬う意味。したがってウヤウヤシは「礼儀を重んじるさまである。礼儀正しい」の意味という(大野①)。

字源 「共(キョウ)(音・イメージ記号)+心(限定符号)」を合わせた字。「共」は両手をそろえてうやうやしく物を差し出す場面を設定した図形(⇩共)。「恭」は敬って慎み深いことを表す。

語義 [展開] 丁寧で慎み深い意味ⓐから、うやうやしくへりくだる(謙遜する)意味ⓑを派生する。[英]respectful, reverential; modest, humble

[熟語] ⓐ恭悦・恭順

文献 ⓐ詩経・賓之初筵「賓之初筵、溫溫其恭＝賓の初めて筵(エン)する、温温として其れ恭し(客人が宴席に就く初め、顔は穏やかでうやうやしい)」ⓑ論語・子張「子爲恭也＝子は恭を為すなり(あなたは謙遜をなさっている)」

【胸】 10(肉・6) 常 (常用音訓) キョウ むね・むな

語音 *hiuŋ(上古) hioŋ(中古→呉ク・漢キョウ) xiōng(中) 흉(韓)

語源 [コアイメージ] 空っぽ・空所。[実現される意味] むねⓐ。[英]chest

〔解説〕日本語の「むね」はムネ(棟)・ムネ(宗)と同根で、「棟木の高く

張るように、胸骨の張っている所の意」という(大野①)。漢語の胸は凶にコアイメージの源泉があり、上体で空所になった所というイメージの語である。英語のchestはラテン語のkistē(かご、箱)から来ており、中が空洞→胸の意味になったという(下宮①、政村①)。漢語の胸と造語法が似ている。

字源 「匈(ウキョ)(音・イメージ記号)+肉(限定符号)」を合わせた字。「凶」は「空っぽ」のイメージがある(⇩凶)。「勹」は周囲から中のものを取り巻くことを示す符号。「凶(ウキョ)(音・イメージ記号)+勹(イメージ補助記号)」を合わせた「匈」は、肋骨などで取り囲まれた上体の空所(胸腔)を暗示させる。これで十分「むね」を表象しうるが、「匈」が別の意味(びくびく恐れる、また、騒ぐ意)になったので、改めて「胸」が作られた。

(篆) [匈]　(篆)

〔字体〕「胷」は異体字。

語義 [展開] むねの意味ⓐ。また精神が心臓に宿ると考えられたことから、胸のうち、心の意味ⓑに転じる。[英]chest, breast(ⓐⓑ); mind, heart　[熟語] ⓐ胸囲・胸腔・ⓑ胸襟・度胸

文献 ⓐ戦国策・秦四「韓天下之咽喉、魏天下之胸腹＝韓は天下の咽喉、魏は天下の胸腹なり(韓は天下ののど、魏は天下の胸と腹に当たる要所だ)」ⓑ孟子・離婁上「胸中正、則眸子瞭焉＝胸中正しければ、則ち眸子瞭らかなり(胸のうちが正しいなら、眸は明るい)」

【脅】10(肉・6)　常　常用音訓 キョウ　おびやかす・おどす・おどかす

語音 (1)*hiăp(上古)　hiap(中古→㊐コフ〈＝コウ〉・㊊ケフ〈＝キョウ〉)　xié(中)　협(韓)　(2)*hiəp(上古)　hiəp(中古→㊐コフ〈＝コウ〉・㊊キフ〈＝キュウ〉)　xī(中)　흡(韓)

語源 [コアイメージ] ↓・↑の形に(両側から)中のものを挟む。[実現される意味] わきⓐ。[英]flank(the side of torso)

〔解説〕*hiăpという語は挟や協と同源で、「↓・↑の形に中のものを両側から挟む」というコアイメージをもつ。挟まれると両点の間隔は狭くなり、中のものは限りなく迫られる状態になる。挟に「迫る」というイメージが生じたように、*hiăpも「迫る」というイメージに転化する。かくて、心理的に相手に迫って、相手をおびやかすという意味が生まれた。日本語の「おびやかす」は「恐怖感を与えて、生気を失わす」意という(大野①)。また「おどす」はオヅ(怖・懼)の他動詞形で、「こちらは恐ろしいものだぞという態度を示して、相手をこわがらす」意という(大野①)。

字源 「劦(ウキョ)(音・イメージ記号)+肉(限定符号)」を合わせた字。「劦」は「↓・↑の形に合わせる」というイメージから「↓・↑の形に両側から中のものを挟む」というイメージに展開する(⇩協)。「脅」は体の両側にあるわき(脇)を表す。

語義 [展開] わきの意味ⓐから、迫っておどす(おびやかす)意味ⓑ、おどされてこわがる(おびえる)意味ⓒに展開する(以上は1の場合)。また、両側を挙げて間に挟む(そびやかす)意味ⓓを派生する。[英]flank(the side of torso); coerce, threaten; scare, frightened; shrug　[和訓] おびえる・そびやかす　[熟語] ⓑ脅喝・脅迫

文献 ⓐ荘子・人間世「両髀為脅＝両髀を脅と為す(〔身体の障害で〕両ももが両わきの位置になっている)」ⓑ礼記・楽記「強者脅弱＝強者は弱を脅かす(力の強い者が弱い者をおびやかす)」ⓒ礼記・郊特牲「諸侯脅＝諸侯脅ゆ(大名たちはおびえた)」ⓓ孟子・滕文公下「脅肩諂笑＝肩を脅(そび)やかして諂笑す(肩をすくめて追従笑いをする)」

【脇】10(肉・6)　常　常用音訓 わき

語音 *hiăp(上古)　hiap(中古→㊐コフ〈＝コウ〉・㊊ケフ〈＝キョウ〉)　xié

（中）협（韓）

語源［コアイメージ］↓・↑の形に（両側から）中のものを挟む。［実現される意味］わき。また、わきばらⓐ。［英］flank(the side of torso)

字源「劦（音・イメージ記号）＋肉（限定符号）」を合わせた字。「劦」は「↓・↑の形に合わせる」というイメージから「中のものを両側から挟む」というイメージに展開する（⇩協）。両わきを「脅」の図形で表記したが、やがておびやかす意味に転じたため、「わき」には限定符号を配置換えした「脇」が作られた。

語義 わき・わきばらの意味ⓐ。［熟語］ⓐ脇侍・脇息

文献 ⓐ史記・范雎列伝「折脇摺歯＝脇を折り、歯を摺ぐ（脇腹を折り、歯を引きちぎった）」

【強】11（弓・8）　常　｜　常用音訓 キョウ・ゴウ　つよい・つよまる・つよめる・しいる

語音 *gıaŋ（上古）　gıaŋ（中古→呉ガウ〈＝ゴウ〉・漢キヤウ〈＝キョウ〉）　qiáng・qiǎng（中）　강（韓）

語源［コアイメージ］固くこわばる。［実現される意味］固くて丈夫である（つよい）ⓐ。［英］strong

〔解説〕「よわい（弱）」は「柔らかい」、「つよい（強）」は「固い」というイメージとつながりをもつ。下記の老子ⓐでは弱と強、柔と剛が対比されている。「柔らかい」のイメージをもつ語は柔・弱・若・女・肉・耳・泥・軟・粘・脳・膿・濡・乳・尿などたいていN音から始まり、それに対し「固い」というイメージの語はK音から始まる。藤堂明保は強・彊・境・景・競の単語家族は「がっちりと固い」という基本義をもつという。また、古のグループ、各のグループ、岡のグループなどを含む単語家族は「かたい」の基本義をもつという（以上、藤堂①）。王力は強・剛・鋼・健・堅・緊・勁・痙・桀などを同源としている（王力①）。このように強は「かたい」「かたくこわばる」をコアイメージにもつ語である。日本語の「つよい（つよし）」は「弱しの対。芯がしっかりしている意」という（大野①）。また「こわい（こはし）」は「表面が堅くて弾力性に乏しいのが原義」という（大野①）。強の古訓にコハシがあったが、これがぴったりである。

〔グループ〕強・繦（丈夫なひも→ぜにさしの紐。また、幼児を背負う紐［繦緥］）・襁（幼児を背負う帯。〈日〉むつき［襁褓］）・勥（無理に力で押しつける、強いる）

字源「弘（音・イメージ記号）＋虫（限定符号）」を合わせた字。「ム」は∠の形に肘を張る様子を示し、肱（ひじ）の原字（⇩雄）。「ム（音・イメージ記号）＋弓（限定符号）」を合わせた「弘」は、弓をいっぱいに張り広げる情景を暗示させる図形。「いっぱいにぴんと張る」というイメージは「固くこわばる」というイメージに展開する。かくて「強」は虫がはさみや甲をぴんと固く張る情景を設定した図形。この意匠によって、固くて丈夫であることを表象する。

〔字体〕「强」は異体字。現代中国ではこれを用いる。

語義［展開］固くて丈夫である（つよい）意味ⓐから、固くて丈夫にする（つよめる）意味ⓑ、強いものの意味ⓒ、こわばって堅い意味ⓓに展開する。また、体を堅く緊張させてつとめる意味ⓔ、むりに力を加えてやらせる（しいる）意味ⓕを派生する。［英］strong; strengthen; power; stiff; make an effort, endeavor; force, compel　［和訓］こわい・つとめる・したたか・あながち　［熟語］ⓐ強大・強力・ⓑ強化・補強・ⓒ列強・ⓓ剛強・ⓔ自強・ⓕ強要・勉強

文献 ⓐ老子・七十八章「弱之勝強、柔之勝剛、天下莫不知、莫能行＝弱の強に勝ち、柔の剛に勝つは、天下知らざるもの莫きも、能く行ふもの莫し（弱さが強さに勝ち、柔らかさが固さに勝つのは、世界の誰もが知っているが、実行できるものはいない）」ⓑ老子・三章「弱其志、強其骨＝其の志を弱くし、其の骨を強くす（［聖人の政治のやり方は］その［人民の］意志を

弱くして、肉体を丈夫にする）」ⓓ老子・七十六章「人之生也柔弱、其死也堅強＝人の生くるや柔弱、其の死するや堅強（人が生まれるときは弱くて柔らかいが、死ぬときは堅くこわばっている）」ⓔ孟子・梁恵王下「強爲善而已矣＝強(つと)めて善を為すのみ（善を努めて行うだけだ）」ⓕ老子・二十五章「強爲之名曰大＝強ひて之が名を為して大と曰ふ（それ［宇宙の根源］にむりに大という名をつける）」

【教】 11(攴・7) 常 常用音訓 キョウ おしえる・おそわる

語音 *kɔg(上古) kău(中古→呉ケウ〈＝キョウ〉・漢カウ〈＝コウ〉) jiāo・jiào(中) 교(韓)

語源 [コアイメージ] ×形に交差する・⇅形に交わる。[実現される意味] 知識や情報を授ける（おしえる）ⓐ。[英]teach

[解説] 白虎通義・三教篇に「教なる者は效（＝効）なり。上、之を為せば、下、之に效(なら)ふなり」とあるように、「教は効なり」は古典の通訓である。王力は学・斆(コウ)・效・教・校を同源とする（王力②）。藤堂明保は爻(コウ)のグループ全体（肴・教・較・学・覚など）が交のグループと同源で、「×型に交差する」という基本義をもつとする（藤堂①）。「×形に交差する」は「⇅の形に交わる」というコアイメージと言い換えることができる。先生と子（師匠と弟子）の間に、先生⇅子という図式で示されるような知識の交流が行われる。先生↑子の流れが学（まなぶ）であるのに対し、先生↓子の流れが教（おしえる）にほかならない。日本語の「おしえる（をしふ）」は「あるべきさまやなすべきことを言葉で言い聞かせて、そのように導く意」という（大野②）。日本語では「おしえる」と「まなぶ」は全く別語であるが、漢語の教と学は同じ行為を方向の違いで捉えたものである。英語のteachは印欧祖語の*deik-（示す）に淵源があり、古英語ではshow（示す）、instruct（指図する）の意味だったらしい。指し示す→教える意味になった（下宮①、小島①、政村①）。漢語の教は逆に知識や情報を授ける（教える）→ある方向へ教え導く意になった。

字源 「敎」が正字。「爻(コウ)（音・イメージ記号）＋子（イメージ補助記号）＋攴（限定符号）」を合わせた字。「爻」は「乂（交わる印）」を二つ合わせて、「×形に交差する」というイメージを示すが、「⇅の形に交わる」というイメージにも展開する。「教」は師匠と弟子が交わって知識のやりとりをする行為のうち、師匠が弟子におしえる行為を表す。この行為を斆(コウ)（*fɔ̃g）で表すこともある。これなら学と斆がペアをなす行為であることがもっとはっきりする。白川静は「爻（屋根に千木のある建物）に攴（鞭）を加えて、学舎で学ぶ子弟たちを長老たちが鞭で打って励ますことから、おしえる意味となる」とする（白川②）。図形の表面をなぞった解釈で、語の深層構造を捉えていない。字源だけの解釈は語の意味を捉えるのに限界がある。

（甲） （金） 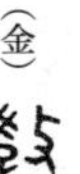 （篆）

字体 「教」は古くから書道で使われた「敎」の俗字。

語義 [展開] 知識や情報を授ける（おしえる）意味ⓐから、知らない者をおしえ導く意味ⓑ、おしえること、おしえる内容の意味ⓒ、特に神仏のおしえ（宗教）の意味ⓓに展開する。また、人に教えて何かをさせることから、使役の用法（漢文で「〜しむ」と読む）ⓔが生まれた。[英]teach; instruct, educate; teachings, lesson; religion; make [熟語] ⓐ教示・教授・ⓑ教訓・教導・ⓒ儒教・徳教・ⓓ宗教・信教

文献 ⓐ詩経・角弓「毋教猱升木＝猱(ドウ)に木に升るを教ふる毋(な)かれ（サルに木登りを教えるな）」ⓑ詩経・小宛「教誨爾子＝爾の子に教誨せよ（なんじらの子に教えさとしなさい）」ⓒ老子・二章「聖人處無爲之事、行不言之教＝聖人は無為の事に処り、不言の教へを行ふ（聖人は無為の立場に身を置き、言葉のいらない教えを実行する）」ⓔ春秋左氏伝・襄公26「教呉叛楚＝呉をして楚に叛(そむ)かしむ（呉国を楚国に謀叛させた）」

【郷】 11(邑・8) 常 ―― 常用音訓 キョウ・ゴウ

語音 *hiaŋ(上古) hiaŋ(中古→呉カウ〈=コウ〉・漢キヤウ〈=キョウ〉・[慣]ガウ〈=ゴウ〉) xiāng(中) 향(韓)

語源 [コアイメージ] ↓↑の形に向き合う・⇅の形に通い合う。[実現される意味] 都会に対する田舎(村里)ⓐ。[英]country, village

〔解説〕 釈名・釈州国に「郷は向なり。衆の向かふ所なり」と語源を説く。大衆がそこに向かっていく所、つまり集団をなして住む場所と見ている。*hiaŋという語は向と同源で、「一定の方向(↓の形)に向かう」というイメージをもつが、視点を変えれば「↑の方向に向かう」と考えてもよい。したがって「↓↑の形に向き合う」「⇅の形に通い合う」というイメージに転化しうる。藤堂明保は郷のグループは向・香・亨・享と同源で、「空気が動く」という基本義があるとした(藤堂①)。これは音や香気などが線条的に空中を通っていくというイメージなので、「↓の方向(または↑の方向)に通る(向かっていく)」というイメージと言い換えることができる。

〔グループ〕 郷・卿・響・饗・嚮(向こうへ動いて去る、向かう[嚮導])・薌(穀類の香り、また、香りのよい野菜)・蠁(響きや向きがわかるという虫、にしどち。さなぎの別名)・鱜*(純国字。鰀鱜は越年したアユ)

字源 「鄉」が正字。この図形の成立の前に「卿」があった。「卿」は二人が向き合って会食する場面を設定した図形で、「↓↑の形に向き合う」というイメージがある(⇩卿)。向かい合うと会話が行き交うし、視線も通うので、「⇅の形に通い合う」というイメージにも展開する。「卯(人が向き合う形)」を「䣓(邑が向き合う形)」に替えたのが「鄉」である。したがって「卿の略体(音・イメージ記号)+䣓(イメージ補助記号)」を合わせた字と解析する。「鄉」は互いに向かい合って人々が行き交う村を暗示させる。

(篆) 

〔字体〕 「鄉」は旧字体。「郷」は近世中国で発生した俗字。現代中国の簡体字は「乡」。

語義 [展開] 都会に対する田舎(村里)の意味ⓐから、出身の村(ふるさと)の意味ⓑ、古代中国の行政区画の単位(一万二千五百家の村)の意味ⓒ、限られた空間・場所・境地の意味ⓓに展開する。また、「向き合う」というコアイメージから、ある方向に向かう意味ⓔ、前(以前)の方に向かって(先に)の意味ⓕを派生する。[英]country, village; hometown, home; township; region; face; a little while ago [和訓] さと・むかう [熟語] ⓐ郷村・郷邑・ⓑ家郷・故郷・ⓒ郷党・ⓓ仙郷

文献 ⓐ詩経・桑中「爰采唐矣、沬之郷矣=爰に唐を采る、沬の郷(カズラを摘もうよ、沬の村で)」ⓓ荘子・応帝王「遊無何有之郷=無何有の郷に遊ぶ(何もない世界に遊ぶ)」ⓔ詩経・庭燎「夜郷晨=夜は晨に郷ふ(夜は朝方に向かっている)」ⓕ論語・顔淵「郷也吾見於夫子而問知=郷や、吾、夫子に見えて知を問ふ(さっき私は先生に会って知について問いました)」

【卿】 12(卩・10) 人 ―― 音キョウ・ケイ 訓きみ

語音 *k'ıaŋ(上古) k'ıaŋ(中古→呉キヤウ〈=キョウ〉・漢ケイ) qīng(中) 경(韓)

語源 [コアイメージ] ↓↑の形に向き合う。[実現される意味] 最高位の官(大夫より上位の臣、大臣・長老・長官)ⓐ。[英]minister

字源 「皀+卯」と分析できる。「卯(音・イメージ記号)+皀(イメージ補助記号)」を合わせた字。「卯」は十二支の卯ではなく、「卩(ひざまずく人)」とその鏡文字(左右反転形)を合わせて、反対向きに二人が向き合う形。「皀」はごちそうを器に盛った形(⇩食・即)。よって「卿」は二人が

向き合って会食する場面を設定した図形。饗宴の饗の原字で、「→←の形に向き合う」というイメージがある。この意匠によって、会食の儀礼にあずかる長老を表象する。

(甲) (金) (篆)

[語義] [展開] 饗宴を取り仕切るものが村の長老であったことから、長老・家老・長官の意味、また、最高位の官(大臣)の意味ⓐになった。また、人に対する敬称ⓑ。日本では四等官で省の第一位(かみ)の意味ⓒに用いる。[英]minister; honorific title; the first of four rank system [熟語] ⓐ公卿・上卿・ⓑ卿輩

[文献] ⓐ詩経・蕩「爾徳不明、以無陪無卿＝爾の徳不明なり、以て陪無く卿無し(そなたの徳は何て愚かだ、だから目付も家老も寄りつかぬ)」

【喬】 12(口・9) [人] | [音]キョウ [訓]たかい

[語音] *gıɔg(上古) gıɛu(中古→[呉]ゲウ〈＝ギョウ〉・[漢]ケウ〈＝キョウ〉) qiáo(中) 교(韓)

[語源] [コアイメージ] 高く上がる。[実現される意味] たかいⓐ。[英]high

〈解説〉高と同源の語であるが、「高く上がる」というイメージのほかに、「先が曲がる」「(形や)形に曲がる」というイメージがある。説文解字では「喬は高くして曲がるなり」とある。

〈グループ〉喬・橋・矯・蕎・僑(故郷を離れて身軽に旅して回る→故郷を離れて旅をする、またその人[僑居・華僑])・嬌(女が体をしなやかに曲げる→身をくねらせるさま、なまめかしい[愛嬌])・驕(馬が首や足を高く上げて勇み立つ→馬が勇み立つさま、また、おごり高ぶる[驕慢])・轎(肩で担ぎ上げるかご)・鷮(尾羽を車や帽子に立てて装飾とする用途のある鳥、オナガキジ)

[字源] 「高の略体(高い。音・イメージ記号)＋夭(イメージ補助記号)」を合わせた字。「夭」は体をくねらせて頭を傾げる人の形で、「先が曲がる」というイメージがある(⇨夭)。「喬」は高く上がって先が曲がる様子を暗示させる。

(金) (篆)

[語義] [展開] たかい意味ⓐから、おごり高ぶる意味ⓑを派生する。ⓑは驕と通用。[英]high; arrogant [熟語] ⓐ喬松・喬木・ⓑ喬志

[文献] ⓐ詩経・漢広「南有喬木＝南に喬木有り(南の国に高い木がある)」

【境】 14(土・11) [常] | [常用音訓] キョウ・ケイ さかい

[語音] *kıaŋ(上古) kıaŋ(中古→[呉]キヤウ〈＝キョウ〉・[漢]ケイ) jìng(中) 경(韓)

[語源] [コアイメージ] 区切りをつける。[実現される意味] 土地の区切り目(さかい)ⓐ。[英]border, boundary

〈解説〉竟にコアイメージの源泉がある。古典の注釈に「竟は疆(さかい)なり」の訓がある。王力は疆・境・界を同源とし、さかいの意味があるとする(王力①)。これは表層的レベルでの語源説。藤堂明保は深層構造を求め、竟のグループ、畺のグループ(彊・疆・僵・殭)、また強・景・競を同じ単語家族にくくり、「がっちりと固い」という基本義があるとする(藤堂①)。しかし強は「がっちりと固い」のイメージでよいが、そのほかは「区切りをつける」というイメージが強い。「区切りをつける」とは何もない空間に区切り目や筋目をつけて仕切り・境界をくっきりとさせることで、動かしようがなくしっかりしているというイメージがある。不動で確乎とした状態や事態のイメージは堅くてしっかりして丈夫であるという物理的イメージにも転化する。畺のグループで疆はしっかりと堅く区切った境界の意味、彊はがっちりと堅くて強い意味であるのは、両者のイメージ転化を物語る。境と疆は同義である。日本

語の「さかい（さかひ）」はサカフの名詞形で、サカ（坂）と同根。坂は自然の境界になるので、サカフは区画をつける意という（大野①）。

〔グループ〕境・鏡・竟（一区切りをつけて止める、おえる、おわる［竟日・畢竟］）

字源 「竟（音・イメージ記号）＋土（限定符号）」を合わせた字。「竟」は音と人を結びつけただけの非常に舌足らず（情報不足）な図形である。説文解字では「楽曲尽くるを竟と為す」とある。これによると、「音（イメージ記号）＋儿（人と関わる限定符号）」を合わせて、音楽の一節を歌い終わる様子を暗示させる図形と解される（「終わる」が実現される意味）。「竟」は音楽に一段落をつけるという具体的状況を捨象して、「区切りをつける」という抽象的イメージだけを示す記号になりうる。かくて「境」は土地に区切りをつける様子を暗示させる。

（篆）［竟］　（篆）

語義 ［展開］ 土地の区切り目（さかい）の意味ⓐから、区切られた範囲の場所の意味ⓑ、置かれた立場や状態の意味ⓒに展開する。［英］border, boundary; area, territory; situation, circumstance ［熟語］ ⓐ境界・国境・ⓑ境地・環境・ⓒ境遇・心境

文献 ⓐ韓非子・有度「襄王以河爲境＝襄王、河を以て境と為す（襄王は黄河を境界とした）」 ⓒ晋書・顧愷之伝「漸入佳境＝漸く佳境に入る（次第におもしろいところに入ってくる）」

【蕎】 15（艸・12）　人 ―― 音キョウ　訓そば

語音 (1)*kɪog（上古） kɪɛu（中古→呉・漢ケウ〈＝キョウ〉） jiāo（中） (2) gɪɛu（中古→呉ゲウ〈＝ギョウ〉・漢ケウ〈＝キョウ〉） qiáo（中） 교（韓）

語源 ［コアイメージ］ 高く上がる。［実現される意味］ タカトウダイⓐ。［英］spurge

字源 「喬（音・イメージ記号）＋艸（限定符号）」を合わせた字。「喬」は「高く上がる」というイメージがある（⇩喬）。「蕎」は茎が細くて高く伸びる草、タカトウダイを表す。爾雅に初出。

語義 ［展開］ トウダイグサ科の草の名、タカトウダイが原義ⓐ（1の場合）。茎は細長く直立する。乾燥した根を大戟と呼び、薬用とする。また、果実に三つの稜がある特徴の類似から、ソバ科の草の名、ソバの意味ⓑに転用される（2の場合）。葉は三角形で、花は白い。果実から麺を製する。中央アジアの原産。中国では六朝の頃に登場。［英］spurge; buckwheat ［熟語］ ⓑ蕎麦

文献 ⓑ斉民要術・雑説「凡蕎麥五月耕＝凡そ蕎麦は五月に耕す（一般にソバは五月に畑を耕す）」

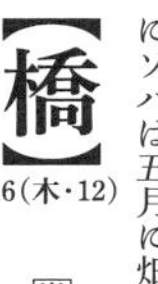

【橋】 16（木・12）　常 ―― 常用音訓 キョウ　はし

語音 *gɪog（上古） gɪɛu（中古→呉ゲウ〈＝ギョウ〉・漢ケウ〈＝キョウ〉） qiáo（中） 교（韓）

語源 ［コアイメージ］ 高く上がる。［実現される意味］ 川の上に架けたはしⓐ。［英］bridge

〔解説〕喬にコアイメージの源泉がある。これは「高く上がる」というイメージのほかに、「︵形や︶形に曲がる」というイメージがある。橋は日本語の「はし」に当たるが、太鼓橋なら︵の形を呈するし、吊り橋なら︶の形を呈する。しかし一般的には、水面から高く上に架かっているものというのが橋のイメージである。日本語の「はし」は「離れていて往き来できない二か所の間を行き来できるように架け渡すもの」が原義で、水平方向が橋、垂直方向がはしご（梯）やきざはし（階）のハシとされる（大野②）。

字源 「喬（音・イメージ記号）＋木（限定符号）」を合わせた字。「喬」は「高く上がる」というイメージがある（⇩喬）。「橋」は川の上に木を高く

上げて渡したもの(つまり「はし」)を暗示させる。白川静は「喬は城門の上に神を招く標木を立てた形」で、「古代の橋にはその両端に神聖な標木を立てたのであろう。(橋は)はしの意味に用いる」とする(白川②)。「であろう」とある通り、この字源説は推測の域を出ない。

語義 [展開] はしの意味ⓐ。また、橋に似たものの意味ⓑ、器物を架ける横木の意味ⓒ、水を汲み上げる道具(はねつるべ)の意味ⓓを派生する。[英]bridge(ⓐⓑ); bridge-like thing; hanger; sweep-bucket [熟語] ⓐ橋梁・鉄橋・ⓑ艦橋・歩道橋

文献 ⓐ戦国策・趙一「襄子至橋而馬驚＝襄子、橋に至りて馬驚く(襄子が橋まで来ると、彼の馬がはっと緊張した)」

【頬】16(頁・7)　常　常用音訓 ほお

語音 *kăp(上古) kep(中古→呉・漢ケフ〈＝キョウ〉) jiá(中) 협(韓)

語源 [コアイメージ] ↓・↑の形に(両側から)挟む。[実現される意味] ほおⓐ。[英]cheek

字源 「夾(キョウ)(音・イメージ記号)＋頁(限定符号)」を合わせた字。「夾」は「両側から中のものを挟む」というイメージがある(⇩挟)。「頬」は顔の両側の、目の下から顎までの部分、つまり「ほお」を暗示させる。

語義 ほおの意味ⓐ。[熟語] ⓐ頬骨・豊頬

文献 ⓐ春秋左氏伝・定公8「中頬殪＝頬に中(あた)りて殪(たお)る([矢が]ほおに当たって倒れた)」

【矯】17(矢・12)　常　常用音訓 キョウ　ためる

語音 *kıɔg(上古) kıɛu(中古→呉・漢ケウ〈＝キョウ〉) jiǎo(中) 교(韓)

語源 [コアイメージ] ㋐⌒形に曲がる・㋑高く上がる。[実現される意味] 曲がったものをまっすぐにする(ゆがんだものをため直す)ⓐ。[英]straighten

〔解説〕 喬には「⌒形に曲がる」「高く上がる」の二つのイメージがあり、矯は両方の意味を実現させる。前者のイメージから、曲がったものを直してまっすぐにする意味。後者のイメージから、高く持ち上げるという意味。日本語の「ためる(たむ)」はタム(回(た)む、曲がる意)と同根。「弾力のあるものをかがめ曲げたり、まっすぐに伸ばしたりして、形をつける意」という(大野①)。漢語の矯のⓐに近い。

字源 「喬(キョウ)(音・イメージ記号)＋矢(限定符号)」を合わせた字。「喬」は「⌒形に曲がる」というイメージと、「高く上がる」というイメージがある(⇩喬)。「↑の形に高く上がる」というイメージは「まっすぐに伸びる」というイメージに展開する。「矢」はまっすぐなものの代表である。比喩的限定符号と見てよい。「矯」は曲がったものを矢のようにまっすぐにする様子を暗示させる。

語義 [展開] ゆがんだものをまっすぐにする(ためる)意味ⓐ。また、「曲がる」というイメージから、事実を無理に曲げる(いつわる)意味ⓑを派生する。また「高く上がる」というイメージから、高く持ち上げる(もたげる)意味ⓒ、勇み立つさま、また、強いさまの意味ⓓを派生する。[英]straighten, correct; falsify, feign; raise, lift; encouraged, strong [熟語] ⓐ矯正・矯風・ⓓ矯激

文献 ⓐ韓非子・孤憤「不勁直不能矯姦人＝勁直ならざれば姦人を矯む能はず(自分がまっすぐでないと、悪い人をまっすぐに直すことはできない)」ⓑ韓非子・説難「彌子矯駕君車以出＝弥子(ビシ)、矯(いつわ)りて君の車を駕して以て出づ(弥子[人名]は[母が病気だと]いつわって君主の車に乗って外出した)」ⓒ張衡・思玄賦「仰矯首以遥望兮＝仰ぎて首を矯(あ)げて以て遥かに望む(天を仰ぎ頭をもたげて遠くを眺める)」(文選29)

【鏡】19(金・11)　常　常用音訓 キョウ　かがみ

語音 *kıăŋ(上古) kıʌŋ(中古→呉キヤウ〈＝キョウ〉・漢ケイ) jìng(中) 경

(韓)

語源 [コアイメージ] 区切りをつける。[実現される意味] かがみⓐ。[英]mirror

〔解説〕釈名・釈首飾に「鏡は景なり。光景有るを言ふなり」とある。光の働きによって物の影ができるのと同じように、光によってかがみに像を映し出す。明暗の境目がはっきりついているのが影である。かがみに映る像も明暗の境目がはっきりついてできるものと言える。したがって*kiăŋという語は景・影と同源の語で、「くっきりと境界をつける」というイメージがある。日本語の「かがみ」は影見の意という(大野①)。漢語の鏡も日本語の「かがみ」も影と関係がある。

字源 「竟(音・イメージ記号)+金(限定符号)」を合わせた字。「竟」は「さかい目をつける」というイメージがある(⇩竟)。「鏡」は金属を磨いて、明暗の境目をくっきりとつけて姿を映し出す道具を暗示させる。

語義 [展開] かがみの意味ⓐから、かがみに似た(なぞらえた)ものの意味ⓑ、姿を映して見る(照らす)意味ⓒに展開する。また比喩的に、自分の姿を照らして反省するもの(戒め)の意味ⓓ、手本・模範、また、手本とする(かんがみる)意味ⓔを派生する。[英]mirror(ⓐⓒⓔ); lens, glass, camera; reflect; warning, example for reflection; model [熟語] ⓐ鏡像・銅鏡・ⓑ眼鏡・内視鏡・ⓓ鏡鑑・ⓔ亀鏡

文献 ⓐ韓非子・飾邪「搖鏡則不得爲明=鏡を揺らせば則ち明を為すを得ず(鏡を振動させるとはっきりした映像を映せなくなる)」ⓒ墨子・非攻「鏡於水、見面之容=水に鏡らして、面の容を見る(水に映して、顔面の姿を見る)」

【競】 20(立・15) 常

常用音訓 キョウ・ケイ きそう・せる

語音 *giăŋ(上古) giɐŋ(中古→呉ギヤウ〈=ギョウ〉・漢ケイ・[慣]キヤウ〈=キョウ〉) jìng(中) 경(韓)

語源 [コアイメージ] 区切りをつける。[実現される意味] 二つの間にけじめをつけようと互いに強く争うⓐ。[英]compete, contest

〔解説〕下記の詩経の注釈に「競は彊なり」(毛伝)の訓がある。彊は表層的な意味は「つよい」であるが、コアには「区切りをつける」というイメージがある。AかBか(良いか悪いか、勝ち負けか、優るか劣るか等々)、二つを比べてはっきりさせようと争うことの深層構造が「区切りをつける」ということである。AとBの間に境界線を引いて、それを固めて動かさない。固くて崩れない、固くて丈夫であるというイメージが「つよい」という意味を生む。藤堂明保は競を彊(つよい)・疆(さかい)・境・景などと同源とし、「がっちりと固い」という基本義があるとする(藤堂①)。日本語の「きそう(きそふ)」は「少しでも相手にぬきんでようとする意」、「きおう(きほふ)」は「勢い込んでわれ先にする意」という(大野①)。また「せる」はセム(迫)と同根で、「はげしく迫る」意(大野①)。漢語の競に「迫せる」の意味はないが、「迫り合う」の意味がある。

字源 分析すると「二つの言+二つの儿」となる。二つの言は「誩」という独立字。「言」は角を立ててしゃべることから、「はっきりけじめをつける」というイメージがあり(⇩言)、「言」を二つ合わせた「誩」は、白黒をつけようと言い争う様子を暗示させる図形。かくて「誩(音・イメージ記号)+儿+儿(二人を示すイメージ補助記号)」を合わせた「競」は、二人の人が甲乙をつけようと比べ合って争う場面を設定した図形である。

(甲) (金) (篆)

語義 [展開] 優劣の区切りをつけようときそい合うというのが本義ⓐ。「区切りをつける」というイメージは「固くしっかりとしている」というイメージに展開するので、がっしりと強い、固く崩れないという意味ⓑを派生する。競り売りの意味ⓒは日本的用法。[英]compete, contest;

strong, powerful; auction　[和訓] くらべる・きおう　[熟語] ⓐ競技・競争・ⓒ競売

文献 ⓐ詩経・桑柔「秉心無競＝心を秉ることと競ふ無し(争いを好まぬ心構え)」ⓑ春秋左氏伝・襄公18「南風不競＝南風競はず(南風は勢いが弱くなった)」

【響】20(音・11)　常　|常用音訓 キョウ　ひびく

〔響〕22(音・13)　人　|音 キョウ　訓 ひびく・ひびき

語音 *hıaŋ(上古)　hıaŋ(中古→呉カウ〈＝コウ〉・漢キヤウ〈＝キョウ〉)　xiǎng(中)　향(韓)

語源 [コアイメージ] ⇅の形に通い合う。[実現される意味] こだまⓐ。[英]echo

[解説] 音声が⇅の形にはね返ってくるのは「こだま」、↓の方向に伝わるのは「ひびき」であるが、音声の方に耳を傾けると考えれば、「ひびき」も⇅の形のイメージをもつと言える。日本語の「ひびく」は「音や評判がぴりぴりと感じられる意」という(大野①)。「ひびき」は評判の意味にもなるが、漢語の響には評判の意味はない。

字源 「響」が正字。「鄕(音・イメージ記号)＋音(限定符号)」を合わせた字。「鄕」は「↓↑の形に向き合う」というイメージから、「⇅の形に通い合う」というイメージに展開する(⇩鄕)。「響」は↓の方向に声を出すと、↑の方向にはね返ってくる音を暗示させる。

[字体] 「響」は近世中国で発生した「響」の俗字。現代中国の簡体字は「响」。

語義 [展開] はね返って来る音(こだま)の意味ⓐから、音が振動して伝わる(ひびく、また、ひびき)という意味ⓑに展開する。[英]echo; sound　[和訓] とよむ・どよめく・どよもす　[熟語] ⓐ影響・反響・ⓑ音響・残響

文献 ⓐ管子・心術「若影之象形、響之應聲也＝影の形に象に、響きの声に応ずるが若きなり(影が形と似ており、こだまが声に応じるようなものだ)」ⓑ列子・説符「言美則響美＝言美なれば則ち響き美なり(言葉が美しいなら響きも美しい)」

【饗】22(食・13)　人　|音 キョウ　訓 あえ

語音 *hıaŋ(上古)　hıaŋ(中古→呉カウ〈＝コウ〉・漢キヤウ〈＝キョウ〉)　xiǎng(中)　향(韓)

語源 [コアイメージ] ↓↑の形に向き合う。[実現される意味] 向かい合って飲食する(会食する)ⓐ。[英]dine together at a feast

字源 「鄕(音・イメージ記号)＋食(限定符号)」を合わせた字。「鄕」は「↓↑の形に向き合う」というイメージがある(⇩鄕)。「饗」は向き合って会食する様子を暗示させる。

語義 [展開] 会食する意味ⓐから、酒食で人をもてなす意味ⓑ、供物を受ける、また、もてなしを享受する意味ⓒに展開する。[英]dine together at a feast; entertain; enjoy　[熟語] ⓐ饗宴・饗食・ⓑ饗応

文献 ⓐ詩経・七月「朋酒斯饗＝朋酒もて斯に饗せん(二樽の酒でうたげしよう)」ⓑ詩経・彤弓「一朝饗之＝一朝之を饗せん(しばしごちそう進ぜよう)」ⓒ詩経・楚茨「神保是饗＝神保是れ饗く(神は供物をお受けになった)」

【驚】22(馬・12)　常　|常用音訓 キョウ　おどろく・おどろかす

語音 *kıĕŋ(上古)　kıaŋ(中古→呉キヤウ〈＝キョウ〉・ケイ(漢))　jīng(中)　경(韓)

語源 [コアイメージ] 身を引き締める。[実現される意味] 何かにはっとして身を引き締める(びっくりする、おどろく)ⓐ。[英]surprise, astonish

〔解説〕「おどろく」を意味する漢語に駭・愕があるが、驚はこれらとコアイメージが異なる。鄭玄が「驚の言は警戒なり」(易経の注釈)という通り、「身を引き締める」がコアイメージである。うやまうこと(敬)、用心すること(警)、おどろくこと(驚)という感情表現は体の緊張という身体レベルで結びついていた。日本語の「おどろく」のオドロは「刺激的な物音を感じる意が原義」で、はっと目が覚める→にわかに気がつく→意外なことにびっくりすると展開するという(大野①)。漢語の驚は体の緊張という結果に視点を置いた語である。英語のsurpriseはsuper＋ラテン語praehendere(取る)が語源で、上から捕らえる→急襲する→驚かす意という(下宮①)。また、astonishはラテン語extonare、ex-(外に)＋tonare(雷が鳴る)が語源で、人を驚かせる意という(小島①)。漢語の驚とは全くイメージが違うが、astonishと日本語の「おどろく」は発想が似ている。

字源 「敬(ケイ)(音・イメージ記号)＋馬(限定符号)」を合わせた字。「敬」は「身を引き締める」というイメージがある(⇩敬)。「驚」は馬が何かに驚いて体を緊張させる様子を暗示させる。騒と同様馬の性質を比喩に用いて、馬が驚く場面を設定したもの。限定符号は必ずしも意味素に含まれない。

語義 [展開] 何かにはっとして身を引き締める(おどろく、おどろかす)意味ⓐから、はっと身を引き締め、用心する意味ⓑ、見るものをはっとさせるほど、動きが速くて激しい意味ⓒに展開する。ⓑは警と通用。[英]surprise, astonish, amaze; use caution; violent, stormy [熟語] ⓐ驚愕・驚倒・ⓒ驚風・驚瀾

文献 ⓐ詩経・常武「徐方震驚＝徐方震驚す(徐の国は身震いして驚いた)」ⓑ詩経・車攻「徒御不驚＝徒御驚かず([狩猟が終わって]従者らは緊張することはない)」

ぎょう

【仰】6(人・4) 常 | 常用音訓 ギョウ・コウ あおぐ・おおせ

語音 *ŋiaŋ(上古) ŋiaŋ(中古→呉ガウ〈＝ゴウ〉・漢ギヤウ〈＝ギョウ〉・[慣]カウ〈＝コウ〉) yǎng(中) 앙(韓)

語源 [コアイメージ] 逆方向に行く(↓↑形、↑↓形、×形をなす)。[実現される意味] 上を見上げる(首や顔を上げて見る、あおぐ)ⓐ。[英]face upward, look up

〔解説〕卬(ギョウ)にコアイメージの源泉がある。広雅・釈詁では「卬は嚮なり」とある。嚮は向と同源で、「↓の形に向かう」というイメージがあり、視点を変えれば「↑の形に向かう」というイメージでもあり、両者を合わせれば「↓↑の形に向かう」「↑↓の形に交差する」というイメージにもなる。これは逆のコアイメージと同じで、「逆方向に行く」と言い換えることもできる。↓の形に向こうから来るものに対して、↑の方向に進み出るのは迎える行為であるが、平面の視座を上下や高低のある視座に変えると、上の方(高い方)を見上げる(仰ぐ)行為になる。藤堂明保は卬のグループを牙・五・午・互・与・逆・呉などと同じ単語家族に入れ、「かみ合う、×型、ㄈ型、↓↑型」という基本義があるとする(藤堂①)。古典では卬が一人称の「われ」に用いられている。その理由は「↓↑形をなす」というイメージが「↑↓形や×形をなす(交差する)」というイメージに転化し、吾と我のコアイメージと全く同じになるからである。日本語の「あおぐ(あふぐ)」は「首を上に向けて上の方を見る」意で、「敬意をもって見る」意味(大野①)に展開するのも、漢語の仰と同じ。また、「おおせ(おほせ)」はオホスの名詞形。オホスはオフ(負)の他動詞形で、「人に背負わせる意が原義」、これから「命令を相手に背負わせる」→「言いつける」の意味になるという(大野①②)。漢語の仰にこの意味

はない。

〔グループ〕仰・迎・昂・卬(ギョウ)(高く上がるさま。また、一人称代名詞、われ)

字源 「卬(ギョウ)(音・イメージ記号)＋人(限定符号)」を合わせた字。「卬」は右を向いて立っている人と、左を向いて座っている人を合わせた図形。これは右の人が左の人を出迎える場面でもあるし、見上げる場面でもある。「→の形に対して←の形に向かう」というイメージを表すことができる。「仰」はこちらと向かい合ったものに対して、顔を上に向けて見上げることを表す。

(篆) [卬] (篆)

語義 [展開] 顔を上に向ける(見上げる)意味ⓐから、尊敬の気持ちを込めて見上げる意味ⓑ、崇拝する(あがめる)意味ⓒ、たのみとする(何かをしてもらう)意味ⓓに展開する。「おおせ」や「おっしゃる」ⓔは日本的用法。[英]face upward, look up; respect; revere, worship; rely on; statement, say, speak [和訓] あおる・あおむく・おっしゃる [熟語] ⓐ仰臥・俯仰・ⓑ渇仰・敬仰・ⓒ信仰

文献 ⓐ詩経・車舝「高山仰止＝高山を仰ぐ(高い山を仰ぎ見る)」(止はリズム調節詞)ⓑ論語・子罕「仰之彌高＝之を仰げば弥(いよ)いよ高し(先生[孔子]を仰げば仰ぐほどますます気高い)」ⓓ墨子・七患「凡五穀者民之所仰也＝凡そ五穀なる者は、民の仰ぐ所なり(いったい五穀というものは、人民が頼みとするものである)」

【尭】 8(儿・6) 人 ㊥ギョウ ㊙たかい

〔堯〕 12(土・9) 人 ㊥ギョウ ㊙たかい

語音 *ŋɔ̂g(上古) ŋeu(中古→呉・漢ゲウ〈＝ギョウ〉) yáo(中) 요(韓)

語源 [コアイメージ] 高い・高く上がる。[実現される意味] 気高いⓐ。[英]high

〔解説〕風俗通義・皇覇篇に「堯は高なり」とある。*ŋɔ̂gという語は高・喬と同源である。喬には「高い」と「曲がる」の二つのイメージがあるが、堯も同じで、さらに「曲がる」→「(曲がりくねって)回る」というイメージに転化する。

〔グループ〕尭・暁・焼・驍・嶢(ギョウ)(山が高い[嶕嶢(ショウギョウ)])・翹(ギョウ)(高く上げる[翹望])・澆(ギョウ)(高い所から水を注ぐ。転じて、勢いが衰える、薄い[澆季])・僥(ギョウ)(高い望みをもつ[僥倖])・磽(コウ)(石が高くあがってごつごつしたさま→土地がやせているさま[磽确])・墝(コウ)(ごつごつと固くやせた土地[墝埆])・蕘(ジョウ)(焼くための柴、また、柴を刈る人[芻蕘(スウジョウ)])・饒(ジョウ)(物をたっぷり囲い込む、ゆたか[豊饒])・撓(ドウ)(曲げてたわめる[不撓不屈])・繞(ジョウ)(回りを回る、取り巻く[囲繞(イニョウ)])・蟯(ジョウ・ギョウ)(腸内を回る虫、ギョウチュウ[蟯虫])・鐃(ドウ)(陣中でかん高い音を立て鳴らす楽器、どら・陣がね[鐃鈸(ニョウハチ)])

字源 「堯」が正字。「垚(ギョウ)(音・イメージ記号)＋兀(人体とかかわる限定符号)」を合わせた字。「垚」は「土」を三つ重ねて、「高く上がる」というイメージを示す。「堯」は背の高い人を暗示させる。

(篆) [垚] (篆)

〔字体〕「堯」は旧字体。「尭」は書道に由来する常用漢字の字体。現代中国の簡体字は「尧」。暁・焼もこれに倣う。

語義 [展開] 至って高い(気高い)という意味ⓐから、古代中国の伝説的な帝王の名(五帝の一人)ⓑに用いられる。舜と同様、後世の人がつけた美名である。[英]high; a legendary king [和訓] たかい [熟語] ⓐ尭尭・ⓑ尭舜

文献 ⓐ墨子・親士「王徳不堯堯者、乃千人之長也＝王徳堯堯たらざる者は、乃ち千人の長なり(王徳がそれほど高くない者はたかだか千人のボスである)」ⓑ論語・泰伯「大哉、堯之爲君也＝大なる哉、尭の君為(た)るや

（なんと堯は偉大な君主だよ）」

【暁】12(日・8)　常　常用音訓 ギョウ　あかつき

〔曉〕16(日・12)　人　音 ギョウ　訓 あかつき・さとる

語音 *hŏg(上古)　heu(中古→呉・漢ケウ〈＝キョウ〉・[慣]ゲウ〈＝ギョウ〉)　xiǎo(中)　효(韓)

語源 [コアイメージ] 高く上がる。[実現される意味] 明るい・明るさⓐ。[英]light, brightness

字源 「曉」が正字。「堯(音・イメージ記号)＋日(限定符号)」を合わせた字。「堯」は「高く上がる」というイメージがある(⇨尭)。「曉」は日が高く上がって空が明るくなる様子を暗示させる。この意匠によって、「明るい」と「夜が明ける」の二つの意味が実現される。

語義 [展開] 明るい意味ⓐから、事情に明るくなる(はっきりとわかる、さとる)意味ⓑ、明け方(あかつき)の意味ⓒに展開する。[英]light, brightness; make clear, understand; dawn　[熟語] ⓑ通暁・分暁・ⓒ暁闇・払暁

文献 ⓐ荘子・天地「冥冥之中、獨見曉焉＝冥冥の中に、独り暁を見る(暗さの中に彼だけが明るさを見出す)」ⓑ列子・力命「其子弗曉＝其の子暁らず(その子は悟らなかった)」ⓒ世説新語・称誉「夜語至曉不眠＝夜語りて暁に至るも眠らず(寝物語で明け方まで眠らなかった)」

【業】13(木・9)　常　常用音訓 ギョウ・ゴウ　わざ

語音 *ŋiăp(上古)　ŋıɐp(中古→呉ゴフ〈＝ゴウ〉・漢ゲフ〈＝ギョウ〉)　yè(中)　업(韓)

語源 [コアイメージ] ΛΛΛΛ(ぎざぎざ)の形・スムーズに行かない。[実現される意味] 鋸状のぎざぎざの歯がついた楽器を吊す横木ⓐ。[英]horizontal board of a bell stand

〔解説〕楽器を吊す器具の意味と職業の業にどんな関係があるのか。業の深層構造を初めて解明したのは藤堂明保である。氏は業と厳・巖を同源とし、「ごつごつとして固い」という基本義があるとし、「安易なことでは処理できないこと」「すらりとはいかない仕事」の意味が生じたという(藤堂①)。表層的な意味は楽器を吊す道具であるが、その形態から「ΛΛΛΛ(ぎざぎざ)の形をして滑らかでない」「摩擦があってスムーズに進まない」というコアイメージがある。下記の詩経ⓐの注釈に「捷業(ぎざぎざ)として鋸歯の如し」(毛伝)とある。また、山がごつごつと険しいことを形容する嶪はこのイメージをもとにしたもの。生業や学業などの仕事も「スムーズに行かない」というイメージがあるので*ŋiăpと呼び、業をその語を代替する視覚記号とするのである。日本語の「わざ」は「こめられている神意をいうのが原義」で、㋐深い意味・意図のこめられた行為、㋑深い意味のこめられた行事、㋒神事、㋓技術、㋔仕事などに展開するという(大野①)。㋓は漢語の技、㋔は漢語の業にほぼ当たる。日本語の「わざ」は深い意味がこめられた仕事というイメージであろうが、漢語の業は苦労してやっと達成できる仕事、一朝一夕には行かないつらい仕事というイメージの語である。英語のlaborやtoilには「骨が折れる」「つらい」というイメージがあり、業に近い。

字源 鐘などの楽器を吊す横木を架ける柱を描いた図形(対を為すので「對」の左側にも含まれている)。字源を楽器を架けるぎざぎざの板とするのは古来の通説。仕事の意味に転じた理由について、加藤常賢は学習するのに板に字を書いたからとし(加藤①)、白川静は版築の際に土を撲つ木が楽器掛けの形に似ていたから版築→作業の意になったとする(白川②)。以上は図形から意味を導く説。藤堂は「でこぼこがあってつかえる意を含み、すらりとはいかない仕事の意となる」(藤堂②)と、基本義から転義を導く。

(古)　(篆)

語義 [展開] 楽器を吊す横木が原義ⓐ。「摩擦があってスムーズにいかない」というイメージを介して、生活・生存を支える仕事・労働(なりわい)の意味ⓑ、苦労して成し遂げる事柄の意味ⓒ、学習する事柄・内容の意味ⓓを派生する。また、形容詞として、強くいかめしいさま、勇み立つさまの意味ⓔもある。仏教では、梵語karmanの訳語として、報いをもたらす前世の行為の意味ⓕに用いる。[英]horizontal board of a bell stand; work, labor, toil, task, job; practice, business, enterprise; studies; strong; karma [熟語] ⓑ職業・生業・ⓒ偉業・功業・ⓓ学業・授業・ⓕ罪業・非業

文献 ⓐ詩経・有瞽「設業設虡＝業を設け虡(キョ)を設く(楽器を架ける横木と台座を設ける)」ⓑ易経・繫辞伝上「聖人以通天下之志、以定天下之業＝聖人は以て天下の志に通じ、以て天下の業を定む(聖人は天下の人々の意志に通じて、天下の人々の職業を定めた)」ⓒ孟子・梁恵王下「君子創業垂統、爲可繼也＝君子は業を創めて統を垂れ、継ぐべきを為すなり(君子は事業を創始して伝統を残し、それを子孫に継がせることをなすべきだ)」ⓓ孟子・告子下「願留而受業於門＝願はくは留まりて業を門に受けん(ここに留まり、門下になって学業を受けたい)」ⓔ詩経・采薇「四牡業業＝四牡業業たり(四頭の牡馬は勇み立つ)」

【凝】 16(冫・14) 常 (常用音訓) ギョウ　こる・こらす

語音 *ŋiəŋ(上古) ŋiəŋ(中古→(呉)・(漢)ギョウ) níng(中) 응(韓)

語源 [コアイメージ] つかえて止まる。[実現される意味] 液体が凍って固まる(こおる)。[英]freeze

〈解説〉こおりや、こおる現象を漢語ではどう捉えたか。川などの水が凝結して固くなり、一面に張り渡った状態を凍という。こおりは筋が入っていることもある。筋目のついているこおりは凌という。また、筋目を入れるとパンと割れる性質がある。この特徴に着目して生まれたことばが氷である。では凝はどんなイメージか。疑にコアイメージの源泉がある。これは「つかえて止まる」というイメージ。広雅・釈詁に「凝は止なり」とあり、王念孫は「凝は疑と通ず」と述べている(広雅疏証)。流動していた水が固まって止まった状態を凝という。日本語の「こおる(こほる)」はコルに由来する。コルとは「液体など、流動性をもって定まらないものが、寄り固まって一体となる意」という(大野①)。これは漢語の凝のⓑに当たる。

字源 「疑(ギ)(音・イメージ記号)＋冫(限定符号)」を合わせた字。「疑」は「進行するものが何かにつかえてストップする」というイメージがある(⇨疑)。「凝」は液体や物が凍って固まる様子を暗示させる。

語義 [展開] 液体が凍る意味ⓐから、流動するものや進行するものが止まって固くなる(こる)意味ⓑ、一つの所にじっと止めて動かさない(一所に集中する、こらす)意味ⓒに展開する。[英]freeze; curdle, coagulate, condense; fix [和訓] こごる [熟語] ⓐ凝結・凝霜・ⓑ凝集・凝縮・ⓒ凝議・凝視

文献 ⓐ易経・坤「履霜堅冰、陰始凝也＝霜を履みて堅冰とは、陰始めて凝るなり(霜を踏むと、堅い氷がやって来るというのは、陰気が初めて凍って固まるということだ)」ⓑ詩経・碩人「膚如凝脂＝膚は凝脂の如し([彼女の]肌は獣の固まった脂肪のようだ[白く、柔らかく、つやがある])」ⓒ荘子・達生「用志不分、乃凝於神＝志を用ゐて分かたざれば、乃ち神を凝らす(意思を分散させなければ、精神をじっと集中できる)」

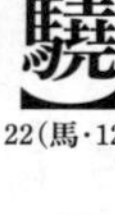

【驍】 22(馬・12) 人 (音)ギョウ

語音 *kŏg(上古) keu(中古→(呉)・(漢)ケウ〈＝キョウ〉・[慣]ゲウ〈＝ギョウ〉) xiāo(中) 효(韓)

[語源] [コアイメージ] 高く上がる。[実現される意味] 背が高く立派な馬ⓐ。[英]fine horse

[字源] 「堯（ギョウ）（音・イメージ記号）＋馬（限定符号）」を合わせた字。「堯」は「高く上がる」というイメージがある（⇩尭）。「驍」は背が高く勇み立つ馬を暗示させる。

[語義] [展開] 背が高く立派な馬の意味ⓐから、勇ましく強い意味ⓑに展開する。[英]fine horse; brave, valiant [熟語] ⓑ驍将・驍雄

[文献] ⓑ六韜・敵武「武車驍騎、繞我左右＝武車・驍騎、我が左右を繞（めぐ）る（戦車と勇猛な騎兵が、私の左右を取り巻いている）」

きょく

【旭】 6(日・2) [人] ― [音]キョク [訓]あさひ

[語音] *hiok(上古) hiok(中古→[呉]コク・[漢]キョク) xù(中) 욱(韓)

[語源] [コアイメージ] やわらかい。[実現される意味] あさひⓐ。[英]rising sun

[解説] 王力によれば熙・熹・煦・旭は同源の語という（王力①②）。熙は和やかに広がる光、熹はほのぼのと立ち上る光、煦は温かい光で、コアにあるのは「やわらかい」というイメージである。

[字源] 「九（キュウ）（音・イメージ記号）＋日（限定符号）」を合わせた字。「九」は「曲がる」というイメージがある（⇩九）。まっすぐなものは「かたい（堅・固）」というイメージにつながるが、「曲がる」というイメージは「やわらかい（柔・軟）」というイメージと結びつく。「旭」は直射までには至らず、やわらかく差す日光を暗示させる。この意匠によって、昇り始めたばかりの朝日を表象する。

[語義] [展開] あさひの意味ⓐから、明るい光、明るい意味ⓑに展開する。[英]rising sun; bright [熟語] ⓐ旭光・旭日

[文献] ⓐ詩経・匏有苦葉「旭日始旦＝旭日始めて旦なり（あさひが初めて現れる）」

【曲】 6(曰・2) [常] ― [常用音訓] キョク まがる・まげる

[語音] *kʻiuk(上古) kʻiok(中古→[呉]コク・[漢]キョク) qū(中) 곡(韓)

[語源] [コアイメージ] ∟形や∠形に曲がる・入り組んで曲がる。[実現される意味] 折れまがる・まげるⓐ。[英]bend

[解説] 釈名・釈言語に「曲は局なり」とある。王力は句・曲・局を同源とする（王力①）。藤堂明保はほかに区のグループとも同源とし、「まがる・細かく入りくむ」という基本義があるとする（藤堂①）。*kʻiukという語は「∟形や∠形に曲がる」というイメージを含むとともに、複雑に（細々と）折れ曲がるというイメージが強い。句や区では「小さい」というイメージにも展開する。物体が曲がると幅や距離が縮まって小さく（狭く）なるからである。日本語の「まがる」はマガ（禍）と同根で、「湾曲・屈曲する意。真直ぐのものが好まれ、正しいものとされたので、マガルは悪く、ねじける意」という（大野①）。漢語の曲も同じ転義をする。

[グループ] 曲・蛐（キョク）（曲がりくねる虫、ミミズ）・髷（キョク）（束ねて巻いた髪、まげ）

[字源] L形の定規を描いた図形。この意匠によって、「∟形や∠形に曲がる」「入り組んで曲がる」というイメージを表すことができる。説文解字では曲げて物を入れる器の形とするが、L形の曲尺や定規の形とする説（藤堂明保など）がよい。

(金)  (古)  (篆) 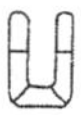

[語義] [展開] まがる・まげる意味ⓐから、無理にねじまげる（こじつける）意味ⓑ、まっすぐではない（正しくない、よこしま）の意味ⓒ、入り組んで曲がった所（隅、くま）の意味ⓓ、細々と入り組んでいるさま（細々して

いる、つぶさに）の意味ⓔ、音を高く低くうねるように進める音楽の節の意味ⓕに展開する。芸当の意味ⓖは日本的用法。［英］bend(ⓐⓓ), bent, crooked; distort, twist; unjustifiable, wrong; corner, crook; small, minute, detailed; melody, tune; performance 【和訓】くま・くせ 【熟語】ⓐ曲線・屈曲・ⓑ曲解・歪曲・ⓒ曲直・邪曲・ⓓ河曲・心曲・ⓔ曲礼・委曲・ⓕ音曲・歌曲・ⓖ曲技・曲芸

文献 ⓐ詩経・采緑「予髪曲局＝予が髪は曲局す（私の髪は曲がって縮れている）」ⓒ戦国策・秦五「以曲合於趙王＝曲を以て趙王に合す（邪心で趙王に取り入った）」ⓓ詩経・汾沮洳「彼汾一曲＝彼の汾の一曲（あの汾［川の名］の片隅）」ⓕ荘子・漁父「曲終而招子＝曲終はりて子を招く（音楽が終わると先生を手招いた）」

【局】 7(尸・4) 常 常用音訓 キョク

語音 *gıuk(上古) gıok(中古→呉ゴク・漢キョク) jú(中) 국(韓)

語源 【コアイメージ】曲がった線で区切る。【実現される意味】小さくかがまる（身をかがめる、せぐくまる）ⓐ。［英］bend the body, crouch

【解説】下記の詩経ⓐの注釈に「局は曲なり」（毛伝）とある。*gıukという語は曲・区・句と同源の語で、「└形や∠形に曲がる」というイメージがある。また「複雑に（細々と）入り組んで曲がる」というイメージに展開する。まっすぐ立っていた人がかがまる場合、首・背・腰・膝などの各部分が曲がって、縮まるような形になる。この行為・動作を局という。詩経における使い方（意味のⓐ）が最も古い。

【グループ】局・跼（キョク）（体を縮めてかがまる、せぐくまる［跼蹐］）・侷（キョク）（曲がって縮まる［侷促］）・挶（キョク）（腕を曲げて抱え込む）

字源 「尺＋口」と分析する。「尺」は親指と他の指を⊂の形に曲げる形で、「⊂形に曲げる」というイメージを示す。「口」は一定の場所を示す符号。「尺（イメージ記号）＋口（イメージ補助記号）」を合わせた「局」は、ある範囲の場所を曲がった線で区切る様子を暗示させる図形。藤堂明保は「└印＋┌印＋口（せまいわく）」を合わせて、「小さいわくを区切ること」とする（藤堂②）。

（篆）

語源 【展開】「曲がった線で区切る」というイメージから、小さく身をかがめる意味ⓐ、∟形に曲がって縮まる意味ⓑ、場所や範囲を小さく区切る意味ⓒ、狭く（小さく、細かく）区切って分けること、小さく分けた部分の意味ⓓ、いくつかの単位に分けて仕事・職務を取り仕切る所の意味ⓔに展開する。また、場所や範囲を狭い（小さい）部分に区切る意味から、石で地所を区切るゲーム（囲碁）をする所（盤面）の意味ⓕ、碁や将棋の勝負ごと、また、勝負を数える語ⓖ、当面する情勢の意味ⓗを派生する。［英］bend the body, crouch; curved; localize, confine; part, portion; department, bureau; Go board; game; situation 【和訓】つぼね 【熟語】ⓐ局蹐・ⓑ局促・ⓒ局限・局在・ⓓ局所・局地・ⓔ部局・薬局・ⓕ局面・対局・ⓖ終局・名局・ⓗ時局・破局

文献 ⓐ詩経・正月「不敢不局＝敢へて局せずんばあらず（身をかがめずにはいられない）」ⓑ詩経・采緑「予髪曲局＝予が髪は曲局す（私の髪は曲がって縮れている）」ⓔ礼記・曲礼「左右有局、各司其局＝左右に局有り、各其の局を司る（［軍の］左右に局を置き、それぞれ局を管轄する）」ⓕ三国志・魏志・王粲伝「以帊蓋局＝帊（ハ）を以て局を蓋ふ（ハンカチで碁盤を覆った）」

【極】 12(木・8) 常 常用音訓 キョク・ゴク きわめる・きわまる・きわみ

語音 *gıək(上古) gıək(中古→呉ゴク・漢キョク) jí(中) 극(韓)

語源 【コアイメージ】端から端までたるみなく行き尽くす。【実現される意味】家屋の端から端まで通る横木（棟木）ⓐ。［英］ridgepole

〈解説〉亟・極の字源を明らかにした学者はいるが、語の深層構造を明らかにした人は藤堂明保以外にいない。氏は亟・極を亥のグループ、戒のグループ、亙(コウ)のグループ、および革・克などと同じ単語家族に収め、「ぴんと張る」という基本義をもつとした(藤堂①)。そして亟を「全身を緊張させ、弛みなく動作する」こと、極を「端から端まで張り渡した木」と述べる(藤堂①)。*giəkという語は二つの間に力が働いて、「A↑↓B」の形にたるみなくぴんと張り詰める」というコアイメージがある。A点からB点までたるみなく行き渡ると、A点はこれ以上行けない最終点となる(その逆も同じ)。かくて極はこれ以上行けないぎりぎりの所まで行き尽くすという意味が生まれる。日本語の「きわめる(きはむ)」はキハ(涯)に至るようにする意」という(大野①)。これは漢語の極・究・窮とイメージがほぼ同じだが、三語は微妙な違いがある。

〈グループ〉極・亟(キョク)(差し迫る)・殛(キョク)(はりつけにして殺す)

字源 「亟(キョク)(音・イメージ記号)＋木(限定符号)」を合わせた字。「亟」の古い形(甲骨文字の字体)は、「二(上下の線)＋人」を合わせて、頭の上から足の先まで隙間なく立ち尽くす情景を設定した図形。篆文では「口」「又」(ともに動作を示す符号)を添えて「亟」になった。この意匠によって、「端から端までたるみなく張り詰める」というイメージを表すことができる。「極」は端から端までたるみなく張り渡した横木を暗示させる。

説文解字に「極は棟(むなぎ)なり」とある。字源については諸説があるが、加藤常賢が亟は「頭の先から踵までの体軀の全体」(加藤①)と解釈したのがほぼ妥当。

(甲) (金) (篆) [亟] (篆)

語義 [展開] 棟木の意味ⓐ。また棟木の比喩から、支えの中心(芯になる強い力)という意味ⓑを派生する。また、「A↑↓Bの形に張り詰める」というイメージは「A→B(あるいはA←B)の形に端から端まで行き尽くす」というイメージに展開し、これ以上は行けない所(最終点、最高点)まで行きつく意味ⓒ、とことんまで突き詰める(きわめる)意味ⓓ、これ以上行けない最終点(行きついた果て)の意味ⓔ、これ以上はなく(きわめて)という意味ⓕに展開する。また、ⓔから天子の位の意味ⓖ、地軸などの両端の意味ⓗにも転用される。[英]ridgepole; center; reach the end; investigate; the utmost point, utmost, extreme, final, ultimate, extremity; extremely; throne; pole [和訓] きめる・きまる [熟語] ⓑ多極・太極・ⓓ極言・極力・ⓔ極限・究極・ⓕ極上・極大・ⓖ登極・ⓗ南極・陽極

文献 ⓐ墨子・経説「極勝重也＝極、重きに勝(た)ふるなり(棟木は重さに耐えられる)」ⓑ詩経・氓「士也罔極＝士や極罔(な)し(男心の定めなさ)」ⓒ詩経・載馳「誰因誰極＝誰に因り誰に極(いた)らん(誰を頼み、誰の所に行こうか)」ⓓ詩経・南山「曷又極止＝曷(な)んぞ又極めんや([彼女を]なぜ最後まで突き詰める[追いかける])」ⓔ孟子・梁恵王下「使我至於此極也＝我をして此の極に至らしむ(私をぎりぎりの所まで追い詰めた)」

ぎょく

【玉】 5(玉・0) 常 常用音訓 ギョク たま

語音 *ŋiuk(上古) ŋiok(中古→呉ゴク・漢ギョク) yù(中) 옥(韓)

語源 [コアイメージ] ごつごつと堅い。[実現される意味] 宝石の一つで、つやのある美しい石(たま)ⓐ。[英]jade

〈解説〉玉の語源は頊(ギョク)や玨(カク)(＝珏)・瑴(カク)に現れている。頊は体を緊張させてつつしむことで、「堅い」というイメージが含まれている。瑴は珏の異体字で、二連の玉の意であるが、㱿(＝殼)は「堅い」というイメージがある。藤堂明保は頊のほか獄・嶽(＝岳)とも同源の単語家族に収め、「ごつごつと堅い」という基本義があるとする(藤堂①)。同氏は殼・角を

別の単語家族にくくり、「中空の堅いから」という基本義があるとするが(藤堂①)、「堅い」というコアイメージで両者を一本化できる。加工前の玉(原石)は角があってごつごつした印象がある。したがって*ŋiukと呼ばれる石(宝石の一つ)はごつごつと堅いものというイメージで名づけられた。日本語の「たま」はタマ(魂)と同根で、「人間を見守りたすける働きを持つ精霊の憑代(よりしろ)となる、まるい石などの物体が原義」という(大野①)。「たま」には球形のイメージがあるが、漢語の玉にはこのイメージはない。

【字源】たまを三つ連ねたアクセサリーを描いた図形。説文解字に「三玉の連なるに象る。｜は其の貫くなり」とある。藤堂は「細長い大理石の彫刻を描いた形」(藤堂②)とする。

(甲) (金) (篆)

【語義】[展開] たまの意味ⓐから、玉のように大事にする意味ⓑ、美しいもの、貴いものなどの喩えⓒ、天子や他人の物事につけて敬意を示す語ⓓに展開する。丸いものの意味ⓔは日本的用法。[英]jade; treasure; metaphor of beauty; honorific word; ball, bead [熟語] ⓐ珠玉・宝玉・ⓒ玉杯・玉露・ⓓ玉音・玉稿

【文献】ⓐ詩経・野有死麕「有女如玉＝女有り玉の如し(玉のように美しい女がいる)」ⓑ詩経・民労「王欲玉女＝王、女[＝汝]を玉にせんと欲す(王様はあなたを大切に思し召す)」

きん

【巾】3(巾・0) 常 常用音訓 キン

【語音】*kiăn(上古) kiĕn(中古→呉コン・漢キン) jīn(中) 건(韓)

【語源】[コアイメージ] 小さい切れ端。[実現される意味] 覆ったり掛けたりする布きれⓐ。[英]a piece of cloth

【解説】釈名・釈首飾では「巾は謹なり」と語源を説く。謹・僅・菫などには「小さい、わずか」というイメージがある。巾は何かの用途に当てるために布を小さく切った切れ端というイメージの語である。

【字源】端の垂れ下がった布を描いた図形。

(甲) (金) (篆)

【語義】[展開] 覆ったり掛けたりする布きれ(スカーフ・ショール等々)の意味ⓐから、汚れをぬぐう布きれ(手ぬぐい)の意味ⓑに展開する。[英]a piece of cloth(scarf, shawl, etc); kerchief, towel, napkin [和訓] きれ [熟語] ⓐ頭巾・茶巾・ⓑ雑巾・布巾

【文献】ⓐ詩経・出其東門「縞衣綦巾＝縞衣(コウイ)と綦巾(キキン)(白の衣と緑のスカーフ)」ⓑ礼記・内則「盥卒授巾＝盥卒(カンソツ)、巾を授く(洗面係が手ぬぐいを授ける)」

【斤】4(斤・0) 常 常用音訓 キン

【語音】*kɪən(上古) kɪən(中古→呉コン・漢キン) jīn(中) 근(韓)

【語源】[コアイメージ] わずかな距離にまで近づける。[実現される意味] 木を伐る工具の一つ、おのⓐ。[英]ax

【解説】釈名・釈用器に「斤(一本では釿)は謹なり」とある。謹は「小さい」「細かい」というイメージがある。藤堂明保は斤を幾のグループ、几のグループ(肌など)、菫(キン)のグループ(僅など)と同じ単語家族に収め、「せまい・こまかい・わずか」という基本義があるとする(藤堂①)。また、希(まばらの意)とも同源である。空間的に隙間が狭いことは「ちかい」というイメージになる。「小さい」「わずか」「ちかい」は互いに転化しうるイメージである。物を切る際には、道具を物に限りなく近づける。物を切る道具(おの・ちょうな・なたの類)を*kɪənといい、斤の図形で表記

する。

〔グループ〕斤・近・祈・欣・芹・圻(キ)(都に近い土地)・沂(ギン)(水際に近い所、へり・はて)・齗(ギン)(歯に近い部分、はぐき)・靳(キン)(馬の胸にぴったり当てて引き締める革紐、むながい)

字源 斧が物を切ろうとする直前のプロセスを暗示する図形。この意匠によって、「わずかな距離にまで近づける」というイメージを表すことができる。斧の象形とするのが通説だが、説文解字に「木を斫(き)るなり」とあり、また金文や篆文も切るものと切られるものを示す二つの符号からできているのに着眼すると、右のように解釈できる(藤堂の説による)。

(金)　(篆)

語義 [展開] おのの意味ⓐから、重さの単位ⓑに転用される。[英]ax; unit of weight [和訓] おの [熟語] ⓐ斧斤・ⓑ斤量

文献 ⓐ孟子・梁恵王上「斧斤以時入山林、材木不可勝用也＝斧斤時を以て山林に入れば、材木勝(あ)げて用ゐるべからざるなり(時を見計らっておのを山に入れて木を切るならば、材木は使いきれないほどだ)」

【均】 7(土・4) 常 常用音訓 キン

語音 *kiuən(上古) kiuĕn(中古→呉・漢キン) jūn(中) 균(韓)

語源 [コアイメージ] 全体に行き渡る。[実現される意味] 全体に渡ってでこぼこがなくバランスが取れている(等しくそろっている)ⓐ。[英]even, equal

解説 音楽においてリズムが調和することが韵(＝韻)、政治のレベルで全体をうまく治めて調和させることが尹(イン)(君はこの発展)、人格のレベルで偏らず調和が取れていることが允(イン)である。これらに共通するのは「全体的にバランスが取れている」「でこぼこやむらがなく、全体に行き渡っている」というイメージである。藤堂明保は均を尹のグループ(君を含む)のほかに、旬のグループ、軍のグループ、昆のグループ、また骨・回・懐・鬼などと同じ単語家族に収め、「丸い・めぐる・とり巻く」という基本義があるとする(藤堂①)。「丸く取り巻く」というイメージは「全体に行き渡る」というイメージに展開する。

〔グループ〕均・韵(イン)(＝韻)・鈞(キン)(陶器を造る丸くて平均のとれた回転盤、ろくろ。転じて重量の単位[千鈞])・匀(イン)(平均して整っている)・筠(イン)(丸く取り巻いた竹の皮、また、タケ)

字源 「匀(イン)(＝匀。音・イメージ記号)＋土(限定符号)」を合わせた字。「勹」は腕をぐるりと回す形(⇨旬)。「勹(イメージ記号)＋二(並べそろえることを示すイメージ補助記号)」を合わせた「匀」は、全体に渡って等しくそろえる様子を暗示させる図形。「均」は土をならして全体に渡ってでこぼこのない状態にする様子を暗示させる。

(金)　(篆)　[匀]　(篆)

〔字体〕「均」(篆文の字体)は正字(旧字体)。「均」は常用漢字の字体。中国では匀の中が冫の形になる。

語義 [展開] 全体に渡ってバランスが取れている(ひとしい)意味ⓐから、調和が取れている意味ⓑ、でこぼこがなく平らにする(ならす)意味ⓒ、全体のバランスを取る政治の力(権力)の意味ⓓに展開する。[英]even, equal; balanced, harmonious; level, average; balance of power [和訓] ならす・ひとしい [熟語] ⓐ均斉・平均・ⓒ均田・ⓓ国均

文献 ⓐ詩経・北風「大夫不均＝大夫は均(ひと)しからず(家老たちは公平でない)」ⓑ詩経・皇皇者華「六轡既均＝六轡既に均(とと)のふ(六本の手綱さばきは整っている)」ⓓ詩経・節南山「秉國之均＝国の均を秉(と)る(国家の権力を握る)」

【芹】 7(艸・4)　人　｜　音キン　訓せり

語音 *gɪən(上古)　gɪən(中古→呉ゴン・漢キン)　qín(中)　근(韓)

語源 [コアイメージ] ㋐切る・㋑近い。[実現される意味] セリⓐ。[英]water dropwort

字源 「斤(音・イメージ記号)＋艸(限定符号)」を合わせた字。「斤」は「近い」「(道具を近づけて)切る」というイメージがある(⇩斤)。「芹」は野から切ってきておかずにする野草を暗示させた。また、水辺近くに生える水草と解してもよい。「斤」の代わりに「近」や「沂(水際)」を書く異体字もあるので、古人は後者の語源意識をもっていたようである。

語義 セリ科の草の名、セリの意味ⓐ。葉は菱形で先が尖る。水湿地に生える。[熟語] ⓐ献芹

文献 ⓐ詩経・采菽「言采其芹＝言(ここ)に其の芹を采る(「水辺で」セリを摘んでとる)」

【近】 7(辵・4)　常　｜　常用音訓　キン　ちかい

語音 *gɪən(上古)　gɪən(中古→呉ゴン・漢キン・[慣]コン)　jìn(中)　근(韓)

語源 [コアイメージ] わずかな距離にまで近づける。[実現される意味] 距離や場所がちかいⓐ。[英]near, close

[解説] 近や祈の語源が斤(おのの意味)と関係があることを指摘したのは藤堂明保のみである(藤堂①)。これらは「ぎりぎりまで近づく」という深層構造が共通する。日本語の「ちかい(ちかし)」は「距離の隔たりが小さい」意(大野①)で、漢語の近と同じ。空間→時間→関係へと転義するのも両者全く同じ。英語のnearとcloseにも空間・時間・関係の意味が共通している。認識の仕方(言語的な捉え方)に普遍性があるらしい。

字源 「斤(音・イメージ記号)＋辵(限定符号)」を合わせた字。「斤」は「わずかな距離にまで近づける」というイメージがある(⇩斤)。「近」は空間的にちかい、また、ちかづくことを表す。

語義 [展開] 空間的にちかい意味ⓐ、ちかづく意味ⓑから、時間的に近い(現在にちかい、ちかごろ)の意味ⓒ、関係がちかい(身近、親しい)の意味ⓓに展開する。[英]near(ⓐ~ⓓ), close(ⓐⓒⓓ); approach; recent; intimate [熟語] ⓐ近辺・遠近・ⓑ接近・ⓒ近年・最近・ⓓ近親・卑近

文献 ⓐ詩経・雲漢「大命近止＝大命近し(天命は近づいた)」(止はリズム調節詞)ⓑ詩経・民労「以近有徳＝以て有徳に近づけ(有徳者に近づきなさい)」ⓓ論語・陽貨「性相近也、習相遠也＝性相近し、習ひ相遠し(人はお互いに性質は近いが、習慣が隔たっている)」

【欣】 8(欠・4)　人　｜　音キン　訓よろこぶ

語音 *hɪən(上古)　hɪən(中古→呉コン・漢キン・[慣]ゴン)　xīn(中)　흔(韓)

語源 [コアイメージ] 断ち切る。[実現される意味] 愉快な気分になる・喜び楽しむ(よろこぶ)ⓐ。[英]rejoice, joyful

[解説] よろこびの感情を表す語を、憂いの原因を取り除くという発想から造形するのは漢語の意味論的特徴の一つである(⇩悦・愉)。

字源 「斤(音・イメージ記号)＋欠(限定符号)」を合わせた字。「斤」は「(道具を近づけて)切る」というイメージがある(⇩斤)。「欣」は憂さを断ち切って喜ぶことを表す。忻も同義。

語義 よろこぶ意味ⓐ。[熟語] ⓐ欣快・欣然

文献 ⓐ詩経・鳧鷖「旨酒欣欣＝旨酒欣欣たり(美酒に気分もうっとりとする)」

【金】 8(金・0)　常　｜　常用音訓　キン・コン　かね・かな

【語音】*kıəm(上古)　kıəm(中古→呉コム〈=コン〉・漢キム〈=キン〉)　jīn(中)　금・김(韓)

【語源】[コアイメージ] 中にふさぐ。[実現される意味] こがねⓐ。[英] gold

〔解説〕釈名・釈天では「金は禁なり。其の気、剛毅(かたい)にして、能く物を禁制す(おさえる)」と語源を説く。これは物質の性質から見たもの。しかし禁は「中に入れてふさぐ」というコアイメージをもつので、物質が採れる場所から発想された語と見ることもできる。藤堂明保は金を今のグループ(含・陰・禽など)に含め、さらに禁のグループ、音のグループ、咸のグループ(感など)と同じ単語家族にくくり、「中にいれてふさぐ」という基本義があるとする(藤堂①)。日本語の「かね」は金属の総称という。漢語では銀・鉛・鉄・錫など元素の単独名があるので、漢語の金もgoldの専名であったと考えられる。英語のgoldはyellow metalが原義という(下宮①)。漢語でも易経などに黄金の名称がある。しかし金という語は用途(採掘)から発想されたらしい。ちなみに銀も用途、鉄・鉛・銅は性質による命名である。

〔グループ〕金・錦・欽・銜(カン)(口にふくむ[銜枚(カンバイ)])・唫(キン)(口をつぐむ)・淦(カン)(船底にたまる水、あか)

【字源】「今＋ハ＋土」と分析できる。「今」は「中にふさぐ」というイメージがある(⇨今)。したがって「今(キン)(音・イメージ記号)＋ハ(小さな二つの点を示すイメージ補助記号)＋土(限定符号)」を合わせて、地中に点々と閉じ込められた砂金を暗示させる図形である。説文解字に「左右の注(点、しるし)は金の土中に在る形に象る。今の声」とある。

(金)　(古)　(篆)

【語義】[展開] こがね(黄金)の意味ⓐから、金属の総称ⓑ、通貨の意味ⓒ、金属で製した楽器の意味ⓓ、貴いもの、立派なもの、堅固なものなどの喩えⓔ、こがね色の意味ⓕに展開する。[英]gold(ⓐⓒⓔⓕ); metal; money; metal percussion; metaphor of valuable thing, etc.; golden [熟語] ⓐ金塊・黄金・ⓑ金属・冶金・ⓒ金額・金銭・ⓓ金声・ⓔ金言・金剛・ⓕ金魚・金髪

【文献】ⓐ詩経・淇奥「如金如錫＝金の如く錫の如し([君子の完璧さは]金や錫のようだ)」ⓓ孟子・万章下「孔子之謂集大成、集大成也者、金聲而玉振之也＝孔子之を集大成と謂ふ、集大成なる者は、金声にして之を玉振するなり(孔子のことを集大成という。集大成とは、[八つの楽器の演奏において]鐘の音で始まり、磬で終わる全コースのことだ)」

【衿】9(衣・4)　人　音キン　訓えり

【語音】*kıəm(上古)　kıəm(中古→呉コム〈=コン〉・漢キム〈=キン〉)　jīn(中)　금(韓)

【語源】[コアイメージ] 中をふさぐ。[実現される意味] 衣の、首の前を閉じ合わせる部分(えり)ⓐ。[英]collar

【字源】「今(キン)(音・イメージ記号)＋衣(限定符号)」を合わせた字。「今」は「中をふさぐ」というイメージがある(⇨今)。「衿」は衣の前(喉元または胸元)を閉じ合わせる部分を表す。

【語義】[展開] えりの意味ⓐから、胸元をふさぐ部分(おくみ)の意味ⓑ、胸のうち(心)の意味ⓒ、押さえになる所(かなめの地点)の意味ⓓに展開する。[英]collar; front of a garment; bosom, mind; main point [熟語] ⓐ開衿・青衿・ⓒ衿抱(＝襟抱)・ⓓ衿喉(＝襟喉)

【文献】ⓐ詩経・子衿「青青子衿＝青青たる子の衿(あなたのえりの清々しさよ)」

【菌】11(艸・8)　常　常用音訓 キン

【語音】*gıuĕn(上古)　gıuĕn(中古→呉ゴン・漢クキン〈=キン〉)　jùn(中)

균(韓)

語源 [コアイメージ] 丸い・半円形。[実現される意味] キノコ。[英]mushroom

〈解説〉説文解字に「囷ンキは廩ンリ(米倉)の圜ンエ(=円)なる者」とあり、注釈では釘の蓋に似た倉という。上から見ると円形だが、正面から見ると半円である。したがって囷は「円形(丸い)」と「半円形」というイメージを示す記号になる。菌は後者のイメージから展開した語で、傘のような頭をもつキノコ類をいう。

〈グループ〉菌・箘ンキ(節の間が長く、皮が丸く取り巻いた竹、ヤダケ)・麕ンキ(=麏。丸い群れをリーダーがうまくまとめる鹿、キバノロ)

字源 「囷ンキ(音・イメージ記号)+艸(限定符号)」を合わせた字。「囷」は「禾(いね。イメージ記号)+囗(限定符号)」を合わせて、穀物を囲い込んでおく所を暗示させる図形。これは「丸い」「半円形を呈する」というイメージを示す記号になる。「菌」は半円形の傘のような形をした植物を暗示させる。

(篆)[篆字] [囷]　(篆)[篆字]

語義 [展開] キノコが本義ⓐで、かび・バクテリア(ばい菌)の意味ⓑに転用される。[英]mushroom; bacterium, germ [和訓] きのこ [熟語] ⓐ菌糸・菌類・ⓑ細菌・黴菌

文献 ⓐ荘子・逍遥遊「朝菌不知晦朔=朝菌は晦朔カイサクを知らず(朝菌[朝に生じ朝のうちに死ぬというキノコ]はついたちからみそかまでの期間を知らない[短命の喩え])」

【菫】11(艸・8) 人 ｜ 音キン 訓すみれ

語音 *ɡɪən(上古) ɡɪən(中古→呉ゴン・漢キン) jǐn(中) 근(韓)

語源 [コアイメージ] ㋐水分が尽きる・㋑小さい。[実現される意味] タガラシⓐ。[英]celery-leaved crowfoot

字源 堇が本字。「堇ンキ(音・イメージ記号)+艸(限定符号)」を合わせた字。「堇」は「水分が尽きる」というイメージがあり、「わずか・小さい」というイメージに展開する(⇨漢・勤)。「菫」は田に生えてイネを枯らしてしまう雑草(タガラシ)を表す。

語義 [展開] キンポウゲ科の草の名、タガラシが原義ⓐ。水田や湿地に生える。別名、石竜芮セキリュウゼイ。後に、スミレ科スミレ属の草の名、ツボスミレの意味ⓑ。紫色の小花が咲く。唐代の文献に初出。日本では一般にスミレの意味ⓒに用いる。[英]celery-leaved crowfoot; Viola arcuata; violet

文献 ⓐ詩経・緜「菫荼如飴=菫荼トキン、飴の如し([周の原野は]タガラシ・ノゲシもあめのように甘い)」

【勤】12(力・10) 常 ｜ 常用音訓 キン・ゴン つとめる・つとまる

〔勤〕13(力・11) 人 ｜ 音キン・ゴン 訓つとめる・いそしむ

語音 *ɡɪən(上古) ɡɪĕn(中古→呉ゴン・漢キン) qín(中) 근(韓)

語源 [コアイメージ] 尽きる・わずか。[実現される意味] 力を尽くして励む(精を出す)ⓐ。[英]toil, diligent

〈解説〉堇ンキにコアイメージの源泉がある。これは水分が尽きてなくなるという具象的な状況から発想され、「わずか」「小さい」「少ない」などに展開するイメージである。仕事などに対して精力を出し尽くす(余力がわずかしかない)という行為を勤という。勤のコアイメージが具体的な文脈でそのまま使われた例がある(下記の文献ⓓ)。日本語の「つとめる(つとむ)」はツト(夙に、早朝の意)と同根で、「早朝から事を行う意」という(大野①)。また「いそしむ」の訓がある。イソシムは「精を出す。よく勤める」の意味という(大野①)。「いそしむ」が勤の訓としてぴったりで

ある。

〔グループ〕勤・僅・謹・菫・槿(花の命がわずかな木、ムクゲ［木槿］)・覲(諸侯が謹んで天子に会う、まみえる［参覲］)・饉(食糧が乏しい、飢える［饑饉］)・殣(飢え死にする)・瑾(筋目が細かく入って美しい玉［瑾瑜］)。細瑾［欠点］は細謹の誤用)・懃(まめまめしく心を尽くすさま［慇懃］)

字源 「勤」が正字。「堇(音・イメージ記号)＋力(限定符号)」を合わせた字。「堇」を分析すると「莫＋土」となる。「莫」は漢の右側と同じで、「水分が乾く」というイメージがある(⇩漢)。したがって「堇」は乾いた粘土のこと。「水分が乾く」というイメージは「尽きる」「なくなる」「わずか」「小さい」というイメージにも展開する。「勤」は力を出し尽くす様子を暗示させる。

〔字体〕「勤」は旧字体。「勤」は書道に由来する常用漢字の字体。謹もこれに倣う。僅は例外。

語義 ［展開］力を尽くして励む意味ⓐから、労働に励む、会社などで働く(つとめる)意味ⓑ、心が細々と働き、注意が行き届いている(ていねいである)意味ⓒ、尽きる意味ⓓに展開する。［英］toil, diligent; work, service; attentive; exhaust ［和訓］いそしむ ［熟語］ⓐ勤勉・精勤・ⓑ勤務・勤労・ⓒ殷勤(＝慇懃)

文献 ⓐ詩経・賚「文王既勤止＝文王既に勤めたり(文王はすでに力を尽くされた)」(止はリズム調節詞)ⓑ論語・微子「四体不勤＝四体勤めず(手足を動かして［労働に］つとめない)」ⓒ史記・司馬相如列伝「通殷勤＝殷勤を通ず(［彼女に］ねんごろな気持ちを伝えた)」ⓓ老子・六章「用之不勤＝之を用ゐて勤きず(［道の］働きは尽きることがない)」

【欽】
12(欠・8) 人 ㊊キン ㊓つつしむ

語音 *k'ıəm(上古) k'ıəm(中古→㊋コム〈＝コン〉・㊌キム〈＝キン〉) qīn (中) 흠(韓)

語源 ［コアイメージ］中に閉じ込める。［実現される意味］かしこまって慎しむⓐ。［英］respectfully attentive

字源 「金(音・イメージ記号)＋欠(限定符号)」を合わせた字。「金」は「中に閉じ込める」というイメージがある(⇩金)。「欽」は貴人の前で感情を閉じ込めてかしこまる様子を暗示させる。

語義 ［展開］かしこまって慎しむ意味ⓐ、相手を偉いと思ってかしこまる(慎み敬う)意味ⓑ、天子に対する敬語ⓑに展開する。また、「中に閉じ込める」というイメージから、気分がふさがる意味ⓒを派生する。［英］respectfully attentive; honorific for emperor; melancholy ［熟語］ⓑ欽羨・欽慕・ⓒ欽定・欽命

文献 ⓐ書経・尭典「帝曰、往、欽哉＝帝曰く、〝往け、欽めや〟(〝行きなさい、身を慎むように〟と帝は言った)」ⓓ詩経・晨風「憂心欽欽＝憂心欽欽たり(心は憂いにふさがれる)」

【琴】
12(玉・8) 常 常用音訓 キン こと

語音 *gıəm(上古) gıəm(中古→㊋ゴム〈＝ゴン〉・㊌キム〈＝キン〉) qín (中) 금(韓)

語源 ［コアイメージ］中にふさぐ。［実現される意味］弦楽器の名、ことⓐ。［英］qin, koto

〔解説〕白虎通義・礼楽篇では「琴の言為るは禁なり。淫邪を禁止し、人心を正す所以なり」と、音楽の道徳的効果から語源を説く。禁と同源と見たのはよいが、楽器の形態や性能から説明するのがよい。禁は「中に入れてふさぐ」というイメージがあり、胴に音をこもらせて共鳴させる特徴に基づく命名である。

字源 「珡」(篆文の字体)は楽器の「こと」を象った図形。古文では下部が「金」、隷書では「今」の形となった。「金」と「今」はともに「中にふさぐ」というイメージがある。現在の「琴」は「今(音・イメージ記

号)＋㺬の略体(限定符号)」を合わせた字で、これによって楽器の「こと」を表す。〈補注〉㺬は瑟(ことの一種)や琵・琶でも限定符号に使われている。

(古) (篆)

語義 [展開] ことの意味ⓐ。また琴に似た(または、見立てた)楽器の名につける語ⓑに用いられる。[英]qin, koto(name of a stringed instrument); a general name for certain instrument [熟語] ⓐ琴線・弾琴・ⓑ鉄琴・木琴

文献 ⓐ詩経・関雎「琴瑟友之＝琴瑟シッキンもて之を友とせん(琴を奏でて睦み合おう)」

【筋】 12(竹・6) 常 常用音訓 キン すじ

語音 *kıən(上古) kıən(中古→呉コン・漢キン) jīn(中) 근(韓)

語源 [コアイメージ] (筋張って)引き締める。[実現される意味] 骨などにつく繊維の束(すじ)ⓐ。[英]muscle

〈解説〉釈名・釈形体では「筋は靳キンなり。肉中の力、気の元なり。其の身形を靳固(固く締める)するなり」とあって、靳(引き締める)と同源と見ている。肉を引き締めて力や運動の元になるものが筋という考えである。緊張の緊(引き締める)とも同源の語である。日本語の「すじ(すぢ)」は「筋肉の中の強い繊維」の意(大野①)。これは漢語の筋と同じ。「すぢ」から「細く長くつづいているもの」「一つづきの関係をなすもの」に転義するが、漢語の筋にはこのような抽象的な意味はない。英語のmuscleはラテン語のmūs(ネズミ)が語源で、筋肉の形や働きがネズミに似ているからという(下宮①)。muscleは筋肉と筋キンの意味のほかに、腕力の意味があるが、日本語のような「すじ」(細長い線)の意味はない。

字源 「力(イメージ記号)＋竹(イメージ補助記号)＋肉(限定符号)」を合わせた字。「力」は腕を筋張らせる形で、「筋張る」というイメージを示す。「竹」は筋状のものがある事例として取り上げたもの。「筋」は肉の内部を通っている「すじ」を表す。

(篆)

語義 [展開] 骨などにつく繊維の束(すじ)の意味ⓐから、筋肉に似た(なぞらえた)物体の意味ⓑを派生する。細長いもの(すじ)の意味ⓒは日本的用法。[英]muscle; muscle-like matter; line, stripe, streak [熟語] ⓐ筋骨・筋肉・ⓑ鉄筋

文献 ⓐ老子・五十五章「骨弱筋柔而握固＝骨弱く筋柔らかくして握固し([赤ん坊は]骨は弱く筋は柔らかいのに握力は固い)」

【僅】 13(人・11) 常 常用音訓 キン わずか

語音 *gıən(上古) gıěn(中古→呉ゴン・漢キン) jǐn(中) 근(韓)

語源 [コアイメージ] 尽きる・少ない。[実現される意味] 数量が少ない(わずか)ⓐ。[英]few, little

字源 「堇キン(音・イメージ記号)＋人(限定符号)」を合わせた字。「堇」は「尽きる」というイメージから、「小さい」「少ない」「わずか」のイメージに展開する(⇨漢)。「僅」は人の数が少ない様子を暗示させる。

語義 [展開] 数量が少ない(わずか)の意味ⓐから、少しのところで(かろうじて、やっと)の意味ⓑに展開する。[英]few, little; barely [熟語] ⓐ僅差・僅少

文献 ⓐ荀子・彊国「吾僅得三士焉＝吾僅かに三士を得たり(私はたった三人の士を得ただけだ)」ⓑ韓非子・内儲説上「牛車僅可以行耳＝牛車は僅かに行くべきのみ(牛車がやっとのことで通行できるだけだ)」

【禁】 13(示・8) 常 常用音訓 キン

語音 *kɪəm(上古)　kɪəm(中古→呉コム〈=コン〉・漢キム〈=キン〉)　jìn(中)　금(韓)

語源 [コアイメージ] 中に入れてふさぐ。[実現される意味] 押さえ込んで差し止めるⓐ。[英]prohibit, forbid

〔解説〕 釈名・釈天では「金は禁なり」とあるが、その逆も可である。金は今をコアとする。藤堂明保は今のグループ(金・禽・陰を含む)、禁のグループ、音のグループ、咸のグループ(感など)を同じ単語家族にくくり「中に入れてふさぐ」という基本義があるとする(藤堂①)。境界や枠を設けて、物をその中に閉じ込め、外に出さないように、仕切り線で押さえ止めること、また、囲った内部に立ち入らないように仕切り線で押さえ止めることを*kɪəmといい、禁と表記する。英語のprohibitはラテン語のprohibere(=to hold back、押しとどめる、抑える)に由来し、禁止する、差し止める意という(小島①)。漢語の禁と対応する。

〔グループ〕 禁・襟・噤(口をふさいで物をしゃべらない、つぐむ)

字源 「林(イメージ記号)+示(限定符号)」を合わせた字。「林」は木を二つ並べた形。「示」は祭壇の形で、神にかかわることを示す符号。「禁」は物を並べて境界を作り、中に入れないようにした神聖な場所の情景を設定した図形。

(篆)

語義 [展開] 押さえ込んで差し止める意味ⓐから、閉じ込める、また、閉じ込める所の意味ⓑ、立ち入ってはならない場所の意味ⓒ、はみ出したり、立ち入ったりすることを許されないもの(おきて・法・タブー)の意味ⓓ、内部を閉じ込めて人に知られない(秘密である、秘密のことがら)の意味ⓔに展開する。[英]prohibit, forbid, ban; confine, imprison; forbidden area; taboo; secret [熟語] ⓐ禁止・厳禁・ⓑ禁錮・拘禁・ⓒ禁苑・禁中・ⓓ禁忌・解禁・ⓔ禁方・呪禁

文献 ⓐ墨子・兼愛「禁悪而勧愛=悪を禁じて愛を勧む(悪事を禁止し、愛を奨励する)」ⓓ孟子・梁恵王下「澤梁無禁=沢梁に禁無し(沢で魚を捕ることに禁令はない)」ⓔ史記・扁鵲列伝「我有禁方=我に禁方有り(私には[医術の]秘法がある)」

【禽】13(内・8)　人　｜　音キン　訓とり

語音 *gɪəm(上古)　gɪəm(中古→呉ゴム〈=ゴン〉・漢キム〈=キン〉)　qín(中)　금(韓)

語源 [コアイメージ] 上からかぶせて、中に閉じ込める。[実現される意味] 動物をつかまえるⓐ。[英]capture

〔解説〕 今にコアイメージの源泉がある。これは「上からかぶせる」というイメージである。網で獲物を捕まえることが禽である。

〔グループ〕 禽・檎・擒(捕らえる[生擒])

字源 分析すると「今+离」になる。「今(音・イメージ記号)+离(イメージ補助記号)」を合わせた字。「今」は「上からかぶせて、中に閉じ込める」というイメージがある(⇩今)。「离」は離にも含まれていて、獣の形。「禽」は動物に網をかぶせて捕まえる情景を設定した図形。

(甲)　(金) 　(篆) 

語義 [展開] 動物を捕まえる意味ⓐから、捕まえた動物(獲物)の意味ⓑ、獣と鳥を合わせた総称ⓒ、さらに鳥の意味ⓓへと展開する。[英]capture; game; birds and beasts; bird [熟語] ⓐ生禽(=生擒)・ⓓ禽獣・猛禽

文献 ⓐ戦国策・秦一「黄帝伐涿鹿而禽蚩尤=黄帝、涿鹿に伐ちて蚩尤を禽ふ(黄帝は涿鹿で蚩尤を討ってとりこにした)」ⓑ易経・恒「田無禽=田して禽無し(狩りをして獲物がない)」ⓒ礼記・月令「祭禽于四方=禽を四方に祭る(東西南北に鳥獣を祭る)」ⓓ孟子・滕文公下「一朝而獲

十禽＝一朝にして十禽を獲る（ひと朝で十羽の鳥を捕まえた）」

【緊】15（糸・9） 常 ｜ 常用音訓 キン

語音 *kiĕn（上古） kiĕn（中古→呉・漢キン） jǐn（中） 긴（韓）

語源 [コアイメージ] 堅く引き締める。[実現される意味] 引き締まる・引き締める ⓐ。[英]tighten

字源 「臤ケン（音・イメージ記号）＋糸（限定符号）」を合わせた字。「臣」は「堅く引き締める」というイメージがあり、「臤」は堅く引き締める動作を表す（⇩堅）。「緊」は糸を堅く引き締める様子を暗示させる。白川静は「臤は臣（目）に又（手）を入れる形で、眼睛を傷つけ視力を失わせること」で、緊は「そのときの瞳を傷つけられる人の心が張りつめ、体がひきしまった状態をいう」とする（白川②）。神の奉仕者を片眼にする習俗から生まれた字というが、全く証拠がない。コアイメージという発想がないから、語の深層構造を捉えられない。

語義 [展開] ゆるんだものを引き締める意味ⓐから、堅く引き締まっているさま、緊張した状態の意味ⓑ、ゆとりがなく差し迫る意味ⓒに展開する。[英]tighten; tight, tense, taut; urgent, pressing [和訓] しめる・しまる [熟語] ⓐ緊縮・緊縛・ⓑ緊張・緊密・ⓒ緊急・喫緊

文献 ⓐ素問・平人気象論「盛而緊曰脹＝盛りて緊まるを脹と曰ふ（盛り上がって堅く締まるものが腫瘍である）」ⓑ管子・問「戈戟之緊＝戈戟の緊（ほこが堅く引き締まっていること）」

【錦】16（金・8） 常 ｜ 常用音訓 キン にしき

語音 *kıəm（上古） kıəm（中古→呉コム〈＝コン〉・漢キム〈＝キン〉） jǐn（中） 금（韓）

語源 [コアイメージ] 中に閉じ込める。[実現される意味] 美しい模様を織りなした絹織物（にしき）ⓐ。[英]brocade

〈解説〉釈名・釈采帛に「錦は金なり。之を作るに功を用ゐること重し、其の価は金の如し」とある。錦は価値が高いので金と同源と見ている。卑俗にはわかりやすい。しかし金のコアイメージをつかめば別の解釈ができる。

字源 「金キン（音・イメージ記号）＋帛（限定符号）」を合わせた字。「金」は「中に閉じ込める」というイメージがある（⇩金）。「帛」は白い絹布（絹織物）。したがって「錦」は色糸を中に織り込んで模様を出した絹織物を暗示させる。

語義 [展開] にしきの意味ⓐから、美しいものの喩えⓑに用いる。[英]brocade; metaphor of beauty [熟語] ⓐ錦旗・錦繡・ⓑ錦秋・錦心

文献 ⓐ詩経・碩人「衣錦褧衣＝錦を衣きて褧衣ケイイす（にしきを着て、打掛をはおる）」

【檎】17（木・13） 人 ｜ 音 キン・ゴ

語音 gıəm（中古→呉ゴム〈＝ゴン〉・漢キム〈＝キン〉・[慣]ゴ） qín（中） 금（韓）

語源 [コアイメージ] 鳥を呼び寄せる。[実現される意味] ワリンゴ。[英]Chinese apple

〈解説〉下記の文献に、甘く熟すと鳥が食べにくるから来禽（鳥を呼び寄せる）と名づけられたという。中国原産のリンゴにはほかに奈（イヌリンゴ）と蘋果（セイヨウリンゴ）がある。後者を日本ではリンゴ（林檎）と呼ぶ。和名は林檎の呉音リムゴムがリウゴウとなまり、これがリンゴに変わった。

字源 「禽キン（音・イメージ記号）＋木（限定符号）」を合わせた字。「禽」は鳥の意味がある（⇩禽）。果実が甘くて鳥を呼び寄せることから来禽と称され、禽から檎を派生した。

語義 [展開] ワリンゴが原義ⓐ。日本ではリンゴ（セイヨウリンゴ）の意

味ⓑに用いる。［英］Chinese apple;apple　［熟語］ⓑ林檎(ゴリン)

文献 ⓐ広志（晋・郭義恭撰）「林檎似赤柰子、一名来禽、言味甘熟則来禽也＝林檎は赤柰子に似たり。一名は来禽。味甘く熟すれば則ち禽を来すと言ふなり（林檎はイヌリンゴに似ている。別名は来檎。味が甘く熟すと、鳥を呼び寄せることによる）」（芸文類聚87）

【謹】17（言・10）　常　｜ 常用音訓 キン　つつしむ

〔謹〕18（言・11）　人　｜ 音 キン　訓 つつしむ

語音 *kiən（上古）kiən（中古→コン（呉）・キン（漢））jǐn（中）근（韓）

語源 ［コアイメージ］細かい・細々としている。［実現される意味］細かく気を配る・言動に注意してかしこまる ⓐ。［英］careful, attentive

〔解説〕堇(キン)にコアイメージの源泉がある。「（水分が）尽きる」というイメージから、「小さい」「細かい」「わずか」というイメージが生まれ、「（動作が）細々としている」「大雑把ではない」というイメージに展開する。他人に対する言動が細々としたところに注意を払って、かしこまって（控えめに）対応することを謹という。慇懃（かしこまって振る舞う様子）の懃と近い。日本語の「つつしむ」は、ツツはツツム（包む）のツツ、シムはシム（凍）・シム（締）と同根で、「自分の身を包み込み引きしめ、控えめにすること」という（大野②）。日本語の「つつしむ」は慎よりも謹に近い。

字源 「謹」が正字。「堇(キン)（音・イメージ記号）＋言（限定符号）」を合わせた字。「堇」は「尽きる」というイメージから、「少ない」「わずか」「細かい」というイメージに展開する（⇩勤）。「謹」は言動において細かいことに気を配る様子を暗示させる。

語義 ［展開］細かく気を配る（控えめにする、つつしみ深い）意味ⓐから、恭しくかしこまる意味ⓑ、つつしんで（かしこまって）の意味ⓒに展開する。［英］careful, attentive, cautious, prudent; respectful, reverential; respectfully, reverently, sincerely　［熟語］ⓐ謹厳・謹慎・ⓑ恭謹・細謹・ⓒ謹聴・謹呈

文献 ⓐ論語・学而「謹而信＝謹みて信あり（言動につつしみ深くし、うそ偽りがない）」ⓑ韓非子・外儲説右上「遇客甚謹＝客を遇すること甚だ謹む（客への待遇がとても恭しかった）」

【襟】18（衣・13）　常　｜ 常用音訓 キン　えり

語音 *kiəm（上古）kiəm（中古→呉コム〈＝コン〉・漢キム〈＝キン〉）jīn（中）금（韓）

語源 ［コアイメージ］中をふさぐ。［実現される意味］衣の、喉元を閉じ合わせる部分（えり）ⓐ。［英］overlap of a robe, lapel

〔解説〕釈名・釈衣服では「襟は禁なり。前に交はりて、風寒を禁禦（ふせぐ）する所なり」とある。これはえりの機能から語源を説いたものだが、もう一つの機能は前を閉じ合わせてふさぐことによって、肌を見せないようにすることである。衿の意匠と全く同じ。

字源 「禁(キン)（音・イメージ記号）＋衣（限定符号）」を合わせた字。「禁」は「中に入れてふさぐ」というイメージがある（⇩禁）。「襟」は衣の前（喉元または胸元）をふさぐ部分を暗示させる。

語義 ［展開］えりの意味ⓐ。換喩の転義として、衣の、胸元をふさぐ部分（おくみ）の意味ⓑ、胸のうち（こころ）の意味ⓒ、隠喩の転義として、押さえとなる要害の場所の意味ⓓになる。［英］overlap of a robe, lapel; front of a garment; bosom, mind; stronghold　［熟語］ⓐ衣襟・開襟・ⓒ襟懐・胸襟・ⓓ襟喉

文献 ⓐ荘子・斉物論「涕泣沾襟＝涕泣、襟を沾(うるお)す（涙が襟をびっしょり濡らした）」

ぎん

【吟】7(口・4)　常　常用音訓 ギン

語音 *ŋiəm(上古)　ŋiəm(中古→呉ゴム〈＝ゴン〉・漢ギム〈＝ギン〉)　yín(中)　음(韓)

語源 [コアイメージ] 中にこもる。[実現される意味] 含み声でウーウーとうなる(うめく)ⓐ。[英]moan

〔解説〕吟と含は形も音も似ている。今にコアイメージの源泉があり、二つは意味も「中にふさぐ」「中にこもる」というイメージをもつ点で共通である。

字源 「今(キン)(音・イメージ記号)＋口(限定符号)」を合わせた字。「今」は「かぶせる」というイメージがあり、「中にふさぐ」「閉じ込める」というイメージに展開する(⇩今)。「吟」は音を口の中に閉じ込めてウーウーとうなる様子を暗示させる。

語義 [展開] 含み声でウーウーとうなる(うめく)意味ⓐから、うなるような声を出して歌う(詩歌を口ずさむ)意味ⓑ、詩歌を作る意味ⓒ、詩歌、うたの意味ⓓに展開する。[英]moan, groan; chant; compose(a poem); song, poem　[熟語] ⓐ呻吟・沈吟・ⓑ吟詠・詩吟・ⓒ吟行・苦吟・ⓓ駄吟・名吟

文献 ⓐ墨子・非攻「有鬼宵吟＝鬼有りて宵に吟ず(亡霊が夜にうなり声を出す)」ⓑ荘子・徳充符「倚樹而吟＝樹に倚(よ)りて吟ず(木に寄りかかって歌を口ずさむ)」

【銀】14(金・6)　常　常用音訓 ギン

語音 *ŋiən(上古)　ŋiěn(中古→呉ゴン・漢ギン)　yín(中)　은(韓)

語源 [コアイメージ] 痕がじっと残る。[実現される意味] 金属の一つ、しろがね(シルバー)ⓐ。[英]silver

〔解説〕金・銀・鉄は非常に早い古典に登場する。金は詩経に出る。銀と鉄は書経で地方から上納される産物の一つに挙げられている。艮(コン)(いつまでも痕をとどめる)にコアイメージの源泉があり、象嵌細工の場面から発想された。銀は用途に基づいた命名である。銀の古訓「しろがね」は古典に見える「銀は白金なり」(説文解字など)の影響であろう。あかがね(銅)やくろがね(鉄)も同様である。

字源 「艮(コン)(音・イメージ記号)＋金(限定符号)」を合わせた字。「艮」は「いつまでも痕を残す」というイメージがある(⇩眼)。「銀」は細工物にはめこんで印や模様を残す金属を暗示させた。この意匠によって、金属のsilberを表象する。

語義 [展開] シルバーの意味ⓐから、貨幣の意味ⓑ、ぎん色・白色の意味ⓒに展開する。銀行の意味ⓓは日本的用法。[英]silver(ⓐ～ⓒ); money; silvery; bank　[和訓] しろがね　[熟語] ⓐ銀山・金銀・ⓑ銀貨・賃銀・ⓒ銀河・銀輪・ⓓ銀行・都銀

文献 ⓐ管子・地数「上有鉛者其下有銀＝上に鉛有る者は、其の下に銀有り(山の上に鉛が存在する地形は、その下には銀が存在する)」

く

【区】4(匚・2)　常　常用音訓 ク

語音 (1)*k'iug(上古)　k'iu(中古→呉・漢ク)　qū(中)　구(韓)　(2)*kug(上古)　kəu(中古→呉ク・漢コウ)　gōu(中)

語源 **[コアイメージ]** 区切る・曲がる。**[実現される意味]** 小さく区切る・区分けする ⓐ。［英］subdivide

〔解説〕 古典に「区は分なり」「区は小なり」の訓があるが、小と分は区と同源ではなく、区のコアイメージの一部をなす。むしろ*kʻugという語は局（場所や範囲を狭い部分に区切る）や曲（入り組んで曲がる）と同源で、「細々と狭い範囲に区切る」というイメージのほかに、「入り組んで曲がる」というイメージがある。藤堂明保は区・句・曲・局などを同じ単語家族にくくり、「まがる・細かく入りくんだ」という基本義があるとする（藤堂①）。

〔グループ〉 区・殴・欧・駆・枢・鷗・軀・軀ク（細かく区切れるからだ［軀幹・体軀］）・嶇ク（山道が曲がりくねって険しいさま［崎嶇クキ］）・傴ウ（背が曲がる［傴僂ウル］）・嫗ウ（腰の曲がった女→老女・おうな［老嫗］）・嘔ウオ（食べた物が胃から戻ってきて、喉元でつかえて曲がり、口から吐き出す［嘔吐］）・漚ウオ（細かく仕切られたように浮かぶ水の泡）・甌ウオ（口が）形にへこんだ小さな盆［金甌］）・謳ウオ（声を喉で屈曲させて［抑揚をつけて］うたう→楽器の伴奏がなく、節回しだけで歌う［謳歌］）

字源 「區」が正字。「匚（イメージ記号）＋品（イメージ補助記号）」を合わせた字。「匚」はㄴや匸のような曲がった形に区切ることを示す象徴的符号。「品」は三つの物や場所を示す記号。したがって「區」は物や場所がたくさん（細々と）区分けされて、くねくねと曲がって入り組んでいる状況を暗示させる図形である。字源については物を隠匿する形、甌の原字、腋下の狭い場所（加藤①）、多くの器を並べて祈る場所（白川②）などの説がある。

（甲） （金）  （篆） 

〔字体〕 「區」は旧字体。「区」は近世中国の俗字の区に由来するか。現代中国の簡体字も「区」。区に従う他の常用漢字もこれに倣う。

語義 **[展開]** 小さく区分けする意味ⓐから、何かの目的のために区切った場所（仕切り）の意味ⓑ、小さいさまの意味ⓒに展開する。ⓑから行政区画の単位ⓓに用いられる（以上は1の場合）。また、曲がる意味ⓔを派生する（2の場合）。ⓔは句と通用。［英］subdivide, classify, distinguish; area, district, region, section, compartment; small, trivial; administrative division; bend, curve **[熟語]** ⓐ区画・区別・ⓑ区域・地区・ⓒ区区・ⓓ区長・区立

文献 ⓐ論語・子張「譬諸草木區以別矣＝諸これを草木の区クして以て別あるに譬ふ（譬えてみれば、草木に［種類ごとに］区別のあるようなものだ）」ⓑ書経・康誥「肇造我區夏＝肇はじめて我が区夏を造る（初めて我が居住区である中夏を造った）」ⓒ春秋左氏伝・襄公17「宋國區區＝宋国は区区たり（宋は小さい国だ）」ⓔ管子・五行「草木區萌＝草木、区萌コウボウす（草木は曲がりくねって生え出る）」

【句】

5（口・2） 常  常用音訓 ク

語音 (1)*kug（上古） kəu（中古→㊥ク・㊦コウ） gōu（中） (2)*kug（上古） kıu（中古→㊥・㊦ク） jù（中） 구・귀（韓）

語源 **[コアイメージ]** かぎ形に曲がる・かぎ形で区切る。**[実現される意味]** かぎ形に曲がる ⓐ。［英］hook, curve

〔解説〕 古典に「句は曲なり」「句は局なり」とある。句・区・曲・局は同源で、「曲がる」が共通のイメージ。しかし句は「かぎ形」のイメージを含む。また、物が曲がると空間や範囲が狭くなるから「小さい」というイメージにも展開する。王力は句・鉤・枸・軥・笱・朐・痀・曲を同源とし、彎曲の意味があるとしている（王力②）。

〔グループ〉 句・拘・駒・狗・狗ク（小さな犬［狗肉］）・佝ク（背の曲がる人［佝僂クル］）・劬ク（疲れて背をかがめる［劬労］）・痀ク（背の曲がる病気）・昫ク（日の光や火の熱気がこわばった物を曲げて柔らかくする→あたためる［和昫］）・苟コウ（物を小さく区切ってまとめるさま→一時しのぎ・かりそめ［苟且コウショ］）・枸ク（枝が分かれて曲がりく

ねる木、ケンポナシ）・蒟《ク》（球茎が椀のように曲がった草、コンニャク［蒟蒻］）・鉤《コウ》（かぎ）・笱《コウ》（竹を曲げて作った捕魚装置、うえ）・耇《コウ》（＝耉。背の曲がるほど長生きする、また、長生きの老人）・鴝《ク》（交尾の際に足をかぎ形に交わらせる鳥、ハッカチョウ［鴝鵒《クヨク》］）

[字源]「勹（イメージ記号）＋口（場所を示すイメージ補助記号）」を合わせた字。「勹」は「L＋⌐」の合わさった形（かぎ形）の変形。「句」はある範囲をかぎ形（曲がった線）で区切る情景を設定した図形。この意匠によって、「L」や「（の形に曲がる」または「かぎ形で小さい範囲に区切る」というイメージを表すことができる。後に勾とも書かれる。鉤（＝鈎。∠形やL形のかぎ）に原初的イメージがはっきり残っている。

（金）　（篆）

[語義] [展開] かぎ形に曲がる・曲げる意味ⓐ、かぎ形、また、かぎ形のもので引っかける（引っかけてとらえる）意味ⓑ、数学で、直角三角形の直角（⌐形）のうち短い方の辺の意味ⓒに展開する（以上は1の場合）。1は勾と通用。また、「かぎ形で区切る」というイメージから、文章をかぎ形の印で区切る（切れ目を入れる）、また、文章の切れ目の意味ⓓ、一区切りの文、また、いくつかの言葉（単語）のまとまり（フレーズ）の意味ⓔを派生する。俳句の意味ⓕは日本的用法（以上は2の場合）。［英］hook(ⓐⓑ), curve; arrest; shorter side of a right triangle; punctuate, put a period, period; sentence, phrase; haiku　[熟語] ⓒ句股《コウコ》・ⓓ句点・句読・ⓔ語句・文句・ⓕ俳句・発句

[文献] ⓐ詩経・行葦「敦弓既句＝敦弓既に句《コウ》す（飾り弓は張られて曲がる）」ⓔ論衡・正説篇「文字有意以立句、句有數以連章＝文字に意有りて以て句を立て、句に数有りて以て章を連ぬ（文字に意味があって句を立ち上げ、いくつかの数でまとまった句が章を連ねる）」

【玖】 7(玉・3)　[人]　[音]ク・キュウ

[語音] *kıuəg(上古)　kıəu(中古→[呉]ク・[漢]キウ〈＝キュウ〉)　jiŭ(中)　구(韓)

[語源] [コアイメージ] 黒い。[実現される意味] 黒色の宝石。［英］black jade

[字源]「久《キュウ》（音・イメージ記号）＋玉（限定符号）」を合わせた字。「久」は「時間がたって古くなる」→「黒ずむ」というイメージに展開する（⇨灸）。「玖」は黒色の宝石を暗示させる。

[語義] [展開] 宝石の一種で、玉に次いで貴い黒色の石の意味ⓐ。また、九の大字ⓑに転用される。［英］black jade; nine

[文献] ⓐ詩経・丘中有麻「貽我佩玖＝我に佩玖《ハイキュウ》を貽《おく》れ（私に帯の玉を贈っておくれ）」

【苦】 8(艸・5)　[常]　[常用音訓] ク　くるしい・くるしむ・くるしめる・にがい・にがる

[語音] *k'ag(上古)　k'o(中古→[呉]ク・[漢]コ)　kŭ(中)　고(韓)

[語源] [コアイメージ] 固い。[実現される意味] ノゲシⓐ。［英］milk thistle

[解説]「にがい」という味覚のことばは漢語では植物から発想された。詩経ではノゲシとにがい意味が同時に使われている。また、くるしいという心理を表す意味にも使われている。味覚からの共感覚メタファーによる転義である。日本語の「くるしい（くるし）」は「痛みの耐え難さに心身の安定を失うのが原義。クルヒ（狂）と同根か」という（大野①）。味覚とは関係がない。漢語の苦は「固くこわばる」というのがコアイメージで、これが「にがい」という味覚を実現させる。藤堂明保は苦を「不快な味がして口がこわばる感じ」とする（藤堂②）。英語の bitter は bite（かむ）と同根で、「かむような」が原義という（下宮①）。漢語の苦は舌を

固くこわばらせるような味覚だから、「かむ」と縁がある。

[字源]「古ｺ(音・イメージ記号)＋艸(限定符号)」を合わせた字。「古」は「ひからびて固い」「固くこわばる」というイメージがある(⇩古)。「苦」は舌を固くこわばらせるような苦い味のする草を暗示させる。この意匠によって、ノゲシ(苦菜)を表象する。日本では苦菜をニガナに誤用。

[語義] [展開] キク科の草の名、ノゲシの意味ⓐ。葉や茎に白い乳液を含み、かむと苦みがある。また、味がにがい意味ⓑ(苦い味がするから草の名がついたと考えてもよい)。ついでメタファーによって、精神的に辛い思いをする(くるしむ・くるしい・つらい)意味ⓒ、辛い思いをさせる(苦痛を与える、くるしめる)意味ⓓ、不快・不満に思うさま(にがにがしい)の意味ⓔ、また、いやな思いをさせるほどひどい(程度が甚だしい)意味ⓕに展開する。[英]milk thistle; bitter(ⓑⓒ); pain(ⓒⓓ), suffer, painful, trying; torment, distress; disgusting; hard [熟語] ⓐ苦菜・ⓑ苦汁・苦味・ⓒ苦辛・苦楽・ⓓ苦肉・ⓔ苦笑・苦情・ⓕ苦雨

[文献] ⓐ詩経・采苓「采苦采苦＝苦を采り苦を采る(ノゲシを摘むよ、ノゲシを摘むよ)」ⓑ詩経・谷風「誰謂荼苦＝誰か謂はん荼ﾄは苦しと(ノゲシがにがいと誰が言う)」ⓒ詩経・凱風「母氏勞苦＝母氏労苦す(母は疲れて苦しんだ)」ⓓ孟子・告子下「天將降大任於是人也、必先苦其心志＝天将に大任を是ｺの人に降さんとするや、必ず先づ其の心志を苦しむ(天がこの人に大任を下そうとする際には、必ずまずその人の心を苦しめる)」

【矩】 10(矢・5) [人] [音]ク [訓]のり・かね

[語音] *kuag(上古) ku(中古→[呉]・[漢]ク) jǔ(中) 구(韓)

[語源] [コアイメージ] (二点間の)幅が隔たる。[実現される意味] さしがね(かねじゃく)ⓐ。[英]carpenter's square

[字源]「巨ｷｮ(音・イメージ記号)＋矢(イメージ補助記号)」を合わせた字。「巨」は匚形の定規を描いた図形で、「(二点間の)幅が隔たる」というイメージがある(⇩巨)。「矢」は短くまっすぐなもの→一定の長さを測る目安になるものというイメージを添える。「矩」は一定の長さを測る道具、「さしがね」を表す。

[語義] [展開] さしがね(直角の定規)の意味ⓐから、一定の基準(のり)の意味ⓑ、匚形とコ形を合わせた形、つまり直角四辺形(正方形、長方形)の意味ⓒに展開する。[英]carpenter's square; rule; square, rectangle

[熟語] ⓐ規矩・ⓒ矩形

[文献] ⓐ孟子・離婁上「規矩方員之至也＝規矩は方員ﾎｳｴﾝの至りなり(コンパスと定規は方形と円形を測る最高の道具である)」ⓑ論語・為政「七十而從心所欲不踰矩＝七十にして心の欲する所に従へど矩ﾉﾘを踰ｺえず(七十歳になると、思うがままに行動したけれど、基準から外れることはなかった)」

【駆】 14(馬・4) [常] [常用音訓] ク かける・かる

[語音] *k'ug(上古) k'u(中古→[呉]・[漢]ク) qū(中) 구(韓)

[語源] [コアイメージ] 曲がる。[実現される意味] 馬を走らせるⓐ。[英]drive (a horse)

[解説] 古典の注釈に「駆は馳ﾁなり」とある。馳も駆も馬の走り方に焦点を当てた語である。馬が疾走する軌跡を捉えて馳という。一方、人が馬を疾走させる場合、人の背は曲がり、前のめりになる。馬も背を曲げて疾走の体勢になると考え、「曲がる」「かがむ」のイメージをもつ区を用いて駆という語が生まれた。日本語の「かける(かく)」は馬を疾走させる意、「かる」は狩ると同根で、追い立てる意味という(大野①)。二つは別語であるが、漢語の駆では後者は前者からの転義である。

[字源]「驅」が正字。「區ｸ(音・イメージ記号)＋馬(限定符号)」を合わせた字。「區」は「曲がる」というイメージがあり、「かがむ」というイメージに展開する(⇩区)。馬が速く走ると、乗った人は背をかがめる形になる。したがって「驅」は馬にむち打って速く走らせることを表す。

〔字体〕「驅」は旧字体。「駈」は異体字。

語義 [展開] 馬にむち打って走らせる意味ⓐから、馬が速く走る(速駆けする)意味ⓑ、前に進めようとむりやり追い立てる意味ⓒ、追い立てるように何かをやらせる意味ⓓに展開する。[英]drive (a horse); run quickly; drive out, expel; spur, urge [熟語] ⓐ先駆・前駆・ⓑ疾駆・長駆・ⓒ駆除・駆逐・ⓓ駆役・駆使

文献 ⓐ詩経・載馳「驅馬悠悠＝馬を駆りて悠悠たり(はるか遠くへ馬を走らせる)」ⓒ孟子・滕文公下「驅飛廉於海隅而戮之＝飛廉を海隅に駆りて之を戮(リク)す(飛廉[人名]を世界の果てに追放して殺した)」ⓓ孟子・梁恵王上「然後驅而之善＝然る後に駆りて善に之(ゆ)かしむ([対策をしてから]初めて人々を駆り立てて善行に向かわせる)」

【駒】 15(馬・5)　常｜常用音訓 こま

語音 *kug(上古) ku(中古→呉・漢ク) jū(中) 구(韓)

語源 [コアイメージ] 小さい。[実現される意味] 体や年齢の比較的小さな馬・若くて元気な馬ⓐ。[英]young horse, colt

字源 「句(ク)(音・イメージ記号)＋馬(限定符号)」を合わせた字。「句」は「曲がる」というイメージがある。曲がると範囲が狭まって小さくなるから、「小さい」というイメージに展開する(⇩句)。「駒」は比較的小さい馬を暗示させる。

語義 [展開] 若くて元気な馬、また、子馬の意味ⓐから、幼い獣の意味ⓑ、若く元気な少年・若者の意味ⓒに展開する。[英]young horse, colt, foal; young beast; young people [熟語] ⓐ駒影・白駒・ⓑ竜駒

文献 ⓐ詩経・漢広「之子于歸、言秣其駒＝之(こ)の子于(ここ)に帰(とつ)ぐ、言(ここ)に其の駒に秣(まぐさか)はん(この子は嫁に行く、彼女の馬に餌をやろう)」ⓒ漢書・楚元王伝「武帝謂之千里駒＝武帝、之を千里の駒と謂ふ(武帝は彼を千里走る若駒[すぐれた若者]と呼んだ)」

【駈】 15(馬・5)　人｜音ク 訓かける・かる

語音 *k'ug(上古) k'u(中古→呉・漢ク) qū(中)

語源 [コアイメージ] (形に曲がる。[実現される意味] 馬を走らせるⓐ。[英]drive (a horse)

字源 「丘(キュウ)(音・イメージ記号)＋馬(限定符号)」を合わせた字。「丘」は「(形に曲がる」というイメージがある(⇩丘)。「駈」は背を(形にかがめて馬を走らせる様子を暗示させる。意匠は驅と同じ(⇩駆)。

語義 駈は駆の異体字で、意味は駆と同じ。

ぐ

【具】 8(八・6)　常｜常用音訓 グ

語音 *gug(上古) gu(中古→呉グ・漢ク) jù(中) 구(韓)

語源 [コアイメージ] (いくつかのものを)取りそろえる。[実現される意味] 必要なものを取りそろえる(そなえる、そなわる)ⓐ。[英]complete, furnish

〔解説〕古典では「具は備なり」の訓があるが、備はAの代わりになるBをそなえておくことで、具とはイメージが違う。具はむしろ共・供に近い。AとBが一緒にそろっているのが供のイメージ。A・B・C…を取りそろえるのが具である。意見を述べる意味を派生するのも供と具は似ている。

〔グループ〕具・俱・惧・椇(ク)(種子がそろって入っている果実の生る木、ケンポナシ[枳椇(キク)])・颶(グ)(一斉に吹きつのる風→台風[颶風])

字源 「鼎(かなえ。イメージ記号)＋廾(限定符号)」を合わせた字。甲骨文字と金文では「鼎＋廾」であったが、篆文で「目＋廾」に変わった。「具」は鼎を両手で案配する情景を設定した図形。この意匠によって、

必要なものを取りそろえてそなえることを表象する。

(甲)  (金)   (篆)

〔字体〕「具」は旧字体。現代中国ではこれを用いる。

語義 [展開] 必要なものをいろいろ取りそろえる(そなえる)意味ⓐから、形だけそなわっている(数だけそろえる)意味ⓑ、一緒にそろって(ともに)の意味ⓒ、そなえつける器物の意味ⓓ、取りそろえる料理や食材の意味ⓔ、意見をそろえて細々と述べる意味ⓕ、細々とそろって(つぶさに)の意味ⓖに展開する。ⓒは倶と通用。[英]complete, furnish, provide; possess, have; together; tool, utensil, implement; ingredients; state; minutely [和訓] そなえる・そなわる・つぶさに・ともに [熟語] ⓐ具備・装具・ⓑ具体・具有・ⓒ具現・ⓓ家具・器具・ⓕ具申・敬具

文献 ⓐ詩経・無羊「爾牲則具=爾が牲は則ち具はる(あなたのいけにえは皆そろった)」ⓑ論語・先進「可謂具臣矣=具臣と謂ふべきのみ(「二人は」数だけそろえた家来に過ぎません)」ⓒ詩経・頍弁「兄弟具來=兄弟は具に来る(兄弟はそろって一緒にやってきた)」ⓓ韓非子・問田「無法則亂於下、此不可一無、皆帝王之具也=法無ければ則ち下に乱る、此れ一も無かるべからず、皆帝王の具なり(法がなければ天下が乱れる。これ[法]は一つも欠かせない。すべて帝王の道具である)」ⓖ史記・項羽本紀「具告以事=具つぶさに告ぐるに事を以てす(細々と事実を告げた)」

【倶】 10(人・8) 人 | 音 グ・ク 訓 とも・ともに

語音 *kiug(上古) kiu(中古→呉・漢ク・[慣]グ) jù(中) 구(韓)

語源 [コアイメージ] 取りそろえる。[実現される意味] 一緒にそろって(ともに)ⓐ。[英]together, all

字源 「具グ(音・イメージ記号)+人(限定符号)」を合わせた字。「具」は「取りそろえる」というイメージがある(⇩具)。「倶」は人が一緒にそろっている様子を暗示させる。

語義 みんなそろって(ともに)の意味ⓐ。[熟語] ⓐ不倶戴天

文献 ⓐ論語・憲問「倶不得其死然=倶に其の死を得ざること然り(彼らは皆まともな死に方をしなかった)」

【惧】 11(心・8) 常 | 常用音訓 グ

語音 kiu(唐ク・[慣]グ) jù(中)

語源 [コアイメージ] きょろきょろ見回す。[実現される意味] おそれるⓐ。[英]fear

字源 「具グ(音記号)+心(限定符号)」を合わせた字。「懼」が本字であるが、近世の頃、具と音が似ているので、瞿を具に換えて「惧」となった。「懼」は「瞿ク(音・イメージ記号)+心(限定符号)」を合わせた字。「眀」は「目」を二つ並べて、目を←の方向や→の方向に向けて、きょろきょろさせる様子。「眀ク(音・イメージ記号)+隹(限定符号)」を合わせた「瞿」は、鳥が驚いて目を左右にきょろきょろさせる場面を設定した図形。したがって「懼」は驚いて心が落ち着かずびくびくする様子を暗示させる。

〔字体〕「惧」は近世中国で発生した「懼」の俗字。現代中国では惧を懼の簡体字とする。

語義 驚き恐れてびくつく(不安でびくびくする)意味ⓐ。[和訓] おそれる [熟語] ⓐ危惧

【愚】 13(心・9) 常 | 常用音訓 グ おろか

語音 *ŋiug(上古) ŋiu(中古→呉・漢グ) yú(中) 우(韓)

語源 [コアイメージ] 似て非なるもの・似たものが並ぶ。[実現される意味] 知恵が足りない(ばか、おろか)ⓐ。[英]stupid, foolish

〔解説〕禺にコアイメージの源泉がある。説文解字では「愚は戇ウコ(おろ

か)なり。禺は猴(サル)の属、獣の愚なる者」とあり、愚とサルをストレートに結びつけ、サルの本性がばかだから愚を「おろか」の意味とした。これは俗説であろうが、サルと関係づけたのは間違いではない。下記の詩経にも用例があるように、愚の成立はきわめて古く、その前提には禺の記号がある。これはサルを意味する*ŋugという語を表記し、下記のグループを形成する。サルをストレートに用いたのではなく、抽象的なイメージが根底にある。ニーダムは山海経に見える禺をMacaca(アカゲザル)類のサルに同定している(中国古代動物学史)。サルは外形が人間に似ているが、人間とは違う。ここに、本物に似ているが本物ではない(にせものである)というイメージがあり、また、本物とにせもの(似て非なるもの)が並ぶというイメージが生まれる。これを極端に抽象化すれば「似たものや同じようなものが□–□の形に並ぶ」というイメージにも転化する。本物ではなくにせものであるというイメージが愚鈍の意味を実現させる。ちなみに古代中国に言葉のわかる賢いサルがいたとされる。これを猩猩(ショウジョウ)という。現在のオランウータンに同定されている。猩は星・醒と同源で「澄み切っている」「(意識が)覚めている」というイメージで命名され、禺とは別扱いのサルである。日本語の「おろか」はオロ(疎)+カ(様子)で、「間隙が多く、おおざっぱ、いい加減の意」という(大野①)。

〔グループ〕愚・偶・遇・隅・寓・禺(グ)・(グウ)(サル)・嵎(グウ)(山の隅[負嵎])・耦(グウ)(二人が並んで耕す[耦耕])・藕(グウ)(似た根茎が次々に並ぶ蓮根)

字源 「禺(グ)(音・イメージ記号)+心(限定符号)」を合わせた字。「禺」はサルを描いた図形。サルは人と似ているが、人には及ばない。Aという本物があって、それに似たBというまがい物が紛らわしく存在することから、「似たものが二つ並ぶ」というイメージと、「本物とは別の」「似て非なる物」というイメージを示す記号になる。したがって「愚」は知恵などが本物と似ているが本物ではない(まがい物である)ことを暗示させる。藤堂は禺を「おろかな物まねざる」、愚を「おろかで鈍い心」としたが(藤堂②)、禺のコアイメージから解釈するのがよい。

(金)　(篆)　[禺]　(篆)

語義 [展開] ばかの意味ⓐから、ばかにする意味ⓑに展開する。また、自分や自分に関することを謙遜する語ⓒに転用される。[英]stupid, foolish; make a fool of; humble term [熟語] ⓐ愚鈍・愚劣・ⓑ愚民・愚弄・ⓒ愚僧・愚弟

文献 ⓐ詩経・抑「靡哲不愚＝哲として愚かならざるは靡(な)し(愚かでない知者はいない)」ⓑ老子・六十五章「古之善爲道者、非以明民、將以愚之＝古の善く道を為(おさ)むる者は、以て民を明にするには非ず、将に以て之を愚にせんとす(昔道[宇宙の原理]をよく身につけた人は、民を賢明にしようとはせず、愚昧にしようとした)」

13(虍・7)　常　常用音訓 おそれ

語音 *ŋuag(上古) ŋu(中古→呉・漢グ) yú(中) 우(韓)

語源 [コアイメージ] ためらう。[実現される意味] 空想上の獣の名ⓐ。[英]mythical animal

字源 「呉(ゴ)(音・イメージ記号)+虍(トラに似た動物を示す限定符号)」を合わせた字。「呉」は「夨(頭を傾げる人)+口(くち、ことば)」を合わせて、首を傾げつつしゃべる場面を設定した図形(⇨呉)。「おしゃべりして楽しむ」と、「ハテナと首を傾げる」という二つのイメージに分かれる(前者は娯、後者は誤のコアをなす)。後者のイメージから「ためらう」というイメージに展開する。「虞」は生きた動物を殺したり踏んだりするのをためらうという空想上の獣を表した。

語義 [展開] 想像上の獣の名が原義ⓐ。生物を食わず、生草を踏まず、平和な時代に出現するという瑞獣。生物を害しない動物のことから、山

沢や森林を保護する官吏(環境保護官)の意味ⓑに転じた。また、先々のことを予想して配慮する、何か起こらないかと予想して心配する意味ⓒ、心配、憂慮(おそれ)の意味ⓓを派生する。[英]mythical animal; forester; be afraid, apprehensive; worry, anxiety 【和訓】おもんぱかる 【熟語】ⓐ騶虞・ⓑ山虞・沢虞・ⓒ虞犯・不虞・ⓓ憂虞

文献 ⓐ詩経・騶虞「于嗟乎騶虞＝ああ騶虞よ」ⓒ詩経・雲漢「則不我虞＝則ち我を虞らず([天は]私を心配してくれぬ)」ⓓ春秋左氏伝・昭公4「無四方之虞＝四方の虞無し(四方から攻められる心配がない)」

くう……………………………

【空】 8(穴・3) 常 **常用音訓** クウ そら・あく・あける・から

語音 *k'ŭŋ(上古) k'uŋ(中古→㊥クウ・㊧コウ) kōng(中) 공(韓)

語源 【コアイメージ】突き抜ける。【実現される意味】何もなくからっぽ(むなしい)ⓐ。[英]empty, hollow

〔解説〕説文解字では「空は竅(あな)なり」とある。王力は空・孔・腔・竅(あな)などを同源とし、あなの意味があるとする(王力①)。*k'ŭŋ(空)には「あな」というイメージもあるが、実現される意味は下記の詩経ⓐの「からっぽ」である。コアイメージの源泉は工にある。これは「突き抜ける」というイメージで、ある空間を突き抜けると穴があき、その中はからっぽになる。藤堂明保は孔・腔のほかに、口・后・谷・侯・公・凶なども同源とし、「穴・つき抜ける」という基本義があるとする(藤堂①)。日本語の「から」はカラ(殻・軀・幹)と同根で、「水分が失われて死ぬこと、死んだもの」の意が原義で、空疎・空虚の意は転義という(大野①)。また「むなしい(むなし)」はム(身)＋ナシ(無)で、「そこにあるべきと期待される中身、実体がない感じをいう」とある(大野②)。後者は漢語の空とぴったり対応する。常用漢字表に「むなしい」の訓がないのは手落ちである。また「あく」は「閉じふさがれていた所に、切れ目・すきまが出来る」、「空白・空間、または自由が生じる」の意味という(大野①②)。漢語の空は「空っぽ」から、存在していたものがいなくなる意味に転義する。あいた状態になることでは空と「あく」は近いが、空く・空けるという動詞的用法は漢語の空にはない。英語のhollowはうつろ、くぼむ、穴の意味で、hole(穴)とつながりがある。「からっぽ」と「穴」の結びつきは漢語の空とよく似ている。

〔グループ〕空・控・腔・倥(筒抜けで中身がないさま、愚か[倥侗])・悾(心がうつろなさま、あわただしいさま[悾愡])・箜(胴が中空になった楽器[箜篌])・谾(谷間がうつろなさま) *鵼(半国字。ぬえ)

字源 「工(音・イメージ記号)＋穴(限定符号)」を合わせた字。「工」は「突き通す」「突き抜ける」というイメージがある(⇩工)。ある範囲の空間を突き抜けると、その跡は何もなくからっぽである。したがって「空」は穴が突き抜けて通り、中に何もない様子を暗示させる。

語義 【展開】中に何もない(からっぽ、空いている)意味ⓐから、何もない状態にする、ある範囲からいなくさせる意味ⓑに展開する。突き抜けて途中に何もないことから、穴の意味ⓒ、穴を突き通す意味ⓓ、そら(天空)の意味ⓔを派生する。また、空間的にからであることから、物事を空間化させて、ある範囲の中に何かが無い(欠落している)という意味ⓕ、中身がない、実質がなく浮わついている意味ⓖ、むなしく(むだに)の意味ⓗを派生する。[英]empty(ⓐⓑ), hollow(ⓐⓒ), void,blank; leave blank; hole; make a hole; sky,air; vacant, unoccupied; without foundation; in vain 【和訓】むなしい・すく・うつろ・うろ 【熟語】ⓐ空間・空虚・ⓑ空前・ⓒ空洞・ⓔ空気・天空・ⓕ空山・空席・ⓖ空疎・空想・ⓗ空転・空費

文献 ⓐ詩経・桑柔「有空大谷＝空なる大谷有り(大きい谷は空っぽだ)」ⓑ詩経・節南山「不宜空我師＝宜しく我が師を空しくすべからず(我が

軍隊をいなくさせてはいけない)」ⓒ史記・大宛列伝「張騫鑿空＝張騫、空を鑿つ(張騫[人名]は未知の世界を開通した)」ⓕ論語・先進「回也其庶乎、屢空＝回や其れ庶きか、屢ば空し(顔回は[理想に]近いなあ、いつも[貧乏で]何も無い)」

くう

【喰】12(口・9) 人 ｜半国字

字源 日本語の「くう」を表記するために「食」に口偏を添えた疑似漢字。ただし中国では餐(食べる、食事)の異体字として使われたことがあるので、半国字とする。

意味 くう(食べる)意味。[英]eat

ぐう

【偶】11(人・9) 常 ｜常用音訓 グウ

語音 *ŋug(上古) ŋəu(中古→呉グ・漢ゴウ・[慣]グウ) ǒu(中) 우(韓)

語源 [コアイメージ] 似て非なるもの・似たものが二つ並ぶ。[実現される意味] 人形ⓐ。[英]doll, figure, image, idol

字源 「禺(音・イメージ記号)＋人(限定符号)」を合わせた字。「禺」は「似て非なるもの」また「似たものが二つ並ぶ」というイメージがある(⇨愚)。「偶」は人に似せたものを暗示させる。この意匠によって、木などを削って人の形に似せたもの(人形)の意味を表象する。

語義 [展開] 人形の意味ⓐ。また「似たものが二つ並ぶ」というイメージから、男女が結ばれてカップル(連れ合い)になる意味ⓑ、対をなすもの(カップル)の意味ⓒ、2で割り切れる数の意味ⓓに展開する。また、知らない男女が出会って一緒になることから、予期せず(たまたま)の意味ⓔを派生する。[英]doll, figure, image, idol; mate; couple, spouse; even number; by chance,accidentally [和訓] たまたま・たま [熟語] ⓐ偶像・土偶・ⓒ対偶・配偶・ⓓ偶数・奇偶・ⓔ偶然・偶発

文献 ⓐ戦国策・斉三「有土偶人與桃梗相與語＝土偶人と桃梗と相与に語る有り(土の人形と桃の人形が話をしていた)」ⓑ白虎通義・嫁娶「有相偶之志＝相偶するの志有り([十五歳になると]結ばれたいという気持ちが起こる)」ⓒ荘子・斉物論「彼是莫得其偶、謂之道樞＝彼と是れ其の偶を得る莫き、之を道枢と謂ふ(あれとこれが互いに対になるもの[対立者]を持たないこと、これが道枢[絶対者]というのだ)」ⓔ戦国策・楚三「晉國偶有金千斤＝晋国偶ま金千斤有り(晋国には思いがけず千斤の金がある)」

【寓】12(宀・9) 人 ｜音 グウ

語音 *ŋug(上古) ŋu(中古→呉・漢グ・[慣]グウ) yù(中) 우(韓)

語源 [コアイメージ] 似て非なるもの・似たものが二つ並ぶ。[実現される意味] 一時的に別の場所に宿る(一時的に身を寄せる)ⓐ。[英]live temporarily, lodge

字源 「禺(音・イメージ記号)＋宀(限定符号)」を合わせた字。「禺」は「本物とにせものが二つ並ぶ」というイメージがある(⇨愚)。「寓」は本宅を離れて、それとは別にある住まいに宿る様子を暗示させる。

語義 [展開] 一時的に別の場所に宿る意味ⓐから、仮住まいの意味ⓑ、別の物にかこつける意味ⓒ、目をつける意味ⓓに展開する。[英]live temporarily, lodge; temporary dwelling; imply; look over [熟語] ⓐ寄寓・流寓・ⓑ寓居・仮寓・ⓒ寓意・寓話・ⓓ寓視・寓目

文献 ⓐ孟子・離婁下「無寓人於我室＝人を我が室に寓すること無かれ(人を私の部屋に泊めるな)」ⓒ荘子・寓言「寓言十九、藉外論之＝寓言は十の九、外を藉りて之を論ず(九割を占める寓言は、他のことを借りて論ずる言葉である)」

【遇】 12(辵・9) 常 常用音訓 グウ

語音 *ŋug(上古) ŋu(中古→呉・漢グ・[慣]グウ) yù(中) 우(韓)

語源 [コアイメージ] 二つ並ぶ。[実現される意味] (予期せずに)出会うⓐ。[英]encounter

〔解説〕春秋公羊伝・隠公四年に「遇なる者は何ぞや、期せざるなり」とあるように、予期しないで会うというニュアンスがある。これは禺のコアイメージと関係がある。禺はA(本物)とB(にせ物)が並ぶというイメージをもつ。男と女がカップルを作ること(配偶の偶)もまるで違った(あるいは、見知らぬ)二つが並ぶというイメージである。予定されていない二つが偶然に出会うのが偶であり、遇である。英語のencounterはラテン語のincontrareに由来する。分析するとin-(＝in)+contra(＝against)から成り、「予期せずに人に出会う」の意という(小島①)。これが漢語の遇、また、遭と対応する。

字源 「禺ᵍ(音・イメージ記号)+辵(限定符号)」を合わせた字。「禺」は「本物と別のものが二つ並ぶ」というイメージがある(⇩愚)。「遇」はこちらから行く人が向こうから来る別の人とある地点で出会って並ぶ様子を暗示させる。

語義 [展開] 予期せずに出会う意味ⓐ。向こうから来る人と出会うことから、こちらで待ち受けて接待する(もてなす)意味ⓑ、良いチャンスにめぐりあう、また、良い運の意味ⓒを派生する。[英]encounter; treat; chance, opportunity [和訓] あう [熟語] ⓐ奇遇・遭遇・ⓑ処遇・待遇・ⓒ境遇・不遇

文献 ⓐ詩経・野有蔓草「邂逅相遇＝邂逅して相遇ふ([別れた二人が]思いがけずばったり遇った)」ⓑ戦国策・趙四「秦王乃喜受其幣、而厚遇之＝秦王乃ち喜んで其の幣を受け、厚く之を遇す(秦王は快く礼物を受け取り、手厚く彼をもてなした)」ⓒ荀子・宥坐「不遇世者衆矣＝世に遇はざる者衆し(良いチャンスにめぐりあわない者が多い)」

【隅】 12(阜・9) 常 常用音訓 グウ すみ

語音 *ŋug(上古) ŋu(中古→呉・漢グ・[慣]グウ) yú(中) 우(韓)

語源 [コアイメージ] └形や∧形をなす。[実現される意味] ある限られた空間(山や建物など)で└形や┌形を呈する角(すみ、かたすみ)ⓐ。[英]corner, nook

〔解説〕日本語の「すみ」は「四角な平面の、はずれの角の所の意」という(大野①)。漢語の隅も同じで、二つの線が交わって└形や∧形をなすというのがコアイメージ。英語のcornerはラテン語のcornū(つの)が語源で角(つの)→角(かど)→角(すみ)の意になったという(下宮①、政村①による)。この語も∧の形のイメージがある。

字源 「禺ᵍ(音・イメージ記号)+阜(限定符号)」を合わせた字。「禺」は「似たものが二つ並ぶ」というイメージがあり、遇・偶では「二つが一緒に出会う」というイメージになる。後者のイメージから、二つの線が出会って└形や∧形に交わるというイメージにも展開する。「隅」は山や丘がへこんで、└形や∧形を呈する所、つまり「すみ」を暗示させた。嵎と同義。

語義 [展開] 山や建物などのすみの意味ⓐから、方形の、└形をした角の意味ⓑ、折り目やけじめが正しいこと(かどめ)の意味ⓒに展開する。[英]corner, nook; angle; punctilious [熟語] ⓐ辺隅・ⓑ一隅・四隅・ⓒ廉隅

文献 ⓐ詩経・綢繆「三星在隅＝三星、隅に在り(三つ星は家の隅にある[軒端から見える位置に来ている意])」ⓑ論語・述而「擧一隅、不以三隅反、則不復也＝一隅を挙げて、三隅を以て反さざれば、則ち復たせざるなり(私が一つの隅を取り上げて示すと、相手が三つの隅を返してこないと、私は彼に二度と教えてやらない)」ⓒ詩経・抑「抑抑威儀、維徳之隅＝抑抑たる威

儀、維れ徳の隅(重々しい威儀は、徳を表すかどめ)」

くし

【串】→かん

くつ

【屈】8(尸・5) 常 常用音訓 クツ

語音 *k'ıuat(上古) k'ıuat(中古→呉クチ・漢クツ) qū(中) 굴(韓)

語源 [コアイメージ] 下方にへこむ。[実現される意味] 身をかがめる・かがむⓐ。[英]stoop

〔解説〕屈と出は方向が正反対の行為に見えるが、漢語では視点の置き所の違いでイメージを転化させることがある。出は「上方に突き出る」というイメージ、屈は「下方にへこむ」というイメージである。基準線を―(平らな形)で示すと、基準線の中央がせり上がって∧形になることが出、基準線が∨形になることが屈で、「突き出る」というイメージの視点の違いに過ぎない。したがって屈と出は同源である。

〔グループ〕屈・堀・掘・窟・倔(クツ)(かがんで力をため、強く出る。芯が強い[倔強])・崛(クツ)(へにそり立つ。むっくり起き上がる[崛起])

字源 「出(シュツ)(音・イメージ記号)+尸(限定符号)」を合わせた字。篆文では「尾+出」、隷書で「尸+出」に変わった。「尾」も「尸」も尻と関係があることを示す記号。「出」は「一線の上にぽこんと出る(突出する)」というイメージがあり、視点を変えると、「一線の下方にへこむ」というイメージに展開する(⇩出)。したがって「屈」はまっすぐ立つ人が尻を後ろの方にへこませる様子を暗示させる。この意匠によって、）形や(形に曲がってかがむことを表象する。

(篆)

語義 [展開] 体を曲げてかがむ意味ⓐから、曲がる・曲げる意味ⓑ、相手を力でへこませる(くじけさせる、ぺしゃんこになる)意味ⓒ、かがまって伸びない意味ⓓ、気力がへこんで尽きる意味ⓔに展開する。[英]stoop; bend, crook; subdue, submit; depress; exhaust [和訓] かがむ・かがまる [熟語] ⓐ屈伸・前屈・ⓑ屈曲・屈指・ⓒ屈辱・屈服・ⓓ鬱屈・窮屈

文献 ⓐ易経・繫辞伝下「尺蠖之屈、以求信也=尺蠖(セキカク)の屈するは、以て信(の)びんことを求むるなり(シャクトリムシがかがむのは、次に伸びたいためだ)」ⓑ老子・四十五章「大直若屈=大直は屈するが若し(最高の直線は曲がったように見える)」ⓒ詩経・泮水「屈此群醜=此の群醜を屈す(多くのえびすどもを屈服させた)」ⓔ孫子・作戦「攻城則力屈=城を攻むれば則ち力屈す(城攻めすると、力が尽きてしまう)」

【堀】11(土・8) 常 常用音訓 ほり

語音 *k'uat(上古) k'uat(中古→呉コチ・漢コツ・慣クツ) kū(中) 굴(韓)

語源 [コアイメージ] 下方にへこむ。[実現される意味] 土を掘った穴ⓐ。[英]cave, hole

字源 「屈(クツ)(音・イメージ記号)+土(限定符号)」を合わせた字。「屈」は「下方にへこむ」というイメージがある(⇩屈)。「堀」は土を掘ってへこませた穴を暗示させる。

語義 [展開] 土中の穴の意味ⓐだが、穴を掘る意味ⓑもある。日本では水をためる「ほり」ⓒに当てる。[英]cave, hole; dig; moat

文献 ⓐ荀子・法行「夫魚鼈黿鼉、猶以淵爲淺而堀其中=夫れ魚・鼈(ベツ)・黿(ゲン)・鼉(ダ)は、猶淵を以て浅しと為して、其の中に堀(クツ)す(いったい魚やス

ッポンやワニは深い淵すら浅いものとして、その中に穴を掘って棲む)」

【掘】

11(手・8) 常 常用音訓 クツ ほる

語音 *guat(上古) guat(中古→呉ゴチ・漢クツ) jué(中) 굴(韓)

語源 [コアイメージ] 下方にへこむ。[実現される意味] ほるⓐ。[英] dig

〈解説〉日本語の「ほる」は地面などの一部を削って穴をつくる意味と、文字などを刻む意味がある。前者は漢語の掘、後者は彫に当たる。

字源 「屈ツク(音・イメージ記号)＋手(限定符号)」を合わせた字。「屈」は「下方にへこむ」というイメージがある(⇩屈)。「掘」は道具で地をうがち、下方にへこませる(ほる)様子を暗示させる。

語義 [展開] ほる意味ⓐから、V形や︶形にへこませた所、穴の意味ⓑを派生する。[英] dig; hole [熟語] ⓐ採掘・発掘

文献 ⓐ易経・繫辞伝下「掘地為臼＝地を掘りて臼を為つくる(土を掘って臼を作った)」 ⓑ詩経・蜉蝣「蜉蝣掘閲＝蜉蝣の掘閲(カゲロウの入る穴)」

【窟】

13(穴・8) 常 常用音訓 クツ

語音 *k'uət(上古) k'uət(中古→呉コチ・漢コツ・[慣]クツ) kū(中) 굴(韓)

語源 [コアイメージ] 下方にへこむ。[実現される意味] 人工的に掘った穴、また、自然にできた穴(ほらあな、いわや)ⓐ。[英] cave, hole

字源 「屈ツク(音・イメージ記号)＋穴(限定符号)」を合わせた字。「屈」は「下方にへこむ」というイメージがある(⇩屈)。「窟」は土を掘り下げた穴を表す。

語義 [展開] ほらあなの意味ⓐから、人や物が多く集まる所の意味ⓑを派生する。[英] cave, hole; den [和訓] いわや [熟語] ⓐ岩窟・洞窟・ⓑ巣窟・魔窟

文献 ⓐ孟子・滕文公下「下者為巣、上者為営窟＝下の者は巣を為つくり、上の者は営窟を為る([洪水のため]低い所に居るものは巣を作り、高い所に居るものはほらあなを作って住んだ)」

くま

【熊】→ゆう

くる

【繰】→そう

くん

【君】

7(口・4) 常 常用音訓 クン きみ

語音 *kiuən(上古) kiuən(中古→呉・漢クン) jūn(中) 군(韓)

語源 [コアイメージ] 全体をうまくまとめる。[実現される意味] 民を支配し治める人、国の統治者(天子・殿様・君主)ⓐ。[英] ruler, monarch, sovereign

〈解説〉荀子・君道篇に「君とは何ぞや。能く群するを曰ふなり」とあるように、古くから「君は群なり」という語源意識があった。群れをまとめるものが君であるという考え。君は群と同源であるが、直接尹インから解釈してもよい。宇宙を調和させる聖人の名が尹(伊尹)であり、匀イン(均・韻)と同源の語で、「全体に渡ってうまく調和させる」というイメージをもつ。尹と対応するものが君、すなわち俗なる世界を調和させる人を意味する。藤堂明保は君のグループを軍のグループ、昆のグループ、匀のグループ、さらに韋のグループ(囲など)、鬼のグループ、また回・

骨・血・困・菌などと同じ単語家族に入れ、「丸い・めぐる・とり巻く」という基本義があるとする(藤堂①)。「丸く取り巻く」というイメージは「満遍なく行き渡る」「全体をまとめる」というイメージに展開する。日本語の「きみ」は上代の姓の一つで、天子・主君の意や、二人称はその転義という(大野①)。英語のmonarchはギリシア語のmonarkhos(一人で支配する者)に由来し、「唯一絶対の支配者」の意、sovereignはラテン語のsuper(=above)が語源で、「一国の最高の主権者」の意という(小島①)。これらは漢語の帝または王にほぼ当たる。またrulerの語幹のruleはラテン語のregula(まっすぐな棒)に由来するという(下宮①)。指揮を取る人と解すれば、これは君の字源と不思議なほど一致する。

【グループ】 君・群・郡・捃(クン)(一所にまとめて集める[捃摭(クンセキ)])・窘(キン)(周囲を取り巻かれて動けない、苦しむ[困窘])・裙(クン)(腰に丸く巻きつける衣→スカート[紅裙])

字源 「尹(イン)(音・イメージ記号)+口(限定符号)」を合わせた字。「尹」は「丨(縦棒)+又(手)」を合わせて、指揮棒を手に持って采配する情景を設定した図形。これで「全体を一つにまとめる」というイメージを表すことができる(⇩伊)。「君」は号令をして、多くの人々をまとめてうまく治める様子を暗示させる。この意匠によって、国を支配する主(天子、王、諸侯)を表象する。

(甲) (金) (篆)

語義 [展開] 民を支配し治める人の意味ⓐから、諸侯・公子や実力者につける呼び名ⓑ、男子の尊称、また、上位の人に対する敬称ⓒ、妻や貴婦人を呼ぶ語ⓓに展開する。日本では同輩や目下のものを呼ぶ語ⓔや、二人称ⓕに用いる。[英] ruler, monarch, sovereign; lord, prince; gentleman, sir; wife; Mr.; you **[熟語]** ⓐ君主・国君・ⓑ君公・君侯・ⓒ君子・父君・ⓓ細君・ⓔ貴君・諸君

文献 ⓐ詩経・仮楽「宜君宜王=君に宜し王に宜し(君たるにふさわしい、王たるにふさわしい)」ⓒ詩経・関雎「君子好逑=君子の好逑(殿方の良き連れ合い)」ⓓ春秋・荘公22「癸丑葬我小君文姜=癸丑(キチュウ)我が小君文姜を葬る(みずのとうしの日、我々の奥方の文姜を葬った)」

【訓】

10(言・3) 常 常用音訓 クン

語音 *hiuən(上古) hiuən(中古→呉・漢クン) hiuən(唐キン) xùn(中) 훈(韓)

語源 [コアイメージ] 筋をなして通る。[実現される意味] 筋道を説いて教える(教えさとす)ⓐ。[英]instruct, teach

字源 「川(セン)(音・イメージ記号)+言(限定符号)」を合わせた字。「川」は「筋をなして通る」というイメージがある(⇩川)。「訓」は分からない物事を解き分けて、きちんと筋を通して分からせる様子を暗示させる。

語義 [展開] 筋道を説いて教える(教えさとす)意味ⓐから、筋を通した教えの意味ⓑ、分からない言葉に筋を通す(難しい言葉の意味を易しい言葉で解きほぐす)という意味ⓒに展開する。日本では音(中国語由来の漢字の読み)に対して、日本語由来の漢字の読み方の意味ⓓに用いる。[英] instruct, teach, lecture; lesson, teachings, instructions; explain, gloss; Japanese-style pronunciation of a character **[和訓]** おしえる・よむ・よみ **[熟語]** ⓐ訓戒・訓示・ⓑ家訓・垂訓・ⓒ訓詁・訓釈・ⓓ訓読・音訓

文献 ⓐ春秋左氏伝・僖公28「以臣召君、不可以訓=臣を以て君を召せば、以て訓(おし)ふべからず(家来の分際で主君を召し出すのは、人に教えることはできない[示しがつかない])」ⓑ詩経・烝民「古訓是式=古訓に是れ式(のっと)る(先人の教えを手本とする)」ⓒ爾雅・釈訓・注(教典釈文)「訓者謂字有意義也=訓なる者は字に意義有るを謂ふなり(訓とは字に意味があることをいう)」

【勲】15(力・13) 常 ―常用音訓 クン

〔勳〕16(力・14) 人 ―音 クン 訓 いさお・いさおし

語音 *hɪuən(上古) hɪuən(中古→呉・漢クン) xūn(中) 훈(韓)

語源 [コアイメージ] 香気が立ちこめる。[実現される意味] 立派な功績(いさお)ⓐ。[英]meritorious service, achievement, exploit

字源 「勳」が正字。「熏クン(音・イメージ記号)+力(限定符号)」を合わせた字。「熏」は「香気が立ちこめる」というイメージがある(⇩薫)。「勳」は達成した仕事に対して、香気が立つように、よい評判がわき上がる様子を暗示させる。この意匠によって、立派な功績を表象する。

〔字体〕「勲」は近世中国で発生した「勳」の俗字。現代中国の簡体字は「勋」。

語義 [展開] 立派な功績(いさお)の意味ⓐから、立派な功績を打ち立てた人の意味ⓑに展開する。[英]meritorious service, achievement, exploit; meritorious person [熟語] ⓐ勲功・武勲・ⓑ元勲

文献 ⓐ春秋左氏伝・文公8「狐趙之勳、不可廢也＝狐・趙の勲は、廃すべからざるなり(狐・趙[ともに人名]の功績は忘れてはいけない)」

【薫】16(艸・13) 常 ―常用音訓 クン かおる

〔薰〕17(艸・14) 人 ―音 クン 訓 かおる・かおり

語音 *hɪuən(上古) hɪuən(中古→呉・漢クン) xūn(中) 훈(韓)

語源 [コアイメージ] 香気が立ちこめる。[実現される意味] 香草の名ⓐ。[英]sweet trifol

〔解説〕*hɪuənという語は云ウンのグループ(雲・芸ウン・耘・魂)と同源で、「中にこもる」というコアイメージをもつ。特に香気がたちこめることを表すのが熏である。藤堂明保は云のほかに渾コン(渾沌、カオス)・葷クン(臭いがこもる野菜)などとも同源とし、「もやもやとこもる」という基本義があるとする(藤堂①)。「気のようなものが立ちこめる」と言い換えても同じことである。日本語の「かおる(かをる)」は「煙・火・霧などが、ほのかに立ちのぼって、なびきただよう意。転じて、匂いの漂う意」という(大野①)。もやもやとたちこめるという点では香より薫に近い。香は発生源からよいかおりが通ってきてかんばしいの意味。英語のperfumeはラテン語per-(完全に)+fumare(煙る)が語源で、「香を焚いて出る薫香」が原義という(小島①)。漢語の薫と語源が似ている。

〔グループ〕薫・勲・熏クン(煙をこもらせる、いぶす)・燻クン(草を焚いて煙をこもらせる、くすべる、いぶす[燻蒸])・醺クン(酒の香りがたちこめる、ほろ酔いかげんになる[微醺])・曛クン(光がこもるように薄暗くなる→夕暮れ)・壎ケン(卵形で、周辺に孔を開けたオカリナに似た古楽器。息を中に吹き込んでこもらせ、孔を開閉して鳴らすもの[壎篪ケンチ])

字源 「薰」が正字。「熏クン(音・イメージ記号)+艸(限定符号)」を合わせた字。「熏」を分析すると「中+黒」となる。「黒」は煙突に煤ができた形。「黒(イメージ記号)+中(草に関わる限定符号)」を合わせた「熏」は、火を焚いて草をくすべる情景を設定した図形。この意匠によって、「香気が立ちこめる」というイメージを表すことができる。「薰」は香気の高い草を暗示させる。説文解字に「薰は香草なり」とある。

(金) (篆)[熏] (篆)

〔字体〕「薫」は近世中国で発生した「薰」の俗字。現代中国では正字を用いる。

語義 [展開] 香草の名で、マメ科レイリョウコウ属のハーブの意味ⓐ。現在の漢名は霊香草・零陵香。また「香気が立ちこめる」というイメージから、草などをたいて煙をいぶす意味ⓑ、香料などをたいてかおりを

こもらせる、また、よいかおりが立ちこめる(かおる)意味ⓒ、よいかおりをたきこむように、よい影響を人に与える意味ⓓを派生する。[英]sweet trifol; smoke, fume, fumigate; perfume, fragrant; influence [熟語] ⓐ薫蕕(クンユウ)・ⓑ薫蒸・薫製・ⓒ薫香・余薫・ⓓ薫育・薫陶

文献 ⓐ春秋左氏伝・僖公4「一薫一蕕、十年尚猶有臭＝一薫一蕕、十年尚なお臭有り(香草と臭草が合わさると、十年はまだ臭いが消えない)」ⓑ詩経・雲漢「我心憚暑、憂心如薫＝我が心暑を憚(おそ)れ、憂心薫ずるが如し(私の心は暑さを恐れ、憂いは煙がくすぶるかのよう)」ⓒ荘子・天地「五臭薫鼻＝五臭、鼻に薫ず(五つの臭いが鼻にこもる)」

ぐん

【軍】 9(車・2) 常 ― 常用音訓 グン

語音 *kuən(上古) kuən(中古→呉・漢クン・[慣]グン) jūn(中) 군(韓)

語源 [コアイメージ] 丸く取り巻く。[実現される意味] 兵士の集団ⓐ。[英]troop, army

〔解説〕説文解字に「軍は圜囲(丸く囲む)なり」、広雅・釈言に「軍は囲なり」とあるように、*kuənという語は囲や群などと同源の語で、「丸く囲む」「取り巻く」というコアイメージがある。円陣をなして集まる兵士が軍である。藤堂明保は軍のグループを君のグループ、困のグループ、昆のグループ、匀のグループ(均など)、旬のグループ、韋のグループ(囲・衛など)、また骨・回・懐などと同じ単語家族に収め、「丸い・めぐる・とり巻く」という基本義があるとする(藤堂①)。

〔グループ〕軍・運・輝・揮・暉・暈(ウン)(丸く取り巻く光の輪、かさ[日暈・眩暈])・渾(コン)(全体が丸くまとまったカオス[渾沌])・褌(コン)(腰の周りを取り巻く布、ふんどし[緊褌])・葷(クン)(強烈な臭いが中にこもる野菜[葷酒])・鶤(コン)(頭から顔にかけてとさかが丸く取り巻いた鳥、トウマル。ニワトリの一品種[鶤鶏])

字源 本来は「勹＋車」で(金文・篆文の字体)、隷書の段階で「冖＋車」に変わった。「勹(イメージ記号)＋車(限定符号)」を合わせた字。「勹」は腕を丸く回す形である(⇩旬)。したがって「軍」は戦車で丸く取り巻いて陣地を作る情景を設定した図形。この意匠によって、円陣を構えて集まる兵士を暗示させる。

(金) (篆) 

語義 [展開] 兵士の集団の意味ⓐから、軍隊が陣を構えて駐屯すること、また、陣地の意味ⓑ、いくさ・戦争の意味ⓒに展開する。試合をする一団(チーム)の意味ⓓは日本的用法。[英]troop, army; camp, encamp; war, military; team [和訓] いくさ [熟語] ⓐ将軍・大軍・ⓑ軍営・軍門・ⓒ軍国・軍事

文献 ⓐ詩経・公劉「其軍三單＝其の軍は三単(その軍は三つの隊に分かれる)」ⓑ戦国策・斉一「軍於邯鄲之郊＝邯鄲(カンタン)の郊に軍す(邯鄲[地名]の郊外に駐屯した)」

【郡】 10(邑・7) 常 ― 常用音訓 グン

語音 *giuən(上古) giuən(中古→呉グン・漢クン) jùn(中) 군(韓)

語源 [コアイメージ] 全体をまとめる。[実現される意味] 行政区画の単位の一つⓐ。[英]county

〔解説〕釈名・釈州国では「郡は群なり。人の群聚する所なり」と語源を捉えている。行政区画の単位の一つで、周代では県より小さく、秦代では県より大きな単位であった。

字源 「君(クン)(音・イメージ記号)＋邑(限定符号)」を合わせた字。「君」は「全体をまとめる」というイメージがある(⇩君)。「郡」は多くの村や町をまとめた地域を暗示させる。

語義 [展開] 古代中国の行政区画の単位ⓐ。日本では古代の律令制で、国の下に置かれた地方行政単位である「こおり」ⓑに当てた。現在では県の内部を地理的に分けた区画。[英]county; district in the ritsuryo period [和訓] こおり [熟語] ⓐ郡県・郡守・ⓑ郡司・郡部

文献 ⓐ春秋左氏伝・哀公2「克敵者、上大夫受縣、下大夫受郡＝敵に克つ者、上大夫は県を受け、下大夫は郡を受く(敵に勝てば、上級の大夫は県を、下級の大夫は郡を受け取る)」

【群】13(羊・7) 常 常用音訓 グン むれる・むれ・むら

語音 *gɪuən(上古) gɪuən(中古→呉グン・漢クン) qún(中) 군(韓)

語源 [コアイメージ] 全体をまとめる。[実現される意味] 多くのものが一つにまとまったむれ、また、集まった仲間・同類ⓐ。[英]herd, flock, group

〔解説〕白虎通義・号篇に「君の言為(た)るは群なり」とあるように、古くから君と群の同源意識があった。コアイメージの源泉は君にある。これは「全体をまとめる」というイメージである。日本語の「むれる(むる)」はムレの動詞形。ムレはムラが古形で、ムラとは「同類のものが一団となっていること」という(大野①)。漢語の群も同じ。

字源 「君(クン)(音・イメージ記号)+羊(限定符号)」を合わせた字。「君」は「全体を一つにまとめる」というイメージがある(⇩君)。「群」はヒツジを集めて一つの集団にうまくまとめる様子を暗示させる。「羊」はむれをなす動物の代表として選択された比喩的限定符号である。この意匠によって、多くのものが集まって一まとまりをなすことを表象する。

〔字体〕「羣」は異体字。

語義 [展開] むれの意味ⓐから、多くのものが一か所に集まる(仲間が集まってむれをなす)意味ⓑ、数が多い意味ⓒに展開する。[英]herd, flock, group; crowd, throng, cluster; numerous [熟語] ⓐ群衆・大群・ⓑ群集・群舞・ⓒ群島・群雄

文献 ⓐ詩経・無羊「三百維群＝三百なり維(こ)れ群れは([ヒツジの]群れは三百匹だ)」ⓑ詩経・吉日「或群或友＝或いは群がり、或いは友にす([獣たちは]群がるものもあれば、仲良く並ぶものもある)」ⓒ詩経・柏舟「慍于群小＝群小に慍(うら)まる(多くのやからに恨まれる)」

ケ

け

【袈】11(衣・5) 人 音ケ

語音 kă(中古→呉ケ・漢カ) jiā(中) 가(韓)

字源 「加(カ)(音記号)+衣(限定符号)」を合わせた字。梵語のkaṣāyaを音写するために、六朝の頃創作された。

語義 袈裟(サケ)は僧侶の衣の意味。[英]surplice

けい

【兄】5(儿・3) 常 常用音訓 ケイ・キョウ あに

語音 *hɪuăŋ(上古) hɪuʌŋ(中古→呉クヰヤウ〈＝キョウ〉・漢クヱイ〈＝ケイ〉) xiōng(中) 형(韓)

語源 [コアイメージ] 大きい。[実現される意味] あにⓐ。[英]elder brother

〔解説〕釈名・釈親属に「兄は荒なり。荒は大なり。故に青徐(青州と徐州)の人、兄を謂ひて荒と為すなり」とある。*hɪuăŋという語は「大き

い」というイメージがあり、弟と比較して大きいものが兄である。「比較して大きい」というイメージは況に明白に反映されている。藤堂明保は王のグループ、兄のグループ、永のグループ、広のグループを同じ単語家族にくくり、「大きく広がる」という基本義があるとする(藤堂①)。

〔グループ〕兄・況・怳(キョウ・コウ)(心が中心を失って四方に広がった感じ→ぼんやりする[惝怳(ショウキョウ)])

字源 頭の大きく成長した人の姿を描いた図形。

(甲)　(金)　(篆)

語義 [展開] あにの意味ⓐから、目上や同輩に対する敬称ⓑに転用される。[英]elder brother; honorific for senior or equal [熟語] ⓐ兄弟・実兄・ⓑ貴兄・大兄

文献 ⓐ詩経・谷風「宴爾新昏、如兄如弟＝爾の新昏を宴(たの)しみて、兄の如く弟の如し(お前は新妻と楽しんで、兄弟のようなむつまじさ)」

【刑】 6(刀・4)　常　常用音訓 ケイ

語音 *ɦeŋ(上古)　ɦeŋ(中古→呉ギヤウ〈＝ギョウ〉・漢ケイ)　xíng(中)　형(韓)

語源 [コアイメージ] 枠(型)にはめる。[実現される意味] 法に当てて懲らしめる(仕置きする、仕置き)ⓐ。[英]punish, punishment

〔解説〕古典の注釈家がすでに指摘しているように、古くから刑・形・型は通用した。これらが同じコアイメージをもつからである。逆に言うと、一つのコアイメージから三つの語が分化・展開したものである。藤堂明保はこれら三語のほかに耕・幸も同じ単語家族に加え、「角張った枠」という基本義があるとした(藤堂①)。

〔グループ〕刑・形・型・耕・荊(ケイ)(茎が固くて、仕置きをする鞭の材料になる植物、ニンジンボク[荊棘(ケイキョク)])

字源 金文では「井＋刀」、篆文では「丼＋刀」または「幵＋刀」であったが、隷書で「刑」に変わった。「井」は耕の右側と同じで、四角い枠を示す符号。井戸の井とは別で、*ɦeŋまたは*kĕŋの音をもっていた(井を音符としたのはカールグレン・藤堂明保らの説)。「井(ケイ)(音・イメージ記号)＋刀(限定符号)」を合わせた「刑」は、罪人を四角い枠(首かせ、牢屋など)にはめて仕置きする様子を暗示させる。

(甲)井　(金)井　[井]　(金)　(篆)

語義 [展開] 法に当てて懲らしめる(仕置きする)、また、仕置き(刑罰)の意味ⓐが原義。また、「枠にはめる」というコアイメージから、一定の型(模範、手本)に当てはめる、すなわちモデル(模範、手本)となる意味、また、手本・模範の意味ⓑを派生する。ⓑは後に型と書かれる。[英]punish, punishment; model, imitate [熟語] ⓐ刑罰・死刑・ⓑ儀刑

文献 ⓐ書経・大禹謨「刑期于無刑＝刑は刑無きを期す(刑は刑のないようにするのが理想である)」ⓑ詩経・思斉「刑于寡妻、至于兄弟＝寡妻に刑し、兄弟に至る([文王の母は]夫人から兄弟に至るまでに手本を示した)」

【圭】 6(土・3)　人　音ケイ　訓かど

語音 *kueg(上古)　kuei(中古→呉クヱ〈＝ケ〉・漢クヱイ〈＝ケイ〉)　guī(中)　규(韓)

語源 [コアイメージ] ∧形をなす。[実現される意味] 先端がとがった玉ⓐ。[英]pointed jade tablet

〔解説〕儀礼に用いる⌂形の玉器を*kuegといい、圭と表記する。∧形(尖った形、かどのある形)は「形がきちんと整っている」「美しい」というイメージに転化する。同様のイメージ転化現象は我→娥、兼→廉にも見られ、漢語の意味論的特徴の一つである。漢の鄭玄が「圭は絜(＝潔)なり」(儀礼注)というのもこれを踏まえたもの。藤堂明保は圭のグループを携

・危・頃と同じ単語家族にくくり、「∧形・ななめ」という基本義があるとする（藤堂①）。圭は「∧形をなす」というイメージのほかに、┓・∟・∨など、かどのある形のイメージを示す記号となる。

〔グループ〕圭・佳・崖・涯・街・掛・娃・桂・奎・窪・珪（儀礼に用いる⌂形の玉器）・挂（∧形にひっかける［挂冠］）・卦（陰陽の爻を重ねて占いをするための符号。例えば乾☰の上に坤☷をかければ泰の卦になる［八卦］）・恚（目を角立てて怒る［瞋恚］）・畦（田を┓形や┳形に区切った所、あぜ［畦畔］）・罫（網をかけるように妨げる、ひっかかる。また、網目・格子［罫線］）・絓（繭から糸をとるとき、節ができてひっかかる糸、しけ糸）・袿（礼服の上にひっかけて着る衣、うちかけ［袿袴］）・閨（⌂形をした宮中の小門［閨房］）・蛙（頭が三角形で、足を∧形にして飛び跳ねる虫、カエル）・蝰（頭が三角形のクサリヘビ）・鮭（頭や体形が角形を呈する魚、フグ。「さけ」は国訓）・鞋（鞵が本字。麻のくつ［草鞋］）

字源 「土」を二つ重ねた図形。図形はコアイメージを反映していない。ほかに土圭（日時計）の形（章炳麟）、畦の形（加藤①）などの諸がある。

（金）圭　（篆）圭

〔字体〕「珪」は異体字。

語義 ［展開］先端がとがった玉の意味ⓐから、∧の形、かどの意味ⓑを派生する。［英］pointed jade tablet; angle, corner ［熟語］ⓐ圭璋・玉圭・ⓑ圭角

文献 ⓐ詩経・淇奥「如圭如璧＝圭の如く璧の如し（［君子の完成度は］圭や璧のようにすばらしい）」

【形】7（彡・4） 常

常用音訓 ケイ・ギョウ　かた・かたち

語音 *ɦeŋ（上古） ɦeŋ（中古→呉ギヤウ〈＝ギョウ〉・漢ケイ） xíng（中） 형（韓）

語源 ［コアイメージ］枠にはめる。［実現される意味］外に現れたすがた・かたちⓐ。［英］form, shape

〔解説〕物は一定のかたちがあって見ることができる。周囲を縁取る外枠があって、ある物は他の物からはっきり区別できる。枠にはまった全体像が*ɦeŋという語の意味するところである。「一定の枠」「枠にはめる」というイメージの共通性で、形・型・刑は同源の語である。日本語の「かたち」はカタ（型、一定の物を作る枠）＋チ（内にある活力の意）で、「働き・活力を含むものの外形」が原義で、身体や顔立ちが第一義、物の輪郭・外形や様子は派生義という（大野①②）。漢語の形の意味展開とは逆のようである。それは「かたち」に生命・活力のイメージがあり、漢語の形は無機物から発想されたからであろう。

字源 篆文で「幵＋彡」、隷書で「形」と変わったが、「幵」「开」は「井」の変形。これは「四角い枠」「枠にはめる」というイメージを示す記号である（⇩刑）。「井（音・イメージ記号）＋彡（限定符号）」を合わせた「形」は、物が一定の枠で縁取られる様子を暗示させる。この意匠によって、物の存在をはっきりと現すかたちを表象する。

（篆）形

語義 ［展開］物のかたちの意味ⓐから、影に対しては目に見える実体の意味ⓑ、精神に対しては身体、また容貌の意味ⓒ、また、表面に現れた様子の意味ⓓ、目に見える形として現れる（形を現す）という意味ⓔに展開する。［英］form, shape; entity; body; look, appearance; appear ［和訓］なり・あらわす・あらわれる ［熟語］ⓐ円形・球形・ⓑ形影・形跡・ⓒ形骸・形体・ⓓ形象・形状・ⓔ形成・形容

文献 ⓐ易経・繋辞伝上「形而上者謂之道＝形よりして上なる者、之を道と謂ふ（目に見える形を超えたものが、道といわれる）」ⓑ韓非子・功名「形影相應而立＝形影相応して立つ（形あるもの［実体］と影は互いに応じて成

り立つ」」ⓒ孟子・尽心上「形色天性也＝形色は天性なり（肉体と容色は先天的なものである）」ⓓ孟子・梁恵王上「不爲者與不能者之形何以異＝為さざる者と能はざる者の形は何を以て異ならんや（しようとしない者とできない者との情況はどこが違うか）」ⓔ楚辞・天問「上下未形＝上下未だ形はれず（天地がまだ形成されない）」

【系】7（糸・1） 常 常用音訓 ケイ

語音 *ɦer（上古） ɦei（中古→呉ゲ・漢ケイ） xì（中） 계（韓）

語源 ［コアイメージ］一筋につなぐ。［実現される意味］一つながりの糸ⓐ。［英］a series of silk thread

〔解説〕 釈名・釈衣服に「系は繫なり。相聯繫（連ねてつなぐ）するなり」とある。系は繫だけでなく、継・奚（渓・鶏のコアをなす記号）とも同源で、「一筋につなぐ」というコアイメージがある。

〔グループ〕 系・係

字源 「丿（延ばし引く符号。イメージ記号）＋糸（限定符号）」を合わせた字。糸をつないでずるずると延ばす様子を暗示させる図形。この意匠によって、一つながりの糸、また、糸を一筋につなぐことを表象する。

（甲）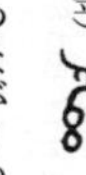 （金） （籀） （篆）

語義 ［展開］一つながりの糸の意味ⓐから、一筋につながる、つなぐ意味ⓑ、一筋につながったもの（つながり）の意味ⓒ、つながりをもつ仲間、つながりでまとまったグループの意味ⓓに展開する。［英］a series of silk thread; tie, bind; series; system ［和訓］つなぐ・つながる ［熟語］ⓒ系図・系統・ⓓ系列・体系

文献 ⓐ管子・軽重丁「未爲系＝未だ系を為さず（まだ糸にならない）」ⓑ漢書・叙伝「系高項之玄冑兮＝高項の玄冑に系がる（顓頊高辛氏［古帝王の名］の末裔につながっている）」

【径】8（彳・5） 常 常用音訓 ケイ

語音 *keŋ（上古） keŋ（中古→呉キャウ〈＝キョウ〉・漢ケイ） kiaŋ（唐キン） jìng（中） 경（韓）

語源 ［コアイメージ］まっすぐ通る。［実現される意味］近道ⓐ。［英］path, shortcut, track

字源 「徑」が正字。「巠（音・イメージ記号）＋彳（限定符号）」を合わせた字。「巠」は「縦にまっすぐ通る」というイメージがある（⇩経）。「徑」は回り道をしないで、まっすぐ距離の短い道を通って行く様子を暗示させる。

語義 ［展開］近道の意味ⓐから、縦（または横）にまっすぐ通る線（さしわたし）の意味ⓑ、回りくどい手段を取らずまっすぐにの意味ⓒに展開する。［英］path, shortcut, track; diameter; directly ［和訓］みち・こみち ［熟語］ⓐ径路・捷径・ⓑ口径・直径・ⓒ直情径行

文献 ⓐ論語・雍也「行不由徑＝行くに径に由らず（道を行くとき、近道を通らない）」

【茎】8（艸・5） 常 常用音訓 ケイ くき

語音 *ɦĕŋ（上古） ɦɛŋ（中古→呉ギャウ〈＝ギョウ〉・漢カウ〈＝コウ〉・慣ケイ） jìng（中） 경（韓）

語源 ［コアイメージ］縦にまっすぐ通る。［実現される意味］草木のくきⓐ。［英］stem, stalk

字源 「莖」が正字。「巠（音・イメージ記号）＋艸（限定符号）」を合わせた字。「巠」は「縦にまっすぐ通る」というイメージがある（⇩経）。「莖」は縦にまっすぐ伸びた草木の「くき」を暗示させる。

語義 ［展開］草木のくきの意味ⓐから、まっすぐ伸びたもの（竿や男根）の喩えⓑに用いられる。［英］stem, stalk; metaphor of pole or penis

［熟語］ⓐ球茎・根茎・ⓑ陰茎・金茎

文献 ⓐ荀子・勧学「名曰射干、莖長四寸＝名づけて射干(ヤカン)と曰ふ、茎は長きこと四寸（［その植物の］名をヒオウギといい、茎の長さは四寸である）」

【係】 9(人・7) 常 ｜ 常用音訓 ケイ かかる・かかり

語音 *ɦer(上古) ɦei(中古→呉ゲ・漢ケイ) xì(中) 계(韓)

語源 ［コアイメージ］一筋につなぐ。［実現される意味］つなぐⓐ。［英］tie, bind

〔解説〕係は系から派生した語で、つなぐ・つながるが本来の意味。繋・継などと同源である。日本語の「かかる」は「かける(かく)」の自動詞で、「ある物の一部(多くは先端)が別の物や場所の一端にくっついて食い込み、そこに重みをすべて委ねた状態」のことで、㋐ぶらさがる、㋑ひっかかるなどの意味になる。また、いくつかの転義を経て、㋒つながりができるという意味にもなる(大野①②)。㋐は漢語の懸(ケン)、㋑は漢語の掛(カイ)に当たる。係(ケイ)は㋑と㋒に対応する。「かかり」(担当する人)の意味は係にない。

字源 「系(ケイ)(音・イメージ記号)＋人(限定符号)」を合わせた字。「系」は「一筋につなぐ」というイメージがある(⇩系)。「係」はAとBをつなぎ(あるいは、AをBでつなぎ)一筋のものにする様子を暗示させる。

語義 ［展開］AとBをつなぐ(AをBでつなぐ)という意味ⓐから、AをBでつないでひっかける(ひっかかる)意味ⓑ、AとBが何かの縁でつながる(かかわる)意味ⓒ、人間関係が離れがたくつながる意味ⓓに展開する。「かかり」の意味ⓔは日本的用法。［英］tie, bind, connect; entangle; relate; bond, ties; a person in charge ［熟語］ⓐ係船・係留・ⓒ係争・関係・ⓓ係累

文献 ⓐ荘子・則陽「虜人民、係其牛馬＝人民を虜にし、其の牛馬を係(つな)ぐ(人民を捕虜にし、彼らの牛馬を捕まえてつないだ)」ⓑ素問・風論「風入係頭則為目風＝風入りて頭に係るを目風と為す(風が体内に入って頭にひっかかるのが目風だ)」ⓒ荘子・天運「其係聲名一也＝其の声名に係(つな)がるは一なり(［三王五帝の政治の仕方はそれぞれ違うが］彼らが名声とかかわっているのは同じである)」

【勁】 9(力・7) 人 ｜ 音ケイ 訓つよい

語音 *kieŋ(上古) kiɛŋ(中古→呉キヤウ〈＝キョウ〉・漢ケイ) jìng・jìn(中) 경(韓)

語源 ［コアイメージ］(縦に)まっすぐ通る。［実現される意味］力がぴんと堅く張って強いⓐ。［英］strong, sturdy

字源 「巠(ケイ)(音・イメージ記号)＋力(限定符号)」を合わせた字。「巠」は「縦にまっすぐ通る」というイメージがある(⇩経)。「勁」は筋力がまっすぐ筋張って曲がったり折れたりしない様子を暗示させる。

語義 ［展開］力がぴんと堅く張って強い意味ⓐから、筆勢が力強い意味ⓑを派生する。［英］strong, sturdy; powerful in brush-stroke ［熟語］ⓐ勁弓・勁草・ⓑ遒勁(シュウケイ)・雄勁

文献 ⓐ荀子・非相「筋力越勁、百人之敵也＝筋力越勁にして、百人の敵なり(［桀王と紂王は］筋力が軽やかで強く、百人力であった)」

【型】 9(土・6) 常 ｜ 常用音訓 ケイ かた

語音 *ɦeŋ(上古) ɦeŋ(中古→呉ギヤウ〈＝ギョウ〉・漢ケイ) xíng(中) 형(韓)

語源 ［コアイメージ］枠にはめる。［実現される意味］同じ形を作り出す外枠(鋳型)ⓐ。［英］mold

〔解説〕日本語の「かた」はカタシ(固)・カタシ(難)・カタム(固)と同根で、「動作・作用についての一定の方式、きまり。物の平面・立体については動かしがたい輪郭」の意という(大野②)。漢語の型はもっと具象的

で、同形の物を作る際の鋳型をいう。材料や用途によって、模(木製の型)、範(=笵。竹製の型)、鎔《ヨウ》(金属製のものを作る型)、型(粘土製の型)の四つがあった。

【字源】「刑《ケイ》(音・イメージ記号)+土(限定符号)」を合わせた字。「刑」は「枠にはめる」というイメージがある(⇩刑)。「型」は原料を入れて器物を複製する粘土の鋳型を暗示させる。

【語義】[展開] 鋳型の意味ⓐから、基準となる一定の枠、手本・模範となるもの(モデル)の意味ⓑを派生する。[英]mold; model, type [熟語] ⓐ紙型・模型・ⓑ原型・典型

【文献】ⓐ淮南子・修務訓「剣之始下型、撃則不能斷=剣の始めて型に下すや、撃てば則ち断つ能はず(剣が最初に鋳型に入れられる時は、撃っても物を断ち切ることはできない)」

【契】9(大・6) 常 (常用音訓) ケイ ちぎる

【語音】(1)*k'et(上古) k'et(中古→(呉)ケチ・(漢)ケツ) qiè(中) 결(韓) (2)*k'ad(上古) k'ei(中古→(呉)ケ・(漢)ケイ) qì(中) 계(韓)

【語源】[コアイメージ] 切れ目を入れる。[実現される意味] 文字を刻みつけるⓐ。[英]engrave

【解説】釈名・釈書契に「契は刻なり。其の数を刻識(刻んで記す)するなり」とある。文字を刻むことだが、イメージの源泉は丯《カイ》にある。これは「切れ目を入れる」というコアイメージをもち、丯→㓞→契、丯→害→割と分化・展開する記号である。藤堂明保は契を介・間・見・柬《カン》・遣などと同じ単語家族に入れ、「ふたつに分ける」という基本義をもつとし、一方、害を蓋・曷・憲・閑などと同じ単語家族に入れ、「ふさぎ止める」という基本義をもつとしたが(藤堂①)、二つは「切れ目を入れる」というコアイメージに概括できる。—|—の形に切れ目を入れると、上下が切り離されて途中で止まることになるからである。契は文字を刻むが本義で、「ちぎる」の訓とは懸け離れている。証拠・約束の印を刻みつける→約束する(ちぎる)という展開を考えて初めて「ちぎる」が理解できる。

【グループ】契・喫・潔・禊《ケイ》(けがれをとる→みそぎ[修禊])・齧《ゲツ》(=嚙。歯でかみ切る→かじる[齧歯類])・楔《セツ》(V形の切れ目にさしこむくさび[楔形])・挈《ケツ》(V形に切れ目のついた所にかぎなどを引っ掛ける、引っ掛けて持つ[提挈])・絜《ケツ》(切れ目を入れる。また、目印をつけて長さを計る[絜矩《ケック》])

【字源】「契」が正字。「㓞《カツ》(音・イメージ記号)+大(イメージ補助記号)」を合わせた字。「丯」は縦の線に三つの切れ込みを入れることを示す象徴的符号。「丯《カイ》(音・イメージ記号)+刀(限定符号)」を合わせた「㓞」は、刀で刻み目を入れる様子を示す。「大」は人が大きく立つ形で、「大きくて目立つ」というイメージを示す。かくて「契」は間違いのないようにはっきり目立つ印を刻みこむ様子を暗示させる図形である。この意匠によって、約束や証拠のための文字や印を刻みこむことを表象する。藤堂は契《セツ》は商(殷)の始祖の名で、「きざむ」意味は㓞の代用とする(藤堂②)。

(篆) 丯 [丯] (篆) 㓞 [㓞] (篆) 契

【字体】「契」は旧字体。「契」は書道に由来する常用漢字の字体。喫・潔もこれに倣う。

【語義】[展開] 文字を刻みつける意味ⓐ(1の場合)。ここから、後日合わせて証拠とするために印を刻んで二つに割った割符の意味ⓑ、約束の印をつける意味ⓒ、固く誓って約束する(ちぎる、ちぎり)の意味ⓓ、ぴったり合う(投合する)意味ⓔを派生する(以上は2の場合)。[英]engrave; tally; contract; promise; agree [和訓] きざむ [熟語] ⓐ契文・書契・ⓑ契符・ⓒ契約・密契・ⓓ心契・ⓔ契機・黙契

【文献】ⓐ詩経・緜「爰契我龜=爰《ここ》に我が亀に契《きざ》む([占いの結果を]亀に刻みつける)」ⓑ老子・七十九章「有德司契、無德司徹=徳有るものは契

を司り、徳無きものは徹を司る（徳のある人は割符を管理するが、徳のない人は税金を管理する）」ⓓ世説新語・賢媛「山公與嵇阮一面、契若金蘭＝山公は嵇・阮と一面して、契ること金蘭の若し（山濤は嵇康・阮籍と一回会っただけで、金蘭の契り［固い交わり］を結んだ）」

【奎】9(大・6)　人　｜　音ケイ　訓また

語音 ＊k'ueg(上古)　k'uei(中古→呉クヱ〈＝ケ〉・漢クヱイ〈＝ケイ〉)　kuí(中)　규(韓)

語源 ［コアイメージ］∧形をなす。［実現される意味］股、一またぎⓐ。［英］crotch

字源 「圭(音・イメージ記号)＋大(限定符号)」を合わせた字。「圭」は「∧形をなす」というイメージがある(⇩圭)。「大」は両足を広げて立つ人の形。「奎」は∧形に開く股を表す。

語義 ［展開］股の意味ⓐから、人が股を開いた形に似る星座、すなわち二十八宿の一つで、文章をつかさどる星(とかき星)の意味ⓑを派生する。［英］crotch; name of a star　［展開］ⓑ奎星

文献 ⓐ荘子・徐無鬼「奎蹄曲隈、乳間股脚、自以爲安室利處＝奎蹄曲隈、乳間股脚、自ら以て安室利処と為す（［シラミはブタの］股間やひづめの奥、乳や脚の間を、安全な住まいと思っている）」

【計】9(言・2)　常　｜　常用音訓　ケイ　はかる・はからう

語音 ＊ker(上古)　kei(中古→呉・漢ケイ)　jì(中)　계(韓)

語源 ［コアイメージ］集めて合わせる。［実現される意味］数を集めて合わせるⓐ。［英］total, sum

【解説】 説文解字では「計は会(いくつかを合わせる)なり」とある。カールグレンと藤堂明保は計と継を同じ単語家族と見る。いくつかの切れたものをつないで一筋にするのが継、数をいくつか合わせて一つにまとめることが計である。数と計との違いは、算木や指を使ったりして、数を順々にかぞえる動作そのものは数、数え方は問わず、いくつかの数を合わせることが計である。日本語の「はかる」はハカ(仕事の量)を活用させた語で、「仕上げようと予定した仕事の進捗状態がどんなかを、広さ・長さ・重さなどについて見当をつける意」が原義で、計測する、くわだてる、予測するなどの意味に展開するという(大野①②)。漢語の計は専ら数についていう語であるが、見当をつける、くわだてる意味への展開は同じである。計は数を数えた結果に重点を置くので、英語のtotalやsumに近い。totalはラテン語のtōtālis(全体の、すべての)に由来、sumはラテン語のsummus(一番上の、全体の)に由来し、全部のまとめ上げ→合計する意という(下宮①、政村①)。最後のまとめというイメージは漢語の計と似ている。

字源 「十(イメージ記号)＋言(限定符号)」を合わせた字。「十」は十進法で基数(一から九までの自然数)が終わった後に来る新しい単位を表す語で、「まとめて締めくくる」「いくつかのものを集めて一本化する」というイメージがある(⇩十)。かくて「計」は数を読みながら、全部を集めて一つにまとめる様子を暗示させる。

(篆)

語義 ［展開］いくつかの数をまとめる意味ⓐから、数を勘定する意味ⓑにもなる。また、「いくつかのものを集めて合わせる」というイメージから、いろいろの方策を集めて、見積もりを立てる(見当をつける、はかる)意味ⓒ、いろいろ集め合わせて考えた方策(はかりごと)の意味ⓓ、数量を計測する器具の意味ⓔを派生する。［英］total, sum; calculate, count; plan(ⓒⓓ); project, ruse; meter, gauge　［和訓］ばかり　［熟語］ⓐ合計・総計・ⓑ計算・計測・ⓒ推計・ⓓ計画・生計・ⓔ温度計

文献 ⓑ孫子・計「校之以計＝之を校するに計を以てす(数の計算で［敵

味方の軍事力を」比較する」）ⓒ韓非子・外儲説右上「請帰與媼計之＝請ふ帰りて媼と之を計らん（家に帰って母と相談したいと思います）」ⓓ孫子・計「将聴吾計用之、必勝＝将、吾が計を聴きて之を用ゐれば、必ず勝たん（もし大将が私の計略を用いれば必ず勝つだろう）」

【恵】10（心・6） 常 ｜常用音訓 ケイ・エ めぐむ

〔惠〕12（心・8） 人 ｜音ケイ・エ 訓めぐむ・めぐみ

語音 *fuēd（上古） fuei（中古→呉ヱ〈＝エ〉・漢クヱイ〈＝ケイ〉） huì（中） 혜（韓）

語源 ［コアイメージ］丸く包みこむ。［実現される意味］愛する・温かい思いやりⓐ。［英］love, affectionate, favor

〔解説〕下記の詩経の注釈に「恵は愛なり」（毛伝）とある。詩経ではおおむね愛する意味で使われている。しかし恵と愛はイメージが異なる。愛は相手を求めて胸が詰まり切なく思う心理であるが、恵は相手を温かく思いやる心理である。これは仁や恩に近い。藤堂明保は恵を回・囲・塊・困・昆・軍・旬など、「丸い・めぐる・とり巻く」という基本義をもつ単語家族に入れた（藤堂①）。特に恵は懐（中に抱き込む）や衛（丸く取り巻いて守る）と近いという（藤堂②）。*fuēdという語のコアに「丸く包み込む」というイメージを見ることができる。日本語の「めぐむ」はメグシ（愛）と同根という。メグシはメ（目）＋ココログルシのグシ（苦しい）で、「見るのも切ないほどわかいい意。メグムは「眺めるのに耐えない意から、憐憫をもよおす意。転じて、相手に恩恵を与える意」という（大野①）。心苦しいほど相手を思うことから、かわいい（いとおしい）意味と、思いやる意味が生じたらしい。漢語の恵と同じく、愛情が根底にあるようである。

〔グループ〕恵・蕙ケイ（香気が包み込まれるように立ちこめる草で、香草の名、零陵香。薫と同じ）・蟪ケイ（恵は擬音語。ニイニイゼミ［蟪蛄］）

字源 「惠」が正字。「叀（イメージ記号）＋心（限定符号）」を合わせた字。「叀」はくるくる回って糸を巻き取る紡錘のおもりを描いた図形で、「丸く包みこむ」というイメージを表すことができる（⇩専）。「惠」は相手を丸く包みこむような温かい気持ちを暗示させる。

（金） （篆）

〔字体〕「恵」は近世中国で発生した「惠」の俗字。現代中国では正字を用いる。

語義 ［展開］温かい思いやりの気持ち（愛する、いつくしむ、めぐむ）の意味ⓐから、思いやりの心で物を与える（施し与える、めぐむ）意味ⓑ、雰囲気などが温かい、穏やかの意味ⓒを派生する。また、さとい意味ⓓに用いる。ⓓは慧と通用。［英］love, affectionate, favor, kindness; give alms, bestow a favor; soft, mild; wise ［熟語］ⓐ恩恵・互恵・ⓑ恵贈・恵存・ⓒ恵風・恵和・ⓓ知恵

文献 ⓐ詩経・北風「恵而好我、攜手同行＝恵みて我を好まば、手を攜へて同（もと）に行かん（私を愛してくれるなら、手に手を取って一緒に行こう）」ⓑ荀子・大略「賤者恵焉＝賤者はこれを恵む（卑しい者には恵んでやる）」

【桂】10（木・6） 人 ｜音ケイ 訓かつら

語音 *kueg（上古） kuei（中古→呉クワイ〈＝カイ〉・漢クヱイ〈＝ケイ〉） guì（中） 계（韓）

語源 ［コアイメージ］先端が∧形にとがる。［実現される意味］モクセイⓐ。［英］sweet osmanthus

字源 「圭ケイ（音・イメージ記号）＋木（限定符号）」を合わせた字。「圭」は「先端が∧形にとがる」というイメージがある（⇩圭）。「桂」は先端が∧形にとがった葉をもつ木、モクセイを表す。

語義 [展開] モクセイ科の木の名、モクセイ(木犀)が原義ⓐ。月の中にモクセイがあるという古代神話から、月の異名ⓑ。また、モクセイ以外の木の名にも用いられ、クスノキ科の木、カシア(トンキンニッケイ)の意味ⓒ。中国南部に自生し、漢方薬に用いられる。日本ではカツラ科の落葉高木、カツラの意味ⓓに用いる。日本特産で、樹皮に香気がある。[英]sweet osmanthus; moon; Cassia, Chinese Cinnamon; katsura tree [熟語] ⓐ桂樹・ⓑ桂月・月桂・ⓒ桂枝・肉桂

文献 ⓐ楚辞・大招「茝蘭桂樹鬱彌路只＝茝蘭(シラン)・桂樹、鬱として路に弥(み)つ(ヨロイグサとモクセイの香気が道に満ちあふれる)」ⓒ山海経・南山経「招搖之山…多桂＝招揺の山…桂多し(招揺の山にはカシアが多い)」

【啓】 11(口・8) 常 常用音訓 ケイ

語音 *k'er(上古) k'ei(中古→呉ケ・漢ケイ) qǐ(中) 계(韓)

語源 [コアイメージ] (閉じたものを)開ける。[実現される意味] 開くⓐ。[英]open

〔解説〕古典の注釈に「啓は開なり」とあり、啓と開は通用した。王力は開・啓・闓(カイ)を同源とする(王力①②)。門を開け放って内部を明るく見せることが闓である。*k'er(啓)という語も「(閉じたものを)開放して明るくする」というイメージがある。明けの明星を意味する啓明にこのイメージがよく生きている。

字源 「啟」が本字。「启(ケイ)(音・イメージ記号)＋攴(限定符号)」を合わせた字。「启」は「口(穴。イメージ記号)＋戸(限定符号)」を合わせて、戸を開ける様子を暗示させる図形。この意匠で十分、閉じたものを開くことを表象できるが、攴(攵)を添えて「啟」とし、開く動作を明示した。

(甲) (篆) [启] (篆)

〔字体〕「啟」は本字。「啓」は異体字(旧字体)。「啓」は戶→戸に倣った字体。現代中国の簡体字は「启」。

語義 [展開] 閉じた状態を開ける意味ⓐから、開始する、足を開いて出発する意味ⓑ、無知な状態を開いて道理を分からせる(教え導く)意味ⓒ、口を開いて意向を述べる意味(申し述べる)ⓓに展開する。[英]open; start, begin; enlighten; state, inform [和訓] ひらく [熟語] ⓐ啓蟄・啓明・ⓑ行啓・ⓒ啓示・啓発・ⓓ啓上・拝啓

文献 ⓐ詩経・信南山「以啓其毛＝以て其の毛を啓(ひら)く(刀で[いけにえの]毛を切り開く)」ⓑ詩経・六月「以先啓行＝先を以て啓行す(先立って道を進んでいった)」ⓒ論語・述而「不憤不啓＝憤せずんば啓せず(いきりたつぐらいでないと、教えてやらない)」

【掲】 11(手・8) 常 常用音訓 ケイ かかげる

〔揭〕 12(手・9) 人 音ケイ 訓かかげる

語音 (1)*giat(上古) giɛt(中古→呉ゲチ・漢ケツ) jiē(中) 게(韓) (2)*k'iad(上古) k'iɛi(中古→呉ケ・漢ケイ) qì(中) 게(韓)

語源 [コアイメージ] ㋐遮り止める・㋑高く立ちはだかる。[実現される意味] 高く挙げる(かかげる)ⓐ。[英]lift, raise

〔解説〕下記の詩経ⓐの注釈に「掲は高く挙ぐるなり」(毛伝)とある。曷(カツ)にコアイメージの源泉がある。これは「邪魔ものなどが進行してきたものを遮り止める」というイメージ。これを図示すると→|の形、すなわち進行するものの前に何かが立ちはだかった形になる。楬(ケツ)(高くかかげる標識)・碣(ケツ)(立ちはだかる岩石、また、石碑)は「(何かが前方に)高く立ちはだかる」というイメージがコアをなしている。掲は立ちはだかるような形に物を高く挙げることである。日本語の「かかげる(かかぐ)」は掻き上ぐの転で、衣の裾を巻き上げることや、灯火の芯を掻き立てるという具象的な意味から、高く上げる意味に転じたようである。

字源 「掲」が正字。「曷カツ(音・イメージ記号)＋手(限定符号)」を合わせた字。「曷」はついたて状の物を立てて人を遮って止める場面を設定した図形(⇩喝)。後半に視点を置くと「遮り止める」というイメージ、前半に視点を置くと「高く立ちはだかる」というイメージになる。「掲」は物を立ちはだかるように高く挙げる様子を暗示させる。

語義 [展開] 高く挙げる意味ⓐから、高く上がるさま、また、背丈が高いさまの意味ⓑに展開する。また、目立つように高く挙げることから、目立つように示す意味ⓒを派生する(以上は1の場合)。また、ⓐから衣の裾を持ち上げる意味ⓓを派生する(2の場合)。現在の掲の読みは中国では1の音、日本では2の音のみを用いる。[英]lift, raise; high, tall; show; hitch up the hem of a garment [熟語] ⓐ掲揚・ⓒ掲載・掲示

文献 ⓐ詩経・大東「西柄之掲＝西柄を之れ掲ぐ([ひしゃく星は]西に柄を高々と挙げている)」ⓑ詩経・碩人「葭菼掲掲＝葭菼カタン掲掲ケツケツたり(アシとオギは高く伸びている)」ⓓ詩経・匏有苦葉「浅則掲＝浅ければ則ち掲ケイせよ(川が浅けりゃ裾をからげて渡れ)」

【渓】 11(水・8) 常 ｜ 常用音訓 ケイ

語音 *k'er(上古) k'ei(中古→呉ケ・漢ケイ) xi(中) 계(韓)

語源 [コアイメージ] 一筋につながる。[実現される意味] 谷川・谷間ⓐ。[英]mountain stream

字源 「溪」が正字。「奚ケイ(音・イメージ記号)＋水(限定符号)」を合わせた字。「奚」は「ひもでずるずるとつなぐ」というイメージがあり、「一筋につながる」というイメージに展開する(⇩鶏)。「溪」は谷から川に筋をなして流れる水を暗示させる。

〔字体〕「溪」は旧字体。「渓」は常用漢字の字体。「谿」は異体字。

語義 谷川・谷間の意味ⓐ。[和訓] たに [熟語] ⓐ渓谷・渓流

文献 ⓐ春秋左氏伝・隠公3「澗溪沼沚之毛＝澗溪・沼沚の毛(谷川や沢辺に生えている植物)」

【経】 11(糸・5) 常 ｜ 常用音訓 ケイ・キョウ へる

語音 *keŋ(上古) keŋ(中古→呉キヤウ〈＝キョウ〉・漢ケイ) kiŋ(唐キン) jing(中) 경(韓)

語源 [コアイメージ] 縦にまっすぐ通る。[実現される意味] たていとⓐ。[英]warp

〔解説〕釈名・釈典芸に「経は径なり。常典なり。径路の通ぜざる所無く、常用すべきが如きなり」とあるが、これは派生義の説明。同書・釈道では「径は経なり。人の経由する所なり」とあり、この経も派生義。経と径は同源であるが、根源のイメージは何か。深層のレベルで語の成り立ちを捉えたのは藤堂明保である。氏は巠ケイのグループだけを一つの単語家族に立て、「まっすぐに通る」という基本義があるとした(藤堂①)。「縦にまっすぐ通る」というコアイメージが機織りの縦糸の意味を実現させるだけでなく、「まっすぐに通る」というコアイメージも具体的意味として実現させる。これが経由・経過の経である。日本語の「へる(ふ)」はへ(綜)と同根。へは縦糸を延ばす道具で、これを動詞に活用させたフは「経糸を一本ずつ順次、機にかける」意。これからフ(経)が生まれた。フは「場所とか月日とかを順次、欠かすことなく経過して行く意」という(以上、大野①)。日本語のフも漢語の経も機織りの縦糸と関係があった。ただし経は横にそれないでまっすぐに通っていくというイメージだが、フは定点をA→B→C→と順々に通っていくというイメージで、少し違いがある。フはむしろ漢語の歴に近い。

〔グループ〕経・径・茎・軽・勁・脛ケイ(膝から下のまっすぐな部分、すね)・頸ケイ(頭と胴をつなぐまっすぐな部分、くび[頸椎])・逕ケイ(近道[逕庭])・剄ケイ(くびを切る[自剄])・痙ケイ(筋肉がひきつる[痙攣])

字源 「經」が正字。「巠ケイ(音・イメージ記号)＋糸(限定符号)」を合わせ

た字。「巠」については説文解字に「巠は水脈なり」とあるが、郭沫若が織機の縦糸の形で、経の原字と見るのが妥当。カールグレンと藤堂もこの説を採る。「巠」は織機に縦糸を張った姿を描いた図形で、「縦にまっすぐ通る」というイメージを示す記号である。したがって「經」は縦糸を表象する。

(金)　(篆)　[巠]　(篆)

〔字体〕「経」は近世中国で発生した「經」の俗字。現代中国の簡体字は「经」。巠に従う他の常用漢字もこれに倣う。

語義 [展開] たていとの意味ⓐから、縦に通る筋・ルート(南北の線)の意味ⓑ、境界線を通して測る意味ⓒ、物事の筋道を通す(筋道をつけて治める)意味ⓓ、空間や時間をまっすぐ通っていく意味ⓔ、時代を通って変わらぬ筋道、人の踏むべきいつもの道理・やり方、また、いつものという意味ⓕ、不変の教えの意味ⓖ、不変の教えを説いた書物(儒教や仏教の基本典籍)の意味ⓗに展開する。また、紐で頸をくくるという意味ⓘを派生した。[英]warp; longitude; draw a boundary; regulate, manage; pass through; constant, regular; everlasting truths; scripture, classics; hang oneself [和訓] たていと・つね・たつ [熟語] ⓐ経緯・ⓑ経線・経度・ⓒ経界・ⓓ経営・経理・ⓔ経過・経由・ⓕ経常・経費・ⓗ経典・五経・ⓘ自経

文献 ⓑ大戴礼記・易本命「凡地東西爲緯、南北爲經＝凡そ地は東西を緯と為し、南北を経と為す」ⓒ詩経・霊台「經之營之＝之を経し之を営す(土地を測って区画をつける)」ⓓ詩経・小旻「匪大猶是經＝大猶を是れ経とするに匪ず(遠大な計画に筋道をつけようともしない)」ⓔ宋玉・招魂「經堂入奥＝堂を経て奥に入る(表座敷を通って奥部屋に入る)」(文選33)ⓖ孟子・尽心下「經正則庶民興＝経正しければ則ち庶民興る(道が正しければ民衆は元気になる)」ⓘ論語・憲問「自經於溝瀆＝自ら溝瀆に経る(自らどぶの中で首をくくって死ぬ)」

【蛍】11(虫・5)　常　常用音訓 ケイ　ほたる

語音 *ɦueŋ(上古)　ɦueŋ(中古→呉ギヤウ〈＝ギョウ〉・漢クヱイ〈＝ケイ〉)　yíng(中)　형(韓)

語源 [コアイメージ] 光の輪が取り巻く。[実現される意味] ホタルⓐ。[英]firefly

字源 「螢」が正字。「𤇾(音・イメージ記号)＋虫(限定符号)」を合わせた字。「𤇾」はかがり火を描いた図形で、「光の輪が取り巻く」「周囲を丸く取り巻く」というイメージを示す記号となる(⇩栄)。「螢」は丸い光を発する虫を暗示させる。

〔字体〕「螢」は旧字体。「蛍」は榮→栄に倣った常用漢字の字体。現代中国の簡体字は「萤」。

語義 ホタル科の昆虫の名、ホタルの総称ⓐ。ゲンジボタル・ヘイケボタルなどがある。体は黒褐色で、腹端に発光器がある。[熟語] ⓐ蛍火・蛍光

文献 ⓐ礼記・月令「腐草爲螢＝腐草、蛍と為る(腐った草が化してホタルになる)」

【頃】11(頁・2)　常　常用音訓 ころ

語音 *k'iueŋ(上古)　k'iueŋ(中古→呉キヤウ〈＝キョウ〉・漢ケイ)　qǐng(中)　경(韓)

語源 [コアイメージ] 斜めに傾く。[実現される意味] 斜めに傾くⓐ。[英]slant, sloping, inclining

〔解説〕説文解字に「頃は頭正しからず」とあるが、これは図形の解釈。*k'iueŋという語は「斜めに傾く」というコアイメージをもち、危(バランスを欠いて傾く→あやうい)と同源。「斜めに傾く」というイメージは「へ

形や∠形に急に折れ曲がる」というイメージにつながる。空間的イメージは時間的イメージに転用されることがある。空間的に「∧や∠の形」のイメージが時間的に「急で切羽詰まる」というイメージへの転化現象は我→俄でも見られる。頃も急で切羽詰まった(短い)時間という意味に転じる。日本語の「ころ」は「経過して行く時間・季節について、およその見当をつけ、一点を中心に、その前後をひとかたまりとして把握する語」という(大野①)。漢語の頃にこの意味はない。

〔グループ〕頃・傾・蹞キ(足を∧形に踏み出した距離、半歩[蹞歩])

[字源] 「匕(イメージ記号)+頁(限定符号)」を合わせた字。「匕」は「人」の鏡文字(左右反転形)。「人」が正常に立つ人であるのに対し、「匕」は斜めに傾く人を示す。したがって「頃」は頭を傾げる様子を暗示させる。

(篆) 

[語義] [展開] 斜めに傾く意味ⓐ。転じて、短い時間(しばらく)の意味ⓑ、また、田畑を測る単位(一頃は百畝)ⓒに転用される。「ころ」ⓓは日本的用法。[英]slant, sloping, inclining; a short while; unit of area; time, when, while [熟語] ⓑ食頃

[文献] ⓐ詩経・巻耳「采采巻耳、不盈頃筐＝巻耳を采り采る、頃筐に盈たず(オナモミを摘んだけれど、∠形のかご[前が低く、後ろが高く、斜めになったかご]に満たない)」ⓑ荀子・王制「不待頃而廢＝頃イケを待たずして廢す(しばらくの間も待たずに廃止した)」

【敬】 12(攴・8) [常] (常用音訓) ケイ　うやまう

[語音] *kiĕŋ(上古)　kıʌŋ(中古→[呉]キヤウ〈＝キョウ〉・[漢]ケイ)　jìng(中)　경(韓)

[語源] [コアイメージ] 身を引き締める。[実現される意味] 体を固く引き締める(慎む)ⓐ。[英]careful

〔解説〕漢の鄭玄は下記の詩経に注釈して、「敬の言は警なり」(鄭箋)と述べる。また劉熙も「敬は警なり。恒に自ら粛警(身を引き締める)するなり」(釈名・釈言語)という。「身を引き締める」がコアイメージである。藤堂明保は企とも同源とする(藤堂①)。何か予期しないことに出会ったり、遠くを見ようとつまさきだったりする際は、体が緊張する。体を固く引き締めることを*kiĕŋという。日本語の「うやまう(うやまふ)」のウヤはウヤ・ヰヤ(礼)でウヤウヤシ(恭)と同根。マフはフルマフのマフ(舞)かという。ウヤマフは「相手に対しうやうやしい態度を示すこと」「相手を高く扱って礼儀正しく振る舞う、尊敬の念を表すなどの意」とされる(大野②)。これは漢語の敬のⓑと同じ。これに当たる英語respectはラテン語のrespicere(＝look back)が語源。「ある物をふり返って見る」→「人やものごとに注目すること(関心・尊重)」、そこから尊敬する意になったという(小島①)。漢語の敬とは少しイメージが違う。

〔グループ〕敬・警・驚・檠イケ(弓の両側から引き締めてゆがみを直す道具、ゆだめ)・儆イケ(体を引き締めて用心する)・擎イケ(物を恭しく持ち上げる、ささげる)

[字源] 「敬」が正字。「苟キョク(音・イメージ記号)+攴(限定符号)」を合わせた字。「苟」について説文解字は「苟は自ら急に勅する(身を引き締める)なり」と述べている。図形については卝を羊と同じと見て、羊の群れを警戒する様子とする説、あるいは、句を狗と同じと見て、イヌが夜間に警戒する様子とする説など、諸説紛々である。筆者は「𦫳」を何かに驚いて髪を逆立てる人の形と見る。したがって「𦫳(イメージ記号)+口(限定符号)」を合わせた「苟」は、はっと警戒して緊張する様子を示す図形である。かくて「敬」は予期しないものの前で、緊張のあまり身を固くする様子を暗示させる。この意匠によって、身を引き締めて慎むことを表象する。

(甲)  (金)  (篆)  [苟]

(金) (篆)

〔字体〕「敬」は旧字体。「敬」は古くから書道にある字体。茍と苟(コウ)はよく混同される。警・驚もこれに倣う。

語義 〔展開〕体を引き締めて慎む意味ⓐが原義。ここから、かしこまって恭しくする(うやまう)意味ⓑ、かしこまって(つつしんで)の意味ⓒを派生する。[英]careful; respect, reverent; respectfully 〔熟語〕ⓐ敬慎・粛敬・ⓑ敬愛・尊敬・ⓒ敬具・敬聴

文献 ⓐ詩経・常武「既敬既戒、恵此南國＝既に敬し既に戒め、此の南国を恵せよ(身を引き締めて用心し、南国に恵みを垂れたまえ)」ⓑ論語・雍也「敬鬼神而遠之＝鬼神を敬して之を遠ざく(神霊には敬意を払いつつも遠ざける)」

【景】12(日・8) 常 常用音訓 ケイ

語音 (1)*kliăŋ(上古) kɪăŋ(中古→呉キヤウ〈＝キョウ〉・漢ケイ) jǐng(中) 경(韓) (2)*·iăŋ(上古) ·ɪăŋ(中古→呉ヤウ〈＝ヨウ〉・漢エイ) yǐng(中) 영(韓)

語源 〔コアイメージ〕㋐明るい・㋑くっきりと境界をつける。〔実現される意味〕明るい光(日光)ⓐ。[英]sunlight, sunshine

〔解説〕明と暗、光と影はポジとネガの関係である。明るく光が当たる部分と暗い部分である影の間にはっきりと境目がつく。釈名・釈天で「景は境なり。照らす所の処に境限(さかい目)有るなり」と、景と境を同源の語としたのは卓見である。「くっきりした(はっきり目立つ)境目」のイメージは「(光が)明るい」のイメージの転化と考えてよい。「明るい」のイメージから光(日光)の意味、「くっきりした境目」のイメージから「かげ」の意味が実現された。後者は後に影と書かれて分化した。

〔グループ〕景・影・憬

字源 「京(ケイ)(音・イメージ記号)＋日(限定符号)」を合わせた字。「京」は「明るい」というイメージがあり(⇩京)、これは「(明と暗の間に)くっきりと境界をつける」というイメージに展開する。「景」は物を明るく照らす日の光を表す。

語義 〔展開〕日光の意味ⓐから、日光に照らされてはっきり見える物の姿(ありさま、けしき)の意味ⓑに展開する。また、京の「大きい」というイメージを承け、大きい、めでたいの意味ⓒもあり、大きいと認める(偉大だと思う)意味ⓓを派生する(以上は1の場合)。また、明るい部分と接してできるかげの意味ⓔを派生する(2の場合)。ⓔは影と通用。[英]sunlight, sunshine; view, scene; great; admire; shadow 〔和訓〕ひかり・かげ 〔熟語〕ⓐ日景・ⓑ景観・光景・ⓒ景雲・景福・ⓓ景仰・景慕・ⓔ景印(エイイン)(＝影印)

文献 ⓐ大戴礼記・曾子天円「明者吐氣者也、是故外景、幽者含氣者也、是故内景、故火日外景、金水内景＝明なる者は気を吐く者なり、是の故に外景、幽なる者は気を含む者なり、是の故に内景、故に火・日は外景、金・水は内景(明るいものは気を吐くので外なる光、暗いものは気を含むので内なる光という。だから日と太陽は外なる光、金と水は内なる光である)」ⓑ漢書・梅福伝「此何景也＝此れ何の景ぞや(これはいかなる形象であろうか)」ⓒ詩経・小明「介爾景福＝爾が景福を介(おお)いにせん(あなたに大いなる福が下されよう)」ⓔ詩経・二子乗舟「汎汎其景＝汎汎たる其の景(かげ)([水面に]舟の影がゆらゆら映る)」

【軽】12(車・5) 常 常用音訓 ケイ かるい・かろやか

語音 *k'ieŋ(上古) k'ieŋ(中古→呉キヤウ〈＝キョウ〉・漢ケイ) k'iəŋ(唐キン) qīng(中) 경(韓)

語源 〔コアイメージ〕まっすぐ通る・スムーズに(身軽に)動く。〔実現される意味〕目方が少ない(かるい)ⓐ。[英]light

〔解説〕日本語の「かるい（かるし）」はカロシと同じ。カロはカル（枯）・カラ（空）と同根で、「水分を失って目方の減った状態。また、はたらきが乏しいさま」の意という（大野①）。漢語の軽は巠ｹｲにコアイメージの源泉がある。これは「縦にまっすぐ通る」というイメージ。これは何の障りもなくスムーズに通れる状態であり、動きのよい状態である。目方が少なくて動きがスムーズであるのが軽である。軽に対する重も動と関係があるが、重力（重み）を加えた結果が動であって、重は上から重力が重なってくる状態をいう。

字源 「輕」が正字。「巠ｹｲ（音・イメージ記号）＋車（限定符号）」を合わせた字。「巠」は「縦にまっすぐ通る」というイメージがあり（⇩経）、これは「抵抗なくまっすぐ進む」というイメージに展開する。「輕」は戦車が軽快にまっすぐ進む場面を設定した図形。この意匠によって、重量が少なく動きがスムーズなありさまを表象する。

語義 [展開] 目方が少ない（かるい）意味ⓐから、スムーズに動けて身軽である（かろやか）の意味ⓑに展開する。また、程度が小さい意味ⓒ、うわついて軽々しい意味ⓓ、大切ではないの意味ⓔ、値打ちがないと考える、大切にしない（かろんずる）の意味ⓕを派生する。[英]light(ⓐ〜ⓓ); agile, nimble; slight; rash, frivolous; unimportant; make light of, belittle [熟語] ⓐ軽重・軽量・ⓑ軽快・軽便・ⓒ軽少・軽微・ⓓ軽率・軽薄・ⓔ軽輩・ⓕ軽侮・軽蔑

文献 ⓐ墨子・節用「甲盾五兵、皆輕以利＝甲盾五兵は、皆軽く以て利とし（よろい・たて・五つの兵器はすべて軽くて鋭利である）」ⓑ孫子・行軍「輕車先出＝軽車先に出づ（身軽な車［戦車］が真っ先に出てくる）」ⓓ春秋左氏伝・僖公33「秦師輕而無禮、必敗＝秦師軽くして礼無し、必ず敗れん（秦の軍は軽はずみで無礼だから、きっと負けるでしょう）」ⓔ孟子・尽心下「民爲貴、社稷次之、君爲輕＝民を貴しと為し、社稷之に次ぎ、君を軽しと為す（人民がいちばん貴く、国家はその次、君主は軽い存在だ）」ⓕ春秋左氏伝・襄公18「社稷之主、不可以輕＝社稷の主は、以て軽んずべからず（国家の君主をあなどってはならない）」

【傾】 13（人・11） 常

(常用音訓) ケイ　かたむく・かたむける

語音 *k'iueŋ(上古)　k'iuɛŋ(中古→呉キヤウ〈＝キョウ〉・漢ケイ)　qīng(中)　경(韓)

語源 [コアイメージ] 斜めに傾く。[実現される意味] 斜めになる（かたむく）ⓐ。[英]slant, lean

〔解説〕頃にコアイメージの源泉がある。垂直や水平のものが∧形や∠形の状態になることが傾である。日本語の「かたむく」はカタ（一方的で不完全の意）＋ムク（向）で、「安定直立から斜めにずれて倒れそうになる意」という（大野①）。漢語の傾と同じ。傾は危（バランスを欠いて崩れそうになる）と同源である。

字源 「頃ｹｲ（音・イメージ記号）＋人（限定符号）」を合わせた字。「頃」は「斜めに傾く」というイメージがある（⇩頃）。「傾」は人が姿勢を斜めに傾ける様子を暗示させる。

語義 [展開] 斜めになる（かたむく）意味ⓐから、バランスを失って崩れそうになる（危うくする）意味ⓑ、中立の状態から一方にそれる（片方に向く）意味ⓒ、杯を斜めに向ける（酒を飲む）意味ⓓ、あることに力を出し尽くす意味ⓔに展開する。[英]slant, lean, tilt, incline(ⓐⓒ); overturn, overthrow; tend; pour out, empty; concentrate, devote [熟語] ⓐ傾斜・前傾・ⓑ傾国・ⓒ傾向・ⓓ傾杯・ⓔ傾注・傾倒 [和訓] かしげる

文献 ⓐ楚辞・天問「地何故以東南傾＝地は何の故を以て東南に傾く（大地はなぜ東南に傾いているのか）」ⓑ詩経・瞻卬「哲夫成城、哲婦傾國＝哲夫城を成し、哲婦国を傾く（賢い男が城を作ると、賢い女が国を危うくする）」ⓔ史記・孟嘗君列伝「傾天下之士食客數千人＝天下の士、食客数千人を傾けしむ（天下の士や食客数千人を［彼に］傾倒させた）」

【携】13(手・10) 常

常用音訓 ケイ たずさえる・たずさわる

語音 *ɦuer(上古) ɦuei(中古→呉エ〈=エ〉・漢クエイ〈=ケイ〉) xié(中) 휴(韓)

語源 【コアイメージ】∧形をなす。【実現される意味】手にひっさげて持つ・身に帯びる(たずさえる)ⓐ。[英]carry (in hand)

【解説】何かに物をひっかけることを掛(カイ・ケ)という。その姿は∧の形を呈する。携も手に∧の形にひっさげて持つことを意味する。したがって携と掛は同源の語。藤堂明保は圭のグループのほか、傾・危とも同源とし、「∧形・ななめ」の基本義があるとする(藤堂①)。日本語の「たずさえる(たづさふ)」は自動詞では「手を取り合う。つれだつ」の意味、他動詞では「手にとる。手に持つ」の意味という(大野①)。漢語の携は両方を含む。ただし「たずさわる」(従事する、関係する)の意味は漢語の携にない。

【グループ】携・蠵(ケイ)(尻が∧形を呈する亀、アカウミガメ)・觿(ケイ)(帯をほどく∧形に尖った道具、くじり)

字源 「攜」が本字。「巂(ケイ)(音・イメージ記号)+手(限定符号)」を合わせた字。「巂」は「屮(あたま)+隹(とり)+冏(しり)」を合わせて、ツバメを表す図形。ツバメの尾は∧の形をしているので、「巂」は「∧形をなす」というイメージを示す記号となる。「攜」は物を∧形に手にかけて持つ様子を暗示させる。藤堂明保は巂を単なる音符としたが(藤堂②)、筆者は音・イメージ記号と見る。

(篆) [巂]　(篆)

【字体】「携」は「攜」の俗字。

語義 【展開】手にさげて持つ意味ⓐから、自分の手と相手の手を∧の形にかける(手と手をつなぐ、手を取って引き連れる)という意味ⓑに展開する。たずさわる(従事する)意味ⓒは日本的用法。[英]carry (in hand); join hands, hand in hand;engage 【熟語】ⓐ携行・携帯・ⓑ提携・連携

文献 ⓐ詩経・板「如取如攜=取るが如く携ふるが如く(手に持つように、手に携えるように)」ⓑ詩経・北風「惠而好我、攜手同行=恵みて我を好まば、手を携へて同(もと)に行かん(私を愛してくれるなら、手に手をとって一緒に行こう)」

【継】13(糸・7) 常

常用音訓 ケイ つぐ

語音 *ker(上古) kei(中古→呉ケ・漢ケイ) jì(中) 계(韓)

語源 【コアイメージ】(切れたものを)つなぐ。【実現される意味】切れたものをつなぐ(途切れないように続ける、つぐ)ⓐ。[英]connect

【解説】古典の注釈に「継の言は繫(ケイ)なり」とある(郝懿行・爾雅義疏)。*kerという語はA-B-C…の形にいくつかのものをつないで一筋にする、一筋につなぐというイメージをもつ。繫(つなぐ)のほかに、系・係・奚(ケイ)(渓・鶏のコアをなす記号)とも同源である。日本語の「つぐ」はツグ(告)と同根で、「長くつづくものが絶えないように、その切れ目をつなぐ意。転じて、つづくものの順位が、前のものの直後にある意」という(大野①)。原義は漢語の継、転義は漢語の次にほぼ当たる。

字源 「繼」が正字。「㡭(ケイ)(音・イメージ記号)+糸(限定符号)」を合わせた字。「㡭」は「𢇍」の鏡文字(左右反転させた形)。「𢇍」は四つの「幺(いと)」の間に┛形の線分を二つ差し込んで、糸を断ち切る様子を暗示する図形。これは絶の古文(戦国時代の書体の一つ)である。それを反転させた「㡭」は断ち切ったものを逆につなぐことを示す。かくて「繼」は切れた糸をつなぐことを表す。

(篆) [㡭]　(篆)

【字体】「継」は近世中国で生じた「繼」の俗字。

語義 [展開] A→Bの形に(Aの後にBを)つなぐという意味ⓐから、Aの後にBを続ける(後をつぐ、受けつぐ)意味ⓑ、後に続いて(ついで)の意味ⓒに展開する。父の後をついで結婚した人を継母(逆は継父)といったので、日本では他にも及ぼして、まま(血のつながりのない関係)の意味ⓓに用いる。対応する英語のstep-は「腹違いの」を表す接頭語。[英]connect; continue, succeed; afterward; step- [和訓] まま [熟語] ⓐ継起・中継・ⓑ継承・後継・ⓓ継父・継母

文献 ⓐ論語・尭曰「繼絶世＝絶世を継ぐ(途絶えた家柄をつぐ)」ⓑ論語・為政「其或繼周者、雖百世可知也＝其れ或いは周を継ぐ者、百世と雖も知るべきなり(周の後を受けつぐものがあるとしたら、百代の先まで知ることができる)」ⓒ孟子・公孫丑下「繼而有師命＝継いで師命有り(ついで戦の命令が下った)」

【詣】13(言・6) 常 常用音訓 ケイ もうでる

語音 *ŋer(上古) ŋei(中古→呉ゲ・漢ゲイ・[慣]ケイ) yì(中) 예(韓)

語源 [コアイメージ] ㋐深い味わい・長い時を経ている・㋑深い所に到達する。[実現される意味] 貴人のもとに伺候に訪れるⓐ。[英]visit a superior

[解説] 旨は舌で味を味わうことである。味覚をストレートに伝えると考えれば「まっすぐ」というイメージであるが、深く奥まで伝えると考えれば「深い」というイメージである。旨には二つのイメージが混然と含まれている。空間のイメージは時間のイメージにも転化するので、深い味わいは「長く時を経ている」というイメージにもなる。味を深く味わうことを嗜(たしなむ)、長い経験を積んでベテランの領域に達した老人を耆という。深い所に到達することが詣である。具体的には、貴人などに伺候するために、宮殿や邸宅に訪れることをいう。日本では神社に参拝に訪れる意味に転用した。

〈グループ〉詣・稽・耆(深く経験を積んだ老人[耆旧])・嗜(深く味わう、たしなむ[嗜好])・鮨(長い時間をかけて深い味を出した魚の塩漬け→魚の塩から。「すし」は国訓)・鰭(長い魚の背びれ)・鬐(長い馬のたてがみ)

字源 「旨(音・イメージ記号)＋言(限定符号)」を合わせた字。「旨」は旨い味が舌に伝わることから、「まっすぐ伝える」「まっすぐ差し示す」というイメージのほかに、「深い味わい」「長い時を経ている」というイメージを表すこともできる。「詣」は貴人などのご機嫌伺いに深い所まで到達する様子を暗示させる。

語義 [展開] 貴人のもとに伺候に訪れる意味ⓐから、目的の場所に至る意味ⓑ、学問などの深い境地に到達する意味ⓒに展開する。日本では神社などに参拝する(もうでる)意味ⓓに用いる。[英]visit a superior; come to; attain, attainments; go and worship at a shrine [和訓] いたる [展開] ⓐ詣闕・ⓒ造詣・ⓓ参詣

文献 ⓑ戦国策・燕三「燕益發兵、詣趙＝燕は益ます兵を発し、趙に詣る(燕[国名]はますます兵を出して、趙[国名]に至った)」

【慶】15(心・11) 常 常用音訓 ケイ

語音 *k'ïăŋ(上古) k'ɪaŋ(中古→呉キヤウ〈＝キョウ〉・漢ケイ) qìng(中) 경(韓)

語源 [コアイメージ] 明るい・めでたい。[実現される意味] めでたいことを祝う(祝って喜びを表す)ⓐ。[英]celebrate, congratulate, felicitate

[解説] 「よろこぶ」という訓があるが、喜とも悦とも異なる。めでたいことを祝ってよろこびの気持ちを表すことである。k'ïăŋという語は京・景と同源で、「明るい」というコアイメージをもつ。明るい気持ちでよろこびを表明するのが慶である。k'ïăŋという語の図形化は鹿の皮を持っていくという具体的な情況設定により実現された。古代中国では鹿の皮はプレゼントの定番であった。

字源 「鹿の略体(しか。イメージ記号)＋心(イメージ補助記号)＋夂(限定符号)」を合わせた字。「慶」は鹿の皮を持ってお祝いの気持ちを述べに行く場面を設定した図形。この意匠によって、吉事を喜び祝うことを表象する。

(金) (篆)

語義 [展開] めでたいことを祝う意味ⓐから、めでたいこと・喜び事・幸いの意味ⓑ、めでたい意味ⓒに展開する。[英]celebrate, congratulate, felicitate; happy event, rejoice, luck; lucky, auspicious [和訓] よろこぶ [熟語] ⓐ慶賀・慶祝・ⓑ慶弔・大慶・ⓒ慶雲・慶兆

文献 ⓐ詩経・楚茨「莫怨具慶＝怨むこと莫く具(もと)に慶ばん(恨みは捨てて一緒に祝おう)」ⓑ詩経・裳裳者華「是以有慶矣＝是(ここ)を以て慶有り(かくて幸せ下された)」

【憬】15(心・12) 常 | 常用音訓 ケイ

語音 *kliăŋ(上古) kıaŋ(中古→呉キヤウ〈＝キョウ〉・漢ケイ) jǐng(中) 경(韓)

語源 [コアイメージ] ぎりぎりの所(行き着く果て)まで行く。[実現される意味] 遠くをめざして行くⓐ。[英]go far, far away

字源 「景(ケイ)(音・イメージ記号)＋心(限定符号)」を合わせ字。「景」は境界のイメージから、ぎりぎりの所(行き着く果て)まで行くというイメージに展開する。「憬」は心がぎりぎりの所(遠い所)まで馳せる様子を暗示させる。

語義 [展開] 遠くをめざして行く様子、はるかに遠いさまが原義ⓐ。日本では遠くに心が馳せるというイメージから、「あこがれる」の意味ⓑに当てる。[英]go far, far away; long, yearn [和訓] あこがれる [熟語] ⓑ憧憬

文献 ⓐ詩経・泮水「憬彼淮夷＝憬たる彼の淮夷(ワイ)(はるかなる淮や夷の地方)」

【慧】15(心・11) 人 | 音ケイ・エ 訓さとい

語音 *ɦuād(上古) ɦuei(中古→呉ヱ〈＝エ〉・漢クヱイ〈＝ケイ〉) huì(中) 혜(韓)

語源 [コアイメージ] 細かく働く。[実現される意味] 心が細かく働いて賢い(さとい)ⓐ。[英]intelligent, clever

字源 「彗(スイ)(音・イメージ記号)＋心(限定符号)」を合わせた字。「彗」はほうきを手に持つ形で、「細かく働く」というイメージを示す(雪にも含まれているが、それとはコアイメージが異なる)。「慧」は心が細々と働く様子を暗示させる。

(篆)

語義 [展開] 心が細かく働いて賢い(さとい)意味ⓐから、悪賢い(ずるい)意味ⓑを派生する。仏教では、梵語prajñāの訳語に用い、真理を悟る心の働きの意味ⓒ。[英]intelligent, clever; cunning, crafty; wisdom [熟語] ⓐ慧眼・ⓑ慧黠・ⓒ智慧

文献 ⓐ論語・衛霊公「好行小慧＝好んで小慧を行ふ([連中は]こざかしい知恵を働かせている)」

【稽】15(禾・10) 常 | 常用音訓 ケイ

語音 *ker(上古) kei(中古→呉ケ・漢ケイ) jī(中) 계(韓)

語源 [コアイメージ] これ以上は行けない所まで来て止まる。[実現される意味] 行きつく(いたる)ⓐ。[英]reach

〔解説〕古典の注釈に「稽の言は考なり」(礼記正義)とある。「これ以上は行けない所まで行き着く」というイメージである。旨にコアメージの源

泉がある。これは「深い所に到達する」というイメージがある。

字源 「旨(シ)(音・イメージ記号)+禾+尤(二つともイメージ補助記号)」を合わせた字。「旨」は「深い所に到達する」というイメージがある(⇩旨・詣)。「禾」は禾とは別で、木の先端が右側に曲がった形。「尤」は手にいぼを生じる形で、災いや障害を示す符号。「稽」は木などが障害を受けて、これ以上は行けない所で成長が止まる情景を設定した図形。この意匠によって、「これ以上は行けない所まで来て止まる」というイメージを表すことができる。

(篆)

語義 [展開] これ以上行けない所まで行きつく(至る・留まる)意味ⓐから、これ以上行けない所まで突き詰める(考える)意味ⓑ、頭を地面につけて拝礼する意味ⓒに展開する。[英]reach; investigate, examine; kowtow [和訓] かんがえる [熟語] ⓐ稽留・ⓑ稽古・無稽・ⓒ稽首・稽拝

文献 ⓐ荘子・逍遥遊「大浸稽天而不溺=大浸、天に稽(いた)りて溺れず(神人は大水が天に届いても溺れることはない)」ⓑ周礼・天官・医師「歳終則稽其醫事=歳終はれば則ち其の医事を稽(かんが)ふ(年末になれば医療の事柄を考える)」

【憩】 16(心・12) 常 | 常用音訓 ケイ いこい・いこう

語音 *k'iad(上古) k'ei(中古→呉カイ・漢ケイ) qì(中) 계(韓)

語源 [コアイメージ] (息が)スムーズに通る。[実現される意味] ほっと一息つく(いこう)ⓐ。[英]rest

解説 下記の詩経の注釈に「憩は息(いき・いこう)なり」(毛伝)とある。日本語の「いこう(いこふ)」はイキ(息)と同根で、「長い息をつく意」という(大野②)。漢語の憩とぴったり一致する。

字源 「舌(カツ)(音・イメージ記号)+息(限定符号)」を合わせた字。「舌」は活の「舌」と同じで、「昏」の変形(「した」とは別)。これは「穴を開けてスムーズに通す」というイメージを示す記号である(⇩活)。「憩」は鼻から息をスムーズに通してほっとする様子を暗示させる。

語義 いこう・いこいの意味ⓐ。[熟語] ⓐ休憩・小憩

文献 ⓐ詩経・甘棠「蔽芾甘棠、召伯所憩=蔽芾(へいはい)たる甘棠、召伯の憩ひし所(こんもり茂るヒメカイドウ、召伯様が休んだ所)」

【繫】 19(糸・13) 人 | 音ケイ 訓つなぐ・かかる

語音 *ɦeg(上古) ɦei(中古→呉ゲ・漢ケイ) xì(中) 계(韓)

語源 [コアイメージ] 二つのものが触れる。[実現される意味] つなぐ・つながるⓐ。[英]tie, connect; suspend

字源 「毄(ケキ)(音・イメージ記号)+糸(限定符号)」を合わせた字。「毄」は車軸の頭と軸止めが触れてぶつかる様子(⇩撃)。「AとBが触れ合う」というイメージから「AとBが接触してつながる」というイメージに展開する。「繫」はAの糸にBの糸がつながる様子を暗示させる。系・係・継と同源の語。

語義 [展開] AをBにつなぐ(縛りつける)意味ⓐから、AにBがひっかかる(ぶら下がる)意味ⓑを派生する。[英]tie, connect; suspend [熟語] ⓐ繫辞・繫留

文献 ⓐ孟子・万章上「繫馬千駟=馬千駟を繫ぐ(四頭立ての馬を千頭つなぐ)」ⓑ論語・陽貨「吾豈匏瓜也哉、焉能繫而不食=吾豈(あ)に匏瓜(ホウカ)ならんや。焉(いず)くんぞ能く繫(かか)りて食はれざらんや(私はフクベではない。フクベのように枝にぶら下がっているだけで人に食べてもらえないなんてできないよ)」

【警】 19(言・12) 常 | 常用音訓 ケイ

語音 *kiĕŋ(上古) kiaŋ(中古→呉キヤウ〈=キョウ〉・漢ケイ) jǐng(中) 경

(韓)

語源 [コアイメージ] 身を引き締める。[実現される意味] 身を引き締めて用心する・注意を与えて戒めるⓐ。[英]warn, caution, alarm

〈解説〉敬にコアイメージの源泉がある。予期しない事態を前にすると体が固く緊張する。畏敬も警戒も「身を引き締める」というイメージが共通である。戒とも近い。

字源 「敬(ケイ)(音・イメージ記号)+言(限定符号)」を合わせた字。「敬」は「身を引き締める」というイメージがある(⇩敬)。「警」は言葉で注意を与えて、身を引き締めさせる様子を暗示させる。

語義 [展開] 身を引き締めて用心する・注意を与えて戒める意味ⓐから、非常事態を取り締まる意味ⓑ、急所をついてはっとさせる意味ⓒ、油断がなくすばやい意味ⓓに展開する。[英]warn, caution, alarm, admonish; guard; witty; vigilant, alert [和訓] いましめる [熟語] ⓐ警戒・警告・ⓑ警護・警備・ⓒ警句・奇警・ⓓ警抜・警敏

文献 ⓐ孫子・火攻「良将警之=良将は之を警(いまし)む(立派な将軍はこれ[むだな戦争]を戒める)」

【鶏】19(鳥・8) 常 常用音訓 ケイ にわとり

〔鷄〕21(鳥・10) 人 音ケイ 訓にわとり・とり

語音 *ker(上古) kei(中古→呉ケ・漢ケイ) jī(中) 계(韓)

語源 [コアイメージ] 紐でずるずるとつなぐ。[実現される意味] ニワトリⓐ。[英]chicken, cock, hen

〈解説〉有史以前に家禽化された鳥で、原鶏(セキショウヤケイ)を馴化したものがニワトリである。最初はおそらく擬音語でkerに近い音で呼んだのであろう。しかし言語意識が展開して、奴隷のイメージとの共通性から鶏の文字表記が生まれたに違いない。奴隷との共通性とは「紐でずるずるとつなぐ」というイメージである。奚(ひもで縛る)は馴化を象徴する記号である。系・係・繫と同源の語。

〈グループ〉鶏・渓・奚(ケイ)(しもべ、奴隷[奚童])・蹊(ケイ)(一筋につながる細道[成蹊])・谿(ケイ)(谷川[谿谷])・螇(ケイ)(身体の細長い虫、ショウリョウバッタ)・鼷(ケイ)(体が細く小さいネズミ、ハツカネズミ[鼷鼠])

字源 「鷄」が正字。「奚(ケイ)(音・イメージ記号)+鳥(限定符号)」を合わせた字。「奚」は「幺(ひも。イメージ記号)+大(人の形。イメージ補助記号)+爪(限定符号)」を合わせて、人を紐でつなぐ様子を暗示させる図形(実現される意味は奴隷)。「紐でずるずるとつなぐ」というイメージを示す記号になる。「鷄」は紐でつないで飼い馴らした鳥を暗示させる。

(甲) (金) (篆) [奚]

(甲) (籀) (篆)

〈字体〉「鷄」は旧字体。「雞」は異体字。「鶏」は常用漢字の字体。中国の簡体字は「鸡」。

語義 キジ科の鳥の名で、ニワトリの意味ⓐ。[熟語] ⓐ鶏鳴・鶏卵・闘鶏

文献 ⓐ詩経・鶏鳴「鶏既鳴矣、朝既盈矣=鶏既に鳴けり、朝既に盈(み)てり(とりが鳴いたよ、朝がいっぱい)」

【馨】20(香・11) 人 音ケイ・キョウ 訓かおる・かぐわしい

語音 *heŋ(上古) heŋ(中古→呉キヤウ〈=キョウ〉・漢ケイ) xīn(中) 형(韓)

語源 [コアイメージ] 澄んだ音色が通う。[実現される意味] 良いかおりが漂う、また、良いかおりⓐ。[英]fragrant, fragrance

〈解説〉漢語でも日本語でも聴覚と嗅覚は共感覚メタファーになる(聞香、

香りを「聞く」)。遠くまで澄んだ響きが通う磬《ケイ》を比喩として、馨《ケイ》が生まれた。

〈グループ〉　馨・磬《ケイ》(古楽器の名。ヘ形の石を紐で吊して棒でたたいて鳴らす楽器)・謦《ケイ》(かん高い声でせきこむ→せきばらい[謦咳])

字源　「殸《ケイ》(音・イメージ記号)＋香(限定符号)」を合わせた字。「殸」は古楽器の磬の原字で、「澄んだ音色が通う」というイメージがある(⇩声)。「馨」は良いかおりが遠くまで届く様子を表す。

語義　[展開]　良いかおりが漂う、また、良いかおりの意味ⓐ。比喩的に、良い評判や名声、また、良い評判が伝わる意味ⓑを派生する。[英] fragrant, fragrance; good reputation, fame　[熟語]　ⓐ馨香

文献　ⓐ詩経・鳧鷖「爾殽既馨＝爾《なんじ》の殽《さかな》は既に馨《かお》る(あなたの酒肴はかおりよい)」ⓑ書経・君陳「黍稷非馨、明徳惟馨＝黍稷《ショショク》馨るに非《あら》ず、明徳惟《こ》れ馨る(キビがかおりを漂わせるのではなく、徳が遠くに通うのです)」

げい

【芸】7(艸・4)　常　常用音訓　ゲイ

〔藝〕18(艸・15)　人　音 ゲイ　訓 うえる

語音　*ŋiad(上古)　ŋɪɛi(中古→呉ゲ・漢ゲイ)　yì(中)　예(韓)

語源　[コアイメージ]　手を加えて形を整える。[実現される意味]　植物を植えて育てるⓐ。[英]sow, plant, cultivate

〈解説〉　園芸の芸と芸術の芸とはどんな関係があるのか。これを統括するコアイメージは埶《ゲイ》にある。常用漢字では肝腎の部分が抜けて芸となったため、もとからある芸《ウン》と見分けがつかなくなった。近代の文献学者である王念孫は「藝は臬《ゲツ》と音義が同じ」とする(広雅疏証)。臬は木を切り取った株、あるいは、切り取って目印にする棒の意味がある。藤堂明保は臬のほかに、刈《ガイ》(刈り取る)・櫱《ゲツ》(切り株から生え出るひこばえ)・劓《ギ》(鼻を切り取る刑)などと同源で、「切り取る」という基本義があるとする(藤堂①)。植物を植えて育てる前提には、余計な枝葉などを適宜に切る作業がある。切り取った後は手を加えたため整った形になる。これが園芸の芸である。*ŋiadという語は「手を加えて形を整える」というイメージがコアにある。また植物に手をかける行為は自然のものを人工化するわざでもある。自然で粗野な物事を形のよいもの、質のよいものに仕上げるわざが技芸の芸である。*ŋiadのコアイメージは「自然のものに人力を加えて、形の良いものに整える」と言い換えることができる。英語のcultivate(耕す、栽培する)はラテン語のcultus(耕す)から来ており、これがculture(文化、教養)の語源でもある(下宮①)。漢語では園芸の芸(栽培する)から芸術の芸が生まれた。意味論上ほとんど軌を一にする転義現象である。人類の発想に普遍性がある証拠かもしれない。

〈グループ〉　芸・埶・勢・囈《ゲイ》(人工的な作り話、たわごと。また、寝言[囈語])

字源　「埶」が本字で、埶→蓺→藝と変化した。「坴」は「屮(草)＋六(土を盛り上げた形)＋土」を合わせて、盛り上げた土の上に植物が生えている様子を暗示する図形(陸の右側と同じ)。「坴(イメージ記号)＋丮(両手を差し出す人。限定符号)」を合わせた「埶」は、植物に手入れをしている情景を設定した図形。ここに「自然のものに人力を加えて、形の良いものに整える」というイメージがある。埶だけで植物に手を加えて栽培することを表しうるが、のち限定符号の「艸」を添えて「蓺」となり、さらに云《ウン》を加えて「藝」となった。云は芸《ウン》・耘《ウン》(くさぎる、雑草を取る)に含まれ、植物栽培の作業の一つを暗示させる。したがって「藝」の構造は「埶《ゲイ》(音・イメージ記号)＋云(イメージ補助記号)＋艸(限定符号)」の組み合わせと説明できる。この意匠によって、植物に手を加えて栽培することを表す。

(甲)  (金) 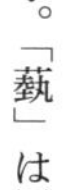 (篆) 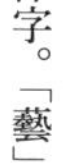

〔字体〕「埶」は本字。「蓺」は異体字。「藝」は旧字体。「芸」は日本製の俗字。埶を省いたため芸(ウン)(強烈な香気を漂わせる草、ヘンルーダ)と同形衝突した。現代中国の簡体字は「艺」。

語義 [展開] 草木を植えて育てる(栽培する)意味が原義ⓐ。「自然のものに手を加えて形を整える」というイメージから、自然のものに手を加えて良い形のものに仕上げるわざの意味ⓑ、人間の質を良いものにするわざ(学問・教養)の意味ⓒ、人前で見せる娯楽的なわざ(芸能・パフォーマンス)の意味ⓓを派生する。[英]sow, plant, cultivate; art, skill; culture, learning; performance, accomplishments [熟語] ⓐ園芸・農芸・ⓑ技芸・手芸・ⓒ芸術・文芸・ⓓ芸能・曲芸

文献 ⓐ詩経・南山「蓺麻如之何＝麻を蓺(う)うるに之を如何せん(麻を植えるにはどうしたらよいか)」ⓑ論語・子罕「吾不試、故藝＝吾試(もち)ゐられず、故に芸あり(私は才能が用いられなかったので、[仕方なく]技能をもった)」ⓒ論語・述而「游於藝＝芸に游ぶ(楽しんで芸[音楽、書道、数学など六つの教養]を学ぶ)」

【迎】

7(辵・4) 常 常用音訓 ゲイ むかえる

語音 *ŋiăŋ(上古) ŋɪaŋ(中古→呉ギヤウ〈＝ギョウ〉・漢ゲイ・慣ガウ〈＝ゴウ〉) yíng(中) 영(韓)

語源 [コアイメージ] 逆方向(⇅の形)に行く。[実現される意味] 向こうから来るものを出むかえるⓐ。[英]go to meet, welcome, greet

〔解説〕卬(ギョウ)にコアイメージの源泉がある。これは「逆方向に行く」というイメージ。「↓の形に対して↑の形に向かう」というイメージが「むかえる」へと転じるイメージ転化現象は逆・御・迓(ガ)にも例がある。これらは同源の語である。日本語の「むかえる(むかふ)」はムキ(向)アフ(合)の約で、「自分と相手とが互いに正面に向き合う位置・姿勢にある、また、その形をとる意」という(大野②)。日本語のムカフにも「逆方向(⇅の形)」のイメージがコアにあるようである。

字源 「卬(ギョウ)(音・イメージ記号)＋辵(限定符号)」を合わせた字。「卬」は右を向いて立っている人と、左を向いて座っている人を合わせた図形で(⇩仰)、右の人が左の人を出むかえる場面を設定した。ここに「逆方向(↓↑の形、または、⇅の形)に行く」というイメージがある。「迎」は向こうから↓の形に来るものに対して、こちらから↑の形に出て行く様子を暗示させる。また、「卬」の図形は、視点を変えると、右の人が左の人を見上げる姿にもなり、仰(あおぐ)に利用されている。迎と仰は同源である。

語義 [展開] 出むかえる意味ⓐから、逆方向に向かって行く意味ⓑ、調子を合わせて取り入る意味ⓒに展開する。[英]go to meet, welcome, greet; face; fawn [熟語] ⓐ歓迎・送迎・ⓑ迎撃・ⓒ迎合

文献 ⓐ詩経・韓奕「韓侯迎止＝韓侯迎ふ(韓の殿様は[嫁を]出迎える)」(止はリズム調節詞)ⓑ孫子・行軍「無迎水流＝水流を迎ふる無かれ(上流にある軍に向かって撃って出てはならない)」ⓒ孔子家語・入官「民嚴而不迎＝民厳にして迎へず(民はひどく畏れて[君主に]迎合しない)」

【鯨】

19(魚・8) 常 常用音訓 ゲイ くじら

語音 *giăŋ(上古) gɪaŋ(中古→呉ギヤウ〈＝ギョウ〉・漢ケイ・慣ゲイ) jīng(中) 경(韓)

語源 [コアイメージ] 大きい。[実現される意味] クジラⓐ。[英]whale

字源 「京(ケイ)(音・イメージ記号)＋魚(限定符号)」を合わせた字。「京」は「(高くて)大きい」というイメージがある(⇩京)。「鯨」は大きな魚を暗示させる。

語義 [展開] クジラの意味ⓐ。また、大きいものや凶悪なものの喩えⓑに用いられる。[英]whale; metaphor of large thing, etc. [熟語] ⓐ白鯨・捕鯨・ⓑ鯨飲馬食・鯨鯢(ゲイゲイ)

文献 ⓐ春秋繁露・五行逆順「龍深藏、鯨出見=竜は深く蔵(かく)れ、鯨は出で見(あら)はる(竜は深く隠れ、鯨は姿を現す)」

げき

【戟】 12(戈・8) 人 | 音ゲキ 訓ほこ

語音 *kıăk(上古) kıʌk(中古→呉キャク・漢ケキ・[慣]ゲキ) jǐ(中) 극(韓)

語源 [コアイメージ] (枝状のもので)引っかける。[実現される意味] ほこの一種ⓐ。[英]a kind of lance, halberd

字源 「幹または榦の略体(イメージ記号)+戈(限定符号)」を合わせた字。「幹」や「榦」は木の棒状をなす部分、「みき」の意味。「戟」は幹に枝がついているような形をしたほこを暗示させる。格(引っかかる)と同源の語。

語義 [展開] ほこの一種で、矛に刺(シ)をつけて、敵を突いたり引っかけたりできる武器の名ⓐ。また、鋭いもので刺す(刺激する)意味ⓑを派生する。[英]a kind of lance, halberd; stimulate [熟語] ⓐ剣戟・矛戟・ⓑ刺戟

文献 ⓐ詩経・無衣「脩我矛戟、與子偕作=我が矛戟(ボウゲキ)を脩め、子と偕(とも)に作(た)たん(私のほこを修理して、お前と一緒に立ち上がろう)」

【隙】 13(阜・10) 常 | 常用音訓 ゲキ すき

語音 *k'ıăk(上古) k'ıʌk(中古→呉キャク・漢ケキ・[慣]ゲキ) xì(中) 극(韓)

語源 [コアイメージ] 空っぽ・小さい穴。[実現される意味] すきま(穴、裂け目)ⓐ。[英]crack

[解説] 王力は隙と間は同源で、すきまの意味があるとする(王力①)。これは表層レベルで捉えた語源説。藤堂明保は深層レベルで捉え、虚・去・郤(キゲ)(すきま)などと同源で、「くぼむ・うつろ・空っぽ」という基本義があるとする(藤堂①)。綌(キゲ)(目の粗い織物)や罅(カ)(ひび)を加えることもできる。日本語の「すき」はスクの名詞形。スクはスク(鋤・漉・疏)と同根で、「互いの間があいて、その間を光や風などが自然に通るようになる意」という(大野①)。

字源 「𡭴(キゲ)(音・イメージ記号)+阜(限定符号)」を合わせた字。「𡭴」は「小+白+小」を合わせて、小さいものの間(穴、すきま)に白いもの(光)が見える様子を暗示させる図形。「隙」は壁の小さな穴(すきま)から向こうが透けて見える様子を暗示させる。この意匠によって、すきまを表象する。

(篆) [𡭴] (篆)

語義 [展開] 空間的なすきまの意味ⓐから、あいた時間(ひま)の意味ⓑ、人間関係に生じたすきま(ひび、仲違い)の意味ⓒに展開する。[英]crack, chink, gap(ⓐⓑ); interval; rift, discord [和訓] ひま [熟語] ⓐ間隙・ⓑ寸隙

文献 ⓐ墨子・兼愛「人之生乎地上之無幾何也、譬之猶駟馳而過隙也=人の地上に生まれて幾何(いくばく)も無きや、之を譬ふれば猶駟(シ)の馳せて隙(ゲキ)を過ぐるがごときなり(人が地上に生まれてから寿命の短いことは、喩えてみれば馬がすきまの前を通り抜けるようなものだ)」 ⓑ春秋左氏伝・隠公5「皆於農隙以講事也=皆農隙に於いて以て事を講ずるなり([春夏秋冬の狩りは]すべて農閑期に執り行うものだ)」 ⓒ史記・孔子世家「與陽虎有隙=陽虎と隙有り(陽虎[人名]と仲違いした)」

【劇】15(刀・13) 常 常用音訓 ゲキ

語音 *gıăk(上古) gıɛk(中古→呉ギャク・漢ケキ・[慣]ゲキ) jù(中) 극(韓)

語源 [コアイメージ] はげしい・程度が大きい。[実現される意味] 働きや勢いが甚だしい(はげしい)ⓐ。[英]acute, intense, severe

〔解説〕 釈名・釈言語に「劇は巨なり。事功、巨なり」とあるが、物事が多すぎて煩わしい意味は劇の派生義である。説文解字では劇がなく勮があり、「勮は務なり」といい、朱駿声は「勮は力を用ゐることの甚だしきを謂ふなり」と説明している(説文解字通訓定声)。劇は勮から分化した字とされている。しかし劇は先秦の古典にある字である。*gıăk という語は激・虐と同源で、「はげしい」というコアイメージをもつ。これは「程度が大きい(甚だしい)」というイメージとつながる。

字源 「豦(音・イメージ記号)+刀(限定符号)」を合わせた字。「豦」は「虍(トラ)+豕(イノシシ)」を合わせて、トラとイノシシが戦う場面を想定することによって、力と力がぶつかる様子を暗示させる図形。ここに「激しく力を出す」というイメージと、「力を頼みにする」というイメージがある(⇨拠)。前者からストレートに「はげしい」というイメージを捉えることもできるし、後者から「甚だしく力を用いる」というイメージを捉えることもできる。いずれにも「程度が大きい」というイメージである。かくて「劇」は力をはげしく出して(力を甚だしく用いて)戦闘をする情景を暗示させる。この意匠によって、働きや勢いが甚だしいことを表象する。

語義 [展開] 働きや勢いが甚だしい(はげしい)意味ⓐから、物事が多すぎて煩わしい意味ⓑに展開する。また、「はげしい」というイメージから、たわむれる(きつい冗談を言う)という意味ⓒを派生し、これから芝居の意味ⓓに転じた。戯(たわむれ、冗談)が芝居の意味を生じたのと似た転義現象である。[英]acute, intense, severe; hard; joke, jest, sport; play, drama [和訓] はげしい [熟語] ⓐ劇毒・劇薬・ⓑ劇職・繁劇・ⓓ演劇・歌劇

文献 ⓐ漢書・芸文志「以瘉為劇=瘉[=癒]ゆるを以て劇と為す(病気が治ったのに病気がひどくなったとごまかす)」ⓑ商君書・算地「事劇而功寡=事劇にして功寡なし(仕事は多いのに功績は少ない)」

【撃】15(手・11) 常 常用音訓 ゲキ うつ

〔擊〕17(手・13) 人 音ゲキ 訓うつ

語音 *kek(上古) kek(中古→呉キャク・漢ケキ・[慣]ゲキ) jī(中) 격(韓)

語源 [コアイメージ] 固いものどうしがぶつかる。[実現される意味] 固いものを打ち当てる(ぶつける・たたく)ⓐ。[英]hit, strike, beat

〔解説〕 昔の車で、車輪の軸を止める轄(くさび)が轂(こしき、ハブ)にぶつかる現象から*kekという語が生まれた。藤堂明保は撃は磬(棒でたたいて鳴らす石製の楽器)と同源で、「固い物がこつんと打ち当たる」という基本義があるとする(藤堂①)。日本語の「うつ」は「相手・対象の表面に対して、何かを瞬間的に勢い込めてぶつける意」が原義で、「たたきつける」「攻撃する」意味に展開するという(大野①)。漢語の撃とほぼ同じである。

〔グループ〕 撃・繫・蟿(固いものに打ち当てるような音を出す虫、ショウリョウバッタ、キチキチバッタ[蟿螽])・轚(車軸止めがぶつかってかちかちと音を立てる)

字源 「擊」が正字。「毄(音・イメージ記号)+手(限定符号)」を合わせた字。「軎」は「車+口」を合わせて、車軸の頭を表す。「軎(イメージ記号)+殳(限定符号)」を合わせた「毄」は車軸の頭(軸止め)が轂に触れて

ぶつかる様子を暗示させる。したがって「擊」は固いものどうしがぶつかる様子を暗示させる。

(篆) [毄] (篆) 

〔字体〕「擊」は旧字体。「撃」は由来不明の常用漢字の字体。現代中国の簡体字は「击」。

語義 [展開] 固いものを打ち当てる(ぶつける・たたく)意味ⓐから、敵にぶつかっていく(攻めうつ)意味ⓑ、対象に触れる意味ⓒに展開する。弾などを発射してうつ意味ⓓは日本的用法。[英]hit, strike, beat; attack; bump; fire, shoot [熟語] ⓐ衝撃・打撃・ⓑ攻撃・襲撃・ⓒ目撃・ⓓ射撃

文献 ⓐ詩経・宛丘「坎其擊鼓＝坎として其れ鼓を撃つ(ドンと太鼓を打ちたたく)」ⓑ孫子・虚実「兵之形、避實而擊虛＝兵の形は、実を避けて虚を撃つ(軍の取るべき形は、兵力のある方を避けて、すきを攻撃することだ)」

【激】16(水・13) 常 (常用音訓) ゲキ はげしい

語音 *kek(上古) kek(中古→呉キャク・漢ケキ・[慣]ゲキ) jī(中) 격(韓)

語源 [コアイメージ] 四方に発散する・はげしい。[実現される意味] 水が勢いよくぶつかる(勢いをつける)ⓐ。[英]swash, surge, dash

〔解説〕*kekという語は劇・虐と同源で、「はげしい」というコアイメージをもつ。このイメージを敫によって図形化した。敫は白い光を四方に放散する情景から、「中心点から四方に発散する(✥の形)」のイメージを表すことができる。「四方に発散する」というイメージは「はげしい」というイメージにつながる。「四方に分散する」というイメージから「はげしい」意味になる烈と似たイメージ転化現象である。日本語の「はげしい(はげし)」は「勢いが鋭く強いさま」という(大野②)。漢語の激とほぼ同じ。

〔グループ〕激・檄(緊急の召集・告知をするため、役所などが四方に触れ回す文書、仲間を集める触れ文[檄文])・皦(白い光を放つ、輝く[皦日])・噭(大声で叫ぶ[噭呼])・徼(四方の果て[辺境・国境]を巡る)・竅(外界に向けて開いた人体の穴[九竅])・繳(鳥獣に発射して捕らえるいぐるみの紐[矰繳])・邀(出て行ってむかえる[邀撃])・覈(事実を四方に探って求め、調べる[考覈])

字源 「敫(音・イメージ記号)＋水(限定符号)」を合わせた字。「敫」は「白(白いもの、光)＋放(はなつ)」を合わせて、白い光を四方に放つ様子を暗示する図形。ここに「線状のもの(あるいは、粒状のもの)が四方に発散する」というイメージがある。「激」は水が石などにぶつかって、しぶきが四方に飛び散る様子を暗示させる。この意匠によって、水が勢いよくぶつかる、また、勢いがほとばしって急である(はげしい)ことを表象する。

(篆) [敫] (篆) 

語義 [展開] 水が勢いよくぶつかる意味ⓐから、勢いよくはじけるようにはげしい意味ⓑに展開する。また、心理的な比喩になり、感情を発散させる(感情がはげしく高ぶる)意味ⓒ、相手の気持ちを高ぶらせる(はげます)意味ⓓを派生する。[英]swash, surge, dash; fierce, violent; excite, stimulate; incite [熟語] ⓐ激流・激浪・ⓑ激痛・激烈・ⓒ激情・感激・ⓓ激励

文献 ⓐ管子・地数「水激而流渠＝水激して渠に流る(水は勢いを激しくして水路に流れる)」ⓑ史記・游侠列伝「此如順風而呼、聲非加疾、其勢激也＝此れ順風にして呼べば、声疾きを加へずして、其の勢ひ激しきなり(順風で呼ぶと、声を速くしないのに、勢いが激しくなるようなものだ)」ⓓ戦国策・燕三「欲自殺以激荊軻＝自殺して以て荊軻を激せんと欲す

〔[太子丹は]自殺して荊軻を励まそうとした〕」

けた

【桁】→こう

けつ

【欠】 4(欠・0) 常 ｜ 常用音訓 ケツ かける・かく

語音 (1)〈缺〉*k'iuat(上古) k'iuɛt(中古→呉ケチ・漢ケツ) quē(中) 결(韓) (2)〈欠〉*k'ıăm(上古) k'ıʌm(中古→呉コム〈=コン〉・漢ケム〈=ケン〉) qiàn(中) 흠(韓)

語源 [コアイメージ] (1)えぐり取る。(2)へこむ。[実現される意味] 一部がかける。[英]break, chip

〔解説〕 缺と欠は本来別字である。缺のコアイメージの源泉は夬にある。抉・決と同源で、「コ形や凵形にえぐる」というイメージである。全体の中の一部がえぐられたように取れてなくなることを*k'iuatという。一方、説文解字によると旡と欠は鏡文字である。気が胸に詰まってげっぷすることを旡といい、気が口から放出されてあくびすることを欠という。旡は「いっぱい詰まる・満ちる」というイメージがあり(⇩既)、その反対の欠は「へこんで足りない」というイメージをもつ。*k'ıămという語は陥(へこむ、くぼむ)・坎(へこんだ穴)と同源の語。日本語の「かく」は「全体として必要なものの一部分をこわす。けずる」の意(大野①)。漢語の缺とイメージが似ている。

〔グループ〕 (1)決の項参照。(2)欠(あくび[欠伸])・坎(穴[坎穽])・芡(花の中央がへこんだ形をした植物、オニバス)

字源 (1)「缺」が正字。「夬(音・イメージ記号)+缶(限定符号)」を合わせた字。「夬」は「コ形や凵形にえぐり取る」というイメージがある(⇩決)。「缺」は土器の一部がコ形にえぐられて欠ける様子を暗示させる。この意匠によって、えぐられたように一部が欠けることを表象する。(2)「欠」はしゃがんだ人が大口を開けている姿を描いた図形。この意匠によって、あくびをすることを表象する。

(篆) [缺]　(甲)　(篆) [欠]

〔字体〕 日本では「欠」を「缺」の代用としたため、同形衝突した。中国では両者を区別する。

語義 [展開] 一部がかける意味ⓐから、足りない意味ⓑ、欠け目や空きができる意味ⓒ、占めるべき場にいない意味ⓓに展開する(以上は1の場合)。一方、欠はあくびをする意味ⓔであるが、「へこんで足りない」というイメージがあるので、足りなくなる意味ⓕを派生し、ⓑに近くなる(以上は2の場合)。[英]break, chip; lack, wantingn, incomplete, defect; vacant; absent; yawn; deficient [熟語] ⓐ欠損・ⓑ欠陥・欠乏・ⓒ欠員・補欠・ⓓ欠席・ⓔ欠伸・ⓕ欠缺

文献 ⓐ詩経・破斧「又缺我錡=又我が錡を欠く(また私ののみの刃までも欠けた)」ⓑ孟子・滕文公下「咸以正無缺=咸正を以てし、欠くる無し(みな正道に就き、足りない所はない)」ⓓ素問・宣明五気篇「腎為欠為嚔=腎を欠と為し嚔と為す([五臓の気の病は]腎ではあくびであり、くしゃみである)」

【穴】 5(穴・0) 常 ｜ 常用音訓 ケツ あな

語音 *ɦuat(上古) ɦuet(中古→呉グヱチ〈=ゲチ〉・漢クヱツ〈=ケツ〉) xué(中) 혈(韓)

語源 [コアイメージ] へこむ・くぼむ。[実現される意味] 人の住むほらあなⓐ。[英]cave

〔解説〕古典の注釈に「穴は窟(ほらあな)なり」とある。藤堂明保は屈のグループのほかに、潰・壊・毀・鬱・畏・威・尉なども同源とし、「あな・ほる・押し下げる・凹む」という基本義があるとする(藤堂①)。孔(突き通ったあな)とは違い、掘り下げてへこませたあなを*fuatという。日本語の「あな」は「人工的に地面をえぐったり、または物の少しの部分を掘り込んだ所」(大野②)の意で、漢語の穴とほぼ同じ。孔は突き通っているあな、竅(キョウ)は外界に向けて開いた人体のあな(感覚・排泄器官としてのあな)で、それぞれイメージが異なる。英語のcaveはラテン語のcavus(=hollow)が語源、また、holeもhollow(空の、へこみ、くぼみ)と同根で、「中空の状態のものに外から圧力を加えるとくぼんだ、へこんだ状態となる」という(小島①)。くぼむ・へこむと穴のイメージ転化は漢語の穴と同じである。

字源 人の住む洞穴(穴居住宅)を描いた図形。説文解字や下記の詩経ⓐの注釈(朱子・詩集伝)に「穴は土室なり」とある。

(篆)

語義 [展開] 人の住むあな(穴居住宅)の意味ⓐから、土地のくぼんだ所(あな)の意味ⓑに転じた。また、中国医学では、経絡上にあって、気が体外と通じる要所(つぼ)の意味ⓒとする。[英]cave; pit, hole; acupuncture point [熟語] ⓐ穴居・ⓑ洞穴・墓穴・ⓒ経穴

文献 ⓐ詩経・緜「陶復陶穴=復を陶(トウ)し穴を陶す(粘土で住まいの穴を作る)」ⓑ詩経・黄鳥「臨其穴、惴惴其慄=其の穴に臨み、惴惴(ズイズイ)として其れ慄(おのの)く([死者を入れる]穴を見下ろして、ぶるぶると身震いした)」

【血】6(血・0) 常 常用音訓 ケツ ち

語音 *huet(上古) huet(中古→呉クヱチ〈=ケチ〉・漢クヱツ〈=ケツ〉) xuè(中) 혈(韓)

語源 [コアイメージ] なめらかに動く。[実現される意味] ちⓐ。[英]blood

〔解説〕血液循環という科学的思想ではないが、血液が体内をめぐるという漠然とした考えは古代中国にあった。釈名・釈形体に「血は濊(カツ)なり。肉より出でて、流れて濊濊たるなり」とある。詩経・碩人篇にある濊濊(水がクヮックヮッと音を立てて流れるさま)という語を借りて、血液が体内を流れるありさまから語源を説いたものである。藤堂明保によれば、*huetという語は回(めぐる)・滑(なめらか)・運(めぐる)・均(丸く行き渡る)・旬(一回りする)、また囲(回りを取り巻く)・衛(丸く取り巻いて守る)などと同源で、「丸い・めぐる・取り巻く」という基本義があるとする(藤堂①)。古人は血に対して、「するすると滑るように体内をめぐって流れるもの」というイメージを持っていたようである。

字源 皿の上に犠牲の血液を盛った姿を描いた図形。この意匠によって、一般に血液を表象する。

(甲) (篆)

語義 [展開] ち(血液)の意味ⓐから、血のつながりの意味ⓑに展開する。また比喩的に、血を流すように激しい、血のように熱いなどの意味ⓒに用いる。[英]blood(ⓐ~ⓒ) [熟語] ⓐ血液・出血・ⓑ血縁・血統・ⓒ血戦・熱血

文献 ⓐ詩経・信南山「取其血膋=其の血膋(ケツリョウ)を取る(いけにえの血と脂を取る)」

【決】7(水・4) 常 常用音訓 ケツ きめる・きまる

語音 *kuăt(上古) kuet(中古→呉クヱチ〈=ケチ〉・漢クヱツ〈=ケツ〉) jué(中) 결(韓)

語源 [コアイメージ] ㋐コ形や凵形にえぐり取る・㋑二つに切って

分ける。［実現される意味］堤防を二つに切って分ける（堤防が切れる）ⓐ。［英］burst

〔解説〕コアイメージの源泉は夬（カイ）にある。これは弓を引くのに用いる道具（ゆがけ）を表す。ゆがけを右手の親指にはめて弦に引っかける姿がコ形を呈し、手の指をコの形に曲げてえぐる動作と似ているので、「コ形や凵形にえぐる」というイメージを表す記号になる。藤堂明保は夬のグループを厥（ケツ）のグループ（蕨など）、戉（エツ）のグループ（越）、また戈・月・外などと同じ単語家族に収め、「コ形にえぐりとる」という基本義があるとする（藤堂①）。物をコ形や凵形にえぐると中央で切れる形になるから、「二つに切って分ける」というイメージに展開する。ここから、AかBかどちらかに分けて定めるという意味が生まれる。日本語の「きめる（きむ）」は「動きや変化のあったものを一つにする（定める、決定する）」意という（広辞苑）。英語のdecideはラテン語のdēcīdere（切断する、結び目を切る）が語源で、決定する・決心する意になるという（下宮①）。これは漢語の決が「二つに切り分ける」というコアイメージから決定・決断する意に展開するのとよく似ている。

〔グループ〕決・快・訣・缺（ケツ）（＝欠）・抉（ケツ）（えぐる［剔抉（テキケツ）］）・玦（ケツ）（一部が欠けた玉）・袂（ベイ）（切り取った形を呈する衣の袖口。〈日〉たもと［分袂］）・觖（ケツ）（欠けて足りない、また、不満に思いうらむ［觖望］）・鴃（ゲキ）（獲物をえぐる鋭いくちばしをもつ鳥、モズ）

[字源]「夬（カイ）（音・イメージ記号）＋水（限定符号）」を合わせた字。「夬」を分析すると「丨＋コ＋又」となる。「丨（縦棒）＋コ（コ形の印）」は縦棒にコ形に引っ掛けることを示すイメージ記号。「丨コ（イメージ記号）＋又（限定符号）」を合わせた「夬」は、指をコの形に曲げて縦棒に引っ掛ける様子を暗示させる図形。ここから「コ形や凵形にえぐる」というイメージを示す記号になる。かくて「決」は川の堤を凵形に切って水を外に流す情景を暗示させる。この意匠によって、堤防を二つに切って分ける（堤防が切れる）ことを表象する。

（篆）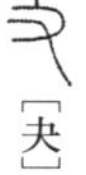［夬］　（篆）

[語義]［展開］堤防を二つに切って分ける（堤防が切れる）意味ⓐから、二つに切って分ける（分け開く）意味ⓑ、二つに分けてどちらか（白か黒か、是か非か）に定める（きめる・きまる）意味ⓒ、思い切りがよいさま（きっぱりと）の意味ⓓに展開する。また、訣と通用して、きっぱりと別れる意味ⓔ、夬・抉と通用して、ゆがけの意味ⓕにも用いられる。［英］burst; cut off; decide, determine; definitely, certainly; part; archer's thimble ［熟語］ⓐ決潰・決壊・ⓑ決裂・自決・ⓒ決定・判決・ⓓ決行・決然・ⓔ決別

[文献]ⓐ孫子・形「勝者之戰民也、若決積水於千仞之谿者、形也＝勝者の民を戦はすや、積水を千仞の谿（たに）に決するが若（ごと）き者は、形なり（勝者の戦いは、ためた水を深い谷間に一気に切り落とすようなもので、これが［勝ち戦の］形だ）」ⓑ礼記・曲礼「濡肉齒決、乾肉不齒決＝濡肉は歯決し、乾肉は歯決せず（濡れた肉は歯で切り分けてよいが、乾した肉は歯で切り分けてはいけない）」ⓒ韓非子・解老「目不明則不能決黑白之分＝目明らかならざれば、則ち黒白の分を決する能はず（目が見えないと白黒の区別がわからない）」ⓕ詩経・車攻「決拾既佽＝決拾既に佽（なら）ぶ（ゆがけとゆごては共にそろった）」

【頁】

9（頁・0）　[人]　[音]ケツ　[訓]ページ

[語音] *ɦet（上古）　ɦet（中古→[呉]ゲチ・[漢]ケツ）　yè（中）　혈（韓）

[語源]［コアイメージ］詰まる。［実現される意味］あたまⓐ。［英］head

〔解説〕*ɦetという語は吉・結・詰と同源で、「中身が詰まる」というイメージをもつ。頭骨の中に脳みそが詰まったものが頁（あたま）である。

ただし頁は単独ではほとんど用例がなく、漢字を構成する際の限定符号となるだけである。

字源 人体の上に大きな頭を描き、頭部を強調した図形。

(甲)  (金) (篆)

語義 [展開] あたまの意味ⓐはほとんど使われず、近代中国で紙の枚数を数える箕(または葉)の代用ⓑとされた。日本ではページと読む。[英]head; page [熟語] ⓑ頁岩

【訣】 11(言・4) 人 音ケツ 訓わかれる

語音 *kuăt(上古) kuet(中古→呉クヱチ〈＝ケチ〉・漢クヱツ〈＝ケツ〉) jué(中) 결(韓)

語源 [コアイメージ] 二つに切って分ける。[実現される意味] きっぱりと人と別れるⓐ。[英]part, bid farewell

字源 「夬(音・イメージ記号)＋言(限定符号)」を合わせた字。「夬」は「二つに切って分ける」というイメージがある(⇩決)。「訣」は人ときっぱりと別れを告げる様子を暗示させる。

語義 [展開] きっぱりと別れる意味ⓐから、一言で言い切った文句の意味ⓑに展開する。[英]part, bid farewell; rhymed formula [熟語] ⓐ訣別・永訣・ⓑ口訣・秘訣

文献 ⓐ史記・孔子世家「相訣而去＝相訣れて去る(人と別れて去った)」ⓑ列子・説符「以訣喩其子＝訣を以て其の子に喩ふ(秘訣を子に教える)」

【結】 12(糸・6) 常 常用音訓 ケツ むすぶ・ゆう・ゆわえる

語音 *ket(上古) ket(中古→呉ケチ・漢ケツ) jié(中) 결(韓)

語源 [コアイメージ] ㋐中身がいっぱいに詰まる・㋑固く締まる。[実現される意味] 糸や紐で締めてくくる(むすぶ)ⓐ。[英]tie, knot

〔解説〕吉にコアイメージの源泉がある。これは「中身がいっぱいに詰まる」というイメージである。中身がいっぱい詰まった状態は「満ちる」のイメージにつながり、内部がいっぱい満ちれば「塞がる」というイメージにつながる。「詰まる」「満ちる」「塞がる」という三つ組みイメージは漢語の意味論的特徴の一つである。逆に「塞がる」は「詰まる」「満ちる」というイメージになる。したがってこの三つ組みイメージは可逆的(相互転化可能)なイメージである。「塞がる」「塞ぐ」というイメージが「締める」「締まる」という意味に転化する。詰まる→塞がる→締まるというイメージ展開によって、「糸や紐で締めてむすぶ」を意味する結が成立する。日本語の「むすぶ」は「紐の端・両手の指などを固くからみ合わせて、離れないようにする意」、「ゆう(ゆふ)」は「立入禁止の標示とするのが原義」という(大野①)。英語のtieは印欧語根*deuk-(導く)に由来し、tow(引く)と同根という(下宮①)。AとBを互いに引き寄せて結ぶというイメージであろう。→の方向と←の方向に引き寄せると釣り合いが生じる。だからtieに同点の意味がある。漢語の結にこの意味はないが、一つにまとめる(関係づける)という転義は共通である。

字源 「吉(音・イメージ記号)＋糸(限定符号)」を合わせた字。「吉」は容器に物を詰め込んで蓋をかぶせる情景を設定した図形。前半に視点を置くと「中身がいっぱい詰まる」というイメージ、後半に視点を置くと「締めくくる」というイメージになる(⇩吉)。「結」は袋に物を詰めて、入り口を糸で締めくくる様子を暗示させる。

語義 [展開] 糸や紐で締めてくくる(むすぶ)意味ⓐ。また、「中身がいっぱいに詰まる」というイメージから、「固く締まる」「締めくくる」というイメージに展開し、固く引き締まる意味ⓑ、締めて一つにまとめる(関係を結ぶ)意味ⓒ、組み立てて統一体にする意味ⓓ、物事を締めくくって終わりにする(締める、締め)の意味ⓔ、詰まってふさがる(むすぼれ

る)意味ⓕを派生する。[英]tie(ⓐⓒ), knot; congeal; connect, link; join, combine, unite; conclude, settle; depressed 【熟語】ⓐ結束・結髪・ⓑ凝結・凍結・ⓒ結合・妥結・ⓓ結構・結成・ⓔ終結・総結・ⓕ鬱結・秘結

文献 ⓐ詩経・東山「親結其縭＝親(みずか)ら其の縭(リ)を結ぶ(自ら[婚約の印の]腰ひもを結ぶ)」ⓑ詩経・鳲鳩「心如結兮＝心結ぶが如し(心は固く引き締まったかのようだ)」ⓒ春秋左氏伝・文公12「結二國之好＝二国の好(よしみ)を結ぶ(両国の友好を結ぶ)」ⓔ淮南子・繆称訓「君子行、思乎其所結＝君子の行ひは、其の結ぶ所を思ふ(君子の行いは終わり方を大切にする)」ⓕ詩経・素冠「我心蘊結兮＝我が心は蘊結す(私の心は憂いでふさがる)」

【傑】 13(人・11) 常 (常用音訓) ケツ

語音 *giat(上古) giɛt(中古→(呉)ゲチ・(漢)ケツ) jié(中) 걸(韓)

語源 【コアイメージ】高く抜け出る。【実現される意味】それだけ特に抜け出て目立つ(抜きん出る・ひときわ優れる)ⓐ。[英]outstanding, prominent

【解説】説文解字に「桀は磔(タク)(はりつけ)なり」とあるが、これは意味の説明ではなく、図形の解釈。人を木にはりつけにする情景は「高く上がって目立つ」「高く抜き上げる」というイメージを表すことができる。藤堂明保は桀・傑を加のグループ、何のグループ、曷のグループ(渇など)、また乾・旱・軒・建などと同じ単語家族に収め、「上にのせる」「高くあがる」という基本語をもつとする(藤堂①)。*giatという語は特に掲(高くあがる)・楬(ケツ)(高く掲げる標識)と近い。高くあがって目立ち、しかも他より上に抜け出るというイメージの語である。英語のoutstandingはout stand(突き出ている、目立つ)が原義(下宮①)、prominentはラテン語prominere(＝to jut forward)が語源で、物が突き出ている→傑出したの意という(小島①)。これらと漢語の傑は造語の発想が似ている。

【グループ】傑・桀(ケツ)(草木が高く生え出るさま、また、荒々しく目立つさま)・榤(ケツ)(木の上に高く上がった鳥の巣、ねぐら)

字源 「桀(ケツ)(音・イメージ記号)＋人(限定符号)」を合わせた字。「桀」は「舛(左右に開いた両足の形。イメージ記号)＋木(限定符号)」を合わせて、木の上に人を高くかかげる情景を設定した図形。磔(はりつけ)に含まれるが、そんな意味ではなく、「(目立つように)高くかかげる」というイメージを示す記号である。「傑」は衆人よりひときわ抜け出て目立つ人を暗示させる。

(篆) [桀]　(篆)

語義 【展開】他より抜きん出る意味ⓐから、他より抜きん出ている人、ひときわ優れた人の意味ⓑに展開する。[英]outstanding, prominent; hero 【熟語】ⓐ傑作・傑出・ⓑ英傑・豪傑

文献 ⓐ詩経・載芟「有厭其傑＝厭(エン)たる有り其の傑(盛んに飛び抜けて出たよ、その稲の苗)」ⓑ荀子・非相「古者桀紂長巨姣美、天下之傑也＝古者(いにしえ)桀紂は長巨姣美にして、天下の傑なり(昔、夏の桀王と殷の紂王は背が高くハンサムで、天下の傑物であった)」

【潔】 15(水・12) 常 (常用音訓) ケツ いさぎよい

語音 *kăt(上古) ket(中古→(呉)ケチ・(漢)ケツ) jié(中) 결(韓)

語源 【コアイメージ】刻み目を入れる・削る。【実現される意味】汚れを落として清らかにする、また、汚れがなく清らかであるⓐ。[英]clean, purify, pure

【解説】丯(カイ)にコアイメージの源泉がある。これは契(削る)に含まれ、「刻み目を入れる」というのがコアイメージ。汚れは普通は水で洗うものだが、刃物(道具)などで削り落とす場合もある。日本語の「いさぎよい(いさぎよし)」はイサ(勇むのイサ、積極果敢なこと)＋キヨシ(汚れがない

意）で、「積極的で清浄という男性的感覚が根本の意味」という（大野①）。

字源 「絜（音・イメージ記号）＋水（限定符号）」を合わせた字。「㓞」は「刻みを入れる」というイメージがあり、「削る」というイメージに展開する（⇨契）。「㓞（音・イメージ記号）＋糸（限定符号）」を合わせた「絜」は、糸や布の汚れを削り落とす様子を暗示させる。この意匠で十分「汚れを落とす」を表象できるが、後に水で洗うという意匠に変えて、限定符号の「水」を添えて「潔」とした。

（篆）［絜］　（篆）

語義 ［展開］汚れを落として清らかにする意味ⓐから、比喩的に、心や行いに不純なものがない（いさぎよい、いさぎよくする）意味ⓑ、余計なものがなく、すっきりしている意味ⓒを派生する。［英］clean, purify, pure; incorruptible; concise ［和訓］きよい ［熟語］ⓐ清潔・不潔・ⓑ高潔・貞潔・ⓒ簡潔

文献 ⓐ管子・心術「潔其宮＝其の宮を潔くす（宮［心の譬喩］を清める）」ⓑ論語・微子「欲潔其身、而亂大倫＝其の身を潔くせんと欲して、大倫を乱る（自分の身を清くしょうとするあまり人の道を乱すことになる）」

【蕨】15（艸・12）　人　音ケツ　訓わらび

語音 *kıuăt（上古） kıuʌt（中古→呉コチ・漢クヱツ〈＝ケツ〉） jué（中） 궐（韓）

語源 ［コアイメージ］ぴんとはね上がる。［実現される意味］ワラビⓐ。［英］bracken

［解説］屰にコアイメージの源泉がある。逆のコアをなす記号で、「逆方向に行く」というイメージである。「↓の方向から来る力を↑の方向に跳ね返す」というイメージ、「ぴんと跳ね上がる」というイメージに展開する。このイメージは厥で図形化された。ワラビは芽がぜんまいのように跳ね上がる特徴から蕨と命名された。

［グループ］蕨・厥（弓から石を跳ね上げる）・瘚（気が逆上してのぼせや冷えを起こす症状）・撅（引っ掛けて跳ね上げる）・蹶（足を引っ掛けて跳ね起きる［蹶起］）・獗（がばと跳ね起きる、たけり狂う［猖獗］）・劂（先端が跳ねたように曲がった彫刻刀［剞劂］）・橛（地面に差し込んで先が跳ね上がる杙）・闕（□→←□の形に隙間をあけて両側を高く上げた城門［禁闕］。また、隙間があいて欠ける［闕文］）・鱖（背びれの刺が逆立つ魚、ケツギョ［鱖魚］）・鷢（足で獲物を引っ掛けて捕る鳥、ハイイロチュウヒ［白鷢］）

字源 「厥（音・イメージ記号）＋艸（限定符号）」を合わせた字。「屰」は「逆方向に行く」というイメージがある（⇨逆）。「屰（音・イメージ記号）＋欠（限定符号）」を合わせた「欮」は、体内の気が逆方向に行く様子を想定した図形で、瘚（気が逆上する病気）の原字。「欮（音・イメージ記号）＋厂（石と関わる限定符号）」を合わせた「厥」は、弓から石をはね上げる様子を暗示させる。ここに「（元に戻ろうとして）反対方向にはね上げる」というイメージがある。「蕨」はぜんまいのようにぴんとはね上がる新芽の生じる草を暗示させる。

（篆）［欮］　（篆）［厥］　（篆）

語義 シダ植物のワラビの意味ⓐ。若芽は反り返って拳状をなす。

文献 ⓐ詩経・草虫「陟彼南山、言采其蕨＝彼の南山に陟り、言に其の蕨を采る（南の山に登りゆき、わらびの芽を摘んでとる）」

げつ

【月】4（月・0）　常　常用音訓 ゲツ・ガツ　つき

語音 *ŋıuăt（上古） ŋıuʌt（中古→呉ゴチ・漢グヱツ〈＝ゲツ〉・［慣］グワツ〈＝ガツ〉） yuè（中） 월（韓）

語源 [コアイメージ] えぐり取る・欠ける。[実現される意味] つきⓐ。[英]moon

〔解説〕白虎通義・日月篇に「月の言為(た)るは闕(ケツ)(欠ける)なり。満つる有れば闕(か)くる有り」、釈名・釈天に「月は缺(ケツ)(欠ける)なり。満つれば則ち缺(か)くるなり」とあるように、古人は月は缺(=欠)・闕と同源であるという言語意識があった。抉(えぐる)とも同源である。たった一回の満月よりも、えぐられるかのように次第に欠けていく姿に月の特徴を捉えたものである。

〔グループ〕月・外・刖(ゲツ)(足切りの刑)・跀(ゲツ)(えぐる、また、足を切る)・抈(ゲツ)(断ち切る)

字源 三日月を描いた図形。

(甲)　(金)　(篆)

語義 [展開] 天体のつきの意味ⓐから、時間のつき、一か月の意味ⓑ、月ごとに(月々)の意味ⓒ、としつき(時間)の意味ⓓに展開する。[英]moon; month; monthly; time [熟語] ⓐ月光・満月・ⓑ月刊・年月・ⓒ日進月歩・ⓓ歳月・年月

文献 ⓐ詩経・月出「月出皓兮=月出でて皓たり(月が出て白く輝く)」ⓑ詩経・揚之水「曷月予還帰哉=曷(いつ)の月か予還帰せんや(いつの月になったら帰れるか)」ⓒ詩経・小宛「我日斯邁、而月斯征=我日に斯(ここ)に邁(ゆ)き、而して月に斯に征く(私は日々に進み行き、また月々に進み行く)」

けん

【犬】4(犬・0)　常　｜常用音訓　ケン　いぬ

語音 *k'uə̄n(上古)　k'uen(中古→㊐・㊙クヱン〈=ケン〉)　quǎn(中)　견(韓)

語源 [コアイメージ] 擬音語。[実現される意味] イヌⓐ。[英]dog

〔解説〕説文解字では「狗の、蹄(ひづめ)を縣(=懸)くる者なり」とある。後ろ足で人をひっかけるものが犬だという。犬と懸を同源の語と見ている。しかし*k'uə̄nはイヌの鳴き声を模した擬音語に由来する。イヌは太古にタイリクオオカミから家畜化された。中国の家犬は旧石器時代まで遡るという。狗もイヌの意味であるが、犬の比較的小さいものを狗という。

字源 イヌの全形を描いた図形。特に耳としっぽの特徴を捉えている。

(甲)　(金)　(篆)

語義 [展開] イヌ科の哺乳類、イヌの意味ⓐ。また、詰まらぬものの喩えⓑに用いられる。[英]dog; metaphor of mediocrity [熟語] ⓐ愛犬・猟犬・ⓑ犬馬・犬羊

文献 ⓐ詩経・巧言「躍躍毚兎、遇犬獲之=躍躍(テキテキ)たる毚兎(ザント)、犬に遇へば之を獲ん(逃げ足の速いウサギも、犬に会えば捕まるよ)」

【件】6(人・4)　常　｜常用音訓　ケン

語音 *gian(上古)　gιɛn(中古→㊐ゲン・㊙ケン)　jiàn(中)　건(韓)

語源 [コアイメージ] 一つ一つ分ける。[実現される意味] 一つ一つと数えられる物事ⓐ。[英]thing, matter

〔解説〕説文解字に「件は分なり」「牛は件なり。件は事理なり」とある。牛は半や解などで解体・解剖される存在として使われる記号なので、「一つ一つに分ける」というイメージを表しうる。

字源 「牛(イメージ記号)+人(限定符号)」を合わせた字。舌足らず(情報不足)な図形であるが、上記の通り「牛」を「一つ一つに分ける」というイメージを示す記号と見る。「件」は一つ一つ分けて数えられる物事を表象する。

語義 [展開] 一つ一つと数えられる物事の意味ⓐから、物事を一つ一つ二

つと数えることばⓑ、話題に出た事柄の意味ⓒを派生する。［英］thing, matter, item, case, object, affair; classifier for things, events, etc.; case, topic ［和訓］くだん・くだり ［熟語］ⓐ事件・物件・ⓑ一件・数件・ⓒ上件・前件

文献 ⓐ博物志・戯術「刻作物件＝刻みて物件を作る（刻んで一つの物件を作った）」ⓒ神仙伝8「戒法等件、悉遵太上之命修煉＝戒法等の件、悉く太上の命に遵ひて修煉す（戒法などの件については、すべて天帝の命令に従って修練した）」

【見】 7(見・0) 常 常用音訓 ケン みる・みえる・みせる

語音 (1)*kăn(上古) ken(中古→呉・漢ケン) jiàn(中) 견(韓) (2)*ɦăn(上古) ɦen(中古→呉ゲン・漢ケン) xiàn(中) 현(韓)

語源 ［コアイメージ］はっきり現れる。［実現される意味］物の姿が目に入ってみえる・みるⓐ。［英］see, look

〔解説〕物の姿が現れて目に入ることを見という。姿が現れることの前提には隠れて見えないという事実がある。隠れていた物事がはっきりと姿を目の前に現れて目に見えるという過程の前半に視点を置けば「はっきりと姿が現れる」、後半に視点を置けば「はっきりと目に見える」というイメージになる。見・現・顕（隠れていた物事がはっきりと姿を現す）は同源の語である。日本語の「みる」は「眼の力によって物の存在や相違を知る意」という（大野①）。日本語の「みる」は視覚が積極的に働いた結果に力点を置くが、漢語の見は対象が視野に入ってくることに焦点がある。英語のseeは視覚が働いて物をみる、物がみえる意。またlookは視線を向けてみること、また、視覚による話者の判断を示し、「…のようにみえる」の意（田中①）。漢語の見と英語のsee, lookは微妙にずれる。

〔グループ〕見・現・硯・俔（隠れた所を伺い見るスパイ）・蜆（殻の内面に白色の現れた貝、シジミ）・筧（竹の節を抜いて向こうがはっきり見通せるように作り、それによって水を通すもの、かけひ・かけい）・莧（種子を眼病に用いる草、ヒユ）

字源 「目＋儿（人体）」を合わせて、体の上に特に目玉を大きく強調した図形。この意匠によって、物の姿が視野にはっきりと現れてみえることを表象する。

（甲） （金） （篆）

語義 ［展開］みる意味ⓐから、人に会う（まみえる）意味ⓑに展開する。また、はっきり見える意味から、はっきり分かる、考える、考えという意味ⓒを派生する。また、そのような目（事態）にあうという意味合いから、受け身の用法（漢文で「～る」「～らる」と読む）ⓓが生まれた（以上は1の場合）。「はっきり現れる」というコアイメージがそのまま実現され、物の姿がはっきり現れる・現すの意味ⓔ、目の当たり（現に）の意味ⓕで用いられる（以上は2の場合）。［英］see, look; meet; view, opinion; passive voice; appear, reveal; present ［和訓］まみえる・あらわれる ［熟語］ⓐ実見・望見・ⓑ謁見・会見・ⓒ見解・定見・ⓔ隠見・露見・ⓕ見在（＝現在）

文献 ⓐ詩経・氓「不見復關＝復関を見ず（復関［地名］が見えない）」ⓑ詩経・山有扶蘇「不見子都＝子都を見ず（子都［人名］に会えなかった）」ⓓ論語・陽貨「年四十而見惡焉＝年四十にして悪まる（四十歳にもなって人に憎まれる）」ⓔ論語・泰伯「天下有道則見＝天下道有らば則ち見はる（天下に道が行われていれば、世間に姿を現す）」

【券】 8(刀・6) 常 常用音訓 ケン

語音 *k'ɪuăn(上古) k'ɪuʌn(中古→呉コン・漢クヱン〈＝ケン〉) quàn(中) 권(韓)

語源 [コアイメージ] 丸く巻く。[実現される意味] 証拠とするもの(手形・割符)ⓐ。[英]bond, deed

〔解説〕釈名・釈書契に「券は綣(巻く)なり。相約束し繾綣(巻きつける)して限(期限)と為すなり」とある。手形は巻いて紐で縛ったものなので券という。

字源 「𢍏(𠔉はその変形。音・イメージ記号)+刀(限定符号)」を合わせた字。「𢍏」は「丸く巻く」というイメージがある(⇩巻)。「券」は板などに文字を刻んで二つに割り、それぞれ一つを紐で巻いて保存する手形を暗示させる。

語義 [展開] 証拠とするもの(手形・割符)の意味ⓐから、約束のしるしとする紙片(印紙・切符など)の意味ⓑを派生する。[英]bond, deed; ticket [熟語] ⓐ沽券・旅券・ⓑ金券・証券

文献 ⓐ管子・軽重丁「折其券、而削其書=其の券を折りて、其の書を削る(その手形を折って、文字を削った)」

【肩】 8(肉・4) 常

常用音訓 ケン かた

語音 *kăn(上古) ken(中古→㊉・㊊ケン) jiān(中) 견(韓)

語源 [コアイメージ] 並びそろう。[実現される意味] かたⓐ。[英]shoulder

〔解説〕釈名・釈形体では「肩は堅なり」とある。堅いという特徴を捉えたものだが、幵(「並びそろう」がコアイメージ)と同源とも考えられる。下記の詩経の肩は豣とも書かれる。左右に並び平らにそろうという特徴による命名であろう。人体で左右に並ぶ特徴で命名されたものに頰(ほお)と顴(ほおぼね)がある。

字源 「肩」が正字。「戶」は「戸」の変形で、肩胛骨と腕が垂れた姿を描いた図形。ただし独立の字ではない。「戸(イメージ記号)+肉(限定符号)」を合わせて、「かた」を表す。図形にコアイメージは反映されていない。

(篆)

〔字体〕「肩」は旧字体。「肩」は戸→户に倣った字体。

語義 [展開] かたの意味ⓐ。古くは、肩まで届くほど成長した獣(三歳のいのしし)の意味ⓑもあった。[英]shoulder; wild boar [熟語] ⓐ双肩・比肩

文献 ⓐ論語・子張「賜之牆也、及肩=賜の牆や、肩に及ぶ(賜[子貢]の垣根は肩まで届く)」 ⓑ詩経・還「竝驅從兩肩兮=並び駆りて両肩に従ふ(並んで駆けてイノシシ二頭のあとを追う)」

【建】 9(廴・6) 常

常用音訓 ケン・コン たてる・たつ

語音 *kıăn(上古) kıʌn(中古→㊉コン・㊊ケン) jiàn(中) 건(韓)

語源 [コアイメージ] まっすぐ立つ。[実現される意味] 崩れないようにまっすぐ立てるⓐ。[英]erect

〔解説〕*kıăn という語は乾や軒と同源で「高くあがる」というイメージをもつ(藤堂①)。しかし土台・地面を離れて上にあがるのではなく、しっかりと足場を据えて⊥の形に上にあがる(まっすぐ立つ)というイメージが建のコアである。しっかりと足場を据えて立つというイメージから、しっかりとして丈夫であるというイメージ(健康の健)に展開する。日本語の「たつ」は「自然界の現象や静止している事物の、上方・前方に向かう動きが、はっきりと目に見える意」が原義で、多くの意味に展開するが(漢語に当てると立・起・発など)、その一つに「事物を新しく設置する」「新しくうちたてる」がある(大野①)。これが漢語の建のⓑにほぼ当たる。英語の erect はラテン語の erigere、ex-(= out) + regere(= to direct)が語源で、「まっすぐにする、直立させる、建物などを建てる」の意という(小島①)。「まっすぐ」というイメージは漢語の建と共通である。ま

たbuildは「積み重ねてある構造物を築く」がコアイメージで、「積み重ねる」に焦点があり、constructは「鉄骨の骨組みをカンカン組み立てて建物を建設する」という語感で、「組み立てる」に焦点があるという(田中①)。

〔グループ〕建・健・鍵・腱(しっかりと支える筋[腱鞘])・揵(高く持ち上げる)

字源 「聿(イメージ記号)+廴(限定符号)」を合わせた字。「聿」は筆を立てて持つ図形で、「まっすぐ立てる」というイメージを表すことができる(⇨筆)。「建」はたるまないようにぴんと伸ばして、縦にまっすぐ立てる様子を暗示させる。

(金) (篆)

語義 [展開] 崩れないようにまっすぐ立てる意味ⓐから、しっかりとうち立てる(建物などを造る)意味ⓑ、意見などを立ち上げてはっきり示す(意見を申したてる)意味ⓒに展開する。また、上にあげるとは方向が逆に、下にまっすぐ向ける→くつがえすという意味ⓓを派生する。[英]erect; build, construct, establish, found; propose, suggest; overturn [熟語] ⓑ建設・建築・ⓒ建議・建策・ⓓ建水

文献 ⓐ詩経・出車「建彼旄矣=彼の旄を建つ(ヤクの尾を飾った旗を立てる)」ⓑ詩経・閟宮「叔父、建爾元子=叔父よ、爾の元子を建てよ(叔父よ、あなたの長男を[跡継ぎに]立てなさい)」ⓓ史記・高祖本紀「譬猶居高屋之上建瓴水也=譬へば猶高屋の上に居て瓴水を建へすがごときなり(喩えて言えば、高い屋上からかめの水をひっくり返すようなものだ)」

【県】 9(目・4) 常 常用音訓 ケン

〔縣〕 16(糸・10) 人 音 ケン 訓 あがた

語音 *ɦuān(上古) ɦuen(中古→呉グエン〈=ゲン〉・漢クエン〈=ケン〉) xiàn(中) 현(韓)

語源 [コアイメージ] 途中で宙吊りになる。[実現される意味] 途中でひっかかる・ひっかけてぶら下げる(かける)ⓐ。[英]suspend

〔解説〕縣は懸の原字である。釈名・釈天に「天…又之を玄と謂ふ。玄は懸なり。物を懸けて上に在るが如きなり」とある。*ɦuānという語は玄・弦・絃と同源で、「)形や(形に宙吊りになる」というイメージがあり、「∧の形にひっかけてぶら下げる」というイメージに展開する。これを表記するのが縣であり、図形化はさらし首の場面から発想された。

字源 「縣」が正字。「県(イメージ記号)+系(イメージ補助記号)」を合わせた字。「県」は「首」の逆さ文字で、梟首(さらし首)の梟と意味が同じ。「系」は紐でつなぐことを示す。したがって「縣」は首を逆さにして紐でつないで木にひっかけて吊す場面を設定した図形。この意匠によって、宙吊りになって何かにひっかかることを表象する。

(金) (篆)

〔字体〕「県」は近世中国で発生した「縣」の俗字。現代中国の簡体字は「县」。

語義 [展開] 途中でひっかかる・かけるが本義ⓐ。この意味は懸に譲り、専ら行政区画の単位ⓑに用いるようになった。釈名・釈州国では「縣は懸なり。郡に懸係(ひっかかりつながる)するなり」とあり、郡にひっかかるのが県という解釈。これは秦以後郡が県より大きな単位になったことを踏まえているもので、周代では逆に郡が県につながっていた(つまり県が郡の上にある単位)。日本では郡より大きな地方行政区画の単位ⓒに用いる。[英]suspend; prefecture(ⓑⓒ) [熟語] ⓐ県疣(=懸疣)・ⓑ郡県・知県・ⓒ県庁・県立

文献 ⓐ詩経・伐檀「不狩不獵、胡瞻爾庭有縣貆兮=狩りせず猟せず

んば、胡(なん)ぞ爾の庭に県鶉(ケンジュン)有るを瞻(み)んや(狩りをしなけりゃ、お前の庭にウズラ一羽も吊せまい)」ⓑ春秋左氏伝・哀公2「克敵者、上大夫受県、下大夫受郡＝敵に克つ者、上大夫は県を受け、下大夫は郡を受く(敵に勝てば、上級の大夫は県を、下級の大夫は郡を受け取る)」

【研】 9(石・4) 常 ―常用音訓 ケン とぐ

語音 *ŋăn(上古) ŋen(中古→呉・漢ゲン・[慣]ケン) yán(中) 연(韓)

語源 【コアイメージ】平らにそろえる。【実現される意味】とぐⓐ。[英]whet, sharpen

〔解説〕*ŋănという語は栞(カン)(長さをそろえて切った木の札→道しるべ・しおり)と同源で、幵(ケン)にコアイメージの源泉がある。これは「平らにそろう」というイメージである。みがくことを研といい、すずりを研(後に硯)というのも平らなこと(でこぼこのない平面)に特徴があるからである。

〔グループ〕研・栞・妍(ケン)(容姿が整って美しい)・枅(ケイ)(棟を支える平らな木、ますがた)・笄(ケイ)(束ねた髪が崩れないように、平らに挿す道具、こうがい)・蚈(ケン)(多数の足が並びそろう虫、ヤスデ)・趼(ケン)(足にできる堅く平らなまめ、たこ)・掔(ケン)(みがく、研究する)

字源 「研」が正字。「幵(ケン)(音・イメージ記号)＋石(限定符号)」を合わせた字。「幵」は「干(棒)」を二つ並べた図形で、「(左右に)並んでそろう」というイメージを示す。このイメージは「平らにそろう」というイメージに展開する。「研」は刃物などを砥石で磨いてでこぼこな所を平らにそろえる様子を暗示させる。この意匠によって、磨いて平らにすることを表象する。

(篆) 幵 [幵]　(篆) 研

〔字体〕「研」は旧字体(篆文の字体)。隷書で「研」に変わった。

語義 【展開】でこぼこな所を磨いて平らにする、といで刃物を鋭くする(とぐ)意味ⓐ、また、といで粉にする意味ⓑ。比喩的用法として、くもった所(不明な所)を磨いて明らかにする→分からないことを見極めて明らかにする意味ⓒに展開する。また、すずりの意味ⓓに用いる。ⓓは硯と通用。[英]whet, sharpen; grind, study; research; inkstone 【和訓】みがく 【熟語】ⓐ研磨・ⓒ研究・研鑽・ⓓ筆研

文献 ⓐ呂氏春秋・精通「用刀十九年、刃若新磨研＝刀を用ゐること十九年、刃は新たに磨研するが若(ごと)し(十九年間刀を使ったが、刃は研いだばかりのようだった)」ⓑ斉民要術5「麤沈者更研之＝麤沈(ソチン)なる者は更に之を研ぐ(粗くて沈むものはもっと細かく研ぐ)」ⓒ易経・繫辞伝上「夫易、聖人之所以極深而研幾也＝夫れ易は、聖人の深を極めて幾を研(あき)らかにする所以なり(易とは、聖人が深いところを究め、微かなものを明らかにするものである)」

【倹】 10(人・8) 常 ―常用音訓 ケン

〔儉〕 15(人・13) 人 ―音ケン 訓つづまやか・つつましい・つましい

語音 *gıam(上古) gıɛm(中古→呉ゲム〈＝ゲン〉・漢ケム〈＝ケン〉) jiǎn(中) 검(韓)

語源 【コアイメージ】一か所に引き締める。【実現される意味】金銭や生活を引き締める(無駄を省く)ⓐ。[英]thrifty, frugal

〔解説〕僉のグループにはセン・ケン・レンの三音がある。カールグレンは*ks~、*kl~(*gl~)の複声母を想定している。僉は「(三方から)△の形に寄せ集める」というイメージがあり、これは「⋀の形に引き締める」というイメージ、「⋀の形に頂点で合う」「への形に尖る」というイメージに転化する。僉の実現された意味は「みな」であるが、そのコアには「一緒に集まる」というイメージがある。藤堂明保は僉のグループを巤(リョウ)のグループ(獵など)、劦(キョウ)のグループ(協など)、兼のグループ、監のグ

ループと同じ単語家族に収め、「集めて引き締める」という基本義があるとする(藤堂①)。

〔グループ〕倹・検・剣・険・験・僉(全部一所にそろって→みな)・瞼(上下から引き締めるまぶた[眼瞼])・臉(まぶたから意味が拡大して、かお)・斂(集めて引き締める[収斂])・匳(物を集めてしまい込むはこ[香匳])・殮(死体をひつぎに納め入れる[殮屍])・嶮(山が∧形に尖って険しい[嶮岨])・憸(心が尖ってねじけている)・獫(口の長く尖った猟犬)・簽(物を集めて入れる竹かご。転じて、内容を書き記す札[題簽])・蘞(他の植物に巻きついて締める草、ヤブガラシ)・鹼(塩水が集まって固まったもの、塩分・アルカリ→せっけん[石鹼])

字源 「儉」が正字。「僉(音・イメージ記号)＋人(限定符号)」を合わせた字。「僉」を分析すると「亼＋吅＋从」となる。「亼」は三方から中心に向けて引き寄せて集めることを示す象徴的符号。「吅」は二つの物、「从」は二人の人を示す。「亼(イメージ記号)＋吅＋从(二つ合わせてイメージ補助記号)」を合わせた「僉」は、多くの物や人を一か所に寄せ集める様子を暗示させる図形。「(多くのものを)集めてそろえる」または「一か所に引き締める」というイメージを示す記号になる。かくて「儉」は一か所に引き締めて余分なものを出さない様子を暗示させる。この意匠によって、無駄のないように引き締めることを表象する。

(篆)[僉]　(篆)

〔字体〕「儉」は旧字体。「倹」は常用漢字の字体。現代中国の簡体字は「俭」。僉に従う他の字体もこれに倣う。

語義 [展開] 金銭や生活を引き締める(無駄を省く、つづまやか、つましい)の意味ⓐから、物が引き締まって乏しい意味ⓑを派生する。[英]thrifty, frugal; wanting, needy [熟語] ⓐ倹約・節倹・ⓑ倹歳

文献 ⓐ論語・八佾「禮與其奢也、寧儉＝礼は其の奢らんよりは、寧ろ倹なれ(儀礼は贅沢にするよりは質素にするのがよい)」

【倦】 10(人・8)　人　音ケン　訓うむ

語音 *giuan(上古) giuɛn(中古→呉グエン〈＝ゲン〉・漢クエン〈＝ケン〉) juàn(中) 권(韓)

語源 [コアイメージ] 丸く曲げる。[実現される意味] 体がぐったりと疲れるⓐ。[英]tire, weary

字源 「巻(音・イメージ記号)＋人(限定符号)」を合わせた字。「巻」は「丸く巻く」「丸く曲げる」というイメージがある(⇨巻)。「倦」は疲れて体を丸く曲げる様子を暗示させる。

語義 [展開] 体がぐったりと疲れる意味ⓐから、気分がぐったりして、物事をするのがいやになる(うむ)意味ⓑに展開する。[英]tire, weary; tedious [熟語] ⓐ倦労・ⓑ倦怠

文献 ⓑ論語・述而「誨人不倦＝人に誨へて倦まず(人を教育して倦むことがない)」

【兼】 10(八・8)　常　常用音訓 ケン　かねる

語音 *klăm(上古) kem(中古→呉・漢ケム〈＝ケン〉) jiān(中) 겸(韓)

語源 [コアイメージ] 二つを合わせる。[実現される意味] 二つ以上を一緒に併せる・全部を併せる(かねる)ⓐ。[英]combine, unite

〔解説〕二つのものを一つに合わせる(併せる)のが兼である。図示すると、「‖の形に並ぶ」ものを「一の形」にすることである。「‖の形に並ぶ」ものを端で合わせるなら、「∧の形」(先が尖る形)や「∨の形」(へこむ形)になる。兼のグループはこれらのイメージを含む。藤堂明保は兼・簾を僉のグループ(倹など)と同じ単語家族に入れ、「集めて引き締める」という基本義があるとする一方、廉・鎌を剣・険と一緒の単語家族にくくり、「切り立ってとがる」という基本義があるとし、また、謙・嫌を欠・陥

など同じ単語家族に入れて、「くぼむ」という基本義があるとしたが(藤堂①)、右のようなイメージ転化を考えれば、三つとも一つのコアイメージに概括できる。日本語の「かねる(かぬ)」は「現在のありかたを基点として、時間的・空間的に、一定の将来または一定の区域にわたる意」が原義で、時間的な意味(将来を見込む、前もって〜する)から、空間的な意味(一定の区域にわたる、併せたもつ)に展開するという(大野①)。漢語の兼には時間的な意味はない。

〔グループ〕兼・嫌・謙・廉・鎌・簾・慊(ケン)(胸中が何か足りなくてくぼんだ感じ→不満に思う、あきたらない[慊焉])・歉(ケン)(不満である、不足する)・縑(ケン)(二本の糸で織った細かい絹布、かとりぎぬ[縑素])・蒹(ケン)(線形で二列に並ぶ葉をもつ草、アシ)・鰜(ケン)(半体が合わさって一体になると考えられた魚、比目魚、カレイ・ヒラメ)・鶼(ケン)(二羽が合体した空想上の鳥、比翼鳥)

字源 楷書は分析が困難だが、篆文を分析すると、「秝+又(=ヨ)」になる。「秝」は禾(いね)を‖の形に二つ並べた形。「又」は手の形。「秝(イメージ記号)+又(限定符号)」を合わせて、二つの稲束を合わせて手に持つ場面を設定した図形。この意匠によって、二つ(または、二つ以上)のものを一つに併せることを表象する。

(金)　(篆)

〔字体〕「兼」は旧字体。「兼」は書道などで生じた字体。兼に従う他の字体もこれに倣う。

語義 [展開] 二つ以上を一緒に併せる(かねる)意味ⓐから、二つ以上の仕事を引き受ける意味ⓑ、一緒に併せて(かねて)の意味ⓒに展開する。前もっての意味ⓓや、気をつかう(気がねする)の意味ⓔは日本的用法。[英]combine, unite, have both, double; hold two or more jobs concurrently; concurrently; before, previously; feel constraint [熟語] ⓐ兼備・兼併・ⓑ兼業・兼任・ⓓ兼題

文献 ⓐ孟子・告子上「二者不可得兼、舎生而取義也=二者兼ぬるを得べからざれば、生を舎てて義を取らん(二つとも併せ得られなければ、生命を捨てて義を取るだろう)」ⓑ墨子・兼愛「天下兼相愛則治、相惡則亂=天下は兼ねて相愛すれば則ち治まり、相悪めば則ち乱る(天下は、人々がみんな一緒になって愛すれば治まり、憎めば乱れる)」

【剣】10(刀・8) 常 常用音訓 ケン つるぎ

〔劍〕15(刀・13) 人 音 ケン 訓 つるぎ

語音 *kliăm(上古) kıam(中古→呉コム〈=コン〉・漢ケム〈=ケン〉) jiàn(中) 검(韓)

語源 [コアイメージ] 一か所に引き締める。[実現される意味] 両刃の刀(つるぎ)ⓐ。[英]sword

字源 「劍」が正字。「僉(セン)(音・イメージ記号)+刀(限定符号)」を合わせた字。「僉」は「一か所に引き締める」というイメージがあり、「両側からだんだんと締まって∧の形に頂点で合う」というイメージに展開する(⇩倹)。「劍」は刃を鍛えて∧の形に引き締めて、先端を尖らせた刀を暗示させる。

〔字体〕「剣」は近世中国で発生した「劍」の俗字。「劒」「劔」は異体字。

語義 [展開] 両刃のつるぎの意味、また刀を含めた総称ⓐ。また、刀剣を使うこと、刀剣の使い方(剣術)の意味ⓑに展開する。[英]sword; swordsmanship [熟語] ⓐ刀剣・短剣・ⓑ剣道・剣法

文献 ⓐ孟子・梁恵王下「撫劍疾視=剣を撫して疾視す(剣を手にとってにらみつけた)」ⓑ史記・項羽本紀「學書不成、去學劍=書を学びて成らず、去りて剣を学ぶ(本を学んだが成功せず、剣術を学びに行った)」

【拳】10(手・6) 常 常用音訓 ケン こぶし

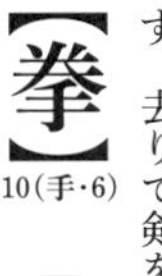

語音 *gɪuan(上古)　gɪuɛn(中古→呉グエン〈=ゲン〉・漢クエン〈=ケン〉)　quán(中)　권(韓)

語源 [コアイメージ] 丸く巻く。[実現される意味] こぶしⓐ。[英]fist

字源 「龹ケン(𠔉はその変形。音・イメージ記号)+手(限定符号)」を合わせた字。「龹」は米粒を播くために指を丸めて握りこぶしを作る図形(⇩巻)。「拳」は握りこぶしを表す。

語義 [展開] こぶしの意味ⓐから、武力・勇気の意味ⓑ、こぶしを使う武術の意味ⓒに展開する。また、「丸く巻く」というイメージから、丸く曲がる(かがむ)意味ⓓを派生する。[英]fist; bravery; boxing; curl [熟語] ⓐ拳闘・空拳・ⓑ拳勇・ⓒ拳匪・拳法・ⓓ拳拳服膺

文献 ⓐ説苑・弁物「實大如拳=実みは大なること拳の如し(果実はこぶし大の大きさだ)」ⓑ詩経・巧言「無拳無勇=拳無く勇無し(力も勇気もない)」

【軒】 10(車・3)　常　常用音訓 ケン　のき

語音 *hɪăn(上古)　hɪʌn(中古→呉コン・漢ケン)　xuān(中)　헌(韓)

語源 [コアイメージ] 高く上がる。[実現される意味] 前部が高く上がった貴人の車ⓐ。[英]high-fronted, curtained carriage

字源 「干カ(音・イメージ記号)+車(限定符号)」を合わせた字。「干」は「高く上がる」というイメージがある(⇩干)。「軒」は前部が高く反り上がっている車を暗示させる。

語義 [展開] 前部が高く上がった車の意味ⓐ。また、「高く上がる」というイメージから、屋根の下端が高く反り上がっている部分(のき)の意味ⓑ、家の意味や、家を数えることばⓒ、また、てすり(欄干)の意味ⓓ、高く上がる意味ⓔを派生する。[英]high-fronted, curtained carriage; eaves; house; handrail; high, lofty [熟語] ⓐ軒輊チケン・ⓑ軒灯・ⓒ軒数・一軒・ⓕ軒昂

文献 ⓐ詩経・六月「戎車既安、如輊如軒=戎車は既に安らかに、輊チの如く軒ケンの如し(戦車はもはや不安もなく、低く高くうねり行く)」ⓑ嵆康・贈秀才入軍五首「朗月照軒=朗月、軒を照らす(明るい月がのきを照らしている)」(文選24)

【健】 11(人・9)　常　常用音訓 ケン　すこやか

語音 *gïăn(上古)　gɪʌn(中古→呉ゴン・漢ケン)　jiàn(中)　건(韓)

語源 [コアイメージ] まっすぐ立つ。[実現される意味] 体が丈夫で強い(元気がよい、心身がすこやか)ⓐ。[英]strong, sturdy, healthy

〔解説〕 王力は健・強・剛・勁・競・堅・桀などを同源とし、つよい意味があるとする(王力①)。これは表層レベルの語源説。藤堂明保は深層レベルで、建のグループを加のグループ、何のグループ、また掲・桀・乾・軒などと同じ単語家族に収め、「上にのせる・高くあがる」という基本義があるとする(藤堂①)。釈名・釈言語にも「健は建なり。能く建為する(しっかり立つようにする)所有るなり」とあり、古人も建と健の同源意識をもっていた。足腰が丈夫でしっかり立つことが健のイメージである。日本語の「すこやか」は「すくよか」の転。スクム(竦)と同根で、「硬直しているさまが原義」で、険阻なさまや、硬くしっかりしているさまの意を経て、丈夫・健康なさまに展開するという(大野①)。

字源 「建ケン(音・イメージ記号)+人(限定符号)」を合わせた字。「建」は「まっすぐ立つ」というイメージから、「しっかりして丈夫である」というイメージに展開する(⇩建)。「健」は人の体がしっかりと丈夫で強いことを表す。

語義 [展開] 体が丈夫で強い(すこやか)の意味ⓐから、程度が強い(甚だ、したたか)の意味ⓑを派生する。[英]strong, sturdy, healthy; hard, heavily [和訓] したたか [熟語] ⓐ健康・健全・ⓑ健啖・健忘

文献 ⓐ戦国策・秦二「楚客來使者多健＝楚客の来りて使ひする者健多し(楚から来た使者には体や心の強いものが多い)」

【捲】11(手・8) 人 ｜音ケン 訓まく・まくる・めくる

語音 *kɪuan(上古) kɪuɛn(中古→呉・漢クヱン〈＝ケン〉) juǎn(中) 권(韓)

語源 [コアイメージ] 丸く巻く。[実現される意味] 巻き上げる(めくり上げる)ⓐ。[英]roll up

字源 「巻[ケン](音・イメージ記号)＋手(限定符号)」を合わせた字。「巻」は「丸く巻く」というイメージがある(⇩巻)。「捲」は勢いよく巻き上げることを表す。

語義 巻き上げる意味ⓐ。[熟語] ⓐ捲土重来・席捲(＝席巻)

【牽】11(牛・7) 人 ｜音ケン 訓ひく

語音 *k'en(上古) k'en(中古→呉・漢ケン) qiān(中) 견(韓)

語源 [コアイメージ] 糸が宙吊りになる。[実現される意味] 引っ張るⓐ。[英]pull, tow

字源 「玄[ゲン](音・イメージ記号)＋冖(∩形の紐を示すイメージ補助記号)＋牛(限定符号)」を合わせた字。「玄」は弦(弓に張る糸)や絃(楽器に張る糸)を構成し、「糸が宙吊りになる」→「A点とB点の間に紐を張る」というイメージを示す(⇩玄)。「牽」は牛の鼻に紐を通して引っ張る様子を暗示させる。

(篆)

語義 [展開] 引っ張る意味ⓐから、引きつけて自由にさせない意味ⓑに展開する。[英]pull, tow; check, restrain [熟語] ⓐ牽引・ⓑ牽制

文献 ⓐ孟子・梁恵王上「有牽牛而過堂下者＝牛を牽きて堂下を過[ぎよ]る者有り(牛を引っ張って建物の下を通る者がいた)」

【険】11(阜・8) 常 ｜常用音訓 ケン けわしい
〔險〕16(阜・13) 人 ｜音ケン 訓けわしい

語音 *hlıam(上古) hıɛm(中古→呉・漢ケム〈＝ケン〉) xiǎn(中) 험(韓)

語源 [コアイメージ] 一か所に引き締める。[実現される意味] 地形が切り立ってけわしい。また、けわしくて通行しにくい所ⓐ。[英]precipitous, steep, perilous defile

〔解説〕険と剣は∧形に尖るというイメージが共通する。日本語の「けわしい(けはし)」はケ(気)にハシハ(圭、上が三角に尖った玉)のハシ(先端が尖っているさま)がついて、「三角の山の形、山道が鋭く傾斜して、人を寄せつけないさま」の意という(大野②)。漢語の険とイメージが似ている。

字源 「險」が正字。「僉[セン](音・イメージ記号)＋阜(限定符号)」を合わせた字。「僉」は「一か所に引き締める」というイメージから、「両側から∧の形に頂点で引き締まる(∧形に尖る)」というイメージに展開する(⇩倹)。「險」は山の峰が両側から迫って、∧の形に頂点で尖っている様子を暗示させる。この意匠によって、地形が切り立ってけわしいことを表象する。

語義 [展開] 地形が切り立ってけわしい、また、けわしくて通行しにくい所の意味ⓐから、あぶない、スムーズに行かない意味ⓑ、角が立ってとげとげしい意味ⓒに展開する。[英]precipitous, steep, perilous defile; dangerous, danger; vicious, sinister [熟語] ⓐ険阻・天険・ⓑ危険・探険・ⓒ険悪・陰険

文献 ⓐ詩経・正月「終踰絶險＝終に絶険を踰ゆ(ついに難所を越える)」ⓑ易経・蹇「見險而能止＝険を見て能く止まる(危険を見てよく立ち止まる)」ⓒ荀子・正論「桀紂者其知慮至險也＝桀紂なる者はその知慮至つ

て険なり（夏の桀王と殷の紂王［共に暴君の代表］は、考えが非常にけんのんだ）」

【喧】 12（口・9）　人　｜音ケン　訓かまびすしい

語音 ＊huān（上古）　huan（中古→呉コン・漢クヱン〈＝ケン〉）　xuān（中）　훤（韓）

語源 ［コアイメージ］㋐合わせそろえる・㋑広く行き渡る。［実現される意味］わいわいとやかましく騒ぐⓐ。［英］clamor, clamorous

〔解説〕王力は喧・諠・讙を同源とする（王力①）。藤堂明保は雚（カン）のグループ（歓など）のほかに、和・会・話・喚なども同源とし、「合わせそろえる」という基本義をもつとする（藤堂①）。口をそろえて大勢で騒ぐことが喧である。最初は吅（ケン）の記号で表記されたが、騒ぐと声が広い範囲に届くので、意匠を変えて、喧と表記されるようになった。

字源 「宣（セン）（音・イメージ記号）＋口（限定符号）」を合わせた字。「宣」は「広く行き渡る」というイメージがある（⇨宣）。「喧」は大声がどこまでも行き渡って聞こえる様子を暗示させる。

語義 ［展開］やかましく騒ぐ（かまびすしい）意味ⓐ。日本ではいさかいの意味ⓑに用いる。［英］clamor, clamorous; quarrel ［熟語］ⓐ喧騒・喧伝・ⓑ喧嘩

【圏】 12（口・9）　常　｜常用音訓　ケン

〔圈〕11（口・8）　人　｜音ケン　訓おり

語音 ＊giuăn（上古）　giuɛn（中古→呉ゴン・漢クヱン〈＝ケン〉）　juàn・quān（中）　권（韓）

語源 ［コアイメージ］丸く取り巻く。［実現される意味］家畜を囲って飼う檻（豚小屋など）ⓐ。［英］cage, pen, fold

字源 「圈」が正字。「巻（ケン）（音・イメージ記号）＋囗（限定符号）」を合わせた字。「巻」は「丸く巻く」というイメージがある（⇨巻）。「圏」は周囲を柵などで丸く取り巻いた囲いを暗示させる。

語義 ［展開］家畜を囲って飼う檻の意味ⓐから、周囲を囲った区域、区切られた範囲や枠の意味ⓑに展開する。また、「丸く取り巻く」というイメージから、丸い形（丸い点や輪）の意味ⓒを派生する。［英］cage, pen, fold; scope, range, sphere; circle, ring ［熟語］ⓐ圏牢・ⓑ圏内・大気圏・ⓒ圏点

文献 ⓐ斉民要術6「圏不厭近、必須與人居＝圏は近きを厭（いと）はず、必ず須（すべか）らく人と居るべし（おりは近くて構わない、必ず人と一緒に居るべきだ）」ⓑ管子・幼官「強國爲圏＝強国は圏と為す（強国は［弱国にとって］おりのようなものである）」

【堅】 12（土・9）　常　｜常用音訓　ケン　かたい

語音 ＊ken（上古）　ken（中古→呉・漢ケン）　jiān（中）　견（韓）

語源 ［コアイメージ］堅く引き締める。［実現される意味］引き締まってかたい（こわばってかたい）ⓐ。［英］solid, hard, firm, stiff

〔解説〕古典では固・剛・強・勁などの訓を与えているが、これらと同源ではなく、むしろ臣がコアイメージの源泉である。君主の前で体を緊張させて控える家来を臣という。臣には「堅く緊張する」「身を引き締める」というイメージがある。堅く引き締める動作を表す語が臤（ケン）である。ただし用例はなく、下記のグループの音・イメージ記号となる働きをする。藤堂明保は臤のグループと吉のグループを同源とし、「固く締まる」という基本義があるとする（藤堂①）。吉は「いっぱい詰まる」というイメージがあり、詰まる―締まる―固いはイメージの転化と見ることができる。日本語の「かたい（かたし）」は「カタ（型）」と同根で、「物の形がきちんとしていて動かず、ゆるみなく、すきまがない意」という（大野①）。漢語の堅は中身が締まってかたいことである。

〈グループ〉堅・緊・賢・腎・慳ケン(物を引き締めて手放さない、けちけちする[慳貪ケンドン])・掔ケン(堅く引き締める)・鏗コウ(堅い物が打ち当たる音[鏗鏘コウソウ])・鰹ケン(がっしりとして頑丈な魚、ライギョ) 樫*(純国字。カシ)・鰹*(堅魚かつおの合字で、半国字。カツオ)

字源 「臤ケン(音・イメージ記号)+土(限定符号)」を合わせた字。「臣」は見張った目玉を描いた図形で、「堅く引き締める」というイメージがある(⇩臣)。「臣シン(音・イメージ記号)+又(限定符号)」を合わせた「臤」は、堅く引き締める動作を表す。かくて「堅」は土がかたく引き締まってこわばる様子を暗示させる。

(金)  (篆)  [臤] (篆)

語義 [展開] 物が引き締まってかたい意味ⓐから、比喩的に、態度や心情がしっかりして容易に変わらない(手堅い)意味ⓑを派生する。[英] solid, hard, firm, stiff; steadfast, resolute [熟語] ⓐ堅固・堅牢・ⓑ堅実・堅忍

文献 ⓐ詩経・行葦「敦弓既堅=敦弓既に堅し(飾り弓は丈夫で堅い)」

【検】 12(木・8) 常 常用音訓 ケン

〔檢〕 17(木・13) 人 音 ケン

語音 *kliam(上古) kiɛm(中古→呉・漢ケム〈=ケン〉) jiǎn(中) 검(韓)

語源 [コアイメージ] 一か所に引き締める。[実現される意味] 木簡(昔の書物)を封印する(封緘して署名する、検印する)ⓐ。[英]affix a seal of approval

字源 「檢」が正字。「僉セン(音・イメージ記号)+木(限定符号)」を合わせた字。「僉」は「一か所に引き締める」というイメージがある(⇩倹)。「検」は文字を書いた木の札を一所に集めて引き締める場面を設定した図形。この意匠によって、木簡を集めて箱に入れ、紐で縛って封印することを表象する。

語義 [展開] 正しく封印されているかどうかを改める(検印する)意味ⓐから、善し悪しを調べる(取り調べる)意味ⓑに展開する。また、「一か所に引き締める」というコアイメージから、過ち・不正がないように引き締める(取り締まる)という意味ⓒを派生する。[英]affix a seal of approval; check, inspect; regulate, restrain [熟語] ⓐ検印・ⓑ検査・検討・ⓒ検束

文献 ⓑ説苑・修文「検其邪心=其の邪心を検す(邪悪な心をチェックする)」 ⓒ書経・伊訓「検身若不及=身を検するも及ばざるが若ごとくす(身を引き締めてもまだ足りないようにする)」

【硯】 12(石・7) 人 音 ケン 訓 すずり

語音 *ŋen(上古) ŋen(中古→呉・漢ゲン・[慣]ケン) yàn(中) 연(韓)

語源 [コアイメージ] 現し出す。[実現される意味] 墨をする道具(すずり)ⓐ。[英]inkstone

〈解説〉釈名・釈書契に「硯は研なり。墨を研ぎて和濡ならしむるなり」とある。研はとぐ意味であるが、墨を研ぐ道具という派生義が生まれた。後、道具の名の専用字として硯が生まれた。

字源 「見ケン(音・イメージ記号)+石(限定符号)」を合わせた字。「見」は「隠れたものがはっきり姿を現す」というイメージがある(⇩見)。「硯」はその上で磨ぐことによって黒い墨を水にはっきりと現し出す石を暗示させる。

語義 すずりの意味ⓐ。[熟語] ⓐ硯北・筆硯

【絢】 12(糸・6) 人 音 ケン 訓 あや

語音 *huen(上古) huen(中古→呉・漢クエン〈=ケン〉) xuàn(中) 현

（韓）

語源 ［コアイメージ］ぐるりと回る。［実現される意味］あやがあって美しい（きらびやか）ⓐ。［英］gorgeous

〔解説〕*huenという語は眩（目が回る）・眴（目が回る）・炫（まぶしく輝く）と同源という（王力①）。目をくらくらさせるほどあやがあって美しいことを絢という。

字源 「旬（音・イメージ記号）＋糸（限定符号）」を合わせた字。「旬」は「ぐるりと回る」というイメージがある（⇩旬）。「絢」は衣に模様をぐるりとめぐらす様子を暗示させる。

語義 ［展開］めくるめくほど美しい意味ⓐから、美しいあやの意味ⓑに展開する。［英］gorgeous, dazzling, ornate; beautiful pattern ［熟語］ⓐ絢爛

文献 ⓐ論語・八佾「素以爲絢兮＝素以て絢を為す（白で美しさができあがる）」

【萱】12（艸・9） 人 ｜ 音 ケン 訓 かや

語音 *huăn（上古） huʌn（中古→呉コン・漢クエン〈＝ケン〉） xuān（中） 훤（韓）

語源 ［コアイメージ］スムーズに通す。［実現される意味］ワスレグサⓐ。［英］daylily

〔解説〕ワスレグサは詩経では諼草の名で出ている。諼は忘れる意。この草を帯びると憂いを忘れるという信仰があったので諼草という。後世では萱の単名が生まれた。説文解字では藼が本字、萱が異体字となっている。憲は「遮り止める」というイメージがある。

字源 「宣（音・イメージ記号）＋艸（限定符号）」を合わせた字。「宣」は「中心から周囲に行き渡る」というイメージから、「スムーズに通す（宣通する）」というイメージに展開する（⇩宣）。「萱」は心の中の憂いを外に通してすっきりさせる効用のある草を暗示させる。

語義 ［展開］ユリ科の草、ホンカンゾウの意味ⓐ。ワスレグサは別名。葉は線形で長い。ユリに似た紅色の花が咲く。日本では意味を取り違えて、「かや」と読む。イネ科のチガヤ、カルカヤなどの総称ⓑ。［英］daylily; saw grass

文献 ⓐ嵆康・養生論「萱草忘憂＝萱草は憂ひを忘れしむ（ワスレグサは憂いを忘れさせる）」（文選53）

【嫌】13（女・10） 常 ｜ 常用音訓 ケン・ゲン きらう・いや

語音 *ɦlăm（上古） ɦem（中古→呉ゲム〈＝ゲン〉・漢ケム〈＝ケン〉） xián（中） 혐（韓）

語源 ［コアイメージ］角が立つ。［実現される意味］忌みきらう（いやだとして避ける）ⓐ。［英］dislike

〔解説〕日本語の「きらう（きらふ）」は「好きでないものを積極的に切りすて排除する意」が原義で、よくないものと判断して退ける意味や、よくないものとして忌避する意味に展開するという（大野①）。漢語の嫌は後者に近い。

字源 「兼（音・イメージ記号）＋女（限定符号）」を合わせた字。「兼」は「二つのものが‖形に並ぶ」というイメージから「二つの線が∧形や∨形に合わさる」というイメージにも展開する（⇩兼）。これは角のある形で、「角立つ」「へこむ」というイメージを表すことができる。「嫌」はある事態に対して感情が角立って避ける様子を暗示させる。この意匠によって、忌み嫌う心理を表象する。

語義 ［展開］いやだ、よくないと避ける（きらう）意味ⓐから、よくないと疑わしく思う意味ⓑに展開する。いやな（不快な）の意味ⓒは日本的用法。［英］dislike, detest, loathe, abhor; suspicion; nasty, unpleasant, offensive ［熟語］ⓐ嫌煙・嫌悪・ⓑ嫌疑

文献 ⓐ漢書・外戚伝「皇太后嫌所出微甚、難之＝皇太后、出づる所の微なること甚しきを嫌ひ、之を難ず(皇太后は彼女の出身が非常に卑しいのを嫌って、彼女を非難した)」ⓑ礼記・坊記「使民無嫌＝民をして嫌(ケン)無からしむ([礼は]民に人を疑う気持ちをなくさせるものだ)」

【献】 13(犬・9) 常 ｜常用音訓｜ ケン・コン

語音 *hıăn(上古) hıʌn(中古→呉コン・漢ケン) xiàn(中) 헌(韓)

語源 [コアイメージ] 高く上がる。[実現される意味] (貴人や上位の人に)物を差し上げるⓐ。[英]offer, present

〔解説〕文選の注釈に「献は猶(な)お軒のごときなり。軒は物の上に在るの称なり」とある。*hıăn という語は軒・建・乾と同源で、「高く上がる」というコアイメージをもつ(藤堂②)。

〔グループ〕献・甗(ゲン)(蒸気を上げて穀物をふかす器、こしき)・巘(ゲン)(高く上がった山の峰や崖)

字源 「獻」が正字。「鬳(ゲン)(音・イメージ記号)＋犬(限定符号)」を合わせた字。「鬳」は「虍(＝虎。イメージ記号)＋鬲(かなえと関わる限定符号)」を合わせて、トラの模様を飾った供物を入れる器を示す図形。「獻」は犠牲の犬を神前にささげる場面を設定した図形である。この意匠によって、貴人に物を高々と差し上げることを表象する。説文解字では「宗廟の犬を羹献と名づく。犬の肥えたる者、以て之を献ず」とあるが、これは図形の解釈であって、ストレートに肥えた犬を宗廟にささげる意味とすると誤る。

(甲) (金) (篆) [鬳] (篆)

〔字体〕「献」は近世中国で生まれた「獻」の俗字。

語義 [展開] 物を差し上げる意味ⓐから、主人が客に酒を進める意味、また、その回数を数えることばⓑに展開する。また、「高く上がる」というコアイメージから、人の上に抜け出た人(物知り・賢者・聖人)の意味ⓒを派生する。古典では「献は賢なり」と説かれる。[英]offer, present, dedicate; offer a drink; wise man [和訓] ささげる・たてまつる [熟語] ⓐ献上・献呈・ⓑ献酬・一献・ⓒ文献

文献 ⓐ詩経・大叔于田「獻于公所＝公所に献ず([獲物を]君主の所に差し上げる)」ⓑ詩経・瓠葉「酌言獻之＝酌みて言(こ)に之を献ず(酒を酌んで進める)」ⓒ論語・八佾「文獻不足故也＝文献足らざるが故なり([殷の礼がわからないのは]文章と賢人[昔の出来事を語り伝えるもの]が足りないからだ)」

【絹】 13(糸・7) 常 ｜常用音訓｜ ケン きぬ

語音 *kıuan(上古) kıuɛn(中古→呉・漢ケン) juàn(中) 견(韓)

語源 [コアイメージ] 細い・しなやか。[実現される意味] きぬⓐ。[英]thin, tough silk fabric

〔解説〕蚕から取る糸(シルク)で織った布を*kıuanという。他の布に比べて糸が細くて、滑らかで優雅である。「細くてしなやか」というイメージの図形化はボウフラから発想された。日本語の「きぬ」は絹の字音(これは間違った用語で、語音が正しい)とされる。おそらく上古音(または中古音)のkıuanのkiとnからキヌに訛ったものと考えられる。

〔グループ〕絹・娟(ケン)(女が細い体をくねらせるさま[嬋娟(センケン)])・悁(エン)(心がか細くなり晴れ晴れしない→うれえる[悁悁])・捐(エン)(物をすてて中身を空っぽにする→すてる[棄捐])・涓(ケン)(細い水流[涓滴])・狷(ケン)(心が狭い[狷介])・蜎(エン)(ボウフラ)・鵑(ケン)(体形が比較的小さくほっそりした鳥、ホトトギス[杜鵑])

字源 「肙(エン)(音・イメージ記号)＋糸(限定符号)」を合わせた字。「肙」は「○(丸い頭)＋肉(胴体)」を合わせて、頭の丸いボウフラを暗示させる図形。蜎(エン)(ボウフラ)の原字である。ボウフラは体形が細長く、上下に体をくねらせて泳ぐので、「細長い」「細い体をくねらせる」というイメージを表すことができる。「絹」は細くしなやかな糸を暗示させる。

（篆）〔肙〕　（篆）

語義 蚕の繭から取った繊維で織った布(きぬ)の意味ⓐ。[熟語] ⓐ絹布・正絹

文献 ⓐ管子・乗馬「無絹則用其布＝絹無くんば則ち其の布を用ゐる(絹がなければ布を用いる)」

【遣】 13(辵・10)　常　常用音訓 ケン　つかう・つかわす

語音 *k'ĭan(上古)　k'ĭɛn(中古→呉・漢ケン)　qiǎn(中)　견(韓)

語源 [コアイメージ] 二つに分ける。[実現される意味] 自分の物の中から一部を割いてよそにやる(おくる)ⓐ。[英]send

〔解説〕古典の注釈では「遣は送なり」とあるが、中途半端な訓である。自分の物の中から一部を割いて人に送ることを*k'ĭanという。藤堂明保は遣を割・契・介・間・柬(カン)(選り分ける)などと同じ単語家族に入れ、「ふたつに分ける」という基本義があるとした(藤堂①)。このコアイメージを把握すれば、遣の意味が理解しやすい。送は物の移動に焦点があるが、遣は送る前提として物の中から選択して分ける行為に焦点がある。日本語の「つかう(つかふ)」は物を役立つように働かせる(使う)意味、「つかわす(つかはす)」は尊敬語で、「お使いになる」「使いとしてお行かせになる」意であるが、尊敬を失うと、「物を届ける」などの意味に転じるという(大野①②)。これが漢語の遣にやや近い。気を遣う、仮名遣いなどの「つかう」の意味は漢語の遣にはない。

〔グループ〕遣・譴(ケン)(相手を押しのけ、追い払うように責め立てる[譴責])・繾(ケン)(繾綣(ケンケン)は、離れようとして逆に巻きついてくるさまから、離れがたいこと)・鑓*(純国字。やり)

字源 「𠳋(ケ)(音・イメージ記号)＋辵(限定符号)」を合わせた字。「𠳋」の甲骨文字と金文は「𠂤(土の集まり。イメージ記号)＋臼(両手を示す限定符号)」を合わせて、集まった土の中から一部を道具に入れて別の場所に移す場面を設定した図形。篆文では「臾＋阜」に変わった。「臾」は蕢(キ)(あじか、もっこ)の古文である「臾」と同じ。この道具の用途から、「臾」は「空っぽな囲いの中に物を詰める」というイメージと、「物が囲いから出て空っぽになる」というイメージを表すことができる(⇩貴)。「臾(あじか)＋阜(土盛り)」を合わせた「𠳋」は、土盛りから土を取って、道具に入れて別の場所に移す様子を暗示させる。かくて「遣」は集まった物の一部を割いてよそに送る様子を暗示させる。

（甲）　（金）　（篆）〔𠳋〕　（篆）

語義 [展開] 自分の物の中から一部を割いてよそにやる(おくる)意味ⓐから、人員を割いてよそに行かせる意味ⓑ、よそにやる(追い払う)意味ⓒに展開する。つかう意味ⓓや、気遣う意味ⓔは日本的用法。[英]send; dispatch; expel; use; concerned, apprehensive [和訓] やる [熟語] ⓑ遣欧・派遣・ⓒ遣悶

文献 ⓐ詩経・崧高「王遣申伯、路車乗馬＝王、申伯に遣はす、路車乗馬(王が申伯におくるのは、乗用の車と馬)」ⓒ古詩・焦仲卿妻「便可速遣之＝便(すなわ)ち速やかに之を遣(や)るべし(直ちに妻を追い払え)」(楽府詩集73)

【権】 15(木・11)　常　常用音訓 ケン・ゴン

語音 *giuan(上古)　giuɛn(中古→呉ゴン・漢クエン〈＝ケン〉)　quán(中)　권(韓)

語源 [コアイメージ] バランスよくそろう。[実現される意味] 竿秤のおもり、また、はかりⓐ。[英]weight, steelyard

字源 「權」が正字。「雚(カン)(音・イメージ記号)＋木(限定符号)」を合わせた字。「雚」は「同じようなものが左右にバランスよくそろう」というイメージがある(⇩勧)。「権」は片方におもりをつけ、もう一方に物を

架けて、左右にバランスを取って重さを量る様子を暗示させる。この意匠によって、竿秤のおもり、また、はかりを表象する。

〔字体〕「権」は近世中国で発生した「權」の俗字。現代中国の簡体字は「权」。

語義 [展開] おもり・はかりの意味ⓐから、重さを量る意味ⓑ、力関係を図る(バランスを取って物事に対応する)意味ⓒ、バランスを取って人を操り支配する力や勢いの意味ⓓ、その場に応じたはかりごとの意味ⓔ、一時的(臨時の、仮の)という意味ⓕに展開する。[英]weigt, steelyard; weigh; estimate; the balance of circumstances, power, right; expediency; tentative, temporary [和訓] はかり・はかる [熟語] ⓐ権衡・ⓓ権力・王権・ⓔ権道・権謀・ⓕ権化・権現

文献 ⓐ論語・尭曰「謹權量＝権量を謹む(はかりと升目を慎重に行う)」ⓑ孟子・梁恵王上「權然後知輕重＝権りて然る後に軽重を知る(目方を量って重さがわかる)」ⓒ論語・子罕「可與立、未可與權＝与に立つべきも、未だ与に権るべからず(一緒に世に立つことができても、同じように適宜な判断ができるとは限らない)」ⓓ荀子・議兵「權出一者彊、權出二者弱＝権の一に出づる者は彊く、権の二に出づる者は弱し(権力が一人から出る場合は強いが、二人から出る場合は弱い)」ⓔ孟子・離婁上「嫂溺、援之以手者權也＝嫂溺れて、之を援くるに手を以てする者は権なり(兄嫁が水に溺れて、[義弟が]手で助けるのは臨時の便法である)」

【憲】16(心・12) 常 ― 常用音訓 ケン

語音 *hian(上古) hɪʌn(中古→呉コン・漢ケン) xiàn(中) 헌(韓)

語源 [コアイメージ] 遮り止める。[実現される意味] おきて・法令ⓐ。[英]rule, statute

〔解説〕おきてや決まりを「はみ出てはならない枠組み」というイメージで捉えるのが法である。これに対し、かってな行動を押さえるための枠組みと捉えたのが憲である。発想は似ているが言葉は違う。藤堂明保は害・蓋・遏・閑・扞(ふせぐ)などと同源で、「ふさぎ止める」という基本義があるとする(藤堂①)。

字源 「害の略体(音・イメージ記号)＋目＋心(ともにイメージ補助記号)」を合わせた字。「害」は「(人の発言を)途中で遮って止める」というイメージがある(⇩害)。「憲」は目や心によって代表される勝手な振る舞いを制止する様子を暗示させる。この意匠によって、人の言動を押さえるための一定の枠(おきて)を表象する。

(金) 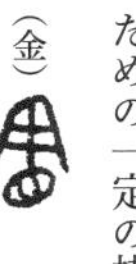 (篆)

語義 [展開] おきての意味ⓐから、国家の基本的な法律(憲法)の意味ⓑ、手本とするもの(模範)の意味ⓒ、取り締まる役目や官吏の意味ⓓに展開する。[英]rule, statute; constitution; model; police officer [和訓] のり [熟語] ⓐ憲章・ⓑ憲法・違憲・ⓓ憲兵・官憲

〔字体〕宀の下を丰と書くのが正字(旧字体)。「憲」は常用漢字の字体。現代中国の簡体字は「宪」。

文献 ⓐ墨子・非命「古之聖王發憲出令、設以爲賞罰＝古の聖王は憲を発し令を出だし、設けて賞罰を為す(昔の聖王は法令を発布して賞罰を設けた)」ⓒ詩経・六月「萬邦爲憲＝万邦、憲と為す(万国が[彼を]手本とする)」

【賢】16(貝・9) 常 ― 常用音訓 ケン かしこい

語音 *ɦen(上古) ɦen(中古→呉ゲン・漢ケン) xián(中) 현(韓)

語源 [コアイメージ] 堅く引き締まる。[実現される意味] 技能が優れている(まさる)ⓐ。[英]superior, able

〔解説〕臤にコアイメージの源泉がある。これは「堅く引き締まる」というイメージ。「堅く引き締まる」というイメージは「いっぱい詰まる」

というイメージとつながりをもつ。「詰まる」「締まる」「固い」は相互転化可能な三つ組みイメージである。人間にとって価値あるものがいっぱい詰まった状態(つまりいっぱい充実した状態)、それは技能や才能がたくさんあることに外ならない。文字面から解釈すると財産が多い意味になってしまうが、財産は比喩である。説文解字に「賢は多才なり」とあるが、段玉裁は才を財に改め、「賢はもと多財の称」とする。言語学者すら字形にこだわるという弊がある。日本語の「かしこい(かしこし)」は「身も心もすくむような畏怖の気持ちをいうのが原義」で、畏れ多い意味、そこから畏敬するほどすぐれている意味に転じたという(大野①)。漢語の賢とは発想が違う。英語のwiseは印欧祖語の*weid-(見る)に由来し、分別があること。cleverは「つかむのが速い」が原義で、悟りが早い→器用であること。intelligentはラテン語のintelligens(選ぶ力のある)に由来し、知的な、聡明である意という(下宮①、政村①)。これらも漢語の賢とはイメージが違う。

字源 「臤ケン(音・イメージ記号)＋貝(限定符号)」を合わせた字。「臤」は「堅く引き締まる」というイメージがあり(⇨堅)、「いっぱい詰まる(満ちる)」というイメージに展開する。「賢」は財貨がいっぱい充実している様子を暗示させる。この意匠によって、価値あるもの(才能)が豊かにあることを表象する。

語義 [展開] 技能が優れている(まさる)意味ⓐから、才知が優れている(利口である、かしこい)意味ⓑ、利口な人(賢者)の意味ⓒに展開する。また、他人に敬意を示す語ⓓに用いる。[英]superior, able; wise, clever, intelligent; sage; honorific for other person [和訓] まさる・さかしい [熟語] ⓑ賢人・賢明・ⓒ聖賢・先賢・ⓓ賢兄・賢察

文献 ⓐ詩経・行葦「序賓以賢＝賓を序するに賢を以てす(客人の序列は[弓の]技の優劣で決める)」ⓑ論語・雍也「賢哉回也＝賢なる哉回や(聡明だね、顔回[人名]は)」ⓒ論語・里仁「見賢、思齊焉＝賢を見ては、斉ひとしからんことを思ふ(賢者を見ると、自分も彼のようになりたいと思う)」

【謙】 17(言・10) 常 常用音訓 ケン

語音 *k'ăm(上古) k'em(中古→呉・漢ケム〈＝ケン〉) qiān(中) 겸(韓)

語源 [コアイメージ] (後ろに)へこむ。[実現される意味] 人に下って控え目にする(へりくだる)ⓐ。[英]humble, modest

〔解説〕 謙遜する意の日本語は古くはただヘルといい、後にクダルがついてヘリクダル(謙り下る)となった。ヘルは減ると同根で、少なくなる意(以上、大野①)。漢語の謙は兼にコアイメージの源泉がある。これは「へこむ・くぼむ」というイメージを表す。ある人に対して、その人を基準とすれば、基準より自分を低くへこませるようにすることを謙という。日本語のヘリクダルが自分の力量などがその人より少ないとして下がることであるのと、発想が似たことばである。英語のhumbleはラテン語のhumilis(低い)に由来し、「自分を低く考えて偉ぶらない」、あるいは「地面につくほどに頭の低い」というイメージの語という(小島①、政村①)。「へこむ」のコアイメージをもつ漢語の謙と一脈通ずる。

字源 「兼ケン(音・イメージ記号)＋言(限定符号)」を合わせた字。「兼」は＝形に並ぶ二つの線が一つに合うというイメージから、「∧形や∨形をなす」というイメージに展開する(⇨兼)。∨形は「下方へくぼむ、へこむ」というイメージである。空間的なイメージは心理的なイメージにも転用できる。「謙」はでしゃばらないで一歩後ろにへこんで下がる様子を暗示させる。この意匠によって、控え目にして人にゆずることを表象する。藤堂明保は兼を単なる音符としたが(藤堂②)、筆者は音・イメージ記号と見る。

語義 人に下って控え目にする意味ⓐ。[和訓] へりくだる [熟語] ⓐ謙虚・謙遜

文献 ⓐ荀子・宥坐「富有四海、守之以謙＝四海を富有し、之を守る

に謙を以てす(〔君主は〕天下の富を手に入れたが、それを守るには謙譲の徳が必要だ)」

【鍵】 17(金・9) 常 常用音訓 ケン かぎ

語音 *giăn(上古) gian(中古→㊍ゴン・㊎ケン) jiàn(中) 건(韓)

語源 [コアイメージ] まっすぐ立つ。[実現される意味] 門を閉じる装置ⓐ。[英]bolt

字源 「建ケン(音・イメージ記号)+金(限定符号)」を合わせた字。「建」は「まっすぐ立つ」というイメージがある(⇩建)。「鍵」は門を閉じるために木や金属の棒をまっすぐ地面まで差し込む装置を表す。楗とも書く。ちなみに、横に棒を通して門を閉ざす装置は関(かんぬき)という。

語義 [展開] 門を閉じる装置の意味ⓐから、錠前に差し込むもの(かぎ)の意味ⓑに転用される。また、keyの訳語として、ピアノなどの、指で押す小さな板の意味ⓒに用いる。[英]bolt; key(ⓑⓒ) [熟語] ⓐ関鍵・ⓑ秘鍵・ⓒ鍵盤・黒鍵

文献 ⓐ老子・二十七章「善閉無關鍵、而不可開=善閉は関鍵無し、而して開くべからず(最高の閉め方はかんぬきもかぎもない、それなのに門を開けることはできない)」

【繭】 18(糸・12) 常 常用音訓 ケン まゆ

語音 *kăn(上古) ken(中古→㊍・㊎ケン) jiǎn(中) 견(韓)

語源 [コアイメージ] 左右同形をなす。[実現される意味] 生糸の原料になる蚕のまゆⓐ。[英]cocoon

字源 「繭」が正字。「芇(イメージ記号)+虫(イメージ補助記号)+糸(限定符号)」を合わせた字。「芇ベン」は左右同形を示す記号。囲碁の用語で、持碁(引き分け)の意味もある。「繭」は蚕の作る左右同形の「まゆ」を表した。

(篆)

〔字体〕「繭」は旧字体。昔から「卝」は間違えられて「艹」と書かれた。

語義 [展開] 蚕のマユの意味ⓐ。それとの類似性から、足にできるまめの意味ⓑに転用される。[英]cocoon; corn [熟語] ⓐ繭蚕・繭糸

文献 ⓐ呂氏春秋・孟夏紀「蠶事既畢、后妃獻繭=蚕事既に畢(お)わり、后妃繭を献ず(養蚕が終わると、后らは繭を献上する)」

【顕】 18(頁・9) 常 常用音訓 ケン

〔顯〕 23(頁・14) 人 ㊥ケン ㊞あらわれる・あらわす・あきらか

語音 *hăn(上古) hen(中古→㊍・㊎ケン) xiǎn(中) 현(韓)

語源 [コアイメージ] はっきりと現れる。[実現される意味] 隠れていた物事がはっきり現れて見える、はっきり目立つ(明らか)ⓐ。[英]appear, show

〔解説〕下記の詩経の注釈に「顕は見なり」とある(毛伝)。王力も藤堂明保も顕・見・現を同源とする。これらは「はっきりと姿を現す」というコアイメージをもつ。実現される意味は見では視覚が対象をはっきりと捉える(みえる)こと、現では対象の姿・形がはっきりとあらわれることにポイントがあるが、顕では隠れていた物事があらわれてはっきりと目立つことに焦点がある。

字源 「顯」が正字。「㬎ケン(音・イメージ記号)+頁(限定符号)」を合わせた字。「㬎」は「日(イメージ記号)+絲(限定符号)」を合わせて、明るい太陽の下で染め糸をさらす情景を設定した図形。「はっきりと姿を現す」というイメージを示す記号になる。「顯」は隠れていた頭がはっきりと現れる場面を設定した図形。この意匠によって、姿がはっきりと現れて見えることを表象する。

（篆）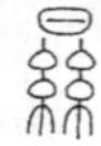[㬎]　（金）　（篆）

〔字体〕「顕」は近世中国で発生した「顯」の俗字。中国の簡体字は「显」。

語義 [展開] 隠れていた物事がはっきり現れる、はっきり目立つ（あらわれる、あきらか）の意味ⓐから、まだ知られていない名前や名声が知られるようになる（名前や名声を世間に現す、知れ渡る）意味ⓑ、人目に立つ（身分が高い）意味ⓒに展開する。[英]appear, show, display, apparent, evident, noticeable; manifest, celebrated; prominent [熟語] ⓐ顕現・露見・ⓑ顕彰・顕揚・ⓒ顕官・顕職

文献 ⓐ詩経・敬之「示我顯德行＝我に顕らかなる徳行を示せ（私にはっきりした温情を見せなさい）」ⓑ孟子・公孫丑上「晏子以其君顯＝晏子は其の君を以て顕わす（晏嬰は自分の君主を世の中に知らしめた）」ⓒ孟子・離婁下「未嘗有顯者來＝未だ嘗て顕者の来ること有らず（身分の高い人が来たということはありません）」

【験】18(馬・8) 常 | 常用音訓 ケン・ゲン

〔驗〕23(馬・13) 人 | 音ケン・ゲン 訓ためす・しるし

語音 *ŋıam(上古) ŋıɛm(中古→呉・漢ゲム〈＝ゲン〉・[慣]ケン) yàn(中) 험(韓)

語源 [コアイメージ] 一か所に集める。[実現される意味] 善し悪しを確かめる・証拠があるかを調べるⓐ。[英]examine, test

〔解説〕検と験は同源の語である。検は「善し悪しを調べる」という意味を派生し、験の意味と近くなる。これらの語の図形化は、検は木（木簡の封印）の場面から発想され、験は馬（馬の調教）の場面を設定した。ただし験の場合の馬は比喩的限定符号である。

字源 「験」が正字。「僉セン（音・イメージ記号）＋馬（限定符号）」を合わせた字。「僉」は「一か所に引き締める」というイメージがあり、「一か所に集める」というイメージに展開する（⇩倹）。「驗」は馬を調教して、いろいろな証拠を集めて比べ、効果の善し悪しを調べる場面を設定した図形。この意匠によって、いろいろな事実を集めて突き合わせ、善し悪しを確かめることを表象する。

語義 [展開] 証拠があるかを調べる意味ⓐから、事実かどうかを示す証拠の意味ⓑ、効き目・効果の意味ⓒ、きざし・しるし（徴候）の意味ⓓに展開する。[英]examine, test; proof; effective; indication [熟語] ⓐ試験・実験・ⓑ証験・ⓒ効験・霊験・ⓓ瑞験

文献 ⓐ管子・明法解「案法式而驗得失＝法式に案じて得失を験す（法令に照らして損得を確かめる）」ⓑ史記・商君列伝「商君之法、舍人無驗者坐之＝商君の法、舎人験無き者も之に坐す（商鞅の作った法律では、罪の証拠のない食客も連座する）」ⓒ列子・湯問「願先聞其驗＝願はくは先づ其の験を聞かん（まずその効果をお聞きしたい）」

【懸】20(心・16) 常 | 常用音訓 ケン・ケ かける・かかる

語音 *ɦuăn(上古) ɦuen(中古→呉グエン〈＝ゲン〉・漢クエン〈＝ケン〉) xuán(中) 현(韓)

語源 [コアイメージ] 途中で宙吊りになる。[実現される意味] 空中にかかる・宙吊りになる（ぶら下げる、かける）ⓐ。[英]suspend, hang

〔解説〕縣（＝県）にコアイメージの源泉がある。これは「途中で宙吊りになる」というイメージである。何かに∧の形にひっかけて、空中にぶら下げることを*ɦuăn という。最初は縣と図形化されたが、縣を郡県の県の意味に使うようになったため、懸に分化した。日本語の「かける（かく）」は「物の端を目ざす対象の（側面の）一点にくっつけ、食い込ませ、あるいは固定して、物の重みのすべてをそこにゆだねる意」が原義

で、空間的には、ひっかけて下げる意味、対象に全体をかぶせる意味など、心理的には、目標に心のすべてを託す(心にとめる)意味などに展開するという(大野①)。漢語の懸と一致するところもあり、一致しないところもある。

字源 「縣ケン(音・イメージ記号)＋心(限定符号)」を合わせた字。「縣」は「途中で宙吊りになる」というコアイメージから、宙吊りになって何かにひっかかるという意味を実現する。しかし別の意味に転じたため、「懸」が新たに作られた。物がひっかかることを比喩にして、心に何かがひっかかる(気にかかる)様子を暗示させるが、意味は必ずしも精神現象に限定されない。

語義 [展開] 宙吊りになる(ぶら下げる、かける)意味ⓐから、何かにひっかけてあずける(ひっかかる・つながる)意味ⓑ、心にひっかかる意味ⓒ、宙吊りのままで決着しない意味ⓓ、途中が離れている(かけ離れる)意味ⓔに展開する。[英]suspend, hang; bind, tie; feel anxious; pending; far apart [熟語] ⓐ懸崖・懸垂・ⓑ懸賞・懸命・ⓒ懸念・懸想・ⓓ懸案・ⓔ懸隔・懸絶

文献 ⓐ晏子春秋・内篇・雑下「猶懸牛首于門、而賣馬肉于内也＝猶(なお)牛首を門に懸けて、馬肉を内に売るがごときなり(牛の頭を門に懸けて、店内では馬肉を売るようなものだ[見かけ倒しの喩え])」ⓑ戦国策・斉二「戰而不勝、命懸於趙＝戦ひて勝たず、命は趙に懸かる(戦争に負けて、命は趙にかかっている)」

げん

【元】 4(儿・2) 常

常用音訓 ゲン・ガン もと

語音 *ŋuăn(上古) ŋuʌn(中古→呉ゴン・漢グエン〈＝ゲン〉・[慣]グワン〈＝ガン〉) yuán(中) 원(韓)

語源 [コアイメージ] 丸い。[実現される意味] 頭ⓐ。[英]head

[解説] 古代漢語であたまを*ŋuănという。これは「丸い」という形態的特徴を捉えた語である。孔穎達は元と首は頭の別名とするが(尚書正義)、元・首・頭はそれぞれ異なる特徴から捉えた語で、コアイメージが違う。藤堂明保は元のグループを果のグループ、咼カのグループ(渦など)、禾のグループ、原のグループ、亘のグループ(垣など)、宛のグループ、瞏カンのグループ(環など)、巻のグループ、官のグループ、また臥・瓦・丸・員・園などと同じ単語家族にくくり、「まるい・とりまく」という基本義があるとする(藤堂①)。日本語の「もと」は「草木の株・根本が原義」で、そこから、本来の意味や、物事の根本の意味に転じるという(大野①)。この展開義は漢語の元のⓓⓔに当たる。

[グループ] 元・完・玩・頑・冠・翫ガン(なれて角がとれる→ならう[愛翫])・抏ガン(角をこすって丸くする)・刓ガン(丸い穴を開ける→えぐる)・蚖ゲン(腹が丸くふっくらした動物、マムシ)・黿ゲン(甲羅の丸い爬虫類、ハナマルスッポン)・魭ゲン(＝黿。ハナマルスッポン、元魚) 酛*(純国字。もと)

字源 「二(頭)＋兀(人体)」を合わせて、胴体の上にある頭を示した図形。

(甲) (金) (篆)

語義 [展開] あたまが本義ⓐ。人体における頭の位置関係から、トップ(長・かしら)の意味ⓑ、時間的に始めの意味ⓒ、もと(根本)の意味ⓓ、もともと(本来)の意味ⓔ、大きい意味ⓕに展開する。[英]head(ⓐⓑ); chief, principal; first, primary; basic, element; originally; great [和訓] はじめ [熟語] ⓐ元服・ⓑ元首・元帥・ⓒ元日・元祖・ⓓ元気・根元・ⓔ元来・ⓕ元勲・元老

文献 ⓐ孟子・万章下「勇士不忘喪其元＝勇士は其の元ゲンを喪ふを忘れず(勇者は自分の頭を失うことをいつも忘れない)」ⓑ詩経・閟宮「叔父、建

爾元子＝叔父よ、爾の元子を建てよ（叔父よ、あなたの長男を立てなさい）」ⓒ春秋公羊伝・隠公1「元年者何。君之始年也＝元年とは何ぞや。君の始年なり（元年とは何か。君主の始めの年である）」ⓓ呂氏春秋・名類「與元同氣＝元と気を同じくす（宇宙の根源と同じ気をもっている）」

【幻】4（幺・1）　常　常用音訓　ゲン　まぼろし

語音 *ɦuǎn（上古）　ɦuǎn（中古→呉グヱン〈＝ゲン〉・漢クワン〈＝カン〉）　huàn（中）　환（韓）

語源 ［コアイメージ］よく見えない。［実現される意味］実体のないことで人を惑わす（目をくらまして惑わす、たぶらかす）ⓐ。［英］deceive, trick

〔解説〕下記の書経の注釈に「幻は眩（目をくらます）なり」（孔穎達・尚書正義）とある。「（実体が）よく見えない」ということが*ɦuǎnのコアイメージである。藤堂明保は玄（暗くてよく見えない）と同源とする（藤堂②）。日本語の「まぼろし」はマ（目）＋ホル（惚る）に由来するかという（大言海）。目がぼんやりとした状態であろう。漢語の幻は目がくらむことと関係があるので、期せずして玄と「まぼろし」は似た発想から生まれた語である。

字源 説文解字に「反予に従ふ」とある通り、「幻」は「予」の逆さ文字である。「予」は杼（ひ）を描いた図形（⇨予）。これは機織りで横糸を出しながら縦糸の間を通っていく道具である。「予」を逆転させた意匠は、杼の中から糸が出ないことであり、実体が隠れて見えない様子を暗示させる。

（金）　（篆）

語義 ［展開］実体のないことで人を惑わす（たぶらかす）意味ⓐから、実体がないのにあるように見えるもの（まぼろし）の意味ⓑに展開する。［英］deceive, trick; illusion　［熟語］ⓐ幻術・幻惑・ⓑ幻覚・幻想

文献 ⓐ書経・無逸「譸張爲幻＝譸張（チュウチョウ）して幻を為す（欺いて人を幻惑させる）」ⓑ列子・周穆王「有生之氣、有形之狀、盡幻也＝生有るの気、形有るの状は、尽（ことごと）く幻なり（生命をもつ気も、形体のある物も、すべてまぼろしだ）」

【玄】5（玄・0）　常　常用音訓　ゲン

語音 *ɦuǎn（上古）　ɦuen（中古→呉グヱン〈＝ゲン〉・漢クヱン〈＝ケン〉）　xuán（中）　현（韓）

語源 ［コアイメージ］はっきり見えない。［実現される意味］かすかでよく見えない（奥深い）ⓐ。［英］dim, dark

〔解説〕説文解字に「玄は幽遠なり」とあり、かすかで深遠である状態を玄という。「よく見えない」がコアイメージである。一方、釈名・釈天に「天…又之を玄と謂ふ。玄は懸なり。物を懸けて上に在るが如きなり」とあるように、玄は懸と同源で、「宙吊りになる」というイメージもある。空中に宙吊りになる→遠く懸け離れる→遠くてはっきり見えないというイメージ転化を見ることができる。

〔グループ〕玄・弦・牽・舷・絃・眩（ゲン）（目がくらんで見えなくなる［眩暈］）・炫（ゲン）（目をくらませるほどまぶしい［炫耀］）・衒（ゲン）（学問があるかのように見せびらかす［衒学］）・呟（ゲン）（曖昧なことばで誘う。〈日〉つぶやく）・泫（ゲン）（声を立てずひっそりと泣くさま［泫然］）・痃（ケン）（へその付近に弦のような突起ができて痛む症状［痃癖］）・鉉（ゲン）（鼎のみみづる、また、つるのついた鍋）・蚿（ゲン）（弦のように体を曲げる虫、ヤスデ）

字源 「幺（小さい糸）」の上に「（」の符号をつけた図形。宙吊りになった細い糸がゆらゆらしてよく見えない情景を設定した図形。この意匠によって、「宙吊りになる」と「かすかでよく見えない」の二つのイメージを同時に表象する。字源については定説がない。「幺（細い糸）の先端がわずかに一線の上にのぞいて、よく見えないさま」（藤堂②）とする説

が比較的妥当。

(古) (篆)

語義 [展開] かすかでよく見えない(奥深い)意味ⓐ。このイメージは「暗くて(曖昧で)よく見えない」というイメージに転化し、黒い・黒色の意味ⓑ、また、奥深い道理(道家のいう宇宙の原理)の意味ⓒ、遠く離れている意味ⓓを派生する。[英]dim, dark, profound; black; profound principle(in Taoist metaphysics); far [和訓] くろ・くろい [熟語] ⓐ玄妙・幽玄・ⓑ玄室・玄米・ⓒ玄学・玄関・ⓓ玄孫

文献 ⓐ老子・一章「同謂之玄＝同じく之を玄と謂ふ([宇宙の根源である道は]同じく玄と呼ばれる)」ⓑ詩経・何草不黄「何草不玄＝何の草か玄(くろ)まらざる(黒くならない草はない)」

【言】 7(言・0) 常 | 常用音訓 ゲン・ゴン いう・こと

語音 *ŋiăn(上古) ŋɪʌn(中古→呉ゴン・漢ゲン) yán(中) 언(韓)

語源 [コアイメージ] はっきりと区切りをつける。[実現される意味] ことばⓐ。[英]word, language, speech

〔解説〕言葉はおとの一種であるが、漢語の音と言は対立的に捉えられた。音はウーとうなる連続した音声であるが、言は連続した音声に切れ目をつけたものである。イメージを図示すると、音は「―の形」(のっぺらぼう)、言は「―|―の形」(切れ目)、または「┓の形」(かど目)である。切れ目・かど目のイメージは「形がよく整っている」というイメージにも展開する。言葉を選んで形よく整えて相手に伝える(弔う、慰問する)ことを唁(ゲン)という。また、諺(ゲン)(形を整えて短く言い切った言葉→ことわざ)は同源の語。藤堂明保はさらに大きな同源枠を設け、言を我のグループ(義を含む)、宜のグループ、厂(カン)のグループ(岸など)、彦のグループと同じ単語家族にくくり、「かどばっている」という基本義があるとした(藤堂①)。「かどばっている」は「┓の形」のイメージであるから、「切れ目・かど目をつける」「はっきりと区切りをつける」というコアイメージと言い換えることができる。日本語の「こと」はコト(言)とコト(事)の両方を含み、「口に出したコト(言)がそのままコト(事実・事柄)を意味した」という(大野①)。また「いう(いふ)」は「声を出し、言葉を口にする意」(大野①)。日本語ではこれらは別語であるが、漢語ではともに言の一語である。

〔グループ〕言・這・唁(ゲン)(とむらう)・狺(ギン)(角を立てて争うさま[狺狺])・誾(ギン)(角目を立てて是非を論じ合うさま[誾誾])

字源 「辛(イメージ記号)＋口(限定符号)」を合わせた字。「辛」は刃物を描いた図形。刃物は切る機能があるので、「―|―の形に区切る」というイメージを表すことができる。したがって「言」は無意味にウーウーとうなるのではなく、きちんと区切り目をつけてはっきりしゃべる様子を暗示させる。この意匠によって、意味をもつ言葉、すなわち、音声に切れ目をつけ、世界を切り取って、音と物事を対応させ、一つ一つの物や事を識別する言葉を表象した。字源については諸説紛々で、辛と同字、音と同字、簫を吹く形、木鐸の舌等々の説がある。白川静は「器(盟誓の書を入れる器)の前に辛(入墨用の針)をおき、神に盟誓することば」の意味とする(白川①)。「ことば」や「しゃべる」という日常用語が祭祀や呪術という特定の場から生まれたとは思えない。人類文化の歴史は言語の発明が先であろう。

(甲) (金) (篆)

語義 [展開] ことばの意味ⓐから、ことばをしゃべる(いう)意味ⓑに展開する。また、文に切れ目をつけてめりはりをつけるはやしことば(リズムを調節することば)ⓒに転用される(漢文で「ここに」と読む)。主に詩経で用いられる。また、┓の形に切り立って高いさまの意味ⓓもある。

[英]word, language, speech; say, talk, speak; particle; high and large [和訓] ものいう [熟語] ⓐ言語・名言・ⓑ言及・公言

文献 ⓐ詩経・将仲子「父母之言、亦可畏也＝父母の言も、亦た畏るべきなり(両親のことばもほんとにこわい)」ⓑ詩経・狡童「彼狡童兮、不与我言兮＝彼の狡童、我と言はず(あの意地悪な少年は、私とおしゃべりしてくれない)」ⓒ詩経・葛覃「言告師氏、言告言帰＝言に師氏に告ぐ、言に告げ言に帰がん(婆やに教えます、結婚したいこと教えます)」ⓓ詩経・皇矣「崇墉言言＝崇墉言言たり(崇[地名]の城壁は切り立って高い)」

【弦】 8(弓・5) 常 ― 常用音訓 ゲン つる

語音 *ɦen(上古) ɦen(中古→呉ゲン・漢ケン) xián(中) 현(韓)

語源 [コアイメージ] 宙吊りになる。[実現される意味] 弓のつるⓐ。[英]bow string

字源 「玄(音・イメージ記号)＋弓(限定符号)」を合わせた字。「玄」は「(糸が)宙吊りになる」というイメージがある(⇩玄)。「弦」は弓の両端に結んで(⌒)形に宙吊りに張った糸を暗示させる。この意匠によって、弓のつるを表象する。

語義 [展開] 弓のつるの意味ⓐから、弓を張ったような月の形(半月)の意味ⓑを派生する。また、楽器に張る糸の意味ⓒ、弦楽器を奏でる意味ⓓに転用される。ⓒⓓは絃と通用。[英]bow string; crescent, half-moon; string; play a stringed instrument [熟語] ⓐ弓弦・鳴弦・ⓑ下弦・上弦・ⓒ断弦・調弦・ⓓ弦歌

文献 ⓐ呂氏春秋・具備「無弦則必不能中＝弦無くんば則ち必ず中つる能はず(つるが無ければ[的に]当てることはできない)」ⓒ呂氏春秋・本味「伯牙破琴絶弦＝伯牙、琴を破りて弦を絶つ(伯牙[琴の名手]は琴を破って糸を断ち切った)」ⓓ論語・陽貨「聞弦歌之聲＝弦歌の声を聞く(楽器に合わせて歌う声が聞こえてきた)」

【彦】 9(彡・6) 人 ― 音ゲン 訓ひこ

語音 *ŋian(上古) ŋiɛn(中古→呉・漢ゲン) yàn(中) 언(韓)

語源 [コアイメージ] ┗形をなす。[実現される意味] 美男子ⓐ。[英]handsome man

〔解説〕 かどのある形(∧形や┏形)を美しいと感じるのは古代中国人(古典漢語の使用者)の美意識であり、これが漢語に反映されている。圭(∧形)→佳(美しい)・娃(美女)、我(∧形)→娥(美女)、兼(∧形)→廉(いさぎよい)などはこの例。彦も「┗形をなす」というコアイメージから、顔立ちの美しい男の意味が実現された。訓の「ひこ」はヒ(日)＋コ(男子の意)で、「太陽の子、あるいは太陽の神秘的な力を受けた子の意」が原義で、一般に男子の尊称になったという(大野①)。

〔グループ〕 彦・顔・諺・喭(角だって丸みがない、いかつい)

字源 「彥」が正字。「厂(音・イメージ記号)＋文＋彡(ともにイメージ補助記号)」を合わせた字。「厂」はがけの形で、「┗形をなす」というイメージを示す(⇩岸)。「文」はあや、「彡」は飾りのしるしで、いずれも美しいというイメージを添える。したがって「彥」は顔を横から見て、額が┗形にくっきりと整っている様子を暗示させる図形。この意匠によって、ハンサムな男性を表象する。

(篆)

〔字体〕 「彥」は旧字体。「彦」は書道に由来する字体。顔・産もこれに倣う。

語義 [展開] 美しい男性、ハンサムで秀でた男性の意味ⓐ。日本では男子の尊称(ひこ)ⓑに用いる。[英]handsome man; honorific title for a man [熟語] ⓐ才彦・俊彦

文献 ⓐ詩経・羔裘「彼其之子、邦之彥兮＝彼の其の子、邦の彥な

り(私の好きなあの方は、国いちばんの美男子だ)」

【限】 9(阜・6) 常 | 常用音訓 ゲン かぎる

語音 *ɦăn(上古) ɦʌn(中古→呉ゲン・漢カン) xiàn(中) 한(韓)

語源 [コアイメージ] 痕を残す。[実現される意味] 境界をつける・範囲を仕切るⓐ。[英]set a boundary, limit

〔解説〕王力は限・閫・閾を同源とし、門限の意味があるとし、また、限・垠・岸・巖を同源とし、果て・境界の意味があるとする(王力①)。これは表層レベルで捉えた語源説。藤堂明保は深層レベルで語源を捉える。艮のグループだけを一つの単語家族とし、「じっと止まる」という基本義があるとする(藤堂①)。空間に仕切りをつけると、痕跡がじっととどまる。艮のグループは「痕が残る」というコアイメージに概括できる。日本語の「かぎる」は「日限を切るのが原義。伸展して行く時間の先端を、そこまでと定めて切る意。後には空間についてもいう」という(大野①)。漢語の限は逆に空間から時間へ転義する。

字源 「艮(音・イメージ記号)+阜(限定符号)」を合わせた字。「艮」は「いつまでも消えない痕を残す」というイメージがある(⇩眼)。「限」は盛り土をして、いつまでも残る境界線を作る様子を暗示させる。この意匠によって、境界をつける(かぎる)ことを表象する。

語義 [展開] ここまでと境界を仕切る(かぎる)意味ⓐから、時間の範囲を区切る(これ以上はない仕切りを設ける)意味ⓑ、また、ここまでと決めた(これ以上はない)仕切りの意味ⓒに展開する。[英]set a boundary, limit; time limit; bound, restriction, confine [和訓] きり [熟語] ⓐ限定・制限・ⓑ期限・刻限・ⓒ限界・際限

文献 ⓐ荀子・議兵「限之以鄧林=之を限るに鄧林を以てす(境界を鄧林[地名]までと区切った)」ⓑ楚辞・九章・懐沙「限之以大故=之を限るに大故を以てす(死の時までと区切りをつける)」

【原】 10(厂・8) 常 | 常用音訓 ゲン はら

語音 *ŋɪuăn(上古) ŋɪuʌn(中古→呉ゴン・漢グエン〈=ゲン〉) yuán(中) 원(韓)

語源 [コアイメージ] 丸い。[実現される意味] みなもとⓐ。[英]source

〔解説〕釈名・釈地に「広平を原と曰ふ。原は元なり。元気の広大なるが如し」とある。はらの意味の原を説いたものであるが、元はむしろみなもとの意味の原と同源と見たほうがよい。藤堂明保は原のグループを果のグループ、咼のグループ(渦など)、禾のグループ、元のグループ、亘のグループ(垣など)、宛のグループ、睘のグループ(環など)、巻のグループ、官のグループ、また臥・瓦・丸・員・園などと同じ単語家族に収め、「まるい・とりまく」という基本義があるとする(藤堂①)。水が最初に出てくる所を泉の丸い穴と想定して、「丸い」のイメージをもつこれらの語との同源意識から、水源を*ŋɪuănと名づけたと考えられる。原は早い段階で「はら」の意味にも使われた。普通は邍の宛字とされるが、この字よりも原が古い。なぜ「はら」の意味もあるのか。水源の近くにはおおむね原野もあるので、「はら」の意味も派生したと考えられる。これは近接性の原理(換喩)に基づいた転義である。

〔グループ〕原・源・願・愿(性格が円満で気まじめ[郷愿])・嫄(始祖の女神)・獂(原牛)・螈(もとは栄螈。シナイモリ[蠑螈])

字源 「泉(イメージ記号)+厂(限定符号)」を合わせた字。「泉」は丸い岩穴から水が流れる形。したがって「原」は泉ががけの下で湧き出ている情景を設定した図形。この意匠によって、「みなもと」を表象する。

(金)  (篆)

語義 [展開] 水源の意味ⓐから、何かがそこから出てくる大本(いち

ばん始め)の意味ⓑ、もとをたどって求める(たずねる)意味ⓒに展開する。また、広く平らな土地(はら)の意味ⓓを派生する。ⓐは源と通用。[英]source; origin, primary, original; trace; level, plain　[和訓] もと・たずねる　[熟語] ⓐ原泉(=源泉)・ⓑ起原・始原・ⓓ原野・草原

文献 ⓐ国語・周「絶民用實王府、猶塞川原而爲潢汚也=民用を絶ちて王府を実たすは、猶川原を塞ぎて潢汚と為すがごときなり(民に資産を使用させず、国庫を満たすことは、水源を塞いで水たまりにするようなものだ)」ⓑ孟子・離婁下「取之左右逢其原=之を左右に取るも、其の原に逢ふ(身近な事柄を取っても、道の根源に出会える)」ⓓ詩経・常棣「脊令在原=脊令、原に在り(セキレイが野原にいる)」

【現】11(玉・7)　常　常用音訓 ゲン　あらわれる・あらわす

語音 ɦen(中古→呉ゲン・漢ケン)　xiàn(中)　현(韓)

語源 [コアイメージ] はっきり現れる。[実現される意味] 姿がはっきりあらわれるⓐ。[英]appear, emerge

〈解説〉見(物の姿が現れて目に入る)と現(物の姿がはっきりあらわれる)は同源の語である。日本語では「みる」と「あらわれる」は別語であるが、漢語では現は見からの展開である。日本語の「あらわれる(あらはる)」は「隠れていたものの姿がむき出しになって、まる見えになる意」という(大野②)。これは漢語の現と顕にほぼ当たる。漢語の現・顕は同源である。

字源 「見(音・イメージ記号)+玉(限定符号)」を合わせた字。「見」は「はっきり現れる」というイメージがある(⇩見)。「現」は玉のようにはっきりと目の前に現れて見える様子を暗示させる。見から分化した字。

語義 [展開] 姿がはっきりあらわれる意味ⓐから、今、目の前に実際にある様子(目の当たり)の意味ⓑに展開する。夢ではなく現実である(うつつ)の意味ⓒは日本的用法。[英]appear, emerge; present, current, now; reality　[和訓] あら・うつつ　[熟語] ⓐ出現・表現・ⓑ現在・現実

文献 ⓐ諸葛亮・黄陵廟記「有神像、影現焉=神像有りて影現はる(神の像の影がはっきり現れている)」(漢魏六朝百三家集22)

【絃】11(糸・5)　人　音ゲン　訓いと

語音 *ɦen(上古)　ɦen(中古→呉ゲン・漢ケン)　xián(中)　현(韓)

語源 [コアイメージ] (糸が)宙吊りになる。[実現される意味] 弦楽器のつるⓐ。[英]string of musical instrument

字源 「玄(音・イメージ記号)+糸(限定符号)」を合わせた字。「玄」は「(糸が)宙吊りになる」というイメージがある(⇩玄)。「絃」は琴などの弦楽器に張り渡す糸を表す。

語義 [展開] 楽器に張る糸(つる)の意味ⓐ、弦楽器の意味ⓑ、弦楽器を奏でる意味ⓒに展開する。弦と通用。[英]string of musical instrument; strings; play a stringed instrument　[熟語] ⓐ断絃・調絃・ⓑ管絃・三絃・ⓒ絃歌

文献 ⓐ韓非子・難三「絃不調=絃、調せず(琴の糸が調節されていない)」

【舷】11(舟・5)　常　常用音訓 ゲン

語音 ɦen(中古→呉ゲン・漢ケン)　xián(中)　현(韓)

語源 [コアイメージ] ）の形を呈する。[実現される意味] 船の側面(ふなべり)ⓐ。[英]boat sides, board, gunwale

字源 「玄(音・イメージ記号)+舟(限定符号)」を合わせた字。「玄」は「(糸が)宙吊りになる」というイメージがあり、「）の形を呈する」というイメージに展開する(⇩玄)。「舷」は弓の弦のように）の形をした船の側面を暗示させる。

語義 ふなばたの意味ⓐ。[和訓] ふなべり・ふなばた　[熟語] ⓐ舷

側・接舷

文献 ⓐ郭璞・江賦「詠採菱以叩舷＝採菱を詠みて以て舷を叩く（ひし摘みの歌を歌ってふなべりをたたく）」（文選12）

【這】 11（辵・7） 人 ｜ 音ゲン・シャ 訓はう

語音 (1)ŋɪɛn（中古→呉・漢ゲン） yàn（中） (2)tʃɪe（宋シャ） zhè（中） 저（韓）

語源 [コアイメージ] 途中で止める。[実現される意味] 迎えるⓐ。[英]meet

字源 「言（ゲン）（音・イメージ記号）＋辵（限定符号）」を合わせた字。「言」は「途中で断ち切る」というイメージがあり、「途中で止める」というイメージに展開する（⇨言）。「這」は向こうから来る人を途中で止めて迎えることを表す。

語義 [展開] 迎える意味ⓐ（1の場合）。ただし用例はない。近世中国で「これ」と差し示す語を者箇・遮箇・適箇といい、適を誤って這と書いた。これ・この意味ⓑ（2の場合）。日本では、手足や腹を地面につけて進む（はう）の意味ⓒに当てる。[英]meet; this; creep, crawl [熟語] ⓑ這箇（シャコ）・這般（シャハン）

【減】 12（水・9） 常 ｜ 常用音訓 ゲン へる・へらす

語音 *kǎm（上古） kʌm（中古→呉ケム〈＝ケン〉・漢カム〈＝カン〉・[慣]ゲン） jiǎn（中） 감（韓）

語源 [コアイメージ] ふさがる。[実現される意味] 数量が少なくなる（へる・へらす）ⓐ。[英]decrease

字源 「咸（カン）（音・イメージ記号）＋水（限定符号）」を合わせた字。「咸」は「内部に閉じ込められて出ていかない（ふさがる）」というイメージがある（⇨感）。「減」は水源がふさがれた結果、水量がへる様子を暗示させる。

語義 [展開] 数量が少なくなる（へる・へらす）意味ⓐから、引き算の意味ⓑを派生する。[英]decrease, lessen, diminish, subtract; subtraction [熟語] ⓐ減少・軽減・ⓑ減法

文献 ⓐ韓非子・難一「減食而死＝食を減じて死す（食べ物の量を減らしていって死んだ）」

【源】 13（水・10） 常 ｜ 常用音訓 ゲン みなもと

語音 *ŋɪuǎn（上古） ŋɪuʌn（中古→呉ゴン・漢グエン〈＝ゲン〉） yuán（中） 원（韓）

語源 [コアイメージ] 丸い。[実現される意味] 川の水の最初に出てくる所（みなもと）ⓐ。[英]sourse

字源 「原（ゲン）（音・イメージ記号）＋水（限定符号）」を合わせた字。「原」は丸い穴から泉が湧き出る図形で、「みなもと」を表したが、後に「はら」の意味も生じたので、これと区別するために「源」が新たに作られた。

語義 [展開] みなもとの意味ⓐから、物事が出てくるもと（起こり・始まり）の意味ⓑに展開する。[英]sourse; origin, root [熟語] ⓐ源流・水源・ⓑ語源・資源

文献 ⓐ詩経・竹竿「泉源在左＝泉源左に在り（泉水[川の名]の源は左側）」ⓑ韓非子・主道「守始以知萬物之源＝始めを守りて以て万物の源を知る（宇宙の始めの道をしっかり把握して、万物の始原を知る）」

【諺】 16（言・9） 人 ｜ 音ゲン 訓ことわざ

語音 *ŋɪan（上古） ŋɪɛn（中古→呉・漢ゲン） yàn（中） 언（韓）

語源 [コアイメージ] ┗形をなす。[実現される意味] 古くから言い伝えられ、短い形式で道理や教訓を説いた文句（ことわざ）ⓐ。[英]proverb, saying

〔解説〕古典の注釈に「諺は言なり」とあり、諺と言は同源であるが、

コアイメージの源泉は彦にある。これは「形が美しく整っている」というイメージで、諺は文の形式的特徴を捉えた語である。日本語の「ことわざ」は「コトは言葉。ワザは隠れた意味のこもっている行為。コト(言)ワザの意」という(大野①)。

字源 「彦(ゲン)(音・イメージ記号)＋言(限定符号)」を合わせた字。「彦」は「形をなす」というイメージから「形が美しく整っている」というイメージに展開する(⇩彦)。「諺」は形を整えて短く言い切った言葉を表す。

語義 [展開] ことわざの意味ⓐ。また、俗語の意味ⓑを派生する。[英]proverb, saying; slang [熟語] ⓐ古諺・俗諺・ⓑ諺解・諺文

文献 ⓐ孟子・梁恵王下「夏諺曰、吾王不遊、吾何以休＝夏(カ)の諺に曰く、吾が王遊ばずんば、吾何を以て休まん(夏の時代のこんなことわざがある、〝王様が巡遊に来なけりゃ、おいらはなんで休めよう〟)」

【厳】 17(厂・15) 常 ―― 常用音訓 ゲン・ゴン おごそか・きびしい

〔嚴〕 20(口・17) 人 ―― 音ゲン・ゴン 訓おごそか・きびしい・いかめしい・いつくし

語音 *ŋiăm(上古) ŋiɐm(中古→呉ゴム〈＝ゴン〉・漢ゲム〈＝ゲン〉) yán(中) 엄(韓)

語源 [コアイメージ] ㋐ごつごつと固い・固く強い・㋑角が立つ。[実現される意味] 強く押し出して人を威圧するさま(威があって犯しがたい、おごそか)ⓐ。[英]majestic, solemn

〔解説〕敢がコアイメージの源泉で、敢→厳→巌と展開して三つの語が成立する。強い力でかぶさった枠を払いのけていこうとする行為を敢(敢行・果敢)という。ここから「固く強い」というイメージが生まれ、「ごつごつと固い・角立つ」という物理的なイメージに転じ、ごつごつとした大きな岩石を表す巌(＝巖)が生まれる。これは敢とは逆に、上からかぶさるようにして下のものを威圧するというイメージがある。厳も同じように、強く押しかぶせるように人を威圧するというイメージの語である。下記の詩経の注釈に「厳は威なり」(朱子・詩集伝)とある。日本語の「おごそか」のオゴはオゴル(傲)のオゴと同根で、「みずからを高いものとして人に対する」の意、ソカはオロソカ(疎)のソカと同じで、状態を表す接尾語で、オゴソカは「威容をもって高所から人に対するさま」という(大野①)。また「きびしい(きびし)」は「物が隙間なくつまっているさま」が原義で、つけ入る隙がない→容赦がない意味に展開するという(大野①②)。漢語の厳は強い威力で迫って手抜かりがない(容赦がない)というイメージである。日本語の「おごそか」と「きびしい」は全く別語であるが、漢語では厳格の厳は威厳の厳からの派生義である。

〔グループ〕厳・巌・儼(ゲン)(いかめしい[儼然])・釅(ゲン)(酒や茶などの味がきつい)

字源 「嚴」が正字。「𠪚(ガン)(音・イメージ記号)＋吅(イメージ補助記号)」を合わせた字。「敢」は強い力や固い意思をもって困難を押しのけることを意味し、「強く固い」というイメージがコアにある(⇩敢)。心理的なイメージは物理的なイメージにも転用できる(その逆も可)。「敢(カン)(音・イメージ記号)＋厂(石やがけを示す限定符号)」を合わせた「𠪚」は、固く角立った石、あるいは、崖がごつごつと固く角立っている様子を暗示させる(⇩巌)。「吅」は口を二つ並べて、口やかましく言うことを示す(喧嘩の喧の原字)。かくて「嚴」はとげとげしく角のある口調で相手を威圧する様子を暗示させる。この意匠によって、強く押し出して相手を威圧する様子を表象する。心理的イメージが物理的イメージに転換し、再び心理的イメージに回帰した。

(篆) [𠪚] (金) (篆)

〔字体〕「嚴」は旧字体。「厳」は書道から生じた常用漢字の字体。

語義 [展開] 強く押し出して人を威圧する(おごそか)の意味ⓐから、

差し迫って容赦がない(きびしい)意味ⓑ、容赦せずきびしく扱う意味ⓒ、激しくてきつい意味ⓓに展開する。また、父の敬称ⓔに用いる。[英]majestic, solemn; severe, strict; harsh, hard, stern; bitter, intense; father [熟語] ⓐ威厳・尊厳・ⓑ厳禁・厳重・ⓒ厳格・厳酷・ⓓ厳寒・厳冬・ⓔ厳父・家厳

文献 ⓐ詩経・常武「有嚴天子＝厳たる天子有り(天子様は厳かだ)」ⓒ易経・遯「君子以遠小人、不惡而嚴＝君子は小人を遠ざく、悪(にく)まずして厳にす(君子はつまらぬ人間を遠ざけるが、憎むことはなく厳しくする)」

コ

こ

【己】 3(己・0) 常 常用音訓 コ・キ おのれ

語音 *kiəg(上古) kiei(中古→呉コ・漢キ) jǐ(中) 기(韓)

語源 [コアイメージ] (伏せたものが)起き上がって目立つ印を現す。[実現される意味] 自分・おのれⓐ。[英]self, oneself

〔解説〕漢の鄭玄は「己の言は起なり」(礼記鄭注)と述べる。白虎通義・五行篇には「己なる者は抑へて屈起するなり」とある。抑えられたものがぐっと頭をもたげて立ち上がるという解釈。図形の己については諸説紛々だが、筆者の説は漢代の語源説にかなったものである。「伏せたものが起き上がる」というイメージは「目立った目印を現す」というイメージに展開する。「伏せたものが起き上がって目立つ印を現す」というイメージは二つの意味を実現させる。一つは自分の意味。古代漢語では一人称は二人の関係から我・吾・卬ということばが生まれた。それに対し「おのれ(己)」「みずから(自)」ということばの語源は全く発想が違う。自は起点を表し、「他の何者にも依存せず、ひとりでにあるもの」というイメージから「みずから(自分)」となった。また「おのれ」は「目立つ存在としてはっきり意識されるもの」というイメージで、いずれも主体的、主観的に自分を捉えたことばである。もう一つは殷代の記時法で十干の一つを表した。恐らく植物の生長過程を象徴化したものと考えられる。甲→乙→丙→丁と進んで、その次は「覆いかぶさったものを押しのけて出る」というイメージの戊、この次が「頭をもたげて立ち上がる」というイメージの己である。

〔グループ〕己・改・忌・紀・記・起・屺キ(むっくりとした山)・杞キ(枝を曲げると起き上がろうとする性質のある木、コリヤナギ[杞柳])・芑キ(茎の白色が目立つアワ。また、茎が白く、葉から白い汁を出す草、ヤクシソウ)

字源 「己」は甲骨文字で見る通り、伏せたものが次第に起き上がって、はっきりとした姿を現す様子を象徴的に示す符号。この意匠によって、「起き上がって、目立つ姿を現す」というイメージを表すことができる。過去の字源説には、目印にするもの、いぐるみ、紀(いとぐち)の原字、曲がった縄、跪いた人、竜の形等々がある。藤堂明保は「古代の土器模様の一部で、屈曲して目立つ目印の形」(藤堂②)、白川静は「己形の矩(定規)に似た器」(白川①)とする。白川説ではおのれも十干の用法も仮借とされる。

(甲) (金) (篆)

語義 自分・おのれの意味ⓐ。また、十干の第六位(つちのと)の意味ⓑ、また、順位の六番目の意味ⓒ。語の形成としてⓐとⓑのどちらが先かは不明だが、殷代の甲骨文字ではⓑの意味で用いられている。[英]self, oneself; the sixth heavenly stem; sixth [和訓] つちのと [熟語] ⓐ自己・知己・ⓑ己亥・己巳シ

文献 ⓐ詩経・角弓「至于己斯亡＝己斯(ここ)に亡ぶるに至る(自分の身の滅びとなる)」ⓑ春秋・隠公3「三年春、王二月己巳、日有食之＝三年春、王の二月己巳(シキ)、日之を食する有り(三年春の二月つちのとみの日に日食があった)」

【戸】 4(戸・0)　常　常用音訓 コ　と

語音 *ɦag(上古)　ɦo(中古→呉グ・ゴ・漢コ)　hù(中)　호(韓)

語源 [コアイメージ] 出入りを止めて囲い込む。[実現される意味] 家屋の出入り口(と)ⓐ。[英]door

〔解説〕説文解字に「戸は護なり」、釈名・釈宮室に「戸は護なり。謹護閉塞(周囲を囲って中を閉ざす)する所以なり」と語源を説く。*ɦagという語は「囲い込む」というコアイメージをもち、護(周囲を囲って守る)や穫(枠の中に入れ込む)と同源である。日本語の「と」はノミト(喉)・ミナト(港)のトと同根で、「両側から迫っている狭い通路。また、入り口を狭くし、ふさいで内と外を隔てるもの」の意という(大野①)。漢語の戸は古人の言語感覚では、中に物を囲って閉じ込めるために出入りを止める所というイメージである。

〔グループ〕戸・雇・顧・所・扈(コ)(勝手な行動を押さえて主人に従う[扈従])・鳸(コ)(民の怠慢を押さえて、農事にいそしむように季節を告げる鳥、イカル、桑扈(ソウコ))

字源 「戶」が正字。一枚扉を描いた図形。

(甲)　(篆)

〔字体〕「戶」は旧字体。「戸」は古くから書道に見られる字体。戸に従う他の常用漢字(限定符号も含めて)もこれに倣う。

語義 [展開]「と」の意味ⓐから、家の意味、また、家を数えることばⓑ、職業とする人の意味ⓒに展開する。また、酒量の意味ⓓに用いる。[英]door; house, family; worker; load [和訓] へ [熟語] ⓐ柴戸・門戸・ⓑ戸数・戸籍・ⓒ佃戸・ⓓ下戸・上戸

文献 ⓐ詩経・綢繆「三星在戸＝三星、戸に在り(三つ星は戸から見える位置にある)」

【乎】 5(丿・4)　人　音 コ　訓 か・や・かな

語音 *ɦag(上古)　ɦo(中古→呉オ〈＝ヲ〉・ゴ・漢コ)　hū(中)　호(韓)

語源 [コアイメージ] ㋐擬音語・㋑曲がりつつ分かれ出る。[実現される意味] ハーと吐く息(ため息)。[英]sound of a sigh

〔解説〕アアというため息や感嘆の声を烏乎・於乎などと表記する(烏乎は後に嗚呼と書かれる)。乎は音の面からいえば擬音語であるが、息も実際に出るので、「曲がりつつ分かれ出る」がコアイメージになる。

〔グループ〕乎・呼・虖(コ)(トラが口からフーと声を出す→ほえる)・嘑(コ)(＝謼。声を出す、呼ぶ)・罅(カ)(土器が欠けて空気が通り抜ける→ひび・ひび割れ)

字源 「丂(イメージ記号)＋小(三つの小さな点。イメージ補助記号)」を合わせた字。「丂」は伸び出ようとするものが一線につかえて曲がる様子を示す符号(⇩朽)。「乎」は息が曲がりつつ上に分散して出ていく情景を設定した図形。

(甲)　(金)　(篆)

語義 [展開] ハーとため息をつく声の意味ⓐから、文末につけて疑問・反問・詠嘆などの気分を打ち出すことばⓑに転用される。また、形容詞の語尾につける語ⓒに使われる。[英]sound of a sigh; particle; suffix [熟語] ⓒ確乎・断乎

文献 ⓐ詩経・召旻「於乎哀哉＝於乎(ああ)哀しい哉(ああ悲しいことだ)」ⓑ詩経・溱洧「女曰觀乎、士曰既且＝女曰く観んか、士曰く既にせり(〝見物に行こうよ〟と女が言えば、〝もう見たよ〟と男が言う)」

【古】 5(口・2) 常 ｜ (常用音訓) コ ふるい・ふるす

語音 *kag(上古) ko(中古→呉ク・漢コ) gǔ(中) 고(韓)

語源 [コアイメージ] 固い(㋐ひからびて固い・㋑垂れ下がる・㋒覆いかぶさる)。[実現される意味] 時間のたった過去(昔、いにしえ)ⓐ。[英]ancient

〈解説〉古典の注釈に「古は故なり」「故は古なり」「故は固なり」「姑は故なり」などの訓がある。古・故・固・姑などは同源の語である。根柢にあるのは「固い」というイメージである。生体が生気を失うとひからびて固くなる。この状態は「時間がたってふるくなる」というイメージと結びつく。一方、生気を失って固くなると(例えば植物が枯れた状態)、その物は起き上がる力はなくなり、下の方へ垂れ下がる。ここから「(ぐったりと生気や力を失って)垂れ下がる」というイメージが生まれる。「下に垂れ下がる」というイメージは「下の物に覆いかぶさる(上からかぶさる)」というイメージに展開する。これらのイメージを同時に再現させる図形が古である。藤堂明保は古・固などを各のグループなどと同じ単語家族に入れ、「かたい」という基本義があるとし、一方、胡・湖・居などを下・家・仮・夏などと同じ単語家族に入れ、「したの物をカバーする」という基本義があるとしたが(藤堂①)、右のようなイメージ転化を考えれば、一つのコアイメージ(固い)に概括できる。日本語の「ふるい(ふるし)」はフルの形容詞。フルは「長い年月が経過するうちに、存在の当初の状態や新鮮な盛りの状態が、自然に光や輝きを失い、薄くなり弱まる意」という(大野②)。これは漢語の古のⓑに当たる。ⓐは日本語では「いにしえ(いにしへ)」である。漢語の古も日本語の「ふるい」もある物を想定してそれが時間の経過とともにどう変わったかに焦点を当てた語のようである。これに対して、英語のancientはラテン語ante(前に)+anus(形容詞語尾)に由来し、「ずっと前へさかのぼる→大昔の、昔からある」の意、またoldは印欧祖語*al-(=to grow)に淵源があり、「(存在している総時間が長い)古い、(存在時間が…ほどである)…ほど時間が経っている」の意という(以上、下宮①、小島①、政村①)。これらは純粋に時間の軸で発想された語のようである。

〈グループ〉古・故・枯・苦・固・居・胡・岵コ(固い岩山、草木の生えない山)・姑コ(嫁よりも体が固くなった女→しゅうとめ[舅姑])・怙コ(固いよりどころを求める→頼りにする、たのむ[怙恃])・沽コ(ストックした商品を取り引きする→うる・かう[沽券])・酤コ(酒を売る、酒を買う[酤酒])・罟コ(獲物にかぶせて捕える網[網罟])・辜コ(罪人をはりつけにして殺し、死体を乾かして固くする。転じて、罪[無辜])・祜コ(天や神が垂れ下す幸い)・詁コ(昔の言葉、また、古語の意味を解釈すること[訓詁])・盬コ(固い岩塩)・骷コ(しゃれこうべ)・蛄コ(姑の代用で、動物に添える愛称。ケラ[螻蛄]、ニイニイゼミ[蟪蛄]、シャコ[蝦蛄]など)・鴣コ(愛称、または擬音語。シャコ[鷓鴣]、ハト[鵓鴣(ボッコ)])

字源 頭蓋骨(しゃれこうべ)を紐で吊した情景を設定した図形。説文解字では十人の口(ことば)で、前言を識ることとした。これに従う文字学者は多い。しかし頭蓋骨の形とする加藤常賢や藤堂明保の説が妥当。

(金) (篆)

語義 [展開] 時間がたった昔(いにしえ)の意味ⓐから、時間がたってふるびている(ふるくさい)意味ⓑに展開する。[英]ancient; old [和訓] いにしえ [熟語] ⓐ古今・往古・ⓑ古物・新古

文献 ⓐ詩経・甫田「自古有年=古自ょり年有り(昔から豊作だった)」

【呼】 8(口・5) 常 ｜ (常用音訓) コ よぶ

語音 *hag(上古) ho(中古→呉ク・漢コ) hū(中) 호(韓)

語源 [コアイメージ] 曲がりつつ分かれ出る。[実現される意味] 息を吐いて出すⓐ。[英]breathe out

〔解説〕 呼は吸(息をすう)と対する語。王力は呼・嘘ヨキ(息を出す)・歔ヨキ(息を吹きかける)・吁ク(ため息の声)を同源とする(王力①)。口から出すのは息だけではなく声もある。大きな声を出すことも呼という。日本語の「よぶ」は「相手の注意・関心を自分の方へ向かせるために大声を立てるのが原義」という(大野①)。「大声を立てる」から、「相手を求めて声を出す」「召す・招く」「名づける」などへの転義の仕方は漢語の呼の⒝以下と同じ。英語のcallはこれらに近い。callは「(大きな声で)呼ぶ」がコアイメージで(田中①)、「大声で呼ぶ」「呼びかける」「呼び寄せる」「AをBと呼ぶ」という意味展開は漢語の呼の⒝〜⒠と全く同じ。

字源 「乎コ(音・イメージ記号)+口(限定符号)」を合わせた字。「乎」は「曲がりつつ分かれ出る」というイメージがある(⇩乎)。「呼」は口から息や声が出る様子を暗示させる。

語義 [展開] 息を吐いて出す意味⒜から、大きな声を出す(さけぶ・よぶ)意味⒝、声をかけて人をよぶ(よびかける)意味⒞、よび寄せる(招き寄せる)意味⒟、AをBということばでよぶ(名づける・称する)意味⒠に展開する。[英]breathe out, exhale; shout, cry out; call(⒞〜⒠); summon, invite; name, term [熟語] ⒜呼気・呼吸・⒝喚呼・歓呼・⒞呼応・点呼・⒟召呼・招呼・⒠呼称・称呼

文献 ⒜荘子・刻意「吹呴呼吸、吐故納新=吹呴クスイ呼吸し、故きを吐き新しきを納いる(息を吐いたり吸ったりして、古い気を出し、新しい気を入れる)」⒝詩経・蕩「式號式呼=式もって号けさび式て呼ぶ(大声で叫んだり呼んだりする)」⒞荘子・外物「周昨來、有中道而呼者=周、昨来りしとき、中道にして呼ぶ者有り(私周が昨日参った際、道中で私に呼びかける者がおりました)」⒠戦国策・韓三「畢呼霸王=畢ことごとく覇王と呼ぶ(みんな[彼を]覇王と呼んだ)」

【固】 8(口・5)

常 ― 常用音訓 コ かためる・かたまる・かたい

語音 *kag(上古) ko(中古→呉ク・漢コ) gù(中) 고(韓)

語源 [コアイメージ] ひからびて固い。[実現される意味] かちかちにかたい。また、かたくする⒜。[英]firm, hard, solid, stiff

〔解説〕 日本語で「かたい」と「ふるい」は結びつかないが、漢語では固と古は全く同源である。古の「ひからびてかたい」というコアイメージがそのまま意味として実現された語が固である。日本語の「かたい(かたし)」はカタ(型)と同根で、「物の形がきちんとしていて動かず、ゆるみなく、すきまがない意」という(大野①)。かたいを意味する漢語は固のほかに堅・硬もあるが、コアイメージが異なる。しかし「かたい」の訓をもつ類義語に確・塙カク・鞏キョウ・虔ケン・庚・剛などがあり、いずれもK音から始まる。つよいを意味する強などもK音である(それに対し「よわい」「やわらかい」を表す漢語はN音)。「かたい」「つよい」を統括する根源的なイメージが存在したと考えられる。英語のfirmは「物が固定して、しっかりしている」というのがコアイメージで、物が容易にこわれない、強固でかたい意。solidは「完全な」の意のラテン語が語源で、全部詰まっている→堅い固体、堅実である意。stiffは「押し込む、詰め込む」意のラテン語から来ており、硬直して柔軟性に欠けたかたさだという(以上、田中①、政村①、下宮①)。firmは漢語の固、solidは堅、stiffは硬にほぼ近いようである。

〔グループ〕 固・個・箇・錮・涸コ(固く凍りつく)・凅コ(水がひからびる、かれる[涸渇])・痼コ(凝り固まって治らない病気[痼疾])・鯝コ(固い突起のある魚、コイ科の淡水魚の名。〈日〉ワタカ[黄鯝魚])

字源 「古コ(音・イメージ記号)+囗(限定符号)」を合わせた字。「古」は「ひからびて固い」というイメージがある(⇩古)。「固」は周囲からがっしりと固く囲まれて、動きが取れない様子を暗示させる。

語義 [展開] 物質の性質について「かたい」の意味⒜から、比喩的に、物事の状態や在り方について「かたい」に転用される。がっしりとかた

くて動かす余地がない、形が決まっていて変わらない意味ⓑ、その状態からずれる余地ない(こりかたまって融通がきかない)さま、かたくな(どうしても)の意味ⓒ、前と同じ状態を守って変えずに(もとより)の意味ⓓに展開する。[英]firm, hard, solid, stiff; steady, resolute; stubborn, rigid, obstinate; originally 【和訓】もとより 【熟語】ⓐ固体・堅固・ⓑ固持・固守・ⓒ固執・頑固・ⓓ固有

文献 ⓐ詩経・天保「亦孔之固＝亦た孔(はなは)だ之れ固む(より一層固くする)」ⓑ詩経・皇矣「受命既固＝命を受くること既に固し(天命をしっかり受けた)」ⓒ論語・子罕「毋固＝固なる毋(な)かれ(物に固執してはならない)」ⓓ論語・衛霊公「君子固窮＝君子は固(もと)より窮す(君子ももとより窮することがある)」

【股】 8(肉・4) 常 常用音訓 コ また

語音 *kag(上古) ko(中古→呉ク・漢コ) gǔ(中) 고(韓)

語源 [コアイメージ] ∧形をなす。[実現される意味] 膝から上の足(また・もも)ⓐ。[英]thigh

字源 「殳(イメージ記号)＋肉(限定符号)」を合わせた字。「殳」はたてぼこ(兵車に立てるほこ)(⇨投)。先端が尖っているので、「∧形を呈する」というイメージを示す。「股」は∧形をなす足の付け根を暗示させる。

(篆)

語義 [展開] また・ももの意味ⓐから、枝分かれ、対をなすものの意味ⓑ、数学で、⌟(直角)の長いほうの辺の意味ⓒを派生する。[英]thigh; pair; longer side of a right triangle 【和訓】もも 【熟語】ⓐ股間・股肱・ⓑ八股文・ⓒ句股(＝勾股)

文献 ⓐ詩経・采菽「赤芾在股＝赤芾(セキフツ)股に在り(赤いひざかけはももの上にかけてある)」

【虎】 8(虍・2) 常 常用音訓 コ とら

語音 *hag(上古) ho(中古→呉ク・漢コ) hǔ(中) 호(韓)

語源 [コアイメージ] 擬音語。[実現される意味] トラⓐ。[英]tiger

〔解説〕白虎通義・五行篇では「虎の言為(た)るは搏討なり」とあり、搏(ハク)(うつ)と同源と見ている。しかし*hagは呼・号・などと同源で、ホーと吼える声を模した擬音語に由来する。トラの鳴き声を表す字に虖(コ)や唬(コウ)がある。一方、トラの形態的特徴から、虍(コ)は「丸い」「連なる」などのイメージを示す記号になる。藤堂明保は虚・虜・慮・盧(炉・膚)などの虍を単なる音符としているが(藤堂②)、筆者は音・イメージ記号と見る。

〔グループ〕虎・虚・虜・慮・琥・爐(ロ)(＝炉)

字源 トラの全形を描いた図形。

(甲) (金) (篆)

語義 [展開] ネコ科の哺乳類、トラの意味ⓐ。黄褐色の地に黒い縞模様がある。性質が凶猛なので、勇猛・凶暴なものの喩えⓑに用いられる。[英]tiger; metaphor of ferocity 【熟語】ⓐ虎穴・猛虎・ⓑ虎狼・豺虎

文献 ⓐ詩経・簡兮「有力如虎＝力有ること虎の如し(力が強いのはトラのようだ)」

【孤】 9(子・6) 常 常用音訓 コ

語音 *kuag(上古) ko(中古→呉ク・漢コ) gū(中) 고(韓)

語源 [コアイメージ] ㋐丸い・㋑ひとつ。[実現される意味] 親を失った子(みなしご)ⓐ。[英]orphan

〔解説〕みなしごを*kuagというのは呱(コ)(赤ん坊の泣き声)と同源だと考えれば擬音語であるが、寡(カ)(ひとりぼっち)と同源と考えてもよい。藤堂明保は孤と寡を同源の語とする。根柢にあるのは○(丸、丸い)のイ

メージである。○はのっぺらぼうな状態、カオスの状態で、対立するもののないイメージである。これは「未分化、一体化」のイメージ、「たった一つだけ、孤立」のイメージにつながる。夫を失って一人になった女を*kuăg(寡)といい、親を失って一人になった子を*kuagという。後者の表記に瓜のイメージを利用した。ウリの果実は長いものもあるが、普通は丸いイメージで捉えられる。藤堂明保は瓜は宇・股・胯・瓠・壺などと同源で、「(型や)型に曲がる」という基本義があるとする(藤堂①)。(と)を合わせれば○(丸、丸い)のイメージになる。「曲がる」と「丸い」は可逆的な(相互転化可能な)イメージである。

字源 「瓜ｶ(音・イメージ記号)+子(限定符号)」を合わせた字。「瓜」はウリの実を描いた図形。ウリの実は丸みを帯び彎曲した形をしているので、「丸い」「(形に曲がる」というイメージがある(⇩瓜)。「○(丸、丸い)」のイメージは「二つに分かれていない(未分化・一体化)」「ぽつんとひとつだけ」というイメージに展開する。したがって「孤」は親を失って、ひとりぼっちになった子を暗示させる。

語義 [展開] みなしごの意味ⓐから、ひとりぼっち、ただ一つの意味ⓑ、あるものから離れる(そむく)意味ⓒに展開する。[英]orphan; lonely, solitary, isolate; turn the back on [和訓] みなしご [熟語] ⓐ孤子・孤児・ⓑ孤独・孤立・ⓒ孤負

文献 ⓐ論語・泰伯「可以託六尺之孤=以て六尺の孤を託すべし(六尺の孤児を[その人に]あずけられる)」ⓑ論語・里仁「徳不孤、必有鄰=徳は孤ならず、必ず鄰[=隣]有り(徳のある人は独りぼっちではなく、必ず仲間ができる)」

【弧】 9(弓・6)　常　常用音訓 コ

語音 *fiuag(上古) fio(中古→呉ゴ・漢コ) hú(中) 호(韓)

語源 [コアイメージ] 「(形に曲がる。[実現される意味] ゆみⓐ。[英]bow

字源 「瓜ｶ(音・イメージ記号)+弓(限定符号)」を合わせた字。「瓜」は「(形に曲がる」というイメージがある(⇩瓜)。「弧」は木を(形に曲げて作った弓を表した。

語義 [展開] 弓の意味ⓐから、弓なりに曲がった形の意味ⓑを派生する。[英]bow; arc [熟語] ⓐ桑弧・ⓑ弧状・括弧

文献 ⓐ易経・繋辞伝下「弦木爲弧=木を弦(ま)げて弧を為(つく)る(木を曲げて弓を作った)」

【故】 9(攴・5)　常　常用音訓 コ ゆえ

語音 *kag(上古) ko(中古→呉ク・漢コ) gù(中) 고(韓)

語源 [コアイメージ] ひからびて固い。[実現される意味] 以前とかかわった事柄(古くからの付き合い)ⓐ。[英]old acquaintance

〔解説〕古にコアイメージの源泉がある。長い時間がたつと物事は古くなり、新しい動きがなくなり、性質・形状などが固くなる。これが古であるが、時間の経過が介在するので、時間の軸に視点を置くと、現在から離れた過去を古という。一方、過去から現在に至る時間の流れに視点を置くと、以前から今に至るまでの関係・縁故という意味が生まれる。これを故という。また、今に至るには、それなりの原因がある。Aがあって Bが必然的に生じる場合「故に」という使い方をする。日本語の「ゆえ(ゆゑ)」は「本質的・根本的な深い理由・原因・由来の意」という(大野①)。

字源 「古ｺ(音・イメージ記号)+攴(限定符号)」を合わせた字。「古」は「ひからびて固い」というイメージから、「時間がたってふるびている」というイメージに展開する(⇩古)。「故」は時間がたって固定し、変えようもない事態になる様子を暗示させる。この意匠によって、以前からの関係(つきあい)や時間のたった事がらを表象する。

語義 ［展開］「時間がたってふるびている」というイメージから、以前と関わった事柄という意味、具体的には、古くからの付き合いの意味ⓐ、時間がたって古びてしまった事柄（以前あった事柄、以前からの）という意味ⓑに展開する。また、もとより（もとは、以前は）の意味ⓒ、また、固くひっかかりの生じた出来事（さしさわりのある事柄）という意味ⓓを派生する。また、現在の事態に至った原因・理由（わけ、ゆえ）の意味ⓔを派生し、さらに、その原因からどうなったかを説明する副詞（ゆえに）の用法ⓕや、わけあって（ことさらに、わざと）の意味ⓖが生まれた。また、ⓓから死ぬ意味ⓗが派生した。［英］old acquaintance; old, ancient, former; from the first, formerly; accident, happening; cause, reason; therefore,hence; purposely, deliberately; die, deceased ［和訓］ふるい・もと・ことさら ［熟語］ⓐ故旧・故知・ⓑ故郷・故事・ⓓ故障・事故・ⓖ故意・故殺・ⓗ故人・物故

文献 ⓐ詩経・式微「微君之故、胡爲乎中露＝君の故（コ）微（な）かりせば、胡為（なんす）れぞ中露にゐんや（貴方とのえにしがなければ、露に濡れて待ってはいない）」ⓑ論語・為政「溫故而知新＝故きを温めて新しきを知る（古い事柄を温めなおして、新しいものを発見する）」ⓓ孟子・尽心上「兄弟無故＝兄弟故（コ）無し（兄弟に事故がない）」ⓔ詩経・狡童「維子之故、使我不能息兮＝維（こ）れ子の故に、我をして息する能（あた）はざらしむ（あなたのせいで、息ができませぬ）」

【枯】 9(木・5) 常 常用音訓 コ かれる・からす

語音 *k'ag（上古） k'o（中古→呉ク・漢コ） kū（中） 고（韓）

語源 ［コアイメージ］ひからびて固い。［実現される意味］植物がかれてひからびる（かれる）ⓐ。［英］wither

〔解説〕日本語の「かれる（かる）」はカラ（殻・幹・軀・空）と同根。カラは「水分・生命の失われて死んだものの意」で、カルは「水気がなくなってものの機能が弱り、正常に働かずに死ぬ意」という（大野①）。漢語の枯は特に植物から発想され、ひからびて固くなるというイメージの語である。

字源 「古（コ）（音・イメージ記号）＋木（限定符号）」を合わせた字。「古」は「ひからびて固い」というイメージがある（⇩古）。「枯」は木がひからびて固くなる様子を暗示させる。

語義 ［展開］植物がかれる意味ⓐから、一般に水気がなくなりひからびる意味ⓑ、また比喩的に、色や欲がなくなる意味ⓒに展開する。［英］wither; dried up; dull ［熟語］ⓐ枯槁・栄枯・ⓑ枯渇・ⓒ枯淡

文献 ⓐ易経・大過「枯楊生稊＝枯楊、稊（テイ）を生ず（枯れたヤナギにひこばえが生える）」ⓑ荀子・勧学「魚枯生蠹＝魚枯れて蠹（ト）を生ず（魚がひからびると体内に虫が発生する）」

【胡】 9(肉・5) 人 音コ・ゴ・ウ 訓えびす

語音 *ɦag（上古） ɦo（中古→呉グ・ゴ・漢コ） hu（唐ウ） hú（中） 호（韓）

語源 ［コアイメージ］垂れ下がる・覆いかぶさる。［実現される意味］顎の下に垂れた肉（したくび）ⓐ。［英］dewlap

〔解説〕古の主たるイメージは「ひからびて固い」であるが、「垂れ下がる」と「覆いかぶさる」というイメージもある。胡はこのイメージを表す記号である。牛などの頸は太った肉が垂れ下がるので、胡という。ペリカンは顎の下に垂れた袋があるので、鶘（コ）という。一方、あごひげは垂れているとともに、のどにかぶさった形なので、これを鬍（コ）という。蝶にはひげがあるから蝴蝶という。また、古代に西域からアラビア人が中国にやってきた。ひげ面の特徴を捉えて彼らを胡と称した。胡麻・胡瓜など外来のものに胡を冠するのは中央アジア方面を漠然と指している。

〔グループ〕胡・湖・瑚・糊・醐・葫（コ）（胡地から伝わった植物、ニンニク。

胡蘆コロは壺盧が語源で、ヒョウタン）・蝴コ（ひげのある昆虫、チョウ［蝴蝶］）・鬍コ（あごひげ）・鶘コ（あごの下に袋の垂れた鳥、ペリカン［鵜鶘テイコ］）

字源 「古コ（音・イメージ記号）＋肉（限定符号）」を合わせた字。「古」は「下に垂れ下がる」というイメージがある。上から垂れ下がると、下の物を覆いかぶせる形になるので、「覆いかぶさる」というイメージに展開する（⇩古）。「胡」はのど（あごの下）に垂れ下がった肉を表す。

語義 ［展開］顎の下に垂れた肉（したくび）の意味ⓐから、あごに覆いかぶさる（あごひげ）の意味ⓑに展開する。また、古代中国であごひげに特徴のある異民族、特にペルシア人、また広く、西域に住んでいた民族を差す語ⓒ、西域から伝わったものにつける語ⓓに転用される。また、訳がわからない（でたらめ）の意味ⓔを派生する。ⓑは後に鬍と書かれる。［英］dewlap; beard; non-Han people from central Asia; introduced from western regions of China; nonsense ［熟語］ⓑ胡蝶・ⓒ胡弓・胡人・ⓓ胡椒・胡麻・ⓔ胡説・胡乱ウロン

文献 ⓐ詩経・狼跋「狼跋其胡＝狼、其の胡を跋ふむ（オオカミが自分のしたくびを踏んづける）」

【個】

10（人・8）　常　｜　常用音訓　コ

語音 *kag（上古）　ka（中古→呉・漢カ）　ko（唐コ）　gè（中）　개（韓）

語源 ［コアイメージ］固い。［実現される意味］形あるものを数えることばⓐ。［英］piece, item

字源 「固コ（固い。音・イメージ記号）＋人（限定符号）」を合わせた字。固い物を数えることばで、「箇」と同じ。儀礼の鄭玄の注釈に初出。

語義 ［展開］形あるものを数えることばⓐ、また、一つ一つ数えられるもの、独立した人や物の意味ⓑ、指し示すことば（これ・この）の意味ⓒに展開する。［英］piece, item; individual; this, that ［熟語］ⓐ一個・数個・ⓑ個人・個性・ⓒ好個・真個

文献 ⓐ斉民要術・雑説「正月二月兩個月（正月と二月の二か月）」

【庫】

10（广・7）　常　｜　常用音訓　コ・ク

語音 *k'ag（上古）　k'o（中古→呉ク・コ漢）　k'u（唐ク）　kù（中）　고（韓）

語源 ［コアイメージ］覆いかぶせる。［実現される意味］車や兵器をしまう建物（くら）ⓐ。［英］arsenal

〔解説〕説文解字に「庫は兵車の蔵なり」とある。*k'agという語は家・廈カ（大きな家）などと同源で、「覆いかぶせる」というコアイメージをもつ。

字源 「車（イメージ記号）＋广（限定符号）」を合わせた字。車に屋根をかぶせる情景を設定した図形。

（篆）

語義 ［展開］車や兵器をしまう建物（くら）の意味ⓐから、物品などをしまう建物の意味ⓑに展開する。［英］arsenal; warehouse, storehouse ［和訓］くら ［熟語］ⓐ車庫・武庫・ⓑ書庫・倉庫

文献 ⓐ韓非子・十過「庫無甲兵＝庫に甲兵無し（くらには武器がない）」ⓑ孟子・滕文公上「今也滕有倉廩府庫＝今や滕トウに倉廩・府庫有り（現在滕には食糧庫も府庫［文書や財物をしまう倉］もあります）」

【袴】

11（衣・6）　人　｜　音コ　訓はかま

語音 *k'uag（上古）　k'o（中古→呉ク・コ漢）　kù（中）　고（韓）

語源 ［コアイメージ］∧形をなす。［実現される意味］両足を入れてはく衣（ズボンの類）ⓐ。［英］trousers

字源 「夸カ（音・イメージ記号）＋衣（限定符号）」を合わせた。「夸」は「∧形に大きく広がる」というイメージがある（⇩誇）。「袴」は裾が∧形に分かれた衣を表す。胯（∧形に広がる股）・跨（∧形にまたぐ）と同源。

語義 [展開] 両足を入れてはく衣(ズボンの類)の意味ⓐから、また(股間)の意味ⓑを派生する。ⓑは胯と通用。日本では「はかま」ⓒに当てる。[英]trousers; crotch; hakama(long pleated skirt) [熟語] ⓐ短袴・軍袴・ⓒ着袴・長袴

文献 ⓐ晏子春秋・内篇・諫下「衣裘襦袴、朽弊於藏＝衣裘襦袴、蔵に朽弊す(皮衣やズボンが蔵でぼろぼろになっている)」

【湖】12(水・9) 常 常用音訓 コ みずうみ

語音 *ɦag(上古) ɦo(中古→呉グ・ゴ・漢コ) hú(中) 호(韓)

語源 [コアイメージ] 覆いかぶさる。[実現される意味] みずうみⓐ。[英]lake

[解説] 王念孫は湖・壺・胡は同源で、胡は「大きい」という意味があるという(広雅疏証)。*ɦagという語は夏・廈(カ)(大きな家)・家などと同源で、「覆いかぶさる」がコアイメージである。上から覆いかぶさると下の空間は隙間なく広がるので、「大きい」というイメージにもなる。このイメージ転化現象は奄(エ)(覆いかぶさる→大きい)にも見られる。

字源 「胡(コ)(音・イメージ記号)＋水(限定符号)」を合わせた字。「胡」は「垂れ下がる」というイメージがあり、「覆いかぶさる」というイメージに展開する(⇩古・胡)。「湖」は大地に覆いかぶさった大きな水を暗示させる。この意匠によって、「みずうみ」を表象する。

語義 みずうみの意味ⓐ。[熟語] ⓐ湖畔・湖沼

文献 ⓐ戦国策・魏二「左江而右湖＝江を左にして湖を右にす(左手には川、右手には湖が位置する)」

【琥】12(玉・8) 人 音 コ

語音 *hag(上古) ho(中古→呉ク・漢コ) hǔ(中) 호(韓)

語源 [コアイメージ] 勇猛。[実現される意味] 虎の形を模した礼器ⓐ。[英]tiger-shape jade

字源 「虎(コ)(音・イメージ記号)＋玉(限定符号)」を合わせた字。虎の形にを彫刻した玉器を表す。兵を発する時に用いたという。虎の勇猛を象徴としたもの。

語義 [展開] 虎の形を模した礼器が本義ⓐ。また、琥珀(樹脂の化石)の意味ⓑに転用される。色は黄色で半透明。装飾品に利用される。[英]tiger-shape jade; amber

【雇】12(隹・4) 常 常用音訓 コ やとう

語音 (1)*ɦag(上古) ɦo(中古→呉グ・漢コ) hù(中) (2)*kag(上古) ko(中古→呉ク・漢コ) gù(中) 고(韓)

語源 [コアイメージ] 出入りを止めて囲い込む。[実現される意味] 鳥の名、イカルⓐ。[英]grosbeak

[解説] 説文解字に「雇は九雇、農桑の候鳥、民を扈(とど)めて婬せざらしむる者なり」とある。怠けないように民に農耕・養蚕の時節を教える鳥だという。詩経で桑扈(イカル)と呼ばれる鳥である。雇に「やとう」の意味があるのは突飛であるが、コアイメージの共通性による転義である。

字源 「戸(コ)(音・イメージ記号)＋隹(限定符号)」を合わせた字。「戸」は「出入りを止めて囲い込む」というイメージがある(⇩戸)。前半にポイントを置けば、「止める」というイメージ、後半にポイントを置けば「囲い込む」というイメージになる。「雇」は民の怠慢を止めて農事にいそしむように季節を告げる鳥を表す。

語義 [展開] アトリ科の鳥、イカルの意味ⓐが原義。くちばしは太く、堅い果実を割って食べる(1の場合)。また、「囲い込む」というイメージから、鳥を囲い込むように人を囲い込む、すなわち賃金を払って人をやとい入れる意味ⓑを派生する(2の場合)。[英]grosbeak; employ, hire, engage [熟語] ⓑ雇用・解雇

文献 ⓑ後漢書・東夷伝「雇以財物＝雇ふに財物を以てす（財貨で人を雇い入れる）」

【瑚】13(玉・9) 人 ｜ 音コ・ゴ

語音 *ɦag(上古) ɦo(中古→呉ゴ・漢コ) hú(中) 호(韓)

語源 [コアイメージ] 覆いかぶせる。[実現される意味] サンゴⓐ。[英]coral

字源 「胡コ（音・イメージ記号）＋玉（限定符号）」を合わせた字。「胡」はひげの意味があり、そのコアには「覆いかぶせる」というイメージがある（⇩胡）。「瑚」は枝がひげのように岩に覆いかぶさって生じる物体を表す。古代ではサンゴは鉱物の類と考えられた。

語義 [展開] 珊瑚は腔腸動物サンゴ科の総称ⓐ。また、サンゴ虫が樹枝状の骨格を形成したものの意味にもなる。また、宗廟でキビを盛る器の意味ⓑに用いる。[英]coral; one of vessel [熟語] ⓐ珊瑚・ⓑ瑚璉

文献 ⓐ史記・司馬相如列伝「玫瑰碧琳珊瑚叢生＝玫瑰・碧琳・珊瑚叢生す（玫瑰カイや碧琳ヘキリン[いずれも玉の名]や珊瑚が群がり生じる）」

【誇】13(言・6) 常 ｜ 常用音訓 コ ほこる

語音 *k'uăg(上古) k'uă(中古→呉クヱ〈＝ケ〉・漢クワ〈＝カ〉・[慣]コ) kuā(中) 과(韓)

語源 [コアイメージ] 大きく∧形に広げる。[実現される意味] 大げさに言う（自慢する）ⓐ。[英]exaggerate

[解説] 夸の下部の亏（＝于）にコアイメージの源泉がある。これは華の下部にも含まれている。于は「(形や)形に曲がる」というイメージがあり、(形や)形に大きく彎曲して開いたものが華である。「(形に曲がる」というイメージは「∧形（末広がりの形）をなす」というイメージ、さらに「∧形に大きく広げる」というイメージに転化する。これを図形化したのが夸である。「∧形に大きく広げる」というイメージから、言葉を大きく広げて言う、つまり大言を吐いて自慢するという意味が実現された。これが誇である。日本語の「ほこる」は「すぐれたものとして人目に立つように活動し行動する意」という（大野①）。

[グループ] 誇・袴・跨・夸コ（大きい、おおげさな）・胯コ（∧形に広がる股[胯下]）・刳コ（∧形に左右に割く、えぐる）・姱カ（派手で美しい）・洿オ（)形にくぼんだ水たまり[洿池]）・瓠コ（(形に曲がった果実の生る植物、ユウガオ）・鮬コ（背が∧形に隆起した魚、タイリクバラタナゴ。〈日〉セイゴ）

字源 「夸カ（音・イメージ記号）＋言（限定符号）」を合わせた字。「亏（于）」は「(形に曲がる」というイメージを示す記号（⇩宇）。「大」は人が足を∧形に大きく広げて立つ姿。「于ウ（音・イメージ記号）＋大（イメージ補助記号）」を合わせた「夸」は、∧形に大きく広がる様子を暗示させる。かくて「誇」はことばの内容が大きく広がる様子を暗示させる。この意匠によって、大きなことを言って自慢することを表象する。

(金) (篆) [夸] (篆)

語義 [展開] 大げさに言う（自慢する）意味ⓐから、自分をほめる、自負する（ほこりに思う、ほこる）意味ⓑに展開する。[英]exaggerate, overstate, boast; praise, proud, pride [熟語] ⓐ誇大・誇張・ⓑ誇示・誇負

文献 ⓐ韓非子・外儲説左下「戯而相誇＝戯れて相誇る（[二人の子どもが]ふざけあって自慢話をした）」

【跨】13(足・6) 人 ｜ 音コ 訓またぐ・またがる

語音 *k'uăg(上古) k'uă(中古→呉クヱ〈＝ケ〉・漢クワ〈＝カ〉・[慣]コ) kuà(中) 과(韓)

語源 [コアイメージ] 大きく∧形に広げる。[実現される意味] 股を

大きく広げてA点からB点に移る（またいでいく）。また、ある地点を越えるⓐ。［英］stride

字源 「夸ヵ（音・イメージ記号）＋足（限定符号）」を合わせた字。「夸」は「大きく∧形に広げる」というイメージがある（⇩誇）。「跨」は両足を大きく∧形に広げて渡る様子を暗示させる。

語義 ［展開］またを大きく広げて進む（またいでいく、またぐ）意味ⓐから、両足を∧形に広げて物の上に乗る（またがる）意味ⓑ、A点からB点に及ぶ意味ⓒに展開する。また、また（股間）の意味ⓓに用いる。胯と通用。［英］stride; bestride, straddle; span, stretch across, extend over; crotch ［熟語］ⓐ跨線橋・ⓑ跨坐・跨馬・ⓓ跨下

文献 ⓐ老子・二十四章「跨者不行＝跨ぐ者は行かず（大股で行く者は長くは歩けない）」ⓓ漢書・韓信伝「俛出跨下＝俛ふして跨下を出づ（うつむいてまたの下をくぐって出た）」

【鼓】 13（鼓・0） 常 ｜常用音訓｜ コ つづみ

語音 *kuag（上古） ko（中古→呉ク・漢コ） gǔ（中） 고（韓）

語源 ［コアイメージ］枠いっぱいに張る。［実現される意味］皮を張った楽器（つづみ）ⓐ。［英］drum

〔解説〕 釈名・釈楽器に「鼓は郭なり。皮を張りて以て之を冒おおふ、其の中空しきなり」とある。*kuagという語は郭（外枠）・廓（枠を張り広げる）と同源で、「枠いっぱいに張る」というコアイメージをもつ。

〔グループ〕 鼓・瞽コ（皮で覆われたように視力がない→目の見えない人。〈日〉瞽女ごぜ）

字源 「壴（イメージ記号）＋支（限定符号）」を合わせた字。「壴」は太鼓を立てた形。「支」は竹の棒を手に持つ形。したがって「鼓」は太鼓をたたく情景を設定した図形である。ただし図形にコアイメージは反映されていない。

（甲） （金） （篆）

〔字体〕「皷」は異体字。

語義 ［展開］つづみの意味ⓐから、つづみを打つ、また、楽器を奏でる意味ⓑ、リズムを取って動かす（奮い立たせる）意味ⓒに展開する。［英］drum（ⓐⓑ）; beat（a drum）, sound; stir up, inspire, agitate ［熟語］ⓐ鼓笛・太鼓・ⓑ鼓吹・鼓動・ⓒ鼓舞

文献 ⓐ詩経・撃鼓「撃鼓其鏜＝鼓を撃つこと其れ鏜トウたり（合図の太鼓がドンと鳴る）」ⓑ詩経・鹿鳴「鼓瑟鼓琴＝瑟を鼓し琴を鼓す（瑟［ことの一種］と琴をかき鳴らす）」

【糊】 15（米・9） 人 ｜音コ 訓のり

語音 ɦo（中古→呉ゴ・漢コ） hú（中） 호（韓）

語源 ［コアイメージ］覆いかぶせる。［実現される意味］のりⓐ。［英］paste

字源 「胡コ（音・イメージ記号）＋米（限定符号）」を合わせた字。「胡」は「覆いかぶせる」というイメージがある（⇩胡）。「糊」は米を煮てねばねばの状態にして、物の表面に覆いかぶせて粘着させるもの、つまり「のり」を表す。

語義 ［展開］のりの意味ⓐから、のり状の食べ物（かゆ）の意味ⓑ、やっと暮らしを立てる意味ⓒ、表面になすりつけてごまかす意味ⓓ、ぼんやりとして見えない意味ⓔに展開する。ⓑは餬と通用。［英］paste; porridge; make a living; gloss over; obscure ［熟語］ⓒ糊口・ⓓ糊塗・含糊・ⓔ曖昧模糊

【醐】 16（酉・9） 人 ｜音コ・ゴ

語音 ɦo（中古→呉グ・ゴ・漢コ） hú（中） 호（韓）

【語源】[コアイメージ] 覆いかぶさる。[実現される意味] 食品の名(醍醐)ⓐ。[英]finest cream

【字源】「胡コ(音・イメージ記号)+酉(限定符号)」を合わせた字。「胡」は「覆いかぶせる」というイメージがある(⇩胡)。「醐」は乳製品を作る際、酥ソ(バター)の上に覆いかぶさって生じるもの(クリーム)を表す。

【語義】醍醐はバターの上に生じるクリームの意味ⓐ。最高の味とされ、仏の悟りや教えに喩えられる。[熟語] ⓐ醍醐味

【錮】16(金・8)　常　常用音訓　コ

【語音】*kag(上古)　ko(中古→呉ク・漢コ)　gù(中)　고(韓)

【語源】[コアイメージ] 固い。[実現される意味] 周囲をがっしりとふさぐ・固く閉じ込めるⓐ。[英]confine

【字源】「固コ(音・イメージ記号)+金(限定符号)」を合わせた字。「固」は周囲からがっしりと固く囲まれて、動きが取れない様子を暗示させる図形(⇩固)。「錮」は金属を鋳型に流し込んで、周囲をがっしりと固くふさぐ様子を暗示させる。この意匠によって、固く閉じ込めることを表象する。

【語義】固く閉じ込める意味ⓐ。[熟語] ⓐ錮疾(=痼疾)・禁錮

【文献】ⓐ春秋左氏伝・成公2「子反請以重幣錮之=子反、重幣を以て之を錮せんことを請ふ(子反[人名]は厚く賄賂を使って彼を閉じ込めてほしいと頼んだ)」

【顧】21(頁・12)　常　常用音訓　コ　かえりみる

【語音】*kag(上古)　ko(中古→呉ク・漢コ)　gù(中)　고(韓)

【語源】[コアイメージ] 回りを取り巻く。[実現される意味] 振り返って見る(かえりみる)ⓐ。[英]look back

〔解説〕訓の「かえりみる」(かへりみる)」はカヘル+ミルの複合語。文字通り振り返って見る意味から、㋐気にかける、㋑面倒を見る、㋒反省する意味に転義する。漢語の顧も同じように展開するが、㋒はない。㋒の「かえりみる」は漢語では省に当たる。

【字源】「雇コ(音・イメージ記号)+頁(限定符号)」を合わせた字。「雇」は「囲い込む」というイメージがあり(⇩雇)、これは「回りを丸く取り巻く」→「ぐるりと回る」というイメージに展開する。「顧」は頭をぐるりと回して振り返って見る様子を暗示させる。

【語義】[展開] 振り返って見る(かえりみる)意味ⓐ、過去を振り返る意味ⓑ、目をかける(気づかう)意味ⓒに展開する。[英]look back(ⓐⓑ); reflect, review, retrospect; look after, be kind to　[熟語] ⓐ一顧・後顧・ⓑ回顧・ⓒ愛顧・恩顧

【文献】ⓐ詩経・終風「顧我則笑=我を顧みて則ち笑へ(私を振り返ってにっこり笑え)」ⓒ詩経・葛藟「謂他人父、亦莫我顧=他人を父と謂ふも、亦た我を顧みること莫し(他人を父と呼んだけれど、私に目をかけてくれなかった)」

ご

【五】4(二・2)　常　常用音訓　ゴ　いつ・いつつ

【語音】*ŋag(上古)　ŋo(中古→呉・漢ゴ)　wǔ(中)　오(韓)

【語源】[コアイメージ] ×形に交わる・⇅形に交差する。[実現される意味] 数詞の5ⓐ。[英]five

〔解説〕数を指折り数える時、親指から→の方向に1、2、3と進み、小指で折り返し、次は←の方向に進む。指の折り方はいろいろ変化があるかもしれないが、5は真ん中であり、交差点に当たると考えてよい。*ŋagは二つが交わる点という発想から生まれた語で、「×形に交わる」「⇅形に交差する」がコアイメージをなす。説文解字では「五は五行な

り。陰陽、天地の間に在りて交午(まじわる)するなり」とあり、午で説明したのは卓見であるが、数詞の本質を捉えたわけではない。五の深層構造を初めて解明したのは藤堂明保である。氏は午だけではなく、牙・互・与・逆・呉なども同源とし、「かみ合う、×型、↓↑型」という基本義があるとする。そして十進法では5が交差点に当たるから五といい、十二進法では午というのであって、ことばとしては同じであると述べている(藤堂①)。日本語の「いつつ」はイが古形で、5と50を意味したという(大野①)。

〔グループ〕五・伍・吾

字源 「×」の上下に「＝」を加えた図形。「×」は交差することを示す符号。上下の「＝」は出発点と交差点を示している。この意匠によって、数詞の5を表象する。古文は×だけで5を表している。他の説では、五本の指を開いたときの掌紋を×で示したもの(張秉権)、縄を収める器の形(丁山)、×は午の本字(楊樹達)、交錯する木をもって作られた器物の蓋の形(白川静)などがある。藤堂と張秉権以外は数詞に用いるのを仮借とする。

(甲) (金) (古) (篆)

語義 [展開] 数詞の5の意味ⓐ。また、序数詞の5番目の意味ⓑにも用いる。[英]five; fifth [熟語] ⓐ五官・五感・ⓑ五更

文献 ⓐ詩経・干旄「良馬五之＝良馬は五つ(すばらしい馬が五頭いる)」

【互】 4(二・2) 常 常用音訓 ゴ たがい

語音 *ɦag(上古) ɦo(中古→呉ゴ・漢コ) hù(中) 호(韓)

語源 [コアイメージ] 互い違いにかみ合う・交差する。[実現される意味] 入れ代わって同じことにかかわり合うさま(入れ違いに)ⓐ。[英]mutually, each other

〔解説〕交互とはAとBが入れ代わることで、図示するとA⇅Bの形、あるいはA×Bの形で表せる。*ɦagという語は五・牙・午などと同源で、「×形や⇅形に交わる」というコアイメージをもつ。日本語の「たがいに(たがひに)」はタガフ(違)から派生した語で、「入れちがいに」の意味という(大野①)。

〔グループ〕互・冴(＝冱)

字源 二つの印が⊐⊏の形にかみ合っている様子を示す象徴的符号。「互いにかみ合う」というイメージは「×形や⇅形に交わる」というイメージにつながる。この意匠によって、双方がたがいにかかわり合うさまを表象する。字源については糸巻きの形(加藤①)、縄を巻き取る器の形(白川②)などがあるが、「二本の棒に切り込みを入れ、かみ合わせてつなぐさま」とする説(藤堂②)が比較的よい。

(篆)

語義 入れ違いに(たがいに)の意味ⓐ。[熟語] ⓐ交互・相互

文献 ⓐ宋玉・高唐賦「道互折而層累＝道は互ひに折れて層累す(道は交互に折れ曲がり、重なり合って上っていく)」(文選19)

【午】 4(十・2) 常 常用音訓 ゴ

語音 *ŋag(上古) ŋo(中古→呉・漢ゴ) wǔ(中) 오(韓)

語源 [コアイメージ] ⇅形に交差する。[実現される意味] 十二支の第七位ⓐ。[英]the seventh earthly branch

〔解説〕古代中国の序数詞の一種に十進法で数える十干のほかに、十二進法で数える十二支がある。子・丑・寅…と進んでいくと、巳が中間になり、次が午となる。十進法の数詞では5が折り返し点だが(基数は九つなので5番目を折り返し点とする)、これに倣うと十二進法では午が折り返し点に当たるといえる(十二支は7番目を折り返し点とする)。*ŋagという語

は五・互と同源で、「⇅形に交差する」というコアイメージをもつ。その図形化は杵(きね)から発想された。

〔グループ〕午・御・許・杵・忤ゴ(↓↑の形に向かってさからう)・迕ゴ(↓の方向から来る人を↑の方向に出て迎える)・滸コ(水が↓形に来ると↑形に受け止める所、岸辺[水滸])

字源 杵を描いた図形。杵は餅などを臼に入れて搗く道具で、↓の方向に打ち下ろすと、次に↑の方向に持ち上げ、この動作が交互に繰り返される。したがって「⇅形に交差する」というイメージを表すことができる。

(甲) (金) (篆)

語義 [展開] 十二支の七番目(うま)の意味ⓐ。日や年を記す。時刻では十二時およびその前後二時間(現在では正午)の意味ⓑ。方位では真南の意味ⓒ。また、コアイメージが実現されて、縦横に交わる意味ⓓ。なお、十二支を動物に配当したのは漢の頃に始まる。[英]the seventh earthly branch; noon, midday; south; cross [和訓]うま [熟語]ⓐ丙午・ⓑ午前・正午・ⓒ子午線・ⓓ旁午

文献 ⓐ詩経・吉日「吉日庚午＝吉日は庚午なり(日柄のよい日はかのえうま)」

【伍】 6(人・4) 人 音ゴ

語音 *ŋag(上古) ŋo(中古→呉・漢ゴ) wǔ(中) 오(韓)

語源 [コアイメージ] ×形に交わる・⇅形に交差する。[実現される意味] 軍隊や行政組織で五人・五戸を一まとめとする単位(五人組)ⓐ。[英]group of five

字源 「五ゴ(音・イメージ記号)＋人(限定符号)」を合わせた字。人が多く入り交じること、特に五人が交わった一組を表す。

語義 [展開] 五人組の意味ⓐから、隊列・仲間の意味ⓑ、入り交じる意味ⓒに展開する。また、五の大字ⓓに用いる。[英]group of five; company; mixed together; five [熟語]ⓐ伍長・什伍・ⓑ隊伍・落伍・ⓒ参伍

文献 ⓑ孟子・公孫丑下「一日而三失伍＝一日にして三たび伍を失ふ(行軍中一日で三回も隊列を見失う)」ⓒ易経・繫辞伝上「参伍以變＝参伍以て変ず(陰陽が互いに入り交じって変化する)」

【冴】 7(冫・5) 人 音ゴ 訓さえる

語音 〈冱〉*ɦag(上古) ɦo(中古→呉ゴ・漢コ) hù(中) 호(韓)

語源 [コアイメージ] 互い違いにかみ合う。[実現される意味] こおるⓐ。[英]freeze

字源 冱→沍→冴と変化したと考えられるが、中国では冴を使わない。冱は「互ゴ(音・イメージ記号)＋冫(限定符号)」を合わせた字。「互」は「互い違いにかみ合う」というイメージがある(⇩互)。「冱」はジグザグに筋が入ってこおる様子を暗示させる。

語義 日本では冴を「さえる」と読む。冷たく凍る意味ⓐ。また比喩的に、冷たいと感じるほど澄み渡る意味ⓑ。[英]freeze; clear

【呉】 7(口・4) 常 常用音訓 ゴ

語音 *ŋag(上古) ŋo(中古→呉グ・漢ゴ) wú(中) 오(韓)

語源 [コアイメージ] 食い違う・交差する。[実現される意味] 大声でしゃべるⓐ。[英]shout

〔解説〕藤堂明保は呉は牙・五・午・互・屰(逆)などと同源で「かみ合う」という基本義があるとする(藤堂①)。このイメージを図示すれば「×」「⇅」「↓↑」の形になる。これは「食い違う」「交差する」と言い換えることもできる。「食い違う」というイメージは誤(あやまる)に展開

し、「交差する」というイメージは娯（たのしむ）に展開する。後者は語と同源で、人が⇅の形に交わってしゃべる→たのしむへと転義したと考えられる。

〔グループ〕呉・誤・娯・虞・蜈ゴ（呉公が語源。ムカデ［蜈蚣ゴコウ］）・麌ゴ（シカが群がり戯れるさま［麌麌］）　茣*ゴ（半国字。茣蓙ゴザは御座の当て字）

[字源] 「吳」が正字。「夨（イメージ記号）＋口（限定符号）」を合わせた字。「夨クソ」は頭を傾げる人を描いた形（仄の原字）。「吳」は首を傾げつつしゃべる場面を設定した図形。前半に視点を置くと、首を傾げることから「食い違う」というイメージ、後半に視点を置くと、人と交わってしゃべることから「⇅形に交わる」というイメージを表すことができる。

（金）　（篆）

〔字体〕「吳」は旧字体。「呉」は書道に由来する常用漢字の字体。現代中国の簡体字は「吴」。呉に従う他の字体もこれに倣う。

[語義] ［展開］「⇅形に交わる」というイメージから、ワイワイとにぎやかに（騒がしく）しゃべるが原義ⓐ。ただしこの意味では廃語。後に「食い違う」というイメージから、中原とはことばが食い違う人の住む地域・国名（南方にあった）ⓑに用いられた。日本では「くれ」と読み、中国の別名ⓒとする。「くれ」は呉の国が日本から見て西にあったので「暮れ」が語源。［英］shout; name of a feudal state in southern China; China ［和訓］くれ・くれる ［熟語］ⓑ呉越・呉音・ⓒ呉服

[文献] ⓐ詩経・糸衣「不吳不敖＝吳ゴせず敖ゴウせず（大騒ぎしてしゃべることもなく、おごり高ぶることもない）」ⓑ論語・述而「君取於吳＝君は呉に取めとる（殿様は呉から妻をめとった）」

【吾】 7（口・4） [人] [音]ゴ [訓]わ・われ

[語音] *ŋag（上古） ŋo（中古→[呉]グ・[漢]ゴ） wú（中） 오（韓）

[語源] ［コアイメージ］×形や⇅形に交差する。［実現される意味］一人称代名詞（われ）ⓐ。［英］I

〔解説〕五にコアイメージの源泉がある。これは「×の形や⇅の形に交差する」というイメージ。コミュニケーションの場において、二人がA×Bの形あるいはA⇅Bの形に交わる（言語を交わす）という行為がある。Bを他者（対話する相手）とすれば、Aは当事者である。これを吾という。一人称は二人が交わる（対話する）行為から発想された。我や卬ギョウも同じイメージをもち、同源の語である。ただし余・予・台イは違った発想から一人称となった。なお自・己は自分を指すが、人称代名詞ではない。

〔グループ〕吾・語・悟・梧・晤ゴ（面と向かって会う［面晤］）・牾ゴ（さからう、食い違う［牴牾テイゴ］）・寤ゴ（意識が交差する→さめる［寤寐］）・衙ガ（↓の方向から来るものを↑の方向に出迎えて、そこで押し止める→押し止めて禦ぐ。防禦して出入りをさせない天子の宮殿。また、宮殿の近くに立ち並ぶ官庁［官衙］）・圄ギョ（罪人を押し止める牢獄［囹圄レイギョ］）・敔ギョ（上部に∧∧∧の形のぎざぎざがあり、演奏の終わりにこすって鳴らす楽器［柷敔シュクギョ］）・齬ゴ（×形に食い違う［齟齬ソゴ］）・鼯ゴ（五つの技をもつとされる獣、ムササビ［鼯鼠］）

[字源] 「五ゴ（音・イメージ記号）＋口（限定符号）」を合わせた字。「五」は「⇅形に交差する」というイメージがある（⇩五）。「吾」は二人が⇅形にことばを交わす情景を設定した図形。対話する当事者の関係に視点を置けば、聞き手（なんじ、二人称）と向き合う話し手（われ、一人称）を指すことばを吾で表す。

[語義] われ（私、自分）の意味ⓐ。［熟語］ⓐ吾人

[文献] ⓐ論語・為政「吾十有五而志于學＝吾、十有五にして学を志す（私は十五歳で学問をこころざした）」

【後】 9（彳・6） [常] [常用音訓]ゴ・コウ　のち・うしろ・あと・おくれる

[語音] *ɦug（上古） ɦəu（中古→[呉]グ・[漢]コウ・［慣］ゴ） hòu（中） 후（韓）

語源 [コアイメージ] (一線から)へこむ。[実現される意味] 空間的にあとの方(うしろ)ⓐ。[英]after, behind, back

〔解説〕前の反対が後である。漢語では起点(基点)から進む方向が前、起点からへこむ方向を後とする。後は前と同様に、足の進み方から図形化された。日本語の「うしろ」はム(身)シロ(尻)の転で、人の背面の意味。「あと」は跡(足の踏んだ所)から、足もと→うしろ足→うしろに転義する。時間的用法では後と書く。「のち」は空間的に線条的に連なるものの先・末の方の意味から、時間的にある時点から以後の意味に転じたという。また、「おくれる(おくる)」はオクル(送)と同根で、「人と並んで行こうとしてもできず、その人より後を行く意」という。「しりえ(しりへ)」はシリ(尻)+へ(方)で、マへ(前)の対。「しり」は肛門の意味がある(以上、大野①②)。日本語では全部違う語であるが、漢語では後の一語でそれらをカバーする。

字源 「幺(イメージ記号)+夊(イメージ補助記号)+彳(限定符号)」を合わせた字。「幺」は「小さい」「わずか」というイメージを示す記号(⇩幼・幾)。「後」は足が少ししか進めず、定点よりうしろの方にある(おくれている)様子を暗示させる。この意匠によって、空間的・時間的にあとの方を表象する。

(甲) (金) (篆)

語義 [展開] 空間的にあとの方(うしろ)の意味ⓐ、位置・順序があとの方(しりえ)の意味ⓑ、時間的にあとの方(将来、のち)の意味ⓒ、時間が遅くなる(おくれる)意味ⓓ、子孫の意味ⓔ、尻・肛門の意味ⓕに展開する。[英]after(ⓐ~ⓒ), behind(ⓐⓓ), back, rear; following, latter; later, afterward; be late, delay; offspring; anus [和訓] しり・しりえ [熟語] ⓐ後方・背後・ⓑ後期・後篇・ⓒ後悔・後世・ⓓ後進・後天・ⓔ後胤・ⓕ牛後

文献 ⓐ詩経・緜蛮「命彼後車=彼の後車に命ず(後ろの車に指図する)」ⓒ詩経・葛生「百歳之後、歸于其居=百歳の後、其の居に帰らん(百年ののち、[あなたの入っている]墓の部屋に帰りたい)」ⓓ論語・微子「子路従而後=子路従ひて後る(子路は[先生に]従って遅れてきた)」ⓔ詩経・南山有台「保艾爾後=爾が後を保艾(ホウガイ)す(あなたの子孫を大切に守ります)」ⓕ戦国策・韓一「寧爲鷄口、無爲牛後=寧ろ鶏口と為るも、牛後と為る無かれ(鶏の口となっても、牛の尻にはなるな[大の尻よりも小のトップに就くのがよい])」

【娯】 10(女・7) 常 常用音訓 ゴ

語音 *ŋuag(上古) ŋo(中古→呉グ・漢ゴ) yú(中) 오(韓)

語源 [コアイメージ] ⇅形に交差する。[実現される意味] 遊んで楽しむⓐ。[英]amuse

字源 「娛」が正字。「吳(ゴ)」(音・イメージ記号)+女(限定符号)」を合わせた字。「吳」は「⇅形に交差する」というイメージがあり、「⇅形に言葉を交わす」というイメージに展開する(⇩呉)。「娛」は女性がおしゃべりして楽しむ情景を設定した図形。この意匠によって、楽しみ事に興ずることを表象する。

語義 遊んで楽しむ意味ⓐ、また、楽しみ事の意味ⓑ。[英]amuse; amusement, entertainment, pastime [和訓] たのしむ [熟語] ⓑ娯楽

文献 ⓐ詩経・出其東門「縞衣茹藘、聊可與娛=縞衣(コウイ)茹藘(ジョリョ)、聊(いささ)か与(とも)に娯しむべし(白い衣と茜の膝掛け、[それを着た彼女とならどうやら一緒に楽しめそう])」

【悟】 10(心・7) 常 常用音訓 ゴ さとる

語音 *ŋag(上古) ŋo(中古→呉グ・漢ゴ) wù(中) 오(韓)

語源 [コアイメージ] ⇅形に交差する。[実現される意味] はっきり

分からないことを思い当たって、分かるようになる(はっきりと理解する、さとる)ⓐ。[英]comprehend, realize, awaken

〔解説〕王力は「覚悟の悟は目覚める意の寤に由来する」という(王力②)。悟と寤は吾にコアイメージの源泉がある。これは「⇅の形に交差する」というイメージである。何が交差するのか。目覚めるを意味する語には覚もある。覺に含まれる爻という記号が「×形(または⇅形)に交差する」というコアイメージを表しており、無(非存在)と有(存在、物の像やイメージ)が交差し、その結果見えるようになるということが「めざめる」の漢語的捉え方である。寤も全く同じ。そうすると悟の意味も限定されてくる。二つのものが交差して目覚める現象が起こったのと同じように、精神において無の状態と、外界から来る情報などが交差して、心の中で今まではっきりしなかったことが分かるようになることが悟である。日本語の「さとる」は「神仏の啓示をうけとる意。転じて、物事の本質的な意味や根本原理、真相などを、啓示され、あるいは発見して知る意」という(大野①)。漢語の悟とは少しイメージが違う。

字源 「吾ゴ(音・イメージ記号)+心(限定符号)」を合わせた字。「吾」は「⇅形に交差する」というイメージがあり、二人が⇅形にことばを交わす様子を暗示させる(⇩吾)。これは言語の場を念頭に置いた図形だが、感覚や精神の場に視点を移したのが寤と悟である。視覚が目に見えない現実と交わって「さめる」ことが寤である。同様に、精神が現実と交わって、曖昧な事態がはっきり分かるようになることを「悟」で表象する。覚と造形の意匠が似ている。

語義 [展開] はっきりと理解する(さとる)意味ⓐから、理解が速い意味ⓑに展開する。仏教では、仏道・真理に目覚める、また、さとりの意味ⓒに用いる。[英]comprehend, realize, awaken; quick to understand; enlightenment [熟語] ⓐ悟得・覚悟・ⓑ穎悟・聡悟・ⓒ悟道・大悟

文献 ⓐ荘子・漁父「甚矣、子之難悟也＝甚しいかな、子の悟り難きは(ひどいなあ、お前の物分かりの悪さは)」

【梧】 11(木・7) 人 音ゴ 訓あおぎり

語音 *ŋag(上古) ŋo(中古→呉グ・漢ゴ) wú(中) 오(韓)

語源 [コアイメージ] 五つ。[実現される意味] アオギリⓐ。[英]Chinese parasol-tree

字源 「吾ゴ(音・イメージ記号)+木(限定符号)」を合わせた字。「吾」の根柢にあるのは「五」のイメージである(⇩五・吾)。「梧」は果実が五つに裂けて分かれる木、アオギリを表す。

語義 [展開] アオギリ科の木で、アオギリの意味ⓐ。樹皮は緑色。果実は熟する前に五つに裂け、舟形を呈する。材質は柔軟。家具などの材料になるところから、机の意味ⓑを派生する。[英]Chinese parasol-tree; desk [熟語] ⓐ梧桐・梧葉・ⓑ梧下・梧右

文献 ⓐ詩経・巻阿「梧桐生矣、于彼朝陽＝梧桐生ず、彼の朝陽に(アオギリが生えたよ、山の東側に)」

【碁】 13(石・8) 常 常用音訓 ゴ

語音 *giəg(上古) giei(中古→呉ギ・ゴ・漢キ) qí(中) 기(韓)

語源 [コアイメージ] 四角い。[実現される意味] 石で地を囲うゲーム(囲碁)ⓐ。[英]Go game

字源 「其キ(音・イメージ記号)+石(限定符号)」を合わせた字。「其」は「四角い」というイメージがある(⇩其・基)。四角い盤で行うゲーム(囲碁)を「棊」で表したが、石を使うので限定符号を木から石に替えた。棋と碁は異体字であるが、日本では両者を使い分ける。

語義 ゲームの一つ、囲碁の意味ⓐ。[熟語] ⓐ碁聖・囲碁

文献 ⓐ法言・問道「圍棊撃劍反自眩＝碁を囲み剣を撃ち、反(かえ)って自ら眩む(碁を打ち、剣術をして、かえって自分から目を回す)」

【語】14(言・7)　常　｜常用音訓　ゴ　かたる・かたらう

語音 *ŋiag(上古)　ŋio(中古→呉ゴ・漢ギョ)　yǔ(中)　어(韓)

語源 [コアイメージ] ⇅形に交差する。[実現される意味] 相手と向き合って話す(話し合う)ⓐ。[英]talk, speak, say

〔解説〕語は話す相手を予想していうことばで、⇅の形にことばをやりとりするというイメージである。詩経・公劉篇に「時に于(お)いて語語たり」という詩句があり、孔穎達は「論難を語と曰ふ。二人相対するを謂ふ」と述べる(毛詩正義)。二人が向かい合って言い合うという解釈。「二人相対」が的を射ている。日本語の「かたる」は「相手に一部始終を聞かせるのが原義」という(大野①)。漢語の語と少しイメージが違う。強いて言えばⓒにほぼ当たる。英語の場合、焦点の置き方によってことばに違いがある。speakは「音を出すことと一方方向」、talkは「話す相手が存在し双方向にやりとりをする点」、sayは発話の内容、tellは内容の伝達にそれぞれ焦点があるという(田中①)。漢語の語はtalkに近い。

字源 「吾(ゴ)(音・イメージ記号)+言(限定符号)」を合わせた字。「吾」は二人が⇅形にことばを交わす様子を暗示させる図形(⇩吾)。対話する当事者の関係に視点を置けば、聞き手(なんじ、二人称)と向き合う話し手(われ、一人称)を指すことばを「吾」で表す。対話する場面に視点を置いたのが「語」で、A(話し手)とB(聞き手)がA⇅Bの形にことばをやりとりする様子を暗示させる。

語義 [展開] 相手と向き合って話す(話し合う)意味ⓐから、話されることばの意味ⓑ、誰かに対して話を伝える(告げる)意味ⓒに展開する。[英]talk, speak, say; language, tongue, words; tell, announce [熟語] ⓐ豪語・私語・ⓑ語彙・言語・

文献 ⓐ詩経・東門之池「彼美淑姫、可與晤語=彼の美なる淑姫、与(もと)に晤語すべし(あの美しい娘とならば、一緒に面と向かって話せるだろう)」ⓑ論語・季氏「吾聞其語矣=吾其の語を聞けり(私はそのような言葉を聞いたことがある)」ⓒ論語・八佾「子語魯大師樂曰=子、魯の大師に楽を語(つ)げて曰く(先生[孔子]は魯の音楽官に音楽のことを告げて、こう述べた)」

【誤】14(言・7)　常　｜常用音訓　ゴ　あやまる

語音 *ŋag(上古)　ŋo(中古→呉グ・漢ゴ)　wù(中)　오(韓)

語源 [コアイメージ] 食い違う。[実現される意味] 事実や正しい行き方と食い違う(間違う、あやまる、あやまり)ⓐ。[英]err, mistake, error

〔解説〕日本語の「あやまる」は「あやまつ」と同源の語だが、微妙な違いがある。「あやまる」は事実の誤認や判断の間違いなど、「自分が思いもしない間違いをしでかす」意で、「あやまつ」は「倫理や規準に背く重い結果」の過失をいう(大野②)。これらは漢語の誤と過にほぼ相当する。最初に訓をつけた古人の漢字・漢語に対する理解の深さには感心する。英語のerrはラテン語のerrāre(道に迷う)が語源で、罪を犯す→誤る意、またmistakeはmis-(誤・悪の意)+take(取る)→誤り・間違う意という(以上、下宮①)。前者は漢語の過、後者は誤に当たるようである。

字源 「誤」が正字。「呉(ゴ)(音・イメージ記号)+言(限定符号)」を合わせた字。「呉」は「×形や⇅形に交差する」「食い違う」というイメージがある(⇩呉)。「誤」はことばが事実とちぐはぐに食い違っている様子を暗示させる。この意匠によって、事実と食い違うことを表象する。

語義 [展開] 事実や正しい行き方と食い違う(あやまる)意味ⓐから、方針を間違わせる(あやまらせる)意味ⓑに展開する。[英]err, mistake, error; mislead [熟語] ⓐ誤解・誤用

文献 ⓐ礼記・聘義「使者聘而誤、主君弗親饗食也=使者、聘(へい)して誤らば、主君親(みずか)ら饗食せず(使者の招聘の礼に手違いがあると、主君はパーティーに参加しない)」ⓑ国語・晋「惑則誤民、民誤失德、是棄民也=惑へば則ち民を誤らす、民誤れば徳を失ふ、是れ民を棄つるなり([君主が]惑

う と民を誤らせる。民が誤って徳を失うことは、民を捨てるに等しい）」

【護】
20(言・13) 常 常用音訓 ゴ

語音 *ɦuag(上古) ɦo(中古→呉ゴ・漢コ) hù(中) 호(韓)

語源 [コアイメージ] 周囲を取り巻く。[実現される意味] 大事にかばって守るⓐ。[英]protect, shield, guard

〔解説〕護は周囲に枠を作って取り巻いて中のものを守るというイメージである。英語のprotectはラテン語pro(前に)+tegere(覆う)が語源で、「前を覆って中身を守る」の意という(下宮①、政村①)。前と周囲の違いはあるが、英語のprotectと漢語の護は発想の似た語といえる。

字源 「蒦カク(音・イメージ記号)+言(限定符号)」を合わせた字。「蒦」は「枠に入れてかばう」というイメージがあり、「周囲を取り巻く」というイメージに展開する(⇩獲)。「護」はことばをかけて、身の周りを取り巻いて大事にかばう様子を暗示させる。この意匠によって、大事にかばって守ることを表象する。

語義 大事にかばって守る意味ⓐ。[和訓] まもる [熟語] ⓐ護衛・保護

文献 ⓐ管子・形勢解「教護家事、父母之則也=家事を教護するは、父母の則なり(家の事を教えて守るのは、父母の務めである)」

こう

【口】
3(口・0) 常 常用音訓 コウ・ク くち

語音 *k'ug(上古) k'əu(中古→呉ク・漢コウ) kǒu(中) 구(韓)

語源 [コアイメージ] あな。[実現される意味] くちⓐ。[英]mouth

〔解説〕釈名・釈形体に「口は空(突き抜けた穴)なり」とある。*k'ugという語は語尾が少し変わるとk'uk、k'ungとなる。藤堂明保は空だけではなく工のグループ全体、さらに孔のグループ、公のグループ、凶のグループ、侯のグループ、谷のグループなどとともに同じ単語家族にくくり、「穴・突き抜ける」という基本義をもつとする(藤堂①)。物を食べる器官である「くち」は「あな」というコアイメージをもつ存在や現象の中の一つである。ㅂ形の図形が「くち」という意味を生み出したわけではない。「くち」を意味する*k'ugという聴覚記号を再現させるために考案された視覚記号が口であると理解しないといけない。英語のmouthは印欧祖語の*menth-(咀嚼する)に淵源があるらしい(下宮①)。物をかむ器官→「くち」の意味になったと思われる。mouthはくち→ことば→穴の入り口の意味に展開する。漢語の口と意味展開が同じである。言語が違っても語(単語)の意味構造にはある程度普遍性がある。漢語だけが特殊なわけではない。

〔グループ〕口・叩コウ(殻と同源で、中空で外が固いものをこつんとたたく→たたく[叩頭])・扣コウ(進むものを引いて後ろにへこませる→引き止める・ひかえる[扣除])・釦コウ(穴の開いた金飾り。また、穴にはめるボタン)

字源 くちの形を描いた図形。白川静は「祝禱の器の形」で、「くち」との関係は不明とする(白川①)。白川学説のすべてが「口」の解釈に掛かっているが、古典における口の用法と整合しないのは弱点である。甲骨文字は祭祀・宗教という特異な場で記録された文字であり、日常用語がきわめて少ない。しかし甲骨文字で口が固有名詞(人名)に使われたとしても「くち」が本義であることは古典の用法から逆に推定してよい。言語の連続性は音のレベルだけでない。

(甲) (金)  (篆) 

語義 [展開] 生理学的なくちⓐの意味から、言語をしゃべる器官としてのくち、つまり口でしゃべること(口ぶり、ことば)の意味ⓑに展開する。また、人や家畜の意味や、それを数える語ⓒ、穴・出入り口の意味ⓓを

派生する。[英]mouth(ⓐ〜ⓓ); say, saying, words; family or domestic animals; hole, entrance 【熟語】ⓐ口腔・口吻・ⓑ口外・口述・ⓒ人口・生口・ⓓ河口・銃口

文献 ⓐ詩経・生民「以就口食＝以て口食に就く([だんだん成長した赤ん坊は]自分で口に入れる食を求めに行った)」ⓑ詩経・十月之交「讒口囂囂＝讒口(ザンコウ)囂囂(ゴウゴウ)たり(悪口ががやがやと聞こえてくる)」ⓒ孟子・梁恵王上「数口之家可以無飢矣＝数口の家、以て飢ゑ無かるべし([農業の手当てをすれば]五、六人の家族も飢えることはないでしょう)」

【工】 3(工・0)　常　常用音訓　コウ・ク

語音 *kuŋ(上古)　kuŋ(中古→呉ク・漢コウ)　gōng(中)　공(韓)

語源 [コアイメージ] 突き通す・突き抜ける。[実現される意味] 道具を使って物を作る(細工する)、また、物を作る仕事ⓐ。[英]work

【解説】王力は工・功・攻を同源とする(王力①)。王引之も功・公・工を「字異なれど義は同じ」とした(経義述聞)。確かにその通りであるが、語の深層を探るという発想がないので、ここにとどまった。藤堂明保は範囲を拡大させ、工のグループ全体だけでなく、口のグループ、凶のグループ、公のグループ、侯のグループ、谷のグループ、また孔・后・巷などとともに同じ単語家族にくくり、「穴・突き抜ける」という基本義があるとする(藤堂①)。穴も空間を突き抜けたものであるから、「突き通す」というイメージに概括できる。また、空間を突き抜けると、中間は空っぽになるから、「空っぽ」というイメージにも転化する。後者から空(*k'uŋ)が生まれる。物を作る行為は素材に手を加えるが、とりわけ穴を突き通すという工程が含まれる。だから道具を使って物を作ることを*kuŋという。これに対する視覚記号は抽象的な図形が考案された。

【グループ】工・功・江・攻・紅・虹・貢・項・空・恐・鴻・肛(コウ)(大便を通す尻の孔[肛門])・扛(コウ)(棒を突き通してかつぐ)・杠(コウ)(川に一本の木を通して渡す橋)・缸(コウ)(筒型のかめ)・訌(コウ)(言い争って穴に陥る、内輪もめ[内訌])・釭(コウ)(車軸を通す鉄の管、かりも)・豇(コウ)(さやが筒型に突き通った形をした豆、ササゲ[豇豆])・魟(コウ)(毒針を突き通して攻撃する魚、エイ)

字源 二線の間を縦の線で突き通す様子を象徴的に示す図形。この意匠によって、道具を素材に突き通して物をこしらえる(工作する)ことを表象する。字源については諸説紛々である。規矩(定規)、曲尺、斧、鋸、連なった玉、版築の道具、貢の原字、杠(橋)の原字等々がある。「上下の二線の間を、たて棒|印でつき抜いたことを示す象徴的な指事文字」(藤堂①)というのが妥当。

(甲)　(金)　(篆)

語義 [展開] 道具を使って物を作ることや物を作る仕事の意味ⓐから、巧みな技、また、技が巧みである意味ⓑ、技術で物を作る人(技術者、たくみ)の意味ⓒ、専門の技術で仕える人(官吏、つかさ)の意味ⓓに展開する。[英]work; craft, skill, be expert in; artisan, worker; officer 【和訓】たくみ 【熟語】ⓐ工作・細工・ⓑ工拙・工緻・ⓒ職工・大工

文献 ⓐ管子・立政「工事競於刻鏤＝工事には刻鏤を競ふ(工作の仕事では[木や金属に]模様を彫り込むことで競争する)」ⓒ論語・衛霊公「工欲善其事、必先利其器＝工、其の事を善くせんと欲せば、必ず先づ其の器を利にす(職人が仕事を立派に仕上げるには、まず道具を鋭利にする必要がある)」ⓓ詩経・臣工「嗟嗟臣工＝嗟嗟(ああ)臣工よ(ああ官僚たちよ)」

【公】 4(八・2)　常　常用音訓　コウ　おおやけ

語音 *kuŋ(上古)　kuŋ(中古→呉ク・漢コウ)　gōng(中)　공(韓)

語源 [コアイメージ] ㋐まっすぐに通る・㋑両側に分け開く。[実現される意味] 社会全体に開かれていること(世間一般、おおやけ)ⓐ。[英]public

〔解説〕社会全体に開かれていることを*kuŋという。何の妨げもなく素通しである、あるいは、全体を見通せるという状態なので、「まっすぐに通る」「突き通る」というイメージに展開し、工のコアイメージに近づく。また、閉じたものを見通せるように開くことから、*kuŋは「両側に分け開く」というイメージに展開する。後者のイメージを図形化したのが公である。日本語の「おおやけ(おほやけ)」はオホ(大)+ヤケ(=ヤカ。宅)で、「大きな建物の意」が原義で、㋐天皇家、天皇・皇居の意味、㋑朝廷・政府・官庁の意味、そして㋒「個人的でないこと。国家や社会に関すること」の意味に展開するという(大野①②)。漢語の公は逆に㋒から㋑、㋐(天皇ではなく君主)へ展開する。英語のpublicはラテン語のpopulus(人々)に由来し、「人々一般の、大衆に開かれた」の意という(下宮①、政村①)。英語のpublicは日本語の「おおやけ」よりも漢語の公(社会全体に開かれている)と発想が似ている。

〔グループ〕公・翁・松・訟・頌・鬆《ショウ》(縦に隙間が通る、すける。〈日〉す)・瓮《ウオ》(口の大きく開いた陶器→水などを入れるかめ)・崧《スウ》(山が縦に高くそびえるさま)・蚣《コウ》(呉公が語源。ムカデ[蜈蚣《ゴコウ》])

字源 「八(左右に分ける。イメージ記号)+ム(イメージ補助記号)」を合わせた字。「ム《シ》」は囲い込むことを示す符号。これは「私」の原字で、自分の物だと財物などをひそかに囲い込むことを「私」という。これとは反対に、「公」は囲い込んだものを両側に開いて見せる情景を設定した図形である。この意匠によって、私(わたくし、プライベート)ではなく、社会全体に開かれていること(おおやけ、パブリック)を表象する。図形の解釈ははるか昔、韓非子が「自ら環《めぐ》らす者之を私と謂ひ、私に背く之を公と謂ふ(自分で囲い込むのが私で、私の反対が公である)」(五蠹篇)と正解を出している。

(甲) (金) (篆)

語義 [展開] 社会全体に開かれている意味ⓐから、朝廷・役所の意味ⓑ、また、民の上に立つ人(君主・諸侯・大臣)の意味ⓒに展開する。また、まっすぐ通って片寄らない意味ⓓ、他人に対する尊称ⓔに用いられる。[英]public; official place; prince, duke; fair, just, impartial; honorific for other person [和訓] きみ [熟語] ⓐ公開・公共・ⓑ公儀・公務・ⓒ公子・王公・ⓓ公正・公平・ⓔ貴公・尊公

文献 ⓐ書経・周官「以公滅私＝公を以て私を滅す(おおやけのことでプライベートなことを滅ぼす)」ⓑ詩経・羔羊「自公退食＝公自《よ》り退食す(役所から食事に帰る)」ⓒ詩経・駟驖「公之媚子＝公の媚子(殿様の愛息)」ⓓ論語・尭曰「公則説＝公なれば則ち説《よろこ》ぶ(公正ならば民は喜ぶ)」

【勾】 4(勹・2) 常 常用音訓 コウ

語音 *kug(上古) kəu(中古→ク㊐・㊎コウ) gōu(中) 구(韓)

語源 [コアイメージ] かぎ形(∠・└)。[実現される意味] かぎ・かぎ形のものⓐ。[英]hook

字源 もとは「句」の俗字。ある範囲をかぎ形で区切る様子を暗示させる図形が「句」である(⇨句)。かぎ形(∠・└)のイメージをはっきり示すために、「口」を「ム(かぎ形)」に替えて「勾」ができた。鉤(＝鉤。∠形や└形のかぎ)にこのイメージが残っている。

語義 [展開] かぎやかぎ形のものの意味ⓐから、かぎ形に曲がる意味ⓑ、かぎ形のもので物をひっかけて取る(捕まえる)意味ⓒに展開する。また、「曲がる」というイメージは「短い」というイメージに転化し、数学で、┘(直角)の短い辺の意味ⓓを派生する。[英]hook; crook; arrest; shorter side of a right triangle [和訓] とらえる・まがる・まが [熟語] ⓑ勾配・勾欄・ⓒ勾引・勾留・ⓓ勾股(＝句股)

文献 ⓒ新序・義勇「曲兵将勾之＝曲兵将《まさ》に之を勾《コウ》せんとす(曲がった武器でお前をひっかけてやろう)」

【孔】 4(子・1)　常　常用音訓 コウ

語音 *k'uŋ(上古)　k'uŋ(中古→呉ク・クウ・漢コウ)　kǒng(中)　공(韓)

語源 [コアイメージ] 突き通る。[実現される意味] 突き抜けるあなⓐ。[英]hole

〔解説〕説文解字では「孔は通なり」とあるが、これは意味を述べたもので、孔と通は同源の語ではない。古典の注釈にある「孔は空なり」の空(穴が突き通る)と同源である。王力は孔・空・腔・銎・釭などを同源とする(王力①②)。藤堂明保は工のグループ以外にも範囲を広げ、公のグループ、凶のグループ、侯のグループ、谷のグループ、また口・后・巷などとも同源とし、「穴・突き抜ける」という基本義があるとする(藤堂①)。突き通った穴を孔という。穴(土などを掘り下げてへこませた穴)とはコアイメージが違う。

〔グループ〕孔・吼(獣が大きな声を出す、ほえる[獅子吼])・芤(茎に孔の突き通った植物、ネギ)

字源 「子(イメージ記号)＋乚(イメージ補助記号)」を合わせた字。子が産道から生まれてくる情景を想定した図形。この意匠によって、突き通った穴を表象する。字源については諸説紛々で定説はない。髪を束ねる形、髪の生えた子、おっぱいの穴、乳児がおっぱいを飲む形、小児の頭のひよめき(泉門)の穴等々の説がある。加藤常賢は子を生む穴(加藤①)、藤堂は「細いあなが通ったさまを示す」字(藤堂②)、白川静は「子の後頭部に竅のある形」(白川①)とする。

(金)　(篆)

語義 [展開] あなの意味ⓐから、突き通る意味ⓑに展開する。また、「スムーズに通る」というイメージは「ゆったりとして大きい」というイメージに展開し、ゆったりと大きい意味ⓒ、程度が大きい(はなはだ)の意味ⓓを派生する。また、孔子の略称ⓔ。[英]hole; pierce, run through; great; very; Confucius　[和訓] あな・はなはだ　[熟語] ⓐ気孔・瞳孔・ⓑ孔道・ⓒ孔雀・ⓔ孔門・孔老

文献 ⓐ韓非子・解老「知事天者其孔竅虚＝天に事ふるを知る者は、其の孔竅虚し(天に従うのを知っている者の穴[人体に開いた穴、感覚器官と排泄器官]は空っぽである)」ⓒ老子・二十一章「孔徳之容、惟道是従＝孔徳の容、惟だ道に是れ従ふ(大いなる徳をもつ人の姿は、ただ道[宇宙の根源]に従っているだけだ)」ⓓ詩経・汝墳「父母孔邇＝父母は孔だ邇し(両親はとても近くにいらっしゃる)」

【功】 5(力・3)　常　常用音訓 コウ・ク

語音 *kuŋ(上古)　kuŋ(中古→呉ク・漢コウ)　gōng(中)　공(韓)

語源 [コアイメージ] 仕事。[実現される意味] 仕事のできばえ(手柄、いさお)ⓐ。[英]exploit, meritorious service

字源 「工(音・イメージ記号)＋力(限定符号)」を合わせた字。「工」は「突き通す」というコアイメージから、素材に道具を突き通して物を作る→物を作る仕事という表層的な意味が実現される(⇩工)。そこから仕事のできばえという意味が派生してくる。この派生義を表すため「功」が生まれた。

語義 [展開] 仕事のできばえ(手柄)の意味ⓐから、仕事の意味ⓑ、努力して得られる成果・効果の意味ⓒ、巧みな技(技術・工夫)の意味ⓓに展開する。ⓑⓓは工と通用。[英]exploit, meritorious service; work; achievement, result; art, skill　[和訓] いさお　[熟語] ⓐ成功・大功・ⓑ竣功・女功・ⓒ奏功・ⓓ功夫・気功

文献 ⓐ詩経・文王有声「文王受命、有此武功＝文王命を受け、此の武功有り(文王は天命を受け、戦の手柄を打ち立てた)」ⓑ詩経・七月「上入執宮功＝上り入りて宮功を執れ(次は屋内に入って、室内作業に取りかかれ)」

【尻】5(尸・2) [常] ｜[常用音訓] しり

[語音] *k'og(上古) k'au(中古→[呉]・[漢]カウ〈=コウ〉) kāo(中) 고(韓)

[語源] [コアイメージ] どん詰まり。[実現される意味] 背骨の末端部分(臀部、しり)ⓐ。[英]buttocks

〔解説〕日本語の「しり」は肛門が原義で、臀部は転義という(大野①)。漢語の尻は臀と同義とされる。臀は肛門の両側の肉の盛り上がった最下部をいう。英語ではこれをbuttocksという。よく似たhipは「ウエストwaistの下で腰の左右に張り出した部分の片方」という(田中①)。英語のhipは腰の一部で、漢語の尻とは違うようである。

[字源] 「九キュウ(音・イメージ記号)+尸(限定符号)」を合わせた字。「九」は「これ以上は行けないどん詰まり」というイメージがある(⇩九)。「尻」は胴体の底部、背骨の末端部分を暗示させる。

[語義] [展開] 背骨の末端部分(臀部、しり)の意味ⓐから、物の基底部(どんじり)の意味ⓑに展開する。[英]buttocks; bottom [熟語] ⓐ尻輿コウヨ

[文献] ⓐ韓非子・説林「三撫其尻＝三たび其の尻を撫づ(三度[馬の]尻をなでた)」ⓑ楚辞・天問「崑崙縣圃、其尻安在＝崑崙の県圃、其の尻安いずくにか在る(崑崙山の空中庭園は、そのしりはどこにあるのか)」

【巧】5(工・2) [常] ｜[常用音訓] コウ たくみ

[語音] *k'ŏg(上古) k'ău(中古→[呉]ケウ〈=キョウ〉・[漢]カウ〈=コウ〉) qiǎo(中) 교(韓)

[語源] [コアイメージ] つかえて曲がる・突き詰める。[実現される意味] たくみな技・技術ⓐ。[英]skill

〔解説〕日本語の「たくみ」はタクムの名詞形。タクムは「うまくし上げようとあれこれ工夫をめぐらす」意で、タクミは[ア]「技巧のすぐれたこと」の意、[イ]「手先の仕事で物を作る職人」の意。また[ウ]「技巧のすぐれているさま」という形容動詞の用法もある(大野①②)。[ア][ウ]は漢語の工・巧に当たり、[イ]は漢語の工・匠に当たる。漢語の巧は工とも匠とも違った発想で生まれた語で、丂にコアイメージの源泉がある。これは「究極まで突き詰める」というイメージで、考(とことんまで突き詰めてかんがえる)や攷コウ(奥まで突き詰めて考える)と同源である。工作や仕事を究極まで突き詰めた結果が、この上もなくわざ(技術)がうまいということである。

[字源] 「丂コウ(音・イメージ記号)+工(限定符号)」を合わせた字。「丂」は「つかえて曲がる」というイメージがあり(⇩朽)、「(曲折しながら)とことんまで突き詰める」というイメージに展開する。「巧」は技を奥まで突き詰めて細工する様子を暗示させる。この意匠によって、技術などが手が込んでうまいことを表象する。

[語義] [展開] たくみな技の意味ⓐから、技がうまい(上手である)意味ⓑ、うわべをうまく飾る(口先がうまい)意味ⓒに展開する。[英]skill; skillful, artful; deceitful [和訓] たくむ・うまい [熟語] ⓐ技巧・天巧・ⓑ巧拙・精巧・ⓒ巧言・巧詐

[文献] ⓐ老子・十九章「絶巧棄利、盗賊無有＝巧を絶ち利を棄つれば、盗賊有ること無し(技術や金もうけを世の中からなくせば、盗賊なんかいなくなる)」ⓑ詩経・碩人「巧笑倩兮＝巧笑倩センたり(にっこり笑えば愛らしい)」ⓒ論語・学而「巧言令色、鮮矣仁＝巧言令色、鮮すくなし仁(うまい言葉使い、愛想のよい顔付きには、仁は少ない)」

【広】5(广・2) [常] ｜[常用音訓] コウ ひろい・ひろまる・ひろめる・ひろがる・ひろげる

〔廣〕15(广・12) [人] ｜[音]コウ [訓]ひろい・ひろがる・ひろまる

[語音] *kuaŋ(上古) kuaŋ(中古→[呉]・[漢]クワウ〈=コウ〉) guǎng(中) 광(韓)

語源 [コアイメージ] 四方に広がる。[実現される意味] 外枠が広がっている(幅や面積がひろい)ⓐ。[英]wide, broad

〔解説〕王力は広・曠・荒・寛・闊を同源とし、ひろい意味があるとする(王力①)。これは表層レベルの語源説。藤堂明保は深層レベルで探究し、広・横・拡を郭・攫・獲・穫と同じ単語家族に収め、「わく・枠で囲む」という基本義があるとする一方、王のグループ(皇を含む)、兄のグループ、永のグループの単語家族にも収め、「大きく広がる」という基本義があるとし、また、黄・曠を光・晃・煌と同じ単語家族にくくり、「四方に広がるひかり」という基本義があるとしている(藤堂①)。これら三つは「四方に広がる」という一つのコアイメージに概括できる。中心の周りの外枠が四方に(✣の形に)広がっているというイメージの語が広である。コアイメージの源泉は黄にあり、四方に✣の形に発散する光のイメージに由来する。英語のwideは「両端の間の開き(幅)が大きい」、broadは「さえぎるものがなく、広々とした」の意で、前者は横向きの線の長さ、後者は扇のような面の広がりがコアのイメージという(田中①)。漢語の広はイメージとしてはbroadに近い。

〔グループ〕広・拡・鉱・壙《コウ》(空虚な墓の穴[壙穴])・曠《コウ》(がらんとして何もない、空しい[曠日])・礦《コウ》(=鉱。あらがね)・獷《コウ》(枠にはまらず荒っぽい)・纊《コウ》(=桄。繭のくず糸を集め、隙間を広げて、ふんわりとさせたわた)

字源 「廣」が正字。「黄《コウ》(音・イメージ記号)+广(限定符号)」を合わせた字。「黄」は「四方に広がる」というイメージがある(⇩黄)。「廣」は建物の枠組を四方に広げて作る場面を設定した図形。この意匠によって、空間的に外枠がひろがっていることを表象する。

〔字体〕「廣」は旧字体。「広」は日本でできた略字。現代中国の簡体字は「广」。拡もこれに倣う。

語義 [展開] 空間的にひろい意味ⓐから、物事の範囲が広く大きい意味ⓑ、範囲を広くする(ひろげる)意味ⓒに展開する。[英]wide, broad; vast, widespread; extend, enlarge [熟語] ⓐ広域・広大・ⓑ広義・広言

文献 ⓐ詩経・漢広「漢之廣矣、不可泳思=漢の広き、泳ぐべからず(漢水はひろいよ、泳いで渡れぬ)」(矣・思はリズム調節詞)ⓑ荀子・修身「君子貧窮而志廣=君子貧窮すれども志広し(君子は貧乏でも志は広く大きい)」

【弘】 5(弓・2) 人 | 音コウ・グ 訓ひろい・ひろめる

語音 *ɦuəŋ(上古) ɦuəŋ(中古→呉グ・漢コウ) hóng(中) 홍(韓)

語源 [コアイメージ] 枠を張り広げる。[実現される意味] 広がって大きい(広い)ⓐ。[英]vast, great, grand

字源 「厶《コウ》(音・イメージ記号)+弓(限定符号)」を合わせた字。「厶」はひじを∠形に張り出す図形で、肱《コウ》(ひじ)の古文の字体。「枠を張り広げる」というイメージを示す記号になる(⇩雄)。「弘」は弓をいっぱいに広げる様子を暗示させる。

(古)  [厶]　(篆) 

語義 [展開] 広がって大きい(広い)意味ⓐから、広く大きくする(広める・広げる)意味ⓑ、度量が広い意味ⓒに展開する。[英]vast, great, grand, magnificent; enlarge; broad-minded, magnanimous, generous [熟語] ⓐ弘済・弘布・ⓑ弘道・弘文・ⓒ弘毅

文献 ⓐ詩経・節南山「喪亂弘多=喪乱弘くして多し(どこもかしこも乱が広がっている)」ⓑ論語・衛霊公「人能弘道、非道弘人=人能く道を弘む、道人を弘むるに非ず(人が道を広めるのであって、道が人を広めるのではない)」ⓒ論語・泰伯「士不可以不弘毅=士は以て弘毅ならざるべからず(士たるものは心が広く、意志が強くなければならない)」

【甲】 5(田・0) 常 | 常用音訓 コウ・カン

語音 *kăp(上古) kăp(中古→呉ケフ〈=キョウ〉・漢カフ〈=コウ〉) jiǎ(中)

갑(韓)

語源 [コアイメージ] 表面に覆いかぶさる。[実現される意味] 十干の第一位ⓐ。[英]the first heavenly stem

解説 史記・律書に「甲なる者は、万物、符甲(表面を覆う皮)を剖(ひら)きて出づるなり」とある。すべての物が表皮を開いて出現することが甲だという。これは十干の甲の説明。藤堂明保は甲のグループを盍(コウ)のグループ(蓋など)、合のグループ、函(カン)のグループ、奄(エン)のグループなどと同じ単語家族に収め、「ふたをして封じる・おおう」という基本義があるとする(藤堂①)。これは「表面に覆いかぶさる」というコアイメージと言い換えることができる。このイメージは「中に閉じこもる」というイメージにも展開する。古人は閉じこもった状態を破って開くことが物事の始まりと考えたが、十干の命名の起源はおおむね植物の生長段階を象徴的に捉えたものと推測されるので、植物がまだ芽生えないつぼみの状態を甲としたと言える。芽を出しかける状態が乙である。ついで丙・丁・戊(ボ)・己(キ)・庚(コウ)・辛・壬(ジン)・癸(キ)と続き、それぞれ植物の生長段階を象徴として名づけられた。十干と十二支を組み合わせて循環的六十四進法の序数詞を作り、日や年を記す。殷代に始まる。日本における十干の読み方は、十干を五行と兄弟に分類して次のように読む。

	甲	乙	丙	丁	戊	己	庚	辛	壬	癸
五行	木		火		土		金		水	
兄弟	兄	弟	兄	弟	兄	弟	兄	弟	兄	弟
読み方	キノエ	キノト	ヒノエ	ヒノト	ツチノエ	ツチノト	カノエ	カノト	ミズノエ	ミズノト

グループ 甲・押・岬・鴨・狎(コウ)(枠をかぶせて手なずける→ならす・なれる[狎昵])・匣(コウ)(蓋をかぶせる箱)・呷(コウ)(上から押しかぶせるように液体を飲む、あおる)・柙(コウ)(動物にかぶせて閉じ込める「おり」)・胛(コウ)(肩にかぶさる骨[肩胛骨])・閘(コウ)(水を閉じ込める水門[閘門])

字源 中の物を周囲から殻で覆いかぶせて閉じ込める様子を示す象徴的符号。この意匠によって、十進法の序数詞の一番目の名とした。字源については諸説紛々で定説がない。莩甲(種子の薄皮)、魚鱗、鎧、戟、柙の原字等々の説がある。藤堂は鱗の形、または種を取り巻いた固い殻の形(藤堂②)、白川静は「亀の甲の形」とする(白川②)。

(甲)  (金)  (篆) 

語義 [展開] 十干の第一位(きのえ)の意味ⓐから、順序・序列の一番目の意味ⓑに展開する。「表面に覆いかぶさる」というコアイメージから、物の外側を覆うもの、具体的には、体を覆い、身を守る武具(よろい)の意味ⓒ、表面にかぶさる堅い殻の意味ⓓ、手足の指先の表面に覆いかぶさる固い部分の意味ⓔに展開する。日本ではかぶとの意味ⓕ、手や足の表側の意味ⓖ、調子の高い音(かん・かり)の意味ⓗに用いる。[英]the first heavenly stem; first; armor; shell, carapace; nail; helmet; instep, back of hand; high pitch [和訓] きのえ・かぶと・よろい [熟語] ⓐ甲子・華甲・ⓑ甲乙・甲種・ⓒ甲冑・機甲・ⓓ甲殻・亀甲・ⓔ指甲・爪甲・ⓕ甲状腺

文献 ⓐ春秋・荘公8「甲午治兵＝甲午、兵を治む(きのえうまの日、軍を整えた)」ⓒ詩経・無衣「脩我甲兵、與子偕行＝我が甲兵を脩め、子と偕(もと)に行かん(よろいと武器を整えて、お前と一緒に戦に行こう)」

【亙】

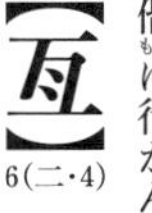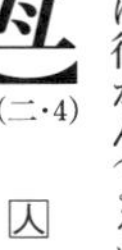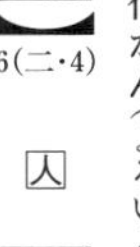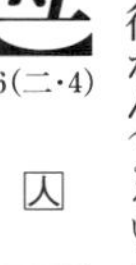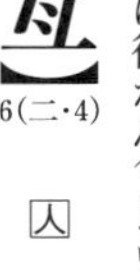

6(二・4) 人 ㊥コウ ㊞わたる

語音 *kəŋ(上古) kəŋ(中古→㊎・㊌コウ) gèn(中) 긍(韓)

語源 [コアイメージ] たるみなく張り渡る。[実現される意味] 弓張り月の弦ⓐ。[英]increasing moon

解説 詩経に「月の恒の如し」の句がある。亙は恒の原字で、弓張り月の形である。三日月と違って上弦・下弦の月は上端から下端までたるみなくぴんと張り詰めている。*kəŋという語は「たるみなく張り詰め

る」というコアイメージをもち、極・革・核・克などと同源である。

〈グループ〉亙・恒・緪(太い張り綱)

字源 「二(上下の線)+月(つき)」を合わせて、上端から下端まで張った月の弦を暗示させる図形。

(甲)　(金)　(古)

〈字体〉亙と亘はしばしば混同されるが、本来は別字である。恒が恒に変わったのが混乱の始まり。本書では亙と亘を別字として扱う。

語義 [展開] 弓張り月の弦の意味ⓐから、A点からB点まで行き渡る意味ⓑ、二点間の距離が長い(長く延びる)意味ⓒに展開する。[英]increasing moon; range (from A to B), span; extend [熟語] ⓑ亙古・ⓒ綿亙

文献 ⓑ班固・答賓戯「亙以年歳＝亙るに年歳を以てす(長い年月をわたる)」(文選45)

【交】 6(亠・4)　常

常用音訓　コウ　まじわる・まじえる・まじる・まざる・まぜる・かう・かわす

語音 *kŏg(上古)　kău(中古→呉ケウ〈＝キョウ〉・漢カウ〈＝コウ〉)　jiāo(中)　교(韓)

語源 [コアイメージ] ×形に交差する。[実現される意味] ×形に交わる・⇅形に行き交う(交差する・入り交じる)ⓐ。[英]cross, intersect

〈解説〉*kŏgという語は爻(学・覚・教のコアになる記号)と同源で、「×形に交差する」というコアイメージをもつ(藤堂①)。学ぶこと、教えること、交際することのコアには「⇅形に交わる」というイメージがある。また、このイメージは「↓↑形に出会う」というイメージにもなる。×形から⇅形へ、あるいは↓↑形へのイメージ転化は漢語の意味論的特徴の一つ。呉・吾でも見られる。日本語の「まじわる(まじはる)」はマゼルと同根で、「異質のもの二つが交差し、交錯して一体となる意」、また「かう(かふ)」は「甲乙二つの別のものが互いに入れちがう意」という(大野①)。「まじわる」は×形のイメージ、「かう」は⇅形のイメージであろう。英語のcrossラテン語のcrux(＝cross)に由来し、「記号として用いる十字形(+・×など)」の意。ここから「十字架」「交差する」「横切る」などの意味に展開するという(小島①)。これは漢語の交のイメージとよく似ている。

〈グループ〉交・校・絞・効・較・郊・傚(まねる、ならう[倣傚])・咬(↓↑形にかみ合う[咬合])・挍(⇅の形につき合わせて比較する[対挍])・佼(体をくねらせてなまめかしい[佼人])・狡(体をくねらせてするりと抜けるさま→すばしこい・ずるい[狡猾])・蛟(§形に体をくねらせるミズチ[蛟竜])・鮫(紡錘形の体をくねらせて泳ぐ魚→サメ)・餃(小麦粉の皮に餡を詰めて、皮を結びあわせた食品。餃子[餃餌])・鵁(くねくねとした長い首をもつ鳥、ヘビウ[魚鵁])・*纐(純国字。纐纈は夾纈の転で、絞り染め)

字源 人が両足を×形に交差させている姿を描いた図形。

(甲)　(金)　(篆)

語義 [展開] ×形に交わる・⇅形に行き交う意味ⓐから、人が⇅形に行き交う(付き合う、付き合い)の意味ⓑ、⇅形に物をやり取りする(入れかわる)意味ⓒ、男女が§形に絡み合う(交合する)意味ⓓ、↓↑形に出会う(所・時)の意味ⓔ、互いに(かわるがわる・こもごも)の意味ⓕに展開する。[英]cross, intersect; associate with; hand over; have sexual intercourse; meet, join; each other, together [和訓] こもごも [熟語] ⓐ交差・交通・ⓑ交際・親交・ⓒ交換・交替・ⓓ交合・性交・ⓔ交点・ⓕ交感・交互

文献 ⓐ詩経・楚茨「獻醻交錯＝献醻[＝献酬]交錯す(献杯と返杯が入り交じる)」ⓑ論語・学而「與朋友交而不信乎＝朋友と交はりて信ならざるか(友人と付き合う際うそを言っていないか)」ⓔ詩経・十月之交「十月之

交＝十月の交(「九月が終わり」十月になる変わり目)」

【光】
6(儿・4) 常 ｜ 常用音訓 コウ　ひかる・ひかり

語音 *kuaŋ(上古)　kuaŋ(中古→㊋・㊌クワウ〈＝コウ〉)　guāng(中)　광(韓)

語源 [コアイメージ] 四方に(↔の形に)発散する。[実現される意味] ひかり ⓐ。[英]light

〔解説〕 釈名・釈天では「光は晃なり。晃晃然なり。亦た広きを言ふなり。照らす所広遠なり」とあり、光・晃・広を同源と見ている。藤堂明保は光・晃・黄・煌・曠を同源とし、「四方に広がるひかり」という基本義があるとしたが(藤堂①)、光のグループ、黄のグループ全体、また王のグループ(皇も含む)も一緒に合わせ、「四方に広がる」「四方に発散する」というコアイメージに概括できる。このイメージは「だだっ広くて遮るものがない」「何もない(空しい)」というイメージにも展開する。

〔グループ〕 光・晄・晃・幌・滉・洸・胱(コウ)(中がうつろに張り広がる臓器[膀胱])・恍(コウ)(ぼんやりして何も見えない[恍惚])・桄(コウ)(横に張り広げる木→機(ハタ)・車・船・はしごなどの横木)・絖(コウ)(＝纊。繭のくず糸を集め、隙間を広げて、ふんわりとさせたわた。「ぬめ」は国訓)

字源 「火(ひ)＋儿(人体)」を合わせて、頭の上に火をかかげている情景を設定した図形。この意匠によって、ひかりが四方に発散することを表象する。

(甲)　(金)　(古)　(篆)

語義 [展開] ひかりの意味ⓐから、ひかり輝く意味ⓑ、月日・時間の意味ⓒ、景色の意味ⓓに展開する。また比喩的に、輝かしい誉れの意味ⓔ、相手の行為に敬意を示す語ⓕを派生する。何もない、すっかりなくする意味ⓖにも用いる。[英]light; shine, bright, brilliant; time; scenery; honor, glory; glorious, gracious; bare, used up [熟語] ⓐ光環・月光・ⓑ光炎・閃光・ⓒ光陰・消光・ⓓ光景・観光・ⓔ光輝・栄光・ⓕ光来・光臨・ⓖ三光

文献 ⓐ詩経・鶏鳴「匪東方則明、月出之光＝東方則ち明くるに匪(あら)ず、月出の光(東の空が明けたのじゃなく、月の出の光さ)」ⓓ詩経・南山有台「樂只君子、邦家之光＝楽しいかな君子、邦家の光(喜びあふれる君子よ、あなたは国家の誉れだ)」

【向】
6(口・3) 常 ｜ 常用音訓 コウ　むく・むける・むかう・むこう

語音 *hɪaŋ(上古)　hɪaŋ(中古→㊋カウ〈＝コウ〉・㊌キヤウ〈＝キョウ〉)　xiàng(中)　향(韓)

語源 [コアイメージ] 一定の方向(↑の形や↓の形)に向かう。[実現される意味] (北向きの)まどⓐ。[英]window facing north

〔解説〕 説文解字では北向きの窓を向とする。これは非常に古い用法である。むかう意は転義であるが、古典では郷・嚮を使うことも多い。藤堂明保は向・郷・響・香・亨・卿を同じ単語家族にくくり、「空気が動く」という基本義があるとした(藤堂①)。空気だけではなく音や香りも含まれる。これらがある方向にスムーズに動いて行くのが*hɪaŋという語のイメージなので、「一定の方向(↑の形や↓の形)に向かう」というコアイメージに概括できる。このイメージは「⇅の形に通い合う」「↓↑の形に向き合う」というイメージにも転化する。日本語の「むく」は「対象が自分の正面にあるように自分の方向をとる意」、「むかう(むかふ)」は向き合ふの約で、「互いに正面に向き合う意。また、相手を目指して正面から進んでいく意」という(大野①)。「むく」は↑形のイメージ、「むかう」は↓↑形のイメージであろう。

〔グループ〕 向・嚮(コウ・キョウ)(向こうへ動いて去る、向かう)・餉(ショウ)(ある所へ弁当を送り届ける、また兵糧・食事)・晌(ショウ)(太陽が中天に向かう時、正午)

字源 「宀(いえ)＋口(あな)」を合わせて、建物の通気孔(まど)を描いた図形。空気が一定の方角に流れていくので、「一定の方向に向かう」というイメージを表すことができる。

(甲) 　(金)　(篆)

語義 [展開] まどが原義ⓐ。「一定の方向に向かう」というコアイメージから、ある方角にむかう意味ⓑ、むかう方角(むきの意味)ⓒ、心があることに向かう(目指していく)、また、目指す所(おもむき)の意味ⓓ、相手の方に顔を向けて従う意味ⓔに展開する。また、空間的に向かう意味から、時間的に現時点から向かって前または後ろという意味ⓕを派生する。［英］window facing north; face, turn toward; direction; incline, intend; support; formerly [和訓] さき [熟語] ⓑ向寒・向上・ⓒ風向・方向・ⓓ傾向・志向・ⓔ向背・ⓕ向後・向来(キョウライ)

文献 ⓐ詩経・七月「塞向墐戸＝向(まど)を塞ぎ戸に墐(ぬ)る(窓をふさいで戸に泥を塗る)」ⓑ孫子・軍争「高陵勿向＝高陵には向ふ勿れ(高い丘の軍には向かってはならない)」

【后】 6(口・3)　常　常用音訓 コウ

語音 *ɦug(上古)　ɦəu(中古→呉グ・漢コウ・［慣］ゴ)　hòu(中)　후(韓)

語源 [コアイメージ] うしろ。[実現される意味] 天子・王・君主ⓐ。［英］emperor

〔解説〕天子が最初の意味で、皇后は派生義である。その理由について、古人は「后の言は後なり。夫の後に在るを言ふなり」(鄭玄・礼記注)、「后は後なり。後胤を広むるなり」(孔穎達・礼記疏)、「天子の妃、后を以て称と為す。二儀(天地)に象るを取る」(顔師古・漢書注)などと述べる。したがって后と後は同源である。これらは後ろ→下・底というイメージに転化し、下の方や底の方に深くたまる(分厚い)というイメージにも展開し、厚と近くなる。后土(大地の意)にこのイメージが現れている。

〔グループ〕后・垢(コウ・ク)(厚くたまった土→あか［無垢］)・垕(コウ)(＝厚。分厚い)・逅(コウ)(邂逅で一語の双声語)・詬(コウ)(汚い悪口をあびせる→はずかしめる［詬辱］)

字源 「司」と「后」は鏡文字(左右反転形)である。左向きの人と「口(あな)」を合わせたのが「司」、右向きの人と「口」を合わせたのが「后」である。「司」が前の穴(尿道)を想定した図形であるのに対し、「后」は後ろの穴(肛門)を想定した図形。「後ろ」のイメージを喚起させる意匠によって、開国の始祖の後を継ぐ王のことを表象した。他の説では毓(クイ)(子を生み育てる意)と后が同じであるとする説(王国維)、后を石の異体字とする説(金祥恒)などがある。加藤常賢は后を後竅(肛門)と解し(加藤①)、藤堂もこれに従う(藤堂②)。

(甲) 　(金) 　(篆)

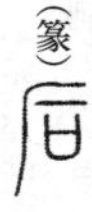

語義 [展開] 天子の意味ⓐから、天子の後継ぎを生む(あるいは、天子とカップルをなす)妃の意味ⓑに転じた。また、後ろ・のちの意味ⓒに用いる。ⓒは後と通用。［英］emperor, sovereign, lord; empress, queen; after [和訓] きさき・のち [熟語] ⓐ后王・王后・ⓑ后妃・皇后・ⓒ午后(＝午後)

文献 ⓐ詩経・雝「文武維后＝文武なるは維(こ)れ后(文武に優れた王でござる)」ⓑ礼記・曲礼「天子之妃曰后＝天子の妃を后と曰ふ」

【好】 6(女・3)　常　常用音訓 コウ　このむ・すく

語音 *hog(上古)　hau(中古→呉・漢カウ〈＝コウ〉)　hào・hǎo(中)　호(韓)

語源 [コアイメージ] 大事にかばう。[実現される意味] 大切にかわいがる(愛する、すく)ⓐ。［英］love

〔解説〕釈名・釈言語に「孝は好なり。父母を愛好すること、悦好する所の如くするなり(恋人のように大事にする)。孝経説に曰く、孝は畜なり、畜は養なり」とあるが、逆に「好は孝なり」とも言える。古人は好・孝・畜の同源意識をもっていた。藤堂明保はこれを学問(音韻論・意味論)的に捉えなおし、好・孝・休・畜をHOG・HOKという語形と、「大切にかばう」という基本義をもつ単語家族とした(藤堂①)。大切なものを手でかばうようにしてかわいがることが好である。詩経では愛する意味で使われている。日本語の「このむ」は「性分に合うものを選びとって味わう意」、「すく」は「気に入ってそれに引かれ、前後の見境もなく、気持ち・行動がそれへ走って行く意」という(大野①)。後者は愛することと変わらない。漢語の好は「すく」に近い。

字源 「子(イメージ記号)+女(限定符号)」を合わせた図形。女性が子どもを大切にかわいがる様子を暗示させる。この意匠によって、相手をこのましく思って大切にすることを表象する。図形は「子」と「女」を合わせただけの舌足らず(情報不足)なものであるが、古典における好の意味を考慮に入れると、右のように解釈できる。子と女は意味を暗示させるための道具であって、意味素の中に含まれるわけではない。

(甲)　(金)　(篆)

語義 [展開] 大切にかわいがる(愛する、すく)意味ⓐから、美しい・愛らしい意味ⓑ、このましい(立派である、よい)意味ⓒ、このましいと思う(気に入る、このむ)意味ⓓ、このましく思う関係(仲のよい付き合い、よしみ)の意味ⓔ、よく~しがちである意味ⓕに展開する。[英]love; lovely, cute; good, fine, nice; like; friendship; tend to [熟語] ⓐ好意・好悪・ⓑ好漢・好男子・ⓒ好感・良好・ⓓ好学・愛好・ⓔ好誼・友好・ⓕ好発

文献 ⓐ詩経・有杕之杜「中心好之、曷飲食之＝中心之を好む、曷(なに)ぞもて之に飲食せしめん(心の底から愛している、どんなごちそうあげましょう)」ⓑ詩経・関雎「窈窕淑女、君子好逑＝窈窕たる淑女は、君子の好逑(奥ゆかしい淑女は、殿方のよきカップル)」ⓒ詩経・緇衣「緇衣之好兮、敝予又改造兮＝緇衣の好ましき、敝(やぶ)れなば予(われ)又改め造らん(黒い衣が立派です。破れたら私がお繕いします)」ⓓ論語・子罕「吾未見好徳如好色者也＝吾未だ徳を好むこと色を好むが如き者を見ず(私は色を好むように徳を好む人間を見たことがない)」ⓔ詩経・羔裘「豈無他人、維子之好＝豈(あ)に他人無からんや、維(こ)れ子の好なればなり(ほかに恋人いるけれど、お前と恋仲だったから)」

【江】 6(水・3)　常　常用音訓 コウ　え

語音 *kŭŋ(上古)　kɔŋ(中古→呉コウ・漢カウ〈＝コウ〉)　jiāng(中)　강(韓)

語源 [コアイメージ] 突き通す。[実現される意味] 川の名、長江ⓐ。[英]the Changjiang(Yangtze) River

〔解説〕訓の「え」は「海・湖などの一部分が陸地に入りこんで水をたたえたところ」の意(大野①)。漢語の江にこの意味はない。江は固有名詞で、川の名である。

字源 「工(コウ)(音・イメージ記号)+水(限定符号)」を合わせた字。「工」は「縦(上下)に突き通す」というイメージがある(⇨工)。「江」は中国大陸を西の高原から東の平野へ直通する川(長江、揚子江)を表す。

語義 [展開] もとは固有名詞(川の名)であるが、一般に大きな川の意味ⓑにもなる。日本では「え」に当てる。海が陸地に入り込んだ所(入り江)の意味ⓒ。[英]the Changjiang(Yangtze) River; big river; inlet [熟語] ⓐ大江・長江・ⓑ江湖・江上

文献 ⓐ詩経・漢広「江之永矣、不可方思＝江の永き、方(いかだ)すべからず(長江は[幅が]長いよ、いかだじゃ渡れぬ)」(矣・思はリズム調節詞)

【考】 6(老・2)　常　常用音訓 コウ　かんがえる

語音 *k'og(上古) k'au(中古→呉・漢カウ〈＝コウ〉) kǎo(中) 고(韓)

語源 [コアイメージ] つかえて曲がる・突き詰める。[実現される意味] 長生きの老人。また、長生きⓐ。[英]high age

〔解説〕寿考の考(長生きの老人)と思考の考はどんな関係があるのか。二つを結ぶ深層構造は何か。丂(コウ)にコアイメージの源泉がある。これは「つかえて曲がる」というイメージがあり、「とことんまで突き詰める」というイメージに展開する。「曲がる」から「突き詰める」へのイメージ転化は究・窮にも例がある。寿命をとことんまで突き詰めた人が考であり、また、とことんまで物事を突き詰める心的行為を考という。老人は物事をよく考えるから思考の意味になったと説くのは誤り。コアイメージの展開として意味を捉えるのが漢語意味論の正道である。日本語の「かんがえる(かんがふ)」はカムガフの転。カ(場所の意)＋ムカフ(向)で、「所と所を向き合わせ、ひき合わせて、一致するか一致しないかを検査するのが原義」で、㋐事の真偽をただす、㋑調べただして罰する、㋒あれこれと思いはかる意味に展開するという(大野②)。㋒が漢語の考に近い。英語では漢語の考にぴったり対応する語がなさそうである。漢語の考は物事をとことんまで突き詰めて深くかんがえることなので、considerにやや近い。considerは「(いろいろな角度から)じっくり考える」がコアイメージという(田中①)。なおthinkは「(直接の経験を根拠にして)…と思う」の意という(政村①)。

〔グループ〕考・拷・栲(コウ)(生長が速く寿考の木とされたところから、ゴンズイ。「たえ」は国訓)・烤(コウ)(肉が曲がるほどあぶる)

字源 「丂(コウ)(音・イメージ記号)＋老(限定符号)」を合わせた字。「丂」は伸び出ようとするものが一線でつかえて曲がる様子を暗示させる象徴的符号。「つかえて曲がる」というイメージがあり、「(曲折しながら)とことんまで突き詰める」というイメージに展開する。「考」は腰の曲がった老人、あるいは、寿命をとことんまで極めた老人を暗示させる。

(甲) (金) (篆)

語義 [展開] 長生きの老人の意味ⓐから、死亡した父を呼ぶことばⓑに転用される。また、「とことんまで突き詰める」というイメージから、物事を深く突き詰めてかんがえる意味ⓒ、とことんまで調べたり尋ねたりする意味ⓓを派生する。また、「曲折する」というイメージから、物を曲折させる前提となる行為である「たたく」という意味ⓔを派生する。[英]high age; dead father; consider, investigate, study; examine; beat [熟語] ⓐ寿考・ⓑ考妣・先考・ⓒ考究・考察・ⓓ考査・考証

文献 ⓐ詩経・信南山「壽考萬年＝寿考万年(いついつまでも長生きを)」ⓑ楚辞・離騒「朕皇考曰伯庸＝朕が皇考を伯庸と曰ふ(私の父の御名は伯庸)」ⓒ国語・晋「考百事於朝＝百事を朝に考ふ(もろもろの事柄を朝廷で検討する)」ⓔ詩経・山有枢「子有鍾鼓、弗鼓弗考＝子に鍾鼓有るも、鼓せず考せず(お前には鐘や太鼓があるけれど、鳴らしもしない、たたきもしない)」

【行】 6(行・0) 常

常用音訓 コウ・ギョウ・アン いく・ゆく・おこなう

語音 (1)*ɦăŋ(上古) ɦaŋ(中古→呉ギヤウ〈＝ギョウ〉・漢カウ〈＝コウ〉) hiaŋ(唐アン) xíng(中) 행(韓) (2)*ɦaŋ(上古) ɦaŋ(中古→呉ガウ〈＝ゴウ〉・漢カウ〈＝コウ〉) háng(中) 항(韓)

語源 [コアイメージ] まっすぐな筋をなす。[実現される意味] 道ⓐ。[英]street

〔解説〕道が本義。道は目的地へまっすぐ到達させるものであり、形態上もおおむね「まっすぐな筋」のイメージがある。「まっすぐ」というイメージでは行と亢は同源の語であるが、後者が垂直軸で「まっすぐ」であるのに対し、行は水平軸で「まっすぐ」のイメージである。したがって「→の形(横にまっすぐ、横に延びる)」のイメージから、まっすぐに

進んでいくという意味が実現される。日本語の「いく」「ゆく」は「現在の地点を出発点または通過点として、進行・移動が、確かな目標あるいは広い前方に向かって持続される意」という。また「おこなう(おこなふ)」は「形式や法令に則って儀式や行事をきちんと実行・執行する意」という(以上、大野①②)。日本語の「いく」と「おこなう」は全く別語であるが、漢語の行は進行の行から行為の行に転義する。これは「まっすぐな筋」というコアイメージが媒介して、「筋道を踏んで、それから外れないように、物事をまっすぐ進めていく」というイメージに展開するからである。英語のgoは「視点が置かれているところから離れて行く」がコアイメージで、㋐場から離れる、㋑進行する、㋒ある所に向かうの意味に展開するという(田中①)。㋒が漢語の行ⓑに対応する。

〔グループ〕行・衡・桁・珩(コウ)(佩玉の上部で横に掛ける玉)・胻(コウ)(まっすぐ伸びた脛)・荇(コウ)(茎が横に延びてつながり、群落を作る草、アサザ[荇菜]) *桁(純国字。ゆき)・*鴴(純国字。チドリ)

字源 十字路を描いた図形。まっすぐに通る道のことから、「まっすぐな筋をなす」というイメージを表すことができる。

(甲) (金) (篆)

語義 [展開] 道の意味ⓐから、道をまっすぐ進む(いく・ゆく)意味ⓑ、動かして行かせる(やる)意味ⓒ、持っていく(持ち運びできる、臨時的な)の意味ⓓに展開する。また、「まっすぐな筋をなす」というイメージから、筋道を踏んで物事を進める(おこなう、おこない)の意味ⓔ、特に仏道などの勤めや修練の意味ⓕを派生する(以上は1の場合)。また、筋をなす行列の意味ⓖ、同列の仲間(同業組合、商店など)の意味ⓗを派生する(以上は2の場合)。ただし日本では1と2で読みを区別しない。[英]street; go; move, send; portable, temporary; do, perform, deed, act, behavior; religious training; row, line; guild [和訓]やる・くだり [熟語]ⓑ行進・通行・ⓒ行軍・ⓓ行宮・行灯・ⓔ行為・実行・ⓕ行者・修行・ⓖ行間・行列・ⓗ銀行・洋行

文献 ⓐ詩経・小弁「行有死人＝行(みち)に死人有り(道に死んだ人がある)」ⓑ詩経・撃鼓「我獨南行＝我独り南に行く(私ひとり南方に行った)」ⓔ詩経・氓「士貳其行＝士は其の行ひを弐つにす(男は行いがちぐはぐだ)」ⓕ詩経・鴇羽「肅肅鴇行＝肅肅たる鴇行(ホウコウ)(ばさばさとはばたくノガンの列)」

【亨】 7(亠・5) 人 音コウ・キョウ 訓とおる

語音 (1)*hăŋ(上古) hʌŋ(中古→呉キヤウ〈＝キョウ〉・漢カウ〈＝コウ〉) hēng(中) 형(韓) (2)*hıaŋ(上古) hıaŋ(中古→呉カウ〈＝コウ〉・漢キヤウ〈＝キョウ〉)] xiăng(中) 향(韓) (3)*p'ăŋ(上古) p'ʌŋ(中古→呉ヒヤウ〈＝ヒョウ〉・漢ハウ〈＝ホウ〉) pēng(中) 팽(韓)

語源 [コアイメージ] ↕形に通い合う。[実現される意味] 運勢が順調に通っていく(通る)ⓐ。[英]go smoothly

字源 「享」の形を少し変えて分化させた字。宗廟に物を供えて神と人の意志を通わせることから、「↕形に通い合う」というイメージを表す。

語義 [展開] 「↕形に通い合う」というイメージから「→形にスムーズに通る」というイメージに展開し、運勢が障りなく通る意味ⓐ(1の場合)、供え物をして気持ちを通じる(物をささげてもてなす)意味ⓑ(2の場合)、熱を通してよく煮る意味ⓒ(3の場合)に展開する。ⓑは享と通用。ⓒは後に烹(ホウ)と書かれる。[英]go smoothly, prosperous; offer; boil [熟語] ⓐ亨通・ⓒ亨飪(ホウジン)(＝烹飪)

文献 ⓐ易経・乾「乾、元亨、利貞＝乾は、元(おお)いに亨る、貞(ただ)しきに利あり(乾の卦は大いに順調で、正しいことに利がある)」ⓑ易経・大有「公、用亨于天子＝公、用(もっ)て天子に亨す(君公は天子に物を献上してもてなす)」ⓒ詩経・瓠葉「幡幡瓠葉、采之亨之＝幡幡たる瓠葉、之を采り之を亨(に)る(ひらひらとしたユウガオの葉、摘み取って鍋に煮る)」

【劫】7(力・5) 人 ㊥コウ・ゴウ ㊫おびやかす

語音 *kǐăp(上古) kɪɐp(中古→呉コフ〈=コウ〉・漢ケフ〈=キョウ〉・慣ゴフ〈=ゴウ〉) jié(中) 겁(韓)

語源 [コアイメージ] へこむ。[実現される意味] おどして尻込みさせる(おびやかす)ⓐ。[英]coerce, threaten

字源 「去ｷｮ(音・イメージ記号)＋力(限定符号)」を合わせた字。「去」は「へこむ」というイメージから「引き下がる」というイメージに展開する(⇩去)。「劫」は力ずくで相手をおどして引き下がらせる様子を暗示させる。

語義 [展開] おどして尻込みさせる(おびやかす)が本義ⓐ。また、梵語kalpaの音写に用い、きわめて長い時間の意味ⓑ。そこから、囲碁の用語として、解消するまで互いに繰り返す石の取り方の意味ⓒに用いる。[英]coerce, threaten; eternity; term of Go game [熟語] ⓐ劫奪・劫略・ⓑ劫火・永劫・ⓒ劫材

【坑】7(土・4) 常 常用音訓 コウ

語音 *k'ăŋ(上古) k'ɐŋ(中古→呉キヤウ〈=キョウ〉・漢カウ〈=コウ〉) kēng(中) 갱(韓)

語源 [コアイメージ] まっすぐ高く立つ。[実現される意味] 土を深く掘り下げた穴。土を深く掘って水を通す溝ⓐ。[英]hole, pit

字源 「亢ｺｳ(音・イメージ記号)＋土(限定符号)」を合わせた字。「亢」は「↑形にまっすぐに高く立つ」というイメージがあり、視点を変えると、「→形(下方)、または、→形(横の方)にまっすぐに伸びる」というイメージにも展開する(⇩抗)。「坑」は土をまっすぐに掘り下げる様子を暗示させる。

語義 [展開] 土を深く掘り下げた穴・溝の意味ⓐから、鉱物を採るために縦や横に掘った穴の意味ⓑ、穴に埋めて殺す意味ⓒに展開する。[英]hole, pit(ⓐⓑ); tunnel, mine; bury alive [和訓] あな [熟語] ⓐ坑谷・ⓑ坑道・炭坑・ⓒ坑儒

文献 ⓐ説苑・敬慎「江河乾爲坑＝江河乾きて坑と為る(川が干上がって深い穴となる)」ⓒ史記・淮陰侯列伝「項王詐坑秦降卒二十餘萬＝項王詐りて秦の降卒二十余万を坑ｱﾅにす(項羽は欺いて秦の降伏した兵士二十余万人を生き埋めにした)」

【孝】7(子・4) 常 常用音訓 コウ

語音 *hŏg(上古) hău(中古→呉ケウ〈=キョウ〉・漢カウ〈=コウ〉) xiào(中) 효(韓)

語源 [コアイメージ] 大事にかばう。[実現される意味] 子が親によく仕えて大事にすることⓐ。[英]filial piety

〔解説〕釈名・釈言語に「孝は好なり。父母を愛好すること、悦好する所の如くするなり」。孝経説に曰く、孝は畜ｸｷなり、畜は養なり」、すなわち恋人をかわいがるように父母を愛することが孝だと述べている。*hŏgという語は好(大切にかわいがる)・休(体をかばってやすむ)・畜(大事に養う)と同源で、「大事にかばう」というコアイメージをもつ。

〔グループ〕孝・酵・哮ｺｳ(猛獣が含み声でうなる→ほえる[咆哮])

字源 「老の略体(イメージ記号)＋子(限定符号)」を合わせた字。子が老いた親を大切に養う様子を暗示させる図形である。

(金) (篆)

語義 [展開] 子が親によく仕えて大事にする意味ⓐから、祖先を祭って供養する意味ⓑを派生する。[英]filial piety; pray for the repose of one's ancestors [熟語] ⓐ孝行・不孝・ⓑ孝孫・追孝

文献 ⓐ詩経・巻阿「有孝有德＝孝有り徳有り(孝も徳も兼ね備えてい

る)」ⓑ詩経・載見「以孝以享＝以て孝し以て享す(先祖を祭り、供え物をささげる)」

【宏】7(宀・4) 人 | 音 コウ 訓 ひろい

語音 *ɦuăŋ(上古) ɦuəŋ(中古→呉ワウ〈＝オウ〉・漢クワウ〈＝コウ〉) hóng(中) 굉(韓)

字源 [コアイメージ] 枠を張り広げる。[実現される意味] 広がって大きい(広い)ⓐ。[英]vast, great, grand

字源 「広(音・イメージ記号)＋宀(限定符号)」を合わせた字。「広」は「枠を張り広げる」というイメージがある(⇨雄)。「宏」は建物が奥深くまで張り広がっている様子を暗示させる。

語義 [展開] 広がって大きい(広い)意味ⓐから、広げて大きくする(ひろめる)意味ⓑに展開する。[英]vast, great, grand, magnificent; enlarge [熟語] ⓐ宏達・宏猷・ⓑ恢宏

文献 ⓐ周礼・考工記・梓人「其聲大而宏＝其の声は大にして宏し(その声は大きく広がっていく)」

【抗】7(手・4) 常 | 常用音訓 コウ

語音 *k'aŋ(上古) k'ɑŋ(中古→呉・漢カウ〈＝コウ〉) kàng(中) 항(韓)

語源 [コアイメージ] まっすぐ高く立つ。[実現される意味] 高く挙げるⓐ。[英]lift

〈解説〉体のまっすぐな部位にのど(くび)やすね(はぎ)がある。のどぶえを表すのが亢、うなじは項、すねは脛、また胻といい、これらは同源という(王力①)。*k'aŋという語は行と同源で、「まっすぐ」というイメージがある。亢は「上方にまっすぐ(↑の形)」であるが、視点を変えれば「下方にまっすぐ(↓の形)」「横にまっすぐ(→の形、←の形)」のイメージに展開する。また、「↓↑の形に向き合う」というイメージにも展開する。↑の形にまっすぐに高く立ち上げる動作を抗という。また、向こうから来るものにまっすぐに高く立ちはだかる(立ち向かう)という意味にもなる。これが抵抗の抗の使い方である。英語のresistはre-(後ろ、反対)＋sistere(立つ)から成るラテン語resistere(抵抗する)に由来するという(小島①)。「立つ」がコアになっている点で漢語の抗とよく似ている。

〈グループ〉坑・抗・航・杭・亢(高く上がる[亢進])・伉(↓↑形に向き合う相手、連れ合い[伉儷])・吭(まっすぐなのどぶえ)・忼(気分が高ぶる[忼慨])・阬(まっすぐな穴)・頏(鳥が羽を伸ばして舞い下りる[頡頏])

字源 「亢(音・イメージ記号)＋手(限定符号)」を合わせた字。「亢」は首ののどぶえの部分を描いた図形。その形状から、「↑形にまっすぐ高く立つ」というイメージがある。「抗」は手で物を高く立ち上げる様子を暗示させる。

(甲)  (金)  (篆)  [亢] (篆) 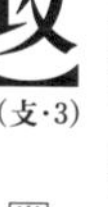

語義 [展開] 高く挙げるが本義ⓐ。また、「↑形にまっすぐ立つ」というイメージは「⊤形に立ち向かう」「↓↑形に向き合う」というイメージにも展開し、相手の前に立ちふさがって防ぐ意味ⓑ、真っ向から立ち向かう意味ⓒ、対等に向き合う意味ⓓを派生する。[英]lift; protect; oppose, resist, anti-; be equal to [和訓] あらがう [熟語] ⓑ抗戦・抗争・ⓒ対抗・抵抗・ⓓ抗礼(＝伉礼)

文献 ⓐ詩経・賓之初筵「大侯既抗＝大侯既に抗ぐ(大きな的は高くかかげた)」ⓒ荀子・修身「貪利則抗之以高志＝利を貪れば則ち之に抗するに高志を以てす(利益をむさぼれば高い志でもって抵抗する)」

【攻】7(攴・3) 常 | 常用音訓 コウ せめる

語音 *kuŋ(上古) kuŋ(中古→呉ク・漢コウ) gōng(中) 공(韓)

語源 [コアイメージ] 突き通す。[実現される意味] 敵を撃つ(せめる)

ⓐ。[英]attack

〔解説〕王力は交・功・攻を同源とし、仕事、また、仕事を行う（治める）の意味があるとする（王力①）。これは表層のレベルで意味を捉えただけ。深層のレベルでは工にコアイメージの源泉がある。これは「突き通す」というイメージである。敵陣や城塁などを突き通す場面から*kuŋという語が発想された。日本語の「せめる（せむ）」はセマル（迫）の他動詞形。「相手に接近し、距離をつめて寄ることが原義」で、「間隔をつめる意からさらに、相手を追いつめる、また武力で攻撃する意」になるという（大野②）。漢語の攻も追及する（責める）に転義するが、研究する（専攻）の意味を派生するのが特異。しかしこれは「突き通す」というコアイメージの展開を考えれば理解しやすい。英語のattackはad-（方向、付加）＋staccare（杭）が語源で、杭を打ち込む→攻撃する意という（下宮①、政村①）。漢語の攻は城壁などを突き通すことから発想されているので、attackと攻は似た語といえる。攻撃する意から非難する意への転義も共通する。

〔字源〕「工（コウ）（音・イメージ記号）＋攴（限定符号）」を合わせた字。「工」は「突き通す」というイメージがある（⇩工）。「攻」は城壁・堅塁などを突き通す様子を暗示させる。この意匠によって、敵を撃つことを表象する。白川静は「工具を用いて器物を作る」意味とする（白川①）。コアイメージの発想がなく、工をストレートに工具・工作の意味とするので、攻の意味にずれを生じる。

〔語義〕〔展開〕敵を撃つ（せめる）意味ⓐから、比喩的に、人の欠点に突っ込んで責める意味ⓑに展開する。また、刃物を突き入れて玉を研磨する（おさめる）意味ⓒ、さらに、対象に深く突っ込んで研究する意味ⓓを派生する。[英]attack(ⓐⓑ), assault, assail; accuse; polish; study hard, specialize in 〔和訓〕おさめる 〔熟語〕ⓐ攻撃・攻防・ⓒ攻玉・ⓓ攻究・専攻

〔文献〕ⓐ孫子・謀攻「十則圍之、五則攻之＝十なれば則ち之を囲み、五なれば則ち之を攻む（［味方の数が敵より］十倍ならば包囲し、五倍ならば攻撃する）」ⓑ論語・顔淵「攻其悪、無攻人之悪＝其の悪を攻め、人の悪を攻むる無し（自分の悪は責めるが、他人の悪は責めない）」ⓒ詩経・鶴鳴「它山之石、可以攻玉＝它山の石、以て玉を攻（おさ）むべし（ほかの山のつまらぬ石でも、玉を磨くくらいはできる）」

【更】 7(日・3)　常　常用音訓 コウ　さら・ふける・ふかす

〔語音〕*kăŋ（上古）　kaŋ（中古→呉キヤウ〈＝キョウ〉・漢カウ〈＝コウ〉）　gēng（中）　경（韓）

〔語源〕〔コアイメージ〕たるみをぴんと張る。〔実現される意味〕たるんだ状態を改める。古いものを新しいものに変える（新しくする、あらためる）ⓐ。[英]renew

〔解説〕古典の注釈に「更は改なり」「更は革なり」の訓がある。王力は更・改・革を同源とし、「あらためる」の意味があるとする（王力①）。これは表層的な意味だが、深層構造は何か。あらためる前提には古くなってたるんだ状態がある。「たるみを引き締める」「たるみを張り詰める」ことが「あらためる」に含まれるコアイメージである。たるんだ状態を引き締めるとぴんと張って硬くなる。したがって更は「硬い」というイメージにも展開する。藤堂明保は更・魚・庚を同源とし、「固いしんが張っている」という基本義があるとする（藤堂①）。以上のイメージは「たるみをぴんと張る」というコアイメージに概括できる。日本語の「さら」は「一度物事が行われた後に、やりなおしをして、新たにすること」で、ここから「さらに」（事新しくの意）が派生する。また「ふける（ふく）」はフカシ（深）と同根で、「物の状態が自然に深くなる意」が原義で、夜・季節・時が深まる、また、年をとる意味に展開する（以上、大野①②）。「ふける」の意味は漢語の更にない。

〔グループ〕更・梗・硬・哽(コウ)(喉がつかえる、むせる［哽咽(コウエツ)］)・鯁(コウ)(＝骾。硬い魚の骨［鯁骨］)・粳(コウ)(モチゴメよりもしんの硬い米、ウルチ)

字源 「㪅」が本字(篆文の字体)。「丙(イメージ記号)＋攴(限定符号)」を合わせた字。「丙」は「両側に張り出す」というイメージがある(⇩丙)。「更」は緩んだものをぴんと張ってたるみをなくする様子を暗示させる図形。この意匠によって、立て直して新たにすることを表象する。

(金)　(篆)

語義 ［展開］新しくする(あらためる)意味ⓐから、別のものにかえる・かわる意味ⓑ、入れかわって(こもごも・かわるがわる)の意味ⓒ、新たに、もう一度、それとは別に(さらに)の意味ⓓに展開する。また、新しくなることはA(古い状態)→B(新しい状態)のイメージであるから、時間が経過する(へる)という意味ⓔを派生し、時間を表示する単位(夜の時刻を五等分したもの)の用法ⓕが生まれた。「ふける」の意味ⓖは日本的用法。［英］renew; change; alternately; more, further; pass; unit of time; grow late ［和訓］あらためる・かえる・かわる・こもごも ［熟語］ⓐ更改・更新・ⓑ更迭・変更・ⓒ更互・ⓕ五更・初更・ⓖ深更

文献 ⓐ論語・子張「更也、人皆仰之＝更(あらた)むるや、人皆之を仰ぐ([君子が]間違いを改めると、人はみな仰ぎ見る)」ⓓ史記・夏本紀「帝堯乃求人、更得舜＝帝尭乃ち人を求め、更に舜を得たり(帝尭[古帝王の名]は人を求めて、更に舜を獲得した)」

【効】 8(力・6)

常 ｜ 常用音訓 コウ　きく

語音 *ɦɔ̆g(上古)　ɦău(中古→㊐ゲウ〈＝ギョウ〉・㊥カウ〈＝コウ〉)　xiào(中)　효(韓)

語源 ［コアイメージ］⇅形に行き交う。［実現される意味］ならう・まねるⓐ。［英］imitate

〔解説〕「まなぶ」ことは「まねる」ことと同じであるが、それらのコアをなすのは「交わる」というイメージである。おしえる側とまなぶ(まねる)側が知識や情報を介して交わるのである。漢語の效も交にコアイメージの源泉があり、「まねる」が本義。学・教と同源の語で、傚(ならう)に本義が生きている。しかししるしや、ききめの意味に転じ、字体が效から効に変わった。この効に「きく」の訓がつけられた。「きく」はキク(聞)と同根で、「神経を働かせて、物事の感じを試し、手ごたえのある意」から、「よく働いて効果がある」「ききめがある」意味に展開するという(大野①)。漢語の効は力を尽くすことから、ききめ・効果の意味に展開するが、「きく」という動詞的用法はない。

字源 「效」が本字。「交(コウ)(音・イメージ記号)＋攴(限定符号)」を合わせた字。「交」は「×形に交わる」「⇅形に行き交う」というイメージがある(⇩交)。「效」はAが↓の方向に知識を与えれば、それに応じて、Bが↑の方向に知識をもらう様子を暗示させる。この意匠によって、ならうことを表象する。学・教と意匠が似ている。

〔字体〕「効」は旧字体。「効」は古く発生した「效」の異体字。現代中国では效を用いる。

語義 ［展開］ならう・まねるが本義ⓐ。「⇅形に行き交う」というコアイメージから、↓の方向に何かを求めてくることに応じて、↑の方向に与える(差し出す)という意味ⓑ、相手に力を尽くすという意味ⓒ、また、力を尽くした後に現れるしるし・効き目という意味ⓓを派生する。ⓒⓓの意味に転じた段階で効の字体が生まれた。［英］imitate; devote; render; effect, efficacy ［和訓］ならう・いたす ［熟語］ⓐ効顰(コウヒン)・ⓑ効命・ⓒ効忠・ⓓ効果・有効

文献 ⓐ易経・繫辞伝上「知崇禮卑、崇效天、卑法地＝知は崇(たか)く礼は卑(ひく)し、崇きは天に効(なら)ひ、卑きは地に法る(知識は高く礼儀は低い。高いものは天を見倣い、低いものは地を手本にする)」ⓑ孟子・梁恵王下「效死勿去

＝死を効すも去る勿れ（生命を捧げても逃げてはいけない）」ⓒ韓非子・三守「不效公忠＝公忠を効さず（国家に対する忠義を尽くさない）」ⓓ戦国策・秦一「臣請奏其效＝臣請ふ、其の効を奏せん（どうかその効果を述べさせてください）」

【岬】 8(山・5)　常　常用音訓　みさき

語音 kap（中古→呉ケフ〈＝キョウ〉・漢カフ〈＝コウ〉）　jiǎ（中）　갑（韓）

語源 ［コアイメージ］覆いかぶさる。［実現される意味］はざまⓐ。［英］a narrow passage between mountains

字源 「甲（音・イメージ記号）＋山（限定符号）」を合わせた字。「甲」は「覆いかぶさる」というイメージがある（⇩甲）。「岬」は二つの山が覆いかぶさるほど迫った地形、「はざま」を表す。

語義 ［展開］はざまが原義ⓐだが、日本では「みさき」（海に突き出た陸の突端）ⓑにこの字を当てる。［英］a narrow passage between mountains; cape ［熟語］ⓐ岬角

文献 ⓐ左思・呉都賦「倒岬岫＝岬岫を倒にす（山のはざまと岩穴をさかさまにする）」（文選5）

【岡】 8(山・5)　常　常用音訓　おか

語音 *kaŋ（上古）　kaŋ（中古→呉・漢カウ〈＝コウ〉）　gāng（中）　강（韓）

語源 ［コアイメージ］筋張って堅い。［実現される意味］山の背筋（尾根）ⓐ。［英］ridge

〔解説〕釈名・釈山では「山脊を岡と曰ふ。岡は亢なり」とある。亢は「↑形に高く上がる」というイメージであるが、山の背筋のイメージとしてはむしろ「→形に筋が通る」のイメージをもつ庚・康と近い。このイメージは「堅く強い」というイメージに展開する。これは「剛は彊（強）なり」とする古典の訓とも合う。したがって下記のグループのコアを提供する岡は「筋張って堅い」というイメージと捉えることができる。

〔グループ〕岡・剛・綱・鋼・崗（＝岡。おか）・棡（材質の堅い木、ナラガシワ）

字源 「罔（イメージ記号）＋山（限定符号）」を合わせた字。「罔」は鳥を捕らえるために冂形に立てて仕掛ける網を描いた図形で、「冂形に立つ」というイメージを示す。「岡」は冂形（綱の形）に走る山の背を暗示させる。王念孫は「岡の言は綱なり」と述べている（広雅疏証）。

（金）　（篆）

語義 ［展開］山の尾根の意味ⓐから、小さな山（おか）の意味ⓑを派生する。［英］ridge; hill ［熟語］ⓑ岡阜・岡陵

文献 ⓐ詩経・巻耳「陟彼高岡、我馬玄黄＝彼の高岡に陟れば、我が馬は玄黄たり（あの高い尾根に登ると、私の馬は目がくらんだ）」

【幸】 8(干・5)　常　常用音訓　コウ　さいわい・さち・しあわせ

語音 *ɦĕŋ（上古）　ɦɛŋ（中古→呉ギヤウ〈＝ギョウ〉・漢カウ〈＝コウ〉）　xìng（中）　행（韓）

語源 ［コアイメージ］㋐枠にはめる・㋑枠から逃れる。［実現される意味］偶然の幸運（まぐれ）ⓐ。［英］fluke, luck, fortune

〔解説〕幸は執（とらえる）・報（仕返しする）・睪（駅などのコアになる記号）・圉（牢屋）に含まれ、罪人や罪と関係のある字である。しかし幸の意味は「さいわい」である。なぜこんな意味になるのか。字形からは解釈がつかない。藤堂明保は幸は刑・型・形・耕と同源で、「角ばった枠」という基本義があるとする（藤堂①）。これは「枠（型）にはめる」というコアイメージと言い換えてよい。漢語の意味論的特徴の一つに「枠をかぶせる」→「枠からはみ出る」「枠を払いのける」というイメージ転化現象がある。犯・氾・濫・敢などに典型的に見られ

る。幸も同様で、「枠にはめる」というイメージから、はめられた枠から逃れようと望む、まぐれな幸運(僥倖)を求めるという意味が実現され、ここからかなわぬ願いを得たしあわせの意味となる。下記の論語の注釈に「分に非ずして得、慶幸すべきを言ふなり(かなわぬものを得た喜びのこと)」(劉宝楠・論語正義)とある。日本語の「さいわい(さいはひ)」はサキハフの名詞形。これはサク(咲)・サカユ(栄)・サカル(盛)と同根で、「生長のはたらきが頂点に達して、外に形を開く意」が原義。日本語の幸福の観念の成立に二つあり、「さいわい」が「植物の繁茂が人間に仕合わせをもたらす意」であるのに対し、「さち」は「狩猟の獲物の豊富さが人間に仕合わせをもたらす意」に由来するという(以上、大野①)。漢語の幸のイメージとはかなり違う。英語のluckははかけごとの用語に由来し、偶然の運、めぐり合わせの意(下宮①、小島①)、fortuneは幸運の女神の名に由来し、「運、偶然」の意味から来ているという(下宮①)。偶然、まぐれが本来のイメージである漢語の幸とよく似ている。

〔グループ〕幸・倖・婞ケイ(型にはまった性格、頑固、強情)・悻コウ(押さえた怒りが噴き出る)

字源 手錠(手かせ)を描いた図形。ストレートに手かせを意味するのではなく、刑具の機能から「枠にはめる」という抽象的イメージが取られる。

(甲)　(篆)

語義 [展開] 思いも寄らぬ偶然のさいわい(まぐれざいわい)の意味ⓐから、運良く得られたしあわせの意味ⓑ、かなわぬことを願う(さいわいだと思う)意味ⓒに展開する。また、天子がある臣下や女性を愛すること や、ある場所に行くことは関係者にとって思いも寄らぬしあわせと受け取られたことから、寵愛する意味ⓓや、みゆき(行幸)の意味ⓔが生まれた。[英]fluke, luck, fortune; lucky, fortunate, happy, happiness; pleased, rejoice; favor; emperor's visit [和訓] みゆき [熟語] ⓐ射幸心(=射倖心)・ⓑ幸運・幸福・ⓒ欣幸・ⓓ幸臣・寵幸・ⓔ行幸

文献 ⓐ論語・雍也「罔之生也、幸而免=之れ罔(な)くして生くるや、幸ひにして免るるなり(これ[正直な心]がなくて生きているのは、まぐれで助かっているだけだ)」ⓑ孟子・公孫丑下「不幸而有疾=不幸にして疾有り(運悪く病気がある)」ⓒ史記・屈原賈生列伝「冀幸君之一悟=君の一悟を冀幸す(君主が悟ってくれるのを願う)」ⓔ史記・秦始皇本紀「始皇帝幸梁山宮=始皇帝、梁山宮に幸す(始皇帝は梁山宮に行幸した)」

【庚】

8(广・5)　人　音 コウ　訓 かのえ

語音 *kǎŋ(上古)　kʌŋ(中古→呉キャウ〈=キョウ〉・漢カウ〈=コウ〉)　gēng(中)　경(韓)

語源 [コアイメージ] 固く筋が通っている。[実現される意味] 十干の第七位ⓐ。[英]the seventh heavenly stem

〔解説〕釈名・釈天に「庚は猶(なお)更のごときなり。庚は堅強の貌なり」とある。*kǎŋは更・硬・梗と同源で、「堅く強い」というコアイメージをもつ。また魚とも同源で、「筋がぴんと張って固い」というイメージがある。庚を十干の七番目に用いるのは、植物の生長段階をあるイメージによって象徴化させる手法に基づいて、「頭をもたげて立ち上がる(己)」の後に「筋張って堅強になる(庚)」を配列したと考えられる。

〔グループ〕庚・康・糠コウ(穀類の種子の筋張った皮、ぬか)・慷コウ(心が強く高ぶる[慷慨])　鱇*(純国字。アンコウ[鮟鱇])

字源 楷書は分析が困難。甲骨文字・金文・篆文は「干+廾(両手)」に分析できる。「干」は太い棒の形(⇩干)。「干(イメージ記号)+廾(限定符号)」を合わせた「庚」は、脱穀するのに用いる硬い木の棒を手に持つ情景を設定した図形。この意匠によって、「固く筋が通っている」というイメージを表すことができる。

（甲）　（金）　（篆）

語義 ［展開］十干の第七位（かのえ）の意味ⓐから、順位の七番目の意味ⓑ、年齢の意味ⓒを派生する。［英］the seventh heavenly stem; seventh; age ［熟語］ⓐ庚申・ⓒ同庚

文献 ⓐ詩経・吉日「吉日庚午＝吉日は庚午（よき日がらはかのえうま）」

【拘】8(手・5) 常 ｜ 常用音訓 コウ

語音 (1)*kug(上古) kiu(中古→呉・漢ク) jū(中) 구(韓) (2)*kug(上古) kəu(中古→呉ク・漢コウ) gōu(中)

語源 ［コアイメージ］かぎ形に曲がる。［実現される意味］引き留めて自由を奪う（身柄を拘束する、捕らえる）ⓐ。［英］restrain, detain, arrest

字源 「句（音・イメージ記号）＋手（限定符号）」を合わせた字。「句」は「かぎ形に曲がる」というイメージがあり、「かぎ形で小さい範囲に区切る」というイメージに展開する（⇩句）。「拘」は狭い仕切りの中に押し込める様子を暗示させる。この意匠によって、人を捕まえて自由を奪うことを表象する。

語義 ［展開］引き留めて自由を奪う（とらえる）意味ⓐから、小さいことにとらわれる（かかずらう、こだわる）意味ⓑに展開する（以上は1の場合）。また、かぎ形に曲がる意味ⓒに用いる（2の場合）。日本では1の場合を2の音で読む。［英］restrain, detain, arrest; adhere rigidly, stick, cling; hook ［和訓］とらえる・かかずらう・かかわる ［熟語］ⓐ拘束・拘留・ⓑ拘泥・ⓒ拘縮・拘攣

文献 ⓐ戦国策・楚二「楚懐王拘張儀、将欲殺之＝楚の懐王、張儀を拘へ、将に之を殺さんと欲す（楚の懐王は張儀をとらえ、殺そうと思った）」ⓒ淮南子・泰族訓「夫指之拘也、莫不事申也＝夫れ指の拘するや、申のびるを事とせざるは莫きなり（指が曲がると、一生懸命伸ばそうとするものだ）」

【昂】8(日・4) 人 ｜ 音コウ 訓あがる・たかい

語音 *ŋaŋ(上古) ŋaŋ(中古→呉・漢ガウ〈＝ゴウ〉・慣カウ〈＝コウ〉) áng(中) 앙(韓)

語源 ［コアイメージ］上に上がる。［実現される意味］高く上がる・高いⓐ。［英］lift, raise, high

字源 「卬（音・イメージ記号）＋日（限定符号）」を合わせた字。「卬」は右を向いて立っている人と、左を向いて座っている人を合わせた図形（⇩仰）。これは右の人が左の人を出迎える場面でもあるし、見上げる場面でもある。後者に視点を置いて、見上げることから、「上に上がる」というイメージを表すことができる。「昂」は日が高く上がる様子を暗示させる。

〔字体〕「昻」は「昂」の俗字。

語義 ［展開］高く上がる意味ⓐから、気分が高ぶる意味ⓑに展開する。［英］lift, raise, high; high-spirited ［熟語］ⓐ昂騰・低昂・ⓑ昂進・軒昂

文献 ⓐ楚辞・卜居「寧昂昂若千里之駒乎＝寧ろ昂昂として千里の駒の若くならんか（むしろ千里を走る馬のように志を高くしたほうがよいだろうか）」

【昊】8(日・4) 人 ｜ 音コウ

語音 *ɦog(上古) ɦau(中古→呉ガウ〈＝ゴウ〉・漢カウ〈＝コウ〉) hào(中) 호(韓)

語源 ［コアイメージ］広く大きい。［実現される意味］大空・天ⓐ。［英］sky, heaven

字源 篆文では「日＋夰」、隷書で「日＋天」に変わった。「夰（音・イメージ記号）＋日（限定符号）」を合わせた字。「夰」は「大＋八（左右に分

かれる)」を合わせて、左右に大きく分かれる様子を示す図形。「昊」は左右に大きく分かれて広々とした天空を表す。

(篆)

語義 [展開] 自然の天の意味ⓐから、信仰の対象としての天、天の神の意味ⓑにも転用される。[英]sky, heaven; heavenly god

文献 ⓐ詩経・板「昊天曰明、及爾出王＝昊天曰(ここ)に明らかなれば、爾と出王[＝往]せん(大空が明るくなれば、君と一緒に外に出よう)」ⓑ詩経・雲漢「昊天上帝(天の神様上帝)」

【杭】 8(木・4) 人 ― 音コウ 訓くい

語音 *ɦaŋ(上古) ɦaŋ(中古→呉ガウ〈＝ゴウ〉・漢カウ〈＝コウ〉) háng(中) 항(韓)

語源 [コアイメージ] まっすぐ伸びる。[実現される意味] 舟で水を渡るⓐ。[英]cross a river by boat

字源 「亢(コウ)(音・イメージ記号)＋木(限定符号)」を合わせた字。「亢」は「↑形にまっすぐに高く立つ」というイメージがあり、視点を変えると、「→形(横の方)にまっすぐに伸びる」というイメージにも展開する(⇩抗)。「杭」は舟で水の上をまっすぐ進んでいく様子を暗示させる。のち木を方(いかだ)に替えて斻、舟に替えて航と書く。

語義 [展開] 舟で水を渡るが本義ⓐ。日本では「くい」ⓑに当てる。杙(くい)と間違えたか。あるいは、杌(くいぜ)と混同したか。[英]cross a river by boat; stake, picket

文献 ⓐ詩経・河広「誰謂河廣、一葦杭之＝誰か謂ふ河は広しと、一葦もて之を杭(わた)る(黄河が広いと誰が言う、アシの葉一枚で渡れるのに)」

【肯】 8(肉・4) 常 ― 常用音訓 コウ

語音 *k'əŋ(上古) k'əŋ(中古→呉・漢コウ) kěn(中) 긍(韓)

語源 [コアイメージ] はまりこむ。[実現される意味] よしと受け入れるⓐ。[英]agree, consent

[解説] 語源の難しい語である。骨から派生した語と考えられる。骨は関節から発想された語で、古人は関節は一つの骨に別の骨がはまりこんでいると考えたらしい。「うまくはまりこむ」というイメージから二つの意味が生まれる。一つはある事柄が自分の気持ちにうまくはまりこむこと、つまり、よしとして受け入れる意味、他は文字通り人体に関する意味で、骨をはめこんでいる肉の意味である。前者の用法は詩経などにあり、非常に古い。

字源 「肎」が本字。「冎の略体(イメージ記号)＋肉(限定符号)」を合わせた字。「冎＋肉」は「骨」であるが、冎の一部だけを取って「冖＋肉」にすることによって「骨」と差別化したものである。「骨」は肉でつながった関節の骨を表すが、それに対し、「肎」は関節あるいは骨をはめこむ形で取り巻いている肉を暗示させる。

(篆)

語義 [展開] ある事柄が自分の心に食い違いなくはまりこんで、それを「よし」と受け入れる(うなずく、うべなう)という意味ⓐから、動詞の前につけて、「承知して〜する」という意味を示す副詞的な使い方(漢文では「あへて」と読む)ⓑが生まれた。また、骨についた肉(骨と肉が結合する所)の意味ⓒを派生する。ⓒは比喩的に物事の急所の意味ⓓにもなる。[英]agree, consent; be willing to; meat attached to bone; essential point

[和訓] あえて・うけがう・がえんずる [熟語] ⓐ肯定・首肯・ⓒ肯綮

文献 ⓐ詩経・終風「惠然肯來＝恵然として肯(あ)へて来れ(やさしくうんと言って来てほしい)」ⓒ荘子・養生主「技經肯綮之未嘗＝技、肯綮を経ることと未だ嘗(こころ)みず(自分の技を骨肉の結合する所に試すことはありません)」

【肴】8(肉・4) 人 | 音コウ 訓さかな

語音 *ɦɔg(上古) ɦău(中古→呉ゲウ〈=ギョウ〉・漢カウ〈=コウ〉) yáo(中) 효(韓)

語源 [コアイメージ] ×形に交差する。[実現される意味] 食べるために盛りつけた肉(ごちそう)ⓐ。[英]viands

〔グループ〕肴・淆(入り交じる[混淆])・殽(交じり合う[殽乱])

字源 「爻(音・イメージ記号)+肉(限定符号)」を合わせた字。「爻」は「乂(交わる印)」を二つ合わせて、「×形に交差する」というイメージを示す記号(⇨較)。「肴」は肉を×形に交差させて俎や皿に盛りつける様子を暗示させる。

語義 [展開] ごちそうの意味ⓐ。「×形に交差する」というコアイメージから、入り交じって乱れる意味ⓑを派生する。ⓑは淆・殽と通用。さかな(酒のおかず)の意味ⓒは日本的用法。[英]viands; mix; side dish [熟語] ⓐ佳肴・珍肴・ⓑ肴乱・ⓒ酒肴

文献 ⓐ礼記・学記「雖有嘉肴、弗食、不知其旨也=嘉肴有りと雖も、食はざれば、其の旨きを知らざるなり(立派なごちそうがあっても、食べなければその旨さがわからない)」

【侯】9(人・7) 常 | 常用音訓 コウ

語音 *ɦug(上古) ɦəu(中古→呉グ・漢コウ) hóu(中) 후(韓)

語源 [コアイメージ] 狭い穴を通す。[実現される意味] 弓矢の的ⓐ。[英]target

〔解説〕気道の入り口を喉という。このほかに人体の穴には、口、胸、腔、肛、孔(鼻孔・眼孔)があり、これらは「あな」「突き通る」というイメージで共通する。すべて同源の語である。喉のコアを提供するのが侯(矢を突き通す的)で、「狭い穴を通す」というコアイメージをもつ。

〔グループ〕侯・候・喉・猴(きょろきょろと辺りを伺う習性のある動物、サル[猿猴])・堠(敵を見張る物見台)・篌(中空の筒を連ねたハープに似た古楽器[箜篌])・鯸(毒に当たる魚、フグ[鯸鮧])

字源 「矦」が本字。もっと古い形(甲骨文字・金文・古文の字体)は「厌」であった。「厂(垂れた布の形。イメージ記号)+矢(限定符号)」を合わせて、矢で的を狙う情景を設定した図形。「厌(音・イメージ記号)+⺈(=人。限定符号)」を合わせた「矦(=侯)」は、矢を射る武人を暗示させる。

(甲) (金) (古) (篆)

語義 [展開] 弓矢の的の意味ⓐから、武人の意味ⓑ、武人の統領(殿様・君主)の意味ⓒに展開する。また、爵位の一つで、五等爵(公・侯・伯・子・男)の第二位ⓓ。[英]target; warrior; feudal prince; marquis [熟語] ⓐ侯鵠・ⓒ君侯・諸侯・ⓓ侯爵

文献 ⓐ詩経・猗嗟「終日射侯=終日侯を射る(一日中的を射る)」ⓒ詩経・羔裘「洵直且侯=洵に直にして且つ侯なり(ほんとに素直で殿様然とした方だ)」

【厚】9(厂・7) 常 | 常用音訓 コウ あつい

語音 *ɦug(上古) ɦəu(中古→呉グ・漢コウ) hòu(中) 후(韓)

語源 [コアイメージ] 下の方に深くたまる。[実現される意味] 平らな物体の上下の距離が大きい(あつい)ⓐ。[英]thick

〔解説〕釈名・釈言語に「厚は後なり。終後有るなり」とある。*ɦugという語は後・后と同源で、後ろ→下・底というイメージがあり、下の方や底の方に深くたまる(分厚い)というイメージに展開する。厚の異体字に垕がある。垢(厚くたまった土、あか)はこれと同源である。平面的・立体的なものの上から下の方向に何かが重なったりたまったりして幅が大きい状態を厚という。上と下の間が何もなくてくっついたり迫ったりし

ている状態を薄というのに対する。日本語の「あつい（あつし）」は「物を立体として見たとき、一面に平行するもう一つの面との間の距離が大きいさま」の意という（大野②）。漢語の厚と同じ。「あつかましい」は厚皮しの転という（大言海の説）。おそらく下記の詩経ⓔから出た語であろう。

字源 「㫗（コウ）（音・イメージ記号）＋厂（限定符号）」を合わせた字。「㫗」は「亯（＝享・亨）」の逆さ文字である。「亯」は「スムーズに通る」というイメージを示す。「亯」を逆にした「㫗」は「スムーズに通らない」というイメージを示す記号になる。「厚」はがけの石が重なってスムーズに通らない様子を暗示させる。この意匠によって、土などが重なって分厚いことを表象する。

（篆）［㫗］ （金） （古） （篆）

語義 ［展開］平らな物体の上下の距離が大きい（あつい）意味ⓐから、厚さ・厚みの意味ⓑ。また、空間的に分厚い意味から、比喩的に、程度が深い意味ⓒ、手厚い（丁重である、ねんごろ）の意味ⓓを派生する。また、顔の表皮があついという表現があり（下記の詩経）、心性があつかましい（恥を知らない）という意味ⓔが生まれた。［英］thick; thickness, depth; deep, profound; kind, hospitable; shameless ［熟語］ⓐ厚薄・肥厚・ⓒ重厚・濃厚・ⓓ厚意・温厚・ⓔ厚顔

文献 ⓐ詩経・正月「謂地蓋厚、不敢不蹐＝地蓋（けだ）し厚しと謂ふも、敢へて蹐（セキ）せずんばあらず（大地は厚いといっても、抜き足せずにいられない）」ⓑ荘子・養生主「以無厚入有閒＝厚み無きを以て間有るに入る（厚みのないもの［刀の刃］を隙間のある所に入れる）」ⓓ論語・先進「顔淵死、門人欲厚葬之＝顔淵死す、門人厚く之を葬らんと欲す（顔淵が死んだとき門人たちは彼を手厚く葬ろうと思った）」ⓔ詩経・巧言「巧言如簧、顔之厚矣＝巧言は簧（コウ）の如し、顔の厚きなり（笛の舌のようなうまい言葉は、面の皮が厚いせいだ）」

【巷】 9（己・6） 人 ｜ 音コウ 訓ちまた

語音 *ɦŭŋ（上古） ɦɔŋ（中古→呉ゴウ・漢カウ〈＝コウ〉） xiàng（中） 항（韓）

語源 ［コアイメージ］一緒にそろう。［実現される意味］町や村の中の通り（路地・小路）ⓐ。［英］lane, alley

〔解説〕古典の注釈に「邑中の共にする所の道なり」（焦循・易章句）とある。コアイメージの源泉は共にある。人々が一緒にそろう場所、すなわち町や村の通りを巷という。日本語の「ちまた」はチ（道）＋マタ（股）で、「道の分かれる所」の意。大勢の人が往来する所なので、町の通り、道、町の意味に展開する（大野①②）。

〔グループ〕巷・港

字源 篆文では「共＋邑」、隷書で「共＋㔾（巳）」に変わった（㔾は邑の下部と同じ）。「共（キョウ）（音・イメージ記号）＋邑（限定符号）」を合わせた字。「共」は「一緒にそろう」というイメージがある（⇨共）。「巷」は人々が一緒にそろって行き来する所（町・村の通り）を暗示させる。

（篆）

語義 ［展開］町や村の中の通り（ちまた）の意味ⓐから、世間の意味ⓑに展開する。［英］lane, alley; town ［熟語］ⓐ窮巷・陋巷（ロウコウ）・ⓑ巷間・巷説

文献 ⓐ詩経・丰「俟我乎巷兮＝我を巷に俟つ（私を小路で待っている）」ⓑ曹植・与楊徳祖書「夫街談巷説、必有可采＝夫れ街談巷説も必ず采るべき有り（世間の噂話も採るべきものがある）」（文選42）

【恒】 9（心・6） 常 ｜ 常用音訓 コウ

〔恆〕 9(心・6) 人 ｜音コウ 訓つね

語音 (1)*ɦəŋ(上古) ɦəŋ(中古→呉ゴウ・漢コウ) héng(中) 항(韓) (2)*kəŋ(上古) kəŋ(中古→呉・漢コウ) gèng(中) 긍(韓)

語源 [コアイメージ] たるみなく張り渡る。[実現される意味] いつも変わらないこと(a)。[英]constant, permanent

字源 「恆」が正字。「亙(コウ)(音・イメージ記号)＋心(限定符号)」を合わせた字。「亙」は「二(上下の線)＋月(つき)」を合わせて、上端から下端まで張った月の弦を暗示させる図形。「(二線間に)たるみなく張り渡る」というイメージがあり、「(幅や長さがゆるむことなく)いつも一定して変わらない」というイメージに展開する(⇩亙)。「恆」は心構えがいつも変わらずたるまない様子を暗示させる。この意匠によって、いつも変わらないことを表象する。

(字体) 「恒」は古くから使われていた「恆」の俗字。亙(コウ)(わたる)と亘(セン)(めぐる)の混同の由来もここにある。

語義 [展開] いつも変わらず一定している(いつも・つねに)の意味(a)(1の場合)。また、弓張り月の弦の意味(b)にも用いられる。これは亙(張り渡る月の弦)と同じ(2の場合)。[英]constant, permanent; increasing moon [熟語] (a)恒久・恒常

文献 (a)詩経・小明「無恆安息＝恒に安息する無かれ(いつものうのうとなまけているな)」(b)詩経・天保「如月之恆＝月の恒(コウ)の如く(弓張り月の弦のように[いつも変わらぬとの比喩])」

【恰】 9(心・6) 人 ｜音コウ・カッ 訓あたかも

語音 k'ʌp(中古→呉ケフ〈＝キョウ〉・漢カフ〈＝コウ〉) qià(中) 흡(韓)

字源 [コアイメージ] ぴったり合う。[実現される意味] ぴったり合って適する(ちょうどよい)(a)。[英]appropriate, proper

字源 「合(コウ)(音・イメージ記号)＋心(限定符号)」を合わせた字。「合」は「ぴったり合う」というイメージがある(⇩合)。「恰」は心にぴったり合う様子を暗示させる。

語義 [展開] ぴったり合って適する(ちょうどよい)意味(a)。また、ちょうどよく(あたかも)の意味(b)。日本では、ほどよい形や外見の意味(c)に用いる。[英]appropriate, proper; just; good look, appearance [熟語] (b)恰好・(c)恰幅

文献 (b)捜神記16「恰遭秦妃＝恰も秦妃に遭ふ(ちょうど秦妃に出会った)」

【洪】 9(水・6) 常 ｜常用音訓 コウ

語音 *ɦuŋ(上古) ɦuŋ(中古→呉グ・漢コウ) hóng(中) 홍(韓)

語源 [コアイメージ] 一緒にそろう。[実現される意味] 大量に増えてあふれる水(おおみず)(a)。[英]flood

字源 「共(キョウ)(音・イメージ記号)＋水(限定符号)」を合わせた字。「共」は「一緒にそろう」というイメージがある(⇩共)。多くのものがそろうと数量が増えるから、「大きい」というイメージにも展開する。「洪」は水量の大きく増えた水を暗示させる。

語義 [展開] おおみずの意味(a)から、大きい意味(b)を派生する。[英]flood; big, great [和訓] おおみず [熟語] (a)洪水・(b)洪恩・洪儒

文献 (a)詩経・長発「洪水芒芒＝洪水芒芒たり(洪水が果てしなく広がった)」

【洸】 9(水・6) 人 ｜音コウ

語音 (1)*kuaŋ(上古) kuaŋ(中古→呉・漢クワウ〈＝コウ〉) guāng(中) 광(韓) (2)*ɦuaŋ(上古) ɦuaŋ(中古→呉ワウ〈＝オウ〉・漢クワウ〈＝コウ〉) huàng(中) 황(韓)

語源 ［コアイメージ］四方に発散する・四方に広がる。［実現される意味］水が光るさまⓐ。［英］glittering

字源 「光(コウ)（音・イメージ記号）＋水（限定符号）」を合わせた字。「光」は「四方に発散する」「四方に広がる」というイメージがある（⇩光）。「洸」は水が湧いて光を放つ様子、また、水が四方に広がる様子を暗示させる。

語義 ［展開］水が湧いてゆらゆらと光るさまの意味ⓐ。「四方に発散する」というイメージから、勇気や武力が辺りに発散する（猛々しい・勇ましい）の意味ⓑを派生する（以上は1の場合）。また、水が広々したさまの意味ⓒ（2の場合）。［英］glittering; brave; boundless ［熟語］ⓒ洸洋

文献 ⓑ詩経・江漢「武夫洸洸＝武夫洸洸たり（もののふは勇み立つ）」

【皇】 9(白・4) 常 ｜常用音訓｜ コウ・オウ

語音 *ɦuaŋ（上古） ɦuaŋ（中古→呉ワウ〈＝オウ〉・漢クワウ〈＝コウ〉） huáng（中） 황（韓）

語源 ［コアイメージ］大きく広がる。［実現される意味］大きい・偉大であるⓐ。［英］grand, great

〔解説〕三皇や皇帝などに使われる字であるが、詩経などの古典では「大きい」「輝かしい」などの意味で使われている。*ɦuaŋという語は王・広・黄・光と同源で、「大きく広がる」というコアイメージをもつ。このイメージは空間的には「広がって大きい」から、だだっ広くて遮るものがない→空虚・空っぽのイメージにもなる。時間的には何もなくひまである（遑）、心理的にはうつろで落ち着かない（恐惶）というイメージに転化する。光が「四方に発散する」から「何もない・空しい」のイメージに転化するのと似ている。

〔グループ〕皇・煌・凰・徨(コウ)（どこまでも足をのばして歩き回るさま［彷徨］）・篁(コウ)（大きく広がった竹やぶ［幽篁］）・湟(コウ)（水のない空堀）・隍(コウ)（空堀［城隍］）・遑(コウ)（いとま・ひま）・惶(コウ)（心が落ち着かない、慌ただしい［恐惶］）・蝗(コウ)（大きなイナゴ、トノサマバッタ）・鰉(コウ)（大型のチョウザメ）

字源 篆文は「自＋王」、隷書で「白＋王」に変わった。「王(オウ)（音・イメージ記号）＋自（イメージ補助記号）」を合わせた字。「王」は大きな斧（まさかり）を描いた図形で、「大きい」というイメージがあり、偉大な人の意味を実現させる（⇩王）。「自」は鼻を描いた図形。鼻は顔から突き出ているので、先端のイメージがあり、「何かが出てくる起点」というイメージに展開する（⇩自）。したがって「皇」は人類がそこから出てくる偉大な始祖を暗示させる図形。金文については日光が放射する形（王国維）、五采の羽を挿した王冠（郭沫若）、王者が冕(べん)をかぶり衣裳を垂れ手を拱(こまぬ)いて座す形（厳一萍）、王の上部に玉飾を加えている形（白川静）等々の説がある。篆文は金文とのつながりは不明で、意味が展開した後に生まれた字体であるが、コアイメージは時代を通じて変わらない。したがって篆文や隷書から説明しても何らかまわない。隷書の「白」は「自」の変形である。

（金）　（篆）

語義 ［展開］大きい・偉大である意味ⓐから、偉大な人（君主・神・天などの称）の意味ⓑ、天子・皇帝の意味ⓒ、先祖につける美称ⓓに展開する。また、輝かしい・光り輝くさまの意味ⓔ、四面に壁のない部屋の意味ⓕ、何もすることのない時間（ひま・いとま）の意味ⓖ、あてがなく落ち着かないさまの意味ⓗを派生する。日本ではすめらぎ（天皇）の意味ⓘに用いる。ⓖは遑、ⓗは惶と通用。［英］grand, great; sovereign; emperor; magnificent; brilliant; room without wall; leisure; hurried; the Emperor ［和訓］きみ・すめらぎ・すめら ［熟語］ⓐ皇王・皇帝・ⓑ皇天・三皇・ⓒ皇位・皇室・ⓓ皇考・皇祖・ⓕ堂皇・ⓗ倉皇・ⓘ勤皇・天皇(テンノウ)

文献 ⓐ詩経・皇矣「皇矣上帝、臨下有赫＝皇(おお)いなる上帝、下に臨みて赫(カク)たる有り（大いなるかな天の神は、輝かしく下界をみそなわす）」ⓔ詩経・

斯干「朱芾斯皇＝朱芾(シュフツ)斯れ皇たり（赤い膝掛けがきらきら光る）」ⓖ詩経・漸漸之石「不皇他矣＝他に皇(いとま)あらず（他のことをするひまもない）」ⓗ孟子・滕文公下「孔子三月無君、則皇皇如也＝孔子は三月君無ければ、則ち皇皇如たり（孔子は三か月も仕える君主がいないと、そわそわと落ち着かなかった）」

【紅】9(糸・3)　[常]　[常用音訓] コウ・ク　べに・くれない

[語音] *fuŋ(上古)　fuŋ(中古→[呉]グ・[漢]コウ・[慣]ク)　hóng(中)　홍(韓)

[語源] [コアイメージ] 突き通す。[実現される意味] 桃色ⓐ。[英]pink

[字源] 「工(コウ)(音・イメージ記号)＋糸(限定符号)」を合わせた字。「工」は「突き通す」というイメージがある(⇩工)。「紅」は白色の絹地に茜(アカネ)の汁を突き通して染める様子を暗示させる。説文解字に「紅は帛の赤白色なり」とあるように、白みがかった赤色(桃色、ピンク)のことである。藤堂明保は工を単なる音符とする(藤堂②)。色の名は染色法に由来するものもあるので、筆者は工を音・イメージ記号と見る。

[語義] [展開] 桃色の意味ⓐから、真っ赤な色(鮮やかな赤色、くれない)の意味ⓑに転じた。また、化粧料のべにの意味ⓒ、美人、また女性の意味ⓓに用いる。[英]pink; red; rouge; woman　[熟語] ⓐ粉紅・ⓑ紅葉・真紅(シンク)・ⓒ紅脂・紅粉・ⓓ紅一点・紅唇

[文献] ⓐ論語・郷党「紅紫不以爲褻服＝紅紫は以て褻服(セップク)と為さず(紅と紫のような中間色は肌着にしない)」ⓑ素問・五蔵生成篇「如以縞裹紅＝縞を以て紅を裹(つつ)むが如し(白で紅を包んだような色だ)」

【荒】9(艸・6)　[常]　[常用音訓] コウ　あらい・あれる・あらす

[語音] *m̥uaŋ(上古)　huaŋ(中古→[呉]・[漢]クワウ(＝コウ))　huāng(中)　황(韓)

[語源] [コアイメージ] 遮られて(覆われて)姿が見えない。[実現される意味] 雑草が茂って土地があれるⓐ。[英]weed-covered, waste

〔解説〕 亡にコアイメージの源泉がある。これは「遮られて何も見えない」というイメージ。「遮る」「覆う」「見えない」は相互転化可能なイメージである。草木が覆いかぶさって繁茂しすぎると、地面は遮られて見えなくなる。農作物を邪魔し、作物は育たない。こんな状況を荒という。上から覆いかぶさると、下側は見えない範囲が広がる。だだっ広いことから、「(広がって)大きい」というイメージに転じる。また、「見えない」「何もない」というイメージから心理的にうつろであるというイメージに転化する。これから慌(あわてる)という語が生まれる。日本語の「あれる(ある)」はアラ・アラシと同根。アラは「硬くごつごつ、あるいはごわごわしている」が原義で、「太古のままの状態である。自然のままの状態であるの意」。アラシは岩などがごつごつしている、風雨などが激しい、人の性質がたけだけしい意に展開し、アルは未開の無秩序な状態になる、天候が激しくなる、さびれる、凶暴になる意に展開するという(以上、大野②)。漢語の荒と重なる部分と重ならない部分がある。

〔グループ〕 荒・慌・謊(コウ)(中身のない言葉、うわごと。また、そらごと、でたらめ)

[字源] 「巟(コウ)(音・イメージ記号)＋艸(限定符号)」を合わせた字。「巟」は「遮り止める」というイメージがあり、「(何かに遮られて)姿が見えなくなる」というイメージに展開する(⇩亡)。「亡(ボウ)(音・イメージ記号)＋川(水の流れを示すイメージ補助記号)」を合わせた「巟」は、一面に水に覆われて何も見えない様子を暗示させる。ここに「(平面が)覆われて見えない」というイメージがある。「荒」は地面が雑草に覆われて作物が見えない情景を暗示させる。

(金) 　(篆)  [巟]　(篆)

語義 [展開] 雑草が茂って土地があれる意味ⓐから、作物が育たず食糧がなくなる(飢饉)の意味ⓑ、文化的に開けていない土地(辺境)の意味ⓒ、宇宙の最初の開けていない状態の意味ⓓに展開する。また、心理的に、みのりのある仕事を放棄して遊びほうける(溺れてふける、すさむ)意味ⓔを派生する。また、「平面を覆って何も見えなくする」というイメージから、何もなく空っぽである、内容がない(でたらめ)という意味ⓕを派生する。また、荒のコアイメージである「覆う、覆いかぶさる」意味ⓖ、その展開である「広く大きい」意味ⓗは古い用例がある。あれる(天気が悪い)意味ⓘや、荒々しい(乱暴に振る舞う)意味ⓙは日本的用法。[英]weed-covered, waste, desolate; lean, famine; undeveloped region; chaos; self-indulgent; absurd, fantastic, nonsense; cover; great; stormy, rough; violent [和訓] すさむ・すさぶ・あばら [熟語] ⓐ荒地・荒野・ⓑ荒歳・救荒・ⓒ荒漠・八荒・ⓓ破天荒・ⓔ荒淫・荒亡・ⓕ荒誕・荒唐・ⓘ荒天

文献 ⓐ周礼・夏官・大司馬「野荒民散=野荒れ民散ず(原野が荒れ果てて民が離散する)」ⓔ詩経・蟋蟀「好樂無荒=楽を好めども荒むこと無し(楽しみは好きだが、ふけりはしない)」ⓖ詩経・樛木「葛藟荒之=葛藟之を荒ふ(クズやカズラが他の木に覆いかぶさる)」ⓗ詩経・公劉「豳居允荒=豳居允に荒いなり(豳[地名]の住まいは本当に大きい)」

【虹】 9(虫・3) 常 常用音訓 にじ

語音 *ɦuŋ(上古) ɦuŋ(中古→呉グ・漢コウ) hóng(中) 홍(韓)

語源 [コアイメージ] 突き通す。[実現される意味] にじⓐ。[英]rainbow

〈解説〉釈名・釈天に「虹は攻なり。純陽、陰気を攻むるなり」とある。古代中国では、双出するにじのうち、色の鮮やかな方を虹(雄のにじ)と呼び、色の暗い方を蜺(=霓。雌のにじ)と呼んだ。これらは陰陽二気の交接で現れると考えられた。しかし虹の語源を攻で解釈したのはよいが、ストレートに「せめる」ではなく、「突き通す」というコアイメージを見るべきである。虹よりも古い語に蝃蝀がある。叕は「ずるずると連なる」というイメージ、東は「突き通す」というイメージがある。にじの形態的特徴からの命名。

字源 「工(音・イメージ記号)+虫(限定符号)」を合わせた字。「工」は「突き通す」というイメージがある(⇨工)。「虹」は天の一方から他方へ突き抜けて現れるものを暗示させる。「虫」の限定符号がつく理由は、説文解字では形が虫に似ているからというが、生物現象に見立てられたからである。〈補説〉主虹の外側に色がそれとは逆配置の副虹が現れることがある。虹(雄にじ)と蜺(雌にじ)の違いはここに根拠がある。

語義 [展開] にじの意味ⓐ。また、虹に似た(見立てた)ものの意味ⓑを派生する。[英]rainbow; rainbow-like thing [熟語] ⓐ虹霓・白虹・ⓑ虹彩

文献 ⓐ礼記・月令「虹始見=虹始めて見はる([季春の月に]虹が始めて出現する)」

【郊】 9(邑・6) 常 常用音訓 コウ

語音 *kɔ̌g(上古) kǎu(中古→呉ケウ〈=キョウ〉・漢カウ〈=コウ〉) jiāo(中) 교(韓)

語源 [コアイメージ] 交差する。[実現される意味] 都城の外側の地(都市の周辺の地)ⓐ。[英]suburb

字源 「交(音・イメージ記号)+邑(限定符号)」を合わせた字。「交」は「×形に交差する」というイメージがあり、「⇄形に行き交う」「→←形に出会う」というイメージに展開する(⇨交)。「郊」は都市と接して行き来できる近い町や村を暗示させる。

語義 [展開] 都市の周辺の地の意味ⓐ。天地を祭ること、また、天地

を祭る所の意味ⓑを派生する。[英]suburb; deify heaven and earth [熟語] ⓐ郊外・近郊・ⓑ郊祭・郊禖(コウバイ)

文献 ⓐ詩経・干旄「在浚之郊＝浚の郊に在り(浚[地名]の郊外にある)」

【香】9(香・0) 常 ―― 常用音訓 コウ・キョウ か・かおり・かおる

語音 *hiaŋ(上古) hiaŋ(中古→呉カウ〈＝コウ〉・漢キヤウ〈＝キョウ〉) xiāng(中) 향(韓)

語源 [コアイメージ] スムーズに通う。[実現される意味] 良いかおりⓐ。[英]fragrance, perfume, aroma

〔解説〕香と薌(キョウ)は同音同義の字。したがって香と郷は同源の語である。*hiaŋという語は向・享とも同源で、「一定の方向(→の形)に向かう」「→←の形に向き合う」「⇅の形に通い合う」というイメージをもつ。かおりは発生源とそれを嗅ぐ主体との間に「スムーズに通う」「⇅の形に通い合う」というイメージがある。響(こだま、ひびき)にもこのイメージがある。日本語の「かおる(かをる)」は「煙・火・霧などが、ほのかに立ちのぼって、なびきただよう意。転じて、匂いの漂う意」という(大野①)。気が立ちのぼって漂う意味から転じた「かおる」は漢語の薫に近い。香は発生源からよいかおりが通ってきてかんばしいの意味である。

字源 篆文は「黍＋甘」。隷書で「禾＋曰」に変わった。「黍」は「禾(いね)＋水」を合わせて、水分を含んで粘り気のある穀物、すなわちキビを表す。「甘」は口に物を含む形。「甘(イメージ記号)＋黍(イメージ補助記号)」を合わせた「香」は、キビを口に含んでうまく味わう様子を暗示させる。この意匠によって、良い臭いを表象する。嗅覚の語を味覚で表すのは共感覚メタファーによる転義である。

(篆)

語義 [展開] 良いかおりの意味ⓐから、良いかおりがする(かおる・かんばしい)の意味ⓑ、良いかおりを出すもの(お香・香料)の意味ⓒに展開する。[英]fragrance, perfume, aroma; fragrant, sweet-smelling; spice, incense [和訓] かんばしい・かぐわしい・こうばしい [熟語] ⓐ香臭・ⓑ香気・芳香・ⓒ香料・名香

文献 ⓐ詩経・生民「其香始升＝其の香始めて升る([供物の]かおりが始めて天に上った)」

【候】10(人・8) 常 ―― 常用音訓 コウ そうろう

語音 *ɦug(上古) ɦəu(中古→呉グ・漢コウ) hòu(中) 후(韓)

語源 [コアイメージ] 狭い穴を通す。[実現される意味] 様子をうかがうⓐ。[英]watch

字源 右側は矦(＝侯)の変形。「矦(コウ)(音・イメージ記号)＋人(限定符号)」を合わせた字。「矦」は的を射る様子を表す図形で、「狭い穴を通す」というイメージがある(⇩侯)。「候」は狭い穴を通して様子を伺い見ることを暗示させる。

語義 [展開] 様子を伺う意味ⓐから、周囲の状況を伺いながら待つ(待ち受ける)意味ⓑ、伺い知る状況・様子・模様、また、何かのきざしの現れる状況の意味ⓒ、季節のきざし(時節)の意味ⓓに展開する。そうろう(「ある」「いる」の丁寧語)の意味ⓔは日本的用法。[英]watch; wait; state, condition; season; have the honor of [和訓] うかがう・まつ・さぶらう [熟語] ⓐ伺候・斥候・ⓑ候補・ⓒ気候・症候・徴候・ⓓ季候・時候

文献 ⓐ韓非子・備内「相爲耳目、以候王隙＝耳目と相為り、以て王の隙を候(うかが)ふ(耳となり目となって、王のすきを伺った)」ⓑ詩経・候人「彼候人兮、何戈與祋＝彼の候人は、戈と祋(イタ)とを何(にな)ふ(あの候人[賓客を接待する役人]は、ほこと警棒をかついでいる)」ⓒ素問・五常政大論「其候溫和＝其の候は温和なり(その気候は暖かい)」

【倖】10(人・8) 人 | 音 コウ 訓 さいわい

語音 *ɦěŋ(上古) ɦɐŋ(中古→呉ギヤウ〈=ギョウ〉・漢カウ〈=コウ〉) xìng(中) 행(韓)

語源 [コアイメージ] ㋐枠にはめる・㋑枠から逃れる。[実現される意味] 思いも寄らぬ偶然の幸運(まぐれざいわい)ⓐ。[英]fluke, luck, fortune

字源 「幸ｺｳ(音・イメージ記号)+人(限定符号)」を合わせた字。「幸」は「枠から逃れる」→思いも寄らぬ幸運という意味が生まれる。後に「しあわせ」の意味に転じたため、倖でその本義を表す。幸から分化した字。

語義 [展開] 思いも寄らぬ幸運(まぐれざいわい)の意味ⓐから、天子に寵愛を受ける(気に入られる)意味ⓑを派生する。[英]fluke, luck, fortune; favor [熟語] ⓐ僥倖・射倖・ⓑ倖臣・恩倖

文献 ⓐ荘子・在宥「此以人之國僥倖也=此れ人の国を以て倖を僥(もと)むるなり(これは他の国を利用して幸運を求めるようなものだ)」

【晃】10(日・6) 人 | 音 コウ 訓 ひかる・あきらか

語音 *ɦuaŋ(上古) ɦuaŋ(中古→呉ワウ〈=オウ〉・漢クワウ〈=コウ〉) huǎng(中) 황(韓)

語源 [コアイメージ] 四方に発散する。[実現される意味] 光が輝く(きらめく)ⓐ。[英]shine, sparkle

字源 「光ｺｳ(音・イメージ記号)+日(限定符号)」を合わせた字。「光」は「四方に発散する」というイメージがある(⇩光)。「晃」は日光が四方に発散する様子を暗示させる。

語義 [展開] 光が輝く意味ⓐから、明るい・明らかの意味ⓑを派生する。[英]shine, sparkle; bright [熟語] ⓐ晃晃・光晃

文献 ⓐ王逸・九思・怨上「奔電兮光晃=電奔りて光晃たり(いなずまが走り、光が輝く)」(漢魏六朝百三家集20)

【晄】10(日・6) 人 | 音 コウ 訓 あきらか

語音 *ɦuaŋ(上古) ɦuaŋ(中古→呉ワウ〈=オウ〉・漢クワウ〈=コウ〉) huǎng(中) 황(韓)

語源 [コアイメージ] 四方に発散する。[実現される意味] 明るいⓐ。[英]bright

字源 「光ｺｳ(音・イメージ記号)+日(限定符号)」を合わせた字。「光」は「四方に発散する」というイメージがある(⇩光)。「晄」は日光が四方に発散して明るい様子を暗示させる。もともと晃の異体字であるが、主に人名に用いられる。

語義 明るい・明らかの意味ⓐ。

【校】10(木・6) 常 | 常用音訓 コウ

語音 (1)*kǒg(上古) kǎu(中古→呉ケウ〈=キョウ〉・漢カウ〈=コウ〉) jiào(中) 교(韓) (2)*ɦǒg(上古) ɦǎu(中古→呉ゲウ〈=ギョウ〉・漢カウ〈=コウ〉) xiào(中) 교(韓)

語源 [コアイメージ] 交差する。[実現される意味] かせⓐ。[英]fetters

〔解説〕 基本的に三つの意味がある。かせと矢来は「×形に交差する」というイメージがコアをなす。学校の意味は学・教・効(ならう)と同源である。先生と生徒が教えたり学んだりする所で、「⇄形に行き交う」「→←形に出会う」というイメージがコアをなす。このイメージは「×形に交差する」の展開である。

字源 「交ｺｳ(音・イメージ記号)+木(限定符号)」を合わせた字。「交」は「×形に交差する」というイメージがある(⇩交)。「校」は木を×形に交差させて手足にはめる刑具(かせ)、また、木を×形に交差させて造った

矢来を表す。また、「交」は「×形に交差する」→「⇆形に行き交う」とイメージに転化し、先生と生徒が交わって知識のやりとりをする建物を表す。なお、校倉(あぜくら)は叉倉(あざくら)の意味。この場合の校は、横に組んだ材木の端を交叉させることから、「木+交(交叉する)」を合わせた和製漢字(半国字)とされる(大言海の説)。

語義 [展開] 手足にはめる刑具(かせ)の意味ⓐ、また、矢来の意味ⓑ。ⓑから、遮り止めるもの(柵・バリケード)の意味ⓒ、軍を司る官の名ⓓに転じる。また、「⇆形に行き交う」というイメージから、AとBを引き合わせて見比べる(正しいかどうかを調べる)意味ⓔを派生する(以上は1の場合)。同じコアイメージから、師匠(先生)と弟子(生徒)が交わって知識をやりとりする場所、学ぶ所(まなびや)の意味ⓕを派生する。[英]fetters; fence of diagonally crossed bamboo; barricade; military officer; compare, collate, proofread; school [和訓] あぜ・くらべる [熟語] ⓐ囚校・ⓓ校尉・将校・ⓔ校閲・校正・ⓕ学校・母校

文献 ⓐ易経・噬嗑「屨校滅趾=校を屨きて趾を滅す(かせを装着して足を傷つける)」ⓔ孫子・計「校之以計=之を校するに計を以てす(数の計算で[敵味方の軍事力を]比較する)」ⓕ孟子・滕文公上「夏曰校、殷曰序=夏に校と曰ひ、殷に序と曰ふ(夏王朝では校と称し、殷王朝では序と称した)」

【桁】 10(木・6) 常 ｜常用音訓 けた

語音 (1)*ɦăŋ(上古) ɦaŋ(中古→呉ギヤウ〈=ギョウ〉・漢カウ〈=コウ〉) héng(中) 형(韓) (2)*ɦaŋ(上古) ɦaŋ(中古→呉ガウ〈=ゴウ〉・漢カウ〈=コウ〉) háng(中) 항(韓) (3)ɦaŋ(中古→呉ガウ〈=ゴウ〉・漢カウ〈=コウ〉) hàng(中) 항(韓)

語源 [コアイメージ] まっすぐな筋。[実現される意味] けたⓐ。[英]beam, purlin

字源 「行(音・イメージ記号)+木(限定符号)」を合わせた字。「行」は「まっすぐな筋」というイメージがある(⇨行)。「桁」は建物の柱の上に架け渡すまっすぐな棒(けた)を表す。また、横木を架け渡して首や足を絞める刑具(かせ)を表す。

語義 [展開] 建物の柱の上に架け渡す横木(けた)の意味ⓐ(1の場合)。また、首や足にはめる刑具(かせ)の意味ⓑ(2の場合)。またⓐから、衣を架ける横木(衣架け)の意味ⓒにも転用される(3の場合)。日本では数値の位取りの「けた」ⓓに当てる。[英]beam, purlin; fetters; hanger; place [熟語] ⓒ衣桁

文献 ⓑ荘子・在宥「桁楊者相推也=桁楊の者相推すなり(首かせ・足かせをはめられた者が押すな押すなのありさまだ)」

【浩】 10(水・7) 人 ｜音コウ 訓ひろい

語音 *ɦog(上古) ɦau(中古→呉ガウ〈=ゴウ〉・漢カウ〈=コウ〉) hào(中) 호(韓)

語源 [コアイメージ] 枠をはみ出る。[実現される意味] 水があふれて広がるさま、また、水が広々としているさまⓐ。[英]overflowing, expansive

字源 「告(音・イメージ記号)+水(限定符号)」を合わせた字。「告」は「(枠をはみ出ないように)きつく縛る」というイメージがあり、「枠からはみ出る」というイメージに転化する。これと似たイメージ転化現象は氾や濫に見られる。「浩」は洪水があふれて広がる様子を暗示させる。藤堂明保は告を単なる音符とするが(藤堂②)、筆者は音・イメージ記号と見る。

語義 [展開] 水があふれて広がる意味ⓐから、広く大きい意味ⓑ、豊かに多い意味ⓒに展開する。[英]overflowing, expansive; great, vast; many, much [熟語] ⓐ浩浩・浩洋・ⓑ浩歌・浩然・ⓒ浩瀚

文献 ⓐ書経・堯典「浩浩滔天=浩浩として天に滔る(洪水がどっとあ

ふれて天まで届く）」ⓑ詩経・雨無正「浩浩昊天＝浩浩たる昊天（広く果てしない大空）」

【紘】10（糸・4） [人] ｜ [音]コウ [訓]つな・ひろい

[語音] *ɦuăŋ（上古） ɦuɛŋ（中古→[呉]ワウ〈＝オウ〉・[漢]クワウ〈＝コウ〉） hóng（中） 굉（韓）

[語源] ［コアイメージ］外枠を張り広げる。［実現される意味］冠のあごひもⓐ。［英］hat string

[字源] 「厷（コウ）（音・イメージ記号）＋糸（限定符号）」を合わせた字。「厷」は「枠を張り広げる」というイメージがある（⇩雄）。「紘」は顎の周りに枠を張るようにめぐらす冠のひもを表す。

[語義] ［展開］顎に張り渡して冠を支えるひもの意味ⓐから、大地に張り渡して天を支える綱の意味ⓑに展開する。中国神話では天は太綱や柱で支えられているとされる。また、外枠いっぱいに広い意味ⓒを派生する。［英］hat string; mythical rope to support the earth; vast ［熟語］ⓑ八紘

[文献] ⓑ淮南子・原道訓「知八紘九野之形埒者何也＝八紘・九野の形（ケイ）埒（ラツ）を知る者は何ぞや（［世界の果てにある］八つの綱と九つの野の形をどうして知るのか）」

【耕】10（耒・4） [常] ｜ [常用音訓]コウ たがやす

[語音] *kĕŋ（上古） kɛŋ（中古→[呉]キャウ〈＝キョウ〉・[漢]カウ〈＝コウ〉） gēng（中） 경（韓）

[語源] ［コアイメージ］四角に区切る。［実現される意味］田畑をたがやすⓐ。［英］plow, till, cultivate

［解説］日本語の「たがやす」はタガヘス（田返す）の転で、「田畑を掘り起こす」意という（大野①）。漢語の耕は田地に農具で切れ目を入れること、つまり土を掘り返して柔らかくする前提の作業から発想された語である。

[字源] 「井（ケイ）（音・イメージ記号）＋耒（限定符号）」を合わせた字。「井」は四角い枠を示す図形で、「四角に区切る」というイメージがある。「刑」の左側と同じで、*ɦeŋの音も示す（⇩刑）。「区切る」は「切れ目をつける」というイメージに展開する。「耕」は田畑に切れ目を入れる様子を暗示させる。

［字体］「耕」は旧字体。「耕」は古くから書道で見られる字体。耒に従う籍・耗もこれに倣う。

[語義] ［展開］田畑をたがやす意味ⓐから、生活の糧を得る意味ⓑを派生する。［英］plow, till, cultivate; make a living ［熟語］ⓐ耕作・農耕・ⓑ舌耕・筆耕

[文献] ⓐ詩経・載芟「其耕澤澤＝其の耕すこと沢沢たり（田を耕す音がさくさくと）」

【航】10（舟・4） [常] ｜ [常用音訓]コウ

[語音] *ɦaŋ（上古） ɦaŋ（中古→[呉]ガウ〈＝ゴウ〉・[漢]カウ〈＝コウ〉） háng（中） 항（韓）

[語源] ［コアイメージ］まっすぐ伸びる。［実現される意味］船ⓐ。［英］boat, ship

[字源] 「亢（コウ）（音・イメージ記号）＋舟（限定符号）」を合わせた字。「亢」は「↑形にまっすぐ高く立つ」というイメージから、「→形に（横に）まっすぐ伸びる」というイメージに展開する（⇩抗）。「航」は横にまっすぐ伸びた舟を暗示させる。

[語義] ［展開］船の意味ⓐであるが、やがて杭と同じく、舟で水上を渡る意味ⓑに使われる。近代になって、飛行機で空を渡る意味ⓒにも転用される。［英］boat, ship; sail, navigate; flight ［熟語］ⓑ航海・渡航・ⓒ

航空

文献 ⓐ淮南子・道応訓「航在一汜＝航は一汜に在り（船が一方の水際にある）」ⓑ三国志・呉志・賀邵伝「一葦可航也＝一葦もて航るべきなり（一つの葦［小舟］でも川を渡れる）」

【貢】10（貝・3）　常　常用音訓　コウ・ク　みつぐ

語音 *kuŋ（上古）　kuŋ（中古→呉ク・漢コウ）　gòng（中）　공（韓）

語源 ［コアイメージ］突き通す。［実現される意味］下から上へ物を献上する（地方の産物を政府に差し上げる、みつぐ・みつぎもの）ⓐ。［英］tribute

〔解説〕日本語の「みつぎ」はツキ（調、年貢の意）の尊敬語で、ツギ（続、供給の意）と同源という（大言海の説）。「みつぐ」は見継ぐに由来し、「途絶えることなく視線を注ぐ。見守り続ける」意から、「生活などの面倒を見る」「援助する」意に展開するという（大野①）。見継ぐと「みつぎ」（税金、また、朝貢）がオーバーラップしたのが現在の「みつぐ」であろう。漢語の貢は朝貢（人民や属国が朝廷に物をたてまつる）が原義である。

字源 「工（音・イメージ記号）＋貝（限定符号）」を合わせた字。「工」は「突き通す」というイメージがあり（⇩工）、これは「AからBへ（中間を抜かして）直通する」というイメージに展開する。「貢」は地方で取れた産物が中央の政府（朝廷）に直通していく様子を暗示させる。

語義 ［展開］みつぐ・みつぎものの意味ⓐから、官に差し出す物品や税金の意味ⓑ、人物を上に進める（推薦する）意味ⓒに展開する。［英］tribute; tax; recommend　［熟語］ⓐ貢献・朝貢・ⓑ貢賦・年貢・ⓒ貢挙

文献 ⓐ書経・禹貢「厥貢漆絲＝厥その貢は漆・糸（その土地の貢ぎ物はウルシと絹糸）」ⓒ礼記・射義「貢士於天子＝士を天子に貢す（士を天子に推挙する）」

【降】10（阜・7）　常　常用音訓　コウ　おりる・おろす・ふる

語音 (1)*kŭŋ（上古）　kɔŋ（中古→呉コウ・漢カウ〈＝コウ〉）　jiàng（中）　강（韓）　(2)*ɦŏŋ（上古）　ɦɔŋ（中古→呉ゴウ・漢カウ〈＝コウ〉）　xiáng（中）　항（韓）

語源 ［コアイメージ］高い所から↓形に下る。［実現される意味］高い所から一気に下る（くだる・おりる）ⓐ。［英］descend

〔解説〕日本語の「おりる（おる）」は「終始注意をはらって下まで行き着く意」、「くだる」は「上から下へ線条的に一気に移動する意」という（大野①）。漢語の降は「くだる」に近い。カールグレンは降と隆を同源と見ている。隆は「上からかぶさってくるものを払いのけて↑の形に盛り上がる」というイメージ。これに対し降は「上（高い所）から下にかぶさるように↓の形に勢いをつけて移る」というイメージである。洚（勢いをつけて一気にくだる大水、洪水）という語にこのイメージがよく現れている。上（高い所）から勢いをつけて一気にくだるイメージだから、天から雨が落ちてくる意味（日本語では「ふる」）にも降が使われる。降には敵に負けてくだる意味もある。常用漢字表に「くだる・くだす」の訓も採るべきである。英語のdescendはラテン語のdescendere、de-（下方に）＋scandere（登る）が語源で、下る、降りる意という（下宮①）。ちなみにascend（登る）はad-（方向）＋scandere（登る）で、登る意味という（下宮①）。漢語では降と対になるのは昇である。

字源 「夅（音・イメージ記号）＋阜（限定符号）」を合わせた字。「夅」は「夊（下向きの足）＋㐄（夊の左右反転形）」を合わせて、互い違いにおりてくる両足を表す図形。「降」は段々になった所をおりてくる情景を設定した図形。

（篆）［夅］

（甲）　（金）　（篆）

語義 [展開] 高い所から一気に下る(くだる・おりる)意味ⓐから、雨などが天から落ちてくる(ふる)意味ⓑ、時間が次に移る意味ⓒ、高い順位から低い方へおろす(位置・地位などがおろされる)意味ⓓに展開する(以上は1の場合)。高い所から低い所に下ることから、敵の足下に身を投げ出す(敵に負けてくだる)、また、敵を負かして従わせる(くだす)意味ⓔ、仏教では、悪魔に打ち勝って従わせる意味ⓕを派生する(以上は2の場合)。[英]descend; fall, drop; later, subsequent; lower, demote; surrender, yield, capitulate, submit; subdue demons [和訓] くだる・くだす [熟語] ⓐ下降・昇降・ⓑ降雨・降水・ⓒ以降・ⓓ降格・降級・ⓔ降将・投降・ⓕ降伏・降魔

文献 ⓐ詩経・無羊「或降于阿＝或いは阿より降る(あるものは丘の斜面から降りてくる)」ⓓ詩経・瞻卬「亂匪降自天＝乱は天より降るに匪ず(乱は天から下されるのじゃない)」ⓔ春秋・荘公30「秋七月、齊人降鄣＝秋七月、斉人、鄣を降す(秋七月、斉[国名]の人が鄣[地名]を降伏させた)」

【高】

10(高・0) 常 常用音訓 コウ たかい・たか・かたまる・たかめる

語音 *kɔg(上古) kau(中古→呉・漢カウ〈＝コウ〉) gāo(中) 고(韓)

語源 [コアイメージ] 上に高く上がる。[実現される意味] 場所・位置がたかいⓐ。[英]high, tall

〈解説〉下記のグループは高から派生する語である。「上に高く上がる」が基本のイメージであるが、「↑形に高く上がる」というイメージから「水分が高く上がって乾く」というイメージに展開する。これと似たイメージ転化現象の例に乾(上に上がる→かわく)がある。さらに乾いたものは物理現象の結果として「(ひからびて)堅い」「(色が抜けて)白い」というイメージに転じうる。下記のグループは「高い」「乾く」「堅い」「白い」というイメージをもつ語を含む。このような複合イメージを初めて指摘した学者は藤堂明保である。氏は高・喬・尭を同じ単語家族にくくり、「たかい」という基本義があるとし、また、高のグループの一部(槁・膏など)や、暁・鶴・確・皓・皦などを同じ単語家族にくくり、「かわく・しろい・かたい」という基本義があるとした(藤堂①)。二つは「上に高く上がる」というコアイメージで概括できる。日本語の「たかい(たかし)」はタケ(長・丈)と同根で、「地面から垂直に距離が長いのが原義」という(大野①)。意味の展開も漢語の高とほぼ同じ。英語ではhighとtallの区別がある。highは位置の高さに焦点があり、tallは下からある高さまでの距離に焦点があるという(田中①)。漢語の高はhighと同じ転義(ⓐ〜ⓓ)をする。

〈グループ〉高・稿・豪・膏・喬・塙・縞・藁・槁(乾いて枯れる[枯槁])・敲(堅いものをこつんとたたく[推敲])・碻(堅い)・皜(しろい)・鎬(金属製の堅いなべ。「しのぎ」は国訓)・嚆(高いうなり声で飛ぶ矢[嚆矢])・毫(細く長く伸びた毛[秋毫])・蒿(茎が高く伸びる草、カワラニンジン)

字源 高い建物を描いた図形。説文解字では「台観(物見台)の高き形に象る」とある。この意匠によって、空間的にたかいことを表象する。白川静は京(凱旋門)と口(祝禱を収める器)を合わせて、「そこ(高い門)で祝禱や盟誓・呪詛を行う意」とする(白川①)。あまりに突飛な説で驚かされる。「高い」という言葉の意味よりも、それにまつわる言語外の事柄(証拠があるか疑わしいが)に重きを置くので、このような解釈が生まれる。しかし図形の解釈を語の意味にすりかえるのは科学的ではない。

(甲) (金) (篆)

語義 [展開] 場所・位置がたかい意味ⓐから、階級・年齢・能力・値段などの程度が上である(すぐれている、立派である)意味ⓑ、音声や聞こえ(評判)がたかい意味ⓒ、人格が気高い意味ⓓ、また、下からの目線で、たかいと見なす(尊ぶ)意味ⓔ、上からの目線で、人を見下す(偉そうにす

る)意味ⓕに展開する。また、敬意を表すことばⓖに用いる。[英]high(ⓐ~ⓓ), tall; above the average, of a high level, valuable, expensive; loud, famous; noble, high-minded; respect; look down on; honorific word [熟語] ⓐ高山・高木・ⓑ高額・高貴・ⓒ高音・高名・ⓓ高潔・高徳・ⓕ高慢・ⓖ高駕・高覧

文献 ⓐ詩経・正月「謂天蓋高、不敢不局＝天蓋し高しと謂ふも、敢へて局せずんばあらず(天は高いけれども、身をかがめずにはいられない)」ⓓ論語・子罕「仰之彌高＝之を仰げば弥よ高し(先生[孔子]を仰げば仰ぐほどますます気高い)」

【康】11(广・8) 常 常用音訓 コウ

語音 *k'aŋ(上古) k'aŋ(中古→呉・漢カウ〈＝コウ〉) kāng(中) 강(韓)

語源 [コアイメージ] 固く筋が通っている。[実現される意味] 危なげがなく安泰である(やすらか)ⓐ。[英]peaceful, safe, secure

字源 「庚(音・イメージ記号)＋米(限定符号)」を合わせた字。「庚」は「固く筋が通っている」というイメージがある(⇨庚)。「康」は種子を脱落させた後に残る筋張って硬いもの、すなわち籾殻を暗示させる。糠や穅(穀物の果実の皮)の原字である。一般に、物事に固い筋があれば崩れることはなく安泰である。固い筋が通っている→丈夫で安定しているとイメージが転化して、「康」の意匠によって、社会や身体の状態が安らかであることを表象する。

語義 [展開] 世の中が安泰である意味ⓐ、また、体が丈夫で安定している意味ⓑ。また、すらすらと通じる大通りの意味ⓒにも転じる。[英]peaceful, safe, secure; healthy; avenue [和訓] やすい・やすらか [熟語] ⓐ康寧・安康・ⓑ健康・小康・ⓒ康荘

文献 ⓐ詩経・蟋蟀「無已大康＝已に大だ康らかなること無し(世の中はそんなに安らかじゃない)」

【控】11(手・8) 常 常用音訓 コウ ひかえる

語音 *k'uŋ(上古) k'uŋ(中古→呉クウ・漢コウ) kòng(中) 공(韓)

語源 [コアイメージ] 空っぽ・へこむ。[実現される意味] 手前の方へ引く・引っ張るⓐ。[英]pull

〈解説〉日本語の「ひかえる(ひかふ)」はヒキ(引)アフ(合)の約で、「引いて、相手の力や動きに合わせる意」が原義で、㋐袖などを引っぱって、相手の動きを押さえとめる、㋑待ち構える、㋒抑制する意味などに展開するという(大野①)。㋐は漢語の控のⓒに近いが、㋑㋒の意味は控にない。

字源 「空(音・イメージ記号)＋手(限定符号)」を合わせた字。「空」は「空っぽ、うつろ」のイメージから、「凵形にへこむ」というイメージに展開する。「控」は弓を引いて弦が凵形にへこむ様子を暗示させる。この意匠によって、手前の方へ引っ張ることを表象する。

語義 [展開] 引っ張る意味ⓐから、身を引く(引き下がる)意味ⓑ、勝手なことをさせないように引っ張る意味ⓒ、相手を公の場に引き出す、引きずり出す意味ⓓ、差し引く意味ⓔに展開する。そばで待機する(ひかえる)の意味は日本的用法。[英]pull; withdraw, retire; control; draw out, drag out, charge; deduct; wait [熟語] ⓐ控弦・ⓒ控御・控制・ⓓ控告・控訴・ⓔ控除

文献 ⓑ詩経・載馳「控于大邦＝大邦より控す(大国から引き下がる)」

【梗】11(木・7) 常 常用音訓 コウ

語音 *kăŋ(上古) kaŋ(中古→呉キヤウ〈＝キョウ〉・漢カウ〈＝コウ〉) gěng(中) 경(韓)

語源 [コアイメージ] ぴんと張ってたるみがない。[実現される意味] 芯のかたい木の刺・枝・茎ⓐ。[英]stalk, stem

[字源] 「更(音・イメージ記号)＋木(限定符号)」を合わせた字。「更」は「ぴんと張ってたるみがない」というイメージがあり、「かたくこわばる」というイメージにもなる(⇩更)。「梗」は芯が張ってかたくこわばった木の刺や枝・茎を暗示させる。

[語義] [展開] 芯のかたい木の枝や茎が本義ⓐ。芯が張ってかたくこわばることから、かたくふさがって通らない意味ⓑ、また、差し障りをなすもの(障害・災害)の意味ⓒ、粗くて緻密でない(おおまか)の意味ⓓを派生する。また、草の名、キキョウⓔを表すのにも用いられる。[英]stalk, stem; block, clog, obstruct; hindrance; rough; chinese, bellflower [熟語] ⓐ花梗・ⓑ梗塞・ⓓ梗概・ⓔ桔梗

[文献] ⓒ詩経・桑柔「至今爲梗＝今に至るまで梗を為す(現在まで世の邪魔をしている)」

【皐】 11(白・6) [人] ｜ [音] コウ

[語音] *kɔg(上古) kau(中古→[呉]・[漢]カウ〈＝コウ〉) gāo(中) 고(韓)

[語源] [コアイメージ] 高い。[実現される意味] 沢辺の高地(岸辺、沢)ⓐ。[英]highland, marsh, bank

[解説] *kɔgという語は高と同源である。「高い」というイメージは「乾く」「白い」というイメージとつながりがある(⇩高)。このイメージは「明るい」というイメージにも展開する。

[グループ] 皐・嘷(高い声で叫ぶ)・皞(白く光って明るい)・槹(高く上げて水を汲むはねつるべ[桔槹])・翺(鳥が高く飛ぶ[翺翔])

[字源] 「皋」が本字。「夲」は奏に含まれる「夲」を略したもの。「夲」は玉串の形で、神前に差し上げる→高く上がるというイメージを示す。「夲の略体(イメージ記号)＋白(限定符号)」を合わせた「皋」は、白く明るいものが高く上がる様子を暗示させる。この意匠によって、沢の周辺の日当たりのよい乾いた所(高台、岸辺)を表象する。

(篆) 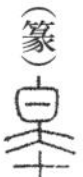

[字体] 「皐」は皋の異体字。

[語義] [展開] 沢辺の高地(岸辺、沢)の意味ⓐから、高い意味ⓑに展開する。また、「乾く」「明るい」というイメージから、陰暦五月の意味ⓒを派生する。[英]highland, marsh, bank; high; May [熟語] ⓐ皐蘭・ⓑ皐門・ⓒ皐月

[文献] ⓐ詩経・鶴鳴「鶴鳴九皐＝鶴、九皐に鳴く(ツルが奥まった沢辺の岸で鳴いている)」

【黄】 11(黄・0) [常] ｜ [常用音訓] コウ・オウ き・こ

〔黃〕 12(黃・0) [人] ｜ [音] コウ・オウ [訓] き・こ

[語音] *ɦuaŋ(上古) ɦuaŋ(中古→[呉]ワウ〈＝オウ〉・[漢]クワウ〈＝コウ〉) huáng(中) 황(韓)

[語源] [コアイメージ] 四方に広がる。[実現される意味] きいろⓐ。[英]yellow

[解説] 釈名・釈采帛に「黄は晃(ひかる)なり。猶晃晃なるがごとし。日光の色に象るなり」とある。黄は晃だけでなく光と同源である。藤堂明保はそのほかに煌(きらめく)・曠(明るい、空しい)とも同源とし、「四方に広がるひかり」という基本義があるとする。一方、広・拡・横を王のグループや、兄・永などと同じ単語家族に収め、「大きく広がる」という基本義があるとする(藤堂①)。これら二つは「四方に発散する」「四方に広がる」というコアイメージに概括できる。*ɦuaŋという色の名は「四方に発散する」というイメージから名づけられた。ただし日光の色ではなく、火矢の光の色から発想されたものである。「四方に広がる」というイメージは、だだっ広くて何もない(空虚・空っぽ)のイメージに

も展開する。光や皇にも似たイメージ転化現象が見られる。

〈グループ〉黄・横・広・潢(コウ)(水が広々と広がる[潢洋])・磺(コウ)(=鉱)・簧(コウ)(音を発散させて出す笛の舌[吹簧])・黌(コウ)(広々とした学舎[藩黌])

字源「黃」が正字。上部の「廿」は革や炗(=光)にも含まれ、獣の頭を示す符号。下部は寅にも含まれ、矢の形。したがって「黃」は獣の脂肪を燃やして飛ばす火矢を想定した図形である。この意匠によって「き」という色を表象する。字源については諸説紛々で、佩玉、膝覆い、身体の異常な人、腹の膨れた病人、焼き畑等々がある。「炗(=光)の略体＋火矢の形」と分析した加藤常賢の説(加藤①)が比較的妥当。

(甲)　(金)　(篆)

〈字体〉「黃」は旧字体。「黄」は古くから書道にあった字体。

語義 [展開] きいろの意味ⓐから、きいろになる(きばむ)意味ⓑに展開する。[英]yellow(ⓐⓑ)　[熟語] ⓐ黄金・黄砂・ⓑ黄変・黄落

文献 ⓐ詩経・裳裳者華「裳裳者華、或黄或白＝裳裳たる華、或いは黄或いは白(美しく咲く大輪の花、黄色だったり白色だったり)」ⓑ詩経・氓「桑之落矣、其黄而隕＝桑の落つるとき、其れ黄ばみて隕(お)つ(桑の葉が落ちるときは、黄ばんでぽとんと落ちる)」

【喉】
12(口・9)　常　常用音訓　コウ　のど

語音 *ɦug(上古)　ɦəu(中古→呉グ・漢コウ)　hóu(中)　후(韓)

語源 [コアイメージ] 狭い穴を通す。[実現される意味] のど(気道の入り口)ⓐ。[英]throat

〈解説〉日本語の「のど」は飲み門(ど)の転で、物を飲みこむ入り口の意。漢語では咽(食道の入り口)と喉(気道の入り口)が区別される。喉は侯にコアイメージの源泉がある。

字源「侯(コウ)(音・イメージ記号)＋口(限定符号)」を合わせた字。「侯」は「狭い穴を通す」というイメージがある(⇩侯)。「喉」は息を通す狭い穴を暗示させる。

語義 [展開] のどの意味ⓐから、言葉を伝える役目の喩えⓑ、要所の意味ⓒを派生する。[英]throat; metaphor of message; strategic point　[熟語] ⓐ喉頭・咽喉・ⓑ喉舌・ⓒ襟喉

文献 ⓐ荘子・大宗師「眞人之息以踵、衆人之息以喉＝真人の息するは踵を以てし、衆人の息するは喉を以てす(真人は踵で息をするが、普通の人はのどで息をする)」ⓑ詩経・烝民「王之喉舌＝王の喉舌(王の言葉を取り次ぐ人[側用人・大臣])」

【慌】
12(心・9)　常　常用音訓　コウ　あわてる・あわただしい

語音 *m̥uaŋ(上古)　huaŋ(中古→呉・漢クワウ〈＝コウ〉)　huāng(中)　황(韓)

語源 [コアイメージ] 姿が見えない。[実現される意味] 心がぼうっとする。また、ぼんやりして見えないさまⓐ。[英]absent-minded, in a trance

〈解説〉日本語の「あわてる(あわつ)」は「即座になすべきことが分からずうろたえる」意味という(大野①)。漢語の慌は「あわただしい」の意味はあるが、「あわてる」の意味はない。

字源「荒(コウ)(音・イメージ記号)＋心(限定符号)」を合わせた字。「荒」は「姿が見えない」というイメージがある(⇩荒)。「慌」は心がぼんやりとして何も目に入らない様子を暗示させる。

語義 [展開] 心がぼうっとする意味ⓐから、何も目に入らないほど落ち着かない(あわただしい)様子の意味ⓑ、恐れておどおどする意味ⓒに展開する。あわてる意味ⓓは日本的用法。[英]absent-minded, in a trance; hurried; frighten, scare; panic, fluster, flurry　[熟語] ⓐ慌惚(＝恍惚)・ⓑ慌忙・ⓒ恐慌

[文献] ⓐ礼記・射義「何夫慌惚之有乎＝何ぞ夫れ慌惚として之れ有らんや（それはぼんやりとして何も見えない）」

【港】12（水・9） [常] ― [常用音訓] コウ　みなと

[語音] (1)*ɦuŋ（上古）　ɦuŋ（中古→[呉]グ・[漢]コウ）　hòng（中）　홍（韓）　(2) kɔŋ（中古→[呉]コウ・[漢]カウ〈＝コウ〉）　gǎng（中）　항（韓）

[語源] [コアイメージ] ルートを通る。[実現される意味] スムーズに通るⓐ。[英]run through

〔解説〕日本語の「みなと」はミ（水）＋ナ（連体助詞）＋ト（門）で、「両側からせまった出入り口」の意という（大野①）。漢語の港はA点からB点にルートを通すというイメージで、川や湖に船を通す水路からの転用である。

[字源] 「港」が正字。「巷（コウ）（音・イメージ記号）＋水（限定符号）」を合わせた字。「巷」は人々が一緒にそろって通る村の道の意味で（⇩巷）、「ルートを通る」というイメージに転じる（これは二次的イメージ）。「港」は水に従ってスムーズに通る様子を暗示させる。

〔字体〕「港」は旧字体。「港」は常用漢字で生じた字体。

[語義] [展開] スムーズに通る意味ⓐが原義（1の場合）。また、「ルートを通る」というイメージから、川や湖に通じる水路（クリーク）の意味ⓑを派生する。川や湖から水を通すクリークは船を通行させる水路でもあるので、海から船が通ってくる発着所（みなと）の意味ⓒに転用される（以上は2の場合）。日本では飛行機の発着する所の意味ⓓにも用いる。[英]run through; creek; port, harbor; airport　[熟語] ⓐ港洞・ⓒ港湾・漁港・ⓓ空港

[文献] ⓐ馬融・長笛賦「港洞坑谷＝坑谷に港洞す（［笛の音は］谷間を通り抜けていく）」（文選18）ⓑ捜神記20「江水暴漲、尋復故道、港有巨魚＝江水暴（にわか）に漲り、尋（つ）いで故道を復すれば、港に巨魚有り（長江が急に水量を増したが、水道を復旧したら、クリークに巨大な魚がいた）」ⓒ新五代史・閩世家「開以為港＝開きて以て港を為（つく）る（港を作って開いた）」

【皓】12（白・7） [人] ― [音]コウ　[訓]しろい

[語音] *ɦɔg（上古）　ɦau（中古→[呉]ガウ〈＝ゴウ〉・[漢]カウ〈＝コウ〉）　hào（中）　호（韓）

[字源] [コアイメージ] 広く大きい。[実現される意味] 光が明るいⓐ。[英]bright

[語源] 「皓」が本字。「告（コク）（音・イメージ記号）＋日（限定符号）」を合わせた字。「告」は「枠をはみ出る」→「広く大きい」というイメージに展開する（⇩浩）。「皓」は日光が広がって明るい様子を暗示させる。

[語義] [展開] 明るい意味ⓐから、輝くばかりに白い意味ⓑを派生する。この意味をはっきりさせるため、日を白に替えて皓が生まれた。[英]bright; white　[熟語] ⓐ皓月・ⓑ皓歯・皓髪

[文献] ⓐ詩経・月出「月出皓兮＝月出でて皓たり（月が出て明るく光る）」ⓑ詩経・揚之水「揚之水、白石皓皓＝揚れる水、白石皓皓たり（たばしる水の中で、白石は白く映える）」

【硬】12（石・7） [常] ― [常用音訓] コウ　かたい

[語音] ŋɛŋ（中古→[呉]ギヤウ〈＝ギョウ〉・[漢]ガウ〈＝ゴウ〉・[慣]カウ〈＝コウ〉）　yìng（中）　경（韓）

[語源] [コアイメージ] ぴんと張ってたるみがない。[実現される意味] かたくこわばる（かたい）ⓐ。[英]stiff

〔解説〕日本語の「かたい（かたし）」はカタ（型）と同根で、「物の形がきちんとしていて動かず、ゆるみなく、すきまがない意」で、㋐ものが形を崩さない、㋑しっかりして動かない、㋒心の状態や態度がゆるがないさま、㋓堅苦しい・ぎこちない意味に展開するという（大野①②）。㋐㋑

は漢語の固、㋒は堅、㋓は硬にほぼ相当する。

字源 「更コウ(音・イメージ記号)＋石(限定符号)」を合わせた字。「更」は「ぴんと張ってたるみがない」というイメージから、「かたくこわばる」というイメージに展開する(⇩更)。「硬」は石のようにかたく張り詰めてこわばる様子を暗示させる。

語義 [展開] かたくこわばる意味ⓐから、こわばって融通がきかない(ぎこちない)意味ⓑに展開する。[英]stiff, rigid, firm, solid, hard, tough; obstinate, stubborn [熟語] ⓐ硬貨・硬直・ⓑ強硬・生硬

文献 ⓐ斉民要術8「大則皮厚肉硬＝大なれば則ち皮厚く肉硬し(大きくなると皮が厚く肉が硬くなる)」

【絞】 12(糸・6) 常 常用音訓 コウ しぼる・しめる・しまる

語音 *kɔ̆g(上古) kău(中古→㋴ケウ〈＝キョウ〉・㋕カウ〈＝コウ〉) jiǎo(中) 교(韓)

語源 [コアイメージ] 交差する。[実現される意味] 紐や縄で縛る(しめる)ⓐ。[英]tie, bind

〔解説〕釈名・釈喪制に「絞は交なり。之を交結するなり」とある。紐で×形に結ぶ意味である。日本語の「しめる(しむ)」は「上下または両側から力を加えて、もののすきまやゆるみをなくす意」が原義で、紐などをかたく結ぶ意味に展開する(大野①)。漢語の絞と同じ。また「しぼる」は「含まれている水分をとるために、そのものを押さえたりねじったりする」意味(大野①)。この意味は漢語の絞にはない。

字源 「交コウ(音・イメージ記号)＋糸(限定符号)」を合わせた字。「交」は「×形に交差する」というイメージがある(⇩交)。「絞」は紐を×形に交差させて物をしめる様子を暗示させる。

語義 [展開] 紐や縄で縛る(しめる)意味ⓐから、(糸や紐など)二つのものを§の形にねじる(よじる、よじれる)意味ⓑ、首をしめて殺す(くびる)意味ⓒ、しめつけられてゆとりがない意味ⓓに展開する。「しぼる」の意味ⓔは日本的用法。[英]tie, bind; twist; strangle; pressing; wring [和訓] くびる [熟語] ⓒ絞殺・絞首

文献 ⓐ墨子・節葬「桐棺三寸、葛以緘之、絞之不合＝桐棺は三寸、葛以て之を緘カンし、之を絞するも合はず(桐で作った棺桶は三寸、クズで封じて、これを縛ってもぴったり閉まらない)」ⓒ韓非子・姦劫弑臣「以其冠纓絞王而殺之＝其の冠纓を以て王を絞めて之を殺す(冠の紐で王の首を絞めて殺した)」ⓓ論語・泰伯「直而無禮則絞＝直にして礼無ければ則ち絞す(正直だが礼がなければ窮屈である)」

【腔】 12(肉・8) 人 音 コウ・クウ

語音 k'ɔŋ(中古→㋴コウ・㋕カウ〈＝コウ〉・[慣]クウ) qiāng(中) 강(韓)

語源 [コアイメージ] 突き抜ける・空っぽ。[実現される意味] 体内の空所ⓐ。[英]cavity

字源 「空クウ(音・イメージ記号)＋肉(限定符号)」を合わせた字。「空」は「突き抜ける」「空っぽ」というイメージがある(⇩空)。「腔」は体内で空になっている所を表す。〈補説〉医学用語ではクウと読むことがある。

語義 体内の空所の意味ⓐ。[熟語] ⓐ胸腔・満腔

文献 ⓐ斉民要術6「腹欲充、腔欲小＝腹は充ちんことを欲し、腔は小ならんことを欲す([馬の相は]腹は充実したのがよく、胸腔は小さいのがよい)」

【項】 12(頁・3) 常 常用音訓 コウ

語音 *ɦŭŋ(上古) ɦɔŋ(中古→㋴ゴウ・㋕カウ〈＝コウ〉) xiàng(中) 항(韓)

語源 [コアイメージ] 突き抜ける。[実現される意味] 首の後部(後頭部、首筋、うなじ)ⓐ。[英]nape

字源「工(コウ)(音・イメージ記号)＋頁(限定符号)」を合わせた字。「工」は「縦(上下)に突き通る」というイメージがある(⇩工)。「項」は胴体から突き抜けて頭とつなげている部分、首筋(うなじ)を暗示させる。

語義 [展開] 首筋(うなじ)の意味ⓐ。首筋は頭と胴体のつなぎ目であることから、重要なポイントの意味ⓑを派生する。また、縦(→形)の筋をなすことから、筋をなして並ぶ事柄の意味ⓒを派生する。数学では、数式を組み立てる要素の意味ⓓ。[英]nape; essential point; item; term [和訓] うなじ [熟語] ⓐ項背・ⓑ項領・要項・ⓒ項目・事項・ⓓ移項・同類項

文献 ⓐ春秋左氏伝・成公16「王召養由基、與之兩矢、使射呂錡、中項伏弢＝王、養由基を召し、之に両矢を与へ、呂錡(キリョ)を射せしむ、項に中(あた)りて弢(ウト)に伏す(王は養由基[人名]を召して彼に二本の矢を与え、呂錡[人名]を射させた。矢がうなじに当たり、弓袋に倒れ伏した)」

【幌】13(巾・10) 人 ― 音コウ 訓ほろ

語音 ɦuaŋ(中古→呉ワウ〈＝オウ〉・漢クワウ〈＝コウ〉) huǎng(中) 황(韓)

語源 [コアイメージ] 四方に発散する。[実現される意味] 窓などの枠に張った布(とばり・カーテン)ⓐ。[英]curtain

字源「晃(コウ)(音・イメージ記号)＋巾(限定符号)」を合わせた字。「晃」は「(光が)四方に発散する」というイメージがあり、「四方に張り広がる」というイメージに展開する(⇩晃)。「幌」は枠いっぱいに張り広げた布を表す。

語義 [展開] カーテン(とばり)の意味ⓐ。日本では「ほろ」に当てる。ほこりを防ぐため車に垂らす幕の意味ⓑ。また、矢を防ぐため武士が背中に負う布の意味ⓒ。ⓒは母衣・袰(国字)とも書く。[英]curtain; top, hood; helmet cape

文献 ⓐ左思・呉都賦「開軒幌＝軒幌を開く(門のとばりを開ける)」(文選5)

【溝】13(水・10) 常 ― 常用音訓 コウ みぞ

語音 *kug(上古) kəu(中古→呉ク・漢コウ) gōu(中) 구(韓)

語源 [コアイメージ] バランスよく組み立てる。[実現される意味] 田に水を通す用水路。また、町中の通水路(下水道)ⓐ。[英]ditch, canal

〔解説〕釈名・釈水に「溝は構(コウ)(かまえる)なり。縦横に相交構するなり」とある。構・搆と同源の語で、冓(コウ)にコアイメージの源泉がある。これは「バランスよく組み立てる」というイメージである。

字源「冓(コウ)(音・イメージ記号)＋水(限定符号)」を合わせた字。「冓」は「バランスよく組み立てる」というイメージがある(⇩構)。「溝」は木や石を組み立てて水を通すように造ったものを暗示させる。

語義 [展開] 人工的に作った通水路の意味ⓐから、山間の水路の意味ⓑに拡大される。また、城を取り巻く池(ほり)の意味ⓒに用いる。[英]ditch, canal, drain, sewer; gully, ravine; moat [和訓] どぶ [熟語] ⓐ側溝・排水溝・ⓑ溝壑・海溝・ⓒ城溝

文献 ⓐ論語・泰伯「卑宮室而盡力乎溝洫＝宮室を卑(ひく)くして力を溝洫に尽くす([夏の禹王は]建物を低くし、用水路造りに尽力した)」ⓑ孟子・梁恵王下「君之民老弱轉乎溝壑＝君の民老弱、溝壑に転ず(君主の民である老人や子供が谷間に転がって死んでいる)」

【滉】13(水・10) 人 ― 音コウ 訓ひろい

語音 ɦuaŋ(中古→呉ワウ〈＝オウ〉・漢クワウ〈＝コウ〉) huàng(中) 황(韓)

語源 [コアイメージ] 四方に発散する。[実現される意味] 水が広いさまⓐ。[英]deep and wide

字源「晃(コウ)(音・イメージ記号)＋水(限定符号)」を合わせた字。「晃」は

「(光が)四方に発散する」というイメージがあり、「四方に張り広がる」というイメージに展開する(⇩晃)。「滉」は水が果てしなく広がる様子を暗示させる。

語義 水が果てしなく広がるさま。また、水が深くて広いさまⓐ。[熟語] ⓐ滉瀁(コウヨウ)

【煌】13(火・9) 人 ｜ 音コウ 訓きらめく

語音 *ɦuaŋ(上古) ɦuaŋ(中古→呉ワウ〈=オウ〉・漢クワウ〈=コウ〉) huáng(中) 황(韓)

語源 [コアイメージ] 大きく広がる。[実現される意味] 光が広がるさまⓐ。[英]brilliant

字源 「皇(コウ)(音・イメージ記号)+火(限定符号)」を合わせた字。「皇」は「大きく広がる」というイメージがある(⇩皇)。「煌」は火の光が広がって輝く様子を暗示させる。

語義 光り輝くさま。また、明るいさまⓐ。[熟語] ⓐ煌煌

文献 ⓐ詩経・東門之楊「昏以爲期、明星煌煌=昏を以て期と為す、明星煌煌たり(たそがれにデートをする約束だったが、明星がきらきら光っている)」

【鉱】13(金・5) 常 ｜ 常用音訓 コウ

語音 *kuǎŋ(上古) kuaŋ(中古→呉・漢クワウ〈=コウ〉) kuàng(中) 광(韓)

語源 [コアイメージ] 黄色。[実現される意味] 金属を含み、まだ精製されていない原石(あらがね)ⓐ。[英]ore

字源 磺→礦→鑛と変わった。もとは「黄(コウ)(音・イメージ記号)+石(限定符号)」を合わせた字。「磺」は黄色い金属の混じった石を暗示させる。この意匠によって、まだ精錬されていない「あらがね」を表象する。

〔字体〕「磺」は本字。「礦」は異体字。「鑛」は旧字体。

語義 精製されていない原石(鉱石)の意味ⓐ。また、天然の無機物の意味ⓑを派生する。[英]ore; mineral [和訓] あらがね [熟語] ⓐ鉱石・鉄鉱・ⓑ鉱物

文献 ⓐ抱朴子・崇教「所謂千里之足困於鹽車之下、一刀之鑛不得經歐冶之門者也=所謂(いわゆる)千里の足、塩車の下に困(くる)しみ、一刀の鉱(あらがね)、欧冶(オウヤ)の門を経るを得ざる者なり(これぞ韋駄天が塩引き車でこき使われ、一本の刀を造れる鉱物が欧冶[鍛冶の名人]の門に入っていないというものだ[宝の持ち腐れの意])」

【構】14(木・10) 常 ｜ 常用音訓 コウ かまえる・かまう

語音 *kug(上古) kəu(中古→呉ク・漢コウ) gòu(中) 구(韓)

語源 [コアイメージ] バランスよく組み立てる。[実現される意味] 組み立てる・組み合わせるⓐ。[英]construct

〔解説〕下記のグループは「↓↑の形に向き合う」「×形に交わる」というイメージがあるが、「向き合う」や「交わる」にポイントがあるのではなく、「同じ形のものが出会って組み合う」というイメージにポイントがある。これは「バランスよく組み立てる」というイメージに概括できる。日本語の「かまえる(かまふ)」はカミ(嚙)アフ(合)の約で、「目的をもって、ものをぴったりと組み合わせて、しっかりと一つのものをつくる意」で、㋐かみ合わせて組み立てる、㋑工夫などを組み立てて準備する意味などに展開する(大野①②)。これらは漢語の構とほぼ同じ。しかし身がまえる、かかわる、気にするという意味は構にない。英語のconstructはラテン語con-(一緒に)+struere(建てる)が語源で、組み立てる意という(下宮①、政村①)。これは漢語の構とぴったり対応する。buildにも組み立てる意があるが、「積み重ねてある構造物を築く」がコアイメージで、「積み上げる」に焦点がある語という(田中①)。

〔グループ〕構・溝・講・購・冓(材木を組み立てたもの。中冓は人の目を遮る寝室の意)・媾(男女が組み合う→性交する[媾合])・覯(両方から来て出会う[稀覯本])・遘(二人がばったり出会う[邂遘])・搆(かまえる)・篝(木を組み立てたかがり火)

字源 「冓(音・イメージ記号)＋木(限定符号)」を合わせた字。「冓」は上と下に同じ形が反対向き(↓↑の形)になっている様子を示す象徴的符号。上下(左右)対称の形から、「バランスよく組み立てる」というイメージを示す記号になる。したがって「構」は材木を縦横・上下にバランスよく組み立てる様子を暗示させる。説文解字に「冓は材を交積するなり。対交の形に象る」とあり、明解である。

(甲) 　(金) 　(篆)[冓]　(篆)

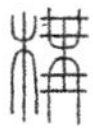

語義 [展開] 組み立てる(かまえる)意味ⓐから、組み立てたもの(建物や仕掛け)の意味ⓑ、建物の囲いの意味ⓒに展開する。また、上下・左右の物をうまく組み合わせることから、何かの手立てを設けて双方をかみ合わせる(仕掛けてかみ合わせる、用意して仕掛ける)意味ⓓを派生する。ⓓは搆と通用。[英]construct; structure; enclosure; fabricate [熟語] ⓐ構築・結構・ⓑ機構・ⓒ構内・遺構・ⓓ構怨

文献 ⓐ列子・周穆王「化人之宮構以金銀＝化人の宮、構ふるに金銀を以てす(魔術師の宮殿は金銀で構成されている)」ⓓ孟子・告子下「秦楚構兵＝秦楚、兵を構ふ(秦と楚の間で互いに戦争を仕掛ける)」

【綱】

14(糸・8)　常　常用音訓　コウ　つな

語音 *kaŋ(上古)　kaŋ(中古→呉・漢カウ〈＝コウ〉)　gāng(中)　강(韓)

語源 [コアイメージ] 筋張って硬い。[実現される意味] 頑丈な縄(太づな)ⓐ。[英]guiding rope of a fishing net

〔解説〕綱と縄の違いは何か。*kaŋという語は剛と同源で、綱の材質にかかわりなく、「筋張って硬い」というイメージがある。物をつないだり支えたりする強力ななわの一種が綱である。これに対して縄は緩んだ形状でもよい。釣りに使う糸を縄とも呼ぶ。線を引く大工道具も縄である。日本語の「つな」は「植物の強い繊維をよって太く長く作り、物をしばり、連ねるもの」の意で、「なわ(なは)」は「藁・麻などをなったもの」という(大野①)。「つな」は材質からして強いイメージが浮かび上がる。

字源 「岡(音・イメージ記号)＋糸(限定符号)」を合わせた字。「岡」は「筋張って硬い」というイメージがある(⇩岡)。「綱」は網(魚や鳥を捕らえる網)を張るときに、網をつなぐ硬くて頑丈な縄を暗示させる。

語義 [展開] 頑丈な縄(太づな)の意味ⓐから、太い綱に何本もの針をつないで魚を捕る意味ⓑを派生する。また、ばらばらにならないようにしっかりつなぎとめる太づなの意味から、物事を締めくくりまとめる要(大筋)の意味ⓒ、模範の意味ⓓ、国を治める法・規則の意味ⓔ、大きな区分けの意味ⓕに展開する。[英]guiding rope of a fishing net, rope, hawser, cable; fish by big net; key point, outline; model; rule, law; class [熟語] ⓐ維綱・ⓒ綱領・要綱・ⓔ綱紀・綱常・ⓕ綱目・亜綱

文献 ⓐ書経・盤庚「若網在綱、有條而不紊＝網の綱に在るが若し、条有りて紊れず(網が綱につながれているように、条理がきちんとあって乱れない)」ⓑ論語・述而「子釣而不綱＝子は釣りすれども綱せず(先生は釣りはしたけれども、[一度にたくさんの魚を捕る]はえなわはしなかった)」ⓓ詩経・巻阿「四方爲綱＝四方綱と為す(四方の国々が[彼を]模範とする)」

【膏】

14(肉・10)　人　音コウ　訓あぶら

語音 *kog(上古)　kau(中古→呉・漢カウ〈＝コウ〉)　gāo(中)　고(韓)

語源 [コアイメージ] 白い。[実現される意味] 脂肪(あぶら)ⓐ。[英]fat, grease

字源 「高(音・イメージ記号)+肉(限定符号)」を合わせた字。「高」は「高い」→「乾く」→「白い」とイメージが転化する(⇩高)。「膏」は肉の白身の部分、脂肪を表す。

語義 [展開] 脂肪(あぶら)の意味ⓐから、髪につやを出す油の意味ⓑ、油をさすように水分を注ぐ(うるおす)意味ⓒ、よく肥えていること、うまい食べ物、また、土地が肥える意味ⓓ、恩沢・恵みの喩えⓔに展開する。また、半練り状の薬の意味ⓕ、体内の針の届かない部位(心臓の下部)の意味ⓖにも用いられる。[英]fat, grease; hair oil; moisten; fertile; metaphor of blessing; ointment; the region below the heart [熟語] ⓐ膏血・膏油・ⓓ膏土・膏沃・ⓔ膏雨・膏沢・ⓕ膏薬・軟膏・ⓖ膏肓

文献 ⓐ詩経・羔裘「羔裘如膏=羔裘、膏の如し(黒い毛皮はあぶらのようにつやつやとしている)」ⓑ詩経・伯兮「豈無膏沐=豈に膏沐無からんや(香油や香水がないわけじゃない)」ⓒ詩経・下泉「芃芃黍苗、陰雨膏之=芃芃たる黍苗、陰雨之を膏す(豊かに茂るキビの苗、恵みの雨が降り注ぐ)」ⓖ春秋左氏伝・成公10「居肓之上、膏之下=肓の上、膏の下に居る([病気は]肓の上、膏の下に来ております)」

【酵】 14(酉・7)　常　常用音訓 コウ

語音 kǎu(中古→呉ケウ〈=キョウ〉・漢カウ〈=コウ〉)　jiào(中)　효(韓)

語源 [コアイメージ] 大切に養う。[実現される意味] 酒のもとⓐ。[英]yeast

字源 「孝(音・イメージ記号)+酉(限定符号)」を合わせた字。「孝」は「大事に養う」というイメージがある(⇩孝)。「酵」は大切に寝かせておく酒を造るもと(こうじかび)を表した。

語義 酒のもとの意味ⓐ。[熟語] ⓐ酵母・発酵

文献 ⓐ斉民要術9「食経曰作餅酵法=食経に曰く、餅の酵を作る法(食経に餅の酵母の作り方を述べている)」

【閤】 14(門・6)　人　音 コウ

語音 *kəp(上古)　kəp(中古→呉コフ〈=コウ〉・漢カフ〈=コウ〉)　gé(中)　합(韓)

語源 [コアイメージ] 蓋を合わせる。[実現される意味] 小さな門(正門の脇の門)ⓐ。[英]small side door

字源 「合(音・イメージ記号)+門(限定符号)」を合わせた字。「合」は「蓋を合わせる」というイメージがある(⇩合)。大門の脇に閉じ合わせておく小門を表す。

語義 [展開] 小さな門の意味ⓐから、役所の門、また宮中の門の意味ⓑ、役所、また宮中・宮殿の意味ⓒ、女性の部屋の意味ⓓに展開する。日本では摂政・太政大臣に対する敬称ⓔに用いる。[英]small side door; door of court; court, palace; boudoir; honorific title for a regent [熟語] ⓐ閤門・ⓑ閤下・ⓓ閨閤・ⓔ太閤

文献 ⓓ史記・汲鄭列伝「多病臥閨閤内不出=病多く、閨閤の内に臥して出でず(病気がちで、寝室に臥して外出しなかった)」

【稿】 15(禾・10)　常　常用音訓 コウ

語音 *kɔg(上古)　kau(中古→呉・漢カウ〈=コウ〉)　gǎo(中)　고(韓)

語源 [コアイメージ] (水分が高く上がって)乾く。[実現される意味] わらⓐ。[英]straw

字源 「高(音・イメージ記号)+禾(限定符号)」を合わせた字。「高」は「高く上がる」というイメージがあり、「(水分が空中に高く上がって)乾く」というイメージに展開する(⇩高)。「稿」は穂を取り去って乾かした稲の茎(わら)を表す。「わら」の意味では特に藁とも書かれる。

(字体) 「稾」は異体字。

語義 [展開] わらが本義ⓐ。わらが乱雑であることを比喩にして、ぞ

んざいに書き殴った下書き(文章の下書き)の意味ⓑを派生する。［英］straw; draft, manuscript ［和訓］わら ［熟語］ⓑ稿本・原稿

【文献】 ⓐ墨子・備穴「蓋具槀枲、財自足、以燭穴中＝蓋し槀［＝稿］枲を具へ、財自ら足り、以て穴中を燭らす(思うに、稲のわらや麻の茎を備えているから、［照明の］原料は穴の中を照らすに十分ある)」

【縞】16(糸・10) 人 ―音 コウ 訓 しま

【語音】 *kɔg(上古) kau(中古→呉・漢カウ〈＝コウ〉) gǎo(中) 호(韓)

【語源】 ［コアイメージ］白い。［実現される意味］白い生絹で織った織物(白絹)ⓐ。［英］white silk

【字源】 「高(音・イメージ記号)＋糸(限定符号)」を合わせた字。「高」は「高い」→「乾く」→「白い」とイメージが転化する(⇩高)。「縞」は白い絹を表す。

【語義】 ［展開］白絹の意味ⓐ。日本では「しま」に当てる。縦や横の筋のついた織物、また、その模様の意味ⓑ。［英］white silk; stripe

【文献】 ⓐ詩経・出其東門「縞衣綦巾(白絹の衣に緑のスカーフ)」

【興】16(臼・9) 常 ―常用音訓 コウ・キョウ おこる・おこす

【語音】 (1)*hɪəŋ(上古) hɪəŋ(中古→呉コウ・漢キョウ) xīng(中) 흥(韓)
(2)*hɪəŋ(上古) hɪəŋ(中古→呉コウ・漢キョウ) xìng(中) 흥(韓)

【語源】 ［コアイメージ］立ち上がる・起き上がる。［実現される意味］立ち上げる、物事を始める(おこる・おこす)ⓐ。［英］rise, start, begin

【解説】 王力、藤堂明保とも興と起を同源の語とする。伏せたもの、休んでいたものが起き上がることで、「(活動を)し始める」というイメージに展開するのは興も起も同じだが、興は「(勢いが)盛んになる」「(感情が)湧き起こる」というイメージに転じるところに起との違いがある。日本語の「おこる」のオコはイキ(息)の母音交替形で、生命力・活力の意。オコルは「潜在している力が活動しはじめる」意、そこから「勢いが盛んになる」「ものごとが新しく始まる」意などに展開する(大野①)。これは漢語の興のⓐⓒと同じ。

【字源】 「舁＋同」と分析する。「舁」は「臼(両手)＋廾(両手)」で四本の手。「(何人かが手を組んで)一緒に持ち上げる」というイメージを示す(⇩与)。「同」は「一緒にそろう」というイメージがある(⇩同)。かくて「舁(イメージ記号)＋同(イメージ補助記号)」を合わせた「興」は、みんなで一緒に手を組んで物事を立ち上げる様子を暗示させる。この意匠によって、物事を一斉に立ち上げること、また、体を起こして立ち上がることを表象する。

(篆)

【語義】 ［展開］物事を一斉に立ち上げる、立ち上がる(物事をおこす、始める)意味ⓐから、ベッドから起き上がる意味ⓑに展開する。また、「(一斉に)立ち上げる」というイメージから、勢いが盛んになる意味ⓒを派生する(以上は1の場合)。また、「起き上がる」というイメージから、感情がむくむくと起き上がっておもしろみを感じる(喜びの感情がわき起こる)こと、おもしろみの意味ⓓを派生する。古代詩学のレトリックで、自然と人間の間に類似性を発見し、対偶的に表現する手法(詩経の六義の一つ)の意味ⓔに用いられる(以上は2の場合)。日本では1をコウ、2をキョウと読む。［英］rise, start, begin; get up; prosper; interest, excitement; rhetoric of poetics ［熟語］ⓐ興起・興国・ⓑ夙興・ⓒ興隆・振興・ⓓ興趣・興味・ⓔ比興

【文献】 ⓐ詩経・無衣「王于興師＝王于に師を興す(王が軍隊を立ち上がらせる［戦争を始める］)」ⓑ詩経・女曰鶏鳴「子興視夜＝子興きて夜を視よ(あなた起きて夜をごらんよ)」ⓒ論語・子路「事不成、則禮樂不興＝事成らざれば、則ち礼楽興らず(政事が達成されないと、儀礼と音楽は盛んにな

らない)」ⓓ論語・陽貨「詩可以興＝詩は以て興(キョウ)すべし(詩は人の感情をふるい立たせることができる)」ⓔ詩経・大序「詩有六義焉…四曰興＝詩に六義有り…四に曰く興(詩に六つのレトリックがある。四つ目は興である)」

【衡】16(行・10)　常　常用音訓 コウ

語音 *ɦăŋ(上古) ɦaŋ(中古→呉ギヤウ〈＝ギョウ〉・漢カウ〈＝コウ〉) héng(中) 형(韓)

語源 [コアイメージ] まっすぐな筋。[実現される意味] 牛の角を縛る横木ⓐ。[英]crosspiece

字源 「行(コウ)(音・イメージ記号)＋角＋大(ともにイメージ補助記号)」を合わせた字。「行」は「まっすぐな筋をなす」というイメージがある(⇩行)。「衡」は人を傷つけないように、牛の角に大きな棒をまっすぐに架け渡す様子を暗示させる図形。この意匠によって、牛の角を縛る横木を表象する。

(金) 　(篆)

語義 [展開] 牛の角を縛る横木の意味ⓐから、車の轅(ながえ)に架け渡す横木の意味ⓑ、門柱に架け渡す横木の意味ⓒ、竿秤の横木(はかり)の意味ⓓ、横の意味ⓔに展開する。また、目方をはかる意味ⓕ、はかり考える意味ⓖ、釣り合いが取れる、また、釣り合い・バランスの意味ⓗを派生する。[英]crosspiece(ⓐ～ⓒ); beam of a balance; sideways; weigh; judge; balance [和訓] はかり [熟語] ⓒ衡門・ⓓ権衡・度量衡・ⓔ合従連衡・ⓕ衡量・ⓖ銓衡・ⓗ均衡・平衡

文献 ⓐ詩経・閟宮「夏而楅衡＝夏には衡を楅(フク)す(夏には牛の角に横木をつける)」ⓑ詩経・韓奕「簟茀錯衡(テンフツサクコウ)(竹のカーテンと、彩られた横木)」ⓒ詩経・衡門「衡門之下、可以棲遅＝衡門の下、以て棲遅すべし(冠木門の家でも、暮らしはできる)」ⓔ詩経・南山「衡従其畝＝其の畝を衡従(コウショウ)にす(畝を縦横に作る)」ⓗ荀子・王制「公平者職之衡也＝公平なる者は職の衡なり(公平こそ[政治の]仕事のバランスである)」

【鋼】16(金・8)　常　常用音訓 コウ　はがね

語音 *kaŋ(上古) kaŋ(中古→呉・漢カウ〈＝コウ〉) gāng(中) 강(韓)

語源 [コアイメージ] 筋張って硬い。[実現される意味] 固く鍛えた鉄(はがね)ⓐ。[英]steel

字源 「岡(コウ)(音・イメージ記号)＋金(限定符号)」を合わせた字。「岡」は「筋張って硬い」というイメージがある(⇩岡)。「鋼」は鍛えて硬く丈夫にした金属を暗示させる。この意匠によって、はがねを表象する。

語義 はがねの意味ⓐ。[熟語] ⓐ鋼材・鉄鋼

文献 ⓐ曹操・工先利器賦「淬百錬之鋼＝百錬の鋼を淬(にら)ぐ(百回鍛えたはがねに焼きを入れる)」(文苑英華101)

【藁】17(艸・14)　人　音 コウ　訓 わら

語音 *kɔg(上古) kau(中古→呉・漢カウ〈＝コウ〉) gǎo(中) 고(韓)

語源 [コアイメージ] (水分が高く上がって)乾く。[実現される意味] 草木が枯れるⓐ。[英]wither

字源 二つの由来がある。一つは「槀(コウ)(音・イメージ記号)＋艸(限定符号)」を合わせた字。槀は槁と同じ。「高」は「高い」→「乾く」とイメージが転化し、木がひからびて枯れることを槁という。したがって「藁」は草が枯れることで、結局藁と槁は同じ。もう一つは「稾」が変形して藁になった字。稾は稿と同じで、わらの意味(⇩稿)。したがって「槀(コウ)(音・イメージ記号)＋艸(限定符号)」を合わせた「藁」もわらの意味。

〔字体〕「稾」は異字体。

語義 [展開] 草木が枯れる意味ⓐ、また、稲や麦などの茎が乾燥したもの(わら)の意味ⓑ。ⓑから、ぞんざいに書いた下書き(草稿)の意味ⓒ

を派生する。ⓐは槁、ⓑⓒは稿と通用。[英]wither; straw; draft [熟語] ⓒ草藁(＝草稿)

文献 ⓒ史記・屈原賈生列伝「屈平屬草藁未定＝屈平、草藁を属(ショク)して未だ定まらず(屈平[戦国時代の詩人、屈原]は草稿を綴っていたが、まだ完成しなかった)」

【講】 17(言・10) 常 ｜ 常用音訓 コウ

語音 *kŭŋ(上古) kɔŋ(中古→呉コウ・漢カウ〈＝コウ〉) jiǎng(中) 강(韓)

語源 [コアイメージ] バランスよく組み立てる。[実現される意味] 相手が納得するように説明するⓐ。[英]explain, explicate

字源 「冓(コウ)(音・イメージ記号)＋言(限定符号)」を合わせた字。「冓」は「バランスよく組み立てる」というイメージがある(⇩構)。「講」はことばを使って双方がバランスよくかみ合うようにする様子を暗示させる。この意匠によって、相手が納得するように説明する意味を表象する。

語義 [展開] 相手がわかるように説明する意味ⓐから、こちらが納得するように習う意味ⓑに展開する。また、双方がうまくかみ合って仲直りする意味ⓒを派生する。ⓒは媾と通用。日本では、何かの目的で寄り集まる団体の意味ⓓに用いる。[英]explain, explicate; master, acquire; reconcile; association [熟語] ⓐ講演・講義・ⓑ講習・講武・ⓒ講和・ⓓ無尽講

文献 ⓐ荘子・徳充符「請講以所聞＝請ふ、講ずるに聞く所を以てせん(聞いたことをお話ししましょう)」ⓑ論語・述而「德之不脩、學之不講…是吾憂也＝徳の脩まらざる、学の講ぜざる…是れ吾が憂ひなり(徳が十分修まらないこと、学問が十分習得できないこと、これが私の悩みだ)」ⓒ韓非子・内儲説上「講亦悔、不講亦悔＝講ずるも亦た悔い、講ぜざるも亦た悔ゆ(講和することも悔やまれ、講和しないことも悔やまれる)」

【購】 17(貝・10) 常 ｜ 常用音訓 コウ

語音 *kug(上古) kəu(中古→呉ク・漢コウ) gòu(中) 구(韓)

語源 [コアイメージ] バランスよく組み立てる。[実現される意味] 罪人の身柄を金で買い取る(あがなう)ⓐ。[英]atone, expiate

〔解説〕和訓の「あがなう(あがなふ)」はアガフ(贖)と同根。アガフは「金品を差し出して罪をつぐなう」意で、ここから「買う」意に展開する(大野①)。漢語の購と同じ。

字源 「冓(コウ)(音・イメージ記号)＋貝(限定符号)」を合わせた字。「冓」は「バランスよく組み立てる」というイメージがある(⇩構)。「購」は売り手と買い手の間で条件がちょうどかみ合って取り引きが行われる様子を暗示させる。

語義 [展開] 罪人の身柄を金で買い取る意味ⓐから、賞金を掛けて物を求める意味ⓑ、代価を払って物を買う意味ⓒに展開する。[英]atone, expiate; set a price; purchase [和訓] あがなう [熟語] ⓑ購求・購賞・ⓒ購読・購買

文献 ⓐ墨子・号令「若告之吏、皆購之＝若し之を吏に告ぐれば、皆之を購(あがな)はん(もし役人に告げれば、全部金で買い取ってもらえるでしょう)」

【鴻】 17(鳥・6) 人 ｜ 音コウ 訓おおとり

語音 *ɦuŋ(上古) ɦuŋ(中古→呉グ・漢コウ) hóng(中) 홍(韓)

語源 [コアイメージ] 突き通す。[実現される意味] オオハクチョウⓐ。[英]whooper swan

字源 「江(コウ)(音・イメージ記号)＋鳥(限定符号)」を合わせた字。「江」は「突き通す」というイメージがある(⇩江)。「鴻」は大空を突き抜けて渡っていく大きな鳥を暗示させる。

語義 [展開] カモ科の鳥、オオハクチョウの意味ⓐ。全身白色で、く

ちばしと足は黒い。高いところを速く飛行することから、遠大な志の象徴とされた。また、鴻雁は大型のガン、特にサカツラガンの意味ⓑ。また、大きい意味ⓒを派生する。〔英〕whooper swan; swan goose; great, grand 〔熟語〕ⓐ鴻鵠・鴻爪・鴻毛・ⓑ鴻雁・ⓒ鴻恩・鴻業

文献 ⓐ詩経・九罭「鴻飛遵陸＝鴻は飛んで陸に遵ふ（オオハクチョウはおかに従って飛んでいく）」ⓑ詩経・鴻雁「鴻雁于飛＝鴻雁于（ここ）に飛ぶ（大きなガンが飛んでいる）」

こう

【乞】→きつ

ごう

【号】 5(口・2) 常 常用音訓 ゴウ

語音 *ɦɔg(上古) ɦau(中古→(呉)ガウ〈＝ゴウ〉・(漢)カウ〈＝コウ〉) háo・hào(中) 호(韓)

語源 〔コアイメージ〕㋐つかえて曲がる・㋑かすれる。〔実現される意味〕大声で叫ぶⓐ。〔英〕shout, roar

〔解説〕古代漢語で、さけぶことを意味する語は喉の形状・状態を想定して造形された。叫は喉が引き絞られるような形状であるが、号は声がかすれるような状態である。叱る声やどなる声も後者と同じ。例えば喝（どなる）は遮り止める→かすれるというイメージ転化、呵（しかる）・何（誰何する）の場合は┓形に曲がる→かすれるというイメージ転化があり、号におけるイメージ転化は呵・何と似ている。藤堂明保は丂のグループ全体を九のグループ、また宮・窮などと同じ単語家族に収め、「つかえて曲がる」という基本義があるとする（藤堂①）。

字源 「號」が正字。「号（ゴウ）（音・イメージ記号）＋虎（限定符号）」を合わせた字。「丂」は「（伸び出ようとするものが）一線でつかえて曲がる」というイメージがある（⇩考）。「まっすぐ進むものが一線につかえて曲がる」というイメージは「摩擦があって物が直進できずにつかえる」というイメージでもあるので、「（音声が直進できずに）かすれる」というイメージに転じうる。「丂（コウ）（音・イメージ記号）＋口（限定符号）」を合わせた「号」は、息が喉につかえてかすれた声を出す様子を暗示させる。かくて「號」はトラがホーホーとかすれたようなうなり声を出す様子を暗示させる。この意匠によって、大声で叫ぶことを表象する。

（篆）〔号〕　（篆）

〔字体〕「号」は近世中国で発生した「號」の俗字。

語義 〔展開〕大声で叫ぶ（さけぶ）意味ⓐから、泣き叫ぶ意味ⓑ、大声で呼ぶ（呼びかける、指図する）意味ⓒ、言い触らす意味ⓓ、呼び名をつける、また、呼び名の意味ⓔ、合図のしるし、合図の意味ⓕに展開する。また、順位・順番を示す語ⓖに用いる。〔英〕shout, roar; cry, wail; call; claim; name; mark, sign, signal; ordinal number 〔和訓〕さけぶ 〔熟語〕ⓐ哀号・怒号・ⓑ号泣・号哭・ⓒ号令・口号・ⓓ呼号・ⓔ雅号・称号・ⓕ記号・符号・ⓖ号外・番号

文献 ⓐ詩経・賓之初筵「載號載呶＝載（すなは）ち号し載ち呶（ドウ）す（［宴会の客は］わめいたり騒いだりする）」ⓑ老子・五十五章「終日號而不嗄＝終日号（さけ）べども嗄（か）れず（［赤ん坊は］一日中泣き叫んでも声がかれない）」ⓒ山海経・南山経「其鳴自號也＝其の鳴くや自ら号（よ）ぶなり（［その鳥は］自分の名を呼んで鳴く）」ⓓ史記・高祖本紀「項羽兵四十萬號百萬＝項羽の兵は四十万、百万と号す（項羽の兵は四十万であったが、百万と称した）」ⓔ韓非子・五蠹「號之曰燧人氏＝之に号して燧人（スイジン）氏と曰ふ（これに名づけて燧人氏といった）」

【合】

6(口・3) 常 | 常用音訓 ゴウ・ガッ・カッ　あう・あわす・あわせる

語音 (1)*ɦəp(上古)　ɦəp(中古→呉ゴフ〈＝ゴウ〉・漢カフ〈＝コウ〉・慣ガフ〈＝ゴウ〉)　hé(中)　합(韓)　(2)*kəp(上古)　kəp(中古→呉コフ〈＝コウ〉・漢カフ〈＝コウ〉・慣ガフ〈＝ゴウ〉)　gě(中)

語源 [コアイメージ] (蓋をかぶせて)ふさぐ。[実現される意味] 二つのものがぴったりあわさる(隙間なくぴったりあう)ⓐ。[英]fit

〔解説〕藤堂明保と王力は盍(ふた)・盒(ふたのある容器)と同源とする。A(ふた)をB(器)にかぶせるとぴったりふさがる。この状態を表すのが盍・盒・蓋(ふたをかぶせる)・闔(閉じ合わせる)である。合は二つのものが重なって合うことから、「いくつかの(多くの)ものが集まる」というイメージに展開し、協(力を合わせる)や会(集まる)と近くなる。日本語の「あう(あふ)」は「もともとは二つのものが近寄って、しっくりと調和し一つに合体する」意で、大きく分けると「二つのものがほどよく調和し、一つに重なる意」と、「二つのものが互いに近寄って行き、ぶつかる意」になるという(大野②)。前者が漢語の合、後者が漢語の会とほぼ対応する。

〔グループ〕合・給・恰・閤・袷(表地と裏地を重ね合わせた衣服、あわせ)・蛤(貝殻がぴったり閉じ合わさる二枚貝、ハマグリ)・洽(心が合って一つになる[洽和])・盒(ふたをかぶせる箱[飯盒])・翕(集まる[翕合])・鴿(群れて集まる鳥、ハト)・龕(中に大切な物を入れてふさぐ穴→壁面を掘って仏像を入れる所、石室・厨子[仏龕])

字源 「亼(ふた)＋口(くぼみ・入れ物)」を合わせて、容器に蓋をかぶせる情景を設定した図形。この意匠によって、隙間なくぴったり合うことを表象する。

(甲)　(金)　(篆)

語義 [展開] AをBに重ねるとAとBが隙間なく合うことから、二つのものがぴったりあわさる意味ⓐ、意見や気持ちが合って一つになる(一致する)意味ⓑ、ぴったりかなう(当てはまる)意味ⓒ、一緒になる、また、男女が結ばれる意味ⓓに展開する。また、いくつかのものが集まって一つの重なった(まとまった)状態になる(集め合わせる)意味ⓔ、動作の回数を数える語ⓕを派生する。(以上は1の場合)。また、容量の単位(升の十分の一)ⓖに用いられる(2の場合)。[英]fit; agree; suit; combine, join, unite; collect, assemble, total; round; unit of capacity　[熟語]ⓐ合一・ⓑ談合・和合・ⓒ合憲・合理・ⓓ合体・交合・ⓔ合計・合成

文献 ⓐ戦国策・燕二「蚌合而拑其喙＝蚌合して其の喙を拑む(ドブガイは口を閉じてその[シギの]くちばしをはさんだ)」ⓑ詩経・常棣「妻子好合＝妻子好合す(妻子は愛して心が合った)」ⓒ孫子・九地「合於利而動、不合於利而止＝利に合ひて動き、利に合はずして止む(利にかなえば行動し、利にかなわなければ休止する)」ⓓ詩経・大明「天作之合＝天之が合を作す(天は彼に連れ合いを授けた)」ⓔ論語・憲問「桓公九合諸侯＝桓公、諸侯を九合す(桓公は[会盟のため]多くの大名を寄せ集めた)」ⓕ史記・項羽本紀「楚挑戦三合＝楚、戦を挑むこと三合(楚は三回戦いを挑んだ)」

【拷】

9(手・6) 常 | 常用音訓 ゴウ

語音 *k'og(上古)　k'au(中古→呉・漢カウ〈＝コウ〉・慣ガウ〈＝ゴウ〉)　kǎo(中)　고(韓)

語源 [コアイメージ] つかえて曲がる。[実現される意味] 打ちすえる(たたく)ⓐ。[英]beat, torture

字源 「考(音・イメージ記号)＋手(限定符号)」を合わせた字。「考」は「つかえて曲がる」「曲折する」というイメージから、「たたく」という意味を派生する(⇨考)。この意味に限定するため「拷」が作られた。

語義 [展開] 打ちすえる意味ⓐから、無理に奪い取る意味ⓑを派生す

る。［英］beat, torture; plunder 【熟語】ⓐ拷問・ⓑ拷掠

【文献】ⓐ後漢書・楊終伝「牽引掠拷＝牽引して掠拷す（彼らを引っ張ってきて、むちでたたいて取り調べた）」

【剛】 10（刀・8）　常　常用音訓 ゴウ

【語音】*kaŋ（上古）　kaŋ（中古→呉・漢カウ〈＝コウ〉・［慣］ガウ〈＝ゴウ〉）　gāng（中）　강（韓）

【語源】［コアイメージ］筋張って硬い。［実現される意味］丈夫で固いⓐ。［英］hard, firm

【字源】「岡《コウ》（音・イメージ記号）＋刀（限定符号）」を合わせた字。「岡」は「筋張って硬い」というイメージがある（⇨岡）。「剛」は筋金入りの硬い刀を暗示させる。この意匠によって、がっしりとして固いことを表象する。

【語義】［展開］物理的に固い意味ⓐだけでなく、身体的・精神的に強い（強くて盛んである）の意味ⓑに展開する。［英］hard, firm; strong ［和訓］つよい・こわい 【熟語】ⓐ剛柔・剛毛・ⓑ剛健・剛腕

【文献】ⓐ老子・七十八章「弱之勝強、柔之勝剛、天下莫不知＝弱の強に勝ち、柔の剛に勝つは、天下知らざるもの莫《な》し（弱さが強さに勝ち、柔らかさが固さに勝つことは、天下の人がみな知っている）」ⓑ論語・季氏「及其壮也、血氣方剛＝其の壮に及ぶや、血気方《まさ》に剛《つよ》し（彼［君子］が壮年になると、ちょうど血気が強くなる）」

【傲】 13（人・11）　常　常用音訓 ゴウ

【語音】*ŋɔg（上古）　ŋau（中古→呉・漢ガウ〈＝ゴウ〉）　ào（中）　오（韓）

【語源】［コアイメージ］四方に伸び出る・高く上がる。［実現される意味］おごり高ぶって人を見下す（偉そうに構える）ⓐ。［英］arrogant, haughty

【解説】下記のグループは「四方に（どこまでも広く、大きく）伸び出る」というイメージがある。これは「左右（↔の形）に出ていく」「左右上下（✣の形）に出ていく」の転化と見ることができる。視点を変えると「上に高く（↑の形に）上がる」というイメージに転化し、高《コウ》（高く上がる）や尭《ギョウ》（高い）と近くなる。「四方に伸び出る」というイメージはかって気ままに出歩くという意味（敖・遨）、「上に高く上がる」というイメージは高ぶって見下すという意味（傲・慠）を実現する。高い→おごるの意味展開は日本語のたかぶる→おごるでも共通。英語のhaughtyもラテン語のaltus（高い）に由来するという（小島①）。このようなイメージ転化は普遍性があるらしい。

【グループ】傲・敖《ゴウ》（気ままに出歩く）・遨《ゴウ》（思うままに遊び歩く［遨遊］）・嗷《ゴウ》（気ままに大声を出す［嗷嗷］）・慠《ゴウ》（気ままにふるまう、おごる）・謷《ゴウ》（他人のことばを聞こうとしない）・熬《ゴウ》（水分をはじき飛ばして物を強火で煎る［煎熬］）・獒《ゴウ》（猛犬）・螯《ゴウ》（大きく伸び出たカニのはさみ［蟹螯］）・鼇《ゴウ》（＝鰲。伝説上の大きなカメ）

【字源】「敖《ゴウ》（音・イメージ記号）＋人（限定符号）」を合わせた字。「敖」は篆文では「出＋放」となっている。「方」は「↔の形に張り出る」というイメージ、「放」は「四方（✣の形）に出る」というイメージがある。「放（イメージ記号）＋出（イメージ補助記号）」を合わせた「敖」は、四方に（かって放題に）出ていく様子を暗示する図形。「四方に出る」というイメージは上記の通り「上に高く上がる」というイメージに転化する。かくて「傲」は高みに伸び出て人を見下す様子を暗示させる。

（篆）［敖］　（篆）

【語義】［展開］偉そうに構える（おごる）意味ⓐから、ばかにする（軽んじる、あなどる）意味ⓑに展開する。［英］arrogant, haughty; despise ［和訓］おごる 【熟語】ⓐ傲岸・傲慢

【文献】ⓐ書経・堯典「父頑母嚚象傲＝父は頑、母は嚚《ギン》、象は傲なり

（［舜の］父はわからず屋、母はでしゃばりで、弟の象は高慢ちきだった）」ⓑ韓非子・六反「民慕其利、而傲其罪、故姦不止＝民、其の利を慕ひて其の罪を傲（あなど）る、故に姦止まず（民は利益を求めるあまり罪を見くびるから、悪事が止まない）」

【豪】14（豕・7） 常 ｜ 常用音訓 ゴウ

語音 *ɦɔg（上古） ɦau（中古→呉ガウ〈＝ゴウ〉・漢カウ〈＝コウ〉） háo（中） 호（韓）

語源 ［コアイメージ］㋐高く上がる・㋑堅い。［実現される意味］ヤマアラシⓐ。［英］porcupine

〔解説〕高にコアイメージの源泉がある。「高い」と「堅い」は関連のあるイメージである（詳しくは高の項参照）。ヤマアラシは敵を見ると堅い毛を高く上げる習性がある。これを捉えて豪と命名された。豪勇の意味はヤマアラシがそうだからというよりは、「堅い」というイメージが「強い」に転化するからと説明したほうがよい。転義現象はコアイメージの展開をまず考える必要がある。

〔グループ〕豪・壕・濠（ゴウ）（深い堀［城濠］）・嚎（ゴウ）（高い声を上げる→さけぶ）・蠔（ゴウ）（堅い殻をもつカキ、牡蠣）

字源 「高（コウ）（音・イメージ記号）＋豕（限定符号）」を合わせた字（籀文の字体）。「高」は「高く上がる」というイメージがある。また「高」は「高い」→「堅い」というイメージにも転じる（⇩高）。「豪」は堅く鋭い毛をもち、敵に遭うと毛を高く上げて威嚇する動物、ヤマアラシを暗示させる。篆文は「希」を限定符号とする。

（籀） （篆）

語義 ［展開］ヤマアラシ科の哺乳類、ヒマラヤヤマアラシが原義ⓐ。肩から尾まで針状の長い毛に覆われ、敵に遭うと毛を逆立てて身を守る。また、「高く上がる」というコアイメージから、才能や力量が高く抜け出た人（他より優れた人）の意味ⓑ、勢力の飛び抜けた人（勢力家）の意味ⓒに展開する。「堅い」というコアイメージから、強くて勇ましい意味ⓓ、盛んなさま（派手である）の意味ⓔを派生する。また、オーストラリアの当て字ⓕに用いる。ⓕは濠とも書かれる。［英］porcupine; a person of extraordinary ability; a person having power or influence; bold; luxurious, grand; Australia ［和訓］つよい・えらい ［熟語］ⓐ豪猪・ⓑ豪傑・強豪・ⓒ土豪・富豪・ⓓ豪毅・豪勇・ⓔ豪語・豪放・ⓕ豪州

文献 ⓐ山海経・西山経「有獣焉、其狀如豚而白毛…名曰豪彘＝獣有り、其の状豚の如くして白毛…名を豪彘（ゴウテイ）と曰ふ（姿が豚に似、毛の白い獣がいる。名はヤマアラシという）」ⓑ孟子・滕文公上「彼所謂豪傑之士也＝彼は所謂豪傑の士なり（彼こそ世間でいう優れた人物である）」ⓒ管子・軽重甲「此吾國之豪也＝此れ吾が国の豪なり（これぞわが国の勢力家である）」

【壕】17（土・14） 人 ｜ 音ゴウ 訓ほり

語音 *ɦɔg（上古） ɦau（中古→呉ガウ〈＝ゴウ〉・漢カウ〈＝コウ〉） háo（中） 호（韓）

語源 ［コアイメージ］深く下がる。［実現される意味］都市を防衛するために設けた深い堀ⓐ。［英］moat

字源 「豪（ゴウ）（音・イメージ記号）＋土（限定符号）」を合わせた字。「豪」は「高く（↑の形に）上がる」から「深く（↓の形に）下がる」というイメージに転化する。「壕」は土を深く掘り下げた所を暗示させる。

語義 ［展開］都市を防衛するために設けた深い堀の意味ⓐから、敵から身を守るために掘った溝や穴の意味ⓑに展開する。［英］moat; trench ［熟語］ⓐ城壕・ⓑ塹壕・防空壕

文献 ⓐ墨子・備城門「壕池深以廣＝壕池は深く以て広し（堀は深くて広い）」

【轟】21(車・14) [人] | [音]ゴウ [訓]とどろく

[語音] *huăŋ(上古) huɛŋ(中古→[呉]・[漢]クワウ〈＝コウ〉・[慣]ガウ〈＝ゴウ〉) hōng(中) 굉(韓)

[語源] [コアイメージ] 擬音語。[実現される意味] 車・雷・大砲などの大きな音声を形容する語ⓐ。[英]bang

[解説] 説文解字では「群車の声なり」とある。*huăŋは擬音語である。訓の「とどろく」のトドロも擬音語で、磯波・激流の音、鹿・鶴・蟬などの声という(大野①)。

[字源] 「車」を三つ重ねた字。多くの車がガラガラ、ゴロゴロと大きな音を出す様子を暗示させる。

[語義] [展開] 大きな物音の意味ⓐから、雷などの音が鳴り響く(とどろく)意味ⓑ、盛んで激しいさまの意味ⓒに展開する。名や評判が世間に知れ渡る意味は日本的用法。[英]bang; boom, rumble, roar; heavy; get well known [熟語] ⓐ轟音・轟沈・ⓒ轟酔

こく

【克】7(儿・5) [常] | [常用音訓] コク

[語音] *k'ək(上古) k'ək(中古→[呉]・[漢]コク) kè(中) 극(韓)

[語源] [コアイメージ] (力を)張り詰める。[実現される意味] 打ち勝つⓐ。[英]overcome, subdue

[解説] 王力は克・堪・戡(カン)を同源とし、勝つ意味があるとする(王力①)。これは表層レベルの語源説。藤堂明保は克の深層構造を求め、亟のグループ(極など)、亥のグループ、亙のグループ、戒のグループ、また改・革などと同じ単語家族の一員とし、「ぴんと張る」という基本義があるとする(藤堂①)。言い換えれば「張り詰める」というコアイメージである。克は極(上下に張り詰める)・該(全体に張り渡る)・恒(たるみなく張り渡る)と非常に近く、全身に力をたるみなく張り詰めて頑張るというイメージの語である。「かつ」の訓がつけられているが、英語のwin(優勝する、勝ち取る)とは違い、overcomeに当たる。もっともovercomeはover(越えて)+come(来る)で、乗り越える→打ち勝つ意(政村①)であるが、漢語の克は耐え抜いて頑張る→打ち勝つ意で、発想の違いがある。

[グループ] 克・剋(コク)(打ち勝つ[相剋])・兢(キョウ)(緊張してびくびくする[兢兢])

[字源] 頭に冑のような重いものをいただき、背を曲げている人の姿を描いた図形。体にぐっと力を込めて、重みに耐え抜いて頑張る様子を暗示させる。この意匠によって、耐え抜いて打ち勝つことを表象する。人が冑を戴く形と解するのは羅振玉の説。

(甲)  (金) (篆) 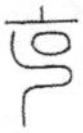

[語義] [展開] (耐え抜いて)打ち勝つ意味ⓐ。また、耐え抜いて頑張った結果よく何かをできるという意味ⓑを派生する。漢文ではこの場合、克を「よく」と訓読みする。また、「張り詰める」というイメージから、定まった所に張り詰めて固定させる(期日を定める)という意味ⓒを派生する。[英]overcome, subdue, conquer; can, be able to; set a strict time

[和訓] かつ・よく [熟語] ⓐ克己・克服・ⓑ克明・ⓒ克期

[文献] ⓐ詩経・泮水「既克淮夷＝既に淮夷(ワイ)に克つ(すでに淮のえびすに勝った)」ⓑ詩経・南山「析薪如之何、匪斧不克＝薪を析(さ)くに之を如何(いかん)せん、斧に匪(あら)ざれば克(よ)くせず(薪を割るにはどうすべき、おのでなければよくできぬ)」

【告】7(口・4) [常] | [常用音訓] コク つげる

[語音] (1)*kog(上古) kau(中古→[呉]・[漢]カウ〈＝コウ〉) gào(中) 고(韓)
(2)*kok(上古) kok(中古→[呉]・[漢]コク) gù(中)

語源 ［コアイメージ］ ㋐枠をきつく縛る・㋑枠をはみ出る。［実現される意味］ 上位から下位に知らせる、あるいは下位から上位に訴えるⓐ。［英］announce(to the ancestors in the temple)

〔解説〕 告のコアイメージは「(枠をはみ出ないように)きつく縛る」であるが、「枠からはみ出る」というイメージに転化する(浩の場合)。これは氾や濫などにも見られる漢語特有のイメージ転化現象である。また「枠をはみ出る」→「(枠をはみ出るほど)広く大きい」というイメージにも展開する(皓の場合)。告の図形を「つげる」に用いる理由について、説文解字では、牛の角が人に触れないように横木をつけて人に告げ知らせるからだと述べている(これは図形から意味を求めたもの)。釈名・釈書契では「上、下に勅するを告と曰ふ。告は覚なり。覚悟して己の意を知らしむるなり」という。これは告と覚(さとる)を同源の語と見て、上(君主)が下(民衆)に悟らせる(告諭する)と捉えたもの。「枠をはみ出ないように縛る」→「枠からはみ出る」というイメージ転化を念頭に置くと、はみ出てはならない障壁(身分・階級などの)をあえて踏み越えて、上から下へ、あるいは下から上へ、訴えることが告であると解される(詩経では先祖や親につげる意味で使われている)。藤堂明保は告・梏を「引き締める」という基本義をもつ求・糾・掬などと同じ単語家族に入れる一方、告・誥を「つかえて曲がる」という基本義をもつ考・究・窮などと同じ単語家族にいれ、「つげる」は後者から生まれる意味とした(藤堂①)。筆者は告は「枠をしばる」という一つのコアイメージに概括できると考える。そうすれば告のグループ全体を解釈できる。日本語の「つぐ」はツグ(継・次)と同根で、「言葉を次から次へと伝達する意」という(大野①)。告の和訓に「のる」もある。「のる」は「神や天皇が、その神聖犯すべからざる意向を、人民に対して正式に表明するのが原義。転じて、みだりに口にすべきでない事柄を、神や他人に対して明かし言う意」という(大野①)。漢語の告は「のる」にやや近い。

〔グループ〕 告・酷・浩・皓・誥(上から下に教えさとす[誥命])・梏(手を縛る枠→手かせ[桎梏])・牿(牛を閉じ込める枠→檻)・窖(物を閉じ込めたり、しまったりする穴、あなぐら[地窖])・鵠(大きな鳥、オオハクチョウ[鴻鵠])

字源 「告」が正字。「牛(うし)＋口(四角い枠)」を合わせて、牛の角を縛る情景を設定した図形。この意匠によって、「枠からはみ出ないようにきつく縛る」というイメージを表すことができる。藤堂は梏の原字、つげる意に用いるのは仮借とする(藤堂②)。

(甲)　(金)　(篆)

〔字体〕 「吿」は旧字体。「告」は古くから書道に見られる字体。告に従う他の漢字もこれに倣う。

語義 ［展開］ 上位から下位に知らせる、あるいは下位から上位に訴える意味ⓐから、知られていないことや隠されたことを相手に話して知らせる(情報や意思を相手に伝える)意味ⓑ、お上(役所・政府)に訴える意味ⓒ、申し出る(請い求める)意味ⓓに展開する。1と2の音があるが、日本では主として2を用いる。［英］announce; declare, proclaim, inform, notify; accuse, sue; ask for, request ［和訓］のる ［熟語］ⓐ告朔・告廟・ⓑ告示・告知・ⓒ告訴・申告・ⓓ告帰

文献 ⓐ詩経・南山「取妻如之何、必告父母＝妻を取るに之を如何せん、必ず父母に告ぐ(妻をめとるにはどうすべき、必ず父母に告げなくてはいけない)」ⓑ論語・学而「告諸往而知來者＝諸に往を告げて来を知る者なり(過去のことを告げると未来のことがわかる人だ)」

【谷】 7(谷・0)　常　常用音訓 コク　たに

語音 *kuk(上古) kuk(中古→呉・漢コク) gü(中) 곡(韓)

語源 ［コアイメージ］ 穴・くぼみ。［実現される意味］ たに・たにまⓐ。［英］valley

〔解説〕*kukという語(語尾が少し変わると*kug、*kungとなる)は「穴、空所、くぼみ」というコアイメージがある。自然界では谷・空、人体においては口・喉・胸・腔・肛、これらはすべて穴の類で、孔(あな)という語に概括できる。これらは同源の語である。谷は「穴、くぼみ」のイメージから、「(空間が空いて)ゆったり受け入れる」というイメージに展開する。藤堂明保は谷のグループ全体が口のグループ、侯のグループ、工のグループ、公のグループ、凶のグループなどと同じ単語家族に属し、「穴・つき抜ける」という基本義があるとする(藤堂①)。日本語の「たに」は「峰と峰との間に深く切れ込んでいる場所」の意で、「もののくぼみ、同じ世界に住む仲間・連中の意」にも転じるという(大野②)。

〔グループ〕谷・俗・欲・浴・容・裕・溶・蓉・慾(くぼみを満たしたい心、欲望[情慾])・峪(山あいのくぼんだ地形、谷間)・鎔(金属を溶かす、また金属を流し込む鋳型[鎔范])・熔(火で熱して金属を溶かす[熔岩])・榕(幹や枝がゆったりと広がる木、ガジュマル[榕樹])

字源 「仌+口」を合わせた字。「仌」は「八(両側に分かれる符号)」を二つ重ねた形で、別(分かれる)と同じ。「口」は穴、くぼみの形。したがって「谷」は、二つの山が両側に分かれてその中間にある穴を暗示させる図形。「谷」の図形全体で、山間のくぼんだ地形である「たに」を造形したと考えてもよい。

(甲)　(金)　(篆)

語義 [展開] たに・たにまの意味ⓐ。「穴、くぼみ」というコアイメージから、くぼみにはまって動きが取れない(窮まる)という意味ⓑを派生する。[英]valley; come to end, be in a dilemma [和訓] や・やつ・きわまる [熟語] ⓐ峡谷・渓谷

文献 ⓐ詩経・小宛「惴惴小心、如臨于谷=惴惴たる小心、谷に臨むが如し(びくびく恐れる心は、谷間の底をのぞくようだ)」ⓑ詩経・桑柔「進退維谷=進退維れ谷まる(進退きわまった)」

【刻】

8(刀・6)　常　(常用音訓) コク　きざむ

語音 *k'ək(上古)　k'ək(中古→呉・漢コク)　kè(中)　각(韓)

語源 [コアイメージ] ごつごつと固い。[実現される意味] ナイフできざむ。また、装飾(絵・文字など)をきざみつけるⓐ。[英]carve, engrave, cut

〔解説〕王力は刻・契・鍥を同源とする(王力②)。きざむ行為には「切れ目をつける」というイメージがある。木などを刃物できざむと、∧や∨の形(ぎざぎざ)ができる。原因(きざむ)を結果(ぎざぎざの形になる)によって表した語が*k'əkであり、「ごつごつと固い」「ぎざぎざしている」というイメージをもつ亥のグループに位置づけ、刻の視覚記号が作られた。「切れ目を入れる」にポイントを置く語は契であるが、「ぎざぎざの形」にポイントを置く語が刻である。日本語の「きざむ」は「区切りをつけて、切り分ける意」という(大野①)。「区切りをつける」にポイントを置く点では契と似ている。

字源 「亥(音・イメージ記号)+刀(限定符号)」を合わせた字。「亥」は動物の骨格の全形を描いた図形で、骸(むくろ)の原字。「全体に張り詰める」というイメージのほかに、「ごつごつと固い(∧形や∨形の角がある)」というイメージを示す記号になる(⇩核)。「刻」はナイフで素材(木や石)にごつごつした切れ目(∧形や∨形のとがった角)をつけて削る様子を暗示させる。

語義 [展開] ナイフで刻む、また、文字などを刻みつける意味ⓐ。木や石を削ることから、比喩的に、骨身を削られるようにこたえる意味ⓑ、むごい・厳しい意味ⓒを派生する。また、版木に文字を刻んだことから、印刷・出版の意味ⓓを派生する。また昔、水時計(漏刻)の目盛りを刻んで時間を計ったことから、時の意味ⓔ、時間の単位の意味ⓕを生じた。

［英］carve, engrave, cut; penetraiting; cutting, harsh; print; time, moment; unit of time 【熟語】ⓐ刻印・彫刻・ⓑ刻苦・深刻・ⓒ刻薄・苛刻・ⓓ復刻・翻刻・ⓔ刻限・時刻

文献 ⓐ春秋・荘公24「王三月、刻桓宮桷＝王の三月、桓宮の桷（たるき）に刻む（王の三月、桓宮のたるきに彫刻した）」ⓒ戦国策・秦一「刻深寡恩＝刻深にして恩寡（すく）なし（［彼は］残酷で仁愛が少ない）」

【国】 8（口・5）　常　常用音訓 コク　くに

〔國〕 11（口・8）　人　音 コク　訓 くに

語音 *kuək（上古）　kuək（中古→呉・漢コク）　guó（中）　국（韓）

語源 【コアイメージ】枠を区切る。【実現される意味】くにⓐ。［英］country, state, nation

【解説】国と邦は何が違うか。漢の鄭玄は邦は大きく、国は小さいという（周礼の注）。国は或（クヮ）にコアイメージの源泉があり、「枠を区切る」というイメージで、域（区切られた土地）と同源の語。境界線を引いて領有を主張し、守りをかためる土地、すなわち狭い範囲では都城やその郊内を国といった。それに対し、邦は封と同源で、諸侯が封ぜられた土地である。その中心の根拠地が城（都市）であり、これをまた国と称した。やがて国が邦の意味をカバーするようになったが、近代的な国家の概念の誕生は後の話である。日本語の「くに」はアメ（天上の国）に対する語で、地上の国の意という（大野①）。陸地を意味する語にクガがあるが、これはクニカ（国処）の転。これから見ると、日本語の「くに」は漢語の国より範囲の広い空間といえよう。英語のcountryはラテン語のcontrata（向かい側の土地）に由来し、自分の反対側に果てしなく広がる土地→一定の境界を持つ特定の地域・地方→国土・国・祖国の意に展開するという（小島①）。

【グループ】国・摑・幗（カク）（女性が頭に巻く布、頭巾やリボン［巾幗］）・膕（カク）（膝を折り曲げて足を上下に区切る部分→膝の裏側のへこんだ部分、ひかがみ）

字源 「國」が正字。「或（クヮ）（音・イメージ記号）＋囗（限定符号）」を合わせた字。「或」はここが自分の領土だと区切って境界線をつけ、武器を立てて目印とする情景を設定した図形で、域・國の原字。「枠を区切る」というイメージを示す記号ともなる（⇩或）。「國」は周囲を境界線で区切った領土を暗示させる。

〔字体〕「國」は旧字体。俗字の「国」は中国で早く登場するが、近代になって王を玉に替えた「国」が生まれた。「圀」は異体字（則天文字）。

語義 【展開】くにの意味ⓐから、生まれ育った土地（ふるさと）の意味ⓑに展開する。日本では「わが国」、つまり日本の意味ⓒで用いる。［英］country(ⓐⓑ), state, nation; native land, homeland; Japan 【熟語】ⓐ国家・国士・ⓑ祖国・母国・ⓒ国学・国字

文献 ⓐ詩経・正月「念國之爲虐＝国の虐を為すを念ふ（国のむごい仕打ちを思う）」ⓑ詩経・園有桃「聊以行國＝聊（いささ）か以て国に行かん（さあふるさとに帰ろうか）」

【黒】 11（黑・0）　常　常用音訓 コク　くろ・くろい

〔黑〕 12（黑・0）　人　音 コク　訓 くろ・くろい

語音 *m̥ək（上古）　hək（中古→呉・漢コク）　hēi（中）　흑（韓）

語源 【コアイメージ】暗い。【実現される意味】くろいⓐ。［英］black

【解説】くろ色の由来は暗いこと、すなわち闇のような色から起こった。釈名・釈采帛に「黒は晦（カイ）なり。晦冥の時の色の如きなり」とある。藤堂明保は晦のほかに海・悔・灰・煤・夢なども同源とし、「くろい・くらい」という基本義があるとする（藤堂①）。*m̥ək という語の図形化は煙突の煤から発想された。日本語の「くろ」はクラ（暗）と通じるという

（大言海の説）。しかしアクセントが違うので、暗ではなく、クリ（涅、水の底に澱む黒い土）と同根とする説もある（大野②）。英語のblackは印欧祖語の*bhleg-（燃える）に淵源があり、「煤で黒くなった」が原義という（下宮①）。「黒」の図形化の発想とよく似ている。*makという語も煤と同源である。

〔グループ〕黒・墨・黙・嘿モク（だまる）・濹*（純国字。濹水ボクスイは隅田川）

字源「黑」が正字。「囱（煤が点々とついた煙突の形）＋炎（ほのお）」を合わせて、火を燃やした後に煤が生じる情景を設定した図形である。

（金）　（篆）

〔字体〕「黑」は旧字体。「黒」は書道に由来する常用漢字の字体。黒に従う他の漢字（黛を含む）もこれに倣う。

語義［展開］くろい意味ⓐから、暗い意味ⓑ、また比喩的に、腹黒い（悪い）意味ⓒに展開する。［英］black; dark; wicked ［熟語］ⓐ黒煙・黒髪・ⓑ暗黒・昏黒・ⓒ黒心・黒白

文献 ⓐ詩経・北風「莫黒匪烏＝黒として烏に匪ざるは莫し（黒色をしたものでカラスでないものはない［黒いのはみなカラスだ］）」

【穀】14（禾・9）　常　｜常用音訓 コク

〔穀〕15（禾・10）　人　｜音 コク

語音 *kuk（上古）　kuk（中古→呉・漢コク）　gǔ（中）　곡（韓）

語源［コアイメージ］中空の固い殻。［実現される意味］稲・麦など主食となる作物ⓐ。［英］grain, cereal

字源「穀」が正字。「殼カク（音・イメージ記号）＋禾（限定符号）」を合わせた字。「殼」は「中空の固い殻」というイメージがある（⇨殻）。「穀」は固い殻をかぶった稲のもみを暗示させる。

〔字体〕「穀」は旧字体。「穀」は古く中国にあった俗字。現代中国の簡体字は「谷」。

語義［展開］作物（穀物）の意味ⓐ。昔は穀物を給料として与えたので、扶持・俸禄の意味、また、扶持を受ける意味ⓑに転用される。［英］grain, cereal; salary ［熟語］ⓐ穀物・穀類・ⓑ穀禄

文献 ⓐ詩経・信南山「生我百穀＝我が百穀を生ず（［ほどよい雨は］わがもろもろの作物を育ててくれる）」ⓑ論語・憲問「邦有道穀、邦無道穀恥也＝邦に道有れば穀す。邦に道無くして穀するは恥なり（国に道がある時は出仕するが、国に道が無い時に出仕するのは恥である）」

【酷】14（酉・7）　常　｜常用音訓 コク

語音 *k'ok（上古）　k'ok（中古→呉・漢コク）　kù（中）　혹（韓）

語源［コアイメージ］きつく締めつける。［実現される意味］味や香りが激しく盛んである（激しい・きつい）ⓐ。［英］strong

字源「告コク（音・イメージ記号）＋酉（限定符号）」を合わせた字。「告」は「きつく縛る」というイメージがあり、「きつく締めつける」というイメージに展開する（⇨告）。「酷」は酒の味が舌を締めつけるほどきつい様子を暗示させる。

語義［展開］味や香りが激しく盛んである（激しい・きつい）意味ⓐから、刑罰や政治などが厳しくむごい、また、物事や程度が激しくひどい意味ⓑ、甚だ（ひどく）の意味ⓒに展開する。［英］strong; ruthless, cruel, fierce; extremely ［和訓］むごい・ひどい ［熟語］ⓐ酷烈・ⓑ酷薄・酷吏・ⓒ酷似・酷暑

文献 ⓐ呂氏春秋・本味「酸而不酷＝酸にして酷ならず（味がすっぱいけれどもきつくはない）」ⓑ韓非子・顕学「今上急耕田墾草、以厚民産也、而以上為酷＝今、上は耕田・墾草を急ぎ、以て民産を厚くするなり、而かうして上を以て酷と為す（現在、お上は農耕を急ぎ、民の生産を手厚くしている

のに、民はお上を残酷だと思っている)」

ごく

【獄】 14(犬・11) 常 | 常用音訓 ゴク

語音 *ŋjuk(上古) ŋiok(中古→呉ゴク・漢ギョク) yù(中) 옥(韓)

語源 [コアイメージ] ごつごつと角立っている。[実現される意味] 裁判ⓐ。[英]trial, lawsuit

〔解説〕釈名・釈宮室では「獄は确(カク)(ごつごつとして固い)なり。人の情偽を実确にする(真実か偽りかを固く見極める)を言ふなり」とある。これは裁判を念頭に置いた語源説。唐の顔師古は「獄の言は埆(カク)(固い)なり。其の堅牢に取るなり」(急就篇の注)と述べているが、これは牢屋を念頭に置いた語源説。いずれにしても獄は确や埆と同源。藤堂明保は玉と同源とし、「ごつごつと堅い」という基本義があるとする(藤堂①)。「ごつごつと堅い」というイメージは「ごつごつと角立っている」というイメージにもなる。嶽(=岳。ごつごつと角立って険しい山)にこのイメージがはっきり残っている。裁判における原告と被告の言い争いの様相を捉えて*ŋjukという語が成立したと考えられる。対立していがみ合う行為は、「かみ合わないでとげとげしい」→「ごつごつと角が立つ」というコアイメージを含むのである。図形は意外なことに犬の争いの場面に転換して考案された。

〔グループ〕獄・嶽(ガク)(=岳)・鸑(ガク)(姿がごつごつとしていかめしい鳥、鳳凰の類[鸑鷟(ガクガク)])

字源 「言(イメージ記号)+犾(=狱。イメージ補助記号)」を合わせた字。「言」は「区切りをつける」というイメージがあり、「けじめをつける」「白黒をはっきりさせる」というイメージに展開する(⇨言)。「犾」は「犬+犬」を合わせて、二匹の犬が喧嘩をする様子を示す図形。かくて「獄」は二匹の犬がいがみ合って勝ち負けを争う情景を設定した図形。この意匠によって、原告と被告が対立して白黒をつけようと争うこと、つまり裁判を表象した。犬を用いたのはメタファーである。

(金)　(篆)

語義 [展開] 裁判の意味ⓐから、牢屋の意味ⓑを派生する。[英]trial, lawsuit; prison [熟語] ⓐ疑獄・大獄・ⓑ獄死・牢獄

文献 ⓐ詩経・行露「何以速我獄=何を以て我が獄に速(まね)かる(なんで私の裁判に呼ばれたのか)」ⓑ詩経・小宛「宜岸宜獄=岸(ガン)に宜し獄に宜し([哀れな彼らは]牢屋につながれるのがふさわしい)」

こつ

【忽】 8(心・4) 人 | 音コツ 訓たちまち

語音 *m̥uət(上古) huət(中古→呉コチ・漢コツ) hū(中) 홀(韓)

語源 [コアイメージ] はっきり見えない。[実現される意味] うっかりして見過ごす(不注意になる、ゆるがせにする)ⓐ。[英]neglect, careless

字源 「勿(ブツ)(音・イメージ記号)+心(限定符号)」を合わせた字。「勿」は「はっきり見えない」というイメージがある(⇨勿)。「忽」は心がぼんやりして外界の様子が目に入らない様子を暗示させる。

語義 [展開] うっかりして見過ごす意味ⓐから、姿が見えないほど速い(たちまち)という意味ⓑに展開する。[英]neglect, careless; suddenly

[熟語] ⓐ軽忽・粗忽・ⓑ忽焉・忽然

文献 ⓐ韓非子・存韓「願陛下、幸察愚臣之計、無忽=願はくは陛下よ、幸ひに愚臣の計を察し、忽(ゆるが)せにする無かれ(どうか陛下よ、私の計略を察しておろそかになさらぬよう)」ⓑ論語・子罕「瞻之在前、忽焉在後=之を瞻(み)れば前に在り、忽焉として後ろに在り([孔子という人は]見上げる

と目の前にあるが、あっという間に後ろにいる方だ)」

【骨】10(骨・0)　常　｜　常用音訓　コツ　ほね

語音 *kuət(上古)　kuət(中古→呉コチ・漢コツ)　gǔ(中)　골(韓)

語源 [コアイメージ] 滑らかに動く。[実現される意味] ほねⓐ。[英]bone

〔解説〕釈名・釈形体に「骨は滑なり。骨堅くして滑らかなり」とあるように、骨と滑は同源の語である。*kuətという語は関節の機能から命名され、その図形も関節を念頭に置いて造形された。古人は関節は一つの骨の穴に別の骨がはまりこんで自由な動きが生まれると考えた。したがって骨は「滑らかに動く」「自由に動く」というコアイメージがある。骨と冎(過・渦などのコアをなす記号)は言葉も図形も同じ基盤から発想されたが、骨は「滑らかに動く」冎は「丸い、丸く回る」はイメージの焦点がある。藤堂明保は骨・血・回・帰・懐・鬼・囲・胃・君・軍・困・昆などきわめて範囲の広い単語家族が「丸い・めぐる・とり巻く」という基本義をもつとした(藤堂①)。

〔グループ〕骨・滑・搰ｺﾂ(穴を掘る)・榾ｺﾂ(骨のような木の切れ端、ほた)・猾ｶﾂ(かき回して乱す[狡猾])・鶻ｺﾂ(飛ぶのが速い鳥、ハヤブサ)

字源 「冎(イメージ記号)+肉(限定符号)」を合わせた字。「冎」は関節の骨を描いた図形である(⇩過)。したがって「骨」は肉でつながった関節の骨を表す。この意匠によって、一般に「ほね」を表象する。藤堂が関節の骨と解したのは卓見である(藤堂②)。

(篆) 

語義 [展開] ほねの意味ⓐから、体の意味ⓑ、人がらの意味ⓒに展開する。また、骨と肉は切っても切れない関係なので、身内の意味ⓓ、要の意味ⓔを派生する。また、骨の比喩として、物の骨組みの意味ⓕ。死者の骨(遺骨)の意味ⓖは日本的用法。[英]bone(ⓐⓑⓖ); body; character; blood relative, kin; main point; frame; ashes, remains [熟語] ⓐ骨格・骸骨・ⓑ病骨・老骨・ⓒ気骨・反骨・ⓓ骨肉・ⓔ骨子・ⓕ鉄骨・竜骨・ⓖ納骨・分骨

文献 ⓐ春秋左氏伝・僖公33「余收爾骨焉=余、爾の骨を収めん(私がお前の骨を拾ってやろう)」ⓓ呂氏春秋・精通「生則相歡、死則相哀、此之謂骨肉之親=生きては則ち歓び、死しては則ち相哀しむ、此を之れ骨肉の親ｼﾝﾄ謂ふ(子が生きていると喜び、死ぬと悲しむ。これが肉親の情である)」

【惚】11(心・8)　人　｜　音コツ　訓ほれる

語音 *m̥uət(上古)　huət(中古→呉コチ・漢コツ)　hū(中)　홀(韓)

語源 [コアイメージ] はっきり見えない。[実現される意味] ぼんやりとしてはっきりしない(捉えどころがないさま)ⓐ。[英]absent-minded, in a trance

〔解説〕和訓の「ほれる(ほる)」は「心が朦朧となり思考力・判断力などを失う。正常の意識を失い放心状態になる」意で、「心を奪われて、うっとりとしたさま」「深く心酔し、または恋慕したさま」の意味に展開するという(大野①)。展開義の恋慕の意味は漢語の惚にない。

字源 「忽ｺﾂ(音・イメージ記号)+心(限定符号)」を合わせた字。「忽」は「はっきり見えない」というイメージがある(⇩忽)。「惚」は心がぼんやりとしてはっきりしない様子を暗示させる。

語義 [展開] ぼんやりとしてはっきりしない(捉えどころがないさま、うっとりするさま)の意味ⓐ。異性に心を奪われて夢中になる(ほれる)意味ⓑは日本的用法。[英]absent-minded, in a trance, entrance; fall in love [和訓] ほうける・ぼける・とぼける [熟語] ⓐ恍惚

文献 ⓐ老子・二十一章「道之爲物、惟恍惟惚=道の物為ﾀﾙ、惟ｺﾚ恍たり惟れ惚たり(道[宇宙の根源]の存在のあり方は、ぼんやりとして何が何だ

かわからない)」

こま……………………………………………………

【駒】→く

こむ……………………………………………………

【込】5(辵・2)　常　|　常用音訓　こむ・こめる　　純国字

字源 日本語の「こむ」を表記するために作られた字。「入」に限定符号の「辵」を添えて、中に入れることを暗示させる。疑似漢字(音がないので漢字ではないが、形だけ漢字に似せたもの)であり、純国字。

語義 中に入れる・包み入れる(こむ・こめる)の意味。[英]put into

ころ……………………………………………………

【頃】→けい

こん……………………………………………………

【今】4(人・2)　常　|　常用音訓　コン・キン　いま

語音 *kıəm(上古)　kıəm(中古→呉コム〈＝コン〉・漢キム〈＝キン〉)　jīn(中)　금(韓)

語源 [コアイメージ] かぶせる・中にふさぐ。[実現される意味] いま(現在)ⓐ。[英]now, present

〔解説〕時間概念を表す語は古(いにしえ、過去)と今(いま、現在)が基本である。時間がたつと物が古びるという物理現象から発想されたのが古であるが、いま・現在はどうして生まれたのか。今という時間概念の由来を初めて説き明かしたのは藤堂明保である。流れる時間の一点を押さえ込んでつかまえたその一瞬間を*kıəmと呼ぶ。これは網をかぶせて鳥をつかまえることを意味する禽と同源で、この字に今が含まれている。それだけでなく今のグループには「かぶせる」「中にふさぐ」というコアイメージが共通する。つかまえて中に閉じ込めたわずかな一瞬間――これが漢語におけるいま・現在の時間概念である。藤堂は今のグループ全体を合のグループ、禁のグループ、音のグループなどと同じ単語家族にくくり、「中に入れてふさぐ」という基本義があるとした(藤堂①)。英語のnowは過去や未来に対する今・現在の意であるが、漠然とした幅のある現在、近接した過去、また「今度は、今すぐ」のように未来を指す場合もあるという(小島①)。漢語の今は現在であるが、未来に関わる用法(意味のⓑ)もある。

〔グループ〕今・含・吟・金・琴・陰・琴・念・衿・禽・㱃(イン)(＝飲)・衾(キン)(寝るときかぶせる布団→ふすま[同衾])・矜(キン・キョウ)(矛の頭をはめこむ柄。また、心中に思いをいっぱいこめる→心中に深くあわれむ。また、ほこる[矜恃])・紟(キン)(衣の前を閉じ合わせる紐)・芩(キン)(根が深く入って抜きにくい草、オヒシバ)・鈐(ケン)(物の蓋を閉じる鍵)・黔(ケン)(ふさいで暗い→黒い[黔首])

字源 古い形(甲骨文字・金文の字体)は「亼(覆い・ふた)＋一(ある物)」を合わせて、物に蓋をかぶせて押さえ込む様子を暗示させる図形。動くものを取り押さえて瞬間的につかまえるという意匠によって、現在という時間を表象する。字源については諸説紛々で、定説がない。陰の原字、箝(はさむ)の原字、金と同字、含の原字、吟の原字、木鐸の形、「栓のある器物の蓋の形」(白川①)等々がある。しかし「蓋の下に一印をそえて、何物かを封じこめるさま」(藤堂①)と解するのが妥当である。

(甲) 　(金) 　(篆) 

語義 ［展開］いま(現在)の意味ⓐ。また、ある事態がまだ存在しないが、今にも存在するであろうことを予想して、仮定を表す用法が生まれた。今ここに、もし～とするならばの意味ⓑ。［英］now, present, modern; if ［熟語］ⓐ今日・古今

文献 ⓐ詩経・摽有梅「求我庶士、迨其今兮＝我を求むる庶士、其の今に迨(およ)べ(男たちよ、私がほしけりゃ、今を逃さないで)」ⓑ孟子・告子上「今有場師、舍其梧檟、養其樲棘、則爲賤場師焉＝今、場師有り、其の梧檟(ゴカ)を舍て、其の樲棘(ジキョク)を養はば、則ち賤場師と為さん(ここに庭師がいて、アオギリやキササゲのような良木を捨て、サネブトナツメのような悪木を育てたとするならば、下手な庭師と見なされるだろう)」

【困】 7(口・4) 常 常用音訓 コン こまる

語音 *k'uən(上古) k'uən(中古→呉・漢コン) kùn(中) 곤(韓)

語源 ［コアイメージ］締めつけて縛る。［実現される意味］にっちもさっちも行かない(身動きが取れず苦しい、苦しむ)ⓐ。［英］distress, hard-pressed

［解説］日本語の「こまる」は込める(籠める)と関係があるらしい。狭い所に閉じ込められて進退に窮することが語源だとすれば、漢語の困と似ている。判断に苦しむ、難儀するという意味は漢語の困にはないが、困窮する意味は共通である。

［グループ］困・梱(コン)(ぐるぐる締めて縛る［梱包］)・閫(コン)(門の内と外を締め切る所、しきみ［閫外］)・悃(コン)(心をこめるさま、懇ろ［悃誠］)

字源 「木(イメージ記号)＋囗(限定符号)」を合わせた字。木をぐるぐる巻きにして縛る情景を設定した図形。この意匠によって、進退窮まってどうにもならないことを表象する。

(篆) 

語義 ［展開］身動きがとれず苦しむ意味ⓐから、物が乏しく生活に行き詰まる意味ⓑ、体が疲れて動けない意味ⓒに展開する。こまる(判断に苦しむ、当惑する)意味ⓓは日本的用法。［英］distress, hard-pressed; destitute; exhaust, fatigue; puzzle, perplex ［和訓］くるしむ ［熟語］ⓐ困苦・困難・ⓑ困窮・貧困・ⓒ困頓・困憊・ⓓ困却・困惑

文献 ⓐ論語・季氏「困而學之、又其次也＝困(くる)しみて之を学ぶは、又其の次なり(行き詰まって学ぶのは、その次の［学問の］ランクだ)」ⓑ論語・尭曰「四海困窮＝四海困窮す(全世界が貧窮している)」

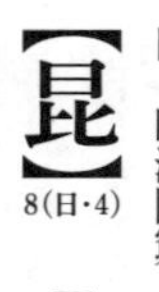

【昆】 8(日・4) 常 常用音訓 コン

語音 *kuən(上古) kuən(中古→呉・漢コン) kūn(中) 곤(韓)

語源 ［コアイメージ］丸い一団をなす。［実現される意味］多く集まった仲間。兄弟とその後に続く世代(子孫)ⓐ。［英］offspring, descendant

［解説］*kuənという語は渾(コン)(カオス)や棞(コン)(丸くのっぺらぼうなもの)と同源で、「丸い一団をなす」というコアイメージをもつ。古代中国人(古典漢語の使用者)の美意識では「△」や「∧」の形はプラスイメージであるが(⇩圭)、「○」の形はマイナスイメージになる場合が多い(⇩頑)。「○」は未分化でごちゃごちゃに混ざり合ったカオスの状態でもあり、得体が知れぬものというイメージもある。宇宙が開闢する前のカオスを渾沌・混沌・渾淪(＝渾侖(コンロン))という。下記のグループは「未分化の丸い一団」「丸く大きい」というイメージが共通する。

［グループ］昆・混・棍(コン)(丸太［棍棒］)・焜(コン)(丸い輪をなして火が輝く［焜燿］。〈日〉こんろ［焜炉］)・琨(コン)(丸い玉)・崑(コン)(想像上の山の名［崑崙］)・箟(コン)(＝箘(キン)。皮が丸く取り巻く竹、ヤダケ)・餛(コン)(混沌に見立てた食品。ワンタンの源流［餛飩］)・鯤(コン)(得体の知れぬ大魚)・鵾(コン)(＝鶤。とさかが丸く取り巻くニワトリ、トウマル［鵾鶏］)

字源 「比(イメージ記号)＋日(イメージ補助記号)」を合わせた字。「比」

は二人が並ぶ形で、人が集まることを示す。「日」は丸い太陽で、円形のイメージを取る。したがって「昆」は多くの物が集まって丸い一団をなす様子を暗示させる図形。この意匠によって、多くのものが集まった仲間を表象する。他の説では、衆と同字(孫詒讓)、昆虫の形(馬叙倫、白川静)、日(⊙)は渾沌の形で、混の原字(林義光)などがある。

(金)　(篆)

語義 [展開] 多く集まった仲間を限定して、兄弟とその後に続く世代(子孫)の意味ⓐに用いる。また、特に兄弟のうち比較的大きな方、つまり「あに」の意味ⓑ、また、群れをなして集まるものの意味ⓒを派生する。未分化で区別がつかない状態の意味ⓓもある。[英]offspring, descendant; elder brother; swarm; chaos [熟語] ⓐ昆孫・後昆・ⓑ昆弟・ⓒ昆虫・ⓓ昆侖

文献 ⓐ書経・仲虺之誥「垂裕後昆＝裕を後昆に垂る(豊かな業績を後の子孫に残す)」ⓑ詩経・葛藟「謂他人昆＝他人を昆と謂ふ(赤の他人を兄と呼ぶ)」

【昏】8(日・4)　人　|　音 コン　訓 くらい

語音 *m̥uən(上古)　huən(中古→呉・漢コン)　hūn(中)　혼(韓)

語源 [コアイメージ] 暗くて見えない。[実現される意味] たそがれ(日暮れ)ⓐ。[英]dusk

〈解説〉王引之は「昏の言は泯没(隠れて見えなくなる)なり」(経義述聞)と述べる。泯と同源で、日が沈む→たそがれ時と解したもの。しかし「姿が見えなくなる」→「暗くて見えない」と解することもできる。下記のグループはこのイメージが共通にある。藤堂明保は民のグループだけではなく、門・文・没・勿・未・微・美・尾なども同源とし、「小さい・よく見えない・微妙な」という基本義があるとする(藤堂①)。

〈グループ〉昏・婚・惛(＝惽。心が暗い→道理がわからない[惛惛])・涽(どす黒い、薄暗い)・緡(＝緍。細くて見えにくい糸→釣り糸)・閽(暗い時に門を開閉する人→門番。また、宦官[閽人])

字源 「民(音・イメージ記号)＋日(限定符号)」を合わせた字。「氏」は「民」が変わったもの。「民」は「目が見えない」というイメージがある(⇨民)。「昏」は日が沈んで物が見えなくなること、つまり日暮れを表す。〈補説〉氏は氏(低い、下の方)の略体で、日が低く下がる(沈む)という解釈もありうるが、昏と民の同源意識が早くに生まれ、氏は民と同じと考えられるようになった(説文解字の一説)。

(金)　(篆)

語義 [展開] たそがれの意味ⓐから、暗い意味ⓑに展開する。また、「暗くてよく見えない」というコアイメージから、目がはっきり見えない(目がくらむ)意味ⓒ、道理がわからない意味ⓓを派生する。また、結婚の意味ⓔでも使われ、後に婚が分化した。[英]dusk; dark, dim; dazzle, dizzy, faint; stupid; marriage [熟語] ⓐ昏旦・黄昏・ⓑ昏黒・昏時・ⓒ昏睡・昏倒・ⓓ昏愚・ⓔ昏姻(＝婚姻)

文献 ⓐ詩経・東門之楊「昏以為期＝昏を以て期と為す(たそがれに会う約束をした)」ⓑ老子・五十七章「民多利器、國家滋昏＝民、利器多くして、國家滋ます昏し(民に便利な道具が多いと、国はますます暗くなる)」ⓓ詩経・小宛「彼昏不知、壹醉日富＝彼の昏くして知らざる、壹に醉ひて日に富む(物を知らぬ愚かなやつは、ひたすら酔って飽き足らぬ)」ⓔ詩経・蝃蝀「懷昏姻也＝昏姻を懷ふなり([彼女は]結婚したいと思っている)」

【恨】9(心・6)　常　|　常用音訓 コン　うらむ・うらめしい

語音 *ɦən(上古)　ɦən(中古→呉ゴン・漢コン)　hèn(中)　한(韓)

語源 [コアイメージ] いつまでも痕が残る。[実現される意味] いつ

までも根にもつ(人から受けた不平・不満の傷ついた気持ちがいつまでも残る、うらむ)ⓐ。[英]hate, have a grudge

〈解説〉日本語の「うらむ」は「相手の仕打ちに不満を持ちながら、表立ってやり返せず、いつまでも執着して、じっと相手の本心や出方をうかがっている意」という(大野①)。これは漢語の恨と語感が似ている。怨も「うらむ」と訓ずるが、怨は不満に思って心が鬱屈していつまでも晴れない感じである。

字源 「艮(音・イメージ記号)+心(限定符号)」を合わせた字。「艮」は「いつまでも傷痕が残る」というイメージがある(⇩眼)。「恨」はいつまでも傷ついた感情が後に残る様子を暗示させる。

語義 [展開] いつまでも根にもつ(うらむ)意味ⓐから、残念だという気持ちがいつまでも残る(くやむ)意味ⓑを派生する。[英]hate, have a grudge; regret [熟語] ⓐ遺恨・怨恨・ⓑ悔恨

文献 ⓐ荀子・尭問「位尊者君恨之=位尊き者は、君之を恨む(位の高すぎる人を君主はねたんで恨むものだ)」ⓑ荀子・成相「不知戒、必有恨=戒を知らざれば、必ず恨有らん(戒めを知らないと、必ず後悔するだろう)」

【根】10(木・6) 常 常用音訓 コン ね

語音 *kən(上古) kən(中古→呉・漢コン) gēn(中) 근(韓)

語源 [コアイメージ] いつまでも痕が残る。[実現される意味] 植物のねⓐ。[英]root

〈解説〉跟(かかと)は木の根のように大地にくっつくから跟と根は同源とする意識が古くからあった。両者とも艮にコアイメージの源泉がある。これは「いつまでも痕が残る」というイメージ。草木のねは枯れても地中にいつまでも残る。この特徴を捉えて草木のねを古代漢語で*kənといい、根と表記する。日本語の「ね」は「ナ(大地)の転。大地にしっかりと食い込んでいるものの意」という(大野①)。漢語の根と発想が似ている。英語のrootは漢語の根の意味展開(ⓐ〜ⓒ)が同じ。

字源 「艮(音・イメージ記号)+木(限定符号)」を合わせた字。「艮」は「いつまでも痕を残す」というイメージがある(⇩眼)。「根」は土中の定位置にあって動かず、本体が枯れても痕跡を残す植物の「ね」を表す。

語義 [展開] 植物の「ね」の意味ⓐから、物事を成り立たせる本の意味ⓑ、物事の根源がそこから来る(根ざす)意味ⓒ、本来もっている性質・気質の意味ⓓに展開する。また、仏教では、知覚を生じる器官の意味ⓔ、数学ではルートの意味ⓕに用いる。物事に耐えうる気力の意味ⓖは日本的用法。[英]root(ⓐ〜ⓒⓕ); source, origin, basis, foundation; arise from; nature; organ; mental energy, stamina [熟語] ⓐ根茎・草根・ⓑ根源・根本・ⓓ根性・善根・ⓔ六根・ⓕ根号・平方根・ⓖ根気・精根

文献 ⓐ管子・水地「集於草木根=草木の根に集まる([水は]草木の根に集まってくる)」ⓑ老子・六章「玄牝之門、是謂天地根=玄牝の門、是を天地の根と謂ふ(玄妙なるめす[万物の根源である道の喩え]の門を天地のおおもと言うのだ)」ⓒ孟子・尽心上「仁義禮智根于心=仁義礼智は心に根ざす(仁・義・礼・知の徳は心に根ざしている)」

【婚】11(女・8) 常 常用音訓 コン

語音 *m̥uən(上古) huən(中古→呉・漢コン) hūn(中) 혼(韓)

語源 [コアイメージ] 暗くて見えない・よく分からない。[実現される意味] 男女が結ばれて夫婦になること(縁組み)ⓐ。[英]marriage

〈解説〉白虎通義・嫁娶篇に「婚なる者は昏時に礼を行ふ、故に婚と曰ふ」とある。同時期(漢代)の他の文献では、親迎(婚礼の六つの儀礼の一つ)が夜に行われたが、それは夜と女が陰だからと理屈づけている。婚礼が夜間に行われたのは事実かもしれないが、語源はコアイメージと関わっている。

字源 「昏(音・イメージ記号)+女(限定符号)」を合わせた字。「昏」は

暗い→見えない→分からないとイメージが転化する(⇩昏)。したがって「婚」はお互いに分からない(知らない)男女が結ばれることを表す。詩経の時代にすでに昏を男女が結ばれる意味で使っている。婚はそれから分化した字である。

語義 縁組みの意味ⓐ。[熟語] ⓐ婚姻・結婚

文献 ⓐ呂氏春秋・本味「湯於是請取婦爲婚＝湯是(ここ)に於いて請ひて婦を取(めと)りて婚を為す(そこで湯[殷王の名]はお願いして妻をめとって結婚した)」

【混】 11(水・8) 常 ｜ 常用音訓 コン まじる・まざる・まぜる・こむ

語音 *ɦuən(上古) ɦuən(中古→呉ゴン・漢コン) hùn(中) 혼(韓)

語源 [コアイメージ] 丸い一団をなす。[実現される意味] カオス(いろいろな物がまじり合うこと)ⓐ。[英]chaos

[解説] カオスの状態を混沌という。神話や哲学では宇宙の始まりとされるが、日常でもいろいろな領域で混沌の状態はある。未分化の状態が混沌であるが、内部に視点を置くと、異質なものがごちゃごちゃとまざり合って分化していない状態、外部に視点を置くと、丸い一団をなしている状態である。混は昆から派生した語。昆の究極のイメージは〇(未分化のカオス)である。混沌はまさにこのイメージである。混沌を構成する内部に焦点を合わせて、混は、いろいろなものが一緒くたになっているという意味に用いられる。日本語の「まじる」は「ある粒子の集まっているところへ別の種類の粒子が加わる意。とけこんではいるが、存在は区別され、分離することが可能な状態をいう」(大野②)。漢語の混はいろいろな物が溶け込みまざり合って、それが未分化な状態であるため、全体として区別がつかないというイメージである。英語のchaosはギリシア語のkhaos(=empty space)に由来し、天地創造以前の混沌→混乱した状態・無秩序の意という(小島①)。ギリシアではchaosは神格化された。古代中国でも荘子などに神格化された渾沌が見える。

字源 「昆(コン)(音・イメージ記号)＋水(限定符号)」を合わせた字。「昆」は「丸い一団をなす」というイメージがある(⇩昆)。「混」は水の中にいろんなものが集まって一団になり、全体がまだ分かれていない様子を暗示させる。宇宙の始めのカオス(混沌)を想像して図形化されたもの。白川静は「昆虫が群集して、混雑する意」とする(白川①)。昆を昆虫とするので、こんな意味を導く。コアイメージの発想がないので、ストレートに昆虫の混雑としたが、皮相的な説明である。

語義 [展開] 宇宙の始めのカオスの意味ⓐ、いろいろなものがまじり合うⓑ、全体が一つになって分かれていない、また、ごちゃごちゃして区別がつかない意味ⓒに展開する。また、水に不純物がまじって濁る意味ⓓ、水が盛んに湧き出るさまの意味ⓔに用いる。ⓓは渾・溷、ⓔは滾と通用。こむ(こみ合う)意味ⓕは日本的用法。[英]chaos; mix, mingle; muddle; become turbid; gush, spring out; crowded [熟語] ⓐ混元・混沌・ⓑ混合・混雑・ⓒ混然・混迷・ⓓ混濁・ⓔ混混

文献 ⓐ老子・二十五章「有物混成、先天地生＝物有りて混成す、天地に先だちて生ず(混沌として生まれた物があった。天地よりも前に生まれた)」ⓑ老子・十四章「此三者、不可致詰、故混而爲一＝此の三者は、致詰すべからず、故に混じて一と為る(この三つ[道の属性である夷・希・微]は別々に突き詰めることはできない。混じり合って一つになっているからだ)」ⓓ老子・十五章「混兮其若濁＝混として其れ濁の若(ごと)し(心が濁ってぼんやりしたさまはまるで濁り水のよう)」ⓔ孟子・離婁下「源泉混混不舍晝夜＝源泉混混昼夜を舎(お)かず(泉は昼夜止むことなく盛んに湧き出る)」

【痕】 11(疒・6) 常 ｜ 常用音訓 コン あと

語音 *ɦən(上古) ɦən(中古→呉ゴン・漢コン) hén(中) 흔(韓)

語源 [コアイメージ] いつまでも痕を残す。[実現される意味] 傷跡ⓐ。[英]scar

字源 「艮(音・イメージ記号)＋疒(限定符号)」を合わせた字。「艮」は「いつまでも傷跡を残す」というイメージがある(⇩眼)。「痕」は傷跡を表す。

語義 [展開] 傷痕の意味ⓐから、残された物の跡の意味ⓑに展開する。[英]scar; trace [熟語] ⓐ傷痕・刀痕・ⓑ痕跡・血痕

文献 ⓐ易林3「身多斧痕＝身に斧の痕多し(［有用な樹木の］身には斧で切った痕が多い)」

【紺】 11(糸・5) 常 常用音訓 コン

語音 *kəm(上古) kəm(中古→呉コム〈＝コン〉・漢カム〈＝カン〉) gàn(中) 감(韓)

語源 [コアイメージ] 中に含む。[実現される意味] 赤を含む青色ⓐ。[英]dark blue, dark purple

〔解説〕釈名・釈采帛に「紺は含なり。青にして赤色を含むなり」とある。染色の工程から発想された色の名である。

字源 「甘(音・イメージ記号)＋糸(限定符号)」を合わせた字。「甘」は「中に含む」というイメージがある(⇩甘)。「紺」は赤を含む青色を表す。糸は染め糸と関係があることを示す限定符号。

語義 赤(あるいは紫)を含む青色、また、深みのある青色(こん色)の意味ⓐ。[熟語] ⓐ紺碧・濃紺

文献 ⓐ論語・郷党「君子不以紺緅飾＝君子は紺緅を以て飾らず(君子は深い青色と赤黒い色を使って衣の縁飾りにしない)」

【魂】 14(鬼・4) 常 常用音訓 コン たましい

語音 *ɦuən(上古) ɦuən(中古→呉ゴン・漢コン) hún(中) 혼(韓)

語源 [コアイメージ] もやもやと漂う。[実現される意味] 人体に宿る精気(たましい)ⓐ。[英]soul, spirit

〔解説〕古代中国人は「たましい」を陰陽に分け、精神と関わり、死ぬと体を離れて天に上る陽のたましいを*ɦuən(魂)といい、肉体と関わり、死後骨に宿って地に帰る陰のたましいを*p'ǎk(魄)といった。白虎通義・情性篇に「魂は猶お伝伝のごときなり。行きて外に休まざるなり」と魂の語源を説く。伝伝は云云や芸芸と同じで、云の「もやもやと漂う」というコアイメージを含む。易経・繋辞伝上に遊魂(浮遊するたましい)の用例がある。日本語の「たましい(たましひ)」はタマに由来。タマはタマ(玉)と同根で、「最も古くは物の精霊を意味し、人間の生活を見守りたすける働きを持つ。いわゆる遊離霊の一種」という(大野①)。「たましひ」は心の働き・才気の意味にもなった。「たましひ」は漢語の魂とほぼ同じ。英語のsoulは「海から来る者」が原義で、ゲルマン人はたましいが死後ふるさとの海に帰ると信じたという。また、spiritはラテン語のspiritus(息、生命、勇気)が語源で、息や呼吸することに由来するという(以上、下宮①)。死後土に帰る魄はsoul、もやもやと漂う魂はspiritと、造語の発想が似ている。ただし実現される意味はsoulが魂・霊魂、spiritが息吹・精神・気概である(田中①)のに対し、魂は霊魂・精神、魄は精神・気概である。

字源 「云(音・イメージ記号)＋鬼(限定符号)」を合わせた字。「云」は雲の原字で、「(気のようなものが)もやもやと漂う」というイメージがある(⇩云)。「魂」は空中に漂うたましいを暗示させる。

語義 [展開] 人体に宿る精気(たましい)の意味ⓐから、こころ・精神の意味ⓑに展開する。[英]soul(ⓐⓑ), spirit(ⓐⓑ) [和訓] たま [熟語] ⓐ魂魄・霊魂・ⓑ魂胆・闘魂

文献 ⓐ春秋左氏伝・昭公7「人生始化曰魄、既生魄、陽曰魂＝人生まれて始めて化するを魄と曰ふ、既に魄を生ず、陽を魂と曰ふ(人が生まれて初めて形成されるたましいを魄という。魄の後に形成される陽のたましいを魂という)」ⓑ楚辞・遠遊「魂營營而至曙＝魂営営として曙に至る(心はへと

へとになって〔眠れず〕あけぼのを迎えた）」

【墾】16（土・13）　常　｜　常用音訓　コン

語音 *k'ən（上古）　k'ən（中古→呉・漢コン）　kěn（中）　간（韓）

語源 [コアイメージ] 深く差し込む。[実現される意味] 荒れ地を耕して開くⓐ。[英]cultivate, reclaim

字源 「豤コ（音・イメージ記号）＋土（限定符号）」を合わせた字。「豤」はもとは「貇」と書いた。「艮」はナイフを目の回りに突き入れて手術をする図形で、「深く刺して傷跡を残す」というイメージがあり（⇩眼）、前半に視点を置くと「深く差し込む」というイメージを表すこともできる。「艮コ（音・イメージ記号）＋豕（限定符号）」を合わせた「豤」は、イノシシ（またはブタ）が歯で深くかんで歯のあとをつける様子を暗示させる。かくて「墾」は農具を土中に深く差し込んで耕す様子を暗示させる。この意匠によって、荒れ地に鋤や鍬を入れて耕すことを表象する。

（篆）［豤］　（篆）

語義 荒れ地を耕して開く意味ⓐ。[和訓] はる　[熟語] ⓐ墾田・開墾

文献 ⓐ商君書・墾令「農民不敗則草必墾矣＝農民敗れざれば則ち草必ず墾せん（農民が負けなければ草地は必ず開墾されよう）」

【懇】17（心・13）　常　｜　常用音訓　コン　ねんごろ

語音 *k'ən（上古）　k'ən（中古→呉・漢コン）　kěn（中）　간（韓）

語源 [コアイメージ] 深く差し込む。[実現される意味] 深く真心がこもるさま（ねんごろ）ⓐ。[英]cordial

〔**解説**〕日本語の「ねんごろ」はネモコロの転。ネは根、モコロは「同じ状態にある意」で、ネモコロは「草木の根が、こまかにからみ合って土の中にあるのと同様にの意」が原義で、「こまやかに情のからむさま」の意味に展開するという（大野①）。漢語の懇は「（情を）深く差し込む」というイメージで、これと同源の墾（土地に鍬を深く差し込んで耕す）のイメージも背景にある。

字源 「豤コ（音・イメージ記号）＋心（限定符号）」を合わせた字。「豤」は「墾」と同じで、「深く差し込む」というイメージがあり、「深くこもる」というイメージに展開する（⇩墾）。「懇」は深くこもった心を暗示させる。

語義 深く真心がこもるさま（ねんごろ）の意味ⓐ。[熟語] ⓐ懇願・昵懇

文献 ⓐ漢書・司馬遷伝「推賢進士爲務、意氣勤勤懇懇＝賢を推し士を進むるを務めと為し、意気は勤勤懇懇たり（賢人を推薦することを務めとするその意思は一生懸命で真心がこもっていた）」

さ

【叉】 3(又・1) 人 ㊱サ・シャ ㊙また・さす

語音 *tsʼăr(上古) tsʼă(中古→呉シャ・漢サ) chā(中) 차(韓)

語源 [コアイメージ] Y形をなす。[実現される意味] ふたまたⓐ。[英]fork

〔解説〕釈名・釈兵に「栝旁（矢筈の先端）を叉と曰ふ。形、叉に似るなり」、また釈首飾に「釵は叉なり。叉の形に象る。因りて之に名づくるなり」とある。矢筈やかんざしの先端はYの形に枝分かれしている。Yの形に分かれたもの（ふたまた）を叉という。叉は「Y形をなす」というイメージから、「×形に交わる」「∧∧形（ぎざぎざ）をなす」というイメージにも展開する。

〔グループ〕叉・釵（かんざし[金釵]）・杈（ふたまたをなす木の枝）・扠（刺し取る、挟み取る）・靫（矢を差し込む道具、うつぼ）

字源 「又（手の形）＋一（ある物）」を合わせて、手の指をYの形にして、その間に物を挟む様子を示した図形。この意匠によって、「Y形をなす」というイメージを表すことができる。また「Y形に突き刺す・突き入れる」というイメージも表すことができる。

（篆）

語義 [展開] ふたまたの意味ⓐから、先端がふたまたになった道具の意味ⓑ、×形に交わる意味ⓒ、刺す意味ⓓ、ぎざぎざをなす意味ⓔに展開する。[英]fork(ⓐⓑ); cross; thrust; jagged [熟語] ⓐ三叉路・ⓑ音叉・肉叉・ⓒ叉手・交叉・ⓔ叉牙

【左】 5(工・2) 常 常用音訓 サ ひだり

語音 *tsar(上古) tsa(中古→呉・漢サ) zuŏ(中) 좌(韓)

語源 [コアイメージ] ささえる・そろわない。[実現される意味] ひだりⓐ。[英]left

〔解説〕古代中国では右を優位とする観念が強く、左手の機能は右手をささえるものとされた。主たるものをささえると「→|」や「|←」の形を呈する。中心のものを両脇から「→|←」の形にささえるというイメージにもなる。「→|←」の形は「∧」の形（ぎざぎざした形）に容易につながるので、「ぎざぎざして形がそろわない」というイメージを表すこともできる。藤堂明保は左のグループ（差のグループを含む）は叉と同源で、「Y型・ささえる・ぎざぎざ」という基本義があるとする（藤堂①）。方位のひだりは左手に由来し、右手に対する機能的な差は「ちぐはぐ」「ぎざぎざ」「食い違い」というイメージを生み、劣る、下位であるというイメージと結びついた。日本語の「ひだり」はヒ（日）ダ（出）リ（方向）が語源という説がある。正面の南を向く場合、ひだりは太陽の出る東の方角に当たる。古代日本では左を優位としたといわれる。なお左にも右にも「たすける」の訓があるが、それぞれコアイメージが異なる。右がかばってたすける意であるのに対し、左は支えてたすける意である。これは英語のassistに当たる。assistはラテン語のassistere（かたわらに立つ）が語源で、「そばで支える→援助する」の意という（下宮①、政村①）。

〔グループ〕左・佐・差

字源 「ナ（音・イメージ記号）＋工（限定符号）」を合わせた字。「ナ」は左手を描いた図形。これだけで十分「ひだり」を表象できるが、「工」を添えて「左」が作られた。工作の際に右手の支えとなる左手を暗示させる図形である。「ささえる」というイメージのほかに、「ぎざぎざでそ

ろわない」というイメージもあり、隓(=隋)の造形に利用されている。

(甲) (金) (篆) [ナ]

(金) (篆)

語義 [展開] ひだりの意味ⓐ。また、「ささえる」というイメージから、中心となるものを脇から力を添えて助ける意味ⓑ、支えとなる証拠の意味ⓒを派生する。また、右が優勢とされたので、左は下位にある、劣っている意味ⓓ、ちぐはぐに食い違う、正しくない意味ⓔを派生する。方角として東の意味ⓕ、また、外来思想から、急進的・革新的の意味ⓖもある。[英]left; assist; evidence; different, incorrect; east; progressive, revolutionary [和訓] たすける [熟語] ⓐ左方・左右・ⓒ証左・ⓓ左遷・ⓔ左道・ⓕ江左・山左・ⓖ左派・左翼

文献 ⓐ詩経・竹竿「泉源在左=泉源左に在り(泉[川の名]の源は左側)」ⓑ墨子・雑守「可以左守事者=以て事を左(たす)け守るべき者(事態を助けて守ることができるもの)」

【佐】 7(人・5) 常 常用音訓 サ

語音 *tsar(上古) tsa(中古→呉・漢サ) zuǒ(中) 좌(韓)

語源 [コアイメージ] ささえる。[実現される意味] 中心となるものを脇から支えて助けるⓐ。[英]assist

字源 「左(サ)(音・イメージ記号)+人(限定符号)」を合わせた字。「左」は「ささえる」というイメージから、「ささえて助ける」という意味を派生する(⇩左)。この派生義を表すため「佐」が作られた。ナ(ひだり)→左(ひだり・たすける)→佐(たすける)と分化した。

語義 [展開] 脇から支えて助ける意味ⓐ。日本では軍隊の階級の一つⓑに用いられる。[英]assist; one of military rank [和訓] たすける・すけ [熟語] ⓐ佐幕・輔佐・ⓒ少佐・大佐

文献 ⓐ詩経・六月「以佐天子=以て天子を佐(たす)く(天子様をお助けする)」

 7(水・4) 常 常用音訓 サ

語音 *sǎr(上古) ṣǎ(中古→呉シャ・漢サ) shā(中) 사(韓)

語源 [コアイメージ] 細かい・小さい。[実現される意味] すなⓐ。[英]sand

〔解説〕*sǎrという語は些・瑣・砕・洒・散などと同源で、「細かく(ばらばらに)分かれる」「小さい」というコアイメージをもつ。

〔グループ〕沙・紗・裟・娑(サ)(婆娑(バサ)で一語。身軽に舞うさま。また、婆娑(バシャ)は梵語の音写)・莎(サ)(砂地に生える草、ハマスゲ)・鯊(サ)(砂に潜る魚、カマツカ。また、皮が砂のようにざらざらした魚、サメ)

字源 「少(イメージ記号)+水(限定符号)」を合わせた字。「少」はそぎ取って小さくするというイメージがある(⇩少)。「沙」は水で洗われて小さく砕けた石、すなわち「すな」を暗示させる。

(金) 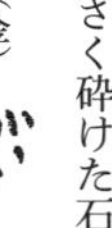 (篆)

語義 [展開] すなの意味ⓐ、砂原の意味ⓑ、砂に似た(なぞらえた)ものの意味ⓒに展開する。また、水で洗って細かく選り分けて混ざりものを取り除く(不純物を選り分ける、よなげる)という意味ⓓを派生する。また、梵語の音写字ⓔに用いる。[英]sand(ⓐⓑ); sandy plain, desert; sand-like thing; wash, cleanse; phonetic loan of Sanscrit [和訓] すな・いさご・よなげる [熟語] ⓐ沙丘・白沙・ⓑ沙漠・流沙・ⓒ丹沙・ⓓ沙汰・ⓔ沙弥(シャミ)・沙門

文献 ⓐ詩経・鳧鷖「鳧鷖在沙=鳧鷖(フエイ)沙に在り(カモとカモメは砂の上)」ⓑ山海経・北山経「廣員三百里、盡沙也=広員三百里、尽(ことごと)く沙

なり(幅が三百里あり、すべて砂漠である)」

【些】8(二・6) 人 | 音サ 訓いささか

語音 (1)*sag(上古) sa(中古→呉・漢サ) suò(中) (2)siă(中古→呉サ・漢シャ) xiē(中) 사(韓)

語源 [コアイメージ] 細かく分かれる。[実現される意味] はやしことばⓐ。[英]particle

字源 「此シ(音・イメージ記号)+二(イメージ補助記号)」を合わせた字。「此」は「ちぐはぐでそろわない」というイメージから、「まとまりが悪くばらばらになる」というイメージに転じる(⇩此)。「二」は一つのものが二つに分かれることを示す。「些」は息がばらばらに分かれ出る様子を暗示させる。この意匠によって、間拍子を取るはやしことばを表象する。兮ケイ(はやしことばの一種)と意匠が似ている。

語義 [展開] 主に楚辞で用いられたはやしことばの一つⓐ(1の場合)。「ばらばらに分かれる」というイメージから、「細かい」「小さい」というイメージに転じ、形が細く小さい(微小である)の意味ⓑ、数量や程度が小さい(少ない、いささか)の意味ⓒを派生する(2の場合)。[英]particle; small; slight, few, little [熟語]ⓒ些細・些小

文献 ⓐ宋玉・招魂「何爲乎四方些=何をか四方に為すや(四方で何をするのか)」(文選33)ⓑ曹植・鶡鳥賦「身體些小=身体は些小なり(体は細くて小さい)」(漢魏六朝百三家集26)

【査】9(木・5) 常 | 常用音訓 サ

語音 (1)dză(中古→呉ジャ・漢サ) chá(中) 사(韓) (2)ţşă(中古→呉シャ・漢サ) zhā(中)

語源 [コアイメージ] でこぼこ・不ぞろい。[実現される意味] いかだⓐ。[英]raft

〔解説〕晋の頃から楂サ(=槎)の代わりに「いかだ」の意味で使われるが、柤サから分化した字である。且ヤシの「でこぼこ」「不ぞろい」のイメージが展開して、でこぼこに並べた木の柵を柤、不ぞろいに木を並べたいかだを査とした。査を検査の査に用いるようになったのは近世のことである。

〔グループ〕査・楂サ(いかだ、また、サンザシ[山楂子])・渣サ(汁を除いた後にぎざぎざに残るもの、かす[渣滓サシ])・皶サ(皮膚にぎざぎざに生じるもの、できもの[酒皶])

字源 「且ヤシ(音・イメージ記号)+木(限定符号)」を合わせた字。「且」は「(縦に)いくつも重なる」というイメージがあり(⇩且)、横の方向へ視点を変えると、「へ形(でこぼこ、ぎざぎざ)を呈する」というイメージに展開する。「査」は木を不ぞろいに並べて作った「いかだ」を表す。

語義 [展開] いかだの意味ⓐ、不ぞろい(でこぼこ)なさまの意味ⓑ。また、柤に「阻んで止める」というイメージがあり、このイメージを査にも適用し、人の通行を阻んでチェックする→チェックして調べるという意味ⓒに転じた(以上は1の場合)。また、樝サの代用字ⓓ(2の場合)。山査子はバラ科の木の名。サンザシ。枝に刺がある。山樝サンサ・山査子サンザシと同じ。[英]raft; uneven; check; hawthorn [和訓]しらべる [熟語]ⓑ査牙・ⓒ検査・調査

文献 ⓐ博物志3「立飛閣於査上=飛閣を査上に立つ(いかだの上に高い楼閣を立てた)」

【砂】9(石・4) 常 | 常用音訓 サ・シャ すな

語音 *săr(上古) şă(中古→呉シャ・漢サ) shā(中) 사(韓)

語源 [コアイメージ] 細かい・小さい。[実現される意味] すなⓐ。[英]sand

字源 もともと「沙」の俗字。「すな」が石の種類であることを明示す

るため、「沙(サ)の略体(音・イメージ記号)＋石(限定符号)」の字に変えたもの。ただし沙の「よなげる」の意味はない。

語義 [展開] すなの意味ⓐから、粒状のもの、また、砂に似た(なぞらえた)ものの意味ⓑを派生する。[英]sand; sand-shaped thing [和訓] いさご [熟語] ⓐ砂石・黄砂・ⓑ砂糖・丹砂

文献 ⓐ山海経・南山経「區呉之山、無草木、多砂石＝区呉(オウ)の山、草木無く、砂石多し(区呉の山には草木がなく、砂や石が多い)」ⓑ管子・侈靡「丹砂之穴＝丹砂の穴(水銀と硫黄の化合物を採掘する穴)」

【唆】 10(口・7) 常 ｜ 常用音訓 サ そそのかす

語音 sua(㊅サ) suō(中) 사(韓)

語源 [コアイメージ] 細い・細く立つ。[実現される意味] あることをさせようとけしかける(そそのかす)ⓐ。[英]instigate

〔解説〕 使嗾の嗾(ソウ)(けしかける・そそのかす)から派生した語。族は「一所に集める」→「縮める」→「迫る」とイメージが転じ、相手に迫って速く速くとせき立てて何かをさせようとすることを嗾という。日本語の「そそのかす」のソソはそわそわ・せかせかなどの意の擬態語で、「せかして行かせる」「速くするようにせき立てる」意という(大野①)。漢語の嗾・唆とほぼ同じ。

字源 「夋(シュン)(音・イメージ記号)＋口(限定符号)」を合わせた字。「夋」は「細くすらりと立つ」「細い」というイメージがある(⇩俊)。「唆」は口を細く突き立てたて(口笛を吹く格好で)、犬などをけしかける合図をする様子を暗示させる。哨(口笛を吹く→そそのかす)や嘯(ショウ)(口笛を吹く)と似ている。

語義 そそのかす意味ⓐ。[熟語] ⓐ教唆・示唆

文献 ⓐ旧五代史・周書・王峻伝「新起小殿、唆視之＝新たに小殿を起こし、唆して之を視しむ(新しく小さな宮殿を建てると、[殿様を]けしかけて御覧に入れた)」

【差】 10(工・7) 常 ｜ 常用音訓 サ さす

語音 (1)*tsʻïar(上古) ṭṣʻïĕ(中古→㊉・㊇シ) cī(中) 치(韓) (2)*tsʻă(上古) ṭṣʻă(中古→㊉シャ・㊇サ) chā(中) 차(韓) (3)*tsʻăd(上古) ṭṣʻăi(中古→㊉セ・㊇サイ) chāi(中) 채(韓)

語源 [コアイメージ] (ぎざぎざ・ちぐはぐで)そろわない。[実現される意味] ちぐはぐでそろわない(長短が不ぞろいなさま)ⓐ。[英]uneven, jagged

〔解説〕 コアイメージの源泉は左にある。左は右を支える側であり、能力にも差がある。したがって左は劣るという観念と結びつく(これは右優先社会における一般的観念)。また左は「⺍」の形に両脇から支えるというイメージがあり、「⺍」の形は「∧」の形のイメージに転化する。したがって左は「⋀⋀(ぎざぎざ・ちぐはぐ)」のイメージや、「そろわない」というイメージがある。ちぐはぐでそろわない状態を差で表す。日本語では差を「さす」に当てる。「さす」とは「自然現象において活動力・生命力が直線的に発現し作用する意」という(大野①)。漢語の差にはこの意味はない。

〔グループ〕 差・嵯・瑳・槎(サ)(不ぞろいの木を並べたいかだ)・磋(サ)(でこぼこした面で石や玉を摩擦して磨く[切磋琢磨])・縒(サ)(不ぞろい、入り交じる)・蹉(サ)(足がちぐはぐになってつんのめる→つまずく[蹉跌])・嗟(サ)(差は舌打ちを表す擬音語。感嘆の声[咄嗟(トッサ)・嗟嘆])

字源 楷書は形が崩れたが、篆文を分析すると「𠂹＋左」となる。「左」は「ぎざぎざして形がそろわない」というイメージがある(⇩左)。「𠂹」は植物の枝葉が垂れ下がる図形で、垂の原字(⇩垂)。したがって「左(サ)(音・イメージ記号)＋𠂹(イメージ補助記号)」を合わせた「差」は、植物の枝葉がぎざぎざでそろわない情景を暗示させる図形。

(篆)

語義 [展開] ぎざぎざでそろわない意味ⓐが本義(1の場合)。「∧∧(ぎざぎざ・そろわない)」のイメージは「∧∨(食い違う)」のイメージに転化し、そろわないで食い違う(たがう)という意味ⓑ、そろわない状態や事態から生じる違いや等級の意味ⓒを派生する(2の場合)。また「⇅の形に食い違う」というイメージに転化し、↓の方向に来る要求や依頼に対して、↑の方向に人を差し向ける意味ⓓを派生する(3の場合)。[英]uneven, jagged; differ; difference, discrepancy; send(on errand), dispatch [熟語] ⓐ差池(シチ)・参差(シンシ)・ⓑ差異・差別・ⓒ時差・誤差・ⓓ差遣・差配

文献 ⓐ詩経・関雎「參差荇菜、左右采之＝参差(シンシ)たる荇菜(コウサイ)、左右に之を采る(ちぐはぐでそろわぬアサザ、右に左に摘んで取る)」ⓑ楚辞・離騒「周論道而莫差＝周は道を論じて差(たが)ふ莫し(周[の文王]は道を論じて間違いがなかった)」ⓒ孟子・万章下「庶人在官者、其祿以是爲差＝庶人の官に在る者、其の禄是(ここ)を以て差を為す(官についている庶民の給料に違いがあるのはそのためだ)」

【紗】10(糸・4) 人 音サ・シャ 訓うすぎぬ

語音 *săr(上古) ṣă(中古→呉シャ・漢サ) shā(中) 사(韓)

語源 [コアイメージ] 細かい・小さい。[実現される意味] 軽くて細やかな絹織物(うすぎぬ)ⓐ。[英]fine silk fabrics

字源 「沙(サ)の略体(音・イメージ記号)＋糸(限定符号)」を合わせた字。「沙」は「細かい」「小さい」というイメージがある(⇩沙)。「紗」は細く小さい蚕の糸で織った絹織物を表す。

語義 [展開] 薄絹の意味ⓐから、織り目が透いて薄い布の意味ⓑに展開する。[英]fine silk fabrics; gauze [熟語] ⓐ金紗・錦紗・ⓑ袱紗・紋紗

【詐】12(言・5) 常 常用音訓 サ

語音 *tsăg(上古) ṭṣă(中古→呉シャ・漢サ) zhà(中) 사(韓)

語源 [コアイメージ] わざと手を加える。[実現される意味] うそを言って人をだます(あざむく・いつわる)ⓐ。[英]deceive, cheat

字源 「乍(サ)(音・イメージ記号)＋言(限定符号)」を合わせた字。「乍」は素材に刃物で切れ目を入れることから、「(自然のものに)わざと手を加える」というイメージがある(⇩作)。「詐」は言葉にわざと手を加えて、いつわったことを言う様子を暗示させる。

語義 うそを言って人をだます意味ⓐ。[和訓] あざむく・いつわる [熟語] ⓐ詐欺・詐称

文献 ⓐ論語・陽貨「今之愚也詐而已矣＝今の愚や詐なるのみ(現代の愚[融通の利かない者]は人を欺くだけの存在だ)」

【嵯】13(山・10) 人 音サ

語音 *dzar(上古) dza(中古→呉ザ・漢サ) cuó(中) 차(韓)

語源 [コアイメージ] ぎざぎざを呈する。[実現される意味] 山が高く険しいさまⓐ。[英]high and steep

字源 「差(サ)(音・イメージ記号)＋山(限定符号)」を合わせた字。「差」は「ぎざぎざで形がそろわない」というイメージがある(⇩差)。「嵯」は山の形がぎざぎざで険しい様子を暗示させる。

語義 山が高く険しい意味ⓐ。[熟語] ⓐ嵯峨(サガ)

【蓑】13(艸・10) 人 音サ 訓みの

語音 *suar(上古) sua(中古→呉・漢サ) suō(中) 사(韓)

語源 [コアイメージ] 垂れ下がる。[実現される意味] 雨具のみのⓐ。[英]straw raincoat

字源 「衰(イス)(音・イメージ記号)＋艸(限定符号)」を合わせた字。「衰」は「みの」の全形を描いた図形(⇩衰)。みのは草で編んで端をそろえずに垂らした雨具なので「垂れ下がる」というイメージがあり、「衰」は勢いが落ちてくる(おとろえる)という意味になった。そのため草冠を添えた「蓑」で原義を表した。

〔字体〕「簑」は異体字。

語義 みのの意味ⓐ。［熟語］ⓐ蓑衣・蓑笠

文献 ⓐ詩経・無羊「何蓑何笠＝蓑を何(にな)ひ笠を何ふ(肩にはみのと笠をかついでいる)」

【裟】 13(衣・7) 人 音サ

語音 ṣă(中古→呉シャ・漢サ) shā(中) 사(韓)

字源 「沙(サ)(音記号)＋衣(限定符号)」を合わせた字。梵語のkaṣāyaを音写するために、六朝の頃創作された。

語義 袈裟(ケサ)は僧侶の衣の意味。［英］surplice

【瑳】 14(玉・10) 人 音サ

語音 *ts'ar(上古) ts'a(中古→呉・漢サ) cuō(中)

語源 ［コアイメージ］ぎざぎざ・摩擦する。［実現される意味］色が鮮やかで白いⓐ。［英］lustrous and white

字源 「差(サ)(音・イメージ記号)＋玉(限定符号)」を合わせた字。「差」は「ぎざぎざでそろわない」というイメージがある(⇩差)。「瑳」はでこぼこした物の表面で玉を摩擦して磨き、鮮やかな色を現し出す様子を暗示させる。

語義 ［展開］色が鮮やかで白い意味ⓐから、笑って白い歯が見えるさまの意味ⓑに展開する。また、玉や石を磨く意味ⓒに用いる。この場合は磋と通用。［英］lustrous and white; white; polish ［熟語］ⓒ切瑳(＝切磋)

文献 ⓐ詩経・君子偕老「瑳兮瑳兮、其之展也＝瑳たり瑳たり、其の展なり(何と白く鮮やか色だよ、彼女の薄絹の単衣は)」ⓑ詩経・竹竿「巧笑之瑳＝巧笑之(こ)れ瑳たり(にっこり笑えば白い歯がちらり)」

【鎖】 18(金・10) 常 常用音訓 サ くさり

語音 *suar(上古) sua(中古→呉・漢サ) suǒ(中) 쇄(韓)

語源 ［コアイメージ］小さい・小さいものを連ねる。［実現される意味］くさりⓐ。［英］chain

〔解説〕*suarという語は砂や、煩瑣の瑣(サ)、些細の些と同源で、「小さい」というコアイメージをもつ。

〔グループ〕鎖・瑣(サ)(小さい、細かい［瑣末・煩瑣］)

字源 「鎖」が正字。「𧴪(サ)(音・イメージ記号)＋金(限定符号)」を合わせた字。「𧴪」は「小(イメージ記号)＋貝(限定符号)」を合わせて、小さい貝を連ねて叩く様子を暗示させる図形。説文繫伝に「小貝を連貫して相叩くの声に象る」とある。「𧴪」は「小さい」「小さいものを連ねる」というイメージを示す記号になる。したがって「鎖」は小さい金属を連ねたもの、「くさり」を暗示させる。

(篆) ［𧴪］ (篆)

〔字体〕「鎖」は旧字体。「鎖」は尚→尚などに倣った俗字。「鏁」は異体字。

語義 ［展開］くさりの意味ⓐから、戸や門を閉める道具の意味ⓑ、閉める(とざす)の意味ⓒに展開する。［英］chain; lock; shut, close ［和訓］とざす ［熟語］ⓐ鉄鎖・連鎖・ⓑ鎖錠・ⓒ鎖国・閉鎖

文献 ⓐ墨子・備穴「鐵鎖長三丈＝鉄鎖、長さ三丈(鉄のくさりは長さが三丈)」ⓑ疑獄集2「打鎖開之＝鎖を打ちて之を開く(チェーンを打ち破っ

て戸を開けた)」

ざ

【坐】7(土・4) 人 ｜ 音ザ 訓すわる・います

語音 *dzuar(上古) dzua(中古→呉ザ・漢サ) zuò(中) 좌(韓)

語源 [コアイメージ] 途中で折れる。[実現される意味] すわるⓐ。[英]sit

〔解説〕釈名・釈姿容に「坐は挫なり。骨節、挫屈(折り曲げる)するなり」とある。立った状態からすわると、足の所で屈折する。したがって*dzuarという語は「途中で折れる」というイメージがある。また、すわった形は∠形を呈するので「ぎざぎざ」というイメージもある。日本語の「すわる」は据えると同根で、「据えられる」「どっしりと落ち着く」意から、「座について落ち着く」意に展開する(大野①)。

〔グループ〕坐・座・挫・剉(短くぎざぎざに切る)・痤(ぎざぎざした腫れ物[痤瘡])・莝(ぎざぎざに刻んだわら) 蓙*(純国字。茣蓙は御座の当て字)

字源 「从(向かい合う二人。イメージ記号)+土(イメージ補助記号)」を合わせて、地面の上で二人が向かい合ってすわる情景を設定した図形。

(古) (篆)

語義 [展開] すわる意味ⓐから、すわる場所の意味ⓑに展開する。また、同じ場所にすわったために、事件の関わり合いになる意味ⓒを派生する。また、すわったままで何もしないことから、何もしないで(無為に、無駄に)の意味ⓓ、何とはなしに(すずろに)という意味ⓔを派生する。[英]sit; seat; entangle; in vain; without reason [熟語] ⓐ正坐・端坐・ⓑ円坐・ⓒ連坐・ⓓ坐視

文献 ⓐ詩経・車鄰「竝坐鼓瑟＝並び坐して瑟を鼓す(並んですわって琴を弾く)」ⓑ詩経・賓之初筵「舎其坐遷＝其の坐を舎てて遷る([酔っ払いは]自分の席を捨てて場所を移す)」

【座】10(广・7) 常 ｜ 常用音訓 ザ すわる

語音 *dzuar(上古) dzua(中古→呉ザ・漢サ) zuò(中) 좌(韓)

語源 [コアイメージ] 途中で折れる。[実現される意味] すわる場所・じっと止まる定位置ⓐ。[英]seat

字源 「坐(音・イメージ記号)+广(限定符号)」を合わせた字。「坐」はすわることを表す図形。すわるという動作のほかに、すわる場所という意味にも展開する。後者に限定するために「座」が作られた。座は坐から分化した字。坐るという行為は膝や腰を折り曲げることが前提なので、「途中で折れる」というイメージがコアにある。

語義 [展開] すわる場所の意味ⓐから、器物を載せる台の意味ⓑ、星の位置する所(星座)の意味ⓒ、どっしりと座を占める物(仏像、建物、山など)を数えることばⓓに展開する。また、坐と同じく、すわる意味ⓔにも使われる。人や物の集まる所(組合や劇場など)の意味ⓕは日本的用法。[英]seat; base, stand; constellation; classifier for building, etc.; sit; gathering group [熟語] ⓐ座席・満座・ⓑ銃座・台座・ⓒ星座・ⓔ対座・鎮座・ⓕ座長・銀座

文献 ⓐ史記・孟子列伝「請列弟子之座而受業＝請ふ、弟子の座に列して業を受けん(どうか弟子の座席に連なって授業を受けさせてください)」

【挫】10(手・7) 常 ｜ 常用音訓 ザ

語音 *tsuar(上古) tsua(中古→呉・漢サ・[慣]ザ) cuò(中) 좌(韓)

語源 [コアイメージ] 途中で折れる。[実現される意味] 途中でがくんとへし折る(くじく)ⓐ。[英]defeat

〔解説〕訓の「くじく」は「折ってだめにする」意(大野①)。名義抄では

折にも「くじく」の訓があるように、「くじく」には折るという意味素が含まれる。漢語の挫もこれと同じ。

字源 「坐ザ(音・イメージ記号)+手(限定符号)」を合わせた字。「坐」は「途中で折れる」というイメージがある(⇩坐)。「挫」は物を途中で折る様子を暗示させる。

語義 [展開] 途中で折る意味ⓐから、途中でくじけてだめになる(くじける)意味ⓑに転じる。[英]defeat; suffer a setback, frustrate [和訓] くじく・くじける [熟語] ⓐ挫骨・捻挫・ⓑ挫折・頓挫

文献 ⓐ老子・四章「挫其鋭、解其紛=其の鋭を挫き、其の紛を解く(鋭く尖ったものはへし折り、もつれたものは解きほぐす)」

さい

【才】 3(手・0) 常 | 常用音訓 サイ

語音 *dzəg(上古) dzai(中古→呉ザイ・漢サイ) cái(中) 재(韓)

語源 [コアイメージ] 途中で断ち切る。[実現される意味] 物事を処理する優れた能力(技や腕前)ⓐ。[英]ability, faculty

〔解説〕王力は才・材・財を同源とし、有用の意味があるという(王力②)。これは表層的レベルでの語源説。才の深層構造について解き明かしたのは藤堂明保である。氏は才のグループ(𢦏を含む)、宰のグループ、采のグループを同じ単語家族にくくり、「せき止める・断ち切る」という基本義があるとする(藤堂①)。材は切った材木(建築の素材)の意味から、人間の素質の意味になり、才は後者の当て字とした(藤堂①)。しかし当て字ではなく、才は「断ち切る」というコアイメージの展開と解することができる。未処理の樹木を役立てるには裁断することが必要である。切ってはじめて役立てることができる。物事を処理する能力も同じことである。善し悪し、適否をうまく裁断できる能力が才能にほかならない。これを古代漢語では*dzəgという。この聴覚記号の視覚化(図形化)はダムから発想された。才を堰(せき、ダム)の図形としたのは藤堂明保が最初である。才能には生まれつき持っている才能と後天的に獲得した能力とがある。漢語の才は両者を含むが、造語の発想としては物事を裁断できる能力、つまり何かをうまく処理できる能力である。これは英語の ability や faculty に近い。ability のもとになる able はラテン語の habere(持つ)に由来し、「何かをするのに十分な力や技を持っている」→「能力がある、有能なこと」の意。また、faculty はラテン語の facilis(…するに容易な)に由来し、「生まれつき備わっている物事を行う能力、才能」の意という(小島①)。

〔グループ〕才・材・財・在・災・裁・存・豺サイ(性質が獰猛で獲物の肉を断ち切る動物、ドール、アカオオカミ)

字源 川の流れをせき止めるダムを描いた図形。ダムの機能は流れを止めることにあるので、「途中で断ち切る」というイメージを表すことができる。この意匠によって、込み入った事態をずばりと断ち切って処理する能力を表象する。字源については「草が初めて生え出る形」(説文解字の説)と見る学者が多い。

(甲) 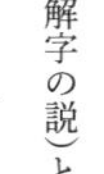 (金)  (篆) 

語義 [展開] 物事を処理する優れた能力(技や腕前)の意味ⓐから、もって生まれた優れた素質(本性)の意味ⓑ、才能のある人の意味ⓒに展開する。またコアイメージがそのまま実現されて、断ち切る(裁断する)意味ⓓに用いる。また、素材を断ち切ることが物の用途の最初の過程であるので、はじめてという意味ⓔを派生する。ⓓは裁、ⓔは纔サイ(わずかに、はじめて)と通用。[英]ability, faculty, talent, gift; making, capability; capable person; cut off; first [熟語] ⓐ才能・天才・ⓒ逸才・英才

文献 ⓐ論語・子罕「既竭吾才=既に吾が才を竭くす(今まですでに自分

の才能を尽くしてきた）」ⓑ孟子・告子上「若夫爲不善、非才之罪也＝夫(か)の不善を為すが若(ごと)きは、才の罪に非(あら)ざるなり（悪事をするようなことは、素質の罪ではございません）」ⓒ論語・泰伯「才難＝才難し（才能ある人を得るのは難しい）」ⓓ戦国策・趙一「今有城市之邑七十、願拜納之於王、唯王才之＝今、城市の邑(ユウ)七十有り、願はくは之を王に拝納せん、唯、王之(これ)を才せよ（ここに七十の町がありまして、王に差し上げたい。どうかご判断ください）」

【再】 6(冂・4) 常 | 常用音訓 サイ・サ　ふたたび

語音 *tsəg(上古)　tsəi(中古→呉・漢サイ)　zài(中)　재(韓)

語源 ［コアイメージ］その上に重ねる。［実現される意味］もう一度（ふたたび）ⓐ。［英］twice, again

〔解説〕*tsəgという語は曽（上に重なる）と同源である（藤堂①）。載（上にのせる）と同源と見ることもできる。同じ事態をもう一度重ねて、また、重ねて行う意味。英語ではagainは動詞にならないが、接続詞のre-を動詞につけて「再…」の意の語を造るという（小島①）。

字源 「一＋冉（冓の下部）」と分析できる。「冓」は上下に同じ形のものが対称形になった姿を描いた図形（⇨構）。「冓の略体（イメージ記号）＋一（イメージ補助記号）」を合わせた「再」は、同じものが別にもう一つある様子を暗示させる。

（篆）

語義 ［展開］ふたたびの意味ⓐから、ある事態をもう一度重ねて行う（再びする、繰り返す）意味ⓑに展開する。［英］twice, again; re-(recollect, reappear, etc.)　［熟語］ⓐ再会・再現

文献 ⓐ論語・郷党「問人於他邦、再拜而送之＝人を他邦に問へば、再拝して之を送る（他国にいる友人を訪ねさせる際、二度拝礼して送り出した）」ⓑ論語・公冶長「再斯可矣＝再びせば斯(こ)れ可なり（二度やれば、まあよい方だ）」

【災】 7(火・3) 常 | 常用音訓 サイ　わざわい

語音 *tsəg(上古)　tsəi(中古→呉・漢サイ)　zāi(中)　재(韓)

語源 ［コアイメージ］途中で止める。［実現される意味］順調な流れを止める自然界の出来事（旱魃、風水害などの自然のわざわい）ⓐ。［英］disaster, calamity

〔解説〕同じわざわいでも災と禍は違う。春秋左氏伝・宣公十五年に「天の時に反するを災と為す」とあるように、順調な自然の流れというものがあり、これに逆らうもの（火災、洪水、饑饉など）が災であり、ここに「順調な流れを途中でストップさせる」というイメージが存在する。日本語の「わざわい（わざはひ）」はワザ（隠された神意）＋ハヒ（外に形を開く）で、「いましめる神意のきざし」が原義という（大野①）。漢語の災は生命・生活を破壊する自然の恐るべき力への自覚から発想された語である。これに対し、思いがけず身にふりかかる難儀・不幸などを禍という。英語のdisasterはdis-（否定）＋astro（星）が語源で、「良くない星のために起こる災害」が原義という（小島①）。漢語の災は川のせき止め、流れのとだえから発想された。災もdisasterも自然の災害であることが共通している。

〔グループ〕災・菑(シ)（作物の生長が止まった田、わざわい）・淄(シ)（流れが止まり汚れる→どす黒い・黒く染める）・緇(シ)（織物などの色が黒い）・輜(シ)（荷が落ちないように板でせき止めた車［輜重車］）・鯔(シ)（体の色が黒い魚、ボラ）

字源 四つの字体がある。A 灾（甲骨文字と篆文の別体）。「宀（いえ）＋火」を合わせて、家が火で焼ける様子を暗示する図形。B 災（籀文）。「𡿧(サイ)（音・イメージ記号）＋火（限定符号）」を合わせた字で、災はこれの直系の子孫。「𡿧」は「川＋一」を合わせて、川の流れが途中で遮られて止ま

る情景を設定した図形。C 扒(古文)。「才(イサ)(音・イメージ記号)＋火(限定符号)」を合わせた字。「才」は堰(ダム)を描いた図形。D 烖(篆文)。「戋(イサ)(音・イメージ記号)＋火(限定符号)」を合わせた字。以上が「災」になるまでの図形である。「巛」「才」「戋」はいずれも「途中で断ち切る」「流れがストップする」というコアイメージがある(⇩才・栽)。「災(＝災)」は火(山火事や噴火など)によって自然の流れが途中でストップする様子を暗示させる(他の字体も同断)。この意匠によって、自然によって起こるわざわいを表象する。

A(甲)　(篆)　B(籀)

C(古)　D(篆)

〔字体〕「災」は正字。「災」は書道で生じた字体。「灾」「烖」は異体字。現代中国では「灾」を用いる。

語義［展開］順調な流れを止める自然界の出来事(わざわい)の意味ⓐから、生活を妨げる困難な出来事の意味ⓑに展開する。［英］disaster, calamity; misfortune, unluckiness, adversity ［熟語］ⓐ災害・震災・ⓑ災禍・災難

文献 ⓐ詩経・閟宮「無災無害＝災無く害無し(何のわざわいもない)」 ⓑ孟子・梁恵王上「縁木求魚、雖不得魚、無後災＝木に縁りて魚を求むるは、魚を得ずと雖も、後災無し(木によじ登って魚を求める場合、魚が得られないからといって、後にわざわいになることはない)」

【妻】8(女・5)　常　｜　常用音訓　サイ　つま

語音 *ts'er(上古)　ts'ei(中古→呉サイ・漢セイ)　qī(中)　처(韓)

語源［コアイメージ］等しくそろう。［実現される意味］夫とカップルをなす女性(つま)ⓐ。［英］wife

〔解説〕白虎通義・嫁娶篇に「妻なる者は斉なり。夫と体を斉(ひと)しくす」とあり、夫と肩を等しくそろえて対になる女性を妻という。妻は斉と同源の語で、「等しくそろう」というコアイメージをもつ。白川静は説文解字の「妻は、婦、夫と斉(ひと)しき者なり」を音義的な解釈にすぎないと否定するが、古人の語源意識あるいは語感は正当なものも多い。藤堂明保は妻のグループを斉のグループのほかに、次のグループ、此(シ)のグループなどとも同源とし、「そろって並ぶ」という基本義があるとする(藤堂①)。日本語の「つま」はツマ(物の本体の脇、端)と同根で、「結婚にあたって、本家の端(まっ)に妻屋を立てて住む者の意」という(大野①)。本来夫も妻も「つま」という。その意味では差別の語感はない。漢語の妻も夫と対をなす者の意味で、これも差別意識はない。しかし「つま」の意味のある婦は、付・服・伏と同源の語であるため、夫に服従する女という儒教的な解釈が生まれた。夫妻と夫婦の語感の違いの根拠はここにある。英語のwifeはwoman(女)が原義で、「つま」は特化された意味という(下宮①)。

〔グループ〕妻・凄・棲・悽(イセ)(凄から派生。心が切られるようにいたむ［悽愴］)・萋(イセ)(草木がいっせいに茂るさま［萋萋］)　褄*(純国字。つま)

字源「中＋又＋女」と分析する。「中」は髪飾りの形。「又」は手の形。「中(イメージ記号)＋又(イメージ補助記号)＋女(限定符号)」を合わせた字。「妻」は、頭に髪飾りをつけた既婚の女性を暗示させる図形である。頭にかんざし(まげを結うもの)をつけた図形の「夫」と対をなす。

(篆)

語義［展開］つまの意味ⓐから、妻にする(嫁がせる)意味ⓑに展開する。［英］wife; marry ［和訓］めあはす ［熟語］ⓐ愛妻・夫妻

文献 ⓐ詩経・碩人「衛侯之妻＝衛侯の妻」ⓑ論語・公冶長「以其子妻之＝其の子を以て之に妻(めあ)はす(［孔子は］自分の子を彼の嫁にした)」

【采】8(爪・4) 常 | 常用音訓 サイ

語音 *ts'əg(上古) ts'ai(中古→呉・漢サイ) cǎi(中) 채(韓)

語源 [コアイメージ] (一部を)選び取る。[実現される意味] 摘み取るⓐ。[英]pick, pluck

〔解説〕藤堂明保は采は栽・裁・宰などと同源で、「断ち切る」という基本義があるという(藤堂①)。断ち切る→(本体を残して)一部を切り離す→一部を選び取るとイメージが転化したと考えられる。「一部を選び取る」というコアイメージは最初の具体的文脈では「摘み取る」という意味を実現させた。

〔グループ〕采・採・彩・菜・綵イサ(彩から派生。美しい彩りの絹[綵衣])

字源 「采」が正字。「木(イメージ記号)+爪(限定符号)」を合わせた字。木の芽や葉を摘み取る情景を設定した図形である。

(甲) (金) (篆)

〔字体〕「采」は旧字体。「采」は古くから中国で使われていた字体。采に従う他の字体もこれに倣う。

語義 [展開] 摘み取る意味ⓐから、選び取る意味ⓑ、選び取って与えた土地(租税を取るために与えられた知行地)の意味ⓒに展開する。また、彩り・あやの意味ⓓ、色をつけたさいころの意味ⓔに転用される。ⓐは採、ⓓは彩と通用。[英]pick(ⓐⓑ), pluck; select; allotment to a feudal noble; complexion; dice [和訓] とる [熟語] ⓐ采樵・采薪・ⓑ采詩・納采・ⓒ采地・采邑・ⓓ神采・風采・ⓔ喝采

文献 ⓐ詩経・関雎「參差荇菜、左右采之＝參差シンたる荇菜、左右に之を采る(ちぐはぐでそろわぬアサザ、右に左に摘んで取る)」ⓓ荀子・賦篇「五采備而成文＝五采備はりて文を成す(五つの色彩が備わって模様ができる)」

【哉】9(口・6) 人 | 音サイ 訓かな・や

語音 *tsəg(上古) tsai(中古→呉セ・サイ・漢サイ) zāi(中) 재(韓)

語源 [コアイメージ] 断ち切る・途中で止める。[実現される意味] 感嘆の気分を打ち出すことば(かな)ⓐ。[英]alas, oh

字源 「𢦏イサ(音・イメージ記号)+口(限定符号)」を合わせた字。「𢦏」は「途中で断ち切る」「途中で止める」というイメージがある(⇨裁)。「哉」は発話の際、感動の気分が高まって、文を途中で止める様子を暗示させる。この意匠によって、文末で感嘆を表す語を表象する。

語義 [展開] 疑問を表すことばⓑにも転用される。才と通用し、はじめての意味ⓒもある。[英]alas, oh; why; first [熟語] ⓐ快哉・善哉

文献 ⓐ詩経・関雎「悠哉悠哉、輾轉反側＝悠なる哉悠なる哉、輾転反側す(はるかに続くよ我が思い、寝返り打ってもだえつつ)」ⓑ詩経・黍離「此何人哉＝此れ何人なるや(あの人は何者なのかしら)」ⓒ書経・伊訓「朕哉自亳＝朕、哉はじめて亳ハク自よりす(私は初めて亳[地名]から出てきた)」

【砕】9(石・4) 常 | 常用音訓 サイ くだく・くだける

〔碎〕13(石・8) 人 | 音サイ 訓くだく・くだける

語音 *suad(上古) suai(中古→呉・漢サイ) suì(中) 쇄(韓)

語源 [コアイメージ] 小さい・細かい。[実現される意味] こわして小さくばらばらにする(細かく割る、くだく)ⓐ。[英]break into pieces, smash, crush

〔解説〕訓の「くだく」はクヅル(崩)・クヅ(屑)と同根で、「一つに固くまとまっているものをその機能を失うまで細かくこわしてしまう意」という(大野①)。漢語の砕は些・瑣・砂・洒・散などと同源で、「細かく(ばらばらに)分かれる」「小さい」というコアイメージをもつ。王力は細

・屑・砕を同源としている(王力①)。砕は日本語の「くだく」とイメージが同じである。

字源 「碎」が正字。「卒ツ(音・イメージ記号)＋石(限定符号)」を合わせた字。「卒」は小さくまとまった集団のことから、「小さい」「細かい」というイメージを示す(⇩卒)。「碎」は石が小さく散り散りになる様子を暗示させる。

〔**字体**〕「砕」は近世中国で生じた「碎」の俗字。現代中国では正字を用いる。

語義 [**展開**] こわして小さくばらばらにする(くだく)意味ⓐから、細かく切れ切れである意味ⓑ、細かくてわずらわしい(くだくだしい)の意味ⓒに展開する。[英]break into pieces, smash, crush, shatter; fragmentary; trivial [**熟語**] ⓐ破砕・粉砕・ⓑ零砕・ⓒ煩砕

文献 ⓐ荘子・人間世「毀首砕胸＝首を毀ぶり胸を砕く(頭を打ちこわして胸をくだく)」

【宰】10(宀・7) 常 | 常用音訓 サイ

語音 *tsəg(上古) tsai(中古→呉・漢サイ) zǎi(中) 재(韓)

語源 [**コアイメージ**] 断ち切る。[**実現される意味**] 事務を巧みに切り盛りする人。また、官吏を取り仕切る人ⓐ。[英]minister

〔**解説**〕白虎通義・爵篇に「宰なる者は制(程よく断ち切る)なり。大いに事を制するなり」とある。古人は「宰は制なり」の語源意識をもっていた。藤堂明保は災・在・裁・栽などと同源で、「せき止める・たち切る」という基本義があるとする(藤堂①)。—|—の形に断ち切ることは→|の形にせき止めることにもなる。宰は「断ち切る」というコアイメージから、小は家庭から、大は国家に至るまで、物事を裁断してうまく処理する人という意味を実現させた。そのような力量があることが才であり、宰と才は同源の語である。

〔**グループ**〕宰・滓シ(水がせき止められて流れず、底にたまったもの→かす・おり[渣滓サシ])・縡サイ(事柄・仕事。〈日〉「縡こと切れる」は息が絶える)

字源 「辛(イメージ記号)＋宀(限定符号)」を合わせた字。「辛」は刃物の形で、「断ち切る」というイメージを示す記号。したがって「宰」は家の中で肉などをナイフで断ち切る情景を暗示させる図形。この意匠によって、物事をうまく裁断して処理することを表象する。

(甲) 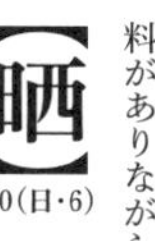 (金) 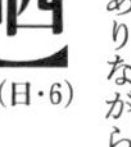 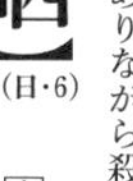 (篆) 

語義 [**展開**] 家政や国政を切り盛りする人の意味ⓐから、中心となって物事に当たる(中心となってつかさどる、物事を巧みに取り仕切る)意味ⓑに展開する。また、「断ち切る」というイメージから、肉を切る、調理する意味ⓒ、調理をつかさどる官(料理人)の意味ⓓを派生する。[英]minister; govern, rule; slaughter, cook; chef [**和訓**] つかさ・つかさどる [**熟語**] ⓐ宰相・家宰・ⓑ宰領・主宰・ⓒ宰割・宰肉・ⓓ膳宰・良宰

文献 ⓐ詩経・十月之交「家伯維宰＝家伯は維これ宰なり(家伯[人名]は官房長官だ)」ⓑ老子・五十一章「長而不宰＝長じて宰せず([道は万物を]生長させるが支配しない)」ⓓ墨子・尚賢「有一牛羊之財不能殺、必索良宰＝一牛羊の財有りて殺すこと能はざれば、必ず良宰を索もとむ(牛や羊の材料がありながら殺せないなら、必ず良き料理人を探すものだ)」

【晒】10(日・6) 人 | 音サイ 訓さらす・さらし

語音 sǎi(中古→呉セ・漢サイ) shài(中) 쇄(韓)

語源 [**コアイメージ**] 細かく分散する。[**実現される意味**] 日光に当てて乾かす(干す)ⓐ。[英]dry in the sun

字源 「西(音・イメージ記号)＋日(限定符号)」を合わせた字。「西」は「細かく分散する」というイメージがある(⇩西)。「晒」は日光に当てて

水分を分散させる様子を暗示させる。

〔字体〕「曬」は異体字。現代中国では晒をその簡体字とする。

語義 [展開] 干す意味ⓐ以外の、漂白する意味ⓑや、危ない目や人目にさらす意味ⓒなどは日本的用法。[英]dry in the sun; bleach, blanch; expose

【栽】10(木・6) 常 常用音訓 サイ

語音 *tsəg(上古) tsai(中古→呉・漢サイ) zāi(中) 재(韓)

語源 [コアイメージ] 程よく断ち切る。[実現される意味] 草木を植えるⓐ。[英]plant

字源 「𢦏(音・イメージ記号)+木(限定符号)」を合わせた字。「𢦏」は「程よく断ち切る」というイメージがある(⇩裁)。「栽」は木の枝葉を適宜に切って育てる様子を暗示させる。

語義 [展開] 草木を植える意味ⓐから、程よく育てた植物の意味ⓑを派生する。[英]plant(ⓐⓑ) [和訓] うえる [熟語] ⓐ栽培・ⓑ植栽・盆栽

文献 ⓐ礼記・中庸「栽者培之＝栽うる者は之を培ふ(植えた草木はつちかって育てる)」

【柴】10(木・6) 人 音 サイ 訓 しば

語音 *dzăr(上古) dzăi(中古→呉ゼ・漢サイ) chái(中) 시(韓)

語源 [コアイメージ] ぎざぎざ・不ぞろい。[実現される意味] 小さい雑木・薪にする木(しば)ⓐ。[英]firewood

字源 「此(音・イメージ記号)+木(限定符号)」を合わせた字。「此」は「ちぐはぐでそろわない」というイメージがある(⇩此・雌)。「柴」は木を不ぞろいに束ねたものを暗示させる。

語義 しばの意味ⓐ。[熟語] ⓐ柴扉・薪柴

文献 ⓐ春秋左氏伝・襄公18「輿曳柴而従之＝輿、柴を曳きて之に従ふ(乗り物の後ろに柴を引きずって従った)」

【彩】11(彡・8) 常 常用音訓 サイ いろどる

語音 *ts'əg(上古) ts'ai(中古→呉・漢サイ) cǎi(中) 채(韓)

語源 [コアイメージ] 選び取る。[実現される意味] いろいろな色を取り合わせたあや・模様(いろどり)ⓐ。[英]color

〔解説〕日本語の「いろどる」は色＋取る。漢語の彩も采(選び取る)にコアイメージがある。下記の文献より以前は単に采と書かれた。彩は采から分化した字である。

字源 「采(音・イメージ記号)+彡(限定符号)」を合わせた字。「采」は「選び取る」というイメージがある(⇩采)。「彩」は模様にする色を選び取る様子を暗示させる。

語義 [展開] いろどりの意味ⓐから、美しいあや・模様をつける(いろどる)意味ⓑ、姿・様子の意味ⓒに展開する。[英]color; colored, colorful; figure [和訓] あや [熟語] ⓐ色彩・淡彩・ⓑ彩雲・彩色・ⓒ異彩・神彩

文献 ⓐ宋玉・神女賦「精彩相授＝精彩相授く(美しいあやが心身に授けられている)」(文選19) ⓑ塩鉄論・散不足論「堯秀眉高彩＝堯は秀眉にして高く彩る(堯[古帝王の名]は眉が秀でて高く美しい色をしていた)」

【採】11(手・8) 常 常用音訓 サイ とる

語音 *ts'əg(上古) ts'ai(中古→呉・漢サイ) cǎi(中) 채(韓)

語源 [コアイメージ] (一部を)選び取る。[実現される意味] 摘み取る・採り入れるⓐ。[英]pick, pluck

〔解説〕日本語の「とる」は意味範囲が広く、漢語の取・執・捕・撮・摂・穫などを含む。採取・採用のニュアンスがある場合に「採る」と表

記する。漢語の採は「多くの中から一部を選び取る」というイメージの語である。

字源 「采サイ(音・イメージ記号)＋手(限定符号)」を合わせた字。「采」は「(一部を)選び取る」というイメージがある。「采」が「摘み取る」という意味のほかの意味にも転じたため、手偏を添えた「採」でもってその意味に限定したもの。

語義 [展開] 爪先で摘み取る意味ⓐから、いろいろな中から一部だけを選び取る意味ⓑに転じる。[英]pick(ⓐⓑ), pluck; select, adopt [熟語] ⓐ採取・伐採・ⓑ採択・採用

文献 ⓐ孫子・行軍「散而條達者、樵採也＝散じて条達する者は、樵採するなり(塵が舞って筋をなして上がるのは、敵軍が炊事用の薪を採っているのである)」ⓑ荘子・天地「有物採之＝物有れば之を採る(物があればそれを取り上げる)」

【済】 11(水・8) 常

常用音訓 サイ すむ・すます

語音 *tser(上古) tsei(中古→呉サイ・漢セイ) ji(中) 제(韓)

語源 [コアイメージ] (でこぼこがないように)そろえる。[実現される意味] 救い助ける(すくう)ⓐ。[英]relieve, save, help

解説 説文解字などが固有名詞(川の名)として語源の解釈を放棄している中で、風俗通義が「済は斉なり。其の度量を斉ひとしくするなり」と、きわめて適切な語源説を打ち出している。斉にコアイメージの源泉があり、済の語源は水量を調節することから発想された。ただしそのままの意味は具体的文脈では実現されず、比喩的な意味が実現された。治の成り立ちと似ているが、治は治水という意味があるのが済とは異なる。済とはでこぼこ・アンバランスを調整して平均化するというイメージの語である。日本語では「すくう」の訓もあったが、常用漢字表では「すむ」だけ。「すむ」は澄む・住むと同根で、「浮遊物が全体として沈んで静止し、気体や液体が透明になる意」から、「静まって落ち着く」「ものごとが決着する」などの意味に展開するという(大野①)。漢語の済に「すむ」の意味はないが、「すむ」の訓を当てたのは、済の仕上げる(なし遂げる)意味からの連想であろう。「すくう」の訓は救にもあるが、救と済はコアイメージが違う。救は窮地・困難にあるものを引き寄せてたすけるというイメージであるが、済はアンバランスな状態・境地にあるものをバランスの取れた(安定した)状態になるよう手助けするというイメージである。これは経世済民(経済の語源)の済によく現れている。この語感と似た英語はなさそうである。

字源 「濟」が正字。「齊セイ(音・イメージ記号)＋水(限定符号)」を合わせた字。「齊」は「同じようなものが等しくそろっている」というイメージがある(⇨斉)。「濟」は水量を過不足なくそろえる様子を暗示させる。この意匠によって、でこぼこな事態を過不足なく調節することを表象する。

語義 [展開]「でこぼこな事態を過不足なく調節する」というのが基本義。ここから、アンバランスな所に手を加えて補う(すくう)意味ⓐ、バランスよくまとめ上げる(なす・なる)意味ⓑ、川などでこぼこな場所を乗り切る(わたる)意味ⓒに展開する。また、「同じようなものがそろう」というイメージから、多くのものが威儀を正してそろって並ぶ様子の意味ⓓを派生する。なし終える(すむ、すます)の意味ⓔは日本的用法。[英]relieve, save, help; achieve; cross a river, ford; sit in rows; be over, finish [和訓] すくう・わたる・なす [熟語] ⓐ済民・救済・ⓑ済美・ⓓ済済セイセイ・ⓔ皆済・返済

文献 ⓐ論語・雍也「如有博施於民而能濟衆、何如＝如し博く民に施して能く衆を済すくふこと有らば、何如いかん(もし民に広く施して大衆をすくうことがあったとしたら、これは何と呼ぶべきでしょうか)」ⓑ孟子・公孫丑上「自有生民以來、未有能濟者也＝生民有りて自より以来、未だ能く済なす

者有らず(人類始まって以来、こんなこと[侵略]を成し遂げたものはいない)」ⓒ易経・未済「小狐汔濟＝小狐、汔ど済る(小さいキツネはもう少しで川を渡ろうとする)」ⓓ詩経・文王「濟濟多士＝済済たる多士(ずらりと居並ぶ多くの士)」

【砦】11(石・6)　人　音サイ　訓とりで

語音 dzăi(中古→呉ゼ・漢サイ)　zhài(中)　채(韓)

語源 [コアイメージ] ちぐはぐ(ぎざぎざ)でそろわない。[実現される意味] 敵を防ぐため石垣や柵を設けた所(とりで)ⓐ。[英]fort, fortress

字源 「此(音・イメージ記号)＋石(限定符号)」を合わせた字。「此」は「ちぐはぐでそろわない」というイメージがある(⇩此・雌)。「砦」は石や木をぎざぎざに組んでめぐらした構造物を暗示させる。

語義 [展開] とりでの意味ⓐから、進入を防ぐ柵(矢来)の意味ⓑを派生する。[英]fort, fotress, stronghold; stockade [熟語] ⓐ山砦・城砦・ⓑ砦柵

【祭】11(示・6)　常　常用音訓 サイ　まつる・まつり

語音 *tsiad(上古)　tsiεi(中古→呉サイ・漢セイ)　jì(中)　제(韓)

語源 [コアイメージ] ㋐(汚れを)払い清める・㋑(二つのものが)触れ合う。[実現される意味] 神をまつるⓐ。[英]worship(a god)

〔解説〕漢の董仲舒は「祭なる者は察なり。以て善く鬼神に逮ぶの謂ひなり」(春秋繁露・祭義篇)と述べる。見聞きできない鬼神を察することができるから、祭は察であるという語源説。邢昺は「祭は際なり。人神交際す」(爾雅注疏)と述べる。人と神が交際するから、祭は際であるという語源説。察は明らかにする意味で、その前提には汚れや曇りがある。穢れを祓うことが「まつり」の本質だから、*tsiadという語は「汚れを払い清める」というイメージがある。また、汚れをとる行為には摩擦する、触れ合う、二つのものが接触するというイメージが含まれている。邢昺の語源説にも一理がある。日本語の「まつる」はタテマツルのマツル(物を供える意)と同根で、「神や人に物をさしあげるのが原義」という(大野①)。漢語の祭はこれとコアイメージが全く異なる。

〔グループ〕祭・際・察・擦・瘵(邪気に触れて体が病む[癆瘵])・鱭(余計な部分をそぎ落としたかのように尾に向かって段々と細くなる魚、エツ)　鰶*(半国字。コノシロ)

字源 「夕(＝肉。イメージ記号)＋又(手の形。イメージ補助記号)＋示(限定符号)」を合わせて、供物の肉を祭壇の上に安置する情景を設定した図形。図形はコアイメージを反映していない。ただし甲骨文字では点々の符号がついているので、水や酒で肉を清めることを寓意した可能性もある(藤堂①)。

(甲)　(金)　(篆)

語義 [展開] 神をまつる意味ⓐから、神をまつる儀式(まつり)の意味ⓑに展開する。記念の催しの意味ⓒは日本的用法。[英]worship(a god), offer a sacrifice to, deify, enshrine; sacrificial rites; festival [熟語] ⓐ祭天・ⓑ祭儀・祭祀・ⓒ前夜祭

文献 ⓐ詩経・信南山「祭以清酒＝祭るに清酒を以てす(清酒を供えて神を祭る)」ⓑ論語・顔淵「使民如承大祭＝民を使ふに大祭を承くるが如くす(民を使う場合は、大きな祭祀を行うように鄭重に扱う)」

【斎】11(示・6)　常　常用音訓 サイ

語音 *tsĕr(上古)　tsăi(中古→呉サイ・漢セイ)　zhāi(中)　재(韓)

語源 [コアイメージ] そろえる・きちんと整える。[実現される意味] 祭りの前に汚れを清めてきちんと整え、心身を引き締める(物忌みする)ⓐ。[英]purify, purification

〈解説〉論語・述而篇に「子の慎む所は、斉(一本では斎)・戦・疾(先生が慎んだものは、斎戒と戦争と病気)」とあり、古くは斉とも書かれた。邢昺の注釈に「斉(=斎)の言為るは斉なり。不斉を斉しくする所以なり」(論語注疏)とある。整っていないものを整えることが斎だという解釈である。

字源 「齋」が正字。「齊(音・イメージ記号)+示(限定符号)」を合わせた字。「齊」は「同じようなものが等しくそろっている」というイメージがある(⇨斉)。「齋」は祭りをする準備のため、身の回りの雑然としたものをそろえて整える様子を暗示させる。

〈字体〉「斎」は近世中国で発生した「齋」の俗字。現代中国の簡体字は「斋」。

語義 [展開] 祭りの前に心身を清める意味ⓐから、汚れを払い清めた部屋(静かな部屋)の意味ⓑ、僧の食べる精進料理(とき)の意味ⓒを派生する。[英]purify, purification; study room; vegetarian food [和訓] いむ・いつく・とき [熟語] ⓐ斎戒・潔斎・ⓑ山斎・書斎・ⓒ斎食・僧斎

文献 ⓐ韓非子・外儲説左上「必三月齋=必ず三月斎す(必ず三か月間物忌みをする)」

【細】 11(糸・5) 常 常用音訓 サイ ほそい・ほそる・こまか・こまかい

語音 *ser(上古) sei(中古→呉サイ・漢セイ) xì(中) 세(韓)

語源 [コアイメージ] 細かく分かれる・小さい。[実現される意味] 物の形状が幅や厚みがなく小さい(ほそい)ⓐ。[英]thin, fine, slender

〈解説〉藤堂明保は細を四・死・私・西・洒・洗・遷と同じ単語家族に収め、「こまかく分かれる」という基本義があるとする(藤堂①)。王力は細・屑・砕を同源とする(王力①)。物が分散すると、細かくなり、小さくなるから、沙・殺・散・鮮・浅などとも非常に近い。物の形状が太くはない(幅や厚みがない)、また、粒状に小さく分散・分離している(こまごましている)が*serという語の意味。この聴覚記号の図形化は小児のおどり(泉門)から発想された。日本語の「ほそい(ほそし)」は「立体について、直径が小さい意。また平面について、幅が小さい意」、また、「こまか」は「非常に小さな粒が、そろって、すき間なく集まっているさま」の意という(大野①)。漢語の細は両者を含む。

字源 「田」は思の上部と同じで、「囟」の変形。「囟」は小児の頭にあるおどり(泉門)を描いた図形である。おどりは頭蓋骨のまだ固まっていない隙間の部分なので、「隙間があいている」「細かく(細く、小さく)分かれる」「柔らかい」「軽い」などのイメージを示す記号になる(⇨思・脳)。「囟(音・イメージ記号)+糸(限定符号)」を合わせた「細」は、細く小さな糸を暗示させる。こんな意味を表すのではなく、「本体からこまかく分かれて小さい」というイメージを表す。

(篆) [囟] (篆)

語義 [展開] 物の形状が幅や厚みがなく小さい(ほそい)意味ⓐから、こまごましている(こまかくてごたごたしている、隙間が込んで密である、こまやか)という意味ⓑ、小さくて取るに足りない(重要でない、身分が低い、卑しい)という意味ⓒに展開する。[英]thin, fine, slender; minute, delicate; unimportant, trivial [和訓] くわしい・さざれ・ささ [熟語] ⓐ細小・細分・ⓑ細心・詳細・ⓒ細君・細民

文献 ⓐ論語・郷党「膾不厭細=膾は細きを厭はず(なます料理については、細く切ったものでも嫌いではない)」ⓑ春秋左氏伝・襄公29「其細已甚、民弗堪也=其の細已に甚だし、民堪へざるなり(あまりに煩瑣すぎて、民は堪えられない)」

【菜】 11(艸・8) 常 常用音訓 サイ な

語音 *ts'əg(上古) ts'əi(中古→呉・漢サイ) cài(中) 채(韓)

語源 [コアイメージ] 選び取る。[実現される意味] 葉や茎などを食用とする草本類の総称ⓐ。[英]edible wild herbs, vegetables

〈解説〉日本語の「な」はナム(嘗)の語幹で、魚や野菜を含めた副食物のこと、つまりさかな(肴・魚)である。野菜に限定したのが菜っ葉などのナの意味。漢語の菜は逆の転義をしたようである。

字源 「采(サイ)(音・イメージ記号)＋艸(限定符号)」を合わせた字。「采」は「選んで摘み取る」というイメージがある(⇩采)。「菜」は食べられるものを選んで摘み取る草を暗示させる。

語義 [展開] 食用になる草(海藻類を含む)の意味ⓐから、副食物(おかず)の意味ⓑ、料理の意味ⓒに展開する。日本では、アブラナ科の草のナの意味ⓓにも用いる。[英]edible wild herbs, vegetables; side dish; food, dish; rape [熟語] ⓐ菜食・野菜・ⓑ蔬菜・惣菜・ⓒ菜館・菜単

文献 ⓐ論語・郷党「雖疏食菜羹瓜、祭必齊如也＝疏食・菜羹・瓜と雖も、祭れば必ず斉如たり(粗末な飯、野菜のあつもの、ウリでさえも、供物として祭る時には、恭しく対応する)」

【最】 12(日・8) 常 常用音訓 サイ もっとも

語音 *tsuad(上古) tsuai(中古→呉・漢サイ) zui(中) 최(韓)

語源 [コアイメージ] 集める。[実現される意味] この上もない(いちばん、もっとも)ⓐ。[英]most

〈解説〉王力は最は纂・攢(サン)と同源で「あつめる」の意味だという(王力①)。春秋公羊伝の何休の注釈にも「最の言為(た)るは聚(シュウ)(集める)なり」とある。親指・人差し指・中指の三本の指を集めて物をつまみ取ることから最の意味が生まれた。この取り方ではごく少量しか取れない。ごく少量のイメージを大小にかかわりなく抽象化させて「この上もない」というイメージに転化させたのが最である。

〈グループ〉最・撮・嘬(サイ)(虫が集まって食らう)・蕞(サイ)(小さいものが集まるさま[蕞爾])

字源 「冃(冃は変形。イメージ記号)＋取(限定符号)」を合わせた字。「冃(ボウ)」は上からかぶせることを示す記号(⇩冒)。「最」はかぶさったものを押しのけて無理に指でつまみ取る様子を暗示させる。説文解字に「最は犯して之を取るなり」とある。これは撮(つまみ取る)の原字で、指を全部使ってつかみ取るのではなく、一部の指を使ってつまむ動作である。だから取りにくいものを無理に取るという情景を図形化した。

(篆)

語義 [展開] ごく少量のイメージから、ごく(この上もない)の意味ⓐ、また、いちばん優れているものの意味ⓑに展開する。[英]most; the best

[和訓] も [熟語] ⓐ最高・最上・ⓑ殿最

文献 ⓐ荀子・王制「人有氣、有生、有知、亦且有義、故最爲天下貴也＝人は気有り、生有り、知有り、亦た且つ義有り、故に最も天下の貴と為すなり(人には気も生も知も義もあるから、世界で一番貴いとされるのだ)」

【犀】 12(牛・8) 人 音サイ・セイ

語音 *ser(上古) sei(中古→呉サイ・漢セイ) xi(中) 서(韓)

語源 [コアイメージ] ㋐のろい・㋑堅い。[実現される意味] サイ。[英]rhinoceros

〈解説〉サイは古代中国では黄河流域あたりまで棲息していたという。ニーダムは下記の山海経に出る犀をジャワサイに同定している(中国古代動物学史)。行動や形態の特徴から、犀は「のろい」「のんびりしている」、また、「固い」というイメージを示す記号として利用される。

〈グループ〉犀・遅(チ)(＝遅)・穉(チ)(＝稚)・墀(チ)(塗料で塗り固めた所[丹墀])

字源 「尾(イメージ記号)＋牛(限定符号)」を合わせた字。体形が牛に似、尾に剛毛のある動物、サイを表象する。

(金)  (篆) 

[語義] [展開] サイ科の哺乳類の総称ⓐ。一角のジャワサイ、インドサイ、二角のシロサイ、クロサイなどがある。皮が厚くて堅いので、堅い意味ⓑを派生する。[英]rhinoceros; solid, firm [熟語] ⓐ犀角・犀甲・ⓑ犀利

[文献] ⓐ山海経・海内経「西北有犀牛、其状如牛而黒＝西北に犀牛有り、其の状牛の如くして黒し(その西北にはサイがいる。姿は牛に似て色が黒い)」

【裁】

12(衣・6) [常] | [常用音訓] サイ たつ・さばく

[語音] *dzəg(上古) dzai(中古→[呉]ザイ・[漢]サイ) cái(中) 재(韓)

[語源] [コアイメージ] (程よく)断ち切る。[実現される意味] 布をたち切って衣服を作るⓐ。[英]cut out

〔解説〕コアイメージの源泉は𢦏の中に隠れている才にある。才が十に変形しているからわからなくなった。才は「断ち切る」というコアイメージを示す記号である。断ち切ると二つにはっきりと分かれる。これが裁判の裁(白黒をつける)へと展開する。日本語の「さばく」は捌くと同語で、「束ねてある糸や髪の毛を、もつれないようにほぐすが原義」で、「込み入った物事を処理する」「事の是非・善悪を判定する」意に展開するという(大野②)。「さばく」と漢語の裁は出発点(語の最初の成り立ち)は違うが、展開義でほぼ一致する。

〔グループ〕裁・栽・載・戴・哉・𢦏(サイ)(＝災)・胾(シ)(肉の切り身)

[字源] 「𢦏(サイ)(音・イメージ記号)＋衣(限定符号)」を合わせた字。「𢦏」は「才＋戈」に分析できる。「才」は「途中で断ち切る」というイメージがある(⇨才)。「才(サイ)(音・イメージ記号)＋戈(限定符号)」を合わせた「𢦏」は、刃物で断ち切る様子を暗示させる図形。「程よい所で断ち切る」というイメージを示す記号になる。したがって「裁」は布地を程よく断ち切って衣を仕立てる様子を暗示させる。

(甲)  (金)  (篆)  [𢦏] (篆) 

[語義] [展開] 生地を断ち切って衣服を仕立てる意味ⓐから、物事をきっぱり裁断してうまく処理する(程よく切り盛りする)意味ⓑ、白黒・善悪をはっきり分けて取りさばく意味ⓒに展開する。また、命を絶つ意味ⓓ、程よく整えた形の意味ⓔを派生する。[英]cut out; manage; decide, judge; kill oneself; form [熟語] ⓐ裁断・裁縫・ⓑ決裁・総裁・ⓒ裁決・裁判・ⓓ自裁・ⓔ体裁

[文献] ⓐ塩鉄論・詔聖「衣弊而革裁＝衣弊(やぶ)れて革めて裁つ(衣服が破れたので作り直した)」ⓑ論語・公冶長「不知所以裁之＝之を裁する所以を知らず([弟子たちは]どう取りさばいたらよいかがわからない)」ⓒ戦国策・秦一「大王裁其罪＝大王、其の罪を裁け(大王よ、私の罪を裁いてください)」

【債】

13(人・11) [常] | [常用音訓] サイ

[語音] *tsĕg(上古) tṣăi(中古→[呉]セ・[漢]サイ) zhài(中) 채(韓)

[語源] [コアイメージ] 積み重なる。[実現される意味] 負い目のある貸借関係(借金)ⓐ。[英]debt

[字源] 「責(セキ)(音・イメージ記号)＋人(限定符号)」を合わせた字。「責」は財貨が雑然と積み重なる情景を設定した図形(⇨責)。この意匠によって、借りて重ねておいた金を表象する。借金を返すように責めたてることから、せめる意味へと転じた。そのため、返すべき借金を「債」で表した。「債」は「責」から分化した字。

[語義] [展開] 借金の意味ⓐ、借金する意味ⓑに展開する。[英]debt; borrow money [熟語] ⓐ債券・債務・ⓑ借債

[文献] ⓐ史記・孟嘗君列伝「宜可令收債＝宜しく債を収めしむるべし

(借金の取り立てを[彼に]させるのがよろしい)」ⓑ管子・問「邑之貧人債而食者幾何家＝邑の貧人、債して食する者、幾何家ぞ(村の貧乏人で、借金して飯を食うものは、何軒あるか)」

【催】13(人・11) 常 ─ 常用音訓 サイ もよおす

語音 *ts'uər(上古) ts'uai(中古→呉セ・漢サイ) cuī(中) 최(韓)

語源 [コアイメージ] 突き進める・突き上げる。[実現される意味] せき立てる(せっついてやらせる、うながす)ⓐ。[英]urge, prompt

〔解説〕隹にコアイメージの源泉がある。これは堆積の堆に含まれ、「↓の形に垂れ下がる」というイメージ。視点を変えると「↑の形に突き進む」というイメージになる。これが推進の推。別の視点に変えると「↑の形に突き上げる」というイメージになる。山が高いさまを形容する崔がこのイメージを元にしている。一方、↑の形や→の形に相手を突き上げて(圧力をかけて)何かをやるようにせき立てることを意味することばが生まれた。これが催促の催である。視点を変えることによってイメージを転化させて新しいことばを作り出すのは漢語の意味論的特徴の一つである。日本語の「もよおす(もよほす)」は「他人の潜在的に持っている力を発揮して事を行うように仕向ける意」が原義で、㋐「うながす」、㋑「そうならざるを得ないようにする」、㋒「手筈をととのえさせる」意味に展開するという(大野①)。㋐と㋑は漢語の催にほぼ当たるが、㋒は漢語の催にない。英語のurgeはラテン語のurgēre(押す)が語源で、駆り立てる、せき立てる意となるという(下宮①)。漢語の催が推(おす)と同源であるのときわめて似ている。

〔グループ〕催・崔(山が↑形に突き上がるように高く険しい[崔嵬])・摧(↓形に上から崩れ落ちる、くだける・くだく[破摧])

字源 「崔(音・イメージ記号)+人(限定符号)」を合わせた字。「隹」は「上から下に(↓の形に)重みをかける」というイメージがあり(⇩推)、「下から上に(↑の形に)突き上げる」というイメージに展開する。「隹(音・イメージ記号)+山(限定符号)」を合わせた「崔」は、山が∧形に突き上がる(高く険しい)様子を暗示させる。「催」は人を突き上げて何らかの行動に推し進める様子を暗示させる。藤堂明保は崔を単なる音符としたが(藤堂②)、筆者は音・イメージ記号と見る。

(篆) [崔] (篆)

語義 [展開] せき立てる(うながす)意味ⓐから、そうする気持ちにさせる、また、そうする気持ちになる(もよおす)意味ⓑに展開する。準備して物事を行う意味ⓒは日本的用法。[英]urge, prompt; induce; hold, give [和訓] うながす [熟語] ⓐ催促・催迫・ⓑ催眠・催涙・ⓒ開催・主催

文献 ⓐ後漢書・董卓伝「催汜共追乗輿＝汜を催して共に乗輿を追はしむ(郭汜[人名]を催促して一緒に天子の乗り物を追わせた)」

【塞】13(土・10) 常 ─ 常用音訓 サイ・ソク ふさぐ・ふさがる

語音 (1)*sək(上古) sək(中古→呉・漢ソク) sè(中) 색(韓) (2)*səg(上古) sai(中古→呉・漢サイ) sài(中) 새(韓)

語源 [コアイメージ] 隙間に詰める。[実現される意味] 一定の空間をふさぐ(隙間をふさぐ)ⓐ。[英]stop up, block, close

〔解説〕ある空間を想定して、その出入り口や中の一部分をふさいで通れなくすることが塞である。ふさぐ際は物を隙間なく詰め込む。したがって、いっぱいに詰まる→満ちるというイメージにも展開する。このイメージ転化は溢・塡と同じである。「詰まる」「満ちる」「ふさがる」は可逆的な(相互転化可能な)三つ組みイメージである。藤堂明保は「狭い穴・狭い穴をこする」という基本義をもつ思・司・息・色と同じ単語家族に入れている(藤堂①)。塞以外は狭い穴をこする(出入りする)というイ

メージが強いが、塞だけは「狭い穴」に焦点を置いて、「狭い穴に詰まる(隙間をふさぐ)」というイメージが強い。日本語の「ふさぐ」は「蓋をしたり、物をつめたりして流通・通行を断つ意」という(大野①)。漢語の塞(ソク)とほぼ同じ。

〔グループ〕塞・寨(サイ)(柵や石でふさいだ要害→とりで)・賽(サイ)(金をいっぱい満たす→神にお礼をする[賽銭])

字源 楷書は形が崩れて字源が不明。篆文を分析すると「𡨄+土」となる。「㠭」は展に含まれ、物を積み重ねる符号。「㠭(イメージ記号)+宀(イメージ補助記号)+廾(限定符号)」を合わせた「𡨄」は、家の隙間に物を詰めてふさぐ情景を設定した図形。「𡨄(ソク)(音・イメージ記号)+土(限定符号)」を合わせた「塞」は、家の隙間に土(泥や煉瓦)を詰めてふさぐ様子を暗示させる。

(篆) [𡨄] (篆)

語義 [展開] 隙間をふさぐ意味ⓐから、隙間なく満ちる・満たす意味ⓑに展開する(以上は1の場合)。また、一定の空間をふさぐ意味から、守りを固めるために周囲をふさいだ所(とりで)の意味ⓒ、国境地帯の意味ⓓを派生する(以上は2の場合)。[英]stop up, block, close; fill; fort, fortress; frontier [和訓] せく・とりで [熟語] ⓐ梗塞・閉塞・ⓑ充塞・塡塞・ⓒ山塞・要塞・ⓓ塞翁・辺塞

文献 ⓐ詩経・七月「塞向墐戸＝向(まど)を塞ぎ戸に墐(ぬ)る(窓をふさぎ戸に泥を塗る)」ⓑ孟子・公孫丑上「塞于天地之間＝天地の間に塞がる([浩然の気は]天地の間に充満している)」

【歳】 13(止・9) 常 ― 常用音訓 サイ・セイ

語音 *siuad(上古) siuɛi(中古→呉サイ・漢セイ) suì(中) 세(韓)

語源 [コアイメージ] (作物を)刈り取る。[実現される意味] 一年ⓐ。[英]year

〔解説〕古代漢語では「とし」を表す語は作物(稲)から発想された。年と稔は作物の実りから生まれたが、それに対し、歳は作物の収穫から生まれた。カールグレンは歳は劌(カイ)(刈り取る)の原字だという。そうすると歳は*kiuadの音もあったことになる。作物を刈り取るまでの周期が一年であり、これを*siuad(あるいは*kiuad)と呼び、歳という視覚記号で表記した。サクサクと刈る行為は短くて歯切れのよいリズムがあるから、短切な(間隔の短い)動作のイメージを表す記号になる。

〔グループ〕歳・噦(エツ)(ヒックヒックとしゃくりあげる→えずく)・濊(カイ)(水が狭い穴からゴボゴボと音を出して出るさま)・翽(カイ)(シュッシュッという鳥の羽音)・薉(ワイ)(＝穢。雑草がウジャウジャと出て土地が荒れる)

字源 原形(甲骨文字)は鉞(まさかり)に似た鎌を描いた図形。この意匠によって、作物を刈り取ることを表象した。のちに「歩」が加えられ、篆文では「戌+歩」の字体に変わった。「戌」は武器の図形であるが(威・咸・滅などに含まれる)、殺傷の道具であると同時に作物を刈り取る農具でもある。「歩」は時間を擬人化して時の進行を表している。かくて「戌(イメージ記号)+歩(イメージ補助記号)」を合わせた「歳」は、時間が進行して作物を刈り取る時になった様子を暗示させる。字源については諸説があるが、歳の甲骨文字を戉(斧や鉞)の形とする郭沫若らの説が妥当。

(甲) (金) (篆)

〔字体〕「歲」は正字(旧字体)。「歳」は書道に由来する常用漢字の字体。現代中国の簡体字は「岁」。

語義 [展開] 一年の意味ⓐ、年齢の意味ⓑ、年月の意味ⓒに展開する。また、作物の収穫・作柄の意味ⓓを派生する。[英]year; age; years; the year's harvest [和訓] とし [熟語] ⓐ歳末・歳暮・ⓑ一歳・ⓒ歳月・

万歳・ⓓ凶歳・荒歳

文献 ⓐ詩経・蟋蟀「歳聿其莫＝歳聿に其れ莫れん(一年は間もなく暮れかかる)」ⓒ論語・陽貨「歳不我与＝歳、我と与にせず(としつきは私を待ってくれない)」ⓓ孟子・梁恵王上「非我也、歳也＝我に非ざるなり、歳なり([民が飢えるのは]私のせいじゃない、作柄のせいだ)」

【載】 13(車・6)　常　常用音訓 サイ　のせる・のる

語音 *tsəg(上古)　tsai(中古→呉・漢サイ)　zài・zǎi(中)　재(韓)

語源 [コアイメージ] 途中で止める。[実現される意味] 車などの上にのせるⓐ。[英]load

〈解説〉日本語の「のる」「のせる」に対応する漢語に乗と載がある。乗は高い所やのりものなどにのぼる意味、載は車などの上に落ちないようにとどめ置く意味で違いがある。日本では載のⓒ(記載する)を受けて、「載せる」「載る」と表記し、乗る(のりものなどに乗る)と区別する。

字源 「𢦏(音・イメージ記号)＋車(限定符号)」を合わせた字。「𢦏」は「途中で(—|—の形に)断ち切る」というイメージから、「途中のほどよい所で(→|の形に)止める」というイメージに展開する(⇩裁)。「載」は荷物が落ちないように車の箱でせき止める様子を暗示させる。この意匠によって、車などの上にのせてじっと止めておくことを表象する。

語義 [展開] ある面の上にのせる意味ⓐから、その枠いっぱいに満ちる意味ⓑに展開する。また、比喩的に、事柄を文字で記して紙などの上にのせる意味ⓒに転じる。また、「途中で断ち切る」という本来のイメージから、一年ごとに回ってきてちょうど切れ目のよい時間、つまり「とし」の意味ⓓを派生する。また、「上にのせる」→「上に重ねる」というイメージに転化し、Aの事態の上に更にBの事態が同時平行して起こることを示す助詞(漢文で「すなわち」と読む)に用いる。「〜したり〜したり」の意味ⓔ。[英]load; fill; put on record, list; year; as well as, while

[熟語] ⓐ積載・満載・ⓒ記載・掲載・ⓓ千載

文献 ⓐ詩経・正月「其車既載＝其の車既に載す(車に荷物をすでに載せた)」ⓑ詩経・出車「雨雪載塗＝雨雪塗に載つ(雨と雪は道にあふれる)」ⓓ詩経・大明「文王初載＝文王の初載(文王の最初の年)」ⓔ詩経・四月「載飛載下＝載ち飛び載ち下る([鳥は]飛び上がったり、下ったり)」

【際】 14(阜・11)　常　常用音訓 サイ　きわ

語音 *tsiad(上古)　tsiɛi(中古→呉サイ・漢セイ)　jì(中)　제(韓)

語源 [コアイメージ] (二つのものが)触れ合う。[実現される意味] 二つのものが出会うⓐ。[英]meet

〈解説〉祭にコアイメージの源泉がある。これは「二つのものが触れ合う、接触する」というイメージ。だから交際という使い方が生まれる。学際の際も二つの接点のイメージである。これは英語ではinter-に当たる。A|Bの形の|の部分、つまり二つの接触点、中間点である。日本語の「きわ(きは)」は「先が切り落とされているぎりぎりの所、断崖絶壁の意が原義」という(大野①)。これから境目、極限の意味を派生するので、漢語の際と同じ意味になる。しかし日本語の「きわ」には接触(出会い)のイメージはない。

字源 「祭(音・イメージ記号)＋阜(限定符号)」を合わせた字。「祭」は「汚れを払い清める」というイメージがある(⇩祭)。汚れたものを取り除く行為の前提となるのは、洗うこともあるし、こすることもある。いずれにしても何かを用いて汚れを取るので、二つのものが接触するというイメージが生まれる。ここから「祭」は「二つのものが触れて擦れ合う」というイメージに展開する。また、祭る行為自体にも人と神が触れ合うというイメージが存在する。かくて「際」は壁と壁の接触する所を暗示させる。説文解字に「際は壁会なり」とある。この意匠によって、二つのものが出会うことを表象する。

語義 [展開] 二つのものが触れるほど接触するというイメージから、二つのものが出会う意味ⓐ、二つのものが触れ合う(交わる)意味ⓑ、また、二つのものが触れ合う関係(交わり)の意味ⓒ、二つのものが接触する所・時(行き着く所、果て、時代の境目)の意味ⓓ、巡り会うちょうどその時(時機・場合)の意味ⓔ、触れ合いの仕方(接し方)の意味ⓕに展開する。[英]meet; associate; company, association, society; border, between; occasion; contact [熟語] ⓐ際会・際遇・ⓑ交際・ⓒ国際・ⓓ際限・天際・ⓔ実際・ⓕ分際

文献 ⓐ易経・坎「剛柔際也＝剛柔際するなり(剛と柔が出会うのである)」ⓒ韓非子・難一「君臣之際非父子之親也＝君臣の際は父子の親に非ざるなり(君主と臣下の関係は父と子のような親しさではない)」ⓓ論語・泰伯「唐虞之際＝唐虞の際(帝尭と帝舜の[時代の]境)」楚辞・天問「九天之際＝九天の際(大空の果て)」

さい

【埼】→き

ざい

【在】

6(土・3) 常 | 常用音訓 ザイ ある

語音 *dzəg(上古) dzai(中古→呉ザイ・漢サイ) zài(中) 재(韓)

語源 [コアイメージ] じっと止まる。[実現される意味] (その場所に)じっと止まってそこにある(ある場所にいる)ⓐ。[英]stay, remain

〔解説〕在と有の深層構造の違いが意味の違いとなる。これを明らかにしたのは藤堂明保である。在は才・裁・災などと同源で、「せき止める・たち切る」という基本義をもち、「せき止めて停滞させる」→「そこにじっと止まって存在する」意という。一方、有は尤と同源で、「起こる・生じる」が基本義で、「当方の意向に関係なく何事かが起こり、またはそこに生じていること」という(藤堂①)。大野晋はこの違いを明快に述べた上で、日本語では有に当たる語が「ある(あり)」、在に当たる語が「おる(をり)」だとする。アリはアル(生)・アラハ(露)・アラハル(現)と同根で、「見えなかった姿がまる見えになる、つまり出現する」意という。ここから「生まれ出て生きている」「存在している」「じっとしている」などに展開する(大野②)。これは漢語の在の意味と共通である。日本語の「あり」は漢語の有と同じ成り立ちであるが、実現される意味は漢語の在と同じ意味に傾いたと考えられる。出現する結果に焦点を置くと存在になるからである。しかし漢語では出現(有)と存在(在)をはっきりと区別する。漢文では在の場合は「A在B(AはBに在り)」というぐあいに主体(A)が場所(B)に在ると表現するが、有の場合は「C有D(CにD有り)」というぐあいにC(場所や時)が主語になり、Dが補語になる(日本語的にはDが主語に見える)。

字源 「扗」が本字(左側は手偏ではなく才)。「才(音・イメージ記号)＋土(限定符号)」を合わせた字。「才」は「途中で(一｜一の形に)断ち切る」というイメージから、「その地点で(↓一の形に)止まる」というイメージに展開する(⇨才)。「在」はその場所にじっと止まる様子を暗示させる。この意匠によって、何かがある場所にあることを表象する。

(金) (篆)

語義 [展開] ある場所にいる意味ⓐから、ある立場や境遇にいる意味ⓑ、生きてこの世にある意味ⓒ、ある所、人の居る場所の意味ⓓに展開する。また、ある場所や時間においてという前置詞的用法ⓔもある。[英]stay, remain; be at, be present; be alive, exist; be; location; at, in [和訓] います [熟語] ⓐ存在・滞在・ⓑ在位・在職・ⓒ在世・健在・ⓓ

在郷・近在

文献 ⓐ詩経・小弁「我辰安在＝我が辰は安にか在る（私の［生きるべき］時はいったいどこにあるのか）」ⓑ詩経・小星「夙夜在公＝夙夜公に在り（日夜宮仕えしている）」ⓒ論語・学而「父在觀其志＝父在せば其の志を観よ（父が生きているなら、彼の志をとくと見なさい）」ⓔ論語・子罕「子在川上曰＝子、川上に在りて曰く（先生は川のほとりでこう言った）」

【材】7（木・3）　常　常用音訓 ザイ

語音 *dzəg（上古）　dzai（中古→呉ザイ・漢サイ）　cái（中）　재（韓）

語源 ［コアイメージ］程よく断ち切る。［実現される意味］建築などの原料になる木ⓐ。［英］wood, timber

字源 「才（音・イメージ記号）＋木（限定符号）」を合わせた字。「才」は「途中で断ち切る」というイメージから、「程よい所で断ち切る」というイメージに展開する（⇩才）。「材」は用途に応じたサイズに断ち切った木を暗示させる。

語義 ［展開］原料となる材木の意味ⓐから、基礎となって役立つもの、すなわち資料として役立つものの意味ⓑ、働きの元になる素質や才能（持ち前）の意味ⓒに展開する。［英］wood, timber, lumber; material; disposition, talent　［熟語］ⓐ材木・製材・ⓑ食材・教材・ⓒ偉材・逸材

文献 ⓐ孟子・告子上「人見其濯濯也、以爲未嘗有材焉＝人其の濯濯たるを見るや、以為へらく未だ嘗て材有らずと（人はそれがはげ山なのを見ると、かつて材木がなかったと思ってしまう）」ⓑ荘子・山木「此木以不材得終其天年矣＝此の木、不材を以て其の天年を終ふるを得たり（この木は役立たずのため天寿を全うした）」ⓒ春秋左氏伝・僖公28「公欲殺之而愛其材＝公、之を殺さんと欲するも、其の材を愛む（殿様は彼を殺したいと思ったが、その才能を惜しんだ）」

【剤】10（刀・8）　常　常用音訓 ザイ

語音 (1)*dzer（上古）　dzei（中古→呉ザイ・漢セイ）　jì（中）　제（韓）　(2)*tsiuer（上古）　tsiuĕ（中古→呉・漢スイ）　jì（中）　자（韓）

語源 ［コアイメージ］そろえる（切りそろえる・合わせそろえる）。［実現される意味］薬効に応じて調合した薬ⓐ。［英］preparation

字源 「劑」が正字。「齊（音・イメージ記号）＋刀（限定符号）」を合わせた字。「齊」は「等しくそろえる」というイメージがある（⇩斉）。「劑」は刀で切りそろえる様子を暗示させる。この意匠によって、草根木皮をナイフで切りそろえたもの（薬）を表象する。爾雅・釈言に「剤は剪斉（切りそろえる）なり」とある。

語義 ［展開］調合した薬の意味ⓐ（1の場合）。また、「切りそろえる」「合わせそろえる」というイメージから、二つに切り分けた札を合わせそろえて証拠とするもの（手形）の意味ⓑを派生する（2の場合）。［英］preparation; bond consisting of two halves　［熟語］ⓐ錠剤・薬剤

文献 ⓐ傷寒論・弁可発汗病証并治「凡服湯發汗、中病便止、不必盡劑＝凡そ湯を服して汗を発して、病に中れば便ち止め、必ずしも剤を尽くさず（一般に湯液を服用して汗が出て病気になる場合はただちに中止し、薬を飲み尽くす必要はない）」ⓑ周礼・地官・質人「大市以質、小市以劑＝大市は質を以てし、小市は剤を以てす（大きな市場では質［手形の一種］を用い、小さな市場では剤を用いる）」

【財】10（貝・3）　常　常用音訓 ザイ・サイ

語音 *dzəg（上古）　dzai（中古→呉ザイ・漢サイ）　cái（中）　재（韓）

語源 ［コアイメージ］程よく断ち切る・役立つ。［実現される意味］生活に役立つ値打ちのある金品ⓐ。［英］wealth, valuables

字源 「才（音・イメージ記号）＋貝（限定符号）」を合わせた字。「才」は

「程よく断ち切る」というイメージがあり、用途に応じて断ち切った木を「材」といい、基礎となる役立つものの意味を派生する。この派生義のうち、特に財貨にかかわるものに限定したのが「財」である。生活の資として役立つ金品を表す。財は材から分化した字。

語義 [展開] 生活に役立つ値打ちのある金品の意味ⓐから、もとでとして役立つもの(原料)の意味ⓑ、才能の意味ⓒに展開する。ⓑは材、ⓒは才と通用。[英]wealth, valuables; material; ability, talent [和訓] たから [熟語] ⓐ財産・資財

文献 ⓐ管子・牧民「不務天時則財不生＝天の時に務めざれば則ち財生ぜず(自然の時をつかまえて[農耕などに]精を出さなければ財物は出てこない)」ⓑ墨子・尚賢「有一衣裳之財不能制、必索良工＝一衣裳の財有りて制すること能はざれば、必ず良工を索む(衣服の材料がありながら製作できないならば、必ず良い仕立屋を探すものだ)」ⓒ孟子・尽心上「有達財者＝財を達せしむる者有り([教育の方法の一つは]才能を十分に伸ばしてやることである)」

【罪】13(网・8) 常 | 常用音訓 ザイ つみ

語音 *dzuər(上古) dzuai(中古→呉ザイ・漢サイ) zuì(中) 죄(韓)

語源 [コアイメージ] (体の一部を)断ち切る。[実現される意味] 法を犯す行為(つみ)ⓐ。[英]crime, offense, guilt

〔解説〕もともと辠と書いたが、秦の時代に始皇帝が皇と似ているため字体を罪に変えたという伝説がある。*dzuərという語は裁・災・宰などと同源で「断ち切る」というコアイメージをもつ。肉刑(鼻切り、足切りなど)を念頭において発生した語である。つみの概念そのものではなく、つみを犯した後の処置(刑罰)から言語化され、その情景が図形化された。日本語の「つみ」は「聖なるものを侵犯する行為、共同体の構成員として秩序を破る行為、またその結果、身に受けるけがれや罰などをいう」、類義語の「とが」は「他から非難され、指弾されるような欠点、過失、不用意の行為」の意という(大野①)。英語のcrimeは法律上の罪、thinは宗教上の罪で、区別される。漢語の罪は両者を含む。

字源 まず「辠」について。「自」は鼻を描いた図形。「辛」は刃物の形で、「切る」というイメージがある。「辛(イメージ記号)＋自(限定符号)」を合わせた「辠」は、鼻を切り落とす場面を設定した図形。次に「罪」について。「非」は是非の非で、悪いこと、悪人を示す。「非(イメージ記号)＋网(限定符号)」を合わせた「罪」は、悪人を法の網にひっかける情景を暗示させる図形。これらの意匠によって、刑罰に値するつみを表象する。後の図形はコアイメージを反映していない。

(篆)

語義 [展開] 法を犯す行為(つみ)の意味ⓐから、道徳や宗教の教えにそむくことの意味ⓑ、非難されるべき過失の意味ⓒに展開する。また、動詞として、刑罰を加える(懲罰する)意味ⓓ、罪を着せる、過失を責める意味ⓔに用いる。[英]crime, offense, guilt; sin; fault; punish; blame [熟語] ⓐ死罪・犯罪・ⓑ贖罪・堕罪・ⓒ罪過・謝罪・ⓓ罪責

文献 ⓐ詩経・小弁「我罪伊何＝我が罪は伊(こ)れ何ぞ(私の罪はいったい何なのか)」ⓒ孟子・公孫丑下「此則寡人之罪也＝此れ則ち寡人の罪なり(これは私の過失です)」ⓓ孟子・万章上「四罪而天下咸服＝四罪にして天下咸(みな)服す(四人の悪人が懲罰されて天下の人は皆服従した)」ⓔ孟子・梁恵王上「王無罪歳、斯天下之民至焉＝王、歳を罪すること無ければ、斯(すなわ)ち天下の民至らん(王様が[飢えの原因を]作柄のせいにしなければ、天下の民はなついて来るでしょう)」

さえる

【冴】→ご

さかき

【榊】14(木・10) 人 純国字

字源 日本語の「さかき」を表記するために考案された和製の疑似漢字。神事の供え物とされたので「神」に限定符号の「木」を添えて「榊」とした。

語義 ツバキ科の常緑小高木。サカキ。葉は厚く光沢がある。神事を行う際の玉串に用いられる。[英]sakaki tree

さき

【崎】→き

さく

【作】7(人・5) 常 常用音訓 サク・サ つくる

語音 (1)*tsak(上古) tsak(中古→呉・漢サク) zuò(中) 작(韓) (2)*tsag(上古) tsa(中古→呉・漢サ) zuò(中) 작(韓)

語源 [コアイメージ]㋐切れ目を入れる・手を加える・㋑∧∧∧(ぎざぎざ)の形を呈する・重なる。[実現される意味]初めて物をつくるⓐ。[英]make

〔解説〕物をつくる時の最初の行為が「切れ目を入れる」ことである。創造の創も「断ち切る」というイメージから物をつくる意味へと展開した。「切る」は最初の行為なので作にも創にも「初めて」という意味合いが含まれる。作・創・初は同源の語である(藤堂①)。また、切れ目を入れる行為は自然の物にわざと手を加えて別の物をつくることでもあるから、「わざわざ手を加える」「人工を加える」というイメージがあり、作為の為のコアイメージと近くなる。ただし作と為は同源の語ではない。一方、切れ目を入れるとぎざぎざ(∧∧∧)の形を呈する。「ぎざぎざ」「(ぎざぎざに)重なる」「間隔が狭い」というイメージを表すこともできる。ただしこれは二次的イメージである。藤堂はこのイメージを想定せず、昨・酢などの乍を単なる音符とした(藤堂②)。日本語の「つくる」は「材料に人工を加えて、まとまった形にする意」という(大野①)。漢語の作とほぼ同じ。作はAという原料(材料)に手を加えてBという新しい形の物にするというイメージの語で、材料を寄せ集めて急場の間に合わせに物をこしらえるというイメージの造とは異なる。後者からは捏造という語も生まれる。英語のmakeは「(材料に手を加えて)何かを作る」がコアイメージで、具体物を作る意味のほかに、ある行為をする意味や、AをBにする意味にも展開する(田中①)。これは漢語の作とほとんど同じである。

〔グループ〕作・昨・詐・酢・窄・乍サ(時間が短く迫って→急に・たちまち。「ながら」は国訓)・咋サク(歯でかみ切って食べる)・怍サク(心に切れ目が入ったようにきりりと痛む→はじる)・柞サク(樹皮が切れ目を入れたように裂ける木、クヌギ。また、ぎざぎざの刺のある木、クスドイゲ)・炸サク(火力で切り裂く、はじける[炸裂])・祚ソ(初代が初めて切り開いた王の位[践祚])・胙ソ(重ねて供える肉、ひもろぎ)・笮サク(ぎゅっと締める)・迮サク(幅を縮めて迫る)・阼ソ(一段一段と重なる階段[阼階])・蚱サク(体形が削ったように狭く長い虫、ショウリョウバッタ[蚱蜢サクモウ])・舴サク(細長い船[舴艋サクモウ])・鮓サ(重ねて漬けた魚。「すし」は国訓)

字源 「乍サ(音・イメージ記号)+人(限定符号)」を合わせた字。「乍」は刃物で∨形や∧形の刻み目をつける様子を暗示させる図形。「ぎざぎざ(∧∧∧)の形に切れ目を入れる」というイメージがある。「作」は素材に切れ目を入れる様子を暗示させる。この意匠によって、初めて物をつくることを表象する。乍の字源については定説がない。藤堂は「刃物でさっくと＜型に切るさまを描いた象形文字」（藤堂②）、白川静は「小枝を撓めて、垣などを作る形」（白川①）とする。

（甲） （金） （篆） ［乍］（篆）

語義 ［展開］初めて物をつくる意味ⓐから、手を加えて何かをする、AをBにする（AがBに変化してBになる）という意味ⓑ、手を加えてつくり出したものという意味ⓒに展開する（以上は1の場合）。また、ぎざぎざ（∧∧∧）の形は平坦ではなく間隔が短く急であるというイメージがあり、急に何かをするという意味、具体的には、急に立ち上がる、振るい立つ意味ⓓ、急な動作を起こす意味ⓔ、動作や振る舞いの意味ⓕを派生する（以上は2の場合）。日本では2を主にサと読むが、現代中国では1と2を区別しない。［英］make; do; works, writings; rise, stand up; engage in an activity; act, action, behavior ［和訓］なす・なる・おこる・おこす・たつ ［熟語］ⓐ工作・創作・ⓑ作為・作意・ⓒ著作・豊作・ⓓ振作・ⓔ操作・発作・ⓕ作法・動作

文献 ⓐ詩経・巧言「奕奕寝廟、君子作之＝奕奕(エキエキ)たる寝廟、君子之を作る（ずらりと連なるみたまやは、君子がこれをこしらえた）」ⓑ詩経・蕩「俾晝作夜＝昼を夜と作(な)さしむ（［歓楽にふけって］昼を夜に変える）」ⓓ詩経・無衣「與子偕作＝子と偕(とも)に作(た)たん（お前と一緒に立ち上がろう）」ⓔ詩経・采薇「薇亦作止＝薇も亦た作(お)これり（ノエンドウも芽を出した）」（止はリズム調節詞）

【削】 9（刀・7） 常 ｜ 常用音訓 サク けずる

語音 (1)*siɔk(上古) siak(中古→呉サク・漢シャク) xuē・xiāo(中) 삭(韓) (2)*siɔg(上古) siɛu(中古→呉・漢セウ〈＝ショウ〉) qiào(中) 초(韓)

語源 ［コアイメージ］小さい・細長い。［実現される意味］そぎ取って小さくする（けずる）ⓐ。［英］pare, whittle

〈解説〉 説文解字はⓑを本義とする。釈名・釈兵に「削は陗(ショウ)（細く尖る）なり。其の形、陗殺（そいだように細い）にして、刀体を裹(つつ)むなり」とある。しかし削るの用例が古い。日本語の「けずる（けづる）」は「物の表面を少しずつ薄くそぎ取る意」という（大野②）。漢語の削とほぼ同じ。肖にコアイメージの源泉がある。

字源 「肖(ショウ)（音・イメージ記号）＋刀（限定符号）」を合わせた字。「肖」は「小さい」「細長い」というイメージがある（⇨肖）。「削」は物を刀で少しずつそぎ取って小さくする様子を暗示させる。

語義 ［展開］少しずつそぎ取って小さくする（けずる）意味ⓐから、余計な部分を切り取って減らす意味ⓑに展開する（以上は、1の場合）。また、そいだように細長い刀のさやの意味ⓒを派生する（2の場合）。ⓒは鞘と通用。［英］pare, whittle, chip; cut, reduce, delete; sheath, scabbard ［熟語］ⓐ掘削・ⓑ削減・削除

文献 ⓐ詩経・緜「削屢馮馮＝削りて屢(しば)しば馮馮(ヒョウヒョウ)たり（［板を］削るとしばしば音がパンパンと鳴る）」ⓑ孟子・告子下「魯之削者滋甚＝魯の削らるる者滋(ます)ます甚し（魯の領土の削減がますますひどくなった）」

【昨】 9（日・5） 常 ｜ 常用音訓 サク

語音 *dzak(上古) dzak(中古→呉ザク・漢サク) zuó(中) 작(韓)

語源 ［コアイメージ］重なる。［実現される意味］今日の前の日（きのう）ⓐ。［英］yesterday

〈解説〉 漢語で日にちを表す語は、今日を起点として過去の方向へ向くのは「重なる（次々と重なってたまるもの）」というイメージで名づけられ、未来の方向へ向くのは「もう一つある（もう一つ来る別のもの）」というイメージで名づけられる。前者は昨と昔、後者は翌である。昨と昔は同源の語で、コアイメージが共通である。

字源 「乍(サ)（音・イメージ記号）＋日（限定符号）」を合わせた字。「乍」は

「ぎざぎざ(∧∧∧)の形に切れ目を入れる」というイメージがあり、「刻み目が積み重なる」というイメージに展開する(⇩作)。「昨」は時が刻まれて積み重なる様子を暗示させる。この意匠によって、今日を起点として後ろの方へ経過して重なった時間(きのう)を表象する。

語義 [展開] きょうの意味ⓐ。また、一つ前の週や年の意味ⓑ、以前の日(昔)の意味ⓒにも転用される。[英]yesterday; last; past [熟語] ⓐ昨日・昨夜・ⓑ昨週・昨年・ⓒ昨今

文献 ⓐ荘子・山木「昨日山中之木以不材得終其天年、今主人之雁以不材死＝昨日、山中の木、不材を以て其の天年を終ふを得たり、今主人の雁不材を以て死す(昨日は山の木は役立たずのため天寿を全うしたが、今日は主人の雁は役立たずのため殺された)」ⓒ陶潜・帰去来「覺今是而昨非＝今の是にして昨の非なるを覚る(今日が正しく今までが間違いだったとさとる)」(文選45)

【柵】 9(木・5) 常 常用音訓 サク

語音 *ts'ĕk(上古) tʃ'ɛk(中古→呉シャク・漢サク) zhà(中) 책(韓)

語源 [コアイメージ] 不ぞろい(じぐざぐ)に並ぶ。[実現される意味] 竹や木などを編んで立てて、通行を遮るもの(矢来、さく)ⓐ。[英]fence, stockade

字源 「冊(サク)(音・イメージ記号)＋木(限定符号)」を合わせた字。「冊」は長短不ぞろいの木や竹を並べた形で、「じぐざぐに並ぶ」というイメージがある(⇩冊)。「柵」は通行や進入を遮るためにじぐざくに並べて立てた木(矢来)を暗示させる。

語義 [展開] 矢来(さく)の意味ⓐ。日本では「しがらみ」に当てる。邪魔をするものの意味ⓑ。[英]fence, stockade; obstacle, bondage [和訓] しがらみ [熟語] ⓐ砦柵・鉄柵

文献 ⓐ荘子・天地「内支盈於柴柵＝内は柴柵(サイサク)に支盈(イシエ)せらる(内は木で編んだ柵で塞がれている)」

【朔】 10(月・6) 人 音サク 訓ついたち

語音 *săk(上古) sɔk(中古→呉・漢サク) shuò(中) 삭(韓)

語源 [コアイメージ] 逆方向(⇅の形)に行く。[実現される意味] 月の第一日(ついたち)。[英]first day of a month

[解説] 古人は「朔は蘇(よみがえる)なり」という語源意識をもっていた。月が死んで再び蘇ることが朔と考えた。しかし「よみがえる」は蘇の派生義であって本義ではない。逆と朔は同源ではないが、屰のイメージが朔という語のコアにある。

[グループ] 朔・塑・遡・愬(ソ)(＝訴)・槊(サク)(敵に刃向かって手元から↑の方向に突き出す長柄の武器、ほこの一種[槊杖])・蒴(サク)(皮が裂けて種子が↑形に飛び出る果実[蒴果])

字源 「屰(イメージ記号)＋月(限定符号)」を合わせた字。「屰」は人を逆さにした図形で、「逆方向(⇅の形)に行く」というイメージがある(⇩逆)。「朔(さく)」は暦法で、↓の方向に進んできた日が↑の方向に行って月の初めに戻ること、つまり「ついたち」を表す。

(篆)

語義 [展開] ついたちの意味ⓐから、こよみの意味ⓑに展開する。また、南を正面とすれば北はその逆方向なので、北の意味ⓒに用いる。[英]first day of a month; calendar; north [熟語] ⓐ朔日・晦朔・ⓑ告朔・正朔・ⓒ朔北

文献 ⓐ詩経・十月之交「朔月辛卯＝朔月(サクゲツ)の辛卯(シンボウ)(一日のかのとう[二十八番目]の日)」ⓑ論語・八佾「子貢欲去告朔之餼羊＝子貢、告朔の餼羊(キヨウ)を去らんと欲す(子貢[孔子の弟子]は告朔[暦を授ける儀式]に用いるいけにえの羊を廃止しようとした)」ⓒ詩経・出車「城彼朔方＝彼の朔方に

城く(北方で城を築く)」

【窄】10(穴・5)　人　(音)サク　(訓)せまい・せばめる・すぼむ

語音 *tsăk(上古)　tṣăk(中古→呉シャク・漢サク)　zhǎi(中)　착(韓)

語源 [コアイメージ] 間隔が縮まる。[実現される意味] 間隔が狭い(狭苦しい、せばめる)ⓐ。[英]narrow

〈解説〉乍がコアイメージの源泉である。これはぎざぎざ(ʌʌʌʌ)の形というイメージであるが、空間的に縮まった形と見ることもできるから、「間隔が狭い」というイメージに展開する。

〈グループ〉窄・搾・榨(締めつけて液体を搾り出す器具、しめぎ)

字源 「乍(音・イメージ記号)+穴(限定符号)」を合わせた字。「乍」は「ぎざぎざ(ʌʌʌʌ)の形に切れ目を入れる」というイメージがある(⇩作)。ʌʌʌʌの形は平らでなく間隔が短く急であるというイメージのほかに、間隔が短く縮まる(迫る・狭まる)というイメージにも展開する。「窄」は穴をぎゅっと締めつけて狭める様子を暗示させる。

語義 [展開] 間隔が狭い意味ⓐから、差し迫る意味ⓑに展開する。すぼむ(ふくらんだものが縮んで小さくなる)の意味ⓒは日本的用法。[英]narrow; urgent; taper　[熟語] ⓐ狭窄・ⓑ迫窄

文献 ⓐ三国志・魏志・李典伝「南道窄狭草木深、不可追也=南道は窄狭にして草木深し、追ふべからざるなり(南の道は狭くて草木が深いから、敵を追ってはなりません)」

【索】10(糸・4)　常　(常用音訓)サク

語音 *sak(上古)　sak(中古→呉・漢サク)　suǒ(中)　삭・색(韓)

語源 [コアイメージ] ばらばらに離れる。[実現される意味] 縄をなうⓐ。[英]twist a rope

〈解説〉「縄をなう」が本義。縄をなう行為の前提をなすのは幾筋かに分かれたもの(わらなど)の存在である。したがって*sakという語は疏・疎・素などと同源で、「(いくつかのものが□□□…の形に分かれて)ばらばらに離れる」というのがコアイメージである。釈名に「索は素なり」「疏は索なり」などの訓がある。古人も索・素・疏を同源と見たようであるが、語の深層(コアイメージ)は捉えていない。深層構造を捉えたのは藤堂明保である。氏は右の語のほか相のグループや粗・蘇・喪・双とも同源とし、「ふたつに分かれる」という基本義があるとした(藤堂①)。コアイメージの把握によって転義が説明できる。

字源 楷書は形が崩れて不明。篆文を分析すると「𣎵+糸」となる。「𣎵」は肺の右側と同じ。「中(草の芽)+八(左右に分かれる符号)」を合わせて、草の芽が左右に開いて出る情景を設定した図形(⇩肺・勃)。「二つに分かれる」というイメージがあり、「いくつかに分かれてばらばらになる」というイメージに展開する。「𣎵(イメージ記号)+糸(限定符号)」を合わせた「索」は、ばらばらになった糸をまとめて合わせる様子を暗示させる。この意匠によって、縄をなうことを表象する。

(篆)

語義 [展開] 縄をなう意味ⓐから、なわ・つなの意味ⓑに展開する。また、縄をなって合わせることから、ばらばらになっているものを探し求めて手元の方へ引き寄せる(探り求める)という意味ⓒを派生する。また、「ばらばらに離れる」というコアイメージから、ばらばらに離れる意味ⓓ、分散して尽きる意味ⓔを派生する。[英]twist a rope; rope, cable; search; disperse, isolated; vanish　[熟語] ⓑ索条・索道・ⓒ検索・捜索・ⓓ索漠・ⓔ索然　[和訓] なわ・もとめる・なう

文献 ⓐ詩経・七月「宵爾索綯=宵には爾を索へ(お前は夜には縄をないなさい)」ⓑ墨子・尚賢「傅説被褐帯索=傅説は褐を被て索を帯ぶ(傅説[殷の賢人の名]は粗末な衣を着、縄を帯にしていた)」ⓒ荘子・外

物「不如早索我於枯魚之肆＝早く我を枯魚の肆(シ)に索(もと)むるに如かず(私を捜すには早く乾物屋の店先に行くがよい)」ⓓ礼記・檀弓「吾離群而索居、亦已久矣＝吾群れを離れて索居す、亦た已に久し(私は仲間から離れてばらばらに暮らしてから、久しく時間がたっている)」ⓔ書経・牧誓「牝鶏之晨、惟家之索＝牝鶏の晨(あした)するは、惟(こ)れ家の索(つ)くるなり(めんどりが時を告げるのは、家の滅亡のしるし)」

【策】 12(竹・6) 常 | 常用音訓 サク

語音 *ts'ĕk(上古) tş'ɛk(中古→㊁シャク・㊂サク) cè(中) 책(韓)

語源 [コアイメージ] ∧の形(ぎざぎざ)を呈する。[実現される意味] 馬の鞭。また、鞭でたたくⓐ。[英]whip

〔解説〕 方言(漢・揚雄撰)に「木の細き枝を策と曰ふ」、その注釈に「策の言は朿(シ)なり。凡そ朿と言ふ者は、皆鋭小の義なり」(銭繹・方言箋疏)とある。*ts'ĕkという語は刺と同源で「ぎざぎざに尖る」というコアイメージをもつ。先の尖った木の枝を馬の鞭や杖に用いた。また、先端がぎざぎざでそろわないというイメージから竹簡の意味になるが、この場合は冊(サク)と同義である。竹簡→文書→計画と転義する。英語のplanは「地面のような平らなものの上に物を一つ一つ植えるようにして作られたもの」が原義で、設計図・平面図→計画表→計画の意となったという(小島①)。

字源 「朿(シ)(音・イメージ記号)+竹(限定符号)」を合わせた字。「朿」は刺を描いた図形で、「ぎざぎざに尖る」というイメージがある(⇩刺)。「策」は先端を∧形にとがらせた竹を暗示させる。この意匠によって、馬をたたく鞭や杖を表象する。

語義 [展開] 馬の鞭の意味ⓐ、また、杖の意味ⓑ。「∧の形(ぎざぎざ)を呈する」というイメージは他の分野にもある。昔の文書の一種である竹簡は竹を紐で結んで並べたもので、先端がでこぼこで不ぞろいな姿を呈した。そこで、策は竹簡(文字を書きつける竹の札)の意味ⓒに転用される。そこから、意見を記して天子に差し出す文書の意味ⓓ、天子が授ける辞令書の意味ⓔ、さらに、計画を書いた文書や案、計画(はかりごと)の意味ⓕ、計画する(はかる)意味ⓖに展開する。[英]whip; stick; bamboo slip; essay written for the imperial examinations; imperial letter of appointment; plan(ⓕⓖ), scheme(ⓕⓖ) [和訓] ふだ・むち・ふみ・むちうつ・はかりごと [熟語] ⓐ鞭策・ⓑ警策・散策・ⓒ簡策・ⓓ対策・ⓔ策書・策命・ⓕ政策・方策・ⓖ策謀・画策

文献 ⓐ論語・雍也「策其馬＝其の馬に策(むち)うつ(自分の馬に鞭を当てた)」ⓒ春秋左氏伝・隠公11「不書于策＝策に書せず(竹簡に記録しない)」ⓕ戦国策・秦一「皆欲決蘇秦之策＝皆蘇秦の策を決せんと欲す(みんなは蘇秦の計画を決めたいと思った)」ⓖ孫子・虚実「策之而知得失之計＝之を策(はか)りて得失の計を知る(考えをめぐらして損得の計略を知る)」

【酢】 12(酉・5) 常 | 常用音訓 サク す

語音 (1)*dzak(上古) dzak(中古→㊁ザク・㊂サク) zuò(中) 작(韓) (2)*ts'ag(上古) ts'o(中古→㊁ス・㊂ソ) ts'u(㊃ス) cù(中) 초(韓)

語源 [コアイメージ] 重なる。[実現される意味] 客が主人に返杯するⓐ。[英]toast to host by guest

字源 「乍(サ)(音・イメージ記号)+酉(限定符号)」を合わせた字。「乍」は「重なる」というイメージがある(⇩作・昨)。重なることは二つのものがダブることでもあるので、「⇅の形に交差する」というイメージに展開する。「酢」は主人が客に→の方向に酒を進めるのに対し、客が主人に←の方向に酒を返す様子を暗示させる。

〔字体〕「醋」は同音同義の字。異体字と見てもよい。「昔」も「重なる」というイメージがある。

語義 [展開] 客が主人に返杯する意味ⓐが本義(1の場合)。「重なる」

というコアイメージから、時を重ねて寝かせて置いたため酸っぱくなった液体、すなわち「す」の意味ⓑ、すっぱい意味ⓒを派生する(以上は2の場合)。日本では1と2の読みを区別せずサクと読む。[英]toast to host by guest; vinegar; acid 【熟語】ⓐ酬酢・ⓑ酢酸・木酢

文献 ⓐ詩経・瓠葉「酌言酢之＝酌みて言に之を酢す(一杯酌んでご返杯)」ⓑ斉民要術8「崔氏曰、四月可作酢＝崔氏曰く、四月酢を作るべしと(崔氏[漢の崔寔]は四月に酢を作るのがよいと言っている)」ⓒ三国志・魏志・華佗伝「蒜虀大酢＝蒜虀大いに酢し(ニンニクのあえものが非常に酸っぱい)」

【搾】 13(手・10)　常　｜　常用音訓　サク　しぼる

語音 tsǎk(中古→漢サク)　zhà(中)　착(韓)

語源 [コアイメージ](幅を狭めて)締める。[実現される意味] 圧力を加えて液体をしぼり出す(しぼる・しめる)ⓐ。[英]squeeze, press

〔解説〕昔から国字とされてきた字だが、実は中国の文献に存在する。窄→榨→搾と分化したもの。窄は笮(ぎゅっと締める)・迮(幅を縮めて迫る)と同源の語で、榨はしめ木(液体をしぼる道具)のこと。これをザーサイ(榨菜)に用いるのは、茎を塩に漬けて汁をしぼり出して食用にするからである。日本語の「しぼる」は「含まれている水分をとるために、そのものを押さえたりねじったりする」意味という(大野①)。絞にも「しぼる」の訓があるが、「しぼる」と合致する漢語はむしろ搾である。

字源 まず榨について。「窄(音・イメージ記号)＋木(限定符号)」を合わせた字。「窄」は「間隔が縮まる」「締めつけて狭める」というイメージがある(⇨窄)。「榨」は原料をぎゅっと締めつけて液体(油や酒)をしぼり出す道具(しめ木)を表す。また、しぼり出すという動詞にも使われたので、後に木を手に替えて「搾」とも書かれた。現代中国では搾を榨に統合している。

語義 [展開] 液体をしぼり出す意味ⓐから、しめ木の意味ⓑに展開する。また、搾菜(＝榨菜)はアブラナ科の草で、ザーサイの意味ⓒ。芥菜(セイヨウカラシナ)の変種で、漬け物に利用。[英]squeeze, press; oil-press; brown mustard 【和訓】しめる 【熟語】ⓐ搾取・搾乳

文献 ⓐ外台秘要方14「搾取汁＝汁を搾取す(汁を搾り出す)」

【錯】 16(金・8)　常　｜　常用音訓　サク

語音 (1)*ts'ak(上古)　ts'ak(中古→呉・漢サク)　cuò(中)　착(韓)　(2)*ts'ag(上古)　ts'o(中古→呉ス・漢ソ)　cuò(中)　조(韓)

語源 [コアイメージ] 重なる・交わる。[実現される意味] やすりⓐ。[英]file

字源 「昔(音・イメージ記号)＋金(限定符号)」を合わせた字。「昔」は「重なる」というイメージがある(⇨昔)。「二形に重なる」というイメージは、「×形に交わる」「⇅形に交差する」「∧∧(ぎざぎざ)・∧∨(じぐざぐ)の形に入り交じる」というイメージに展開する。「錯」は物をその上に重ねておいて⇅形に押したり引いたりして研ぐ金やすりや砥石を暗示させる。

語義 [展開] やすりⓐ、また、といしⓑが原義。ここから、金属の上に金銀など別の金属を重ねて交える(めっきする)意味ⓒに展開する。また、「じぐざぐに交わる」「⇅形に交差する」というイメージから、じぐざぐに入り乱れる(入り交じる)意味ⓓ、食い違う意味ⓔ意味を派生する(以上は1の場合)。また、「重ねる」というイメージから、ある物の上に重ねておく(据える)という意味ⓕを派生する(2の場合)。ⓕは措と通用。[英]file; hetstone; plate; mix, intertwine, intricate; differ; place 【和訓】まじえる・まじわる・あやまる・おく 【熟語】ⓓ錯綜・交錯・ⓔ錯誤・倒錯・ⓕ錯辞(＝措辞)

文献 ⓑ詩経・鶴鳴「它山之石、可以爲錯＝它山の石、以て錯と為す

べし(他山のつまらぬ石でも、砥石ぐらいの役には立つ)」ⓒ詩経・韓奕「簟笰錯衡＝簟笰錯衡([馬車用の]竹のカーテンに、模様をめっきした轅の横木)」ⓓ詩経・楚茨「獻醻交錯＝献醻[＝酬]交錯す(杯のやり取りが入り交じる)」ⓕ論語・為政「擧直錯諸枉、則民服＝直きを挙げて諸を枉れるに錯けば、則ち民服す(性格のまっすぐな人を登用して根性の曲がった人の上に据えれば、民は心服するだろう)」

さく

【咲】→しょう

ささ

【笹】11(竹・5) 人 ｜ 純国字

字源 日本語の「ささ」を表記するために考案された和製の疑似漢字。ササは細い茎のわりには葉が大きい。葉に特徴のある竹と考えて、「葉」の原字である「枼」の上の部分(葉の形)を取って、「世＋竹」を合わせたもの。大槻文彦は「節を世に寄せて作れるか」という(大言海)。漢語では竹と箭(矢を製する竹)・篠の区別はあるが、竹と笹(ササ)の区別はない。

語義 イネ科タケ亜科のうち、比較的小さいもの。クマザサ、チゴザサなどの総称。ササ。[英]bamboo grass

さつ

【冊】5(冂・3) 常 ｜ 常用音訓 サツ・サク

語音 *tsʽĕk(上古) tʂʽɛk(中古→㊥シャク・㊦サク・[慣]サツ) cè(中) 책(韓)

語源 [コアイメージ] 不ぞろい(じぐざぐ)に並ぶ。[実現される意味] 竹簡・木簡を綴ったもの(書物・書きつけ)ⓐ。[英]bamboo slips strung together

〔解説〕 簡(文字を書いた札)を綴ったものが冊である。*tsʽĕkという語は策と同源である。策のコアイメージの源泉は朿(刺)にある。「∧形に尖る」というイメージは「∧∧∧の形(じぐざぐ、ちぐはぐ)」「不ぞろいに並ぶ」というイメージに展開する。冊のコアイメージも同じ。藤堂明保は朿のグループ(責を含む)のほかに脊とも同源とし、「ぎざぎざとつっかかる」という基本義があるとする(藤堂①)。

〔グループ〕 冊・柵・珊・跚(足がちぐはぐになってよろめくさま[蹣跚])・刪(整わない部分を削る[刪定])

字源 長短不ぞろいの木や竹を紐でつないで並べた図形。この意匠によって、竹簡や木簡を綴じた書物を表象する。

(甲) (金) (篆)

〔字体〕「冊」が篆文にかなう字体。「册」を旧字体とする説もあるが、実は俗字である。現代中国では「册」を用いる。

語義 [展開] 竹簡・木簡を綴ったものの意味ⓐから、天子が臣下に授ける辞令書の意味ⓑ、爵位を授ける意味ⓒに展開する。[英]bamboo slips strung together, booklet, volume; imperial letter of appointment; confer a title [和訓] ふみ [熟語] ⓐ冊子・短冊・ⓒ冊命・冊立

文献 ⓐ書経・多士「殷先人、有冊有典＝殷の先人、冊有り典有り(殷の先人には書き物や典籍があった)」ⓑ書経・洛誥「王命作冊＝王命じて冊を作らしむ(王は勅令書を作らせた)」

【札】5(木・1) 常 ｜ 常用音訓 サツ ふだ

語音 *tsăt(上古) ṭṣʌt(中古→㊣セチ・㊥サツ) zhá(中) 찰(韓)

語源 [コアイメージ] 押さえつける。[実現される意味] 文字を書く薄い木のふだⓐ。[英]thin pieces of wood used for writing on

〔解説〕軋轢の軋(アツ)と同源で、「押さえつける」というイメージをもつ語である。結紮の紮(サツ)(縛りつける)や駐扎(=箚)の扎(サツ)(同じ所に固定してとまる)にこのイメージが反映されている。札は用途から名づけられた語。日本語の「ふだ」はフミイタ(文板)の転という(大野①)。

字源 「乙(オツ)(音・イメージ記号)+木(限定符号)」を合わせた字。「乙」は「(伸びないように)押さえつける」というイメージがある(⇩乙)。これは「外れないように押さえて固定する」というイメージに展開する。「札」はいくつかを並べて紐でしっかり綴って固定した木片を暗示させる。この意匠によって、文字を書きつける薄い木片を表象する。

語義 [展開] 文字を書く薄い木のふだの意味ⓐから、文書・手紙の意味ⓑに展開する。また、鎧を造る際に綴り合わせる皮革・金属製の薄く小さな板(さね)の意味ⓒにも転用される。また、伸びようとするものが押さえられて伸びないというイメージから、若くして命が絶たれる意味ⓓや、流行病で命を途中で落とす意味ⓔを派生する。目印や証拠とするふだの意味ⓕや、紙幣の意味ⓖは日本的用法。[英]thin pieces of wood used for writing on; letter; armor platelet; die prematurely; be killed in plague; label, ticket, tag; paper money [和訓] さね [熟語] ⓐ簡札・ⓑ書札・芳札・ⓕ高札・門札・ⓖ贋札

文献 ⓐ晏子春秋・外篇上「擁札摻筆=札を擁し筆を摻(と)る(簡札を腕に抱えて筆を手に持つ)」ⓓ春秋左氏伝・昭公4「民不夭札=民は夭札せず(民は若死にしない)」

【刷】 8(刀・6) 常

常用音訓 サツ する

語音 *suăt(上古) ṣuăt(中古→㊣セチ・㊥サツ) shuā(中) 쇄(韓)

語源 [コアイメージ] (汚れを取るために)こする。[実現される意味] 掃いたりこすったりして汚れを取る(汚れを拭って清める)ⓐ。[英]scrape clear, brush

〔解説〕雪辱の雪は汚れをはらい清めること、擦は汚れをこすって清めることで、汚れを取ることの前提として「はらう」や「こする」という行為がある。刷はこれらと同源の語で、「汚れを取る」と「はらう」「ぬぐう」が同時に含まれている。日本語の「する」は「物と物とをこすり合わす」意味から、「こすって磨く」「使い尽くす」などに展開する(大野①)。漢語の刷は道具などを使ってこすったり、掃いたり、拭ったりすることによって、汚れを取る意味で、「する」とは違う。しかし後(中世の頃)になって、版木を使って印刷する意味が漢語の刷にも、日本語の「する」にも生じた。英語のprintはpressと同根で、ラテン語のpremere(圧迫する)から来ているという(下宮①)。漢語では刷ること、英語では押すことが語源だが、根は同じであろう。

字源 「㕞(サツ)の略体(音・イメージ記号)+刀(限定符号)」を合わせた字。「㕞」は「尸(しり。イメージ記号)+巾(ぬの。イメージ補助記号)+又(限定符号)」を合わせて、尻の汚れを布で拭き取る場面を設定した図形。これで十分「汚れを取る」を表すことができるが、刀を添えた「刷」の字体に変わった。具体的状況をナイフなどの道具で汚れをごしごしと削り落とす場面に設定し直したものである。この意匠によって、汚れを取るために掃いたりこすったりすることを表象する。

(篆) [㕞] (篆)

語義 [展開] こすって汚れを取る意味ⓐから、版木に紙を載せてこする(プリントする)という意味ⓑに転用される。[英]scrape clear, brush, scrub; print [和訓] はく・はらう [熟語] ⓐ刷子・刷新・ⓑ印刷・増刷

文献 ⓐ周礼・天官・凌人「夏頒冰掌事、秋刷＝夏に冰を頒ちて事を掌り、秋に刷ふ(［氷役人は］夏には氷を配って事務をこなし、秋には［氷室を］はらい清める)」

【刹】 8(刀・6) 常 常用音訓 サツ・セツ

語音 tṣ'ăt(中古→呉セチ・漢サツ・［慣］セツ) chà(中) 찰(韓)

語源 ［コアイメージ］ばらばらにする。［実現される意味］きわめて短い時間ⓐ。［英］split second

〔解説〕漢語で外国語を受け入れる方法は意訳と音写があるが、音写にも意味をこめることが多い(例えば僧・塔など)。刹も同例と考えられる。恐らく最初は刹那(短い時間)を音写したものであろう。

字源 「殺の略体(音・イメージ記号)＋刀(限定符号)」を合わせた字。「殺」は「ばらばらにする」というイメージがある(⇨殺)。「刹」は刀でそぎ取って小さくばらばらにする様子を暗示させる。この意匠によって、きわめて短い時間の単位であるkṣaṇa(刹那)の刹を表記する。刹那のほかに、kṣetra(刹多羅、国土の意)、kṣatriya(刹帝利、四姓の一つ、クシャトリア)、rākṣasa(羅刹、悪鬼の名)などのkṣe、kṣaの部分を音写する。晋代の文献(法華経など)に初出。

語義 ［展開］刹那の音写として、きわめて短い時間が最初の意味ⓐ。その後、lakṣata の音写として、仏塔の上に載せる装飾物(相輪)の意味ⓑに用いられ、仏塔の意味ⓒ、寺の意味ⓓを派生した。［英］split second, instant; pagoda final; pagoda; temple ［熟語］ⓐ刹那・ⓑ刹柱・ⓓ巨刹・古刹

【拶】 9(手・6) 常 常用音訓 サツ

語音 tsuat(中古→漢サツ) zā(中) 찰(韓)

語源 ［コアイメージ］二つがくっつく。［実現される意味］迫るⓐ。［英］approach

字源 「𡿺(イメージ記号)＋手(限定符号)」を合わせた字。「𡿺」は「列」の左側と同じで、「並ぶ」というイメージを示す記号。並ぶことは、視点を変えると、「二つがくっつく」というイメージにも展開する。「拶」はAがBにくっつくほど迫る様子を暗示させる。

語義 ［展開］迫る意味ⓐから、人が間を縮めて押し合い圧し合いする意味ⓑを派生する。日本ではⓑから、相手と間を詰めて問答すること、転じて、会釈する意味ⓒに用いる。［英］approach; jam, pushing and shoving; greeting ［熟語］ⓒ挨拶

文献 ⓐ陸亀蒙・雲北「樓拶翠微邊＝楼は拶る翠微の辺(楼閣は山のあたりまで高く迫っている)」(全唐詩622)

【殺】 10(殳・6) 常 常用音訓 サツ・サイ・セツ ころす

語音 (1)*săt(上古) ṣʌt(中古→呉セチ・セツ・漢サツ) shā(中) 살(韓)
(2)*săd(上古) ṣʌi(中古→呉セイ・漢サイ) shài(中) 쇄(韓)

語源 ［コアイメージ］(そぎ取って)ばらばらになる。［実現される意味］ころすⓐ。［英］kill

〔解説〕日本語の「ころす」は「枯らす」に由来し、「動物の生気を枯らす」ことが語源だという(大言海の説)。英語のkillには植物を枯らす意味もあるのはおもしろい。漢語の殺は生命体を人為的にばらばらに解体するというイメージから来ており、日本語の「ばらす」に近い。藤堂明保は殺は沙・散・鮮・残などと同源で、「ばらばら・小さい・そぎとる」という基本義があるとする(藤堂①)。

字源 「殺」が正字。「乂(イメージ記号)＋朮(イメージ補助記号)＋殳(限定符号)」を合わせた字。「乂」は二つの線を×形に交差させた図形で、切り取ることを示す記号(⇨刈)。「朮」はモチアワ(⇨述)。したがって「殺」はモチアワの皮を剝ぎ取る様子を暗示させる。甲骨文字と金文は

動物の骨を晒す場面を設定したものだが、篆文では意匠を変えて植物の場面とした。いずれにしても「(そぎ取って)ばらばらになる」というイメージを表象している。

(甲) (金) (古) (篆)

〔字体〕「殺」は旧字体。「殺」は古くから書道で行われた字体。現代中国の簡体字は「杀」。

語義 [展開]「そぎ取ってばらばらにする」というコアイメージがころす意味ⓐを実現させる。比喩的に、すさんでいる意味ⓑ、程度がひどい意味ⓒに展開する(1の場合)。また、コアイメージがそのまま実現され、そぎ取る、そぎ取って減らす意味ⓓに用いる(2の場合)。[英]kill; blood-thirsty; extremely; shave off [和訓]そぐ [熟語]ⓐ殺害・虐殺・ⓑ殺伐・殺風景・ⓒ殺到・忙殺・ⓓ減殺・相殺

文献 ⓐ詩経・七月「曰殺羔羊＝曰(ここ)に羔羊を殺す([正月のごちそうに]ヒツジを殺す)」ⓓ春秋公羊伝・僖公22「春秋辭繁而不殺者、正也＝春秋の辞繁(しげ)くして殺(そ)がざる者は、正しければなり(春秋[五経の一つ]は言葉が多いが削ることをしないのは、それが正しいからだ)」

【察】 14(宀・11) 常 常用音訓 サツ

語音 *ts'ăt(上古) tṣ'ăt(中古→呉セチ・漢サツ) chá(中) 찰(韓)

語源 [コアイメージ](汚れを)清める。[実現される意味]曇りなく見分ける(見たり調べたりして、細かいところまで見分ける)ⓐ。[英]discern

字源 「祭(イサ)(音・イメージ記号)＋宀(限定符号)」を合わせた字。「祭」は「汚れを払い清める」というイメージがある(⇨祭)。「察」は家の隅々まで汚れを払って清らかにする様子を暗示させる。この意匠によって、曇りをぬぐったように細かいところまではっきり見て取ることを表象する。

語義 [展開]曇りなく見分ける意味ⓐから、曇りのないさま(明らかなさま)の意味ⓑに展開する。おしはかる・おもいやる(察する)意味ⓒは日本的用法。[英]discern, observe, scrutinize; clear, obvious; guess, sympathize [熟語]ⓐ観察・洞察・ⓒ推察・拝察

文献 ⓐ論語・顔淵「察言而觀色＝言を察して色を観る([真意を探るには]言葉を細かく見分け、顔色をよく観察する)」ⓑ老子・二十章「俗人察察、我獨悶悶＝俗人は察察たり、我独り悶悶たり(世間の人は明るくてお見通し、私ひとりは暗くて何も知らない)」

【颯】 14(風・5) 人 音サツ

語音 *sep(上古) sep(中古→呉ソフ〈＝ソウ〉・漢サフ〈＝ソウ〉・[慣]サツ) sà(中) 삽(韓)

語源 [コアイメージ]擬音語。[実現される意味]風が吹く音の形容ⓐ。[英]sound of wind

字源 「立(イメージ記号)＋風(限定符号)」を合わせた字。風がさっと速く吹き起こる様子を暗示させる。

語義 [展開]風が吹く音の擬音語ⓐ。また、速いさま、きびきびしたさまの意味ⓑを派生する。[英]sound of wind; swift, valiant [熟語]ⓐ颯然・ⓑ颯爽

文献 ⓐ楚辞・九歌・山鬼「風颯颯兮木蕭蕭＝風は颯颯たり、木は蕭蕭たり(風がさっさっと吹き、木の葉がさらさら落ちる)」

【撮】 15(手・12) 常 常用音訓 サツ とる

語音 *ts'uat(上古) ts'uat(中古→呉サチ・漢サツ) cuō(中) 촬(韓)

語源 [コアイメージ]集める。[実現される意味]指や爪でつまみ取るⓐ。[英]pick, pinch off

字源 「最(イサ)(音・イメージ記号)＋手(限定符号)」を合わせた字。「最」は「集める」というコアイメージがあり、親指・人差し指・中指の三本を

集めて物をつまみ取ることを表した(⇩最)。最が撮の原字である。しかし最は「もっとも」という副詞に使われるようになった。そのため、行為自体を表す図形として「撮」が作られた。

語義 [展開] 指や爪でつまみ取る意味ⓐから、全部ではなく一部分だけを取る(かいつまむ)意味ⓑ、一つまみのごく僅かな量の意味ⓒに展開する。写真・映画をとる意味ⓓは日本的用法。[英]pick, pinch off; sum up; a pinch; make a picture or film [和訓] つまむ [熟語] ⓑ撮記・撮要・ⓒ撮土・一撮・ⓓ撮影

文献 ⓐ荘子・秋水「鴟鵂夜撮蚤＝鴟鵂(シキュウ)、夜、蚤を撮る(フクロウが夜にノミをとる)」

【撒】15(手・12) 人 音サツ・サン 訓まく

語音 sat(中古→呉サチ・漢サツ・[慣]サン) sǎ(中) 살(韓)

語源 [コアイメージ] ばらばらになる。[実現される意味] 水をぱらぱらとまくⓐ。[英]sprinkle, scatter

[解説] 日本語の「まく」は「目的をもって、水や粉状のものを一様に散らばらせる意」という(大野②)。漢字表記では、これの展開義のうち、「種をまく」は「播く」、「水などをまく」は撒く、「蒔絵を描く」は蒔くと書く。種をまくに蒔くとも書くが本来は誤用。

字源 「散(サン)(音・イメージ記号)＋手(限定符号)」を合わせた字。「散」は「ばらばらになる」というイメージがある(⇩散)。「撒」は水をばらばらにまき散らす様子を暗示させる。

語義 水をまく意味ⓐ。[熟語] ⓐ撒水・撒布

文献 ⓐ世説新語・言語「撒鹽空中差可擬＝塩を空中に撒けば差(や)や擬すべし(塩を空中に撒けば、いささか[雪に]なぞらえることができます)」

【擦】17(手・14) 常 常用音訓 サツ する・すれる

語音 tsʻat(中古→漢サツ) cā(中) 찰(韓)

語源 [コアイメージ] (曇りを)ぬぐう。[実現される意味] こすり合わせるⓐ。[英]rub

字源 「察(サツ)(音・イメージ記号)＋手(限定符号)」を合わせた字。「祭」は「二つのものが触れ合う」というイメージがあり、「察」では「曇りをぬぐって汚れを清める」というイメージに転じる(⇩祭・察)。「触れ合う」や「曇りをぬぐう」というイメージは「こすり合わせる」というイメージにも転じる。このイメージを「擦」で表記した。唐以後に生まれた字である。

語義 こすり合わせる意味ⓐ。[和訓] こする・さする・なする・かする [熟語] ⓐ擦過傷・摩擦

文献 ⓐ貫休・文「搔窓擦簷＝窓を搔き、簷(のき)を擦(こす)る(窓を引っ搔き、軒をこすりつける)」(全唐詩827)

【薩】17(艸・14) 人 音サツ

語音 sat(中古→呉サチ・漢サツ) sà(中) 살(韓)

字源 「薛(セツ)の略体(音記号)＋生(限定符号)」を合わせた字。梵語sattva(薩埵(サッタ)、生命のあるものの意)を音写するために考案された。

語義 菩薩(ボサツ)は菩提薩埵(bodhisattva、衆生を済度するために悟りを求める人の意)の略称。仏につぐ有徳の修行者の意味ⓐ。[英]Buddhist saint

ざつ

【雑】14(隹・6) 常 常用音訓 ザツ・ゾウ

〔雜〕18(隹・10) 人 音ザツ・ゾウ 訓まじる・まざる・まじわる

語音 *dzəp(上古) dzəp(中古→呉ゾフ〈＝ゾウ〉・漢サフ〈＝ソウ〉・[慣]ザフ

〈＝ゾウ〉・ザツ）　zá（中）　잡（韓）

語源［コアイメージ］いろいろなものが集まる。［実現される意味］いろいろなものが混じるⓐ。〔英〕mix, mingle

〔解説〕王力は雑・集・輯・萃が同源で、聚合の意味があるとする（王力②）。藤堂明保は集・輯・葺のほか、参・三・杉・森なども同源で、「いくつも集まる」という基本義があるとする（藤堂①）。「一所に寄り集まる」「多くのものが入り混じる」というコアイメージと言い換えてもよい。

字源「雜」が正字。「集（音・イメージ記号）＋衣（限定符号）」を合わせた字。「集」は「多くのものが一所に集まる」というイメージがある（⇩集）。「雜」はいろいろな色の糸を寄せ集めて衣を作る様子を暗示させる。この意匠によって、いろいろなものが集まって入り混じることを表象する。

〔字体〕「雑」は近世中国で生まれた「雜」の俗字。現代中国の簡体字は「杂」。「襍」は異体字。

語義［展開］いろいろなものが混じる意味ⓐから、他の要素が混じって純粋ではない、主要ではない（種々雑多な）の意味ⓑ、入り乱れている、統一が取れていない意味ⓒに展開する。〔英〕mix, mingle; mixed, sundry, miscellaneous, various; sloppy, slipshod, odd　［熟語］ⓐ夾雑・混雑・ⓑ雑貨・粗雑・ⓒ雑然・雑念

文献 ⓐ易経・繫辞伝下「物相雜、故曰文＝物相雑る、故に文と曰ふ（いろいろな物が混じり合う。これを文〔あや・模様〕というのだ）」ⓑ詩経・女曰鶏鳴「雜佩以贈之＝雑佩以て之に贈らん（いろいろな宝石をまじえた帯玉を彼女に贈ろう）」ⓒ礼記・曲礼「男女不雜坐、不同椸枷＝男女は雑坐せず、椸枷を同じくせず（男女は入り乱れて座ったり、ハンガーを一緒に使ったりしてはならない）」

さら

【皿】→べい

さん

【三】3（一・2）　常　常用音訓 サン　訓 み・みつ・みっつ

語音 *sam（上古）　sam（中古→呉・漢サム〈＝サン〉）　sān（中）　삼（韓）

語源［コアイメージ］入り交じる。［実現される意味］数詞の3ⓐ。〔英〕three

〔解説〕三と参が通用することは古人がすでに指摘しているが、その理由は述べていない。三の深層構造を捉えたのは藤堂明保である。氏は三は参だけではなく、集のグループ、咠のグループ（輯など）、および森・杉も同じ単語家族に属し、「いくつも集まる」という基本義があるとした（藤堂①）。「いくつも集まる」は「（多くのものが）入り交じる」と言い換えることができる。*samという語が数詞の3を表す理由は古人の数観念にある。未分化（分かれていない）の状態→両側に分かれて並ぶ状態→別の物が入り交じる状態へと数は進み、これを一、二、三と名づける。古人はこの展開を宇宙の進展になぞらえ、天地開闢の前の太極を一、天地を二、天地人を三とした。説文解字に「三は天地人の道なり」とある。しかし哲学と結びつけるのは言語の問題からは外れてしまう。言語以外のことから言葉の意味を導くのは慎むべきである。

字源 三本の横線を描いた図形（象徴的符号）。

（甲）　（金）　（篆）

語義［展開］数のみっつの意味ⓐから、序数詞の3番目の意味ⓑ、度

数の3回（みたび）の意味ⓒに展開する。また、「（多くのものが）入り交じる」というコアイメージから、多数の意味ⓓを派生する。［英］three; third; three times; numerous 【熟語】ⓐ三角・三脚・ⓑ三月・三更・ⓒ三食・三遷・ⓓ三省・三嘆

文献 ⓐ詩経・摽有梅「摽有梅、其實三兮＝摽つに梅有り、其の実は三つ（投げるウメの実、その数三つ）」ⓑ詩経・七月「三之日納于凌陰＝三の日凌陰に納む（三番目の日、氷を氷室に納める）」ⓒ論語・公冶長「季文子三思而後行＝季文子は三たび思ひて後行ふ（季文子［人名］は三度考えてから実行した）」ⓓ論語・学而「吾日三省吾身＝吾日に吾が身を三省す（私は毎日自分の身を何度も反省する）」

【山】 3（山・0）　常 ｜ 常用音訓 サン　やま

語音 *sǎn（上古）　ʂʌn（中古→呉セン・漢サン）　shān（中）　산（韓）

語源 ［コアイメージ］∧形をなす。［実現される意味］やまⓐ。［英］mountain

〔解説〕説文解字に「山は宣（通す）なり。気を宣して散じ、万物を生む」、釈名・釈山に「山は産なり。生物を産むなり」とあり、山を宣や産と同源の語とする。古人は山の生産性を強調し、山はよく気を通して生物を生み出すものと解した。しかし機能よりは形態の特徴を捉えた語とするのがよい。*sǎnという語は散（∧形に散らばる）や繖（＝傘。∧形をなすかさ）と同源であり（藤堂②）、「∧形をなす」というコアイメージをもつ。頂上から段々と∧形をなしていく姿を捉えた語である。

字源 三つの峰のあるやまを描いた図形。

（甲）　（金）　（篆）

語義 【展開】やまの意味ⓐから、山の形（∧形）の意味ⓑ、土盛りをした墓の意味ⓒ、僧や道士の住み処、また、寺の意味ⓓに展開する。［英］mountain; shape of a mountain; tumulus; temple 【熟語】ⓐ山川・山脈・ⓒ山陵・青山・ⓓ開山・本山

文献 ⓐ詩経・天保「如山如阜＝山の如く阜の如し（［大きいことは］山のようだ、丘のようだ）」ⓑ論語・公冶長「山節藻棁＝節を山にし、棁を藻にす（［建物の］ますがたを山形に作り、うだつを水藻の模様にした）」

【杉】 7（木・3）　常 ｜ 常用音訓 すぎ

語音 *sǎm（上古）　ʂʌm（中古→呉セム〈＝セン〉・漢サム〈＝サン〉）　shān（中）　삼（韓）

語源 ［コアイメージ］入り交じる。［実現される意味］スギⓐ。［英］China fir

〔解説〕針葉の形態的特徴を捉えた語に松があるが、杉も同じである。スギの葉と髪の毛との類似性から彡の記号が利用された。

〔グループ〕杉・衫（透けて見える衣→下着［汗衫］）

字源 「彡（音・イメージ記号）＋木（限定符号）」を合わせた字。「彡」は髪や須（＝鬚）に含まれている「彡」と同じで、まばらに生えている髪の毛を描いた図形。「たくさんのものが入り交じる」というイメージがあり、「細く細かいものがすきまを開けて並ぶ」というイメージにも展開する。「杉」は細く細かい葉がたくさん並んで生え出ている木を暗示させる。この意匠によって、スギの木を表象する。

（篆）　［彡］

語義 【展開】中国ではコウヨウザン（広葉杉）という種類のスギⓐを指すが、日本では日本特産のスギⓑに当てる。コウヨウザンはスギよりも葉が広い。中国南部の原産。［英］China fir; Japanese cedar 【熟語】ⓐ老杉

文献 ⓐ後漢書・五行志「李娥年六十餘物故、以其家杉木槥斂瘞於城

外＝李娥、年六十余にして物故し、其の家の杉木の槥を以て城外に斂瘞す（李娥は六十歳で死亡し、家の杉の木で作ったひつぎに入れて、城外に葬られた）」

【参】 8(ム・6)　常　常用音訓　サン　まいる

語音 (1)*ts'əm(上古)　ts'əm(中古→呉ソム〈＝ソン〉・漢サム〈＝サン〉)　sān　cān(中)　참(韓)　(2)*sam(上古)　sam(中古→呉・漢サム〈＝サン〉)　sān(中)　삼(韓)　(3)*sïəm(上古)　ṣïəm(中古→呉・漢シム〈＝シン〉)　shēn(中)　삼(韓)　(4)*ts'ïəm(上古)　tṣ'ïəm(中古→呉・漢シム〈＝シン〉)　cēn(中)　삼(韓)

語源 [コアイメージ] (多くのものが)入り交じる。[実現される意味] 入り交じる・交えるⓐ。[英]mix together, combine

[解説] *ts'əmという語は森・杉・集・雑などと同源で、「(多くのものが)入り交じる」というコアイメージをもつ。数で言えば三とコアイメージが共通なので、参は「みっつ」という意味が実現される。また、偶数にもう一つの数が入り交じるとそろわないことになる。したがって参はちぐはぐ(ぎざぎざ)でそろわない状態を形容することばにもなる。日本語の「まいる(まゐる)」は「宮中や神社など尊い所に参入するのが原義」という(大野①)。漢語の参にも「目上の人に会う」という似た意味があるが、「まいる」とは少し違う。英語のjoinはラテン語のjungere(結ぶ)が語源で「結び合わせる・結びつける」の意味から、「二つ以上のものをつなぎ合わせる」「活動や団体に参加する」の意味に展開するという(小島①)。漢語の参もいくつかのものが交わることから参加の意味が生まれる。

[グループ] 参・惨・滲(じぐざぐ、じわじわと液体がにじみ出る[滲出])・驂(馬車馬の両側にそえる馬)・毿(毛が入り乱れる[毿毿])・槮(枝が入り組む)・糝(野菜や肉を混ぜた粥)　鰺*(半国字。アジ)

字源 「參」が正字。原形は頭に三つの玉を飾った女性を描いた図形。のち「彡(模様・飾りとかかわる限定符号)」を添えて「參」となった。この意匠によって、「三つのもの(たくさんのもの)が入り交じる」というイメージを表すことができる。古い字源説では商星の形とされる(説文解字)。「女の頭に簪の珠璣が燦然と光る形」と解したのは加藤常賢の説(加藤①)。

(甲)　(金)　(篆)

[字体] 「參」は旧字体。「参」は書道で生じた字体。惨もこれに倣う。

語義 [展開] 「多くのものが入り交じる」というコアイメージは具体的な文脈で基本的に四つの意味(四つの語)を実現する。「入り交じる」というコアイメージがそのまま用いられ、入り交じる・交える(互いに結び合わせる、引き合わせ比べる)意味ⓐ。そこから、たくさんのもの(いくつかのもの)が一緒に加わる(入って仲間になる)意味ⓑ、目上の人に会う意味ⓒに展開する(以上は1の場合)。また、数がみっつあることで、三と通用する。また三の大字ⓓ(2の場合)。また、みっつの意味の展開として、オリオン座の三つ星の意味ⓔ(別篆の上部の「晶」は星を描いた図形で、この意味に対応する字である)。ウコギ科のチョウセンニンジンの意味ⓕもあるが、蓡が本字(以上は3の場合)。日本ではセリ科のニンジンに宛てる。また、ちぐはぐでそろわない意味を派生し、長短不ぞろいなさまの意味ⓖ(4の場合)。日本ではⓑⓒの意味合いを取って、「まいる」をこの字に宛てる。尊い所に行く、ある所に行く意味ⓗ。負ける意味ⓘも日本的用法。[英]mix together, combine; join, participate; pay one's respects to; three; Three Stars; ginseng; irregular, uneven; go, come; give up　[和訓] みつ・みっつ・まじえる・まじわる　[熟語] ⓐ参考・参照・ⓑ参加・参列・ⓒ参謁・参拝・ⓓ参伍・ⓔ参宿・参商・ⓕ人参・ⓖ参差・ⓗ参詣・参拝・ⓘ降参

文献 ⓑ論語・衛霊公「立則見其參於前也＝立ちては則ち其の前に参するを見るなり（立っている時は、それ［誠の心］が目の前に一緒にやってくるように見えるものだ）」ⓔ詩経・小星「嘒彼小星、維參與昴＝嘒たる彼の小星、維れ参と昴（ちらちら光る小さい星は、三つ星とすばる）」ⓖ詩経・関雎「參差荇菜、左右采之＝参差たる荇菜、左右に之を采る（ちぐはぐでそろわぬアサザ、右に左に摘んで取る）」

【珊】9（玉・5）　人　音 サン

語音 *san（上古）　san（中古→呉・漢サン）　shān（中）　산（韓）

語源 ［コアイメージ］不ぞろい（じぐざぐ）に並ぶ。［実現される意味］サンゴ（珊瑚）ⓐ。［英］coral

字源 「冊（音・イメージ記号）＋玉（限定符号）」を合わせた字。「冊」は「不ぞろいに並ぶ」というイメージがある（⇩冊）。「珊」は枝がじぐざぐに伸びて並んだ生物（珊瑚）を表す。古代では鉱物の類と考えられたので玉を限定符号とした。同様の例に硨磲（シャコ）がある。

語義 ［展開］腔腸動物サンゴ科の総称ⓐで、モモイロサンゴ、アカサンゴなどがある。サンゴ虫が樹枝状の骨格を形成する。また、玉の音を形容する語ⓑや、仏語centimètreの音写に用いられる。サンチは長さの単位で、大砲の口径を計る。［英］coral; tinkling of jade pendants ［熟語］ⓐ珊瑚

文献 ⓐ史記・司馬相如列伝「玫瑰碧琳珊瑚叢生＝玫瑰・碧琳・珊瑚叢生す（玫瑰と碧琳［いずれも鉱物の類］と珊瑚が群がり生ずる）」

【桟】10（木・6）　常　常用音訓 サン

語音 *dzăn（上古）　dzăn（中古→呉ゼン・漢サン）　zhàn（中）　잔（韓）

語源 ［コアイメージ］小さい。［実現される意味］短く切った板切れを□□□の形につないで並べたものⓐ。［英］trestle; shelf; plank road; shed

字源 「棧」が正字。「戔（音・イメージ記号）＋木（限定符号）」を合わせた字。「戔」は「削って小さくする」というイメージがある（⇩残）。「棧」は短く切った小さな板切れを暗示させる。

語義 ［展開］短く切った板切れをつないで並べたものの意味ⓐ、板切れを縄で結んで、その上に物を載せる棚の意味ⓑ、木の板や竹を□□□の形に組んで、険しい崖に架け渡して、通行できるようにしたもの（架け橋）の意味ⓒ、家畜を囲うため木や竹で作った柵の意味ⓓに展開する。建築や建具に使う小さな横木の意味ⓔは日本的用法。［英］trestle; shelf; plank road; shed; crosspiece ［和訓］かけはし ［熟語］ⓒ桟道・雲桟・ⓓ馬桟

文献 ⓐ詩経・何草不黄「有棧之車＝桟の車有り（板囲いした兵車がある）」

【蚕】10（虫・4）　常　常用音訓 サン　かいこ

語音 *dzəm（上古）　dzəm（中古→呉ゾム〈＝ゾン〉・漢サム〈＝サン〉）　cán（中）　잠（韓）

語源 ［コアイメージ］隙間に潜り込む。［実現される意味］カイコ。［英］silkworm

〔解説〕はるか昔、中国で初めて蛾の幼虫を飼い馴らし、シルクを取る技術が発明された。最初カイコを何と呼んだか知るよしもないが、詩経の時代（紀元前十一世紀前後）では*dzəmと呼ばれた。これはカイコの生態を捉えた語である。カイコは飼料の中に埋没して、飼料を貪り食らう習性がある。ここに「隙間にもぐりこむ」というイメージがある。*dzəmを表記する図形の成立にヒントを与えたのがかんざし（簪）という服飾具である。かんざしは髪の隙間にもぐりこませて挿すものである。水中にもぐる行為を表す潜もほとんど同時に成立した。蠶と潛は同源の語である。日本語の「かいこ（かひこ）」は飼ひ子の意。古くは単にコ（子の意）と

いった。

【字源】「蠶」が正字。「朁(サン)(音・イメージ記号)＋䖵(昆虫とかかわる限定符号)」を合わせた字。「朁」は「隙間に潜り込む」というイメージがある(⇩潜)。「蠶」は飼料(主として桑の葉)に潜り込んで旺盛に食べる昆虫、すなわちカイコを表す。

【字体】「蠶」は旧字体。「蚕」は唐代に発生した「蠶」の俗字であるが、それ以前にあった「蚕」と同形衝突した。もともとの蚕はテンと読み、蚯蚓の別名。現代中国でも蚕を蠶の簡体字とする。

【語義】[展開] カイコガ科の幼虫、カイコの意味ⓐ。桑の葉を食べて繭を作る。また、カイコを飼う意味ⓑに展開する。[英]silkworm; raise silkworms [熟語] ⓐ蚕食・養蚕・ⓑ蚕織

【文献】ⓐ詩経・七月「蠶月條桑＝蚕月、桑を条(おさ)る(カイコの月[陰暦三月]になると桑の枝を折る)」ⓑ孟子・尽心上「匹婦蠶之＝匹婦之を蚕(サン)す(一人の女がカイコを養う)」

【惨】 11(心・8) 常 ｜ 常用音訓 サン・ザン みじめ

【語音】*tsʻəm(上古) tsʻəm(中古→呉ソム〈＝ソン〉・漢サム〈＝サン〉・[慣]ザン) cǎn(中) 참(韓)

【語源】[コアイメージ] ㋐入り交じる・㋑じわじわと入りこむ。[実現される意味] 心の中にしみこむようなつらい思いをする(ひどく心をいためる)ⓐ。[英]miserable

【解説】王力は惨・憯(サン)を同源とする(王力①)。藤堂明保は朁(サン)のグループ(憯・潜など)のほかに浸・滲(シン)・沁(シン)とも同源とし、「細い所に入りこむ」という基本義があるとする(藤堂①)。しかし参がコアイメージの源泉と考えてよい。「じわじわと入り込む」は「入り交じる」からのイメージ転化と見ることができる。水がじわじわと入り込むように、心に何かがじわじわとしみ込んでくる心理状態(ひどく心が痛む)が惨である。日本語の「みじめ」は見じ目の意で、「見るに忍びないこと」という(広辞苑)。

【字源】「慘」が正字。「參(サン)(音・イメージ記号)＋心(限定符号)」を合わせた字。「參」は「入り交じって入ってくる」というイメージがあり(⇩参)、これは「隙間にじわじわと入り込む」というイメージに展開する。滲(じわじわとしみこむ、にじむ)はこのイメージが実現されたもの。「慘」は心にある感情がじわじわとしみこむ様子を暗示させる。この意匠によって、ひどく心を痛めることを表象する。

【語義】[展開] ひどく心を痛める意味ⓐから、むごい意味ⓑに展開する。[英]miserable, tragic, wretched; cruel, inhuman [和訓] むごい ⓐ惨禍・悲惨・ⓑ惨劇・惨殺

【文献】ⓐ詩経・月出「勞心慘兮＝労心惨たり(思い疲れてつらくなる)」

【産】 11(生・6) 常 ｜ 常用音訓 サン うむ・うまれる・うぶ

【語音】*sǎn(上古) ṣăn(中古→呉セン・漢サン) chǎn(中) 산(韓)

【語源】[コアイメージ] すっきりした形になる。[実現される意味] 子をうむⓐ。[英]bear, breed

【解説】生は植物の発生に起源があるが、産の由来は全く発想が違う。子をうむ母体の形状に着目したものである。古人の出産のイメージは多分こうである。子をうむことは一つの体が切り離されて二つになること、つまり親の体から子が分離されることである。その際、母の膨れた腹は元の形に修整される。このような母体の形の変化を念頭に置いて産が造形された。下記のグループには「でこぼこなものを削って平らにする」「余計な物や邪魔な物が切り取られて表面がすっきりした形になる」というコアイメージがある。生は植物が地下から生え出るように、無から有が出てくるというイメージであるが、産は出産そのものであるから、日本語の表記法で、出産する意味の「うむ」を「産む」、その他の「うむ」を「生む」と使い分けるのは理にかなう。英語のbearは「(我慢し

て)支え持つ」がコアイメージで、動きを強調すれば「運ぶ」、動きがなければ「身につける、抱く」「実が生る」「利益を生む」、重さが強調されれば「支える、我慢する」の意味になるという(田中①)。産むの意味は三番目の意味(動きがない場合)から展開したらしい。

〈グループ〉産・剷(削って表面を平らにする)・鏟(土を削って平らにする「くわ」)

字源 「產」が正字。「彥の略体(イメージ記号)＋生(限定記号)」を合わせた字。「彥」は「┏形に美しく整っている」というイメージがあり(⇩彥)、「余計なものが取れてすっきり整った形になる」というイメージに展開する。「產」は腹の中の胎児が生まれて、膨れていた腹がすっきりとした形になる様子を暗示させる。この意匠によって、子をうむことを表象する。藤堂明保は「文(あや)＋厂(かどだつ)＋生」の会意文字で、「母体の一部がくっきりと切り離されて生まれること」とした(藤堂②)。白川静は「出生のとき、額に加入儀礼としての文身を加えることを示す字」とする(白川①)。文身を加えることから出生の意味が出たというのは意味論的におかしい。産は日常用語であり、もし入れ墨の儀礼があったとすれば、その儀礼は産という語の起源より後で発生したに違いない。

(篆)

〈字体〉「產」は旧字体。「産」は古くから書道で行われた字体。現代中国の簡体字は「产」。

語義 [展開] 子をうむ意味ⓐから、物を生み出す(作り出す)意味ⓑ、生み出されたものの意味ⓒ、生活のもとになるものの意味ⓓに展開する。うぶ(生まれた時のまま)の意味は日本的用法。[英]bear, breed; produce; product; property, estate, assets; inexperienced [熟語] ⓐ安産・出産・ⓑ産物・生産・ⓒ海産・名産・ⓓ財産・資産

文献 ⓐ韓非子・六反「父母之於子也、産男則相賀、産女則殺之＝父母の子に於けるや、男を産めば則ち相賀し、女を産めば則ち之を殺す(父母が子に対する関係は、男子を産むと祝福するが、女子を産むと殺してしまう)」ⓑ孟子・滕文公上「陳良産楚也＝陳良は楚の産なり(陳良は楚国の生まれである)」ⓒ管子・八観「計六畜之産＝六畜の産を計る(六つの家畜の生産を計画する)」ⓔ孟子・梁恵王上「若民則無恆産、因無恆心＝民の若ごときは則ち恒産無ければ、因りて恒心無し(民衆の場合は、安定した資産がなければ不変の心がない)」

【傘】 12(人・10) 常 常用音訓 サン かさ

語音 san(中古→呉・漢サン) sǎn(中) 산(韓)

語源 [コアイメージ] ∧形をなす。[実現される意味] かさⓐ。[英]umbrella

〈解説〉傘の字が現れるのは六朝時代で、その前は繖・幱と書かれた。漢の服虔の撰した通俗文(太平御覧・巻七百二の引用)に繖蓋の語がある。sanという語は散や山と同源で、「↙↘形に分散する」というイメージがあり、「∧形をなす」というイメージにも展開する。かさの形態は∧形を呈し、機能は雨を↙↘形に散らせるところにある。日本語の「かさ」は傘と笠を含むが、漢語では区別される。

字源 ∧形に開いたかさを描いた字。∧形や┳形にかざす雨傘や日傘を表す。

語義 かさの意味ⓐ。[熟語] ⓐ傘下・落下傘

文献 ⓐ魏書・裴延儁伝「服素衣、持白傘白幡＝素衣を服し、白傘・白幡を持す(白い衣服を着け、手には白い傘と白いのぼりを持つ)」

【散】 12(攴・8) 常 常用音訓 サン ちる・ちらす・ちらかす・ちらかる

語音 *san(上古) san(中古→呉・漢サン) sàn(中) 산(韓)

語源 [コアイメージ] (↙↘形や↔形に分散して)ばらばらになる。[実現さ

れる意味】ばらばらにちらばる(ちる)ⓐ。[英]disperse

【解説】*sanという語は「〈形にそぎ取ってばらばらにする」というコアイメージがあり、殺・沙・砕などと同源。また「〈の形」「∧の形」に焦点を置くと山・傘とも同源である。図形化は最初は麻の繊維を剝ぐ作業、ついで肉を処理する作業を念頭に置いて発想された。日本語の「ちる」は「固まっているものが、砕けて、四方に飛ぶ意」という(大野①)。漢語の散とほぼ同じ。英語のdisperse(散る、分散する)はラテン語のdispergere(=scatter、ばらまく)に由来するという(下宮①)。これは漢語の散と撒(まく)の関係に似ている。

【グループ】散・撒・霰(ぱらぱらと散る「あられ」)・繖(∧形に開く傘)・潸(はらはらと涙が散るさま[潸然])

字源 楷書は形が崩れて字源が不明。篆文は「㪔(音・イメージ記号)+肉(限定符号)」に分析できる。「𣏟」は麻に含まれ、麻の繊維を〈形に剝ぎ取る図形で、「ばらばらに分ける」というイメージを示す。「𣏟(イメージ記号)+攴(限定符号)」を合わせた「㪔」は、ばらばらに分散させる様子を暗示させる。これで十分「ちらばる」ことを表象しうるが、具体的状況を、肉を剝いでばらばらにする場面に設定し直したのが「散」である。

(篆) [㪔] (篆)

語義 【展開】ばらばらにちらばる(ちる)意味ⓐ。ばらばらになった状態は隙間があって締まりがなくなるので、散り散りになって締まらない(とりとめがない)の意味ⓑ、拘束されず、気ままである意味ⓒ、時間に隙間が空いている(ひまである)の意味ⓓに展開する。また、粒子の隙間が空いている薬(粉薬)の意味ⓔに用いる。日本では撒(まく)の代用字としたことから、まく意味ⓕが生じた。読みもサツからサンに変わる。[英]disperse; loose; unrestrained; leisurely; powtered medicine; sprinkle 【熟語】ⓐ散乱・分散・ⓑ散木・散漫・ⓒ散文・散歩・ⓓ散人・閑散・ⓔ散薬・胃散・ⓕ散水・散布

文献 ⓐ論語・子張「上失其道、民散久矣=上、其の道を失ひ、民散ずること久し(お上が政道を失い、民がばらばらになってから久しい)」ⓑ詩経・雲漢「散無友紀=散じて友紀無し(官僚の綱紀が緩んでいる)」

【算】 14(竹・8) 常 | 常用音訓 サン

語音 *suan(上古) suan(中古→呉・漢サン) suàn(中) 산(韓)

語源 【コアイメージ】(いくつかのものを)取りそろえる。【実現される意味】数を数えるⓐ。[英]calculate, count

【解説】古典の注釈に「算は選なり」の訓がある。*suanという語は選・全と同源で、「取りそろえる」というコアイメージをもつ。計も「いくつかのものを集めて合わせる(一つにまとめる)」というコアイメージがある。ただしそろえるものは計の場合は数そのものであるが、算の場合は計算用具(算木・かずとり)である。算の方が実際に数を勘定するイメージが強い。英語のcalculateはラテン語のcalculus(算術用の小石)が語源という(下宮①)。計算用具から発想された漢語の算とよく似ている。

【グループ】算・纂・簒(集め合わせて自分の物にする→うばう[簒奪])

字源 「具(イメージ記号)+竹(限定符号)」を合わせた字。「具」は「(必要な物を)取りそろえる」というイメージがある(⇨具)。「算」は竹の棒(計算用具)を取りそろえる情景を設定した図形。この意匠によって、数を数えることを表象する。

(篆)

語義 【展開】数を数える意味ⓐから、数の中に入る(勘定に入れる)意味ⓑ、年齢の意味ⓒ、計算用具(算木、かずとり)の意味ⓓ、計算の術(算術・数学)の意味ⓔに展開する。また、算木をそろえて数をまとめ上げる

ことから、計画を取りそろえてまとめる(はかる、はかりごと)の意味ⓕ、見積もる、見込みの意味ⓖを派生する。ⓓは筭(サ)・祘(サン)と通用。[英]calculate, count; age; reckon, take into account; counting tally; arithmetic, mathematics; plan; prospect, likelihood　[和訓] かぞえる　[熟語] ⓐ算数・計算・ⓒ算賀・宝算・ⓓ算籌・珠算・ⓔ洋算・和算・ⓕ算段・神算・ⓖ誤算・成算

文献 ⓐ孟子・告子上「或相倍蓰而無算者、不能盡其才者也＝相倍蓰(バイシ)して算無き者或(あ)るは、其の才を尽くす能はざる者なり([善と悪が]二倍また五倍と計算できないほど隔たるのは、その人が素質を発揮できないからだ)」ⓑ論語・子路「斗筲之人、何足算也＝斗筲の人、何ぞ算(かぞ)ふるに足らんや(小さな器の人物は、勘定に入れる必要はない)」ⓔ孫子・計「多算勝、少算不勝＝算多ければ勝ち、算少なければ勝たず(計略が多ければ勝ち、計略が少なければ負ける)」

【酸】14(酉・7)　常　|　常用音訓　サン　すい

語音 *suān(上古)　suan(中古→呉・漢サン)　suān(中)　산(韓)

語源 [コアイメージ] 細い・細く引き締める。[実現される意味] 調味料の一つ、す。また、すっぱい液体ⓐ。[英]vinegar

〔解説〕「す」を表す漢語は酢と酸である。酢が工程から発想された語であるのに対し、酸は性質から発想された。漢の高誘は「酸の言は鑽(切る、うがつ)なり」(淮南子の注)と述べている。舌を切るような性質の味という解釈であろう。一方、素問・蔵気法時論篇に「酸は収なり」とあり、中国医学では酢には収斂の作用があるとする。

字源 「夋(シュン)(音・イメージ記号)＋酉(限定符号)」を合わせた字。「夋」は「細い」というイメージがあり(⇩俊)、「細く引き締める」というイメージに展開する。「酸」は舌を刺激して引き締めるような感じのする液体、あるいは、身を細く引き締める効用のある液体を暗示させる。

語義 [展開]「す」の意味ⓐから、すっぱい味、また、味がすっぱい意味ⓑに展開する。また、酸味が鼻につんと来てつらい感じを与えるので、つらい・痛ましい意味ⓒを派生する。また、酸性反応する化合物や、酸素の意味ⓓに用いる。[英]vinegar; sour; sad, grieved; acid, oxygen　[和訓] す　[熟語] ⓐ胃酸・乳酸・ⓑ酸味・甘酸・ⓒ辛酸・悲酸・ⓓ酸化・酸性

文献 ⓐ素問・異法方宜論「其民嗜酸＝其の民、酸を嗜む(その[南方の]民はすっぱい食品を愛好する)」ⓑ周礼・天官・食医「凡和、春多酸＝凡そ和は、春に酸多し(一般に味の調和は、春には酸味を多目にする)」

【賛】15(貝・8)　常　|　常用音訓　サン

語音 *tsan(上古)　tsan(中古→呉・漢サン)　zàn(中)　찬(韓)

語源 [コアイメージ] 合わせそろえる。[実現される意味] 上の方へ物を進める(差し上げる・推薦する)ⓐ。[英]hold up, offer, recommend

〔解説〕賛を構成する兟(シン)はこの字のために作られたもの。このような特殊な造形には特別のイメージがこめられる(例えば寛における萈)。兟は特殊な歩き方を表す。片足を一歩進めると、別の足をその線まで踏み出して並べ、この動作を繰り返して進む。これは儀礼的な歩き方である。説文解字の歬(セン)に「行かずして進む、之を歬と謂ふ」とある。歬は前(すすむ)の原字で、足を止めてまた進むこと、つまり一旦両足をそろえて止め、それから進んでいくことをいう。前には「そろえる」というイメージがあり、*tsan(賛)という語の成立と関係がある。この語は前・揃(セン)(そろえる)・薦(すすめる)と同源である。王力は佐と賛を同源とし、助ける意味があるとする(王力②)。しかし賛の転義が佐と似ただけで、両語はコアイメージが異なる。

〔グループ〕賛・讃・攢(サン)(寄せ集めてそろえる)・纘(サン)(前の人に力を合わせて受け継ぐ)・鑽(サン)(手の力を合わせてきりもみする[鑽孔]。転じて、深く究める[研

鑽」)

字源 「贊」が正字。「兟《シン》(音・イメージ記号)＋貝(限定符号)」を合わせた字。「先」は足さきの形。これを二つ並べた「兟」は一歩進んで足をそろえた後、また一歩進む情景を設定し、「両足を合わせそろえる」というイメージを示す。これは「両手をそろえる」というイメージにも転用できる。「贊」は両足を合わせそろえてしずしずと(儀礼的に)進むのと同じように、両手をそろえて礼物を恭しく進める様子を暗示させる。藤堂明保は「先(足先)を二つ並べて、主役をたすけて、介添え役が並んで進むことを示し、貝は手に持つ礼物を表す。儀式の際、脇から主役をたすけること」とした(藤堂②)。

(篆) [兟]　(篆)

〔字体〕「賛」は近世中国で発生した「贊」の俗字。讃もこれに倣う。

語義 [展開]「合わせそろえる」というコアイメージは、両手を合わせそろえて物を上に進める(差し上げる)という意味ⓐを実現させる。また、力を合わせそろえて相手を助ける(補佐する)意味ⓑ、口(言葉)を合わせそろえて相手をほめ上げる意味ⓒ、ほめる文体、また、ほめ言葉の意味ⓓ、相手に意見を合わせそろえる(物事に一緒にあずかる、参与する)意味ⓔを派生する。ⓒは讃と通用。[英]hold up, offer, recommend; assist, support; praise; eulogy, compliment; approve [和訓] たすける・ほめる・たたえる [熟語] ⓑ賛助・協賛・ⓒ賛美・賞賛・ⓓ画賛・自賛・ⓔ賛成・賛同

文献 ⓐ礼記・月令「命大尉贊桀俊＝大尉に命じて桀俊を贊《すす》めしむ(大尉[官名]に命令して優れた人物を推薦させる)」ⓑ書経・大禹謨「益贊于禹＝益は禹を贊《たす》く(益[人名]は禹[夏王朝の始祖]を補佐する)」ⓒ戦国策・趙三「旦日贊群臣而訪之＝旦日群臣を贊《ほ》めて之を訪ふ(元旦に群臣をほめて彼らを訪問した)」

【燦】17(火・13)　人　音サン

語音 *ts'an(上古)　ts'an(中古→呉・漢サン)　càn(中)　찬(韓)

語源 [コアイメージ] ばらばらに散る。[実現される意味] 光り輝くさま・鮮やかで明るいさまⓐ。[英]brilliant, bright

〔解説〕王念孫は「粲の言は散なり」という(読書雑志)。*ts'anという語は散と同源で、「⤡形や✣形に分散してばらばらになる」というイメージがある。

〔グループ〕燦・粲《サン》(米を精白する)・餐《サン》(食べ物を歯でかみ砕いて食べる[晩餐])・璨《サン》(玉が光るさま[璨璨])

字源 「粲《サン》(音・イメージ記号)＋火(限定符号)」を合わせた字。「歺(＝歹)」は切ってばらばらにした骨の図形(⇩列)。「歺(イメージ記号)＋又(限定符号)」を合わせた「𣦼」は、骨を穿ってばらばらにする情景を設定した図形。「✣形にばらばらにする」というイメージを示す記号になる。「𣦼《サン》(音・イメージ記号)＋米(限定符号)」を合わせた「粲」は、米をついてばらばらにする様子を暗示させる。この意匠によって、米を精白することを表象する。「𣦼」「粲」の「✣形にばらばらにする」というイメージだけを取り、「燦」は火が光を発散させる様子を暗示させる。

(篆) [𣦼]　(篆) [粲]　(篆)

語義 光り輝くさまの意味ⓐ。[熟語] ⓐ燦燦・燦爛

文献 ⓐ春秋繁露・王道通三「文理燦然而厚＝文理燦然として厚し(きめは鮮やかで厚い)」

【纂】20(糸・14)　人　音サン　訓あつめる

語音 *tsuan(上古)　tsuan(中古→呉・漢サン)　zuǎn(中)　찬(韓)

語源 [コアイメージ] (いくつかのものを)取りそろえる。[実現される

［意味］色の美しい組紐（特に、赤い組紐）ⓐ。［英］silk band

字源 「算（音・イメージ記号）＋糸（限定符号）」を合わせた字。「算」は「いくつかのものを取りそろえる」というイメージがある（⇩算）。「纂」はいくつかの色糸を取りそろえて編んだ組紐を暗示させる。

語義 ［展開］組紐が原義ⓐ。「取りそろえる」というコアイメージから、寄せ集める意味ⓑ、材料を集めて書物にまとめる意味ⓒ、前の者を継ぐ意味ⓓに展開する。［英］silk band; gather; compile; continue ［熟語］ⓒ雑纂・編纂

文献 ⓐ宋玉・招魂「纂組綺縞（美しい組紐に、美しい織物）」（文選33）ⓓ楚辞・天問「纂就前緒＝前緒を纂就す（前人の業績を受け継ぎ成就する）」

【讃】22（言・15）　人　｜　音サン　訓ほめる

語音 *tsan（上古）　tsan（中古→呉・漢サン）　zàn（中）　찬（韓）

語源 ［コアイメージ］合わせそろえる。［実現される意味］ほめるⓐ。［英］praise

字源 「讚」が正字。「贊（音・イメージ記号）＋言（限定符号）」を合わせた字。「贊」は「合わせそろえる」というイメージから、口（言葉）を合わせそろえて相手をほめ上げる意味を派生する（⇩賛）。この派生義に限定するため「讚」が作られた。

語義 ［展開］ほめる意味ⓐから、ほめたたえる文体の意味ⓑ、仏をたたえる言葉の意味ⓒ、力を添えて助ける意味ⓓに展開する。［英］praise; eulogy; Budhist's hymn; assist ［熟語］ⓐ讃歌・讃辞・ⓑ画讃・自讃・ⓒ梵讃・和讃

ざん

【残】10（歹・6）　常　｜　常用音訓　ザン　のこる・のこす

語音 *dzan（上古）　dzan（中古→呉ザン・漢サン）　cán（中）　잔（韓）

語源 ［コアイメージ］削って小さくする・小さい。［実現される意味］物を損なう（殺したり害したりする）ⓐ。［英］damage, hurt

〔解説〕削ったり殺いだりすることは「小さい」「少ない」というイメージと結びつく。肖と削、少と抄などはこの例。戔のグループも「削る」と「小さい」の二つのイメージを含む。説文解字では残と戔をともに「賊（そこなう）なり」、歺を「禽獣の食する所の余なり」と解釈し、残るの意味の本字を歺とした。しかし後者は奇字であり、「のこる」の意味も「そこなう」からの展開と見ることができる。残存の残と残酷の残とはイメージが結びつきにくいが、無残に砕いた結果、形が崩れものが後にとどまるという一連の行為の前半が「そこなう」「むごい」であり、後半が「のこる」である。日本語の「のこる」は「相共に存在した仲間に退かれて、あとにとまる意」という（大野①）。これは漢語の残のⓒに当たる。

〔グループ〕残・浅・桟・銭・践・箋・盞（小さな皿［一盞］）・綫（＝線。小さな糸）・剗（小さく薄く削る）・賤（財産が少ない→卑しい［卑賤］）・餞（旅人を見送る小宴→はなむけ［餞別］）・濺（小さい水しぶき）

字源 「殘」が正字。「戔（音・イメージ記号）＋歹（限定符号）」を合わせた字。「戔」は「戈（ほこ）」を二つ重ねて、刃物で削る様子を暗示させる図形。「殘」は刃物で骨を削って小さな破片を出す様子を暗示させる。この意匠によって、損なって形が崩れることを表象する。

（甲）　（篆）　［戔］　（篆）

〔字体〕「残」は近世中国で発生した「殘」の俗字。戔に従う他の常用漢字もこれに倣う。

語義 ［展開］物を損なう（殺したり害したりする）意味ⓐ。また、生き物などを害することから、むごいことをする、むごい意味ⓑを派生する。

また、物がこわされると後に小さな破片がのこるから、のこる・のこす意味ⓒを派生する。［英］damage, hurt; cruel; remain　［和訓］そこなう　［熟語］ⓐ衰残・廃残・ⓑ残酷・残忍・ⓒ残存・残余

文献 ⓐ詩経・民労「國無有殘＝国に残有ること無からしめよ（この国に、物を残酷にこわすことがないようにさせよ）」ⓑ書経・泰誓「取彼凶殘＝彼の凶残を取る（あのむごい悪者をつかまえる）」ⓒ説苑・善説「家殘於齊而無憂色、是不慈也＝家、斉に残して憂色無きは、是れ不慈なり（家族を斉国に残して心配しないのは愛情がないということだ）」

【斬】11(斤・7)　常　常用音訓 ザン　きる

語音 *tsăm(上古)　tsam(中古→呉セム〈＝セン〉・漢サム〈＝サン〉・慣ザン)　zhǎn(中)　참(韓)

語源 ［コアイメージ］狭い隙間に割り込む。［実現される意味］木などを断ち切るⓐ。［英］cut

〔解説〕*tsăm という語は讒言の讒ザン（人間関係に割り込んで悪口を言う）や、挿入の挿（さしこむ）、椄セツ（つぎ木）などと同源で、「隙間に割り込む」というコアイメージをもつ。切る行為を表す語にはいろいろあるが（切・截・絶・裁・断・伐など）、刃物を細い隙間に割り込ませて切るという行為の前の部分に視点を置いた語が斬である。結果（切る）を表すのに原因（隙間に割り込む）に替えたレトリックといえる。

〔グループ〕斬・暫・漸・塹ザン（攻撃から身を守るため土を掘り込んだ細いみぞ［塹壕］）・嶄ザン（山が切り立って高い［嶄然］）・慙ザン（心が切られるように痛む→はじる［慙愧］）・槧ザン（木を切って削ったもの→文字を書く木の札［鉛槧］）・鏨ザン（金属を切断する工具、たがね）

字源 「車（イメージ記号）＋斤（限定符号）」を合わせた字。舌足らず（情報不足）な図形であるが、車を造る際に素材に切り込みを入れる情景を設定した図形と解釈できる。この意匠によって、刃物で断ち切ることを表象する。

（篆）

語義 ［展開］断ち切る意味ⓐから、物事が断たれる、絶やす意味ⓑ、首や胴を切って殺す意味ⓒに展開する。また、ずばりと断ち切ることから、明暗・白黒がはっきり分かれて明らか（目立つ）という意味ⓓを派生する。［英］cut; destroy; kill, behead; novel　［熟語］ⓐ斬髪・斬伐・ⓒ斬殺・斬首・ⓓ斬新

文献 ⓐ周礼・考工記・輪人「輪人爲輪、斬三材必以其時＝輪人、輪を為つくる、三材を斬るに必ず其の時を以てす（車職人が車輪を造る際、三種類の材木を断ち切るには必ず季節を選ぶ）」ⓑ詩経・節南山「國既卒斬＝国は既に卒ついに斬たゆ（国はすでにずたずたになった）」ⓒ墨子・備城門「不從令者斬＝令に従はざる者は斬る（命令に従わぬ者は斬り殺す）」

【暫】15(日・11)　常　常用音訓 ザン

語音 *dzam(上古)　dzam(中古→呉ザム・漢サム)　zàn(中)　잠(韓)

語源 ［コアイメージ］狭い隙間に割り込む。［実現される意味］わずかな時間。［英］suddenly

字源 「斬サン（音・イメージ記号）＋日（限定符号）」を合わせた字。「斬」は「狭い隙間に割り込む」というイメージがある（⇩斬）。「暫」は時の流れの中に割り込んだ隙間の時間を暗示させる。この意匠によって、わずかの時間を表象する。

語義 ［展開］久しからず（間もなく、にわかに、たちまち）の意味ⓐから、少しの間（しばし）の意味ⓑに展開する。［英］suddenly; a short while, briefly, temporarily, minute, moment　［和訓］しばらく・しばし　［熟語］ⓑ暫時・暫定

文献 ⓐ春秋左氏伝・僖公33「婦人暫而免諸國＝婦人暫くして諸これを国

に免ず（婦人はにわかに彼を故国に放免した）」ⓑ列子・楊朱「太古之人、知生之暫來、知死之暫往＝太古の人、生の暫く来るを知り、死の暫く往くを知る（大昔の人は生が来るのも死が行くのもわずかの間なのを知っていた）」

し

【之】3(丶・2) 〔人〕 〔音〕シ 〔訓〕ゆく・の・これ・この

語音 *tiəg（上古） tʃiei（中古→シ〔呉〕・〔漢〕） zhī（中） 지（韓）

語源 [コアイメージ]（目標めざして）まっすぐ進む。[実現される意味] 行くⓐ。[英]go, advance

〈解説〉古典の注釈に「之は適（まっすぐ行く）なり」の訓がある。之の中に含まれる止が「進む」というイメージの源泉である。「止」は足の形で、足は進む機能もあれば止まる機能もある。したがって止は双方のイメージを示す記号になる。

〈グループ〉之・芝・寺・志・臺（イダ）（＝台）

字源 楷書は形が崩れて字源が不明。甲骨文字・金文に遡ると「止＋一」に分析できる。「止（シ）（音・イメージ記号）＋一（イメージ補助記号）」を合わせた字。「止」は「進む」と「止まる」のイメージがある（⇩止）。「之」は目標めざしてまっすぐに進む様子を暗示させる。

（甲） （金） （篆）

語義 [展開] 行く意味ⓐ。また「まっすぐ」というコアイメージから、人や物事をまっすぐ指し示すことばⓑに用いられる（漢文で「これ」「この」と読む）。是の転義（まっすぐ→これ）と似ている。また、「A之B」というぐあいに二つを直接につなぐ働きのことばⓒに用いる（漢文で「の」と読む）。[英]go, advance; this; of

文献 ⓐ詩経・伯兮「自伯之東＝伯の東に之（ゆ）きし自（よ）り（伯さんが東に行ってから）」ⓑ詩経・関雎「求之不得＝之を求むれども得ず（彼女を求めたが得られない）」ⓒ詩経・撃鼓「執子之手＝子の手を執る（あなたの手をしっかりつかむ）」

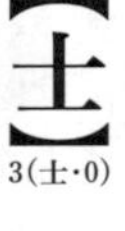

【士】3(士・0) 〔常〕 〔常用音訓〕シ

語音 *dzïəg（上古） dzïei（中古→〔呉〕ジ・〔漢〕シ） shì（中） 사（韓）

語源 [コアイメージ] まっすぐ立つ。[実現される意味] 未婚の若い男。また、成人男子の通称ⓐ。[英]bachelor

〈解説〉白虎通義・爵篇に「士は事なり。事に任ずるの称なり」とある。古人は士と事を同源の語と見ている。しかしストレートに仕事ができる者、あるいは、才能があってよく事（つか）える者といった解釈で、語の深層を捉えていない。釈名・釈言語に「事は傳（ジ）なり。傳は立なり」とあるように、事は「立つ」のコアイメージがあり、事と同源である士も「立つ」がコアイメージであるといえる。士・仕・事・史・使を「立つ・立てる」の基本義（筆者の用語ではコアイメージ）をもつ単語家族と認定したのは藤堂明保である（藤堂①）。

〈グループ〉士・仕

字源 ペニスが立つ姿を描いた図形。甲骨文字に独立した「士」はないが、牡（おす）の右側が「士」になっている。まっすぐ立つペニスという意匠によって、若く元気な男を表象する。牡器の象形としたのは郭沫若の説。

（金） （篆）

語義 [展開] 未婚の若い男、また、成人男子の意味ⓐから、官吏の構成員の一つ(大夫の次)、また、社会階層の一つの意味ⓑ、教養のある立派な男子の意味ⓒ、軍人・兵隊(さむらい)の意味ⓓ、特定の技能をもつ人の意味ⓔに展開する。[英]bachelor; officer; gentleman; warrior, soldier; specialist worker [和訓] おとこ・さむらい [熟語] ⓐ士女・壮士・ⓑ処士・ⓒ志士・名士・ⓓ騎士・兵士・ⓔ博士・文士

文献 ⓐ詩経・氓「于嗟女兮、無與士耽＝于嗟(ああ)女よ、士と耽る無かれ(ああ女よ、男にはまってはいけない)」ⓑ詩経・文王「凡周之士＝凡そ周の士(すべての周の官吏たち)」ⓒ論語・泰伯「士不可以不弘毅＝士は以て弘毅ならざるべからず(教養人は心が広く意志が強くなくてはいけない)」ⓓ老子・六十八章「善爲士者不武＝善く士為たる者は武ならず(すぐれた戦士はたけだけしくない)」

【子】 3(子・0) 常 ｜ 常用音訓 シ・ス こ

語音 *tsiəg(上古) tsiei(中古→呉・漢シ) tsï(唐ス) zǐ(中) 자(韓)

語源 [コアイメージ] 小さい。[実現される意味] こども(親から生まれた子、また、成人していない小さな子)ⓐ。[英]son, daughter, child

〔解説〕釈名・釈親属に「子は孳なり。相生じて蕃孳する(繁殖する)なり」とある。親から次々に生まれてくる過程に着目すれば、「小さなものが次々に殖える」というイメージになる。一方、こどもそのものに着目すれば「小さい」というイメージになる。前者は孳・滋と同源、後者は糸・思と同源であるが、二つのイメージは「小さい」に概括できる。*tsiəgは「小さい」というコアイメージをもち、実現される意味は、親から生まれた小さな子、あるいは、まだおとなになっていない小さな子である。日本語の「こ」はコ(小)と同根で、「古くは親から見た、息子や娘の意」という(大野②)。殷代では子は十二支のトップの序数を表した。これについて釈名・釈天に「子は孳なり。陽気始めて萌し、下より孳生するなり」と解する。「小さいものが殖える」というイメージを借りて、植物の生長段階の最初に喩え、子を十二支のトップに置いたと考えられる。十二支は十干と組み合わさって、六十進法の序数を作り、日や年を記す記号とする。また、十二支は後漢の頃に動物に配当され、日本では次のように読む。

子シ(ね)・丑チュウ(うし)・寅イン(とら)・卯ボウ(う)・辰シン(たつ)・巳シ(み)・午ゴ(うま)・未ビ(ひつじ)・申シン(さる)・酉ユウ(とり)・戌ジュツ(いぬ)・亥ガイ(い)

〔グループ〕子・字・仔・孜

字源 二つの図形がある。Aはよちよち歩きの小さなこどもを描いた図形。Bは頭に髪の毛が生えてきた子どもを描いた図形。Bによって十二支のトップを表したが、やがてAとBは統合され、「子」だけが残った。

A(甲) (金) (篆) 

B(甲) (金) (古) (籀)

語義 [展開] こどもの意味ⓐから、男、また、女の意味ⓑ、男子の敬称ⓒ、先生の意味や人名に添える尊称ⓓ、人の意味ⓔ、二人称、あるいは相手を親しく呼ぶことばⓕ、生物の初めて生まれたもの(卵や種)の意味ⓖに展開する。また、「小さい」というコアイメージがあるので、小さいものの意味や小さい・かわいいなどの意を添える接尾語ⓗに転用される。また、十二支の第一位(ね)ⓘに用いる。[英]son, daughter, child; man or woman; gentleman; master; person; you; seed, egg; suffix; the first earthly branch [和訓] ね [熟語] ⓐ子息・長子・ⓑ女子・男子・ⓒ君子・ⓓ孔子・老子・ⓔ才子・遊子・ⓖ種子・卵子・ⓗ椅子・菓子・ⓘ子午・甲子

文献 ⓐ詩経・凱風「有子七人、母氏勞苦＝子七人有り、母氏労苦す

（七人の子がいて、母の苦労の種）」ⓑ詩経・桃夭「之子于歸＝之の子于に帰ぐ（この娘は嫁に行く）」ⓒ詩経・関雎「君子好逑＝君子の好逑（殿方の良き連れ合い）」ⓓ論語・子罕「子在川上曰＝子、川上に在りて曰く（先生は川のほとりでおっしゃった）」ⓕ詩経・氓「將子無怒＝将ふ子よ怒る無かれ（どうぞあなた怒らないで）」ⓘ春秋・僖公9「甲子晉侯佹諸卒＝甲子、晋侯佹諸卒す（きのえねの日、晋侯の佹諸が死んだ）」

【巳】3(巳・0)

語音 ＊diəg（上古） ziei（中古→㊀ジ・㊁シ） sì（中） 사（韓） 音シ 訓み

語源 ［コアイメージ］起こり・始まり。［実現される意味］十二支の第六位ⓐ。［英］the sixth earthly branch

〔解説〕非常に古く殷代に始まった循環的序数詞の一つ十二支のための専用字である。巳の字源については議論が多い。説文解字が包の条で巳を「子の未だ形を成さざるに象る」と説明しているのが妥当である。ただし胎児という意味ではなく、物の起こり・始まりというイメージを示す。十二支は象徴化の方法で図形化がなされている。植物が盛んに生長する段階である辰の後に種子のでき始めることを象徴する巳を配置した。白虎通義・五行篇に「巳なる者は物必ず起こるなり」とある。

〔グループ〕巳・祀（始祖・先祖を祭る→まつり［祭祀］）

字源 胎児の姿を描いた図形。包・熙に含まれる巳と同じ。説文解字では蛇の形としたが、胎児の形とするのは章炳麟の説。

（甲）  （金）  （篆）

語義 十二支の第六位ⓐ。十干と組み合わせて日・年を記す。時刻では午後九時から十一時までの二時間。方位では南南東。日本では「み」と読む。後漢の頃、蛇に配当されたことによる。［熟語］ⓐ上巳

文献 ⓐ春秋・隠公3「春王二月己巳、日有食之＝春王の二月己巳、日之を食する有り（二月つちのとみの日、日食があった）」

【支】4(支・0)

語音 ＊kieg（上古） tʃiĕ（中古→㊀・㊁シ） zhī（中） 지（韓） 常用音訓 シ ささえる

語源 ［コアイメージ］Y形に枝分かれする・細かく分かれる。［実現される意味］草木のえだⓐ。［英］branch

〔解説〕植物のえだは幹から分かれたもので、たいてい「Y」の形や「木」の形を呈する。王力は支・枝・肢・翅を同源とする（王力①）。これは表層レベルの語源説。藤堂明保は深層構造を捉え、支のグループ全体が解のグループ、隔のグループと同源で、「ばらばらに分かれる」という基本義があるとする（藤堂①）。「Yの形に枝分かれする」というイメージは「細かく分かれる」「ばらばらになる」というイメージにも展開する。このイメージの図形化は竹の枝を持つ情景から発想された。日本語の「ささえる（ささふ）」は「つっぱって、物の重みを持ちこたえる」意と、「行く手をさえぎる。邪魔をしてさまたげる」意があり、前者は漢語の支、後者は障にほぼ当たる。また「つかえる（つかふ）」は「ささえる」意と「突き当たって障害となる物のために、ひっかかったり、ふさがったりする」意がある（以上、大野①）。邪魔をする意味は漢語の支にない。

〔グループ〕支・枝・技・岐・肢・伎・妓（歌舞の技をもつ女性［芸妓］）・庋（食器などを支えて載せる棚［庋閣］）・歧（枝分かれした道［歧路］）・忮（心が分かれてそむく→さからう）・翅（枝のように分かれ出たつばさ［後翅］）・跂（足の指先が分かれている。また、つまさき立つ［跂及］）・屐（分かれた歯をもつ履き物、下駄の類［木屐］）・芰（果実に∧形の尖った角のある植物、ヒシ）

字源 楷書は形が崩れたが、篆文は「个＋又」に分析できる。「个」は「竹」の半分を取ったもの。「个（一本の竹の枝）＋又（手）」を合わせた「支」は、木形の竹の枝を手に持つ情景を設定した図形。

(篆)

語義 [展開] えだの意味ⓐから、本や幹に対するものの意味ⓑ、本体から枝分かれする、また、枝分かれしたものの意味ⓒ、ばらばらになる意味ⓓ、分けて出す(配分する、案配する)意味ⓔに展開する。また、「Y形に分かれる」というイメージから、物をYの形に(つっかい棒で)ささえる、じっとささえて持ちこたえるという意味ⓕを派生する。また、日本語では「ささえる」から「つかえる」に転義するので、邪魔をする(さしつかえる)意味ⓖに用いる。ⓐは枝と通用。[英]branch(ⓐ~ⓒ); offshoot; ramify; separate; distribute; support; interfere, hinder [和訓] つかえる [熟語] ⓑ支線・干支・ⓒ支流・分支・ⓓ支解・支離・ⓔ支出・収支・ⓕ支援・支持・ⓖ支障

文献 ⓐ詩経・芄蘭「芄蘭之支＝芄蘭(ガンラン)の支(ガガイモのえだ)」ⓑ詩経・文王「文王孫子、本支百世＝文王の孫子、本支百世(文王の子孫は、本家と分家[一族]が百代の後までも)」ⓕ戦国策・東周「粟支數年＝粟、数年を支ふ(食糧は数年間持ちこたえる)」

【止】 4(止・0) 常

常用音訓 シ　とまる・とめる

語音 *tiag(上古)　tʃei(中古→シ(呉)・(漢))　zhǐ(中)　지(韓)

語源 [コアイメージ] 一所にじっと止まる。[実現される意味] 進行をとめてじっとする(とめる・とまる)ⓐ。[英]stop

〔解説〕足の機能は進むことにあるが、また、一定の場所にとまることにもある。足(趾)を意味する*tiagという語が「とまる」の意味をもつようになるのには必然性がある。漢字の構成記号になる時、止は「進む」というイメージも表すことができるが、普通は之で表される。止の訓は「とまる」「とどまる」「やむ」が代表的。「とどまる」は大きな進行はストップするが、その後の小さな動きはある状態(足踏みの状態)、「とまる」は一切の進行がストップする状態、「やむ」は現象や動作が消えてなくなる状態だという(大野①)。漢語の止はこれらを同時に含む(例文のⓐは「とまる」、ⓑは「やむ」、ⓒは「とどまる」に当たる)。別の語では、「とまる」は停、「やむ」は已、「とどまる」は留にほぼ相当する。常用漢字表に止にも「とどまる」の訓があってよい。英語のstopは「動いている物を止める、停止させる」、また「活動などを止める、中止する、…するのをやめる」、ceaseは「続けていたことを止める、中止する」、stayは「人がある場所や同じ場所にとどまる」、remainは「ある場所にそのまま居残る」の意という(小島①)。漢語の止はこれらとほぼ対応する。

〔グループ〕止・祉・歯・市・趾(シ)(あし[趾骨])・址(シ)(あと、土台[城址])・阯(シ)(あと、土台)・徙(シ)(うつる・うつす)・沚(シ)(川で土砂が止まってできた中州)・芷(シ)(香りが進んでいく草、ヨロイグサ[白芷(ビャクシ)])

字源 足(foot)を描いた図形。

(甲)　(金)　(篆)

語義 [展開] 進行や動きをとめる・とまる意味ⓐ、物事をするのをやめる(やむ)意味ⓑ、一所にじっととまっている(とどまる)意味ⓒに展開する。また、足が進んだり止まったりすることから、立ち居振る舞いの意味ⓓを派生する。[英]stop(ⓐⓑ); cease; stay, remain; deportment [和訓] とどまる・とどめる・やむ・やめる・よす [熟語] ⓐ止血・禁止・ⓑ休止・中止・ⓒ静止・停止・ⓓ挙止・容止

文献 ⓐ詩経・桑柔「靡所止疑＝止疑する所靡(な)し([この国では]足を止める所がない)」ⓑ論語・季氏「不能則止＝能はざれば則ち止(や)む(できなければやめるまでだ)」ⓒ詩経・陟岵「猶來無止＝猶来りて止(とど)まること無かれ([戦地に]とどまらず帰ってきておくれ)」ⓓ詩経・相鼠「人而無止＝人にして止(シ)無し(人のくせして振る舞いがなってない)」

【氏】 4(氏・0)　常　常用音訓　シ　うじ

語音 *dhieg(上古)　ʒiĕ(中古→呉ジ・漢シ)　shì(中)　씨(韓)

語源 [コアイメージ] ㋐薄い・㋑分ける。[実現される意味] 共通の血筋を分かち持つ族集団(うじ)ⓐ。[英]clan name, family name

〈解説〉語源も字源も難しい字である。古来納得できる説がない。字源については郭沫若が匙(さじ、スプーン)の形と解したのがよい。ただしスプーンの意味に使われず、比喩的に使われる。スプーンは形態の面から「薄くて平ら」のイメージをもち、機能の面から「(食物を)取り分ける」というイメージをもつ。後者は「一つのものから次々に分ける」というイメージがあるので、もとの一族から血を分けた仲間であることを示す標識を表す。前者のイメージは紙(薄いかみ)と舐(薄い舌でぺろりとなめる)に反映されている。藤堂明保は*dhiegという語は地・通・易などと同源で、「薄く平らに伸びる」という基本義があるとするが(藤堂①)、㋑の「分ける」のイメージは想定していない。日本語の「うじ(うぢ)」は「血縁関係のある家族群で構成された集団」(広辞苑)の意で、漢語の氏とほぼ一致する。

〈グループ〉氏・紙・舐(なめる[舐犢])

字源 スプーンを描いた図形。藤堂明保は「うじ」に用いるのは仮借とする(藤堂②)。

(金)　(篆)

語義 [展開] 女性の血筋をたどる氏族の標識を姓といい、それから分かれた小集団を氏という。一般に、氏族や家族の血筋を示す標識の意味ⓐ。また、既婚の女性の意味ⓑ、王朝名・国名・官職名などにつける語ⓒ、人の名に添える敬称や、人を指すのに添える語ⓓに用いる。[英]clan name, family name; married woman; title used after the name of dynasty, etc.; honorific for a person [熟語] ⓐ氏名・姓氏・ⓒ神農氏・媒氏・ⓓ諸氏・某氏

文献 ⓐ春秋穀梁伝・宣公10「氏者擧族出之之辭也＝氏なる者は族を挙げて之を出だすの辞なり(氏とはどの族から出たかを示す言葉である)」ⓑ詩経・凱風「母氏勞苦＝母氏労苦す(母者人は苦労する)」

【仕】 5(人・3)　常　常用音訓　シ・ジ　つかえる

語音 *dzïəg(上古)　dʒïei(中古→呉ジ・漢シ)　shì(中)　사(韓)

語源 [コアイメージ] まっすぐ立つ。[実現される意味] 身分のある人につかえるⓐ。[英]serve

〈解説〉日本語の「つかえる(つかふ)」はツク(下から上方へ突きあげ、捧げるようにする意)+アフ(相手の重みや心の動きに合わせる意)で、「下で、君主の意向に合わせるように両手で捧げる意」が原義で、「捧げ持つ気持ちで奉仕する」意味に展開するという(大野①)。漢語の仕は士にコアイメージの源泉があり、貴人のそばで立って世話をするというイメージの語である。

字源 「士(シ)(音・イメージ記号)+人(限定符号)」を合わせた字。「士」は「まっすぐ立つ」というイメージがある(⇨士)。「仕」は貴人のそばに立って控える様子を暗示させる。この意匠によって、他の人のそばで世話をしたり、ある役目をつとめたりすることを表象する。

語義 [展開] 身分のある人につかえる意味ⓐから、朝廷・政府につかえて役人になる意味ⓑに展開する。仕事・雑用をする意味ⓒは日本的用法。また、「する」の連用形の「し」の宛字ⓓに用いる。[英]serve; become an official; work; do [和訓] つかまつる [熟語] ⓐ勤仕・奉仕・ⓑ仕官・出仕・ⓒ給仕(キュウジ)・ⓓ仕儀・仕様

文献 ⓐ詩経・四月「盡瘁以仕＝尽瘁(ジンスイ)して以て仕ふ(へとへとになるまであなたに仕えた)」ⓑ論語・公冶長「令尹子文三仕爲令尹＝令尹子文、

三たび仕へて令尹と為る(令尹子文は三度出仕して令尹[官名]となった)」

【仔】5(人・3) 人 ─ 音シ 訓こ

語音 (1)*tsiəg(上古) tsiei(中古→呉・漢シ) zǐ(中) 자(韓) (2)tsiei(中古→呉・漢シ) zǐ(中) 자(韓)

語源 [コアイメージ] 小さいものが殖える・小さい。[実現される意味] 仕事に堪えてがんばるⓐ。[英]burden

字源 「子(音・イメージ記号)+人(限定符号)」を合わせた字。「子」は「小さいものが殖える」「小さい」というイメージがある(⇨子)。「仔」は細々と煩わしい仕事によく堪える様子を暗示させる。

語義 [展開] 細かい仕事によく堪えてがんばる意味ⓐが本義(1の場合)。後に字面から、子をストレートに解釈して、動物の幼い子の意味ⓑ、細かい・細々としている意味ⓒに用いる(2の場合)。[英]burden; young animal; meticulous [熟語] ⓒ仔細(=子細)

文献 ⓐ詩経・敬之「佛時仔肩=時の仔肩を仏けよ(私の任務を助けてほしい)」

【史】5(口・2) 常 ─ 常用音訓 シ

語音 *ṣïəg(上古) ṣïei(中古→呉・漢シ) shǐ(中) 사(韓)

語源 [コアイメージ] まっすぐ立てる。[実現される意味] 出来事を記録する役人・記録を司る官吏ⓐ。[英]official historian

〔解説〕王力は史・事・士・仕を同源とするが、「事柄、仕事」という表層の意味しか捉えていない(王力①)。これらの語に「立つ・立てる」という深層構造を捉えたのは藤堂明保である(藤堂①)。なぜ史はこのイメージを根源にしているのか。史とは過去の出来事を記録する役人であり、また、出来事そのものである。しかし出来事は記憶の中にしか存在せず、見ることはできない。この見えない出来事を立ち上げて見えるようにすること、それが史官の役目であり、また歴史にほかならない。英語のhistoryはギリシア語のhistōr(知ること、識者、賢者)から来ているという(下宮①)。歴史という概念は、漢語の史でも英語のhistoryでも、出来事を認識する知識人の介在があるらしい。

字源 楷書は形が崩れて分析不能。古代文字に遡ると「中+又」に分析できる。「中」は枠の中を棒が貫く形。ただし中央の中を表すのではなく、筆のような筆記用具を入れた器の形と考えられる。「又」は手の形。したがって「史」は筆記用具を手に持つ情景を設定した図形。この意匠によって、出来事を記録する役人を暗示させる。字源については諸説紛々である。簡(竹簡・木簡)、筆、使者のしるしである節、干(ほこ)、狩猟用具をもつ形等々がある。藤堂は「記録を記した竹札を筒に入れて立てている記録役の姿」(藤堂②)、加藤常賢は「会計の計算書を掌ることを仕事とする意」(加藤①)、白川静は「口(祝詞を入れる器)をつけた木を右手に持ち、高く捧げて神に祈り祭るの意味」とする(白川②)。後の二説は図形的解釈をそのまま意味としたものだが、こんな意味が実際にあったとは考えられない。

(甲) (金) (篆)

語義 [展開] 出来事を記録する役人の意味ⓐから、出来事を記した文書の意味ⓑ、出来事の意味ⓒ、また、文章に携わる人の意味ⓓに展開する。[英]official historian; historical records; history; person of letters [和訓] ふひと・ふみ・さかん [熟語] ⓐ史官・太史・ⓑ正史・野史・ⓒ史学・歴史・ⓓ侍史・女史

文献 ⓐ詩経・賓之初筵「或佐之史=或いは之が史を佐く(あるいは記録係の補佐をする)」ⓑ論語・衛霊公「吾猶及史之闕文也=吾、猶史の闕文に及ぶなり(私はどうやら史書に欠けた文章を見ることができた)」ⓒ史記・周本紀「讀史記=史記を読む(歴史を記した書を読む)」

【司】5(口・2)　常　常用音訓 シ

語音 *siəg(上古)　siei(中古→呉・漢シ)　sï(唐ス)　sï(中)　사(韓)

語源 [コアイメージ] ㋐小さい・㋑狭い隙間から出入りする。[実現される意味] 様子をうかがう。[英]watch

〔解説〕字源は説文解字に「司は反后に従ふ」とある通り、司と后は鏡文字で対をなす。后は肛門→後ろの穴→大きい→厚いとイメージが転化し、その反対の司は、尿道→前の穴→小さい→細い・狭いとイメージが転化する。ただし実現される意味は司と后とで対にならない。司は「小さい」「狭い穴から出入りする」というイメージをもつ*siəgを表記し、后は「後ろ」「厚い」というイメージをもち、後を継ぐ王を意味する*ɦugを表記する。藤堂明保は司のグループ、思のグループ、また息・塞・色などを同じ単語家族にくくり、「狭い穴・狭い穴をこする」という基本義があるとする(藤堂①)。狭い隙間から様子をうかがうことが司である。これから役人の仕事や役所の意味が生じる。様子を伺って仕事を取り仕切るという意味である。和訓の「つかさどる」はツカサ(官職、役目)+トル(取)で、「主たる位置を占めて物事をとりしきる」「役所の事務に主となってあたる」の意という(大野①)。

〔グループ〕司・伺・詞・嗣・飼・覗シ(狭い隙間からのぞき見る)・祠シ(神意を伺うほこら[祠堂])・笥シ(狭い隙間を出入りする箱[簞笥])

字源 「人(左向きの人の形)+口(穴)」を合わせた字。これは「匕(右向き向き人の形)+口(穴)」を合わせた「后」の鏡文字である。「后」が後ろの穴(肛門)を想定した図形であるのに対し、「司」は前の穴(尿道)を想定した図形。ただしそのような意味を表すのではなく、比喩的に「小さい」「狭い穴」「狭い隙間から出入りする」というイメージを示す記号となる。この意匠によって、狭い隙間から様子をうかがうことを表象する。加藤常賢は后を後竅(肛門)、司を前竅とする(加藤①)。藤堂は「人+口(穴)」の会意文字で、「小さい穴からのぞくこと」とする(藤堂②)。

(甲) 　(金) 　(篆)

語義 [展開] 範囲を限定してよく様子をうかがい見る意味ⓐから、役所で仕事の範囲を細かく分けて、一つの仕事だけをよく見極める(一つの役目だけを担当する、つかさどる)意味ⓑ、一つの役目を担当するもの(役人、つかさ)の意味ⓒ、役所の意味ⓓに展開する。のちⓐは伺・覗と書いて、司から分化させた。[英]watch; take charge of, manage, administer; officer; office [和訓] つかさ・つかさどる [熟語] ⓐ司察(=伺察)・ⓑ司直・司命・ⓒ上司・有司・ⓓ写経司

文献 ⓐ荀子・王覇「欲司間=間を司うかがはんと欲す(隙間から様子を見ようとした)」ⓑ管子・宙合「耳司聴=耳は聴を司る(耳は聴覚の働きを担当する)」ⓒ詩経・緜「乃召司空、乃召司徒=乃ち司空を召し、乃ち司徒を召す(時に建設大臣を召し出し、時に労働大臣を召し出す)」

【只】5(口・2)　人　音シ　訓ただ

語音 *tieg(上古)　tʃiĕ(中古→呉・漢シ)　zhǐ(中)　지(韓)

語源 [コアイメージ] まっすぐで短い。[実現される意味] 歌のリズムを調節することばⓐ。[英]particle

〔解説〕詩経や楚辞でリズムを調節するために使われる囃しことばである。矢・旨と同源の語で、「まっすぐで短い」というイメージがある。

〔グループ〕只・咫シ(尺より短い長さ[咫尺])・枳キ(短い刺の出る木、カラタチ[枳殻])・軹シ(轂から抜け出た車軸の短い端)

字源 「口+八(左右に分かれる)」を合わせて、口から息が出ていく情景を設定した図形。説文解字に「気の下に引くの形に象る」とある。

(篆)

語義 [展開] リズムを調節することばⓐで、感嘆や呼び掛けを表すのに用いる。唐の頃から祇シ・秖シ・啻シの代わりに用いられ、ただそれだけ・一筋に(ひたすら・ただ・ただし)の意味ⓑ。無料の意味ⓒは日本的用法。[英]particle; only; free [熟語] ⓑ只管打坐シカンタザ

文献 ⓐ詩経・樛木「楽只君子=楽しいかな君子(楽しいよ殿方は)」(只は訓読しない)

【四】 5(口・2) 常 常用音訓 シ よ・よつ・よっつ・よん

語音 *sied(上古) sii(中古→呉・漢シ) si(中) 사(韓)

語源 [コアイメージ] 分散する・二つに分かれる。[実現される意味] 数詞の4(よっつ)ⓐ。[英]four

[解説] 数詞の成り立ちは未分化の状態(一)→両側に分かれて並ぶ状態(二)→別の物が入り交じる状態(三)と進む。これで小さな終結がある。古人は「三は数の成なり」「三は数の小終なり」などと述べている。次の4は元の状態に戻って、*sied と命名された。これは死・西などと同源の語で、「ばらばらになる」というイメージがある。未分化の状態というよりは分散の状態である。古人は「四は支(手足のように四つに分かれる)なり」と言っている。数詞の4の図形化は始めは4本の横線を引いた「亖」であった。これは物がよっつあることを示すとともに、分散のイメージを表している。しかし4の性質が2と2にうまく両分できる数であるがわかると、別の図形が考案された。これが四である。藤堂明保は四を「こまかく分かれる」という基本義をもつ死・西・私・細・洗などと同じ単語家族に収め、「細かに分割される数」とした(藤堂①)。

[グループ] 四・呬キ(息が分かれ出る)・柶シ(食べ物を取り分けるさじ、スプーン)・駟シ(四頭立ての馬)

字源 「囗(区画を示す符号)+八(二つに分ける符号)」を合わせた字。区画を二つに分ける様子を暗示させる図形。4は数の性質から見れば2と2に分けられる。三から四への字体換えは数の認識の変化のほかに、図形の紛らわしさを防ぐ理由もある。藤堂は「口から出た息がばらばらに分かれること」を示し、呬キの原字とする(藤堂②)。白川静は「口を開いて笑う形」で、数に用いるのは仮借とする(白川②)。

(甲) (金) (古) (篆)

語義 [展開] 数詞の4の意味ⓐ、序数詞の4番目の意味ⓑ、度数の4回(よたび)の意味ⓒ、四方に(よもに)の意味ⓓに展開する。[英]four; fourth; four times; all sides [和訓] よも [熟語] ⓐ四季・四肢・ⓑ四月・四更・ⓒ再三再四・ⓓ四顧・四散

文献 ⓐ詩経・干旄「良馬四之=良馬は四つ(良い馬が四頭)」(之はリズム調節詞)ⓑ詩経・七月「四之日其蚤=四の日其れ蚤やはし(四の日には早起きする)」

【市】 5(巾・2) 常 常用音訓 シ いち

語音 *dhiag(上古) ʒiei(中古→呉ジ・漢シ) shi(中) 시(韓)

語源 [コアイメージ] (足を)止める。[実現される意味] 商品を売買する所(いちば)ⓐ。[英]market

[解説] 字源は難しい。語源については説文解字で「売買するものの之ゆく所なり」と、之で説明している。商品の売買に人が行く所だという。孫詒譲は金文に基づいて、止が之に間違われたもので、人が集まり止まる所だという。之も止も足と関係があり、「進む」と「止まる」の双方のイメージがある。市場は買い手が行く所でもあり、売り手が足を止めさせる所でもある。市場や井戸端は人の集まる所だから、市井はまちの意味になる。英語のcityはこれと起源が異なる。ラテン語のcivitās(市民の共同体)に由来するという(下宮①)。

字源 楷書は形が崩れた。篆文も分析が困難。金文に遡ると「止(また

は之)＋兮」になっている。「止」は足を描いた図形。足は進む機能もあれば止まる機能もある(⇩止)。したがって「止」と「之」はとめるイメージもすすむイメージも表すことができる。「兮」は「八(分かれる)＋丂(一線につかえる)」を合わせて、のどにつかえた息をぱっと発散する様子を暗示する図形。この意匠によって、ヘイ、ホーという間拍子、合いの手、囃しことばを表す。「止ｼ(音・イメージ記号)または之ｼ(音・イメージ記号)＋兮(イメージ補助記号)」を合わせた「市」は、やってくる人に声をかけて呼び止める情景を設定した図形。この意匠によって、大勢の人が集まって物品の売買・交易をする所を表象する。藤堂明保は「兮(＝平)＋音符止」を合わせて、「売り手・買い手が集まって足を止め、平衡の取れた価を出す所の意」とする(藤堂②)。

(金)　(篆)

語義 [展開] 物を売買する所の意味ⓐから、「買う」また「売る」という動詞ⓑにも使われる。また、大勢の人の集まり住む所(町)の意味ⓒ、行政区画の単位の一つⓓを派生する。[英]market; buy, sell, deal; city; municipality [熟語] ⓐ市価・市場・ⓑ市恩・ⓒ城市・都市・ⓓ市電・市立

文献 ⓐ詩経・東門之枌「市也婆娑＝市に婆娑(ばさ)たり([女らは]市場でハタハタと舞っている)」ⓑ論語・郷党「沽酒市脯不食＝沽酒・市脯は食はず(市販の酒は飲まないし、市販の乾し肉は食べない)」ⓒ孟子・万章下「在國曰市井之臣、在野曰草莽之臣＝国に在るを市井の臣と曰ひ、野に在るを草莽の臣と曰ふ(仕官しないで都に住まう人を市井の臣、民間に住まう人を草莽の臣という)」

【矢】5(矢・0) 常 ｜ 常用音訓 シ　や

語音 *thier(上古) ʃi(中古→呉・漢シ) shǐ(中) 시(韓)

語源 [コアイメージ] まっすぐで短い。[実現される意味] やⓐ。[英]arrow

[解説] 釈名・釈兵に「矢は指なり。其の指向する所有りて迅疾なるを言ふ」とある。目標を目指して迅速に飛ぶという機能面から語源を説く。指は「まっすぐ」というコアイメージがあるから、「まっすぐで短い」という形態のイメージで捉えることもできる。

[グループ] 矢・知・薙・雉ﾁ(短い距離をまっすぐ飛んですぐ降りる鳥、キジ)

字源 「や」の姿を描いた図形。

(甲)　(金)　(篆)

語義 [展開] 「や」の意味ⓐ。「まっすぐ」というイメージから、直線状に並べる(敷き並べる、つらねる)という意味ⓑや、言葉をまっすぐに述べる(ちかう)という意味ⓒを派生する。また、まっすぐで短い「くそ」の意味ⓓにもなる。[英]arrow; display; swear; dung [熟語] ⓐ弓矢・嚆矢・ⓒ矢言・ⓓ馬矢

文献 ⓐ詩経・大東「周道如砥、其直如矢＝周道は砥(とい)の如く、其の直(なお)きこと矢の如し(周への道はといしのように平らかで、矢のようにまっすぐだ)」ⓑ詩経・巻阿「矢詩不多＝詩を矢(つら)ぬること多からず(述べた詩の文句は多くはない)」ⓒ詩経・大明「矢于牧野＝牧野に矢(ちか)ふ(牧野[地名]で誓いを立てた)」

【弛】6(弓・3) 人 ｜ 音シ・チ　訓ゆるむ・ゆるめる・たるむ

語音 *thieg(上古) ʃiě(中古→呉・漢シ・[慣]チ) chí(中) 이(韓)

語源 [コアイメージ] くねくねと曲がる・ずるずると延びる。[実現される意味] 弓の弦を外してゆるめる(ゆるむ)ⓐ。[英]loosen, slacken

字源 「也ﾔ(音・イメージ記号)＋弓(限定符号)」を合わせた字。「也」は「くねくねと曲がる」「横にずるずると延びる」というイメージがある

〈⇩也〉。「弛」はぴんと張った弓の弦が解けてくねくねと曲がって間延びする様子を暗示させる。

語義 ［展開］弓の弦を外してゆるめる（ゆるむ）意味ⓐから、張り詰めた状態を間延びさせる（緊張が解ける、だらける、たるむ）ⓑ意味に展開する。［英］loosen, slacken; relax ［熟語］ⓑ弛緩・弛張

文献 ⓐ春秋左氏伝・襄公18「弛弓而自後縛之＝弓を弛めて後ろ自ょり之を縛す（弓をゆるめて彼を後ろから縛った）」ⓑ礼記・雑記「張而不弛、文武弗能也＝張りて弛めざれば、文武も能はず（緊張しているだけでゆったりしなければ、文王・武王も能力を発揮できない）」

【旨】6(日・2) 常 ｜ 常用音訓 シ むね

語音 *tier(上古) tʃii(中古→呉・漢シ) zhǐ(中) 지(韓)

語源 ［コアイメージ］㋐まっすぐ・㋑深い。［実現される意味］味がうまい（おいしい）ⓐ。［英］delicious, tasty

〔解説〕王力は指・旨・恉シを同源とする（王力①）。爾雅・釈言に「指は示なり」とあるように、旨・指・恉は示と同源で「↑の形にまっすぐさし示す」のコアイメージをもつ。ところが旨は古典では「うまい」という意味で使われている。旨の意味構造はいったい何か。うまい味は舌にまっすぐ伝わるというイメージがある。また「↑形にまっすぐ」のイメージは視点を変えれば「↓形に深く」というイメージにも転化しうる。舌に乗せてまっすぐ伝えて（あるいは、舌の中に深く浸透させて）味わうことが旨の意味である。訓の「うまい（うまし）」は㋐味がおいしい意と、㋑「満ち足りて心地よい。美しく立派な感じがする」意がある（大野②）。これは漢語の美と似ている。しかし漢語の旨には㋑の意味はない。また「むね」はムネ（棟）・ムネ（胸）と同根で、「家の最も高い所で一線をなす棟のように、筋の通った最高のもの、また一つの趣旨」の意という（大野①）。漢語の旨は指し示す内容のことで、「むね」と似た意味になる。

〔グループ〕旨・指・脂・詣・稽・恉シ（指し示す内容）・嗜シ（深く味わう→たしなむ［嗜好］）・蓍シ（年を経て多くの茎を生じて、吉凶を深く知るようになるという霊的な植物、ノコギリソウ。〈日〉メドハギ）・鮨キ・ゲイ（長い時間をかけて深い味を出した魚の塩漬け→魚の塩から。「すし」は国訓）・鴲シ（脂肪のようにてかてかとした光沢のあるくちばしをもつ鳥、イカル。〈日〉シメ）

字源 楷書は形が崩れたが、篆文は「匕＋甘」から成る。「匕」はスプーンの形で、匙（さじ）や眞（＝真）に含まれている。「甘」は口に物を含む形。「甘（イメージ記号）＋匕（イメージ補助記号）」を合わせた「旨」は、スプーンで食べ物を舌に乗せて味わう情景を設定した図形。この意匠によって、味がうまいことを表象する。図形はコアイメージを反映していない。

（甲）　（金）　（篆）

語義 ［展開］味がうまい（おいしい）意味ⓐ。舌に乗せて味がまっすぐ伝わるというイメージから、まっすぐ指し示す内容（伝えたい意向）の意味ⓑを派生する。ⓑは後に恉とも書かれる。［英］delicious, tasty; content, purport ［和訓］うまい ［熟語］ⓐ旨酒・ⓑ主旨・要旨

文献 ⓐ詩経・魚麗「君子有酒、旨且多＝君子酒有り、旨く且つ多し（主人のふるまう酒は、うまくてたっぷり）」ⓑ易経・繫辞伝下「其旨遠、其辭文＝其の旨は遠く、其の辞は文かざる（易の指し示す内容は遠大で、その言葉にはあやがある）」

【此】6(止・2) 人 ｜ 音シ 訓これ・この

語音 *ts'ier(上古) ts'iě(中古→呉・漢シ) cǐ(中) 차(韓)

語源 ［コアイメージ］㋐そろって並ぶ・㋑ぎざぎざでそろわない。［実現される意味］近い物事を指すことばⓐ。［英］this, here

〔解説〕藤堂明保は此を斉のグループ、妻のグループ、次のグループと

同じ単語家族に入れ、「そろって並ぶ」という基本義があるとする(藤堂①)。ところが下記の此のグループは「ちぐはぐでそろわない」というイメージが共通である。矛盾しているように見える。しかしそろったが故にそろわないというイメージに転ずる事態がある。それはつんのめる姿勢である。歩いていた両足がそろってバランスを崩し、前のめりになる。そうすると体形が傾いてそろわない状況になる。これを視覚化した図形が此である。前屈みの姿勢は∠形のイメージがある。これは⋀⋀(ぎざぎざ・ちぐはぐ)の形のイメージに展開する。

〔グループ〕雌・紫・此・柴・砦・些・嘴シ(＝觜。上下に∧∨の形を呈するくちばし[乳嘴])・泚セイ(水がちぐはぐににじみ出る)・玼セイ(色がちぐはぐに入り乱れる)・眦サイ(∠形をなす目尻、まなじり[睚眦])・疵シ(ぎざぎざしたきず[瑕疵])・茈シ(ムラサキ、紫草)・髭シ(ぎざぎざしたひげ[髭鬚])・胔シ(ぎざぎざした筋肉)・跐シ(足がつんのめって滑る)・鮆セイ(＝鱭。刀で切りそろえたように細い体形の魚、エツ)

字源 「匕(イメージ記号)＋止(限定符号)」を合わせた字。「匕」は「人」(正常に立つ人)の鏡文字で、変な姿勢に傾く人を示す。頃の左側と同じ。「此」は左右の足を交互に出して歩いてきた人が、両足を並べて前のめりになって傾く情景を設定した図形。ただしそんな意味を表すのではなく、彼(かれ)と対になる指示代名詞(これ)に用いる。彼が空間的距離が離れていることから発想されたのに対し、此は「そろって並ぶ」というイメージを介し、当事者の近くにある物事を指す。

(甲) 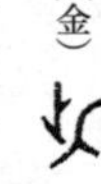 (金)  (篆)

語義 近称の指示代名詞(これ・この・ここ)ⓐ。[熟語] ⓐ此岸・此君・彼此

文献 ⓐ詩経・黍離「此何人哉＝此れ何人なる哉(この人はいったい何者なのか)」

【死】

6(歹・2)　常　常用音訓 シ しぬ

語音 *sier(上古) sii(中古→呉・漢シ) sï(中) 사(韓)

語源 [コアイメージ] ばらばらになる。[実現される意味] しぬⓐ。[英]die

〔解説〕白虎通義・崩薨篇に「死の言為たるは澌シなり。精気窮するなり」とあり、澌(細かく分かれる、尽きる)と同源と見ている。藤堂明保も同じである(藤堂②)。*sierという語は西・洒(あらう)・晒(さらす)・洗・細なども同源で、「細かく分かれてばらばらになる」「分散する」というコアイメージをもつ。日本語の「しぬ」のシは偶然死と同音だが、もとはシ(息の意)＋ヌ(往ぬのヌと同じで、いなくなる意)で、「息が絶える」が原義という(大野①)。

字源 「歹(イメージ記号)＋匕(＝人。限定符号)」を合わせた字。「歹」は崩れた骨の形で、「切り取る」というイメージがある。「死」は人がばらばらの骨になる情景を設定した図形。

(甲)  (金) 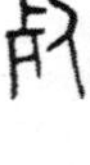 (篆)

語義 [展開] しぬ意味ⓐから、死ぬこと、また、死んだ人の意味ⓑ、生死にかかわること(命がけ)の意味ⓒ、活動しない(役に立たない)意味ⓓに展開する。[英]die; death; to the death; dead [熟語] ⓐ死去・死亡・ⓑ起死回生・検死・ⓒ死守・必死・ⓓ死語・死蔵

文献 ⓐ詩経・大車「穀則異室、死則同穴＝穀いきては則ち室を異にするも、死しては則ち穴を同じくせん(生きている間夫婦になれなくても、死んだら同じ穴に入りましょう)」ⓑ孟子・尽心下「哭死而哀＝死を哭して哀しむ(死者を悼んで声をあげて泣く)」

【糸】

6(糸・0)　常　常用音訓 シ いと

語音 (1)[絲]*siəg(上古) siei(中古→呉・漢シ) sī(中) 사(韓) (2)[糸]*mek(上古) mek(中古→呉ミャク・漢ベキ) mì(中)

語源 [コアイメージ] (1)小さい。(2)かすか・見えない。[実現される意味] 絹糸ⓐ。[英]silk

〔解説〕絲と糸はもとは別字である。前者によって表記される*siəgという語は子などと同源で、「小さい」というコアイメージをもつ。また、後者によって表記される*mekという語は冥・冪(覆いかぶせる)・蔑などと同源で、「かすか」「見えない」というコアイメージをもつ。広雅・釈詁に「糸は微なり」とある。英語のsilkはギリシア語のSeres(=Chinese)が語源といわれる(小島①)。

字源 「糸」は蚕の繭から出る細いいとを描いた図形。「糸」を二つ並べた図形が「絲」。この意匠によってシルクを表象する。

(甲) (金) (篆) [糸]

(甲) (金) (篆) [絲]

〔字体〕日本では「糸」を「絲」の略字として用いる。中国でも古くは「絲」の代わりに「糸」を用いた例があった(集韻)。現代中国の簡体字は「丝」。

語義 [展開] 絹糸(シルク)の意味ⓐから、広く、いとの意味ⓑに展開する。また、いとに似た(なぞらえた)ものの意味ⓒ、弦楽器の意味ⓓ、小数の名(一の一万分の一)ⓔを派生する(以上は1の場合)。また、微細な糸の意味ⓕ(2の場合)。[英]silk, thread, yarn; thread-like thing; strings; name of decimal; thin silk [熟語] ⓐ絹糸・蚕糸・ⓑ製糸・ⓒ菌糸・遊糸・ⓓ糸管・糸竹・ⓔ糸毫

文献 ⓐ詩経・緑衣「絲兮絲兮、女所治兮＝緑よ糸よ、女[＝汝]の治むる所(緑の色よ、その糸よ、それはお前が染めたもの)」

【至】

6(至・0) 常 常用音訓 シ いたる

語音 *tied(上古) tʃii(中古→呉・漢シ) zhì(中) 지(韓)

語源 [コアイメージ] 行き詰まる・どん詰まり。[実現される意味] どん詰まりまで行き着く(いたる)ⓐ。[英]arrive

〔解説〕古典の注釈に「至は質と同じ。至は実なり」(郭慶藩・荘子集釈)とある。*tiedという語は質や実、さらに身・真・診などとも同源で、「いっぱい詰まる」というコアイメージをもつ(藤堂①)。A点とB点の間が何かによって埋められ、隙間がなくなる状態がこのイメージである。A点からB点に移動する場合、B点が最終のどん詰まりになり、これ以上進めなくなって止まる。これが至の表す意味構造である。日本語の「いたる」のイタはイタス(致)・イタダキ(頂)と同根で、極限・頂点の意。イタルは「時間・程度・道程などについて、出発点から徐徐に進んで最高の度合に達し、きわまる意」という(大野①)。漢語の至と同じ。至と到の違いについて王力は、至は目的地の明示がなくてよいが、到はそれが必要だという(王力①)。至は最終点にいたることで、結果に焦点があり、到は目的地にいたる過程に焦点があると言い換えてもよい。英語のarriveは「到達場所(目的地)に焦点があり、場所を示す前置詞atやinが必要」、reachは「〝手を伸ばして、届く〟というイメージがあり、〝手を伸ばす〟という到着するまでの行程が含まれる。また、ここからさらに、〝苦労して到達する〟という意味合いも生まれる」という(田中①)。そうすると至はarrive, 到はreachにほぼ対応するようである。

〔グループ〕至・致・室・窒・緻・桎(足を隙間なく締めつけるかせ[桎梏])・姪(ぎりぎりの親族→おい・めい)・蛭(体に隙間なくとりついて血を吸う虫、ヒル)・垤(土で塞いだありづか[蟻垤])・耋(長寿をとことんまで極めた老人)・輊(前部が車体とすれすれまで低くなった車[軒輊])・鵄(草の上をすれすれに飛んで獲物を狙う鳥、チュウヒ)

[字源] 楷書は分析不能。古代文字は「矢＋一」に分析できる。矢が地面に届く情景を設定した図形。この意匠によって、これ以上進めない所(どん詰まり)まで来ることを表象する。

(甲)  (金)  (篆) 

[語義] [展開] 最終点まで行き着く(いたる)意味ⓐから、行き着く所、究極の点の意味ⓑに展開する。また、これ以上行けない所まで行き着く意味から、この上がない、最高である意味ⓒ、甚だ(いたって)の意味ⓓを派生する。[英]arrive; highest point, utmost; best, supreme; extremely, exceedingly [熟語] ⓐ乃至・必至・ⓑ夏至・冬至・ⓒ至言・至福・ⓓ至急・至極

[文献] ⓐ詩経・江漢「至于南海＝南海に至る(南海に行き着いた)」ⓒ孟子・離婁上「規矩方員之至也＝規矩は方員(ホウエン)の至りなり(コンパスと定規は円形と方形を作る最高のものである)」ⓓ呂氏春秋・為欲「天子至貴也＝天子は至って貴きなり(天子は非常に貴いものだ)」

【芝】6(艸・3) [常] [常用音訓] しば

[語音] *tiag(上古) tʃei(中古→シ[呉]・[漢]) zhī(中) 지(韓)

[語源] [コアイメージ] (目標めざして)進む。[実現される意味] マンネンタケⓐ。[英]shelf fungus

[字源] 「之ｼ(音・イメージ記号)＋艸(限定符号)」を合わせた字。「之」は「(目標めざして)まっすぐ進む」というイメージがある(⇨之)。「芝」は寿命をどこまでも先に進めていく薬効のある草を暗示させる。この意匠によって、マンネンタケを表象する。古代中国ではマンネンタケは不老長寿の薬とされた。

[語義] [展開] マンネンタケ科の菌類の名ⓐが原義。赤芝(マンネンタケ)、紫芝(マゴジャクシ)などがある。仙人の食べ物とされ、神芝・霊芝の異名がある。また、香草の名で、ヨロイグサの意味ⓑ。この場合は芷ｼと通用。日本では「しば」ⓒに当てられるが、その理由は不明。シバはイネ科の草の名。根茎は地上を這って広がる。漢名は結縷草。[英]shelf fungus; angelica; turf [熟語] ⓐ霊芝・ⓑ芝蘭

[文献] ⓐ史記・秦始皇本紀「臣等求芝奇藥仙＝臣等、芝・奇薬・仙を求む(私めらは芝と珍薬と仙人を求めて参りました)」

【伺】7(人・5) [常] [常用音訓] シ うかがう

[語音] *siag(上古) siei(中古→[呉]・[漢]シ) sì(中) 사(韓)

[語源] [コアイメージ] ㋐小さい・㋑狭い隙間から出入りする。[実現される意味] 様子をうかがい見るⓐ。[英]watch

[字源] 「司ｼ(音・イメージ記号)＋人(限定符号)」を合わせた字。「司」は「狭い隙間から出入りする」というイメージがあり、「小さい穴からのぞく」というイメージに展開し、狭い範囲に限定してよく様子をうかがい見るという意味を実現する。やがて「司」が別の意味に用いられるようになったため、改めて「伺」が作られた。伺は司から分化した字。

[語義] [展開] 様子をうかがい見る意味ⓐから、身分の高い人のご機嫌をうかがう意味ⓑに展開する。[英]watch; wait upon, pay one's respects to [熟語] ⓐ伺察・伺望・ⓑ伺候・奉伺

[文献] ⓐ戦国策・韓三「晉楚合必伺韓秦＝晋・楚合すれば必ず韓・秦を伺はん(晋と楚が連合すれば、きっと韓と秦を[侵略しようと]うかがうだろう)」

【孜】7(子・4) [人] [音]シ

[語音] *tsiag(上古) tsiei(中古→[呉]・[漢]シ) zī(中) 자(韓)

[語源] [コアイメージ] 小さいものが殖える。[実現される意味] きびきびとこまめに働くⓐ。[英]diligent

字源 「子シ(音・イメージ記号)＋攴(限定符号)」を合わせた字。「子」は「小さいものが次々に殖える」というイメージがある(⇩子)。「孜」は動作がきびきびとして次々に続いてやまない様子を暗示させる。

語義 こまめに努める意味ⓐ。［熟語］孜孜

文献 ⓐ書経・泰誓「爾其孜孜＝爾其れ孜孜たれ(お前は怠りなく励みなさい)」

【志】 7(心・3) 常 ｜ 常用音訓 シ こころざす・こころざし

語音 *tiəg(上古) tʃiei(中古→呉・漢シ) zhì(中) 지(韓)

語源 ［コアイメージ］ ㋐進む・㋑止まる。［実現される意味］心がある目標をめざして進む(こころざす)ⓐ。［英］intend, aim

〔解説〕志を分析すると之、之を分析すると止に行き着く。これらの記号にコアイメージの源泉がある。朱子が下記の論語に「心の之ゆく所、之これを志と謂ふ」と注釈しているのは極めて妥当である(論語集注)。足は進む機能もあれば止まる機能もあるので、止と之は「止まる」と「進む」の双方のイメージを表すことができる。日本語の「こころざす」はココロ(心)＋サス(指す)で、「気持ちが直線的、持続的に目標に向かって働く意」という(大野①)。志に対するこの訓は正当であり、漢語の志に対する理解を助けた。説文解字では「志は意なり」とあるだけである。朱子らの古典学者によって初めて志の意味構造が明らかになった。英語には漢語の志や日本語の「こころざす」にぴったり当たる語がなさそうである。

〔グループ〕志・誌・痣シ(皮膚にじっと残る「あざ」)

字源 楷書は形が崩れた。篆文は「之＋心」に分析できる。「之」は「止＋一」から成る。「止」は足の形。「止シ(音・イメージ記号)＋一(イメージ補助記号)」を合わせた「之」は、目標をめざしてまっすぐ進む様子を暗示させる。かくて「之シ(音・イメージ記号)＋心(限定符号)」を合わせた「志」は、心が何かをめざしてまっすぐ進む様子を暗示させる。

(篆)

語義 ［展開］心がある目標をめざして進む(こころざす)意味ⓐから、ある目標をめざす意向(こころざし)の意味ⓑに展開する。一方、「止まる」というコアイメージからは、心に止める(心に記す、おぼえる)の意味ⓒ、書き記す意味ⓓ、出来事を記したものの意味ⓔを派生する。［英］intend, aim, aspire; will, purpose; keep in mind; record; records ［和訓］しるす ［熟語］ⓐ志願・志向・ⓑ意志・初志・ⓒ志怪・ⓔ魏志・三国志

文献 ⓐ論語・為政「吾十有五而志于學＝吾十有五にして学に志す(私は十五歳で学問をめざした)」ⓑ論語・公冶長「願聞子之志＝願はくは子の志を聞かん(先生のこころざしを聞かせてください)」ⓒ荘子・山木「弟子志之＝弟子よ、之を志るせ(弟子たちよ、このことを覚えておきなさい)」ⓓ荘子・逍遥遊「齊諧者志怪者也＝斉諧なる者は怪を志す者なり(斉諧とは不思議な話を記した本である)」ⓔ孟子・滕文公上「志曰＝志に曰く(昔の書物にはこう述べている)」

【私】 7(禾・2) 常 ｜ 常用音訓 シ わたくし・わたし

語音 *sier(上古) sii(中古→呉・漢シ) sī(中) 사(韓)

語源 ［コアイメージ］部分に分ける・一部を囲い込む。［実現される意味］個人に関わること(わたくし、プライベート)ⓐ。［英］private

〔解説〕字源については早くも戦国時代に正当な説が現れた。韓非子・五蠹篇に「自ら環めぐらす者、之を私と謂ふ。私に背く、之を公と謂ふ(自分で囲うことが私であり、私の反対が公である)」とあり、公と関係づけている。公はおおやけ(パブリック)、私はわたくし(プライベート)で、二つは対をなす概念である。語源については藤堂明保が四・死・西・細と同源

の語で、「細かく分かれる」を基本義とした(藤堂①)。公は社会全体に開かれていることであるから、それに対する私は、「部分に分ける」「全体の中の一部を自分のものだとして閉じる」が根底にあるイメージと考えられる。その語の図形化は私有物の囲い込みから発想された。日本語の「わたくし」のワは我で、オホヤケ(公)に対して、個人のことの意味(大野②)。漢語の私と全く同じだが、一人称の用法は漢語の私にない。英語のprivateはラテン語のprivāre(奪う、略奪する)から来ているという(下宮①など)。漢語の私が囲い込みから発想されているのと引き合わせると語の成立にいくらかの共通点が見出せる。

字源 「ム(音・イメージ記号)＋禾(限定符号)」を合わせた字。「ム」はぐるりと丸く囲い込むことを象徴的に示す符号。したがって「私」は作物を自分の物だと囲い込む情景を設定した図形である。

(篆) [ム] (篆)

語義 [展開] 個人に関わること(わたくし、プライベート)の意味ⓐから、個人の私有物にする意味ⓑ、開けっぴろげではない(ひそかに、内緒に)の意味ⓒ、えこひいき・よこしまの意味ⓓに展開する。日本では一人称の代名詞(わたくし・わたし)ⓔに用いる。[英]private; put to personal use; secret; egoistic, selfish; I [和訓] ひそかに [熟語] ⓐ私事・私用・ⓒ私語・私通・ⓓ私阿・私曲

文献 ⓐ書経・周官「以公滅私＝公を以て私を滅す(公的なことで私的なことを犠牲にする)」ⓑ詩経・七月「言私其豵＝言に其の豵を私す(小さなイノシシは自分のものにする)」ⓒ孟子・公孫丑下「無王命而私受之於子、則可乎＝王命無くして私に之を子に受くるは、則ち可ならんや(王命がないのに、ひそかにあなたから受け取ったら、いいだろうか)」

【使】 8(人・6) 常 ― 常用音訓 シ つかう

語音 *ṣïəg(上古) ṣïei(中古→呉・漢シ) ṣï(中) 사(韓)

語源 [コアイメージ] 立つ・立ち上がらせる。[実現される意味] さしずして人を働かせる。人を何らかの役目や仕事に取り上げ用いる(つかう)ⓐ。[英]use, employ

〔解説〕*ṣïəgという語は事・仕・史などと同源で、「立つ」というコアイメージをもつ。人に命令を下して立ち上がらせ、所定の役目に取り上げて用いるというイメージのことばが*ṣïəgであり、これを使で表記する。日本語の「つかう(つかふ)」はツカフ(仕)と同根で、「君主の意向を捧げ持たせる意。つまり、使いに行かせる、君主の意向に従わせる、転じて、意向に添うものとして雇い用いる意」という(大野①)。

字源 「吏(イメージ記号)＋人(限定符号)」を合わせた字。「吏」は仕事をきちんとまとめて働く役人の意味で、「役目を果たす」というイメージが取られる。「使」は人にさしずして役目を果たすように仕向ける様子を暗示させる。図形にコアイメージは反映されていない。

(篆)

語義 [展開] 人を何らかの役目や仕事に取り上げ用いる(つかう)意味ⓐから、役立つように人や物をつかう意味ⓑ、人や国のために用事をさせる(用事を仰せつける、使いする)意味ⓒ、命令を受けて公用におもむく人(使者)の意味ⓓに展開する。また、命令して人に何かの働きをさせることから、具象的な意味を捨象して「〜させる」という抽象化した用法ⓔが生まれた(漢文で「〜しむ」と読む)。[英]use(ⓐⓑ), employ;handle, operate, work, manage; send, command; messenger, envoy; make [和訓] しむ・せしむ [熟語] ⓐ使役・奉使・ⓑ使用・駆使・ⓒ使者・使命・ⓓ公使・特使

文献 ⓐ詩経・雨無正「云不可使、得罪于天子＝使ふべからずと云はんか、罪を天子に得ん(もし彼を使えぬ役立たずと言ったら、天子からとがめ

られよう)」ⓑ論語・学而「使民以時＝民を使ふに時を以てす(民を使うには時期を考えねば)」ⓒ論語・雍也「子華使於齊＝子華、斉に使ひす(子華[人名]は斉国に公用で行った)」ⓓ論語・憲問「使者出、子曰、使乎＝使者出づ。子曰く。使ひなるかな(使者が退出すると、立派な使者だねと先生が言った)」ⓔ詩経・狡童「維子之故、使我不能餐兮＝維これ子の故に、我をして餐する能はざら使しむ(あなたのせいで、ご飯が喉を通りません)」

【刺】8(刀・6) 常 常用音訓 シ さす・ささる

語音 (1)*ts'ieg(上古) ts'ie(中古→呉・漢シ) cì(中) 자(韓) (2)*ts'iek(上古) ts'iek(中古→呉シャク・漢セキ) cì(中) 척(韓)

語源 [コアイメージ] へ の形(ぎざぎざ)にとがる。[実現される意味] 刃物でさす、また、さし殺すⓐ。[英]stab, kill

〔解説〕*ts'iekという語は冊・脊と同源で、「∧∧の形(ぎざぎざ、じぐざぐ、ちぐはぐ)を呈する」というコアイメージをもつ。先がへ形に尖ったもの(刃物など)を対象に突き入れることが刺である。日本語の「さす」は「先の鋭くとがったもの、あるいは細長いものを、まっすぐに目標の一箇所に突き込むこと」という(大野②)。「さす」の訓をもつ漢字に刺のほか挿・指・射・差などがあるが、それぞれコアイメージが異なる。

〔グループ〕刺・策・責・朿シ(とげ)・莿シ(とげ)

字源 「朿シ(音・イメージ記号)＋刀(限定符号)」を合わせた字。「朿」は木からぎざぎざしたとげの出ている姿を描いた図形で、「へ の形にとがる」というイメージを示す。とげは肌身をさすものであるから、「(先がとがったもので)さす」というイメージにもなる。したがって「刺」は先のとがった刀でさす様子を暗示させる。2は先のとがったものでさすという動詞、1はとげという名詞(朿と同じ)の読み方であるが、やがて混用され、現在では1で両者をカバーするようになった(日本では刺客だけシカクとセキカクの読みがある)。

(甲) (金) (篆) [朿] (篆)

語義 [展開] 刃物でさす、また、さし殺す意味ⓐから、針を刺して縫う、また、治療用の鍼を打つ意味ⓑ、とげの意味ⓒに展開する。また、さす意味から、比喩的に、相手の痛いところ(弱み)をつく(弱点を突いて責める、そしる)意味ⓓ、相手の具合について探りを入れる意味ⓔ、また、そのために差し出す札(名刺)の意味ⓕを派生する。[英]stab, kill; pierce, prick; thorn; criticize; detect, spy; calling card [和訓] とげ・そしる・いら [熟語] ⓐ刺客・刺殺・ⓑ刺繡・刺絡・ⓒ有刺・ⓓ風刺・諷刺・ⓔ刺史・刺探・ⓕ名刺

文献 ⓐ春秋・成公16「刺公子偃＝公子偃を刺す(公子の偃を刺し殺した)」ⓓ詩経・葛屨「是以爲刺＝是ここを以て刺そしりを為す(そんなわけで風刺の歌を作ります)」ⓔ漢書・陳万年伝「雲從刺候＝雲、従ひて刺候す(雲[人名]は彼に従って相手の様子を探った)

【姉】8(女・5) 常 常用音訓 シ あね

語音 *tsier(上古) tsii(中古→呉・漢シ) zǐ(中) 자(韓)

語源 [コアイメージ] ㋐段々と重なる・㋑いちばん上に出る。[実現される意味] あねⓐ。[英]elder sister

〔解説〕語源も字源も難しい。ヒントを与えるのは釈名・釈親属に「姉は積なり」、説文解字注に「秭の言は積なり」と述べ、姉・秭が積と同源と見ていることである。積は「段々と上に重なる」というイメージがあり、「下から段々と上に出る」というイメージに展開する。女きょうだいで年齢がいちばん上に出たものが姉(あね)、数が重なって上に出るものが秭シ(大数の名、垓の上の単位)、液体を漉して上澄みが上に出ることが泲セイ、果実を水に漬けて上に出た渋を採る木が柹(＝柿)である。

〔グループ〕姉・柿・秭シ(大数の名)・泲セイ(こす)

字源 姉の右側は柹(=柿)の右側と同じ。「𠂔」は「朩+一」と分析できる。「朩」は「中(草)+八(分かれる)」を合わせて、草の芽が左右に開いて出る情景を設定した図形(⇩肺・勃・索)。これに「一」をつけた「𠂔」は、草が伸び切ってストップする様子を暗示する図形。説文解字に「𠂔は止なり。朩に従ひ、盛んにして一横もて之を止むるなり」とある。したがって「𠂔」は「これ以上は行けないいちばん上まで出る」というイメージを示す記号になる。「𠂔シ(音・イメージ記号)+女(限定符号)」を合わせた「姉」は、女きょうだいのうち、いちばん年上の女を暗示させる。

(篆) [𠂔] (篆)

〔字体〕「姉」は異体字。現代中国ではこれを用いる。

語義 **[展開]** あねの意味ⓐから、女性の敬称ⓑに用いられる。[英]elder sister; honorific title for woman **[熟語]** ⓐ姉妹・長姉・ⓑ大姉

文献 ⓐ詩経・泉水「問我諸姑、遂及伯姉=我が諸姑に問ひ、遂に伯姉に及ぶ(私のおば様たちに訳を尋ね、とうとう上のお姉様にも尋ねました)」

【始】 8(女・5) 常 (常用音訓)シ はじめる・はじまる

語音 *thiəg(上古) ʃiei(中古→呉・漢シ) shǐ(中) 시(韓)

語源 **[コアイメージ]** (道具を用いて)手を加える。**[実現される意味]** 物事をしはじめる。また、ある事態がはじめて起こる(はじまる)ⓐ。[英]begin, start

〔解説〕 説文解字では「始は女の初めなり」とある。これを女の始祖の意味と取ると間違い(こんな意味はない)。限定符号にこだわると漢字がわからなくなる。限定符号はその語の意味の範疇を示すものである。例えば姉は女の範疇に属するが、始は女の範疇ではなく、はじまりという行為・動作が範疇である。ではなぜ女を限定符号にしたのか。はじまりという抽象的な意味の語を図形化するために、最もわかりやすい具体的な状況を設定したのである。コアイメージの源泉は女ではなく台にある。これは「自然の物に人工を加える」というイメージである。初や創が素材に手を加えることから「はじめ」「はじめる」という意味が生まれるように、自然に人工を加えることが物事のはじまり・起こりのイメージを作り出すのである。日本語の「はじめる(はじむ)」はハ(端)+シム(占)で、「物事の先端・へりにはっきりと取りついて、次々とその区域を広めていく意」が原義で、開始する意味などに展開するという(大野②)。漢語の始とは発想が違うが、結果として同じ意味になる。

字源 「台イタ(音・イメージ記号)+女(限定符号)」を合わせた字。「台」は「道具を用いて手を加える」というイメージがある(⇩台)。自然の物に手を加えることは、物事のはじまりでもあるから、「台」自体に「はじめる」というイメージがある。このイメージを女性に限定した「始」は、女性としての兆し(初潮や妊娠など)が起こりはじめる様子を暗示させる。この意匠によって、物事をはじめることを表象する。

語義 **[展開]** 物事をし始める(はじめる・はじまる)意味ⓐから、事の起こり始め(はじまり)の意味ⓑ、その時にやっと(はじめて)の意味ⓒに展開する。[英]begin, start, commence; beginning; first **[熟語]** ⓐ開始・創始・ⓑ原始・終始

文献 ⓐ詩経・緜「爰始爰謀=爰ここに始め爰に謀る([国都の建設を]ここに開始し、計画する)」ⓑ論語・子張「有始有卒者、其唯聖人乎=始め有り卒おわり有るは、其れ唯聖人のみか(始まりと終わりが立派なのは、聖人だけであろうか)」ⓒ詩経・匏有苦葉「旭日始旦=旭日始めて旦なり(朝日が出てやっと空が明けた)」

【枝】 8(木・4) 常 (常用音訓)シ えだ

語音 *kieg(上古) tʃiĕ(中古→呉・漢シ) zhī(中) 지(韓)

語源 [コアイメージ] Y形に枝分かれする。[実現される意味] 草木のえだⓐ。[英]branch

字源 「支シ(音・イメージ記号)+木(限定符号)」を合わせた字。「支」は竹のえだを手にもつ図形(⇩支)。「支」がえだの意味であったが、「枝分かれする」や「ささえる」に転じたので、えだの専用字として「枝」が作られた。

語義 [展開] 草木のえだの意味ⓐから、枝分かれしたものの意味ⓑに展開する。[英]branch(ⓐⓑ) [和訓] え [熟語] ⓐ枝葉・分枝・ⓑ金枝玉葉・連枝

文献 ⓐ詩経・隰有萇楚「隰有萇楚、猗儺其枝＝隰(さわ)に萇楚(チョウソ)有り、猗儺(ダア)たる其の枝(沢に生えてるサルナシの、なよなよとしたその枝よ)」

【祉】 8(示・4) 常 ―常用音訓 シ

〔祉〕 9(示・4) 人 ―音 シ 訓 さいわい

語音 *t'ɪəg(上古) ṭ'iei(中古→呉・漢チ・[慣]シ) zhǐ(中) 지(韓)

語源 [コアイメージ] じっと止まる。[実現される意味] さいわいⓐ。[英]happiness, felicity

〈解説〉説文繫伝(宋・徐鍇撰)に「祉の言は止なり。福の止まる所移らざるなり」と語源を説明している。

字源 「祉」が正字。「止シ(音・イメージ記号)+示(限定符号)」を合わせた字。「止」は「一所にじっと止まる」というイメージがある(⇩止)。「祉」は神の恩恵がその身にじっと止まる様子を暗示させる。

〈字体〉「祉」は旧字体。「祉」は福→福などに倣った字体。

語義 さいわい・幸福の意味ⓐ。[熟語] ⓐ福祉

文献 詩経・六月「既多受祉＝既に多く祉(さいわい)を受く(すでにたっぷり福を受けた)」

【肢】 8(肉・4) 常 ―常用音訓 シ

語音 *kieg(上古) tʃiě(中古→呉・漢シ) zhī(中) 지(韓)

語源 [コアイメージ] 枝分かれする。[実現される意味] 手足ⓐ。[英]limb

字源 「支シ(音・イメージ記号)+肉(限定符号)」を合わせた字。「支」は「本体から枝分かれする」というイメージがある(⇩支)。「肢」は胴体から枝分かれしたもの(手足)を表す。

語義 [展開] 手足の意味ⓐから、分かれ出たものの意味ⓑに展開する。[英]limb; branch [熟語] ⓐ下肢・四肢・ⓑ選択肢

文献 ⓐ孟子・尽心下「四肢之於安佚也、性也＝四肢の安佚におけるや、性なり(手足が安佚を求めるのは、自然の性である)」

【姿】 9(女・6) 常 ―常用音訓 シ すがた

語音 *tsier(上古) tsii(中古→呉・漢シ) zī(中) 자(韓)

語源 [コアイメージ] 並びそろう。[実現される意味] 人の美しく整ったすがたや形ⓐ。[英]good look

〈解説〉釈名・釈姿容に「姿は資なり。資は取なり。形貌の稟(ヒン)、取りて資本と為すなり」とある。天から授かって資本にする姿や形といった解釈のようである。資と同源と見たのはよいが、語の表面をなぞっただけである。深層には「並びそろう」というイメージがあり、斉・妻などと同源の語である。整いそろえた身形、整った姿・形を姿という。これを古代日本で「すがた」と訓じた。「すがた」とは「ちゃんとした恰好。人ならば、きちんと着物を着た様子に多くいう」とある(大野①)。姿(シ)と「すがた」はぴったり合致する。

字源 「次シ(音・イメージ記号)+女(限定符号)」を合わせた字。「次」は「つぎつぎに並ぶ」というイメージがあり(⇩次)、「等間隔にきちんと並

んでそろう」、また、「きちんと整う」というイメージに展開する。「姿」は女が身形をきちんと整える様子を暗示させる。この意匠によって、人の整ったすがたや形を表象する。

語義 [展開] 人の美しく整ったすがたや形の意味ⓐから、顔や体のありさま、広く、物のすがたや様子の意味ⓑ、内面のありよう(もちまえ)の意味ⓒに展開する。[英]good look; appearance, feature, figure, shape; disposition [熟語] ⓐ姿態・容姿

文献 ⓐ宋玉・神女賦「瓌姿瑋態、不可勝贊＝瓌姿瑋態、勝げて贊むべからず(彼女の美しい姿態はどんなにほめてもほめきれない)」(文選19) ⓑ宋玉・高唐賦「姿奔走而馳邁＝姿奔走して馳邁す(［獣の］姿は奔走して逃げて行く)」(文選19) ⓒ漢書・文三王伝「質性下愚、有不可移之姿＝質性下愚、移すべからざるの姿有り(性質はばかで、移し変えられない資質があった)」

【思】 9(心・5)

常 ― 常用音訓 シ おもう

語音 (1)*siəg(上古) siei(中古→呉・漢シ) si(中) 사(韓) (2)*səg(上古) səi(中古→呉・漢サイ) sāi(中) 새(韓)

語源 [コアイメージ] ㋐細かい・㋑細い隙間から出入りする。[実現される意味] 細やかに物をおもう(細やかにおもいやる、細々と考える)ⓐ。[英]think, consider

〔解説〕 囟がコアイメージの源泉である。小児の頭蓋骨に未縫合の部分があり、これを顋門(医学用語で泉門、俗称ひよめき、または、おどり)という。囟は脳の右下にも含まれている。脳は思考の座であるから、思は「おもう」という意味が生じたと解釈する説もあるが、いささか問題がある。脳が思考をつかさどる中枢であるという考えは近代西洋医学の登場以後である。では囟は思とどんな関係があるのか。古代中国では泉門の機能を科学的に把握しておらず、気の通路と考えたふしがある。泉門は細い隙間があり、ひくひくと脈打ち、押すと軟らかい。したがって囟は「狭い隙間」「狭い隙間から出入りする」「細い・細かい」「軟らかい」「軽くふわふわしている」などのイメージを表す記号になる(細・脳・農・遷・票の各項参照)。したがって*siəg(思)という語は息(鼻から出入りする「いき」)や司(「狭い隙間から出入りする」がコアイメージ)と同源で、「狭い隙間を出入りする」というコアイメージをもつ。これが「おもう」の意味を実現させる。思の深層構造を初めて解明したのは藤堂明保である。氏は息・司のほかに色・塞とも同源とし、「狭い穴・狭い穴をこする」という基本義があるとした(藤堂①)。日本語の「おもう(おもふ)」は「胸のうちに、心配・恨み・執念・望み・恋・予想などを抱いて、おもてに出さず、じっとたくわえている意が原義」という(大野①)。英語のthinkは古英語のthyncan(=to seem, to appear)が起源で、「姿・形が頭[心]の中で見えるようにする」が原義という(小島①)。漢語と日本語と英語では発想が全く違うようである。

〔グループ〕 思・偲・鰓(水を出し入れする「えら」)・腮(えら、両頰の下半部)・顋(えら、あご)・諰(細々と思い、気にかける→心配する)・葸(びくびくと恐れる)・颸(細かい風、そよ風)

字源 「恖」が本字。「囟(音・イメージ記号)＋心(限定符号)」を合わせた字。「囟」は小児の頭蓋骨のまだ固まっていない隙間の部分(×によって示される)、すなわちおどりを描いた図形。その特徴から、「細い隙間」「狭い隙間から出入りする」「細い・細かい」というイメージを表すことができる。「恖(＝思)」は、心臓が細々と働いて、思考を生む気を出し入れする様子を暗示させる。この意匠によって、心を働かせて物をおもうことを表象する。

(篆)  [囟]　(篆) 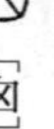

語義 [展開] おもう意味ⓐ、おもい・考えの意味ⓑに展開する(以上

は1の場合)。また、「細かい」というイメージから、細々としたひげがもじゃもじゃと生えているさま、つまりあごひげが多いさまの意味ⓒを派生する(2の場合)。ⓒは偲と通用。[英]think, consider; thinking, thought; bearded [和訓]おぼす [熟語]ⓐ思考・思慮・ⓑ思想・意思

文献 ⓐ詩経・緑衣「我思古人＝我、古人を思ふ(昔なじみをしみじみ思う)」ⓑ詩経・駉「思無邪＝思ひ邪無し(思いに邪悪さがない)」

【指】 9(手・6) 常 | 常用音訓 シ ゆび・さす

語音 *tier(上古) tʃii(中古→呉・漢シ) zhǐ(中) 지(韓)

語源 [コアイメージ] まっすぐ。[実現される意味] ゆびⓐ。[英] finger

〔解説〕日本語の「さす」は「自然現象において活動力・生命力が直線的に発現し作用する意」が原義という(大野①)。「さす」の訓をもつ漢字に指・刺・差・射・挿などがあるが、直線的というイメージをコアとするのは指のみである。「さす」の展開義の一つに「一定の方向に向かって直線的に運動をする」意(具体的には、まっすぐに伸ばす、指し示す、指定する、指摘するなど)があり、これが漢語の指のⓑに対応する。漢語の指は「まっすぐ」のコアイメージを介して、「ゆび」から「さす」へ転義する。これは漢語独特の転義である。

字源 「旨シ(音・イメージ記号)＋手(限定符号)」を合わせた字。「旨」は「味をまっすぐ伝える」というイメージがあり、内容をまっすぐ伝えるというイメージにもなる(⇨旨)。「指」はまっすぐな手のゆびを表す。

語義 [展開] ゆびの意味ⓐから、対象をまっすぐ指し示す(ゆびさす)意味ⓑ、指し示す内容(意向、むね)の意味ⓒに展開する。[英]finger; point, indicate; content, purport [和訓]ゆびさす [熟語]ⓐ指紋・食指・ⓑ指示・指定・ⓒ指意

文献 ⓐ孟子・告子上「今有無名之指、屈而不信＝今無名の指、屈して信のびざる有り(今、薬指が曲がって伸びなくなった)」ⓑ詩経・蝃蝀「蝃蝀在東、莫之敢指＝蝃蝀テイトウ東に在り、之を敢へて指ゆびさすもの莫なし(東の空に虹が出た、あえてゆびさすものはない)」ⓒ孟子・尽心下「言近而指遠者、善言也＝言近くして指遠き者は、善言なり(言葉は卑近だが意味が深遠なものこそ、良い言葉である)」

【施】 9(方・5) 常 | 常用音訓 シ・セ ほどこす

語音 (1)*thiar(上古) ʃiĕ(中古→呉セ・漢シ) shī(中) 시(韓) (2)*dịar(上古) yiĕ(中古→呉・漢イ) yí(中) 이(韓)

語源 [コアイメージ] ずるずると延びて移る。[実現される意味] 物をAからBに移して与える。[英]give, bestow

〔解説〕日本語の「ほどこす」は「もとをゆるめて、広く散らし行き渡らせる意」から、種をまく→広く行き渡らせる→恵みを広く与えるという意味に展開したという(大野①)。漢語の施は「ずるずると延びて移る」というコアイメージがA点からB点に物を移して人に与えるという意味を実現する。日本語と漢語では出発点が違うが、偶然に同じ意味を獲得した。

字源 「也ヤ(音・イメージ記号)＋㫃(限定符号)」を合わせた字。「也」は蛇を描いた図形(⇨也)。蛇は腹這いして移動するので、「横にずるずると延びていく」「A点からB点へ延びて移る」というイメージを表すことができる。「施」は旗が風でひるがえり、吹き流しが横にずるずると延びる情景を暗示させる。この意匠によって、物がA点からB点に移っていくこと、また、物をAからBの方に移して与えることを表象する。

語義 [展開] 「ずるずると延びて移る」というコアイメージから、AからBに物を移して与える、また、恵み与える(ほどこす)意味ⓐ、物を移してその場に設置する意味ⓑ、計画を実地に移す、実行する意味ⓒに

展開する(以上は1の場合)。コアイメージがそのまま用いられ、ずるずると延びて移る意味ⓓ(2の場合)。[英]give, bestow; set; practice, execute; extend, transfer [熟語] ⓐ施与・布施・ⓑ施錠・施設・ⓒ施行・実施

文献 ⓐ論語・顔淵「己所不欲、勿施於人＝己の欲せざる所、人に施すこと勿れ(自分のほしくないものを他人に与えるな)」ⓑ詩経・兎罝「粛粛兎罝、施于中林＝粛粛たる兎罝(トシャ)、中林に施す(目の細かいウサギ網、森の中に仕掛ける)」ⓒ孟子・離婁下「周公思兼三王、以施四事＝周公は三王を兼ねて、以て四事を施さんことを思ふ(周公は[夏殷周の]三代の王の政治を併せて、四つの事柄を実行したいと思った)」ⓓ詩経・葛覃「葛之覃兮、施于中谷＝葛の覃(の)びて、中谷に施(うつ)る(クズの蔓が延びて、谷の中へ這っていく)」

【柿】9(木・5) 常 常用音訓 かき

語音 (1)*dzïer(上古) dzïei(中古→呉ジ・漢シ) shì(中) 시(韓) (2)*p'ïuăd(上古) p'ïuʌi(中古→呉ホ・漢ハイ) fèi(中)

語源 [コアイメージ] (1)いちばん上に出る。(2)左右に分かれる。[実現される意味] (1)カキ。[英]persimmon (2)こけら。[英]chips

〔解説〕二つの全く違う図形が楷書で同形になった。ただし書く場合、市の部分を(1)では五画、(2)では四画にするが、活字体では変わらない。

字源 (1)「柹(シ)」が本字(柿は異体字)。「市(シ)(音・イメージ記号)＋木(限定符号)」を合わせた字。「市」は「いちばん上に出る」というイメージがある(⇩姉)。「柿(＝柹)」は沛(セイ)(上澄みを取って漉す)と同源で、水に漬けて上に出た渋を採る木を表す。昔、カキの果実を砕いて水に漬け、上澄みを採って薬などに用いたので、この名がついた。(2)「杮(ハイ)」が本字。「朩(ハイ)(音・イメージ記号)＋木(限定符号)」を合わせた字。「朩」は肺の右側と同じで、「左右に分かれる」というイメージを示す記号(⇩肺)。「杮」は木を削る際に分かれ出る「こけら」を表す。

語義 カキノキ科の果樹、カキⓐの意味(1の場合)。葉は卵形。果実は赤黄色で食用。また、柿渋を薬用とした。また、木を削った後に出る木片(こけら)の意味ⓑ(2の場合)。[熟語] ⓐ熟柿

文献 ⓐ礼記・内則「棗栗榛柿(ナツメ、クリ、ハシバミ、カキ)」

【茨】9(艸・6) 常 常用音訓 いばら

語音 *dzïer(上古) dzïi(中古→呉ジ・漢シ) cí(中) 자(韓)

語源 [コアイメージ] 並びそろう。[実現される意味] ハマビシⓐ。[英]caltrop

字源 「次(シ)(音・イメージ記号)＋艸(限定符号)」を合わせた字。「次」は「並びそろう」というイメージがある(⇩次)。「茨」はハマビシを表す。葉の並び方が一定の間隔で対生し、さらにそれぞれの複葉に小葉がきちんとした間隔で並ぶ特徴を捉えたもの。

語義 [展開] ハマビシ科の草、ハマビシの意味ⓐ。茎に毛があり、地面を這う。果実は菱形で、鋭い刺がある。別名は蒺藜(シツレイ)・蒺蔾(シツリ)。日本では「いばら」に当てる。刺のある植物の意味ⓑ。ハマビシにも刺があるので誤用された。[英]caltrop, puncturevine, devil's thorn; thorn [熟語] ⓐ茅茨(ボウシ)

文献 ⓐ詩経・牆有茨「牆有茨＝牆(かき)に茨有り(垣根にハマビシが生えている)」

【師】10(巾・7) 常 常用音訓 シ

語音 *sïer(上古) ṣïi(中古→呉・漢シ) shī(中) 사(韓)

語源 [コアイメージ] 集団。[実現される意味] 軍隊ⓐ。[英]army, troop

〔解説〕*sïerは古典では軍隊や大衆を意味する語である。ここには「多くの物の集まり」「集団」というコアイメージがある。これを図形化し

たのが𠂤である。殷代の甲骨文字では文脈から判断して𠂤を軍隊の意味で使っているが、いかなる音の言葉か明らかではない。*sïer に近い言葉と仮定しておく。古典時代では𠂤は*tuər と発音とされた。英語のtroop はラテン語のtropus(群れ)と関係があるらしい(下宮①)。troop もarmy も群れ、大群の意味がある。漢語の師のコアイメージと似ている。

〔グループ〕師・獅・篩シ(簁シ・蓰シと同源で、ふるい) 鰤*(半国字。ブリ)

字源 「𠂤イタ(音・イメージ記号)+帀(イメージ補助記号)」を合わせた字。「𠂤」は土の塊が二つ連なった形で、堆積の堆と同じ(⇩官・帰・追)。土の集まりのことから、「集団」というイメージを表すことができる。甲骨文字と金文の一部では𠂤だけで軍隊の意味に使っている。のち字体が「師」に変わった。「帀」は「之」(足がまっすぐ進む)の逆さ文字で、まっすぐ進まない→まっすぐ進まないで向きを変える→ぐるりと回るというイメージを示す(帀は匝とも書き、「めぐる」の意味がある)。「師」はある物の周りをぐるりと回って丸くなった集団を暗示させる。この意匠によって、「多くの物の集まり」「集団」というイメージを表す。

(甲)  (金) (篆)

語義 [展開]「集団」というコアイメージから、兵士の集団の意味ⓐ、人が集まる場所(都)の意味ⓑ、大衆の意味ⓒ、大衆を導き教える人(先生)の意味ⓓ、相手を先生として学ぶこと、また、手本・模範の意味ⓔ、技術者の意味ⓕに展開する。[英]army, troop; capital; multitude; teacher, master; model, norm; expert, technician [和訓] いくさ・もろもろ [熟語] ⓐ師団・出師スイ・ⓑ京師・ⓓ師匠・教師・ⓔ師範・師表・ⓕ絵師・技師

文献 ⓐ詩経・無衣「王于興師=王于ここに師を興す(王が軍隊を立ち上がらせる[戦を起こす])」ⓑ詩経・下泉「念彼京師=彼の京師を念ふ(周の都を一途に思う)」ⓒ詩経・板「曾莫恵我師=曽かつて我が師を恵するもの莫なし(我が民衆を愛するものは絶えてない)」ⓓ論語・為政「温故而知新、可以為師矣=故きを温めて新しきを知れば、以て師と為るべし(古いことをおさらいして新しいことを知れば、教師になれる)」

【恣】 10(心・6) 常 常用音訓 シ

語音 *tsier(上古) tsii(中古→呉・漢シ) zi(中) 자(韓)

語源 [コアイメージ] つぎつぎに延びて締まりがない。[実現される意味] 勝手気ままにする(ほしいまま)ⓐ。[英]indulge, unrestrained

字源 「次シ(音・イメージ記号)+心(限定符号)」を合わせた字。「次」は「つぎつぎに並ぶ」というイメージがあり(⇩次)、「つぎつぎに延びて締まりがない」というイメージに展開する。「恣」はやりたい放題になる様子を暗示させる。縦と似たイメージ転化現象(縦に延びる→ほしいまま)である。

語義 勝手気ままにする意味ⓐ。[和訓] ほしいまま [熟語] ⓐ恣意・驕恣

文献 ⓐ戦国策・燕三「恣荊軻所欲、以順適其意=荊軻の欲する所を恣いままにし、以て其の意を順適す(荊軻の欲しい通りにさせ、彼の意にかなえてやった)」

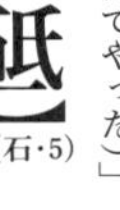【砥】 10(石・5) 人 音シ 訓と・といし

語音 *tier(上古) tʃii(中古→呉・漢シ) dǐ(中) 지(韓)

語源 [コアイメージ] 平ら。[実現される意味] 表面が平らなといしⓐ。[英]whetstone

字源 「氐テイ(音・イメージ記号)+石(限定符号)」を合わせた字。「氐」は「低い」「低く下がる」というイメージがあり、「厚みがない」「平ら」というイメージに展開する(⇩低)。「砥」は刀などを磨くための表面が平らな石を表す。礪レイ(表面が粗いといし)に対する。

語義 [展開] といしの意味ⓐから、平らである、また、平らにする意味ⓑ、刃物で磨く(とぐ)意味ⓒに展開する。[英]whetstone; level, even; whet, sharpen [熟語] ⓑ砥平・ⓒ砥礪(シレイ)

文献 ⓐ詩経・大東「周道如砥＝周道は砥の如し(周への道はといしのように平坦だ)」

【紙】 10(糸・4) 常 常用音訓 シ かみ

語音 *tieg(上古) tʃiĕ(中古→呉・漢シ) zhǐ(中) 지(韓)

語源 [コアイメージ] 薄くて平ら。[実現される意味] かみⓐ。[英] paper

〔解説〕釈名・釈書契に「紙は砥(シ)なり。平滑なること砥石の如きを謂ふなり」とある。砥で語源を説明したのは適切である。しかし「平ら」のイメージを氏ではなく、氏によって表した。「糸＋氏」の字は糸のかすの意味で、すでに存在したからである。紙の字は後漢の頃作られた。日本語の「かみ」は簡の音kamにiのついたものという(大野①)。しかし簡の中古音はkanであって、語尾にmがつかない。大槻文彦はかぬ→かに→かみに転じたとする(大言海)。英語のpaperはパピルスという植物の名に由来するが、漢語の紙は形態的特徴による命名。

字源 「氏(シ)(音・イメージ・記号)＋糸(限定符号)」を合わせた字。「氏」は「薄くて平ら」というイメージがある(⇩氏)。「紙」は薄くて平らに延ばした布を暗示させる。この意匠によって、「かみ」を表象する。紙は最初は布(絹)であったが、後漢の蔡倫が樹皮などを原料として改良した(下記の文献参照)。

〔字体〕「帋」は異体字。

語義 [展開] かみの意味ⓐ。新聞紙や新聞の意味ⓑは日本的用法。[英]paper(ⓐⓑ) [熟語] ⓐ古紙・用紙・ⓑ紙誌・紙面

文献 ⓐ後漢書・蔡倫伝「其用縑帛者謂之爲紙、(…)倫乃造意、用樹膚麻頭及敝布魚網以爲紙＝其の縑帛を用ゐる者、之を謂ひて紙と為す。(…)倫乃ち造意し、樹膚・麻頭及び敝布・魚網を用ゐて以て紙を為(つく)る(絹を用いたものを紙と言った。蔡倫はそこで創意工夫して、樹皮、麻、古布、漁網を用いて紙を作った)」

【脂】 10(肉・6) 常 常用音訓 シ あぶら

語音 *tier(上古) tʃii(中古→呉・漢シ) zhī(中) 지(韓)

語源 [コアイメージ] 深くこってりとした味(うまい)。[実現される意味] 動物性のあぶらⓐ。[英]fat

字源 「旨(シ)(音・イメージ記号)＋肉(限定符号)」を合わせた字。「旨」は「↑形にまっすぐ」というイメージから「↓形に深い」というイメージに転じ、深く味わう(うまい)という意味を実現する(⇩旨)。「脂」は肉のうまみのある部分、「あぶら」を表す。

語義 [展開] あぶらの意味ⓐから、あぶらをさす意味ⓑ、化粧料の一つ、べにの意味ⓒに展開する。[英]fat; grease; rouge [和訓] やに [熟語] ⓐ脂肪・油脂・ⓒ脂粉・臙脂(エンジ)

文献 ⓐ詩経・碩人「膚如凝脂＝膚は凝脂の如し([彼女の]肌は固まった脂身のように白い)」ⓑ詩経・泉水「載脂載舝＝載(すなわ)ち脂(あぶら)さし載ち舝(くさび)さす(車軸にあぶらをさしたり、くさびをつけたり)」

【偲】 11(人・9) 人 音シ・サイ 訓しのぶ

語音 (1)*sieg(上古) siei(中古→呉・漢シ) sī(中) 시(韓) (2)*ts'əg(上古) ts'ai(中古→呉・漢サイ) cāi(中)

語源 [コアイメージ] 細かい。[実現される意味] きびきびといそしむⓐ。[英]urge and encourage each other

字源 「思(シ)(音・イメージ記号)＋人(限定符号)」を合わせた字。「思」は「細かい」というイメージがあり(⇩思)、「小さく細々としている」とい

うイメージにも展開する。「偲」は動作が細々として休みなく動く様子を暗示させる。この意匠によって、きびきびといそしむことを表象する。

語義 [展開] きびきびといそしむ、怠りなく努める意味ⓐ(1の場合)。「細かい」というイメージから、細々としたひげがもじゃもじゃと生えている意味、つまりあごひげが多いさまの意味ⓑを派生する(2の場合)。日本では「しのぶ」(思慕する意)ⓒに当てる。しかし漢語の偲とは何の関係もないから、「人＋思」を合わせた和製漢字(半国字)の可能性がある。[英]urge and encourage each other; bearded; recall [熟語] ⓐ偲偲

文献 ⓐ論語・子路「朋友切切偲偲＝朋友には切切偲偲たれ(友達には心をこめ、努め励ましなさい)」ⓑ詩経・盧令「其人美且偲＝其の人は美にして且つ偲イサなり(〔犬の〕主人は美男で立派なあごひげ)」

【梓】11(木・7) 人 音シ 訓あずさ

語音 *tsiag(上古) tsiei(中古→呉・漢シ) zǐ(中) 재(韓)

語源 [コアイメージ] 断ち切る。[実現される意味] キササゲⓐ。[英]Chinese catalpa

字源 「辛シ(音・イメージ記号)＋木(限定符号)」を合わせた字。「辛」は刃物の形で、「切る」というイメージがある(⇩辛)。梓の異体字に榟があり、「宰」は「(程よく)断ち切る」というイメージをもつ(⇩宰)。「梓」は軟らかくて切りやすく、いろいろな用途に加工できる木を暗示させる。

語義 [展開] ノウゼンカズラ科の木、キササゲの意味ⓐ。材質は軽くて軟らかく、家具や楽器の材料になる。また、印刷の版木に用いた。日本では「あずさ」ⓑに当てる。あずさはカバノキ科のミズメの古名。材質が堅く、弓の材料とされた。[英]Chinese catalpa; Japanese cherry birch [熟語] ⓐ上梓

文献 ⓐ詩経・小弁「維桑與梓、必恭敬止＝維これ桑と梓、必ず恭敬す(クワとキササゲに向かっては、必ず身を引き締める)」

【視】11(見・4) 常 常用音訓 シ
〔視〕12(見・5) 人 音シ 訓みる

語音 *dhier(上古) ʒii(中古→呉ジ・漢シ) shì(中) 시(韓)

語源 [コアイメージ] まっすぐ。[実現される意味] まっすぐ視線を向けて見る(注意して見る)ⓐ。[英]look

〔解説〕「みる」行為にもいろいろな見方があって、それぞれ言葉が違う。視線をそらさずにまっすぐに見ることが視である。釈名・釈姿容に「視は是なり。其の是非を察するなり」とある。是(まっすぐ)と同源と見たのはよいが、何を見るかではなく、どう見るかがポイントである。英語のlookは「視線を向けて見る」がコアイメージという(田中①)。漢語の視はsee(対象を視覚器官でとらえる、見る)よりもlookに近い。

字源 「視」が正字。「示シ(音・イメージ記号)＋見(限定符号)」を合わせた字。「示」は「まっすぐ」というイメージがある(⇩示)。「視」は視線をまっすぐ対象に向けて見る様子を暗示させる。

〔字体〕「視」は旧字体。「視」は書道から生まれた字体。

語義 [展開] まっすぐ視線を向けて見る意味ⓐから、何かと比べて見る、また、そのようなものだとして扱う(なぞらえる)意味ⓑ、目の見る働き(視力)の意味ⓒに展開する。また、まっすぐ見せる、まっすぐ指し示すという意味ⓓを派生する。[英]look; regard, look upon; eye; indicate [熟語] ⓐ視覚・注視・ⓑ敵視・土芥視・ⓒ近視・乱視

文献 ⓐ詩経・女曰鶏鳴「子興視夜、明星有爛＝子興きて夜を視よ、明星爛たる有り(あなた起きて夜をご覧よ、明けの明星がきらきらしてる)」ⓑ詩経・東門之枌「視爾如荍、貽我握椒＝爾を視ること荍あおの如し、我に握椒を貽おくれ(お前はまるでアオイのようだ、私にサンショウの実をおくれ)」ⓓ漢書・五行志「天垂象以視下＝天は象を垂れて以て下に視しめす(天はさま

ざまな現象を現して、人民に示すのである）」

【斯】12（斤・8）　人 ｜ 音シ　訓これ・この

語音 *sieg（上古）　siĕ（中古→呉・漢シ）　sï（中）　사（韓）

語源 ［コアイメージ］細かく分ける。［実現される意味］ばらばらに裂くⓐ。［英］cleave

〈解説〉説文解字に「斯は析なり」とある。*siegという語は析と同源で、「細かく（ばらばらに）分ける」「分散する」というコアイメージをもつ。

〈グループ〉斯・撕（引き裂く）・嘶（声がばらばらに分かれてかすれる→いななく）・廝（細々した用事、また、雑用をする小者）・凘（氷が細かく分かれて流れる）・澌（流れが細くなる→ばらばらになって尽きる［澌尽］）・簛（ふるい、また、ふるいで選り分ける）・蟖（螽蟖は螽斯がもとの形で、斯は接尾語。キリギリス）

字源 「其（イメージ記号）＋斤（限定符号）」を合わせた字。「其」は穀物の殻やごみを選り分ける道具を描いた図形で、箕（み）の原字。「斯」は刃物で物を細かく（ばらばらに）分ける様子を暗示させる。

（金）　（篆）

語義 ［展開］ばらばらに裂くが本義ⓐ。「細かく分ける」「分散する」というコアイメージから、文の間に分け入れて間拍子を取る言葉（リズムを調節する言葉）ⓑに用いる。また、いくつかあるものを選り分けて、その一つを「これ」「それ」「この」と指示する用法ⓒが生まれた。［英］cleave; particle; this ［熟語］ⓒ斯界・斯道

文献 ⓐ詩経・墓門「墓門有棘、斧以斯之＝墓門棘有り、斧を以て之を斯く（墓場の門にサネブトナツメ、おので切り裂きばらばらにする）」ⓑ詩経・候人「季女斯飢＝季女斯れ飢ゑたり（若い女はひもじい思い）」ⓒ論語・雍也「斯人也而有斯疾也＝斯の人にして斯の疾有り（ほかならぬこの人にこんな病があろうとは）」

【紫】12（糸・6）　常 ｜ 常用音訓 シ　むらさき

語音 *tsiĕr（上古）　tsiĕ（中古→呉・漢シ）　zï（中）　자（韓）

語源 ［コアイメージ］ちぐはぐでそろわない。［実現される意味］むらさきⓐ。［英］purple

〈解説〉紅や緑は用途・工程による命名であるが、紫は色の性質による命名である。むらさきは青や赤のような純色（正色）ではなく、青と赤の混じった不純の色（間色）である。釈名・釈采帛では「紫は疵なり。正色に非ず。五色の疵瑕以て人を惑はす者なり」と説く。これは下記の論語にもあるように、古典時代に間色を尊ばない風習があったからである。しかし言語的観点から見れば、紫は疵（きず）と同源で、「ちぐはぐでそろわない」というコアイメージに由来する語である。草の名のムラサキ（茈）が先にあり、これから染料を採るので色の名（紫）が生まれたという説もあるが、筆者は逆だと考える。茈は爾雅や山海経に出るが、紫は論語にあり、きわめて古い語である。日本語の「むらさき」は草の名が先で、色の名は後という（大野①）。

字源 「此（音・イメージ記号）＋糸（限定符号）」を合わせた字。「此」は「ちぐはぐでそろわない」というイメージがあり（⇩此）、「不純なものが混じる」というイメージに転じうる。「紫」は一つの色（正色）でそろえてなく、別々の色をちぐはぐに混ぜて生じた色を暗示させる。この意匠によって、「むらさき」という中間色を表象する。

語義 ［展開］色の名のむらさきの意味ⓐから、草の名のムラサキの意味ⓑに転じた。ムラサキ科の多年草。根は円柱形でむらさき色。これから染料を採る。ⓑは後に茈とも書かれる。〈補説〉孔子が間色の紫を嫌ったため、儒教では紫の評価が低いが、道教では最高の色とされる。［英］purple; gromwell ［熟語］ⓐ紫煙・紫綬・ⓑ紫草

文献 ⓐ論語・陽貨「子曰、悪紫之奪朱也＝子曰く、紫の朱を奪ふを悪(にく)むなり（［現代ファッションで］紫が朱を排除しているのがいやだ、と先生［孔子］はおっしゃった）」ⓑ神農本草経「紫草味苦寒＝紫草、味は苦にして寒なり（ムラサキは味は苦であり、寒の性質をもつ）」

【詞】 12（言・5） 常 常用音訓 シ

語音 *dieg（上古） ziei（中古→呉ジ・漢シ） cí（中） 사（韓）

語源 ［コアイメージ］ 小さい。［実現される意味］ 文を綴る際の小さな単位のことば。また、それをつないだ文句ⓐ。［英］word

〔解説〕「司」のグループは「小さい」というイメージがある。文を綴る小さい単位が詞。釈名・釈典芸では「詞は嗣なり。善言を撰びて相続嗣せしむるなり」とあり、嗣（つぐ）と同源と見ている。詞をつないで文を作ることを念頭に置いた説で、これも妥当である。

字源 「司(シ)（音・イメージ記号）＋言（限定符号）」を合わせた字。「司」は「小さい」というイメージがある（⇩司）。「詞」は文を綴る（つなぐ）小さな単位の言葉を暗示させる。

語義 ［展開］ 文を綴る際の小さな単位（ことば）の意味ⓐから、文法上のさまざまな性質をもつ単語の意味ⓑ、文章・文学・詩文の意味ⓒに展開する。また、韻文の一つで、長短不ぞろいの句から成る詩（長短句・詩余）の意味ⓓに用いる。［英］word, utterance; part of speech; lyric, verse, literature; a kind of Chinese poetry ［和訓］ ことば ［熟語］ ⓐ祝詞・誓詞・ⓑ品詞・名詞・ⓒ詞華・歌詞・ⓓ宋詞・填詞

文献 ⓐ韓非子・問弁「堅白無厚之詞章而憲令之法息＝堅白無厚の詞章らかにして、憲令の法息(や)む（詭弁術の文句がはっきり現れると、厳密な法令が姿を隠す）」

【歯】 12（歯・0） 常 常用音訓 シ は

語音 *t'iag（上古） tʃ'iei（中古→呉・漢シ） chǐ（中） 치（韓）

語源 ［コアイメージ］ 止める。［実現される意味］ はⓐ。［英］tooth

〔解説〕日常用語で、字にすると難しいものがある。鼻や歯はこの例。歯の下部は「は」の形をそのままなぞって複雑な上に止を添えたので更に難しくなった。なぜ止を添えたのか。それは止との同源意識のためである。止は足の形で、足は進む機能もあるが止まる機能もある。「は」は物を口に入れてかむ働きをもつが、一気に呑み込まないで、かむ前に一旦「は」で受け止める。ここに「止まる」という足と共通の働きを見出したのである。

字源 「齒」が正字。古い字体（甲骨文字・古文）は歯を描いた図形。篆文ではこれに音・イメージ記号の「止(シ)」を加えて「齒」となった。この意匠によって、食べ物を口に入れてかみ止める歯を表象する。

（甲） （古） （篆）

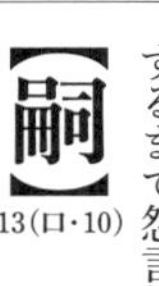

〔字体〕「歯」は近世中国で発生した「齒」の俗字。現代中国の簡体字は「齿」。

語義 ［展開］ 「は」の意味ⓐから、歯に似た（なぞらえた）ものの意味ⓑを派生する。また、馬の年齢を歯の数で数えることから、人の年齢の意味ⓒに転用される。［英］tooth（ⓐⓑ）; age ［和訓］ よわい ［熟語］ ⓐ歯牙・抜歯・ⓑ鋸歯・ⓒ尚歯・年歯

文献 ⓐ詩経・碩人「歯如瓠犀＝歯は瓠犀(コセイ)の如し（［彼女の］歯はユウガオの種のようにきれいに並んでいる）」ⓒ論語・憲問「没歯無怨言＝歯(シ)を没するまで怨言無し（年が尽きるまで恨み言を言わなかった）」

【嗣】 13（口・10） 常 常用音訓 シ

語音 *dieg（上古） ziei（中古→呉ジ・漢シ） sì（中） 사（韓）

語源 ［コアイメージ］ 小さい。［実現される意味］ 後継ぎⓐ。［英］heir,

descendant

字源 「司(シ)(音・イメージ記号)＋冊(イメージ補助記号)＋口(限定符号)」を合わせた字。「司」は「小さい」というイメージがある(⇩司)。「冊」は文字を書いた竹や木の札をつないだもので、昔の文書や書籍。したがって「嗣」は後継ぎの小さな子を記した文書を先祖に告げる様子を暗示させる。この意匠によって、後継ぎを表象する。

語義 [展開] 後継ぎの意味ⓐから、前のものの後を継ぐ、つなぐという意味ⓑ、その後に引き続いて(ついで)の意味ⓒに展開する。[英]heir, descendant; succeed, continue; next, after that [和訓] つぐ [熟語] ⓐ継嗣・嫡嗣・ⓑ嗣続・ⓒ嗣後

文献 ⓐ書経・大禹謨「罰弗及嗣＝罰、嗣に及ばず(罰は後継ぎに及ぶことはない)」ⓑ詩経・子衿「子寧不嗣音＝子寧(なん)ぞ音を嗣(つ)がざる(あなたはなぜお言葉をかけて下さらないのか)」

【獅】 13(犬・10) 人 ｜ 音 シ

語音 *sïer(上古) ṣïi(中古→呉・漢シ) shī(中) 사(韓)

語源 [コアイメージ] 集団。[実現される意味] ライオンⓐ。[英]lion

〔解説〕 漢代にライオンを意味する古代ペルシア語šërを音写して師子とした。この師に限定符号の犬を添えて獅が生まれた。師が選ばれた理由はそれだけではない。師子よりも前にライオンを意味する梵語が狻猊(サンゲイ)(＝狻麑)と音写されていたが、爾雅に「狻麑は虎豹を食ふ」とあるように、ライオンは虎や豹をも食らう動物と空想された。したがって百獣の王は虎ではなくライオンということになり、集団の先頭に立つ人の意味をもつ師が利用された。

字源 「師(シ)(音・イメージ記号)＋犬(限定符号)」を合わせた字。

語義 ネコ科の哺乳類、ライオンの意味ⓐ。[熟語] ⓐ獅子・獅子吼

文献 ⓐ前漢紀12「烏弋國去長安萬五千三百里、出獅子犀牛＝烏弋(クウヨク)国は長安を去ること万五千三百里、獅子・犀牛を出だす(烏弋国[漢代、西域にあった国名]は長安から15300里の距離で、ライオンとサイを産出する)」

【詩】 13(言・6) 常 ｜ 常用音訓 シ

語音 *tiag(上古) ʃiei(中古→呉・漢シ) shī(中) 시(韓)

語源 [コアイメージ] まっすぐ進む。[実現される意味] 韻文の一つ、ポエムⓐ。[英]poem, poetry

〔解説〕 古典では広く「詩は志なり」の語源説が受け入れられている。特に詩経に最初に注釈を施した漢の毛亨は「詩なる者は志の之(ゆ)く所なり」と述べ(毛詩序)、詩の定義づけを行った。之・志・詩は一連の同源の語であり、「まっすぐ進む」というコアイメージをもつ。志をまっすぐに表現するものが詩という定義である。中国最初の詩集は詩経であるが、圧倒的に多いのは抒情詩である。詩とは抒情詩に与えられた名称と考えられる。叙事詩がなかったわけではなく、詩経の雅と頌の部にいくつか収録されている。

字源 「寺(ジ)(音・イメージ記号)＋言(限定符号)」を合わせた字。「寺」は「まっすぐ進む」というイメージがある(⇩寺)。古文では「寺」の代わりに「之」になっており、これも「まっすぐ進む」というイメージがある(⇩之)。「詩」は対象を目指してまっすぐ進む心を表現する言葉を暗示させる。

語義 [展開] 韻文の一つ(ポエム)の意味ⓐ。また、五経の一つである詩経の特称ⓑとされる。[英]poem, poetry; the Book of Songs [和訓] うた [熟語] ⓐ詩歌・漢詩・ⓑ詩書・詩伝

文献 ⓐ詩経・巷伯「寺人孟子、作爲此詩＝寺人孟子、此の詩を作為す(側用人の孟子が、この詩を作った)」②論語・為政「詩三百、一言以蔽之、曰思無邪＝詩三百、一言以て之を蔽はば、曰く、思ひ邪無し(詩経の三百篇を一言で言うなら、思いに邪悪さがないことだ)」

【試】 13(言・6) 常 常用音訓 シ こころみる・ためす

語音 *tsiəg(上古) ʃiei(中古→呉・漢シ) shì(中) 시(韓)

語源 [コアイメージ] (道具を)用いる。[実現される意味] 有用なものを取り上げて用いるⓐ。[英]use, appoint

〔解説〕日本語の「こころみる」は「心+見る」で、相手の心や力、物の正体や様子を探って見る意味から、事の成り行きを試してみる意味に転じたという(大野①)。漢語の試は取り上げて用いる意味から、善し悪しを試してみる意味に転じた。両者には若干のずれがある。また「ためす」はタメシ(手本として見せるものの意)の動詞化で、「実際に求めてみる」意味という(大野①)。英語のtryは「ふるいにかけて振り分ける」が原義という(小島①)。ふるいは道具の一種だから、試の「道具を用いる」というコアイメージと似ていなくはない。ただし「道具を用いるように人を用いて試す」というのは比喩的な発想である。

字源 「式(音・イメージ記号)+言(限定符号)」を合わせた字。「式」は「道具を用いる」というイメージがある(⇩式)。「試」は言葉通りかどうかを調べるために、その人を用いる様子を暗示させる。

語義 [展開] 有用なものを取り上げて用いる意味ⓐから、有用かどうかを実際にためす(善し悪しをためしてみる)意味ⓑ、テスト(試験)の意味ⓒに展開する。[英]use, appoint; try; test, examination [和訓] もちいる

[熟語] ⓐ試補・ⓑ試飲・試作・ⓒ試験・考試

文献 ⓐ詩経・大東「私人之子、百僚是試＝私人の子、百僚に是れ試もちゐる(家の子郎党たち、百官に取り立てる)」ⓑ詩経・采芑「其車三千、師干之試＝其の車は三千、師干を之れ試む(戦車は三千両、さっそく兵士と武器を試してみる)」

【資】 13(貝・6) 常 常用音訓 シ

語音 *tsier(上古) tsii(中古→呉・漢シ) zī(中) 자(韓)

語源 [コアイメージ] 並びそろう。[実現される意味] 手元に置く金品、生活の基盤である財産(もとで)ⓐ。[英]property, means of living

字源 「次(音・イメージ記号)+貝(限定符号)」を合わせた字。「次」は「つぎつぎに並ぶ」というイメージがあり、「並びそろう」というイメージに展開する(⇩次)。「資」はいざという時のために手元に並べて取りそろえておく財貨を暗示させる。この意匠によって、何かの用に役立てるため手元に置く金品を表象する。

語義 [展開] 手元に置く金品の意味ⓐから、役立てるための元になるものの意味ⓑ、元から備えていた性質の意味ⓒ、また、何かの用に役立てる(たすける)という意味ⓓに展開する。[英]property, means of living; materials; endowment; avail, aid, support [和訓] もと・とる・たち・たすける [熟語] ⓐ資金・資産・ⓑ資源・資材・ⓒ資質・天資・ⓓ資生・師資

文献 ⓐ詩経・桑柔「國步滅資＝国歩資を滅す(国の歩みは[人々の]資産を失わせる)」ⓑ老子・二十七章「善人者不善人之師、不善人者善人之資＝善人は不善人の師、不善人は善人の資(善人は不善人の先生だが、不善人は善人の資本[役立てるもの・手段]である)」ⓓ荘子・大宗師「堯何以資汝＝堯は何を以て汝を資たすけん(堯[古帝王の名]は何でもってお前の役に立ってくれようか)」

【飼】 13(食・5) 常 常用音訓 シ かう

語音 *dịəg(上古) ziei(中古→呉ジ・漢シ) sì(中) 사(韓)

語源 [コアイメージ] 小さい穴。[実現される意味] 食べ物を与えるⓐ。[英]give food to

〔解説〕古代漢語でたべる・たべものを意味することばは*dịək(食)である。これから食べ物を与えて養う意味の*dịəgに分化した。表記は食→

飤→飼と変わった。飼の字体になった理由は動物に餌をやって養う意味が生じたためで、司のコアイメージを利用したものである。

字源 「飤」が本字。「食シ(音・イメージ記号)＋人(限定符号)」を合わせた字。人に食べ物を与えて養う様子を暗示させる。のち字体が「飼」に変わった。「司シ(音・イメージ記号)＋食(限定符号)」を合わせた字。「司」は「小さい穴」「小さい隙間から出入りする」というイメージがある(⇩司)。「飼」は小さい穴を通して餌をやる様子を暗示させる。

語義 [展開] 食べ物を与える意味ⓐから、餌をやって家畜などを養う(かう)意味ⓑに展開する。[英]give food to; raise, feed, rear [熟語] ⓑ飼育・飼料

文献 ⓐ呉越春秋・闔閭内伝「吾嘗饑於此、乞食於一女子、女子飼我、遂投水而亡＝吾嘗て此ここに饑ゑ、食を一女子に乞ふ、女子我に飼らはし、遂に水に投じて亡す(私はかつてここで飢えた。一人の女性に食を乞うと、彼女は私に食を与えたが、とうとう川に身投げして死んでしまった)」ⓑ抱朴子・論僊「以薬粉桑飼蠶＝薬を以て桑に粉して蚕を飼ふ(薬物を桑にまぶして蚕を飼う)」

【漬】14(水・11) 常 常用音訓 つける・つかる

語音 *dzieg(上古) dziĕ(中古→呉ジ・漢シ) zì(中) 지(韓)

語源 [コアイメージ] 重ねる。[実現される意味] 水の中に物をつける(ひたす)ⓐ。[英]steep, soak

〈解説〉新撰字鏡に「ひたす」、名義抄に「つく」の訓がある。「つける(つく)」は水にひたす意で、付く・就く・突く・搗くなどとは別。

字源 「責セキ(音・イメージ記号)＋水(限定符号)」を合わせた字。「責」は「積み重なる」というイメージがある(⇩責)。「漬」は物を水中に入れて、水がその上に重なった状態になる様子を暗示させる。この意匠によって、物を水の中につけて水をしみ込ませることを表象する。

語義 [展開] 水の中に物をつける(ひたす)意味ⓐ。また比喩的に、深入りする(おぼれる、ふける)意味ⓑに展開する。[英]steep, soak; indulge [和訓] ひたす [熟語] ⓐ浸漬・ⓑ沈漬

文献 ⓐ呉越春秋・勾践帰国外伝「足寒則漬之以水＝足寒ければ則ち之を漬くるに水を以てす(足が寒いと水に漬けた)」ⓑ墨子・非攻「沈漬殷紂于酒徳矣＝殷紂を酒徳に沈漬チンシせしむ(殷の紂王を酒に溺れさせた)」

【誌】14(言・7) 常 常用音訓 シ

語音 *tiəg(上古) tʃiei(中古→呉・漢シ) zhì(中) 지(韓)

語源 [コアイメージ] 止まる・止める。[実現される意味] 書き記すⓐ。[英]record

字源 「志シ(音・イメージ記号)＋言(限定符号)」を合わせた字。「志」のコアイメージの源泉は止にあり、「止まる」と「進む」の二つのイメージがある。志も同様である(⇩志)。「誌」は言葉や文字を書き止める(しるす)ことを表す。

語義 [展開] 書き記す意味ⓐから、出来事を記したもの(記録)の意味ⓑに展開する。また雑誌の意味ⓒに用いる。[英]record; records; magazine [和訓] しるす [熟語] ⓑ書誌・日誌・ⓒ雑誌・会誌

文献 ⓐ列子・楊朱「太古之事滅矣、孰誌之哉＝太古の事滅す、孰たれか之を誌しるさんや(大昔のことは消滅している。それを記している者がいるだろうか)」

【雌】14(隹・6) 常 常用音訓 シ め・めす

語音 *ts'ieg(上古) ts'iĕ(中古→呉・漢シ) cí(中) 자(韓)

語源 [コアイメージ] ちぐはぐでそろわない。[実現される意味] 鳥のめすⓐ。[英]female

〈解説〉「おす」と「めす」を表す語の成り立ちは、獣の場合は性器の形

態的特徴を捉えて牡と牝が生まれた。鳥の場合は、爾雅・釈鳥に「鳥の雌雄別つべからざる者は、翼右を以て左を掩ふは雄、左もて右を掩ふは雌」とあり、雌雄の判別を翼の形で推定し、右の翼で左の翼を覆うのが雄、その逆が雌だという。これは少し妙であるが、語源・字源を探求すると、やはり翼の形から鳥の「おす」と「めす」を表す語が形成されたようである。

字源 「此シ(音・イメージ記号)+隹(限定符号)」を合わせた字。「此」は「ちぐはぐでそろわない」というイメージがあり、「@∧∧@の形(ぎざぎざ)」や「×の形(交じる・交わる)」のイメージに展開する(⇩此)。「雌」は鳥が<<の形や×の形に翼を折り畳む様子を暗示させる。大きく翼を張り広げる姿をイメージ化して造形された雄ユウと対比されたのが雌シである。鳥類にはおすがめすに愛のディスプレーをするものがよくある。これを目撃した古代人は大きく翼を張り広げるものを「おす」と見て、*ɦɪuəŋと呼び、「雄」と表記し、翼を広げない(折り畳んだままの)ものを「めす」と見て、*ts'iegと呼び、「雌」と表記した。

語義 [展開] 鳥のめす、また広く、生物のめすの意味ⓐ。また、雄のおおしいイメージと対比させて、めめしい・弱々しい、また、弱さ・従順さの意味ⓑに転用される。[英]female; metaphor of weakness [熟語] ⓐ雌雄・ⓑ雌伏

文献 ⓐ詩経・小弁「雉之朝雊、尚求其雌=雉の朝に雊なく、尚其の雌を求む(キジが朝に鳴いているのは、やはりめすを求めるから)」ⓑ老子・二十八章「知其雄、守其雌、爲天下谿=其の雄を知り、其の雌を守れば、天下の谿と為る(男性性を知った上で、女性性を守れば、世界中の人が慕い寄る谷となろう)」

【摯】 15(手・11) 常 常用音訓 シ

語音 *tied(上古) ʧii(中古→呉・漢シ) zhi(中) 지(韓)

語源 [コアイメージ] 隙間なく塞ぐ。[実現される意味] しっかり握り持つ(握ってつかむ、つかまえる)ⓐ。[英]catch, seize

字源 「執シュ(音・イメージ記号)+手(限定符号)」を合わせた字。「執」は「隙間なく塞ぐ」というイメージがある(⇩執)。「摯」は手に隙間なく物を握る様子を暗示させる。

語義 [展開] しっかり握り持つ(つかまえる)意味ⓐ。「隙間なく塞ぐ」というイメージは「中身がいっぱい詰まる」というイメージに展開し、真心がいっぱい詰まる(誠実な気持ち)の意味ⓑを派生する。また、面会の際に持参する礼物の意味ⓒに用いる。この場合は贄シと通用。[英]catch, seize; sincere; gift [熟語] ⓑ真摯

文献 ⓐ呂氏春秋・忠廉「摯執妻子、焚之而揚其灰=妻子を摯執し、之を焚きて其の灰を揚ぐ(妻子をつかまえて焼き殺し、その灰を撒いた)」ⓑ詩経・関雎・毛伝「鳥摯而有別=鳥、摯にして別有り([ミサゴという]鳥は雌雄が誠実であり、分別がある[べたべたくっつくような品のないことはしない意])」

【賜】 15(貝・8) 常 常用音訓 シ たまわる

語音 *dieg(上古) siĕ(中古→呉・漢シ) cì(中) 사(韓)

語源 [コアイメージ] 平らに延びる。[実現される意味] 目上の人が下位の人に物を与える(たまう)ⓐ。[英]give, bestow, grant

〔解説〕 郝懿行は「賜の言は施なり」と述べる(爾雅義疏)。施は「ずるずると延びて移る」というコアイメージからA点からB点に物を移して人に与えるという意味を派生する。賜の造形法はこれときわめて似ている。施が也(蛇の形)から原初のイメージを取るのに対し、賜が易(トカゲの形)から原初のイメージを取るのも似ている。直接に手渡すのではなく、ずるずると這わせて移動させるしぐさに、上位から下位へ物を下すという意図が含まれている。日本語の「たまう(たまふ)」は「目下の者の求め

る心と、目上の者の与えようという心とが合って、目上の者が目下の者へ物を与える意が原義」、「たまわる（たまはる）」はタマフの自動詞形で、「目上の者から心を許され、要求・懇願していた事物・事柄をくだされる意」という（大野①）。漢語の賜とほぼ同じ。常用漢字表に「たまう」の訓も採るべきであろう。

字源 「易ｴｷ（音・イメージ記号）＋貝（限定符号）」を合わせた字。「易」はトカゲを描いた図形（⇩易）。トカゲが地面を平らに這って延びて行く姿から、「平らに這うようにして横に延びる」というイメージが取られる。「賜」は物を押しやって、ずるずると平らに這うような形で、相手の方に移動させる様子を暗示させる。この意匠によって、上位の者が下位の者に物を与える（たまう）ことを表象する。

語義 ［展開］目上の人が下位の人に物を与える（たまう）意味ⓐから、上位者から物をもらう（たまわる）意味ⓑ、上位者からいただいたもの（たまもの）の意味ⓒに展開する。［英］give, bestow, grant; be honored with; gift ［和訓］たまう・たまもの ［熟語］ⓐ賜与・恵賜・ⓑ賜暇・ⓒ恩賜

文献 ⓐ論語・郷党「君賜食、必正席先嘗之＝君、食を賜へば、必ず席を正して先づ之を嘗む（殿様が食べ物を与えた際、［孔子は］必ず座席を正し、自ら先にそれを味わった）」ⓑ孟子・万章下「無常職而賜於上者、以爲不恭也＝常職無くして上より賜はる者は、以て不恭と為すなり（定職がないのにお上から給料をもらうのは不謹慎である）」ⓒ論語・憲問「民到于今、受其賜＝民、今に到るまで、其の賜を受く（民は現在に至っても彼の恩恵を受けている）」

【諮】 16（言・9） 常 ｜ 常用音訓 シ はかる

語音 *tsier（上古） tsii（中古→呉・漢シ） zī（中） 자（韓）

語源 ［コアイメージ］次々に並べる。［実現される意味］上位の者が下位の者に意見を出させて相談する（問い謀る）ⓐ。［英］consult

字源 「咨ｼ（音・イメージ記号）＋言（限定符号）」を合わせた字。「次」は「つぎつぎに並べる」というイメージがある（⇩次）。「次ｼ（音・イメージ記号）＋口（限定符号）」を合わせた「咨」は、意見をつぎつぎに並べる様子を暗示させる。これで十分、意見を出させて相談することを表象できるが、嘆息の声（「ああ」と読む）に転義したため、改めて「諮」が作られ、「咨」の原義を表すようにした。詩経では咨が使われている。

語義 上位者が下の者に意見を求めて相談する（はかる）意味ⓐ。［熟語］ⓐ諮問

文献 ⓐ春秋左氏伝・襄公4「必諮於周＝必ず周に諮る（必ず周［国名］に相談する）」

じ

【示】 5（示・0） 常 ｜ 常用音訓 ジ・シ しめす

語音 (1)*gier（上古） dʒii（中古→呉ジ・漢シ） shì（中） 시（韓） (2)*gieg（上古） giĕ（中古→呉ギ・漢キ） qí（中） 기（韓）

語源 ［コアイメージ］まっすぐ。［実現される意味］しめすⓐ。［英］show

〔解説〕王力は示と視を同源とし、しめす意味があるとする（王力①）。これは表層レベルの語源説。深層構造を明らかにしたのは藤堂明保である。氏は矢・尸・豕・氏（低・底など）・夷・弟・指などと示を同源とし、「まっすぐで短い・ひくい」という基本義があるとする（藤堂①）。示は「短い」「低い」というよりもただ「まっすぐ（直線状）」のイメージである。「まっすぐ」というイメージから、「まっすぐ指ししめす」というイメージに転化するのは指にも例がある。その語の図形化は神を祭る祭壇から発想された。祭壇は形態上まっすぐ立てたものであり、また、機能的に

は神意がここへまっすぐに現される所というイメージがある。説文解字に「天、象を垂れ、吉凶を見(あら)わし、人に示す所以なり」とある。見(あらわす、しめす)は視(まっすぐ見せる→しめす)に替えたほうがよい。示と視は非常に近い。日本語の「しめす」はシ(為(す)の連用形)+メス(見せる)で、形に現して見せる意味だという(大野①)。古人が示を「しめす」と訓じたのはぴったりであった。英語のshowは印欧祖語の*skou-(見る)に由来するらしい(下宮①)。漢語の示と視が同源であるのと似ている。日本語の「しめす」も同じである。

〔グループ〕示・視・祇・祁

字源 足のついた祭壇を描いた図形。この意匠によって、まっすぐに(はっきりと)現し示すことを表象する。また、天の神に対して地の神を表す。祇の原字。字源については諸説紛々である。天から神が下る形、主・宗と同字、木の柱や石を神主にしたもの、武器、性器(生殖神)、占いに使う棒を並べた形(カールグレン)等々の説がある。祭壇説は明義士(James Mellon Menzies)と藤堂明保。

(甲) (金) (篆)

語義 二つの意味がある。はっきりと現し示す、まっすぐに(隠さずに)人に見せる意味ⓐ(1の場合)。また、土地の神の意味ⓑ(2の場合)。ⓑは神祇の祇と同じ。[英]show, indicate; earth spirit 【熟語】ⓐ示現・呈示・ⓑ地示(=地祇)

文献 ⓐ詩経・鹿鳴「示我周行=我に周行を示せ(私に周の道中を教えて示せ)」

【字】 6(子・3) 常 | 常用音訓 ジ あざ

語音 *dziəg(上古) dziei(中古→呉ジ・漢シ) zi(中) 자(韓)

語源 [コアイメージ] 小さい・小さいものが殖える。[実現される意味] 子を生むⓐ。[英]bear, breed

〔解説〕滋・孳と同源の語で、「小さいものがどんどん殖える」というイメージがある。「子」自体にそのイメージがあり、字は子から分化した語といえる。子どもを生み、育て、繁殖させるが本義で、文字の意味は転義である。説文解字に「字なる者は孳乳(生まれて殖える)して浸(よう)く多き(次第に多くなる)を言ふなり」とある。象形文字のような単体(それ以上要素に分析できないもの)を文といい、これを親になぞらえ、親からつぎつぎに子が生まれるように、文を組み合わせてできる文字を字というのである。英語では表意文字をcharacter、表音文字をletterという。characterは「(他との明確な区別を示す)特徴」がコアイメージで、性格、特徴、個性などの意味に展開する(田中①)。漢字のような表意文字は一字一字に他と違う特徴、個性があるからcharacterというのであろう。

字源 「子(シ)(音・イメージ記号)+宀(限定符号)」を合わせた字。「子」は子どもの意味で、そのコアには「小さい」「小さいものが殖える」というイメージがある(⇨子)。「字」は子を生んで大事に養い育てる情景を暗示させる図形。

語義 [展開] 子を生む意味ⓐから、大事に養い育てる意味ⓑに展開する。また、「小さいものが殖える」というイメージから、本名から派生した名(本名のほかにつける名、あざな)の意味ⓒ、また、単体の文を結合させて次々に派生していく複合体の「もじ」の意味ⓓに展開する。日本では村や町の小さな区画(あざ)の意味ⓔに用いる。[英]bear, breed; nurture; adolescent's name; character; a section of a village [和訓] あざな [熟語] ⓐ字乳・ⓓ漢字・文字

文献 ⓐ易経・屯「女子貞不字、十年乃字=女子貞にして字(ジ)せず、十年乃ち字す(女子が貞操で子を生まない。しかし十年たったら子を生むだろう)」ⓑ詩経・生民「牛羊腓字之=牛羊腓(かば)ひて之を字(やしな)ふ(牛と羊が[捨て子を]かばって育てた)」ⓒ老子・二十五章「吾不知其名、字之曰道=吾其の名

を知らず、之に字(あざな)して道と曰ふ(私はその[宇宙の始めにあったものの]名を知らない。仮の名を道とつけよう)」

【寺】 6(寸・3) 常 ｜ 常用音訓 ジ てら

語音 *diəg(上古) ziei(中古→呉ジ・漢シ) si(中) 사(韓)

語源 [コアイメージ] ㋐まっすぐ進む・㋑じっと止まる。[実現される意味] まめまめしく働く人(貴人の側に仕えて働く人)ⓐ。[英]chamberlain

〔解説〕寺を分析すると之、之を分析すると止に行き着く。「止」にコアイメージの源泉がある。止は足が原初のイメージであるが、足の機能は進むことと止まることにあるので、止は「進む」というイメージを表すこともでき、「止まる」というイメージを表すこともできる。之も同様である。これを根底に置く寺も両方のイメージを表す記号となる。働くことは手足を動かして行動することである。したがって貴人に仕えてまめまめしく動き回って働く人を寺という。詩経にある寺人、婦寺の用例が古い。その後、役人、役所の意味に転じたが、「てら」の意味は新しい。それは漢代になって西域から来た僧侶を鴻臚寺(外国の賓客を接待する役所)に泊めたことから、僧侶の住む所の意味が発生したものである。中国最初の寺は後漢の白馬寺である。訓の「てら」の語源は刹の朝鮮音とする説、あるいはパーリ語thera(長老の意)とする説などがある(大言海、大野②)。

〔グループ〕寺・時・詩・侍・持・待・特・等・蒔・恃ジ(当てにして待つ→たのむ[矜恃])・痔ジ(通じが悪い病気[痔瘻])・峙ジ(じっとそばだつ[対峙])・跱チ(立ち止まる[跱躇])・塒ジ(鳥が止まる「ねぐら」)・鰣ジ(時魚が語源。初夏の旬の時に賞味される魚、ヒラコノシロ。〈日〉ハス)

字源 「之シ(音・イメージ記号)+寸(限定符号)」を合わせた字。「之」は「止(あし)+一」を合わせて、「まっすぐ進む」というイメージを示す(⇩之)。「寺」は仕事をまっすぐ進めていく(前向きに、怠りなく、進行させる)様子を暗示させる。この意匠によって、貴人の側に仕えてまめまめしく働く人を表象する。貴人の側に控えて待つところに視点を置くと、「寺の言は止なり」(広雅疏証)、「寺の言は侍なり」(周礼鄭注)ともいえる。

(金)  (篆)

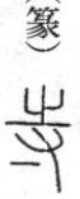

語義 [展開] 貴人のそばに働く人の意味ⓐから、まめに働く役人の意味ⓑ、庶務を扱う役所の意味ⓒに展開する。言語外の事実から、僧侶の住む所の意味ⓓを派生した。[英]chamberlain; officer; government office; temple [熟語] ⓐ寺人・ⓑ宦寺・ⓓ寺社・仏寺

文献 ⓐ詩経・車鄰「寺人之令＝寺人に之れ令す(側用人にさしずする)」ⓒ水経注2「山上有寺、名雀離、大清浄＝山上に寺有り、名は雀離、大いに清浄なり(山の上に雀離という寺があり、たいへん清らかである)」

【次】 6(欠・2) 常 ｜ 常用音訓 ジ・シ つぐ・つぎ

語音 *ts'ier(上古) ts'ii(中古→呉・漢シ・[慣]ジ) cì(中) 차(韓)

語源 [コアイメージ] つぎつぎに並ぶ・並びそろう。[実現される意味] 前のものの後に続く(つぐ)ⓐ。[英]rank next to, come after

〔解説〕*ts'ierという語は斉・妻と同源で「そろって並ぶ」というコアイメージをもつ(藤堂①)。A-B-C-という具合につぎつぎに並ぶというイメージである。そこから、Aの後にB、その後にCという具合に序列をなすというイメージ、A⌒B⌒C⌒という具合に点々と止まるというイメージが生まれる。日本語の「つぐ」は「長くつづくものが絶えないように、その切れ目をつなぐ意。転じて、つづくものの順位が、前のものの直後にある意」という(大野①)。「並ぶ」というイメージはないが、東海道五十三次などの場合はA-B-C-という具合に並ぶというイメージが明白である。これは馬継ぎ場(宿場)の意味で、漢語の次の意味の

ⓔⓕが影響していると考えられる。

〔グループ〕次・姿・資・諮・茨・恣・咨シ(意見をつぎつぎに並べて問いはかる[咨詢])・佽シ(並びそろう)・瓷ジ(色をそろえて焼いた陶器[瓷器])・粢シ(神前にそろえて並べる穀物[粢盛])

〔字源〕「次」が正字。「二(イメージ記号)+欠(限定符号)」を合わせた字。「二」は二つ並ぶことを示す象徴的符号(⇩二)。「次」は人たち(行軍や旅をする一団)が前に進まないで、並んだまま止まって一休みする場面を設定した図形。この意匠によって、「つぎつぎに並ぶ」「並びそろう」というイメージを表象する。

〈金〉 〈篆〉

〔字体〕「次」は旧字体。「次」は古くから書道で行われた字体。次に従う他の常用漢字もこれに倣う。

〔語義〕〔展開〕「つぎつぎに並ぶ」というコアイメージから、トップの後に続く(つぐ)意味ⓐ、トップのつぎ、二番目の意味ⓑ、A–B–C…という具合に順序をなす意味ⓒ、順序や回数を数えることばⓓに展開する。また、旅や行軍の途中で列をなして止まる意味ⓔ、止まる(宿る)所の意味ⓕ、星のやどりの意味ⓖの意味を派生する。[英]rank next to, come after; next, second; arrange in order; time; halt; lodging place; constellation 〔和訓〕なみ・ついで・やどる 〔熟語〕ⓐ次韻・ⓑ次官・次期・ⓒ次第・順次・ⓓ一次・毎次・ⓔ途次・路次・ⓕ胸次・ⓖ歳次・星次

〔文献〕ⓐ孟子・尽心下「民爲貴、社稷次之＝民を貴しと為す、社稷之に次ぐ(人民がいちばん貴く、国家はその次である)」ⓑ論語・季氏「學而知之者次也＝学びて之を知る者は次なり(学んでから知るのは[知のランクとしては]二番目である)」ⓔ楚辞・離騒「夕歸次於窮石兮＝夕べに帰りて窮石に次(やど)る(夕方帰って窮石に宿る)」

【而】

6(而・0) 人 音ジ 訓しかして・しかるに

〔語音〕*niəg(上古) niei(中古→呉ニ・漢ジ) ér(中) 이(韓)

〔語源〕〔コアイメージ〕柔らかい・粘り強い。〔実現される意味〕二つの事態を結ぶことば(AそしてB、しかして)ⓐ。[英]and

〔解説〕*niəgという語は耳・乃と同源で、「軟らかくねばつく」というコアイメージをもつ(藤堂①)。下記のグループは「柔らかい」「粘り強い」というイメージを共有する。而を単独に用いる場合も、このイメージがコアにある。Aという事態とBという事態を「A而B」のように並べて、ねばっこく結びつける働きのある言葉に用いられる。漢文では「A而B」を「AしてB」、または、「AしかしてB」、「A、而B」を「A、しかるにB」などと読む。

〔グループ〕而・需・耐・耏ジ(柔らかい頰ひげ)・鮞ジ(魚の柔らかい卵)・輀ジ(震動が軟らかい車、霊柩車)・輭ナン(＝軟)・煗ダン(＝暖。日差しが柔らかい)

〔字源〕ふさふさと垂れるひげを描いた図形。この意匠によって、「柔らかい」というイメージを表すことができる。説文解字に「而は頰の毛なり」とある。

〈金〉 〈篆〉

〔語義〕〔展開〕AそしてB(しかして)の意味ⓐから、AなのにB(しかるに、しかも)の意味ⓑに展開する。また、音とイメージが女・若と近いので、二人称の「なんじ」の意味ⓒ、爾・如と近いので、副詞や形容詞につける語ⓓに用いられる。[英]and; but, yet; you; suffix 〔熟語〕ⓐ而立・形而上

〔文献〕ⓐ詩経・北風「惠而好我＝恵みて我を好む(私を愛し、そして好いてくれる)」ⓑ詩経・宛丘「洵有情兮、而無望兮＝洵(まこと)に情有り、而も望み無し(ほんとに恋心はあるが、望みはない)」ⓒ詩経・桑柔「予豈不知而作＝

予豈而の作すを知らざらんや（私はお前のやることお見通しだ）」ⓓ詩経・甫田「未幾見兮、突而弁兮＝幾くも未くして見れば、突として弁せり（しばらく見ないうちに突然冠姿になった）」

【耳】6(耳・0)　常　｜常用音訓　ジ　みみ

語音 *niag（上古）　niei（中古→呉ニ・漢ジ）　ěr（中）　이（韓）

語源 [コアイメージ] 柔らかい。[実現される意味] みみⓐ。[英]ear

〔解説〕釈名・釈形体に「耳は耏なり。耳に一体有り、両辺に属著して耏耏然たり（耳は耏［柔らかいほおひげ］と同源である。耳は独特の形体があり、両側に柔らかくくっついている）」とある。而とコアイメージが同じである。

〈グループ〉耳・恥・餌・茸・刵（耳を切る）・珥（耳玉、イヤリング［珥璫］）

字源 みみを描いた図形。

（甲）　（金） 　（篆）

語義 [展開] みみの意味ⓐから、耳に似た（なぞらえた）ものの意味ⓑに展開する。また、漢文で句末の助詞に使われる。「～だけだ」「～のみ」の意味ⓒ。而已（而して已む→それで終わり→それだけ）を一音節につづめたもの。[英]ear（ⓐⓑ）; only [和訓] のみ [熟語] ⓐ外耳・内耳・ⓑ鼎耳

文献 ⓐ詩経・小弁「君子無易由言、耳属于垣＝君子よ由言を易くする無かれ、耳、垣に属っく（君子らよ、言葉を軽々しく出すな、垣根に耳がついている［壁に耳あり］）」ⓒ論語・陽貨「前言戯之耳＝前言は之を戯れしのみ（さっき言ったのはほんの冗談だよ）」

【自】6(自・0)　常　｜常用音訓　ジ・シ　みずから

語音 *dzied（上古）　dzii（中古→呉ジ・漢シ）　zì（中）　자（韓）

語源 [コアイメージ]（ある物を）起点とする。[実現される意味] 自分を起点として（自分から、みずから）。また、自分に関することⓐ。[英]oneself, self

〔解説〕説文解字には「自は鼻なり」とあるが、*dziedという語は鼻を意味しない。しかし鼻がこの語のコアイメージの源泉である。鼻は顔の中央の突起物であり、平面から突き出た先端である。ここに「起点」のイメージがある。説文解字で皇の説明に「自は始なり」とするのが当たっている。「そこから始まる」ということは「ある物を起点とする」ということである。このように自のコアイメージを把握すれば、自の意味構造がすっきりと理解できる。一般に人は自分をいう時に鼻を指すから、自分の意味になったとされているが、コアイメージから理解するのがよい。人は他人に因らず自分自身を起点とするから、「自分」の意味の意味になる。日本語の「みずから（みづから）」はミ（身）＋ツ（連体助詞）＋カラ（族・柄）で、「自分。自分自身。人称に関係なく、その人自身を指す」という。また、「おのずから（おのづから）」はオノ（己）＋ツ（連体助詞）＋カラ（族・柄。生まれつきの意）で、「自然の力。生まれつきの力」「自然の成り行きで」の意味という（以上、大野①）。「みずから」と「おのずから」は日本語では別語であるが、漢語ではともに自という。「起点」が二つを結びつけるコアイメージである。常用漢字表に「おのずから」も採るべきであろう。

字源 鼻を描いた図形。この意匠によって、「起点」というイメージを表すことができる。

（甲） 　（金） 　（篆）

語義 [展開]「起点」「ある物を起点とする」というコアイメージは、人間の場合は、話し手や主体そのものが起点であるので、「自分を起点として」という意味ⓐが実現される（これが「みずから」）。自然の場合は、「他の何物にも由らないでその物を起点として」という意味ⓑになる（こ

れが「おのずから」)。また、ある場所や時間を起点とする意味にも展開する。ある所・時から、「〜より」の意味ⓒ。[英]oneself, self, personally; of itself, naturally; from 【和訓】おのずから・より 【熟語】ⓐ自己・自身・ⓑ自然・自転・ⓒ自今・出自

文献 ⓐ詩経・文王「自求多福＝自ら多福を求めよ(自分で多くの幸せを求めなさい)」ⓑ老子・三十七章「萬物將自化＝万物将に自おのずから化さんとす(万物はひとりでに姿を変えるだろう)」ⓒ詩経・伐木「出自幽谷、遷于喬木＝幽谷自よより出でて、喬木に遷る([その鳥は]深い谷間から出て、高い木に移っていく)」

【似】 7(人・5) 常 常用音訓 ジ にる

語音 *diəg(上古) ziei(中古→呉ジ・漢シ) si(中) 사(韓)

語源 [コアイメージ] 人工を加える。[実現される意味] 姿や形などがにる、にせるⓐ。[英]resemble

字源 「以イ(音・イメージ記号)＋人(限定符号)」を合わせた字。「以」は「道具を用いる」というイメージがあり、「道具を用いて対象に働きかける」「人工を加える」というイメージに展開する(⇩以)。「似」は実物に手を加えて、別の像に象かたどる様子を暗示させる。この意匠によって、姿や性質などが他のものに似ることを表象する。

語義 [展開] 姿や形などがにる、にせる意味ⓐ。A(実物)がA′(似た物)になるので、A′はAを継ぐことになる。したがって、前のものを受け継ぐ意味ⓑが生まれる。[英]resemble; succeed [熟語] ⓐ近似・類似・ⓑ似続

文献 ⓐ詩経・小宛「教誨爾子、式穀似之＝爾が子に教誨せよ、式もって穀よく之に似よと(お前らの子どもに教えなさい、よくよくこれ[ジガバチ]を見習うようにと)」ⓑ詩経・江漢「召公是似＝召公を是れ似つぐ(召公の後を受け継ぐ)」

【児】 7(儿・5) 常 常用音訓 ジ・ニ

〔兒〕 8(儿・6) 人 音ジ・ニ 訓こ

語音 (1)*ŋieg(上古) niě(中古→呉ニ・漢ジ) ér(中) 아(韓) (2)*ŋer(上古) ŋei(中古→呉ゲ・漢ゲイ) ní(中) 예(韓)

語源 [コアイメージ] 小さい。[実現される意味] 幼い子どもⓐ。[英]child

〔解説〕下記のグループは「形が小さい」「丈が低い」というコアイメージを共有する。*ŋiegという語は孑ケツ(残された小さい子、また、ボウフラ)や孽ゲツ(ひ弱い子)・蘖ゲツ(切り株から出る細い枝、ひこばえ)などと同源の語と考えられる。

〔グループ〕児・蜺ゲイ(雌の虹[虹蜺])・霓ゲイ(雌の虹[雲霓])・鯢ゲイ(雌のクジラ[鯨鯢])・倪ゲイ(小さい子ども。転じて、細い末端[端倪])・堄ゲイ(丈の低い垣[埤堄ヘイゲイ])・睨ゲイ(身を低くして見回す[睥睨ヘイゲイ])・麑ゲイ(鹿の子)・齯ゲイ(生えかわる小さい歯、瑞歯)

字源 「兒」が正字。頭蓋骨がまだ完全に閉じていない子どもの姿を描いた図形。この意匠によって、まだ成長していない子どもを表象する。

(甲) (金)  (篆) 

〔字体〕「児」は近世中国で発生した「兒」の俗字。現代中国の簡体字は「儿」。

語義 [展開] 幼い子どもの意味ⓐから、若者の意味ⓑ、親に対する子の自称ⓒ、小さな物などにつける愛称ⓓに展開する(以上は1の場合)。また、抜けかわって出てくる細く小さい歯(老人の、歯が抜け落ちた後に再び生えてくる小さい歯)という意味ⓔを派生する(2の場合)。この歯は長寿のしるしとされる。齯ゲイと通用。また、姓もこの読み方。[英]child, kid;

youth, youngster; son; suffix used to express smallness; new teeth that grow in an old person's mouth　[和訓] こ　[熟語] ⓐ児童・小児・ⓑ健児・寵児

文献 ⓐ老子・十章「専氣致柔、能嬰兒乎＝気を専らにし柔を致せば、能く嬰児たらんか（気を集中させ柔弱な体を造り上げたら、赤ちゃんになれないだろうか）」ⓔ詩経・閟宮「黄髮兒齒＝黄髪児歯（黄色い髪に、瑞歯が生えた）」

【事】 8(亅・7)　常　常用音訓 ジ・ズ　こと

語音 *dzïəg(上古)　dẓïei(中古→呉ジ・漢シ)　ṣï(唐ス)　shì(中)　사(韓)

語源 [コアイメージ] まっすぐ立てる。[実現される意味] 役に立てる仕事や職務ⓐ。[英]job, affair, task

[解説] 釈名・釈言語に「事は傳（樹立する）なり。傳は立なり。凡そ立つる所の功なり」とある。*dzïəgという語は士・仕・史・使と同源の語で、「立つ・立てる」というコアイメージをもつ（藤堂①）。漢語の事（仕事、職務）はまっすぐ立ち上げるもの、手柄を立てるものというイメージである。日本語の「こと」は言葉の言と同根で、「人間の力で果たすことのできる義務、意欲的に可能な行為」が原義という（大野①）。

字源 計算や筆記をするための道具を手に立てて持つ姿を描いた図形。図形的意匠は「史」や「吏」と似ており、計算用具や筆記用具を立てることを役人のシンボルとしたもので、「まっすぐ立てる」というイメージも「史」と共通である。その意匠によって、功績を立てるため従事する職務を表象する。

（甲）　（金）　（篆）

語義 [展開] 仕事の意味ⓐであるが、政事、軍事、祭事などさまざまな内容を包括する。具体的内容を捨象して、事柄や出来事という抽象的な意味ⓑに転じ、問題として扱う（重要視して物事に当たる、事とする）意味ⓒを派生する。また、「まっすぐ立つ」というコアイメージから、貴人の側に立って仕える（人や目上の人に奉仕する）意味ⓓを派生する。[英]job, affair, task; matter, thing, event, incident; devote oneself to; serve　[和訓] つかえる　[熟語] ⓐ事業・工事・ⓑ事件・事物・ⓓ事大・師事

文献 ⓐ詩経・小明「我事孔庶＝我が事、孔だ庶し（私の仕事はとても多い）」ⓑ詩経・抑「言示之事＝言に之に事を示さん（彼に事実を示してやろう）」ⓒ論語・顔淵「回雖不敏、請事斯語矣＝回不敏なりと雖も、請ふ、斯の語を事とせん（私［顔回］は愚かではございますが、お言葉をかみしめます）」ⓓ論語・学而「事父母能竭其力＝父母に事へて能く其の力を竭す（父母に仕えて一生懸命に努める）」

【侍】 8(人・6)　常　常用音訓 ジ　さむらい

語音 *dhiəg(上古)　ʒiei(中古→呉ジ・漢シ)　shì(中)　시(韓)

語源 [コアイメージ] じっと止まる。[実現される意味] 身分のある人や目上の人の側にじっと立って控える（はべる、仕える）ⓐ。[英]wait upon, attend, serve

字源 「寺（音・イメージ記号）＋人（限定符号）」を合わせた字。「寺」は「まっすぐ進む」と「じっと止まる」のイメージがある（⇨寺）。後者のイメージを用いて、「侍」は貴人の側にじっと立ち止まる様子を暗示させる。

語義 [展開] 身分の高い人の側に仕える意味ⓐから、仕える人や官吏の意味ⓑに展開する。日本では君主の側に従い護衛をする武士（さぶらひ→さむらい）の意味ⓒに使われる。[英]wait upon, attend, serve; attendant; samurai　[和訓] はべる・さぶらう　[熟語] ⓐ侍従・近侍・ⓑ典侍・内侍

文献 ⓐ論語・公冶長「顔淵季路侍＝顔淵・季路侍す（顔回と子路は「孔

子の側に」控えて立っていた）」ⓑ孟子・万章上「主侍人瘠環＝侍人瘠環（セキカン）を主とす（側用人の瘠環[人名]を主人とした）」

【治】8（水・5） [常] [常用音訓] ジ・チ　おさめる・おさまる・なおる・なおす

[語音] *diəg（上古）　diei（中古→[呉]ヂ・[漢]チ）　zhì（中）　치（韓）

[語源] [コアイメージ] 人工を加える。[実現される意味] 手を加えてうまく調整する。川の水を調整するⓐ。[英]harness(a river), control, regulate

〔解説〕ム（＝㠯）にコアイメージの源泉がある。㠯はすき（耜）である。道具を使って荒地を耕すことから、「人工を加える」というイメージが生まれる。その前提には無秩序、荒廃、混乱がある。無秩序な状態に手を加えて秩序づけることが*diəgという語の意味するところである。無秩序は自然のレベル、社会のレベル、身体のレベル等々、到る所にある。図形化するに当たっては水の領域がわかりやすい。だから治が生まれた。意味の展開は必ずしも水が最初ではないが、治水という具象的イメージから導くのがわかりやすい。日本語の「おさめる（をさむ）」は「ある区域の行政を統率安定させる意」が原義という（大野①）。これは政治のレベルが出発点のようである。英語のgovernはギリシア語のkuberman（船の舵をとる、操縦する）に由来するという（小島①）。海洋国家らしい発想に起源があった。これに対し漢語の治は洪水の多かった中国大陸らしい発想と言えるかもしれない。

[字源] 「台（イタ）（音・イメージ記号）＋水（限定符号）」を合わせた字。「台」は「ム（イ）（音・イメージ記号）＋口（場所を示すイメージ補助記号）」を合わせて、道具を用いて自然に働きかける様子を暗示させる。ここに「（道具を用いて）手を加える」というイメージがある（⇨台）。「治」は洪水が起こった時、川の水があふれないように、人工を加えて調整する様子を暗示させる。この意匠によって、一般によくない事態（無秩序、混乱など）に手を加えてうまく整えることを表象する。

[語義] [展開] 手を加えてうまく調整する意味の具体化として、川の水を調整する意味ⓐが一つある。これは山などについても拡大される。また、程よく手を加えて形を整える意味ⓑ、世の中が乱れないように秩序を整える（世の中がうまく調和する、秩序のある状態）の意味ⓒ、病気の原因を取り去り体の具合を整える（病気をなおす、病気がなおる）意味ⓓに展開する。[英]harness(a river), control, regulate; manage, adjust, put in order; rule, govern; treat, cure [熟語] ⓐ治水・ⓑ治理・自治・ⓒ治国・統治・ⓓ治療・完治

[文献] ⓐ孟子・告子下「禹之治水、水之道也＝禹の治水は、水を之れ道（みち）びくなり（禹の治水の方法は、水のルートに従って導くものである）」ⓑ詩経・緑衣「綠兮絲兮、女所治兮＝緑よ糸よ、女[＝汝]の治むる所（緑の色よ、その糸よ、それはお前がこしらえた[染めた]もの）」ⓒ論語・衛霊公「無爲而治者、其舜也與＝無為にして治まる者は、其れ舜なるか（何もしないで平和に治まったのは舜の政治であろうか）」ⓓ荘子・列禦寇「所治愈下、得車愈多＝治する所愈（いよ）よ下れば、車を得ること愈よ多し（病気を治す場所が汚くなればなるほど、褒美の車が多くもらえる）」

【持】9（手・6） [常] [常用音訓] ジ　もつ

[語音] *diəg（上古）　diei（中古→[呉]ヂ・[漢]チ）　chí（中）　지（韓）

[語源] [コアイメージ] じっと止まる。[実現される意味] 手につかんでもつⓐ。[英]hold, grasp

〔解説〕日本語の「もつ」は「対象の本質や姿・形などをそのまま変えずに生かして、自分の手の中にあらせる意」が原義で、「手にしたままである」「ずっと所有している」「大事に保つ」などに展開するという（大野①）。「もつ」は手に取った結果なのでおのずから「じっと止める」というイメージが含まれる。漢語の持は寺にコアイメージの源泉がある。

寺は止に究極のイメージがある。手でつかんでそのまま止めておくことが持である。英語のholdは「一時的におさえておく」がコアイメージで、持つ、つかむ、支える、保つ意味に展開するという(田中①)。原義も展開義も漢語の持とぴったり対応する。なおhaveは「所有・経験空間に何かを持つ」がコアイメージで、持っている(所有する)、いる、ある、手に入れるなどの意味に展開するという(田中①)。したがって漢語の持はhaveではなくholdに当たる。

字源 「寺ジ(音・イメージ記号)+手(限定符号)」を合わせた字。「寺」は「じっと止まる」というイメージがある(⇩寺)。「持」は手にじっと止めてもつ様子を暗示させる。

語義 [展開] 手につかんでもつ意味ⓐから、長くそのままの状態を保つ意味ⓑ、じっともちこたえる(ささえる)意味ⓒに展開する。もち(引き分け)は日本的用法ⓓ。[英]hold(ⓐ~ⓒ), grasp; keep; support, maintain, sustain; tie, draw [熟語] ⓐ所持・捧持・ⓑ堅持・保持・ⓒ持久・支持・ⓓ持碁

文献 ⓐ周礼・春官・巾車「従車持旌＝車に従ひて旌イセを持つ(車の後について旗を持つ)」ⓑ孟子・公孫丑上「持其志、無暴其氣＝其の志を持し、其の気を暴にする無かれ(志をしっかり保って、気力を荒々しくしてはいけない)」ⓒ論語・季氏「危而不持＝危ふくして持せず(危ういのに支えようとしない)」

【時】 10(日・6) 常 常用音訓 ジ とき

語音 *dhiəg(上古) ʒiei(中古→呉ジ・漢シ) shí(中) 시(韓)

語源 [コアイメージ] まっすぐ進む。[実現される意味] ときの流れ。また、ときの流れの中のある範囲ⓐ。[英]time

〔解説〕 日本語の「とき」はトク(解)と同根で、トクは「固まっているものがゆるみ、くずれて流動していく意」という(大野②)。つまり事物の変化をつかんで形成された概念が「とき」のようであるという。きわめて具象的なイメージがあるが、漢語の時は抽象的で、「進行」「まっすぐ進む」というイメージである。進行するものを瞬間的に止めた時間が今、過去の方へ積み重なった時間が昔である。英語のtimeはtide(潮流)と同根という。ゲルマン祖語*tīdi-は時の意味から潮(の干満)の意味を派生したらしい(小島①、下宮①)。時間に流れ・進行のイメージを見るのは漢語の時、日本語の「とき」と共通のようである。

字源 「寺ジ(音・イメージ記号)+日(限定符号)」を合わせた字。「寺」は「まっすぐ進む」というイメージがある(⇩寺)。「時」は日が進行する様子を暗示させる。古文は「之シ(音・イメージ記号)+日(限定符号)」を合わせた字。「之」も「まっすぐ進む」というイメージがある(⇩之)。

語義 [展開] 時の流れの意味ⓐ、一日を二十四等分した時間の意味ⓑ、時を通して常に、いつもの意味ⓒ、ちょうどいい時である(時にかなっている、程よい時)の意味ⓓに展開する。また、「まっすぐ」というコアイメージから、「これ」「それ」とまっすぐ指すことばⓔに用いられる。この転義は是と同じ。ⓔは古い文献に出る。[英]time; hour; always; good; this [熟語] ⓐ時間・時代・ⓑ時速・毎時・ⓒ時雨・時宜・ⓓ時習

文献 ⓐ易経・乾「與時偕行＝時と偕ともに行く(時間とともに進行する)」ⓒ詩経・魚麗「維其時矣＝維これ其れ時なり([宴会の食べ物は]ほんとに旬のもの)」ⓓ論語・学而「學而時習之＝学んで時に之を習ふ(学問をする際はいつも復習する)」ⓔ詩経・生民「厥初生民、時維姜嫄＝厥その初め民を生ず、時これ維これ姜嫄キョウゲン(最初に民を生んだ人、それは姜嫄)」

【滋】 12(水・9) 常 常用音訓 ジ

語音 *tsiəg(上古) tsiei(中古→呉・漢シ・[慣]ジ) zī(中) 자(韓)

語源 [コアイメージ] 小さいものがどんどん殖える。[実現される意味] 液体が十分増える(水分でたっぷり潤う)ⓐ。[英]moisten, wet

〔解説〕釈名・釈親属に「子は孳なり。相生まれ蕃孳(殖える)するなり」とあり、子と孳を同源と見ている。王力も子・孳・滋を同源とする(王力①)。藤堂明保は茲のグループ全体が子のグループ、曽のグループと同源で、「ふえる・ふやす」という基本義があるとする(藤堂①)。*tsiəg という語は「小さいものがどんどん殖える」というコアイメージをもつ。下記のグループは水の領域、心の領域、子の領域、植物の領域などに分類されるが、「小さいものがつぎつぎに(ますます)殖える」という意味に概括される。

〔グループ〕滋・慈・磁・孳ジ(どんどん子を生む、子孫を殖やす[孳生])・茲ジ(草木が茂る)・鎡ジ(作物を殖やし育てるための道具、くわ・すきの類[鎡錤])・鷀シ(鳥の名、ウ。呑んだ魚を吐かせるのを子を産むのに見立てたもの[鸕鷀])

字源 「滋」が正字。「茲シ(音・イメージ記号)+水(限定符号)」を合わせた字。「茲」の原形(甲骨文字・金文)は「幺(細い糸)」を二つ並べて、「小さいものがもう一つ(つぎつぎと)殖える」というイメージを示す(幾・幽に含まれる丝とは別)。「丝(音・イメージ記号)+艸(限定符号)」を合わせた「茲」は、草が小さい芽からつぎつぎに繁殖する情景を設定した図形。この意匠によって、「小さいものがどんどん殖える」というイメージを表すことができる。かくて「滋」は水分がますます増えてたっぷりうるおう様子を暗示させる。

(篆) [茲] (篆)

〔字体〕「滋」は旧字体。「滋」は書道などで生じた字体。慈・磁もこれに倣う。

語義 [展開]「小さいものがどんどん殖える」というコアイメージから、水分がますます増えてたっぷり潤う意味ⓐ、旨みがたっぷり含まれる意味ⓑ、どんどん殖える(ますます多い)、また、ますますの意味ⓒ、草木がどんどん茂って殖える意味ⓓに展開する。ⓓは茲と通用。[英]moisten, wet, damp; taste, flavor, nourish; increase, more; grow, multiply [和訓] ます・しげる・ますます [熟語] ⓐ滋潤・ⓑ滋味・滋養・ⓒ滋生・ⓓ滋雨・滋栄

文献 ⓑ呂氏春秋・適音「口之情欲滋味=口の情、滋味を欲す(口の様子は旨い味を欲しがっている)」ⓒ老子・五十七章「民多利器、國家滋昏=民、利器多くして、国家滋ますます昏し(人民に文明の利器が多いと、国家はますます暗くなる)」ⓓ呂氏春秋・四月紀「苦雨數來、五穀不滋=苦雨数しばしば来り、五穀滋しげらず(長雨がしばしばやって来て、五穀は茂らない)」

【慈】13(心・9) 常 常用音訓 ジ いつくしむ

語音 *dziəg(上古) dziei(中古→呉ジ・漢シ) cí(中) 자(韓)

語源 [コアイメージ] どんどん殖える。[実現される意味] 母が子に愛情を注ぐ(子どもを愛すること)ⓐ。[英]affectionate to children

〔解説〕釈名・釈言語に「慈は字(子を生み育てる)なり。物を字愛するなり」とある。慈は子・字・滋と同源で、「小さいものがどんどん殖える」というイメージがコアにある。日本語の「いつくしむ」はウツクシ→ウツクシム→イツクシムに転じたらしい。ウツクシは「親が子を、また、夫婦が互いに、かわいく思い、情愛をそそぐ心持ち」で、ここから「肉親的な愛情をこめて、人と対する。年の行かないものに心を使い、いとしむ」意の「いつくしむ」が成立したという(大野①)。漢語の慈とは発想が違うが、結果としてほぼ同じ意味になった。

字源 「茲シ(音・イメージ記号)+心(限定符号)」を合わせた字。「茲」は「小さいものが次々と殖える」というイメージがある(⇩滋)。これは植物を念頭に置いたイメージだが、人間に置き換えると、「小さい子を生み増やす」というイメージになる。これを表す字が孳(母が子を生んで殖やす)である。母が子を生み増やす行為から、母の愛情を読み取り、「慈」によって、母が愛の心をもって子を生み増やすことを暗示させた。

語義 [展開] 母が子に愛情を注ぐ意味ⓐから、目上の者が下の者を愛する(民や大衆に情けをかける)意味ⓑ、情愛が深い意味ⓒ、また、母親の意味ⓓに展開する。[英]affectionate to children; love, charity; kind, merciful, benevolent; mother [熟語] ⓐ慈愛・慈母・ⓑ慈悲・ⓒ慈恵・慈善・ⓓ家慈

文献 ⓐ孟子・告子下「敬老慈幼＝老を敬ひ、幼を慈しむ(老人を敬い、幼い子を愛する)」ⓑ論語・為政「孝慈則忠＝孝慈なれば則ち忠([為政者が]親に孝養を尽くし、民を愛するならば、[民は]誠実になります)」ⓒ老子・六十七章「慈故能勇＝慈なるが故に能く勇なり(愛情が深いからこそ勇気が出る)」

【蒔】13(艸・10) 人 ─ 音ジ 訓まく・まき

語音 *dhiag(上古) ʒiei(中古→呉ジ・漢シ) shì(中) 시(韓)

語源 [コアイメージ] まっすぐ。[実現される意味] 苗を移して植える。また、植物を植えるⓐ。[英]transplant

〔解説〕広雅・釈詁に「蒔は立なり」とあり、王念孫は「殖・蒔・置は音が近く義が同じ」と述べている(広雅疏証)。

字源 「時ジ(音・イメージ記号)＋艸(限定符号)」を合わせた字。「時」は「まっすぐ進む」というイメージがある(⇨時)。「まっすぐ」というイメージは→の形(横にまっすぐ)でも↑の形(縦にまっすぐ)でもよい。「蒔」は育てた苗を田畑に移して、まっすぐ立てて植えることを暗示させる。

語義 [展開] 苗を移して植える意味ⓐ。日本では誤って種をまき散らす意味ⓑに用いる。[英]transplant; sow [熟語] ⓐ蒔植

【辞】13(辛・6) 常 ─ 常用音訓 ジ やめる

語音 *diag(上古) ziei(中古→呉ジ・漢シ) cí(中) 사(韓)

語源 [コアイメージ] もつれを解く。[実現される意味] ことばⓐ。[英]word, speech

〔解説〕説文解字では「辭は訟なり。𤔔に従ふ。𤔔は猶辜(つみ)を理むるがごときなり」とあり、裁判で事情を訴えることと解釈する。これは字源から意味を導き出したもの。藤堂明保は以・台・式・飾と同源で、「道具で人工を加える」を基本義とし、「言辞に作為修飾を加えて、訴訟を調停すること」と解する(藤堂①)。辞を訴訟に由来すると見たのは辛の限定符号をもつからである。これは辜(つみ)や辠(＝罪)に含まれている。しかし辛をイメージ補助記号と見れば、別の解釈ができる。辛は「(もつれ・乱れなどを)断ち切る」というイメージがある。説苑・善説篇に「夫れ辞なる者は、人の自ら通ずる所以なり(辞とは人が自分の意思を伝えるもの[道具]である)」とある。辞とはもつれを解き、意思をスムーズに伝達するもの、すなわちコミュニケーションの手段としての言葉を意味する。詩経・板篇に「辞これ輯がば、民これ洽はん(言葉が穏やかならば、民とも心が合うだろう)」とある。この詩では相互不信を解くための言語がテーマとなっている。辞は言や詞とは異なったイメージの語である。

字源 「辭」が正字。「𤔔(イメージ記号)＋辛(イメージ補助記号)」を合わせた字。「𤔔」は亂と同じで、「もつれる」というイメージがある(⇨乱)。「辛」は刃物の図形で、「断ち切る」というイメージをもつ(⇨言・宰)。「辭」はもつれた事態をばさばさと断ち切って通りをよくする様子を暗示させる。これは裁判の場面を想定してもよいし、一般の人間関係を想定してもよい。この意匠によって、人間関係において絡みあった事態を裁いて、意志を疎通させるもの、すなわち言葉を表象する。

(金)　(篆)

〔字体〕「辞」は近世中国で発生した「辭」の俗字。「辤」「辝」は異体字。

語義 [展開] もつれをほどいて意思を通ずる言葉の意味ⓐから、もつ

れないように言い訳をする、口実を設けてことわる意味ⓑ、また、ことわって職をやめる意味ⓒ、挨拶を述べて立ち去る(暇乞いをする)意味ⓓに展開する。また、言葉を綴った文句・文章の意味ⓔ、楚辞に発する韻文の一つⓕに用いる。[英]word, speech; excuse, decline; resign; take leave; phrase, sentence; a kind of Chinese poetry 【和訓】ことば・ことわる 【熟語】ⓐ辞典・祝辞・ⓑ辞退・固辞・ⓒ辞職・辞表・ⓓ辞去・辞世・ⓔ辞章・辞宗・ⓕ辞賦・楚辞

文献 ⓐ論語・衛霊公「辭達而已矣＝辞は達するのみ(言葉は伝達するだけで十分だ)」ⓑ論語・陽貨「孔子辭以疾＝孔子辞するに疾を以てす(孔子は病気を口実にことわった)」

【爾】 14(爻・10) 人 音ジ・ニ 訓なんじ・しかり・のみ

語音 *nier(上古) niě(中古→呉ニ・漢ジ) ěr(中) 이(韓)

語源 【コアイメージ】くっつく・近づく。【実現される意味】二人称代名詞(なんじ)ⓐ。[英]you

【解説】一人称の吾は発話する二人の関係から生まれた。二人称も二人の距離の関係から生まれた。Aに対してBが距離的に近い場合、Aの相手であるBを*nierと呼ぶ。これは二・尼などと同源で、「(二つのものが)くっつく」というコアイメージをもつ言葉である。これの図形化ははんこから発想された。

【グループ】爾・璽・弥(彌)・祢(禰)・邇ジ(近い[遐邇])

字源 上に飾り紐をつけ、下に文字を刻んだはんこを描いた図形。はんこは下に押しつけるものだから、「二つのものがくっつく」「近づく」というイメージを表すことができる。字源については諸説紛々で、定説がないが、璽の原字とする藤堂明保の説(藤堂①)がよい。

(金)　(篆)

語義 【展開】なんじの意味ⓐ。近い距離にある物事・事態を「それ」「その」「そのよう」「そうだ」と指し示す言葉ⓑに転じる。また、耳と通用し、「〜のみ」「〜だけだ」の意味ⓒ。如・若・然と同じく、形容詞や副詞の後につける語ⓓに用いられる。[英]you; that, so; only; suffix

【熟語】ⓐ爾汝・ⓑ爾後・爾来・ⓓ莞爾・率爾

文献 ⓐ詩経・谷風「及爾同死＝爾と死を同じくせん(あなたと死をともにしたい[添い遂げたい])」ⓑ孟子・告子上「非天之降才爾殊也＝天の才を降すこと爾く殊なるに非ざるなり(天が才能を与えることがそのように殊なるわけではない)」ⓒ論語・郷党「唯謹爾＝唯謹むのみ(ひたすら慎むだけだった)」ⓓ論語・陽貨「夫子莞爾而笑＝夫子莞爾として笑ふ(先生はにっこり笑った)」

【磁】 14(石・9) 常 常用音訓 ジ

語音 *dziəg(上古) ziei(中古→呉ジ・漢シ) cí(中) 자(韓)

語源 【コアイメージ】どんどん殖える。【実現される意味】鉄などを吸いつける性質のある鉱物(磁石)ⓐ。[英]magnet

字源 「茲シ(音・イメージ記号)＋石(限定符号)」を合わせた字。「茲」は「小さいものがどんどん殖える」というイメージがある(⇩滋)。「磁」は鉄くずを次々に引き寄せて殖やす石を暗示させる。

語義 【展開】磁石の意味ⓐから、鉄を引き寄せる性質の意味ⓑに展開する。また、中国の磁州で産した焼き物の意味ⓒに用いる。[英]magnet; magnetism; porcelain, china 【熟語】ⓐ磁気・磁石・ⓑ磁性・磁力・ⓒ磁器

文献 ⓐ山海経・北山経「磁石吸鐵＝磁石は鉄を吸ふ(磁石は鉄を吸引する)」

【餌】 15(食・6) 常 常用音訓 ジ えさ・え

語音 *niəg(上古) niei(中古→呉ニ・漢ジ) ěr(中) 이(韓)

語源 [コアイメージ] 柔らかい。[実現される意味] もちⓐ。[英]cake

〔解説〕釈名・釈飲食に「餌は而なり。相粘而(ジネン)(粘ついて柔らかい)するなり」とあるように、「柔らかい」がコアイメージ、「もち」が最初の意味である。

字源 「耳(ジ)(音・イメージ記号)+食(限定符号)」を合わせた字。「耳」は「柔らかい」というイメージがある(⇩耳)。「餌」は柔らかくした食べ物を暗示させる。

語義 [展開] もちの意味ⓐから、柔らかい食べ物の意味ⓑ、食べる・食らわせる意味ⓒ、魚や動物を捕るために食らわせるもの(えさ)の意味ⓓ、餌で釣る(誘う)意味ⓔに展開する。日本では動物の飼料の意味ⓕに用いる。[英]cake; food; eat; bait(ⓓⓔ); lure; feed [熟語] ⓑ食餌・薬餌・ⓓ擬餌・好餌・ⓕ給餌・索餌

文献 ⓑ老子・三十五章「樂與餌、過客止=楽と餌に、過客止まる(音楽と食物には、旅人も足を止める)」ⓒ戦国策・中山「君下壺飡餌之=君、壺飡(コソン)を下して之に餌(くら)はす(君主は壺の飯を与えて彼に食べさせた)」ⓓ荘子・外物「五十犗以爲餌=五十犗(カイ)を以て餌と為す([大魚を釣るのに]五十頭の去勢牛を餌とする)」ⓔ孫子・軍争「餌兵勿食=餌兵には食ふ勿れ(誘いの兵には食いつくな)」

【璽】 19(玉・14) 常 常用音訓 ジ

語音 *n̥ieg(上古) siĕ(中古→呉シ・漢シ・[慣]ジ) xǐ(中) 새(韓)

語源 [コアイメージ] くっつく・近づく。[実現される意味] はんこⓐ。[英]stamp

字源 「爾(ジ)(音・イメージ記号)+玉(限定符号)」を合わせた字。「爾」ははんこを描いた図形(⇩爾)。ただしはんこの意味には使われず、人称代名詞に用いられた。そのため「璽」が新たに作られ、はんこを表すようになった(限定符号は最初は土であったが、後に玉に替えられた)。はんこは紙に上から下に押しつけるものだから、「くっつく」「近づく」というイメージがある。

語義 [展開] はんこの意味ⓐ。秦代以後、天子の印鑑の意味ⓑに専用される。[英]stamp; imperial seal [熟語] ⓑ御璽・国璽

文献 ⓐ荘子・胠篋「爲之符璽以信之、則幷與符璽而竊之=之(これ)が符璽を為して以て之を信とすれば、則ち符璽と幷せて之を窃む(手形とはんこを作り約束のしるしにすると、それと一緒に盗んでしまう)」

しか

【鹿】

→ろく

しき

【式】 6(弋・3) 常 常用音訓 シキ

語音 *thiək(上古) ʃiək(中古→呉シキ・漢ショク) shì(中) 식(韓)

語源 [コアイメージ] 道具を用いる・人工を加える。[実現される意味] 基準となるもの(手本)ⓐ。[英]model, pattern, type, style

〔解説〕形式・儀式の式とはどんな意味か。この語の深層構造を明らかにしたのは藤堂明保である。氏は弋(ヨク)のグループは以のグループ、台のグループなどとともに同じ単語家族を構成し、「道具で人工を加える」という基本義があるとした(藤堂①)。これは「道具を用いる」と「人工を加える」の二つのイメージから成るが、当然二つは密接なつながりがある。「人工を加える」というイメージでは食のグループもこれらと同源と考えてよい。自然の物に人工を加えるのは道具(手も含まれる)である。したがって「道具を用いる」というイメージにも展開する。その道

具に焦点を当てれば、道具の働きは単なる手段ではなく、手を加える際にのっとるべき手本・法則でもある。「道具を用いる」というイメージは「手本」「手本にのっとる」というイメージに転化しうる。これを表すのが式である。下記の詩経（文献ⓑ）の注釈に「式は法なり」（鄭箋）とある。法は動詞としては「のっとる」、名詞としては手本、模範の意味である。

〔グループ〕式・試・拭・弑シイ（武器を用いて殺す［弑逆］）・軾ショク（車のしきみ）

字源 「弋ヨク（音・イメージ記号）＋工（限定符号）」を合わせた字。「弋」はいぐるみという道具の図形（⇩代）。「道具を用いる」というイメージを表すことができる。「式」は道具を用いて工作する情景を設定した図形。この意匠によって、何かをする際に用いるべき基準となるもの（手本・模範）を表象する。

（篆）

語義 ［展開］手本・模範（決まった型）の意味ⓐから、手本にする（のっとる）意味ⓑ、手本・型にのっとって行われるもの（行事、儀式）の意味ⓒ、のっとるべき法律（おきて、決まり）の意味ⓓに展開する。数学では、記号や数字で示す決まった型（数式）の意味ⓔ。また、「道具を用いる」というコアイメージから、古典では、用いる意味ⓕや、何かを用いて（～でもって）の意味ⓖ、また、リズムを調節することばⓗにも使われる。［英］model, pattern, type, style; be a model to; ceremony, ritual; rule, law; formula; use; by, with; particle ［和訓］のり・のっとる ［熟語］ⓐ形式・方式・ⓒ式典・葬式・ⓓ式目・格式・ⓔ数式・等式・ⓗ式微

文献 ⓐ老子・二十八章「為天下式＝天下の式と為る（天下の模範となる）」ⓑ詩経・烝民「古訓是式＝古訓に是れ式のっとる（昔の教えを手本にする）」ⓕ詩経・思斉「不聞亦式＝聞かざれども亦た式もちふ（聞いていなくても［その意見を］用いる）」ⓗ詩経・式微「式微式微＝式もって微かなり、式て微かなり（消えてゆく、ああ、消えてゆく）」

【識】

19（言・12） 常 常用音訓 シキ

語音 (1)*thiak（上古） ʃɪək（中古→呉シキ・漢ショク） shí（中） 식（韓）
(2)*tiag（上古） tʃei（中古→呉・漢シ） zhì（中） 지（韓）

語源 ［コアイメージ］目印で区別する。［実現される意味］物事を区別して知る（見分ける）ⓐ。［英］know

〔解説〕「しる」に対応する漢語に知と識がある。知は物事の本質を直観的に知ることであるが、識は物事の特徴を見分けて知る、いわば理性的に知ることである。見分けるべき特徴はその物事の「しるし」といえる。したがって*thiakのコアをなすのは「目印」というイメージである。目印を捉えて他の物との違いを知る。これが識の意味である。英語のknowは「（事実・人・技能など）を知っている」がコアイメージで、知っている、知り合いである、違いを知っている（識別する、見分けられる）意味などに展開するという（田中①）。これは漢語の識に相当する。

〔グループ〕識・織・職・幟シ（目印に立てる旗、のぼり［旗幟］）・樴シキ（目印のくい）・熾シ（目立って盛んに燃える［熾烈］）

字源 「戠ショク（音・イメージ記号）＋言（限定符号）」を合わせた字。「戠」は「音（音楽の音ではなく、杙のような標識の形。イメージ記号）＋戈（限定符号）」を合わせて、武器で標識を打ちつける情景を設定した図形。この意匠によって「見分けるための目印」というイメージを表すことができる。「識」は言葉という記号を用いて物事を区別して見分ける様子を暗示させる。

（甲） （金） （篆） ［戠］ （篆）

語義 ［展開］他と区別して見分ける意味ⓐから、物事を判別する能力

の意味ⓑ、名前や特徴を見分けて知っている、また、知り合いの意味ⓒに展開する（以上は1の場合）。一方、「目印」というコアイメージから、見分けるためにつける目印（しるし）の意味ⓓ、記号を書きつける（書き記す）、記したものの意味ⓔ、心に記す（記憶する）意味ⓕを派生する（以上は2の場合）。2の場合はシと読むべきだが、シキと読むことも多い。［英］know(ⓐⓒ); judgment, insight; be acquanted with, acquaintance; mark, sign; write, record; remember ［和訓］しる・しるす ［熟語］ⓐ識別・知識・ⓑ見識・良識・ⓒ相識・面識・ⓓ標識・ⓔ識語・款識・ⓕ博聞強識

文献 ⓐ詩経・賓之初筵「三爵不識＝三爵にして識らず（お酒三杯で前後不覚）」ⓕ論語・述而「默而識之＝黙して之を識しるす（口には出さず心に記す）」

じく

【竺】8(竹・2)　人　音ジク

語音 (1)*tok(上古) tok(中古→呉・漢トク) dŭ(中) 독(韓) (2)*tiok(上古) ṭuk(中古→呉・漢チク・［慣］ジク〈＝ジク〉) zhú(中) 축(韓)

語源 ［コアイメージ］中身が詰まる。［実現される意味］厚いⓐ。［英］ample

字源 「竹チク（音・イメージ記号）＋二（イメージ補助記号）」を合わせた字。「竹」は円筒形のイメージから、「中身が詰まる」→「厚みがある」というイメージに展開する（⇩竹・篤）。「二」は二つ並ぶ→二つくっつく・重なるというイメージを示す。したがって「竺」は二つ重なって厚みがある様子を暗示させる。

語義 ［展開］手厚いの意味ⓐが原義で、篤と通用（1の場合）。また、竹の方言で、人名用字。専ら姓ⓑに用いられた。また、インドの呼称ⓒ（以上は、2の場合）。［英］ample; surname; India ［熟語］ⓒ天竺

【軸】12(車・5)　常　常用音訓 ジク

語音 *diok(上古) ḍuk(中古→呉チク〈＝ジク〉・漢チク) zhóu(中) 축(韓)

語源 ［コアイメージ］抜け出る。［実現される意味］車輪の中心を通る心棒ⓐ。［英］wheel-axle, shaft

［解説］釈名・釈車に「軸は抽なり。轂コク（こしき、ハブ）の中に入りて抽出すべきなり」と語源を説く。軸と抽（抜き出す）は同源の語である。

字源 「由ユウ（音・イメージ記号）＋車（限定符号）」を合わせた字。「由」は「ある所を通って出てくる」「通り抜ける」というイメージがある（⇩由）。「軸」は車輪と車輪の間を通って両端が抜け出た心棒を暗示させる。

語義 ［展開］車輪の中心を通る心棒の意味ⓐから、中心となる棒や線の意味ⓑ、中心を通る棒のあるもの（巻物）の意味ⓒ、中心をなすもの（物事の中心、重要な所）の意味ⓓに展開する。［英］wheel-axle, shaft; axis; roller; center, core ［熟語］ⓐ機軸・車軸・ⓑ座標軸・地軸・ⓒ軸装・巻軸・ⓓ枢軸・中軸

文献 ⓐ戦国策・魏一「積羽沈舟、群軽折軸＝積羽舟を沈め、群軽軸を折る（羽が積もると舟をも沈め、軽いものが集まると軸をも折る）」

しずく

【雫】11(雨・3)　人　半国字

字源 「雨＋下（くだる）」を合わせた字。日本語の「しずく」を表記するために考案された和製疑似漢字。ただし竜龕手鑑に雫（音はダ、意味不詳）が見える。きわめて稀な奇字で、しずくとは何の関係もない。

語義 しずく。滴り落ちる水の粒。［英］drop

しち

【七】2(一・1) 常 ｜常用音訓 シチ なな・ななつ・なの

語音 *ts'iet(上古) ts'iĕt(中古→呉シチ・漢シツ) qī(中) 칠(韓)

語源 [コアイメージ] 断ち切る・半端なものが残る。[実現される意味] 数詞の7(ななつ)ⓐ。[英]seven

〔解説〕中国の文字学者で、七を切の原字とした人は何人かいるが、数の7に用いるのは仮借としか見ていない。七を数詞の7に用いる理由を初めて説明したのは藤堂明保である。氏は「7を*ts'ietと称したのは、たぶんそれが零砕な端数を伴い、雑然と散在した小間切れの印象を与えるからであろう」と述べ、「小さく切る」を七の基本義とした(藤堂①)。漢語における数詞の7は数の性質から発想された。7は割り切れない数である。1と7以外の数で割ると端数が出る(これは素数の性質)。物を切断した後に屑が残る現象を比喩として、数の7を、*ts'et(切る意味)と似た音で呼び、その図形に七が考案された。ちなみにほかの素数である3と5は別の発想で図形化された。

〔グループ〕七・切・叱・柒(シツ/シチ)(漆。また、七の大字)

字源 縦の線の真ん中を横の線で断ち切って、下に余った線が残る様子を暗示させる図形(象徴的符号)。甲骨文字と金文は十(十字形)になっている。篆文は縦線の下部を曲げた形に変わり、隷書・楷書に受け継がれた。

(甲)  (金) (篆)

語義 [展開] 数詞の7の意味ⓐ、序数詞の7番目の意味ⓑ、度数の7回(ななたび)の意味ⓒに展開する。[英]seven; seventh; seven times [熟語] ⓐ七賢・七雄・ⓑ七月・七夜・ⓒ七生・七縦七擒

文献 ⓐ詩経・摽有梅「摽有梅、其實七兮＝摽(なげう)つに梅有り、其の実は七つ(投げる梅の実、手元に七つ)」ⓑ詩経・七月「七月流火＝七月火(カ)流る(七月にはなかご星が傾く)」ⓒ詩経・大東「終日七襄＝終日七襄す([織女星は]ひねもす七たび移りゆく)」

しつ

【叱】5(口・2) 常 ｜常用音訓 シツ しかる

語音 *t'iet(上古) tʃ'iĕt(中古→呉シチ・漢シツ) chì(中) 질(韓)

語源 [コアイメージ] 擬音語。また、鋭く切り裂く。[実現される意味] シッという音ⓐ。[英]onomatopoeia

字源 「七(シツ)(音記号、または、音・イメージ記号)＋口(限定符号)」を合わせた字。「七」はシッという擬音語を示すとともに、「切る」というイメージがあるので、「鋭く切り裂く」というイメージを表すこともできる。したがって「叱」はシッという鋭いどなり声を出すことを暗示させる。

語義 [展開] シッというどなり声が本義ⓐ。また、鋭い声でどなりつける、怒ってどなる、がみがみとしかりつける意味ⓑに展開する。[英]onomatopoeia; loudly rebuke, shout at, scold, rebuke [熟語] ⓑ叱責・叱咤(シッタ)

文献 ⓐ荘子・大宗師「叱、避＝叱！避けよ(シッ、あっちへ行け)」ⓑ呂氏春秋・至忠「王叱而起＝王、叱りて起つ(王はどなって立ち上がった)」

【失】5(大・2) 常 ｜常用音訓 シツ うしなう

語音 *thiet(上古) ʃiĕt(中古→呉シチ・漢シツ) shī(中) 실(韓)

語源 [コアイメージ] するりと抜ける。[実現される意味] するりと抜けてなくする(取り逃がす)ⓐ。[英]slip, lose

〔解説〕日本語の「うしなう(うしなふ)」は「うせる(うす)」の他動詞形。

ウスシ(薄)と同根で、ウスは「薄れて見えなくなる」が原義という(大野②)。漢語の失はするりと抜けてなくなる意味で、両者のイメージはかなり異なる。失が「あやまつ」という意味を派生する点も「うしなう」とは違う。するりと抜けるから失敗・過失につながるのである。しかし「不本意に(気づかずに、意図せずに)」というイメージが含まれる点は失と「うしなう」に共通する。失は普通はlose(物をうっかり失う)と訳されるが、語のイメージとしてはslipに近い。slipは「(つるっと)滑る」がコアイメージで、滑るという本義から、するりと抜け出る、うっかり間違いをする、物事が…からするりと失せるなどの意味に展開するという(田中①)。この展開義は失ときわめて近い。

〔グループ〕失・迭・秩・佚イツ(抜けてなくなる[佚文])・帙チツ(抜け出ないように書物を包むはこ[書帙])・跌テツ(履むべき所から足をすべらせる[蹉跌])・軼イツ(抜け出て追い越す。また、抜け出る[軼事])

字源 「手+乀(横にずれることを示す符号)」を合わせて、何かが手から横にずれて滑り落ちる情景を設定した図形。この意匠によって、あるべきものがするりと抜けてなくなることを表象する。

(篆)

語義 [展開] するりと抜けてなくする(取り逃がす)意味ⓐ。また、あるべきものを気づかずになくすることから、やるべきことをやらないで見過ごす(見逃す、あやまつ、しくじる)意味ⓑ、意図しないことをうっかりやってしまう意味ⓒに展開する。[英]slip(ⓐ~ⓒ), lose; miss, fail, err; carelessly, inadvertently [和訓] うせる [熟語] ⓐ消失・喪失・ⓑ失敗・過失・ⓒ失禁・失言

文献 ⓐ論語・衛霊公「可與言而不與之言、失人=与もとに言ふべくして之と言はざれば、人を失ふ(一緒に語るべきなのに語らないと、人を取り逃がしてしまう)」ⓑ論語・郷党「失飪不食=飪ジンを失へるは食はず(煮方を間違えた料理は食わない)」

【室】 9(宀・6) 常 常用音訓 シツ むろ

語音 *thiet(上古) ʃiět(中古→呉シチ・漢シツ) shï(中) 실(韓)

語源 [コアイメージ] どん詰まり。[実現される意味] 堂(表座敷)よりも奥まった所にある人の寝泊まりする部屋(奥の部屋)ⓐ。[英]chamber, bedroom

〔解説〕古人は「室は実(充実する)なり」の語源意識をもっていた。例えば釈名・釈宮室に「室は実なり。人物、其の中に実満するなり」とある。空っぽな広間である堂に対して、人や調度品のいっぱい詰まった部屋(居間や寝室)が室だという解釈。これも通ずるが、別の解釈もできる。「(一定の空間内に)いっぱい詰まる」というイメージは「これ以上余裕がなく行き詰まる」というイメージでもあるから、至のもつコアイメージと全く同じである。行き詰まった奥の部屋が室である。論語・先進篇に「由ユウや堂に升れり、未だ室に入らざるなり(子路[の音楽]は堂[最初の段階]には入っているが、まだ室[最終の段階]には達していない)」という文章があるが、この室を単に部屋として意味が通らない。日本では「室に入る」を間違って「堂に入る」と使うが、堂は初歩の段階だから意味がおかしい。日本語の「むろ」は「古へ、家の内にて、別に奥の方にありて、籠りかなる屋の称。土にて塗り籠めて寝処とするもの」という(大言海)。これは漢語の室に近い。ただし現在のムロは室のⓕに当たる。室は一般に部屋の意味に転義するが、これの訓としては「へや」が妥当であろう。ヘヤはへ(隔)ヤ(屋)の義で、「家の内に、某の用にとて、分かちある室ざしき」の意という(大言海)。

字源 「至シ(音・イメージ記号)+宀(限定符号)」を合わせた字。「至」は矢が地面に届く図形。「これ以上行けない所まで来る」というイメージがあり、「行き詰まる」(どん詰まり)」「いっぱい詰まる」「ふさがって通ら

ない」などのイメージを表すことができる(⇩至)。「室」はこれ以上は行けない奥の部屋を暗示させる。図形的意匠は屋と似ている。

語義 [展開] 奥部屋の意味ⓐから、広く部屋の意味ⓑ、家・建物の意味ⓒ、家族・一家の意味ⓓに展開する。また、奥部屋は妻の住む部屋でもあるから、妻の意味ⓔを派生する。これは換喩的転義。また、奥深い穴倉(むろ)の意味ⓕ、刀剣のさやの意味ⓖを派生する。これは隠喩的転義。[英]chamber, bedroom; room; mansion, house; family; wife; cellar; sheath, scabbard [和訓] へや [熟語] ⓑ客室・教室・ⓒ家室・房室・ⓓ王室・宗室・ⓔ側室・令室・ⓕ玄室・石室・ⓖ刀室

文献 ⓐ詩経・東山「婦歎于室＝婦、室に歎ず(女性が寝室でため息をつく)」ⓑ詩経・緜「築室于茲＝室を茲に築く(ここで家を建てる)」ⓒ詩経・桃夭「之子于歸、宜其室家＝之の子于に帰ぐ、其の室家に宜し(この娘は嫁にゆく、良い夫婦になるだろう)」

【疾】 10(疒・5) 常 ― 常用音訓 シツ

語音 *dziet(上古) dziĕt(中古→呉ジチ・漢シツ) jí(中) 질(韓)

語源 [コアイメージ] まっすぐ速く進む。[実現される意味] 急性の病気。また、悪性の流行病ⓐ。[英]epidemic

〔解説〕古典の注釈では「疾は病なり」とあるが、疾と病は違う。論語・述而篇に「子、疾病なり(先生は危篤になった)」とあるように、疾のひどくなった状態が病である。また、「疾は速なり」という訓があるが、むしろ「疾は迅なり」と説くべきである。藤堂明保は疾・迅・進・晋・信・秦を同じ単語家族にくくり、「速く進む」という基本義があるとする(藤堂①)。

〔グループ〕疾・嫉・蒺(刺で突き刺して痛みを与える草、ハマビシ[蒺藜])

字源 甲骨文字と金文は人に矢が刺さる情景を設定した図形。具体的な図形を借りて象徴的に病気を表象している。篆文で字体が「矢(イメージ記号)＋疒(限定符号)」を合わせた形に変わった。矢はまっすぐ速く飛んで目標に突き刺さるから、「まっすぐ速く進む」というイメージを示すことができる(⇩矢)。したがって「疾」は病原が体を突き刺して病気を速く進行させる様子を暗示させる。急性の流行病を念頭に置いて生まれた図形。

(甲)  (金)  (篆)

語義 [展開] 急性の病気の意味ⓐから、広く病気の意味ⓑ、病気にかかる(やむ)意味ⓒに展開する。また、ひどい病気にかかる意味から、心中につらい思いをする意味ⓓ、嫌なことだと憎らしく思う(にくむ)意味ⓔを派生する。また、「速く進む」というコアイメージから、速い・急である意味ⓕを派生する。[英]epidemic; disease, sickness; suffer; pain; hate; rapid, quick [和訓] やまい・やむ・はやい・にくむ・とし [熟語] ⓐ疾疫・瘧疾・ⓑ疾患・疾病・ⓓ疾苦・疾痛・ⓔ疾視・ⓕ疾走・疾風

文献 ⓐ春秋左氏伝・宣公15「山藪藏疾＝山藪、疾を蔵す(山や沢には急性の流行病がひそんでいる)」ⓑ論語・為政「父母唯其疾之憂＝父母には唯其の疾を之れ憂へよ(父母に対しては、ただ病気のことだけを心配せよ)」ⓒ論語・郷党「疾、君視之＝疾むとき、君之を視る([孔子が]病気にかかった時、君主が見舞いに来た)」ⓔ詩経・雨無正「無言不疾＝言の疾まれざるは無し(憎まれない言葉はない)」ⓕ論語・郷党「不疾言＝疾く言はず(早口でしゃべらない)」

【執】 11(土・8) 常 ― 常用音訓 シツ・シュウ とる

語音 *tiəp(上古) tʃɪəp(中古→呉・漢シフ〈＝シュウ〉・[慣]シツ) zhí(中) 집(韓)

語源 [コアイメージ] 隙間なく塞ぐ。[実現される意味] とらえる・

つかまえるⓐ。[英]capture

〔解説〕人をつかまえる行為を表す語に捕・拘・囚・執があるが、それぞれコアイメージが違う。つかまえる対象に手や道具をかぶせて離さない行為が執である。*tiepという語は「隙間なく詰まる」というイメージにも展開し、質・窒(ふさぐ)と同源である。これは「中に隙間なく塞ぐ」というコアイメージがある。日本語の「とる」は「物に積極的に働きかけ、その物をしっかり握って自分の自由にする意」が原義という(大野①)。多くの意味に展開するが、漢語の執のⓑⓓに当たる場合は「執る」と表記する。

〔グループ〕執・摯・縶(チュウ)(隙間なく紐で縛る)・蟄(チツ)(虫が穴に隙間なく閉じこもる[啓蟄])・贄(シ)(手に持参する礼物、にえ)・鷙(シ)(獲物をつかまえる猛禽[鷙鳥])

字源 「幸(イメージ記号)+丮(限定符号)」を合わせた字。「幸」は手錠の図形(⇩幸)。「丮」は両手を差し出す人の形で、両手の動作と関係があることを示す限定符号である。「執」は犯人に手錠をはめる情景を設定した図形。説文解字に「罪人を捕らふるなり」とある。この意匠によって、手で捕まえて離さないことを表象する。

(甲)  (金) 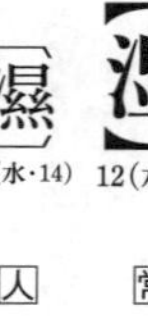 (篆) 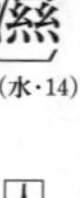

語義 [展開] とらえる・つかまえる意味ⓐから、手でつかむ、手にとる意味ⓑ、しっかり保つ意味ⓒ、仕事などをしっかり握ってとり行う意味ⓓ、一つのことにとりついて離さない(とらわれる)意味ⓔに展開する。[英]capture; seize, grasp; hold; manage, excuse; persist [和訓] とらえる [熟語] ⓑ執刀・執筆・ⓓ執権・執政・ⓔ執念・固執

文献 ⓐ詩経・常武「仍執醜虜＝仍(かさ)ねて醜虜を執(と)らふ(とりこを何人も捕まえた)」ⓑ詩経・撃鼓「執子之手＝子の手を執る(お前の手をしっかりつかむ)」ⓒ論語・尭曰「允執其中＝允(まこと)に其の中を執れ(うまく中庸を守れ)」ⓓ論語・季氏「陪臣執國命＝陪臣、国命を執る(陪臣が国権をとりしきる)」

【悉】11(心・7) 人 | 音シツ 訓ことごとく・つくす

語音 *siet(上古) siĕt(中古→呉シチ・漢シツ) xī(中) 실(韓)

語源 [コアイメージ] 細かく分ける。[実現される意味] 細かいところまで知り尽くすⓐ。[英]know thoroughly

〔解説〕語源がわかりにくいが、説文解字に「宷は悉なり」とあるのが参考になる。宷(＝審)と悉は釆という共通の記号を含む。審は細かく調べる→つまびらかと転義する。悉は細かく知る→ことごとくと転義する。審と悉は同源の語としてよい。

字源 「釆(イメージ記号)+心(限定符号)」を合わせた字。「釆」は握りこぶしを開いて種を播く情景を設定した図形。「分散させる」「細かく分かれる」というイメージを示す記号になる(⇩番)。「悉」は細かいところまですべてを知り尽くす様子を暗示させる。

(篆) 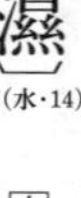 

語義 [展開] 細かいところまで知り尽くす意味ⓐから、すべてを尽くして(全部、ことごとく)の意味ⓑ、すべてを出し尽くす意味ⓒに展開する。[英]know thoroughly; all, completely; exhaust [熟語] ⓐ知悉・詳悉・ⓑ悉皆

文献 ⓑ詩経・吉日「悉率左右＝悉く左右を率ゐる(家来を全員引き連れていく)」

【湿】12(水・9) 常 | 常用音訓 シツ しめる・しめす

〔濕〕17(水・14) 人 | 音シツ・シュウ 訓しめる・うるおう・しとる

語音 *thiap(上古) ʃiap(中古→呉・漢シフ〈＝シュウ〉・[慣]シツ) shī(中) 습(韓)

語源 [コアイメージ] スムーズに流れない。[実現される意味] 水分がしみこむ(水気をたっぷり含む)。濡れてじめじめする(しめる)ⓐ。[英] moisten

〔解説〕釈名・釈地では「下湿を隰シュと曰ふ。隰は蟄ツチなり。蟄湿の意なり」とあり、湿・隰・蟄(虫が穴に塞がって閉じこもる)と同源と見ている。水が低い所に滞ってたまる地形が隰、物の中にたっぷり水気を含むことが湿で、これらは渋滞の渋とも同源で、「(滞って止まり)スムーズに流れない」というコアイメージがある。日本語の「しめる」はシム(浸)と同根で、「湿気を含んでいる」意という(大野①)。漢語の湿とぴったり対応するが、湿には「気分がしめる」のような意味はない。

〔グループ〕湿・隰シュ(低くて水のたまる土地、さわ)

字源 「濕」が正字。「㬎(イメージ記号)+水(限定符号)」を合わせた字。「㬎ケン」は「日+絲」を合わせて、染め糸を日にさらす情景を設定した図形(⇩顕)。染め糸に視点を置くと、水に濡れてじめじめしているイメージがあり、「㬎」をこのイメージにも転用できる。したがって「濕」は水に濡れてじめじめすることを表象する。

(金) (篆)

〔字体〕「湿」は近世中国で発生した「濕」の俗字。「溼」は異体字。

語義 [展開] 水分がしみこむ意味ⓐから、低くて水がたまる所の意味ⓑに展開する。[英]moisten, wet, damp, humid; bog [熟語] ⓐ湿気・湿潤・ⓑ湿地・低湿

文献 ⓐ詩経・中谷有蓷「中谷有蓷、暵其濕矣=中谷に蓷イタ有り、暵カンとして其れ濕うるほふ(谷間に生えてるメハジキは、日照りでも水分を得て生き返る)」ⓑ易経・乾「水流濕=水は湿に流る(水は低湿の所に流れるものだ)」

【嫉】13(女・10) 常 | 常用音訓 シツ

語音 *dziet(上古) dziět(中古→呉ジチ・漢シツ) jí(中) 질(韓)

語源 [コアイメージ] にくむ。[実現される意味] 憎らしく思う。他人の幸せや良いことをねたむⓐ。[英]envy, jealous

字源 「疾シツ(音・イメージ記号)+女(限定符号)」を合わせた字。「疾」は病気にかかる意味から転じて、つらくていやだと思う(憎む)意味を派生する(⇩疾)。「嫉」は女が他の女を憎らしく思う様子を暗示させる。疾から分化した字。

語義 他人の幸せや良いことをねたむ意味ⓐ。[和訓] ねたむ・そねむ [熟語] ⓐ嫉視・嫉妬

文献 ⓐ荀子・成相「争寵嫉賢=寵を争ひ、賢を嫉たねむ(寵愛を争い、賢者をねたむ)」

【漆】14(水・11) 常 | 常用音訓 シツ うるし

語音 *ts'iet(上古) ts'iět(中古→呉シチ・漢シツ) qī(中) 칠(韓)

語源 [コアイメージ] 切れ目を入れる。[実現される意味] ウルシⓐ。[英]varnish tree

〔解説〕ウルシの木に切れ目を入れて塗料のうるしを採る。したがって*ts'ietという語は切と同源で、用途・工程から名がついた。また、割ると端数の出る数を七、木などを切ると出るくずを屑セツ、物の切れ目を節セツという。これらも同源の語である。

〔グループ〕漆・膝

字源 「桼シツ(音・イメージ記号)+水(限定符号)」を合わせた字。「桼」は木に切れ込みを入れて、点々と汁を滴らす姿を描いた図形。これだけでウルシを表すことができるが、樹液を採る木であることを明示するため、限定符号の「水」を添えた。

(篆) [桼] (篆)

語義 [展開] ウルシ科の木、ウルシの意味ⓐ。樹皮を傷つけると液汁が出る。これを黒色の塗料に用いる。転じて、ウルシから採れる塗料の意味ⓑ、黒色の意味ⓒ。[英]varnish tree; lacquer; black [熟語] ⓑ漆器・乾漆・ⓒ漆黒

文献 ⓐ詩経・山有枢「山有漆隰有栗＝山に漆有り隰（さわ）に栗有り（山にあるのはウルシの木、沢にあるのはクリの木）」

【膝】 15（肉・11）　常　|　常用音訓 ひざ

語音 *siet（上古） siĕt（中古→呉シチ・漢シツ） xī（中） 슬（韓）

語源 [コアイメージ] 切れ目・折れ目。[実現される意味] ひざⓐ。[英]knee

字源 「桼（シツ）（音・イメージ記号）＋肉（限定符号）」を合わせた字。「桼」は「切れ目を入れる」というイメージがある（⇩漆）。これは節（切れ目、折れ目、ふし）と同源である。「膝」は足の折れ目にあたる関節、つまり「ひざ」を表す。

〈字体〉「厀」は異体字。

語義 ひざの意味ⓐ。[熟語] ⓐ膝下・膝行

文献 ⓐ荀子・大略「坐視膝、立視足＝坐れば膝を視、立てば足を視る（座っている時は相手の膝を見、立っている時は足を見る）」

【質】 15（貝・8）　常　|　常用音訓 シツ・シチ・チ

語音 (1)*tiet（上古） tʃiet（中古→呉シチ・漢シツ） zhì（中） 질（韓） (2)*tied（上古） tii（中古→呉・漢チ） zhì（中） 질（韓）

語源 [コアイメージ] 中身が詰まる。[実現される意味] 抵当ⓐ。[英]mortgage, pledge

〈解説〉所は質の造形のためにしか用いられない奇字である。しかし質においては重要なイメージをもつ。それは「釣り合う」というイメージである。ただしそれは語のコアをなすイメージではなく、補助的なイメージである。下記の詩経の注釈に「質は実なり」（朱子・詩集伝）とあるように、*tietという語は実と同源で、「中身が詰まる」がコアイメージである。いっぱい詰まれば行き止まりになり動く余地がない。下記のグループの語にはこのイメージもある。古典の注釈に「質は至なり」の訓があり、至は「行き止まりになる」「いっぱい詰まる」というイメージをもつ。藤堂明保は実・至のほかに、真・診・身とも同源とし、「いっぱい詰まる」という基本義があるとする（藤堂①）。借金と釣り合うだけの中身がたっぷりと詰まったもの（抵当）を質（シツ）という。人質も釣り合うだけの価値があるものだから質（チ）という。

〈グループ〉質・躓（チ）（足がつかえて止まる→つまずく）・櫍（シツ）（その上に物を載せて固定させ断ち切る木の台）・鑕（シツ）（金属を載せて鍛える鉄の台、かなとこ。また、罪人を載せて固定させて足や腰を切断する台）

字源 「所（イメージ記号）＋貝（限定符号）」を合わせた字。「斤」は斧であるが、目方の単位にもなる。「斤」を二つ並べた「所」は「二つのものが釣り合っている」というイメージを示す。したがって「質」は、借りる金に釣り合うだけの価値のある品物を暗示させる。この意匠によって、しかるべき中身や価値のある抵当を表象する。図形に語のコアイメージは反映されていない。

（篆）

語義 [展開] 中身があって証となる抵当の意味ⓐから、飾りや名目ではない中身、すなわち物を構成する中身・内容、また、中身のある事物の意味ⓑ、その人の生まれたままの中身（たち）、また、物の本来のありようの意味ⓒ、生地のままで飾り気がない意味ⓓに展開する。また、「いっぱい詰まる」というイメージが「とことんまで突き詰める」というイメージに転化し、問い詰める（ただす）意味ⓔを派生する（以上は1の

場合)。ⓐから、抵当にする人や物の意味ⓕに転用される(2の場合)。日本では1と2で区別するが、現代中国では区別がない。[英]mortgage, pledge; substance; quality, essence; natural, simple; question; hostage [和訓] たち・ただす [熟語] ⓐ質店・入質・ⓑ実質・地質・物質・ⓒ性質・素質・ⓓ質実・質素・ⓔ質疑・質問・ⓕ質子・言質

文献 ⓑ論語・顔淵「君子質而已矣、何以文爲＝君子は質なるのみ。何ぞ文を以て為さんや(君子は中身が肝心だ。飾りなんて問題ではない)」ⓓ詩経・天保「民之質矣、日用飲食＝民の質なる、日に用もって飲食す(民はすなおで飾らず、毎日無事に生活している)」ⓕ春秋左氏伝・隠公3「王子狐爲質於鄭＝王子狐、鄭に質ちと為る(王子の狐[人名]は鄭に人質となった)」

【櫛】19(木・15) 人 音シツ 訓くし

語音 *tsïet(上古) tʃɛt(中古→呉シチ・漢シツ) zhì(中) 즐(韓)

語源 [コアイメージ] 切れ目。[実現される意味] 髪を梳とかす道具(くし)ⓐ。[英]comb

〔解説〕王念孫は「櫛の言は節なり。其の歯、相節次(節のように並ぶ)するなり」と語源を説く(広雅疏証)。明快である。

字源 「節ツセ(音・イメージ記号)＋木(限定符号)」を合わせた字。「節」は竹のふしのことで、「切れ目」→「一段一段と(□□□…の形に)並ぶふし」というイメージがある(⇨節)。「櫛」は一本一本ずつ(□□□…の形に)歯が分かれて並ぶ「くし」を表す。

語義 [展開] くしの意味ⓐから、髪を梳かす(くしけずる)意味ⓑに展開する。[英]comb(ⓐⓑ) [熟語] ⓐ櫛比

文献 ⓐ詩経・良耜「其比如櫛＝其の比すること櫛の如し([取り入れた作物は]びっしりと櫛のように並ぶ)」ⓑ荘子・天下「沐甚雨、櫛疾風＝甚雨に沐し、疾風に櫛くしけずる([禹は]激しい雨にゆあみし、疾風に髪を梳かすくらいに働いた)」

じつ

【実】8(宀・5) 常 常用音訓 ジツ み・みのる
〔實〕14(宀・11) 人 音ジツ 訓み・みのる・みちる・まこと

語音 *diet(上古) dʒiĕt(中古→呉ジチ・漢シツ・[慣]ジツ) shí(中) 실(韓)

語源 [コアイメージ] 中身が詰まる。[実現される意味] 中身がいっぱい満ちる(中身が詰まる)ⓐ。[英]fill

〔解説〕古典の注釈に「質は実なり」「室は実なり」の訓があるが、その逆も成り立つ。*dietという語は、質・室・身・真などと同源で、「中身が詰まる」というコアイメージをもつ。日本語の「み」はミ(身)と同根で、果実の意味。そこから「充実した中身。真実」の意味を派生する(大野①)。漢語の実は「中身が詰まる(満ちる)」という動詞から中身→真実→果実へと展開する。日本語の「みちる(みつ)」はミ(実・身)とは関係がなさそうである。なお「みのる」のミは実だという(大野①)。

字源 「實」が正字。分析すると「宀＋毌＋貝」となる。「毌」は貫の上部の「毌」とは別で、「㽞」の変形。これは田んぼに苗がびっしり生えている図形で、周の原形。「びっしり密着する(詰まる)」というイメージを示す記号になる(⇨周)。「㽞(イメージ記号)＋貝(財貨を示すイメージ補助記号)＋宀(限定符号)」を合わせた「實」は、家の中に財貨がいっぱい詰まっている情景を設定した図形。この意匠によって、中身がいっぱい満ちることを表象する。

(金)  (篆)

〔字体〕「實」は旧字体。「実」は由来不明の常用漢字の字体。現代中国

の簡体字は「实」。

語義 [展開]「中身が詰まる」というコアイメージから、満ちる意味ⓐ、空っぽではない中身・内容の意味ⓑ、内容があって偽りがないこと（そらごとではない、まこと、本当）の意味ⓒ、うそや偽りのない心（誠実、真心）の意味ⓓ、いつわりなく（まことに、本当に）の意味ⓔに展開する。また、殻などの身が詰まることから、植物のみの意味ⓕ、植物がみのる意味ⓖを派生する。[英]fill; content; real, true, fact; sincere; really; fruit(ⓕⓖ), nut; ripen [熟語] ⓐ充実・ⓑ内実・名実・ⓒ確実・事実・ⓓ実直・誠実・ⓕ果実・結実

文献 ⓐ論語・泰伯「實若虚＝実つれども虚しきが若(ごと)し（[知識が]充実しているけれど空っぽのようにする）」ⓔ詩経・燕燕「實勞我心＝実(まこと)に我が心を労す（本当に私の心をくたくたにする）」ⓕ詩経・桃夭「有蕡其實＝蕡(フン)たる有り其の実（ふっくらしているよ、桃の実は）」ⓖ論語・子罕「秀而不實＝秀でて実らず（穂を出しても実が生らない）」

しば

【芝】→し

しゃ

【且】 5(一・4)

常 ｜ 常用音訓 かつ

語音 (1) *ts'ïăg(上古) ts'ïă(中古→呉・漢シャ) qiě(中) 차(韓) (2) *tsiag(上古) tsio(中古→呉ソ・漢ショ) jū(中) 저(韓)

語源 [コアイメージ] 次々に重なる・重ねる。[実現される意味] その上に重ねて（かつ）ⓐ。[英]moreover

〔解説〕 Aという事態の上にBという事態が生じる場合「A且(かつ)B」と表現する。また二つの事態が同時平行する場合「且(かつ)A且(かつ)B」（AしながらBもする）と表現する。*ts'ïăg という語は昔と同源で、「重なる」（上に重なる、また、複数のものが重なる）というコアイメージをもつ。藉(シャ)（その上に敷き重ねる）と近い。上に次々に重なる姿を、視点を横に変えると、∧∧∧∧（ぎざぎざ、じぐざぐ）の形のイメージにも転化する。下記のグループの査・粗などはこのイメージがある。ただし藤堂明保は粗・狙などの且を単なる音符とし、「ぎざぎざの形」のイメージを想定しないが、筆者はこれも音・イメージ記号と見る。日本語の「かつ」は「一方で、ある動作・作用の行われると同時に、他方で、も一つの動作・作用の行われる意」という（大野①）。漢語の且とほぼ同じ。

〔グループ〕 且・助・組・租・祖・粗・阻・査・狙・俎(ソ)（肉などを上に重ねて調理する道具、まないた[俎上]）・蛆(ソ)（重なるように群がる虫、ウジ）・咀(ソ)（食べ物を歯の上に重ねてかむ[咀嚼]）・姐(シャ)（年が上の女→あね）・岨(ソ)（山がぎざぎざに重なって険しい[嶮岨]）・徂(ソ)（歩を重ねて進む→行く[徂徠]）・殂(ソ)（行く→死ぬ[殂落]）・沮(ソ)（水がたまった湿地[沮洳]）・疽(ソ)（上に重なった腫れ物[炭疽]）・苴(ショ)（敷き草[苞苴]）・詛(ソ)（言葉を重ねて言う→ちかう・のろう[呪詛]）・雎(ショ)（ぎざぎざの足指で魚を捕る鳥、ミサゴ[雎鳩]）・齟(ソ)（ちぐはぐに食い違う[齟齬(ゴ)]）

字源 一段一段と上に重なっていることを示す図形（象徴的符号）。この意匠によって、「（次々に）重なる」というイメージを表すことができる。字源については諸説紛々である。俎、木主、祖廟、楼、塚、男性生殖器の形等々の説がある。象徴的字形とするのは藤堂明保の説（藤堂①）。

（甲）  （金）  （篆） 

語義 [展開] Aの上にBを重ねて（その上に重ねて）の意味ⓐ。また、「ぎざぎざ・じぐざく」のイメージが「ぞんざい」のイメージに転化し、間に合わせ、一時的、とりあえずという意味ⓑに転じた（以上は1の場合）。一方、「重なる」というコアイメージから、重なるように物が多いとい

う意味ⓒを派生する(2の場合)。[英]moreover; temporarily; abundant

[和訓] しばらく・まさに　[熟語] ⓑ苟且(コウショ)

文献 ⓐ詩経・叔于田「洵美且好＝洵(まこと)に美にして且つ好し([殿方は]ほんとにハンサムな上に人がよい)」ⓒ詩経・韓奕「籩豆有且＝籩豆(ヘントウ)且(ソ)たる有り(肉や果物を入れた器がたっぷり並ぶ)」

【写】

5(冖・3)　常　｜　常用音訓　シャ　うつす・うつる

語音 *siăg(上古)　siă(中古→呉・漢シャ)　xiě(中)　사(韓)

語源 [コアイメージ] 別の場所に移す。[実現される意味] Aにある物をBという別の場所に移す(こちらにある物をあちらに移す、除く)ⓐ。[英]remove

〔解説〕日本語の「うつす」のウツはウツシ(顕)・ウツツ(現)と同根で、「この世にはっきり形を見せ、存在する意」。ウツスは「物の形や内容そのままを、他の所にあらわれさせる意」という(大野①)。場所をうつす場合は「移す」、文字をうつす場合は「写す」と書いて漢字で区別する。しかし漢語の写は「別の場所に移す」がコアイメージであって、文字を写すは遅く現れた派生義なのである。もっとも写と移は意味が違う。移はA点からB点へ空間を這うように延びていくという行為であるが、写はAにあるもの(A′)をBの方へ、何かの手段によって場所を変えることで、結果としてA′は除かれたことになる。しかしA′はそのままで場所だけを変えることに主眼を置くと、文字や絵などを同じ形で転記するという使い方もできる。

〔グループ〕写・瀉・瀉(ヤシ)(内部の水を除いて外部に流す→そそぐ[一瀉千里])

字源 「寫」が正字。「舄(キセ)(音・イメージ記号)＋宀(限定符号)」を合わせた字。「舄」はカササギ(鵲)を描いた図形。カササギはあちこちに移動して人に幸せをもたらす鳥と信じられたので、「ある場所から別の場所に移って行く」というイメージを示す記号になる。「寫」は家の中の物を別の場所に移す情景を設定した図形。この意匠によって、Aにある物をBという別の場所に移すことを表象する。藤堂明保は寫のグループにおける舄を単なる音符とするが(藤堂②)、筆者は音・イメージ記号と見る。

(金)　(篆)[舄]　(篆)

〔字体〕「寫」は旧字体。「写」は由来不明の常用漢字の字体。

語義 [展開] 別の場所に移す(除く)意味ⓐが原義。ここから、原物や原本の文字を紙などに書きうつす意味ⓑ、像を別の場所に現し出す意味ⓒに転用される。[英]remove; copy, transcribe, write; reflect　[和訓] のぞく　[熟語] ⓑ筆写・模写・ⓒ写真・映写

文献 ⓐ詩経・泉水「駕言出遊、以寫我憂＝駕して言(ここ)に出でて遊び、以て我が憂ひを写(のぞ)かん(車に乗って野に遊び、心の憂さを晴らそう)」ⓑ淮南子・説山訓「竊簡而寫法律＝簡を窃みて法律を写す(竹簡を盗んで法律を写し取った)」

【社】

7(示・3)　常　｜　常用音訓　シャ　やしろ

〔祉〕8(示・3)　人　｜　音シャ　訓やしろ

語音 *dhiăg(上古)　ʒiă(中古→呉ジャ・漢シャ)　shè(中)　사(韓)

語源 [コアイメージ] 中身が詰まって盛り上がる。[実現される意味] 土地の神ⓐ。また、土地の神を祭るⓑ。[英]earth spirit; enshrine the earth spirit

〔解説〕古人は「社は土なり」という語源意識をもっていた。唐の成玄英は「社は吐なり。能く吐きて万物を生ずるを言ふなり」(荘子の注)と述べている。*dhiăgという語は土・吐と同源で、大地の生産力に着目したことばである。土地の神を社という。日本語の「やしろ」は神の降下

する所→神社→神社に祭る神の意味に展開する（大野①）

字源 「社」が正字。「土ト（音・イメージ記号）＋示（限定符号）」を合わせた字。「土」は盛り上げた土を描いた図形で、「中身が詰まって盛り上がる」というイメージがある（⇩土）。「社」は土を盛り上げて土地の神を祭る様子を暗示させる。

〔字体〕「社」は旧字体。「社」は古くから書道で行われた字体。

語義 ［展開］土地神の意味ⓐ、土地神を祭る意味ⓑ、土地神を祭る建物の意味ⓒに展開する。また、土地神を祭る二十五戸の集まりの意味ⓓを生じ、そこから、共通のことをする（同じ志をもつ）仲間やグループ、共同で仕事をする組織の意味ⓔに転用され、さらに世間一般の意味ⓕに拡大された。ⓔから会社の略称ⓖともされる。神社（やしろ）の意味ⓗは日本的用法。［英］earth spirit; enshrine the earth spirit; shrine; community; group, organization; society; company; (Shinto)shrine ［熟語］ⓐ社稷・社日・ⓒ社鼠・ⓔ会社・結社・ⓕ社会・ⓖ社長・本社・ⓗ寺社・神社

文献 ⓐ論語・八佾「哀公問社於宰我＝哀公、社を宰我に問ふ（哀公が土地神のことを宰我［人名］に尋ねた）」ⓑ詩経・甫田「以社以方＝以て社し、以て方す（土地の神を祭り、また、方位の神を祭る）」

【車】
7(車・0)　常　常用音訓 シャ　くるま

語音 (1)*kɪag(上古) tʃ'ɪă(中古→呉・漢シャ) chē(中) 차(韓) (2)*kɪag(上古) kɪo(中古→呉コ・漢キョ) jū(中) 거(韓)

語源 ［コアイメージ］腰を落ち着ける。［実現される意味］くるまⓐ。［英］carriage, chariot

〔解説〕釈名・釈車に「古者(いにしえ)、車の声を曰ひて居の如し。居らしむる所以の人を行(や)るなり（昔の車の発音は居のようであった。人を目的地に腰を落ち着けて運ぶのである）」とある。車は古くは居(キョ)と同じ音で、車と居が同源であるという意識を古人はもっていた。これは妥当であると思われる。

〔グループ〕車・硨(シャ)（車渠［車のわだち］に見立てた貝。シャコガイ［硨磲(シャコ)］）・蛼(シャ)（車のわだちのような畝のある大きな貝、シャゴウ［蛼螯(シャゴウ)］）

字源 二輪の車を描いた図形。1と2の読みがあるが、日本では1の音だけを用いる。

（甲）　（金）　（篆）

語義 ［展開］くるまの意味ⓐ。狭義では、自動車の意味ⓑ。また比喩的に、車輪のように回転する装置の意味ⓒ、下あごの骨の意味ⓓに転用される。［英］carriage, chariot; car, vehicle, automobile; wheeled machine; jawbone ［熟語］ⓐ馬車・兵車・ⓑ汽車・電車・ⓒ水車・風車・ⓓ唇歯輔車

文献 ⓐ詩経・北風「恵而好我、攜手同車＝恵みて我を好まば、手を攜へて車を同じくせん（私のことが好きならば、手に手を取って車でご一緒しましょう）」

【舎】
8(人・6)　常　常用音訓 シャ

語音 *thiăɡ(上古) ʃɪă(中古→呉・漢シャ) shè(中) 사(韓)

語源 ［コアイメージ］ゆったりと伸ばす・緩める。［実現される意味］宿る建物ⓐ。［英］lodging-house

〔解説〕余にコアイメージの源泉がある。これは「平らに伸ばす」「空間的・時間的に間延びして、ゆったりとゆとりができる」というイメージを表す記号である。体をゆったりと休めてくつろぐ所を舎という。古典の注釈に「舎は処なり」「舎は居なり」（いずれも「落ち着く」の意）という訓があるが、当たらずといえども遠からずである。藤堂明保は余のグループ全体が、射のグループ、予のグループ、また赦と同じ単語家族に属し、「緩んでのびる」という基本義があるとする（藤堂①）。

〔グループ〕舎・捨

字源 「舎」が正字。「余＋口」に分析できる(金文の字体)。「余(ヨ)(音・イメージ記号)＋口(場所を示すイメージ補助記号)」を合わせた字。「余」は「平らに押し伸ばす」というイメージがあり、「ゆったりとゆとりができる」というイメージに展開する(⇨余)。「舎」は手足をゆったりと伸ばしてくつろぐ場所を暗示させる。

〔字体〕「舍」は旧字体。「舎」は書道に由来する常用漢字の字体。捨・舗もこれに倣う。

(金) (篆)

語義 [展開] 宿る建物の意味ⓐから、公の建物の意味ⓑ、宿る・休息する(やすむ、とまる)意味ⓒ、止めて置く(とめる、おく)意味ⓓに展開する。また、「ゆったりと伸ばす」というイメージは「(緊張したものを)広げて伸ばす」「緩める」というイメージに転化し、手のひらを緩めて握っている物を放つ意味ⓔを派生する。また、手を緩めて放つことから、すてる意味ⓕにもなる。ⓐから自分の家や身内に関する謙称ⓖ、ⓒから行軍して休止するまでの距離(三十里)の意味ⓗを派生する。ⓕは後に捨と書く。[英]lodging house; building; rest; put down; let go, shoot, loose; give up, abandon; my house; unit of distance [和訓]いえ・や・やどる・おく・はなつ [熟語]ⓐ客舎・宿舎・ⓑ校舎・庁舎・ⓒ舎営・ⓖ舎兄・舎弟・ⓗ三舎

文献 ⓐ周礼・天官・掌舎「掌王之會同之舍＝王の会同の舎を掌(つかさど)る(王が諸侯を集めて会合する宿舎を管轄する)」ⓒ詩経・何人斯「亦不遑舍＝亦た舎(やす)むに遑(いとま)あらず(また休む暇もない)」ⓓ論語・子罕「逝者如斯夫、不舍晝夜＝逝く者は斯(か)くの如きか、昼夜を舎(お)かず(流れ行くもの[水]とはこのようなものだなあ、昼も夜も止まらない)」ⓔ詩経・車攻「舍矢如破＝矢を舎(はな)てば破るが如し(矢を放つと突き破るかのようだ)」ⓕ詩経・羔裘「舍命不渝＝命を舎つるも渝(かわ)らず(命を捨てても心変わりはしません)」

【者】 8(老・4) 常 常用音訓 シャ もの

〔者〕 9(老・5) 人 音シャ 訓もの

語音 *tiăg(上古) tʃiă(中古→呉・漢シャ) zhě(中) 자(韓)

語源 [コアイメージ] 一所に集める・くっつける。[実現される意味] AのB(AであるB)とつなげることばⓐ。[英]auxiliary word, suffix

〔解説〕字源については定説がない。語源についてもまともな学説はない。語源について初めて解き明かしたのは藤堂明保である。氏は下記のグループから、者の基本義を「一所に集まる(定着する)」に帰納した。これは土・庶・貯・図などと同源であるという(藤堂①)。多くのものが集まると、間隔が詰まり、くっつくという事態になるから、「くっつく」というイメージに転化する。Aという事柄とBという事柄をくっつけて「AのB」「AであるところのB」とう文法的働きをもつ語の*tiăgを者で表記する。これは之や的と働きが同じである。日本語の「もの」は変えることのできない存在の意で、人間を物体並みに見なした場合も「もの」という(大野①)。しかし漢語の者は文法的な働きをするだけで、単独では用いられず、日本語の「もの」とは違う。「A者B」という形式では、AはBを形容する形になる。「C者」という形式では、Cをする(Cである)人・物・事・時という多様な意味を表す。

〔グループ〕者・煮・暑・署・緒・諸・書・著・着・都・堵・賭・箸・渚・猪・曙・儲・奢(シャ)(金品を多く集めて使う→ぜいたくする[奢侈])・楮(チョ)(多くの果実が集まって一つの球果をなす木、カジノキ)・睹(ト)(視線を一点に集めて見る[目睹])・覩(ト)(視線を集めて見る)・赭(シャ)(一つの色が集中した土→赤色[代赭])・躇(チョ)(足が一点に止まる→ためらって進まない[躊躇(チュウチョ)])・瀦(チョ)(水を集める貯水池)・藷(ショ)(甘い汁がたっぷり充実する茎をもつ草、サトウキビ)・薯(ショ)(中身がたっぷり

集まって肥厚した根茎の生じる草、ナガイモ[薯蕷(ショヨ)]) 鱰*(=鰣。純国字。シイラ)

字源 「者」が正字。こんろの上で薪を集めて燃やす情景を設定した図形。煮(にる)の原字。この意匠によって、「多くのものを一つの所に集める」というイメージを表すことができる。このイメージは「一所にくっつける」「くっつく」というイメージにも展開する。字源については諸説紛々であるが、煮の原字とするのは藤堂明保の説(藤堂②)。

(金) (篆)

〔字体〕「者」は旧字体。「者」は古くから書道で行われた字体。者に従う他の常用漢字、人名漢字(渚・猪・曙)もこれに倣う。

語義 **[展開]**「くっつける」というイメージを介して、Aという事態とBという事態をつなげる働きをする文法的なことばとなる。まず第一に、前の形容詞と後の名詞を結びつけることば(ただし漢文では読まないことが多い)ⓐ。次に、前の事柄につけて「〜もの」と受ける用法で、何かをするその人、その物、その事、その時の意味ⓑ。ⓑの形式で、特に人を表す接尾語ⓒ、また、時間を表す副詞につける接尾語ⓓ。**[熟語]** ⓑ後者・前者・ⓒ医者・学者・ⓓ古者・今者

文献 ⓐ詩経・黄鳥「彼蒼者天=彼の蒼き天よ(あの青い大空よ)」ⓑ詩経・園有桃「不知我者、謂我士也驕=我を知らざる者は、我に士や驕(おご)ると謂ふ(私を知らない人は、男は勝手なものよと言う)」ⓓ詩経・谷風「不念昔者=昔者を念はずや(昔のことを思わないのか)」

【卸】9(卩・7) 常 ｜ 常用音訓 おろす・おろし

語音 *siăg(上古) siă(中古→呉・漢シャ) xiè(中) 사(韓)

語源 **[コアイメージ]** ㋐緊張を緩める・㋑別の場所に移す。**[実現される意味]** 馬から鞍や荷を下ろすⓐ。[英]unload

〔解説〕 説文解字では「卸(シャ)は車を舎(と)めて馬を解くなり」と、舎で解釈している。舎や射と同源と見れば、「(緊張したものを)緩める」「解き放つ」というイメージである。一方、「卸は写なり」という訓もある。写と同源と見れば「(その場から物をごっそりと取って)別の場所に移す」というイメージになる。どちらも通ずる。解放に力点を置けば、馬から鞍などを解いてやること、移動(除去)に力点を置けば、馬から荷物などを取り除いて地上に下ろしてやることと解釈できる。

字源 「御」から「彳(進むことにかかわる限定符号)」を省いた字。「御」は馬または馬車に乗って操ることである。反対に、車を止めて馬を解放してやることを「卸」の図形で暗示させた。

語義 **[展開]** 車や馬から積んだものを下ろす意味ⓐ。日本では、「上から下に下ろす」というイメージがあるので、上位の者が下位の者に商品を下げ渡すと解せる取引の形態、つまり「おろし」にこの字を当てる。問屋が小売り業者に商品を売り渡す(商品を出す)意味ⓑ。[英]unload; wholesale

文献 ⓐ易林1「銜卸道傍=銜(ふ)くませて道傍に卸す(馬にはみを含ませたまま、道ばたで荷を下ろす)」

【柘】9(木・5) 人 ｜ 音 シャ

語音 *tiăg(上古) tʃiă(中古→呉・漢シャ) zhè(中) 자(韓)

語源 **[コアイメージ]** 中身が詰まる。**[実現される意味]** ハリグワⓐ。[英]silkworm thorn

字源 「石(セキ)(音・イメージ記号)+木(限定符号)」を合わせた字。「石」は「中身が詰まる」というイメージがある(⇩石)。「柘」は果実がいっぱい詰まって全体が一つの果実になった木を暗示させる。この意匠によって、ハリグワを表象する。

語義 **[展開]** クワ科の木、ハリグワの意味ⓐ。枝に硬い刺がある。果

実は赤く熟し食べられる。また蔗と通用し、甘い汁のいっぱい詰まったサトウキビの意味ⓑ。日本では柘榴(ザクロ)ⓒに用いる。石榴が正しいが、木偏をつけて整形したもの。[英]silkworm thorn; sugarcane; pomegranate

文献 ⓐ詩経・皇矣「其檿其柘＝其の檿、其の柘([切り開くのは]ヤマグワにハリグワ)」ⓑ宋玉・招魂「有柘漿些＝柘漿有り(サトウキビの汁もある)」(文選33)

【射】 10(寸・7) 常 ｜ 常用音訓 シャ　いる

語音 (1)*dïăg(上古) dʒïă(中古→呉ジャ・漢シャ) shè(中) 사(韓) (2)*dhiak(上古) ʒïɛk(中古→呉ジャク・漢セキ) shè(中) 석(韓) (3)*d̥ïăg(上古) yiă(中古→呉・漢ヤ) yè(中) 야(韓)

語源 [コアイメージ](緊張したものを)緩める。[実現される意味]矢を放つ(いる)ⓐ。[英]shoot an arrow

〔解説〕矢を放つ前の状態は弓の弦がぴんと張られている。手も緊張の頂点にある。矢を発するのはその緊張が解放される時である。射の語源についてはすでに礼記・射義篇に「射の言為る者は、或いは舎と曰ふなり」とある。古人も射は舎(手の緊張を緩めて放つ)と同源と見ている。ぴんと張った弓の弦を、矢を放つことによって、緩めてやるというのが射のもつイメージである。日本語の「いる」は矢を放つ意味しかないが、漢語の射は感謝の謝、宿舎の舎とのつながりをもち、イメージが広がる。

〔グループ〕射・謝・榭(緊張した体を緩めて休息するための建物、うてな[台榭])・麝(香嚢から臭いを放つ鹿、ジャコウジカ)

字源 甲骨文字は弓に矢をつがえた図形。金文ではそれに「又(手の形)」を添える。篆文では「寸(限定符号)」を添えて「射」となったが、身体の身とは無関係である。これらの意匠によって、矢をいることを表象する。

(甲)　(金)　(篆)

語義 [展開]矢を放つ意味ⓐ。また比喩的に、弾を発する意味ⓑ、勢いよく出す(さす)意味ⓒに転用される(以上は1の場合)。矢を射て的に当てることから、目当てのものを狙う意味ⓓを派生する(2の場合)。ただし読み方は1の音を代用することが多い。一方、「緊張が緩む」というイメージから、心が緩んで飽きる、いやになる(いとう)意味ⓔを派生する(3の場合)。[英]shoot an arrow; shoot, fire; spout, jet, send out; aim; dislike [和訓]さす [熟語]ⓐ射術・騎射・ⓑ射撃・乱射・ⓒ注射・噴射・ⓓ射倖・射利

文献 ⓐ詩経・猗嗟「射則貫兮＝射れば則ち貫く(矢を放てば的を貫く)」ⓓ三国志・蜀志・譙周伝「諺曰射幸数跌＝諺に曰く、射幸は数しば跌く(諺に〝まぐれを狙うのはしばしばつまずく〟という)」ⓔ詩経・車舝「好爾無射＝爾を好みて射ふこと無し(お前が好きでたまらない)」

【捨】 11(手・8) 常 ｜ 常用音訓 シャ　すてる

語音 *thïăg(上古) ʃïă(中古→呉・漢シャ) shě(中) 사(韓)

語源 [コアイメージ](手の緊張を)緩める。[実現される意味]不用のものを放る・放って置く(すてる)ⓐ。[英]give up, abandon

字源 「舎(音・イメージ記号)＋手(限定符号)」を合わせた字。「舎」は「広げて伸ばす」「(緊張したものを)緩める」というイメージがある(⇨舎)。「捨」は手のひらを緩めて握っている物を放る様子を暗示させる。この意匠によって、すてることを表象する。もともと「舎」自体にすてる意味があった。捨は舎から分化した字。

語義 [展開]不用のものを放る(すてる)意味ⓐから、施す、布施をする意味ⓑを派生する。[英]give up, abandon; give alms [熟語]ⓐ捨象・取捨・ⓑ喜捨

文献 ⓐ法言・学行「良捨其策＝良(まこと)に其の策を捨つ(本当にその策を捨てる)」

【斜】

11(斗・7) 常 ｜ 常用音訓 シャ ななめ

語音 *d̥iăg(上古) ziă(中古→呉ジャ・漢シャ) xié(中) 사(韓)

語源 [コアイメージ] 横にずれる。[実現される意味] ななめⓐ。[英]oblique, slant

〔解説〕王力は邪と斜は同源で、不正の意味とする(王力①)。一(水平)や｜(垂直)はまっすぐのイメージであるが、これが∠の形になるのが不正であり、ななめのイメージである。古人は日が西に傾く場面などを想定して、*d̥iăgという語を造形したらしい。観察者からまっすぐ(｜の形)に視点の置かれたものが横にずれていくと、その物は観察者から∠の形をなして見える。これが不正(まっすぐでない、ゆがんでいる、ななめである)のイメージである。王力は抽象的な場合が邪(よこしま、不正)、具体的な場合が斜(ななめ)であるという。日本語の「ななめ」は「なのめ」と同じ。「日本人は垂直・水平であることを、きちんとしていてよいこととしたので、ナノメは、いい加減、おろそか、どうでもよい扱いの意となった」という(大野①)。「傾斜している」「日が西へ傾くこと」などの意味をもつナナメから「いい加減」「おろそか」の意味に転じた。これは漢語の斜(ななめ)と邪(よこしま)の関係と似ている。

字源 「余(ヨ)(音・イメージ記号)＋斗(限定符号)」を合わせた字。「余」は「平らに押し伸ばす」というイメージがあり(⇩余)、これは「横にずれる」というイメージに展開する。「斜」は柄杓で液体をまっすぐに汲み上げて、そこから横にずらせて液体を注ぎ入れる情景を設定した図形。この意匠によって、∠の形(ななめ)に傾くことを表象する。

語義 [展開] ∠の形(ななめ)をなすさまの意味ⓐから、日などが正面から横の方向にずれて傾く意味ⓑ、行動などがまっすぐでなくかたよる意味ⓒに展開する。[英]oblique, slant; decline; biased, lopsided [和訓] はす [熟語] ⓐ斜面・傾斜・ⓑ斜陽・ⓒ偏斜

文献 ⓑ賈誼・鵩鳥賦「四月孟夏庚子日斜兮＝四月孟夏、庚子、日斜めなり(四月の初夏、庚子[かのえね]の時、太陽は斜めに傾いた)」(文選13) ⓒ古詩・焦仲卿妻「女行無偏斜＝女の行ひに偏斜無し(女の行動に間違いはございません)」(楽府詩集73)

【赦】

11(赤・4) 常 ｜ 常用音訓 シャ

語音 *thiăg(上古) ʃiă(中古→呉・漢シャ) shè(中) 사(韓)

語源 [コアイメージ] ㋐緩める・㋑四方に広がる。[実現される意味] 罪を許して放すⓐ。[英]pardon, remit

〔解説〕爾雅・釈詁に「赦は舎なり」とある。王力は赦・捨・釈を同源とする(王力①)。*thiăgという語は舎(体を緩める所)・捨(手のひらを緩めて放る)・射(矢を放つ)・謝(心の負担を緩める)などと同源で、「(緊張を)緩める」というコアイメージをもつ。厳しい刑罰を緩めてやるというのが*thiăg(赦)のイメージである。緩めて解放すると、「四方に広がる」というイメージにつながる。図形化に赤が利用されたのはその故である。

字源 「赤(セキ)(音・イメージ記号)＋攴(限定符号)」を合わせた字。「赤」は火が四方に広がって燃える情景を描いた図形で、「四方に広がる」というイメージを表すことができる(⇩赤)。「赦」は罪人を四方に放つ様子を暗示させる。藤堂明保は赦は舒(ゆるくのびる)・捨と同源で、赤を単なる音符としたが(藤堂②)、筆者は音・イメージ記号と見る。

語義 罪を許して放す意味ⓐ。[和訓] ゆるす [熟語] ⓐ赦免・恩赦

文献 ⓐ易経・解「君子以赦過宥罪＝君子は以て過ちを赦し罪を宥す(君子は過失を許し罪を許す)」

【煮】

12(火・8) 常 ｜ 常用音訓 シャ にる・にえる・にやす

【煮】13(火・9) 人 ―音シャ 訓にる・にえる・にやす

語音 *tiag(上古) tʃɪo(中古→呉・漢ショ・[慣]シャ) zhǔ(中) 자(韓)

語源 [コアイメージ] (熱を)一所に集中させる。[実現される意味] 物を水に入れて熱を加える(にる)ⓐ。[英]boil

字源 「煮」が正字。「者(シャ)(音・イメージ記号)+火(限定符号)」を合わせた字。「者」はこんろで薪を集めて燃やす図形(⇨者)。「熱を一所に集中させる」というイメージを表すことができる。「煮」は火を燃やして熱を集中させる様子を暗示させる。この意匠によって、にることを表象する。

語義 煮る意味ⓐ。[熟語] ⓐ煮食・煮沸

文献 ⓐ管子・軽重甲「煮水爲鹽＝水を煮て塩を為(つく)る(海水を煮て塩を造る)」

【遮】14(辵・11) 常 ―常用音訓 シャ さえぎる

語音 *tiag(上古) tʃɪă(中古→呉・漢シャ) zhē(中) 차(韓)

語源 [コアイメージ] 止める。[実現される意味] さえぎるⓐ。[英]block, obstruct, interrupt, intercept

〔解説〕物がたくさん集まると、いっぱい詰まった状態になる。漢語の意味論の特徴の一つとして、「詰まる」「満ちる」「ふさがる」は一連のイメージ転化現象である(塞・結などに例がある)。庶は「(多くのものが)一所に集まる」というイメージから「充実する(いっぱい詰まる、満ちる)」というイメージに展開するので、「(物がいっぱい満ちて)ふさがる」というイメージを表すことができる。かくて通り道がふさがれて進行を止める(行く手をふさいで通れなくする)意味の遮が成立する。日本語の「さえぎる(さへぎる)」はサキ(先)ギル(切)の転で、「行く手をさまたげる。他の邪魔をして先に立つ」「目の前に現れ、立ちふさぐ」の意味という(大野①)。漢語の遮とほぼ同じ。

字源 「庶(ショ)(音・イメージ記号)+辵(限定符号)」を合わせた字。「庶」は「多く集まる」というイメージがあり、「充実する」というイメージ、さらに「ふさがる」というイメージに展開する(⇨庶)。「遮」は障害物が多く集まって行く手をふさぎ止める様子を暗示させる。

語義 進行を邪魔する、さえぎって止める意味ⓐ。[熟語] ⓐ遮音・遮光

文献 ⓐ呂氏春秋・応同「子不遮乎親、臣不遮乎君＝子は親に遮られず、臣は君に遮られず(子は親に邪魔されず、臣は君主に邪魔されない)」

【謝】17(言・10) 常 ―常用音訓 シャ あやまる

語音 *dïăg(上古) ziă(中古→呉ジャ・漢シャ) xiè(中) 사(韓)

語源 [コアイメージ] (緊張したものを)緩める。[実現される意味] わびを述べる(わびる・あやまる)ⓐ。[英]apologize

〔解説〕陳謝の謝、感謝の謝、新陳代謝の謝にどんな統一的なイメージがあるのか。謝は射・榭・舎・捨・赦などと同源で、これらに共通するイメージは、弓、体、心など意味領域は異なるものの、「張り詰めていた状態を解放し緩める」ということである。陳謝の謝は心中に抱いていた負担・負い目を、言葉で言うことによって解放することを意味する。日本語の「あやまる」は「誤る」と同源で、「間違っていることを認め、それを相手に表明する」ことだという(大野①)。漢語の謝のイメージとはかなり違う。漢語の謝は感謝の意味に展開するが、日本語の「あやまる」からは感謝の意味は出てこない。英語のapologizeの名詞形apologyはギリシア語のapologia、分析するとapo-(=away)+logos(=speech)に由来し、「困難から離れるための言葉、自己弁護の言葉」が原義という(小島①)。漢語の謝はこれとも発想が異なる。

字源 「射(シャ)(音・イメージ記号)+言(限定符号)」を合わせた字。「射」は

「緊張した状態を緩める」というイメージがある(⇩射)。「謝」は重い負担で心が張り詰めていた状態を、相手に言葉を述べることによって緩める様子を暗示させる。

語義 [展開] 心に感じていた負担を解放することから、相手に対する心の負い目を解き放つ(わびを言う、あやまる)意味ⓐ、相手から受けた心の負担を軽くする(礼を述べる)意味ⓑ、言い訳をして心の負担を減らす(ことわる)意味ⓒ、礼やわびのしるしとして送る金品の意味ⓓ、官職をやめて負担から解放される(官職を辞する)意味ⓔ、その場から立ち去る意味ⓕ、勢いが衰えて去る意味ⓖに展開する。また、「(緊張を)緩める」というコアイメージから、開いていた花がしぼむ、凋落して衰える意味ⓗを派生する。[英]apologize, excuse; thank, appreciate, gratitude; decline, refuse; gift as thanks; resign; pass away; leave; wither [和訓] ことわる [熟語] ⓐ謝罪・陳謝・ⓑ謝恩・感謝・ⓒ謝絶・ⓓ月謝・薄謝・ⓕ謝世・ⓖ新陳代謝・ⓗ凋謝

文献 ⓐ春秋左氏伝・襄公30「敢謝不才＝敢へて不才を謝す(思い切って自分の無能を謝った)」ⓑ韓非子・外儲説左下「柳往謝之＝柳、往きて之に謝す(柳[人名]は彼に礼を述べに行った)」ⓒ史記・秦始皇本紀「王翦謝病老、歸新鄭＝王翦病老と謝し、新鄭に帰る(王翦[人名]は病気を言い訳にして、新鄭に帰った)」ⓔ礼記・曲礼「大夫七十而致事、若不得謝、則必賜之几杖＝大夫七十にして事を致す、若し謝するを得ざれば、則ち必ず之に几杖を賜ふ(大夫[階級の一つ]は七十歳で定年だが、もし辞職できなければ、彼に必ず杖を授ける)」ⓕ淮南子・兵略訓「春秋有代謝＝春秋、代謝有り(春と秋は交互に去っていく)」

じゃ

【邪】 8(邑・5) 常 ｜ 常用音訓 ジャ

語音 (1)*ŋiăg(上古) ziă(中古→(呉)ジャ・(漢)シャ) xié(中) 사(韓) (2)*ŋiăg(上古) yiă(中古→(呉)・(漢)ヤ) yé(中) 야(韓)

語源 [コアイメージ] ちぐはぐでかみ合わない。[実現される意味] ゆがんで正しくない・食い違って正しくない(ねじけている、よこしま)ⓐ。[英]evil, wicked

[解説] 「牙」がコアイメージの源泉である。これは「∧∨(ちぐはぐ、食い違う)」というイメージを表すが、「∧形(とがる)」「∠形(ななめ)」のイメージにも展開する。結果として邪と斜は近くなる。「ななめ」は「横にずれる」というイメージともつながる。邪が不正の意味を生ずるのは、食い違う→正しくないというイメージ転化と、横にずれる→正しくないというイメージ転化が考えられる。後者は日本語の「よこしま」が横の方向→不正に転じたのと似ている。

字源 「牙ｶﾞ(音・イメージ記号)＋邑(限定符号)」を合わせた字。「牙」は「∧∨にかみ合う」「∧形を呈する」というイメージがある(⇩牙)。「∧形(とがる)」のイメージは「∠形(ななめ)」のイメージにも転化する。「邪」は土地や道が斜めになっている情景を暗示させる。この意匠によって、ゆがんでまっすぐではない(正しくない)ことを表象する。また、「∧∨形」のイメージは「ちぐはぐでかみ合わない」というイメージにもなり、正道と食い違う(正しくない)という意味を表すことができる。

語義 [展開] よこしまの意味ⓐから、人に害を与えるものの意味ⓑ、斜めの意味ⓒに展開する(以上は1の場合)。また、「食い違う」というイメージを介して、事実と違わないかどうかを尋ねることば、文末につけて疑問を示す語ⓓに用いられる(2の場合)。ⓓは耶と通用。[英]evil, wicked, awry; harmful things; oblique; particle [和訓] よこしま・か・や [熟語] ⓐ邪悪・邪道・ⓑ邪魔・風邪・ⓒ邪径

文献 ⓐ詩経・北風「其虚其邪＝其れ虚なり其れ邪なり([あいつは]うそっぱちだ、心がねじけている)」ⓑ素問・生気通天論「如是則内外調和、邪

不能害＝是の如くんば則ち内外調和し、邪、害する能はず（このようであれば、環境と身体が調和し、［病気をもたらす］邪気は身体を害することはできない」）ⓒ詩経・采菽「赤芾在股、邪幅在下＝赤芾股に在り、邪幅下に在り（赤い膝掛けは股の上、斜めに巻く脚絆は股の下）」

【蛇】 11（虫・5）　常　常用音訓 ジャ・ダ　へび

語音 (1)ⓘ*t'ar（上古）　t'a（中古→呉・漢タ・［慣］ダ）　ⓘⓘ*diăr（上古）　dʒɪă（中古→呉ジャ・漢シャ）　shé（中）　사（韓）　(2)*d̦iar（上古）　yiĕ（中古→呉・漢イ）　yí（中）　이（韓）

語源 ［コアイメージ］うねうねと延びる。［実現される意味］ヘビⓐ。［英］snake

〔解説〕ヘビを描いた図形に它と也があり、どちらもヘビの形態的特徴から、「うねうねと長く（横に）延びる」というイメージを表す記号になる。藤堂明保は它のグループを「うねうねと伸びる」という基本義をもつ移・帯・延・曳・世などと同じ単語家族に収める一方、也のグループの一部（地・弛）を易などと同じく「薄く平らに伸びる」という基本義をもつ単語家族に収めたが（藤堂①）、它と也のグループは一つのコアイメージに概括できる。下記のグループに共通するのは「うねうねと（横に）延びる」というコアイメージである。

〔グループ〕蛇・舵・陀・佗タ（＝他）・柁ダ（船を横に進めるかじ）・拕タ（横に引きずる）・沱ダ（涙がずるずると延び出るさま［滂沱］）・迱タ（横に延びる）・跎ダ・タ（足が横にすべる→つまずく［蹉跎］）・鉈シャ（刃を横に延ばした武器、ほこ。「なた」は国訓）・駝ダ（背にうねうねとしたこぶのある動物、ラクダ［駱駝］）・鴕ダ（駱駝に似た鳥、ダチョウ、鴕鳥）

字源 「它」はヘビを描いた図形。古代漢語でヘビのことを*t'arといい、「它」で表記したが、後に*diărとも発音され、図形が「它タ（音・イメージ記号）＋虫（限定符号）」を合わせた「蛇」に変わった。

（甲）　（金） 　（篆） ［它］　（篆） 

〔字体〕「虵」は異体字。

語義 ［展開］爬虫類の一つ、ヘビの総称ⓐ。比喩的に、人が列を作ってうねうねと行進するさまの意味ⓑに転用される（以上は1の場合）。「うねうねと延びる」というコアイメージから、くねくねと曲がりくねるさまの意味ⓒを派生する（2の場合）。［英］snake; file, parade; winding ［熟語］ⓐ蛇行・蛇足

文献 ⓐ詩経・斯干「維虺維蛇、女子之祥＝維これ虺キ維れ蛇、女子の祥（［めでたい夢は］マムシだ、ヘビだ、女子の生まれるしるしだ）」ⓑ詩経・羔羊「退食自公、委蛇委蛇＝退食公自よりす、委蛇ダイたり委蛇たり（役所からひける姿は、蛇のようにうねり行く）」ⓒ詩経・巧言「蛇蛇碩言、出自口矣＝蛇蛇イイたる碩言、口自より出づ（とりとめのない大言は、口から出るもの）」

しゃく ………………………………

【勺】 3（勹・1）　人　音 シャク

語音 *dhɪôk（上古）　ʒɪak（中古→呉ジャク・漢シャク）　sháo（中）　작（韓）

語源 ［コアイメージ］高く上げる。［実現される意味］ひしゃくⓐ。［英］ladle

〔解説〕*dhɪôkという語は卓・翟テキ（躍・擢などのコアをなす記号）と同源で、「高く上がる」というコアイメージをもつ。このイメージは「目立つ」というイメージにも展開する。液体をくみ上げる道具から図形化が行われた。

〔グループ〕酌・的・釣・約・灼・杓シャク（ひしゃく［杓子］）・妁シャク（縁結びを斟酌する人、仲人［媒妁］）・芍シャク（花の色が鮮やかで目立つ草、シャクヤク［芍薬］）

字源 液体を入れた柄杓を描いた図形。杓の原字。

（篆）

〔字体〕「勺」は正字（旧字体）。「勺」は書道などで古くからある字体。勺に従う他の常用漢字もこれに倣う。

語義 [展開] 柄杓（ヒシャク）の意味ⓐ。また、液体をくみ上げる意味ⓑ、容量の単位（合の十分の一）ⓒに用いる。ⓐは杓、ⓑは酌と通用。[英]ladle; pour out; unit of capacity

文献 ⓐ周礼・考工記・梓人「黄金勺＝黄金の勺（黄金製の柄杓）」

【尺】4(尸・1)　常　|常用音訓| シャク

語音 *t'iak(上古)　tʃ'iɛk(中古→(呉)シャク・(漢)セキ)　chǐ(中)　척(韓)

語源 [コアイメージ] 一つまた一つと（○-○-○の形や⊃⊃⊃…の形に）進む。[実現される意味] 長さを計る単位ⓐ。[英]unit of length

〔解説〕尺貫法の単位で、現代生活と縁が薄いが、漢語の意味構造を考える上で重要な語である。字源については大戴礼記・主言篇に「手を布きて尺を知る」とあるように、手の指を物に当てて長さを計る形が尺である。その測り方に焦点を当てて、*t'iakという語は「数珠つなぎ」「—・—型」という基本義をもち、度（一回また一回と計る）・渡（一歩また一歩と川を渡る）・跡（点々と続く足跡）・駅（○—○—○—の形に続く馬継ぎ場）などと同源としたのは藤堂明保（藤堂①）の卓見である。

字源 親指と他の指を∩の形に曲げる様子を暗示する図形。これは指で長さを計る時の姿である。布地などを手指を使って⊃⊃⊃…の形に計っていくことから、「一つまた一つと小刻みに進む」というイメージがある。シャクトリムシを蚇（セキ）（尺蠖（セキカク））というのは⊃⊃⊃…の形に進む姿が尺を計る形と似ているからである。

（篆）

語義 [展開] 長さの単位ⓐから、ものさし・定規の意味ⓑ、わずかの意味ⓒ、手紙の意味ⓓに展開する。[英]unit of length; measure, rule, ruler; few, little; letter [熟語] ⓐ咫尺（シセキ）・六尺（リクセキ）・ⓑ尺度・縮尺・ⓒ尺寸・尺土・ⓓ尺牘（セキトク）

文献 ⓐ老子・六十九章「不敢進寸、而退尺＝敢へて寸を進まず、而して尺を退く（[理想の兵法は]一寸も進もうとはせず、逆に一尺を退くことだ）」

【灼】7(火・3)　人　|音| シャク　|訓| やく

語音 *tiak(上古)　tʃ'iak(中古→(呉)シャク・(漢)セキ)　zhuó(中)　작(韓)

語源 [コアイメージ] 高く上げる。[実現される意味] 燃え上がる（燃やす・焼く・焼ける）ⓐ。[英]burn

字源 「勺（シャク）（音・イメージ記号）＋火（限定符号）」を合わせた字。「勺」は「高く上がる」というイメージがある（⇨勺）。「灼」は火が高く燃え上がる様子を暗示させる。

語義 [展開] 燃え上がる意味ⓐから、赤々と燃えるように輝くさまの意味ⓑに展開する。[英]burn; brilliant [熟語] ⓐ灼熱・焼灼・ⓑ灼然・赫灼（カクシャク）

文献 ⓑ詩経・桃夭「桃之夭夭、灼灼其華＝桃の夭夭たる、灼灼たり其の華（桃は若いよ、照り映える花）」

【借】10(人・8)　常　|常用音訓| シャク　かりる

語音 (1)*tsiak(上古)　tsiɛk(中古→(呉)シャク・(漢)セキ)　jiè(中)　차(韓)　(2)*tsiăg(上古)　tsiä(中古→(呉)・(漢)シャ)　jiè(中)　차(韓)

語源 [コアイメージ] 重ね加える。[実現される意味] かりるⓐ。[英]borrow

〔解説〕藉（シャ）（その上に重ねおく）と同源の語である。「重ねおく」「重ね加える」というコアイメージが「かりる」と「かす」の両方の意味を実現させる。この行為は楯の両面で、A⇄Bのように物の移動の方向が違うだけである。日本語の「かりる(かる)」は「かす」の自動詞形という(大野①)。日本語も漢語も「かりる」と「かす」は同源・同根であった。漢語では貸もあるが、これも両方の意味をもつ。ただし現在では借は「かりる」、貸は「かす」に使い分ける。

字源 「昔(セキ)(音・イメージ記号)+人(限定符号)」を合わせた字。「昔」は「上に重なる」「重ね加える」というイメージがある(⇩昔)。「借」は足りない所に重ね加える様子を暗示させる。この意匠によって、物の所有者をAからBに一時的に移す(かりる、また、かす)ことを表象する。

語義 [展開] かりる意味ⓐとかす意味ⓑは方向が違うだけで、視点の置き方で意味が決まる(以上は1の場合)。日本では専ら「かりる」だけに用いている。また、本当ではないが仮に(一時的に)あてがってみる意味ⓒ、かりに(たとえ)の意味ⓓを派生する(2の場合)。現在では1と2の読みを区別するのは日本だけである。[英]borrow; lend, loan; use temporarily, use as a pretext; suppose(ⓒⓓ) [熟語] ⓐ借金・借用・ⓑ仮借・ⓒ仮借(カシャ)・借問(シャモン)

文献 ⓐ春秋左氏伝・襄公19「借人之力以救其死＝人の力を借りて以て其の死を救ふ(他人の力を借りて、自分の命を助ける)」ⓑ論語・衛霊公「有馬者借人乗之＝馬を有する者は人に借(か)して之を乗らしむ(馬の所有者は人に貸して馬に乗らせる)」ⓓ詩経・抑「借曰未知＝借(かり)に未だ知らずと曰ふも(たとえまだ知らないとしても)」

【酌】 10(酉・3) 常

常用音訓 シャク くむ

語音 *tiok(上古) tʃiak(中古→呉・漢シャク) zhuó(中) 작(韓)

語源 [コアイメージ] 高く上げる。[実現される意味] 酒をくむⓐ。[英]pour out (wine)

字源 「勺(シャク)(音・イメージ記号)+酉(限定符号)」を合わせた字。「勺」は「高く上げる」というイメージがある(⇩勺)。「酌」は酒壺からひしゃくで酒をくみ上げることを表す。

語義 [展開] 酒をくむ意味ⓐから、他の意見や事情を取り上げて考慮する(事情をくみとる)意味ⓑを派生する。[英]pour out (wine); consider, deliberate [熟語] ⓐ独酌・晩酌・ⓑ酌量・斟酌

文献 ⓐ詩経・行葦「酌以大斗＝酌むに大斗を以てす(大きなひしゃくで酒を酌む)」

【釈】 11(釆・4) 常

常用音訓 シャク

語音 *thiak(上古) ʃiɛk(中古→呉シャク・漢セキ) shì(中) 석(韓)

語源 [コアイメージ] 一つ一つ分ける。[実現される意味] 固まったものやこんがらがったものを解きほぐす。解き明かすⓐ。[英]explain

[解説] 王力は舎・捨・赦と同源の語という(王力①)。これらは「緊張したものを緩めて解き放つ」というイメージがある。こんがらがったもの、凝り固まったものを解きほぐすことを釈という。ただ無秩序にばらばらにするのではなく、一つ一つ分けて筋を通すのが、この語にあるもう一つのイメージである。これを図形化するために驛(＝駅)などのコアになる睪(エキ)という記号を利用した。これは「—・—・—の形に点々とつながる」というイメージをもつ記号であるが、釈・懌(エキ)(心のしこりが一つ一つ解ける→よろこぶ)・斁(エキ)(心の緊張を緩める→あきる)においては、「点々と分ける」→「本体から一つ一つ分けて切り離す(解き放す)」というイメージになる。

字源 「釋」が正字。「睪(エキ)(音・イメージ記号)+釆(イメージ補助記号)」を合わせた字。「睪」は「—・—・—の形に点々とつながる」というイメージがあるが(⇩駅)、連鎖の形ではなく点の部分に視点を置くと、「点々と並ぶ」「点々と分かれる」というイメージにも展開する。「釆」は手のひらを開いて米粒をばらまく形(⇩番)。かくて「釋」は無秩序に

集まっていたものを一つ一つ分けて筋を通す様子を暗示させる。この意匠によって、無秩序な状態がときほぐれてすっきりとした形になることを表象する。

【語義】［展開］こんがらがったものをばらばらに解きほぐすが基本的な意味。これから、込み入った文章などを解きほぐして分かりやすく述べる（解き明かす）意味ⓐ、凝り固まったものがばらばらになる（溶ける）意味ⓑ、拘束していたものを解き放つ（いましめから解放する）意味ⓒ、つかんだものを放して置く（置く・捨てる）意味ⓓに展開する。梵語 Śākya の音写として、シャカ、仏の意味ⓔに用いる。［英］explain, elucidate; dissolve, dispel; loose, release; put; Buddha, Buddhism ［和訓］とく・とける・おく・すてる ［熟語］ⓐ釈明・解釈・ⓑ希釈・氷釈・ⓒ釈放・保釈・ⓓ釈奠・ⓔ釈迦・釈尊

【文献】ⓐ春秋左氏伝・襄公29「春王正月、公在楚、釋不朝正于廟也＝春、王の正月、公、楚に在りとは、廟に朝正せざるを釈するなり（［春秋に］"春、王の正月、公は楚に在った"とあるのは、廟に朝正の儀をしなかったことを釈したものだ）」ⓑ老子・十五章「渙兮若氷之將釋＝渙として将に氷の釈けんとするが若し（ばらりと氷が溶けるかのようだ）」ⓒ荀子・大略「釋箕子之囚＝箕子の囚を釈く（箕子［人名］の監禁を解いた）」ⓓ韓非子・五蠹「釋其耒而守株＝其の耒を釈てて株を守る（鋤を捨てて株を見守った）」

【爵】17(爪・13) 常 常用音訓 シャク

【語音】*tsiɔk(上古) tsiak(中古→呉サク・漢シャク) jué(中) 작(韓)

【語源】［コアイメージ］切れ目。［実現される意味］酒器の一種ⓐ。［英］a kind of ritual vessel

〔解説〕説文解字に「器、爵（＝雀）に象る者は、其の鳴くこと節節足足たるに取る」とあり、スズメの鳴き声に因む器という。爵と雀は語形が全く同じ。*tsiɔkという語は節（ふし目）・截（断ち切る）・嚼（歯で切れ目をつける→かみ砕く）などと同源で、「切れ目」「節目」というイメージがある。飲み過ぎを節制するという寓意のある酒器である。

【字源】スズメを象った酒器の図形。

（甲） （金）  （篆）

〔字体〕「爵」は正字（旧字体）。「爵」は古くから書道で行われた字体。

【語義】［展開］酒器の名ⓐ。また、功績のあった臣下に爵が与えられたところから、位の名ⓑに転用される。［英］a kind of ritual vessel; rank of nobility ［熟語］ⓐ羽爵・ⓑ爵位・公爵

【文献】ⓐ詩経・簡兮「公言錫爵＝公言に爵を錫ふ（殿様がさかずきを下された）」ⓑ孟子・公孫丑下「朝廷莫如爵＝朝廷、爵に如くは莫し（朝廷では爵位にかなうものはない）」

じゃく

【若】8(艸・5) 常 常用音訓 ジャク・ニャク わかい・もしくは

【語音】(1)*niak(上古) niak(中古→呉ニャク・漢ジャク) ruò(中) 약(韓)
(2)*niăg(上古) niă(中古→呉ニャ・漢ジャ) rě(中) 야(韓)

【語源】［コアイメージ］柔らかい。［実現される意味］従順に従うⓐ。［英］conform, agree

〔解説〕藤堂明保は女のグループ（奴・如を含む）、若のグループ、襄のグループの一部（孃・壤）などを同じ単語家族にくくり、「しなやか」という基本義があるとする（藤堂①）。王力は汝・乃・爾・而・若を同源とし、「なんじ」の意味とする（王力①）。これらはすべて同源であり、「柔らかい」というコアイメージに概括できる。日本では若に「わかい」の訓をつけた。「わかい（わかし）」は「生まれて年月の経っていない意」という（大野①）。漢語の若にはこの意味はない。「わかい」という語に「柔らか

い」のイメージが含まれるわけではないが、感覚的に身体の柔軟さと結びつけて、若に「わかい」を当てたと考えられる。

〔グループ〕若・諾・匿・桑・惹・箬(葉の柔らかい笹の一種)・鰙(体形が箬と似た魚、ウシノシタ。ワカサギは国訓)

字源 甲骨文字はひざまずいた女性が両手で髪を梳かしている姿を描いた図形で、後世では叒と書かれる(桑の上部と同じ)。女性の体や髪の柔らかさに視点を置いて、「柔らかい」というイメージを示すことができる。篆文では「艸＋右」になっているが、「叒(音・イメージ記号)＋口(限定符号)」が変わったものである。「若」は物柔らかく言いなりになる(従順にしたがう)様子を暗示させる。甲骨文字については羅振玉が「人が手を挙げ、跪き、巽順している形」と解したのがほぼ定説になっている。

(甲) (金) (篆) [叒] (篆)

語義 [展開] 従順に従う意が本義ⓐ。「柔らかい」というコアイメージから、二つの事項を結ぶ際、「AはBだ」と断定しないで「AはBのようだ」と婉曲に言う用法、～のごとし(同じようだ、似ている)の意味ⓑや、優劣の関係において、「AはどうやらBに及んでいる」という言い方、しく(及ぶ、かなう)の意味ⓒを派生する。また、「もし～ならば」という仮定法ⓓや、AでなければB(AもしくはB)とつなぐ用法ⓔもある。また、女・汝と通用し、二人称代名詞(なんじ)ⓕ、如・而・然と同じく、形容語につける助詞ⓖに用いる。わかい意味ⓗは日本的用法(以上は1の場合)。また、梵語の音写字ⓘに用いられる(2の場合)。[英]conform, agree; like, as; be as good as; if; or; you; suffix; young; phonetic loan of Sanscrit [和訓] ごとし・しく・もし [熟語] ⓑ自若・傍若無人・ⓖ瞠若・ⓗ若輩・老若・ⓘ般若

文献 ⓐ詩経・烝民「天子是若＝天子に是れ若ふ(天子様の意のままに)」ⓑ論語・泰伯「有若無＝有れども無きが若し(有っても無いかのようだ)」ⓒ論語・学而「未若貧而樂、富而好禮者也＝未だ貧にして楽しみ、富みて礼を好む者に若かざるなり(「貧乏してもへつらわず、金持ちになってもおごらないのは」まだ貧乏しても楽しみ、金持ちになっても礼を好む者にはかなわない)」ⓓ書経・説命「若藥弗瞑眩、厥疾弗瘳＝若し薬瞑眩せずんば、厥の疾瘳えず(薬はもし目がくらむほど強くないと、病気は治らない)」

【弱】 10(弓・7) 常

常用音訓 ジャク よわい・よわる・よわまる・よわめる

語音 *niɔk(上古) niak(中古→㊁ニャク・㊂ジャク) ruò(中) 약(韓)

語源 [コアイメージ] 柔らかい。[実現される意味] 力や勢いがない(よわい)ⓐ。[英]weak

〔解説〕釈名・釈言語に「弱は衄(柔らかい)なり。又、委(しなやか)を言ふなり」とある。*niɔkという語は柔・肉・衄(べとべとして柔らかい血)・膿(うみ)・脳・尿と同源で、「柔らかい」「しなやか」というコアイメージをもつ。弱は「柔らかい」というイメージから転化した語である。その反対である強は「固い」というイメージから転化した。日本語の「よわい(よわし)」はヤハシ(柔)と通ずるという説がある(大言海)。

〔グループ〕弱・溺・嫋(しなやか、たおやか[嫋嫋])・搦(柔らかく押さえる→からめる)・蒻(コンニャク[蒟蒻]) *鰯(半国字。ヒワ)

字源 「弱」が本字。ぴんと張る弓を二つ並べた「弜」はキョウと読み、固くて強い意味。「弜」に「彡(飾り・模様を示す符号)」を二つ添えた「弱」は、実戦に役立たない柔らかい弓を暗示させる。この意匠によって、力がよわいことを表象する。

(篆)

〔字体〕「弱」は旧字体。「弱」は古くから書道で行われた字体。

語義 [展開] よわい意味ⓐ、よわくする(よわめる、よわくなる)意味ⓑ

に展開する。また、「柔らかい」というコアイメージから、体がまだ柔らかい年ごろ(若い)の意味ⓒを派生する。[英]weak, frail; weaken; young
[熟語] ⓐ強弱・柔弱・ⓑ弱毒・衰弱・ⓒ弱冠
文献 ⓐ老子・七十八章「弱之勝強、柔之勝剛、天下莫不知＝弱の強に勝ち、柔の剛に勝つは、天下知らざるもの莫し(弱さが強さに勝ち、柔らかさが固さに勝つことは、世界中の人が知っている)」ⓑ老子・三章「弱其志、強其骨＝其の志を弱くし、其の骨を強くす([聖人の政治の仕方は]民の志を弱くして、骨を強くする)」ⓒ礼記・曲礼「二十曰弱、冠＝二十を弱と曰ひ、冠す(二十歳を弱といい、元服する)」

【寂】 11(宀・8) 常 | 常用音訓 ジャク・セキ　さび・さびしい・さびれる

語音 *dzök(上古) dzek(中古→呉ジャク・漢セキ) jì(中) 적(韓)
語源 [コアイメージ] 小さい。[実現される意味] 物音がなく静かである(ひっそりとしている)ⓐ。[英]quiet, still, silent
〔解説〕説文解字は宋の条で「人声無し」と説明している。音がなくひっそりと静かな状態を寂という。日本では「さびしい」と訓じるが、サビシとはサビ(荒)と同根で、「本来あった生気や活気が失われて、荒涼としていると感じる意」という(大野①)。漢語の寂とはイメージが異なる。英語のquietは「余計な動きや音がない」がコアイメージという(田中①)。これは漢語の寂に近い。
字源 篆文では「尗＋宀」となっているが、楷書では「叔(音・イメージ記号)＋宀(限定符号)」を合わせた字体に変わった。「尗」も「叔」も「小さい」というイメージがある(⇩叔)。「寂」は家の中で物音が小さくて静かな様子を暗示させる。
語義 [展開] 物音がなく静かである意味ⓐから、煩悩のない静かな状態・境地の意味ⓑ、僧侶の死の意味ⓒを派生する。[英]quiet, still, silent; nirvana; monk's death [熟語] ⓐ寂寞・静寂・ⓑ寂静・寂滅・ⓒ帰寂・入寂
文献 ⓐ老子・二十五章「寂兮寥兮＝寂たり寥たり([宇宙の始まりのカオスは]ひっそりとしていた、うつろだった)」

【雀】 11(隹・3) 人 | 音ジャク 訓すずめ

語音 *tsiɔk(上古) tsiak(中古→呉サク・漢シャク・[慣]ジャク) què(中) 작(韓)
語源 [コアイメージ] ㋐擬音語・㋑切れ目・節目。[実現される意味] スズメⓐ。[英]sparrow
〔解説〕説文解字の爵の項で「其の鳴くこと節節足足たるに取る」とあるように、*tsiɔkはスズメの鳴き声を模した擬音語である。しかし同時に*tsiɔkは節(ふし目)などと同源で、「切れ目」「節目」というイメージを示している。スズメの鳴き声はリズムのある声と考えられた。日本語のスズメも擬音語に由来する。
〔グループ〕雀・截(断ち切る[截然])
字源 「小(音・イメージ記号)＋隹(限定符号)」を合わせた字。「雀」は小さな鳥を暗示させる。
(甲)　(金)　(篆)
語義 [展開] ハタオリドリ科の鳥、スズメの意味ⓐ。体は主に茶褐色。そこから、茶褐色の意味ⓑを派生する。また、スズメの習性から、小躍りする喩えⓒに用いる。[英]sparrow; dark brown; dance for joy [熟語] ⓐ雀羅・燕雀・ⓒ欣喜雀躍
文献 ⓐ詩経・行露「誰謂雀無角＝誰か謂はん雀に角無しと(誰がスズメに角がないなんて言うのか)」

【惹】 12(心・8) 人 | 音ジャク 訓ひく

語音 (1)*niak(上古) niak(中古→㊐ニャク・㊈ジャク) ruò(中) (2)niă(中古→㊐ニャ・㊈ジャ) rě(中) 야(韓)

語源 [コアイメージ] 柔らかい・粘り強い。[実現される意味] じわじわと引き寄せるⓐ。[英]provoke

字源 「若(音・イメージ記号)+心(限定符号)」を合わせた字。「若」は「柔らかい」というイメージがあり(⇨若)、「ねばねばと柔らかい」「ねばり強い」というイメージに展開する。これと似たイメージ転化は女→奴にも見られる。「惹」は心が何かにじわじわと引きつけられる様子を暗示させる。方言の郭璞の注に「惹は情の惹くを言ふなり」とある。1と2の読みがあるが、日本では1を用いる。

語義 [展開] 引き寄せる・招き寄せる(ひく)意味ⓐから、心がひかれる意味ⓑに展開する。[英]provoke; attract [熟語] ⓐ惹起

しゅ

【手】 4(手・0) 常 | 常用音訓 シュ て・た

語音 *thiog(上古) ʃɪəu(中古→㊐シュ・ス・㊈シウ〈=シュウ〉) shǒu(中) 수(韓)

語源 [コアイメージ] 枠で囲む。[実現される意味] てⓐ。[英]hand

〔解説〕手の機能は物をつかむことにある。五本の指を曲げて物を囲むようにしてつかむ。ここに「中の物を外枠で囲む」というイメージがある。手の語源を明らかにしたのは藤堂明保である。氏は舟のグループ(受を含む)、周のグループ、州のグループ、守のグループ、また収・囚・獣・肘などと同じ単語家族にくくり、「ぐるりと取り巻く」という基本義があるとする(藤堂①)。これは「中の物を周囲から枠を作って囲む」と言い換えることができる。

字源 手首から先の五本指を描いた図形。

(金)  (篆)

語義 [展開] 「て」の意味ⓐから、手で何かをする、手にする意味ⓑ、自分の手で(手ずから)の意味ⓒ、手で行うわざ・手立ての意味ⓓ、技術の優れた人の意味ⓔ、特定の仕事をする人の意味ⓕに展開する。[英]hand(ⓐⓓⓕ); hold; personally; means, technique; expert; technician [熟語] ⓐ握手・挙手・ⓑ手術・手話・ⓒ手記・手動・ⓓ手段・手法・ⓕ歌手・助手

文献 ⓐ詩経・碩人「手如柔荑=手は柔荑の如し([彼女の]手は柔らかいツバナのようだ)」ⓑ詩経・賓之初筵「賓載手仇=賓、載ち仇を手にす(客人は酒の相手をつかまえる)」ⓒ孟子・離婁上「子欲手援天下乎=子は手ずから天下を援けんと欲するか(あなたは自分で天下を助けたいか)」

【主】 5(丶・4) 常 | 常用音訓 シュ・ス ぬし・おも

語音 *tiug(上古) tʃɪu(中古→㊐ス・㊈シュ) zhǔ(中) 주(韓)

語源 [コアイメージ] じっと立って動かない。[実現される意味] あるじⓐ。[英]host

〔解説〕説文解字に「鐙(灯をともす皿)の中の火主(灯心)なり」とあるが、それは意味ではなく図形の解釈である。もし火主や神主(位牌)が原義で、そこから火を管理する人とか、祭祀をつかさどる人の意味が生じたと解釈するなら、これは図形から意味を引き出したことになり、科学的な意味論とはいえない。言語学的立場から、主の意味構造を初めて解き明かしたのは藤堂明保である。氏は下記のグループから*tiugという語は「⊥の形にじっと立つ」という基本義をもつとした(藤堂①)。主の意味はすべてこのコアイメージからの展開なのである。図形の起源はコアイメージの形成(つまり語の成り立ち)の後である。蠟燭台の上に火が燃えている情景を想定し、主という図形が考案された。日本語の「ぬ

し」は「その土地や家、人を全面的に領有し、他の介入を許さない存在」の意で、「あるじ」は「国や家などの代表としての機能・役目を果たす存在」の意という(大野②)。後者は一家の中心となる人、また、客人に対する主人の意味に展開する。漢語の主は客に対する語なので、「あるじ」の訓がふさわしい。常用漢字表に「あるじ」がないのは手落ちである。

〔グループ〕主・柱・住・注・駐・註・炷(シュ)(蠟燭台の上に立てて明かりをつけるもの、灯心[一炷])・拄(チュウ)(棒を立てて支柱にする→ささえる)・麈(シュ)(大型のシカ、シフゾウ)

[字源] 蠟燭台の上に炎が立って燃えている姿を描いた図形。この意匠によって、「丄形にじっと立って動かない」というイメージを表すことができる。もちろん炎は揺れ動くものだが、丄の形に立つ姿に焦点を置くのである。

(篆)

[語義] [展開]「丄形にじっと立って動かない」というコアイメージは、よそからやってきて一時的に身を寄せる客に対して、家にじっと構えて動かない人、つまり客に対する主人(客をもてなすあるじ)の意味ⓐを実現させる。また、家人・家族に対しては一家の中心となってその座に鎮坐する人でもあるから、一家の主人の意味ⓑ、国や組織の中心となる人の意味ⓒ、中心に据える(中心に扱う)意味ⓓ、また、中心となって物事を取り仕切る(つかさどる)意味ⓔに展開する。また、中心的立場、働きかける側の意味ⓕ、中心的に(主として、おもに)の意味ⓖを派生する。「じっと立つ」というイメージから、よりしろとして立てるもの(位牌)の意味ⓗにもなる。[英]host; master(of a house); lord, prince; count as principal, main, primary; lead; subjective; primarily, mainly; ancestral tablet [和訓] あるじ・つかさどる [熟語] ⓐ主従・主人・ⓑ戸主・亭主・ⓒ君主・領主・ⓓ主要・自主・ⓔ主宰・主催・ⓕ主観・主体・ⓗ木主

[文献] ⓐ詩経・行葦「曾孫是主＝曽孫は是れ主なり(曽孫が[宴を取り仕切る]主人だ)」ⓓ論語・学而「主忠信＝忠信を主とす(誠実と信頼をむねとする)」ⓔ孟子・万章上「使之主祭而百神享之＝之に祭りを主(つかさど)らしめて百神之を享(う)く(民に祭りを取り仕切らせると、もろもろの神はそれを受け入れる)」

【守】 6(宀・3) 常 [常用音訓] シュ・ス まもる・もり

[語音] *thiog(上古) ʃiəu(中古→[呉]シュ・ス・[漢]シウ〈＝シュウ〉) shǒu(中) 수(韓)

[語源] [コアイメージ] 中の物を枠で囲う。[実現される意味] 危険がないようにまもる(大切に身をまもる)ⓐ。[英]protect, guard, defend

〔解説〕*thiogという語は手(指で囲って物をつかむ働きのある「て」)・収(枠の中に収める)・舟(外枠をめぐらした「ふね」)などと同源で、「中の物を枠で囲う」というコアイメージをもつ。危険がないように周囲を囲って中の物をまもることが守の意味である。日本語の「まもる」はマ(目)＋モル(固定的に或る場所をじっと見る意)で、「害をなすものの侵入を防ごうと、それを監視し、守護する意」という(大野①)。漢語の守と近いが、守には監視のイメージはない。英語のprotectは「遮蔽物を用いて保護する」、guardは「立って見張る」、defendは「攻撃や侵入に対抗して積極的に行動する」の意という(小島①)。漢語の守はprotectに近い。

〔グループ〕守・狩

[字源]「寸(イメージ記号)＋宀(限定符号)」を合わせた字。「寸」は肘にも含まれ、ぐるっと曲げて物を締めつけて引き寄せる肘の機能をイメージとしたもの。「守」は家という枠の中に物を入れて手でしっかりと保つ情景を設定した図形。この意匠によって、周囲をぐるっと取り巻いて固

め、中のものをしっかりとまもることを表象する。

(金) (篆)

語義 [展開] 大切に身をまもる意味ⓐから、いつまでもそのままの状態を変えずに保つ意味ⓑ、また、地方を守る官吏の意味ⓒに展開する。[英]protect, guard, defend; keep; fief [和訓] かみ [熟語] ⓐ守護・守備・ⓑ遵守・保守・ⓒ国守・太守

文献 ⓐ詩経・十月之交「俾守我王＝我が王を守らしむ(我らが王様を[家来たちに]守らせる)」ⓑ韓非子・五蠹「釋其耒而守株＝其の耒(すき)を釈(す)てて株を守る(鋤を捨てて株を守った)」

【朱】 6(木・2) 常 | 常用音訓 シュ

語音 *tiug(上古) tʃiu(中古→呉ス・漢シュ) zhū(中) 주(韓)

語源 [コアイメージ] 途中で断ち切る。[実現される意味] 深い赤色(あか・あかい)ⓐ。[英]red

解説 あか系統の色のうち、丹は鉱物、赤は火、紅は染色の工程から発想された語であるが、朱は植物の特殊な部分から発想された。それは切り株である。切った後の木質の色にあか系統の色がある。説文解字では「赤心木、松柏の属」とする。これは木の名と解したものであるが、むしろその木の色から色の名が出たと解すべきであろう。*tiugという語は下記のグループに共通の「途中で断ち切る」というコアイメージをもつ。木の断面を断ち切って現れる色が*tiugであり、その図形化が朱である。

〈グループ〉 朱・殊・株・珠・誅(チュウ)(切り殺す[天誅])・侏(シュ)(背の低い人[侏儒])・姝(シュ)(あでやかな美女)・茱(シュ)(赤い実の生る木、ゴシュユ[茱萸])・蛛(チュ)(クモ[蜘蛛(チチュ)])

字源 「木」の中ほどに「一」の符号をつけて、木を途中から切断する様子を暗示させる図形。「朱」は株の原字であるが、「かぶ」の意味はない。

(金) (篆)

語義 [展開] 深い赤色の意味ⓐから、硫化水銀から採った顔料、また、黄みを帯びた赤色の意味ⓑを派生する。[英]red; cinnabar, vermilion [和訓] あか・あけ [熟語] ⓐ朱書・朱唇・ⓑ朱砂・朱肉

文献 ⓐ詩経・七月「我朱孔陽＝我が朱は孔(はなは)だ陽なり(私が染めた朱はとても明るい)」

【取】 8(又・6) 常 | 常用音訓 シュ とる

語音 *ts'iug(上古) ts'iu(中古→呉ス・漢シュ) qǔ(中) 취(韓)

語源 [コアイメージ] 引き締める・縮める。[実現される意味] 物をつかんで手にとるⓐ。[英]take

解説 手で物をつかむ際は指を折り曲げる。この形状から、*ts'iugという語は「内側に締まる」「縮める」というイメージがある。藤堂明保は取・足・束・族・奏などを同源とし、「ぐっと縮める・一所に集めそろえる」という基本義があるとした(藤堂①)。手(シュ)という語は物をつかむ機能から「枠で囲う」というコアイメージをもつ。手と取の造形法(語の成立)の発想は似ているが、ことばは別である。日本語の「とる」は「物に積極的に働きかけ、その物をしっかり握って自分の自由にする意」が原義という(大野①)。漢語の取はこれに近い。「とる」は漢語の執・捕・採・撮などに近い意味もある。「とる」は多義的であるので、区別するには漢字を利用するほかはない。英語のtakeは「何かを手にして自分のところに取り込む」がコアイメージという(田中①)。漢語の取にほぼ当たる。

〈グループ〉 取・趣・諏・叢・娶(シュ)(嫁を取る、めとる[嫁娶])・陬(スウ)(縮まって

狭くなった所、すみ・くま[僻陬]）・聚（多くの物が一所に引き締められて集まる[聚落]）・驟（間を縮めて速く走る、はやい・にわか[驟雨]）

字源 「耳（みみ。イメージ記号）＋又（限定符号）」を合わせた字。戦功のしるしとして敵の左耳を切り取ることが「取」であるという解釈もあるが、耳を切り取ることは馘といい、取は別である。取は単につかみ取るという意味で、獲物などの耳をつかみ取る情景を想定したのが「取」の図形である。図形はコアイメージを反映していない。

（甲）　（金）　（篆）

語義 [展開] 物をつかんで手にとる意味ⓐから、取って自分のものにする（取り込む）意味ⓑ、取り上げる、選び取る意味ⓒ、嫁を取る（めとる）意味ⓓに展開する。ⓓは後に娶と書かれる。[英]take; get; adopt, choose; take a wife [熟語] ⓐ獲取・攫取・ⓑ取捨・取得・ⓒ取材・採取

文献 ⓐ詩経・七月「取彼狐狸＝彼の狐狸を取る（キツネとヤマネコを取る）」ⓑ詩経・甫田「歳取十千＝歳に十千を取る（毎年の収穫が数知れず）」ⓒ詩経・抑「取譬不遠＝譬へを取ること遠からず（[戒めとする]譬えの言葉は近くにある）」ⓓ詩経・南山「取妻如之何＝妻を取るに之を如何せん（妻をめとるにはどうしたらよい?）」

【狩】 9(犬・6)　常　常用音訓 シュ　かる・かり

語音 *thiog(上古)　ʃɪu(中古→呉シュ・漢シウ)　shòu(中)　수(韓)

語源 [コアイメージ] 中の物を枠で囲う。[実現される意味] 獣をかる、また、かりⓐ。[英]hunt, hunting

〔解説〕風俗通義・山沢篇に「狩なる者は守なり」とある。守は「中の物を枠で囲う」がコアイメージ。また、収（中に取り込む）や獣（けもの）とも同源の語である。猟場を囲って獲物を中に追い込み、すべてを取り尽くす方法を狩といい、冬の狩りの仕方とされる。日本語の「かる」は駆ると同根で、「鳥獣を追い立てて取る」意味という（大野①）。

字源 「守（音・イメージ記号）＋犬（限定符号）」を合わせた字。「守」は「中の物を枠で囲う」というイメージがある（⇨守）。「狩」は犬や勢子が周囲を囲んで獲物を追い立てる様子を暗示させる。

語義 [展開] 獣をかる意味ⓐ。また比喩的に、天子が軍事演習、征伐、巡視などをすることⓑに転用される。[英]hunt, hunting; imperial visit [熟語] ⓐ狩猟・ⓑ巡狩

文献 ⓐ詩経・采緑「之子于狩＝之の子于に狩りす（あの方は狩に行きます）」

【首】 9(首・0)　常　常用音訓 シュ　くび

語音 *thiog(上古)　ʃɪu(中古→呉シュ・漢シウ)　shǒu(中)　수(韓)

語源 [コアイメージ] ある方向に向かって延びる。[実現される意味] 頭部・あたまⓐ。[英]head

〔解説〕日本語の「くび」と漢語の首はぴったり対応しない。「くび」は漢語では頸という。日本語の「くび」は後に胴体と切り離された頭部全体をも指すようになったが、漢語の首は切り離された頭ではない。*thiogという語はその形態から名づけられた。頭はつなぎ目である頸が胴体から上の方に延び出た形をしているので、「ある方向に向かって延びる」というイメージがある。胡三省は「頭の向かふ所を首と曰ふ」（資治通鑑の注）と明快に述べている。なお、藤堂明保は抽と同源で、「抜け出る」を基本義とした（藤堂②）。これは「ある方向に向かって出る」というイメージに展開する。首は方向性のイメージが強い。首のⓕ～ⓗの意味や道・導のコアをなすのが方向性のイメージである。英語のheadにも「（ある場所・方向に）向かう」の意味がある。この類似は偶然ではあるまい。つまり語の意味展開に普遍性があることを示している。

〔グループ〕首・道・導

【字源】髪の生えた頭部を描いた図形。

（甲） （金） （篆）

【語義】［展開］頭部・あたまの意味ⓐ。頭部が体のいちばん上にあるので、かしら（トップ・長）の意味ⓑ、第一、肝要、中心的の意味ⓒ、物事の先端、始めの意味ⓓに展開する。また、組紐を一首、二首と勘定したことから、詩歌を数える語ⓔに転用される。また、「ある方向に向かって延びる」というコアイメージから、ある方向に向かう意味ⓕ、敵に向かって行って下る（屈服する）意味ⓖ、自ら出向いて罪を告げる（罪に服する）意味ⓗを派生する。くび（頸）の意味ⓘは日本的用法。［英］head(ⓐ～ⓓⓕ); chief, leader; first, foremost, prime; top, beginning; classifier for poems; turn the head toward; yield, submit; surrender oneself; neck ［和訓］こうべ・かしら・おさ・はじめ ［熟語］ⓐ首級・斬首・ⓑ首長・元首・ⓒ首位・首都・ⓓ歳首・船首・ⓔ百人一首・ⓕ首丘・首途・ⓗ自首・ⓘ絞首・縊首

【文献】ⓐ詩経・伯兮「首如飛蓬＝首（こうべ）は飛蓬の如し（頭はヨモギのような乱れ髪）」ⓑ戦国策・斉六「爲五伯首＝五伯（ハ）の首と為る（五覇のトップになった）」ⓓ老子・三十八章「夫禮者忠信之薄而亂之首＝夫れ礼なる者は、忠信の薄きにして乱の首なり（礼というものは、忠信の薄っぺらなもので、乱世の始まりだ）」ⓕ論語・郷党「東首、加朝服＝東に首（かむ）ひ、朝服を加ふ（［病気の際］東に枕を向け、官服を着た）」

【株】10（木・6） 常 ｜ 常用音訓 かぶ

【語音】*tug（上古） tu（中古→呉・漢チウ〈＝チュウ〉・［慣］シュ） zhū（中） 주（韓）

【語源】［コアイメージ］途中で断ち切る。［実現される意味］木の切り株ⓐ。［英］stump

【字源】「朱（シュ）（音・イメージ記号）＋木（限定符号）」を合わせた字。「朱」は「途中で断ち切る」というイメージがある（⇩朱）。「株」は木の幹を途中で切断し、後に残った切りかぶを表す。

【語義】［展開］木の切り株の意味ⓐから、草木の意味ⓑ、草木を数える語ⓒを派生する。株式の意味ⓓは日本的用法。［英］stump; plant; classifier for plant; stock ［和訓］くいぜ ［熟語］ⓐ守株・ⓑ雌雄異株

【文献】ⓐ韓非子・五蠹「田中有株、兎走觸株、折頸而死＝田中に株有り、兎走りて株に触れ、頸を折りて死す（田んぼの中に株があり、ウサギが走ってきて株にぶつかり、首を折って死んだ）」

【殊】10（歹・6） 常 ｜ 常用音訓 シュ こと

【語音】*dhiug（上古） ʒiu（中古→呉ズ・ジュ・漢シュ） shū（中） 수（韓）

【語源】［コアイメージ］途中で断ち切る。［実現される意味］頭と胴体を切り離す（殺す）ⓐ。［英］kill

【解説】唐の顔師古が「殊は絶なり。異なり。其の身首離絶して処を異にする（体と頭が切り離されて別々になる）を言ふなり」（漢書の注）と述べているのが明解である。朱にコアイメージの源泉がある。A｜Bの形に断ち切ると、AとBの一体性はなくなり、別々になる。これを殊という。日本語の「こと」は「ある物と違う、別である、変わっているというのが原義」という（大野①）。漢語の殊・異とほぼ同じ。英語のdifferはラテン語のdiffere、分析するとdis-（分離）＋ferre（運ぶ）に由来するという（下宮①）。分離することが「異なる」の意味につながるのは漢語の殊と共通である。

【字源】「朱（シュ）（音・イメージ記号）＋歹（限定符号）」を合わせた字。「朱」は「途中で断ち切る」というイメージがある（⇩朱）。「殊」は頭と胴体を切り離して殺す様子を暗示させる。

【語義】［展開］頭と胴体を切り離す（殺す）が原義ⓐ。二つに切り離すこ

とから、別々に分かれる(ことにする)意味ⓑ、他と違っている(内容や質が異なる)意味ⓒ、普通とは違っている(それだけ特別である、特別の)の意味ⓓ、他と違って特別に(ことに)の意味ⓔに展開する。[英]kill; cut off, separate; differ, different; special; extremely, very [熟語] ⓐ殊死・ⓒ殊域・特殊・ⓓ殊遇・殊勲・ⓔ殊勝

文献 ⓐ荘子・在宥「今世殊死者相枕也＝今世殊死する者相枕するなり(現代、死刑になった者が重なりあっている)」ⓑ易経・繋辞伝下「天下同帰而殊塗＝天下、帰を同じくして、塗を殊にす(天下のことは帰着点は同じだが、過程が別々だ)」ⓒ孟子・告子上「其性與人殊＝其の性、人と殊なり(その性質は他の人と違う)」ⓓ詩経・汾沮洳「美如玉、殊異乎公族＝美なること玉の如し、公族に殊異なり(玉のような美しさは、殿様の一族で並びなし)」

【珠】10(玉・6) 常 ｜ 常用音訓 シュ

語音 *tiug(上古) tʃıu(中古→呉ス・漢シュ) zhū(中) 주(韓)

語源 [コアイメージ] 途中で断ち切る。[実現される意味] パール(真珠)ⓐ。[英]pearl

〔解説〕真珠は現在では主として海産のアコヤガイなどから採るが、古代中国では淡水産のカラスガイ(蚌)から採った。そのため真珠を蚌珠(ボウシュ)といった。養殖法も古代中国で初めて開発されたといわれる。蠙珠(ヒンシュ)の語はすでに書経・禹貢篇に見える。

字源 「朱(シュ)(音・イメージ記号)＋玉(限定符号)」を合わせた字。「朱」は「途中で断ち切る」というイメージがあり(⇩朱)、「二つに割って切り離す」というイメージに展開する。「珠」は貝を二つに割って取り出した玉を暗示させる。

語義 [展開] 真珠の意味ⓐから、丸い玉、丸い粒状のものの意味ⓑを派生する。[英]pearl; bead [和訓] たま [熟語] ⓐ珠玉・真珠・ⓑ念珠・連珠

文献 ⓐ孟子・尽心下「寶珠玉者、殃必及身＝珠玉を宝とする者は、殃(わざわ)ひ必ず身に及ばん(真珠や玉を宝にする人は必ず身の災いに遭うだろう)」

【酒】10(酉・3) 常 ｜ 常用音訓 シュ さけ・さか

語音 *tsiog(上古) tsiəu(中古→呉シュ・漢シウ〈＝シュウ〉) jiǔ(中) 주(韓)

語源 [コアイメージ] 搾る。[実現される意味] さけⓐ。[英]liquor, alcohol

〔解説〕*tsiogという語は工程・製法による命名と考えられる。布袋などに酒のもとを入れて搾って糟を除き、清酒を造る。釈名・釈飲食で「酒は酉(ユウ)なり。…亦た踧(シュク)を言ふなり」とあり、踧(縮める)と同源と見ている。また、酋(シュウ)(酒を搾る杜氏)・縮(酒袋を縮めて酒を搾る→したむ)・湑(ショ)(搾って酒を漉(こ)す)・釃(シ)(ざるで酒を漉す)なども同源で、「引き縮める」「縮める」「搾る」というのがコアイメージである。

字源 「酉(ユウ)(音・イメージ記号)＋水(限定符号)」を合わせた字。「酉」は酒壺を描いた図形(⇩酉)。甲骨文字と金文では「酉」だけで酒と同じ語を表した。後に限定符号の「水」をつけて「さけ」を表す。

(甲) (金)  (篆)

語義 さけの意味ⓐ。[熟語] ⓐ飲酒・美酒

文献 ⓐ詩経・伐木「有酒湑我＝酒有らば我に湑(こ)せ(酒があったら私のために搾ってくれ)」

【腫】13(肉・9) 常 ｜ 常用音訓 シュ はれる・はらす

語音 *tiuŋ(上古) tʃıoŋ(中古→呉シュ・漢ショウ) zhǒng(中) 종(韓)

語源 [コアイメージ] ずっしりと重い。[実現される意味] 組織の異

常なできものⓐ。［英］tumor
〈解説〉釈名・釈疾病に「腫は鍾(ショウ)なり。寒熱の気の鍾聚する所なり」とあり、鍾（かたまって集まる）と同源の語である。日本語の「はれる（はる）」は「皮膚などがふくれ上がる」意（大野①）。これは腫の語義のⓑに当たる。

字源 「重(チョウ)（音・イメージ記号）＋肉（限定符号）」を合わせた字。「重」は「ずっしりと重い」というイメージがある（⇩重）。「腫」は膿などが集まって、むくんでずっしりと重い様子を暗示させる。

語義 ［展開］できものの意味ⓐから、炎症などではれて膨れる（はれる）、また、はれもの・むくみの意味ⓑに展開する。［英］tumor; swell, swelling ［熟語］ⓐ腫瘍・肉腫・ⓑ腫脹・浮腫

文献 ⓐ呂氏春秋・尽数「鬱處頭則爲腫爲風＝鬱、頭に処れば則ち腫と為り風と為る（鬱［気の閉塞］が頭にあると、腫や風の病気になる）」

【種】 14(禾・9) 常 常用音訓 シュ たね

語音 *tiuŋ(上古) tʃioŋ(中古→呉シュ・漢ショウ) zhòng・zhǒng(中) 종(韓)

語源 ［コアイメージ］突き通す。［実現される意味］作物を植えるⓐ。［英］plant

字源 「重(チョウ)（音・イメージ記号）＋禾（限定符号）」を合わせた字。「重」は「上から重みをかけて突き通す」というイメージがある（⇩重）。「種」は作物のたねや苗を地中へ突き通すようにして植えつける様子を暗示させる。

語義 ［展開］作物を植える意味ⓐから、植物のたねの意味ⓑに展開する。ⓑの比喩として、似た特徴をもつもの同士の集まりや仲間の意味ⓒ、生物分類の一つ（属より下の区分）ⓓに転用される。［英］plant; seed; kind, type; species ［和訓］うえる・くさ ［熟語］ⓐ種芸・種樹・ⓑ種子・播種・ⓒ種類・品種・ⓓ亜種・変種

文献 ⓐ詩経・生民「種之黄茂＝之(こ)の黄茂を種(う)う（このすばらしい穀物を植えた）」ⓑ孟子・告子上「五穀者種之美者也＝五穀なる者は種の美なる者なり（五穀は種子の旨い食べ物である）」

【諏】 15(言・8) 人 音シュ・ス 訓はかる

語音 *tsiug(上古) tsiu(中古→呉ス・漢シュ) zōu(中) 추(韓)

語源 ［コアイメージ］引き締める・集まる。［実現される意味］集まって相談する。意見を求めて取り上げる（はかる）ⓐ。［英］consult

字源 「取(シュ)（音・イメージ記号）＋言（限定符号）」を合わせた字。「取」は指を引き締めてつかみとることから、「（いくつかのものを）引き締める」→「一所に引き締めて集まる」というイメージに展開する（⇩取）。聚（多くの物が一所に引き締められて集まる）と同源。「諏」は人が集まって相談する様子を暗示させる。説文解字に「諏は聚まり謀るなり」とある。

語義 ［展開］集まって相談する意味ⓐから、集まった中から選び取る意味ⓑを派生する。［熟語］ⓐ諏訪・諏謀・ⓑ諏日

文献 ⓐ詩経・皇皇者華「周爰咨諏＝周(あまね)く爰(ここ)に咨諏(シシュ)す（至る所に相談に行く）」

【趣】 15(走・8) 常 常用音訓 シュ おもむき

語音 (1)*ts'iŭg(上古) ts'iu(中古→呉ス・漢シュ) qù(中) 취(韓) (2)*ts'iuk(上古) ts'iok(中古→呉ソク・漢ショク) cù(中) 촉(韓)

語源 ［コアイメージ］引き締める・縮める。［実現される意味］急いで目当ての所に向かって行く（おもむく）ⓐ。［英］hasten to
〈解説〉訓の「おもむき」は面向く（顔がその方へ向く意）から生まれた語で、「自然に気持ちの向く方、また、その気持ちの具体化されたものの意」という（大野①）。漢語の趣とぴったり対応する。

字源 「取(シュ)(音・イメージ記号)＋走(限定符号)」を合わせた字。「取」は「引き締める」「縮める」というイメージがある(⇩取)。「趣」は歩幅を縮めてせかせかと走る様子を暗示させる。この意匠によって、目的地に向かって急いで行くことを表象する。

語義 **[展開]** 目的地に向かって行く意味ⓐから、心がある目的へ向かう意味ⓑ、心の向く所、心が狙いとする所(意向)の意味ⓒ、心を向かわせるようなおもしろい事柄(おもしろみ、おもむき)の意味ⓓに展開する(以上は1の場合)。また、時間を縮めてせき立てる(せかせかとせき立てる、うながす)意味ⓔを派生する(2の場合)。ⓔは促と通用。[英]hasten to; orient; intention, purport; intersest, hobby; hurry, urge **[和訓]** おもむく **[熟語]** ⓐ趣向・ⓒ趣旨・意趣・ⓓ趣味・興趣

文献 ⓐ詩経・棫樸「濟濟辟王、左右趣之＝済済たる辟王、左右之に趣(おもむ)く(威儀を正す君主のもとに、家来たちはかけつける)」ⓑ列子・力命「商趣利＝商は利に趣く(商人は利のある所に向かう)」ⓒ管子・形勢「異趣而同歸＝趣を異にして帰を同じくす(志向する所は違うが、帰着点は同じだ)」

じゅ

【寿】7(寸・4) 常 (常用音訓) ジュ　ことぶき

〔壽〕14(士・11) 人 (音)ジュ (訓)ことぶき・ことほぐ・ひさしい・いのちながし

語音 *dhiog(上古) ʒɪəu(中古→(呉)ジュ・(漢)シウ〈＝シュウ〉) shòu(中) 수(韓)

語源 **[コアイメージ]** 長く延びる。**[実現される意味]** 命が長い(長生きする・長生き)ⓐ。[英]longevity

〔解説〕 𠷎(チュウ)にコアイメージの源泉がある。𠷎は田んぼの畦の形で、疇の原字。畦は田んぼの境界をなすもので、うねうねと長く延びた形をしている。したがって「長く延びる」というコアイメージをもつ*dhiogに対する図形化としてこの記号が選ばれた。藤堂明保は寿のグループを道・祝・修・揺などと同じ単語家族に入れ、「細長く伸びる」という基本義をもつとする(藤堂①)。訓の「ことぶき」は言葉で祝う意味で、めでたいこと(婚姻・長寿など)がその内容。漢語の寿は長命の祝いに限定される。また、「ことぶく」「ことほぐ」という動詞の意味は漢語の寿にない。

〔グループ〕 寿・鋳・祷(禱)・儔(チュウ)(同列に連なる仲間[儔匹])・疇(チュウ)(田のあぜみち、うね[範疇])・濤(トウ)(うねうねとした大波[波濤])・擣(トウ)(衣などを打って延ばす→うちたたく[擣衣])・籌(チュウ)(細長い竹の棒→計算用具、かずとり[算籌])・譸(チュウ)(言い触らす→あざむく[譸張])・躊(チュウ)(時間を長引かせて動かない→ためらう[躊躇])

字源 「壽」が正字。楷書は形が崩れて分析不能。篆文は「老＋𠷏」であるが、金文にある「老＋𠷎」の字体が古いと考えられる。「𠷎」は「長く延びる」というイメージを示す記号。したがって「𠷎(チュウ)(音・イメージ記号)＋老(限定符号)」を合わせて、老人の年が長く延びて久しい(長生きする)ことを表象する。次に字体は𠷎の代わりに𠷏に変えた。これは「𠷏(チュウ)(音・イメージ記号)＋老(限定符号)」を合わせて、声(言葉)を長く延ばして祈る様子を暗示させる図形。これは祈禱の禱の原字である。次に「又(動作を示す限定符号)」を添え(金文にある字体)、最後に「又」を「寸(動作を示す限定符号)」に替えて「壽」(隷書の字体)となった。

(金)　(篆)

〔字体〕 「寿」は近世中国で発生した「壽」の俗字。鋳・祷もこれに倣う。

語義 **[展開]** 命が長い(長生き)の意味ⓐから、年の意味ⓑ、命の意味ⓒ、長命の祝いの意味ⓓに展開する。祝いの言葉を述べる(ことぶく・ことほぐ)の意味ⓔは日本的用法。[英]longevity; age; life; long-life celebrations; congratulate 【熟語】ⓐ賀寿・長寿・ⓑ上寿・万寿・ⓒ寿命・天寿・寿詞・寿辰・ⓔ寿春

【文献】ⓐ詩経・天保「如南山之壽、不騫不崩＝南山の寿の如く、騫（か）けず崩れず（南山［山名］のとこしえの命さながら、欠けもせず崩れもせぬ）」ⓑ詩経・七月「萬壽無疆＝万寿疆（かぎ）り無し（万年まで長生きを）」

【受】8(又・6) 常 ｜常用音訓｜ ジュ うける・うかる

【語音】*dhiog（上古） ʒɪəu（中古→呉ズ・ジュ・漢シウ〈＝シュウ〉） shòu（中） 수（韓）

【語源】［コアイメージ］枠の中に収める。［実現される意味］先方から来る物を受けて手に入れる（受け取る）ⓐ。［英］receive

【解説】字源的には舟を含んでおり、語源的にも舟にコアイメージの源泉がある。板を周囲にめぐらして囲ったものが舟であり、「外枠をめぐらす」「枠で周囲を囲う」というコアイメージがある。物をうける際は手という枠の中に収めるようにする。だから*dhiogという語は舟・収（枠の中に収め入れる）・守（周りを囲んで中のものをまもる）と同源である。日本語の「うける（うく）」は「自分に向かって来るものを、心構えして迎え入れる意が原義」という（大野①）。漢語の受とほぼ同じ。

【グループ】受・授・綬（ジュ）（官から受けた印を結ぶ組紐［印綬］）

【字源】楷書も篆文も形が変わった。甲骨文字・金文に遡ると、「爪＋舟＋又」に分析できる。「舟」は「外枠をめぐらす」「枠で周囲を囲う」というイメージがあり（⇩舟）、「囲いの中に入れる」というイメージに展開する。「爪」は下向きの手、「又」は上向きの手。したがって「舟（シュウ）（音・イメージ記号）＋爪＋又（二つ合わせてイメージ補助記号）」を合わせた「受」は、Aの手から物をBの手に渡して、相手の手の中にしっかりと収め入れる様子を暗示させる。藤堂明保は舟を単なる音符としたが（藤堂②）、筆者は音・イメージ記号と見る。

（甲）  （金）  （篆）

【語義】［展開］受け取る意味ⓐから、受け入れる意味ⓑ、よくないことが身に及ぶ（ひどい目にあう）意味ⓒ、じっと受けて耐える（耐え忍ぶ）意味ⓓに展開する。働きかけに応じる意味ⓔや、うけ（評判・人気）の意味ⓕは日本的用法。［英］receive(ⓐⓑ); accept; suffer; endure, bear; respond; reputation 【熟語】ⓐ受賞・受信・ⓑ受諾・受容・ⓒ受刑・受難・ⓓ受忍・ⓔ受講・受動

【文献】ⓐ詩経・彤弓「受言藏之＝受けて言（ここ）に之を蔵せよ（［私の弓を］受け取って収めなさい）」ⓑ詩経・天保「受天百祿＝天の百禄を受く（天から多くの幸せをもらった）」ⓒ詩経・柏舟「受侮不少＝侮りを受くること少なからず（馬鹿にされることも多かった）」

【呪】8(口・5) 常 ｜常用音訓｜ ジュ のろう

【語音】*tiog（上古） tʃɪəu（中古→呉シュ・漢シウ〈＝シュウ〉・［慣］ジュ） zhòu（中） 주（韓）

【語源】［コアイメージ］声を長く延ばす。［実現される意味］まじなう・のろうⓐ。［英］charm, spell

【解説】もともと祝が「いのる」と「のろう」を兼ねていたが、*tiok（いのる）と*tiog（のろう）に分かれた。日本語でも「いのる」はのろう意味に転義する。また「のろう（のろふ）」は「呪（まじない）をして禍を招くように祈る意」という（大野①）。

【字源】「祝（＝祝）」から分化した字。声を長く延ばして神に祈ることを祝という。本来は善悪に関わりがないが、後に、善事を祈る場合を祝、悪事を祈る（まじなう、のろう）場合を呪とした。したがって「祝（ジュ）の略体（音・イメージ記号）＋口（限定符号）」と解析する。

【字体】「咒」は異体字。

語義 [展開] 超自然の力を借りて、たたり・災い・病魔を払う(まじないをする、まじない)の意味ⓐ。また、祈って相手にたたりをする(のろう)の意味ⓑ。[英]charm, spell; curse, damn [和訓] まじなう・まじない [熟語] ⓐ呪術・呪縛・ⓑ呪詛

文献 ⓐ新語・資執「呪病者卒死＝病を呪する者卒(にわか)に死す(まじないで病気を払う人は急死してしまった)」

【授】 11(手・8) 常 ｜ 常用音訓 ジュ さずける・さずかる

語音 *dhiog(上古) ʒɪəu(中古→呉ジュ・漢シウ〈＝シュウ〉) shòu(中) 수(韓)

語源 [コアイメージ] 枠の中に収める。[実現される意味] 相手に物を与える、受け取らせる(さずける)ⓐ。[英]give, bestow, award, grant

〔解説〕日本語の「うける」は「自分に向かって来るものを、心構えして迎え入れる意」、「さずける(さづける)」は「神仏や天皇の意向によって名称・官位、あるいは学問・伝書などを、受ける資格のある人に与え、伝える」意味という(大野①)。二つは対の概念のようではないが、現在の日本人の言語感覚では一対の語のように見なされている。これは漢語の受と授の関係に影響されていると思われる。A→Bの方向に物を手渡して、相手の手中に収め入れる行為において、Bに視点を置いたのが受、Aに視点を置いたのが授である。段玉裁は「授は手もて之を付し、其れを受けしむるなり」(説文解字注)と述べている。AからBに物を与えて受け取らせるのが授だという。日本語のような「上位から下位へ」という意味素は含まれていない。

字源 「受(ジュ)(音・イメージ記号)＋手(限定符号)」を合わせた字。「受」はAの手から物をBの手に渡して、相手の手の中にしっかりと収め入れる様子を暗示させる図形(⇩受)。Bに視点を置いて「受け取る」ことを受で表す。これに対して、Aに視点を置いて「受け取らせる」「与える」ことを「授」で表す。受と授は同じ行為の両面である。

語義 [展開] 相手に物を受け取らせる(さずける)意味ⓐから、官位や命令などをさずける意味ⓑ、知識を与える(伝える・教える)意味ⓒに展開する。[英]give, bestow, award, grant; confer; teach, instruct [熟語] ⓐ授与・天授・ⓑ授権・授命・ⓒ教授・伝授

文献 ⓐ詩経・緇衣「還予授子之粲兮＝還らば予(われ)子(し)の粲[＝餐]を授けん(あなたが帰宅されたら、あなたに食事を差し上げます)」

【竪】 14(立・9) 人 ｜ 音ジュ 訓たて・たつ

語音 *dhiug(上古) ʒɪu(中古→呉ジュ・漢シュ) shù(中) 수(韓)

語源 [コアイメージ] じっと立つ。[実現される意味] まっすぐ立つⓐ。[英]erect, set upright

字源 「豎」が本字。「豆(トウ)(音・イメージ記号)＋臤(イメージ補助記号)」を合わせた字。「豆」は「じっと立つ」というイメージがある(⇩豆)。「臤」は「堅い」というイメージを示す(⇩堅・緊)。「豎」は堅く緊張して動かずに立つ様子を暗示させる。後、字体が「立(イメージ記号)＋臤(イメージ補助記号)」に変わった。図形的意匠は豎と同じ。

〔字体〕「竪」は「豎」の俗字。

語義 [展開] 堅く動かずにじっと立つというイメージから、⊥形にまっすぐ立つ、立てる意味ⓐ、たての意味ⓑ、また、人の側に直立して控える召使いの意味ⓒに展開する。[英]erect, set upright; vertical; servant [熟語] ⓐ竪立(＝豎立)・ⓒ竪子(＝豎子)

【需】 14(雨・6) 常 ｜ 常用音訓 ジュ

語音 *niug(上古) siu(中古→呉ス・漢シュ・[慣]ジュ) xū(中) 수(韓)

語源 [コアイメージ] 柔らかい・粘りつく。[実現される意味] じっと待つⓐ。[英]wait

〈解説〉説文解字に「需は䇓(＝須。待つ)なり。雨に遇ひて進まず止䇓するなる」とある。字源の説明としては妥当であるが、語の根源を捉えていない。コアイメージの源泉は而にある。「柔らかい」→「粘りつく」「粘り強い」→「スムーズに動かない」というイメージ転化現象は須と同じ。柔らかさが粘り強さに転化する例は奴にも見られる。粘り強く待つことから、こちらにないものを粘り強く待ち受ける(求める、必要とする)意味が生まれる。英語のneedは困窮の意から必要の意味に転じた語で、「不足している、欠けている」というイメージがあるらしい(小島①)。

〈グループ〉需・儒・濡・孺(体が柔らかい子ども[孺子])・懦(弱い[懦弱])・糯(もちごめ)・嬬(柔弱なさま。また、つま)・臑(柔らかい肉。〈日〉すね)・繻(目の細かく柔らかい布[繻子])・襦(柔らかい肌着。襦袢は音写字)・蠕(虫がうねうねと動く[蠕動])・薷(葉が柔らかくて芳香のある草、ナギナタコウジュ、香菜[香薷])・顬(顔面の、物をかむと柔らかく動く部分、こめかみ[顳顬])

字源 「而(音・イメージ記号)＋雨(限定符号)」を合わせた字。「而」はあごひげを描いた図形で、「柔らかい」「ねばねばする」というイメージがある(⇩而・耐)。「需」は雨に濡れて物が柔らかく粘つく様子を暗示させる。この意匠によって、「柔らかくて粘り強い」というイメージを表すことができる。

語義 [展開] 上記のイメージ転化現象によって、自分では動かないで何かを期待して粘り強く待つ(じっと待つ)意味ⓐに展開する。更に、こちらにないものを相手に期待して求める(入り用のものを他から求める)意味ⓑを派生する。[英]wait; need, want, require [和訓] もとめる [熟語] ⓑ需要・必需

文献 ⓐ易経・需「需、須也、険在前也、剛健而不陥＝需は須なり。険、前に在るも、剛健にして陥らず(需は待つことだ。危険が前にあっても、辛抱強くしていれば陥らない)」ⓑ潜夫論・正列「以君畏臣、以上需下、則示弱而取陵＝君を以て臣を畏れ、上を以て下に需むれば、則ち弱を示して陵を取る(君主が臣下を恐れ、上の者が下の者に求めると、弱みを見せて辱められる)」

【儒】 16(人・14)

常 ― 常用音訓 ジュ

語音 *niug(上古) niu(中古→呉ニュウ・漢ジュ) rú(中) 유(韓)

語源 [コアイメージ] 柔らかい。[実現される意味] 学問を修め、教養のある人・学者ⓐ。[英]scholar

〈解説〉下記の論語の注釈に「儒なる者は濡なり。夫れ学を習ひ文を事とすれば、則ち身中を濡潤す。故に久しく習ふ者を謂ひて儒と為すなり」とある(皇侃・論語義疏)。教養によって身を潤す人が儒だという。ほかに古典では「儒は柔なり」「儒は弱なり」の訓もある。猛々しい武人に対して、弱々しく柔らかい文人を儒という。仁の道を説き、文を重んじる孔子教団の名称ともなった。

字源 「需(音・イメージ記号)＋人(限定符号)」を合わせた字。「需」は「柔らかい」というイメージがある(⇩需)。「儒」は武張ったところがなく、物腰や人当たりの柔らかい人を暗示させる。

語義 [展開] 学問を修め、教養のある人(学者)の意味ⓐ。また、孔子の教えを奉ずる人、また、孔子の教えの意味ⓑを派生する。[英]scholar; Confucian [熟語] ⓐ鴻儒・大儒・ⓑ儒家・儒学

文献 ⓐ論語・雍也「女為君子儒、無為小人儒＝女[＝汝]、君子儒と為れ、小人儒と為る無かれ(お前は君子儒[立派な教養人]となれ、小人儒[詰まらない学者]とはなるな)」ⓑ孟子・尽心下「逃墨必帰於楊、逃楊必帰於儒＝墨を逃るれば必ず楊に帰し、楊を逃るれば必ず儒に帰す([節操のない人は]墨子学派から離れると楊朱学派に向かい、楊朱学派から離れると孔子学派に入ってくる)」

【樹】16(木・12)　常　常用音訓 ジュ

語音 *dhiug(上古)　ʒu(中古→呉ズ・ジュ・漢シュ)　shù(中)　수(韓)

語源 [コアイメージ] じっと立って動かない。[実現される意味] 立ち木ⓐ。[英]tree

〔解説〕木と樹は命名の発想が違う。木は枝葉がかぶさる姿に着目し、樹は幹がまっすぐ立つ姿に着目して名づけられた。このイメージを表すのが壴という記号である。古典の注釈では「樹は植なり」「樹は豎(=竪)なり」とあり、「まっすぐ立つ」がコアイメージである。

〈グループ〉樹・厨(=廚)・澍(⊥形に水を注ぐ)・蹰(立ち止まって進まない、躊躇する[踟蹰])

字源 「尌(音・イメージ記号)+木(限定符号)」を合わせた字。「壴」は鼓の左側、喜の上部と同じで、台の上に太鼓を立てた図形。「⊥形にじっと立つ」というイメージを表すことができる。「壴(音・イメージ記号)+寸(限定符号)」を合わせた「尌」は、じっと立てる動作を示す。かくて「樹」は地上にじっと立つ木を暗示させる。

(篆)　(金)　(篆) [壴]

(金)　(篆) [尌]　(篆)

語義 [展開] 立ち木の意味ⓐから、立てる意味ⓑ、また、立てて植える意味ⓒに展開する。また、木の名につける接尾語ⓓに用いる。[英]tree(ⓐⓓ); set up, establish; plant; suffix　[和訓] き・たつ・たてる・うえる　[熟語] ⓐ樹木・植樹・ⓑ樹立・ⓒ樹芸・ⓓ榕樹

文献 ⓐ春秋左氏伝・定公9「思其人、猶愛其樹=其の人を思へば、猶其の樹を愛す(その人を思うとやはりその木がいとしくなる)」ⓑ詩経・伯兮「焉得諼草、言樹之背=焉にか諼草を得て、言に之を背に樹てん(どこにあるのかワスレグサ、背中に立てて憂さを晴らそう)」ⓒ孟子・梁恵王上「樹之以桑=之を樹うるに桑を以てす(クワの木を植える)」

【濡】17(水・14)　人　音ジュ　訓ぬれる・ぬらす・うるおう・うるおす

語音 *niug(上古)　niu(中古→呉ニュウ・漢ジュ)　rú(中)　유(韓)

語源 [コアイメージ] 柔らかい・粘りつく。[実現される意味] 水を含んで柔らかくなる(しっとりとうるおう)ⓐ。[英]moisten

〔解説〕日本語の「ぬれる(ぬる)」は塗ると同根で、「湯・水・涙など水分が物の表面につく意」という(大野①)。漢語の濡はぬれた結果、その物の状態や性質が変わることを予想した語である。

字源 「需(音・イメージ記号)+水(限定符号)」を合わせた字。「需」は「柔らかい」というイメージがある(⇩需)。「濡」は物に水がしみ込んで柔らかくなる様子を暗示させる。

語義 [展開] 水を含んで柔らかくなる(うるおう)意味ⓐから、水につけてぬらす意味ⓑに展開する。また、「柔らかい」「粘りつく」「スムーズに動かない」というイメージから、ぐずついてふんぎりがつかない意味ⓒ、力や勢いが弱々しい意味ⓓを派生する。[英]moisten; wet; linger; weak　[熟語] ⓐ濡潤・濡染・ⓒ濡滞・ⓓ濡弱

文献 ⓐ詩経・羔裘「羔裘如濡=羔裘濡ふが如し(羊の毛衣はしっとり濡れたように柔らかい)」ⓑ詩経・候人「維鵜在梁、不濡其翼=維れ鵜梁に在り、其の翼を濡らさず(ペリカンがやなの上にいるが、翼を水に濡らそうとしない[せっかくの獲物に手をつけない])」

しゅう

【収】4(又・2)　常　常用音訓 シュウ　おさめる・おさまる

〔收〕 6(攴・2) 人 ― 音シュウ 訓おさめる・おさまる

語音 *thiog(上古) ʃiəu(中古→呉ス・漢シウ〈＝シュウ〉) shōu(中) 수(韓)

語源 [コアイメージ] ㋐(中心に)引き締める・㋑枠の中に入れる。[実現される意味] 散在したものを一所にまとめるⓐ。[英]collect

〔解説〕この語には二つのイメージがある。*thiogという語は守(枠を囲って中のものをまもる)・受(手という枠の中に入れる)・舟(外枠をめぐらした「ふね」)などと同源で、「囲った枠の中に入れる」というコアイメージをもつ。一方、枠の中に入れる前提として、散在したものを一つにまとめて引き締めるというイメージがある。*thiogという語が「引き締める」というイメージを獲得したので、その図形化(視覚記号への表記)は「引き締める」というイメージをもつ丩によって行われた。日本語の「おさめる(をさむ)」は「ある区域の行政を統率安定させる意」が原義という。ここから、統治する(漢語の治に当たる)、乱れを整える(漢語の治・修)、しかるべき場所にしまう(漢語の収)、物や金銭を受け入れる(漢語の納)などに展開する(以上、大野①)。

字源 「收」が正字。「丩(キュウ)(音・イメージ記号)＋攴(限定符号)」を合わせた字。「丩」は「互い違いによじり合わせる」というイメージから、「引き締める」というイメージに展開する(⇨糾・叫)。「收」は散在するものを中心の方へ引き締めて、一所(囲った場所)にまとめて入れる様子を暗示させる。

〔字体〕「収」は近世中国で発生した「收」の俗字。現代中国では正字を用いる。

語義 [展開] 散在したものを一所にまとめる意味ⓐから、まとめて取り込む、中に取り入れる(手中にする)意味ⓑ、手に入れた金銭の意味ⓒに展開する。「囲った枠の中に入れる」というイメージから、逃げたものを捕まえて枠の中に入れる(取り押さえる)意味ⓓを派生する。また、「中心に引き締める」というイメージから、引き締まる意味ⓔ、締めくくる(おさまる)意味ⓕを派生する。[英]collect; take, receive, gather; income; catch, arrest; close, tighten; settle up, bring to an end [熟語] ⓐ収集・回収・ⓑ収穫・徴収・ⓒ月収・年収・ⓓ収監・収容・ⓔ収縮・収斂・ⓕ収束・撤収

文献 ⓐ春秋左氏伝・僖公28「子玉收其卒＝子玉は其の卒を収む(子玉[人名]は[潰走した]兵卒を集めてまとめた)」ⓑ孟子・離婁下「三年不反、然後收其田里＝三年反らず、然る後に其の田里を収む(三年間帰らなかったら、禄と住まいを没収する)」ⓓ詩経・瞻卬「此宜無罪、女反收之＝此の宜しく罪無きものを、女[＝汝]反(かえ)って之を収む(罪のないはずの彼らを、お前は逆に捕まえた)」

【囚】 5(囗・2) 常 ― 常用音訓 シュウ

語音 *diog(上古) ziəu(中古→呉ジュ・漢シウ〈＝シュウ〉) qiú(中) 수(韓)

語源 [コアイメージ] 枠の中に入れる。[実現される意味] 捕まえて牢屋に入れるⓐ。[英]imprison

〔解説〕*diogという語は収・守・手などと同源で、「枠で囲む」「枠の中に入れる」というコアイメージがある。

字源 「人(イメージ記号)＋囗(限定符号)」を合わせた字。人を囲いの中に入れる情景を設定した図形。この意匠によって、人を捕まえて身柄を拘束することを表象する。

(甲)

(篆)

語義 [展開] 捕まえて牢屋に入れる意味ⓐから、捕らわれて獄につながれた人(とりこ)の意味ⓑに展開する。[英]imprison; prisoner [和

訓】とらえる・とらわれる【熟語】ⓐ捕囚・幽囚・ⓑ女囚・虜囚

文献 ⓐ書経・蔡仲之命「囚蔡叔于郭鄰＝蔡叔を郭鄰に囚（とら）ふ（蔡叔［人名］を郭鄰［地名］で牢獄につないだ）」ⓑ詩経・泮水「在泮獻囚＝泮（ハン）に在りて囚を献ず（泮［貴族の学校］で捕虜を献上する）」

【州】6(巛・3)　常　｜　常用音訓　シュウ　す

語音 *tiog(上古)　tʃɪəu(中古→呉ス・漢シウ〈＝シュウ〉)　zhōu(中)　주(韓)

語源【コアイメージ】ぐるりと取り巻く。【実現される意味】なかすⓐ。［英］sandbank

【解説】川の中に土砂が堆積してできた所（島）を*tiogという。その特徴は水に周囲を取り巻かれて存在することである。説文解字に「水中の居るべきを州と曰ふ。（水）其の旁らを周遶す（めぐる）」とある。「周りを枠で囲む」「ぐるりと取り巻く」が州のコアイメージで、周・舟・守・囚などは同源の語である（藤堂①）。訓の「す」は漢語の州・洲と同義。「す」は栖（す）と通ずという説や、洲（シウ）の音の約（むしろ呉音というべきか）とする説などがある（大言海）。

【グループ】州・酬・洲

字源 川の中に土砂が堆積してできた島を描いた図形。

（甲）　（金）　（篆）

語義【展開】中州の意味ⓐから、大きな陸地（大きな島、大陸）の意味ⓑに拡大された。中国最初の王朝の開祖である禹が中国を九州に区画したという伝説があり、行政区画の単位ⓒに用いられた（歴史によって規模が違う）。中州の意味に限定したのが洲であるが、州と洲は通用する。日本では旧国名の漢語風の呼び名に用いる語ⓓ。［英］sandbank, sandbar; continent; province; suffix for old province name【熟語】ⓐ州渚・汀州・ⓑ神州・本州・ⓒ州部・州兵・ⓓ甲州・上州

文献 ⓒ論語・衛霊公「雖州里行乎哉＝州里と雖も行はれんや（［言行に偽りがあったら］州や里ですら実行されないだろう）」

【舟】6(舟・0)　常　｜　常用音訓　シュウ　ふね・ふな

語音 *tiog(上古)　tʃɪəu(中古→呉シュ・漢シウ〈＝シュウ〉)　zhōu(中)　주(韓)

語源【コアイメージ】周りを枠で囲う・外枠をめぐらす。【実現される意味】ふね。［英］boat

【解説】劉熙は「舟は周流を言ふなり」（釈名・釈船）と言い、段玉裁は「舟の言は周旋なり」（説文解字注）と言う。ふねが水上をめぐることから舟と周を同源と見たのであろう。しかしふねの構造からの命名と考えられる。*tiogという語は周・守・受・囚・収などと同源で、藤堂明保によれば「ぐるりと取り巻く」という基本義をもつ（藤堂①）。「枠で中のものを囲う」「外枠をめぐらす」というコアイメージと言い換えることができる。*tiog(舟)は板囲いして水が漏れないように造る構造に着目したことばである。ちなみに木をくりぬいて造る丸木舟から発想された語に兪（ユ）（愉・論・輸などのコアをなす記号）がある。

字源 ふねを描いた図形。

（甲）　（金）　（篆）

語義【展開】ふねの意味ⓐ。「外枠をめぐらす」というコアイメージから、周りにめぐらす意味ⓑを派生する。［英］boat; encircle【熟語】ⓐ軽舟・方舟

文献 ⓐ詩経・二子乗舟「二子乗舟、汎汎其逝＝二子舟に乗り、汎汎として其れ逝く（二人はふねに乗り、波間にふわふわ去っていく）」ⓑ詩経・公劉「何以舟之、維玉及瑤＝何を以て之に舟（めぐ）らさん、維（こ）れ玉及び瑶（腰

に巻くのはどんな佩、美しい玉に宝石)」

【秀】 7(禾・2) 常 常用音訓 シュウ ひいでる

語音 *siog(上古) siəu(中古→呉シュ・漢シウ〈＝シュウ〉) xiù(中) 수(韓)

語源 [コアイメージ](細い先が上に)抜け出る。[実現される意味] 作物が穂を出すⓐ。[英]flower and set ears

〔解説〕日本語のホ(秀)とホ(穂)は同根で、「高く出ていて目立つもの」が原義という(大野①)。漢語では穂と秀は全くイメージの違う別語である。穂は「垂れ下がる」、秀は「抜け出る」がコアイメージである。稲などの穂は実ると垂れ下がる形状になるが、別の視点で見ると、本体から上に抜け出た形状でもある。図形化は垂れ下がる形状から発想された。秀のコアイメージを捉え損ねると、意味構造を把握できないし、下記のグループの共通項も理解できない。訓の「ひいでる(ひいづ)」はホ(秀)＋イヅ(出)が転じたもので、意味は漢語の秀のⓑと同じ。英語のexcel(優れる、秀でる)はラテン語のexcellere、ex-(外に)＋cellere(そびえる、高く上がる)に由来するという(下宮①)。外に(上に)上がる→抜きん出ると転義するのは漢語の秀と同じ。

〔グループ〕秀・透・誘・莠(ユウ)(長い穂の抜け出る草、エノコログサ)・銹(シュウ)(金属の表面に浮き出るさび[防銹])・綉(シュウ)(＝繡。衣の表面に抜け出るように施した模様、縫い取り)

字源 「乃(イメージ記号)＋禾(限定符号)」を合わせた字。「乃」は曲がって垂れ下がることを示す象徴的符号(⇩乃)。「秀」は稲の穂が出て垂れ下がる様子を暗示させる。図形はコアイメージを反映していない。

(篆)

語義 [展開] 作物が穂を出す意味ⓐ。「(細い先が上に)抜け出る」というイメージから、他よりもひときわ上に出る(すぐれる)意味ⓑを派生する。[英]flower and set ears; excel, excellent [熟語] ⓐ秀穎・秀茂・ⓑ秀逸・優秀

文献 ⓐ詩経・生民「實發實秀＝実(まこと)に発(ひら)き、実に秀づ([作物は]まこと花咲き、まこと穂が出る)」ⓑ礼記・王制「選士之秀者而升之學＝士の秀でたる者を選びて、之を学に升(のぼ)す(男子の優秀な者を選んで大学に上がらせる)」

【周】 8(口・5) 常 常用音訓 シュウ まわり

語音 *tiog(上古) tʃiəu(中古→呉シュ・ス・漢シウ〈＝シュウ〉) zhōu(中) 주(韓)

語源 [コアイメージ] ぐるりと取り巻く・ぐるりと回る。[実現される意味] 全体に欠け目なく行き渡る(満遍なく行き渡る、あまねし、あまねく)ⓐ。[英]all round, whole, universal

〔解説〕藤堂明保は周を舟・州・手・守・収・囚・獣などと同じ単語家族に入れ、「ぐるりと取り巻く」という基本義があるとする一方、稠・彫・調を稲・陶・築・粥・熟・討などと同じ単語家族に入れ、「満遍なく行き渡る・平均する」という基本義があるとした(藤堂①)。「ぐるりと取り巻く」というイメージは「外枠をめぐらす」「ぐるりと回る」というイメージに展開する。また、このイメージは、枠全体を囲むので、「満遍なく行き渡る」というイメージに展開する(これらのイメージ転化は必ずしも歴史的変化ではなく、語の意味構造に内包される論理的展開である)。藤堂は周のグループを二つに分けたが、一つに概括できる。訓の「まわり(まはり)」はマハル(平面上を旋回する意)から、周囲の意味に転じたもの(大野①)。漢語の周のⓕに当たる。

〔グループ〕周・週・調・彫・稠(チュウ)(びっしり行き渡る[稠密])・賙(シュウ)(満遍なく行き渡らせる→すくう)・綢(チュウ)(紐をぐるりと巻いて縛る[綢繆])・雕(チョウ)(ぐるり

と旋回して獲物を狙う鳥、イヌワシ）・凋チョウ（彫り込まれたように傷つきいたむ→しぼむ［凋落］）・蜩チョウ（擬音語。セミ）

[字源]「周」が正字（篆文の字体）。しかし「用＋口」（説文解字による解剖）では意味をなさない。甲骨文字・金文に遡ると、「𤰔＋口」となっている。「𤰔」は田にびっしりと苗が植えている情景を描いた図形で（実の旧字体の實にも含まれている）、「びっしり密着する」「びっしり行き渡る」というイメージを示す。「𤰔（イメージ記号）＋口（場所を示すイメージ補助記号）」を合わせた「周」は、囲いの中の全体にびっしり行き渡る様子を暗示させる。字源については諸説があるが、郭沫若が「田中に種植有るの形に象る」というのが妥当。

（甲） 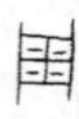 （金） 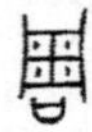 （篆） 

〔字体〕「周」は旧字体。隷書の段階で「周」となった。周に従う他の常用漢字もこれに倣う。

[語義] [展開] 全体に満遍なく行き渡る意味ⓐから、満遍なく行き渡らせて足りない所がないようにする（すくう）意味ⓑ、人と満遍なく親しむ（差別なく親密に交わる）意味ⓒに展開する。また、「ぐるりと回る」というイメージから、まわりをぐるりと回る（めぐる・一めぐり）の意味ⓓ、回った所の意味ⓔ、物のまわりの意味ⓕを派生する。ⓑは賙シュウと通用。[英] all round, whole, universal; help; intimate; make a circuit, cycle; bend; circumference [和訓] あまねし・めぐる [熟語] ⓐ周知・周到・ⓒ比周・ⓓ周期・一周・ⓕ周囲・円周

[文献] ⓐ詩経・緜「周爰執事＝周あまねく爰ココに事を執る（みんな全員が仕事に励む）」 ⓑ詩経・雲漢「靡人不周＝人として周すくはれざるは靡なし（救われない人はいない）」 ⓒ論語・為政「君子周而不比＝君子は周して比せず（君子は誰にでも親しく交わり、特定の仲間とつるまない）」 ⓓ楚辞・九歌・湘君「水周兮堂下＝水は堂下を周めぐる（川は堂の下をぐるりとめぐる）」 ⓔ詩経・有杕之杜「生于道周＝道周に生ず（［その木は］道のわきに生えている）」

【宗】 8（宀・5） [常] ― [常用音訓] シュウ・ソウ

[語音] *tsoŋ（上古） tsoŋ（中古→[呉]ソ・[漢]ソウ・［慣］シュウ） zōng（中） 종（韓）

[語源] ［コアイメージ］ 縦にまっすぐ通る。［実現される意味］ 先祖を祭る所ⓐ。[英] ancestral temple

〔解説〕 藤堂明保は叢（草の集まり）・聚（あつまる）などと同源としたが（藤堂②）、疑問である。下記のグループから帰納されるイメージは「縦に筋をなす」である。*tsoŋ という語はむしろ縦と同源で、「縦にまっすぐ通る」というコアイメージをもつといえる。直系の先祖は□－□－□－の形に縦に系譜がつながる。このような直系の先祖を祭る所やその直系の家柄を意味する語が *tsoŋ であり、この聴覚記号を視覚化したのが宗である。日本語にはこれに当たる語がない。「むね」という訓は派生義（意味のⓓ）に当てたものである。

〔グループ〕 宗・崇・踪・綜・淙ソウ（水が縦に筋をなして流れ下るさま［淙淙］）・棕シュ（幹が直立する木、シュロ［棕櫚］）・粽ソウ（ちまき）・琮ソウ（外周が四角で、中央に縦穴の通った玉器）・鯮ソウ（頭が鴨のくちばしのように伸びたコイ科の魚、ズナガウオ）

[字源]「示（イメージ記号）＋宀（限定符号）」を合わせた字。「示」は祭壇を描いた図形。「宗」は祭りをする建物を暗示させる。図形にはコアイメージが反映されていない。

（甲）  （金）  （篆） 

[語義] [展開] 一族の直系の祖先を祭る廟の意味ⓐから、宗廟を祭る中心の家（一族の中心をなす直系の家柄、本家）の意味ⓑ、中心となるもの（おおもと）の意味ⓒ、おおもとの趣旨（本旨、むね）の意味ⓓ、おおもと（中心）と

して尊ぶ意味ⓔ、中心として尊ばれる人の意味ⓕ、根本として尊ぶべき教え・信仰、また、それを信奉する一派の意味ⓖに展開する。日本ではⓖの場合はシュウと読み、その他はソウと読んで区別する。［英］ancestral temple; clan; center; purpose; honor; master; religion, sect ［和訓］むね・たっとぶ・とうとぶ ［熟語］ⓐ宗廟・ⓑ宗家・宗族・ⓒ宗国・儒宗・ⓕ宗匠・詩宗・ⓖ宗教・改宗

文献 ⓐ詩経・鳧鷖「既燕于宗、福禄攸降＝既に宗に燕す、福禄の降る攸(やがて宗廟で宴を開くと、多くの幸が下された)」ⓑ詩経・公劉「君之宗之＝之を君とし之を宗とす(彼を君主と仰ぎ、宗主と仰ぐ)」ⓒ詩経・沔水「沔彼流水、朝宗于海＝沔たる彼の流水、海に朝宗す(溢れ流れる川の水は、[諸侯が中心である朝廷に向かうように]海に注ぎ込む)」ⓓ国語・晋四「禮賓矜窮、禮之宗也＝賓に礼し、窮を矜れむは、礼の宗なり(客をもてなし、困窮者を憐れむのは、礼の本旨である)」ⓔ詩経・雲漢「靡神不宗＝神として宗ばざるは靡し(尊ばない神はない)」

【拾】 9(手・6) 常 ｜ 常用音訓 シュウ・ジュウ　ひろう

語音 *dhiəp(上古)　ʒiəp(中古→呉ジフ〈＝ジュウ〉・漢シフ〈＝シュウ〉)　shí(中)　습・십(韓)

語源 ［コアイメージ］合わせて一つにまとめる。［実現される意味］ひろうⓐ。［英］pick up, gather

〔解説〕*dhiəp という語は十と同源で、「合わせて一つにまとめる」というコアイメージをもつ。放置されたものや散在しているものを集めて、一つに合わせて手に取ることを拾という。日本語の「ひろう(ひろふ)」は「地上に落ちているものを手に取る、集める」意という(大野②)。漢語の拾とほぼ同じ。

字源 「合(イメージ記号)＋手(限定符号)」を合わせた字。「合」は「(二つのものが)ぴったり合う」というイメージがある(⇩合)。「拾」は物を合わせて一つにまとめて取る様子を暗示させる。

(篆)

語義 ［展開］ひろう意味ⓐ。「集め合わせてまとめる」というイメージが十と共通なので、十の大字ⓑに用いられる。［英］pick up, gather; ten ［熟語］ⓐ拾得・収拾

文献 ⓐ戦国策・秦一「道不拾遺、民不妄取＝道に遺ちたるを拾はず、民は妄りに取らず([世の中がよく治まり]道端で落とし物を拾わないし、民はむやみに物を取らない)」

【柊】 9(木・5) 人 ｜ 音シュウ　訓ひいらぎ

語音 tʃɪuŋ(中古→呉シュ・漢シュウ)　zhōng(中)　종(韓)

語源 ［コアイメージ］いっぱい蓄える・いっぱい詰まる。［実現される意味］物をたたく道具(つち)ⓐ。［英］mallet

字源 「冬(音・イメージ記号)＋木(限定符号)」を合わせた字。「冬」は「いっぱい蓄える」というイメージがあり(⇩冬)、「いっぱい詰まる」というイメージに展開する。「柊」は金属が詰まって重いつち(椎・鎚・槌)を暗示させる。終葵(椎の意)の終を偏替えして生まれた字。日本の柊はこれとは別。ヒイラギを表記するため、その植物の特徴を捉えて、疼痛の疼(ひびらく)の冬に木偏をつけて「柊」が生まれた。したがって半国字である。

語義 つちの意味ⓐがあったが、用例はほとんどない。日本ではモクセイ科の木、ヒイラギの意味ⓑに用いる。鋭い鋸歯がある。節分の行事で魔除けに用いた。〈補注〉現代中国でもヒイラギに使われている。［英］mallet; false holly

【洲】 9(水・6) 人 ｜ 音シュウ　訓す・しま

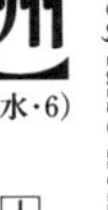

語音 *tiog(上古) tʃiəu(中古→㊐ス・㊊シウ〈=シュウ〉) zhōu(中) 주(韓)

語源 [コアイメージ] ぐるりと取り巻く。[実現される意味] 川の中の島(なかす)ⓐ。[英]sandbank

字源 「州(シュ)(音・イメージ記号)+水(限定符号)」を合わせた字。「州」は川の中に土砂がたまってできた陸地(島、なかす)の姿を描いた図形。「州」が別の意味に転じたため、「洲」でなかすを表した。

語義 [展開] 中州の意味ⓐから、大陸の意味ⓑを派生する。州と通用。[英]sandbank, sandbar; continent [熟語] ⓐ沙洲・汀洲・ⓑ欧洲(=欧州)・神洲

文献 ⓐ詩経・関雎「關關雎鳩、在河之洲=関関たる雎鳩(ショキュウ)は、河の洲に在り(クックッと鳴くミサゴは、河の中州に居る)」

【秋】 9(禾・4) 常 常用音訓 シュウ あき

語音 *ts'iog(上古) ts'iəu(中古→㊐シュ・㊊シウ〈=シュウ〉) qiū(中) 추(韓)

語源 [コアイメージ] 引き締まる・縮まる。[実現される意味] あきⓐ。[英]autumn

〔解説〕春秋繁露に「秋の言為(た)るは猶(なお)湫湫(シュウシュウ)(悲しむさま)たるがごときなり」、礼記に「秋の言為るは愁なり」などとあり、秋を悲哀の感情と結びつけている。一方、尸子に「秋は粛(引き締める)なり。万物粛敬せざるは莫し」、釈名・釈天に「秋は緧(シュウ)(引き締める)なり。品物を緧迫して時成せしむるなり」とある。万物が収斂(引き締まる)し、粛殺(草木をしぼませ枯らす)する季節を秋と捉えるのが古人の一般的な言語感覚であった。後者の語源説が当たっている。*ts'iogという語は粛や縮と同源で、「引き締まる」「縮む」というコアイメージをもつ。寒くなって身が引き締まる季節が秋である。*ts'iogの視覚記号化(図形化)は農事の風景から発想された。日本語の場合、「秋を悲しい季節とうたう歌は万葉集には無く、古今集以後の宮廷和歌から」(大野①)というが、これは感覚的に悲哀の感情と結びついたものであろう。漢語の秋は自然の季節の特徴が言語化されたものといえる。

〔グループ〕秋・愁・萩・鍬・揫(シュウ)(=揪。指を引き締めて握る)・啾(シュウ)(引き絞った声を出す[啾啾])・甃(シュウ)(びっしりと敷き詰めた瓦、また、いしだたみ)・楸(シュウ)(早く秋を告げる木、トウキササゲ)・鞦(シュウ)(馬の尾に掛けて引き締める「しりがい」。また、ぶらんこ[鞦韆])・鰍(シュウ)(=鰌。身の細く引き締まった魚、ドジョウ)・鶖(シュウ)(頭部が禿げて縮んだように見える鳥、ハゲコウ)

字源 「禾(イメージ記号)+火(限定符号)」を合わせた字。「禾」はストレートに稲などの作物を示している。「秋」は収穫が終わり、藁を乾かしたり焼いたりする情景を設定した図形。これはあきという季節の風景であるが、図形にこめられたもう一つの意図がある。物を乾かしたり焼いたりすると物は縮む。だから*ts'iogという語のコアイメージが図形に隠されている。図形的意匠は焦と似ている。

(籀)　(篆)

〔字体〕「秌」「龝」は異体字。

語義 [展開] あきの意味ⓐから、大事な時の意味ⓑ、年月の意味ⓒを派生する。[英]autumn; a period of time; year [和訓] とき [熟語] ⓐ秋季・初秋・ⓒ春秋・千秋

文献 ⓐ詩経・氓「秋以為期=秋を以て期と為さん(秋を[再会の]約束としましょう)」ⓑ三国志・呉志・諸葛亮伝「今天下三分、益州疲弊、此誠危急存亡之秋也=今天下三分し、益州疲弊す、此れ誠に危急存亡の秋(とき)なり(現在天下は三分され、益州は疲弊している。実際危ない瀬戸際だ)」

【臭】 9(自・3) 常 常用音訓 シュウ くさい・におう

〔臭〕 10(自・4) 人 ―音シュウ 訓くさい・におう

語音 (1)*kıog(上古) tʃʻıəu(中古→呉シュ・漢シウ〈＝シュウ〉) chòu(中) 취(韓) (2)*hıog(上古) hıəu(中古→呉ク・漢キウ〈＝キュウ〉) xiù(中) 후(韓)

語源 [コアイメージ] 奥深く突き詰める。[実現される意味] におい ⓐ。[英]smell, good smell

〔解説〕古人はにおいを気の一種と見ている。においは善悪にかかわらず鼻を刺激する特異な気である。鼻の奥深く進入して感じ取られる気のことを*kıogといった。この語は究や考と同源で、「奥深く突き詰める」というコアイメージをもつ。日本語の「におう(にほふ)」は「赤く色が浮き出ているのが原義。転じて、ものの香りがほのぼのと立つ意」(大野①)という。もともと視覚を表す語が嗅覚の語に転用されたようで、悪臭の意味はない。一方、「くさい(くさし)」はクサル(腐)・クソ(糞)と同根という。これは悪臭である。漢語の臭は善悪にかかわらず一般ににおい・香りの気の意味。しかしやがて悪い気(悪臭)に専用されるようになった。英語のsmellは一般に「におい」「におう」の意味だが、「くさい」の意味もあるという(田中①)。

〔グループ〕臭・嗅

字源 「臭」が正字。「自(イメージ記号)＋犬(限定符号)」を合わせた字。「自」は鼻を描いた図形で、ストレートに鼻のイメージを示す。「犬」は嗅覚に優れたものの代表として選ばれた。犬の嗅覚については説文解字に「禽走りて、臭(か)ぎて其の迹を知る者は犬なり」という記述がある。かくて「臭」は犬のように鼻でにおいを敏感にかぎ分ける様子を暗示させる。この意匠によって、「におい」と「においをかぐ」を表象する。

(篆)

〔字体〕「臭」は旧字体。「臭」は由来不明の常用漢字の字体。

語義 [展開] におい、また、良いにおいの意味ⓐが原義。また、いやなにおい、いやなにおいがする(くさい)意味ⓑに転じた(以上は1の場合)。また、においをかぐ意味ⓒに展開する(2の場合)。ⓒは後に嗅と書かれる。[英]smell(ⓐ〜ⓒ), good smell, scent; bad smell, odor, stink [熟語] ⓐ臭気・ⓑ悪臭・体臭

文献 ⓐ詩経・文王「上天之載、無聲無臭＝上天の載(こと)は、声無く臭ひ無し(天の神の行いは、声もなく臭いもない)」易経・繫辞伝上「同心之言、其臭如蘭＝同心の言、其の臭、蘭の如し(心の合った者どうしの言葉は、フジバカマのようにかぐわしい)」ⓑ韓非子・内儲説下「惡王之臭＝王の臭ひを悪(にく)む(王の体臭が嫌いだ)」ⓒ荀子・礼論「三臭之不食也＝三たび之を臭(か)げども食はず(三回を臭いをかいだが食わなかった)」

【修】 10(人・8) 常 ―常用音訓 シュウ・シュ おさめる・おさまる

語音 *siog(上古) siəu(中古→呉ス・シュ・漢シウ〈＝シュウ〉) xiū(中) 수(韓)

語源 [コアイメージ] 細長い・形がよい。[実現される意味] スマートな形に整える(形を整えて美しくする)ⓐ。[英]adorn, arrange

〔解説〕攸(ユウ)にコアイメージの源泉がある。説文解字に「攸は行水なり」とある。洗滌の滌(音はデキ、訓はあらう)の原字といってよい。体に水をかけて汚れを流してきれいにすることを表す。そのコアにあるイメージは「細長い」というイメージで、これは「形がよい」「スマートな形」というイメージに展開する。古代漢語で、スマートな形に整えることを*siogといい、これを表記するために攸を用いて修が生まれた。

〔グループ〕修・条・悠・脩・絛(ジョウ)(細長いひも[絛虫])

字源 「攸(ユウ)(音・イメージ記号)＋彡(限定符号)」を合わせた字。「攸」を分析すると「人＋｜＋攴」となる。「｜」は縦に線条的に(または点々と)

長く延びることを示す象徴的符号。「丨(イメージ記号)＋人(イメージ補助記号)＋攴(限定符号)」を合わせた「攸」は、人の背中に水を線条的に流す情景を設定した図形で、「細長い」というイメージを示す記号となる。したがって「修」はよくない形を整えて細く引き締め、スマートな形に見栄えよくする様子を暗示させる。

(甲) (金) (篆) [攸] (篆)

語義 [展開] スマートな形に整える(形を整えて美しくする)意味ⓐから、乱れたものや壊れたものを直して形よく整える意味ⓑ、学問や教養を身につけて人格を立派にする意味ⓒ、資料や文章を整えて良い書物に仕上げる意味ⓓに展開する。また、「細長い」というコアイメージがそのまま細長い意味ⓔとして実現される。修と脩は通用することが多い。[英] adorn, arrange; repair; cultivate; compile; long [熟語] ⓐ修辞・修飾・ⓑ修正・修理・ⓒ修行・修養・ⓓ監修・編修・ⓔ修竹

文献 ⓑ詩経・無衣「王于興師、修我甲兵＝王于(ここ)に師を興さば、我が甲兵を修めん(王が戦を始めたら、私の武器を整えよう)」ⓒ論語・憲問「修己以敬＝己を修めて以て敬す(「君子とは」自分を修養して慎み深くすることだ)」

【袖】10(衣・5) 常 常用音訓 シュウ そで

語音 *diog(上古) ziəu(中古→呉ジュ・漢シウ〈＝シュウ〉) xiù(中) 수(韓)

語源 [コアイメージ] 通り抜ける。[実現される意味] 衣のそでⓐ。[英]sleeve

〔解説〕釈名・釈衣服に「袖は由なり。手の由りて出入する所なり」とある。抽出の抽(引き出す)とも同源の語である。日本語の「そで」はソ(衣)テ(手)が語源という(大言海、大野①)。

字源 「由(ユ)(音・イメージ記号)＋衣(限定符号)」を合わせた字。「由」は「抜け出る」「通り抜ける」というイメージがある(⇩由)。「袖」は衣服の、腕が通り抜ける部分(そで)を暗示させる。

語義 衣のそでの意味ⓐ。[熟語] ⓐ長袖・領袖

文献 ⓐ戦国策・燕三「左手把秦王之袖、而右手持匕首＝左手もて秦王の袖を把(と)り、而して右手もて匕首を持す(左手で秦王の袖を握り、右手であいくちを持った)」

【終】11(糸・5) 常 常用音訓 シュウ おわる・おえる

語音 *tioŋ(上古) tʃiuŋ(中古→呉シュ・漢シュウ) zhōng(中) 종(韓)

語源 [コアイメージ] いっぱいになって尽きる。[実現される意味] 最後の段階まで行き尽くす(物事が最後になる、おわる)ⓐ。[英]end

〔解説〕古人の語源説に「冬は終なり」とある。だからといって、冬は一年のおわりだから、おわりを終と書くと考えたら、これは語源俗解。表層ではなく深層のイメージをつかまえなければいけない。冬は「いっぱいに蓄える」というコアイメージをもつ。ある空間や範囲を十分に満たしたら、もう余裕がなく、限界に達する。古典に「終は尽なり」「終は極なり」とある通り、「いっぱいになって尽きる(きわまる)」というのが終のコアイメージである。これと似たイメージ転化は既(いっぱい満ちる→尽きる)にも見られる。英語のfinishはラテン語のfinire(境をつける)、finis(境界)に由来するという(下宮①)。漢語の終も「尽きる(限界まで来る)」のイメージから転化した。

字源 「冬(トウ)(音・イメージ記号)＋糸(限定符号)」を合わせた字。「冬」は保存食を作る図形。越冬用の食料を蓄えることから、「いっぱいに蓄える」というイメージを示す(⇩冬)。「終」は糸巻に糸をいっぱい蓄える情景を設定した図形。説文解字では「終は糸を絿(キュウ)する(引き締めて巻きつける)なり」とある。この意匠によって、最後の地点や時点に行き尽

くす(おわる)ことを表象する。ちなみに日本語の「おえる(をふ)」はヲ(緒)+フ(経)で、「機織りで糸がすべてなくなる意が原義か」という(大野②)。漢語の終の造形と発想の基盤は似ている。

語義 [展開] 最後の段階まで行き尽くす(おわる)意味ⓐから、物事の最後の段階(おしまい、おわり)の意味ⓑ、終わりになるまで、その間ずっとの意味ⓒ、最後に(ついに)の意味ⓓに展開する。[英]end(ⓐⓑ), finish(ⓐⓑ), terminate; last final, terminal; all, whole; after all, finally [和訓] つい・ついに [熟語] ⓐ終止・終了・ⓑ最終・始終・ⓒ終日・終生

文献 ⓐ論語・陽貨「年四十而見悪焉、其終也已=年四十にして悪(にく)まるるは、其れ終らんのみ(年が四十にもなって人に憎まれるようでは、もうおしまいだね)」ⓑ詩経・蕩「鮮克有終=克(よ)く終り有ること鮮(すく)なし(終わりを飾ることはめったにない)」ⓒ詩経・采緑「終朝采緑=終朝緑を采る(朝の間じゅうカリヤスを摘む)」ⓓ詩経・葛藟「終遠兄弟=終に兄弟を遠ざかる(とうとう兄弟から遠く離れていった)」

【羞】 11(羊・5) 常 常用音訓 シュウ

語音 *siog(上古) sieu(中古→呉ス・シュ・漢シウ〈=シュウ〉) xiū(中) 수(韓)

語源 [コアイメージ] 柔らかい。[実現される意味] うまいごちそうⓐ。[英]delicacy, dainty

字源 「丑(チュウ)(音・イメージ記号)+羊(限定符号)」を合わせた字。「丑」は指先を柔らかく曲げて物をつかもうとする形で、「柔らかい」というイメージを示す記号(⇩丑)。「羞」は柔らかい羊の肉を暗示させる。この意匠によって、神などに進めるうまいごちそうを表象する。

語義 [展開] うまいごちそうの意味ⓐから、ごちそうを進める意味ⓑに展開する。また、「柔らかい」というコアイメージを介して、心が柔らかくいじけること、つまりはずかしくてきまりが悪い(はじる、はずかしい)意味ⓒを派生する。はじることを意味する語に忸(ジク)・怩(ジ)・恥・辱があり、やはり「柔らかい」というイメージがコアにある。[英]delicacy, dainty; prepare a dinner; shame [和訓] はじる・はずかしい・はじ [熟語] ⓐ膳羞・珍羞・ⓑ羞用・ⓒ羞恥・含羞

文献 ⓐ周礼・天官・膳夫「掌王之食飲膳羞=王の食飲・膳羞を掌る(王の飲み物やごちそうを管掌する)」ⓒ荘子・譲王「吾羞見之=吾之を見るを羞(は)づ(私はお前に会うのが恥ずかしい)」

【習】 11(羽・5) 常 常用音訓 シュウ ならう

語音 *diap(上古) ziap(中古→呉ジフ〈=ジュウ〉・漢シフ〈=シュウ〉) xí(中) 습(韓)

語源 [コアイメージ] 重なる・重ねる。[実現される意味] 同じことを重ねて行う(同じ事態を何度も繰り返す)ⓐ。[英]repeat

〔解説〕常習犯の習や慣習の習は「ならう」では理解できない。コアイメージをつかむことが大切である。*diapという語は畳(重なる)・襲(重ね着)・踏(足を重ねてふむ)などと同源で、「重なる」というコアイメージをもつ(藤堂①)。「重なる」は「上下に重なる」というイメージであるが、「同じ事態が繰り返される」というイメージにも展開する。これが常習の習の意味を実現させる。また、何度も同じ事態が繰り返されると、人間の感覚としては「なれる」という事態が起こる。これが慣習の習の意味になる。日本語の「ならう(ならふ)」は「物事に繰り返しよく接する意」が原義で、「繰り返しによって馴れっこになる→見ならって練習する」意味に展開するという(大野①)。漢語の習と意味構造がよく似ている。漢語の習にぴったり当たる英語はなさそうであるが、repeatがこれに近い。repeatは言葉を繰り返す意味が拡大されて、「繰り返して行う[経験する]」の意味になる(小島①)。

〈グループ〉習・摺・慴ショウ（心が押さえられてびくびくする［慴伏］）・褶シュウ（衣の折りひだ、プリーツ［褶曲］）

字源 「羽（イメージ記号）＋白（限定符号）」を合わせた字。「羽」は同じ方向に並ぶ鳥のはねを描いた図形で、「同じものが重なる」というイメージがある。あるいは、はねは鳥の背を覆うものだから、「（上から覆って）重なる」というイメージがあると解してもよい（⇩羽）。「白」は自の変形で、動作の意味領域に限定する符号（⇩皆）。したがって「習」は同じようなことを重ねて行う様子を暗示させる。この意匠によって、「同じものが重なる」「何度も同じ事態を繰り返す」というイメージを表すことができる。

（篆）

〈字体〉「習」は正字（旧字体）。「習」は古くから書道に見られる字体。現代中国の簡体字は「习」。

語義 ［展開］「同じことを重ねる」「何度も同じことを繰り返す」という意味ⓐから、何度も繰り返してまねて身につける（ならう）意味ⓑ、何度も同じことが繰り返されて慣れる（なじむ）意味ⓒ、繰り返し行ってきて慣れた事柄（ならわし）の意味ⓓに展開する。［英］repeat; practice, exercise, review; get used to, be familiar with; habit, custom ［和訓］なれる・ならわし ［熟語］ⓐ習熟・常習・ⓑ学習・練習・ⓒ近習・ⓓ習慣・風習

文献 ⓐ易経・坎「習坎入坎＝坎を習かさねて坎に入る（危険を重ねてまた危険に陥る）」ⓑ論語・学而「學而時習之＝学んで時に之を習ふ（学問を学び、いつも繰り返してそれを行う）」ⓒ呂氏春秋・任数「習者曰＝習なるる者曰く（慣れ親しむ者［近習］はこう言った）」ⓓ論語・陽貨「性相近也、習相遠也＝性相近きなり、習ひ相遠きなり（生まれつきの性質は似通ったものだが、習慣が人によって違うのだ）」

【脩】

11（肉・7）　人　音シュウ　訓おさめる・ほじし

語音 *siog（上古）　siəu（中古→呉ス・シュ・漢シウ〈＝シュウ〉）　xiū（中）　수（韓）

語源 ［コアイメージ］細長い。［実現される意味］干し肉ⓐ。［英］dried meat

字源 「攸ユウ（音・イメージ記号）＋肉（限定符号）」を合わせた字。「攸」は「細長い」というイメージがある（⇩修）。「脩」は細長く切って干した肉を暗示させる。

語義 ［展開］干し肉が本義ⓐ。「細長い」というコアイメージが修と共通なので、修と同じく、細長い意味ⓑ、形よく整える（おさめる）意味ⓒに用いられる。［英］dried meat; long; adorn, arrange ［熟語］ⓐ束脩・ⓑ脩竹・脩夜・ⓒ脩飾・脩身

文献 ⓐ論語・述而「自行束脩以上、吾未嘗無誨焉＝束脩を行ふ自より以上、吾未だ嘗て誨おしふること無くんばあらず（最低授業料を出した限り、勉強を教えないということはなかった）」ⓑ詩経・中谷有蓷「中谷有蓷、暵其脩矣＝中谷に蓷タイ有り、暵カンとして其れ脩ながし（谷間に生えたメハジキは、日照りにも長く伸びている）」ⓒ詩経・無衣「脩我甲兵＝我が甲兵を脩おさむ（私のよろいと武器を整える）」

【週】

11（辵・8）　常　常用音訓 シュウ

語音 tʃɪəu（中古→呉シュ・ス・漢シウ〈＝シュウ〉）　zhōu（中）　주（韓）

語源 ［コアイメージ］ぐるりと回る。［実現される意味］一回りする（まわる・めぐる）ⓐ。［英］make a circuit

字源 「周シュウ（音・イメージ記号）＋辵（限定符号）」を合わせた字。「周」の「まわりを回る」という意味に限定するために、進行の限定符号をつけて「週」としたもの。「周」から分化した字。

[語義] [展開] 一回りする意味ⓐから、一回りの周期(干支の六十年、また、一年)の意味ⓑに展開する。また、西洋から七日単位の時間区分法が伝わってから、それを表すのに使われた(今の中国では星期という)。七日で一周する時間の単位ⓒ。[英]make a circuit; cycle; week [和訓] めぐる [熟語] ⓒ週間・今週

[文献] ⓐ斉民要術5「五年一週(五年に一回りする)」

【就】

12(尢・9) [常] — [常用音訓] シュウ・ジュ　つく・つける

[語音] *dziog(上古)　dziəu(中古→[呉]ジュ・[漢]シウ〈=シュウ〉)　jiù(中)　취(韓)

[語源] [コアイメージ] ある所に寄って近づく。[実現される意味] ある所に寄って近づく(接近する)ⓐ。[英]come near, approach

〔解説〕古典に「就は因(よる)なり」「即(つく)なり」「従なり」「成なり」などさまざまな訓があるが、根底にあるのは「ある所に寄って近づく」というイメージである。これは「間隔を縮めて接近する」というイメージにもなる。また、いくつかのものが寄り集まった結果、「一つにまとまる」というイメージにも展開する。「就は成なり」の訓はこの派生義に対する訓である。日本語の「つく」は「二つ以上のものが、ぴったりと一つになって離れず、一体化する意。類義語ヨル(寄)は近づく動きそのものに主点を置いていうに対し、ツクは一体化する結果に主点を置く語」という(大野①)。漢語の就は「よる」と「つく」が同時に含まれる。これを理解すると、就の意味展開の様相を把握できる。その図形化(視覚記号の成立)は古代都市の形成を念頭に置いて発想された。

〔グループ〕就・蹴・鷲・僦《シュウ》(金を払って人をこちらに引き寄せる→やとう[僦居])

[字源] 「尤《ユウ》(音・イメージ記号)＋京(イメージ補助記号)」を合わせた字。「尤」は手にできものが生じる情景を描いた図形で、疣(いぼ)の原字。「特定の場所に出現する」というイメージがある。「京」は高い丘の上に楼閣が建っている情景を描いた図形。古代中国では高い丘に都市を造営した。かくて「就」は特定の場所に人々が集まってきて、都市が出現する様子を暗示させる。この意匠によって、「ある所に寄って近づく」というイメージを表すことができる。字源については異説が多い。加藤常賢は「尤の声」の形声文字で、「丘上の家に坐居している意」(加藤①)、藤堂明保は「京(おか)＋尤(て)」の会意文字で、「大きい丘に設けた都に人々を寄せ集めるさま」(藤堂②)、白川静は「京(都の城門の形)＋尤(倒れた犬の形)」の会意文字で、「(京観の落成式で)犠牲の犬の血をふりそそいで祓い清める釁霊を行う」意味とする(白川②)。

(篆) 

[語義] [展開] ある所に寄って近づくという意味ⓐから、物に寄り添って従う(ある所や物事に寄りつく、そのことに身を寄せる)意味ⓑ、仕事などに手をつける(し始める)意味ⓒに展開する。また、ある所に寄せ集めて一つにまとめる(成し遂げる)意味ⓓを派生する。[英]come near, approach; go to, engage in; undertake; accomplish [和訓] なす・なる [熟語] ⓐ去就・ⓑ就職・就寝・ⓒ就航・就任・ⓓ成就

[文献] ⓐ孟子・離婁上「猶水之就下＝猶水の下《ひく》きに就くがごとし(水が低地に向かうようなものだ)」 ⓑ詩経・我行其野「昏姻之故、言就爾居＝昏姻の故、言《ここ》に爾に就きて居る(結婚したせいで、お前に寄り添って一緒に住んだ)」 ⓒ詩経・常武「三事就緒＝三事緒に就け(三卿は任務につきなさい)」 ⓓ論語・顔淵「如殺無道、以就有道、如何＝如し無道を殺して、以て有道を就《な》さば、如何《いかん》(もし不義なやからを殺して、正義を成し遂げるのは、どうでしょうか)」

【衆】

12(血・6) [常] — [常用音訓] シュウ・シュ

語音 *tioŋ(上古) tʃıuŋ(中古→呉ス・シュ・漢シュウ) zhòng(中) 중(韓)

語源 [コアイメージ] いっぱいになる。[実現される意味] 多くの人々ⓐ。[英]multitude

〔解説〕*tioŋという語は充(いっぱいになる)・蓄(いっぱい蓄える)・終(いっぱいになって尽きる)などと同源で、「いっぱいになる」というコアイメージをもつ。このイメージは「いっぱいに満ちて、入れる余地がないほど多い」というイメージに転化する。

〔グループ〕衆・潨(水が集まり注ぐ、合流する)

字源 楷書は形が崩れて字源不明。篆文・金文では「目+众」、甲骨文字では「日+众」になっている。「众」は「人」を三つ重ねて、三人の人を表す図形。これで十分「多くの人」を表象できるが、図形的意匠が段々変化した。甲骨文字では太陽の下で人がいっぱい集まっている情景を設定し、金文では監視の下に大勢の人が集まっている情景を設定する。衆の構造を説明するときは、「众(音・イメージ記号)+目(限定符号。血はその変形)」と解析する。「众」は聚(多くのものが集まる)にも含まれているが、衆と聚とは別系統の語。

(甲) (金) (篆)

語義 [展開] 多くの人々の意味ⓐから、数が多い意味ⓑに展開する。[英]multitude; numerous [和訓] おおい・もろもろ [熟語] ⓐ大衆・民衆・ⓑ衆寡・衆多

文献 ⓐ論語・学而「汎愛衆而親仁＝汎く衆を愛して仁に親しめ(広く大衆を愛して仁者と親しく交わりなさい)」ⓑ詩経・無羊「牧人乃夢、衆維魚矣＝牧人乃ち夢みる、衆いなり維れ魚(羊飼いは夢を見た、たくさんの魚の夢を見た)」

【萩】 12(艸・9) 人 音シュウ 訓はぎ

語音 *ts'iog(上古) ts'iəu(中古→呉シュ・漢シウ〈＝シュウ〉) qiū(中) 추(韓)

語源 [コアイメージ] 引き締まる・細く締まる。[実現される意味] ヨモギの類ⓐ。[英]capillary artemisia

字源 「秋(音・イメージ記号)+艸(限定符号)」を合わせた字。「秋」は「引き締まる」というイメージから「細く締まる」というイメージに展開する(⇨秋)。「萩」は茎が細く締まって長く伸びた草を表す。日本ではハギを表記するために考案された字。ハギは秋の七草の一つで、秋の代表的な花なので、「秋」に草冠をつけて「萩」とした。したがって半国字である。

語義 [展開] 蕭と同じで、ヨモギの一種、カワラヨモギの意味ⓐ。また、秋の到来を告げるとされた楸と同じで、トウキササゲの意味ⓑ。日本ではマメ科の小低木、ハギの意味ⓒ。夏から秋にかけて紅紫色の花が咲く。[英]capillary artemisia; Chinese catalpa; bush clover

【葺】 12(艸・9) 人 音シュウ 訓ふく

語音 *ts'iəp(上古) ts'iəp(中古→呉・漢シフ〈＝シュウ〉) qì(中) 즙(韓)

語源 [コアイメージ] 寄せ集める。[実現される意味] かやなどを寄せ集めて屋根をふくⓐ。[英]cover a roof

〔解説〕*ts'iəpという語は集・雑などと同源で、「(いくつかのものを)一所に寄せ集める」というコアイメージをもつ。

〔グループ〕葺・輯・揖(両手を胸の前に合わせてお辞儀する[揖譲])・楫(水をかき寄せて舟を進める道具、かい)・緝(繊維を寄せ合わせる→糸をつむぐ)・戢(戦をやめるために武器を寄せ集める[和戢])・蕺(多くの細かい花が集まって、全体が一つの花に見える植物、ドクダミ)

字源 「咠(シュ)(音・イメージ記号)＋艸(限定符号)」を合わせた字。「咠」は「口＋耳」を合わせて、口を相手の耳に寄せてささやく情景を設定した図形。「(二つ以上のものが)一所に寄り集まる」というイメージを示す記号になる。「葺」は草を寄せ集める様子を暗示させる。この意匠によって、草で屋根をふくことを表象する。

(篆) [咠] (篆)

語義 [展開] 屋根をふく意味ⓐから、形を整える(修理する)意味ⓑを派生する。[英]cover a roof; repair [熟語] ⓐ葺屋・ⓑ葺繕

文献 ⓐ楚辞・九歌・湘夫人「築室兮水中、葺之兮荷蓋＝室を水中に築き、之に荷蓋を葺く(川の中で家を築き、ハスの葉で屋根を葺く)」

【集】 12(隹・4) 常 常用音訓 シュウ あつまる・あつめる・つどう

語音 *dziəp(上古) dziəp(中古→㋺ジフ〈＝ジュウ〉・㋕シフ〈＝シュウ〉) jí(中) 집(韓)

語源 [コアイメージ] 一所に寄りあつまる。[実現される意味] たくさんのものが一所に寄り合う(あつまる)ⓐ。[英]gather, assemble, collect

〔解説〕王力は集・雑・輯・萃が同源で、聚合の意味があるとする(王力②)。そのほか葺(シュ)(草を寄せ集めて屋根をふく)とも同源で、*dziəpという語は「(いくつかのものが)一所に寄りあつまる」というコアイメージをもつ。一所に集まるとまとまりができるので、「まとまって仕上がる」というイメージに展開する。これと似たイメージ転化現象は就にも見られる。日本語では「あつまる」と「つどう」が区別される。「あつまる」は「散らばっている同質のものを一つ中心に寄せる」、「つどう(つどふ)」は「一つの緒に多くの珠を通すのが原義。転じて、人々が一つの目的をもって寄り合うこと」という(大野①)。漢語の集にこの区別はない。英語のgatherは「(散在するものを)一か所に集める」がコアイメージという(田中①)。これは漢語の集とほぼ同じ。

〔グループ〕集・雑

字源 甲骨文字と金文は「隹(とり)＋木」を合わせて、鳥が木の上に止まっている様子を暗示させる図形。篆文では意匠が変わり、「隹」を三つ重ねて「雥」とする。「雥(イメージ記号)＋木(限定符号)」を合わせた「雧」は、多くの鳥が木の上にあつまる様子を暗示させる。この意匠によって、たくさんのものが一つの所にあつまることを表象する。

(甲) (金) (篆)

語義 [展開] 多くのものが一所に寄り合う(あつまる)意味ⓐから、集めたものの意味ⓑに展開する。また、一所に集まることから、一つにまとまって仕上がる意味ⓒ、物事が一つにまとまって落ち着く(和らぐ)意味ⓓを派生する。つどい(集会)の意味ⓔは日本的用法。[英]gather, assemble, collect; collection; united, accomplish; harmonious; meeting [和訓] たかる・なる [熟語] ⓐ集合・群集・ⓑ詩集・全集・ⓒ集成・集大成

文献 ⓐ詩経・葛覃「黄鳥于飛、集于灌木＝黄鳥于(ここ)に飛び、灌木に集まる(コウライウグイスは飛び交って、群れ木に集まる)」ⓒ詩経・大明「有命既集＝命有りて既に集(な)る(天命はすでに成った)」

【愁】 13(心・9) 常 常用音訓 シュウ うれえる・うれい

語音 *dzïog(上古) dzïəu(中古→㋺ジュ・㋕スウ・[慣]シウ〈＝シュウ〉) chóu(中) 수(韓)

語源 [コアイメージ] 引き締まる・縮まる。[実現される意味] 心配で心細くなる・心細くてわびしい(うれえる、うれい)ⓐ。[英]worry, sad, sorrow

〔解説〕心理現象を表す愁・焦(＝憔。心を悩ます)・戚(＝慼。うれえる)は同

源の語で、「縮まる」というコアイメージが共通である。憂はいつまでも長々とふんぎりのつかない物思いの意味で、コアイメージが愁と異なる。日本語の「うれえる(うれふ)」は「心の苦しみを他人に打ち明け、申し立てるのが原義」という(大野①)。転義の末、愁と似た意味になる。

字源 「秋(音・イメージ記号)＋心(限定符号)」を合わせた字。「秋」は「引き締まる」「縮まる」というイメージがある(⇩秋)。「愁」は心配で心が縮まる様子を暗示させる。

語義 心配で心細くなる(うれえる)意味ⓐ。[熟語] ⓐ哀愁・憂愁

文献 ⓐ春秋左氏伝・襄公29「哀而不愁＝哀しみて愁へず([その音楽は]悲しいけれどもわびしくはない)」

【蒐】13(艸・10) 人 | 音 シュウ 訓 あつめる

語音 *siog(上古) ṣiəu(中古→呉シュ・漢ソウ・慣シウ〈＝シュウ〉) sōu(中) 수(韓)

語源 [コアイメージ] 細い・細長い。[実現される意味] アカネⓐ。[英]madder

〔解説〕*siogという語は叟(細い)・捜と同源で、「細い」「細長い」というコアイメージをもつ。茎が細長く伸び、また、細いひげ根が多数出る植物(アカネ)にこの名がつけられた。

字源 「鬼(イメージ記号)＋艸(限定符号)」を合わせた字。説文解字に「茅蒐は茹藘(アカネ)なり。人血の生ずる所、以て絳(赤色)を染むべし」とある。アカネの根の色が赤なので、人血を連想し、鬼(亡霊、死者)の血の化したものという考え(迷信)から、「蒐」の図形が生まれた。ただしコアイメージは図形に反映されていない。

(篆)

語義 [展開] 草の名、アカネの意味ⓐ。別名は茜草・蒨草・茹藘。また、「細い」というコアイメージから、細い手づるを求めて捜す(捜し集める、寄せ集める)という意味ⓑを派生し、そこから、獲物を捜して適当なもの(孕んでいない獣)を狩るという意味にⓒ転用された。特に春に行われる狩猟についていう。[英]madder; search, collect; hunt [熟語] ⓐ茅蒐・ⓑ蒐集

文献 ⓐ山海経・中山経「釐山…其陰多蒐＝釐山…其の陰に蒐多し(釐山の北の斜面にはアカネが多い)」

【酬】13(酉・6) 常 | 常用音訓 シュウ

語音 *dhiog(上古) ʒiəu(中古→呉ジュ・漢シウ〈＝シュウ〉) chóu(中) 수(韓)

語源 [コアイメージ] ぐるりとめぐる。[実現される意味] 主人が客に返杯するⓐ。[英]propose a toast to guests

字源 「州(音・イメージ記号)＋酉(限定符号)」を合わせた字。「州」は「ぐるりと取り巻く」「ぐるりとめぐる」というイメージがある(⇩州)。「酬」は主人が客の席を回って、酒を注いで返す様子を暗示させる。

語義 [展開] 主人が客に返杯する意味ⓐから、相手のしたことに対して財物などでお返しをする(受けた恩義に礼物で返す、むくいる)意味ⓑに展開する。[英]propose a toast to guests; recompense with gifts [和訓] むくいる [熟語] ⓐ酬酢・献酬・ⓑ応酬・報酬

文献 ⓐ儀礼・士冠礼「主人酬賓＝主人賓に酬ゆ(主人が客に返杯する)」ⓑ春秋左氏伝・昭公27「吾無以酬之＝吾以て之に酬いる無し(私は彼にお礼をするものがない)」

【輯】16(車・9) 人 | 音 シュウ 訓 あつめる

語音 *dziəp(上古) dziəp(中古→呉ジフ〈＝ジュウ〉・漢シフ〈＝シュウ〉) jí(中) 집(韓)

語源 ［コアイメージ］一所に寄せ集める。［実現される意味］寄せ集める ⓐ。［英］collect

字源 「咠(シュウ)（音・イメージ記号）＋車（限定符号）」を合わせた字。「咠」は「（いくつかのものを）一所に寄せ集める」というイメージがある（⇩葺）。「輯」は材料を寄せ集めて車を造る様子を暗示させる。

語義 ［展開］寄せ集める意味ⓐから、材料を集めて書物を作る意味ⓑに展開する。また、「一所に寄せ集める」というイメージから、一つにまとまって落ち着く（穏やかになる、和らぐ）意味ⓒを派生する。転義の仕方は集と似ている。［英］collect; compile, edit; harmonious ［熟語］ⓑ編輯・補輯・ⓒ和輯

文献 ⓐ韓非子・説林「甲輯而兵聚＝甲輯まりて兵聚まる（よろいは一所に寄せ集められ、武器は集めて片付けられた）」ⓒ詩経・板「辭之輯矣、民之洽矣＝辞之れ輯(ヤワ)がば、民之れ洽(カナ)はん（言葉が穏やかならば、民とも心が合うだろう）」

【醜】 17（酉・10） 常 常用音訓 シュウ みにくい

語音 *t'iog（上古） tʃ'iəu（中古→呉シュ・漢シウ〈＝シュウ〉） chǒu（中） 추（韓）

語源 ［コアイメージ］縮む。［実現される意味］見るのもいやな感じである（形が悪い、見苦しい、みにくい）ⓐ。［英］ugly

解説 古代中国人の形に関する観念は、∧や┏のような尖った角のある形はプラスイメージ（⇩佳）、○や（など角のない形はマイナスイメージとして捉えられた。しぼんだり縮んだりする形（）））のような形）もマイナスイメージである。*t'iogという語は秋・焦・縮・粛などと同源で、「縮む」というコアイメージをもつ。これが形が悪いという観念と結びつく。説文解字に「醜は悪(にく)むべきなり」とある。日本語の「みにくい（みにくし）」はミ（見）＋ニクシ（憎）で、「見る気持ちが阻げられる意」という（大野①）。これは漢語の醜の説明にもなっている。古訓の「しこ」は「ごつごつして、いかついさま。転じて、醜悪・凶悪の意」という（大野①）。力士の四股名は醜名の当て字である。

字源 「酉(ユウ)（音・イメージ記号）＋鬼（限定符号）」を合わせた字。「酉」は酒（搾り出した「さけ」）や酋（酒を搾る杜氏）のイメージ記号ともなり、「搾る」「縮める」というイメージを表しうる（⇩酉・酒）。「醜」は亡霊のように姿が縮んでいる様子を暗示させる。この意匠によって、姿形や容貌がいやな感じを起こすほど見苦しいことを表象する。

語義 ［展開］みにくい意味ⓐから、行いがみっともない意味ⓑ、いやに感じる（にくむ）意味ⓒ、悪い仲間、また、多くの仲間（たぐい）の意味ⓓに展開する。［英］ugly; disgraceful, wicked; hate; gang, group ［和訓］しこ ［熟語］ⓐ醜悪・美醜・ⓑ醜汚・醜聞・ⓓ醜虜・醜類

文献 ⓐ詩経・民労「以謹醜厲＝以て醜厲(シュウレイ)を謹ましめよ（醜い悪人どもを謹慎させなさい）」ⓑ詩経・牆有茨「言之醜也＝言の醜きなり（［男女の］睦言はみっともないものだ）」ⓒ詩経・十月之交「亦孔之醜＝亦た孔(はなは)だ之れ醜(にく)む（［この日食は］とても気味が悪いよ）」ⓓ詩経・緜「戎醜攸行＝戎醜の行く攸(ところ)（えびすどもの行くあたり）」

【鍬】 17（金・9） 人 音シュウ 訓くわ

語音 ts'iəu（中古→呉・漢セウ〈＝ショウ〉・［慣］シウ〈＝シュウ〉） qiāo（中） 초（韓）

語源 ［コアイメージ］引き締まる・薄い。［実現される意味］シャベルの類ⓐ。［英］shovel

字源 「秋(シュウ)（音・イメージ記号）＋金（限定符号）」を合わせた字。「秋」は「引き締まる」というイメージがあり（⇩秋）、「上下の幅が締まって薄い」というイメージに転化する。「鍬」は薄く平らな鉄板に柄をつけた工具を表す。

語義 [展開] 土を掘ったり削ったりする工具(シャベルの類)の意味ⓐ。くわ(土を耕す農具)の意味ⓑは日本的用法。[英]shovel; hoe

【繡】19(糸・13)　人　|　音シュウ　訓ぬいとり

語音 *siog(上古)　siau(中古→呉シュ・漢シウ〈=シュウ〉)　xiù(中)　수(韓)

語源 [コアイメージ] 引き締まる・細い。[実現される意味] 布地に色糸を縫い込んで模様を出す(縫い取り)ⓐ。[英]embroider

〔解説〕釈名・釈采帛に「繡は修なり。文、修修然たるなり」とある。修は「細長い」「形がよい」「スマートな形」というイメージがある。また、*siogという語は秀とも同源で「細く抜け出る」というイメージもあり、繡の異体字を綉と書く。

字源 「肅(シュク)(音・イメージ記号)+糸(限定符号)」を合わせた字。「肅」は「引き締まる」というイメージがあり(⇩粛)、「細い」「細かい」というイメージに展開する。「繡」は衣に細く細かい(形のよい)模様をつけること、あるいは、衣の表面に細く抜け出るように模様を施すこと、つまり縫い取りを表す。

語義 [展開] 縫い取りの意味ⓐから、美しく飾り立てている(美しい)意味ⓑを派生する。[英]embroider; beautiful [熟語] ⓐ錦繡・刺繡・ⓑ錦心繡腸

文献 ⓐ詩経・揚之水「素衣朱繡(白い衣に赤い縫い取り)」

【蹴】19(足・12)　常　|　常用音訓　シュウ　ける

語音 *ts'iok(上古)　ts'iuk(中古→呉スク・漢シュク・[慣]シウ〈=シュウ〉)　cù(中)　축(韓)

語源 [コアイメージ] ある所に寄って近づく。[実現される意味] 踏んづける(ふむ)ⓐ。[英]trample, tread

字源 「就(シュウ)(音・イメージ記号)+足(限定符号)」を合わせた字。「就」は「ある所に寄って近づく」というイメージがあり、これは「間隔を縮めて接近する」というイメージに展開する(⇩就)。「蹴」は間合いを縮めて、足を目標に近寄せる様子を暗示させる。この意匠によって、踏むことを表象する。

〔字体〕「蹵」は異体字。

語義 [展開] 踏むが本義ⓐ。転じて、蹴り上げる、蹴飛ばす(ける)意味ⓑ。また、「間隔を縮めて接近する」というイメージから、身を引き締めるさまの意味ⓒを派生する。[英]trample, tread; kick; squeeze oneself [熟語] ⓐ蹴踏・ⓑ蹴球・一蹴

文献 ⓐ孟子・告子上「蹴爾而與之=蹴爾(シュクジ)として之を与ふ(足で物を踏んづけて人にやる)」ⓑ史記・燕召公世家「王蹴之以足=王、之を蹴るに足を以てす(王は彼を足で蹴った)」ⓒ孟子・公孫丑上「曾西蹴然曰=曽西蹴然(シュクゼン)として曰く(曽西[人名]は恐れて身を縮めて、こう言った)」

【襲】22(衣・16)　常　|　常用音訓　シュウ　おそう

語音 *diap(上古)　ziap(中古→呉ジフ〈=ジュウ〉・漢シフ〈=シュウ〉)　xí(中)　습(韓)

語源 [コアイメージ] 重なる。[実現される意味] 衣服を何枚も重ねて着る(重ね着する)ⓐ。[英]layer

〔解説〕*diapという語は畳(重なる)・習(繰り返して行う)・踏と同源で、「重なる」というコアイメージをもつ。古典の注釈にも「襲は重なり」の訓がある。襲の意味構造はこのコアイメージからの展開である。AがBの上に重なると、AはBの上に覆いかぶさる形になるので、「覆いかぶさる」というイメージが生じる。また、「重なる」というイメージから「同じ事態が繰り返される」というイメージにも展開する。日本語の「おそう(おそふ)」は「上から押しつけ、かぶさる意」が原義で、そこか

ら「覆いかぶさるように攻めかかる」という意味が生まれる(大野①)。これは漢語の襲の派生義の一つに対応する。また日本語の「おそふ」には「地位・家系などをそっくりうけつぐ」という意味がある。しかしこれは本来の意味ではなく、漢語の襲の派生義の一つを漢文訓読で「おそふ」と読んだことから生じたもの。

[字源] 「龖(トウ)(音・イメージ記号)＋衣(限定符号)」を合わせた字。籀文は「龖＋衣」、篆文では「龖」が「龍」に略された。「龖」は二匹の竜で、「二つ重なる」というイメージを示す。*dəp と読み、沓(重ねる)・踏と同源の語。「襲」は衣の上に別の衣を重ねて着る様子を暗示させる。

(篆)  [龖]　(籀) 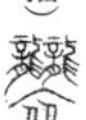　(篆) 

[語義] [展開] 重ね着するが本義ⓐ。「上から下のものに重なる」というイメージから、覆いかぶさって撃ちかかる(不意打ちする)意味ⓑに展開する。また、「前のものの後に重ねる」というイメージから、前の事態が次にも繰り返される(同じ物事をそのまま次に引き継ぐ、前の位やポストがそのまま次の人に渡される、受け継ぐ)意味ⓒ、同じことを何度も繰り返し行う意味ⓓを派生する。また、「重ねる」というコアイメージがそのまま「重なる」の意味ⓔとして実現される。[英]layer; attack, assault, assail, raid; carry on as before, inherit; repeat; double [和訓] かさね・かさねる [熟語] ⓑ襲撃・襲来・ⓒ世襲・踏襲・ⓓ襲用・因襲

[文献] ⓐ礼記・内則「寒不敢襲＝寒に敢へて襲(かさ)ねず(寒くても重ね着してはいけない)」ⓑ春秋・襄公23「齊侯襲莒＝斉侯、莒(キョ)を襲ふ(斉侯は莒[地名]を襲撃した)」ⓒ墨子・非攻「襲湯之緒＝湯の緒を襲(つ)ぐ(湯[殷王の名]の業績を受け継いだ)」ⓔ春秋左氏伝・哀公10「卜不襲吉＝卜は吉を襲(かさ)ねず(占いは吉を重ねて出さない)」

【鷲】

23(鳥・12)　[人]　[音]シュウ・ジュ　[訓]わし

[語音] *dziog(上古)　dziəu(中古→[呉]ジュ・[漢]シウ〈＝シュウ〉)　jiù(中)　취(韓)

[語源] [コアイメージ] ある所に寄って近づく。[実現される意味] ハゲワシⓐ。[英]vulture

[字源] 「就(シュウ)(音・イメージ記号)＋鳥(限定符号)」を合わせた字。「就」は「ある所に寄って近づく」というイメージがあり、これは「間隔を縮めて接近する」というイメージに展開する(⇩就)。「鷲」は死体に接近してくる鳥を暗示させる。空中を飛び回って獲物に襲いかかるワシを鵰(チョウ)(イヌワシなど)といい、鋭い爪がないため獲物を生け捕れず死体をあさるワシを鷲(シュウ)(ハゲワシ)という。

[語義] タカ科の鳥、ハゲワシの類の意味ⓐ。クロハゲワシ、ミミハゲワシなど。頭に羽毛がない。動物の腐肉を食べる。また、一般にワシの総称ⓑ。[英]vulture; eagle

[文献] ⓐ説苑・雑言「飛鳥成列、鷹鷲不擊＝飛鳥列を成せば、鷹鷲(ヨウシュウ)も撃たず(飛ぶ鳥が列を作ると、タカやワシも撃つことはない)」

じゅう

【十】

2(十・0)　[常]　[常用音訓] ジュウ・ジッ　とお・と

[語音] *dhiəp(上古)　ʒiəp(中古→[呉]ジフ〈＝ジュウ〉・[漢]シフ〈＝シュウ〉)　shí(中)　십(韓)

[語源] [コアイメージ] まとめる・締めくくる。[実現される意味] 十進法の数の最初の単位名(位としては二番目、10の位)ⓐ。[英]the second digit

〔解説〕 漢語の記数法は十進法である。1から9までが基数で、10から新たな単位に入る。そのため位を示す単位名が必要である。これを *dhiəp と名づける。したがって数詞の10は*·iet-dhiəp(一十)、11は

*·iet-dhiəp·iet(一十一)等々となり、99まで*dhiəpを入れた数詞が生まれる。*dhiəpという語は1から9までの数詞を一まとめにする機能があるから、「まとめる」「締めくくる」というコアイメージをもち、拾(合わせてまとめる→ひろう)と同源である。英語のtenは位の名ではなく、数の名である。13以下は-teen(10を表す接尾語)、20以下は-ty(10の倍数を表す接尾語)に変形し、10の位の数詞は漢語のように整然としていない。

〔グループ〕十・汁・針・什ジュウ(十人。また、数が多い[什器])

字源 甲骨文字では一本の縦線を描き、金文では真ん中の膨らんだ図形となり、篆文ではクロス形となった(いずれも象徴的符号)。縦棒は一つに締めること、膨らみはまとめることを寓意している。この意匠によって、1から9までの数を一つに締めくくってまとめた数であることを暗示させる。字源については、掌の形(郭沫若)、二つの掌を合わせた形(張秉権)、古代の算木で、横に置いたのが一、縦に置いたのが丨で、10を表した(徐中舒)などの説がある。

(甲) (金) (篆)

語義 [展開] 数の単位名ⓐであるが、一十の一を略して、数詞の10の意味ⓑにも用いられる。また、序数詞の10番目の意味ⓒ、度数の10回(とたび)の意味ⓓ、多数の意味ⓔに展開する。また「まとめる」というイメージから、欠け目なくまとまっている意味ⓕを派生する。[英]the second digit; ten; tenth; ten times; numerous; complete [熟語] ⓐ一五一十・ⓑ十傑・十指・ⓒ十階・十月・ⓕ十全・十分

文献 ⓐ詩経・六月「于三十里＝于ゆくこと三十里(一日進むは三十里)」ⓑ論語・公冶長「回也、聞一以知十＝回や、一を聞いて以て十を知る(顔回[孔子の弟子]は一つのことを聞くと十のことがわかる)」ⓒ詩経・七月「十月穫稲＝十月稲を穫かる(十月は稲刈り)」ⓔ詩経・東山「九十其儀＝其の儀を九・十にす(装いを盛んにする)」

【廿】4(十・2) 人 ｜ 音ジュウ・ニュウ 訓にじゅう

語音 *niəp(上古) niəp(中古→呉ニフ〈＝ニュウ〉・漢ジフ〈＝ジュウ〉) niàn(中) 입(韓)

語源 [コアイメージ] まとめる・締めくくる。[実現される意味] 数詞の20ⓐ。[英]twenty

字源 「十」を二つ並べて下の部分をつないだ図形。

語義 二十の意味ⓐ。中国ではもとは*nier-dhiəpがつづまってniəpと読んだが、今では金額を記すときにniànと読む。日本では「にじゅう」と読む。[熟語] ⓐ廿四史(＝二十四史)

【汁】5(水・2) 常 ｜ 常用音訓 ジュウ しる

語音 *tiəp(上古) tʃiəp(中古→呉・漢シフ〈＝シュウ〉・[慣]ジフ〈＝ジュウ〉) zhī(中) 즙(韓)

語源 [コアイメージ] まとめる・一つに合わせる。[実現される意味] しるⓐ。[英]juice

字源 「十ジュウ(音・イメージ記号)＋水(限定符号)」を合わせた字。「十」は「まとめて締めくくる」というイメージがあり(⇨十)、これは「いろいろなものを一つに集め合わせる」というイメージに展開する。「汁」は水のほかにいろいろな成分の合わさった液体を暗示させる。藤堂明保は十を単なる音符とし、汁は湛・瀋と同源で、「奥深く入り込む」という基本義があるとした(藤堂②)。

語義 水のほかの物質を含んだ液体(しる)の意味ⓐ。[熟語] ⓐ一汁一菜・液汁

文献 ⓐ呂氏春秋・十一月紀「行秋令則天時雨汁＝秋令を行へば則ち天時に汁を雨ふらす(秋の政令を行うと、時として汁[霜や露など]が降ってくる)」

【充】 6(儿・4)　常　常用音訓 ジュウ　あてる

語音 *tʻiuŋ(上古)　tʃʻiuŋ(中古→呉シュ・漢シュウ・[慣]ジュウ)　chōng (中)　충(韓)

語源 [コアイメージ] (中身が)いっぱい詰まる。[実現される意味] 中身が詰まっていっぱいになる(みちる・みたす)ⓐ。[英]fill

〔解説〕古典の注釈では満・盈・実などの訓があるが、郝懿行が「充は終なり」(爾雅義疏)としたのが語源にかなう。*tʻiuŋという語は終(いっぱいになって尽きる)・蓄(いっぱい蓄える)・衆などと同源で、「いっぱいになる」というコアイメージをもつ。これは「いっぱい詰まる」「いっぱい満ちる」というイメージに展開する。「詰まる」「満ちる」「ふさぐ」は可逆的な三つ組みイメージである。英語のstuffも「いっぱい詰める」と「詰めてふさぐ」の意味がある(田中①)。訓の「あてる」は当たるの他動詞形で、ぴったり当たるようにする意味から「割り当てる、あてがう」意に転じた。これが漢語の充のⓒにほぼ相当する。充塡・充当の意味で「充てる」と表記する。

〔グループ〕充・統・銃

字源 「𠫓(イメージ記号)＋儿(限定符号)」を合わせた字。「𠫓」は「子」の逆さ文字で、頭を下にして生まれる赤ん坊を示す。「充」は赤ん坊が二本足で立てるほど成長する情景を設定した図形。この意匠によって、「中身がいっぱい詰まる」というイメージを連想させる。

(篆) 

語義 [展開] 中身が詰まって満ちる意味ⓐから、中に物を詰めて塞ぐ意味ⓑ、欠けた所に物を満たしてやる(足りない所にあてがう、あてる)意味ⓒに展開する。[英]fill; stuff; apply [和訓] みちる・みたす [熟語] ⓐ充実・充満・ⓑ充塞・ⓒ充塡・充当

文献 ⓐ孟子・公孫丑上「氣、體之充也＝気は体の充なり(気は体に充満するものだ)」ⓑ詩経・旄丘「褎如充耳＝褎(ユウ)として充耳の如し(着飾っているが、耳に詰めた玉のように、物のわからぬでくの坊だ)」

【住】 7(人・5)　常　常用音訓 ジュウ　すむ・すまう

語音 *dıug(上古)　ḍıu(中古→呉ヂウ〈＝ジュウ〉・漢チウ〈＝チュウ〉)　zhù (中)　주(韓)

語源 [コアイメージ] じっと立って動かない。[実現される意味] 一所にじっと止まる(ある場所にとどまる)ⓐ。[英]stop

〔解説〕日本語の「すむ」はスム(澄)と同根で、あちこち動きまわるものが、一つ所に落ち着き、定着する意」という(大野①)。漢語の住は一所にじっと止まる意味から、ある場所に定着してすむ意味に転義する。日本語の「すむ」の意味展開と似ている。

字源 「主(ユシ)(音・イメージ記号)＋人(限定符号)」を合わせた字。「主」は「丄形にじっと立って動かない」というイメージがある(⇩主)。「住」は人がある場所に立ち止まって動かない様子を暗示させる。

語義 [展開] じっと止まる意味ⓐから、動作をやめる意味ⓑ、場所を決め、そこに止まってすむ、また、すまいの意味ⓒに展開する。[英]stop; cease; dwell, reside, residence [和訓] とどまる [熟語] ⓐ行住坐臥・ⓒ住居・定住

文献 ⓐ戦国策・斉六「住建共者客邪＝建を共に住(とど)まらしむるは客か(建[人名]を共[地名]にとめさせたのは遊説の士であったか)」ⓒ抱朴子・登渉「凡人居住山林及暫入山、皆可用＝凡そ人、山林に居住し、及び暫く山に入るに、皆用ゐるべし(人が山林に住む場合や暫く入山する場合に、[呪符を]使用するのがよい)」

【柔】 9(木・5)　常　常用音訓 ジュウ・ニュウ　やわらか・やわらかい

[語音] *niog(上古)　niəu(中古→[呉]ニウ〈=ニュウ〉・[漢]ジウ〈=ジュウ〉)　róu(中)　유(韓)

[語源] [コアイメージ] やわらかい。[実現される意味] (柔軟性があって)やわらかい・しなやかⓐ。[英]flexible, soft

〔解説〕古典の注釈に「柔は弱なり」「濡なり」「懦なり」の訓がある。王力は柔・擾・弱・肉を同源とする(王力①)。藤堂明保は柔のグループ全体が丑のグループ、農のグループ、また肉・弄・擾・茸などと同源で、「やわらかい・なでまわす」という基本義があるとする(藤堂①)。もっと範囲を広げると、耳・而・女・奴・若・弱・乳・脳・尿・嬢・壌・軟・暖・儒・懦など、N音をもつ語に「やわらかい」というイメージの語が多い。これに対し、固・堅・剛・硬・強などK音をもつ語は「かたい」というイメージがある。こわばっていずにしなやかなありさまを柔という。日本語の「やわらか(やはらか)」はヤハ(擬態語)+ラカ(接尾語)で、「人や物の性質・態度などが、ふわふわしているさま」という(大野①)。英語のflexibleはラテン語のflectere(曲げる)に由来し、曲げやすい、柔軟なという意味(小島①)。

〔グループ〕柔・揉(もんで柔らかくする[雑揉])・蹂(ふみにじる[蹂躙])・鞣(なめしがわ、なめす)・糅(柔らかくねっとりと混ぜ合わせる)・猱(互いにふざけてじゃれ合う動物→サル)

[字源] 「矛(イメージ記号)+木(限定符号)」を合わせた字。「矛」は頭に刃物をつけ、長い柄をもつほこの図形。「柔」はほこの柄にする木を暗示させる。ただしそんな意味を表すのではなく、柄にする木のように柔軟性があることを暗示することに主眼がある。説文解字では「木の曲直なり」とあり、曲と直を兼ね備えて、どちらにもなる(つまり、柔軟性がある)と解釈している。

(篆) 

[語義] [展開] やわらかい意味ⓐから、性格などが穏やかの意味ⓑ、硬いものや扱いにくいものをやわらげる(和やかにする、なだめて仲良くする)意味ⓒに展開する。やわら(柔術)の意味ⓓは日本的用法。[英]flexible, soft; gentle, mild; soften, placate; judo [和訓] にこやか [熟語] ⓐ柔弱・柔軟・ⓑ柔順・柔和・ⓒ懐柔・優柔・ⓓ柔術・柔道

[文献] ⓐ詩経・烝民「柔則茹之、剛則吐之=柔らかなれば則ち之を茹(くら)へ、剛なれば則ち之を吐け(柔らかいなら食え、固いなら吐け)」ⓑ詩経・崧高「柔恵且直=柔恵にして且つ直なり(穏やかで思いやりがあり、性格がすなおである)」ⓒ詩経・民労「柔遠能邇=遠きを柔らげ邇(ちか)きを能(よ)くす(遠くの人とは和み、近くの人とは仲良くする)」

【重】 9(里・2)

[常] [常用音訓] ジュウ・チョウ　え・おもい・かさねる・かさなる

[語音] *dıuŋ(上古)　dıoŋ(中古→[呉]ヂュウ〈=ジュウ〉・[漢]チョウ)　zhòng・chóng(中)　중(韓)

[語源] [コアイメージ] 上から下に突く・突き抜ける・突き通すⓐ。[実現される意味] おもい・おもさ。[英]heavy, weight

〔解説〕日本語では「おもい」と「かさなる」は別語であるが、漢語では同じ音形をもち、同じ図形で表記される。二つをつなぐのは「上から下に突く」というコアイメージであり、これの源泉は東にある。上から下に突くという行為は圧力や重力が上から下に加わる。線条的に(↓の形に)加わることは別の視点で見れば、点々と(□-□-□…の形に)重なってくると考えてもよい。したがって「重力が上からかかっておもい」という意味と、「点々と(次々に)かさなる」という意味がつながり、これをともに*dıuŋと呼ぶのである。日本語の「かさねる」や英語のpile(積み重ねる)はAの上にB、Bの上にC…と段々と積み上げていく動作に焦点があるが、漢語の重はAの上にB…と加わって増えた状態に焦点がある。英語ではdoubleに近い。

なり集まる・集める［鍾愛］）・踵（ショウ）（体重のかかる足のかかと［接踵］）

〔グループ〕重・動・種・腫・衝・董・鍾（ショウ）（筒型のかね。また、一点に重

字源 楷書は形が崩れて分析不能。篆文を分析すると「人＋東＋土」となる。「東」は心棒を突き通した土嚢の図形で、「突き通す」というイメージを示す（⇩東）。「東（トウ）（音・イメージ記号）＋人＋土（二つ併せてイメージ補助記号）」を合わせた「重」は、人が足で地面をトントンと突く情景を設定した図形。この意匠によって、上から下に重力が加わるというイメージを表すことができる。字源については諸説があるが、「人＋東＋土」に分析したのは藤堂明保の説（藤堂①②）。加藤常賢は「壬＋東」に分析して、「人が挺立して荷物を負担する形」（加藤①）、白川静は「東＋土」に分析して、「穀物の重さを量る意」（白川①）とするが、こんな意味はない。

（金）　（篆）

語義 ［展開］目方がおもい意味ⓐから、比喩的に、おもおもしい（手厚い）意味ⓑ、程度が大きい意味ⓒ、軽々しくない（大切である）意味ⓓ、大切に扱う（おもんずる）意味ⓔに展開する。また、上から下にA↓Bの形に加わることから、AがBの上にかさなる（層をなしてかさなる）という意味ⓕ、かさねて（再び）の意味ⓖ、層をなすものを数える語ⓗを派生する。中国語はzhòng（おもい）・chóng（かさなる）で区別するが（古音では同じ）、日本では原則がなく、ジュウとチョウが語によってまちまちである。［英］heavy（ⓐⓒⓓ）, weight; grand, serious; deep; important; value; double; twice, again; layer ［熟語］ⓐ重量・体重・ⓑ重厚・厳重・ⓒ重罪・重傷・ⓓ重大・貴重・ⓔ尊重・珍重・ⓕ重層・重複・ⓖ重婚・重修・ⓗ九重

文献 ⓐ論語・泰伯「任重而道遠＝任重くして道遠し（抱えた荷物［任務］は重いが、道のりはまだ遠い）」ⓑ論語・学而「君子不重則不威＝君子重からざれば、則ち威あらず（君子は重々しくないと、威厳がない）」ⓓ孟子・告子下「禮與食孰重＝礼と食は孰（いず）れか重し（儀礼と食物はどちらが大切か）」ⓔ論語・尭曰「所重、民食喪祭＝重んずる所は、民・食・喪・祭（重視すべきものは、人民と食糧と葬式と祭祀だ）」ⓕ詩経・盧令「盧重輪＝盧は環を重ぬ（猟犬は首輪を二つ重ねている）」

【従】10（彳・7）　常

常用音訓 ジュウ・ショウ・ジュ　したがう・したがえる

〔從〕11（彳・8）　人　㊥ジュウ・ショウ・ジュ　㊦したがう・より

語音 (1)*dziuŋ（上古）　dzioŋ（中古→㊹ジュ・ジュウ・㊺ショウ）　cóng（中）　종（韓）　(2)*tsiuŋ（上古）　tsioŋ（中古→㊹シュ・㊺ショウ）　zòng（中）　종（韓）　(3)*ts'iuŋ（上古）　ts'ioŋ（中古→㊹シュ・㊺ショウ）　cōng（中）

語源 ［コアイメージ］たてにまっすぐ延びる。［実現される意味］AがBの後について行くⓐ。［英］follow

〔解説〕AとBの関係を図示するとA↓Bの形である。視点を変えるとA・Bは縦の列になる。したがって「縦にまっすぐ延びる」が従のコアイメージといえる。宗（縦にまっすぐ通る）と同源の語。日本人は従に「したがう」の訓を与えた。「したがふ」はシタ（下）＋カフ（交）で、「下にあって上からの圧力を支える」という原義から、「上の人にぴったりついて行く」意味になるという（大野①）。この場合、A・Bの関係は緊密で服従の関係が含まれる。これに対し、漢語の従は空間的な前後関係の色彩が強い。また、「間延びする」というイメージがあるため、放縦（気まま）や従容（ゆったり）へと展開するのも、日本語の「したがう」とはイメージが異なる。英語のfollowは「あとに続く」がコアイメージで、あとについて行く（来る）、話・議論についていく（理解する）、（忠告・方針に）従う意味などに展開するという（田中①）。

〔グループ〕従・縦・蹤（ショウ）（たてに交互に連なる足跡［先蹤］）・樅（ショウ）（まっすぐ延びた針状の葉をもつ木、イブキ。モミは国訓）・慫（ショウ）（すすめる［慫慂］）・聳（ショウ）（縦

に高くそびえる〔聳動〕)

字源 「從」が正字。「从(ジュウ)(音・イメージ記号)＋辵(限定符号)」を合わせた字。楷書では「彳」と「止」が離れているが、篆文では「辵(＝辶)」になっている。「从」は同じ方向に並ぶ二人の人を描いた図形。この意匠によって、AがBの後について行く様子を暗示させる。これでその意味をもつ*dziuŋを表記するには十分であるが、やがて限定符号を添えて「從」となった。

(甲) (金) (篆) [从]

(金) (篆)

〔字体〕「従」は近世中国で発生した「從」の俗字。現代中国の簡体字は「从」。

語義 [展開] 後について行く意味ⓐから、相手にしたがって逆らわない(すなおに聞き入れる)意味ⓑ、主たるものに属する(主要ではない、主の後の)の意味ⓒ、仕事などに身をまかせる意味ⓓ、親族用語に冠して、それに次ぐことを示す語ⓔに展開する。また、「縦にまっすぐ(線状に)延びる」のイメージから、ある所や時を起点として、そこからずっとこちらまで(～より)の意味ⓕを派生する(以上は1の場合)。また、「縦にまっすぐ延びる」というイメージから「空間的に間延びしてゆとりができる(緩くなる)」というイメージに展開し、たての意味ⓖ、放つ意味ⓗ、間延びして緩める(放縦になる)意味ⓘを派生する(以上は2の場合)。また、「間延びする」というイメージから、間延びしてゆったりする意味ⓙを派生する(3の場合)。[英]follow(ⓐⓑ); obey; secondary; be engaged in; relationship between cousins, etc.; from; length, longitude, longitudinal; let go; indulgent; leisurely [熟語] ⓐ従属・追従・ⓑ従順・服従・ⓒ従三位・従犯・ⓓ従業・従軍・ⓔ従兄・従兄弟・ⓕ従前・従来・ⓖ合従(ガッショウ)連衡・ⓙ従容(ショウヨウ)

文献 ⓐ詩経・揚之水「從子于沃＝子に沃に従はん(あなたについて沃[地名]まで行きます)」ⓑ詩経・行露「亦不女從＝亦た女[＝汝]に従はず(お前の言うこと聞きませぬ)」ⓓ詩経・北山「朝夕從事＝朝夕事に従ふ(朝な夕なに働きずくめ)」ⓕ孟子・離婁下「施施從外來＝施施として外従(よ)り来る(得意げに外から帰って来た)」ⓖ詩経・南山「衡從其畝＝其の畝を衡従(コウショウ)にす(縦横に畝を作る)」ⓘ論語・八佾「從之純如也＝之を従(はな)てば純如たり(音楽の演奏を自由きままにすると、よく調和する)」

【渋】 11(水・8) 常 (常用音訓) ジュウ しぶ・しぶい・しぶる

〔澁〕 15(水・12) 人 (音)ジュウ (訓)しぶ・しぶい・しぶる

語音 *sïəp(上古) ṣïəp(中古→(呉)シフ〈＝シュウ〉・(漢)ソフ〈＝ソウ〉・[慣]ジフ〈＝ジュウ〉) sè(中) 삽(韓)

語源 [コアイメージ] スムーズに通らない。[実現される意味] つかえてすらすらと通らない(しぶる)ⓐ。[英]unsmooth

〔解説〕一定の空間内に摩擦があるとスムーズに通れない。邪魔なものが中をふさいで通れなくすることもある。*sïəpという語は「通行がスムーズにいかない」「滑らかではない」というコアイメージをもち、塞(ソク)(隙間をふさいで通れなくする)・湿(スムーズに流れない)と同源。また澁は濇(ソク)・(ジュウ)(すらすらと通らない)とほどんど同じで、嗇(ショク)(中に取り込んで外に出さない)・穡(ショク)(作物を取り入れる)とも同源である。日本語の「しぶる」はシブ(熟していない柿の実などの味)の動詞化で、「事を進めるのにぐずぐずする」「なめらかに進行しない」意味という(大野①)。

〔グループ〕渋・譅(シュウ)(すらすらと言葉が出ない)

字源 「澀」が本字。「歰(シュウ)(音・イメージ記号)＋水(限定符号)」を合わせた字。「止」は足(foot)の形。「歰」の下部は「止」を二つ並べた形。上部はこれを上下反転させ、さらに左右反転させた形。上にこちら向きの足二つ、下にあちら向きの足二つを配置し、二人の足が対峙して一歩も進めない状況を設定した図形である。この意匠によって「すらすら進まない」「スムーズに行かない」というイメージを表す。これで十分*siəpを表記できるが、水の状況に再設定したのが「澀」で、障害や摩擦があるため水がスムーズに通らない様子を暗示させる。

（篆） ［澀］

〔字体〕「澀」は本字。「澁」はその異体字（旧字体）。「渋」は由来不明の常用漢字の字体。現代中国の簡体字は「涩」。

語義 ［展開］つかえてすらすらと通らない（しぶる）意味ⓐから、味が滑らかではない意味ⓑ、文章が難しくて意味が通らない意味ⓒに展開する。しぶ（柿しぶ）の意味ⓓや、不愉快そうにする（しぶい）意味ⓔは日本的用法。［英］unsmooth; astringent; obscure; astringency; unpleasant ［熟語］ⓐ渋滞・難渋・ⓑ苦渋・ⓒ晦渋・ⓓ脱渋・ⓔ渋面

文献 ⓐ素問・痺論「澁於小便＝小便に渋る（小便の出を悪くする）」

【銃】14（金・6） 常 常用音訓 ジュウ

語音 tʃ'iuŋ（中古→呉シュ・漢シュウ・［慣］ジュウ） chòng（中） 총（韓）

語源 ［コアイメージ］中身が詰まる。［実現される意味］斧の柄を差し込む孔ⓐ。［英］hole of ax's handle

字源 「充（音・イメージ記号）＋金（限定符号）」を合わせた字。「充」は「中身が詰まる」というイメージがある（⇩充）。「銃」は斧の頭にある柄を詰め込む孔を表す。広雅に初出。

語義 ［展開］斧の柄の孔が原義ⓐ。宋代になって小形の火器が発明された際、斧の柄を詰める孔を意味する銃を借りて、火器の一種（鉄砲）の意味ⓑに用いた。孔に柄を通した姿と弾を詰め込む筒形の器の間に類似性を見出したからである。［英］hole of ax's handle; gun ［和訓］つつ ［熟語］ⓑ銃弾・拳銃

【獣】16（犬・12） 常 常用音訓 ジュウ けもの

〔獸〕19（犬・15） 人 音ジュウ 訓けもの・けだもの・しし

語音 *thiog（上古） ʃiəu（中古→呉シュ・漢シウ〈＝シュウ〉・［慣］ジウ〈＝ジュウ〉） shòu（中） 수（韓）

語源 ［コアイメージ］枠の中に囲い込む。［実現される意味］けものⓐ。［英］beast

〔解説〕唐の孔穎達は「獣なる者は守なり。其の力多く、易く擒ふるべからず、先づ囲守し、然る後に乃ち獲るを言ふ。故に獣と曰ふなり」（礼記正義）と語源を説明している。*thiogという語は守・狩と同源で、「枠の中に囲い込む」というコアイメージをもつ。日本語の「けもの」は毛物、「けだもの」は毛＋ナ（連体接続詞）＋物、つまり「毛の物」が原義という（大野①）。漢語の獣は語形も図形も狩猟から発想された。

字源 「獸」が正字。「嘼（音・イメージ記号）＋犬（限定符号）」を合わせた字。「嘼」は「單＋口」と分析できる。「單」は狩猟の道具の形（⇩単）。「單＋口（囲い）」を合わせた「嘼」は、周りを囲んで狩りをする情景を設定した図形。したがって「獸」は、周囲を囲んで犬に獲物を追い立てさせる様子を暗示させる。けものはたいてい狩りの対象になったので、この図形的意匠によって、けものを表象する。

（金） （篆） ［嘼］

（甲） （金） （篆）

〔字体〕「獸」は旧字体。「獣」は單→単に倣った常用漢字の字体。現代

中国の簡体字は「兽」。

語義 [展開] けものの意味ⓐから、比喩的に、非人間的なもの(けだもの)、人道を外れる意味ⓑを派生する。[英]beast, animal; brute, beastly, brutal [熟語] ⓐ猛獣・野獣・ⓑ獣行・獣欲

文献 ⓐ詩経・車攻「搏獸于敖＝獣を敖(ゴウ)に搏(う)つ(敖[山の名]の麓でけもの狩り)」

【縦】16(糸・10) 常 ― 常用音訓 ジュウ たて

〔縱〕17(糸・11) 人 ― 音ジュウ・ショウ 訓たて・はなつ・ゆるす・ほしいまま・たとい・よしんば

語音 *tsiuŋ(上古) tsioŋ(中古→呉シュ・漢ショウ・[慣]ジュウ) zòng(中) 종(韓)

語源 [コアイメージ] たてにまっすぐ延びる。[実現される意味] 緊張した状態を緩める(矢をはなつ)ⓐ。[英]release(an arrow)

〔解説〕日本語の「たて」はタツ(立)と同根で、「人が立っている方向。垂直方向と、平面上における前後一直線の方向の両方を意味する」という(大野②)。漢語では従にたての意味があり、A→Bの形にしたがうことから、進行方向にまっすぐ延びていく方向の意味に転じたもの。漢語の従・縦は本来は日本語の「たて」の平面上の方向に当たる。やがて従の代わりに縦を専用するようになった。縦は「たてにまっすぐ延びる」というコアイメージから、たてに転義したもの。英語では長さ(length)がたての意味になる。

字源 「縱」が正字。「從(ショウ)(音・イメージ記号)＋糸(限定符号)」を合わせた字。「従」は「たてにまっすぐ延びる」というイメージがあり、「空間的に間延びしてゆとりができる(緩くなる)」というイメージに展開する(⇨従)。「縦」は何かを縛った糸や紐を緩める様子を暗示させる。この意匠によって、緊張した状態を緩くすることを表象する。

〔字体〕「縦」は近世中国で発生した「縱」の俗字。現代中国の簡体字は「纵」。

語義 [展開] 「たてにまっすぐ延びる」というイメージは「緊張した状態を緩める」というイメージに展開し、具体的文脈では、矢を放つ意味ⓐ、捕らえたものを解放する(釈放する、ゆるす)意味ⓑ、縛られず気ままに振る舞う(自由自在にする、ほしいまま)の意味ⓒに展開する。また、コアイメージにたての方向が含まれるので、従と同じく「たて」の意味ⓓにもなる。また、勝手気ままに予想をしたらということから、たとい・よしんば(万が一)の意味ⓔが生じた。[英]release(an arrow); set free; indulge; length, longitude, longitudinal, vertical; though [熟語] ⓑ七縦七擒・ⓒ操縦・放縦・ⓓ縦横・縦断

文献 ⓐ詩経・大叔于田「抑縦送忌＝抑(そ)れ縦送(ショウソウ)するよ(ほら[獲物に]矢を放つよ)」(抑・忌はリズム調節詞) ⓒ詩経・民労「無縦詭随＝詭随(キズイ)を縦(ほしいまま)にする無かれ(うそつきをほっとくな)」 ⓓ東方朔・七諫・沈江「不別横之與縦＝横と縦とを別たず(横と縦を区別できない)」(漢魏六朝百三家集4) ⓔ詩経・子衿「縦我不往、子寧不來＝縦(たと)ひ我往かずとも、子(シ)寧(なん)ぞ来らざる(たとえ私があなたのもとへ行かなくても、なぜあなたは私のもとへ来てくれぬ)」

しゅく

【叔】8(又・6) 常 ― 常用音訓 シュク

語音 *thiog(上古) ʃiuk(中古→呉スク・シュク漢) shū(中) 숙(韓)

語源 [コアイメージ] 小さい・細く引き締める。[実現される意味] 拾うⓐ。[英]gather

〔解説〕古典の注釈に「叔は小(丈が小さい)なり」「叔は少(年が若い)なり」の訓がある(王力①)。一方、下記のグループ

から帰納されるイメージは「小さい」「細く引き締まる」というイメージである。図形化は豆の蔓から発想された。

〔グループ〕叔・淑・寂・戚・督・菽(豆、ダイズ[菽麦])・椒(小粒の種子の生る木、サンショウ[山椒])・俶(身形を引き締めて整える[俶装])・惄(心細くなる、うれえる)・踧(足が縮んで進まないさま、また、身を縮めるさま[踧踖])

字源 「尗(音・イメージ記号)＋又(限定符号)」を合わせた字。「尗」はつるを出した豆を描いた図形。「小さい」というイメージがあり、「小さく(細く)引き締まる」というイメージに展開する。「叔」は手の指を引き締めて物を取る(拾う)様子を暗示させる。

(篆) [尗] (篆)

語義 [展開] 拾うが本義ⓐ。「小さい」というイメージを介して、兄弟のうち小さい方の弟の意味ⓑに転用された。四人兄弟の場合、上から順に伯・仲・叔・季という。また父の弟(おじ)の意味ⓒ。詩経では女性が若い恋人を呼ぶことばⓓに使われている。また、末の意味ⓓに用いる。[英]gather; junior, third of four brothers; father's younger brother; young lover; terminal [熟語] ⓑ叔父・叔母・ⓓ叔世

文献 ⓐ詩経・七月「九月叔苴＝九月苴を叔ふ(九月にアサの実を拾う)」ⓓ詩経・丰「叔兮伯兮、駕予與行＝叔よ伯よ、駕して予与に行かん(叔さんよ伯さんよ、車に乗って一緒に行こう)」

【祝】 9(示・5) 常

常用音訓 シュク・シュウ　いわう

〔祝〕 10(示・5) 人

音 シュク・シュウ　訓 いわう・はふり・ほぐ

語音 (1)*tiok(上古) tʃɪuk(中古→呉・漢シュク) zhù(中) 축(韓) (2)*tiog(上古) tʃɪəu(中古→呉シュ・漢シウ〈＝シュウ〉) zhòu(中) 주(韓)

語源 [コアイメージ] 声を長く延ばす。[実現される意味] 祭祀を司る人(神主、はふり)ⓐ。[英]prayer-master

〔解説〕*tiokという語は道(いう)・禱(いのる)・譸(言い触らす→あざむく)などと同源で、「声を長く延ばす」というコアイメージをもつ(藤堂明保は「細長く伸びる」という基本義とする)。神主がのりとをあげる時の声の出し方の特徴を捉えた語である。日本語の「いわう(いはふ)」はイ(忌む)＋ハフ(這)で、「忌み・謹慎・接触禁止を繰り返し実行する意」が原義という(大野①)。語の成り立ちは違うが、祝賀の意味に転義するのは共通である。

字源 「祝」が正字。「兄(イメージ記号)＋示(限定符号)」を合わせた字。「兄」は頭の大きな人の形。「あに」の意味とは関係がない。「祝」は神主がのりとを上げる情景を設定した図形。図形にコアイメージは反映されていない。

(甲) (金) (篆)

〔字体〕「祝」は旧字体。「祝」は古くから書道で行われた字体。

語義 [展開] 「声を長く延ばす」というイメージから、神に祈って福を求める人(神主)の意味ⓐ、声を長く引いて祈る(のりとを上げる、神に福を求めて祈る)意味ⓑ、めでたいことをいわう意味ⓒに展開する(以上は1の場合)。また、神に不幸や災禍をもたらすように祈る(のろう)意味ⓓを派生する(2の場合)。ⓓは後に呪とも書かれる。[英]prayer-master; pray; celebrate, congratulate, bless; curse [熟語] ⓐ巫祝・ⓑ祝禱・予祝・ⓒ祝賀・祝福

文献 ⓐ詩経・楚茨「祝祭于祊＝祝、祊に祭る(神主は祭場でお祭りする)」ⓑ春秋左氏伝・成公17「愛我者惟祝我、使我速死＝我を愛する者は惟だ我を祝し、我をして速く死なしめよ(私を愛するものはひたすら速く死ねとのろいをかけて祈ってくれ)」ⓒ荘子・天地「請祝聖人、使聖人壽＝請

ふ、聖人を祝し、聖人をして寿ならしめん(どうか聖人を祝福させてください。聖人が長寿でありますように)」ⓓ詩経・蕩「侯作侯祝＝侯れ作り侯れ祝ふ([流言が]盛んに起こり、人をのろっている)」

【宿】 11(宀・8) 常 ｜ 常用音訓 シュク やど・やどる・やどす

語音 (1)*siok(上古) siuk(中古→呉スク・漢シュク) sù(中) 숙(韓)
(2)*siog(上古) sieu(中古→呉シュ・漢シウ〈＝シュウ〉) xiù(中) 수(韓)

語源 [コアイメージ] 引き締める。[実現される意味] よそで泊まる・仮寝する(やどる)ⓐ。[英]lodge for the night

〔解説〕唐の孔穎達は「宿の言は粛なり」(礼記正義)と語源を説く。*siokという語は粛と同源で、「引き締める」というコアイメージをもつ。これは「縮める」というイメージにも展開する。自宅ではなく旅先でやどることは緊張して落ち着かない。だからこのイメージによって名づけられた。白川静は「廟などの神聖な建物に宿直する」意味とする(白川②)。図形から意味を引き出す説。日本語の「やどる」はヤ(屋)＋トル(取)で、「自分の家とは別の所に寝る場所を定める意」という(大野①)。漢語の宿に見られる緊張のイメージはない。

〔グループ〕宿・縮・蹜(歩幅を縮めて歩く)

字源 「⿱宀⿰亻丙」が本字。「⿰亻丙(音・イメージ記号)＋宀(限定符号)」を合わせた字。「百」は「丙」の変形で、むしろの形。「人＋丙」を合わせた「⿰亻丙」は、人が狭いむしろに縮まって寝る情景を設定した図形。「夙」の古文とされる字で、*siokと読む。古典に「夙は粛なり」とあるように、「身を引き締める(縮める)」というイメージがある。したがって「宿」は屋根の下で身を引き締めて寝る様子を暗示させる。この意匠によって、仮の場所で一時的に泊まる(やどる)ことを表象する。

(甲) (古) [⿰亻丙・夙]

(甲) (金) (篆)

語義 [展開] よそで泊まる(やどる)意味ⓐから、泊まる所(やど)の意味ⓑに展開する。また他の所に宿る意味から、一夜を越してそこに留めて置く意味ⓒ、以前からそこに留まっている(昔から続いている、以前からの)の意味ⓓ、年功を経ている(経験を積んでいる)意味ⓔに展開する。仏教では、前世からのという意味ⓕ(以上は1の場合)。また比喩的に、星が宿る所(星座)の意味ⓖに用いる(2の場合)。ⓖは日本では1の音で読むことが多い。[英]lodge for the night; lodging; hold overnight; long-standing; veteran; previous; constellation [熟語] ⓐ宿泊・寄宿・ⓑ下宿・旅宿・ⓒ宿昔・宿題・ⓓ宿痾・宿願・ⓔ宿将・宿老・ⓕ宿縁・宿命・ⓖ二十八宿・星宿

文献 ⓐ詩経・泉水「出宿于干＝出でて干に宿る(外出して干[地名]でとまった)」ⓒ論語・郷党「祭於公、不宿肉＝公に祭れば、肉を宿せず(廟の祭りでもらった[余りの]肉は、一晩留めて置かない)」

【粛】 11(ヨ・8) 常 ｜ 常用音訓 シュク

語音 *siok(上古) siuk(中古→呉スク・漢シュク) sù(中) 숙(韓)

語源 [コアイメージ] 引き締まる。[実現される意味] 引き締まる・縮まるⓐ。[英]shrivel

〔解説〕下記の詩経の毛伝に「粛は縮なり」とある。また、爾雅の注釈に「宿・速・粛は倶に声を以て義と為す」(郝懿行・爾雅義疏)とある。*siokという語はこれらと同源で、「間隔が縮まる」「引き締まる」というコアイメージをもつ。藤堂明保は粛のグループを秋のグループ、酉(酉を含む)のグループ、宿のグループ、叟のグループ、また寂・戚・焦・修・羞などと同じ単語家族に入れ、「しぼる・ちぢむ・ほそい」という基本義をもつとした(藤堂①)。これは「引き締まる」というイメージ

に概括できる。

〔グループ〕粛・繍・嘯(ショウ)(口を細くして口笛を吹く、うそぶく[虎嘯])・簫(ショウ)(細い竹の管を並べた古楽器[簫鼓])・蕭(ショウ)(茎の細く締まった草、ヨモギの類。また、心細い・さびしい[蕭条])・瀟(ショウ)(こざっぱりしたさま[瀟洒])・鱐(シュク)(細く肉の締まった干し魚)

字源 「肅」が正字。「聿+𣶒」と分析する。「聿」は筆を手に立てて持つ形で、「まっすぐ立つ」というイメージがある(⇩筆)。「𣶒」は両岸の間に水がたまっている形で、淵(ふち)の原字。「聿(イメージ記号)+𣶒(イメージ補助記号)」を合わせた「肅」は、崖淵の上に立って下に臨む情景を設定し、恐ろしさで身を縮める様子を暗示させる図形。この意匠によって、身を引き締めることを表象する。

(金)　(篆)

〔字体〕「粛」は近世中国で発生した「肅」の俗字。現代中国の簡体字は「肃」。

語義 [展開] 引き締まる・縮まる意味ⓐから、身を引き締めて慎しむ、たるみを引き締める意味ⓑ、空気が引き締まるようで物音がしない様子(静かで辺りが引き締まるような様子)の意味ⓒに展開する。また、手紙用語として、慎んで〜するの意味ⓓ。[英]shrivel; brace, contract, solemn; quiet; respectfully [和訓] つつしむ [熟語] ⓐ粛殺・ⓑ粛清・自粛・ⓒ静粛・ⓓ粛啓

文献 ⓐ詩経・七月「九月肅霜=九月粛霜あり(九月には寒さで万物を引き締める霜が降りる)」ⓑ韓非子・難三「廣廷嚴居、衆人之所肅也=広廷・厳居は、衆人の粛(つつ)しむ所なり(広い法廷や厳かな住居は、誰もが身を引き締める所だ)」

【淑】 11(水・8) 常 ― 常用音訓 シュク

語音 *thiok(上古) ʒiuk(中古→呉ジュク・漢シュク) shū(中) 숙(韓)

語源 [コアイメージ] 小さい・細く引き締まる。[実現される意味] 清らかに澄むⓐ。[英]clear

字源 「叔(シュク)(音・イメージ記号)+水(限定符号)」を合わせた字。「叔」は「小さい」というイメージがある(⇩叔)。「淑」は水勢が小さくなり、じっと落ち着いて清らかに澄む様子を暗示させる。

語義 [展開] 「(水が)清らかに澄む」が本義ⓐだが、用例が乏しい。「叔」は「小さい」というイメージから「細く引き締まる」というイメージに展開する。こぢんまりと引き締まった姿はスマートで美しい印象を与える。そこで淑は清らかで美しい、また、控え目で優しい(しとやか)の意味ⓑ、良い意味、特に愛情が良くて優しい意味ⓒ、良いと思って敬い慕う意味ⓓに転用される。[英]clear; beautiful, gentle; kind, tender; adore [和訓] よい・しとやか [熟語] ⓑ淑女・貞淑・ⓒ淑気・ⓓ私淑

文献 ⓑ詩経・関雎「窈窕淑女、君子好逑=窈窕(ヨウチョウ)たる淑女は、君子の好逑(コウキュウ)(美しくしとやかな乙女は、殿方のよき連れ合い)」ⓒ詩経・君子偕老「子之不淑、云如之何=子(シ)の淑(よ)からず、之を如何(いかん)せん(あなたの冷たい仕打ち、何としたことか)」

【粥】 12(米・6) 人 ― 音シュク 訓かゆ

語音 (1)*tiok(上古) tʃiuk(中古→呉・漢シュク) zhōu(中) 죽(韓) (2)*diok(上古) yiuk(中古→呉・漢イク) yù(中) 육(韓)

語源 [コアイメージ] たっぷりなじませる。[実現される意味] かゆⓐ。[英]gruel, porridge

〔解説〕*tiokという語は陶・築・彫などと同源で、「満遍なく行き渡る」というコアイメージをもつ(藤堂①)。特に熟(火熱を満遍なく通して、たっぷりなじませる)と近く、たっぷり熱を通してどろどろに煮込んだ「かゆ」

を*tiokという。

字源「鬻」が本字（粥は略字）。「弜（イメージ記号）＋鬲（イメージ補助記号）＋米（限定符号）」を合わせた字。「弜」は弓とは関係がなく、湯気が立ち上る形。「鬻」は鬲（かなえ）で米を煮込んで湯気が出る情景を設定した図形。この意匠によって、「かゆ」を表象する。図形にコアイメージは反映されていない。

（篆）

語義［展開］かゆの意味ⓐ（1の場合）。これから、養い育てる意味ⓑを派生する。育（イク）の音が生じたため、賣（イク）と同音となり、賣（取り引きする意で、賣のコアをなす記号。⇩続）と同じく、ひさぐ（売る）意味ⓒで使われる（以上は2の場合）。［英］gruel, porridge; nourish; sell ［熟語］ⓐ糜粥

文献ⓐ孟子・滕文公上「君薨…歠粥、面深墨、即位而哭＝君薨（コウ）ずれば…粥を歠（すす）り、面は深墨、位に即きて哭す（君主が死ぬと、［世子は］粥を食べて、顔は黒ずみ、喪主の席に就いて声を立てて泣く）」ⓑ管子・治国「農夫以粥子者、上無術以均之也＝農夫以て子を粥（イク）する者、上は以て之を均（ひと）しくする術無し（農民が子を養い育てても、これと等しく並みにする手立てがない）」ⓒ礼記・王制「戎器不粥於市＝戎器は市に粥（ひさ）がず（兵器は市場で売らない）」

【縮】17（糸・11）　常　常用音訓　シュク　ちぢむ・ちぢまる・ちぢめる・ちぢれる・ちぢらす

語音 *siok（上古）　siuk（中古→呉スク・漢シュク）　suō（中）　축（韓）

語源［コアイメージ］引き締める。［実現される意味］引き締めて小さく（短く、狭く）する（ちぢめる・ちぢむ）ⓐ。［英］contract, shrink

［解説］「宿」にコアイメージの源泉がある。*siokという語は粛（引き締まる）・束（たばねる）・戚（セキ）・蹙（シュク）（顔のしわを縮める）・蹴などと同源で、「引き締める」というコアイメージをもつ。さらに酋（シュウ）・酒なども同源である。古典では、縮は酒袋を引き締めて酒を絞り出す（訓は「したむ」）意味や、引き締まってたるみがない→まっすぐという意味（訓は「なおし」）などにも使われている。

字源「宿（シュク）（音・イメージ記号）＋糸（限定符号）」を合わせた字。「宿」は「引き締める」というイメージがある（⇩宿）。「縮」は紐や縄で物を引き締めて縛る様子を暗示させる。この意匠によって、幅や大きさをちぢめることを表象する。

語義［展開］ちぢめる意味ⓐから、引き締めてたばねる（しばる）意味ⓑ、また比喩的に、心がいじける意味ⓒに展開する。「引き締める」というイメージから、酒をしぼる（したむ）意味ⓓ、たるみがなくまっすぐである（正しい）意味ⓔを派生する。［英］contract, shrink; bind; crouch; brew; straight ［熟語］ⓐ縮小・伸縮・ⓒ畏縮・恐縮

文献ⓐ史記・亀策列伝「縮頸而却＝頸を縮めて却（しりぞ）く（［亀は］首を縮めて後退した）」ⓑ詩経・緜「縮版以載＝版を縮（つか）ねて以て載す（［家屋の建設で］板を縛って土を載せる）」ⓓ春秋左氏伝・僖公4「無以縮酒＝以て酒を縮（した）むもの無し（酒を搾ってくれるものがいない）」ⓔ孟子・公孫丑上「自反而縮、雖千萬人、吾往矣＝自ら反（かえり）みて縮（なお）くんば、千万人と雖も、吾往かん（反省してみて自分が正しいならば、相手が千人であろうが一万人であろうが、立ち向かっていくぞ）」

じゅく

【塾】14（土・11）　常　常用音訓　ジュク

語音 *dhiok（上古）　ʒuk（中古→呉ジュク・漢シュク）　shú（中）　숙（韓）

語源［コアイメージ］たっぷりなじませる。［実現される意味］門の両側にあって、謁見のために控える建物ⓐ。［英］gate-room

［解説］天子に謁見する際に待機する部屋を塾といった。古今注に「塾

は門外の舎なり。臣来りて君に朝するに、門外に至りて当に舎に就くべし。更に応対する所の事に詳熟(詳しくなじんで慣れる)するなり」とあり、塾と熟を同源の語と見ている。

字源 「孰(音・イメージ記号)＋土(限定符号)」を合わせた字。「孰」は芯まで火を通して煮ることから、「たっぷりなじませる」というイメージがある(⇩熟)。「塾」は土を突いてよくなじませて造った建物を暗示させる。この意匠によって、門の両脇に建てた建物を表象する。

語義 [展開] 門の両脇の建物の意味ⓐ。門外に建てられた塾で謁見の儀礼などを習熟したことから、子弟に学問を教える私設の学校の意味ⓑに転じた。[英]gate-room; private school [熟語] ⓑ義塾・私塾

文献 ⓐ書経・顧命「先輅在左塾之前、次輅在右塾之前＝先輅は左塾の前に在り、次輅は右塾の前に在り(先頭の車は左側の塾の前、二番目の車は右側の塾の前に到着した)」ⓑ礼記・学記「古之教者、家有塾＝古の教ふる者は、家に塾有り(昔の教育の場としては、家には塾があった)」

【熟】

15(火・11) 常 ―― 常用音訓 ジュク うれる

語音 *dhiok(上古) ʒiuk(中古→呉ズク・ジュク・漢シュク) shú(中) 숙(韓)

語源 [コアイメージ] たっぷりなじませる。[実現される意味] むらなく火を通して煮る(芯まで通るように煮る)ⓐ。[英]give a good boil

〔解説〕 *dhiokという語は陶・築・彫・粥などと同源で、「満遍なく行き渡る」というコアイメージをもつ(藤堂①)。むらなく火を通してじっくりとなじませて煮込むことが熟である。訓の「うれる(うる)」は果実についていうことばで、熟の派生義の一部と対応する。

〔グループ〕 熟・塾・孰(疑問詞。いずれ・たれ)

字源 「孰(音・イメージ記号)＋火(限定符号)」を合わせた字。「孰」は篆文に遡ると、「享＋丮」となっている。「享」は「亯＋羊」から成る。「亯」は「享」と同じで、「スムーズに通る」というイメージを示す(⇩享)。「亯(イメージ記号)＋羊(限定符号)」を合わせた「享」は、羊に火を通す様子を暗示させる。かくて「享(音・イメージ記号)＋丮(限定符号)」を合わせたのが「孰」で、火をよく通して煮込む情景を設定した図形。これで十分、火を通してよく煮ることを意味する*dhiokの視覚記号になりうるが、別の意味(「いずれ」という疑問詞)に使われたため、改めて「火」を加えた「熟」が作られた。

(甲) (金) (篆) [孰]

語義 [展開] 生のものや固いものに火を通して柔らかくし、たっぷりなじませる(煮る)意味ⓐから、果物や作物が実って柔らかくなる(十分に実る、うれる)意味ⓑ、また、物事によくなじんで慣れる意味ⓒ、十分に(よく、つらつら)の意味ⓓに展開する。[英]give a good boil, cooked, done; ripen, mature, mellow; experienced, familiar; thoroughly [和訓] にる・なれる・こなれる・つらつら [熟語] ⓐ熟食・半熟・ⓑ熟柿・完熟・ⓒ熟練・習熟・ⓓ熟読・熟慮

文献 ⓐ論語・郷党「君賜腥、必熟而薦之＝君、腥を賜へば、必ず熟して之を薦む(君主から生肉をいただく際は、必ず煮てから先祖に供えた)」ⓑ孟子・滕文公上「五穀熟而民人育＝五穀熟して民人育す(五穀がよく実って人民は育つ)」

しゅつ

【出】

5(凵・3) 常 ―― 常用音訓 シュツ・スイ でる・だす

語音 (1)*t'iuət(上古) tʃ'iuĕt(中古→呉スチ・漢シュツ) chū(中) 출(韓) (2)*t'iuəd(上古) tʃ'iui(中古→呉・漢スイ) chuì・chū(中) 출(韓)

語源 [コアイメージ] 突き出る。[実現される意味] 中から外へ出る

ⓐ。[英]go out

〔解説〕説文解字では「出は進なり」、釈名・釈言語では「出は推なり。推して前むなり」とあり、「推して進む」というイメージを見るが、出と推・進とは同源とし難い。深層構造を捉えたのは藤堂明保である。氏は突・凸・徹などと同源とし、「突き出る(上または下に)」という基本義があるとする。一方、氏は屈のグループを穴・壊・毀などと同源とし、「あな・押し下げる・凹む」という基本義があるとする(藤堂①)。「突き出る」を図示すると「∧形(上方に突き出る)」のイメージである。視点を変えると「∨形(下方へへこむ)」のイメージに転化する。一線を境にして上に出るか下に出るかは視点の違いに過ぎない。したがって出のグループと屈のグループは「突き出る」という一つのイメージに概括できる。大野晋によれば、日本語の「でる(いづ)」は「内や奥にもともと存在するのに外から見えず、存在しないように思われたものが、表や外から見えるようになるのが原義。漢字〝出〟をイヅと訓むようになって、〝出〟は上にも下にも突き出る意なので、脱出・超越の意に使われる例を生じた」(大野①)という。英語では出にぴったり対応する語(一語、単語)がなさそうである。

〔グループ〕出・拙・屈・咄(突然声を出す→舌打ちする[咄嗟])・祟(神が突然出してくる報い→たたり)・茁(草が勢いよく芽を出す)・詘(くぼむ)・黜(官職や地位から後ろへ押し出す→しりぞける[廃黜])

字源 楷書は形が崩れて分析不能。甲骨文字・金文に遡ると、「止(足の形)+凵(くぼみの形)」を合わせた字。へこみから外へ足を出す情景を設定した図形。

(甲) (金)   (篆) 

語義 〔展開〕中から外へ出る意味ⓐから、公の場におもむく意味ⓑ、姿・形が現れる意味ⓒ、この世に生まれ出る意味ⓓ、言葉を発する意味ⓔ、一線(範囲や限界)を超える意味ⓕ、他より先に抜け出る(優れる)意味ⓖに展開する(以上は1の場合)。これは主に自動詞の「出る」、およびその展開義であるが、他動詞の出す意味ⓗ(2の場合)は読みが変わる。ただし現代中国では区別しなくなった。日本では一部の語にスイの読みが残っている。[英]go out; come on in public; come out, appear; bear; speak; go beyond; surpass; put out 〔和訓〕いず・いだす 〔熟語〕ⓐ出発・外出・ⓑ出勤・出席・ⓒ出現・露出・ⓓ出産・出身・ⓔ出言・出令・ⓕ出格・出超・ⓖ逸出・傑出・ⓗ出師・出納

文献 ⓐ詩経・北門「出自北門、憂心殷殷＝北門自り出づ、憂心殷殷たり(北の門から出ていった、悲しみいっぱい胸にして)」ⓑ論語・学而「弟子入則孝、出則悌＝弟子入りては則ち孝、出でては則ち弟[＝悌]たれ(若者よ、家庭内では親に孝行をし、世間に出ては年長者に従いなさい)」ⓒ詩経・月出「月出皓兮＝月出でて皓たり(月が出て白く輝く)」ⓓ荀子・礼論「無先祖、悪出＝先祖無くんば、悪くんぞ出でんや(先祖がいなければ生まれようがない)」ⓔ論語・衛霊公「孫以出之＝孫以て之を出だす(謙遜の態度で発言する)」ⓕ易経・艮「君子以思不出其位＝君子は以て思ふこと其の位を出でず(君子の考えることは自分の分際を超えることはない)」ⓖ漢書・高帝紀「漢廷臣無能出其右者＝漢の廷臣、能く其の右に出づる者無し(漢の朝臣は彼の右を抜け出る者はいなかった[彼がいちばん優れていた])」ⓗ詩経・烝民「出納王命＝王命を出納す(王の命令を出し入れする)」

じゅつ

【述】 8(辵・5) 常 | 常用音訓 ジュツ のべる

語音 *diuət(上古) dʒiuĕt(中古→呉ズチ・ジュツ・漢シュツ) shù(中) 술(韓)

語源 [コアイメージ] ルートに従う。[実現される意味] 従来のやり

方に従うⓐ。[英]follow the proper way

〔解説〕王引之が「述の言は循（したがう）なり」（経義述聞）といい、朱駿声が「故道（古い道、やり方）に由るを述と為す。故に凡そ其の旧に循ひて之を申明するも亦た述と曰ふ」（説文解字通訓定声）と述べるのが明解である。しかし藤堂明保によれば、朮のグループは循だけでなく、巡・順・馴・追・遂なども同源で、「ルートに従う」という基本義をもつ（藤堂①）。遵・帥・率・船も加えることができる。日本語の「のべる（のぶ）」は空間的・時間的に長くのびる（延・伸）ことから、言葉を並べて申しのべる意味。この転義の仕方は漢語では述ではなくむしろ申・序と同じである。

〔グループ〕述・術・怵（心配事が心について離れない→おそれる[怵惕]）・秫（粘性のあるアワ、モチアワ）

[字源]「述」が正字。「朮（音・イメージ記号）＋辵（限定符号）」を合わせた字。「朮」は穂に種子が生じる姿を強調し、種子に粘性のあるアワを表す図形。秫（モチアワ）の原字。爾雅・釈草の注に「秫は粘粟を謂ふ」とある。粘り気があるところから、「くっつく」「くっついて離れない」というイメージを示す記号になる。「述」は本来のコースから外れないで行く様子を暗示させる。この意匠によって、「決まった（一定の）ルートに従う」というイメージを表すことができる。

（篆）［朮］　（篆）

〔字体〕「述」は旧字体。「述」は古くから書道で行われた字体。

[語義][展開]従来のやり方に従うが本義ⓐ。「ルートに従う」というコアイメージから、話の筋道に従って言い表す（のべる）という意味ⓑに展開する。[英]follow the proper way; state, narrate 【和訓】したがう

〔熟語〕ⓐ祖述・ⓑ記述・叙述

[文献]ⓐ詩経・日月「報我不述＝我に報ゆること述はず（私に愛をくださることは、今まで通りにしてくれぬ）」ⓑ論語・述而「述而不作＝述べて作らず（[古典に]そのまま従って述べるだけで、新たに作り出すことはしない）」

【術】11(行・5)　[常]　[常用音訓]ジュツ

[語音]*dıuət（上古）dʒıuĕt（中古→[呉]ズチ・ジュツ・[漢]シュツ）shù（中）술（韓）

[語源][コアイメージ]ルートに従う。[実現される意味]村や町の通り道ⓐ。[英]road, path

〔解説〕王念孫は「術の言は率なり。人の率由（従い通る）所なり」（広雅疏証）と語源を説く。術は述・率と同源で、「一定のルートに従う」というのがコアイメージである。道が道路の意味から、やり方、方法の意味になったのと同じ転義の仕方は術にも見られる。英語のmethodはギリシア語のmethodos、分析するとmeta（…とともに）＋hodos（道）、すなわち「知識の追求、研究法」の意という（下宮①）。道が根底にあるのは術と共通である。

[字源]「術」が正字。「朮（音・イメージ記号）＋行（限定符号）」を合わせた字。「朮」は「くっついて離れない」というイメージから、「ルートから外れない」「ルートにしたがう」というイメージに展開する（⇨述）。「術」は誰もが外れないで通るルート（道）を暗示させる。この図形によって、村や町の決まった通り道を表象する。

〔字体〕「術」は旧字体。「術」は古くから書道で行われた字体。現代中国の簡体字は「术」。

[語義][展開]村や町の通り道が本義ⓐ。「ルートに従う」「外れてはならないルート」というイメージから、従うべき基準、一定のやり方（方法、手立て、すべ）の意味ⓑ、一定の方法でなされる技能・技芸（わざ）の意味ⓒに展開する。[英]road, path; method; art, skill, technique 【和訓】すべ・わざ　〔熟語〕ⓑ術数・戦術・ⓒ技術・手術

文献 ⓐ墨子・旗幟「巷術周道者、必為之門＝巷術・周道なる者は、必ず之(これ)が門を為(つく)る(村の中の道や大通りには、必ず門を設ける)」ⓑ孟子・尽心上「観水有術＝水を観るに術有り(水を観察するには一定の手段がある)」ⓒ孟子・公孫丑上「故術不可不慎也＝故に術は慎まざるべからず(［技術は人を傷つけることもあるから］技術の選択は慎重にしないといけない)」

しゅん

【俊】 9(人・7) 常 ｜ 常用音訓 シュン

語音 *tsiuən(上古) tsiuĕn(中古→㊇・㊉シュン) jùn(中) 준(韓)

語源 ［コアイメージ］すらりと高い。［実現される意味］才能が他よりひときわ抜きん出ている(優れている)ⓐ。［英］talented, outstanding

〔解説〕夋(シュン)にコアイメージの源泉がある。これは「細い」と「高い」の二つのイメージが合わさったもの。「細長い」「すらりと立つ」というイメージにも転化する。高く立つ姿から、「ひときわ抜きん出ている」という意味が生まれる。下記の書経の注釈に「才徳、千人を過ぐるを俊と為す」とある。

〔グループ〕俊・酸・唆・峻・竣・駿・悛(シュン)(曲がっていた心がまっすぐになる→過ちをあらためる［改悛］)・梭(サ)(すらりと細長い「ひ」)・浚(シュン)(水が深い、深くする［浚渫］)・皴(シュン)(皮膚の細い割れ目→あかぎれ［皴裂］)・逡(シュン)(立ちすくむ［逡巡］)・畯(シュン)(農事をつかさどるトップ［田畯］)・朘(スイ)(＝峻。幼児の細長いペニス)・鵔(シュン)(姿が優れて美しい鳥、キンケイ［鵔鸃(シュンギ)］)

字源 「夋(シュン)(音・イメージ記号)＋人(限定符号)」を合わせた字。「允(イン)」は均整が取れてすらりと立つ人の形(⇩允)。「允(イメージ記号)＋夊(限定符号)」を合わせた「夋」は、両足を一つに合わせ、身を細めて、すらりと高く立つ情景を設定した図形で、「細く高く立つ」というイメージを示す記号である。したがって「俊」はひときわ高く抜きん出ている人を暗示させる。

(金)  (篆)［夋］ (篆)

語義 ［展開］才能がひときわ抜きん出ている意味ⓐから、才知が飛び抜けて優れた人の意味ⓑ、足が速い(すばやい)意味ⓒに展開する。ⓒは駿と通用。［英］talented, outstanding; talent; swift ［和訓］すぐれる ［熟語］ⓐ俊秀・俊敏・ⓑ俊英・俊傑・ⓒ俊馬(＝駿馬)

文献 ⓐ書経・多士「俊民甸四方＝俊民、四方を甸(おさ)む(優れた人が世界を治める)」ⓑ孟子・公孫丑上「尊賢使能、使俊傑在位＝賢を尊び能を使ひ、俊傑をして位に在らしむ(賢者を尊び、有能な者を使い、優れた人物を位につける)」

【春】 9(日・5) 常 ｜ 常用音訓 シュン はる

語音 *tʻiuən(上古) tʃʻiuĕn(中古→㊇・㊉シュン) chūn(中) 춘(韓)

語源 ［コアイメージ］中にこもる。［実現される意味］はるⓐ。［英］spring

〔解説〕日本語の「はる」はハル(張)と同根で、「新芽の萌え出る季節」という意識から生まれた語という(大野②)。漢語の春に対する古代中国人(古典漢語の使用者)の意識も同様であった。礼記などの古典に「春は蠢(シュン)なり」とあり、万物が蠢(うごめ)いて生まれ出る季節と捉えられた。しかし語のコアイメージはこれと少し異なる。春(本字は萅)に含まれる屯がコアイメージの源泉である。「ずっしりと中にこもる」というイメージで、活動の準備のために植物が地中にこもる姿を捉えた語が*tʻiuənであると考えられる。英語のspringは泉の意味。水が湧き出る→草が萌え出るという連想から、春の意味になったらしい(下宮①)。一説では、水源→起源→季節の始まり→春となった(小島①)。

〔グループ〕春・椿・蠢(シュン)(中にこもってもぞもぞと動き出す→うごめく［蠢

動]・惷(心の動きが鈍い→愚か[愚惷]) 鰆*(半国字。サワラ)

字源 楷書は形が崩れて字源不明。金文・篆文に遡ると「艸+屯+日」に分析できる。「屯」は地下に根がずっしりと蓄えられ、芽が地上に出かかる姿を描いた図形(⇩屯)。これは春の情景であるとともに、「中にずっしりとこもる」というイメージを表している。かくて「屯(音・イメージ記号)+艸(イメージ補助記号)+日(限定符号)」を合わせた「春」は、地下にこもっていた草がやっと活動し始める時を暗示させる。この意匠によって、季節の「はる」を表象する。

(金)　(篆)

語義 [展開] はるの意味ⓐ。古代の暦法で正月を春の始まりとしたので、一年、また、年月・時間の意味ⓑ、正月の意味ⓒ、若くて活力のある年頃の意味ⓓに展開する。また、春が性を解放する時期のイメージを付与されたため、男女の情欲(性欲、セックス)の意味ⓔが生じた。また、五行説で春を東と結びつけたので、東方の意味ⓕ。[英]spring; year; New Year; youthful; love, lust; east [熟語] ⓐ春風・初春・ⓑ春秋・ⓒ賀春・新春・ⓓ回春・青春・ⓔ春画・売春・ⓕ春宮・春坊

文献 ⓐ詩経・七月「春日遅遅=春日遅遅たり(春の日はゆったりとのどか)」ⓑ詩経・閟宮「春秋匪解=春秋解るに匪ず(一年中怠らない)」ⓔ詩経・野有死麕「有女懐春、吉士誘之=女有り春を懐ふ、吉士之を誘へ(春を思う女がいる、良き男よ誘うがよい)」

【峻】10(山・7) 人 音シュン 訓たかい・けわしい

語音 *siuən(上古) siuěn(中古→呉・漢シュン) jùn(中) 준(韓)

語源 [コアイメージ] すらりと高い。[実現される意味] 山が高くそそり立つ(高く険しい)ⓐ。[英]lofty, high

字源 「夋(音・イメージ記号)+山(限定符号)」を合わせた字。「夋」は「すらりと高く立つ」というイメージがある(⇩俊)。「峻」は山がすっくとそそり立つ様子を暗示させる。

語義 [展開] 山が高く険しい意味ⓐから、高くて大きい意味ⓑ、ゆるみがなく厳しい意味ⓒに展開する。[英]lofty, high; great; severe, harsh [熟語] ⓐ急峻・高峻・ⓑ峻徳・ⓒ峻拒・峻別

文献 ⓐ国語・晋「高山峻原、不生草木=高山・峻原には、草木を生ぜず(高い山や険しい原には、草木が生えない)」ⓑ書経・五子之歌「峻宇彫牆、有一於此、未或不亡=峻宇・彫牆、此に一有らば、未だ亡びずんば或らず(高い軒や飾り立てた垣など[ぜいたくなもの]が一つでもあったら、きっと滅びるだろう)」ⓒ春秋繁露・立元神「雖峻刑重誅而民不従=刑を峻にし誅を重くすと雖も民従はず(刑罰を厳しくし、誅殺を重くしても、民は従わない)」

【隼】10(隹・2) 人 音シュン・ジュン 訓はやぶさ

語音 *siuən(上古) siuěn(中古→呉・漢シュン・[慣]ジュン) sǔn(中) 준(韓)

語源 [コアイメージ] まっすぐ。[実現される意味] ハヤブサⓐ。[英]falcon

〔解説〕ハヤブサは獲物を見つけると羽をすぼめて一直線に急速度で飛び、襲いかかる。この習性を捉えて*siuənと呼ぶ。俊・峻と同源の語という(藤堂②)。これらには「↑形に高い」というイメージがあるが、視点を変えると「→形にまっすぐ」というイメージにも転化しうる。また、俊・駿には「すばやい」というイメージもある。

〔グループ〕隼・準・准

字源 「一(イメージ記号)+隹(限定符号)」を合わせた字。楷書は篆文を間違えて「隹+十」と書いた。「隼」は一直線にまっすぐ飛ぶ鳥を暗示させる。この意匠によって、急速度で飛ぶハヤブサを表象する。

（篆）

語義 タカ目ハヤブサ科の鳥の総称ⓐ。ハヤブサ、チョウゲンボウ、チゴハヤブサ、スズメハヤブサなどがある。性質は凶猛で、飛ぶのが速い。

文献 ⓐ詩経・采芑「鴥彼飛隼、其飛戾天＝鴥たる彼の飛隼、其れ飛びて天に戻る（さっとすばやいハヤブサは、あっという間に天まで上る）」

【竣】 12（立・7） 人 ㊔シュン

語音 *ts'iuən（上古） ts'iuěn（中古→㊐・㊓シュン） jùn（中） 준（韓）

語源 ［コアイメージ］すらりと高い。［実現される意味］立ちすくむ（尻込みする、後じさりする、退く）ⓐ。［英］retire, draw back

字源 「夋シュン（音・イメージ記号）＋立（限定符号）」を合わせた字。「夋」は「すらりと高い」というイメージがある（⇨俊）。「竣」はすっくと高く立つ様子を暗示させる。

語義 ［展開］後じさりする、その場に立ちすくむ（逡巡の逡と同じ）が本義ⓐ。「すっくと立つ」というイメージから、工事を終えて建物が立つ意味ⓑを派生する。［英］retire, draw back; finish ［熟語］ⓑ竣工・竣成

文献 ⓐ国語・斉「有司已於事而竣＝有司、事を已めて竣しりぞく（役人は仕事を終えて退いた）」

【舜】 13（舛・6） 人 ㊔シュン

語音 *thiuən（上古） ʃiuěn（中古→㊐・㊓シュン） shùn（中） 순（韓）

語源 ［コアイメージ］すばやく動く。［実現される意味］古帝王の名ⓐ。［英］legendary emperor

［解説］*thiuənという語は俊・駿・隼などと同源で、「すばやい」というコアイメージをもつ。これは動作のイメージであるが、精神・知能・行動のイメージや、時間のイメージにも転用できる。前者から古帝王の名、後者から植物の名が実現された。

［グループ］舜・瞬・蕣シュン（ムクゲ）

字源 「䑞」が本字。「⿷匚炎」は「匚（わく）＋炎（ほのお）」を合わせて、炉の中で炎がゆらゆら燃える様子を示す（ただし単独の字ではない）。「⿷匚炎（イメージ記号）＋舛（限定符号）」を合わせた「舜」は、ひっきりなしに足を動かす様子を暗示させる図形。この意匠によって、「すばやく動く」というイメージを表すことができる。

（篆）

語義 ［展開］「すばやい」「すばやく動く」というコアイメージから、精神がすばやく働き、行動が敏捷な人という意味合いで、古帝王に命名された。尭の後を継いだ古帝王（五帝の一人）ⓐ。古代中国で理想的天子とされた。また、花の咲いている時間の短い植物の名に用いられる。アオイ科の木、ムクゲの意味ⓑ。別名は槿・木槿。朝に咲き夕べにしぼむので、朝開暮落花の異名もある。後世では舜を蕣と書く。［英］legendary emperor; rose of sharon ［熟語］ⓐ尭舜

文献 ⓐ論語・衛霊公「無爲而治者、其舜也與＝無為にして治まる者は、其れ舜なるか（何もしないで天下が治まったのは、舜であろうか）」ⓑ詩経・有女同車「有女同車、顔如舜華＝女有りて車を同じくす、顔は舜華の如し（女と車を共にした、顔はムクゲの花のよう）」

【駿】 17（馬・7） 人 ㊔シュン

語音 *tsiuən（上古） tsiuěn（中古→㊐・㊓シュン） jùn（中） 준（韓）

語源 ［コアイメージ］すらりと高い。［実現される意味］背が高く立派な馬。また、足の速い馬ⓐ。［英］fine horse

字源 「夋シュン（音・イメージ記号）＋馬（限定符号）」を合わせた字。「夋」は

「すらりと高く立つ」というイメージがある(⇩俊)。「駿」は背がすっくと高い馬を暗示させる。

語義 ［展開］背が高く足の速い馬の意味ⓐから、すっくと高い意味ⓑ、高く大きい(大きくする)意味ⓒ、抜きん出て優れている意味ⓓ、足が速い(すばやい)意味ⓔに展開する。［英］fine horse; high; great; outstanding; swift ［熟語］ⓐ駿馬・優駿・ⓓ駿才・駿敏・ⓔ駿逸・駿足

文献 ⓐ呂氏春秋・権勲「屈産之乘、寡人之駿也＝屈産の乗は、寡人の駿なり(屈［地名］で産出した乗馬は私の良馬である)」ⓑ詩経・崧高「駿極于天＝駿たかく天に極いたる(高く天まで届く)」ⓒ詩経・文王「駿命不易＝駿命易からず(偉大なる天命は［得るのが］難しい)」ⓔ詩経・清廟「駿奔走在廟＝駿はやく奔走して廟に在り(速くみたまやに走ってきた)」

【瞬】 18(目・13)　常　｜ 常用音訓　シュン　またたく

語音 *thiuən(上古)　ʃiuěn(中古→呉・漢シュン)　shùn(中)　순(韓)

語源 ［コアイメージ］すばやく動く。［実現される意味］まぶたをすばやく開閉させる(目をぱちぱちさせる、またたく)ⓐ。［英］blink

字源 「舜シュン(音・イメージ記号)＋目(限定符号)」を合わせた字。「舜」は「すばやく動く」というイメージがある(⇩舜)。「瞬」は目をぱちぱちとすばやく動かす様子を暗示させる。訓の「またたく」はマ(目)＋タタク(叩)で、目を瞬間的にぱちぱちと叩いて開閉させる意。「まばたく」「しばたたく」も同じ。

語義 ［展開］まばたきする意味ⓐから、一またたきするほどの短い時間の意味ⓑに展開する。［英］blink; wink, twinkling, moment, instant ［和訓］まばたく・しばたたく ［熟語］ⓐ瞬目・ⓑ瞬間・瞬時

文献 ⓐ呉越春秋・闔閭内伝「迴旋規矩、不敢瞬目、二隊寂無敢顧者＝規矩を迴旋すれば、敢へて目を瞬かず、二隊寂キセとして敢へて顧みる者無し(［孫子が］ものさしを振り回すと、二列の女隊はまたきもせかず、声もなく、よそ見をするものもいなかった)」

じゅん

【巡】 6(巛・3)　常　｜ 常用音訓　ジュン　めぐる

語音 *dziuən(上古)　ziuěn(中古→呉ジュン・漢シュン)　xún(中)　순(韓)

語源 ［コアイメージ］ルートに従う。［実現される意味］筋道・順序に従ってあちこち見て回る(見回る)ⓐ。［英］patrol

解説 白虎通義・巡狩篇に「巡なる者は循なり。狩は牧なり。天下の為に巡行し牧民を守るなり」とある。これは巡狩(＝巡守)の説明であるが、巡の語源の解釈でもある。つまり巡は循と同源で、「ルートに従う」というコアイメージをもつ語である。日本語の「めぐる」は「物の周囲を一周りするようにかこむ意。転じて、一つの方向に順次移動して、再び出発点に戻る意」という(大野①)。この転義が漢語の巡と対応する。物の周りをぐるぐる回る(回転する)という意味は巡にない。この場合は回めぐると書くべきである(ただし常用漢字表に「めぐる」の訓がない)。

字源 「川セン(＝巛。音・イメージ記号)＋辵(限定符号)」を合わせた字。「川」は水が筋をなして流れることから、「筋道やルートに従う」というイメージを示す記号になる(⇩川)。「巡」は君主(為政者)が順序にしたがって地方を視察してまわる様子を暗示させる。

語義 ［展開］見回る意味ⓐから、一回りする回数を数える語ⓑに展開する。また、立ちすくんだり、あちこち回ったりして、前に進まない(尻込みする、ぐずぐずしてためらう)意味ⓒを派生する。［英］patrol; cycle, round; draw back, move back and forth, hesitate ［熟語］ⓐ巡回・巡歴・ⓑ一巡・ⓒ逡巡

文献 ⓐ孟子・梁恵王下「巡守者巡所守也＝巡守なる者は守る所を巡

るなり（巡守とは、守るべき土地を順々に見て回るということだ）」ⓑ春秋左氏伝・桓公12「三巡数之＝三巡して之を数ふ（数を三遍数えた）」

【旬】 6（日・2） 常 ｜ 常用音訓 ジュン・シュン

語音 *dziuǎn（上古） ziuěn（中古→呉ジュン・漢シュン） xún（中） 순（韓）

語源 ［コアイメージ］ ぐるりと回る（取り巻く）・全体に行き渡る。［実現される意味］ 十日ⓐ。［英］ten days

〔解説〕 *dziuǎnという語は「ぐるりと回る」「取り巻く」というコアイメージをもつ。周囲を丸く取り巻くと欠け目がない状態になるので、「全体に行き渡る」というイメージに展開する。これは均と同じイメージである。下記の詩経の毛伝に「旬は陰の均なるを言ふなり」（ⓑ）、「旬は徧（あまねし）なり」（ⓒ）とある。字源は均にも含まれる勹が原形（甲骨文字にある）。この解釈については諸説があるが、丁山が「人、肘を曲げて、抱き取る所の形に象る」（甲骨文字所見氏族及其制度）というのが比較的妥当である。

〔グループ〕 旬・殉・洵・詢・絢・徇ジュン（一回りする、全体に行き渡る）・恂ジュン（行き届いた心→まこと・ねんごろなさま［恂恂］）・眴ジュン（目をぐるりと回す→めくばせする）・筍ジュン（皮が取り巻いたたけのこ）・荀ジュン（草の名というが、普通は人名用の字）

字源 「勹（イメージ記号）＋日（限定符号）」を合わせた字。「勹」は∩の形に腕をぐるりと回す情景を設定した図形で、「ぐるりと回る」というイメージを示す。「旬」は一月のうち一回りする日数を暗示させる。古代中国では十干で日を記した。甲から癸キまで一回りして全部に行き渡る日数（十日間）を旬といった。

（甲） （金） （篆）

語義 ［展開］ 十日の意味ⓐ、また、十年の意味ⓑ。「全体に行き渡る」というコアイメージから、ぐるりと均等に（全体に）行き渡る意味ⓒ、一回りして全部に行き渡るようにする意味ⓓに展開する。旬シュンはちょうど良い時季（最盛期）、また、それに合った食べ物の意味ⓔで日本的用法。［英］ten days; ten years; full period; extend over; season; food in season ［熟語］ ⓐ下旬・初旬

文献 ⓐ易経・豊「雖旬无咎、過旬災也＝旬に咎とが无なしと雖も、旬を過ぐれば災ひあるなり（この先十日間はとががないといっても、十日を過ぎると災いがあるということだ）」ⓒ詩経・桑柔「菀彼桑柔、其下侯旬＝菀ウツたる彼の桑柔、其の下侯これ旬あまねし（桑の若葉はこんもりと、下はあまねく陰をなす）」ⓓ詩経・江漢「來旬來宣＝来り旬あまねくし来り宣のべよ（［王の命令を］あまねく回って布告せよ）」

【洵】 9（水・6） 人 ｜ 音ジュン 訓まこと

語音 *siuən（上古） siuěn（中古→呉・漢シュン・［慣］ジュン） xún（中） 순（韓）

語源 ［コアイメージ］ ぐるりと回る（取り巻く）・全体に行き渡る。［実現される意味］ 中国の川の名ⓐ。［英］name of a river

字源 「旬ジュン（音・イメージ記号）＋水（限定符号）」を合わせた字。「旬」は「ぐるりと回る」というイメージがある（⇨旬）。「洵」は水が渦巻くことから名づけられた川の名（山西省にあった）。渦水・濄水と同じ。

語義 ［展開］ 川の名ⓐ。また、「全体に行き渡る」というコアイメージから、行き届いた心（真心、まこと）の意味ⓑ、まことに（本当に）の意味ⓒに展開する。固有名詞よりもこれらの使用例が早く現れる。［英］name of a river; sincerity; truly ［熟語］ ⓑ洵美

文献 ⓑ詩経・撃鼓「于嗟洵兮、不我信兮＝于嗟ああ洵まことあるも、我を信ぜず（ああ真心があったのに、私を信じてくれなかった）」ⓒ詩経・叔于田「洵

美且仁＝洵に美にして且つ仁なり（[彼は]本当にハンサムで優しいかた）」

【盾】9（目・4） 常 常用音訓 ジュン たて

語音 (1)*diuən(上古) dʒıuĕn(中古→呉ジュン・漢シュン) shŭn(中) 순(韓) (2)*duən(上古) duən(中古→呉ドン・漢トン) dùn(中) 둔(韓)

語源 [コアイメージ] ルートに従う。[実現される意味] たてⓐ。[英]shield

〔解説〕「たて」はそれ（頼りになるもの）に体を寄り添わせて身を守るものなので、*diuənという語には「ルート（道筋・本筋となるもの）に従う」というコアイメージがある。順・遵・巡・述・術などは同源の語である。釈名・釈兵では「盾は遯（逃げ隠れる）なり。其の後ろに跪き、刃を避けて以て隠遯するなり」と語源を説くが、遯は遁と同じで、コアイメージも同じ。

〈グループ〉盾・循・楯・遁（本筋となるものに寄り添って身を隠す[遁走]）・輴（死体を載せて隠し守る車→霊柩車）

字源 「𠂰（たての形。イメージ記号）＋目（イメージ補助記号）」を合わせた図形。この意匠によって、目の前を覆って身を守る武器を暗示させる。図形はコアイメージを反映していない。1・2の読みがあったが、現代中国では2、日本では1を用いる。

（金）　（篆）

語義 防御用の武器の一つ、たての意味ⓐ。[熟語] ⓐ矛盾

文献 ⓐ詩経・小戎「龍盾之合＝竜盾を之れ合す（[車上に]竜を描いた盾を二つ合わせ立てる）」

【准】10（冫・8） 常 常用音訓 ジュン

語音 *tiuən(上古) tʃıuĕn(中古→呉・漢シュン・[慣]ジュン) zhŭn(中) 준(韓)

語源 [コアイメージ] 平らにそろえる。[実現される意味] 目安になるもの（尺度・規則）ⓐ。[英]standard

〔解説〕先秦時代には準と同じように使われたが、唐の頃から公文書用語として「（臣下の提出した申請書などを）許す」の使い方が生じた。準の「平らにそろえる」というコアイメージから、書類に不備がないのを認めるという意味を派生したものである。

字源 「準」の俗字。准と混同しないために準→凖となり、下部を省略して「准」となった。

〔字体〕現代中国では「準」の簡体字に用いる。昔併用していた準と准を統合したことになる。

語義 [展開] 準と同じく、目安になるもの（標準）の意味ⓐ。また、許す（許可する、認める）意味ⓑ、正式のものと同等の扱いをする（なぞらえる）意味ⓒに転用される。[英]standard; permit; follow, quasi-, semi- [和訓] なぞらえる [熟語] ⓑ許准・批准・ⓒ准尉・准教授

【殉】10（歹・6） 常 常用音訓 ジュン

語音 *dziuən(上古) ziuĕn(中古→呉ジュン・漢シュン) xùn(中) 순(韓)

語源 [コアイメージ] ぐるりと回る。[実現される意味] 死んだ人（主人・君主など）の後を追って死ぬⓐ。[英]be buried alive with the dead

〔解説〕下記の春秋左氏伝の注釈に「人を殺して以て葬り、其の左右に璇環（＝旋環。丸くめぐらす）するを殉と曰ふ」（後漢の服虔注）とあり、「まわりを回る」がコアイメージである。

字源 「旬（音・イメージ記号）＋歹（限定符号）」を合わせた字。「旬」は「ぐるりと回る」というイメージがある（⇨旬）。「殉」は死んだ主人の回りを取り巻いて、後を追って死んだ臣下を葬る様子を暗示させる。

語義 [展開] 後を追って死ぬ意味ⓐから、比喩的に、大切なもののために犠牲になる意味ⓑを派生する。[英]be buried alive with the dead; devote oneself [和訓] したがう [熟語] ⓐ殉死・殉葬・ⓑ殉教・殉職

文献 ⓐ春秋左氏伝・文公6「以子車氏之三子奄息仲行鍼虎爲殉＝子車氏の三子奄息・仲行・鍼虎を以て殉と為す(子車氏の三人の息子奄息・仲行・鍼虎を殉死させた)」

【純】 10(糸・4) 常 常用音訓 ジュン

語音 (1)*dhiuən(上古) ʒıuĕn(中古→呉ジュン・漢シュン) chún(中) 순(韓) (2)*tiuən(上古) tʃıuĕn(中古→呉・漢シュン) zhǔn(中) 준(韓) (3)*duən(上古) duən(中古→呉ドン・漢トン) tún(中) 둔(韓)

語源 [コアイメージ] ㋐中に蓄える。㋑ずっしりと重く垂れる。㋒一所に集める。[実現される意味] 絹糸ⓐ。[英]silk thread

〔解説〕 純愛の純は混じり気(汚れ、不純物)が入り込んでいない状態であるが、カイコの糸(絹糸)からの転義である。王力は純・粋・淳・醇を同源とし、不雑(混じり気がない)の意味とする(王力①)。このイメージの源泉は屯にある。屯は春の字にも含まれており、地下に根がずっしりと蓄えられ、芽が地上に出かかる春の情景が念頭に置かれている。屯は「中にずっしりとこもる」「ずっしりと垂れ下がる」というイメージを表す記号となる。カイコの繭にこもっていた糸が出てくると、ずっしりと重く垂れ下がる。この糸を純という。絹糸の意味から、不純物が混じっていない、純粋であるという意味が生まれた。

字源 「屯(音・イメージ記号)＋糸(限定符号)」を合わせた字。「屯」は草の根が地下に蓄えられることから、「多くの物を一所に集めて蓄える」「ずっしりと重く垂れる」というイメージがある(⇩屯)。「純」は蚕の繭に蓄えられた糸を暗示させる。

語義 [展開] 絹糸の意が原義ⓐ。これから、他のものが混じらない(混じり気がない、飾り気がない)意味ⓑ、ほかに何もなくただそれだけ(専ら)の意味ⓒ、一つにまとまるさま(調和するさま)の意味ⓓに展開する(以上は1の場合)。また、「ずっしりと重く垂れる」というイメージから、ずっしりと垂れた衣の縁飾り、また、縁飾りをつける意味ⓔを派生する(2の場合)。また、「一所に集める」というイメージから、多くの物を一所に集めてまとめる意味ⓕを派生する(3の場合)。[英]silk thread; pure, unmixed; single-minded; harmonious; border; tie together [熟語] ⓑ純粋・純潔・ⓒ純一・単純

文献 ⓐ論語・子罕「今也純儉、吾從衆＝今や純は倹なり、吾は衆に従はん(この頃は絹糸が倹約だから、私は大衆に合わせよう)」ⓑ詩経・維天之命「於乎不顯文王之德之純＝於乎不顕なる文王の徳の純なる(ああ偉大な文王の徳の純粋さよ)」ⓓ論語・八佾「從之純如也＝之を従はてば純如たり(音楽の演奏を自由きままにすると、よく調和する)」ⓔ礼記・曲礼「冠衣不純素＝冠衣は素を純にせず(冠や衣は白色の縁飾りをつけない)」ⓕ詩経・野有死麕「白茅純束＝白茅純束す(チガヤで獲物をまとめて束ねる)」

【惇】 11(心・8) 人 音ジュン・トン 訓あつい・まこと

語音 (1)*tuən(上古) tuən(中古→呉・漢トン) dūn(中) 돈(韓) (2)*tiuən(上古) tʃıuĕn(中古→呉・漢シュン・[慣]ジュン) zhūn(中)

語源 [コアイメージ] 重みがあってずっしりと落ち着く。[実現される意味] 人柄が重厚である様子ⓐ。[英]solid, grave, sincere

字源 「享(＝臺。音・イメージ記号)＋心(限定符号)」を合わせた字。「享」は享楽の享ではなく、敦の左側と同じ。「重みがあってずっしりと落ち着く」というイメージを示す記号。物理的イメージは心理・精神的なイメージにも転用できる。「惇」は心が落ち着いて重厚である様子を暗示させる。1と2の読みがあったが、現代中国では1、日本では2を

用いる。

語義 [展開] 人格に真心があって手厚い(重厚なさま)の意味ⓐ、また、真心(まこと)の意味ⓑ。[英]solid, grave, sincere; sincerity

文献 ⓐ書経・皐陶謨「惇敍九族＝惇(あつ)く九族を叙す(真心をこめて九つの氏族を秩序づけた)」

【淳】11(水・8) 人 ｜ 音ジュン 訓あつい

語音 (1)*tiuən(上古) tʃiuěn(中古→呉・漢シュン・[慣]ジュン) zhūn(中) (2)*dhiuən(上古) ʒuěn(中古→呉ジュン・漢シュン) chún(中) 순(韓)

語源 [コアイメージ] 重みがあってずっしりと落ち着く。[実現される意味] 水を注いで含ませる(水に漬ける)ⓐ。[英]soak

字源 「享(＝𦎫(ジュン)。音・イメージ記号)＋心(限定符号)」を合わせた字。「享」は享楽の享ではなく、敦の左側と同じ。「重みがあってずっしりと落ち着く」というイメージを示す記号(⇩敦)。「淳」は物に水をそそいで含ませ、ずっしりと重みをつける様子を暗示させる。

語義 [展開] 水に漬ける意味ⓐ(1の場合)。「重みがあってずっしりと落ち着く」というコアイメージから、味が濃厚である意味ⓑ、性質が手厚い(人情が厚い、純朴である)意味ⓒ、不純な要素が混じっていない(混じり気がない、清らか)の意味ⓓに展開する(以上は2の場合)。[英]soak; rich; pure, honest; unmixed [熟語] ⓒ淳厚・淳良

文献 ⓐ周礼・考工記・鍾氏「淳而漬之＝淳(そそ)ぎて之に漬く(水を注いで漬けておく)」ⓒ老子・五十八章「其政悶悶、其民淳淳＝其の政悶悶たれば、其の民淳淳たり(政治がぼんやりとして取り留めがなければ、その人民は純朴である)」

【循】12(彳・9) 常 ｜ 常用音訓 ジュン

語音 *dziuən(上古) ziuěn(中古→呉ジュン・漢シュン) xún(中) 순(韓)

語源 [コアイメージ] ルートに従う。[実現される意味] ルートに沿って行くⓐ。[英]go along

〔解説〕循に対して古典に順・巡・遵・述などの訓がある。これらはすべて同源の語で「ルートに従う」というコアイメージをもつ。

字源 「盾(ジュン)(音・イメージ記号)＋彳(限定符号)」を合わせた字。「盾」は「ルートに従う」というイメージがある(⇩盾)。「循」は筋道や本筋となるものに寄り添って行く様子を暗示させる。

語義 [展開] ルートに沿って行く意味ⓐから、筋道・本筋に寄り添って従う意味ⓑ、旧来のことにそのまま従う意味ⓒ、順序に従う、また、順序があるさまの意味ⓓに展開する。また、あちこち見て回る(めぐる)意味ⓔを派生する。ⓔは巡と通用。[和訓] したがう・めぐる [英]go along; follow; abide by; orderly; patrol [熟語] ⓐ循環・ⓒ循吏・因循・ⓓ循循・ⓔ循行

文献 ⓐ春秋左氏伝・僖公4「循海而歸＝海に循(したが)ひて帰る(海岸に沿って帰還した)」ⓑ荀子・議兵「義者循理＝義なる者は理に循ふ(義とは道理に従うということである)」ⓒ戦国策・趙二「今王易初不循俗＝今、王は初を易へて俗に循はず(現在、王様は初志を変えて、世俗に従いません)」ⓓ論語・子罕「夫子循循然善誘人＝夫子は循循然として善く人を誘ふ(先生[孔子]は順序よく人を導いた)」ⓔ礼記・月令「循行國邑＝国邑を循行す(都市や村を巡察して歩き回る)」

【閏】12(門・4) 人 ｜ 音ジュン 訓うるう

語音 *niuən(上古) niuěn(中古→呉ニン・漢ジュン) rùn(中) 윤(韓)

語源 [コアイメージ] 余る。[実現される意味] 暦法のうるう月ⓐ。[英]intercalary month

〔解説〕字源について説文解字では「王、門の中に在り」と解剖してい

る。うるう月には王が宗廟にいないで門の中でその月を終えるといった解釈である。馬叙倫はこれを否定し、王は玉の誤りとした(説文解字六書疏証)。語源については説がないが、冗(上古音は*niuŋ)と同源であろう。「余計なものがはみ出る」「(はみ出んばかりに)余る」がコアイメージである。日本にはもともと閏の観念がなく、言葉がなかったが、漢語の潤のウルフの訓を転用して閏をウルフと読んだという(大野①)。

〔グループ〕閏・潤

字源 「玉(イメージ記号)＋門(限定符号)」を合わせた字。家の中が玉であふれる情景を設定した図形。この意匠によって、「たっぷり余る」「はみ出る」というイメージを作り出す。暦法(陰暦)で十二か月のほかに余ってはみ出た月のことを閏という。

(篆) 

語義 [展開] うるう月の意味ⓐから、正統ではない意味ⓑに転用される。[英]intercalary month; unorthodox [熟語] ⓐ閏月・閏年・ⓑ正閏

文献 ⓐ春秋左氏伝・文公6「閏以正時＝閏は以て時を正す(閏は時を調整するものである)」ⓑ漢書・王莽伝賛「餘分閏位＝余分の閏位(余分にはみ出た閏月のように、正統ではない帝位)」

【順】 12(頁・3) 常 (常用音訓) ジュン

語音 *dhiuən(上古) ʒiuěn(中古→呉ジュン・漢シュン) shùn(中) 순(韓)

語源 [コアイメージ] ルートに従う。[実現される意味] ルートに沿う、ルールや道理に寄り添う(付き従う)ⓐ。[英]follow, along

〔解説〕釈名・釈言語に「順は循なり、其の理に循ふなり」とある。*dhiuənという語は循のほかに、遵・巡・馴・述・術・船なども同源で、「ルートに従う」というコアイメージをもつ。「したがう」と訓ずるが、従とはコアイメージが異なる。英語のalongは前置詞であるが、「"…に沿って移動する"という動作を表すのが基本義」という(田中①)。これは順のコアイメージと合う。

字源 「川(セン)(音・イメージ記号)＋頁(限定符号)」を合わせた字。「川」は水が筋をなして流れることから、「筋道やルートに従う」というイメージを示す記号になる(⇩川)。「順」は頭を所定のルートに向けて、それに寄り沿っていく様子を暗示させる。

語義 [展開] ルートに沿う、ルールに寄り添う意味ⓐから、道理に付き従って逆らわない意味ⓑ、相手の言いなりになる(言うことを聞いて素直である)意味ⓒ、物事がそれに従って進む筋道・次第の意味ⓓ、順序通りに進み、都合がよい意味ⓔに展開する。[英]follow, along; obey; accord with; order; suitable [和訓] したがう [熟語] ⓐ順応・順路・ⓑ孝順・貞順・ⓒ恭順・柔順・ⓓ順序・語順・ⓔ順調・順当

文献 ⓐ詩経・皇矣「不識不知、順帝之則＝識らず知らず、帝の則に順ふ(知らず知らずのうちに、天帝の法則に従った)」ⓔ詩経・女曰鶏鳴「知子之順之＝子の順なるを知る(あなたが素直なのを知りました)」(最後の之はリズム調節詞)

【楯】 13(木・9) 人 音ジュン 訓たて

語音 *diuən(上古) dʒiuěn(中古→呉ジュン・漢シュン) shǔn(中) 순(韓)

語源 [コアイメージ] ルートに従う。[実現される意味] てすり(欄干)ⓐ。[英]railing; shield

字源 「盾(ジュン)(音・イメージ記号)＋木(限定符号)」を合わせた字。「盾」は「ルートに従う」というイメージがあり、「本筋となるものに寄り添う」というイメージに転じる(⇩盾)。「楯」は体を寄り添わせて身を守る横木、「てすり」を表す。

語義 ［展開］てすりの意味ⓐ。盾と同じく、たての意味ⓑにも用いられる。［英］railing; shield ［熟語］ⓐ欄楯・ⓑ矛楯

文献 ⓑ韓非子・難一「夫不可陷之楯與無不陷之矛、不可同世而立、今堯舜之不可兩譽、矛楯之説也＝夫れ陥(とお)すべからざるの楯と、陥さざるは無きの矛は、世を同じくして立つべからず。今、堯舜の両つながら誉むべからざるは、矛楯の説なり（どんなものでも突き通せない楯と、どんなものも突き通す矛は、同時に成り立たない。尭と舜［ともに古代の聖人の名］が同時に誉められないのは、この矛楯の話と同じである）」

【準】

13（水・10） 常 ― 常用音訓 ジュン

語音 (1)*tiuən（上古） tʃiuĕn（中古→呉・漢シュン・［慣］ジュン） zhǔn（中） 준（韓） (2)*tiuət（上古） tʃiuət（中古→呉セチ・漢セツ） zhuó（中） 절（韓）

語源 ［コアイメージ］平らにそろえる。［実現される意味］水平を計る道具（水準器、みずもり）ⓐ。［英］water-level

〔解説〕水平を計る道具を古代漢語で*tiuənという。この語は純・淳・敦などと同源で、「ずっしりと重く垂れ下がる」「ずっしりと落ち着く」というイメージがある。水が静かに落ち着くと水面が平らになる。したがって「平ら」というイメージに展開する。この二次的イメージが優勢になってから図形（視覚記号）が考案された。それは鳥の名である隼を利用した準である。隼は一直線に速く飛ぶハヤブサを表す図形。線のイメージは「まっすぐ」であるが、視点を面に移すと「平ら」のイメージに転化する。したがって準は水平を計る道具の名とすることができる。

字源 「隼(シュン)（音・イメージ記号）＋水（限定符号）」を合わせた字。「隼」は「まっすぐ」というイメージがある（⇩隼）。「（直線状に）まっすぐ」というイメージは「（平面的に）平ら」というイメージにもなる。「準」は水平を基準にして面が平らかどうかを計る道具を暗示させる。水面のように平らになることから、「（でこぼこを）平らにそろえる」「等しい」というイメージが準に生じた。藤堂明保は「十＋音符准」に分析したが（藤堂②）、改めるべきである。

語義 ［展開］水平を計る道具の意味ⓐから、物事を図る目安（尺度、規則）の意味ⓑ、手本に倣って目安にする（のっとる）意味ⓒに展開する。また、「平らに（等しく）そろえる」というイメージから、均等にそろっている（同等である）意味ⓓ、物事を図ってそろえる（はかる）意味ⓔ、主たるもの（上位）や正式なものと同等にそろえた扱いをする（なぞらえる）意味ⓕを派生する（以上は1の場合）。また、両側に平らな鼻翼がそろって一本の線をなす鼻筋の意味ⓖを派生する（2の場合）。［英］water-level; standard, norm, criterion; make a model of; equal, even; plan; follow, quasi-, semi-; bridge of the nose ［和訓］なぞらえる・みずもり ［熟語］ⓐ準縄・平準・ⓑ基準・標準・ⓒ準拠・準則・ⓔ準度(ジュンタク)・準備・ⓕ準用・準優勝・ⓖ隆準(リュウセツ)

文献 ⓐ管子・水地「準也者、五量之宗也＝準なる者は、五量の宗なり（水盛りは五つの尺度の大本である）」ⓑ管子・水地「水者萬物之準也＝水なる者は万物の準なり（水というものは万物の尺度である）」ⓓ易経・繋辞伝上「易與天地準＝易は天地と準ず（易は宇宙と等しい）」ⓔ周礼・考工記・栗氏「權之然後準之＝之を権(はか)りて然る後之を準(はか)る（［器］の重さを量った後水平を計る）」ⓕ管子・山至数「山有金、以立幣、以幣準穀而授祿＝山に金有り、以て幣を立つ、幣を以て穀に準(なぞ)らへて禄を授く（山から黄金が出て、黄金で貨幣を作る。貨幣を穀物と同等に扱い、貨幣で俸禄を授ける）」ⓖ史記・秦始皇本紀「秦王爲人、蜂準長目＝秦王人と為(な)り、蜂準にして長目（秦王の風貌は、ハチのように高い鼻柱、切れ長の目であった）」

【詢】

13（言・6） 人 ― 音ジュン 訓とう・はかる

語音 *siuən（上古） siuĕn（中古→呉・漢シュン・［慣］ジュン） xún（中） 순（韓）

語源 [コアイメージ] ぐるりと回る。[実現される意味] 意見を聞く(問いたずねる)ⓐ。[英]ask

字源 「旬(音・イメージ記号)+言(限定符号)」を合わせた字。「旬」は「ぐるりと回る」「一回りする」というイメージがある(⇩旬)。「詢」はあちこちに回って意見を聞く様子を暗示させる。

語義 [展開] 意見を聞く意味ⓐから、はかる(相談する)意味ⓑに展開する。[英]ask; consult [熟語] ⓐ詢訪・諮詢

文献 ⓐ詩経・皇皇者華「載馳載驅、周爰咨詢＝載ち馳せ載ち駆り、周く爰に咨詢す(馬にむち当て、車を飛ばし、あちこちにたずね行く)」ⓑ詩経・板「先民有言、詢于芻蕘＝先民言有り、芻蕘に詢る(昔の人の諺に、〝きこりも良き相談相手〟)」

【馴】 13(馬・3) 人 | 音ジュン 訓なれる・ならす

語音 *dziuən(上古) ziuěn(中古→呉ジュン・漢シュン) xún(中) 순(韓)

語源 [コアイメージ] ルートに従う。[実現される意味] 飼いならすⓐ。[英]domesticate

〔解説〕古典に「馴は順なり」の訓がある。「ルートに従う」というのがコアイメージで、ルールや筋道に従って柔順になる意味。日本語の「なれる(なる)」はナラフ(習・慣)のナラと同根で、「物事に絶えず触れることによって、それが平常と感じられるようになる意」が原義で、親和する意味になるという(大野①)。漢語の馴は「(言うことを聞くように)飼いならす」が原義で、そこから、(飼いならされて)おとなしくなるという意味に展開する。漢語の馴と「なれる」は微妙に違う。馴には馴れ合い・馴れ初めのような意味はない。

字源 「川(音・イメージ記号)+馬(限定符号)」を合わせた字。「川」は「ルートに従う」というイメージがあり(⇩川)、「ルールや筋道に付き従う」というイメージに展開する。「馴」は馬を命令に従わせておとなしくさせる様子を暗示させる。

語義 [展開] 飼いならす意味ⓐから、飼いならされている意味ⓑに展開する。また、「ルートに従う」というコアイメージから、ルールに従って逆らわない(おとなしくする)意味ⓒを派生する。[英]domesticate; tame; docile [熟語] ⓐ馴化・馴致・ⓑ馴禽

文献 ⓐ韓非子・外儲説右上「夫馴烏者斷其下翎焉、斷其下翎、則必恃人而食、焉得不馴乎＝夫れ烏を馴らす者は其の下翎を断つ、其の下翎を断てば、則ち必ず人を恃みて食す、焉くんぞ馴れざるを得んや(カラスを飼いならすには、下羽を断ち切る。下羽を断ち切ると、カラスは人に頼って餌を食べるから、なれざるを得ない)」ⓑ漢書・武帝紀「南越獻馴象＝南越、馴象を献ず(南越が飼いならしたゾウを献上した)」ⓒ史記・五帝本紀「五品不馴＝五品馴ならず(五つの人間関係がしっくりしない)」

【潤】 15(水・12) 常 | 常用音訓 ジュン うるおう・うるおす・うるむ

語音 *niuən(上古) niuěn(中古→呉ニン・漢ジュン) rùn(中) 윤(韓)

語源 [コアイメージ] 余る。[実現される意味] 水分がたっぷりしみる(うるおう)ⓐ。[英]moisten

〔解説〕暦法の閏(うるう)と同源で、「余る」がコアイメージ。日本語の「うるおう(うるほふ)」は「うるう(うるふ)」と同じで、水気を含んでぬれる意から、みずみずしく生気づく意。比喩的に、恵みを受けてそれにひたる意や、豊かに栄える意」という(大野①)。漢語の潤の意味、およびその転義とほとんど同じである。

字源 「閏(音・イメージ記号)+水(限定符号)」を合わせた字。「閏」は「余計なものがはみ出る」「(はみ出んばかりに)余る」というイメージがある(⇩閏)。「潤」は水分が余るほどたっぷりある様子を暗示させる。この意匠によって、水分でうるおうことを表象する。

語義 [展開] うるおう意味ⓐから、うるおいがある(色つやがある、つやをつける)意味ⓑ、余分に余ったものをたっぷりもらう(恩を施す、恵みを受ける)意味ⓒ、余分なものが出る(たっぷり余る、余り)の意味ⓓに展開する。[英]moisten; embellish; enrich; profit, benefit [熟語] ⓐ潤滑・湿潤・ⓑ潤色・芳潤・ⓒ恵潤・恩潤・ⓓ潤沢・利潤

文献 ⓐ論語・顔淵「浸潤之譖=浸潤の譖り(水がじわじわとしみ込むような悪口)」ⓑ論語・憲問「東里子産潤色之=東里の子産、之を潤色す(外交文書は東里の子産が色つやをつけて立派にした)」ⓒ淮南子・泰族訓「堯治天下、政教平、徳潤洽=堯、天下を治むるや、政教平らに、徳潤洽し(堯が天下を統治すると、政治は公平で、恩恵は広く行き渡った)」ⓓ易林3「商旅不行、利潤難得=商旅行かず、利潤得難し(行商人が行かないので、利益が得がたい)」

【諄】 15(言・8) 人 音ジュン

語音 *tiuən(上古) tʃiuěn(中古→呉・漢シュン・[慣]ジュン) zhūn(中) 순(韓)

語源 [コアイメージ] 重みがあってずっしりと落ち着く。[実現される意味] 丁寧に教え諭す(くどくどと言い聞かせる)ⓐ。[英]inculcate

字源 「享(=𦎫。音・イメージ記号)+心(限定符号)」を合わせた字。「享」は「重みがあってずっしりと落ち着く」というイメージから、「手厚い」というイメージに展開する(⇨敦)。「諄」は手厚く丁寧に話す様子を暗示させる。

語義 [展開] 丁寧に教え諭す意味ⓐから、真心があって手厚い(誠実なさま)の意味ⓑに展開する。[英]inculcate, repeatedly to admonish; sincere [熟語] ⓐ諄諄

文献 ⓐ詩経・抑「誨爾諄諄、聴我藐藐=爾に誨ふること諄諄たり、我に聴くこと藐藐たり(お前にくどくど教えても、何を聞いても上の空)」ⓑ後漢書・卓茂伝「労心諄諄、視人如子=心を労すること諄諄たり、人を視ること子の如し(ねんごろにいたわってくれて、まるで自分の子どものように扱った)」

【遵】 15(辵・12) 常 常用音訓 ジュン

語音 *tsiuən(上古) tsiuěn(中古→呉・漢シュン・[慣]ジュン) zūn(中) 준(韓)

語源 [コアイメージ] ルートに従う。[実現される意味] 筋道に沿って行くⓐ。[英]go along

[解説] 古典の訓に「遵は循なり」とある。*tsiuənという語は循(筋道に寄り沿って行く)・巡(順序に従って見回る)・順(ルールや道理に従う)などと同源である。

字源 「尊(音・イメージ記号)+辵(限定符号)」を合わせた字。「尊」は座りのよい酒壺のことから、「じっと安定する」というイメージがあり(⇨尊)、「定位置(ルート)から外れない」というイメージに展開する(これは二次的イメージである)。「遵」は決まったルートから外れないで行く様子を暗示させる。この意匠によって、ルートやルールに寄り沿って外れないことを表象する。

語義 [展開] 筋道に沿って行く意味ⓐから、筋道を外れない(ルールに従う)意味ⓑに展開する。[英]go along; follow, obey [和訓] したがう [熟語] ⓑ遵守・遵法

文献 ⓐ詩経・汝墳「遵彼汝墳=彼の汝墳に遵ふ(汝[川の名]の堤に沿うて行く)」ⓑ孟子・離婁上「遵先王之法而過者、未之有也=先王の法に遵ひて過つ者は、未だ之れ有らざるなり(先王の法に従って間違った者はいまだかつてない)」

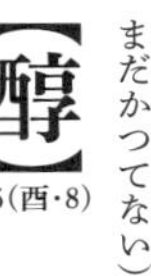

【醇】 15(酉・8) 人 音ジュン 訓あつい

語音 *dhiuən(上古)　ʒuěn(中古→呉ジュン・漢シュン)　chún(中)　순(韓)

語源 [コアイメージ] 重みがあってずっしりと落ち着く。[実現される意味] 水で薄めていない酒ⓐ。[英]mellow wine

字源 「享(＝𦎫ジュン。音・イメージ記号)＋酉(限定符号)」を合わせた字。「享」は「重みがあってずっしりと落ち着く」というイメージがある(⇩敦)。「醇」は水で薄めてなくて、こってりとした濃さのある原酒を暗示させる。

語義 [展開] 水で薄めていない酒の意味ⓐから、味が濃厚である意味ⓑ、不純なものが混じっていない(混じり気がない)意味ⓒ、性質が純朴である(人情が厚い)意味ⓓに展開する。[英]mellow wine; rich; unmixed; pure [熟語] ⓐ醇醴ジュンレイ・ⓑ芳醇・ⓒ醇乎・醇粋・ⓓ醇厚・醇風

文献 ⓐ史記・爰盎晁錯列伝「買二石醇醪＝二石の醇醪ジュンロウを買ふ(濃厚な美酒を二石買った)」ⓒ書経・説命「政治惟醇＝政治惟これ醇なり(王の政治は純粋で立派である)」

しょ ……………………

【処】 5(几・3)　常　常用音訓 ショ

語音 *t'iag(上古)　tʃ'io(中古→呉・漢ショ)　chǔ・chù(中)　처(韓)

語源 [コアイメージ] (ある場所に)腰を落ち着ける。[実現される意味] その物があるべき所にじっと腰を落ち着ける(ある場所や状態に身を置く)ⓐ。[英]be situated in

〔解説〕処と居、処と所はそれぞれコアイメージは違うが、意味は近くなる。藤堂明保は者のグループ(著・着など)、宁チョのグループ(貯など)、また庶・図などと同源で、「一所に集まる(定着する)」という基本義があるとする(藤堂①)。「定着する」というイメージは「一定の場所にじっと落ち着く」というイメージに展開する。

字源 「處」が正字。「処ショ(音・イメージ記号)＋虍(限定符号)」を合わせた字。「処」は「几(小さな坐具の形。イメージ記号)＋夂(限定符号)」を合わせて、床几に腰を下ろす場面を設定した図形。これで「腰を落ち着ける」ことを表すには十分であるが、場面を転換させて、トラが縄張りにじっと構えている情景を想定した図形とした。これが「處」である。ただし意味はトラと関わりがない。

(篆)　[処]　(篆)

〔字体〕「処」は近世中国で使われた「處」の俗字。もともと處の異体字である。

語義 [展開] ある場所や状態に身を置く意味ⓐから、腰を落ち着けて住まう意味ⓑ、仕官や結婚をせずに家にいる意味ⓒ、あるべき場所に落ち着かせる(しかるべく始末する)意味ⓓ、落ち着く場所(物の位置する所)の意味ⓔに展開する。[英]be situated in; dwell; stay home, unmarried; manage; place [和訓] おる・おく・ところ [熟語] ⓐ処暑・処世・ⓒ処士・処女・ⓓ処置・処理・ⓔ居処・随処

文献 ⓐ詩経・黄鳥「此邦之人、不可與處＝此の邦の人、与ともに処るべからず(この国の人たちとは、一緒に居ることはできない)」ⓑ孟子・尽心上「遵海濱而處＝海浜に遵ひて処る(海辺に沿って住んでいる)」ⓒ荘子・逍遥遊「肌膚若冰雪、淖約若處子＝肌膚は冰雪の若ごとく、淖約として処子の若し([仙人の]肌は雪のように白く、体は未婚のおとめのようにしなやかだ)」ⓓ春秋左氏伝・文公18「徳以處事＝徳以て事を処す(徳を基準として仕事を処理させる)」ⓔ詩経・簡兮「在前上處＝前の上の処に在り([舞の先導者は]前列のいちばん上の所にいる)」

【初】 7(刀・5)　常　常用音訓 ショ　はじめ・はじめて・はつ・うい・そめる

語音 *ts'iag(上古)　ts'ïo(中古→呉ソ・漢ショ)　chū(中)　초(韓)

語源 [コアイメージ] 切れ目を入れる。[実現される意味] 物事の起こり(はじめ)ⓐ。[英]beginning

〔解説〕説文解字に「衣を裁つの始めなり」とあるように、字源から「はじめ」の意味を導き出すのが従来の解釈。語源から意味を説いたのは藤堂明保である。氏は作・創・初を同源の語として、「切れ目を入れる」を基本義と定めた(藤堂①)。白紙の状態に切れ目を入れることが物事の第一歩である。だから作・創・初の語においては「切れ目を入れる」というイメージから「はじめる」「はじめて」というイメージ転化がなされる。同様のイメージ転化現象は才・裁・哉にも見られる。日本語の「はじめ」はハジムの連用形。ハジムは「ハ(端)＋シム(占)」で、「物事の端緒・先の方を占有・占領する意。明確に区域や時期を画して一端を占め、そこから持続的に進展・拡大する行為や状態をいうのが原義」という(大野①)。そこから「はじめ」は物事の発端という意味になる。漢語の初と出発点は違うが、転義は互いに似てくる。なお漢語の初には「はじめる」「そめる」という動詞的用法はない。また「うい(うひ)」は「事にあたって、初心で、不慣れで、ぎこちない意」という(大野①)。この意味も漢語の初にない。

字源 「衣(ころも。イメージ記号)＋刀(限定符号)」を合わせた字。道具で衣を裁つ場面を設定した図形。切れ目を入れて衣を作り出す様子を暗示させる意匠によって、物事のはじまりを表象する。

(甲)　(金) 　(篆)  

語義 [展開] 物事の起こり(はじめ)の意味ⓐから、はじめて(最初に)の意味ⓑに展開する。[英]beginning; first　[熟語] ⓐ原初・最初・ⓑ初出・初診

文献 ⓐ詩経・兎爰「我生之初＝我が生の初め(私の人生のはじめ)」ⓑ詩経・緜「民之初生＝民の初めて生ずる(最初に生まれた民)」

【所】 8(戸・4)　常　常用音訓 ショ　ところ

語音 *sïag(上古)　ṣïo(中古→呉ショ・漢ソ)　suǒ(中)　소(韓)

語源 [コアイメージ] (一定の場を)囲い込む。[実現される意味] ある物が占めている場所(ところ)ⓐ。[英]place

〔解説〕語源の難しい語である。所は詩経の時代から「ところ」の意味をもつ*sïagを表記する。これは戸のイメージから生まれた語と考えられる。戸は囲って保護するというイメージがある。したがって、ある物が根拠とする地点・場所を所という。その物のあるべき場所、その物にとってふさわしい場所である。詩経に「我が所(自分の落ち着くべき場所)を得る」、論語に「其の所(それがあるべき位置)に居る」という表現があり、所の恰好な用例である。日本語の「ところ」は「トコ(床)と同根。一区画が高く平らになっている場所が原義」で、そこから区域・場所の意味に転ずる(大野①)。また、漢文訓読の影響から「期するところ」のように「～(する)ところ」という用法が生じた。漢文では所は動詞の前に置かれる。英語のplaceはギリシア語のplateia(広い道)、ラテン語のplaea(広い場所)に由来し、「ある特定の場所、所」の意という(小島①)。

字源 「戸(音・イメージ記号)＋斤(限定符号)」を合わせた字。「戸」は「とびら」が表層の意味だが、コアに「囲い込む」というイメージがある(⇨戸)。「所」は道具で一定の範囲の場所を囲い込む様子を暗示させる。この意匠によって、ある物が占めている場やポイントを表象する。藤堂明保は戸を単なる音符とし、木を切る擬音語とした(藤堂②)。

語義 [展開] 物が占めている場所、物の落ち着く場所(いるべき場所・地点・位置)の意味から、一般に、場所・ポイントの意味ⓐ。「一定の場を囲い込む」というイメージから、ある行為を空間化して「もの」として扱う用法が生まれた。「所～」の語形で、「～(する)ところ」と訓読す

る。何かをする物・事・人の意味ⓑ。またⓐから、仕事・業務を行う施設の意味ⓒに用いる。[英]place, point, spot; the place where; institution
[熟語] ⓐ住所・要所・ⓑ所感・所得・ⓒ支所・役所
文献 ⓐ詩経・碩鼠「樂土樂土、爰得我所＝楽土よ楽土よ、爰(ここ)に我が所を得ん(楽園よ楽園よ、そこに私の場所を見つけよう)」ⓑ詩経・都人士「萬民所望＝万民の望む所([彼は]すべての民に慕われる人だ)」

【杵】8(木・4) 人 ─ 音ショ 訓きね

語音 *k'iag(上古) tʃ'io(中古→呉・漢ショ) chǔ(中) 저(韓)
語源 [コアイメージ] ⇅形に交差する。[実現される意味] きねⓐ。[英]pestle
字源 「午(ゴ)(音・イメージ記号)＋木(限定符号)」を合わせた字。「午」はきねを描いた図形。きねは穀物などを臼に入れて搗く道具で、↓の形に打ち下ろす動作と、↑の形に持ち上げる動作を繰り返すので、「⇅形に交差する」というイメージがある(⇩午)。
語義 [展開] きねの意味ⓐ。武器の一種、盾の意味ⓑにも転用される。[英]pestle; shield [熟語] ⓐ杵臼
文献 ⓐ易経・繫辞伝下「斷木爲杵、掘地爲臼＝木を断ちて杵を為(つく)り、地を掘りて臼を為る([上古の聖人は]木を断ち切って杵を作り、地を掘って臼を作った)」ⓑ書経・武成「血流漂杵＝血流れて杵を漂はす(血が流れて盾がぷかぷか浮かぶ[戦場の悲惨な情景])」

【書】10(曰・6) 常 ─ 常用音訓 ショ かく

語音 *thiag(上古) ʃio(中古→呉・漢ショ) shū(中) 서(韓)
語源 [コアイメージ] くっつける・定着する。[実現される意味] 文字を書きつける(かく)ⓐ。[英]write
〔解説〕文字を書く行為は最初はナイフなどで刻みつけたので契(ケイ)と称された。ついで筆の発明があり、帛(きぬ)などに筆で記した。この段階で*thiagという語が生まれた。説文解字に「書は箸(チョ)(着ける)なり」、釈名・釈書契に「書は庶なり。庶物を紀するなり。亦た著を言ふなり。之を簡紙に著して永く滅ぼさざるなり」とある。*thiagは著・着・箸などと同源の語である。これらのコアイメージを提供する源泉は者という記号にある。これは「一点にくっつける」「定着する」がコアイメージであり、筆で文字を絹や紙などの材料の上にくっつけて定着させる行為が書に他ならない。日本語の「かく」は搔くと同源で、「指や道具で物をひっかく」ことに由来する(大野①)。英語のwriteは「刻み込む、ひっかく」が原義という(下宮①)。漢語の契、日本語の「かく」と語源が似ている。
字源 篆文は「聿＋者」、隷書で「聿＋曰」に変わった。「者(シャ)(音・イメージ記号)＋聿(筆に関わる限定符号)」を合わせた字。「者」は「多くのものが一所に集中する」というイメージがあり、「一点にくっつく」というイメージに展開する(⇩者)。「書」は文字が消えないように紙などに筆でくっつける様子を暗示させる。

(金)　(篆)

語義 [展開] 文字を書きつける意味ⓐから、文字で書いたもの(木簡・手紙・本など)の意味ⓑ、文字の書き方や、文字の様式の意味ⓒに展開する。また、五経の一つである書経の特称ⓓ。[英]write; written document, book, letter; style of calligraphy, script; the Book of Document
[和訓] ふみ [熟語] ⓐ書写・清書・ⓑ辞書・図書・ⓒ書道・楷書・ⓓ詩書・尚書
文献 ⓐ論語・衛霊公「子張書諸紳＝子張、諸(これ)を紳に書す(子張[人名]はこのことを帯に書いた)」ⓑ詩経・出車「豈不懷歸、畏此簡書＝豈帰るを懐はざらんや、此の簡書を畏る(国に帰りたいのはやまやまだけど、軍令の書きつけが怖いから)」ⓓ論語・為政「書云＝書に云ふ(書経ではこう言ってい

る)」

【庶】

11(广・8) 常 ─ 常用音訓 ショ

語音 *thiag(上古) ʃio(中古→呉・漢ショ) shù(中) 서(韓)

語源 [コアイメージ] たくさん(一所に)集まる。[実現される意味] たくさん集まって数が多い(物がごたごたとある)ⓐ。[英]numerous

〔解説〕 釈名・釈親属に「庶は摭なり。之を拾摭する(広い集める)なり。微陋(卑しいもの)を拾摭して之を待遇するなり」とある。これは庶の派生義(庶子)を説明したものだが、摭と同源と見たのはよい着眼である。*thiagという語は者・諸・儲・貯などと同源で、「(多くのものが)一所に集まる」というコアイメージをもつ。「一所に集まる」は「定着する」「くっつく」というイメージにも展開し、著・着とつながりをもつ。また、「充実する」というイメージにも展開し石とつながりをもつ。摭の異体字に拓(開拓の拓とは別)、蹠の異体字に跖があるゆえんである。

〔グループ〕 庶・遮・摭(多くのものを一所に集める→ひろう[捃摭])・蔗(茎の中に甘い汁の充実した草、サトウキビ[甘蔗])・蹠(肉が充実して固くなった足裏[対蹠])・鷓(目玉に似た斑文が多く集まった鳥、シャコ[鷓鴣])

字源 「炗(イメージ記号)+广(限定符号)」を合わせた字。「廿」は革・菫の上の部分で、獣の頭の形。「廿+火」を合わせたのが「炗」(光の古文)で、動物の頭の脂肪を燃やして光を出す様子を暗示させる。したがって「庶」は家の中に光をたっぷりと採り入れる情景を設定した図形。この意匠によって、「たくさん一所に集める」というイメージを表すことができる。

(金) (篆)

語義 [展開] 「たくさん集まる」というイメージは多くの物がくっつくというイメージに展開する。これは者の「一所に集中する」→「くっつく」というイメージ展開に似ている。庶は物がくっつくように集まってごたごたと多い意味ⓐ。ここから、大勢の人(大衆)の意味ⓑ、嫡子以外の、その他大勢の子(側室の生んだ子)の意味ⓒに展開する。また、「くっつく」というイメージは「近づく」というイメージに展開し、欲しいものに近づきたいという願望、つまりそうありたいと願う(こいねがう)意味ⓓ、また、近い意味ⓔを派生する。[英]numerous; multitude; concubine's son or daughter; hope, wish, desire; near, nearly, almost [和訓] もろもろ・こいねがう・ちかい [熟語] ⓐ庶民・庶務・ⓑ士庶・衆庶・ⓒ庶子・庶出・ⓓ庶幾

文献 ⓐ詩経・小明「我事孔庶＝我が事孔だ庶し(私の仕事はやたらと多い)」ⓑ孟子・万章上「舜曰、惟茲臣庶＝舜曰く、惟れ茲の臣庶(舜は言った、皆の衆よ)」ⓓ詩経・生民「庶無罪悔＝罪悔無きを庶ふ(罪がないのをただ願う)」ⓔ論語・先進「回也其庶乎＝回や其れ庶からんか(顔回は[理想に]近づいているなあ)」

【渚】

11(水・8) 人 ─ 音ショ 訓なぎさ

〔渚〕 12(水・9) 人 ─ 音ショ 訓なぎさ

語音 *tiag(上古) tʃio(中古→呉・漢ショ) zhŭ(中) 저(韓)

語源 [コアイメージ] 多くのものを一所に集める。[実現される意味] 川の中州ⓐ。[英]islet

字源 渚が正字。「者(音・イメージ記号)+水(限定符号)」を合わせた字。「者」は「多くのものを一所に集める」というイメージがある(⇩者)。「渚」は土砂が集まってできた小さな島を暗示させる。

語義 [展開] 川の中州の意味ⓐ。「一所に集まる」というイメージは「くっつく」というイメージに展開し、水と陸のくっつく(接する)所、水辺(みぎわ・なぎさ)の意味ⓑを派生する。[英]islet; waterside, shore [熟

語】ⓐ州渚・汀渚・ⓑ渚辺・渚畔

文献 ⓐ詩経・九罭「鴻飛遵渚＝鴻は飛んで渚に遵ふ（オオハクチョウは中州に沿って飛んでいく）」ⓑ楚辞・九歌・湘君「夕弭節兮北渚＝夕べに節を北渚に弭む（夕方には北のみぎわに車を止める）」

【暑】12（日・8）　常　｜常用音訓 ショ　あつい

〔暑〕13（日・9）　人　｜音 ショ　訓 あつい

語音 *thiag（上古）　ʃio（中古→呉・漢ショ）　shǔ（中）　서（韓）

語源 ［コアイメージ］一所に集中する。［実現される意味］気温が高くてあつい、あつさⓐ。［英］hot, heat

〔解説〕釈名・釈天に「暑は煮なり。熱、物を煮るが如きなり」とある。*thiagという語は煮（熱を集中させて煮る）と同源である。暑と熱は熱気と関係があるが、大気の温度が高い場合（寒の反対）が暑、物体の温度が高い場合（冷の反対）が熱である。日本語の「あつい（あつし）」は両方を兼ねる（使い分けるときは漢字を利用する）。

字源 「暑」が正字。「者（音・イメージ記号）＋日（限定符号）」を合わせた字。「者」は「多くの物が一所に集中する」というイメージがある（⇩者）。「暑」は日光の熱が集中する様子を暗示させる。

語義 気温が高くてあつい意味ⓐ。［熟語］ⓐ暑気・避暑

文献 ⓐ詩経・雲漢「我心憚暑＝我が心、暑を憚る（私の心は［日照りの］暑さがこわい）」

【署】13（网・8）　常　｜常用音訓 ショ

〔署〕14（网・9）　人　｜音 ショ

語音 *dhiag（上古）　ʒio（中古→呉ジョ・漢ショ）　shǔ（中）　서（韓）

語源 ［コアイメージ］一点にくっつける。［実現される意味］人員をポストに配置するⓐ。［英］make arrangements for

字源 「署」が正字。「者（音・イメージ記号）＋网（限定符号）」を合わせた字。「者」は「一所に集中する」というイメージに展開する（⇩者）。「署」は網の目のような位置に人員をはりつける様子を暗示させる。

語義 ［展開］人員をポストに配置する意味ⓐから、人を配置した持ち場やポストの意味ⓑ、ポストが網の目のように配置された役所の意味ⓒに展開する。また、「一点にくっつける」というイメージから、文字を書いてくっつける（書きつける、記す）意味ⓓを派生する。［英］make arrangements for; post, position; office; sign, signature　［熟語］ⓑ部署・ⓒ官署・本署・ⓓ署名・自署

文献 ⓐ墨子・備城門「時換吏卒署＝時に吏卒を換へて署す（時々官吏や兵士を換えて配置する）」ⓑ国語・魯「署、位之表也＝署は位の表なり（ポストは位の標識だ）」ⓓ墨子・号令「署長短大小＝長短大小を署す（長さと大きさを記す）」

【緒】14（糸・8）　常　｜常用音訓 ショ・チョ　お

〔緒〕15（糸・9）　人　｜音 ショ　訓 お・いとぐち

語音 *diag（上古）　zio（中古→呉ジョ・漢ショ・［慣］チョ）　xù（中）　서（韓）

語源 ［コアイメージ］一所に集まる。［実現される意味］糸を引き出す先端（いとぐち）ⓐ。［英］thread end

〔解説〕蚕の繭から糸を引き出す時の「いとぐち」を表す語に紀・統・緒があるが、それぞれコアイメージが違い、意味の展開が違う。きちんと筋道をつける意味へ展開するのが紀、全体をまとめる意味に展開するのが統、物事の発端の意味に展開するのが緒である。訓の「お（を）」は

「撚り合わせた繊維」の意から「切れずに長くつづくものの意」(大野①)に転じた語で、漢語の諸にこの意味はない。いとぐちから連想した訓であろう。

字源 「緒」が正字。「者ャシ(音・イメージ記号)＋糸(限定符号)」を合わせた字。「者」は「一所に集まる」というイメージがある(⇩者)。「緒」は糸を紡ぐ際、蚕の原糸を寄せ集めて引き出す先端を暗示させる。

語義 [展開] 後に続くものの発端(いとぐち)の意味ⓐから、物事の始め(仕事の発端、物事の始まり)の意味ⓑ、最初の導きによって後に続く事柄(後に引き続がれていく事業)の意味ⓒ、あるきっかけでずるずると続いて起こる思いの意味ⓓに展開する。[英]thread end; clue, beginning; inheritance; emotional state [熟語] ⓑ緒論・端緒・ⓒ千緒万端・ⓓ情緒・心緒

文献 ⓑ詩経・常武「三事就緒＝三事、緒に就け(三卿は任務につきなさい)」ⓒ詩経・閟宮「纘禹之緒＝禹の緒を纘っぐ(禹の事業を継ぐ)」

【諸】 15(言・8) 常 常用音訓 ショ

〔諸〕16(言・9) 人 音 ショ 訓 もろ・もろもろ

語音 *tiag(上古) tʃio(中古→呉・漢ショ) zhū(中) 제(韓)

語源 [コアイメージ] 多くのものが一所に集まる。[実現される意味] 多くの(もろもろ)ⓐ。[英]many, all, various

字源 「諸」が正字。「者ャシ(音・イメージ記号)＋言(限定符号)」を合わせた字。「者」は「多くのものを一所に集中させる」というイメージがある(⇩者)。「諸」は多くのものを一つにひっくるめて言い表す言葉を暗示させる。この意匠によって、多くの、もろもろという意味を表象する。

語義 「諸〜」の形で「多くの」の意味ⓐ。また、之于の縮まった語形で、動詞の下に置いて「これ(を)」と読む助詞ⓑ。[英]many, all, various; this [熟語] ⓐ諸君・諸国

文献 ⓐ詩経・将仲子「畏我諸兄＝我が諸兄を畏る(兄たちが怖い)」ⓑ論語・為政「擧直錯諸枉、則民服＝直きを挙げて諸これを枉まがれるに錯おけば、則ち民服す(正直者を取り上げて根性の曲がった者の上に据えれば、民は心服するだろう)」

【曙】 17(日・13) 人 音 ショ 訓 あけぼの

語音 *dhiag(上古) ʒio(中古→呉ジョ・漢ショ) shǔ(中) 서(韓)

語源 [コアイメージ] はっきりと現れる。[実現される意味] 夜が明ける頃(夜明け、あけぼの)ⓐ。[英]dawn, daybreak

〔解説〕王念孫は「曙の言は明著なり」といい、著と同源と見ている(広雅疏証)。著には「はっきりと現す」というイメージがある。藤堂明保は赭ャシ(赤い)と同源と見ている(藤堂②)。日本語の「あけぼの」は「夜がほのかに明けようとして、次第に物の見分けられるようになる頃。アカツキの次の段階」という(大野①)。漢語の曙と暁の区別は明確ではない。

字源 「署ョシ(音・イメージ記号)＋日(限定符号)」を合わせた字。もともと睹と書かれた(説文解字にある篆文の字体)。「者」は「一点にくっつく」というイメージから、「くっつけて目立たせる」「はっきりと現す」というイメージに転化することがある(⇩著)。「睹(＝曙)」は日がはっきりと姿を現す様子を暗示させる。

語義 [展開] 夜明け(あけぼの)の意味ⓐから、太陽が姿を現す(夜が明ける)意味ⓑに展開する。[英]dawn(ⓐⓑ), daybreak [熟語] ⓐ曙光

文献 ⓐ楚辞・九章・悲回風「思不眠以至曙＝思ひて眠らず以て曙に至る(愁えて眠れず、とうとう夜を明かした)」ⓑ淮南子・天文訓「曙于蒙谷之浦＝蒙谷の浦に曙ぁく(太陽は蒙谷[太陽が出てくる谷の名]のみぎわで姿を現した)」

じょ

【女】3(女・0) 常 常用音訓 ジョ・ニョ・ニョウ おんな・め

語音 *niag(上古) nio(中古→呉ニョ・漢ヂョ〈＝ジョ〉) nǚ(中) 녀・여(韓)

語源 [コアイメージ] 柔らかい。[実現される意味] 未婚の若いおんな、また広く、おんなⓐ。[英]girl, woman

〔解説〕漢代の文献では「女は如(したがう)なり」というのが普遍的な語源意識である。これは人(男や父や夫)に従うのが女であるという儒教的な解釈。しかし如と同源と見たのは正しい。*niagという語は「柔らかい」というコアイメージをもち、弱・若・柔・嬢などと同源である。身体的特徴を捉えた語と言えよう。詩経などでは士と女が対になり、未婚の若いおんなを女と呼ぶ。また男に対する場合、一般におんなの意味にもなる。和訓の「おんな(をみな)」は「ヲ(小)とオミナ(成人の女)との複合語か。古くは美女・佳人の意であったが、後に女一般を指す」という(大野①)。

〔グループ〕女・如・奴・汝

字源 両手を前に組み、ひざまずいた人を描いた図形。

(甲) (金) (篆)

語義 [展開] おんなの意味ⓐ、娘の意味ⓑ、娘を嫁にやる(めあわす)意味ⓒに展開する。また、柔らかい、丈が低い、小さいの意味ⓓ。而・若などと音・イメージが似ているので、二人称(なんじ)の意味ⓔにも用いる。ⓔは汝と通用。[英]girl, woman, lady, female; daughter; give as wife; short; you [和訓] むすめ・なんじ・おみな・めあわす [熟語] ⓐ少女・婦女・ⓑ息女・長女・ⓓ女垣

文献 ⓐ詩経・氓「于嗟女兮、無與士耽＝于嗟女よ、士と耽る無かれ(ああ女よ、男と快楽に耽ってはだめ)」ⓑ孟子・万章上「妻帝之二女＝帝の二女を妻す(帝尭の二人の娘を[舜の]妻にした)」ⓒ孟子・離婁上「涕出而女于呉＝涕出でて呉に女す(泣いて呉に嫁がせた)」ⓓ詩経・七月「猗彼女桑＝彼の女桑を猗く(低い桑の葉を手でしごいて取る)」ⓔ詩経・行露「誰謂女無家＝誰か謂ふ女に家無しと(お前に家がないなんて誰が言う)」

【如】6(女・3) 常 常用音訓 ジョ・ニョ

語音 *niag(上古) nio(中古→呉ニョ・漢ジョ) rú(中) 여(韓)

語源 [コアイメージ] 柔らかい。[実現される意味] 逆らわずに従う。[英]accord with, in compliance with

〔解説〕説文解字に「如は従随(したがう)なり」とあるが、語の深層構造を捉えていない。*niagは女のコアイメージを引き継いだ語で、「柔らかい」というイメージから、「逆らわずに従う」というイメージに転ずることばである。この深層を把握すると、如・而・若が互いに通用する理由がわかる。

〔グループ〕女・如・恕・絮(柔らかいわた[柳絮])・洳(水を含んで柔らかい湿地[沮洳])・茹(物を柔らかくして食べる。「ゆでる」は国訓)

字源 「女(音・イメージ記号)＋口(限定符号)」を合わせた字。「女」は「柔らかい」というイメージがある(⇩女)。「如」は物柔らかく相手の言いなりになる様子を暗示させる。この意匠によって、つっぱらないで柔らかく従うことを表象する。

語義 [展開] 「逆らわずに従う」という意味は具体的文脈では、〜のままに従う、思い通りになる、その通りにするという意味ⓐに展開する。また、「柔らかい」というコアイメージを介して、AとBを比較して、AはBだと断定する代わりに、「AはBのようだ」と物柔らかに(婉曲に)言う用法ⓑが生まれた(漢文で「〜(の)ごとし」と読む)。また、二つの力

関係において、「AはどうやらBに及んでいるようだ」と認定する用法(漢文で「〜(に)しく」と読む)ⓒ、また、二つの事実関係において、Bを持ち出す前にAという事態がもしあったならばと仮定する用法(漢文で「もし」と読む)ⓓ、AもしくはBとどちらかを選択させる用法ⓔも生まれた。また、「従う」が文字通りに「付き従う」というイメージにも転ずるので、人に従って行くことから、単にどこかに行く意味ⓕが生まれた。而・若と通用と通用し、形容詞や副詞につけて、様子を示す接尾語の用法ⓖもある。[英]accord with, in compliance with; like, as if; be as good as; if; or; go to; suffix 【和訓】ごとし・しく・もし・もしくは・ゆく 【熟語】ⓐ如意・自如・ⓑ如上・如是我聞・ⓖ突如・躍如

文献 ⓐ春秋左氏伝・僖公15「唯所納之、無不如志＝唯之を納る所、志の如くならざるは無し(もしこれを受け入れさえすれば、思い通りにならぬものはない)」ⓑ詩経・采葛「一日不見、如三秋兮＝一日見ざれば、三秋の如し(一日あなたに会わないと、三つの秋がたったようだ)」ⓒ詩経・叔于田「不如叔也＝叔に如かざるなり(叔さんにはかないません)」ⓓ詩経・匏有苦葉「士如帰妻、迨冰未泮＝士如し妻を帰らば、冰[＝氷]の未だ泮けざるに迨べ(若者よ、妻をめとりたいなら、氷が溶けないうちに)」ⓔ論語・先進「方六七十、如五六十＝方六七十、如しくは五六十(六七十里四方、もしくは五六十里四方[の狭い地域])」ⓕ春秋・荘公25「公子友如陳＝公子友、陳に如く(公子友は陳に行った)」ⓖ論語・述而「子之燕居、申申如也＝子の燕居するや、申申如たり(先生がくつろぐ際は伸びやかであった)」

【汝】

6(水・3) 人 ｜ 音ジョ 訓なんじ

語音 *niag(上古) nio(中古→呉ニョ・漢ジョ) rŭ(中) 여(韓)

語源 [コアイメージ]柔らかい。[実現される意味]川の名ⓐ。[英]the Ru River

〔解説〕古典では川の名と二人称に使われている。二人称は二人の関係性から造形された。Aに対してBが近い距離(親しい関係)を保っている場合、Bを*niagと呼ぶ。ここに「くっつく」というイメージがある。爾は「くっつく」というイメージから二人称が実現された。一方、女・若・而・乃は「柔らかい」というイメージから二人称となった。「柔らかい」というイメージは「粘り強い」「ねちねちと粘り着く(くっつく)」というイメージに転化するからである。而と需(粘って待つ)、乃と仍(粘りついて離れない、なずむ)などに同様のイメージ転化現象が見られる。日本語の「なんじ(なむぢ)」はナ(一人称)＋ムチ(親しくむつまじい対象)で、「我が貴くむつまじい人の意が原義」という(大野①)。漢語の二人称*niag(汝・女・爾・若・而などはみな同源)における「くっつく」「柔らかくねちねちする」の語感と通ずるものがある。

字源 「女(音記号)または女(音・イメージ記号)＋水(限定符号)」を合わせた字。川の名を表す。また、「女」は「柔らかい」というイメージがあり(⇩女)、「粘り強い」「粘ってくっつく」というイメージに転化する。「汝」は主体(自分側)と親しくくっつく相手(なんじ)を表す。

語義 河南省にある川の名ⓐ。淮河の支流。また、二人称代名詞(なんじ)の意味ⓑ。[英]the Ru River; you 【熟語】ⓐ汝水・ⓑ爾汝

文献 ⓐ詩経・汝墳「遵彼汝墳＝彼の汝墳に遵ふ(汝の川の堤に沿って行く)」ⓑ書経・尭典「汝陟帝位＝汝、帝位に陟れ(あなたは帝王の位につきなさい)」

【助】

7(力・5) 常 ｜ 常用音訓 ジョ たすける・たすかる・すけ

語音 *dzïag(上古) ḍẓïo(中古→呉ジョ・漢ソ) zhù(中) 조(韓)

語源 [コアイメージ]上に重ねる。[実現される意味]力を添えてたすけるⓐ。[英]aid, help, assist

〔解説〕孟子・滕文公上に「助なる者は藉なり」とある。これは古代の税法の助を説明したものであるが、語源の説明にもなっている。藉は

「ある物の上に別の物を重ね加える」というイメージをもつ（実現される意味は「しく」「かす・かりる」）。助と藉は同源の語である。日本語の「たすける（たすく）」はタ（手）＋スクで、スクは透（すき）を補う意という（大言海）。漢語の助は足りない所に力などを重ねて加えるというイメージの語。日本語のタスクと発想が似ている。同じ「たすける」でも援・輔・佐・祐などはコアイメージが異なる。英語のaidは「ある目的の達成に必要かつ有用なものを提供して援助する、助力する」、helpは「困っている人や危険に陥っている人を助ける、救う」の意（小島①）。またassistはラテン語assistere（かたわらに立つ）に由来し、そばに立つ→そばで支える（援助する）の意となる（下宮①、政村①）。漢語との対応を考えると、aidは助、helpは援、assistは輔・佐にほぼ当たる。

〔グループ〕助・鋤（ジョ）（土に差し入れ、その上に土を重ねて、掘り返す農具、すき）・耡（ジョ）（土をすき返す、すく）

字源　「且（シャ）（音・イメージ記号）＋力（限定符号）」を合わせた字。「且」は「上に重ねる」というイメージがある（⇩且）。「助」は人の足りない力の上に別の力を重ね加える様子を暗示させる。この意匠によって、力を添えてたすけることを表象する。

語義　〔展開〕力を添えてたすける意味ⓐ。また古代の税法の名で、公田を耕すため貸した（借りた）労働力を税とするものの意味ⓑに用いた。〔英〕aid, help, assist; tax　〔和訓〕すけ　〔熟語〕ⓐ援助・救助・ⓑ助法

文献　ⓐ詩経・雲漢「群公先正、則不我助＝群公・先正、則ち我を助けず（御先祖様も賢臣も、私を助けてくれぬ）」ⓑ孟子・滕文公上「殷人七十而助＝殷人七十にして助（ジョ）す（殷王朝では七十畝を［人民に］与えて助法を行った）」

【序】

7（广・4）　常　｜　常用音訓　ジョ

語音　*d̥iag（上古）　zio（中古→呉ジョ・漢ショ）　xù（中）　서（韓）

語源　〔コアイメージ〕（主たるものから）横に延びる。〔実現される意味〕母屋から東西に延び出た脇屋ⓐ。〔英〕side room

〔解説〕序も叙も順序という意味に展開する点できわめて似た語である。しかしコアイメージは異なる。序は中心から横に延びるというイメージから基準に従った順序という意味になり、叙は平らに押し伸ばすというイメージから、次第に展開する順序という意味になる。日本では序と叙に「ついで」「ついでる」という訓を与えた。「ついでる（ついづ）」とはツギ（継）＋テ（手）で、「一つのことの次は何と順序をつけること」という（大野①）。ただし日本語の「ついでる」は漢語の序・叙にあるような「述べる」という意味への展開はない。

字源　「予（ヨ）（音・イメージ記号）＋广（限定符号）」を合わせた字。「予」は「横に延びる」というイメージがある（⇩予）。「序」は主たる棟から横に延びた張り出しの建物を暗示させる。

語義　〔展開〕中国古代建築で、正堂（母屋）から東西に延び出た建物（脇屋）の意味ⓐ。脇屋で子弟を教えたことから、学校の意味ⓑが生じた。また、「主たるものから横に延びる」というコアイメージから、A-B-C…と順々にきちんと並ぶ（基準に従って順位をつける、並べる）意味ⓒ、基準に従った並び方（順序）の意味ⓓを派生する。また、ずるずると延びていくイメージから、心中の思いを文章にして押し出す（述べる）意味ⓔ、作品の発端を説明する文章（はしがき）の意味ⓕ、物事の発端・始めの意味ⓖを派生する。〔英〕side room; school; arrange in order; order, sequence; narrate; preface; introductory　〔和訓〕ついで・ついでる　〔熟語〕ⓐ西序・東序・ⓑ庠序・ⓒ序数・秩序・ⓓ序列・順序・ⓔ序述（＝叙述）・ⓕ序文・自序・ⓖ序盤・序幕

文献　ⓐ書経・顧命「西序東嚮＝西序は東嚮す（西の脇屋は東向きである）」ⓑ孟子・滕文公上「夏曰校、殷曰序＝夏には校と曰ひ、殷には序と曰ふ（学校のことを夏王朝では校と呼び、殷王朝では序と呼んだ）」ⓒ詩経・

行葦「序賓以賢＝賓を序するに賢を以てす(お客の席順は[弓の]腕前次第)」ⓓ孟子・滕文公上「長幼有序＝長幼序有り(年上と年下の間では守るべき順序がある)」

【叙】9(又・7)　常　｜常用音訓　ジョ
〔敍〕11(攴・7)　人　｜音　ジョ　訓　ついでる・のべる

語音 *diag(上古)　zio(中古→呉ジョ・漢ショ)　xù(中)　서(韓)

語源 [コアイメージ] 平らに(段々と)押し伸ばす。[実現される意味] 次第に展開する順序ⓐ。[英]order

〔解説〕下記の周礼の注釈に「叙は次なり」とある(鄭玄の注)。Aの次にB、Bの次にCという具合に次々に展開していくことが叙である。説文解字に「叙は次弟(＝次第)なり」とある。余にコアイメージの源泉がある。これは「平らに(段々と)押し伸ばす」というイメージを示す記号で、平面的に段々と広がっていくというイメージから転じて、線条的に順を追って(次々と)移っていくというイメージに展開しうる。

字源 「敍」が正字。「余ヨ(音・イメージ記号)＋攴(限定符号)」を合わせた字。「余」は「平らに押し伸ばす」というイメージがあり、「徐々に伸びて広がる」というイメージに展開する(⇩余)。「敍」は中心から周辺に段々と伸びて広がる様子を暗示させる。この意匠によって、次第に展開する順序を表象する。

〔字体〕「叙」は中国で古くから使われていた「敍」の俗字。

語義 [展開] 順序の意味ⓐから、順序よく展開する(順序をつける)意味ⓑ、官職の序列に入れる(官位を授ける)意味ⓒに展開する。また、「段々と押し伸ばす」というイメージから、話を次第に押し広げて展開させる(順序立てて述べる)意味ⓓ、作品の端緒について述べる文(はしがき)の意味ⓔを派生する。意味の展開の仕方は序と似ているが、序が直線的であるのに対し、叙は平面的である。[英]order; arrange in order; confer a rank; describe, narrate; preface [熟語] ⓐ秩叙・ⓒ叙官・叙勲・ⓓ叙事・叙述・ⓔ叙文・叙論

文献 ⓐ周礼・地官・郷師「凡邦事、令作秩叙＝凡そ邦事、秩叙を作なさしむ(国に関わることにおいて、秩序を正しくさせる)」ⓑ書経・皐陶謨「惇敍九族＝惇あつく九族を叙す(手厚く九つの氏族を秩序づけた)」ⓓ漢書・外戚恩沢侯表「別而敍之＝別けて之を叙す(分けて叙述する)」

【徐】10(彳・7)　常　｜常用音訓　ジョ

語音 *diag(上古)　zio(中古→呉ジョ・漢ショ)　xú(中)　서(韓)

語源 [コアイメージ] ゆったりとゆとりができる。[実現される意味] 行動がゆったりしている(ゆとりを取って緩やかに、ゆったりと)ⓐ。[英]slowly, gently

字源 「余ヨ(音・イメージ記号)＋彳(限定符号)」を合わせた字。「余」は「押し伸ばす」というイメージから「(空間的・時間的に)ゆったりしている」というイメージに展開する(⇩余)。「徐」は時間的余裕をゆったり取っていく様子を暗示させる。この意匠によって、行動がゆったりしていることを表象する。

語義 行動がゆったりしている意味ⓐ。[和訓] おもむろ [熟語] ⓐ徐行・徐徐

文献 ⓐ孫子・軍争「其疾如風、其徐如林、侵掠如火、不動如山＝其の疾きこと風の如く、其の徐おもむろなること林の如く、侵掠すること火の如く、動かざること山の如し([軍の行動は]時には風のようにすばやく、時には森のようにひっそりとし、時には火のように進撃し、時には山のように動かない)」

【恕】10(心・6)　人　｜音　ジョ　訓　ゆるす

語音 *niag(上古)　ʃio(中古→呉・漢ショ・[慣]ジョ)　shù(中)　서(韓)

語源 [コアイメージ] 柔らかい。[実現される意味] 他人と親しみ愛する心(仁愛、思いやり)ⓐ。[英]forbearance, benevolence

〈解説〉古典に「恕は如なり」とか、「心の如くするを恕と為す」(孔穎達の春秋左氏伝正義)などとあり、如のコアイメージから展開した語である。「柔らかい」というイメージは「ねちねちとくっつく(親しむ)」というイメージに転化する(⇩汝)。相手と身近にくっついて親しみ愛することは仁であるが、また恕でもある。下記の論語の注釈に「恕は即ち仁と為す」とある(劉宝楠・論語正義)。

字源 「如ジョ(音・イメージ記号)+心(限定符号)」を合わせた字。「如」は「柔らかい」というイメージがあり(⇩如)、「ねちねちと粘り着く」「くっついて親しむ」というイメージに展開する。「恕」は相手と身近にくっついて親しむ心を暗示させる。

語義 [展開] 他人と親しみ愛する心(思いやり)の意味ⓐ。「柔らかい」というコアイメージから、物柔らかに(寛大に)扱う(許す)という意味ⓑを派生する。[英]forbearance, benevolence; forgive, excuse　[熟語] ⓐ仁恕・忠恕・ⓑ寛恕・宥恕

文献 ⓐ論語・里仁「夫子之道、忠恕而已矣＝夫子の道は、忠恕のみ(先生の説く道は、真心と思いやりだけだ)」

【除】 10(阜・7)　常　常用音訓　ジョ・ジ　のぞく

語音 *diag(上古)　dio(中古→呉ヂョ〈＝ジョ〉・漢チョ・[慣]ヂ〈＝ジ〉)　chú(中)　제(韓)

語源 [コアイメージ] 平らに押し伸ばす。[実現される意味] 古くなったものを押しのけて新しいものにする。[英]eliminate, remove

字源 「余ヨ(音・イメージ記号)+阜(限定符号)」を合わせた字。「余」は「平らに押し伸ばす」というイメージがある(⇩余)。「除」は道を塞いでいる土を押しのけて道の通りをよくする様子を暗示させる。この意匠によって、古くなったものを押しのけて新しいものにすることを表象する。

語義 [展開] 古くなったものを押しのけて新しいものにするという意味は、具体的文脈では、邪魔なもの、古いもの、汚れたものなどを取りのけて、きれいな状態にする(取りのぞく)意味ⓐ、古い時間が去り新しい時間が来る意味ⓑ、古い官職から新しい官職に切りかえる意味ⓒに展開する。ⓐから数学では、割り算の意味ⓓ。また、手順を踏んで次の段階に移るというイメージから、順々に上る階段の意味ⓔを派生する。[英]eliminate, remove; leave; appoint to new office; divide; steps to a house　[和訓] のける・よける・さる・はらう　[熟語] ⓐ除外・削除・ⓑ除夕・除夜・ⓒ除官・ⓓ除数・除法・ⓔ階除

文献 ⓐ春秋左氏伝・隠公1「蔓草猶不可除、況君之寵弟乎＝蔓草猶除くべからず、況んや君の寵弟をや(蔓草すら除けないのに、ましてや君主の愛する弟君ときたら)」ⓑ詩経・蟋蟀「日月其除＝日月其れ除さらん(月日は去ってしまう)」

しょう……

【小】 3(小・0)　常　常用音訓　ショウ　ちいさい・こ・お

語音 *siog(上古)　sieu(中古→呉・漢セウ〈＝ショウ〉)　xiǎo(中)　소(韓)

語源 [コアイメージ] ばらばらになる。[実現される意味] 形や規模がちいさいⓐ。[英]small

〈解説〉王引之は「小の言は少なり」と述べる(経義述聞)。王力は小・少・叔・篠・稍を同源の語とする(王力①)。しかし藤堂明保は小と少の同源説を否定している(藤堂①)。小は形がちいさいこと、少は数量がすくないことで、意味に違いがある。しかしコアにおいては「ばらばらになる」という共通のイメージがある。本来のものがばらばらになって、ち

いさくなっている状態が小・少であると考えられる。日本語の「ちいさい(ちひさし)」は㋐「体積や面積が少ない」、㋑「幼少である」の意(大野①)。㋐は漢語の小、㋑は漢語の少に当たる。また「こ」は「未熟で小さいものの意」、「お(を)」は「単に小さいの意で、未熟の意味はない」という(大野②)。漢語の小にこの区別はない。

〔グループ〕小・少・肖・雀

字源 三つの点を配置した図形(象徴的符号)。この意匠によって、「ばらばらになる」というイメージを表すことができる。ばらばらになった一つに焦点を置くと、「形がちいさい」というイメージになる。

(甲)　(金)　(篆)

語義 [展開] 物の形状がちいさい意味ⓐから、量や時間・程度がわずかⓑ、身分や価値が低いⓒ、人格が劣っている(つまらない)意味ⓓ、年齢が幼い、また、幼い者の意味ⓔ、気がちいさい意味ⓕ、謙遜を示す語ⓖに展開する。また動詞として、ちいさいとして軽んずる(つまらないと見なす)意味ⓗにも用いる。[英]small(ⓐⓑⓔ); little, minor, slight; low; petty; young; timid; humble word; make light of [和訓] さ [熟語] ⓐ細小・短小・ⓑ小差・微小・ⓒ小官・卑小・ⓓ小人・凡小・ⓔ小児・小童・ⓕ小心・ⓖ小生・小論

文献 ⓐ詩経・小星「嘒彼小星、三五在東＝嘒(ケイ)たる彼の小星、三五東に在り(ちらちら瞬く小さな星は、三つ五つと東の空に)」ⓑ詩経・民労「民亦労止、汔可小康＝民亦た労す、汔(ほとん)ど小康すべし(民は働き疲れている、しばし休まねばならぬほど)」ⓒ論語・顔淵「君子之徳風、小人之徳草＝君子の徳は風、小人の徳は草なり(君子[為政者]の徳は風のようなもの、小人[庶民]の徳は草のようなもの)」ⓓ詩経・柏舟「慍于群小＝群小に慍(うら)まる(多くのつまらぬやからに怨まれる)」ⓔ詩経・抑「恵于朋友、庶民小子＝朋友と、庶民・小子を恵す(友達と庶民と子供を愛する)」ⓕ詩経・小宛「惴惴小心、如臨于谷＝惴惴(ズイズイ)たる小心、谷に臨むが如し(恐れおののく小さな心は、谷の底をのぞむかのよう)」ⓗ孟子・尽心上「登泰山而小天下＝泰山に登りて、天下を小とす(泰山に登って天下を小さいと思う)」

【升】4(十・2) 常 | 常用音訓 ショウ ます

語音 *thiaŋ(上古) ʃiaŋ(中古→呉・漢ショウ) shēng(中) 승(韓)

語源 [コアイメージ] 高く上がる。[実現される意味] ますⓐ。[英] measure

〔解説〕段玉裁は「升の言は登なり」と語源を説く(説文解字注)。王力は騰・登・乗・升を同源とし、のぼる意味があるとする(王力②)。*thiaŋという語はこれらのほかに上・尚・承・蒸・称なども同源で、「上に(高く)上がる」というコアイメージをもつ。

〔グループ〕升・昇・陞(ショウ)(高い所へ上がる[陞任]) 枡*(純国字。ます)

字源 楷書は変形して分析不能。篆文は「斗＋ノ」、金文は「斗＋一」に分析できる。「斗」は道具の「ます」を描いた図形。したがって「升」はますを持ち上げて物を量る場面を設定した図形。

(甲)　(金)　(篆)

語義 [展開] ますの意味ⓐから、容量の単位ⓑに転義する。また、「高く上がる」というイメージから、高い所にのぼる意味ⓒ、空中に高く上がる意味ⓓ、穀物が実る意味ⓔを派生する。ⓓは昇と通用。[英] measure; unit of capacity; mount, ascend; rise; ripen [和訓] のぼる [熟語] ⓐ斗升・ⓒ升降・升堂(＝昇堂)・ⓓ升竜・ⓔ升平

文献 ⓐ詩経・椒聊「椒聊之實、蕃衍盈升＝椒聊(ショウリョウ)の実、蕃衍(ハンエン)して升に盈つ(サンショウの実は、たわわに実り升にいっぱい)」ⓒ詩経・定之方中「升彼虚矣＝彼の虚に升る(あの大きな丘に登る)」ⓓ詩経・天保「如日之升＝日の升るが如し(太陽が昇るかのよう)」ⓔ論語・陽貨「新穀既升＝新

穀既に升る(新たな穀物が間もなく実ります)」

【少】4(小・1)　常　常用音訓 ショウ　すくない・すこし

語音 *thiɔg(上古)　ʃɪɛu(中古→呉・漢セウ〈=ショウ〉)　shǎo・shào(中)　소(韓)

語源 [コアイメージ] (ばらばらに)そぎ取る。[実現される意味] 数量がすくない(多くない、わずかである)ⓐ。[英]few

〔解説〕説文解字の「少、不多也」に対して、「多からざれば則ち小なり。故に古へ少と小は互訓通用す」と段玉裁は述べる(説文解字注)。小は形がちいさい、少は数量がすくない意味であるが、その根底には「ばらばらになる」というイメージがある。日本語の「すくない(すくなし)」は「量が少ししかないことに重きを置く語」、「すこし」は「量がわずかでもあることに重きを置く語」という(大野①)。漢語の少にこの区別はない。

〔グループ〕少・抄・鈔(表面にあるものをかすめ取る、また、写し取る[鈔書])・炒(表面をかすめるようにいためる)　鯋*(半国字。イサザ)

字源 甲骨文字は四つの点を配置した図形(象徴的符号)。やがて小との同源意識から、「小(音・イメージ記号)+丿(イメージ補助記号)」を合わせた字体に変わった。「小」は「小さくばらばらになる」というイメージがある(⇨小)。「丿」は斜めに払うことを示す象徴的符号。したがって「少」は本体をそぎ取って(ばらばらにして)減らす様子を暗示させる。この意匠によって、数量がすくないことを表象する。

(甲)　(金)　(篆)

語義 [展開] 数量がすくない意味ⓐから、少しく(わずかに、やや)の意味ⓑ、少しの間(しばらく)の意味ⓒに展開する。また、数量が少ない意味から、数が減って足りない(欠く)意味ⓓ、年数が少ない(若い、若者)の意味ⓔを派生する。主たるものの添え役の意味ⓕにも用いる。[英]few; a little; a short while; lack; young, junior; assistant [和訓] わかい・まれ・しばらく・かく [熟語] ⓐ少数・僅少・ⓒ少考・少時・ⓔ少年・幼少・ⓕ少尉・少佐

文献 ⓐ詩経・柏舟「受侮不少=侮りを受くること少なからず(侮られることが多かった)」ⓑ論語・子路「少有曰、苟完矣=少しく有るに曰く、苟くも完し([財産が]いくらかあるようになると〝どうにかしてまとまりました〟と言った)」ⓒ孟子・万章上「少則洋洋焉=少らくすれば則ち洋洋焉たり([池に放たれた魚は]しばらくするとゆったりと泳いでいった)」ⓓ史記・平原君列伝「今少一人=今一人を少く(今、人数が一人足りない)」ⓔ論語・子罕「吾少也賤=吾少きとき賤し(私は若いころ[身分が]卑しかった)」

【召】5(口・2)　常　常用音訓 ショウ　めす

語音 *tiɔg(上古)　tʃɪɛu(中古→呉・漢セウ〈=ショウ〉)　zhào(中)　소(韓)

語源 [コアイメージ] ⌒形に曲がる。[実現される意味] 呼び寄せるⓐ。[英]summon, call

〔解説〕召と招は全くの同源である。手招きすることを*tiɔgといい、手の動作には招、言葉による行為には召が使われる。手招きをする際の手首の特徴に着目したことばが*tiɔgである。その特徴は⌒の形を呈することにある。図形化に当たって、イメージの類似性が刀に求められた。刀は剣とは違い、⌒形を呈する。かくて召の視覚記号が成立する。イメージ転化現象の観点から考えると、まっすぐな状態が⌒形に曲がることは空間が縮まる(狭くなる)ことにつながる。A点のものがB点に近づく(言い換えれば、引き寄せられる)ことになる。したがって「⌒形に曲がる」というイメージは「(近くまで)引き寄せる」というイメージに転化しうる。和訓の「めす」は見るの尊敬語で、御覧になる→人を呼び寄せて御覧になる→「まねく」「呼ぶ」の尊敬語に転じたという。漢語の召

は尊敬の意味を含まない。しかし和訓の影響で、天皇や政府の呼び出しに召喚、それ以外の呼び出しに招換が使われている(召集－招集も同じ)。

〈グループ〉召・招・昭・照・沼・紹・詔・超・迢(チョウ)(曲線をなして遠くへ延びる→はるかに遠い[迢遞])・髫(チョウ)(曲線をなして垂れる髪[垂髫])・苕(チョウ)(蔓を曲げて他物に絡みつく草、ノウゼンカズラ)・貂(チョウ)(体形が曲線をなしてしなやかな動物、クロテン)

字源 「刀(トウ)(音・イメージ記号)＋口(限定符号)」を合わせた字。「刀」は「(形に曲がる」というイメージがある(⇩刀)。これは「(近くまで)引き寄せる」というイメージに展開する。「召」は手首を(形に曲げて(おいでおいでの格好をして)、人をこちらまで引き寄せる様子を暗示させる。

(甲)　(金)　(篆)

語義 [展開] 呼び寄せる意味ⓐから、招き寄せる意味ⓑに展開する。この場合、招と通用。[英]summon, call; incur, invite [熟語] ⓐ召喚・召集

文献 ⓐ詩経・東方未明「自公召之＝公自(よ)り之を召す(朝廷から呼び出される)」ⓑ春秋左氏伝・襄公23「禍福無門、唯人所召＝禍福は門無し、唯人の召(ま)ねく所(禍福には門がない。ただ人が招くだけだ)」

【匠】 6(匚・4) 常 ― 常用音訓 ショウ

語音 *dziaŋ(上古) dziaŋ(中古→呉ザウ〈＝ゾウ〉・漢シャウ〈＝ショウ〉) jiàng(中) 장(韓)

語源 [コアイメージ] (素材に)切れ目を入れる。[実現される意味] 物を作り出すⓐ。[英]make

〈解説〉*dziaŋという語は創・作・初などと同源で、「切れ目を入れる」というコアイメージをもつ(藤堂①)。物を作るのは素材に切れ目を入れるのが第一歩である。

字源 「斤(イメージ記号)＋匚(限定符号)」を合わせた字。「斤」は物を切る道具(おの)で、「断ち切る」というイメージを示す(⇩斤)。「匚」は匚形の枠の形で、箱を示す限定符号になる。したがって「匠」は素材を切って箱を造る様子を暗示させる。この意匠によって、物を作ることを表象する。

(篆)

語義 [展開] 物を作り出す意味ⓐから、物作りの人(大工、職人、たくみ)の意味ⓑ、技術の優れた者の意味ⓒ、巧みな工夫(物を創造するアイディア)の意味ⓓに展開する。[英]make; carpenter, artificer, craftsman; master; idea, device [和訓] たくみ [熟語] ⓐ制匠・ⓑ工匠・名匠・ⓒ巨匠・師匠・ⓓ意匠

文献 ⓐ楚辞・天問「女媧(ジョカ)体有り、孰(た)れか之を制匠する(女媧[宇宙創造の女神]には体がある、誰が彼女を作ったのか)」ⓑ孟子・告子上「大匠誨人必以規矩＝大匠、人に誨(おし)ふるに必ず規矩を以てす(優れた大工はコンパスと定規を用いて人に教える)」

【庄】 6(广・3) 人 ― 音 ショウ・ソウ

語音 ṭṣuaŋ(宋シャウ〈＝ショウ〉・サウ〈＝ソウ〉) zhuāng(中) 장(韓)

語源 [コアイメージ] 大きい。[実現される意味] いなかの家ⓐ。[英]farmstead

字源 「土(イメージ記号)＋广(限定符号)」を合わせた字。空間(敷地)の広い建物を暗示させる。本来は近世中国で生まれた荘の俗字。荘は「大きい」というコアイメージがあり、中央から地方に通じる大きな道→地方の大きな土地・村落→いなかの家と転義した。いなか家を表すため「庄」が作られた。図形にコアイメージは反映されていない。

語義 [展開] いなかの家の意味ⓐ。日本では荘園の意味ⓑに用いる。

[英]farmstead; manor 【熟語】ⓐ村庄(=村荘)・ⓑ庄園

【床】 7(广・4) 常 ｜ 常用音訓 ショウ とこ・ゆか

語音 *dzïaŋ(上古) ḍẓïaŋ(中古→呉ジャウ〈=ジョウ〉・漢サウ〈=ソウ〉・[慣]シャウ〈=ショウ〉) chuáng(中) 상(韓)

語源 [コアイメージ] 細長い。[実現される意味] 寝床(ベッド)ⓐ。[英]bed

語源 「牀」が本字。「爿(ショウ)(音・イメージ記号)+木(限定符号)」を合わせた字。「爿」はベッドを描いた形。しかしこれはベッドの意味を表さず、「細長い」というイメージを示す記号として利用された(⇩壮)。そのため、ベッドを表すために「牀」の図形が作られた。後になって字体が「木(イメージ記号)+广(限定符号)」を合わせた「床」に変わった。「床」は漢代あたりから出現する。

〔字体〕「床」は「牀」の俗字。

語義 [展開] 寝床の意味ⓐから、物を載せる台の意味ⓑ、載せたり支えたりする部分(物の下部・底部)の意味ⓒに展開する。日本ではとこの類縁関係から、ゆか(家屋の、一段と高く板を敷いた所)の意味ⓓに用いる。[英]bed; stand; bottom; floor 【熟語】ⓐ起床・就床・ⓑ床几・ⓒ温床・河床

文献 ⓐ詩経・七月「十月蟋蟀入我牀下=十月蟋蟀、我が牀下に入る(十月になったらコオロギがベッドの下に入ってくる)」漢書・高帝紀「沛公方踞床=沛公方(まさ)に床に踞(うずくま)る(劉邦はちょうどベッドの上でうずくまっていた)」

【抄】 7(手・4) 常 ｜ 常用音訓 ショウ

語音 *ts'ɔg(上古) tʃ'ău(中古→呉セウ〈=ショウ〉・漢サウ〈=ソウ〉) chāo(中) 초(韓)

語源 [コアイメージ] 表面をかすめる。[実現される意味] 表面をそぎ取るようにしてかすめ取る(奪い取る)ⓐ。[英]snatch

〔解説〕釈名・釈姿容に「操は抄なり」とある。*ts'ɔgという語は操(表面をかすめてたぐり寄せる)・掃(表面をかいて掃く)・搔(ソウ)(表面をかく)・剿(ソウ)(かすめ取る)と同源で、「表面をかすめる」というコアイメージをもつ。

字源 「少(ショウ)(音・イメージ記号)+手(限定符号)」を合わせた字。「少」は「そぎ取る」というイメージがある(⇩少)。「抄」は物の表面をそぎ取る様子を暗示させる。

語義 [展開] かすめ取る意味ⓐから、表面を掬い取る意味ⓑに展開する。また、「表面をかすめる」というコアイメージから、原本の表面からそのまま写し取る意味ⓒを派生する。抜き書きする意味ⓓや、注釈書の意味ⓔは日本的用法。[英]snatch; scoop; copy; extract; commentary 【和訓】すく・すくう・かすめる 【熟語】ⓐ抄略・抄掠・ⓑ抄紙・抄造・ⓒ抄写・ⓓ抄本・抄訳・ⓔ抄物

文献 ⓐ後漢書・五行志「東抄三輔=東のかた三輔を抄す(東方では三輔を奪い取った)」ⓒ抱朴子・自叙「又抄五經七史百家之言=又五経・七史・百家の言を抄す(さらに五経や七つの史書、諸子百家の文章を書き写した)」

【肖】 7(肉・3) 常 ｜ 常用音訓 ショウ

語音 *siɔg(上古) siɛu(中古→呉・漢セウ〈=ショウ〉) xiào(中) 초(韓)

語源 [コアイメージ] 小さい。[実現される意味] 原物に似る、似せるⓐ。[英]resemble

〔解説〕説文解字に「肖は骨肉相似るなり。其の先(父祖)に似ず、故に不肖と曰ふなり」とある。子が親に似ることを比喩として、原物を小型化したコピーを作ることを*siɔgといった。原物に象り、それに似せて小型化したものが肖像である。原物に似ない場合を不肖という。先秦の文献では親に似ない馬鹿者の意味で不肖が使われている。*siɔgのコアをなすのは「小さい」というイメージで、これは「細い」というイメージ

にも展開する。訓の「あやかる」は「影響を受けて変化する」意味から「影響を受けてそれに似る」意味に転じるという(大野①)。漢語の肖は子が親に似るように原物に似るという意味で、「あやかる」とは少し違う。

〔グループ〕肖・宵・消・硝・削・哨・梢・鞘・峭(山が細く尖ったさま→けわしい[峭立])・悄(心細くなる[悄然])・稍(小さい、少し、やや)・綃(細糸で織ったうすぎぬ)・逍(小股でそろそろと歩く[逍遥])・銷(金属をとかす、とける[銷金])・霄(視界が消えかかるようなはるかな天空[霄壌])・蛸(足が細長い虫、アシナガグモ[蠨蛸])。「たこ」は国訓)・鮹(体が細長い魚、ヤガラ)

字源 「小(音・イメージ記号)+肉(限定符号)」を合わせた字。「小」は「小さくばらばらになる」というイメージがあり、「小さく削る」というイメージに展開する(⇩小・削)。「肖」は人体の塑像を造る場面を設定し、素材を削って原物に似せた小さな像を造る様子を暗示させる。この意匠によって、原物に似せることを表象する。

〔字体〕「肖」は旧字体。古くから書道などでは「肖」と書かれる。肖に従う他の常用漢字、人名漢字(梢)もこれに倣う。

語義 [展開] 似る・似せる意味ⓐ。コアイメージがそのまま実現されて、小さい意味ⓑに用いる。[英]resemble; small [熟語] ⓐ肖像・不肖

文献 ⓐ書経・説命「乃審厥象、俾以形旁求于天下、説築傅巖之野、惟肖=乃ち厥の象を審らかにし、形を以て天下に旁求せしむ、説、傅巖の野に築く、惟れ肖たり(そこで彼の姿を詳細に知らせて、天下中の人にその形を捜索させた。説[人名]が傅巌の野に像を築くと、彼の姿にそっくりであった)」ⓑ荘子・列御寇「達於知者肖=知に達する者は肖なり(知識だけをきわめる者は[人物が]小さい)」

【尚】 8(小・5) 常 ―― 常用音訓 ショウ

語音 *dhiaŋ(上古) ʒiaŋ(中古→呉ジャウ〈=ジョウ〉・漢シャウ〈=ショウ〉) shàng(中) 상(韓)

語源 [コアイメージ] ㋐高く上がる・㋑平らに広がる。[実現される意味] 高く持ち上げる(取り挙げる)ⓐ。[英]raise

〔解説〕古典の注釈に「尚は上なり」の訓がある。*dhiaŋという語は上や昜(陽・場などのコアをなす記号)と同源で、「上に(高く)上がる」というコアイメージをもつ。下記のグループでは「平らに広がる」というイメージをもつ語もある。二つのイメージを兼ねる記号が尚と昜である。尚は空気が分散しながら上がる姿、昜は太陽が光を放ちながら昇っていく姿から発想され、二つのイメージを同時に表すことができる。ただし上には「上に広がる」というイメージはない。藤堂明保は賞・當・黨の尚を単なる音符としたが(藤堂②)、筆者は音・イメージ記号と見る。

〔グループ〕尚・常・堂・掌・賞・償・嘗・裳・當(=当)・黨(=党)・敞(広々としている[広敞])・廠(広く開いた建物[工廠])・徜(気ままに歩き回る[徜徉])惝(心が中心を失って四方に広がった感じ→ぼんやりするさま[惝怳])

字源 「尚」が正字。「向(イメージ記号)+八(イメージ補助記号)」を合わせた字。「向」は空気抜きの窓の形(⇩向)。「八」は左右に分かれることを示す符号。したがって「尚」は空気が抜けて空中に分散する情景を設定した図形。この意匠によって、「上に(高く)上がる」というイメージを表すことができる。また、分散の姿に視点を置くと、「平らに広がる」というイメージを表すこともできる。

(金) (篆)

〔字体〕「尙」は旧字体。隷書では「尙」と「尚」が併用されたが、楷書では「尚」が普通の形。尚に従う他の漢字もこれに倣う。

語義 [展開] 高く持ち上げる意味ⓐから、高くする(高く持する)、高い意味ⓑ、高く持ち上げて尊ぶ(重んじる)意味ⓒ、その上につけ加える

意味ⓓ、その上に加えて(なお、やはり、まだ)の意味ⓔに展開する。また、時間的に上の方にさかのぼる(ひさしい)意味ⓕ、さらに上の方を望む(ねがう、こいねがわくは)の意味を派生する。[英]raise; uplift, high, lofty; esteem, value; add to; still, yet; old; wish [和訓]なお・とうとぶ・くわえる・ひさしい・たかい・こいねがう [熟語]ⓑ高尚・ⓒ尚武・好尚・ⓔ尚早・ⓕ尚書

[文献]ⓐ楚辞・天問「師何以尚之＝師(もろ)何を以て之を尚(あ)ぐ(大衆はなぜ彼を取り挙げて用いたのか)」ⓑ孟子・尽心上「曰、何謂尚志、曰、仁義而已矣＝曰く、何をか志を尚(たか)くすと謂ふ、曰く、仁義のみ(問：志を高く持つとはどういうことですか。答：仁義を持つことです)」ⓒ論語・陽貨「君子尚勇乎＝君子は勇を尚(たっと)ぶか(君子[教養のある人]は勇気を尊重するでしょうか)」ⓓ詩経・著「尚之以瓊華乎而＝之に尚(くわ)ふるに瓊華を以てす([耳玉のほかに]腰に帯玉を加えている)」(乎而はリズム調節詞)ⓔ詩経・小弁「雉之朝雊、尚求其雌＝雉の朝に雊(な)く、尚其の雌を求む(キジが朝に鳴いているのは、やはりめすを求めるから)」ⓖ詩経・兎爰「尚寐無覺＝尚(こいねが)はくは寐(い)ねて覚むること無からん(願わくは目を閉じて覚めることがないように)」

【招】

8(手・5) [常] [常用音訓] ショウ まねく

[語音] *tiɔg(上古) tʃiɛu(中古→[呉]・[漢]セウ〈＝ショウ〉) zhāo(中) 초(韓)

[語源] [コアイメージ]⌒形に曲がる。[実現される意味]手まねきしてこちらに来させる(合図をしてこちらにおいでを願う、まねく)ⓐ。[英]beckon

[字源] 「召(ショウ)(音・イメージ記号)＋手(限定符号)」を合わせた字。「召」は手首を⌒形に曲げて(おいでおいでの格好をして)、人を呼び寄せる様子を暗示させる図形(⇩召)。招は召から分化した字で、手招きして呼び寄せるという行為の前半に焦点を置くのが招、後半に焦点を置くのが召である。

[語義] [展開]まねく意味ⓐから、呼び寄せる(もたらす、こうむる)意味ⓑに展開する。[英]beckon; cause, incur [熟語]ⓐ招致・招聘・ⓑ招福

[文献] ⓐ詩経・君子陽陽「左執簧、右招我由房＝左に簧(こう)を執り、右に我を招くに房由(よ)りす(左手に笛を持ち、右手で私を寝室に招く)」ⓑ書経・大禹謨「滿招損＝滿は損を招く(いっぱいを望むとかえって損をもたらす)」

【承】

8(手・4) [常] [常用音訓] ショウ うけたまわる

[語音] *dhiaŋ(上古) ʒiaŋ(中古→[呉]ジョウ・[漢]ショウ) chéng(中) 승(韓)

[語源] 〈語源〉上に持ち上げる。[実現される意味]捧げて持ち上げるⓐ。[英]lift, hold up

[解説] 丞(ジョウ)にコアイメージの源泉がある。人をすくい上げる際、両手で⌒の形に上に持ち上げる姿を呈する。このイメージが承にも受け継がれる。それだけでなく、*dhiaŋという語は乗・升・登なども同源で、「上に上がる」というコアイメージをもつ。和訓の「うけたまわる(うけたまはる)」はウク(受)＋タマハル(賜)で、「目上の人から物や命令をお受けする、いただくが原義」(大野①)で、「受ける」の謙譲語である。漢語の承は謙譲の意味を含まない。

[字源] 楷書は形が崩れて分析困難。篆文に遡ると「丞＋手」に分析できる。「丞」は人を両手ですくい上げる場面を設定した図形で、「(両手で⌒の形に)上に持ち上げる」というイメージがある(⇩蒸)。「丞(ジョウ)(音・イメージ記号)＋手(限定符号)」を合わせた「承」は、両手で捧げて持ち上げる様子を暗示させる。

(篆) 

[語義] [展開]捧げて持ち上げるが本義ⓐ。捧げて持ち上げることは上のものを下から受けるイメージがあるので、前のものを次のものが受け

つぐ(引き継ぐ)意味ⓑ、相手の意向を受け入れる(引き受ける)意味ⓒに展開する。[英]lift, hold up; continue; receive 【和訓】うける 【熟語】ⓐ奉承・ⓑ継承・伝承・ⓒ承知・承認

文献 ⓐ詩経・玄鳥「大糦是承＝大糦(シタイ)を是れ承(う)く(祭りの供物を捧げ持つ)」ⓑ詩経・抑「子孫繩繩、萬民靡不承＝子孫繩繩たり、万民承けざるは靡(な)し(子孫は絶え間なく、すべての民が受け継いでいく)」ⓒ易経・恒「不恆其德、或承之羞＝其の徳を恒にせざれば、或いは之(これ)が羞を承く(徳を不変にしないと、恥を受けることがある)」

【昇】8(日・4) 常 ｜ 常用音訓 ショウ のぼる

語音 *thiaŋ(上古) ʃiaŋ(中古→呉・漢ショウ) shēng(中) 승(韓)

語源 [コアイメージ] 高く上がる。[実現される意味] 空中に上がるⓐ。[英]rise

〔解説〕升から分化した字。したがって升とコアイメージが同じ。詩経では太陽がのぼる意味で升が使われている。太陽がのぼることを比喩として、高い所に上がる(のぼる)ことを昇という。漢語では升・昇・乗・上・尚・騰・登などは同じコアイメージから展開した意味を具体的文脈で使い分ける。日本語の「のぼる」を表記するのは上・昇・登である。「のぼる」とは「川や山道などを線条的に上方へ移動する意」という(大野①)。その展開義に「高い位置へ進む」という比喩的意味がある。漢語の上・昇・登も同じ転義をする。日本語の「あがる」と「のぼる」、英語のriseとascendはそれぞれ別語であるが、漢語の昇は両者を含む。昇は足場の有無に関わりなく、「高い」に焦点があるからである。昇と似た英語にclimb(よじ登る、また、上昇する)がある。

字源 「升(ショウ)(音・イメージ記号)＋日(限定符号)」を合わせた字。「升」は「高く上がる」というイメージがある(⇩升)。「昇」は太陽が高く上がる様子を暗示させる。

語義 [展開] 空中に上がる意味ⓐから、高い所に上がる(登る)の意味ⓑに展開する。また比喩的に、高い地位・等級に上がる意味ⓒに転用される。[英]rise; ascend, mount; promote 【熟語】ⓐ昇天・上昇・ⓑ昇降・昇殿・ⓒ昇級・昇進

文献 ⓑ司馬相如・琴歌「何悟今夕昇斯堂＝何ぞ悟らんや今夕斯の堂に昇らんとは(今夜この堂に上がっているとは気づくまい)」(玉台新詠9)ⓒ新語・道基「自布衣昇三公之位＝布衣自(よ)り三公の位に昇る(庶民から大臣の位にのぼった)」

【昌】8(日・4) 人 ｜ 音ショウ 訓あきらか・さかん

語音 *t'iaŋ(上古) tʃ'iaŋ(中古→呉・漢シャウ〈＝ショウ〉) chāng(中) 창(韓)

語源 [コアイメージ] 明るい。[実現される意味] 明るく輝く(明るい)ⓐ。[英]bright

〔解説〕*t'iaŋという語は陽・章と同源で、「明るい」というコアイメージをもつ。明るいとは光が発散した結果でもあるので、四方に盛んに発するというイメージにも転化する。

〔グループ〕昌・唱・菖・倡(ショウ)(盛んに唱える、歌う[倡伎])・娼(ショウ)(うたいめ[娼妓])・猖(ショウ)(盛んに暴れる[猖獗])・鯧(ショウ)(体の色が明るい光沢のある魚、マナガツオ)

字源 「日(イメージ記号)＋曰(限定符号)」を合わせた字。「日」は太陽。太陽は明るいもの、また、盛んに光を発するものというイメージが取られる。「曰」は言語行為に関わることを示す限定符号。したがって「昌」は太陽が明るい光を発するように、明るい美声を盛んに発する様子を暗示させる。説文解字に「昌は美言なり」とある。

(篆)

語義 [展開] 明るく輝く意味ⓐから、輝くばかりに美しい意味ⓑ、勢いが盛んである意味ⓒに展開する。[英]bright; beautiful; prosperous

[熟語] ⓒ昌代・繁昌

文献 ⓐ詩経・鶏鳴「東方明矣、朝既昌矣＝東方明けたり、朝既に昌らかなり(東の空が明けた、朝の光が明るい)」ⓑ詩経・丰「子之昌兮、俟我乎堂兮＝子の昌なる、我を堂に俟つ(あなたの何たる美しさ、私を座敷で待っている)」ⓒ詩経・閟宮「俾爾昌而大＝爾をして昌んにして大ならしめん(お前の勢いを盛んにし、大きくさせてやろう)」

【松】 8(木・4)　常　常用音訓 ショウ　まつ

語音 *g̊iuŋ(上古)　sioŋ(中古→呉シュ・漢ショウ)　sōng(中)　송(韓)

語源 [コアイメージ] 隙間が開いて通る。[実現される意味] マツⓐ。[英]pine

〔解説〕マツは葉と葉の間が透いていて、向こうが見えるくらいにまばらである。この特徴を捉えて公という記号を用いる。鬆(ショウ)(隙間が開いて緩くなる)は同源の語である。

字源 「公(コウ)(音・イメージ記号)＋木(限定符号)」を合わせた字。「公」は囲い込んだものを八形に開いて見せる場面を設定した図形で(⇩公)、「隙間が開いて底まで通って見える」というイメージがある。「松」は針葉が間を置いて生え、すけすけになって見える木を暗示させる。

語義 マツ科の木、マツの意味ⓐ。中国では主にユショウ(油松)を指す。日本ではアカマツ、クロマツ、ゴヨウマツなどを指す。柏(コノテガシワ)とともに永遠性の象徴ⓑとされる。[英]pine; symbol of eternity

[熟語] ⓐ松陰・青松

文献 ⓐ詩経・山有扶蘇「山有喬松＝山に喬松有り(山には高い松がある)」ⓑ詩経・天保「如松柏之茂＝松柏の茂るが如し(松や柏が茂るかのように)」

【沼】 8(水・5)　常　常用音訓 ショウ　ぬま

語音 *tiog(上古)　tʃɪɛu(中古→呉・漢セウ〈＝ショウ〉)　zhǎo(中)　소(韓)

語源 [コアイメージ] (形や)形に曲がる。[実現される意味] 山間の曲がりくねった水たまり(ぬま)ⓐ。[英]pond, pool

〔解説〕日本語の「ぬま」はヌ(沼)＋マ(間)で、ヌは粘滑(ぬめる)の義という(大言海)。沼の古訓には「ぬ」のほかに「いけ」もある。漢語の沼は池と同じで、両者の区別については、中国の字書に「円なるを池と曰ひ、曲なるを沼と曰ふ」(古今韻会挙要)とある。

字源 「召(ショウ)(音・イメージ記号)＋水(限定符号)」を合わせた字。「召」は「(形や)形に曲がる」というイメージがある(⇩召)。「沼」は周囲が(形や)形に曲がった水たまりを暗示させる。この意匠によって、城を丸く取り巻く池(ほり)に対し、山間の曲がりくねった池(沼沢)を表象する。

語義 ぬまの意味ⓐ。[熟語] ⓐ沼沢・湖沼

文献 ⓐ詩経・正月「魚在于沼、亦匪克樂＝魚は沼に在り、亦た克(よ)く楽しむに匪(あら)ず(魚は沼に住んでいるが、楽しむことはできぬ)」

【咲】 9(口・6)　常　常用音訓 さく

語音 *siog(上古)　sieu(中古→呉・漢セウ〈＝ショウ〉)　xiào(中)

語源 [コアイメージ] 細くすぼめる。[実現される意味] わらうⓐ。[英]laugh

〔解説〕*siogという語は哨(口を細くすぼめて口笛を吹く)や嘯(ショウ)(口をすぼめて声を出す→うそぶく)と同源で、「細くすぼめる」というコアイメージをもつ。笑うしぐさも哨や嘯と似ているので、わらうことを古代漢語で*siogといった。大口を開けて笑うのではなく、口をすぼめてしなを作ったような笑い方である。日本で咲を「さく」に当てる理由は、一つには漢詩文で花が開くことを比喩的に笑(わらう)と表現する例があること

からの影響がある。一方、日本では花のつぼみがほころぶことを笑みにたとえて「花咲(ゑ)む」と表現した。日中共通の発想がかみあって、咲が「さく」になったと考えられる。日本語の「さく」はサカユ(栄)・サカル(盛)と同根で、「内にある生命の活動が頂点に達して外に形をとって開く意」という(大野①)。漢語にはサクに当たる語がなく、普通は開や発を使う。

字源 「咲」が正字。「关(ショウ)(音・イメージ記号)＋口(限定符号)」を合わせた字。「关」は「夭」の変形で、体をくねらせ、頭をかしげる人の形。「八」は両側に分かれる符号で、息や声が分かれ出る様子を象徴的に示す。したがって「关」は人が声を立てて笑う姿を暗示させる図形。これで十分「わらう」を表象できるが、やがて「口」を添えて「咲」とした。

〈字体〉「咲」は旧字体。「咲」は古くから書道で行われた字体。「咲」は笑の古字とされるが、文献に登場するのは漢代以後。

語義 [展開] 笑う意味ⓐ。日本では花が開く(さく)意味ⓑに用いる。[英]laugh; bloom, blossom, flower [和訓] わらう

文献 ⓐ漢書・史丹伝「上嘿然而咲＝上(ショウ)、嘿然(モクネン)として咲(わら)ふ(天子は声を立てずに笑った)」

【昭】 9(日・5)　常　常用音訓 ショウ

語音 *tiɔg(上古)　tʃɪɛu(中古→呉・漢セウ〈＝ショウ〉)　zhāo(中)　소(韓)

語源 [コアイメージ] (形や)形に曲がる(反り返る)。[実現される意味] 光り輝いて明るいⓐ。[英]bright

字源 「召(音・イメージ記号)＋日(限定符号)」を合わせた字。「召」のコアには「刀」の「(形や)形に曲がる(反り返る)」というイメージがあり(⇩刀・召)、「⤴形に跳ね返る」というイメージに展開する。「昭」は日の光が反射して周辺を明るく照らす様子を暗示させる。この意匠によって、日光で照らされて明るいことを表象する。

語義 [展開] 光り輝いて明るい意味ⓐから、くもりがなくはっきりしている(はっきりさせる)意味ⓑ、世の中が明るく治まっている意味ⓒに展開する。[英]bright; clear; peaceful [和訓] あきらか [熟語] ⓐ昭昭・昭然・ⓑ昭示・ⓒ昭代・昭和

文献 ⓐ詩経・抑「昊天孔昭＝昊天孔(はなは)だ昭らかなり(大空はとても明るい)」ⓑ詩経・鹿鳴「徳音孔昭＝徳音孔だ昭らかなり(情ある言葉はとてもさわやか)」

【哨】 10(口・7)　人　音 ショウ

語音 (1)*ts'iɔg(上古)　ts'iɛu(中古→呉・漢セウ〈＝ショウ〉)　qiào(中)　(2)*sɔg(上古)　sǎu(中古→呉セウ〈＝ショウ〉・漢サウ〈＝ソウ〉)　shào(中)　초(韓)　(3)*sɔg(上古)　sau(中古→呉・漢サウ〈＝ソウ〉)　sāo(中)

語源 [コアイメージ] 細い・細くすぼめる。[実現される意味] 入り口がすぼまって狭いⓐ。[英]with small and deformed opening

字源 「肖(ショウ)(音・イメージ記号)＋口(限定符号)」を合わせた字。「肖」は「小さい」「細い」というイメージがあり(⇩肖)、「細くすぼめる」というイメージに転化しうる。「哨」は口が細くすぼまっている様子を暗示させる。

語義 [展開] 入り口がすぼまって狭い意味ⓐ(1の場合)。「細くすぼめる」というイメージから、口をすぼめて口笛を吹いたり呼び子を吹いたりして合図する意味ⓑ、見張りをする、見張り番の意味ⓒを派生する(以上は2の場合)。また、シーシーと言って犬をけしかける(そそのかす)意味ⓓ(3の場合)。ⓓは嗾(ソウ)と通用。唆は同源の語。[英]with small and deformed opening; whistle; guard, sentry; hound [熟語] ⓒ哨戒・歩哨

文献 ⓐ礼記・投壺「某有枉矢哨壺＝某、枉矢・哨壺有り(私に曲がった矢と、口の狭い壺がございます)」ⓓ方言7「使犬曰哨＝犬を使ふを哨と曰ふ(犬をけしかけることを哨という)」

【宵】10(宀・7) 常 常用音訓 ショウ よい

語音 *siɔg(上古) siɛu(中古→呉・漢セウ〈=ショウ〉) xiāo(中) 소(韓)

語源 [コアイメージ] 小さい。[実現される意味] 夜間の前半部分(よい)ⓐ。[英]evening, night

〔解説〕古典の注釈に「宵は小なり」(礼記鄭注)、「宵は陽気消するなり」(文選の注)などとある。光が小さくなる頃、あるいは、陽気が消える頃を宵という。日本語の「よい(よひ)」はヨ(夜)・ユフ(夕)と同根で、ユフ→ヨヒ→ヨナカの順になって、その二番目を指すという(大野①)。漢語の宵も同じだが、夜と同義で使うことも多い。

字源 「肖(ショウ)(音・イメージ記号)+宀(限定符号)」を合わせた字。「肖」は「小さい」というイメージがある(⇨肖)。「宵」は家の中に差し込む光が小さくなる様子を暗示させる。

語義 [展開] よい、また、夜間の意味ⓐ。コアイメージがそのまま実現されて、小さい意味ⓑにもなる。[英]evening, night; small [熟語] ⓐ春宵・徹宵

文献 ⓐ詩経・小星「肅肅宵征=粛粛として宵(よる)征く(いそいそと夜間に出かける)」 ⓑ荘子・列御寇「宵人之離外刑者、金木訊之=宵人の外刑に離(かか)る者は、金木之を訊(ただ)す(つまらない人間が刑罰に触れた場合、金属製や木製の刑具で訊問される)」

【将】10(寸・7) 常 常用音訓 ショウ

〔將〕11(寸・8) 人 音ショウ 訓ひきいる・まさに・はた

語音 *tsiaŋ(上古) tsiaŋ(中古→呉サウ〈=ソウ〉・漢シャウ〈=ショウ〉) jiàng・jiāng(中) 장(韓)

語源 [コアイメージ] 細長い。[実現される意味] 先頭に立って率いるⓐ。[英]head, lead

〔解説〕コアイメージの源泉は爿(ショウ)にある。これは「細くて長い」というイメージを表す。「細くて長い」は「↑の形に細長く(線状に)伸ばす」というイメージ、さらに「一筋に連なるように引っ張る」というイメージに転じうる。このイメージが具体的文脈では先頭に立って後続のものを引っ張る(ひきいる)、また、そのようなことをする人の意味が実現される。図形化は手の指を比喩に用いて成立した。

〔グループ〕将・奨・蔣・醬・漿(ショウ)(細長く垂れる液[漿果])・鏘(ショウ・ソウ)(金属などのさわやかな音[鏘鏘])・鱂(ショウ)(細長い魚、メダカ)

字源 「將」が正字。「爿(ショウ)(音・イメージ記号)+肉(イメージ補助記号)+寸(限定符号)」を合わせた字。「爿」はベッドを縦に描いた図形で、「細長い」というイメージを示す(⇨壮)。「將」は細くて長い手の指(中指)を暗示させる。中指が他の指よりも長く、先頭に立って率いる姿を呈することを比喩として、他よりも先に立って率いること(人)を「將」の図形によって表象する。

(篆)

〔字体〕「將」は旧字体。「将」は書道に由来する常用字体の字体。奨もこれに倣う。

語義 [展開] 先頭に立って率いる意味ⓐから、軍を率いる人(将軍)の意味ⓑに展開する。また、ⓐから、進む(引いて進める)意味ⓒ、連れて行く(見送る)意味ⓓ、持つ意味ⓔを派生する。また、先の方向に視点を置いて、未来のことを推量することば、これから何かをしようとする意味ⓕ(漢文で「まさに〜せんとす」と読む)を派生する。また、「将A将B」の形で、AをしたりBをしたり、Aの上にまたB(「はた」と読む)という用法ⓖが生まれた。[英]head, lead; leader, general; push forward; bring, send off; hold; be going to; partly~partly~ [熟語] ⓐ将軍・将領・ⓑ主

将・武将・ⓔ将来(もたらす)・ⓕ将来(これから来る時)
[文献] ⓐ詩経・何草不黄「何人不將、經營四方＝何の人か将ゐざる、四方を経営す(率いられて行かぬ人はいない。四方の国を平らげに)」ⓑ孫子・謀攻「夫將者國之輔也＝夫れ将なる者は国の輔なり(将軍というものは国家の輔[車を補強する添え木]のようなものだ)」ⓒ詩経・無将大車「無將大車、維塵冥冥＝大車を将むる無かれ、維れ塵冥冥たり(大きな車を進めるな、塵が立って暗くなる)」ⓓ詩経・燕燕「之子于歸、遠于將之＝之の子于に帰ぐ、遠く于に之を将る(この娘が嫁に行き、遠くまで見送った)」ⓕ詩経・碩鼠「逝將去女、適彼樂土＝逝に将に女を去り、彼の楽土に適かん(これからお前を元を去り、あの楽園に行こう)」ⓖ詩経・女曰鶏鳴「將翺將翔＝将に翺し、将に翔す(鳥がはばたいて飛び上がったり、羽を広げて飛び回ったり)」

【消】
10(水・7) [常] [常用音訓] ショウ きえる・けす

[語音] *siog(上古) sieu(中古→[呉]・[漢]セウ〈＝ショウ〉) xiāo(中) 소(韓)

[語源] [コアイメージ] 小さい・ばらばらになる。[実現される意味] 形がなくなる(きえる、また、けす)ⓐ。[英]disappear, vanish, eliminate

〔解説〕釈名・釈言語に「消は削なり。減削するを言ふなり」とある。また、同書・釈疾病に「消は弱なり。割削せらるるが如く、筋力弱きなり」とある。後者は病気の名の説明であるが、消は削と同源で、「小さくばらばらになる」というイメージがある。日本語の「きえる(きゆ)」(他動詞は「けつ」「けす」)は、「雪・露・霜・火などが自然にあとかたもなくなる意」という(大野①)。漢語の消とほぼ同じ。

[字源] 「肖(音・イメージ記号)＋水(限定符号)」を合わせた字。「肖」は「小さい」というイメージがあるが、「肖」を構成する「小」のコアには「ばらばらになる」というイメージがある(⇩小・肖)。「消」は水が土砂を削って小さくばらばらになる様子を暗示させる。この意匠によって、小さく細くなって形がなくなることを表象する。

[語義] [展開] 形がなくなる(きえる)意味ⓐから、勢いがなくなる(衰える)意味ⓑ、金や時間を使ってなくする意味ⓒ、心がか細くなる意味ⓓ、体が痩せ細る、また、筋力がなくなる病気の意味ⓔに展開する。[英]disappear, vanish, eliminate; wane, fade away; exhaust; depressed; become thin [熟語] ⓐ消失・消滅・ⓑ消長・消耗・ⓒ消光・消費・ⓓ消魂・消沈・ⓔ消渇・消痩

[文献] ⓐ詩経・角弓「見晛曰消＝晛を見て曰に消ゆ([雪は]日の熱気に会うと消えてしまう)」ⓑ易経・泰「君子道長、小人道消也＝君子は道長じ、小人は道消するなり(君子は道が伸びていくが、小人は道が衰える)」

【症】
10(疒・5) [常] [常用音訓] ショウ

[語音] *tiaŋ(上古) tʃiəŋ(中古→[呉]・[漢]ショウ) zhèng(中) 증(韓)

[語源] [コアイメージ] まっすぐ。[実現される意味] 病気の徴候ⓐ。[英]symptom

[字源] 「正(音・イメージ記号)＋疒(限定符号)」を合わせた字。「正」は「まっすぐ」というイメージがある(⇩正)。「症」は体内の病気がまっすぐに体外にしるしを現す様子を暗示させる。證(＝証。病気のあかしとして現れること)から派生した語であり、字である。漢代の文献に初出。

[語義] [展開] 病気の徴候の意味ⓐから、特定の症状の現れる病気の意味ⓑに展開する。[英]symptom; disease [熟語] ⓐ症候・軽症・ⓑ失語症

[文献] ⓐ易林2「病症凍攣＝病症は凍攣なり(現れる病気の症状は寒さに凍えて痙攣することである)」

【祥】
10(示・6) [常] [常用音訓] ショウ

〔祥〕11(示・6) 人 ―音ショウ 訓さいわい

語音 *ɡ̊iaŋ(上古) ziaŋ(中古→呉ザウ〈=ゾウ〉・漢シャウ〈=ショウ〉) xiáng(中) 상(韓)

語源 [コアイメージ] めでたい。[実現される意味] 神が下すめでたいこと(さいわい)ⓐ。[英]happy omen

〔解説〕 古人は「羊は祥なり」の語源意識をもっていた。古くは吉祥を吉羊と書くことも多い。羊がコアイメージの源泉である。古代中国でヒツジは食用とされただけでなく、大牢(牛・羊・豚のそろった供物)に入れられて祭祀にも用いられた。このようにヒツジという家畜に対するイメージは特別なものがあり、「姿が美しい」「味がおいしい」「たっぷりと豊か」「めでたい」など、さまざまなイメージが付与された。これらのイメージをもつ羊のグループが形成された(⇩羊)。

字源 「祥」が正字。「羊ヨウ(音・イメージ記号)+示(限定符号)」を合わせた字。「羊」は「めでたい」というイメージを示す(⇩羊)。「祥」は神が下すめでたいことを表象する。

〔字体〕「祥」は旧字体。「祥」は古くから書道で行われた字体。

語義 [展開] 神が下すめでたいこと、また、めでたい意味ⓐから、善悪に関わりなく神が顕現させる前触れの意味にも転じ、吉凶を現す徴候(前触れ)の意味ⓑ、また、凶事(不吉、わざわい)の意味ⓒ、忌み明けの祭りの意味ⓓを派生する。[英]happy omen, lucky, auspicious; omen; misfortune; anniversary of somebody's death [熟語] ⓐ休祥・清祥・ⓑ吉祥・発祥・ⓓ小祥・大祥

文献 ⓐ詩経・大明「文定厥祥=文もて厥その祥を定む(占いの文句で[結婚の]めでたい日を決めた)」ⓑ詩経・斯干「維熊維羆、男子之祥=維これ熊、維れ羆は、男子の祥(クマの夢、ヒグマの夢は、男子の生まれるしるし)」ⓒ老子・五十五章「益生曰祥=生を益すを祥と曰ふ(生命をむりに増やそうとするのは不吉といわれる)」

【称】10(禾・5) 常 ―常用音訓 ショウ

語音 *t'iəŋ(上古) tʃ'iəŋ(中古→呉・漢ショウ) chēng・chèn(中) 칭(韓)

語源 [コアイメージ] ㋐持ち上げる・㋑バランスを取る。[実現される意味] 秤で重さを量る。また、数量を計るⓐ。[英]weigh

〔解説〕 *t'iəŋという語は升・乗・勝・承・蒸などと同源で、「持ち上げる」というコアイメージをもつ(藤堂①)。このイメージを具体的文脈で実現した意味の一つが「秤で重さを量る」という意味。重さを量る前提にはバランスを取ることが必要である。ここから「バランスを取る」という二次的イメージが生まれる。これを図形化したのが爯という記号である。

字源 「稱」が正字。「爯ショウ(音・イメージ記号)+禾(限定符号)」を合わせた字。「爯」の下部は冓・再の下部と同じで、上下対称の構造物の形の半分である(⇩構)。「冓の略体(イメージ記号)+爪(限定符号)」を合わせた「爯」は、手で物を持ち挙げて左右にバランスを取る様子を暗示させる。したがって「稱」は秤を持ち上げて左右にバランスを取って、穀物を量る場面を設定した図形。この意匠によって、重さを量ることを表象する。

(甲) (金) (篆) [爯] (篆)

〔字体〕「稱」は旧字体。「称」は常用漢字の字体(中国近世の俗字と現代の簡体字では、右側が尓となっている)。

語義 [展開] 重さを量る意味ⓐから、重さを量る道具(天秤の類、はかり)の意味ⓑに展開する。また、「持ち上げる」というコアイメージから、持ち上げる意味ⓒ、相手を誉め上げる意味ⓓを派生する。また、「(二つのものの)バランスを取る」というイメージから、バランスが取れて釣り

合う(かなう)意味ⓔ、実(中身)と釣り合った名(呼び名)の意味ⓕ、～と呼ぶ意味ⓖ、大ぴらに言う(となえる)意味ⓗを派生する。[英]weigh; balance; lift up; praise; fit, match; name; call; profess　[和訓]はかる・たたえる・ほめる・となえる・かなう・あげる　[熟語]ⓐ称量・ⓓ称賛・称揚・ⓔ相称・対称・ⓕ愛称・敬称・ⓖ称呼・ⓗ称道・公称

文献 ⓐ孫子・形「稱生勝＝称は勝ちを生ず(敵味方の兵数を計ることが勝ちをもたらす)」ⓒ詩経・七月「稱彼兕觥＝彼の兕觥(ジコウ)を称ぐ(サイの角さかずきを高く上げる)」ⓓ論語・憲問「驥不稱其力、稱其徳也＝驥は其の力を称せず、其の徳を称するなり(駿馬は足の力をほめるのではなく、優れた性質をほめるのである)」ⓔ詩経・候人「不稱其服＝其の服に称(かな)はず([あいつは]服装に似合わないやつだ)」ⓖ論語・季氏「邦君之妻、君稱之曰夫人＝邦君の妻、君之を称して夫人と曰ふ(諸侯の妻を君主は夫人と呼ぶ)」ⓖ論語・陽貨「惡稱人之惡者＝人の悪を称する者を悪(にく)む(他人の悪事を言いふらす者が嫌いだ)」

【秤】 10(禾・5)　人　音ショウ　訓はかり

語音 tʃʻɪəŋ(中古→呉・漢ショウ)　chèng(中)　칭(韓)

語源 [コアイメージ]バランスを取る。[実現される意味]重さを量る道具(はかり)ⓐ。[英]balance, steelyard

字源 「平(イメージ記号)＋禾(限定符号)」を合わせた字。もともと魏晋の頃に作られた稱の俗字。稱の「はかり」の意味をはっきりさせるために「爯」を「平(平ら→バランスが取れる)」に替えたもの。

語義 [展開]天秤ばかりの類ⓐ。もとは天平(テンビン)といったが、天秤と書いてテンビンと読ませる。転じて、重さを量る意味ⓑ。[英]balance, steelyard, scale; weigh

【笑】 10(竹・4)　常　常用音訓 ショウ　わらう・えむ

語音 *siɔg(上古)　siɛu(中古→呉・漢セウ〈＝ショウ〉)　xiào(中)　소(韓)

語源 [コアイメージ]細くすぼめる。[実現される意味]わらうⓐ。[英]smile, laugh

〔解説〕*siɔgという語は哨(口を細くすぼめて口笛を吹く)や嘯(ショウ)(うそぶく)と同源で、「細くすぼめる」というコアイメージがある。大口を開けて笑うのではなく、口をすぼめて上品に笑うことである。語源的には笑は日本語の「えむ」に近いが、声を立てて笑うこともカバーするようになった。日本語の「わらう」と「えむ」には違いがある。「わらう(わらふ)」は「愉快さ・面白さに顔の緊張が破れ、声を立てる意」で、「えむ(ゑむ)」は「にっこりと顔がほころぶ意」という(大野①)。漢語の笑はこの区別がない。英語のsmileは「声を立てず表情だけで笑う」、laughは「声を立てて笑う」の意で(小島①)、日本語の「えむ」と「わらう」に対応する。laughは嘲笑する意味もある。漢語の笑は右の三つをすべて含む。

字源 「关」が本字。後に「咲」と「笑」に分化した。どちらも「わらう」を意味する古代漢語の*siɔgを表記する(⇨咲)。「笑」の字体の由来は、「关」の上部が「艹」に変わり、さらに「竹」に変わったもの。中国では笑が定着し、咲は使われなくなった。咲は日本で「さく」の訓で生き残っている。

語義 [展開]にっこりとほほえむ意味ⓐ、また、ばかにして笑う(あざけり笑う)意味ⓑ。また、人を笑わせる(おかしい)意味ⓒ、謙遜を示す語ⓓに転用される。[英]smile, laugh; ridicule, scoff; ridiculous, funny; term of modesty　[熟語]ⓐ爆笑・微笑・ⓑ嘲笑・冷笑・ⓒ笑柄・笑話・ⓓ笑納・笑覧

文献 ⓐ詩経・終風「顧我則笑＝我を顧みて則ち笑へ(私を振り返ってにっこり笑って!)」ⓑ詩経・氓「咥其笑矣＝咥(キ)として其れ笑ふ(イヒヒとあざわらう)」

【商】11(口・8) 常 ｜ 常用音訓 ショウ あきなう

語音 *thiaŋ(上古) ʃiaŋ(中古→呉・漢シャウ〈=ショウ〉) shāng(中) 상(韓)

語源 [コアイメージ] 明らか。[実現される意味] はっきりしないことを明らかにする(いいかどうかをはかる・何かをしようとはかる)ⓐ。[英]consult, discuss

〔解説〕古典では「商は章なり」と語源が説かれる。説文解字では「外より内を知るなり」とあり、段玉裁は「外より内を知り、了了として章箸するを商と曰ふ(外部から内部を知り、明らかに現れることが商である)」と解説している。言い換えれば「(隠れたものを)はっきりと明らかにする」ことが商である。商を「あきない」の意味に使うのは、古代国家の商(殷の別名)が滅亡して遺民が行商を始めたからという説(小島祐馬が唱えた)があるが、言語そのものから意味の展開を考えるのが正道である。白虎通義・商賈篇では「商(あきない)の言為(た)るは商(はかる)なり。其の遠近を商(はか)り、其の有亡(=有無)を度(はか)り、四方の物を通ず。故に之を商と謂ふなり」と述べている。これが妥当。あきないの二形態を区別するときは、店を構えない仕方を商(行商)といい、店を構える仕方を賈(コ)という(⇨価)。日本語の「あきなう(あきなふ)」の語幹のアキは秋と同根で、これに行う意のナフがついて、収穫物を交易する意味になったという(大言海、大野①)。

字源 「商」は殷代(甲骨文字)では地名、また、種族の名(殷の別名)として使われた。「辛+冏」を合わせて、高台になった地形を表している。周代(先秦の古典)になると造形の意匠が変わった。すなわち「章(ショウ)の略体(音・イメージ記号)+冏(イメージ補助記号)」を合わせた図形と解されるようになった。「章」は「明らか」というイメージがある(⇨章)。「冏」は裔(すえ)・巂(ツバメ)・矞(丸い穴を穿つ)の下部と同じで、尻を示す記号。尻→末端(すみ・底)あるいは穴の中と、イメージが転じる。二つを合わせた「商」は、はっきりしない物事をすみずみまで明らかにする様子を暗示させる。この意匠によって、はっきりしない物事をはっきりさせようとはかることを表象する。字源については諸説紛々である。造形の意匠が変わったことを知らないと袋小路に入ってしまう。

(甲) (金) (篆)

語義 [展開] 何かをしようとはかる意味ⓐから、生活に必要な物があるかどうかをはかって、物の流通を行う(あきなう)意味ⓑを派生する。そこから、あきないをする人(商人)の意味ⓒ。また数学では、割って得られる数の意味ⓓに用いる。[英]consult, discuss; trade, commerce; merchant; quotient [和訓] はかる [熟語] ⓐ商量・協商・ⓑ商売・行商・ⓒ画商・豪商

文献 ⓐ書経・費誓「我商賚汝=我商(はか)りて汝に賚(たま)はん(私はあなたに功績があるかどうかを図って、あなたに贈り物をしよう)」ⓑ管子・小問「處商必就市井=商に処(お)れば、必ず市井に就く([士は]商売に身を置くと、必ず市場に寄り集まってくる)」ⓒ孟子・公孫丑上「天下之商皆悦=天下の商皆悦ぶ([関税の撤廃で]天下の商人はみな喜んだ)」

【唱】11(口・8) 常 ｜ 常用音訓 ショウ となえる

語音 *tʻiaŋ(上古) tʃʻiaŋ(中古→呉・漢シャウ〈=ショウ〉) chàng(中) 창(韓)

語源 [コアイメージ] (声が)盛ん。[実現される意味] 人の先に立って始めに声高く言ったり歌ったりする(先に立って言う、さきがけてとなえる)ⓐ。[英]take the lead, advocate

〔解説〕日本語の「となえる(となふ)」のトは「呪力ある言葉の意」で、「(呪文・経文などを)声高く言い、また、よみあげる」意という(大野①)。

漢語の唱は和と対になることばで、Aが先に声高く歌ったり言ったりすることが唱、後からBがそれについてくる行為が和である。日本語の「となえる」は唱の派生義のⓑに当たる。

【字源】「昌(ショウ)(音・イメージ記号)＋口(限定符号)」を合わせた字。「昌」は明るい美声を盛んに発することを示す(⇨昌)。「唱」はひときわ盛んに声を張り上げる様子を暗示させる。この意匠によって、人の先に立って始めに声高く言ったり歌ったりすることを表象する。先にとなえる(歌う)ことを唱といい、後についてくる(調子を合わせる)ことを和という。詩経では倡と書かれ、「倡予和女＝予に倡[＝唱]ふれば女[＝汝]に和さん(あなたが私の先に歌えば、あなたについて歌います)」(蘀兮篇)という用例がある。

【語義】【展開】人の先に立って始めに声高く言ったり歌ったりする(となえる)意味ⓐから、声高く呼ばわる意味ⓑ、歌う、また、歌の意味ⓒに展開する。[英]take the lead, advocate; call loudly, cry; sing, song 【和訓】うたう 【熟語】ⓐ唱和・首唱・ⓑ高唱・三唱・ⓒ歌唱・独唱

【文献】ⓐ荀子・非十二子「子思唱之、孟軻和之＝子思之を唱へ、孟軻之に和す([その考えは]子思が先に唱え、孟子が後に従ったものだ)」ⓑ大戴礼記・曾子立事「君子不唱流言＝君子は流言を唱へず(君子はデマを声高く叫ばない)」

【捷】 11(手・8) 人 音ショウ 訓かつ・とし

【語音】*dziăp(上古) dziɛp(中古→呉ゼフ〈＝ジョウ〉・漢セフ〈＝ショウ〉) jié(中) 첩(韓)

【語源】【コアイメージ】間隔が短い・迫る。【実現される意味】動作がすばやいⓐ。[英]quick, nimble, prompt

【解説】疌(ショウ)にコアイメージの源泉がある。これはすばやい動作を表す記号で、スピードが速い→AとBの間隔(時間的、また空間的)が短いというイメージに展開する。*dziăpという語は、古典の注釈にも「捷は接なり」とある通り、接(二つのものがつながる、すれすれに接する)と同源である。

【グループ】捷・睫(ショウ)(まぶたとすれすれに接するまつげ[目睫])・婕(ショウ)(すばやくて身軽な[婕妤])・疌(ショウ)(時間が短い→しばし)・蜨(ショウ・チョウ)(羽をひらひらとすばやく動かす昆虫、チョウ、タテハ[蛺蜨(キョウチョウ)])

【字源】「疌(ショウ)(音・イメージ記号)＋手(限定符号)」を合わせた字。「疌」を分析すると「屮＋又＋止」となる。「屮」は草が芽を出す形で、「突き出る」「伸び出る」というイメージを示す。「又」は手の形。「止」は足の形。「屮(イメージ記号)＋又＋止(二つともイメージ補助記号)」を合わせた「疌」は、手足をさっと出して動く様子を暗示させる。「すばやい」というイメージから「時間的に急である」「空間的に迫る」というイメージを表すことができる。かくて「捷」は動作が急で速いこと、また、敵に迫って圧倒する(打ち勝つ)ことを表象する。

(篆) [疌] (篆)

【語義】【展開】動作がすばやい意味ⓐ。また「空間的に迫る」というイメージから、敵に迫って圧倒する(打ち勝つ)意味ⓑ、最短距離の道(近道)の意味ⓒを派生する。[英]quick, nimble, prompt; overcome, win, victory; shortcut 【熟語】ⓐ勁捷・敏捷・ⓑ捷報・捷利・ⓒ捷径・捷路

【文献】ⓐ詩経・烝民「征夫捷捷＝征夫は捷捷たり(兵士は急いで駆ける)」ⓑ詩経・采薇「一月三捷＝一月に三たび捷(か)つ(ひと月に三回戦に勝った)」

【梢】 11(木・7) 人 音ショウ 訓こずえ

【語音】*sŏg(上古) ṣău(中古→呉セウ〈＝ショウ〉・漢サウ〈＝ソウ〉) shāo(中) 초(韓)

【語源】【コアイメージ】小さい・細い。【実現される意味】枝の先(こず

え)ⓐ。[英]treetop

【字源】「肖ショウ(音・イメージ記号)＋木(限定符号)」を合わせた字。「肖」は「小さい」「細い」というイメージがある(⇨肖)。「梢」は木の細く小さな枝先を表す。

【語義】[展開] こずえの意味ⓐから、物の末端・末尾の意味ⓑ、船尾で船を進める木(かじ)の意味ⓒに展開する。[英]treetop; tip; helm [熟語]ⓑ末梢

【渉】11(水・8) 常 ― 常用音訓 ショウ

〔涉〕10(水・7) 人 ― 音 ショウ 訓 わたる

【語音】*dhiap(上古) ʒɪɛp(中古→呉ゼフ〈＝ジョウ〉・漢セフ〈＝ショウ〉) shè(中) 섭(韓)

【語源】[コアイメージ] 一つまた一つとつながる。[実現される意味] 川を渡るⓐ。[英]wade, ford

【解説】*dhiap という語は踏(一足また一足と踏んづける)や喋血の喋ショウ(血を踏んで行く)などと同源で、「□－□－□…の形に一つまた一つとつなげていく」というイメージがある。古典に「渉は渡なり」「渉は歴なり」とあり、渡・歴は同源の語ではないが、渡は「⤵⤵の形に一歩一歩と進む」、歴は「□－□－□…の形に次々に並ぶ」というイメージがある。

【字源】「涉」が正字。「步(あるく。イメージ記号)＋水(限定符号)」を合わせた字。「涉」は水の中を歩いていく情景を設定した図形。別篆は「水＋步＋水」を合わせた字体で、意匠は「涉」と同じ。図形はコアイメージを反映していない。

(甲) 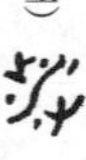 (金)  (篆) 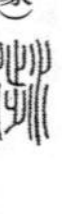

【字体】「涉」は旧字体。「渉」は步→歩に合わせた常用漢字の字体。

【語義】[展開] 川を渡る意味ⓐから、渡る所(渡し場)の意味ⓑに展開する。また、「一つまた一つとつながる」というコアイメージから、A→B→Cと次々に経めぐる意味ⓒ、方々をあさり回る意味ⓓ、また、A→Bとつながりをつける(関係する)意味ⓔを派生する。[英]wade, ford; ferry crossing; go through, experience; range; relate, involve [熟語]ⓐ渉禽・跋渉・ⓒ渉世・渉歴・ⓓ渉猟・ⓔ干渉・交渉

【文献】ⓐ詩経・氓「送子渉淇＝子シを送りて淇キを渉る(あなたを見送って淇の川を渡る)」ⓑ詩経・匏有苦葉「濟有深渉＝濟セイに深き渉し有り(濟の川に深い渡し場がある)」ⓒ春秋穀梁伝・襄公27「嘗爲大夫、與之渉公事矣＝嘗て大夫と為り、之と公事を渉る(かつて大夫となり、彼とともに公職を渡り歩いた)」

【章】11(立・6) 常 ― 常用音訓 ショウ

【語音】*tiaŋ(上古) tʃiaŋ(中古→呉・漢シャウ〈＝ショウ〉) zhāng(中) 장(韓)

【語源】[コアイメージ] ㋐明らか・㋑区切って止める。[実現される意味] 鮮やかに目立つ模様ⓐ。[英]pattern

【解説】*tiaŋ という語は昌・陽と同源で、「明るい」というコアイメージをもつ。光が明るく照ると、照らされる物体の周辺に明るい部分と暗い部分の境界ができる。したがって「明るい」というイメージは「境目・区切りがつく」というイメージに転化する。これと似たイメージ転化現象は景や鏡にも見られる。章に模様の意味と文章の意味があるのは、このようなイメージ転化があるからである。

【グループ】章・彰・障・商・樟・璋ショウ(鮮やかな模様のついた玉)・嶂ショウ(ついたてのように立ちふさがる山)・瘴ショウ(体にさわる熱病[瘴癘])・鱆ショウ(鮮やかに体色を変える生物、章魚、タコ)・麞ショウ(＝獐。臆病で、敵を遮って身を守る獣、キバノロ)

字源 金文は「辛(刃物の形)」の中間に「曰(印や模様の符号)」を挿入した図形。刃物で鮮やかな模様を現し出す様子を暗示させる。この意匠によって、「明るい」「明らか」というコアイメージを表すことができる。篆文では図形の構造が「音(おと)＋十(まとめることを示す符号)」を合わせた字に変わった。音楽のまとまった一区切りを暗示させる。この意匠によって、「区切って止める」というコアイメージを表すことができる。以上のように、「明るい」→「区切りがつく」というイメージ転化の結果、図形も変化した。

(金)　(篆)

語義 [展開]「明るい」「明らか」というコアイメージから、はっきりと目立つ模様・あやの意味ⓐ、印の意味ⓑ、はっきりと目立つ、姿がはっきり現れる(明らか)の意味ⓒ、はっきりと現し出す(明らかにする)意味ⓓに展開する。また、「区切って止める」というコアイメージから、区切りをつけた音楽や詩や文のひと節、一区切りの意味ⓔ、文章の意味ⓕ、人の行為に区切り(けじめ)をつけるおきて(決まり、法令)の意味ⓖに展開する。[英]pattern; distinctive mark; clear; display; section, chapter; sentence; rule [和訓] あや・しるし・あきらか [熟語] ⓐ文章・紋章・ⓑ印章・腕章・ⓓ顕章(＝顕彰)・表章(＝表彰)・ⓔ章句・章節・ⓕ回章・玉章・ⓖ憲章・典章

文献 ⓐ詩経・棫樸「倬彼雲漢、為章于天＝倬たる彼の雲漢、章を天に為す(大きなあの天の川は、天上界にあやをなす)」ⓒ易経・姤「天地相遇、品物咸章也＝天地相遇ひ、品物咸章らかなり(天地の気が出会って、万物がことごとく姿を現す)」ⓓ礼記・緇衣「長民者章志＝民に長たる者は志を章らかにす(民のトップに立つ者は志をはっきり示さねばならぬ)」ⓔ春秋左氏伝・襄公28「賦詩斷章＝詩を賦して章を断つ(詩を詠んで一段落だけを断ち切る)」ⓖ詩経・抑「洒埽庭内、維民之章＝庭内を洒埽するは、維れ民の章なり(庭の中を掃除するのは、民の決まりだ)」

【笙】 11(竹・5)

人　㊥ショウ

語音 *sïeŋ(上古) ʂïʌŋ(中古→㊐シヤウ〈＝ショウ〉・セイ㊊) shēng(中) 생(韓)

語源 [コアイメージ] (汚れがなく)すがすがしい。[実現される意味] 古楽器の名ⓐ。[英]reed-pipe wind instrument

〔解説〕 古人は「笙は生なり」という語源意識をもっていた。例えば釈名・釈楽器では「笙は生なり。竹の匏を貫くは、物の地を貫きて生ずるに象るなり」とある。ふくべに竹の管を立てた楽器の形態は植物が大地から発生することを象ったものという。これはストレートに生から語源を説いたものだが、生のコアイメージから音色の特徴を捉えた語と解することもできる。

字源 「生(音・イメージ記号)＋竹(限定符号)」を合わせた字。「生」は「すがすがしい」というイメージがある(⇩生)。視覚的なイメージは聴覚的なイメージにも転用できる。「笙」はすがすがしく爽やかな音色を出す笛を暗示させる。

語義 管楽器の一つ(笙の笛)ⓐ。〔形の匏(ふくべ)の上に、長さが不ぞろいの十三本ないし十九本の管を立て、鳳の翼の形に並べたもの。

文献 ⓐ詩経・鹿鳴「鼓瑟吹笙＝瑟を鼓し笙を吹く(瑟[琴の一種]を奏で、笙を吹き鳴らす)」

【紹】 11(糸・5)

常　常用音訓 ショウ

語音 *dhiɔg(上古) ʒiɛu(中古→㊐ゼウ〈＝ジョウ〉・㊊セウ〈＝ショウ〉) shào(中) 소(韓)

語源 [コアイメージ] ㋐〔形に曲がる・㋑引き寄せる。[実現される意味] 受け継ぐⓐ。[英]continue

〔解説〕召を構成する刀にコアイメージの源泉がある。かたなは刃が反り返っているので、「(形や)形に曲がる」というイメージがある。直線が(形に曲がると、両端の間隔は縮まる。端点Aが別の端点Bの方へ引き寄せられることになる。召はA(相手)に声をかけてB(当事者)の方へ呼び寄せることで、コアイメージは「(形に曲がる」から「引き寄せる」に転化する。

字源「召(ショウ)(音・イメージ記号)＋糸(限定符号)」を合わせた字。「召」は「(形に曲がる」というイメージがあり、「引き寄せる」というイメージに展開する(⇩召)。「紹」はAの糸を引き寄せてBの糸につなげる様子を暗示させる。この意匠によって、A(前のもの)の後をB(後のもの)が受け継ぐことを表象する。

語義[展開]受け継ぐ意味ⓐ。また「引き寄せる」というイメージから、第三者がAをBに引き寄せて会わせる(二人を引き合わせる)意味ⓑを派生する。[英]continue; introduce　[和訓]つぐ　[熟語]ⓐ継紹・ⓑ紹介・介紹

文献ⓐ書経・盤庚「紹復先王之大業＝紹(つ)ぎて先王の大業を復す(前の王の大業を受け継いで復興させる)」

【菖】11(艸・8)　人　|　音ショウ

語音　*t'iaŋ(上古)　tʃ'iaŋ(中古→呉・漢シャウ〈＝ショウ〉)　chāng(中)　창(韓)

語源[コアイメージ]明るい。[実現される意味]ショウブⓐ。[英]sweet flag

字源「昌(ショウ)(音・イメージ記号)＋艸(限定符号)」を合わせた字。「昌」は「明るい」というイメージがある(⇩昌)。「菖」は葉に明るい光沢のある草を暗示させる。この意匠によって、ショウブを表象する。本来は菖だけであったが、後に、葉がガマに似ているので蒲を添えて菖蒲という。

語義[展開]サトイモ科の多年草、ショウブの意味ⓐ。葉は剣状で長い。水辺に生え、香気がある。日本ではアヤメ科の多年草、アヤメの意味ⓑに用いる。葉は細くて直立し、紫色の花が咲く。漢名は渓蓀(ケイソン)。本来はショウブの古語がアヤメである。[英]sweet flag; siberian iris　[熟語]ⓐ菖蒲

文献ⓐ呂氏春秋・任地「菖者百草之先生者也＝菖なる者は百草の先に生ずる者なり(ショウブは多くの草の中でいちばん最初に生えるものである)」

【訟】11(言・4)　常　|　常用音訓　ショウ

語音　*gi̥uŋ(上古)　zioŋ(中古→呉ズ・ジュ・漢ショウ)　sòng(中)　송(韓)

語源[コアイメージ]ストレートに通す。[実現される意味]もめごとを裁判にうったえる(理非を言い争う)ⓐ。[英]litigate

〔解説〕唐の陸徳明は「訟は之を公に言ふなり」(経典釈文)と語源を説く。コアイメージの源泉は公にあり、松(隙間の開いて通る葉をもつ木、マツ)・頌(始めから終わりまで読み通す)は同源で、「ストレートに通す」というコアイメージをもつ。

字源「公(コウ)(音・イメージ記号)＋言(限定符号)」を合わせた字。「公」は囲い込んだものを八形に開いて見せることから、「隙間が開いて底まで通って見える」というイメージがある(⇩公)。これは、「A点からB点までストレートに通る」というイメージに展開する。したがって「訟」は言葉(訴状)をストレートに官(裁判)に通す様子を暗示させる。この意匠によって、裁判にうったえることを表象する。

語義[展開]もめごとをうったえる意味ⓐから、裁判沙汰、裁判の意味ⓑ、責め立てる意味ⓒに展開する。[英]litigate; lawsuit, case; blame　[和訓]うったえる　[熟語]ⓐ訴訟・争訟・ⓑ聴訟

文献ⓐ易経・訟「自下訟上＝下自(よ)り上を訟(うった)ふ(下の者が上の者を訴える)」ⓑ詩経・行露「雖速我訟、亦不女従＝我を訟に速(まね)くと雖も、亦

た女［＝汝］に従はず（私を裁判に呼んだとて、お前なんかに従わぬ）」ⓒ論語・公冶長「吾未見能見其過而内自訟者也＝吾未だ能く其の過ちを見て、内に自ら訟むる者を見ざるなり（私は、自分の過ちを見て、心の内で自分を責める者を、まだ見たことがない）」

【勝】

12（力・10）　常　　常用音訓　ショウ　かつ・まさる

語音 *thiəŋ(上古)　ʃɪəŋ(中古→呉・漢ショウ)　shèng(中)　승(韓)

語源 ［コアイメージ］上に上がる。［実現される意味］打ち負かす（かつ）ⓐ。［英］overcome, win, victory

〔解説〕古典に「勝は称なり」などの訓がある。*thiəŋという語は称・升・昇・乗などと同源で、「上に上がる」というコアイメージをもつ。相手の上に出ることが勝利の勝である。日本語の「かつ」は「相手の攻撃・進出をおさえて、自分を保ちつづけるのが原義」。また、「まさる」はマス（増）と同根で、「数量・程度などが、もとの状態よりいっそう多くなる」意味から、「他と比べて、質・程度などがすぐれる」意味になる（以上、大野①）。「かつ」と「まさる」は全く別語であるが、漢語では勝利の勝と、殊勝の勝は同じコアイメージからの展開である。英語のovercomeはover（越えて）＋come（来る）、乗り越える→打ち勝つ意（政村①）、surpassはsur-（上に）＋passer（通る）で、…よりまさる、超越する意で（下宮①）、漢語の勝と造語の発想が似ている。

字源 「朕（音・イメージ記号）＋力（限定符号）」を合わせた字。「关」は笑・咲の原字である「关」とは別で、送に含まれる「关（＝弁）」と同じ。これは「午（杵の形）＋廾（両手）」を合わせて、杵を持ち上げる情景を設定した図形で、「持ち上げる」というイメージを示す。「关（音・イメージ記号）＋舟（月は変形。限定符号）」を合わせた「朕」は、舟が浮力で水上に浮き上がる様子を暗示させる図形で、「上に上がる」というイメージを示す（⇨朕）。かくて「勝」は力で相手をしのいで上に出る様子を暗示させる。

語義 ［展開］打ち負かす（かつ）意味ⓐ。「上に上がる」というイメージから、程度などが一定のレベルの上に出る、また、力量が他より上に出る（まさる、すぐれている）意味ⓑ、地形がすぐれて良い、また、すぐれて良い景色の意味ⓓ、物を持ち上げてじっと持ちこたえる（たえる）意味ⓒ、全部を挙げて（ことごとく）の意味ⓓに展開する。［英］overcome, win, victory; surpass; superb, scenic, able to bear, capable of; all　［和訓］すぐれる・たえる・あげる　［熟語］ⓐ勝敗・優勝・ⓒ健勝・殊勝・ⓓ景勝・名勝

文献 ⓐ詩経・玄鳥「武王靡不勝＝武王勝たざるは靡し（武王［周の二代目の王］は勝たない戦はなかった）」ⓑ論語・雍也「質勝文則野＝質、文に勝てば則ち野なり（質素が装飾を超えると粗野になる）」ⓒ孟子・梁恵王下「王喜以為能勝其任也＝王喜びて以て能く其の任に勝ふると為すなり（王は喜んで、［大工が］その任務を果たす能力があると認めた）」ⓓ孟子・梁恵王上「材木不可勝用也＝材木勝げて用ゐるべからず（材木は全部使い切れないほどだ）」

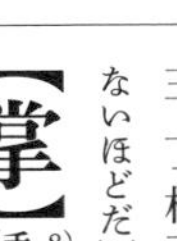

【掌】

12（手・8）　常　　常用音訓　ショウ

語音 *tiaŋ(上古)　tʃɪaŋ(中古→呉・漢シャウ〈＝ショウ〉)　zhǎng(中)　장(韓)

語源 ［コアイメージ］平らに広がる。［実現される意味］てのひらⓐ。［英］palm

〔解説〕日本語では「たなごころ」が古い言い方。これは手の心（中心）の意の複合語（複数の記号素をもつ合成語）である。おそらく漢語の手心の訓読語であろう。また「てのひら」ともいうがこれも複合語。漢語では手心より前に*tiaŋという記号素を基礎とした一音節語であった。日本語と発想が似ていて、平らな面を捉えて*tiaŋという。てのひらは握っ

た指が当たる平面である。この語は当や賞と同源で、「平らに広がる」「平らな面に当たる」というコアイメージをもつ。

字源 「尚(ショウ)(音・イメージ記号)＋手(限定符号)」を合わせた字。「尚(＝尚)」は窓から空気が分散して出る図形で、「高く上がる」というイメージがあるが、分散することに視点を置くと、「平らに広がる」というイメージも表しうる(⇩尚)。かくて「掌」は手の平らに広がった部分(指を除いた部分)を表す。

語義 [展開] てのひらの意味ⓐ。てのひらの機能から、物事をしっかり把握して処理する(主として担当する、つかさどる)意味ⓑ、手に捧げ持つ意味ⓒに展開する。[英]palm; manage; hold up [和訓] てのひら・たなごころ・つかさどる [熟語] ⓐ掌中・合掌・ⓑ管掌・職掌

文献 ⓐ論語・八佾「指其掌＝其の掌を指す([孔子は]自分のてのひらを指した)」ⓑ孟子・滕文公上「舜使益掌火＝舜は益をして火を掌らしむ(舜[古帝王の名]は益[人名]に火の管理をさせた)」ⓒ詩経・北山「或王事鞅掌＝或いは王事に鞅掌す(ある人は王の仕事を抱えて忙しい)」

【晶】12(日・8) 常 ｜ 常用音訓 ショウ

語音 *tsieŋ(上古) tsiɛŋ(中古→呉シャウ〈＝ショウ〉・漢セイ) jīng(中) 정(韓)

語源 [コアイメージ] 澄み切っている。[実現される意味] 澄み切って光るⓐ。[英]bright, limpid

〔解説〕*tsieŋという語は星や精と同源で、「澄み切っている」というコアイメージをもつ。昌とは異なる。

字源 三つの星を描いた図形。曐(＝星)の上部の「晶」と同じ。

(甲)　(篆)

語義 [展開] 澄み切って光る意味ⓐから、澄み切って明るく輝くものの意味ⓑを派生する。[英]bright, limpid; crystalline substance [和訓] あきらか [熟語] ⓐ晶晶・ⓑ結晶・水晶

文献 ⓐ易林2「陽晶隠伏＝陽晶、隠伏す(明るく澄み切った光は隠れ伏す)」

【湘】12(水・9) 人 ｜ 音ショウ

語音 *siaŋ(上古) siaŋ(中古→呉サウ〈＝ソウ〉・漢シャウ〈＝ショウ〉) xiāng(中) 상(韓)

語源 [コアイメージ] 向き合う。[実現される意味] 中国の川の名ⓐ。[英]the Xiangjiang River

字源 「相(ソウ)(音・イメージ記号)＋水(限定符号)」を合わせた字。「相」は「二つのものが向き合う」というイメージがあり(⇩相)、「ペアをなす」というイメージにもなる。「湘」は沅水とペアをなす川を表す。沅水と湘水はともに洞庭湖に注ぐ川で、沅湘と併称される。

語義 [展開] 中国の湖南省にある川の名ⓐ。日本では相模国南部(海岸地帯)ⓑを中国の湘南(湘江の南部地域)になぞらえて、湘南という。湘江流域は瀟湘八景に入れられる景勝の地である。[英]the Xiangjiang River; Shonan [熟語] ⓐ湘江・湘水・ⓑ湘南

文献 ⓐ楚辞・九歌・湘君「令沅湘兮無波＝沅湘をして波無からしむ(沅水と湘水に波が立たないようにする)」

【焼】12(火・8) 常 ｜ 常用音訓 ショウ やく・やける

〔燒〕16(火・12) 人 ｜ 音ショウ 訓やく・やける

語音 *thiɔg(上古) ʃiɛu(中古→呉・漢セウ〈＝ショウ〉) shāo(中) 소(韓)

語源 [コアイメージ] ㋐高く上がる。㋑曲がる。[実現される意

味〕物を燃やす(やく)ⓐ。［英］burn

〔解説〕漢の劉熙は「焼は燋(=焦)なり」と言い(釈名・釈喪制)、焦(「縮まる」がコアイメージ)と同源とした。一方、藤堂明保は刀のグループと同源で、「曲線状に曲がる」が基本義で、「炎が曲線状をなしてゆらゆらと燃え上がること」と述べる(藤堂①)。いずれも火を着けた後の燃焼の状態や結果に視点を置いた語と見ている。日本語の「やく」は「物に直接火をあて、熱を通す意」という(大野①)。「やく」は「胸をこがす」「嫉妬する」という心理的な意味が生まれるが、漢語の焼にはない。ただし焦に心理的な意味がある。

〔字源〕「燒」が正字。「堯(ギョウ)(音・イメージ記号)+火(限定符号)」を合わせた字。「堯」は「高く上がる」というイメージがあるが、「曲がりくねる」というイメージにも転化する(⇩尭)。「燒」は煙や火の粉が高く(また、曲がりくねって)上がる様子を暗示させる。物を燃やすときの状態を図形化したもの。

〔語義〕物を燃やす意味ⓐ。［熟語］ⓐ焼却・燃焼

〔文献〕ⓐ礼記・月令「毋燒灰＝灰を焼く毋(な)かれ(灰を焼かないように)」

【焦】12(火・8) 常 | 常用音訓 ショウ　こげる・こがす・こがれる・あせる

〔語音〕*tsiɔg(上古)　tsiɛu(中古→呉・漢セウ〈=ショウ〉)　jiāo(中)　초(韓)

〔語源〕［コアイメージ］縮まる。［実現される意味］焼けこげる・こがすⓐ。［英］burn, scorch

〔解説〕*tsiɔgという語は秋・宿・粛などと同源で、「縮む」というコアイメージをもつ。物体が焼けこげると普通は縮む。縮むという結果によって、こげるという原因を表す語である。縮む→こげるへの展開はレトリックでは換喩である。転義現象はレトリックを基本にすることが多い。イメージ転化も意味展開(転義)も人間の認識に関わることで、普遍性があるが、それぞれの言語における特殊性もある。日本語の「こげる」は焼けて黒くなる意味で、漢語の焦にも同様のイメージが生まれる。下記のグループではいくつかの語がこのイメージをもつ。また焦は心理的な意味に転義する。「こげる」も同様で、英語のburnも「激しい感情を持つ、かっとなる、興奮する」の意味がある(小島①)。

〔グループ〕焦・礁・蕉・憔(ショウ)(思いを焦がして体がやつれる［憔悴］)・樵(ショウ)(燃やすための薪、また、それを取る人［采樵］)・鷦(ショウ)(羽が焦げたような色をした鳥、ミソサザイ［鷦鷯(ショウリョウ)］)

〔字源〕「隹(小鳥の形。イメージ記号)+火(限定符号)」を合わせて、小鳥を火であぶって焼く情景を設定した図形。この意匠によって、ちりちりと焼けこげることを表象する。篆文では「雥(三つの鳥)+火」の字体もある。図形にコアイメージは反映されていない。

(金)　(篆)

〔語義〕［展開］こげる・こがす意味ⓐ。また「縮まる」というイメージは「間隔が狭くなる」「迫る」というイメージに展開し、心が切羽詰まり、あせったりいらだったりする意味ⓑを派生する。［英］burn, scorch; fret ［和訓］じれる・じらす ［熟語］ⓐ焦土・焦眉・ⓑ焦躁・焦慮

〔文献〕ⓐ荘子・逍遥遊「大旱金石流、土山焦、而不熱＝大旱に金石流れ、土山焦げるも、而(しか)も熱からず(日照りで金属や石が流れ、土や山が焼け焦げても、［神人は］熱さを感じない)」ⓑ史記・夏本紀「禹傷先人父鯀功之不成受誅、乃勞身焦思＝禹、先人父鯀(コン)の功の成らず誅を受くるを傷(いた)み、乃ち身を労し思ひを焦がす(禹は父である鯀が功績を果たせずに誅殺されたのを痛み、体を疲らせ、心をいらだたせた)」

【硝】12(石・7) 常 | 常用音訓 ショウ

〔語音〕*siɔg(上古)　siɛu(中古→呉・漢セウ〈=ショウ〉)　xiāo(中)　초(韓)

〔語源〕［コアイメージ］小さくばらばらになる。［実現される意味］鉱

物の名ⓐ。[英]niter

字源 「肖(ショ)(音・イメージ記号)＋石(限定符号)」を合わせた字。「肖」は「小さい」というイメージがあり、更にそのコアには「小さくばらばらになる」というイメージがある(⇩肖)。「硝」は小さく砕いて粉末にして薬用とする鉱物を暗示させる。硝石は火薬やガラスの原料になる鉱物であるが、それ以前は漢方薬に用いられた。神農本草経や傷寒論・金匱要略などに硝石・芒硝・朴硝の複合語で出ている。

語義 鉱物の一種で、硝酸カリウムの意味ⓐ。[熟語] ⓐ硝煙・硝酸

【粧】 12(米・6) 常 常用音訓 ショウ

語音 *tsïaŋ(上古) tṣïaŋ(中古→呉シャウ〈＝ショウ〉・漢サウ〈＝ソウ〉) zhuāng(中) 장(韓)

語源 [コアイメージ] 細長い。[実現される意味] 顔料(白粉や紅)を使って容姿をスマートに整えるⓐ。[英]make up

字源 「妝」が本字。「爿(ショ)(音・イメージ記号)＋女(限定符号)」を合わせた字。「爿」は「細長い」というイメージがあり、「ほっそりとしてスマートである」というイメージに展開する(⇩壮)。「妝」は女がスマートに身繕いをする様子を暗示させる。のち字体は、「莊(ソウ)(音・イメージ記号)＋米(限定符号)」を合わせた「糚」に変わった。「莊」にも「細長い」「スマート」というコアイメージがある。白粉などの顔料で容姿をスマートに整える様子を暗示させる。ついで字体は「莊」の俗字である「庄」に替えて「粧」となった。妝・糚は漢代の文献、粧は後漢の文献に出る。

語義 化粧する意味ⓐ。[和訓] よそおう [熟語] ⓐ化粧・濃粧

文献 ⓐ枚乗・雑詩九首「娥娥紅粉妝＝娥娥たる紅粉の妝(よそお)ひ(女性が紅と白粉で美しく顔を整えている)」(玉台新詠1。ただし文選では妝を粧と書く)

【翔】 12(羽・6) 人 音ショウ 訓かける・とぶ

語音 *g̊iaŋ(上古) ziaŋ(中古→呉ザウ〈＝ゾウ〉・漢シャウ〈＝ショウ〉) xiáng(中) 상(韓)

語源 [コアイメージ] 大きく広がる。[実現される意味] 鳥が飛び回るⓐ。[英]soar, hover

字源 「羊(ヨ)(音・イメージ記号)＋羽(限定符号)」を合わせた字。「羊」は「たっぷり豊か」というイメージがあり、「大きく広がる」というイメージに展開する(⇩羊)。「翔」は鳥が翼を大きく張り広げて、ゆったりと空を旋回する様子を暗示させる。

語義 鳥が翼を張り広げたままで滑るように飛び回る意味ⓐ。[熟語] ⓐ回翔・飛翔

文献 ⓐ詩経・女曰鶏鳴「将翺将翔＝将(は)た翺(コ)し、将(は)た翔(ショ)す(鳥がはばたいて飛び上がったり、羽を広げて飛び回ったり)」

【証】 12(言・5) 常 常用音訓 ショウ

語音 (1)[證]*tiəŋ(上古) tʃɪəŋ(中古→呉・漢ショウ) zhèng(中) 승(韓) (2)[証] *tieŋ(上古) tʃɪɛŋ(中古→呉シャウ〈＝ショウ〉・漢セイ) zhèng(中) 정(韓)

語源 [コアイメージ] (1)㋐上に上がる・㋑(隠れたものが)現れ出る。(2)まっすぐ。[実現される意味] 事実をはっきり告げるⓐ。[英]testify

〔解説〕 *tiəŋという語は昇(太陽がのぼる)・澄(上澄みが上に出る)・徴(隠れた兆しが現れ出る)と同源で、「隠れたものがはっきりと上に現れ出る」というイメージがある。藤堂明保は更に朕(勝・騰)・乗・称・丞(蒸・承)なども同源で、「持ち上げる」を基本義とする(藤堂①)。

字源 (1)「證」が正字。「登(ト)(音・イメージ記号)＋言(限定符号)」を合わせた字。「登」は「上に上がる」というイメージがある(⇩登)。「證」は

お上(役所)に言葉を申し上げて告げる様子を暗示させる。この意匠によって、隠れてはっきりしないことについて、事実はこうだと申し立てることを表象する。(2)「正セイ(音・イメージ記号)＋言(限定符号)」を合わせた字。「正」は「まっすぐ」というイメージがある(⇩正)。「証」は忠告して誤りをまっすぐに正す様子を暗示させる。

〔字体〕「證」と「証」は本来は別字。近世中国で證の俗字として証が使われ出した(正字通に見える)。そのため元からある証と同形衝突した。

語義 [展開] 役所に事実を申し立てる、事実をはっきり告げる意味ⓐから、あかしを立てる意味ⓑ、あかしになるもの、また、あかしを立てるための書類・文書の意味ⓒに展開する。また、「隠れたものが現れ出る」というイメージから、隠れたものをはっきりさせる(隠れた兆しが現れる)、また、はっきり現れ出るしるしや兆し、特に、病気のあかしとして体外に現れたもの(病症)の意味ⓓ、仏教では、修行で得たもの(悟り)の意味ⓔに展開する(以上は1の場合)。また、間違いを正そうと諫める意味ⓕ(2の場合)。[英]testify; prove, certify; proof, evidence, certificate; sign, symptom; enlightenment; remonstrate [和訓] あかす・あかし [熟語] ⓐ証言・ⓑ証拠・証明・ⓒ証券・査証・ⓓ証候・ⓔ自証・内証・ⓕ証諫セイカン

文献 ⓐ論語・子路「其父攘羊、而子證之＝其の父、羊を攘すぬみ、而かして子之を証す(父が羊を盗むと、子がこれをお上に告げた)」ⓑ楚辞・九章・惜誦「所以證之不遠＝之を証する所以は遠からず(そのことを証拠立てるものは近くにある)」ⓕ戦国策・斉一「士尉以証靖郭君＝士尉以て靖郭君を証サイむ(士尉[人名]は靖郭君を諫めた)」

【詔】 12(言・5) 常 ― 常用音訓 ショウ みことのり

語音 *tiɔg(上古) tʃɪɛu(中古→呉・漢セウ〈＝ショウ〉) zhào(中) 조(韓)

語源 [コアイメージ] 呼び寄せる。[実現される意味] 上の者が下の者に告げ知らせる。また、告げて教え諭すⓐ。[英]instruct

字源 「召ショウ(音・イメージ記号)＋言(限定符号)」を合わせた字。「召」は呼び寄せる意味。「詔」は人を呼び寄せて言葉を告げる様子を暗示させる。

語義 [展開] 人民に告げて教え諭す意味ⓐから、秦の始皇帝のとき、皇帝が発する命令(みことのり)の意味ⓑに専用されるようになった。[英]instruct; imperial order, edict [和訓] つげる [熟語] ⓑ詔書・詔勅

文献 ⓐ荘子・盗跖「夫爲人父者、必能詔其子＝夫れ人の父為たる者は、必ず能く其の子に詔つぐ(父親たるものは自分の子に告げて諭すものだ)」ⓑ史記・秦始皇本紀「事二世下詔＝二世に事かつへて詔を下す([趙高は]二世皇帝に仕えて、[自分勝手に]詔勅を下した)」

【象】 12(豕・5) 常 ― 常用音訓 ショウ・ゾウ

語音 *ɡ̊iaŋ(上古) ziaŋ(中古→呉ザウ〈＝ゾウ〉・漢シャウ〈＝ショウ〉) xiàng(中) 상(韓)

語源 [コアイメージ] 大きく目立つ姿。[実現される意味] 獣の名、ゾウⓐ。[英]elephant

〔解説〕殷代には中国の中原地帯にまでゾウが棲息していたといわれる。古代中国人はゾウに対する知識があった。ゾウはその特徴から「大きく目立つ姿」というイメージで捉えられて、古代漢語で*ɡ̊iaŋと呼んだ。この語はもともと「すがた、かたち」の意味をもち、後には様や像で表記されるが、その前はゾウも「すがた」も同語形、同図形で表された。ゾウと姿の関係について韓非子は、死んだゾウの骨から生きたゾウのイメージを想い描くから、象という字に姿・イメージの意味が生まれたと説く(⇩想)。しかしこれは科学的な語源論とはいえない。

〔グループ〕象・像・橡ショウ(斗に象にたドングリの生る木、クヌギ)

字源 ゾウの全形を描いた図形。

(甲)　(金)　(篆)

語義 [展開] ゾウ科の哺乳類、ゾウの意味ⓐ。下記の文献の象はアジアゾウに同定されている。また、象牙、象牙製という意味ⓑに用いる。また、物の姿・形の意味ⓒ、物の形に似せる(かたどる・まねる・ならう・にる)意味ⓓを派生する。[英]elephant; ivory; figure, image; imitate [和訓] かたち・かたどる・にる・きさ [熟語] ⓐ象牙・巨象・ⓑ象牀・象箸・ⓒ気象・現象・ⓓ象形

文献 ⓐ山海経・南山経「禱過之山…其下多犀兕、多象＝禱過の山…其の下、犀兕(サイジ)多し、象多し(禱過の山の麓にはサイやゾウが多く棲息する)」 ⓑ詩経・君子偕老「象之揥也＝象の揥(テイ)なり([彼女の髪に挿してあるのは]象牙製のかんざし)」 ⓒ老子・二十一章「惚兮恍兮、其中有象＝惚たり恍たり、其の中に象有り([宇宙の始まりは]ぼんやりとした中に何かの形があった)」 ⓓ老子・四章「吾不知誰之子、象帝之先＝吾、誰の子なるかを知らず、帝の先に象(に)たり(私はそれ[宇宙の根源である道]が誰の子かわからない。それは天の神に先立つ存在に似ている)」

【傷】 13(人・11)　常　常用音訓 ショウ　きず・いたむ・いためる

語音 *thiaŋ(上古) ʃiaŋ(中古→呉・漢シャウ〈＝ショウ〉) shāng(中) 상(韓)

語源 [コアイメージ] 平面に当たる。[実現される意味] きず。また、きずをつける。[英]wound, hurt

〔解説〕 *thiaŋという語は当(平面にぶち当たる)と同源で、「平面に当たる」というコアイメージをもつ。礼記の注釈に「皮には傷と曰ひ、肉には創と曰ふ」とあるように、語源的には皮膚の表面に物が当たってきずがつくことを傷という。肉体上のきずの意味は精神的なきずの意味にも転用される。日本語の「いたむ」は「心身を強く刺激する、苦痛を感じる意」が原義で、㋐「体に痛いと感じる」、㋑「強く悲しむ」、㋒「物が傷つく」、㋓「腐る」の意味などに展開するという(大野②)。漢語の傷は㋑㋒に対応するが、㋐㋓の意味はない。「きず」と「いたむ」は全く別語であるが、漢語では一つの語の内的展開である。

〔グループ〕 傷・殤(ショウ)(けがで死ぬ、戦死者[国殤])

字源 「人＋𠂉＋昜」と分析する。「𥏫(ショウ)」(矢によるきず)という字が前提としてあった(説文解字に「𥏫は傷なり」とあるが、用例はない)。「𠂉」は「𥏫」にある「矢」の一部が残ったもの。「昜」は「高く上がる」というイメージがあり(⇩陽)、これは「広く開ける」というイメージに展開し、さらに「平ら、平面」というイメージにもなる(⇩場)。したがって「昜(ヨウ)(音・イメージ記号)＋𠂉(＝矢。イメージ補助記号)＋人(限定符号)」を合わせた「傷」は、平らな皮膚に矢が当たってきずをつける様子を暗示させる。

(篆)

語義 [展開] きずの意味ⓐ、また、きずをつける意味ⓑから、損なう(こわす、やぶる)意味ⓒ、心を痛める(つらく思う、悲しむ)意味ⓓに展開する。食べ物などが腐る(いたむ)意味ⓔは日本的用法。[英]wound(ⓐⓑ), hurt(ⓐⓑⓓ), injure, harm; damage; afflict, be distessed; spoil, rot [和訓] やぶる [熟語] ⓐ重傷・負傷・ⓑ傷害・殺傷・ⓒ損傷・中傷・ⓓ感傷・悲傷

文献 ⓐ詩経・大叔于田「戒其傷女＝其れが女[＝汝]を傷つくるを戒めよ(それ[虎]に怪我させられないようご用心)」 ⓑ論語・八佾「哀而不傷＝哀しみて傷(やぶ)らず([詩経の関雎の詩は]悲しいけれども性情を損なうことはない)」 ⓒ詩経・巻耳「維以不永傷＝維(こ)れ以て永く傷まざらん(いつまでも悲しむのはよそう)」

【奨】 13(大・10)　常　常用音訓 ショウ

〔奬〕14(大・11)　人　音ショウ　訓すすめる

語音 *tsiaŋ(上古)　tsiaŋ(中古→呉サウ〈＝ソウ〉・漢シャウ〈＝ショウ〉)　jiǎng(中)　장(韓)

語源 [コアイメージ] 前に進める。[実現される意味] 官にすすめて引き立てる(励まして引き立てる、そうするようにとすすめる)ⓐ。[英]encourage, recommend

字源 「將ショウ(音・イメージ記号)＋犬(限定符号)」を合わせた字。「將」は先に立って率いることから、「前に進める」というイメージに展開する(⇩将)。「奬」は犬をけしかけて前に進める様子を暗示させる。この意匠によって、何かに向かって進むように励ます(励まして引き立てる)ことを表象する。

〔字体〕奬→奨と変わった。「奬」は旧字体。「奨」は將→将に倣った常用漢字の字体。

語義 [展開]「前に進める」というコアイメージから、何かに向かって進むように励ます意味、つまり、官に向かって引き立てる(励まして引き立てる)意味ⓐ、力の足りないものを引き立て助ける意味ⓑに展開する。[英]encourage, recommend; help [熟語] ⓐ奨励・勧奨

文献 ⓐ漢書・何武伝「武爲人仁厚、好進士奬＝武の人と為なり仁厚く、好んで士を進めて奬すすむ(武の人となりは仁義が厚く、好んで士を推奨した)」 ⓑ春秋左氏伝・僖公28「皆奬王室、無相害也＝皆王室を奬たすけ、相害すること無し(みんな王室を助けて、害を加えない)」

【照】13(火・9)　常　常用音訓　ショウ　てる・てらす・てれる

語音 *tiɔg(上古)　tʃɪɛu(中古→呉・漢セウ〈＝ショウ〉)　zhào(中)　조(韓)

語源 [コアイメージ] ）形や（形に曲がる(反り返る)。[実現される意味] 光が明るくてる・てらすⓐ。[英]shine, illuminate, light

〔解説〕日本語の「てる」は「光を放って、その物自身あるいは四方が明るくなる」、「光が反射して明るくなる」意という(大野②)。これは漢語の照と同じ。漢語の照は互いに見比べる(照合・参照)という比喩的意味に展開する。日本語の「てらす」にもこの用法が生まれた。「てれる」(恥ずかしくてうつむく)の意味は漢語の照にない。

字源 「昭ショウ(音・イメージ記号)＋火(限定符号)」を合わせた字。「刀」は「）形や（形に曲がる」「⤴形に反り返る」というイメージがあり、「召」は手首を（形に曲げて人を招き寄せる様子。「昭」は日光が屈折・反射してすみずみまで照らす様子(⇩昭)。いずれも「）形や（形に曲がる(反り返る)」というイメージがコアにあり、明るくてらすという意味が実現される。昭は「明るい」という形容詞に、照は「明るくてらす」という動詞に使い分ける。図形は火の光で明るくてらす様子であるが、語の意味は必ずしも火を含まない。

語義 [展開] 光が明るく照る意味ⓐから、日の光の意味ⓑ、明らかに知る(くもりなく察する)意味ⓒに展開する。また、光(A)を当てて物の姿や像(B)がはっきり映ることから、A⇅Bというイメージが生じる。ここから、Bをはっきりさせるため A に照らしてみる(互いに見比べる)という意味ⓓを派生する。てれる(恥ずかしくてうつむく)意味ⓔは日本的用法。[英]shine, illuminate, light; sunlight; enlighten, know; contrast; be shy [熟語] ⓐ照射・照明・ⓑ残照・返照・ⓒ照覧・自照・ⓓ照会・参照

文献 ⓐ詩経・月出「月出照兮＝月出でて照ショウたり(月が出て明るく照らす)」

【詳】13(言・6)　常　常用音訓　ショウ　くわしい

語音 *g̊iaŋ(上古)　ziaŋ(中古→呉ザウ〈＝ゾウ〉・漢シャウ〈＝ショウ〉)　xiáng(中)　상(韓)

語源 [コアイメージ] たっぷりと豊か・大きく広がる。[実現される

【意味】細かい所まで行き届いて明らかにする(隅々までくわしく述べる、つまびらかにする)ⓐ。[英]explain details

〔解説〕日本語の「くわしい」は繊細な美しさ(小さく細やかでうるわしい)が原義で、そこから、事柄が細かい意味に転じたという(大野①)。漢語の詳はたっぷりと(大きく広がって)細かいすみまで行き届いていることで、「くわしい」とはイメージが異なる。

字源 「羊ヨウ(音・イメージ記号)+言(限定符号)」を合わせた字。「羊」は「たっぷりと豊か」というイメージがあり、これは「大きく広がる」というイメージにも展開する(⇩羊)。「詳」は言葉がすみずみまでたっぷりと行き届いている様子を暗示させる。

語義 [展開] 隅々までくわしく述べる(つまびらかにする)意味ⓐから、細かい所まで行き届いている(くわしい)ⓑ意味に展開する。[英]explain details; detailed [和訓] つまびらか [熟語] ⓐ詳悉・ⓑ詳細・詳述

文献 ⓐ詩経・牆有茨「中冓之言、不可詳也=中冓の言は、詳らかにすべからず(寝室の睦言は、細かい所まで明かせない)」ⓑ孟子・万章下「其詳不可得聞也=其の詳は聞くを得べからざるなり(その詳細は聞くことができない)」

【頌】 13(頁・4) 人 音ショウ 訓となえる・たたえる・ほめる

語音 (1)*g̊iuŋ(上古) yioŋ(中古→呉ユウ・漢ヨウ) róng(中) (2)*g̊iuŋ(上古) zioŋ(中古→呉ズ・ジュ・漢ショウ) sòng(中) 송(韓)

語源 [コアイメージ] ストレートに通す。[実現される意味] (1)容貌ⓐ。[英]looks, features (2)よどみなく読み通す(となえる)ⓑ。[英]recite, chant

〔解説〕古典に「頌ヨウは容なり」「頌ショウは誦なり」の訓があるが、もともと同語であり、前者から後者への展開と考えられる。容は中身の意味から、内面の現れる外面の形(顔の様子や身振り・態度)の意味に転じる。ここにおけるイメージは「(内から外に)ストレートに通る」というイメージである。この転義は頌ヨウでも表された。また、「ストレートに突き通る」というイメージは「喉から声を突き通して出す」というイメージに転化する。これが読頌の頌ショウで、誦(よどみなく声を通して読む、となえる)と同源である。以上のように*g̊iuŋという語が「ストレートに通る」というイメージを介して二つに分かれたと考えられる。

字源 「公コウ(音・イメージ記号)+頁(限定符号)」を合わせた字。「公」は囲い込んだものを八形に開いて見せる場面を設定した図形で(⇩公)、「隙間が開いて底まで通って見える」というイメージがあり、「ストレートに通る」というイメージに展開する(⇩松・訟)。「頌」は内側のもの(精神的な要素)が顔面にストレートに現れたもの(顔の様子・表情)を暗示させる。これは容と同源である。籀文では「容+頁」の字体になっている。

語義 [展開] 容貌・容儀の意味ⓐ(1の場合)。「(内から外に)ストレートに通る」というイメージから、喉からよどみなく声を出して読む(よどみなく読み通す、となえる)意味ⓑに展開し、声を上げたり歌ったりしてほめたたえる(謳歌する)、また、ほめたたえる言葉や歌の意味ⓒを派生する(以上は2の場合)。[英]looks, features; recite, chant; praise, eulogize, eulogy, ode [熟語] ⓑ吟頌・読頌・ⓒ頌詩・歌頌

文献 ⓑ孟子・万章下「頌其詩、讀其書、不知其人、可乎=其の詩を頌し、其の書を読むも、其の人を知らずして、可ならんや(詩をとなえ、本を読んでも、その作者を知らないでいいだろうか)」

【嘗】 14(口・11) 人 音ショウ 訓なめる・かつて

語音 *dhiaŋ(上古) ʒiaŋ(中古→呉ジャウ〈=ジョウ〉・漢シャウ〈=ショウ〉) cháng(中) 상(韓)

語源 [コアイメージ] ㋐上に上がる・㋑平らに広がる。[実現される意味] 舌でなめて味見する(味わってみる)ⓐ。[英]taste

字源 「尚(ショウ)（音・イメージ記号）＋旨（イメージ補助記号）」を合わせた字。「尚」は「上に上がる」と、「平らに広がる」というイメージがある（⇩尚）。後者は「平らな面」というイメージに展開する（⇩賞）。「旨」はうまいこと。「嘗」は舌の平らな面にのせて、旨いかどうかを味わってみる様子を暗示させる。

語義 [展開] 味わってみる（なめる）意味ⓐから、食べる・飲む意味ⓑ、ためしてみる（試みる）意味ⓒ、試しに・試みにの意味ⓓ、以前経験したことがあることを示す語（かつて）ⓔに展開する。[英]taste; eat, drink; try; on trial; formerly [熟語] ⓐ嘗胆・新嘗・ⓒ嘗試

文献 ⓐ詩経・甫田「嘗其旨否＝其の旨きか否かを嘗む（それ[イネ]の善し悪しを味見する）」ⓑ詩経・鴇羽「父母何嘗＝父母何をか嘗めんや（[イネもアワもなく]父さん母さんは何を食べるのか）」ⓒ孟子・梁恵王上「請嘗試之＝請ふ、之を嘗試せん（どうかそれを試させてください）」ⓔ論語・衛霊公「嘗聞之矣＝嘗て之を聞けり（昔それを聞いたことがある）」

【彰】14(彡・11) 常 ｜ 常用音訓 ショウ

語音 *tiaŋ(上古) tʃiaŋ(中古→呉・漢シャウ〈＝ショウ〉) zhāng(中) 창(韓)

語源 [コアイメージ] 明らか。[実現される意味] はっきりと目立つあや・模様ⓐ。[英]pattern

字源 「章(ショウ)（音・イメージ記号）＋彡（限定符号）」を合わせた字。「章」は「明るい」「明らか」というイメージがあり、「はっきりと目立つ」というイメージに展開する（⇩章）。「彰」ははっきりと目立つあや・模様を暗示させる。「章」が音楽などの一区切りの意味に転じたので、「彰」によって本来の意味を表す。彰は章から分化した字。

語義 [展開] あや・模様の意味ⓐから、はっきりとしている（明らか）、また、明らかにする意味ⓑ、はっきりと姿（存在や事跡・功績など）を現し出す、はっきりと人前に示す意味ⓒに展開する。[英]pattern; clear, evident; display, manifest [和訓] あらわす・あらわれる・あきらか [熟語] ⓑ彰考・彰明・ⓒ顕彰・表彰

文献 ⓐ荘子・天地「鳥行而無彰＝鳥行きて彰無し（鳥が行った後には足跡の模様が地面についていない）」ⓑ呂氏春秋・懐道「義理之道彰＝義理の道彰らかなり（正しい筋道は明らかである）」ⓒ孟子・告子下「以彰有徳＝以て有徳を彰(あらわ)す（徳のある者を表彰する）」

【摺】14(手・11) 人 ｜ 音ショウ 訓する

語音 (1)*tiap(上古) tʃiɛp(中古→呉・漢セフ〈＝ショウ〉) zhé(中) 접(韓) (2)*lap(上古) lap(中古→呉ロフ〈＝ロウ〉・漢ラフ〈＝ロウ〉) lā(中) 랍(韓)

語源 [コアイメージ] 重なる・重ねる。[実現される意味] 折り重ねてたたむⓐ。[英]fold

字源 「習(シュウ)（音・イメージ記号）＋手（限定符号）」を合わせた字。「習」は「重なる」「重ねる」というイメージがある（⇩習）。「摺」は二つに折って重ねることを表す。

語義 [展開] 折り重ねてたたむ意味ⓐから、折りたたんだ書類の意味ⓑに展開する（以上は1の場合）。また、「折り重ねる」というイメージから、上から重ねるように押しつぶす（ひしぐ）意味ⓒを派生する（2の場合）。ⓒは拉と通用。日本では「重なる」というイメージの共通性から、版木の上に紙を重ねて写し取る（印刷する）意味ⓓに用いる。[英]fold; folder; crush; print [熟語] ⓐ摺扇(ショウセン)

文献 ⓒ史記・范雎蔡沢列伝「折脅摺歯＝脅を折り歯を摺(ひ)しぐ（脇腹を折り、歯を押しつぶした）」

【蒋】14(艸・11) 人 ｜ 音ショウ

語音 *tsiaŋ(上古) tsiaŋ(中古→呉サウ〈＝ソウ〉・漢シャウ〈＝ショウ〉)

jiǎng(中)　장(韓)

語源 [コアイメージ] 細長い。[実現される意味] マコモⓐ。[英]Manchurian wild rice

字源 「將(ショウ)(音・イメージ記号)＋艸(限定符号)」を合わせた字。「將」は「細長い」というイメージがある(⇩将)。「蔣」は線形で長く伸びた葉をもつ草を暗示させる。この意匠によって、マコモを表象する。

語義 イネ科の草、マコモの意味ⓐ。茎は円柱形で太く、葉は細長い。水辺で群生する。茎は食用。葉はむしろの原料。別名は菰(コ)。

文献 ⓐ韓非子・十過「蔣席頗縁＝蔣席は頗(すこぶ)る縁どる(マコモのむしろは大いに縁飾りがしてあった)」

【裳】 14(衣・8)　人　音ショウ　訓も

語音 *dhiaŋ(上古)　ʒiaŋ(中古→呉ジャウ〈＝ジョウ〉・漢シャウ〈＝ショウ〉)　cháng(中)　상(韓)

語源 [コアイメージ] 長い。[実現される意味] 下半身に着る衣服(はかま、スカート)ⓐ。[英]lower garment, skirt

〈解説〉白虎通義・衣裳篇では「裳なる者は障(さえぎる)なり。形(肉体)を隠して自ら障蔽する所以なり」と語源を説く。肌身を隠す機能から生まれた語は衣であるが、裳は体(特に下半身)を覆い隠す機能から生まれた語という説である。しかし裳は常と同じなので、「高く上がる」→「長い」というイメージ転化により生まれた語と解するのがよい。裳は常のほかに長・杖(長いつえ)とも同源(藤堂②)。

字源 「尚(ショウ)(音・イメージ記号)＋衣(限定符号)」を合わせた字。「尚」は「高く上がる」というイメージがあり(⇩尚)、これは「長い」というイメージに展開する。「裳」は丈の長く伸びた衣を暗示させる。もともと常と同じ。

語義 [展開] 下半身に着て裾を下に長く垂らす衣服の意味ⓐから、車に垂らすほろの意味ⓑに転じる。[英]lower garment, skirt; curtain [熟語] ⓐ衣裳・繡裳

文献 ⓐ詩経・有狐「心之憂矣、之子無裳＝心の憂ひ、之(こ)の子裳無し(ああ心配だ、この子はスカートをはいていない)」ⓑ詩経・氓「漸車帷裳＝車の帷裳を漸(ひた)す([車を川に乗り入れて]車のほろが水浸し)」

【障】 14(阜・11)　常　常用音訓 ショウ　さわる

語音 *tiaŋ(上古)　tʃiaŋ(中古→呉・漢シャウ〈＝ショウ〉)　zhàng(中)　장(韓)

語源 [コアイメージ] 区切って止める。[実現される意味] 遮って通さない(ふさぐ)ⓐ。[英]block, obstruct

〈解説〉章にコアイメージの源泉がある。具体的には音楽の一節のことだが、「―|―の形に区切る」というイメージをもつ。向こうから来る何かを→|の形に遮断して止めるというのが障の原義である。遮断すると、向こうから来るものは塞がれた状態になる。また、止める主体から見ると、防ぎ守ることになる。一方、日本語の「さわる(さはる)」は「行くてをさえぎるものに引っかかって行き悩むのが原義」(大野①)で、障害となる、さしつかえるなどの意味が生まれる。日本語の「さわる」と漢語の障は微妙に違う。障に「さわる」の訓を当てたのは仏教語の障礙(心身を乱すもの、妨げになるもの)の影響であろう。「さわる」にいくらか相当するのは障ではなく、むしろ礙(邪魔をする、妨げる)の方である。礙には「さふ」「さはる」の古訓がある。

字源 「章(ショウ)(音・イメージ記号)＋阜(限定符号)」を合わせた字。「章」は「区切って止める」というイメージがあり(⇩章)、これは「断ち切るようにストップさせる」というイメージに展開する。「障」は土の壁などを置いて通行を遮り止める様子を暗示させる。この意匠によって、前を遮断して通さない(ふさぐ)ことを表象する。

語義 ［展開］断ち切るように遮断する（ふさぐ）意味ⓐから、外から襲って来るもの（敵など）を遮って身を守る（防ぐ）意味ⓑ、身を守るもの（土塁、堤防、屏風、扇など）の意味ⓒを派生する。仏教では、修行の妨げになるものの意味ⓓに用いる。さしつかえる（さわる）意味ⓔは日本的用法。［英］block, obstruct, hinder; defend; barrier; obstacle; interfere ［和訓］さえぎる・ふせぐ ［熟語］ⓐ障蔽・障壁・ⓑ障泥・保障・ⓒ障子・屏障・ⓓ障礙・罪障・ⓔ故障・支障

文献 ⓐ呂氏春秋・貴直「是障其源而欲其水也＝是れ其の源を障（さえぎ）りて其の水を欲するなり（それは水源を塞いで、水をほしがるようなものだ）」ⓑ呂氏春秋・上徳「会稽之険、不能障矣＝会稽の険も、障（ふせ）ぐ能はず（会稽山の険しさもそれを防ぐことはできない）」ⓒ国語・周「澤不陂障＝沢は障を陂（ひ）せず（沢は堤防を造ってせき止めない）」

【憧】15（心・12） 常 ｜ 常用音訓 ショウ　あこがれる

語音 *t'ïuŋ（上古） tʃ'ioŋ（中古→呉シュ・漢ショウ・［慣］ドウ） chōng（中） 동（韓）

語源 ［コアイメージ］突き抜ける。［実現される意味］心が揺れ動いて定まらないⓐ。［英］undecided, flickering

〈解説〉漢語の憧には「あこがれる」の意味はない。「あくがる」の訓は名義抄に始まる。「あくがる」とは、大野晋によると、「心身が何かにひかれて、もともと居るべき所を離れてさまよう意。後には、対象にひかれる心持を強調するようになり、現在のアコガレに転じる」という（大野①）。漢語の憧は心が定まらず揺れ動く状態を意味し、これと、ふらふらとさまよう動作（心理的には、心がふわふわと浮ついた状態）を意味する「あくがる」との間に類似性を見出して、憧に「あくがる」の訓をつけたと考えられる。

字源 「童（ドウ）（音・イメージ記号）＋心（限定符号）」を合わせた字。「童」は「突き通る」「突き抜ける」というイメージがあり、これは重や動の「地面を突いて上下動する」というイメージとも関係がある（⇩童）。「憧」は心が突き抜けるように上下動して揺れ動く様子を暗示させる。

語義 ［展開］心が揺れ動くさまの意味ⓐ。日本ではあこがれる（心が対象に強くひかれる）意味ⓑに用いる。［英］undecided, flickering; long, yearn ［熟語］ⓐ憧憧（ショウショウ）・ⓑ憧憬（ショウケイ・ドウケイ）

文献 ⓐ易経・咸「憧憧往来＝憧憧（ショウショウ）として往来す（心が定まらずうろうろと行ったり来たりする）」

【樟】15（木・11） 人 ｜ 音ショウ　訓くす・くすのき

語音 *tiaŋ（上古） tʃiaŋ（中古→呉・漢シャウ〈＝ショウ〉） zhāng（中） 장（韓）

語源 ［コアイメージ］明らか・目立つあや。［実現される意味］クスノキⓐ。［英］camphor tree

字源 「章（ショウ）（音・イメージ記号）＋木（限定符号）」を合わせた字。「章」は「明らか」というイメージがあり、「目立つあや・模様を現し出す」というイメージに展開する（⇩章）。「樟」は美しい木目がはっきりと現れる木を暗示させる。この意匠によって、クスノキを表象する。

語義 クスノキ科の木、クスノキの意味ⓐ。樹皮は褐色。枝や葉に芳香がある。楠をクスノキに用いるのは国訓。［熟語］ⓐ樟脳

文献 ⓐ後漢書・礼楽志「諸侯王公主貴人皆樟棺＝諸侯王・公主・貴人は皆樟棺なり（大名や姫や貴族はみなクスノキの棺桶を用いる）」

【蕉】15（艸・12） 人 ｜ 音ショウ

語音 (1)*dziɔg（上古） dziɛu（中古→呉ゼウ〈＝ジョウ〉・漢セウ〈＝ショウ〉） qiáo（中） (2) tsiɛu（中古→呉・漢セウ〈＝ショウ〉） jiāo（中） 초（韓）

語源 ［コアイメージ］（焦げて）枯れる。［実現される意味］たきぎ・し

ばⓐ。［英］firewood

〔解説〕バショウの名は漢代に登場し、始めは巴且（ハショ）(巴苴)といったが、魏晋の頃から芭蕉に変わり、単に蕉とも呼ばれた。語源について宋の陸佃は「蕉は葉を落とさず。亦た、蕉は一葉舒（の）ぶれば則ち一葉焦げて落ちず。故に之を蕉と謂ふなり」(埤雅・巻十七)と述べている。形態的特徴を捉えた語源説である。

字源 「焦（ショウ）(音・イメージ記号)＋艸(限定符号)」を合わせた字。「焦」は焼け焦げることから、「しおれる・枯れる」というイメージを表しうる。「蕉」は切ったままで枯れてしおれた草を暗示させる。この意匠によって、燃料とするたきぎやしばを表象する。また、枯れたまま葉が落ちないで残る植物を暗示させる。この意匠によって、バショウを表象する。

語義 [展開] たきぎ・しばの意味ⓐから、しおれて生気がない、やつれてみすぼらしい意味ⓑを派生する(以上は1の場合)。ⓐは樵と通用。また、バショウ科の草の総称ⓒ。バショウ(芭蕉)、バナナ(香蕉)などを含む。葉は広がって大きい。［英］firewood; shabby; banana plant [熟語] ⓒ蕉布・芭蕉

文献 ⓐ列子・周穆王「覆之以蕉＝之を覆ふに蕉を以てす(これ[死んだ鹿]をたきぎで覆った)」ⓑ春秋左氏伝・成公9「無棄蕉萃＝蕉萃を棄つること無し(みすぼらしく卑しい人を捨てない)」ⓒ三国志・呉志・士燮伝「蕉邪龍眼之属、無歳不至＝蕉・邪・竜眼の属、歳ごとに至らざるは無し(バナナ・ヤシ・リュウガンの類が毎年[孫権のもとに]届けられた)」

【衝】 15(行・9)　常　常用音訓 ショウ

語音 *t'iuŋ(上古)　tʃ'ioŋ(中古→呉シュ・漢ショウ)　chōng(中)　충(韓)

語源 [コアイメージ] 突き通る・突き抜ける。[実現される意味] 町を突き抜ける大通り(四方に通じる道)ⓐ。［英］thoroughfare

字源 「重（チョウ）(音・イメージ記号)＋行(限定符号)」を合わせた字。「重」は「上から下に突き通る」というイメージがある(⇩重)。視点を横に変えても、「突き通る」「突き抜ける」というイメージは同じである。「衝」は突き抜けて通っている道、あるいは、四方に突き通る十字路を暗示させる。篆文では「童＋行」の字体であるが、「童」も「突き通る」というイメージがある(⇩童)。

語義 [展開] 町を突き抜ける大通りの意味ⓐから、交通の要所、また、重要な所の意味ⓑ、突き通す・突き当たる(つく)意味ⓒに展開する。［英］thoroughfare; important place; rush against, clash, collide [和訓] つく [熟語] ⓑ衝路・要衝・ⓒ衝撃・衝突

文献 ⓐ春秋左氏伝・昭公1「及衝、撃之以戈＝衝に及び、之を撃つに戈を以てす(十字路に至ると、矛で撃ちかかった)」ⓒ孫子・虚実「進而不可禦者、衝其虚也＝進みて禦（ふせ）ぐべからざる者は、其の虚を衝けばなり(進軍して防禦できない軍は、その隙を突かれたからである)」

【賞】 15(貝・8)　常　常用音訓 ショウ

語音 *thiaŋ(上古)　ʃiaŋ(中古→呉・漢シャウ〈＝ショウ〉)　shǎng(中)　상(韓)

語源 [コアイメージ] (二つのものが)ぴったり当たる。[実現される意味] 功績や善行に対して褒美を与えるⓐ。［英］award, reward

〔解説〕南唐の徐鍇は「賞の言は尚なり。其の功を尚（たっと）ぶなり。賞して以て之を償ふなり」と語源を説く(説文解字繫伝)。賞と尚は関連性はあるが、ストレートに「たっとぶ」では結びつかない。王念孫は「償の言為（た）るは当なり」(読書雑志)という。賞・償は当と同源と見るのがよい(藤堂明保も同説)。二つのものがA→←Bの形にぴったり当たる状態を当という。また、指を曲げてぴったり当たる平面の部分を掌という。褒美を与えるのも、功績と褒美がぴったり向き合って価値的に相当する場合に行われる。

字源 「尚ショウ(音・イメージ記号)＋貝(限定符号)」を合わせた字。「尚(＝尚)」は「平らに広がる」というイメージがある(⇩尚)。これは「平らな面」「面が重なるようにぴったり当たる」というイメージに展開する(⇩当)。「賞」は功労(A)にぴったり当たる財貨(B)をあてがう様子を暗示させる。この意匠によって、功績に相当する金品を与えることを表象する。

語義 [展開] 功績にぴったり相当する褒美を与えること、また、その褒美の意味ⓐ。価値的に相当するものが金品ではなく、言葉であってもよい。その場合は、いいことに対して褒めたたえる意味ⓑに転じる。また、いいものをほめて、自分も味わってみる意味ⓒを派生する。[英]award, reward, prize; applaud; appreciate [和訓] ほめる・めでる [熟語] ⓐ賞金・賞罰・ⓑ賞美・激賞・ⓒ賞味・鑑賞

文献 ⓐ論語・顔淵「苟子之不欲、雖賞之、不竊＝苟くも子の不欲ならば、之に賞すと雖も、竊まざらん(もし[為政者である]あなた自身が無欲ならば、民に褒美を与えても、それを盗むものはいますまい)」ⓑ春秋左氏伝・襄公14年「善則賞之、過則匡之＝善なれば則ち之を賞し、過てば則ち之を匡す(いいことをすれば褒めたたえ、過ちをすれば匡正する)」

【鞘】 16(革・7) 人 | 音ショウ 訓さや

語音 siɛu(中古→呉・漢セウ〈＝ショウ〉) qiào(中) 초(韓)

語源 [コアイメージ] 小さい・細長い。[実現される意味] 刀身を納め入れる筒(刀室、さや)ⓐ。[英]scabbard, sheath

字源 「肖ショウ(音・イメージ記号)＋革(限定符号)」を合わせた字。「肖」は「小さい」「細長い」というイメージがある(⇩肖)。「鞘」はそいだように細長い刀の「さや」を暗示させる。もとは「削」で「さや」を表したが、「けずる」の意味に専用されたので、改めて「鞘」が作られた。

語義 [展開] さやの意味ⓐから、馬の鞭の先につける細長いひもの意味ⓑを派生する。[英]scabbard, sheath; whiplash [熟語] ⓐ刀鞘・葉鞘

文献 ⓐ西京雑記1「開匣抜鞘＝匣はこを開き鞘を抜く(箱を開いて刀のさやを抜いた)」

【償】 17(人・15) 常 | 常用音訓 ショウ つぐなう

語音 *dhiaŋ(上古) ʒiaŋ(中古→呉ジャウ〈＝ジョウ〉・漢シャウ〈＝ショウ〉) cháng(中) 상(韓)

語源 [コアイメージ] (二つのものが)ぴったり当たる。[実現される意味] 借金・損失・罪などに対して相応のもので報いる(つぐなう)ⓐ。[英]compensate

[解説] 日本語の「つぐなう(つぐなふ)」はツグノフの転。ツクはツキ(調、みつぎもの)の古形で、ノフはナフ(動詞を作る接尾語)と同じ。ツグノフは「受けた恩恵、与えた損害、犯した罪や咎などに対して、代償に値する事物・行為などで補い報いる」意という(大野①)。これは漢語の償と同じ。

字源 「賞ショウ(音・イメージ記号)＋人(限定符号)」を合わせた字。「賞」は功績(A)に相当する金品(B)を与えることで、「AとBがぴったり当たる」というイメージがある(⇩賞)。「償」は借金や罪(A)に対して、それに相当する金や罰(B)を返すことを表す。

語義 つぐなう、つぐないの意味ⓐ。[熟語] ⓐ賠償・補償

文献 ⓐ荘子・庚桑楚「以死償節＝死を以て節に償ふ(死でもって[損なわれた]節義をつぐなう)」

【礁】 17(石・12) 常 | 常用音訓 ショウ

語音 tsiɛu(宋セウ〈＝ショウ〉) jiāo(中) 초(韓)

語源 [コアイメージ] (焦げたように)黒い。[実現される意味] 海面に見え隠れする岩ⓐ。[英]reef

字源 「焦（音・イメージ記号）＋石（限定符号）」を合わせた字。「焦」は焼け焦げること。焦げると色が黒っぽくなることが多いので、「黒い」というイメージを表すことができる。「礁」は水面に見え隠れする黒い岩を表す。宋代の文献に初出。

語義 海面に見え隠れする岩の意味ⓐ。**[熟語]** ⓐ暗礁・岩礁

文献 ⓐ夢粱録12「海洋近出礁、則水浅撞礁、必壊船＝海洋近くに礁を出だせば、則ち水浅く礁を撞き、必ず船を壊す（海の近く岩礁が出ると、水が浅いから、船が岩礁にぶつかって壊れる）」

【篠】17（竹・11）　人　音ショウ　訓しの

語音 *sōg（上古）　seu（中古→呉・漢セウ〈＝ショウ〉）　xiǎo（中）　소（韓）

語源 **[コアイメージ]** 細長い。**[実現される意味]** 矢を製する小さい竹（しの竹、しの）ⓐ。[英]thin bamboo

字源 「條（音・イメージ記号）＋竹（限定符号）」を合わせた字。「條」は「細長い」というイメージがある（⇨条）。「篠」は茎が細長く矢を造るのに適した竹を暗示させる。篆文は「筱」になっている。「攸」も「細長い」というイメージがある（⇨修・悠）。

〔字体〕「筱」は異体字。

語義 矢を製する細く小さい竹の意味ⓐ。ヤダケ・メダケの類。

文献 ⓐ書経・禹貢「篠簜既敷＝篠簜既に敷けり（小さな竹も大きな竹も敷き並べた）」

【醤】18（酉・11）　人　音ショウ　訓ひしお

語音 *tsiaŋ（上古）　tsiaŋ（中古→呉サウ〈＝ソウ〉・漢シャウ〈＝ショウ〉）　jiàng（中）　장（韓）

語源 **[コアイメージ]** （時間が）長い。**[実現される意味]** ひしおⓐ。[英]soy sauce

〔解説〕醤油の原形が古代の「ひしお」で、小麦や大豆の麹を発酵させて製した調味料である。発酵させるには長い時間を要する。「将」は「細長い」というイメージを示す記号であるが、「長い」という空間的なイメージが「永い」という時間的なイメージに転化する。このイメージ転化現象は常や永にも見られる。

字源 「将（音・イメージ記号）＋酉（限定符号）」を合わせた字。「将」は「細長い」というイメージから、「時間が永い（長く続く）」というイメージに転じる。「醤」は長い時間をかけて発酵させて造った調味料を表す。篆文は「將」の略体、古文は「爿」が音・イメージ記号になっている。「爿」も「細長い」というイメージがある。

語義 **[展開]** 小麦や大豆を原料とする麹に塩を加えて発酵させた調味料（ひしお）の意味ⓐ。転じて、魚や鳥の肉を塩漬けにした食品（ししびしお、しおから）の意味ⓑ。[英]soy sauce; minced food in brine **[熟語]** ⓐ醤油・ⓑ魚醤・肉醤

文献 ⓐ論語・郷党「不得其醤不食＝其の醤を得ざれば食はず（それに適した調味料がなければ食べない）」

【鐘】20（金・12）　常　常用音訓　ショウ　かね

語音 *tiuŋ（上古）　tʃioŋ（中古→呉シュ・漢ショウ）　zhōng（中）　종（韓）

語源 **[コアイメージ]** 突き抜ける。**[実現される意味]** 打楽器の一つⓐ。[英]bell, chime

〔解説〕白虎通義・礼楽篇に「鐘の言為るは動なり」とある。ストレートに「動く」と関係があるわけではなく、動のコアイメージ「上から下に突き抜く」と関係がある。突き抜く姿は「筒抜け」のイメージにつながる。鐘の異体字に鍾があり、甬も「突き抜ける」のイメージをもつ（⇨通）。鐘は筩（つつ）や筒と同源の語である。和訓の「かね」は金属の総称から転じて、釣り鐘、叩き鉦の意。古代中国の楽器の名にも「か

ね」の訓を流用する。

字源 「童ｳﾄﾞ(音・イメージ記号)＋金(限定符号)」を合わせた字。「童」は「突き通る」「突き抜く」というイメージがあり(⇒童)、これは「中が突き抜ける」→「筒抜け」というイメージに展開する。「鐘」は中を筒抜けにした金属製の楽器を暗示させる。

語義 [展開] 打楽器の一つで、十二個で一組とする楽器(編鐘)の意味ⓐ。寺で時を報じたり、合図をしたりするための道具(かね)の意味ⓑに転用される。[英]bell, chime; temple bell [熟語] ⓐ鐘鼓・編鐘・ⓑ警鐘・梵鐘

文献 ⓐ詩経・白華「鼓鐘于宮＝鐘を宮に鼓す(宮殿で鐘を打ち鳴らす)」

じょう…………

【上】 3(一・2) 常

常用音訓 ジョウ・ショウ うえ・うわ・かみ・あげる・あがる・のぼる・のぼせる・のぼす

語音 *dhiaŋ(上古) ʒiaŋ(中古→呉ジャウ〈＝ジョウ〉・漢シャウ〈＝ショウ〉) shàng(中) 상(韓)

語源 [コアイメージ] 上に(高く)上がる。[実現される意味] 空間的位置が高い方(うえ)ⓐ。[英]above, up, upward

〔解説〕古典の注釈に「上は尚なり」の訓がある。王力は上・尚を同源とする(王力①)。藤堂明保は尚のグループの一部(堂・敞・党)のほかに、昜ｮｳのグループ(揚・場)、また商とも同源とし、「うえ・高い」という基本義があるとする(藤堂①)。*dhiaŋという語は乗・昇・蒸・登などとも近く、「上に(高く)上がる」というコアイメージをもつ。日本語の「うえ(うへ)」は「最も古くは、表面の意。そこから、物の上方・高い位置・貴人の意へと展開」するという(大野①)。英語のaboveは「ある基準点から離れて上に」、upは「(上下運動・上下関係において)上に」、overは「(弧を描くように)…を覆って」、onは「…に接触して」がコアイメージという(田中①)。漢語の上に近いのはaboveかupであろう。また日本語の「あがる」は「下から上に一気に高くなる意が原義」という(大野①)。日本語では「うえ」と「あがる」は別語であるが、漢語ではともに上という。高くあがっていく事態があって、↑の形(垂直方向)に移っていく行為に視点を置くとあがる意味、あがった最終点の位置に視点を置いたのが「うえ」という意味である。日本語の「あがる」と「のぼる」の違いについて、大野晋は、ノボルは「線条的に上方へ移動する意」で、「移動してもその物自身は変質しない」が、アガルは「一気に上に移動して、下との関係が切れて別の状態になる意がある」という(大野①)。漢語の上にこの区別はない。

字源 下の長い線の上に短い線が乗っている様子を示す図形(象徴的符号)。この意匠によって、空間の位置関係において、比較して高い方であることを表象する。字源については諸説があるが、加藤常賢が「⌒なる何物かの上に、－なる何物かを乗載した形」(加藤①)と解したのが妥当。

(甲) (金) (古) (篆)

語義 [展開] 空間的に高い方の意味ⓐから、身分・地位・等級・程度・価値が高い方の意味ⓑ、位や年などが上の人の意味ⓒ、時間・順序が前の方の意味ⓓ、ある場所・範囲・事柄の周辺(ほとり)の意味ⓔに展開する。また、「高く上がる」というイメージから、下から上へ(低い所から高い所へ、地方から中央へ)移る(のぼる、あがる)意味ⓕ、上(上位の機関など)の方へ差し上げる(たてまつる)意味ⓖ、公の場に出す(のぼす、のぼせる)意味ⓗ、その上に加える意味ⓘ、心が高い上を目指して求める(こいねがう)意味ⓙに展開する。[英]above, up, upward; upper, higher, better; superior; preceding, previous; surround; go up, mount; submit; go ahead;

put on; wish　［和訓］たてまつる・ほとり　［熟語］ⓐ屋上・地上・ⓑ上位・上層・ⓒ上意・長上・ⓓ上記・以上・ⓔ江上・ⓕ上京・北上・ⓖ上書・献上・ⓗ上映・上演

［文献］ⓐ詩経・宛丘「子之湯兮、宛丘之上兮＝子の湯たる、宛丘の上（あなたのゆらめく姿が、宛丘［丘の名］の上に）」ⓑ論語・季氏「生而知之者上也＝生まれながらにして之を知る者は上なり（生まれつきの物知りは最高である）」ⓒ論語・学而「其爲人也孝弟、而好犯上者鮮矣＝其の人と為りや孝弟にして、上を犯すを好む者は鮮し（人となりが孝行・悌順でありながら、目上に逆らうものは少ない）」ⓓ孟子・尽心下「奮乎百世之上＝百世の上に奮ふ（［これらの聖人は］何百年も前に興起した）」ⓔ詩経・桑中「送我乎淇之上矣＝我を淇の上に送る（私を淇水のほとりまで見送った）」ⓕ易経・需・象伝「雲上乎天＝雲、天に上る（雲が天に上がっていく）」ⓘ論語・顔淵「君子之徳風、小人之徳草、草上之風、必偃＝君子の徳は風、小人の徳は草。草、之に風を上ふれば、必ず偃す（君子の徳は風で、小人の徳は草だ。草はそれに風を加えると必ず倒れる）」ⓙ詩経・陟岵「上愼旃哉＝上はくは旃を愼まん哉（どうぞ身を慎みなさい）」

【丈】3(一・2)　常　｜常用音訓｜ジョウ　たけ

［語音］*diaŋ(上古)　diaŋ(中古→㊄ヂャウ〈＝ジョウ〉・㊅チャウ〈＝チョウ〉)　zhàng(中)　장(韓)

［語源］［コアイメージ］長い。［実現される意味］尺貫法の長さの単位(十尺)ⓐ。［英］unit of length

［解説］易経の注釈に「丈の言は長なり」（鄭玄・周易注）とある。*diaŋという語は長・常と同源で、「長い」というコアイメージをもつ。日本語の「たけ」はタカシ(高)のタカから派生した語。

［グループ］丈・杖・仗(柄の長い武器［儀仗］)

［字源］楷書は形が崩れて分析困難。篆文は「十＋又(手の形)」に分析できる。手の指を広げて尺の十倍の長さを計る様子を示した図形。

(篆)

［語義］［展開］長さの単位ⓐ。また、丈と長は同源なので、長老の尊称ⓑに用いられる。身長(たけ)の意味ⓑや、しっかりしている意味ⓒは日本的用法。［英］unit of length; old man; height; solid　［熟語］ⓐ万丈・方丈・ⓑ岳丈・函丈・ⓒ頑丈・気丈

［文献］ⓐ春秋左氏伝・昭公1「里而栽、廣丈、高倍＝里にして栽し、広きこと丈、高さ倍す(板の壁を一里立て、広さは一丈、高さは二丈とする)」ⓑ論語・微子「遇丈人以杖荷蓧＝丈人の杖を以て蓧を荷ふに遇ふ(杖であじかを担いだ老人に出会った)」

【冗】4(冖・2)　常　｜常用音訓｜ジョウ

［語音］*niuŋ(上古)　nioŋ(中古→㊄ニュウ・㊅ジョウ)　rǒng(中)　용(韓)

［語源］［コアイメージ］余分なものがはみ出る。［実現される意味］本体・本職から余計にはみ出る(むだなものが出る)ⓐ。［英］superfluous, redundant

［解説］語源の難しい語である。おそらく閏(上古音は*niuen)と同源であろう。暦法(陰暦)で十二か月のほかに余ってはみ出た月のことを閏という。*niuŋという語は「余計なものがはみ出る」がコアイメージである。

［字源］「宂」が本字。「儿(イメージ記号)＋宀(限定符号)」を合わせた字。「儿」は二本の足を描き、人や人体を示す記号。「宂」は家の中に人がいる情景を設定した図形。舌足らず(情報不足)な図形であるが、官職からあふれて(仕事がなくて)家でぶらぶら遊ぶ様子を暗示していると考えてよい。

(篆)

〈字体〉「宂」は本字。「冗」はその俗字。

語義 [展開] 本体から余分なものがはみ出る意味ⓐ。また、「中心に引き締まらない」というイメージに展開し、締まりが悪い意味ⓑ、煩わしい（くだくだしい）意味ⓒを派生する。[英]superfluous, redundant; loose; full of trivial details [熟語] ⓐ冗談・冗費・ⓑ冗長・冗漫・ⓒ冗雑・煩冗

文献 ⓐ周礼・地官・槀人「槀人掌共外内朝冗食者之食＝槀人は外内朝の冗食者の食を共するを掌る（槀人〈コウジン〉は朝廷内外で官の余分な飯を食う者に食を提供する役目である）」

【丞】 6(一・5) 人 音ジョウ

語音 *dhiəŋ(上古) ʒiəŋ(中古→呉ジョウ・漢ショウ) chéng(中) 승(韓)

語源 [コアイメージ] 上に上げる。[実現される意味] 側について助ける（輔佐する）ⓐ。[英]assist

〈解説〉王念孫は丞は抍〈ショウ〉（すくう）・拯（すくう）・承と同源という（広雅疏証）。拯・承は丞をコアとするから当然である。藤堂明保は*dhiəŋという語は升・乗・朕（勝・騰）・登などと同源で、「持ち上げる」という基本義があるとする（藤堂①）。このイメージが、困った人をすくい上げる意味のほかに、人をすくい上げるようにして手助けする（輔佐する）という意味を実現させる。古代中国で、君主の輔佐の官に四つあったという。前につく輔佐が疑、後ろにつく輔佐が丞、左につく輔佐が輔、右につく輔佐が弼である（孔穎達・礼記正義）。

〈グループ〉丞・蒸・承・拯〈ジョウ〉（すくう［拯救］）・烝〈ジョウ〉（火や湯気が立ち上る。転じて、勢いが盛ん・数が多い［烝烝・烝民］）

字源 楷書は形が崩れて分析困難。古代文字に遡ると「卩＋廾＋凵」に分析できる。「卩」（しゃがんだ人。イメージ記号）＋凵（くぼみ。イメージ補助記号）＋廾（両手に関わる限定符号）」を合わせた「丞」は、穴に落ちた人を両手ですくい上げる情景を設定した図形。拯（すくう）の原字。この意匠によって、相手の側について助けることを表象する。

(甲) (金) (篆)

語義 [展開] 側について助ける（輔佐する）意味ⓐから、天子の輔佐官の意味ⓑに展開する。[英]assist; assistant officer [熟語] ⓑ丞相

文献 ⓐ呂氏春秋・介立「爲之丞輔＝之〈これ〉が丞輔と為る（彼のために輔佐をした）」ⓑ荘子・知北遊「舜問乎丞＝舜、丞に問ふ（舜は輔佐官にたずねた）」

【条】 7(木・3) 常 常用音訓 ジョウ

〔條〕 11(木・7) 人 音ジョウ 訓えだ・すじ

語音 *dög(上古) deu(中古→呉デウ〈＝ジョウ〉・漢テウ〈＝チョウ〉) tiáo(中) 조(韓)

語源 [コアイメージ] 細長い。[実現される意味] 木の細長い枝（小枝）ⓐ。[英]twig

〈解説〉攸〈ユウ〉にコアイメージの源泉がある。これは「細くて長い」というイメージを示す。枝と条の違いは、枝が幹から分かれ出るという特徴に着眼した語であるのに対し、条は太い幹に対して細長いという特徴を捉えた語である。

〈グループ〉条・篠・滌〈デキ〉（細く長く水を垂らして洗う［洗滌］）・蓧〈チョウ〉（木の枝や竹で編んだかご、あじか）・鰷〈ジョウ〉（体の細長い魚、コイ科のカワイワシ。「はえ」は国訓）

字源 「條」が正字。「攸〈ユウ〉（音・イメージ記号）＋木（限定符号）」を合わせた字。「攸」は「細長い」というイメージがある（⇩修・悠）。「條」は木

の細長い部分(えだ)を暗示させる。

(篆)

〔字体〕「條」は旧字体。「条」は書道に由来する常用漢字の字体(現代中国の簡体字は下部が「ホ」になっている)。

語義 [展開] 細長い枝の意味ⓐから、細長いもの、細い筋をなすものの意味ⓑ、細長い筋をなしたものを数える語ⓒ、筋をなして並べた項目、また、箇条書きにした文の意味ⓓに展開する。また、筋道の意味ⓔ、細長いさま、細々と長く続くさまの意味ⓕを派生する。[英]twig; slip, strip; classifier for long thin things; item, article; order, method; long-lasting [熟語] ⓐ枝条・柳条・ⓑ線条・鉄条・ⓒ一条・ⓓ条項・逐条・ⓔ条理・ⓕ蕭条

文献 ⓐ詩経・汝墳「遵彼汝墳、伐其條枚＝彼の汝墳に遵(したが)ひ、其の条枚(ジョウバイ)を伐る(汝の川の堤に沿うて、細枝と太枝を切る)」ⓔ書経・盤庚「若網在綱、有條而不紊＝網の綱に在るが若(ごと)く、条有りて紊(みだ)れず(網が太綱の間に張られているように、筋道がきちんと立って乱れない)」ⓕ詩経・中谷有蓷「條其歗矣＝条として其れ歗(うそぶ)く[＝嘯]く(長々と口笛を吹く)」

【杖】7(木・3)　人　音ジョウ　訓つえ・よる

語音 *dïaŋ(上古)　dïaŋ(中古→呉ヂャウ〈＝ジョウ〉・漢チャウ〈＝チョウ〉)　zhàng(中)　장(韓)

語源 [コアイメージ] 長い。[実現される意味] つえⓐ。[英]stick

字源 「丈(ジョウ)(音・イメージ記号)＋木(限定符号)」を合わせた字。「丈」は「長い」というイメージがある(⇩丈)。「杖」は長い木の棒を暗示させる。

語義 [展開] つえの意味ⓐから、つえをつく意味ⓑ、棍棒やむち、また、棒状の武器の意味ⓒ、棒やむちで叩く(刑罰)の意味ⓓ、支えて持つ意味ⓔ、頼りにする(たよる、よる)意味ⓕに展開する。[英]stick; (walk) with a cane; club, rod, whip; flog; hold; rely on [熟語] ⓐ戒杖・鉄杖・ⓒ杖術・杖道・ⓓ杖罪・笞杖

文献 ⓐ論語・憲問「以杖叩其脛＝杖を以て其の脛を叩く(杖で彼のすねを叩いた)」ⓑ礼記・王制「五十杖於家＝五十、家に杖つく(五十歳になると家でつえをつく)」ⓔ書経・泰誓「師尚父左杖黄鉞＝師尚父、左に黄鉞を杖(も)つ(師尚父[太公望]は左手に黄色のまさかりをしっかり持った)」ⓕ春秋左氏伝・襄公8「杖信以待晉＝信に杖(よ)りて以て晋を待つ(信義に頼って晋国を待遇する)」

【状】7(犬・3)　常　常用音訓 ジョウ

〔狀〕8(犬・4)　人　音ジョウ　訓かたち

語音 *dzïaŋ(上古)　dẓïaŋ(中古→呉ジャウ〈＝ジョウ〉・漢サウ〈＝ソウ〉)　zhuàng(中)　상・장(韓)

語源 [コアイメージ] 細長い・スマート。[実現される意味] 物の姿・形・様子ⓐ。[英]form, shape, state

〔解説〕説文解字では「犬の形なり」とあるが、これは図形的解釈であって、言葉の意味に犬が含まれるわけではない。古代漢語では、抽象的な「すがた」を意味する語は具体的な物の形から発想されている。動物のゾウから発想された象は「目立って大きな姿」から単に「すがた」の意味に抽象化された。クヌギの果実から発想されたのが様で、「決まった型」に抽象化された。細長くてスマートな形をもつ物から「すがた」「かたち」に抽象化されたのが*dzïaŋという語である。これと同源である壮(体形がよく元気である)、装(形よくよそおう)、粧(顔料を使って顔形をととのえる)、荘(形が整って立派である)などは、みな「スマートでよい形」というイメージを含む。かくて、これを表象するために、犬に関わる情景が設定され、狀の視覚記号が考案された。視覚的には犬を想定したも

のだが、聴覚的には(つまり音声記号としては)犬の形を意味するのではなく、単に抽象的な「すがた」を喚起させるだけである。

字源 「狀」が正字。「爿(ショウ)(音・イメージ記号)＋犬(限定符号)」を合わせた字。「爿」はベッドを縦に描いた図形。その形状から「細長い」というイメージを示す記号とされる。犬の形体の特徴は胴が細長いことにある。したがって「狀」は細長い胴をもった犬の形体(スマートで美しい形)を暗示させる。この意匠によって、「すがた」「かたち」を表象する。

〔字体〕 「状」は近世中国で発生した「狀」の俗字。

語義 **[展開]** 物の姿・形・様子の意味ⓐから、見るべき形(形として現れたもの)の意味ⓑ、姿を形容する意味ⓒ、ありさまを述べる意味ⓓ、意見を述べる文書、また、手紙の意味ⓔに展開する。[英]form, shape, state; appearance; depict; describe; writing, letter **[熟語]** ⓐ状況・形状・ⓑ無状・亡状(ムジョウ)・ⓒ名状・ⓓ陳状・白状・ⓔ免状・令状

文献 ⓐ老子・十四章「是謂無狀之狀、無物之象＝是を無状の状、無物の象と謂ふ(これ[宇宙の始めのカオス]を形なき形、物なき姿というのである)」ⓑ史記・夏本紀「鯀之治水無狀＝鯀(コン)の治水は状無し(鯀[禹の父]の治水には見るべきものがない)」

【乗】 9(丿・8) 常 ―― 常用音訓 ジョウ のる・のせる

〔乘〕 10(丿・9) 人 ―― 音 ジョウ 訓 のる・のせる

語音 *diəŋ(上古) dʒɪəŋ(中古→呉ジョウ・漢ショウ) chéng・shèng(中) 승(韓)

語源 **[コアイメージ]** 上に上がる。**[実現される意味]** 物の上にのるⓐ。[英]mount, ride

〔解説〕 下記の詩経(文献ⓑ)の毛伝に「乗は升(のぼる)なり」、また、釈名・釈姿容に「乗は陞(ショウ)(のぼる)なり。登も亦た之(かく)の如し」とある。*diəŋという語は升・陞・登・称・丞・勝などと同源で、「上に上がる」というコアイメージをもつ。古代の日本人は乗に「のる」の訓をつけた。「のる」と「のぼる」は何が違うか。大野晋は「のる」は「自分の身全体を、下になる物にまかせきるのが原義」、「のぼる」は「川や山道などを線条的に上方へ移動する意」(大野①)と巧みな説明をしている。日本語は「のる」と「のぼる」は別語であるが、漢語では乗は両者を含む。乗は登と同源ではあるが、登は乗のⓑとのみ一致する。英語のmountはラテン語のmontare(山に登る)に由来し、「登ることから、馬や自転車などに乗る」「山、階段、はしごなどに登る」の意という(小島①)。漢語の乗と同じように「のる」と「のぼる」を同時に含む。またrideは「馬に乗るの意から、何かにまたがる」の意(小島①)。これはむしろ騎に当たる。

〔グループ〕 乗・剰

字源 「乘」が正字。楷書は形が崩れた。篆文は「舛(両足。イメージ記号)＋木(イメージ補助記号)＋大(人。限定符号)」を合わせて、人が木の上にのぼっている情景を設定した図形。この意匠によって、物の上にのることを表象する。

(甲) (金) (篆)

〔字体〕 「乗」は旧字体。「乗」は近世中国の俗字(正字通に見える)。現代中国では正字を用いる。剰もこれに倣う。

語義 **[展開]** 乗り物(馬・車・船など)にのる意味ⓐから、登る意味ⓑ、乗り物の意味ⓒ、四頭立ての馬の意味ⓓ、兵車を数える語(馬が四頭立ての車を一乗とする)ⓔに展開する。また、「上に上がる」というコアイメージから、物の勢いに自分ものっかる(つけ込む)意味ⓕ、相手の上に出る(しのぐ、勝つ)意味ⓖ、数を重ね加える(計算する、掛け算をする)意味ⓗに展開する。また、記録を載せた本の意味ⓘ、悟りの世界に渡らせる乗り

物に喩えて、仏教の教えの意味ⓙを派生する。[英]mount(ⓐⓑ), ride, board, embark; ascend; vehicle; team of four horses; classifier for chariot; take advantage; surpass; multiply; annals; Buddhism doctrine 【熟語】ⓑ乗車・乗馬・ⓒ乗輿・下乗・ⓔ一天万乗・千乗・ⓕ便乗・ⓗ乗数・乗法・ⓘ史乗・野乗・ⓙ小乗・大乗

文献 ⓐ詩経・二子乗舟「二子乗舟＝二子舟に乗る(二人は舟に乗って行った)」ⓑ詩経・七月「亟其乗屋＝亟(すみ)やかに其れ屋に乗れ(屋根の修理に速く屋根に登りなさい)」ⓒ孟子・離婁下「以其乗輿濟人於溱洧＝其の乗輿を以て人をして溱洧(シンイ)を済(わた)らしむ(自分の乗り物で他人を溱・洧の川を渡らせた)」ⓓ詩経・株林「駕我乗馬＝我が乗馬を駕す(わが四頭立ての馬車馬を仕立てる)」ⓔ論語・学而「道千乗之國＝千乗の国を道(みちび)く(戦車千台を保有する大国を導く)」ⓕ孟子・公孫丑上「雖有智慧、不如乗勢＝智慧有ると雖も、勢ひに乗ずるに如(し)かず(知恵があっても、勢いにつけ込むに及ばない)」ⓖ戦国策・趙三「我將因強而乗弱＝我将に強に因りて弱に乗ぜんとす(私は強さを頼りに弱者をしのごうと思う)」ⓗ周礼・天官・宰夫「乗其財用之出入＝其の財用の出入を乗ず(金銭の出入りを計算する)」

【城】 9(土・6) 常 常用音訓 ジョウ しろ

語音 *dhieŋ(上古) ʒɪɛŋ(中古→呉ジャウ〈＝ジョウ〉・漢セイ) chéng(中) 성(韓)

語源 [コアイメージ] 仕上げてまとめる。[実現される意味] 城壁で囲った所(城壁や都市)ⓐ。[英]city wall

【解説】説文解字に「民を盛るなり」、釈名・釈宮室に「城は盛なり。国都を盛受するなり」と語源を説く。ストレートに盛る(入れる)所とした。間違いではないが、成のコアイメージから解釈したい。それは「仕上げてまとめる」というイメージであり、「中身が欠け目なくまとまる」というイメージに展開する。防壁を仕上げて人々をまとめて安全に住まわせる所(城壁をめぐらせた町)を*dhieŋといい、城と表記する。日本語の「しろ」は「領有して他人に立ち入らせない一定の区域」(大野①)が原義であるが、漢語の城にこの訓を当てたため、「しろ」に「き」と同じ意味、すなわち外敵を防ぐための軍事施設の意味が生じた。英語では普通はcastleと訳されるが、castleはラテン語のcastellum(城塞)に由来し、とりでが本義という(下宮①)。これは漢語の城の転義と同じ。

字源 「成(イセ)(音・イメージ記号)＋土(限定符号)」を合わせた字。「成」は「丁(イテ)(音・イメージ記号)＋戊(武器や道具を示すイメージ補助記号)」を合わせて、道具で土をトントンと突き固めて城壁を造る情景を設定した図形(⇩成)。それに「土」を添えたのが「城」。「城」は城壁や城郭を築くことを表す。

語義 [展開] 城壁で囲った所、すなわち城壁の意味ⓐ、また都市国家の意味ⓑが本義。ここから、とりでの意味ⓒ、城壁や都市を築く意味ⓓに展開する。日本ではしろ(天守閣のある和風建築物)の意味ⓔに用いる。[英]city wall; city, town, metropolis; fortress; fortify; castle 【和訓】き・きずく 【熟語】ⓐ城郭・城壁・ⓑ城市・都城・ⓒ城堡・長城・ⓔ城主・登城

文献 ⓐ詩経・兎罝「赳赳武夫、公侯干城＝赳赳たる武夫、公侯の干城(勇ましいもののふは、殿様のたてと城)」ⓑ詩経・瞻卬「哲夫成城、哲婦傾城＝哲夫城を成し、哲婦城を傾く(賢い男が国を造ると、賢い女が国を危うくする)」ⓓ詩経・出車「天子命我、城彼朔方＝天子我に命じ、彼の東方に城(きず)かしむ(天子は我々に命令し、北方で城壁を築かせた)」

【浄】 9(水・6) 常 常用音訓 ジョウ

〔淨〕 11(水・8) 人 音ジョウ 訓きよい・きよめる

語音 *dzieŋ(上古) dziɛŋ(中古→呉ジャウ〈＝ジョウ〉・漢セイ) tsiaŋ(唐チ

ン) jìng(中) 정(韓)

語源 [コアイメージ] ㋐バランスが取れて釣り合う・㋑じっと止まって落ち着く。[実現される意味] 水が清らかに澄んでいる。また、汚れを取って清らかにする(洗ってきれいにする)ⓐ。[英]clean, cleanse

〔解説〕 争にコアイメージの源泉がある。これは「二つの力が↑の方向と↓の方向に引き合う」というイメージがあり、「バランスが取れて釣り合う」というイメージに展開する。物体の力が釣り合った状態に焦点を置くと、「静かに落ち着く」というイメージに転化する。静が争をイメージ記号として用いているのは理由がある。

字源 「淨」が正字。「爭(音・イメージ記号)＋水(限定符号)」を合わせた字。「爭」は上下の手が中の物を引っ張り合う情景を設定した図形で、「二つの力が↑の方向と↓の方向へ引き合って張り合う」というイメージがある(⇨争)。これは「バランスが取れて釣り合う」というイメージにもなる。「淨」は水のバランスが取れて釣り合い、じっと止まって次第に澄む様子を暗示させる。説文解字では淨を池の名とし、瀞を「垢薉[＝穢](けがれ)無きなり」としている。段玉裁は瀞と淨を古今の字とした。これによると、淨は「靜の略体(音・イメージ記号)＋水(限定符号)」を合わせて、水中の垢がじっと下に落ち着き、水質がきれいになる様子を暗示する図形と解することもできる。藤堂明保は争を単なる音符としたが(藤堂②)、筆者は音・イメージ記号と見る。

〔字体〕 「淨」は旧字体。「浄」は書道に由来する常用漢字の字体。現代中国の簡体字は「净」。

語義 [展開] 水が清らかに澄んでいる(清らか、清らかにする)意味ⓐから、比喩的に、物事にけがれたところがない意味ⓑ、仏教では、煩悩や罪などのけがれがない意味ⓒに展開する。[英]clean, cleanse; clear, pure; sacred [熟語] ⓐ清浄・洗浄・ⓑ浄財・自浄・ⓒ浄罪・浄土

文献 ⓐ墨子・節葬「酒醴不淨潔也＝酒醴、浄潔ならざるなり([お供えの]酒が澄んでいない)」ⓑ孔子家語・七十二弟子解「清淨守節＝清浄にして節を守る([孔子は]汚れがなく節度を守った)」

【茸】 9(艸・6) 人 音ジョウ 訓たけ・きのこ

語音 *niuŋ(上古) nioŋ(中古→呉ニョウ・漢ジョウ) róng(中) 용(韓)

語源 [コアイメージ] 柔らかい。[実現される意味] 初生の草の葉が柔らかく茂るさまⓐ。[英]fine and soft

字源 「耳(音・イメージ記号)＋艸(限定符号)」を合わせた字。「耳」は「柔らかい」というイメージがある(⇨耳)。「茸」は生え始めたばかりの草の芽や葉が柔らかい様子を暗示させる。日本では「たけ」に用いるが、漢語の茸にたけの意味はない。耳の形をしたきのこがあるので、「耳」に草冠をつけて「茸」を創作したと考えられる。したがって日本の茸は半国字である。

語義 [展開] 初生の草の葉が柔らかく茂る意味ⓐから、柔らかく細かい獣の毛(にこげ)の意味ⓑに展開する。また、生え代わった鹿の柔らかい袋角(鹿茸)の意味ⓒ。日本ではたけ・きのこの意味ⓓに用いる。[英]fine and soft; down; pilose antler; mushroom [熟語] ⓐ茸茸・ⓑ茸毛・ⓒ鹿茸

【娘】 10(女・7) 常 常用音訓 むすめ

語音 ṇiaŋ(中古→呉ニャウ〈＝ニョウ〉・漢ヂャウ〈＝ジョウ〉) niáng(中) 냥(韓)

語源 [コアイメージ] けがれがない。[実現される意味] 若い女ⓐ。[英]young woman

字源 「良(音・イメージ記号)＋女(限定符号)」を合わせた字。「良」は「澄み切って汚れがない」というイメージがある(⇨良)。「娘」はまだけがれを知らない女を暗示させる。ṇiaŋという語は古代漢語の女(*niag、未

婚の若い女性）の子孫である。したがって原初的イメージは「柔らかい」であり、「けがれがない」は二次的なイメージである。

語義 ［展開］日本では父母から生まれた女（むすめ）の意味ⓑに用いられる。［英］young woman; daughter ［熟語］ⓐ娘子軍

文献 ⓐ子夜歌（六朝の頃の作品）「見娘喜容媚＝娘を見て容媚を喜ぶ（少女を見て顔の美しさが気に入る）」（楽府詩集44）

【剰】11(刀・9) 常 ｜常用音訓 ジョウ

〔剩〕12(刀・10) 人 ｜音 ジョウ 訓 あます・あまる・あまつさえ

語音 *diəŋ(上古) dʒɪəŋ(中古→呉ジョウ・漢ショウ) shèng(中) 잉(韓)

語源 ［コアイメージ］上にはみ出る。［実現される意味］はみ出て余るⓐ。［英］be left over, surplus

字源 「剩」が正字。「乘（ジョウ）（音・イメージ記号）＋刀（限定符号）」を合わせた字。「乘」は「上に上がる」というイメージがあり（⇩乘）、「上にはみ出る」というイメージに展開する。「剩」は刀で切った余りがはみ出る様子を暗示させる。この意匠によって、はみ出て余ることを表象する。漢代の文献に初出。

語義 ［展開］はみ出て余る意味ⓐから、あまつさえ（その上に、更に）の意味ⓑを派生する。［英］be left over, surplus; besides ［熟語］ⓐ剰余・過剰

文献 ⓐ周書・柳慶伝「唯得剰錦数匹＝唯錦数匹を剰（あま）すを得たり（ただ錦が数匹だけを余した）」

【常】11(巾・8) 常 ｜常用音訓 ジョウ つね・とこ

語音 *dhiaŋ(上古) ʒɪaŋ(中古→呉ジャウ〈＝ジョウ〉・漢シャウ〈＝ショウ〉) cháng(中) 상(韓)

語源 ［コアイメージ］長い。［実現される意味］時間が長く続いている（いつも変わらない）ⓐ。［英］constant

〔解説〕時間を表す語は空間的イメージから転化することが多い。スカートの裾が長いことから、単に「空間的に長い」というイメージに抽象化し、ついで「時間的に長く続く」というイメージに転化させる。これと似たイメージ転化現象は永・長などにも見られる。*dhiaŋという語は長・暢（のびる）と同源で、「長い」「長く伸びる」というコアイメージをもつ。日本語の「つね」は「普通と変わらずそのままずっと維持されている存在・状態・性質など」、「とこ」は「しっかりした土台、変化しないものの意」（大野①）で、別語であるが、漢語の常は両者を含み、ⓐ～ⓒは「とこ」、ⓓⓔは「つね」に対応する。

字源 「尚（ショウ）（音・イメージ記号）＋巾（限定符号）」を合わせた字。「尚（＝尙）」は「高く上がる」というイメージがあり（⇩尚）、これは「長い」「長く伸びる」というイメージに展開する。「常」は丈の長く伸びた衣を暗示させる。もともと裳と同じ。下半身に着て裾を下に長く垂らすスカートは裳で表し、常は抽象的な意味、すなわち時間が長く続く意味に転用された。

語義 ［展開］いつも変わらない（つね）の意味ⓐから、いつまでも変わらぬ道理・法則の意味ⓑ、いつまでも（とこしえに、永遠に）の意味ⓒ、いつも通りで変わらない（ふだん通りである、普通である）意味ⓓ、いつも（ふだんに）の意味ⓔに展開する。また、長さの単位（尋の二倍）ⓕに用いられる。［英］constant; norm; everlasting, forever; ordinary, common; always; unit of length ［和訓］とこしえ ［熟語］ⓐ恒常・無常・ⓑ五常・綱常・ⓒ常緑・ⓓ正常・通常・ⓔ常勝・常用・ⓕ尋常

文献 ⓐ詩経・文王「天命靡常＝天命、常靡（な）し（天命はいつまでも長く続かない）」ⓑ詩経・思文「陳常于時夏＝常を時（こ）の夏に陳（の）ぶ（［上帝は］不変

の法をこの中国に示された)」ⓒ老子・五十五章「知常曰明＝常を知るを明と曰ふ(永久であるものを知ることが明察と呼ばれる)」ⓓ詩経・十月之交「彼月而食、則維其常＝彼の月にして食する、則ち維れ其の常なり(月食というやつは、別に変わったことではない)」ⓔ老子・七十九章「天道無親、常與善人＝天道は親無く、常に善人に与す(天道はえこひいきがなく、いつも善人の仲間である)」

【情】

11(心・8) 常 ｜ 常用音訓 ジョウ・セイ なさけ

語音 *dzieŋ(上古) dziɛŋ(中古→呉ジャウ〈＝ジョウ〉・漢セイ) qíng(中) 정(韓)

語源 [コアイメージ] 汚れがなく澄み切っている。[実現される意味] 何かをしたいという時に起こる一途で素直な気持ち(自然に発露する気持ち)ⓐ。[英]sentiment, heart

〔解説〕漢語に和訓をつけたことから、意味が変容することがある。日本語の「なさけ」は「他人に見えるように心づかいをするかたち、また、他人から見える思いやりある様子の意が原義」(大野①)という。情の和訓として「なさけ」がつけられたことから、「なさけ」に真情・感情・情愛の意味が生まれた。また、逆に漢字の情に「思いやり」の意味が加わった。

字源 「青(音・イメージ記号)＋心(限定符号)」を合わせた字。「青」は「汚れがなく澄み切っている」というイメージがあり、「ほかのものを交えない」というイメージに展開する(⇩青)。「情」は他の雑念にとらわれず、そのことをしたいと思う混じり気のない本当の気持ちを暗示させる。説文解字では「情は人の陰気欲有る者」、春秋繁露には「情なる者は欲なり」とあり、欲望と結びつけた解釈をしている。

語義 [展開] 何かをしたいという時に起こる一途で素直な気持ちの意味ⓐから、異性を慕う気持ち、また、異性に対する欲望の意味ⓑ、何かに触れて起こる純粋な気持ちの意味ⓒ、本当の気持ち(まこと、真心、本心)の意味ⓓ、物事の本当の姿の意味ⓔ、その物から感じられる趣の意味ⓕに展開する。なさけ(思いやり)は日本的用法ⓖ。[英]sentiment, heart; love, affection, passion; feeling, emotion; sincerity; actual state, circumstance; taste; sympacy, mercy [和訓] こころ [熟語] ⓐ心情・性情・ⓑ愛情・恋情・ⓒ情緒・感情・ⓓ真情・直情・ⓔ事情・実情・ⓕ情調・風情・ⓖ恩情・厚情

文献 ⓐ礼記・礼運「何謂人情、喜怒哀懼愛惡欲、七者弗學而能＝何を人の情と謂ふ。喜・怒・哀・懼・愛・悪・欲、七者は学ばずして能くす(人の情とは何か。喜び・怒り・悲しみ・恐れ・愛・欲、この七つは学ばずとも自然にできる[本能的な]ものだ)」ⓑ詩経・宛丘「洵有情兮、而無望兮＝洵に情有り、而も望無し(慕う気持ちは本当にあるけれど、望みはかなわぬ)」ⓒ孟子・告子上「是豈人之情也哉＝是れ豈人の情ならんや(これは人の性情であろうか)」ⓓ論語・子路「上好信、則民莫敢不用情＝上、信を好めば、則ち民敢へて情を用ゐざるは莫し(為政者が信義を好めば、民は真心を示そうとしないものはない)」ⓔ論語・子張「如得其情、則哀矜而勿喜＝如し其の情を得れば、則ち哀矜して喜ぶこと勿れ(もしその[民の犯罪の]事実を入手したら、哀れむべきであって、[お手柄だと]喜んではいけない)」

【場】

12(土・9) 常 ｜ 常用音訓 ジョウ ば

語音 *dɪaŋ(上古) dɪaŋ(中古→呉ヂャウ〈＝ジョウ〉・漢チャウ〈＝チョウ〉) chǎng(中) 장(韓)

語源 [コアイメージ] 広く平らに開ける。[実現される意味] 作物を干したり脱穀したりする農作業の場所ⓐ。[英]threshing ground

〔解説〕コアイメージの源泉は昜にある。これは「高く上がる」→「明るく開ける」というイメージに展開し、さらに「広く平らに開ける(広がる)」というイメージに転化する。これと似たイメージ転化現象は尚

にも見られる。場は敞(広く開ける)と同源の語である。日本語の「ば」(場所の意)はおほには→おほば(大庭)となるように、には→ばと転じたという(大言海)。ただし漢語の場は庭の意味があるが、「ば」には庭の意味はない。

字源 「昜(音・イメージ記号)+土(限定符号)」を合わせた字。「昜」は「高く上がる」→「明るく開ける」→「広く平らに開ける」とイメージが転化する(⇩陽)。「場」は平らに開けた土地を暗示させる。この意匠によって、春・夏には菜園となり、秋・冬には平地にして農作業の場となる所(籾打ち場、菜園)を表象する。

語義 [展開] 農作業をする広場の意味ⓐから、庭の意味ⓑ、からりと開けた場所の意味ⓒ、人が集まる広い場所、また、人が集まって何かが行われる場所の意味ⓓを派生する。場合の意味ⓔは日本的用法。[英] threshing ground; yard; level open space; a place where people gather, square; occasion [熟語] ⓐ圃場・ⓓ会場・市場

文献 ⓐ詩経・七月「十月滌場=十月場を滌ふ(十月に籾打ち場を洗う)」ⓑ孟子・告子上「今有場師、舎其梧檟、養其樲棘、則爲賤場師焉=今場師有り、其の梧檟を舎てて、其の樲棘を養へば、則ち賤場師と為す(ここに庭師がいて、アオギリ・キササゲを捨てて、サネブトナツメを育てたら、下手な庭師とされるだろう)」ⓒ孟子・滕文公上「築室於場=室を場に築く(建物を[墓場の]広場に築く)」

【畳】12(田・7) 常 | 常用音訓 ジョウ たたむ・たたみ

〔疊〕22(田・17) 人 | 音 ジョウ 訓 たたむ・たたみ・かさなる

語音 *dāp(上古) dep(中古→呉デフ〈=ジョウ〉・漢テフ〈=チョウ〉) dié(中) 첩(韓)

語源 [コアイメージ] 重なる。[実現される意味] いくつかのものを積み重ねる(幾重にも積み重ねる、何度も重なる)ⓐ。[英]pile up

【解説】*dāpという語は習・襲・摺(折りたたむ)と同源で、「重なる」というコアイメージをもつ。日本語の「たたむ」は「長さや幅のある平面的な物を折り重ね小さくする」「同種のものをいくつも重ねる」(大野②の意味で、漢語の畳と同様、「重なる」のイメージがある。

字源 「疊」が正字。篆文では「晶+宜」、隷書で「畾+宜」に変わった。「晶」はもとは星の形だが、単に三つのものが重なることを示す記号と考えてよい。「畾」も重なることを示す記号である(⇩塁)。「宜」は建物の中で供え物がだんだんと重なって供えてある情景を設定した図形で、「重なる」というイメージを表すことができる(⇩宜)。かくて「晶(イメージ記号)または畾(イメージ記号)+宜(イメージ補助記号)」を合わせた「疊」は、いくつかのものが積み重なる様子を暗示させる。

(篆)

【字体】「疊」は旧字体。「畳」は由来不明の常用漢字の字体。現代中国の簡体字は「叠」。「曡」は異体字。

語義 [展開] 上に積み重ねる意味ⓐから、衣服などを折りたたむ意味ⓑを派生する。日本ではたたみの意味ⓒに用いる。[英]pile up; fold; tatami mat [熟語] ⓐ畳語・重畳・ⓒ一畳・半畳

文献 ⓐ詩経・時邁「莫不震疊=震畳せざるは莫し(ぶるぶると何度も重ねて身震いせぬものはなかった)」

【蒸】13(艸・10) 常 | 常用音訓 ジョウ むす・むれる・むらす

語音 *tiəŋ(上古) tʃiəŋ(中古→呉・漢ショウ・[慣]ジョウ) zhēng(中) 증(韓)

語源 [コアイメージ] 上に上がる。[実現される意味] たいまつⓐ。[英]firebrand

〈解説〉下記の国語の注釈に「蒸は升なり」とあり、升・上・乗などと同源。丞・烝の「上に上がる」がコアイメージである。火気や湯気が上がることを蒸という。日本語の「むす」は「湯気を通して熱する」意味で、「むし暑く熱気がこもる」意味に転義する（大野①）。漢語の蒸とほぼ同じ。

字源 「烝（ジョウ）（音・イメージ記号）＋艸（限定符号）」を合わせた字。「烝」は「上に上がる」というイメージがある。「丞（ジョウ）（音・イメージ記号）＋火（限定符号）」を合わせた「烝」は、火気が上がる様子を暗示させる。これも「上に上がる」というイメージを表す記号になる。「蒸」は麻や木などを燃やして火気を上げるたいまつや薪を表した。

語義 ［展開］たいまつの意味ⓐや、たきぎの意味ⓑが本義。「上に上がる」というコアイメージから、火気や熱気が立ちのぼる意味ⓒ、熱気や火気で熱する（熱気がこもる）意味ⓓ、素材に蒸気を通す（ふかす、むす）意味ⓔに展開する。ⓒ〜ⓔは烝と通用。［英］firebrand; firewood; evaporate; heat; steam ［熟語］ⓒ蒸気・蒸発・ⓓ蒸暑・蒸溽・ⓔ蒸籠（セイロウ）・燻蒸

文献 ⓐ墨子・備蛾傅「室中以楡若蒸＝室中、楡若しくは蒸を以てす（室内ではニレから取る火、または麻がらを燃やすたいまつを用いる）」ⓑ詩経・正月「瞻彼中林、侯薪侯蒸＝彼の中林を瞻（み）れば、侯（こ）れ薪侯れ蒸（かなたの森を見やれば、粗い薪・細い薪の雑木だけ）」ⓒ国語・周「陽氣俱蒸＝陽気倶に蒸（のぼ）る（陽気がそろって立ち上る）」ⓓ素問・五行運行大論「暑以蒸之＝暑以て之を蒸す（暑気が蒸し暑くさせる）」ⓔ韓非子・十過「易牙蒸其子首、而進之＝易牙、其の子の首を蒸して、之を進む（易牙［料理人の名］はその子の頭を蒸して、殿様に進めた）」

【縄】 15（糸・9） 常 ｜ 常用音訓 ジョウ なわ

語音 *dɪəŋ（上古） dʒɪəŋ（中古→呉ジョウ・漢ショウ） shéng（中） 승（韓）

語源 ［コアイメージ］∞形をなす。［実現される意味］なわⓐ。［英］rope, cord

〈解説〉語源を捉えるのが難しい語であるが、藤堂明保は鳶（空中を∞形に旋回するトビ）・藤（∞形によじれて巻きつくフジ）・蠅（∞形によじれて飛び回るハエ）などと同源で、「互い違い」「よじれる」という基本義をもつとした（藤堂①）。∞形に縒り合わせたのがなわで、この語の図形化は蠅を比喩として成立した。日本語の「なわ（なは）」はナフ（綯）と同根。ナフは「数多の線を交へ合はせゆく。左右相交ふ。縒る」（大言海）の意味だから、ナハは漢語の縄と似たイメージをもつ語である。

字源 「繩」が正字。「蠅（ヨウ）の略体（音・イメージ記号）＋糸（限定符号）」を合わせた字。「黽」はある種のカエルを描いた図形で、腹が膨れているという印象がある。「黽（イメージ記号）＋虫（限定符号）」を合わせた「蠅」は、腹の膨れた特徴のあるハエを表した。ハエは飛ぶのが速く、∞の形に飛び回っているように見える。そこから「∞形をなす」というイメージを表すことができる。かくて「繩」は糸や紐を∞の形によじり合わせたもの、つまり「なわ」を暗示させる。

（篆）

〈字体〉「縄」は近世中国で発生した「繩」の俗字。現代中国の簡体字は「绳」。

語義 ［展開］なわの意味ⓐから、直線を引く大工道具（すみなわ）の意味ⓑを派生し、そこから、基準となるものの意味ⓒ、まっすぐで正しい、正しくするという意味ⓓに展開する。また、縄のように切れないで続く意味ⓔ、ずるずる続いて絶えないさまの意味ⓕを派生する。［英］rope, cord; carpenter's line marker; guideline, criterion; straighten; continue; everlasting ［熟語］ⓐ縄文・捕縄・ⓑ縄矩・縄墨・ⓒ準縄

文献 ⓐ易経・繫辞伝下「上古結縄而治＝上古は縄を結びて治まる（上古は通信手段として縄を結んだだけで世の中はよく治まった）」ⓑ詩経・緜「其縄則直＝其の縄は則ち直し（墨縄はまっすぐで狂いはない）」ⓓ書経・冏命「縄愆糾謬＝愆ちを縄し、謬りを糾す（過失を正しく直し、誤謬を調べて直す）」ⓔ詩経・下武「縄其祖武＝其の祖武を縄ぐ（先祖の跡を継ぐ）」ⓕ詩経・螽斯「宜爾子孫、縄縄兮＝宜なり爾が子孫、縄縄たり（まことに君の子孫は、いつまでも絶えぬ）」

【壌】16（土・13）　常　常用音訓 ジョウ

語音 *nian（上古）　nian（中古→呉ニャウ〈＝ニョウ〉・漢ジャウ〈＝ジョウ〉）　rǎng（中）　양（韓）

語源 [コアイメージ] ㋐中に割り込む・㋑柔らかい。[実現される意味] 肥えて柔らかい土ⓐ。[英]cultivated soil

〔解説〕説文解字に「壌は柔土なり」、釈名・釈地に「壌は䐓（肥える）なり。肥䐓の意なり」とある。普通の土とは違い、肥えて柔らかい土を*nianという。これは肥料などを中に含んで柔らかくなって農耕に適した土のことである。下記のグループには「中に何かが割り込んでいる」「柔らかい」というコアイメージがある。*nianのコアイメージは前者から後者への展開と考えられる。

〔グループ〕壌・嬢・譲・醸・穣・襄（割り込む）・瀼（水分が割り込む→露がたっぷりうるおうさま［瀼瀼］）・攘（他人のものに割り込んで取る→ぬすむ。また、入り込んできたものを払いのける［攘夷］）・禳（お祓いをする）・嚢（中に物を入れる袋［土嚢］）・曩（現在の前に日数が割り込む→以前・さき［曩日］）・瓤（瓜の皮に包まれた柔らかい部分、瓜の実）・蘘（苞に包まれてふっくらとして柔らかい花穂をもつ草、ミョウガ［蘘荷］）・鑲（金属を溶かして流し込む鋳型の中の部分。また、金属を割り込ませる、象嵌する）

字源 「壤」が正字。「襄（音・イメージ記号）＋土（限定符号）」を合わせた字。楷書の「襄」は形が崩れて分析困難だが、篆文を分析すると「𤕦＋衣」となる。「𤕦」の原形（金文）は人が土を耕す場面を描いた図形。のち構造が「吅（二つ並べる符号）＋爻（二つ交える符号）＋㔾（田の畝の形）」を合わせた図形に変わり、田を鋤き返して肥料などを混ぜて、土を柔らかくすることを想定した意匠となった。（㔾については寿の項参照）これが壌の原字であるが、字体はさらに複雑化する。「𤕦（音・イメージ記号）＋衣（限定符号）」を合わせた「襄」が作られた。これは衣の中に綿などを詰め込んで柔らかくする様子を暗示させる図形で、「中に割り込ませる」「中に物を入れて柔らかくする」というイメージを示す記号となる。かくて、いろいろな物（肥料や有機物など）を含んで柔らかい土を暗示させる「壌」が生まれた。

（金）　（篆）［𤕦］　（金）　（篆）［襄］

（篆）

〔字体〕「壌」は近世中国で発生した「壤」の俗字。現代中国では正字を用いる。

語義 [展開] 農耕に適する柔らかい土（現代的に言えば、有機物を含んで柔らかい土）の意味ⓐ。また、土地・大地の意味ⓑ、ある範囲の土地（区域）の意味ⓒに転用される。[英]cultivated soil, mold, loam; earth; area [和訓] つち [熟語] ⓐ土壌・肥壌・ⓑ雲壌・天壌

文献 ⓐ管子・国準「彼菹菜之壌、非五穀之所生也＝彼の菹菜の壌は、五穀の生ずる所に非ざるなり（野菜を植える土地は、五穀の生える所ではない）」ⓑ孟子・滕文公上「夫滕壌地褊小＝夫れ滕は壌地褊小なり（滕は土地が狭くて小さい国です）」

【嬢】16（女・13）　常　常用音訓 ジョウ

【孃】20(女・17) 人 ─ 音ジョウ 訓むすめ

語音 (1)*niaŋ(上古) niaŋ(中古→呉ニャウ〈＝ニョウ〉・漢ジャウ〈＝ジョウ〉) ráng(中) (2)ṇiaŋ(中古→呉ニャウ〈＝ニョウ〉・漢ヂャウ〈＝ジョウ〉) niáng(中) 양(韓)

語源 [コアイメージ] ㋐中に割り込む・㋑柔らかい。[実現される意味] (1)かき乱すⓐ。[英]disturb (2)母ⓑ。[英]mother

〔解説〕 説文解字では「孃は煩擾なり。一に曰く、肥大なり」とあり、段玉裁は攘(みだす)の古字だという。ただし用例はない。中古漢語では「はは」の意味で使われている。二つは系統が違うようである。日本では娘と嬢を混同して、未婚の若い女(むすめ)の意味で嬢を使うようになった。

字源 「孃」が正字。「襄(ジョウ)(音・イメージ記号)＋女(限定符号)」を合わせた字。「襄」は「中に割り込ませる」というイメージがある(⇩壌)。「孃」は男女関係で他人を割り込ませて関係が乱れる様子を暗示させる。この意匠によって、かき乱す(ごちゃごちゃと乱れる)ことを表象する。また、「襄」は「柔らかい」というイメージがある(⇩壌)。「孃」は肉づきがふくよかで柔らかい女性を暗示させる。この意匠によって、母親を表象する。

〔字体〕 「孃」は旧字体。「嬢」は壤→壌に倣った常用漢字の字体。現代中国では娘に統合している。

語義 [展開] かき乱す、ごたごたと乱れる意味ⓐ(1の場合)。母の意味ⓑ(2の場合)。日本では若い女性の意味ⓒ、また、他人の娘の意味ⓓに用いる。[英]disturb; mother; young lady; daughter [熟語] ⓑ爺孃・ⓒ愛嬢・令嬢

文献 ⓑ木蘭詩(六朝時代の作品)「旦辭爺孃去、暮宿黄河邊＝旦に爺孃を辞し去り、暮れに宿る黄河の辺(朝に父母のもとを辞し去り、夕べには黄河のあたりに宿る)」(楽府詩集25)

【錠】16(金・8) 常 ─ 常用音訓 ジョウ

語音 *deŋ(上古) deŋ(中古→呉ヂャウ〈＝ジョウ〉・漢テイ) dìng(中) 정(韓)

語源 [コアイメージ] じっと止まる。[実現される意味] 足の付いたたかつきⓐ。[英]bowl with legs

字源 「定(テイ)(音・イメージ記号)＋金(限定符号)」を合わせた字。「定」は「⊥形にじっと止まる」というイメージがある(⇩定)。「錠」は⊥形にじっと安定させて置く金属製の器を暗示させる。この意匠によって、足の付いたたかつき(食べ物を煮炊きする器の一種)を表象する。説文解字に出るが、文献の使用例は遅い。錠剤の意味は宋代以後に現れる。

語義 [展開] 足の付いたたかつきの意味ⓐ。形態的類似性から、あぶら皿(照明具の一種)の意味ⓑを派生する。また、「定」には固定するという意味もあるので、型に入れて固定させた金属(餅や豆板の形をした金銀の塊)の意味ⓒを生じた。また、それと似た形に固めた薬という意味ⓓに転用される。日本では鍵をさしこむ戸締まりの道具(錠前)の意味ⓔに当てる。〈補説〉漢語では錠前を鎖という。日本ではその異体字の鏁をジャウと読んだが、後に錠を当てたといわれる。[英]bowl with legs; a kind of lamp; ingot; tablet; lock [熟語] ⓒ銀錠・ⓓ錠剤・糖衣錠・ⓔ解錠・施錠

文献 ⓑ徐陵・東陽双林寺傅大士碑「繫索挂錠爲燈＝索を繫ぎて錠に挂け、燈と為す(縄を縛ってあぶら皿に掛けて灯火とした)」(漢魏六朝百三家集103)ⓒ旧五代史・梁書・太祖紀「以百餘錠賜楊師＝百余錠を以て楊師に賜ふ(百余りの金塊を楊師に賜った)」

【穣】18(禾・13) 人 ─ 音ジョウ 訓ゆたか

〔穣〕22(禾・17) 人 ｜音ジョウ 訓ゆたか

語音 *niaŋ(上古) niaŋ(中古→呉ニャウ〈＝ニョウ〉・漢ジャウ〈＝ジョウ〉) ráng(中) 양(韓)

語源 [コアイメージ] ㋐中に割り込む・㋑柔らかい。[実現される意味] 作物が豊かに実るⓐ。[英]grow ripe in abundance

字源 「穰」が正字。「襄ジョウ（音・イメージ記号）＋禾（限定符号）」を合わせた字。「襄」は「中に割り込む」「柔らかい」というイメージがある（⇩壌）。「穰」は作物の穂に種子が割り込んで柔らかく熟する様子を暗示させる。

〔字体〕「穣」は近世中国で生まれた「穰」の俗字。現代中国では正字を用いる。

語義 [展開] 物事が盛んで多い（数が多い）意味ⓑを派生する。また、大数の名ⓒに用いる。十進法の単位名で、兆(10^{12})－京(10^{16})－垓(10^{20})－秭(10^{24})－穣(10^{28})－溝(10^{32})…と進む。。[英]grow ripe in abundance; numerous; ten octillion [熟語] ⓐ穣歳・豊穣

文献 ⓐ詩経・烈祖「豐年穰穰＝豊年穣穣たり（作物のみのりはたっぷりと）」ⓑ詩経・執競「降福穰穰＝福を降すこと穣穣たり（幸せがいっぱい下されたと）」ⓒ孫子算経・巻上「萬萬秭曰穰、萬萬穰曰溝＝万万秭を穣と曰ふ、万万穣を溝と曰ふ」

【譲】20(言・13) 常 ｜常用音訓 ジョウ ゆずる

〔讓〕24(言・17) 人 ｜音ジョウ 訓ゆずる

語音 *niaŋ(上古) niaŋ(中古→呉ニャウ〈＝ニョウ〉・漢ジャウ〈＝ジョウ〉) ràng(中) 양(韓)

語源 [コアイメージ] 中に割り込ませる。[実現される意味] 人を先に立てて自分は身をひく（他人にゆずって身をひく）ⓐ。[英]give way

〔解説〕「襄」にコアイメージの源泉がある。これは「中に割り込む」というイメージである。中に割り込むことから、さまざまな意味が実現される。他人が割り込んできて、中にあるものを取り去るのが「盗む」という意味（攘）、中にあるものを外に出すのが「追い払う」意味（攘・禳）。また、割り込んできた人に自分の場所を与えて自分が外に退くのが譲。その場合、物に視点を置いて、割り込んできた人に物を与えることも譲という。日本語の「ゆずる（ゆづる）」は「委ねる」と同根で、自分の権利・義務をそっくり他人に任せる意味という（大野①）。その展開義（他人に与える）は漢語の譲のⓒと近くなる。また、他人を先に立てるという意味も生じたが、これは漢語の譲のⓐⓑに影響された意味であろう。

字源 「讓」が正字。「襄ジョウ（音・イメージ記号）＋言（限定符号）」を合わせた字。「襄」は「中に割り込ませる」というイメージがある（⇩壌）。「讓」は他人が中に割り込んできたため、その人に場所をゆずる様子を暗示させる。この意匠によって、他人に場所や物をゆずって自分は身をひくことを表象する。

〔字体〕「譲」は近世中国で生まれた「讓」の俗字。現代中国の簡体字は「让」。

語義 [展開] 他人にゆずって身をひく意味ⓐから、控え目にする（へりくだる）意味ⓑ、自分は取らないで他人に与える意味ⓒに展開する。また、身をひくことから、退ける（追い払う、避ける）意味ⓓ、なじって人を退ける（責め立てる）意味ⓔを派生する。[英]give way; modest; yield, cede; dodge; reprimand [熟語] ⓐ譲歩・互譲・ⓑ謙譲・礼譲・ⓒ譲位・譲渡・ⓔ責譲

文献 ⓐ詩経・角弓「受爵不讓＝爵を受けて譲らず（酒のやりとりで譲らず張り合う）」ⓑ論語・学而「夫子溫良恭儉讓、以得之＝夫子は温・良・恭・倹・譲、以て之を得たり（先生は温厚、善良、恭敬、謙遜の美徳をお持ち

なので、それ[相談の依頼]が多いのです)」ⓒ荘子・譲王「堯以天下譲許由＝堯は天下を以て許由に譲る(堯は天下を許由に与えようとした)」ⓓ楚辞・九章・懐沙「知死不可譲＝死の譲くべからざるを知る(死が避けられないことを知った)」ⓔ孟子・告子下「掊克在位、則有譲＝掊克位に在れば、則ち譲め有り(人に勝ちたがる者が高位にあると、責め立てることが多くなる)」

【醸】20(酉・13) 常 ｜常用音訓 ジョウ かもす

〔釀〕24(酉・17) 人 ｜音 ジョウ 訓 かもす

語音 *ɲiaŋ(上古) ɲiaŋ(中古→呉ニャウ〈＝ニョウ〉・漢ヂャウ〈＝ジョウ〉) niàng(中) 양(韓)

語源 [コアイメージ] ㋐中に割り込ませる・㋑柔らかい。[実現される意味] 発酵させて酒を造る(かもす)ⓐ。[英]brew

字源 「釀」が正字。「襄(音・イメージ記号)＋酉(限定符号)」を合わせた字。「襄」は「中に割り込ませる」「柔らかくする」というイメージがある(⇩壌)。「釀」は原料に酒のもとを入れて柔らかくし、発酵させて酒を造る様子を暗示させる。

〔字体〕「醸」は近世中国で生まれた「釀」の俗字。現代中国の簡体字は「酿」。

語義 [展開] 酒をかもす意味ⓐから、酒の意味ⓑ、また比喩的に、気運を徐々に作り出す意味ⓒに展開する。[英]brew; liquor, wine; form graduallry [熟語] ⓐ醸酒・醸造・ⓑ家醸・村醸・ⓒ醸成・醞醸

文献 ⓐ史記・孟嘗君列伝「乃多醸酒＝乃ち多く酒を醸す(そこで多目に酒を造った)」

しょく……………………………………

【色】6(色・0) 常 ｜常用音訓 ショク・シキ いろ

語音 *sïək(上古) ṣïək(中古→呉シキ・漢ソク)・[慣]ショク) sè(中) 색(韓)

語源 [コアイメージ] ㋐狭い穴をこする・㋑(二つのものが)くっつく。[実現される意味] セックスⓐ。[英]sex

〔解説〕字源については馬叙倫が「色は当に男女交冓[＝交媾]の義と為すべし」(説文解字六書疏証)と解したのがよい。語源については藤堂明保が初めて深層構造を明らかにした。*sïəkという語は思・司・息・塞と同源で、「狭い穴」「狭い穴をこする」という基本義があるとした(藤堂①)。古代漢語ではセックスを*sïəkという。性交の状態に視点を置くと、狭い穴をこする動作であるから、塞(穴をふさぐ)や息(狭い隙間を通して出入りする「いき」)と同源のことばであるが、二人が抱き合う姿に焦点を置くと、即(そばにつく)や則(本体にくっつく)と同源のことばとも言える。色は㔾(二人がねちねちとくっつく)と図形的意匠が似ている。日本語の「いろ」は色彩・顔色が本義で、美しい色彩、女の容色、色情の意へ転化するという(大野①)。漢語の色はセックスから転化を経て色彩へとたどりつく。転義の仕方に漢語の色と日本語の「いろ」には違いがあるようである。英語のcolorは色の意味が主で、比喩として顔色、外見に転義する。

字源 「卩(ひざまずく人)」を上下に配置した図形。男女がセックスをする姿を暗示させる。

(篆)

語義 [展開] セックスの意味ⓐから、女性のセクシーな姿(容色、色気)の意味ⓑ、顔に現れた様子(顔色)の意味ⓒ、外に現れた物の様子(外見、景色)の意味ⓓ、いろ(カラー、色彩)の意味ⓔに展開する。仏教では、

形に現れた物質的存在の意味ⓕに用いる。［英］sex, lust; feminine charms, beauty; complexion, countenance, look, scene; color(ⓒ〜ⓔ); matter ［熟語］ⓐ色情・好色・ⓑ才色・女色・ⓒ血色・容色・ⓓ景色・特色・ⓔ色覚・色彩・ⓕ色界・色即是空

文献 ⓐ論語・季氏「少之時、血氣未定、戒之在色＝少かき時は、血気未だ定まらず、之を戒しむるは色に在り（若い時は血気がまだ落ち着かないから、性欲を戒めとする）」ⓑ論語・学而「賢賢易色＝賢を賢として色を易る（［妻に対しては］賢明さを大切にし、容色は二の次とする）」ⓒ詩経・烝民「令儀令色、小心翼翼＝令儀・令色あり、小心翼翼たり（姿・顔色はうるわしく、心細やかに恭しい）」ⓔ孟子・梁恵王上「抑為采色不足視於目與＝抑も采色の目を視るに足らざるが為か（［王の不満は］あるいは色彩［のある装飾品］が目を満足させないためでしょうか）」

【拭】9(手・6)　常　常用音訓　ショク　ふく・ぬぐう

語音 *thiək(上古)　ʃɪək(中古→呉シキ・漢ショク)　shì(中)　식(韓)

語源 ［コアイメージ］道具を用いる。［実現される意味］表面をぬぐって汚れを取る（ぬぐう）ⓐ。［英］wipe

〔解説〕日本語の「ふく」は「吹き払う」の転かという。「ぬぐう（ぬぐふ）」はノゴフの転で、「擦り除きて、浄くなす。ふく」の意味という（以上、大言海）。漢語の拭は式にコアイメージの源泉がある。これは「人工を加える」というイメージ。汚れがあると手を加えて（手の動作によって）、汚れを取ろうとする。その動作を拭という。古人も指摘している通り、拭と飾は同源である（段玉裁・説文解字注）。ぬぐった結果きれいになるのが拭、かざった結果きれいになるのが飾である。

字源 「式（音・イメージ記号）＋手（限定符号）」を合わせた字。「式」は「道具を用いる」というイメージがあり、「人工を加える」「対象に手を加えて状態を変える」というイメージに展開する（⇩式）。「拭」は道具を用いて（手を加えて）きれいな状態にする様子を暗示させる。この意匠によって、汚れをこすり取る（ぬぐう）意味ⓐから、こすってふく意味ⓑに展開する。

語義 ［展開］汚れを取る（ぬぐう）意味ⓐから、こすってふく意味ⓑに展開する。［英］wipe; rub ［熟語］ⓐ清拭・払拭

文献 ⓐ礼記・雑記「雍人拭羊＝雍人、羊を拭ふ（料理人はヒツジをぬぐってきれいにする）」ⓑ列子・湯問「拭眦揚眉、而望之、弗見其形＝眦を拭ひ、眉を揚げて、之を望むも、其の形を見ず（まなじりをこすり、眉をあげて遠くを見ても、姿が見えない）」

【食】9(食・0)　常　常用音訓　ショク・ジキ　くう・くらう・たべる

語音 (1)*diək(上古)　dʒɪək(中古→呉ジキ・漢ショク)　shí(中)　식(韓)　(2)*diag(上古)　ziei(中古→呉ジ・漢シ)　sì(中)　사(韓)

語源 ［コアイメージ］手を加える・加工する。［実現される意味］たべるⓐ。［英］eat

〔解説〕*diəkという語は式・以・台（治・飴・冶）などと同源で、「（自然のものに）人工を加える」「手を加える」というイメージがある。そこから「素材に手を加えてこなれるように（柔らかく）する」というイメージに展開し、たべるという行為やたべものという意味が実現される。「人工を加える」から「柔らかくする」へのイメージ転化は飴（あめ）・冶（冶金）にも見られる。藤堂明保は食のグループだけを一つの単語家族に立て、「柔らかくして食べる」という基本義としたが（藤堂①）、筆者は「手を加える」がコアイメージで、「柔らかい」はその展開と考える。日本語の「くう（くふ）」は「ものに歯を立てる、または飲みこむ意」、「たべる（たぶ）」は「たぶ・たまふ（賜）」の転化で、飲食物をいただく意味という（大野①）。日本語の「くう」は単に食べる動作を捉えたものであるが、漢語の食は自然物を受け入れられるように加工したものを体内に取り込むというイメージの語で、「加工する」に焦点がある。

〈グループ〉食・飾・蝕(ショク)(虫が食い込む、むしばむ[腐蝕])・飭(チョク)(手を加えて整える[戒飭])・飤(シ)(=飼)

字源 楷書は形が崩れたが、篆文は「亼+皀」に分析できる。「亼」は寄せ集める符号。「皀」は即(=即)や既(=既)などにも含まれ、食べ物を器に盛り上げた形。したがって「食」は食べ物を器に盛りつけた情景を設定した図形。この意匠によって、たべることやたべるものを表象する。図形にコアイメージは反映されていない。

(甲) (金) (篆)

語義 [展開] たべる意味ⓐから、食事をする、食事の意味ⓑ、たべものの意味ⓒ、飯の意味ⓓ、食い扶持の意味ⓔに展開する。また、食べることを比喩として、食い込む意味ⓕ、日や月が欠ける意味ⓖ、食べたように消える(偽りを言う)意味ⓗを派生する(以上は1の場合)。ⓕⓖは蝕と通用。また、食べることや飯の意味から、飯を食わせる(養う)意味ⓘ、餌をやる(飼う)意味ⓙを派生する(2の場合)。ⓘⓙの場合は後に飤(シ)・飼と書かれる。[英]eat(ⓐⓑⓕ); dine, eating, meal, diet, dinner; food; rice; ration; undermine, erode, eclipse; go out of; nourish; feed [和訓] はむ [熟語] ⓐ飲食・飽食・ⓑ会食・陪食・ⓒ主食・食糧・ⓔ食俸・食禄・ⓕ浸食・腐食・ⓖ月食・日食・ⓗ食言

文献 ⓐ詩経・園有桃「園有棘、其實之食=園に棘(キョク)有り、其の実を之れ食(くら)ふ(サネブトナツメが園にあり、酸っぱい果実を食った)」ⓑ詩経・狡童「彼狡童兮、不與我食兮=彼の狡童、我と食せず(あの意地悪な少年は、私と一緒に食事をしてくれぬ)」ⓒ詩経・氓「自我徂爾、三歳食貧=我の爾に徂(ゆ)きし自(よ)り、三歳食貧し(お前のもとに嫁いでから、三年間、食べ物が乏しかった)」ⓓ論語・雍也「一簞食、一瓢飲、在陋巷=一簞の食、一瓢の飲、陋巷に在り(一椀の飯と一杯の汁だけで、狭い路地に暮らしている)」ⓔ論語・衛霊公「事君敬其事、而後其食=君に事(つか)へては、其の事を敬して、其の食を後にす(君主に仕えるには、職務を慎重にこなし、俸給は後回しにすることだ)」ⓖ詩経・十月之交「日有食之=日、之を食する有り(太陽が欠けてきた)」ⓗ書経・湯誓「朕不食言=朕は食言せず(私はうそは言わない)」ⓘ詩経・七月「食我農夫=我が農夫を食(やしな)ふ(我が農民を養う)」ⓙ漢書・食貨志「馬之往來食長安者數萬匹=馬の往来して長安に食(は)む者数万匹(長安に飼われて往来する馬が数万頭あった)」

【埴】 11(土・8) 人 音ショク 訓はに

語音 *dhiək(上古) ʒɪək(中古→呉ジキ・漢ショク) zhí(中) 치・식(韓)

語源 [コアイメージ] 平らに伸びる。[実現される意味] 粘土ⓐ。[英]clay

字源 「直(チョク)(音・イメージ記号)+土(限定符号)」を合わせた字。「直」は「↑の形に縦にまっすぐ」というイメージがある(⇩直)。視点を横の軸に変えると、「→の形に横に伸びる」というイメージ、また、視点を平面に置くと、「平らに伸びる」というイメージにも展開する。「埴」は陶器などを造るための、自由にこねて伸ばせる土(粘土)を暗示させる。

語義 陶器などの原料になる土(粘土、はに)の意味ⓐ。[熟語] ⓐ埴土・埏埴(センショク)

文献 ⓐ老子・十一章「埏埴以爲器、當其無、有器之用=埴を埏(こ)ねて以て器を為(つく)る、其の無に当たりて、器の用有り(粘土をこねて器を作る際、無[空虚]である所に器の用途がある)」

【植】 12(木・8) 常 常用音訓 ショク うえる・うわる

語音 *dhiək(上古) ʒɪək(中古→呉ジキ・漢ショク) zhí(中) 식(韓)

語源 [コアイメージ] まっすぐ立てる。[実現される意味] まっすぐ立てる棒や柱ⓐ。[英]straight pole of a gate

〈解説〉王念孫は「植の言為(た)るは直なり」(広雅疏証)と語源を説く。「ま

っすぐ立てる」がコアイメージである。日本語の「うえる(うう)」はスウ(据)と同根で、「植物の根を土に埋めて、しっかりと張るようにする」意味という(大野①)。漢語の植のⓒとのみ対応する。日本書紀では植を「たてる」と読ませる例があるが、これは漢語の植の影響であろう。

【字源】「直チョク(音・イメージ記号)+木(限定符号)」を合わせた字。「直」は「まっすぐ」というイメージがある(⇨直)。「植」は木をまっすぐ立てる様子を暗示させる。この意匠によって、門戸を閉じる時にまっすぐ立てる棒や柱を表象する。

【語義】[展開] 門を閉ざすために立てる木の棒や柱が本義ⓐ。また、木をまっすぐ立ててうえる意味ⓑ、まっすぐ立てる意味ⓒ、木を植えて殖やすように、民をある土地に移して繁殖させる意味ⓓに展開する。[英]straight pole of a gate; plant, hold up straight; establish; colonize [和訓] たてる [熟語] ⓑ植樹・植物・ⓓ植民・入植

【文献】ⓐ墨子・非儒「季孫與邑人争門關、決植＝季孫、邑人と門関を争ひ、植を決す(季孫は村の人と門の錠前を争って、柱を断ち切った)」ⓑ管子・八観「壌地肥饒則桑麻易植也＝壌地肥饒なれば、則ち桑麻植ゑ易きなり(土地が肥えていれば桑と麻は植えやすい)」ⓒ論語・微子「植其杖而芸＝其の杖を植たてて芸くさぎる(杖を立てて、雑草を取り始めた)」

【殖】 12(歹・8) 常 常用音訓 ショク ふえる・ふやす

【語音】*dhiək(上古) ʒɪək(中古→呉ジキ・漢ショク) zhí(中) 식(韓)

【語源】[コアイメージ] まっすぐ立てる。[実現される意味] 動植物や子孫が次々にふえるⓐ。[英]grow, multiply

【解説】古代漢語で木をうえることを*dhiəkといい、そこから、「生長する」「生長してどんどんふえる」という意味を派生する。表記としては前者に植、後者に殖が考案された。直が「まっすぐ立てる」というコアイメージを提供する。日本語の「ふえる(ふゆ)」は単に数量が増すことであるが、漢語の殖は親(もとのもの)から子が滋生して多くなることである。

【字源】「直チョク(音・イメージ記号)+歹(イメージ補助記号)」を合わせた字。「直」は「まっすぐ」「まっすぐ立てる」というイメージから、植(木をうえる)に展開する。「歹」は崩れた骨の形で、腐って肥料になるものというイメージを添える。「殖」は植えたものが成長してどんどんふえる様子を暗示させる。植から分化した字。

【語義】[展開] 子孫がふえる意味ⓐから、新しいものが発生してどんどんふえる意味ⓑ、木を植えて殖やすように、民をある地域に移して繁殖させる意味ⓒに展開する。[英]grow, multiply, reproduce; prosper, flourish; colonize [熟語] ⓐ生殖・繁殖・ⓑ殖財・殖産・ⓒ殖民・拓殖

【文献】ⓐ国語・晋「同姓不婚、惡不殖也＝同姓不婚は、殖えざるを悪にくむなり(同姓不婚は子孫がふえないことを嫌うのだ)」ⓑ論語・先進「賜不受命而貨殖焉＝賜、命を受けずして貨殖す(賜[子貢]は官命を受けないで、財産を殖やしている)」

【触】 13(角・6) 常 常用音訓 ショク ふれる・さわる

【語音】*t'iuk(上古) tʃ'iok(中古→呉ソク・漢ショク) chù(中) 촉(韓)

【語源】[コアイメージ] 一所にくっつく。[実現される意味] 一点にくっつく(ふれる)ⓐ。[英]touch

【解説】古典に「触は抵(当たる)なり」「触は著なり」「触は突なり」の訓がある。触のコアをなすのは「一点にくっつく」というイメージである。これを図形化したのが蜀で、ある種の虫の習性を捉えて発想された。日本語の「ふれる(ふる)」は「たやすくは接触しないものに瞬間的にちょっと接触し、反応を感じる意」、「さわる(さはる)」は「行く手をさえぎるものにひっかかる意」(大野①)という。二つは別語であるが、「さわる」は「ふれる」と同じような意味に転義するので、その場合は「触

る」と表記し、ひっかかる意味には「障る」と表記して区別する。しかし漢語の触には接触のほかに、抵触・触犯(法にひっかかる、さわる)の意味もある。「罪に触る」などの訓読がなされたため、「ふれる」も「さわる」と同じ意味が生じた。漢語の触を軸にして、「ふれる」と「さわる」が同化したと言えそうである。英語のtouchはラテン語のtoccare(=knock)に由来するといい、触れる意味のほかに軽く打つ意味がある(小島①)。漢語の触はふれる意味からぶつかる(打ち当たる)意味に転義する。

〔グループ〕触・属・嘱・濁・独・燭・蠋(イモムシ)・躅(一所にじっと立ち止まる[躑躅])

字源 「觸」が正字。「蜀(音・イメージ記号)+角(限定符号)」を合わせた字。「蜀」は目玉の大きな虫を描いた図形で、蠋(イモムシ、アオムシ)の原字。イモムシは蝶や蛾の幼虫で、ある種の木の葉にとりついて、食べ終わるまで離れないので、「蜀」は「一所にくっついて離れない」というイメージを示す記号となる。「觸」は獣が角を一点につけてふれる様子を暗示させる。蜀を蠋の原字とするのは説文解字以来の通説。白川静は「牡の獣の形」とする(白川①)。

(甲)　(金)　(篆)　[蜀]　(篆)

〔字体〕「触」は近世中国で発生した「觸」の俗字。

語義 [展開] 一点にくっつく(ふれる)意味ⓐから、一点を突いてぶつかる意味ⓑ、無理に突いて犯す(おきてを犯す)意味ⓒに展開する。広く知らせる(布告する、ふれる、ふれ)の意味ⓓは日本的用法。[英]touch; knock, strike; violate, contravene; proclaim [熟語] ⓐ触角・接触・ⓒ触法・抵触

文献 ⓐ易経・大壮「羝羊觸藩=羝羊、藩に触る(雄のヒツジ[の角]がまがきに接触する)」ⓑ韓非子・五蠹「兎走觸株、折頸而死=兎走りて株に触れ、頸を折りて死す(兎が走ってきて株にぶつかり、頸を折って死んでしまった)」ⓒ荀子・正論「人固莫觸罪、非獨不用肉刑、亦不用象刑矣=人固に罪に触るる莫くんば、独り肉刑を用ゐざるのみに非ず、亦た象刑を用ゐず(人が本当に罪を犯さなければ、体刑を用いないだけでなく、体刑に代わる刑も用いない)」

【飾】 13(食・5) 常

常用音訓 ショク かざる

語音 *thiak(上古) ʃiək(中古→呉シキ・漢ショク) shì(中) 식(韓)

語源 [コアイメージ] 手を加える。[実現される意味] うわべをきれいに見せる(かざる)ⓐ。[英]decorate

〔解説〕釈名・釈言語に「飾は拭なり。物穢るる者は、其の上を拭ひて明らかならしむ」とある。*thiakという語は拭(ぬぐってきれいにする)や式・食と同源で、「人工を加える」というコアイメージをもつ。人工を加えることから、いつわり、ごまかしのイメージも生まれる。これは為(人工を加える)から偽(いつわり)が派生するのとよく似たイメージ転化現象である。

字源 「食(音・イメージ記号)+人(イメージ補助記号)+巾(限定符号)」を合わせた字。「食」は「手を加える」というイメージがある(⇨食)。「飾」は布地に手を加えてきれいにする様子を暗示させる。藤堂明保は食を単なる音符としたが(藤堂②)、筆者は音・イメージ記号と見る。

語義 [展開] かざる意味ⓐ、かざりものの意味ⓑ、うわべだけをよく見せる(ごまかして取りつくろう)意味ⓒに展開する。[英]decorate; ornaments; impersonate [熟語] ⓐ修飾・装飾・ⓑ服飾・宝飾・ⓒ虚飾・粉飾

文献 ⓐ論語・郷党「君子不以紺緅飾=君子は紺緅を以て飾らず(君子は[衣服を]紺や赤みがかった色の布で飾らない)」ⓑ詩経・羔裘「羔裘豹飾=羔裘に豹の飾り(黒い羊の皮衣には豹の飾り物)」ⓒ荘子・盗跖「強足以距敵、辯足以飾非=強は以て敵を距ぐに足り、弁は以て非を飾るに足

る(「大泥棒の盗跖は」強さは敵を防ぐに十分で、弁舌は過失をごまかすのに十分である)」

【嘱】15(口・12)　常　｜　常用音訓 ショク

語音 *tiuk(上古)　tʃiok(中古→呉ソク・漢ショク)　zhǔ(中)　촉(韓)

語源 [コアイメージ] くっつける。[実現される意味] 頼み事をするⓐ。[英]implore, entrust

字源 「囑」が正字。「屬(ショク)(音・イメージ記号)+口(限定符号)」を合わせた字。「屬」は「くっつける」「くっつけて離さない」というイメージがある(⇨属)。「囑」は相手に口を寄せて何かを頼む様子を暗示させる。屬にも相手に期待をくっつけて離さない、頼み事を押しつけるという意味があるので、囑は屬から分化した字である。

〔字体〕「嘱」は近世中国で発生した「囑」の俗字。

語義 [展開] 頼み事を相手の方へ押しつける(物を頼む)意味ⓐ。また、目をかける意味ⓑを派生する。ⓑは矚と通用。[英]implore, entrust; focus eyes on [熟語] ⓐ嘱託・委嘱・ⓑ嘱望・嘱目

文献 ⓐ後漢書・卓茂伝「有事囑之=事有りて之を囑す(何かの用事で頼み事をする)」

【燭】17(火・13)　人　｜　音 ショク・ソク　訓 ともしび

語音 *tiuk(上古)　tʃiok(中古→呉ソク・漢ショク)　zhú(中)　촉(韓)

語源 [コアイメージ] 一所にくっつく。[実現される意味] 照明用の火(灯火、ともしび)ⓐ。[英]lamp, torch

字源 「蜀(ショク)(音・イメージ記号)+火(限定符号)」を合わせた字。「蜀」は「一所にくっつく」というイメージがあり、「じっと一所に止まる」というイメージに展開する(⇨触)。「燭」は一所にじっと立って燃える火を暗示させる。

語義 [展開] ともしびの意味ⓐ、ろうそくの意味ⓑ、照らす意味ⓒ、明らかにする意味ⓓに展開する。[英]lamp, torch; candle; illuminate; clear up [熟語] ⓐ燭光・華燭・玉燭・ⓑ紙燭・蠟燭・ⓒ明燭

文献 ⓐ儀礼・燕礼「宵則庶子執燭於阼階上=宵には則ち庶子燭を阼階(ソカ)の上に執る(夜になると庶子が阼階[表座敷に上がる東側の階段]の上で灯火を持つ)」ⓒ楚辞・招魂「蘭膏明燭=蘭膏明燭す(沢蘭[サワヒヨドリ]から採った油は明るく照らす)」ⓓ韓非子・孤憤「智術之士、必遠見而明察、不明察、不能燭私=智術の士、必ず遠見して明察す。明察せざれば、私を燭(て)らす能はず(法術を知る士は必ず遠くを見、洞察力がある。洞察力がなければ、隠し事をあばくことはできない)」

【織】18(糸・12)　常　｜　常用音訓 ショク・シキ　おる

語音 (1)*tiak(上古)　tʃiak(中古→呉シキ・漢ショク)　zhī(中)　직(韓)　(2)*tiag(上古)　tʃiei(中古→呉・漢シ)　zhì(中)　치(韓)

語源 [コアイメージ] 見分ける。[実現される意味] 布をおるⓐ。[英]weave

〔解説〕王念孫は「幟・織・識・志は並びに通ず」という(広雅疏証)。これは2に関して述べたものだが、1にも当てはまる。布をおるという行為は識・幟・職のコアをなす戠から派生した語である。これは「見分ける」というイメージ。何を見分けるのか。縦糸と横糸を見分けて組み合わせる行為が織である。日本語の「おる」は「糸を機にかけて、縦糸・横糸を組み合わせて布状の物を作る」意味という(大野②)。漢語の織もこれと同じ。

字源 「戠(ショク)(音・イメージ記号)+糸(限定符号)」を合わせた字。「戠」は「見分けるための目印」「目印で区別する」というイメージがあり、これは「区別して見分ける」というイメージに展開する(⇨識)。「織」は縦糸と横糸を見分けて、糸を組み合わせる様子を暗示させる。この意匠に

よって、布をおることを表象する。

語義 [展開] 布をおる、また、おる作業(機織り)の意味ⓐ。比喩的に、組み合わせる意味ⓑに展開する(以上は1の場合)。また、「見分ける」というコアイメージから、旗につけて所属などを見分ける目印の意味ⓒを派生する(2の場合)。ⓒは幟と通用。[英]weave; combine, organize; banner [熟語] ⓐ織布・紡織・ⓑ組織

文献 ⓐ孟子・滕文公上「織席以爲食＝席を織りて以て食と為す(むしろを織って生計を立てる)」ⓒ詩経・六月「織文鳥章、白旆央央＝織文鳥章、白旆央央たり(旗印には鳥の文様、白い吹き流しも鮮やかに)」

【職】

18(耳・12) 常 常用音訓 ショク

語音 *tiak(上古) tʃiak(中古→呉シキ・漢ショク) zhí(中) 직(韓)

語源 [コアイメージ] 見分ける。[実現される意味] 人が本分として携わる仕事ⓐ。[英]duties of office, office

字源 「戠」(音・イメージ記号)＋耳(限定符号)」を合わせた字。「戠」は「目印で区別する」というイメージがあり、「見分けて違いを区別する」というイメージに展開する(⇩識)。「職」は自分(ある人)の能力に合った仕事を聞き分けて、それを専らつかさどる(担当させる)様子を暗示させる。この意匠によって、その人の本分としてつかさどる仕事を表象する。

語義 [展開] その人の本分として専ら担当する仕事の意味ⓐから、生活のための仕事の意味ⓑ、責任を負って仕事をつかさどる意味ⓒ、その事柄を主として、それを中心として(専ら)の意味ⓓに展開する。[英]duties of office, office, career; job, work, occupation; manage; only [和訓] つかさどる [熟語] ⓐ職業・職務・ⓑ就職・定職

文献 ⓐ孟子・公孫丑上「能者在職＝能ある者、職に在り(能力のある者がその仕事に就いている)」ⓑ周礼・天官・大宰「九曰閒民、無常職、轉移執事＝九に曰く、閒民。常職無く、転移して事を執る(九番目は間民[本業＝農業に従事しない民]。定職がなく、あちこちに移動して仕事をする)」ⓒ孟子・梁恵王下「述職者述所職也＝述職とは職とする所を述ぶるなり(述職とは専ら担当していることを報告することだ)」ⓓ詩経・蟋蟀「職思其居＝職として其の居を思ふ(専ら家のことばかりを思う)」

じょく……

【辱】

10(辰・3) 常 常用音訓 ジョク はずかしめる

語音 *niuk(上古) niok(中古→呉ノク・ニク・漢ジョク) rǔ(中) 욕(韓)

語源 [コアイメージ] 柔らかい。[実現される意味] 堅い心がくじけてがっくりする気持ちになる(はじる)ⓐ。[英]be ashamed

解説 釈名・釈言語に「辱は衄なり。折衄する(くじいて柔らかくする)を言ふなり」とある。衄は鼻血のことで、「ねばねばして柔らかい」というイメージがある。丑は「柔らかい」というコアイメージを提供する記号である。「はじる」という心理現象を「柔らかい」というイメージから転化させる例は多い。羞恥の羞も丑を含む。忸怩(はじるさま)の忸も同じ。また、恥は「柔らかい」というイメージをもつ耳から成る。また忸怩は恧怩とも書き、而は「柔らかい」というイメージをもつ。忸怩の怩は泥(ねばねばして柔らかいどろ)と同源である。このように辱は羞・恥・忸・怩の系列につながる語であり、「柔らかい」というイメージから「はじる」「はずかしめる」に転化して形成された。その図形化は農耕の場面から発想された。農耕とは固い土を柔らかくする行為である。これを比喩として、固く強い心をくじいてめろめろに柔らかくし、へこませていじけさせるという心理が成立する。これが屈辱の辱(はじる、はずかしい、はずかしめる)である。ただし日本語の「はじる」「はずかしめる」はこれと異なる。大野晋によると、「はぢる」「はづかし」とは「自分の能力・状態・行為などが、相手や世間一般並みに及ばないという劣

等意識を持つ意」だという(大野①)。はずかしい思いをさせるのが「はづかしめる」である。

〔グループ〕辱・溽(じっとりと蒸し暑い[溽暑])・縟(柔らかくこってりした模様→込み入って煩わしい[縟礼])・褥(柔らかい敷物、しとね[褥瘡・産褥])・蓐(敷き寝、しとね[蓐瘡])・耨(土をすき返す、くさぎる[耨耕])

字源 「辰(イメージ記号)+寸(限定符号)」を合わせた字。「辰」は大きな貝を描いた図形で、古代では農具に用いられた(⇩辰)。農にも「辰」が含まれており、農という語には「柔らかい」というイメージがある。かくて「辱」は農具を手にして固い土を柔らかくする情景を設定した図形で、耨(鋤で土を柔らかくする)の原字といえる。これによって「柔らかい」というイメージを表すことができ、精神現象の比喩とされる。

(篆)

語義 [展開]「柔らかい」「(堅いものを)柔らかくする」というコアイメージから、堅い心がくじけてがっくりする気持ちになる(はじる)意味ⓐが実現される。ここから、相手の堅い心をくじいてがっくり参らせる(体面をくじいて汚す、はずかしめる)意味ⓑに展開する。また、相手のために体面を汚してまでやってくれる(かたじけない)意味ⓒを派生する。日本語の「かたじけない(かたじけなし)」は容貌が醜い→恐れ多い→ありがたい意味に転じたもの。[英]be ashamed; shame, disgrace; be indebted to [和訓]はじ・はじる・かたじけない [熟語]ⓐ恥辱・ⓑ屈辱・凌辱・ⓒ辱知・辱友

文献 ⓐ詩経・牆有茨「中冓之言、不可讀也、所可讀也、言之辱也=中冓の言は、読むべからず、読むべき所なれども、言の辱かしきなり(夫婦の睦言は、言い触らしてはいけない。言い触らしていけないことはないが、他人が聞くとはずかしい)」ⓑ論語・微子「不降其志、不辱其身、伯夷叔齊與=其の志を降さず、其の身を辱かしめざるは、伯夷・叔斉か(自分の志を落とさず、体面を汚さなかったものは、伯夷・叔斉兄弟であろうか)」ⓒ春秋左氏伝・昭公3「君有辱命、惠莫大焉=君、命を辱くする有り、恵、焉より大なるは莫し(ありがたくも君命をいただいた。これ以上の恩恵はない)」

しり

【尻】→こう

しん

【心】4(心・0) 常 常用音訓 シン こころ

語音 *siəm(上古) siəm(中古→呉・漢シム〈=シン〉) xīn(中) 심(韓)

語源 [コアイメージ]じわじわとしみる。[実現される意味]心臓ⓐ。[英]heart

〔解説〕古代中国では動物の臓器を祭祀儀礼に用いたことなどから、動物の解体や解剖が行われ、ある程度内臓の情報を得ていた。ただし臓器の象形文字は心と胃(上の部分)だけである。心臓のことを古代漢語で*siəmという。この語は心臓が血液を体のすみずみまで送る機能に由来し、浸(じわじわとしみる)・滲(じわじわとにじむ)・沁(しみる)と同源で、「じわじわとしみる」というコアイメージをもつ。釈名・釈形体では「心は纖なり。識る所纖微にして、物として貫かざるは無きなり」とあるが、思考の機能から発想された語源説である。日本語の「こころ」も心臓が第一義で、心臓の働き→精神へ転義する。古代ギリシアでは精神・思考の座を脳とする考え(大脳中枢説)と心臓とする考え(心臓中枢説)があったが、後者が近代まで優勢となる。英語のheartが精神と結びつくのはそのためである。またheartと漢語の心の意味展開は完全に一致す

る。

〔グループ〕心・芯・沁シ(じわじわとしみる)

字源 心臓を描いた図形。

(甲) 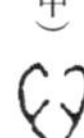 (金) (篆)

語義 [展開] 心臓が原義ⓐ。精神・思考の座が心臓にあるというのが古代の通念であった。したがって、精神現象の器官としてのこころ(精神、思い)の意味ⓑに展開する。また、胸の意味ⓒ、真ん中(中心、かなめ)の意味ⓓを派生する。[英]heart(ⓐ~ⓓ); mind, spirit, soul; bosom, chest; center [熟語] ⓐ心臓・心搏・ⓑ心情・心痛・ⓒ心底・内心・ⓓ中心・都心

文献 ⓐ孟子・告子上「心之官則思＝心の官は則ち思ふ(心臓の器官の働きは思うことである)」ⓑ詩経・凱風「有子七人、莫慰母心＝子七人有り、母の心を慰むる莫なし(七人の子があれど、母の心を慰めず)」ⓒ詩経・兎罝「赳赳武夫、公侯腹心＝赳赳たる武夫は、公侯の腹心(しなやかで強いもののふは、殿様の腹と胸[親密なもの])」ⓓ詩経・凱風「凱風自南、吹彼棘心＝凱風南自より、彼の棘心キョクシンを吹く(やさしい風は南から、サネブトナツメの心[幹]に吹きつける)」

【申】 5(田・0) 常 常用音訓 シン もうす

語音 *thien(上古) ʃiěn(中古→呉・漢シン) shēn(中) 신(韓)

語源 [コアイメージ] 長くのびる。[実現される意味] 十二支の第九位ⓐ。[英]the ninth earthly branch

〔解説〕古代中国の序数詞の一種に十干のほかに、十二支がある。子・丑・寅…と進んでいくと、午が折り返し点となる。折り返した後に来る最初の順位が未、次が申である。この語は伸・引・演などと同源で、「長くのびる」というコアイメージをもつ。未は植物の枝がまだ伸び切らない状態を象徴として、十二支の八番目とし、十分に伸びた状態である申を九番目に位置づけた。「長くのびる」というイメージは稲妻から発想されて図形が成立した。和訓の「もうす(まをす・まうす)」は意味のⓒⓓに絡む訓であるが、これは「神・仏・天皇・父母などに内情・実情・自分の名などを打ち明け、自分の思うところを願い頼む意」(大野①)といわれ、漢語の申とはやや開きがある。

〔グループ〕申・伸・神・紳・電・呻シン(声を長くのばしてうなる、うめく[呻吟])

字源 甲骨文字と金文は稲光を描いた図形。この意匠によって、「長くのばす」というイメージを表象する。申を電(いなずま)と結びつける説はすでに説文解字にあり、多くの文字学者がこれに従っている。しかし篆文では「臼(両手)＋丨(縦棒)」を合わせた字体に変わった。これは棒をまっすぐのばす様子を示す図形で、同じく「長くのばす」というイメージを表すことができる。

(甲) (金) (籀) (篆)

語義 [展開] 十二支の第九位(さる)の意味ⓐ。時刻では午後三～五時。方角では西南西。また、「長くのばす」というコアイメージがそのまま実現され、長く伸びる・伸ばす意味ⓑ、伸び伸びするさまの意味ⓒ。また、「一つまた一つと重なるようにして伸びていく」というイメージにも展開し、言葉を次々に重ねて展開させる(のべる)意味ⓓ、上位者に意見や理由などを述べる(もうしあげる)意味ⓔを派生する。また「次々に重ねる」というイメージがあり、重ねる意味ⓕにも使われた。[英]the ninth earthly branch; stretch, extend; relaxing; state, explain; inform; repeat [和訓] さる・のべる・かさねる [熟語] ⓐ壬申ジンシン・ⓑ屈申(＝屈伸)・ⓓ申述・追申・ⓔ申告・答申

文献 ⓐ春秋・僖公16「夏四月丙申、鄫季姫卒＝夏四月丙申、鄫の季

姫卒す(四月ひのえさるの日、鄭の季姫が死んだ)」ⓑ戦国策・魏四「衣焦不申＝衣焦げて申びず(衣が焦げたように縮んで伸びない)」ⓒ論語・述而「子之燕居、申申如也＝子の燕居するや、申申如たり(先生がくつろぐ際は、伸びやかであった)」ⓓ史記・周本紀「申之作康誥＝之を申べて康誥を作る(それを展開させて述べ、康誥[書経の一篇]を作った)」ⓕ詩経・采菽「福祿申之＝福禄之を申ぬ(幸いはいよいよ重ね加わる)」

【伸】7(人・5)　常　｜常用音訓｜シン　のびる・のばす・のべる

語音 *thien(上古)　ʃiĕn(中古→呉・漢シン)　shēn(中)　신(韓)

語源 [コアイメージ] 長くのびる。[実現される意味] かがまったものがすっくと伸びるⓐ。[英]stretch

〔解説〕申と伸は全く同源であり、「長くのびる」がコアイメージである。日本語の「のびる(のぶ)」は空間的に広くなる(また、縦に長くなる)、時間的に長くなる意味(普通は前者を「伸びる」、後者を「延びる」と書いて区別する)。「伸びる」から「述べる」に転義するのも、漢語の申・伸と共通である。ただし「伸べる」の表記は述べることではなく、長くのばす(ひろげる)意味の使い方である。

字源 「申(音・イメージ記号)＋人(限定符号)」を合わせた字。「申」は「まっすぐに引きのばす」という意味がある(⇩申)。「伸」は人が背筋をまっすぐにのばす様子を暗示させる。この意匠によって、かがまったものや伏せたものがすっくとのびることを表象する。

語義 [展開] かがまったものがすっくと伸びる意味ⓐから、背伸びする(手足を伸ばす)意味ⓑに展開する。また、「長くのびる」というコアイメージから、言葉を引きのばして展開させる(のべる)意味ⓒを派生する。[英]stretch(ⓐⓑ); state　[和訓] のる・のす　[熟語] ⓐ伸展・屈伸・ⓑ欠伸・ⓒ再伸・追伸

文献 ⓐ荀子・仲尼「君子時屈則屈、伸則伸也＝君子は時に屈すれば則ち屈し、伸ぶれば則ち伸ぶるなり(君子とは時勢によって屈するときは屈し、伸びるときは伸びるものだ)」

【芯】7(艸・4)　常　｜常用音訓｜シン

語音 siəm(宋シム〈＝シン〉)　xīn(中)

語源 [コアイメージ] 中心。[実現される意味] 中心になるものⓐ。[英]core

字源 「心(音・イメージ記号)＋艸(限定符号)」を合わせた字。灯心草(藺草の別名)の中心にある髄を暗示させる。文献への登場は宋以後。

語義 物の中心になるもの(中心部、しん)の意味ⓐ。[熟語] ⓐ灯芯

【臣】7(臣・0)　常　｜常用音訓｜シン・ジン

語音 *ghien(上古)　ʒiĕn(中古→呉ジン・漢シン)　chén(中)　신(韓)

語源 [コアイメージ] 堅く緊張する。[実現される意味] 家来ⓐ。[英]servant

〔解説〕図形から意味を引き出して、目の意味とか、奴隷の意味とするのが通説であるが、語の構造を初めて解明したのは藤堂明保である。*ghienという語は堅・緊などと同源で、「固く締まる」という基本義があり、「体を緊張させ、固く引き締めること」から「主君の前でかしこまる人間」という意味になったと説く(藤堂①)。下記のグループは「固く締まる」「堅く緊張する」というコアイメージを共有する。

〔グループ〕臣・臤(堅・緊・賢・腎のコアになる記号)・嚚(かたくなで愚か)

字源 大きく見張った目玉を横向きのアングルで描いた図形。家来が殿様の前で伏し目がちにかしこまる場面を設定し、その目玉に焦点を当てたもの。この意匠によって、家来を表象する。

(甲) 　(金) 　(篆)

〔字体〕臣はもと匚を2画として6画に書く字であるが、日本ではーから入って7画の字とする。現代中国では6画。臣に従う他の常用漢字もこれに倣う。

語義 [展開] 家来の意味ⓐから、家来としての本分を尽くす意味ⓑを派生する。[英]servant, subject, retainer, vassal; serve a ruler as his subject [和訓] おみ [熟語] ⓐ臣下・家臣

文献 ⓐ詩経・北山「率土之濱、莫非王臣＝率土の浜、王臣に非ざるは莫し（陸地の果てのどこまでも、王の家来でないものはない）」ⓑ論語・顔淵「臣不臣＝臣、臣たらず（家来が家来の本分を務めない）」

【身】 7(身・0) 常 常用音訓 シン み

語音 *thien(上古) ʃiĕn(中古→呉・漢シン) shēn(中) 신(韓)

語源 [コアイメージ] 中身が詰まる。[実現される意味] 生身の体ⓐ。[英]body

〔解説〕*thienという語は真・実・質などと同源で、「いっぱい詰まる」というコアイメージをもつ(藤堂①)。生きた体は肉・骨・内臓などが詰まっているから*thienという。日本語の「み」も「生命のこもった肉体」であり、「生命のこもらない形骸としての身体」である「からだ」と対する(大野①)。漢語の體(＝体)は骨格で整然と組み立てられた体で、身とは異なる。漢語ではほかに軀(細かく区切られたものとしての体、特にボディー)がある。英語ではこれらはすべてbodyである。

字源 おなかの膨れた女性を描いた図形。この意匠によって、「中身が詰まる」というイメージを表すことができ、生身の体を表象する。

(金) (篆)

語義 [展開] 生身の体の意味ⓐから、社会的存在としての身体(地位、身分、一生涯)の意味ⓑ、我が身(自分自身、自分)の意味ⓒ、みずから(自分で)の意味ⓓに展開する。また、「中身が詰まる」というイメージから、なかみ(物の本体)の意味ⓔ、胎児をはらむ意味ⓕを派生する。[英]body; life, status; oneself; personally; main part of a structure; pregnant [和訓] みずから [熟語] ⓐ人身・裸身・ⓑ身上・立身・ⓒ自身・ⓔ銃身・刀身

文献 ⓐ詩経・何人斯「我聞其聲、不見其身＝我其の声を聞けども、其の身を見ず(その人の声は聞こえるけど、身は見えぬ)」ⓑ論語・衛霊公「有殺身以成仁＝身を殺して以て仁を成す有り([志士・仁人は]生命をなくしても仁を全うしようとするものだ)」ⓒ論語・学而「吾日三省吾身＝吾日に三たび吾が身を省みる(私は一日に三回自分自身を反省する)」ⓓ孟子・滕文公下「彼身織屨＝彼身づから屨を織る(彼は自分で靴を織っている)」ⓕ詩経・大明「大任有身＝大任、身有り(大任[人名]はみごもった)」

【辛】 7(辛・0) 常 常用音訓 シン からい

語音 *sien(上古) siĕn(中古→呉・漢シン) xīn(中) 신(韓)

語源 [コアイメージ] 刺激を与える。[実現される意味] 十干の第八位ⓐ。[英]the eighth heavenly stem

〔解説〕下記のグループから抽出される辛のコアイメージは「刺激を与える」である。辛はすでに殷代の記時法で十干の一つを表した。十干の命名は植物の生長過程を象徴化したものと考えられる。漢代の人たちは「辛は新なり」という語源意識をもち、秋に植物が初めて成熟し、味が辛くなるからと理由を説く。辛―金―秋と結びつけるのは五行説の成立以後であるから、これで殷代の語源を説明するのは適当ではない。しかし十干が己(頭をもたげて立ち上がる)→庚(筋張って堅強になる)の後に辛を位置づけたのは、枝や刺が出て肌を刺激するほど植物が生長する段階を象徴したものであろう。辛の後には壬(果実が成熟して膨らむ)が来る。「刺激を与える」というコアイメージから刺激を感じる痛覚や味覚の意味が

生まれる。訓の「からい(からし)」は「舌を刺すような鋭い味覚。転じて感覚的に、骨身にしみるような状態」の意味という(大野①)。漢語の辛とほぼ同じ。英語のbitterはbite(かじる)が語源で、舌を刺すように苦い→つらいの意になったという(小島①)。漢語の辛と転義の仕方が似ている。

〔グループ〕 辛・新・薪・親・梓

字源 ナイフの類の刃物を描いた図形。この意匠によって、「刺激を与える」また「断ち切る」というイメージを表すことができる。

(甲) (金) (篆)

語義 [展開] 十干の第八位の意味ⓐ。また、順位の八番目の意味ⓑ。「刺激を与える」というコアイメージから、身や心を刺激するような感じ(痛い)の意味ⓒ、また、舌をひりひりさせる味(五味の一つ)、からい意味ⓓ、心理的につらい(苦しい)意味ⓔに展開する。からくも(かろうじて)の意味は日本的用法ⓕ。[英]the eighth heavenly stem; eighth ; painful; hot, pungent, bitter(ⓓⓔ); hard; barely [和訓] つらい・かのと [熟語] ⓐ辛亥(シンガイ)・ⓒ辛楚・ⓓ辛辣・辛味・ⓔ辛苦・辛酸・ⓕ辛勝

文献 ⓐ詩経・十月之交「十月之交、朔月辛卯=十月の交、朔月辛卯(シンボウ)(十月の変わり目、ついたちのかのとう)」ⓒ詩経・小毖「自求辛螫=自ら辛螫(シンセキ)を求む(自らハチの痛い一刺しを招いた)」ⓓ周礼・天官・食医「凡和、春多酸、夏多苦、秋多辛、冬多鹹=凡そ和は、春に酸多く、夏に苦多く、秋に辛多く、冬に鹹多し(一般に調味では、春には酸味を多目に、夏には苦味を多目に、秋には辛味を多目に、冬には鹹[塩辛さ]を多目にする)」ⓔ史記・呉太伯世家「句踐爲人能辛苦=句踐(コウセン)人と為(な)り能く辛苦す(越王句践の性格は苦しさによく耐える)」

【辰】7(辰・0) 人 ㊥シン ㊙たつ・とき

語音 *dhien(上古) ʒiěn(中古→㊁ジン・㊂シン) chén(中) 진(韓)

語源 [コアイメージ] ふるえ動く。[実現される意味] 十二支の第五位ⓐ。[英]the fifth earthly branch

〔解説〕 十二支の命名は植物の生長を象徴に使って成立した。「辰は震(物がふるえ動く)なり」というのが漢代の共通の語源意識である。また釈名・釈天では「辰は伸なり。物皆伸舒(伸びる)して出づるなり」とある。植物が盛んに生長する段階を象徴する辰を、植物が芽を開く段階である卯の後、種子ができ始める段階である巳の前に配置した。辰の図形化はある種の生物から発想された。ただし竜とは関係がない。十二支を動物と関係づけたのは後漢の頃である。辰が竜に配当されたため、日本では辰を「たつ」と読む。

〔グループ〕 辰・振・娠・唇・震・晨・賑・蜃(シン)(貝の一種[蜃気楼])・鷐(シン)(翼を迅速に揺れ動かして獲物に襲いかかる鳥、コノリ、別名晨風)

字源 舌を出している大きな二枚貝を描いた図形。蜃(シャゴウ)の原字。これはシャコガイ科の貝で、殻を開くと、大きな舌を出してふるえているように見えるので、「弾力性があってぶるぶるふるえ動く」というイメージを表すことができる。このイメージは「生気が盛んである」というイメージに展開する。字源については諸説紛々であるが、郭沫若が貝で製した農具の形と解してから、蜃蛤の形(楊樹達)、蜃の原字(藤堂明保)と変わってきた。後者が妥当であり、前記のグループに共通のコアイメージを説明できる。

(甲) (金) (篆)

語義 [展開] 十二支の五番目(たつ)の意味ⓐ。方位では東南東。時刻では午前七時~九時。また、十二支の始め(子)から終わり(亥)までをひっくるめて辰といい、時の意味ⓑ。また、時とともに動く天体、星の意味ⓒ。また、「ふるえ動く」というコアイメージから、生気が盛んなさ

ま、元気はつらつとしたさまの意味ⓓを派生する。[英]the fifth earthly branch; time; celestial body; vigorous 【熟語】ⓐ戊辰・壬辰・ⓑ佳辰・生辰・ⓒ星辰・北辰

文献 ⓐ春秋・隠公3「八月庚辰、宋公和卒＝八月庚辰、宋公和卒す(八月かのとたつの日、宋公和が死んだ)」ⓑ詩経・小弁「天之生我、我辰安在＝天の我を生みたる、我が辰安にか在る(天は私を生んでくれたが、私の時はいったいどこにある)」ⓓ詩経・車舝「辰彼碩女＝辰たる彼の碩女(あのふくよかな娘は元気はつらつ)」

【信】 9(人・7) 常 ―― 常用音訓 シン

語音 *sien(上古) siĕn(中古→呉・漢シン) xìn(中) 신(韓)

語源 [コアイメージ] スムーズに進む(通る・伝わる)。[実現される意味] 内容が確かではっきりしている(うそ・偽りがない、まこと)ⓐ。[英]truthful

【解説】唐の孔穎達は「人言を信と為す。言、虚妄ならざるを謂ふなり」(春秋左氏伝正義)と述べているが、これは図形から意味を引き出すもの。図形的解釈と語の意味は必ずしも同じではない。*sienという語は迅・進・伸と同源で、「まっすぐ進んでいく」「スムーズに通っていく」「すいすいと伸びていく」というイメージがある。うそや偽りがなく、相手とスムーズにコミュニケーションが取れるというのが、この語のイメージである。藤堂明保は信・迅・進・晋を同源としている(藤堂②)。信は心理的には「まこと」、また、まことと思う(信じる)意味である。後者に対応する英語のbelieveはloveと同根という(下宮①)。

字源 「言(イメージ記号)＋人(限定符号)」を合わせた字。「言」は「はっきり区切りをつける」というイメージがあり、これは「はっきりけじめがついている」というイメージに展開する(⇩言)。「信」は人の言動がはっきりけじめがついて明らかである様子を暗示させる。図形にコアイメージは反映されていない。

〔篆〕

語義 [展開] うそ・偽りがない意味ⓐから、まことに(本当に、確かに)の意味ⓑ、確かだと受け取って疑わない意味ⓒに展開する。また、「スムーズに通っていく」というイメージから、すいすいと伝わる便りの意味ⓓ、約束のしるし(合図、シグナル)の意味ⓔを派生する。また、「→の形にすいすいと伸びていく」というイメージは「→の形に(まっすぐに)進む」というイメージに展開し、まっすぐ伸びる(すいすいと伸びていく)意味ⓕ、かってに伸び出るままにする(まかせる)意味ⓖ、時間をのばす(日延べする)意味ⓗを派生する。[英]truthful, true; indeed; believe, belief, faith, trust, confidence; message, news, mail; sign, signal; straighten, extend; let, at will; rest two nights in one place 【和訓】まこと・まかせる 【熟語】ⓐ信義・不信・ⓑ信賞必罰・ⓒ信用・信頼・ⓓ通信・返信・ⓔ信号・ⓗ信宿

文献 ⓐ詩経・大車「謂予不信、有如皦日＝予信ならずと謂はば、皦日の如きもの有り(私がでたらめだとおっしゃるの、お天道様に誓ってうそじゃない)」ⓑ詩経・崧高「申伯信邁＝申伯信に邁けり(申の殿様は本当に行った)」ⓒ詩経・揚之水「無信人之言、人實不信＝人の言を信ずる無かれ、人は実に信ならず(人の言葉を信じてはだめ、人はほんとに不実だから)」ⓔ老子・二十一章「其中有信＝其の中に信有り(その[宇宙の始まりの混沌の]中に確かなしるしがあった)」ⓕ易経・繫辞伝下「尺蠖之屈以求信也＝尺蠖の屈するは以て信びんことを求むるなり(シャクトリムシがかがまるのは、次に伸びようとしたいからだ)」ⓖ荀子・哀公「明主任計不信怒＝明主は計を任じ怒りに信せず(賢君は計画通りにし、怒りにまかせない)」ⓗ詩経・九罭「於女信宿＝女[＝汝]に於いて信宿せん(あなたの所でもう一泊したい)」

【侵】9(人・7)　常　常用音訓　シン　おかす

語音 *ts'iəm(上古)　ts'iəm(中古→呉・漢シム〈=シン〉)　qīn(中)　침(韓)

語源 [コアイメージ] じわじわと入り込む。[実現される意味] 他人の領分に段々と入っていく(おかす)ⓐ。[英]invade

〔解説〕*ts'iəmという語は簪シ(かんざし)・潜・蚕・滲・沁などと同源で、「細い所に入り込む」という基本義をもつ(藤堂①)。細い隙間に入る(割り込む、もぐる、しみこむ)と言い換えてもよいが、説文解字に「侵は漸く進むなり」とあるように、いきなり入り込むのではなく、「次第に、段々と」というイメージが含まれている。日本語の「おかす(をかす)」は「守るべき法制や、他の領分など、立ち入るべきでない部分に侵入し、これを害しそこなう意」という(大野①)。漢語の侵の「次第に、段々と」というようなイメージはないようである。

〔グループ〕侵・浸・寝・駸シ(馬がどんどん進む[駸駸])・祲シ(じわじわとしみ込む不吉な気)・薓シ(年がたつとともに、段々と根が地中に深く入り込み、人の形に似てくる草、チョウセンニンジン)

字源 「侵」が本字。「𠬶シ(音・イメージ記号)+人(限定符号)」を合わせた字。「𠬶」は「帚(ほうき。イメージ記号)+又(限定符号)」を合わせて、ほうきを手にして掃き進める情景を設定した図形。だんだんと掃いて終点まで進んでいくことから、「じわじわと深く入り進む」というイメージを示す記号になる。𠬶は単独字ではないが、侵とそのグループのために作られた特別な音・イメージ記号である。したがって「侵」は他人の領分にじわじわと深く入り込む様子を暗示させる。この意匠によって、他人の領分を次第におかすことを表象する。

(金)　(篆)

〔字体〕「侵」は旧字体。「侵」は書道で発生した字体。浸もこれに倣う。

語義 [展開] 他人の領分に段々と入っていく(おかす)意味ⓐから、じわじわと入り込む意味ⓑを派生する。[英]invade, encroach; penetrate gradually　[熟語] ⓐ侵入・侵犯・ⓑ侵食・侵蝕

文献 ⓐ詩経・皇矣「侵自阮疆＝阮の疆(さかい)自より侵す(阮[国名]の境界から侵入する)」ⓑ宋玉・風賦「侵淫谿谷＝谿谷に侵淫す(谷間に段々と入り込む)」(文選13)

【津】9(水・6)　常　常用音訓　シン　つ

語音 *tsien(上古)　tsiĕn(中古→呉・漢シン)　jīn(中)　진(韓)

語源 [コアイメージ] 進む。[実現される意味] 渡し場ⓐ。[英]ferry crossing

〔解説〕二つの語が同じ語形、同じ図形(もとは異なる)を共有する。釈名・釈形体に「津は進なり。汁、進み出づるなり」とあり、進と同源の語とした。体内から進み出る液という意味と、船を進めて川を渡る場所という意味がある。

字源 古文は「進シ(音・イメージ記号)+舟(イメージ補助記号)+水(限定符号)」を合わせた字。舟を進めて水を渡る様子を暗示させる。篆文は「𦘕シ(音・イメージ記号)+水(限定符号)」を合わせた字。「𦘕」は「聿(筆)+彡(しずくの形)」を合わせて、筆からしずくが滴り落ちる情景を設定した図形。「津」は水分が滴り出る様子を暗示させる。この意匠によって、汗や唾などの体液を表象する。

(金)　(古)　(篆)

語義 [展開] 渡し場(つ)の意味ⓐ。また、体液の意味ⓑ。ⓑから、水分でうるおす意味ⓒ、にじみ出る(興味がわく)意味ⓓを派生する。[英]ferry crossing; body fluid; ooze　[熟語] ⓐ津梁・渡津・ⓑ津液・ⓒ津潤

・ⓓ津津

文献 ⓐ論語・微子「使子路問津焉＝子路をして津を問はしむ（[孔子は]子路に渡し場を尋ねさせた）」ⓑ霊枢・決気「津脱者腠理開＝津脱する者は腠理開く（体液が体内から脱けると、肌の穴が開いてしまう）」

【神】9(示・5) 常 ｜ 常用音訓 シン・ジン かみ・かん・こう

〔神〕10(示・5) 人 ｜ 音 シン・ジン 訓 かみ

語音 *dien(上古) dʒiĕn(中古→呉ジン・漢シン) shén(中) 신(韓)

語源 [コアイメージ]（長く伸びる）いなずま。[実現される意味] かみⓐ。[英]spiritual being, god

〔解説〕説文解字では「神は天神なり。万物を引き出だす者なり」、「申は神なり」、「籀文の虹、申に従ふ。申は電なり」とあり、申―神―電を一連の字と見ている。甲骨文字と金文では申は稲妻の象形文字であり、稲妻を神格化したのが神の起源であるらしい（ただし申自体は十二支の一つに用いられた）。漢代では「神は申（伸びる）なり」「神は信（伸びる）なり」の語源意識があった。稲妻―雨―植物の生長という連想から、植物を伸ばし成長させる存在として神が捉えられた。この語源説では神は何ら恐ろしい存在ではなく、万物に恵みを与えるものである。詩経などでは天の神は天、あるいは帝（唯一神、至高神）と呼ばれ、神とは区別されている。日本語の「かみ」はカムが古形で、後にカミとなったため、上にいるものという語源説が生まれた（大野晋はこれを否定している）。英語のgodはキリスト教など一神教の神、deityは多神教の神で（小島①）、godと漢語の神は必ずしも同一ではない。godはむしろ天に当たる。

字源 「神」が正字。「申（音・イメージ記号）＋示（限定符号）」を合わせた字。「申」は稲光を描いた図形で、「長く伸びる」というイメージがある（⇩申）。稲光が長く伸び、万物を震わせる雷を、予測しがたい恐ろしいものと考え、自然界における霊的存在の象徴として、「神」が生まれた。

〔字体〕「神」は旧字体。「神」は古くから書道で行われた字体。

語義 [展開] 山川・風雨など自然界のさまざまなレベルにひそむ霊的な存在の意味ⓐから、祇（地の神）に対して、天のかみの意味ⓑ、先祖の霊の意味ⓒ、不思議な力（人知では測り知れないこと）の意味ⓓ、超人間的なこと（技や才能が優れていること）の意味ⓔ、身体に宿る気の一種（精気）の意味ⓕ、心的現象（こころ）の意味ⓖに展開する。[英]spiritual being, god, deity; god of the heaven; ancestor's spirit; mysterious; superhuman; a kind of Qi(vital energy); mind [熟語] ⓐ神仙・神霊・ⓑ神祇・ⓓ神異・神秘・ⓔ神技・神算・ⓖ失神・精神

文献 ⓐ詩経・抑「神之格思、不可度思＝神の格るは、度るべからず（神の到来は、測り知れない）」（思はリズム調節詞）ⓑ論語・述而「禱爾于上下神祇＝爾を上下神祇に禱る（お前を天の神、地の神に祈った）」ⓒ詩経・天保「神之弔矣、詒爾多福＝神の弔なる、爾に多福を詒れり（祖霊はあわれみ深く、あなたに多福を降された）」ⓓ詩経・大田「田祖有神、秉畀炎火＝田祖、神有り、秉りて炎火に畀ふ（田の神様は不思議な力をもっていて、[害虫を]捕まえて炎に投じてくれた）」ⓕ素問・宣明五気篇「心藏神＝心は神を蔵す（心臓は精気を貯蔵する）」ⓖ荀子・天論「形具而神生＝形具りて神生ず（肉体が備わって初めて精神が生まれる）」

【唇】10(口・7) 常 ｜ 常用音訓 シン くちびる

語音 *diuen(上古) dʒiuĕn(中古→呉ジュン・漢シュン・[慣]シン) chún(中) 순(韓)

語源 [コアイメージ] ふるえ動く。[実現される意味] くちびるⓐ。[英]lip

字源 「脣」が本字。「辰（音・イメージ記号）＋肉（限定符号）」を合わせ

た字。「辰」は「(弾力性があって)ぶるぶるふるえ動く」というイメージがある(⇩辰)。「脣」はしゃべるとき、ぺらぺらと弾力的に動く「くちびる」を表す。後に限定符号を変えて「唇」となった。

語義 くちびるの意味ⓐ。[熟語] ⓐ唇歯・朱唇

文献 ⓐ春秋左氏伝・僖公5「唇亡歯寒＝唇亡びて歯寒し(くちびるがなくなると、歯が寒くなる)」

【娠】10(女・7) 常 (常用音訓) シン

語音 *thiən(上古) ʃiĕn(中古→呉・漢シン) shēn(中) 신(韓)

語源 [コアイメージ] ふるえ動く。[実現される意味] はらむⓐ。[英] be pregnant

字源 「辰(音・イメージ記号)＋女(限定符号)」を合わせた字。「辰」は「ふるえ動く」というイメージがある(⇩辰)。「娠」は女がはらんで胎児がぴくぴく動く様子を暗示させる。説文解字に「娠は女妊みて身動くなり」とある。

語義 胎児を宿す(はらむ)意味ⓐ。[和訓] はらむ [熟語] ⓐ妊娠

文献 ⓐ春秋左氏伝・哀公1「后緡方娠＝后緡(コウビン)、方(まさ)に娠(はら)む(后緡[人名]はちょうどはらんでいた)」

【振】10(手・7) 常 (常用音訓) シン ふる・ふるう・ふれる

語音 *tiən(上古) tʃiĕn(中古→呉・漢シン) zhèn(中) 진(韓)

語源 [コアイメージ] ふるえ動く。[実現される意味] ぶるぶると揺すって動かす(揺れ動く)ⓐ。[英]shake

〔解説〕ぶるぶると揺すって動かすという行為が漢語の振であり、生気がにぎやかに振るい立つ、勢いが盛んという意味に展開する。日本語の「ふる」は「物が生命力を発揮して、生き生きと小きざみに動く意」から「単に物理的な震動を与える意」に転じたという(大野①)。漢語の振・震の転義とは逆のようである。

字源 「辰(音・イメージ記号)＋手(限定符号)」を合わせた字。「辰」は「(弾力性があって)ぶるぶるふるえ動く」というイメージがある(⇩辰)。「振」は手をふり動かす様子を暗示させる。

語義 [展開] 揺すって動かす意味ⓐから、活を入れて勢いづける(ふるい立たせる)意味ⓑ、生気が振るい立つように盛んなさまの意味ⓒ、困ったものを元気づける(施しをして助ける)意味ⓓ、震え恐れる(恐れさせる)意味ⓔに展開する。ⓓは賑、ⓔは震と通用。[英]shake; brace up; vital; succor; fear [熟語] ⓐ振動・振幅・ⓑ振興・不振・ⓒ振振・ⓓ振救・振恤・ⓔ振恐

文献 ⓐ詩経・七月「六月莎雞振羽＝六月莎雞羽を振るふ(六月にクツワムシは羽を振るう)」ⓑ詩経・采芑「伐鼓淵淵、振旅闐闐＝鼓を伐つこと淵淵たり、旅を振はすこと闐闐(テンテン)たり(太鼓をドンドンと叩き、兵士を振るい立たせる)」ⓒ詩経・麟之趾「麟之趾、振振公子、于嗟麟兮＝麟の趾(あし)、振振たる公子、于嗟(ああ)麟よ(聖なる麒麟の足よ、にぎにぎし公の御子ら、おお、麒麟のように)」ⓓ春秋左氏伝・昭公14「分貧振窮＝貧に分かち、窮を振(すく)ふ(貧しいものに分かち与え、困ったものを救い助ける)」

【晋】10(日・6) 人 音シン 訓すすむ

語音 *tsien(上古) tsiĕn(中古→呉・漢シン) jìn(中) 진(韓)

語源 [コアイメージ] 速く進む(進める)。[実現される意味] 前に進むⓐ。[英]advance

〔解説〕説文解字に「晋は進なり」とある。*tsienという語は進・迅・疾・臻(いたる)などと同源で、「速く進む」というコアイメージをもつ(藤堂①)。

〔グループ〕晋・搢(中の方へ進める→挿す[搢紳])・縉(帯に笏を挿し入れる[縉紳])・戩(刃物で切り進める→滅ぼす)

字源 「簮」が正字。甲骨文字・金文は「矢を並べた形＋曰(箱の形)」の組み合わせとなっている。箱に矢を挿して進め入れる情景を設定した図形。篆文では「臸(矢が地面に届く。イメージ記号)＋日(限定符号)」を合わせた字体に変わった。太陽が進み出る様子を暗示させる。この意匠によって、前に進むことを表象する。

(甲) (金) (篆)

〔字体〕「簮」は旧字体。「晋」は近世中国で発生した「簮」の俗字。

語義 [展開] 前に進む意味ⓐ。また、古代中国の国名ⓑ、王朝名ⓒに用いられる。[英]advance; name of a feudal state; Jin dynasty [熟語] ⓒ西晋・東晋

文献 ⓐ易経・晋「簮進也、明出地上也＝晋は進なり、明、地上に出づるなり(晋は進むという意味である。太陽の光が地上に出ることである)」ⓑ論語・憲問「簮文公譎而不正＝晋の文公は譎(いつわ)りて正しからず(晋の文公［春秋五覇の一人］はうそつきで正義がなかった)」

【浸】
10(水・7)　常　｜　常用音訓　シン　ひたす・ひたる

語音 *tsiəm(上古)　tsiəm(中古→(呉)・(漢)シム〈＝シン〉)　jìn(中)　침(韓)

語源 [コアイメージ] じわじわと入り込む。[実現される意味] 水が段々としみ込むⓐ。[英]soak

〔解説〕釈名・釈疾病に「浸は侵なり」とある。侵・沁・滲と同源で、「じわじわと(段々と)入り込む」というコアイメージをもつ。日本語の「ひたす」は「ひつ(ひづ)」と同根で、びっしょり濡れる意から、漬けて潤す意。

字源 「㝵(シン)(音・イメージ記号)＋水(限定符号)」を合わせた字。「㝵」は「じわじわと深く入り進む」というイメージがある(⇩侵)。「浸」は水がじわじわと物の内部に入り込む様子を暗示させる。この意匠によって、じわじわとしみることを表象する。

語義 [展開] 水が段々としみ込む意味ⓐから、水びたしにする(水につける、ひたす)意味ⓑ、段々と(ようやく)の意味ⓒに展開する。[英]ⓐⓑpenetrate; dip; gradually [和訓] つける・つかる・しみる [熟語] ⓐ浸透・浸入・ⓑ浸漬・浸水・ⓒ浸漸

文献 ⓐ詩経・大東「無浸穫薪＝穫薪を浸す無かれ(刈りたての薪を水で濡らすな)」ⓑ詩経・白華「滮池北流、浸彼稲田＝滮(ヒュウ)たる池北に流れ、彼の稲田を浸す(池の水が北に流れて、イネのたんぼが水浸し)」ⓒ易経・遯「浸而長也＝浸(ようや)くにして長ずるなり(段々と成長していくのである)」

【真】

10(目・5)　常　｜　常用音訓　シン　ま

〔眞〕10(目・5)　人　｜　(音)シン　(訓)ま・まこと

語音 *tien(上古)　tʃiĕn(中古→(呉)・(漢)シン)　zhēn(中)　진(韓)

語源 [コアイメージ] 中身がいっぱい詰まる。[実現される意味] ある物事に関してうそ・偽りがない(本当、まこと)ⓐ。[英]true, real

〔解説〕古典の注釈に「真は実なり」「真は身なり」の訓がある。藤堂明保は真のグループは実・身だけでなく、㐱(シ)のグループ(診など)、至のグループ、質・秩などと同じ単語家族に属し、「いっぱい詰まる」という基本義があるとする(藤堂①)。「中身がいっぱい詰まる」というコアイメージと言い換えてもよい。真は「中身がいっぱい詰まる」というイメージから、物事が空っぽではない、うそ・偽りがないという意味が実現される。同じイメージ転化は実にも例がある。「中身がいっぱい詰まる」というイメージの図形化は調理の場面からなされた。これが「眞」。和訓の「ま」は「片(カタ)」の対。名詞・動詞・形容詞について、揃っている、完全である、本物である、すぐれているなどの意」。また、「まこと」はマ(真)＋コト(事・言)で、「本当。うそいつわりでない真実の事や

言葉」の意味（以上、大野①）。日本語の「まこと」と漢語の真は、出発点（「ま」は二つ揃う、「真」は中身が詰まる）は違うが、転義の結果、ぴったり対応するようになった。英語のtrueは印欧祖語の*deru-（堅い）に淵源があり、「真実の、正確な、確実な」の意味という（小島①）。「堅い」から正確・確実への転義は漢語の確と同じである。またrealはラテン語のrealis（物事に関する）に由来し、「外見と内容が一致した、本当の、本物の」の意味（小島①）。語源的には真はrealに近い。

〔グループ〕真・慎・鎮・塡・顛・槇・嗔シ（怒気をみなぎらせて怒る［嗔怒］）・瞋シ（目を枠いっぱいに見開く［瞋恚］）・鬒シ（髪がびっしり生える）

字源 「眞」が正字。楷書は形が崩れて分析困難。篆文も同じ。金文に遡ると、「匕＋鼎」と分析できる。「匕」は匙にも含まれているようにスプーンの形。「鼎」は肉などを煮込む器の形。したがって「鼎（イメージ記号）＋匕（イメージ補助記号）」を合わせた「眞」は、鼎にスプーンで素材を詰め込む様子を設定した図形。この意匠によって、「中身がいっぱい詰まる」というイメージを表すことができる。字源については顚の原字（加藤①など）、顚死の人とする説（白川①）があるが、塡の原字とする説（藤堂②など）が妥当。筆者は後の説に従って独自の解釈をした。

（金）　（篆）

〔字体〕「眞」は旧字体。「真」は古くから書道で行われた字体。慎・鎮もこれに倣う。

語義 ［展開］「中身がいっぱい詰まる」というコアイメージから、中身が確かにあって空っぽではない（うそではない）という意味ⓐが実現され、そこから、本来的である（ありのまま）の意味ⓑ、本来の在り方（本性）の意味ⓒ、道家（老荘）では、宇宙の真実の在り方（本源、道）の意味ⓓ、本当に（まことに）の意味ⓔに展開する。［英］true, real; natural; nature; Dao(principle of universe); truly, really ［熟語］ⓐ真偽・真実・ⓑ純真・天真・ⓓ真人・ⓔ真箇

文献 ⓐ老子・二十一章「其中有精、其精甚眞＝其の中に精有り、其の精甚だ真なり（その［宇宙の始まりの混沌の］中に精気があった。その精気は真実の存在であった）」ⓑ老子・五十四章「脩之於身、其德乃眞＝之を身に脩むれば、其の徳は乃ち真なり（これ［道］を身に修めれば、徳［体得した道］は純粋である）」ⓒ荘子・山木「見利而忘其眞＝利を見て、其の真を忘る（利益を見て、本来の在り方を忘れてしまう）」

【秦】10（禾・5） 人 音シン 訓はた

語音 *dzien（上古） dzïěn（中古→呉ジン・漢シン） qín（中） 진（韓）

語源 ［コアイメージ］速く進む。［実現される意味］古代国家の名ⓐ。［英］name of a feudal state

〔解説〕古代中国の諸侯国の名であるが、命名の由来は不詳。釈名・釈州国では「秦は津なり。其の地、沃衍（肥沃）にして津潤（うるおい）有るなり」と解している。*dzienという語は津・進・迅・疾と同源で、「速く進む」が基本義と考えられる（藤堂①）。

〔グループ〕秦・榛・臻シ（どんどん進み至る）・蓁シ（草木の枝葉が速やかに生長して生い茂るさま［蓁蓁］）

字源 楷書は形が崩れて分析困難。篆文は「午（杵。イメージ記号）＋廾（両手。イメージ補助記号）＋禾（限定符号）」を合わせて、杵を挿し入れて穀物を搗く情景を設定した図形。図形的意匠が晋と似ており、「突き進む」「速く進む」というイメージを表すことができる。

（金）　（篆）

語義 ［展開］古代中国（周代）にあった諸侯国の名ⓐ、また、中国の王朝の名ⓑ。始皇帝が戦国七雄（韓・魏・趙・燕・斉・楚・秦）のうち六つを滅ぼして建てた王朝（前221〜前206）。日本では姓の「はた」ⓒに当

てる。古代に朝鮮半島から渡来した人の姓で、織物の生産に従事したといわれる。[英]name of a feudal state; Qin dynasty; surname [熟語] ⓑ秦篆・先秦

文献 ⓐ論語・微子「四飯缺適秦＝四飯の欠は秦に適(ゆ)く（四飯［四回目の食事時に音楽を奏する者］の欠［人名］は秦に行った）」

【針】10（金・2） 常 常用音訓 シン はり

語音 *tiəm（上古） tʃiəm（中古→呉・漢シム〈＝シン〉） zhēn（中） 침（韓）

語源 [コアイメージ] とじ合わせる。[実現される意味] はりⓐ。[英]needle

〔解説〕裁縫用の「はり」も医療用の「はり」も、古代漢語でともに*tiəmといい、先秦の頃は鍼で表記し、漢代になって針の字が生まれると、主として鍼は医療用の「はり」に使われるようになった。藤堂明保は針・鍼は深・沈・甚などと同源で、「深く入り込む」という基本義があるとした（藤堂①）。しかし「はり」の用途から考えると、緘（とじる）や減と同源と考えることもできる。

字源 まず「鍼」について。「咸(カン)（音・イメージ記号）＋金（限定符号）」を合わせた字。「咸」は「口を封じる」「とじる」というイメージがある（⇩減）。「鍼」は布と布を合わせて、その隙間を封じる金属製の道具を暗示させる。後に字体が「十(ジュウ)（音・イメージ記号）＋金（限定符号）」を合わせた字に変わった。「十」は「いくつかの物を合わせて締めくくる」というイメージがあり（⇩十）、ここから「まとめて一つに合わせる」→「とじ合わせる」というイメージを表すことができる。「針」は鍼と図形的意匠が同じである。

語義 裁縫用のはりの意味ⓐ。また、医療用のはりや、それによる医療の意味ⓑ、はりに似た（なぞらえた）ものの意味ⓒにも転用される。[英]needle（ⓐ～ⓒ）; acupuncture; needle-like thing [熟語] ⓐ運針・金針・ⓑ針灸（＝鍼灸）・ⓒ指針・方針

文献 ⓐ易林3「縫衣失針＝衣を縫ひて針を失ふ（衣を縫う際に針を失う）」ⓑ後漢書・華佗伝「佗針随手而差＝佗の針、手に随ひて差(い)ゆ（華佗［名医の名］が針を打つとただちに病気が治った）」

【晨】11（日・7） 人 音シン 訓あした・あさ・とき

語音 *dien（上古） dʒiěn（中古→呉ジン・漢シン） chén（中） 신（韓）

語源 [コアイメージ] ふるえ動く。[実現される意味] 早朝・夜明けⓐ。[英]dawn, morning

字源 「辰(シン)（音・イメージ記号）＋日（限定符号）」を合わせた字。「辰」は「ふるえ動く」というイメージがある（⇩辰）。「晨」は生物が動き始める時間を暗示させる。

語義 [展開] 夜明けの意味ⓐから、鶏が時を告げる意味ⓑを派生する。[英]dawn, morning; crow [熟語] ⓐ清晨・早晨・ⓑ晨鶏

文献 ⓐ詩経・庭燎「夜郷晨＝夜は晨に郷(む)かふ（夜は明け方に向かっている）」ⓑ書経・牧誓「牝鶏之晨、惟家之索＝牝鶏の晨するは、惟(こ)れ家の索(つ)くるなり（めんどりが時を告げるのは、家の滅亡のしるし）」

【深】11（水・8） 常 常用音訓 シン ふかい・ふかまる・ふかめる

語音 *thiəm（上古） ʃiəm（中古→呉・漢シム〈＝シン〉） shēn（中） 심（韓）

語源 [コアイメージ] 深く入る。[実現される意味] 水がふかいⓐ。[英]deep

〔解説〕王力は深・浚・甚・潭を同源で、ふかい意味があるとする（王力①）。これは表層レベルの語源説。藤堂明保は深層構造を探り、深・探は、甚のグループ、罩(タン)のグループのほか、沈・枕・耽・尋・審・淫・貪などと同源とし、「奥深く入り込む」という基本義があるとする（藤堂①）。空間的に奥まったところまで入り込んだ状態が深である。日本語

の「ふかい(ふかし)」はアサシの対で、「空間的に表面や外部から、底・奥・内部などに到達するまでの距離が大きいさま」の意という(大野②)。漢語の深とほぼ同じ。英語のdeepは「垂直方向に深い、または水平方向に奥行きがある」がコアイメージで(田中①)、転義の仕方は漢語の深とほとんど一致する。

〔グループ〕深・探・琛(チン)(探り出した宝物)

字源 「罙(シ)(深は変形。音・イメージ記号)＋水(限定符号)」を合わせた字。「罙」は「穴＋尤(曲げた手の形)＋火」を合わせて、かまどの中に手を突っ込んで火をあしらう情景を設定した図形。爨(サン)(かまどに両手で木を入れて火を燃やす→かしぐ)と意匠が似ている。これによって「奥深く入る」というイメージを表すことができる。「深」は水が表面から中の方へ(底や奥まで)ずっとふかく入っている様子を暗示させる。

(金)　(篆)　[罙]　(篆)

語義 [展開] 水がふかい意味ⓐから、空間的に手前(当面する地点)から奥の方へ距離・幅が大きい(奥行きがある、奥深い)意味ⓑ、時間的に奥の方に達している(ふけている)意味ⓒに展開する。また、比喩的に色彩・感情・知識や程度について、色が濃い意味ⓓ、ある物事や感情・知識・意味などが、厚みがあって深い意味ⓔ、程度が甚だしい意味ⓕ、深く入る(深くなる、ふかまる)意味ⓖを派生する。[英]deep(ⓐ~ⓕ); profound; late; thick, dark; close; deeply, very; deepen [熟語] ⓐ深海・水深・ⓑ深層・深山・ⓒ深更・深夜・ⓓ深紅・深緑・ⓔ深厚・深謀・ⓕ深刻・深甚・ⓖ深化

文献 ⓐ詩経・谷風「就其深矣、方之舟之＝其の深きに就きては、之を方(いかだ)にし之を舟にす(川が深ければ、いかだで渡るし舟で渡る)」ⓑ詩経・十月之交「深谷為陵＝深谷、陵と為る(深い谷が丘となる)」ⓕ韓非子・喩老「君有疾在腠理、不治将恐深＝君疾有り、腠理に在り、治せずんば、将に深からんことを恐る(殿様の病気は皮膚にあります。治療しないと、体内に深く入る恐れがございます)」

【紳】11(糸・5)　常　常用音訓 シン

語音 *thien(上古)　ʃiĕn(中古→呉・漢シン)　shēn(中)　신(韓)

語源 [コアイメージ] 長くのびる。[実現される意味] 男性用の大帯ⓐ。[英]girdle

字源 「申(シ)(音・イメージ記号)＋糸(限定符号)」を合わせた字。「申」は「長くのびる」というイメージがある(⇨申)。「紳」は端の長く垂れた大帯を暗示させる。

語義 [展開] 大帯の意味ⓐから、身分のある立派な人の意味ⓑに展開する。[英]girdle; gentry [熟語] ⓑ紳士・貴紳

文献 ⓐ論語・衛霊公「子張書諸紳＝子張、諸(これ)を紳に書す(子張[人名]はこのことを帯に書いた)」

【進】11(辵・8)　常　常用音訓 シン　すすむ・すすめる

語音 *tsien(上古)　tsiĕn(中古→呉・漢シン)　jìn(中)　진(韓)

語源 [コアイメージ] スムーズに伸びていく。[実現される意味] 前にすすむⓐ。[英]advance

〔解説〕釈名・釈言語に「進は引なり。引きて前(すす)むなり」とある。進は引・前と同源ではないが、前の方に伸びていくというイメージの語である。藤堂明保は晋・秦・迅・信・疾などと同源で、「速く進む」という基本義があるとした(藤堂①)。日本語の「すすむ」のススは「水平面で基点から先へ先へと伸びる勢いを表」し、ススムは「基点から勢いよく前進していく意」という(大野②)。漢語の進のコアイメージとよく似ている。

字源 「隹(イメージ記号)＋辵(限定符号)」を合わせた字。「隹」はずんぐ

りした小鳥を描いた図形。鳥は前へ飛ぶもので、退くことはない。したがって「進」は前へ前へすいすいとすすんで行く様子を暗示させる。

(甲) (金) (篆)

語義 [展開] 前にすすむ意味ⓐ。「スムーズに前に伸びていく」というイメージから、よい方向や高い方向に伸びていく意味ⓑ、高い位にすすむ意味ⓒ、世に進み出る(官に仕える)意味ⓓ、前に物を差し出す意味ⓔに展開する。[英]advance(ⓐ~ⓒ); progress, improve; promote; serve; submit, present [熟語] ⓐ進行・前進・ⓑ進化・進展・ⓒ栄進・昇進・ⓓ進士・進仕・ⓔ進言・進呈

文献 ⓐ詩経・常武「進厥虎臣＝厥(そ)の虎臣を進む(勇猛の臣を前進させる)」ⓑ論語・子罕「子謂顔淵曰、惜乎、吾見其進也、未見其止也＝子、顔淵を謂ひて曰く、惜しいかな、吾、其の進むを見、未だ其の止まるを見ず(孔子は[死んだ]顔淵を評価してこう言った、惜しい人物だ。彼が進歩するのを見たが、停滞するのを見たことがない)」ⓓ孟子・公孫丑上「治則進、亂則退＝治まれば則ち進み、乱るれば則ち退く(世の中が治まっていれば仕え、乱れたら身をひく)」ⓔ孟子・離婁上「亡矣、将以復進也＝亡(な)けれども、将に以て復(ま)た進めんとす(食べ物は)今はございませんが、また差し上げましょう)」

【森】 12(木・8) 常 常用音訓 シン もり

語音 *sïəm(上古) ṣïəm(中古→呉・漢シム) sēn(中) 삼(韓)

語源 [コアイメージ] 入り交じる。[実現される意味] 木がこんもりと茂るさまⓐ。[英]full of trees

〔解説〕漢語の森に「もり」の意味はない。漢語では「もり」と「はやし」の区別はなく、林という。*sïəmという語は三・参・杉と同源で、「(多くのものが)入り交じる」というコアイメージをもち、樹木がたくさん入り交じって茂る状態を形容することばである。日本語の「もり」はモル(盛)やモロ(諸)と同根で、「こんもりと高くなっている所」が原義という(大野②)。樹木の茂った神域(神社のもり)の意味に転じ、杜と表記されるが、漢語の杜にも「もり」の意味はない。

字源 「木」を三つ重ねて、多くの木が茂るありさまを暗示させる図形。

(篆)

語義 [展開] 木がこんもりと茂るさまの意味ⓐから、こんもりとして薄暗い様子の意味ⓑ、びっしりと多い意味ⓒに展開する。日本では文字面から推測して「もり」の意味ⓓに用いる。[英]full of trees; gloomy; multitudious; forest [熟語] ⓐ森森・森然・ⓑ森閑・森厳・ⓒ森羅万象・ⓓ森林

文献 ⓐ張衡・南都賦「森尊尊而刺天＝森(しん)として尊尊として天を刺す([樹木は]こんもりと群がり生えて天を突くほどだ)」(漢魏六朝百三家集14)

【診】 12(言・5) 常 常用音訓 シン みる

語音 *tien(上古) tʃiĕn(中古→呉・漢シン) zhĕn(中) 진(韓)

語源 [コアイメージ] 中身がいっぱい詰まる。[実現される意味] 病状をよく調べてみるⓐ。[英]examine

〔解説〕*tienという語は真・身・実・至などと同源で、「いっぱい詰まる」という基本義をもつ(藤堂①)。「いっぱい詰まる」というイメージは「すみずみまで届く(行きつく)」「全部を尽くす」というイメージにも展開する。診はある事態・事情(特に病状)について、すみずみまで調べ尽くして述べることで、慎(手落ちがないようすみずみまで気を配る)と近い。訓の「みる」は「眼の力によって物の存在や相違を知る意」(大野①)が原義で、漢語の見・視・看・観などが「みる」と訓じられるが、展開義の一つに「診断する」があり、これを「診る」と表記する。

〔グループ〕診・珍・畛(シ)(行き尽くした境界→田のあぜ)・殄(テン)(全部を滅ぼし尽くす［殄滅］)・飻(テツ)(食べ尽くす、むさぼる［饕飻］)

字源 「㐱(シ)(音・イメージ記号)＋言(限定符号)」を合わせた字。「㐱」は須や髪に含まれる「彡」と同じで、髪の毛の形。「人＋彡(髪の毛)」を合わせた「㐱」は、びっしり生えた髪の毛を表し、鬒(シ)(豊かな黒髪)の原字。「㐱」は「いっぱい詰まる」というイメージを表す記号になりうる。したがって「診」は手落ちのないように、物事をすみずみまで調べてみて、その結果を述べる様子を暗示させる。

(金)　(篆)［㐱］　(篆)

語義 ［展開］病状をよく調べてみる意味ⓐから、よく調べて述べる(告げる)意味ⓑに展開する。［英］examine; inform ［熟語］ⓐ診察・診断

文献 ⓐ史記・扁鵲列伝「試入診太子＝試みに入りて太子を診る(太子を診察してみる)」ⓑ荘子・人間世「匠石覺而診其夢＝匠石覚めて其の夢を診ぐ(大工の石さんは目が覚めて、自分の見た夢の内容をつぶさに話した)」

【寝】13(宀・10)　常　常用音訓 シン　ねる・ねかす

〔寢〕14(宀・11)　人　音シン　訓ねる・い・いぬ

語音 *ts'iəm(上古)　ts'iəm(中古→呉・漢シム〈＝シン〉)　qǐn(中)　침(韓)

語源 ［コアイメージ］じわじわと入り込む。［実現される意味］段々と眠りに就く(寝入る、寝つく)ⓐ。［英］sleep

解説 日本語の「ねる(ぬ)」と「い」は語源的に異なる。「ぬ」はベッドで横になること、「い」は睡眠状態にあることである。漢語では眠・睡・寐が後者に当たるが、寝は睡眠状態に入っていく過程の終着、つまり寝入ることを意味する。*ts'iəmという語のコアイメージは侵・浸と共通の「じわじわと(段々と)入り込む」ということである。

字源 「侵(シ)の略体(音・イメージ記号)＋爿(ベッド。イメージ補助記号)＋宀(限定符号)」を合わせた字。「侵」は段々と深く入り進む」というイメージがある(⇩侵)。「寝」はベッドの上で段々と眠りに入る情景を設定した図形。この意匠によって、眠りに就く(ねる)ことを表象する。

〔字体〕「寝」は近世中国で発生した「寢」の俗字。

語義 ［展開］睡眠状態に入る意味ⓐから、ベッドに横になる(ふせる)意味ⓑに転じる。また、活動をやめる(休止する、休息する)意味ⓒ、くつろぐ部屋、また、君主の住む建物の意味ⓓを派生する。［英］sleep; lie down; stop; living apartments in a palace ［熟語］ⓐ寝室・就寝・ⓑ寝臥・寝疾・ⓓ寝殿・正寝

文献 ⓐ詩経・小戎「言念君子、載寢載興＝言に君子を念ふ、載ち寝ね乃ち興く(一途に思うは我が夫、もう眠ったか、まだ起きているか)」ⓑ詩経・斯干「乃生男子、載寢之牀＝乃ち男子を生む、載ち之を牀に寝ねしむ(男の子が生まれたら、ベッドの上に寝かせる)」ⓒ荘子・天下「禁攻寢兵＝攻を禁じ、兵を寝む(攻撃を禁止し、戦を中止させる)」ⓓ詩経・閟宮「路寢孔碩＝路寝孔だ碩いなり(寝殿はとても大きい)」

【慎】13(心・10)　常　常用音訓 シン　つつしむ

〔愼〕13(心・10)　人　音シン　訓つつしむ

語音 *dhien(上古)　ʒiěn(中古→呉ジン・漢シン)　shèn(中)　신(韓)

語源 ［コアイメージ］中身がいっぱい詰まる。［実現される意味］手落ちがないように十分に気を配るⓐ。［英］be careful, cautious

解説 説文解字に「慎は謹なり」とあるが、慎と謹はコアイメージが異なる。慎は真にイメージの源泉があり、「中身がいっぱい詰まる」がコアにあるイメージ。失敗・手落ちなど他人に批判されるようなことが

ないように、心のすみずみまで気を配って用心することを慎という。日本語の「つつしむ」は、ツツはツツム(包む)のツツ、シムは凍む・締むと同根で、「自分の身を包み引き締める意」という(大野①)。漢語の慎は「中身が詰まる」がコアイメージであるが、中身がいっぱい詰まると固く締まる状態になるから、引き締めるイメージのある「つつしむ」と近くなる。

字源 「愼」が正字。「眞シ(音・イメージ記号)+心(限定符号)」を合わせた字。「眞」は「中身がいっぱい詰まる」というイメージがある(⇩真)。「愼」は心に欠け目がなく思いをいっぱいに保つ様子を暗示させる。この意匠によって、すみずみまで気を配って用心することを表象する。

語義 [展開] 手落ちがないように十分に気を配る意味ⓐ。また「中身がいっぱい詰まる」というイメージから、中身が充実して偽りがない(まこと、まことに)の意味ⓑに展開する。真が「まこと」の意味を実現するのと平行する転義である。また、どうか~に気を配ってほしいと願望する語ⓒに用いる。[英]be careful, cautious, circumspect; true; please [熟語] ⓐ慎重・謹慎

文献 ⓐ詩経・巷伯「愼爾言也＝爾の言を慎めや(お前の言葉に気を配れ)」ⓑ詩経・巧言「予愼無罪＝予慎(まこと)に罪無し(私には本当に罪がない)」ⓒ墨子・号令「各自守之、愼勿相盗＝各自之を守り、慎んで相盗む勿れ(めいめいこれ[財物など]を守って、どうか盗まないようにしてほしい)」

【新】 13(斤・9) 常

常用音訓 シン あたらしい・あらた・にい

語音 *sien(上古) siěn(中古→呉・漢シン) xīn(中) 신(韓)

語源 [コアイメージ] ㋐切る・㋑生々しく刺激する。[実現される意味] あたらしいⓐ。[英]new, fresh

解説 古代漢語で、ふるいことを表す語は「ひからびて固い」という状態から発想された(古、*kag)。それに対して、あたらしいことは「生々しく刺激する」という状態から発想された。これを*sienといい、新という図形(視覚記号)が考案された。説文解字に「新は木を取るなり」とあるが、これは意味ではなく図形の解釈である。木を切る場面が設定されて、図形化が行われた。*sienという語は辛と同源で、「生々しく刺激する」というイメージがある。その前提には「切る」というイメージがある。切ったばかりで生々しい状態にあることが新である。日本語の「あたらしい」は「あたらし(可惜)」と「あらたし」の混同から生じたもので、「あらたし」はアラタ(開墾したばかりの田)が語源という(大野①)。英語のnewは「これまでに存在しなかったという意味合いで新しい」、freshは「野菜などが収穫されたばかりの、出来たての、また新鮮味が失われていない」の意という(小島①)。語源的には新はfreshに近い。

グループ 新・薪・親

字源 「亲シ(音・イメージ記号)+斤(限定符号)」を合わせた字。「亲」を分析すると「辛+木」となる。「辛」は刃物の形で、「物を切る」「刺激を与える」というイメージがある(⇩辛)。「辛シ(音・イメージ記号)+木(限定符号)」を合わせた「亲」は、木を切る場面を設定した図形。かくて「新」は斧で木を切る様子を暗示させる。しかしそんな意味を表すのではなく、切られて生々しい刺激を受けているイメージを介して、生々しくてまだ時間がたっていない、古びていないという抽象的な意味を表象する。

(金) (篆)  [亲] (金)  (篆)

語義 [展開] 時間がまだたっていない(古くなっていない、始まったばかりで間がない)の意味ⓐから、古い状態をあたらしくする意味ⓑ、あらたに(~したばかり、初めて)の意味ⓒに展開する。[英]new, fresh; renew; newly [和訓] さら [熟語] ⓐ新旧・新鮮・ⓑ革新・更新

文献 ⓐ詩経・文王「其命維新＝其の命維(こ)れ新たなり(天命が新たに下

された）」ⓑ孟子・滕文公上「新子之國＝子の国を新たにす（あなたの国を新しいものに変える）」ⓒ楚辞・漁父「新沐者必彈冠、新浴者必振衣＝新たに沐する者は必ず冠を弾き、新たに浴する者は必ず衣を振るふ（髪を洗ったばかりの人は［塵を払うために］必ず冠をはじき、体を洗ったばかりの人は必ず着物を振るものだ）」

【榛】14（木・10） 人 ｜ 音シン 訓はしばみ・はり

語音 ＊tsïen（上古） tʂen（中古→呉・漢シン） zhēn（中） 진（韓）

語源 ［コアイメージ］速く進む。［実現される意味］ハシバミⓐ。［英］hazel

〔解説〕下記の詩経の注釈に「榛は木の叢生なり」とある（陸徳明・経典釈文）。叢生するという特徴を捉えて、ハシバミは榛と名づけられた。蓁（シ）（葉が速やかに生い茂るさま）・臻（シ）（どんどん進み至る）と同源で、「速く進む」→「速く生長する」というイメージを榛にこめている。

字源 「秦（シ）（音・イメージ記号）＋木（限定符号）」を合わせた字。「秦」は「速く進む」というイメージがある（⇩秦）。「榛」は生長が速く、どんどん叢生する木を暗示させる。

語義 ［展開］カバノキ科の低木、ハシバミの意味ⓐ。山や丘に叢生する。果実は食用。また、草木が群がり茂る（叢生する）、また、草木がどんどん茂る所の意味ⓑを派生する。日本ではハリに当てる。カバノキ科の高木、ハンノキの意味ⓒ。幹は直立し、樹皮は割れる。果実は染料に用いる。［英］hazel; grow thick; alder ［熟語］ⓐ榛荊（シンケイ）（ハシバミとニンジンボク、転じていばら）・ⓑ榛蕪（シンブ）・榛穢（シンワイ）

文献 ⓐ詩経・鳲鳩「鳲鳩在桑、其子在榛＝鳲鳩（シキュウ）桑に在り、其の子は榛に在り（カッコウの母はクワに止まり、その子はハシバミに移りゆく）」

【槙】14（木・10） 人 ｜ 音シン・テン 訓まき

〔槙〕14（木・10） 人 ｜ 音シン・テン 訓まき

語音 ⑴＊ten（上古） ten（中古→呉・漢テン） diān（中） ⑵tʃiĕn（中古→呉・漢シン） zhĕn（中）

語源 ［コアイメージ］頂点で極まる。［実現される意味］木のいただき（こずえ）ⓐ。［英］treetop

〔解説〕漢語の槙（テ）と日本語の「まき」は何の関係もない。マ（真）は優れている意で、建築材として優れたヒノキやスギの美称であった。したがって槙は「眞＋木」の合成で、和製漢字である。中国に存在した槙（テ）と同形衝突したので、日本の槙は半国字の類。やがて槙はイヌマキの意味に特化された。これが中国に逆輸入され、槙にⓓの意味が生じた。

字源 「眞（シ）（音・イメージ記号）＋木（限定符号）」を合わせた字。「眞」は器（鼎）に物（食べ物や素材）を詰め込むことから、「中身がいっぱいに詰まる（満ちる）」というイメージを表すほかに、「（これ以上はいけない）頂点まででくる」「頂点で極まる」というイメージを表すことができる（⇩真）。「槙」は木のいちばん上（いただき）を表す。もともと顚（いただき）と同じ。また、「眞」は「中身が詰まる」というイメージがあり、「槙」は木の目が詰まって堅いことを表す。

〔字体〕「槇」は正字（旧字体）。「槙」は眞→真に倣った字体。

語義 ［展開］木のいただき（こずえ）の意味ⓐ（1の場合）。木目が堅くびっしりと詰まる意味ⓑ（2の場合）。日本ではまき（ヒノキなどの美称）の意味ⓒ、また、イヌマキの意味ⓓ。樹皮は灰白色で剝げ落ちる。漢名は羅漢松。［英］treetop; close-grained; hinoki cypress; southern yew

【賑】14（貝・7） 人 ｜ 音シン 訓にぎやか・にぎわう

語音 ＊tien（上古） tʃiĕn（中古→呉・漢シン） zhèn（中） 진（韓）

語源 ［コアイメージ］ふるえ動く。［実現される意味］物が豊富にあ

り、活力や生気が盛んである(にぎわう)ⓐ。[英]prosper

〔解説〕説文繋伝に「賑は振なり。之を振起するなり」とある。振は「ふるえ動く」というイメージから、生気がにぎやかに振るい立つ、勢いが盛んという意味に展開する。物が豊かにあれば生気が振るい立つ。したがって物が満ち足りることを*tienと呼ぶ。語形も字形も振から展開した。訓の「にぎわう(にぎはふ)」はニギ(稲の収穫が豊富なこと)＋ハフ(あたりに這うように広がる意)で、物が豊富にある、活気があるなどの意味という(大野①)。語源はそれぞれ違うが、日本語の「にぎはふ」と漢語の賑の意味はぴったり対応する。

〔字源〕「辰シ(音・イメージ記号)＋貝(限定符号)」を合わせた字。「辰」は「ふるえ動く」というイメージがあり、「活発で勢いがよい」というイメージに展開する(⇩辰)。「賑」は財物がたっぷりあって、勢いが盛んに振るう様子を暗示させる。

〔語義〕〔展開〕物が豊かで活気がある(にぎわう)意味ⓐから、物をたっぷり与えて、活気づける(物を給して救済する)意味ⓑに展開する。にぎやか(人が多くて騒がしい)の意味ⓒは日本的用法。[英]prosper, flourish; succor; noisy 〔熟語〕ⓐ殷賑・ⓑ賑救・賑恤

〔文献〕ⓑ管子・軽重丁「出其財物、以賑貧病＝其の財物を出だして、以て貧病を賑はす(蔵から財物を出して、貧者や病者に給して救う)」

【審】15(宀・12) 常 常用音訓 シン

〔語音〕*thiəm(上古) ʃɪəm(中古→呉・漢シム〈＝シン〉) shěn(中) 심(韓)

〔語源〕〔コアイメージ〕細かく分ける。〔実現される意味〕物事のよしあしを細かく調べてはっきりさせる(詳しく知る)ⓐ。[英]examine

〔解説〕説文解字に「宷(＝審)は悉なり」とある。審と悉(細かいすみずみまで知りつくす)は造形の意匠も意味も似ており、同源のことばと考えられる。ただし藤堂明保は探・尋・耽などと同源で、「奥深く入り込む」を基本義としている(藤堂①)。

〔字源〕「番(イメージ記号)＋宀(覆いを示すイメージ補助記号)」を合わせた字。「釆」は握りこぶしを開いて種を播く様子を示す図形。それに「田」を添えた「番」は田んぼに種を播く様子。いずれも「分散させる」「細かく分かれる」というイメージがある(⇩番)。「審」は覆われて隠れたものを細かく分けて調べつくす様子を暗示させる。この意匠によって、細かいところまで調べて見極めることを表象する。

(篆)

〔字体〕「宷」は異体字。

〔語義〕〔展開〕細かく調べてはっきりさせる(詳しく知る)意味ⓐから、細々と詳しい(つまびらか)の意味ⓑ、細々と尋ね調べる、また、裁判の審理の意味ⓒに展開する。また、審判・審判員の略称ⓓ。[英]examine; minute; interrogate, try, trial; umpire, referee, judge 〔熟語〕ⓐ審議・不審・ⓑ詳審・ⓒ審査・審理・ⓓ球審・誤審

〔文献〕ⓐ書経・説命「乃審厥象、俾以形旁求于天下＝乃ち厥その象を審つまびらかにし、形を以て天下に旁求せしむ([彼を探索するために]彼の肖像を詳しく調べてはっきりさせ、似顔でもって世界中に広く捜し求めたさせた)」

【震】15(雨・7) 常 常用音訓 シン ふるう・ふるえる

〔語音〕*tien(上古) tʃɪěn(中古→呉・漢シン) zhèn(中) 진(韓)

〔語源〕〔コアイメージ〕(弾力性があって)ふるえ動く。〔実現される意味〕稲妻がびりびりとふるえる。弾力性があって小刻みにふるえるⓐ。[英]vibrate, shake

〔解説〕漢字では振と震が区別されるが、*tienは「弾力性があってぶるぶると小刻みにふるえ動く」というコアイメージをもつ一語である。いなずまや地震などの自然現象に対しては震、揺り動かす手の動作や盛ん

に活気づけるという意味では振と書かれる。訓の「ふるえる(ふるふ)」は「物が自分の持つ生命力・活力を発揮して震動するのが原義」で、ここから㋐「人間が持っている活動力のすべてをはたらかせる意」、㋑「単に物理的な振動をし、また与える意」に展開するという(大野①)。漢字表記する場合は㋐は「振るう」、㋑は「震える・震う」と書いて区別する。

【字源】「辰シ(音・イメージ記号)＋雨(限定符号)」を合わせた字。「辰」は「ぶるぶるふるえ動く」というイメージがある(⇩辰)。「震」はいなずまがびりびりとふるえることを表す。

【語義】[展開] 稲妻がふるえる意味ⓐから、大地がふるえる(地震)の意味ⓑ、驚怖で震えおののく意味ⓒに展開する。[英]vibrate(by clap of thunder), shake; quake, earthquake; shudder, tremble [熟語] ⓐ震怒・ⓑ震動・地震・ⓒ震駭・震撼

【文献】ⓐ詩経・常武「王奮厥武、如震如怒＝王厥その武を奮ふこと、震ふが如く怒るが如し(王が武勇を示す様は、雷がびりびり震わすよう、たけり狂うよう)」ⓑ春秋・文公9「九月癸酉地震＝九月癸酉、地震ふ(九月癸酉[みずのととり]の日、大地が震えた)」ⓒ詩経・常武「徐方震驚＝徐方震驚す(徐の国は驚き身震いした)」

【薪】16(艸・13)　常　常用音訓 シン　たきぎ

【語音】*siĕn(上古)　siĕn(中古→呉・漢シン)　xīn(中)　신(韓)

【語源】[コアイメージ](木を)切る。[実現される意味] 燃料にするために切り出した木(たきぎ)ⓐ。[英]firewood

【字源】「新シ(音・イメージ記号)＋艸(限定符号)」を合わせた字。「辛」は刃物の形。「辛シ(音・イメージ記号)＋木(限定符号)」を合わせた「亲」は木を切る様子を暗示させる。「亲シ(音・イメージ記号)＋斤(限定符号)」を合わせた「新」も木を切る場面を設定した図形である(⇩新)。かくて「薪」は切った木、すなわち「たきぎ」を表す。

【語義】たきぎの意味ⓐ。[和訓] まき　[熟語] ⓐ薪水・薪炭

【文献】ⓐ詩経・南山「析薪如之何、匪斧不克＝薪を析さくに之を如何いかんせん、斧に匪あらざれば克よくせず(薪を割るにはどうすべき、おのがなければ始まらない)」

【親】16(見・9)　常　常用音訓 シン　おや・したしい・したしむ

【語音】*ts'ien(上古)　ts'iĕn(中古→呉・漢シン)　qīn(中)　친(韓)

【語源】[コアイメージ] 肌身に接する。[実現される意味] 身近に接する(したしい・したしむ)ⓐ。[英]close, intimate, familiar

【解説】釈名・釈親属では「親は襯シなり」と襯で説明している。「肌身に接する」が両者に共通するコアイメージである。「接する」「触れ合う」の前提には「近づく」というイメージ、さらにその前提には「切る」というイメージがある。斤(刃物、切る)から近(ちかづく)が生まれたのと同じイメージ転化の例が新・薪・親にも見られる。新においては、切る→生々しい(あたらしい)、薪においては、切る→たきぎ、親においては、近づく→接する(触れる)→したしいへと展開する。近世中国語で親にキス(接吻)の意味があるのは「肌身に触れる」というコアイメージが表層に現れたものである。日本語の「したしい(したし)」は血縁関係のないものの間の近い関係、なじみの感情で、血縁関係のある場合にはムツマジ(睦)というとするのは大野晋の説(大野①)。漢語の親は「おや」の意味に展開するから明らかに血縁関係のあるものの身近さをいい、そこから一般化される。英語のparentはラテン語のparere(生み出す)に由来するという(下宮①)。語源的に見ると、parentは時間的な流出を感じさせるが、漢語の親は空間的な接触を感じさせる。

【グループ】親・襯シ(肌に接して着る衣類、シャツ)・櫬シ(死体に接して覆うひつぎ)

字源 「亲(シ)(音・イメージ記号)＋見(限定符号)」を合わせた字。「亲」は「辛＋木」がドッキングした形。「辛」は刃物→断ち切るというイメージを示す(⇩辛)。「辛(シ)(音・イメージ記号)＋木(限定符号)」を合わせた「亲」は、木を切る情景を設定した図形。この意匠によって、「(刃物を近づけて)切る」「(物に触れて)生々しく刺激する」というイメージを表すことができ、これは「じかに接する」「肌身に触れる」というイメージに展開する(⇩新)。かくて「親」は肌身に接していつも見慣れている様子を暗示させる。

語義 [展開] 身近に接する意味ⓐから、自分で直接に(みずから)の意味ⓑ、いつも身近にいる「おや」の意味ⓒ、身内の意味ⓓに展開する。[英]close, intimate, familiar; personally; parent; relative [和訓] ちかい・ちかしい・みずから [熟語] ⓐ親密・親友・ⓑ親告・親展・ⓒ親権・両親・ⓓ親戚・親族

文献 ⓐ論語・学而「汎愛衆而親仁＝汎く衆を愛して仁に親しめ(広く大衆を愛して仁者と親しみなさい)」ⓑ詩経・韓奕「王親命之＝王親(みずか)ら之に命ず(王は自ら彼に命じた)」ⓒ孟子・離婁上「悦親有道＝親を悦ばすに道有り(親を喜ばすには方法がある)」

じん……………………

【人】 2(人・0) 常 常用音訓 ジン・ニン ひと

語音 *nien(上古) niěn(中古→呉ニン・漢ジン) rén(中) 인(韓)

語源 [コアイメージ] 身近にくっつく。[実現される意味] ひとⓐ。[英]human being, man, person

〔解説〕孟子・尽心下に「仁なるものは人なり」とあるが、仁がストレートにひとの意味だというのではない。ここには古代中国の独特の人間観がある。漢代になると「人は仁なり」という語源説が普通となる。鄭玄は礼記・中庸篇の「仁は人なり」に注をつけて、「人とは相(あい)人偶(ジングウ)するの人なり」と述べる。人と人が互いにむつみあう(親密になる)のが人という解釈である。これらの語源説を踏まえて古代中国における人の意味・イメージを解明したのは藤堂明保である。氏は人と仁だけではなく、二・爾・昵・年・日などに拡大し、これらには「ふたつくっつく」という基本義があるとし、そして「自分の身辺にある近い間柄の仲間を意味する」と説く(藤堂①)。「人」とはばらばらの個人ではなく、互いに親しみ合い、仲良くくっついて仲間を作り、社会を構成する人間というイメージの語である。日本語の「ひと」は「生物としての人間。社会的に一人前の人格として認められている人間。また、特に自分が深い関心や愛着を抱いている人物」の意という(大野①)。英語のmanは男女を含む人間が原義(男は転義)、personはラテン語persona(仮面、役者)が語源で、「年齢・性別などを問わない個人としての人」の意、peopleはラテン語populus(大衆)が語源で、「世間の人々」の意という(小島①)。漢語の人はmanとpeopleを含むが、personとは少しイメージが異なる。

〔グループ〕人・年・魜(ジ)(人魚)

字源 人間を略画的に描いた図形。

(甲) (金)  (篆) 

語義 [展開] 互いに仲良く親しみあう仲間のイメージから、広く、他の生物とは違った「ひと」の意味ⓐに展開する。また、他人の意味ⓑ、自分の意味ⓒ、一般の人、多くの人(世の中、世間)の意味ⓓを派生する。[英]human being, man, person; other; oneself; everybody, people [熟語] ⓐ人物・個人・ⓑ人我・ⓓ人望

文献 ⓐ詩経・相鼠「相鼠有體、人而無禮＝鼠を相(み)れば体有り、人にして礼無し(ネズミには体があるけれど、人間なのに礼儀がなってない)」ⓑ詩経・采芑「人之爲言、苟亦無信＝人の為せる言は、苟(いやしく)も亦た信ずる無

かれ（他人が言い触らすうわさなんか、ゆめゆめ信じないように）」ⓒ古詩十九首「思君令人老＝君を思へば人をして老いしむ（あなたを思うと[苦しくて]私を老けさせます）」（文選29）ⓓ論語・子張「文武之道未墜於地、在人＝文武の道は未だ地に墜ちず、人に在り（文王・武王の道はまだ滅んだわけではなく、世間にあります）」

【刃】3(刀・1) 常 | 常用音訓 ジン は

語音 *nien（上古） niěn（中古→呉ニン・漢ジン） rèn（中） 인（韓）

語源 [コアイメージ] 粘り強い。[実現される意味] 鍛えた刀のやいばⓐ。[英]blade

〔解説〕鉄を柔らかくして鍛えたのが刃である。堅いだけならもろいが、柔らかくて堅いのが強い。だから強靭という。この靭に刃のもつ「粘り強い」というコアイメージが生きている。

〔グループ〕刃・忍・認・靭（ジン）（粘り強い[強靭]）・紉（ジン）（柔らかくて丈夫な紐）

字源 「刀」に「丶」を加えて、刀の「は」の部分を示した図形。

（篆）

〔字体〕「刃」は旧字体（篆文の字体）。隷書以後は「刃」が定着した。忍・認もこれに倣う。

語義 [展開] 刀のやいばの意味ⓐから、刃物・兵器の意味ⓑ、刀で切り殺す意味ⓒに展開する。[英]blade; knife, sword; kill with a sword [和訓] やいば [熟語] ⓐ白刃・利刃・ⓑ凶刃・兵刃・ⓒ自刃

文献 ⓐ荘子・養生主「其於遊刃、必有餘地＝其の刃を遊ばすに於けるや、必ず余地有り（[ベテラン料理人が牛を解体する場合]刃先をあちこちに進める際に必ずゆとりがある）」ⓑ孟子・梁恵王上「殺人以梃與刃、有以異乎＝人を殺すに梃を以てすると刃にてするは、以て異有るか（人を棍棒で殺すのと刃物で殺すのとで違いがあるだろうか）」

【仁】4(人・2) 常 | 常用音訓 ジン・ニ

語音 *nien（上古） niěn（中古→呉ニン・漢ジン） rén（中） 인（韓）

語源 [コアイメージ] 身近にくっつく。[実現される意味] 優しく愛情があるⓐ。[英]kind, tender, affectionate

〔解説〕孟子にも見えるように、「仁は人なり」という語源意識は古代人の通念であった。*nien という語は人・二・爾・昵などと同源で、「身近にくっつく」というコアイメージをもつ。同じ人間として他人を親しみ愛することを仁という。仁を哲学概念にまで高めたのは孔子や孟子であるが、日常語としてはすでに詩経に出ている。

〔グループ〕仁・佞（ネイ）（親切めかして人に取り入る→おもねる[佞臣]）

字源 「二（ニ）（音・イメージ記号）＋人（限定符号）」を合わせた字。「二」は「（二つのものが）並ぶ」というイメージがあり、「（並んで）くっつく」というイメージに展開する（⇩二）。「仁」は二人がくっついて親しみ合う様子を暗示させる。

語義 [展開] 他人と親しみ性情が優しい意味ⓐから、どんな人をも仲間として受け入れ愛すること（他者への思いやり）の意味ⓑに展開する。また、人の意味ⓒ、他人を敬う語ⓓ、果実のさねの意味ⓔを派生する。[英]kind, tender, affectionate; benevolence, humanity; man; term of respect; kernel [和訓] ひと [熟語] ⓐ仁厚・仁慈・ⓑ仁愛・仁孝・ⓒ御仁・ⓓ仁兄・ⓔ杏仁

文献 ⓐ詩経・盧令「其人美且仁＝其の人は美にして且つ仁なり（その人は美しくて優しいかただ）」ⓑ論語・学而「巧言令色、鮮矣仁＝巧言令色、鮮（すく）なし仁（言葉がうまく外見をよく見せるような人に仁は少ない）」ⓒ論語・雍也「井有仁焉＝井に仁有り（井戸の中に人が[落ちて]いる）」

【壬】4(士・1) 人 | 音 ジン・ニン 訓 みずのえ

語音 *niəm(上古) niəm(中古→㊥ニム〈=ニン〉・㊫ジム〈=ジン〉) rén(中) 임(韓)

語源 [コアイメージ] 膨らむ。[実現される意味] 十干の第九位ⓐ。[英]the ninth heavenly stem

〔解説〕循環的序数詞の一種である十干の一つを表記する字である。字源については諸説紛々であるが、機織りの滕(ちきり)の原字とする林義光の説が妥当。ちきりは縦糸を固定するとともに、織った縦糸を巻き取る機能があるので、「膨らむ」というイメージを表すことができる。十干は植物の生長段階を象徴として命名され、甲、乙、丙、丁、戊、己、庚、辛、壬、癸の順に一巡する。枝や刺が出て肌を刺激するほど植物が成長する段階を象徴させたのが辛、その次に、果実が成熟して膨らむ段階を象徴する壬を配置した。*niəmという語は「膨らむ」というコアイメージをもち、下記のグループを形成する。史記に「壬の言為(た)るは任なり」、釈名に「壬は妊なり」などとあるのは、語源的には間違っていない。

〔グループ〕壬・任・妊・賃・衽(ジン)(=袵。衣の前の膨らんだ部分、えり、おくみ[左衽])・紝(ジン)(布を織る[織紝])・飪(ジン)(熱を加えてふっくらと煮る[烹飪])・荏(ジン)(隆起した果実の生る植物、エゴマ)・鵀(ジン)(頭に膨れたような冠羽のある鳥、ヤツガシラ、戴勝)

字源 織機の部品の一つである「ちきり」を描いた図形。經(=経。縦糸)を構成する巠の下部と同じ形である。「ちきり」は工形の木の棒で、織り手に対しては横向きであるが、図形は縦向きに描いてある。膨らみを強調するため「工」の中央に「○」をつけ、これが変化して「一」の形になった。

(甲) (金) (篆)

語義 [展開] 十干の第九位(みずのえ)の意味ⓐから、順位の九番目の意味ⓑ。また、「ふっくらとしている」というコアイメージから、ふっくらとして豊かである(多く盛んなさま)の意味ⓒ、人当たりがよい(おもねる)意味ⓓを派生する。[英]the ninth heavenly stem; ninth; abundant; fawn

[熟語] ⓐ壬申・ⓓ壬人

文献 ⓐ春秋・桓公3「秋七月壬辰朔、日有食之=秋七月壬辰の朔、日之を食する有り(七月みずのえたつのついたち、日食があった)」ⓒ詩経・賓之初筵「百禮既至、有壬有林=百礼既に至り、壬たる有り林たる有り(多くの儀礼はととのった、たっぷり豊かに勢揃い)」

【尽】6(尸・3) 常 | 常用音訓 ジン つくす・つきる・つかす

〔盡〕14(皿・9) 人 | ㊥ジン ㊙つくす・つきる・ことごとく

語音 *dzien(上古) dziěn(中古→㊥ジン・㊫シン) jìn(中) 진(韓)

語源 [コアイメージ] 全部なくなる。[実現される意味] 全部出しつくす(すっかりなくなる)ⓐ。[英]exhaust

〔解説〕あった物が尽きてなくなることを意味する語は、具体的な状況から発想された。渇・竭は水分が尽きる、既は食物が尽きることから生まれた。盡は物が燃焼してなくなる状況から、「全部なくなる」というイメージが作り出された。日本語の「つきる(つく)」「つくす」は疲れと同根で、体力を使い果たすことに由来するという(大野①)。日本語の「つきる」も漢語の盡と同様、具体的状況から生まれている。

〔グループ〕尽・燼(ジン)(燃えかす[灰燼])・儘(ジン)(ありたけ尽くして全部)・贐(ジン)(ありたけの金を出す→餞別をおくる)・藎(ジン)(忠誠を尽くす[藎忠])

字源 「盡」が正字。「㶳(ジン)(音・イメージ記号)+皿(限定符号)」を合わせた字。「㶳」は「朩(火箸の形)+又(手)+火」を合わせて、火の燃えかすを火箸であしらっている情景を設定した図形。火がすっかり消えて燃えかすだけが残っている様子を示し、灰燼の燼(燃えかす)の原字。「あったものが全部なくなる」というイメージがある。「盡」は皿にあった食べ物が全部食べつくされる様子を暗示させる。この意匠によって、つきてなくなることを表象する。

（篆）　［隶］　（篆）

〈字体〉「尽」は近世中国で発生した「盡」の俗字。

語義 ［展開］全部出し尽くす意味ⓐから、おわる、おわりの意味ⓑ、全部（ことごとく）の意味ⓒに展開する。「つくす」から「ことごとく」への展開は、悉（知り尽くす→ことごとく）にも例がある。［英］exhaust; finish; entirely, all　［熟語］ⓐ尽力・一網打尽・ⓑ小尽・大尽・ⓒ尽日

文献 ⓐ詩経・四月「盡瘁以仕＝尽瘁（ジンスイ）して以て仕ふ（へとへとになるまで力を尽くして仕えた）」ⓒ孟子・尽心下「盡信書則不如無書＝尽（ことごと）く書を信ずれば則ち書無きに如かず（みんなが書［五経の一つの書経］を信じるならば、書はないほうがよい）」

【迅】6(辵・3)　常　常用音訓 ジン

語音 *siuən(上古)　siuĕn(中古→呉・漢シン・［慣］ジン)　xùn(中)　신(韓)

語源 ［コアイメージ］速く進む。［実現される意味］速度が速いⓐ。［英］rapid, fast, swift

〈解説〉説文解字に「迅は疾なり」とある。*siuənという語は疾だけでなく、進・晋・秦・信などとも同源で、「速く進む」というコアイメージをもつ（藤堂①）。

〈グループ〉迅・訊・蝨（シツ）（＝虱。すばやく血を吸う虫、シラミ）

字源 「卂（ジン）（音・イメージ記号）＋辵（限定符号）」を合わせた字。「卂」は「飛」の中だけを取って周りを省略した図形で、羽が見えないほど速く飛ぶ様子を暗示させる。「迅」は速く走る様子を暗示させる。

（篆）　［卂］　（篆）

語義 速度が速い意味ⓐ。［和訓］はやい　［熟語］ⓐ迅速・迅雷

文献 ⓐ論語・郷党「迅雷風烈、必變＝迅雷風烈には、必ず変ず（［孔子は］急に鳴る雷や突風があると、必ず態度を変えた）」

【甚】9(甘・4)　常　常用音訓 ジン　はなはだ・はなはだしい

語音 *dhiəm(上古)　ʒiəm(中古→呉ジム〈＝ジン〉・漢シム〈＝シン〉)　shèn(中)　심(韓)

語源 ［コアイメージ］深入りする。［実現される意味］程度が大きい（はなはだしい、ひどい）ⓐ。［英］excessive

〈解説〉王力は甚・浚・深・潭を同源の語とする（王力①）。藤堂明保はこれら以外にも拡大し、探・沈・耽・枕・尋・淫・貪・針（鍼）なども同源とし、*dhiəmという語は「奥深く入り込む」という基本義があると説く（藤堂①）。物事の程度が深まっていって、限度を超えた状態になることが甚である。この図形化には人間の本能的な感覚が利用された。訓の「はなはだ」はハダを重ねた形の転かという。ハダ（甚）は「非常に。ひどく」の意（大野①）。

〈グループ〉甚・勘・堪・湛・戡（カン）（深く切りつけて殺す）・斟（シン）（深く探り図りながらくみ取る［斟酌］）・椹（チン）（木を切るとき、下に敷く木の台。サワラは国訓）・碪（チン）（布をたたくとき、下に敷く石の台、きぬた）・葚（ジン）（熟すと味が深く入るクワの実［桑葚］）・諶（シン）（深い心の底→まこと）・黮（タン）（深い黒色、どす黒い）

字源 「甘（イメージ記号）＋匹（イメージ補助記号）」を合わせた字。「甘」は味覚において甘いことだが、共感覚メタファーによって性的感覚の意味に転用できる。「匹」は連れ合い（カップル）のこと。したがって「甚」はカップルの甘い性欲を暗示させる図形。この意匠によって、「深入りする」というイメージを表すことができる。

(金) (篆)

語義 [展開] 程度が大きい(はなはだしい)意味ⓐ、はなはだ(ひどく、とても)の意味ⓑに展開する。[英]excessive; very [熟語] ⓐ幸甚・深甚・ⓑ甚大

文献 ⓐ詩経・雲漢「旱既大甚＝旱既に大いに甚だし(日照りは今やひどいありさまだ)」ⓑ詩経・東門之墠「其室則邇、其人甚遠＝其の室は則ち邇(ちか)し、其の人は甚だ遠し(彼女の家は近いのに、彼女との距離はとても遠い)」

【訊】 10(言・3) 人 | 音ジン 訓とう・たずねる

語音 *sien(上古) siĕn(中古→呉・漢シン・[慣]ジン) xùn(中) 신(韓)

語源 [コアイメージ] 速く進む。[実現される意味] 問いただす(問い詰める)ⓐ。[英]interrogate

字源 「卂(ジン)(音・イメージ記号)＋辵(限定符号)」を合わせた字。「卂」は「速く進む」というイメージがある(⇩迅)。「訊」は逃げるすきを与えずすばやく問いただすことを表す。

語義 [展開] 問いただす意味ⓐから、不審を問うべく訴える(告げる)意味ⓑに展開する。また、「速く進む」というイメージは「スムーズに進む(通じる)」というイメージに展開し、スムーズに通じる便り・知らせの意味ⓒを派生する。[英]interrogate; announce; message, news [熟語] ⓐ訊問・審訊・ⓒ通訊

文献 ⓐ詩経・正月「召彼故老、訊之占夢＝彼の故老を召して、之に占夢を訊(と)ふ(訳知りの長老を呼んで、夢占いを問いたずねる)」ⓑ詩経・墓門「歌以訊之＝歌を以て之に訊(つ)ぐ(歌で訴えて彼に告げてやろう)」

【陣】 10(阜・7) 常 | 常用音訓 ジン

語音 *dien(上古) dĭen(中古→呉ヂン〈＝ジン〉・漢チン) zhèn(中) 진(韓)

語源 [コアイメージ] 並べ連ねる。[実現される意味] 軍の配列(陣立て)ⓐ。[英]battle array

字源 「陳(チン)の略体(音・イメージ記号)＋車(限定符号)」を合わせた字。「陳」は「並べ連ねる」というイメージがある(⇩陳)。「陣」は戦車を並べて配置する様子を暗示させる。陣は陳から分化した字。

語義 [展開] 軍の配列(陣立て)の意味ⓐから、防御物を並べて軍を止める所(陣地)の意味ⓑ、陣地を敷く意味ⓒ、いくさの意味ⓓ、陣になぞらえたものの意味ⓔ、ひとしきりの意味ⓕに展開する。[英]battle array; position, front; array; war, battle; lineup; spell [熟語] ⓐ陣法・布陣・ⓑ陣営・本陣・ⓓ陣没・出陣・ⓔ筆陣・論陣・ⓕ陣痛・一陣

文献 ⓐ韓非子・外儲説左下「三軍既成陣＝三軍既に陣を成す(三軍はすでに陣形を整えた)」ⓒ国語・晋「楚半陣、公使撃之＝楚半ば陣す、公之を撃たしむ(楚が陣を敷き終わらないうちに、殿はこれを攻撃させた)」

【尋】 12(寸・9) 常 | 常用音訓 ジン たずねる

語音 *d̥iəm(上古) ziəm(中古→呉ジム〈＝ジン〉・漢シム〈＝シン〉) xún(中) 심(韓)

語源 [コアイメージ] ㋐段々と進む・㋑深く入る。[実現される意味] 長さの単位(八尺)ⓐ。[英]unit of length

〔解説〕指でシャクトリムシのような形で長さを計るのが尺であるが、両腕を使うのが尋。この動作を繰り返して長さを計ることから、「前のものの後を継いで段々と進む」というイメージが生まれる。語源について藤堂明保は深・探・沈・甚・覃(深い)などと同源で、「奥深く入り込む」を基本義とする(藤堂①)。しかし兪樾が「尋の言は寖尋(シンジン)(段々と探る)なり」(諸子平議)というように、「次第に」「段々と」「じわじわと」というイメージが含まれている。深く入り込むことは、段々と次の段階

に(最終的には奥まで)進むことの結果といえる。日本語の「たずねる(たづぬ)」は「綱につかまって先へ行くように、物事や人を追求する意」が原義で、「目指し求める人や所へ、心を配りながら進んで行く」「目指すものを探し出す」という意味に展開するという(大野①)。これは漢語の尋のⓑⓒとほぼ同じ。しかし「事情を聞きただす」という意味は尋にはない。これは訊のほうである。

〔グループ〕尋・潯ジン(深く水を湛えた淵)・燖ジン(冷めたものをじわじわと温める)・蕁ジン(毛に触れると毒がじわじわと入り込んで痛みを引き起こす草、イラクサ[蕁麻])・鱘ジン(=鱏ジン。鼻が長く伸びた魚、ヘラチョウザメ)

字源 「尋」が正字。これを分析すると、「ヨ(=又)+工」の部分と、「寸(=又)+口」の部分に分かれる。前者は「左」の字であり、後者は「右」の字である。要するに「左+右」が配置換えされて「尋」となった(篆文では音記号の「彡サン」が添えてある)。左右の手を広げて長さを計る情景を暗示させる図形である。尋を「左」と「右」の組み合わせと解析したのは王廷鼎が最初という。

(篆)

〔字体〕「尋」は旧字体。「尋」は古くから書道で行われた字体。現代中国の簡体字は「寻」。

語義 [展開] 長さの単位が本義ⓐ。「前のものの後を継いで段々と進む」というイメージから、段々と後を追ってたどっていく意味ⓑ、段々と探り求める意味ⓒ、ついで(前のことを引き継いで)の意味ⓓに展開する。問いたずねる意味ⓔは日本的用法。[英]unit of length; follow, pursue; search, seek; subsequently; inquire [和訓]ひろ・ついで [熟語]ⓐ尋常・千尋・ⓑ尋繹・ⓒ尋訪・探尋・ⓔ尋問

文献 ⓐ詩経・閟宮「是尋是尺=是れ尋、是れ尺([材木を切るのは]尋の長さに尺の長さに)」ⓑ列子・周穆王「案所夢而尋得之=夢みる所に案じて、尋ねて之を得たり(夢に見た通りに尋ねていくとそれ[鹿]を手に入れた)」ⓒ墨子・修身「思利尋焉=利を思ひて尋ぬ(利益を得たいと探っていく)」

【稔】13(禾・8)　人　音ジン・ネン　訓みのる・とし

語音 *niəm(上古) niəm(中古→呉ニム〈=ニン〉・漢ジム〈=ジン〉・[慣]ネン) rěn(中) 임(韓)

語源 [コアイメージ] 中に閉じ込める。[実現される意味] 作物が成熟する(みのる)ⓐ。[英]ripen, harvest

字源 「念ネン(音・イメージ記号)+禾(限定符号)」を合わせた字。「念」は「中に閉じ込める」というイメージがある(⇩念)。「稔」は作物の穂の中に実がいっぱい詰まる様子を暗示させる。

語義 [展開] 作物が(年ごとに)みのる意味ⓐから、としの意味ⓑを派生する。[英]ripen, harvest; year [熟語]ⓐ稔歳・稔熟

文献 ⓐ国語・呉「不稔於歳=歳に稔らず(その年に[作物が]実らなかった)」

【腎】13(肉・9)　常　常用音訓　ジン

語音 *ghien(上古) ʒiěn(中古→呉ジン・漢シン) shèn(中) 신(韓)

語源 [コアイメージ] 堅く引き締める。[実現される意味] 内臓の一つ(腎臓)ⓐ。[英]kidney

〔解説〕広雅・釈親に「腎は堅なり」と語源を説く。*ghienという語は堅・緊などと同源で、「堅く引き締める」というコアイメージをもつ。古代では、腎臓は精力を蓄える器官と考えられた。

字源 「臤ケン(音・イメージ記号)+肉(限定符号)」を合わせた字。「臤」は「堅く引き締める」というイメージがある(⇩堅)。「腎」は体を堅く引き締める働きのある器官を表す。

語義 [展開] 腎臓の意味ⓐから、胸の内、心の意味ⓑを派生する。

[英]kidney; heart, mind [熟語] ⓐ腎臓・副腎・ⓑ肝腎

文献 ⓐ素問・霊蘭秘典論「腎者作強之官、伎巧出焉＝腎なる者は作強の官、伎巧出づ(腎は体力を強くする器官で、さまざまな働きがここから出る)」ⓑ書経・盤庚「今予其敷心腹腎腸、歴告爾百姓于朕志＝今予其れ心腹腎腸を敷き、爾百姓に朕が志を歴告せん(今ここで腹の内、胸の内を開いて、お前たち人民にわが志を教えよう)」

ス

す

【須】 12(頁・3) 常 常用音訓 ス

語音 *ɲiug(上古) siu(中古→呉ス・漢シュ) xū(中) 수(韓)

語源 [コアイメージ] ㋐柔らかい・粘り強い・㋑スムーズに動かない。[実現される意味] あごひげⓐ。[英]beard

〔解説〕ひげを表す漢字に鬚(シュ)(あごひげ)・髯(ゼン)(ほおひげ)・髭(シ)(くちひげ)がある。このうち鬚・髯は「柔らかい」というイメージから生まれた。「柔らかい」というイメージは「粘り強い」「粘りついてスムーズに動かない」というイメージに展開する。易経に「需は須なり」とあるように、需と須を同源とする意識が古くからあった。需は「柔らかい」というイメージから、「粘り強く待つ」という意味が生まれる。須も同じである。

字源 「彡(髪の毛やひげの形)＋頁(頭)」を合わせて、あごひげを描いた図形。鬚(あごひげ)の原字。

(金) (篆)

語義 [展開] あごひげが原義ⓐ。「粘り強い」「スムーズに動かない」というイメージを介して、自分では動かないで、何かを期待して粘り強く待つ意味ⓑ。また、待ち受けて求める(何かを期待して求める、必要とする)意味ⓒを派生する。また、文頭に置いて、以下のことをすることが是非必要であると促す用法(漢文で「すべからく～べし」と読む)ⓓが生まれた。また、時間があまり進まないうちに(しばらく)の意味ⓔを派生する。[英]beard; wait; need, must; moment [和訓] すべからく・まつ・もとめる・もちいる [熟語] ⓒ須要(シュヨウ)・必須・ⓔ須臾(シュユ)

文献 ⓐ易経・賁「賁其須＝其の須(ひげ)を賁(かざ)る(あごひげを美しく整える)」ⓑ詩経・匏有苦葉「印須我友＝印(われ)は我が友を須(ま)つ(私は友を待っている)」ⓓ戦国策・楚一「須以決事＝須(すべか)らく以て事を決すべし(是非事を決めるべきです)」ⓔ荀子・王制「不待須而廢＝須を待たずして廃す(しばらくして廃止した)」

ず

【図】 7(口・4) 常 常用音訓 ズ・ト はかる

語音 *dag(上古) do(中古→呉ヅ〈＝ズ〉・漢ト) tú(中) 도(韓)

語源 [コアイメージ] 一所に集中する・一点にくっつける。[実現される意味] 一定の枠(紙や布など)の中に土地の形を書きつけたもの(地図)ⓐ。[英]map

〔解説〕*dagという語は書・著・着・貯などと同源で、「一所に集まる」「定着する」という基本義をもつ(藤堂①)。言い換えると「多くのものを一所に集中させる(一点にくっつける)」がコアイメージである。町や村などの大きな地形を縮めて布や紙という狭い空間に書きつけた(定着させた)ものを図という。和訓の「はかる」は語義のⓔに対する訓。「はか」は予定した仕事の量の意で、仕事の分量を予測して見当をつけることが

「はかる」。ここから、計測する意味、見当をつける意味、もくろむ意味に展開する(大野①)。表記する際には、計測するは「量る」「測る」、予測して見当をつけるは「図る」、もくろむは「計る」と書いて区別する。

【字源】「圖」が正字。「啚(イメージ記号)+囗(限定符号)」を合わせた字。「啚」は米倉の形で、稟(米倉)の原字(⇨凜)。「口(場所)+㐭」を合わせた「啚」は、米倉のある地域を示し、鄙(都に対する農村、田舎)の原字である。かくて「圖」は枠の中に田舎(支配する領域)を写したものを暗示させる。この意匠によって、地形や領土などを書き込んだ地図(版図)を表象する。図形にコアイメージは反映されていない。

(金) (篆)

〔字体〕「圖」は旧字体。「図」は常用漢字の字体だが、由来不明。

【語義】[展開] 地図の意味ⓐから、物の姿や形を描いたもの(絵図・絵画)の意味ⓑ、点や線で描いた形の意味ⓒ、形あるものをデザインして描く意味ⓓ、心の中で予想や計画を思い描く(はかる)意味ⓔ、計画(はかりごと)の意味ⓕに展開する。[英]map; picture, drawing; figure, diagram, chart; draw; intend, consider; plan, scheme [熟語] ⓐ地図・版図・ⓑ図画・図像・ⓒ図形・系図・ⓔ意図・企図・ⓕ壮図・雄図

【文献】ⓐ周礼・春官・冢人「辨其兆域而爲之圖=其の兆域を弁じて之が図を為る(領域を見分けてその地図を作る)」ⓑ論語・子罕「河不出圖=河、図を出ださず(黄河から図[八卦の図]が現れない)」ⓓ春秋左氏伝・宣公3「昔夏之方有德也、遠方圖物=昔、夏の方に徳有るや、遠方、物を図く(昔、夏王朝に徳があった頃、遠い国からいろいろな物を描いた図を送ってきた)」ⓔ詩経・崧高「我圖爾居=我、爾の居を図る(私はお前の住まいを計画する)」

すい

【水】 4(水・0) 常 常用音訓 スイ みず

【語音】*thiuăr(上古) ʃui(中古→呉・漢スイ) shuĭ(中) 수(韓)

【語源】[コアイメージ] ルートに従う。[実現される意味] みずⓐ。[英] water

〔解説〕古人は「水は準なり」という語源意識をもっていた。水が平らに落ち着く性質から、準(平らの意)と同源と見たもの。しかし藤堂明保は、水流の特徴から、追・遂・循・順・術などと同源で、「ルートに従う」という基本義をもつ語とする(藤堂①)。

【字源】水が筋をなして流れる姿を描いた図形。

(甲) (金) (篆)

【語義】[展開] みずの意味ⓐから、川の意味ⓑを派生する。[英]water; river [和訓] みな [熟語] ⓐ水道・水量・ⓑ水系・背水

【文献】ⓐ詩経・碩人「河水洋洋、北流活活=河水洋洋たり、北に流れて活活たり(黄河の水は満々と、北に流れて滔々と)」ⓑ詩経・蒹葭「所謂伊人、在水一方=所謂伊の人は、水の一方に在り(私のいとしいあの人は、川の向こう岸にいる)」

【吹】 7(口・4) 常 常用音訓 スイ ふく

【語音】*t'iuăr(上古) tʃ'iuĕ(中古→呉・漢スイ) chuī(中) 취(韓)

【語源】[コアイメージ] 推し出す。[実現される意味] ふうと息をふくⓐ。[英]blow

〔解説〕釈名・釈楽器に「竹には吹と曰ふ。吹は推なり。気を以て其の声を推発するなり」とあるように、吹と推(推し出す)は同源の語で、息をふくこと。英語のblowは風が吹く意から、息を吹く、吹奏する意に転じる。転義の仕方は漢語の吹と逆であるが、吹とblowは一致する。

〈グループ〉吹・炊

字源 「欠(イメージ記号)＋口(限定符号)」を合わせた字。「欠」は大きく口を開けてしゃがんだ人の形。「吹」は体を曲げて大きく息を吐く情景を設定した図形。この意匠によって、息をふくことを表象する。図形にコアイメージは反映されていない。

(甲) (金) (篆)

語義 [展開] 息をふく意味ⓐから、比喩的に、風が吹きつけるⓑ、笛などの楽器をふき鳴らす意味ⓒに展開する。[英]blow(ⓐ～ⓒ) [熟語] ⓐ吹毛・ⓒ吹管・吹奏

文献 ⓐ老子・二十九章「或歔或吹＝或いは歔(キョ)し、或いは吹く([存在物の中には]ふうと静かに息を吐くものもいれば、ふっと強く息を吹きつけるものもいる)」ⓑ詩経・蘀兮「蘀兮蘀兮、風其吹女＝蘀(タク)よ蘀よ、風其れ女([＝汝])を吹く(枯れ葉よ、枯れ葉よ、風がお前を吹きつける)」ⓒ詩経・鹿鳴「鼓瑟吹笙＝瑟を鼓し笙を吹く(琴を弾き笙を吹く)」

【垂】 8(土・5) 常 常用音訓 スイ たれる・たらす

語音 *dhiuar(上古) ʒiuě(中古→呉ズイ・漢スイ) chuí(中) 수(韓)

語源 [コアイメージ] 上から下に垂れ下がる。[実現される意味] たれ下がるⓐ。[英]hang, droop

〈解説〉藤堂明保は垂・墮・妥・端・段・断・縁・椽(テン)(たるき)・朶(ダ)(垂れた枝)・綏(スイ)(吊り紐)・唾(ダ)(垂れ落ちるつば)などを同源とし、「上から下へおちる」という基本義を想定した(藤堂①)。この単語家族は、墮・惰が「形が崩れる」、端が「左右にバランスが取れる」、妥が「落ち着く」など、別のイメージに転化するものが多いが、垂は「上から下に(↓の形に、垂直に)垂れ下がる」というコアイメージは変わらない。一方、水平の軸に視点を移すと、中央から四方の末端に下がっていくというイメージが生まれる。これは下が高い所から低い所にくだる↓中央から地方にくだるという意味に転ずるのと似たイメージ転化現象である。垂は垂直に垂れ下がる意味と、中央に対する辺境の意味が同時にある。日本語の「たれる(たる)」は「支える力があるけれど、弱くて物が下のほうへ垂直に伸びている状態」「上方の一点によって支えられて、布や水が下方に垂直にさがる意」という(大野②)。これは漢語のⓐⓑに合致するが、「たる」の「現し示す」という意味は垂の訓読に由来するらしい(ⓒⓓに当たる)。

〈グループ〉垂・睡・唾・錘・陲(スイ)(辺境[辺陲])・箠(スイ)(上から下に打ち下ろす「むち」)・棰(スイ)(むち。「たるき」は国訓)・捶(スイ)(むちうつ[捶笞])

字源 楷書は形が崩れて分析不能。篆文に遡ると「𠂹(スイ)(音・イメージ記号)＋土(限定符号)」を合わせた字。「𠂹」は植物の枝葉が垂れ下がる姿を描いた図形で、「上から下に垂れ下がる」というイメージがある。「垂」は中央から段々と垂れ下がっていく末端の土地を暗示させる。この意匠によって、垂れ下がることと、遠い辺境の土地を表象する。

(篆) [𠂹] (篆)

語義 [展開] 支点から垂直方向に垂れ下がる意味ⓐから、支点を離れて垂れた形で落ちる意味ⓑ、上の方から下の方へ物事を下げて与える意味ⓒ、下の方へ伝える意味ⓓ、また、中央から下っていく末端(辺境の土地、末端)の意味ⓔ、端っこへ近づく意味ⓕに展開する。また、今にも何かをしそうであるという用法ⓖも生まれた。ⓔは陲と通用。[英]hang, droop; fall; hand out; bequeath; border; frontier; approach; almost [和訓] なんなんとする [熟語] ⓐ垂直・下垂・ⓑ垂涎(スイゼン)・ⓒ垂訓・垂範・ⓓ垂跡(スイジャク)・垂統・ⓔ四垂・辺垂・ⓖ垂死・垂老

文献 ⓐ詩経・芄蘭「垂帯悸兮＝垂帯悸たり(垂れた帯が震えている)」ⓑ韓非子・五蠹「夫垂泣不欲刑者仁也、然而不可不刑者法也＝夫れ垂泣し

て刑を欲せざる者は仁なり、然り而して刑せざるべからざる者は法なり（涙を流して処刑したくないと思うのは仁愛であるが、処刑せざるを得ないのは法があるからである）」ⓓ孟子・梁恵王下「君子創業垂統＝君子は業を創(はじ)め統を垂る（君子は事業を創始して伝統を後世に伝える）」ⓔ漢書・韋玄成伝「四垂無事＝四垂事無し（四方の辺境は何事もない）」ⓕ史記・袁盎列伝「千金之子、坐不垂堂＝千金の子は、坐して堂に垂(イス)せず（金持ちの子は危ない堂の端には近寄らない）」

【炊】8（火・4） 常 ―常用音訓 スイ たく

語音 *t'iuăr（上古） tʃ'iuě（中古→㊐・㊥スイ） chuī（中） 취（韓）

語源 ［コアイメージ］推し出す。［実現される意味］食物を煮炊きするⓐ。［英］cook a meal

字源 「吹(イス)の略体（音・イメージ記号）＋火（限定符号）」を合わせて、火をふうと吹く情景を設定した図形。この意匠によって、火をたいて食物を煮ることを表象する。吹と炊は同源の語。

語義 食物を煮炊きする意味ⓐ。［和訓］かしぐ ［熟語］ⓐ炊飯・自炊

文献 ⓐ戦国策・秦一「嫂不為炊＝嫂(あによめ)、為に炊(かし)がず（兄嫁は彼のために飯を炊いてくれなかった）」

【帥】9（巾・6） 常 ―常用音訓 スイ

語音 (1)*sïuət（上古） ṣïuĕt（中古→㊐シュチ・シュツ・ソチ・㊥ソツ） shuài（中） 솔（韓） (2)*sïuəd（上古） ṣïui（中古→㊐・㊥スイ） shuài（中） 수（韓）

語源 ［コアイメージ］ルートに従う。［実現される意味］先頭に立って指揮する（人をひきいる）ⓐ。［英］lead, direct

［解説］王力は帥・率・遵・循・巡を同源の語とする。帥と率はもとは一語で、名詞の場合に所類切の音（スイ）、動詞の場合に所律切の音（シュツ・ソツ）に分化したという（王力①）。藤堂明保は帥・率を卒のグループに所属させたが、王力の説が妥当であろう。遵・循・巡・順・述は「ルートに従う」というコアイメージをもつ（藤堂①）。「ルートに従う」というイメージは「ルートからそれない」というイメージに展開し、ルートから外れないように人々を導く意味を実現させる。

字源 「𠂤（イメージ記号）＋巾（限定符号）」を合わせた字。金文では両手で指揮棒を持つ形に「巾（旗印の形）」を合わせて、軍隊を指揮する情景を設定した図形。のち字体が「𠂤＋巾」に変わった。「𠂤」は堆積の堆と同じで、「集団」のイメージを示す記号で、師（軍隊）の原形でもある（⇨師）。「帥」は旗印の下で軍隊を率いる様子を暗示させる。この意匠によって、人々を率いること、また、率いる人を表象する。図形はコアイメージを反映していない。

（金） （篆）

語義 ［展開］先頭に立って人々を正しいルートに導き率いる意味ⓐ。また、コアイメージがそのまま実現されて、従う意味ⓑがある（以上は1の場合）。また、軍を率いる大将（軍の統率者、将軍）の意味ⓒを派生する（2の場合）。現在では中国でも日本でも1の読み方は2の音で代用する。［英］lead, direct; obey; leader, commander ［和訓］ひきいる ［熟語］ⓐ統帥・ⓒ元帥・総帥

文献 ⓐ論語・顔淵「子帥以正、孰敢不正＝子帥ゐるに正を以てすれば、孰(たれ)か敢へて正しからざらん（あなたが正義で人々を率いるならば、正しくならない者はいないでしょう）」ⓑ礼記・王制「不帥教者以告＝教へに帥(したが)はざる者は以て告ぐ（命令に従わなかったものは告発される）」ⓒ論語・子罕「三軍可奪帥也、匹夫不可奪志也＝三軍も帥を奪ふべし、匹夫も志を奪ふべからず（大軍であってもその大将を奪うことはできるが、どんなつまらぬ

男でも彼の志は奪えない)」

【粋】10(米・4) 常 常用音訓 スイ いき
〔粹〕14(米・8) 人 音スイ 訓いき

語音 *siuəd(上古) siui(中古→呉・漢スイ) cuì(中) 수(韓)

語源 [コアイメージ] そろっている。[実現される意味] 混じり気がないⓐ。[英]pure

字源 「粹」が正字。「卒ソツ(音・イメージ記号)+米(限定符号)」を合わせた字。「卒」は「小さくまとまる」「一様にそろっている」というイメージがある(⇩卒)。「粹」は米が一様にそろっていて、他のものが混じっていない様子を暗示させる。この意匠によって、混じり気がないことを表象する。

〔字体〕「粋」は近世中国で発生した「粹」の俗字。現代中国では正字を用いる。

語義 [展開] 質が一様にそろって、ほかのものが混じっていない意味ⓐ。日本では垢抜けした精神や態度をいき(意気)ⓑという。その表記に粋の字を当て、スイとも呼ばれるようになった。[英]pure; chic, smartness [熟語] ⓐ純粋・精粋・ⓑ粋狂・無粋

文献 ⓐ荘子・刻意「其神純粋、其魂不罷＝其の神は純粋、其の魂は罷(つか)れず(かれ[聖人]の精神は混じり気がなく、彼の霊魂は疲れることがない)」

【衰】10(衣・4) 常 常用音訓 スイ おとろえる

語音 (1)*suar(上古) sua(中古→呉・漢サ) suō(中) (2)*sïuər(上古) ʃïui(中古→呉・漢スイ) shuāi(中) 쇠(韓) (3)*ts'uər(上古) ts'uəi(中古→呉セ・漢サイ) cuī(中) 최(韓)

語源 [コアイメージ] ㋐垂れ下がる・㋑形が崩れる。[実現される意味] 雨具の一つ(みの)ⓐ。[英]raincoat made of straw

〔解説〕衰はもともと「みの」を意味する。「みの」はスゲなどの茎や藁を編んで裾を乱雑に垂らした雨具である。*suarという語は垂・堕・朶ダ(木の枝が垂れ下がる)・緌イス(吊り紐)などと同源の語で、「(上から下に)垂れ下がる」というコアイメージをもつ。物が垂れ下がると形が乱れて崩れるから、「形が崩れる」というイメージに転化する。これは堕・惰が「垂れ下がる」から「崩れて定形がなくなる」へと転ずるのと似たイメージ転化現象である。日本語の「おとろえる(おとろふ)」はオツ(落)・オトル(劣)と同根で、生命力や活力が劣って弱くなる意という(大野①)。漢語の衰が「垂れる・形が崩れる」というイメージから展開するのと、日本語の「おとろふ」が落ちる・劣るに由来するのと似ている。

〔グループ〕衰・蓑・簑サ(みの)・榱イス(たるき)・縗イサ(喪服)

字源 古文は雨具の「みの」の全形を描いた図形。篆文はみのの形に限定符号の「衣」を合わせた図形。蓑(みの)・簑(みの)の原字。みのは草を垂らして端をそろえないままに作った粗末な雨具なので、「だらりと垂れ下がる」あるいは「形が崩れてしおれる」というイメージを表すことができる。

(古)　(篆)

語義 [展開] 「みの」が原義ⓐ(1の場合)で、後世では蓑・簑と書かれる。「垂れ下がる・形が崩れる」というコアイメージから、だんだんと形が崩れて、力や勢いが弱く小さくなる(おとろえる)という意味ⓑを派生する(2の場合)。また、端をそろえていない衣という原初的イメージから、粗末に作った喪服の意味ⓒを派生する(3の場合)。[英]raincoat made of straw; decline; mourning clothes [熟語] ⓑ衰弱・衰退・ⓑ斬衰ザンサイ

文献 ⓑ論語・述而「甚矣、吾衰也＝甚だしいかな、吾の衰へたるや

（何ともひどいよ、私の老衰ぶりは）」ⓒ論語・郷党「見齊衰者、雖狎、必變＝斉衰の者を見れば、狎れたりと雖も、必ず変ず（[孔子は]喪服を着た人に出会うと、親しい人でも、必ず態度を改めた）」

【彗】11(彐・8) 人 ｜ 音スイ 訓ほうき

語音 *ɦiuad(上古) ziui(中古→呉ズイ・漢スイ) sui・hui(中) 혜(韓)

語源 [コアイメージ] 細かい・細かく働く。[実現される意味] ほうきⓐ。[英]broom

〔解説〕ほうきは先が細いし、細かく動かして使う道具である。したがって*ɦiuadという語は「細い」「細かく動く」というコアイメージをもつ。

〔グループ〕彗・慧・嘒(小さく細く見えるさま)・篲(ほうき)・轊(車軸の細い頭部)

字源 「甡(先が細かく枝分かれた穂の形)＋又(手の形)」を合わせて、ほうきを手に持つ情景を設定した図形。

(篆)

語義 [展開] 掃除用の道具であるほうきの意味ⓐから、ほうき星の意味ⓑに転用される。[英]broom; comet [熟語] ⓑ彗星

文献 ⓑ春秋左氏伝・昭公17「彗、所以除舊布新也、天事恒象＝彗は旧を除き新を布く所以なり、天事の恒象なり（ほうき星は古いものを払いのけ、新しいものを伸展するもので、天体の常の現象である）」

【推】11(手・8) 常 ｜ 常用音訓 スイ おす

語音 (1)*t'uər(上古) t'uai(中古→呉・漢タイ) tui(中) (2)*t'iuər(上古) tʃ'ui(中古→呉・漢スイ) 추(韓)

語源 [コアイメージ] 一点に重みを加える。[実現される意味] 重みをかけてぐっと前におし出す（おし進める）ⓐ。[英]push

〔解説〕隹にコアイメージの源泉がある。説文解字では鳥は「長尾禽の総名」、隹は「鳥の短尾の総名」としている。鳥類を二つのイメージに概括し、「尾が長く垂れ下がる」というイメージをもつのが鳥、「体形が丸みを帯びてずんぐりしている」というイメージをもつのが隹である。後者は「重みが加わってずっしりしている」「一点に重みが加わる」「ずっしりと重い」というイメージに展開する。また、「上から下に（↓の形に）重みをかける」というイメージは、視点を変えると、「下から上に（↑の形に）突き上げる」というイメージ、「横の方向へ（→の形に）突き進める」というイメージにも展開する。下記のグループはこれらのイメージを共有する。日本語の「おす」は「対象に密着して、上や横から力を加える意、また、対象が向こうへ移動するように力を加える意」という二つの意味がある（大野①）。前者は漢語の押、後者は漢語の推に近い。英語のpushは「前方に（あるいは自分から離すように）押す力を加える」がコアイメージで、「押す」のほか、㋐強要する、㋑押し付ける、㋒（仕事・行動などを）押し進める意などに転義する（田中①）。㋒が漢語の推に近い。

〔グループ〕推・維・堆・稚・椎・唯・誰・惟・錐・碓・帷(上から重く垂れるカーテン[帷幄])・崔(催・摧のコアになる記号)

字源 「隹(音・イメージ記号)＋手(限定符号)」を合わせた字。「隹」は丸みを帯びてずんぐりした鳥を描いた図形。見た目の感じから、「上から下にずっしりと重みをかける」というイメージがある。視点を変えると、「横や前の方向に重みを加える」というイメージに展開する。「推」は後ろから手で重みを加えて押して前に前に進める様子を暗示させる。この意匠によって、ぐっと前に押し進めることを表象する。

(甲) (金) (篆)[隹] (篆)

語義 [展開] Aという物を後おししてa点からb点に動かす（おし進め

る）意味ⓐ、Aをある空間から外へ押しやる（押しのける）意味ⓑ、Aを上の方向へ上がるように後おしする（おし上げる）意味ⓒ、時間軸上でAが何かの力でおされて動く（移る）意味ⓓ、精神の領域でaの事柄からbの事柄へ考えを及ぼす（おしはかる）意味ⓔに展開する。1と2の読みがあったが、現代の中国では1、日本では2を用いている。［英］push; push away, shove; push up, put forward; change; speculate, deduce 【熟語】ⓐ推進・推力・ⓑ推排・ⓒ推挙・推薦・ⓓ推移・推遷・ⓔ推測・推定

文献 ⓐ春秋左氏伝・襄公14「二子者或輓之、或推之＝二子は、或いは之を輓き、或いは之を推す（二人のうち一人は前から車を引き、一人は後から推した）」ⓑ詩経・雲漢「旱既太甚、則不可推＝旱既に太いに甚だし、則ち推すべからず（日照りは今やひどいありさま、おしのけるわけにはいかぬ）」ⓒ書経・周官「推賢譲能、庶官乃知＝賢を推し能に譲るは、庶官乃ち知る（賢人をおし上げ、有能者に位を譲ることは、官吏はみな知っている）」ⓓ易経・繫辞伝下「寒暑相推而歳成焉＝寒暑相推して歳成る（寒さ・暑さがおしつおされつして移り、一年が完成する）」

【酔】 11（酉・4） 常 ｜常用音訓｜ スイ　よう

〔醉〕 15（酉・8） 人 ｜音スイ　訓よう

語音 *tsiuad（上古）　tsiui（中古→呉・漢スイ）　zui（中）　취（韓）

語源 【コアイメージ】小さい・か細い。【実現される意味】酒を飲んでようⓐ。［英］get drunk

〔解説〕日本語の「よう（よふ）」はヱフが古形。ヱは「酒気を吹き出す声」という説がある（大言海）。漢語の酔は憔悴の悴（心がか細くなる）や瘁（疲れてやせ細る、やつれる）と同源で、酒気のために意識がか細くなるというイメージの語である。日本語では比喩的に乗り物に乗って気分が悪くなる状態にも「よう」が用いられるが、漢語の酔にこの意味はない。

字源 「醉」が正字。「卒ツ（音・イメージ記号）＋酉（限定符号）」を合わせた字。「卒」は「小さい」というイメージがあり、「細く締まる」「か細い」というイメージに展開する（⇨卒・粋）。「醉」は酒を飲んで意識がか細くなる様子を暗示させる。この意匠によって、酒にようことを表象する。

〔字体〕「酔」は近世中国で発生した「醉」の俗字。現代中国では正字を用いる。

語義 【展開】酒を飲んで酔う意味ⓐから、正体を失う意味ⓑ、意識・感覚がなくなる意味ⓒに展開する。［英］get drunk; be intoxicated; lose feeling 【熟語】ⓐ昏酔・泥酔・ⓑ心酔・陶酔・ⓒ麻酔

文献 ⓐ詩経・黍離「中心如醉＝中心酔ふが如し（心はまるで酔ったかのよう）」

【遂】 12（辵・9） 常 ｜常用音訓｜ スイ　とげる

語音 *diuər（上古）　ziui（中古→呉ズイ・漢スイ）　sui（中）　수（韓）

語源 【コアイメージ】㋐重く垂れ下がる・㋑最後まで（奥まで）推し進める。【実現される意味】物事を最後までやりとげるⓐ。［英］achieve, accomplish

〔解説〕王力は術・述・遂・隧が同源で、道路の意味があるとする（王力②）。藤堂明保は遂は循・巡・順・述と同源で、「ルートに従う」を基本義とするが（藤堂①）、むしろ「奥まで推し進める」というイメージが強く、追や推と同源と考えられる。物事を推し進める前提には「圧力や重みを加える」というイメージがある。㒸スイ・𠂤タイ・隹は「↓の形に重みが加わる」というイメージを示す記号である。縦の視点を横の視点に変えると、「横に（→の形に）突き進める」というイメージに転化する。このイメージ転化現象が遂・追・推に共通して見られる。「横に突き進める」は「最後まで（奥まで）推し進める」というイメージに展開する。日本語

の「とげる(とぐ)」は「望み、心ざすところを確実に貫き通す」意という(大野①)。「貫き通す」と「突き進める」はイメージが似ている。英語のachieveはラテン語のad-(方向)+caput(頭)に由来し、頭まで達する→成し遂げる意になったらしい(下宮①など)。漢語の遂が「最後(奥)まで進める」であるのと逆なのはおもしろい。

〈グループ〉遂・燧(棒を奥深く入れて摩擦させて火を起こす道具[燧石])・隧(奥まで通る道[隧道])・邃(穴が奥深い[幽邃])・穟(=穂)

字源 「㒸(音・イメージ記号)+辵(限定符号)」を合わせた字。「㒸」は「八(両側に分かれる符号)+豕(ブタ)」を合わせて、腹が張り出て太ったブタを暗示させる図形(⇩隊)。この意匠によって「↓の形に(上から下に)力が加わって重く垂れ下がる」というイメージを示す一方、視点を横の方向に変えると、「力や重みをかけて→の形に推し進める」というイメージを表すことができる。後者のイメージは「何らかの力を加えて、奥まで(最後の地点まで)到達させる」というイメージに転化する。かくて「遂」は推し進めて最後の地点まで行かせる様子を暗示させる。この意匠によって、最後までやりとげることを表象する。

(篆) [㒸] (篆)

〈字体〉「遂」は旧字体。「遂」は古くから書道に見られる字体。

語義 [展開] 最後までやりとげる意味ⓐから、最後に(ついに)の意味ⓑに展開する。[英]achieve, accomplish; finally [和訓] ついに [熟語] ⓐ完遂・未遂

文献 ⓐ詩経・候人「彼其之子、不遂其媾=彼の其の子、其の媾を遂げず(私の好きなあの方は、情を通じてくれなかった)」ⓑ論語・衛霊公「明日遂行=明日遂に行けり(明くる日とうとう立ち去った)」

【睡】13(目・8) 常 常用音訓 スイ

語音 *dhiuar(上古) ʒuě(中古→呉ズイ・漢スイ) shuì(中) 수(韓)

語源 [コアイメージ] 上から下に垂れ下がる。[実現される意味] 居眠りする、また、目を閉じて眠るⓐ。[英]doze, sleep

字源 「垂(音・イメージ記号)+目(限定符号)」を合わせた字。「垂」は「上から下に垂れ下がる」というイメージがある(⇩垂)。「睡」はまぶたが垂れ下がる様子を暗示させる。この意匠によって、居眠りする、また、目を閉じて眠ることを表象する。

語義 居眠りする、また、目を閉じて眠る意味ⓐ。[和訓] ねむる [熟語] ⓐ睡眠・仮睡

文献 ⓐ戦国策・秦一「讀書欲睡、引錐自刺其股=書を読みて睡らんと欲し、錐を引きて自ら其の股に刺す(書物を読むうち眠気に襲われ、きりを引き出して股を刺した)」

【翠】14(羽・8) 人 音スイ 訓みどり

語音 *ts'ĭuəd(上古) ts'ĭuĭ(中古→呉・漢スイ) cuì(中) 취(韓)

語源 [コアイメージ] 小さい・引き締まる。[実現される意味] カワセミ科の鳥の名ⓐ。[英]kingfisher

字源 「卒(音・イメージ記号)+羽(限定符号)」を合わせた字。「卒」は「小さい」というイメージがあり、「小さくまとまる」「細く引き締まる」というイメージに展開する(⇩卒)。「翠」は体形が細く引き締まって美しい鳥を暗示させる。この意匠によって、カワセミを表象する。

語義 [展開] カワセミ科の鳥の名ⓐ。平原や水辺に棲む。カワセミを翠鳥、ヤマショウビンを翡翠、ヤマセミを魚狗と呼ぶ。転じて、黄がかった青色、みどり色の意味ⓑ。また、翡翠は宝石の名ⓒ。[英]kingfisher; emerald green, green; jade [熟語] ⓐ翠羽・翡翠・ⓑ翠微・深翠

文献 ⓐ山海経・西山経「其狀如翠而赤喙=其の状は翠の如くして赤喙(その姿はカワセミに似、くちばしが赤い)」

【穂】15(禾・10) 常 常用音訓 スイ ほ

〔穗〕17(禾・12) 人 音スイ 訓ほ

語音 *diuər(上古) ziui(中古→呉ズイ・漢スイ) sui(中) 수(韓)

語源 [コアイメージ] ㋐垂れ下がる・㋑丸く包み込む。[実現される意味] 穀物のほⓐ。[英]ear

〔解説〕語源の難しい語である。采→穟→穂と変化したことを考えると、遂にコアイメージの源泉がある。遂は「重みが加わって垂れ下がる」というコアイメージをもつ。穟の用例として詩経・生民篇に「禾役穟穟たり(稲の穂が成熟して垂れ下がる)」という詩句がある。ほ(穂)を意味する*diuərは「垂れ下がる」というイメージで発想された語で、垂と同源である。日本語の「ほ」は「ひいでる(秀)」が「穂出づ」から来ている通り、高く突き出る、抜きん出るというイメージの語である。

字源 「采」「穟」が本字。「采」は「爪(下向きの手)+禾(いねの穂が実って垂れ下がる形)」を合わせて、成熟した稲の穂を収穫する情景を設定した図形。「穟」は「遂(音・イメージ記号)+禾(限定符号)」を合わせた字。「遂」は「重みが加わって垂れ下がる」というイメージがある(⇩遂)。後に「惠(イメージ記号)+禾(限定符号)」を合わせた字体に変わった。「惠」は「丸く包み込む」というイメージがある(⇩惠)。「穗」は実を丸く包み込む「ほ」を暗示させる。

〔篆〕

〔字体〕「穗」は旧字体。「穂」は中国に存在した俗字(竜龕手鑑に出る)。現代中国では穗を用いる。

語義 穀物のほの意味ⓐ。[熟語] ⓐ花穂・出穂

文献 ⓐ詩経・黍離「彼稷之穗＝彼の稷の穂(あのウルキビの穂)」

【誰】15(言・8) 常 常用音訓 だれ

語音 *dhiuər(上古) ʒui(中古→呉ズイ・漢スイ) shuí(中) 수(韓)

語源 [コアイメージ] 推し進める・推しはかる。[実現される意味] 不審な人をとがめて問うⓐ。[英]challenge

〔解説〕説文解字に「誰は何なり」とある。名前や正体がわからない場合、どなりつけて問うことばが*dhiuərである。これに誰という表記が与えられた。隹は「上から→の形に重みが加わる」というイメージから、「横に→の形に突き進める」というイメージに展開する記号である。考えを推し進めるという意味にも発展する(推察の推)。釈名・釈言語に「誰は推なり」とあるように、「推し進める」というイメージを利用して誰の表記が考案された。知らない名前を知ろうと推しはかるという意味合いがこめられている。

字源 「隹(音・イメージ記号)+言(限定符号)」を合わせた字。「隹」は「推し進める」というイメージがある(⇩推)。「誰」は不審な人をとがめて、名前や正体を推しはかってみる様子を暗示させる。

語義 [展開] だれだとがめて問う意味ⓐ。また、一般に「だれ」という疑問代名詞ⓑに使われる。[英]challenge; who [和訓] た・たれ [熟語] ⓐ誰何

文献 ⓑ詩経・河広「誰謂河廣＝誰か河広しと謂ふ(黄河が広いなんてだれが言うのか)」

【錘】16(金・8) 人 音スイ 訓つむ・おもり

語音 *dıuər(上古) dıuě(中古→呉ヅイ〈＝ズイ〉・漢ツイ・慣スイ) chuí(中) 추(韓)

語源 [コアイメージ] 垂れ下がる。[実現される意味] はかりの分銅・おもりⓐ。[英]weight

字源 「垂(イス)（音・イメージ記号）＋金（限定符号）」を合わせた字。「垂」は「上から下に垂れ下がる」というイメージがある（⇩垂）。「錘」は垂れ下がる秤（はかり）の分銅を表す。

語義 [展開] はかりのおもりの意味ⓐから、かなづちの意味ⓑ、先端に金属の球をつけて打ち叩く武器の意味ⓒ、機織りの工具の一つで、糸を巻く円柱状の心棒（つむ）の意味ⓓに展開する。[英]weight; hammer; mace; spindle [熟語] ⓐ鉛錘・ⓓ紡錘

【錐】 16（金・8） 人 音スイ 訓きり

語音 *tiuar（上古） tʃui（中古→呉・漢スイ） zhuī（中） 추（韓）

語源 [コアイメージ] 一点に重みをかける。[実現される意味] 穴を開ける工具、きりⓐ。[英]drill, awl, gimlet

字源 「隹(イス)（音・イメージ記号）＋金（限定符号）」を合わせた字。「隹」は「一点に重みをかける」というイメージがある（⇩推・維）。「錐」は一点に重みをかけてもんで穴を開ける道具、「きり」を表す。

語義 [展開] きりの意味ⓐから、きりのような形の意味ⓑを派生する。[英]drill, awl, gimlet; pyramid, cone [熟語] ⓐ立錐・ⓑ円錐・角錐

文献 ⓐ荘子・秋水「是直用管窺天、用錐指地也、不亦小乎＝是(こ)れ直(ただ)、管を用(もっ)て天を窺ひ、錐を用て地を指すなり、亦た小ならずや（それはただ管を通して天をのぞき、錐を刺して地の深さを計るようなもの。何と視野が狭くないか）」

ずい

【随】 12（阜・9） 常 常用音訓 ズイ

語音 *diuar（上古） ziuě（中古→呉ズイ・漢スイ） suí（中） 수（韓）

語源 [コアイメージ] ㋐垂れ下がる・㋑形が崩れて定形がなくなる。[実現される意味] 定見がなく後についていく（したがう）ⓐ。[英]follow

〔解説〕 藤堂明保は随を垂・端・段・唾・朶(ダ)（垂れ下がる枝）・綏(イス)（吊り紐）などと同源で、「上から下へおちる」を基本義とした（藤堂①）。堕や惰などは確かに「おちる」というイメージがあるが、「形が崩れる」というイメージのほうが強い。「上から下に落ちる（垂れ下がる）」と「形が崩れる」はイメージの展開と見ることができる。同じようなイメージ転化現象の例に衰がある。形が崩れると形がそろわず、ちぐはぐ・ぎざぎざの状態を呈するので、「そろわない」というイメージのある左が図形化（視覚記号化）に利用された。かくて最初の記号である隓が生まれた。

〔グループ〕 随・髄・堕・惰・楕・隋(ズイ)（崩れ落ちる。後に王朝の名）・隳(キ)（崩れる）・鬌(ダ)（一部を切らないで垂らしたままの幼児の髪型）

字源 「隨」が正字。「隋(イズ)（音・イメージ記号）＋辵（限定符号）」を合わせた字（篆文の字体）。「隋」を分析すると「隓の略体＋肉（＝月）」となる。「隓」がコアイメージにかかわる大切な記号である。「左」は「ちぐはぐでそろわない」「ぎざぎざ」というイメージがある（⇩左）。「左」を二つ重ねた「𡍮」も同じイメージを示す。「𡍮（イメージ記号）＋阜（限定符号）」を合わせた「隓」は、山や崖が崩れ落ちて形がぐしゃぐしゃになる情景を設定した図形。「隓(キ)（音・イメージ記号）＋肉（限定符号）」を合わせた「隋」は、肉が崩れ落ちる様子を暗示させる。山や肉という具体的な場面を設定し、「隓」も「隋」も、「崩れて（ぐったりとなって）決まった形がなくなる」というイメージを表すことができる。したがって「隨」は自分では決まった方向や目的がなく、相手に任せて後についていく様子を暗示させる。この意匠によって、他人の後についていく（定見がなく従う）ことを表象する。

（篆）［隓］ （篆）［隋］ （篆）

〔字体〕 「随」は近世中国で発生した「隨」の俗字。

語義 [展開] 他人の後についていく意味ⓐから、他人の言うままになる、なりゆきに任せる意味ⓑ、言うままになる(思うがまま)の意味ⓒに展開する。[英]follow; let it take its course; at will [和訓] したがう・まま・ままに [熟語] ⓐ随行・随従・夫唱婦随・ⓑ随時・随処・ⓒ随意・随筆

文献 ⓐ韓非子・説林「子行而我随之＝子行きて我之に随ふ(あなたが先に行けば、私は後について行きます)」

【瑞】 13(玉・9) 人 | 音ズイ 訓みず・しるし

語音 *dhiuar(上古) ʒuĕ(中古→呉ズイ・漢スイ) ruì(中) 서(韓)

語源 [コアイメージ] バランスよく整う。[実現される意味] 天子が爵位や命令などのしるしとして諸侯・臣下に授ける玉ⓐ。[英]jade tablet as insignia

字源 「耑タン(音・イメージ記号)＋玉(限定符号)」を合わせた字。「耑」は「きちんとバランスが取れている」というイメージがある(⇩端)。「瑞」はバランスの整った美しい玉を暗示させる。

語義 [展開] 命令のしるしとして授ける玉の意味ⓐから、めでたいしるし(よい前兆)の意味ⓑに展開する。生気があってうるわしい(みずみずしい)意味ⓒは日本的用法。[英]jade tablet as insignia; omen; fresh [熟語] ⓐ瑞玉・ⓑ瑞兆・祥瑞

文献 ⓐ周礼・春官・典瑞「掌玉瑞玉器之藏＝玉瑞・玉器の蔵を掌る([天子が儀礼に用いる]玉や器の貯蔵を管理する)」

【髄】 19(骨・9) 常 | 常用音訓 ズイ

語音 *diuar(上古) siuĕ(中古→呉・漢スイ・[慣]ズイ) suĭ(中) 수(韓)

語源 [コアイメージ] (定形がなくて)柔らかい。[実現される意味] 骨の中心の隙間を満たす柔らかい組織ⓐ。[英]marrow; pith, essence

字源 「隓キ(音・イメージ記号)＋骨(限定符号)」を合わせた字(篆文の字体)。「隓」は「形が崩れてぐしゃぐしゃになる」というイメージがあり、これは「柔らかい」というイメージに展開する(⇩随)。のち字体が「髓」に変わった。「随」は「定形がなく、他のものに従う」というイメージがある。「随の略体(音・イメージ記号)＋骨(限定符号)」を合わせた「髄」は、骨の形のままに従う柔らかい物質を暗示させる。

(字体) 「髄」は近世中国で発生した「髓」の俗字。

語義 [展開] 骨の中を満たす柔らかい組織の意味ⓐから、茎の中心部の意味ⓑ、中心となる大切なもの(かなめ)の意味ⓒを派生する。[英]marrow; pith(ⓑⓒ); essence [熟語] ⓐ髄液・脳髄・ⓒ神髄・精髄

文献 ⓐ呂氏春秋・過理「截渉者脛而視其髄＝渉る者の脛(すね)を截(き)りて、其の髄を視る([殷の紂王は]川を渡る人のすねを切って、その髄を観察した)」

すう

【枢】 8(木・4) 常 | 常用音訓 スウ

語音 *k'ɪug(上古) tʃ'ɪu(中古→呉ス・漢シュ・[慣]スウ) shū(中) 추(韓)

語源 [コアイメージ] 曲がる。[実現される意味] 戸を開閉する装置(とぼそ)ⓐ。[英]cavity in a door-hinge

[解説] 戸を開閉するのに必要なとぼそ・くるるが原義である。区にコアイメージの源泉がある。これは「曲がる」というイメージ。曲がった穴に軸を差し込む仕掛けを枢という。枢軸・枢要(大切なかなめ)という比喩に使われることが多い。英語のhinge(蝶番)にもかなめの意味がある。

字源 「樞」が正字。「區ク(音・イメージ記号)＋木(限定符号)」を合わせた字。「區」は「狭い範囲に区切る」「入り組んで曲がる」というイメー

ジがあり、単に「曲がる」というイメージに展開する(⇩区)。「樞」は棒を突っ込む凵形に曲がってへこんだ穴を暗示させる。この意匠によって、門や扉を開閉するために、回転軸を差し込む穴(とぼそ)を表象する。

語義 [展開] とぼその意味ⓐから、くるる(回転軸の突起)の意味ⓑ、また、とぼそ・くるる・回転軸を含めた装置の意味ⓒに拡大される。また、とぼそやくるるはつなぎ目であることから、物事の重要な結節点(鍵、かなめ)の意味ⓓを派生する。[英]cavity in a door-hinge; pivot in a door-hinge; hinge(ⓒⓓ); center [和訓] とぼそ・くるる [熟語] ⓐ戸枢・ⓓ枢要・中枢

文献 ⓐ荘子・譲王「桑以爲樞＝桑を以て枢と為す(桑でとぼそを作る)」 ⓑ管子・水地「其樞在水＝其の枢は水に在り(問題を解く鍵は水にある)」

【崇】 11(山・8)　常　常用音訓 スウ

語音 *dzïoŋ(上古) dzïuŋ(中古→呉ズウ・漢シュウ・[慣]スウ) chóng(中) 숭(韓)

語源 [コアイメージ] 縦にまっすぐ通る。[実現される意味] 山が高くそびえる(丈が高い)ⓐ。[英]high

〔解説〕崇拝や崇高は山が高い意味からの展開である。日本語の「あがめる(あがむ)」のアガはアガル(上)のアガと同根で、「相手を自分と違う、一段と高い所にあるものとする気持ちで尊ぶ意」という(大野①)。漢語の崇は宗にコアイメージに源泉がある。これは縦と同源で、「縦にまっすぐ通る」というイメージ。縦に通る→高く上がる→高く見上げるとイメージ転化して崇拝の崇の意味になる。漢語の崇も日本語の「あがめる」も「高い」「上がる」というイメージが共通している。

字源 「宗(ソウ)(音・イメージ記号)+山(限定符号)」を合わせた字。「宗」は「縦にまっすぐ通る」というイメージがある(⇩宗)。「縦に↓の形に通る」というイメージは、視点を変えれば、「上に↑の形に突き通る」というイメージに転化する。「崇」は山が高くそびえ立つ様子を暗示させる。縦と同源の語。

語義 [展開] 山が高くそびえ立つ意味ⓐから、対象を高く見上げる(あがめる、たっとぶ)意味ⓑ、物事の性質や品質が高い意味ⓒに展開する。「まっすぐ通る」というコアイメージから、ある範囲を最後まで貫き通す(終える)意味ⓓを派生する。[英]high; worship, look up to, adore; lofty, sublime; end [和訓] あがめる・たかい・とうとぶ [熟語] ⓑ崇拝・尊崇・ⓒ崇高・崇徳

文献 ⓐ詩経・良耜「其崇如墉＝其の崇(たか)きこと墉(ヨウ)の如し(それ[キビ]は城壁のように高い)」 ⓑ荀子・不苟「君子崇人之德＝君子は人の徳を崇(たっと)ぶ(君子は人の品格を尊ぶものだ)」 ⓓ詩経・河広「誰謂宋遠、曾不崇朝＝誰か謂ふ宋は遠しと、曽(かつ)て朝を崇(お)へず(宋が遠いなんて誰が言う、朝が終わらないうちに着く距離だ)」

【嵩】 13(山・10)　人　音スウ　訓かさ

語音 *sioŋ(上古) siuŋ(中古→呉スウ・漢シュウ) sōng(中) 숭(韓)

語源 [コアイメージ] 縦にまっすぐ通る。[実現される意味] 山がそびえ立つ(山が高い)ⓐ。[英]high

〔解説〕釈名・釈山に「嵩は竦(ショ)なり」とある。*sioŋという語は崇・縦・聳(ショ)(そびえる)・竦(ショ)(棒立ちになる)などと同源で、「縦に(直線状に)通る」というコアイメージをもつ。嵩は崇(山が高い)と意味が同じである。

字源 「高(イメージ記号)+山(限定符号)」を合わせた字。山が高いことを表す。図形にコアイメージは反映されていない。

語義 [展開] 山が高い意味ⓐ。また、中国・河南省にある山の名(五岳の一つ)ⓑで、崧と通用。日本では「かさ」に嵩を当てる。「かさ」は重なるの「かさ」で、積み重なったものの高さの意味ⓒ。これを表記するために、山を比喩として、「山+高」を合わせた「嵩」が創作された

と考えられる。そうするとこの嵩は半国字である。[英]high; Mount Song; bulk, mass　[熟語] ⓑ嵩山

【数】 13(攴・9)　常　|　常用音訓　スウ・ス　かず・かぞえる

語音 (1)*sïug(上古)　ṣïu(中古→呉シュ・漢ス・[慣]スウ)　shǔ・shù(中)　수(韓)　(2)*sŭk(上古)　ṣɔk(中古→呉・漢サク)　shùo(中)　삭(韓)

語源 [コアイメージ] ㋐間隔を縮める・㋑数珠つなぎに並ぶ。[実現される意味] 数をかぞえるⓐ。[英]count

〔解説〕古代人はかずをかぞえることをどう捉えたのであろうか。かずをかぞえる行為を表す語に計と算がある。これらは「いくつかのかずを集めて合わせる(そろえる)」というイメージから、かずの勘定を捉えている。一方、*sïugという語は趨(ス)(歩幅を縮めてせかせかと走る)・速・促・縮と同源で、「間隔を縮める」というコアイメージをもつ。つまり、すばやい手の動きで計算棒を次々に並べて数を取るという発想から、かずをかぞえることを*sïugという。それを表記する數という視覚記号は、「(数取り棒を)並べる」というイメージが生じてから考案されたものである。したがって「数珠つなぎに並べる」は二次的イメージである。日本語の「かぞえる(かぞふ)」はカズ(数)+アフ(合)で、「一つ二つと数を合わせていく意」という(大野②)。

〔グループ〕数・藪(ソウ)(水たまりや草木が次々に並び集まった所、大きな沢[藪沢]。「やぶ」は国訓)・擻(ソウ)(小刻みに震える[抖擻(トソウ)])

字源 「數」が正字。「婁(音・イメージ記号)+攴(限定符号)」を合わせた字。「婁」を分析すると「毋+中+女」となる。「毋」は「女」を横棒で貫く形。「中」は縦棒で真ん中を貫く形。「毋+中(二つ併せてイメージ記号)+女(限定符号)」を合わせた「婁」は、女奴隷を紐で通して引っ張る情景を設定した図形。「|・|・|形(数珠つなぎ)に並べる」「次々に連なる」というイメージを示す記号になる(⇩楼)。「攴」は棒を手に持つ形。したがって「數」は算籌(数取りの棒、計算用具)を数珠つなぎに並べる様子を暗示させる。この意匠によって、かずをかぞえること、また、かずを表象する。カールグレンは婁を音符とし、数に*sl~の複声母を想定した。

〔字体〕「数」は近世中国で発生した「數」の俗字。

語義 [展開] 数をかぞえる意味ⓐ、また、かずの意味ⓑ。ここから、数がいくつかある(多少)の意味ⓒ、はかりごと、めぐり合わせ(運命)の意味ⓓに展開する(以上は1の場合)。また、「間隔を縮める」というイメージは「(二つの間隔が縮まって)点々と続く」というイメージにも展開し、事態が次々に起こって頻度が縮まるさま(しばしば)の意味ⓔ、緻密で細かい意味ⓕを派生する(以上は2の場合)。[英]count; number; several; fate, destiny; often, frequently; close-meshed　[和訓] しばしば　[熟語] ⓐ計数・ⓑ数字・人数・ⓒ数行・数日・ⓓ数奇・異数

文献 ⓐ老子・二十七章「善數不用籌策＝善く数ふるものは籌策を用ゐず(最善の数え方は計算器を使わないことだ)」ⓑ孫子・形「兵法、一曰度、二曰量、三曰數＝兵法に、一に曰く度、二に曰く量、三に曰く数(兵法では一に地形の測量、二に物量、三に兵士の数といわれる)」ⓒ論語・述而「加我數年、五十以學易、可以無大過矣＝我に数年を加へ、五十以て易を学ばば、以て大過無かるべし(私にあと数年が与えられ、五十歳になって易を学んだら、大きな過ちはなくなるだろう)」ⓓ論語・堯曰「咨爾舜、天之麻數在爾躬＝咨(ああ)爾(なんじ)舜よ、天の麻[＝暦]数は爾の躬(み)に在り(ああ舜よ、天の巡り合わせ[天命]はお前に下った)」ⓔ老子・五章「多言數窮＝多言は数(しば)ば窮す(しゃべり過ぎはしばしば行き詰まる)」ⓕ孟子・梁恵王上「數罟不入洿池＝数罟(サクコ)は洿池(オチ)に入れず(目の細かい網は[生物を捕り尽くすから]池には入れない)」

【雛】 18(隹・10)　人　|　音 スウ　訓 ひな

語音 *dzïug(上古) dzïu(中古→呉ジュ・漢ス・[慣]スウ) chú(中) 추(韓)

語源 [コアイメージ] 縮む。[実現される意味] 鳥の幼く小さいもの(ひな、ひよこ)ⓐ。[英]chick, chicken

〔解説〕コアイメージの源泉は芻にある。これは家畜の餌となる草のことで、生の草を刈って束ねたものである。ここに「束ねる」というイメージがあり、「引き締める」「縮める」というイメージに展開する。藤堂明保は*dzïugという語は束・足・走・取などと同源で、「グッとちぢめる・ひと所に集めそろえる」という基本義があるとする(藤堂①)。物が縮まるとサイズが小さくなるから、芻は「小さい」というイメージに転化する。

〔グループ〕雛・芻(家畜を飼うまぐさ[反芻])・趨(歩幅を縮める→足早に進む、小走りで行く[趨勢])・皺(縮んでできるしわ[皺襞])

字源 「芻(音・イメージ記号)+隹(限定符号)」を合わせた字。「芻」は「勹(包む)+屮(くさ)」を合わせた形を二つ重ねて、刈った草を束ねる情景を設定した図形。この意匠によって、家畜に食わせる餌にする草を表象する。餌は雑然としたものではなく、食べやすいように集めまとめて束ねたものであるので、「束ねる」「縮める」というイメージを表すことができる。したがって「雛」は縮んだようにサイズが小さい鳥(ひな)を暗示させる。

(篆) [芻] (篆)

語義 [展開] 鳥のひなの意味ⓐから、比喩的に、年の若い者や未熟である者の意味ⓑ。[英]chick, chicken, fledgling(ⓐⓑ); greenhorn [熟語] ⓐ育雛・鳳雛・ⓑ雛妓・雛僧

文献 ⓐ礼記・内則「雛尾不盈握、弗食=雛尾、握に盈たざれば、食はず(雛鳥は尾が一握りほどの大きさに達しなければ、食べない)」

すえる

【据】→きょ

すぎ

【杉】→さん

すそ

【裾】→きょ

すん

【寸】 3(寸・0) 常 | 常用音訓 スン

語音 *ts'uən(上古) ts'uən(中古→呉スン・漢ソン) cùn(中) 촌(韓)

語源 [コアイメージ] (上から下に)そっと押さえる。[実現される意味] 尺貫法の長さの単位(尺の十分の一)ⓐ。[英]unit of length

〔解説〕中国医学で、手首から一寸の付近にある脈動箇所を*ts'uənという。長さを計るときも、脈を診るときも、指をそっと押さえるので、「(上から下に)そっと押さえる」というイメージがある。古典の注釈に「指を按ずる(そっと押さえる)を寸と為す」(陸徳明・経典釈文)とある。忖度の忖(相手の気持ちをそっとおしはかる)にこのイメージが生きている。

〔グループ〕寸・村・忖(おしはかる[忖度])・刌(刃物を押し当てて切る)

字源 「又(手の形)+一」を合わせた字。長さを計るとき、手の指一本幅の長さを表す。

（篆）

語義 [展開] 長さの単位ⓐ、わずかの意味ⓑ、手首の近くの、脈を診る所の意味ⓒに展開する。長さの意味ⓓは日本的用法。[英]unit of length; very short, little, small; location on wrist where pulse is taken; size, measurement [熟語] ⓐ寸尺・方寸・ⓑ寸暇・寸志・ⓒ寸口・寸脈・ⓓ寸法・採寸

文献 ⓐ老子・六十九章「不敢進寸、而退尺＝敢へて寸を進まず、而(カシ)して尺を退く（[理想の兵法は]一寸も進もうとはせず、逆に一尺を退くことだ）」

セ

せ

【瀬】→らい

ぜ

【是】 9(日・5) 常 常用音訓 ゼ

語音 *dhieg(上古) ʒiĕ(中古→呉ゼ・漢シ) shì(中) 시(韓)

語源 [コアイメージ] まっすぐ・まっすぐ伸びる。[実現される意味] 正しいⓐ。[英]right, correct

〔解説〕古典の注釈に「是は直なり」「是は正なり」の訓がある。まっすぐで正しいことを古代漢語で*dhiegという。この聴覚記号の図形化は日用家具から発想された。これが是である。この語は「まっすぐ」というコアイメージをもつ。「縦に(↓の形に)まっすぐ」というイメージは「横に(→の形に)伸びる」「平らに伸びる」というイメージにも転化する。藤堂明保は是を地・氏・易・呈などと同じ単語家族に入れ、「薄く平らに伸びる」という基本義を設ける一方、適・支・正・挺などと同じ単語家族にも入れ、「まっすぐ」の基本義をもつとしたが(藤堂①)、右の解釈の通り、一つのコアイメージに概括できる。古英語のrihtは「まっすぐな」という意味から「正しい」の意味に転じたという(小島①)。「まっすぐ」と「正しい」が結びつくのは洋の東西を問わず同じらしい。

〔グループ〕是・提・堤・題・醍・寔(ショク)(まことに、本当に)・鯷(テイ)(体がまっすぐ延長する魚、オオナマズ。〈日〉ヒシコ、カタクチイワシ)

字源 「⊙(スプーンの形)＋止(足の形)」を合わせた字。頭が丸く、柄が長くまっすぐで、末端に足(掛ける所)のついたスプーンを示す図形で、匙(さじ)の原字。具体物を捨象して、柄に焦点を当てて、「まっすぐ」「まっすぐ伸びる」というイメージを表すことができる。字源については諸説があるが、匙の原字としたのは郭沫若の説。

（金）　（籀）　（篆）

語義 [展開]「まっすぐ」というコアイメージは「ゆがみやよこしまがなく正しい」のイメージに転化し、正しい意味ⓐ、正しくする(正しいと認める)意味ⓑを実現させる。また、近い物をまっすぐ指し示す近称の指示詞、これ・この意味ⓒ、ここで・そこでの意味ⓓを派生する。また、AとBの関係を述べる際に「AはBだ」とまっすぐに断定する用法ⓔが生まれた(漢文で「これ」と読む)。その反対の言い方には、「AはBのようだ」と婉曲に言う如・若・猶がある。[英]right, correct; justify; this; here; be(am, are, is) [和訓] こ・これ・この・ここ [熟語] ⓐ是非・国是・ⓑ是正・是認・ⓒ如是我聞・ⓔ色即是空

文献 ⓐ論語・陽貨「偃之言是也＝偃(エン)の言は是(ゼ)なり(偃[人名]のことば

は正しい)」ⓒ詩経・賓之初筵「酔而不出、是謂伐徳＝酔ひて出でざる、是を伐徳と謂ふ(酔いつぶれて席に出てこないのは、酒のしくじりというものだ)」ⓓ詩経・葛屨「是以為刺＝是を以て刺りを為す(そこで風刺の歌を作ります)」ⓔ論語・里仁「富與貴是人之所欲也＝富と貴とは是れ人の欲する所なり(富と高位は人がほしがるものだ)」

せい

【井】 4(二・2) 常 ｜ 常用音訓 セイ・ショウ い

語音 *tsieŋ(上古) tsiɛŋ(中古→呉シャウ〈＝ショウ〉・漢セイ) jǐng(中) 정(韓)

語源 [コアイメージ] (水が)澄み切る。[実現される意味] 井戸ⓐ。[英]well

〔解説〕釈名・釈宮室に「井は清なり。泉の清潔なる者なり」、広雅・釈言に「井は静なり」と語源を説く。*tsieŋという語は青・清・静などと同源で、「汚れがなく澄み切る」というコアイメージをもつ。

〔グループ〕井・穽(井戸のように深く掘った落とし穴[陥穽])・阱(落とし穴)

字源 井桁を描いた図形。篆文と金文の一部では「丼」の字形をとる。「井」の中に「・」を入れて、井戸の中に水があることを示した図形。「青」の下部にも含まれている。

(甲) (金) (篆)

語義 [展開] 井戸の意味ⓐから、井戸のように深く掘った穴の意味ⓑ、井戸に似た(なぞらえた)ものの意味ⓒ、また、人の集まる所(町)の意味ⓓに展開する。「井」の形、また、四角いさまの意味ⓔもある。[英]well; hole; well-shaped things; town; square [熟語] ⓐ井底・鑿井・ⓒ天井・油井・ⓓ市井・ⓔ井然

文献 ⓐ論語・雍也「井有仁焉＝井に仁有り(井戸の中に人が[落ちて]いる)」ⓑ墨子・備穴「穿井城内＝井を城内に穿つ(城の中に落とし穴を掘る)」ⓓ孟子・万章下「在國曰市井之臣、在野曰草莽之臣＝国に在りては市井の臣と曰ひ、野に在りては草莽の臣と曰ふ([仕官していない家来を]都では町中の臣、田舎では草むらの臣と呼ぶ)」

【世】 5(一・4) 常 ｜ 常用音訓 セイ・セ よ

語音 *thiad(上古) ʃɪɛi(中古→呉セ・漢セイ) shì(中) 세(韓)

語源 [コアイメージ] 長く延びる。[実現される意味] 親から子に引き継ぐ期間(三十年)ⓐ。[英]thirty years

〔解説〕説文解字に「三十年を一世と為す。卅に従ひて、曳きて之を長くす」とある。これは字源と語源を同時に説明している。*thiadという語は「長く引き延ばす」「長く延びる」というコアイメージをもつ。親から子に引き継がれていくまでの長い期間(三十年)を世という。藤堂明保は下記のグループと移・曳・洩・延(筵・涎)・衍・帯・蛇などを同源の単語家族とし、「うねうねと伸びる・伸ばす」という基本義があるとする(藤堂①)。日本語の「よ」はヨ(節)と同根という。節と節の間のように、生まれてから死ぬまでの区切られた時間が「よ」である(大野①)。漢語の世は親から子へと延びて移っていく期間というイメージの語である。英語のgenerationはラテン語のgenerare(生む)に由来し、「親、子、孫といった世代、および一世代の平均年月としての30年間」の意という(小島①)。語源は違うが、意味は漢語の世と対応する。

〔グループ〕世・貰・泄(水が横に延びて漏れる[漏泄])・枻(横に長く延びて舟をこぐ「かい」)・抴(長く引っ張る)・紲(家畜や罪人をつないで引っ張る綱[累紲])・*笹(純国字。ささ)

字源 「十」を三つ合わせた字が「卅」(三十の意)。これの最初の縦棒の下を右の方へ長く引き延ばした図形が「世」である。この意匠によっ

て、三十年を表象する。

(金)  (篆)

語義 [展開] 親から子へ受け継がれる期間(三十年)の意味ⓐから、人の一代(ゼネレーション)の意味ⓑ、後継ぎの意味ⓒに展開する。また、世代交代は世の中の変遷につながるので、時代の意味ⓓ、代々(よよ)の意味ⓔ、世の中(世間)の意味ⓕを派生する。[英]thirty years; generation; heir; epoch, era; from generation to generation; world [熟語] ⓑ世代・二世・ⓒ世子・世嗣・ⓓ世紀・時世・ⓔ世伝・ⓕ世界・世人

文献 ⓐ論語・子路「如有王者、必世而後仁=如し王者有らば、必ず世にして後仁ならん(もし王者が現れたら、きっと三十年後に仁の世界が達成されよう)」ⓑ詩経・文王「文王孫子、本支百世=文王の孫子、本支百世([周の]文王の子孫たち、その一族は百代の後までも)」ⓒ孟子・滕文公上「滕文公為世子=滕の文公、世子と為る(滕の文公は後継ぎの太子となった)」ⓓ詩経・蕩「殷鑑不遠、在夏后之世=殷鑑遠からず、夏后の世に在り(殷の鑑[戒めになる事例]は遠いことではない、夏王朝の時世にあった)」ⓔ詩経・下武「世有哲王=世(よよ)哲王有り(代々賢王が現れた)」ⓕ論語・憲問「賢者辟世=賢者は世を辟(さ)く(賢者は[乱れた]世の中を避けて隠れる)」

【正】 5(止・1) 常 常用音訓 セイ・ショウ ただしい・ただす・まさ

語音 *tieŋ(上古) tʃiɛŋ(中古→呉シヤウ〈=ショウ〉・漢セイ) zhèng(中) 정(韓)

語源 [コアイメージ] まっすぐ。[実現される意味] まっすぐであるⓐ。[英]straight

〔解説〕古人は「政は正なり」「正は政なり」という語源意識をもっていた。物の状態であろうと、世の中の状態であろうと、曲がっていずまっすぐなありさまを*tieŋという。この語は是・適と同源で、「まっすぐ」というコアイメージがある。日本語の「ただしい(ただし)」は「タダ(直・唯)と同根。対象に向かって直線的で曲折が無い意。従って、規範や道義に対して、まっすぐで、よこしまが無いと感じられるというのが古い意味」という(大野①)。漢語の正と全く同じである。英語のstraightは「曲がることなく真っすぐ伸びた」がコアイメージ、rightは「規範・基準になるものにかなっていて正しい」がコアイメージという(田中①)。二つは全く別語であるが、漢語の正では後者の意味は前者の意味からの展開である。もっとも英語のrightはラテン語のrēctus(真っすぐな)に由来するらしいから(下宮①)、語源的には漢語の正に最も近い。

〔グループ〕正・政・征・整・症・定・証(セイ)(證とは別。いさめる)・鉦(ショウ)*(擬音語。かね[鉦鼓])・柾*(純国字。まさ)

字源 「止(イメージ記号)+一(イメージ補助記号)」を合わせた字。「止」は足の形。「一」は一直線を示す記号。したがって「正」は足が一線をめざしてまっすぐ進んで行く情景を設定した図形。この意匠によって、「まっすぐ」というイメージを表すことができる。

(甲) (金)  (篆)

語義 [展開] 「まっすぐ」というコアイメージから、ゆがみ・ひずみ・乱れなどがなくまっすぐである意味ⓐ、間違いや偽りがない(ただしい)意味ⓑ、ゆがみ・ひずみ・乱れを直す(ただす)意味ⓒ、まっすぐに(まともに、ずばりと、ちょうど)当たっている(まさに)の意味ⓓ、中心的な(主な、本来の、本筋の)という意味ⓔ、主たるもの(長、おさ)の意味ⓕに展開する。また、一年の基準に当たる月(正月)の意味ⓖ、まっすぐ当てる弓の的の意味ⓗ、数学では、零より大きい数(プラス)の意味ⓘを派生する。[英]straight; right, correct; repair, amend, rectify; just; main; chief, major; first month; target; plus [和訓] かみ [熟語] ⓑ正解・正確・ⓒ改正・是正・ⓓ正視・正面・ⓔ正式・正統・ⓕ僧正・ⓖ正月・賀正・

ⓗ正鵠(セイコク)・ⓘ正数・正負

文献 ⓐ書経・説命「木従縄則正＝木は縄に従へば則ち正し(木は墨縄を当てるとまっすぐになる)」ⓑ論語・子路「其身正、不令而行＝其の身正しければ、令せずして行はる(自分が正しいなら、命令しないでも実行される)」ⓒ詩経・鳲鳩「淑人君子、正是國人＝淑人君子、是(こ)の国人を正す(良きますらおの若者は、わがくにたみを正してくれる)」ⓓ論語・衛霊公「恭己正南面而矣＝己を恭しくして正に南面するのみ(［舜は］恭しい態度でまともに南面する［君主として政治を執る意］だけだった)」

【生】5(生・0) 常 ｜常用音訓｜ セイ・ショウ いきる・いかす・いける・うまれる・うむ・おう・はえる・はやす・き・なま

語音 *sïěŋ(上古) ʃïăŋ(中古→呉シヤウ〈＝ショウ〉・漢セイ) shēng(中) 생(韓)

語源 ［コアイメージ］汚れがなくすがすがしい。［実現される意味］子をうむ・うまれるⓐ。［英］bear, be born

〔解説〕字源から意味を説くと、「はえる」という意味が引き出されるが、これは正道ではない。語源的に捉えないといけない。これを解明したのは藤堂明保である(藤堂②)。氏は生と青を同源の語とする。両者を通底する深層構造は「汚れがなくすがすがしい(澄み切っている)」というイメージである。生が青の構成要素になることからも納得できよう。生命が誕生したばかりで新しく生き生きしている(汚れがなくすがすがしい)状態にあることを古代漢語で*sïěŋ(生)といい、汚れがなくすがすがしい色を*ts'eŋ(青)というのである。生には多くの和訓がある。「うむ」は出産する意、「いきる(いく)」はイキ(息)と同根で、「生命を保つ」の意、「はえる(はゆ)」はハヤル(逸)やハヤシ(早)と同根で、物が勢いを得る→芽などが現れ勢いよく生長する意、「なま」は新鮮なものに十分火を通していない→未熟・中途半端の意である(以上、大野①)。漢語の生の意味とおおむね一致する。和訓が多いということは生が多義的であり、一義的に対応しないということである。しかし生の主たる意味は「生まれる」「生える」「生きる」の三つで、すべて生命にかかわりがある。

〔グループ〕生・姓・性・牲・星・青・省・笙・甥・旌(セイ)(鮮やかな色の鳥の羽をつけた旗［旌旗］)・夝(セイ)(＝晴。くもりがなく晴れる)・鮏(セイ)(＝腥。生臭い)

字源 楷書は形が崩れて分析困難。古代文字に遡ると「屮(草の芽の形)＋土」に分析できる。「生」は土の中から草の芽が生え出てくる情景を設定した図形である。

(甲) (金) (篆)

語義 ［展開］「汚れがなくすがすがしい」というコアイメージは、新鮮な命が生まれるという意味を実現させる。具体的文脈では、子をうむ意味ⓐ、草木が生える意味ⓑ、無から出てくる(現れる、起こる)意味ⓒ、生命を得て生存する(いきる、いきること、いのち)の意味ⓓ、いきものの意味ⓔ、新鮮でいきいきしている意味ⓕ、なま(未熟、なれていない)の意味ⓖ、未熟なもの(まだ勉強・修行の途中にある人)の意味ⓗに展開する。き(もとのまま、加工していない意)ⓘや、うぶ(ういういしい)の意味ⓙは日本的用法。［英］bear, be born, birth; grow; yield, appear, happen, occur; live, life; creature, being; lively, alive, fresh; raw, unripe; immature, student; crude, straight; innocent ［和訓］うぶ・なる・なす ［熟語］ⓐ生育・誕生・ⓑ植生・野生・ⓒ生起・発生・ⓓ生活・生息・ⓔ衆生・畜生・ⓕ生気・生彩・ⓖ生食・生鮮・ⓗ生徒・学生

文献 ⓐ詩経・斯干「乃生男子＝乃ち男子を生む(果たして男子が生まれた)」ⓑ詩経・巻阿「梧桐生矣＝梧桐生ず(アオギリが生える)」ⓒ論語・学而「本立而道生＝本立ちて道生ず(根本が確立して、道が現れる)」ⓓ論語・先進「未知生、焉知死＝未だ生を知らず、焉(いずく)んぞ死を知らんや(生も知らないのに、どうして死がわかろう)」ⓖ詩経・白駒「生芻一束＝生芻(セイスウ)一束(刈り立てのまぐさが一束)」ⓗ論語・子罕「後生可畏＝後生畏る

べし(後輩の人は「将来性があるから」あなどれない)」

【成】6(戈・2) 常 ｜常用音訓 セイ・ジョウ なる・なす

語音 *dhieŋ(上古) ʒiɛŋ(中古→㊐ジャウ〈＝ジョウ〉・㊥セイ) chéng(中) 성(韓)

語源 ［コアイメージ］ ㋐打ちたたく・㋑仕上げてまとめる。［実現される意味］ 目的のものを最終的になし遂げる(仕上げる)ⓐ。［英］accomplish, achieve

〔解説〕 釈名・釈言語に「成は盛なり」と語源を説く。「なる」と「もる」は何の関係もなさそうに見えるが、ともに*dhieŋという音であり、「仕上げてまとめる」というコアイメージが通底する。成の図形化は築城(城壁の建設)の場面から発想された。コアイメージの源泉は丁という記号にある。これは「T形や⊥形に突き当たる・打ちたたく」というコアイメージを示す。工作の際、打ちたたくことによって目的の物を仕上げていくので、「仕上げてまとめる」というイメージに展開しうる。日本語の「なす」は「以前には存在しなかったものを、積極的な働きかけによって存在させる」ことが原義で、これの展開義に「意志によってある行為をおこす」と、「できあがらせる。成就させる」などがある(大野①)。前者は漢語の為、後者は漢語の成にほぼ相当する。英語のaccomplishはラテン語のad-(方向)＋complere(満たす)が語源で、complete(完成する)と同根という(下宮①)。十分に満たすことから「成し遂げる」の意になったようである。これは漢語の成の「仕上げてまとめる」のコアイメージと一脈通ずる。

〔グループ〕 成・城・盛・誠・晟・筬ｲｾ(機織りで、糸を織るのを仕上げるための道具、おさ)

字源 「成」が正字。「丁ｲﾃ(音・イメージ記号)＋戊(武器や道具を示すイメージ補助記号)」を合わせた字。「丁」は釘を描いた図形で、「T形に突き当たる」「⊥形にトントンと打ちたたく」というイメージがある(⇩丁)。「成」は土を木の枠に入れて、道具でトントンと突き固めて城壁を造る情景を設定した図形。この意匠によって、「仕上げてまとめる」というイメージを表すことができる。字源については諸説があるが、城と関係づけたのは藤堂明保の説(藤堂①)。

(甲) (金) (篆)

〔字体〕 「成」は旧字体。「成」は古くから書道で行われた字体。成に従う他の字体もこれに倣う。

語義 ［展開］ 「仕上げてまとめる」というコアイメージから、いろいろの経過をたどって最終的になし遂げる意味ⓐが実現される。ここから、最終的に仕上がる(仕上がってまとまる)意味ⓑ、経過をたどってある状態になる(あるものにする)意味ⓒ、すでに仕上がったもの、また、すでに出来上がっている意味ⓓ、争いなどをうまくまとめる(講和、たいらぎ)の意味ⓔに展開する。［英］accomplish, achieve; perfect, completed, fully developed; become; readymade; peace ［熟語］ ⓐ成就・完成・ⓑ成立・形成・ⓒ成書・成仏・ⓓ成案・成句

文献 ⓐ詩経・文王有声「武王成之＝武王之を成す(武王がこれ[都]を完成した)」 ⓑ詩経・猗嗟「儀既成兮＝儀既に成る(儀式はすでに仕上がりキとまった)」 ⓒ荀子・勧学「積土成山＝土を積めば山と成る(土を積み上げると山になる)」 ⓓ論語・八佾「成事不説＝成事は説かず(すでに出来たことについては言ってもしようがない)」 ⓔ詩経・緜「虞芮質厥成＝虞ｸﾞ・芮ｾﾞｲ、厥ｿの成ﾀｲﾗぎを質す(虞と芮[ともに国名]は和議を申し入れた)」

【西】6(襾・0) 常 ｜常用音訓 セイ・サイ にし

語音 *ser(上古) sei(中古→㊐サイ・㊥セイ) xī(中) 서(韓)

語源 ［コアイメージ］ 分散する。［実現される意味］ にしⓐ。［英］west

〔解説〕説文解字で字源・語源を説いて、西は鳥の巣の形で、日が西にある時、巣を作って棲むから「にし」の意味だとする。多くの学者がこれに従うが、字形から意味を導く誤りを犯した。字源・語源に新機軸を打ち出したのは藤堂明保である。氏は「にし」を意味する*serという語は死・遷・囟(シン)・細・私・洗・洒と同源で、「細かく分かれる」という基本義をもち、これをざるの象形である西で表記したとする(藤堂①)。方位を表す古代漢語は象徴化の方法で実現された。東(*tung)は太陽が突き通って出てくるというイメージで捉えられたが、西(*ser)はその逆で、沈む方角である。沈む太陽の光は弱くて緩い。集中するイメージではなく分散するイメージである。そのイメージを表すのが、ざるを描いた西である。ざるはすきまから水を通して流すので、「分散する」というイメージを表すことができる。太陽の光が緩くなり分散しながら消えていく空の情況を捉えて、方位の「にし」を*serといい、西と書くのである。ちなみに大野晋によれば、ニはイヌ(往)の活用形イニからイが脱落した形、シは風、転じて方向を指し、ニシは日の去る方向の意という。さらに「インド＝ヨーロッパ語などにも、西を、沈む・消えるなどの語で表す例がある」とも述べる(大野①)。英語のwestは日没が原義という(下宮①)。

〔グループ〕西・栖・晒・茜・洒(サイ・シャ)(水を分散して流す→洗う[洒脱])・哂(シン)(歯の隙間から息をヒーヒーと出して笑う→あざわらう[哂笑])

字源 細かい隙間の空いた「ざる」を描いた図形。これは藤堂の説(藤堂①)。ほかに竹籠、囱(まど)、囟(おどり)の形などの説がある。しかし文字学者はたいてい方位に用いるのを仮借とする。

(甲) (金) (古) (篆)

語義 [展開] にしの意味ⓐから、にしに向かって進む、また、にしの方へ(にしのかた)の意味ⓑ、仏のいるとされる極楽の世界(浄土)の意味ⓒ、ヨーロッパ(西洋)の意味ⓓを派生する。[英]west; westerly; Buddhists' paradise; the Occident [熟語] ⓐ西部・西方・ⓑ西遊・以西・ⓒ西土・ⓓ西欧・泰西

文献 ⓐ詩経・大東「西有長庚＝西に長庚有り(西の空には宵の明星がある)」

【声】 7(士・4) 常

常用音訓 セイ・ショウ こえ・こわ

語音 *thieŋ(上古) ʃɪɛŋ(中古→呉シャウ〈＝ショウ〉・漢セイ) shēng(中) 성(韓)

語源 [コアイメージ] まっすぐ通る。[実現される意味] 人や動物の発する音声(こえ)ⓐ。[英]voice

〔解説〕古人は「聖は声なり」という語源意識をもっていた。*thieŋという語は聖(よく物事に通じている人)や聴(声がまっすぐ耳に通る→きく)と同源で、空中をまっすぐ通っていくこえ、または、耳にまっすぐ通って聞こえるこえというイメージをもつことばである。図形化はある古楽器の音声から発想された。日本語の「こえ(こゑ)」は「人や動物が発する音声」の意味で、物の音の意味は漢語の声の影響という(大野①)。

字源 「聲」が正字。「殸(イメージ記号)＋耳(限定符号)」を合わせた字。「殸」は「声(へ形の石を紐で吊した楽器の形)＋殳(棒を手に持つ形)」を合わせて、楽器を棒でたたいて鳴らす情景を写した図形で、磬(ケイ)(爽やかな音色を奏でる石製の古楽器)の原字。「聲」は楽器の出す爽やかな音を耳で聞く様子を暗示させる。図形にコアイメージは反映されていない。

(甲) (籀) [殸] (甲) (篆)

〔字体〕「声」は近世中国で発生した「聲」の俗字。

語義 [展開] 人や動物が口から出す音声の意味ⓐから、楽器の出す音の意味ⓑ、また広く、無生物の発する音や響きの意味ⓒに拡大される。

狭く限定すると、人間の言葉の音声部分の意味ⓓ、言葉の上げ下げの調子の意味ⓔ、言葉の意味ⓕを派生する。また、ⓑから音楽の意味ⓖ、鳴る音声が耳に聞こえることから、聞こえてくる評判(誉れ、名誉)の意味ⓗを派生する。［英］voice; sound(ⓑ~ⓓ); noise; phone; tone; word; music; reputation ［熟語］ⓐ声量・歓声・ⓑ金声・鐘声・ⓒ銃声・水声・ⓓ形声・連声・ⓔ声調・四声・ⓕ声援・声明・ⓖ鄭声・ⓗ声価・名声

文献 ⓐ詩経・鶏鳴「匪鶏則鳴、蒼蠅之聲＝鶏則ち鳴くに匪ず、蒼蠅の声(ニワトリが鳴いたのじゃなく、キンバエの声だよ)」ⓑ詩経・白華「鼓鍾于宮、聲聞于外＝鍾を宮に鼓し、声外に聞こゆ(家の中で鐘をたたけば、声が外まで漏れてくる)」ⓒ詩経・庭燎「君子至止、鸞聲將將＝君子至る、鸞声将将たり(殿方のお出ましだ、鈴の音がチリンチリン)」ⓖ論語・衛霊公「鄭聲淫＝鄭声は淫なり(鄭国の音楽はエロティックだ)」ⓗ詩経・文王有声「文王有聲＝文王、声有り([周の]文王は誉れが高い)」

【制】8(刀・6) 常 常用音訓 セイ

語音 *tiad(上古) tʃɪɛi(中古→呉セ・漢セイ) zhì(中) 제(韓)

語源 ［コアイメージ］ⓐ(余分なものを)断ち切る・ⓘ押さえて止める。［実現される意味］二つに断ち切るⓐ。［英］cut out

〔解説〕広雅・釈詁に「制は折なり」とあるように、*tiadという語は折(二つに切り離す)と同源。余分なものを切り離すために途中で断ち切ることを表すのが制である。—|—の形に断ち切ると、→|の形に途中で止まることになるので、「押さえて止める」というイメージにも展開する。

〔グループ〕制・製・掣セイ(押さえ止める[掣肘])・猘セイ(暴れて押さえきれない犬、狂犬)・鯯セイ(身が削がれたように細い魚、エツ。「このしろ」「さっぱ」は国訓)

字源 「未(イメージ記号)＋刀(限定符号)」を合わせた字(篆文の字体)。「未」は枝が伸び出た木の形。「制」は余分に伸びた木の枝を切る情景を設定した図形。この意匠によって、「余分なものを切り離す」「二つに断ち切る」というイメージを表すことができる。

(古)　(篆)

語義 ［展開］「(余分なものを)断ち切る」というコアイメージから、二つに断ち切る意味ⓐが実現される。ここから、素材をカットして余計な部分を切り捨て、程よく形を整える(素材を断ち切って形を整え、デザインされたものを作る)意味ⓑに展開する。また、「(余分にはみ出ないように)押さえて止める」というイメージに展開し、押さえて止める(コントロールする)意味ⓒ、勝手な振る舞いを押さえて止めるもの(おきて、決まり、定め)の意味ⓓ、皇帝の命令の意味ⓔを派生する。［英］cut out; make; restrain, cotrol; law, rule, system; edict ［熟語］ⓑ制作・ⓒ制止・統制・ⓓ制度・体制・ⓔ応制

文献 ⓐ戦国策・斉四「夫玉生於山、制則破焉＝夫れ玉は山に生じ、制すれば則ち破る(玉は山に産出し、断ち切るとこわれてしまう)」ⓑ詩経・東山「制彼裳衣＝彼の裳衣を制す(普段に着る衣装を作る)」ⓒ韓非子・二柄「人主者以刑德制臣者也＝人主なる者は、刑徳を以て臣を制する者なり(君主とは刑と徳でもって臣下を押さえる者である)」ⓓ孟子・尽心下「皆古之制也＝皆、古の制なり(すべて昔の制度である)」

【姓】8(女・5) 常 常用音訓 セイ・ショウ

語音 *sieŋ(上古) siɛŋ(中古→呉シャウ〈＝ショウ〉・漢セイ) xìng(中) 성(韓)

語源 ［コアイメージ］生まれる。［実現される意味］一族や家族の共通の標識(名字)ⓐ。［英］surname, family name

〔解説〕白虎通義・姓名篇に「姓は生なり。人の稟くる所の天気の以て生ずる所の者なり(人が受けた天の気から生じたものが姓である)」とある。「姓は生なり」という語源説は妥当である。人の生まれを示すものが姓

にほかならない。姓は生から分化・派生した語である。古代では姫、姜、姒など、女の限定符号をつけた姓が多い。女を始祖とする部族の伝説があり、それは遠古の母系社会に淵源がある。その記憶が姓の字にも反映している。

字源 「生（音・イメージ記号）＋女（限定符号）」を合わせた字。「生」は文字通り「生まれる」の意味を示す。「姓」はその人の生まれ（血筋や出身）を示す標識を表象する。

語義 ［展開］名字の意味ⓐ。日本では「かばね」に当てる。朝廷から授けられた氏の地位の上下を示す称号の意味ⓑ。［英］surname, family name; hereditary title ［和訓］かばね ［熟語］ⓐ姓名・改姓

文献 ⓐ孟子・尽心下「諱名不諱姓＝名を諱むも姓を諱まず（名はタブーとして言うのを避けるが、姓は避けない）」

【征】 8(彳・5) 常 ｜常用音訓｜ セイ

語音 *tieŋ(上古) tʃiɛŋ(中古→呉シャウ〈＝ショウ〉・漢セイ) zhēng(中) 정(韓)

語源 ［コアイメージ］まっすぐ。［実現される意味］目的地に進んで行くⓐ。［英］go, advance

［解説］孟子・尽心下に「征の言為るは正なり」とある通り、古人は「征は正なり」という語源意識をもち、お上が下々を正すことが征伐だと捉えている。征と正を同源と見たのはよいが、儒教的観念を滑り込ませた解釈である。

字源 「正（音・イメージ記号）＋彳（限定符号）」を合わせた字。「正」は「まっすぐ」というイメージがある（⇩正）。「征」は目的地に向かってまっすぐに進んで行く様子を暗示させる。

語義 ［展開］目的地に向かって進んで行く意味ⓐから、遠方に行く意味ⓑ、敵を討ちに行く（敵を攻める）意味ⓒに展開する。また、力ずくで（無理に）求めて取る意味ⓓ、税金を取り立てる、また、税金の意味ⓔを派生する。［英］go, advance; go on a journey; go on a punitive expedition; attack; levy, tax ［和訓］ゆく・いく・うつ ［熟語］ⓐ征帆・ⓑ征旅・遠征・ⓒ征討・征伐・ⓔ征賦・征役

文献 ⓐ詩経・小星「肅肅宵征＝粛粛として宵よ征く（いそいそと夜に出かける）」ⓒ孟子・梁恵王上「王往而征之＝王往きて之を征す（王は征伐に行った）」ⓓ孟子・梁恵王上「上下交征利而國危矣＝上下交も利を征すれば国危し（お互いに利益を奪い合えば、国家は危ない）」ⓔ孟子・梁恵王下「關市譏而不征＝関市は譏して征せず（関所や市場は取り締まるだけで税金を取らない）」

【性】 8(心・5) 常 ｜常用音訓｜ セイ・ショウ

語音 *sieŋ(上古) siɛŋ(中古→呉シャウ〈＝ショウ〉・漢セイ) xìng(中) 성(韓)

語源 ［コアイメージ］生まれる。［実現される意味］生まれながら持っているものⓐ。［英］nature, character

［解説］「性は生なり」が古人のもつ語源意識で、「姓は生なり」と同じ。下記の論語の注釈に「性なる者は、人の稟けて以て生まるる所なり（人がそれを受けて生まれるものが性である）」（皇侃・論語義疏）とある。英語のnatureはラテン語のnasci（生まれる）、natura（生まれ、生まれ持った性質）に由来し、「人や物がもとから持っている性質や性分」の意という（小島①）。これは漢語の性の語源と全く同じである。

字源 「生（音・イメージ記号）＋心（限定符号）」を合わせた字。「生」は文字通り「生まれる」の意味を示す。「性」は人が生まれるときに受けたもの（性質）を表す。

語義 ［展開］生まれつきの性質（先天的に受けた精神の在り方）の意味ⓐから、物に本来的に備わる性質や傾向の意味ⓑに展開する。古典では生

と通用することが多く、生きる、生きること、いのちの意味ⓒ。また、近代になってsexやgenderの訳語としての意味が加わった。性質の違いで分けられる男女・雌雄の別の意味ⓓ、異性を求める本能的行為（セックス）の意味ⓔを派生する。また、そのような性質・傾向があるとの意味ⓕを添える接尾語に用いる。［英］nature, character; quality, property; live, life; gender; sex; suffix 【和訓】さが 【熟語】ⓐ性質・天性・ⓑ慣性・毒性・ⓒ性命・性来・ⓓ性差・両性・ⓔ性愛・性欲・ⓕ可塑性

文献 ⓐ書経・太甲「習與性成＝習ひ、性と成る（習慣はいつも繰り返しているとやがて天性のように完成してしまう）」ⓑ荘子・刻意「水之性不雑則清＝水の性、雑らざれば則ち清し（水の性質は不純物が混じらなければ、本来清らかである）」ⓒ詩経・巻阿「俾爾彌爾性＝爾をして爾の性を弥（わた）らしめよ（あなたはいつまでも長生きされよ）」

【青】 8（青・0） 常

常用音訓 セイ・ショウ あお・あおい

語音 *ts'eŋ（上古） ts'eŋ（中古→呉シャウ〈＝ショウ〉・漢セイ） qīng（中） 청（韓）

語源 【コアイメージ】汚れがなく澄み切っている。【実現される意味】あお色ⓐ。［英］blue

【解説】王力は青・蒼・葱を同源としたが（王力①）、これは色の範疇（意味範囲）で捉えたに過ぎない。「あお」という色の根源の構造を初めて解明したのは藤堂明保である。氏は*ts'eŋという語は晶・星・井など同源で、「すみきっている」という基本義があるという（藤堂①）。また、生と青を同源とした（藤堂②）。古くは釈名・釈采帛に「青は生なり。物の生ずる時を象る色なり」とあるが、生の表層の意味から青を捉えたもの。生の深層構造は「汚れがなくすがすがしい（澄み切っている）」というイメージであり、澄み切ってすがすがしい印象を与える色が青なのである。日本語の「あお（あを）」は「あゐ（藍）」と同根で、ブルー系の色。また、グリーンを含む。漢語の青はあお色、緑色だけでなく、黒色をも含む。ひとみを睛（セイ）というのはそれが澄み切った黒色だからである。英語のblueは印欧祖語の*bhlēwo-（明るい色の）に由来するという（小島①）。「明るい」と「澄み切る」では少し違うが、「あお」に対する印象は人類共通らしい。

【グループ】青・清・晴・精・請・情・静・靖・錆・睛（セイ）（ひとみ［画竜点睛］）・靘（セイ）（青黒色）・凊（セイ）（澄み切って冷たい→すずしい［夏凊］）・圊（セイ）（清らかな所→便所の忌み言葉）・瀞（セイ）（水が静かに落ち着く、清らか。「とろ」は国訓）・倩（セン）（口もとが美しい）・菁（セイ）（草木が青々と茂るさま。また、カブ［蕪菁］）・蜻（セイ）（澄み切った羽をもつ虫、トンボ［蜻蛉・蜻蜓］）・鯖（セイ）（背の青い魚、アオウオ。「さば」は国訓）

字源 楷書は形が崩れて分析困難。金文を分析すると「生＋丼」または「生＋井」となる（篆文では「丼」が「丹」に変形）。「生」は草が芽を出す姿から、「すがすがしい」というイメージがある（⇩生）。「井（＝丼）」は井戸の中に地下水があることから、「汚れがなく澄み切る」というイメージがある（⇩井）。「生」と「井」はどちらも音・イメージ記号になりうる。したがって「生＋井（＝丼）」を合わせた「青」は、「すがすがしく澄み切っている」というイメージを表すことができる。

（金） （篆）

【字体】「靑」は旧字体。「青」は古くから書道で行われた字体。青に従う他の常用漢字、人名漢字（靖）もこれに倣う。

語義 【展開】あおい、あお色の意味ⓐのほかに、緑色（深い緑）の意味ⓑ、黒色の意味ⓒがある。また、コアイメージが表層的意味として実現されて、すがすがしい意味ⓓ。五行説で、青は木に当たり、東・春と関係づけられるので、春の意味ⓕ、東方の意味ⓖが付与される。また、竹を火にあぶって青みを消して文字を記したところから、記録の意味ⓗが

生じた。[英]blue; green; black; clean; spring; east; document [熟語] ⓐ青果・青天・ⓑ青草・青苔・ⓒ青眼・青黛・ⓕ青春・青年・ⓖ青竜・ⓗ青史

文献 ⓐ詩経・著「俟我於庭乎而、充耳以青乎而＝我を庭に俟つ、充耳は青を以てす（[彼が]私を庭で待っている、青色のイヤリングをして）」（乎而はリズム調節詞）ⓒ書経・禹貢「厥土青黎＝厥の土は青黎（その土は黒色）」ⓔ詩経・子衿「青青子衿、悠悠我心＝青青たる子の衿、悠悠たる我が心（すがすがしいあなたの襟元、いつまで続く私の思い）」

【斉】 8(齊・0) 常 ｜常用音訓｜ セイ

〔齊〕 14(齊・0) 人 ｜ 音セイ・サイ 訓ひとしい・ととのえる・ととのう

語音 (1) *dzer(上古) dzei(中古→呉ザイ・漢セイ・[慣]サイ) qí(中) 제(韓) (2) *dzer(上古) dzei(中古→呉ザイ・漢セイ) jì(中) 제(韓) (3) *tsĕr(上古) tṣăi(中古→呉サイ・漢セイ) zhāi(中) 재(韓)

語源 [コアイメージ] 同じようなものが等しくそろっている。[実現される意味] 等しく並びそろうⓐ。[英]equal, uniform

〔解説〕字源については説文解字に稲や麦の穂が出て上が平らな形と説く。しかし何の形であるかは不明である。説文繋伝に「三物相斉し」とあるように、象徴的符号と見たほうがよい。重要なのは語のコアイメージである。古人は「妻は斉なり」という語源意識をもっていた。その逆も可である。藤堂明保は斉を妻・姉・自・次・此などと同源とし、「そろって並ぶ」という基本義があるとした（藤堂①）。

〔グループ〕斉・剤・済・斎・儕（肩を並べる仲間、ともがら[儕等]）・擠（並んで押し合う）・臍（人体の中央にあるへそ[臍帯]）・薺（茎から小花が多数並びそろって生じる草、ナズナ）・齎（そろえて差し出す→もたらす）・躋（一斉に上げて高さをそろえる→のぼる）・霽（風雨がやみ、空がきちんと整った状態になる→はれる[霽月]）・齏（種々の味を調える→あえる、あえもの・なます）・蠐（上下のそろった筒型の姿を呈する虫、テッポウムシ[蝤蠐]）・鱭（切りそろえたように身の細く削がれた姿を呈する魚、エツ）

字源 「齊」が正字。「二」を除いた部分が原形である（甲骨文字・金文）。三つの同じようなものがそろって並ぶ様子を示す象徴的符号。それに「二（ならぶ符号）」を添えて「齊」となった（篆文の字体）。この意匠によって、「同じようなものが等しくそろっている」というイメージを表すことができる。

（甲）  （金）  （篆） 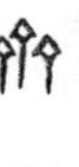

〔字体〕「斉」は近世中国で発生した「齊」の俗字。現代中国の簡体字は「齐」。剤・済もこれに倣う。

語義 [展開] 等しく並びそろう（そろっている、等しい）の意味ⓐから、乱れをきちんと整える（等しくする）意味ⓑ、全部そろって（等しく、皆）の意味ⓒに展開する（以上は1の場合）。また、過不足なく薬物や食物の味を調える、調えた味の意味ⓓを派生する（2の場合）。また、祭りのときに身辺を整える（物忌みする、心身を清める）意味ⓔを派生する（3の場合）。ⓓは剤、ⓔは斎と通用。[英]equal, uniform; make even, regulate; all together; flavoring; fast [熟語] ⓐ斉一・均斉・ⓑ斉家・斉眉・ⓒ斉唱・一斉・ⓔ斉戒（＝斎戒）

文献 ⓐ詩経・大叔于田「兩服齊首＝両服、首を斉ふ（二頭の馬は頭をそろえている）」ⓑ論語・為政「道之以德、齊之以禮、有恥且格＝之を道くに徳を以てし、之を斉ふるに礼を以てすれば、恥有りて且つ格し（徳で導き、礼できちんと治めるならば、民は廉恥の心を持ち、品行が正しくなる）」ⓓ周礼・天官・食医「八珍之齊＝八珍の斉（八つの味を調合した食べ物）」ⓔ論語・郷党「齊必變食＝斉すれば必ず食を変ふ（物忌みするときは必ず食事を変える）」

【政】9(攴・5)　常　|常用音訓| セイ・ショウ　まつりごと

語音 *tieŋ(上古)　tʃɪɛŋ(中古→㊹シャウ〈=ショウ〉・㊺セイ)　zhèng(中)　정(韓)

語源 [コアイメージ] まっすぐ。[実現される意味] 国や社会を治める仕事(まつりごと)ⓐ。[英]government, politics

〔解説〕下記の論語に「政なる者は正なり」とあり、古代では広く、正と政が言語上の同源であると意識された。孔子はこれを利用して、政治の理念を教えた。日本語の「まつりごと」は祭り事で、祭祀を行うが原義。漢語の政には祭りのイメージは全くない。英語のgovernmentのgovernはラテン語gubernare(船の舵をとる)に由来し、支配すること→支配する者→政府・統治(政治)の意味になったという(政村①)。英語のgovernmentは世の中の舵をとる、漢語の政は世の中の秩序を正すことに起源があるが、ともに政治のある側面を捉えた語であるらしい。

字源 「正(音・イメージ記号)+攴(限定符号)」を合わせた字。「正」は「まっすぐ」のイメージがある(⇩正)。「政」は乱れやゆがみをまっすぐにする様子を暗示させる。この意匠によって、国や社会の物事を正しく整え治めることを表象する。

語義 [展開] 国や社会を治める仕事(まつりごと)のⓐから、取り仕切る仕事の意味ⓑを派生する。[英]government, politics; management [熟語] ⓐ政治・国政・ⓑ家政・財政

文献 ⓐ詩経・十月之交「四國無政=四国、政無し(四方の国に政治がない)」論語・顔淵「季康子問政於孔子、孔子對曰、政者正也、子帥以正、孰敢不正=季康子、政を孔子に問ふ、孔子対へて曰く、政なる者は正なり、子帥ゐるに正を以てすれば、孰れか敢へて正しからざらん(季康子が政治について孔子に問うと、孔子はこう答えた。政とは正であります。あなたが正義で人々を率いるならば、正しくならない者はいないでしょう)」

【星】9(日・5)　常　|常用音訓| セイ・ショウ　ほし

語音 *seŋ(上古)　seŋ(中古→㊹シャウ〈=ショウ〉・㊺セイ)　xīng(中)　성(韓)

語源 [コアイメージ] すがすがしく澄み切る。[実現される意味] ほしⓐ。[英]star

〔解説〕生にコアイメージの源泉がある。すがすがしく清らかな光を発するものというイメージで「ほし」が捉えられた。白虎通義・日月篇には「星は精なり」とあるが、星は青のグループとも同源である。

〔グループ〕星・惺・醒・猩(感覚や意識が人間のようにすっきりと澄んで賢い動物、猩々、オランウータン[猩猩])・腥(=胜。生臭い[腥臭])・鯹(=鮏。生臭い)

字源 「曐」が本字。「生(音・イメージ記号)+晶(限定符号)」を合わせた字。「生」は「汚れがなくすがすがしい」というイメージがある(⇩生)。「晶」は三つの星を描いた図形(⇩晶)。「曐」はすがすがしく澄み切った光を発する「ほし」を暗示させる。

〔字体〕「曐」は本字。「星」はその異体字。

語義 [展開] ほしの意味ⓐから、年月の意味ⓑ、大人物に喩える語ⓒ、星のように小さいもの、また、小さいものが散らばるさまの意味ⓓを派生する。星の形の(また、丸くて小さい)点の意味ⓔは日本的用法。[英]star(ⓐⓔ); year; great person; bit, particle; asterisk [熟語] ⓐ星座・流星・ⓑ星霜・ⓒ巨星・将星・ⓓ星布・零星

文献 ⓐ詩経・綢繆「三星在天=三星は天に在り(三つ星は中天にさしかかる)」

【牲】9(牛・5)　常　|常用音訓| セイ

語音 *sïeŋ(上古)　ṣïaŋ(中古→㊹シャウ〈=ショウ〉・㊺セイ)　shēng(中)

생(韓)

語源 [コアイメージ] 汚れがなくすがすがしい。[実現される意味] 神に供える清浄な動物(いけにえ)ⓐ。[英]animal sacrifice

字源 「生(ｾｲ)(音・イメージ記号)＋牛(限定符号)」を合わせた字。「生」は「汚れがなくすがすがしい」というイメージがある(⇩生)。「牲」は祭祀に供するため洗い清めた牛を暗示させる。この意匠によって、汚れを祓い清めて神に捧げるいけにえを表象する。

語義 神に供える動物の意味ⓐ。[和訓] いけにえ　[熟語] ⓐ犠牲・三牲

文献 ⓐ詩経・無羊「爾牲則具＝爾の牲則ち具(そな)はる(あなたのいけにえは皆そろった)」

【省】 9(目・4)　常 ── (常用音訓) セイ・ショウ　かえりみる・はぶく

語音 (1)*siɛŋ(上古)　siɛŋ(中古→呉シャウ〈＝ショウ〉・漢セイ)　xǐng(中)　성(韓)　(2)*sïeŋ(上古)　ṣïaŋ(中古→呉シャウ〈＝ショウ〉・漢セイ)　shěng(中)　생(韓)

語源 [コアイメージ] ㋐くもりがない・㋑細かく分ける。[実現される意味] 物事をはっきりと(細かく)見分ける。[英]inspect

〔解説〕この語はコアイメージが語史の上で㋐から㋑に変化したと考えられる。㋐のコアイメージを提供する記号は生である。これは「汚れがなく澄み切っている」というイメージから「くもりがなくはっきりする」というイメージに展開する。これを図形化したのが眚である(甲骨文字・金文に見られる字体)。古典時代のある段階に至って、コアイメージが変わり、字体が省となった。*siɛŋという語は「細かく分ける」というコアイメージをもつ析や斯(ｼ)と同源と意識されるようになったのである。「細かく分ける」から「細かく分けて削る」へとイメージが転化し、*sïeŋという語形で「はぶく」の意味を表すようになった。ちなみに日本語の「はぶく」は「けずり捨てる」→「細かくけずって減らす」→「細かく分ける」と意味が展開する(大野①)。

字源 「眚」が古字(甲骨文字と金文の字体。ただし篆文の構造は不明)。「生(ｾｲ)(音・イメージ記号)＋目(限定符号)」を合わせた字。「生」は「すがすがしい」「汚れがなく澄む」というイメージがあり(⇩生)、これは「くもりがなくはっきりする」というイメージに展開する。「眚」は物事をくもりなくはっきり見る様子を暗示させる。隷書では「少(少ない・細かい。イメージ記号)＋目(限定符号)」を合わせた字体に変わった。「省」は細かく見分ける様子を暗示させる。

(甲)　(金)　(篆)

語義 [展開] 物事をはっきりと見分ける(事細かに見る、調べてみる)意味ⓐから、細々と振り返ってみる(かえりみる)意味ⓑ、安否をたずねる意味ⓒに展開する(以上は1の場合)。また、「細かく分ける」というイメージから、分けて減らす(はぶく)意味ⓓ、中央から役人を派遣して地方を視察する意味ⓔ、行政を担当する役所や中央官署の意味ⓕ、行政区画の名ⓖを派生する(以上は2の場合)。[英]inspect; reflect, introspection; visit; diminish, save; inspect districts; ministry, central government office; province　[熟語] ⓐ省察・ⓑ反省・猛省・ⓒ省問・帰省・ⓓ省略・省力・ⓕ省庁・本省・ⓖ省都

文献 ⓐ詩経・皇矣「帝省其山＝帝、其の山を省(み)る(上帝はその山を篤とご覧になる)」ⓑ論語・学而「吾日三省吾身＝吾日に三たび吾が身を省みる(私は一日に何度も自分を反省する)」ⓓ孟子・梁恵王上「省刑罰＝刑罰を省く(刑罰を減らす)」

【凄】 10(冫・8)　常 ── (常用音訓) セイ

語音 *ts'er(上古) ts'ei(中古→呉サイ・漢セイ) qī(中) 처(韓)

語源 [コアイメージ] 並びそろう。[実現される意味] 風雨が冷たく吹きつけるⓐ。[英]windy and rainy, wretched

字源 「淒」が本字。「妻(音・イメージ記号)+水(限定符号)」を合わせた字。「妻」は「並びそろう」というイメージがある(⇩妻)。「淒」は風雨が一斉に吹きつける様子を暗示させる。風や雨が冷たいという意味にもなり、「水」を「冫(限定符号)」に替えて「凄」とも書かれる。

〔字体〕「淒」は本字。「凄」はその俗字。

語義 [展開] 風雨が冷たく肌身に迫る(吹きつける)意味ⓐから、風や雨が冷たい(肌寒い)意味ⓑ、すさまじい(ぞっとする)の意味ⓒに展開する。日本では「すごい」ⓓに当てる。[英]windy and rainy, wretched; frigid, chilly; fierce; frightful [和訓]すごい・すさまじい [熟語]ⓐ凄凄・凄然・ⓑ凄風・凄涼・ⓒ凄惨・凄絶

文献 ⓐ詩経・緑衣「淒其以風=淒[=凄]として其れ以て風ふく(風が冷たく吹きつのる)」ⓑ春秋左氏伝・昭公4「春無淒風、秋無苦雨=春に淒[=凄]風無く、秋に苦雨無し(春に寒風がなく、秋に長雨がない)」

【晟】 10(日・6) 人 | 音セイ 訓あきらか

語音 *dhieŋ(上古) ʒiɛŋ(中古→呉ジャウ〈=ジョウ〉・漢セイ) shèng(中) 성(韓)

語源 [コアイメージ] 仕上げてまとめる。[実現される意味] 日光がいっぱい満ちるさま(明るい)ⓐ。[英]bright

字源 「成(音・イメージ記号)+日(限定符号)」を合わせた字。「成」は「仕上げてまとめる」というイメージがあり、これは「いっぱい満ちあふれるように盛んである」というイメージに展開しうる(⇩盛)。「晟」は日の光がいっぱい満ちて盛んである様子を暗示させる。

語義 明るい意味ⓐ。

【栖】 10(木・6) 人 | 音セイ 訓す・すむ

語音 *ser(上古) sei(中→呉サイ・漢セイ) qī・xī(中) 서(韓)

語源 [コアイメージ] 分散する。[実現される意味] 鳥の巣ⓐ。[英]nest

字源 「西(音・イメージ記号)+木(限定符号)」を合わせた字。「西」はざるの形で、「隙間があって分散する」というイメージがある(⇩西)。「栖」は木の枝などを編んで作った、ざるのように隙間のある鳥の巣を暗示させる。

〔字体〕栖と棲はもともと異体字。

語義 [展開] 鳥の巣の意味ⓐから、鳥がとまる意味ⓑ、住む意味ⓒに展開する。また、「分散する」というコアイメージから、気が散ってせかせかとする(慌ただしいさま)の意味ⓓを派生する。[英]nest; roost, perch; dwell; hurried [熟語]ⓒ栖息(=棲息)・隠栖(=隠棲)・幽栖(=幽棲) ⓓ栖栖

文献 ⓒ荘子・盗跖「民皆巣居以避之、昼拾橡栗、暮栖木上=民、皆巣居して以て之を避け、昼は橡栗を拾ひ、暮れは木上に栖む(〔上古の〕人民はみな巣を作ってこれ[猛獣]を避け、昼はトチやクリの実を拾い、夜は木に上に住んだ)」ⓓ論語・憲問「丘何爲是栖栖者與=丘、何為れぞ是れ栖栖たる者か(丘[孔子の本名]よ、どうしてそうせかせかしているのか)」

【逝】 10(辵・7) 常 | 常用音訓 セイ ゆく・いく

語音 *dhiad(上古) ʒiɛi(中古→呉ゼ・漢セイ) shì(中) 서(韓)

語源 [コアイメージ] 二つに切り離す。[実現される意味] その場から立ち去るⓐ。[英]go away, pass

〔解説〕「その場から立ち去る」が本義であるが、婉曲語法あるいは隠語として死ぬ意味に用いられる。日本語の「ゆく」にも同じ転義があり、

死ぬを意味する「ゆく」を逝くと表記する。

字源 「折(セツ)(音・イメージ記号)＋辵(限定符号)」を合わせた字。「折」は途中で断ち切ることから、「二つに切り離す」というイメージを示す記号になる(⇩折)。「逝」はその場から離れて立ち去る様子を暗示させる。

語義 [展開] 離れ去って元に戻らない意味ⓐから、婉曲的に、死ぬ意味ⓑにも転じる。[英]go away, pass; die [熟語] ⓐ逝川・ⓑ逝去・急逝

文献 ⓐ詩経・二子乗舟「汎汎其逝＝汎汎として其れ逝く(舟はぷかぷか浮かんで行ってしまった)」

【清】 11(水・8) 常 | 常用音訓 セイ・ショウ きよい・きよまる・きよめる

語音 *ts'ieŋ(上古) ts'ieŋ(中古→呉シャウ〈＝ショウ〉・漢セイ) ts'iaŋ(唐シン) qīng(中) 청(韓)

語源 [コアイメージ] 汚れがなく澄み切っている。[実現される意味] (水などが)澄み切っているⓐ。[英]clean, clear

〔解説〕釈名・釈言語に「清は青なり。濁を去り、穢(汚れ)を遠ざく。色、青の如きなり」と語源を説く。清と青を同源と見たのは卓見である。ただしストレートに色と結びつけるのではなく、深層構造(コアイメージ)をつかむ必要がある。そうすれば清は青だけでなく、精・晴・情など一連の青のグループ、さらに生のグループともつながることがわかる。日本語の「きよい(きよし)」は「清浄で汚れ・くもりがなく、余計な何物もない意」という(大野①)。漢語の清と同じ。英語のcleanは「汚れがなくて、きれいな」がコアイメージ、clearは「邪魔なものがなく、透き通った」がコアイメージという(田中①)。cleanは漢語の清の転義ⓑにも合致するが、clearはⓑの意味がない。

字源 「青(セイ)(音・イメージ記号)＋水(限定符号)」を合わせた字。「青」は「汚れがなく澄み切っている」というイメージがある(⇩青)。「清」は水の領域において、汚れがなく澄み切っている様子を暗示させる。

語義 [展開] 水が澄み切ってきよらかである、広く、澄み切って汚れやくもりがない(きよい、すがすがしい)意味ⓐ、心や行いにやましいところがない(潔白である)意味ⓑ、汚れを一掃する(きれいに片付ける)意味ⓒ、邪魔なものをすっかりなくする意味ⓓに展開する。[英]clean(ⓐ～ⓒ), clear(ⓐⓓ); pure, innocent; clean up; get clear of [和訓] すむ・すがしい・さやか [熟語] ⓐ清浄・清水・ⓑ清純・清廉・ⓒ清拭・清掃・ⓓ廓清・粛清

文献 ⓐ詩経・溱洧「溱與洧、瀏其清矣＝溱(シン)と洧(イ)、瀏(リュウ)として其れ清し(溱の川と洧の川は、水がすき通って清らかだ)」ⓑ論語・公冶長「子曰、清矣＝子曰く、清なり(〔陳文子を批評して〕孔子はこう言った、彼は清潔な人である)」

【盛】 11(皿・6) 常 | 常用音訓 セイ・ジョウ もる・さかる・さかん

語音 *dhieŋ(上古) ʒiɛŋ(中古→呉ジャウ〈＝ジョウ〉・漢セイ) chéng・shèng(中) 성(韓)

語源 [コアイメージ] 仕上げてまとめる。[実現される意味] 器に食べ物をもりつけるⓐ。[英]put in(a receptacle), fill

〔解説〕器にもりつけるという意味と、勢いがさかんであるという二つの意味が同居している。二つはどんな関係にあるのか。段玉裁は器に満たすことから、豊満という意味が派生したという(説文解字注)。漢の鄭玄が「盛の言は成なり」(周礼注疏)というように、盛と成は同源であり、「仕上げてまとめる」というイメージが二つの意味のコアにある。つまり食べ物を器に入れてまとめる(いっぱい満たす)という意味から、物事がいっぱいあって勢いが生じるという意味が生まれるのである。日本語の「もる」はモリ(森)と同根で、「高く積み上げる」という意味。「さかり」はサカエ(栄)と同根で、「生命力の活動が頂点に達して、勢いのよい状態。また、その時期」の意味という(以上、大野①)。そこから「さかん」

「さかる」が派生する。日本語の「もる」と「さかん」は全く別語である。なお、漢語の盛はもともと*dhieŋという一語であるが、現代中国ではchéng(盛る)とshèng(盛ん)に分化している。

字源 「成《セイ》(音・イメージ記号)+皿(限定符号)」を合わせた字。「成」は「仕上げてまとめる」というイメージがあり(⇩成)、「中身が欠け目なくまとまる」というイメージに展開する。「盛」は器に食べ物を詰めていって、形よくまとめ上げる様子を暗示させる。この意匠によって、器に食べ物をもりつけることを表象する。

語義 [展開] 器に食べ物をもりつける意味ⓐから、器にもりつけた供え物の意味ⓑに展開する。また、欠け目なくいっぱいに盛りつける意味から、物事がいっぱい満ちあふれるように盛んである(勢いや力が充実しているさま)の意味ⓒ、物がたっぷりある(多くて豊かである)意味ⓓ、立派に仕上がっている意味ⓔを派生する。さかり(勢いが頂点に達すること)ⓕや、さかる(動物が発情する)の意味ⓖは日本的用法。[英]put in(a receptacle), fill; offering; prosperous, vigorous; ample, abundant; magnificent; peak; rut [熟語] ⓒ盛栄・隆盛・ⓔ盛装・盛名

文献 ⓐ詩経・采蘋「于以盛之、維筐及筥=于《ここ》に以て之を盛る、維《こ》れ筐《キョウ》及び筥《キョ》(それ[摘み草]を盛りつけます、四角いかごに、丸いかごに)」ⓑ孟子・滕文公下「粢盛不絜=粢盛《シセイ》、絜《きよ》からず(盛りつけたお供えの穀物が不潔である)」ⓒ論語・泰伯「於斯爲盛=斯《ここ》に於いて盛んと為す(この時代が最盛期でございます)」ⓓ論語・郷党「有盛饌、必變色而作=盛饌有れば、必ず色を変じて作《た》つ([孔子は]豪勢なごちそうを出されると、容貌を改めて立ち上がった)」ⓔ孟子・尽心下「盛德之至也=盛徳の至りなり(この上もない立派な徳である)」

【婿】 12(女・9) 常 常用音訓 セイ むこ

語音 *ser(上古) sei(中古→(呉)サイ・(漢)セイ) xù(中) 서(韓)

語源 [コアイメージ] 対をなして並ぶ。[実現される意味] むこⓐ。[英]son-in-law

字源 「胥《ショ》(音・イメージ記号)+女(限定符号)」を合わせた字。「疋」は足の形。足は二本あるから、「一対をなす」「二つに分かれる」というイメージがある(⇩疎)。「疋《ショ》(音・イメージ記号)+肉(限定符号)」を合わせた「胥」は、筋をなしている蟹の肉。□-□-□…の形に適当な間隔を置いて並ぶというイメージがあるが、コアにあるのは「疋」のもつ「□-□の形に並ぶ」のイメージである。したがって「婿」は、女(むすめ)と対をなして並ぶ男(むこ)を表す。

(篆) [胥] (篆)

〔字体〕「壻」(旧字体)はもともと「婿」の異体字。「聟」も異体字。

語義 娘と一対をなして並ぶ男(むこ)の意味ⓐ。[熟語] ⓐ女婿・新婿・夫婿

文献 ⓐ儀礼・士昏礼「壻乗其車、先俟于門外=壻、其の車に乗り、先づ門外に俟《ま》つ(花婿は車に乗って、先に門の外で[花嫁を]待つ)」

【惺】 12(心・9) 人 音 セイ

語音 seŋ(中古→(呉)シャウ〈=ショウ〉・(漢)セイ) xīng(中) 성(韓)

語源 [コアイメージ] すがすがしく澄み切る。[実現される意味] 意識がはっきりと醒めるⓐ。[英]awake; realize; wise

字源 「星《セイ》(音・イメージ記号)+心(限定符号)」を合わせた字。「星」は「すがすがしく澄み切る」というイメージがある(⇩星)。「惺」は心(精神状態)がすっきりと澄み切る様子を暗示させる。

語義 [展開] 意識がさめる意味ⓐから、すっきりと悟る意味ⓑ、知能がさえている(賢い、さとい)意味ⓒに展開する。[英]awake; realize; wise [熟語] ⓐ惺惺・ⓑ惺悟

【晴】12(日・8) 常 ｜ 常用音訓 セイ　はれる・はらす

語音 *dzieŋ(上古)　dziɛŋ(中古→呉ジャウ〈＝ジョウ〉・漢セイ)　qíng(中)　청(韓)

語源 [コアイメージ] 汚れがなく澄み切っている。[実現される意味] 空がはれるⓐ。[英]clear

〈解説〉日本語の「はれる(はる)」は「ふさがっていた障害となるものが無くなって、広広となる意」で、悩みなどが解消するなどの心理的な意味にも転じる。漢語の晴には心理的な意味はない。

字源 「青セイ(音・イメージ記号)＋日(限定符号)」を合わせた字。「青」は「汚れがなく澄み切っている」というイメージがある(⇩青)。「晴」は日が照って空が澄み切った状態になる様子を暗示させる。古くは姓・暒と書かれた。「生」も「星」も「澄み切る」というイメージがある。

語義 空がはれる意味ⓐ。[熟語] ⓐ晴天・快晴

文献 ⓐ説苑・指武「雨十日十夜晴＝雨ふることあめ十日十夜にして晴る(十日間雨が降り続いてから晴れた)」

【棲】12(木・8) 人 ｜ 音セイ　訓すむ

語音 *ser(上古)　sei(中→呉サイ・漢セイ)　qī・xī(中)　서(韓)

語源 [コアイメージ] 並べそろえる。[実現される意味] 鳥の巣ⓐ。[英]nest

〈解説〉鳥の「す」を表す語に*dzɔ̈gと*serがあるが、コアイメージの異なる別語である。前者を巣(＝巣)、後者を棲で表記する。棲はまた栖とも書かれる。棲と栖は全くの同語であるが、図形化は異なった発想で行われた。妻は「並べそろえる」というイメージ、西は「分散する」というイメージを示す記号である。

字源 「妻セイ(音・イメージ記号)＋木(限定符号)」を合わせた字。「妻」は「等しくそろう」「並びそろう」というイメージがあり、「並べてそろえる」「きちんと整える」というイメージに展開する(⇩妻)。「棲」は木の枝などをきちんとそろえて編んだ鳥の巣を暗示させる。

語義 [展開] 鳥の巣の意味ⓐから、鳥がとまる意味ⓑ、住む意味ⓒ、住む所(すみか、床)の意味ⓓ、くつろぎ休む意味ⓔに展開する。また栖と同じく、慌ただしいさまの意味ⓕに用いる。[英]nest; perch, roost; dwell, live, inhabit; dwelling, bed; rest; hurried　[熟語] ⓒ棲息・同棲・ⓓ旧棲・ⓔ棲遅・ⓕ棲棲

文献 ⓐ詩経・召旻「如彼棲苴＝彼かの棲苴セイショの如し(「日照りの後の草木は」まるで鳥の巣の敷き藁のようだ)」ⓑ詩経・君子于役「鶏棲于塒＝鶏は塒ねぐらに棲む(ニワトリはねぐらに帰って休む)」ⓓ孟子・万章上「二嫂使治朕棲＝二嫂には朕わが棲を治めしむ(二人の兄嫁には私の寝床を整えさせる)」ⓔ詩経・衡門「衡門之下、可以棲遅＝衡門の下、以て棲遅すべし(冠木門の家でも、暮らしはできる)」ⓕ詩経・六月「六月棲棲＝六月棲棲たり(六月は「戦の準備で」忙しかった)」

【甥】12(生・7) 人 ｜ 音セイ　訓おい

語音 *sïeŋ(上古)　ṣïaŋ(中古→呉シャウ〈＝ショウ〉・漢セイ)　shēng(中)　생(韓)

語源 [コアイメージ] 生む。[実現される意味] 姉妹の生んだ子ⓐ。[英]nephew, niece

〈解説〉釈名・釈親属に「甥は生なり」とある。また、清の郝懿行は「男子、姉妹の子を謂ひて出と為す。又甥と謂ふ。甥の言は生なり。出と同義」(爾雅義疏)と述べている。姉妹が実家を出て生んだ子という解釈である。

字源 「生セイ(音・イメージ記号)＋男(限定符号)」を合わせた字。「生」は文字通りの意味。「甥」は姉妹が生んだ子を表す。

語義 [展開] 姉妹の生んだ子の意味ⓐで、おい・めいを含む。また、娘の婿の意味ⓑに転用される。日本では兄弟姉妹が生んだ男の子(おい)の意味に専用される。[英]nephew, niece; son-in-law

文献 ⓐ詩経・猗嗟「展我甥兮＝展に我が甥なり([弓の名人は]まことに我がおいだ)」詩経・韓奕篇「韓侯取妻、汾王之甥＝韓侯妻を取る、汾王の甥(韓侯は妻をめとった、汾王のめいを)」ⓑ孟子・万章下「帝館甥于貳室＝帝、甥を弐室に館す(尭帝は娘婿の舜を離宮に住まわせた)」

【貰】12(貝・5) 人 ― 音セイ 訓もらう・おぎのる

語音 *thiad(上古) ʃɪɛi(中古→呉セ・漢セイ) shì(中) 세(韓)

語源 [コアイメージ] 長く延びる・延ばす。[実現される意味] 掛け売り・掛け買いをするⓐ。[英]sell or buy on credit

字源 「世(音・イメージ記号)＋貝(限定符号)」を合わせた字。「世」は「長く延びる」というイメージがある(⇩世)。空間的なイメージは時間的なイメージに転用できる。「貰」は支払いの時期を先に延ばして、商品を取り引きすることを表す。

語義 [展開] 掛け売り・掛け買いをする(おきのる・おぎのる)意味ⓐ。また、「長く延ばす」というコアイメージから、処罰を先に延ばしてゆるす(赦免する)意味ⓑを派生する。日本では、代金は後にして商品を先にもらうという行為の最終段階だけに焦点をしぼって、「もらう」ⓒにこの字を当てる。[英]sell or buy on credit; pardon; get, receive

文献 ⓐ史記・汲鄭列伝「従民貰馬＝民に従ひ、馬を貰る(民について行って、馬をつけで買った)」

【勢】13(力・11) 常 ― 常用音訓 セイ いきおい

語音 *thiad(上古) ʃɪɛi(中古→呉セ・漢セイ) shì(中) 세(韓)

語源 [コアイメージ] 力で押さえる。[実現される意味] 人を押さえつけて従わせる大きな力ⓐ。[英]power, force

〔**解説**〕人を押さえつける力を古代漢語で*thiadという。これは制(勝手な振る舞いを押さえ止める)と同源で、「力で押さえる」というコアイメージをもつ。図形化には埶が利用された。埶はもともと*ŋiad(漢音はゲイ)と読み、園芸の芸の原字である。これに*thiadの読みを与えて、押さえつける力の意味をつけ加えた。これを可能にしたのは埶に内在するイメージ転化である。すなわち園芸は自然のものに手を加えて人工化する行為であるから、「力を加えてコントロールする」というイメージに転化しうるのである。和訓の「いきおい(いきほひ)」は「いきほふ」の連用形で、「そのものの発するイキ(活力)が、盛んに活動してあたりを覆う意」が原義で、あたりを圧する→威勢・気勢の意味に展開する(大野①)。

字源 「埶(音・イメージ記号)＋力(限定符号)」を合わせた字。「埶」は園芸をする場面を設定した図形(⇩芸)。伸びすぎた草木や、形の悪い草木に手を加えて、コントロールして形を整えることから、「力を加えてコントロールする」というイメージを表すことができる。「勢」は対象に力を加えて押さえつけ、自分の思い通りにコントロールする様子を暗示させる。〈補説〉下記の先秦の文献にある勢はもとは埶と書かれ、勢が出現したのは漢代といわれる。

語義 [展開] 人を押さえつけて従わせる力(他を押さえてコントロールする力)の意味ⓐから、何らかの力で弾みをつけられた勢いの意味ⓑ、勢いで進むなりゆきの意味ⓒ、力を感じさせる物の形状の意味ⓓに展開する。また、睾丸の意味ⓔにも用いる。軍隊(兵力、人数)の意味ⓕは日本的用法。[英]power, force; momentum; force of circumstances; outward appearance, situation; testicle; troop [熟語] ⓐ勢力・権勢・ⓑ火勢・水勢・ⓒ運勢・時勢・ⓓ姿勢・地勢・ⓔ去勢・ⓕ軍勢・多勢

文献 ⓐ孟子・尽心上「古之賢王好善而忘勢＝古の賢王、善を好みて勢を忘る(昔の賢明な王は善を好んだので権勢を忘れた)」ⓑ孫子・勢「善戰

人之勢、如轉圓石於千仞之山者＝善く人を戦はしむるの勢ひは、円石を千仞の山より転ずるが如き者なり（人を上手に戦わせる勢いとは、丸い石を千仞の山から転がすようなものだ）」ⓒ孟子・公孫丑上「雖有智慧、不如乗勢＝智慧有りと雖も、勢ひに乗ずるに如かず（たとい才知があっても、勢いを利用するのに及ばない）」ⓓ易経・坤「地勢坤＝地勢は坤なり（大地のありさまは坤である）」

【聖】13（耳・7）　[常]　――　[常用音訓] セイ

[語音] *thieŋ（上古）　ʃɪɛŋ（中古→[呉]シャウ〈＝ショウ〉・[漢]セイ）　shèng（中）　성（韓）

[語源] [コアイメージ] まっすぐ通る。[実現される意味] 理解力が速くて賢い（知恵がある）ⓐ。[英]wise

〔解説〕白虎通義・聖人篇に「聖なる者は通なり、道なり、声なり」、風俗通義に「聖なる者は声なり、通なり。其の声を聞きて情を知り、天地に通じ、万物に条暢（延び広がる）するなり」（芸文類聚所引）とある。*thieŋという語は聴（声が耳にまっすぐ通る→きく）や声と同源で、「まっすぐ通る」というイメージがある。これを表す記号が壬である。壬は聖・聴（聽）・呈・徴・鐵（鉄）・望では王、廷では壬に変形するが、すべて「まっすぐ」「まっすぐ通る」というコアイメージをもつ。すべてに精通し理解する人を聖人という。日本語の「ひじり」はヒ（日または霊）＋シリ（知）で、「人間離れした不思議な力をもつ人」の意（特に天皇や高徳の僧を指す）という（大野②）。漢語の聖と少しずれがある。漢語の聖は天子の意味はあるが、高僧の意味はない。

[字源] 「壬（イテ）（音・イメージ記号）＋耳＋口（ともにイメージ補助記号）」を合わせた字。「壬」は人がまっすぐ背を伸ばして立つ姿を描いた図形で、「まっすぐ」というイメージを示す記号になる（⇨呈）。「聖」は声（言葉）がよく耳に通っていって、物事をすばやく理解する様子を暗示させる。この意匠によって、理解力が速くて賢いことを表象する。

（甲）　（金）　（篆）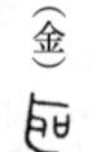

〔字体〕「聖」は旧字体。「聖」は古くから書道で行われた字体。現代中国の簡体字は「圣」。

[語義] [展開] 理解力が速くて賢い意味ⓐ、優れた知恵と高い徳をもつ人の意味ⓑ、ある方面で特に優れた人の意味ⓒ、天子の意味ⓓ、犯しがたい意味ⓔに展開する。また、saint の訳語として、キリスト教の事柄に冠する語ⓕに用いる。ひじり（高徳の僧）の意味ⓖは日本的用法。[英]wise, sage ⓐⓑ; saint ⓑⓕ; expert, master; emperor; holy, sacred; holy priest

[和訓] ひじり　[熟語] ⓐ聖智・聖明・ⓑ聖賢・先聖・ⓒ楽聖・棋聖・ⓓ聖算・聖慮・ⓔ聖地・神聖・ⓕ聖母・聖夜

[文献] ⓐ詩経・十月之交「皇父孔聖＝皇父は孔（はなは）だ聖なり（皇父［人名］はとても賢い）」ⓑ論語・雍也「何事於仁、必也聖乎＝何ぞ仁を事とせん、必ずや聖か（［民衆を救える人は］仁者どころではない、きっと聖人だろう）」

【誠】13（言・6）　[常]　――　[常用音訓] セイ　まこと

[語音] *dhieŋ（上古）　ʒɪɛŋ（中古→[呉]ジャウ〈＝ジョウ〉・[漢]セイ）　chéng（中）　성（韓）

[語源] [コアイメージ] 仕上げてまとめる。[実現される意味] うそや偽りのない心（真心）ⓐ。[英]sincerity, cordiality

〔解説〕嘘や偽りがない状態を漢語では「（いっぱいに）満ちる」というイメージから転化させることがある。実・真はこの例。「空っぽ」から虚（嘘・偽り）が展開するのとちょうど反対である。誠も実・真と同様に「満ちる」からイメージ展開した語である。そのコアをなす成は、仕上げる→欠け目がない→いっぱい満たすというイメージに転化しうる。誠は盛（器に食べ物をいっぱいに盛りつける）とイメージ展開が同じである。日本語の「まこと」はマ（真）＋コト（事・言）で、「うそいつわりでない真実の事や言葉」（大野①）の意で、漢語の誠とほぼ同じ。

【字源】「成（イセ）（音・イメージ記号）＋言（限定符号）」を合わせた字。「成」は「仕上げてまとめる」というイメージがあり（⇩成）、「中身が欠け目なくまとまる」「欠け目なくいっぱいに満たす」というイメージに展開する。「誠」はコミュニケーションの場において、欠け目なくいっぱいになった心をもつ様子を暗示させる。この意匠によって、うそやごまかしのない真心を表象する。

【語義】［展開］うそや偽りのない心（真心）の意味ⓐ、うそや偽りのないこと（真実）の意味ⓑ、本当に（確かに）の意味ⓒに展開する。［英］sincerity, cordiality; true; truly, indeed ［熟語］ⓐ誠実・忠誠

【文献】ⓐ孟子・離婁上「是故誠者天之道也、思誠者人之道也＝是（こ）の故に誠なる者は天の道なり、誠を思ふ者は人の道なり（このように誠こそ天の道であり、誠を思うことが人の道である）」ⓑ論語・子路「誠哉、是言也＝誠なる哉、是（こ）の言や（真実であるなあ、この言葉は）」ⓒ詩経・崧高「謝于誠帰＝謝に誠に帰る（［彼は］確かに謝［地名］に帰った）」

【靖】 13（青・5）　人 ｜ 音セイ　訓やすい・やすらか

【語音】*dzieŋ（上古）　dziɛŋ（中古→呉ジャウ〈＝ジョウ〉・漢セイ）　jìng（中）　정（韓）

【語源】［コアイメージ］汚れがなく澄み切っている。［実現される意味］世の中が安らかに落ち着く（安定する）ⓐ。［英］be quiet, peaceful, pacify

【字源】「青（イセ）（音・イメージ記号）＋立（限定符号）」を合わせた字。「青」は「汚れがなく澄み切っている」というイメージがある（⇩青）。水の汚れが沈んで澄み切ると、じっと落ち着いた状態になるから、「じっと落ち着いて動かない」というイメージに展開する。このイメージ転化は静にも見られる。かくて「靖」は世の中の乱れなどが落ち着いて、しっかり立って危なくない状態になる様子を暗示させる。

【語義】［展開］世の中が安らかに落ち着く（安定する）ⓐ意味から、心が静かに落ち着く（精神的に平和になる、安らかになる）意味ⓑに展開する。［英］be quiet, peaceful, pacify; tranquilize ［熟語］ⓐ靖難・靖乱

【文献】ⓐ詩経・我将「日靖四方＝日に四方を靖（やす）らぐ（日々四方の国を安定させる）」ⓑ詩経・菀柳「曷予靖之＝曷（なん）ぞ予之を靖（やす）んぜんや（私はどうして心が安らかになることができようか）」

【精】 14（米・8）　常 ｜ 常用音訓 セイ・ショウ

【語音】*tsieŋ（上古）　tsiɛŋ（中古→呉シャウ〈＝ショウ〉・漢セイ）　jīng（中）　정（韓）

【語源】［コアイメージ］汚れがなく澄み切っている。［実現される意味］搗いて白くした米（精白米）ⓐ。［英］polished white rice

【解説】春秋繁露・通国身篇に「気の清なる者を精と為す」とある。これは宇宙と人間に存在する精が清らかに澄み切った気であるという解釈。哲学用語の前は日常語であった。玄米を搗きたたいて白い身だけを取り出す行為や、そのような作業を経てできた白米を精という。ぬかなどの不純物を取り除くので、「汚れがなくきれいに澄んでいる」というイメージがあり、青・清・精は同源の語である。

【字源】「青（イセ）（音・イメージ記号）＋米（限定符号）」を合わせた字。「青」は「汚れがなく澄み切っている」というイメージがある（⇩青）。「精」は玄米を搗いて汚れを取り去り、澄んだ色にする様子を暗示させる。この意匠によって、玄米を搗いて白くすること、また、精白した米を表象する。

【語義】［展開］精白した米の意味ⓐ、また、玄米を搗いて白くする意味ⓑから、不純物を除いてきれいにする意味ⓒ、汚れのないエキス（純粋な気、宇宙や人間の根源にある精妙なもの、また、生命力）の意味ⓓ、たましい

(精神)の意味ⓔ、生命を生み出す男性のエキス(精液)の意味ⓕ、自然界の気から生じたもの(もののけ)の意味ⓖに展開する。また、コアイメージがそのまま実現されて、汚れがなく澄み切っている意味ⓗ、混じり気がない、また、よりすぐったものの意ⓘ、雑念を交えない(ただ一つに集中する)意味ⓙ、乱雑でなく細かい(念入りなさま、くわしい)意味ⓚを派生する。[英]polished white rice; polish rice; clear; essence; spirit; sperm; fairy; clean; pure, extract; concentrate; minute, meticulous, elaborate [和訓]しらげる・くわしい [熟語]ⓑ精白・精米・ⓓ精気・酒精・ⓔ精魂・精神・ⓕ精子・射精・ⓖ精霊・妖精・ⓗ精純・ⓘ精鋭・精髄・ⓙ精勤・精励・ⓚ精細・精密

文献 ⓐ論語・郷党「食不厭精＝食は精を厭はず(飯については、[上等の]精白した米が嫌いではない)」ⓓ老子・二十一章「其中有精、其精甚眞＝其の中に精有り、其の精甚だ真なり(その[宇宙の始まりの混沌の]中に精気があった。その精気は真実の存在であった)」ⓔ荘子・秋水「夫形全精復、與天爲一＝夫れ形全く、精復すれば、天と一と為る(肉体が完全に保たれ、精神が本来の姿に帰れば、[人間は]天と一体化する)」ⓗ国語・周「祓除其心、精也＝其の心を祓除すれば、精なり(心の雑念を払えば、心は澄み切った状態になる)」ⓙ易経・乾「純粋精也＝純粋にして精なり([乾は]純粋で、この上なくすぐれたものだ)」

【製】14(衣・8) 常 常用音訓 セイ

語音 *tiad(上古) tʃɪɛi(中古→(呉)セ・(漢)セイ) zhì(中) 제(韓)

語源 [コアイメージ](余分なものを)断ち切る。[実現される意味]素材を裁って余分なものを切り捨て、程よく形を整えて衣を作るⓐ。[英]cut out, fashion(a garment)

〔解説〕制と製は同源の語である。制は素材をカットして余計な部分を切り捨て、程よく形を整えるという意味だが、これをもっと具体的な場面から発想し直した図形が製である。製は制から分化した字と見てよい。

字源 「制(音・イメージ記号)＋衣(限定符号)」を合わせた字。「制」は「余分なものを断ち切る」というイメージがある(⇨制)。「製」は布を適宜に裁断して衣を作る様子を暗示させる。

語義 [展開]布を断ち切って衣を作る意味ⓐから、材料を整えて物をこしらえる意味ⓑ、衣服や物の作り方・様式の意味ⓒ、文を整えて作ったもの(作品、詩文)の意味ⓓに展開する。[英]cut out, fashion(a garment); make, manufacture; style; work [熟語]ⓐ縫製・ⓑ作製・創製・ⓓ御製

文献 ⓐ楚辞・離騒「製芰荷以爲衣兮＝芰荷を製ちて以て衣と為す(ヒシとハスを断ち切って衣とする)」ⓒ漢書・叔孫通伝「服短衣、楚製＝短衣を服するは、楚の製なり(丈の短い衣をつけるのが、楚国のファッションです)」

【誓】14(言・7) 常 常用音訓 セイ ちかう

語音 *dhiad(上古) ʒɪɛi(中古→(呉)ゼ・(漢)セイ・[慣]ゼイ) shì(中) 서(韓)

語源 [コアイメージ]㋐二つに切り分ける・㋑はっきりする。[実現される意味]はっきり約束する(ちかう)ⓐ。[英]swear

〔解説〕釈名・釈言語に「誓は制なり。之を拘制するなり」とある。制止の制(押さえて止める)と同源と見ている。しかし制は「断ち切る」がコアイメージで折(二つに切り離す)と同源の語である。言葉を断ち切ると約束を違えることになってしまうが、そうではなく、白黒をはっきりと分ける→あいまいではない言葉を示す→約束事をはっきり述べるというイメージ展開の結果、制(*tiad、二つに断ち切る)または折(*tiat、二つに切り分ける)から*dhiad(約束する、ちかう)という語が派生・展開したと考えられる。日本語の「ちかう(ちかふ)」はチ(霊力)＋カフ(交)で、"必ず…します"という決意を、神に向けて述べ、祈り、約束すること」という(大野②)。漢語の誓は処罰する絶対者(神)を予想せず、人間関係において双

方の言語が明確であることだけが条件である。哲王を誓王と書く用例もあり、哲（精神・頭脳が明晰である）と誓（約束の言葉を明確に告げる）はコアイメージが共通である。

字源 「折（音・イメージ記号）＋言（限定符号）」を合わせた字。「折」は途中で断ち切ることから、「二つに切り分ける」というイメージに展開する（⇩折）。「誓」は白黒をはっきり分けて、うそのないことを告げる様子を暗示させる。この意匠によって、真心を示して約束することを表象する。

語義 [展開] ちかう意味ⓐ、ちかい、また、ちかいの言葉の意味ⓑ、仏教では、仏・菩薩が誓いを立てることの意味ⓒに展開する。[英]swear; oath, vow [和訓] うけう・うけい [熟語] ⓐ誓盟・誓約・ⓑ誓紙・宣誓・ⓒ誓願

文献 ⓐ春秋左氏伝・隠公1「誓之曰、不及黄泉、無相見＝之に誓ひて曰く、黄泉に及ばざれば相見ること無し（彼女に誓いを立てて、黄泉に行くまであなたに会うことはございません、と言った）」ⓑ詩経・氓「信誓旦旦＝信誓旦旦たり（嘘・偽りのない誓いの言葉ははっきりしている）」

【静】14（青・6） 常

—常用音訓 セイ・ジョウ しず・しずか・しずまる・しずめる

〔靜〕16（青・8） 人 —音 セイ・ジョウ 訓 しず・しずか・しずまる

語音 *dzieŋ（上古） dziɛŋ（中古→呉ジャウ〈＝ジョウ〉・漢セイ） jìng（中） 정（韓）

語源 [コアイメージ] 汚れがなく澄み切っている。[実現される意味] じっと落ち着いて動きがない（しずか）ⓐ。[英]still, quiet, calm

〔解説〕 青にコアイメージの源泉がある。これは「汚れがなく澄み切っている」というイメージを示す記号。水が澄むという具体的な状況を想定すると、汚れが下に沈み、上澄みが上に出るので、「じっと下に落ち着いて動かない」というイメージが生まれる。これを靜で表す。日本語の「しずか（しづか）」はシヅム（沈）やシヅク（雫）と同根で、「下に沈んで、安定しているさま」が原義で、落ち着いているさま→（音などが）やかましくないさまへと意味が展開する（大野①）。漢語の靜の意味展開と全く同じである。英語のstillは「静止した」、quietは「余計な動きや音がない」、silentは「音・声を全く出さない」がコアイメージという（田中①）。またcalmはラテン語のcauma（暑さ）が語源で、暑さを避けるための休息→動きがない→静かな（動揺のない、落ち着いている）の意味になったという（小島①）。漢語の静はこれらを含む。

字源 「靜」が正字。「青（音・イメージ記号）＋爭（イメージ補助記号）」を合わせた字。「青」は「汚れがなく澄み切っている」というイメージから「じっと下に落ち着いて動かない」というイメージに展開しうる（⇩青）。「爭」は二つの力が↑の方向と↓の方向へ引き合って張り合うことから、「バランスが取れて釣り合う」というイメージを表すことができる（⇩争）。したがって「靜」は引き合う力が釣り合って、じっと落ち着いて動かない様子を暗示させる。

〔字体〕 「靜」は旧字体。「静」は古くから書道で行われた字体。

語義 [展開] じっと落ち着いて動きがない意味ⓐから、物音がなくひっそりしている意味ⓑ、物静かでおくゆかしい意味ⓒ、澄み切っている（清らか）の意味ⓓに展開する。また、仏教では、煩悩のない境地の意味ⓔに用いる。[英]still, quiet, calm; silent; gentle; clean; enlightenment [熟語] ⓐ静止・安静・ⓑ静寂・静粛・ⓔ寂静

文献 ⓐ詩経・柏舟「靜言思之＝静かに言に之を思ふ（じっと我が身を思いひそめる）」ⓑ孫子・軍争「以靜待譁＝静を以て譁を待つ（［攻撃するには］静かな状態の味方の軍でもって、騒がしい状態の敵を待つのがよい）」ⓒ詩経・静女「靜女其姝＝静女其れ姝たり（ゆかしい女は器量良し）」ⓓ詩経・既酔「籩豆靜嘉＝籩豆静嘉なり（たかつきは清らかで美しい）」

【請】15(言・8)　常　｜　常用音訓　セイ・シン　こう・うける

語音　(1)*ts'ieŋ(上古)　ts'iɛŋ(中古→㊥シャウ〈＝ショウ〉・㊠セイ)　ts'iəŋ(㊛シン)　qǐng(中)　청(韓)　(2)*dzieŋ(上古)　dziɛŋ(中古→㊥ジャウ〈＝ジョウ〉・㊠セイ)　qíng(中)

語源　[コアイメージ]　汚れがなく澄み切っている。[実現される意味]　物事を一途に頼む㋐。[英]request, ask

〔解説〕古典では情の代わりに請が使われた例(あるいはその逆も)がある。請と情は同源の語である。情は「汚れがなく澄み切っている」というイメージから、何かをしたいという時に起こる一途で素直な気持ちという意味を派生する。同様に、一途で素直な気持ちで相手に物を頼むことが請である。日本語の「こう(こふ)」は神仏に祈り求める意味から、「他者のものを自分の物にしたい、借りたいと真剣に頼む」意味に転じた(大野②)。展開義は漢語の請に近い。ただし請と乞はコアイメージが異なる。人を押し止めて無理に求めることが乞である。また「うける(うく)」は受くと同根で、「自分に向かって来るものを、心構えして迎え入れる意」という原義から、「大金を出して自分の手に引き取る」意味を派生する(大野①)。漢語の請にこの意味はない。

字源　「青(音・イメージ記号)＋言(限定符号)」を合わせた字。「青」は「汚れがなく澄み切っている」というイメージがあり(⇩青)、「ほかのものを交えない」というイメージに展開する。「請」は雑念を交えず、ひたすらそれだけを頼む様子を暗示させる。

語義　[展開]　物事を一途に頼む(相手に何かをしてほしいと頼む。また、自分が何かをしたいと願い求める)意味㋐から、文頭につけて、どうか…してさせて)ほしいという意を示す語㋑に転じる。(以上は1の場合)。また、(頼んだ結果として)もらい受けるという意味㋒を派生する(2の場合)。㋒は後世では晴と書かれる。日本では、「うける」に当て、仕事などを引き受ける意味㋓や、代金を払って引き取る(請け出す)意味㋔に用いる。[英]request, ask; please; receive; undertake; obtain by paying a fee　[熟語]　㋐請願・請求

文献　㋐論語・述而「子路請禱＝子路、禱らんことを請ふ(子路[人名]は神に祈ることを願い出た)」㋑孟子・梁恵王上「請以戰喩＝請ふ、戦を以て喩へん(どうか戦で喩えさせてください)」

【整】16(攴・12)　常　｜　常用音訓　セイ　ととのえる・ととのう

語音　*tieŋ(上古)　tʃiɛŋ(中古→㊥シャウ〈＝ショウ〉・㊠セイ)　zhěng(中)　정(韓)

語源　[コアイメージ]　まっすぐ。[実現される意味]　きちんととととのえる㋐。[英]put in order, arrange

〔解説〕古典に「整は正なり」の訓がある。正にコアイメージの源泉がある。ゆがんだ形をまっすぐにすることが正であり、整である。日本語の「ととのう(ととのふ)」は「一人の指図の声によって多くの人を目指す一線に合わせる意」で、一人の指揮によって率いる→(音が)しっくり合う→欠ける所なく用意ができる・きちんとそろうへと意味が展開するという(大野①)。二番目の意味は漢語の調、三番目が漢語の整にほぼ相当する。

字源　「正(音・イメージ記号)＋敕(イメージ補助記号)」を合わせた字。「正」は「(ゆがみを)まっすぐにする」というイメージがある(⇩正)。「敕」は「たるみを引き締める」というイメージがある(⇩勅)。したがって「整」はたるみや乱れを引き締めてきちんと正す様子を暗示させる。この意匠によって、きちんととととのえることを表象する。白川静は「敕は不整のものを敕える意で、敕にその意がある」とする(白川①)。漢字は音記号にイメージがあり、それ以外は限定符号など補助的な要素である。字源だけを考える学説は限定符号や補助記号を重要視するので、意

味に不純物(意味素以外の要素)が混じり、結果として意味をゆがめてしまうことがある。

語義 [展開] 乱れたものを形よくととのえる(欠けた所がないようにそろえる)意味ⓐから、形よくととのっている(ゆがみや乱れがないさま)の意味ⓑ、全体がそろっている(完全にそろう)意味ⓒに展開する。[英]put in order, arrange; orderly, neat; complete, whole [熟語] ⓐ整頓・整理・ⓑ整斉・整然・ⓒ整数

文献 ⓐ詩経・常武「整我六師=我が六師を整ふ([王は]六つの兵団を整える)」ⓑ春秋左氏伝・隠公9「戎輕而不整、貪而無親=戎軽くして整はず、貪りて親しむこと無し(兵士らは行動が軽々しく、隊列が乱れており、利己的で互いに親しみ合わない)」

【醒】16(酉・9) 常 — 常用音訓 セイ

語音 *seŋ(上古) seŋ(中古→呉シャウ〈=ショウ〉・漢セイ) xǐng(中) 성(韓)

語源 [コアイメージ] すがすがしく澄み切る。[実現される意味] 酒の酔いからさめるⓐ。[英]sober up

字源 「星(セイ)(音・イメージ記号)+酉(限定符号)」を合わせた字。「星」は「すがすがしく澄み切る」というイメージがある(⇩星)。「醒」は酔って朦朧とした意識が澄み切ってすっきりする様子を暗示させる。

語義 [展開] 酔いからさめる意味ⓐから、ぼんやりした頭が澄み切る(意識がさめる)意味ⓑに展開する。[英]sober up; wake up, be awake [和訓] さめる・さます [熟語] ⓑ覚醒・警醒

文献 ⓐ春秋左氏伝・襄公30「醒而後知之=醒めて後之を知る(酔いから醒めて初めて知った)」

【錆】16(金・8) 人 — 音セイ 訓さび・さびる

語音 tsʻiaŋ(中古→漢シャウ〈=ショウ〉・[慣]セイ) qiāng(中)

語源 [コアイメージ] 青色。[実現される意味] さびⓐ。[英]rust

[解説] 竜龕手鑑(五代・後梁の行均撰)に「錆は精なり」とあるだけの稀な字である。用例もないので意味がはっきりしない。日本の古辞書を見ると、和名抄に「鉄精、かねのさび」、字鏡に「鉎、かねのさび」とあり、おそらく錆は鉎(さび)の異体字と考えられる。金属から生じるので鉎(セイ)という。また、金属の表面に浮き出るので、さびを銹(シュ)ともいう。

字源 「青(セイ)(音・イメージ記号)+金(限定符号)」を合わせた字。もとは鉎で「さび」を表したが、銅の緑青のように青色もあるので、生を青に替えた「錆」によって、金属に生じる青色の物質を暗示させたものであろう。

語義 さび(金属の表面に生じる酸化物)の意味ⓐ。[熟語] ⓐ防錆

ぜい

【税】12(禾・7) 常 — 常用音訓 ゼイ

語音 *thiuad(上古) ʃɪuɛi(中古→呉セ・漢セイ・[慣]ゼイ) shuì(中) 세(韓)

語源 [コアイメージ] 中身を抜き取る。[実現される意味] 国家が民の収入から徴収するもの(年貢、税金)ⓐ。[英]tax

字源 「税」が正字。「兌(タイ)(音・イメージ記号)+禾(限定符号)」を合わせた字。「兌」は「中身を抜き取る」というイメージがある(⇩脱)。「税」は収穫した穀物の中の一部を抜き取る様子を暗示させる。この意匠によって、お上が徴収する年貢を表象する。

語義 [展開] 税金の意味ⓐ、税金を徴収する意味ⓑに展開する。また、「中身を抜き取る」「中身を抜き出す」というコアイメージから、拘束から解き放つ意味ⓒを派生する。[英]tax, duty; collect taxes, levy; set free

［熟語］ⓐ税金・租税・ⓑ税斂・ⓒ税駕
文献 ⓐ老子・七十五章「民之饑、以其上食税之多、是以饑＝民の饑うるは、其の上の税を食むの多きを以て、是を以て饑う（民が飢えるのはお上が多く税を取り過ぎるからだ）」ⓑ孟子・公孫丑上「助而不税＝助して税せず（公田の収穫をお上に収めて、私田から税を取らない）」ⓒ呂氏春秋・慎大「乃税馬於華山、税牛於桃林＝乃ち馬を華山に税き、牛を桃林に税く（そこで馬を華山に、牛を桃林に解き放った）」

せき

【夕】 3（夕・0）　常　｜　常用音訓　セキ　ゆう

語音 ＊diak（上古）　ziɛk（中古→㊇ジャク・㊉セキ）　xi（中）　석（韓）

語源 ［コアイメージ］中間を挟んで両側にある。［実現される意味］ゆうがたⓐ。［英］evening

〔解説〕王力は夕・夜・昔を同源とする（王力①）。これは意味の表層レベルで捉える語源説。藤堂明保は夕・尺・度・睪（駅・訳・択など）・亦・夜などは、「数珠つなぎ、━・━型」の基本義をもつ単語家族とする（藤堂①）。後者の説は夕・夜の深層構造を初めて説き明かしたものである。一日の時間帯を表す語で、中心の位置にあるのが昼であり、その両側にあって中心を挟むような位置にあるのが夕・夜である。亦は「中間を挟んで両側にある」というイメージがあり、亦から成る夜も同じイメージがある。夕もこれらと語形が近い。ただし夕は夜と同じ意味で使う場合と、夜のうちの始めの方の意味に使う場合とがある。日本語の「ゆう（ゆふ）」について大野晋は、「上代には昼を中心にした時間のいい方と、夜を中心にした時間のいい方があり、ユフは昼を中心にした時間の区分の、アサ→ヒル→ユフの最後の部分の称」と述べる（大野①）。漢語の時間区分は朝（または晨・旦）→昼→夜（夕・宵・晩）で、夜を三つに区切る場合もある。英語のeveningは「午後（afternoon）と夜（night）との間、日没あるいは夕食ごろから夜寝るまでの間」という（小島①）。漢語の夕にほぼ当たる。

〔グループ〕夕・汐

字源 三日月を描いた図形。

（甲）　（金）　（篆）

語義 ［展開］ゆうがたの意味ⓐから、夜・晩の意味ⓑにも転じる。［英］evening; night　［熟語］ⓐ夕陽・一夕・ⓑ今夕・除夕

文献 ⓐ詩経・君子于役「日之夕矣、羊牛下來＝日の夕べ、羊牛下り来る（夕方になって、羊と牛はねぐらに帰る）」ⓑ詩経・綢繆「今夕何夕、見此良人＝今夕は何の夕べぞ、此の良人を見る（今夜は何ていい夜かしら、恋人に会えるとは）」

【斥】 5（斤・1）　常　｜　常用音訓　セキ

語音 ＊t'iak（上古）　tʃ'iɛk（中古→㊇シャク・㊉セキ）　chì（中）　척（韓）

語源 ［コアイメージ］逆方向に行く。［実現される意味］しりぞける（おしのける）ⓐ。［英］rebuff, exclude

〔解説〕㡿が本字で、説文解字に「㡿は却屋（家をたたき割る）なり」とある。＊t'iakという語は開拓の拓や坼・柝と同源で、「たたき割る」という基本義をもつ（藤堂①）。その更なる深層には「逆方向（↑↓の形）に行く」というイメージがある。

〔グループ〕斥・訴・拆（↑↓の方向に裂ける［拆字］）・坼（土が裂けて開く［坼裂］）・柝（↑↓の方向に裂いた木を、↓↑の方向にたたくもの、拍子木［撃柝］）・泝（＝遡）

字源 「屰（イメージ記号）＋广（限定符号）」を合わせた字。「屰」は「逆方向に行く」というイメージがある（⇩逆）。「㡿（＝斥）」は建物を↑↓の方

向にたたき割って壊す情景を設定した図形。のち字体が㡿→厈→斥と変わった。

(篆)

語義 [展開]「↑↓の方向に行く」というコアイメージから、↑の方向に来たものを↓の方向に行かせる(しりぞける・おしのける)という意味ⓐが実現される。また、↑↓の方向に裂いて隙間を開く(切り開く)意味ⓑ、視界を切り開いて様子を探る意味ⓒに展開する。また、たたいて人を責める意味ⓓ、責めるように人を指さす(指摘する)意味ⓔを派生する。[英]rebuff, exclude; cleave; reconnoiter,scout; blame; indicate [和訓]しりぞける [熟語]ⓐ斥力・排斥・ⓑ斥地・ⓒ斥候・ⓓ痛斥・ⓔ指斥

文献 ⓐ韓非子・問田「患禍不可斥也=患禍は斥くべからざるなり(禍はしりぞけることはできない)」ⓒ春秋左氏伝・襄公18「晉人使司馬斥山澤之險=晋人、司馬をして山沢の険を斥はしむ(晋の人は司馬に山の険しさを探らせた)」

【石】

5(石・0) 常 常用音訓 セキ シャク・コク いし

語音 *dhiak(上古) ʒiɛk(中古→呉ジャク・漢セキ・[慣]シャク) shí(中) 석(韓)

語源 [コアイメージ]中身が詰まる。[実現される意味]いしⓐ。[英]stone

〔解説〕 釈名・釈山に「石は格なり。堅く捍格する(防ぎ止める)なり」とあるように、古代では石は堅いものというイメージで捉えられている。しかし藤堂明保は、*dhiakという語は土・者(著・都・儲・猪などのコアになる記号)・貯・図・宅などと同源で、「充実する・一所に集まる(定着する)」が基本義であるという(藤堂①)。石は下記のグループを形成し、「中身が詰まる」というコアイメージをもつ。

〔グループ〕 石・拓・妬・柘・碩・跖(肉が詰まって堅い足の裏)・蠹(木の中に詰まって芯を食い荒らす虫、キクイムシ)

字源 「厂(がけ)+口(いしころ)」を合わせて、がけの下にいしころが転がっている情景を設定した図形。

(甲) (金)  (篆)

語義 [展開]いしの意味ⓐから、医療用具の一つ、石針の意味ⓑを派生する。また、堅いもの、つまらないものなどの喩えⓒ。また、容量の単位(十斗)ⓓに用いられる。日本でも容量の単位に用いられ、コクと読む。これは中国で斛(容量の単位)と同義に使われたことから。ただし中国ではこの意味ではdàn(タン)と読む。[英]stone; stone needle; metaphor of solidity etc.; unit of capacity [熟語]ⓐ石塊・岩石・ⓑ砭石・薬石・ⓒ石心・ⓓ二千石

文献 ⓐ詩経・鶴鳴「它山之石、可以攻玉=它山の石、以て玉を攻むべし(他の山のつまらぬ石でも、玉を磨くくらいの役に立つ)」ⓑ戦国策・秦二「扁鵲怒而投其石=扁鵲怒りて其の石を投ず(扁鵲[名医の名]は怒って針を投げ捨てた)」

【汐】

6(水・3) 人 音セキ 訓しお・うしお・ゆうしお

語音 *diak(上古) ziɛk(中古→呉ジャク・漢セキ) xī(中) 석(韓)

語源 [コアイメージ]ゆうがた。[実現される意味]ゆうしおⓐ。[英]nighttide

字源 「夕(音・イメージ記号)+水(限定符号)」を合わせた字。「夕」は文字通りの意味。一日二回起こる海水の干満現象のうち、朝方起こる満ちしおを潮、夕方起こる満ちしおを汐という。

語義 [展開]ゆうしおの意味ⓐ。また一般に、うしおの意味ⓑ。[英]nighttide; tide [熟語]ⓑ潮汐

文献 ⓑ管子・度地「天地湊汐＝天地湊汐（ソウセキ）す（天地にしおが満ちる）」

【赤】7(赤・0)　常

常用音訓 セキ・シャク　あか・あかい・あからむ・あからめる

語音 *t'iak(上古)　tʃ'iɛk(中古→呉シャク・漢セキ)　chì(中)　적(韓)

語源 [コアイメージ] ㋐集中する・㋑四方に広がる。[実現される意味] あかい・あか色ⓐ。[英]red

〈解説〉釈名・釈采帛に「赤は赫（カク）なり。太陽の色なり」とあるように、古代では太陽の色に由来すると見ている。王力は赤・赭・朱を同源とする(王力①)。これは色の範疇内で同源関係を捉えたもの。語の範囲を拡大させて深層構造を捉えたのは藤堂明保である。氏は赤・赭・暑・煮・灼・炙などを同源の単語家族とし、これらは「火が集まる」という基本義をもつとした(藤堂①)。図形化は火の燃焼から発想された。*t'iakという語は「(火力や熱が)集中する」というイメージがあるが、図形化された後に、「四方に広がる」というイメージが生まれた。これは二次的イメージである。日本語の「あかい(あかし)」は「アカシ(明)」と同根。〝赤〟の感覚は〝明〟の感覚から生まれた」という(大野①)。太陽の光から発想された語であろう。

〈グループ〉赤・赦・螫（セキ）(虫にさされて赤く腫れ上がる)

字源 楷書は形が崩れて分析困難。篆文を分析すると「大(イメージ記号)＋火(イメージ補助記号)」となる。「大」は「大きく広げる」というイメージを示す記号。「赤」は火が四方に広がり、燃えさかる情景を設定した図形。この意匠によって、あか色を表象する。

(甲)　(金)　(篆)

語義 [展開] あか色の意味ⓐ。赤が血の色を連想させるところから、他のものが混じっていない、純粋であるという意味ⓑ、また、余計なものがない→全く何もないという意味ⓒに展開する。[英]red; pure; bare

[熟語] ⓐ赤飯・赤面・ⓑ赤心・赤誠・ⓒ赤貧・赤裸

文献 ⓐ詩経・北風「莫赤匪狐＝赤きとして狐に匪（あら）ざるは莫（な）し(赤いものはみなキツネにほかならぬ)」ⓑ孟子・離婁下「大人者、不失其赤子之心者也＝大人なる者は其の赤子の心を失はざる者なり(大人とは生まれての子の心を失っていない者をいうのである)」ⓒ韓非子・十過「晉國大旱、赤地三年＝晋国大旱あり、赤地三年(晋の国が大きな日照りに遭い、三年の間、大地に何もなくなった)」

【昔】8(日・4)　常

常用音訓 セキ・シャク　むかし

語音 *siak(上古)　siɛk(中古→呉シャク・漢セキ)　xī(中)　석(韓)

語源 [コアイメージ] 重なる。[実現される意味] 久しくたった時(むかし)ⓐ。[英]former times, past

〈解説〉甲骨文字の形を分析して、日の上の二つ(または三つ)の波形の符号は洪水を表しており、古代の洪水(古代中国に洪水神話があった)を忘れなかったことが昔の字に反映され、そこから「むかし」の意味が生じたと説く学説がある。これは字形から意味を引き出すもので、甚だ非科学的である。且のグループや昔のグループには「かさねる」という基本義があると初めて解明したのは藤堂明保である(藤堂①)。今という時点から後ろの方に時間が重なっていることを*siakといい、昔という図形で表記するのである。現在から振り返って過去を「(時が)重なる」というイメージで発想した語である。この発想は昨と同じ。昔と昨は同源の語である。日本語の「むかし」について大野晋は、「ムカ(向)とシ(方向)の複合か。回想がそこへ向かって行く方向。すなわち、伝承や記憶の中で生きている一時点として過去を把握した語」と述べる(大野①)。漢語の昔は過去の一時点とは限らない。過去へたくさん日数が重なれば昔であるが、今日の前に一日だけ重なっても昔であり、甚だしくは昼の前である夕・夜・晩をも昔という場合がある。

〈グループ〉昔・錯・借・惜・措・籍・藉(上に重ねる→敷く[狼藉])・醋(時を重ねて寝かせて置いて酸っぱくなった液体、「す」)・唶(言葉を重ねてうるさく言う[唶唶])・腊(一枚一枚と上に重なった干し肉)・鵲(うるさく鳴く鳥、カササギ。昔はチャーク・チャークという擬音語の表記を兼ねる)

【字源】「昔」が本字。「巛(イメージ記号)+日(限定符号)」を合わせた字。「巛」はいくつも上に重なることを示す象徴的符号。「昔」は日数が上に(前に)多く重なる様子を暗示させる図形。この意匠によって、むかしを表象する。説文解字では乾し肉としたが、これに従う文字学者が多い。加藤常賢が「累積した日の意」(加藤①)としたのが妥当。

(甲) 　(金) 　(篆)

【語義】[展開] むかしの意味ⓐから、きのうの意味ⓑ、夜・晩の意味ⓒを派生する。[英]former times, past; yesterday; night [熟語] ⓐ昔時・今昔

【文献】ⓐ詩経・采薇「昔我往矣、楊柳依依=昔我往きしとき、楊柳依依たり(むかし[戦に]行ったときは、ヤナギはしなだれていた)」ⓑ孟子・公孫丑下「昔者疾、今日愈=昔者疾めり、今日愈えたり(昨日は病気だったが、今日は治った)」ⓒ荘子・天運「蚊虻噆膚、則通昔不寐矣=蚊虻膚を噆めば、則ち通昔寐ねられず(カやアブが膚をかむと、一晩中眠れない)」

【析】 8(木・4)　常　常用音訓 セキ

【語音】*sek(上古) sek(中古→呉シャク・漢セキ) xī(中) 석(韓)

【語源】[コアイメージ] 細かく分ける。[実現される意味] 細かく裂き分ける(分けてばらばらにする)ⓐ。[英]split, cleave

【解説】王力は析と斯を同源とする(王力①)。藤堂明保は析・斯(細かく裂く)・澌(水が細かく分かれてかすれる→つきる)・嘶(声が分散する→いななく)・省(細かく見分ける)を同じ単語家族で、「細める・小さく分ける」という基本義をもつとする(藤堂①)。「細かく分ける」というコアイメージに概括できる。

〈グループ〉析・晰(はっきり見分ける[明晰])・晳(白がはっきり分かれて目立つ[白晳])・淅(米を細かく分けてとぐ)・蜥(しっぽが切れる虫、トカゲ[蜥蜴])

【字源】「木(イメージ記号)+斤(限定符)」を合わせて、木を切り分ける様子を暗示させる図形。この意匠によって、「細かく(ばらばらに)分ける」というイメージを表すことができる。

(甲) 　(金) 　(篆)

【語義】[展開] 切り分けてばらばらにする意味ⓐから、複雑な物事を細かく分けてはっきりさせる意味ⓑに展開する。[英]split, cleave; analyse [和訓] さく [熟語] ⓐ析出・透析・ⓑ解析・分析

【文献】ⓐ詩経・南山「析薪如之何=薪を析くに之を如何せん(たきぎを割るにはどうするの)」

【席】 10(巾・7)　常　常用音訓 セキ

【語音】*diak(上古) ziɛk(中古→呉ジャク・漢セキ) xí(中) 석(韓)

【語源】[コアイメージ] (上に)重ねる。[実現される意味] 草などで編んだむしろ・敷物ⓐ。[英]straw mat

【解説】*diakという語は且のグループや昔のグループと同源で、「かさねる」という基本義をもつ(藤堂①)。席は藉(上に重ねる→敷く)や蒩(草の敷物)と非常に近い。「藉く(敷く)」とはある物(地面など)の上に乗せること、あるいはその物(しきもの)の上に何かを乗せることであり、ここに「(その上に)重ねる」というイメージがある。席は地面に敷き、その上に乗って座るものというイメージの語である。古典に「席は因なり」の訓もあるが、因も「乗る」と「重なる」の二つのイメージがある。これをもとにしたのが茵（しとね、敷物）である。ただし席と茵は同源の語ではない。

〔グループ〕席・蓆（むしろ）

字源 「廿（イメージ記号）＋广（イメージ補助記号）＋巾（限定符号）」を合わせた字。「廿」は革の上部に含まれ、獣の革を示す記号。「广」は建物。「广＋廿」の部分は庶・度とも共通である。「席」は家の中で獣の革を敷物にして敷く情景を設定した図形。古文は「厂（垂れた布）＋因（むしろの形で、宿の字に含まれる）」から成る。これらの意匠によって、むしろや敷物を表象する。藤堂は「广＋廿」は庶の略体で単なる音符とした（藤堂②）。

（古）　（篆）

語義 ［展開］むしろの意味ⓐから、座る場所の意味ⓑ、会合などの場の意味ⓒ、順位を決めて人を位置づける所の意味ⓓに展開する。また、動詞として、敷物を敷く、また、敷物を敷くように重なり合う意味ⓔ、座を占めて居る意味ⓕを派生する。日本では会合などの場所の意味ⓖに用いる。［英］straw mat; seat; banquet; seating order; lay a rug; overlap; occupy ［和訓］むしろ ［熟語］ⓐ席巻・枕席・ⓑ座席・着席・ⓒ宴席・列席・ⓓ席次・首席・ⓖ席亭・席料

文献 ⓐ詩経・柏舟「我心匪席、不可巻也＝我が心は席に匪ず、巻くべからず（私の心はむしろじゃないから、［他人が勝手に］巻くことはできぬ）」ⓑ論語・郷党「席不正不坐＝席正しからざれば坐せず（座席が正しくないと座らない）」ⓔ漢書・賈捐之伝「相枕席於道路＝道路の相枕席す（［死者が］道路に重なり合う）」ⓕ書経・畢命「席寵惟舊＝寵に席ること惟れ旧し（長らく寵愛を占めている）」

【脊】10（肉・6）　常　常用音訓　セキ

語音 *tsiek（上古）　tsiɛk（中古→㊐シャク・㊊セキ）　jǐ（中）　척（韓）

語源 ［コアイメージ］ぎざぎざに重なる。［実現される意味］背骨ⓐ。［英］spine, backbone

〔解説〕釈名・釈形体に「脊は積なり。骨節を積続し、上下に終はるなり」とあるように、すでに古人も脊と積が同源だと指摘している。藤堂明保はそれだけでなく、束（シ）のグループ（刺・策など）、責のグループ（積・績・漬・簀・磧など）、冊のグループ（柵など）とも同じ単語家族に属し、「ぎざぎざとつっかかる」という基本義をもつとする（藤堂①）。*tsiek という語は「∧∧∧の形（ぎざぎざ）に重なる」というコアイメージがあり、「筋張る」「筋が通る」というイメージに展開する。

〔グループ〕脊・瘠（痩せて骨がぎざぎざと筋張る→やせる［肥瘠］）・塉（やせ地）・蹐（∧∧∧の形に小刻みに歩く→抜き足・差し足で歩く［跼蹐］）・鶺（背筋がすっきりと通って姿の美しい鳥、セキレイ［鶺鴒］）

字源 「𠂹（イメージ記号）＋肉（限定符号）」を合わせた字。「𠂹」はぎざぎざに重なった背骨を描いた図形。

（篆）［𠂹］　（篆）

語義 ［展開］背骨の意味ⓐ。体の中心を通る骨のことから、筋、筋道の意味ⓑ、山などの筋張った所の意味ⓒに展開する。背・背中の意味ⓓは日本的用法。［英］spine, backbone; reason, principle; ridge; back ［和訓］せ・せい ［熟語］ⓐ脊柱・脊椎・ⓒ山脊・刀脊

文献 ⓐ荘子・則陽「折其脊＝其の脊を折る（背骨を折った）」ⓑ詩経・正月「有倫有脊＝倫有り脊有り（順序があり、筋道がある）」

【隻】10（隹・2）　常　常用音訓　セキ

語音 *tiak（上古）　tʃiɛk（中古→㊐シャク・㊊セキ）　zhī（中）　척（韓）

語源 ［コアイメージ］まっすぐ（一直線状）でほかに並ぶものがない。

【実現される意味】ただ一つⓐ。[英]single

〈解説〉隻は雙(双)に対する語である。双は「=(平行線、二つ並ぶ)」というイメージであるが、隻は「—(一直線、まっすぐ)」のイメージ、言い換えれば「ほかに並ぶものがなく孤立している」のイメージである。したがって*tiakという語は適(直線状に進む)・嫡(正妻、直系の子)・只(ただひとつ、それだけ)・梃(まっすぐな棒、またそれを数える語)などと同源と考えられる。説文解字では「隻は鳥一枚なり」「梃は一枚なり」とあり、梃と近い。

【字源】「隹(とり。イメージ記号)+又(限定符号)」を合わせた字。一羽の鳥を手に持つ情景を設定し、鳥がただ一つだけある様子を暗示させる図形。この意匠によって、「ペアやカップルをなさない」「並ぶものがない」というイメージを表すことができる。

(篆) 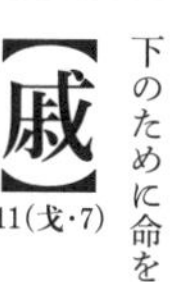

【語義】【展開】ただ一つの意味ⓐから、鳥がカップルをなさず、ただ一羽であるさまの意味ⓑ、わずか(少ない)の意味ⓒに展開する。また、鳥獣・器物・船などを数える語ⓓに用いる。[英]single; alone, have no pair; few; classifier for birds etc. 【和訓】ひとつ 【熟語】ⓐ隻影・隻眼・ⓒ隻句・隻語・ⓓ一隻

【文献】ⓐ春秋公羊伝・僖公33「匹馬隻輪無反者=匹馬隻輪、反る者無し([戦に負けて]馬や車が一つも帰ってこなかった)」ⓑ曹植・鶡賦「踰高越壑、雙不隻=高きを踰え壑を越え、双びて隻ならず([ミミキジは]山を越え谷を越え、カップルで飛び、ひとりぼっちではない)」(漢魏六朝百三家集26)

【惜】11(心・8) 常 常用音訓 セキ　おしい・おしむ

【語音】*siăk(上古) siɛk(中古→呉シャク・漢セキ) xī(中) 석(韓)

【語源】【コアイメージ】重なる。【実現される意味】大事なものをなくしたり、去られたりして、いつまでも心残りがするⓐ。[英]regret

〈解説〉大切なものを失ったり、手放したりすると、心残りがする。漢語ではその感情を「重なる」というイメージで捉え、*siăkという。実体のあるものが心の中に重なり積もってずっと消えないで残るというイメージである。日本語の「おしい(をし)」は「すでに手中にしているものが大事で、手放せない感情をいう語」(大野①)で、漢語の惜と意味はほぼ同じ。

【字源】「昔(音・イメージ記号)+心(限定符号)」を合わせた字。「昔」は「(いくつも)重なる」というイメージがある(⇩昔)。「惜」はいくえにも思いが重なって残る様子を暗示させる。この意匠によって、思い切れず、いつまでも心に残ることを表象する。

【語義】【展開】大事なものを失って心残りがする(おしむ)意味ⓐから、手放すのが心残りで惜しいと思う(愛着があってもったいないと思う、大切にする)意味ⓑに展開する。[英]regret; cherish 【熟語】ⓐ惜春・惜別・ⓑ愛惜

【文献】ⓐ論語・子罕「惜乎、吾見其進也、未見其止也=惜しいかな、吾其の進むを見る、未だ其の止まるを見ず([顔淵の若い死は]残念なことだ。彼は進むばかりで、止まるを知らなかった)」ⓑ呂氏春秋・長利「我國士也、爲天下惜死=我は国士なり、天下の為に死を惜しむ(私は国士である。天下のために命を大切にする)」

【戚】11(戈・7) 常 常用音訓 セキ

【語音】*ts'ök(上古) ts'ek(中古→呉シャク・漢セキ) qī(中) 척(韓)

【語源】【コアイメージ】縮まる・小さく引き締まる。【実現される意味】小さなまさかりⓐ。[英]battle-axe

〈解説〉*ts'ökという語は叔・宿・縮・粛などと同源で、「縮む」「細い」「小さく引き締まる」というコアイメージがある(藤堂①)。戚の意味はま

さかり、憂える、親しむなどで、これらは一見何の関係もなさそうであるが、コアイメージからの展開なのである。

〔グループ〕戚・慼（心細くなる→うれえる）・槭（手の指のように細かく分かれている葉をもつ木、カエデ）・蹙（＝蹴。眉の間隔を縮める、しわを寄せる、顔をしかめる[顰蹙]）

字源 「尗（音・イメージ記号）＋戉（限定符号）」を合わせた字（篆文の字体）。「尗」は「小さい」というイメージがあり、「小さく引き締まる」「縮まる」というイメージに展開する（⇩叔）。「戉」は武器の一種で、まさかり（⇩越）。したがって「戚」は刃が大きく広がらず、内側に引き締まったまさかりを暗示させる。

（金）　（篆）

語義 [展開] 小さなまさかりが本義ⓐ。「縮まる」というコアイメージから、心配で心が縮まる（いたみ悲しむ、うれえる）意味ⓑを派生する。また、「縮まる」というイメージは「間隔が縮まって近づく」というイメージに転化し、親しい（身近なさま）、また、身内の意味ⓒを派生する。[英]battle-axe; grieved, srrow; relative [和訓] うれえる・いたむ [熟語] ⓐ干戚・ⓑ哀戚・休戚・ⓒ姻戚・親戚

文献 ⓐ詩経・公劉「干戈戚揚、爰方啓行＝干戈・戚揚、爰に方めて啓行す（ほこ・たて・まさかりをかついで、ちょうど今出発する）」ⓑ詩経・小明「自詒伊戚＝自ら伊の戚ひを詒れり（自ら憂いを招いてしまった）」ⓒ孟子・公孫丑下「寡助之至、親戚畔之＝助け寡きの至りは、親戚も之に畔く（助けが少なくなる極端な場合は、身内もそむくものだ）」

【責】11(貝・4) 常 常用音訓 セキ せめる

語音 (1)*tsĕk(上古) tʃɛk(中古→呉シャク・漢サク・[慣]セキ) zé(中) 책(韓) (2)*tsĕg(上古) tʃăi(中古→呉セ・漢サイ) zhài(中) 채(韓)

語源 [コアイメージ] ㋐ぎざぎざ（∧∧∧の形）・㋑積み重なる。[実現される意味] きつくせめ立てる（追及する）ⓐ。[英]exact

〔解説〕責と債を同源とした学者はいるが（王力など）、責の深層構造を解き明かした人は藤堂明保以外にいない。氏は朿のグループ（刺・策など）と責のグループと冊のグループを同じ単語家族に入れ、「ぎざぎざとつっかかる」という基本義があるとした（藤堂①）。コアイメージの源泉は朿にある。これはとげ（への形）から発展して∧∧∧の形（ぎざぎざ）のイメージを示す記号で、これが更に「ぎざぎざに重なる」というイメージに展開する。且が「重なる」というイメージから「ぎざぎざ・でこぼこ」のイメージになるのと似たイメージ転化現象である。貸借関係において、一般に負債はたまって積み重なったものという印象がある。また、貸し手は返却を迫り、借り手は負い目をもつ。これにまつわる感情はちくちくと刺で刺激するような痛みであろう。この感情を伴って返却を迫られる負債・負い目を古代漢語で*tsĕkといい、責の図形で表記した。やがて痛み（刺激）を伴う追及や要求の行為を*tsĕkといい、金銭の負い目を*tsĕgといって、語が二つに分化した。日本語の「せめる（せむ）」はセク（塞）・セシ（狭）と同根で、「相手に接近し、距離をつめて寄ることが原義」で、そこから「迫り近づく」「追い詰める」「はげしく追及する」「武力で攻撃する」など、多義性が生まれる（大野②）。責は三番目の意味に対応する。

〔グループ〕責・債・漬・積・績・蹟・磧（小石の重なる砂原[沙磧]）・簀（竹を重ねて編んだすのこ[易簀]）

字源 楷書は形が変わって分析困難。篆文は「朿（音・イメージ記号）＋貝（限定符号）」を合わせた字。「朿」は刺（とげ）を描いた図形で（⇩刺）、「ぎざぎざ」というイメージから、「ぎざぎざに重なる」というイメージに展開する。「責」は財貨が雑然と積み重なる情景を設定した図形。この意匠によって、借りてたまった金（借金、負債）を表象する。借金は返

すべき負い目であり、また、返すように責めたてられるものである。したがって、責めたてるという意味と、借金という意味を「責」で表す。のちに後者は債と書いて区別される。

(甲)　(金)　(篆)

語義 [展開] きつくせめたてる意味ⓐから、何かをやるように要求する、また、やらなければならない負い目の意味ⓑ、罪や過ちをとがめる(非難する)意味ⓒに展開する(以上は1の場合)。また、借金の意味ⓓを派生する(2の場合)。ⓒは債と通用。[英]exact, question closely, interrogate; demand, require; blame, reprove; debt [熟語] ⓑ責任・職責・ⓒ叱責・面責

文献 ⓐ論語・衛霊公「躬自厚而薄責於人、則遠怨矣＝躬(み)自ら厚くして、薄く人を責むれば、則ち怨みに遠ざかる(自分を厳しく責めて他人を軽く責めれば、怨みを買うことは少なくなる)」ⓑ孟子・離婁下「責善朋友之道也＝善を責むるは朋友の道なり(善を行うように要求するのが友の道義である)」ⓒ管子・大匡「桓公聞、責文姜＝桓公聞きて、文姜を責む(桓公はそのこと[妻の不倫]を聞いて、文姜をとがめた)」

【跡】 13(足・6)　常　(常用音訓) セキ　あと

語音 *tsiak(上古)　tsiɛk(中古→呉シャク・漢セキ)　jì(中)　적(韓)

語源 [コアイメージ] 点々と続く。[実現される意味] 足あとⓐ。[英]footprint

〔解説〕釈名・釈言語に「跡は積なり。積累して前(すす)むなり」と、正当に語源を説く。*tsiakという語は積と同源で、「積み重なる」というコアイメージをもつ。垂直的に重なるというイメージは、水平的な軸に視点を移すと、「点々と続く」というイメージに転化する。日本語の「あと」はア(足)＋ト(所)で、「足の踏んだ所」の意。あとさきのあと(後)はそれからの転義という(大野①)。

字源 「亦(エキ)(音・イメージ記号)＋足(限定符号)」を合わせた字。「亦」は大の字に立つ人の両脇に点をつけた図形。「同じものが○-○の形に間を置いてもう一つある」というイメージがあり、これは「○-○-○…の形に点々と続く」というイメージに展開する(⇩亦)。「跡」は地面に点々と続く足あとを暗示させる。

〔字体〕「迹」が本字。「跡」「蹟」はその異体字。

語義 [展開] 足跡の意味ⓐから、物事のあった跡形(物事を行ったあと)の意味ⓑに展開する。跡目の意味ⓒは日本的用法。[英]footprint; trace, vestige, remains; successor [熟語] ⓐ足跡・追跡・ⓑ遺跡・史跡・ⓒ名跡・門跡

文献 ⓐ孟子・滕文公上「獸蹄鳥迹之道、交於中國＝獸蹄・鳥迹[＝跡]の道、中国に交はる([太古、洪水のあった時代は]獣のひづめや鳥の足跡のついた道が国じゅうに交錯した)」ⓑ荀子・非相「欲觀聖王之跡＝聖王の跡を観んと欲す(聖王の事跡をつぶさに見たいと思う)」

【碩】 14(石・9)　人　音セキ

語音 *dhiak(上古)　ʒiɛk(中古→呉ジャク・漢セキ)　shuò(中)　석(韓)

語源 [コアイメージ] 中身が詰まる。[実現される意味] 中身が豊かにあって大きいⓐ。[英]huge, big

字源 「石(セキ)(音・イメージ記号)＋頁(限定符号)」を合わせた字。「石」は「中身が詰まる」というイメージがある(⇩石)。「碩」は頭が詰まって大きい様子を暗示させる。

語義 [展開] 中身が豊かにあって大きい意味ⓐから、知識や人徳などがいっぱいあって立派である意味ⓑを派生する。[英]huge, big; great, grand [熟語] ⓐ碩鼠・碩大・ⓑ碩学・碩儒

文献 ⓐ詩経・碩鼠「碩鼠碩鼠、無食我黍＝碩鼠よ碩鼠よ、我が黍を

食ふ無かれ（大ねずみよ、大ねずみよ、私のキビを食わないで）」

【潟】 15（水・12） [常] [常用音訓] かた

[語音] *siăk（上古） siɛk（中古→[呉]シャク・[漢]セキ） xì（中） 석（韓）

[語源] ［コアイメージ］別の場所に移す。［実現される意味］海水が移って（退いて）塩分が残った所（アルカリ地）ⓐ。［英］alkali soil

〔解説〕舄にコアイメージの源泉がある。この記号は寫（＝写。別の場所に移す）や瀉（内部の水を除いて外部に流す→そそぐ）に使われており、「別の場所に移す」というイメージがある。下記の周礼の注釈に「水に近き処、水已に写して其の地を去り、鹹鹵（アルカリ地）と為る」（孔穎達・周礼正義）とある。海の近くで海水が去って生じ、塩分が多く、そこで塩が造れる所（アルカリ地）の意味であるが、日本では、海水が去ってできた所の意味合いを取って（あるいは、誤解して）、「かた」（干潟）に当てる。

[字源] 「舄（音・イメージ記号）＋水（限定符号）」を合わせた字。「舄」は「別の場所に移す」というイメージがある（⇩写）。「潟」は海水を移した後に塩分だけが残った所を表す。

[語義] ［展開］海水が退いて塩分が残った所（アルカリ地）が本義ⓐ。日本では、潮の干満で現れたり隠れたりする砂州（浅瀬、干潟）の意味ⓑ、外海から切り離されてできた湖の意味ⓒに用いる。［英］alkali soil; mud-flat; lagoon ［熟語］ⓐ潟鹵・ⓒ潟湖

[文献] ⓐ周礼・地官・草人「潟澤用鹿、鹹潟用貆＝潟沢には鹿を用ゐ、鹹潟には貆を用ゐる（枯れた沢ではシカを用い、アルカリ地ではヤマアラシを用いる）」

【積】 16（禾・11） [常] [常用音訓] セキ つむ・つもる

[語音] (1)*tsiek（上古） tsiɛk（中古→[呉]シャク・[漢]セキ） jī（中） 적（韓）
(2)*tsieg（上古） tsiĕ（中古→[呉]・[漢]シ） zì（中） 자（韓）

[語源] ［コアイメージ］積み重なる。［実現される意味］積み重ねる・積み上げる（つむ）ⓐ。［英］heap, pile, stack

〔解説〕段々と順序よく重ねるのではなく、雑然と（寄せ集めて）積み重ねることを*tsiekという。そもそもたまった借財（負債）を*tsĕkといい、これを責（後に債）で表したが、つもってたまるという事態をいう語がこれから独立し、*tsiek（積）が生まれた。上にたまれば「重なる」というイメージ、横（周辺）にたまれば「集まる」というイメージになるが、積は両方を含む。日本語の「つむ」は「数あるもの、量あるものを一まとめにうず高く重ねておく意」、「つもる」は「大きな量のものがばらばらに散らず、まとまって厚く、自然にうず高くなる。…転じて、量・数の厖大なもの、あるいは実体のつかめぬものを大づかみに寄せて、およその結果を出そうとする」意味という（大野①）。「つもる」の展開義（見積もるなど）は漢語の積にはない。

[字源] 「責（音・イメージ記号）＋禾（限定符号）」を合わせた字。「責」は「積み重なる」というイメージがある（⇩責）。「積」は刈り取った稲を集めて積み重ねる場面を設定した図形。この意匠によって、積み重ねることを表象する。

[語義] ［展開］積み重ねる意味ⓐから、重なってたまる（たくさん集まる）意味ⓑ、時が重なって久しい意味ⓒ、空間の重なり（広さやかさ）の意味ⓓに展開する。また、数学では、いくつかの数を掛けて得られる数値の意味ⓔ、中国医学では、気血などが蓄積して起こる病気（消化不良）の意味ⓕに用いる（以上は1の場合）。また、集めてたくわえる、たくわえたもの（穀物など）の意味ⓖを派生する（2の場合）。見積もる意味ⓗは日本的用法。［英］heap, pile, stack; accumulate; long-standing; extent; product; indigestion; stack; estimate ［熟語］ⓐ堆積・累積・ⓑ集積・蓄積・ⓒ積年・積弊・ⓓ体積・面積・ⓔ乗積・ⓖ委積・露積

[文献] ⓐ詩経・良耜「積之栗栗＝之を積むこと栗栗たり（これ［作物］

をたっぷり積み上げる)」ⓖ詩経・公劉「迺積迺倉＝迺ち積み、迺ち倉す(穀物を蓄えしまいこむ)」

【錫】16(金・8) 人 | 音セキ・シャク 訓すず

語音 *sek(上古) sek(中古→呉シャク・漢セキ) xī(中) 석(韓)

語源 [コアイメージ] 平らに延びる。[実現される意味] すずⓐ。[英]tin

字源 「易(音・イメージ記号)＋金(限定符号)」を合わせた字。「易」は「平らに(横に)延びる」というイメージがあり、平ら・平易という意味が生まれる(⇩易)。釈名・釈喪制に意味のⓒの説明として、「錫は易なり。其の麻を治めて滑易(平滑)ならしむるなり」という。ⓐについても同様の語源から、「錫」は平らに延ばしやすい性質があり、表面に貼りつける用途のある金属を暗示させると説明できる。

語義 [展開] 銀白色の金属、すずの意味ⓐ。延性・展性に富み、鉄板のめっきなどに利用される。また、「平らに(横に)延びる」というコアイメージから、物を相手の方に平らにずらして与える(上の者から下の者に与える、たまう)意味ⓑ、薄く平らな麻の布の意味ⓒを派生する。ⓑは賜、ⓒは鍚と通用。[英]tin; bestow; thin hemp cloth [熟語] ⓐ錫杖・掛錫・ⓑ錫予

文献 ⓐ詩経・淇奥「如金如錫＝金の如く錫の如し([完成された男性美は]金や錫のようにみごとだ)」ⓑ詩経・簡兮「公言錫爵＝公言に爵を錫ふ(殿様はさかずきを下された)」

【績】17(糸・11) 常 | 常用音訓 セキ

語音 *tsek(上古) tsek(中古→呉シャク・漢セキ) jī(中) 적(韓)

語源 [コアイメージ] 積み重なる。[実現される意味] 麻などの繊維から糸を作る(うむ・つむぐ)ⓐ。[英]twist(hemp thread)

〈解説〉段玉裁は「績の言は積なり。短を積みて長と為し、少を積みて多と為す」(説文解字注)という。短い繊維を積み重ねて長い糸を作り、少ない繊維を積み上げて多くの糸を作るといった解釈。要するに繊維から糸を作る行為が績である。和訓の「うむ」は「麻や苧(からむし)の茎を水にひたし、蒸してあら皮をとり、その繊維をつむいで糸による」(大野①)ことで、漢語の績もこれと同じ。「つむぐ」はツム(糸を縒る道具)を活用させた語で、糸繰り車で繊維を縒って糸にすること。「うむ」が意味範囲が広い。

字源 「責(音・イメージ記号)＋糸(限定符号)」を合わせた字。「責」は「積み重なる」というイメージがある(⇩責)。「績」は麻などの繊維を重ねて継ぎ足し、縒って長い糸を作ることを表す。

語義 [展開] うむ意味ⓐ。麻などの皮を水に浸し、繊維を剝ぎ取り、機械で縒ってつなぎ合わせて、糸を作るという一連の過程を績という。この作業は繊維から糸にする段階でも、作業自体に多くの段階があることからも、「積み重ねる」というイメージがある。作業を積み重ねて最終的に目的を達成するので、成し遂げられて段々と積み重なる仕事やその成果(功業、いさお)の意味ⓑを派生する。[英]twist(hemp thread); achievement, accomplishment [和訓] うむ・つむぐ [熟語] ⓐ紡績・ⓑ業績

文献 ⓐ詩経・七月「八月載績＝八月載ち績む(八月になると麻糸をうむ)」ⓑ詩経・文王有声「維禹之績＝維れ禹の績なり(これぞ禹王[夏王朝の始祖]の功績だ)」

【蹟】18(足・11) 人 | 音セキ 訓あと

語音 *tsiek(上古) tsiɛk(中古→呉シャク・漢セキ) jī(中) 적(韓)

語源 [コアイメージ] 積み重なる。[実現される意味] 足あとⓐ。[英]footprint

字源 「責(音・イメージ記号)＋足(限定符号)」を合わせた字。「責」は「積み重なる」というイメージがある(⇩責)。垂直の方向を水平の方向に視点を変えると、「点々とつながる」「□－□－□…の形に続く」というイメージに転化する。「蹟」は地面に踏まれて点々と続いて残る足跡を暗示させる。

〔字体〕説文解字では「迹」の異体字とする。「跡」も異体字。

語義 [展開] 足跡の意味ⓐ、物事のあったあとかた(物事を行ったあと)の意味ⓑに展開する。また、足跡が前のものの後に続くことから、筋道に従う(道理に従う)という意味ⓒを派生する。[英]footprint; vestige, remains; follow the right track [熟語] ⓐ痕蹟・ⓑ旧蹟・事蹟

文献 ⓒ詩経・沔水「念彼不蹟、載起載行＝彼の不蹟を念へば、載ち起き載ち行く(無理無道の人を思うと、居ても立ってもいられない)」

【籍】20(竹・14) 常 常用音訓 セキ

語音 *dziak(上古) dziɛk(中古→呉ジャク・漢セキ) jí(中) 적(韓)

語源 [コアイメージ] 重なる。[実現される意味] 人名・人口・土地などを記す帳簿ⓐ。[英]writing tablet, registry

〔解説〕釈名・釈書契に「籍は籍(藉しく)なり。人名・戸口を籍疏(上に載せて、一条ずつ分ける)する所以なり」と語源を説く。古代では竹簡や木簡を重ねて保存したので、事柄を記す帳簿は「重なる」というイメージで名づけられた。

字源 「耤(音・イメージ記号)＋竹(限定符号)」を合わせた字。「耤」は「重なる」というイメージがある(⇩昔)。「昔(音・イメージ記号)＋耒(限定符号)」を合わせた「耤」は、耜(すき)に土を重ねて掘り起こす場面を設定した図形(実現される意味は「たがやす」)。藉(上に重ねる→敷く)にこのイメージがよく生きている。したがって「籍」は文字を書いた竹の札を積み重ねる様子を暗示させる。

(金) (篆) [耤] (篆)

語義 [展開] 人名・人口・土地などを記す帳簿の意味ⓐから、名前などを帳簿に記す意味ⓑに展開する。また広く、書物・文書の意味ⓒに転用される。[英]writing tablet, registry; register; record [和訓] ふみ [熟語] ⓐ戸籍・国籍・ⓑ籍没・ⓒ漢籍・書籍

文献 ⓐ戦国策・秦一「據九鼎、按圖籍、挾天子以令天下＝九鼎に拠り、図籍を按じ、天子を挟みて以て天下に令す(九鼎[天子の象徴]を根拠にし、地図と戸籍を押さえて、天子を擁して天下に号令する)」ⓑ孫子・作戦「善用兵者、役不再籍＝善く兵を用ゐる者は、役、再び籍せず(用兵に長けた者は、徴兵は二度やらない)」ⓒ孟子・万章下「皆去其籍＝皆其の籍を去る(すべてその文書を除き去った)」

せつ

【切】4(刀・2) 常 常用音訓 セツ・サイ きる・きれる

語音 (1)*ts'et(上古) ts'et(中古→呉セチ・漢セツ) qiē・qiè(中) 절(韓) (2)*ts'er(上古) ts'ei(中古→呉サイ・漢セイ) qì・qiè(中) 체(韓)

語源 [コアイメージ] 押し当てる。[実現される意味] 刃物を当てて引いて切る(ごしごしとこすって切る)ⓐ。[英]cut, slice

〔解説〕斧などで上から下にすぱっと断ち切ることではなく、刀やナイフを対象に当ててごしごしとこすって切ることを*ts'etといい、これを切で表記する。数字の七は切と関係がある。切った結果、切り離されて、はみだしの部分が出る。このはみだしに焦点を当てると半端・端数というイメージが生まれる。割ると半端なものが残る数が七である。七の造形においては切り方よりも、切られた結果が重要であるが、切という行為に焦点を当てると、割とも断とも異なる切り方である。むしろ摩(こ

する)のイメージが強い。下記の論語の注釈に「凡そ物を以て相摩する、之を切と謂ふ」(劉宝楠・論語正義)とある。説文解字では「切は刌なり」とある。*ts'etという語は刌(刃物を押し当てて切る)・忖(押しはかる)と同源で、「そっと押さえる」「押し当てる」というイメージをもち、刃物を物に近づけて押し当てて切るというイメージの語である。「そっと押さえる」というイメージは切脈(脈を押さえて診る)によく生きている。日本語の「きる」は「物に切れ目のすじをつけてはなればなれにさせる意。転じて、一線を画して区切りをつける意」という(大野①)。漢語の切に適切・親切・切迫などの用法があるのは、「きる」では説明できない。英語のcutは「鋭利なもので切る」がコアイメージで、切り離す、切断する意、sliceは薄く切る意という(田中①)。漢語の切は語感としてはsliceに近い。

〔グループ〕切・砌(石や煉瓦を切りそろえて並べた階段。「みぎり」は国訓)・*苆(純国字。すさ)

字源 「七(音・イメージ記号)+刀(限定符号)」を合わせた字。「七」は縦の線の真ん中を横の線で切り離して、下に余った線が残る様子を暗示させる図形(⇩七)。前半に視点を置くと、「切り離す」というイメージを表すことができる。したがって「切」は刀で切り離すことを暗示させる。字源と語源には少しずれがある。

語義 [展開]「対象に押し当てる」というコアイメージから、ごしごしとこすって切る意味ⓐ、こすり合わせる意味ⓑ、対象にぴったり当たる(当てはまる)意味ⓒ、対象に近づく(身近に迫る、差し迫る)意味ⓓ、心にひしひしと感じられる様子(身に迫ってこたえる様子)の意味ⓔ、身近に(ひしひしと、切に)の意味ⓕに展開する(以上は1の場合)。また、すべてを押さえて(すべて、一切)の意味ⓖを派生する(2の場合)。[英]cut, slice; rub; fit, suit; press, urge; close, familiar, eager; eagerly; all [熟語] ⓐ切開・切断・ⓑ切歯・ⓒ剴切・適切・ⓓ切迫・ⓔ懇切・親切・ⓕ切問・ⓖ一切・一切合切

文献 ⓐ詩経・淇奥「如切如磋、如琢如磨＝切する如く磋する如く、琢する如く磨する如し([君子の成長の姿は]石を切って磨いたよう、玉を削って磨いたよう)」ⓑ戦国策・魏一「瞋目切齒＝目を瞋らし、歯を切す(かっと目をむき、歯ぎしりする)」ⓔ論語・子路「朋友切切偲偲＝朋友には切切偲偲たり(友達に対しては身近になって励ます)」ⓕ論語・子張「切問而近思＝切に問ひて近く思ふ(切実に質問して、身近に考える)」

【折】

7(手・4) 常 ｜ 常用音訓 セツ おる・おり・おれる

語音 *tiat(上古) tʃiɛt(中古→呉セチ・漢セツ・[慣]シャク) zhé(中) 절(韓)

語源 [コアイメージ] 途中で切り離す。[実現される意味] 途中で切り離す(折って断つ)ⓐ。[英]break, snap

〔解説〕下記の論語に対する注釈に「折を読んで制と為す」(陸徳明・経典釈文)とあるように、古典では折と制は通用した。*tiatという語は制(断ち切る)と同源で、「途中で二つに分ける」「途中で切り離す」というコアイメージをもつ。日本語の「おる(をる)」は「直線状のものを、一点を支点として曲げ、あるいは曲げた結果別々に離す」という意味(大野①)。漢語の折は「切り離す」が原義で、「曲げる」は転義である。また日本語の「おり」には時間の屈折点(変わり目)の意味があるが、漢語の折にはない。

〔グループ〕折・逝・誓・哲

字源 「斲」が本字。「屮(くさ)を上下に重ねた形(イメージ記号)+斤(限定符号)」を合わせて、草が途中で切れている情景を設定した図形。したがって「斲(＝折)」は草を途中で断ち切る様子を暗示させる。この意匠によって、「途中で左右(上下)に切り離す」というイメージを表すことができる。

（金）　（籀）　（篆）

語義［展開］途中で切り離す（折って断つ）が本義ⓐ。また、「途中で左右に切り離す」というコアイメージは、「途中で∧形に折れる」というイメージに転化し、途中で曲がる（おれ曲がる）意味ⓑ、途中でくじける（屈服する、くじく）意味ⓒ、人生の途中でぽっくりと死ぬ意味ⓓに展開する。また、「左右に分け離す」というイメージから、二つに分ける、また、はっきり分ける意味ⓔ、白黒をはっきりつける（さばく、さだめる）意味ⓕを派生する。［英］break, snap; bend; die; divide; decide ［和訓］くじく・さだめる ［熟語］ⓐ折檻・骨折・ⓑ曲折・屈折・ⓒ折衝・挫折・ⓓ短折・夭折・ⓔ折衷・折半・ⓕ折獄

文献 ⓐ詩経・将仲子「無踰我牆、無折我樹桑＝我が牆（かき）を踰（こ）ゆる無かれ、我が樹（う）ゑし桑を折る無かれ（私のうちの垣根を乗り越えて、私が植えたクワを折ってはだめよ）」ⓑ淮南子・覧冥訓「河九折注於海＝河、九折して海に注ぐ（黄河は九回折れ曲がって海に注ぐ）」ⓒ戦国策・西周「周必折而入於韓＝周、必ず折れて韓に入る（周はきっと屈服して韓に入ってくるだろう）」ⓕ論語・顔淵「片言可以折獄者、其由也與＝片言以て獄を折（さだ）むべき者は、其れ由なるか（わずかな言葉を聞いただけで訴訟をさばける者は由［子路］であろうか）」

【拙】8(手・5)　常　常用音訓　セツ　つたない

語音 *tiuĕt(上古)　tʃuɛt(中古→呉セチ・漢セツ)　zhuō(中)　졸(韓)

語源 ［コアイメージ］下方にへこむ。［実現される意味］技などが巧みでない（見劣りがする、つたない）ⓐ。［英］clumsy, awkward, unskilled

〔解説〕釈名・釈言語では「拙は屈なり。物を否屈ならしめて、用を為さざるなり」とある。物を作るのが不器用という解釈である。*tiuĕt という語は、屈（へこむ）・黜（チュツ）（しりぞける）などと同源で、「下方にへこむ」というコアイメージがある。日本語の「つたない（つたなし）」は「勤（と）なし、怠りて勇気なき意」が語源で、「巧みならず、精しからず」の意味という（大言海の説）。

字源 「出（シュツ）（音・イメージ記号）＋手（限定符号）」を合わせた字。「出」はへこみから外へ足を出す情景を設定した図形。「∧形（上方に突き出る）」というイメージがあるが、視点を変えると「∨形（下方へへこむ）」のイメージにも転化する（⇩出）。「拙」は手の技が標準より下方にへこんで劣る様子を暗示させる。

語義 ［展開］技が巧みでない（つたない）意味ⓐ。また、自分に関することの謙遜語ⓑに用いる。［英］clumsy, awkward, unskilled; humble word ［和訓］まずい ［熟語］ⓐ拙劣・稚拙・ⓑ拙者・拙著

文献 ⓐ老子・四十五章「大巧若拙＝大巧は拙なるが若し（最高の技巧はかえって下手に見える）」

【窃】9(穴・4)　常　常用音訓　セツ

語音 *ts'et(上古)　ts'et(中古→呉セチ・漢セツ)　qiè(中)　절(韓)

語源 ［コアイメージ］内部に食い込む。［実現される意味］他人の物をひそかに盗むⓐ。［英］steal

〔解説〕説文解字に「盜、中より出づるを竊と曰ふ」とある。内部でひそかに盗みをするという解釈。禼（セツ）という記号にコアイメージの源泉があると考えられる。これはきわめて稀な字である。稀な記号を使うのは、その語独特のイメージを表す場合が多い。禼はある種の虫の象形文字であるが、用例がない。ただ偰（セツ）と同じで、これは殷の始祖である契（セツ）と同じとされる。虫とまつわる古代始祖神話があったと想定されるが、証拠はない（似た例に禹がある。禹は虫の象形文字で、夏の始祖の名）。竊の造形以外に禼が使われていないところを見ると、禼はおそらく穀類を食うコクゾウムシ（穀象虫）を表した図形であろう。禼は偰（セツ）・契（セツ）と書き換えられ

たから、セツという語は楔（くさび）と同源で、「隙間に食い込む」というイメージを示す記号と考えられる。以上のように考察すると竊になぜ卨が使われたかの理由がわかる。

字源 「竊」が正字。分析すると「穴＋廿＋米＋卨」になる。「廿」は「共」に含まれ、「そろって（一緒に）」のイメージを示す。「卨」は「隙間に食い込む」というイメージを示す。「卨（音・イメージ記号）＋廿＋米（ともにイメージ補助記号）＋穴（限定符号）」を合わせた「竊」は、虫が米俵に穴を開けて内部に食い込み、ひそかに盗み食いする様子を暗示させる図形。この意匠によって、ひそかに他人の物をぬすむことを表象する。

（篆）［卨］　（篆）

〔字体〕「窃」は近世中国で発生した「竊」の俗字。

語義 ［展開］他人の物をひそかに盗む意味ⓐから、ひそかに（人知れずに）の意味ⓑを派生する。［和訓］ぬすむ・ひそかに ［英］steal; secretly ［熟語］ⓐ窃盗・剽窃・ⓑ窃視・窃笑

文献 ⓐ論語・顔淵「苟子之不欲、雖賞之、不竊＝苟も子の不欲ならば、之に賞すと雖も、窃まざらん（もし［為政者である］あなた自身が無欲ならば、民に褒美を与えても、それを盗むものはいますまい）」ⓑ論語・述而「竊比於我老彭＝窃かに我を老彭に比す（［私は］ひそかに自分を老彭［昔の賢者の名］になぞらえている）」

【屑】10(尸・7)　人　―　音セツ　訓くず

語音 *set(上古) set(中古→呉セチ・漢セツ) xiè(中) 설(韓)

語源 ［コアイメージ］小さい・細かい。［実現される意味］くずⓐ。［英］scrap

〔解説〕藤堂明保は七・屑・漆・節などを同源とし、「小さく切る・小間切れ」の基本義があるという（藤堂①）。王力は細・屑・砕を同源とする（王力①）。古典の注釈にも「屑は砕なり」とある通り、「小さい・細かい」をコアイメージとしてよい。些細の些、瑣末の瑣とも同源である。

字源 「屑」が本字。「⿱八月（音・イメージ記号）＋尸（限定符号）」を合わせた字。「⿱八月」は「八（分かれる）＋月（＝肉）」を合わせて、肉をばらばらに分ける様子を暗示させる図形。「尸」は屠（ほふる）に含まれる尸と同じで、動物の体を表す限定符号。したがって「屑（＝屑）」は動物の骨をばらばらに砕く様子を暗示させる。この意匠によって、細かく砕けたものを表象する。

（篆）［⿱八月］　（篆）

語義 ［展開］細かく砕けたもの（くず）の意味ⓐから、細々したさま、細かいの意味ⓑを派生する。また、「不屑（＝屑しとせず）」の語形で、細かいことにとらわれない（詰まらないこととして意にとめない、無視する）の意味ⓒ。［英］scrap, crumb, junk, trash, litter, refuse, rubbish; trifling; consider pure ［熟語］ⓐ木屑・ⓑ屑屑

文献 ⓒ詩経・君子偕老「鬒髪如雲、不屑髢也＝鬒髪雲の如く、髢を屑しとせず（黒髪は雲のように豊か、かつらなんかいらないほど）」

【接】11(手・8)　常　―　常用音訓 セツ　つぐ

語音 *tsiap(上古) tsiɛp(中古→呉・漢セフ〈＝ショウ〉・［慣］セツ) jiē(中) 접(韓)

語源 ［コアイメージ］（差し込まれて）つながる。［実現される意味］二つのものをつなぐ（つぐ、つながる）ⓐ。［英］connect

〔解説〕妾にコアイメージの源泉がある。古人は君主に接するから妾（めかけ、側室）だと語源を説くが、方向が逆である。妾→接の方向に捉えないといけない。藤堂明保によれば、*tsiapという語は揷・斬・纖・尖などと同源で、「先が細い・細い物が割り込む」という基本義をもつ

という（藤堂①）。説文解字では「接は交なり」とあり、男女が交合（交接）することと解している。性器を割り込ませる（差し込む）ことが交接である。しかしこの意味は*tsiapという語の一部に過ぎない。二つのものが差し込まれるようにぴったりとつながる（つなぐ）というのが*tsiapのもつ意味であり、これを接で表記する。木をつぐ場合は椄と書くが、交合の場合は別の字を作らないで接を用いるのである。日本語の「つぐ」は漢字で書くと継ぐ・次ぐ・接ぐ・嗣ぐなど多義的である。原義は「長くつづくものが絶えないように、その切れ目をつなぐ意」という（大野①）。漢語の接は二つのものをくっつけてつなぐという意味で、「二つのもの」が前提としてある。英語のconnectはラテン語のconnectere、分析するとcon(=together)＋nectere(=to bind)に由来し、「媒介物、道具などによって二つのものを一つに結合する、連結する」の意という（小島①）。漢語の接はこれと対応する。

〔グループ〕接・妾（めかけ、側室［愛妾］）・椄（接ぎ木）・唼（ずるずると口の方へつながるように血をすする［唼血］）・翣（棺につなぐ羽飾り）・霎（断続的に降る小雨）

字源 「妾（音・イメージ記号）＋手（限定符号）」を合わせた字。「辛」は刃物の形で、「切ったり突いたりする」というイメージを示す。「辛の略体（イメージ記号）＋女（限定符号）」を合わせた「妾」は、罪を得てナイフで入れ墨される女（奴隷）と解することもできるし、また、刃物を「突き入れる」「差し込む」こととの比喩と見て、性器を差し込むための女（嫡子を得るための正妻ではなく、情交の相手を務める側室）と解することもできる。いずれにしても「妾」は「（差し込まれて）二つのものがつながる」というイメージを示す記号となる。したがって「接」は二つのものをつなぐ様子を暗示させる。

（甲）　（金）　（篆）［妾］　（篆）

語義 〔展開〕二つのものがつながる意味ⓐから、二つのものが交わる意味ⓑ、触れるほど近づく意味ⓒ、人に近づいてもてなす意味ⓓ、向こうから来るものをこちらで受け取る意味ⓔに展開する。［英］connect; come into contact; close to; meet, welcome; receive 〔和訓〕まじわる 〔熟語〕ⓐ接続・密接・ⓑ交接・ⓒ接近・接触・ⓓ接待・応接・ⓔ接受・接収

文献 ⓐ戦国策・秦四「韓魏父子兄弟接踵而死於秦者百世矣＝韓・魏の父子兄弟、踵を接ぎて秦に死する者百世なり（韓と魏の父子兄弟が秦のせいで、前の人の後をつぐようにひっきりなしに死ぬ者が百代にもわたる）」ⓑ礼記・表記「君子之接如水、小人之接如醴＝君子の接するは水の如く、小人の接するは醴の如し（君子が人と交わる仕方は水のように淡泊で、小人の交わりは甘酒のように濃厚だ）」ⓒ孟子・梁恵王上「兵刃既接＝兵刃既に接す（やがて兵器の刃が触れ合う）」ⓓ春秋左氏伝・桓公6「接以太牢＝接するに太牢を以てす（ごちそうで接待する）」

【設】

11(言・4)　常　常用音訓　セツ　もうける

語音 *thiat（上古）　ʃɪɛt（中古→呉セチ・漢セツ）　shè（中）　설（韓）

語源 〔コアイメージ〕しっかり立てる。〔実現される意味〕所定の場所に備えつけて置くⓐ。［英］set up, place, establish

〔解説〕語源の難しい語である。説文解字では「設は施陳（施し連ねる）なり」とあり、王力は設と施が同源であるという（王力①）。しかし施は「ずるずると延びて移る」がコアイメージで、設はこれを含まない。むしろ「立ち上げる」というイメージが強い。このイメージを殳で表現したと考えられる。古典の注釈には「設は置（立てて置く）なり」「設は立なり」の訓がある。日本語の「もうける（まうく）」は「将来の事態に備えて、あらかじめ必要な物や態勢をととのえる」が原義で、その展開義に「期待されること、当然あるとされることを用意する」「必要な準備とし

て、新たに建物や調度・書物などを造り置く」がある(大野②)。漢語の設とほぼ同じ。

字源 「殳(イメージ記号)+言(限定符号)」を合わせた字。「殳」は戦車の前に立てるほこのことから、「しっかり立てる」「じっと立てておく」というイメージを示す記号になる(⇩投)。「設」は何かについて述べる前提として言葉をしっかり組み立てる様子を暗示させる。この意匠によって、ある目的のためにあらかじめしっかり据えて置くことを表象する。

(篆)

語義 [展開]「しっかり立てて置く」というコアイメージから、ある目的のために物をしっかり据えて置く意味ⓐが実現される。ここから、組み立てて造る(新しくこしらえる)意味ⓑ、あらかじめ用意する(前もって定めておく)意味ⓒに展開する。また、目的を予想してあらかじめ用意することから、「もし～ならば」という仮定の用法ⓓが生まれた。[英]set up, place, establish; make, found, build; prepare; supposing [和訓]しつらえる [熟語]ⓐ設置・設立・創設・ⓑ設営・建設・施設・ⓒ設計・設定

文献 ⓐ詩経・彤弓「鐘鼓既設=鐘鼓既に設く(鐘と太鼓はすでに備えられた)」ⓑ詩経・殷武「設都于禹之績=都を禹の績に設く(禹の造った大地[中国]に国都を建設する)」ⓒ孟子・離婁下「其設心以為不若是、是則罪之大者=其の心を設くるや、以為へらく、是くの若くならざれば、是れ則ち罪の大なる者なりと(彼は心に決めてこう思った、このようにしなければ[親不孝の]罪は大きなものになると)」

【雪】 11(雨・3) 常 ― 常用音訓 セツ ゆき

語音 *siuat(上古) siuɛt(中古→呉セチ・漢セツ) xuě(中) 설(韓)

語源 [コアイメージ](汚れを)払い清める。[実現される意味]ゆきⓐ。[英]snow

解説 王念孫が「雪は刷なり」というのがよく語源を捉えている(広雅疏証)。*siuatという語は刷と同源で、「汚れを払い清める」というコアイメージをもつ。地上の汚れを払って真っ白に清めるものというのが雪に与えられたイメージである。この聴覚記号の図形化は、ゆきと箒(ほうき)のイメージの類似性から発想された。すなわち箒は汚れを払い清める道具であり、ゆきはその色の印象から、けがれがないというイメージがある。

字源 「䨮」が本字。「彗(ヨはその変形。音・イメージ記号)+雨(限定符号)」を合わせた字。「彗」は箒を手に持つ姿を描いた図形(⇩彗)。「䨮(=雪)」は箒で汚れを掃き清めるように、汚れを白く清める気象、すなわち「ゆき」を暗示させる。

(篆)

字体 「雪」は旧字体。「雪」は古くから用いられていた字体。

語義 [展開]ゆきの意味ⓐ。白いものの喩えⓑに用いる。また、「汚れを払い清める」というコアイメージがそのまま実現されて、洗ったり拭いたりして汚れを取り除く意味ⓒ、汚辱・屈辱をはらいのける意味ⓓを派生する。[英]snow; metaphor of white; wash; wipe away [和訓]すすぐ [熟語]ⓐ白雪・積雪・ⓑ雪肌・雪膚・ⓓ雪冤・雪辱

文献 ⓐ詩経・蜉蝣「麻衣如雪=麻衣雪の如し(麻の衣[喪服]は雪のように白い)」ⓒ史記・酈生列伝「沛公遽雪足=沛公遽かに足を雪ぐ(沛公[劉邦]は慌てて足の汚れをふいた)」ⓓ韓非子・難二「管仲雪桓公之恥於小人=管仲、桓公の恥を小人に雪ぐ(管仲は詰まらぬ人間から桓公の恥をすすいでやった)」

【摂】 13(手・10) 常 ― 常用音訓 セツ

〔攝〕21(手・18) 人 ―音セツ 訓とる・かねる

語音 *thiap(上古) ʃiɛp(中古→呉・漢セフ〈＝ショウ〉・[慣]セツ) shè(中) 섭(韓)

語源 [コアイメージ] 重ね合わせる。[実現される意味] いくつかのものを乱れないように寄せ合わせて持つ(兼ね合わせて執る)ⓐ。[英]grasp, hold

〔解説〕藤堂明保によれば、*thiapという語は踏・畳・習・襲などと同源の単語家族に属し、「重ね合わせる」という基本義をもつという(藤堂①)。古典の注釈では「摂は持なり」「摂は執なり」とあるが、不十分な意味の取り方である。いくつかのものを寄せ合わせて(兼ね合わせて)持つことが摂の意味で、そのコアに「重ね合わせる」というイメージがある。いくつかのものが合わさると「くっつく」というイメージにもなる。

〔グループ〕摂・襵(ショウ)(衣の重なったひだ、プリーツ)・懾(ショウ)(心が押さえられてびくびくする[懾伏])・躡(ジョウ)(足を地面に重ねて[つけて]踏む)・囁(ショウ)(口を耳につけてささやく)・欇(ショウ)(風にさやさやと鳴る木、楓樹)・顳(ショウ)(頭骨の一部で、耳にくっつくほど近い部分。また、こめかみ[顳顬])

字源 「攝」が正字。「聶(ジョウ)(音・イメージ記号)＋手(限定符号)」を合わせた字。「聶」は「耳」を三つ重ねた図形で、「いくつかのものを重ね合わせる」というイメージがあり、また、「くっつく」というイメージにも展開する。説文解字に「聶は耳に附けて私かに小語するなり」とある。「攝」は手にいくつかのものを重ね合わせて持つ様子を暗示させる。この意匠によって、いくつかのものを乱れないように寄せ合わせて持つことを表象する。

(篆) [聶] (篆)

〔字体〕「攝」は旧字体。「摂」は日本でできた字体。現代中国の簡体字は「摄」。

語義 [展開] 兼ね合わせて執る意味ⓐから、まとめて取り込む(飲食物などを取る)意味ⓑ、いくつかのものを兼ねる意味ⓒ、兼ねた形で代わる意味ⓓ、いくつかの間にはさまる意味ⓔに展開する。[英]grasp, hold; take in; be both; act for; pinch between [熟語] ⓐ摂受・包摂・ⓑ摂取・摂食・ⓒ兼摂・ⓓ摂政・摂理

文献 ⓐ詩経・既酔「朋友攸攝、攝以威儀＝朋友の摂(と)る攸(ところ)、摂るに威儀を以てす(朋友たちは整えた、威儀を正しく整えた)」ⓑ老子・五十章「善攝生者、陸行不遇兕＝善く生を摂(と)る者は、陸行して兕虎(ジコ)に遇はず(生命を上手に養う者は、陸を旅して猛獣にでくわすことはない)」ⓒ論語・八佾「官事不攝＝官事は摂(か)ねず(官の仕事を掛け持ちしていない)」ⓔ論語・先進「千乗之國、攝乎大國之間＝千乗の国、大国の間に摂(はさ)まる(兵車千台を出す程度の国が、大国に挟まれている)」

【節】13(竹・7) 常 ―常用音訓 セツ・セチ ふし

〔節〕15(竹・9) 人 ―音セツ・セチ 訓ふし

語音 *tset(上古) tset(中古→呉セチ・漢セツ) jié(中) 절(韓)

語源 [コアイメージ] 切れ目。[実現される意味] 竹などのふしⓐ。[英]joint of bamboo, node

〔解説〕卩(セツ)にコアイメージの源泉がある。これは膝を曲げた人の図形で、却・即などの限定符号になるが、音・イメージ記号としては節・絶・岊に使われている。それは「∠形や∧形に折れ目・切れ目がつく」というイメージである。絶は切れ目をつける→たち切る意味、岊は詩経・節南山篇の「節たる彼の南山(高く険しい南の山)」とある節と同じとされ、∧形に先が尖るというイメージを示す。*tsetという語は截(セツ)(切れ目を入れる)・膝(シツ)(足の折れ目である「ひざ」)などと同源で、「折れ目・切れ目(∠形・

〈形・―|―の形など〉」というコアイメージをもつ。―|―の形をなす竹などのふしを節という。日本語の「ふし」は「植物の茎や動物の骨などのつなぎ目」の意という(大野①)。

〔グループ〕節・櫛・⿱節黽(セツ)(七つの節のある虫、ワレカラ)

字源 「節」が正字。「卩(セツ)」(音・イメージ記号)+皀(イメージ補助記号)+竹(限定符号)」を合わせた字。「卩」はひざまずく人の形。「皀」は器に盛ったごちそうの形。「卩」に「皀」を添えた「即」は器の側に人がひざまずいている様子を示す。これは即刻の即と同じ形であるが、ひざまずくことに焦点を当てて別のイメージを作り出している。要するに「卩」の「∠形に折れる」「折れ目がつく」というイメージである。したがって「節」は食膳で膝を曲げてふし目がつくように、一段一段と切れ目のある竹の「ふし」を暗示させる図形である。

(篆) 

〔字体〕「節」は旧字体。「節」は古くから書道で行われた字体。現代中国の簡体字は「节」。

語義 〔展開〕竹などのふしの意味ⓐから、ふし目のあるものの意味ⓑ、一段ずつ区切れた部分(音楽、文章の区切り)の意味ⓒ、時間の切れ目(折々)の意味ⓓ、一年のふし目となる日(祝日)の意味ⓔ、割り符や証拠のしるしの意味ⓕに展開する。また、折れ目・切れ目をつける(範囲を超えないようにけじめをつける)意味ⓖ、切れ目をつけて無駄な部分を省く意味ⓗ、勝手な行動にはどめをかけるもの(きっぱりとしたけじめ、折り目)の意味ⓘを派生する。〔英〕joint of bamboo, node; joint, knot; division, section; period, season; holiday; tally; regulate; economize, save; moral integrity 〔熟語〕ⓐ錯節・末節・ⓑ関節・結節・ⓒ音節・文節・ⓓ季節・時節・ⓔ節供・節分・ⓕ使節・符節・ⓖ節制・調節・ⓗ節倹・節約・ⓘ貞節・礼節

文献 ⓐ詩経・旄丘「旄丘之葛兮、何誕之節兮＝旄丘の葛、何ぞ誕(の)びたる節なる(旄丘に生えるクズは、何て節が伸びたことよ)」ⓕ孟子・離婁下「得志行乎中國、若合符節＝志を得て中国に行へるは、符節を合するが若し(〔舜と文王が時と所を異にしても〕志を得て天下に実行したのは、割り符のようにぴったり合致した)」ⓖ論語・学而「不以禮節之、亦不可行也＝礼を以て之を節せざれば、亦た行ふべからず(礼でけじめをつけないと、〔人間・社会の調和は〕うまく行かない)」ⓗ論語・学而「節用而愛人＝用を節して人を愛す(費用を節約して、民衆を愛する)」ⓘ論語・微子「長幼之節、不可廢也＝長幼の節は廃すべからず(長幼の礼節はやめてはいけない)」

【説】 14(言・7) 常 (常用音訓) セツ・ゼイ　とく

語音 (1)*thiuat(上古)　ʃıuɛt(中古→呉セチ・漢セツ)　shuō(中)　설(韓)
(2)*thiuad(上古)　ʃıuɛi(中古→呉・漢セイ・〔慣〕ゼイ)　shuì(中)　세(韓)
(3)*d̯iuat(上古)　yiuɛt(中古→呉エチ・漢エツ)　yuè(中)　열(韓)

語源 〔コアイメージ〕中身を抜き出す。〔実現される意味〕わからないこと(不明・未知の事柄)を述べて明らかにするⓐ。〔英〕explain

〔解説〕漢語の解と説は全く別語であるが、日本語の「とく」は両者を含む。「とく」は「結束・凝固した状態のものをゆるめる」が原義で、「凝り固まって明らかではなかったものをときほぐし、道理を立てて相手にわかるように言い聞かせるところから、説教する、解明する」という意味に転じるという(大野②)。漢語の説は脱と同源で、「中身を抜き出す」「抜け出る」というコアイメージをもつ。わからないという事態がある場合、それを抜き出してやるとはっきりする。心にしこりがある場合、それを抜き出すと心が晴れ晴れする。後の行為(精神的な在り方)に対しても説という。ただし音が少し変わって*d̯iuatとなった。これが後の悦(よろこぶ)である。英語のexplainはラテン語のexplanare(平らにする)が語源で、「平らな→明白な」という意味変化があるという(小島①)。込

み入った事態を平らにすることはわからないことを明白にする、つまり説明するという意味になる。漢語の説はこんがらがった事態を抜き出して平明にすることであるから、説とexplainは発想の似た造語であるといえる。

[字源]「説」が正字。「兌（音・イメージ記号）＋言（限定符号）」を合わせた字。「兌」は「中身を抜き出す（抜き取る）」「抜け出る」というイメージがある（⇨脱）。「説」は疑問や不明の点が抜け出るように言葉で述べる様子を暗示させる。

[語義][展開] わからないこと（不明・未知の事柄）を述べて明らかにする意味ⓐから、考えや意見を述べる意味ⓑ、意見や主張、また、それを説いた内容・文章の意味ⓒに展開する。また、「抜き出す」というイメージから、解き放つ（抜け出る）意味ⓓを派生する（以上は1の場合）。また、相手にこちらの意見を述べて何かをするように誘う（説得する）意味ⓔを派生する（2の場合）。この場合ゼイが正しいが、セツと読むことも多い。また、心配やしこりを抜き出して心を解放する（よろこぶ）意味ⓕを派生する（3の場合）。ⓕは後に悦と書かれる。[英]explain; speak; opinion, view, theory; let loose; exhort, persuade; please [和訓] よろこぶ [熟語] ⓐ説明・解説・ⓑ説法・演説・ⓒ学説・卓説・ⓔ説得・遊説（ユウゼイ）・ⓕ説懌（エツエキ）

[文献] ⓐ詩経・定之方中「説于桑田＝桑田に説く（〔君主は〕桑畑で農民に説いた）」ⓑ論語・顔淵「惜乎、夫子之説君子也＝惜しいかな、夫子の君子を説くや（惜しいなあ、君子についてのあなたのご意見は）」ⓓ詩経・氓「士之耽兮、猶可説也、女之耽兮、不可説也＝士の耽るは、猶説くべきも、女の耽るは、説くべからず（男は色に深入りしても抜け出せるが、女は色に深入りすると抜け出せない）」ⓔ孟子・告子下「先王以利説秦楚之王＝先王、利を以て秦・楚の王に説く（先王は利益で秦と楚の王を説得した）」ⓕ論語・学而「學而時習之、不亦説乎＝学びて時に之を習ふ、亦た説（よろこ）ばしからずや（学問を学び、いつも繰り返してそれを行うことは、うれしいことではないか）」

ぜつ

【舌】 6（舌・0） [常] [常用音訓] ゼツ した

[語音] *diat（上古） dʒɪɛt（中古→[呉]ゼチ・ゼツ・[漢]セツ） shé（中） 설（韓）

[語源] [コアイメージ] スムーズに通る。[実現される意味] したⓐ。[英]tongue

[解説] 古人は達（スムーズに通る）や泄（もれて出る）と同源と見ている。口から自由に出入りできるという生理的特徴と、言葉をスムーズに出す機能をもつ面を捉えて、「した」を*diatという。英語のtongueにも舌の意味と、言語、話しぶりの意味がある。

[字源]「干（千は変形。イメージ記号）＋口（限定符号）」を合わせた字（篆文の字体）。「干」は棒状の武器で、「突き進む」というイメージがある（⇨干）。「舌」は口の中にあって棒のように出し入れするものを暗示させる図形。

（篆） 

[語義][展開] したの意味ⓐから、言葉、しゃべることの意味ⓑを派生する。[英]tongue（ⓐⓑ） [熟語] ⓐ舌端・巻舌・ⓑ筆舌・弁舌

[文献] ⓐ詩経・雨無正「匪舌是出＝舌を是れ出だすに匪（あら）ず（舌を出してはいない）」ⓑ論語・顔淵「駟不及舌＝駟（シ）も舌に及ばず（早馬もおしゃべりには追いつけない）」

【絶】 12（糸・6） [常] [常用音訓] ゼツ たえる・たやす・たつ

[語音] *dziuat（上古） dziuɛt（中古→[呉]ゼチ・ゼツ・[漢]セツ） jué（中） 절（韓）

語源 [コアイメージ] 切れ目をつける。[実現される意味] つながったものや関係をたち切る ⓐ。[英]cut off

〔解説〕 卩（巴は変形）にコアイメージの源泉がある。これは節にも使われている記号である。卩は人が膝を曲げた図形。この意匠によって「∠形に曲がる」というイメージを表すことができる。このイメージは「途中で切れ目・折れ目がつく」「⌐|⌐|⌐|の形に節目ができる」というイメージに転化する。*dziuat という語は節・截（断ち切る）などと同源で、「切れ目をつける」というコアイメージをもつ。日本語の「たえる（たゆ）」は「細く長くつづいている活動とか物とかが、中途でぷっつり切れる意」という（大野①）。漢語の絶とほぼ同じ。断（上から打ち下ろすようにして二分する→断ち切る）とはコアイメージが異なる。

字源 「絶」が正字。「卩（巴は変形。音・イメージ）＋刀（イメージ補助記号）＋糸（限定符号）」を合わせた字。「卩」はひざまずく人の形。膝の所で折れるから、「切れ目がつく」というイメージがある（⇩節）。「絶」は刀で糸をたち切る様子を暗示させる。古文の「㡭」は四つの「幺（いと）」の間に┛形の線分を二つ差し込んで、糸をたち切る様子を暗示させる。

（古） （篆）

〔字体〕 「絕」は旧字体。「絶」は古くから書道で行われた字体。

語義 [展開] つながったものをたち切る意味 ⓐ から、つながりが尽きてなくなる（たえる、たやす）意味 ⓑ に展開する。また、連続したものに線状に切れ目をつけてたつことから、ある範囲を横切る（わたる）意味 ⓒ、切れ目が入って連絡がたたれる（かけ離れる、険しい）意味 ⓓ、程度がかけ離れて普通ではない（この上ない、最も）の意味 ⓔ を派生する。[英]cut off; extinguish; cross; remote; extremely [熟語] ⓐ 絶縁・断絶・ⓑ 絶望・気絶・ⓒ 横絶・ⓓ 絶壁・懸絶・ⓔ 壮絶・超絶

文献 ⓐ 論語・衛霊公「在陳絶糧＝陳に在りて糧を絶つ（[孔子一行は]陳で食糧が絶たれた）」ⓑ 詩経・皇矣「是絶是忽＝是れ絶ち、是れ忽す（[敵国を]すっかり絶やし、滅ぼした）」ⓒ 孫子・行軍「絶水必遠水＝水を絶れば必ず水を遠ざかる（川を渡ったら必ず川から離れないといけない）」ⓓ 詩経・正月「終踰絶険＝終に絶険を踰ゆ（ついに険しい難所を越える）」

せん

【千】3(十・1) 常 | 常用音訓 セン ち

語音 *ts'en（上古） *ts'en（中古→㊐・㊥セン） qiān（中） 천（韓）

語源 [コアイメージ] 多い。[実現される意味] 数の単位の一つ（四番目の位）ⓐ。[英]the fourth digit, thousand

〔解説〕 漢数字は十進法で、10桁進むごとに単位名を必要とする。百以上の単位は「多い」「大きい」という意匠で名づけられている。千も同じ。千の図形は人をもとにして考案されたが、*ts'en という語は人（*nien）とは別の系統で、「多い」「盛ん」というイメージをもつ蓁・莘・詵などと同源と考えられる。千は1000の位を示す単位名である。数詞の1000は一千が正しい表記であるが、一を省略して単に千で表すことも多い。英語の thousand の語源はラテン語の tumēre（はれる、ふくらむ）で、「何百のもの」が原義らしい（下宮①）。人が多く集まることから発想された漢語の千と一脈通ずるものがある。

〔グループ〕 千・仟（千人を一組とする集団）・芊（草がたくさん茂るさま[芊芊]）・阡（南北にたくさん通るあぜ道[阡陌]）

字源 「亻（＝人）＋一」を合わせた字。「人」は個体ではなく集団としての人と考えられる。甲骨文字では「人」に「一」を添えて数詞の1000（一千）を表している。「人」と「二」を合わせると2000、「人」と「三」を合わせると3000という具合である。

(甲) (金) (篆)

語義 [展開] 十進法で百の次の単位(百の十倍)ⓐ。また、一千の一を省略したもので、数詞1000の意味ⓑ。また、数が多い意味ⓒを派生する。[英]the fourth digit, thousand; one thousand; numerous [熟語] ⓑ千人・千年・ⓒ千般・千慮

文献 ⓐ詩経・采芑「其車三千＝其の車は三千(従う車は三千台)」ⓑ詩経・甫田「乃求千斯倉＝乃ち千の倉を求む([豊作で]一千の米倉が入り用だ)」ⓒ詩経・仮楽「干禄百福、子孫千億＝禄を干むること百福、子孫千億(求めるは百の幸せ、子孫があまたあるように)」

【川】 3(巛・0) 常 ｜ 常用音訓 セン かわ

語音 *kʻiuăn(上古) tʃʻiuɛn(中古→呉・漢セン) chuān(中) 천(韓)

語源 [コアイメージ] ㋐貫く・㋑筋道に従う。[実現される意味] かわⓐ。[英]river

〔解説〕 釈名・釈水に「川は穿なり。地を穿ちて流るるなり」とある通り、穿・串・貫と同源で、地面を貫いて水を通すかわというイメージの語である。一方、筋をなして流れることから、「筋道やルートにしたがう」というイメージもある。これは二次的イメージである。河は黄河の特徴を捉えて生まれた語で、「┓形に曲がる」というコアイメージをもつ。川の名称には、中国では河・水・江が多く用いられ、日本では川が多く用いられる。英語のriverは印欧祖語の*rei-(切る、裂く)に淵源があるらしい(下宮①)。流れが土地を切り裂くというイメージから起こったのであろう。そうすると「川は穿(うがつ)なり」という語源説と合致する。

〔グループ〕 順・巡・訓・馴・釧

字源 水が筋をなして流れる姿を描いた図形。

(甲) (金) (篆)

語義 かわの意味ⓐ。[熟語] ⓐ河川・山川

文献 ⓐ詩経・天保「如川之方至、以莫不増＝川の方に至るが如く、以て増さざるは莫し(川の水の流れる如く、勢い増さぬものはない)」

【仙】 5(人・3) 常 ｜ 常用音訓 セン

語音 *sian(上古) siɛn(中古→呉・漢セン) xiān(中) 선(韓)

語源 [コアイメージ] ㋐別の場所に移る・㋑空中に舞い上がる。[実現される意味] ふわふわと軽く舞い上がる(舞うさま)ⓐ。[英]caper about, dance

〔解説〕 術によって不老不死を得た人(仙人)のことを古代漢語で*sianという。これを最初は僊、後に仙と書いた。ただし僊は始めはそういう意味ではなかった。詩経・賓之初筵篇に「屢舞僊僊＝屢しば舞ふこと僊僊たり(何度も軽やかに舞い上がる)」とあるように、ふわふわと(空中に)舞い上がるという意味であった。戦国時代に不老不死の人間の観念が生まれると、これを僊と称するようになった。その後、天に昇る仙人(これを天仙という)のほかに山に隠れる仙人(これを地仙という)もいると考えられ、仙の字が生まれた。釈名・釈長幼に「老いて死せざるを仙と曰ふ。仙は遷なり。遷りて山に入るなり」とあるように、僊は遷と同源で、「別の場所に移る」というイメージがある。

字源 「僊」が本字。「䙴(音・イメージ記号)＋人(限定符号)」を合わせた字。「䙴」を分析すると「囟＋舁＋㔾」となる。「囟」は赤ん坊の頭のおどり(泉門)を描いた図形で、「細い隙間」「細い」「分かれる」「柔らかい」「ふわふわと軽い」などのイメージを示す記号である(⇨思・票)。「舁」は四本の手で、「上に上がる」というイメージを示す(⇨与)。「㔾(＝卩)」はしゃがんだ人。「囟(音・イメージ記号)＋舁(イメージ補助記号)＋

㔾(限定符号)」を合わせた「䙴」は、死者の魂が体から分かれ出て空中にふわふわと舞い上がる情景を設定した図形。「元の場所を抜け出て別の場所に移る」というイメージがあり、遷の原字。また「(空中に)軽く上がる」というイメージもある。「僊」はふわふわと軽く舞い上がる様子を暗示させる。「(空中に)軽く舞い上がる」というイメージを介して、魂が死体から抜け出て不老不死になり、空に昇る仙人の意味に使われるようになり、やがて字体が「山(イメージ記号)＋人(限定符号)」を合わせた「仙」に変わった。山中に隠れ住む人間を暗示させる。

(篆)　　(篆)［䙴］　　(篆)

語義 ［展開］空中にふわふわと軽く舞い上がる意味ⓐから、魂が肉体から抜け出てふわふわと天に昇る意味ⓑ、不老不死の人(仙術を修行する人)の意味ⓒ、世俗的ではない、また、世俗を離れた人の意味ⓓ、ある方面に特異な才能のある人の意味ⓔに展開する。［英］caper about, dance; rise high; immortal; unworldly; great talent ［熟語］ⓐ仙仙・ⓑ上仙・登仙・ⓒ仙人・神仙・ⓓ仙骨・ⓔ歌仙・詩仙

文献 ⓐ曹植・妾薄命「妙舞仙仙體輕＝妙舞仙仙として体軽し(みごとなダンスで体は軽く舞い上がる)」(楽府詩集62)ⓑ荘子・天地「千歳厭世、去而上僊＝千歳世を厭へば、去りて上僊す(千年も生きて世の中が厭になったら、この世を去って魂が天に昇る)」ⓒ史記・秦始皇本紀「臣等求芝奇藥仙者＝臣、芝・奇薬・仙者を求む(私めらは、霊草・神薬・仙人を求めました)」

【占】

5(卜・3)　常　｜　常用音訓　セン　しめる・うらなう

語音 *tiam(上古)　tʃɪɛm(中古→(呉)・(漢)セム〈＝セン〉)　zhān・zhàn(中)　점(韓)

語源 ［コアイメージ］定着する・くっつく。［実現される意味］占って吉か凶かを決めるⓐ。［英］tell fortune, divine

〔解説〕 「うらなう」と「しめる」という二つの意味が同じ語形、同じ図形を共有するが、これらは無関係ではない。藤堂明保によれば、*tiamという語は「一所に定着する」が基本義である(藤堂①)。吉か凶のどちらかに定着させることが卜占の占である。「定着する」というイメージは「くっついて離れない」というイメージに展開し、ある場所にとりついて離れないことが占拠の占である。日本語の「うらなう(うらなふ)」のウラはウラ(裏)と同根で、「目に見えない神意、事の吉凶を一定の方式によって目に見える形にして判断する行為」、また、「しめる(しむ)」は「物や土地が、自分の所有であることを明示し、他人の立ち入りを排除する意」という(大野②)。二語は何の関係もないが、漢語の占は一語である。

〔グループ〕 占・店・点・粘・貼・帖・砧・鮎(ネン)(皮膚がぬるぬると粘る魚、ナマズ)・沾(テン)(汚れがしみつく、また、水がついて濡れる［均沾］)・苫(セン)(物の表面を覆って貼りつけるむしろ、とま)・站(タン)(ある場所を占めて立つ、また、馬や人が止まる所［兵站］)・覘(テン)(視線を対象にじっとつけて離さない、うかがう・のぞく)・霑(テン)(水がくっついて濡れる、うるおう［均霑］)　鮎*(半国字。アユ)

字源 「卜(イメージ記号)＋口(限定符号)」を合わせた字。「卜」は亀を焼いてうらないを立てる時に現れる割れ目のしるし(⇩卜)。「占」は現れたしるしによって吉凶をうらなう様子を暗示させる。図形にコアイメージは反映されていない。

(甲)　　(篆)

語義 ［展開］吉凶をうらなう意味ⓐ。また、「定着する」というコアイメージから、ある場所や地位・情況にとりついてそこを離れない(しめる)意味ⓑを派生する。［英］tell fortune, divine, augur; occupy ［熟語］ⓐ占術・卜占・ⓑ占拠・占領

文献 ⓐ詩経・斯干「乃占我夢＝乃ち我が夢を占ふ(私の見た夢を占う)」

ⓑ後漢書・劉翊伝「恃程夫人権力、求占山澤以自營＝程夫人の権力を恃み、山沢を占めて以て自営せんことを求む（程夫人の権力を頼みにして、山や沢を占有して自営したいと要求した）」

【亘】 6(二・4) 人 | 音 セン 訓 めぐる

語音 *siuan(上古) siuɛn(中古→呉・漢セン) xuān(中) 선(韓)

語源 [コアイメージ] 丸く取り巻く。[実現される意味] 周囲をぐるりと回る（めぐる）ⓐ。[英]turn round

〔解説〕亘(セン)と亙(コウ)は別字であるが、よく混同される。亘は「○の形に周囲を取り巻く」というイメージを示す記号である。

〈グループ〉亘・垣・宣・桓(カン)（宿場の周りに標識として立てる木。また、ぐるぐる回る[盤桓]）・貆(カン)（＝狟。頸の周りを白色の毛が取り巻く獣、ヤマアラシ）

字源 「二（周囲を区切る符号）＋回（＝回。渦巻き模様）」を合わせ、物の周囲を丸くめぐる様子を暗示させる図形。この意匠によって、「丸くめぐる」「丸く取り巻く」というイメージを表すことができる。

(篆)

語義 めぐる意味ⓐ。わたる意味に用いるのは亙との混同による誤用。

【先】 6(儿・4) 常 | 常用音訓 セン さき

語音 *sen(上古) sen(中古→呉・漢セン) xiān(中) 선(韓)

語源 [コアイメージ] ㋐先端・㋑分散。[実現される意味] 空間的に前の方ⓐ。[英]tip, head

〔解説〕漢語では具体的な物のイメージから抽象的なイメージを作り出すことが多い。逆に言えば、抽象的なイメージを具体的な物から発想するのである。先端のイメージと分散のイメージが同時に足先という物のイメージで着想された。これが先である。進む時は足の先端が前に出る。この状況から空間的な先端を意味する語を先で表記する。一方、足先は分かれた指でできており、足を洗う時は、水が指の隙間を通って分散する。この「分散」というイメージも足先という具体物のイメージで表現することができる。足をもろにさらけだした姿である跣(セン)（はだし）が先から成るのは偶然ではない。このように先は全く異なった二つのイメージを表し、下記のグループを形成する。日本語の「さき」は「前方へ突き出ている部分、先端。転じて、前途・将来の意」という（大野①）。空間から時間への転義は漢語の先と同じ。英語のbeforeは「…より前に」がコアイメージで、主に時間を表し、空間の場合は比喩的な意味が多いという（田中①）。

〈グループ〉先・洗・銑・跣(セン)（はだし[跣足]）・毨(セン)（鳥獣の羽毛が再び分かれ出る→生え代わる）・筅(セン)（先端が細かく分かれた竹製のほうき、ささら）・駪(シン)（馬が先へ先へと進むさま）・詵(シン)（多くのものが先へ先へと進むさま）

字源 楷書は形が崩れて分析困難。篆文は「之（イメージ記号）＋儿（限定符号）」を合わせた字。「之」は前にまっすぐ進む足を示す記号（⇨之）。「儿」は人や人体とかかわることを示す限定符号。したがって「先」は人が足さきを前に出して進む情景を設定した図形である。

(甲) (金) (篆)

語義 [展開] 空間的に前（トップ）の意味ⓐ。空間的イメージは時間的イメージにも転用できるので、時間的に前、ある時点より前の意味ⓑ、現在と対比される前（昔、いにしえ）の意味ⓒ、祖先の意味ⓓに展開する。また、他人よりも前に何かを行う（さきだつ、さきんずる）意味ⓔ、先に（始めに、まず）の意味ⓕを派生する。[英]tip, head; before, precede, forestall, previous, prior; former, ancient; ancestor; go before, anticipate; above all, first [和訓] まず [熟語] ⓐ先端・先頭・ⓑ先月・先般・ⓒ先師・祖民・ⓓ先学・先人・ⓔ率先・優先・ⓕ先見・先勝

文献 ⓐ詩経・六月「以先啓行＝先を以て啓行す（先頭に立って出発する）」ⓑ詩経・正月「不自我先、不自我後＝我自り先ならず、我自り後ならず（[悪い時代は]私より前でも後でもない、ちょうど今だ）」ⓒ詩経・板「先民有言＝先民言有り（昔の人が言ったこんな言葉がある）」ⓓ詩経・小宛「念昔先人、明發不寐＝昔の先人を念へば、明発まで寐ねられず（遠いご先祖を思うと、夜明けまで眠れない）」ⓔ史記・項羽本紀「先即制人、後則爲人所制＝先んずれば即ち人を制し、後るれば則ち人の制する所と為る（人より先に行えば人を制圧できるが、遅れると逆に制圧される）」ⓕ詩経・生民「先生如達＝先づ生むは達の如し（始めに生まれた子は仔羊のようだった）」

【尖】6(小・3) 人 ｜ 音セン 訓とがる

語音 tsiɛm(中古→呉・漢セム〈＝セン〉) jiān(中) 첨(韓)

語源 [コアイメージ] 細い。[実現される意味] 先が細くとがるⓐ。[英]sharp, pointed

〔解説〕鋭利な刃物を鑯（セン）といい（説文解字に見える）、とがって鋭いという意味に転じた。この鑯（セン）が尖の古字であったようであるが、六朝の頃に尖の字体に変わった。鑯は纖と同源で、「細い」がコアイメージである。尖は籤（セン）（先を細くとがらせた竹札）・櫼（セン）（先の細く尖ったくさび）とも近い。

字源 「小＋大」を合わせて、もとが大きく先が小さく突き出ている様子を暗示させる図形。

語義 [展開] 先がとがる意味ⓐから、細くとがった先の意味ⓑに展開する。[英]sharp, pointed; point, tip [熟語] ⓐ尖鋭・ⓑ尖端・筆尖

【宣】9(宀・6) 常 ｜ 常用音訓 セン

語音 *siuan(上古) siuɛn(中古→呉・漢セン) xuān(中) 선(韓)

語源 [コアイメージ] 満遍なく行き渡る。[実現される意味] 意向を広く告げて知らせるⓐ。[英]announce, proclaim, declare

〔解説〕亘（セン）にコアイメージの源泉がある。これは「周囲に丸くめぐらす」というイメージである。円形のイメージは、中心から周辺に等距離で広がるので、「満遍なく行き渡る」というイメージに転化する。「ぐるりと回る」と「満遍なく行き渡る」は交換可能なイメージ転化現象で、周も同例。

〔グループ〕宣・喧・萱・暄（ケン）（日差しが行き渡る→あたたかい[寒暄]）・諠（ケン）（人から人へと口々に騒ぎたてる→かまびすしい[諠譁]）

字源 「亘（セン）（音・イメージ記号）＋宀（限定符号）」を合わせた字。「亘」は「二（周囲を区切る符号）＋回（＝回。渦巻き模様）」を合わせ、物の周囲を丸くめぐる様子を暗示させる図形（⇩亘）。「丸くめぐる」「丸く取り巻く」というイメージがあり、垣（家の周囲にめぐらす垣根）はこれがコアになっている。したがって「宣」は周囲に丸く垣をめぐらした建物を暗示させる図形。この意匠によって、「中心から周辺まで満遍なく行き渡る」というイメージを表すことができる。

語義 [展開] 「満遍なく行き渡る」というコアイメージから、言葉や文章によって全体に知らせる（広く告げて知らせる）意味ⓐ、何の障りもなくスムーズに伝わる（広く行き渡る）意味ⓑ、水などをスムーズに通す意味ⓒ、詔を大衆に下す、また、詔の意味ⓓに展開する。[英]announce, proclaim, declare; spread; drain; imperial decree [和訓] のる・のたまう・のべる・あまねし [熟語] ⓐ宣教・宣告・ⓓ宣下・宣旨

文献 ⓐ国語・周「所以宣三王之德也＝三王の徳を宣する所以なり（これぞ三人の王の徳を広く行き渡らせるものだ）」ⓑ詩経・崧高「四方于宣＝四方に于（ここ）に宣（あまね）し（[恵みが]四方の国に行き渡る）」ⓒ詩経・緜「迺宣迺畝＝迺（すなわ）ち宣し、迺ち畝す（[田畑に]水を通し、畝を作る）」

【専】9(寸・6) 常 ｜ 常用音訓 セン もっぱら

〔専〕11(寸・8)　人　―音セン　訓もっぱら

語音 *tiuan(上古)　tʃiuɛn(中古→呉・漢セン)　zhuān(中)　전(韓)

語源 [コアイメージ] ㋐まるく回る・㋑一つにまとまる。[実現される意味] 一つのことだけに集中する(それだけ一筋に行う)ⓐ。[英]focus, concentrate

〔解説〕*tiuanという語は上記の二つのコアイメージをもち、これを同時に表現する具体物が紡錘である。古代中国の紡錘の構造がはっきりしないが、下に陶製の丸い煉瓦をぶら下げ、それを回転させて紡いだ糸を巻き取ったという。これを図形化したのが叀(専)である。紡錘の形態から、「まるい」「まるく回る」というイメージ、また、糸を巻き取る作業から、「一つにまとめる」というイメージを叀(専)で表すことができる。後者のイメージが「一つのことだけに集中する」「それ一筋に」という意味を実現させる。日本語の「もっぱら」はモハラの転で、モハラは「他の何物をもまじえず唯一無二であるさま」の意という(大野①)。これは専と純にほぼ当たる。

〔グループ〕専・團(=団)・轉(=転)・傳(=伝)・摶《タン》(丸める)・磚《セン》(=甎。丸い敷き瓦[瓦磚])・蓴《ジュン》(円形の葉をもつ草、ジュンサイ[蓴菜])

字源 「專」が正字。「叀《セン》(音・イメージ記号)+寸(限定符号)」を合わせた字。「叀」は何本かの繊維を集め、回転させて糸を縒る紡錘を描いた図形。「まるく回る」「一つにまとまる」というイメージを表すことができる。「專」は紡錘を回して糸を作る情景を設定した図形。この意匠によって、いくつかのものを一つにまとめることを表象する。説文解字の一説に紡専説が出ている。

(甲)　(金)　(篆)　[叀]　(篆)

〔字体〕「專」は旧字体。「専」は書道に由来する常用漢字の字体。現代中国の簡体字は「专」。

語義 [展開] 一つのことだけに集中する意味ⓐから、自分だけで何かを行う(独り占めする)意味ⓑ、それ一筋に(それだけ、もっぱら)の意味ⓒ、自分かってに(わがまま、ほしいまま)の意味ⓓに展開する。[英]focus, concentrate; monopolize; exclusively; arbitrary [熟語] ⓐ専心・専門・ⓑ専制・ⓒ専売・専有・ⓓ専横・専断

文献 ⓐ老子・十章「専氣致柔、能嬰兒乎=気を専らにし、柔を致し、能く嬰児たらんか(気を一つに集めて散らさず、体をとことんまで柔軟にすれば、赤ん坊になれるだろうか)」ⓑ論語・子路「使於四方、不能專對=四方に使ひして、専対する能はず(使者として外国に行って、一人で対応できない)」ⓒ韓非子・二柄「專以其事責其功=専ら其の事を以て、其の功を責む(その事柄だけを取り上げて、その功績を責め立てる)」ⓓ孟子・告子下「無專殺大夫=専《ほしいまま》に大夫《タイフ》を殺す無かれ(むやみに大夫[官吏の階級の一つ]を殺してはいけない)」

【染】9(木・5)　常　―常用音訓 セン　そめる・そまる・しみる・しみ

語音 *niam(上古)　niɛm(中古→呉ネム〈=ネン〉・漢ゼム〈=ゼン〉・[慣]セン)　rǎn(中)　염(韓)

語源 [コアイメージ] 柔らかい。[実現される意味] 色をそめるⓐ。[英]dye

〔解説〕語源も字源も難しい。*niamという語は髯《ゼン》(柔らかいほおひげ)・苒《ゼン》(柔らかい)・聃《タン》(柔らかい耳たぶが垂れるさま)などと同源と考えられる。冉《ゼン》は「柔らかい」というコアイメージをもつ。藤堂明保は、染は「染め汁に布地をつけて、柔らかく湿らせることに着目したコトバ」であるという(藤堂①)。日本語の「そむ」と「しむ」は母音交替形で、シムは「気体や液体が物の内部までいつのまにか深く入りこんでとれなくなる意。転じて、そのように心に深く刻みこまれる意」という(大野①)。漢

語の染には心理的な意味はない。

字源 「九(イメージ記号)+木(イメージ補助記号)+水(限定符号)」を合わせた字。「九」は腕を曲げる図形で、「曲がる」というイメージがある(⇩九)。「染」は木(植物)を水に浸して、それがだんだんと曲がって柔らかくなる様子を暗示させる。この意匠によって、糸や布を水(染料)につけてしんなりと柔らかくし、だんだんと色をしみ込ませる行為を表象する。

(篆) 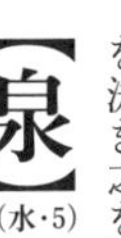

語義 [展開] 色をそめる意味ⓐ。色がだんだんとしみ込むことから、汚れ・悪習などがじわじわと入る(しみつく)意味ⓑ、また転じて、病気がうつる意味ⓒを派生する。また、コアイメージがそのまま実現されて、柔らかい様子の意味ⓓもある。[英]dye; dip, soil; infect; soft [熟語]ⓐ染色・染料・ⓒ感染・伝染・ⓓ荏染(ジンゼン)

文献 ⓐ墨子・所染「見染絲者而歎而曰、染於蒼則蒼、染於黄則黄=糸を染むる者を見て歎じて曰く、蒼に染むれば則ち蒼、黄に染むれば則ち黄([墨子は]糸を染めるものを見て嘆息して言うには、青に染めると青になり、黄に染めると黄になる)」ⓑ墨子・所染「舜染於許由伯陽=舜は許由・伯陽に染まる(舜[古帝王の名]は許由と伯陽の影響を受けている)」ⓓ詩経・巧言「荏染柔木=荏染(ジンゼン)たる柔木(力が抜けてしんなりと柔らかい木)」

【浅】 9(水・6) 常 | 常用音訓 セン あさい

語音 *ts'ian(上古) ts'ien(中古→呉・漢セン) qiǎn(中) 천(韓)

語源 [コアイメージ] (厚みがなく)小さい。[実現される意味] 水かさが少ない(あさい)ⓐ。[英]shallow

〔解説〕 王力は浅・俴・賤は同源で、小の意味があるとする(王力②)。戔のグループに小の意味があることを指摘したのは宋の王安石(字説の著者)が最初らしい。空間・時間などにおいて厚み・幅・量などが小さい事態・状態を*tsānまたは*dzanといい、戔という記号で表記する。意味領域を水の範疇に限定したのが浅(水かさが小さい)である。日本語の「あさい(あさし)」はアス(褪)と同根で、「深さが少ない、薄い、低い意」という(大野①)。空間的な意味から時間的な意味などに転じるのは漢語の浅も同じ。

字源 「淺」が正字。「戔(セン)(音・イメージ記号)+水(限定符号)」を合わせた字。「戔」は「戈(ほこ)」を二つ重ねて、刃物で削って小さくする様子を表す図形で、「小さい」「少ない」というイメージがある(⇩残)。「淺」は水かさ(上下の幅、厚み)が小さい様子を暗示させる。

〔字体〕 「浅」は近世中国で発生した「淺」の俗字。

語義 [展開] 水かさが少ない意味ⓐから、空間的な幅が狭い(厚みがない、低い)意味ⓑ、時間的な距離・幅が少ない(久しくない)意味ⓒ、物事の程度が小さい(深くない)意味ⓓ、知識などが少ない(薄っぺらである)、また、思慮が足りない(あさはかである)意味ⓔ、色や香りが薄い(淡い)意味ⓕに展開する。[英]shallow(ⓐⓔ); narrow; young, early; slight; superficial; light [熟語]ⓐ浅海・深浅・ⓑ浅近・浅草・ⓒ浅春・ⓓ浅酌・浅笑・ⓔ浅薄・膚浅・ⓕ浅紅・浅緑

文献 ⓐ詩経・谷風「就其淺矣、泳之游之=其の浅きに就きては、之を泳ぎ之を游(およ)ぐ(水が浅けりゃ、泳いで渡る)」

【泉】 9(水・5) 常 | 常用音訓 セン いずみ

語音 *dziuan(上古) dziuɛn(中古→呉ゼン・漢セン) quán(中) 천(韓)

語源 [コアイメージ] ㋐狭い穴・㋑細い筋。[実現される意味] 地中からわき出る水(いずみ)ⓐ。[英]spring

〔解説〕 藤堂明保によれば、*dziuanという語は鑽(サン)(錐で穴を開ける)・竄(ザン)(穴に潜り込む)・鐫(セン)(穴を掘る、える)などと同源で、「くぼむ・もぐる」と

いう基本義があるという(藤堂①)。泉のコアイメージは「くぼむ・もぐる」よりも「狭い穴」がふさわしい。泉は狭い穴を穿ってわき出る水というイメージの語である。流れの状態に視点を置けば、「細く小さい筋」という二次的イメージが生まれる。後者は線に反映されている。英語のspringは跳躍する意が原義で、飛び跳ねる→湧き出る→泉となった(小島①)。春の意味にもなる。

【字源】 丸い岩穴から細い水が流れ出る様子を描いた図形。

〔グループ〕泉・線 腺*(純国字)

(甲) (篆)

【語義】 [展開] いずみの意味ⓐから、地下水の意味ⓑ、地下、あの世の意味ⓒに展開する。また、いずみのように流通することに喩えて(一説では泉と銭が同音のため)、貨幣の意味ⓓに転用される。[英]spring, fountain; groundwater; underworld; coin 【熟語】ⓐ源泉・湧泉・ⓑ温泉・霊泉・ⓒ泉下・黄泉・ⓓ刀泉・布泉

【文献】 ⓐ詩経・皇矣「無飲我泉＝我が泉に飲むもの無し(私の泉の水を飲むものはいない)」

【洗】 9(水・6) 常 (常用音訓) セン あらう

【語音】 (1)*sen(上古) sen(中古→呉・漢セン) xiǎn(中) 선(韓) (2)*ser(上古) sei(中古→呉サイ・漢セイ) xǐ(中) 세(韓)

【語源】 [コアイメージ] 分散する。[実現される意味] (足を)あらうⓐ。[英]wash one's feet

〔解説〕藤堂明保は四・死・西・細・洗などが同じ単語家族に属し、「細かく分かれる」という基本義をもつとした(藤堂①)。*sen、*serという語は洒(水を分散して流す→あらう)、遷化の遷(魂が空中に分散して上がる)、鮮少の鮮(分かれてばらばらになる→少ない)なども同源である。これらには「分散する」というイメージがある。細かい隙間に水を通して汚れをばらばらに分散させるというのが洗の意味である。足を洗うという限定的な意味が一般的な意味に拡大された。古代漢語では足をあらうことは洗、髪をあらうことは沐、体をあらうことは澡、衣類をあらうことは濯・浣・澣、物体をあらうことは滌等々、言葉が違ったが、次第に混用されるようになった。日本語の「あらう(あらふ)」は物の汚れを落とすことで、物によって言葉が違うことはない。

【字源】 「先(音・イメージ記号)＋水(限定符号)」を合わせた字。「先」は足さきを表す図形。足先は隙間があり、足を水であらうと隙間から水が分散して流れ出るから、「隙間から分散する」というイメージを表すことができる。よって「洗」は水を通して隙間の汚れを分散させて流す様子を暗示させる。この意匠によって、水で足の汚れをあらうことを表象する。

【語義】 [展開] 足をあらう意が原義(1の場合)。広く、汚れをあらう意味ⓑに転じ、あらい清める(一新する、すっかりなくなる)意味ⓒ、恥や恨みをすすぐ意味ⓓに展開する(以上は2の場合)。日本では2の場合も1の音で読む。[英]wash one's feet; wash(ⓑⓒ), bathe; clear away; wipe away, redress 【熟語】ⓐ洗足・ⓑ洗浄・洗濯・ⓒ洗脳・洗練・ⓓ洗冤

【文献】 ⓐ礼記・内則「足垢、燂湯請洗＝足垢すれば、湯を燂めて洗はんことを請ふ(足に汚れがつくと、湯を温めて洗うことを求める)」ⓑ詩経・行葦「洗爵奠斝＝爵を洗ひ斝を奠く([宴席で]杯を水で洗い、とっくりを据えて置く)」

【穿】 9(穴・4) 人 音セン 訓うがつ・はく

【語音】 *k'iuan(上古) tʃ'iuɛn(中古→呉・漢セン) chuān(中) 천(韓)

【語源】 [コアイメージ] 突き抜ける。[実現される意味] 穴をあける(うがつ)ⓐ。[英]pierce through, bore

〔解説〕*k'iuanという語は貫・串カン・セン・丱カン(関のコアになる記号)・川などと同源で、「突き抜ける」というコアイメージをもつ(藤堂①)。穴をうがつ意味から、衣類に手足を通して着る意味に転義する。英語のwearは衣服を着用する意味から、(水滴などが岩石に)穴をうがつ意味に転義する。転義の仕方が漢語の穿と逆なのはおもしろい。

字源 「牙(イメージ記号)+穴(限定符号)」を合わせた字。獣が牙で穴をあける様子を暗示させる。

(篆)

語義 [展開] 穴を開ける意味ⓐから、隙間を突き通る(通り抜ける)意味ⓑ、突き抜けた穴の意味ⓒ、袖を通して衣を着ける(靴や靴下をはく)意味ⓓに展開する。[英]pierce through, bore; pass through; hole; wear [熟語] ⓐ穿孔・穿鑿・ⓑ穿刺・穿入

文献 ⓐ詩経・行露「誰謂鼠無牙、何以穿我墉=誰か謂はん鼠に牙無しと、何を以て我が墉ヨウを穿つ(ネズミに牙が無いなんて誰が言う、[でないとしたら]何で家の塀に穴をあけたのか)」

【茜】 9(艸・6) 人 音セン 訓あかね

語音 *ts'en(上古) ts'en(中古→呉・漢セン) qiàn(中) 천(韓)

語源 [コアイメージ] 分散する。[実現される意味] アカネⓐ。[英]madder

字源 「西セイ(音・イメージ記号)+艸(限定符号)」を合わせた字。「西」は「分散する」というイメージがある(⇩西)。「茜」は根がひげのように多数分散して出る草を暗示させる。

語義 [展開] 草の名、アカネの意味ⓐ。茎は四角形。逆さの刺があり、他物に絡みつく。黄赤色のひげ根が多数出る。根から赤色の染料を採ることから、赤系の色(あかね色)の意味ⓑを派生する。[英]madder(ⓐⓑ); dark red [熟語] ⓐ茜草センソウ・ⓑ茜色

文献 ⓐ史記・貨殖列伝「若千畝卮茜、千畦薑韭、此其人皆與千戸侯等=千畝の卮茜シセン、千畦の薑韭キョウキュウの若ごときは、此れ其の人皆千戸侯と等し(千のうねのクチナシ・アカネや、千のあぜのショウガ・ニラを栽培するような農家は、みな富が大名に匹敵する)」

【扇】 10(戸・6) 常 常用音訓 セン おうぎ

語音 *thian(上古) ʃɪɛn(中古→呉・漢セン) shān・shàn(中) 선(韓)

語源 [コアイメージ] ㋐薄くて平ら・㋑遮蔽する。[実現される意味] おうぎⓐ。[英]fan

〔解説〕藤堂明保は単のグループや坦・壇・展などと同じ単語家族に入れ、「たいらか」の基本義があるとする(藤堂①)。*thianという語は「薄くて平ら」というイメージから、「平らなものをぱたぱたと動かす」というイメージに展開する。これは戦・弾にも見られるイメージ転化現象である。詩経に煽セン(あおる、盛んである)の字があるから、詩経の時代(前11〜前7世紀)にはすでに扇があったことがわかる(詩経の異版では煽を扇に作る)。扇は風を動かして涼を取るほかに、日や塵をよけるためにかざす用途もあった。そのため扇に「遮蔽する」というイメージが生まれた(これは二次的イメージ)。遮蔽して内部を見えなくするとびらも扇という。また、馬の生殖腺を遮蔽することをいう騸セン も生まれた。

〔グループ〕扇・煽セン(あおぐ、あおる[煽動])・騸セン(馬を去勢する[騸馬])

字源 「羽+戸」を合わせた字。羽も戸も薄くて平らなものである。したがって「扇」は「薄くて平ら」というイメージを表すことができる。

(篆) 

語義 [展開] 「薄くて平ら」というコアイメージから、薄くて平らでぱたぱたと動かす「おうぎ」の意味ⓐ、おうぎをぱたぱたさせて風を送

る意味ⓑ、風を送るようにあおり立てる意味ⓒ、あおるように盛んである意味ⓓに展開する。また、「遮蔽する」というイメージから、日光や塵をよけるためにかざす道具の意味ⓔ、とびらの意味ⓕを派生する。ⓑ～ⓓは煽と通用。［英］fan(ⓐ～ⓒ); cause air; incite; blaze; screen; door ［和訓］あおぐ・あおる ［熟語］ⓐ秋扇・鉄扇・ⓑ扇風・ⓒ扇情・扇動・ⓓ扇揚・ⓔ門扇

文献 ⓐ管子・四時「禁扇去笠＝扇を禁じ笠を去る（扇を禁止し日傘を使わせない）」

【栓】 10(木・6) 常 ― 常用音訓 セン

語音 siuen(中古→呉・漢セン) shuān(中) 전(韓)

語源 ［コアイメージ］欠け目なくそろう。［実現される意味］木釘ⓐ。［英］wooden nail, peg

字源 「全《ゼン》(音・イメージ記号)＋木(限定符号)」を合わせた字。「全」は「欠け目なくそろう」というイメージがある(⇩全)。「栓」は板の穴にはめ込んでぴったりとすきまをふさぐ木の釘を表す。広雅・釈器に初出。

語義 ［展開］すきまをぴったりふさぐ木釘の意味ⓐから、瓶や管の入り口をふさぐ道具の意味ⓑ、開閉する装置の意味ⓒに展開する。［英］wooden nail, peg; cork, plug; tap ［和訓］きくぎ ［熟語］ⓑ血栓・塞栓・ⓒ消火栓

【閃】 10(門・2) 人 ― 音セン 訓ひらめく

語音 *thiam(上古) ʃɪɛm(中古→呉・漢セム〈＝セン〉) shǎn(中) 섬(韓)

語源 ［コアイメージ］㋐薄くて平ら・㋑ひらひらと動く。［実現される意味］物の姿が瞬間的に見え隠れするⓐ。［英］dodge

〈解説〉藤堂明保によれば、*thiamという語は[illegible]《トウ》(薄い羽をひらひらさせる)・蹋《トウ》(平らな足の裏を地につける→ふむ)・啖《タン》(薄く平たい舌を動かして食べる)などと同源で、「薄っぺら」という基本義があるという(藤堂①)。「薄くて平ら」というイメージは「薄くて平らなものがひらひらと動く」というイメージに転化する。このイメージ転化は扇にも例がある。平らなものがひらひらと動いて安定しないように、物が瞬時に見えたり隠れたり(現れたり消えたり)することを*thiamといい、閃で表記する。

字源 「門＋人」を合わせて、門の中から人が頭を出したり引っ込めたりしている情景を設定した図形。説文解字に「頭を門中より闚《ウカガ》ふなり」とある。図形にコアイメージは反映されていない。

(篆)

語義 ［展開］物の姿が瞬間的に見え隠れする意味ⓐ、光がぴかぴかとする(ひらめく)意味ⓑ、ぴかりと光るいなずまの意味ⓒに展開する。［英］dodge; flash; lightning ［熟語］ⓑ閃閃・一閃・ⓒ閃光・閃電

文献 ⓑ世説新語・容止「雙目閃閃若巌下電＝双目閃閃として巌下の電の若《ごと》し(二つの目がぴかっと光り、まるで巌下の稲妻のようだった)」

【旋】 11(方・7) 常 ― 常用音訓 セン

語音 *diuan(上古) ziuen(中古→呉ゼン・漢セン) xuán(中) 선(韓)

語源 ［コアイメージ］丸く回る。［実現される意味］ぐるぐる回る(回転する、回す)ⓐ。［英］circle, spin, revolve

〈解説〉古典の注釈に「旋の言は還なり」(銭繹・方言箋疏)とある。*diuanという語は還《セン》(めぐる)と同源で、「ぐるぐる丸く回る」というコアイメージがある。

〈グループ〉旋・漩《セン》(渦巻く水)・鏇《セン》(ろくろ)・璇《セン》(丸い玉。また、天体を観測する地球儀のような機械[璇璣])

字源 「疋(イメージ記号)＋㫃(限定符号)」を合わせた字。「疋」は足の形。「旋」は旗を持って歩き回る様子を暗示させる図形。

(甲)　(金)　(篆)

語義 [展開] ⊙の形に同じ所をぐるぐる回るという意味ⓐから、⌒の形にくるりと回る(向きを変える)意味ⓑ、ぐるりと回って元の所にかえる意味ⓒ、仲を取り持つためにあちこち歩き回る意味ⓓ、一転してすぐに(たちまち)の意味ⓔに展開する。[英]circle, spin, revolve; turn; return; rush about; immediatly [和訓] めぐる [熟語] ⓐ旋回・旋風・ⓑ旋帰・旋踵(センショウ)・ⓒ凱旋・ⓓ斡旋・周旋

文献 ⓐ国語・越「必順天道、周旋無究=必ず天道に順ひ、周旋して究まる無し(必ず天の法則に従い、ぐるぐる回って終わりがない)」ⓑ詩経・黄鳥「言旋言歸、復我邦族=言(ここ)に旋(めぐ)り言に帰り、我が邦族に復さん(車の向きをめぐらして帰り、一族のもとに戻りたい)」

【船】 11(舟・5)　常　｜常用音訓｜ セン　ふね・ふな

語音 *diuăn(上古) dʒiuɛn(中古→呉ゼン・漢セン) chuán(中) 선(韓)

語源 [コアイメージ] 一定のルートに従う。[実現される意味] ふねⓐ。[英]ship

〔解説〕釈名・釈船に「船は循なり。水に循ひて行くなり」と、正当に語源を説く。また段玉裁は「古は舟と言ひ、今は船と言ふ。…舟の言は周旋なり。船の言は㳂沿なり」という(説文解字注)。船と沿を関連づけたのも妥当である。方言(漢・揚雄の撰)では函谷関より西の地方の方言としている。大小で区別して、舟は小、船は大とする説も古くからある。

字源 「㕣(エン)(音・イメージ記号)+舟(限定符号)」を合わせた字。「㕣」は「一定のルートに従う」というイメージがある(⇩沿)。「船」は流れに沿って進む舟を暗示させる。海ではなく川の場面から発想された語であり、図形である。

語義 ふねの意味ⓐ。[熟語] ⓐ汽船・客船

文献 ⓐ荘子・漁父「有漁父者、下船而來=漁父なる者有り、船を下りて来る(船から下りて来た漁師がいた)」

【釧】 11(金・3)　人　｜音セン　訓くしろ

語音 tʃʻiuɛn(中古→呉・漢セン) chuàn(中) 천(韓)

語源 [コアイメージ] 貫く。[実現される意味] 腕輪(くしろ)ⓐ。[英]bracelet

字源 「川(セン)(音・イメージ記号)+金(限定符号)」を合わせた字。「川」は「貫く」というイメージがある(⇩川)。また穿(セン)(穴を通す)とも同源。「釧」は腕に通す金属製の環を表す。

語義 手首や臂につける装身具(腕輪)の意味ⓐ。

【揃】 12(手・9)　人　｜音セン　訓そろう・そろえる

語音 *tsian(上古) tsiɛn(中古→呉・漢セン) jiăn(中) 전(韓)

語源 [コアイメージ] 切りそろえる。[実現される意味] (爪などを)切って整えるⓐ。[英]cut and even up

〔解説〕揃は爪や髪などを切りそろえる意味で、単に「そろえる」に使うのは日本的な用法である。日本語の「そろえる(そろふ)」はソリアフ(剃り合ふ)の転で、「長さ・大きさ・位置を一様にして、不要の部分を捨てる意」という(大野①)。漢語の揃は切った結果、ふぞろいな形を整える意味で、日本語の「そろえる」とは少し違う。しかし語源が剃るにあるから、切る意味を含む揃を「そろえる」に用いたのは妥当である。同じく「そろえる」というイメージをもつが、「切る」に重点を置くのは剪(セン)である。

字源 「前(ゼン)(音・イメージ記号)+手(限定符号)」を合わせた字。前は「切りそろえる」が原義(⇩前)。「揃」は爪などを切りそろえることを表す。

語義 [展開] 爪・眉・ひげ・髪など、むだな部分を切って整える(切

りそろえる)意味ⓐ。また、余計なものを排除して一様にそろえる(打ち滅ぼす)意味ⓑを派生する。[英]cut and even up, shear, trim; exterminate

文献 ⓐ儀礼・士喪礼「蚤揃如他日＝蚤揃(ソウセン)すること他日の如し(いつも通りに爪や髪を切って整える)」

【戦】13(戈・9) 常 ―― 常用音訓 セン いくさ・たたかう

〔戰〕16(戈・12) 人 ―― 音 セン 訓 いくさ・たたかう・おののく・そよぐ

語音 *tian(上古) tʃɪɛn(中古→呉・漢セン) zhàn(中) 전(韓)

語源 [コアイメージ] ㋐薄くて平ら・㋑震え動く。[実現される意味] たたかうⓐ。[英]battle, fight

〔解説〕コアイメージの源泉は単にある。単一の単と戦はおよそ無縁のようであるが、深層構造を見る必要がある。漢語は深層構造を捉えないと理解できないことが多い。深層構造とは取りも直さず古代漢語を使った人たちの言語感覚である。彼らはいくさをどう捉えたのであろうか。白虎通義・誅伐篇に「戦なる者は之を憚警(タンケイ)する(恐れさせ、戒める)なり」とある。また段玉裁は「戦なる者は聖人の慎む所なり。故に引申して戦懼(センク)(震えて恐れる)と為す」と述べている(説文解字注)。敵を恐れさせるのがいくさであり、だから戦慄という意味が生じたという。しかしこれらの説は深層構造を捉えそこねた(派生義から戦を解釈している)。従前いかなる学者も戦の深層を捉えていない。戦の語源にヒントを与えたのは藤堂明保である。氏は、単は「たいらか」という基本義をもち、戦は「凹凸ある物をなで切りにして平らげるという意味」だと述べる(藤堂①)。あるいは、單は「平面でぱたぱたとたたく」という意味を含み、戦は「武器でぱたぱたと敵をなぎ倒すこと」とも述べる(藤堂②)。下記で説明するように單は「薄くて平ら」というイメージがあり、これは「薄くて平らなものが震え動く」というイメージに展開する。このイメージ転化現象は扇などにも広く見られる。かくて見えてくる戦のイメージは、戦闘場面における刃と刃のつばぜり合いの情況である。きわめて具体的な情況に着目して、「薄く平らなものが震え動く」というイメージで戦(いくさ、たたかい)を捉えて*tianといい、戰という視覚記号で表記した。日本語の「いくさ」もイク(生)＋サ(矢の意)を合わせた語で、矢を射るという具体的な意味に起源がある。また「たたかう(たたかふ)」はタタク(叩)の派生語で、「相手を繰り返してたたく」が原義という(以上、大野①)。また「おののく(をののく)」のヲノノは「わななく」のワナナと同じ擬態語で、「(恐れて)わなわなと震える」の意という(大野①)。英語のbattleはラテン語のbattuere(打つ)、battulia(剣や兵士による戦闘)が語源(小島①)、またfightはラテン語のpectere(くしけずる)に由来し、「毛をむしる」が原義という(下宮①)。これらも具体的な行為に起源がある。

字源 「戰」が正字。「單(タン)(音・イメージ記号)＋戈(限定符号)」を合わせた字。「單」は狩猟の道具を描いた図形で、「獸」の一部をなす。獣を追い立てる際に用いる薄く平らな形をした道具なので、「薄くて平ら」というイメージを示す記号になる(⇩単)。これは「薄くて平らなものがぱたぱたと震え動く」というイメージに展開する。したがって「戰」は敵と武器を交えて、刃と刃が触れ合ってぱたぱたと震え動く情景を設定した図形。この意匠によって、たたかうこと、また、いくさを表象する。

〔字体〕「戰」は旧字体。「戦」は單→単に倣った常用漢字の字。現代中国の簡体字は「战」。

語義 [展開] たたかう意味ⓐ、また、戦うこと(いくさ)の意味ⓑから、競争の意味ⓒ、試合の意味ⓓに展開する。また、「薄いものが震え動く」というコアイメージから、恐怖などで身震いする(おののく)という意味ⓔを派生する。[英]battle, fight, combat; war; competition; game, match; shiver, tremble, shudder [熟語] ⓐ戦闘・激戦・ⓑ戦後・大戦・ⓒ舌戦・論戦・ⓓ観戦・棋戦・ⓔ戦慄

文献 ⓐ論語・子路「以不教民戦、是謂棄之＝教へざる民を以て戦ふは、是れ之を棄と謂ふ(戦争の仕方を教えていない民に戦をさせるのは、見捨てたようなものだ)」ⓓ詩経・小宛「戦戦兢兢、如履薄冰＝戦戦兢兢、薄冰を履むが如し(びくびくとおののくことは、まるで薄氷を踏むかのよう)」

【煎】13(火・9) 常 常用音訓 セン いる

語音 *tsian(上古) tsiɛn(中古→呉・漢セン) jiān(中) 전(韓)

語源 [コアイメージ] そろえる。[実現される意味] 水分がなくなるまで煮詰めるⓐ。[英]decoct

字源 「前(ゼン)(音・イメージ記号)＋火(限定符号)」を合わせた字。「前」は「そろえる」というイメージがあり(⇩前)、これは「平均している」「一様でむらがない」というイメージに展開しうる。「煎」は火の熱をむらなく通して煮詰める様子を暗示させる。

語義 [展開] 水分がなくなるまで煮詰める(煎じる)意味ⓐから、あぶっていためる(からからになるまであぶる、いる)意味ⓑを派生する。[英]decoct, boil; fry [和訓] にる [熟語] ⓐ煎茶・煎薬・ⓑ煎餅・香煎

文献 ⓑ荘子・人間世「山木自寇也、膏火自煎也＝山木は自ら寇(あだ)するなり、膏火は自ら煎るなり(山の木は自ら災いを招き、ともしびは自分で自分の身をあぶる)」

【羨】13(羊・7) 常 常用音訓 セン うらやむ・うらやましい

語音 (1)*ḍian(上古) ziɛn(中古→呉ゼン・漢セン) xiàn(中) 선(韓) (2)*ḍian(上古) yiɛn(中古→呉・漢エン) yán(中) 연(韓)

語源 [コアイメージ] 長く延びる。[実現される意味] 自分にない物をほしがる(うらやむ)ⓐ。[英]envy, covet; surplus; approach to tomb

〔解説〕 よだれを古代漢語で*ḍianといい、次(ゼン)で表記する(後に涎の字体になった)。羨と次(＝涎)は同源である。これらは延・衍とも同源の語であり、「長く延びる」というコアイメージをもつ。だらだらと長く延びて出るものが「よだれ」であり、よだれを垂らさんばかりに物をほしがることを羨という。日本語の「うらやむ」は「ウラ(心)ヤム(病)」が原義。優れている相手のように自分もありたいと憧れ、自分を卑しみ傷つく意」という(大野①)。「うらやむ」という心理の根底には卑しい心性がひそむのは日中の言語に共通するようである。

字源 「次(ゼン)(音・イメージ記号)＋羊(限定符号)」を合わせた字。「次は「水(イメージ記号)＋欠(限定符号)」を合わせて、よだれ(涎)を表す字。盜(＝盗)にも含まれている。「次」は「(よだれが)だらだらと長く延びる」というイメージを示す。したがって「羨」はおいしい羊の肉をよだれを垂らしてほしがる様子を暗示させる。

(篆) [次] (篆)

語義 [展開] 自分にない物をほしがる意味ⓐ。また、「長く延びる」というコアイメージから、長く延びて余る(たっぷり余る、余り)の意味ⓑを派生する(以上は1の場合)。また、同じコアイメージを介して、墓に通じる長く延びた道の意味ⓒを派生する(2の場合)。[英]envy, covet; surplus; approach to a tomb [和訓] あまる [熟語] ⓐ羨慕・羨望・ⓒ羨道(エンドウ)・羨門(エンモン)

文献 ⓐ詩経・皇矣「無然歆羨＝然(しか)く歆羨する無かれ(そんなに物を貪り羨むな)」ⓑ詩経・十月之交「四方有羨＝四方羨(あま)り有り(四方の人々には余裕がある)」

【腺】13(肉・9) 常 常用音訓 セン 純国字

字源 日本で作られた字(純国字)。江戸時代の医学者宇田川榛斎が考案したといわれる。ある種の液体を分泌する器官に名づけたもの。わき出

る泉になぞらえ、限定符号の「月(=肉)」を添えて、「腺」とした。読みはセン。ただしこれは純粋の音ではない。音とは古代漢語の読みの部分である。したがって国字には音がありえない。センは泉に倣った疑似音というべきもの。「腺」は中国、韓国に輸入されてxiàn、선と読まれている。

【語義】特有の液汁を分泌する器官の意味ⓐ。[英]gland 【熟語】ⓐ胸腺・乳腺

【詮】13(言・6) 常 | 常用音訓 セン

【語音】*ts'iuan(上古) ts'iuɛn(中古→呉・漢セン) quán(中) 전(韓)

【語源】[コアイメージ] 欠け目なくそろう。[実現される意味] 物事の道理を詳らかに解き明かすⓐ。[英]interpret, explain

【字源】「全ゼン(音・イメージ記号)+言(限定符号)」を合わせた字。「全」は「欠け目なくそろう」というイメージがある(⇨全)。「詮」は言葉を十分にそなえて、物事を欠け目なくつきつめて明らかにする様子を暗示させる。

【語義】[展開] 物事の道理を詳らかに解き明かす意味ⓐから、そろえたものの中から選ぶ意味ⓑを派生する。日本では、つきつめて考える、つきつめて調べる意味ⓒに用いる。[英]interpret, explain; select; investigate 【熟語】ⓐ詮釈・名詮自性ミョウセンジショウ・ⓑ詮衡・詮次・ⓒ詮議・詮索

【文献】ⓐ淮南子・要略訓「詮以至理之文=詮するに至理の文を以てす(この上なく筋の通った文章で解き明かす)」

【践】13(足・6) 常 | 常用音訓 セン ふむ

【語音】*dzian(上古) dziɛn(中古→呉ゼン・漢セン) jiàn(中) 천(韓)

【語源】[コアイメージ] ㋐薄くて平ら・㋑重なる。[実現される意味] 足で物を踏みつける(ふむ)ⓐ。[英]trample, tread

【解説】足で地面をふむ行為は平らな足裏を別の平らな空間にぺたっとつけることである。ここに「平らなものが重なる」というイメージがある。平らなことは上下の幅や厚みがないことでもあるから、図形化に当たっては浅(水の厚みが少ない)が利用された。日本語の「ふむ」は「足をおろして前に進む」の意味(大野①)。「実践する」や「位につく」の意味は漢語の践の訓読の影響であろう。

【字源】「踐」が正字。「戔セン(音・イメージ記号)+足(限定符号)」を合わせた字。「戔」は「(上下の幅が)小さい」というイメージがあり、これは「厚みがない」「薄い」「薄っぺらで平ら」というイメージに展開する(⇨浅)。「踐」は薄くて平らな足裏をぺたっと物に重ねる様子を暗示させる。この意匠によって、物の上を足で踏む行為を表象する。

【語義】[展開] 足で踏みつける意味ⓐから、前に行った人の跡を踏みしめる(後に従う、位につく)意味ⓑ、前にできた跡を踏む(決まった通りに実行する)意味ⓒに展開する。また、「上下に重なる」というイメージを水平の軸に移すと、「□-□-□…の形に並ぶ」というイメージに転化し、くっつくように並ぶ様子の意味ⓓを派生する。[英]trample, tread; follow; act on; closely lined up 【熟語】ⓐ践踏・ⓑ践位・践阼センソ・ⓒ実践・履践

【文献】ⓐ詩経・行葦「敦彼行葦、牛羊勿践履=敦たる彼の行葦、牛羊践履する勿れ(多く集まる道端のアシ、牛も羊も踏んではならぬ)」ⓑ論語・先進「不践迹、亦不入於室=迹を践まず、亦た室に入らず([善人は]前人の跡を踏まないから、進歩もない)」ⓓ詩経・伐柯「籩豆有践=籩豆ヘントウ、践たる有り(たかつきがびっしり並んでいる)」

【箋】14(竹・8) 常 | 常用音訓 セン

【語音】*tsan(上古) tsen(中古→呉・漢セン) jiān(中) 전(韓)

語源 [コアイメージ] 小さい。[実現される意味] 文字を書く札ⓐ。[英]writing plate

字源 「戔(音・イメージ記号)＋竹(限定符号)」を合わせた字。「戔」は「小さい」というイメージがある(⇩残)。「箋」は文字を書く小さな竹札を表す。

語義 [展開] 文字を書く札の意味ⓐ、メモや手紙を書く紙切れの意味ⓑ、古典につける注釈の意味ⓒに展開する。[英]writing plate; writing paper, memo pad; commentary [熟語] ⓑ便箋・附箋・ⓒ箋疏・箋注

文献 ⓐ三国志・魏志・鄧艾伝「奉皇帝璽綬、爲箋詣艾＝皇帝の璽綬を奉じて、箋を為りて艾に詣る(皇帝の印綬を捧げ、[降伏の]文書を作って鄧艾のもとにやってきた)」

【銭】 14(金・6) 常 常用音訓 セン ぜに

語音 (1)*tsian(上古) tsiɛn(中古→呉・漢セン) jiǎn(中) (2)*dzian(上古) dziɛn(中古→呉ゼン・セン漢) qián(中) 전(韓)

語源 [コアイメージ] 削って小さくする。[実現される意味] 農具の一つⓐ。[英]hoe

字源 「錢」が正字。「戔(音・イメージ記号)＋金(限定符号)」を合わせた字。「戔」は「削って小さくする」というイメージがある(⇩残)。「錢」は土や石を削って小さく砕く鉄製の農具(くわの類)を暗示させる。

(字体) 「銭」は近世中国で発生した「錢」の俗字。

語義 [展開] 鍬の類が本義ⓐ(1の場合)。形の類似性から、貨幣(ぜに)の意味ⓑに転用される(2の場合)。[英]hoe; coin, money [熟語] ⓑ銭貨・金銭

文献 ⓐ詩経・臣工「庤乃錢鎛＝乃の銭鎛を庤せよ(お前たちは自分のくわとすきを手に取りなさい)」ⓑ管子・版法解「散鹿臺之錢＝鹿台の銭を散ず(鹿台[殷の宝物庫の名]の銭をばらまいた)」

【銑】 14(金・6) 人 音セン 訓ずく

語音 *sen(上古) sen(中古→呉・漢セン) xiǎn(中) 선(韓)

語源 [コアイメージ] 汚れを洗う。[実現される意味] 光沢のある美しい金属ⓐ。[英]bright metal

字源 「洗の略体(音・イメージ記号)＋金(限定符号)」を合わせた字。「洗」は足の汚れを洗うことから、「汚れがなく美しい」というイメージを示す。「銑」は光沢があって美しい金属を表す。爾雅・釈器に「絶えて沢なる、之を銑と謂ふ」、郭璞の注釈に「銑は美金なり。最も光沢有るを言ふなり」とある。

語義 [展開] 光沢のある美しい金属が本義ⓐ。日本では、不純物の混じった鉄(ずく鉄)の意味ⓑに用いる。[英]bright metal; pig iron [熟語] ⓑ銑鉄

【撰】 15(手・12) 人 音セン 訓えらぶ

語音 (1)*dzuǎn(上古) dẓǎn(中古→呉ゼン・漢サン) zhuàn(中) 찬(韓) (2)*siuan(上古) siuɛn(中古→呉・漢セン) xuǎn(中)

語源 [コアイメージ] (いくつかのものを)取りそろえる。[実現される意味] 取りそろえて持つⓐ。[英]hold

字源 「巽(音・イメージ記号)＋手(限定符号)」を合わせた字。「巽」は「いくつかのものを取りそろえる」というイメージがある(⇩巽)。「撰」は物を取りそろえて手に持つ様子を暗示させる。

語義 [展開] 取りそろえて持つ意味ⓐから、材料を集めそろえて文章を作る意味ⓑ、書物を編集する(著述する)意味ⓒに展開する。また、「取りそろえる」というイメージは「(取りそろえて)そなえる」というイメージに転じる。これと同じイメージ転化は具にも見られる。したがって、そなえること、また、身にそなわったもの、心の在り方・行き方・考え

方の意味ⓓを派生する(以上は1の場合)。また、いくつかをそろえたものの中から選び取る(選り分けて取る、えらぶ)意味ⓔを派生する(2の場合)。ⓔは選と通用。日本では1の読みを2の読みで代用する。[英]hold; write, compose; compile; invent, plan; select 【熟語】ⓑ撰者・撰述・ⓒ私撰・勅撰・ⓔ特撰

文献 ⓐ楚辞・九歌・東君「撰余轡兮高駝翔＝余が轡を撰りて高く駝翔す(馬の手綱を手で握り、空高く飛翔する)」ⓓ論語・先進「異乎三子者之撰＝三子者の撰と異なり(君たち三人とは考えが違うよ)」

【潜】15(水・12) 常 ｜常用音訓｜ セン　ひそむ・もぐる

語音 *dziăm(上古) dziɛm(中古→呉ゼム〈＝ゼン〉・漢セム〈＝セン〉) qián(中) 잠(韓)

語源 [コアイメージ] 細い隙間に割り込む・もぐり込む。[実現される意味] 水中にもぐるⓐ。[英]dive

【解説】この語が浸・滲・心などと同源で、攙(割り込む)・櫼(割り込むくさび)・斬(切り込みを入れる)などとも近縁であると指摘し、図形の構造を分析し、深層構造を解明した学者は藤堂明保が初めてである(藤堂①②)。コアイメージの源泉は先にある。これは髪に挿す装身具、かんざし(簪)である。かんざしは髪の隙間にもぐり込むことで用を果たす。したがってシン(*tsiəm)という語は「隙間にもぐり込む」というコアイメージをもとにして生まれた。水中にもぐることを意味する古代漢語*dziămもその語から派生したもので、下記のグループの一員なのである。潜の古訓は「かづく」(水中にもぐる意)で、これが「もぐる」より古い。「ひそめる(ひそむ)」は「ヒソカ(密)と同根。激しい感情などを人に見せまいと押さえ控える意」が原義で、ここから「人目をはばかって、ひっそりと隠れるようにする」という意味になる(大野①)。「もぐる」と「ひそむ」は全く別語であるが、漢語の潜は「水中にもぐる」と「(奥深くもぐった結果)隠れて姿を見せない」の意味を同時にもつ。詩経では区別し難い。英語のdiveは「水の中に飛び込む」が一般義で、潜水する、急降下するなどの意になる(小島①)。水中に入る過程に焦点があるが、漢語の潜は結果に焦点がある。だから隠れる意味が生まれる。

【グループ】潜・蠶(＝蚕)・僭(身分をわきまえず、他人の領分に潜り込んで出過ぎたことをする[僭越])・簪(かんざし[金簪])・譖(悪口を潜り込ませる→そしる)・噆(虫が口先を潜り込ませる→かむ)・憯(憂い・悲しみがしみ通る→いたむ)・鐕(隙間に潜り込む釘)

字源 「潛」が正字。「朁(音・イメージ記号)＋水(限定符号)」を合わせた字。「先」は髪に挿すかんざしを描いた図形で、簪(かんざし)の原字。「隙間にもぐりこむ」というイメージがある。「先」を二つ合わせた「兟」も同様。「兟(音・イメージ記号)＋曰(限定符号)」を合わせた「朁」は、人間関係の間に悪口をもぐりこませる様子を暗示させ、譖(そしる、中傷する)の原字。これも「隙間にもぐりこむ」というイメージ記号になる。かくて「潛」は水の中に深々ともぐりこむ様子を暗示させる。

(篆) [先]　(金)　(篆) [兟]

(篆) [朁]　(篆)

【字体】「潜」は近世中国で発生した「潛」の俗字。

語義 [展開] 水中にもぐる意味ⓐから、奥深く入って隠れる(隠れて姿を見せない、ひそむ)意味ⓑ、思いをひそめる意味ⓒ、表面に現れない(人知れず、ひそかに)の意味ⓓに展開する。くぐる(狭い隙間を通り抜ける)の意味ⓔは日本的用法。[英]dive, submerge; hide; meditate; secretly; pass under 【和訓】くぐる・かずく 【熟語】ⓐ潜航・潜水・ⓑ潜在・潜伏・ⓒ潜心・沈潜・ⓓ潜入

文献 ⓐ荘子・達生「至人潜行不窒＝至人は潜行して窒せず(最高の人

間は水中にもぐっても窒息しない）」ⓑ詩経・鶴鳴「魚潜在淵＝魚は潜みて淵に在り（魚は淵にもぐってひそみ隠れる）」

【線】15（糸・9） 常 ―常用音訓 セン

語音 *sian（上古） siɛn（中古→呉・漢セン） xiàn（中） 선（韓）

語源 [コアイメージ] 細い筋。[実現される意味] 細い糸筋ⓐ。[英]thread, string

字源 「泉セン（音・イメージ記号）＋糸（限定符号）」を合わせた字。「泉」は「細い筋」というイメージがある（⇩泉）。「線」は細い糸を表す。異体字の「綫」は「戔セン（音・イメージ記号）＋糸（限定符号）」を合わせた字。「戔」は「小さい」というイメージがある（⇩残）。「綫」は小さい糸を表す。

〈字体〉「綫」は異字体。

語義 [展開] 細い糸筋の意味ⓐから、糸状・ひも状のものの意味ⓑ、細い筋（筋をなすもの）の意味ⓒ、交通機関の筋道の意味ⓓに展開する。[英]thread（ⓐ～ⓒ）, string; line（ⓒⓓ） [和訓] いと [熟語] ⓐ線装・琴線・ⓑ鉄線・電線・ⓒ曲線・直線・ⓓ線路・脱線

文献 ⓐ周礼・天官・縫人「縫人掌王宮之縫線之事＝縫人は王宮の線（いと）を縫ふの事を掌る（縫人の官は宮中で糸を縫う仕事を管轄する）」

【選】15（辵・12） 常 ―常用音訓 セン えらぶ

語音 (1)*siuan（上古） siuɛn（中古→呉・漢セン） xuǎn（中） 선（韓） (2)*suan（上古） suan（中古→呉・サン漢） suàn（中） 산（韓）

語源 [コアイメージ]（いくつかのものを）取りそろえる。[実現される意味] 多くの中から良いものを取り上げる（えらぶ）ⓐ。[英]select, choose

〈解説〉下記（意味のⓓ）の詩経の毛伝に「選は斉（そろえる）なり」とある。藤堂明保は選は算・纂・全などと同源の単語家族に属し、「そろえる」という基本義をもつとした（藤堂①）。「いくつかのものを取りそろえる」が選のコアイメージである。このイメージは「（必要なものを取りそろえて）そなえる」というイメージに展開する。王引之は「選は具なり」という（経義述聞）。「そなえる」ことの前提には条件に合うものだけをえらび取るという事態が含まれる。日本語の「えらぶ」はエル（択）＋アフ（合）で、「複数の人が、多くの中から基準にかなうものを取り上げるのが原義」、「える」は「たくさんある物の中で適・不適を判定し、基準に合うとして取るものと、基準にはずれるとして捨てるものとに分ける意」という（大野①）。漢語の選は「そろえる」というコアがあって、必要なものを取りそろえてそなえるために、多くの中から条件・基準に合ったものを取り上げるという意味展開の仕方で生まれた語である。英語のchooseは「自分の気に入った方を自分の意志で選ぶ」、selectは「多数の中から、欲しいものを慎重に選び抜く」の意味という（田中①）。漢語の選にはこの違いはなさそうである。

字源 「巽ソン（音・イメージ記号）＋辵（限定符号）」を合わせた字。「巽」は「（並べて）取りそろえる」というイメージがある（⇩巽）。取りそろえるには多くの物の存在が前提となっている。したがって「巽」は多くの物の中からよいものだけをいくつか並べてそろえるというイメージを表すことができる。「選」は良いものを取りそろえて送る様子を暗示させる。この意匠によって、より分けて良いものをえらぶことを表象する。

〈字体〉「選」は旧字体。「選」は書道に由来する常用漢字の字体。現代中国の簡体字は「选」。

語義 [展開] えらぶ意味ⓐから、選挙で人をえらぶ意味ⓑ、えらばれた人（優秀な人）の意味ⓒ、詩文を集めそろえたものの意味ⓓに展開する。「そろえる」というコアイメージがそのまま実現され、そろえる・そろう意味ⓔ。また、多くの中から一部をえらび取ることから、時間の中で一部だけ切り取られた時間（しばらく）の意味ⓕを派生する（以上は1の場合）。また、数を取りそろえて数える意味ⓖを派生する（2の場合）。日本

では撰の代わりに用い、文章を作る、著述する意味ⓗ。[英]select, choose; elect; elite; selections, anthology; accord; a short while; count; compose, compile　[和訓]える・よる　[熟語]ⓐ選択・選抜・ⓑ選挙・当選・ⓒ選手・選良・ⓓ選集・詩選・ⓕ少選

文献 ⓐ詩経・車攻「選徒囂囂＝徒を選ぶこと囂囂(ゴウゴウ)たり（従者選びで大騒ぎ）」ⓓ詩経・猗嗟「舞則選兮＝舞へば則ち選(そろ)ふ（舞うと音楽のリズムにぴったりそろう）」ⓕ呂氏春秋・任数「選間食熟＝選間にして食熟す（しばらくして食べ物が煮えた）」ⓖ書経・盤庚「世選爾労＝世(よよ)爾が労を選(かぞ)へん（代々あなたの労を数え上げていこう）」

【遷】15（辵・12）　常　|　常用音訓　セン

語音 *ts'ian（上古）　ts'iɛn（中古→呉・漢セン）　qiān（中）　천（韓）

語源 [コアイメージ] ㋐分散する・㋑別の場所に移る。[実現される意味] Aの場所（ポスト）から中身が抜け出てBの場所（ポスト）に移るⓐ。[英]move

〔解説〕この字の構造を分析し、語源を明らかにした学者は藤堂明保以外にない。氏は囟(シ)というコアの記号にたどりついた。これは嬰児の頭にあるおどり（泉門）を描いた図形。おどりは頭蓋骨の未縫合の部分で、その形態から「細い隙間」「細い」「分かれる」「軟らかい」「軽い」など、さまざまなイメージを示す記号になる（思・細・脳・農・票などに含まれている）。「分かれる」というイメージから「分散する」というイメージにも展開し、囟から䙴、さらに僊の記号が生まれる。僊は魂が肉体から分散して抜け出て、空中に昇っていく仙人を表す（僊の詳しい分析については仙を参照）。藤堂明保は四・西・死・囟・細・僊・遷・洗などを同じ単語家族に属させ、「細かく分かれる」という基本義をもつと述べているが（藤堂①）、遷の場合は中身が本体から分かれ出た結果、別の場所に去ったことに焦点が当てられる。その結果、二つに分かれる→分散する→別の場所に移るというぐあいにイメージが転化する。かくて遷の意味の深層構造は「Aという場所から分かれ出てBという別の場所に移る」であることが明白になった。古典では「遷は移なり」「遷は徙(シ)なり」などと説明しているが、意味の捉え方が十分ではない。遷都とは古い都を捨てて新しい都に移ることで、中身がそっくり抜け出て変わるというイメージを濃厚にもつ。

字源 「䙴(セン)（音・イメージ記号）＋辵（限定符号）」を合わせた字。「䙴」は「元の場所を抜け出て別の場所に移る」というイメージがある（⇨仙）。「遷」は元の所からよそに移りかわる様子を暗示させる。

〔字体〕「遷」は旧字体。「遷」は書道で行われた字体。現代中国の簡体字は「迁」。

語義 [展開] A（元の場所やポスト）からB（別の場所やポスト）に移る意味ⓐ。Aの場所からよそに中身が移った結果、事態や状態が変わる（移り変わる）意味ⓑ、魂が抜け出て死ぬ意味ⓒに展開する。[英]move; change; die　[和訓]うつる・うつす　[熟語]ⓐ遷都・左遷・ⓑ遷延・変遷・ⓒ遷化

文献 ⓐ詩経・伐木「出自幽谷、遷于喬木＝幽谷自(よ)り出でて、喬木に遷(うつ)る（[鳥は]小暗い谷間から出て、高い木に移る）」ⓑ孟子・尽心上「民日遷善而不知爲之者＝民は日に善に遷れども之を為(せ)しむる者を知らず（民は日ごとに善に変わっていくが、何がそうさせるのかわからない）」

【薦】16（艸・13）　常　|　常用音訓　セン　すすめる

語音 *tsān（上古）　tsen（中古→呉・漢セン）　jiàn（中）　천（韓）

語源 [コアイメージ] ㋐そろえる・㋑重ねる。[実現される意味] 物を差し上げる（進める、供える）ⓐ。[英]set forth, present

〔解説〕*tsānという語は前・揃・賛などと同源で、「そろえる」というイメージがある（藤堂①）。「▯▯の形に並べてそろえる」というイメージは、

視点を縦の軸に変えると、「□□の形に重ねる」というイメージに転化する。具体的な文脈では㋐からは「物を並べそろえて差し上げる」という意味、㋑からは「上に物を重ねて敷く」という意味が実現される。日本語の「すすめる(すすむ)」は「すすむ(進)」の他動詞形で、「前方に行かせる」からの展開義の一つに「(人・事がらなどを)推挙する」がある(大野①)。これは漢語の薦のⓑに相当する。

字源 「廌(イメージ記号)+艸(限定符号)」を合わせた字。「廌」は獬廌(カイチ)(=獬豸)とも呼ばれる想像上の動物である(⇩法)。「廌」は神獣に恭しく草を供える場面を設定した図形。説文解字に「薦は獣の食する所の草なり。古へ神人、廌を以て黄帝に遺(おく)る」とある。一種のファンタジーだが、否定するに及ばない。

(金)　(篆)

語義 [展開] 物を差し上げる意味ⓐから、取り上げるように進言する(すすめる)意味ⓑに展開する。また、物をそろえて差し上げることから、家畜などに与える餌(ある種の牧草)の意味ⓒを派生する。また、「上に重ねる」というイメージから、上に物を重ねて載せる(敷く)意味ⓓ、敷物(むしろ、こも)の意味ⓔ、何度も重ねて(しきりに、しばしば)の意味ⓕを派生する。[英]set forth, present; recommend; fodder; lay; straw mat; repeatedly [和訓] こも [熟語] ⓑ自薦・推薦・ⓔ薦居・薦席

文献 ⓐ詩経・行葦「醓醢以薦、或燔或炙=醓醢(タンカイ)以て薦め、或いは燔(や)き或いは炙る(肉の塩辛を[宴席の人に]進めて、焼いたり炙ったりする)」ⓑ孟子・万章上「堯薦舜於天=堯、舜を天に薦む(堯は舜[ともに古帝王の名]を天帝に薦めた)」ⓒ荘子・斉物論「麋鹿食薦=麋鹿(ビロク)、薦を食ふ(シフゾウとシカは薦を食べる)」ⓓ史記・周本紀「飛鳥以其翼覆薦之=飛鳥、其の翼を以て之を覆薦す(鳥が翼でこれ[捨て子]を覆いかぶせた)」ⓕ詩経・雲漢「天降喪亂、饑饉薦臻=天、喪乱を降し、饑饉薦(しき)りに臻(いた)る(天は死亡と混乱をもたらし、ききんがしばしばやってくる)」

【繊】 17(糸・11) 常 | 常用音訓 セン
〔纖〕 23(糸・17) 人 | 音 セン 訓 ほそい

語音 *siam(上古) siɛm(中古→呉・漢セム〈=セン〉) xiān(中) 섬(韓)

語源 [コアイメージ] 細い・細かく切り刻む。[実現される意味] 細い(小さい、細かい)ⓐ。[英]fine, minute, slender

〔解説〕 方言(巻二)に「纖は小なり。…繒帛(きぬ)の細なる者、之を纖と謂ふ」とあり、銭繹は「籤・襳・攕・纖、並びに声近く、義同じ」と述べる(方言箋疏)。また王力は纖と孅を同源とする(王力①)。これらは語源に迫った説ではあるが、語の深層構造を初めて解明したのは藤堂明保である。氏は韱のグループ以外にも拡大させ、挿・接・讒(ザン)・斬・尖なども同源とし、「先が細い・細い物が割り込む」という基本義をもつとする。さらに図形を解剖し、𢦏(セン)というコアの記号にたどりついた(藤堂①)。これが「細い・細かく切り刻む」というコアイメージの源泉である。

〔グループ〕 繊・孅(セン)(女性の指がそげたようにほっそりしている。また、体つきがほっそりとしてか弱い[孅妍])・籤(セン)(細く切った竹札→くじ[抽籤])・殲(セン)(切り刻んで殺す[殲滅])・懺(ザン)(心を刻むようにさいなむ→くいる[懺悔])・讖(シン)(人々の間に鋭く入り込む予言、未来記[讖緯])・攕(セン)(細く削る)・櫼(セン)(先の細く尖ったくさび)・鑯(セン)(先が細くて鋭い)

字源 「纖」が正字。「韱(セン)(音・イメージ記号)+糸(限定符号)」を合わせた字。「𢦏」は「从(イメージ記号)+戈(限定符号)」を合わせて、人を刃物で二つに切断する場面を設定した図形で、「断ち切る」というイメージを示す。断ち切ると細かな部分に分かれるから、「細かい」というイメージにも展開する。「韱(セン)」は「𢦏(セン)(音・イメージ記号)+韭(ニラとかかわる限定符号)」

を合わせた「戠」は、ニラを細かく切る様子を暗示させる。これは「細かく切り刻む」「細い」というイメージを示す記号になる。かくて「纖」は細い糸筋を暗示させる。この意匠によって、細くて小さいことを表象する。

(篆) [𢦏] (篆) [戠] (篆)

〔字体〕「纖」は旧字体。「繊」は由来不明の常用漢字の字体。現代中国の簡体字は「纤」。

語義 [展開] 細い意味ⓐ、細い絹糸で織った織物の意味ⓑ、金銭に細かい(けちである)意味ⓒ、小数の名(一の一千万分の一)ⓓに展開する。[英]fine, minute, slender; silk fabrics; name of decimal place [熟語] ⓐ繊維・繊細・ⓒ繊嗇・ⓓ繊毫

文献 ⓐ書経・禹貢「厥篚玄纖縞＝厥(そ)の篚(ヒ)は玄、纖縞(センコウ)(貢ぎ物を入れる箱は黒く、貢ぎ物は細い白絹)」ⓑ宋玉・招魂「被文服纖＝文を被り纖を服す(あや絹の衣をかぶり、細絹の衣をつける)」(文選33)ⓒ史記・貨殖列伝「周人既纖、而師史尤甚＝周人既に纖(こま)かし、而して師史尤も甚だし(周の人は金銭に細かいが、特に師史はひどい)」

【鮮】17(魚・6) 常 |常用音訓| セン あざやか

語音 *sian(上古) siɛn(中古→呉・漢セン) xiān・xiǎn(中) 선(韓)

語源 [コアイメージ] 切り分ける・分散する。[実現される意味] 形がくっきりしているⓐ。[英]bright

〔解説〕鮮明(あざやか)と鮮少(すくない)の二つの意味がある。二つを通底するコアイメージがあるだろうか。昔の学者が鮮を散、析、斯で解したのが参考になる。藤堂明保は沙・殺・散・残などと鮮は同源と見、「ばらばら・小さい・そぎとる」という基本義があるという(藤堂①)。筆者は*sianという語は斯(シ)(細かく分かれる)・析・洒(イサ)・洗などと同源で、「ばらばらに切り分ける(分散する)」というコアイメージをもつと考える。のっぺらぼうな状態は「はっきりしない」というイメージであるが、切り分けられて境目のついた状態は「くっきりとしている」「はっきり見える」というイメージがあるから、「切り分ける」から「明らかに見える」へとイメージが転化する(分析の析から明晰の晰が派生するのもこれと同じイメージ転化現象である)。これが鮮明の鮮である。また、分散した状態は、数量が少ないことにつながるから、鮮少の意味が生まれる。日本語の「あざやか」のアザはあざ(痣)で、「人の気持ちに構わず、どぎつく現れるものの意」。これから「あざやか」が生まれ、「人の目にどぎつく映る意が原義」という(大野②)。

〔グループ〕鮮・癬(セン)(皮膚に小さい点をばらまいたように生じるできもの[白癬])・蘚(セン)(岩などに点々と模様をつけたように生じる植物、コケ[蘚苔])

字源 「魚＋羊」を合わせた字。きわめて舌足らず(情報不足)な図形であるが、語源に合う解釈をすると、魚や肉を切って調理する場面を設定した図形で、この意匠によって、「切り分ける」というイメージを表したと解釈することができる。普通の解釈では魚や羊の生の肉→生々しいという意味が生じたとされる。わかりやすいが、字形から直接意味を引き出す手法は本書の採らないところである。

(金) (篆)

語義 [展開] 形がくっきりしている(はっきり見える、あざやか)の意味ⓐから、生きがよい(生々しい)の意味ⓑ、生の肉や生きた魚の意味ⓒに展開する。また、「切り分ける」というコアイメージから、ばらばらになって少ないという意味ⓓを派生する。[英]bright; fresh, vivid; fresh fish, fresh meat; few, rare [和訓] すくない [熟語] ⓐ鮮明・新鮮・ⓑ鮮魚・生鮮・ⓒ小鮮・ⓓ鮮少

文献 ⓐ墨子・公孟「昔者楚莊王、鮮冠組纓、絳衣博袍、以治其國、

其國治＝昔者楚の荘王、鮮冠・組纓、絳衣・博袍にして、以て其の国を治む、其の国治まる（昔、楚の荘王は、色鮮やかな冠と紐をつけ、赤い衣と広い外套をつけて国を治めたら、国はよく治まった）」ⓑ詩経・韓奕「其殽維何、炰鼈鮮魚＝其の殽は維れ何ぞ、炰鼈鮮魚（酒のさかなはどんなもの、スッポンの丸焼きに生の魚）」ⓒ老子・六十章「治大國若烹小鮮＝大国を治むるは小鮮を烹るが若し（大国を治めるのは小魚を煮るのと似ている）」ⓓ詩経・揚之水「終鮮兄弟、維予與女＝終に兄弟鮮く、維れ予と女［＝汝］のみ（とうとう兄弟は少なく、俺とお前だけになった）」

【蟬】18(虫・12) 人 ｜ 音セン 訓せみ

語音 *dhian（上古） ʒiɛn（中古→呉ゼン・セン漢） chán（中） 선（韓）

語源 ［コアイメージ］㋐薄く平ら・㋑薄いものがひらひら動く。［実現される意味］セミⓐ。［英］cicada

字源 「單（音・イメージ記号）＋虫（限定符号）」を合わせた字。「單」は「薄く平ら」というイメージがあり、「薄いものをぱたぱたと動かす」というイメージに展開する（⇩単）。「蟬」は薄い羽をぱたぱた震わせて飛ぶ虫を暗示させる。この意匠によって、セミを表象する。

語義 昆虫の名、セミの意味ⓐ。長い吻で樹液を吸う。雄には発音器があり、鳴くことができる。［熟語］ⓐ蟬噪・秋蟬

文献 ⓐ荀子・大略「飲而不食者蟬也＝飲みて食はざる者は蟬なり（水を飲むけれども食べ物を食わない虫はセミである）」

ぜん

【全】6(人・4) 常 ｜ 常用音訓 ゼン まったく・すべて

語音 *dziuan（上古） dziuɛn（中古→呉ゼン・漢セン） quán（中） 전（韓）

語源 ［コアイメージ］欠け目なくそろう。［実現される意味］すべてに渡ってそろっている（そなわっている）ⓐ。［英］complete

〔解説〕藤堂明保は、算・纂・選・全は同源で、「そろえる」という基本義をもつとする（藤堂①）。「そろえる」とは形がきちんと並んでいて、不ぞろい・いびつ・でこぼこがない状態、また、欠けたところがなく全体に等しくそなわっている状態である。「そろう」と「そなわる」は互いに転化しうるイメージである（選がその例）。全は古典の注釈に「全は具なり」「全は完なり」の訓があるように、「欠け目がなくそろっている」「全体に渡ってそなわっている」という意味である。和訓の「まったく」は「まったし」の活用形（副詞）で、「またし」が原形。「またし」とは「欠けたところがなく、完璧である意」という（大野②）。「欠け目がない」というイメージでは漢語の全と「またし」は共通点がある。また、「すべて」は「すべる（すぶ）」の活用形。「すぶ（統）」とは「ばらばらのものをまとめる意」で、ここから派生した「すべて」は「みなとりまとめて」「全部合わせて」の意味という（大野②）。漢語の全滅などの全は、「欠けたところがなくそろって」の意味から、日本語の「すべて」と近くなる。英語のcompleteはラテン語のcomplere（満ちる）が語源で、「欠けた部分や要素がなくあらゆる点からみて完全な」「全部そろっている」の意という（小島①）。漢語の全と語の成立がよく似ている。

〔グループ〕全・栓・詮・牷（五体のそろった犠牲の牛）・痊（体に欠けた所がない状態になる→病気が治る［痊癒］）・筌（魚を漏らさないように欠け目なく作った道具、うえ）・銓（バランスをそろえて計る、また、はかり［銓衡］）

字源 「全」が正字。「入（イメージ記号）＋玉（限定符号）」を合わせた字。「入」は中に入っていくことを示す記号（⇩入）。したがって「全」は象嵌などの工作の際、びっしりと玉をはめ込む場面を設定した図形である。この意匠によって、欠けた所がなく、すべてに渡ってそろっていることを表象する。字源については諸説紛々であるが、「入＋玉」に分析する説（林義光など）がよい。

（篆）

〔字体〕「全」は旧字体。「全」は古くから書道で行われた字体。

語義 ［展開］全部そなわって欠け目がない意味ⓐから、欠けたところがないように保つ（まっとうする）意味ⓑ、欠け目なくそろって（すべて、みな）の意味ⓒに展開する。［英］complete, entire; make perfect, keep intact; completely, totally, entirely, perfectly, thoroughly ［和訓］またし・まったい・まっとうする ［熟語］ⓐ全力・完全・ⓑ健全・保全・ⓒ全然・全滅

文献 ⓐ孟子・離婁上「有求全之毀＝全を求むるの毀（ソシ）り有り（完璧を求めているのに他人からとやかく言われることがある）」

【前】 9(刀・7) 常 常用音訓 ゼン　まえ

語音 *dzān（上古）　dzen（中古→呉ゼン・漢セン）　qián（中）　전（韓）

語源 ［コアイメージ］そろえる。［実現される意味］まえに進むⓐ。［英］proceed, advance

〔解説〕説文解字では前の項で「前は斉断（切りそろえる）なり」、歬（セン）の項で「行かずして進む、之を歬と謂ふ」とある。これによれば前は剪（セン）（切りそろえる）と同じで、歬が「まえに進む」の意味であったらしい。従来の学者は歬の解釈に苦しみ、足では歩行せず舟に乗っていくのが「進む」ことであるとか、舟は履（くつ）の象形であって靴の上に足を載せた形が歬であるなどといった学説が現れた。千古の謎を解いたのは藤堂明保である。氏は、「〝行かずして進む〟とは、左右の足でスタスタと歩くのではなく、まず片方を出して、次に他の足をそこまで進めて両足を揃える。しかるのち、また片足を出すという進み方」と述べる（藤堂①）。これは儀礼的な歩行の仕方である。自然に歩く際は両足は互い違いになって先端がそろわないが、儀式などでは、断続的に先端をそろえつつ前進することがある。ここに「そろえる」というイメージがある。この儀礼的歩行は賛（「合わせそろえる」がコアイメージ）にも利用されており、賛と前は同源の語である。説文解字が前を斉断（切りそろえる）と解したのは全く正当であった。文字は歬（両足をそろえつつ進む）→前（切りそろえる）→剪（切りそろえる）と分化していくが、早い段階で歬は前に統合されたと見ることができる。英語のproceedは「ある点まで到達した後、または中断の後進む、先へ進む」の意という（小島①）。これが前の原義に近い。また、前（まえ）の用法は人体が正面を向いて進むこと、また、進む方向の意味で、「そろえる」というコアイメージはほとんど意識されない。日本語の「まえ（まへ）」はマ（目）＋ヘ（方）で、「目の向いている方向」の意という（大野①）。英語のfrontはラテン語のfrons（額）に由来し、物の最前部、前面の意という（小島①）。漢語の前が正面を向く方向から来ているのと似ている。

〔グループ〕前・煎・揃・剪（セン）（切りそろえる［剪定］）・湔（セン）（汚れを洗って、そろった状態にととのえる→すすぐ・あらう）・箭（セン）（長さをそろえて作った矢［弓箭］）・翦（セン）（端を切りそろえた矢羽）

字源 「歬＋刀」から成る（篆文の字体）。「舟」は進むものの象徴。「止」は足や歩行と関係があることを示す限定符号。したがって「舟（イメージ記号）＋止（限定符号）」を合わせた「歬」は、足が前に進む様子を暗示させる。図形にコアイメージは反映されていない。しかし両足をそろえつつ前進することを*dzānといい、これを歬で表記した。やがてこの字は廃れ、「前」に取って代わった。これは「歬（セン）（音・イメージ記号）＋刀（限定符号）」を合わせた字で、刀を進めて物を切りそろえることを表す。これに「歬」を統合したため、「切りそろえる」には剪が新たに作られた。

（金）　（篆）［歬］　（篆）

語義 ［展開］まえに進むが本義ⓐ。空間的には人体が正面を向いて進

む方向(まえ)の意味ⓑ、時間的には現在を起点として過去を振り返る視点から今より前の意味ⓒに展開する。また、順序が前の方の意味ⓓに用いる。［英］proceed, advance; front, forward; before, ago, former; preceding, previous　［和訓］さき・すすむ　［熟語］ⓐ前却・ⓑ前方・眼前・ⓒ前日・戦前・ⓓ前記・前述

文献 ⓐ荘子・盗跖「孔子下車而前＝孔子車より下りて前む(孔子は車から降りて進んできた)」ⓑ詩経・簡兮「在前上處＝前の上の処に在り([踊り手は]前列のいちばん上の場所にいる)」ⓒ詩経・烈文「於乎前王不忘＝於乎前王忘れず(ああ、前の王様が忘れられない)」

【善】12(口・9)　常　｜　常用音訓 ゼン　よい

語音 *dhian(上古)　ʒɪɛn(中古→呉ゼン・漢セン)　shàn(中)　선(韓)

語源 ［コアイメージ］たっぷりと多い。［実現される意味］姿・性質・行いなどが好ましい(すばらしい、よい)ⓐ。［英］good

〔解説〕古人もすでに善・膳・繕を同源の語と認めているが、藤堂明保は他の語にも拡大し、善は多・大・達・亶(たっぷりと豊か)なども同源で、「ゆったり・ゆとりがある」という基本義があるとした(藤堂①)。説文解字では「善は吉なり」と解釈している。吉は「(中身が)いっぱい詰まる」がコアイメージで、「(物事が)たっぷりと多い」をコアイメージとする善と近い。これらのイメージは、一般に心理的に好ましい、満足できる、褒めるに値すると感じられる。「中身が詰まる」というイメージから、「幸運がいっぱいあってけっこうである、めでたい」という意味を実現したのが吉であるが、「たっぷりと多い」というコアイメージから、姿や性質が好ましくてけっこうであるという意味を実現させたのが善である。漢語の善を和語に置き換える(訳す)のは難しい。古訓ではおほいなり、ほむ、よみす、よしなどがある。「よい(よし)」は「あし(悪)、わろし(劣)の対。吉凶・正邪・善悪・美醜・優劣などについて、一般的に、好感・満足を得る状態である意」という(大野①)。ここから多義的に展開するため、表記としては漢字で吉し・善し・好し・宜し・良し・佳しなどと書いて区別することが多い。

〔グループ〕善・膳・繕

字源 「譱」が本字(後に誩が言に省略された)。「羊(イメージ記号)＋誩(イメージ補助記号)」を合わせた字。羊(ヒツジ)は姿がよく、味がうまく、めでたい家畜の象徴として選ばれた記号。「誩」は競を構成する字であるが、ここでは競うことではなく、「言」を二つ並べて、口々に言うことを示す記号である。したがって「譱(＝善)」は、良いことやめでたいことを口々にたっぷりとほめそやす情景を設定した図形。この意匠によって、ほめたいほどすばらしくけっこうである、立派である、好ましいという意味を表象する。

(金)　(篆)

語義 ［展開］姿・性質・行いなどが好ましい(よい)意味ⓐから、よいこと、立派なことの意味ⓑ、上手である、上手にやる(よくする)、また、上手に(よく)の意味ⓒ、何かをよくしがちである(たっぷりと、しばしば)の意味ⓓ、仲良くする意味ⓔ、けっこうだとほめる(よいと認めて大切にする、よみする)意味ⓕに展開する。［英］good; good behavior; be good at; often; make friends with; praise　［熟語］ⓐ善人・善政・ⓑ慈善・積善・ⓒ善処・善戦・ⓓ善隣・親善

文献 ⓐ詩経・甫田「終善且有＝終に善く且つ有り([作物は]出来がよい上に、量が多くある)」ⓑ論語・八佾「盡美矣、又盡善矣＝美を尽くせり、又善を尽くせり([その音楽は]美も善も十分表現し尽くしている)」ⓒ詩経・大叔于田「叔善射忌＝叔は射を善くす(叔さんは弓がうまい)」(忌はリズム調節詞)ⓓ詩経・載馳「女子善懷＝女子善く懐ふ(女は物思いが多い)」ⓔ春秋左氏伝・隠公6「親仁善鄰國之寶也＝仁に親しみ鄰[＝隣]と善くする

は国の宝なり（仁者に親しみ隣人と仲良くするのは国の宝である）」

【然】12（火・8）　常　｜　常用音訓　ゼン・ネン

語音 ＊nian（上古）　niɛn（中古→呉ネン・漢ゼン）　rán（中）　연（韓）

語源 ［コアイメージ］柔らかい。［実現される意味］物をもやす・もえるⓐ。［英］burn

〔解説〕藤堂明保は然・燃・難・熱などを同じ単語家族にくくり、「もえる」を基本義とした（藤堂①）。説文解字に「然は焼なり」とある通り、然は燃の原字である。「もえる」のさらなる深層構造は何か。言い換えれば、古代漢語ではもえる現象をどう捉えたのか。筆者は＊nianという語は軟・難・暖・蠕ゼン（柔らかくうねうねと動く）などと同源で、「柔らかい」というイメージがあると考える。物をもやすと、物は縮むこともあれば柔らかくなることもある。物をもやすことを、その結果から発想して、「柔らかくなる」というイメージで捉えたのが然である。「もえる」↓「柔らかくなる」という自然の過程を、「柔らかくなる」↓「もえる」と逆転させる発想は、意味論では換喩と呼ばれる。然は「柔らかい」というコアイメージをもつので、同じイメージをもつ如・而・爾・若などと同様の使い方ができる。ちなみに日本語の「もえる（もゆ）」は「焰・かげろうなどが、ちらちら、ゆらゆらと立つ意」という（大野①）。

〔グループ〕然・燃・撚ネン（指先で柔らかくひねる［撚糸］）

字源 「肰ゼン（音・イメージ記号）＋火（限定符号）」を合わせた字。「肰」は「肉＋犬」を合わせて、犬の肉を表す。「然」は犬の肉をあぶる場面を設定した図形。この意匠によって、もやす・もえることを表象する。図形にコアイメージは反映されていない。

（篆）肰［肰］　（篆）然

語義 ［展開］燃やす・燃えるが原義ⓐ。「柔らかい」というイメージは如と共通である。柔らかい↓従う↓そのままに従う（そのようである）と転義した如と同様の使い方が然にも生じた。そのままに従う（その通りになる）意味ⓑ、その通りだ（そのようである）と相手に応諾することばⓒ、その通りだと認定することばⓓ、また、語尾につけて状態を表すことばⓔに用いられる。［英］burn; accord with; right; so, like that; suffix ［和訓］しかり・しか・さる ［熟語］ⓑ当然・必然・ⓒ然諾・然否・ⓔ暗然・突然

文献 ⓐ孟子・公孫丑下「若火之始然＝火の始めて然ゆるが若し（火が燃え始めたばかりのようだ）」ⓑ老子・二十五章「道法自然＝道は自然に法る（道［宇宙の根源］はそれ自体に従い、他の何物にも拠らないことを法則とする）」ⓒ詩経・墓門「誰昔然矣＝誰か昔より然らん（誰が昔からそうだったか）」ⓓ論語・微子「對曰、然＝対へて曰く、然り（返事して〝その通り〟と言った）」ⓔ詩経・生民「居然生子＝居然子を生む（突然子を生んだ）」

【禅】13（示・9）　常　｜　常用音訓　ゼン

〔禪〕17（示・12）　人　｜　音ゼン　訓ゆずる・ゆずり

語音 (1)＊dhian（上古）　ʒiɛn（中古→呉ゼン・漢セン）　shàn（中）　선（韓）　(2)ʒiɛn（中古→呉ゼン・セン漢）　chán（中）　선（韓）

語源 ［コアイメージ］平ら。［実現される意味］天を祭る儀式ⓐ。［英］ritual to worship the heaven

字源 「禪」が正字。「單セン（音・イメージ記号）＋示（限定符号）」を合わせた字。「單」は「平ら」というイメージがある（⇩単）。「禪」は平らな土壇を暗示させる。この意匠によって、土を盛って平らに均した壇を作り、天を祭る儀式を表象する。墠セン（祭りなどを執り行うために、草木を除き、土を平らに均した広場）と同源で、禪は墠から分化した字。

語義 ［展開］天を祭る儀式の意味ⓐ。また、天子の特権であるその儀

式を譲ることから、政権を放伐（暴力で追放する）や世襲によらず、平和のうちに他人に譲り渡す意味ⓑを派生する（以上は1の場合）。また、梵語のdhyāna（禅那）の音写に用い、精神を静かに保って修行し、悟りの境地に入ることの意味ⓒ、座禅を教義とする宗教の意味ⓓ（以上は2の場合）。［英］ritual to worship the heaven; abdicate and hand over the crown to another person; deep meditation; the Chan sect, Zen ［熟語］ⓐ封禅・ⓑ禅譲・受禅・ⓒ参禅・坐禅・ⓓ禅師・禅宗

文献 ⓐ管子・封禅「桓公既霸、會諸侯於葵丘、而欲封禪＝桓公既に覇たり、諸侯を葵丘に会して、封禅せんと欲す（桓公は覇者になると、諸侯を葵丘に集めて、天を祭る儀式を行いたいと思った）」ⓑ孟子・万章上「唐虞禪＝唐虞は禅れり（尭と舜は禅譲によって政権交代をした）」

【漸】 14（水・11） 常 常用音訓 ゼン

語音 (1)*tsiam（上古） tsiɛm（中古→呉・漢セム〈＝セン〉） jiān（中） 점（韓） (2)*dziam（上古） dziɛm（中古→呉ゼム〈＝ゼン〉・漢セム〈＝セン〉） jiàn（中） 점（韓）

語源 ［コアイメージ］狭い隙間に割り込む。［実現される意味］次第に水に入る（ひたす）ⓐ。［英］dip down into, soak

字源 「斬（音・イメージ記号）＋水（限定符号）」を合わせた字。「斬」は「狭い隙間に割り込む」というイメージがある（⇩斬）。「漸」は水が狭い隙間に徐々に割り込んでいく様子を暗示させる。この意匠によって、水が段々としみ込むことを表象する。浸（しみる、ひたす）は同源。

語義 ［展開］段々と水に入る（しみ込む、ひたす）意味ⓐ（1の場合）。そこから、段々と進む（少しずつ進む）意味ⓑ、また、段々と（少しずつ、次第に、ようやく）の意味ⓒを派生する（以上は2の場合）。日本では1も2の音で読む。［英］dip down into, soak; advance step by step; gradually ［和訓］ようやく・ひたす・すすむ ［熟語］ⓑ西漸・東漸・ⓒ漸次・漸進

文献 ⓐ詩経・氓「漸車帷裳＝車の帷裳を漸す（車の幌が水に濡れた）」ⓑ易経・漸「鴻漸于干＝鴻、干に漸む（オオハクチョウが岸辺に進んでくる）」

【膳】 16（肉・12） 常 常用音訓 ゼン

語音 *dhian（上古） ʒiɛn（呉→ゼン・漢セン） shàn（中） 선（韓）

語源 ［展開］たっぷりとそろえる。［実現される意味］うまい食べ物（ごちそう）ⓐ。［英］meal

字源 「善（音・イメージ記号）＋肉（限定符号）」を合わせた字。「善」は「たっぷりと多い」というイメージがあり、「たっぷりとそろえる」というイメージに展開する（⇩善）。「膳」はたっぷりとごちそうをそろえることを暗示させる。

語義 ［展開］うまい食べ物の意味ⓐから、食物を進め供える意味ⓑに展開する。日本では、食物を載せる台、また、それに載せた料理の意味ⓒに用いる。［英］meal; take food; tray with legs, meal set on a tray ［和訓］かしわで ［熟語］ⓐ食膳・珍膳・ⓒ膳部・配膳

文献 ⓐ詩経・十月之交「仲允膳夫＝仲允は膳夫（仲允は宮廷の料理人）」ⓑ呂氏春秋・上徳「太子祀而膳於公＝太子祀りて公に膳ふ（太子は祭祀をして、殿様に食物を提供した）」

【繕】 18（糸・12） 常 常用音訓 ゼン つくろう

語音 *dhian（上古） ʒiɛn（中古→呉ゼン・漢セン） shàn（中） 선（韓）

語源 ［コアイメージ］たっぷりとそろえる。［実現される意味］破れた所を直して形を整える（欠けた所を補ったり、直したりして、形をよくする）ⓐ。［英］repair

〔解説〕古典の注釈に「繕の言は善なり」（毛詩鄭箋）とある。また「繕は補なり」「繕は修なり」の訓がある。欠けたり足りなかったりする部分

をたっぷりと補って完全な(そろった)形に整えることが繕である。日本語の「つくろう(つくろふ)」はツクル(作)の未然形ツクラにフ(反復・継続を示す接尾語)を添えた形で、「不十分で具合の悪いところに手を加えて、形や様子を整える意」という(大野②)。漢語の繕とほぼ同じ。

字源 「善(ゼン)(音・イメージ記号)+糸(限定符号)」を合わせた字。「善」は「たっぷりと多い」というイメージがあり、「たっぷりとそろえる」というイメージに展開する(⇩善)。「繕」は布や衣の破れた所にたっぷりと糸をそろえてあてがう様子を暗示させる。この意匠によって、足りない所や欠けた所を満たしてうまく整えることを表象する。

語義 [展開] 破れた所を直して形を整える意味ⓐから、心身をきれいに整える(修める、修養する)意味ⓑを派生する。[英]repair; cultivate [熟語] ⓐ営繕・修繕

文献 ⓐ春秋左氏伝・隠公1「繕甲兵、具卒乗=甲兵を繕ひ、卒乗を具(そな)ふ(甲冑と兵器を整え、兵卒と戦車をそろえる)」ⓑ荘子・繕性「繕性於俗=性を俗に繕(おさ)む(世俗の中で本性を磨く)」

ソ

そ……………………………………

【狙】 8(犬・5) 常 常用音訓 ソ ねらう

語音 *ts'iag(上古) ts'io(中古→呉ソ・漢ショ) jū(中) 저(韓)

語源 [コアイメージ] たくさん集まる。[実現される意味] サルⓐ。[英]macaque;

〈**解説**〉もともとはサルの一種、アカゲザルを狙という。後の猴(コウ)(獮猴(ビコウ)、沐猴(モッコウ)、母猴など二音節語でも呼ばれる)と同じである。猴の語源については、本草綱目で「猴は候(うかがう)なり」とあるように、このサルが辺りをきょろきょろ見回す(まるで様子をうかがっているように見える)習性があることによるという。猴の語源と同じような意味転化が狙にも見られる。狙に早い段階で「様子をうかがう」という意味が生じた。和訓は「ねらう」。「ねらう(ねらふ)」は「ひそかにこれを獲ようと、目をつける」意味という(大野①)。漢語の狙については古典の注釈に「人の間隙を伺う」「密かに之を伺う」とあり、獲物とは必ずしも関係がないが、ひそかに見る点では狙と「ねらう」は共通する。

字源 「且(シャ)(音・イメージ記号)+犬(限定符号)」を合わせた字。「且」は「重なる」というイメージから、「(重なるように)たくさん集まる」というイメージに展開する(⇩且)。「狙」は群れをなすサルを暗示させる。

語義 [展開] サルの意味ⓐ。また、様子を伺う、ひそかに隙を伺う意味ⓑを派生する。[英]macaque; watch for [熟語] ⓐ狙公・狙猴(ソコウ)・ⓑ狙撃

文献 ⓐ荘子・人間世「求狙猴之杙者斬之=狙猴の杙(ヨク)を求むる者、之を斬る(サルの止まり木を求める者がこれ[木]を伐った)」ⓑ管子・七臣七主「従狙而好小察=従ひ狙(うかが)ひて小察を好む([君主は]彼に従って様子を伺い、[家来たちを]こっそり観察するのを好んだ)」

【阻】 8(阜・5) 常 常用音訓 ソ はばむ

語音 *tsïag(上古) tsïo(中古→呉ショ・漢ソ) zǔ(中) 조(韓)

語源 [コアイメージ] ㋐重なる・㋑でこぼこ。[実現される意味] 地形が険しいⓐ。[英]steep

〈**解説**〉日本語の「はばむ」は「自ら位地(位置)を取りて、他の入るを許さず」「物の間にありて通路を塞ぐ」意という(大言海)。これは漢語の阻の展開義ⓑにほぼ当たる。且にコアイメージの源泉がある。垂直軸に

見ると「重なる」というイメージであるが、水平軸に見ると「でこぼこ」「ぎざぎざ」のイメージに転じる。ここからスムーズに通れないというイメージが生まれる。

字源 「且(ヤシ)(音・イメージ記号)＋阜(限定符号)」を合わせた字。「且」は「上に段々と重なる」というイメージがある。垂直の軸から水平の軸に視点を移すと、「∧∧∧の形(でこぼこ・ぎざぎざ・不ぞろい)を呈する」というイメージに展開する(⇩且)。「阻」は山が上に不ぞろいに重なる様子、また、道がでこぼこで平坦ではない様子を暗示させる。この意匠によって、山や道が険しいことを表象する。

語義 [展開] 地形が険しい、また、険しい所の意味ⓐ。「重なる」「でこぼこ」というコアイメージから、障害物が重なってスムーズに通れない(邪魔をして止める、遮る、はばむ)意味ⓑを派生する。[英]steep, precipitous; block, hinder, obstruct [和訓] けわしい [熟語] ⓐ阻艱・険阻・ⓑ阻害・阻止

文献 ⓐ詩経・蒹葭「道阻且長＝道は阻にして且つ長し(道は険しくしかも長い)」ⓑ詩経・谷風「既阻我徳＝既に我が徳を阻む(もはや私の好意を拒んだ)」

【祖】 9(示・5) 常 —— 常用音訓 ソ

〔祖〕 10(示・5) 人 —— 音 ソ

語音 *tsag(上古) tso(中古→呉・漢ソ) zŭ(中) 조(韓)

語源 [コアイメージ] 重なる。[実現される意味] 父から上の世代ⓐ。[英]forefather, ancestor

〔解説〕字形から意味を引き出すと何とでも解釈できる。殷代では祖先の祖を単に且と書いた例がある。文字学者はこの図形から、先祖を祭る廟(みたまや)、木主(位牌)、俎(まないた)、甚だしくは男根の象形と解釈するなど、諸説紛々である。古人は「祖は始なり」「祖は祚(ソ)なり」と語源を説いたが、真相を解明したのは藤堂明保のほかにいない。氏は且のグループだけではなく、昔のグループにも拡大して、TSAG・TSAKということば(藤堂はこれを形態基と呼ぶ)は「かさねる」という基本義をもつとした(藤堂①)。「重なる」というコアイメージを表現する図形の一つとして考案されたのが且である。これは何かの具体物を象るのではなく、象徴的符号である。

字源 「祖」が正字。「且(ヤシ)(音・イメージ記号)＋示(限定符号)」を合わせた字。「且」は「上に重なる」というイメージがある(⇩且)。「祖」は一代また一代と上に重なっていく世代を暗示させる。祭祀と関係があるので示の限定符号をつけた。

〔字体〕「祖」は旧字体。「祖」は古くから書道で行われた字体。

語義 [展開] 父から上の世代の重なり(特に、初代)の意味ⓐ、父母より一つ上の世代の意味ⓑ、国・王朝や特別の事業を初めて開いた人の意味ⓒに展開する。また、物事の始まりの意味ⓓ、元になるものの意味ⓔ、大本としてのっとる意味ⓕを派生する。また、道の神、道の神を祭るという特殊な意味ⓖもある。[英]forefather, ancestor; grandfather; originator, founder; origin; foundation; model after; traveler's guardian deity [和訓] おや [熟語] ⓐ先祖・宗祖・ⓑ祖父・祖母・ⓒ開祖・元祖・ⓓ祖型・鼻祖・ⓕ祖述・ⓖ道祖神

文献 ⓐ詩経・文王「無念爾祖＝爾の祖を念ふ無かれ(お前の先祖のことは思うな)」ⓒ詩経・甫田「以御田祖、以祈甘雨＝以て田祖を御(むか)へ、以て甘雨を祈る(農耕を始めた人[神農の類]をお迎えして、雨乞いをする)」ⓓ荘子・山木「浮遊乎萬物之祖＝万物の祖に浮遊す(万物の始原[道の世界]でふわふわと浮かび遊ぶ)」ⓕ礼記・中庸「中尼祖述堯舜＝仲尼は堯舜を祖述す(孔子は堯舜にのっとり受け継いだ)」ⓖ詩経・韓奕「韓侯出祖＝韓侯、出でて祖す(韓の殿様は旅立ちの祭りをする)」

【租】 10(禾・5) 常 常用音訓 ソ

語音 *tsag(上古) tso(中古→呉ス・漢ソ) zū(中) 조(韓)

語源 [コアイメージ] 重なる。[実現される意味] 年貢・税金ⓐ。[英]tax

〔解説〕年貢のことを租とも税ともいうが、コアイメージが異なる。収穫した米から抜き取ったものが税、それを積み重ねたものが租である。経典釈文(巻六)に「租は、韓詩に云ふ、積なり」とある。

字源 「且(シャ)(音・イメージ記号)＋禾(限定符号)」を合わせた字。「且」は「上に重なる」というイメージがある(⇩且)。「租」は積み重ねた年貢米を暗示させる。

語義 [展開] 税金の意味ⓐから、金を払って借りる意味ⓑを派生する。[英]tax; hire [熟語] ⓐ租税・地租・ⓑ租界

文献 ⓐ管子・山国軌「君立三等之租＝君、三等の租を立つ(殿様は三種類の税金を設ける)」

【素】 10(糸・4) 常 常用音訓 ソ・ス

語音 *sag(上古) so(中古→呉ス・漢ソ) sù(中) 소(韓)

語源 [コアイメージ] ばらばらに離れる。[実現される意味] まだ染めていない白絹ⓐ。[英]white silk

〔解説〕絹はシルクからできている。白絹は生地のシルクそのものである。古代漢語で未加工(染色や模様づけをしていない)の白絹を*sagという。これの図形化(視覚記号への表記)は生地のシルクに着目してなされた。これが素。*sagという語は索・疎・粗・礎などと同源で、「ばらばらに離れる(分かれる)」というイメージがある。まだ染色などの加工をしておらず、一筋一筋に分かれている生地の絹というイメージの語である。小爾雅に「素は縞(白絹)の麤[＝粗]なる者」とある。また馬叙倫は「素は蓋し今の所謂糸(シルク)の本字」という(説文解字六書疏証)。ただし素は糸と同義ではなく、絹の原料である未加工のシルクで織った白絹の意味である。素は原料や材質でもってその物を言い表す語で、一種の換喩と言える。

字源 楷書は形が崩れた。篆文を分析すると、「𠂹(イメージ記号)＋糸(限定符号)」を合わせた字。「𠂹」は垂や華に含まれ、植物の枝葉が垂れ下がる形。具体は捨象して、「垂れ下がる」というイメージだけを用いる。「素」は垂れ下がる原糸を暗示させる。図形にコアイメージは反映されていない。

(金)　(篆)

語義 [展開] 白絹が本義ⓐ。色を染めていないことから、白い意味ⓑ、生地のままで飾り気がない意味ⓒ、手を加える前のもとになるもの(もと)の意味ⓓに展開する。また、「ばらばらに離れる(分かれる)」というイメージは、「隙間が開いて、その間に何もない」というイメージに展開し、何も持たない(何もしない)という意味ⓔ、特別のことがない(いつも通り、ふだん)の意味ⓕを派生する。また、ⓓから元素の意味ⓖに用いる。[英]white silk; white; simple; element; have nothing, in vain; as usual, habitually; chemical element [和訓] しろ・しろい・もと・もとより [熟語] ⓐ素練・紈素・ⓑ素衣・素手・ⓒ素朴・質素・ⓓ素質・要素・ⓔ素読・素封家・ⓕ素志・平素・ⓖ酵素

文献 ⓐ老子・十九章「見素抱樸、少私寡欲＝素を見(あら)はし樸を抱けば、私少なく欲寡なし(白絹を外に現し、あらきを帯びるなら、私欲は少なくなるだろう)」ⓑ詩経・著「充耳以素乎而＝充耳は素を以てす(イヤリングの玉は白色)」(乎而はリズム調節詞) ⓒ荘子・馬蹄「同乎無欲、是謂素樸＝無欲に同ずるを是れ素樸と謂ふ(無欲と一体化することが素朴といわれる)」ⓔ詩経・伐檀「彼君子兮、不素餐兮＝彼の君子も、素餐せず(あのお偉方さえ、

無駄飯は食っていない)」

【措】11(手・8) 常 常用音訓 ソ

語音 *tsʼag(上古) tsʼo(中古→呉ス・漢ソ) cuò(中) 조(韓)

語源 [コアイメージ] 上に重ねる。[実現される意味] 何かの上に物を載せて置く。安定するように置くⓐ。[英]put on, place, lay

字源 「昔セキ(音・イメージ記号)+手(限定符号)」を合わせた字。「昔」は「上に重なる」というイメージがある(⇩昔)。「措」は物を上に重ねて置く様子を暗示させる。

語義 [展開] 上に重ねて置く意味ⓐから、何かの上に手を加えて処置する(手を加えて何かをする)意味ⓑ、そのままにして置く(捨て置く)意味ⓒを派生する。[英]put on, place, lay; handle, manage; abandon [和訓] おく [熟語] ⓐ挙措・ⓑ措置・措定

文献 ⓐ荘子・田子方「措杯水其肘上=杯水を其の肘の上に措おく(水の入った杯を彼の肘の上に載せて置いた)」ⓑ孫子・形「其所措必勝=其の措く所必ず勝つ(「戦う者が」手を下すと必ず勝つ)」ⓒ礼記・中庸「學之弗能、弗措也=之を学びて能はざるも、措かざるなり(学ぶことができない事態になっても、途中で投げ捨ててはいけない)」

【粗】11(米・5) 常 常用音訓 ソ あらい

語音 *tsʼag(上古) tsʼo(中古→呉ス・漢ソ) cū(中) 조(韓)

語源 [コアイメージ] ㋐ばらばらに離れる・㋑ぎざぎざ。[実現される意味] 玄米ⓐ。[英]unpolished rice

〔解説〕古代漢語で玄米を*tsʼagという。詩経では疏と書かれ、後に粗と書かれた。玄米は外皮やぬかなどがついた状態の米で、表面がざらざらした感じであり、炊くと粘性がなくばらついた食感がある。したがって*tsʼagという語は疏・疎・索・麤ソ(間がすける)などと同源で、「ばらばらに離れる(分かれる)」というイメージをもつ。詩経の鄭箋に「疏は麤なり。糲米を謂ふなり」とあり、玄米は糲レイ・ツラという語でも呼ばれた。*tsʼagの図形化に当たっては且が利用された。これは「重なる」というイメージから「ぎざぎざ・でこぼこ」のイメージに展開する記号で、玄米の表面がざらついた特徴に着目したものである。糲を構成する厲レイは「(摩擦があって)激しい」というイメージをもつ記号で、励や礪(といし)・蠣(殻の表面がごつごつしたカキ、牡蠣)などの語が生まれる。玄米は表面がごつごつ、ぎざぎざした感じがあるので糲という。同様に*tsʼagという語に対しては、「ぎざぎざ・でこぼこ」のイメージをもつ粗の図形が考案された。日本語の「あらい(あらし)」はあら(粗)が語根で、「物がばらばらで、粗略・粗大である意」という。これは漢語の粗(意味のⓑ)と全く同じ。ところが別語にあら(荒)があり、これは「物が生硬・剛堅で、烈しい意」という。そして大野晋によれば、二語は「後に混用され次第に荒一字で両方の意味を示すようになった」という(以上、大野①)。漢語で玄米を「ばらばら」のイメージで捉えたのが疏・粗、「激しい」のイメージで捉えたのが糲であったが、この二つのイメージは粗において同化したと言える。

字源 「且ヤシ(音・イメージ記号)+米(限定符号)」を合わせた字。「且」は「重なる」というイメージから、「∧∧∧(でこぼこ・ぎざぎざ・不ぞろい)の形を呈する」というイメージに展開する(⇩且)。「粗」は精白していないため表面がざらざらした米、つまり玄米を表す。

語義 [展開] 精白していない米の意味ⓐから、隙間が細かくない(精密でない)意味ⓑ、形や質があらい(念入りでない、おおざっぱ)の意味ⓒ、おおざっぱに言えば(だいたい、ほぼ)の意味ⓓに展開する。日本では物をやるときの謙遜語ⓔに用いる。[英]unpolished rice; coarse; rough, rude; roughly; humble word [和訓] ほぼ [熟語] ⓐ粗糲・ⓑ粗雑・粗末・ⓒ粗暴・粗野・ⓔ粗酒・粗茶

文献 ⓐ荘子・人間世「吾食也、執粗而不臧＝吾の食するや、粗を執りて臧ヨからず（私の食事は玄米をとり、うまいものはとらない）」ⓑ礼記・月令「食菽與鶏、其器高以粗＝鶏と菽を食ふ、其の器高くして以て粗なり（ダイズとニワトリを食べる際の器は高くて粗大なもの）」ⓒ礼記・楽記「其怒心感者、其聲粗以厲＝其の怒り心に感ずる者は、其の声、粗にして以て厲げはし（怒りが心に感じられる音楽は、音が細やかではなく激しい）」

【組】

11（糸・5） 常 ｜ 常用音訓 ソ くむ・くみ

語音 *tsag（上古） tso（中古→呉ス・漢ソ） zǔ（中） 조（韓）

語源 ［コアイメージ］重なる。［実現される意味］何本かの太い糸で編んだ紐（くみひも）ⓐ。［英］braid

〔解説〕漢語の組はくみひもという具体的な物の名であり、動詞としてはくみひもを編む（比喩的に、物をくみ立てる）意味に使われた。組に「くむ」「くみ」の訓を当てたのは和名抄である。「くむ」とは「同じ性質のものをしっかりと交差させて形づくること」という（大野②）。交差させる（交わる）というイメージがあるので、くみ合わせる、取りくむ、与くみする（仲間になる）という意味が生じ、グループの意味にも展開する。これらは漢語の組にはない意味であるが、現代中国では組合、グループの意味でも使われている。これは日本語の影響であろう。

字源 「且ヤシ（音・イメージ記号）＋糸（限定符号）」を合わせた字。「且」は「いくつも重なる」というイメージがある（⇩且）。「組」はいくつかの糸を重ね合わせて編んだ紐（くみひも）を表す。

語義 ［展開］くみひもの意味ⓐ、くみひもを編む意味ⓑに展開する。また、糸を重ね合わせてひもを作ることから、いくつかの部分を重ね合わせて一つにまとめる（くみたてる）意味ⓒを派生する。くみ（グループ、学校のクラス）の意味ⓓや、組合の意味ⓔは日本的用法。［英］braid（ⓐⓑ）; organize; class; union ［熟語］ⓐ組綬・解組・ⓒ組閣・組織・ⓔ職組・労組

文献 ⓐ詩経・簡兮「執轡如組＝轡たづなを執ること組の如し（手綱さばきは組紐を編むような鮮やかさ）」ⓑ詩経・干旄「素絲組之＝素糸もて之を組む（［房飾りは］白い糸で組んである）」

【疎】

12（疋・7） 常 ｜ 常用音訓 ソ うとい・うとむ

語音 *sïag（上古） sïo（中古→呉ショ・漢ソ） shū（中） 소（韓）

語源 ［コアイメージ］ばらばらに離れる。［実現される意味］隙間が空いて離れている（まばら）ⓐ。［英］sparse, thin

〔解説〕疎は疏から分化した字で、疎は疏より意味範囲が狭い。疏には水を通す、注釈をつけるという意味があるが疎にはない。「うとい」は共通である。日本語の「うとい（うとし）」は「ム（身）ト（外）シの転か。対象に関して、わが身が外にある状態」という（大野②）。漢語の疎は空間的に離れている→人間関係が離れていると転義した。コアイメージの源泉は疋ヨシという記号にある。「ばらばらに（隙間が空いて）離れている」というイメージを人間の足に見出し、これを*sïag（疋）というのである。左右の足は対になるもので離れがたいと普通は考えるが、これを「ばらばらで離れている」という見方をするのが古代漢語の発想である。足（*tsiok）という語も独特の発想があり、「縮む」というコアイメージがある。足はあしの形態から、足はあしの機能から生まれた語である。白川静は疋と足は同字とするが（白川①）、これでは語が違う理由がわからない。漢字を字源だけで捉えるのは限界がある。

〔グループ〕疎・礎・婿・楚・疏・胥ヨシ（ばらばらに離れているカニの肉）・梳ソ（髪をくしで分けてとかす→くしけずる［梳毛］）・蔬ソ（粗末な食物［蔬菜］）

字源 「疋ヨシ（音・イメージ記号）＋束（イメージ補助記号）」を合わせた字。「疋」は足の形であるが、「足」とは違うイメージを表す記号。足は二本あるので、「二つに分かれている」「ばらばらに離れる」というイメージ

を示す(⇩疋)。「束」はばらばらになっている木を紐で束ねる図形で、一本ずつ隙間があって離れているというイメージを表すことができる。したがって「疎」は隙間が開いて離れていることを表す。疋だけで「隙間が空いて離れている」というイメージを表すことができるが、束という補助記号を添えることで意味の取り方が容易になる。これは「水を通す」の意味をもつ疏と区別するために考案されたもの。

語義 [展開]「ばらばらに離れる」というコアイメージから、一つ一つ離れている(隙間が開いて離れている、まばら)の意味ⓐ、人と人の関係に隙間があいて遠くなる(うとい、うとんずる)意味ⓑ、おおざっぱ(おろそか、おろそかにする)の意味ⓒに展開する。日本では疏の代用として、水路を開いて水を通す意味ⓓに用いる。意志の疎通は比喩的用法。[英]sparse, thin, scattered; distant, estranged, alienate; loose, neglect; canalize, channel [和訓]まばら・おろそか [熟語]ⓐ疎開・空疎・ⓑ疎遠・疎外・ⓒ疎忽・疎漏・ⓓ疎水・疎通

文献 ⓐ老子・七十三章「天網恢恢、疎而不失=天網恢恢、疎にして失はず(天の網は広くて隙間だらけだが悪人を逃さない)」ⓑ荀子・臣道「賢者則親而敬之、不肖者則疎而敬之=賢者は則ち親しみて之を敬し、不肖者は則ち疎んじて之を敬す(賢者は親しんで相手を敬うが、愚者は遠ざけて相手を敬う)」

【疏】12(疋・7) 人 音ソ 訓とおる・まばら・うとい

語音 *sïag(上古) ʃïo(中古→呉ショ・漢ソ) shū(中) 소(韓)

語源 [コアイメージ]ばらばらに離れる・一筋ずつ分かれる。[実現される意味](水路を開いて)水を通す。スムーズに通るⓐ。[英]canalize, channel

〈解説〉「水を通す」という意味と、「まばら・うとい」という意味がある。何の関係もなさそうな二つの意味の深層にあるのが「ばらばらに離れる(分かれる)」というイメージである。水が、ある空間内をスムーズに流れていく状態には、停滞しないで筋をなして分かれて通るというイメージがあり、物がまばらに存在する状態や人間関係が間遠い状態には、隙間が空いて離れているというイメージがある。「ばらばらに離れる」と「一筋ずつ分かれる」は互いに転化しうるイメージである。このイメージを図形化したのが疋(ショ)であり、これをもとに疏が生まれた。*sïagという語は、釈名・釈言語に「疏は索なり」とあるように、索と同源。また素・粗・蘇・相・喪・爽なども同源である(藤堂①)。

字源 「疋(ショ)(音・イメージ記号)+㐬(イメージ補助記号)」を合わせた字。「疋」は「ばらばらに離れる」「二つに分かれる」というイメージがある(⇩疋)。「㐬」は水が巛の形に筋をなして流れる様子(⇩流)。「疏」は水を巛の形にスムーズに分けて通す様子を暗示させる。疏から疎が分化した。

(篆) [疋]　(篆)

語義 [展開](水路を開いて)水を通すが本義ⓐ。「ばらばらに離れる」というイメージから、隙間が空いて離れている(まばら)の意味ⓑ、人間関係に隙間が空いて遠くなる(うとい、うとんじる)意味ⓒ、密ではない(おおざっぱ、おろそか)の意味ⓓ、玄米の意味ⓔを派生する。また、「一筋ずつ分ける」というイメージから、一筋ずつ文章を分けて述べる(箇条に分けて述べる)、また、そのように述べた上奏文の意味ⓕ、意味を解き分けて説明する、また、注をさらに詳しく説いた注釈の意味ⓖを派生する。ⓑ～ⓓは疎、ⓓ～ⓔは粗と通用。[英]canalize, channel; sparse, thin; distant, alienate; coarse, neglect; unpolished rice; memorial to the emperor; sub-commentary [熟語]ⓐ疏水・疏通・ⓒ疏遠・ⓓ疏略・疏漏・ⓕ上疏・分疏・ⓖ義疏・注疏

文献 ⓐ孟子・滕文公上「禹疏九河=禹、九河を疏(ソ)す(禹は九つの大河

を切り開いて水を通した)」ⓒ論語・里仁「朋友數、斯疏矣＝朋友に数すれば、斯ち疎んぜらる(友達にうるさくすると、疎まれる)」ⓓ論語・述而「飯疏食、飲水＝疏食を飯ひ、水を飲む(粗末なめしを食べ、水を飲む)」ⓔ詩経・召旻「彼疏斯粺＝彼は疏、斯れは粺(かれ[昔の人]は玄米、これ[今の人]は精米を食べている)」

【訴】

12(言・5)　常　｜　常用音訓　ソ　うったえる

語音 *sag(上古)　so(中古→呉ス・漢ソ)　sù(中)　소(韓)

語源 [コアイメージ] 逆方向に行く。[実現される意味] もめごとなどを告げる(うったえる)ⓐ。[英]accuse

〔解説〕訴の右側の斥(本字は㡿)には屰が含まれている。詩経や論語では訴は愬と書かれ、朔にも屰が含まれている。この屰が「逆方向に行く」というコアイメージを提供する記号である。自分では解決できない事態をそのままにせず、無理に逆らってでも他人やしかるべき所に申し出て解決を図ろうとすることを訴という。日本語の「うったえる(うったふ)」はウルタフが古形で、「内情を述べて、解決や救いを求める」「不平や遺恨などを申し立てる」という意味という(大野①)。

字源 訴の右側は㡿→厈→斥と変わった。「斥(音・イメージ記号)＋言(限定符号)」を合わせた字。「斥」は「逆方向に行く」というイメージがあり、「→の方向に来たものを←の方向に行かせる」「逆方向にはね返す」というイメージに展開する(⇩斥)。「訴」はもめごとや不満なことに抑えつけられることなく、はね返して当事者に告げる様子を暗示させる。「愬」は異体字で、「朔」にも「逆方向に行く」というイメージがある(⇩朔)。

語義 [展開] もめごとや不満なことをしかるべき所に告げる(裁判を求めて申し出る)意味ⓐから、不平不満を他人に告げる、また、他人を悪し様に言う意味ⓑに展開する。[英]accuse; complain, appeal　[熟語] ⓐ訴訟・告訴・ⓑ哀訴・愁訴

文献 ⓐ列子・湯問「仙聖毒之、訴之於帝＝仙聖之を毒し、之を帝に訴ふ(仙人たちはこれを憂い、天帝に訴えた)」ⓑ春秋左氏伝・成公16「訴公于晉侯＝公を晋侯に訴ふ(殿様のことを晋侯に告げた)」

【塑】

13(土・10)　常　｜　常用音訓　ソ

語音 so(中古→漢ソ)　sù(中)　소(韓)

語源 [コアイメージ] 逆方向に行く。[実現される意味] 粘土をこねて像を造るⓐ。[英]model a figure in clay, mold, sculpture, statue

字源 「朔(音・イメージ記号)＋土(限定符号)」を合わせた字。「朔」は「逆方向に行く」というイメージがあり、「(上から下の方向に対して)下から上に行く」というイメージにも展開する(⇩朔)。「塑」は下から上に粘土をこね上げていく様子を暗示させる。「塑」の文献への登場は唐より以前には遡れない。

語義 粘土をこねて人や物に似せた像を造る、また、その像の意味ⓐ。[熟語] ⓐ塑像・彫塑

文献 ⓐ酉陽雑俎6「其塵不集、如新塑者＝其の塵集まらず、新たに塑する者の如し(その像には塵がたまっておらず、まるで最近造ったかのようだった)」

【楚】

13(木・9)　人　｜　音ソ　訓しもと

語音 *tsʻïag(上古)　tʂʻïo(中古→呉ショ・漢ソ)　chǔ(中)　초(韓)

語源 [コアイメージ] ばらばらに離れる・一筋ずつ分かれる。[実現される意味] 叢生する木の名、ニンジンボクⓐ。[英]vitex

字源 「疋(音・イメージ記号)＋林(限定符号)」を合わせた字。「疋」は「ばらばらに(隙間を空けて)離れる」「一筋ずつ分かれる」というイメージがある(⇩疋)。「楚」は木が根本から何本も分かれて出る(叢生する)様

子を暗示させる。説文解字に「楚は叢木、一名荊なり」とある。
語義 [展開] クマツヅラ科の木、ニンジンボクが本義ⓐ。枝は四角形で堅く、細い毛が密生する。古代、この木の枝を鞭や杖に用いたので、痛いという意味ⓑが生じた。また、「ばらばらに離れる」「一筋ずつ分かれる」というイメージから、一つ一つ離れて並ぶ意味ⓒ、また、間隔が空いていることから、混み合っていないですっきりしている(さっぱりしている)意味ⓓを派生する。また、古代の諸侯国の名ⓔに用いられた。[英]vitex; pain, pang; arrange in order; clear, neat; name of a feudal state
[熟語] ⓐ榎楚(ソカ)・ⓑ辛楚・苦楚・ⓓ楚楚・清楚・ⓔ楚歌・楚辞
文献 ⓐ詩経・葛生「葛生蒙楚＝葛生じて楚を蒙(おお)ふ(クズが発生してニンジンボクに覆いかぶさる)」ⓒ詩経・賓之初筵「籩豆有楚＝籩豆(ヘントウ)、楚たる有り(たかつきはずらりと並ぶ)」ⓓ詩経・蜉蝣「衣裳楚楚＝衣裳楚楚たり(衣裳はすっきりとして美しい)」

【遡】14(辵・10) 常 常用音訓 ソ さかのぼる

語音 *sag(上古) so(中古→呉ス・漢ソ) sù(中) 소(韓)
語源 [コアイメージ] 逆方向に行く。[実現される意味] 流れに逆らって上っていく(さかのぼる)ⓐ。[英]go upstream, ascend, trace
字源 「朔(サク)(音・イメージ記号)＋辵(限定符号)」を合わせた字。「朔」は「逆方向に行く」というイメージがある(⇨朔)。「遡」は↓の方向に向かう流れに逆らって↑の方向に向かって行く様子を暗示させる。
〔字体〕「溯」「泝」は異体字。
語義 さかのぼる意味ⓐ。[熟語] ⓐ遡河・遡上
文献 ⓐ詩経・公劉「遡其過澗＝其の過澗(カカン)を遡る(過澗[谷川の名]を遡っていく)」

【噌】15(口・12) 人 音ソ・ソウ

語音 *ts'iəŋ(上古) tş'ɪəŋ(中古→呉シャウ〈＝ショウ〉・漢サウ〈＝ソウ〉) chēng(中) 쟁・증(韓)
語源 [コアイメージ] 重なる。[実現される意味] 音声がやかましい(かまびすしい)ⓐ。[英]noisy
〔解説〕古典では音声がやかましい(かまびすしい)の意味に使われている。日本でみそ(味噌)に用いるのはこれとは無関係である。ミソは古代韓国(高麗)の語である蜜祖が日本に入ってきて、それの表記が未醬→味醬→味噌と変わったという。そうすると噌は和製の字である。古典にある噌と同形衝突したので、半国字の部類となる。なおその場合、ソの読みは純粋の音(漢語の記号素としての読み方)ではなく、曾(ソ)の音を利用した疑似音である。
字源 「曾(ソウ)(音・イメージ記号)＋口(限定符号)」を合わせた字。「曾」は「いくつも重なる」というイメージがある(⇨曽)。「噌」は音声がいくつも重なってやかましい様子を暗示させる。
語義 [展開] 音声がやかましい意が本義ⓐ。日本では、調味料の一つ、味噌の意味ⓑに用いる。[英]noisy; miso, soybean paste
文献 ⓐ司馬相如・長門賦「聲噌吰而似鐘音＝声噌吰(ソウコウ)として鐘音に似たり(声はやかましくて鐘の音に似ている)」(文選16)

【礎】18(石・13) 常 常用音訓 ソ いしずえ

語音 *ts'ïag(上古) tş'ïo(中古→呉ショ・漢ソ) chŭ(中) 초(韓)
語源 [コアイメージ] ばらばらに離れる・間を置いて並ぶ。[実現される意味] 建物の柱を載せる土台(いしずえ)ⓐ。[英]plinth
〔解説〕建物の柱を支える土台の石は一定の間隔で離れて並んでいる。一定の間隔を置いて離れて並ぶという特徴に着目して命名および造形が行われた。漢代の文献に初出。
字源 「楚(ソ)(音・イメージ記号)＋石(限定符号)」を合わせた字。「楚」に

は「ばらばらに離れる」「一筋ずつ分かれる」というイメージがあり、「一本ずつ離れて(間を置いて)並ぶ」というイメージに展開する(⇨楚)。「礎」は一つ一つと離れて並ぶ石を暗示させる。

語義 [展開] いしずえの意味ⓐから、物事の土台になるもの(根本)の意味ⓑに展開する。[英]plinth; foundation, basis [熟語] ⓐ基礎・定礎・ⓑ国礎

文献 ⓐ淮南子・説林訓「山雲蒸、柱礎潤＝山雲蒸し、柱礎潤ふ(山の雲が蒸すと、建物の基礎が湿る)」

【蘇】 19(艸・16) 人 ｜ 音ソ 訓よみがえる

語音 *sag(上古) so(中古→呉ス・漢ソ) sū(中) 소(韓)

語源 [コアイメージ] 筋が通る・隙間を空けて通す。[実現される意味] 草の名、シソⓐ。[英]perilla

〔解説〕説文解字に「蘇は桂荏(ケイジン)なり」とあり、これは紫蘇のことである。なぜ蘇と名づけられたのか。シソの葉は何本かに分かれて筋が通っているという特徴がある。*sagという語は、藤堂明保によれば、疋(ヨシ)のグループ(疎など)や相のグループ、また索・素・粗・喪などと同源で、「ふたつに分かれる」という基本義をもつという(藤堂①)。これは「ばらばらに(間を置いて)離れる」「一筋ずつ分かれる」「隙間を空けて並ぶ」などのイメージに概括できる。植物の名としてこのイメージを表現するために考案された記号が穌(ソ)である。

字源 「穌(ソ)(音・イメージ記号)＋艸(限定符号)」を合わせた字。魚は骨が筋張っているのが特徴である(⇨魚)。筋と筋の間には隙間があるから、「隙間を空けて筋が通っている」というイメージを表すことができる。「魚(イメージ記号)＋禾(限定符号)」を合わせた「穌」は、稲を植える際に、雑草を取って、隙間を空け、通りをよくする情景を設定した図形。これによって上記のイメージを表す。かくて「蘇」は葉にいくつも筋が通って皴になった植物を暗示させる。

(篆) [穌] (篆)

語義 [展開] シソ科の草、シソの意味ⓐ。葉は卵円形で紫色。若葉を調味料に用いる。また、雑草を取る意味ⓑ。また、「隙間を空けて通す」というイメージから、喉の詰まりを開けて息が通る(生き返る、よみがえる)意味ⓒを派生する。[英]perilla; weed; revive [熟語] ⓐ紫蘇・ⓑ樵蘇・薪蘇・ⓒ蘇生

文献 ⓐ山海経・中山経「有草焉、其狀如蘇＝草有り、其の状は蘇の如し(シソに似た草がある)」ⓑ荘子・天運「蘇者取而爨之而已＝蘇(か)る者取りて之を爨(た)かんのみ(きこりがそれ[わらで作った犬]を拾って、焚きつけにするだけだ)」ⓒ孟子・梁恵王下「書曰、徯我后、后來其蘇＝書に曰く、我が后(きみ)を徯(ま)つ、后来らば其れ蘇らん(書経にこうある、〝我々は君主を待っている。君主が来れば、我々は生き返るだろう〟)」

そう

【双】 4(又・2) 常 ｜ 常用音訓 ソウ ふた

語音 *sŭŋ(上古) ʂɔŋ(中古→呉ソウ・漢サウ〈＝ソウ〉) shuāng(中) 쌍(韓)

語源 [コアイメージ] 二つ並ぶ。[実現される意味] 二つで一組になるもの(ペア、カップル)ⓐ。[英]pair

〔解説〕藤堂明保は、*sŭŋという語は礎・蘇・相・爽などと同源で、「ふたつに分かれる」という基本義をもつという(藤堂①)。これは「二つ並ぶ」というイメージでも表すことができる。双は隻(ひとつ、片方、ペアをなさない)に対することばである。

字源 「雙」が正字。「雔(イメージ記号)＋又(限定符号)」を合わせた字。

「雔」は隹(とり)を二つ並べた形。「雙」は二つ並ぶ鳥を手に持つ情景を設定した図形。この意匠によって、ペアをなすものを表象する。

(篆)

〔字体〕「双」は近世中国で発生した「雙」の俗字。

語義 [展開] 二つで一組になるものの意味ⓐ、ふたつの意味ⓑ、ペアをなす(並ぶ、並ぶもの)の意味ⓒに展開する。[英]pair; two, both; parallel, peer [和訓] ふたつ・ならぶ・もろ [熟語] ⓐ双肩・双眸・ⓑ双生・双全・ⓒ無双

文献 ⓐ礼記・少儀「其禽加於一雙＝其の禽に一双を加ふ(その鳥にもう一組を加える)」ⓑ春秋左氏伝・襄公28「公膳日雙鶏＝公の膳は日に双鶏(殿様の食膳は毎日ニワトリが二つであった)」ⓒ荘子・盗跖「生而長大、美好無雙＝生まれながらにして長大、美好双(なら)ぶ無し(生まれつき背が高く、この上なくハンサムである)」

【爪】 4(爪・0) 常 ― 常用音訓 つめ・つま

語音 *tsŏg(上古) tʂău(中古→呉セウ〈＝ショウ〉・漢サウ〈＝ソウ〉) zhǎo(中) 조(韓)

語源 [コアイメージ] ひっかく。[実現される意味] 動物のつめⓐ。[英]claw

〔解説〕*tsŏgという語は搔(ひっかく)や掃(ひっかくようにしてはく)と同源である。爪先で物をつかむとひっかく形になるので、つめを*tsŏgという。

〔グループ〕爪・抓(ソウ)(つかむ)・笊(ソウ)(ざる)

字源 下向きの手を描いた図形。上から下を覆うようにして物をつかむ姿である。鳥や獣のつめはこの姿を呈するので、鳥獣のつめのほかに、人間のつめの意味にも使うようになった。

(甲)  (金) (篆)

語義 [展開] 鳥獣のつめの意味ⓐ。転じて、人間のつめの意味ⓑ。鳥獣が爪や牙で身を守るので、防衛するものに喩え、君主を守る臣下の意味ⓒを派生する。また、抓と通用し、つかむ・つまむ意味ⓓ。[英]claw; nail; metaphor of escort; grasp [熟語] ⓐ鴻爪・ⓑ爪甲・ⓒ爪牙

文献 ⓐ老子・五十章「虎無所措其爪＝虎も其の爪を措(お)く所無し(虎も爪を立てるすきがない)」ⓑ素問・六節蔵象論「其華在爪＝其の華は爪に在り(その[肝の]働き具合は爪に現れる)」ⓒ詩経・祈父「予王之爪牙＝予は王の爪牙なり(おれたちゃ王の近衛兵)」

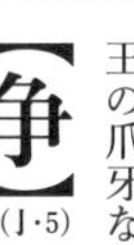

【争】 6(亅・5) 常 ― 常用音訓 ソウ あらそう

〔爭〕 8(爪・4) 人 ― 音ソウ 訓あらそう

語音 *tsĕŋ(上古) tʂɐŋ(中古→呉シャウ〈＝ショウ〉・漢サウ〈＝ソウ〉) zhēng(中) 쟁(韓)

語源 [コアイメージ] (反対方向に)引き合う。[実現される意味] 何かを求めて競い合う。力ずくで物を取り合う(あらそう)ⓐ。[英]contend, compete

〔解説〕説文解字に「争は引なり」とあり、これについて清の王筠は「彼此競ひて物を引くを謂ふなり」と述べる(説文句読)。ストレートに引っ張るという意味ではなく、あれとこれが引き合って競うという意味である。*tsĕŋという語は「二つの力が↑の方向と↓の方向へ引き合う」というイメージがあり、視点を変えると、「バランスが取れて釣り合う」というイメージに展開する。後者は浄のコアをなし、また、静のイメージ補助記号としても重要な働きをする。日本語の「あらそう(あらそふ)」はアラ(荒)にイソフ(勤・競)・キソフ(競)のソフがついた形で、「一位の

座など、ただ一つのものを獲得しようと、はげしく力をふるい合うこと」という(大野②)。これの展開義に、攻撃し合う、抵抗する、張り合う、議論するなどがあり、漢語の争と近くなる。英語のcontendはラテン語のcontendere、分析するとcon(一緒に)＋tendere(伸ばす)に語源があり、投石具を張って放ったことから来ているという(下宮①)。漢語の争の語源にも引っ張るイメージがある。偶然とはいえこの合致はおもしろい。

〔グループ〕争・浄・諍(言葉で張り合う、いさかう[諍論])・箏(弦を両側から引っ張った楽器、琴の一種[箏曲])・錚(擬音語。金属の打ち合う音[錚錚])

字源 「爭」が正字。「爪(下向きの手)＋丿(引っ張ることを示す符号)＋又(上向きの手)」を合わせた字。上下の手で互いに反対方向に引っ張り合う情景を設定した図形。この意匠によって、対等の力で張り合うことを表象する。

(篆)

〔字体〕「争」は近世中国で発生した「爭」の俗字。

語義 [展開] 力ずくで物を取り合う(あらそう)意味ⓐから、技などを比べて張り合う意味ⓑ、意見が対立して相手と言いあらそう(口論する)意味ⓒ、先をあらそって(われ先に)の意味ⓓに展開する。また、ずけずけと相手に物を言う(過ちをきつく指摘する、いさめる)意味ⓔを派生する。ⓔは諍と通用。[英] contend, compete, vie with each other; contest; debate, argue, dispute; scrambling for; remonstrate [和訓] あらがう

[熟語] ⓐ抗争・闘争・ⓑ競争・ⓒ争点・論争・ⓔ争臣・諫争

文献 ⓐ詩経・江漢「時靡有爭、王心載寧＝時に爭ひ有ること靡し、王の心載ち寧し(もはやいくさはどこにもなく、王の心は安らいだ)」ⓑ論語・八佾「君子無所爭、必也射乎＝君子は爭ふ所無し、必ずや射か(君子は競争しない。[する場合は]きっと弓矢の試合ぐらいだろう)」ⓓ墨子・公孟「譬若美女、處而不出、人爭求之＝譬へば美女の処りて出でざるが若きは、人爭ひて之を求めん(もし美しい箱入り娘がいたとすれば、人はわれ先に求めるだろう)」ⓔ呂氏春秋・功名「爭其上之過＝其の上の過ちを爭む(上位者の過失を忠告する)」

【壮】 6(士・3) 常 ― 常用音訓 ソウ

〔壯〕 7(士・4) 人 ― 音 ソウ 訓 さかん

語音 *tsïaŋ(上古) tṣïaŋ(中古→呉シャウ〈＝ショウ〉・漢サウ〈＝ソウ〉) zhuàng(中) 장(韓)

語源 [コアイメージ] 細長い・丈が長い(高い、大きい)。[実現される意味] 気力の盛んな年頃ⓐ。[英]young and vigorous

〔解説〕爿にコアイメージの源泉がある。これが「細長い」という基本義をもつと指摘したのは藤堂明保である(藤堂①)。「細長い」というイメージは「長い・高い・大きい」というイメージにも展開する。また美的感覚としては「細長い」はほっそりとしてスマートであるという印象がある。下記のグループはこれらのイメージを共有する。

〔グループ〕壮・荘・装・将・状・妝(＝粧)・牀(＝床)・臧(蔵のコアをなす記号)・牆(＝墻。細長い垣根[牆壁])・檣(細長い柱、帆柱[船檣])・薔(垣根に絡みついて生える植物、バラ[薔薇])

字源 「壯」が正字。「爿(音・イメージ記号)＋士(限定符号)」を合わせた字。「爿」はベッドを縦に描いた図形で、牀(とこ、ベッド)の原字。「細長い」というイメージがあり、「丈が長い(高い、大きい)」というイメージに展開する。「壯」は背が高く体格のスマートな男を暗示させる。この意匠によって、若くて元気が盛んなことを表象する。

(甲)　(篆)[爿]　(篆)

〈字体〉「壮」は近世中国で発生した「壯」の俗字。爿に従う他の常用漢字もこれに倣い、爿→丬になる。

語義 [展開] 気力の盛んな年頃の意味ⓐから、勢いや力が盛んで大きい意味ⓑ、堂々として勇ましい意味ⓒ、姿や外見が大きくて立派である意味ⓓに展開する。[英]young and vigorous, robust; grand; brave, gallant; magnificent [熟語] ⓐ壮年・少壮・ⓑ壮快・壮絶・ⓒ悲壮・勇壮・ⓓ壮観・壮麗

文献 ⓐ論語・季氏「及其壯也、血氣方剛＝其の壮に及ぶや、血気方(まさ)に剛(つよ)し(壮年になると、血気がちょうど強くなる)」ⓑ詩経・采芑「克壯其猶＝克(よ)く其の猶(はかりごと)を壮(さか)んにす(十分計りごとを大きなものにする)」

【早】 6(日・2) 常 ｜ 常用音訓 ソウ・サッ はやい・はやまる・はやめる

語音 *tsog(上古) tsau(中古→呉・漢サウ〈＝ソウ〉) zǎo(中) 조(韓)

語源 [コアイメージ] 黒い・暗い。[実現される意味] 夜明けの頃(朝方のはやい頃)ⓐ。[英]early morning

〈解説〉時刻・時間がはやいことを古代漢語で*tsogといった。この聴覚記号の図形化は色から発想された。これが早であり、早は皁(ソウ)(くろい)と同源である。釈名・釈采帛に「皁は早なり。日の未だ出でざる時、早く起きて視れば、物皆黒し。此の色、之(かく)の如し」とある。一日のうち、朝方の時刻がまだあまり進んでいない段階が早である。日本語の「はやい(はやし)」はハヤル(逸)・ハヤス(映・囃)と同根で、「ハヤは活動力をもって前へ進む意。時間に転用して、時の経過が少なくて事が済む意」という(大野①)。これの展開義に「速度が大きい」や「費やす時間が短い」などがある。前者は漢語の速、後者は漢語の早にほぼ等しい。

〈グループ〉早・草

字源 「白」はドングリを描いた図形であるが、「早」と「皁」は殻斗(外皮)のついたドングリを描いた図形。「皁」は殻斗から黒色の染料を採る用途に着眼して、「くろ」に用いる。「黒い」は「暗い」というイメージに転化しうる。日の出前のまだ暗い時間を「早」で表した。

(篆)

語義 [展開] 一日の朝方のはやい頃の意味ⓐから、一定の範囲の時間の中で、比較的深く進行していない段階、すなわち、時刻・時間がはやい意味ⓑ、時間があまり進んでいないうちに(すぐに)の意味ⓒに展開する。[英]early morning; early; soon, shortly, presently [和訓] つとに・さ [熟語] ⓐ早朝・早晩・ⓑ早期・早熟・ⓒ早急

文献 ⓐ韓非子・忠孝「某子之親、夜寝早起＝某子の親、夜に寝ね早く起く(ある子の親は、夜遅く寝て、朝早く起きる)」ⓑ春秋左氏伝・宣公2「盛服將朝尚早＝盛服して、将に朝せんとするは、尚早し(盛装して参内しようとするのは、まだ時刻がはやい)」ⓒ荘子・外物「曾不如早索我於枯魚之肆＝曽(かつ)て早く我を枯魚の肆(し)に索むるに如かず(早めに私[鯉]を干物屋に探しに来るがよい)」

【宋】 7(宀・4) 人 ｜ 音 ソウ

語音 *soŋ(上古) soŋ(中古→呉ソ・漢ソウ) sòng(中) 송(韓)

語源 [コアイメージ] よそに送る。[実現される意味] 国の名ⓐ。[英]name of a feudal state

〈解説〉古典に現れる宋は殷の遺民の建てた国の名である。殷が滅亡した後、生き残った民を別の地域に移して住まわせたといわれる。釈名・釈州国では「宋は送なり」と語源を説く。藤堂明保は、*soŋという語は草・造・曹などと同源で、「寄せ集め」という基本義をもち、殷の民を寄せ集めて作らせた国の名とした(藤堂①)。

字源 「木(イメージ記号)＋宀(限定符号)」を合わせた字。説文解字では「宋は居なり」とある。木を組んで住まいを作る様子を暗示させる。た

だしこんな意味には使われない。生き残りの民を住まわせる急場の住居を作る情景を図形にして、殷の後裔の住む所を暗示させたものであろう。

（甲） 　（金） 　（篆）

語義 ［展開］春秋戦国時代の諸侯国の名ⓐ。殷の末裔の国で、河南省にあった。また、王朝の名ⓑ。979年、趙匡胤が建てた。［英］name of a feudal state; the Song dynasty ［熟語］ⓑ宋音・入宋

文献 ⓐ詩経・撃鼓「平陳與宋＝陳と宋とを平らぐ（陳国と宋国を平定する）」

【走】7(走・0)　常 ｜ 常用音訓　ソウ　はしる

語音 *tsug(上古)　tsəu(中古→呉ス・漢ソウ)　zǒu(中)　주(韓)

語源 ［コアイメージ］間隔が縮まる。［実現される意味］足早に行く（はしる）ⓐ。［英］run

〔解説〕日本語の「はしる」はハス（馳）と同根で、「勢いよくとび出したり、す早く動きつづける意」が原義という（大野①）。「勢いがよい」「速い」がコアイメージのようであるが、漢語の走はこれと全く異なる。藤堂明保によれば、*tsugという語は足・促・取・束などと同源で、「ぐっとちぢめる」という基本義をもつという（藤堂①）。趣（足早におもむく）・趨ウス（足早に行く）・速（はやい）もこれから形成された。歩幅を縮めてせかせかと行くことが走であり、「間隔が縮まる」というコアイメージがある。

字源 楷書は形が崩れて分析不能。金文と篆文は「夭（両手を振る人の形）＋止（足の形）」を合わせた字。人が手を振ってはしる情景を設定した図形である。図形にコアイメージは反映されていない。

（金） 　（篆）

語義 ［展開］はしる意味ⓐから、逃げる意味ⓑ、使い走り、また、自分の謙称ⓒを派生する。［英］run(ⓐⓑ); escape, flee; lackey ［和訓］にげる ［熟語］ⓐ走行・奔走・ⓑ逃走・敗走・ⓒ走狗・牛馬走

文献 ⓐ詩経・緜「來朝走馬＝朝に来りて馬を走らす（朝早く来て馬を走らせる）」ⓑ孟子・梁恵王上「棄甲曳兵而走＝甲を棄て兵を曳きて走にぐ（甲冑を捨て、武器を引きずって逃げる）」

【奏】9(大・6)　常 ｜ 常用音訓　ソウ　かなでる

語音 *tsug(上古)　tsəu(中古→呉ス・漢ソウ)　zòu(中)　주(韓)

語源 ［コアイメージ］一所に集めてそろえる。［実現される意味］手柄や技などをまとめて差し出す（手柄などを人前に進める）。［英］bring forward

〔解説〕*tsugという語は族（多くの物が集まる）・叢（草木が一所に集まる→くさむら）・聚（あつまる）などと同源で、「多くのものを一所に寄せ集める」というイメージがあり、これは「一所に集めてそろえる」というイメージに展開する。大事なものを人前に差し出す前提として、それを一所に集めてそろえるという行為がある。大事なものとは技能や功績であったり、建言や文書であったり、音楽であったりするが、何かは文脈によって決まる。日本語の「かなでる」と対応するのは奏の意味の一部である。「かなでる（かなづ）」はカヒナ（腕）イヅ（出）の転で、舞う意味。奏舞にカナヅの訓をつけたため、奏（音楽を奏する）にカナヅの訓が移ったという（大言海による）。

〔グループ〕奏・湊・輳ソウ（一所に集まる［輻輳］）・腠ソウ（びっしりと集まった肌理［腠理］）

字源 楷書は形が崩れて分析不能。篆文を分析すると「𠦬の略体＋廾」となる。「𠦬」は拜の右側と同じで、神前に捧げる玉串の形（⇩拜）。「𠦬（イメージ記号）＋廾（限定符号）」を合わせた「奏」は、両手をそろえて玉串を差し上げる情景を設定した図形。

（篆）

語義 [展開] 物を取りそろえて差し上げる（前に進める）意味ⓐから、意見をまとめて申し上げる（天子に文書を差し出す）意味ⓑ、また、音楽を進めて聞かせる（楽器をかなでる）意味ⓒに展開する。[英]bring forward; make report, present a memorial to the emperor; play, perform [和訓] もうす [熟語] ⓐ奏功・奏効・ⓑ奏上・表奏・ⓒ演奏・伴奏

文献 ⓐ詩経・賓之初筵「各奏爾能＝各爾の能を奏せよ（めいめい自分の技を披露せよ）」戦国策・秦一「臣請奏其效＝臣請ふ、其の効を奏せん（出来映えをご報告させてください）」ⓑ書経・舜典「敷奏以言＝敷奏するに言を以てす（天子に意見を申し上げる）」ⓒ詩経・楚茨「楽具入奏＝楽具（もと）に入りて奏す（音楽師がともに入って演奏する）」

【相】9(目・4) 常 |常用音訓| ソウ・ショウ あい

語音 *siaŋ（上古） siaŋ（中古→呉サウ〈＝ソウ〉・漢シャウ〈＝ショウ〉） xiāng・xiàng（中） 상（韓）

語源 [コアイメージ] ㋐ばらばらに離れる・㋑二つのものが向き合う。[実現される意味] 対象をよく見定めるⓐ。[英]watch, see

〔解説〕相術の相、相貌の相、宰相の相、相互の相等々、多義的な相の意味の根底にある深層構造を初めて明らかにしたのは藤堂明保である。氏は相のグループは疋（ショ）のグループ（疎・楚など）や素・蘇・索・喪・爽・双などと同じ単語家族に属し、「ふたつに分かれる」という基本義をもつとした（藤堂①）。このイメージは「ばらばらに（隙間を空けて）離れる」というイメージに概括できる。さらにこれは「二つのものが□⇅□の形に向き合う」「二つのものが□↕□の形に離れて並ぶ」というイメージに展開する。右に挙げた相の意味は「二つが□↕□の形に向き合う」というコアイメージで統一的に解釈できる。訓の「あい（あひ）」はアフ（合・会）から派生する接頭語。アフは「二つのものが近寄って、しっくりと調和し一つに合体することをいい、うまく重なる、符合する意」で、ここから「互いに」「一緒に」の意を添える接頭語が派生するという（大野①②による）。漢語の相のⓔと同じ用法である。

〔グループ〕相・想・箱・霜・湘・廂（ショウ）（母屋の両脇に並ぶ部屋［西廂］）・孀（ソウ）（夫が死んで別々に離れた妻、やもめ［孀婦］）

字源 「木（イメージ記号）＋目（限定符号）」を合わせた字。見る主体と見られる対象が互いに向き合う情景を設定した図形。この図形的意匠によって、AとBが□↕□の形に互いに向き合うというイメージを表すことができる。「相」の最初の意味は、A（見る側）がB（見られる側）をよく見定めることである。「木」と「目」は等価的に並立された記号であるが、語の意味が見る行為を表すので、「目」を限定符号とする。

（甲） （金） （篆）

語義 [展開] 対象をよく見定める、特に、人相・地相などを見る意味ⓐ。また、見られる対象に視点を置くと、外に現れた姿、様子の意味ⓑを派生する。また、「二つのものが向き合う」というコアイメージから、主たるものの側について従なるものが助けて支える意味ⓒ、君主を助ける家来（大臣）の意味ⓓを派生する。また、「□↕□の形に向き合う」というイメージから、あい互いにの意味ⓔ、また動詞につけて、動作が一方から他方に及ぶことを示す接頭語ⓕを派生する。[英]watch, see, observe; appearance, look, aspect, phase; assist; prime minister; each other, mutually; prefix [和訓] みる・たすける・すけ [熟語] ⓐ相術・相墓・ⓑ人相・真相・ⓒ相国・ⓓ宰相・首相・ⓔ相互・相対・ⓕ相承・相伝

文献 ⓐ詩経・公劉「相其陰陽＝其の陰陽を相（み）る（国都造営のため山の南北をよく調べ見る）」ⓑ詩経・棫樸「金玉其相＝其の相を金玉にす（姿

は玉のように美しく」）ⓒ論語・憲問「管仲相桓公＝管仲、桓公を相（たす）く（管仲は桓公を補佐した）」ⓓ詩経・桑柔「考慎其相＝其の相（ショウ）を考慎す（［君主は］大臣を慎重に選ぶ）」ⓔ詩経・野有蔓草「邂逅相遇＝邂逅して相遇ふ（［二人は］思いがけず互いに出会った）」

【草】9（艸・6）　常　─　常用音訓　ソウ　くさ

語音 *ts'og（上古）　ts'au（中古→呉・漢サウ〈＝ソウ〉）　cǎo（中）　조（韓）

語源 ［コアイメージ］㋐黒い・暗い・㋑ぞんざい・粗雑。［実現される意味］野草・雑草（くさ）ⓐ。［英］weed

〔解説〕説文解字に「草は草斗、櫟実（レキジツ）なり。一に曰く、象斗（ショウト）」とあり、クヌギの実（ドングリ）、あるいは殻斗（外皮のついたドングリ）とする。実はこれは早（＝皁）の説明であるべきである。「くさ」を表す本字は艸である。*ts'ogという語は、藤堂明保によれば、曹・造と同じ単語家族に属し、「寄せ集め、ぞんざいな」という基本義があるとする（藤堂①）。漢字の書体の一つである草書、手紙の文句に使う草草など、なぜ「くさ」とは関係がないのに草なのかという疑問は、「ぞんざい・粗雑」というコアイメージが解決してくれる。

字源 「艸」が本字。「屮（くさの芽）」を二つ並べた図形。後、字体が「早（ソウ）（音・イメージ記号）＋艸（限定符号）」を合わせたものに変わった。「早」は黒い染料に用いる殻斗のことから、「黒い」→「暗い」とイメージが転化する（⇩早）。さらに、暗い→はっきりしない→いい加減・ぞんざい・粗雑というイメージに展開する。かくて「草」はどこにでも勝手に生えて手に負えない下等な雑草を暗示させる。

（金）　（篆）　［艸］　（篆）

語義 ［展開］丁寧に（人工的に）栽培されるのではなく、原野に生える野草・雑草の意味ⓐから、一般に草本植物の総称ⓑとなった。また、「ぞんざい・粗雑」というコアイメージがそのまま実現されて、ぞんざいでそそくさとしたさま（慌ただしいさま）の意味ⓒ、またそこから、ぞんざいに書く下書き、また、下書きを作る意味ⓓ、漢字の書体の一つ（ぞんざいに崩したスタイル）の意味ⓔに展開する。また、「暗い・黒い」というイメージから、物事の始まりという意味ⓕを派生する。［英］weed; grass, plant; rough, coarse; draft; cursive style of writing; beginning　［熟語］ⓐ雑草・野草・ⓑ草根・草木・ⓒ草草・草卒・ⓓ草稿・起草・ⓔ草体・行草・ⓕ草創期・草昧

文献 ⓐ孟子・離婁上「辟草萊、任土地＝草萊を辟（ひら）き、土地を任ず（雑草の生い茂った荒れ地を開拓し、土地を勝手に利用する）」ⓑ詩経・谷風「無草不死＝草として死せざるは無し（すべての草は枯れ死んだ）」ⓒ詩経・巷伯「勞人草草＝勞人草草たり（苦労する人は慌ただしくてくたびれる）」ⓓ論語・憲問「爲命、裨諶草創之＝命を為（つく）るに、裨諶（ヒジン）之を草創す（外交文書を作る際、裨諶［人名］が下書きを作った）」

【荘】9（艸・6）　常　─　常用音訓　ソウ

〔莊〕10（艸・7）　人　─　音ソウ・ショウ

語音 *tsiaŋ（上古）　tsiaŋ（中古→呉シャウ〈＝ショウ〉・漢サウ〈＝ソウ〉）　zhuāng（中）　장（韓）

語源 ［コアイメージ］丈が長い（高い、大きい）。［実現される意味］形や態度が立派で重々しい（厳か）ⓐ。［英］dignified, solemn, grave

字源 「莊」が正字。「壯（ソウ）（音・イメージ記号）＋艸（限定符号）」を合わせた字。「壯」は「丈が長い（高い・大きい）」「形がスマートである」というイメージがある（⇩壮）。「莊」は草がぐんぐん伸びて丈が高くスマートになった情景を設定した図形。この意匠によって、形が立派に整って重々しく感じられること、また、雰囲気が厳かであることを表象する。

〔字体〕「荘」は近世中国で発生した「莊」の俗字。現代中国の簡体字は「庄」。

語義 [展開] 形や態度が立派で重々しい意味ⓐ。「大きい」というイメージを介して、中央から四方に通ずる大きな道の意味ⓑ、貴族が領有した地方の大きな土地や村落の意味ⓒ、また、いなかの家、また、仮住まいの意味ⓓを派生する。[英]dignified, solemn, grave; meeting-place of six roads; manor, village; country house, cottage [熟語] ⓐ荘厳・荘重・ⓑ康荘・ⓒ荘園・荘田・ⓓ山荘・別荘

文献 ⓐ論語・為政「臨之以荘則敬＝之に臨むに荘を以てすれば則ち敬す(重々しい態度で民に臨めば、民に尊敬の念が起こる)」ⓑ晏子春秋・内篇・問下「異日、君過於康荘＝異日、君康荘を過る(別の日、君主は大通りを通った)」

【送】9(辵・6) 常 ｜ 常用音訓 ソウ おくる

語音 *suŋ(上古) suŋ(中古→呉ス・漢ソウ) sòng(中) 송(韓)

語源 [コアイメージ] 前方に放す。[実現される意味] 出かける人を見送る(出かける人の後について行って送り出す)ⓐ。[英]follow after, escort

〔解説〕詩経・大叔于田篇に「抑れ縦送する(ほれ、[獲物を目がけて]矢を放つぞ)」という詩句があり、兪樾は「送は即ち縦なり」という(群経平議)。*suŋという語は縦(放つ)と同源で、縦の方向にまっすぐ延びて、手元から離れていくというイメージがある。したがって、前方へ人を放しておくり出す(見送る)ことが送である。日本語の「おくる」はオクル(後・遅)と同根で、「意志的に後からついて行くのが原義。転じて、後から心をこめて人に物をとどける意」という(大野①)。人を見送ることから、物を届けることへの転義の仕方は、漢語の送と同じである。ただし金や礼物をおくる場合は贈ると表記することが多い。英語のsendは「道にのせる、旅に出す」が原義という(下宮①)。使いをやる(人を派遣する)→物を送るの意になった。漢語の送のような「見送る」の意味はない。

字源 「关(イメージ記号)＋辵(限定符号)」を合わせた字。「关」は朕の右側と同じで、「弁」の変形。これは「午(杵の形)＋廾(両手)」を合わせて、杵を持ち上げる図形。「上に上げる」というイメージから、乗り物などに乗せるというイメージにもなる(⇨朕・勝)。したがって「送」は人を乗り物に乗せておくり出す様子を暗示させる。図形にコアイメージは反映されていない。

(甲) (金) [弁] (篆)

〔字体〕「送」は旧字体。隷書ですでに「送」と書かれた。

語義 [展開] Aが出かける地点(または目指す地点やその途中)まで、Bが一緒について行って、おくり出す(見送る)が本義ⓐ。Aが物である場合は、前方におくり出して運ぶ(人や物をある地点まで運ぶ、物をおくり届ける)という意味ⓑ、また贈り物をする(贈る)意味ⓒに転ずる。[英]follow after, escort; send; present [熟語] ⓐ送迎・送別・ⓑ運送・輸送・ⓒ送呈

文献 ⓐ詩経・桑中「送我乎淇之上矣＝我を淇の上に送る(私を淇の川のほとりまで送ってくれた)」ⓑ春秋左氏伝・文公15「齊人送之書＝斉人、之に書を送る(斉の人は彼に手紙を送った)」ⓒ史記・孔子世家「吾聞富貴者送人以財、仁人者送人以言＝吾聞けり、富貴なる者は人に送るに財を以てし、仁人なる者は人に送るに言を以てす(金持ちは人に金を贈るが、仁者は言葉を贈るそうだ)」

【倉】10(人・8) 常 ｜ 常用音訓 ソウ くら

語音 *ts'aŋ(上古) ts'aŋ(中古→呉・漢サウ〈＝ソウ〉) cāng(中) 창(韓)

語源 [コアイメージ] ㋐しまいこむ・㋑細長い・深い。[実現される

意味] 穀物を貯蔵する建物ⓐ。[英]granary, storehouse

〔解説〕 釈名・釈宮室に「倉は蔵なり。穀物を蔵するなり」とある。藤堂明保や王力も倉と蔵を同源の語と認めている。*ts'aŋという語は食糧を貯蔵することから、「しまいこむ」というイメージがある。また「細長い」というイメージもある(蔵に含まれる爿は「細長い」がコアイメージ)。「(空間的に)長い」は「深い」というイメージにつながる。一方、「(中に)しまいこむ」というイメージも「奥が深い」につながり、これは深く入る・深く突き入れる→深く切り込みを入れるというイメージにも展開する。これらの複合的なイメージが倉のグループを形成する。例えば、天がどこまでも遠く深く澄み切っているときの色を蒼、水を深くたたえて青色を呈する海を滄という。深い青色は冷たいイメージも喚起するので、冷たい(寒い)ことを滄という。これは青から凊(寒い、涼しい)が派生するのと似たイメージ転化である。藤堂は創・槍などの倉を単なる音符とするが(藤堂②)、筆者は音・イメージ記号と見る。

〔グループ〕 倉・創・槍・蒼・滄(青海原[滄海])・搶(突きかかる)・愴(心が突き刺されたように痛む、痛ましい[悲愴])・瘡(切り傷[刀瘡])・艙(船倉)・蹌(足を突き進めるさま[蹌踉])・鎗(槍、また、金属を突き当てる音[鎗鎗])・鶬(灰青色の鳥、クロヅル)

字源 「食の略体+口(囲いを示す符号)」を合わせた字。この意匠によって、穀物を貯蔵する「くら」を表象する。全体がくら(穀倉)を描いた図形とする説もある。

(金) (篆)

語義 [展開] 穀物をしまうくら(米倉)、また広く、物をしまう建物の意味ⓐ。ここから、しまいこむ意味ⓑに展開する。また、慌ただしいさまを表す擬態語ⓒに用いる。[英]granary, storehouse; store; hurried

[熟語] ⓐ倉庫・穀倉・ⓒ倉皇・倉卒

文献 ⓐ詩経・楚茨「我倉既盈=我が倉は既に盈つ(私の倉はもはやいっぱい)」ⓑ詩経・公劉「迺積迺倉=迺ち積み、迺ち倉す(穀物を蓄えしまいこむ)」

【捜】 10(手・7) 常 (常用音訓)ソウ さがす

〔搜〕 13(手・10) 人 音ソウ 訓さがす・さぐる

語音 *sïog(上古) ṣïəu(中古→呉シュ・漢ソウ) sōu(中) 수(韓)

語源 [コアイメージ] ㋐ひっかく・㋑細長く伸びる。[実現される意味] 手づるをたどってさがし求めるⓐ。[英]search

〔解説〕 藤堂明保は捜は爪・搔・掃と同源で、「つめ・ひっかく」を基本義とし、「手先か熊手で、隅の物をかき出すのが原義」という。一方、叟は秋・焦・酉・修・羞・戚・縮・粛・秀などと同源で、「しぼる・ちぢむ・ほそい」を基本義とした(以上、藤堂①)。日本語の「さがす」は「物をひろげて日にさらし、風にあてるのが原義。転じて、中身をさらけ出す意。物を搔き廻し、散らかして、求める物を取り出す意。類義語サグルは、指先の触覚で物を求める意」という(大野①)。サガスには搔き回すというイメージ、サグルには指先で求めるというイメージが含まれているようであり、漢語の捜もこれに近い。しかし古代人の語源意識が変わった。*sïogという語が修(細長い)や秀(すらりと伸び出る)などと同源と意識され、「細長く伸びる」というコアイメージが生まれたのである。*sïogは「かき出して物を求める」から「手づるを切れ目なく(細く長く)たどって行って目的の物を求める」という意味合いになった。このような語源意識の変化が字体の変化をもたらし、最終的に叜を含む字がすべて叟の字体に変わった。英語のsearchはラテン語のcircus(=circle)が語源で、「人や物を見つけ出すために身体や場所などを注意深く徹底して捜す、捜し回る」の意という(小島①)。漢語の捜は直線的なイメージであるが、英語のsearchは円環的なイメージである。なおseekは「仕事、場所、助言、富のような抽象的なものを捜し求める、探求する」の意で(小島①)、これは漢語の探に当たる。

〈グループ〉捜・痩・叟(ソウ)(年を取って体の細くなった老人[村叟])・嫂(ソウ)(自分より年長の女→あによめ)・溲(シュウ)(細長く伸びる小便[溲瓶])・艘(ソウ)(細長い船、転じて船を数える語[一艘])・螋(ソウ)(はさみで獲物を引き絞って捕る細長い虫、ハサミムシ[蠼螋(クソウ)])

字源 「叜(ソウ)(音・イメージ記号)+手(限定符号)」を合わせた字。「叜」は「宀(かまど)+火+又(手)」を合わせて、狭い穴に手を入れて火をさぐる情景を設定した図形。後、字体が叜から叟に変わって「捜」になった。「叟」は「申(イメージ記号)+又(限定符号)」を合わせた字。「申」は「臼(両手)+|」を合わせて、両手で棒を伸ばす様子を示す記号。したがって「叟」は「細く長く伸ばす」というイメージを表すことができる。「捜」は細い手づるをどこまでもたどって行って、物を求める様子を暗示させる。この意匠によって、手づるをたどってさがし求めることを表象する。

(甲) (篆) [叜] (篆)

〈字体〉「搜」は旧字体。「捜」は近世中国で発生した「搜」の俗字。痩もこれに倣う。

語義 さがす・さぐる意味ⓐ。[熟語] ⓐ捜査・捜索

文献 ⓐ荘子・秋水「捜於國中三日三夜=国中に捜すこと三日三夜(三日三晩国じゅうを捜した)」

【挿】10(手・7) 常 ｜ 常用音訓 ソウ さす

語音 *tsʻăp(上古) tṣʌp(中古→㊋セフ〈=ショウ〉・㊊サフ〈=ソウ〉) chā(中) 삽(韓)

語源 [コアイメージ] 隙間に割り込む。[実現される意味] 内部に突き入れる(差し込む、差し入れる)ⓐ。[英]insert

〈解説〉王力は挿・臿・鍤を同源とし、刺入の意があるとする(王力②)。これは表層レベルの語源説。深層レベルを探ると、接・讒・纖・斬などと同源で、「細い物が割り込む」というコアイメージがある(藤堂①)。

〈グループ〉挿・歃(ソウ)(口先を皿に差し込むようにして血をすする)・鍤(ソウ)(土に突きさして耕す農具、くわ・すきの類)

字源 「插」が正字。「臿(ソウ)(音・イメージ記号)+手(限定符号)」を合わせた字。「臿」は「干(棒)+臼(うす)」を合わせて、棒を臼に突き入れる様子。穀物を杵で搗いて脱穀する場面を設定した図形である。「臿」には「突き入れる」「内部に割り込む」というイメージがある。したがって「插」は中に物を差し込むことを表す。

(篆) [臿] (篆)

〈字体〉「挿」は近世中国で発生した「插」の俗字。現代中国では正字を用いる。

語義 [展開] 内部に差し込む意味ⓐから、物の間にさしはさむ意味ⓑを派生する。[英]insert; interpose [熟語] ⓐ挿花・挿入・ⓑ挿画・挿話

文献 ⓐ呂氏春秋・貴卒「走伏尸插矢=伏尸に走りて矢を挿す(倒れた死体に走っていって、矢を刺した)」

【桑】10(木・6) 常 ｜ 常用音訓 ソウ くわ

語音 *sn̥aŋ(上古) saŋ(中古→㊋・㊊サウ〈=ソウ〉) sāng(中) 상(韓)

語源 [コアイメージ] 柔らかい。[実現される意味] クワⓐ。[英]mulberry

〈解説〉甲骨文字はクワの全形を描いた字とされているが、古典時代に

なって字体が変わった。太陽の出てくる湯谷に若木(別名は扶桑)があるという神話が発生し、この若(＝叒)と関連づけて「叒＋木」の字体が生まれた。藤堂明保は桑を若・女・如などと同じ単語家族に入れ、「しなやか」という基本義をもつとした(藤堂①)。桑は中国原産のクワ(マグワ)を表す字である。中国ではカイコの飼料として太古から栽培された。

字源 「叒(ジャク)(音・イメージ記号)＋木(限定符号)」を合わせた字。「叒」はひざまずいた女性が両手で髪を梳かしている姿を描いた図形で、若の原形。したがって「柔らかい」というイメージを示す記号になる(⇩若)。「桑」は蚕の食べる柔らかい葉をもつ木を暗示させる。

(甲)　(篆)

語義 [展開] 木の名、クワの意味ⓐ。葉は蚕の飼料、果実は薬用になる。また、クワの葉を摘む意味ⓑ、クワを栽培して蚕を飼うことの意味ⓒに展開する。[英]mulberry; pick mulberry leaves; feed silkworms [熟語] ⓐ桑田・扶桑・ⓒ蚕桑・農桑

文献 ⓐ詩経・将仲子「無折我樹桑＝我が樹(う)ゑし桑を折る無かれ(私が植えたクワを折ってはだめよ)」ⓑ詩経・十畝之間「十畝之間兮、桑者閑閑兮＝十畝の間、桑者閑閑たり(十畝の畑の中で、桑摘み女はのびやかに)」

【掃】 11(手・8)　常　常用音訓 ソウ　はく

語音 *sog(上古)　sau(中古→呉・漢サウ〈＝ソウ〉)　sǎo(中)　소(韓)

語源 [コアイメージ] 表面をかく。[実現される意味] 表面をはいてごみやちりを取り除く(はく)ⓐ。[英]sweep

〔解説〕 つめでひっかくことを抓(ソウ)、また、そのつめのことを爪(ソウ)という。つめは叉(ソウ)とも書かれる。掻(ソウ)はひっかくこと。蚤(ソウ)は皮膚をひっかく虫(ノミ)のこと。道具でひっかくようにしてごみを取ることを*sogといい、掃と表記する。*sogという語は爪・掻・騒などと同源で、「表面をかく」というコアイメージをもつ。

〔グループ〕 掃・帚(ソウ)(ほうき)・箒(ソウ)(ほうき)・埽(ソウ)(ごみを取る)

字源 「帚(ソウ)(音・イメージ記号)＋手(限定符号)」を合わせた字。「帚」はほうきを描いた図形。「掃」はほうきでごみを取り除く場面を設定した図形。古くは埽と書いた。

(甲)　(金)　(篆)　[帚]

〔字体〕 「埽」は旧字体。「掃」は古くから書道で行われた字体。現代中国の簡体字は「扫」。

語義 [展開] はく意味ⓐから、邪魔ものを払いのける意味ⓑに展開する。[英]sweep(ⓐⓑ); clear [和訓] はらう [熟語] ⓐ掃除・清掃・ⓑ掃討・一掃

文献 ⓐ管子・弟子職「振衽掃席＝衽を振り、席を掃ふ(おくみを振り、座席を払ってごみを取る)」

【曹】 11(日・7)　常　常用音訓 ソウ

語音 *dzɔg(上古)　dzau(中古→呉ザウ〈＝ゾウ〉・漢サウ〈＝ソウ〉)　cáo(中)　조(韓)

語源 [コアイメージ] ざっと居並ぶ・ぞんざいに寄り集まる。[実現される意味] 召使いⓐ。[英]servant

〔解説〕 古典の注釈に「曹は輩なり」「曹は群なり」とあるが、深層構造を捉えていない。「曹は偶なり」がやや近づいている。藤堂明保は草・造・曹を同じ単語家族にくくり、「寄せ集め、ぞんざい」という基本義があるとした(藤堂①)。これで初めて曹の深層構造が明らかになった。「ぞんざいに寄り集まる」は曹だけでなく下記のグループを通底するコアイメージなのである。ぞんざいに寄り集まった雑多な仲間というのが曹の意味である。

〈グループ〉曹・遭・槽・漕・糟（雑多に寄せ集めた穀物のかす［糟糠］）・嘈（声が乱雑に入り交じりざわつく）・螬（いくつも並び寄り集まって植物の根を食害する虫、ジムシ［蠐螬］）

字源 楷書は形が崩れて分析不能。篆文を分析すると「棘（音・イメージ記号）＋曰（限定符号）」を合わせた字。「東」は土嚢の形（⇩東）。これを二つ並べた「棘」は、特徴のない似たもの同士が並ぶ情景を設定した図形。「ざっと居並ぶ」「ぞんざいに寄せ集める」というイメージを示す記号になる。したがって「曹」は言いつけて仕事をさせるために寄せ集めたものを暗示させる。

（金）　（篆）

語義 ［展開］召使いの意味ⓐから、寄り集まった仲間（やから）の意味ⓑ、下級の役人（属僚）の意味ⓒ、つぼね・役所の意味ⓓに展開する。［英］servant; party, crowd; subordinate official; government department ［熟語］ⓑ児曹・ⓒ軍曹・法曹・ⓓ曹子・曹司

文献 ⓐ詩経・公劉「乃造其曹＝乃ち其の曹を造らしむ（そこで召使を呼び寄せた）」ⓑ戦国策・趙四「王賁韓他之曹皆起＝王賁・韓他の曹、皆起つ（王賁・韓他［人名］のやからがみんな立ち上がった）」

【曽】 11（日・7） 常 ―― 常用音訓 ソウ・ゾ

〔曾〕 12（日・8） 人 ―― 音 ソウ・ゾ・ソ 訓 かつて

語音 (1)*tsəŋ（上古） tsəŋ（中古→呉ソ・ソウ・漢ソウ） zēng（中） 증（韓）
(2)*dzəŋ（上古） dzəŋ（中古→呉ゾ・ゾウ・漢ソウ） céng（中） 증（韓）

語源 ［コアイメージ］上に重なる。［実現される意味］重なる・重ねるⓐ。［英］add

〈解説〉説文解字の「尚は曽なり」に対し、段玉裁は「曽は重なり。尚は上なり。皆積絫して高きを加ふる意」と注釈している（説文解字注）。「曽」は「上に（層をなして）重ねる」というコアイメージがある。空間のイメージを時間のイメージに転用させて、重なった世代や、「かつて」という時間副詞を曽で表す。訓の「かつて」は打ち消しを伴って「まったく、決して（～ない）」の意味。これを「以前に」の意味に用いるのは漢文訓読の影響という（大野②）。

〈グループ〉曽・僧・層・増・憎・贈・嶒（山が重なって高い［崚嶒］）・甑（こしき）・矰（矢に糸をつけ、獲物に重なるように巻きついて絡め取る道具、いぐるみ［矰繳］）・繒（糸を重ねて厚く織った絹地）

字源 「曾」が正字。こんろの上にせいろうを載せ、その上に湯気が出ている姿を描いた図形。甑（こしき）の原字だが、この意味では使われず、「上に重なる」というイメージを示す記号に使われる。字源については諸説紛々であるが、甑の原字とするのはカールグレンの説（Grammata serica recensa）。

（金）　（篆）

〈字体〉「曾」は旧字体。「曽」は書道に由来する常用漢字の字体。曽に従う他の常用漢字もこれに倣う。

語義 上に重なる意味ⓐから、世代が重なる、世代の重なり、特に祖父より上、孫より下に重なる意味ⓑ、重ねての意味ⓒ、否定詞の前につけて、一向に～ない、全く～ないという意味ⓓに展開する（以上は1の場合）。また、「時間が重なる」というイメージに転化し、時間がたった時（以前、かつて）の意味ⓔを派生する（2の場合）。［英］add; great-grand(father, etc.); double; entirely; once ［熟語］ⓑ曽祖父・曽孫・ⓔ曽遊・未曽有

文献 ⓑ詩経・信南山「曾孫田之＝曽孫之を田る（ひまごが畑を耕した）」ⓒ楚辞・離騒「曾歔欷余鬱邑兮＝曽ねて歔欷して余鬱邑す

（何度もすすり泣き、私の心は悲しみでふさがれる）」ⓓ詩経・河広「誰謂河廣、曾不容刀＝誰か謂ふ河は広しと、曽(かつ)て刀を容れず（黄河が広いと誰が言う、刀一本も入らない）」ⓔ墨子・親士「緩賢忘事而能以其國存者、未曾有也＝賢を緩(ゆる)がせにし事を忘れて能く其の国を以て存する者は、未だ曽(かつ)て有らざるなり（賢者をないがしろにし、務めを忘れて、国家を存立せしめた者はいまだかつてない）」

【巣】11（木・7）　常　｜常用音訓　ソウ　す

〔巢〕11（巛・8）　人　｜音ソウ　訓す・すくう

語音 *dzŏg（上古）　dʒău（中古→呉ゼウ〈＝ジョウ〉・漢サウ〈＝ソウ〉）　cháo（中）　소（韓）

語源 ［コアイメージ］㋐表面に浮き上がる・㋑表面をかすめる。［実現される意味］鳥のすⓐ。［英］nest

〔解説〕藤堂明保は巣を喿のグループ（繰・藻など）や抄・鈔と同じ単語家族に入れ、「上に浮く・表面をかすめる」という基本義があるとした（藤堂①）。鳥の巣は木の上に浮き上がったように見える。浮き草の藻も同じ姿を呈する。したがって*dzŏgという語は「表面に浮き上がる」というコアイメージをもつ。一方、掃いたり掻いたりする行為は表面に浮いたものをかすめることに通ずるので、*dzŏgという語は掃（表面をかいて掃く）・掻(ソウ)（表面をかく）とも関係があり、下記のグループは「さっと表面をかすめる」というコアイメージを共有する。

〔グループ〕巣・剿(ソウ)（かすめ取る）・勦(ソウ)（賊をかすめ取って殺す［勦滅］）・繅(ソウ)（＝繰。糸をたぐり寄せて繰る）

字源 「巢」が正字。金文は鳥の「す」を描いた図形。篆文は字体が変わり、「巛（三つ並ぶことを示す符号）＋臼（「す」の形）＋木」と分析できる。木の上に乗っかっている鳥の「す」を暗示させる図形。

（金）　（篆）

〔字体〕「巣」は近世中国で発生した「巢」の俗字。現代中国では正字を用いる。

語義 ［展開］鳥のすの意味ⓐ、巣を作る（すくう）意味ⓑに展開する。また比喩的に、物が集まり止まる所の意味ⓒを派生する。［英］nest（ⓐⓑ）; build a nest; group or set of similar things　［熟語］ⓐ燕巣・帰巣・ⓑ巣居・巣林・ⓒ巣窟・病巣

文献 ⓐ詩経・鵲巣「維鵲有巣、維鳩居之＝維(こ)れ鵲(かささぎ)に巣有り、維れ鳩(キュウ)之に居る（カササギが巣を作ると、カッコウが居すわる）」ⓑ荘子・逍遥遊「鷦鷯巣於深林、不過一枝＝鷦鷯は深林に巣くふも、一枝に過ぎず（ミソサザイは深い森に巣を作るが、一本の枝だけだ）」

【爽】11（爻・7）　常　｜常用音訓　ソウ　さわやか

語音 *sïaŋ（上古）　ʃïaŋ（中古→呉シャウ〈＝ショウ〉・漢サウ〈＝ソウ〉）　shuǎng（中）　상（韓）

語源 ［コアイメージ］二つに分かれる。［実現される意味］食い違うⓐ。［英］deviate

〔解説〕下記の詩経の毛伝に「爽は差（食い違う）なり」とある。しかし爽と差は同源の語ではない。藤堂明保は爽は相のグループや疋のグループ（疎・楚）・素・蘇・喪・双などと同源で、「ふたつに分かれる」という基本義があるとした（藤堂①）。食い違うとは二つに（反対方向に）分かれることである。また「夜が明ける」「さわやか」という意味も「二つに分かれる」というコアイメージから派生する。日本語の「さわやか（さはやか）」は「ひっかかりがなくすらすらと通ること」が原義である（大野②）。妨げが取れてすっきりと通ることから、気分がすっきりする意味に転じた。これは漢語の爽の転義と似ている。

字源 金文では「大(人の形)」の両脇に何らかの同じ物をつけた図形。篆文では「爻」になっている。「爻」は希にも含まれ、「まばら」のイメージがある。「爻＋爻(二つともイメージ記号)＋大(イメージ補助記号)」を合わせた「爽」は、「両側に分かれる」「ばらばらに離れている」というイメージを示す図形。

(金)  (篆)

語義 [展開]「二つに分かれる」というコアイメージから、二つに分かれて食い違う意味ⓐ、暗い状態が分かれて明るくなる(夜が明ける)意味ⓑ、もやもやした状態が分かれてさわやかになる(気分がさっぱりする)意味ⓒに展開する。[英]deviate; bright; crisp, refreshing [和訓] たがう

[熟語] ⓑ味爽・ⓒ爽快・颯爽

文献 ⓐ詩経・氓「女也不爽、士貳其行＝女や爽はざるに、士は其の行ひを弐つにす(女は心変わりしないのに、男はすぐに裏切る)」ⓑ書経・牧誓「時甲子味爽、王朝至于商郊牧野＝時に甲子の味爽、王、朝に商郊の牧野に至る(甲子[きのえね]の夜が明け、王は朝に殷の郊外の牧野に到着した)」ⓒ水経注39「氣爽、節和、土沃＝気爽やかに、節和し、土沃なり([その土地は]気が爽やかで、季節が調和し、土が肥沃である)」

【窓】 11(穴・6) 常 ｜ 常用音訓 ソウ まど

語音 *ts'ŭŋ(上古) tʂ'ɔŋ(中古→㊹ソウ・㊸サウ〈＝ソウ〉) chuāng(中) 창(韓)

語源 [コアイメージ] ㋐スムーズに通り抜ける・㋑一所にまとめて通す。[実現される意味] まどⓐ。[英]window

〔解説〕建物で空気や光を取り入れるのがまどの機能である。日本語の「まど」はマ(目)＋ト(門)で、「室外を見、室内に明かりや空気を入れるための小さい口」の意という(大野①)。漢語の窓は、藤堂明保によれば、従や縦(たてに細くつき通る)と同源で、「縦に抜け出る」という基本義をもつという(藤堂②)。空気が通り抜けるものが窓である。空気はもちろん多量である。これが一つの小さな穴に集中する。したがって「通り抜ける」というイメージは「一所にまとまって通る」というイメージに展開する。

〔グループ〕窓・総・聡・惣・怱(そわそわする[怱卒])・匆(慌ただしい[匆匆])・惚(心が落ち着かない)・摠(すべてを一つにまとめる→すべる)・葱(中空でスムーズに通り抜ける茎をもつ植物、ネギ)・楤(花序の軸が長く通る木、タラノキ)

字源 「窗」が本字。「囱(音・イメージ記号)＋穴(限定符号)」を合わせた字。「囱」は櫺子窓を描いた図形。窓は空気を通す機能があるから、「スムーズに通り抜ける」「一所にまとめて通す」というイメージがある。しかし「囱」はまどの意味に使われず、匆に変形して、匆々(そわそわする)という意味で使われるようになった。そこで「窗」が新たに作られ、空気を通す穴である「まど」を表した。その後、字体は窻→窓と変化した。「悤(＝怱)」は「囱(＝匆。音・イメージ記号)＋心(限定符号)」を合わせたもので、心の中に何かがそわそわと通り抜ける感じを表す。これも「通り抜ける」というイメージを表す記号になる。まどを表す字は囱→窗→窻→窓と変わった。

(篆) 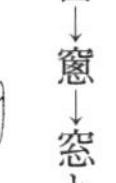 [囱] (篆) 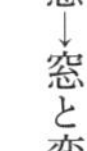 [窗]

(篆) 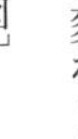 [悤] (篆) 

〔字体〕「窗」は本字。「窓」は古くから使われていた「窻」の俗字。「牕」は異体字。現代中国では窗を用いる。

語義 まどの意味ⓐ。[熟語] ⓐ深窓・同窓

文献 ⓐ周礼・考工記・匠人「四旁兩夾窻＝四旁両つながら窻[＝窓]

を夾む(四隅に両側から窓を挟むようにする)」

【創】12(刀・10)　常　｜常用音訓｜ソウ　つくる

語音 *ts'ïaŋ(上古)　tʃ'ïaŋ(中古→呉シャウ〈＝ショウ〉・漢サウ〈＝ソウ〉)　chuāng・chuàng(中)　창(韓)

語源 [コアイメージ] 切り込みを入れる。[実現される意味] きずⓐ。[英]wound

〔解説〕創には「きず」と「はじめる」の二つの全く違った意味がある。これは一つのコアイメージに概括できないだろうか。コアイメージの源泉は倉にある。倉には「しまいこむ」というイメージと「細長い」というイメージがある。これが「奥が深い」というイメージにつながり、深く入る・深く突き入れる→深く切り込みを入れるというイメージに展開する(倉の項参照)。したがって創は「切り込みを入れる」という一つのイメージに概括できる。これが「きず」の意味と、素材に切り込みを入れる→はじめるという意味を実現する。

字源 「倉(音・イメージ記号)＋刀(限定符号)」を合わせた字。「倉」は「深く突き入れる」「切り込みを入れる」というイメージがある(⇩倉)。「創」は刀を体に深く突き入れて傷をつける様子を暗示させる。

語義 [展開] 刃物による切り傷の意味ⓐから、刃物で傷をつける(そこなう)意味ⓑに展開する。また、「切り込みを入れる」というイメージは「(素材に)切れ目をつける」というイメージに転化し、物事を始める、始めて作り出す意味ⓒが生まれる。このイメージ転化現象は初と同じである。[英]wound(ⓐⓑ);harm, hurt; start work, commence, create [和訓] きず・はじめる [熟語]ⓐ金創・刀創・ⓒ創始・創造

文献 ⓐ韓非子・外儲説左上「呉起吮父之創＝呉起、父の創を吮ふ(呉起[人名]は父の傷を口で吸った)」ⓑ韓非子・大体「雄駿不創壽於旗幢＝雄駿、寿を旗幢に創はず(勇士は軍旗を守るために命をそこなうことはしない)」ⓒ孟子・梁恵王下「君子創業垂統＝君子は業を創め統を垂る(君子は事業を創始してそれを子孫に伝える)」

【喪】12(口・9)　常　｜常用音訓｜ソウ　も

語音 *saŋ(上古)　saŋ(中古→呉・漢サウ〈＝ソウ〉)　sàng・sāng(中)　상(韓)

語源 [コアイメージ] ばらばらに離れる。[実現される意味] ばらばらに分散して形がなくなる(姿が見えなくなる、うしなう)ⓐ。[英]lose

〔解説〕死者を弔うために一定の期間家にこもって謹慎することが日本語の「も」であるが、漢語の喪も同じである。この意味が成立する前に死亡という意味があり、さらにその前段階に「ばらばらに分散する」という意味がある。骨になってばらばらになることが死亡である。藤堂明保によれば、*saŋという語は疋のグループ(疎・楚)や相のグループ、さらに素・蘇・爽などと同源で、「ふたつに分かれる」という基本義をもつ(藤堂①)。このイメージは「ばらばらに離れる」というイメージにも展開する。喪は物体がばらばらになって形をなくするというイメージの語である。

字源 甲骨文字は木の枝葉が四方にばらばらに出た形と、「口」二つないし四つを合わせた図形で、「四方にばらばらに分散する」というイメージを示す。金文はそれに「姿が見えなくなる」というイメージをもつ「亡」を添える。篆文では字体が変わり、「亡(イメージ記号)＋哭(イメージ補助記号)」を合わせた字。死者に対して声を上げて哭する(泣く)様子を暗示させる。これは派生義のⓓを念頭において図形化したもの。ただしコアイメージは反映されていない。

(甲)　(金)　(篆)

語義 [展開] 物がばらばらになって見失われる意味ⓐから、人が死ん

で体がばらばらになる(死亡する)意味ⓑ、滅ぼす(死なせる)意味ⓒ、また、死者を弔う儀礼の意味ⓓに展開する。[英]lose; die; destroy; mourning

[和訓] うしなう・ほろぼす　[熟語] ⓐ喪失・沮喪・ⓑ喪乱・ⓒ喪亡・喪滅・ⓓ喪家・国喪

[文献] ⓐ詩経・皇矣「受禄無喪＝禄を受けて喪(うしな)ふこと無し(福禄をいただいて失わない)」ⓑ詩経・雨無正「降喪饑饉＝喪と饑饉を降す(〔天は〕死亡と飢饉の災いを下したもうた)」ⓒ論語・先進「天喪予＝天、予を喪(ほろ)ぼせり(天は私を滅ぼした)」ⓓ論語・陽貨「夫三年之喪、天下之通喪也＝夫れ三年の喪は天下の通喪なり(三年間の喪は天下共通の儀礼だ)」

【湊】12(水・9)　[人]　[音]ソウ　[訓]みなと・あつまる

[語音] *ts'ug(上古)　ts'əu(中古→[呉]ス・[漢]ソウ)　còu(中)　주(韓)

[語源] [コアイメージ] 一所に集めてそろえる。[実現される意味] 多くのものが一所に集まる(一緒に集まりそろう)ⓐ。[英]come togather, gather

[字源] 「奏(ソウ)(音・イメージ記号)＋水(限定符号)」を合わせた字。「奏」は「多くのものを一所に寄せ集める」というイメージがあり、「一所に集めそろえる」というイメージに展開する。「湊」はいくつかの川が一つの川に合流するように、一つの所に物が集まり合わさる様子を暗示させる。説文解字には「水上、人の会する所なり」とあるが、用例がない。

[語義] [展開] 多くのものが一所に集まるが本義ⓐ。説文解字の記述から類推して、日本ではみなと(船着き場)の意味ⓑに用いる。[英]come togather, gather; wharf, harbor　[熟語] ⓐ湊会・湊集

[文献] ⓐ墨子・尚同「飄風苦雨、湊湊而至＝飄風・苦雨、湊湊として至る(つむじ風と長雨が一度にそろい集まるようにやって来る)」

【惣】12(心・8)　[人]　[音]ソウ　[訓]すべる

[語音] tsuŋ(中古→[呉]ス・[漢]ソウ)　zǒng(中)

[語源] [コアイメージ] 一所にまとめて通す。[実現される意味] すべるⓐ。[英]sum up

[字源] 捴→惣→惣と変わった。「捴」は「怱(ソウ)(＝悤。音・イメージ記号)＋手(限定符号)」を合わせた字。「怱(＝悤)」は「スムーズに通り抜ける」から「一所にまとめて通す」というイメージに展開する(⇨窓)。「捴」はいくつかの物を一所にまとめる様子を暗示させる。総の一部の意味と同じ。惣は六朝以後の字。

[語義] すべてをまとめる(すべる)意味ⓐ。[熟語] ⓐ惣菜・惣領

【痩】12(疒・7)　[常]　[常用音訓]ソウ　やせる
〔瘦〕15(疒・10)　[人]　[音]ソウ　[訓]やせる

[語音] *sïog(上古)　ṣïəu(中古→[呉]シュ・[漢]ソウ)　shòu(中)　수(韓)

[語源] [コアイメージ] 細長い。[実現される意味] 体がやせるⓐ。[英]lean, thin

〔解説〕日本語の「やせる(やす)」はヤサシ(優し。身もやせ細る思いがする意)と同根で、「身体の肉が落ち、皮膚の色艶が失せて、細くひからびたようになる」意という(大野①)。漢語の痩も「細い」というイメージから生まれた。ほかに瘠(セキ)という語もある。これは骨がギザギザと筋張るイメージに由来する。

[字源] 「瘦」が正字。「叟(ソウ)(音・イメージ記号)＋疒(限定符号)」を合わせた字。「叟」は「細長い」というイメージがある(⇨捜)。「瘦」は体が病気で細くなる様子を暗示させる。

[語義] [展開] 体がやせる意味ⓐから、土地がやせる意味ⓑを派生する。[英]lean, thin; sterile　[熟語] ⓐ痩軀・痩身・ⓑ痩地

[文献] ⓐ韓非子・内儲説下「公子甚貧、馬甚痩＝公子甚だ貧しく、馬

甚だ痩す（公子はとても貧乏で、馬はとても痩せていた）」

【葬】12（艸・9）　常　｜　常用音訓　ソウ　ほうむる

語音 *tsaŋ（上古）　tsaŋ（中古→呉・漢サウ〈＝ソウ〉）　zàng（中）　장（韓）

語源 [コアイメージ] 中に入れて隠す。[実現される意味] 死者を墓に埋める（ほうむる）ⓐ。[英]bury

〔解説〕礼記・檀弓篇に「葬なる者は蔵なり。蔵なる者は、人の見るを得ざるを欲するなり」とあるように、古くから「葬は蔵なり」という語源意識があった。*tsaŋという語は蔵・倉と同源で、「しまい込む」というイメージをもつ。これは「中に入れて隠す」というイメージに展開する。日本語の「ほうむる（はふむる）」はハブルが古形。これはハブル（放）と同根で、放り捨てる意が原義。死者を野山に捨てたことに由来するという（大野②）。

字源 「茻（イメージ記号）＋死（限定符号）」を合わせた字。「茻」は「屮（くさ）」を四つ合わせたもので、草むらを示す記号。莫にも含まれている。「葬」は草むらの間に死体を埋める情景を設定した図形。この図形は日本語のハブルを想起させる。しかし語源的には「死者を土の中に入れて隠す」という意匠に主眼がある。

（篆）

語義 [展開] 死者をほうむる意味ⓐから、ほうむる儀式の意味ⓑ、隠して無きものにする意味ⓒを派生する。[英]bury, inter; funeral; hush up

[熟語] ⓐ葬式・埋葬・ⓑ国葬・大葬

文献 ⓐ論語・為政「死葬之以禮＝死すれば之を葬るに礼を以てす（[親が]死んだときは礼に従って埋葬する）」

【装】12（衣・6）　常　｜　常用音訓　ソウ・ショウ　よそおう

〔裝〕13（衣・7）　人　｜　音ソウ・ショウ　訓よそおう・よそう

語音 *tsïaŋ（上古）　tsïaŋ（中古→呉シャウ〈＝ショウ〉・漢サウ〈＝ソウ〉）　zhuāng（中）　장（韓）

語源 [コアイメージ] ㋐細長い・㋑スマートな。[実現される意味] 衣服で身なりを整える（よそおう）ⓐ。[英]dress, rig

〔解説〕装・粧・壮・荘は同源の語で、「細長い」というコアイメージがある。「細くて長い」というイメージは美的感覚として「スマートである」「形が整っている」というイメージにつながる。衣服で身なりをスマートに整えることが装である。日本語の「よそおう（よそほふ）」はヨソフの転。「よそう（よそふ）」は「正式な服装・道具などを整えしつらえる意」という（大野①）。ここから、装飾をする、準備をする、食物を用意する、器に食物を盛るなどの意味を派生する。「振りをする」という意味はないが、漢語の装の影響で、日本語の「よそおう」にこの意味（語義のⓓ）が加わった。

字源 「裝」が正字。「壯ソウ（音・イメージ記号）＋衣（限定符号）」を合わせた字。「壯」は「細長い」というイメージから、「スマートである」というイメージに展開する（⇩壮）。「裝」は衣服を着てスマートに身なりを整える様子を暗示させる。

語義 [展開] 衣服などを着けて身なりを整える意味ⓐから、姿を整える衣服や飾りの意味ⓑ、外形をきれいに整える意味ⓒ、外見を飾ってそれらしく見せる（振りをする）意味ⓓに展開する。また、道具などを調えて準備する（支度をする）意味ⓔ、形よく配置する意味ⓕ、うまく中に取り込む（中に入れ込む、しまい込む）意味ⓖを派生する。[英]dress, rig; clothing, costume; adorn, decorate; pretend, feign; furnish; install; insert

[熟語] ⓐ装飾・装身具・ⓑ衣装・服装・ⓒ塗装・内装・ⓓ仮装・扮装・ⓔ艤装・武装・ⓕ装置・装備・ⓖ装填・装入

文献 ⓐ史記・越王勾践世家「裝其輕寶珠玉＝其の軽宝・珠玉を装ふ（その宝石や玉を身につけた）」ⓑ傅毅・舞賦「顧形影自整裝＝形影を顧みて自ら装を整ふ（影を振り返って見て衣服を整える）」（文選17）ⓔ戦国策・燕三「乃爲裝遣荊軻＝乃ち為に装ひて荊軻を遣る（そこで［匕首を］彼のために準備して、荊軻を派遣した）」ⓖ管子・軽重甲「農夫得居裝而賣其薪蕘＝農夫は居ながらにして装ひて其の薪蕘を売るを得たり（農民はわけなく［材木を］取り込んで、それを薪にして売ることができる）」

【僧】13（人・11） 常 ― 常用音訓 ソウ

〔僧〕14（人・12） 人 ― 音 ソウ

語音 səŋ（中古→呉・漢ソウ） sēng（中） 승（韓）

語源 ［コアイメージ］㋐重なる・㋑集まる。［実現される意味］仏徒の集団ⓐ。［英］Buddhist monk

〔解説〕梵語のsaṅgha（集団の意）を音写するために考案された字。前半を僧で、後半を伽で写して僧伽と書いた。外来語の音写法はただ音を写すだけでなく意味（イメージ）を兼ねることが多い。

字源 「僧」が正字。「曾（音・イメージ記号）＋人（限定符号）」を合わせた字。「曾」は「重なる」というイメージがあり、「重なるようにたくさん集まる」というイメージに転化しうる（⇨曽）。「僧」は修行者の集団を表す。

語義 仏道を修行する者の意味ⓐ。［熟語］ⓐ僧侶・尼僧

文献 ⓐ水経注1「布施四方僧＝四方の僧に布施す（全国の僧に施しをした）」

【想】13（心・9） 常 ― 常用音訓 ソウ・ソ

語音 *siaŋ（上古） siaŋ（中古→呉サウ〈＝ソウ〉・漢シャウ〈＝ショウ〉） xiǎng（中） 상（韓）

語源 ［コアイメージ］二つのものが向き合う。［実現される意味］イメージを心に思い描く（対象を思い浮かべる）ⓐ。［英］imagine, think

〔解説〕戦国時代の韓非子は死んだ象の骨を見て生きた象を思い浮かべることが想の起源とした（下記文献参照）。これはあまりにストレートな解釈である。しかし象に語源を求めたのは妥当である。象とは物の姿であり、イメージである。象は相（すがた、形）とも関係がある。AとBという二つのものが⇅（互いに向き合う）の関係をもつ事態を相という。見る主体と見られる対象の関係において、見る主体の「見る」という行為、見られる対象をともに相という語で呼ぶ。これと同じ関係が心理現象にもある。思う心と思われる対象があって、心が対象を捉える（対象を思い浮かべる）ことを想というのである。英語のimagineはラテン語のimago（イメージ）が語源で、「実際にないことや体験していないことを心に描く、想像する」の意という（小島①）。漢語の想も英語のimagineもイメージと関係があるのは興味深い。

字源 「相（音・イメージ記号）＋心（限定符号）」を合わせた字。「相」は見る主体と見られる客体が互いに向き合う様子。ここに「二つのものが□↕□の形に向き合う」というイメージがある（⇨相）。「想」は思考の主体（心）が対象と向き合う様子を暗示させる。この意匠によって、物事をイメージとして心に思い浮かべることを表象する。

語義 ［展開］対象を思い浮かべる、また、あれこれと思い浮かべて考える意味ⓐから、思い浮かべるイメージや考えの意味ⓑを派生する。［英］imagine, think; thought, idea ［和訓］おもう ［熟語］ⓐ想像・回想・ⓑ詩想・理想

文献 ⓐ韓非子・解老「人希見生象也、而得死象之骨、案其圖以想其生也、故諸人之所以意想者、皆謂之象也＝人、生象を見ること希なり、而して死象の骨を得、其の図を案じて以て其の生を想ふなり、故に諸人

の意想する所以の者、皆之を象と謂ふなり（生きたゾウはめったに見られない。死んだゾウの骨を手に入れて、その図に照らし合わせて、生きたゾウの姿を思い浮かべる。だから心に想い描くものを象というのだ）」

【蒼】13（艸・10）　人　│音ソウ　訓あお・あおい

語音 *ts'aŋ（上古）　ts'aŋ（中古→呉・漢サウ〈＝ソウ〉）　cāng（中）　창（韓）

語源 ［コアイメージ］深い。［実現される意味］深い青色、また、青黒色ⓐ。［英］blue, dark green

〔解説〕説文解字に「蒼は艸（＝草）の色なり」とあり、段玉裁は「引伸して青黒色の称と為す」と述べる（説文解字注）。汚れがなく澄み切った色が青で、黒みがかったあお色を蒼という。深いあお色はかえって黒く見える。これは高く遠い天空を見るときの色である。下記の詩経の毛伝に「之を遠視して蒼蒼然たるに拠り、則ち蒼天と称す」とある。ちなみに蒼生は黔首（ケンシュ）と同義で、冠や頭巾をかぶらず、黒い頭をむきだしにした平民を意味する。

字源 「倉（ソウ）（音・イメージ記号）＋艸（限定符号）」を合わせた字。「倉」は長い→奥が深い→深く入る（突き入れる）とイメージが転化する（⇩倉）。「蒼」は草が鬱蒼と茂った時の、深いあお色を暗示させる。

語義 ［展開］深い青色の意味ⓐから、浅い青色、青ざめた色の意味ⓑ、天の意味ⓒに展開する。［英］blue, dark green; pale; sky　［熟語］ⓐ蒼海・蒼天・ⓑ蒼然・蒼白・ⓒ穹蒼

文献 ⓐ詩経・黍離「悠悠蒼天＝悠悠たる蒼天よ（はるかなる青空よ）」ⓒ詩経・桑柔「以念穹蒼＝以て穹蒼を念ふ（ひたすら天を思うのみ）」

【層】14（尸・11）　常　│常用音訓　ソウ

〔層〕15（尸・12）　人　│音ソウ　訓かさなる

語音 *dzəŋ（上古）　dzəŋ（中古→呉ゾウ・漢ソウ）　céng（中）　층（韓）

語源 ［コアイメージ］上に重なる。［実現される意味］幾重にも重なるⓐ。［英］overlap

字源 「層」が正字。「曾（ソウ）（音・イメージ記号）＋尸（限定符号）」を合わせた字。「曾」は「上に重なる」というイメージがある（⇩曽）。「層」はフロアが幾重にも重なった建物を暗示させる。

〔字体〕「層」は旧字体。「層」は常用漢字の字体。中国の簡体字は「层」。

語義 ［展開］幾重にも重なる意味ⓐから、幾重にも重なったもの（重なり）、また、重なったものを数える語ⓑ、社会における階級の意味ⓒに展開する。［英］overlap; story, layer; stratum, class　［熟語］ⓐ層累・層楼・ⓑ階層・地層・ⓒ下層・上層

文献 ⓐ水経注9「左右石壁層深＝左右の石壁、層深し（左右の石の壁は、幾重にも重なって深い）」ⓑ老子・六十四章「九層之臺、起於累土＝九層の台も、累土より起こる（九重のうてなも一盛りの土から始まる）」

【槍】14（木・10）　人　│音ソウ　訓やり

語音 *ts'iaŋ（上古）　ts'iaŋ（中古→呉サウ〈＝ソウ〉・漢シャウ〈＝ショウ〉）　qiāng（中）　창（韓）

語源 ［コアイメージ］㋐細長い・㋑深く突き入れる。［実現される意味］やりⓐ。［英］spear

字源 「倉（ソウ）（音・イメージ記号）＋木（限定符号）」を合わせた字。「倉」は「細長い」というイメージから、「深く入る・深く突き入れる」というイメージにも展開する。「槍」は先端に刃をつけ、敵に突き入れる細長い棒状の武器を暗示させる。

語義 ［展開］武器の一つ、やりの意味ⓐ。また、突く、突き当たる意味ⓑを派生する。ⓑは搶と通用。［英］spear; knock　［熟語］ⓐ長槍・刀槍

【文献】ⓐ墨子・備城門「槍二十枚、周置二歩中＝槍二十枚、周く二歩の中に置く（二十本のやりを二歩の間隔で配置する）」

【漱】14（水・11） 人 ｜ 音ソウ 訓くちすすぐ・すすぐ

【語音】*sug（上古） səu（中古→呉ス・漢ソウ） shù（中） 수（韓）

【語源】［コアイメージ］㋐縮まる・㋑急促。［実現される意味］口をすすぐⓐ。［英］gargle

【解説】釈名・釈飲食に「欶は促なり。力を用て急促するなり」、「嗽は促なり。口を用て急促するなり」とある。欶・嗽は急に迫り上げるように液体を口に吸い込むという意味。嗽には咳き上げるという意味もある。漱も語源的に嗽と同じである。

【字源】「欶（音・イメージ記号）＋水（限定符号）」を合わせた字。「束」は「縮める」というイメージがあり（⇨束）、「時間的に間がない、急である」というイメージに展開する。「束（音・イメージ記号）＋欠（限定符号）」を合わせた「欶」は、液体などを急に吸い上げることを表す。「漱」は水を口に入れ、せかせかと口を動かして洗う様子を暗示させる。

（篆）［欶］　（篆）

【語義】［展開］口をすすぐ意味ⓐから、洗濯物をせかせかと動かして洗う意味ⓑ、液体を吸い上げる意味ⓒに展開する。［英］gargle; wash; suck ［熟語］ⓐ漱石枕流・ⓑ漱滌

【文献】ⓐ礼記・内則「鶏初鳴、咸盥漱＝鶏初めて鳴き、咸盥漱す（鶏が鳴き始めると、皆手を洗い、口をすすぐ）」

【漕】14（水・11） 人 ｜ 音ソウ 訓こぐ

【語音】*dzɔg（上古） dzau（中古→呉ザウ〈＝ゾウ〉・漢サウ〈＝ソウ〉） cáo（中） 조（韓）

【語源】［コアイメージ］ぞんざいに寄せ集める。［実現される意味］船で物資を運ぶⓐ。［英］transport by boat

【字源】「曹（音・イメージ記号）＋水（限定符号）」を合わせた字。「曹」は「（多くの物を）ぞんざいに寄せ集める」というイメージがある（⇨曹）。「漕」は水上でいろいろな物資を寄せ集めて運ぶ様子を暗示させる。

【語義】［展開］船で物資を運ぶ意味ⓐ。水運の前提は船の運行なので、日本では「こぐ」に当てる。櫓や櫂で船を進める意味ⓑ。［英］transport by boat; row ［熟語］ⓐ運漕・回漕・ⓑ漕艇・競漕

【文献】ⓐ管子・軽重戊「齊即令隰朋漕粟於趙＝斉は即ち隰朋をして粟を趙に漕ばしむ（斉国は直ちに隰朋に穀物を趙に運漕させた）」

【総】14（糸・8） 常 ｜ 常用音訓 ソウ

【語音】*tsuŋ（上古） tsuŋ（中古→呉ス・漢ソウ） zǒng（中） 총（韓）

【語源】［コアイメージ］㋐通り抜ける・㋑一所にまとめて通す。［実現される意味］糸を束ねて締めくくったもの（ふさ）ⓐ。［英］tassel

【解説】窓と総を通底するコアイメージが「通り抜ける」、およびそれの展開である「一所にまとめて通す」である。「まとめる」というイメージが含まれているので、総は多くを一つにまとめる、まとめて全部という使い方ができる。和訓の「すべる（すぶ）」は「ばらばらのものをまとめる意」、「すべて」は「みなとりまとめての意」（大野②）で、漢語の総と同じ。常用漢字表では「すべて」の訓が全にあるが、本当は総がふさわしい。

【字源】「總」が正字。「悤（音・イメージ記号）＋糸（限定符号）」を合わせた字。「悤」は「スムーズに通り抜ける」というイメージがあり、「一所にまとめて通す」というイメージに展開する（⇨窓）。「悤（＝怱）」は「囪（＝匆。音・イメージ記号）＋心（限定符号）」を合わせた字で、さまざまなことが心中を通り抜けてせわしい感じを表す。これも「通り抜ける」と

いうイメージを表す記号になる。かくて「總」は多くの糸を一か所でまとめ、締めくくった所から糸の端が通り抜けて垂れたもの（つまり「ふさ」）を暗示させる。

〔字体〕「総」は近世中国で発生した「總」の俗字。現代中国の簡体字は「总」。

[語義]【展開】糸を束ねて締めくくったもの（ふさ）が本義ⓐ。「通り抜ける」「一所にまとめて通す」というコアイメージから、多くのものを一つにまとめる（すべる）意味ⓑ、すべて（皆まとめて、全部）の意味ⓒを派生する。[英]tassel; gather, synthesize, sum up; total, whole, gross 【和訓】ふさ・すべる・すべて 【熟語】ⓑ総合・総統・ⓒ総計・総和

[文献]ⓐ周礼・春官・巾車「王后之五路、重翟、錫面朱總＝王后の五路は、重翟（チョウテキ）、錫面、朱総（君主の五つの車には、二つのキジの羽、錫のめっき、赤いふさをつける）」ⓑ詩経・長発「百祿是総＝百禄を是れ総（す）ぶ（多くの幸いを一手に集める）」

【綜】14(糸・8) [人] ［音］ソウ ［訓］へ・すべる

[語音] *tsoŋ(上古) tsoŋ(中古→[呉]ソ・[漢]ソウ) zōng・zèng(中) 종(韓)

[語源]【コアイメージ】縦にまっすぐ通る・縦横に通る。【実現される意味】機織りの装置の一つ、へⓐ。[英]heddle, heald

〔解説〕機織りで布を織る際、縦糸を上げ下げして交差させ、梭（ひ）をその間に通す装置を綜という。日本語では「へ」という。「へ」の動詞形が「ふ」である。その機能から、「場所とか月日とかを順次、欠かすことなく経過して行く意」（大野①）が生まれる。これが「へる（経・歴）」である。漢語の綜はこれと違い、「（縦横に）筋が通る」というコアイメージから、いくつかのものが縦横に交じわってまとまるという意味が生じる。これが綜合の綜で、総と近くなる。

[字源]「宗（ソウ）（音・イメージ記号）＋糸（限定符号）」を合わせた字。「宗」は「縦にまっすぐ通る」というイメージがある（⇩宗）。「縦にまっすぐ」は↓形でも↑形でもよい。これは⇅形のイメージにも展開する。「綜」は縦糸を↓形や↑形に上下させて梭を通し、横糸と交わらせる装置を暗示させる。

[語義]【展開】機織りの道具、「へ」が本義ⓐ。「縦に筋が通る」というイメージは「横に筋が通る」というイメージにも展開し、いくつかのものが交わって、きちんと筋をなして集まりまとまる（いくつかのものが集まる）意味ⓑを派生する。[英]heddle, heald; gather, sum up 【熟語】ⓐ綜絖・ⓑ綜覧・錯綜

[文献]ⓑ易経・繫辞伝上「錯綜其數＝其の数を錯綜す（易の数はいくつかが互いに交わったり集まったりする）」

【聡】14(耳・8) [人] ［音］ソウ ［訓］さとい

[語音] *tsʻuŋ(上古) tsʻuŋ(中古→[呉]ス・[漢]ソウ) cōng(中) 총(韓)

[語源]【コアイメージ】通り抜ける・スムーズに通る。【実現される意味】耳がよく通って知覚力が働くⓐ。[英]hear well

〔解説〕王念孫は聡と窓を同源の語とし、「聡の言は通なり」という（広雅疏証）。精神に妨げがなくスムーズに通ることが聡明の聡である。コアイメージの源泉は囱（ソウ）（まど）にある。日本語の「さとい（さとし）」はサトル（悟）と同根で、「神の啓示・警告を受けて、その神意をよく知るさま」という（大野①）。

[字源]「聰」が正字。「悤（ソウ）（＝怱。音・イメージ記号）＋耳（限定符号）」を合わせた字。「囱（ソウ）」は窓を描いた図形。「囱」も「悤（＝怱）」も「通り抜ける」「スムーズに通る」というイメージがある（⇩窓）。「聰」は耳がよく通って、物事を聞き分ける様子を暗示させる。

〔字体〕「聡」は近世中国で発生した「聰」の俗字。現代中国の簡体字は「聪」。

語義 [展開] 耳がよく通って知覚力が働く意味ⓐから、心がスムーズに通って、働きがよいさま(物分かりがよい)意味ⓑに展開する。[英]hear well; intelligent, clever [熟語] ⓑ聡慧・聡明

文献 ⓐ詩経・兎爰「逢此百凶、尚寐無聰＝此の百凶に逢へり、尚寐(い)ねて聡(き)くこと無からん(どっとこんな災難にぶつかった、せめて目を閉じて聞く耳を持つまい)」ⓑ詩経・祈父「祈父、亶不聰＝祈父よ、亶(まこと)に聡(さと)からず(将軍さま、あなたは本当に愚か者)」

【遭】 14(辵・11) 常 常用音訓 ソウ あう

語音 *tsog(上古) tsau(中古→呉・漢サウ〈＝ソウ〉) zāo(中) 조(韓)

語源 [コアイメージ] (予定外で)居並ぶ。[実現される意味] 思いがけず出会うⓐ。[英]encounter

字源 「曹(ソウ)(音・イメージ記号)＋辵(限定符号)」を合わせた字。「曹」は「ざっと居並ぶ」「ぞんざいに寄せ集める」というイメージがある(⇨曹)。寄せ集めた側に視点を置くと、予定した人ではなく誰でもよい人を集めるというイメージである。したがって、「遭」はある地点で予定しない人にばったりと出会って並ぶ様子を暗示させる。

語義 [展開] 思いがけず出会う意味ⓐから、よくない目にあう意味ⓑに展開する。[英]encounter; suffer [熟語] ⓐ遭遇・遭逢・ⓑ遭難

文献 ⓐ詩経・還「遭我乎峱之間兮＝我に峱(ドウ)の間に遭ふ(私と峱[山の名]の真ん中で出くわした)」ⓑ詩経・閔予小子「遭家不造＝家の不造に遭ふ(家が不幸な目にあった)」

【槽】 15(木・11) 常 常用音訓 ソウ

語音 *dzog(上古) dzau(中古→呉ザウ〈＝ゾウ〉・漢サウ〈＝ソウ〉) cáo(中) 조(韓)

語源 [コアイメージ] ぞんざいに寄せ集める。[実現される意味] 餌を入れる器(かいばおけ)ⓐ。[英]trough, manger

字源 「曹(ソウ)(音・イメージ記号)＋木(限定符号)」を合わせた字。「曹」は「ぞんざいに寄せ集める」というイメージがある(⇨曹)。「槽」は家畜に食わせる餌を寄せ集めておく器を暗示させる。

語義 [展開] 餌を入れる器の意味ⓐから、液体を入れる容器の意味ⓑ、また、それに似た(なぞらえた)ものの意味ⓒを派生する。[英]trough, manger; tub, pail; tub-shaped thing [和訓] おけ・ふね [熟語] ⓐ槽櫪(ソウレキ)・ⓑ水槽・浴槽・ⓒ歯槽

文献 ⓐ易林4「槽空無實＝槽空しく実無し(かいばおけは空っぽで中身がない)」

【箱】 15(竹・9) 常 常用音訓 はこ

語音 *siaŋ(上古) siaŋ(中古→呉サウ〈＝ソウ〉・漢シャウ〈＝ショウ〉) xiāng(中) 상(韓)

語源 [コアイメージ] 二つのものが離れて並ぶ。[実現される意味] 車のはこⓐ。[英]box of a carrige

字源 「相(ソウ)(音・イメージ記号)＋竹(限定符号)」を合わせた字。「相」は「二つのものが向き合う」というイメージから、「二つのものが離れて並ぶ」というイメージに展開する(⇨相)。「箱」は車の両側に遮蔽用の板を並べた荷台を暗示させる。

語義 [展開] 車の荷台の意味ⓐから、広く、物を入れる道具(はこ)ⓑの意味に転じる。[英]box of a carrige; box, case, chest, trunk [熟語] ⓐ車箱・ⓑ巾箱本・書箱

文献 ⓐ詩経・大東「睆彼牽牛、不以服箱＝睆(カン)たる彼の牽牛、以て箱を服せず(まるく輝くひこぼしは、車の荷台をつけていない)」

【踪】 15(足・8) 常 常用音訓 ソウ

語音 *tsoŋ(上古)　tsoŋ(中古→呉ソ・漢ソウ)　zōng(中)　종(韓)

語源 [コアイメージ] 縦にまっすぐ通る。[実現される意味] 足跡ⓐ。[英]footprint

〈解説〉踪は蹤の異体字である。釈名・釈言語に「蹤は従なり。人の形、之に従ふなり」とある。従はAのあとにBがしたがうことなので、「A—B—C…の形につらなる」「縦にまっすぐ(線状に)通る」というイメージがある。足跡は点々と断続的につらなるものだが、視点を広げると、線状につらなるというイメージでも捉えられる。

字源 「宗(音・イメージ記号)+足(限定符号)」を合わせた字。「宗」は「縦にまっすぐ通る」というイメージがある(⇩宗)。視点を横あるいは平面に置き換えてもイメージは変わらない。「踪」は縦の筋をなして点々と続いていく足跡を暗示させる。

語義 足跡の意味ⓐ。[熟語] ⓐ失踪・踪跡

文献 ⓐ易林1「不見踪跡＝踪跡を見ず(足跡が見えない)」

【操】

16(手・13)　常　|　常用音訓　ソウ　みさお・あやつる

語音 *ts'ɔg(上古)　ts'au(中古→呉・漢サウ〈＝ソウ〉)　cāo(中)　조(韓)

語源 [コアイメージ] ㋐浮き上がる・㋑表面をかすめる・表面を搔く。[実現される意味] 手元にたぐり寄せて物を取るⓐ。[英]grasp

〈解説〉釈名・釈姿容に「操は抄なり。手、其の下に出づるの言なり」とある。藤堂明保は喿のグループ、巣のグループ、少のグループの一部(抄・鈔)を同じ単語家族にくくり、「上に浮く・表面をかすめる」という基本義をもつとする(藤堂①)。喿と巣は「上に浮き上がる」というイメージから「表面をかすめる」というイメージに展開したもの。一方、表面を搔くというイメージをもつ語に掃・搔などがあり、喿・巣・抄ときわめて近い。表面を搔くようにして手先をうまく使って動かす行為が操である。日本語の「あやつる」は「道具などを思いのままに巧みに使う」意味という(大野①)。これは漢語の操とほぼ同じ。また「みさお(みさを)」はミ(神・霊を示す接頭語)+サヲ(青)で、「神秘的な青さ、色合いをいうのが原義。転じて、常緑樹のような不変の美、また、状況に左右されない志操をいう」とある(大野①)。この展開義が漢語の操に近いので、操に「みさを」の訓がつけられた。

〈グループ〉操・燥・繰・藻・澡(体の表面を搔いて洗う[澡浴])・噪(浮ついて騒ぐ[噪音])・懆(心が騒いで落ち着かない、いらいらする)・躁(浮き上がって落ち着かない[躁鬱])・譟(やかましく騒ぐ[諠譟])・臊(いらつかせるいやな臭い→生臭い[腥臊])・鱢(生臭い)

字源 「喿(音・イメージ記号)+手(限定符号)」を合わせた字。「品」は「口(くち)」を三つ重ねて、多くの口が音を発する様子を示す。「品(イメージ記号)+木(限定符号)」を合わせた「喿」は、木の上で鳥が口々に鳴き騒ぐ情景を設定した図形。喧噪の噪の原字。巣と造形法が似ており、木の上に乗っかっている姿から、「表面に浮き上がる」というイメージを表すことができる。このイメージは「さっと表面をかすめる」というイメージに展開する。「操」は表面をかすめてこちらの方にたぐり寄せて物を取る様子を暗示させる。

(篆)　[喿]　(篆)

語義 [展開] 手元にたぐり寄せて取る意味ⓐから、手先を使ってうまくさばく(あやつる)意味ⓑ、手に取って放さない(しっかり持つ)意味ⓒ、手足を動かして練習すること(演習・訓練)の意味ⓓ、口や楽器などを巧みに使う意味ⓔに展開する。また、ⓒから比喩的に、心構えをしっかり持つ、志をしっかり守ること(みさお)の意味ⓕを派生する。[英]grasp; handle, operate, manipulate; hold; exercise; play, perform; constancy　[和訓] とる　[熟語] ⓑ操作・操縦・ⓒ操持・操柄・ⓓ操練・体操・ⓕ節操・貞操

文献 ⓐ春秋左氏伝・襄公31「猶未不能操刀而使割也、其傷實多＝猶未だ刀を操りて割かしむる能はざるなり、其の傷実に多し(まだ刀を取って人を切らせることができない。[もしそうすると]まことに傷が多くなるからだ)」ⓑ荘子・達生「津人操舟若神＝津人舟を操ること、神の若し(渡し守が舟を操るのは神業だ)」ⓒ商君書・算地「聖人審權以操柄、審數以使民＝聖人は権を審らかにして以て柄を操り、数を審かにして以て民を使ふ(聖人は権を明らかにして権力を握り、数を明らかにして民衆を使う)」ⓔ春秋左氏伝・成公9「使之與琴、操南音＝之に琴を与へて、南音を操らしむ(彼に琴を与えて、南方の音楽を奏でさせた)」ⓕ孟子・滕文公下「充仲子之操、則蚓而後可者也＝仲子の操を充すは、則ち蚓にして後可なる者なり(仲子[人名]の[つまらぬ]節操を満たすとしたら、ミミズならできることだが)」

【燥】 17(火・13) 常 ― 常用音訓 ソウ

語音 *sɔg(上古) sau(中古→呉・漢サウ〈＝ソウ〉) zào(中) 조(韓)

語源 [コアイメージ] 表面に浮き上がる。[実現される意味] 水分がかわく。また、水分を蒸発させる(かわかす)ⓐ。[英]dry

字源 「喿(音・イメージ記号)＋火(限定符号)」を合わせた字。「喿」は「表面に浮き上がる」というイメージがある(⇩操)。「燥」は火気で水分が浮き上がる様子を暗示させる。この意匠によって、水分が蒸発してかわくことを表象する。

語義 水分がかわく・かわかす意味ⓐ。[和訓] かわく・かわかす
[熟語] ⓐ乾燥・枯燥

文献 ⓐ易経・乾「火就燥＝火は燥に就く(火は乾燥したものに近づく)」易経・説卦伝「燥萬物者、莫熯乎火＝万物を燥かす者は、火より熯けるは莫し(万物を乾かすものは、火よりも乾燥できるものはほかにない)」

【霜】 17(雨・9) 常 ― 常用音訓 ソウ しも

語音 *sïaŋ(上古) sïaŋ(中古→呉シャウ〈＝ショウ〉・漢サウ〈＝ソウ〉) shuāng(中) 상(韓)

語源 [コアイメージ] ばらばらに離れる。[実現される意味] しもⓐ。[英]frost

[解説] 釈名・釈天では「霜は喪なり。其の気惨毒、物皆喪ふなり」とあり、霜のために物が喪失するほどの被害を与えるといった解釈をした。機能(効用や効果)からではなく形態からの解釈がよい。*sïaŋという語は疎(まばら)・喪(ばらばらになる)と同源で、「ばらばらに離れる」というコアイメージをもつ。水分が凍ってばらばらな粒状に見えるものが霜である。下記の詩経にあるように、露が凍って霜になると考えられた。孀(夫と死に別れてひとりぼっちになった女、やもめ)には「ばらばらに離れる」というイメージが生きている。

字源 「相(音・イメージ記号)＋雨(限定符号)」を合わせた字。「相」は「二つのものが離れて並ぶ」というイメージがあるが、「ばらばらに離れる」というイメージに転化しうる(⇩相)。「霜」は水分が凍ってばらばらな粒状になったものを暗示させる。

語義 [展開] しもの意味ⓐから、年月の意味ⓑに展開する。また、白・冷たさ・厳しさなどを喩える語ⓒに用いる。[英]frost; year; metaphor of white, etc. [熟語] ⓐ降霜・秋霜・ⓑ星霜・ⓒ霜刃・霜鬢・秋霜烈日

文献 ⓐ詩経・蒹葭「蒹葭蒼蒼、白露爲霜＝蒹葭蒼蒼たり、白露、霜と為る(ひめよしは青ざめて、白い露は霜になる)」

【叢】 18(又・16) 人 ― 音ソウ 訓くさむら・むら・むらがる

語音 *dzuŋ(上古) dzuŋ(中古→呉ズ・漢ソウ) cóng(中) 총(韓)

語源 [コアイメージ] 引き締める。[実現される意味] 草木が一所に群がり集まる、また、くさむらⓐ。[英]grow dense, clump, thicket

〔解説〕説文解字に「叢は聚(シュ)なり」とあるように、聚(多くのものが一所に集まる)と同源の語。コアイメージの源泉は取にある。これは「引き締める」というイメージがある。草木が一か所にかたまるように生えることを叢生というが、この場合に叢が使われる。多くの草木が中心に向けて引き締められたような姿を呈するので叢という。

〔字源〕「丵+取」に分析する。「丵(サク)」は僕の右側、鑿(サク)の左上に含まれ、先端がぎざぎざで不ぞろいに生えている木の形。「取」は「縮める」というイメージから「引き締める」というイメージに展開する(⇩取)。「取(シュ)(音・イメージ記号)+丵(イメージ補助記号)」を合わせた「叢」は、草木が長短不ぞろいに、引き締められて一所に集まる様子を暗示させる。

(篆)

〔語義〕［展開］草木が一所に群がり集まる、また、くさむら意味ⓐから、多くのものが一所に集まる(むらがる)意味ⓑに展開する。［英］grow dense, clump, thicket; crowd togather, gather, throng ［熟語］ⓐ叢生・草叢・ⓑ叢書・論叢

〔文献〕ⓐ孟子・離婁上「爲叢敺爵者鸇也＝叢の為に爵[＝雀]を敺(カ)る者は鸇(セン)なり(草むらの方にスズメを駆り立てるものはコノリ[タカ科の猛禽]である)」ⓑ呂氏春秋・達鬱「萬災叢至矣＝万災叢(むら)がり至る(多くの災難が群がるようにやってくる)」

【騒】18(馬・8) 常 ｜常用音訓｜ソウ さわぐ

〔騷〕20(馬・10) 人 ｜音ソウ 訓さわぐ

〔語音〕*sog(上古) sau(中古→呉・漢サウ〈＝ソウ〉) sāo(中) 소(韓)

〔語源〕［コアイメージ］表面をひっかく・表面をかすめる。［実現される意味］いらいらと動き回って落ち着かない(さわぐ)ⓐ。［英］disturb

〔解説〕コアイメージの源泉は叉(ソウ)にある。叉はつめのことで、「表面をひっかく」というコアイメージをもち、爪(ソウ)・抓(ソウ)と同源。また、*sogという語は噪(ソウ)(浮ついて騒ぐ)・躁(ソウ)(浮き上がって落ち着かない)とも同源で、「表面をかすめる」というイメージもある。騒と噪・躁は「表面をかすめる」から「いらいらして落ち着かない」へのイメージ転化が似ている。日本語の「さわぐ」は「大きな音や大声を立てて入り乱れ動き回ること」という(大野②)。漢語の騒は「音を立てる」は必ずしも含まれないが、「入り乱れて動き回る」ことでは日本語の「さわぐ」と同じである。

〔グループ〕騒・蚤(ソウ)(ノミ)・掻(ソウ)(表面をひっかく[掻痒])・慅(ソウ)(いらいらして落ち着かない)・瘙(ソウ)(ひっかきたくなるほどかゆい皮膚病、ひぜん)

〔字源〕「騷」が正字。「蚤(ソウ)(音・イメージ記号)+馬(限定符号)」を合わせた字。「叉」は「又(手の形)」の間に点々をつけて、「つめ」を暗示させる図形。つめの機能から、「表面をひっかく」というイメージがある。「叉(ソウ)(音・イメージ記号)+虫(限定符号)」を合わせた「蚤」は、人畜の皮膚をひっかく虫、ノミを表す。これも「表面をひっかく」「表面をかすめる」というイメージを表すことができる。「騷」は馬が落ち着かず地面をひっかく様子を暗示させる。この意匠によって、浮ついて落ち着かずにうるさく掻き乱すことを表象する。

(篆)  [叉] (篆) [蚤] (篆)

〔字体〕「騷」は旧字体。「騒」は書道に由来する常用漢字の字体。

〔語義〕［展開］うるさく掻き乱したり、いらいらと動き回ったりして、行動が落ち着かない意味ⓐから、心理的にいらいらして落ち着かず不安になる(心配する、うれえる)意味ⓑを派生する。ⓑから転じて、情操があり、多感なこと(詩人としての資質をいうことば)の意味ⓒが生まれた。また、離騒から始まる韻文の一つⓓ。うるさく音を立てる意味ⓔや、騒がしい事件(さわぎ)の意味ⓕは日本的用法。［英］disturb, upset; be anxious;

susceptible, sensitive; a kind of Chinese poetry; noise, noisy; trouble, disturbance 【熟語】ⓐ騒擾・騒乱・ⓑ牢騒・ⓒ騒人・風騒・ⓓ騒体・ⓔ騒音・喧騒・ⓕ騒動

【文献】ⓐ詩経・常武「徐方繹騒＝徐方繹(つ)ぎて騒ぐ(徐方[国名]がひっきりなしに騒いでいる)」ⓑ史記・屈原賈生列伝「故憂愁幽思而作離騒＝故に憂愁・幽思して離騒を作る([屈原は]そのため憂えて深い思いに沈み、離騒[憂いにかかる意]という作品を作った)」

【繰】19(糸・13) 常 ―常用音訓 くる

【語音】*sɔg(上古) sau(中古→呉・漢サウ〈＝ソウ〉) sāo(中) 조(韓)

【語源】[コアイメージ] 表面をかすめる。[実現される意味] 繭から糸を引き出すⓐ。[英]reel

【解説】日本語の「くる」は「糸・紐・綱など細長いものを、手もとに引き寄せる」が原義で、「たぐり寄せる」という意味に展開する(大野②)。これを漢字表記で繰に当てる。繰は「繭から糸を引き出す」という限定的な意味で、「連続しているものを順々におくる」という比喩的な用法はない。繰は「表面をかすめる」というコアイメージから生まれた語である。

【字源】「喿(ソウ)(音・イメージ記号)＋糸(限定符号)」を合わせた字。「喿」は「表面をかすめる」というイメージがある(⇩操)。「繰」は繭の表面をかすめて生糸を手元にたぐり寄せて取る様子を暗示させる。繅と同義。巣にも「表面をかすめる」というイメージがある。

【語義】[展開] 繭から生糸を引き出す(糸を繰る)が原義ⓐ。順次に引き出す(順々に送る)の意味ⓑは日本的用法。[英]reel; move in order [熟語]ⓐ繰糸

【文献】ⓐ国語・楚「王后親繰其服＝王后親(みずか)ら其の服を繰る(きさきは自分で糸を繰って衣服を作る)」

【藻】19(艸・16) 常 ―常用音訓 ソウ も

【語音】*tsog(上古) tsau(中古→呉・漢サウ〈＝ソウ〉) zǎo(中) 조(韓)

【語源】[コアイメージ] 表面に浮き上がる。[実現される意味] 水中に生える草(も)ⓐ。[英]algae

【字源】「澡(ソウ)(音・イメージ記号)＋艸(限定符号)」を合わせた字。「喿」は「表面に浮き上がる」「表面をかすめる」というイメージがある(⇩操)。「澡」は、体の表面のあかを洗ってかすめとる様子。結果としてあかが水面に浮き上がるから、これも「表面に浮き上がる」というイメージを表すことができる。かくて「藻」は葉が水面に浮き上がる水草を暗示させる。下記の詩経の毛伝に「浮く者を藻と曰ふ」とある。ただし浮かなくても一般に水草を藻という。

【語義】[展開] 水中に生える草(も)の意味ⓐ。「表面に浮き上がる」というコアイメージから、表面に浮き上がって目立つ模様の意味ⓑ、言葉のあやの意味ⓒを派生する。[英]algae; pattern; figure of speech, trope

【熟語】ⓐ藻類・海藻・ⓑ藻井・藻文・ⓒ詞藻・文藻

【文献】ⓐ詩経・采蘋「于以采藻、于彼行潦＝于(ここ)に以て藻を采る、彼の行潦(コウロウ)に(ほら水草を摘もうよ、あの道のにわたずみで)」

ぞう

【造】10(辵・7) 常 ―常用音訓 ゾウ つくる

【語音】(1)*dzɔg(上古) dzau(中古→呉ザウ〈＝ゾウ〉・漢サウ〈＝ソウ〉) zào(中) 조(韓) (2)*ts'ɔg(上古) ts'au(中古→呉・漢サウ〈＝ソウ〉) zào(中) 조(韓)

【語源】[コアイメージ] ㋐寄せ集め・㋑ぞんざい・粗雑。[実現される

意味】あり合わせの材料をざっと集めて物をつくる（物をこしらえる、つくる）ⓐ。［英］make, build
【解説】造と作は何が違うのか。また、造には「つくる」と「いたる」の二つの意味の語が同居しているが、二つはどんな関係があるのか。これらの疑問を氷解させたのが藤堂明保である。氏は草や曹のグループ、造のグループを同じ単語家族にくくり、「寄せ集め、ぞんざいな」という基本義をもつとした（藤堂①）。*dzɔgという語は草草の草（ぞんざい、粗雑）と同源で、そそくさと（にわかに、急に）こしらえるというイメージがあるため、作（手を加えて初めて物をつくる）とは全く異なる。また、「寄せ集める」というイメージから「空間的に近づく、くっつく」というイメージに展開し、目的の所まで至りつく意味が生まれる。これが造詣の造（いたる）である。*dzɔgという語の図形化（視覚記号化）は船を寄せ集めて橋をつくる場面から発想され、艁が生まれたが、後に字体が造に変わった。日本語の「つくる」と漢語の作・造の関係については作の項も参照されたい。英語では造にぴったり当たる語がない。創造はcreateと訳されるが、創造の中心的な意味は創にあり、造は付加的である。熟語になるとしばしば意味が変容する。
【グループ】造・慥ゾウ（あわただしい。〈日〉こしらえる・たしか）・糙ゾウ（粗雑な米、玄米）
字源 「艁」が本字（金文と古文の字体）。「告（イメージ記号）＋舟（限定符号）」を合わせた字。「告」は「きつく縛りつける」というイメージがある（⇨告）。「艁」は舟を寄せ集めて縛り、急場の橋をつくる様子を暗示させる。後に、ある場所に行きつく（いたる）意味に転じたため、限定符号を「舟」から「辵」に替えて「造」となった。

（金）（古）（篆）

【字体】「造」は旧字体。「造」は古くから書道で行われた字体。

語義 【展開】材料を寄せ集めてそそくさと物をつくる意味ⓐから、いい加減にでっち上げる意味ⓑを派生する（以上は1の場合）。また、目的の所まで至りつく意味ⓒから、仕事を成し遂げる（成就する、なす）意味ⓓを派生する。また、「ぞんざいな」というコアイメージから、急でそそくさとしたさま（慌ただしいさま）の意味ⓔを派生する（以上は2の場合）。現在では1と2の読みを区別せずゾウと読む。［英］make, build; fabricate; arrive at; achieve; hurried 【和訓】いたる・なす・みやつこ 【熟語】ⓐ造作・建造・ⓑ造謡・捏造・ⓒ造詣・ⓓ造反・ⓔ造次
文献 ⓐ詩経・大明「造舟爲梁＝舟を造りて梁はしと為す（舟を集め並べて橋とした）」ⓑ周礼・地官・大司徒「七曰、造言之刑＝七に曰く、造言の刑（［八刑とは］七番目にデマを飛ばすことに対する刑罰）」ⓒ孟子・離婁下「君子深造之以道＝君子は深く之に造いたるに道を以てす（君子が深い段階まで到達するにはそれなりの方法がある）」ⓓ詩経・思斉「小子有造＝小子造なす有り（子どもさえ何かがやれる）」ⓔ論語・里仁「造次必於是、顚沛必於是＝造次にも必ず是ここに於いてし、顚沛テンパイにも必ず是に於いてす（慌ただしい時でも、とっさの時でも、ここ［仁］に身を置く）」

【像】 14（人・12） 常 ｜ 常用音訓 ゾウ

語音 *ɡ̊iaŋ（上古） ziaŋ（中古→呉ザウ〈＝ゾウ〉・漢シャウ〈＝ショウ〉） xiàng（中） 상（韓）
語源 【コアイメージ】大きく目立つ姿。【実現される意味】すがた・かたちⓐ。［英］shape, figure
字源 「象ゾウ（音・イメージ記号）＋人（限定符号）」を合わせた字。「象」は「大きく目立つ姿」というイメージがある（⇨象）。「像」は人に似せた姿を暗示させる。象から分化した字。
語義 【展開】すがた・かたちの意味ⓐから、心に思い描くイメージの意味ⓑ、実物に似せたもの（似姿）の意味ⓒ、似る意味ⓓに展開する。

〔英〕shape, figure; image; portrait, statue; resemble　［和訓］かた・かたち・にる　［熟語］ⓐ映像・実像・ⓑ心像・想像・ⓒ偶像・肖像・ⓓ像法

文献 ⓐ楚辞・天問「馮翼惟像、何以識之＝馮翼(ヒョウヨク)として惟(た)だ像のみ、何を以て之を識らん（[宇宙の始めは]もやもやした形があるだけ、知るすべがない）」ⓒ宋玉・招魂「像設君室＝像、君の室に設く（像があなたの部屋に置かれる）」（文選33）ⓓ易経・繋辞伝下「象也者像此者也＝象なる者は、此に像(に)る者なり（象[かたち]とはこれに似たもののことである）」

14(土・11)　常　｜常用音訓　ゾウ　ます・ふえる・ふやす

〔增〕15(土・12)　人　｜音ゾウ　訓ます・ふえる・ふやす

語音 *tsəŋ(上古)tsəŋ(中古→呉・漢ソウ・[慣]ゾウ)　zēng(中)　증(韓)

語源 ［コアイメージ］重なる。［実現される意味］その上に重ねて加える（だんだんふえる、ます）ⓐ。〔英〕increase

〔解説〕日本語の「ます」は「ものの数量や程度が時の経過につれて多く、大きく変化する意」、「ふえる（ふゆ）」は「一つのもとからしだいに数が増す意」という（大野②）。漢語の増はAの上にBが重なり加わることで、「重なる」というコアイメージから生まれた語である。古訓にもマスのほかにカサナルがある。

字源 「增」が正字。「曾(ソウ)（音・イメージ記号）＋土（限定符号）」を合わせた字。「曾」は「上に重なる」というイメージがある（⇨曽）。「增」は土を幾重にも上に重ねる様子を暗示させる。この意匠によって、上に上にと重なってふえることを表象する。

〔字体〕「増」は近世中国で発生した「增」の俗字。

語義 ［展開］重ねて加える（ふえる・ふやす）意味ⓐから、程度が重なり加わるさま（ますます）の意味ⓑを派生する。〔英〕increase; increasingly　［熟語］ⓐ増加・急増

文献 ⓐ詩経・天保「如川之方至、以莫不増＝川の方(まさ)に至るが如く、以て増さざるは莫(な)し（川の水の至るがごとく、勢い増さぬものはない）」

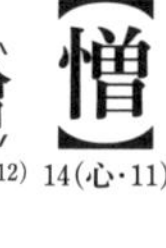
14(心・11)　常　｜常用音訓　ゾウ　にくむ・にくい・にくらしい・にくしみ

〔憎〕15(心・12)　人　｜音ゾウ　訓にくむ・にくい・にくしみ

語音 *tsəŋ(上古)　tsəŋ(中古→呉・漢ソウ・[慣]ゾウ)　zēng(中)　증(韓)

語源 ［コアイメージ］重なる。［実現される意味］悪感情が積み重なって、つくづくいやになる（にくむ）ⓐ。〔英〕hate, dislike

〔解説〕説文解字に「憎は悪(オ)なり」とある。悪とはある感情が心の内部に押さえつけられてわだかまり、はけ口がなく、むかむかする、そのような気分である。憎は「重なる」というコアイメージから生まれた語で、ある感情が心の内部に積み重なりわだかまってはけ口がない、そのような気分をいう。悪と憎は同源ではないが、発想の似た語とはいえる。日本の古辞書では両方ともニクムと訓じる。「にくむ」とは「愛情や親密度を拒否され傷つけられて、不愉快・抵抗を感じ、時にはそれを口にし、また疎外者を傷つけたいと思う意」という（大野①）。漢語の憎（悪も）はそのような感情をもたらした客体との関係ではなく、主体の側の感情がどういう状態であるかに主眼を置いた語である。心を空間化して、悪感情が心の内部に積み重なる状態として捉えたのが憎である。

字源 「憎」が正字。「曾(ソウ)（音・イメージ記号）＋心（限定符号）」を合わせた字。「曾」は「上に重なる」というイメージがある（⇨曽）。「憎」はいやな感情が心の中に積み重なる様子を暗示させる。

語義 にくむ意味ⓐ。［熟語］ⓐ憎悪・愛憎

文献 ⓐ詩経・鶏鳴「無庶予子憎＝庶(こいねが)はくは予が子(シ)に憎まるること無からん（どうかお前に憎まれないよう願います）」

【蔵】15(艸・12) 常 ―(常用音訓)ゾウ　くら

〔藏〕17(艸・14) 人 ―音ゾウ 訓くら・かくす・おさめる

語音 ＊dzaŋ(上古) dzaŋ(中古→呉ザウ〈＝ゾウ〉・漢サウ〈＝ソウ〉) cáng・zàng(中) 장(韓)

語源 [コアイメージ] ㋐細長い・㋑しまい込む。[実現される意味] 入れ物などの中に物をしまい込む(収めて蓄える、収納する)ⓐ。[英]stow, store

〔解説〕爿(ショウ)がコアイメージの源泉であるが、常用漢字の蔵ではこの指標が消えている(人名漢字の藏にはある)。これは「細長い」というイメージを示す大切な記号である(⇩壮)。「細長い」は「形がよい」「スマートである」などのイメージに展開する。爿から戕(ショウ)が生まれる。説文解字では「戕は槍なり」とあり、釈名・釈疾病では「創は戕なり」とある。いずれにしても槍(柄の細長い「やり」)・創(刀の切りきず)とは同源の語で、「細長い」というコアイメージをもつ。戕から臧が生まれる。これは臣の意味領域に限定したもので、体格がよく元気に働く人(召使い、奴隷)を表すが、普通は「形や資質がよい」という意味で使われる(古典に用例が多い)。これらの根底をなすのが「細長い」「形がよい」というイメージである。物を収納する際も、その前提として形を整えるから、この臧のイメージをもとにして藏が生まれた。「細長い」は一次的(原初的)イメージであるが、「しまい込む」は二次的イメージである。

〔グループ〕蔵・臓・臧(ゾウ)(奴隷、また、恰好がよい[臧否])・贓(ゾウ)(不正に取り込んだ品物、また、賄賂を取り込む[贓物])

字源 「藏」が正字。「臧(ゾウ)(音・イメージ記号)＋艸(限定符号)」を合わせた字。「爿」は「細長い」「スマートな」というイメージがある(⇩壮)。「爿(ショウ)(音・イメージ記号)＋戈(限定符号)」を合わせた「戕」は、細長いほこ、あるいは、細長いきずを暗示させる図形。「戕(ショウ)(音・イメージ記号)＋臣(限定符号)」を合わせた「臧」は、体格がよくスリムな召使いを暗示させる図形。爿・戕・臧はいずれも「細長い」「スマートで形がよい」というイメージを表す記号になりうる。かくて「藏」は収穫した作物を形よく整えて収納する様子を暗示させる図形である。藤堂明保は臧を単なる音符としたが(藤堂②)、筆者は音・イメージ記号と見る。

(篆) [戕]　(篆) [臧]　(篆)

〔字体〕「蔵」は近世中国で発生した「藏」の俗字。現代中国では正字を用いる。

語義 [展開] 物を中にしまいこむ意味ⓐから、中にしまいこんで隠す(外に現さない、身を隠す)意味ⓑ、物品を収納・貯蔵する建物(くら)の意味ⓒ、精気を貯える器官の意味ⓓに展開する。ⓓは後に臓に分化した。[英]stow, store; conceal, hide; storehouse, depositary; internal organs [熟語] ⓐ蔵書・貯蔵・ⓑ腹蔵・包蔵・ⓒ金蔵・土蔵・ⓓ五蔵(＝五臓)

文献 ⓐ詩経・彤弓「受言藏之＝受けて言(ここ)に之を蔵せよ(どうか弓を受け取ってしまいなさい)」 ⓑ論語・述而「用之則行、舍之則藏＝之を用ゐれば則ち行ひ、之を舍(す)つれば則ち蔵(かく)る([君主に]登用されれば仕事を行うが、免職されれば身を隠す)」 ⓒ韓非子・十過「寡人行城郭及五官之藏、皆不備具＝寡人、城郭及び五官の蔵を行(めぐ)るに、皆備具せず(余が城郭と五つの官署の蔵を巡視すると、すべて物が備わっていなかった)」 ⓓ荘子・在宥「愁其五藏、以爲仁義＝其の五蔵を愁へしめて、以て仁義を為(おさ)む([尭舜は]五臓を苦しめながら仁義に努めた)」

【贈】18(貝・11) 常 ―(常用音訓)ゾウ・ソウ　おくる

〔贈〕19(貝・12) 人 ―音ゾウ・ソウ 訓おくる

語音 *dzəŋ(上古) dzəŋ(中古→呉ゾウ・漢ソウ) zèng(中) 증(韓)

語源 [コアイメージ] 上に重なる。[実現される意味] 物をプレゼントする(おくる)ⓐ。[英]present

〔解説〕日本語の「おくる(贈る)」はもともと「送る」と同じ。漢語の送と贈は異なる。送は物品などを届けることで、空間的な移動に主点があるが、贈は単なる物品ではなく、礼物や官位・栄誉などを授けることである。古典の注釈に「贈は増なり」とあり、「その上に重ね加える」というイメージの語である。英語のpresentはラテン語のpraesentare(=to set before)に由来し、前に差し出す→贈呈する、贈り物の意という(小島①)。

字源 「贈」が正字。「曾ソウ(音・イメージ記号)+貝(限定符号)」を合わせた字。「曾」は「上に重なる」というイメージがある(⇩曽)。「贈」は相手の手の上に物を重ねて加える様子を暗示させる。この意匠によって、物をプレゼントすることを表象する。

〔字体〕「贈」は近世中国で発生した「贈」の俗字。

語義 [展開] 物を人にあげる(おくる)意味ⓐ、贈り物、礼物の意味ⓑ、死後に官位を授ける意味ⓒに展開する。[英]present(ⓐⓑ); gift; give a posthumous official rank [熟語] ⓐ贈呈・贈与・寄贈・ⓑ受贈・ⓒ贈位・追贈

文献 ⓐ詩経・溱洧「伊其相謔、贈之以勺藥=伊これ其れ相謔たわむれ、之に贈るに勺薬を以てす([男と女は]戯れ合って、彼女にシャクヤクを贈る)」ⓑ詩経・韓奕「其贈維何、乘馬路車=其の贈は維これ何ぞ、乗馬路車(プレゼントはどんなもの、四頭の馬に乗用車)」

【臓】19(肉・15) 常 ―常用音訓 ゾウ

〔臟〕21(肉・17) 人 ―音 ゾウ

語音 *dzaŋ(上古) dzaŋ(中古→呉ザウ〈=ゾウ〉・漢サウ〈=ソウ〉) zàng(中) 장(韓)

語源 [コアイメージ] しまいこむ。[実現される意味] 体内の諸器官ⓐ。[英]internal organs, viscera

字源 「臟」が正字。「藏ゾウ(音・イメージ記号)+肉(限定符号)」を合わせた字。「藏」は「中にしまい込む」というイメージがある(⇩蔵)。「臟」は体内で精気を貯蔵する機能をもつ器官を表す。藏から分化した字。中国医学では肝・心・脾・肺・腎を五臓という。ちなみに腑も府(くら、しまい込む)から分化し、造形の意匠が似ているが、腑は水や栄養物を一時的に貯え、それから運搬する機能のある器官と捉えられた。

〔字体〕「臟」は旧字体。「臓」は藏→蔵に倣った常用漢字の字体。現代中国の簡体字は「脏」。

語義 体内にあってそれぞれの機能をもつ器官(内臓、はらわた)の意味ⓐ。[熟語] ⓐ臓器・臓腑

文献 ⓐ霊枢・九針論「五精之氣幷於臟也=五精の気、臓に幷へいするなり(五つの精気が内臓に集まりとどまっている)」

そく

【即】7(卩・5) 常 ―常用音訓 ソク

〔卽〕9(卩・7) 人 ―音 ソク 訓 つく・すなわち

語音 *tsiak(上古) tsiak(中古→呉ソク・ショク漢) jí(中) 즉(韓)

語源 [コアイメージ] くっつく。[実現される意味] AのそばにBが寄り添う(就く、寄りつく)ⓐ。[英]approach, be near

〔解説〕説文解字に「即は食に即つくなり」とあるが、これは図形の解釈。意味はただ「就く」である(下記の詩経の毛伝に「即は就なり」とある)。「就

く」とはどういう行為か。そば近くまで寄り添ってつくということである。藤堂明保によれば即と則は同源で、「くっつく・かたよる」という基本義をもつという(藤堂①)。Aという本体のそばにBが寄り添ってくっつくことが即である。和訓の「すなわち(すなはち)」は「何かをしてすぐさま、即刻という意」の名詞から、即座にという副詞、そして漢文の影響を受けて接続詞に転じたという(大野①)。漢語の即は「くっつく」というコアイメージの展開で生まれた意味である。

〔グループ〕即・喞ソク(虫がひっきりなしに鳴く声[喞喞])・蝍ソク(多数の節が重なるように並び、節ごとに足がくっついた虫、ムカデ[蝍蛆ソクショ])・鯽セキ(産卵時にくっつくように群れをなす魚、フナ、鮒の別名)

字源 「卽」が正字。「皀(イメージ記号)+卩(イメージ補助記号)」を合わせた字。「皀」は食の下部と同じで、器に盛ったごちそう。「卩」はひざまずいた人。したがって「卽」はごちそうのそばに人が就く情景を設定した図形である。

(甲) (金) (篆) 

〔字体〕「卽」は旧字体。「即」は中国で古くから使われていた俗字。

語義 [展開] AのそばにBが寄り添う(就く、寄りつく)意味ⓐ。「ぴったりとくっつく」というコアイメージから、ある事態の起こるのが間を置かない(すぐさま、その場で)という意味ⓑ、また、Aという事態とBという事態を端的に結ぶ用法、取りも直さず(すなわち)の意味ⓒを派生する。[英]approach, be near; instantly, immediately, promptly, at once; namely [熟語] ⓐ即位・即物・ⓑ即死・即時・ⓒ色即是空

文献 ⓐ詩経・東門之墠「豈不爾思、子不我卽=豈に爾を思はざらんや、子シ我に即かず(私はお前を思っているのに、お前が私に寄りつかぬ)」ⓑ春秋左氏伝・僖公24「君命一宿、女卽至=君、一宿を命ずるに、女ジ即ち至る(殿は一晩休むように命じたのに、お前は即日やって来た)」

【束】 7(木・3) 常 常用音訓 ソク たば

語音 *siuk(上古) ʃiok(中古→呉ソク・漢ショク) shù(中) 속(韓)

語源 [コアイメージ] 縮める・締めつける。[実現される意味] 縛ってひとまとめにする(縛って締める、たばねる)ⓐ。[英]bind, tie

〔解説〕釈名・釈言語に「束は促なり。相促近するなり」とある。*siukという語は縮・促・粛などと同源で、「縮める」というコアイメージがある。このイメージは「締めつける」というイメージに展開する。和訓の「たば」は手張(たはり)の略で、手に満ちる意に由来するという(大言海)。また、「つか」はツカムのツカと同根で、手で握るときの指四本の幅の意。ここから「つかねる(つかぬ)」が生まれた。いずれも手の動作に語源がある。英語ではband(ひも)、bind(ひもで縛る)、bundle(たば)が同根の語という。

〔グループ〕束・速・勅・漱・嗽ソウ(咳き上げる[咳嗽])・竦ショウ(両足を縮めて立ちすくむ[竦動])・悚ショウ(おそれて身が縮む[悚然])

字源 「木」の間に「口」の符号をつけた図形。木をぎゅっと縛る様子を暗示させる。

(甲)  (金)  (篆)

語義 [展開] たばねる意味ⓐ、締めてまとめる意味ⓑ、動きが取れないように引き締める意味ⓒ、たばねたもの、たばの意味ⓓに展開する。[英]bind, tie; gather together; restrain; bundle, bunch, sheaf [和訓] つか・つかねる [熟語] ⓐ束帯・約束・ⓑ結束・収束・ⓒ束縛・拘束・ⓓ束脩・束帛

文献 ⓐ詩経・牆有茨「牆有茨、不可束也=牆に茨シ有り、束ぬるべからず(垣根にハマビシが生えている、[それを切って]束ねてはいけない)」ⓒ商君書・画策「辯之以章、束之以令=之を弁ずるに章を以てし、之を束

ぬるに令を以てす（文章で説明し、法令で拘束する）」ⓓ詩経・白駒「生芻一束（[贈り物は]刈りたてのまぐさ一たば）」

【足】

7（足・0）　常　　常用音訓　ソク　あし・たりる・たる・たす

語音　(1) *tsiuk（上古）　tsiok（中古→(呉)ソク・(漢)ショク）　zú（中）　족（韓）

(2) *tsiug（上古）　tsiu（中古→(呉)ス・(漢)シュ・[慣]スウ）　jù（中）　주（韓）

語源　［コアイメージ］縮める。［実現される意味］あしⓐ。[英]foot, leg

〔解説〕足の機能は歩くことにある。片方の足を前に踏み出すと、別の足は前の足の方に引きつけた形になる。このようにして両足の間隔が縮まって進むことができる。空間に視点を置くと、離れていた二点間の距離は足によって結びつけられる。かくて足の動作は「空間的、時間的に間をせばめる（短縮させる）」というイメージを作り出す。*tsiukという語は束・縮・粛、また顰蹙の蹙（しわを縮める）などと同源で、「縮める」というコアイメージをもつ。藤堂明保は「足は捉・促や縮と同系のコトバで、人間が一歩ごとに、両足の開きを縮め、左足を右足にぐっと引きつける点に着目した命名である」と述べる（藤堂①）。足という語の深層構造が氏によって初めて解明された。また、「あし」と「たりる」という一見縁のなさそうな意味が足にある。これの理解も氏のいう基本義（筆者の用語ではコアイメージ）という概念によって可能になった。日本語の「たりる（たる）」は「植物の若木が生長して一人前に繁茂し、高々とそびえ立つ状態になること」が原義で、「欠けるところなく見事に充実している」「必要だとされる分が満たされる」などの意味に展開するという（大野②）。「あし」とは全く無縁であるが、転義の結果、漢語の足の意味に近くなる。足の指す範囲は広義では股から足裏までの下肢の総称、狭義では足首から下の地面に接触する部分という（王力②）。前者は英語のleg、後者はfootにほぼ当たる。

〔グループ〕足・促・捉・齪（せわしなくこせこせする［齷齪］）

字源　「口（丸い形）＋止（footの形）」を合わせて、膝小僧から足先までを描いた図形である。

（甲）　（金）　（篆）

語義　［展開］あしの意味ⓐ。文脈によって、足首から下、くるぶしから下、ももから下のあしを指す。また、足に似た（なぞらえた）ものの意味ⓑ、進むこと、歩みの意味ⓒに展開する。また、「空間的に間をせばめる」というイメージは、二点間の距離を隙間なく埋めるというイメージに転化し、隙間がいっぱい満ちる（欠け目なくいっぱい満ちる、たりる）意味ⓓ、隙間を十分に埋める（欠け目がないようにいっぱい満たす、たす）意味ⓔ、何かをするにはそれで十分である（十分値打ちがある）意味ⓕを派生する（以上は1の場合）。また、程度がいっぱいになる（十分過ぎるほどである）という意味ⓖを派生する（2の場合）。履き物を数える語ⓗは日本的用法。[英]foot（ⓐ～ⓒ）, leg（ⓐⓑ）; leg-shaped thing; step; ample, sufficient, full; fill, add; suffice, enough; quantifier for footwear　［熟語］ⓐ足跡・土足・ⓑ山足・鼎足・ⓒ快足・発足・ⓓ不足・満足・ⓔ充足・補足・ⓗ二足

文献　ⓐ詩経・小弁「鹿斯之奔、維足伎伎＝鹿の奔る、維れ足伎伎たり（シカは駆けるよ、足どり軽く）」（斯・維はリズム調節詞）ⓑ易経・鼎「鼎折足＝鼎、足を折る（かなえの足が折れた）」ⓓ詩経・行露「室家不足＝室家足らず（部屋と家[夫婦となるための条件]が足りませぬ）」ⓔ論語・顔淵「足食、足兵、民信之矣＝食を足し、兵を足し、民之を信ず（[政治とは]食の充足、兵の充足、民の信用だ）」ⓕ論語・憲問「士而懐居、不足以爲士矣＝士にして居を懐ふは、以て士と為すに足らず（士なのに安楽な暮らしを思うようでは、士と見なすには十分ではない）」ⓖ論語・公冶長「巧言令色足恭、左丘明恥之、丘亦恥之＝巧言・令色・足恭は、左丘明之を恥づ、丘も亦た之を恥づ（口先のうまさ、へつらう顔つき、ばか丁寧は、左丘明が恥とし

たところだが、私[孔子]も恥じるものだ）」

【促】 9(人・7) 常 ― 常用音訓 ソク うながす

語音 *ts'ĭuk(上古) ts'ĭok(中古→呉ソク・漢ショク) cù(中) 촉(韓)

語源 [コアイメージ] 縮める。[実現される意味] 何かをするように迫る（せきたてる、うながす）ⓐ。[英]urge

字源 「足ソク（音・イメージ記号）＋人（限定符号）」を合わせた字。「足」は「縮める」「（空間的・時間的に）間をせばめる」というイメージがある（⇩足）。「促」は人をせかせかと間を置かずにせきたてる様子を暗示させる。

語義 [展開] せきたてる（うながす）意味ⓐから、間を詰める（縮める）意味ⓑ、せかせかしたさま（せわしないさま）の意味ⓒに展開する。[英]urge, quicken, press; shorten; urgent, hurried [熟語] ⓐ促進・催促・ⓑ促音・ⓒ促促・局促

文献 ⓐ史記・晋世家「命重耳促自殺＝重耳チョウジに命じて自殺を促す（重耳[人名]に命令して自殺するよう迫った）」

【則】 9(刀・7) 常 ― 常用音訓 ソク

語音 *tsək(上古) tsək(中古→呉・漢ソク) zé(中) 칙(韓)

語源 [コアイメージ] 本体のそばにくっつく・くっついて離れない。[実現される意味] 従うべき基準・手本・ルールⓐ。[英]standard, law, rule

〔解説〕 従うべき基準、手本という意味をもつ古代漢語が*tsəkである。この聴覚記号の視覚化は料理の場面から発想された。Aという本体があって、それに付属物Bが添えてあるという意匠の図形が考案された。これが則である。この語は即と同源で、「本体のそばにくっつく」というコアイメージがある。和訓の「のり」は「のる」の連用形。「のる」とは「神や天皇が、その神聖犯すべからざる意向を、人民に対して正式に表明するのが原義」という（大野①）。そこから犯すべからざる掟や規範の意味が生まれた。漢語の則は神聖のイメージはなく、本体になるものを前提として、いつもそれに寄り添って従うべきものという意味である。則と語源が近い英語はruleである。これはラテン語のregula（まっすぐな棒）に由来し、まっすぐな線に従わせる→規定・規則となったという（政村②）。

〔グループ〕 則・側・測・賊・厠シ（母屋のそばにくっついている便所）・惻ソク（いたみの感情が心にくっついて離れない[惻隠]）・鯽ソク（吸盤を獲物にくっつけて捕まえる生物、イカ。別名の烏賊の賊は鯽の転）

字源 金文と籀文は「鼎（イメージ記号）＋刀（イメージ補助記号）」を合わせた字。篆文以後は鼎が貝に変形した。料理では鼎（肉などを煮炊きする器、かなえ）が本体であり、ナイフは添え物である。かくて「則」は本体である鼎のそばにナイフがつけられた情景を設定した図形。この意匠によって、「本体のそばにくっつく」「くっついて離れない」というイメージを表すことができる。

（金） （籀）  （篆） 

語義 [展開] 「本体のそばにくっついて離れない」というイメージから、いつもそばに置いて離れてはいけないルール、手本という意味ⓐ、手本とする（のっとる）意味ⓑ、ぴったりくっついて離れない（それに従う）意味ⓒに展開する。また、Aという条件があればいつもBという事態が後にくっついて起こることを示す接続詞（AならばすなわちB）の用法ⓓが生じた。[英]standard, law, rule, norm; model, imitate; follow; accordingly, thus, then [和訓] のり・のっとる・すなわち [熟語] ⓐ規則・原則・ⓑ則天・ⓓ則闕

文献 ⓐ詩経・烝民「不識不知、順帝之則＝識らず知らず、帝の則に順ふ（知らず知らずのうちに、天帝の法則に従った）」ⓑ詩経・鹿鳴「君子是

則是傚＝君子は是れ則り是れ傚ふ（この君子はまことに模範とされ見習うべき人だ）」ⓓ詩経・草虫「我心則降＝我が心則ち降る（［彼に会えて］心の憂さはおりました）」

【息】10（心・6） 常 ｜常用音訓｜ ソク　いき

語音 *siək（上古）　siək（中古→呉ソク・漢ショク）　xī（中）　식（韓）

語源 ［コアイメージ］狭い隙間を通して出入りする。［実現される意味］いきⓐ。［英］breath

〔解説〕日本語の「いき」は「いきる（いく）」と同根という。大野晋は息と生きが関連のある言語としてギリシア語、ラテン語、ヘブライ語の例を挙げ、日本でも息から神が生まれる神話があるのは呼吸が生命を意味したからと述べている（大野①）。漢語の息は呼吸の生理的様態から発想された語である。これを明らかにしたのは藤堂明保である。氏は*siəkという語は思・司・塞・色などと同じ単語家族に属し、「狭い穴、狭い穴をこする」という基本義をもつとした（藤堂①）。特に息と色は近い関係にある。穴をこすって出入りする行為が色（セックス）であり、喉（気道の入り口）をこすって出入りするものが息である。呼吸の生理的機能から生命との接点が生まれてくる。息と生は語源的に関わりがないが、呼吸が生命の存在・持続を保証するという言語外的事実から、息が呼吸以外の意味をもつに至った。

〔グループ〕息・熄（やむ［終熄］）・媳（息子の嫁）・蒠（次々に生じて殖える草、オオアラセイトウ、ショカッサイ）

字源 「自（鼻の形。イメージ記号）＋心（イメージ補助記号）」を合わせた字。胸（心臓のある所）から鼻を通して気を出し入れする様子を設定した図形。この意匠によって、いきをすることを表象する。鼻と心臓を合わせただけのきわめて舌足らず（情報不足）な図形であるが、*siəkという語が「いき」「いきをする」を意味することは古典で明白であるから、右のように解釈できる。

（篆）

語義 ［展開］いき（呼吸）の意味ⓐ、また、いきをする（呼吸する）意味ⓑ。呼吸が生命の存在と持続に関わるという認識から、生きる（生長する）意味ⓒ、子を生む、生まれた子の意味ⓓ、生み出された小さなもの（利子）の意味ⓔに展開する。また、一息ついてやすらぎを得る（休む、いこう）意味ⓕ、活動をやめる（とだえる、やむ）意味ⓖを派生する。ⓖは熄と通用。［英］breath; breathe（ⓑⓒⓕ）; live, grow; sons and daughters; interest; rest; cease　［和訓］やすむ・いこう・やむ　［熟語］ⓐ気息・窒息・ⓑ大息・嘆息・ⓒ消息・生息・ⓓ息女・子息・ⓔ利息・ⓕ安息・休息・ⓖ息災・終息

文献 ⓐ山海経・海外北経「山海之神、名曰燭龍、息爲風＝山海の神、名を燭竜と曰ふ、息は風と為る（山や海の神を燭竜という。それが出す息が風になる）」ⓑ詩経・狡童「維子之故、使我不能息兮＝維れ子の故に、我をして息すること能はざらしむ（あなたのせいで、息ができませぬ）」ⓒ戦国策・斉四「是助王息其民者也＝是れ王を助けて其の民を息する者なり（彼は王が民を生かすのを助けてくれるものだ）」ⓕ詩経・葛生「誰與獨息＝誰と与に独り息まむ（だれと一緒に休もうか、たったひとりで）」ⓖ易経・乾「君子自彊不息＝君子は自彊して息めず（君子は自ら努力して止むことがない）」

【捉】10（手・7） 常 ｜常用音訓｜ ソク　とらえる

語音 *tsŭk（上古）　tsɔk（中古→呉ソク・漢サク）　zhuō（中）　착（韓）

語源 ［コアイメージ］縮める。［実現される意味］握って持つ（しっかりとつかむ）ⓐ。［英］grasp, clutch

〔解説〕日本語の「とらえる（とらふ）」はトル＋アフ（合）で、逃げようと

するものの動きにぴったり合わせてつかまえる意という(大野②)。これは捕獲の捕に当たる。一方、トラフはしっかりと掌握する意味にも展開する。これが漢語の捉と同じである。捉は手指を引き締めてしっかり握り持つ意味である。

字源 「足(ソク)(音・イメージ記号)+手(限定符号)」を合わせた字。「足」は「縮める」「間をせばめる」というイメージがある(⇩足)。「捉」は指を内側に折り曲げて、物との間をせばめていってつかむ様子を暗示させる。

語義 [展開] 握って持つ(しっかりとつかむ、握りしめる)意味ⓐから、つかまえる意味ⓑ、しっかり自分のものにする意味ⓒに展開する。[英]grasp(ⓐⓒ), clutch; arrest, capture; hold [熟語] ⓐ捉髪・ⓑ捕捉・ⓒ把捉

文献 ⓐ呂氏春秋・謹聴「禹一沐而三捉髪、一食而三起、以禮有道之士=禹(ウ)は一沐に三たび髪を捉へ、一食に三たび起ち、以て有道の士に礼す(禹[古帝王の名]は一回髪を洗うと三回髪を握りしめ、一回食事すると三回立ち上がり、志士を礼遇した)」ⓑ三国志・魏志・華佗伝「令人追捉殺佗=人をして追ひて捉へ、佗を殺さしむ([曹操は]人に追わせて捕まえ、華佗を殺させた)」

【速】

10(辵・7) 常 (常用音訓) ソク　はやい・はやめる・はやまる・すみやか

語音 *suk(上古) suk(中古→呉・漢ソク) sù(中) 속(韓)

語源 [コアイメージ] 縮める。[実現される意味] スピードがはやいⓐ。[英]rapid, quick

解説 *sukという語は束・足・宿などと同源で、「縮める」というコアイメージをもつ。一般に、速く進む動作(走・趣・趨(スウ)・驟(シュウ))には「縮める」というイメージが共通にある。歩幅(両足の間隔)を縮めることを素速く繰り返して、距離を縮める行為が「走」である。日本語の「はやい(はやし)」のハヤはハヤル(逸)のハヤと同根で、「活動力をもって前へ進む意。時間に転用して、時の経過が少なくて済む意」という(大野①)。漢語の速は歩幅を縮めるという具体的なイメージから生まれた。空間的なイメージは時間的なイメージに転用できる(その逆も可)。日本語の「はやい」と漢語の速は造形の仕方(語の成り立ち)が似ている。

字源 「束(ソク)(音・イメージ記号)+辵(限定符号)」を合わせた字。「束」は「縮める」というイメージがある(⇩束)。「速」は歩幅を縮めて進む様子を暗示させる。この意匠によって、スピードがはやいことを表象する。

語義 [展開] スピードがはやい、また、せかされてスピードをはやめる意味ⓐ、はやさの意味ⓑ。また、「縮める」というイメージは、間を縮めてせかす、促すというイメージにつながるので、促して誘い寄せる(まねく)という意味ⓒを派生した。[英]rapid, quick; speed; invite [和訓] まねく [熟語] ⓐ急速・迅速・ⓑ音速・時速

文献 ⓐ論語・子路「欲速則不達=速やかならんことを欲すれば則ち達せず(事を速くしようと思うと目的を達成しない)」ⓒ詩経・伐木「以速諸父=以て諸父を速(まね)く(わが伯父たちを宴に招く)」

【側】

11(人・9) 常 (常用音訓) ソク　がわ

語音 *tsïək(上古) tṣïək(中古→呉・漢ソク) cè(中) 측(韓)

語源 [コアイメージ] (本体の)そばにくっつく。[実現される意味] 本体のそば、中心から片方にそれた所ⓐ。[英]side

解説 日本語の「かわ(かは)」(がわと濁音化することもある)の語源については「カタハラの略か」という説(大言海)と、「皮と同源か」という説(広辞苑)がある。英語のsideは横腹、脇腹が原義で、「物、場所、中心に対して右側または左側などの側」の意になったという(小島①)。日本語の「かは」の語源(大言海の説)はこれと合う。漢語の側を考えるのにも参考になる。

字源 「則(ソク)(音・イメージ記号)+人(限定符号)」を合わせた字。「則」は

「本体のそばにくっつく」というイメージがある(⇩則)。「側」は中心や正面の左右にくっついた所(かたわら)を暗示させる。

語義 [展開] 本体のそば、中心から片方にそれた所の意味ⓐ。中心かられているので、「斜めに傾く」というイメージが生じ(これは二次的イメージ)、斜めに傾く、片方に寄せる(そばだてる、そばめる)という意味ⓑを派生する。[英]side; incline, lean [和訓] かわ・そば・かたわら・そばめる・そばだてる [熟語] ⓐ側近・側面・ⓑ側目・輾転反側

文献 ⓐ詩経・殷其雷「殷其雷、在南山之側＝殷たる其の雷、南山の側(かたわ)らに在り(とどろき渡る雷は、南山の山沿いに)」ⓑ詩経・賓之初筵「側弁之俄＝弁を側(そば)だつること之(こ)れ俄(ガ)たり([酔っ払って]冠を斜めに傾けている)」

【測】

12(水・9) 常 ｜ 常用音訓 ソク はかる

語音 *tsʻïək(上古) tʂʻïək(中古→呉シキ・漢ソク) cè(中) 측(韓)

語源 [コアイメージ] (本体の)そばにくっつく。[実現される意味] 深さや長さなどをはかるⓐ。[英]measure

〔解説〕 則にコアイメージの源泉がある。則は「本体のそばにつく」というイメージがあり、本体に視点を置くと、「基準、ルール」というイメージが生まれる。基準の存在を前提にして、それに従って深さや長さなどをはかることを測という。日本語の「はかる」はハカ(仕事の量)と同根で、「その分量が仕上がったかどうかの進み具合を見ること」が原義で、ここから、計測する、予測するなどの意味に展開する(大野②)。意味展開の仕方は漢語の測と同じである。しかし測のほかに、計・量・図・謀・諮なども「はかる」と訓じられ、何をはかるか、どうはかるかによって、漢字で書き分けるようになった。

字源 「則(ソク)(音・イメージ記号)＋水(限定符号)」を合わせた字。「則」は「本体のそばにくっつく」というイメージから、基準やルールに従うという意味が実現される。したがって「測」は基準となるものに従って水の深さをはかる様子を暗示させる。

語義 [展開] 深さや長さなどをはかる意味ⓐから、心で推しはかる意味ⓑに展開する。[英]measure, sound, fathom; guess, speculate, conjecture [熟語] ⓐ測定・計測・ⓑ臆測・推測

文献 ⓐ周礼・地官・大司徒「以土圭之法測土深＝土圭の法を以て、土の深さを測る(日時計で土に映る影の長さを計測する)」ⓑ易経・繫辞伝上「陰陽不測謂之神＝陰陽測れず、之を神と謂ふ(陰陽ははかり知れない、これぞ神秘というのだ)」

ぞく…………………

【俗】

9(人・7) 常 ｜ 常用音訓 ゾク

語音 *g̊iuk(上古) ziok(中古→呉ゾク・漢ショク) sú(中) 속(韓)

語源 [コアイメージ] 中に入れる。[実現される意味] 世間のならわしⓐ。[英]custom

〔解説〕 釈名・釈言語に「俗は欲なり。俗人の欲する所なり」とある。古代では、民衆の好みや振る舞い(世間のならわし)は君主の情欲にしたがって形成されるから俗というとする語源説があった。風俗が為政者の影響とする考えは儒教的な発想である。民衆の間で自然に形成されたものと見るべきであろう。漢の鄭玄は「俗は土地の生ずる所の習はしを謂ふなり」と述べている(周礼注疏)。俗はむしろ容(中に入れる)や浴(水の中に体をひたす)に近い語である。

字源 「谷(コク)(音・イメージ記号)＋人(限定符号)」を合わせた字。「谷」は「くぼみ、空所」というイメージがあり、「空所の中に入れる」というイメージに展開する(⇩谷)。「俗」は人々がその中に身を置いて、どっぷりとひたり込んでいるもの(つまり世間や、世間のならわし)を暗示させる。

語義 [展開] 世間のならわしの意味ⓐから、世間、世間一般の意味ⓑ、世間なみ（普通、つまらない、卑しい）の意味ⓒに展開する。[英]custom; popular, common; vulgar [熟語] ⓐ習俗・民俗・ⓑ俗界・世俗・ⓒ俗悪・低俗

文献 ⓐ老子・八十章「安其居、樂其俗＝其の居に安んじ、其の俗を楽しむ（[小国寡民というユートピアでは]人は自分の住居に安心し、世間のならわしを楽しんで暮らす）」ⓑ孟子・離婁下「世俗所謂不孝者五＝世俗の所謂(いわゆる)不孝なる者は五（世間で不孝といわれるものに五つある）」

【族】11(方・7)　常　―　常用音訓 ゾク

語音 *dzuk(上古)　dzuk(中古→呉ゾク・漢ソク)　zú(中)　족(韓)

語源 [コアイメージ]（同じようなものが）多く集まる。[実現される意味] 血筋を同じくするものの集まりⓐ。[英]clan

[解説] 白虎通義・宗族篇に「族は湊なり、聚なり。恩愛、相流湊する（流れて集まる）なり。生きては相親愛し、死しては相哀痛す。会聚（集まり会う）の道有り。故に之を族と謂ふ」とある。生きている間も死んでからも恩愛をもって集まるものが族（家族、親族）だという。情愛うんぬんはともかく、族を湊・聚と結びつけたのはよい。*dzukという語は湊（寄せ集める）・聚（集まる）・叢（くさむら）などと同源の語で、「（多くのもの、同じようなものが）一所に集まる」というコアイメージをもつ。王力も族・湊・聚を同源とし、集まる意味があるとする（王力②）。藤堂明保はさらに範囲を拡大し、族のグループ全体を足のグループ、取のグループ、束のグループ、従のグループ、奏のグループ、また走・趨・送などと同じ単語家族に所属させ、「ぐっと縮める・一所に集めそろえる」という基本義があるとした（藤堂①）。古訓の「やから」はヤ（家）＋カラ。カラ（族・柄）はカラ（幹・柄）と同根で、「血縁関係のある一族であることの意」という（大野②）。漢語の族も同じ意味だが、同類の集まりがコアをなすイメージである。だから人間集団以外にも族を用いることができる。

[グループ] 族・簇(ソウ)（群がり集まる[簇生]）・鏃(ゾク)（えびらに並び集まる「やじり」）・蔟(ゾク)（蚕を集めて繭を作らせる器具、まぶし）・嗾(ソウ)（相手に迫って速く速くとせき立てる→そそのかす[使嗾]）

字源 「矢（イメージ記号）＋㫃（限定符号）」を合わせた字。旗の下に矢を集めた情景を設定した図形。この意匠によって、「同じようなものが集まる」というイメージを表すことができる。白川静は㫃は氏族旗、矢は誓う意味で、族は「氏族旗のもとで誓約する儀礼」「その氏族の誓約に参加するやからの意味」とする（白川②）。コアイメージの発想がないから、氏族旗という実体を重視した解釈を下した。字源説は語の深層を捉えるには限界がある。

（甲）　（金）　（篆）

語義 [展開] 「同じようなものが集まる」というコアイメージから、血筋や姓を同じくする集団の意味ⓐ、形質の似たものの集まりの意味ⓑ、種族・民族の呼び名につける語ⓒ、一族を皆殺しにする意味ⓓに展開する。また、またコアイメージがそのまま実現されて、多く集まる意味ⓔ。[英]clan; group with common features; race; execute an offender with his whole family; crowd together [和訓] やから [熟語] ⓐ氏族・種族・ⓑ魚族・語族・ⓒ漢族・蔵族・ⓓ族殺・族滅・ⓔ族生

文献 ⓐ詩経・黄鳥「復我邦族＝我が邦族に復さん（国の一族のもとに帰りたい）」ⓓ墨子・号令「族之＝之を族す（これを一族皆殺しにする）」ⓔ韓非子・喩老「族必起於少＝族は必ず少より起こる（多いことは必ず少ないことから始まる）」

【属】12(尸・9)　常　―　常用音訓 ゾク

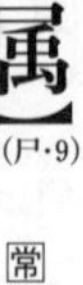

語音 (1) *tiuk(上古)　tʃiok(中古→呉ソク・漢ショク)　zhǔ(中)　촉(韓)

(2)*dhiuk(上古) ʒiok(中古→(呉)ゾク・(漢)ショク) shǔ(中) 속(韓)

語源 [コアイメージ] 一所にくっつける。[実現される意味] AとBがくっついてつながるⓐ。[英]touch, connect, join

〔解説〕釈名・釈親属に「属は続なり。恩、相連続するなり」とある。これは属の転義(語義のⓕ)を念頭に置いた語源説。続はA-B-C-と次々に続くというイメージであるが、A-Bの「-」に焦点を合わせると「くっつく」というイメージになる。これが属のコアイメージである。孫詒譲は「属なる者は連続附着の義」という(周礼正義)。くっついた結果AとBはつながる。この事態が次に及ぶとA-B-C-と連鎖的につながる。これが続である。属と続は非常に近い。

〔グループ〕属・嘱・矚(目をつける[矚目])

字源 「屬」が正字。「蜀(音・イメージ記号)+尾(限定符号)」を合わせた字。「蜀」は「一所にくっついて離れない」というイメージがある(⇩触)。「屬」は動物が交尾してくっつく様子を暗示させる。この意匠によって、二つがくっついてつながることを表象する。

〔字体〕「属」は近世中国で発生した「屬」の俗字。

語義 [展開] □-□の形にくっつけてつなぐ(くっついてつながる)意味ⓐから、□-□-□-の形に言葉をくっつけて文章をつづる意味ⓑを派生する。また、「くっつけて離さない」というイメージから、相手に期待をかけて離さない、また、注意をそそいで離さない意味ⓒ、頼み事を押しつける意味ⓓを派生する(以上は1の場合)。一方、□-□の形にくっついてつながることから、□-□-□-の形に似たもの同士がつながる(仲間に入る)意味ⓔ、また、つながりをもつ仲間(似たもの同士、同類)の意味ⓕを派生する(以上は2の場合)。ⓒは嘱・矚、ⓓは嘱と通用。日本では1の場合も2の音で読むことが多い。[英]touch, connect, join; write; fix on; entrust; belong, attach; same class, category [和訓]つく・つける・さかん [熟語]ⓐ属国・附属・ⓑ属文・ⓒ属望・属目・ⓓ属託・ⓔ帰属・従属・ⓕ金属・尊属

文献 ⓐ詩経・小弁「耳属于垣=耳、垣に属く(耳が垣根についている[壁に耳あり])」ⓔ史記・項羽本紀「項羽由是為諸侯上将軍、諸侯皆屬焉=項羽是れ由り諸侯の上将軍と為り、諸侯皆焉に属す(項羽はこの時から諸侯の大将となり、諸侯は彼に所属した)」ⓕ孟子・離婁下「章子豈不欲有夫妻子母之屬哉=章子、豈に夫妻・子母の属有るを欲せざらんや(章子[人名]は夫婦や母子のつながりを持ちたくないなんて思わない)」

【粟】12(米・6) 人 | 音ゾク 訓あわ

語音 *siuk(上古) siok(中古→(呉)ソク・(漢)ショク・[慣]ゾク) sù(中) 속(韓)

語源 [コアイメージ] 次々に続く。[実現される意味] アワⓐ。[英]millet

〔解説〕説文解字に「粟の言為るは続なり」という孔子の言葉を引用している。続は「□-□-□-の形に次々につながる」というイメージがある。小さい果実が密に連なった穂を垂れたアワの姿を捉えて、アワを*siukと呼び、粟と表記した。アワには穂の大きいオオアワと、穂の小さいコアワがあり、前者を粱、後者を粟という。

字源 「卤(花穂の垂れた形。イメージ記号)+米(限定符号)」を合わせた字。この意匠によって、アワを表象する。図形にコアイメージは反映されていない。

(篆)

語義 [展開] 穀物の一つ、アワの意味ⓐ。穂は熟すと垂れ下がる。果実は主に黄白色で、粒が小さい。転じて、穀物・糧食の意味ⓑ。また比喩的に、アワの実のような小さい粒、また、寒さや恐怖のために皮膚に生ずるものの意味ⓒ。[英]millet; grain; thing like millet-seed [熟語]ⓐ

粟米・ⓒ粟膚・粟粒

文献 ⓐ詩経・黄鳥「無啄我粟＝我が粟を啄(ついば)む無かれ（私のアワをついばむな）」ⓑ論語・雍也「冉子爲其母請粟＝冉子(ぜんし)、其の母の為に粟(ぞく)を請ふ（冉求は彼の母のために［給料として］穀物を求めた）」

【続】13（糸・7） 常 ｜ 常用音訓 ゾク　つづく・つづける

語音 *diuk（上古）　ziok（中古→呉ゾク・漢ショク）　xù（中）　속（韓）

語源 ［コアイメージ］次々に通る・□－□－□－の形につながる。［実現される意味］前のものを後のものがつなぐ（つぐ）ⓐ。［英］join, connect, succeed

〔解説〕コアイメージの源泉は賣(イク)という記号にある。これを細かく分析していくと𡏳→圥→六となり、最終的に六という究極の単位に行き着く。六は陸を構成する記号でもある。大地の上で丘や山脈などの地形が次々に続く。これが陸であり、ここから陸続という語が生まれた。したがって六・圥・𡏳は「次々に続く」「□－□－□－の形につながる」というイメージを示す記号となる。商品を取引する行為にもこのイメージがある。賣は鬻(イク)（商品を取り引きする、ひさぐ）と同音同義である。商品の流通過程に視点を置くと、A→B→C…という具合に売り手から買い手へ次から次へと通っていくというイメージがある。ここから續（＝続）という語が誕生した。続は日本語の「つづく」と「つぐ」の両方に対応する。「つづく」とは「場所や物が切れずにつながる」意、「つぐ」とは「長くつづくものが絶えないように、その切れ目をつなぐ」意という（大野①）。続の場合は、流通過程において、A→Bの段階に視点を置いたのが「前のものを後のものがつぐ」という意味、A→B→C→の段階に視点を置いたのが「次々につながる」という意味である。英語のcontinue（続く）はラテン語のcontinuare（つなぐ）に由来するという（小島①）。漢語の続が「つなぐ」→「つづく」に転義するのと合致する。

〔グループ〕續（＝続）・讀（＝読）・瀆(トク)（水を通すみぞ・どぶ、また、汚なくけがす［冒瀆］）・黷(トク)（けがす）・竇(トウ)（通り抜けるくぐり戸）・贖(ショク)（罪を取り引きする→あがなう［贖罪］）・匵(トク)（ひきだしを出し入れする箱）・櫝(トク)（ひきだしつきの小箱、ひつ）・牘(トク)（木簡を次々に紐で通してつないだもの［尺牘］）・犢(トク)（親牛の後に続く子牛［舐犢］）・覿(テキ)（隠れたものが通り抜けて出てくる→現れて見える［覿面］）・藚(ショク)（尿を通す薬効のある草、サジオモダカ、沢瀉(タクシャ)）

字源 「續」が正字。「賣(イク)（音・イメージ記号）＋糸（限定符号）」を合わせた字。「賣」を分析すると「𡏳＋貝」、「𡏳」を分析すると「圥＋囧」、「圥」を分析すると「中＋六」となる。「六」「圥」は陸の原字で、「集まって次々につづく」というイメージがある（⇩陸）。「囧」は明に含まれ、明かり採りの窓の図形で、気分や雰囲気が明るいというイメージを示す。「圥(ロク)（音・イメージ記号）＋囧（イメージ補助記号）」を合わせた「𡏳」は、人が次々に寄り集まってきて明るい雰囲気を作る情景を設定した図形。これは親睦の睦の古文の字体で、「次々に寄り集まる」というイメージを示す記号になる（⇩睦）。「𡏳(ボク)（音・イメージ記号）＋貝（限定符号）」を合わせた「賣」は、商品を集めて取り引きする様子を暗示させる。商品がAのもとに集まって、A→B→C…と次々に流通するので、「次々に通る」というイメージがある。かくて「續」は□－□－□－という形に次々に糸をつないで通す様子を暗示させる。

（篆）［賣］　（篆）

〔字体〕「續」は旧字体。「続」は由来不明の常用漢字の字体。現代中国の簡体字は「续」。

語義 ［展開］前のものの後を次のものがつなぐ意味ⓐから、次々につながる（筋が通るように次々につなぐ、後に引きつづく）意味ⓑ、本体の後に付け足す、また、本体の後に付け足すものの意味ⓒに展開する。［英］join, connect, succeed; continue, last; additional, sequel ［和訓］つぐ ［熟

語】ⓐ続絃・続貂・ⓑ継続・連続・ⓒ続編・続報

文献 ⓐ詩経・良耜「續古之人＝古の人を続っぐ（昔の人の後をつぐ）」

【賊】13(貝・6) 常 ｜ 常用音訓 ゾク

語音 *dzək(上古) dzək(中古→呉ゾク・漢ソク) zéi(中) 적(韓)

語源 ［コアイメージ］断ち切る。［実現される意味］人を傷つけたり殺したりする（害する、そこなう）ⓐ。［英］injure, harm, kill

〔解説〕藤堂明保は賊を才のグループ（材・裁・災など）や、宰・采などと同じ単語家族に入れ、「せき止める・たち切る」という基本義をもつとした（藤堂①）。*dzəkという語は戕ショウ（そこなう）・截ツセ（断ち切る）などとも近く、「断ち切る」というコアイメージをもつ。

字源 楷書は「貝＋戎」だが、篆文では「則＋戈」である（ただし則は金文では「鼎＋刀」となっている）。「則ソク（音・イメージ記号）＋戈（限定符号）」を合わせた字。「則」は「二つのものがくっつく」というイメージがある（⇩則）。「くっつく」という事態の前提には、二つのものが離れているという状態がある。「則」は視点を変えることによって、「くっついているものが両側に分かれる」というイメージを表すことができる。したがって「賊」はくっついているものを二つに切り分ける様子を暗示させる。この意匠によって、切ったりして物をそこなうことを表象する。

（金）　（篆）

語義 ［展開］人を傷つけたり殺したりする（そこなう）意味ⓐから、害するもの、秩序をこわすものの意味ⓑ、無法に奪い取る、また、強盗や殺人をする無法者の意味ⓒ、国に反逆する、また、反逆をする者の意味ⓓに展開する。［英］injure, harm, kill; trickster; bandit, burglar, murderer; revolt, traitor ［和訓］そこなう ［熟語］ⓐ賊害・残賊・ⓒ海賊・義賊・ⓓ逆賊・国賊

文献 ⓐ詩経・抑「不僭不賊＝僭（＝譖）せず賊せず（人の悪口も言わず、害することもない）」ⓑ論語・陽貨「鄉原德之賊也＝郷原は徳の賊なり（善人ぶったやつは徳の破壊者だ）」ⓓ孟子・滕文公下「孔子成春秋而亂臣賊子懼＝孔子、春秋を成して、乱臣賊子懼る（孔子が春秋［経典の一つ］を完成させると、社会の秩序を乱す者どもは恐れた）」

そつ

【卒】8(十・6) 常 ｜ 常用音訓 ソツ

語音 (1) *tsuət(上古) tsuət(中古→呉ソチ・漢ソツ) zú(中) 졸(韓) (2) *tsiuət(上古) tsiuĕt(中古→呉シュチ・漢シュツ) zú(中) 졸(韓) (3) *ts'uət(上古) ts'uət(中古→呉ソチ・漢ソツ) cù(中) 졸(韓)

語源 ［コアイメージ］小さい・細かい・細い。［実現される意味］召使い・小者ⓐ。［英］servant

〔解説〕兵卒の卒と、卒業の卒は、一見何の関係もなさそうであるが、二つを結びつける深層構造を捉えたのは藤堂明保である。氏は卒を尊のグループや夋シュのグループ（俊・酸など）、また率・帥などと同源とし、これらは「すらりと細い・小さい」という基本義があるという。「一隊にしぼって率いられた者」が兵卒の卒で、「一線にしめくくる」という意味に転じたのが卒業の卒である（以上、藤堂①）。言い換えると、古代漢語では、何かの目的のため、同じような身なりをした数人の小さな集団のことを*tsuətといった。これは「小さい・細い」「小さくまとまる」というコアイメージをもつ語で、いろいろあった事態が最終的にまとまる（締めくくる）ことを*tsiuətといった。前者も後者も卒という視覚記号で表記された。

〔グループ〕卒・砕・粋・酔・翠・悴イス（痩せ細る→やつれる［憔悴］）・瘁イス（病気で痩せる［尽瘁］）・崒ツシュ（先が細くそそり立つさま）・萃イス（一つにまとまる→集ま

る[抜萃])・倅サイ(小官、副官)・淬サイ(刀を鍛えて引き締める、にらぐ)・焠サイ(にらぐ)・猝ソツ(にわか[猝然])

字源 「衣」に「丿」の符号をつけた図形。説文解字に「古以て衣に染めて題識す」とある。文字を染めて標識とする衣のことで、印半纏のようなものである。召使いや軍隊の小さな(最下級の)単位を古代漢語で*tsuət といい、「卒」で表記する。

(金)  (篆)  

語義 [展開] ある目的のために使われる小さな集団、具体的には、召使い・小者の意味ⓐ、また、下級の兵士(かち歩きの兵士)の意味ⓑ(以上は1の場合)。また、「小さくまとまる」というイメージから、事態が小さくなって、締めくくる(おわる)意味ⓒ、死ぬ意味ⓓ、ついに(とどのつまり)の意味ⓔを派生する(以上は2の場合)。また、「小さい」というイメージから、「間隔がせばまる」というイメージに展開し、事態が急である(にわかに、急に)の意味ⓕを派生する(3の場合)。日本では2と3の場合も1の音で代用することが多い。[英]servant; soldier, private; finish, end; die; finally; suddenly [和訓]おわる・おえる・ついに・にわかに [熟語]ⓐ従卒・吏卒・ⓑ兵卒・歩卒・ⓒ卒園・卒業・ⓓ卒去・卒年・ⓕ率爾・卒倒

文献 ⓑ孫子・地形「視卒如愛子、故可與之倶死＝卒を視ること愛子の如し、故に之と倶に死すべし(兵士を愛するわが子のように見なせば、一緒に死ぬことができるようになる)」ⓒ詩経・七月「無衣無褐、何以卒歳＝衣も無く褐も無し、何を以て歳を卒(お)へん(衣もぬのこもなくて、なんで年が越せよう)」ⓓ孟子・離婁下「卒於鳴條＝鳴条に卒(シュツ)す([舜は]鳴条[地名]で死んだ)」ⓔ詩経・節南山「不自爲政、卒勞百姓＝自ら政を為さず、卒に百姓を労す(自ら政治を行わず、ついに人民を苦しめる)」ⓕ孟子・梁恵王上「卒然問曰＝卒然として問ひて曰く(急に質問して言った)」

【率】 11(玄・6)　常　常用音訓 ソツ・リツ　ひきいる

語音 (1)*sïuət(上古) ṣïuĕt(中古→呉ソチ・シュチ・漢ソツ) shuài(中) 솔(韓) (2)*lɪuət(上古) lɪuĕt(中古→呉リチ・漢リツ) lǜ(中) 률・율(韓)

語源 [コアイメージ] ルートに従う。[実現される意味] 先頭に立って引っ張っていく(ひきいる)ⓐ。[英]head, lead, command

〔解説〕二つの語が率という同じ図形を占める。1については、下記の詩経ⓐの鄭箋に「率は循なり」、ⓑの毛伝に「率は循なり」とある。また、王力は率・帥・遵・循・巡を同源の語と認めている(王力①)。これが妥当である。*sïuət という語は「ルートに従う」というコアイメージをもつ。2については、藤堂明保は律(きちんと整えた割合)と同源の語とする(藤堂②)。1の「ルートに従う」というイメージの前提に基準になるものの存在があり、ここから「基準、ルール、法」というイメージが生まれる。したがって律と近くなり、語の読みが律と同じものに変わったと考えられる。日本語の「ひきいる(ひきゐる)」はヒキ(引)＋ヰル(率)で、「ゐる」が古い語形。「ゐる」とは「力の強い者や支配的立場にある者が、先に立ってその支配下にある者たちを列にして引き連れて行く意」という(大野②)。漢語の率は引率者に対する視点はなく、引っ張っていく行為において、ルート・基準に外れない(まとめる力)という方法に重点がある。

字源 甲骨文字と金文は「玄＋八」、篆文で「玄＋八＋十」に変わった。「玄」は牽(引っ張る)に含まれる玄と同じで、紐または縄。「八」は四方に分散するもの。「十」は「まとめて一本化する」というイメージを示す。「玄(イメージ記号)＋八＋十(二つともイメージ補助記号)」を合わせた「率」は、分散するものをまとめて紐などで引っ張る情景を暗示させる図形。この意匠によって、ルートからそれないようにひきいることを表象する。

(甲) (金) (篆)

〔字体〕「率」は旧字体(篆文の字体)。楷書では「率」となった。

語義 [展開] 先頭に立って先の方へ人を引っ張っていく意味ⓐ。また、「ルートに従う」というコアイメージから、ルートに沿って行く意味ⓑ、言うがままに従う(素直である)意味ⓒ、自分では考えないで従う(軽はずみ、にわかに)の意味ⓓを派生する(以上は1の場合)。また、従うべき基準・ルール・きまりの意味ⓔ、基準と比較した割合の意味ⓕを派生する(以上は2の場合)。[英]head, lead, command; go along, follow; straightforward, frank; thoughtless, rash; norm, rule; rate, proportion [和訓] したがう・にわかに・おおむね [熟語] ⓐ率先・引率・ⓑ率従・率土(ソット)・ⓒ率直・真率・ⓓ率然・軽率・ⓕ確率・勝率

文献 ⓐ詩経・吉日「悉率左右＝悉(ことごと)く左右を率いる(家来をみんな引き連れていく)」ⓑ詩経・緜「率西水滸＝西水の滸に率(したが)ふ(西の川のみぎわに沿っていく)」ⓓ論語・先進「子路率爾而對曰＝子路、率爾として対へて曰く(子路はいきなり答えて言った)」ⓔ孟子・尽心上「羿不爲拙射變其彀率＝羿(ゲイ)は拙射の為に其の彀率(コウリツ)を変へず(羿[弓の名人]は下手な射手のために弓を引く基準を変えたりはしない)」

そん

【存】6(子・3) 常 ｜ 常用音訓 ソン・ゾン

語音 *dzuen(上古) dzuen(中古→呉ゾン・漢ソン) cún(中) 존(韓)

語源 [コアイメージ] じっと止まる。[実現される意味] 物が何事もなくいつも同じ状態を保って、そこにあるⓐ。[英]exist

〔解説〕古典の注釈に「存は在なり」とある。王力も存と在を同源と認めている(王力①)。しかし全く同じではない。「じっと止まる」というイメージをもつ才がコアをなす二語であるが、在が場所に視点を置くのに対し、存は物に視点を置いて、「それが無事に、確かにある」ということが意味の眼目である。この語の図形化は子どもの保護という情景から発想された。子どもを大切にいたわって無事に保護することが物の確かな存在につながるのである。英語のexistはラテン語のexistere、ex(外へ)＋sistere(立つ)に由来するという(下宮①)。物の存在の認識に対して、漢語では「止まる」、英語では「立つ」から発想されたが、根は同じであろう。

字源 「才(サイ)(音・イメージ記号)＋子(限定符号)」を合わせた字。「才」は「途中で断ち切る」というイメージから、「じっとそこで止まる」というイメージに展開する(⇩才)。「存」は子どもをいたわって、じっと無事な状態にとどめておく情況を設定した図形。この意匠によって、何事もなくいつまでもじっと同じ状態を保つことを表象する。

(篆)

語義 [展開]「じっと止まる」というコアイメージから、物がどこにも動かずにじっととどまって、その場所にある意味ⓐ、大切にとどめて保つ意味ⓑ、無事に生きている(ながらえる)意味ⓒ、大切にいたわる意味ⓓに展開する。存じる(知る、思う)の意味ⓔは日本的用法。[英]exist, be; keep, preserve; live, survive; cherish; know, think [和訓] ある・ながらえる [熟語] ⓐ存在・現存・ⓑ温存・保存・ⓒ存否・生存・ⓓ存恤・存問・ⓔ存念・異存

文献 ⓐ詩経・出其東門「匪我思存＝我が思ひの存するに匪(あら)ず(私の思い人はそこにはいない)」ⓑ孟子・尽心上「存其心、養其性、所以事天也＝其の心を存し、其の性を養ふは、天に事(つか)ふる所以なり(心を大切に保ち、本性を養うことが、天につかえる理由である)」ⓒ老子・七章「外其身而身存＝其の身を外にして身存す([聖人は]自分の体を無視するから、命をながらえ

ることができる）」ⓓ礼記・月令「是月也、安萌芽、養幼少、存諸孤＝是この月や、萌芽を安んじ、幼少を養ひ、諸孤を存す（この月は、芽生えたばかりの草木を守り、幼い子供を養い、孤児たちをいたわる）」

【村】7(木・3) 常 ― 常用音訓 ソン むら

語音 *ts'uən(上古) ts'uən(中古→呉・漢ソン) cūn(中) 촌(韓)

語源 [コアイメージ] ㋐じっと落ち着く・㋑一所に集まる。[実現される意味] 人々の集まり住む所（集落、むら）ⓐ。[英]village

〔解説〕手首の近くの脈搏を診る所を寸という。ここをじっと押さえると心が落ち着く。この「落ち着く」というイメージを用いたのが村である。村の字は史記の貨殖列伝に初出。やがて村は人々が集まる所というイメージが生じたため、邨の字が現れた。屯には「一所に集まる」というイメージがある。日本語の「むら」はムラ（群）と同根という（大野①）。漢語の邨と語源が似ている。

字源 「寸ソン（音・イメージ記号）＋木（限定符号）」を合わせた字。「寸」は「上から下にそっと押さえる」というイメージがあり（⇩寸）、「じっと落ち着ける」というイメージに展開する。「村」は木の柵で囲い、人々が腰を落ち着けて住む場所を暗示させる。異体字の邨は「屯トン（音・イメージ記号）＋邑（限定符号）」を合わせた字。「屯」は「（多くのものが）一所に集まる」というイメージがある（⇩屯）。多くの人を集めて住まわせる地域を表す。

語義 [展開] むらの意味ⓐ。日本では地方行政区画の一つⓑに用いる。[英]village(ⓐⓑ) [熟語] ⓐ郷村・近村・ⓑ村長・村立

文献 ⓐ易林3「何村待時＝何いずれの村にか時を待つ（どの村で時を待とうか）」

【孫】10(子・7) 常 ― 常用音訓 ソン まご

語音 (1)*suən(上古) suən(中古→呉・漢ソン) sūn(中) 손(韓) (2)*suən(上古) suən(中古→呉・漢ソン) xùn(中)

語源 [コアイメージ] 筋道に従う・筋に沿って後に進む。[実現される意味] 子の子（まご）ⓐ。[英]grandson

〔解説〕*suənという語は循・遵・遁などと同源で、「ルート（筋道）に従う」というイメージがある。これは「筋に沿って後に進む」というイメージに展開する。一定の筋（血筋）に沿って後へ後へと進むものというのが孫のイメージである。釈名・釈親属に「孫は遜なり。遜遁（しりぞく）して後に在りて生まるるなり」とある。古典では孫は謙遜する意味でも使われた。

〔グループ〕孫・遜・猻ソン（サルの愛称）

字源 甲骨と金文では「子＋幺（小さい糸の形）または糸」の組み合わせで、小さい子を暗示させる図形。篆文では意匠が変わって、「系（イメージ記号）＋子（限定符号）」を合わせた字。「系」は糸をつなぐ図形で、「一筋につながる」というイメージを示す（⇩系）。「孫」は子－子－子…と血統が一筋につながっていく様子を暗示させる。

（甲）（金）（篆）

語義 [展開] 子の子（まご）の意味ⓐ、また、子－子－子…と次々に筋をなしてつながる血統・世代の意味ⓑに展開する（1の場合）。また、遠慮して後ろに下がる（へりくだる）という意味ⓒを派生する（2の場合）。ⓒは遜と通用。[英]grandson; descendant; modest [熟語] ⓐ愛孫・嫡孫・ⓑ子孫・曽孫

文献 ⓐ詩経・何彼襛矣「平王之孫＝平王の孫（平王のおまごさん）」ⓑ詩経・螽斯「宜爾子孫、振振兮＝宜むべなり爾が子孫、振振たり（もっともだ、君の子孫も、「イナゴのように」にぎやかだ）」ⓒ論語・陽貨「唯女子與小人爲難養也、近之則不孫、遠之則怨＝唯女子と小人、養ひ難しと為す。

之を近づくれば則ち不孫、之を遠ざくれば則ち怨む（女子と小人だけは付き合いにくい。近づければつけあがるし、遠ざければ恨む）」

【尊】12（寸・9）　常　｜ 常用音訓　ソン　たっとい・とうとい・たっとぶ・とうとぶ

語音　*tsuən（上古）　tsuən（中古→呉・漢ソン）　zūn（中）　존（韓）

語源　［コアイメージ］ずっしりと重々しい。［実現される意味］儀礼用の酒器の一つⓐ。［英］wine vessel

〔解説〕「とうとい」と訓じられる語に尊と貴がある。貴は「形が大きくて目立つ」というイメージから、値打ちがある意味に展開する。尊は「形が優美で重々しい」というイメージから、同じ意味に展開する。日本語の「とうとい（たふとし）」は、タ（接頭語）＋フトシ（太の意。壮大であることをたたえる語）で、「畏敬すべき、立派であると認められるさま」、そこから「立派で畏敬される」「価値が高くて大切である」などの意味に展開するという（大野②）。漢語の尊・貴、日本語の「たふとし」は造形法（語の成り立ち）が似ている。*tsuənという語を表記する尊は儀礼用の器の意味であったが、「ずっしりと重みがあって安定する」「ずっしりと重々しい」というイメージがあることから、値打ちが高い意味に転じた。

〔グループ〕尊・遵・噂・樽・鱒・蹲ソン（重い腰をずっしりと下ろして座る→うずくまる［蹲踞］）・撙ソン（下にずっしりと重みをかけて落ち着ける）

字源　甲骨と金文は「酉（酒壺の形）＋廾（両手）」を合わせた図形。篆文は「酋＋廾または寸（手）」を合わせた字体に変わった。「酋」は「酉」に「八（左右に分かれる符号）」を添えて、酒壺から酒の香りが発散する様子を示す。いずれにしても、酒壺を大事そうに捧げ持つ情景を設定した図形が「尊」である。この意匠によって、儀礼に用いる優雅で座りのよい酒器を表象する。

（甲）　（金）　（篆）

〔字体〕「尊」は旧字体。「尊」は古くから書道で行われた字体。遵もこれに倣う。

語義　［展開］酒器が原義ⓐ。「ずっしりと重みがある」というイメージから、重々しく値打ちがある（とうとい）意味ⓑ、身分や位が高い意味ⓒ、大事にして敬う（とうとぶ）意味ⓓ、とうといもの、とうとぶべきものの意味ⓔ、敬意を示す接頭語ⓕに展開する。みこと（神の呼び名につける語）の意味ⓖは日本的用法。ⓐは後世では樽・罇と書かれる。［英］wine vessel; honorable, precious; noble; respect, venerate; venerable; honorific; prince　［和訓］みこと　［熟語］ⓐ尊俎（＝樽俎）・ⓑ尊厳・尊称・ⓒ尊貴・尊卑・ⓓ尊敬・尊重・ⓔ至尊・本尊・ⓕ尊顔・尊名

文献　ⓐ詩経・閟宮「犠尊将将＝犠尊将将たり（牛を象った酒器はすらりと美しい）」ⓑ孟子・公孫丑上「夫仁天之尊爵也＝夫れ仁は天の尊爵なり（仁というものは天が与えた尊い爵位である）」ⓒ孟子・万章下「辭尊居卑＝尊を辞して卑に居る（高い地位を捨てて、低い地位にとどまる）」ⓓ論語・子張「君子尊賢而容衆＝君子は賢を尊びて衆を容る（君子は賢い人を尊ぶだけでなく、普通の人を受け入れるものだ）」

【巽】12（己・9）　人　｜ 音ソン　訓たつみ

語音　*suən（上古）　suən（中古→呉・漢ソン）　xùn（中）　손（韓）

語源　［コアイメージ］㋐そろえる・㋑従う。［実現される意味］従う（すなおに従う、柔順である）ⓐ。［英］obedient, docile

〔解説〕巳巳にコアイメージの源泉がある。これは二人が並ぶ形である。「（いくつかのものが）並ぶ」というイメージと、「（いくつかのものを）並べてそろえる」というイメージを同時に表している。雑然と並ぶのではなく、順序がある。A―B―Cのように並ぶというイメージは、A→B→Cのように順々に並ぶ、Aの後にB、Bの後にCが従うというイメージに転化する。「従う」というイメージを利用したのが、易の卦の名であり、

これが優位になったため、「そろえる」というイメージを実現させた意味は巽にはなく、下記の選以下の字で実現された。

〈グループ〉巽・選・撰・饌セン(取りそろえたごちそう[神饌])

字源 「巺」が本字。「𢁉セン(音・イメージ記号)+丌(台の形。イメージ補助記号)」を合わせた字。「𢁉」は二人がひざまずいて並ぶ形。したがって「巺」は台の上に人を並べる情景を設定した図形。この意匠によって、上記の二つのイメージを表すことができる。

(篆) [𢁉] (古) (篆)

〈字体〉「巽」は旧字体。「巽」は選に合わせた字体。

語義 [展開]「後に従う」というイメージから、すなおに従う意味ⓐ、また、人の後に従いへりくだる意味ⓑを派生する。ⓑは遜と近い。また、易の卦の名ⓒに用い、柔順と謙遜を象徴する。また、南東の方角(たつみ)の意味ⓓ。[英]obedient, docile; modest; one of the eight diagrams; southeast

文献 ⓐ易経・蒙「童蒙之吉、順以巽也=童蒙の吉とは、順にして以て巽ソなればなり(わらべに吉があるというのは、すなおで柔順だからである)」ⓑ論語・子罕「巽與之言、能無説乎=巽与ソンヨの言、能く説よろこぶこと無からんや(遠慮して調子を合わせる言葉は、誰も喜ぶものだ)」

【損】13(手・10)　常　常用音訓 ソン　そこなう・そこねる

語音 *suan(上古)　suən(中古→呉・漢ソン)　sǔn(中)　손(韓)

語源 [コアイメージ] 後ろへ引き下がる。[実現される意味] 持っているもの(現にあるもの)を少しずつ減らしていく(数量が減る、減らす)ⓐ。[英]decrease

〈解説〉*suanという語は孫や遜と同源で、「後ろへ引き下がる」というコアイメージをもつ。このコアイメージが、ある物の中身が後ろに退くようにして少しずつ減っていくという意味を実現させ、さらに「物がこわれる」という意味を派生する。損という図形はこの派生義を表すために考案された。日本語の「そこなう(そこなふ)」はソギ(殺)にオコナフ・アキナフなどのナフ(行う意の接尾語)がついたもので、「殺ぎを行う」が語源という(大言海)。傷つけるが原義である。漢語の損は物の数量・質量が後退して形を崩す(こわれる)というイメージの語である。

字源 「員(イメージ記号)+手(限定符号)」を合わせた字。「員」は「○(丸い枠)+鼎(かなえ)」を合わせた図形(⇩員)。普通は円形のイメージを表すが、視点を変えると、器に丸い穴を開けるという意匠を作り出したと見ることもできる。したがって「損」は物の一部に丸い穴が開く様子を暗示させる。図形にコアイメージは反映されていない。

(篆)

語義 [展開] 数量が少しずつ減る意味ⓐから、物がこわれて失われる意味ⓑ、物をこわして傷を与える(害する、そこなう)意味ⓒを派生する。また、コアイメージがそのまま実現されて、後ろに引き下がる(退く)意味ⓓ。悪くなる、しくじる(そこねる・そこなう)意味ⓔは日本的用法。[英]decrease, diminish; lose; damage, harm; withdraw; spoil, fail [熟語] ⓐ損耗ソンコウ・減損・ⓑ損失・損得・ⓒ損害・破損・名誉毀損・ⓓ損抑・抑損

文献 ⓐ孟子・滕文公下「曰、請損之、月攘一鶏、以待來年、然後已=曰く、請ふ之を損せん、月に一鶏を攘ぬすみ、以て来年を待ちて、然る後に已めん([鶏泥棒が]いわく、じゃあ、[盗む鶏の]数を減らしましょう。鶏を盗むのは月に一羽とし、来年になってから盗みをやめます)」ⓒ論語・季氏「樂驕樂、樂佚遊、樂宴樂、損矣=驕楽を楽しみ、佚遊を楽しみ、宴楽を楽しむは、損なり(気ままな楽しみ、過ぎた遊び、宴会を楽しむのは、有害である)」

【遜】 14(辵・10) 常 ｜ 常用音訓 ソン

語音 *suən(上古) suən(中古→呉・漢ソン) xùn(中) 손(韓)

語源 [コアイメージ] 筋に沿って後に進む。[実現される意味] 遠慮して後ろに下がる(控え目にする、へりくだる)ⓐ。[英]modest

字源 「孫ソン(音・イメージ記号)+辵(限定符号)」を合わせた字。「孫」は「筋道に従う」というイメージがあり、「一定の筋に沿って後へ後へと進む」というイメージに展開する(⇨孫)。「遜」は遠慮して後ろに退く様子を暗示させる。説文解字に「遜は遁(しりごみする)なり」とある。

語義 [展開] 控え目にする(へりくだる)意味ⓐ、後ろに引き下がる(退く)意味ⓑ、退いて逃れる意味ⓒに展開する。[英]modest; withdraw, abdicate; escape, flee [和訓] へりくだる・ゆずる [熟語] ⓐ謙遜・不遜・ⓑ遜譲・遜色・ⓒ遜辞

文献 ⓐ大戴礼記・曽子立事「遜而不諂＝遜へりくだりて諂へつらはず(控え目にしても媚びない)」ⓑ書経・尭典「将遜于位、譲于虞舜＝将に位を遜ゆずり、虞舜に譲らんとす([尭は]位から退き、舜に譲ろうと思った)」ⓒ書経・微子「吾家耄、遜于荒＝吾が家の耄ボウ、荒に遜のがる(私のうちの老人たちは遠方に逃れた)」

【噂】 15(口・12) 人 ｜ 音ソン 訓うわさ

語音 *tsuən(上古) tsuən(中古→呉・漢ソン) zǔn(中) 준(韓)

語源 [コアイメージ] ㋐ずっしりと重い・㋑一所に集まる。[実現される意味] 多くの人が集まってがやがやと話すⓐ。[英]chat

[解説] 尊は「ずっしりと重い」というイメージがあり、「多くのものが集まる」というイメージに転化する。「ずっしりと重い」⇅「多くのものが集まる」は可逆的なイメージである。例えば屯は「多くのものが一所に集まる」→「ずっしりと重い」に転化する。

字源 「尊ソン(音・イメージ記号)+口(限定符号)」を合わせた字。「尊」は上記のようなイメージ転化がある。「噂」は多くの人が集まってしゃべる様子を暗示させる。説文解字に「噂は聚まり語るなり」とある。藤堂明保は尊を単なる音符としている(藤堂②)。

語義 [展開] 多くの人がおしゃべりする意味ⓐ。日本では詩経や説文解字などから意味を類推して、世間話、うわさの意味ⓑに用いる。[英]chat; rumor

文献 ⓐ詩経・十月「噂沓背憎、職競由人＝噂沓ソントウ背憎ハイゾウ、職として競ふは人に由る(表では仲良くおしゃべりするが、裏では憎み合う、争い事は専ら人から起こるのだ)」

【樽】 16(木・12) 人 ｜ 音ソン 訓たる

語音 *tsuən(上古) tsuən(中古→ソン呉・漢) zǔn(中) 준(韓)

語源 [コアイメージ] ずっしりと重々しい。[実現される意味] 儀礼用の酒器ⓐ。[英]wine vessel

字源 「尊ソン(音・イメージ記号)+木(限定符号)」を合わせた字。「尊」は酒壺を大事そうに捧げ持つ情景を設定した図形。儀礼に用いる優雅で座りのよい酒器を表す。「尊」は「とうとい」という意味に用いられたため、改めて限定符号の「木」を添えた「樽」が作られた。

語義 [展開] 酒器の意味ⓐ。日本では、酒や醬油などを保存する木製の容器(たる)の意味ⓑに用いる。[英]wine vessel; barrel [熟語] ⓐ樽前・樽俎

文献 ⓐ荘子・逍遥遊「庖人雖不治庖、尸祝不越樽俎而代之矣＝庖人、庖を治めずと雖も、尸祝、樽俎を越えて之に代はらず(料理人が台所を使わないからといって、神主が樽や俎を越えて彼に取って代わることはない)」

【鱒】 23(魚・12) 人 ｜ 音ソン 訓ます

語音 *dzuən(上古) dzuən(中古→呉ゾン・漢ソン) zūn(中) 준(韓)

語源 [コアイメージ] ㋐ずっしりと重々しい・㋑樽のような円筒形。[実現される意味] コイ科の魚の名ⓐ。[英]Squaliobarbus curriculus

字源 「尊(ソン)(音・イメージ記号)+魚(限定符号)」を合わせた字。「尊」は優雅でずっしりと安定した酒器のこと。この酒器の形態的イメージが利用された。「鱒」はこの酒器のように丸みを帯びて優雅な体形をした魚を暗示させる。説文解字に「鱒は赤目魚」とあり、コイ科の淡水魚の名である。旧満州ではカワアカメの和名がつけられた。

語義 [展開] コイ科の淡水魚の名が原義ⓐ。現代の中国名は赤眼鱒。体は円筒形で、体長は三十センチほど。目は大きく、虹彩が赤い。日本では、古典の記述を誤解して、新撰字鏡がマスの訓を当てた。サケ科の魚、マスの意味ⓑ。川で生まれて海に降り、再び川に帰る習性がある。ⓑの意味は現代中国に逆輸入されている。[英]Squaliobarbus curriculus; trout [熟語] ⓑ鮭鱒(ケイソン)・養鱒

文献 ⓐ詩経・九罭「九罭之魚、鱒魴」=九罭(キュウイキ)の魚は、鱒と魴(細かい網にかかる魚は、カワアカメとヒラウオ)」

タ

た

【他】5(人・3) 常 ― 常用音訓 タ ほか

語音 *t'ar(上古) t'a(中古→呉・漢タ) tā(中) 타(韓)

語源 [コアイメージ] 当面のものとは違う。[実現される意味] 当面することとは違う別の事柄・人・所ⓐ。[英]other, another thing, other place

〔解説〕別の事柄を意味する*t'arに対して、詩経では它と他の二つの表記がある。説文解字に「上古は草居して它(=蛇)を患ふ。故に〝它無きや〟と相問ふ」とある。上古ではヘビの害が多かったので、它を使って、「恙無いか」「変事(災害)はないか」と挨拶したというのである。普通とは変わった災いというイメージから、普通とは違っているもの、当面することとは違った別の事柄や人という意味に転じた。日本語の「ほか」は「中心点からはずれた端の方の所の意」が原義で、ここから「別の所にあるもの。関係のない別のもの」という意味に展開するという(大野①)。漢語の他は自分を含めた当面のものとは異なるという点に主眼がある。転義の結果、他と「ほか」は似てくる。英語のotherは「言及しているもの、あるいは意味しているものとは別の(もの、人)、異なった(もの、人)」の意で(小島①)、漢語の他とほぼ同じ。

字源 「也(音・イメージ記号)+人(限定符号)」を合わせた字。「也」はヘビを描いた図形で「它」と同じ(⇩也)。したがって「他」はもともと佗と同じである。「它」はヘビを表すときには蛇となり、別の事柄や人を表すときには佗となり、また他となった。

語義 [展開] 別の事柄や人の意味ⓐから、当面するものとは違う(別の、ほかの)という意味ⓑを派生する。[英]other(ⓐⓑ), another thing, other place [熟語] ⓐ自他・利他・ⓑ他国・他人

文献 ⓐ詩経・小旻「人知其一、莫知其他=人は其の一を知りて、其の他を知る莫し(人は一つのことだけ知っていて、ほかのことは知らない)」ⓑ詩経・葛藟「謂他人父=他人を父と謂ふ(別の人を父と呼ぶ)」

【多】6(夕・3) 常 ― 常用音訓 タ おおい

語音 *tar(上古) ta(中古→呉・漢タ) duō(中) 다(韓)

語源 [コアイメージ] (空間的にゆとりがあって)たっぷりある。[実現される意味] 数量がおおいⓐ。[英]many, much

〔解説〕藤堂明保は多のグループ(侈など)、大のグループ(太・泰・達など)、亶のグループ(擅)、善のグループ(繕・膳)を同じ単語家族に括り、〝ゆったり、ゆとりがある〟という基本義をもつとした(藤堂①)。数量がたっぷりあることを*tarといい、多の図形で表記する。多は宜の古文にも含まれているように、「いくつも重なる」というイメージもある。説文解字では「多は重なり」とある。ただし「夕を重ねる」といった図形的解釈から導かれたもの。したがって「重なる」は意味ではなくイメージである。「物がたっぷりある」というイメージは「□-□-□-の形にいくつも重なる」というイメージにつながる。視点を水平軸に変えると、「□→□→□→の形に横に延びていく」というイメージにも転化しうる。下記の移・迻はこのイメージをもつ(これは二次的イメージである)。日本語の「おおい(おほし)」はオホ(大)と同根で、「容積的に大きいこと。また、数量的に多いこと。さらに、立派、正式の意」という(大野①)。大とつながりがあることは、漢語の多と同じである。また、「立派である」という意味への展開も両者に共通する。英語のmuchはラテン語のmagnus(大きい)に由来し(下宮①)、これも大とつながりをもつ。muchが

「量が多い」の意味であるのに対し、manyは「数が多い」の意味。

〈グループ〉多・移・侈(シ)(有り余って多い→おごる、ぜいたく[奢侈])・奓(ヤシ)(おごる)・迻(イ)(横に延びていく→うつる)

字源 肉を積み重ねた情景を設定した図形。この意匠によって、「たっぷりある」というイメージを表すことができる。

(甲) 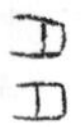 (金)  (篆)

語義 [展開] たっぷりある、数量がおおい意味ⓐから、立派である、大切である(まさる)意味ⓑ、立派だとほめる、ありがたいと思う(多とする)意味ⓒに展開する。[英]many, much; fine, better; praise, appreciate [熟語] ⓐ多数・多量

文献 ⓐ詩経・魚麗「君子有酒、旨且多＝君子に酒有り、旨く且つ多し(殿方のうたげの酒は、旨い上にもたっぷりあるよ)」ⓑ老子・四十四章「身与貨孰多＝身と貨、孰れか多(まさ)れる(身体と財貨はどちらが大切か)」ⓒ韓非子・五蠹「多其有勇也＝其の勇有るを多とするなり(彼に勇気があるとほめるのである)」

【汰】 7(水・4) 常 ｜ 常用音訓 タ

語音 *t'ad(上古) t'ai(中古→㊉・㊈タイ・[慣]タ) tài(中) 태(韓)

語源 [コアイメージ] たっぷりある。[実現される意味] 水をどっと注いで汚れを取るⓐ。[英]wash

字源 「汏」が本字。「大(イタ)(音・イメージ記号)＋水(限定符号)」を合わせた字。「大」は「ゆったりと大きい」というイメージから、「たっぷりある」というイメージに展開する(⇩大)。「汏」は水をたっぷりかけてごみを取り去る様子を暗示させる。泰と意匠が同じ(音義も同じ)。泰から太が分化したので、汏を汰とも書くようになった。

語義 [展開] 水を注いで汚れを取るが本義ⓐ。また「たっぷりある」というイメージから、ありすぎてぜいたくする、おごる意味ⓑを派生する。[英]wash; luxurious, arrogant [熟語] ⓐ沙汰・淘汰(タトウ)・ⓑ汰侈(タシ)

文献 ⓐ抱朴子・仙薬「漬之百日、淘汰去其土石＝之を漬くること百日、淘汰して其の土石を去る(百日間水に漬けて洗い、土砂を取り去る)」ⓑ春秋左氏伝・昭公4「皆所以示諸侯汰也＝皆諸侯の汰(イタ)なるを示す所以なり(それはみな諸侯がいかに驕っているかを示すものだ)」

【詫】 13(言・6) 人 ｜ ㊅タ ㊇わびる・わび

語音 *t'ăg(上古) ṭ'ă(中古→㊉チャ・㊈タ) chà(中)

語源 [コアイメージ] 上に乗っける。[実現される意味] 大げさに言う(ほこる)ⓐ。[英]exaggerate

〈解説〉原義は誇大に言う(ほこる)であるが、日本では「わびる」に使う。「わびる(わぶ)」とは「気落ちした様子を外に示す」(大野①)が本義で、これを漢字では侘で表記する。侘(タ)には「がっかりする」という意味があるので、理にかなっている。一方、「わぶ」は「困惑のさまを示して赦しを乞う」(同書)という意味を派生する。これの漢字表記として侘の人偏を言偏に換えて詫と書いた(この説は大言海による)。本来の漢字の詫(タ)とは何の関係もないので、日本の詫(わび)は半国字である。

字源 「宅(クタ)(音・イメージ記号)＋言(限定符号)」を合わせた字。「宅」は「下地の上に乗っかる」というイメージがある(⇩宅)。「詫」は言葉の上にさらに別の言葉を乗せて大げさに(あるいは、でたらめに)言う様子を暗示させる。

語義 [展開] 誇大に言う意味ⓐから、大げさに言ってあざむく意味ⓑ、変だと思う・怪しむ(いぶかる)意味ⓒに展開する。日本では「わびる」(謝る、陳謝する)の意味ⓓに詫を用いる。[英]exaggerate; deceive; doubt; apologize [熟語] ⓒ詫異

文献 ⓐ司馬相如・子虚賦「子虚過詫烏有先生＝子虚、烏有先生に過

詫す（子虚［架空の人物の名］は烏有先生［架空の人物の名］に自慢話をした）」（文選7）

だ

【打】5(手・2) 常 ｜常用音訓 ダ うつ

語音 *těŋ(上古) ṭaŋ(中古→呉チャウ〈＝チョウ〉・漢テイ) ta(唐タ・ダ) dǎ(中) 타(韓)

語源 ［コアイメージ］直角（┳形・┻形）に当てる。［実現される意味］うち当てるⓐ。［英］hit, strike

〔解説〕日本語の「うつ」は「相手・対象の表面に対して、何かを瞬間的に勢いこめてぶつける意」という（大野①）。ここからさまざまな意味に展開する。漢語の打は丁にコアイメージの源泉がある。「平面に対して┳や┻の形に当てる」というイメージの語で、多くの転義はない（ただし古典古代以後では多義的）。漢語では何をうつか、どううつかは、語によって違いがある。日本語の「うつ」は打のほか、撃（攻撃する）・討（討伐する）・射（発射する）・拍・伐・撲・拷など、漢字を使って区別することも多い。

字源 「丁（音・イメージ記号）＋手（限定符号）」を合わせた字。「丁」はくぎ（釘）の形で、「直角（┳形・┻形）に当てる」というイメージがある（⇩丁）。「打」は物を平面に┻形にうち当てる様子を暗示させる。

語義 ［展開］うち当てる・うちたたく意味ⓐから、取る・捕まえる意味ⓑ、また、動詞につける接頭語ⓒを派生する。野球などでボールをうつ意味ⓓは日本的用法。［英］hit(ⓐⓓ), strike; take, capture; prefix ［熟語］ⓐ打撃・打撲・ⓑ一網打尽・ⓒ打開・打診・ⓓ打者・安打

文献 ⓐ易林1「口飢打手、公子恨饞＝口飢ゑて手を打つ、公子恨饞す（［スッポン料理が食えなくて］ひもじいけれど手を打っただけで、公子は恨んだ）」

【妥】7(女・4) 常 ｜常用音訓 ダ

語音 *t'uar(上古) t'ua(中古→呉・漢タ・［慣］ダ) tuǒ(中) 타(韓)

語源 ［コアイメージ］上から下に垂れ下がる・押さえて落ち着ける。［実現される意味］穏やかに落ち着けるⓐ。［英］sit at ease, tranquil

〔解説〕古典に「妥は綏なり」の訓がある。藤堂明保はさらに拡大して、妥は垂のグループ、隋のグループ（随など）、耑のグループ（端など）、段のグループ、専のグループ、彖のグループ（縁など）、また断・朶などと同じ単語家族に属し、「上から下へおちる（おす）」という基本義をもつとした（藤堂①）。*t'uarという語は唾（つば）・朶（垂れ下がる枝）・綏（吊り紐）などと同源で、「上から下に垂れ下がる」というイメージがあり、これは「上から下に押さえて落ち着ける」というイメージに展開する。

〔グループ〕妥・綏・餒（飢えて体がぐったりする［凍餒］）・荽（ひげ根が垂れ下がる草、コエンドロ、コリアンダー［胡荽］）

字源 「女（イメージ記号）＋爪（限定符号）」を合わせた字。女を手で押さえて、なだめて落ち着かせる情景を設定した図形。この意匠によって、上記のイメージを表すことができる。

(甲)　(金)　(篆)

語義 ［展開］安らかに落ち着かせる意味ⓐから、程よいところで落ち着くようにする（互いに歩み寄る）意味ⓑに展開する。［英］sit at ease, tranquil; appropriate, proper ［和訓］やすんずる ［熟語］ⓐ妥帖・妥当・ⓑ妥協・妥結

文献 ⓐ詩経・楚茨「以妥以侑、以介景福＝以て妥んじ以て侑め、以て景福を介いにせん（［かたしろを］席に座らせ、ごちそう奨め、大きな福を授かろう）」

【陀】 8(阜・5) 人 | 音ダ

語音 *dar(上古) da(中古→呉ダ・漢タ) tuó(中) 타(韓)

語源 [コアイメージ] うねうねと延びる。[実現される意味] 土地がなだらかでないⓐ。[英]uneven

字源 「它(タ)(音・イメージ記号)+阜(限定符号)」を合わせた字。「它」は「うねうねと(～の形に)延びる」というイメージがある(⇩蛇)。「陀」は地形がうねうねと延びて平らかでない様子を暗示させる。

語義 [展開] 土地が平らでないが原義ⓐ。仏教の登場以後、梵語の音写字ⓑに専用される。[英]uneven; phonetic loan of Sanskrit [熟語] ⓐ陂陀(ハタ)・ⓑ阿弥陀(アミダ)・仏陀(ブッダ)

【唾】 11(口・8) 常 | 常用音訓 ダ つば

語音 *t'uar(上古) t'ua(中古→呉・漢タ・[慣]ダ) tuò(中) 타(韓)

語源 [コアイメージ] 上から下に垂れ下がる。[実現される意味] つばⓐ。[英]saliva

字源 「垂(スイ)(音・イメージ記号)+口(限定符号)」を合わせた字。「垂」は「上から下に垂れ下がる」というイメージがある(⇩垂)。「唾」は口から垂れ落ちる液体を暗示させる。この意匠によって、つばを表象する。

〈解説〉日本語ではもともと「つ」という。つばはツバキの略。ツ+ハク(吐)で、ツバク(つばを吐く)→ツバキとなった。漢語の唾は「上から下に垂れ下がる」→「下に落ちる」というイメージから生まれた語。

語義 [展開] つばの意味ⓐ、つばを吐く意味ⓑに展開する。[英]saliva, spit(ⓐⓑ) [和訓] つばき [熟語] ⓐ唾液・咳唾・ⓑ唾棄

文献 ⓐ荘子・秋水「子不見夫唾者乎、噴則大者如珠、小者如霧=子(シ)、夫(カ)の唾なる者を見ざるや、噴けば則ち大なる者は珠の如し、小なる者は霧の如し(お前はあの唾というものを見たことはないのか。噴くと、大きいものは珠のようで、小さいものは霧のようだ)」ⓑ春秋左氏伝・僖公33「不顧而唾=顧みずして唾(つばき)す(後ろを振り返らないで地面につばを吐いた)」

【舵】 11(舟・5) 人 | 音ダ 訓かじ

語音 da(中古→呉ダ・漢タ) duò(中) 타(韓)

語源 [コアイメージ] うねうねと延びる。[実現される意味] 船尾に据えて、船の進行方向を定める装置(かじ)ⓐ。[英]rudder

字源 「它(タ)(音・イメージ記号)+舟(限定符号)」を合わせた字。「它」は「うねうねと(～の形に)延びる」というイメージがある(⇩蛇)。「舵」は左にきったり右にきったりして、舟を進めるための道具を表す。柁は同音同義の字。

語義 かじの意味ⓐ。[熟語] ⓐ舵手・操舵

【堕】 12(土・9) 常 | 常用音訓 ダ

語音 *duar(上古) dua(中古→呉ダ・漢タ) duò(中) 타(韓)

語源 [コアイメージ] 崩れて定形がなくなる。[実現される意味] 上から下に落ちるⓐ。[英]fall

〈解説〉藤堂明保によれば、堕・唾・端・段・朶・妥などは同じ単語家族に属し、「上から下へおちる」という基本義があるという(藤堂①)。堕は隓や隋がコアイメージの源泉である。「上から下へおちる」のさらなるコアには「崩れて定形がなくなる」というイメージがある。

字源 「墮」が正字。「隋(タ)(音・イメージ記号)+土(限定符号)」を合わせた字。「隓」は山や崖が崩れ落ちる情景を設定した図形(⇩随)。「隓(キ・タ)」の略体(音・イメージ記号)+肉(限定符号)」を合わせた「隋」は、肉が崩れ落ちる様子を暗示させる。かくて「墮」は土が崩れ落ちる様子を暗示させる。限定符号が阜→肉→土と変わって形が複雑になるが、「崩れて定形がなくなる」というコアイメージは変わらない。

〔字体〕「墮」は近世中国で発生した「堕」の俗字。

語義 [展開] 形が崩れて下に落ちる意味ⓐから、心身がぐったりしてなまける(おこたる)意味ⓑを派生する。ⓑは惰と通用。[英]fall; lazy [和訓] おちる・おろす [熟語] ⓐ堕胎・堕落

文献 ⓐ管子・形勢解「雨之所墮、不避大小強弱＝雨の墮つる所、大小・強弱を避けず(雨が落ちてくる所は、大きさや強さとは無関係だ)」

【惰】12(心・9)　常　常用音訓 ダ

語音 *duar(上古) dua(中古→呉ダ・漢タ) duò(中) 타(韓)

語源 [コアイメージ] 崩れて定形がなくなる。[実現される意味] 心身がぐったりしてだらける(なまける、おこたる)ⓐ。[英]lazy, neglect

字源 「憜」が本字。「隋(音・イメージ記号)＋心(限定符号)」を合わせた字。「隋」は「形が崩れて定形がなくなる」というイメージがある(⇩随)。「憜」は心が崩れて張りをなくする様子を暗示させる。この意匠によって、心身がぐったりとだらけることを表象する。

〔字体〕「憜」は本字。「惰」はその異体字。

語義 [展開] 心身がだらける意味ⓐから、だらけた態度で人に接する(軽々しく扱う、あなどる)意味ⓑを派生する。[英]lazy, neglect; slight [和訓] おこたる [熟語] ⓐ惰眠・怠惰

文献 ⓐ論語・子罕「語之而不惰者、其回也與＝之に語りて惰らざる者は、其れ回なるか(彼と話をして、なまけることのない人間は顔回であったなあ)」ⓑ春秋左氏伝・襄公31「滕成公來會葬、惰而多涕＝滕の成公来りて会葬す、惰りて涕多し(滕の成公が葬式に来たが、軽々しく涙を多く流した)」

【楕】13(木・9)　人　音ダ

語音 *t'uar(上古) t'ua(中古→呉・漢タ・[慣]ダ) tuǒ(中) 타(韓)

語源 [コアイメージ] 崩れて定形がなくなる。[実現される意味] 狭くて長い・細長い円形ⓐ。[英]ellipse, oval

字源 「橢」が本字。「隋(音・イメージ記号)＋木(限定符号)」を合わせた字。「隋」は「上から下に落ちる」「崩れて定形がなくなる」というイメージがある(⇩随)。「橢」は円い形の器を上から押し下げて、ひしゃげたような狭く長い形にする様子を暗示させる。

語義 狭くて長い意味ⓐ。[熟語] ⓐ楕円

文献 ⓐ楚辞・天問「南北順橢、其衍幾何＝南北は橢[＝楕]に順ふ、其の衍りは幾何ぞ([大地は真四角ではなく]南北が細長い形をしているが、余った部分の距離はいくらあるのか)」

【駄】14(馬・4)　常　常用音訓 ダ

語音 *dar(上古) da(中古→呉ダ・漢タ) tuó・duò(中) 타(韓)

語源 [コアイメージ] ゆったりと大きい。[実現される意味] 家畜が荷を背負うⓐ。[英]carry on the back

字源 「馱」が本字。「大(音・イメージ記号)＋馬(限定符号)」を合わせた字。「大」は「ゆったりと大きい」というイメージがある(⇩大)。形のイメージは量のイメージにも転化できる。「馱」は馬がたっぷりと物を背負う様子を暗示させる。後に字体が駄に変わった。「太」は「たっぷりある」というイメージがある(⇩太)。「駄」の図形的意匠は馱と同じ。

語義 [展開] 家畜が荷を背負う意味ⓐから、家畜が背負う荷物の意味ⓑ、また、荷物を数える語ⓒ。日本では、運搬用の牝馬の意味から転じて、粗雑、下等、詰まらない意味ⓓに使われる。[英]carry on the back; pack(ⓑⓒ), horse load; low, inferior [熟語] ⓐ駄馬・ⓑ駄賃・ⓓ駄作・駄弁

文献 ⓑ東観漢記11「驢四百頭負馱＝驢四百頭、馱[＝駄]を負ふ(四百

頭のロバが荷物を背負う)」

たい

【太】4(大・1) 常 ｜ 常用音訓 タイ・タ ふとい・ふとる

語音 *t'ad(上古) t'ai(中古→呉・漢タイ・[慣]タ) tai(中) 태(韓)

語源 [コアイメージ] たっぷりある。[実現される意味] ゆったりと落ち着いているⓐ。[英]calm, peaceful

〈解説〉泰から分化した字で、泰のコアにあるのは大と同じ「たっぷりある」というイメージである。したがって太のコアイメージもこれと同じである。日本では「ふとい」の漢字表記とする。「ふとい(ふとし)」は「物の直径が大きい意。転じて、体積のどっしりと大きい意」という(大野①)。漢語の太も大と同源であるが、「容積・体積があって太い」「太る」という意味はない。

〈グループ〉太・汰・駄

字源 「泰」の古文である「夳」から夳→夳→太と変わった。「夳」は「大」に踊り字(同じものを重ねることを示す符号)の「二」を添えて、大きい上にも大きい様子を暗示させる図形。

語義 [展開] 「たっぷりある」というコアイメージは、ゆったりと落ち着いている意味ⓐを実現する。また、程度を超えて大きい(はなはだ)という意味ⓑ、偉大の意を添える尊称ⓒを派生する。「ふとい」ⓓや「ふとる」ⓔの意味は日本的用法。[英]calm, peaceful; extremely, very; great, highest ;big, thick; grow fat, fatten [和訓] はなはだ [熟語] ⓐ太平・ⓑ太初・太息・ⓒ太閤・太守

文献 ⓐ老子・三十五章(王弼本)「執大象、天下往、往而不害、安平太(=大象を執りて、天下に往けば、往きて害あらず、安・平・太なり(宇宙の道をつかみとって天下に行けば、どこに行っても害がなく、身は安らかで、穏やかで、ゆったりと落ち着ける)」

【体】7(人・5) 常 ｜ 常用音訓 タイ・テイ からだ

語音 *t'er(上古) t'ei(中古→呉タイ・漢テイ) ti(中) 체(韓)

語源 [コアイメージ] 形よく整う。[実現される意味] からだⓐ。[英]body

〈解説〉身体を表す漢字に五つある。身(シン)は中身が詰まった生身のからだで、中身にポイントがある。軀(ク)は頭、手、足、胴に分かれるからだで、特にボディーの部分を体軀(ボディー)、軀幹(中心をなすボディー)という。躬(キュウ)は彎曲した背骨をもつからだで、鞠躬如(身をかがめるさま)にこのイメージが表れている。骸(ガイ)は骨組み・むくろ→からだの意味に転じた。これらに対して、骨格や内臓が整然と組み立てられたからだを体(タイ)という。体系・全体のようにシステム、統一されたものという意味が生ずるのはこの故である。釈名・釈形体に「体は第なり。骨肉、毛血、表裏、大小相次第するなり」と、整然と順序(秩序)のあるのが体だという見事な説明がある。日本語の「からだ」はカラ(殻。水分・生命がすっかり失われて、ぬけがらとなったものの意)と同根で、「生命のこもった肉体を身(み)というのに対して、生命のこもらない形骸としての身体」の意という(大野①)。このイメージは漢語では体ではなく、骸がふさわしい。英語のbodyは樽→容器→海・湖(天然の容器)→体(血肉の容器)と展開したという(政村①)。漢語の体も豊(レイ)(器の一種)のイメージに由来する。偶然の一致であるが、発想が似ているのはおもしろい。

字源 「體」が正字。「豊(イメージ記号)+骨(限定符号)」を合わせた字。「豊」は豊(ホウと読む)ではなく、禮に含まれる豊(レイと読む)と同じ。豆(たかつき)に供え物が形よく盛りつけられている図形で、儀礼用の器のこと。具体は捨象して、「形よく整う」という抽象的イメージだけを取る(⇨礼)。したがって「體」は形よく組み立てられた骨格を暗示させる。

カールグレンは豊(レイ)を音符と見ている。これもあり得る。

（篆）

〔字体〕「体」は近世中国で発生した「體」の俗字。「体」はもともと粗笨の笨（太く粗い意）と同じで、體とは別字であるが、同形衝突した。「體」「躰」は體の異体字。

語義 ［展開］からだの意味ⓐから、からだの構成部分ⓑ、部分を組み立てた全体（システムをなすもの）の意味ⓒに展開する。また、何らかの形や機能・性質をもつものの意味ⓓ、形・様子・スタイルの意味ⓔ、身につける意味ⓕを派生する。［英］body; part of the body; system; substance, object; form, shape, style; embody ［熟語］ⓐ身体・人体・ⓑ肢体・上体・ⓒ体系・全体・ⓓ固体・物体・ⓔ体裁・字体・ⓕ体験・体得

文献 ⓐ詩経・相鼠「相鼠有體、人而無禮＝鼠を相(み)れば体有り、人にして礼無し（ネズミには体があるけれど、人間なのに礼がないなんて）」ⓑ詩経・谷風「采葑采菲、無以下體＝葑(ホウ)を采り菲(ヒ)を采るに、下体を以てする無かれ（カブラやダイコンを採る際、下半身［根の部分］だけに目をくれるな）」ⓓ孟子・公孫丑上「子夏子游子張皆有聖人之一體＝子夏・子游・子張は皆聖人の一体有り（子夏・子游・子張は皆聖人の本性をもっている）」ⓔ詩経・氓「體無咎言＝体に咎言無し（［占いに現れた］形に凶の言葉は出なかった）」ⓕ易経・乾「君子體仁、足以長人＝君子は仁を体すれば、以て人に長たるに足る（君子は仁を体得すれば、十分人のトップに立てる）」

【対】7(寸・4) 常 ｜ 常用音訓 タイ・ツイ

語音 *tuəd（上古） tuəi（中古→呉・漢タイ） tuai（唐ツイ） duì（中） 대（韓）

語源 ［コアイメージ］二つのものが□→←□の形（または□⇄□の形）に向き合う。［実現される意味］向かい合うⓐ。［英］face each other

〔解説〕対面・応対に含まれる対のイメージは「□→←□の形（または□⇄□の形）に向き合う」ということである。これは「□-□の形に並ぶ」というイメージにも転化する。一対の対はこのイメージである。*tuədという語の図形化（視覚記号化）は楽器の台座から発想された。

〔グループ〕対・懟(ツイ)（手向かう感情をもつ→恨む）

字源 「對」が正字。「業の略体（イメージ記号）＋土（イメージ補助記号）＋寸（金文では又。限定符号）」を合わせた字。「業」は鐘などの楽器を吊す横木を架ける柱を描いた図形。それに「土」をそえて、台座を示している。この台座は□→←□の形に向かい合って対をなすものである。したがって「對」は二つのものが□→←□の形（または□⇄□の形）に向き合う様子を暗示させる。字源については諸説紛々であるが、「業＋寸」とする説（林義光）が妥当。

（金）　（篆）

〔字体〕「對」は旧字体。「対」は由来不明の常用漢字の字体。現代中国の簡体字は「对」。

語義 ［展開］「二つのものが□→←□の形に向き合う」というコアイメージから、向かい合う意味ⓐ、向こうから→の形に来る問いに←の形に答えを返す（面と向き合って答える）意味ⓑに展開する。また、「□⇄□の形に向かい合う」「□-□の形に並ぶ」というイメージから、ペアをなすものという意味ⓒを派生する。［英］face each other; reply, respond; couple ［和訓］むかう・こたえる ［熟語］ⓐ対話・敵対・ⓑ応対・反対・ⓒ対句・一対

文献 ⓐ山海経・中山経「足白而對＝足白くして対(むか)ふ（足は白くて向き合っている）」ⓑ詩経・桑柔「聽言則對、誦言如醉＝聴言には則ち対(こた)へ、誦言には酔ふが如し（耳に聞きよい言葉には答えるが、耳に障る言葉には酔ったふり）」ⓒ後漢書・梁鴻伝「擇對不嫁、至年三十＝対を択ぶも嫁せず、年三

十に至る(カップル[配偶者]を選んでやったが彼女は結婚せず、三十歳になった)」

【苔】8(艸・5) 人 ｜ 音タイ 訓こけ

語音 *dəg(上古) dəi(中古→呉ダイ・漢タイ) tái(中) 태(韓)

語源 [コアイメージ] 手を加える・動作を起こす。[実現される意味] コケⓐ。[英]moss

字源 「菭」が本字。「台イタ(音・イメージ記号)+水(イメージ補助記号)+艸(限定符号)」を合わせた字。「台」は「手を加える」「動作を起こす」というイメージがあり、始(兆しが起こりはじめる)や胎(胎動が起こりはじめる、胎児が生じる)などのコアになる。この語源と同じように、「菭(=苔)」は水中に(または水気によって)生じはじめる草を暗示させる。漢書の注釈に「苔は水気の生ずる所なり」(顔師古注)とある。

語義 [展開] ミズゴケのことから広くコケ植物、特に苔類の総称ⓐ。[熟語] ⓐ青苔・蘚苔センタイ

文献 ⓐ管子・地員「黒土黒菭=黒土には黒菭[=苔](黒い土には黒いコケが生える)」

【待】9(彳・6) 常 ｜ 常用音訓 タイ まつ

語音 *dəg(上古) dəi(中古→呉ダイ・漢タイ) dài(中) 대(韓)

語源 [コアイメージ] 止まる。[実現される意味] まつⓐ。[英]wait

〔解説〕 藤堂明保は止のグループと寺のグループの一部(待・侍・持)を同じ単語家族にくくり、「ひと所にじっととまる」という基本義をもつとした(藤堂①)。まつという行為のコアに「止まる」というイメージがあるのは明白である。日本語の「まつ」も「相手の来ること、物事の実現することを予期して、その時期・機会の到来まで、じっとしている」意という(大野①)。英語のwaitは「監視して待ち伏せる」が原義で、待つ意味が拡大して「物事を楽しみにして待ち受ける、期待する」意味になるという(小島①)。この展開義は漢語の待のⓒと近い。

字源 「寺ジ(音・イメージ記号)+彳(限定符号)」を合わせた字。「寺」は「進む」と「止まる」の両方のイメージを表すことができる(⇩寺)。「待」はじっと止まってまつ様子を暗示させる。

語義 [展開] じっと待ち受ける意味ⓐから、相手を待ってもてなす意味ⓑ、期待される(必要とする・頼みとする)意味ⓒに展開する。[英]wait; treat; expect, need [熟語] ⓐ待機・待望・ⓑ待遇・接待

文献 ⓐ論語・子罕「我待賈者也=我は賈コを待つ者なり(私は買い手が現れるのを待っているのだ)」ⓑ論語・微子「以季孟之間待之=季・孟の間を以て之を待たん(季氏と孟氏の中間くらいの待遇で貴殿を待遇しよう)」ⓒ孟子・公孫丑上「王不待大=王は大を待たず(王者になるには大国を頼みとしない)」

【怠】9(心・5) 常 ｜ 常用音訓 タイ おこたる・なまける

語音 *dəg(上古) dəi(中古→呉ダイ・漢タイ) dài(中) 태(韓)

語源 [コアイメージ] 人工を加える。[実現される意味] 緊張を解いてだらける・気分がたるむ(おこたる)ⓐ。[英]neglect, idle, lazy

〔解説〕 おこたる(なまける)という行為(あるいは精神状態)を表す語の造形法(成り立ち)は心身の緊張が失われた状態を捉えて実現された。例えば、心身の張りが崩れ落ちることから発想されたのが惰、ばらばらに解けることから発想されたのが懈、だらだらと延びて締まりがなくなるのが慢である。怠も同様の発想から生まれた。日本語の「おこたる」はオコナフ(行)のオコと、タル(垂)が結ばれた語で、「同じ調子で進む、その調子が落ちる意」が原義で、「いつも繰り返す儀式や勤行を欠かす」意味に展開するという(大野①)。漢語の発想とはだいぶ違うようである。英語のneglectはラテン語のneg-(否定)+regere(選ぶ)に由来し、注意を怠る、

無視する意、idle は empty(空の)が原義で、仕事がなくてぶらぶらしている→怠惰なの意、lazy は仕事嫌いで物ぐさなの意(小島①)。怠はこれらを含む。

字源 「台ｲﾀ(音・イメージ記号)＋心(限定符号)」を合わせた字。「台」は「人工を加える」というイメージを示す記号(⇩台)。固いものに人工を加えると柔らかくなる。このイメージを用いたのが冶ャ(金属を溶かす)・飴ｲ(柔らかい「あめ」)である。同様の語源を用いて、「怠」は緊張が解けてたるんだ状態になることを暗示させる。

語義 [展開] 緊張を解いてだらける意味ⓐから、仕事をなまけてやならい意味ⓑを派生する。[英]neglect, idle, lazy; go slow [和訓] だるい [熟語] ⓐ怠惰・怠慢・ⓑ怠業・怠納

文献 ⓐ詩経・賓之初筵「無俾大怠＝大いに怠らしむる無かれ(気分がだらけないようにさせなさい)」

【殆】 9(歹・5) 人 ｜ 音 タイ 訓 あやうい・ほとんど

語音 *dəg(上古) dai(中古→呉ダイ・漢タイ) dài(中) 태(韓)

語源 [コアイメージ] 人工を加える。[実現される意味] もう少しで危ないところである(あやうい)ⓐ。[英]dangerous

字源 「台ｲﾀ(音・イメージ記号)＋歹(限定符号)」を合わせた字。「台」は「人工を加える」というイメージがある(⇩台)。「殆」は危害を加えて死に至らしめようとする様子を暗示させる。この意匠によって、もう少しで危ない状態になることを表象する。

語義 [展開] もう少しで危険なことになる意味ⓐから、もう少しで、ほとんどの意味ⓑを派生する。[英]dangerous; nearly, almost [熟語] ⓐ危殆

文献 ⓐ詩経・正月「民今方殆＝民は今方さまに殆あやうし(民は今危ない瀬戸際)」ⓑ孟子・尽心下「殆非也＝殆ど非なり(ほとんど間違っている)」

【胎】 9(肉・5) 常 ｜ 常用音訓 タイ

語音 *t'əg(上古) t'ai(中古→呉・漢タイ) tāi(中) 태(韓)

語源 [コアイメージ] ㋐手を加える・㋑動き始める。[実現される意味] 妊娠して腹子が動き始める(はらむ)ⓐ。[英]become pregnant

字源 「台ｲﾀ(音・イメージ記号)＋肉(限定符号)」を合わせた字。「台」は「道具を用いて手を加える」というイメージがあり、「動作を起こし始める」というイメージに展開する(⇩台)。「胎」は妊娠して腹子が動き始める様子を暗示させる。

語義 [展開] 子を宿す(はらむ)意味ⓐから、母体の中に宿った子(腹子)の意味ⓑ、胎児を宿す所の意味ⓒ、物事の起こり始めの意味ⓓに展開する。[英]become pregnant, conceive, pregnancy; fetus; womb; beginning [熟語] ⓐ胎動・胎孕・ⓑ胎児・堕胎・ⓒ胎内・母胎・ⓓ禍胎・胚胎

文献 ⓑ呂氏春秋・名類「刳獸食胎、則麒麟不來＝獣を刳えぐり胎を食くらへば、麒麟来らず(獣をえぐって胎児を食うような残虐な行為をすると、瑞祥の麒麟はこの世に姿を現さない)」

【耐】 9(而・3) 常 ｜ 常用音訓 タイ たえる

語音 *nəg(上古) nai(中古→呉ナイ・漢ダイ・[慣]タイ) nài(中) 내(韓)

語源 [コアイメージ] ㋐柔らかい・㋑粘り強い。[実現される意味] 粘り強く我慢する(たえる)ⓐ。[英]endure, bear

〔解説〕コアイメージの源泉は而ジにある。これは「柔らかい」というイメージを表す記号であるが、「柔らかい」は「粘り強い」に転化する。これと同じイメージ転化現象は奴にも見られる。*nəgという語は忍と同源で、粘り強くたえ忍ぶという意味。ここから、何かをするのに十分たえるほどの力があるという意味に展開し、能(*nəŋ)と同じ意味になる。

王力は耐・能・忍・任を同源としている（王力①）。日本語の「たえる（たふ）」はタ（手）＋アフ（合）で、「自分に加えられる圧力に対して、その圧力に応ずる手段をもって対抗する意」。ここから、「ささえとめる」「持ちこたえる」「能力がある」意味に展開するという（大野①）。漢語の耐には「ささえとめる」の意味はない。英語のendureはラテン語のdurus（固い）に由来するという（小島①など）。堅固に持ちこたえる→耐えるの意味になった。漢語の耐のコアイメージは「柔らかい」から「粘り強い」に転化するので、「堅い」と近くなる。耐とendureは造語の発想が似ているといえる。

[字源] 「而（ジ）（音・イメージ記号）＋寸（限定符号）」を合わせた字。「而」はあごひげを描いた図形で、「柔らかい」というイメージがあり、これは「粘り強い」というイメージに展開する（⇩而）。「耐」は粘り強く持ちこたえる様子を暗示させる。

[語義] [展開]「粘り強い」というコアイメージは、粘り強く我慢する（たえ忍ぶ）意味ⓐ、何かをするのに持ちこたえられる意味ⓑ、また、粘り強い能力がある（何かをするのに十分力がある）意味ⓒを実現する。ⓒの場合は古くは*nəŋ（能と同音）と読んだ。[英]endure, bear; withstand, hold out; able, capable [熟語] ⓐ耐乏・忍耐・ⓑ耐火・耐震

[文献] ⓐ嵇康・与山巨源絶交書「心不耐煩＝心、煩に耐へず（心が煩わしさに我慢ならない）」（文選43）ⓒ管子・入国「不耐自生者、上収而養之疾＝自ら生くるに耐へざる者は、上、収めて之（これ）が疾を養ふ（自分で生きる能力のない者については、政府が彼を収容して、疾患を十分手当てしてやる）」

【退】 9（辵・6）

[常] [常用音訓] タイ　しりぞく・しりぞける

[語音] *t'uəd（上古）　t'uəi（中古→[呉]・[漢]タイ）　tui（中）　퇴（韓）

[語源] [コアイメージ] 下の方へ下がる。[実現される意味] ある場所から引き下がる（しりぞく）ⓐ。[英]retreat, withdraw

〔解説〕その場から引き下がることを*t'uədといい、退と書く。この語には「後ろにへこんで下がる」というイメージがあるが、視点を垂直軸に変えると、「上から下に下がる」「下から上に突き出る」というイメージとつながる。*t'uədという語は墜（下に落ちる）・隤（イタ）（崩れ落ちる）・頽（イタ）（くずれる）と同源。また、出・茁（サツ）（草が下から上に突き出る）・黜（チュツ）（位が上から下に下がる）などとも縁が近い。日本語の「しりぞく」はシリ（尻）＋ソク（退）で、「後方へすさる意」という（大野①）。英語のretreatはラテン語のre-（元に、後に）＋trahere（引く）に由来し、後ろに引っ込める→退却する意（小島①など）。漢語の退とほぼ対応する。

〔グループ〕退・褪（トン・イタ）（衣を引き下げて脱ぐ、また、色が引き下がる→あせる[褪色]）・腿（イタ）（胴体から下に下がった部位→もも[大腿]）

[字源] 楷書は形が崩れて分析困難。篆文は「彳＋日＋夊」、古文は「辵＋日＋夊」と分析できる。「日（太陽。イメージ記号）＋夊（ひきずる足。イメージ補助記号）＋彳（限定符号）または辵（限定符号）」を合わせた字。「退」は太陽を擬人化して、太陽が西の空の下に段々と下がっていく情景を設定した図形。この意匠によって、ある場所からへこんで引き下がることを表象する。

（古） 　（篆） 

[語義] [展開] 引き下がる意味ⓐから、ある物事をよそにのける（しりぞける）意味ⓑ、立場や地位から身をひく意味ⓒ、力や勢いがひいていく（衰える）意味ⓓ、後へ引いて遠慮する（へりくだる）意味ⓔ、色があせる意味ⓕに展開する。[英]retreat, withdraw, recede; repel, repulse; retire; decline; concede; fade [和訓] ひく・のく・のける・どく・どける・すさる・しさる [熟語] ⓐ退却・撤退・ⓑ退治・撃退・ⓒ退会・引退・ⓓ退化・衰退・ⓔ退譲・ⓕ退紅・退色

[文献] ⓐ詩経・碩人「大夫夙退＝大夫よ、夙（とっ）に退け（役人たちよ、早く

退出しなさい)」ⓑ詩経・雨無正「聴言則答、譖言則退＝聴言には則ち答へ、譖言には則ち退く(耳に入りよい言葉には答えるが、耳に逆らう言葉ははねつける)」ⓒ老子・九章「功遂身退、天之道＝功遂げ身退くは、天の道なり(功績が完成すると身をひくのが天の道である)」ⓓ詩経・雨無正「戎成不退＝戎(ジュウ)成りて退かず(戦が盛んで止む時がない)」

【帯】 10(巾・7) 常 ―常用音訓 タイ おびる・おび

〔帶〕11(巾・8) 人 ―音タイ 訓おびる・おび

語音 *tad(上古) tai(中古→呉・漢タイ) dài(中) 대(韓)

語源 [コアイメージ] 横に長く延びる。[実現される意味] 衣を締めるおびⓐ。[英]belt, band, girdle

〔解説〕釈名・釈衣服に「帯は蔕(タイ)(へた)なり。衣に著して、物の繋蔕(まといつく)の如きなり」とある。藤堂明保はもっと範囲を拡大し、它(タ)のグループ(蛇など)、也のグループ(池など)、延のグループ、世のグループ、また移・曳などが帯と同じ単語家族に属し、「うねうねと伸びる・伸ばす」という基本義をもつとした(藤堂①)。帯およびそのグループは「横に長く延びる」というコアイメージがある。日本語の「おび」は「おびる」の名詞形。「おびる(おぶ)」は腰に巻く意(大野①)。

〔グループ〕帯・滞・蔕(タイ)(花が帯のように枝や茎にまといつく部分、へた)・螮(テイ)(帯のように長く延びた虹[螮蝀(テイトウ)])・艜(タイ)(細長い小舟)

字源 「帶」が正字。「巾」を除いた部分は、佩玉(おびだま)をぶら下げたおびを描いた図形。それに限定符号の「巾」を添えたのが「帶」。

(篆) 

〔字体〕「帯」は近世中国で発生した「帶」の俗字。現代中国の簡体字は「带」。滞もこれに倣う。

語義 [展開] おびの意味ⓐから、帯に似た(なぞらえた)ものの意味ⓑ、身に着ける(おびる)意味ⓒ、別の物がそばにつく・そばに伴う(併せ持つ・含み持つ)意味ⓓ、回りを取り巻く意味ⓔ、帯のように取り巻く周辺や一定の範囲の意味ⓕに展開する。[英]belt(ⓐⓕ), band, girdle; belt-shaped thing; wear, carry; have, bear, assume; surround; zone, area [熟語] ⓐ衣帯・束帯・ⓑ眼帯・声帯・ⓒ帯剣・携帯・ⓓ帯同・連帯・ⓕ一帯・地帯

文献 ⓐ詩経・有狐「心之憂矣、之子無帯＝心の憂ひ、之(こ)の子、帯無し(ああ心配だよ、あの娘には帯がない)」ⓒ史記・秦本紀「令吏初帯剣＝吏をして初めて剣を帯びしむ(官吏に初めて剣を帯びさせた)」ⓔ戦国策・楚一「被山帯河＝山を被り河を帯ぶ([その地は]山に覆われ、川に囲まれている)」

【泰】 10(水・5) 常 ―常用音訓 タイ

語音 *t'ad(上古) t'ai(中古→呉・漢タイ) tài(中) 태(韓)

語源 [コアイメージ] ㋐ゆったりと大きい・㋑スムーズに通る。[実現される意味] 安らかに落ち着くⓐ。[英]quiet, calm, peaceful

〔解説〕古典の注釈に「泰は大なり」「泰は太なり」とある。大がコアイメージの源泉である。大は「ゆったりと大きい」というイメージがある。空間的にゆとりがある状態を念頭に置くと、このイメージは「ゆとりをとってスムーズに通る」というイメージに展開する。*t'adは達・徹と同源である。何の摩擦や障害もなくスムーズに通ることが安泰の泰の意味である。

字源 楷書は形が崩れて分析困難。篆文は「大(タイ)(音・イメージ記号)＋廾(両手の形。イメージ補助記号)＋水(限定符号)」と分析できる。「大」は「ゆったりと大きい」というイメージから、「ゆとりがある」「たっぷりある」というイメージにも展開する(⇨大)。したがって「泰」は水をたっ

ぷり通して汚れを洗い流す様子を暗示させる。この意匠によって、「ゆったりしている」「スムーズに通る」というイメージを表すことができる。

(古)　　(篆)

語義 [展開]「ゆったりしている」「スムーズに通る」というイメージから、摩擦や障害がなくゆったりと落ち着く意味ⓐ、スムーズに通る意味ⓑを実現する。また、「たっぷりある」というイメージから、余計にありすぎてぜいたくになる、気ままに振る舞う(おごる)意味ⓒ、程度がひどい(はなはだ)の意味ⓓを派生する。[英]quiet, calm, peaceful; smooth; luxurious, arogant; extremely [和訓]やすい・やすらか・はなはだ [熟語]ⓐ泰平・安泰・ⓑ泰運・否泰・ⓓ泰初(=太初)・泰西

文献 ⓐ論語・子路「君子泰而不驕=君子は泰にして驕らず(君子はゆったりと落ち着いていて、えらそうにすることはない)」ⓑ易経・泰「天地交泰=天地交泰す(天地はスムーズに交わり通ずる)」ⓒ老子・二十九章「是以聖人、去甚去奢去泰=是を以て聖人は、甚を去り、奢を去り、泰を去る(だから聖人は過度を避け、ぜいたくを避け、おごりを避ける)」

【堆】11(土・8) 常 常用音訓 タイ

語音 *tuər(上古) tuai(中古→呉・漢タイ) tuai(唐ツイ) duī(中) 퇴(韓)

語源 [コアイメージ] ずっしりと重い。[実現される意味] 盛り上がった土の集まり(土がうずたかく盛り上がった所)ⓐ。[英]mound, heap

〔解説〕藤堂明保は隹のグループ(推・維など)、屯のグループ、また隊・豚・敦・殿などは「ずっしり・下ぶくれ」という基本義があるとする(藤堂①)。この仲間には「一所に多く集まる」というイメージの語もある。「集まる」⇅「ずっしりと重い」は可逆的な(相互転化可能な)イメージである。和訓の「うずたかい(うづたかし)」はウヅ(珍)タカシ(高)で、ウヅは「高く、厳しきこと」の意という(大言海)。

字源 「隹(音・イメージ記号)+土(限定符号)」を合わせた字。「隹」は「ずっしりと重い」というイメージがある(⇩推)。「堆」はたくさん集まってずっしりと重そうに盛り上がった土を暗示させる。𠂤の後起の字(⇩追・師)。

語義 [展開] 盛り上がった土の集まりの意味ⓐから、いくつも重なり集まる(うずたかい)意味ⓑに展開する。[英]mound, heap; pile up, stack [和訓]うずたかい [熟語]ⓑ堆積・堆肥

文献 ⓐ漢書・王莽伝「乗堆挑戰=堆に乗りて挑戦す(うずたかい盛り土に登って戦を挑んだ)」

【袋】11(衣・5)   タイ ふくろ

語音 dai(中古→呉ダイ・漢タイ) tai(唐テイ) dài(中) 대(韓)

語源 [コアイメージ] 入れ代わる。[実現される意味] ふくろⓐ。[英]bag, sack

字源 「代(音・イメージ記号)+衣(限定符号)」を合わせた字。「代」は「A⇅Bの形に互いに入れ代わる」、あるいは、「A→B→C…の形に次々に代わる」というイメージがある(⇩代)。「袋」は物を次々に入れたり出したりできる布製品(ふくろ)を暗示させる。嚢も「ふくろ」だが、これは物を中へ突き通すように入れるというイメージの語である。袋の字は漢代以前には遡れない。

語義 ふくろの意味ⓐ。[熟語]ⓐ袋果・郵袋

文献 ⓐ斉民要術5「布袋絞取純汁=布袋もて純汁を絞り取る(布の袋で混じり気のない汁を絞り取る)」

【逮】11(辵・8)   タイ

語音 *dag(上古) dai(中古→呉ダイ・漢タイ) dài・dǎi(中) 체(韓)

語源 [コアイメージ] これ以上行けない所まで届く。[実現される意味] 対象に追いつく(およぶ)ⓐ。[英]overtake, catch up

〔解説〕藤堂明保は真・身・実・質などと同じグループに入れ、「いっぱい詰まる」という基本義があるとした(藤堂①)。空間的に行き詰まれば、「これ以上行けない所まで届く」というイメージに転化する。したがって*dagという語は至・抵・底(いたる)などと同源といえる。

字源 「隶(タイ)(音・イメージ記号)+辵(限定符号)」を合わせた字。「隶」は「尾の略体(イメージ記号)+彐(=又。限定符号)」を合わせて、しっぽに手が届く情景を設定した図形。説文解字に「隶は後ろより之に及ぶなり」と説明している。同様に「逮」も後ろに手が届いて追いつく様子を暗示させる。

(金) (篆) [隶] (篆)

語義 [展開] 空間的に対象に追いつく意味ⓐから、ある時点まで至る意味ⓑ、また、能力が追いつく意味ⓒに展開する。[英]overtake, catch up; reach; equal, match [和訓] およぶ [熟語] ⓐ逮捕・ⓑ逮夜

文献 ⓐ春秋公羊伝・成公2「逮于袁婁而與之盟=袁婁(エンル)に逮(およ)びて之と盟ふ(彼に袁婁で追いついて、誓いを立てた)」ⓑ論語・季氏「政逮於大夫四世矣=政、大夫に逮(およ)ぶこと四世なり(政治が家来の手に至ってから四代になる)」ⓒ荀子・尭問「群臣莫能逮=群臣、能く逮ぶもの莫し(群臣は誰も彼に及ばない)」

【替】 12(曰・8) 常 常用音訓 タイ かえる・かわる

語音 *t'er(上古) t'ei(中古→呉タイ・漢テイ) tì(中) 체(韓)

語源 [コアイメージ] 新しいものと入れかわる。[実現される意味] 古くなってだめになるⓐ。[英]decline

〔解説〕説文解字に「替は廃なり」とあり、「すたれる」が本義である。「すたれる」と「かわる」とはどんな関係があるのか。新しいものが古くなってだめになることが「すたれる」の意味。ここに「AがBに取ってかわる」「AとBが入れかわる」というコアイメージが見出せる。AとBの二つ関係の変化を表現するために四つの図形が考案された。日本語の「かえる(かふ)」は「二つの点から発した力が互いにX字形に交わる意」が原義という(大野②)。これは漢語の交・代のイメージと同じ。漢語の替は古いものが消えて新しいものに取ってかわる意味である。

字源 篆文では「竝+白」、「竝+曰」、「兟+曰」の三形がある。「竝」は「立(人が立つ形)」を二つ並べたもの。「兟」は「先(人が足先を出す形)」を二つ並べたもの。隷書では「夫(成人男子)」を二つ並べた形に変わった。以上の図形は空間的に並列されるイメージ(A+B)ではなく、時間的に横に移るイメージ(A→B)を読み取らせる仕掛けである。「竝または兟または扶(三つともイメージ記号)+白(限定符号)または曰(限定符号)」を合わせて、古いAから新しいBに移り変わる情景を設定した図形。Aに視点を置くと、だめになって捨てる意味、Bに視点を置くと、新しいものに取ってかわる意味が実現される。

(篆)

語義 [展開] ある物が古くなって衰える意味ⓐから、新しいものや別のものに取ってかわる、入れかえる意味ⓑに展開する。[英]decline; replace [和訓] すたれる [熟語] ⓐ隆替・陵替・ⓑ交替・代替

文献 ⓐ詩経・楚茨「子子孫孫、勿替引之=子子孫孫、替(す)たるる勿(な)く之を引け(子の子、孫の孫まで、衰えることなく、長続きするように)」ⓑ春秋左氏伝・僖公33「不替孟明=孟明を替へず(孟明[人名]を更迭しない)」

【貸】 12(貝・5) 常 常用音訓 タイ かす

語音 *t'əg(上古)　t'ai(中古→呉・漢タイ)　dài(中)　대(韓)
語源 [コアイメージ] ⇅形や×形に入れ代わる。[実現される意味] 返す約束で物を一時的に与える(かす)ⓐ。[英]lend
字源 「代(タイ)(音・イメージ記号)＋貝(限定符号)」を合わせた字。「代」は「A⇅B形に入れ代わる」「×形(互い違いに)入れ代わる」というイメージがある(⇩代)。「貸」は貸し手Aと借り手Bの間で金銭の持ち主が入れ代わる様子を暗示させる。Aの側に視点を置けば「かす」だが、Bに視点を置けば「かりる」である。
語義 [展開] 「かす」と「かりる」の意味があったが、専ら「かす」ⓐに貸を用い、「かりる」には借を用いるようになった。[熟語] ⓐ貸借・賃貸
文献 ⓐ春秋左氏伝・襄公29「出公粟以貸＝公粟を出だして以て貸す(公室の穀物を出して人々に貸しつける)」

【隊】12(阜・9)　常　|常用音訓| タイ

語音 *duəd(上古)　duai(中古→呉ダイ・漢タイ)　duì(中)　대(韓)
語源 [コアイメージ] ずっしりと重い。[実現される意味] 重いものがずしんと落ちるⓐ。[英]fall down
〔解説〕説文解字に「隊は高きより隊(お)つ[＝墜]るなり」とあり、墜の原字である。㒸(スイ)にコアイメージの源泉がある。㒸は隹(スイ)と同源で、「ずっしりと重い」というイメージを示す記号。「ずっしりと重い」⇅「(多くの物が)集まる」は入れ換え可能な(相互転化しうる)イメージである。したがって隊は多くの物の集まりの意味が生まれる。これと似たイメージ転化現象は堆にも例があり、隊と堆は同源の語でもある。
〔グループ〕隊・墜
字源 「㒸(スイ)(音・イメージ記号)＋阜(限定符号)」を合わせた字。「㒸」の金文は太ったブタを描いた図形。篆文は「八(両側に分かれる)＋豕(ブタ)」を合わせて、腹が張り出て太ったブタを暗示させる図形。この意匠によって「↓の形に(上から下に)力が加わって重く垂れ下がる」というイメージを示す記号とする(⇩遂)。「隊」は上から下に重みが加わってずしんと落ちる様子を暗示させる。墜落の墜の原字。

(金) 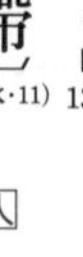　(篆)

語義 [展開] 重いものがずしんと落ちる意味ⓐは墜に譲り、人や物の集まり(特に兵士の集団)の意味ⓑに用いる。[英]fall down; troop, team, group [熟語] ⓑ隊列・軍隊
文献 ⓑ淮南子・道応訓「襄子疏隊而撃之＝襄子、隊を疏(わ)けて之を撃つ(襄子[人名]は軍隊を分けて出撃した)」

【滞】13(水・10)　常　|常用音訓| タイ　とどこおる
〔滯〕14(水・11)　人　|音| タイ　|訓| とどこおる

語音 *dɪad(上古)　dɪɛi(中古→呉ダイ・漢テイ・[慣]タイ)　zhì(中)　체(韓)
語源 [コアイメージ] ㋐長く延びる・㋑一所にじっと止まる。[実現される意味] 一所にじっと止まって動かないⓐ。[英]stagnate
〔解説〕和訓の「とどこおる(とどこほる)」のトドはトドマル(留)のトドと同根、コホル(凍)は凝り固まる意で、「物事が途中でつかえて順調に先へ進んでいかなくなる」意味という(大野②)。「とどこほる」は漢語の滞とほぼ一致する。説文解字に「滞は凝(こお)るなり」とあるが、凝は疑(ストップする、ぐずぐずとためらう)がふさわしい。また古典に「滞は留なり」「滞は止なり」の解釈があるが、滞は留とも止ともイメージが異なる。滞は「動きのあるものが何かにつかえて、(一時的ではなく)長引いて動きを止める」というイメージの語である。この語は帯(おび)のもつ

形態・機能から発想され、図形化も帯を用いて実現された。

[字源]「滯」が正字。「帶(音・イメージ記号)+水(限定符号)」を合わせた字。「帯」は「横に長く延びる」というイメージがあるが(⇩帯)、腰の回りに横に延びて巻きついているという形状から、「一所にとりついてじっと動かない」というイメージを表しうる。これは二次的イメージである。また「空間的に長く延びる」は「時間的に長引く」というイメージに転じうる。したがって「滯」は水が一所に止まって、長引いて動かなくなる様子を暗示させる。意味は水とも帯とも関わりがなく、ただ「一所に止まってじっと動かない」である。

[語義] [展開] 一所にじっと止まって動かない(とどこおる)意味ⓐから、物事や事態の進行が止まってはかどらない意味ⓑ、ある場所に足を止める意味ⓒに展開する。[英]stagnate; sluggish; stay [熟語] ⓐ滞留・沈滞・ⓑ渋滞・停滞・ⓒ滞空・滞在

[文献] ⓐ詩経・大田「此有滯穗、伊寡婦之利=此(ここ)に滞穂有り、伊(こ)れ寡婦の利(落ちている稲穂は、やもめの取り分)」ⓑ孟子・公孫丑下「三宿而後出晝、是何濡滯也=三宿して後昼に出づ、是れ何ぞ濡滞(ジュタイ)なるや(三泊してから昼に出発するとは、ぐずぐずしてはいませんか)」ⓒ史記・太史公自序「留滯周南=周南に留滞す(周南に滞在した)」

【碓】 13(石・8) [人] [音]タイ [訓]うす

[語音] *tuər(上古) tuai(中古→[呉]・[漢]タイ) duì(中) 대(韓)

[語源] [コアイメージ] ずっしりと重い・重みをかける。[実現される意味] うすⓐ。[英]quern, millstone

[字源]「隹(音・イメージ記号)+石(限定符号)」を合わせた字。「隹」は「ずっしりと重い」というイメージから、「↓の形に上から下に重みを加える」というイメージに展開する(⇩推)。「碓」は足に重みをかけて杵を踏んで穀物をつく石製の道具を表す。

[語義] 杵の一端を足で踏んで穀物をつく道具(石うす・からうす)の意味ⓐ。

[文献] ⓐ呉越春秋・王僚使公子光伝「碓顙而深目=碓顙(タイソウ)にして深目(〔人相は〕うすのように突き出た額に、くぼんだ目つき)」

【態】 14(心・10) [常] [常用音訓]タイ

[語音] *t'əg(上古) t'ai(中古→[呉]・[漢]タイ) tài(中) 태(韓)

[語源] [コアイメージ] 粘り強い。[実現される意味] 心構え・身構えⓐ。[英]posture, attitude

〔解説〕*t'əgという語は耐と同源である。耐は「粘り強く持ちこたえる」というイメージから、「何かをするのに十分たえるほどの力がある」というイメージに転化し、能と同じ意味が生まれる。ここから*t'əgは「粘り強く何かをしようとする心構え」という意味を派生し、表記も能を利用して作られた。

[字源]「能(音・イメージ記号)+心(限定符号)」を合わせた字。「能」は「何かをするのにたえられる粘り強い力」というイメージがある(⇩能)。「態」は粘り強く何かをしようと構えた心を暗示させる。この意匠によって、心構えや身構えを表象する。

[語義] [展開] 身構えの意味ⓐから、表面に現れた姿・形、ありさまの意味ⓑ、また、何かをしようという下心のあるそぶり、取り入ろうとする下心の意味ⓒに展開する。日本ではⓒから「わざとらしい」というイメージを読み、「態と」「態々」など「わざ」(ことさら、意識的に何かをするさま)ⓓの訓が生じた。[英]posture, attitude; appearance, condition, form; pose, coquetry; purposely [和訓] すがた・さま・わざ [熟語] ⓐ態度・嬌態・ⓑ形態・実態・ⓒ態色・媚態

[文献] ⓐ韓非子・二柄「人主欲見、則群臣之情態得其資矣=人主、欲見(あら)わるれば、則ち群臣の情態其の資を得(君主が欲望の色を現すと、群臣の

心構え[君主の意向に合わせて迎合したいという態度]は材料を手に入れたことになる)」ⓑ楚辞・離騒「余不忍爲此態也＝余、此の態を為すに忍びざるなり(私はこんな無様な姿を見せるに忍びない)」ⓒ荀子・成相「人之態不如備＝人の態は備ふるに如かず(思わせぶりな態度は用心するにしくはない)」

【黛】16(黒・5) 人 ㊫タイ ㊪まゆずみ

語音 *dəg(上古) dai(中古→㊐ダイ・㊝タイ) dài(中) 대(韓)

語源 [コアイメージ] 入れ代わる。[実現される意味] 眉を描く青黒色の顔料(まゆずみ)ⓐ。[英]eyebrow pencil

〔解説〕釈名・釈首飾に「黛は代なり。眉毛を滅して之を去り、此を以て画きて其の処に代ふるなり」とある。黛と代は同源の語である。

字源 「代(音・イメージ記号)＋黒(限定符号)」を合わせた字。「代」は「A⇅Bの形に入れ代わる」というイメージがある(⇩代)。「黛」は本物の眉に代わって別の眉を描く墨を暗示させる。

語義 [展開] まゆずみの意味ⓐから、まゆずみで描いた眉の意味ⓑ、濃い青色の意味ⓒに展開する。[英]eyebrow pencil; blackened eyebrow; bluish-black [熟語] ⓐ黛眉・粉黛・ⓒ翠黛・青黛

【戴】17(戈・13) 常 常用音訓 タイ

語音 *tag(上古) tai(中古→㊐・㊝タイ) dài(中) 대(韓)

語源 [コアイメージ] 途中で止める。[実現される意味] 頭に載せるⓐ。[英]carry on the head

〔解説〕和訓の「いただく」は「頭のてっぺんに両手で物をのせて持つ意」(大野②)から、両手で物を奉じて受けること(「もらう」の謙譲語)に転じる。漢語の戴には後者の意味はない。常用漢字表では頂に「いただく」の訓があるが、むしろ戴にこの訓を与えるのがふさわしい。

字源 「𢦏(音・イメージ記号)＋異(イメージ補助記号)」を合わせた字。「𢦏」は「途中で断ち切る」というイメージから、「途中のほどよい所で止める」というイメージに展開する。これは載(車の上にのせてじっと止めておく)のコアになり、戴でもこれが利用される。「異」は両手を挙げる人の形。したがって「戴」は頭の上に載せて落ちないように両手で支え止める様子を暗示させる。

語義 [展開] 頭に載せる意味ⓐから、上に奉じる、支え持つ(押しいただく)意味ⓑに展開する。「もらう」「飲食する」の謙譲語の「いただく」ⓒは日本的用法。[英]carry on the head; bear, support; receive, eat, drink [和訓] いただく [熟語] ⓐ戴冠・負戴・ⓑ推戴・拝戴・ⓒ頂戴

文献 ⓐ荘子・譲王「於是夫負、妻戴、攜子以入於海＝是に於いて夫は負ひ、妻は戴き、子を携へて以て海に入る(そこで夫は荷物を背に負い、妻は頭に載せ、子どもを連れて、地の果てまで逃げた)」

たい

【鯛】19(魚・8) 人 半国字

字源 説文解字に「鯛は骨耑脆きなり(骨の端が弱い)」とあるが、古典で使われた形跡がない。全くの奇字で、魚のタイとは無縁である。日本の鯛は「たひ」を表記するために漢字に擬した和製漢字(国字)である。しかし偶然に中国にあった鯛(音はチョウ)と同形衝突したと考えられるから、日本の鯛は半国字とすべきである。「周」は「満遍なく行き渡る」というコアイメージがあるが、日本の疑似漢字の造形法にはコアイメージの概念は存在しないので、単に調和の調を周で肩代わりさせたと考えられる。したがって、一族を調和させるめでたい魚という意図を込めて、調の略である「周」に魚偏を添えて「鯛」が生まれた。文字の鯛も中国に伝わり、江戸時代になって、貿易品の一つにタイが見られる。現代中国では鯛をタイの意味で用いている。

語義 海魚の名。タイの意味。特にマダイを指す。体は楕円形で、赤色を呈する。古来縁起物として珍重される。[英]sea bream

だい ……………………………………

【乃】2(丿・1) 人 | 音 ダイ・ナイ 訓 の・すなわち

語音 *nəg(上古) nai(中古→呉ノ・ナイ・漢ダイ) nǎi(中) 내(韓)

語源 [コアイメージ] 柔らかい。[実現される意味] すなわちⓐ。[英]thus

〈解説〉藤堂明保は耳・而・匿などと同源で、「軟らかくねばる」という基本義をもつとする(藤堂①)。「柔らかい」というイメージは「ねちねちとねばつく」「なずむ」というイメージにつながり、Aという事態とBという事態を結ぶ際、二つがストレートに生起するのではなく、ぐずついて間があるという感じを表す接続詞に用いる。漢文では「すなわち」と読むが、ストレートに結ぶ則や即とはニュアンスが異なる。

〈グループ〉乃・仍ジョウ(ねばついて離れない、なずむ)・朶ダ(木の枝がしなやかに垂れ下がる[耳朶・万朶])・奶ナイ(体つきの柔らかい女、また乳房)

字源 曲がってしなやかに垂れる様子を示した象徴的符号。

(甲) (金) (篆)

語義 [展開] 接続詞のすなわちの意味ⓐ。また「柔らかい」というコアイメージが若・女・汝・爾・而などと共通するので、これらと同じ用法、人称代名詞の「なんじ」ⓑに用いる。また、日本では二つを結ぶ「の」という助詞に当てる。[英]thus, then, so; you [熟語] ⓐ乃至ナイシ・ⓑ乃翁ダイオウ・乃公ダイコウ

文献 ⓐ詩経・山有扶蘇「不見子都、乃見狂且=子都を見ず、乃ち狂を見る(子都さんには会えないで、何とおばかさんに出会った)」

【大】3(大・0) 常 | 常用音訓 ダイ・タイ おお・おおきい・おおいに

語音 (1)*dad(上古) dai(中古→呉ダイ・漢タイ) dài・dà(中) 대(韓)
(2)*t'ad(上古) t'ai(中古→呉・漢タイ) tài(中) 태(韓)

語源 [コアイメージ] ゆったりとゆとりがある。[実現される意味] おおきいⓐ。[英]big, large

〈解説〉形の空間的認識において、大小についての認識がある。「おおきさ」がどのように把握されるかによって、違った語が生まれる。物体の幅が広いことに着目したのが巨であるが、面積・容積がゆったりと(たっぷりと)余裕があると捉えたのが大である。藤堂明保は大のグループだけでなく、多のグループ(侈など)、亶タンのグループ(擅など)、善のグループも同源であり、「ゆったり、ゆとりがある」という基本義をもつとする(藤堂①)。日本語の「おほ」は「数・量・質の大きく優れていること」の意で、これから、容積・面責が大きい意味の「おほし(大)」と、数量的に多い意味の「おほし(多)」が分化したという(大野②)。日本語も漢語も大と多は語源が同じである。

〈グループ〉大・太・汰・駄・泰・達・杕テイ(木が大きく生い茂るさま)

字源 両手両足を広げて立つ人を描いた図形。この意匠によって、「ゆったりとして余裕がある」というイメージを表すことができる。

(甲) (金) (篆)

語義 [展開] 形などがゆったりとしておおきい意味ⓐから、おおきくする意味ⓑ、数量や範囲が大きい(大いに・たっぷりと)の意味ⓒ、おおよその意味ⓓ、優れている・立派である意味ⓔ、えらいと認める意味ⓕに展開する(以上は1の場合)。また、程度が大きい(はなはだ)の意味ⓖ、偉大の意を添える尊称ⓗを派生する(以上は2の場合)。ⓖⓗは太と通用。[英]big(ⓐⓔⓖ), large(ⓐⓒ); enlarge; great(ⓒⓖⓗ), more; about, round, general; excellent, fine; consider(something) to be great; extremely; highest 【熟語】ⓐ大地・巨大・ⓑ拡大・増大・ⓒ大勝・大食・ⓓ大概・大体・ⓔ大将・偉大・ⓕ誇大・尊大・ⓗ大王・大公

文献 ⓐ詩経・遵大路「遵大路＝大路に遵ふ（大通りに沿って行く）」ⓑ詩経・閟宮「俾爾昌而大＝爾をして昌(さか)んにして大ならしめん（お前［の力や勢い］を盛んに大きくさせたいものだ）」ⓒ詩経・民労「是用大諫＝是(ここ)を用(もつ)て大いに諫む（だから大いにいさめるのです）」ⓓ孟子・滕文公上「此其大略也＝此れ其の大略なり（これがそのあらましだ）」ⓔ論語・子罕「大哉孔子＝大なる哉孔子（立派だなあ、孔子は）」ⓖ詩経・蟋蟀「無已大康＝已(すで)に大(はなは)だ康らかなること無し（世の中はもはやとても安楽ではなくなった）」ⓗ詩経・斯干「大人占之＝大人之を占ふ（長老様が夢判断をする）」

【代】 5(人・3) 常 ｜ 常用音訓 ダイ・タイ　かえる・かわる・よ・しろ

語音 *dəg(上古)　dai(中古→呉ダイ・漢タイ)　dài(中)　대(韓)

語源 【コアイメージ】∞の形を呈する・A⇅Bの形に入れ代わる。【実現される意味】AとBが互いに入れかわる ⓐ。［英］change, interchange

【解説】「かわる」という意味と「よ」は何の関係もない意味に見えるが、二つを結びつけるコアイメージがある。これが「A⇅Bの形に入れ代わる」というイメージである。代の語源・字源を初めて解明したのは藤堂明保である。氏は代のグループと滕(トウ)（ひも・なわ）・藤・縄・蠅を同じ単語家族にくくり、「互い違い・よじれる」という基本義があるとした（藤堂①）。日本語の「かふ」は「二つの点から発した力が互いにX字形に交わる意」という（大野②）。その展開義の一つに「あるものの代わりに、他のものを据える」がある。これは漢語の代のⓐと同じ。英語のinterchange（二つの物や人を入れかえる）は接頭語のinter-に「A⇅Bの形（相互に）」のイメージが含まれているが、漢語の代は語自体にそのイメージが組み込まれている。一方、代は時代という意味を派生する。これは「Aの次にBが取って代わる」というイメージを時間の流れを空間化することによって生み出した意味である。これに当てた訓が「よ」である。「よ」はヨ（節）と同根。節と節の間のように、人が生まれてから死ぬまでの間、また、支配者が統治する期間、また時節、時代の意味に展開する（大野②）。これは漢語の世とも代とも近いので、世と代にともに「よ」の訓がついた。漢語の世は親から子に引き継がれる期間（三十年）であるが、代は親→子と移っていく際のそれぞれの期間で、違いがある。一方、代には「しろ」の訓もある。「しろ」とは「本物に代わって、本物と同じ機能を果たすもの」の意という（大野①）。この意味は漢語の代にない。

【グループ】代・貸・袋・黛・鳶・弋(ヨク)（いぐるみ。また、∞の形に回遊する［遊弋］）・忒(トク)（食い違う）

字源 「弋(ヨク)（音・イメージ記号）＋人（限定符号）」を合わせた字。「弋」は先端が二股になった道具、いぐるみ（狩猟工具の一つ）を描いた図形。この道具は、糸をつけた矢を発射して獲物をぐるぐるに巻きつけるので、「∞の形を呈する」というイメージを表すことができる。ここから、「二つのものがA⇅Bの形に互い違いに入れ代わる」というイメージに展開する。かくて「代」は同じ場所（ポスト）に別の人と入れかわる様子を暗示させる。

(甲)　(金)　(篆)［弋］　(篆)

語義 【展開】「A⇅Bの形に入れかわる」というイメージから、AとBが互いに入れかわる ⓐ、A⇅Bの形に入れかわって（かわりばんこに、かわるがわる）の意味 ⓑ に展開する。また、このイメージは継時的にA→B→C…と古いものが新しいものと入れかわるようにして次々に移っていくというイメージにも展開し、移っていく時、すなわち親から子へ、

王朝から王朝へと、入れ代わっていく一定の期間、また、ある特定のものが、その活動を終えて、次のものに移っていくまでのそれぞれの区切られた期間の意味ⓒを派生する。日本では「AとBが入れ代わる」という代のイメージを捉えて、A(商品)の代わりになるB(お金)、つまり「しろ」の意味ⓓに用いる。[英]change, interchange; alternately; generation, dynasty; price 【和訓】かわるがわる 【熟語】ⓐ代替・交代・ⓑ代謝・ⓒ時代・世代・ⓓ地代・席代

文献 ⓐ詩経・桑柔「力民代食＝民を力めしめて、代はりて食ふ([為政者は]民を働かせて、民に代わって飯を食う)」ⓑ孟子・滕文公下「暴君代作＝暴君代わる作る(暴君がかわりばんこに現れる)」ⓒ論語・衛霊公「斯民也、三代之所以直道而行也＝斯の民や、三代の直道にして行ふ所以なり(今の民は、[夏・殷・周の]三つの王朝において正しい政道で治められてきた民である)」

【台】5(口・2) 常 ―― 常用音訓 ダイ・タイ

語音 (1)[臺]*dəg(上古) dəi(中古→㊐ダイ・㊊タイ) tái(中) 대(韓) (2)[台]*diəg(上古) yiei(中古→㊐・㊊イ) yí(中) 이(韓) (3)[台]*t'əg(上古) t'əi(中古→㊐・㊊タイ) tāi(中) 태(韓)

語源 [コアイメージ] (1)じっと止まって立つ。(2)(道具を用いて)手を加える・動作を起こし始める。[実現される意味] 四方を見るための屋根のない建造物(遊楽をする物見台、見晴らし台、うてな)ⓐ。[英]tower, terrace

〔解説〕日本でも中国でも現在は臺イダは台に簡略化された。そのため本来の台イタ・イと同形衝突した。二つは全く別字である。まず臺の語源について。釈名・釈宮室に「臺は持なり。土を築きて堅く高し、能く自ら持するに勝ふるなり」とある。これはうてなの説明。高くじっと立って微動だにしない状態を捉えた語であるという。*dəgという語は「じっと止まる」というコアイメージをもち、持・峙(じっと立つ→そばだつ)などと同源である。次に台の語源について。*diəgという語は以・式などと同源で、「道具を用いる」「人工を加える」というコアイメージをもつ。コアイメージの源泉は厶(＝㠯)という記号にある。これは以にも含まれ、農具の形である。「道具を用いる」というイメージがこの図形によって表される。道具を用いることは自然のものに人工を加え、物を作り、行動を起こす第一歩になる。台の語源・字源を始めて解き明かし、その深層構造が「道具で人工を加える」という基本義であるとしたのは藤堂明保である(藤堂①)。

〔グループ〕(1)臺(＝台)・擡イタ(高く持ち上げる、もたげる[擡頭])・薹イタ(頭をもたげて出るフキのとう) (2)始・治・胎・怠・冶・苔・殆・笞チ(手を加えてしなやかにしたむち[笞杖])・飴イ(人工を加えて柔らかくした「あめ」)・怡イ(心がやわらぐ、よろこぶ[怡然])・詒イタ(言葉に作為を加える→あざむく)・貽イ(煮て柔らかくして食べる貝、イガイ)・枲シ(人工を加えて繊維を剝ぎ取る植物、アサ、雄の麻)・葈シ(葉がアサに似た草、オナモミ)・鮐イタ(手を加えて毒を処理して食べる魚、フグ)

字源 (1)「臺」が正字。楷書は分析困難。篆文は「之シ(音・イメージ記号)＋至(イメージ補助記号)＋高の略体(高い建物。限定符号)」を合わせた字。「之」は「進む」と「止まる」のイメージがあるが、「之」を含む寺や志では「じっと止まって立つ」というイメージにもなる(⇩之)。「至」は「行き止まり」というイメージがある(⇩至)。したがって「臺」は山の際に作った高く立つ建造物を暗示させる。この意匠によって、四方を見晴らすために作った上の平らな建造物、「うてな」を表象する。(2)「台」。「厶イ(音・イメージ記号)＋口(場所や物を示すイメージ補助記号)」を合わせた字。「厶」は「㠯イ」の変形で、農具のすき(耜)の形。道具を用いて自然に働きかけることから、「道具を用いて動作や行為を起こす」「人工を加える」というイメージを表すことができる(⇩以)。「台」は道具を用い

て手を加える様子を暗示させる。この意匠によって、行為の主体である自分（一人称の「われ」）を表象する。

（篆）［臺］　（金）　（篆）［台］

〈字体〉「台」は近世中国で発生した「臺」の俗字。

語義 ［展開］うてなの意味ⓐから、中央官署の意味ⓑ、高く平らに作ったもの、また、物を載せるための平らなものの意味ⓒ。ただし、基礎になるものの意味ⓓは日本的用法。また、台湾の略称ⓔ、颱の当て字ⓕにも用いられる（以上は1の場合）。また「動作を起こし始める」というイメージから、行為を起こす主体→われ・自分（一人称代名詞）の意味ⓖ（2の場合）。また、三台星という星の名を三公（官職の最高位）になぞらえたことから、敬意を表す語ⓗ（3の場合）。［英］tower, terrace; central government; stand, stage, platform; basis;Taiwan; typhoon; I; honorific term ［和訓］うてな・われ ［熟語］ⓐ台閣・楼台・ⓑ天文台・ⓒ台地・舞台・ⓓ台帳・土台・ⓔ日台・ⓕ台風・ⓗ台翰・台覧

文献 ⓐ詩経・新台「新臺有泚＝新台泚（サイ）たる有り（新しいうてなは洗い清められている）」ⓑ後漢書・鍾離意伝「爲郎、常獨直臺上＝郎と為り、常に台上に直す（役人になり、いつも役所で宿直をした）」ⓔ書経・説命「汝説台小子＝汝、台（われ）小子に説け（あなたは私に説明しなさい）」」

【第】 11（竹・5）　常　常用音訓 ダイ

語音 *der（上古）　dei（中古→呉ダイ・漢テイ）　di（中）　제（韓）

語源 ［コアイメージ］上から下に段々と垂れ下がる・段々と順をなす。［実現される意味］一段一段と並んで続く順序ⓐ。［英］order

〈解説〉説文解字に「弟は韋束（なめしがわで縛る）の次弟なり」とあり、第の字は採られていない。もともと弟と第は区別がなかった。「おとうと」と「しだい（次第）」を貫くコアイメージが「上から下に段々と垂れ下がる」である。これは「段々と順をなす」というイメージに展開する。「おとうと」は兄弟の序列では下の方に下っていく順位のものであり、また、順々に上から下に（あるいは最初から最後の方へ）並んで序列をなすことを次第という。

字源 「弟（ダイ）の略体（音・イメージ記号）＋竹（限定符号）」を合わせた字。「弟」は「上から下に段々と垂れ下がる」というイメージがあり、「□－□－□－□…のように順をなす」というイメージに展開する（⇩弟）。年齢がいちばん上の兄に対して、その下に順々に続くものを弟という。また、何かの基準で順をなすことを次弟という。後者の意味に限定するため、「第」が生まれた。竹の節のように一段一段と順序よく並んで続く様子を暗示させる図形である。

語義 ［展開］「（上から下に）段々と順をなす」というイメージから、順序の意味ⓐ、試験に合格する最低ラインの意味ⓑ、また、順番を示す接頭語ⓒに展開する。また、階級の基準で住まいに甲乙の順序をつけて甲第、乙第といったことから、邸宅の意味ⓓを生じた。［英］order; grades of examination; prefix for ordinal number; residence ［熟語］ⓐ次第・ⓑ及第・落第・ⓒ第六感・ⓓ第館・第宅

文献 ⓐ呂氏春秋・原乱「亂必有第＝乱に必ず第有り（乱には必ず順序次第がある）」ⓓ史記・孝武本紀「賜列侯甲第＝列侯に甲第を賜ふ（諸侯に邸宅を賜わった）」

【醍】 16（酉・9）　人　音ダイ・テイ

語音 (1)*t'er（上古）　t'ei（中古→呉タイ・漢テイ）　t'i（中）　(2)dei（中古→呉ダイ・漢テイ）　ti（中）　제（韓）

語源 ［コアイメージ］まっすぐ。［実現される意味］清酒ⓐ。［英］clarified spirits, pure wine

字源 「是（ゼ）（音・イメージ記号）＋酉（限定符号）」を合わせた字。「是」は

「まっすぐ」というイメージがある(⇩是)。縦の軸に視点を置けば「縦にまっすぐ通る」、横(水平)の軸に視点を置けば「平らにまっすぐ延びる」というイメージに転化する。「醍」は透き通った酒を暗示させる。

語義 [展開] 清酒の意味ⓐ(1の場合)。また「平らにまっすぐ延びる」のイメージから、牛乳を煮る際に表面に平らに張って生じるものの意味ⓑを派生する(2の場合)。牛乳を煮詰めて酪を作り、酪を精製して酥ソを作り、最後に酥を精製して作ったものを醍醐という。この上もない美味な食品で、仏の悟りや教えの象徴とされる。[英]clarified spirits, pure wine; finest cream [熟語] ⓑ醍醐・醍醐味

文献 ⓑ涅槃経「従乳出酪、従酪出酥、従酥出熟酥、熟酥出醍醐、醍醐酥之精也=乳より酪を出だし、酪より酥を出だし、酥より熟酥を出だし、熟酥醍醐を出だす、醍醐は酥の精なり」(太平御覧653)

【題】 18(頁・9) 常 常用音訓 ダイ

語音 *deg(上古) dei(中古→呉ダイ・漢テイ) tí(中) 제(韓)

語源 [コアイメージ] ㋐まっすぐ・㋑平らにまっすぐ延びる。[実現される意味] ひたいⓐ。[英]forehead

字源 「是ゼ(音・イメージ記号)+頁(限定符号)」を合わせた字。「是」は「まっすぐ」というイメージがあるが(⇩是)、視点を水平軸に移すと、「平らにまっすぐ延びる」というイメージに展開する。「題」は頭部(顔面)でまっすぐ平らに延びた部分(ひたい)を暗示させる。

語義 [展開] ひたいが本義ⓐ。ひたいは顔面で高く上がっている部分なので、内容を示す事柄を表面に掲げる(内容がわかるような文句を掲げて示す、タイトルをつける、短い文で書き記す)意味ⓑ、表面に掲げて示すもの(内容を示す短い言葉、見出しやタイトル)の意味ⓒ、掲げるテーマの意味ⓓを派生する。[英]forehead; title(ⓑⓒ), direct, inscribe; heading, headline, caption; theme, subject, topic, problem [和訓] ひたい [熟語] ⓑ題材・題字・ⓒ題目・表題・ⓓ課題・主題

文献 ⓐ戦国策・趙二「甌越之民也、黒歯彫題=甌越オウエツの民や、黒歯彫題(甌越[民族の名]の民は歯におはぐろをし、額に入れ墨をしている)」ⓑ韓非子・和氏「悲夫寶玉而題之以石、貞士而名之以誑=夫かの宝玉にして之に題するに石を以てし、貞士にして之に名づくるに誑を以てするを悲しむ(宝石なのにただの石というレッテルを貼られ、正義漢なのに詐欺師の名をつけられたのが悲しいのです)」

たき

【滝】 →ろう

たく

【宅】 6(宀・3) 常 常用音訓 タク

語音 *dăk(上古) ḍak(中古→呉ヂャク・漢タク) zhái(中) 댁・택(韓)

語源 [コアイメージ] ㋐ある物の上に乗せる・㋑定着する・落ち着く。[実現される意味] 腰を落ち着けて住む家(住まい・屋敷)ⓐ。[英]residence

〔解説〕説文解字に「宅は託する所なり」とある。宅と託を同源と見るのは納得できる。しかし「託は寄なり」(説文解字)の解釈では宅・託の深層構造は明らかにならない。藤堂明保は乇タクのグループを土のグループ、者のグループ(著・都など)、宁チョのグループ(貯など)、石のグループ(碩など)、また処・図などと同じ単語家族に入れ、「充実する、一所に集まる(定着する)」という基本義をもつとした(藤堂①)。*dăkという語は「一所に定着する」がコアイメージであるが、どのようにして定着するかは乇の独特のイメージがある。これは「ある物の上に乗って安定し、

その結果定着する、落ち着く」というイメージである。身体をその上に乗せて落ち着ける場所が宅であり、他人の手の上に乗せて安定させて置く行為が托・託である。

〔グループ〕宅・託・托・詫・馲（背に荷物を乗せて運ぶ動物、ラクダ[馲駝]）・侘（がっかりして立ちつくす[侘傺]。「わび」は国訓）・咤（舌打ちの声。また、舌打ちする[叱咤]）

字源 「乇（音・イメージ記号）＋宀（限定符号）」を合わせた字。「乇」は植物が地下に根を張り、地上に芽を出している姿を描いた図形。説文解字に「垂穂に従ひ、上は一を貫き、下に根有り」とある。この意匠によって、「下地の上に乗っかって安定する」「ある物の上に乗せて身をあずける」というイメージを表すことができる。「宅」はその上に体をあずけて落ち着く家を暗示させる。

（篆）［乇］　（甲）　（金）　（篆）

語義 ［展開］腰を落ち着けて住む家の意味ⓐから、ある場所に落ち着いて住む意味ⓑに展開する。[英]residence; dwell, inhabit ［和訓］いえ・おる ［熟語］ⓐ住宅・邸宅

文献 ⓐ詩経・崧高「定申伯之宅＝申伯の宅を定む（申伯[人名]の住居を定める）」ⓑ詩経・文王有声「宅是鎬京＝是の鎬京に宅る（この鎬京[地名]に住む）」

【托】 6（手・3）　人　音タク　訓あずける

語音 t'ak（中古→呉・漢タク）　tuō（中）　탁（韓）

語源 ［コアイメージ］ある物の上に乗せる。［実現される意味］手のひらや台の上に物を乗せるⓐ。[英]support in the palm

字源 「乇（音・イメージ記号）＋手（限定符号）」を合わせた字。「乇」は「ある物の上に乗せる」「上に乗せて安定させる」というイメージがある（⇩宅）。「托」は手のひらの上に物を乗せて、安定させて置く様子を暗示させる。

語義 ［展開］手のひらの上に物を乗せる意味ⓐから、他人の手に乗せてあずける意味ⓑ、物を乗せて受けるもの（受け皿）の意味ⓒに展開する。[英]support in the palm; entrust; thing serving as a suport ［熟語］ⓐ托鉢・托卵・ⓑ依托（＝依託）・ⓒ花托・茶托

【択】 7（手・4）　常　常用音訓 タク

語音 *dăk（上古）　ḍak（中古→呉ヂャク・漢タク）　zhái・zé（中）　택（韓）

語源 ［コアイメージ］数珠つなぎ（—・—・—の形）につながる。［実現される意味］チェックしてえらびとるⓐ。[英]select, choose, pick

〔解説〕択の深層構造を初めて解明したのは藤堂明保である。氏はこのグループ全体が度のグループ、亦のグループ（跡・夜など）、また尺・夕などと同じ単語家族に属し、「数珠つなぎ」という基本義をもつとした（藤堂①）。コアイメージの源泉は睪にある。説文解字に「睪は目視（段注本では司視）なり。吏をして目を将って罪人を捕らへしむるなり」とある。これは役人が容疑者を捕まえる際、一人一人を面通しして、その中から犯人を見つけるという場面を図形化したものである。複数の容疑者が次々に通っていく姿は「—・—・—の形（間を置いて続く形、数珠つなぎ）」を呈する。これが睪の表すコアイメージである。択は「えらぶ」と訓じるが、どういう選び方なのかは、コアイメージがはっきり示している。英語のselectは「多数の中から欲しいものを慎重に選び抜く」、chooseは「自分の気に入った方を自分の意志で選ぶ」の意という（田中①）。selectに多数の中からチェックするというニュアンスが含まれているなら、selectが漢語の択に合うようである。

字源 「擇」が正字。「睪（音・イメージ記号）＋手（限定符号）」を合わせた字。「睪」は「幸（手錠の形。イメージ記号）＋罒（＝目。限定符号）」を合わ

せて、容疑者を面通しする場面を設定した図形。次々に犯人をチェックすることから、「数珠つなぎ（—・—・—の形）につながる」というイメージがある（⇩駅）。「擇」は次々と続く候補の中から一つ一つとチェックする様子を暗示させる。この意匠によって、多くの中からえらびとることを表象する。

語義 ［展開］チェックしてえらびとる意味ⓐから、あれとこれとチェックして区別する意味ⓑを派生する。［英］select, choose, pick; distinguish ［和訓］えらぶ ［熟語］ⓐ採択・選択

文献 ⓐ詩経・十月之交「擇有車馬、以居徂向＝車馬有るものを択び、居を以て向（ショウ）に徂（ゆ）く（車馬を所有するものを選んで、一家を挙げて向［地名］に移った）」ⓑ孟子・離婁下「與禽獸奚擇哉＝禽獣と奚（なん）ぞ択ばんや（禽獣と何の区別があろうか）」

【沢】 7（水・4） 常 常用音訓 タク さわ

語音 *dăk（上古） dăk（中古→呉ヂャク・漢タク） zé（中） 택（韓）

語源 ［コアイメージ］数珠つなぎ（—・—・—の形）につながる。［実現される意味］湿地帯（さわ）ⓐ。［英］marsh, pool, pond

字源 「澤」が正字。「睪（エキ）（音・イメージ記号）＋水（限定符号）」を合わせた字。「睪」は「数珠つなぎ（—・—・—の形）につながる」というイメージがある（⇩択）。「澤」は点々と水たまりのつながる所を暗示させる。この意匠によって、湿地帯を表象する。

語義 ［展開］さわの意味ⓐ。水気が多い所のことから、水分でたっぷりうるおう、うるおいの意味ⓑ、つやがある、つやの意味ⓒ、たっぷりと人をうるおすもの（恵みや恩徳）という意味ⓓを派生する。［英］marsh, pool, pond; moisten; gloss, luster; favor ［熟語］ⓐ山沢・沼沢・ⓑ潤沢・贅沢・ⓒ光沢・手沢・ⓓ恩沢・余沢

文献 ⓐ詩経・沢陂「彼澤之陂、有蒲與荷＝彼の沢の陂（つつみ）に、蒲と荷有り（あの沢の堤に、ガマとハスが生えている）」ⓑ周礼・考工記・弓人「瘠牛之角無澤＝瘠牛の角、沢無し（痩せた牛の角は潤いがない）」ⓓ孟子・万章上「施澤于民久＝民に施すこと久し（長らく民に恩恵を施してきた）」

【卓】 8（十・6） 常 常用音訓 タク

語音 *tɔk（上古） tɔk（中古→呉・漢タク） zhuō（中） 탁（韓）

語源 ［コアイメージ］高く上がる。［実現される意味］他よりひときわ高く抜きん出る（すぐれる）ⓐ。［英］excellent, outstanding

〔解説〕王念孫は「卓の言は灼灼なり」と述べる（広雅疏証）。灼は「高く上がる」というコアイメージをもつ。藤堂明保は卓のグループは勺のグループのほか翟（テキ）のグループとも同源で、「抜きん出る・抜き出す」という基本義をもつとした（藤堂①）。*tɔkという語は濯・擢（高く抜き上げる）などと同源で、「（抜け出て）高く上がる」というコアイメージをもつ。

〔グループ〕卓・悼・棹（トウ）（水面に抜き出しながら船をこぐ道具、さお［棹歌］）・掉（チョウ）（高く持ち上げて揺する［掉尾］）・倬（タク）（高く抜け出て目立つ）・婥（シャク）（目立って美しい［婥約］）・桌（タク）（テーブル）・踔（タク）（一本足で高く立つ）・綽（シャク）（高く上げて幅や余裕をとる→ゆったりとゆとりがあるさま［綽綽］）

字源 楷書は形が崩れたが、篆文を分析すると「匕＋早」となる。「匕」は人の形で、人と関わることを示す符号。「早」は時間がはやいことであるが、時間的イメージは空間的イメージにも転用できるので、「時間のはやい方」は空間では「先の方」「先端」というイメージになる。「早（イメージ記号）＋匕（＝人。限定符号）」を合わせた「卓」は、人の先頭に出る情景を設定した図形。この意匠によって、高く抜きん出ることを表象する。

（金）　（篆）

語義 ［展開］高く抜きん出る意味ⓐ。「高く上がる」というイメージ

から、高い脚のついた台・机(テーブル)の意味ⓑを派生する。[英]excellent, outstanding; desk, table [和訓] すぐれる・たかい [熟語] ⓐ卓越・卓抜・ⓑ卓上・食卓

文献 ⓐ論語・子罕「如有所立卓爾＝立つ所有りて卓爾たるが如し([孔子は]立脚点がしっかりしているから、誰よりも高く抜きん出ているように見える)」

【拓】 8(手・5) 常 ―(常用音訓) タク

語音 *t'ak(上古) t'ak(中古→呉・漢タク) tuò(中) 탁(韓)

語源 [コアイメージ] 逆方向に行く(開く)。[実現される意味] 土地を切り開くⓐ。[英]open up, develop

〔解説〕*t'akという語は斥(←→の方向に裂いて隙間を開く)・拆(←→の方向に裂ける)・坼(土が裂けて開く)・柝(←→の方向に裂いた木)と同源で、「逆方向に行く(裂く、割る、開く)」というコアイメージをもつ。土地を切り開くことを*t'akといい、拓と表記した。

字源 「石(音・イメージ記号)＋手(限定符号)」を合わせた字。「石」は「中身が詰まって堅い」というイメージがある。「拓」は堅い石をたたき割って土地を開く様子を暗示させる。

語義 [展開] 土地を切り開く意味ⓐ。「(堅い石を)たたき割る」の「たたく」とのつながりで、石碑などに紙を置いて、たんぽでたたいて文字を写し取る意味ⓑを派生する。[英]open up, develop; make a rubbing [和訓] ひらく [熟語] ⓐ開拓・干拓・ⓑ拓本・魚拓

文献 ⓐ呉子・呉起初見文侯章句「拓地千里、皆起之功也＝地を拓くこと千里、皆起の功なり(土地を千里も開拓したのは、すべて呉起の功績である)」」

【啄】 10(口・7) 人 ― 音タク 訓ついばむ

語音 *tuk(上古) tɔk(中古→呉・漢タク) zhuó(中) 탁(韓)

語源 [コアイメージ] ㋐一所にじっと止まる・㋑一点に重みをかける。[実現される意味] 鳥がくちばしでつついて物を食べる(ついばむ)ⓐ。[英]peck

〔解説〕藤堂明保は豆のグループ、主のグループ、蜀のグループ(触・属など)、豖のグループ、また樹・投などを同じ単語家族に括り、「じっと立つ」という基本義があるとした(藤堂①)。啄は豖にコアイメージの源泉がある。豚の足を縛る情景を図形化して、「じっと止める」というイメージを表す記号とする。このイメージは「一点に重みをかける」というイメージに展開する。和訓の「ついばむ」はツキ(突)ハム(食)の転で、鳥がくちばしで突いて物を食う意味。

〔グループ〕啄・琢・冢(＝塚)・椓(くいを一所に立てて打つ)・諑(人の欠点をつつく→そしる)

字源 「啄」が正字。「豖(音・イメージ記号)＋口(限定符号)」を合わせた字。「豖」は「一点に重みをかける」というイメージがある(⇨塚)。「啄」は鳥がくちばしで一点を突いて餌を取って食べる様子を暗示させる。

〔字体〕「啄」は旧字体。「啄」は塚→塚に倣った常用漢字の字体。琢もこれに倣う。

(篆) [豖]　(篆) 

語義 [展開] 鳥がついばむ意味ⓐから、動物がかむ意味ⓑを派生する。[英]peck; bite [熟語] ⓐ啄木・啐啄

文献 ⓐ詩経・小宛「交交桑扈、率場啄粟＝交交たる桑扈、場に率ひ粟を啄む(ここかしこ飛び交うイカル、もみ打ち場に来てアワをついばむ)」ⓑ宋玉・招魂「啄害下人些＝下人を啄害す([トラやヒョウが]地上の人をかみ殺す)」(文選33)

【託】 10(言・3) 常 ｜ 常用音訓 タク

語音 *t'ak(上古) t'ak(中古→呉・漢タク) tuō(中) 탁(韓)

語源 [コアイメージ] 上に乗せる・ある物の上に身をあずける。[実現される意味] 頼んであずけるⓐ。[英]entrust, rely on

字源 「乇タク(音・イメージ記号)+言(限定符号)」を合わせた字。「乇」は「上に乗せる」というイメージから、「ある物の上に身をあずける」というイメージに展開する(⇩宅)。「託」は言葉をかけて他人に身をあずける様子を暗示させる。この意匠によって、人に頼んで何かをあずけることを表象する。

語義 [展開] 他人にあずける意味ⓐから、他の物事にこと寄せる(かこつける)意味ⓑを派生する。[英]entrust, rely on; plead, give as a pretext [和訓] かこつける・かこつ [熟語] ⓐ委託・寄託・ⓑ託宣・神託

文献 ⓐ論語・泰伯「可以託六尺之孤＝以て六尺リクセキの孤を託すべし(幼く小さい子どもをあずけることができる[これぞ君子人である])」

【琢】 11(玉・7) 人 ｜ 音タク 訓みがく・うつ
〔琢〕 12(玉・8) 人 ｜ 音タク 訓みがく・うつ

語音 *tuk(上古) tɔk(中古→呉・漢タク) zhuó(中) 탁(韓)

語源 [コアイメージ] 一点に重みをかける。[実現される意味] 玉の角を取る(みがく)ⓐ。[英]carve, chisel

字源 「琢」が正字。「豖チョク(音・イメージ記号)+玉(限定符号)」を合わせた字。「豖」は「一所に止まる」というイメージから、「一点に重みをかける」というイメージに展開する(⇩塚)。「琢」は槌(つち)や鑿(のみ)で一点をとんとんと突いて玉を加工する様子を暗示させる。

語義 [展開] 玉を磨いて美しい形にする意味ⓐから、未完成なものの形を整えて仕上げる意味ⓑに展開する。[英]carve, chisel; refine [熟語] ⓐ彫琢・ⓑ切磋琢磨

文献 ⓐ詩経・淇奥「如琢如磨＝琢するが如く磨するが如し([立派になった君子の姿は]玉の角が取れたよう、玉の表面が磨かれたよう)」

【濯】 17(水・14) 常 ｜ 常用音訓 タク

語音 *dɔk(上古) dɔk(中古→呉ダク・漢タク) zhuó(中) 탁(韓)

語源 [コアイメージ] 高く上げる・抜き上げる。[実現される意味] 水にゆすいで汚れを取る(ゆすぐ・洗う)ⓐ。[英]rinse, wash

〔解説〕 「あらう」という意味と「高く上げる」というイメージとはなかなか結びつかない。古典の注釈でも濯を洗・滌などと区別していない。濯の深層構造を明らかにしたのは藤堂明保である。氏は勺のグループ、卓のグループ、翟テキのグループを同源とし、「抜きん出る」という基本義に概括した(藤堂①)。洗い方にもいろいろあり、洗・滌・洒・澡・沐・浴・灌・漑・浣などそれぞれ何を洗うか、どう洗うかによって違いがある。濯は「ゆすぐ」という和訓にほぼ当たる。「ゆすぐ」とは洗濯物を上下に揺り動かして汚れを洗うことである。この行為に「高く上がる」というイメージが含まれている。英語のrinseは「口、コップ、衣類、髪などを洗いすすぐ、ゆすぐ」の意という(小島①)。これは漢語の濯と対応する。

〔グループ〕 濯・曜・躍・燿・耀・擢・櫂・籊テキ(釣り竿などを高く上げるさま)・趯テキ(昆虫などが高く躍り跳ねるさま)・鸐テキ(キジの一種、ヤマドリ)

字源 「濯」が正字。「翟テキ(音・イメージ記号)+水(限定符号)」を合わせた字。「翟」は「羽(はね。イメージ記号)+隹(限定符号)」を合わせて、鳥の羽が高く上がっている情景を設定した図形。ヤマドリのことを*dɔkといい、翟(＝鸐)と書く。古代中国ではヤマドリの尾羽を冠などに高々と挿した。したがって「翟」は「高く上がる」というイメージを示す記

号になる。「濯」は水中から衣類を高く上げたり下ろしたりする動作を繰り返して洗う様子を暗示させる。この意匠によって、水に上下に揺り動かして汚れを取ることを表象する。

(金)　(篆)　[翟]　(篆)

〔字体〕「濯」は旧字体。「濯」は書道に由来する常用漢字の字体。曜・躍・燿・耀もこれに倣う。中国では翟の上部が羽の形になる。

語義 [展開] 水にゆすいで汚れを取る意味ⓐ。水で洗われた結果、潤って光沢があるさま、輝かしいさまの意味ⓑ、また、物がすっかりないさま、ぴかぴかに禿げているさまの意味ⓒを派生する。[英]rinse, wash; brilliant; bare, bald [和訓] ゆすぐ・あらう・すすぐ・そそぐ [熟語] ⓐ洗濯

文献 ⓐ詩経・泂酌「可以濯罍＝以て罍(イラ)を濯(あら)ふべし(〔にわたずみの水で〕酒樽をゆすぐがよい)」ⓑ詩経・文王有声「王公伊濯＝王公伊(こ)れ濯たり(王の手柄は輝かしい)」ⓒ孟子・告子上「牛羊又従而牧之、是以若彼濯濯也＝牛羊又従ひて之を牧す、是(ここ)を以て彼の若(ごと)く濯濯たるなり(〔牛山は木が伐採された上に〕牛や羊が放牧され、そのためあのようにぴかぴかに禿げてしまった)」

だく

【諾】15(言・8)　常　|　常用音訓　ダク

語音 *nak(上古)　nak(中古→呉ナク・漢ダク)　nuò(中)　낙(韓)

語源 [コアイメージ] 従う。[実現される意味] よろしいと承知するⓐ。[英]agree

字源 「若(ジャク)(音・イメージ記号)＋言(限定符号)」を合わせた字。「若」は「柔らかい」というイメージがあり、「(言いなりに)従う」というイメージに展開する(⇩若)。「諾」は相手の言い分に素直に従う様子を暗示させる。この意匠によって、よろしいと言って承知することを表象する。

語義 [展開] よろしいと承知する意味ⓐから、「その通り、承知した」という返事の言葉ⓑにも用いられる。[英]agree; yes [和訓] うべなう [熟語] ⓐ応諾・承諾・ⓑ唯唯諾諾

文献 ⓐ詩経・閟宮「莫敢不諾＝敢へて諾せざるは莫(な)し(〔南方・北方の異民族は〕素直に承知せぬものはない)」ⓑ論語・述而「子貢曰、諾＝子貢曰く、諾と(子貢は"よろしい"と返事した)」

【濁】16(水・13)　常　|　常用音訓　ダク　にごる・にごす

語音 *dŭk(上古)　dɔk(中古→呉ダク・漢タク・[慣]ヂョク〈＝ジョク〉)　zhuó(中)　탁(韓)

語源 [コアイメージ] くっつく・くっついて離れない。[実現される意味] 水に不純物がまざって汚くなる(汚れて澄んでいない)ⓐ。[英]muddy, foul

〔解説〕釈名・釈言語に「濁は瀆(トク)(みぞ、どぶ)なり。汁滓(ジュウシ)、瀆に演ずる(汁やかすがどぶに流れていく)なり」とある。また、史記・律書に「濁なる者は触なり。万物皆触れて死するを言ふなり」とある。どちらかというと、後者が語源的に近い。触は「くっつく」というイメージの語である。水が澄むことは汚れが下に沈み、上澄みが上に上がるというイメージから澄という。反対に、汚れが内部にくっついて分離しない状態が濁である。日本語の「にごる」は「鈍り凝る意か」という語源説がある(大言海)。「にごる」は漢語の濁と意味が同じ。転義の仕方も両者は同じ。

字源 「蜀(ショク)(音・イメージ記号)＋水(限定符号)」を合わせた字。「蜀」は「くっつく」「くっついて離れない」というイメージがある(⇩触)。「濁」は泥や汁やかすが水中にこびりついて離れない様子を暗示させる。この意匠によって、水が汚れて澄んでいないことを表象する。

語義 [展開] 水がにごる意味ⓐから、水に不純物を混入させてよごす（にごす）意味ⓑ。また、比喩的に、行いなどがきたない（けがれる）意味ⓒ、音が澄んでいない意味ⓓを派生する。[英]muddy, foul; puddle; corrupt; voiced [熟語] ⓐ汚濁・混濁・ⓒ濁世・ⓓ濁音・濁点

文献 ⓐ詩経・四月「相彼泉水、載清載濁＝彼の泉水を相れば、載ち清み載ち濁る（あの泉の水を見れば、澄んだり濁ったり）」ⓑ詩経・谷風「涇以渭濁＝涇は渭を以て濁す（涇水は清い渭水を濁してしまう）」ⓒ楚辞・漁父「擧世皆濁我獨清＝世を挙げて皆濁り、我独り清し（世間の人はみなけがれており、私一人だけが澄んでいる）」

たこ

【凧】 5（几・3）　人　｜純国字

字源 玩具の「たこ」を表記するために、日本で創作された疑似漢字。風の一部だけを取った「几」に、布を表す限定符号の「巾」を合わせて「凧」とした。

語義 たこの意味。風に乗せて空中に上げて楽しむ玩具の一種。漢語では紙鳶といい、起源は軍事的偵察用物体であったとされる。[英]kite

ただし

【但】→たん

たつ

【達】 12（辵・9）　常　｜常用音訓 タツ

語音 *dat（上古）　dat（中古→呉ダチ・漢タツ）　dá（中）　달（韓）

語源 [コアイメージ] スムーズに通る。[実現される意味] 道がさわりなく通ずるⓐ。[英]run through, extend

〔解説〕 このコアイメージを作り出す原点はヒツジの出産である。古代中国に処女懐胎神話があり、周の祖神である姜嫄は天帝の足跡を踏んだため、子をはらむ。始めは羊膜で覆われ、裂け目がなく、卵のようにのっぺらぼうの形で生まれてきたので、奇異に思い、捨て子にされるが、鳥や獣に保護され、やがて発見されて育てられる。この子が周の始祖となる后稷である。出産の模様を、詩経・生民篇では、「先づ生むは達［＝羍］の如し、拆せず副せず（はじめ生んだのは子羊のよう、えなが破れずのっぺらぼう）」と歌っている。古代人はヒツジは腹子が胞衣に包まれたまま生まれるから安産のシンボルと見なした。達には羊が含まれている。ただし神話から文字が生まれたのではなく、語源的な観点から言えば、「さわりなく通る」というイメージをもつ*datという言葉があり、この聴覚記号の図形化（視覚記号の表記）として、ヒツジの出産が利用されたと見るべきである。

〔グループ〕 達・撻（相手に鞭を届かせる→むちうつ［鞭撻］）・闥（くぐり抜けて通る小門）・韃（むちうつ。韃靼はタタールの音写）　燵*（純国字。炬燵は火榻子の当て字）

字源 「羍（音・イメージ記号）＋辵（限定符号）」を合わせた字。「大」は「ゆったりしている」「ゆとりがある」というイメージがある（⇩大）。「大（音・イメージ記号）＋羊（限定符号）」を合わせた「羍」は、ヒツジがゆったりとゆとりをもって産道から子を生む情景を設定した図形。「羍」は「スムーズに通る」というイメージを表すことができる。かくて「達」は道がスムーズに通じる様子を暗示させる。

（篆）［羍］　（金）　（篆）

語義 [展開] 道がスムーズに通じる意味ⓐから、物事がスムーズに通る意味ⓑ、物や言葉が目的の所にスムーズに届く意味ⓒ、物事の本質によく通じている(理解する、上手に使いこなす)意味ⓓ、地位やポストをスムーズに通って出世する意味ⓔ、すらすらと通してこだわりがない意味ⓕ、意思を通じる、言葉や命令を知らせる意味ⓖに展開する。品物などを送り届ける意味ⓗや、複数を示す接尾語(たち)ⓘは日本的用法。[英] run through, extend; come through; reach, attain; understand thoroughly; eminent; unobstructed; communicate; deliver; suffix [和訓] とおる・たち [熟語] ⓐ四通八達・ⓒ達成・到達・ⓓ熟達・上達・ⓔ達官・栄達・ⓕ闊達・放達・ⓖ通達・伝達・ⓗ速達・配達・ⓘ公達(キンダチ)

文献 ⓐ周礼・地官・遂人「川上有路、以達於畿=川上に路有り、以て畿に達す(川のほとりに道があり、畿内に通じる)」ⓑ詩経・載芟「驛驛其達=駅駅として其れ達す(次々と絶え間なく苗が地表に通って出てくる)」ⓒ論語・衛霊公「辭達而已矣=辞は達するのみ(言葉は伝達するだけで十分だ)」ⓓ論語・顔淵「樊遲未達=樊遅は未だ達せず(樊遅[人名]はまだ理解できなかった)」ⓔ孟子・尽心上「達不離道=達するも道を離れず(地位が高くなっても道から離れない)」

だつ

【脱】 11(肉・7) 常

常用音訓 ダツ ぬぐ・ぬげる

語音 *duat(上古) duat(中古→呉ダチ・漢タツ) *t'uat(上古) t'uat(中古→呉タチ・漢タツ) tuō(中) 탈(韓)

語源 [コアイメージ] 中身が抜け出る・中身を抜き取る。[実現される意味] 衣や靴などをぬぐⓐ。[英]take off, undress

[解説] 兌(イタ・ダ)という記号がコアイメージの源泉である。親が子供の衣服を脱がすという日常的な情景から発想されたのが兌。周囲のものをはぎ取ると中身だけが抜け出る。このように「中身を抜き出す」「中身が抜け出る」というコアイメージを兌によって表すことができる。実現される意味はもっと具体的である。詩経・緜篇に「行道兌(タ)す」という句があり、道を通すため道の邪魔になるものを取り除くという意味。また、老子・五十二章に「其の兌(ダ)を塞ぐ」とある兌は穴の意味。具体的意味のコアには「中身が抜け出る」という抽象的なイメージがある。

[グループ] 脱・説・悦・閲・鋭・税・兌(ダ)(抜け出る、抜き取る[兌換])・敓(ダツ)(無理に抜き取る、奪い取る)・蛻(ゼイ)(セミの抜け殻[蟬蛻])・帨(ゼイ)(汗やごみを拭き取る布)・梲(セツ)(梁の上に抜け出た短い柱、うだつ)・莌(ダツ)(茎が中空で髄が抜け出る草、カミヤツデ、通脱木[活莌(カツダツ)])・駾(タイ)(さっと抜け出して逃げる)

字源 「脫」が正字。「兌(イタ)(音・イメージ記号)+肉(限定符号)」を合わせた字。「兄」は頭の比較的大きい子を描いた図形だが、単に子供と考えてよい。「八」は左右に分けることを示す符号。「兄(イメージ記号)+八(イメージ補助記号)」を合わせた「兌」は、親が子どもの衣服を脱がせている場面を設定した図形。この意匠によって、「(周囲のものを剝ぎ取って)中身を抜き取る」「中身を抜き取ってスムーズに通す」というイメージを表すことができる。したがって「脫」は体の周りの衣服を剝ぎ取って、肉体が抜けてあらわに出る様子を暗示させる。兌の字源については、悦の本字、説の本字などの説があるが、脱(衣をぬぐ)の原字とする藤堂明保の説(藤堂②)が妥当。

(甲) (金) (篆) [兌] (篆) 

[字体] 「脫」は旧字体。「脱」は古くから書道で行われた字体。兌に従う他の常用漢字もこれに倣う。

語義 [展開] 衣などをぬぐ意味ⓐから、周囲のものを剝ぎ取って、中身がするりと抜け出る(中身をあらわに出す、また、一部を抜き取る)意味ⓑ、ある場所や範囲・組織から抜け出る意味ⓒ、ある場所から抜け出て逃げ出す意味ⓓ、抜け出てなくなる、抜け落ちる意味ⓔ、抜け出てさばさばする、あっさりとしてこだわらない意味ⓕに展開する。［英］take off, undress, strip, shed; slip; get out of; escape; drop; unrestrained ［熟語］ⓐ脱衣・脱皮・ⓑ脱臭・剝脱・ⓒ脱会・離脱・ⓓ脱出・脱走・ⓔ脱字・脱落・ⓕ滑脱・洒脱

文献 ⓐ荘子・寓言「脱屨戸外、膝行而前＝屨（くつ）を戸外に脱ぎ、膝行して前（すす）む（戸外で靴を脱ぎ、膝を地面につけて進んできた）」ⓑ礼記・内則「肉曰脱之＝肉には之を脱と曰ふ（肉については、皮を剝いで骨を除いて肉を抜き取ることを脱という）」ⓒ老子・三十六章「魚不可脱於淵＝魚は淵より脱すべからず（魚は淵から抜け出てはならない）」ⓓ孫子・九地「始如處女、敵人開戸、後如脱兎、敵不及拒＝始めは処女の如し、敵人戸を開く、後には脱兎の如し、敵、拒（ふせ）ぐに及ばず（最初は処女のようにおとなしく構えていれば、敵は油断して隙を見せる。その後は逃げる兎のようにすばやく動けば敵は防御するひまがなくなる）」ⓔ老子・五十四章「善抱者不脱＝善く抱く者は脱せず（しっかりと抱えているものは抜け落ちることはない）」

【奪】 14(大・11) 常 常用音訓 ダツ うばう

語音 *duat(上古) duat(中古→呉ダチ・ダツ・漢タツ) duó(中) 탈(韓)

語源 ［コアイメージ］抜き取る。［実現される意味］すっと抜き取るⓐ。［英］take away, let slip

〔解説〕藤堂明保も奪と脱を同源の語とする。脱は「抜き取る」というコアイメージがある。力ずくで無理に抜き取るという意味も生まれ、これを敓（ダツ）と書くが、奪と書いても同じである。

字源 「奞＋寸」と分析する（篆文では寸の代わりに又になっている）。「大」は「ゆったりと大きい」というイメージがある（⇩大）。「大（イメージ記号）＋隹（限定符号）」を合わせた「奞」は、鳥が大きくはばたこうとする姿を設定した図形（奮もこれを含む）。「奞（イメージ記号）＋寸（限定符号）」を合わせた「奪」は、手中にある鳥が手から抜け出て飛び去る様子を暗示させる。説文解字に「手もて隹を持して之を失ふなり」とある。この意匠によって、すっと抜け出る、すっと抜き取ることを表象する。

（金） （篆）

語義 ［展開］すっと抜き取る意味ⓐから、他人のものを力ずくで取る（うばう）意味ⓑ、抜け落ちる意味ⓒ、目を奪う（引きつける）意味ⓓに展開する。［英］take away, let slip; seize, rob; leave out, lose, miss; dazzle, fascinate ［熟語］ⓐ奪胎・ⓑ強奪・略奪・ⓒ奪誤

文献 ⓐ論語・子罕「三軍可奪帥也、匹夫不可奪志也＝三軍も帥を奪ふべし、匹夫も志を奪ふべからず（大軍であってもその大将を奪うことはできるが、どんなつまらぬ男でも彼の志は奪えない）」ⓑ詩経・瞻卬「人有民人、女覆奪之＝人に民人有れば、女［＝汝］覆（かえ）って之を奪ふ（人に臣民があると、お前はかえって召し上げる）」ⓓ崔駰・大将軍西征賦「金光皓以奪目＝金光皓として以て目を奪ふ（金の光が白く輝いて目を奪われる）」

たどる

【辿】→てん

たな

【棚】→ほう

だれ

【誰】→すい

たん

【丹】

4(丶・3)　常　｜　常用音訓　タン

語音　*tan(上古)　tan(中古→呉・漢タン)　dān(中)　단(韓)

語源　[コアイメージ](暗い所から明るい所に)現れ出る。[実現される意味]　赤色の鉱物の名(硫化水銀、辰砂)ⓐ。[英]cinnabar

〔解説〕色の名は染色に用いる植物に由来するものが多いが、丹は鉱物に由来する。藤堂明保は丹・旦・綻・誕などを同じ単語家族にくくり、「外に現れ出る」という基本義があるとする(藤堂①)。採掘して地中から現れ出た硫化水銀の色があか色である。この色は「暗い所から明るい所に現れ出る」というイメージで名づけられた。和訓の「に」は「土器を作る粒子の細かい滑らかな土」の意で、それを赤色の顔料に用いたという(大野②)。

〔グループ〕丹・彤(トウ)(赤い[彤弓])・旃(セン)(赤い旗)・栴(セン)(栴檀は梵語candanaの音写。ビャクダン。〈日〉センダン)

字源　井桁の形の中に点を入れて、地中から採掘する鉱物を暗示させる図形。この意匠によって、硫化水銀を表象する。

(甲)　(金)　(篆)

語義　[展開]　硫化水銀の意味ⓐ。硫化水銀を赤色の顔料にしたので、赤色、赤いという意味ⓑ、また、赤色から血を連想し、熱い血の通った心→真心・まことという意味ⓒに展開する。また、神仙術で硫化水銀を用いたことから、不老長寿の薬の意味ⓓを派生する。[英]cinnabar; red; loyalty; elixir　[和訓]　に・あか・あかい　[熟語]　ⓐ丹砂・鉛丹・ⓑ丹青・丹頂・ⓒ丹誠・丹念・ⓓ丹薬・煉丹

文献　ⓐ山海経・大荒南経「其西有丹、其東有玉＝其の西に丹有り、其の東に玉有り(その[山の]西側に丹砂が存在し、その東側に玉が存在する)」ⓑ詩経・終南「顔如渥丹、其君也哉＝顔は渥丹の如し、其れ君なる哉(つややかな赤ら顔、本当に貴公子様)」ⓓ抱朴子・金丹「服神丹令人壽無窮＝神丹を服すれば人寿をして無窮ならしむ(仙薬を服用すれば寿命が永遠になる)」

【旦】

5(日・1)　常　｜　常用音訓　タン・ダン

語音　*tan(上古)　tan(中古→呉・漢タン・[慣]ダン)　dàn(中)　단(韓)

語源　[コアイメージ]　㋐(暗い所から明るい所に)現れ出る・㋑平ら。[実現される意味]　太陽が現れて明るくなる頃(明け方、朝)ⓐ。[英]dawn

〔解説〕*tanという語は丹と同源で、「(暗い所から明るい所に)現れ出る」というイメージがある。明るい太陽が現れ出る頃を旦という。一方、太陽が地平線から現れ出るように物が表面に現れ出ることから、「平ら」という二次的イメージが生まれる。下記のグループのうち坦(平ら)や壇(平らな土台)はこれがコアをなす。

〔グループ〕旦・但・坦・壇・袒(タン)(片肌を脱いで現し出す[左袒])・疸(タン)(皮膚に黄色が現れる病気[黄疸])・組(タン)(＝綻)

字源　「日＋一」を合わせた字。日が地平線(または水平線)の上に現れ出る情景を設定した図形。

(甲)　(金)　(篆)

語義　[展開]　明け方の意味ⓐ。「明るい所に現れる」というイメージから、明らかなさま、はっきりしたさまという意味ⓑを派生する。[英]dawn; bright　[和訓]　あした　[熟語]　ⓐ一旦・元旦

文献　ⓐ詩経・匏有苦葉「旭日始旦＝旭日始めて旦なり(朝日が今し方現れ出た)」ⓑ詩経・氓「信誓旦旦＝信誓旦旦たり(立てた誓いはうそではない)」

【但】7(人・5) 常 常用音訓 ただし

語音 *dan(上古) dan(中古→呉ダン・漢タン) dàn(中) 단(韓)

語源 [コアイメージ] (暗い所から明るい所に)現れ出る。[実現される意味] 肌脱ぎになるⓐ。[英]bare

字源 「旦(音・イメージ記号)+人(限定符号)」を合わせた字。「旦」は「(暗い所から明るい所に)現れ出る」というイメージがある(⇩旦)。「但」は人が肌を外に現し出す様子を暗示させる。左袒の袒(片肌を脱ぐ)と同じ。

語義 [展開] 肌脱ぎになる意味ⓐは袒に譲り、但は前の文を受けて逆のことを述べる助詞(「ただ」と読む)ⓑ、あるいは、前の事柄に例外などの条件を添える接続詞(「ただし」と読む)ⓒに用いられる。[英]bare; only; but [和訓] ただ

文献 ⓑ列子・楊朱「但遅速之間耳=但遅速の間のみ(ただ遅いと速いの違いだけだ)」

【坦】8(土・5) 人 音タン 訓たいらか

語音 *t'an(上古) t'an(中古→呉・漢タン) tǎn(中) 탄(韓)

語源 [コアイメージ] 平ら。[実現される意味] 起伏がなく平らであるⓐ。[英]level, flat

字源 「旦(音・イメージ記号)+土(限定符号)」を合わせた字。「旦」は「平ら」というイメージがある(⇩旦)。「坦」は土地が平らな様子を暗示させる。藤堂明保は旦を単なる音符としたが(藤堂②)、筆者は音・イメージ記号と見る。

語義 [展開] 起伏がなく平らである意味ⓐから、感情に起伏がない、ゆったりと安らかである意味ⓑに展開する。[英]level, flat; at ease [熟語] ⓐ坦坦・平坦・ⓑ坦懐・坦然

文献 ⓐ易経・履「履道坦坦=道を履むこと坦坦たり(平らな道を踏んで行く)」ⓑ論語・述而「君子坦蕩蕩=君子は坦として蕩蕩たり(君子は精神的に波がなくゆったりしているものである)」

【担】8(手・5) 常 常用音訓 タン かつぐ・になう

語音 *tam(上古) tam(中古→呉・漢タム〈=タン〉) dān(中) 담(韓)

語源 [コアイメージ] ずっしりと重い。[実現される意味] 肩に重みを受けて物をかつぐⓐ。[英]shoulder

〔解説〕コアイメージの源泉は詹にある。説文解字に「詹は多言なり」とあり、また荘子・斉物論篇に「小言は詹詹たり(詰まらない言葉は何度も繰り返す)」という用例がある。詹には「多くのものが重なる」というイメージがあり、「(上から下に力が加わって)ずっしりと重い」「ずっしりと垂れ下がる」というイメージに展開する。下記のグループはこのイメージを共有する。重い重力を肩に受けて、荷物をかつぐことを擔という。日本語の「になう(になふ)」は二(荷)にナフ(動詞を作る接尾語)のついた形で、「かつぐ」と同義である。

〔グループ〕担・胆・譫(口数が多い→うわごと[譫妄])・檐(=簷。屋根の重みを受けるのき[飛檐])・瞻(重い視線を上げてじっと見る→遠くを望み見る[瞻望])・憺(心がずっしりと静かに落ち着く[惨憺])・澹(ずっしりと落ち着く[暗澹])・襜(上から垂れ下がる衣類、前垂れ)・贍(空っぽな所にずっしりと物を満たす→足りる[富贍])・甔(ずっしりした大がめ)・蟾(上から重みがかかってひしゃげたような姿をした両生類、アジアヒキガエル[蟾蜍])

字源 「擔」が正字。「詹(音・イメージ記号)+手(限定符号)」を合わせた字。「詹」を分析すると「⺈(=人)+厂+八+言」となる。「厂」は崖や屋根の形で、高い場所を示す記号。「八」は分かれ出ることを示す符号。「厂(イメージ記号)+人+八(ともにイメージ補助記号)+言(限定符号)」を合わせた「詹」は、高い所から下に向けて言葉を発する情景を設定し

た図形。下に届かせるため何度も言葉を重ねて言う様子を暗示させる。したがって「多くのものが重なる」、また「ずっしりと重い」というイメージを表すことができる。「擔」は手で持ち上げて肩に重い荷を受け止める様子を暗示させる。この意匠によって、重みを受け止めて支える(かつぐ)ことを表象する。

(篆) 𤸊 [詹]

〔字体〕「担」は近世中国で発生した「擔」の俗字。胆もこれに倣う。

語義 [展開] 荷物などをかつぐ意味ⓐから、かつぐ荷物の意味ⓑ、責任を引き受ける(になう)意味ⓒに展開する。[英]shoulder; load, burden; undertake, bear [熟語] ⓐ担架・荷担・ⓒ担任・負担

文献 ⓐ荘子・胠篋「擔嚢而趨=嚢を担ひて趨る([大泥棒は]袋ごと担いで逃げる)」ⓑ古詩・陌上桑「行者見羅敷(フラ)、下擔捋髭鬚(シシュ)=行く者羅敷を見、担を下して髭鬚を捋(ひね)る(道行くものは羅敷[美女の名]を見て、荷物を下ろしてひげをひねる)」(楽府詩集28)

【単】 9(十・7) 常 —常用音訓 タン

〔單〕 12(口・9) 人 —音 タン 訓 ひとり・ひとえ

語音 *tan(上古) tan(中古→呉・漢タン) dān(中) 단(韓)

語源 [コアイメージ] ㋐薄くて平ら・㋑震える。[実現される意味] 二つとはなくただ一つきり(ひとつ、ひとり、ただそれだけ)ⓐ。[英] one, single

〔解説〕字源については諸説紛々である。蟬(セミ)、罕(鳥やウサギを捕らえる網)、干(兵器の一種、ほこ)、楯(たて)の象形、そのほか、旗、車の象形等々、きりがないが、単一、単純などの意味と結びつかない。字源の探究は行き詰まった。語源から単の深層構造を解明したのは藤堂明保である。氏によれば*tanという語は単・坦・扇・展などが単語家族を構成し、「たいらか」という基本義をもつという(藤堂①)。單の字源については「籐のつるを編んでこしらえたはたきを描いた象形文字」とした(藤堂②)。これの当否はともかく、單が獸(=獣)に含まれていることから見ても、狩猟と関係があることは確かである。しかし單の意味は狩猟とは関係がなく、「ただ一つあるだけ」という意味である。その理由は*tanという語のコアイメージにある。「平ら」というイメージは「薄くて平ら」「のっぺらぼうで起伏がない」というイメージに展開し、さらに「複雑でなく一つきり」「一様で代わり映えがない」というイメージに展開するからである。下記のグループには「薄くて平ら」というイメージのほかに、「震える」というイメージもある。薄いものはひらひら(ぶるぶる)と振動するから、前者から後者へのイメージ転化と見ることができる。

〔グループ〕単・戦・禅・弾・箪・蟬・墠(セン)(土を平らにならした広場)・襌(タン)(ひとえの衣服)・憚(タン)(心がびくびく震える→おそれる・はばかる[忌憚])・嬋(セン)(ひらひらと軽やかに身をくねらせるさま[嬋娟])・闡(セン)(平明にする[闡明])・殫(タン)(全部なくなる、尽きる)・癉(タン)(精気が尽きて病み疲れる)・驒(タン)(馬が疲れてあえぐさま)・鱓(セン)(頭がやや扁平な魚、タウナギ)・鼉(ダ)(頭も体も扁平な爬虫類、ヨウスコウワニ)

字源 「單」が正字。獸を追い立てる際に用いる網に似た狩猟用具を描いた図形。その形態から、「薄くて平ら」「薄くて平らなものがひらひら震え動く」というイメージを表すことができる。この意匠によって、平板で代わり映えがなくただ一つあるだけということを表象する。

(甲) (金)  (篆)

〔字体〕「單」は旧字体。「単」は由来不明の常用漢字の字体。近世中国の俗字は「单」で、現代中国の簡体字も同じ。日本では戦・禅・弾も単

に倣う。中国では戦のみ簡体字が別の形になる。

語義 [展開] 二つとはなくただ一つきり(ひとつ、ひとり)の意味ⓐ、ただそれだけ(単なる、単に)の意味ⓑ。また「薄くて平ら」というコアイメージから、一様で代わり映えがない、込み入っていない、平板であるという意味ⓒ、薄っぺら、重ねていないという意味ⓓ、薄い紙片の意味ⓔに展開する。また、平らげてすっかりなくする(尽きる、尽くす)という意味ⓕを派生する。[英]one, single; mere, only, solely, merely, simply; simple; thin; slip, bill; exhaust [和訓] ひとり・ひとえ [熟語] ⓐ単一・単独・ⓒ単純・簡単・ⓓ単衣・ⓔ菜単・伝単・ⓕ単竭

文献 ⓐ荀子・正名「單足以喻則單、單不足以喻則兼＝単以て喻るに足れば則ち単、単以て喻るに足らざれば則ち兼(一つの言葉で意味が十分わかれば単語になり、一つの言葉で意味が十分わからなければ熟語になる)」ⓕ詩経・昊天有成命「單厥心＝厥の心を単くす([王は]心を一生懸命に尽くします)」

【炭】9(火・5) 常 常用音訓 タン すみ

語音 *t'an(上古) t'an(中古→呉・漢タン) tàn(中) 탄(韓)

語源 [コアイメージ] 赤く燃える。[実現される意味] 木を蒸し焼きにした黒い燃料(すみ)ⓐ。[英]charcoal

[解説] *t'anという語は丹(赤い)や炟(火が赤々とおこる)と同源で、赤く燃えるものというイメージの語である。日本語の「すみ」は墨汁の「すみ」と同根である。

字源 「厂(イメージ記号)＋山(イメージ補助記号)＋火(限定符号)」を合わせた字。「厂」はがけの形で、石を示す記号にもなる(⇨励)。「炭」は山でとれた石のように固い燃料を暗示させる。

(篆)

語義 [展開] すみの意味ⓐから、炭に似た(なぞらえた)もの(石炭や元素の一つ)の意味ⓑ、また、苦しい境遇の喩えⓒに用いる。[英]charcoal; coal, carbon; metaphor of agony [熟語] ⓐ薪炭・木炭・ⓑ炭素・石炭・ⓒ塗炭

文献 ⓐ礼記・月令「草木黄落、乃伐薪爲炭＝草木黄落すれば、乃ち薪を伐りて炭を為る(草木が黄ばんで落ちると、薪を切って炭を製造する)」ⓑ書経・仲虺之誥「有夏昏德、民墜塗炭＝有夏は昏徳、民、塗炭に墜つ(夏王は徳が暗くて、人民はひどい苦しみに陥った)」

【胆】9(肉・5) 常 常用音訓 タン

語音 *tam(上古) tam(中古→呉・漢タム〈＝タン〉) dǎn(中) 담(韓)

語源 [コアイメージ] ずっしりと重い。[実現される意味] 内臓の一つ(きも、胆嚢)ⓐ。[英]gallbladder

[解説] 古くは肝は「きも」、胆は「い」と訓じられたが、胆力の胆も「きも」と読まれるなど、肝と胆が混同されるに至った。しかし漢語では肝は肝臓、胆は胆嚢で、明確に区別される。中国医学では肝は五臓の一つ、胆は六腑の一つである。しかし「肝胆相照らす」という成語があるように、肝と胆は密接な関わりがあるとされる。語源的に見ると、肝は「中心となるもの」というコアイメージがあり、体力・気力の中心的機能が肝にあるとされる。一方、胆は中国医学の古典である素問に見える通り、勇気や決断力をつかさどる器官とされる。胆は「ずっしりと重々しい」というコアイメージをもつ語で、体力・気力をずっしりと受け止めて動じない働きのある器官である。肝と胆はペアになって心身の重要な役割を担う。

字源 「膽」が正字。「詹(音・イメージ記号)＋肉(限定符号)」を合わせた字。「詹」は「ずっしりと重い」というイメージがあり、擔では「重みをずっしりと受け止めて支える」というイメージに展開する(⇨担)。

このイメージを利用して、「膽」は体のバランスや気力をずっしりと受け止めて支える器官を暗示させる。

【語義】［展開］きも(胆嚢)の意味ⓐから、勇気、きもったまの意味ⓑ、胸のうち(こころ)の意味ⓒを派生する。［英］gallbladder; courage, bravery, guts; heart, mind ［和訓］きも・い ［熟語］ⓐ胆汁・肝胆・ⓑ胆力・大胆・ⓒ魂胆・落胆

【文献】ⓐ荘子・達生「忘其肝膽、遺其耳目＝其の肝胆を忘れ、其の耳目を遺わする(［至人＝最高の理想的人間は］肝臓も胆嚢も忘れ、耳も目も忘れてしまう)」ⓑ三国志・蜀志・姜維伝(裴松之注)「膽如斗大＝胆は汁の如く大なり(胆が一斗升のように大きい［胆力の備わっている喩え］)」ⓒ韓非子・存韓「趙氏破膽＝趙氏、胆を破る(趙氏はきもをつぶした)」

【耽】

10(耳・4)　人　｜　音 タン　訓 ふける

【語音】*təm(上古) təm(中古→呉トム〈＝トン〉・漢タム〈＝タン〉) dān(中) 탐(韓)

【語源】［コアイメージ］下方に押し下げる・深く入り込む。［実現される意味］耳が肩まで垂れ下がるⓐ。［英］hang down

【字源】「冘(音・イメージ記号)＋耳(限定符号)」を合わせた字。「冘」は「下方に押し下げる」「深く入り込む」というイメージがある(⇩沈)。「耽」は耳が下に垂れ下がる様子を暗示させる。

【語義】［展開］耳が肩まで垂れ下がるが原義ⓐ。「深く入り込む」というコアイメージから、物事に深く入り込む(楽しみにふける)意味ⓑを派生する。［英］hang down; indulge ［熟語］ⓑ耽溺・耽読

【文献】ⓐ淮南子・地形訓「夸父耽耳、在其北方＝夸父は耽耳、其の北方に在り(夸父［神話的人物の名］は耳が垂れて、その北側に住んでいる)」ⓑ詩経・氓「于嗟女兮、無與士耽＝于嗟女よ、士と耽ける無かれ(ああ女よ、男と楽しみにふけってはだめ)」

【探】

11(手・8)　常　｜　常用音訓 タン　さぐる・さがす

【語音】*t'əm(上古) t'əm(中古→呉トム〈＝トン〉・漢タム〈＝タン〉) tàn(中) 탐(韓)

【語源】［コアイメージ］深く入る。［実現される意味］奥深くさぐりを入れるⓐ。［英］feel

【解説】日本語の「さがす」は「物をひろげて日にさらし、風にあてるのが原義。転じて、中身をさらけ出す意。物を掻き廻し、散らかして、求める物を取り出す意」、「さぐる」は「指先の触覚で物を求める意」という(大野①)。漢語の探も手の動作であるが、何かを求めて深く手を入れるというイメージの語で、深と縁がある。探・深は甚のグループ(湛など)、冘のグループ(沈・耽など)・尋・淫・貪などと同源で、「奥深く入り込む」という基本義をもつ(藤堂①)。英語のfeelは「見ることが不可能なところを手探りする」意がある(小島①)。漢語の探の「深く」というイメージではないが、「手探りする」という具象的なイメージが共通である。

【字源】「𥥍(罙は変形。音・イメージ記号)＋手(限定符号)」を合わせた字。「𥥍」の篆文は「穴＋尤(曲げた手の形)＋火」になっている。かまどの中に手を突っ込んで火をあしらう情景を設定した図形(⇩深)。この意匠によって、「奥深く入る」というイメージを表すことができる。かくて「探」は奥深く手を入れてさぐる様子を暗示させる。

【語義】［展開］手探りする意味ⓐから、何かを求めて深く追求する意味ⓑに展開する。［英］feel; search, explore ［熟語］ⓐ探査・探索・ⓑ探求

【文献】ⓐ論語・季氏「見不善如探湯＝不善を見ては湯を探るが如くす(良からぬことを見ると、熱湯を探る時あわててひっこめるような具合にする)」

【淡】

11(水・8)　常　｜　常用音訓 タン　あわい

語音 *dam(上古)　dam(中古→呉ダム〈=ダン〉・漢タム〈=タン〉)　dàn(中)　담(韓)

語源 [コアイメージ] 薄っぺら。[実現される意味] 味が薄いⓐ。[英] thin, weak, tasteless

〔解説〕日本語の「あわい(あはし)」は「色や味の濃度・密度が小さいさま」の意という(大野②)。漢語の淡は説文解字に「薄味なり」とあるように、空間的に厚みのない意味の薄で捉えられている。薄は比喩だが、淡は比喩ではなく、味が濃くない意味である。

字源「炎(音・イメージ記号)+水(限定符号)」を合わせた字。「炎」はほのおのことだが、火の先端がめらめらと揺れながら燃えることから、「薄っぺらなものがゆらゆらする」というイメージがある(⇩炎)。空間的なイメージは感覚的なイメージにも転用できる。「淡」は液体の味に濃厚さがなく薄っぺらな感じである様子を暗示させる。藤堂明保は炎(=焱)を単なる音符としたが(藤堂②)、筆者は音・イメージ記号と見る。

語義 [展開] 味が薄い意味ⓐから、色が濃厚でない意味ⓑ、情が厚くない(あっさりしている)意味ⓒに展開する。[英]thin, weak, tasteless; light, pale; indifferent [和訓] うすい [熟語] ⓐ淡水・淡味・ⓑ淡彩・濃淡・ⓒ淡泊・冷淡

文献 ⓐ老子・三十五章「道之出口、淡乎其無味=道の口を出づるは、淡乎として其れ味無し(道[宇宙の根源]がことばに出されるときは、味がない)」ⓒ荘子・山木「君子之交、淡若水=君子の交はりは、淡きこと水の若し(君子の交際は水のように淡泊だ)」

【湛】12(水・9)　人　音タン　訓たたえる

語音 (1)*dăm(中古→呉デム〈=デン〉・漢タム〈=タン〉)　zhàn(中)　잠(韓)　(2)*dıəm(上古)　dıəm(中古→呉ヂム〈=ジン〉・漢チム〈=チン〉)　chén(中)　침(韓)　(3)*təm(上古)　təm(中古→呉トム〈=トン〉・漢タム〈=タン〉)　dān(中)

語源 [コアイメージ] 深入りする。[実現される意味] 水が深く満ちるⓐ。[英]fill

字源「甚(音・イメージ記号)+水(限定符号)」を合わせた字。「甚」は「深入りする」というイメージがある(⇩甚)。「湛」は水が深く満ちる様子を暗示させる。

語義 [展開] 水が深く満ちる(深くたたえる)意味ⓐから、露が厚く置かれている(露が多い)意味ⓑを派生する(以上は1の場合)。また、水中に深く沈む意味ⓒ、深入りする(深い)意味ⓓ(以上は2の場合)を派生する、また、楽しみなどに深く入り込む(ふける)意味ⓔ(3の場合)を派生する。[英]fill; (dew)soaking; sunk in; deep; indulge [熟語] ⓐ湛然・湛湛・ⓒ湛湎・ⓔ湛溺・湛楽

文献 ⓐ老子・四章「湛兮似常存=湛として常に存するに似たり([万物の根源である道は]深くたたえた水のように、常に存在している)」ⓑ詩経・湛露「湛湛露斯、匪陽不晞=湛湛たる露、陽に匪ざれば晞かず(しっとり置いた夜の露、日が出ないと乾かない)」ⓒ荀子・解蔽「湛濁在下=湛濁は下に在り(沈んで濁るもの[泥やかす]は下に下る)」ⓓ詩経・鹿鳴「和樂且湛=和楽且つ湛し(睦み楽しこと限りなし)」ⓔ詩経・賓之初筵「子孫其湛=子孫其れ湛しむ(子孫はたっぷり楽しんだ)」

【短】12(矢・7)　常　常用音訓 タン　みじかい

語音 *tuan(上古)　tuan(中古→呉・漢タン)　duǎn(中)　단(韓)

語源 [コアイメージ] 両端の間隔が狭い。[実現される意味] 長さが小さい(みじかい)ⓐ。[英]short

〔解説〕*tuanという語は端(はし)や喘息の喘(ハッハッと短い間隔で息をきらす→あえぐ)や湍(間を置かずに流れる急流→早瀬)と同源で、「両端の間隔が狭い(小さい)」というコアイメージをもつ。

字源「矢＋豆」を合わせた図形。「矢」は武器の一つで、まっすぐで短いものである。「豆」はたかつきという器で、これもまっすぐに立つものだが、そんなに高くない。二つの物のイメージを組み合わせて、端から端までの間隔が狭い様子を暗示させる。ただし矢もたかつきも意味素には含まれない。

（篆）

語義［展開］空間的にみじかい意味ⓐから、間隔を縮める（短くする）意味ⓑに展開する。また、空間的なイメージは時間的なイメージにも転用され、時間の間隔が小さい意味ⓒ。また、比喩的に心理的なイメージにも転用され、心が狭い、浅はかの意味ⓓ、何かが足りない（欠けている）意味ⓔ。［英］short(ⓐⓒⓔ); shorten; brief; shallow; lack ［熟語］ⓐ短刀・長短・ⓑ短縮・ⓒ短期・短命・ⓓ短見・短慮・ⓔ短才・短所

文献 ⓐ荘子・駢拇「鳧脛雖短、續之則憂＝鳧（かも）の脛は短しと雖も、之を続っがば則ち憂へん（カモのすねは短いけれど、無理に継ぎ足すと悲しむだろう）」ⓑ論語・郷党「短右袂＝右の袂を短くす（［仕事がしやすいように］右のたもとを短くする）」ⓒ孫子・勢「其節短＝其の節は短し（［勢いをつけた攻撃の］節目は急である）」

【嘆】13（口・10） 常 ｜常用音訓｜ タン　なげく・なげかわしい

〔嘆〕14（口・11） 人 ｜音タン　訓なげく

語音 *t'an（上古） t'an（中古→呉・漢タン） tàn（中） 탄（韓）

語源［コアイメージ］（暗い所から明るい所に）現れ出る。［実現される意味］悲しんでため息をつく（なげく）ⓐ。［英］sigh

〔解説〕*t'anという語は丹・旦・誕・綻などと同源で、「（暗い所から明るい所に）現れ出る」というイメージがある。心の中に感じたものがため息となって外に吐き出されるというイメージの語が嘆息・感嘆の嘆である。日本語の「なげき」（「なげく」はその動詞形）はナガ（長）＋イキ（息）で、感にたえず長い息をする意という（大野①）。

〔グループ〕嘆・歎

字源「嘆」が正字。「𦰩（イメージ記号）＋口（限定符号）」を合わせた字（篆文では「堇＋口」）。「𦰩」は「堇」の原形で、漢・難にも含まれ、「革＋火」と分析できる。頭と足のついた獣の革を火であぶって乾かしている場面を設定した図形で、「水分が乾いて尽きる」というイメージを表す記号となる。「𦰩＋土」を合わせた「堇」は乾いた粘土で、これも「𦰩」と同じイメージを示す記号である（⇨漢）。「嘆」はのどをからして、乾いたような息を出す様子を暗示させる。図形にコアイメージは反映されていない。

（篆）

〔字体〕「嘆」は旧字体。「嘆」は書道に由来する常用漢字の字体。現代中国の簡体字は「叹」。

語義［展開］悲しんでため息をつく（なげく）意味ⓐから、感じ入ってため息をつく意味ⓑに展開する。［英］sigh; admire ［熟語］ⓐ慨嘆・悲嘆・ⓑ感嘆・驚嘆

文献 ⓐ詩経・中谷有蓷「嘅其嘆矣＝嘅（ガイ）として其れ嘆く（悲嘆にくれてため息をつく）」ⓑ呂氏春秋・適音「一唱而三嘆＝一唱にして三嘆す（［琴の演奏がすばらしく］一人が歌い出すと何人も和して感じ入った）」

【歎】15（欠・11） 人 ｜音タン　訓なげく

語音 *t'an（上古） t'an（中古→呉・漢タン） tàn（中） 탄（韓）

語源［コアイメージ］（暗い所から明るい所に）現れ出る。［実現される意味］ため息をつく（なげく）ⓐ。［英］sigh

〈解説〉説文解字では「歎は吟なり」「嘆は呑歎なり」とある。歎は感じ入ってため息をつく意味、嘆は悲しんでため息をつく意味という区別を立てたようである。*t'anという語は旦・誕と同源で(藤堂②)、「暗い所から明るい所に現れ出る」というイメージをもち、体内からため息が外に吐き出される(ため息をつく)ことを*t'anという。感じ入ってため息をつくのも、悲しんでため息をつくのも言葉としては同じである。したがって嘆と歎は同音同義の字である。

字源 「𦰩(イメージ記号)+欠(限定符号)」を合わせた字。図形の解釈は嘆と同じ。

語義 [展開] ため息をつくことから、悲しんでため息をつく意味ⓐ、また、感じ入ってため息をつく意味ⓑ。[英]sigh; admire 【熟語】ⓐ歎息・嗟歎・ⓑ歎美・詠歎

文献 ⓐ詩経・東山「婦歎于室=婦、室に歎ず(女は部屋でため息をつく)」

【端】 14(立・9) 常

常用音訓 タン はし・は・はた

語音 *tuan(上古) tuan(中古→呉・漢タン) duān(中) 단(韓)

語源 [コアイメージ] ㋐左右に平均して垂れ下がる・㋑間隔が狭い。[実現される意味] はしⓐ。[英]end, edge

〈解説〉日本語の「はし」は「ナカ(中)・オク(奥)に対する語で、中心部から離れている部分」という(大野②)。古代漢語では「はし」はどう捉えられたか。藤堂明保は垂のグループ、隋のグループ、彖(タン)のグループ(縁など)と端は同源で、「上から下へおちる(⊥型)」という基本義を設けた(藤堂①)。これでは「はし」のイメージが取りにくいが、「(中心を基点にして)左右にバランスよく垂れ下がる」というのが端のもつコアイメージと言い換えることができる。上下に視点を置けば、「中心から上下に等しく並ぶ」というイメージとも言える(はしは片方だけではなく両側にもある)。図形で表すと「□-□」の形である。端に端正の意味が生まれるのは「バランスよくそろう」というイメージから来ている。一方、「□-□」の形は「間隔が狭い」というイメージに転化する。この場合は短と同源で、喘・湍・惴がこれをコアイメージとする。

〈グループ〉端・瑞・喘(ゼン)(息の間隔を短くそろえてハッハッとあえぐ[喘息])・湍(タン)(短い間隔をそろえてさらさらと流れる早瀬[急湍])・惴(ズイ)(心臓が短くどきどきする→びくびくする、ぶるぶる震える[惴惴])・揣(スイ・シ)(寸法をそろえる、また、心ではかってみる、おしはかる[揣摩])・褍(タン)(左右にバランスよく垂れ下がる衣の「みごろ」)・貒(タン)(腹が垂れ下がってずっしりと重い豚に似た動物、ブタバナアナグマ。〈日〉まみ[アナグマの異名])

字源 「耑(タン)(音・イメージ記号)+立(限定符号)」を合わせた字。「耑」は植物が地上に芽を出し、地下に根を両側に平均して垂れ下げている姿を描いた図形。「両側に平均して垂れ下げる」というイメージを取り、「耑」だけで「はし」を表象できるが、やがて「端」が生まれた。「立」は両手両足を広げて地上に立つ人の形。したがって「端」は左右にバランスを取って立つ情景を設定した図形である。耑の字源については端の原字とするのが通説。

(金) 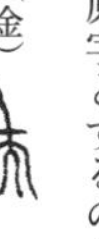 (篆)  [耑] (篆) 

語義 [展開]「左右に平均して垂れ下がる」というコアイメージから、物のはしの意味ⓐ、バランスよく整っている、まっすぐでゆがみがない意味ⓑに展開する。また、本体の中心から両側に出ていることから、本体から出てくる糸口、物事の始まりの意味ⓒ。本体から出てくる小さな部分、いろいろな事柄の意味ⓓを派生する。[英]end, edge; straight, neat; beginning; piece, item 【和訓】はした 【熟語】ⓐ先端・末端・ⓑ

端正・端麗・ⓒ端緒・発端・ⓓ多端・万端

文献 ⓐ論語・子罕「我叩其兩端而竭焉＝我、其の両端を叩いて竭っくせり（[わからない事柄を質問する人に対しては]私は両端をたたいて[始めから終わりまであれこれ検討して]十分に説明してやる）」ⓑ孟子・離婁下「夫尹公之他、端人也、其取友必端矣＝夫れ尹公之他は端人なり。其の友を取ること、必ず端なり（尹公之他[人名]は正しい人である。友との付き合いが正しい）」ⓒ孟子・公孫丑上「惻隠之心仁之端也＝惻隠の心は仁の端なり（あわれみの心は仁の端緒である）」

【綻】14（糸・8） 常 常用音訓 タン ほころびる

語音 *dăn（上古） dăn（中古→呉デン・漢タン） zhàn（中） 탄（韓）

語源 [コアイメージ] 現れ出る。[実現される意味] 縫い目が裂けるⓐ。[英]split, burst

〔解説〕藤堂明保は旦・丹・誕と同源で、「外に現れ出る」という基本義があるとした（藤堂①）。言い換えれば「（暗い所から明るい所に）現れ出る」というのがコアイメージである。縫い目が破れて外に現れ出ることを*dănという。日本語の「ほころびる（ほころぶ）」は「縫い目・綴じ目が自然にとける」意という（大野①）。

字源 「䋎」が本字。「旦タン（音・イメージ記号）＋糸（限定符号）」を合わせた字。「旦」は「（暗い所から明るい所に）現れ出る」というイメージがある（⇩旦）。「䋎」は衣の縫い目が破れて中身が外に現れ出る様子を暗示させる。後に、ほころびを補う意味を派生したため、音・イメージ記号を「定」に替えて「綻」とした。「定」は「落ち着いて動かない」というイメージがあるので、裂け目を糸で止めるという意匠にしたもの。

語義 [展開] 縫い目が裂ける（ほころびる）意味ⓐから、物事がこわれてだめになる意味ⓑに展開する。また、「現れ出る」というコアイメージから、花が開く意味ⓑを派生する。日本語の「ほころびる（ほころぶ）」も蕾が開く意味を派生する。[英]split, burst（ⓐⓒ）; break; flower [熟語] ⓑ破綻

文献 ⓐ礼記・内則「衣裳綻裂＝衣裳、綻裂す（衣がほころびた）」

【誕】15（言・8） 常 常用音訓 タン

語音 *dan（上古） dan（中古→呉ダン・漢タン） dàn（中） 탄（韓）

語源 [コアイメージ] ㋐とりとめなく延びていく・㋑（暗い所から明るい所に）現れ出る。[実現される意味] とりとめがない・でたらめであるⓐ。また、子が生まれるⓑ。[英]absurd; be born

〔解説〕二つの語が誕を共有する。一つは延と同源で、「とりとめなく延びていく」というイメージの語。これが荒誕の誕。もう一つは丹・旦・袒などと同源で、「（暗い所から明るい所に）現れ出る」というイメージの語である。これが誕生の誕。子が生まれることは、暗い胎内から明るい外に現れ出るというイメージがある。前者が本義であるが、後者の視覚記号として同じ誕を用いた理由は、延に「ずるずると延びていく」というイメージがあり、胎内から産道をずるずると通っていくイメージを連想させるからである。

字源 「延エン（音・イメージ記号）＋言（限定符号）」を合わせた字。言葉をだらだらと引き延ばす様子を暗示させる。この意匠によって、言葉がとりとめもないことを表象する。

語義 [展開] 上記の意味のほかに、古典では、どこまでも延びていく、また、とりとめもなく大きいという意味ⓒでも使われている。[英]absurd, fantastic; be born, birth; far-reaching [熟語] ⓐ誕妄・荒誕・ⓑ誕生・降誕

文献 ⓐ書経・無逸「既誕、否則侮厥父母＝既に誕なり、否からずんば則ち厥その父母を侮る（[彼は]でたらめで人を欺く。そうでなくても父母をばかにする）」ⓒ詩経・旄丘「旄丘之葛兮、何誕之節兮＝旄丘ボウキュウの葛、何ぞ

誕のびたる節なる(からうしの丘のクズ、節がどこまで延びるやら)」

【鍛】17(金・9)　常　常用音訓 タン　きたえる

語音 *tuan(上古)　tuan(中古→呉・漢タン)　duàn(中)　단(韓)

語源 [コアイメージ] とんとんと上から下にたたく。[実現される意味] 金属を打ちたたいて所定の形に仕上げる(きたえる)ⓐ。[英]forge

〔解説〕日本語の「きたえる(きたふ)」は、大言海によると、「段(だき)を活用させたる語か。折りかえし打つ意」という。漢語の鍛も段の「とんとんと上から下にたたく」というコアイメージから生まれた語である。

字源 「段(音・イメージ記号)＋金(限定符号)」を合わせた字。「段」は「とんとんと上から下にたたく」というイメージがある(⇩段)。「鍛」は金属を槌でとんとんとたたく様子を暗示させる。

語義 [展開] 金属をきたえる意味ⓐから、心身や技術をよいものに仕上げる意味ⓑに展開する。[英]forge; train [熟語] ⓐ鍛造・鍛鉄・ⓑ鍛錬

文献 ⓐ書経・費誓「鍛乃戈矛＝乃(なんじ)の戈矛(カボウ)を鍛へよ(お前のほこを鍛えなさい)」

【簞】18(竹・12)　人　音 タン

語音 *tan(上古)　tan(中古→呉・漢タン)　dān(中)　단(韓)

語源 [コアイメージ] 薄くて平ら。[実現される意味] 飲食物を入れる蓋つきの円い箱(わりご)ⓐ。[英]rice basket

字源 「單(音・イメージ記号)＋竹(限定符号)」を合わせた字。「單」は「薄くて平ら」というイメージがある(⇩単)。「簞」は竹を薄く削って編んだ箱を表す。

語義 [展開] 飲食物を入れる蓋つきの円い箱の意味ⓐ。衣類を入れる家具の意味ⓑや、植物のヒョウタンの意味ⓒは日本的用法。[英]rice basket; chest; gourd [熟語] ⓑ簞笥・ⓒ瓢簞

文献 ⓐ論語・雍也「賢哉回也、一簞食、一瓢飲、在陋巷＝賢なる哉回や、一簞の食(シ)、一瓢の飲、陋巷に在り(賢い人だね顔回は。わりご一個の飯と、ひさご一杯の飲み物だけで、狭い路地に暮らしている)」

【灘】22(水・19)　人　音 タン　訓 なだ

語音 tʻan(中古→呉・漢タン)　tān(中)　탄(韓)

語源 [コアイメージ] 行きなやむ。[実現される意味] 浅瀬・早瀬ⓐ。[英]rapids

字源 「難(イメージ記号)＋水(限定符号)」を合わせた字。「難」は「スムーズに行かない」「行きなやむ」というイメージがある。「灘」は川の底が浅く、砂や石が多いため、水が大量に流れにくい所を暗示させる。

語義 [展開] 浅瀬・急流が本義ⓐ。日本では「なだ」に当てる。海で波の荒い所の意味ⓑ。「なだ」はナミ(波)のナとアヒダ(間)のダが合わさった語で、「波の立つ所」が原義という(大野①)。[英]rapids; open sea [熟語] ⓐ急灘

だん

【団】6(口・3)　常　常用音訓 ダン・トン

〔團〕14(口・11)　人　音 ダン・トン　訓 まるい・まどか

語音 *duan(上古)　duan(中古→呉ダン・漢タン)　tʻuon(唐トン)　tuán(中)　단(韓)

語源 [コアイメージ] ㋐まるい・㋑一つにまとまる。[実現される意味] まるいⓐ。[英]round, circular

〔解説〕コアイメージの源泉は專(＝専)という記号にある。專の前には叀

(セン)がある。これは陶製の丸い煉瓦をぶら下げ、それを回転させて紡いだ糸を巻き取る紡錘の図形である。叀・專は「まるい」「まるく回る」「一つにまとめる」というイメージを表すことができる。團はこれらのイメージを直接受け継いだことばである。円は○の形、丸は球体を含めてまるいもの、これに対して団はまるくまとまったものというイメージの語である。

字源 「團」が正字。「專(セン)(音・イメージ記号)＋囗(限定符号)」を合わせた字。「專」は「まるく回る」というイメージから、「一つにまとまる」というイメージに展開する(⇩専)。「團」はまるく取り巻いて一つにまとまる様子を暗示させる。この意匠によって、集まってまるくなったまとまりを表象する。

〔字体〕「團」は旧字体。「団」は由来不明の常用漢字の字体。現代中国の簡体字は「团」。

語義 [展開] まるい意味ⓐ、まるくする・まるくまとまる意味ⓑ、まるいものや集まって一かたまりになったものⓒ、人の集まりの意味ⓓに展開する。[英]round, circular; roll, unite; lump, mass, band; group, party, organization [和訓] まるい [熟語] ⓐ団円・団扇・ⓑ団結・団坐・ⓒ一団・気団・ⓓ団体・集団

文献 ⓐ墨子・経篇「鑑團景一＝鑑は団(まる)く、景は一なり(鏡は円いが、影は一つだけ)」

【男】 7(田・2) 常

(常用音訓) ダン・ナン　おとこ

語音 *nəm(上古) nəm(中古→(呉)ナム〈＝ナン〉・(漢)ダム〈＝ダン〉) nán(中) 남(韓)

語源 [コアイメージ] 中に入れ込む。[実現される意味] おとこⓐ。[英]man, male

〔解説〕日本語の「おとこ(をとこ)」と「おとめ(をとめ)」は対で捉えられた。ヲトはヲチ(変若)と同根で、「若い生命力が活動すること」というコアイメージがあり、肉体的特徴から生まれた。では漢語の男はどうか。白虎通義・嫁娶篇に「男なる者は任なり。功業を任ずるなり」、釈名・釈長幼に「男は任なり。事を典任するなり」とあり、古代では「男は任なり」という語源説が普遍的であった。ストレートに仕事を任せるものが男という解釈である。藤堂明保は男は入のグループ(納など)、壬のグループ(任・妊など)、また南と同じ単語家族に属し、「中に入れ込む」という基本義があるとする(藤堂①)。母系制の時代、男は女の家に入り婿したから「おとこ」を*nəmと称したという。古人の「男は任なり」は妥当ではあるが、任をストレートに「まかせる」と取るのではなく、コアイメージを考える必要がある。「中に入れ込む」というイメージは内部に貯えることにつながるから、女との対比で解するならば、力をうちに貯えて仕事にたえられるという肉体的特徴から、「おとこ」を*nəmと称したと考えられる。その図形化はまさに男子の仕事の場から発想された。古英語ではmanは「ひと」が原義で、後に「おとこ」に転じたという(小島①)。

字源 「田(イメージ記号)＋力(限定符号)」を合わせた字。「田」は農作業または狩猟をイメージさせる。「男」は力仕事にいそしむ様子を暗示させる図形である。ただし図形にコアイメージは反映されていない。

(甲)　(金)　(篆)

語義 [展開] おとこの意味ⓐ。また、親から生まれたおとこの子(むすこ)の意味ⓑ。[英]man, male; son [和訓] お [熟語] ⓐ男子・美男・ⓑ次男・長男

文献 ⓐ詩経・斯干「維熊維羆、男子之祥＝維(こ)れ熊維れ羆は、男子の祥(クマの夢、ヒグマの夢は、男子の生まれるしるし)」

【段】 9(殳・5) 常 常用音訓 ダン

語音 *duan(上古) duan(中古→呉ダン・漢タン) duàn(中) 단(韓)

語源 [コアイメージ] ㋐とんとんと上から下にたたく・㋑切れ目をつける。[実現される意味] 上り下りできるように区切り目をつけたもの(きざはし)ⓐ。[英]stair, step

〔解説〕釈名・釈言語に「断は段なり。分けて異段と為すなり」とあり、「切れ目をつける」というイメージでは断と同源である。しかし周礼・考工記に段氏(金属を鍛える職人)の語があり、鍛える意味で使った用例が古い。したがって段は鍛と同源で、「とんとんと上から下にたたく」が原初的イメージ。「切れ目をつける」は前者の結果として生まれる二次的イメージである。

〔グループ〕段・鍛・緞(段をなすように厚く織った絹織物)・椴(繊維をたたいて鍛えて紙などの用途になる木、シナノキの一種。〈日〉トドマツ)・碫(物をうちたたく槌)・毈(卵がつぶされて孵化しない)

字源 金文は「厂(がけ)+=+殳」を合わせて、崖や斜面に切れ目(段々)をつける図形。「厂+=」が篆文では「⿸厂二」に変わった。「⿸厂二(イメージ記号)+殳(限定符号)」を合わせた「段」は、とんとんと上から下にたたいて切れ目をつける情景を設定した図形。前半に視点を置くと、「とんとんとたたく」というイメージ、後半に視点を置くと、「一段一段と区切り目をつける」というイメージを表すことができる。

(金) (篆)

語義 [展開] きざはし(階段)の意味ⓐ。いくつかのものを一つ一つ区切ることから、文章や時間や物事の一区切り・一部分の意味ⓑ、順位をつけた等級・クラスの意味ⓒ、一段一段と区切れたものを数える言葉ⓓに展開する。また、一つのやりかた・手立ての意味ⓔ、一つの時期・局面・事柄の意味ⓕを派生する。[英]stair, step; section, part, paragragh; class, notch; grade; method; phase [和訓] きだ [熟語] ⓐ段差・階段・ⓑ段落・上段・ⓒ段位・昇段・ⓓ一段・初段・ⓔ算段・手段・ⓕ格段・別段

文献 ⓑ曹丕・与劉曄書「劉生帽裁兩段＝劉生の帽は両段に裁つ(劉君の帽子は二つの部分に区切られて仕立ててある)」(漢魏六朝百三家集24)

【断】 11(斤・7) 常 常用音訓 ダン たつ・ことわる

語音 *duan(上古) duan(中古→呉ダン・漢タン) duàn(中) 단(韓)

語源 [コアイメージ] (上から下に打ちすえて)切れ目をつける。[実現される意味] 刃物ですぱっと断ち切るⓐ。[英]cut off

〔解説〕釈名・釈言語に「断は段なり。分けて異段と為すなり」とある。*duanという語は段・鍛と同源で、「(とんとんと上から下にたたいて)切れ目をつける」というイメージがある。上から下にずしんと打ちすえるようにして切るというイメージの語である。日本語の「たつ」は「細長いもの、長くつづいている活動などを、中途でぷっつり切る」意という(大野①)。切り方のイメージが漢語の断と日本語の「たつ」では異なる。また「ことわる」の訓がある。これはコトワリの動詞化。コトワリは「事割りの意。物事の筋道を見つけ出したり、作り出したりする意」、つまり理(ことわり)である。これから「前もって筋を立てて事情を説明する」「辞退する・拒絶する」意のコトワルが生まれた(以上、大野①②)。漢語の断にこの意味はない。英語のcutは「切断する」から「止める」「関係を絶つ」の意味に転義する。この転義は漢語の断とぴったり対応する。—←—の形に切り分けることが途中で止めるというイメージにつながることは絶や害・割にも例がある。漢語と英語の意味論的共通性の一つがここに見られる。

字源 「斷」が正字。篆文の左側は「㡭」となっている。「㡭」は絶の

古文で、四つの「幺(いと)」の間に」形の線分を二つ差し込んで、糸をたち切る場面を設定した図形(⇩絶)。「㡭(イメージ記号)+斤(限定符号)」を合わせて、おのを振り下ろして糸を断ち切る様子を暗示させる。

(篆)

〈字体〉隷書では繼と混同されて「斷」(旧字体)となった。「断」は近世中国で発生した「斷」の俗字。

語義 [展開]「切れ目をつける」というコアイメージから、刃物で断ち切る意味ⓐ、切った所で止める(関係が途切れる)意味ⓑ、物事をあいまいにせず、二つに分けてずばりと決める意味ⓒ、ずばりと、きっぱりという意味の副詞的用法ⓓに展開する。日本では関係を断ち切ることから連想して、「ことわる」ⓔに当てる。[英]cut(ⓐⓑ); disconnect, stop; decide; decidedly; refuse, reject [熟語]ⓐ切断・分断・ⓑ断絶・断念・ⓒ決断・判断・ⓓ断乎・断然・ⓔ無断

文献 ⓐ詩経・七月「八月斷壺＝八月壺ｺを断つ(八月にはヒョウタン[の蔓]を断ち切る)」

【弾】12(弓・9) 常 常用音訓 ダン ひく・はずむ・たま

〈彈〉15(弓・12) 人 音ダン 訓ひく・はずむ・たま・はじく

語音 *dan(上古) dan(中古→呉ダン・漢タン) dàn・tán(中) 탄(韓)

語源 [コアイメージ] 震え動く。[実現される意味] たまを飛ばす弓ⓐ。[英]catapult

〈解説〉「たま」「ひく」「はずむ」という三つの異なった日本語が弾に当てられている。弾の本義ははじき弓という武器の名であり、それで飛ばすたまの意味である。單(=単)にコアイメージの源泉がある。單は「薄くて平ら」というイメージを示す記号。薄いものはひらひらと動くので、「薄い」から「ひらひら(ぶるぶる)と震える」というイメージに転化しうる。これは戦でも見られるイメージ転化である。「たま」は決して薄いものではないが、震動させて発射されるものである。日本語の「たま」は玉で、球形のイメージがあるので、鉄砲などの弾丸をこれになぞらえたもの。また「はずむ(はづむ)」は「打ち当たっては跳ね返る」の意であるが、漢語の弾にこの意味はない。

字源 「彈」が正字。「單ﾀﾝ(音・イメージ記号)+弓(限定符号)」を合わせた字。「單」は「薄くて平らなものがひらひら震え動く」というイメージがあり、単に「震え動く」というイメージにもなる(⇩単・戦)。「彈」は弦を震わしてたまをはじき飛ばす弓を暗示させる。

語義 [展開] はじき弓の意味ⓐ、また、たまの意味ⓑ。そこから、たまをはじいて撃つ意味ⓒ、手でぱちんとはじく意味ⓓ、悪事をはじき出す(罪をあばく)意味ⓔに展開する。また、楽器の絃をはじいて演奏する意味ⓕを派生する。「はずむ」の意味ⓖは日本的用法。[英]catapult; pellet, bullet; shoot; fillip; expose; pluck, play; bound, bounce [和訓] はじく・はじける [熟語]ⓐ弾弓・ⓑ弾丸・銃弾・ⓒ弾圧・ⓓ弾指・ⓔ弾劾・糾弾・ⓕ弾琴・弾奏・ⓖ弾性・弾力

文献 ⓐ荘子・山木「捐彈而反走＝弾を捐ｽてて反り走る(はじき弓を捨てて、身を翻して逃げた)」ⓑ荘子・斉物論「見彈而求鴞炙＝弾を見て鴞炙ｷｮｳｼｬを求む(はじき弓の弾を見て、フクロウの焼き肉を求める[早計の喩え])」

【暖】13(日・9) 常 常用音訓 ダン あたたか・あたたかい・あたたまる・あたためる

語音 *nuan(上古) nuan(中古→呉ナン・漢ダン) nuon(唐ノン) nuǎn(中) 난(韓)

語源 [コアイメージ] ㋐軟らかい・㋑緩い・緩める。[実現される意味] 熱気があってあたたかいⓐ。[英]warm

〈解説〉日本語の「あたたか」のアタはアツ(熱)と同根で、「ほのかに熱

が感じられるさま」という（大野①）。漢語の暖のコアをなすのは「軟らかい」というイメージで、暖と軟は同源の語である（藤堂①）。「軟らかい」というイメージは緊張した状態が緩むことの結果でもあるので、「緩い・緩める」というイメージとも結びつく。「緊張した状態を緩めて軟らかくする」というイメージが*nuanという語のコアにある。この語の図形化として、二通り考案された。「軟らかい」というイメージを表すために煗が生まれ、「緩い・緩める」というイメージを表すために煖が生まれた。暖は後者の系統である。

字源 「煗」「煖」が本字。「耎」は「軟らかい」というイメージがある（⇩軟）。「耎ゼン（音・イメージ記号）＋火（限定符号）」を合わせた「煗」は、火の熱によって暖められて堅さが軟らかくなる様子を暗示させる。また、「爰」は「間をあけてゆったりさせる」というイメージがある（⇩緩）。これは空間的なイメージだが、「緊張した状態を緩める」という身体的・心理的なイメージにも展開する。「爰エン（音・イメージ記号）＋火（限定符号）」を合わせた「煖」は、寒さで緊張した心身を火の熱であたためてゆったりさせる様子を暗示させる。後、限定符号を「火」から「日」に替え、太陽の熱によってあたたかくなることを暗示させた。

〔字体〕「煖」「煗」は異体字。

語義 [展開] 熱気があってあたたかい意味ⓐから、寒さで緊張した体をあたためる意味ⓑに展開する。[英]warm(ⓐⓑ) [熟語] ⓐ温暖・寒暖・ⓑ暖房

文献 ⓐ楚辞・天問「何所冬暖＝何れの所か冬暖かなる（冬暖かいという所はどこにあるのか）」

【談】15(言・8) 常 常用音訓 ダン

語音 *dam(上古) dam(中古→呉ダム〈＝ダン〉・漢タム〈＝タン〉) tán(中) 담(韓)

語源 [コアイメージ] 薄っぺらなものがゆらゆらする。[実現される意味] しゃべる・かたるⓐ。[英]talk, speak

〔解説〕段玉裁は「談なる者は淡なり。平淡の語なり」という（説文解字注）。炎は「薄っぺら」というイメージがあり、淡ではこれがコアをなす。しかし「薄い」というイメージは「震え動く」というイメージに転化する。同様のイメージ転化の例は単（戦・弾など）にも見られる。談はむしろ啖タン（薄っぺらな舌を動かして食べる）と同源である。

字源 「炎エン（音・イメージ記号）＋言（限定符号）」を合わせた字。「炎」は「薄っぺらなものがゆらゆらする」というイメージがある（⇩炎）。「談」は薄っぺらな舌を動かしてぺちゃくちゃとしゃべる様子を暗示させる。

語義 [展開] しゃべる意味ⓐから、話、話した事柄の意味ⓑに展開する。[英]talk(ⓐⓑ), speak, chat, discuss; speech, topic, remark [和訓] かたる [熟語] ⓐ談議・談論・ⓑ奇談・美談

文献 ⓐ詩経・節南山「不敢戯談＝敢へて戯談せず（冗談を言う気もしない）」

【壇】16(土・13) 常 常用音訓 ダン・タン

語音 *dan(上古) dan(中古→呉ダン・漢タン) tán(中) 단(韓)

語源 [コアイメージ] ㋐平ら・㋑たっぷりある。[実現される意味] 天や神を祭るため、土を高く積み上げて上を平らに均した台・祭壇ⓐ。[英]altar

〔解説〕玉篇に「壇は坦なり」とあるのが明解。しかしただ「土地が平ら」という意味ではない。天を祭る儀式を行うため、土を盛り上げ、上部を平らにした台のことを*danというのである。これの図形化として壇が考案された。なぜ亶が使われたのか。これには理由がある。この台は平面的には「平ら」のイメージだが、立体的に見ると、土が高く積み上げられ、面積が分厚いというイメージである。このイメージを表すの

が亶である。亶は「たっぷりとあって厚い」というイメージがある。

〔グループ〕壇・檀・氈セン(平らな敷物[毛氈])・擅セン(たくさん取り込む→独り占めにする[独擅場])・顫セン(平らな面が震える[顫動])・鱣テン(大型のチョウザメ)・鸇セン(翼を震わせて獲物に襲いかかる鳥、タカ科の猛禽、コノリ。〈日〉サシバ)

字源 「亶タン(音・イメージ記号)＋土(限定符号)」を合わせた字。「旦」は「(暗い所から明るい所に、内部から表面に)現れ出る」というイメージがある(⇩旦)。「㐭」は米倉の形(⇩凜)。「旦タン(音・イメージ記号)＋㐭(イメージ補助記号)」を合わせた「亶」は、米倉にしまわれた物が表面に現れ出て見える様子を暗示させる。この意匠によって、「有り余るほどたっぷりある」「厚く豊かにある」というイメージを表すことができる。「壇」は土をたっぷりと厚く積み上げる様子を暗示させる。

(篆) [亶]　(篆)

語義 [展開] 土を高く積み上げた台(祭壇)の意味ⓐから、一段と高くした所の意味ⓑに展開する。また、文芸上の仲間の集まる所の意味ⓒを派生する。[英]altar; raised plot,platform; circles [熟語] ⓐ祭壇・天壇・ⓑ演壇・教壇・ⓒ文壇・論壇

文献 ⓐ管子・軽重乙「桓公乃即壇而立＝桓公乃ち壇に即つきて立つ(桓公は祭壇に近づいて立った)」

【檀】17(木・13) 人 | 音ダン・タン 訓まゆみ

語音 *dan(上古) dan(中古→呉ダン・漢タン) tán(中) 단(韓)

語源 [コアイメージ] たっぷりと厚い。[実現される意味] 青檀というニレ科の木の名ⓐ。[英]Pteroceltis

字源 「亶タン(音・イメージ記号)＋木(限定符号)」を合わせた字。「亶」は「たっぷりと厚い」「厚くて豊かである」というイメージがある(⇩壇)。「檀」は木目が細かくて厚い木を暗示させる。本草綱目(巻35)に「檀は皮青くして沢(つやがある)、肌細やかにして膩ジ(厚い)、体重くして堅し」とある。現代の植物学者はニレ科の落葉高木Pteroceltis tatarinowii(漢名、青檀)に同定している。

語義 [展開] 青檀ⓐのほか、色によって区別して別の木の名(白檀など)ⓑとする。日本ではマユミⓒに当てる。[英]Pteroceltis; sandalwood; Japanese spindle tree [熟語] ⓐ檀弓・ⓑ黒檀・白檀

文献 ⓐ詩経・将仲子「無折我樹檀＝我が樹うゑし檀を折る無かれ(私が植えた檀を折ってはだめよ)」

チ

ち

【地】6(土・3) 常 | 常用音訓 チ・ジ

語音 *dieg(上古) dii(中古→呉ヂ〈＝ジ〉・漢チ) di(中) 지(韓)

語源 [コアイメージ] うねうねと曲がりくねる・横にずるずると延びていく。[実現される意味] 大地ⓐ。[英]earth, land, ground

〔解説〕古代中国人(古典漢語の使用者)の言語感覚では、天は「平ら」というイメージで捉えられたが、地は「曲がりくねる」「延びる」というイメージで捉えられた。陸地は起伏があって、山脈がうねうねと曲がって延びていく感じがする。この様子をヘビに喩え、也の記号が用いられた。也のグループである弛シ(横に延びてゆるむ)・馳チ(馬が横に延びていく→はせる)・迆イ(＝迤。横に延びて続く)・拖タ(＝拕。横にひっぱる)などは地とコアイメージを共有する。古人の語源説に「地は迆イなり」「地は施シ(移る)なり」などがあるが、妥当である。風水(相地術)では山脈を竜に見立

てるが、古代人の発想した地の造形法と一脈通ずるものがある。英語のearthは印欧祖語の*er-(盛り上がる)に淵源があるらしい(下宮①)。大地を盛り上がったものと見るのは、漢語の陸の発想と同じだが、地の「うねうねと曲がりくねる」というイメージともいくらか似ている。

字源 「也ャ(音・イメージ記号)＋土(限定符号)」を合わせた字。「也」はヘビを描いた図形で、虵(へび)の原字である。虵と蛇は異体字の関係にある。ヘビの形態から、「うねうねと曲がりくねる」また「横にずるずると延びていく」というイメージを表すことができる(⇩也)。「地」は山脈や陸がうねうねと延びて起伏のある情景を暗示させる。この意匠によって、大地を表象する。

語義 [展開] 大地・土地・地面の意味ⓐから、ある特定の場所・環境の意味ⓑ、置かれている状況や立場の意味ⓒ、もとになるもの(下地)の意味ⓓに展開する。[英]earth, land, ground(ⓐ~ⓓ); place, area, space; position, situation; background [熟語] ⓐ大地・天地・ⓑ基地・墓地・ⓒ境地・死地・ⓓ素地・無地

文献 ⓐ詩経・斯干「乃生女子、載寝之地＝乃ち女子を生む、載(すなわ)ち之を地に寝(い)ねしむ(女の子が生まれたら、彼女を地面に寝かせる)」

【池】 6(水・3) 常 (常用音訓) チ いけ

語音 *diar(上古) diĕ(中古→(呉)ヂ〈＝ジ〉・(漢)チ) chí(中) 지(韓)

語源 [コアイメージ] うねうねと曲がりくねる。[実現される意味] 自然にできた(あるいは人工的に作った)曲がりくねった水たまりⓐ。[英]pool, pond

解説 日本語の「いけ」は生けが語源で、「魚などを生かしておく所」の意味という(大野①)。漢語の池は自然と人工に関わりなく、水をためる所で、その形態的特徴を也のコアイメージで捉えた語である。湖や沼のように大きなものではないので、日本語の「いけ」にほぼ当たる。

字源 「也ャ(音・イメージ記号)＋水(限定符号)」を合わせた字。「也」は「うねうねと曲がりくねる」というイメージがある(⇩也)。「池」は曲がりくねった水たまりを暗示させる。

語義 [展開] 曲がりくねった水たまり(いけ)の意味ⓐから、城を取り巻く堀や通水路の意味ⓑ、また、池に似た(見立てた)ものの意味ⓒに展開する。[英]pool(ⓐⓒ), pond; moat; pond-like places [熟語] ⓐ池魚・池畔・ⓑ城池・貯水池・ⓒ硯池・酒池

文献 ⓐ詩経・無羊「或降于阿、或飲于池＝或いは阿より降り、或いは池に飲む([羊や牛は]丘の斜面から降りたり、池で水を飲んだりする)」ⓑ詩経・東門之池「東門之池、可以漚麻＝東門の池、以て麻を漚(ひた)すべし(町の東門の前の池は、アサを漬けるにいい場所だ)」

【知】 8(矢・3) 常 (常用音訓) チ しる

語音 *tieg(上古) tiĕ(中古→(呉)・(漢)チ) zhī・zhì(中) 지(韓)

語源 [コアイメージ] まっすぐ。[実現される意味] 物事の本質をずばりと理解する。また、感覚が働いて外界の物事がはっきりとわかる(しる)ⓐ。[英]know, comprehend, understand, perceive

解説 日本語の「しる」は「物事の状態・内容・性質・なりゆきなどを、意識の中で、はっきりと認識して理解すること」という(大野②)。これは漢語の知と全く同じ。しかし「しる」は「はっきり判断して見分ける。わきまえる。弁別する」意味を派生するが、知は派生しない。この意味の場合、漢語では識という別の語になる。知では矢がコアイメージの源泉である。矢は具体物の「や」ではなく、その形状・機能から、「まっすぐ」という抽象的なイメージが取られる。意識がまっすぐ対象に向かっていき、物事を正しく見抜くことが知の意味である。*tiegという語は是と同源である。「正しい」のコアには「まっすぐ」のイメージがある。英語のknowは「知識や経験からあることを知っている」、

comprehendは「意味、重要性、本質などを把握する、十分理解する」、understandは「言葉、人、物事、気持ち、考えなどを理解する」、perceiveは「五感、特に視覚によって気づく、知る、知覚する」の意味という(小島①)。いずれも漢語の知と共通の意味がある。

〔グループ〕知・智・踟(踟躇は峙躇・躊躇と同源で、行きつ戻りつするさま)・蜘(蜘蛛は踟躇・躊躇が語源。クモ)

字源「矢(音・イメージ記号)+口(限定符号)」を合わせた字。「矢」は「や」を描いた図形。矢はまっすぐな形状のものであり、また、まっすぐ飛んで標的に突き当たるものである。したがって「まっすぐ」「まっすぐ進んで突き当たる・突き通す」というイメージを表すことができる(⇩矢)。「知」は物事の本質をずばりと言い当てる様子を暗示させる。白川静は「神に祝禱し、誓約する意」で、「神に約してはじめてそのことが確知され、認識されるのである」という(白川①)。人間の知覚や認識を、人間の精神的働きではなく、神と関係づけた。藤堂明保は知は聖・聴・貞と同源で、これらはTEG・TENGの音形と、「ずばりと当てる」という基本義をもつ単語家族とし(藤堂①)、知とは「物事の本質を正しく見とおす」意味とする(藤堂②)。これは人間の知覚・認識を神ではなく人間の精神の働きとする説である。

(金) (篆)

語義[展開]意識を物事にまっすぐに向けて、それが何であるかがわかるという意味ⓐから、相手がわかるように告げる(しらせる)意味ⓑ、相手のことをよく知ること、また、知り合いの意味ⓒ、物事を正しく見抜く力がある、物事に通じていて賢い意味ⓓ、物事をよく理解してとりさばく意味ⓔに展開する。[英]know, comprehend, understand, perceive; inform, notify, acquaint; be acquainted with, intimate friend, acquaintance; wise; be in charge of [熟語]ⓐ知覚・感知・ⓑ通知・報知・ⓒ知人・旧知・ⓓ知恵・知能・ⓔ知県・知事

文献ⓐ詩経・蝃蝀「不知命也＝命を知らざるなり([彼女は]女の運命を知らないのだ)」ⓑ論語・泰伯「民可使由之、不可使知之＝民は之に由らしむべし、之を知らしむべからず(人民をそれ[政策]に従わせることはできるが、知らせることはできない)」

【値】10(人・8) 常 | 常用音訓 チ ね・あたい

語音 (1)*ḍɪəg(上古) ḍɪei(中古→㊹ヂ〈＝ジ〉・㊺チ) zhì(中) 치(韓) (2)*ḍɪək(上古) ḍɪək(中古→㊹ヂキ〈＝ジキ〉・㊺チョク) zhí(中) 치(韓)

語源[コアイメージ]まっすぐ(当たる)。[実現される意味]まっすぐ立てて持つⓐ。[英]hold upright

〔解説〕*ḍɪəgは⊥の形にまっすぐ立つというイメージの語である。視点を水平軸に変えると、|→←|の形にまっすぐ当たるというイメージに転化する。ここから「二つがぴったり当たる」「ぴったり相当するもの」と展開したのが*ḍɪəkという語であり、価値の値である。「まっすぐ」から「→←の形に当たる(向き合う)」というイメージに転化する例は嫡・敵などがある。日本語の「あたい(あたひ)」のアタはアタ(仇・敵)で、「ぴったり向き合って対立し存在するもの」の意。ここから「あたふ」(行為・能力がぴったりと相応じる意)、「あたひ」(物の価値に等しいものの意)が生まれる(大野②)。「あたひ」は漢語の値と非常に近いが、価とはイメージが違う。

字源「直(音・イメージ記号)+人(限定符号)」を合わせた字。「直」は「まっすぐ」というイメージがある(⇩直)。「値」はまっすぐ立てて持つ様子を暗示させる。

語義[展開]まっすぐ立てて持つ意味ⓐ(1の場合)。また、「まっすぐ当たる」から「二つがぴったり当たる」「二つのものがぴったり合う」というイメージに転化し、二人が出会って面と向かう(出会う)意味ⓑ、

物にぴったりと相当する値打ち・値段の意味ⓒ、値打ちがある(〜に値する)意味ⓓを派生する。また数学では、文字や式にぴったり相当する数の意味ⓔ(以上は2の場合)。日本では2の場合も1の音で読むことが多い(現代の中国語では区別する)。[英]hold upright; meet; price, value, worth ⓒⓓ, merit(ⓒⓓ); deserve; numerical value [熟語] ⓑ値遇・ⓒ価値・同値・ⓔ数値

文献 ⓐ詩経・宛丘「値其鷺羽＝其の鷺羽を値(た)つ(シラサギの羽を立てて持つ)」ⓑ荘子・知北遊「明見無値＝明見するも値(あ)ふこと無し(はっきり見ようとしても[宇宙の根源である道に]出会えない)」

【恥】10(心・6) 常 常用音訓 チ はじ・はじる・はじらう・はずかしい

語音 *t̑ʻiag(上古) t̑ʻiei(中古→呉・漢チ) chǐ(中) 치(韓)

語源 [コアイメージ] 柔らかい。[実現される意味] はじるⓐ。[英]be ashamed of

〔解説〕日本語の「はじ(はぢ)」は「自分の能力・状態・行為などについて世間並みでないという劣等意識を持つ意」という(大野①)。他者との関係で生じる何らかの感情という点では漢語の恥も同じだが、恥は特に心理的状態に着目したことばである。この感情を「柔らかい」というイメージで捉えるのが漢語の特徴である。つまり、自分や相手の心をへこませて、柔らかくめりはりのない状態に置くのが羞恥や屈辱という感情である。羞恥の羞、恥辱の辱、忸怩(ジク)(はじる)の忸・怩などは「柔らかい」というイメージが共通にある。

字源 「耳(ジ)(音・イメージ記号)＋心(限定符号)」を合わせた字。「耳」は耳たぶを描いた図形で、「柔らかい」というイメージがある(⇩耳)。「恥」は心が柔らかくいじける様子を暗示させる。この意匠によって、はずかしくてきまりが悪いことを表象する。

語義 [展開] ばつが悪くて心がいじける(はじる)意味ⓐから、相手の心をいじけさせる(はずかしめる)意味ⓑ、きまりの悪い思い(はじ)の意味ⓒに展開する。きまりが悪い、気後れがする(はずかしい)意味ⓓは日本的用法。[英]be ashamed of; insult; shame, disgrace; embarrassed, shy [熟語] ⓑ恥辱・ⓒ羞恥・廉恥・ⓓ恥部

文献 ⓐ論語・里仁「士志於道、而恥悪衣悪食者、未足與議也＝士、道に志して、悪衣悪食を恥づる者は、未だ与(とも)に議するに足らず(道を志しながら粗末な衣食を恥じる士は、ともに語るに足りない)」ⓑ論語・学而「恭近於禮、遠恥辱＝恭、礼に近づけば、恥辱に遠ざかる(恭しさが礼に近いなら、はずかしめからは遠くなる)」ⓒ詩経・賓之初筵「不醉反恥＝酔はずんば反(かえ)って恥なり(酒に酔わないではかえって恥だ)」

【致】10(至・4) 常 常用音訓 チ いたす

語音 *tied(上古) ṭi(中古→呉・漢チ) zhì(中) 치(韓)

語源 [コアイメージ] どん詰まりまで来る。[実現される意味] ぎりぎりの所まで送り届けるⓐ。[英]transmit, send

〔解説〕日本語の「いたす」のイタは極限・頂点の意で、ここから「いたる」(極限に行き着く意)と「いたす」(極限まで行き着かせる意)が派生する。これは漢語の至と致にぴったり対応する。漢語の至と致も同源である。

字源 「至(シ)(音・イメージ記号)＋夊(限定符号)」を合わせた字。篆文では「夊」であるが、隷書で「攵(＝攴)」に変わった。「至」は「これ以上進めない所(どん詰まり)まで来る」というイメージがある(⇩至)。「致」は歩いてぎりぎりの所まで届く(届ける)様子を暗示させる。

語義 [展開] 「どん詰まりまで来る」というイメージから、ぎりぎりの所まで送り届ける(いたす)意味ⓐ、目当てのものや予期せぬものを来させる(招き寄せる)意味ⓑ、とことんまで行き尽くす意味ⓒ、これ以上は行けないどん詰まり、行き着く所の意味ⓓ、心を招き寄せるもの、心

のおもむく所(おもむき)の意味ⓔに展開する。[英]transmit, send; incur, invite; bring to the utmost; end, goal; interest 【和訓】むね 【熟語】ⓐ送致・拉致・ⓑ致死・致命・ⓒ致知・ⓓ一致・合致・ⓔ筆致・風致

文献 ⓐ詩経・竹竿「豈不爾思、遠莫致之＝豈に爾を思はざらんや、遠くして之を致すこと莫し(あなたを思わぬ日はないが、遠くて思いは届かない)」

【智】12(日・8)　人　音チ　訓さとい

語音 *tieg(上古)　tıĕ(中古→呉・漢チ)　zhì(中)　지(韓)

語源 [コアイメージ] まっすぐ。[実現される意味] 物事をずばりと見通して賢いⓐ。[英]wise, clever

〔解説〕釈名・釈言語に「智は知なり。知らざる所無きなり」とある。知は物事の本質をずばりと理解する意味から、物事を正しく見抜く力があって賢い意味を派生する。この意味に限定するため、智が作られた。智は知から分化した字である。

字源 「知(音・イメージ記号)+亏(イメージ補助記号)+曰(限定符号)」を合わせた字(篆文の字体)。「知」は「まっすぐ」「(物事の本質を)まっすぐ突き通す」というイメージがある(⇩知)。「亏(=于)」は「(形に曲がる」というイメージを示す記号で、「覆いかぶさる」というイメージを表すことができる(⇩宇)。「智」は覆われて見えないものを突き通してずばりと言い当てる様子を暗示させる。

(金)　(篆)

語義 [展開] 物事をずばりと見通して賢い意味ⓐから、物事を見通す精神の働きの意味ⓑに展開する。[英]wise, clever; wisdom, intelligence, knowledge 【熟語】ⓐ智者・智将・ⓑ智慧・明智

文献 ⓐ孟子・万章上「孰謂子産智＝孰れか子産は智なりと謂ふ(子産[政治家の名]が賢いと誰が言うのか)」ⓑ老子・十九章「絶聖棄智、民利百倍＝聖を絶ち智を棄つれば、民利百倍す([政治の理念として]聖徳を断ち切り、智慧を放棄すれば、民の利益は百倍になる)」

【遅】12(辵・9)　常　常用音訓 チ　おくれる・おくらす・おそい

語音 *dier(上古)　dii(中古→呉ヂ・漢チ)　chí(中)　지(韓)

語源 [コアイメージ] ㋐スムーズに通らない・㋑のんびりしている。[実現される意味] 進み方がのんびりしている(おそい)ⓐ。[英]walk slowly, slow

〔解説〕藤堂明保は窒(ふさがる)や躓(つまずく)などと同源で、「いっぱい詰まる」を基本義とした(藤堂①)。詰まって塞がれば、「スムーズに通らない」というイメージにつながる。足の進み方が何かに妨げられてスムーズではない、ぐずぐずしておくれることが遅である。また、活動がのんびりして速くないことも遅である。「のんびりしている」というイメージもあるので、図形化には動物のサイが利用された。日本語の「おそい(おそし)」は「生長力・生命力の活動が、にぶく少ない意」で、心の働きがにぶい→動作がのろい→間に合わないと転義するという(大野①)。

〔グループ〕遅・稺(=稚)

字源 「遲」が正字。「犀(音・イメージ記号)+辵(限定符号)」を合わせた字。「犀」はサイのことであるが、行動が比較的のろいので、「のんびりしている」というイメージを表すことができる。「遲」は歩行がのんびりしている様子を暗示させる。金文と籀文では「犀」が「屖」になっている(これの解釈については稚の項参照)。

(金)　(籀)　(篆)

〔字体〕「遅」は近世中国で発生した「遲」の俗字。中国の簡体字は

「迟」。

語義 [展開] 進み方がおそい意味ⓐから、時刻がおそい意味ⓑ、予定の時間におくれる意味ⓒに展開する。また、活動(生活のリズムや精神の働き)がのんびりしている意味ⓓを派生する。[英]walk slowly, slow(ⓐⓓ), tardy(ⓐⓓ); late; delay; obtuse, sluggish [熟語] ⓐ遅速・遅滞・ⓑ遅暮・ⓒ遅延・遅刻・ⓓ遅疑・遅鈍

文献 ⓐ詩経・谷風「行道遲遲＝道を行くこと遅遅たり(道を行く足は進まない)」ⓒ詩経・閟宮「彌月不遲、是生后稷＝月を弥たりて遅からず、是れ后稷を生む(月満ちて遅れることなく、后稷[人名]を生んだ)」ⓓ墨子・非楽「老與遲者、耳目不聰明＝老と遅者、耳目聡明ならず(老いた者と活動のにぶい者は、耳目がうまく働かない)」

【痴】13(疒・8) 常 ｜ 常用音訓 チ

語音 *t'ieg(上古) t'iei(中古→呉・漢チ) chī(中) 치(韓)

語源 [コアイメージ] つかえて止まる。[実現される意味] 心の働きがにぶい(おろか、ばか)ⓐ。[英]silly, stupid

〔解説〕*t'iegという語は止や峙(立ち止まる)、また踟躇(ためらって進まない)などと同源で、「(物につかえて)止まる」というイメージがある。

字源 「癡」が正字。「疑(イメージ記号)+疒(限定符号)」を合わせた字。「疑」は「つかえて止まる」というイメージがある(⇩疑)。「癡」は心が病気でつかえて働かない様子を暗示させる。

〔字体〕「癡」は旧字体。「痴」は古くから使われた俗字。

語義 [展開] 知恵の働きがにぶい意味ⓐから、心が平静を失う意味ⓑ、また、平静を失うほど何かに熱中するという意味ⓒに展開する。[英]silly, stupid; insane; maniac [和訓] しれる・おろか [熟語] ⓐ痴人・痴鈍・ⓑ痴漢・痴呆・ⓒ書痴

文献 ⓐ山海経・北山経「食之無癡疾＝之を食へば痴疾無し(これ[人魚＝オオサンショウウオ]を食べればばかが治る)」

【稚】13(禾・8) 常 ｜ 常用音訓 チ

語音 *dier(上古) dii(中古→呉ヂ〈＝ジ〉・漢チ) zhì(中) 치(韓)

語源 [コアイメージ] ㋐のんびりしている・㋑小さい。[実現される意味] 幼い作物(苗)ⓐ。[英]young grain

〔解説〕稚と遅は同源の語で、「スムーズに通らない」「のんびりしている」というコアイメージをもつ。何かに遮られて進行がおくれることが遅、成長段階にあるもの(特に作物)がまだ十分に伸びきらない状態にあることが稚である。稚に「おさない」と「いとけない」の和訓がつけられた。「おさない(をさなし)」はヲサ(長)ナシ(無)の意で、「ごく年がいかない」の意味、「いとけない(いとけなし)」はイト(幼少の意)ケ(気)ナシ(甚の意)で、「幼い。年少である」の意味という(大野①)。漢語の稚は苗の意味からの転義である。

字源 「稺」が本字(篆文の字体)。「屖(音・イメージ記号)+禾(限定符号)」を合わせた字。「屖」は「犀」を省略した「尸」に「辛(鋭い刃物)」を合わせて、鋭い角をもつサイを表す。サイの行動的特徴から、「進み方がのんびりしている」というイメージを示す記号となる。「稺」は作物の生長がのんびりと遅い様子を暗示させる。この意匠によって、幼い作物(苗)を表象する。のち字体が「屖」を「犀」に変えて「穉」となった。その後さらに「隹(イメージ記号)+禾(限定符号)」を合わせた「稚」に変わった。「隹」はずんぐりした小鳥を描いた図形で、「ずっしりと重い」というイメージを示す記号であるが(⇩推)、「小さい」というイメージを表すこともできる。ただしこれは二次的イメージである。「稚」は小さい稲を暗示させる。

(篆)[屖]　(篆)

〔字体〕「稺」「穉」は本字。「稚」は異体字。

語義 [展開] 幼い作物(苗)の意味ⓐから、まだ成長しきっていない(幼い)意味ⓑに展開する。[英]young grain; young, childish [和訓] おさない・いとけない [熟語] ⓑ稚魚・幼稚

文献 ⓐ詩経・大田「彼有不穫稺＝彼(かし)こに穫(か)らざる稺有り(あそこには刈っていない幼い苗がある)」ⓑ詩経・載馳「衆穉且狂＝衆(おお)いに穉く且つ狂なり(自分の行動は幼稚な上にむちゃだった)」

【置】13(网・8) 常 ｜ 常用音訓 チ おく

語音 *tiag(上古) ţiei(中古→呉・漢チ) zhì(中) 치(韓)

語源 [コアイメージ] まっすぐ(当たる)。[実現される意味] じっとまっすぐ立てておくⓐ。[英]hold upright

〔解説〕下記の詩経の注釈に「置は読んで植と曰ふ」(鄭箋)とあるように、「まっすぐ立てる」が本義である。コアイメージの源泉は直にある。日本語の「おく」は「物に平面上の位置をあたえて、手を放し、そのままにする意」という(大野①)。これは置の転義に対応する訓である。

字源 「直(チョク)(音・イメージ記号)＋网(限定符号)」を合わせた字。「直」は「まっすぐ」というイメージがある(⇩直)。「置」は網をまっすぐ立てておく様子を暗示させる。この意匠によって、その場にじっとまっすぐ立てておくことを表象する。

語義 [展開] その場にじっとまっすぐ立てておく意味ⓐから、ある場所にじっと据えておく意味ⓑ、きちんとやっておく(始末する)意味ⓒに展開する。[英]hold upright; set, place, put; deal, dispose of [熟語] ⓑ安置・配置・ⓒ処置・措置

文献 ⓐ詩経・那「置我鞉鼓＝我が鞉鼓(トウコ)を置(た)つ(振り鼓を立てておく)」ⓑ荘子・盗跖「無置錐之地＝錐を置くの地無し(錐を置く余地がない)」

【馳】13(馬・3) 人 ｜ 音チ 訓はせる

語音 *diar(上古) dïe(中古→呉ヂ〈＝ジ〉・漢チ) chí(中) 치(韓)

語源 [コアイメージ] 横にずるずると延びていく。[実現される意味] 馬を速く走らせるⓐ。[英]gallop, speed

〔解説〕和訓の「はせる(はす)」はハシル(走)と同根・同義という。漢語の馳は也にコアイメージの源泉がある。これは「横に延びる」というイメージを表す。馬を走らせる行為を観察すると、馬が空間上を横に延びていく姿を呈する。したがって也のイメージをもとにして馳が生まれた。

字源 「也(ヤ)(音・イメージ記号)＋馬(限定符号)」を合わせた字。「也」は「うねうねと延びる」「横にずるずると延びていく」というイメージがある(⇩也)。「馳」は馬が横に延びて走っていく様子を暗示させる。

語義 [展開] 馬を速く走らせる意味ⓐから、物事が速く移っていく(広がり伝わる、はせる)意味ⓑを派生する。[英]gallop, speed; spread [熟語] ⓐ馳駆・奔馳

文献 ⓐ詩経・山有枢「子有車馬、弗馳弗驅＝子に車馬有るも、馳せず駆らず(お前はせっかく車馬があるのに、むち当てて走らさない)」ⓑ韓詩外伝8「其名聲馳於後世＝其の名声、後世に馳す(その名声は後世に伝わっていく)」

【緻】16(糸・10) 常 ｜ 常用音訓 チ

語音 *dier(上古) dii(中古→呉ヂ〈＝ジ〉・漢チ) zhì(中) 치(韓)

語源 [コアイメージ] 隙間がない。[実現される意味] びっしりと詰まって隙間がないⓐ。[英]close, fine, delicate

字源 「致(チ)(音・イメージ記号)＋糸(限定符号)」を合わせた字。「致」は「どん詰まりまで届く」というイメージがあり、「詰まって隙間がない」というイメージに展開する(⇩致)。「緻」は糸と糸の間がびっしりと詰

まって隙間がない様子を暗示させる。

語義 隙間がない意味ⓐ。［熟語］ⓐ緻密・精緻

文献 ⓐ素問・異法方宜論「其民皆緻理而赤色＝其の民は皆緻理にして赤色(その土地の民はみな肌がきめ細かく、赤色をしている)」

ちく

【竹】 6(竹・0) 常 ｜ 常用音訓 チク たけ

語音 *tiok(上古) ṭiuk(中古→呉・漢チク) 唐シツ zhú(中) 죽(韓)

語源 ［コアイメージ］㋐円筒形・突き抜ける・㋑隙間なく詰まる・満遍なく取り巻く。［実現される意味］たけⓐ。［英］bamboo

〔解説〕藤堂明保は由のグループ(抽など)、中のグループ、また融・首・朝などと同じ単語家族に入れ、「抜き出す・抜け出る」という基本義があるとした(藤堂①)。一方、蓄(外を囲んで中に入れる)・周(まわりを囲む)と同系の語とした(藤堂②)。タケは中空、円筒形のイメージがあるので、*tiokという語は充・抽・中・筒などと同源と考えられる。このイメージは「突き通す、突き抜ける」というイメージに展開する。また、タケは節と節の間が隙間なく詰まっているというイメージ、節が円く満遍なく取り巻いているというイメージもある。前者の「円筒形」「突き抜ける」を一次的イメージとすれば、後者は二次的イメージである。日本語の「たけ」はタケ(長・丈)やタカ(高)と同根とする説があるが、大野晋はこれを否定している。

〔グループ〕竹・築・篤・竺・筑

字源 二本のタケの枝を描いた図形。

(金) (篆)

語義 ［展開］植物の名のタケの意味ⓐから、竹製の楽器(ふえ、管楽器)の意味ⓑを派生する。［英］bamboo; woodwind instrument ［和訓］たか ［熟語］ⓐ竹馬・破竹・ⓑ糸竹

文献 ⓐ詩経・斯干「如竹苞矣、如松茂矣＝竹の苞(しげ)るが如く、松の茂るが如し(［一族の団結は］竹の茂るように、松の茂るように)」

【畜】 10(田・5) 常 ｜ 常用音訓 チク

語音 (1)*ṭʻiok(上古) ṭʻiuk(中古→呉・漢チク) chù(中) 축(韓) (2)*hiok(上古) hiuk(中古→呉・漢キク) xù(中) 휵(韓)

語源 ［コアイメージ］周囲から中のものを覆う。［実現される意味］家畜ⓐ。［英］domestic animal, livestock

〔解説〕二つの語が同じ図形を占める。一つは家畜を意味する古代漢語の*ṭʻiokに対する視覚記号。二つ目は養うことを意味する古代漢語の*hiokに対する視覚記号。藤堂明保によれば、*ṭʻiokという語は守・収などと同源で、「ぐるりと取り巻く」という基本義、また、*hiokという語は好・孝などと同源で、「大事にかばう」という基本義があるという(藤堂①)。これらに共通する更なるコアには「周囲から中のものを覆う」というイメージがある。

〔グループ〕畜・蓄・慉(キク)(養い育てる)

字源 「玄(イメージ記号)＋田(限定符号)」を合わせた字。「玄」は垂れた糸の形。金文では「幺」(細い糸の形)となっている。いずれも紐状のものを示す記号。「田」は農耕または狩猟と関係があることを示す限定符号。したがって「畜」は紐でつないで農耕に従わせるもの、あるいは、狩猟に使うものを暗示させる。具体物は出していないが、牛馬や犬が念頭に置かれている。この意匠によって、家畜を表象する。図形にコアイメージは反映されていない。

(金) (篆)

語義 [展開] 家畜の意味ⓐ（1の場合）。また、家畜を養う意味ⓑ、大事にかばって養い育てる意味ⓒに展開する（以上は2の場合）。日本では2の場合も1の音で読むことが多い。[英]domestic animal, livestock; raise, rear, feed; nourish, cherish [熟語] ⓐ家畜・人畜・ⓑ畜産・牧畜・ⓒ畜養

文献 ⓐ周礼・夏官・職方氏「其畜宜牛馬＝其の畜は牛馬に宜し（その土地の家畜［または畜産］は牛馬が適している）」ⓒ詩経・蓼莪「拊我畜我＝我を拊なで我を畜やしなふ（[父母は]私をかわいがり、大切に育ててくれた）」

【逐】10(辵・7) 常 | 常用音訓 チク

語音 *diok(上古) diuk(中古→呉ヂク・漢チク) zhú(中) 축(韓)

語源 [コアイメージ] (後ろを)つつく。[実現される意味] 追いかけるⓐ。[英]chase, pursue

〔解説〕*diokという語は啄（くちばしでつつく）・琢（のみでとんとんとつついて玉をみがく）などと同源で、「つつく」というイメージがある。Aの後ろをつついて前に行かせることが逐である。具体的な文脈では「AがBの後に従ってBを追いかける」と「AがBをその場から追い払う」の意味がある。追とほとんど同義だが、「後ろに順々に従う」というイメージは追にはない。英語のchaseはラテン語のcapere（捕まえる）に由来し、獲物を捕まえるために追う意という（小島①）。漢語の逐はブタを追う意味ではないが、家畜などを追う情景が図形化された。奇しくもchaseとイメージが似ている。

字源 「豕（イメージ記号）＋辵（限定符号）」を合わせた字。ブタを追う情景を設定した図形。ブタは農家における一つの例を挙げただけで、甲骨文字のように犬でも構わない。いずれにしても家畜を追う場面を設定することによって、*diokという語を視覚記号化する。図形にとらわれると、「豚をおう」や「犬をおう」意味という解釈が生まれる（白川②）。

(甲)　(金)  　(篆)

語義 [展開] AがBの後を追いかける意味ⓐでは、AはBの後ろに従って一緒になって行く。一方、AがBの後ろをつつくだけで、Bと一緒に行かない用法も生まれる。これが追い払う意味ⓑである。また、A→Bのように順に従う意味ⓒを派生する。[英]chase, pursue; drive out, expel, banish; in order, step by step [和訓] おう [熟語] ⓐ逐電・角逐・ⓑ駆逐・放逐・ⓒ逐次・逐条

文献 ⓐ荘子・天運「逐之而不能及也＝之を逐ふも及ぶ能あたはざるなり（それを追いかけても追いつけない）」ⓑ管子・小称「逐易牙而味不至＝易牙を逐ひて味至らず（易牙［料理人の名］を追放したため旨い料理が味わえなくなった）」

【筑】12(竹・6) 人 | 音 チク

語音 *tiok(上古) tiuk(中古→呉・漢チク) zhú(中) 축(韓)

語源 [コアイメージ] 突く。[実現される意味] 琴に似た古楽器の名ⓐ。[英]name of ancient stringed instrument

字源 「竹チク(音・イメージ記号)＋巩(イメージ補助記号)」を合わせた字。「竹」はたけ。また、「突き抜く・突き通す」というイメージから転じて「突く」というイメージを表す（⇩竹）。「巩」は恐や築に含まれ、棒で突くこと。「筑」は竹のばちで絃を突く様子を暗示させる。この意匠によって、竹のばちで絃を撃って鳴らす琴に似た楽器を表象する。

語義 [展開] 古楽器の名ⓐ。日本では旧国名の一つ、筑紫国ⓑの表記に当てる。[英]name of ancient stringed instrument; Tsyukushi [熟語] ⓐ撃筑・ⓑ筑後・筑前

文献 ⓐ戦国策・燕三「高漸離撃筑、荊軻和而歌＝高漸離、筑を撃ち、荊軻カケイ和して歌ふ（高漸離が筑を撃つと、荊軻が唱和して歌った）」

【蓄】13(艸・10) 常 常用音訓 チク たくわえる

語音 *tiok(上古) ṭɪuk(中古→呉・漢チク) xù(中) 축(韓)

語源 [コアイメージ] 周囲から中のものを覆う。[実現される意味] 物を囲い込んで一か所にまとめてしまっておく(たくわえる)ⓐ。[英]store, stock

〔解説〕日本語の「たくわえる(たくはふ)」は「集めたものを大切にしまっておく」の意(大野①)。漢語の蓄にも貯にも当たる。漢語の蓄は物を集めて一所に大事に囲い、しまっておく、貯は物を一所にいつまでもじっととどめて、しまっておくというイメージで、同源ではないが意味が近い。

字源 「畜(キク・チク)(音・イメージ記号)+艸(限定符号)」を合わせた字。「畜」は「周囲から中のものを覆う」というイメージがある(⇩畜)。「蓄」は野菜や作物を中に大事に囲い込んでしまっておく様子を暗示させる。この意匠によって、物をひとまとめにしてしまっておく(たくわえる)ことを表象する。

語義 たくわえる意味ⓐ。[熟語] ⓐ蓄積・貯蓄

文献 ⓐ詩経・鴟鴞「予所蓄租=予の蓄ふる所は租[=蒩](私が蓄えるのは敷きわらです)」

【築】16(竹・10) 常 常用音訓 チク きずく

語音 *tiok(上古) ṭɪuk(中古→呉・漢チク) zhù(中) 축(韓)

語源 [コアイメージ] ㋐突き通す・㋑満遍なく行き渡る。[実現される意味] 土を突き固めて塀や土台を造るⓐ。[英]pound earth intio hard walls

〔解説〕コアイメージの源泉は竹にある。これはタケという具体物ではなく、竹の根底にあるイメージが重要である。タケは中空なので、「突き通す」というイメージがある。また、節が円く取り巻いているので、「満遍なく行き渡る」というイメージもある。*tiok は古代の工法を表す語で、板囲いの中に土(現代のコンクリートのようなもの)を詰めて杵で突き固め、壁や塀を造る意味である。日本語の「きずく(きづく)」はキ(城)+ツク(築)で、城などをつくる意という(大野①)。英語の build は家・住居を意味する古英語に由来するらしい(下宮①)。これは漢語の築や、日本語の「きずく」と造語の発想が似ている。

字源 「竹(チク)(音・イメージ記号)+巩(イメージ補助記号)+木(限定符号)」を合わせた字。「竹」は「突き通す」「満遍なく行き渡る」というイメージがある(⇩竹)。「巩」は「工(突き通す。音・イメージ記号)+丮(限定符号)」を合わせて、棒で土を突いて壁を造る様子を暗示させる図形(⇩恐)。かくて「築」は木の枠に土を詰めて満遍なく突き固めて壁や塀を造る様子を暗示させる。

(篆)

語義 [展開] 土を突き固めて壁や塀を造る意味ⓐから、広く建物や建造物を造る(きずく)意味ⓑに展開する。[英]pound earth intio hard walls; build [和訓] つく [熟語] ⓐ版築・ⓑ築城・建築

文献 ⓐ詩経・緜「築之登登=之を築くこと登登たり(トントンと土を突いて壁を築く)」

ちつ

【秩】10(禾・5) 常 常用音訓 チツ

語音 *diet(上古) dĭĕt(中古→呉ヂチ〈=チオ〉・漢チツ) zhì(中) 질(韓)

語源 [コアイメージ] 次々と横にずらす。[実現される意味] 順序よく並ぶ。きちんと並んで乱れないⓐ。[英]stand in order

〔解説〕下記の詩経(文献ⓐ)の注釈に「秩秩は序有るなり」とある(朱子・詩集伝)。また顔師古は漢書の注釈で「秩は次なり。次を以てして進御するなり(順序通りに進める)」と述べる。□-□-□-の形に順序よく並ぶことが*dietという語の意味である。次々にくっつくような形で並ぶイメージから順序・秩序の意味が生まれる。英語のorderはラテン語のordo(順序正しく一直線に並んだものの意)由来し、さらにその淵源は印欧祖語の*ar-(一緒に合わせる)にあるらしい(小島①、下宮①)。漢語の秩の語源と似ている。

〔字源〕「失(シツ)(音・イメージ記号)+禾(限定符号)」を合わせた字。「失」は「横にずれる」というイメージがある(⇩失)。「秩」は刈り取った稲を、乱雑に置かないで、横にずらして次々と並べる場面を設定した図形。この意匠によって、順序よく並べることを表象する。帙(チツ)(書物の順序をきちんとそろえておくための箱形のカバー)は同源。藤堂明保は失を単なる音符としたが(藤堂②)、筆者は音・イメージ記号と見る。

〔語義〕[展開]順序よく並ぶ意味ⓐから、きちんとした順序の意味ⓑ、また、順位に従って支給される官吏の給料(扶持)の意味ⓒに展開する。[英]stand in order; order; official's salary [熟語]ⓐ秩然・ⓑ秩次・秩序・ⓒ秩禄・官秩

〔文献〕ⓐ詩経・賓之初筵「賓之初筵、左右秩秩=賓の初めて筵(エン)する、左右秩秩たり(客の宴席に就く始めは、左右に整然と並んでいる)」ⓑ詩経・賓之初筵「是曰既酔、不知其秩=是れ曰(ここ)に既に酔ふ、其の秩を知らず(すでに酒に酔った時は、順序がなく乱れほうだい)」

【窒】11(穴・6)　常　|常用音訓　チツ

〔語音〕*tiet(上古)　tiĕt(中古→呉チチ・漢チツ)　zhì(中)　질(韓)

〔語源〕[コアイメージ]行き詰まる。[実現される意味]穴や物の内部が詰まってふさがるⓐ。[英]close, stop up

〔字源〕「至(シ)(音・イメージ記号)+穴(限定符号)」を合わせた字。「至」は「これ以上行けない所まで来る」というイメージがあり、「行き詰まる」「どん詰まり」「いっぱい詰まる」「ふさがって通らない」などのイメージに展開する(⇩至)。「窒」は穴が行き止まりになってふさがる様子を暗示させる。

〔語義〕[展開]穴がふさがる意味ⓐから、行き詰まって進めない、ふさがって通らない意味ⓑに展開する。[英]close, stop up, stuff up; obstruct, block [和訓]ふさがる・ふさぐ [熟語]ⓐ窒息

〔文献〕ⓐ詩経・七月「穹窒熏鼠=穹窒して鼠を熏ず(穴を塞いでネズミをいぶし出す)」ⓑ論語・陽貨「悪果敢而窒者=果敢にして窒(ふさ)がる者を悪(にく)む(勇敢だが視野の狭い人が嫌いだ)」

ちゃ

【茶】9(艸・6)　常　|常用音訓　チャ・サ

〔語音〕[荼]*dag(上古)　do(中古→呉ヅ〈=ズ〉・ド・漢ト・[慣]ダ)　tú(中)　도(韓)　[茶]*dăg(上古)　dă(中古→呉ヂャ〈=ジャ〉・漢タ・[慣]チャ)　ts'a(唐サ)　chá(中)　차・다(韓)

〔語源〕[コアイメージ]ゆったりとゆとりができる。[実現される意味]チャの木ⓐ。[英]tea plant

〔解説〕茶の語源・字源とも荼(ト)から発している。荼はノゲシのことで、薬効が聡察少臥(頭がすっきりして眠気が少ない)とされ、これを薬用にしたが、飲料にもしたらしい。陶弘景(梁の本草家)は荼を茗(メイ)(茶の異名)と同じとした。それより前、漢の頃、チャの木が発見され、その葉を飲料に用いるようになり、ノゲシとの効果の類似性にちなんで、苦荼(クト)と称し、やがて*dăgという語と茶という文字が荼から派生・分化したと考えられる。茶の呼び名(異名)は茗のほかに、檟(カ)・蔎(セツ)・荈(セン)もある。英語の

teaはteeが古形で、中国語の廈門方言tʻeに由来するという(下宮①)。その方言を遡ると中古漢語のḍăに行き着く。

字源 「茶」は「余ョ(音・イメージ記号)＋艸(限定符号)」を合わせた字。「余」は「平らに押し伸ばす」というイメージがあり、「(空間的・時間的に間延びして)ゆったりとゆとりができる」というイメージに展開する(⇩余)。「茶」は疲れて緊張した心身をゆったりとくつろげる薬効のある草を表した。これはノゲシのことであるが、効用が似ているチャの木(また飲料としてのちゃ)の専用字として、「茶」の一部を変えて「茶」が生まれた。茶は詩経に、茶は漢代の文献(下記)に見える。

語義 [展開] 樹木名のチャが原義ⓐで、飲料名のちゃは転義ⓑ。また色の名(ちゃ色)ⓒに転用される。日本では芸道としての茶(作法に従って茶を飲むこと)の意味ⓓが生じた。[英]tea plant; tea; brown; tea ceremony [熟語] ⓐ茶園・ⓑ喫茶・紅茶・ⓒ茶褐色・ⓓ茶会・茶道

文献 ⓑ王褒・僮約「炰鱉烹茶＝鱉ベツを炰つつみやきして、茶を烹にる(スッポンを包んで焼き、茶をたてる)」(漢魏六朝百三家集6)

ちゃく ……………………

【着】12(羊・6) 常 常用音訓 チャク・ジャク きる・きせる・つく・つける

語音 *diak(上古) ḍiak(中古→呉ヂャク〈＝ジャク〉・漢チャク) zhuó(中) 착(韓)

語源 [コアイメージ] くっつく。[実現される意味] ある物に別の物がぴたっとくっついて離れない・ぴったりとくっつけて離さないⓐ。[英]get close to

〔解説〕 著から分化した字。著はチャク(*ḍiak)とチョ(*tiag)の読みがあり、チャクと読む語を着が受け継いだ。二つのものがぴったりとくっついて離れない、くっつけて離さないことを着という。日本語の「つく」は「二つ以上のものが、ぴったりと一つになって離れず、一体化する意」という(大野①)。漢語の着はこれと同義である。付・就・即なども「つく」の訓があるが、それぞれコアイメージが異なる。

字源 「着」は「著」の俗字。「著」の行書が崩れると「着」の形になる。

語義 [展開] ぴったりとくっつく意味ⓐから、体に衣服をつける(きる)意味ⓑ、終点・目的地に至りつく意味ⓒ、決まりがつく意味ⓓ、碁を打つ意味ⓔに展開する。また、衣服・到着の順位や、碁の手を数える語ⓕに用いる。[英]get close to, adhere, cling, attach; wear, dress; reach; settle; play Go; classifier for clothes, etc. [熟語] ⓐ吸着・粘着・ⓑ着衣・着用・ⓒ終着・到着・ⓓ決着・落着・ⓔ失着・敗着・ⓕ一着

文献 ⓐ王逸・茘支賦「離離如繁星之着天＝離離として繁星の天に着するが如し(［レイシが］並び連なるありさまはたくさんの星が天にくっついているかのようだ)」(漢魏六朝百三家集20)

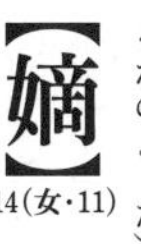

【嫡】14(女・11) 常 常用音訓 チャク

語音 *tek(上古) tek(中古→呉チャク・漢テキ) dí(中) 적(韓)

語源 [コアイメージ] →←形に向き合う。[実現される意味] 正妻ⓐ。[英]legal wife

〔解説〕 釈名・釈親属に「嫡は敵なり。匹(連れ合い)と相敵するなり」とある。敵(まっすぐ向き合うライバル)と同源の語である。

字源 「啇テキ(音・イメージ記号)＋女(限定符号)」を合わせた字。「啇」は「直線状をなす」というイメージから、「→形(まっすぐ)に向かう」というイメージ、さらに「→←形に向き合う」というイメージに展開する(⇩摘)。「嫡」は夫と向き合う女、すなわち正妻を表す。

語義 [展開] 正妻の意味ⓐ、正妻の生んだ子の意味ⓑ、正しい系統の意味ⓒに展開する。[英]legal wife; legal wife's son; legitimate [熟語] ⓐ

嫡室・正嫡・ⓑ嫡庶・廃嫡・ⓒ嫡系・嫡流

文献 ⓐ春秋左氏伝・僖公24「固請於公、以為嫡子＝固(もと)より公に請ひて、以て嫡子と為す(もちろん殿様に彼を嫡出子と認めるよう申請する)」

ちゅう

【丑】4(一・3) 人 ｜ 音チュウ 訓うし

語音 *t̂ɪog(上古) t̂ɪəu(中古→呉・漢チウ〈＝チュウ〉) chǒu(中) 추(韓)

語源 [コアイメージ] 柔らかい。[実現される意味] 十二支の第二位ⓐ。[英]the second earthly branch

〔解説〕十二進法(十干と結合して六十進法)の序数に用いた記号。植物の生長段階を象徴として語と図形が生まれた。植物が発生して次々に殖えていく状態を象徴として、これを子(第一位)とした。植物が固くならず柔軟性を保持する状態を象徴として、第二位を*t̂ɪogと呼び、丑の図形が考案された。この語は「柔らかい」というコアイメージをもつ。「柔らかい」には「曲がる」というイメージも含まれる。丑を動物の牛と結びつけたのは漢代である。

〔グループ〕丑・羞・紐・忸(ジク)(心が柔らかくいじける→はじる[忸怩])・衄(ジク)(柔らかくねばねばした鼻血)・狃(ジュウ)(狎れて角がとれる)・扭(チュウ)(指先を曲げてつまむ)・鈕(チュウ)(器物のつまみ)・杻(チュウ)(矯め曲げて車輪のたがや弓の材料にする木、ナナミノキ)

字源 指先を柔軟に曲げて物をつかもうとする姿を描いた図形。

(甲) (金) (篆)

語義 十二支の第二位の意味ⓐ。日や年を記す語。[熟語] ⓐ丁丑

文献 ⓐ春秋・隠公1「五月辛丑、大叔出奔共＝五月辛丑、大叔、共に出奔す(五月かのとうしの日、大叔は共に出奔した)」

【中】4(丨・3) 常 ｜ 常用音訓 チュウ・ジュウ なか

語音 *tɪoŋ(上古) tɪuŋ(中古→呉・漢チュウ) zhōng・zhòng(中) 중(韓)

語源 [コアイメージ] 突き通る。[実現される意味] ある空間・範囲の真ん中ⓐ。[英]middle, center

〔解説〕中には「なか」と「あたる」の二つの意味がある。二つを結ぶのは「突き通る」というコアイメージである。枠の内部を突き通って上から下に突き抜けることから、上から下に通ずる中間の部分、つまり真ん中という意味と、上から下に突き通って芯に突き当たるという意味が派生する。*tɪoŋという語は甬(ヨウ)のグループ(通・踊など)・東のグループ(凍・重・童など)・同のグループ(筒・洞など)と同源である。日本語の「なか」はナ(中の意)＋カ(場所の意)で、「端ではないところが原義。二つのものに挟まれた空間。三つに区分したときの中間」の意という(大野②)。「一定の区域や範囲の内側、物の内部」の意味はその転義。漢語の中と全く同じ。英語のmiddleは「ある線またはある平面からの中心(真ん中)」、centerは「円、球形の中心または物の全体的な中心」の意という(田中①)。漢語の中は直線(または幅を持った一定の空間)をイメージして、上下や左右に挟まれた中間、真ん中の意味なので、中はmiddleに近い。

〔グループ〕中・仲・沖・忠・衷・忡(チュウ)(心が突き通されたように痛む)・盅(チュウ)(器の中が突き抜けている→空っぽ) *狆(半国字。チン)

字源 A－縦棒が枠の中を突き通る図形(象徴的符号)と、B－旗竿が枠の中を突き通る図形の二通りがある。具体物は一切捨象して、「(内部を)突き通る」というイメージを表すことができる。字源については旗の形にこだわってさまざまな説がある。例えば白川静は中は中軍の旗なので、「なか」の意味になったとする(白川②)。しかし「上下通ず」という説文解字の解釈がすなおである。

A (甲) (金) (篆)
B (金) (金) (籀)

語義 [展開] 上下・左右に対しては真ん中の意味ⓐ、外に対しては内部の意味ⓑ、大小に対してはなかほど(偏らない、並)の意味ⓒに展開する。また、時間的用法としては、ある時期を区分した中間・範囲内ⓓ、進行する物事の途中ⓔの意味を派生する。また、「突き通る」というコアイメージから、中を突き通って芯に当たるという意味ⓕを派生する。[英]middle(ⓐⓒⓓ), center; inside, interior, among, in; midway, medium, mean; mid; halfway; hit the center, hit, fit exactly [和訓] うち・あたる・あてる [熟語] ⓐ中央・中心・ⓑ家中・心中・ⓒ中庸・折中・ⓓ中旬・日中・ⓔ中止・途中・ⓕ中毒・的中

文献 ⓐ詩経・蒹葭「宛在水中央＝宛として水の中央に在り(いつの間にか川の真ん中にいた)」ⓑ詩経・旱麓「黄流在中＝黄流、中に在り(黄色い液体[酒のこと]は[さかずきの]中にある)」ⓓ論語・先進「言必有中＝言へば必ず中(あ)たること有り(物を言えば必ず的を射ている)」

【仲】 6(人・4) 常 常用音訓 チュウ なか

語音 *dıoŋ(上古) ḍıuŋ(中古→呉ヂュウ〈＝ジュウ〉・漢チュウ) zhòng(中) 중(韓)

語源 [コアイメージ] 真ん中。[実現される意味] 次男ⓐ。[英]second son

字源 「中(チュウ)(音・イメージ記号)＋人(限定符号)」を合わせた字。「中」は「中を突き通る」というイメージから、「真ん中」のイメージに転じる(⇩中)。兄弟の序列において、真ん中に当たる者(次男)を表す。

語義 [展開] 次男の意味ⓐ。また「真ん中」のイメージから、期間の真ん中の意味ⓑ、人と人の中間に立って引き合わせる意味ⓒを派生する。[英]second son; middle; mediate [熟語] ⓐ仲兄・伯仲・ⓑ仲夏・仲秋・ⓒ仲介・仲裁

文献 ⓐ詩経・将仲子「仲可懐也＝仲も懐(おも)ふべきなり(仲さん[次郎さん]は私がお慕いする方です)」

【虫】 6(虫・0) 常 常用音訓 チュウ むし

語音 (1)[蟲]*dıoŋ(上古) ḍıuŋ(中古→呉ヂュウ〈＝ジュウ〉・漢チュウ) chóng(中) 충(韓) (2)[虫]*hıuər(上古 hıuəi(中古→呉クヱ〈＝ケ〉・漢クヰ〈＝キ〉) huǐ(中)

語源 [コアイメージ] 数が多い・たくさん集まる。[実現される意味] むしⓐ。[英]insect, worm

[解説] 蟲(チュウ)と虫(キ)は本来は別字で、蟲はむし、虫はマムシのことである。しかし虫がむし類と関係があることを示す限定符号(漢字の構成要素の一つ)に用いられたため、古くから蟲の略字として虫が使われた。蟲の語源について段玉裁は「蟲は猶(な)お衆のごときなり」と述べている(説文解字注)。*dıoŋという語は衆や螽(シュ)(集団発生するトノサマバッタ)などと同源で、「うじゃうじゃと数が多い」「たくさん集まる」というイメージがある。蟲は昆虫のように種類や個体の数が多く、集団的に発生・繁殖する動物をイメージさせる語であり、図形である。英語のwormは蛇が原義という(下宮①)。漢語の蟲はマムシの意味ではないが、虫(マムシ)が利用されて図形化が行われた。偶然ではあるが、wormと蛇の関係と似ている。

字源 「虫」はマムシを描いた図形で、虺(キ)(マムシ)と同じ。「蟲」は「虫」を三つ重ねて、マムシという具体物と離れて、さまざまなむしを表象する。

(甲)  (金)  (篆)  [虫] (篆) 

〔字体〕「蟲」は旧字体。「虫」は「蟲」の略字として古くから使われていた。現代中国でも虫を蟲の簡体字とする。

語義 [展開] むしや昆虫の意味ⓐから、一般に動物の総称ⓑともされる。古くは数が多い、たくさん集まるという意味ⓒにも用いられた(以上は1の場合)。2はマムシの意味ⓓ。[英]insect, worm, bug; animal; numerous; viper [熟語] ⓐ害虫・昆虫・ⓑ羽虫・介虫

文献 ⓐ詩経・鶏鳴「蟲飛薨薨=虫飛んで薨薨(コウコウ)たり(虫はぶんぶん飛び交っている)」ⓒ詩経・雲漢「蘊隆蟲蟲=蘊隆(ウンリュウ)虫虫たり(暑気が盛んにむんむんする)」

【沖】 7(水・4) 常 常用音訓 チュウ おき

語音 *dɪoŋ(上古) dɪuŋ(中古→㊐チュウ〈=ジュウ〉・㊔チュウ) chōng(中) 충(韓)

語源 [コアイメージ] 突き通る。[実現される意味] 下から上に突き抜けて高く上がるⓐ。[英]rise up

字源 「中(チュウ)(音・イメージ記号)+水(限定符号)」を合わせた字。「中」は「(中を)突き通る」というイメージがある(⇩中)。「沖」は水が中を突き抜けて湧き上がる様子を暗示させる。

〔字体〕「冲」は異体字。

語義 [展開] 空間を突き抜けて上がる意味ⓐから、その結果、間があいた状態になること、つまり、中間に何もない(むなしい、空っぽ)という意味ⓑを派生する。日本では水が湧き上がるという文字面から、波の荒い海上を連想し、波の静かな磯に対して、「おき」ⓒの表記に用いる。[英]rise up; empty; offing [熟語] ⓐ沖天・ⓑ沖虚・ⓒ沖積世

文献 ⓐ素問・示従容論「譬以鴻飛亦沖於天=譬へば鴻を以て飛べば亦た天に沖す(譬えて言えば、オオハクチョウが飛んで天まで突き抜けていくようなものだ)」ⓑ老子・四章「道沖而用之或不盈=道は沖なり。而して之を用ゐて或いは盈たず(「宇宙の根源である」道は空虚だ。その働きはいっぱいにならないところにある)」

【肘】 7(肉・3) 常 常用音訓 ひじ

語音 *tɪog(上古) tɪəu(中古→㊐・㊔チウ〈=チュウ〉) zhǒu(中) 주(韓)

語源 [コアイメージ] 囲んで引き締める。[実現される意味] ひじⓐ。[英]elbow

〔解説〕ひじはぐるっと曲げて物を締めつけて引き寄せることができる。その機能に着目して、ひじのことを古代漢語で*tɪogという。この語は「囲んで引き締める」というイメージをもち、下記のグループを形成する。

〔グループ〕肘・討・酎・紂(チュウ)(馬の尻に掛けて鞍を締めつける紐、「しりがい」)

字源 「寸(イメージ記号)+肉(限定符号)」を合わせた字。「寸」は「じっと押さえる」というイメージがある(⇩寸)。「肘」はそれを押さえると動きを止めることのできる部分、「ひじ」を暗示させる。図形にコアイメージは反映されていない。

(篆)

語義 ひじの意味ⓐ。[熟語] ⓐ肘後・掣肘

文献 ⓐ荘子・譲王「捉衿而肘見=衿を捉(と)へて肘見(あら)はる(えりをつかまえると肘が露出した)」

【宙】 8(宀・5) 常 常用音訓 チュウ

語音 *dɪog(上古) dɪəu(中古→㊐ヂウ〈=ジュウ〉・㊔チウ〈=チュウ〉) zhòu(中) 주(韓)

語源 [コアイメージ] 通り抜ける。[実現される意味] 棟木ⓐ。[英]

ridgepole; canopy of heaven, world, space; time

〔解説〕宇宙とは本来は建物の屋根（のき・ひさし）と棟木の意味であったが、コスモスの意味に転じた。宇宙を区別すると、宇が⌒形の屋根のイメージからドーム形の天空へ転じるのに対し、宙は↓形に通り抜ける柱のイメージから↑形に突き抜ける空間の意味へ転じる。

〔字源〕「由（音・イメージ記号）＋宀（限定符号）」を合わせた字。「由」は「ある所を通って出てくる」「通り抜ける」というイメージがある（⇩由）。「宙」は屋根の端から端に通り抜ける棟木を暗示させる。

〔語義〕〔展開〕棟木の意味ⓐ。「通り抜ける」というイメージから、広大な空間（コスモス）の意味ⓑ、また、過去から未来へ通り過ぎていく無限の時間の意味ⓒを派生する。「宙吊り」「宙に舞う」などの宙（地面から離れた所の意）ⓓは日本的用法。［英］ridgepole; canopy of heaven, world, space; time; in midair 〔熟語〕ⓑ宇宙

〔文献〕ⓑ荘子・譲王「余立於宇宙之中＝余は宇宙の中に立つ（私は広大な空間の真ん中に立っている）」

【忠】8(心・4) 常 ｜ 常用音訓 チュウ

〔語音〕*tioŋ(上古) ṭıuŋ(上古→呉・漢チュウ) zhōng(中) 충(韓)

〔語源〕〔コアイメージ〕偏らない。〔実現される意味〕まじめで誠実な心（真心）ⓐ。［英］sincere

〔解説〕下記の論語の注釈に「忠は中心なり」とある（皇侃・論語義疏）。また「中心を尽くすを謂ふなり」などの言い方もある。古代では忠と中の同源意識が普通であった。白川静は「忠は心を尽くすの意味。中は中軍の旗の形であるから、心を尽くすとは心を支配するという意味を含む」というが（白川②）、字源にとらわれた解釈である。藤堂明保は充実の充と同源で、「中身が充実して欠け目のない心」とする（藤堂②）。

〔字源〕「中（音・イメージ記号）＋心（限定符号）」を合わせた字。「中」は「（中を）突き通る」というイメージから、「真ん中」というイメージへ、さらに「偏らない」というイメージに展開する（⇩中）。「忠」は偏りなく行き届いた心を暗示させる。

〔語義〕〔展開〕誠実な心の意味ⓐ、また特に、主君に誠意を尽くして仕える意味ⓑ。［英］sincere; loyal, loyalty 〔熟語〕ⓐ忠告・忠実・ⓑ忠君・忠臣

〔文献〕ⓐ論語・学而「為人謀而不忠乎＝人の為に謀りて忠ならざるか（人のために考えてやったのに、真心をこめていないのではないか）」ⓑ春秋左氏伝・宣公2「賊民之主、不忠＝民の主を賊するは、不忠なり（民の主人を傷害するのは、不忠である）」

【抽】8(手・5) 常 ｜ 常用音訓 チュウ

〔語音〕*t'iog(上古) ṭ'ıəu(中古→呉・漢チウ〈＝チュウ〉) chōu(中) 추(韓)

〔語源〕〔コアイメージ〕抜け出る。〔実現される意味〕ずるずると引き出す・引き抜くⓐ。［英］take out, pull out, extract

〔字源〕「由（音・イメージ記号）＋手（限定符号）」を合わせた字。「由」は「ある所を通って出てくる」「通り抜けて出る」というイメージがある（⇩由）。「抽」は手で中から抜き出す様子を暗示させる。袖（腕の通り抜ける「そで」）・軸（車輪の中心を通り抜ける心棒）などは同源。

〔語義〕引き出す・引く抜く意味ⓐ。〔和訓〕ぬく・ひく・ぬきんでる 〔熟語〕ⓐ抽出・抽象

〔文献〕ⓐ詩経・楚茨「楚楚者茨、言抽其棘＝楚楚たる茨、言に其の棘を抽く（ずらりと並び生えるハマビシ、そのとげを引き抜く）」

【注】8(水・5) 常 ｜ 常用音訓 チュウ そそぐ

〔語音〕*tiug(上古) tʃıu(中古→呉ス・漢シュ・〔慣〕チュウ) zhù(中) 주(韓)

語源 [コアイメージ] ┻形にじっと立って動かない。[実現される意味] 水を一所につぎ入れるⓐ。[英]pour

〔解説〕 *tiugという語は「┻形にじっと立って動かない」というコアイメージをもつ。「動かない」と「水をそそぐ」とは矛盾するようだが、水をそそぐ仕方に焦点を合わせて、水をつぎ口から、飛び散ることなく、集中的に┻の形(柱状にじっと立つ形)に流すことを*tiugというのである。日本語の「そそぐ」はソソ(水の流れる音、かかる音、散る音などの擬音語)に動詞を作る接尾語をつけた語形で、「水や雨、涙がかかって散る」「水をぱらぱらとかける」意という(大野①)。注には「つぐ」の訓もある。これは「長くつづくものが絶えないように、その切れ目をつなぐ」という原義から、水が途切れないように次々と容器にさし入れるという意味を派生する。漢語の注はこれに近い。常用漢字表に「つぐ」の訓がないのは手落ちである。

字源 「主(シュ)(音・イメージ記号)＋水(限定符号)」を合わせた字。「主」は「┻形にじっと立って動かない」というイメージがある(⇩主)。「注」は急須などから器へ液体をつぐ際、液体が┻形にじっと立った状態で入る様子を暗示させる。

語義 [展開] 水をつぎ入れる意味ⓐから、川が他の川や海に流れて入る意味ⓑ、一点につぎこむように集中させる意味ⓒ、水を一所につぎ入れるように、文章のわかりにくい所に説明の文字を集中的につぎこむ意味ⓓ、またその文字や言葉の意味ⓔに展開する。日本では註の代用字ⓕとしても用いられる。[英]pour; flow into; concentrate; annotate; commentary; record, write [和訓] つぐ・さす [熟語] ⓐ注水・注入・ⓑ流注・ⓒ注視・注目・ⓓ注解・注記・ⓔ脚注・訳注・ⓕ注文・受注

文献 ⓐ詩経・洞酌「挹彼注兹＝彼に挹(く)み、兹(ここ)に注(つ)ぐ(あそこで水を汲んで、この器につぎ入れる)」ⓑ詩経・文王有声「豐水東注＝豐水、東に注(そそ)ぐ(豐水は東の方に流れて[渭水に]入りこむ)」

【昼】 9(日・5) 常 (常用音訓) チュウ ひる

【晝】 11(日・7) 人 (音)チュウ (訓)ひる

語音 *tiog(上古) tieu(中古→呉・漢チウ〈＝チュウ〉) zhòu(中) 주(韓)

語源 [コアイメージ] 二点を区切ったその中間・中心。[実現される意味] ひるⓐ。[英]daytime

〔解説〕 日本語の「ひる」はヒ(日)と同根で、アサ(朝)とユフ(夕)の間の中心に当たる時間という(大野①による)。漢語の晝(昼)の時間観念もこれと似ている。*tiogという語は中・主と同源で、「真ん中、中心」というイメージがある(藤堂②による)。両脇のイメージで捉えられた夜・夕に対して、一日の中心の時間帯が昼である。説文解字では「日の出入、夜と界を為す」と説明している。二つの境界(日の出と日の入りの時間)を区切ったその中間が「ひる」ということである。英語ではdaytimeのほかにnoonがある。これはnineと同源で、日の出から第九時(現在の午後三時)の意で、転じて正午(十二時)になったという(下宮①)。noonは漢語の午に当たる。

字源 「晝」が正字。楷書は分析困難。篆文に遡ると「一」は「冂」の変形であることがわかる。「冂(イメージ記号)＋聿(イメージ補助記号)＋日(限定符号)」を合わせた字。畫の「田」を「日」に替えると晝になる。したがって「畫の略体(イメージ記号)＋日(限定符号)」を合わせた字と解してもよい。「畫」は「区切りをつける」というイメージがある(⇩画)。したがって「晝」は一日の時間に区切りをつける様子を暗示させる。

(金) (籀) (篆)

〔字体〕 「昼」は近世中国で発生した「晝」の俗字。

語義 ひるの意味ⓐ。[熟語] ⓐ昼夜・白昼

文献 ⓐ詩経・蕩「俾書作夜＝昼を夜と作さしむ（昼を夜とする［昼も夜もなく歓楽にふける］）」

【柱】9(木・5) 常 ― 常用音訓 チュウ はしら

語音 *diug(上古) ḍiu(中古→呉ヂュウ〈＝ジュウ〉・チュウ漢) zhù(中) 주(韓)

語源 ［コアイメージ］⊥形にじっと立って動かない。［実現される意味］建物のはしらⓐ。［英］pillar, post, pole

〔解説〕釈名・釈宮室に「柱は住なり」とある。「はしら」が「住む」と同じとはどういうことかといぶかるのは、日本人の感覚。古代中国人（古代漢語の使用者）の言語感覚では、柱と住は同じ語（*diug）であり、「一つの所にじっと止まる」というイメージがコアにあることを本能的につかんでいるから、「柱は住なり」と言える。日本語の「はしら」はハシ（箸）と同根で、「立って本体をささえるもの」の意という（大野①）。

字源 「主（音・イメージ記号）＋木（限定符号）」を合わせた字。「主」は「⊥形にじっと立って動かない」というイメージがある（⇨主）。「柱」は⊥形にじっと立って動かない木を暗示させる。この意匠によって、建物の「はしら」を表象する。

語義 ［展開］はしらの意味ⓐから、支えになるものの意味ⓑを派生する。［英］pillar(ⓐⓑ), post, pole, column; support ［熟語］ⓐ支柱・門柱・ⓑ柱石・砥柱

文献 ⓐ荘子・人間世「以為柱則蠹、是不材之木也＝以て柱と為せば蠹す、是れ不材の木なり（それで柱を作ると虫が食う。役に立たない木だ）」

【衷】9(衣・4) 常 ― 常用音訓 チュウ

語音 *tioŋ(上古) ṭiuŋ(中古→呉・漢チュウ) zhōng(中) 충(韓)

語源 ［コアイメージ］なか・うちがわ。［実現される意味］下着ⓐ。［英］inner garment

字源 「中（音・イメージ記号）＋衣（限定符号）」を合わせた字。「中」は文字通りの意味。「衷」は上着のうちがわに着る衣、すなわち下着を表す。

語義 ［展開］下着の意味ⓐから、うちがわに衣類を着ける意味ⓑに展開する。また、換喩的な転義によって、胸のうち、真心という意味ⓒ、また、中と通用して、真ん中、ほどよいところの意味ⓓを派生する。［英］inner garment, underwear; put on underclothes; heart; middle, medium ［和訓］うち・まごころ ［熟語］ⓒ衷心・苦衷・ⓓ折衷

文献 ⓑ春秋左氏伝・宣公9「皆衷其衵服、以戯於朝＝皆其の衵服を衷にし、以て朝に戯る（男たちは彼女の下着を中につけて、朝廷で戯れた）」ⓒ書経・湯誥「惟皇上帝降衷于下民＝惟れ皇上帝、衷を下民に降す（天の神は人民に真心を降したもうた）」

【紐】10(糸・4) 人 ― 音チュウ・ジュウ・ニュウ 訓ひも

語音 *niog(上古) ṇiəu(中古→呉ニウ〈＝ニュウ〉・漢ヂウ〈＝ジュウ〉・［慣］チウ〈＝チュウ〉) niǔ(中) 뉴・유(韓)

語源 ［コアイメージ］柔らかく曲げる。［実現される意味］帯などを結ぶひもⓐ。［英］string, strap, cord

字源 「丑（音・イメージ記号）＋糸（限定符号）」を合わせた字。「丑」は「柔らかく曲げる」というイメージがある（⇨丑）。「紐」は糸やひもなどを柔らかく曲げて物を結ぶ様子を暗示させる。

語義 ［展開］ひもの意味ⓐから、二つを結ぶ重要な所（かなめ、根本）の意味ⓑを派生する。［英］string, strap, cord; important connection ［熟語］ⓐ紐帯

文献 ⓑ荘子・人間世「禹舜之所紐也＝禹・舜の紐とする所なり（これこそ禹や舜がかなめとしたものである）」

【酎】10(酉・3)　常　｜　常用音訓　チュウ

語音 ＊diog(上古)　dɪəu(中古→呉ヂウ〈＝ジュウ〉・漢チウ〈＝チュウ〉)　zhòu(中)　주(韓)

語源 [コアイメージ] 引き締める(搾る)。[実現される意味] 味の濃い酒ⓐ。[英]double-fermented spirits

字源 「肘(チュウ)の略体(音・イメージ記号)＋酉(限定符号)」を合わせた字。「肘」は「囲んで引き締める」というイメージがあり、「引き締めて搾る」というイメージに展開する(⇨肘)。「酎」は原料を引き搾って酒を造る様子を暗示させる。この意匠によって、何回も搾って味を濃くした酒を表象する。

語義 味の濃い酒の意味ⓐ。[熟語] ⓐ焼酎

文献 ⓐ礼記・月令「是月也、天子飲酎＝是(こ)の月や、天子は酎を飲む(この月になると、天子は濃い酒を飲む)」

【紬】11(糸・5)　人　｜　音チュウ　訓つむぎ

語音 ＊diog(上古)　dɪəu(中古→呉ヂウ〈＝ジュウ〉・漢チウ〈＝チュウ〉)　chōu・chóu(中)　주(韓)

語源 [コアイメージ] 抜き出す。[実現される意味] 蚕の太い糸で織った織物(つむぎ)ⓐ。[英]pongee

字源 「由(ユ)(音・イメージ記号)＋糸(限定符号)」を合わせた字。「由」は「抜け出る」「抜き出す」というイメージがある(⇨由)。「紬」は蚕の繭から引き出し、それで織った布を表す。説文解字に「紬は大糸繒なり」とある。

語義 [展開] つむぎの意味ⓐ。また「抜き出す」というコアイメージから、引き出す意味ⓑを派生する。[英]pongee; draw out　[熟語] ⓐ紬緞・ⓑ紬繹

文献 ⓑ宋玉・高唐賦「紬大絃而雅聲流＝大絃を紬(ひ)きて雅声流る(大きな絃を引くと、優雅な音が流れる)」(文選33)

【厨】12(厂・10)　人　｜　音チュウ・ズ　訓くりや

語音 ＊dɪug(上古)　dɪu(中古→呉ズ〈＝ヅ〉・ヂュウ〈＝ジュウ〉・漢チュウ)　chú(中)　주(韓)

語源 [コアイメージ] じっと立てる。[実現される意味] 食事を作る所(くりや、台所)ⓐ。[英]kitchen

[解説] 樹立の樹(じっと立てる)と同源のことば。尌(ジュ)がコアイメージと関わる記号である。

[グループ] 厨・幮(チュウ)(ベッドの回りに枠を立てて垂らしたカーテン)・櫥(チュウ)(戸のついた収納家具、ひつ)・躕(チュウ)(足が止まって進まない、躊躇する[踟躕])

字源 「廚」が本字。「尌(ジュ)(音・イメージ記号)＋广(限定符号)」を合わせた字。「尌」は「じっと立てる」というイメージがある(⇨樹)。「廚」は建物の中で、板を立てて間仕切りをした所を暗示させる。この意匠によって、食事を作る部屋を表象する。

[字体] 「厨」は「廚」の俗字。

語義 [展開] 台所の意味ⓐ。また、戸を立てて物をしまっておく道具(ひつ)の意味ⓑを派生する。[英]kitchen; closet, cabinet　[熟語] ⓐ厨房・庖厨・ⓑ厨子(ズシ)・書厨

文献 ⓐ孟子・梁恵王上「君子遠庖厨也＝君子は庖厨を遠ざかる(立派な男子は台所に近づかない)」

【註】12(言・5)　人　｜　音チュウ

語音 ＊tɪug(上古)　tɪu(中古→呉・漢チュウ)　zhù(中)　주(韓)

語源 [コアイメージ] 注ぎこむ。[実現される意味] わからない箇所に集中的に注ぎこんで説明する言葉や文句ⓐ。[英]annotate

字源 「主シュ(音・イメージ記号)＋言(限定符号)」を合わせた字。「主」は「⊥形にじっと立つ」というイメージから、水を⊥形に注ぎ入れるという意味の注が生まれ、水を一所に注ぎ入れるように、文章のわかりにくい所に説明の文字を集中的に注ぎこむ意味に展開する。注のこの意味の専用字として註が生まれた。

語義 ［展開］注釈をつける意味ⓐから、記載する、書きつける意味ⓑに展開する。［英］annotate; record, write ［熟語］ⓐ註釈・集註・ⓑ註文・発註

文献 ⓑ春秋穀梁伝・昭公11「一事註乎志＝一事に志を註す(一つの事柄に意志を書きつける)」

【鋳】15(金・7) 常 ―常用音訓 チュウ いる

〔鑄〕22(金・14) 人 ―音 チュウ 訓 いる

語音 *tiŏg(上古) tʃɪu(中古→呉ス・漢シュ・［慣］チウ〈＝チュウ〉) zhù(中) 주(韓)

語源 ［コアイメージ］長く延びる。［実現される意味］金属を溶かして器物を造る(いる)ⓐ。［英］cast

字源 「鑄」が正字。「壽ジュ(音・イメージ記号)＋金(限定符号)」を合わせた字。「壽」は「ずるずると長く延びる」というイメージがある(⇨寿)。「鑄」は溶かした金属を型にずるずると長く流し込む様子を暗示させる。この意匠によって、金属を溶かして器物を造ることを表象する。藤堂明保は寿を単なる音符とするが(藤堂②)、筆者は音・イメージ記号と見る。

〔字体〕「鋳」は近世中国で発生した「鑄」の俗字。

語義 金属を溶かして器物を造る(いる)意味ⓐ。［熟語］ⓐ鋳造・改鋳

文献 ⓐ管子・小匡「美金以鑄戈劍＝美金を以て戈剣を鋳る(良質の金属で矛や剣を鋳造する)」

【駐】15(馬・5) 常 ―常用音訓 チュウ

語音 *tug(上古) ṭɪu(中古→呉・漢チュウ) zhù(中) 주(韓)

語源 ［コアイメージ］⊥形にじっと立って動かない。［実現される意味］車などを一定の場所に止めるⓐ。［英］park, halt

字源 「主シュ(音・イメージ記号)＋馬(限定符号)」を合わせた字。「主」は「⊥形にじっと立って動かない」というイメージがある(⇨主)。「駐」は馬を一所にじっと止める様子を暗示させる。

語義 ［展開］車などを一定の場所に止める意味ⓐから、一所にじっと立ち止まる、足を止めて動かない意味ⓑに展開する。［英］park, halt; stop, stay ［和訓］とどまる・とどめる ［熟語］ⓐ駐車・駐輪・ⓑ駐在・常駐

文献 ⓑ淮南子・道応訓「吾不可以久駐＝吾以て久しく駐とどまるべからず(私は長い間止まることはできない)」

ちょ

【猪】11(犬・8) 人 ―音 チョ 訓 い・いのしし

〔猪〕12(犬・9) 人 ―音 チョ 訓 い・いのしし

語音 *tag(上古) ṭɪo(中古→呉・漢チョ) zhū(中) 저(韓)

語源 ［コアイメージ］くっつくようにたくさん集まる。［実現される意味］イノシシⓐ。［英］boar

〔解説〕イノシシを馴化したのがブタである。ブタを意味する豚(*duən)、彘テイ(*dɪad)と、イノシシを意味する豕シ(*thiĕr)、猪(*tag)は音が似ている。語源について王念孫は「豬(＝猪)、都は皆聚なり」と述べる(広雅疏証)。イノシシの肉が締まっている特徴から、都や諸・儲などと同源の名称が

生まれた。

字源「豬」が本字(後に猪となる)。「者シャ(音・イメージ記号)＋豕(限定符号)」を合わせた字。「者」は「くっつく」「多くのものが集まる」というイメージがある(⇩者)。「物がくっつくように集まる」というイメージは「充実している」というイメージに転化する。「豬(＝猪)」は充実して締まった肉をもつ獣を暗示させる。

語義［展開］イノシシの意味ⓐから、ブタの意味ⓑにも転用される。[英]boar; pig ［熟語］ⓐ猪突・猪勇・ⓑ野猪

文献ⓑ墨子・法儀「豢犬豬＝犬豬を豢やしなふ(犬と豚を飼育する)」

【著】11(艸・8)　常　常用音訓 チョ　あらわす・いちじるしい
〔著〕12(艸・9)　人　音チョ・チャク　訓あらわす・いちじるしい・つく・つける

語音(1)*tiag(上古)　tio(中古→呉・漢チョ)　zhù(中)　저(韓)　(2)*diak(上古)　diak(中古→呉ジャク〈＝ジャク〉・漢チャク)　zhuó(中)　착(韓)

語源［コアイメージ］一点にくっつく。［実現される意味］はっきりと書きつけるⓐ。[英]write

〔解説〕説文解字に「書は箸(＝著)なり」とあり、著は書(文字を筆で紙にくっつける→かく)と同源の語で、「くっつける」がコアイメージである。この語から着(つく・つける)が分化する。日本語の「あらわす(あらはす)」はアラハ(内部に隠れているものがむき出しになっているさま)と同根で、出現させる→表に出す→広く知られるようにする→書きしるすと転義する(大野①)。漢語の著の転義とは逆のようである。また「いちじるしい(いちじるし)はイツ(稜威)＋シルシ(隠れもない意)で、「神威がはっきりはっきり目に見える」「はっきりとあらわれている」意味という(大野①)。

字源「著」が正字。「者シャ(音・イメージ記号)＋艸(限定符号)」を合わせた字。「者」は「多くのものが一所に集中する」というイメージがあり、「一点にくっつく」というイメージに展開する(⇩者)。「著」は草稿に文字が消えないように目立たせてくっつける様子を暗示させる。この意匠によって、はっきりと書きつけることを表象する。

語義［展開］はっきりと書きつける意味ⓐから、書きつけたもの(書物)の意味ⓑ、はっきりと現れて目立つ(いちじるしい)意味ⓒに展開する(以上は1の場合)。また、「一点にくっつく」というイメージから、単に「ぴったりとくっつく(くっつける)」というイメージに展開し、ある物が別の物にくっつく意味ⓓ、衣服を身につける(きる)意味ⓔ、目当ての所に至りつく意味ⓕを派生する(以上は2の場合)。ⓓ〜ⓕは着と通用。[英]write; writings, book; outstanding, remarkable, striking, conspicuous, notable; get close to, adhere; wear, dress; reach ［熟語］ⓐ著述・著書・ⓑ大著・名著・ⓒ著名・顕著・ⓓ愛著(＝愛着)

文献ⓐ呂氏春秋・情欲「荘王功迹著乎竹帛、傳乎後世＝荘王の功迹は竹帛に著し、後世に伝ふ(荘王の功績は書物に書き記し、後世に伝えられる)」ⓑ孟子・滕文公下「孔子之道不著＝孔子の道、著あらはれず(孔子の道は世の中に現れなかった)」

【貯】12(貝・5)　常　常用音訓 チョ

語音*tiag(上古)　tio(中古→呉・漢チョ)　zhù(中)　저(韓)

語源［コアイメージ］一所にじっと定着させる。［実現される意味］物や金を一所にじっとためておくⓐ。[英]store, save

〔解説〕藤堂明保は土のグループ、者のグループ、宁チョのグループ、乇タクのグループ(宅など)、石のグループ(碩など)などは同じ単語家族に属し、「充実する・一所に集まる(定着する)」という基本義をもつとした(藤堂①)。*tiagという語は特に儲チョ(たくわえる)や瀦チョ(＝潴。水をたくわえた所)と近い。

〔グループ〕貯・佇チョ(その場にじっと立ち尽くす→たたずむ[佇立])・苧チョ(＝紵。

繊維を灰汁にじっと漬けておく植物、カラムシ〔苧麻〕）

【字源】「宁(ﾁｮ)（音・イメージ記号）＋貝（限定符号）」を合わせた字。「宁」は物を貯蔵するひつ（櫃）を描いた図形で、「一所にじっと定着させる」というイメージがある。「貯」は財貨を一所に集めてしまっておく場面を設定した図形。

（甲）　（金）　（篆）〔宁〕

（甲）　（金）　（篆）

【語義】物や金を一所にためておく意味ⓐ。【和訓】たくわえる　【熟語】ⓐ貯蔵・貯蓄

【文献】ⓐ管子・大匡「毋貯粟、毋禁材＝粟を貯ふる毋かれ、材を禁ずる毋かれ（〔独占するために〕アワをためこむな、材木を禁じるな）」

【箸】15（竹・9）　常　｜常用音訓　はし

【語音】*diag（上古）　ḍio（中古→呉ヂョ〈＝ジョ〉・漢チョ）　zhù（中）　저（韓）

【語源】［コアイメージ］一点にくっつける。［実現される意味］食事に用いる道具、はしⓐ。［英］chopsticks

【字源】「者(ｼｬ)（音・イメージ記号）＋竹（限定符号）」を合わせた。「者」は「一点にくっつける」というイメージがある（⇩者）。「箸」は食べ物をくっつけて取る（つまみ取る）道具を暗示させる。

【語義】はしの意味ⓐ。【熟語】ⓐ象箸・匕箸

【文献】ⓐ礼記・曲礼「飯黍毋以箸＝黍を飯ふに箸を以てする毋かれ（キビを食う時は箸を使うな）」

【儲】18（人・16）　人　｜音チョ　訓もうける・たくわえる

【語音】*diag（上古）　ḍio（中古→呉ヂョ〈＝ジョ〉・漢チョ）　chǔ（中）　저（韓）

【語源】［コアイメージ］多くのものが一所に集まる。［実現される意味］物を集めて一所に取って置く（たくわえる）ⓐ。［英］store

【解説】日本語の「もうける（まうく）」は「将来の事態を見込んでそれに応じた用意をする意」（大野①）で、「設ける」と書く。これからの転義に「（思わぬ利益を）手に入れる」があり、これを「儲ける」と書く。しかし漢語の儲は前者と近い意味はあるが、後者の意味はない。

【字源】「諸(ｼｮ)（音・イメージ記号）＋人（限定符号）」を合わせた字。「諸」は「多くのものが一所に集まる」というイメージがある（⇩諸）。「儲」はまさかの時に備えて、人や物を集めて取って置く様子を暗示させる。

【語義】［展開］たくわえる意味ⓐから、主たる者の備えとして取って置く人、特に天子や王の後継ぎの意味ⓑを派生する。日本ではまさかの利益を手に入れること、「もうける」「もうけ」の意味ⓒに用いる。［英］store; heir; profit　【熟語】ⓐ儲蔵・儲蓄・ⓑ儲君・皇儲

【文献】ⓐ韓非子・十過「府無儲銭＝府に儲銭無し（蔵に銭の貯えがない）」

ちょう

【丁】2（一・1）　常　｜常用音訓　チョウ・テイ

【語音】(1)*teŋ（上古）　teŋ（中古→呉チャウ〈＝チョウ〉・漢テイ）　dīng（中）　정（韓）　(2)*tĕŋ（上古）　ṭɛŋ（中古→呉チャウ〈＝チョウ〉・漢タウ〈＝トウ〉）　zhēng（中）　정（韓）

【語源】［コアイメージ］┳形をなす・┳形に突き当たる。［実現される意味］十干の第四位ⓐ。［英］the fourth heavenly stem

【解説】循環的序数詞の一種である十干に用いたのが最古の用例。十干は植物の生長段階を象徴として記号が作られたようである。甲・乙・丙と進んで、その次を*teŋと呼び、丁と表記された。これは「┳形や┻形を呈する」「┳形や┻形に突き当たる」というコアイメージをもつ語で、

図形化は釘(くぎ)から発想された。植物の芽が分かれ出ることを象徴として、十干の第三位は丙と呼ばれ、次の順位は植物の茎が┻形に伸び出ることを象徴として丁とした。

〔グループ〕丁・打・灯・町・頂・訂・亭・停・成・汀・釘・叮(テイ)(虫が口先を↓形に当てる、刺す)・疔(チョウ)(根が釘のように深いできもの)・虰(テイ)(しっぽが┳形にまっすぐ伸びた虫、トンボの類、ヤンマ、蜻虰・蜻蜓)・酊(テイ)(酒に酔い過ぎ、立っているのが危ない様子、酩酊)

字源 くぎ(釘)を描いた図形。甲骨文字と金文はくぎの頭を強調し、篆文は立っている姿に焦点を当てる。いずれにしても「┳形をなす」「┳形に突き当たる」というイメージを表すことができる。丁を釘の意味で用いたのは六朝時代であるが、丁を釘の原字としたのは清朝の文字学者(王筠ら)である。

(甲)　(金)　(篆)

語義 [展開] 十干の第四位(ひのと)の意味ⓐ、また、順位の4番目の意味ⓑ。また、「┳形に突き当たる」というイメージから、時期や物事にちょうどぶつかる(当たる)意味ⓒ、元気盛り、働き盛りのちょうどよい時・年頃の意味ⓓ、働く人(男)の意味ⓔに展開する(以上は1の場合)。また、物と物を打ち当てる音、または、刃物を当てる音を形容する語ⓕを派生する(2の場合)。書物のページ、番地、豆腐などを数えるのに用いるは日本的用法ⓖ。[英]the fourth heavenly stem; fourth; encounter; vigorous; man; sound of beating; counter suffix [和訓] ひのと・あたる

[熟語] ⓐ丁卯(テイボウ)・ⓒ丁憂・ⓓ丁年・壮丁・ⓔ園丁・馬丁・ⓕ丁丁(チョウチョウ)発止・ⓖ落丁・乱丁

文献 ⓐ春秋・桓公1「夏四月丁未、公及鄭伯盟于越＝夏四月丁未(テイビ)、公及び鄭伯、越に盟ふ(四月ひのとひつじの日、公と鄭伯は越で会盟した)」ⓑ詩経・雲漢「寧丁我躬＝寧(なん)ぞ我が躬(み)に丁(あ)たるや([災難が]どうして我が身にふりかかるのか)」ⓔ詩経・伐木「伐木丁丁＝木を伐ること丁丁(トウトウ)たり(木を切る音がトーントーン)」

【弔】 4(弓・1)　常　(常用音訓) チョウ　とむらう

語音 *tög(上古)　teu(中古→(呉)・(漢)テウ〈＝チョウ〉)　diào(中)　조(韓)

語源 [コアイメージ] 上から下に垂れ下がる。[実現される意味] 悲しんで気分が重く沈むⓐ。[英]grieve

〔解説〕日本語の「とむらう(とむらふ)」はトブラフ(訪)の転で、「事こまかに問いつめてきく意」で、ここから弔問する意味に転じたという(大野①)。見舞いに行くという行為に視点を置いたのが日本語の「とむらう」であるが、漢語の弔は心理面に視点が置かれる。*tögという語は鳥や釣と同源で、「細長く垂れ下がる」という基本義をもつ(藤堂①②)。悲しむと気分が重く垂れ下がるという印象がある。だから悲しむことを*tögという。弔問の弔はこれからの転義である。

字源 甲骨文字と金文は杖や棒の形に「弓」を合わせたもの。篆文では「人＋弓」、隷書では「丨＋弓」となった。「弓」は弓矢の弓ではなく、巻きつける符号。杖や棒に紐を下から上に段々と巻きつける姿を描いた図形が「弔」である。「下から上に段々と上がる」というイメージは、視点を変えると、「上から下に垂れ下がる」というイメージに転じうる。弔は弟と造形の意匠が似ており、語源的にも近い。

(甲)　(金) 　(篆)

語義 [展開] 悲しんで気分が垂れ下がる(いたむ)意味ⓐから、あわれみを垂れる(慈悲深い)の意味ⓑ、死者をいたむ(とむらう)意味ⓒに展開する。また、近世中国では「垂れ下がる」の意味ⓓでも使われ、弔問の弔と区別して吊とも書かれる。日本では吊に「つるす」「つる」の訓が生じた。[英]grieve; pity; mourn, condole; hang [和訓] いたむ [熟

語】ⓒ弔問・慶弔

【文献】ⓐ詩経・匪風「中心弔兮＝中心弔む(心の底から痛む)」ⓑ詩経・天保「神之弔矣、詒爾多福＝神の弔なる、爾に多福を詒れり(神は哀れみ深く、お前に多福を下された)」ⓒ論語・郷党「羔裘玄冠不以弔＝羔裘玄冠して以て弔はず(黒の皮衣と冠をつけて弔問してはいけない)」

【庁】5(广・2) 常 |常用音訓| チョウ

〔廳〕25(广・22) 人 | 音チョウ

【語音】*t'eŋ(上古) t'eŋ(中古→呉チャウ〈＝チョウ〉・漢テイ) tīng(中) 청(韓)

【語源】[コアイメージ] 聴き取る。[実現される意味] 役所ⓐ。[英]office

【字源】「廳」が正字。「聽(音・イメージ記号)＋广(限定符号)」を合わせた字。「聴」はまっすぐ耳を傾ける意味。古くは、お上(官)が民の訴えごとを聴くこと、また、訴えごとや意見を聴き取る場所(役所)を聴事といい、略して聴ともいった。後に建物を示す限定符号を添えて「廳」となった。

〔字体〕「庁」は近世中国で発生した「廳」の俗字。現代中国の簡体字は「厅」。

【語義】役所の意味ⓐ。[熟語]ⓐ官庁・登庁

【文献】ⓐ風俗通義9「郴還廳事＝郴、庁事に還る(郴[人名]は役所に帰った)」

【兆】6(儿・4) 常 |常用音訓| チョウ きざす・きざし

【語音】*dɪɔg(上古) dɪɛu(中古→呉デウ〈＝ジョウ〉・漢テウ〈＝チョウ〉) zhào(中) 조(韓)

【語源】[コアイメージ] 左右に割れる・分ける・離れる。[実現される意味] うらないⓐ。[英]fortune-telling, divination

【解説】日本語の「きざす」はキ(牙)＋サス(差す)で、「先の尖った歯が生え始めること。転じて、物事の始まりがほんの少し姿を現す」意味という(大野②)。漢語の兆は占いの前触れが現れることである。占いとは神意によって吉か凶かに分ける行為であるので、*dɪɔgという語は「左右に割れる」「両側に分ける」「分かれて離れる」というコアイメージをもつ。この語の深層構造を初めて明らかにしたのは藤堂明保である(藤堂①)。

〔グループ〕兆・挑・眺・跳・桃・逃・佻(飛び跳ねるように軽々しい[軽佻])・姚(身軽なさま)・垗(人里から離れた墓地[垗域])・晁(闇が明け離れた時刻、朝)・窕(入り口から奥まで離れて深い、奥深い[窈窕])・誂(挑む。〈日〉あつらえる)・珧(殻が扇のように開いた貝、タイラギ[玉珧])・銚(土をかき分ける大きな鋤。〈日〉とっくり[銚子])・鞉(＝鼗。左右に振り払って鳴らす鼓、振り鼓)

【字源】古文は、亀の甲羅を焼いて占いをする際、甲羅の表面に現れたひび割れの姿を描いた図形(楷書はこの系統)。この意匠によって、「両側に分ける」というイメージを表すことができる。篆文は「兆(音・イメージ記号)＋卜(限定符号)」を合わせた字。占いを立てて吉凶に分ける様子を暗示させる。

(古)　(篆)

【語義】[展開] 占いが原義ⓐ。占いの前提となる現象、すなわち、前触れのしるしが現れる(きざす)意味ⓑ、物事の始まり、前触れ(きざし)の意味ⓒに展開する。また、「分かれて離れる」というコアイメージから、現実性のある数から大きく離れている数という意味合いをこめて、億よりもさらに大きな数(億の一万倍)の意味ⓓを派生する。[英]fortune-telling, divination; augur, portend; omen, symptom; trillion　［熟語］ⓐ兆占・卜兆・ⓒ吉兆・前兆・ⓓ兆民・億兆

［文献］ⓐ韓非子・飾邪「兆曰大吉＝兆に曰く、大吉なりと（大吉と占いが出た）」ⓑ老子・二十章「我獨泊兮其未兆＝我独り泊として其れ未だ兆さず（私ひとりだけひっそりと何のきざしも示さない）」

【町】7(田・2)　常　｜常用音訓　チョウ　まち

［語音］*t'eŋ(上古)　t'eŋ(中古→呉チャウ〈＝チョウ〉・漢テイ)　tǐng(中)　정(韓)

［語源］［コアイメージ］┳形をなす。［実現される意味］田のあぜⓐ。［英］ridge

〔解説〕漢語の町は田のあぜの意味で、市街（まち）の意味はない。日本語の「まち」は「土地の区画・区切り・仕切りの意」で、田の区画→市街地を道路で区切った、その一区画の意味に展開するという（大野①）。

［字源］「丁（チョウ）（音・イメージ記号）＋田（限定符号）」を合わせた字。「丁」は「┳形をなす」というイメージがある（⇩丁）。「町」は田と田を区切る┳形のあぜ道を暗示させる。

［語義］［展開］田を区切るあぜの意味ⓐから、物事の区切り、けじめという意味ⓑを派生する。また、日本では丁字形のイメージを取って、┳形や┏形に区切られた「まち」という意味ⓒ、また、行政区分（地方自治体）の一つⓓに用いる。［英］ridge; distinction; town(ⓒⓓ)　［熟語］ⓑ町畦（テイケイ）・ⓒ町内・町人・ⓓ町長・町立

［文献］ⓐ詩経・東山「町畽鹿場＝町畽（テイタン）は鹿場（田のあぜ道はシカの遊び場）」ⓑ荘子・人間世「彼且爲無町畦、亦與之爲無町畦＝彼且つ町畦（テイケイ）無きを為さば、亦た之と町畦無きを為せ（彼がけじめないことをすれば、こちらも一緒になってけじめなくやれ）」

【帖】8(巾・5)　人　｜音チョウ・ジョウ

［語音］*t'ep(上古)　t'ep(中古→呉・漢テフ〈＝チョウ〉・慣デフ〈＝ジョウ〉)　tiē・tiè(中)　첩(韓)

［語源］［コアイメージ］㋐くっつく・㋑薄い。［実現される意味］文字を書く薄い札（書き付け・帳面）ⓐ。［英］card, note

［字源］「占（セン）（音・イメージ記号）＋巾（限定符号）」を合わせた字。「占」は「くっつく」というイメージがあり（⇩占）、「薄い」というイメージにも転化する。「くっつく」⇅「平ら・薄い」は可逆的なイメージ転化現象である（薄などは同例）。「帖」は帛（絹織物）につける書き付けの薄い札を暗示させる。

［語義］［展開］文字を書く薄い札の意味ⓐから、習字の手本や石ずりの意味ⓑを派生する。また、「くっつく」というコアイメージから、はりつける意味ⓒ、落ち着く意味ⓓを派生する。［英］card, note; copybook for calligrakhy; paste; well-settled　［熟語］ⓐ画帖・秘帖・ⓑ法帖（ホウジョウ）・墨帖（ボクジョウ）・ⓓ妥帖

［文献］ⓐ古楽府・木蘭詩「昨夜見軍帖＝昨夜、軍帖を見る（昨晩、軍の文書を見た）」（楽府詩集25）

【長】8(長・0)　常　｜常用音訓　チョウ　ながい

［語音］(1)*diaŋ(上古)　diaŋ(中古→呉ヂャウ〈＝ジョウ〉・漢チャウ〈＝チョウ〉)　cháng(中)　장(韓)　(2)*tiaŋ(上古)　tiaŋ(中古→呉・漢チャウ〈＝チョウ〉)　zhǎng(中)　장(韓)

［語源］［コアイメージ］ながく伸びる。［実現される意味］空間的にながいⓐ。［英］long

〔解説〕長は二つの語を代替する。一つは、空間的にながい意味をもつ語。もう一つは長老、おさという意味の語。これらに共通するのが「長

く伸びる」というコアイメージである。「空間的に長い」は「時間的に長い」のイメージに転化し、時間を久しく経た老人(長老)の意味に展開する。藤堂明保は長を丈・腸・常などと同源としている(藤堂①)。日本語の「ながい(ながし)」はナガル(流)・ナグ(投)と同根で、ナガは「線条的に伸びて行くさま」の意で、ナガシは「空間的に、時間的に、線条的に伸びている状態が原義」という(大野①②)。漢語の長のⓐⓑと同じ。英語のlongも空間と時間を含む。

〔グループ〕長・帳・張・脹・漲(チョウ)(水面が張る→みなぎる[暴漲])・悵(チョウ)(思いが長く後に残る、うらむ[悵恨])・萇(チョウ)(つるを長く伸ばして他物に絡む植物、シナサルナシ[萇楚])

字源 髪の毛をながく伸ばした老人の姿を描いた図形。この意匠によって、「ながく伸びる」というイメージを表すことができる。

(甲) (金) (篆)

語義 [展開] 空間的にながい意味ⓐから、時がながくたっている意味ⓑ、優れている意味ⓒに展開する(以上は1の場合)。また、長老の意味ⓓ、おさ・かしらの意味ⓔ、年をとっている(年上である)意味ⓕに展開する。また、「ながく伸びる」というコアイメージから、大きくなる、大きく育つ意味ⓖ、増える意味ⓗを派生する(以上は2の場合)。[英]long(ⓐⓑ); lasting; good; senior, superior; chief, head, boss; elder; grow; increase [和訓] おさ・たける [熟語] ⓐ長身・長途・ⓑ長期・長寿・ⓒ長所・特長・ⓓ長者・長老・ⓔ長官・学長・ⓕ長男・年長・ⓖ伸長・成長・ⓗ消長・増長

文献 ⓐ詩経・蒹葭「道阻且長=道は阻にして且つ長し(道は険しく長々と)」ⓓ詩経・皇矣「克長克君=克く長たり克く君たり(十分に長者・君主の資格がある)」ⓖ詩経・蓼莪「長我育我=我を長じ我を育す(〔父母は〕私を養い育ててくれた)」

【挑】

9(手・6) 常 常用音訓 チョウ いどむ

語音 *t'ɔ̆g(上古) t'eu(中古→呉・漢テウ〈=チョウ〉) tiǎo(中) 도(韓)

語源 [コアイメージ] 左右に引き離す。[実現される意味] 相手を反発させるように仕向けるⓐ。[英]instigate, incite, challenge

〔解説〕AとBの間で、AがBにちょっかいを出したり誘ったりして、Bがそれに反発したり誘いにのったりするように仕向けることを古代漢語で*t'ɔ̆g(挑)という。この行為は「二つのものを無理に引き離す」というコアイメージから生まれた。和訓の「いどむ」は「自分と同程度の力があると判断した相手に対して戦意をあらわにし、それに勝とうとする姿勢を示す」意という(大野②)。英語のchallengeはラテン語のcalumnia(不当な非難、難癖)に由来し、異議を申し立てる→挑戦する意となったという(下宮①など)。漢語の挑と少しニュアンスが違う。

字源 「兆(チョウ)(音・イメージ記号)+手(限定符号)」を合わせた字。「兆」は「左右に割れる」というイメージがあり、「二つのものを引き離す」というイメージに展開する(⇨兆)。「挑」は分かれていないものを無理に引き離す様子を暗示させる。この意匠によって、相手を反発させるように仕向けることを表象する。

語義 [展開] 相手を反発させるように仕向ける意味ⓐから、異性に対して挑発して誘う(誘いを仕掛ける)意味ⓑに展開する。[英]instigate, incite, challenge; tempt [熟語] ⓐ挑戦・挑発

文献 ⓐ孫子・地形「勢均、難以挑戰=勢ひ均しければ、以て戦を挑み難し(〔味方と敵の〕兵力が等しい場合は、敵に戦いを挑むのは難しい)」ⓑ史記・司馬相如列伝「以琴心挑之=琴心を以て之に挑む(〔相如は〕心を琴にこめて彼女を誘った)」

【帳】

11(巾・8) 常 常用音訓 チョウ

語音 *tiaŋ(上古) tɪaŋ(中古→呉・漢チャウ〈=チョウ〉) zhàng(中) 장(韓)

語源 [コアイメージ] 長く伸びる。[実現される意味] ベッド・車・陣営などに張られる垂れ幕(カーテン、テント)ⓐ。[英]curtain

字源 「長(チョウ)(音・イメージ記号)+巾(限定符号)」を合わせた字。「長」は「長く伸びる」というイメージがある(⇩長)。「帳」は長く伸びて垂れ下がる布を暗示させる。

語義 [展開] 垂れ幕(とばり)の意味ⓐ。昔、テント住まいをした民が戸数を一帳、二帳と勘定したところから、金銭や商品を記入する冊子の意味ⓑが生じた。[英]curtain; account book [和訓] とばり [熟語] ⓐ開帳・几帳・ⓑ帳簿・帳面

文献 ⓐ史記・田叔列伝「出游共帳=出游するに帳を共にす(外出する際は[二人は]同じカーテンの中で一緒に暮らした)」

【張】11(弓・8) 常 ― 常用音訓 チョウ はる

語音 *tiaŋ(上古) tɪaŋ(中古→呉・漢チャウ〈=チョウ〉) zhāng(中) 장(韓)

語源 [コアイメージ] 長く伸びる。[実現される意味] 弓の弦をぴんとはり渡すⓐ。[英]give tension to a bow

〈解説〉「長く伸ばす」というイメージから、極限まで伸ばして、たるまないようにぴんとはるという意味が生まれる。これが張である。日本語の「はる」は「糸・綱・布・網などで作られたものを、ぴんとたるみなく引きわたし拡げるのが原義」という(大野①)。脹る・腫る・貼るも同根。日本語の「はる」は漢語の張とほぼ同じ。*tiaŋという語の図形化は弓の場面から発想された。

字源 「長(チョウ)(音・イメージ記号)+弓(限定符号)」を合わせた字。「長」は「長く伸びる」というイメージがある(⇩長)。「張」は弓の弦を長く伸ばしてはり渡す様子を暗示させる。

語義 [展開] 弓の弦をはる意味ⓐから、たるみなくぴんとはって固くなる意味ⓑ、左右または上下に大きく開く意味ⓒ、大きく伸び広がる意味ⓓ、意見を展開する意味ⓔに展開する。[英]give tension to a bow; stretch, tense; spread, open; expand, extend; magnify [熟語] ⓑ緊張・ⓒ張目・ⓓ拡張・膨張・ⓔ誇張・主張

文献 ⓐ詩経・吉日「既張我弓=既に我が弓を張る(やがて弓をぴんと張った)」ⓒ晏子春秋・雑下「張袂成陰、揮汗成雨=袂を張れば陰を成し、汗を揮へば雨を成す(たもとを広げれば陰ができ、汗を払うと雨になる)」

【彫】11(彡・8) 常 ― 常用音訓 チョウ ほる

語音 *tög(上古) teu(中古→呉・漢テウ〈=チョウ〉) diāo(中) 조(韓)

語源 [コアイメージ] 満遍なく行き渡る・びっしりと密着する。[実現される意味] 絵模様や文字をほりこむⓐ。[英]carve, engrave

〈解説〉日本語の「ほる」は「地面・木材・金属などに鍬・のみなどをあてて、その物の一部分を取りのぞいたり、くぼみを作ったり、あるいはその物の中に埋まっているものを取り出す意」という(大野①)。これは「掘る」と同じ。素材を加工して文字や絵模様をつける行為はもとは「ゑる」といったが、後に「ほる」といい、漢字の彫を用いて「彫る」と書くようになった。

字源 「周(シュウ)(音・イメージ記号)+彡(限定符号)」を合わせた字。「周」は「欠け目がない」「すみずみまで満遍なく行き渡る」というイメージがあり、「びっしりと密着する」というイメージに展開する(⇩周)。「彫」は刻んだり描いたりして、びっしりと模様をつける様子を暗示させる。稠密の稠(びっしり詰まる)は同源。

語義 [展開] 絵模様や文字をほりこむ意味ⓐから、色彩や飾りを施す(美しく飾りつける)意味ⓑに展開する。また、ほりこむように傷をつける

→いたみ衰えるという意味ⓒを派生する。ⓒは凋と通用。[英]carve, engrave; decorate with color; injure, wither, fade 【和訓】える 【熟語】ⓐ彫刻・彫像・ⓑ彫心鏤骨・彫文

【文献】ⓐ春秋左氏伝・宣公2「厚斂以彫牆＝厚く斂めて以て牆に彫る（税金を取り立てて、城壁に彫刻させた）」ⓒ論語・子罕「歳寒、然後知松柏之後彫也＝歳寒くして、然る後に松柏の彫（しぼ）むに後るるを知る（寒い年になって、初めてマツやコノテガシワが他の木より遅く衰えるのがわかる）」

【眺】11（目・6） 常 ｜ 常用音訓 チョウ ながめる

【語音】*t'ög（上古） t'eu（中古→呉・漢テウ〈＝チョウ〉） tiào（中） 조（韓）

【語源】【コアイメージ】左右に分ける。【実現される意味】遠くを見渡すⓐ。[英]look into the distance from a high place, gaze afar, overlook, view

【解説】日本語の「ながめる（ながむ）」はナガ（長）メ（目）に由来し、「じっと長い間見ている」意味、また、遠くを見渡す意味に転義するという（大野①）。漢語の眺は古典に「遠視なり」「望なり」などとあるように、遠くを見ることである。視線をまっすぐ向けて見ることを視というが、遠くを見渡す場合は視線が右に左に分かれるので眺という。英語では眺にぴったり当たる語はなさそうであるが、overlookやviewがやや近い。前者は「建物、町や丘などについて、高い所から下方を見下ろす、見渡す」、後者はラテン語のvidere（見る）が語源で、「見ること、眺めること」「一方面からの眺め、景色」の意という（小島①）。

【字源】「兆（チョウ）（音・イメージ記号）＋目（限定符号）」を合わせた字。「兆」は「左右に割れる」「両側に分かれる」というイメージがある（⇨兆）。「眺」は視野を左右に分けて見渡す様子を暗示させる。この意匠によって、遠くを見ることを表象する。

【語義】遠くを見渡す意味ⓐ。【熟語】ⓐ眺望・登眺

【文献】ⓐ礼記・月令「是月也…可以遠眺望＝是の月や…以て遠く眺望すべし（この月には［高い所に登って］遠くを眺めるのがよい）」

【釣】11（金・3） 常 ｜ 常用音訓 チョウ つる

【語音】*tög（上古） teu（中古→呉・漢テウ〈＝チョウ〉） diào（中） 조（韓）

【語源】【コアイメージ】㋐垂れ下がる・㋑高く上げる。【実現される意味】魚をつるⓐ。[英]fish, angle

【解説】魚をつる行為は、釣り竿で釣り上げることに視点を置くと、「上に上げる」というイメージであるが、釣り糸の状態に視点を置くと、「垂れ下がる」というイメージである。*tögという語は弔・吊と同源で「垂れ下がる」というコアイメージをもつ。しかしこの語の図形化（視覚記号化）は「上に高く上げる」というイメージをもつ勺が利用された。日本語の「つる」は「ツル（蔓）を垂れて魚を取り、また物を引っぱりあげる意」という（大野①）。魚を釣るの「つる」と、物を吊すの「つる」は全く同語である。

【字源】「勺（シャク）（音・イメージ記号）＋金（限定符号）」を合わせた字。「勺」は「高く上げる」というイメージがある（⇨勺）。「釣」は金属製のつりばりで魚をつり上げる様子を暗示させる。

【語義】【展開】魚を釣る意味ⓐから、餌で魚をおびき寄せるように利益で誘導するという意味ⓑにも展開する。日本ではつり銭ⓒに釣を用いる。余分に支払った場合、釣り合いを回復するために返す銭の意味である。[英]fish, angle; lure; change 【熟語】ⓐ釣果・釣魚

【文献】ⓐ詩経・竹竿「籊籊竹竿、以釣于淇＝籊籊（テキテキ）たる竹竿、以て淇（キ）に釣る（高々と竹竿を上げ、淇の川で魚を釣る）」

【頂】11（頁・2） 常 ｜ 常用音訓 チョウ いただく・いただき

【語音】*teŋ（上古） teŋ（中古→呉チャウ〈＝チョウ〉・漢テイ） dīng（中） 정

(韓)

語源 [コアイメージ] ┳形をなす。[実現される意味] 頭のてっぺんⓐ。[英]top of the head

〔解説〕日本語の「いただく」はイタ(極限・頂点の意)+ダク(腕を使って仕事をする意)で、「頭のてっぺんを両手であれこれする意」という(大野①)。動詞の「いただく」(頭にのせる)から名詞の「いただき」(頭のてっぺん)が派生する。漢語の頂はこれとは逆である。頂は丁にコアイメージの源泉がある。王力は頂・巓・天などを同源としている(王力②)。┳形をなす頭のてっぺんが頂である。

字源 「丁(チョウ)(音・イメージ記号)+頁(限定符号)」を合わせた字。「丁」は「┳形をなす」というイメージがある(⇩丁)。「頁」は額や顔に対して┳の形を呈する頭のてっぺんを表す。

語義 [展開] 頭のてっぺんの意味ⓐから、物のいちばん高い所(いただき)の意味ⓑ、頭上に載せる(いただく)意味ⓒに展開する。「もらう」の意味は日本的用法。[英]top of the head; top, peak, summit; carry on the head; receive [熟語] ⓐ頂門・頭頂・ⓑ絶頂・登頂・ⓒ頂戴

文献 ⓐ荘子・人間世「肩高於頂＝肩は頂よりも高し([その人の]肩は頭のてっぺんよりも高い)」

【鳥】 11(鳥・0)　常　常用音訓 チョウ　とり

語音 *tög(上古)　teu(中古→呉・漢テウ〈＝チョウ〉)　niǎo(中)　조(韓)

語源 [コアイメージ] 垂れ下がる。[実現される意味] とりⓐ。[英]bird

〔解説〕説文解字に「長尾禽の総名なり」とある。とりを二つのカテゴリーに分け、尾の長いとりを鳥、短いものを隹(スイ)としている。*tögという語は「(尾が)長く垂れ下がる」というイメージがあり、「垂れ下がる(ぶら下がる)」というコアイメージをもつ釣・弔(＝吊)などはこれと同源である。

〔グループ〕鳥・島・蔦

字源 尾の長いとりを描いた図形。

(甲)　(金)　(篆)

語義 とりの総称ⓐ。[熟語] ⓐ鳥獣・野鳥

文献 ⓐ詩経・伐木「鳥鳴嚶嚶＝鳥鳴くこと嚶嚶(オウオウ)たり(鳥が鳴く声オーンオーン)」

【喋】 12(虫・9)　人　音 チョウ

語音 *dăp(上古)　dep(中古→呉デフ〈＝ジョウ〉・漢テフ〈＝チョウ〉)　dié(中)　첩(韓)

語源 [コアイメージ] 薄い。[実現される意味] ぺちゃくちゃしゃべるⓐ。[英]chatter

字源 「枼(ヨウ)(音・イメージ記号)+口(限定符号)」を合わせた字。「枼」は「薄っぺら」というイメージがある(⇩葉)。「喋」は薄っぺらな舌を振ってぺちゃくちゃとしゃべる様子を暗示させる。

語義 ぺちゃくちゃしゃべる意味ⓐ。[熟語] ⓐ喋喋・喋喋喃喃

文献 ⓐ史記・匈奴列伝「喋喋而佔佔＝喋喋にして佔佔(チョウチョウ)(ぺらぺらとしゃべりまくる)」

【塚】 12(土・9)　常　常用音訓 つか

語音 *tɪuŋ(上古)　tɪoŋ(中古→呉チュウ・漢チョウ)　zhǒng(中)　총(韓)

語源 [コアイメージ] ずっしりと重い。[実現される意味] つか・墓ⓐ。[英]grave, tomb

〔解説〕釈名・釈喪制に「冢は腫なり。山頂の高く腫起するに象るなり」とあり、腫(重くずっしりした腫れ物)と同源。(形に土を盛り上げた墓を

塚という。日本語の「つか」はツカサ(高処)・ツク(築)と同根で、「土を盛り上げた所」の意という(大野①)。漢語の塚と全く同じ。

字源 「塚」が正字。「冢チョウ(音・イメージ記号)＋土(限定符号)」を合わせた字。「豖」は「豕(ブタ)」に「丶」の符号をつけて、ブタの足を縛って固定する場面を設定した図形。足を重く引きずって歩行しにくい様子を豖豖チョクチョクという。「豖」は「一所にじっと止まる」「一点に重みをかける」というイメージがあり、「ずっしりと重い」というイメージにも展開する。「勹」(勹は変形)は周囲を丸く取り巻く形。「豖チョク(音・イメージ記号)＋勹(イメージ補助記号)」を合わせた「冢」は、土を丸くずっしりと盛り上げる様子を暗示させる。この意匠によって、大きく盛り上がった土盛り(山頂や墓)を表象する。のち「大きい」の意味に転用されたため、改めて「塚」が作られた。

(金)　(篆)　[冢]

〔字体〕「塚」は旧字体。「塚」は書道に由来する常用漢字の字体。

語義 [展開] つか・墓の意味ⓐ。また、何かの目的で土を盛った所の意味ⓑを派生する。[英]grave, tomb; mound [熟語] ⓐ塚墓・寿塚・ⓑ蟻塚ギチョウ

文献 ⓐ潜夫論・浮侈「仲尼喪母、塚高四尺＝仲尼母を喪ひ、塚は高きこと四尺(仲尼[孔子]は母を失い、その墓は四尺の高さだった)」

【朝】 12(月・8) 常 ―― 常用音訓 チョウ あさ

語音 (1)*tıŏg(上古) tıɛu(中古→呉・漢テウ〈＝チョウ〉) zhāo(中) 조(韓) (2)*dıŏg(上古) dıɛu(中古→呉デウ〈＝ジョウ〉・漢テウ〈＝チョウ〉) cháo(中) 조(韓)

語源 [コアイメージ] 中心に向かう。[実現される意味] あさⓐ。[英]morning

〔解説〕時刻の「あさ」と朝廷の朝は何の関係もなさそうに見えるが、コアイメージが両者を結びつける。日本語の「あさ」は「昼を中心にした時間の区分の、アサ→ヒル→ユフの最初の部分の名」という(大野①)。漢語の時間観念では「夜―昼―夜」のように、夜を両側に挟んだ中心の時間帯を昼という。そして、朝とは昼へ移行していく時間の最初の段階の名である。つまり、夜が終わって中心の時間帯である昼へ向かう途中の時間が朝であり、「中心へ向かう」というのがコアイメージである。コアイメージを捉えれば朝廷への転義も容易に理解できる。諸侯や臣民が向かう中心の位置にあるのが朝廷なのである。

〔グループ〕朝・潮・嘲

字源 甲骨文字では「𠦝＋月(つき)」から成る。「𠦝」は「中(くさ)＋日＋中(くさ)」を合わせて、草の間から日が出ようとする形。「𠦝(イメージ記号)＋月(イメージ補助記号)」を合わせて、日が出ようとする頃、まだ月が掛かっている情景を設定した図形。金文は「𠦝(イメージ記号)＋巛(＝川。水の流れを示すイメージ補助記号)」を合わせて、日の出の頃に潮が満ちてくる情景を設定した図形。これは潮の原字である。篆文では「倝(イメージ記号)＋舟(イメージ補助記号)」に変わった。「倝」は太陽が空高く上がる情景を設定した図形(⇩乾)。「舟」は「進む」というイメージを添える記号(⇩前)。太陽が中天に向かって進んでいく様子を暗示させる。隷書では金文の一部と篆文の一部を取り、「𠦝＋月(＝舟)」を合わせた「朝」となった。これらの図形的意匠によって、「あさ」の時間を表象する。一方、「朝」は、潮が満ちて海岸に押し寄せること(金文の意匠)、または、太陽が中天に向かって進むこと(篆文の意匠)から、「(周辺から中心の方向へ)向かう」というイメージが生じる。このイメージから、周辺や地方から群臣や諸侯が中央へ向かって集まること、また、彼らの集まってくる政治の中心という意味が生まれる。藤堂明保は舟を単なる音符とし、朝を抽(抜き出す)や冑チュウ(頭が抜け出るよろい)と同源で、「東方

から太陽の抜け出るさま」と解する（藤堂②）。

（甲）　（金）　（篆）

語義［展開］あさの意味ⓐ（1の場合）。また、「中心に向かう」というコアイメージから、朝廷・宮中・役所に向かって行く（参内する）意味ⓑ、天子が政治を執る所、政治の中心の意味ⓒ、天子が統治する期間（王朝）の意味ⓓに展開する。また、コアイメージがそのまま実現されて、中心に向かう、ある方向に向かう意味ⓔ（以上は2の場合）。［英］morning; go to the court; court; dynasty; face, toward　［和訓］あした　［熟語］ⓐ早朝・明朝・ⓑ朝見・朝貢・ⓒ朝廷・入朝・ⓓ王朝・歴朝・ⓔ朝宗

文献　ⓐ詩経・鶏鳴「鶏既鳴矣、朝既盈矣＝鶏既に鳴けり、朝既に盈(み)てり（鶏が鳴いたよ、朝がいっぱい）」ⓑ詩経・羔裘「羔裘以朝＝羔裘以て朝(チョウ)す（キツネの皮衣を着て参内する）」ⓒ論語・公冶長「束帯立於朝＝束帯して朝に立つ（正装して朝廷に立つ）」ⓔ詩経・沔水「沔彼流水、朝宗于海＝沔(べん)たる彼の流水、海に朝宗す（溢れ流れる川の水、海に向かい注ぎこむ）」

【脹】12（肉・8）　人　｜　音チョウ　訓はれる・ふくれる・ふくよか

語音　*tıaŋ（上古）　ţıaŋ（中古→呉・漢チャウ〈＝チョウ〉）　zhàng（中）　창（韓）

語源［コアイメージ］長く伸びる。［実現される意味］腹が異常にはるⓐ。［英］bloat

字源「長(チョウ)（音・イメージ記号）＋肉（限定符号）」を合わせた字。「長」は「長く伸びる」というイメージがある（⇩長）。「脹」は腹部の皮がたるみなくぴんと張る様子を暗示させる。

語義［展開］腹がはる（ふくれる）意味ⓐから、物の容積がいっぱいにはってふくれる意味ⓑを派生する。［英］bloat; swell, bulge　［熟語］ⓐ脹満・腫脹・ⓑ膨脹

【貼】12（貝・5）　常　｜　常用音訓　チョウ　はる

語音　t'ep（中古→呉・漢テフ〈＝チョウ〉）　tiē（中）　첩（韓）

語源［コアイメージ］㋐くっつく・㋑薄い。［実現される意味］質のかたⓐ。［英］pledge; stick, paste

字源「占(セン)（音・イメージ記号）＋貝（限定符号）」を合わせた字。「占」は「くっつく」「薄い」というイメージがある（⇩占・帖）。「貼」は商品にはりつける薄い値札を暗示させる。

語義［展開］六朝時代に質のかた（抵当）の意味ⓐで使われているのが最初。後に、平面に薄くはりつける意味ⓑになった。［英］pledge; stick, paste　［熟語］ⓑ貼付

文献　ⓑ疑獄集5「乃作匿名書、多貼官門＝乃ち匿名の書を作り、多く官門に貼る（匿名の書きつけをたくさん作って役所の門に貼った）」

【超】12（走・5）　常　｜　常用音訓　チョウ　こえる・こす

語音　*t'ıɔg（上古）　ţ'ıɛu（中古→呉・漢テウ〈＝チョウ〉）　chāo（中）　초（韓）

語源［コアイメージ］（形に曲がる。［実現される意味］物の上を飛び越えるⓐ。［英］leap over

〔解説〕下記の孟子の注釈に「超は躍りて之を過(よ)ぎるなり」（朱子・四書集注）とあるように、ある物の上に躍り上がってそこを通過することを超という。日本語の「こえる（こゆ）」はコユ（蹴るの古形で、足の先をあげる意）と同根で、「目的物との間にある障害物をまたいで一気に通り過ぎる意」という（大野①）。漢語の超や越とほぼ同じ。ただし漢語の超と越はコアイメージが異なる。

字源「召(ショウ)（音・イメージ記号）＋走（限定符号）」を合わせた字。「召」は「（形に曲がる」というイメージがある（⇩召）。「超」は物の上を（形に

曲線を描いて躍り上がる様子を暗示させる。
語義 [展開] 物の上を飛び越える意味ⓐから、範囲や限度を越える意味ⓑに展開する。また、程度が甚だしい意を添える接頭語ⓒに用いる。[英]leap over; exceed, surpass; super-, ultra-, extra- [熟語] ⓐ超越・ⓑ超過・超克・ⓒ超弩級
文献 ⓐ孟子・梁恵王上「非挾太山以超北海之類也＝太山を挾(わきばさ)みて以て北海を超ゆるの類に非ざるなり(泰山を小脇に抱えて北海を超えるようなたぐい[不可能な話]ではございません)」

【牒】 13(片・9) 人 ｜ 音チョウ 訓ふだ

語音 *dep(上古) dep(中古→呉デフ〈＝ジョウ〉・漢テフ〈＝チョウ〉) dié(中) 첩(韓)
語源 [コアイメージ] 薄い。[実現される意味] 文字を書く薄い木の札ⓐ。[英]thin pieces of wood, tablet
〔解説〕段玉裁は「厚き者を牘(トク)と為し、薄き者を牒と為す。牒の言は枼(ヨウ)なり、葉なり」と明快に述べる(説文解字注)。枼のグループに「薄い」というイメージを発見したのは清朝の言語学者の功績である。
字源 「枼(ヨウ)(音・イメージ記号)＋片(限定符号)」を合わせた字。「枼」は「薄い」というイメージがある(⇨葉)。「牒」は文字を書くために薄く削った木片を表す。
語義 [展開] 文字を書く木の札の意味ⓐ、文字を書いた札を連ねたもの(文書)の意味ⓑ、役所の公文書や回し文の意味ⓒに展開する。[英]thin pieces of wood, tablet; note; official document, circular [熟語] ⓐ符牒・ⓑ譜牒・ⓒ通牒
文献 ⓐ戦国策・斉四「孟嘗君乃取所怨五百牒削去之＝孟嘗君、乃ち怨む所の五百の牒を取りて、削りて之を去る(孟嘗君は[負債者が]恨んでいる五百枚の書き付け[債券の類]を破り捨てた)」

【腸】 13(肉・9) 常 ｜ 常用音訓 チョウ

語音 *dɪaŋ(上古) ḍɪaŋ(中古→呉ヂャウ〈＝ジョウ〉・漢チャウ〈＝チョウ〉) cháng(中) 장(韓)
語源 [コアイメージ] 長く伸びる。[実現される意味] はらわたⓐ。[英]intestine
〔解説〕釈名・釈形体に「腸は暢(チョウ)なり。胃気を通暢し(スムーズに通し)、滓穢(シワイ)(汚物)を去るなり」とあり、消化物を通す機能に主眼を置いて語源を説く。これもありうるが、形態に着目する方がわかりやすい。*dɪaŋという語は暢(長く伸びる)や長(長く伸びる)と同源である。和訓の「はらわた」は大腸の意味。漢語の腸は中国医学で早い段階から大腸と小腸に分けられ、六腑に統括された。また、西洋医学の流入後、大腸・小腸は結腸、直腸、盲腸、十二指腸、空腸、回腸に細かく分けられている。なお、英語のgut(腸、はらわた)は勇気(ガッツ)の意味がある。漢語では勇気は胆の働きとされる。
字源 「昜(ヨウ)(音・イメージ記号)＋肉(限定符号)」を合わせた字。「昜」は「高く上がる」というイメージがあり、進む跡に視点を置けば、「長く伸びる」というイメージに転じうる(⇨陽)。「腸」は長く伸びる臓器を暗示させる。
語義 [展開] はらわたの意味ⓐ。内臓(五臓六腑)に精神が宿ると考えられたので、心の意味ⓑを派生する。[英]intestine, gut, bowel; heart, mind [和訓] はらわた・わた [熟語] ⓐ小腸・大腸・ⓑ心腸・断腸
文献 ⓐⓑ詩経・桑柔「自有肺腸＝自ら肺・腸有り(自分には自分なりの肺と腸[心の意味を兼ねる]をもっている)」

【跳】 13(足・6) 常 ｜ 常用音訓 チョウ はねる・とぶ

語音 *dɔ̈g(上古) deu(中古→呉デウ〈＝ジョウ〉・漢テウ〈＝チョウ〉) tiào

（中）　도（韓）

語源［コアイメージ］二つに離れる。［実現される意味］地面を離れて飛び上がる（はね上がる）ⓐ。［英］jump, leap

〔解説〕古典に「跳は躍なり」の訓がある。躍は「上に高く上がる」にポイントがあるが、跳は足が地から上に離れることにポイントがある。兆にコアイメージの源泉がある。これは「二つに離れる」というイメージ。足が垂直方向にとんで離れるのが跳、水平方向に離れていくのが逃である。日本語の「はねる（はぬ）」は「瞬間的に力を加えて上方にぴょんととび上がる意」という（大野②）。漢語の跳とほぼ同じ。

字源「兆（チョウ）（音・イメージ記号）＋足（限定符号）」を合わせた字。「兆」は「二つに（左右に）離れる」というイメージがあるが（⇩兆）、視点を垂直の軸に置けば、「上下に離れる」というイメージにも転化しうる。「跳」は地面から上にとんではね上がる様子を暗示させる。

語義［展開］地面を離れて飛び上がる（はね上がる）意味ⓐ。「二つに離れる」というイメージを垂直の視点から、水平の視点に変えると、あちこち（どこまでも）勝手に動き回るという意味ⓑになる。［英］jump, leap; move around　［熟語］ⓐ跳舞・跳躍・ⓑ跳梁

文献 ⓐ荀子・非相「禹跳湯偏＝禹は跳ね、湯は偏なり（禹［古帝王の名］はぴょんぴょんと飛び跳ねて歩き、湯［殷の初代］は半身不随であった）」

【徴】14（彳・11）　常　｜常用音訓　チョウ

〔徵〕15（彳・12）　人　｜音　チョウ・チ　訓　めす・もとめる・しるし

語音 *tıəŋ（上古）　tıəŋ（中古→呉・漢チョウ）　zhēng（中）　징（韓）

語源［コアイメージ］まっすぐ現れ出る。［実現される意味］表に出ていない人を召し出すⓐ。［英］summon

〔解説〕壬（テイ）にコアイメージの源泉がある。これは「まっすぐ」というイメージを表す記号。「まっすぐ」のイメージは垂直や水平の軸に視点を置けば「まっすぐ上がる」「まっすぐ伸びる」というイメージであり、前者からは「表面に上がって出る」「表に現れ出る」というイメージに転化する。隠れている人材を表に表し出す（召し出す）ことを徴という。表（公の場）に表し出す前提には「内側・裏側（世間、民間）に隠れている事態がある。だから図形化には壬のほかに、微という補助記号が必要になる。徴に対する英語の対応語としては、カールグレンがsummon（呼び出す、召喚する、召集する）を当てたのが比較的妥当である。

〔グループ〕徴・懲・澂（チョウ）（＝澄）・癥（チョウ）（腸壁の表面にできたしこり）

字源「徵」が正字。「壬（テイ）（音・イメージ記号）＋微の略体（イメージ補助記号）」を合わせた字。「壬」は呈・廷・聖などに含まれ（壬・壬は変形）、人がかかとを上げ背伸びして立つ姿を描き、「まっすぐ」「まっすぐ上がる（伸びる）」というイメージを示す（⇩呈）。「微」は微かではっきり見えないこと。したがって「徵」は隠れて見えないものがまっすぐ表に姿を現す様子を暗示させる。

（篆）

〔字体〕「徵」は旧字体。「徴」は近世中国の俗字。現代中国の簡体字は「征」。懲もこれに倣う。

語義［展開］「隠れているものや内側にあるものが表や外にまっすぐに現れ出る」というコアイメージから、公に出ていない人材を召し出す意味ⓐ、私的に持っているものを公の場に出させる（取り立てる）意味ⓑ、隠れた兆しが表面に現れ出る、また、その兆しの意味ⓒ、内容を示すしるしがはっきり現れる（はっきりと現し示す）、また、明らかなしるしという意味ⓓに展開する。［英］summon; collect, levy; portend, portent, sign, symbol, indication; prove, evidence　［和訓］めす・きざす・きざし・しるし　［熟語］ⓐ徴兵・徴用・ⓑ徴発・徴募・ⓒ徴候・瑞徴・ⓓ特徴・

明徴

[文献] ⓐ春秋左氏伝・僖公16「齊徵諸侯而戍周＝斉は諸侯を徴して周を戍(まも)らしむ(斉は諸侯を召し出して周を防御させた)」ⓒ国語・周「山崩川竭、亡之徵也＝山崩れ川竭(つ)くるは、亡の徴なり(山が崩れ川の水が尽きるのは、亡国の兆しであります)」ⓓ論語・八佾「夏禮吾能言之、杞不足徵也＝夏の礼は吾能く之を言ふも、杞は徴するに足らざるなり(夏王朝の礼については、私は述べることができるが、[その末裔である]杞の国については証明するのに十分ではない)」

【暢】14(日・10) [人] [音]チョウ [訓]のびる・のべる・とおる

[語音] *t'ıaŋ(上古) t'ıaŋ(中古→[呉]・[漢]チャウ〈＝チョウ〉) chàng(中) 창(韓)

[語源] [コアイメージ] 長く伸びる。[実現される意味] 長い、また、長く伸びるⓐ。[英]long, spread out

[字源] 「昜(ヨウ)(音・イメージ記号)＋申(イメージ補助記号)」を合わせた字。「昜」は「高く上がる」というイメージがあり、進む跡に視点を置けば、「長く伸びる」というイメージに転じうる(⇩陽)。「申」も「長く伸びる」というイメージがある。したがって「暢」は物の丈が伸びて長いことを表す。

[語義] [展開] 長い、長く伸びる意味ⓐから、伸び伸びとスムーズに通る意味ⓑに展開する。[英]long, spread out; smooth [熟語] ⓐ暢茂・舒暢・ⓑ通暢・流暢

[文献] ⓐ詩経・小戎「文茵暢轂＝文茵(ブンイン)と暢轂(チョウコク)([車を構成するのは]模様を飾った敷物と、長く伸びたこしき[スポーク])」ⓑ史記・司馬相如列伝「上暢九垓＝上は九垓に暢(とお)る(上は宇宙の果てまで通っていく)」

【肇】14(聿・8) [人] [音]チョウ [訓]はじめる

[語音] *dıɔg(上古) dıɛu(中古→[呉]デウ〈＝ジョウ〉・[漢]テウ〈＝チョウ〉) zhào(中) 조(韓)

[語源] [コアイメージ] 二つに分ける。[実現される意味] 物事を開始するⓐ。[英]commence, originate, start

[字源] 「戸(イメージ記号)＋聿(イメージ補助記号)＋攴(限定符号)」を合わせた字。「聿」は筆を手に持つ形で、「区切る(計画する)」というイメージを示す(⇩画)。「肇」は何事かを計画するために、門戸を押し開けて始める様子を暗示させる。*dıɔgという語は兆と同源で、「二つに分ける」「左右に開く」というイメージがある。物事を開始する第一歩が門戸を開くことに喩えられている。

(篆) 

[語義] 物事を始める意味ⓐ。[熟語] ⓐ肇国

[文献] ⓐ詩経・生民「以歸肇祀＝以て帰りて祀(まつ)りを肇む(家に帰って祭りを始める)」

【蔦】14(艸・11) [人] [音]チョウ [訓]つた

[語音] *tög(上古) teu(中古→[呉]・[漢]テウ〈＝チョウ〉) niǎo(中) 조(韓)

[語源] [コアイメージ] 寄生する。[実現される意味] ヤドリギⓐ。[英]mistletoe

[字源] 「鳥(チョウ)(音・イメージ記号)＋艸(限定符号)」を合わせた字。鳥が木に宿るように、他の木に宿る(寄生する)植物、ヤドリギ(寄生木)を表す。

[語義] [展開] ヤドリギ科の木、ヤドリギの意味ⓐ。他の木に寄生する。日本ではホヨ(ヤドリギの古名)の古訓があったが、後世ではツタの意味ⓑに誤用する。[英]mistletoe; ivy

[文献] ⓐ詩経・頍弁「蔦與女蘿、施于松上＝蔦(チョウ)と女蘿(ジョラ)、松上に施(うつ)る(ヤドリギとサルオガセが、松の上に伸びていく)」

【嘲】15(口・12) 常 ｜常用音訓 チョウ あざける

語音 *tŏg(上古) tău (中古→(呉)・(漢)テウ〈＝チョウ〉) cháo(中) 조(韓)

語源 [コアイメージ] ある方向に向かう。[実現される意味] ふざけてからかう(なぶりものにする)ⓐ。[英]ridicule

〔解説〕古典に「嘲は謔なり」「嘲は戯なり」の訓がある。からかってなぶりものにすることを嘲という。日本語の「あざける」はアザ(痣)・アザヤカ(鮮)・アザムク(欺)・アザワラフと同根で、アザとは「人の気持ちにかまわずどぎつく現れるものの意」、アザケルとは「好き勝手な言葉を口にする。あたりかまわず勝手な口をきく」意という(大野①)。ひどいことを言ってばかにする意味では漢語の嘲とほぼ同じ。

字源 「朝(チョウ)(音・イメージ記号)＋口(限定符号)」を合わせた字。「朝」は「ある方向に向かう」というイメージがあり、川の水が海に向かって注ぐという意味を派生する(⇩朝)。「嘲」は水を注ぐように言葉をどっと浴びせかける様子を暗示させる。この意匠によって、ひどいことを言ってなぶりものにすることを表象する。藤堂明保は朝を単なる音符とするが(藤堂②)、筆者は音・イメージ記号と見る。

語義 あざける意味ⓐ。[熟語] ⓐ嘲笑・自嘲

文献 ⓐ揚雄・解嘲「客嘲揚子曰＝客、揚子を嘲りて曰く(ある人物が私をあざけってこう言った)」(漢魏六朝百三家集8)

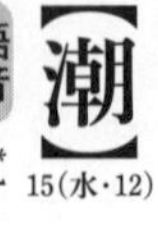
15(水・12) 常 ｜常用音訓 チョウ しお

語音 *dɪog(上古) dɪɛu(中古→(呉)デウ〈＝ジョウ〉・(漢)テウ〈＝チョウ〉) cháo(中) 조(韓)

語源 [コアイメージ] ある方向に向かう。[実現される意味] 海水の干満の現象ⓐ。[英]tide

字源 「朝(チョウ)(音・イメージ記号)＋水(限定符号)」を合わせた字。「朝」は「ある方向に向かう」というイメージがある(⇩朝)。「潮」は海岸に向かって押し寄せてくる「しお」を暗示させる。汐(ゆうしお)に対してはあさしおを潮という。

語義 [展開] 海水の干満の現象の意味ⓐ、差し引きする海水、流動する海水(潮流)の意味ⓑ、物事の移りゆきの意味ⓒ、じわじわと湿り気が現れる意味ⓓに展開する。[英]tide(ⓐ〜ⓒ); moisten [和訓] うしお [熟語] ⓐ干潮・満潮・ⓑ潮流・防潮・ⓒ思潮・風潮・ⓓ潮湿・紅潮

文献 ⓐ楚辞・九章・悲回風「聴潮水之相撃＝潮水の相撃つを聴く(潮がぶつかり合う音を聞く)」

15(水・12) 常 ｜常用音訓 チョウ すむ・すます

語音 *dɪəŋ(上古) dɪəŋ(中古→(呉)ヂョウ〈＝ジョウ〉・(漢)チョウ) chéng(中) 징(韓)

語源 [コアイメージ] ㋐表に現れ出る・㋑上に上がる。[実現される意味] 上澄みが上がって澄むⓐ。[英]clarify

〔解説〕日本語の「すむ」は「曇りや濁りなど、気体・液体の中に浮遊する要素が沈静して、落ち着いた明るい状態になる意」という(大野②)。日本語では下の方へ落ち着くに重点があり、住む・済むとつながる。漢語の澄は上澄みが上に出ることから液体の澄む現象を捉えた語で、徴(表に現れ出る)や登とつながりをもつ。

字源 「瀓」が本字。「徵(チョウ)の略体(音・イメージ記号)＋水(限定符号)」を合わせた字。「徵」は「(隠れたものが)表に現れ出る」というイメージがある(⇩徴)。「瀓」は上澄みが表に現れ出る様子を暗示させる。のち字体が「澄」に変わった。「登」は「上に上がる」というイメージがある(⇩登)。「登(トウ)(音・イメージ記号)＋水(限定符号)」を合わせて、濁った部分が下に沈み、澄んだ部分(上澄み)が上に上がる様子を暗示させる。

語義 [展開] 水や液体がすむ意味ⓐから、澄み切って清らかである意

味ⓑ、静かに落ち着く意味ⓒに展開する。［英］clarify; clear, limpid; stable, settled　［熟語］ⓐ澄酒・澄徹(チョウテツ)・ⓑ清澄・明澄・ⓒ澄心・澄静

文献 ⓐ淮南子・精神訓「肉凝而不食、酒澄而不飲＝肉は凝りて食はず、酒は澄みて飲まず（肉は固まったので食わないし、酒は澄んだので飲まない）」

【蝶】15(虫・9)　人　音チョウ

語音 *dăp(上古)　dep(中古→呉デフ〈＝ジョウ〉・漢テフ〈＝チョウ〉)　dié(中)　접(韓)

語源 ［コアイメージ］薄い。［実現される意味］昆虫の名、チョウⓐ。［英］butterfly

字源 「枼(ヨウ)(音・イメージ記号)＋虫(限定符号)」を合わせた字。「枼」は「薄い」というイメージがある(⇩葉)。「蝶」は羽の薄い虫を暗示させる。

語義 チョウの意味ⓐ。［熟語］ⓐ蝶類・胡蝶

文献 ⓐ荘子・斉物論「昔荘周夢爲胡蝶＝昔、荘周夢に胡蝶と為る（昔荘周はチョウになる夢を見た）」

【調】15(言・8)　常　常用音訓 チョウ　しらべる・ととのう・ととのえる

語音 *dög(上古)　deu(中古→呉デウ〈＝ジョウ〉・漢テウ〈＝チョウ〉)　tiáo・diào(中)　조(韓)

語源 ［コアイメージ］満遍なく行き渡る。［実現される意味］欠け目・でこぼこ・過不足がないように全体にならしてととのえるⓐ。［英］harmonize

〔解説〕周のもつ「満遍なく行き渡る」というコアイメージから展開した語である。政治・社会などの場、さらに音楽・味・薬などの場において、無秩序、アンバランスがないようにととのえるという意味が実現される。日本語の「ととのえる（ととのふ）」は「一人の指図の声によって多くの人を目指す一線に合わせる意」という（大野①）。ここから「欠ける所なくきちんとそろう」意味に展開する。この展開義は漢語の調と同じ。さらに漢語の調も日本語の「ととのふ」も「音程や調子がしっくり合う」意味に転じる。また、日本語では弦を合わせて調子をととのえることを「しらべる（しらぶ）」といい、そこから、材料を照らし合わせて吟味するという意味に転じる。漢語の調にはこの意味がない。しかし「しらぶ」の和訓を当てたため、調査する意味が生じた。調査は現代中国でも使われている。これは日本語からの意味の逆輸入である。英語では調にぴったり当たる語がないが、harmonize(調和する)、adjust(調節する)、coordinate(調整する)などが調の熟語に対応するようである。

字源 「周(シュウ)(音・イメージ記号)＋言(限定符号)」を合わせた字。「周」は「すみずみまで満遍なく行き渡る」というイメージがある(⇩周)。「調」は言葉をすみずみまで行き渡らせて、全体に欠け目がないようにととのえる様子を暗示させる。

語義 ［展開］欠け目・でこぼこ・過不足がないように全体にそろえる（ととのえる）意味ⓐ。また、楽器の弦を調えたり、音階を調えて演奏することから、音の調子を調える意味ⓑ、メロディーや音の高低のぐあい（調子）の意味ⓒ、物事の進行のぐあいの意味ⓓを派生する。「しらべる」の意味ⓔは日本的用法。［英］harmonize, adjust, regulate, coordinate; tune(ⓑⓒ); melody, rhythm, tone, pitch; condition; investigate, search　［熟語］ⓐ調整・調和・ⓑ調律・諧調・ⓒ調子・正調・ⓓ順調・体調・ⓔ調査・調書

文献 ⓐ詩経・車攻「弓矢既調＝弓矢既に調ふ（弓も矢もみなそろった）」ⓑ荘子・徐無鬼「爲之調瑟＝之(これ)が為に瑟を調す（彼のために琴の調子を合わせた）」

【聴】17(耳・11)　常　常用音訓 チョウ　きく

〔聽〕22(耳・16)　人　―音チョウ　訓きく

語音 *t'eŋ(上古)　t'eŋ(中古→呉チャウ〈=チョウ〉・漢テイ)　tīng(中)　청(韓)

語源 [コアイメージ] まっすぐ。[実現される意味] まっすぐ耳を傾けるⓐ。[英]listen

〔解説〕壬(テイ)がコアイメージの源泉である。壬は「まっすぐ」というイメージを示す記号。常用漢字の字体ではこれが消えたが、悳が補助的な役割を果たしている。これは德と同じで、「まっすぐな心」を表す記号。*t'eŋという語は単に物音が耳にきこえることではなく、まっすぐすなおに耳を傾けてきくことで、相手の言うことをすなおにきいて従う(ゆるす)という意味に展開するゆえんである。日本語では二種類のきき方を区別しないので、漢字を利用して「聞く」と「聴く」に書き分ける。「きこえる」は「聞こえる」のみで、「聴こえる」はない。英語ではhearとlistenの違いがある。hearは「(聴覚器官が機能して)聞こえる」、listenは「耳を傾ける」がコアイメージという(田中①)。漢語では聴も聞もlistenに当たるが、「きこえる」には聴ではなく聞を用いる。

字源 「聽」が正字。「壬(テイ)(音・イメージ記号)+悳(イメージ補助記号)+耳(限定符号)」を合わせた字。「壬」は人がかかとを上げ背伸びして立つ姿を描き、「まっすぐ」というイメージを示す記号(⇩呈)。「悳(=惪)」はまっすぐな心のこと(⇩德)。したがって「聽」は相手の言うことにまっすぐに耳を向ける様子を暗示させる。

(篆)

〔字体〕「聴」は近世中国で発生した「聽」の俗字。現代中国の簡体字は「听」。

語義 [展開] まっすぐ耳を傾けて聞き取る意味ⓐから、相手の言うことを聞き入れる意味ⓑに展開する。[英]listen; accept, obey [熟語] ⓐ聴取・傾聴・ⓑ聴許・聴従

文献 ⓐ詩経・巷伯「凡百君子、敬而聽之=凡百の君子よ、敬して之を聴け(もろもろの君子たちよ、慎んで聴くがよい)」ⓑ論語・憲問「以聽於冢宰三年=以て冢宰に聴くこと三年([百官は]三年間宰相に従った)」

【懲】18(心・14)　常　―常用音訓 チョウ　こりる・こらす・こらしめる

〔懲〕19(心・15)　人　―音チョウ　訓こらしめる・こりる

語音 *dɪəŋ(上古)　dɪəŋ(中古→呉ヂョウ〈=ジョウ〉・漢チョウ)　chéng(中)　징(韓)

語源 [コアイメージ] 隠れているものを表に出す。[実現される意味] 戒めて過失などをやめさせるⓐ。[英]warn, reprimand

〔解説〕日本語の「こりる」は自動詞(こりる)としては、失敗などをして悔い改め、二度とやらないと自分を戒める意味、他動詞(こらす・こらしめる)としては、制裁などをして二度とやらないように相手を戒める意味である。漢語の懲は徵にコアイメージの源泉がある。これは「隠れているものを表に出す」というイメージである。隠れた悪事や過失を前面に出すことによって、二度とそれをやらないように改心させることを懲という。

字源 「懲」が正字。「徵(チョ)(音・イメージ記号)+心(限定符号)」を合わせた字。「徵」は「隠れているものをまっすぐに現し出す」というイメージから、「表に出ていないものを公の場に出させる」というイメージに展開する(⇩徵)。「懲」は隠れた悪い心を公の場にさらし出す様子を暗示させる。この意匠によって、悪事をしないように戒めることを表象する。

語義 [展開] 悪事や過失を改めるように戒める意味ⓐから、悪事や過

失をとがめて改心させるために痛めつける(こらしめる)意味ⓑ、痛めつけられてこりごりする(こりる)意味ⓒに展開する。[英]warn, reprimand; punish; learn a lesson　[熟語]ⓐ懲戒・ⓑ懲悪・懲罰

文献 ⓐ詩経・節南山「不懲其心＝其の心を懲らしめず(その心を戒めない)」ⓑ詩経・閟宮「荊舒是懲＝荊舒を是れ懲らしむ(荊と舒[ともに国名]を懲罰する)」ⓒ楚辞・九章・惜誦「懲於熱羹而吹齏兮＝熱羹に懲りて齏(なます)を吹く(熱い吸い物に懲りたため生もの料理にさえも息を吹く[一度の失敗を恐れて次は過度に用心する喩え])」

【寵】19(宀・16)　人　｜　音チョウ

語音 *t'iuŋ(上古)　tʃ'ioŋ(中古→呉チュウ・漢チョウ)　chǒng(中)　총(韓)

語源 [コアイメージ]尊ぶ。[実現される意味]大切にしてかわいがるⓐ。[英]favor, love

〔解説〕古代、竜は天子の象徴とされ、尊崇された動物であった。そのため龍という語に栄光、誉れ、恵みなどの意味が生じた。詩経に「龍(＝竜)を為し光を為す(誉れ・恵みを頂戴する)」などの用例がある。のち音が*t'iuŋに変わるとともに、図形も寵に変わった。カールグレンはt'l～という複声母を想定している。

字源 「龍(リュウ)(音・イメージ記号)＋宀(限定符号)」を合わせた字。「龍」は尊い動物である竜。「寵」は尊い竜を大事に養い育てる情景を設定した図形。この意匠によって、大切にかわいがることを表象する。大切にする側に視点を置けばかわいがることであるが、大切にされる側に視点を置けば栄光、誉れ、恵みである。寵には両方の意味合いが含まれる。

語義 大切にしてかわいがる意味ⓐ。[熟語]ⓐ寵愛・寵幸

文献 ⓐ老子・十三章「寵辱若驚＝寵辱は驚くが若(ごと)くす(寵愛されても屈辱を受けても驚いた時のように身を引き締める)」

ちょく

【直】8(目・3)　常　｜　常用音訓 チョク・ジキ　ただちに・なおす・なおる

語音 *ḍɪək(上古)　ḍɪək(中古→呉ヂキ〈＝ジキ〉・漢チョク)　zhí(中)　직(韓)

語源 [コアイメージ]まっすぐ・まっすぐに当たる。[実現される意味]まっすぐで曲がっていないⓐ。[英]straight

〔解説〕古典の注釈に「直の言為(た)るは特なり」とある(郭慶藩・荘子集釈)。「まっすぐ」がコアイメージである。空間的にまっすぐな状態は最短距離であるので、時間的には間を置かずに(ただちに)の意味になる。日本語の「ただちに」のタダチは直道の意という。また、「なお(なほ)」「なおし(なほし)」はまっすぐの意。また、普通である、平らの意味もあるので、「なおる(なほる)」は「険悪・異常な状態からもとの平静・平常にもどる意」という(以上、大野①)。漢語の直には「なおる」の意味はない。英語のstraightはstretch(伸びる)が原義で、「曲がることなく真っすぐ伸びた」がコアイメージという(田中①)。

〔グループ〕直・値・植・殖・置・徳・埴

字源 「直」を分析すると「十＋目＋乚」となる。「十」は甲骨文字に見えるように、本来は一本の縦棒である。金文・篆文から「十」となった。「乚」は隅に隠れることを示す符号。「｜(イメージ記号)＋乚(イメージ補助記号)＋目(限定符号)」を合わせた「直」は、隠れたものを見ようと、まっすぐ視線を当てる情景を設定した図形。この意匠によって、「まっすぐ」「まっすぐ当たる」というイメージを表すことができる。

(甲)　(金)　(篆)

語義 [展開]空間的にまっすぐである意味ⓐから、空間的に曲折がな

くじかにの意味ⓑ、時間的に曲折がなく間を置かないさま(ただちに)の意味ⓒ、また比喩的に、人や物の性質にゆがみがない(正しい)意味ⓓに展開する。また、「まっすぐに当たる」というイメージから、ある所や時に当面する(番に当たる)意味ⓔ、物にぴったりと相当する値打ちの意味ⓕを派生する。ⓕは値と同義。訂正する・修繕する(なおす・なおる)意味ⓖは日本的用法。[英]straight(ⓐⓓ); right(ⓑ-ⓓ), directly; immediately; righteous; be on duty; price; correct, repair [和訓] すぐ・じか・なお・ひた・ただ・あたる・あたい [熟語] ⓐ直線・直立・垂直・ⓑ直下・直接・ⓒ直後・直前・ⓓ直情・実直・正直・ⓔ宿直・当直・ⓕ安直・高直(コウジキ)

文献 ⓐ詩経・大東「周道如砥、其直如矢＝周道は砥の如く、其の直きこと矢の如し(周への道は砥石のように平らかで、矢のようにまっすぐだ)」ⓓ論語・雍也「人之生也、直＝人の生くるや、直なれ(人は真っ正直に生きなさい)」

【勅】9(力・7) 常 常用音訓 チョク

語音 *t'ɪək(上古) ṭ'ɪək(中古→呉チキ・漢チョク) chì(中) 칙(韓)

語源 [コアイメージ] 締めつける。[実現される意味] たるまないように身を引き締めて正すⓐ。[英]correct, admonish

字源 「束(ソク)(音・イメージ記号)＋力(限定符号)」を合わせた字。「束」は「締めつける」というイメージがある(⇨束)。「勅」はたるみがないように引き締める様子を暗示させる。

(金)　(篆)

〔字体〕金文では「束＋力」と「束＋攴」の二つの字体がある。詩経と易経では「勅」、戦国諸子では「敕」と書かれている。「勅」(旧字体)は古典では漢代以後に現れる。現代中国では敕を用いる。

語義 [展開] たるみを引き締めて身を正す意味ⓐから、臣下や民がたるまないように天子が言葉を与える、また、その言葉(みことのり)の意味ⓑに展開する。[英]correct, admonish; edict [和訓] みことのり [熟語] ⓐ戒勅・ⓑ勅許・密勅

文献 ⓐ管子・枢言「大事能戒乎、能敕乎＝大事は能く戒めんか、能く勅せんか(大切なことは戒められるだろうか、引き締められるだろうか)」ⓑ潜夫論・断訟「勅民慎行＝民に勅して行ひを慎ましむ(天子は人民に行いを慎むように命令した)」

【捗】10(手・7) 常 常用音訓 チョク 半国字

字源 官位が上の方へ進む(昇る)ことを漢語で進陟という。日本では仕事が進む(はかどる)意味で使われ、表記が進捗と変わった。もともと捗(音はホ、またはチョク)は打つ意味で、「はかどる」とも「のぼる」とも関係がないから、捗は「はかどる」を表記するために陟の偏を取り替えて作られた半国字と考えられる。あるいは「歩(歩み、進行)」に限定符号の手を添えて、物事を進行させることを表した字と説明してもよい。国字に音はないが、捗・陟の音を借りてチョクと読ませる。チョクは疑似音である。

語義 はかどる意味ⓐ。[英]make progress [熟語] ⓐ進捗

ちん

【沈】7(水・4) 常 常用音訓 チン しずむ・しずめる

語音 *dɪəm(上古) ḍɪəm(中古→呉ヂム〈＝ジン〉・漢チム〈＝チン〉) chén(中) 침(韓)

語源 [コアイメージ] 深く入り込む。[実現される意味] 水中に深く入り込む(しずむ)ⓐ。[英]sink

〔解説〕古典の注釈に「沈の言は淫なり」とある（王引之・経義述聞）。藤堂明保は沈は深・探・甚・尋・淫などと同源で、「奥深く入り込む」という基本義があるとした（藤堂①）。日本語の「しずむ（しづむ）」のシヅはシヅカ（静）のシヅと同根で、「下に落ちて動かない意」から「水中に没する」意味に展開するという（大野①）。また、悪道に落ち込む意味に転義するが、漢語の沈はその意味に転義しない。しかし気分が落ち込む、静かに落ち着くへの転義は漢語の沈も共通である。

〔グループ〕沈・枕・耽・眈(タン)（深く視線を注いで見つめるさま［眈眈］）・酖(チン)（深酒を飲む）・鴆(チン)（体内に深く入る毒をもつ鳥）・忱(シン)（心の奥深い底→まこと）・髧(タン)（髪が垂れ下がるさま）・醓(タン)（深く漬けた肉の塩辛）・黕(タン)（深くしみ込んだどす黒い色）

字源 「冘(イン)（音・イメージ記号）＋水（限定符号）」を合わせた字。「冘」は「冖＋人」を合わせて、人の肩の上に冖形の枠をはめて下に押し下げる様子を暗示させる図形。「央」と図形の意匠が似ているが、「央」が中央に焦点を置くのに対し、「冘」は上から下への視点が重要で、「下方に押し下げる」というイメージを示す。このイメージは「（下方に）深く入り込む」というイメージに展開する。「沈」は水の底の方へ深く入り込む様子を暗示させる。

（篆）［冘］　（篆）

語義 ［展開］「深く入り込む」というコアイメージから、深々としずめる、しずむ意味ⓐ、物事に深入りする意味ⓑ、程度が深くなる意味ⓒ、気分が深く落ち込む意味ⓓ、じっと落ち着く意味ⓔに展開する。［英］sink; deep; profound, heavy; depressed; quiet, calm ［熟語］ⓐ沈没・浮沈・ⓑ沈吟・沈潜・ⓒ沈酔・沈痛・ⓓ消沈・沈鬱・ⓔ沈静・沈滞

文献 ⓐ詩経・菁菁者莪「汎汎楊舟、載沈載浮＝汎汎たる楊舟、載(すなわ)ち沈み載ち浮かぶ（ぷかぷか漂うヤナギの小舟、水のまにまに浮き沈み）」

【枕】8（木・4）　常　常用音訓 まくら

語音 *tıəm（上古）　tʃıəm（中古→㊐呉・㊐漢シム〈＝シン〉・〔慣〕チン）　zhěn（中）　침（韓）

語源 ［コアイメージ］下方に押し下げる。［実現される意味］まくらⓐ。［英］pillow

字源 「冘(イン)（音・イメージ記号）＋木（限定符号）」を合わせた字。「冘」は「下方に押し下げる」というイメージがある（⇩沈）。「枕」はその上に頭を乗せて、重みで押し下げられるもの、すなわち「まくら」を暗示させる。

語義 まくらの意味ⓐ。［熟語］ⓐ枕席・枕頭

文献 ⓐ詩経・沢陂「輾転伏枕＝輾転して枕に伏す（寝返り打って枕にふせる）」

【珍】9（玉・5）　常　常用音訓 チン　めずらしい

語音 *tıən（上古）　tıĕn（中古→㊐呉・㊐漢チン）　zhēn（中）　진（韓）

語源 ［実現される意味］中身が詰まる・びっしりと細かい。［実現される意味］この上もない宝物・貴いものⓐ。［英］valuable, treasure

〔解説〕藤堂明保は真のグループ（塡・鎮など）、至のグループ（室・窒など）、実・身・質などと同じ単語家族に入れ、「いっぱい詰まる」という基本義をもつとした（藤堂①）。めったにない宝物を玉の質で捉えた語が*tıənである。日本語の「めずらしい（めづらし）」はメ（目）＋ツラシ（連）で、「見ることを連ねたいというのが原義」という（大野①）。ここから「まれなこととして賞美される」「めったになくてうれしい」などの意味に展開する（大野②）。また「変わっている」という意味にも転義するが、漢語の珍にこの意味はない。

字源 「㐱(シン)（音・イメージ記号）＋玉（限定符号）」を合わせた字。「㐱」は

びっしり生えた髪の毛を示す図形で、「中身がいっぱい詰まる」「緻密で細かい」というイメージがある(⇩診)。「珍」はきめの細かい上質の玉を暗示させる。この意匠によって、この上もなく質の良い宝物、めったになく貴いものを表象する。

〔字体〕「珎」は異体字。

語義 [展開] この上もない宝物、貴重なものの意味ⓐから、めったになく貴い意味ⓑ、めったにないものとしてありがたがる(大切にする)意味ⓒ、めったにない、まれである意味ⓓに展開する。姿・形が変である、こっけいであるという意味ⓔは日本的用法。[英]valuable, treasure(ⓐⓒ); precious; value highly; rare; uncommon, unusual; strange, funny [和訓] うず [熟語] ⓐ珍宝・八珍・ⓑ珍貨・珍貴・ⓒ珍蔵・珍重・ⓓ珍獣・珍品・ⓔ珍妙・珍名

文献 ⓐ墨子・尚賢「此固國家之珍＝此れ固(もと)より国家の珍なり(これはまことに国家の宝である)」

【朕】10(月・6) 常 | 常用音訓 チン

語音 *dɪəm(上古) ḍɪəm(中古→呉ヂム〈＝ジン〉・漢チム〈＝チン〉) zhèn(中) 짐(韓)

語源 [コアイメージ] 上に上がる。[実現される意味] きざしが現れる、また、現れたきざしⓐ。[英]omen, sign

〔解説〕天子・皇帝の一人称に用いられるが、これは秦の始皇帝が勝手に決めたことで、それ以前は普通の一人称であった。*dɪəmという語は登・升・乗・烝・称などと同源で、「のぼる、持ち上げる」という基本義をもつ(藤堂①)。本来は兆しが表面に現れ出ることを朕といった。

〔グループ〕朕・勝・謄・騰・藤・塍(ショウ)(田畑の高く上がる「あぜ」)・螣(トウ)(天に昇る神蛇[螣蛇])・賸(ショウ)(物を上に捧げて送る)・媵(ヨウ)(嫁につけて送られる女、添い嫁)・鰧(トウ)(背びれの刺が高く立ち上がっている魚、ケツギョの類[鰧魚]。〈日〉オコゼ)

字源 楷書は形が崩れた。篆文は左側が「舟」、右側が「火＋廾」になっている。しかし甲骨文字・金文に遡ると右側は「午＋廾」になっている。「午」はきね(杵)の形。「廾」は両手。「午(イメージ記号)＋廾(限定符号)」を合わせた「灷」は、杵を持ち上げる場面を設定した図形で、「持ち上げる」「上に上がる」というイメージを示す記号になる。これは送に含まれる「关」と同じ。「灷(ヨウ)(＝关。音・イメージ記号)＋舟(限定符号)」を合わせた「朕」は、舟が水面に浮き上がる様子を暗示させる。この意匠によって、「上(表面)に上がる」というイメージを表すことができる。

(甲)　(金)　(篆)

〔字体〕「朕」は正字(旧字体)。「朕」は書道の影響でハ→ソになった字体。勝・謄・騰・藤もこれに倣う。

語義 [展開] 「上(表面)に上がる」というイメージから、「何かが内部から表面に出る」というイメージに転化し、兆しが表面に現れ出る、また、現れ出た兆しの意味ⓐが生まれる。また、自己意識の兆す存在、一人称代名詞の「われ」の意味ⓑを派生する。[英]omen, sign; I [和訓] われ

文献 ⓐ荘子・応帝王「遊無朕＝朕無きに遊ぶ(何の兆しもない境地[形のない世界]に遊ぶ)」ⓑ詩経・韓奕「朕命不易＝朕(わ)が命は易(やす)からず(私の命令は軽くない)」

【砧】10(石・5) 人 | 音チン 訓きぬた

語音 *tɪəm(上古) ṭɪəm(中古→呉・漢チム〈＝チン〉) zhēn(中) 침(韓)

語源 [コアイメージ] くっつく・薄い。[実現される意味] 衣を載せてたたいて、柔らかくしたり、艶を出したりするための平らな台(きぬた)ⓐ。[英]fulling-block

字源 「占(セン)(音・イメージ記号)＋石(限定符号)」を合わせた字。「占」は「くっつく」というイメージがあり、「薄い」「平ら」というイメージに転化する(⇩帖・貼)。「砧」は物をその上に貼りつけるように載せる平らな石の台を暗示させる。「くっつく」「薄い」「平ら」は可逆的な三つ組みイメージである(薄などもその例)。

語義 [展開] きぬたの意味ⓐ。罪人を載せて体を切断する台の意味ⓑを派生する。[英]fulling-block; executioner's block [熟語] ⓐ砧杵・砧声・ⓑ砧斧

【陳】11(阜・8) 常 常用音訓 チン

語音 *dıen(上古) dıĕn(中古→呉ヂン〈＝ジン〉・漢チン) chén(中) 진(韓)

語源 [コアイメージ] 平らに敷き並べる。[実現される意味] 列をなして敷き並べる・連ねるⓐ。[英]arrange, lay out, display

〔解説〕説文解字では陳を地名、敶を列の意としている。しかし早い段階から陳のみが用いられている。陳が陳列の意の原字で、後に「攴(手の動作を示す限定符号)」を添えて敶となったと考えられる。平面に物を平らに列をなして敷き並べることを*dıenという。藤堂明保はこの語は天・田などと同源で、「平らに伸びる」を基本義とした(藤堂①)。しかし「列をなす」にポイントが置かれ、空間的に□‐□‐□‐の形に連ねることから、時間的に次々に経過して久しくなる、古くなるという意味が生まれた。英語のarrangeは「軍隊を配置する」の意から「ばらばらのものを順序よく並べかえる」「順序を立てて配列する」の意となったという(小島①)。漢語では陳から陣が分かれて独立するが、英語では逆に陣立てから配列、整頓の意味が生まれたようである。

字源 「東(イメージ記号)＋阜(限定符号)」を合わせた字。「東」は工事に使われる土嚢の形(⇩東)。「陳」は堤防工事で盛り土をする際に土嚢を敷き並べる情景を設定した図形。この意匠によって、「平らに敷き並べる」というイメージを表すことができる。

(金) (篆)

語義 [展開] 「平らに敷き並べる」というイメージは「一列に(□‐□‐□‐の形に)敷き並べる」というイメージに転化し、列をなして敷き並べる・連ねる意味ⓐ、言葉を一列に連ねて展開させる(申し述べる)意味ⓑ、時がだんだんと経過して久しくなる、古くなる意味ⓒに展開する。また、軍を配置する意味ⓓもある。ⓓは後に陣と書かれる。[英]arrange, lay out, display; state; old, stale; battle array [和訓] つらねる・ならべる・のべる・ふるい [熟語] ⓐ陳列・敷陳・ⓑ陳述・陳情・ⓒ陳腐・新陳代謝

文献 ⓐ詩経・常武「左右陳行＝左右行を陳(つら)ぬ(左右に隊列を連ねる)」ⓑ孟子・公孫丑下「我非堯舜之道、不敢以陳於王前＝我、堯舜の道に非ざれば、敢へて以て王の前に陳(の)べず(私は尭・舜の道でなければ、王の前で述べる勇気はございません)」ⓒ詩経・甫田「我取其陳＝我其の陳(ふる)きを取る(そのうち古米を取っておく)」ⓓ論語・衛霊公「衛靈公問陳于孔子＝衛霊公、陳(ぢん)を孔子に問ふ(衛の霊公が陣立てについて孔子に尋ねた)」

【椿】13(木・9) 人 音チン 訓つばき

語音 *t'ıuən(上古) t'ıuĕn(中古→呉・漢チュン・[慣]チン) chūn(中) 춘(韓)

語源 [コアイメージ] 春。[実現される意味] チャンチンⓐ。[英]Chinese cedar

字源 「春(シュン)(音・イメージ記号)＋木(限定符号)」を合わせた字。春先に芽を出す木を暗示させる。センダン科の落葉高木、チャンチン(香椿)を椿という。日本ではツバキを椿と書く。大言海は「春木の合字なり。春、

花あれば作る」とする。したがって日本の椿（つばき）は半国字の可能性がある。

語義 ［展開］チャンチンが本義ⓐ。伝説上の木の名ⓑに使われ、長寿の象徴とする。日本ではツバキの意味ⓒに用いる。［英］Chinese cedar; legendary tree; camellia ［熟語］ⓐ香椿・ⓑ椿寿・大椿

文献 ⓑ荘子・逍遥遊「上古有大椿者、以八千歳爲春、八千歳爲秋＝上古に大椿なる者有り、八千歳を以て春と為し、八千歳を秋と為す（大昔大椿という木があり、八千年を春、八千年を秋としていた）」

【賃】 13（貝・6） 常 ―― 常用音訓 チン

語音 *nıəm（上古） nıəm（中古→呉ニム〈＝ニン〉・漢ヂム〈＝ジン〉・［慣］チン） lin（中） 임（韓）

語源 ［コアイメージ］抱きかかえる。［実現される意味］代金を払って人をやとうⓐ。［英］employ, hire

字源 「任ジ（音・イメージ記号）＋貝（限定符号）」を合わせた字。「任」は「抱きかかえる」というイメージがある（⇩任）。「賃」は金を支払って人をかかえ込む様子を暗示させる。

語義 ［展開］代金を払って人をやとう意味ⓐ、やとわれたものの受け取る代金の意味ⓑ、金を払って貸し借りする意味ⓒに展開する。［英］employ, hire; pay, wage; rent ［和訓］やとう ［熟語］ⓐ賃傭・賃料・ⓑ賃金・運賃・ⓒ賃借・賃貸

文献 ⓐ春秋左氏伝・襄公27「僕賃於野＝僕として野に賃（やと）はる（奴隷として野良で雇われた）」

【鎮】 18（金・10） 常 ―― 常用音訓 チン　しずめる・しずまる

〔鎭〕 18（金・10） 人 ―― 音チン 訓しずめる・しずまる

語音 *tıen（上古） tıĕn（中古→呉・漢チン） zhèn（中） 진（韓）

語源 ［コアイメージ］中身がいっぱい詰まる。［実現される意味］動かないように押さえ止める道具（おもし）ⓐ。［英］weight

〔解説〕日本語の「しずめる（しづむ）」はシヅム（沈・静）と同根で、「活発な動きや高ぶりを落ち着かせる意」で、「神霊については、活動を落ち着かせる、また、鎮座させる意」などに展開するという（大野②）。漢語の鎮に神霊の意味素は含まれない。

字源 「鎭」が正字。「眞シ（音・イメージ記号）＋金（限定符号）」を合わせた字。「眞」は「中身がいっぱい詰まる」というイメージがある（⇩真）。「鎭」は中身がいっぱい詰まって重い金属を暗示させる。この意匠によって、押さえになる重いものを表象する。

語義 ［展開］押さえになる重いものの意味ⓐから、重み（何らかの力）をかけて押さえつける、押さえて落ち着かせる（しずめる）、どっしりと落ち着く（しずまる）意味ⓑ、押さえになる重要な所・物・人の意味ⓒに展開する。［英］weight; suppress, press down, keep down; guard, defence ［熟語］ⓐ鎮石・文鎮・ⓑ鎮圧・鎮静・ⓒ鎮台・重鎮

文献 ⓐ楚辞・九歌・湘夫人「白玉兮爲鎭＝白玉を鎮と為す（白玉で座席を押さえる）」ⓑ荘子・徐無鬼「相鎭以聲＝相鎮むるに声を以てす（声で押さえつける）」

ツ

つい

【追】 9（辵・6） 常 ―― 常用音訓 ツイ　おう

語音 *tuăr(上古) ṭuui(中古→呉・漢ツイ) zhuī(中) 추(韓)

語源 [コアイメージ] 重みを加える。[実現される意味] 後推しして追い払うⓐ。[英]drive away, repel

〔解説〕日本語の「おう(おふ)」は「距離をおいた相手を目指して、それにとどこうと後から急ぐ意が原義」で、「その方へ向かって急ぐ」から「相手に近づいて、それを追い払う」へ転義する(大野①)。漢語の追について、藤堂明保は、循・巡・術などと同源で「ルートに従う」という基本義を設定し、ルートに従って進む(後をおいかける)意味を捉えた(藤堂①)。藤堂は𠂤(イタ)を単なる音符としたが(藤堂②)、筆者は𠂤にコアイメージの源泉があると考える。これは「重みを加える」というイメージである。あるもの(邪魔もの、敵対者など)に重み(圧力や武力)を加えて、それが域外に逃げるのに従って進む(おい払う)ことが追の意味である。日本語の「おう」は後をおいかける→おい払うに転義するが、漢語の追はそれと逆の転義をする。

〔グループ〕追・槌・鎚(ツイ)(重いかなづち[鉄鎚])・縋(ツイ)(物を縄にかけて重くぶら下げる。〈日〉すがる)

字源 「𠂤(イタ)(音・イメージ記号)＋辵(限定符号)」を合わせた字。「𠂤」は土の塊が二つ連なった形で、堆積の堆と同じ(⇩官)。土の集まりのことから、「ずっしりと重い」というイメージがある。ここにおける視点は「↓の形に上から下へ重く下がる」というイメージだが、視点を横に変えると、「→の方向に重みをかける」というイメージに転化する。推・遂にも同様のイメージ転化がある。「追」は人に重みを加えて後推しして前に進める様子を暗示させる。この意匠によって、人に圧力を加えておい払うことを表象する。

(甲) (金) (篆) [𠂤] (篆)

語義 [展開] 前の人に圧迫をかけてその後についていく(おい払う)意味ⓐから、先に行く人の後をおいかける意味ⓑ、逃がさないようにおいつく意味ⓒ、以前のことを後からたどる意味ⓓに展開する。[英]drive away, repel, expel; chase, pursue; overtake; trace [熟語] ⓐ追逐・追放・ⓑ追跡・急追・ⓒ追及・ⓓ追懐・追体験

文献 ⓐ春秋・荘公18「夏公追戎于済西＝夏、公、戎を済西に追ふ(夏に公はえびすを済水の西に追い払った)」ⓑ論語・微子「來者猶可追＝来る者は猶追ふべし(未来はまだ追いつける)」

【椎】12(木・8) 常 常用音訓 ツイ

語音 (1)*duăr(上古) ḍuui(中古→呉ヅイ〈＝ズイ〉・漢ツイ) chuí(中) 추(韓) (2)*tuăr(上古) ṭʃuui(中古→呉・漢スイ) zhuī(中) 추(韓)

語源 [コアイメージ] ずっしりと重い。[実現される意味] 打ちたたく道具、つちⓐ。[英]mallet; vertebra

〔解説〕釈名・釈容器に「椎は推なり」とある。椎は推(重みをかけて推す)・錐(重みをかけて揉んで穴を開ける「きり」)・槌(つち)と同源の語である。日本では木の名のシイに当てる。ただしこの場合の椎は「木＋錐(きり)の略体」を合わせて作られた半国字である。尖った実の形を錐に見立てたもの。

字源 「隹(スイ)(音・イメージ記号)＋木(限定符号)」を合わせた字。「隹」は「ずっしりと重い」というイメージがある(⇩堆・推)。「椎」は重みをかけて打ち下ろす木の「つち」を暗示させる。

語義 [展開] 物を打ちたたく道具、つちの意味ⓐ(1の場合)。つちのような形との類似性から、背骨の節の意味ⓑを派生する(2の場合)。日本では2の場合も1の音で読む。また日本ではブナ科の木、シイの意味ⓒに用いる。[英]mallet; vertebra; castanopsis [和訓] つち・しい [熟語] ⓐ椎殺・鉄椎・ⓑ椎骨・頸椎

文献 ⓐ戦国策・斉六「君王后引椎、椎破之＝君王の后、椎(つち)を引きて、

之を椎破す（君主のお后様はつちを手に取ると、これ「知恵の輪」を打ちこわした）」

【槌】14（木・10）　人　｜　音ツイ　訓つち

語音 *dıuər（上古）　dıui（中古→呉ヅイ〈＝ズイ〉・漢ツイ）　chuí（中）　추（韓）

語源 ［コアイメージ］重みを加える。［実現される意味］つちⓐ。［英］mallet

字源 「追（ツイ）（音・イメージ記号）＋木（限定符号）」を合わせた字。「追」は「重みを加える」というイメージがある（⇩追）。「槌」は重みをかけて打ち下ろす道具、「つち」を表す。鎚・椎と同じ。

語義 つちの意味ⓐ。［熟語］ⓐ鉄槌

【墜】15（土・12）　常　｜　常用音訓　ツイ

語音 *dıuər（上古）　dıui（中古→呉ヅイ〈＝ズイ〉・漢ツイ）　zhuì（中）　추（韓）

語源 ［コアイメージ］ずっしりと重い。［実現される意味］重いものがずしんと落ちる、落とすⓐ。［英］fall, drop

字源 「隊（タイ）（音・イメージ記号）＋土（限定符号）」を合わせた字。「隊」は「ずっしりと重い」というイメージがある。「㒸（スイ）（音・イメージ記号）＋阜（限定符号）」を合わせた「隊」は、上から下に重みが加わって土がずしんと落ちる情景を設定した図形（⇩隊）。「隊」自体が本来は「おちる」を表したが、やがて部隊の意味に転用されたため、改めて「墜」が作られた。

語義 重いものがずしんと落ちる意味ⓐ。［和訓］おちる・おとす　［熟語］ⓐ墜落・撃墜

文献 ⓐ論語・子張「文武之道、未墜於地、在人＝文武の道、未だ地に墜ちず、人に在り（文王・武王の道はまだ地に落ちておらず、人々の間に存在する）」

つう……………………

【通】10（辵・7）　常　｜　常用音訓　ツウ・ツ　とおる・とおす・かよう

語音 *t'uŋ（上古）　t'uŋ（中古→呉ツウ・漢トウ）　tōng（中）　통（韓）

語源 ［コアイメージ］突き抜ける。［実現される意味］道が障りなくとおるⓐ。［英］lead to

〔解説〕釈名・釈言語に「通は洞なり。貫洞（つらぬく）せざる所無きなり」と、正当に語源を説く。藤堂明保は甬（ヨウ）のグループと同のグループのほかに東のグループ、重のグループ、童のグループ、用のグループにも拡大して、これらが「つきとおる」という基本義をもつことを明らかにした（藤堂①）。妨げがなくスムーズに突き抜けることが通である。日本語の「とおる（とほる）」は「途中にさまたげがあっても、物事がこちらから向こうまでつきぬける意」という（大野①）。また「かよう（かよふ）」は「定まった二つの場所を行ったり戻ったりする」意味という（大野①）。日本語では「とほる」と「かよふ」は別語であるが、漢語の通では両者は転義の関係である。通と達は「道がスムーズに通る」という意味で語義が近いが、王力によれば、通は中間に障りがないこと（道路の状況と可能性）に焦点があり、達は終点に到着すること（行為の結果と現実性）に焦点があるという（王力②）。

〔グループ〕通・痛・勇・踊・湧・桶・涌（ヨウ）（＝湧。水が突き抜けて上がる→わく［涌泉］）・誦（ショウ）（よどみなく声を上げて唱える［諳誦］）・筩（トウ）（つつ）・蛹（ヨウ）（筒型の繭にこもる虫、さなぎ）・慂（ヨウ）（相手の心を突き上げてやる気を起こさせる［慫慂（ショウヨウ）］）・俑（ヨウ）（生きた人そっくりに、踊りはねることのできる仕掛けをした人形→死者の代わりに埋められる人形［陶俑］）・蓪（ツウ）（茎の中が突き抜けていて髄が抜け出る

特徴をもつ木、カミヤツデ、通草・通脱木）　樋*（半国字。とい・ひ）・鯒（純国字。こち）

【字源】「甬（音・イメージ記号）＋辵（限定符号）」を合わせた字。甲骨文字では「用＋辵」、金文では「甬＋辵」となっている。「用」は筒型のものの形。それに丸い口を示す「○」または「⊙」をつけたのが「甬」。筩（竹の筒）や鏞（筒型の鐘）のもとになる図形である。「用」も「甬」も「筒型をなす」「（中空を）突き抜ける」「突き通る」というイメージがある。「通」は道を突き抜けて行く様子を暗示させる。この意匠によって、道が突き抜けてとおることを表象する。

（金）　（篆）　［甬］

（甲）　（金）　（篆）

【語義】【展開】道が障りなくとおる意味ⓐから、広く、物事がスムーズに突き抜けて通る意味ⓑになる。また、「→の形（一方向）に突き抜ける」というイメージから「⇄の形（双方向）にかよい合う」というイメージに転化し、行き来する意味ⓒ、男女が交わる意味ⓓに展開する。また、スムーズにどこまでも達することから、言葉や情報をスムーズに伝える（知らせる）意味ⓔ、ある範囲の全体に行き渡る意味ⓕ、物事を広く知っている意味ⓖを派生する。［英］lead to; pass, penetrate; come and go; have relations with; communicate; reaching everywhere; know well, master

【熟語】ⓐ四通八達・不通・ⓑ疎通・流通・ⓒ通学・通勤・ⓓ姦通・密通・ⓔ通信・通報・ⓕ通算・通年・ⓖ通暁・精通

【文献】ⓐ国語・晋二「道遠難通＝道は遠くして通じ難し（道は遠く通じにくい）」ⓑ易経・繫辞伝上「往來不窮、謂之通＝往来窮まらず、之を通と謂ふ（往来が尽きないことを通というのだ）」ⓒ春秋左氏伝・僖公32「晉楚始通＝晋・楚始めて通ず（晋と楚は始めて交わった）」ⓓ春秋左氏伝・桓公18「齊侯通焉＝斉侯、焉に通ず（斉侯は彼女と通じた）」ⓕ論語・陽貨「夫三年之喪、天下之通喪也＝夫れ三年の喪は、天下の通喪なり（［親に対する］三年間の喪は世界中誰もが行う喪である）」

【痛】12（疒・7）　常　｜常用音訓｜ツウ　いたい・いたむ・いためる

【語音】*tʻuŋ（上古）　tʻuŋ（中古→呉ツウ・漢トウ）　tòng（中）　통（韓）

【語源】【コアイメージ】突き抜ける。【実現される意味】体にいたみが突き抜ける感じ（いたむ・いたみ）ⓐ。［英］pain, ache, hurt

【解説】釈名・釈疾病に「痛は通なり。通じて膚・脈（＝脈）の中に在り」とある。いたみを起こさせる何かが皮膚や脈の中を通るから痛だという解釈。通と痛は同源の語である。日本語の「いたい（いたし）」は「神経に強い刺激を受けたときの感じで、生理的にも心理的にもいう」とある（大野①）。「いたむ」はイタシと同根で、「心身を強く刺激する、苦痛を感じる意」（大野②）。漢語の痛と同じ。

【字源】「甬（音・イメージ記号）＋疒（限定符号）」を合わせた字。「甬」は「突き抜ける」というイメージがある（⇨通）。「痛」は体を突き抜ける症状、すなわち「いたみ」を暗示させる。

【語義】【展開】体がいたむ（いたい、いたみ）の意味ⓐから、比喩的に、心がいたむ（悲しむ）意味ⓑ、また、程度が甚だしい意味ⓒに展開する。［英］pain（ⓐⓑ）, ache（ⓐⓑ）, hurt（ⓐⓑ）, sore; be grieved, sad; extremely　【熟語】ⓐ苦痛・頭痛・ⓑ心痛・悲痛・ⓒ痛切・痛烈

【文献】ⓐ韓非子・喩老「居五日、桓公體痛＝居ること五日、桓公、体痛む（五日たって、桓公は体が痛くなった）」ⓑ礼記・奔喪「痛疾之意、傷腎乾肝焦肺＝痛疾の意、腎を傷り、肝を乾かし、肺を焦がす（［親を失った］悲しみの心は、腎を傷め、肝を乾かし、肺を焦がしてしまうほどだ）」

つか

【塚】→ちょう

つける……………………………………

【漬】→し

つじ……………………………………

【辻】6(辵・2) 人 ―純国字

字源 日本語の「つじ」を表記するために創作された疑似漢字。「十」(十字路)に限定符号の「辵」を添えて、十字路になった所を暗示させた。「つじ」はツムジ(旋毛)の転で、道が縦横に交差する所の意味。

語義 つじの意味。[英]crossroads

つぼ……………………………………

【坪】→へい

つめ……………………………………

【爪】→そう

つる……………………………………

【鶴】→かく

てい……………………………………

【汀】5(水・2) 人 ―音テイ・チョウ 訓なぎさ・みぎわ

語音 *t'eŋ(上古) t'eŋ(中古→呉チャウ〈=チョウ〉・漢テイ) tīng(中) 정(韓)

語源 [コアイメージ] T形に突き当たる。[実現される意味] 水際ⓐ。[英]waterside, shore

字源 「丁(テイ)(音・イメージ記号)+水(限定符号)」を合わせた字。「丁」は「T形をなす」「T形に突き当たる」というイメージがある(⇩丁)。「汀」は波が打ち寄せてTに当たる所(なぎさ、水辺、水際)を暗示させる。

語義 水際の意味ⓐ。[熟語] ⓐ汀渚・長汀

文献 ⓐ楚辞・九歌・湘夫人「搴汀洲兮杜若=汀洲に杜若を搴(ぬ)く(水辺でアオノクマタケラン[ハナミョウガ属の草]を抜き取る)」

【低】7(人・5) 常 ―常用音訓 テイ ひくい・ひくめる・ひくまる

語音 *ter(上古) tei(中古→呉タイ・漢テイ) dī(中) 저(韓)

語源 [コアイメージ](これ以上は行けない)いちばん下の方。[実現される意味] 上下の幅が短い・位置が下がった方である(ひくい)ⓐ。[英]low

解説 藤堂明保は矢・尸・夷・氏・弟などを同じ単語家族にくくり、「まっすぐで短い、ひくい」という基本義をもつとした(藤堂①)。丈(上下の幅、高さ)が短い→位置がひくいは当然のイメージ転化といえる。ひくいことを古代漢語では*terという。説文解字では「氏は至なり」と解

する(低の字は説文解字にない)。これ以上は行けない所まで来ることが至である。視点を垂直軸に置くと、上(高い所)から段々と下がって、これ以上はない行き止まりの所、これが氐(底、低)という捉え方である。日本語の「ひくい(ひくい)」はヒキシの転。ヒキシとは「垂直方向における丈、高さや、基準面からの張り出しが小さいさま。また、上下関係における位置について、相対的に下位にあるさま」という(大野②)。漢語の低もこれと同じである。

〔グループ〕低・底・抵・邸・砥・厎シ(砥石、また、底まで届く)・柢テイ(木の根元[根柢])・胝チ(皮膚を押しつけて固くなったたこ[胼胝])・祗シ(身を低くして敬い慎む[祗候])・觝テイ(角が対象まで届いて触れる[觝触])・牴テイ(角を突き合わせる[牴牾])・羝テイ(角で突く雄の羊[羝羊])・詆テイ(とことんまで突き詰めてなじる、そしる[詆毀])・骶テイ(脊柱の最下部の骨[尾骶骨])・鴟シ(低く飛んで獲物を狙う鳥、チュウヒ)

字源 「氐テイ(音・イメージ記号)＋人(限定符号)」を合わせた字。「氐」はスプーンの形。その下に「一」を添えたのが「氐」である。具体は捨象して、「いちばん下(底)の方」というイメージを示す。このイメージは「下の方まで垂れ下がる」「これ以上は行けない所までくる」というイメージにも展開する。「低」は丈が下の方に下がった人を暗示させる。この意匠によって、丈が短いことを表象する。

(篆)　(篆)　[氐]　(篆)

語義 [展開] 位置が下がった方である意味ⓐから、音・クラス・程度などが下の方にある意味ⓑ、また、低く垂れ下がる、下方に低く下げる意味ⓒに展開する。[英]low(ⓐⓑ); lower(ⓑⓒ), humble; hang, droop [和訓] たれる [熟語] ⓐ低地・高低・ⓑ低級・低劣・ⓒ低下・低頭

文献 ⓒ呂氏春秋・知分「龍俛耳低尾而逝＝竜、耳を俛ふせ尾を低たれて逝く(竜は耳を伏せ、尾を垂れて、すごすごと去った)」

【呈】 7(口・4) 常 常用音訓 テイ

語音 *ḍɪeŋ(上古) ḍɪɛŋ(中古→呉ヂャウ〈＝ジョウ〉・漢テイ) chéng(中) 정(韓)

語源 [コアイメージ] まっすぐ。[実現される意味] ストレートに現し示すⓐ。[英]show, display

〔解説〕古典の注釈に「呈は示見なり」とある。示は「まっすぐ」がコアイメージなので、まっすぐ現し示すことが呈である。コアイメージの源泉は壬テイという記号にある。これは廷では壬に、徴・聖・聴(＝聽)では王に変形し、「まっすぐ(直線的で曲折がない)」というイメージを示す記号である。呈はこれらと同源の語である。

〔グループ〕呈・程・徴・聴(＝聽)・逞・鐵テツ(＝鉄)・酲テイ(酒を飲んで酔いがストレートに現れる→悪酔い・二日酔い)・裎テイ(肌を表に出す、裸になる[裸裎])

字源 「壬テイ(音・イメージ記号)＋口(限定符号)」を合わせた字。「壬」は人がかかとを上げ背伸びして立つ姿を描き、「まっすぐ」というイメージを示す。「呈」は言葉で内容をまっすぐ(ストレートに)表現する様子を暗示させる。この意匠によって内容を表面に表し出すことを表象する。

(甲)　(金)　(篆)　[壬]　(篆)

〔字体〕「呈」は旧字体。「呈」は書道で古くから行われた字体。呈に従う他の漢字もこれに倣う。

語義 [展開] 中身をまっすぐに外側に現し示す意味ⓐから、相手に物をまっすぐに(包み隠さずに)差し出す意味ⓑに展開する。[英]show, display; present, submit [和訓] あらわす・あらわれる [熟語] ⓐ呈示・露呈・ⓑ献呈・進呈

文献 ⓐ史記・亀策列伝「卜歳中有兵無兵、無兵呈兆＝歳中兵有りや兵無きやを卜す、兵無ければ兆を呈す(一年のうちに戦争があるかないかを

占う。戦争がない場合は兆しを現す)」

【廷】7(廴・4)　常　｜　常用音訓　テイ

語音 *deŋ(上古)　deŋ(中古→呉チャウ〈＝ジョウ〉・漢テイ)　tíng(中)　정(韓)

語源 [コアイメージ] ㋐まっすぐ・㋑平ら。[実現される意味] にわⓐ。[英]courtyard

〔解説〕「にわ」が本義。日本語の「にわ(には)」は「作業・仕事をする平らな一定の地域」の意という(大野①)。漢語の*deŋは「まっすぐ」というイメージから生まれた。このイメージを表す記号が壬。これは「垂直にまっすぐ」のイメージがもとであるが、視点を水平軸に移すと「平ら」というイメージに転化する。宮中など大きな敷地内で、でこぼこな土を均し、まっすぐな平面にした場所が廷である。英語のcourtはラテン語のhortus(=garden)に由来し、もともと「建物や塀に囲まれた場所、転じて中庭」の意味という(小島①)。漢語の廷と語源的によく似ている。

〔グループ〕廷・庭・艇・挺・梃テイ(まっすぐな棒)・蜓テイ(腹部が細くまっすぐ抜き出た虫、ヤンマ[蜻蜓])・霆テイ(まっすぐ伸びる稲光[雷霆])

字源 「壬テイ(壬は変形。音・イメージ記号)＋廴(限定符号)」を合わせた字。「壬」は人がかかとを上げ背伸びして立つ姿を描いた図形(⇩呈)。「まっすぐ」というイメージを示すが、視点を縦の軸から横の軸に変えると、「平ら」というイメージにもなる。「廷」はまっすぐ平らに伸びた場所を暗示させる。

(金)　　(篆)

〔字体〕「廷」は旧字体。廷に従う他の漢字もこれに倣う。

語義 [展開] 中庭の意味ⓐ。宮中の庭に諸国から人々が朝貢や祝賀にやってくることから、天子が政治を執る所(朝廷)の意味ⓑが生まれた。また、「まっすぐ」「平ら」のイメージから、刑罰を公平に裁く官の意味ⓒを派生する。裁判をする所の意味ⓓは日本的用法。中国では庭を用いる。[英]courtyard; court, royal government; judge; court of justice　[熟語] ⓑ宮廷・朝廷・ⓒ廷尉・ⓓ出廷・法廷

文献 ⓐ詩経・山有枢「子有廷内＝子に廷内有り(お前は中庭と部屋のある大きな屋敷を持っている)」ⓑ墨子・尚同「聘天子之廷＝天子の廷に聘イへす(天子の朝廷に招く)」

【弟】7(弓・4)　常　｜　常用音訓　テイ・ダイ・デ　おとうと

語音 *der(上古)　dei(中古→呉ダイ・漢テイ)　dì(中)　제(韓)

語源 [コアイメージ] 上から下に段々と垂れ下がる。[実現される意味] おとうとⓐ。[英]younger brother

〔解説〕日本語の「おとうと」はオトヒトの転。オトはオツ(落)・オトル(劣)のオトと同源で、「オトとは低い位置にあること、必要な力が少ししかない状態」の意という(大野②)。漢語の*derも兄弟の序列における位置関係を示した語である。出生の序列が下がっていく方を*derという。この語は「上から下に段々と垂れ下がる」というコアイメージをもつ。釈名・釈親属に「弟(おとうと)なる者は弟なり。相次弟(＝次第)して生まるるなり」とある。次第(順序)をなすことから弟という解釈。順序・次第と関連づけたのは妥当。藤堂明保は語の範囲を拡大し、矢のグループ、氏テイのグループ(低など)、夷イのグループ(痍など)、弟のグループなどが同源の単語家族を構成し、「まっすぐで短い、ひくい」という基本義をもつとした(藤堂①)。そうすると背丈が低いという兄と比較した身体的特徴を捉えた語ということになる。これも通ずる。

〔グループ〕弟・第・悌・梯・鵜・剃テイ(髪の丈を低くする→そる[剃髪])・涕テイ(垂れ落ちるなみだ[涕涙])・睇テイ(視線を低く下げる、伏し目[睇視])・稊テイ(稲より価値の低い作物、ヒエ)・鮷テイ(＝鮧・鯷。頭が低く平らな魚、オオナマズ)

字源 「弟」の篆文を分析すると「弋＋弓」となる。「弋」は先端が二股になった道具（いぐるみ）の形（⇨代）。「弓」は弓矢の弓ではなく、巻きつける符号。「弋（イメージ記号）＋弓（イメージ補助記号）」を合わせた「弟」は、いぐるみの柄に段々と紐を巻きつける情景を設定した図形（弔と意匠が似ている）。「弟」は「下から上に段々と順をなして上がる」というイメージがある。視点を変えると、「上から下に段々と垂れ下がる」というイメージにもなる。おとうとは兄に対して、身長や年齢が下の方に低く下がるので、この図形でもって*derの視覚記号とした。

（金）　（篆）

語義 ［展開］おとうとの意味ⓐ。弟になぞらえて、門人の意味ⓑに転用される。また、兄や年長者に柔順に従う意味ⓒ、和やかで楽しい意味ⓓを派生する。ⓒⓓは後に悌と書かれる。［英］younger brother; pupil; fraternal; pleasant ［熟語］ⓐ実弟・兄弟・ⓑ弟子・門弟・ⓒ孝弟（＝孝悌）・ⓓ豈弟（ガイテイ）（＝愷悌）

文献 ⓐ詩経・陟岵「兄曰嗟予弟＝兄曰く、嗟（ああ）予が弟よ（兄は言う、"ああ私の弟よ"）」ⓒ論語・学而「弟子入則孝、出則弟焉＝弟子入りては則ち孝、出でては則ち弟（弟子たちよ、内では親に孝行、外では先輩に柔順になれ）」

【定】 8(宀・5) 常

常用音訓 テイ・ジョウ　さだめる・さだまる・さだか

語音 *deŋ（上古）　deŋ（中古→呉ヂャウ〈＝ジョウ〉・漢テイ）　dìng（中）　정（韓）

語源 ［コアイメージ］じっと止まる。［実現される意味］一所にじっと止まって動かない・じっと落ち着くⓐ。［英］settle, calm down

〔解説〕足の機能をモチーフにして作られた語に止・之・寺・正があり、これらは「止まる」と「進む」の相反するイメージを示す記号である。足は止まる機能もあれば、進む機能もあるからである。これらには「まっすぐ」というイメージもある。まっすぐ進むことは水平の軸に視点を置いたものだが、垂直の軸に視点を置けば「まっすぐ立つ」というイメージで、これは「⊥形にじっと止まる」というイメージにつながる。このように「止まる」と「進む」は「まっすぐ」を媒介にすると矛盾なく同化する。*deŋという語は一所にじっと止まって落ち着くことを意味する。これを表記するために正が使われ、定が生まれた。藤堂明保は定を丁のグループと同源とし、「⊥形、または⊤形に直角に当たる」という基本義を設定した（藤堂①）。日本語の「さだめる（さだむ）」は「天皇の後継者、帝都・陵墓の位置、罪刑、結婚の可否など神聖な公共的事項を正式に決定するのが原義」で、古代では占いによって神意をうかがい決定したという（大野①）。漢語の定は「⊥形にじっと止まる・止める」がコアイメージで、人の判断力によってこうだと決めて動かさないことである。英語のsettleは「（ふらふら）（移動していたものが）一定の場所に落ち着く」がコアイメージで、止まる、落ち着く、身を落ち着ける、決定するなどの意味に展開する（田中①）。これは漢語の定とほぼ合致する。

〔グループ〕定・錠・綻・淀・碇（テイ）（船を止めておく「いかり」）・掟（テイ）（定めた決まり、おきて）・*諚（半国字。じょう。主君の命令）

字源 「正（セイ）（音・イメージ記号）＋宀（限定符号）」を合わせた字。「正」は「まっすぐ進む」というイメージがあるが（⇨正）、足の機能をもとにした「止」「之」「寺」と同様、「じっと止まる」というイメージも表しうる。したがって「定」は動いていたものが屋根の下で止まってじっと落ち着く情況を設定した図形。

（甲）

（金）
（篆）

語義 ［展開］一所に止まって動かない、落ち着く（さだまる）意味ⓐから、動揺しないようにしっかり落ち着かせる意味ⓑ、一つのことに決めて動かさない(さだめる)意味ⓒ、決まって動かせないもの(取り決め・決まり)の意味ⓓ、一つに決めて変える余地がないさま(必ず)の意味ⓔに展開する。[英]settle(ⓐ~ⓒ), calm down; stabilize; decide, fix; law, rule; surely, certainly 【熟語】ⓐ定着・安定・ⓑ平定・鎮定・ⓒ確定・決定・ⓓ定款・規定・ⓔ必定

文献 ⓐ詩経・日月「胡能有定＝胡ぞ能く定まること有らんや(〔男心は〕なんで一つの所に落ち着かないのか)」ⓑ詩経・六月「以定王國＝以て王国を定む(こうして王国を安定させる)」ⓒ孟子・滕文公上「定爲三年之喪＝定めて三年の喪と為す(三年の服喪期間を決めた)」

【底】8(广・5)　常　常用音訓 テイ　そこ

語音 *ter(上古)　tei(中古→呉タイ・漢テイ)　dǐ(中)　저(韓)

語源 【コアイメージ】いちばん下の方。【実現される意味】物のいちばん低い所(そこ)ⓐ。[英]bottom

字源 「氐(音・イメージ記号)＋广(限定符号)」を合わせた字。「氐」は「(これ以上は行けない)いちばん下の方」というイメージを示す記号(⇩低)。「底」は建物のいちばん下を暗示させる。

語義 【展開】物のいちばん低い所(そこ)の意味ⓐ。また、これ以上は行けない所まで来る(至る、止まる)意味ⓑ、下書き(草稿)の意味ⓒを派生する。[英]bottom; come to; draft 【熟語】ⓐ海底・基底・ⓑ底止・ⓒ底本

文献 ⓐ宋玉・高唐賦「不見其底、虚聞松声＝其の底を見ず、虚しく松声を聞く(その〔谷の〕底は見えず、ただ松風の音が聞こえるだけだ)」(文選33) ⓑ楚辞・天問「南土爰底＝南土は爰にか底る(南の土地はどこまで至りつくのか)」

【抵】8(手・5)　常　常用音訓 テイ

語音 *ter(上古)　tei(中古→呉タイ・漢テイ)　dǐ(中)　저(韓)

語源 【コアイメージ】(これ以上は行けない)いちばん下の方。【実現される意味】これ以上は行けない所まで来て止まる(いたる)ⓐ。[英]arrive, reach

字源 「氐(音・イメージ記号)＋手(限定符号)」を合わせた字。「氐」は「(これ以上は行けない)いちばん下の方」というイメージがある(⇩低)。「抵」はこれ以上は行けない所で踏みとどまる様子を暗示させる。

語義 【展開】AがBまでやってきてぶつかって止まる(いたる)意味ⓐから、Aがそれ以上行けないようにBで止める(支えて防ぎ止める)意味ⓑ、AがBにぶつかって差しさわる(法などに触れる)意味ⓒ、AがBに当たってちょうど釣り合う(相当する)意味ⓓに展開する。[英]arrive, reach; support, resist; violate; be equal to 【和訓】いたる・あたる 【熟語】ⓑ抵抗・ⓒ抵触(＝觝触・牴触)・抵法・ⓓ抵当

文献 ⓐ史記・秦始皇帝本紀「遂従井陘抵九原＝遂に井陘従り九原に抵る(ついに井陘から九原に至った)」ⓒ戦国策・燕二「恐抵斧質之罪＝斧質の罪に抵るを恐る(斬首の罪に触れるのがこわい)」

【邸】8(邑・5)　常　常用音訓 テイ

語音 *ter(上古)　tei(中古→呉タイ・漢テイ)　dǐ(中)　저(韓)

語源 【コアイメージ】これ以上行けない所までくる。【実現される意味】都における諸侯の宿舎ⓐ。[英]residence of feudal lords

字源 「氐(音・イメージ記号)＋邑(限定符号)」を合わせた字。「氐」は「これ以上行けない所までくる」というイメージから、「AがBまでやってきてそこに止まる」というイメージに展開する(⇩抵)。「邸」は地方の諸侯が都にやってきてとまる宿舎を暗示させる。

語義 【展開】都における大名の住まいの意味ⓐから、貴族や高官の住居の意味ⓑ、大きく構えた立派な家の意味ⓒに展開する。[英]residence of feudal lords; official residence; mansion 【和訓】やしき 【熟語】ⓑ官邸・公邸・ⓒ邸宅・豪邸

【文献】ⓐ墨子・兼愛「注后之邸＝后の邸に注ぐ（［その川は］君主の邸宅にそそぎ込んでいる）」

【亭】 9(亠・7) 常 ｜常用音訓 テイ

【語音】*deŋ(上古) deŋ(中古→呉ヂャウ〈＝ジョウ〉・漢テイ) t'iaŋ(唐チン) ting(中) 정(韓)

【語源】［コアイメージ］丅形をなす・じっと止まる。［実現される意味］辺境に設けた偵察用の建物(物見やぐら)ⓐ。［英］watchtower, barbican

【解説】釈名・釈宮室に「亭は停なり。亦た人の停まり集まるなり」とある。丁がコアイメージの源泉である。これは「丅形や⊥形をなす」「⊥形にじっと止まる」というイメージがある。「ちん」(あずまや)には丅形のイメージがはっきり現れている。

【グループ】亭・停・渟(水がたまって流れない［渟水］)

【字源】「丁(音・イメージ記号)＋高の略体(限定符号)」を合わせた字。「丁」は「丅形をなす」というイメージがあり、「⊥形にじっと止まる」というイメージに展開する(⇩丁)。「高」は高い建物の形。したがって「亭」は丅形に高く立つ建物を暗示させる。国境付近に建てて外敵の様子を伺う建物(物見やぐら)が最古の意味。

【語義】［展開］物見やぐらの意味ⓐから、路傍で旅客を宿泊させる建物(はたごや)の意味ⓑ、風景を見物するために設けた屋根だけで壁のない建物(あずまや)の意味ⓒに展開する。また、樹木などが高くそびえる様子の意味ⓓを派生する。食事を供する所や演芸を見せる所の意味ⓔは日本的用法。［英］watchtower, barbican; inn; arbor; tower; restaurant, variety-hall 【熟語】ⓑ旗亭・旅亭・ⓒ亭子・池亭・ⓓ亭然・亭亭・ⓔ亭主・席亭

【文献】ⓐ韓非子・内儲説上「攻亭一朝而抜之＝亭を攻め一朝にして之を抜く(亭をあっという間に攻め落とした)」ⓑ何卲・遊仙詩「亭亭高山柏＝亭亭たる高山の柏(そびえ立つ高い山の柏)」(文選21)

【帝】 9(巾・6) 常 ｜常用音訓 テイ

【語音】*teg(上古) tei(中古→呉タイ・漢テイ) di(中) 제(韓)

【語源】［コアイメージ］締めくくって一つにまとめる。［実現される意味］宇宙のすべてのものを中央で統括する支配者(天の神)ⓐ。［英］supreme deity, heavenly god

【解説】帝は至高神(天上の神)を意味する語を表記するために考案された図形。地上の最高者(皇帝)は転義である。英語のemperorはラテン語のimperare(命令する)が語源らしい(小島①)。漢語の帝は命令ではなく統括のイメージである。ただし漢語にも天の神の命を受けた者を表す語がある。これが天子である。字源については花の蔕(へた)の形、柴を焼いて天を祭る形、女性生殖器の形など、諸説紛々である。近現代の文字学者たちは文字の表面的な形から、あるいは言語外の事柄から、天の神と結びつける。語の深層構造を初めて明らかにしたのは藤堂明保である。氏は帝のグループは成のグループと同源で、「ひと所に締めまとめる」という基本義をもつとした。「宇宙のすべてを一手にとりまとめるもの」が帝であり、図形は「三本の垂れた線を⊐印でひとまとめに締めたさま」と解する(藤堂①②)。これが妥当である。帝の形が「何を象ったか」と追求すると袋小路に陥ってしまう。「どんなイメージをどう図形化したか」を考えるのが正道である。

【グループ】帝・締・諦・蹄・蔕(＝蒂。果実を引き締める「へた」)・揥(髪を引き締めてまとめる「かんざし」)・啻(一つに締める→ただそれ一筋に)・啼(涙が一つながりになって落ちる→泣く・鳴く［啼泣］)・禘(天帝や祖先神など多くの神をまとめて祭ること)・商(嫡・滴・敵・適のコアになる記号)

字源 三本の線を中央で締めくくった様子を示す象徴的符号。この意匠によって、「締めくくって一つにまとめる」というイメージを表すことができる。

(甲)　(金)　(篆)

語義 [展開] 天上の至高神の意味ⓐから、地上を支配する最高権力者の意味ⓑに展開する。[英]supreme deity, heavenly god; emperor [和訓] みかど [熟語] ⓐ上帝・天帝・ⓑ帝王・皇帝

文献 ⓐ詩経・文王「文王陟降、在帝左右＝文王は陟降(チョッコウ)し、帝の左右に在り(文王は天に上り下りして、天帝の左右におわします)」ⓑ孟子・万章上「妻帝之二女＝帝の二女を妻(めあ)わす([舜は]天子の二人の娘を妻とした)」

【訂】 9(言・2)　常 ― 常用音訓 テイ

語音 *deŋ(上古) deŋ(中古→呉チャウ〈＝ジョウ〉・漢テイ) dìng(中) 정(韓)

語源 [コアイメージ] 一所に止まる・一つに定める。[実現される意味] 善し悪しを比べて一つに定めるⓐ。[英]conclude, agree

字源 「丁(テイ)(音・イメージ記号)＋言(限定符号)」を合わせた字。「丁」は「丅形をなす」というイメージから、「丄形にじっと止まる」「一所に止まる」というイメージに展開する(⇩丁)。定(一所にじっと止まって落ち着く)と同源。「訂」はいろいろな意見の違いを見比べて、どちらか一つに決めて定める様子を暗示させる。藤堂明保は訂を定(きめる)・締(紐を一つにまとめて結ぶ)と同源とし、丁を単なる音符としたが(藤堂②)、筆者は丁を音・イメージ記号と見る。

語義 [展開] 善し悪しを比べて一つに定める意味ⓐから、間違いを直して正しいものに定める(言葉や文字の間違いを正す)意味ⓑ、また、一か所を止める(綴じる)意味を派生する。[英]conclude, agree; correct, revise; bind [和訓] ただす [熟語] ⓐ訂交・訂盟・ⓑ訂正・改訂・ⓒ装訂(＝装幀・装丁)

文献 ⓑ論衡・対作篇「就世俗之書、訂其眞僞＝世俗の書に就きて、其の真偽を訂す(世間の書物について、それらの真偽を正した)」

【貞】 9(貝・2)　常 ― 常用音訓 テイ

語音 *tieŋ(上古) tɪɛŋ(中古→呉チャウ〈＝チョウ〉・漢テイ) zhēn(中) 정(韓)

語源 [コアイメージ] まっすぐ・まっすぐ当たる。[実現される意味] 占って神意を問うⓐ。[英]read off oracle, divination inquiry

[解説] 藤堂明保は知・聖・聴・貞を同じ単語家族に入れ、「ずばりと当てる」という基本義をもつとする(藤堂①)。このイメージのさらなるコアには「まっすぐ」というイメージがある。このイメージを表す記号が鼎である。

[グループ] 貞・偵・禎・幀(テイ・トウ)(布や表紙をまっすぐ伸ばして貼りつける[装幀])

字源 「鼎(テイ)(貝は変形。音・イメージ記号)＋卜(限定符号)」を合わせた字。「鼎」は三本の足のついた器(かなえ)の形で、「まっすぐ(安定して)立つ」というイメージがあり、「まっすぐ当たる」というイメージに展開する(⇩鼎)。「貞」は神意がまっすぐ当たるように占いによって伺う様子を暗示させる。

(甲)　(金)　(篆)

語義 [展開] 占って神意を問うが本義ⓐ。「まっすぐ」というコアイメージから、意志や節操がまっすぐで変わらない(正しい)意味ⓑを派生する。[英]read off oracle, divination inquiry; faithful, chaste [和訓] ただしい [熟語] ⓐ貞卜・ⓑ貞潔・貞節

文献 ⓑ論語・衛霊公「君子貞而不諒＝君子は貞にして諒ならず（君子はまっすぐ行動するのであって、分かった顔はしない）」

【庭】10（广・7） 常 ｜ 常用音訓 テイ にわ

語音 *deŋ（上古） deŋ（中古→呉ヂャウ〈＝ジョウ〉・漢テイ） tíng（中） 정（韓）

語源 ［コアイメージ］ ㋐まっすぐ・㋑平ら。［実現される意味］ 宮中のにわⓐ。［英］courtyard

字源 「廷イテ（音・イメージ記号）＋广（限定符号）」を合わせた字。「廷」は土を平らに均したにわのこと（⇩廷）。廷だけで「にわ」を表したが、「庭」は建物や屋敷に付属する「にわ」の意味を明確にした。

語義 ［展開］ 宮中のにわの意味ⓐから、広く、にわの意味ⓑ、朝廷、また、朝廷にやってくる意味ⓒ、裁きの庭（お白州）の意味ⓓに展開する。の場合、中国では庭、日本では廷が用いられる。［英］courtyard; yard, garden; come to the court; court of justice ［熟語］ ⓐ掖庭・禁庭・ⓑ庭園・家庭・ⓒ開庭（＝開廷）

文献 ⓐ詩経・小旻「發言盈庭＝発言、庭に盈みつ（議論が宮中の庭に満ちあふれる）」ⓑ詩経・著「俟我於庭乎而＝我を庭に俟まつ（私を庭で待っている）」（乎而はリズム調節詞） ⓒ詩経・常武「徐方來庭＝徐方来庭す（徐の国は朝廷にやってきた）」

【悌】10（心・7） 人 ｜ 音テイ

語音 *der（上古） dei（中古→呉ダイ・漢テイ） tì（中） 제（韓）

語源 ［コアイメージ］ 下方に下がる。［実現される意味］ 兄や年長者に柔順に従うことⓐ。［英］respectful toward elder brothers

字源 「弟イテ（音・イメージ記号）＋心（限定符号）」を合わせた字。「弟」はおとうとの意味だが、そのコアには「垂れ下がる」「下方に下がる」というイメージがある（⇩弟）。「悌」は兄や年長者に対してへりくだることを表す。

語義 ［展開］ 兄弟の仲が睦まじい意味ⓐから、和やかで楽しい意味ⓑを派生する。［英］respectful toward elder brothers, fraternal; pleasant ［熟語］ ⓐ悌順・孝悌・ⓑ愷悌ガイテイ

文献 ⓐ孟子・滕文公下「於此有人焉、入則孝、出則悌＝此に於いて人有り、入りては則ち孝、出でては則ち悌（今ここに内では親に孝行、外では年長者に柔順な人がいる）」

【挺】10（手・7） 人 ｜ 音テイ・チョウ 訓ぬきんでる

語音 *deŋ（上古） deŋ（中古→呉ヂャウ〈＝ジョウ〉・漢テイ） tǐng（中） 정（韓）

語源 ［コアイメージ］ まっすぐ。［実現される意味］ 抜き出すⓐ。［英］pull out

字源 「廷イテ（音・イメージ記号）＋手（限定符号）」を合わせた字。「廷」は「まっすぐ」というイメージがある（⇩廷）。「挺」は棒状のものがまっすぐ抜け出る、または、抜き出すことを表す。

語義 ［展開］ するりと抜き出す意味ⓐから、前に抜け出るように進む意味ⓑ、上に抜け出るように生える意味ⓒ、他よりも抜きん出る意味ⓓに展開する。また、まっすぐの意味ⓔを派生する。［英］pull out; straighten up; crop out; stand out; straight ［熟語］ ⓑ挺身・挺進・ⓓ挺秀・挺抜・ⓔ挺然・挺立

文献 ⓐ墨子・大取「將劍與挺劍異＝剣を将もつと剣を挺ぬくとは異なり（剣を手に持つことと、剣を抜くことは別である）」

【逓】10（辵・7） 常 ｜ 常用音訓 テイ

語音 *deg（上古） dei（中古→呉ダイ・漢テイ） dì（中） 체（韓）

[語源] [コアイメージ] □－□－□－の形(数珠つなぎ)につなぐ。[実現される意味] 次々に入れ代わって送り伝える・リレー式に物を送る[a]。[英]transmit

〔解説〕古典に「逓は更なり」「逓は迭なり」とある。更や迭はA→BのようにAがBにかわる(入れ代わる)ことであるが、これが連鎖するとA→B→C…のように次々に(数珠つなぎに)移るというイメージに展開する。このイメージを表すのが逓である。

〔グループ〕逓・嗁(イテ)(＝啼。ずるずるとつながって涙が落ちる)・蹏(イテ)(＝蹄。爪が一つながりになった獣の「ひづめ」)・褫(チ)(横からずるずると引いて奪い取る)・螔(イ)(ずるずると横に這うカタツムリ、また、ナメクジ、螔蝓(ユイ))・鷉(イテ)(平らな肢で水を掻いてすいすいと移動する鳥、カイツブリ、鸊鷉(ヘキテイ))

[字源] 「遞」が正字。「虒(シ)(音・イメージ記号)＋辵(限定符号)」を合わせた字。「虒(シ)」は「厂(横に引く符号)＋虎(トラ)」を合わせて、トラがのっしのっしと横にずれて移動する情景を暗示させる図形。この意匠によって、「A→B→C…の形(数珠つなぎ)に移る」というイメージを表すことができる。また、AとBに焦点を当てれば、「A⇄Bの形に代わりばんこに代わる」というイメージにもなる。したがって「遞」はA→B→C…の形に次々に(代わりばんこに)物を送り伝える様子を暗示させる。

(篆)  [虒]　(篆) 

〔字体〕「逓」は近世中国で発生した「遞」の俗字。現代中国の簡体字は「递」。

[語義] [展開] リレー式に物を送る意味[a]から、代わりばんこに(順々に、次第に)の意味[b]、リレー式に人や物を送る制度(宿駅、駅伝)の意味[c]に展開する。[英]transmit; alternately; post [熟語] [a]逓信・逓進・[b]逓減・逓増・[c]駅逓・郵逓

[文献] [a]戦国策・斉一「六國之遞甚也＝六国の逓(かわ)るは甚しきなり(六の国の交替は甚だしかった)」[b]荀子・天論「日月遞炤＝日月遞(かわるがわ)る炤(て)らす(日と月が代わりばんこに照らす)」

【釘】10(金・2)　[人]　[音]テイ　[訓]くぎ

[語音] *t'eŋ(上古)　t'eŋ(中古→[呉]チャウ〈＝チョウ〉・[漢]テイ)　dīng(中)　정(韓)

[語源] [コアイメージ] ┬形や┴形をなす。[実現される意味] くぎ[a]。[英]nail

[字源] 「丁(イテ)(音・イメージ記号)＋金(限定符号)」を合わせた字。「丁」は「┬形や┴形をなす」というイメージがある(⇩丁)。「釘」は┬形に打ちつける金属製の「くぎ」を暗示させる。

[語義] くぎの意味[a]。[熟語] [a]装釘

【停】11(人・9)　[常]　[常用音訓] テイ

[語音] *deŋ(上古)　deŋ(中古→[呉]ヂャウ〈＝ジョウ〉・[漢]テイ・[慣]チャウ〈＝チョウ〉)　tíng(中)　정(韓)

[語源] [コアイメージ] ┴形にじっと止まる。[実現される意味] 一所にじっと止まる・止める[a]。[英]stop, stay

[字源] 「亭(イテ)(音・イメージ記号)＋人(限定符号)」を合わせた字。「亭」は「┴形にじっと止まる」というイメージがある(⇩亭)。「停」は人が一所にじっと止まる様子を暗示させる。

[語義] [展開] 一所にじっと止まる意味[a]から、一時的に中止する(やめる)意味[b]に展開する。[英]stop([a][b]), stay, halt, pause; cease [和訓] とまる・とめる・とどまる・とどめる [熟語] [a]停止・停泊・[b]停学・停戦

[文献] [a]荘子・徳充府「平者、水停之盛也＝平なる者は、水停(とど)まるの盛なり(平衡とは水が止まった極限の状態のことだ)」

【偵】11(人・9) 常 ｜ 常用音訓 テイ

語音 *tieŋ(上古) ṭiɛŋ(中古→呉チャウ〈＝チョウ〉・漢テイ) zhēn(中) 정(韓)

語源 [コアイメージ] まっすぐ当たる。[実現される意味] ひそかに様子を伺い探るⓐ。[英]spy

字源 「貞(テイ)(音・イメージ記号)＋人(限定符号)」を合わせた字。「貞」は「まっすぐ当たる」というイメージから、神意がまっすぐ当たるように様子を伺う→わからないことを探るというイメージに展開する(⇩貞)。「偵」はわからないことをひそかに探る様子を暗示させる。

語義 [展開] ひそかに様子を伺い探る意味ⓐから、こっそりと探る者、スパイの意味ⓑに展開する。[英]spy(ⓐⓑ), scout, reconnoiter [和訓] うかがう [熟語] ⓐ偵察・探偵・ⓑ密偵

文献 ⓐ史記・大宛列伝「偵而輕之＝偵(うか)がひて之を軽んず([敵軍を]偵察した結果それを軽視した)」

【梯】11(木・7) 人 ｜ 音テイ 訓はしご

語音 *t'er(上古) t'ei(中古→呉タイ・漢テイ) tī(中) 제(韓)

語源 [コアイメージ] 下から上に段々と上がる。[実現される意味] はしごⓐ。[英]ladder

字源 「弟(テイ)(音・イメージ記号)＋木(限定符号)」を合わせた字。「弟」は「下から上に段々と上がる」というイメージがあり(⇩弟)、視点を変えると「下から上に段々と上がる」というイメージにもなる。「梯」は高い所に一段一段と上がるように作られた「はしご」を暗示させる。

語義 [展開] はしごの意味ⓐから、段々と順を追って進むもの(手引き、手段)の意味ⓑに転用される。[英]ladder(ⓐⓑ); guide [熟語] ⓐ梯形・舷梯・ⓑ階梯

文献 ⓐ墨子・公輸「公輸盤爲楚造雲梯之械＝公輸盤、楚の為に雲梯の械を造る(公輸盤[人名]は楚のために雲梯[城壁によじ登るはしご]という兵器を造った)」

【逞】11(辵・7) 人 ｜ 音テイ 訓たくましい

語音 *t'ieŋ(上古) ṭ'iɛŋ(中古→呉チャウ〈＝チョウ〉・漢テイ) chěng(中) 정(韓)

語源 [コアイメージ] まっすぐ。[実現される意味] ストレート(自由気まま、思いのまま)にやり通す(たくましくする)ⓐ。[英]let oneself loose

〔解説〕漢文で「たくましくす」と読みならわす語である。「たくましくす」とは「力などを存分に発揮する」意(大野①)。ただし逞には「たくましい」(存分に力強く、頑丈である)という形容詞的な意味はない。

字源 「呈(テイ)(音・イメージ記号)＋辵(限定符号)」を合わせた字。「呈」は「まっすぐ」というイメージから「ストレートに前に出す」というイメージが生まれる(⇩呈)。「逞」は邪魔ものを押しのけてストレートに通っていく様子を暗示させる。この意匠によって、抑圧したもの、緊張したものなどを押しのけて、自由気ままに(ほしいままに)やり通すことを表象する。

語義 [展開] ストレート(自由気まま、思いのまま)にやり通す(たくましくする)意味ⓐ。「たくましい」の意味ⓑは日本的用法。[英]let oneself loose, gratify one's desire; muscular, tough [熟語] ⓐ不逞

文献 ⓐ論語・郷党「逞顏色、怡怡如也＝顔色を逞しくして、怡怡如(イイジョ)たり([宮廷から退出する際]緊張した顔色を解いて気ままに表情を現し、にこやかであった)」

【堤】12(土・9) 常 ｜ 常用音訓 テイ つつみ

語音 *teg(上古) tei(中古→呉タイ・テイ漢) dī(中) 제(韓)

語源 ［コアイメージ］まっすぐ・まっすぐ伸びる。［実現される意味］土を積み上げて水の溢れ出るのを防ぐ建造物（つつみ・土手）ⓐ。［英］dike, bank

〔解説〕日本語の「つつみ」はツツム（包）から派生する。ツツムは「外部にもれて出ないように別のものでくるむ」意で、土を高く築いて水が外に漏れないようにするものがツツミである（大野①②による）。これは機能から来る語源であるが、漢語の堤は形態的特徴を捉えた語である。

字源 「是（ゼ）（音・イメージ記号）＋土（限定符号）」を合わせた字。「是」は「まっすぐ」「まっすぐ伸びる」というイメージがある（⇩是）。「まっすぐ」は「横（水平）にまっすぐ」でも「縦（垂直）にまっすぐ」でもかわまない。「堤」は土をまっすぐ積み上げたもの、または、まっすぐ伸びた土手を暗示させる。

語義 つつみの意味ⓐ。［熟語］ⓐ堤防・突堤

文献 ⓐ韓非子・喩老「千丈之堤以螻蟻之穴潰＝千丈の堤も螻蟻（ロウギ）の穴を以て潰（つい）ゆ（どんなに高い堤もケラやアリの穴で崩れてしまう）」

【提】12（手・9） 常 常用音訓 テイ さげる

語音 *deg（上古） dei（中古→呉ダイ・漢テイ） tí（中） 제（韓）

語源 ［コアイメージ］まっすぐ・まっすぐ伸びる。［実現される意味］手にさげて持つ（ひっさげる）ⓐ。［英］carry in one's hand with the arm down

〔解説〕日本語の「さげる（さぐ）」は「物の一端を固定し、他方の端を下方に向けて宙ぶらりんにすること」（要するに「ぶらさげる、つるす」こと）という（大野②）。漢語の提はこの意味ではなく、手にぶら下げて持つ意味である。本来は「ひっさげる」の訓が正しい。

字源 「是（ゼ）（音・イメージ記号）＋手（限定符号）」を合わせた字。「是」は「まっすぐ」「まっすぐ伸びる」というイメージがある（⇩是）。「横（水平）にまっすぐ伸びる」は「縦（垂直）にまっすぐ下がる」というイメージに転化する。「提」は手に物をまっすぐに下げて持つ様子を暗示させる。

語義 ［展開］物に視点を置くと、ひっさげて持つ意味ⓐだが、手に視点を置くと、引っ張る、引き上げる意味ⓑになる。後者から、差し出す、話題として出す意味ⓒに展開する。［英］carry in one's hand with the arm down; draw, raise; put forward ［和訓］ひっさげる ［熟語］ⓐ提携・提挈・ⓑ提唱・提督・ⓒ提案・提示

文献 ⓐ荘子・養生主「提刀而立＝刀を提（ひっさ）げて立つ（刀を手に提げたまま立つ）」ⓑ詩経・抑「匪面命之、言提其耳＝面もて之に命ずるに匪（あら）ざれば、言（ここ）に其の耳を提（テイ）せん（面と向かって言うだけでなく、相手の耳を引っ張って言い聞かせよう）」

【程】12（禾・7） 常 常用音訓 テイ ほど

語音 *dɪeŋ（上古） ḍɪɛŋ（中古→呉ヂャウ〈＝ジョウ〉・漢テイ） chéng（中） 정（韓）

語源 ［コアイメージ］まっすぐ現し示す。［実現される意味］重さ・長さなどを量るⓐ。［英］measure

〔解説〕日本語の「ほど」は経過していく時間→その時間のうちに経過する道のり→時の推移につれて変化する物事の様子・具合・度合の意味へと展開する（大野①）。漢語の程はこれと出発点が違い、わずかに道のり、度合という意味だけが「ほど」と一致する。

字源 「呈（テイ）（音・イメージ記号）＋禾（限定符号）」を合わせた字。「呈」は「まっすぐ現し示す」というイメージがある（⇩呈）。「程」は穀物をはかりにかけて、ストレートに内容（重さや容積）を現し示す様子を暗示させる。この意匠によって、重さ・長さなどを量ることを表象する。

語義 ［展開］重さ・長さや物事を量る意味ⓐから、量る前提になる目盛りなどの基準（法則、手本）の意味ⓑ、基準を設けて較べられる大小・

優劣などの度合の意味ⓒに展開する。また、目盛りのように区切ることから、順々に区切りをつけて行う仕事の量の意味ⓓ、一つ一つ区切りつつ進行するもの（道のり、コース）の意味ⓔを派生する。[英]measure; rule, regulation; degree; norm; distance 【熟語】ⓑ規程・章程・ⓒ程度・ⓓ工程・日程・ⓔ課程・行程

[文献] ⓐ韓非子・八説「程能授事＝能を程はかりて事を授く（能力をはかって仕事を授ける）」ⓑ詩経・小旻「匪先民是程＝先民を是れ程とするに匪あらず（昔の人を基準・手本にはしない）」ⓓ列子・周穆王「其役夫程減＝其の役夫の程減ず（その労働者の仕事量は減った）」

【禎】13(人・9) [人] ― [音]テイ [訓]さいわい
〔禎〕14(人・9) [人] ― [音]テイ [訓]さいわい

[語音] *tiĕŋ(上古) ṭɪʌŋ(中古→[呉]チャウ〈＝チョウ〉・[漢]テイ) zhēn(中) 정(韓)

[語源] 【コアイメージ】まっすぐ当たる。【実現される意味】めでたいしるし（神の恵み、さいわい）ⓐ。[英]auspicious sign

[字源] 「禎」が正字。「貞テイ（音・イメージ記号）＋示（限定符号）」を合わせた字。「貞」は「まっすぐ当たる」というイメージがある（⇩貞）。「禎」は神がまっすぐめでたいしるし（福、恵み）をその人に当てる様子を暗示させる。

〔字体〕「禎」は旧字体。「禎」は書道などで行われた字体。

[語義] めでたいしるしの意味ⓐ。【熟語】ⓐ禎祥・禎瑞

[文献] ⓐ詩経・維清「維周之禎＝維これ周の禎イテなり（これぞ周に下されためでたいしるし）」

【艇】13(舟・7) [常] ― [常用音訓] テイ

[語音] *t'eŋ(上古) t'eŋ(中古→[呉]チャウ〈＝チョウ〉・[漢]テイ) tǐng(中) 정(韓)

[語源] 【コアイメージ】まっすぐ。【実現される意味】抜け出たように細長い小舟（足の速いボート）ⓐ。[英]light boat

[字源] 「廷テイ（音・イメージ記号）＋舟（限定符号）」を合わせた字。「廷」は「まっすぐ」というイメージがあり、「抜け出る」というイメージに転化する（⇩廷・挺）。「艇」はまっすぐ抜け出たように（抜き身のように）細く長く伸びた舟を暗示させる。

[語義] 細長い小舟の意味ⓐ。【熟語】ⓐ艦艇・舟艇

[文献] ⓐ方言9「艇長而薄者謂之艜＝艇長くして薄き者、之を艜イタと謂ふ（長くて底の浅い艇を艜という）」

【鼎】13(鼎・0) [人] ― [音]テイ [訓]かなえ

[語音] *teŋ(上古) teŋ(中古→[呉]チャウ〈＝チョウ〉・[漢]テイ) dǐng(中) 정(韓)

[語源] 【コアイメージ】まっすぐ・まっすぐ立つ。【実現される意味】物を煮炊きする三本足の器（かなえ）ⓐ。[英]tripod kettle

〔解説〕藤堂明保は丁のグループ（頂・亭など）や定と同じ単語家族に入れ、「⊥・T形に直角に当たる」という基本義をもつとしている（藤堂①）。器の形態的特徴を捉えて、「T形に安定して立つ」というイメージからの命名である。⊥形やT形は「まっすぐ」というイメージにもつながる。

〔グループ〕鼎・貞

[字源] 古代中国で発明された三本足の器、かなえを描いた図形。

(甲)  (金)  (篆) 

[語義] 【展開】かなえの意味ⓐ。また、王位のシンボルⓑ、三つのものが互いに対立する喩えⓒに用いられる。[英]tripod kettle; symbol of throne: metaphor of triad ［熟語］ⓐ鼎足・鐘鼎・ⓑ鼎座・九鼎・ⓒ鼎談・鼎立

文献 ⓐ易経・鼎「鼎折足＝鼎、足を折る(かなえの足が折れた)」

【締】15(糸・9) 常 ｜ 常用音訓 テイ　しまる・しめる

語音 *deg(上古)　dei(中古→呉ダイ・漢テイ)　dì(中)　체(韓)

語源 ［コアイメージ］締めくくって一つにまとめる。［実現される意味］解けないように固く結ぶⓐ。［英］tie fast

〔解説〕帝にコアイメージの源泉があり、「締めくくって一つにまとめる」がそれ。「締める」はコアイメージであるが、実現される意味は「結ぶ」である。説文解字に「結びて解けざるなり」とある。日本語の「しめる(しむ)」は「上下または両側面から力を加えて、もののすきまやゆるみをなくす意」という(大野①)。漢語の締はこの意味がない。

字源 「帝(テイ)(音・イメージ記号)＋糸(限定符号)」を合わせた字。「帝」は「締めくくって一つにまとめる」というイメージがある(⇨帝)。「締」はいくつかの糸を固くしめて結ぶ様子を暗示させる。

語義 ［展開］引きしめて固く結ぶ意味ⓐから、気分がふさがって解けない意味ⓑを派生する。「しまる」「しめる」の意味ⓒに用いるのは日本的用法。［英］tie fast; depressed; shut, fasten, tighten　［和訓］むすぶ　［熟語］ⓐ締結・締盟

文献 ⓐ史記・秦始皇本紀「合従締交＝合従(ガッショウ)して交はりを締(むす)ぶ(合従策により交際を結んだ)」ⓑ楚辞・九章・悲回風「氣繚轉而自締＝気、繚転して自ら締(むす)ぶ(気が心にまとわりついて結ぼれる)」

【鄭】15(邑・12) 人 ｜ 音テイ

語音 *dieŋ(上古)　dieŋ(中古→呉ヂャウ〈＝ジョウ〉・漢テイ)　zhèng(中)　정(韓)

語源 ［コアイメージ］(重みをかけて)どっしりと落ち着く。［実現される意味］古代中国の諸侯国の名ⓐ。［英］name of a feudal state

〔グループ〕鄭・奠(テン)(供え物を重々しく安置する、また、供え物［香奠］)・擲(テキ)(ずっしりしたものを投げる［投擲］)・躑(テキ)(足が重くて進めない［躑躅(テキチョク)］)

字源 「奠(テン)(音・イメージ記号)＋邑(限定符号)」を合わせた字。「奠」は「酋(酒壺)＋丌(台の形)」を合わせて、台の上に酒壺を置く情景を設定した図形。「安定させて置く」「どっしりと(重々しく)落ち着く」というイメージを示す。「鄭」は周王室を安定させる(鎮めとなる)国という意味合いで名づけられた諸侯国(今の陝西省にあった)の名。定・鎮と同源の語。

(篆)　［奠］　(篆)

語義 ［展開］古代の国名ⓐ。また、重々しく手厚い意味ⓑ。［英］name of a feudal state; serious, solemn　［熟語］ⓑ鄭重

文献 ⓐ論語・陽貨「鄭聲淫＝鄭声は淫なり(鄭の音楽はエロティックだ)」

【薙】16(艸・13) 人 ｜ 音テイ・チ　訓なぐ・なぎ

語音 (1)*tʻer(上古)　tʻei(中古→呉タイ・漢テイ)　tì(中)　체(韓)　(2)*dier(上古)　dii(中古→呉ヂ〈＝ジ〉・漢チ)　zhì(中)　치(韓)

語源 ［コアイメージ］短い。［実現される意味］草を刈る(なぐ)ⓐ。［英］weed

字源 「雉(チ)(音・イメージ記号)＋艸(限定符号)」を合わせた字。「雉」は鳥のキジ。キジはまっすぐ飛ぶが、飛行距離は短い。雉は「矢」の「まっすぐで短い」というイメージから命名された。したがって「薙」は草の丈を短くする(なぎ払う)様子を暗示させる。

1と2の音があったが、現在は主として1を用いる。

（篆）［雉］（篆）

語義 ［展開］草を刈る（なぐ）意味ⓐから、髪の丈を短くする（特に僧侶の髪を刈る）意味ⓑを派生する。剃髪の剃と同じ。この場合薙をチとも読む。［英］weed; shave ［熟語］ⓐ芟薙・ⓑ薙髪

文献 ⓐ礼記・月令「燒薙行水＝焼薙して水を行ゃる（草を焼いたり刈ったりして水を通す）」

【諦】
16（言・9）　常 ｜ 常用音訓 テイ　あきらめる

語音 *teg（上古） tei（中古→呉タイ・漢テイ） di（中） 제（韓）

語源 ［コアイメージ］締めくくって一つにまとめる。［実現される意味］細かい所まで明らかにする（つまびらかにする）ⓐ。［英］scrutinize

［解説］和訓の「あきらめる（あきらむ）」はアキラ（明）から派生した語で、明瞭に細かい所まで見る意味から、事情を見極めて断念する意味へと転じる。漢語の諦にはこの転義がない。

字源 「帝（音・イメージ記号）＋言（限定符号）」を合わせた字。「帝」は「締めくくって一つにまとめる」というイメージがある（⇩帝）。「諦」は細かい事実を締めくくって言葉で真相をまとめる様子を暗示させる。

語義 ［展開］細かい所まで明らかにする意味ⓐから、真実を悟る意味ⓑ、また、悟り・真理の意味ⓒを派生する。断念する意味ⓓに使うのは日本的用法。［英］scrutinize; realize the truth; true significance; abandon ［和訓］つまびらか・あきらか ［熟語］ⓐ諦視・審諦・ⓑ諦観・ⓒ真諦・要諦・ⓓ諦念

文献 ⓐ説苑・権謀「聖王之擧事、必先諦之於謀慮、而後考之於蓍龜＝聖王の事を挙ぐるや、必ず先づ之を謀慮に諦かにし、而る後に之を蓍亀に考す（聖王が事を起こそうとする際には、必ず最初に細々と計画を立て、その後で占いを考える）」

【蹄】
16（足・9）　人 ｜ 音テイ　訓ひづめ

語音 *deg（上古） dei（中古→呉ダイ・漢テイ） tí（中） 제（韓）

語源 ［コアイメージ］締めくくって一つにまとめる。［実現される意味］馬や牛など有蹄類の足にある堅いつめ（ひづめ）ⓐ。［英］hoof

字源 「帝（音・イメージ記号）＋足（限定符号）」を合わせた字。「帝」は「締めくくって一つにまとめる」というイメージがある（⇩帝）。「蹄」は分かれずに一つにまとまった爪（獣のひづめ）を表す。

語義 ［展開］ひづめの意味ⓐ。また、足にひっかけて動物（特にウサギ）を捕らえる道具の意味ⓑを派生する。［英］hoof; rabbit net ［熟語］ⓐ蹄鉄・馬蹄・ⓑ筌蹄

文献 ⓐ孟子・滕文公上「獸蹄鳥迹之道、交於中國＝獣蹄・鳥迹の道、中国に交はる（獣のひづめの跡や鳥の足跡のついた道が、国中に交錯した）」ⓑ荘子・外物「蹄者所以在兎、得兎而忘蹄＝蹄なる者は兎に在る所以、兎を得て蹄を忘る（兎網は兎に必要なものだが、兎を捕まえれば兎網のことはもはや忘れられてしまう）」

【鵜】
18（鳥・7）　人 ｜ 音テイ　訓う

語音 *deg（上古） dei（中古→呉ダイ・漢テイ） tí（中） 제（韓）

語源 ［コアイメージ］上から下に低く垂れ下がる。［実現される意味］ペリカンⓐ。［英］pelican

字源 「弟（音・イメージ記号）＋鳥（限定符号）」を合わせた字。「弟」は「上から下に低く垂れ下がる」というイメージがある（⇩弟）。「鵜」はくちばしの下に垂れ下がった袋のある鳥、ペリカンを表す。

語義 ［展開］ペリカン目ペリカン科の鳥、特にハイイロペリカンの意味ⓐ。くちばしの下に大きな袋がある。古代には黄河流域にも棲息していたらしい。日本ではペリカン目ウ科の鳥、ウの意味ⓑに誤用する。カ

ワウ、ウミウなどがある。カワウの漢名は鸕鷀ロシ。[英]pelican; cormorant [熟語] ⓐ鵜鶘テイコ(ペリカン)

[文献] ⓐ詩経・候人「維鵜在梁＝維これ鵜テイ梁に在り(ペリカンがやなの上にいる)」

でい

【泥】8(水・5) [常] [常用音訓] デイ どろ

[語音] *ner(上古) nei(中古→[呉]ナイ・[漢]デイ) ní・nì(中) 니・이(韓)

[語源] [コアイメージ] ねちねちとくっつく。[実現される意味] どろⓐ。[英]mud

〔解説〕釈名・釈宮室に「泥は邇ジなり。邇は近なり。水を以て土に沃そそぎ、相黏[＝粘]近せしむるなり」とある。*nerという語は粘(ねばりつく)や邇(近づく)などと同源である。

[字源] 「尼ニ(音・イメージ記号)＋水(限定符号)」を合わせた字。「尼」は「ねちねちとくっつく」というイメージがある(⇨尼)。これは心理・生理的なイメージであるが、物理的なイメージにも転化しうる。「泥」はねちねちと粘りつく土を暗示させる。

[語義] [展開] どろの意味ⓐ。また、「ねちねちとくっつく」というイメージから、一つのことに取りついて動けない(こだわる、なずむ)意味ⓑを派生する。[英]mud, dirt; cling to, stick to [和訓] なずむ・ひじ [熟語] ⓐ泥濘・汚泥・ⓑ拘泥

[文献] ⓐ詩経・式微「微君之躬、胡爲乎泥中＝君の躬み微なかりせば、胡為なんすれぞ泥中にゐんや(あなたの御身がなければ、泥の中でもがくことはありませぬ)」

てき

【的】8(白・3) [常] [常用音訓] テキ まと

[語音] *tɔ̈k(上古) tek(中古→[呉]チャク・[漢]テキ) dì・dí(中) 적(韓)

[語源] [コアイメージ] ㋐高く上がる・㋑目立つ。[実現される意味] 弓矢のまとⓐ。[英]target

〔解説〕広雅・釈詁に「的は明なり」とあり、王念孫は「的の言は灼灼なり」(広雅疏証)と語源を説く。灼(赤々と光り輝くさま)は「目立つ」というコアイメージがある。これは「高く上がる」から転じたイメージである。弓矢のまともこのイメージから名づけられた。日本語の「まと」はマト(円)と同根で、円形のイメージに由来する。

[字源] 「旳」が本字。「勺シャク(音・イメージ記号)＋日(限定符号)」を合わせた字。「勺」は「高く上がる」というイメージがあり、これは「目立つ」というイメージに転化する(⇨勺)。「旳」は日のように高く上がって(高く掲げて)目立つものを暗示させる。「まと」を鵠コク(本義はオオハクチョウ、また、白い)ともいうように、白い目印をつけたので、限定符号を日から白に代えて「的」となった。「白」には「明らかで目立つ」というイメージもある(イメージ補助記号と見てもよい)。

[語義] [展開] 弓のまとの意味ⓐから、目印・目当てにするものの意味ⓑに展開する。また「目立つ」というイメージから、はっきりしている(明らかで確かである)意味ⓒを派生する。また、近世中国で、修飾・所属関係を示す用法ⓓが生じた。「AのB」という場合の「の」に当たる。これは古代漢語の之シの子孫である。また、近代日本では英語の～ticを的で当て字した。「～の」「～のような」「～に関する」などの意の接尾語ⓔ。[英]target; purpose, aim; bright, clear; of; suffix [熟語] ⓐ金的・射的・ⓑ標的・目的・ⓒ的確・的然・ⓔ劇的・端的

[文献] ⓐ詩経・賓之初筵「發彼有的＝彼の有的に発せよ(あの的に打ち当てよ)」

【迪】8(辵・5) 人 ｜ 音テキ 訓みち

語音 *dök(上古) dek(中古→呉ヂャク〈=ジャク〉・漢テキ) dí(中) 적(韓)

語源 [コアイメージ] 通り抜ける。[実現される意味] 道・筋道・ルートⓐ。[英]road, route

字源 「由ユウ(音・イメージ記号)+辵(限定符号)」を合わせた字。「由」は「ある所を通っていく」「通り抜ける」というイメージがある(⇩由)。「迪」はある所から別の所へ通り抜ける道を暗示させる。

語義 [展開] 道の意味ⓐ、道理の意味ⓑ、ルートを通って進んでいく、また、ルートに従って導く意味ⓒに展開する。[英]road, route; principle; follow a road, lead [熟語] ⓑ恵迪

文献 ⓐ楚辞・九章・懐沙「易初本迪兮、君子所鄙＝初本の迪みちを易かふるは、君子の鄙いやしむ所(最初の道を変更するのは、君子は恥とする)」

【荻】10(艸・7) 人 ｜ 音テキ 訓おぎ

語音 *dek(上古) dek(中古→呉ヂャク〈=ジャク〉・漢テキ) dí(中) 적(韓)

語源 [コアイメージ] 平らになびく。[実現される意味] オギⓐ。[英]common reed

字源 「狄テキ(音・イメージ記号)+艸(限定符号)」を合わせた字。「狄」は「犬+火」を合わせて、火を放って獣を追い払う情景を設定した図形。古代中国で野生的に生きる人種(野蛮人)を狄と名づけた。この語には「邪魔ものを平らげる(なぎ払う)」というイメージがあり、「平らに(横に)なびく」というイメージに転化する。逖テキ(横に押しのける、横に避けて逃げる)にこのイメージが生きている。「荻」は風が吹くと横になびいて音を出す草、オギを暗示させる。

(篆) (篆) [狄]

語義 イネ科の草、オギの意味ⓐ。[熟語] ⓐ荻花・蘆荻

文献 ⓐ韓非子・十過「公宮之垣、皆以荻蒿楛楚牆之＝公宮の垣、皆荻・蒿コウ・楛コ・楚を以て之を墻かきとす(宮廷の塀はオギ、ヨモギ、ヤマエノキ、ニンジンボクで作られる)」

【笛】11(竹・5) 常 ｜ 常用音訓 テキ ふえ

語音 *dök(上古) dek(中古→呉ヂャク〈=ジャク〉・漢テキ) dí(中) 적(韓)

語源 [コアイメージ] 通り抜けて出る。[実現される意味] 管楽器の一つ、ふえⓐ。[英]flute

字源 「由ユウ(音・イメージ記号)+竹(限定符号)」を合わせた字。「由」は「ある所を通って出てくる」「通り抜けて出る」というイメージがある(⇩由)。「笛」は管に穴を開け、口から息を通し、穴から息を抜き出して鳴らす楽器を暗示させる。抽(抜き出す)・軸(抜け出る心棒)・迪テキ(通り抜ける道)などは同源の語。

語義 [展開] ふえの意味ⓐ。また、笛のように音を出す器具の意味ⓑを派生する。[英]flute; whistle [熟語] ⓐ鼓笛・吹笛・ⓑ汽笛・警笛

文献 ⓐ馬融・長笛賦「能鼓琴吹笛＝能く琴を鼓し笛を吹く(琴を奏で笛を吹くのがうまい)」(文選18)

【摘】14(手・11) 常 ｜ 常用音訓 テキ つむ

語音 *t'ek(上古) t'ek(中古→呉チャク・漢テキ) zhāi(中) 적(韓)

語源 [コアイメージ] いくつかのものを合わせて一つにまとめる。[実現される意味] 果実などを指先でちぎって取る(つまみ取る)ⓐ。[英]pick, pluck

〈解説〉商(テキ)は帝から構成されている。帝にコアイメージの源泉がある。帝・商の深層構造を初めて解明したのは藤堂明保である。氏は帝・締・諦・蹄・滴・摘は「ひと所に締めまとめる」という基本義、適・嫡・敵は「まっすぐ」の基本義をもつとした(藤堂①)。筆者はこれらを一つのグループに概括できると考える。帝は「(いくつかのものを)締めくくって一つにまとめる」というイメージがある。複数のものが一本化すると「線条をなす」「まっすぐ」というイメージになる。これに方向性を与えると、→の形のイメージや↑の形のイメージである。また、一つの方向が逆に変わると、↓↑の形、すなわち「向き合う」というイメージにもなる。このように「まとまって一本になる」が「まっすぐ」というイメージに展開するのである。商は「一つにまとまる」「直線状をなす」「一筋に点々と連なる」「まっすぐ向かう」「↓↑形に向き合う」というイメージを表す記号である。摘は「(いくつかのものを合わせて)一つにまとめる」というコアイメージから、指を合わせて物をつまみ取ること。日本語の「つむ」はツマ(爪)を活用させた語で、「指の先で物を上へ引っぱり上げる意」という(大野①)。漢語の摘とほぼ同じ。

〈グループ〉摘・滴・敵・適・嫡・擿(テキ)(→の形にまっすぐ投げつける[投擿])・鏑(テキ)(→の形に尖った「やじり」)・謫(タク)(→の形にぶつかって責める[流謫])・蹢(テキ)(足が↑の形に止まって先に進めない[蹢躅(テキチョク)])

字源 「商(テキ)(音・イメージ記号)+手(限定符号)」を合わせた字。「商」はもともと啻(シ)と同じ。「帝」は三本の線を中央で締めくくった様子を示す象徴的符号で、「締めくくって一つにまとめる」というイメージがある(⇩帝)。「帝(テイ)(音・イメージ記号)+口(限定符号)」を合わせた「啻」は、いくつかのものを合わせて一つにまとめる様子を示す(実現される意味は「ただ一つ」)。したがって「摘」は手の指をいくつか合わせて一つにまとめる様子を暗示させる。この意匠によって、ちぎって取る動作を表す。ちぎる行為は指を二、三本合わせて一か所にまとめた形になる。

(金) 　(篆)　[商]　(篆)

語義 [展開] つまみ取る意味ⓐから、いくつかの中から一部を選び取る意味ⓑ、悪事などをつまみ出す(暴き出す)意味ⓒに展開する。[英]pick, pluck; select; disclose, expose [和訓] つまむ [熟語] ⓐ摘花・摘果・ⓑ摘要・摘録・ⓒ摘発・指摘

文献 ⓐ斉民要術2「收胡瓜、候色黄則摘＝胡瓜を収むるに、色黄ばむを候(ま)ちて則ち摘む(キュウリを収穫するには、色が黄色くなるのを待ってから摘む)」ⓑ荘子・馬蹄「摘僻爲禮＝摘僻して礼を為す([聖人の世では]つまらぬ礼儀を選び取って偏重する)」

【滴】 14(水・11) 常

|常用音訓| テキ　しずく・したたる

語音 *tek(上古) tek(中古→呉チャク・漢テキ) dī(中) 적(韓)

語源 [コアイメージ] 直線状をなす・一筋に点々と連なる。[実現される意味] 水が点々と垂れる(したたる)ⓐ。[英]drip

〈解説〉日本語の「しずく(しづく)」はシヅム(沈)・シヅカ(静)と同根。下に落ちるものの意であろう。「したたる」はシタ(雫)+タル(垂)で、しずくが垂れる意味。漢語の滴は商にコアイメージの源泉があり、「直線状」「点々と連なる」というイメージの語である。

字源 「商(テキ)(音・イメージ記号)+水(限定符号)」を合わせた字。「商」は「いくつかのものが合わさって一本化する」というイメージから、「直線状に点々と並んで一本化する(一筋に点々と連なる)」というイメージに展開する(⇩摘)。「滴」は水が点々と筋をなして垂れる様子を暗示させる。

語義 [展開] 「直線状をなす」「一筋に点々と連なる」というイメージから、水が点々と垂れる(したたる)意味ⓐ、点々と垂れ落ちる水(しずく)の意味ⓑに展開する。[英]drip(ⓐⓑ), drop(ⓐⓑ) [熟語] ⓐ滴下・滴露・ⓑ水滴・点滴

文献 ⓐ列女伝2「斬指滴血、和粥以進姑、病逾旬復愈＝指を斬りて血を滴らせ、粥に和して以て姑に進む、病旬を逾(こ)えて復た愈(い)ゆ(指を切って血を滴らせ、粥にまぜて姑に進めると、十日たって病気は治った)」

【適】14(辵・11) 常 ｜ 常用音訓 テキ

語音 (1)*thiek(上古) ʃɪɛk(中古→呉シャク・漢セキ) shì(中) 적(韓)
(2)*tek(上古) tek(中古→呉チャク・漢テキ) dí(中) 적(韓)

語源 [コアイメージ] まっすぐ向かう・↓↑形に向き合う。[実現される意味] ある所を目指して行くⓐ。[英]proceed, go to

字源 「啇(テキ)(音・イメージ記号)＋辵(限定符号)」を合わせた字。「啇」は「直線状をなす」「ある方向に→形(まっすぐ)に向かう」というイメージがある(⇨摘)。「適」はある方向(目的地・目標)に向かってまっすぐに進んで行く様子を暗示させる。

語義 [展開] ある所を目指して行く意味ⓐ。→形に向かって進む人に対して、目標に視点を置けば←形に向き合うことになるから、「↓↑形に向き合う」というイメージにも展開し、向き合う意味ⓑ、ぴったり合う・当てはまる(かなう)意味ⓒに展開する(以上は1の場合)。また、「↓↑形に向き合う」というイメージから、嫡・敵と同じく、まっすぐ向き合う相手(正妻)の意味ⓓ、また、匹敵する意味ⓔに用いる(以上は2の場合)。日本では1の場合を2の音で読む。[英]proceed, go to; face each other; fit, suit; legal wife; equal [和訓] ゆく・かなう・たまたま [熟語] ⓐ適帰・適従・ⓒ適応・適合・ⓓ適子(＝嫡子)

文献 ⓐ詩経・碩鼠「適彼樂土＝彼の楽土に適(ゆ)かん(あの楽しい土地に行こう)」ⓑ詩経・伯兮「誰適爲容＝誰に適(む)ひて容を為さん(誰に向かってお化粧しましょう)」ⓒ詩経・野有蔓草「適我願兮＝我が願ひに適(かな)へり(私の願いにかないました)」ⓓ詩経・大明「天位殷適＝天の位せる殷適(天がその地位につけた殷の嫡子)」

【敵】15(攴・11) 常 ｜ 常用音訓 テキ かたき

語音 *dek(上古) dek(中古→呉ヂャク〈＝ジャク〉・漢テキ) dí(中) 적(韓)

語源 [コアイメージ] ↓↑形に向き合う。[実現される意味] 向き合って張り合う相手(ライバル)ⓐ。[英]equal, match, rival

〔解説〕匹敵や好敵手などの敵はかたき・あだの意味ではない。まっすぐ向き合う相手の意味である。日本語の「かたき」も本来は「二つで一組を作るものの一方の意」(大野①)で、怨恨の相手は特化した意味である。英語のequalはラテン語のaequus(＝even, level)が語源で、「同等のもの、匹敵するもの」の意、matchは「対になっているものの一方。また能力などが対等であるという意から、競争相手」の意、rivalは「スポーツや仕事、商売上の競争相手」の意という(小島①)。漢語の敵は対等に向き合う相手の意なのでmatchとequalがぴったり合う。またenemyはラテン語のinimicus、in(否定)＋amicus(友人)が語源で、「友人でない」が原義という(下宮①)。これは敵の転義と対応する。

字源 「啇(テキ)(音・イメージ記号)＋攴(限定符号)」を合わせた字。「啇」は「↓↑形に向き合う」というイメージがある(⇨摘)。「敵」は二人がまっすぐ向き合って張り合う様子を暗示させる。

語義 [展開] 対等に張り合う相手の意味ⓐから、憎むべき相手・戦う相手(かたき、あだ)の意味ⓑ、対等の力で張り合う意味ⓒに展開する。[英]equal(ⓐⓒ), match(ⓐⓒ), rival(ⓐⓒ), opponent; enemy; hostile [熟語] ⓐ敵手・論敵・ⓑ敵視・仇敵・ⓒ敵対・匹敵

文献 ⓐ孟子・尽心下「仁人無敵於天下＝仁人は天下に敵無し(仁者は世界中でかなうものが二人といない)」ⓑ易経・同人「伏戎于莽、敵剛也＝戎を莽(うも)に伏するは、敵、剛なればなり(兵士を草むらに伏せるのは、敵が強いからだ)」

【擢】17(手・14) 人 ｜ 音テキ・タク 訓ぬきんでる

語音 *dŏk(上古) dɔk(中古→呉ダク・漢タク・［慣］テキ) zhuó(中) 탁(韓)

語源 ［コアイメージ］高く上げる。［実現される意味］抜き上げる・抜き出す⒜。［英］pull out, extract

字源 「翟(テキ)(音・イメージ記号)＋手(限定符号)」を合わせた字。「翟」は「高く上げる」「抜き上げる」というイメージがある(⇩躍・濯)。「擢」は手で上に抜き上げることを表す。

語義 ［展開］抜き上げる・抜き出すが本義⒜。また「高く上がる」というイメージから、普通の水準から人を抜き上げる意味⒝、他よりも高く抜け出る(抜きん出る)意味⒞を派生する。［英］pull out, extract; raise, select, promote; surpass ［熟語］⒝抜擢・⒞擢秀

文献 ⒜荘子・駢拇「枝於仁者、擢徳塞性、以収名聲＝仁に枝ある者は、徳を擢(ぬ)き性を塞ぎ、以て名声を収めんとす(余計な仁をもつものは、わざわざ徳を抜き取り、自然の性を塞ぎ、名声を得ようとする)」

でき

【溺】13(水・10) 常 ｜ 常用音訓 デキ おぼれる

語音 (1)*nŏk(上古) nek(中古→呉ニャク・漢デキ) nì(中) 닉(韓) (2)*nŏg(上古) neu(中古→呉ネウ〈＝ニョウ〉・漢デウ〈＝ジョウ〉) niào(中) 뇨(韓)

語源 ［コアイメージ］柔らかい。［実現される意味］泳げず水中に没する(おぼれる)⒜。［英］drown

字源 「弱(音・イメージ記号)＋水(限定符号)」を合わせた字。「弱」は「柔らかい」というイメージがある(⇩弱)。「溺」は水を取り込んで体が柔らかくなる様子を暗示させる。この意匠によって、おぼれることを表象する。

語義 ［展開］水中に没しておぼれる意味⒜から、物事に深く入り込む意味⒝に展開する(以上は1の場合)。また、「柔らかい」というイメージから、小便の意味⒞を派生する(2の場合)。⒞は尿と通用。［英］drown; addict; urine ［熟語］⒜溺死・沈溺・⒝溺愛・耽溺(タンデキ)・⒞溺器(ニョウキ)(＝尿器)

文献 ⒜詩経・桑柔「載胥及溺＝載(すなわ)ち胥(みな)溺に及ぶ(民はみんな溺れている)」

てつ

【迭】8(辵・5) 常 ｜ 常用音訓 テツ

語音 *det(上古) det(中古→呉デチ・漢テツ) dié(中) 질(韓)

語源 ［コアイメージ］するりと抜ける。［実現される意味］入れかわる⒜。［英］alternate

字源 「失(シツ)(音・イメージ記号)＋辵(限定符号)」を合わせた字。「失」は「するりと抜ける」というイメージがある(⇩失)。「迭」はある位置やポストにおいて、Aが抜けてBと入れ代わる様子を暗示させる。佚(イツ)(するりと抜け出す)は同源の語。

語義 ［展開］交代する意味⒜から、互いに入れ代わって(かわるがわる)の意味⒝を派生する。［英］alternate; alternately ［和訓］かわる ［熟語］⒜更迭

文献 ⒜詩経・柏舟「日居月諸、胡迭而微＝日や月や、胡(なん)ぞ迭(かわ)りて微かなる(日よ月よ、なぜ次々と暗くなる)」(居・諸はリズム調節詞)⒝孟子・万章下「迭為賓主＝迭(かわるがわ)る賓主と為る(代わりばんこに客になったり主人になったりする)」

【姪】9(女・6) 人 ｜ 音テツ 訓めい

語音 (1)*det(上古) det(中古→呉デチ・漢テツ) (2)*diet(上古) diĕt(中古→呉ヂチ〈=ジチ〉・漢チツ) zhí(中) 질(韓)

語源 [コアイメージ] 行き詰まり。[実現される意味] 兄弟が生んだ女の子(めい)ⓐ。[英]niece

字源 「至(音・イメージ記号)+女(限定符号)」を合わせた字。「至」は「行き詰まり、どん詰まり」というイメージがある(⇩至)。「姪」は直系から距離のある末端に位置する女を暗示させる。この意匠によって、「めい」や「おい」を表象する。1と2の読みがあったが、日本では1を用いる。

語義 [展開] めいの意味ⓐだが、古くは姑(おば)に対する「おい」の意味ⓑもあった。現代中国では専らこの意味に用いる。[英]niece; nephew [熟語] ⓐ姪甥・令姪・ⓑ姪孫

文献 ⓐ春秋左氏伝・襄公33「繼室以其姪＝室を継ぐに其の姪を以てす(そのめいを後室とした)」

【哲】10(口・7) 常 ｜ 常用音訓 テツ

語音 *tiat(上古) tiɛt(中古→呉テチ・漢テツ) zhé(中) 철(韓)

語源 [コアイメージ] 二つに分ける。[実現される意味] 道理に明るく知恵がある、賢いⓐ。[英]wise

〔解説〕日本語で、わかること(分別、理解)はわけること(分割、裁断)であるように、漢語でも同じ。物事を理解することは知恵があることにつながる。哲のコアイメージの源泉は折にある。王引之は書経の「哲人」に対する注釈で、「哲は当に読んで折と為すべし。折の言は制(断ち切る)なり」と述べている(経義述聞)。哲は賢い、賢い人の意味なので、近代日本でphilosophyの訳語とした。ギリシア語のphilosophia、分析するとphilo-(愛)+sophia(智)に由来し、「智の愛好者」の意という(下宮①)。

字源 「折(音・イメージ記号)+口(限定符号)」を合わせた字。「折」は「途中で断ち切る」「二つに切り分ける」というイメージがある(⇩折)。「哲」は物事の善し悪しをずばりと切り分ける様子を暗示させる。

語義 [展開] 物事をよく理解し知恵がある意味ⓐから、賢い人、識見や徳の優れた人の意味ⓑに展開する。また、哲学の意味ⓒ。[英]wise; wise man; philosophy [和訓] さとい [熟語] ⓐ哲人・英哲・ⓑ十哲・先哲・ⓒ哲学・哲理

文献 ⓐ詩経・烝民「既明且哲、以保其身＝既に明にして且つ哲なり、以て其の身を保つ(明察の上に知恵があり、己の身を大事に守る)」

【鉄】13(金・5) 常 ｜ 常用音訓 テツ

語音 *t'et(上古) t'et(中古→呉テチ・漢テツ) tiĕ(中) 철(韓)

語源 [コアイメージ] まっすぐ。[実現される意味] 金属元素の一つ(くろがね、てつ)ⓐ。[英]iron

〔解説〕「てつ」は用途による命名。用途の一つに武器がある。古代、加工して鋭利な武器を造った。鋭利(よく切れること)に含まれるイメージは、摩擦がなくスムーズに通り抜けるというイメージで、「まっすぐ」というイメージがコアになっている。これを表す記号が壬である。

字源 「鐵」が正字。「𢧵(音・イメージ記号)+金(限定符号)」を合わせた字。𢧵をさらに分析すると呈に行き着くが、コアイメージの源泉は「壬」にある。「壬」も「呈」も「まっすぐ」というイメージを示す記号である(⇩呈)。「呈(音・イメージ記号)+戈(限定符号)」を合わせた「𢧜」は、刃物が鋭利で物をまっすぐに切る様子を暗示させる。「𢧜(音・イメージ記号)+大(人にかかわる限定符号)」を合わせた「𢧵」は、人を切る様子を暗示させる。かくて「鐵」は加工すると鋭利でよく切れる金属を暗示させた。

(篆) ［戜］　(篆) 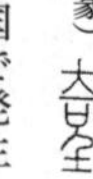［戜］　(篆) 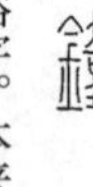

〔字体〕「鉄」は近世中国で発生した「鐵」の俗字。本来存在した鉄(音はチツで、縄の意味)と同形衝突した。「銕」は異体字。

語義 ［展開］てつの意味ⓐから、固く強いものの喩えⓑ、刃物・武器の意味ⓒに展開する。［英］iron; metaphor of solidity; weapon ［和訓］くろがね・かね ［熟語］ⓐ鋼鉄・砂鉄・ⓑ鉄人・鉄則・鉄腕・ⓒ鉄血・寸鉄

文献 ⓐ書経・禹貢「厥貢璆鐵銀＝厥(そ)の貢は璆(キュウ)・鉄・銀(その土地の貢ぎ物は金と鉄と銀)」ⓒ孟子・滕文公上「以鐵耕乎＝鉄を以て耕すか(［鉄製の］農具で耕すのか)」

【綴】14(糸・8)　人　㊀テツ・テイ　㊁つづる・つづり

語音 (1)*ţɪuad(上古)　ţɪuɛt(中古→㊉テチ・㊃テツ)　chuò(中)　철(韓)
(2)*ţɪuat(上古)　ţɪuɛi(中古→㊉タイ・㊃テイ)　zhuì(中)　철(韓)

語源 ［コアイメージ］ずるずると絡まってつながる。［実現される意味］次々とつづり合わせるⓐ。［英］connect

〔解説〕断片的なものをA→B→C→という具合に続けて連ねることが綴の意味である。布などをつづり合わせることも綴という。二つのものが合わさった状態に視点を置くと、「くっつく」というイメージにもなる。説文解字では「綴は合はせて箸(＝著、つく)するなり」とある。「くっつく」というイメージは「止まる」というイメージに転化する。綴は「止まる」「止める」の意味にもなる。

〔グループ〕綴・啜(セツ・テツ)(ずるずると続けてすする)・掇(テツ)(散在したものを拾い集める)・惙(テツ)(思いがずるずると続いて絶えないさま)・畷(テツ・テイ)(田と田をつなぐあぜ道、なわて)・歠(セツ)(ずるずると続けて汁をすする)・輟(テツ)(やめる)・錣(テイ)(馬の鞭先につづり合わせる針。〈日〉しころ)・蝃(テイ)(帯状に連なる虹、［蝃蝀(テイトウ)］)

字源 「叕(テツ)(音・イメージ記号)＋糸(限定符号)」を合わせた字。「叕」は線が絡まってずるずるとつながる様子を示す象徴的符号。「綴」は糸をずるずるとつなげて、つづり合わせる様子を暗示させる。

(篆) ［叕］　(篆) 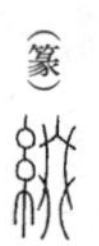

語義 ［展開］「ずるずるとつながる」というコアイメージから、つづり合わせる意味ⓐ、綻びを縫い合わせる意味ⓑ、語をつなげて文章を作る意味ⓒに展開する(以上は1の場合)。また、やめる意味ⓓを派生する(2の場合)。日本では1の場合もテツと読むことがある。［英］connect; sew, stitch; compose; stop, cease ［熟語］ⓐ綴合・点綴・ⓑ補綴・ⓒ綴字・綴文

文献 ⓐ韓非子・外儲説左上「綴以珠玉＝綴るに珠玉を以てす(宝石で綴り合わせている)」ⓑ礼記・楽記「禮者所以綴淫也＝礼なる者は淫を綴(とど)むる所以なり(礼は淫らなことを止めるものだ)」

【徹】15(彳・12)　常　常用音訓　テツ

語音 *tʻiat(上古)　tʻiɛt(中古→㊉テチ・㊃テツ)　chè(中)　철(韓)

語源 ［コアイメージ］スムーズに通る。［実現される意味］ある範囲をスムーズに通り抜けるⓐ。［英］go through

〔解説〕藤堂明保は突・徹・出などを同じ単語家族に入れ、「つき出る」という基本義をもつとした(藤堂①)。*tʻiatという語は育に含まれる𠫓(トツ)(子が生まれる)や屮(テツ)(草が生える)とも同源である。また、羍(タツ)(ヒツジの子が生まれる)や達(スムーズに通る)とも近い。

〔グループ〕徹・撤・轍(テツ)(車の通った輪の跡、わだち［前轍］)・澈(テツ)(水が透き通る［澄澈］)

字源 甲骨文字と金文・古文は「鬲(かなえ)＋又(手)」を合わせて、食器をかたづける(取り去る)場面を設定した図形。篆文では字体が「彳＋

育＋攴」に変わった。「育」は子が生まれ出る様子を示す図形で、「通って出てくる」というイメージがある(⇩育)。「育(イメージ記号)＋攴(イメージ補助記号)＋彳(限定符号)」を合わせた「徹」は、何かを持って通って出ていく様子を暗示させる。徹は「通り抜けて行く」という意味と、「その場にあるものを取り去る」という意味を同時にもつ語であるが、やがて徹(前者の意味)と撤(後者の意味)に分化した。

(甲) (金) (古) (篆)

語義 [展開] ある範囲をスムーズに通る意味ⓐから、その場から取り去る意味ⓑに展開する。ⓑは後に撤と書かれる。[英]go through, penetrate; remove [和訓] とおる [熟語] ⓐ徹夜・貫徹

文献 ⓐ詩経・十月之交「天命不徹＝天命徹(とお)らず(天命は窮まった)」ⓑ詩経・十月之交「徹我牆屋＝我が牆屋を徹(テツ)す(塀や家屋を取りこわす)」

【撤】15(手・12) 常 ｜ 常用音訓 テツ

語音 *t'iat(上古) t'iet(中古→呉テチ・漢テツ) chè(中) 철(韓)

語源 [コアイメージ] スムーズに通る。[実現される意味] その場から取り去る(取りのける)ⓐ。[英]remove

字源 「徹(テツ)の略体(音・イメージ記号)＋手(限定符号)」を合わせた字。「徹」には「通り抜けて行く」という意味と、「その場にあるものを取り去る」という二つの意味があった(⇩徹)。後者に限定するために、限定符号を「彳」から「手」に換えて「撤」とした。

語義 [展開] その場から取り去る意味ⓐから、その場から引き下がる意味ⓑに展開する。[英]remove, take away; withdraw, evacuate [和訓] すてる [熟語] ⓐ撤去・ⓑ撤回・撤退

文献 ⓐ論語・郷党「不撤薑食、不多食＝薑を撤せずして食ふも、多くは食はず(生薑(ショウガ)をのけないで食うけれども、たくさんは食べない)」

てん

【天】4(大・1) 常 ｜ 常用音訓 テン あめ・あま

語音 *t'en(上古) t'en(中古→呉・漢テン) tiān(中) 천(韓)

語源 [コアイメージ] 平ら。[実現される意味] そらⓐ。[英]heaven, sky

〔解説〕古人は「天は顚(テン)(いただき)なり」という語源意識をもっていた。王力は天・顚・巓・槙だけでなく、頂・定(ひたい)・題(ひたい)も同源としている(王力②)。藤堂明保は天・巓のほかに、田・奠・陳も同じ単語家族に属し、「平らに伸びる」という基本義をもつとする(藤堂①)。人体の頭部になぞらえたと考えれば天の意味は隠喩であるが、頭上にあるもの(空)と考えれば換喩的転義である。宇宙の宇は⌒形のイメージだが、天は「平ら」のイメージである。それはT形をなす頭の延長だからである。英語のheavenは覆うものが原義、skyは雲の意味から来ているらしい(小島①)。漢語の天、空とコアイメージが異なる。天国や神の意味をもつheavenは天、skyは空にほぼ対応する。

〔グループ〕天・添・呑

字源 「一＋大」を合わせた字。大の字型に立つ人の頭上に「一」の符号をつけて、頭のてっぺんを暗示させる図形。

(甲) (金)  (篆)

語義 [展開] そらの意味ⓐ、また、信仰の対象としての天の意味ⓑ。ここから、天の神が下すもの・運命の意味ⓒ、人間に対する自然の意味ⓓ、天の命令を受けて人間界を治める者(天子)の意味ⓔに展開する。[英]heaven, sky; god; destiny; nature; emperor [熟語] ⓐ天空・晴天・ⓑ天国・天使・ⓒ天罰・天命・ⓓ天才・天然・ⓔ天顔・天聴

文献 ⓐ詩経・綢繆「三星在天＝三星は天に在り（三つ星は中天にさしかかる）」ⓑ論語・先進「天喪予＝天、予を喪ぼせり（天が私を殺した）」ⓓ孟子・離婁上「順天者存、逆天者亡＝天に順ふ者は存し、天に逆らふ者は亡ぶ（自然に従う者は存立するが、自然に逆らう者は滅亡する）」

【辿】 7(辵・3) 人 ｜ 音テン 訓たどる

語音 t'ɪɛn（呉・漢テン） chán（中） 천（韓）

語源 ［コアイメージ］ずっしりと重い。［実現される意味］足が重くて進みにくいⓐ。［英］walk unhurriedly

〈解説〉古典で用いられた形跡はないが、三国志では人名に用いられている。下って竜龕手鑑に「辿は緩歩（ゆるゆると進む）なり」とある。藤堂明保は邅（足が重くて行きなやむさま）と同源と見ている（藤堂②）。日本では辿に「たどる」を当てた。「たどる」はタドタドシと同根で、「目指すものや場所に至るために、不明な中をたしかな手がかり（足がかり）を頼りに、迷いながら進んで行くことが原義」という（大野②）。

字源 「山（イメージ記号）＋辵（限定符号）」を合わせた字。山の中で迷ってなかなか進めない様子を暗示させる。

語義 ［展開］足が重くて進みにくい意味ⓐ。日本では迷いながら手探りで進む（たどる）意味ⓑに用いる。［英］walk unhurriedly; follow, trace

【典】 8(八・6) 常 ｜ 常用音訓 テン

語音 *tuən（上古） ten（中古→呉・漢テン） diǎn（中） 전（韓）

語源 ［コアイメージ］ずっしりと重々しい。［実現される意味］古人の教えを記した貴重な書物ⓐ。［英］standard text

〈解説〉*tuənという語は殿（ずっしりと重々しい建物）や敦（重厚である）と同源で、「ずっしりと重々しい」というイメージがある。基準・手本として重々しく押し戴く書物というイメージの語である。釈名・釈典芸では「典は鎮（重みをかけて押さえる）なり。教法を制し、上下を鎮定する所以なり」とあり、典範でもって人々を鎮定するものと解した。

〈グループ〉典・淟（垢がずっしりとたまって汚れる）・腆（ずっしりと手厚い）・覥（＝靦。面の皮が厚い、厚かましい）

字源 「冊（イメージ記号）＋丌（イメージ補助記号）」を合わせた字。「冊」は竹簡や木簡を綴じた図形で、昔の書物の形態である（⇩冊）。「丌」は其の下部にも含まれ、足のついた台の形（⇩其）。したがって「典」は台の上に書物を供えておく情景を設定した図形。

（甲）　（金）　（篆）

語義 ［展開］重みのある大切な書物、基本となる書物の意味ⓐから、基準・手本となるものの意味ⓑ、常に変わらぬ法則の意味ⓒ、基準に則って進める盛んな儀式や行事の意味ⓓ、基準に則っていて正しい意味ⓔ、基準に則って仕事を進める（つかさどる）意味ⓕに展開する。［英］standard text; rule, norm, canon; law, principle; ceremony; right; preside over ［和訓］のり・ふみ・つかさどる ［熟語］ⓐ典籍・古典・ⓑ典拠・出典・ⓒ典章・法典・ⓓ典礼・式典・ⓔ典雅・典麗・ⓕ典膳・典薬

文献 ⓐ書経・五子之歌「有典有則、貽厥子孫＝典有り則有り、厥の子孫に貽る（古典があり法があるから、それを子孫に残す）」ⓒ詩経・蕩「雖無老成人、尚有典刑＝老成人無しと雖も、尚典刑有り（世慣れた旧臣がいなくても、まだ昔からの法がある）」

【店】 8(广・5) 常 ｜ 常用音訓 テン みせ

語音 tem（中古→呉・漢テム〈＝テン〉） diàn（中） 점（韓）

語源 ［コアイメージ］一つの所に定着する。［実現される意味］行商に対して、一定の場所を定めて商品を売る所（みせ）ⓐ。［英］shop, store

字源 「占（音・イメージ記号）＋广（限定符号）」を合わせた字。「占」は

「一所に定着する」というイメージがある(⇩占)。「店」は一定の場所に定着して商品を売る建物を暗示させる。古今注・巻上に「貨を置きて鬻(ひさ)ぐ所以の物なり」とある。

語義 みせの意味ⓐ。[和訓] たな [熟語] ⓐ書店・商店

文献 ⓐ世説新語・仮譎「有一客、姥居店、買食＝一客有り、姥、店に居り、食を買(か)ふ(一人の客があり、老婆が店にいて、食べ物を買った)」

【点】9(火・5) 常 ｜常用音訓 テン

語音 *tām(上古) tem(中古→呉・漢テム〈＝テン〉) diǎn(中) 점(韓)

語源 [コアイメージ] くっつく・くっついて離れない。[実現される意味] 黒い小さなぽち・しみⓐ。[英]black spot

字源 「點」が正字。「占(セン)(音・イメージ記号)＋黒(限定符号)」を合わせた字。「占」は「一つの所に定着する」というイメージがあり、さらに「くっついて離れない」というイメージに展開する(⇩占)。「點」はある場所にくっついて取れない黒いしみを暗示させる。

〔字体〕「點」は旧字体。「点」は書道から出た略字。

語義 [展開] 黒い小さなぽち・しみの意味ⓐから、ある範囲の中の小さく限られたポイント(特定の部分・箇所・位置)の意味ⓑ、点を打つ、印をつける意味ⓒ、物にちょっとくっつけたり、突いたり、当てたり、触れたりする意味ⓓに展開する。また、文章を評価する際に点をつけたことから、日本では評価の結果、評価の数値の意味ⓔに用いる。[英]black spot, blot, speck; dot(ⓑⓒ), point(ⓑⓔ), spot, place; touch on briefly; grade, mark [和訓] ともす・たてる [熟語] ⓐ黒点・斑点・ⓑ圏点・地点・ⓒ点額・点呼・ⓓ点火・点頭・ⓔ採点・評点

文献 ⓐ宋玉・九弁「或黕點而汚之＝或いは黕点(タンテン)ありて之を汚す(あるいは黒いしみで汚れてしまう)」(文選補遺29) ⓓ拾遺記9「以丹脂點頰＝丹脂を以て頰に点ず(赤いべにを頰につけている)」

【展】10(尸・7) 常 ｜常用音訓 テン

語音 *tian(上古) ṭɪɛn(中古→呉・漢テン) zhǎn(中) 전(韓)

語源 [コアイメージ] 平らに伸ばす。[実現される意味] 平らに伸び広がる・広げるⓐ。[英]extend, expand

〔解説〕ローラーで地面を平らに碾く姿が展の具象的なイメージである。藤堂明保は展を単のグループや坦・壇・扇などと同じ単語家族に入れ、「たいらか」という基本義があるとした(藤堂①)。

〔グループ〕展・輾(テン)(車輪が物を平らにつぶす→ひく[輾転])・碾(テン)(穀物などを平らにつぶして粉にするひき臼)・蹍(テン)(平らな足うらで踏みつける)

字源 篆文を分析すると「尸＋㠭＋衣の略体」となる。「㠭」は「工」を四つ合わせて、積み重なることを示す象徴的符号。塞にも含まれている。「㠭(イメージ記号)＋衣(イメージ補助記号)＋尸(限定符号)」を合わせた字。「展」は、重ねて置いた衣の上に尻を載せてしわを伸ばす情景を設定した図形。この意匠によって、平らに伸ばすことを表象する。

(篆)

語義 [展開] 平らに伸び広がる・広げる意味ⓐ、平らに広げて並べる意味ⓑ、巻いたものを広げる意味ⓒ、言葉を並べて述べる意味ⓓに展開する。[英]extend, expand; spread, exhibit; unfold; explain [和訓] のばす・のべる・ひらく・ひろげる [熟語] ⓐ展開・進展・ⓑ展示・展覧・ⓒ親展・ⓓ展志

文献 ⓐ荘子・盗跖「盗跖大怒、兩展其足、案劍、瞋目＝盗跖(トウセキ)大いに怒り、両つながら其の足を展(の)べ、剣を案じ、目を瞋(いか)らす(盗跖[大泥棒の名]は激怒して、両足を広げ、剣に手をかけ、目をつり上げた)」ⓓ楚辞・九歌・東君「展詩兮會舞＝詩を展(の)べて舞に会す(詩を述べて、舞に合わせる)」

【添】11(水・8) 常 ｜常用音訓 テン そえる・そう

語音 tʻem(中古→呉・漢テム〈＝テン〉) tiān(中) 첨(韓)

語源 [コアイメージ] ㋐平ら・㋑薄い・㋒くっつく。[実現される意味] 上につけ加える・増し加えるⓐ。[英]add, increase

〔解説〕もともと「つけ加える」ことを意味する古代漢語の*tʻamを表記する視覚記号は沾《テン》であった。「占」は「くっつく」というイメージがあり、くっつくほど薄っぺら→薄いというイメージに展開する。沾は薄く平らなものを上にくっつける(つけ加える)ことで、帖《チョウ》(薄い書き物)・貼《チョウ》(薄く貼りつける)と同源の語。これらは「平ら」「薄い」「くっつく」という漢語特有の可逆的な三つ組みイメージをもつ語である(薄・白も同例)。六朝以後に添が生まれた。忝も同様のイメージを表すことができる。日本語の「そえる(そふ)」は「線条的なもの、あるいは線条的に移動するものに、近い距離を保って離れずにいる意」という(大野①)。これは漢語の沿に当たる。その展開義に「付き従う」(漢語では副)や、「つけ加える」(漢語では添)がある。

字源 「忝《テン》(音・イメージ記号)＋水(限定符号)」を合わせた字。「天」は「平ら」というイメージがあり(⇩天)、視点を変えると「薄い」というイメージに転化する。「天《テン》(音・イメージ記号)＋心(限定符号)」を合わせた「忝」は、薄っぺらな心を表す(実現される意味は「はずかしい」)。これも「薄い」というイメージを示す記号になりうる。かくて「添」は水を平面上に薄くはってつけ加える様子を暗示させる。

語義 [展開] つけ加えるが本義ⓐ。そばに付き従う(寄りそう)意味ⓑは日本的用法。[英]add, increase; attach [熟語] ⓐ添加・添削・ⓑ添景・添付

文献 ⓐ斉民要術9「新汲冷水添之＝新たに冷水を汲みて之に添ふ(改めて冷水を汲んでそれに加える)」

【転】11(車・4) 常 ｜常用音訓 テン ころがる・ころげる・ころがす・ころぶ

〔轉〕18(車・11) 人 ｜音テン 訓ころがる・ころげる・ころがす・ころぶ・まろぶ・まろばす・うたた

語音 *tiuan(上古) tiuɛn(中古→呉・漢テン) zhuàn・zhuǎn(中) 전(韓)

語源 [コアイメージ] まるく回る。[実現される意味] 円を描くようにくるりと回る(ころがる)ⓐ。[英]turn round, revolve, rotate

〔解説〕古訓は「まろぶ」。「まろぶ」はマロ(丸)と同根で、「丸い形になってごろりと横たわる、倒れる意、また、丸い形でごろごろところがること」という(大野②)。「ごろごろところがって位置が変わる」はその転義である。意味の展開は漢語の転と共通である。後世、転倒する意味の場合、「ころぶ」の語形に変わった。漢語の転は、ある物が円を描くように○の形に回ること。一回転だけでなく、○○○…の形にころがっていく場合もある。この場合は場所が移動する。物自体は回らなくても場所を移すという意味が生じた。

〔グループ〕転・囀《テン》(玉をころがすように続けて鳴く→さえずる)

字源 「轉」が正字。「專《セン》(音・イメージ記号)＋車(限定符号)」を合わせた字。「專」は「まるく回る」というイメージがある(⇩専)。「轉」は車輪がぐるぐる回る様子を暗示させる。この意匠によって、○の形にくるりと回ることを表象する。

〔字体〕「轉」は旧字体。「転」は由来不明の常用漢字の字体。中国の簡体字は「转」。

語義 [展開] 円を描くように(一点を中心にして)くるくる回る意味ⓐ、物が○○○…の形に回って動く(ころがる・ころがす)意味ⓑ、ころがるようにして移る(場所を移す、移り変わる)意味ⓒ、↷の形にぐるりと回って向きを変える意味ⓓに展開する。また、中継ぎを通して物を送る(運ぶ)意

味ⓔを派生する。ころぶ(つまずいて倒れる)意味ⓕは日本的用法。［英］turn round, revolve, rotate, spin; roll, trundle; transfer, remove, shift; turn; transmit; tumble, fall ［熟語］ⓐ回転・旋転・ⓑ転石・ⓒ移転・変転・ⓓ転向・反転・ⓔ転送・転漕・ⓕ転倒

文献 ⓐ詩経・柏舟「我心匪石、不可轉也＝我が心は石に匪ず、転ばすべからず(私の心は石じゃない、ころがすことはできぬ)」ⓑ詩経・祈父「胡轉予于恤＝胡ぞ予を恤ひに転ずるや(なぜ私を窮地に追いやったのか)」

【塡】13(土・10) 常 ｜常用音訓 テン

語音 *den(上古) den(中古→呉デン・漢テン) tián(中) 전(韓)

語源 ［コアイメージ］中身がいっぱい詰まる。［実現される意味］空っぽな所に物を詰めて満たす(うめる)ⓐ。［英］fill

字源 「眞(音・イメージ記号)＋土(限定符号)」を合わせた字。「眞」は「中身がいっぱい詰まる」というイメージがある(⇩真)。「塡」は土を穴にいっぱい詰め込む様子を暗示させる。

語義 空っぽな所に物を詰めて満たす意味ⓐ。［和訓］うめる・うずめる・はめる・はまる ［熟語］ⓐ充塡・補塡

文献 ⓐ呂氏春秋・禁塞「積灰塡溝洫＝灰を積みて溝洫を塡む(灰を積んで水路を埋め立てる)」

【顚】19(頁・10) 人 ｜音テン 訓いただき

語音 *ten(上古) ten(中古→呉・漢テン) diān(中) 전(韓)

語源 ［コアイメージ］㋐平ら・㋑頂点で極まる。［実現される意味］頭のいただきⓐ。［英］top of the head

〔解説〕頭の頂(いただき)を*tenという。これは天と同源の語である。頂と必ずしも同源ではないが、┳形のイメージは共通している。ただし┳形の上の平らな部分に焦点を当てた語が*tenである。図形化は真という記号が利用された。真は槇で述べたように、「頂点で極まる」というイメージをもつ。しかし頂点は上だけではなく、視点を変えると、下にもある。┻の形、すなわちこれ以上は行けない底部というイメージにもなる。これが顚墜・顚落の顚(上から下に落ちる)である。

〔グループ〕顚・巓(山のいただき[山巓])・癲(倒れて意識を失う病気[瘋癲])

字源 「眞(音・イメージ記号)＋頁(限定符号)」を合わせた字。「眞」は「中身がいっぱいに詰まる(満ちる)」「頂点で極まる」というイメージから、「(これ以上はいけない)頂点までくる」というイメージに展開する(⇩真・槇)。「顚」は頭のいちばん上の部分(いただき)を表す。

語義 ［展開］頭のてっぺんの意味ⓐから、物の先端・始めの意味ⓑ、上から下に落ちる意味ⓒ、上と下が逆さになる(ひっくり返る)意味ⓓに展開する。［英］top of the head, crown; top; fall down; overturn, overthrow ［熟語］ⓐ山顚(＝山巓)・ⓑ顚末・ⓒ顚墜・顚落・ⓓ顚倒・顚覆

文献 ⓐ詩経・車鄰「有馬白顚＝馬有り白き顚(頭部の白い馬がある)」ⓓ詩経・東方未明「顚倒衣裳＝衣裳を顚倒す([慌てふためいて]着物の上下を逆さに着た)」

【纏】21(糸・15) 人 ｜音テン 訓まとう・まとい・まつわる

語音 *dian(上古) dɪɛn(中古→呉デン・漢テン) chán(中) 전(韓)

語源 ［コアイメージ］縛りつける。［実現される意味］巻きつけて締める(ぐるぐる縛る)ⓐ。［英］twine, wind

字源 「廛(音・イメージ記号)＋糸(限定符号)」を合わせた字。「廛」は「广(建物)＋里(さと、町)＋八(分ける)＋土」を合わせて、城邑(町)の中で、建物を建てて住まわせるために区分けした土地を暗示させる図形(実現される意味は「平民の住む居住地」)。一定の場所を区切って、その中に定着させるので、「一定の所に縛りつける」というイメージを表すことができる。「纏」は糸を巻きつけて縛る様子を暗示させる。

(篆)［廛］(篆)

語義 [展開] 巻きつけて締める(ぐるぐる縛る)が本義ⓐ。まとう(着る)意味ⓑや、まとい(竿の先に飾りをつけて馬簾を垂らした馬印)の意味ⓒは日本的用法。[英]twine, wind; wear; fireman's standard [熟語] ⓐ纏繞・纏綿

文献 ⓐ後漢書・董卓伝「皆以布纏裹＝皆布を以て纏裹(テンカ)せらる(［兵士らは］みな布で包まれ、ぐるぐる巻きにされていた)」

でん

【田】 5(田・0) 常    常用音訓 デン た

語音 *den(上古) den(中古→呉デン・漢テン) tián(中) 전(韓)

語源 [コアイメージ] 平ら。[実現される意味] 作物を植え、栽培する土地(耕作地)ⓐ。[英]field, cultivated land

[解説] *denという語は天・坦・単と同源で、「平ら」というイメージがある。耕作するために平らに均した所というイメージの語である。説文解字では「田は陳なり」とあり、穀物を連ねて植える所という解釈。陳は平面に物を平らに敷き並べる意味なので、これも田と同源の語と言える。藤堂明保は天・田・陳を同源とし、「平らに伸びる」という基本義があるとしている(藤堂①)。日本語の「た」は「耕して水をたたえ、稲を植える地」という(大野①)。漢語の田は水の有無と関係がなく、耕作地の意味である。

[グループ] 田・佃・甸(デン)(都から平らに伸びた周辺の土地、畿内[甸服])・畋(デン)(田を作る、また、狩りをする)・鈿(デン)(金属を平らに延ばして細工した装飾品、かんざし[螺鈿])

字源 四角に区切ってあぜやうねを通した土地を描いた図形。

(甲)  (金)  (篆) 

語義 [展開] たんぼの意味ⓐ。田に似た(見立てた)所の意味ⓑを派生する。また、「平ら」というイメージは平らげる(平定する)というイメージにもなり、獲物を取り尽くす狩猟の意味ⓒを派生した。夷の平ら→平らげる(皆殺しにする)の転義と似ている。[英]field, cultivated land; place resembling a field; hunting [熟語] ⓐ田園・水田・ⓑ炭田・油田・ⓒ田猟

文献 ⓐ詩経・甫田「無田甫田、維莠驕驕＝甫田を田(つく)る無かれ、維(こ)れ莠(ユウ)驕驕たり(広い畑を耕すな、エノコログサがどんどん殖える)」ⓒ詩経・大叔于田「叔于田＝叔、田に于(ゆ)く(叔さんは狩りに行った)」

【伝】 6(人・4) 常 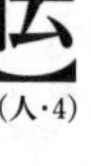 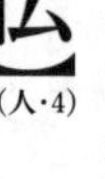 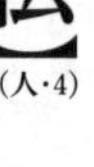 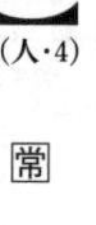 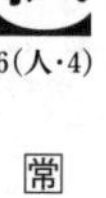   常用音訓 デン つたわる・つたえる・つたう

〔傳〕13(人・11) 人 音デン・テン 訓つたえる・つたわる・つたう・つて

語音 *diuan(上古) diuɛn(中古→呉デン・漢テン) chuán・zhuàn(中) 전(韓)

語源 [コアイメージ] まるく回る。[実現される意味] リレー式に人馬を送ることⓐ。[英]send by relays, relay

[解説] 爾雅・釈言に「馹(ジツ)(駅馬)は伝なり」、郭璞の注釈に「伝は伝車駅馬の名」とあり、これに対し郝懿行は「伝の言為(た)るは転なり。車を以て展転として早達を期するなり」(爾雅義疏)と述べている。伝と転は同源の語である。転は「まるく回る」というイメージから○の形にころがるという意味が生まれる。また、物自体は回らなくとも、○○○…の形に移るという意味も生まれる。このような形(中継を経てつながっていく形)で人や物を送るのが伝である。日本語の「つたえる(つたふ)」はツタ(蔦)と同根で、「蔦のように線条的に長く伸びているものを経て、もの

ごとを移動させる意」という（大野①）。伝と「つたふ」は根源のイメージは違うが、受け継ぐという展開義では共通する。伝の本義に近い英語はrelayである。これは乗り継ぎ馬が原義で、リレー競争のほかに、「情報などを中継ぎして伝える」の意味にもなる（小島①）。駅伝の駅も伝もrelayと対応する。

字源 「傳」が正字。「專（音・イメージ記号）＋人（限定符号）」を合わせた字。「專」は「まるく回る」というイメージがあり、これは「○○○…の形に転々と移る」というイメージに展開する（⇩転）。「傳」は人から人へ次々に物を送っていく様子を暗示させる。

〔**字体**〕「傳」は旧字体。「伝」は由来不明の常用漢字の字体。現代中国の簡体字は「传」。

語義 ［展開］人や物をリレー式に（中継を経て）送る意味ⓐから、次々に受け渡す（送り伝える）意味ⓑ、物事を人から人へ受け継ぐ（言い伝える）意味ⓒ、昔のことを伝える書物や文章の意味ⓓ、経（古典の本文）を解き明かす注釈の意味ⓔに展開する。［英］send by relays, relay, transmit; hand over, pass; hand down, bequeath; record, biography; commentary ［熟語］ⓐ伝逓・駅伝・ⓑ伝授・伝達・ⓒ伝説・伝聞・ⓓ自伝・列伝・ⓔ経伝・集伝

文献 ⓐ春秋左氏伝・成公5「晉侯以傳召伯宗＝晉侯伝を以て伯宗を召す（晋侯は駅伝［乗り継ぎ馬］で伯宗を召した）」ⓑ論語・学而「傳不習乎＝習はざるを伝へしか（習っていない事柄を人に伝えてはいないか）」ⓓ孟子・梁恵王下「於傳有之＝伝に於いて之有り（古書にこう書いてある）」

【佃】7（人・5） 人 ㊱デン ㊟つくだ

語音 *den（上古） den（中古→㊴デン・㊮テン） tián（中） 전（韓）

語源 ［コアイメージ］平ら。［実現される意味］田を耕すⓐ。［英］cultivate, farm

字源 「田（音・イメージ記号）＋人（限定符号）」を合わせた字。「田」は「た」のことだが、そのコアには「平ら」のイメージがある（⇩田）。「佃」は土地を平らに均して耕すことを表す。

語義 ［展開］田を耕す意味ⓐ。田と同じく、狩りをする意味ⓑを派生する。「つくだ」（耕作する田）の意味ⓒは日本的用法。［英］cultivate, farm; hunt; cultivated field ［熟語］ⓐ佃戸（農夫、小作人）

文献 ⓑ易経・繋辞伝下「以佃以漁＝以て佃し以て漁す（それ［発明した道具］でもって狩りをし、魚を捕る）」

【淀】11（水・8） 人 ㊱デン ㊟よど・よどむ

語音 den（中古→㊴デン・㊮テン） diàn（中） 전（韓）

語源 ［コアイメージ］じっと止まる。［実現される意味］水が流れずたまった所（浅い池や沼、よど、よどみ）ⓐ。［英］shallow lake

字源 「定（音・イメージ記号）＋水（限定符号）」を合わせた字。「定」は「じっと止まる」というイメージがある（⇩定）。「淀」は水の流れが止まる様子を暗示させる。

語義 ［展開］よどの意味ⓐから、水が流れず泥やかすが底に沈んでたまる意味ⓑに展開する。ⓑは澱と同じ。「よどむ」（空気や物事が滞る）の意味ⓒは日本的用法。［英］shallow lake; settle, deposit; stagnate（ⓑⓒ） ［熟語］ⓑ沈淀（＝沈澱）

【殿】13（殳・9） 常 常用音訓 デン・テン との・どの

語音 *duen（上古） den（中古→㊴デン・㊮テン） diàn（中） 전（韓）

語源 ［コアイメージ］ずっしりと重い。［実現される意味］ずっしりと重みをかけて安定させるⓐ。［英］hold and steady

〔**解説**〕下記の詩経の毛伝に「殿は鎮なり」とある。*duenという語は鎮（押さえになる重いもの、重みをかけて押さえる）や典（重々しい古典）と同源の

語である。藤堂明保は屯のグループ、隹(イス)のグループ(堆・碓など)や、隊・豚・敦などと同じ単語家族に入れ、「ずっしり、下ぶくれ」という基本義があるとした(藤堂①)。日本語の「との」は貴人の邸宅の意味。また、「しんがり」はシリ(後)＋カリ(駆)で、退却時に最後尾を守る軍隊の意味。

〈グループ〉殿・澱(デン)(水底にずっしりとたまるおり[沈澱])・臀(デン)(人体の底部にあってずっしりと重いしり[臀部])・癜(デン)(色素がたまって斑点になる皮膚病、なまず)

字源 「屍(トン)(音・イメージ記号)＋殳(限定符号)」を合わせた字。「屍」は「尸(尻。イメージ記号)＋丌(足のついた台)＋几(腰掛け。以上はともにイメージ補助記号)」を合わせて、重い尻を台に載せる情景を設定した図形。「屍」は臀(しり)の原字で、「底部にずっしりと重みがかかる」「ずっしりと重い」というイメージを示す記号になる。かくて「殿」は底部にずっしりと重みをかけて押さえる様子を暗示させる。

(篆) [屍] (篆)

語義 [展開] 底部にずっしりと重みをかけて押さえて安定させる意味ⓐから、軍の最後尾で押さえとなる、また、その部隊(しんがり)の意味ⓑに展開する。また、ずっしりと底部に重みがかかって安定した大きな建物の意味ⓒ、また、換喩的に尊い相手に対する敬称ⓓを派生する。[英]hold and steady; rear; palace; highness [和訓] しんがり [熟語] ⓑ殿軍・ⓒ宮殿・神殿・ⓓ殿下・貴殿

文献 ⓐ詩経・采菽「樂只君子、殿天子之邦＝楽しいかな君子、天子の邦を殿す(喜びあふれる君子どの、天子の国の重鎮)」ⓑ論語・雍也「孟之反不伐、奔而殿＝孟之反伐(ほこ)らず、奔りて殿す(孟之反[人名]は功を誇らず、軍が敗走したときしんがりについた)」ⓒ荘子・説剣「王乃牽而上殿＝王乃ち牽きて殿に上らしむ(王は[荘子を]案内して宮殿に上らせた)」

【電】 13(雨・5) 常 常用音訓 デン

語音 *den(上古) den(中古→呉デン・漢テン) diàn(中) 전(韓)

語源 [コアイメージ] 長く伸びる。[実現される意味] 稲光・稲妻ⓐ。[英]lightning; electricity

字源 「申(シン)(电は変形。音・イメージ記号)＋雨(限定符号)」を合わせた字。「申」は稲光を描いた図形。光線が長く伸びるので、「長く伸びる」というイメージがある(⇨申)。「電」は長く伸びて光る稲光を表す。

語義 [展開] 稲光・稲妻のⓐ。近代になって、電気の意味ⓑが生じた。また、電車・電報などの略語ⓒにも用いられる。[英]lightning; electricity; train, telegram [和訓] いなずま [熟語] ⓐ電光・雷電・ⓑ電気・感電・ⓒ終電・祝電

文献 ⓐ詩経・十月之交「爗爗震電＝爗爗(ヨウ)として電震ふ(稲妻がぴかっと光って震える)」

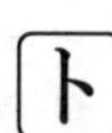

と

【斗】 4(斗・0) 常 常用音訓 ト

語音 *tug(上古) tau(中古→呉ツ・漢トウ・慣ト) dǒu(中) 두(韓)

語源 [コアイメージ] まっすぐ立つ。[実現される意味] 酒を酌む器、ひしゃくⓐ。[英]ladle

〈解説〉藤堂明保は豆(たかつき)や頭と同源で、柄がまっすぐに立つ姿に着目した語と見ている(藤堂②)。古典には「斗は主なり」の訓もある。

主も「じっと立つ」というイメージがある。

字源 柄のついた柄杓(ひしゃく)を描いた図形。

(金)　(篆)

語義 [展開] ひしゃくの意味ⓐ、容量を量るますの意味ⓑ、ひしゃくやますに似たものの意味ⓒ、また、それに見立てた星の名ⓓに展開する。また、容量の単位(十升)ⓔに転用される。[英]ladle; measure; ladle-shaped thing; name of a constellation; unit of measure [和訓] ます [熟語] ⓐ玉斗・大斗・ⓑ斗升・斗胆・ⓒ殻斗・漏斗・ⓓ泰斗・北斗・ⓔ斗酒・五斗米

文献 ⓐ詩経・行葦「酌以大斗＝酌むに大斗を以てす(大きなひしゃくで酒を酌む)」ⓓ詩経・大東「維北有斗＝維(こ)れ北に斗有り(北の方にはひしゃく星)」」

【吐】6(口・3) 常 常用音訓 ト はく

語音 *t'ag(上古) t'o(中古→呉ト・ツ・漢ト) tǔ(中) 토(韓)

語源 [コアイメージ] 中身が詰まって盛り上がる。[実現される意味] 口からはき出すⓐ。[英]vomit, spit

〔解説〕古人の説に「土は吐なり」「社は吐なり」とあり、土・社・吐は一連の同源グループで、大地の生産力に着目したことばである。吐は単に「はく」という行為を表す語であるが、はきけが生じて胃から食べ物をもどすことは嘔(もとは欧)という。

字源 「土(ト)(音・イメージ記号)＋口(限定符号)」を合わせた字。「土」は「中身が詰まって盛り上がる」というイメージがある(⇩土)。「吐」は中身が詰まり、せり上げて物をはき出す様子を暗示させる。

語義 [展開] 口から物を吐き出す意味ⓐから、言葉を出して話す意味ⓑに展開する。[英]vomit, spit; say, speak [和訓] つく [熟語] ⓐ吐血・嘔吐・ⓑ吐露・音吐

文献 ⓐ詩経・烝民「柔則茹之、剛則吐之＝柔らかなれば則ち之を茹(くら)へ、剛なれば則ち之を吐け([食べ物が]柔らかいなら食べなさい、固ければ吐きなさい)」

【兎】7(儿・5) 人 音ト 訓うさぎ・う

語音 *t'ag(上古) t'o(中古→呉ツ・漢ト) tù(中) 토(韓)

語源 [コアイメージ] 不詳。[実現される意味] ウサギⓐ。[英]hare, rabbit

〔解説〕宋の陸佃は「兎の口は欠有り、吐きて子を生む。故に之を兎と謂ふ。兎は吐なり」(埤雅)と言うが定かでない。あるいは拓・坼(裂ける)と同源かもしれない。

字源 「兔」が本字。ウサギの全形を描いた図形。

(篆)

〔字体〕「兎」は「兔」「免」の俗字。

語義 [展開] ウサギの意味ⓐ。また、月にウサギが住むという神話伝説から、月の異名ⓑ。[英]hare, rabbit; moon [熟語] ⓐ狡兎・脱兎・ⓑ烏兎・玉兎

文献 ⓐ詩経・兎爰「有兎爰爰＝兎有りて爰爰(エンエン)たり(ウサギはおっちら野道を行くよ)」

【杜】7(木・3) 人 音ト 訓もり

語音 *dag(上古) do(中古→呉ド・漢ト) dù(中) 두(韓)

語源 [コアイメージ] 中身が詰まって盛り上がる。[実現される意味] マンシュウマメナシⓐ。[英]birch-leaf pear

〔解説〕古人は杜と棠は同じで、花が赤いのが杜、白いのが棠、めすが

杜、おすが棠としている。また李時珍は果実が食えるのが棠(甘棠、白棠)、食えないのが杜(赤棠)で、「杜は渋なり、棠は糖なり」と語源を説く(本草綱目)。

字源 「土ト(音・イメージ記号)＋木(限定符号)」を合わせた字。「土」は「中身が詰まって盛り上がる」というイメージがあり、腹の中に詰まったものが口から盛り上がるように出てくる(吐く)という意味に展開する。「杜」は渋くて吐き出したくなる果実の生る木を暗示させる。

語義 [展開] バラ科ナシ属の木、マンシュウマメナシが原義ⓐ。また、「中身が詰まる」というイメージから、塞がって中にこもる意味ⓑを派生する。日本では「もり」(樹木が茂り、神社のある霊域)ⓒに当てる。[英]birch-leaf pear; block up; shrine grove [熟語] ⓑ杜絶・杜門

文献 ⓐ詩経・杕杜「有杕之杜＝杕イテたる杜有り(大きく茂るマメナシの木がある)」

【妬】8(女・5) 常 常用音訓 ト ねたむ

語音 *tag(上古) to(中古→呉ツ・漢ト) dù(中) 투(韓)

語源 [コアイメージ] いっぱい詰まる。[実現される意味] 他人の幸せを羨み憎む(ねたむ)ⓐ。[英]envy, begrudge, be jealous of

〔解説〕 日本語の「ねたむ」は「(負かされたり、他人の方が幸せであったり、まさっていたりする立場におかれて)相手をうらやみ、憎む。いまいましく思う」意味という(大野①)。漢語ではこの感情を嫉とか妬という。古人は才能をねたむのが嫉、容色をねたむのが妬と区別を立てたが、混用される。妬は石にコアイメージの源泉があり、蠹ト(木の中に詰まって、芯を食い荒らす虫、キクイムシ)と同源で、「中身が詰まる」というイメージの語。妬には乳癌という意味もあったらしい。釈名・釈疾病に「妬は褚(詰め込む)なり。気、積褚して通ぜず、腫潰に至るなり(気が詰まって通ぜず、潰瘍が生じる)」とある。

字源 「石セキ(音・イメージ記号)＋女(限定符号)」を合わせた字。「石」は「中身がいっぱい詰まる」というイメージがある(⇩石)。「妬」は邪気や勘気がいっぱい詰まる様子を暗示させる。

〔字体〕「妒」は異体字。

語義 ねたむ意味ⓐ。[和訓] そねむ・やく [熟語] ⓐ妬心・嫉妬

文献 ⓐ春秋左氏伝・襄公21「叔向之母妬叔虎之母美＝叔向の母、叔虎の母の美なるを妬む(叔向[人名]の母は叔虎[人名]の母が美しいのを嫉妬した)」

【徒】10(彳・7) 常 常用音訓 ト

語音 *dag(上古) do(中古→呉ヅ〈＝ズ〉・ド・漢ト) tú(中) 도(韓)

語源 [コアイメージ] 土(つち)。[実現される意味] 乗り物に乗らないで歩いていくことⓐ。[英]go on foot

〔解説〕 古人は「徒は土なり」と語源を説く。土は「中身が詰まって盛り上がる」というイメージから「つち」の意味を実現する。徒は土から展開した語である。履き物や乗り物を用いないで、足が直接土に触れる状態だから徒という。

語源 「土(音・イメージ記号)＋辵(限定符号)」を合わせた字。「彳＋止」は「辵」と同じ。「徒」は土を踏んで進む様子を暗示させる。

語義 [展開] 乗り物に乗らないで歩いていく意味ⓐから、戦車に乗らないで歩く兵卒の意味ⓑ、一緒に何かをする仲間の意味ⓒ、弟子の意味ⓓ、使役される人の意味ⓔに展開する。また、履き物をはかない(はだし)、あるいは乗り物に乗らないこと(徒歩)から、手に何も持たない意味ⓕ、何もすることがない(空しい、むだ)の意味ⓖを派生する。[英]go on foot; foot soldier; party, gang; follower, pupil; imprisonment; bare; empty, vain [和訓] かち・あだ・あだし・ただ・いたずら [熟語] ⓐ徒渉・徒歩・ⓑ徒卒・徒兵・ⓒ徒党・賊徒・ⓓ学徒・信徒・ⓔ徒刑・囚徒・ⓕ

徒手・ⓖ徒死・徒労

文献 ⓐ易経・賁「舎車而徒＝車を舎(す)てて徒(かちありき)す(車を捨てて徒歩で行く)」ⓑ詩経・黍苗「我徒我御＝我が徒、我が御(われらが歩兵、われらが御者)」ⓒ論語・先進「非吾徒也＝吾が徒に非ざるなり(［彼は］私の仲間ではない)」ⓖ論語・陽貨「夫召我者而豈徒哉＝夫れ我を召す者にして、豈徒ならんや(私を召すからには、何もないということはなかろう)」

【途】 10(辵・7)　常　｜　常用音訓 ト

語音 *dag(上古)　do(中古→呉ヅ〈＝ズ〉・ド・漢ト)　tú(中)　도(韓)

語源 [コアイメージ] 平らに押し伸ばす。[実現される意味] 目的の所に通っていく道(道筋・みちのり・進路)ⓐ。[英]road

字源 「余(ヨ)(音・イメージ記号)＋辵(限定符号)」を合わせた字。「余」は「平らに押し伸ばす」というイメージがある(⇨余)。「途」は邪魔なものを除いて通りをよくした道を暗示させる。除(邪魔なものを押しのける)と同源の語である。

語義 [展開] 道の意味ⓐから、目的に達する筋道(方法・手段)ⓑの意味を派生する。[英]road, ; route, way　[和訓] みち　[熟語] ⓐ途上・帰途・ⓑ使途・用途

文献 ⓐ孫子・軍争「迂其途、而誘之以利＝其の途を迂にして、之を誘ふに利を以てす(道を迂回し、敵には利益で誘導する)」

【兜】 11(儿・9)　人　｜　音ト・トウ　訓かぶと

語音 *tug(上古)　təu(中古→呉ト・ツ・漢トウ)　dōu(中)　두(韓)

語源 [コアイメージ] 包み隠す。[実現される意味] かぶとⓐ。[英]helmet

字源 「皃」は顔の輪郭を示した形で、貌と同じ(⇨貌)。「皃」(顔、頭)に、両側から囲む印をつけて、頭部を包み隠すかぶり物を暗示させる。「かぶと」のことを古くは冑(チュウ)といい、漢代以後は兜(トウ)という。

(篆)

語義 [展開] かぶとの意味ⓐから、かぶり物の意味ⓑに展開する。[英]helmet; hood　[熟語] ⓐ兜鍪(トウボウ)・ⓑ兜巾(トキン)

【都】 11(邑・8)　常　｜　常用音訓 ト・ツ　みやこ

〔都〕 12(邑・9)　人　｜　音ト・ツ　訓みやこ・すべる・すべて

語音 *tag(上古)　to(中古→呉ツ・漢ト)　dū・dōu(中)　도(韓)

語源 [コアイメージ] 多くのものが集まる。[実現される意味] 人々が集まる大きな町ⓐ。[英]metropolis, big city

〔解説〕王念孫は「都の言は瀦(チョ)なり」と述べる(広雅疏証)。瀦(水を集めて貯える所)だけでなく、儲・猪・著など、一連の者のグループと同源で、「多くのものが集まる」というコアイメージをもつ語である。日本語の「みやこ」はミヤ(宮)＋コ(場所の意)で、「天皇の住居の所在地」の意という(大野①)。英語の metropolis はギリシア語の mētropolis(＝mother state)が語源で、中心的な都市、重要都市、また首都の意(小島①)。metropolis は漢語の都と対応する。また、capital は「頭に関する」の意から、首位にあるもの、首都の意味になったという(小島①)。都には metropolis にも capital にもない独得の意味ⓓⓔがある。これは都のコアイメージが生み出したものである。

字源 「都」が正字。「者(シャ)(音・イメージ記号)＋邑(限定符号)」を合わせた字。「者」は「多くのものが一所に集中する」というイメージがある(⇨者)。「都」は多くの人が集中する町を暗示させる。

語義 [展開] 人が多く集まる町の意味ⓐから、国の中心の町(みやこ)の意味ⓑ、都会的で垢抜けしている(みやびやか)の意味ⓒに展開する。

また、「多くのものが一か所に集まる」というイメージから、多くのものを一つにまとめる(すべる)意味ⓓ、全部まとめて(すべて)の意味ⓔを派生する。［英］metropolis, big city; capital; elegant; command, preside over; all ［熟語］ⓐ都会・都市・ⓑ首都・遷都・ⓒ都雅・ⓓ都監・都督・ⓔ都合・都度

文献 ⓐ詩経・干旄「在浚之都＝浚(シュン)の都に在り(浚［地名］の都［城郭の外にある大きな町］にいる)」ⓑ詩経・十月之交「作都于向＝都を向(ショウ)に作る(向［地名］にみやこを築く)」ⓒ詩経・有女同車「洵美且都＝洵(まこと)に美にして且つ都なり(美しい上に奥ゆかしい)」

【堵】 12(土・9) 人 ｜ 音ト 訓かき

語音 *tag(上古) to(中古→呉ツ・漢ト) dǔ(中) 도(韓)

語源 ［コアイメージ］中身を詰める。［実現される意味］塀の長さを計る単位ⓐ。［英］unit of length of wall

〔解説〕古代の壁や塀を築く工法(版築という)において、版は一丈の長さで、五版(五丈)が堵である。そのようにして造られた垣も堵という。垣を回らして敵の侵入を防げば安泰である。これが安堵(アンド)(安心する意)の語源。

字源 「者(シャ)(音・イメージ記号)＋土(限定符号)」を合わせた字。「者」は「多くのものが一所に集中する」というイメージがあり、「中身がいっぱい詰まる」というイメージに展開する(⇨者)。「堵」は板の間に土を詰めて塀を造る様子を暗示させる。

語義 ［展開］土壁や塀の長さを計る単位の意味ⓐから、塀や垣の意味ⓑ、中身を詰めてふさぐ意味ⓒを派生する。［英］unit of length of wall; wall; block ［熟語］ⓑ堵列・安堵・ⓒ堵塞

文献 ⓐ詩経・鴻雁「之子于垣、百堵皆作＝之(こ)の子于(ここ)に垣つくる、百堵皆作(おこ)る(この子が垣を作ると、五百丈がすっかりできた)」ⓑ史記・田単列伝「妻妾令安堵＝妻妾安堵せしむ(妻や妾は安心させた)」

【渡】 12(水・9) 常 ｜ 常用音訓 ト わたる・わたす

語音 *dag(上古) do(中古→呉ド・漢ト) dù(中) 도(韓)

語源 ［コアイメージ］一歩一歩と進む。［実現される意味］水(川・海)をわたるⓐ。［英］cross(a river, etc.)

字源 「度(ド)(音・イメージ記号)＋水(限定符号)」を合わせた字。「度」は「つつつ…の形に一つ一つと進む」というイメージがあり、「一歩一歩とわたる」という意味を派生する(⇨度)。特に水をわたる場面に限定するために、「渡」が作られた。渡は度から分化した字。

語義 ［展開］水を渡る意味ⓐから、空間的、時間的にある範囲を移動する意味ⓑに展開する。受け渡すの意味ⓒは日本的用法。［英］cross(a river, etc.); tide over; hand ［熟語］ⓐ渡河・渡海・ⓑ渡世・過渡・ⓒ譲渡

文献 ⓐ戦国策・燕三「秦兵旦暮渡易水＝秦兵、旦暮に易水を渡る(秦の兵士は朝晩に易水を渡ってくる)」

【塗】 13(土・10) 常 ｜ 常用音訓 ト ぬる

語音 *dag(上古) do(中古→呉ヅ〈＝ズ〉・ド・漢ト) tú(中) 도(韓)

語源 ［コアイメージ］平らに押し伸ばす。［実現される意味］泥などを表面になすりつける(ぬる)ⓐ。［英］plaster, smear

字源 「涂(ト)(音・イメージ記号)＋土(限定符号)」を合わせた字。「余」は「平らに押し伸ばす」というイメージがある(⇨余)。「余(ヨ)(音・イメージ記号)＋水(限定符号)」を合わせた「涂」は、泥を平らに押し伸ばしてぬる様子を暗示させる。この意匠で十分「ぬる」ことを表象できるが、川の名を表す固有名詞に用いられたため、改めて「塗」が作られた。

語義 ［展開］泥をぬる意味ⓐから、泥の意味ⓑ、泥で汚れる、泥にま

みれる意味ⓒに展開する。また、「平らに押し伸ばす」というイメージから、土を平らにならして伸ばした道の意味ⓓを派生する。ⓓは途と通用。［英］plaster, smear; mud, mire; road　【和訓】どろ・みち・まみれる　【熟語】ⓐ塗布・塗料・ⓑ塗炭・泥塗・ⓒ塗地・ⓓ塗説

文献 ⓐⓑ詩経・角弓「如塗塗附＝如し塗れば塗附く（もし泥を塗ったら、泥がべっとりと付く）」ⓒ戦国策・燕一「代王脳塗地＝代王の脳、地に塗る（代王の脳みそは泥にまみれた）」ⓓ詩経・出車「雨雪載塗＝雨雪、塗に載つ（雨と雪が道にいっぱい満ちる）」

【賭】16（貝・9）　常　｜常用音訓 ト　かける

語音 to（中古→呉ツ・漢ト）　dŭ（中）　도（韓）

語源 【コアイメージ】一つの所に集中させる。【実現される意味】勝負で勝った人が獲得する約束で金品を出す（かける）ⓐ。［英］gamble

字源 「者（音・イメージ記号）＋貝（限定符号）」を合わせた字。「者」は「一つの所に集中させる」というイメージがある（⇨者）。「賭」は金を一点に集中させる様子を暗示させる。睹（視線を集中させて見る）と同源の語。

語義 【展開】勝負で勝った人が獲得する約束で金品を出す（かける）意味ⓐから、かけごと、ばくちの意味ⓑに展開する。［英］gamble（ⓐⓑ）, bet; gambling　【熟語】ⓐ賭銭・ⓑ賭博

文献 ⓐ三国志・呉志・韋曜伝「賭及衣物＝賭けて衣物に及ぶ（賭けるものが衣類にまで及んだ）」

ど

【土】3（土・0）　常　｜常用音訓 ド・ト　つち

語音 *t'ag（上古）　t'o（中古→呉ツ・漢ト・［慣］ド）　tŭ（中）　토（韓）

語源 【コアイメージ】中身が詰まって盛り上がる。【実現される意味】つちⓐ。［英］earth, soil

【解説】漢の董仲舒は「土の言為るは吐なり」（春秋繁露・五行之義篇）と述べている。漢代では「土は吐なり」の語源意識が普遍的で、この背景に大地が万物を生み出すものであるという思想がある。では土や吐のコアイメージは何か。藤堂明保は土を者のグループや庶・貯・図・宅・石などと同じ単語家族に所属させ、「充実する、ひと所に集まる（定着する）」という基本義があるとした（藤堂①）。「中身が詰まる」と言い換えてもよい。中身が詰まれば上に盛り上がってくる。「盛り上がる」というイメージが大地の姿である。また、土を盛り上げて土地の神を祭ることを社という。体内に入れたものが詰まって上に盛り上がってきて口から出ることが吐である。英語のearthは地球・大地・地面の意味から土、土壌の意味に転用される。またsoilは「植物の育成に必要な土、土壌」の意という（以上、小島①）。前者は漢語の土（ⓐⓑ）、後者は漢語の壌にほぼ対応する。

【グループ】土・吐・社・徒・杜・肚（内臓の詰まった腹）

字源 土を盛り上げた情景を描いた図形。

（甲）　（金）　（篆）

語義 【展開】つちの意味ⓐから、大地・土地の意味ⓑ、土を使って工事する意味ⓒ、地方の、その土地本来のという意味ⓓに展開する。［英］earth, soil; land, ground; construct; local, native　【熟語】ⓐ土塊・土石・ⓑ国土・領土・ⓒ土工・土木・ⓓ土着・土民

文献 ⓐ論語・公冶長「糞土之牆、不可杇也＝糞土の牆は杇るべからず（腐った土の塀はこてで塗れない）」ⓑ論語・里仁「君子懐徳、小人懐土＝君子は徳を懐ひ、小人は土を懐ふ（君子は仁徳のことを考えるが、小人物は土地［に安住する］のことを考える）」ⓒ詩経・撃鼓「土國城漕＝国に土し漕に城く（都で普請をし、漕［地名］で築城する）」

【奴】5(女・2)　常　｜常用音訓 ド

語音 *nag(上古)　no(中古→呉ヌ・漢ド)　nú(中)　노(韓)

語源 [コアイメージ] 粘り強い。[実現される意味] 奴隷・召使いⓐ。[英]slave, servant

〈解説〉コアイメージの源泉は女にある。女は「柔らかい」というイメージがある。「柔らかい」というイメージはしばしば「粘り強い」というイメージにつながる。これに真理を見出して「柔らかさ」の哲学を唱えたのは老子である。老子は女・母・水を宇宙の原理の象徴とし、「柔弱は剛強に勝つ」と述べている。ただし言語の観点から見ると、女は「柔らかい」がコアイメージであるが、「粘り強い」というコアイメージをもつのは奴である。

〈グループ〉奴・努・怒・弩ド(強い弓[強弩])・砮ド(矢じりにする丈夫な石)・駑ド(足が粘ったようにのろい馬[駑馬])・孥ド(妻、妻子[妻孥])・帑ド(妻子。また、かねぐら[内帑])・拏ダ(=拿。力を強く入れて引っ張る)

字源 「女ジョ(音・イメージ記号)+又(限定符号)」を合わせた字。「女」は「柔らかい」というイメージがあり(⇩女)、「粘り強い」というイメージに展開する。「奴」は粘り強く働く様子を暗示させる。

(金) 　　(篆)

語義 [展開] 性別にかかわりなく奴隷の意味ⓐであるが、区別するときは、男を奴、女を婢という。また、人を卑しめていう語ⓑ。やつ(親しみをこめていう語)ⓒは日本的用法。[英]slave, servant; derogatory word; chap [和訓] やっこ・やつ・め [熟語] ⓐ奴婢・奴隷・ⓑ奴輩・守銭奴

文献 ⓐ論語・微子「箕子爲之奴＝箕子シキ、之これが奴と為る(箕子[人名]は奴隷となった)」

【努】7(力・5)　常　｜常用音訓 ド　つとめる

語音 *nag(上古)　no(中古→呉ヌ・漢ド)　nǔ(中)　노(韓)

語源 [コアイメージ] 粘り強い。[実現される意味] じわじわと力を出して頑張るⓐ。[英]make effort

〈解説〉日本語の「つとめる(つとむ)」はツトニ(夙に、朝早く)のツトと同根で、「朝早くから起きて精を出して事を行う意」が原義という(大野②)。漢語の努は怒・弩などと同源で「粘り強い」というイメージをもつ語である。英語のeffortはラテン語exfortiare(力を出しきる)、ex-(外へ)+fortis(強い)が語源で、力を出す(努力する)意という(下宮①、政村①)。漢語の努は「じわじわと」力を出す、勉は「無理に」力を出すの違いはあるが、ともに英語のeffortと発想が似ている。

字源 「奴ド(音・イメージ記号)+力(限定符号)」を合わせた字。「奴」は「粘り強い」というイメージがある(⇩奴)。「努」は粘り強く力をこめる様子を暗示させる。

語義 [展開] じわじわと力を出して頑張る(つとめる)意味ⓐ。古訓の「ゆめ」は「決して～するな」と禁止を表す語ⓑ。漢語の努にはこの意味はない。[英]make effort, endeavor, exert, strive; never [和訓] ゆめ [熟語] ⓐ努力

文献 ⓐ古詩十九首「努力加餐飯＝努力して餐飯を加へよ(せいぜい頑張って体をお大切に)」(文選29)

【度】9(广・6)　常　｜常用音訓 ド・ト・タク　たび

語音 (1)*dak(上古)　dak(中古→呉ダク・漢タク)　duó(中)　탁(韓)　(2)*dag(上古)　do(中古→呉ド・漢ト)　dù(中)　도(韓)

語源 [コアイメージ] ⊃⊃⊃…の形に一つ一つと進む。[実現される意味] 長さを計るⓐ。[英]measure

〈解説〉シャクトリムシが這うような姿で手指を∩の形に曲げて測量するのが尺である。度はこれときわめて似ている。藤堂明保は度は尺のほか、睪(キエ)のグループ(沢・駅など)、亦(キエ)のグループ(跡・夜など)と同源の単語家族に入れ、「数珠つなぎ、—・—型」の基本義をもつとする(藤堂①)。度は⊃⊃⊃…の形に一回一回と進んで長さを計ることである。この語の図形化(視覚記号化)は家の調度を設置する場面から発想された。

〈グループ〉度・渡・鍍(ト)(金属の表面に薄い層を行き渡らせる→めっきする)

字源 「廿(イメージ記号)＋广(イメージ補助記号)＋又(限定符号)」を合わせた字。「廿」は革・堇・黄の上部に含まれる「廿」と同じく獣の革のこと。敷物というイメージを示す記号となる(⇩席)。「度」は敷物にする革をサイズに合わせるために計る情景を設定した図形。図形にコアイメージは反映されていない。藤堂は説文解字に従い、庶の略体を単なる音符とした(藤堂②)。白川静は席の省略形と又の組み合わせで、「席の大きさをものさしとして長さをはかる」意とする(白川②)。

(篆)

語義 [展開] 長さを計る意味ⓐから、心で計って見る(おしはかる)意味ⓑに展開する(以上は1の場合)。また、計るための器具(ものさし)の意味ⓒ、基準となるもの、手本として則るものの意味ⓓ、物事の標準・程合いの意味ⓔ、スケール・器量の意味ⓕ、目盛りの意味ⓖ、回数(たび)の意味ⓗに展開する。また、「⊃⊃⊃…の形に一回一回と進む」というイメージから、一歩一歩と渡る(ある範囲の空間・時間を移動する)意味ⓘを派生する(以上は2の場合)。[英]measure; surmise; linear measure; standard, rule, law; degree, limit; caliber; scale; time; spend, pass [和訓] はかる・わたる・わたす・のり [熟語] ⓐ支度・測度・ⓑ臆度・忖度・ⓒ度量衡・尺度・ⓓ制度・法度・ⓔ限度・程度・ⓕ度量・態度・ⓖ温度・頻度・ⓗ今度・毎度・ⓘ済度・得度

文献 ⓐ詩経・公劉「度其隰原＝其の隰原を度(はか)る(その沢と原を測量する)」ⓑ詩経・皇矣「帝度其心＝帝、其の心を度る(天帝は彼の心を推しはかってみる)」ⓔ詩経・汾沮洳「美無度＝美なること度無し(えも言えぬ美しさ)」

【怒】

9(心・5) 常 常用音訓 ド いかる・おこる

語音 *nag(上古) no(中古→呉ヌ・漢ド) nù(中) 노(韓)

語源 [コアイメージ] 粘り強い。[実現される意味] 腹を立てる(いかる・いかり)ⓐ。[英]get angry, anger

〈解説〉王引之は「怒の言は弩(ド)(石を発射させる強い弓)なり。太過の謂ひなり」(経義述聞)と述べている。努とも同源で、「粘り強い」が根底にあるイメージ。心の底からじわじわと強くこみあげてくる心理状態を怒という。日本語の「いかる」はイカシ(厳)と同根で、「体を角立てて大きく張るかっこうをする意」(大野①)とされる。漢語の怒とはかなりイメージが違う。「おこる」は近世以後に出現した語という。「おこる」は「気の苛(いら)ち発(おこ)る意」(大言海)という説がある。これが漢語の怒に近い。英語のangerは「締めつけ、苦悶」のイメージが根底にあるらしい(政村①)。じわじわと締めつけられた感情が爆発するのが怒りということであろう。そうすると漢語の怒と発想の似た言葉といえる。

字源 「奴(ド)(音・イメージ記号)＋心(限定符号)」を合わせた字。「奴」は「粘り強い」というイメージがある(⇩奴)。「怒」は強く力をこめて感情を爆発させる様子を暗示させる。

語義 [展開] いかる・いかりの意味ⓐから、激しく勢い込む意味ⓑ、勢いが激しい、荒れ狂う意味ⓒに展開する。[英]get angry, anger, rage(ⓐⓒ), fury(ⓐⓒ); brace up; vigorous, violent [熟語] ⓐ激怒・憤怒・ⓑ怒張・ⓒ怒潮・怒濤

文献 ⓐ詩経・氓「将子無怒＝将(こ)ふ、子(シ)よ、怒る無かれ(お願いです

から、あなた、怒らないで)」ⓑ荘子・逍遥遊「怒而飛其翼若垂天之雲＝怒みて飛べば、其の翼は垂天の雲の若し(勢い込んで飛ぶと、その[鵬の]翼は天から垂れた雲のようだ)」

とい

【樋】 15(木・11) 人 ｜半国字

字源 中国の字書では木の名とあるだけの、きわめてマイナーな字である。日本の樋はこれとは全く別で、「とい」または「ひ」を表す字である。和製疑似漢字であるが、偶然に中国にもあったので、半国字とする。大言海に「樋、蓋し木通の二合和字」とある。「通」に木偏を添えて、水を通す木の管を表した。

語義 水を通して流すための筒状の管(とい・ひ)の意味。[英]gutter

とう

【刀】 2(刀・0) 常 ｜常用音訓 トウ かたな

語音 *tɔg(上古) tau(中古→呉ト・タウ〈＝トウ〉・漢タウ〈＝トウ〉) dāo(中) 도(韓)

語源 [コアイメージ] (形や)形に曲がる。[実現される意味] かたなⓐ。[英]knife, sword

〔解説〕釈名・釈兵に「刀は到なり。以て斬伐し、其の所に到るは、乃ち之を撃つなり」とある。対象に伐ち当てて到らせるものが刀という解釈。刀と到を同源と見たのはよいが、これでは刀のイメージが見えてこない。刀のグループの深層構造を初めて解明したのは藤堂明保である。氏は*tɔgという語は「曲線状に曲がる」という基本義があり、青竜刀のように反ったかたなが刀であると述べている(藤堂①)。日本語の「かたな」はカタ(片)＋ナ(刃の意)で、片刃の刃物の意味という(大野①)。

〔グループ〕刀・到・倒・召・叨(舌を曲げて、舌なめずりする→むさぼる)・忉(くよくよと悩み、ふんぎりがつかないさま[忉忉])・魛(体形が匕首のような刀に似た魚、エツ。〈日〉タチウオ)・鳭(刀のようなくちばしで葦を裂いて虫を捕る鳥、オオヨシキリ、鳭鷯。〈日〉トキ)

字源 刃の部分が反り返ったかたなを描いた図形。

(甲)　(篆)

語義 [展開] かたなの意味ⓐ。刀との類似性から、貨幣の意味ⓑに転用される。[英]knife, sword; coin [熟語] ⓐ刀剣・短刀・ⓑ刀泉・刀布

文献 ⓐ詩経・河広「誰謂河廣、曾不容刀＝誰か謂ふ河は広しと、曾て刀を容れず(黄河が広いと誰が言う、刀一本入らない)」

【冬】 5(夂・2) 常 ｜常用音訓 トウ ふゆ

語音 *toŋ(上古) toŋ(中古→呉・漢トウ) dōng(中) 동(韓)

語源 [コアイメージ] いっぱいに蓄える。[実現される意味] ふゆⓐ。[英]winter

〔解説〕古人は「冬は終なり」「冬は中なり、中は蔵なり」と語源を説く。一年が終わって万物が地中に収蔵される季節という見解である。*toŋという語は、草木が地下に種子を蓄える季節であることから、「いっぱいに蓄える」というイメージがあり、蓄と同源である(藤堂②)。ある空間や範囲を十分に満たしたら、もう余裕がなく、限界に達するから、「いっぱいになって尽きる(きわまる)」というイメージにも転化する。終のコアにはこのイメージがある。「尽きる」というイメージから、四季の最後の期間を表す語が造形された。英語のwinterは印欧祖語のwed-(湿った)に淵源があり、「湿った季節」の意らしい(下宮①)。気候的特徴からの命名。

〔グループ〕冬・終・柊・疼《トウ》(痛みがこもる、しくしくと痛みがうずく[疼痛])・螽《シュ》(子をたくさん蓄えて大いに繁殖する虫、トノサマバッタ) *苳(半国字。フキ)・*鮗(純国字。コノシロ)

字源 「冬」が正字。季節語はその特徴や一場面を捉えた具体的な物のイメージを通して図形化された。冬も例外ではない。「冬」の甲骨文字については、葉の落ちた木の枝に果実がついている形と見る説、ハシバミの実が二つ連なって垂れている形と見る説などがある。おそらく越冬用の果実(干し柿の類)を干している情景を描いた図形と考えられる。藤堂明保は「たぶん乾して吊した貯蓄用の肉か果物の象形であろう」という(藤堂①)。金文と古文はこれに限定符号の「日」を添え、篆文は氷や寒さを示す限定符号の「冫」を添える。

(甲) 　(金)  　(古) 　(篆)

〔字体〕「冬」は旧字体。「冬」は古くから書道で行われた字体。終・柊もこれに倣う。

語義 ふゆの意味ⓐ。[熟語] ⓐ冬季・初冬

文献 ⓐ詩経・葛生「冬之夜、夏之日、百歳之後、歸于其室=冬の夜、夏の日、百歳の後、其の室に帰らん(長い冬の夜が過ぎ、長い夏の日が過ぎて、百年たったら、あなたの部屋[墓室]に私も帰ろう)」

【当】 6(小・3) 常 ― 常用音訓 トウ　あたる・あてる

語音 *taŋ(上古) taŋ(中古→呉・漢タウ〈=トウ〉) dāng・dàng(中) 당(韓)

語源 [コアイメージ] ㋐平らに広がる・㋑二つのものがA→←Bの形にぴったり合う。[実現される意味] 二つのものがまともにぶつかるⓐ。[英] hit, bump, confront, resist

〔解説〕説文解字に「當(=当)は、田、相値《あた》るなり」とある。二つの田が面積や価値において相当するという解釈。尚は「平らに広がる」というコアイメージを表す記号である。てのひらは平らに広がっているから掌という。てのひらを合わせると、二つの平面がぴったり重なる姿を呈する。AとBがずれることなくぴったりあたることを當という。このように「平らに広がる」というイメージが「(隙間なく)ぴったり合う」というイメージに展開する。二つのものが合う姿に焦点を置くと、「→←の形に向き合う」というイメージにもなる。古典には「当は直なり」「当は敵なり」の訓がある。二つのものがまっすぐ向かうというイメージである。おもしろいことに、日本語の「あたる」はアタ(敵・仇)・アタヒ(値)と同根で、「物が直進して、(これという急所に)ぴたりとぶつかる意」という(大野①)。漢語の当と造形法(語の成り立ち)が非常に似ている。しかし意味は漢語の当と日本語の「当たる・当てる」にはかなりずれがある。

〔グループ〕当・擋《トウ》(押し当てて止める→さえぎる)・璫《トウ》(耳に当てる玉→耳飾り[耳璫])・蟷《トウ》(敵に立ち向かう攻撃的習性をもつ虫、カマキリ[蟷螂《トウロウ》])・襠《トウ》(胸と背に当てて着る衣、チョッキの類[裲襠《リョウトウ》])・鐺《トウ》(金属がぶつかる音)

字源 「當」が正字。「尚《ショウ》(音・イメージ記号)+田(限定符号)」を合わせた字。「尚」は通気孔から空気が抜けて空中に分散する情景を設定した図形で、「高く上がる」というイメージがあるが、一方では、分散することに視点を置くと、「平らに広がる」というイメージにも展開する(⇩尚・掌)。「當」は田の売買の場面を想定し、Aの田の面積とBの田の面積がぴったり重なるように(掌を合わせるように)合う様子を暗示させる。この意匠によって、二つのものが平面を合わせるようにA→←Bの形にぴったり向かい合う、ぶつかり合うというイメージを表すことができる。

〔字体〕「当」は近世中国で発生した「當」の俗字。

語義 [展開] 「二つのものがA→←Bの形にぴったり合う」というコアイメージから、二つのものがまともにぶつかる(対抗する)意味ⓐ、は

み出すことなく(隙間なく)ぴったり合う(相当する)意味ⓑ、仕事や任務に向き合う(担当する)意味ⓒ、ちょうど当てはまる(ふさわしい)意味ⓓ、ちょうどその場面や機会にぶつかる意味ⓔ、ちょうどそれに当たっている(当該の、この)の意味ⓕ、借金にちょうど価値が相当する品物(質のかた)の意味ⓖに展開する。また、そうするのがふさわしい→当然そうすべきだという用法ⓗが生まれた(漢文で「まさに〜べし」と訓読する)。当てがう・割り当てる意味ⓘや、差し当たっての意味ⓙは日本的用法。[英]hit, bump, confront, resist; equal; take charge of; suit, proper; encounter; just at(a time or place); pledge; ought; assign; for the time being 【和訓】まさに 【熟語】ⓐ当千・対当・ⓑ相当・適当・ⓒ当事者・担当・ⓓ該当・至当・ⓔ当時・当面・ⓕ当地・当人・ⓖ抵当・典当・ⓗ当為・当然・ⓘ充当・配当・ⓙ当座・当用

文献 ⓐ戦国策・秦一「所當未嘗不破也＝当たる所未だ嘗て破らずんばあらざるなり(向かってぶつかってくる敵はことごとく打ち破った)」ⓒ論語・衛霊公「當仁、不讓於師＝仁に当たりては、師にも譲らず(仁を実行するには、先生にも譲歩しない)」ⓔ孟子・梁恵王下「當是時也＝是この時に当たるなり(ちょうどこの時にぶつかる)」

【灯】6(火・2) 常 ―― 常用音訓 トウ ひ

〔燈〕16(火・12) 人 ―― 音 トウ 訓 ひ・ともしび・ともす

語音 (1)[燈]*təŋ(上古) təŋ(中古→呉・漢トウ) təŋ(唐トン) dēng(中) 등(韓) (2)[灯]teŋ(中古→漢テイ) tieŋ(唐チン) dīng(中) 등(韓)

語源 [コアイメージ] (1)上に上がる。(2)⊥形にじっと立つ。[実現される意味] 照明具(あかり、ともしび)ⓐ。[英]lamp

字源 (1)「燈」が正字。「登トウ(音・イメージ記号)＋火(限定符号)」を合わせた字。「登」は「上に上がる」というイメージがある(⇨登)。「燈」は上に掲げて辺りを照らす火を暗示させる。(2)「丁テイ(音・イメージ記号)＋火(限定符号)」を合わせた字。「丁」は「⊥形にじっと立つ」というイメージがある(⇨丁)。「灯」は炎がじっと立って燃える火を表す。中世以後に現れた字。

〔字体〕正字通では「灯」は「燈」の俗字とする。近世以後は燈と灯は統合された。日本でも中国でも現在は燈の代わりに灯を用いる。

語義 [展開] ともしびの意味ⓐから、比喩的に、仏の教えの意味ⓑを派生する。[英]lamp; metaphor of Buddhism 【熟語】ⓐ灯火・街灯・ⓑ伝灯・法灯

文献 ⓐ説苑・復恩「日暮酒酣、燈燭滅＝日暮れ酒酣たけなわにして、灯燭滅す(日が暮れて酒宴がたけなわになった頃、明かりが消えた)」

【投】7(手・4) 常 ―― 常用音訓 トウ なげる

語音 *dug(上古) dau(中古→呉ヅ〈＝ズ〉・漢トウ) tóu(中) 투(韓)

語源 [コアイメージ] ㋐じっと立てて置く・㋑枠の中にはまりこむ。[実現される意味] 放りなげるⓐ。[英]throw

〔解説〕投はコアイメージと実現される意味の間にはかなり開きがある。投擲の投は「なげる」だが、投宿や意気投合の投は「なげる」では解釈がつかない。投はなげた結果、どうなるか(どうするか)を予想した語である。身をなげるが如く宿にあずけるのが投宿、体内に薬をうまく投入するのが投薬である。投げたり寄せたり与えたりして所期の場所(一定の枠の中など)にうまくはまりこむようにする動作を投という。前半に重点を置くと「放ってなげる」など物を移動させる行為、後半に重点を置くと「じっと止める」など物を止めて受ける行為に分化する。*dugという語は藤堂明保によれば豆のグループ(逗など)、主のグループ(柱など)、蜀ショクのグループ(属など)、また樹・読などと同源で、「じっと立つ、⊥型」という基本義をもつという(藤堂①)。したがって「じっと立てて置

く」「枠の中にはまりこむ」がこの語の基本的・中心的イメージで、じっと立てたり、枠の中にはまりこむようにすべく、投げ与える、あるいは放り投げるというイメージに展開したと考えられる。日本語の「なげる(なぐ)」はナガシ(長)・ナガル(流)と同根で、「手の力で物を遠くへ弧を描くようにほうる意」という(大野②)。漢語の投は複雑な意味展開をする。

[字源]「殳(シュ)(音・イメージ記号)+手(限定符号)」を合わせた字。「殳」は「几(たてほこの形)+又(て)」を合わせて、たてほこを手に持つ図形。杸(シュ)(戦車の前に立てるほこ、たてほこ)の原字。したがって「殳」は「しっかり立てる」「じっと立てておく」というイメージを示す記号になる(⇩設)。「投」はじっと立てて止めて置く様子を暗示させる。図形は語の意味を全面的に表していない。

(甲)  (金)  (篆)  [殳] (篆) 

[語義] [展開] 物を投げたり寄せたりして一定の枠の中にはまるように置くという行為の前半に焦点を置くと、なげる(放りなげる)という意味ⓐになる。前半から後半にかけてに視点を置くと、なげ入れる、なげ与える、差し出す、身を寄せるなどをして、枠にはまるように置く意味ⓑになる。後半だけに焦点を置くと、ぴったりはまり込む意味ⓒになる。[英]throw; put in, cast; fit in with [熟語] ⓐ投棄・投石・ⓑ投宿・投票・ⓒ投合

[文献] ⓐ詩経・巷伯「取彼譖人、投畀豺虎=彼の譖人(シンジン)を取りて、投げて豺虎(サイコ)に畀(あた)へよ(あの悪口いう者を捕まえて、アカオオカミやトラに投げ与えよ)」ⓑ詩経・木瓜「投我以木瓜=我に投ずるに木瓜を以てす(私にボケの実を贈ってきた)」

【豆】 7(豆・0) [常]

[常用音訓] トウ・ズ まめ

[語音] *dug(上古) dəu(中古→[呉]ヅ〈=ズ〉・[漢]トウ) dòu(中) 두(韓)

[語源] [コアイメージ] 一所にじっと立つ。[実現される意味] たかつき(肉や供物を入れる食器)ⓐ。[英]bowl with a stem

[解説] *dugという語は樹・柱などと同源で、「⊥形やT形にじっと立つ」というイメージがある(藤堂①)。T形あるいは♀形を呈するたかつきの形態的特徴を捉えた語である。「たかつき(高坏)」が本義で、「まめ」は類似性の隠喩による転義である。

[グループ] 豆・痘・頭・逗・豎(ジュ)(=竪。じっと立つ、また、たて)・梪(トウ)(たかつき)・荳(トウ)(まめ)・脰(トウ)(直立する首、うなじ)・餖(トウ)(たかつきに盛った食物→お供え用の食べられない食物)

[字源] 蓋がついて、頭が丸く、足の高い器を描いた図形。

(甲)  (金)  (篆) 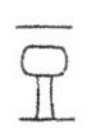

[語義] [展開] たかつきの意味ⓐ。「T形や♀形にじっと立つ」というイメージから(あるいは、たかつきとの形態的類似性により)、穀物の「まめ」、また、穀物の名としてのマメの意味ⓑに転用される。[英]bowl with a stem; bean [熟語] ⓐ俎豆・籩豆(ヘントウ)・ⓑ豆乳・豆腐

[文献] ⓐ詩経・生民「卬盛于豆=卬(われ)、豆に盛る(私はたかつきに肉を盛る)」ⓑ戦国策・韓「民之所食、大抵豆飯藿羹=民の食する所、大抵豆飯・藿羹(カクコウ)なり(民が食べるものは、たいてい豆の飯と、豆の葉の吸い物だ)」

【到】 8(刀・6) [常]

[常用音訓] トウ

[語音] *tɔg(上古) tau(中古→[呉]・[漢]タウ〈=トウ〉) dào(中) 도(韓)

[語源] [コアイメージ] ㋐〈形に曲がる。㋑引き寄せる。[実現される意味] 目的の所まで行き着くⓐ。[英]reach, arrive

[解説] 至はこれ以上は行けない所にいたる意味だが、到は目当ての所(特定の目的地)にいたる意味である。王力によれば至は補語を必要とし

ないが、到は目的地を示す補語（…に到る）が必要という（王力②）。英語のreachは「時間をかけたり、努力したりして目的地に着くこと」、arriveは「ある一定の時間をかけて遠くに着くこと」で、atなどの前置詞を伴うという（小島①）。漢語の到はreachに近い。

字源 「刀（トウ）（音・イメージ記号）＋至（限定符号）」を合わせた字。「刀」は「（形に曲がる」というイメージがある（⇩刀）。—（直線）が（形に曲がると端から端までの距離が縮まることになる。つまりA点がB点に近づく、あるいはA（始発点）がB（終点）に引き寄せられることになる。このようなイメージ転化は召・紹に見られる。したがって「到」は出発点にいる人が引き寄せられて終点（目的地）に至ることを暗示させる。

語義 ［展開］目的地に行き着く（いたる）意味ⓐから、とことんまでやり尽くす意味ⓑ、すみずみまで行き届く意味ⓒに展開する。［英］reach, arrive; do throughly; careful ［和訓］いたる ［熟語］ⓐ到達・到底・ⓑ味到・ⓒ懇到・周到

文献 ⓐ詩経・韓奕「靡國不到＝国として到らざるは靡（な）し（彼の到らぬ国はなかった）」

【宕】 8（宀・5） 人 ｜ 音トウ

語音 *daŋ（上古） daŋ（中古→呉ダウ〈＝ドウ〉・漢タウ〈＝トウ〉） dàng（中） 탕（韓）

語源 ［コアイメージ］大きく広がる。［実現される意味］勝手気ままで締まりがないⓐ。［英］self-indulgent

解説 *daŋという語は荒唐無稽の唐や蕩（大きく広がる）と同源で、「大きく広がる」というコアイメージをもつ。

字源 「石（イメージ記号）＋宀（限定符号）」を合わせて、石の洞穴を設定した図形。この意匠によって、遮るものがなくだだっ広いありさまを暗示させる。段玉裁は「宕の言は放蕩なり」と述べる（説文解字注）。

（甲） （金） （篆）

語義 「大きく広がる」というイメージから、勝手気まま、ほしいままに振る舞って締まりがない意味ⓐが実現される。日本では愛宕（アタゴ）（山の名）に当てる。［熟語］ⓐ豪宕・跌宕（テットウ）

文献 ⓐ春秋穀梁伝・文公11「弟兄三人、佚宕中國＝弟兄三人、中国に佚宕（テットウ）す（三人の兄弟は国中でやりたい放題であった）」

【東】 8（木・4） 常 ｜ 常用音訓 トウ ひがし

語音 *tuŋ（上古） tuŋ（中古→呉ツウ・漢トウ） dōng（中） 동（韓）

語源 ［コアイメージ］突き通る。［実現される意味］ひがしⓐ。［英］east

解説 方位という抽象的なことばにもコアイメージがあり、これが具体的な物のイメージによって表象される。「ひがし」は太陽が出てくる方角である。中国古代神話では太陽は東方にある暘谷（ヨウコク）から出てくるとされている。中から外へ突き通って出てくるというイメージを捉えて、*tuŋという語形で言い表される。これは通・同などと同源で、「突き通る」というコアイメージをもつ（藤堂①）。*tuŋに対する視覚記号は土嚢という具体的な物から発想された。これが東である。日本語の「ひがし」はヒムガシの転。ヒ（日）＋ムカ（ムカフの語幹）＋シ（方向の意）で、「日に向かう方向の意」という（大野②）。漢語の東とは発想（造形法、成り立ち）が異なるが、太陽と関係があるのは似ている。英語のeastもaurora（あけぼのの女神）と関係があり、夜明けが原義で、日が昇って明るくなることから東の意味になったという（小島①）。

グループ 東・凍・棟・重・童・蝀（トウ）（空を突き通って現れるにじ［蝃蝀（テイトウ）］）

字源 心棒を突き通し、両端を紐で括った土嚢を描いた図形。この意匠によって、「突き通る」というイメージを表すことができる。「木＋

日」に分析するのが古来の字源説であるが、橐《クタ》(ふくろ)の原字としたのは徐中舒と丁山の説。

(甲) 　(金) 　(篆)

語義 [展開] ひがしの意味ⓐ。また、東の方へ(ひがしのかた)の意味ⓑを派生する。あずま(東国)の意味は日本的用法ⓒ。[英]east; eastward; eastern provinces [和訓] あずま [熟語] ⓐ東風・東方・ⓑ東遷・東漸・ⓒ関東

文献 ⓐ詩経・蝃蝀「蝃蝀在東＝蝃蝀《テイトウ》東に在り(東の空に虹が出た)」ⓑ書経・禹貢「東至于底柱＝東のかた底柱《シチュウ》に至る(東の方底柱[地名]に至った)」

【沓】 8(水・4)　人　音 トウ　訓 くつ

語音 *dəp(上古)　dəp(中古→呉ドフ〈＝ドウ〉・漢タフ〈＝トウ〉)　tà(中)　답(韓)

語源 [コアイメージ] 上に重なる。[実現される意味] 言葉を重ねて(言葉数を多くして)、しゃべりまくるⓐ。[英]babble

〔解説〕下記の詩経の毛伝に「沓は重複なり」とある。*dəpという語は畳・習・襲・摂などと同源で、「重ね合わせる」という基本義をもつ(藤堂①)。

〔グループ〕沓・踏・誻《トウ》(しゃべりまくる、口やかましい)・鞜《トウ》(地を踏むための、革で造ったくつ)

字源 「水(イメージ記号)＋曰(限定符号)」を合わせて、水が流れるように言葉を滔々としゃべる様子を暗示させる図形。この意匠によって、言葉を多く重ねてしゃべることを表象する。

(篆)

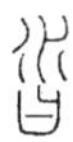

語義 [展開] 言葉を重ねてしゃべる意味ⓐから、上に重なる意味ⓑ、たくさんのものが重なり合う意味ⓒを派生する。日本では鞜《くつ》ⓓの代用とする。[英]babble; pile up; numerous and repeated; leather shoes [熟語] ⓒ雑沓

文献 ⓐ詩経・十月之交「噂沓背憎、職競由人＝噂沓《ソントウ》背憎《ハイゾウ》して競ふは人に由る(人前ではおしゃべり、陰では悪口、争いは専ら人から起こる)」ⓑ楚辞・天問「天何所沓＝天は何《いず》くにか沓《かさ》なる所ぞ(天はどこで大地と重なっているのか)」

【逃】 9(辵・6)　常　常用音訓 トウ　にげる・にがす・のがす・のがれる

語音 *dɔg(上古)　dau(中古→呉ダウ〈＝ドウ〉・漢タウ〈＝トウ〉)　táo(中)　도(韓)

語源 [コアイメージ] 左右に割れる・分ける・離れる。[実現される意味] その場から遠くへ離れ去る(にげる)ⓐ。[英]escape, flee

〔解説〕日本語の「にげる(にぐ)」は「相手にとらえられないように、相手の力のとどかない所へ去る」意、「のがれる(のがる)」は「宿世・物の怪・いやな相手などから逃げきる」意という(大野①)。漢語ではこの区別がなく、逃の一語である(漢文ではにげる場合も「のがる」と読む)。コアイメージの源泉は兆にある。これは「左右に分かれて離れる」というイメージ。空間的にあるものからできるだけ遠くへ離れ去ることが逃である。英語のescapeはラテン語のexcappare(外套を脱ぐ)に由来するらしい。外套を脱ぎ捨てる→束縛から逃れるとなった。したがって、脱出する・逃亡する意味から逃れる・免れる意味にも展開する(以上、小島①・政村①)。これは漢語の逃の意味展開と同じである。

字源 「兆《チョウ》(音・イメージ記号)＋辵(限定符号)」を合わせた字。「兆」は「二つに割れる・分ける」「左右に離れる」というイメージがある(⇩兆)。「逃」はその場から離れて行く様子を暗示させる。

語義 [展開] にげる意味ⓐから、ある物事から距離を置いて避ける(のがれる)意味ⓑに展開する。[英]escape, flee; shirk, evade [熟語] ⓐ逃走・逃亡・ⓑ逃避

文献 ⓐ詩経・四月「匪鱣匪鮪、潜逃于淵＝鱣に匪ず鮪に匪ず、潜みて淵に逃る(この身はチョウザメではない、彼らなら淵に逃げて身を潜められるのに)」ⓑ孟子・尽心下「逃墨必帰于楊＝墨を逃るれば必ず楊に帰す(墨子学派から離れると必ず楊朱学派に帰属する)」

【倒】 10(人・8) 常 ―― 常用音訓 トウ たおれる・たおす

語音 *tɔg(上古) tau(中古→呉・漢タウ〈＝トウ〉) dǎo・dào(中) 도(韓)

語源 [コアイメージ] ⌒形に曲がる。[実現される意味] 弓なりにたおれる・たおすⓐ。[英]fall down

〔解説〕到にコアイメージの源泉がある。「いたる」では解釈がつかない。到のコアイメージと関係がある。体や頭が⌒形に前のめりになって転ぶことが倒である。訓の「たおれる(たふる)」は「立っているはずのものが横転してしまう意」という(大野②)。漢語の倒と同じだが、倒は転んで上下があべこべになる(さかさまになる)意味にも展開する。和名抄では倒に「くつがへる」「さかさま」の訓がある。

字源 「到(音・イメージ記号)＋人(限定符号)」を合わせた字。「到」の根源のイメージは「刀」の「⌒形に曲がる」というイメージから来ている(⇩到)。「倒」はまっすぐ立っている人が⌒形に前のめりになって、頭が地面に届く様子を暗示させる。

語義 [展開] 弓なりにたおれる意味ⓐ。頭が地面に届くイメージから、上下があべこべになる意味ⓑを派生する。また、立ちゆかなくする(事業などがつぶれる)意味ⓒを派生する。[英]fall down, tumble; reverse, invert; overthrow, topple [和訓] さかさま・さかしま [熟語] ⓐ倒壊・卒倒・ⓑ倒置・顛倒・ⓒ倒閣・倒幕

文献 ⓐ呂氏春秋・用民「其馬不進、倒而投之鸂水＝其の馬進まず、倒して之を鸂水に投ず(馬が進まなかったので、それを打ち倒して鸂水[川の名]に投げ捨てた)」ⓑ詩経・東方未明「顛之倒之＝之を顛し之を倒す([衣服の]上下をあべこべに着る)」

【党】 10(儿・8) 常 ―― 常用音訓 トウ

語音 *taŋ(上古) taŋ(中古→呉・漢タウ〈＝トウ〉) dǎng(中) 당(韓)

語源 [コアイメージ] 遮り止める。[実現される意味] 地縁・血縁で集まった仲間。また、五百戸を単位とする村の組織ⓐ。[英]a group of families, kinsfolk

〔解説〕語源も字源も難しい。説文解字では「黨は鮮やかならざるなり」「攩は朋群なり」とある。段玉裁は攩が朋党の党の本字だという。攩は擋と同義で、「遮り止める」という意味がある。そこから、よそ者を遮り止めて入れない気心の知れた仲間うちのグループ(親密なグループ、排他的集団)を攩(＝擋)といい、後に黨となった。

〔グループ〕党・儻(何かに遮られて心がぼんやりする)・曭(日光が遮られて暗い)・讜(相手にまっすぐ言葉をぶつける→直言する)

字源 「黨」が正字。「尚(音・イメージ記号)＋黑(限定符号)」を合わせた字。「尙(＝尚)」は「平らに広がる」というイメージがあり、「當(＝当)」においては、「平面を合わせるようにA→←Bの形にぶつかり合う」というイメージが生まれる。このイメージは「まっすぐ進んできたものが→|の形に当たって止まる」というイメージにも展開する。「行く手を遮る」「遮り止める」ことを*taŋといい、擋(後に攩)で表記する。「遮り止める」ことから、よそ者を遮って入れない排他的集団の意味が生まれ、「尚」に「黑」の限定符号を添えた「黨」が生まれた。「黑」は帽子をかぶらず黒髪をあらわにした庶民の姿、あるいはイメージの悪い一団を比喩的に示している。藤堂明保は尚を単なる音符とし、党を都・

諸と同源とした(藤堂②)。

〔字体〕「党」は近世中国で発生した「黨」の俗字。もともと党は姓などを表す字であったが、同形衝突した。

語義 [展開] よそ者を排除する地縁・血縁の集団(あるいは村の中で五百戸の庶民・農民を集めた単位)の意味ⓐから、知ったもの同士が親しく集まる、ぐるになってグループを作る意味ⓑ、ぐるになった仲間の意味ⓒ、思想・信条を同じくして集まる仲間が作った団体・グループの意味ⓓに展開する。[英]a group of families, kinsfolk; form a group; party(ⓒⓓ), group, gang, clique [熟語] ⓐ郷党・妻党・ⓑ不偏不党・朋党・ⓒ悪党・徒党・ⓓ政党・与党

文献 ⓐ論語・子路「吾黨有直躬者=吾が党に直躬なる者有り(私の村に正直者の躬さんという人がいる)」ⓑ論語・述而「君子不黨=君子は党せず(君子はぐるになって仲間を作らない)」

【凍】10(冫・8) 常 常用音訓 トウ こおる・こごえる

語音 *tuŋ(上古) tuŋ(中古→呉ツウ・漢トウ) dòng(中) 동(韓)

語源 [コアイメージ] 突き通る。[実現される意味] 氷が張り渡る。また、液体が凝結する(こおる)ⓐ。[英]freeze

〔解説〕こおりや、こおる現象を表現する漢語に氷・凝・凌があるが、凍は最も普通の語である。東にコアイメージの源泉があり、「突き通る」というイメージ。水が氷点に達すると一瞬に凝結する。この姿を何かが突き通っていくという感覚で捉えた語が*tuŋである。線条的に一方向に突き通ることから、全面的に張り渡るというイメージが生まれる。このようなこおり方を凍という。日本語の「こおる(こほる)」「こごえる(こごゆ)」はコル(凝)・コゴル(凝)と同根で、寒さで凝り固まる意。

字源 「東ト(音・イメージ記号)+冫(限定符号)」を合わせた字。「東」は「突き通る」というイメージがある(⇨東)。「凍」はこおりが一面に突き通って張り渡る様子を暗示させる。一説に、こおり始めることを氷といい、こおりが盛んになることを凍という(段玉裁・説文解字注)。

語義 [展開] こおる意味ⓐから、寒さで体が利かなくなる(こごえる)意味ⓑに展開する。[英]freeze(ⓐⓑ) [和訓] いてる・しみる [熟語] ⓐ凍結・冷凍・ⓑ凍死・凍傷

文献 ⓐ呂氏春秋・十月紀「水始冰、地始凍=水始めて冰り、地始めて凍る(〔初冬の月に〕水がこおり始め、大地がこおりつく)」ⓑ孟子・梁恵王下「凍餒其妻子=其の妻子を凍餒す(その妻子を凍えて飢えさせる)」

【唐】10(口・7) 常 常用音訓 トウ から

語音 *daŋ(上古) daŋ(中古→呉ダウ〈=ドウ〉・漢タウ〈=トウ〉) táng(中) 당(韓)

語源 [コアイメージ] 大きく広がる。[実現される意味] 大げさに言う(でたらめを言う)ⓐ。[英]exaggerate

〔解説〕論衡・正説篇に「唐の言為たるは蕩蕩なり」とあるように、*daŋという語は蕩と同源で、「大きく広がる」というコアイメージをもつ。詩経では大きく伸び広がって水をせきとめる堤防の意味、また、蔓を張り広げて他の植物にからみつく植物(ネナシカズラ、菟糸)の意味で使われている。これらはコアイメージから展開した語義で、原義は説文解字で「唐は大言なり」という通りであろう。

〔グループ〕唐・糖・塘ト(堤防、つつみ[池塘])・螗ト(大きな声で鳴く虫→セミの一種、ヒグラシ、またはニイニイゼミ)

字源 「庚(イメージ記号)+口(限定符号)」を合わせた字。「庚」は「固い筋が通る」というイメージがあり、糠や穅(穀物の固い外皮、もみ殻)のコアをなす記号(⇨康)。ここから「筋張る」「四方に張り出る」というイメージにも展開する。「唐」は口を大きく張り広げて物を言う様子を暗示させる。

〔字体〕「唐」は旧字体。「唐」は古くから書道で行われた字体。糖もこれに倣う。

(甲)　(金)　(篆)

語義 [展開] 大げさに言うが本義ⓐ。また「大きく広がる」から「大きい、偉大である」というイメージに転じ、古代伝説上の尭(五帝の一人)の号とされ、また、地名、国名、王朝名ⓑにも使われた。和訓の「から」は朝鮮を指したが、後に中国の意味ⓒにも用いられる。[英]exaggerate; Tang dynasty; China [和訓] もろこし [熟語] ⓐ荒唐無稽・ⓑ唐詩・入唐・ⓒ唐音・唐人

文献 ⓐ荘子・天下「謬悠之説、荒唐之言＝謬悠の説、荒唐の言(誤って取りとめのない学説、でたらめな言葉)」

【套】10(大・7)　人　｜　音トウ

語音 t'au(中古→漢タウ〈＝トウ〉)　tào(中)　투(韓)

語源 [コアイメージ] 外側から中のものを包み込む。[実現される意味] 覆い・カバーⓐ。[英]cover

字源 「長(イメージ記号)＋大(イメージ補助記号)」を合わせた字。「長」は「長く伸びる」というイメージがある(⇨長)。「大」は奄にも含まれているように、上から覆いをかぶせることを示す記号。したがって「套」は中のものがはみ出ないように上から覆いをかぶせる様子を暗示させる図形。*t'ogという語は韜(トウ)(弓や剣を包み入れる袋)と同源で、「外から包み込む」というイメージがある(藤堂②)。

語義 [展開] 覆いの意味ⓐ。また「中のものを包み込む」というイメージは「型にはまって融通がきかない」というイメージに転化し、ありきたりで代わり映えがない意味ⓑを派生する。[英]cover; conventional, formula [熟語] ⓐ外套・ⓑ旧套・常套

【島】10(山・7)　常　｜　常用音訓 トウ　しま

〔嶋〕14(山・11)　人　｜　音トウ　訓しま

語音 *tog(上古)　tau(中古→呉・漢タウ〈＝トウ〉)　dǎo(中)　도(韓)

語源 [コアイメージ] 鳥(が止まる所)。[実現される意味] しまⓐ。[英]island

〔解説〕鳥・蔦・島は同源の語である。蔦(ヤドリギ)が鳥との類似性に基づいた命名(鳥のように木に宿る植物)であるのに対し、島は鳥との近接性に基づいた命名(鳥が近づいてきて宿る場所)。釈名・釈水では「海中居るべき者を島と曰ふ。島は到なり。人の奔り到る所なり。亦た鳥を言ふなり。物赴く所、鳥の下るが如きなり」とあり、類似性で捉えている。古英語のilandのiは水の意味で、「水に囲まれた地」が原義という(小島①)。

字源 「鳥(チョウ)(音・イメージ記号)＋山(限定符号)」を合わせた字(篆文の字体)。「鳥」をストレートに用い、鳥が止まる海上の山を暗示させる。

(篆)

〔字体〕「㠀」は本字。島・嶋・嶌はその異体字。

語義 しまの意味ⓐ。[熟語] ⓐ島嶼(トウショ)・列島

文献 ⓐ書経・禹貢「島夷皮服＝島夷は皮服(島民の貢ぎ物は皮衣)」

【桃】10(木・6)　常　｜　常用音訓 トウ　もも

語音 *dɔg(上古)　dau(中古→呉ダウ〈＝ドウ〉・漢タウ〈＝トウ〉)　táo(中)　도(韓)

語源 [コアイメージ] 二つに割れる。[実現される意味] モモⓐ。[英]peach

〔解説〕古人は「桃は逃なり」という語源意識をもっていた。これはモ

モには邪悪を逃れる(避ける)呪力があるという信仰と関係がある。しかしこの信仰は漢代に起こったもので、上古では下記の詩経に見られるように、豊饒多産の象徴であった。やがて生殖・生・性(エロス)の原理から、死(邪悪、悪霊)をとどめるもの、不老長寿の象徴に転化した。モモに対するこの信仰は日本にも伝わった(古事記の説話、桃太郎の昔話、桃の節供の風習など)。豊饒多産や生殖の観念とモモとの結合は、*dɔgという語の語源と関係がある。これはモモの果実の形態的特徴を捉えており、女性性器に見立てる根拠になった。日本語のモモはミ(実)に由来するという説、果実が多いのでモモ(百)とする説、女性性器に見立ててモモ(股)とする説などがある。

字源 「兆チョウ(音・イメージ記号)+木(限定符号)」を合わせた字。「兆」は「二つに割れる」というイメージがある(⇩兆)。「桃」はその果実に割れたような溝がある樹木を暗示させる。

語義 モモの意味ⓐ。[熟語]ⓐ桃花・白桃

文献 ⓐ詩経・桃夭「桃之夭夭、灼灼其華＝桃の夭夭たる、灼灼たり其の華(モモは若いよ、輝く花よ)」

【桐】10(木・6) 人 ― 音トウ・ドウ 訓きり

語音 *duŋ(上古) duŋ(中古→呉ヅウ〈＝ズウ〉・漢トウ・[慣]ドウ) tóng(中) 동(韓)

語源 [コアイメージ]突き通る。[実現される意味]キリⓐ。[英]paulownia

字源 「同ドウ(音・イメージ記号)+木(限定符号)」を合わせた字。「同」は「突き通る」というイメージがある(⇩同)。「桐」は材質が軽くて軟らかく、刃物で突き通して加工しやすい木を暗示させる。日本語のキリは「伐る」の名詞形という(大言海)。

語義 キリの意味ⓐ。[熟語]ⓐ桐油・白桐

文献 ⓐ詩経・湛露「其桐其椅、其實離離＝其の桐其の椅イ、其の実離離たり(キリの木もイイギリの木も、実はたわわに連なっている)」

【討】10(言・3) 常 ― 常用音訓 トウ うつ

語音 *t'ɔg(上古) t'au(中古→呉・漢タウ〈＝トウ〉) tǎo(中) 토(韓)

語源 [コアイメージ]囲んで引き締める。[実現される意味]罪などを追及して攻める(うつ)ⓐ。[英]send army to punish

字源 「肘チュウの略体(音・イメージ記号)+言(限定符号)」を合わせた字。「肘」は「囲んで引き締める」というイメージがある(⇩肘)。「討」は罪を言い立てて、周囲を囲んで引き締め、武力で制圧する様子を暗示させる。

語義 [展開]相手を締めつけるように攻める意味ⓐから、問題点などをじわじわと引き締めて追及する意味ⓑに展開する。[英]send army to punish; discuss [熟語]ⓐ討伐・征討・ⓑ討論・検討

文献 ⓐ論語・憲問「陳恆弑其君、請討之＝陳恒、其の君を弑シす、請ふ之を討たん(陳恒[人名]が主人を殺しました。彼を討たせてください)」

【透】10(辵・7) 常 ― 常用音訓 トウ すく・すかす・すける

語音 t'əu(呉ツ・漢トウ) tòu(中) 투(韓)

語源 [コアイメージ]先に抜け出る。[実現される意味]ある空間や範囲の中を通って抜け出るⓐ。[英]penetrate

〔解説〕日本語の「すく」はスキ(鋤・隙)やスク(梳・漉)と同根で、「互いの間があいて、その間を光りや風などが自然に通るようになる意」という(大野①)。すいた状態(緊密ではなくまばら)の意味から「通り抜ける」が原義である。漢語の透は「(障りなく)通り抜ける」という意味に展開する。

字源 「秀シュウ(音・イメージ記号)+辵(限定符号)」を合わせた字。「秀」は

穂が出ることから、「先に抜け出る」というイメージがある(⇩秀)。「透」は先の方へ通って抜け出る様子を暗示させる。

語義 [展開] 一定の空間の中を通り抜ける意味ⓐから、空間に何もなくすき通って内部がはっきり現れる意味ⓑに展開する。[英]penetrate; be seen through, transparent [和訓] とおる [熟語] ⓐ透徹・浸透・ⓑ透視・透明

文献 ⓐ捜神記15「従死人懐中透出墮地＝死人の懐中より透(おと)り出でて地に墮(お)つ([玉が]死者のふところから抜け出て、地面に落ちた)」

【悼】11(心・8) 常 |常用音訓 トウ　いたむ

語音 *dɔg(上古)　dau(中古→呉ダウ〈＝ドウ〉・漢タウ〈＝トウ〉)　dào(中)　도(韓)

語源 [コアイメージ] 上から下に垂れ下がる。[実現される意味] つらいことで心が痛むⓐ。[英]sad, sorry

〔解説〕 *dɔgという語は吊(ぶら下がる)や弔(死者をとむらう)と同源で、「垂れ下がる」というコアイメージをもつ。悲しむ感情を「重く垂れ下がる」というイメージで捉えた語が弔であり、悼である。卓は「高く抜きん出る」というイメージを表す記号で、「垂れ下がる」と正反対であるが、「上に上がる」と「下に垂れ下がる」は視点を変換することによって、相互転化可能なイメージである。弟にも同様のイメージ転化の事例がある。日本語のイタム(痛)は苦痛を感じる意味から、人の死を強く悲しむ意味に転じる(大野②)。漢語の悼も同様の転義をするので、人の死をいたむ意味では「悼む」と表記する。

字源 「卓(タク)(音・イメージ記号)＋心(限定符号)」を合わせた字。「卓」は「高く上がる」というイメージから、「下に垂れ下がる」というイメージにも転化する(⇩卓)。「悼」は悲しみのため心が重く垂れ下がる様子を暗示させる。

語義 [展開] 悲しんで心が痛む意味ⓐから、死者をいたましく思う意味ⓑに展開する。[英]sad, sorry; mourn, lament [熟語] ⓑ哀悼・追悼

文献 ⓐ詩経・終風「中心是悼＝中心是れ悼む(心の底から痛み悲しむ)」ⓑ潘岳・悼亡詩(使者を弔う歌)(文選23)

【桶】11(木・7) 人 |音トウ・ツウ　訓おけ

語音 *t'uŋ(上古)　t'uŋ(中古→呉ツウ・漢トウ)　tǒng(中)　통(韓)

語源 [コアイメージ] 筒型をなす。[実現される意味] 筒型の容器(おけ)ⓐ。[英]tub, pail, bucket

字源 「甬(ヨウ)(音・イメージ記号)＋木(限定符号)」を合わせた字。「甬」は「筒型をなす」というイメージがある(⇩通)。水などを入れる筒型の容器を表す。筩(トウ)(つつ)と同源。

語義 おけの意味ⓐ。[熟語] ⓐ鉄桶(テットウ)・面桶(メンツウ)

【盗】11(皿・6) 常 |常用音訓 トウ　ぬすむ

〔盜〕12(皿・7) 人 |音トウ　訓ぬすむ・ひそかに

語音 *dɔg(上古)　dau(中古→呉ダウ〈＝ドウ〉・漢タウ〈＝トウ〉)　dào(中)　도(韓)

語源 [コアイメージ] 抜き取る。[実現される意味] 他人のものをひそかに抜き取って自分の物とする(ぬすむ)ⓐ。[英]steal

〔解説〕 下記のⓑ詩経の毛伝に「盗は逃なり」とある。孔穎達は風俗通義を引いて、「盗は逃なり。其の昼伏して夜奔り、人を逃避するなり」(毛詩註疏)と述べる。泥棒は昼は世間から逃避(身を隠す)し夜に活動するから、「盗は逃である」という解釈。しかし*dɔgという語は偸(ウ)(チュ)(中身を抜き取ってぬすむ)と同源で、「抜き取る」というイメージの語である。

字源 「盜」が正字。「次(イメージ記号)＋皿(限定符号)」を合わせた字。

「次」は「水＋欠（大口を開けた人）」を合わせて、よだれ（涎）を垂らす様子（⇩羨）。「盜」は皿の物をほしがってよだれを垂らす情景を設定した図形。図形にコアイメージは反映されていない。

（篆） 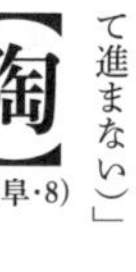

〔字体〕「盜」は旧字体。「盗」は近世中国の俗字（正字通に出る）。

語義 [展開] 他人の物をひそかに（また、無理やり）盗む意味ⓐから、ぬすびと（泥棒）の意味ⓑ、また、こっそりと、ひそかにの意味ⓒに展開する。[英]steal, rob; thief, robber; stealthily, secretly [熟語] ⓐ盗賊・窃盗・ⓑ怪盗・群盗・ⓒ盗視・盗聴

文献 ⓐ詩経・桑柔「職盗為寇＝職として盗みて寇を為す（[官吏たちは]盗みばかりして人を害する）」ⓑ詩経・巧言「君子信盗、亂是用暴＝君子盗を信ず、乱是を用て暴なり（君子が泥棒を信ずるから、それこそ乱はひどくなる）」

【萄】 11(艸・8) 人 音トウ・ドウ

語音 *dog(上古) dau(中古→呉ダウ〈＝ドウ〉・漢タウ〈＝トウ〉) táo(中) 도(韓)

語源 〔解説〕漢代、西域からブドウが伝播した際、大宛国のことばである budaw を蒲陶と音写し、これが葡萄に変わった。

字源 「匋（音記号）＋艸（限定符号）」を合わせた字。外来語の音写字。葡萄で一語である（⇩葡）。

語義 葡萄は Vitis vinifera（ヨーロッパブドウ）の意味ⓐ。日本の古名はエビカズラ。[英]grapevine, grape

【逗】 11(辵・7) 人 音トウ・ズ 訓とどまる

語音 *dug(上古) dəu(中古→呉ヅ〈＝ズ〉・漢トウ) dòu(中) 두(韓)

語源 [コアイメージ] 一所にじっと立つ。[実現される意味] ある場所に足を止めるⓐ。[英]stay, stop

字源 「豆（音・イメージ記号）＋辵（限定符号）」を合わせた字。「豆」は「一所にじっと立つ」というイメージがある（⇩豆）。「逗」は一所に立ち止まって動かない様子を暗示させる。

語義 足を止める意味ⓐ。[熟語] ⓐ逗宿（＝投宿）・逗留

文献 ⓐ漢書・匈奴伝「逗遛不進＝逗遛[＝逗留]して進まず（足を止めて進まない）」

【陶】 11(阜・8) 常 常用音訓 トウ

語音 *dog(上古) dau(中古→呉ダウ〈＝ドウ〉・漢タウ〈＝トウ〉) táo(中) 도(韓)

語源 [コアイメージ] 満遍なく均す。[実現される意味] 粘土をこねて器を作るⓐ。[英]make pottery

〔解説〕藤堂明保は稲・陶・築・熟などを同じ単語家族とし、「満遍なく行き渡る、平均する」という基本義をもつとする（藤堂①）。*dog という語は両手で粘土をこねて器を作る行為を表す語で、この行為には「満遍なく（むらなく）均す」というイメージがコアにある。

〔グループ〕陶・萄・掏（両手を丸めてこねるようなしぐさですくい取る[掏摸]）・淘（両手でこねるようにして米をとぐ[淘汰]）・綯（両手でこねるようにして縄をなう）

字源 「匋（音・イメージ記号）＋阜（限定符号）」を合わせた字。「勹」は丸く取り巻くことを示す符号（⇩旬）。「勹（イメージ記号）＋缶（土器と関係があることを示す限定符号）」を合わせた「匋」は、両手を丸めて粘土を丸くこねて土器を作る情景を設定した図形。この意匠で十分、粘土をこねて器（焼き物）を作る意味を表象できるが、土製であることを明示するため「陶」とした。

（金）（篆）［匋］（篆）

語義 ［展開］粘土をこねあげて器物を作る意味ⓐから、粘土で作った焼き物（すえもの）の意味ⓑに展開する。また比喩的に、一から育てあげる（人を育成する、人格を練り上げる）意味ⓒ、また、軟らかい粘土を枠の中でこねくり回すことから、心身がとろけるような感じ（打ち解ける）の意味ⓓ、中にこもってふさがれる（もやもやする）意味ⓔを派生する。［英］make pottery; pottery, earthenware; cultivate; enrapture; pent-up ［和訓］すえ ［熟語］ⓐ陶芸・陶工・ⓑ陶器・彩陶・ⓒ陶冶・薫陶・ⓓ陶酔・陶然・ⓔ鬱陶

文献 ⓐ詩経・緜「陶復陶穴、未有家室＝復を陶（トウ）し穴を陶す、未だ家室有らず（粘土をこねて穴居住宅をこしらえた、まだ家がなかったとき）」

【塔】12(土・9) 常 常用音訓 トウ

語音 tʻap(中古→呉・漢タフ〈＝トウ〉) tǎ(中) 탑(韓)

語源 ［コアイメージ］上にかぶせる。［実現される意味］仏骨を収めた建物ⓐ。［英］pagoda

〔解説〕晋の頃、梵語のstūpa（卒塔婆）の音写字として創作された。仏教関係の音写字は音意両訳のテクニックを凝らすものが多い。僧・魔もその例。

字源 「荅（トウ）（音・イメージ記号）＋土（限定符号）」を合わせた字。「荅（tap）」でtʻapの部分を写すとともに、「上にかぶせる」というイメージも兼ねる（⇩搭）。「塔」は仏骨を安置し屋根をかぶせた建造物を暗示させる。

語義 ［展開］仏塔の意味ⓐから、段々と高くなって先端のとがった建造物の意味ⓑを派生する。［英］pagoda; tower ［熟語］ⓐ塔頭（タッチュウ）・仏塔・ⓑ尖塔・鉄塔

文献 ⓐ弘明集1「千乗萬騎、繞塔三帀＝千乗万騎、塔を繞ること三帀（たくさんの人馬が、塔を三周取り巻いた）」

【搭】12(手・9) 常 常用音訓 トウ

語音 tap(中古→呉トフ〈＝トウ〉・漢タフ〈＝トウ〉) dā(中) 탑(韓)

語源 ［コアイメージ］上にかぶせる。［実現される意味］物の上にかぶせるⓐ。［英］cover

字源 「荅（トウ）（音・イメージ記号）＋手（限定符号）」を合わせた字。「荅」は「答」と同じで、身に合うようにぴったり蓋をかぶせる様子を暗示させる図形。この意匠によって、「上にかぶせる」というイメージを示す記号となり得る。「搭」は物の上に手をかぶせて載せる様子を暗示させる。

語義 ［展開］物の上にかぶせる意味ⓐから、かぶさるように打ちかかる意味ⓑ、ひっかける意味ⓒ、物の上に乗る、乗り込む意味ⓓに展開する。［英］cover; strike at; hang over; step onto, embark, board ［熟語］ⓓ搭載・搭乗

文献 ⓓ千金要方59「搭瘡上、粉濕更搭上＝瘡の上に搭（の）せ、粉湿（うる）おへば更に上に搭す（［麻黄根粉を］きずの上に乗せ、粉がしめると更に上に乗せる）」

【棟】12(木・8) 常 常用音訓 トウ むね・むな

語音 *tuŋ(上古) tuŋ(中古→呉ツ・ツウ・漢トウ) dòng(中) 동(韓)

語源 ［コアイメージ］突き通る。［実現される意味］むなぎⓐ。［英］ridgepole

〔解説〕釈名・釈宮室に「棟は中なり。屋の中に居るなり」とあり、中（［中を突き通る］がコアイメージ）と同源の語である。和訓の「むね」はムネ（胸）・ムネ（宗）と同根で、屋根の最も高く水平に張っているところの意味という（大野①）。

字源 「東（トウ）（音・イメージ記号）＋木（限定符号）」を合わせた字。「東」は「突き通る」というイメージがある（⇩東）。「棟」は屋根の最上部で中央

を横に突き通る木を暗示させる。

語義 [展開] 屋根のむねを通る木(むなぎ)の意味ⓐから、屋根の最上部(むね)の意味ⓑ、また建物を数える語ⓒに展開する。長いむねの建物の意味ⓓは日本的用法。[英]ridgepole; ridge; block; building [和訓] むなぎ [熟語] ⓐ棟梁・汗牛充棟・ⓑ上棟式・ⓒ一棟・ⓓ研究棟・病棟

文献 ⓐ易経・大過「棟撓、本末弱也＝棟(むなぎ)撓(ワタ)むは、本末弱きなり(棟木がたわむのは、両端が弱いからだ)」

【湯】 12(水・9) 常 ― 常用音訓 トウ ゆ

語音 *t'aŋ(上古) t'aŋ(中古→呉・漢タウ〈＝トウ〉) t'aŋ(唐タン) tāng(中) 탕(韓)

語源 [コアイメージ] 高く上がる。[実現される意味] 熱い水(ゆ)ⓐ。[英]hot water

字源 「昜(ウヨ)(音・イメージ記号)＋水(限定符号)」を合わせた字。「昜」は「高く上がる」というイメージがある(⇩陽)。「湯」は水が沸騰して蒸気が高く上がる様子を暗示させる。

語義 [展開] 熱した水の意味ⓐから、生薬を熱湯で煎じてエキスを抽出したもの(漢方の剤型の一つ)の意味ⓑ、また、温泉・風呂の意味ⓒ。[英]hot water; decoction; hot spring, spa [熟語] ⓐ温湯・熱湯・ⓑ湯液・湯薬・ⓒ湯治・銭湯

文献 ⓐ論語・季氏「見不善如探湯＝不善を見ては湯を探るが如くす(良からぬことを見ると、熱湯を探る時あわててひっこめるような具合にする)」

【痘】 12(疒・7) 常 ― 常用音訓 トウ

語音 təu(宋トウ) dòu(中) 두(韓)

語源 [コアイメージ] まめ。[実現される意味] もがさ(天然痘)ⓐ。[英]smallpox

字源 「豆(ウト)(音・イメージ記号)＋疒(限定符号)」を合わせた字。「豆」はまめの意味。「痘」は皮膚に豆粒大の水疱ができる病気を表す。宋代の医書・本草書に初出。

語義 天然痘の意味ⓐ。[熟語] ⓐ痘痕・痘瘡

【登】 12(癶・7) 常 ― 常用音訓 トウ・ト のぼる

語音 *təŋ(上古) təŋ(中古→呉・漢トウ) dēng(中) 등(韓)

語源 [コアイメージ] 上に上がる。[実現される意味] 高い所に上がるⓐ。[英] mount, climb, ascend

〔解説〕下記の詩経の毛伝に「登は升なり」とある。*təŋという語は升・昇・乗・上・蒸・騰などと同源で、「上に上がる」というコアイメージがある。上に上がる行為を広くTENGという語形で表すが、どこに(目標)、どうして(手段)などの違いによって微妙に語と表記法(漢字)を異にする。足を使って高い所に上がるのが登である。日本語の「のぼる」は「低い所から高い所へ、下から上へと線をなすように経由して移っていく意」で、移動の過程に重点をおく語という(大野②)。英語のmountはラテン語のmontare(山に登る)に由来し、「山、階段、はしごなどに登る」、climbは「歩いたり手を使ったりして、山や階段などを登る」、ascendは「人が山などに登る」の意という(小島①)。これらは漢語の登とほぼ対応する。

〔グループ〕登・澄・橙・燈(＝灯)・證(ウショ)(＝証)・嶝(ウト)(山を登る坂道)・磴(ウト)(石を敷いた上り坂[石磴])・凳(ウト)(尻を乗せる腰掛け)・鐙(ウト)(馬に乗るための道具、あぶみ)

字源 甲骨文字・金文・籀文は「豆(祭祀の供物を入れる器、たかつき。イメージ記号)＋廾(両手。イメージ補助記号)＋癶(限定符号)」を合わせて、たかつきを両手で捧げて祭壇にのぼる情景を設定した図形。篆文は字体が変わった。「豆(イメージ記号)＋癶(限定符号)」を合わせた字。「豆」は

「┳の形にじっと立つ」というイメージがあり、「↑の形に立ち上がる」から「上に上がる」というイメージに展開する。したがって「登」は両足で上に上がっていく様子を暗示させる。

(甲) (金) (籀) (篆)

[語義]［展開］高い所に上がる(のぼる)意味ⓐから、表や公の場所に出てくる意味ⓑ、上のランクや高い位に移る・移す意味ⓒ、書面の上に載せる意味ⓓに展開する。また、「上に上がる」「乗せる」というイメージから、穀物の穂が伸びて種子を乗せる(実る)意味ⓔを派生する。[英]mount, climb, ascend; step out; step up; record, enter; ripen ［熟語］ⓐ登山・登竜門・ⓑ登校・登場・ⓒ登極・登用・ⓓ登記・登録・ⓔ登歳

[文献]ⓐ詩経・皇矣「誕先登于岸＝誕(ここ)に先づ岸に登る(そこで始めて岸に登った)」ⓑ春秋左氏伝・哀公16「新登于公＝新たに公に登る(新たに公に昇進した)」ⓔ孟子・滕文公上「五穀不登＝五穀登(みの)らず(五穀が実らない)」

【答】 12(竹・6) [常] [常用音訓] トウ　こたえる・こたえ

[語音] *təp(上古)　təp(中古→[呉]トフ〈＝トウ〉・[漢]タフ〈＝トウ〉)　dá(中)　답(韓)

[語源]［コアイメージ］二つのものがA→←Bの形にぴったり合う。［実現される意味］相手からの問いに返事をする(こたえる)ⓐ。[英]answer

〈解説〉向こうからくる質問・要求などの行動に対して、こちらから相応の返事や対応を示すことを古代漢語で*təpという。これは当*təŋと同源で、「二つのものがA→←Bの形にぴったり合う」というコアイメージをもつ。*təpという聴覚記号の図形化は合が利用された。古くは合だけで*təpを表すことがあったが、結合の合と区別するため、荅・答が生まれた。日本語の「こたえる(こたふ)」はコト(言)＋アフ(合)で、「問われたことに言葉で応じる」意味という(大野①)。漢語の表記にも合が利用されている。この一致は偶然ではない。こたえる行為には問いに合わせるというイメージがあるからである。英語のanswerはand-(against の意)＋swear(誓う)に由来し、「…に対して確かだと誓う」が原義という(小島①)。

[字源] 説文解字に答はなく、「荅は小尗(＝小菽。アズキ)なり」とあり、段玉裁は「仮借して酬荅(こたえる)と為す」と述べている。合→荅→答と派生・分化したようである。「合」は「亼(ふた)＋口(くぼみ・入れ物)」を合わせて、空所に蓋をかぶせて、身と蓋が合う様子を暗示させる図形。「合(イメージ記号)＋艸(限定符号)」を合わせた「荅」は、莢(蓋)に種子(身)がびっしり入った果実の生る植物(アズキ)を暗示させる。身と蓋が合うことから、問いにぴったり合うようにこたえる意味が生まれたが、荅が植物の名に専用されるようになったため、別に「答」が作られた。「合(イメージ記号)＋竹(限定符号)」を合わせた「答」は、竹製の器やかごに蓋をかぶせてぴったり合わせる様子を暗示させる図形。AにBを重ねてみると、すきまなくぴったり合うから、「二つのものがA→←Bの形にぴったり合う」というイメージを表すことができる。

[語義]［展開］こたえる意味ⓐから、好意などに報いる意味ⓑに展開する。また、質問に対するこたえの意味ⓒ、問題を解いて得た結果の意味ⓓを派生する。[英]answer(ⓐⓒⓓ), reply, respond; return, repay, reward; response; solution ［熟語］ⓐ応答・問答・ⓑ贈答・報答・ⓒ回答・確答・ⓓ誤答・正答

[文献]ⓐ詩経・雨無正「聴言則答、譖言則退＝聴言には則ち答へ、譖言(シンゲン)には則ち退く(耳に入りよい言葉には答えるのに、耳に逆らう言葉ははねつける)」ⓑ孟子・離婁上「禮人不答、反其敬＝人に礼して答へられざれば、其の敬に反れ(他人に礼を尽くしてお返しがないなら、自分の敬意が足りな

いのではと反省しなさい）」

【等】12(竹・6) 常 ｜常用音訓 トウ ひとしい

語音 *təŋ(上古) təŋ(中古→呉・漢トウ) děng(中) 등(韓)

語源 [コアイメージ] そろえる。[実現される意味] でこぼこがなくそろっている(ひとしい)ⓐ。[英]equal

〔解説〕*təŋという語は治や整と同源で、「アンバランスやでこぼこをそろえる」というイメージがある。アンバランス・でこぼこがないように、長さや順序などを一様にそろえることを*təŋという。この語の図形化は竹簡を整理する場面から発想された。これが等である。日本語の「ひとしい(ひとし)」はヒト(一)と同根で、「異なるように思われるもの二つまたはそれ以上を比べてみて、その程度・量が一つであると感じる意」という(大野①)。

字源 「寺ジ(音・イメージ記号)＋竹(限定符号)」を合わせた字。「寺」は「じっと止まる」というイメージがある(⇩寺)。「等」は竹簡(文字を書いた竹札)がばらばらにならないように紐で止めて整理する様子を暗示させる。この意匠によって、ばらばらにならないようにそろえることを表象する。「じっと止まる」のイメージをもつ寺(*diəg)を利用した理由は音の類似性もある。藤堂明保は寺を単なる音符とし、等を治(でこぼこをそろえる)と同源とした(藤堂②)。

語義 [展開] でこぼこがなくそろっている(ひとしい)意味ⓐ。また「いくつかのものがばらばらにならないようにそろえる」というイメージから、「□-□-□-の形にそろって並ぶ」というイメージに展開し、そろって並ぶ順序・階級の意味ⓑ、階段や等級を数える語ⓒ、同類のものや同列の仲間の意味ⓓ、複数を示す語ⓔを派生する。[英]equal, equivalent; class(ⓑⓒ), degree, rank; grade; kind, sort; and so on, et cetera [和訓] など・ら [熟語] ⓐ均等・斉等・ⓑ等級・上等・ⓒ土階三等・ⓓ等輩・郎等・ⓔ等等

文献 ⓐ墨子・雑守「長與轅等＝長さ轅と等し(長さは車のながえと等しい)」ⓑ荀子・礼論「貴賤有等＝貴賤、等有り(身分にはクラスがある)」

【筒】12(竹・6) 常 ｜常用音訓 トウ つつ

語音 *duŋ(上古) duŋ(中古→呉ヅウ〈＝ズウ〉・漢トウ) tǒng(中) 통(韓)

語源 [コアイメージ] 突き通す。[実現される意味] 竹のつつⓐ。[英]thick bamboo tube

字源 「同ドウ(音・イメージ記号)＋竹(限定符号)」を合わせた字。「同」は「(中空の穴を)突き通す」というイメージがある(⇩同)。「筒」は竹の節を突き抜いた「つつ」を暗示させる。

語義 [展開] 竹のつつの意味ⓐから、広く筒型のもの、また、円柱状の意味ⓑを派生する。[英]thick bamboo tube; tube-shaped thing, column [熟語] ⓑ気筒・水筒

文献 ⓐ呂氏春秋・古楽「制十二筒＝十二筒を制す(［楽器用の］十二の竹の管を制作した)」

【統】12(糸・6) 常 ｜常用音訓 トウ すべる

語音 *t'oŋ(上古) t'oŋ(中古→呉・漢トウ) tǒng(中) 통(韓)

語源 [コアイメージ] 全体をまとめて一つにする。[実現される意味] 繭から糸を引き出す際に、糸束の先端に目印をつけた糸口ⓐ。[英]the end of a thread

〔解説〕ばらばらのものを束ねたり括ったりしてまとめると、一本の筋になる。この動作を日本語では「すべる(すぶ)」といい、漢語では*t'oŋという。ここから支配する意味を派生するのは和語も漢語も共通である。ただ漢語の*t'oŋはその前の段階に原義がある。糸口という意味である。糸口は糸を製造する過程で、いくつかの糸をまとめる働きをする。した

がって*t'oŋは「全体を一つにまとめる」というコアイメージをもつ語である。なお糸口を表す語には紀や緒もあるが、それぞれコアイメージが異なる。

字源 「充(ジュウ)(音・イメージ記号)＋糸(限定符号)」を合わせた字。「充」は「中身がいっぱい詰まる」というイメージがあり(⇩充)、「全体に行き渡る」というイメージに展開する。「統」は全体の糸をまとめて引き出す先端(糸口)を暗示させる。

語義 [展開] 全体をまとめて引き出す糸口の意味ⓐから、全体をつなぐ筋、一筋につながるものの意味ⓑ、全体を一つにまとめる(すべる)意味ⓒ、導き支配する意味ⓓに展開する。[英]the end of a thread; interconnected system; unite, unify, lead, direct, command [熟語] ⓑ系統・伝統・ⓒ統括・統合・ⓓ統制・統治

文献 ⓑ孟子・梁恵王下「君子創業垂統、爲可繼也＝君子は業を創(はじ)め統を垂れ、継ぐべきを為すなり(君子は事業を創始して伝統を残し、それを子孫に継がせることをなすべきだ)」ⓓ韓非子・解老「赤松得之與天地統＝赤松、之を得て天地と統(す)ぶ(赤松子[仙人の名]はこれ[宇宙の根源である道]を得て、天地とともに全体を支配することができた)」

【董】 12(艸・9) 人 ㊖トウ ㊙ただす

語音 *tuŋ(上古) tuŋ(中古→㊐ツウ・㊊トウ) dǒng(中) 동(韓)

語源 [コアイメージ] 突き通す。[実現される意味] ハスの根ⓐ。[英]root of a lotus

字源 「重(チョウ)(音・イメージ記号)＋艸(限定符号)」を合わせた字。「重」は「突き通す」というイメージがある(⇩重)。「董」は多くの穴の突き通ったハスの根を暗示させる。玉篇に「董は藕根」とある。ただし用例はない。

語義 [展開] ハスの根が本義ⓐ。「突き通す」というイメージから、ゆがみやたるみのないようにまっすぐ見通す(監督・管理する)意味ⓑ、正しく筋道を通す(ただす)意味ⓒを派生する。[英]root of a lotus; direct, superintend; right [熟語] ⓑ董督・董理・ⓒ董正

文献 ⓑ書経・大禹謨「董之以威＝之を董(トウ)するに威を以てす(威力でもって監督する)」

【稲】 14(禾・9) 常 常用音訓 トウ いね・いな
〔稻〕 15(禾・10) 人 ㊖トウ ㊙いね・いな

語音 *dog(上古) dau(中古→㊐ダウ〈＝ドウ〉・㊊タウ〈＝トウ〉) dào(中) 도(韓)

語源 [コアイメージ] 満遍なく均す。[実現される意味] イネⓐ。[英]rice

〔解説〕イネは一万年以上も前に長江流域で栽培が始まったといわれる。詩経では稲と稌(ト)の二つの品種が登場する。藤堂明保によれば、稲は陶・築・搗(トウ)(つく)・擣(トウ)(つく)・舂(ショウ)(うすつく)などと同源で、「満遍なく行き渡る・平均する」という基本義をもつという(藤堂①)。イネを表す*dogは用途による命名といってよい。食品にするために搗いたりこねたりして満遍なく均す穀物を言い表す語である。日本語の「いね」は粟を代表とする雑穀の意のシネの音変で、米が中心になってから、それを転用したものという(大野②)。

字源 「稲」が正字。「舀(ヨウ)(音・イメージ記号)＋禾(限定符号)」を合わせた字。「舀」は「臼(イメージ記号)＋爪(限定符号)」を合わせて、臼を搗く場面を設定した図形。したがって「稲」は米を搗いて食品にする穀物を暗示させる。

(篆) [舀]　(金) 　(篆)

〈字体〉「稲」は近世中国で発生した「稲」の俗字。現代中国では正字を用いる。

語義 イネの意味ⓐ。［熟語］ⓐ水稲・陸稲

文献 ⓐ詩経・七月「十月穫稲＝十月、稲を穫(か)る（十月は稲の刈り入れ）」

【踏】15（足・8） 常 常用音訓 トウ ふむ・ふまえる

語音 *t'əp（上古） t'ap（中古→呉トフ〈＝トウ〉・漢タフ〈＝トウ〉） tà（中） 답（韓）

語源 ［コアイメージ］上に重なる。［実現される意味］足で地面をふみつけるⓐ。［英］step, tread

〈解説〉日本語の「ふむ」は「足を上からおろして力を込めて大地に突き当てる」意という（大野②）。漢語の踏は沓にコアイメージの源泉があり、足の裏を大地の上に重ねるというイメージの語である。

字源 「沓(トウ)（音・イメージ記号）＋足（限定符号）」を合わせた字。「沓」は言葉を重ねて多くしゃべる意味で、「重なる」がコアにあるイメージである（⇩沓）。言葉を多く重ねる情況は横に次々と重なるイメージだが、視点を縦に変えれば、「下のものに上からかぶさって重なる」というイメージにもなる。したがって「踏」は足の裏が地面の上に重なって着く様子を暗示させる。この意匠によって、足で地面をふみつけることを表象する。

語義 ［展開］足で地面をふみつける意味ⓐから、前のものの上に重ねてふむ（後に従う）意味ⓑ、また、多くのものが重なり合う意味ⓒに展開する。ⓒは沓と通用。［英］step, tread; follow; numerous and repeated ［熟語］ⓐ踏査・未踏・ⓑ踏襲・ⓒ雑踏（＝雑沓）

文献 ⓐ新書4「王僅不踏蹴而逐耳＝王、僅かに踏蹴して逐はざるのみ（王を「彼らを」踏みにじって追放しなかっただけだ）」

【橙】16（木・12） 人 音トウ 訓だいだい

語音 *dəŋ（上古） dəŋ（中古→呉ヂャウ〈＝ジョウ〉・漢タウ〈＝トウ〉） chéng（中） 등（韓）

語源 ［コアイメージ］上に上がる。［実現される意味］ユズⓐ。［英］aromatic citron

字源 「登(トウ)（音・イメージ記号）＋木（限定符号）」を合わせた字。「登」は「上に上がる」というイメージがある（⇩登）。「橙」は香気が盛んに立ち上る果実の生る木（ユズ）を暗示させる。

語義 ［展開］ユズの意味ⓐ。臭橙はダイダイの意味ⓑ。日本では橙を専らダイダイに用いる。同じ木に新果と旧果が共に生じるところから、代々が語源。［英］aromatic citron; sour orange

文献 ⓐ司馬相如・上林賦「黄甘橙榛＝黄甘・橙・榛(ソウ)（黄色の蜜柑に、ユズに、小さい橘）」（文選8）

【糖】16（米・10） 常 常用音訓 トウ

語音 daŋ（中古→呉ダウ〈＝ドウ〉・漢タウ〈＝トウ〉） táng（中） 당（韓）

語源 ［コアイメージ］大きく広がる。［実現される意味］あめに似た甘い食品（さとう）ⓐ。［英］sugar

字源 「唐(トウ)（音・イメージ記号）＋米（限定符号）」を合わせた字。最初、「みずあめ」を表す「餳(トウ)」の字が存在した。これは蕩(トウ)（大きく広がる）と同源で、米や麦などの汁を煮て、張り広げて固めた食品を暗示させる。やがて「大きく広がる」というイメージのある「唐」に替えて「餹」と書いた。これも「みずあめ」を表している。一方、サトウキビを原料としてさとうを造る方法が伝わった際、みずあめになぞらえて同じ語形で呼び、視覚記号としては限定符号を食から米に替えた「糖」が生まれた。さとうの製法はサトウキビの汁を平らな釜に張り詰めて煮て固める点で、

みずあめの製法と似ている。

語義 [展開] 砂糖の意味ⓐ。また、甘みのある炭水化物の意味ⓑを派生する。[英]sugar; saccharide [熟語] ⓐ黒糖・砂糖・ⓑ果糖・血糖

文献 ⓐ斉民要術10「迮取汁、如飴餳、名之曰糖、益復珍也＝汁を迮取して、飴餳の如し、之に名づけて糖と曰ふ、益ます復た珍とするなり（[サトウキビの]汁を搾るとあめのようだ。これを糖と名づける。ますます珍重されている）」

【頭】16(頁・7) 常 ｜ 常用音訓 トウ・ズ・ト あたま・かしら

語音 *dug(上古) dəu(中古→呉ヅ〈＝ズ〉・漢トウ) t'əu(唐チュウ) tóu (中) 두(韓)

語源 [コアイメージ] ⊥形やT形にじっと立つ・♀形を呈する。[実現される意味] あたまⓐ。[英]head

〔解説〕説文解字に「頭は首なり」とあり、王力は頭と首を同源とする(王力②)。しかし頭と首はコアイメージの源泉が異なり、同源の語とはいえない。頭は豆にコアイメージの源泉がある。「T形に立つ」というイメージである。くびの上にT形をなして立つものが頭である。日本語の「あたま」は古くは「ひよめき」の意、「かしら」は「頭髪や顔を含めて、頭全体を身体の一部分としてとらえた語」という(大野①)。英語のheadは首から上全体を指すというが(田中①)、漢語では首を含めたあたまは首、くびは頸という。「あたま」と「かしら・おさ」の結びつきはheadだけではなくchiefもそうである。これはラテン語のcaput(頭)に由来する(下宮①)。

字源 「豆(音・イメージ記号)＋頁(限定符号)」を合わせた字。「豆」はたかつきの図形で、「⊥形やT形にじっと立つ」というイメージがある。またその形態的特徴から、「♀形を呈する」というイメージもある(⇩豆)。かくて「頭」は頸(くび)の上にT形に立っており、また♀の形をしているもの、つまり「あたま」を表す。

語義 [展開] あたまの意味ⓐ。頭は人体の上部にあるので、上に立つ人(かしら、トップ)の意味ⓑ、先端・始めの意味ⓒに展開する。また、垂直軸における先端を水平軸に移すと、物を取り巻く周辺(ほとり)の意味ⓓになる。また、頭があるもの(家畜など)を数える語ⓔに用いる。[英]head(ⓐ~ⓔ); chief; top, beginning; side; classifier for domestic animals [和訓] こうべ・かみ・ほとり [熟語] ⓐ頭脳・後頭・ⓑ頭目・会頭・ⓒ先頭・年頭・ⓓ駅頭・街頭・ⓔ一頭

文献 ⓐ春秋左氏伝・襄公19「生瘍於頭＝瘍を頭に生ず(腫瘍が頭にできた)」

【謄】17(言・10) 常 ｜ 常用音訓 トウ

語音 *dəŋ(上古) dəŋ(中古→呉ドウ・漢トウ) téng(中) 등(韓)

語源 [コアイメージ] 上に上がる。[実現される意味] 原本の文字を別の紙に書き写すⓐ。[英]transcribe, copy

字源 「朕(音・イメージ記号)＋言(限定符号)」を合わせた字。「朕」は「上に上がる」というイメージがあり、兆しが表面に現れ出る意味が実現される(⇩朕)。「謄」は原本の文字を別の紙の上に現し出す様子を暗示させる。説文解字に初出。

語義 原本を書き写す意味ⓐ。[和訓] うつす [熟語] ⓐ謄写・謄本

文献 ⓐ王建・貧居「蠹生謄樂書＝蠹生じて楽書を謄す(紙魚が発生して音楽の本を書き写す)」(王司馬集3)

【櫂】18(木・14) 人 ｜ 音トウ 訓かい

語音 *dŏg(上古) ḍău(中古→呉デウ〈＝ジョウ〉・漢タウ〈＝トウ〉) zhào (中) 도(韓)

語源 [コアイメージ] 高く上げる・抜き上げる。[実現される意

味】船を進める道具、かいⓐ。[英]oar

【字源】「翟(テキ)(音・イメージ記号)＋木(限定符号)」を合わせた字。「翟」は「高く上げる」「抜き上げる」というイメージがある(⇩濯)。「櫂」は水面から抜き上げたり下ろしたりして船を進める道具(かい)を表す。

【語義】[展開] かいの意味ⓐから、船をこぐ意味ⓑを派生する。[英]oar; row [熟語] ⓐ櫂歌・ⓑ櫂舟

【文献】ⓐ楚辞・九歌・湘君「桂櫂兮蘭枻＝桂櫂(ケイトウ)蘭枻(ランエイ)(モクセイで造ったかい、モクレンで造ったかい)」

【藤】 18(艸・15) 常 常用音訓 トウ ふじ

【語音】daŋ(中古→㊐ドウ・㊊トウ) téng(中) 등(韓)

【語源】[コアイメージ] ㋐∞形によじれる・㋑上に上がる。[実現される意味] フジⓐ。[英]Chinese wistaria

【解説】藤堂明保は藤・縄・蝿・代を同じ単語家族に入れ、「たがい違い、よじれる」という基本義があるとした(藤堂①)。∞形によじって作ったなわを縄といい、他物に∞形に絡むフジを藤という。王念孫も「藤の言は滕(トウ)(よじり合わせたひも)なり」と述べている(広雅疏証)。一方、視覚記号として滕を用いたのにも理由がある。フジは他物に巻きついて、しばしばよじ登る姿を呈するから、「上に上がる」というイメージもあるからで、この場合は勝・謄・騰と同源といえる。ちなみに藤と似た植物に籐(ヤシ科のつる性植物、トウ)がある。これもフジのように他物に絡みよじ登る。ただし籐は日本だけの用法で、中国ではトウにも藤を用いる。

【字源】「滕(トウ)(音・イメージ記号)＋艸(限定符号)」を合わせた字。「朕」は「上に上がる」というイメージがある(⇩朕)。「朕(チン)(音・イメージ記号)＋水(限定符号)」を合わせた「滕」は、水が上に湧き上がる様子。これも「上に上がる」というイメージを示す記号になる。「藤」はつるが他の木に絡みついてよじ登る植物を暗示させる。

【語義】[展開] フジの意味ⓐ。また、絡んでこんがらがることの比喩ⓑになる。[英]Chinese wistaria; metaphor of entanglement [熟語] ⓐ藤花・藤本・ⓑ葛藤

【文献】ⓐ古今注・下「藤大如臂＝藤、大なること臂の如し(そのフジの茎の太さは腕ほどあった)」

【闘】 18(門・10) 常 常用音訓 トウ たたかう

【語音】*tug(上古) təu(中古→㊐ツ・㊊トウ) dòu(中) 투(韓)

【語源】[コアイメージ] 向かい合って立つ。[実現される意味] 互いに対抗して(斬り合いや組み打ちなどをして)張り合うⓐ。[英]fight

【解説】*tugという語は豆・逗(とどまる)・樹(立ち木)・豎(ジュ)(＝竪。じっと縦に立つ)などと同源で、「じっと立つ」というイメージがある(藤堂②)。しかし単に突っ立つだけでなく、向かい合って立つ(対立する)というイメージである。これを最初は鬥で表記したが、字体が複雑化して鬭となった。日本語の「たたかう(たたかふ)」はタタク(叩)＋フ(反復・継続の接尾語)で、「相手を繰り返してたたく意」という(大野①)。漢語の闘も二人が向き合って斬り合いや組み打ちをするなどして張り合うことで、たたかいの仕方が具象的イメージで捉えられている。英語のfightも「毛をむしる」が原義という(下宮①)。相手の毛をむしるほどの激しい戦いをイメージさせる。

【字源】「鬭」が本字。「鬥(トウ)」は二人が向き合って、手を突き出して争う姿を描いた図形。この意匠で十分「たたかう」を表象できるが、「鬭」の字体に変わった。「斲」は「𠁁(酒器の形。イメージ記号)＋斤(限定符号)」を合わせて、武器で器をたたき割る様子を暗示させる図形。「斲(タク)(音・イメージ記号)＋鬥(限定符号)」を合わせた「鬭」は、戦闘をして武器で相手を殺す様子を暗示させる。鬥は限定符号に変わったため、コアイメージは鬭の図形に反映されていない。

（甲）[字形]　（篆）[字形]　［門］　（篆）[字形]

〔字体〕「鬭」は本字。「鬪」はもともとその俗字（旧字体）。「闘」はさらに近世中国でできた俗字。現代中国の簡体字は「斗」。

語義 ［展開］斬り合いや組み打ちなどをして張り合う（たたかう）意味ⓐから、負けまいと必死に立ち向かう意味ⓑ、動物などを戦わせる意味ⓒ、勝負をする（きそう）意味ⓓに展開する。［英］fight（ⓐ～ⓒ）, battle, combat, conflict; struggle; make animals fight; contend ［熟語］ⓐ闘争・格闘・ⓑ敢闘・健闘・ⓒ闘牛・闘鶏・ⓓ闘棋

文献 ⓐ論語・季氏「及其壮也、血氣方剛、戒之在鬭＝其の壮なるに及ぶや、血気方まさに剛し、之を戒むるは闘ひに在り（人が壮年になると、血気がちょうど強くなる。だから闘争を戒めとする）」ⓒ墨子・小取「好闘鶏、好鶏也＝闘鶏を好むは、鶏を好むなり（闘鶏を好むのはニワトリが好きなのである）」

【禱】19（示・14）　人　｜音トウ　訓いのる・いのり

〔祷〕11（示・7）　人　｜音トウ　訓いのる・いのり

語音 *tog（上古）　tau（中古→呉・漢タウ〈＝トウ〉）　dǎo（中）　도（韓）

語源 ［コアイメージ］長く伸びる。［実現される意味］神に祈って福を求める（いのる）ⓐ。［英］pray

字源 「禱」が正字。「壽ジュ（音・イメージ記号）＋示（限定符号）」を合わせた字。「壽」は「長く伸びる」というイメージがある（⇩寿）。「禱」は声を長く伸ばしてのりとを唱えることを表す。

語義 いのる意味ⓐ。［熟語］ⓐ祈禱・祝禱

文献 ⓐ論語・述而「子疾病、子路請禱＝子、疾病やまひなり、子路禱いのらんことを請ふ（先生［孔子］が危篤になったとき、子路は神に祈りたいと申し出た）」

【騰】20（馬・10）　常　｜常用音訓　トウ

語音 *dəŋ（上古）　dəŋ（中古→呉ドウ・漢トウ）　téng（中）　등（韓）

語源 ［コアイメージ］上に上がる。［実現される意味］高く躍り上がるⓐ。［英］jump, prance

字源 「朕チン（音・イメージ記号）＋馬（限定符号）」を合わせた字。「朕」は「上に上がる」というイメージがある（⇩朕）。「騰」は馬が高く躍り上がる様子を暗示させる

語義 ［展開］高く躍り上がる意味ⓐから、物価が高く上がる意味ⓑを派生する。［英］jump, prance; rise, soar ［和訓］あがる・のぼる ［熟語］ⓐ沸騰・奔騰・ⓑ騰貴・急騰

文献 ⓐ詩経・閟宮「不虧不崩、不震不騰＝虧かけず崩れず、震へず騰あがらず（［国の安定は］山が欠けたり崩れたりしないようだし、地が震動したり、水が沸騰したりしないようだ）」

どう ……………………

【同】6（口・3）　常　｜常用音訓　ドウ　おなじ

語音 *duŋ（上古）　duŋ（中古→呉ヅウ〈＝ズウ〉・漢トウ・［慣］ドウ）　tóng（中）　동（韓）

語源 ［コアイメージ］筒型をなす・突き通す。［実現される意味］二つ（または二つ以上）がそろって等しい（おなじ）ⓐ。［英］same, similar, identical

〔解説〕*duŋという語が東のグループ（重・童のグループも含まれる）、用のグループ、甬のグループ（通・踊など）と同源で、「つきとおる」という基本義があると、初めて解き明かしたのは藤堂明保である（藤堂①）。*duŋ

という聴覚記号を表記する視覚記号が同である。この語は「筒型を呈する」というコアイメージもある。なぜ「筒型」や「突き通す」のコアイメージが「おなじ」という意味を実現させるのか。白川静は同は祝禱の儀礼に用いられる杯の意味から、「祓い清めること、祓い清めることによって一体となること、その儀礼への参加者が合一することを意味する」という(白川①)。これは何の証拠もない言語外的事実から意味を導くものである。そうではなく、言語学的に、意味論的に考察する必要がある。*duŋ(同)は東・用・通など「突き通る」というコアイメージをもつきわめて広範囲の単語家族の一員で、同は「円筒形に満遍なく突き通る」というイメージに展開した語であり、これが「でこぼこや出入りがなく、全体的に一様にそろっている」というイメージにも発展し、「いくつかの(複数の)ものが形状や性質などにおいてぴったり合っている」という意味を実現させたと解釈できる。言語外的事実から意味が生まれるのではなく、言語の内的構造が必然的に意味を展開させるのである。日本語の「おなじ」は「彼れと此れと、異ならず。ひとし」の意味(大言海)。漢語の同と全く同じである。英語のsameとsimilarはともにラテン語のsimilis(似た)に由来するが、さらなる淵源はサンスクリットのsamá-(平らの、同じ)にあるらしい(下宮①)。でこぼこがなく平らのイメージは、等しい、そろっているというイメージと結びつき、同じという意味が生まれる。これは漢語の同のイメージ転化ときわめて似ている。

〔グループ〕同・筒・洞・胴・銅・桐・恫(相手の心を突き通す→おどす[恫喝])・侗(心が空っぽである→愚か[空侗])・衕(突き抜ける路地)・鮦(円筒形の魚、ライギョ、カムルチー)

字源 甲骨文字と金文は「冃+口」となっている。「冃」は「用」にも含まれる「冃」と同じで、筒型を示す符号。「口」は丸い穴。二つを合わせた「同」は、筒型の丸い穴を突き通す様子を暗示させる図形。この意匠によって、「筒型をなす」「(中空の穴を)突き通す」というイメージを表すことができる。字源については諸説紛々で定説がない。藤堂が「四角い板+口(あな)」で、「板に穴を開けて突き通すさま」(藤堂②)と解したのが比較的妥当。

(甲) (金) (篆)

語義 [展開] AとBがぴったり合って等しい(おなじである)意味ⓐから、A、B、C…などが全部そろって一緒に集まる意味ⓑ、みんなで一緒に共有する意味ⓒ、一緒にそろって(ともに)の意味ⓓに展開する。[英]same, similar, identical; assemble; partake in; together [和訓] ともに・あつまる [熟語] ⓐ同一・異同・ⓑ合同・大同・ⓒ同好・同宿・ⓓ一同・共同

文献 ⓐ詩経・小星「寔命不同=寔に命同じからず(本当に運命が同じでない)」ⓑ詩経・七月「我稼既同=我が稼既に同まる(収穫した作物はもう集まった)」ⓒ詩経・大車「死則同穴=死しては則ち穴を同じくせん(死んだら同じ墓に入りましょう)」ⓓ詩経・北風「攜手同歸=手を携へて同に帰らん(手を取り合って一緒に帰りましょう)」

【洞】 9(水・6) 常 常用音訓 ドウ ほら

語音 *duŋ(上古) duŋ(中古→呉ヅウ〈=ズウ〉・漢トウ・[慣]ドウ) dòng(中) 동・통(韓)

語源 [コアイメージ] 突き通す。[実現される意味] 突き抜ける穴ⓐ。[英]hole, cave

〔解説〕古典に「洞は通なり」の訓がある。「突き通る」というイメージがコアをなす。日本語の「ほら」は「土・岩・古木などにある自然の穴」の意という(大野②)。

字源 「同(音・イメージ記号)+水(限定符号)」を合わせた字。「同」は「(中空の穴を)突き通す」というイメージがある(⇩同)。「洞」は水が川や

穴の中をスムーズに突き通って流れる様子を暗示させる。

語義 ［展開］「突き通す」というコアイメージから、突き抜ける穴（ほらあな）の意味ⓐ、何の障害もなくスムーズに通る（突き抜けて通る）意味ⓑ、奥底まで深く見通す（見抜く）意味ⓒに展開する。［英］hole, cave; pierce through; profound, see clearly ［和訓］うつろ・とおる ［熟語］ⓐ洞穴・空洞・ⓑ洞貫・洞徹・ⓒ洞見・洞察

文献 ⓐ墨子・備城門「今之世常所以攻者…空洞＝今の世の常に攻むる所以の者は…空洞（現在の普通の城攻めの手段に洞穴などがある）」ⓑ史記・司馬相如列伝「洞胸達腋＝胸に洞り腋に達す（［矢が］胸に突き通り、脇腹まで届く）」

【胴】 10（肉・6）　常　常用音訓 ドウ

語音 duŋ（中古→呉ヅウ〈＝ズウ〉・漢トウ・［慣］ドウ） dòng（中） 동（韓）

語源 ［コアイメージ］突き通す・筒型をなす。［実現される意味］大腸ⓐ。［英］large intestines

字源 「同（音・イメージ記号）＋肉（限定符号）」を合わせた字。「同」は「（中空の穴を）突き通す」「筒型をなす」というイメージがある（⇩同）。「胴」は消化した物を突き通して送る管状の器官、すなわち大腸を暗示させる。抱朴子・仙薬篇に初出。

語義 ［展開］大腸の意味ⓐから、筒型をした胴体の意味ⓑに転用される。［英］large intestines; torso, body, trunk ［熟語］ⓑ胴衣・胴体

【動】 11（力・9）　常　常用音訓 ドウ　うごく・うごかす

語音 *duŋ（上古） duŋ（中古→呉ヅウ〈＝ズウ〉・漢トウ・［慣］ドウ） dòng（中） 동（韓）

語源 ［コアイメージ］上から下に突く・重力を加える。［実現される意味］同じ位置や状態に静止せずにうごく・うごかすⓐ。［英］move

〔解説〕コアイメージの源泉は東にある。これは「突き通す」というイメージをもつ。上から下の方に（↓の形に）突くように重みがかかることが重である。垂直（↓の形）の視点を水平（→の形）に変えても同じ。重力や圧力が加えられて物が静止した状態をやめてうごくことが動である。日本語の「うごく」のウゴは擬態語で、「静止しないで、もぞもぞとする意」という（大野①）。英語のmoveは印欧祖語の*meu-（押しのける）に淵源があるらしい（下宮①）。物を押すことから動きを起こす意になったのであろう。漢語の動と造語の発想が似ている。

〔グループ〕動・慟（上下に突くように身を震わせて嘆く［慟哭］） 働*（純国字。はたらく）

字源 「重（音・イメージ記号）＋力（限定符号）」を合わせた字。「重」は「東（音・イメージ記号）＋人＋土」を合わせて、人が足で地面をトントンと突く様子を示す図形。ここに「上から下に突く」「重力を加える」というイメージがある（⇩重）。「動」は重力を加えて足を上下動させる様子を暗示させる。この意匠によって、力が加えられた結果、同じ状態にとどまらずにうごくことを表象する。

語義 ［展開］静止した状態をやめてうごく意味ⓐから、動作や行動を始める（動きを起こす）意味ⓑ、立ち居振る舞いの意味ⓒ、心に衝撃を与える意味ⓓに展開する。また、Aという事態があると、それに連動して、Bという事態が起こりがちであることを示す用法ⓔが生まれた（漢文で「ややもすれば」と読む）。［英］move（ⓐⓑⓓ）; get moving, act; movement, behavior, action; touch; apt, liable ［熟語］ⓐ運動・活動・ⓑ動議・始動・ⓒ言動・行動・ⓓ感動

文献 ⓐ詩経・七月「五月斯螽動股＝五月斯螽股を動かす（五月になるとバッタが股を動かす［脚と羽をこすって音を出す］）」ⓑ論語・顔淵「非禮勿動＝礼に非ざれば動く勿れ（礼に外れた行為は行ってはならない）」ⓔ三国志・呉志・周瑜伝「動以朝廷爲辭＝動もすれば朝廷を以て辞と為す

（［曹操の行為は］とかく朝廷を口実としている）」

【堂】11(土・8) 常 |常用音訓| ドウ

語音 *daŋ(上古) daŋ(中古→呉ダウ〈=ドウ〉・漢タウ〈=トウ〉) táng(中) 당(韓)

語源 [コアイメージ] ㋐高く上がる・㋑平らに広がる。[実現される意味] 表座敷・表御殿ⓐ。[英]main hall

〔解説〕漢の鄭玄は「堂は形四方にして高し(方形で高い)」(礼記鄭注)、唐の顔師古は「凡そ正室の基有る者は則ち之を堂と謂ふ」(急就篇の注)と述べている。尚にコアイメージの源泉がある。これは垂直と水平のイメージを同時に含む。つまり「高く上がる」と「平らに広がる」というイメージである。古代建築において、土台や基礎が高く、間取りが広々とした建物を堂という。住居用ではなく、儀礼などを執り行う所である。

〔グループ〕堂・瞠(ドウ)(驚いて目を見張る[瞠目])・螳(トウ)(鎌首を高く上げる虫、カマキリ[螳螂])

字源 「尚(ショウ)(音・イメージ記号)+土(限定符号)」を合わせた字。「尚(=尚)」は「高く上がる」というイメージと「平らに広がる」というイメージがある(⇨尚)。「堂」は建物の表側にあって、階段を高く上がっていく大広間の部屋を暗示させる。この意匠によって、儀礼などを執り行う表座敷・表御殿を表象する。堂は室(人が寝泊まりする奥部屋)と対する。

語義 [展開] 表座敷・表御殿の意味ⓐから、大きくて広い建物の意味ⓑ、大きく広い様子を形容する語ⓒに展開する。また、母屋の北側に主婦の住まいがあったところから、母の意味ⓓや他人の母の敬称ⓔに用いられる。[英]main hall; large room, big house; grand; mother; honorific title for another's mother [熟語] ⓐ殿堂・廟堂・ⓑ講堂・草堂・ⓒ堂堂・ⓓ北堂・母堂・ⓔ尊堂・令堂

文献 ⓐ論語・先進「由也、升堂矣、未入於室也=由や、堂に升(のぼ)れり、未だ室に入らざるなり(子路の音楽は堂[表]に達しているが、まだ室[奥]には入っていない)」ⓒ孫子・軍争「勿撃堂堂之陳=堂堂の陳[=陣]を撃つ勿れ(盛大な陣を攻撃するな)」

【童】12(立・7) 常 |常用音訓| ドウ わらべ

語音 *duŋ(上古) duŋ(中古→呉ヅウ〈=ズウ〉・漢トウ・[慣]ドウ) tóng(中) 동(韓)

語源 [コアイメージ] 突き通す。[実現される意味] 奴隷ⓐ。[英]slave

〔解説〕見るという視覚の働きと、知る・分かるという知覚を結びつける言語は普遍的である。逆に、見えないことは知らないこと、物の道理が分からないことにつながる。漢語では官に対するのが民で、これは目が見えない→物の道理が分からない人間と転じた語。一般の民より物が分からないとされるのが奴隷であり、これを*duŋ(童)という。この語のコアにあるのは東の「突き通す」というイメージである。目を刃物で突き通されると見えなくなる。実際に目をつぶされた奴隷という解釈もあるが、あくまで比喩であろう。物の分からない奴隷の意味から、成人よりも物が分からない段階にある者(未成人)の意味に転用される。日本語の「わらべ」はワラハ+ベ(軽蔑の接尾語)。「わらは」は髪を束ねずにばらばらにした髪型の意味から、一人前ではない者→雑用に使われる者の意味に転じたとされる(大野①)。

〔グループ〕童・鐘・憧・瞳・撞・穜(シュ)(=種)・僮(ドウ)(奴隷、召使い[僮僕])・幢(ドウ)(儀仗に用いる筒型をした旗・幟[幢幡])・曈(トウ)(日の光が差し通る、差し渡る)・艟(ドウ)(敵船を突き破る船[艨艟(モウドウ)])

字源 楷書は形が崩れて分析不能。金文に遡ると「辛+目+東または重」と分析できる(篆文では目が省略され、「辛+重」となった)。「東」と「重」はともに「突き通す」というイメージを示す記号である(⇨東・重)。

「東(トウ)または重(チョウ)(音・イメージ記号)＋目(イメージ補助記号)＋辛(刃物を示す限定符号)」を合わせて、刃物で目を突いて見えなくさせる様子を暗示させる。この意匠によって、物の道理が分からない人間、奴隷を表象する。

(金)・　(篆)

語義 [展開] 奴隷の意味ⓐ。また「物の道理が分からない」というイメージを介して、まだ一人前ではない子ども(わらべ)の意味ⓑ、道理に暗く愚かである意味ⓒに展開する。また、未成人は冠をつけないので、山が草木に覆われずはげている意味ⓓを派生する。[英]slave; young person(boy or girl), child; foolish; bald [和訓] わらわ [熟語] ⓐ童僕・ⓑ童子・児童・ⓒ童蒙・ⓓ童山

文献 ⓐ易経・旅「喪其童僕＝其の童僕を喪ふ(〔旅の途中〕しもべを見失う)」ⓑ詩経・狡童「彼狡童兮、不与我言兮＝彼の狡童、我と言はず(あの意地悪な少年は、私とおしゃべりしてくれぬ)」ⓓ荀子・王制「斬伐養長不失其時、故山林不童而百姓有餘材也＝斬伐・養長、其の時を失はず、故に山林童(ドウ)せずして百姓余材有るなり(山の木の切り方・育て方が時宜にかなっているので、山林ははげにならず、民は材木が十分得られる)」

【道】12(辵・9) 常 ｜常用音訓｜ ドウ・トウ　みち

語音 *dog(上古) dau(中古→呉ダウ〈＝ドウ〉・漢タウ〈＝トウ〉) dào(中) 도(韓)

語源 [コアイメージ] ㋐抜け出る・㋑ある方向に向かって延びる。[実現される意味] 人や物の通って行くルート(みち)ⓐ。[英]road, way

〔解説〕王念孫は「道の言は由なり。人の由る所なり」(広雅疏証)と述べる。*dogという語は由・抽(抜け出る)や迪(通り抜けるみち)と同源で、「抜け出る」「通り抜ける」というコアイメージをもつ。線条的に通っていくから、「細長く延びる」というイメージも含まれる。A点からB点へ通り抜けていくルートが道である。一方、図形化において首が用いられたのは、首のイメージとの共通性が道にあるからである。それは「ある方向に向かって延び出る」というイメージである。A点とB点を結ぶ道は、過程に焦点を置けば「抜け出る」「通り抜ける」のイメージ、方向性に焦点を置けば「ある方向に向かって延びる」のイメージになる。これらのイメージから、それに寄り従うべきルート・筋道、何かを目指す方法という抽象的意味が生まれる。儒教では人間の則るべき道徳の意味、老荘(道家)では宇宙の根源にある原理の意味として、それぞれの思想の根拠とした。日本語の「みち」はミ(神のものにつく接頭語)＋チ(道、また、道を通って行く方向の意)で、通路→人の進むべき正しい行路、修業の道程などの意味に展開するという(大野①)。また英語のwayは「(今ある地点から目指す地点に移動する)経路」がコアイメージで、道・進路・方向・方法などの意味に展開するという(田中①)。漢語の道はwayとイメージが近い。

〔グループ〕道・導

字源 「首(シュ)(音・イメージ記号)＋辵(限定符号)」を合わせた字。「首」はくび(頸)から上の頭全体の意味。人体の形態の視点から見ると、頭と胴体の間にくびが抜け出て延びた形を呈しているので、「首」には「ある方向に抜け出て延びる」というイメージがある(⇨首)。「道」は一定の方向へ延びて、人が通り抜けていくルートを暗示させる。

語義 [展開] みちの意味ⓐ。また、人が通っていくルートのことから、寄り添って従うべき法則・道理・方法・教えの意味ⓑ、専門的に究めた技芸・技術の意味ⓒに展開する。また、「抜け出て延びる」というイメージから、口から言葉がのびて出ていく→述べる・言うという意味ⓓを派生する。導と同じ意味にも用いられた(導の項参照)。[英]road, way; principle, method; skill, art; say, speak [和訓] いう [熟語] ⓐ道路・国道・ⓑ道義・修道・ⓒ書道・武道・ⓓ唱道・報道

文献 ⓐ詩経・雄雉「道之云遠、曷云能來＝道の遠き、曷(いつ)か能く来らん(道の遠いことよ、あなたはいつ帰ってくるの)」(云はリズム調節詞)ⓑ論語・学而「本立而道生＝本立ちて道生ず(根本が定まって始めて道[人間としてなすべき道、道徳]が生まれる)」ⓒ孟子・離婁下「盡羿之道＝羿(ゲイ)の道を尽くす(羿[弓の名人の名]の弓の技術をきわめ尽くす)」ⓓ詩経・牆有茨「中冓之言、不可道也＝中冓の言は、道(い)ふべからず(寝室の睦言は、他人に漏らしてはいけない)」

【働】13(人・11)　常　|常用音訓| ドウ　はたらく　純国字

字源 日本語の「はたらく」を表記するために日本で創作された疑似漢字(純国字)。うごくことを意味する「動」に限定符号の「人」を添えて、体を動かしてつとめる様子を暗示させた。ドウの読みは動の音を借用して後から追加されたもの。音とは漢語の読みの部分(記号素の音声的要素)であるから、働(はたらく)の読みであるドウは純粋の音ではなく、漢語の音をまねた疑似音である。

語義 はたらく意味ⓐ。[英]work　[熟語] ⓐ稼働・労働

【銅】14(金・6)　常　|常用音訓| ドウ

語音 *duŋ(上古)　duŋ(中古→㊐ヅウ〈＝ズウ〉・㊊トウ・[慣]ドウ)　tóng(中)　동(韓)

語源 [コアイメージ] 突き通す。[実現される意味] 金属の一つ(あかがね・どう)ⓐ。[英]coper

字源 「同(音・イメージ記号)＋金(限定符号)」を合わせた字。「同」は「突き通す」というイメージがある(⇨同)。「銅」は軟らかくて突き通しやすい金属を暗示させる。金属の名は性質や用途から名づけられている。

語義 [展開] 金属の名、「どう」の意味ⓐ。「貨幣の材料になるところから、銭の意味ⓑを派生する。[英]coper; money　[和訓] あかがね　[熟語] ⓐ銅器・青銅・ⓑ銅臭

文献 ⓐ山海経・西山経「其中多銅＝其の中、銅多し(その川の中には銅が多い)」

【導】15(寸・12)　常　|常用音訓| ドウ　みちびく

語音 *dog(上古)　dau(中古→㊐ダウ〈＝ドウ〉・㊊タウ〈＝トウ〉)　dǎo(中)　도(韓)

語源 [コアイメージ] ㋐抜け出る・㋑ある方向に延びる。[実現される意味] ある方向に引っ張っていくⓐ。[英]lead

[解説] 道は「抜け出る」「延びる」というイメージから、「一定の方向へ延びて通り抜ける」というイメージに展開し、「みち」の意味のほかに、一定の方向へルートを通して引っ張っていく(みちびく)という意味も生まれる。すでに論語・為政篇に「道之以徳＝之を道(みちび)くに徳を以てす(徳でもって人民をリードしていく)」という用例がある。道の本来の意味と区別するため、「みちびく」という動詞には導と書かれる。日本語の「みちびく」はミチ(道)ヒク(引)で、道案内をする、手引きをする意味(大野①)。英語のleadは道を意味するゲルマン祖語に淵源があるという(下宮①)。漢語で道→導、日本語でみち→みちびくと展開するのと軌を一にする。

字源 「道(音・イメージ記号)＋寸(限定符号)」を合わせた字。「道」は「A点からB点へ通り抜ける」というイメージから、「一定の方向へルートを通って人を引いて行く」という意味に展開する。この意味に限定するため、「導」が生まれた。導は道から分化した字。

語義 [展開] ある方向に引っ張っていく(みちびく)意味ⓐから、正しい方向に進むように手引きする意味ⓑ、スムーズに通す意味ⓒに展開する。[英]lead(ⓐⓑ), guide(ⓐⓑ); conduct; transmit　[熟語] ⓐ先導・誘導・ⓑ指導・補導・ⓒ導水・伝導

文献 ⓐ孟子・離婁下「君使人導之出疆＝君、人をして之を導きて疆を出ださしむ（君主は人に案内させて彼を国境から出させた）」ⓑ孟子・尽心上「導其妻子、使養其老＝其の妻子を導き、其の老を養はしむ（妻子を指導して、老人を養うようにさせる）」ⓒ書経・禹貢「道河積石＝河を積石に導く（黄河［の水路］を積石［地名］に通していく）」

【撞】15(手・12)　人　｜　音ドウ・シュ　訓つく

語音 *dŭŋ(上古)　dɔŋ(中古→呉ドウ・漢タウ〈＝トウ〉・［慣］シュ)　zhuàng(中)　당(韓)

語源 ［コアイメージ］突き通す。［実現される意味］棒などで物を突くⓐ。［英］strike, knock

字源 「童（ドウ）（音・イメージ記号）＋手（限定符号）」を合わせた字。「童」は「突き通す」というイメージがある（⇩童）。「撞」は道具を使って対象を突き通すように撃つ様子を暗示させる。

語義 ［展開］対象を突く意味ⓐから、何かにぶつかって、さしさわる意味ⓑを派生する。［英］strike, knock; collide　［熟語］ⓐ撞球・撞木（シュモク）・ⓑ撞着

文献 ⓐ礼記・学記「善待問者如撞鐘、叩之以小者則小鳴、叩之以大者則大鳴＝善く問ひを待つ者は鐘を撞くが如し、之を叩くに小を以てする者は則ち小さく鳴り、之を叩くに大を以てする者は則ち大きく鳴る（問いの受け方がうまい人は鐘を衝くようなものだ。小さく叩けば小さく鳴り、大きく叩けば大きく鳴る）」

【瞳】17(目・12)　常　｜　常用音訓　ドウ　ひとみ

語音 *duŋ(上古)　duŋ(中古→呉ヅウ〈＝ズウ〉・漢トウ・［慣］ドウ)　tóng(中)　동(韓)

語源 ［コアイメージ］突き通る。［実現される意味］目の中心の黒い部分（黒目、ひとみ）ⓐ。［英］pupil

字源 「童（ドウ）（音・イメージ記号）＋目（限定符号）」を合わせた字。「童」は「突き通る」というイメージがある（⇩童）。「瞳」は目玉の中心を突き通る穴の部分（ひとみ）を暗示させる。

語義 ひとみの意味ⓐ。［熟語］ⓐ瞳孔・瞳子

文献 ⓐ易林1「右目無瞳、偏視寡明＝右目瞳無し、偏視し明寡（すく）なし（右の目にひとみがなく、視力が偏ってよく見えない）」

とうげ

【峠】9(山・6)　常　｜　常用音訓　とうげ　純国字

字源 日本人が創作した疑似漢字。「とうげ」を表記するために、「山＋上＋下」を合わせて、山を上り下りすることを暗示させた。

語義 山道の高い所、とうげの意味。［英］pass

とく

【匿】10(匸・8)　常　｜　常用音訓　トク

語音 (1)*nɪək(上古)　nɪək(中古→呉ニョク・漢ヂョク〈＝ジョク〉)　nì(中)　닉・익(韓)　(2)*t'ək(上古)　t'ək(中古→呉・漢トク)　tè(中)

語源 ［コアイメージ］（枠の中に）身をあずける。［実現される意味］人目につかないように隠す（かくまう）ⓐ。［英］hide, conceal

〈解説〉匿には「かくまう」というぴったりの和訓がある。「かくまう（かくまふ）」はカクム（カコム）と同根で、ひそかに囲って隠しておく意。常用漢字に「かくまう」を採らなかったのは手落ちである。

字源 「若（ジャ）（音・イメージ記号）＋匸（イメージ補助記号）」を合わせた字。「若」は「柔らかい」というイメージがあり、「従う」→「おとなしく身

を任せる(あずける)」というイメージに展開する(⇩若)。「匸」は枠を設けて物を隠す様子を示す符号。「匿」は物の陰に身をあずけて隠れる様子を暗示させる。この意匠によって、人目につかないように何かの中に隠れることを表象する。藤堂明保は「匸(隠す)＋若(桑)」で「蚕に与える桑の葉を容器の中にしまいこむさま→囲いの中に入れて隠すこと」とした(藤堂②)。カールグレンは若を音符とする。

語義 [展開] 人目につかないように隠す意味ⓐ(1の場合)。また、人に知られぬ隠し事(悪事)の意味ⓑを派生する(2の場合)。ⓑは後に慝(トク)と書かれる。日本では1の読みを2の音で代用する。[英]hide, conceal; wrong, evil [和訓] かくす・かくれる・かくまう [熟語] ⓐ隠匿・秘匿・ⓑ奸匿

文献 ⓐ論語・公冶長「匿怨而友其人、左丘明恥之＝怨みを匿(かく)して其の人を友とするは、左丘明之を恥づ(恨みを隠して友達づきあいをすることを左丘明[人名]は恥とした)」ⓑ管子・七法「百匿傷上威＝百匿は上威を傷(やぶ)る(もろもろの悪事が君主の威厳を傷つける)」

【特】 10(牛・6) 常 常用音訓 トク

語音 *dək(上古) dək(中古→呉ドク・漢トク) tè(中) 특(韓)

語源 [コアイメージ] じっと止まって(まっすぐ)立つ。[実現される意味] 雄の牛ⓐ。[英]bull

〔解説〕雄牛は雌牛に種をつけるために、その背後に突っ立つ。こんな情景を捉えて雄牛を*dəkという語で呼ぶ。これは直と同源で、「まっすぐ」というコアイメージをもつ(藤堂①)。図形化には寺が利用された。寺は「じっと止まる」というイメージを表す記号であるが、「┳の形や┻の形にじっと止まって立つ」というイメージにも転化しうる。

字源 「寺(ジ)(音・イメージ記号)＋牛(限定符号)」を合わせた字。「寺」は「じっと止まる」というイメージから、「止まってまっすぐ立つ」というイメージに展開する(⇩寺)。「特」は雌の背後にじっと止まって立つ牛(種牛、雄の牛)を暗示させる。

語義 [展開] 雌と組になる雄の牛の意味ⓐから、カップルの片方の意味ⓑ、一つ、独り(それ一つだけ)の意味ⓒ、それだけが目立つ(ほかとは違っている)意味ⓓ、ただそれだけ(とりわけ、特に)の意味ⓔ展開する。[英]bull; mate; single, an only one; particular, special; especially, particularly [和訓] ただ・ひとり [熟語] ⓐ特牛・特牲・ⓒ特立・孤特・ⓓ特異・特殊・ⓔ特出・特大

文献 ⓑ詩経・柏舟「實維我特＝実(まこと)に維(こ)れ我が特なり([あの方は]本当に私のつれあいだった)」ⓒ詩経・黄鳥「百夫之特＝百夫の特なり(百人の中でずばぬけた人だ)」ⓔ荘子・逍遥遊「彭祖乃今以久特聞＝彭祖は乃ち今久しきを以て特(ひと)り聞こゆ(彭祖[伝説上の長寿者の名]は今も長寿で特に名高い)」

【得】 11(彳・8) 常 常用音訓 トク える・うる

語音 *tək(上古) tək(中古→呉・漢トク) dé(中) 득(韓)

語源 [コアイメージ] まっすぐ。[実現される意味] 手に入れる(える)ⓐ。[英]get, obtain

〔解説〕古典に「徳は得なり」「得は徳なり」の訓がある。藤堂明保は得・徳・直を同源としている(藤堂②)。徳・直は「まっすぐ」というコアイメージをもつ語である。また、下記の詩経ⓑに対する馬瑞辰の注釈に「得の言は中(あたる)なり」とある(毛詩伝箋通釈)。したがって*tək(得)は、外れることなくまっすぐに目的のものに当たって獲得するというイメージの語である。ここから、チャンスがあって目的の物事をすることができるという意味が生まれる。能力があってできる意味の能(あたう)とは異なる。日本語の「える(う)」は漢語の得のⓐと同じ意味だが、漢文の影響でⓓの「〜できる」という意味が生じた。

字源 甲骨文字と金文では「貝+又」と「彳+貝+又」の二形がある。篆文では「貝」が「見」に、隷書では「見」が「旦」に誤って書かれた。「又」と「寸」は手の動作を示す符号。「貝(イメージ記号)+又または寸(いずれもイメージ補助記号)+彳(限定符号)」を合わせて、出かけて行って財貨を手に入れる情景を設定した図形。図形にコアイメージは反映されていない。

(甲)　(金)　(篆)

語義 [展開] 手に入れる(える)意味ⓐから、目標・核心にずばりと当たる(心にぴったりかなう)意味ⓑ、手に入れた利益・儲けの意味ⓒに展開する。また、チャンスがあってできる意味ⓓを派生する。[英]get, obtain; fit, suit; profit; may, can [熟語] ⓐ獲得・取得・ⓑ得意・会得・ⓒ得失・利得

文献 ⓐ詩経・関雎「求之不得＝之を求むれども得ず([淑女を]求めたけれど得られない)」ⓑ詩経・采苓「人之爲言、胡得焉＝人の為せる言は、胡(なん)ぞ得んや(人の言い触らすうわさなんて、的外れだ)」ⓓ論語・述而「聖人吾不得而見之矣＝聖人は吾得て之を見ず(聖人には私は会うことができない)」

【督】13(目・8) 常 常用音訓 トク

語音 *tok(上古) tok(中古→呉・漢トク) dū(中) 독(韓)

語源 [コアイメージ] 中心に向けて引き締める。[実現される意味] 悪いことが起こらないようによく見張るⓐ。[英]watch, oversee

〔解説〕藤堂明保は*tokという語は統*t'oŋ(全体を一つにまとめる)と同源という(藤堂②)。ただまとめ方に違いがある。統はいくつかの糸を束ねてまとめることであるのに対し、督は対象を見張ることによって全体を引き締めてまとめることである。

字源 「叔(シュク)(音・イメージ記号)+目(限定符号)」を合わせた字。「叔」は「細く引き締まる」というイメージがあり、「中心に向けて引き締める」というイメージに展開する(⇩叔)。「督」は見落としがないように中心に向けて引き締めてよく見張る様子を暗示させる。

語義 [展開] 悪いことが起こらないようによく見張る意味ⓐから、全体を引き締めてまとめる意味ⓑ、だらけた状態を引き締めて、やるように促す意味ⓒに展開する。[英]watch, oversee; unify; urge, encourage [和訓] かみ [熟語] ⓐ督察・監督・ⓑ総督・提督・ⓒ督促・督励

文献 ⓐ管子・明法解「督其成事、勝其任者處官＝其の成事を督し、其の任に勝(た)ふる者は官に処らしむ(功績をよく見て、任に堪えるものを官職に就ける)」

【徳】14(彳・11) 常 常用音訓 トク

〔德〕15(彳・12) 人 音トク

語音 *tak(上古) tak(中古→呉・漢トク) dé(中) 덕(韓)

語源 [コアイメージ] まっすぐ。[実現される意味] 素直でまっすぐな心を相手に施すこと。相手を思いやる優しい心(恵みの心、愛情、恩恵)ⓐ。[英]favor, affection, love

〔解説〕道徳が最初の意味ではなく、詩経では上記の意味で用いられている。コアイメージの源泉は直にある。直は「まっすぐ」というイメージがあり、行為やモラルにおいては「正しい」というイメージに転化する。対人関係でまっすぐで(ゆがみやよこしまのない)素直な気持ちを相手に施すことを*takといい、直をもとにした悳(トク)、また徳によって表記する。古人は「徳は得なり」と語源を捉えた。内では心に得ているもの、外では物の得ているもの、すなわち人や物の本性という解釈である。得も「まっすぐ」がコアイメージであるから、徳と得は互いに通ずるので

ある。

字源 「德」が正字。「悳(トク)(悳はその変形。音・イメージ記号)＋彳(限定符号)」を合わせた字。「直」は「まっすぐ」というイメージがある(⇩直)。「直(チョク)(音・イメージ記号)＋心(限定符号)」を合わせた「悳」は、まっすぐな心を暗示させる図形。この意匠によって、相手を思いやる素直でまっすぐな心を十分表象できるが、心だけではなく行為とも関係があるので、彳(行いを示す限定符号)を添えて「德」となった。

(金) (篆) [悳]

(甲) (金) (篆)

〔字体〕「德」は近世中国で発生した「徳」の俗字。現代中国では正字を用いる。

語義 [展開] まっすぐで素直な心を相手に施すことの意味ⓐから、まっすぐで正しい行いや品性(モラル、道徳)の意味ⓑ、それを持つ優れた人格者の意味ⓒ、また、物に備わる本性の意味ⓓに展開する。[英]favor, affection, love; virtue, moral; man of eminent virtue; nature, quality [熟語] ⓐ恩徳・福徳・ⓑ道徳・美徳・ⓒ高徳・大徳

文献 ⓐ詩経・谷風「既阻我德＝既に我が徳を阻む([あなたは]もはや私の好意[愛情]をはねつけた)」ⓑ論語・為政「爲政以德＝政を為すに徳を以てす(徳でもって政治を行う)」ⓒ論語・里仁「德不孤、必有鄰＝徳は孤ならず、必ず鄰[＝隣]有り(有徳者は孤立していない、必ず仲間がいるものだ)」ⓓ荘子・天地「物得以生、謂之德＝物得て以て生ず、之を徳と謂ふ(物がそれを得て生まれるもの、これを徳という)」

【篤】16(竹・10) 常 常用音訓 トク

語音 *tok(上古) tok(中古→呉・漢トク) dǔ(中) 독(韓)

語源 [コアイメージ] 中身が詰まる。[実現される意味] 心配りが行き届いている、思いが充実する(手厚い)ⓐ。[英]hearty, hospitable

〔解説〕釈名・釈言語に「篤は築なり。築は堅実(堅く充実させる)の称なり」とある。藤堂明保は築のほかに稲・陶・討・熟なども同源で、「満遍なく行き渡る、平均する」を基本義とした(藤堂①)。コアイメージの源泉は竹にある。これは「隙間なく詰まる」というイメージである。中身が詰まることが手厚いということである。文字の形にこだわると馬に関する意味になってしまう。白川静は「馬が苦しむ意味」としている(白川②)。

字源 「竹(チク)(音・イメージ記号)＋馬(限定符号)」を合わせた字。「竹」は円筒形のイメージから、「満遍なく取り巻く」「中身が詰まる」「厚みがある」というイメージに展開する(⇩竹)。「篤」は馬の体に肉が詰まって厚みがある様子を暗示させる。馬を比喩として、中身が満遍なく(隙間なく)詰まって厚みがあることを表象する。

語義 [展開] 「中身が満遍なく(隙間なく)詰まって厚みがある」というイメージは空間的なイメージであるが、心理的なイメージにも転化し、心情・思いやりが厚く充実している、心配りが行き届いて手厚い意味ⓐが実現される。また、病勢が深く重い意味ⓑを派生する。[英]hearty, hospitable; serious [和訓] あつい [熟語] ⓐ篤実・懇篤・ⓑ危篤・重篤

文献 ⓐ詩経・椒聊「碩大且篤＝碩大にして且つ篤し([あの子は]がらも大きく情も厚い)」ⓑ史記・白起列伝「武安君遂稱病篤＝武安君、遂に病篤しと称す(武安君はとうとう危篤と言い触らした)」

どく

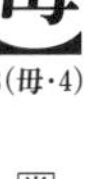

【毒】8(毋・4) 常 常用音訓 ドク

[語音] *dok(上古) dok(中古→[呉]ドク・[漢]トク) dú(中) 독(韓)
[語源] [コアイメージ] 中身が詰まって厚い。[実現される意味] 生命や健康を害するものⓐ。[英]poison
〔解説〕古典の注釈に「古へは竺・篤・毒の三字は通用す」とある(蔣驥・山帯閣注楚辞)。*dokという語は篤・竺と同源で、「中身が詰まって厚い」というイメージがある。生命を手厚く充実させる薬のことを*dokという。周礼に「凡そ瘍を療(いや)すに五毒を以て之を攻む(腫瘍は五つの毒薬で治す)」(天官・瘍医)とあり、中国医学では最も効き目の強い薬を毒薬と呼ぶ。また老子に「之を亭し之を毒す(道は万物を安定させ、充実させる)」(五十一章)とある毒にはコアイメージが生きている。しかし強い作用の薬物には二面性がある。生命を維持することもあれば、生命に危害を与えることもある。毒という語は専ら後者を指すようになった。
[字源] 「毋(イメージ記号)+生(生命を示す限定符号)」を合わせた字。「毋」は「母」から分化した字。「母」は母胎→暗い→見えない→無いとイメージが転じ(⇩母)、「(物が)無い」のイメージを表すために、「母」の二点を一線に替えて「毋」と変形させた(実現される意味は「ない」「なかれ」)。「毒」は生命を無くするものを暗示させる。これは毒の害になる一面を図形化したもの。図形にコアイメージは反映されていない。

(篆) 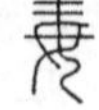

[語義] [展開] 激しい作用のある薬のことから、一般に、生命や健康を害するものの意味ⓐ、害する・損なう意味ⓑに展開する。また比喩的に、ひどい苦痛・苦しみの意味ⓒを派生する。[英]poison; poisonous, malicious; pain [熟語] ⓐ毒薬・劇毒・ⓑ毒舌・害毒・ⓒ惨毒
[文献] ⓐ詩経・谷風「比予于毒＝予を毒に比す(私を毒物であるかのように見る)」ⓑ詩経・桑柔「民之貪亂、寧爲荼毒＝民の貪乱なる、寧(なん)ぞ荼毒(トド)為(た)る(民の貪欲さが、何と今や害毒だ)」ⓒ詩経・小明「心之憂矣、其毒大苦＝心の憂ひ、其の毒大いに苦し(憂いに沈む胸の内、苦しいこと限りない)」

【独】 9(犬・6) [常] [常用音訓] ドク ひとり

[語音] *duk(上古) duk(中古→[呉]ドク・[漢]トク) dú(中) 독(韓)
[語源] [コアイメージ] 一所にくっついて離れない。[実現される意味] ひとり・ただ一つⓐ。[英]alone, by oneself
〔解説〕独はひとりの意味だが、根源のイメージは何か。王力は独と特を同源とする(王力①)。藤堂明保は触(くっつく)・属(くっついて離れない)と同源で、独は「一定の所にくっついて動かず、他に迎合しないこと」「他は動き離れても、それだけがあくまでしがみついて動かないさま」とする(藤堂②)。蜀がコアイメージを提供する記号である。これは「一所にくっついて離れない」というイメージである。AとBに離れているものがくっつくと、A-Bのように一つにつながった状態、二つに分かれていない状態、一体化、未分化の状態になる。人間の場合は、相手・連れ合いのいない状態が独である。孤独の独とはこの意味である。孤は○(まる)のイメージから未分化→ひとりぼっちの意味に転化する。孤と独は造語法(成り立ち)が似ている。
[字源] 「獨」が正字。「蜀(ショク)(音・イメージ記号)+犬(限定符号)」を合わせた字。「蜀」は「一所にくっついて離れない」というイメージがある(⇩触)。「獨」は犬が一つの場所(持ち場)にくっついて離れない情景を設定した図形。犬にまつわる情景を比喩として、ただ一つ(ひとり)だけでほかにつれがいないことを表象する。
〔字体〕「独」は近世中国で発生した「獨」の俗字。
[語義] [展開] ほかに相棒がなくただひとり(ただ一つ)だけの意味ⓐから、ほかに頼るものがいないひとりぼっちの人(ひとり者)の意味ⓑ、専らひとりだけで(自分勝手に)の意味ⓒに展開する。日本ではドイツの音

写字ⓓに用いる。［英］alone, by oneself; single; sole, solely; Germany
［熟語］ⓐ独自・単独・ⓑ独身・孤独・ⓒ独裁・独断・ⓓ日独
文献 ⓐ詩経・撃鼓「我獨南行＝我独り南行す（私ひとり南方へ行った）」ⓑ孟子・梁恵王下「老而無子曰獨＝老いて子無きを独と曰ふ（年を取って子がいない人を独［ひとり者］という）」

【読】14(言・7) 常 ― 常用音訓 ドク・トク・トウ よむ

語音 (1)*duk(上古) duk(中古→呉ドク・漢トク) dú(中) 독(韓) (2)*dug(上古) dəu(中古→呉ヅ〈＝ズ〉・漢トウ) dòu(中) 두(韓)

語源 ［コアイメージ］次々に通る・□－□－□－の形につながる。［実現される意味］言葉をつなげて文をよむⓐ。［英］read
［解説］意味が通るように言葉をつなげて発声することが*dukである。これは文字で書いた文章や本をよむことにも転用される。言葉は一つの区切られた単位であるから、*dukには「□－□－□－の形に次々につなぐ」という明確なイメージがある。これを表記するのが讀で、續（＝続。つなぐ）と共通の記号を含む。日本語の「よむ」は「一つずつ順次数えあげてゆくのが原義」という（大野①）。順々に数えあげる→音節を一つ一つ数えて歌を作る（詠む）→文字を一字一字声を立てて唱えると展開する。漢語の讀には数える意味はないが、一語一語声を出してよむ→文を一字一字と追ってよむ意味に展開する点では和語の「よむ」と同じである（黙読の習慣は後世のことであろう）。英語のreadも本や文字を読む意味と、声を出して読む意味がある（小島①）。

字源 「讀」が正字。「𧶠（音・イメージ記号）＋言（限定符号）」を合わせた字。「𧶠」は「A→B→C…の形に次々に通る」「□－□－□－の形に次々に続く」というイメージがある（⇩続）。「讀」は言葉を一つ一つつないで通す様子を暗示させる。
［字体］「讀」は旧字体。「読」は由来不明の常用漢字の字体。現代中国の簡体字は「读」。

語義 ［展開］言葉を一語一語つないで、声を立ててよむ意味ⓐから、文字で書いた文章や本をよむ意味ⓑに展開する（以上は1の場合）。また、文をよむ際にはまとまった所で切れ目をつけてよむので、文章の短い切れ目の意味ⓒを派生する（2の場合）。この場合*dugという語は逗留の逗（止める）と同源。［英］read(ⓐⓑ); comma ［熟語］ⓐ読誦・朗読・ⓑ読書・愛読・ⓒ読点・句読

文献 ⓐ詩経・牆有茨「中冓之言、不可讀也＝中冓の言は、読むべからず（寝室の睦言は、声を出して読み上げてはいけない）」ⓑ論語・先進「何必讀書然後爲學＝何ぞ必ずしも書を読みて然る後に学と為さんや（本を読むだけが学問と考える必要はない）」

とち

【栃】9(木・5) 常 ― 常用音訓 とち 純国字

字源 トチノキのトチを表記するために日本で作られた疑似漢字。吉田金彦によると、トチは朝鮮語のtotol（ドングリの意）に由来し、実が「十」どころか「千」ほどに多いと意味づけした語という（語源辞典・植物編）。この説は字源にもヒントを与える。十（と）と千（ち）を合わせると「万」なので、「万」に限定符号の「木」を添えて「杤」となり、次に「栃」となったと考えられる。「栃」の右側は「萬（＝万）」を含む厲→厉、勵→励などに倣ったものであろう。

語義 木の名で、トチノキの意味。［英］horse chestnut

とつ

【凸】5(凵・3) 常 ― 常用音訓 トツ

語音 tʻuat(中古→(呉)トチ・(漢)トツ) tū(中) 철(韓)

語源 [コアイメージ] 突き出る。[実現される意味] 中央が高く突き出るⓐ。[英]convex

字源 中央の部分が突き出た図形。この図形そのもののイメージによって、「突き出る」ことを表象する。突・出と同源の語。

語義 中央が突き出る意味ⓐ。[熟語] ⓐ凸版・凹凸

文献 ⓐ抱朴子・登渉「有凸起者牡銅也、有凹陷者牝銅也＝凸起有る者は牡銅なり、凹陥有る者は牝銅なり([銅を精錬する際]突起があるものが牡銅、凹みがあるものが牝銅である)」

【突】8(穴・3) 常 ―(常用音訓) トツ　つく
〔突〕9(穴・4) 人 ―(音)トツ　(訓)つく

語音 *duət(上古) duət(中古→(呉)ドチ・(漢)トツ) tū(中) 돌(韓)

語源 [コアイメージ] 突き出る。[実現される意味] 頭や先端が急に突き出るⓐ。[英]dash forward, burst forth

〔解説〕*duətという語は出のグループや凸と同源で、「突き出る」という基本義をもつ(藤堂①②)。また中(テツ)(草の芽が出る)・𠫓(トツ)(子が生まれ出る)・羍(タツ)(ヒツジの子が生まれる)とも同源で、あるものが平面上、一線上に頭や姿をひょっこり出すというイメージがある。図形化は犬を利用して発想された。日本語の「つく」は「棒状のものの先端で、物の表面を瞬間的に強く押す」意味という(大野①)。漢語の突は平面や一線から↑の形に(上に)、あるいは→の形に(横に)、ぽこっと出ていくことが本義で、棒などの先端で物をつく意味は転義である。漢語ではこの意味では衝・撞というのが普通である。

字源 「突」が正字。「犬(イメージ記号)＋穴(限定符号)」を合わせて、犬が穴から飛び出す場面を設定した図形。この意匠によって、あるものが枠の中からぽこっとつき出ることを表象する。犬の行動は比喩であって、意味に含まれない。

(篆)

〔字体〕「突」は近世中国で生まれた「突」の俗字。現代中国では正字を用いる。

語義 [展開] 頭や先端が急につき出る意味ⓐから、ある事態が急に出てくる様子(だしぬけ)の意味ⓑ、物を衝く・つき当たる意味ⓒ、高く突き出たものの意味ⓓを派生する。[英]dash forward, burst forth; suddenly; collide; chimney [熟語] ⓐ突起・突端・ⓑ突如・突然・ⓒ激突・衝突・ⓓ煙突・墨突

文献 ⓐ韓非子・外儲説右下「彘突出於溝中＝彘(テイ)、溝中より突出す(ブタが溝の中からつき出てきた)」ⓑ詩経・甫田「未幾見兮、突而弁兮＝未だ幾(いく)ばくもせずして見れば、突として弁せり([少年は]しばらく会わないうちに、あっという間に冠姿[大人になっていた])」

とどける

【届】→かい

とん

【屯】4(屮・1) 常 ―(常用音訓) トン

語音 (1)*duən(上古) duən(中古→(呉)ドン・(漢)トン) tún(中) 둔(韓) (2)*tuən(上古) ṭuěn(中古→(呉)・(漢)チュン) zhūn(中) 준(韓)

語源 [コアイメージ] ㋐多くのものを蓄えて集まる・㋑ずっしりと重く垂れる。[実現される意味] 多くの人や兵士が集まる(たむろする)ⓐ。

[英]quarter, gather, assemble
〔解説〕屯・純・村(邨)・囤が同源であると見た学者に王力がいるが(王力①)、屯のグループの全体、さらに隹(イ)のグループ(椎・堆など)・隊・敦・殿などが同源で、「ずっしり、下ぶくれ」という基本義があると指摘したのは藤堂明保である(藤堂①)。屯は「多くのものが集まる」というイメージを示す記号であるが、「多く集まる」と「ずっしりと重い」は可逆的(相互転化できる)イメージである。
〔グループ〕屯・春・純・頓・鈍・沌・邨(ソン)(=村)・囤(トン)(食料などを多く蓄える、また米倉)・豘(トン)(=豚。腹がずっしりと重く垂れたブタ)・魨(トン)(ブタのように腹がふっくらとした魚、フグ、河豚)・飩(トン)(混沌に見立てた古代の食品、ワンタンの源流[餛飩(コントン)])。〈日〉うどん[饂飩])
字源 地下に根がずっしりと蓄えられ、芽が地上に出かかる姿を描いた図形。この意匠によって、「多くのものが一か所に集まる」というイメージを表すことができる。

(金)　(篆)

語義 [展開] 多くの人や兵士が集まる(たむろする)意味ⓐ(1の場合)。また、「多くのものが集まる」というイメージは「ずっしりと重く垂れる」というイメージにも展開し、足が重くて進まない→行き悩むという意味ⓑを派生する(2の場合)。[英]quarter, gather, assemble; hesitate to go forward, difficult [和訓] たむろ [熟語] ⓐ屯田・駐屯・ⓑ屯蹇(チュンケン)・屯難
文献 ⓐ春秋左氏伝・哀公1「夫屯晝夜九日=夫(フ)屯すること昼夜九日(人夫が集まって九日間昼も夜も仕事をした)」ⓑ易経・屯「屯如邅如=屯如(チュンジョ)たり、邅如(テンジョ)たり(足が重くて行き悩む)」

【沌】 7(水・4) 人 音トン

語音 *duən(上古) duən(中古→呉ドン・漢トン) dùn(中) 돈(韓)
語源 [コアイメージ] 多くのものが集まる。[実現される意味] 宇宙の始めの状態(カオス)ⓐ。[英]chaos
字源 「屯(トン)(音・イメージ記号)+水(限定符号)」を合わせた字。「屯」は「多くのものが集まる」というイメージがある(⇨屯)。「沌」は水の中に多くのものが混ざり合って、区別がつかない様子を暗示させる。この意匠によって、天地がまだ分かれていないカオス(宇宙の最初の状態)を表象する。
語義 [展開] 宇宙の始めの状態(混沌)の意味ⓐ。未分化のイメージから、曖昧でぼんやりした様子の意味ⓑを派生する。[英]chaos; ignorant, stupid [熟語] ⓐ渾沌・混沌・ⓑ沌沌
文献 ⓐ荘子・応帝王「中央之帝爲渾沌=中央の帝を渾沌と為す(中央の帝王の名が渾沌さんだ[カオスの擬人化])」・ⓑ老子・二十章「我愚人之心也哉、沌沌兮=我は愚人の心なる哉、沌沌たり(私は愚か者の心だよ、薄ぼんやりしている)」

【豚】 11(豕・4) 常 常用音訓 トン ぶた

語音 *duən(上古) duən(中古→呉ドン・漢トン) tún(中) 돈(韓)
語源 [コアイメージ] ずっしりと重い。[実現される意味] ブタⓐ。[英]pig
〔解説〕豚の異体字に豘・㹠があり、「屯」は「ずっしりと重く垂れる」というコアイメージをもつ(⇨屯)。*duənという語はずっしりと重く垂れ下がったブタの腹の特徴を捉えた語である。ブタを表す語に猪(チョ)と・彘(テイ)もある。これらも同源の語である。
字源 「肉(イメージ記号)+豕(限定符号)」を合わせた字。豕(イノシシ)を家畜化した動物で、食用にするものを暗示させる図形。図形にコアイメージは反映されていない。

(篆)

語義 ブタの意味ⓐ。[熟語] ⓐ豚骨・養豚

文献 ⓐ論語・陽貨「帰孔子豚＝孔子に豚を帰（おく）る（陽貨が）孔子にブタを贈った）」

【敦】12(攴・8) 人 ―― 音トン 訓あつい

語音 *tuən(上古) tuən(中古→呉・漢トン) dūn(中) 돈(韓)

語源 [コアイメージ] 重みがあってずっしりと落ち着く。[実現される意味] ずっしりと重みがあって手厚い・重厚であるⓐ。[英]solid, grave

字源 「𦎫（ジュン）（享は変形。音・イメージ記号）＋攴（限定符号）」を合わせた字。「𦎫」は「亯（＝享・亨［通る］）。イメージ記号）＋羊（限定符号）」を合わせて、羊にたっぷり火を通してよく煮込む様子を示す図形（⇩熟）。煮込まれたものは程よくなじんでいって段々と落ち着く。したがって「𦎫」は「どっしりと落ち着く」というイメージを表すことができ、これは「ずっしりとした重みがある」というイメージにも展開する。かくて「敦」はずっしりと重みがあって安定することを表す。惇（ジュン・トン）（人格に重みがある、重厚である）と非常に近い。

(甲) (金) (篆) [𦎫] (篆)

語義 ずっしりと重みがあって手厚い意味ⓐ。[熟語] ⓐ敦厚・敦朴

文献 ⓐ孟子・尽心下「聞柳下恵之風者、薄夫敦、鄙夫寛＝柳下恵の風を聞く者は、薄夫も敦く、鄙夫（ヒフ）も寛なり（柳下恵［人名］の遺風を聞いた者は、軽薄な男も重厚になり、粗野な男も寛大になる）」

【遁】13(辵・9) 人 ―― 音トン 訓のがれる

語音 *duən(上古) duən(中古→呉ドン・漢トン) dùn(中) 둔(韓)

語源 [コアイメージ] ルートに従う。[実現される意味] 逃げて身を隠すⓐ。[英]run away and hide, skulk, dodge

字源 「盾（ジュン）（音・イメージ記号）＋辵（限定符号）」を合わせた字。「盾」は「ルートに従う」「道筋・本筋となるものに寄り添う」というイメージがある（⇩盾）。「遁」は本筋となるもの（頼りになるもの）に寄り添って身を隠すことを表す。

語義 逃げて身を隠す意味ⓐ。[熟語] ⓐ遁世・遁走

文献 ⓐ詩経・白駒「勉爾遁思＝爾（なんじ）の遁思に勉めよ（世を逃れる思いに励みなさい）」

【頓】13(頁・4) 常 ―― 常用音訓 トン

語音 *tuən(上古) tuən(中古→呉・漢トン) dùn(中) 돈(韓)

語源 [コアイメージ] ずっしりと重く垂れる。[実現される意味] 頭を地面につけてお辞儀をする（ぬかずく）ⓐ。[英]kowtow

字源 「屯（トン）（音・イメージ記号）＋頁（限定符号）」を合わせた字。「屯」は「（上から下に）ずっしりと重く垂れる」というイメージがある（⇩屯）。「頓」は頭を垂れてずしんと重く地面につける様子を暗示させる。

語義 [展開] 頭を地面につけてお辞儀をする意味ⓐ。「（上から下に）ずっしりと重く垂れる」というイメージは「下に落ち着いて動かない」というイメージにも展開し、下に落ち着く、じっとして動かない意味ⓑ、また、ずしんと急に前のめりになって倒れる意味ⓒ、急に・にわかに・だしぬけにの意味ⓓに展開する。[英]kowtow; settle, halt; fall; suddenly [和訓] とみに・ひたぶる [熟語] ⓐ頓首・ⓑ整頓・停頓・ⓒ頓躓（トンチ）・頓仆（トンボク）・ⓓ頓悟・頓挫

文献 ⓐ周礼・春官・大祝「二曰頓首＝二に曰く頓首（［九拝の］二番目が頓首の礼である）」

【呑】7(口・4) 人 ｜音ドン 訓のむ

語音 *t'ən(上古) t'ən(中古→呉・漢トン・[慣]ドン) tūn(中) 탄(韓)

語源 [コアイメージ] 平ら・スムーズ。[実現される意味] 物をかまずにのみ下すⓐ。[英]swallow

字源 「天(テン)(音・イメージ記号)+口(限定符号)」を合わせた字。「天」は「平ら」というイメージがある(⇩天)。平らな状態は遮るものがないから、「つかえない、スムーズである」というイメージを表しうる。「呑」は口に入れた物をかまずにそのままのみ下す様子を暗示させる。

語義 [展開] 比喩的に、相手を滅ぼして自分の領分に取り込む意味ⓑを派生する。[英]swallow; annex [熟語] ⓐ呑舟・呑吐・ⓑ併呑

文献 ⓐ荘子・庚桑楚「呑舟之魚、碭而失水、則蟻能苦之=呑舟の魚、碭(ウト)して水を失へば、則ち蟻能く之を苦しむ(舟を呑むような大魚も、水がすっかりなくなると、アリでさえもそれを苦しめることができる)」

【貪】11(貝・4) 常 ｜常用音訓 ドン むさぼる

語音 *t'əm(上古) t'əm(中古→呉トム〈=トン〉・漢タム〈=タン〉・[慣]ドン) tān(中) 탐(韓)

語源 [コアイメージ] 深く探る。[実現される意味] 欲深く求める(むさぼる)ⓐ。[英]be greedy, covet

〔解説〕釈名・釈言語に「貪は探なり。探り取りて他の分に入るなり」と、正当に語源を説いている。*t'əmという語は探・深と同源で、「深く探る」がコアイメージである。藤堂明保は探・深のほかに、耽・甚・尋・淫なども同源で、「奥深く入り込む」を基本義とする(藤堂①)。日本語の「むさぼる」はムサシ(きたない意)のムサとホル(欲)を合わせた語で、「きたならしく欲張る」意味という(大野①)。

字源 「今(イメージ記号)+貝(限定符号)」を合わせた字。「今」は物に蓋をかぶせて押さえ込む図形で、「かぶせる」「ふさいで中に閉じ込める」というイメージがある(⇩今)。「貪」は財貨を取り込んで我が物にする様子を暗示させる。図形にコアイメージは反映されていない。

(篆)

語義 むさぼる意味ⓐ。[熟語] ⓐ貪官・貪欲

文献 ⓐ詩経・桑柔「貪人敗類=貪人、類を敗る(欲深な人が仲間を損なう)」

【鈍】12(金・4) 常 ｜常用音訓 ドン にぶい・にぶる

語音 *duən(上古) duən(中古→呉ドン・漢トン) dùn(中) 둔(韓)

語源 [コアイメージ] 重くつかえて動かない。[実現される意味] 刃物の切れ味が悪いⓐ。[英]blunt, dull

字源 「屯(トン)(音・イメージ記号)+金(限定符号)」を合わせた字。「屯」は「ずっしりと重く垂れる」というイメージがあり、「ずっしりと落ち着いて動かない」というイメージにも展開する(⇩屯)。「鈍」は刃物が重くつかえて動きが悪い様子を暗示させる。

語義 [展開] 切れ味が悪い意味ⓐから、鋭さをにぶらせる(なまくらにする)意味ⓑ、重苦しくて動きがにぶい意味ⓒに展開する。[英]blunt(ⓐ~ⓒ), dull(ⓐ~ⓒ) [和訓] なまる・のろい・にび [熟語] ⓐ鈍器・鈍刀・ⓒ鈍感・愚鈍

文献 ⓐ荀子・性悪「鈍金必将待礱厲、然後利=鈍金は必ず将に礱厲(ロウレイ)を待ちて、然る後に利なり(切れ味の悪い兵器は磨きをかけて始めて鋭利になる)」ⓑ孫子・作戦「其用戰也、勝久則鈍兵挫鋭=其の戦を用ゐるや、勝つこと久しければ、則ち兵を鈍らせ鋭を挫く(戦を行う場合、持久戦にな

れば、兵士をにぶらせ鋭気をくじいてしまう)」

【曇】16(日・12)　常　―　常用音訓　ドン　くもる

語音 *dəm(上古)　dəm(中古→呉ドム〈=ドン〉・漢タム〈=タン〉)　tán(中)　담(韓)

語源 [コアイメージ] 深く垂れる。[実現される意味] 雲気がどんよりと立ちこめる(くもる・くもり)ⓐ。[英]cloud, cloudy, cloudiness

〔解説〕*dəmという語は潭(深い淵)・湛(深く水をたたえる)・深・沈(深く入る)などと同源で、「深い」というイメージがある。雲気がどんよりと深く垂れるというイメージの語である。黮(雲気が垂れて黒いさま)と近い。くもる意味の漢語は*dəm(曇)よりも*·ıəm(陰)が古い。日本語の「くもる」は「くも」を活用させた語だが、漢字の曇と陰にも雲・云(=雲)が含まれている。

字源 「雲(イメージ記号)+日(限定符号)」を合わせて、日が雲で遮られる情景を暗示させる図形。図形にはコアイメージが反映されていない。

語義 [展開] 後漢の頃には姓や梵語の音写字に用いられていたが、魏晋以後、曇曇(雲気がたちこめるさま)の用例が現れる。雲気がどんよりと立ちこめる意味ⓐ。[熟語] ⓐ曇天・晴曇

どんぶり

【丼】5(丶・4)　常　―　常用音訓　どんぶり・どん　半国字

字源 中国では「丼」は「井」の異体字とされる(⇩井)。日本で「どんぶり」を表記する「丼」はこれとは無関係である。「どんぶり」には物を入れる袋の意味がある。したがって、方形の物入れの袋を「丼」の形に模したものであろう。和製の疑似漢字であるが、井の異体字の「丼」と同形衝突したので、半国字とする。

語義 食器の一種、どんぶり鉢の意味。[英]bowl

な

【那】7(邑・4) 常 常用音訓 ナ

語音 *nar(上古) na(中古→呉ナ・漢ダ) nà・nǎ・nuó(中) 나(韓)

語源 [コアイメージ] 軟らかい。[実現される意味] しなやかなさまⓐ。[英]soft, supple

〈解説〉*narという語は軟・難と同源で、「軟らかい」というコアイメージをもつ。これを表す記号が冄(=冉)である。冄は下記のグループを構成する。

〈グループ〉那・枏(=楠)・苒(やわらかい[荏苒])・耼(=聃。軟らかく垂れた耳たぶ)・髯(ほおひげ[白髯])　梛*(半国字。なぎ)

字源 「冄(音・イメージ記号)+邑(限定符号)」を合わせた字。「那」はもとは地名とされるが、軟らかくしなやかなさまという意味の*narを「那」で表記した。「冄(=冉)」はほおひげが両側にしなやかに垂れた姿を描いた図形で、髯(ほおひげ)の原字。したがって「しなやか」「軟らかい」というイメージを「冄」で表すことができる。

(甲) (金) (篆)  [冄] (篆) 

語義 [展開] 「軟らかい」というコアイメージから、しなやかの意味ⓐ、ゆったりと落ち着いている意味ⓑに展開する。また、奈と通用して、「いかん」「なんぞ」という疑問詞ⓒ。また、梵語の音写字ⓓに用いる。[英]soft, supple; relaxed; how, what; phonetic loan of Sanskrit [和訓] いかん・なんぞ [熟語] ⓒ那辺・ⓓ刹那・檀那

文献 ⓐ詩経・那「猗與那與=猗たらんか那たらんか(何となよなよとしなやかなことか)」ⓑ詩経・魚藻「王在在鎬、有那其居=王は在り鎬に在り、那たる有り其の居(王様は鎬[地名]にいらっしゃる、ゆったりと安らぐお住まいに)」

【奈】8(大・5) 常 常用音訓 ナ

語音 (1)*nad(上古) nai(中古→呉ナイ・漢ダイ) nài(中) 내(韓) (2)*nar(上古) na(中古→呉ナ・漢ダ) nà(中) 나(韓)

語源 [コアイメージ] 柔らかい・粘り強い。[実現される意味] イヌリンゴⓐ。[英]Chinese crab apple

〈解説〉中国原産のイヌリンゴを古代漢語で*nadといい、これを柰で表記した。この語は耐と同源である。耐は「柔らかい」というコアイメージがあり、「粘り強い」というイメージに展開する。*nadは寒さに粘り強く耐えることによる命名である。

〈グループ〉奈・捺

字源 「柰」が本字。「示(イメージ記号)+木(限定符号)」を合わせた字。「示」は供物を載せる祭壇の図形で、「(何かをその上に載せる)土台」というイメージを示す記号になりうる。「柰」は他の木を育てるための台木になる木を暗示させる図形。図形はコアイメージを反映していない。1と2の読みがあるが、日本では2のみを用いる。

(篆)

語義 [展開] イヌリンゴが本義ⓐ。ほかに、「柔らかい」というイメージが如と共通なので、如と同じく、「いかん」(どうして、どのよう)という疑問詞ⓑの用法が生まれた。普通は奈何の二字で「いかん」と読む(如何と同じ)。[英]Chinese crab apple; how [熟語] ⓑ奈辺

文献 ⓐ史記・司馬相如列伝「楟柰厚朴=楟・柰・厚朴(ヤマナシとイ

ヌリンゴと厚朴の木)ⓑ老子・七十四章「民不畏死、奈何以死懼之＝民死を畏れざれば、奈何(いかん)ぞ死を以て之を懼(おそ)れしめん(民が死を恐れなければ、どうして死をもって民をおどせようか)」

ない

【内】 4(冂・2) [常] [常用音訓] ナイ・ダイ うち

[語音] (1)*nuəb(上古) nuəi(中古→[呉]ナイ・[漢]ダイ) nèi(中) 내(韓) (2)*nəp(上古) nəp(中古→[呉]ノフ〈＝ノウ〉・ナフ〈＝ノウ〉・[漢]ダフ〈＝ドウ〉 nà(中) 납(韓)

[語源] [コアイメージ] 中に入る。[実現される意味] ある範囲のうちがわⓐ。[英]in, inner, inside, interior

〔解説〕入*niəp、内*nuəb、納*nəpはこの順に分化・派生した同源語である。藤堂明保は「中に入れ込む」という基本義をもつとする(藤堂①)。内は入の意味も納の意味も含まれるが、主として外に対する「うちがわ」という名詞に使われる。日本語の「うち」は「自分を中心にして、自分に親近な区域として、自分から或る距離のところを心理的に仕切った線の手前。また、囲って覆いをした部分」の意という(大野①)。英語のinは「空間内に」がコアイメージで、時間的空間内と抽象的空間内を含むという(田中①)。

〔グループ〕内・納・吶(トツ)(口ごもってしゃべれない[吶音])・枘(ゼイ)(穴の中に入れ込む木の突起、ほぞ[円鑿方枘])・蜹(ゼイ)(人畜の体内に口器を刺し入れて血を吸う虫、ブヨ)・焫(ゼイ)(皮膚を焼いて火熱を体内に入れる→灸)・肭(ドツ)(肉が詰まって太る。膃肭はオットセイ)・衲(ノウ)(破れ目に布を納め入れて補った衣→僧の衣[衲衣])・訥(トツ)(言葉が口の中にこもる→口べた[訥弁])

[字源] 「內」が正字。「入(ニュウ)(音・イメージ記号)＋冂(イメージ補助記号)」を合わせた字。「入」は入り口が開いて中に入ることを示す象徴的符号(⇩入)。「冂」は家や建物、あるいは、その入り口を示す符号。したがって「內」は家の内部に入っていく情景を設定した図形。

(甲)  (金)  (篆) 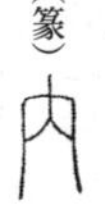

〔字体〕「内」は旧字体。「内」は古くから書道で行われた字体。納もこれに倣う。

[語義] [展開] ある空間の中側(うち、うちがわ)の意味ⓐから、ある期間までの間の意味ⓑ、組織の内部の意味ⓒ、宮中・朝廷・中央政府の意味ⓓ、家庭・妻・女性の意味ⓔ、体のうちがわ(内臓)の意味ⓕ、心の中の意味ⓖ、また、表向きでない、正式でない(うちうち)の意味ⓗに展開する(以上は(1)の場合)。また、中に入れる意味ⓘ(2)の場合)。ⓘは納と通用。[英]in(ⓐⓑ), inner, inside, interior; within, during; internal; court, central government; wife, woman; internal(organs); inward, inmost; unofficial; bring in [熟語] ⓐ内外・国内・ⓑ月内・年内・ⓒ内情・対内・ⓓ内閣・参内・ⓔ内助・家内・ⓕ内科・内臓・ⓖ内観・内省・ⓗ内諾・内密

[文献] ⓐ詩経・抑「洒埽庭内＝庭内を洒埽(サイソウ)す(庭の中を掃除する)」ⓑ孟子・離婁上「七年之内、必爲政於天下矣＝七年の内、必ず政を天下に為さん(七年の間に必ず政治を天下に達成できよう)」ⓔ孟子・梁恵王下「内無怨女＝内に怨女無し(家には結婚できない女はいなくなる)」ⓖ論語・里仁「見不賢而内自省也＝不賢を見ては、内に自ら省みるなり(愚かな者を見れば、心の中で自分を反省する)」ⓘ孟子・万章上「推而内之溝中＝推して之を溝中に内(い)る(民をどぶの中に突き入れる)」

なぎ

【凪】 6(几・4) [人] 純国字

[字源] 日本語の「なぎ」を表記するために考案された疑似漢字(国字)。

「なぐ」はナゴヤカ(和)のナゴと同根で、波風が穏やかになる意である。したがって「風」を略した「八」と「止」を合わせて、風が止まる様子を暗示させた。

語義 海上で波風が静まること(なぎ・なぐ)の意味。[英]calm, lull

【梛】11(木・7) 人 ｜半国字

字源 「那＋木」を合わせて、ナギという木の名を表記する。類篇に「梛は木の名」とあるが、用例のない奇字。したがって梛はこれと関係のない和製漢字である。しかし中国にもあったので、半国字とする。

語義 マキ科の木の名、ナギの意味。凪(なぎ)と同音のため、航海安全や家庭円満の象徴とされた。漢名は竹柏。[英]Japan laurel

なし……

【梨】→り

なぞ……

【謎】→めい

なつ……

【捺】11(手・8) 人 ｜音ナツ 訓おす・おさえる

語音 nat(中古→呉ナチ・ナツ・漢ダツ) nà(中) 날(韓)

語源 [コアイメージ] 柔らかい・粘り強い。[実現される意味] 手を下に向けてぐっと押すⓐ。[英]press down

字源 「奈ナ(音・イメージ記号)＋手(限定符号)」を合わせた字。「奈」は「柔らかい」「粘り強い」というイメージがある(⇩奈)。「捺」は手を下に向けて、対象に粘り強く押しつける様子を暗示させる。

語義 下に押しつける(おす)意味ⓐ。[熟語] ⓐ捺印・押捺

なべ……

【鍋】→か

なん……

【南】9(十・7) 常 ｜常用音訓 ナン・ナ みなみ

語音 (1)*nəm(上古) nəm(中古→呉ナム〈＝ナン〉・漢ダム〈＝ダン〉) nán(中) 남(韓) (2)na(中古→呉ナ) nā(中)

語源 [コアイメージ] 中に入れ込む。[実現される意味] みなみⓐ。[英]south

〔解説〕方位はきわめて抽象的な概念であるが、東・西・南・北という語は具体的な物のイメージから造語された。中国の中央(中原地帯)を基準にして、正面を向いた方位が「みなみ」、背中を向けた方位が「きた」である。背中合わせの二人の姿をイメージして北の図形が生まれた。南北は建築の向きと関係がある(普通は北を背にして南向きに建てる)。おそらくこれと関連して、君主は南面し、家来は北面するという習慣が生じた。では「みなみ」はどんなイメージによるのか。白虎通義では「南の言為るは任なり。万物を任養するなり」(礼楽篇)、「南方なる者は任養の方なり。万物懐任するなり」(五行篇)とあり、万物を大きく育み養う土地というイメージで捉えている。「南は任なり」は漢代の普遍的な語源意識である。しかし藤堂明保は別の見方を提唱した。氏によると、*nəmという語は壬ジン(任・妊など)、入のグループ(内・納)と同源で、

「中に入れ込む」という基本義があるとする(藤堂①)。植物を育てるために保温するという具体的状況を想定して、陽光を取り入れることのできる方位を*nəmといい、南によって図形化した。一部の文字学者(例えば白川静)は南を楽器の形とし、これが南方系の民族の楽器であるから、「みなみ」の方角という意味が生まれたと説く。これは本末を転倒させた説(図形→意味の方向に説く)である。日本語の「みなみ」は語源未詳であるが、南を正面というイメージで表現し、万葉集では南をカゲトモ(影面、光の当たる方向)、北をソトモ(背面)という。また、ヨーロッパ諸語では南を太陽の方向や真昼などの意味の語で呼ぶという(大野②)。英語のsouthは「上の方へ、太陽の方へ」が原義とされる(下宮①)。漢語の南もこの系列に属すると考えられ、言葉の成立に普遍性が感じられる。

〔グループ〕南・楠・喃(ナン)(口ごもってしゃべる[喃喃])

字源 甲骨文字・金文については諸説がある。郭沫若の楽器説が代表的であるが、藤堂明保は「納屋ふうの小屋を描いた象形文字」とした(藤堂②)。しかし篆文では字体が変わった。説文解字は「𣎵+𢆉」と分析した。「𣎵」は肺・勃などにも含まれ、「中(草の芽)+八(左右に分かれる符号)」を合わせて、草木が勢いよく出る情景を設定した図形。「𢆉」は「干」に「一」を加えて、武器で強く突き刺す様子を示し、程度が甚だしいというイメージを表す(𢆉と甚は同音)。「𣎵(イメージ記号)+𢆉(イメージ補助記号)」を合わせた「南」は、草木が大地から突き出るように勢いよく生長する様子を暗示させる図形。植物の生長によって、陽気・温暖の気候や風土を連想させる。ただし図形にコアイメージは反映されていない。

(甲) (金) (古) (篆)

語義 [展開] みなみの意味ⓐから、みなみの方へという副詞的用法(「みなみのかた」と読む)ⓑも生まれた。また、梵語の音写字ⓒに用い、2の音で読む。[英]south; southward; phonetic loan of Sanskrit [熟語] ⓐ南国・図南・ⓑ南下・南中・ⓒ南無

文献 ⓐ詩経・樛木「南有樛木、葛藟荒之＝南に樛木(キュウボク)有り、葛藟(カツルイ)之を荒(おお)ふ(南の国のしだれ木に、クズやカズラが覆いかぶさる)」

【軟】 11(車・4) 常 | 常用音訓 ナン やわらか・やわらかい

語音 *niuan(上古) niuɛn(中古→呉ネン・漢ゼン・[慣]ナン) ruǎn(中) 연(韓)

語源 [コアイメージ] やわらかい。[実現される意味] 硬さやこわばりが取れてやわらかいⓐ。[英]soft, supple, flexible

〔解説〕日本語の「やわらか(やはらか)」はヤハス(和)・ヤハラグ(和)と同根で、「触れると、弱く、奥までゆるく、おだやかな感じがする状態、性質・態度」の意味という(大野②)。「やわらか」に当たる漢語には柔と軟がある。柔は剛(かたくて強い)の対で、「しなやか、弱い」というイメージで、弾力性、粘性があって、力を加えると元に戻るような性質・状態の場合である。軟は硬(しんがあって硬い)の対で、硬いしんやこわばりが取れていて、力を加えても元に戻らないような状態の場合である。日本語の「やわらか」はどちらかというと柔に当たる。軟は暖・難・然・熱などと同源である。熱や火力を加えるとしんや硬さがほぐれて軟らかくなる。これは「あたたかい」というイメージにつながる。藤堂明保は軟と暖を同源とし、「ぬくぬくとやわらかい」を基本義としている(藤堂①)。英語のflexibleは曲げやすくて柔軟性があり、融通がきくというイメージの語で、こちらは漢語の柔に近い。

字源 「輭」が本字。「耎(ゼン)(音・イメージ記号)+車(限定符号)」を合わせた字。「而」はひげを描いた図形で、「やわらかい」というイメージがある(⇩而)。「大」は「ゆとりがあって、ゆったりしている」というイメージがある(⇩大)。「而(ジ)(音・イメージ記号)+大(イメージ補助記号)」を合

わせた「耎」は、「(硬さやしめつけがなく)ゆったりとしてやわらかい」というイメージを示す記号となる(⇨暖)。「輭」は車輪をやわらかいガマなどで巻いて、振動を緩やかにした車を暗示させる。この意匠によって、硬さがなくゆったりと緩やかでやわらかいことを表象する。

〔字体〕輀(霊柩車の意)と輭が混同され、輀が隷書で軟と変化したため、輭も俗に軟と書かれるようになった。

語義 [展開] 硬さが取れて緩やかになる(やわらかい)意味ⓐから、しんや骨がなく弱い、軟弱な(やわらかい)の意味ⓑ、ゆるやか、おだやかの意味ⓒに展開する。[英]soft(ⓐ~ⓒ), supple, flexible; weak, feeble; mild

[熟語] ⓐ軟化・柔軟・ⓑ軟弱・軟派・軟文学・ⓒ軟禁・軟着陸

文献 ⓐ三国志・呉志・魚粛伝「以安車軟輪徵粛＝安車軟輪を以て粛を徵せよ(ゆったりした座席、やわらかくした輪の[上等の]車で魚粛を召し出してください)」ⓑ戦国策・楚四「李園軟弱人也＝李園は軟弱の人なり(李園はしんが弱い人である)」

【楠】13(木・9) 人 ─ 音ナン 訓くすのき・くす

語音 *nəm(上古) nəm(中古→呉ナム〈＝ナン〉・漢ダム〈＝ダン〉) nán(中) 남(韓)

語源 [コアイメージ] 軟らかい。[実現される意味] タイワンイヌグスⓐ。[英]nanmu

字源 「枏」が本字。「冄(音・イメージ記号)＋木(限定符号)」を合わせた字。「冄(＝冉)」はほおひげが両端に垂れた姿を描いた図形で、髯(ほおひげ)の原字。「冄」は「軟らかい」というイメージがあり、「粘り強い」というイメージに展開する(⇨那)。「枏」は材質が軟らかく粘り強い木を暗示させる。この意匠によって、クスノキ科のタイワンイヌグス(別名、ナンムー)を表す。この木は南方に産するので、冄を南に替えて、「楠」の字体に変わった。

語義 [展開] タイワンイヌグスが原義ⓐ。日本では読み違えてクスノキⓑに当てる。クスノキの漢名は樟である。[英]nanmu; camphor

文献 ⓐ山海経・南山経「虖勺之山、其上多梓枏＝虖勺の山、其の上に梓・枏[＝楠]多し(虖勺の山の上にはキササゲとタイワンイヌグスが多い)」

【難】18(隹・10) 常 ─ 常用音訓 ナン かたい・むずかしい
〔難〕19(隹・11) 人 ─ 音ナン 訓かたい・むずかしい・にくい

語音 *nan(上古) nan(中古→呉ナン・漢ダン) nán・nàn(中) 난(韓)

語源 [コアイメージ] 軟らかい。[実現される意味] 順調にいかない(易しくない、むずかしい)ⓐ。[英]difficult, hard

〔解説〕難を那と同音で*nar(呉音ナ、漢音ダ)と読む用例がある。詩経・隰桑篇に「隰桑有阿、其葉有難＝隰桑阿たる有り、其の葉難たる有り(沢のクワはしなだれて、葉は軟らかくしなやかだ)」とあるのがそれ。阿難は阿那、猗儺、婀娜(軟らかくしなやかなさま)と同じである。したがって難は那・軟と同源で、「軟らかい」というコアイメージをもつと見てよい。藤堂明保は燃(もえる)と同源としている(藤堂②)。燃のコアイメージは「軟らかい」である。「軟らかい」というコアイメージは、もえる意味も実現させるが、一方では、軟らかくなってねちねちする→スムーズにいかないというイメージに展開し、障りがあって順調ではない(むずかしい)という意味が実現される。これを表すのが難である。日本語の「かたい(かたし)」はカタム(固)・カタシ(固)と同根で、「堅固の意から転じて、物事の外側にいて入り込めず、物事を成すのがむずかしいさま」の意味という(大野②)。漢語の難とは正反対の意味展開であるのはおもしろい。英語のhardも「物理的に堅い」がコアイメージ。「力を加えても容易には形が変わらない弾力性のなさ」から「難しい」などの意に展開するという（田中①）。

〔グループ〕難・灘・儺ナ（災難を追い払う行事、おにやらい［追儺］）・癱タン（筋肉が柔軟性を失って麻痺する病気［癱瘓］）

字源 「難」が正字。「𦰩（イメージ記号）＋隹（限定符号）」を合わせた字。「𦰩」は「堇」の原形で、「革＋火」を合わせて、頭と足のついた獣の革を火であぶって乾かしている場面を設定した図形。「水分が乾いて尽きる」というイメージを表す記号となる。「𦰩＋土」を合わせた「堇」は乾いた粘土で、これも「𦰩」と同じイメージを示す記号である（⇩漢）。「難」は鳥を燃やして水分がなくなる場面を設定した図形。この意匠によって、山火事や旱魃のような自然の災い、災難を暗示させる。図形にコアイメージは反映されていない。

（金）　（篆）

〔字体〕「難」は旧字体。「難」は書道に由来する常用漢字の字体。現代中国の簡体字は「难」。

語義 ［展開］障りがあってすらすらといかない、易しくない（むずかしい、～かたい、～にくい）の意味ⓐから、簡単にいかない面倒な事柄の意味ⓑ、生命や生活を順調にさせない災いや戦争の意味ⓒに展開する。また、「（軟らかく）ねちねちする」というイメージから、ねちねちと問いつめて責め立てる（なじる）意味ⓓを派生する。［英］difficult, hard; trouble; calamity; reproach, condemn ［和訓］にくい ［熟語］ⓐ難易・至難・ⓑ危難・苦難・ⓒ災難・遭難・ⓓ非難・論難

文献 ⓐ詩経・何人斯「否難知也＝否いな知り難きなり（いやかえって知るのが難しい）」ⓑ詩経・中谷有蓷「遇人之艱難矣＝人の艱難に遇ふ（夫からつらい目にあわされた）」ⓒ詩経・常棣「兄弟急難＝兄弟、難に急ぐ（兄弟は災難を聞いて駆けつける）」ⓓ孟子・離婁下「於禽獣又何難焉＝禽獣に於いて又何をか難ぜんや（禽獣ならば、非難しても始まらない）」

二

に

【二】 2(二・0)　常　（常用音訓）ニ　ふた・ふたつ

語音 *nier（上古）　ɲii（中古→㊐ニ・㊊ジ）　èr（中）　이（韓）

語源 ［コアイメージ］くっつく。［実現される意味］数詞の2（ふたつ）ⓐ。［英］two

〔解説〕古代漢語では数詞の1を*·ietといい、2を*nierという。*·ietは未分化な状態、一つにまとまって統一体をなしている状態を表す語である。これに対し、統一体が分化して二つに分かれた状態が*nierである。二つに分かれているというイメージは並ぶイメージでもあり、また、並んだ結果くっついているイメージでもある。*nierという語の深層構造を始めて解明したのは藤堂明保である。氏は二を爾のグループ（邇など）、尼のグループ（泥など）、さらに人・年・日とも同じ単語家族に所属させ、「ふたつくっつく」という基本義があるとした（藤堂①）。

〔グループ〕二・仁・弐・佞ネイ（人にねちねちとくっついてこびる）

字源 2本の線を並べた図形。

（甲）　（金）　（篆）

語義 ［展開］数詞の2の意味ⓐから、序数詞の2番目の意味ⓑにもなる。また、二つに分かれて食い違う意味ⓒを派生する。［英］two; second; different ［熟語］ⓐ二元・無二・ⓑ二級・二流・ⓒ二言・二心

文献 ⓐ論語・公冶長「賜也、聞一知二＝賜や、一を聞いて二を知るのみ（私［子貢］は一を聞いて二を知る程度でございます）」ⓑ詩経・七月「二之

日栗烈＝二の日栗烈たり（二の日は寒くて肌がぴりぴり）」ⓒ詩経・氓「二三其徳＝其の徳を二三にす（[男は]愛情がちぐはぐだらけ）」

【尼】5（尸・2）　常　｜常用音訓　ニ　あま

語音 *nier（上古）　nii（中古→呉ニ・漢ヂ〈＝ジ〉）　ní（中）　니（韓）

語源 [コアイメージ] くっつく。[実現される意味] 親しみ合うⓐ。[英]close, intimate

〔解説〕*nierという語は二と同源で、「二つくっつく」というコアイメージをもつ。説文解字で「尼は後ろより之に近づく」とあるのは図形の解釈であるが、注釈書（説文繫伝）で指摘している通り昵懇の昵（ねんごろ）と同じで、親しんでべたべたとくっつき合うことを表している。「べたべたとくっつく」というイメージは「ねちねちと粘りつく」というイメージに展開する。心理的イメージと物理的（空間的）イメージは相互転化可能である。

〔グループ〕尼・泥・昵ジツ（親しみ合う、ねんごろ[昵懇]）・怩ジ（心がねちねちといじける、いじけてきっぱりとしない→はじる[忸怩ジクジ]）

字源 「尸（左に向いて尻を突き出した人の形）＋匕（右に向いて尻を突き出した人の形）」を合わせて、二人が尻をくっつけて親しみ合う情景を設定した図形。

（篆）

語義 [展開] 親しみ合う意味ⓐが原義であるが、あまり用いられず、専ら「あま」（女の僧）の意味ⓑに用いられる。これは梵語のbhikṣuṇiを音写して比丘尼ビクニと書き、尼ニと略したもの。日本語の「あま」は梵語のambā（母の意）に由来。[英]close, intimate; nun　[熟語] ⓑ尼僧・禅尼

文献 ⓑ晋書・五行志「王道士寵幸尼及姏母＝王道士、尼及び姏母ボバンを寵幸す（王道士は尼さんと老婆を寵愛した）」

【弐】6（弋・3）　常　｜常用音訓　ニ

語音 *nier（上古）　nii（中古→呉ニ・漢ジ）　èr（中）　이（韓）

語源 [コアイメージ] くっつく。[実現される意味] 本体のそばにくっつく（添う・添える）ⓐ。[英]approach nearby, add

〔解説〕貳（＝弐）に含まれている二にコアイメージの源泉がある。*nierという語は「二つくっつく」というコアイメージをもつ。Aという本体に添え物のBがくっつくことを*nierといい、貳で表記する。説文解字に「貳は副益なり」とある副（そえる）と意味が似ている。

〔グループ〕弐・膩ジ（ねちねちと粘りつく脂肪、あぶら[垢膩]）

字源 「貳」が正字。「弍ニ（音・イメージ記号）＋貝（限定符号）」を合わせた字。「弍」は「二ニ（音・イメージ記号）＋弋（棒にかかわる限定符号）」を合わせて、棒が二つくっついて並ぶ様子を暗示させる（弍は二の古文）。「貳」は貝（財貨、金銭）がもう一つある様子を暗示させる。この意匠によって、本体にくっついて、同じようなものがもう一つあることを表象する。

（古）[弍]　（金）　（篆）

〔字体〕「貳」は旧字体。「弐」は由来不明の常用漢字の字体。

語義 [展開] 添う・添える意味ⓐから、二つに分かれる（そむく）意味ⓑ、ふたつ、また、ふたたびの意味ⓒに展開する。現在では数詞の2の大字に用いる。[英]approach nearby, add; divide; two, twice　[和訓] ふたつ・すけ　[熟語] ⓐ弐車・副弐・ⓑ弐心・弐臣

文献 ⓐ易経・坎「貳用缶＝弐そふるに缶フを用もってす（[酒樽に]土器を添える）」ⓑ詩経・氓「女也不爽、士貳其行＝女や爽たがはざるに、士は其の行ひを弐ふたつにす（女の心は変わらないのに、男はすぐに裏切る）」ⓒ論語・雍也「不貳過＝過ちを弐ふたたびせず（[顔回は]過ちを二度としなかった）」

におう

【匂】 4(勹・2) 常 | 常用音訓 におう　半国字

字源 「におう」「におい」を表記するために考案された和製の疑似漢字。「にほふ」のニ(丹)は赤色、ホ(秀)は抜きん出て表れている所で、「赤く色が浮き出るのが原義」という(大野①)。気色がほのめきたつことを漢語で気韻といい、韻の異体字である韵の右側の「匀」を少し変えて「匂」が生まれた(大言海の説による)。ただし中国の古典では匃の俗字として匂が使用された例があるから、日本の匂は半国字とすべきである。ちなみに常用漢字で渇→渇などは匃→匂に倣ったもの。

語義 色が映える意味。転じて、よい香りがする意味。[英]fragrant

にく

【肉】 6(肉・0) 常 | 常用音訓 ニク

語音 *niok(上古)　niuk(中古→呉ニク・漢ジク)　ròu(中)　육(韓)

語源 [コアイメージ] 柔らかい。[実現される意味] 人や動物のにくⓐ。[英]flesh

〔解説〕 釈名・釈形体に「肉は柔なり」と、正当に語源を説く。藤堂明保は柔のグループのほか、丑のグループ(紐・衄など)、農のグループ(濃・膿など)とも同源とした(藤堂①)。更に範囲を拡大し、弱のグループ、若のグループ、女のグループとも近縁であるとしてよい。

字源 二本の筋の入った動物の切り身を描いた図形。

(甲)　(篆)

〔字体〕「宍」(しし)は「肉」の異体字。

語義 [展開] 人や動物のにくの意味ⓐから、生身の体の意味ⓑ、肉のように柔らかいもの(身)の意味ⓒに展開する。[英]flesh(ⓐ～ⓒ), meat(ⓐ); body; pulp　[和訓]しし　[熟語] ⓐ骨肉・筋肉・ⓑ肉声・肉体・ⓒ果肉・朱肉

文献 ⓐ論語・述而「子在齊、聞韶三月、不知肉味＝子、斉に在りて、韶を聞くこと三月、肉の味を知らず(孔子は斉で韶という音楽を三か月も聞きほれて、肉の味を忘れるほどだった)」

にじ

【虹】 →こう

にち

【日】 4(日・0) 常 | 常用音訓 ニチ・ジツ　ひ・か

語音 *niet(上古)　niĕt(中古→呉ニチ・漢ジツ)　rì(中)　일(韓)

語源 [コアイメージ] くっつく・身近。[実現される意味] 太陽ⓐ。[英]sun

〔解説〕 白虎通義・日月篇に「日の言為るは実なり。常に満ちて節有るなり」とあるように、「日は実なり」は漢代における普遍的な語源意識である。しかし言語学的に見ると実*dietと日*nietは同源と言い難い。藤堂明保は二・弐・爾・尼・年などと同源で、「ふたつくっつく」という基本義があるとする。日は昵(親しみ合う)ときわめて近く、肌近く親しむ陽光に着目して、太陽を*nietと称したという(以上、藤堂①)。この語は暑い南国ではなく、比較的温暖な中原地帯で発想された言葉であろう。したがって陽光自体のイメージ、「ねっとりと暖かく親しみやすい」というイメージも想定できる。日本語の「ひ」は太陽→昼間と転義する。

これは漢語の日と同じ。日本語のヒとヒルは同根というが、漢語の日と昼はコアイメージが全く違う。

〔グループ〕日・衵ジツ(肌近くくっつけて着る衣。「あこめ」は国訓)・涅デツ(粘りつく黒土、どろ［涅歯］)・捏ネツ(ねばねばしたものをこねる［捏造］)

字源 太陽を描いた図形。

(甲)　(金)　(篆)

語義 ［展開］太陽(ひ)の意味ⓐから、太陽が出ている時間(ひる、ひるま)の意味ⓑ、一昼夜・一日ⓒの意味、日々・毎日(ひび、いつも)の意味ⓓ、時の意味ⓔに展開する。また日本の略称ⓕに用いる。［英］sun; daytime; day; daily; time; Japan ［熟語］ⓐ日光・日没・ⓑ日中・日夜・ⓒ日刊・終日・ⓓ日進月歩・毎日・ⓔ日月・日時・ⓕ日英・親日

文献 ⓐ詩経・東方之日「東方之日兮＝東方の日(東の空に出る太陽)」ⓒ詩経・泉水「靡日不思＝日として思はざるは靡なし(一日と［あなたを］思わぬことはない)」ⓓ詩経・小宛「我日斯邁＝我日に斯ここに邁ゆく(私は日々に［毎日］進み行く)」ⓔ詩経・隰桑「何日忘之＝何いずれの日か之を忘れん(どんな時も忘れられぬ)」

にゅう ……………………

【入】2(入・0)　常　常用音訓 ニュウ　いる・いれる・はいる

語音 *niəp(上古)　niəp(中古→呉ニフ〈＝ニュウ〉・漢ジフ〈＝ジュウ〉)　rù(中)　입(韓)

語源 ［コアイメージ］中にはいる。［実現される意味］外からある区域や範囲の中に入る(いる・はいる)ⓐ。［英］enter

〔解説〕古人は入*niəp、内*nuəb、納*nəpの三語が同源であることをはっきり認識していた。藤堂明保はさらに壬ジンのグループ(任・妊など)や、南・男とも同源で、「中に入れ込む」という基本義があるとした(藤堂①)。外から一定の枠の中にはいりこむことが*niəpの意味である。日本語の「いる」はイヅ(出)の対で、「外と内とを実際的に、また心理的に区別している枠の外から内へ、すっぽりと移動する意」という(大野①)。漢語の入もこれとほぼ同じ。ただ漢語の入は「必要である」という意味を派生しない。また「はいる」は這ひ入るの約。這ふは「少しの間を歩む意」で、ハイルは歩み入る意という(大言海)。英語のenterはラテン語のintra(＝inside)が語源という(小島①)。これは漢語の内と入の関係と同じである。

〔グループ〕入・内・納　込*(純国字。こむ)・叺*(純国字。かます)・圦*(純国字。いり)・魞*(純国字。えり)・鳰*(純国字。にお)

字源 入り口が開いて↑の形に中にはいっていくことを示す象徴的符号。

(甲)　(金)　(篆)

語義 ［展開］内部に入る意味ⓐから、内部に入れる、納め入れる(いれる)意味ⓑ、家庭や朝廷に入る意味ⓒ、収入の意味ⓓに展開する。必要とする(いる)意味ⓔは日本的用法。［英］enter; put in; go into, join; income; need ［和訓］しお ［熟語］ⓐ入室・加入・ⓑ挿入・納入・ⓒ入朝・入内ジュダイ・ⓓ歳入・ⓔ入費・入用

文献 ⓐ詩経・山有枢「他人入室＝他人室に入る(他人が寝室に入ってくる)」ⓑ詩経・思斉「不諫亦入＝諫めざるも亦た入る(忠告でない言葉も受け入れる)」ⓒ論語・子罕「入則事父兄＝入りては則ち父兄に事つかふ(家の中では父と兄に仕える)」ⓓ礼記・王制「量入以為出＝入るを量りて以て出だすを為す(収入を計算して支出を考える)」

【乳】8(乙・7)　常　常用音訓 ニュウ　ちち・ち

[語音] *niŭg(上古) niu(中古→[呉]ニュウ・[漢]ジュ) rŭ(中) 유(韓)

[語源] [コアイメージ] 柔らかい。[実現される意味] ちちⓐ。[英]milk

〈解説〉説文解字では「人及び鳥、子を生むを乳と曰ふ」とあるが、日本語の「ち」が乳汁→乳房に転義したように、漢語の乳も同様と考えられる。*niŭgという語は柔と同源で、「柔らかい」というコアイメージをもつ。濡・濃・膿(うみ)・衄(クジ)(鼻血)・辱・耳・而・乃などとも近い。いずれも「柔らかい」というイメージがある。子を育てるためのねっとりと柔らかい汁を*niŭgという。近世の中国語では乳のことを奶(nǎi)というが、これは乳と同源の語である。

[字源] 「孚(イメージ記号)+乚(イメージ補助記号)」を合わせた字。「孚」は「上から覆う」というイメージがある(⇩浮)。「乚」は「乙」の変形で、ツバメが速く飛ぶ姿を抽象化した図形。鳦(ツバメ)の原字。古代中国ではツバメは子授けや子育ての象徴とされた。したがって「乳」はツバメがひなを羽で覆って育てるように、子を大事に養い育てる様子を暗示させる。これは転義を図形化したもの。図形にコアイメージは反映されていない。説文解字に従って解釈したが、哺乳(授乳)の形とする説もある。

(篆) 

[語義] [展開] ちちの意味ⓐから、ちぶさの意味ⓑ、乳を飲ませる、また、乳で育てる意味ⓒ、子を生む意味ⓓ、乳に似た液体の意味ⓔに展開する。[英]milk(ⓐⓔ); breast; suckle; bear, breed; milk-like liquid [熟語] ⓐ授乳・母乳・ⓑ乳頭・ⓒ乳虎・哺乳・ⓓ字乳・孳乳・ⓔ乳液・豆乳

[文献] ⓐ春秋左氏伝・宣公4「虎乳之、…楚人謂乳穀＝虎、之を乳(ニュウ)す、…楚人、乳を穀と謂ふ(トラがこれ[捨て子]に乳を飲ませて育てた。楚の人は乳のことを穀という)」ⓑ史記・倉公列伝「果爲疽發乳上、入缺盆死＝果たして疽を為して乳の上に発し、欠盆に入りて死す([彼女は]予想通り乳房の上に腫瘍ができ、欠盆[鎖骨の上のへこんだ箇所]に転移して死んだ)」ⓓ呂氏春秋・音初「主人方乳＝主人、方(まさ)に乳す(女主人は今しがた子を生んだ)」

にょう

【尿】7(尸・4)　[常]　[常用音訓] ニョウ

[語音] *nŏg(上古) neu(中古→[呉]ネウ〈＝ニョウ〉・[漢]デウ〈＝ジョウ〉) niào(中) 뇨・요(韓)

[語源] [コアイメージ] 柔らかい。[実現される意味] 小便ⓐ。[英]urine

〈解説〉*nŏgという語は柔・弱と同源で、「柔らかい」というイメージがある。尿を溺とも書く。

[字源] 「尸(しり。イメージ記号)+水(限定符号)」を合わせた字。篆文は「尾(しっぽ・しり。イメージ記号)+水(限定符号)」を合わせた字。この意匠によって、小便を暗示させる。図形はコアイメージを反映していない。

(篆) 

[語義] 小便の意味ⓐ。[和訓] ゆばり・いばり・しと [熟語] ⓐ糞尿・利尿

[文献] ⓐ傷寒論・平脈法「關格不通、不得尿＝関格通ぜず、尿を得ず(正気が塞がれて通らないため、尿が出ない)」

にん

【任】6(人・4)　[常]　[常用音訓] ニン　まかせる・まかす

[語音] *niəm(上古) niəm(中古→[呉]ニム〈＝ニン〉・[漢]ジム〈＝ジン〉) rèn(中) 임(韓)

[語源] [コアイメージ] ふくらむ。[実現される意味] 重い荷物を抱え込むⓐ。[英]carry a heavy load

〔解説〕古典の注釈に「任は抱なり」「任は負なり」の訓がある。荷物を抱き抱える、仕事や役目を抱え込むという意味。重い荷物を抱える動作は普通は腹の前に抱える。ここに、身ごもって腹がふくれる姿を呈する妊との類似性がある。妊を姙とも書くのは、二つの事態に互いに類似性があることに由来する。古典では懐妊を懐任と書く用例もある。抱える主体を自分ではなく他人にすれば、「まかせる」という意味になる。この場合の任は自分では仕事をやらないで、それを他人に抱え込ませる意味である。ここから、自由にさせる意味も生まれる。日本語の「まかせる(まかす)」は「物事の進行を、他の自由な意志・力のままにさせる意」という(大野①)。これは漢語の任の転義ⓔⓕに当たる。英語のentrustはen(中に)trust(信頼)で、信頼してまかせる意という(政村①)。漢語の任は他人に押しつける語感である。

[字源] 「壬ジ(音・イメージ記号)＋人(限定符号)」を合わせた字。「壬」は「中ほどがふくれる」というイメージがある(⇩壬)。「任」は荷物を腹の前に抱えて、腹がふくれたような格好になる情景を設定した図形。この意匠によって、重い荷物を抱えることを表象する。

[語義] [展開] 重い荷物を抱える意味ⓐから、抱え込んだ重い荷物の意味ⓑ、重い役目や仕事を抱え込む(引き受ける)意味ⓒ、引き受けた役目や仕事の意味ⓓ、役目や仕事を与えてやらせる(まかせる)意味ⓔ、やりたいようにまかせる(自由にさせる)意味ⓕに展開する。[英]carry a heavy load; load, burden; assume a post or job; office, commission; entrust; let, give rein to [熟語] ⓓ任務・担任・ⓔ任用・委任・ⓕ任意・放任

[文献] ⓐ詩経・生民「是任是負＝是れ任じ是れ負ふ(収穫した作物を抱きかかえたり背負ったり)」ⓑ詩経・黍苗「我任我輦＝我が任、我が輦レン(私の荷物と手押し車)」ⓓ論語・泰伯「任重而道遠、仁以為己任＝任重くして道遠し、仁以て己が任と為す(抱える負担は重いのに道は遠いが、仁を自分の任務とするのだ)」

【妊】 7(女・4) 常 ｜ [常用音訓] ニン

[語音] *niəm(上古) niəm(中古→[呉]ニム〈＝ニン〉・[漢]ジム〈＝ジン〉) rèn(中) 임(韓)

[語源] [コアイメージ] ふくらむ。[実現される意味] 子を宿す(みごもる・はらむ)ⓐ。[英]be pregnant, conceive

[字源] 「壬ジ(音・イメージ記号)＋女(限定符号)」を合わせた字。「壬」は「中ほどがふくらむ」というイメージがある(⇩壬)。「妊」は女の腹がふくらむ様子を暗示させる。

〔字体〕「姙」は異体字。

[語義] 子を宿す意味ⓐ。[和訓]はらむ [熟語] ⓐ妊娠・妊婦

[文献] ⓐ韓詩外伝9「吾懐姙是子＝吾、是の子を懐姙す(私はこの子を身ごもった)」

【忍】 7(心・3) 常 ｜ [常用音訓] ニン しのぶ・しのばせる

[語音] *nien(上古) niěn(中古→[呉]ニン・[漢]ジン) rěn(中) 인(韓)

[語源] [コアイメージ] 粘り強い。[実現される意味] じっと我慢する(耐えしのぶ)ⓐ。[英]bear, endure

〔解説〕古典の注釈に「忍は能なり」「忍は耐なり」とあり、王力は忍・能・耐を同源の語とする(王力①)。コアイメージの源泉は刃にあり、「粘り強い」がコアイメージである。粘り強くじっと我慢することを忍という。日本語の「しのぶ」は気持ちを抑えてじっとこらえる→耐えて隠す意味に転義する(大野②)。漢語の忍はじっと耐える→むごいことを平気

でする意味に転義するが、「隠す」に転義しない。

字源 「刃ジン(音・イメージ記号)＋心(限定符号)」を合わせた字。「刃」は刀の刃を鍛えることから、「粘り強い」というイメージがある(⇩刃)。「忍」は粘り強くじっと我慢する様子を暗示させる。

語義 [展開] じっと耐える(しのぶ)意味ⓐから、むごいことにも平気で耐えられる→むごいという意味ⓑを派生する。こっそりと隠す・秘密にするという意味ⓒは日本的用法。[英]bear, endure; cruel; conceal oneself [熟語] ⓐ忍耐・堪忍・ⓑ残忍・ⓒ忍者・忍術

文献 ⓐ論語・衛霊公「小不忍、則亂大謀＝小忍びざれば、則ち大謀を乱る(小さいことに我慢しないと、大きな計画を台無しにする)」ⓑ詩経・小弁「君子秉心、維其忍之＝君子の心を秉とる、維これ其れ之を忍ぶ(君子の心構えは、何と残酷なことよ)」

【認】 14(言・7) 常 ｜ 常用音訓 ニン みとめる

語音 *nien(上古) niĕn(中古→ニン呉・漢ジン) rèn(中) 인(韓)

語源 [コアイメージ] 粘り強い。[実現される意味] それが何であるかをよく見分けるⓐ。[英]recognize, identify

[解説] この語は漢代の文献に初出する(説文解字にはない)。和訓の「みとめる(みとむ)」はかなり遅く現れる語で、おそらく認の漢文訓読から生じたのではあるまいか。「みとむ」はミ(見)＋トム(留)で、しかと見定める意。これは漢語の認と一致する。なお「したためる(したたむ)」(準備する、食事する、書き記す意)の和訓もあるが、漢語の認にこの意味はない。

字源 「忍ニン(音・イメージ記号)＋言(限定符号)」を合わせた字。「忍」は「粘り強い」というイメージがある(⇩忍)。「認」はある物が何であるかを粘り強く見分ける様子を暗示させる。この意匠によって、AがAであってBではないと識別することを表象する。

語義 [展開] よく見分けて見極める、見定める(みとめる)意味ⓐから、よく見極めて承知する(みとめる)意味ⓑに展開する。したためる意味ⓒは日本的用法。[英]recognize, identify; acknowledge, admit, accept; prepare [和訓] したためる [熟語] ⓐ認識・確認・ⓑ認可・承認

文献 ⓐ後漢書・劉寛伝「有人失牛者、乃就寛車中、認之＝人の牛を失へる者有り、乃ち寛の車中に就きて、之を認む(牛をなくした人がいて、劉寛の車を引く牛の中から、当の牛を見つけた)」

ネ

ね

【祢】 9(示・5) 人 ｜ 音ネ・デイ

〔禰〕 19(示・14) 人 ｜ 音ネ・デイ

語音 *ner(上古) nei(中古→呉ネ・ナイ・漢デイ) nǐ(中) 니(韓)

語源 [コアイメージ] 近い。[実現される意味] 死んだ父を祭る廟ⓐ。[英]dead father's temple

字源 「禰」が正字。「爾ジ(音・イメージ記号)＋示(限定符号)」を合わせた字。「爾」は「近い」というイメージがある(⇩爾・弥ビ)。「禰」は身近な親(特に父)を祭る所を暗示させる。

語義 [展開] 父を祭る廟(おたまや)の意味ⓐだが、姓にも用いられ、デイ(中国語ではmi)と読む(後漢の禰衡デイコウなど)。[熟語] ⓐ禰廟デイビョウ・祖禰ソデイ

文献 ⓐ礼記・曾子問「従大祝而告於禰＝大祝に従ひて禰デイに告ぐ(神官に従って父の廟に報告する)」

ねい

【寧】 14(宀・11) 常 ─ 常用音訓 ネイ

語音 *neŋ(上古) neŋ(中古→呉ニャウ〈=ニョウ〉・漢ネイ) níng(中) 녕・영(韓)

語源 [コアイメージ] ㋐柔らかい・ねちねちとねばつく・㋑一つの所にくっつく。[実現される意味] 安らかに落ち着くⓐ。[英]tranquil, peaceful

〔解説〕馬瑞辰は寧と乃は一声の転(同じ語の転化)という(毛詩伝箋通釈)。乃は「柔らかい」というイメージから「柔らかくねちねちとねばつく」というイメージに展開する(⇩乃)。寧もこのイメージをコアとする。「粘りつく」というイメージは「一つの所にくっついて離れない」「落ち着く」というイメージに展開する。具体的文脈で実現される寧の意味はこれである。

〔グループ〕寧・嚀(ねちねちと柔らかく物を頼む[叮嚀])・濘(ねちねちと軟らかいぬかるみ[泥濘])・聹(ねちねちと軟らかい耳あか[耵聹])・獰(粘り強い、意地が悪い[獰猛])・擰(粘り強くじわじわとひねる)・檸(音写字、檸檬)

字源 「寍(音・イメージ記号)+丂(イメージ記号)」を合わせた字。「寍」は「皿(さら。食べ物。イメージ記号)+宀(イメージ補助記号)+心(限定符号)」を合わせて、家の中に食べ物があって心が安らぐ情況を想定した図形。「丂」は乎に含まれ、息が分散して出ることを示す記号(⇩乎)。したがって「寧」は心が安らいでほっと一息つく様子を暗示させる。図形にコアイメージは反映されていない。

(甲) (金) (篆)

〔字体〕「寧」は旧字体。「寧」は書道に由来する常用漢字の字体。現代中国の簡体字は「宁」。

語義 [展開] 安らかに落ち着く(やすい・やすらか)の意味ⓐから、落ち着けて静かにさせる、安心させる(やすんじる)意味ⓑに展開する。また、「落ち着く」というイメージがあるので、AかBかを選択するとき、どちらかと言えばAに落ち着けるという意味合いの用法(漢文で「むしろ」と読む)ⓒが生まれた。[英]tranquil, peaceful; ease, relieve; rather [和訓]やすい・やすんずる・むしろ [熟語]ⓐ寧日・安寧・ⓑ帰寧

文献 ⓐ詩経・常棣「喪亂既平、既安且寧=喪乱既に平らぎ、既に安らかにして且つ寧し(乱はもはや平定され、身は安泰で心落ち着く)」ⓑ詩経・葛覃「歸寧父母=帰ぎて父母を寧んぜん(結婚して父母を安心させたい)」ⓒ史記・蘇秦列伝「寧爲鷄口、無爲牛後=寧ろ鶏口と為るも牛後と為る勿れ(牛の尻[大きなもののどんじり]に就くよりは鶏の口[小さなもののトップ]に就くのがよい)」

ねつ

【熱】 15(火・11) 常 ─ 常用音訓 ネツ あつい

語音 *niat(上古) niɛt(中古→呉ネツ・ネチ・漢ゼツ) rè(中) 열(韓)

語源 [コアイメージ] ㋐軟らかい・㋑燃える。[実現される意味] 温度が高くてあついⓐ。[英]hot

〔解説〕釈名・釈天に「熱は爇なり。火の焼爇する所の如きなり」とある。*niatという語は然(燃える)・焫(=爇。燃やす)と同源である。藤堂明保は「もえる」を基本義としたが(藤堂①)、その根底には「軟らかい」というイメージがある(⇩然)。固形物を燃やすと軟らかくなるからである。また寒さで緊張した体が熱を加えられると硬さがほぐれて軟らかくなる。これが「暖かい」というイメージの根源で、軟と暖は語源的につながる。また「暖かい」は「熱い」こととともつながりをもつ。日本語の

「あたたかい」のアタはアツ（熱）と同根という（大野①）。漢語では然*nian（もえる、もやす）・軟*niuan（硬さがほぐれてやわらかい）・暖*nuan・熱*niatは音が非常に近い。このように「もえる」「やわらかい」「あたたかい」「あつい」を意味する言葉は漢語においては同源から出発したと考えられる。英語では暑いと熱いを区別しない。また、heatは物体の熱さ、temperatureは体温や気温をいうときの熱の意（以上、小島①）。

字源 「埶（イメージ記号）＋火（限定符号）」を合わせた字。「埶」は植物に手入れをして栽培する場面を設定した図形で、「自然のものに人力を加える」というイメージがある（⇩芸）。一方、視点を植物に置くと、「生気やエネルギーが生み出される」というイメージにも展開しうる。「熱」は火が燃えるときに出る気（熱気）を暗示させる。図形にコアイメージは反映されていない。

（篆）

語義 [展開] 温度が高くてあつい意味ⓐから、あつくする力やエネルギー、また、体のねつの意味ⓑ、ねつの出る病気の意味ⓒ、燃えるように激しい意味ⓓに展開する。[英]hot; heat, temperature, fever(ⓑ~ⓓ); ardent, zealous craze, enthusiasm [熟語] ⓐ熱気・熱湯・ⓑ加熱・発熱・ⓒ熱病・枯草熱・ⓓ熱演・情熱

文献 ⓐ詩経・桑柔「誰能執熱、逝不以濯＝誰か能く熱を執りて、逝(ここ)に以て濯はざらん（熱いものを手でつかんで、手を冷やさぬ者はいないだろう）」

ねん

【年】6(干・3) 常 常用音訓 ネン とし

語音 *nen(上古) nen(中古→呉ネン・漢デン) nián(中) 년・연(韓)

語源 [コアイメージ]（べたべたと）くっつく。[実現される意味] 稲（穀物）が実ること（みのり）ⓐ。[英]harvest

〔解説〕語源については、王力は年と稔を同源とする（王力①）。しかし年*nenと稔*niəmは似てはいるが同源とはいえない。年の深層構造を始めて解明したのは藤堂明保である。氏は二のグループ（弐・仁など）、爾のグループ（邇など）、尼のグループ（泥・昵など）、また日・人・年などを同じ単語家族にくくり、「ふたつくっつく」という基本義をもつとした（藤堂①）。「くっつく」は「粘りつく」というイメージにもなるから、年とは「穀物が成熟して粘りけをもつこと」という（藤堂①）。年という図形は「人」から成り立つので、年と人は密接な関係があり、コアイメージの源泉は人にあるといえる。人*nienという語は「くっつく」というイメージから、べたべたとくっついて親しみ合う仲間という共同体の狭い人間関係から生まれた語で、孤立した個人という近代的人間観における「ひと」ではない。この「くっつく」「べたつく」というイメージが年と共通性をもっている。稲の穂に多くの種子が生じて、互いにくっついて成熟することを*nenというのである。日本語の「とし」は「稲などのみのりの意」が原義という（大野①）。漢語の年と同じ。英語のyearは印欧祖語の*jēr-や*jōr-（行く）に由来し、「（太陽の）進み」が原義らしい（下宮①）。これはむしろ漢語の時（「日の進行」が語源）と似ている。

字源 甲骨文字と金文の一部では「禾＋人」、篆文では変化して「禾＋千」となった。「人」は身近につきあう仲間ということから、「（べたべたと）くっつく」というイメージがある（⇩人）。心理的なイメージは物理的なイメージにも転化する（その逆も可）。「人(ニン)（音・イメージ記号）＋禾（限定符号）」を合わせて、稲の種子がくっついて実る様子を暗示させる。他の字源説では、人が稲を負う形と解釈する説（孫海波、葉玉森など）がある。

（甲）　（金）　（篆）

語義 [展開] 稲が熟すること（みのり）の意味ⓐから、稲が一回熟する

期間、つまり一年(とし)の意味ⓑ、また、としつきの意味ⓒ、年齢(よわい)の意味ⓓに展開する。[英]harvest; year(ⓑ〜ⓓ); period, time; age

[熟語] ⓐ祈年・豊年・ⓑ年間・年頭・ⓒ年月・年代・ⓓ年歯・年齢

[文献] ⓐ詩経・甫田「自古有年＝古(いにしえ)自(よ)り年有り(昔から実りが豊かだった)」ⓑ詩経・下武「於萬斯年、受天之祜＝於(ああ)万の年、天の祜(コ)を受けん(ああ、一万年にわたって、天から幸いを受けるだろう)」

【念】8(心・4) 常 ｜ 常用音訓 ネン

[語音] *nem(上古) nem(中古→呉ネム〈＝ネン〉・漢デム〈＝デン〉) niàn(中) 념・염(韓)

[語源] [コアイメージ] 中に閉じ込める。[実現される意味] 一途に思いをこめるⓐ。[英]think of

〔解説〕 今にコアイメージの源泉がある。これは「中に閉じ込める」というイメージ。口の中に声を含んで言葉にならずうなる(呻吟する)ことを吟という。この吟と非常に近く、精神的な意味領域に類似性を見出したのが念である。つまり言葉を発せず心の中にひたすら思いをこめることを念という。吟の上古音は*ngiəmで、*nemと近く、二語は同源から出発して、語形が少し変わったと考えられる。

〔グループ〕 念・捻・稔・唸(ネン)(口の中に音をこめてうなる) 鯰*(純国字。ナマズ)

[字源] 「今(キン)(音・イメージ記号)＋心(限定符号)」を合わせた字。「今」は「中に閉じ込める」というイメージがある(⇨今)。「念」は心の中に思いをこめる様子を暗示させる。

[語義] [展開] 一途に思いをこめる意味ⓐから、一筋に思い詰めた気持ち(思い、考え)の意味ⓑに展開する。また、含み声でうなる意味ⓒを派生する。[英]think of; thought; moan, chant [和訓]おもう [熟語] ⓐ念願・祈念・ⓑ念頭・疑念・ⓒ念珠・念仏

[文献] ⓐ詩経・下泉「愾我寤嘆、念彼京師＝愾(ガイ)として我寤嘆し、彼の京師を念ふ(はっと目覚めてため息し、都のことを一途に思う)」

【捻】11(手・8) 常 ｜ 常用音訓 ネン

[語音] (1)nep(中古→呉ネフ〈＝ニョウ〉・漢デフ〈＝ジョウ〉) nié(中) (2)nem(中古→呉ネム〈＝ネン〉・漢デム〈＝デン〉) niǎn(中) 녑・염(韓)

[語源] [コアイメージ] 中に閉じ込める。[実現される意味] 手に物を握って持つⓐ。[英]grasp, hold

[字源] 「念(ネン)(音・イメージ記号)＋手(限定符号)」を合わせた字。「念」は「中に閉じ込める」というイメージがある(⇨念)。「捻」は手のひらの中に物を閉じ込めて持つ様子を暗示させる。この意匠によって、手に物を握って持つ意味を表象する。

[語義] [展開] 手に物を握って持つ意味ⓐ(1の場合)。また、指と指の間に物を詰めてひねる(ねじる)意味ⓑに転用される(2の場合)。[英]grasp, hold; twist, wrench [和訓]ひねる・ねじる [熟語] ⓑ捻挫・捻出

[文献] ⓑ世説新語・容止「捻鼻顧睞＝鼻を捻りて顧睞す(鼻をひねりながら、あたりを見回した)」

 11(米・5) 常 ｜ 常用音訓 ネン ねばる

[語音] *niam(上古) niɛm(中古→呉ネム〈＝ネン〉・漢デム〈＝デン〉) nián(中) 점(韓)

[語源] [コアイメージ] くっつく。[実現される意味] ねちねちとくっつく(ねばる)ⓐ。[英]be sticky, be glutinous, adhere

〔解説〕 日本語の「ねばる」は「柔らかで密着性が強く、べたべたする」意という(大野①)。漢語の粘は古典に「粘は相著くなり」とあるように、「くっつく」がコアイメージ。一方、䵒(ジツ)も粘る意味をもつ語で、日・衵(ジツ)・暱(ジツ)・昵(ジツ)・泥などと同源で、「くっつく」というコアイメージがある。

「くっつく」と「ねばる」は日本語でも見られるように連合するイメージである。

字源 「黏」が本字。「占（音・イメージ記号）＋黍（限定符号）」を合わせた字。「占」は「一つの所に定着する」→「くっつく」というイメージがある（⇩占）。「黍」は穀物のキビ。特に粘性のあるモチキビを黍、粘性のないウルキビを稷という。「黏」はモチキビのようにねばねばとくっつく様子を暗示させる。後に限定符号を黍から米に替えて「粘」と書く。

語義 ねばる意味ⓐ。［熟語］ⓐ粘着・粘土

文献 ⓐ戦国策・趙三「夫膠漆至黏也、而不能合遠＝夫れ膠漆は至つて黏［＝粘］なり、而も遠きを合はす能はず（にかわと漆は粘着力が強いが、遠いものをくっつけることはできない）」

【燃】15（火・12） 常 常用音訓 ネン もえる・もやす・もす

語音 *nian（上古） niɛn（中古→呉ネン・漢ゼン） rán（中） 연（韓）

語源 ［コアイメージ］柔らかい。［実現される意味］火がもえるⓐ。［英］burn

〔解説〕日本語の「もえる（もゆ）」は「焰・かげろうなどが、ちらちら、ゆらゆらと立つ意」という（大野①）。漢語の燃は「軟らかい」というコアイメージから生まれた語である。物をもやすと硬さがほぐれて軟らかくなるからで、*nianという語は軟・難・暖・熱と同源である。

字源 「然（音・イメージ記号）＋火（限定符号）」を合わせた字。「然」は「もえる」ことを表す図形である（⇩然）。これを然諾の然（しかり）に使うようになったため、改めて「燃」が作られた。

語義 もえる・もやす意味ⓐ。［熟語］ⓐ燃焼・燃料

文献 ⓐ墨子・備蛾傅「待鼓音而燃＝鼓の音を待ちて燃やす（太鼓の音を待って火を燃やす）」

【鮎】16（魚・5） 人 音ネン 訓あゆ・なまず

語音 *nām（上古） nem（中古→呉ネム〈＝ネン〉・漢デム〈＝デン〉） nián（中） 점（韓）

語源 ［コアイメージ］粘る。［実現される意味］ナマズⓐ。［英］catfish

字源 「占（音・イメージ記号）＋魚（限定符号）」を合わせた字。「占」は「一つの所に定着する」→「くっつく」というイメージがあり、これが「ねちねちと粘る」という意味を実現させる（⇩粘）。「鮎」は皮膚がぬるぬると粘る魚を暗示させる。粘と同源で、皮膚に粘液腺があって体表が粘っこいナマズの特徴を捉えた語である。日本ではアユを鮎と表記する。これは中国の鮎（ナマズ）とは無関係で、神功皇后がアユで占いを立てた故事から「占」に魚偏を添えた和製漢字である。したがってこの鮎は半国字とする。〈補説〉鯰は和製漢字であるが、現代中国ではナマズの学名（正式用語）として鯰が用いられている。

語義 ナマズの意味ⓐ。アユは日本的用法ⓑ。［英］catfish; sweetfish

文献 ⓐ詩経・魚麗「魚麗于罶、鰋鯉＝魚は罶に麗かる、鰋と鯉（魚が網にかかったよ、ナマズとコイが）」

のう

【悩】10（心・7） 常 常用音訓 ノウ なやむ・なやます

語音 *nɔg（上古） nau（中古→呉ナウ〈＝ノウ〉・漢ダウ〈＝ドウ〉） nǎo（中） 뇌（韓）

[語源] ［コアイメージ］柔らかい。［実現される意味］思いわずらう（なやむ・なやます）ⓐ。［英］worry, annoy

［解説］語形も図形も脳と似ているから、「なやむ」という感情が脳と関係があるかのように錯覚するが、脳を精神の座とする思想は近代のものである。ただコアイメージは脳と共通で、「柔らかい」というイメージがある。「柔らかい」は「ねばねばとくっつく」というイメージに展開する。心が何かにとらわれていつまでもふんぎりがつかない心理状態を*nɔgという。この語は憹（なやむ）と同源である。農も「柔らかい」というイメージがある。日本語の「なやむ」はナユ（萎）と同根で、「体力がぬけて弱る意」が原義で、病気や、心痛する意味はその転義という（大野①）。英語のworryも「絞め殺す」が原義で、精神とは関係がなく、「犬がくわえて振り回す」「繰り返し責めて苦しめる」から「悩む、心配する」の意味に転じたらしい（小島①）。

[字源] 「惱」が正字。「𡿺ノウ（音・イメージ記号）＋心（限定符号）」を合わせた字。「𡿺」は脳みそを表象する記号で、「（ねちねちとして）柔らかい」というイメージがある（⇩脳）。「惱」はねちねちと思い続けてふんぎりがつかない様子を暗示させる。古くは「⿰女𡿺」と書かれた。

[語義] 心がなやむ、心をなやます意味ⓐで、病気の意味ⓑに用いるのは日本的用法。［英］worry, annoy, irritate, bother, distress; disease ［熟語］ⓐ懊悩・苦悩・ⓑ御悩

[文献] ⓐ捜神記2「鎮西謝尚所乗馬忽死、憂悩甚至＝鎮西謝尚の乗る所の馬忽ち死す、憂悩甚だ至る（鎮西将軍謝尚の乗馬が急死して、悩心痛が深かった）」

【納】10（糸・4） [常]

［常用音訓］ノウ・ナッ・ナ・ナン・トウ　おさめる・おさまる

[語音] *nəp（上古） nəp（中古→[呉]ノフ〈＝ノウ〉・ナフ〈＝ノウ〉・[漢]ダフ〈＝ドウ〉・[慣]タフ〈＝トウ〉） na（[唐]ナ） nà（中） 납（韓）

[語源] ［コアイメージ］中にはいる。［実現される意味］中に入れる・中にしまい込む（おさめる）ⓐ。［英］bring into

［解説］入・内・納は「外から中にはいる」というコアイメージを共有する同源語である。物をある枠（場所）の中に入れるという具体的な行為を表すのが納である。日本語の「おさめる（をさむ）」は「一定の方式や特定の枠にのっとって、そこから外れないように従わせる意」が原義で、物をしかるべき所にあるようにする（しかるべき所にしまう）はその展開義の一つという（大野②）。これは漢語の納・収にあたる。

[字源] 「内ナイ（音・イメージ記号）＋糸（限定符号）」を合わせた字。「内」は「中にはいる」というイメージがある（⇩内）。「納」は織物を倉庫にしまい込む様子を暗示させる。この意匠によって、内部におさめ入れることを表象する。

[語義] ［展開］中にしまい込む意味ⓐから、特に公的な所（役所など）におさめる意味ⓑ、こちら側に受け入れる、取り込む意味ⓒに展開する。おしまいにする（終わりにする）意味ⓓは日本的な用法。［英］bring into; dedicate; receive; finish ［和訓］いれる ［熟語］ⓐ納棺・収納・ⓑ納税・貢納・ⓒ納涼・受納・ⓓ納会

[文献] ⓐ詩経・七月「十月納禾稼＝十月、禾稼を納む（十月に作物を納屋にしまい込む）」ⓑ孟子・万章上「天子使吏治其國而納貢税焉＝天子、吏をして其の国を治めて貢税を納めしむ（天子は役人に国を治め、税金を納めさせる）」ⓒ易経・蒙「納婦吉＝婦を納いるは吉なり（女性を妻にもらい受けるのは吉だ）」

【能】10（肉・6） [常]

［常用音訓］ノウ

[語音] (1)*nəŋ（上古） nəŋ（中古→[呉]ノ・ノウ・[漢]ドウ） néng（中） 능（韓）　(2)*nəg（上古） nəi（中古→[呉]ナイ・[漢]ダイ・[慣]タイ） nài（中） 내（韓）

[語源] ［コアイメージ］粘り強い。［実現される意味］物事をなし得る

力や働きⓐ。［英］ability, capability

〔解説〕語源について王力は能・耐・任・忍を同源とし、「たえる」という意味が共通という（王力①）。確かにその通りであるが、表層をなぞっただけで、語の深層構造を捉えていない。能と耐の深層構造は「粘り強い」というイメージである（任・忍を同源としてよいかは疑問）。「何かをするのに耐えられる粘り強い力」というイメージの語が能である。英語のableはラテン語のhabere（=have）が語源。「能力という抽象概念は持つという具象概念から発した」という（小島①、政村①）。漢語の能の図形化にはクマが利用された。能も具象的なイメージから発想されたと考えられる。

〔グループ〕能・態

字源 クマ（熊）を描いた図形。左側は頭と体の部分、右側は足の形である。クマの特性はその力強さにある。したがって「粘り強い」というイメージを表すことができる。能はクマの一種を表記する記号としても用いられた。熊（クマ）・羆（ヒグマ）は能を含む。

（金） （篆）

語義 ［展開］「粘り強い」というコアイメージから、物事をなし得る力や働きの意味ⓐが実現される。ここから、何かをするのに十分な力がある、十分に何かをすることができるという意味ⓑに展開する。漢文では肯定の場合には「能（よ）く～」と読み、否定の場合は「～する能（あた）はず」と読む（以上は1の場合）。また、粘り強く耐える意味ⓒを派生する（2の場合）。［英］ability, capability; able, can, capable, efficient, competent; endure ［和訓］よく・あたう ［熟語］ⓐ技能・才能・ⓑ能動・可能

文献 ⓐ詩経・賓之初筵「各奏爾能＝各爾の能を奏せよ（めいめい自分の技を披露せよ）」ⓑ詩経・柏舟「不能奮飛＝奮飛すること能はず（［鳥ではないから］奮い立って飛べない）」ⓒ大戴礼記・易本命「食水者善游能寒＝水を食する者は善く游ぎ寒に能（た）ふ（水を飲むものは泳ぎがうまく、寒気に耐えられる）」

【脳】 11（肉・7） 常 常用音訓 ノウ

語音 *nɔg（上古） nau（中古→呉ナウ〈＝ノウ〉・漢ダウ〈＝ドウ〉） nǎo（中） 뇌（韓）

語源 ［コアイメージ］柔らかい。［実現される意味］頭蓋骨の中の柔らかい部分（脳みそ）ⓐ。［英］brain

〔解説〕*nɔgという語は農（土を耕して柔らかくする）・膿（ねちねちした「うみ」）・尿（小便）・乳（ちち）・蒻（蒟蒻、コンニャク）などと同源で、「柔らかい」というイメージがある。春秋元命包（春秋の緯書）に「脳の言為（た）るは在なり、人の精、脳に在り」とあるように、古代中国では脳は精気を蓄える器官と見なされた。脳と心（精神）が結びつくのは西洋医学の登場（中国では17世紀、日本では19世紀）からである。

〔グループ〕脳・悩・瑙（ノウ）（色が馬の脳に似た宝石［瑪瑙（メノウ）］）

字源 「匘」が本字（篆文の字体）。「囟」は小児の頭蓋骨にあるおどり（ひよめき、泉門）の形（⇨思・仙・農・票）。頭とかかわることを示すと同時に、「柔らかい」というイメージも示す。「巛」は髪の毛の形。「囟（イメージ記号）＋巛（イメージ補助記号）」を合わせた「𡿺」は、頭蓋骨の中の脳みそを表す（ただし独立した字にはならず、音・イメージ記号として用いられる）。また「匕」は比と同じで、「くっつく」というイメージを示す記号。したがって「𡿺（ノウ）（音・イメージ記号）＋匕（イメージ補助記号）」を合わせた「匘」は、頭の中にある柔らかくてねちねちとくっつく髄（脳みそ）を暗示させる図形。楷書では字体が変わり、「匕」を「月（＝肉。限定符号）」に替えて「脳」となった。

（篆）

〔字体〕「腦」は旧字体。「脳」は常用漢字の字体。現代中国の簡体字は「脑」。悩もこれに倣う。

語義 [展開] 脳みその意味ⓐから、頭の意味ⓑ、主要なもの、トップの意味ⓒに展開する。近代以後、頭の働き、精神の意味ⓓが加わった。[英]brain(ⓐⓓ); head(ⓑ~ⓓ); main; mind [熟語] ⓐ脳髄・大脳・ⓑ脳天・頭脳・ⓒ肝脳・首脳・ⓓ洗脳

文献 ⓐ春秋左氏伝・僖公28「晉侯夢與楚子搏、楚子伏己而盬其腦＝晋侯夢に楚子と搏ち、楚子己に伏して其の脳を盬する(晋侯は、楚子と撃ち合いになって、楚子が自分にうつ伏せになり、脳みそをすする夢を見た)」

【農】13(辰・6) 常 ｜ 常用音訓 ノウ

語音 *noŋ(上古) noŋ(中古→呉ノ・ノウ・漢ドウ) nóng(中) 농(韓)

語源 [コアイメージ] 柔らかい。[実現される意味] 田畑を耕して作物を作るⓐ。[英]cultivate, agriculture

〔解説〕下記の論語の注釈に「農なる者は濃なり。是れ田を耕すの人なり。田を耕すは国家の倉廩を濃厚ならしむるを言ふなり」とある(皇侃・論語義疏)。農業が倉を厚くするから、農と濃が同源だとするが、深層構造をつかまえていない。農の深層構造を始めて解明したのは藤堂明保である。氏は柔のグループ(揉など)、丑のグループ(紐・衄など)、肉・農などを同じ単語家族に入れ、「やわらかい」という基本義をもつとした(藤堂①)。*noŋという語はそのほか脳や如のグループ(茹など)・弱のグループ(溺など)などとも同源で、「柔らかい」というイメージがあり、固い土に鍬を入れて砕いて柔らかくする行為を農というのである。英語のagricultureはラテン語agricultura、分析すると、ager(field) + cultura(耕作)が語源で、土地を耕すという意という(小島①、政村①)。ちなみに文化を意味するcultureも耕作から来ている。

〔グループ〕農・濃・膿(ねちねちとしたうみ[化膿])・憹(思いがねちねちとまといつく→なやむ[懊憹])・醲(ねっとりと濃い酒)・襛(盛んで濃厚なさま)・儂(一人称。中世の俗語。「わし」は国訓)

字源 楷書は形が崩れて分析困難。篆文は「囟(イメージ記号)+辰(イメージ補助記号)+臼(両手とかかわる限定符号)」を合わせた字。「囟」は赤ん坊の頭蓋骨にあるおどり(ひよめき、泉門)を描いた形で、「柔らかい」というイメージがある(⇨脳)。「辰」は大きな貝殻を描いた図形で、古代では農具とされた(⇨辰)。したがって「農」は道具を使って田地を柔らかくする情景を設定した図形。

(甲) (金) (古)

(籀) (篆)

語義 [展開] 田地を耕作する、また、その仕事の意味ⓐから、農耕に従事する人の意味ⓑに展開する。[英]cultivate, agriculture; peasant, farmer [熟語] ⓐ農業・農耕・ⓑ篤農・貧農

文献 ⓐ詩経・七月「嗟我農夫＝嗟、我が農夫よ(ああ、農民たちよ)」ⓑ論語・子路「吾不如老農＝吾は老農に如かず(私は老いた農夫にかなわない)」

【濃】16(水・13) 常 ｜ 常用音訓 ノウ こい

語音 *nɪuŋ(上古) nɪoŋ(中古→呉ニュウ・漢デョウ〈=ジョウ〉・[慣]ノウ) nóng(中) 농(韓)

語源 [コアイメージ] 柔らかい。[実現される意味] 液体がねっとりと濃いⓐ。[英]dense, thick

〔解説〕日本語の「こい(こし)」はウスシ(薄)の対で、「液体・気体・色彩、物の生え方などの密度が高いさま。また、深いさま」の意という(大野②)。漢語の濃は古典の注釈では「厚なり」と訓じられる。液体な

どが薄い状態はさらっとした感じであるが、厚い(薄くない)場合はねっとりした感じである。膿(うみ)にこのイメージがはっきり現れている。農の「柔らかい」というコアイメージが「ねっとりとしている」というイメージに転じたのが膿であり濃である。

字源 「農(ノウ)(音・イメージ記号)＋水(限定符号)」を合わせた字。「農」は「柔らかい」というイメージがあり、「ねっとりとしている」というイメージに展開する(⇩農)。「濃」は液体が薄くなくねっとりとこい様子を暗示させる。

語義 [展開] 液体が濃い意味ⓐから、比喩的に、色や味がこってりと濃い意味ⓑ、物事がびっしりと厚い意味ⓒを派生する。[英]dense, thick; dark, deep, strong; heavy, rich [和訓]こまやか [熟語] ⓐ濃縮・濃度・ⓑ濃厚・濃淡・ⓒ濃密・濃霧

文献 ⓒ詩経・蓼蕭「零露濃濃(ジョウジョウ)たり(露でしとどに濡れている)」

ハ

は

【巴】4(己・1) 人 | 音ハ 訓ともえ

語音 *păg(上古) pă(中古→呉ヘ・漢ハ) bā(中) 파(韓)

語源 [コアイメージ] 平ら。[実現される意味] 大蛇ⓐ。[英]large snake

〔解説〕藤堂明保は*păgという語は甫のグループ(薄・敷など)や布・膚・拍などと同源で、「平らにうすくくっつく」という基本語をもつとした(藤堂①)。「平ら」「薄い」「くっつく」は可逆的な(相互転化可能な)三つ組みイメージである(薄・白などは同例)。地面に平らにべったりとくっついて這う大蛇を*păgという。

〔グループ〕巴・把・杷・琶・芭・爬ハ(平らな面をひっかく[掻爬]、また、平らに這う[爬行])・帊ハ(平らな手ぬぐい、ハンカチ)・耙ハ(土を平らに均す農具、さらい、熊手)・葩ハ(平らに開く花)・豝ハ(大きいイノシシ)

字源 ある種の爬虫類(大蛇の類)を描いた図形。地面を平らに這う姿から、巴は「べたっと平らにへばりつく」というイメージを表すことができる。説文解字の一説に「象を食ふ蛇なり」とある。

(篆)

語義 [展開] 古典では、大蛇の意味ⓐ。また、中国では主に地名や姓に用いられる。中近世中国ではべたべたとくっつく意味ⓑ、這うようにしてよじ登る意味ⓒなどがあった。日本では巴の字を渦巻きの形に見立て、文様の一つの「ともえ」ⓓに当てる。[英]large snake; cling; climb; comma-shaped design

文献 ⓐ山海経・海内南経「巴蛇食象、三歳而出其骨＝巴蛇、象を食ひ、三歳にして其の骨を出だす(巴蛇は象を呑み込み、三年後骨を吐き出す)」

【把】7(手・4) 常 | 常用音訓 ハ

語音 *păg(上古) pă(中古→呉ヘ・漢ハ) bǎ(中) 파(韓)

語源 [コアイメージ] 平ら。[実現される意味] 手で物をがっぷりとつかむ、握って持つⓐ。[英]grasp

字源 「巴ハ(音・イメージ記号)＋手(限定符号)」を合わせた字。「巴」は「平ら」「平らにくっつける」というイメージがある(⇩巴)。「把」は手のひらを物にべたっとつけてつかむ様子を暗示させる。

語義 [展開] 手で物をがっぷりとつかむ(つかむ・にぎる)意味ⓐから、物事をしっかりと捉える(つかむ・とらえる)意味ⓑ、器物の握る所(取っ手)の意味ⓒ、また、一握りのものを数える語ⓓに展開する。[英]grasp ⓐⓑ; get; handle; a handful of [和訓]とる・にぎる・たば [熟語]ⓐ把持・ⓑ把握・把捉・ⓒ剣把・銃把・ⓓ十把・拱把

文献 ⓐ墨子・非攻「禹親把天之瑞＝禹、親(みずか)ら天の瑞を把(と)る(禹[古帝王の名]は自ら天の瑞祥をつかんだ)」

【杷】8(木・4) 人 | 音ハ

語音 *băg(上古) bă(中古→呉ベ・漢ハ) pá(中) 파(韓)

語源 [コアイメージ] 平ら。[実現される意味] 農具の一つ(さらい、熊手)ⓐ。[英]rake

字源 「巴ハ(音・イメージ記号)＋木(限定符号)」を合わせた字。「巴」は「平ら」というイメージがある(⇩巴)。「杷」は穀物を平らに這うような形にかき集めたり、砕いた土を平らに均したりする農具を暗示させる。

語義 [展開] 熊手の意味ⓐ。また、果樹の名ビワの意味ⓑに用いる。

イラン語のbarbat(楽器の名)が初め批把と音写されたが、のち楽器の名は琵琶と書かれ、葉の形が琵琶に似ているところから、果樹の名を枇杷と書くようになった。[英]rake; loquat 【熟語】ⓑ枇杷

文献 ⓑ史記・司馬相如列伝「枇杷橪柹(ビワとサネブトナツメとカキ)」

【波】8(水・5) 常 | 常用音訓 ハ なみ

語音 *puar(上古) pua(中古→呉・漢ハ) bō(中) 파(韓)

語源 [コアイメージ] 斜めにかぶる。[実現される意味] なみⓐ。[英] wave

〈解説〉宋の王安石は字説という語源書で、「波は水の皮なり」と述べたため、ライバルに「滑は水の骨ですか」とからかわれたという逸話がある。これは語源を表層のレベルで説いた誤りである。深層構造において語源を問題にするのが漢字語源論の正しい方法である。なみを意味する*puarの深層構造について、藤堂明保は「かぶる・ななめ」という基本義を設定した(藤堂①)。コアイメージの源泉は皮という記号にある。表層の「かわ」の意味ではなく、「斜めにかぶる」というコアイメージが重要である。英語のwaveは「動かされたもの」が原義という(下宮①)。動きのイメージがあるので、手を振る、物が揺れる、波のように動くなどの意味がある(小島①)。漢語の波は次々にかぶさってくるというイメージがあるので、ⓑⓒの比喩が生まれる。

〈グループ〉波・婆・菠(音写字。ホウレンソウ[菠薐草])

字源 「皮(ヒ)(音・イメージ記号)+水(限定符号)」を合わせた字。「皮」は毛皮をかぶることから、「斜めにかぶさる」「斜めに傾く」というイメージがある(⇨皮)。「波」は水面に起伏が生じ、盛り上がった部分が下がった部分に斜めにかぶさってくる様子を暗示させる。この意匠によって、なみを表象する。

語義 [展開] なみの意味ⓐから、波のように伝わるさまの意味ⓑ、波のように伝わり移るものの意味ⓒに展開する。[英]wave(ⓐⓒ); spread 【熟語】ⓐ波濤・波浪・ⓑ波及・ⓒ音波・電波

文献 ⓐ詩経・漸漸之石「有豕白蹢、烝渉波矣＝豕(ぶた)有り白き蹢(ひづめ)、烝(すす)みて波を渉る(白いひづめの豚が、波の上を渡ってくる)」

【派】9(水・6) 常 | 常用音訓 ハ

語音 *p'ĕg(上古) p'ăi(中古→呉ヘ・漢ハイ・[慣]ハ) pài(中) 파(韓)

語源 [コアイメージ] ㋐本体から小さな筋が分かれる・㋑小さな筋が細く長く連なる。[実現される意味] 本流から分かれ出る支流ⓐ。[英] tributary

〈解説〉派*p'ĕgと脈*mĕkを同源と見たのは藤堂明保と王力である。二つに共通するイメージは「本体から分かれる」と「細く小さい筋」である。本流から分かれた支流(これを派という)は、本流よりも当然小さいし、体に張り回る血管(これを脈という)はどれが本流とは言えないが(古人に動脈・静脈・毛細血管の認識があったとは思えない)、いくつもの小さい筋に分かれている。派と脈は音の開きはあるが、イメージの共通性が優先され、共通の記号で造形された。これが𠂢(ハ)である。上記のイメージはこの図形にこめられている。

〈グループ〉派・脈・眽(ミャク)(視線が細く長くつながる→じっと見つめる[眽眽])・霢(ミャク)(細い筋をなす小雨[霢霂])

字源 「𠂢(ハ)(音・イメージ記号)+水(限定符号)」を合わせた字。「𠂢」は「永」の鏡文字(左右反転形)である。「永」は水が幾筋にも分かれて流れる形(⇨永)。「永」が長く続くことに焦点を置くのに対し、「𠂢」は小さな筋がいくつも分かれることに焦点を置く。したがって「派」は本流から分かれ出る小さな支流を暗示させる。

(篆)  [𠂢]　(篆) 

語義 [展開] 本流から分かれる支流の意味ⓐから、本体から幾筋にも枝分かれする意味ⓑ、本体から枝分かれしたものの意味ⓒ、一部を分けて遣わす意味ⓓに展開する。[英]tributary; branch(ⓑⓒ);faction; dispatch [和訓]わかれる [熟語] ⓐ支派・ⓑ派生・派別・ⓒ派閥・流派・ⓓ派遣・派兵

文献 ⓐ説苑・君道「禹鑿江以通於九派＝禹、江を鑿(うが)ちて以て九派を通ず(禹は長江を掘削して九つの支流を通した)」ⓑ水経注5「渠川派東、入般縣、爲般河＝渠川東に派(わか)れ、般県に入りて、般河と為る(渠川は東に枝分かれして、般県に入って般河になる)」

【破】10(石・5) 常 ― 常用音訓 ハ やぶる・やぶれる

語音 *p'uar(上古) p'ua(中古→呉・漢ハ) pò(中) 파(韓)

語源 [コアイメージ] ㋐二つに割る・㋑斜めに傾く。[実現される意味] 物に衝撃を加え、二つに裂いたり割ったりしてこわす(やぶる)ⓐ。[英]break

〔解説〕*p'uarという語は発・別・判・分・敗・伐などと同源で、「二つに分ける」というイメージがある。物を二つに割ってこわすことが*p'uar(破)の意味である。古典には「破は砕なり」とあるが、小さくばらばらに砕くというイメージではない。古訓(和名抄)に「わる」があるが、これが破のイメージに合致する。物に衝撃を加えて割ると、結果として、割れた物は斜めに傾くこともある。図形化は「斜めに傾く」という二次的イメージによって行われた。これが皮を音・イメージ記号とする理由である。日本語の「やぶる」は「固いもの、一つに纏まっているものなどの一部分を突いて傷つけ、その全体をこわす意」という(大野①)。こわしてだめにする(ぶちこわしにする)意味や相手を打ち負かす意味に展開するのは漢語の破と共通である。英語のbreakは「急激に力を加えることによって物を二つ以上の部分に引き離す」が一般義という(小島①)。漢語の破とぴったり対応する。

字源 「皮(ヒ)(音・イメージ記号)＋石(限定符号)」を合わせた字。「皮」は「斜めに傾く」というイメージがある(⇨皮)。「破」は石で物に衝撃を加えて割った結果、斜めに傾ける様子を暗示させる。藤堂明保は皮を単なる音符としたが(藤堂②)、筆者は音・イメージ記号と見る。

語義 [展開] やぶる意味ⓐから、まっとうなもの(まとまったもの)をぶちこわしてだめにする意味ⓑ、相手に打撃を加えて負かす意味ⓒ、最後まで徹底的にやり抜く意味ⓓに展開する。[英]break; damage; defeat; do thoroughly [和訓]わる・われる [熟語] ⓐ破壊・破裂・ⓑ破産・破約・ⓒ撃破・論破・ⓓ走破・読破

文献 ⓐ詩経・破斧「既破我斧＝既に我が斧を破る(もはや我が斧もこわれた)」ⓑ韓非子・顕学「儒者破家而葬、服喪三年＝儒者家を破りて葬り、喪に服すること三年(儒教の徒は家産をだめにしてでも葬式をし、三年の喪に服する)」ⓒ戦国策・西周「今攻梁、梁必破＝今梁を攻むれば、梁必ず破れん(今梁国を攻撃すれば、梁国はきっと負けるでしょう)」

【琶】12(玉・8) 人 ― 音ハ

語音 *bǎg(上古) bǎ(中古→呉ベ・漢ハ) pá(中) 파(韓)

字源 「巴(ハ)(音記号)＋玨(限定符号)」を合わせた字。楽器の名である琵琶を音写するために作られた。「玨」は琴の原字で、琴に似た楽器に関わる限定符号となる。

語義 楽器の一つ、琵琶の意味ⓐ。[英]Chinese lute

【頗】14(頁・5) 人 ― 音ハ 訓かたよる・すこぶる

語音 *p'uar(上古) p'ua(中古→呉・漢ハ) pō(中) 파(韓)

語源 [コアイメージ] 斜めに傾く。[実現される意味] 一方にかたよるⓐ。[英]incline

〔解説〕訓の「すこぶる」は頗の訓読として使われた語で、「少し」と「多い・甚だしい」の二義をもつという（大野①）。漢語の頗は「傾く」「片寄る」というイメージがあるので、程度が一方的に少ない意味にもなり、甚だしい意味にも転じる。

字源 「皮ヒ（音・イメージ記号）＋頁（限定符号）」を合わせた字。「皮」は「斜めに傾く」というイメージがある（⇩皮）。「頗」は頭が斜めに傾く様子を暗示させる。この意匠によって、一方に片寄ることを表象する。

語義 [展開] かたよる意味ⓐから、かたよって少ない意味ⓑ、また、程度が甚だしい（すこぶる）の意味ⓒに展開する。[英]incline, slant, oblique; few; very, extremely [熟語] ⓐ偏頗

文献 ⓐ楚辞・離騒「循縄墨而不頗＝縄墨に循したがひて頗かたよらず（正しい基準に従って片寄ることがない）」

【播】15（手・12）　人　―　音ハ　訓まく

語音 *puar（上古） pua（中古→呉・漢ハ・[慣]ハン） bō（中） 파（韓）

語源 [コアイメージ] 四方に平らに広がる。[実現される意味] 種をまくⓐ。[英]sow, seed

字源 「番バ（音・イメージ記号）＋手（限定符号）」を合わせた字。「番」は「（円形を描くように）四方に平らに広がる」というイメージがある（⇩番）。「播」は手のひらを開いて四方に種を発散させる様子を暗示させる。

語義 [展開] 種をまく意味ⓐから、ばらばらと四方に散らす意味ⓑに展開する。[英]sow, seed; spread [熟語] ⓐ播種・直播・ⓑ伝播

文献 ⓐ詩経・七月「其始播百穀＝其れ始めて百穀を播かん（もろもろの穀物の種を播き始めよう）」

【覇】19（西・13）　常　―　常用音訓 ハ

語音 (1)*păg（上古） pă（中古→呉ヘ・漢ハ） bà（中） 패（韓） (2)*p'ăk（上古） p'ʌk（中古→呉ヒャク・漢ハク） pò（中）

語源 [コアイメージ] ㋐長・ボス・㋑（武力で）迫る。[実現される意味] 諸侯を制するボス（旗頭）・武力で天下を治める者ⓐ。[英]feudal chief,

〔解説〕二つの語が同じ図形を占める。古代漢語で人の上に立つ者のことをPAGのような語形で呼んだ。伯*păg・父*biuag・甫*piuagは同源で、覇*păgもこれに属する。伯はボスや長の意味から、実力でもって諸侯をまとめるボスという意味に展開する。後者の転義に限定するため覇が使われた。白虎通義・号篇に「覇は猶お迫なり、把なり。諸侯を迫脅し、王政を把持す」とあるように、覇は迫または把と同源の語で、他の諸侯を脅迫して従わせ、天子の政権を把持するものの意味だと解されている。ではなぜ覇という図形が使われたのか。普通は伯の仮借と説明される。しかし伯と区別するためわざわざ覇を使うには別の理由があるはずである。覇はもともと新月の後に見え始める月のことをいう。月の外枠が現れると、日時の経過とともに、暗い部分が段々と明るい部分に変わっていく。一部分から次第に全体に迫って制圧していく姿を呈する。漢代に「覇は迫なり」という語源意識があったのはまさにこれである。

字源 「霸」が正字。「革（イメージ記号）＋月（イメージ補助記号）＋雨（限定符号）」を合わせた字。「革」は「ぴんと張る」というイメージがある（⇩革）。「霸」はぴんと張った月の弦がほんのりと白く現れる様子を暗示させる。新月の後に月の外枠が見え始めることを生覇、月末に月の外枠が残ることを死覇といった。

（金） [glyph]　（篆） [glyph]

〔字体〕「覇」は近世中国で発生した「霸」の俗字。現代中国では正字を用いる。

語義 [展開] 武力で制圧する者の意味ⓐから、力で制する意味ⓑ、競技・試合などで勝ちを得る意味ⓒに展開する（以上は1の場合）。また、新

月の後に次第に明るくなる月の外枠の意味ⓓの意味（2の場合）。［英］feudal chief, overlord; rule by force; win a victory; an aspect of the moon

［熟語］ⓐ覇王・覇道・ⓑ覇権・制覇・ⓒ争覇・連覇・ⓓ死覇・生覇

文献 ⓐ論語・憲問「管仲相桓公、霸諸侯＝管仲、桓公を相《たす》け、諸侯に覇たらしむ（管仲は桓公を補佐して、諸侯の旗頭にした）」

ば

【芭】 7（艸・4） 人 ｜ 音バ・ハ

語音 ＊păg（上古） pă（中古→呉ヘ・漢ハ・［慣］バ） bā（中） 파（韓）

語源 ［コアイメージ］平ら。［実現される意味］バショウⓐ。［英］Chinese banana

字源 「巴《ハ》（音・イメージ記号）＋艸（限定符号）」を合わせた字。「巴」は「平ら」というイメージがある（⇩巴）。「芭」は平らに広がる大きな葉をもつ植物を暗示させる。漢代では巴且《ハショ》（漢書・司馬相如伝に見える）と書かれた。

語義 バショウ科の多年草、バショウの意味ⓐ。葉は広く大きい。バナナに似た果実が生る。古くはバナナも芭蕉の名で呼んだが、後に甘蕉と称された。［熟語］ⓐ芭蕉

文献 ⓐ広志（晋・郭義恭撰）「芭蕉、一曰芭苴、或曰甘蕉＝芭蕉、一に曰く芭苴《ハショ》、或いは曰く甘蕉（芭蕉は芭苴とも甘蕉とも呼ばれる）」（太平御覧975）

【馬】 10（馬・0） 常 ｜ 常用音訓 バ うま・ま

語音 ＊măg（上古） mă（中古→呉メ・漢バ） ma（唐マ） mă（中） 마（韓）

語源 ［コアイメージ］むりやり突き進む。［実現される意味］うまⓐ。［英］horse

〔解説〕中国では六千年前に野生馬が家畜化されたといわれる。太古においてMA～の語形で呼ばれたと考えられる。日本語のウマや朝鮮語の말（マル）もこれと関係があるらしい。漢代では説文解字などで「馬は武なり」と語源を説いている。＊măgという語は武＊mıuagや驀進の驀＊măk（まっしぐらに突き進む）と同源で、「向こう見ずに（むりやり、がむしゃらに）突き進む」というコアイメージをもつ（藤堂②）。

〔グループ〕馬・罵・瑪《メ》（色が馬の脳に似た宝石［瑪瑙《メノウ》］）・禡《バ》（馬の神［あるいは戦の神］を祭る祭り）

字源 ウマの全形を描いた図形。

（甲） （金） （篆）

語義 ［展開］うまの意味ⓐ。自分を卑下する語ⓑにも転用される。［英］horse; humble term for oneself ［熟語］ⓐ馬脚・馬車・ⓑ馬齢・牛馬走

文献 ⓐ詩経・巻耳「陟彼高岡、我馬玄黄＝彼の高岡に陟《のぼ》れば、我が馬は玄黄たり（高い山の尾根に登ったら、私の馬は目がくらんだ）」

【婆】 11（女・8） 常 ｜ 常用音訓 バ

語音 ＊buar（上古） bua（中古→呉バ・漢ハ） pó（中） 파（韓）

語源 ［コアイメージ］斜めに傾く。［実現される意味］ぐるぐる舞うさまⓐ。［英］whirl

字源 「波《ハ》（音・イメージ記号）＋女（限定符号）」を合わせた字。「波」は「斜めにかぶさる」「斜めに傾く」というイメージがある（⇩波）。「婆」は体を傾けて舞い踊る様子を暗示させる。後世では老女をbuaといい、婆で表記する。婆娑《バサ》という二音節語を構成する。「波」の「斜めに傾く」というイメージを利用して、腰の曲がった女を暗示させたもの。

語義 ［展開］ぐるぐる舞うさまが本義ⓐ。「斜めに傾く」というイメ

ージから、老女(ばば)の意味ⓑに転じた。[英]whirl; old woman 【和訓】ばば 【熟語】ⓐ婆娑(サバ)・ⓑ産婆・老婆

文献 ⓐ詩経・東門之枌「不績其麻、市也婆娑＝其の麻を績(う)まず、市に婆娑たり(［女らは］アサを績まずに、市場で舞っている)」ⓑ魏書・島夷蕭道成伝「昭業呼楊氏為婆＝昭業、楊氏を呼びて婆と為す(昭業［人名］は楊氏を婆さんと呼んだ)」

【罵】15(网・10) 常 ｜常用音訓 バ ののしる

語音 *măg(上古) mă(中古→呉メ・漢バ) mà(中) 매(韓)

語源 【コアイメージ】むりやり突き進む。【実現される意味】大声で悪口を浴びせる(ののしる)ⓐ。[英]abuse, curse

〔解説〕広雅・釈詁に「馬は罵なり」とあるように、馬と罵を同源と見る語源意識は古くからある。馬のコアイメージがこんな語に生きている。相手に悪口を突き進める行為が罵である。日本語の「ののしる」はノノ(大音・大声を立てる意)＋シル(思うままにする意)で、大声を響かせる、わめく意味から罵倒する意味に転じたという(大野①)。

字源 「馬(バ)(音・イメージ記号)＋网(限定符号)」を合わせた字。「馬」は「むりやり突き進む」というイメージがある(⇩馬)。「罵」は網をかぶせるように、むちゃくちゃに悪口を浴びせかける様子を暗示させる。

〔字体〕「駡」は俗字。

語義 ののしる意味ⓐ。【熟語】ⓐ罵倒・罵詈

文献 ⓐ春秋左氏伝・昭公26「失弓而罵＝弓を失ひて罵る(弓を取り落として相手を罵った)」

はい

【拝】8(手・5) 常 ｜常用音訓 ハイ おがむ

〔拜〕9(手・5) 人 ｜音ハイ 訓おがむ

語音 *puăd(上古) puɐi(中古→呉ヘ・漢ハイ) bài(中) 배(韓)

語源 【コアイメージ】二つに分ける・左右に開く。【実現される意味】肘を左右に開き、両手を八形に前に合わせて、頭を手につけてお辞儀するⓐ。[英]do ceremonical obeisance

〔解説〕詩経・甘棠篇に「蔽芾(ヘイハイ)たる甘棠、剪(き)る勿れ拝(わ)くる勿れ(こんもり陰なすマメナシの木、葉を切るな、枝を折るな)」という詩句がある。漢の鄭玄は「拝の言は抜なり」と注釈をつけている(毛詩鄭箋)。異版では拝を扒に作る。*puădという語は八・抜・発などと同源で、「二つに分ける」「左右に開く」というコアイメージをもつ。右の文ではコアイメージがそのまま意味として使われた例である。普通は、両手を八形にして肘を上げ、頭を手につけてお辞儀することを*puăd(拝)という。肘を左右に分ける動作が含まれる。古代に九拝(稽首・頓首・空首・振動・吉拝・凶拝・奇拝・褒拝・粛拝)の作法があり、拝はこの中の空首に当たる。頭を途中まで下げて地面に届かないので空という。日本語の「おがむ(をがむ)」は「神仏など尊いものの前で頭を垂れたり合掌したり身をかがめたりして、尊崇の念を表す」意味という(大野②)。漢語の拝とおがむ仕方が異なる。英語のbowは印欧祖語のbheugh-(曲げる)に淵源があるらしい(下宮①)。お辞儀をすることが体を曲げることに由来するのは日本語の「おがむ」と同じである。

〔グループ〕拝・湃(ハイ)(波がぶつかって左右に開くさま[澎湃])

字源 「拜」が正字。右側は「𠦪」の変形。これは神前に捧げる三本の枝のついた玉串の形。この記号は奏(物をそろえて差し上げる)にも含まれている。「𠦪(イメージ記号)＋手(限定符号)」を合わせた「拜」は、神前に供え物をして拝礼する情景を設定した図形。図形にコアイメージは反映されていない。

（金）　（篆）

〔字体〕「拝」は旧字体。「拜」は書道に由来する常用漢字の字体。現代中国では正字を用いる。

語義 [展開] 両手を↗↖形に前に合わせて、頭を手につけてお辞儀する意味ⓐから、一般にお辞儀をする（おがむ）意味ⓑに転じた。また、あがめる、ありがたがる意味ⓒ、官位などをありがたく頂く意味ⓓ、動作に恭しさや敬意を添える語ⓔを派生する。[英]do ceremonical obeisance; bow; worship; accept with thanks; honorific [熟語] ⓐ三拝九拝・ⓑ拝跪・拝礼・ⓒ拝金・崇拝・ⓓ拝官・拝命・ⓔ拝聴・拝読

文献 ⓐ詩経・江漢「虎拝稽首＝虎、拝して稽首す（虎[人名]は両手を組み、頭を地面に叩いてお辞儀した）」ⓑ論語・陽貨「往拝之＝往きて之を拝す（彼にあいさつに行った）」ⓓ韓非子・外儲説左下「孟獻伯拝上卿＝孟献伯、上卿を拝す（孟献伯[人名]は上卿[最高の管理職]を拝命した）」

【杯】8(木・4)　常　―　常用音訓　ハイ　さかずき

〔盃〕9(皿・4)　人　―　音 ハイ　訓 さかずき

語音 *puəg(上古)　puəi(中古→呉ヘ・漢ハイ)　bēi(中)　배(韓)

語源 [コアイメージ] 丸くふくれる。[実現される意味] 食べ物や飲み物を盛る容器ⓐ。[英]cup

〔解説〕不にコアイメージの源泉がある。不は花の萼から発想され、「ふくらむ」というイメージを示す記号。杯は形態的特徴を捉えて名づけられた。酒だけを入れる器とは限らないが、日本ではさかずきに限定して用いる。さかずきはサカ（酒）＋ツキ（坏）。ツキは「飲食物を盛る、ふっくり丸みのある器」の意味という（大野①）。漢語の杯はツキとほぼ同じ（ツキを坏とも書く）。

字源 「不（音・イメージ記号）＋木（限定符号）」を合わせた字。「不」は「ふっくらと丸くふくれる」というイメージがある（⇨不）。「杯」は食べ物や飲み物を入れる腹の丸くふくれた木製の器を暗示させる。「盃」は限定符号を木から皿（さら）に替えたもの。

〔字体〕「盃」「桮」は杯の異体字。

語義 [展開] 食べ物や飲み物を盛る容器の意味ⓐから、特に酒をつぐ器（さかずき）の意味ⓑに用いる。[英]cup; wine cup [熟語] ⓑ酒杯・祝杯

文献 ⓐ孟子・告子上「今之爲仁者、猶以一杯水救一車薪之火也＝今の仁を為す者は、猶一杯の水を以て一車薪の火を救ふがごときなり（今の世の中で仁を実践する者は、一杯の水で車いっぱいの薪の火を消そうとするようなものだ）」ⓑ管子・小称「鮑叔牙奉杯＝鮑叔牙、杯を奉ず（鮑叔牙[人名]は酒杯を高く差し上げた）」

【背】9(肉・5)　常　―　常用音訓　ハイ　せ・せい・そむく・そむける

語音 (1)*puəg(上古)　puəi(中古→呉ヘ・ハイ・漢ハイ)　bèi(中)　배(韓)
(2)*buəg(上古)　buəi(中古→呉ベ・バイ・漢ハイ)　bèi(中)　배(韓)

語源 [コアイメージ] ←→形（反対方向）に分かれる。[実現される意味] せなかⓐ。[英]back

〔解説〕北にコアイメージの源泉がある。人体の正面に対する背中と、陽光に面する真向かいの方位である南と反対側の方位である北は類似性によって結ばれる。釈名・釈形体に「背は倍（そむく）なり。後ろに在る称なり」とあるように、倍（反対方向に二つに分かれる）とも同源である。日本語の「そむく」はソ（背の古形）＋ムク（向）で、背を向ける意味。漢語の背は一語で「せ」と「そむく」を含む。ただし上代はせ（名詞）は1、そむく（動詞）は2の音であったが、近世以後は区別が失われた（日本では1の音を用いる）。

字源「北ホク(音・イメージ記号)+肉(限定符号)」を合わせた字。「北」は左向きの人と右向きの人を合わせた図形で、「←→形に分かれる」というイメージがある(⇩北)。「背」は人体の正面(顔・腹のある部分)とは反対側の部分を暗示させる。

語義【展開】「←→形に分かれる」というイメージから、背中(せ)の意味ⓐ、物の後部(後ろ)の意味ⓑ、ある物事と反対方向に離れる、背を向ける意味ⓒ、そむく意味ⓓに展開する。[英]back(ⓐⓑ); back side; turn one's back; act contrary to, betray, violate 【熟語】ⓐ背筋・腹背・ⓑ背面・紙背・ⓒ背水・ⓓ背信・背反

文献ⓐ詩経・伯兮「焉得諼草、言樹之背=焉いずくにか諼草ケンソウを得て、言ここに之を背に樹たてん(どこで得られるワスレグサ、背中に立てて憂さ晴らし)」ⓑ詩経・蕩「時無背無側=時これ背ハイ無く側ソク無し(後ろも前もかばってくれぬ)」ⓒ周礼・秋官・司儀「不背客=客を背にせず(客に背を向けてはならない)」ⓓ春秋左氏伝・桓公7「既而背之=既にして之に背く(間もなくその国に背いた)」

【肺】9(肉・5) 常 常用音訓 ハイ

語音 *p'iuăd(上古) p'iuai(中古→呉ホ・漢ハイ) fèi(中) 폐(韓)

語源【コアイメージ】㋐左右に分かれる・㋑勢いよく出る。【実現される意味】呼吸をつかさどる臓器の名(肺臓)ⓐ。[英]lung

【解説】中国医学では肺を五臓(肝・心・脾・肺・腎)の一つとする。肺の生理的機能が呼吸にあることは古くから認識されていた。これが*p'iuădという語の成立と、その図形化に深い関わりがある。釈名・釈形体に「肺は勃なり。其の気、勃鬱なるを言ふなり」とあるように、気を勢いよく出す働きに着目した命名である。図形化に朩という記号を用いた。これは草の芽が勢いよく出る状況を捉えたもので、「左右に分かれる」「勢いよく出る」というコアイメージをもつ。臓器の肺は両側にあって、気を勢いよく外側に排出するので*p'iuădといい、肺という図形で表記された。この語は発と同源である。

【グループ】肺・勃・柿ハイ(木を削る際に分かれ出る「こけら」。柿シとは別)・沛ハイ(水がぷっと噴き出る[沛然])・旆ハイ(尾端を二股にし、よく翻るようにした旗[大旆])・芾ハイ(草木の枝葉が開いて広がるさま[蔽芾ヘイハイ])・霈ハイ(雨が勢いよく降りしきるさま[霈然])

字源「朩ハイ(音・イメージ記号)+肉(限定符号)」を合わせた字。肺の右側は市場の市とも姉の旁とも異なり、「朩」が本字。「八」は左右に分かれることを表す象徴的符号。「中」は草の芽の形で、草に関わる限定符号ともなる(⇩毎)。「八ハツ(音・イメージ記号)+中(限定符号)」を合わせた「朩」は、草の芽が左右に分かれて勢いよく出る情景を設定した図形。「↰↱形に左右に分かれる」というイメージがあり、「左右に分かれて、その中間から勢いよくぷっと出る」というイメージに展開する。したがって「肺」は左右二つに分かれていて、空気を勢いよく押し出す器官(臓器)を暗示させる。

(篆)  [朩] (篆)

語義【展開】五臓の一つである肺臓の意味ⓐ。また、五臓には生理的機能のほかに、精神の働きがあるとされ、肺にも精神、こころの意味ⓑが生じた。[英]lung; heart, mind 【熟語】ⓐ肺炎・肺臓・ⓑ肺肝・肺腑

文献ⓐ素問・霊蘭秘典論「肺者相傅之官、治節出焉=肺なる者は相傅ソウフの官、治節出づ(肺は宰相の官であって、全体の調節の働きがここから出てくる)」ⓑ詩経・桑柔「自有肺腸、俾民卒狂=自ら肺・腸有り、民をして卒ことごとく狂はしむ(人には自分なりの肺と腸があるから、それがすべての民を狂わせる)」

【俳】10(人・8) 常 常用音訓 ハイ

語音 *bǎr(上古) bʌi(中古→呉べ・漢ハイ) pái(中) 배(韓)

語源 [コアイメージ] 左右に分かれる。[実現される意味] わざおぎⓐ。[英]player in a variety play

字源 「非ヒ(音・イメージ記号)＋人(限定符号)」を合わせた字。「非」は「左右に(←→の形に)分かれる」というイメージがある(⇩非)。「俳」は足が↰↱の形に左に行ったり右に行ったりして、おどけたしぐさをする芸人を暗示させる。この意匠によって、朝廷に仕えて滑稽なことを演じて楽しませるわざおぎ(俳優)を表象する。また、左に右にあてどなくぶらつく様子を二音節語で俳佪ハイカイ(＝徘徊)という。

語義 [展開] わざおぎの意味ⓐから、芝居などをする役者・芸人の意味ⓑ、おどけ・滑稽の意味ⓒに展開する。日本では文芸のジャンルの一つ、俳諧・俳句の意味ⓓに用いる。[英]player in a variety play; actor; joke, funny, comic; haiku [熟語] ⓐ俳倡・ⓑ俳優・ⓒ俳諧・俳謔・ⓓ俳句・俳人

文献 ⓐ韓非子・難三「俳優侏儒固人主之所與燕也＝俳優・侏儒は固まことに人主の与ともに燕たのしむ所なり(わざおぎ・役者は君主がともに楽しむ相手である)」

【配】 10(酉・3) 常 常用音訓 ハイ くばる

語音 *p'uər(上古) p'uʌi(中古→呉へ・漢ハイ) pèi(中) 배(韓)

語源 [コアイメージ] くっつく・並ぶ。[実現される意味] 連れ合いⓐ。[英]spouse

〔解説〕下記の詩経(文献ⓐ)の配は異版では妃に作る。配は妃と同源である(王力②)。また、比(並ぶ)・匹(カップル)・妣ヒ(父とペアになる「はは」)・嬪ヘイ(連れ合いになる)などとも同源で、*p'uərという語は「くっつく」「並ぶ」というコアイメージをもつ。AのそばにBがついて並んだ人間関係が連れ合い(配偶)である。ここからAとBが釣り合うようにくっつけて並べおく意味に展開する。日本語の「くばる」は「予定の、多くの人や所にものを分けてやる意」で、それぞれに分け与える→落ちなく行き届かせる(気を配る)意味に展開する(大野①)。この展開義は漢語の配にはない。

〔グループ〕配・妃・肥

字源 「酉(酒壺の形。イメージ記号)＋卩(ひざまずく人の形。イメージ補助記号)」を合わせた字。酒壺のそばに人が寄り添っている情景を設定した図形。この意匠によって、「AのそばにBがくっつく」というイメージを表すことができる。二つがくっつくと、結果として並ぶことにもなるから、「AとBが並ぶ」というイメージにも展開する。

(甲)  (金)  (篆) 

語義 [展開] くっついて並ぶ連れ合いの意味ⓐから、二人を連れ合わせる(動物の場合は、掛け合わせる)意味ⓑ、釣り合いが取れるように並べて置く意味ⓒ、Aから分けてB、C…に付けて与える(割り当てる)意味ⓓ、罰として労役を割り当てる意味ⓔに展開する。心を行き渡らせる(心を配る、気を配る)意味ⓕは日本的用法。[英]spouse; marry up, mate; arrange; distribute; exile; pay attention [熟語] ⓐ配偶・匹配・ⓑ交配・ⓒ配合・配列・ⓓ配給・分配・ⓔ配謫・配流・ⓕ配慮・心配

文献 ⓐ詩経・皇矣「天立厥配、受命既固＝天は厥その配を立て、命を受くること既に固し(天は彼[文王]に配偶を立ててやり、彼は天命をしっかり受けた)」ⓒ詩経・下武「三后在天、王配于京＝三后は天に在り、王は京に配す(三人の君[祖霊]は天にいまして、王は都に置かれます)」

【排】 11(手・8) 常 常用音訓 ハイ

語音 *bǎr(上古) bʌi(中古→呉べ・漢ハイ) pái(中) 배(韓)

語源 [コアイメージ] ㋐左右に分ける・㋑左右に並ぶ。[実現される

意味】 二つに押し開くⓐ。[英]push open

〈解説〉 排除の排と排列の排は方向が逆の動作に見えるが、「二つに分かれる」というイメージからの展開である。それを提供するのは非という記号である。

字源 「非ヒ(音・イメージ記号)＋手(限定符号)」を合わせた字。「非」は「左右に(□←→□の形に)分かれる」というイメージがあるが、二つに分かれているものは、視点を変えれば「□←→□の形に並ぶ」というイメージにもなる(⇩非)。「排」は←→の形に押し開く様子を暗示させる。

語義 **[展開]** 二つに押し開く意味ⓐから、左右に押し出す、押しのける意味ⓑに展開する。また、「左右に並ぶ」というイメージから、□□…の形に並ぶ意味ⓒを派生する。[英]push open; push away, discharge; arrange **[和訓]** ひらく **[熟語]** ⓑ排除・排斥・ⓒ排列・按排

文献 ⓐ孟子・滕文公上「排淮泗而注之江＝淮泗を排して之を江に注ぐ(洪水を治める禹は淮水と泗水を左右に切り開いて水を通し、長江に注ぎ入れた)」 史記・樊酈滕灌列伝「噲乃排闥直入＝噲カイ乃ち闥タツを排して直入す(樊噲は門を押しひらいてまっすぐ入ってきた)」ⓑ荘子・在宥「人心排下而進上、上下因殺＝人心、下を排して上に進む、上下因りて殺す(人の心は下を押しのけて上に進もうとする。だから上下で殺し合いをする)」

【敗】 11(攴・7) 常 常用音訓 ハイ やぶれる

語音 *puăd(上古) puai(中古→呉ヘ・漢ハイ) bài(中) 패(韓)

語源 **[コアイメージ]** 二つに割る。**[実現される意味]** 二つに割ってこわすⓐ。[英]break, ruin

〈解説〉 貝バイにコアイメージの源泉がある。二枚貝の特徴は殻が二つに割れているところにある。物がこわれたりして二つに割れる事態を*puădという。この語は貝*puădと同源であり、*puădの表記は貝を用いて図形化された。広い視野から語源を探ると、*puădという語は弊・廃・肺・抜・伐・別・八・半なども同源で、「二つに分ける」という基本義をもつ単語家族に属する(藤堂①②)。日本語の「やぶる」は「固いもの、一つに纏まっているものなどの一部分を突いて傷つけ、その全体をこわす意」が原義で、他動詞ではこわす→相手を負かす意味に、自動詞ではこわれる→負ける(やぶれる)意味に展開する(大野①)。漢語の破と敗は「やぶる」の他動詞と自動詞を含むが、日本では相手を負かす意味には破、相手に負ける意味には敗を用いる。

字源 「貝バイ(音・イメージ記号)＋攴(限定符号)」を合わせた字。「貝」は二枚貝のことから、「二つに割れる」というイメージがある(⇩貝)。「敗」は物を二つに割ってこわす様子を暗示させる。

語義 **[展開]** 二つに割ってこわす意味ⓐから、物がこわれて形が崩れる意味ⓑ、腐って形が崩れる意味ⓒ、戦で相手を打ち負かす意味ⓓ、戦や試合に負ける(やぶれる)意味ⓔ、しくじってダメージを受ける意味ⓕに展開する。[英]break, ruin; destroyed; decayed; defeat; be defeated; fail **[熟語]** ⓐ敗壊・毀敗・ⓑ敗残・敗屋・ⓒ酸敗・腐敗・ⓔ敗戦・勝敗・ⓕ失敗・成敗

文献 ⓐ詩経・甘棠「蔽芾甘棠、勿翦勿敗＝蔽芾ハイハイたる甘棠、翦きる勿かれ敗る勿なれ(こんもり陰なすマメナシの木、葉を切るな、枝をこわすな)」ⓑ詩経・桑柔「貪人敗類＝貪人、類を敗る(貪欲な人が仲間を損なう)」ⓒ論語・郷党「魚餒而肉敗、不食＝魚の餒あされたると、肉の敗れたるは、食らくわず(傷んだ魚と、腐った肉は、食わない)」ⓔ孟子・梁恵王上「東敗於齊＝東のかた斉に敗る(東方では斉国に負けた)」

【廃】 12(广・9) 常 常用音訓 ハイ すたれる・すたる

語音 *pıuăd(上古) puai(中古→呉ホ・漢ハイ) fèi(中) 폐(韓)

語源 **[コアイメージ]** 二つに分かれる(分ける、割る)。**[実現される意味]** 物の形がこわれるⓐ。[英]break, destroy, ruin

〔解説〕*puădという語は敗・弊・別・伐・抜・半などと同源で、「二つに分ける」というコアイメージをもつ。物を二つに分けたり割ったりして形を崩す(こわれてだめになる)ことを廃という。日本語の「すたれる(すたる)」はスツ(捨)の自動詞形で、「無用として人々から顧みられない状態になる」意味という(大野②)。漢語の廃が物の形状や性質の変化に焦点を置いた語であるのに対し、「すたれる」は物を扱う人の態度に焦点を置いた語である。

字源 「廢」が正字。「發ハツ(音・イメージ記号)+广(限定符号)」を合わせた字。「發」は「二つに(←→の形に)分かれる」というイメージがある(⇩發)。「廢」は建物を二つに割ってこわす様子を暗示させる。

語義 [展開] 物の形がこわれる意味ⓐから、正常な形や性質が崩れて(変化して)だめになる意味ⓑ、勢いや力が衰えてだめになる(すたれる)意味ⓒに展開する。また、「二つに分ける」というイメージは「連続したものが二つに割れて途中でストップする」というイメージに転化し、途中でやめにする意味ⓓ、捨てて用いない意味ⓔを派生する。[英]break, destroy, ruin; waste, useless; decline; cease, abolish; abandon, discard [和訓]やめる [熟語] ⓐ廃屋・廃墟・ⓑ廃水・廃品・ⓒ興廃・衰廃・ⓓ廃業・廃止・ⓔ廃棄・撤廃

文献 ⓐ淮南子・覧冥訓「往古之時、四極廢、九州裂=往古の時、四極廃し、九州裂く(大昔、大地を支える四本の柱がこわれて崩れ、九つの州は裂けた)」ⓑ詩経・四月「廢爲殘賊、莫知其尤=廃れて残賊を為し、其の尤とがを知るもの莫なし(世は退廃して殺し合い、己の罪とがを知らぬ)」ⓓ詩経・韓奕「無廢朕命=朕が命を廃する無かれ(私の命令を拒んではならぬ)」

【輩】15(車・8) 常 ｜ 常用音訓 ハイ

語音 *puər(上古) puai(中古→呉ヘ・漢ハイ) bèi(中) 배(韓)

語源 [コアイメージ] ⊐-⊏の形に並ぶ。[実現される意味] 同列に並ぶ仲間(やから)ⓐ。[英]group, fellow

字源 「非ヒ(音・イメージ記号)+車(限定符号)」を合わせた字。「非」は「二つに分かれる」というイメージから、「⊐-⊏の形に並ぶ」→「⊐-⊏-⊐-⊏-の形に次々に並ぶ」というイメージに展開する(⇩非)。「輩」は兵車が隊列を組んで次々に並ぶ情景を設定した図形。この意匠によって、次々に並ぶ同類のもの、同列の仲間を表象する。

語義 [展開] 仲間の意味ⓐ。また、「⊐-⊏の形に並ぶ」というコアイメージから、次々に並ぶ意味ⓑを派生する。[英]group, fellow, peer, set; stand in order [和訓]やから・ともがら・ばら [熟語] ⓐ同輩・朋輩・ⓑ輩出

文献 ⓐ戦国策・楚四「君王之事因是以左州侯、右夏侯輩=君王の事、是に因りて以て州侯を左にし、夏侯の輩を右にす(そこで君主の政事は、左には州侯、右には夏侯のやからを置いて任せた)」

ばい

【売】7(士・4) 常 ｜ 常用音訓 バイ うる・うれる
〔賣〕15(貝・8) 人 ｜ 音バイ・マイ 訓うる・うれる

語音 *mĕg(上古) măi(中古→呉メ・漢バイ) mài(唐マイ) mài(中) 매(韓)

語源 [コアイメージ] 無いものを求める。[実現される意味] 商品をうるⓐ。[英]sell

〔解説〕コアイメージは買と共通である。商品の取り引きはA(売り手)とB(買い手)があって成り立つ。この間に相互に「無いものを求める」という行為がある。漢語ではA→Bの方向に商品が移動するのも、A←Bの方向に代価が移動するのも同じく*mĕgという言葉で呼ぶ。日本語で

は前者が「うる」、後者が「かう」で全く別語である。ただし漢語では文字で区別される(後世は声調で区別した)。

字源 「賣」が正字。「買(バイ)(音・イメージ記号)+出(士は変形。イメージ補助記号)」を合わせた字。商品を手に入れる側の行為を「買」で表記するのに対し、商品を出す側を「賣」で表記した。

〔字体〕「賣」は旧字体。「売」は由来不明の常用漢字の字体。現代中国の簡体字は「卖」。

語義 [展開] 商品を売る意味ⓐから、自分の利益や名誉のために売り物にする意味ⓑを派生する。[英]sell(ⓐⓑ); betray [熟語] ⓐ商売・販売・ⓑ売国・売名

文献 ⓐ韓非子・外儲説左下「鄭縣人賣豚＝鄭県の人、豚を売る(鄭県の人がブタを売っていた)」ⓑ荘子・天地「獨弦哀歌、以賣名聲於天下者乎＝独弦哀歌して、以て名声を天下に売る者ならんか(君は琴を弾いたり悲しげな歌を歌ったりして、天下に名を売ろうとするものではないか)」

【貝】7(貝・0) 常 | 常用音訓 かい

語音 *puad(上古) puai(中古→呉・漢ハイ・[慣]バイ) bèi(中) 패(韓)

語源 [コアイメージ] 二つに割れる。[実現される意味] かいⓐ。[英]shellfish

〔解説〕*puadという語は敗・廃・弊・幣・肺・拝・八・半などと同源で、「二つに割れる」というコアイメージをもつ。形態的特徴による命名である。

〔グループ〕貝・敗・唄・狽(バイ)(狼と組になり、片方から分かれるとだめになるという伝説上の動物[狼狽])

字源 殻が分かれた二枚貝や割れ目のある巻貝を描いた図形。

(甲) (金) (篆)

語義 [展開] カイ類の総称ⓐであるが、特にキイロダカラガイ(漢名は貨貝、別名は貝子)ⓑを指す。古代、これを貨幣に利用したので、貨幣の意味ⓒが生じた。日本ではエゾバイ科のバイⓒに当てる(蛽とも書く)。貝独楽(べいごま)の材料。[英]shellfish; cowrie; money; Japanese Babylon [熟語] ⓐ貝器・ⓒ貝貨・宝貝

文献 ⓐ詩経・巷伯「成是貝錦＝是(こ)の貝錦を成す(貝殻の美しい模様のにしきを織り成す)」ⓒ易経・震「億喪貝＝億も貝を喪ふ([地震で]貝貨を多数失った)」

【苺】8(艸・5) 人 | 音 バイ 訓 いちご

語音 *muəg(上古) muəi(中古→呉メ・マイ・漢バイ) méi(中) 매(韓)

語源 [コアイメージ] 次々に生み殖やす。[実現される意味] イチゴⓐ。[英]berry

字源 「母(ボ)(音・イメージ記号)+艸(限定符号)」を合わせた字。「母」は「子を生み殖やす」というイメージがある(⇨母)。「苺」は花托に多くの小さな種子が次々に生じて殖える植物を暗示させる。この意匠によって、イチゴを表象する。

〔字体〕「莓」は異体字。

語義 イチゴ類の総称ⓐ。種類が多いが、普通はオランダイチゴ(漢名は草苺)を指す。ほかに覆盆子(ヨーロッパキイチゴ)、懸鈎子(ビロードイチゴ)などがある。

文献 ⓐ爾雅・釈草「葥、山苺」―郭璞注「今之木苺也＝今の木苺なり(現在のキイチゴである)」

【倍】10(人・8) 常 | 常用音訓 バイ

語音 *buəg(上古) buəi(中古→呉ベ・バイ・漢ハイ) bèi(中) 배(韓)

語源 [コアイメージ] ㋐丸くふくれる・㋑二つに分かれる・㋒くっつ

いて並ぶ。［実現される意味］同じ数がもう一つ増えるⓐ。［英］double

〔解説〕古典の注釈に「倍は背なり」とあるが、これは転義であって下記の詩経の三倍のような使い方が古い。背(そむく)は□↑↓□のイメージ、すなわち二つのものが反対向きに対立するイメージであるが、視点を変えると、□↓↑□のイメージ、すなわち二つのものがくっつくようにして並ぶイメージにもなる。これらのイメージを同時にもつ語が*pʻuəg(音)である。しかしこの語の更なる根源は○(丸、円形)のイメージである。半はのっぺらぼう、未分化のイメージがあり、これが分化した状態が⊕(半円を合わせた形)や□□(分かれて二つ並ぶ形)である。このように音(*pʻuəg)という語は○(円、丸くふくれる)、□↑↓□(二つに分かれる)、□↓↑□(くっついて並ぶ)という三つのイメージ転化の様相を含む記号である。二つに分かれたものがくっついて並ぶと、数が二倍になる。これが倍の使い方(意味)である。英語のdoubleはラテン語のduo(二つ)+plus(重ねる)に由来するという(小島①など)。物が□□の形になるのを「重ねる」と見るか、「分かれる」と見るかは、視点の違いであって、根は同じであろう。

〔グループ〕倍・培・陪・賠・部・剖・菩・蓓《バイ》(ふっくらとふくれた花のつぼみ)・焙《バイ》(器の中に丸く包み込むようにして火であぶる［焙煎］)・掊《ホウ》(たたいて二つに割る［掊克］)棓《ボウ》(丸く太い棍棒)・瓿《ホウ》(腹が丸くふくれた土器、ほとぎ)・醅《ハイ》(ぶくぶくと泡立つ酒、まだ漉していない酒)・踣《ボク》(倒れて地面に重なった姿を呈する→たおれる)・蔀《ホウ》(風雨などから分け隔てるための戸、しとみ)

字源 「音《ホウ》(音・イメージ記号)+人(限定符号)」を合わせた字。「音」を分析すると「丶+否」となる(篆文の字体)。「丶」は唾を示す。発話の際に、頰を丸くふくらませて、ぷっと唾を吐いて拒否する情景を設定した図形が「音」である。説文解字に「音は相与《もと》に語り、唾して受けず」とある。ただしそのような意味は実現されず、「一つの物事を二つに分ける」というイメージを示す記号となる。否(*bɪuəg)のコアをなす不(*pɪuəg)は「丸くふくれる」というイメージがある。丸いものが真っ二つになるイメージを表すのが「音」である。視点を変えると、二つに分かれたものはくっついて並んでいる姿でもある。だから「音」は「(二つになった物が)くっついて並ぶ」というイメージにも展開する。かくて「倍」は一つのものが二つに分かれて数がもう一つ増える様子を暗示させる。

(篆)［音］　(篆)

語義 ［展開］同じ数がもう一つ増える意味ⓐ。「二つに分かれる」というイメージ(□↑↓□のイメージ)は「反対向きに離れる」というイメージに転化し、そむく意味ⓑを派生する。［英］double; be contrary to, betray ［和訓］ますます・そむく ［熟語］ⓐ倍加・倍増・ⓑ倍心・倍反

文献 ⓐ詩経・瞻卬「如賈三倍、君子是識＝賈《コ》の三倍なるが如き、君子是れ識る(商売のうまみが三倍になることは、君子は誰でも知っている)」ⓑ孟子・滕文公上「師死而遂倍之＝師死して遂に之に倍《そむ》く(先生が死んだのでとうとう彼に背いた)」

【唄】

10(口・7)　常　｜　常用音訓　うた

語音 bʌ̌i(中古→呉ベ・漢ハイ・［慣］バイ)　bài(中)　패(韓)

字源 梵語pāthaka(唄匿)を音写するために創作された字。前半部を「貝」で音写して、「貝《バイ》(音記号)+口(限定符号)」を合わせたもの。六朝時代の文献に登場する。

語義 ［展開］偈《ゲ》(仏徳をたたえる短い文句)を調子をつけて歌うことⓐ。日本では民謡・俗曲の類の意味ⓑに用い、「うた」と読む。［英］short eulogy; song ［熟語］ⓐ唄讃・梵唄

文献 ⓐ捜神後記5「久不聞唄聲、思一聞之、…便爲作唄＝久しく唄声

を聞かず、一たび之を聞かんことを思ひ、…便ち為に唄を作らしむ（長らく唄の声を聞かなかったので、もう一度聞きたいと思って、そのために唄を作らせた）」

【梅】10(木・6) 常 ｜ 常用音訓 バイ うめ

〔梅〕11(木・7) 人 ｜ 音 バイ 訓 うめ

語音 *mug(上古) muəi(中古→呉メ・マイ・漢バイ) méi(中) 매(韓)

語源 [コアイメージ] 次々に生み殖やす。[実現される意味] ウメⓐ。[英]plum

〔解説〕ウメの栽培の歴史はきわめて古い。ウメの果実には酸味があって妊婦に好まれるという事実が語と図形の成立に関係する。妊婦に好まれることから逆にウメは妊娠や出産に効能があると考えられるようになった。*mugという語は母との同源意識から形成され、梅の図形が考案された。また某(＝楳)の図形も考案された(⇩某)。梅を構成する毎は「次々に生み殖やす」というコアイメージを表すが、これは母のイメージに由来する。しかし母の更なる根源には「無」のイメージがある。某も「無」のイメージがある。根源において梅と某はつながってくる。ただし某は「無」のイメージから「わからない」というイメージに展開するが、梅は無から有が生み出される→次々に生み殖やすというイメージに展開し、妊娠や出産に効能のある木の名となった。詩経の恋愛詩では豊饒多産の象徴として用いられる。

字源 「梅」が正字。「毎(音・イメージ記号)＋木(限定符号)」を合わせた字。「毎」は「次々に生み殖やす」というイメージがある(⇩毎)。「梅」は次々に子を生む効能のある果実の生る木を暗示させる。

〔字体〕「楳」は異体字。

語義 [展開] ウメの意味ⓐ。また、ウメの熟する初夏の、雨が降り続く時期の意味ⓑに転用される。[英]plum; rainy season [熟語] ⓐ梅花・観梅・ⓑ梅雨・入梅

文献 ⓐ詩経・摽有梅「摽有梅、其實七兮＝摽つに梅有り、其の実は七つ（投げる梅の実、手元に七つ）」

【培】11(土・8) 常 ｜ 常用音訓 バイ つちかう

語音 (1)*bug(上古) buəi(中古→呉ベ・バイ・漢ハイ) péi(中) 배(韓) (2)*bug(上古) bəu(中古→呉ブ・漢ホウ) bǒu(中) 부(韓)

語源 [コアイメージ] ㋐くっついて並ぶ・㋑上に重なる・㋒丸くふくれる。[実現される意味] 根元に土を盛るⓐ。[英]earth

字源 「咅(音・イメージ記号)＋土(限定符号)」を合わせた字。「咅」は「AとBに(二つに)分かれる」「AとBがくっついて並ぶ」というイメージがある(⇩倍)。横(水平)の視点を縦(垂直)の視点に置き換えると、「Aの上にBが重なる」というイメージにも展開する。「培」は、草木や塀の根基に土を重ね加える様子を暗示させる。この意匠によって、植物を育てたり、塀を保護したりするために、根元に土を盛ることを表象する。

語義 [展開] 根元に土を盛りつける意味ⓐから、植物を育てる意味ⓑ、また比喩的に、人材を養う(つちかう)意味ⓒに展開する。また、「上に重なる」というイメージから、物の上に重なるように乗る意味ⓓを派生する(以上は1の場合)。また、音は「丸くふくれる」というイメージがあり、丸くふっくらとした小さな丘の意味ⓔを派生する(2の場合)。[英]earth; cultivate; train, foster; mount; mound [熟語] ⓑ培植・栽培・ⓒ培養・ⓔ培塿

文献 ⓑ礼記・中庸「栽者培之＝栽うる者は之を培ふ(植えた草木はつちかって育てる)」ⓓ荘子・逍遥遊「乃今培風＝乃ち今風に培る([鵬は]今や風に乗っかる)」

【陪】11(阜・8) 常 常用音訓 バイ

語音 *buəg(上古) buai(中古→呉ベ・バイ・漢ハイ) péi(中) 배(韓)

語源 [コアイメージ] ㋐くっついて並ぶ・㋑重なる。[実現される意味] 主たるものに付き添う(そばに並んでお伴をする)ⓐ。[英]accompany

字源 「咅(音・イメージ記号)+阜(限定符号)」を合わせた字。「咅」は「AとB(二つ)に分かれる」「AとBがくっついて並ぶ」というイメージがあり、「Aの上にBが重なる」というイメージにも展開する(⇩倍・培)。「陪」は山の主峰にくっつくように別の峰が並ぶ様子を暗示させる。説文解字では「土を重ぬるなり」とある。しかしこんな意味があるわけではなく、「くっついて並ぶ」と「重なる」というイメージを作り出すために、山や土という具体物でもって情景を設定したに過ぎない。AとBがくっついて並ぶと、ABは重なった姿を呈する。主たるものAのそばに従なるものBがくっついて並ぶことが陪の意味である。

語義 [展開] そばに付き添う意味ⓐ。また、「AにBが付き従う」は「Bの上にAが重なる」というイメージに展開し、主君の家来のそのまた家来という意味ⓑを派生する。[英]accompany; retainer of a vassal [和訓]そう・そえる [熟語] ⓐ陪乗・陪席・ⓑ陪臣

文献 ⓐ詩経・蕩「爾徳不明、以無陪無卿=爾の徳不明なり、以て陪無く卿無し(愚かだねお前の徳は、だから付き添いも重臣も寄りつかぬ)」ⓑ論語・季氏「陪臣執國命、三世希不失矣=陪臣、国命を執れば、三世失はざること希なり(又家来が国政を握ると、三代も保つのはめったにない)」

【媒】12(女・9) 常 常用音訓 バイ

語音 *muəg(上古) muai(中古→呉マイ・漢バイ) méi(中) 매(韓)

語源 [コアイメージ] ㋐わからない・㋑無いものを求める。[実現される意味] 男女の結婚を取り持つもの(仲人)ⓐ。[英]matchmaker

〈解説〉漢の鄭玄は「媒の言は謀なり。異類を謀合して和成せしむる者なり(媒とは謀と同源で、異性を結合させて和合させるように謀るものである)」(周礼鄭注)と述べている。男女の結合を謀る者が媒という解釈である。これは妥当である。更に深く語の深層構造を探るならば、「無」というイメージに行き着く。「無」から「わからない」「知らない」というイメージに展開し、更に「無いものを求める」というイメージに展開する。このイメージ転化現象は無や莫という語にも見られる。婚姻の前提には互いに知らない男女があり、知らない相手を求めさせようと謀るのが媒の役割である。古代中国では、周礼によると、媒氏という政府公認の仲人があったとされている。孟子ではこれを媒妁という。

字源 「某(音・イメージ記号)+女(限定符号)」を合わせた字。「某」はウメを表す字。ウメは出産や妊娠と関係があるとされた。出産や妊娠の根源は母胎にあるので、「某」は母胎のイメージ、すなわち「無」「暗い」というイメージが与えられた。このイメージは「見えない」「わからない」というイメージに展開する(⇩某)。「媒」はわからない(互いに知らない)男女を結びつけ、無から有が生まれるように取りはからう女を暗示させる。

語義 [展開] 仲人の意味ⓐから、二つのものの間を取り持つ(仲立ちをする)意味ⓑに展開する。[英]matchmaker; intermediary [和訓]なかだち [熟語] ⓐ媒酌・ⓑ媒介・媒体

文献 ⓐ詩経・南山「取妻如之何、匪媒不得=妻を取るに之を如何せん、媒に匪ざれば得ず(妻をめとるにはどうすべき、仲人がないと得られない)」

【買】12(貝・5) 常 常用音訓 バイ かう

語音 *měg(上古) mǎi(中古→呉メ・漢バイ) mǎi(中) 매(韓)

語源 [コアイメージ] 無いものを求める。[実現される意味] 商品を

から ⓐ。[英]buy

〔解説〕日本語の「かう（かふ）」は「甲乙の二つの別のものが互いに入れちがう意」（大野①）が原義で、漢語の代や替に当たる。この「かふ」が商品を買うという意味にも展開する。それは商品と代価が⇅の形に入れ代わるからである。漢語の買はこれと全くイメージが異なる。商品を手に入れる前提には無という事態がある。「無い」から「無いものを求める」へとイメージ展開するのが漢語の意味論的特徴の一つである。例えば莫から募集の募（無いものを求める）へ、亡から希望の望（無いものをのぞむ）へ展開する。商品を買うことのコアにも「無いものを求める」というイメージがある。*mĕg という語は無 *muag・亡 *muag・莫 *mak などと語形でも近い。

〔グループ〕買・賣（＝売）

字源 「网（罒は変形。イメージ記号）＋貝（限定符号）」を合わせた字。「网」は罔・網の原字。網は鳥獣に見えないように仕掛けた道具で、「見えない」というイメージがある。「見えない」→「無い」とイメージが展開し、罔は「無い」という否定詞に使われる。「買」は手元に無いものを、金銭と換えることによって、求める様子を暗示させる。

（甲）　（金）　（篆）

語義 〔展開〕商品を買う意味ⓐから、いろいろな手段を使って求める意味ⓑを派生する。[英]buy（ⓐⓑ）〔熟語〕ⓐ購買・売買・ⓑ買名

文献 ⓐ韓非子・備内「人不死則棺不買＝人、死せざれば則ち棺買はず（人が死なないと、誰も棺桶を買わない）」

【煤】13（火・9）　人 ｜ 音 バイ　訓 すす

語音 *muəg（上古） muəi（中古→呉マイ・メ・漢バイ） méi（中） 매（韓）

語源 〔コアイメージ〕暗い・黒い。〔実現される意味〕すすⓐ。[英]soot

字源 「某（音・イメージ記号）＋火（限定符号）」を合わせた字。「某」は「無」のイメージがあり、「見えない」「わからない」というイメージ、更に「暗い」というイメージに展開する（⇩某）。「暗い」と「黒い」は連合する。「煤」は火が燃えて、煙から生じた黒い「すす」を暗示させる。

語義 〔展開〕すすの意味ⓐから、墨の意味ⓑ、石炭の意味ⓒに展開する。[英]soot; ink; coal 〔熟語〕ⓐ煤煙・煤塵・ⓑ墨煤・ⓒ煤炭

文献 ⓐ呂氏春秋・任数「煤炱入甑中＝煤炱（ばいたい）、甑中に入る（すすがこしきの中に入る）」

【賠】15（貝・8）　常 ｜ 常用音訓 バイ

語音 pʻuəi（宋ハイ・[慣]バイ） péi（中） 배（韓）

語源 〔コアイメージ〕㋐くっついて並ぶ・㋑上に重ねる。〔実現される意味〕損害をつぐなうⓐ。[英]compensate

字源 「咅（音・イメージ記号）＋貝（限定符号）」を合わせた字。「咅」は「AとB（二つのもの）がくっついて並ぶ」というイメージがあり、「Aの上にBを重ね加える」というイメージに展開する（⇩培・陪）。「賠」は欠損が出た場合、損失した物Aと価値が見合って並ぶ財貨Bを付け足してやる様子を暗示させる。

語義 損害をつぐなう意味ⓐ。〔和訓〕つぐなう 〔熟語〕ⓐ賠償

文献 ⓐ疑獄集9（五代・何凝撰）「所賠錢纔數十萬而已＝賠（つぐな）ふ所の銭、纔（わず）かに数十万のみ（賠償した金額はわずか数十万だった）」

はく

【白】5（白・0）　常 ｜ 常用音訓 ハク・ビャク　しろ・しら・しろい

語音 *băk（上古） bʌk（中古→呉ビャク・漢ハク） bái（中） 백（韓）

語源 [コアイメージ] ㋐薄い・㋑くっつく。[実現される意味] しろ・しろいⓐ。[英]white

〔解説〕 *bǎkという語の深層構造について解明した学者は皆無である。しろ色は古来無色のイメージで意識された。経験上しろ色は淡く薄いと感じられる。*bǎkという語は「色が淡い(あるいは色が無い、空しい)」というイメージを表し、それから「薄い」という感覚的なイメージ、「厚みがない」という空間的なイメージ、さらに「薄くて平ら」「薄くてくっつく」というイメージに展開する。したがって*bǎkは薄*bakと同源と見てよい。「薄い」「平ら」「くっつく」は可逆的(相互転化可能)な三つ組みイメージである。日本語の「しろい(しろし)」は「ものの色が白く見えるさま。あるいは色がないさま」という(大野②)。白の字源については諸説紛々である。郭沫若の親指説、白川静のされこうべ説などがある。筆者は藤堂明保のどんぐり説を採りたい。氏は白を柏の原字とする(藤堂①)。白はドングリの殻斗を描いた図形である皁ソウ(=皂)に含まれており、殻斗を除いた部分が白である。古代、殻斗を黒色の染料に用いたので、皁は黒色を示す(⇩皁)。これに対して、ドングリを漂白して食用にしたので、白は淡い色(無色)という色の名に用いられた。白(しろ)と皁(くろ)は対の色である。藤堂は下記のグループのうち伯・拍・泊・迫・舶・百の白を単なる音符としたが(藤堂②)、筆者は右に述べたイメージ転化現象を踏まえて、音・イメージ記号と見る。英語のwhiteは色がついていないことから、無色の、無地の、色が薄いという意味、また、しみや汚点がないことから、純潔なという意味などに展開するという(小島①)これは漢語の白の意味展開とよく似ている。

〔グループ〕 白・伯・拍・泊・迫・舶・百・柏・珀・箔・碧・魄ハク(白骨に宿るたましい[魂魄])・帛ハク(白絹[布帛])・帕ハク(白布の手ぬぐい[手帕])・粕ハク(白い酒かす[糟粕])・怕ハ(迫られてひやひやする、おそれる)・鮊ハク(銀白色の魚、コイ科のカワヒラ。〈日〉シラウオ) 狛*(半国字。こまいぬ)

字源 クヌギなどのドングリを描いた図形。櫟(橡ぎくぬの原字)や柏(コノテガシワ)に含まれている。

(甲) (金) (篆)

語義 [展開] 白色の意味ⓐ。無色のイメージから、汚れがない意味ⓑ、何もない意味ⓒ、明るくはっきりしている意味ⓓ、心の内をはっきり打ち明ける意味ⓔに展開する。[英]white(ⓐ~ⓒ); pure; empty, blank; clear, bright; confess, state [和訓]もうす [熟語] ⓐ白雲・純白・ⓑ潔白・黒白・ⓒ白紙・空白・ⓓ白昼・明白・ⓔ白状・告白

文献 ⓐ詩経・裳裳者華「裳裳者華、或黄或白=裳裳たる華、或いは黄或いは白(美しく咲く大輪の花、黄と白のそろい咲き)」

【伯】 7(人・5) 常 ― 常用音訓 ハク

語音 (1)*pǎk(上古) pʌk(中古→㊞ヒャク・㊟ハク) bó(中) 백(韓) (2)*pǎg(上古) pǎ(中古→㊞ヘ・㊟ハ) bà(中) 패(韓)

語源 [コアイメージ] ㋐長・トップ・㋑(威力で)迫る。[実現される意味] 兄弟のトップ(長子)ⓐ。[英]eldest brother

〔解説〕 藤堂明保は父・夫・伯・甫を同じ単語家族に括り、「長輩の男」という基本義があるとした(藤堂①)。氏族や家族の長を父(*bɪuag)、長老を甫(*pɪuag)という。また武力で諸侯のトップになった者を覇(*pǎg)という。*pǎk(伯)という語はこれらと同源で、兄弟の序列のトップ(長子)を意味する。覇と同じ使い方もある。図形化に白を用いたのは白(*bǎk)の音が*pǎkに近いという理由のほかに、別の理由もある。白虎通義・姓名篇に「伯なる者は子の最長にして、父に迫近するなり」とあり、伯と迫を関連語と見ている。また古典の注釈に「伯は迫なり」(高誘・淮南子注)とある。武力で諸侯に迫って制圧する者を覇というから、威力で下の者に臨む者が伯であると考えられる。

字源 「白ハク(音・イメージ記号)＋人(限定符号)」を合わせた字。白は近似音によって*păkを喚起させる働きをするが、イメージも絡む可能性がある。「白」は「薄い」→「くっつく」とイメージ転化する記号で、相手にくっつくように迫るというイメージが生まれる。伯は下の者に威力で迫るボス・長者というイメージをもつ語である。

語義 [展開] 兄弟のトップの意味ⓐから、人の上に立つ者(長者、長輩、長官)の意味ⓑ、女性が男性を親しく呼ぶ称ⓒ、爵位を表す語で、五等爵の第三位の意味ⓓ、父の兄の意味ⓔ、一芸に秀でた者の意味ⓕに展開する(以上は1の場合)。また、武力で諸侯の上に立つ者の意味ⓖを派生する(2の場合)。ⓖは覇と通用。[英]eldest brother; chief; dear; count; uncle; master (of a certain field); feudal chief, overlord [熟語] ⓐ伯兄・伯仲・ⓓ伯爵・ⓔ伯父・伯母・ⓕ画伯・詩伯・ⓖ五伯

文献 ⓐ詩経・何人斯「伯氏吹壎、仲氏吹篪＝伯氏壎ケンを吹き、仲氏篪チを吹く(兄がつちぶえを吹けば、弟はたけぶえを吹く)」ⓑ詩経・甘棠「召伯所憩＝召伯の憩ひし所([その木陰は]召の殿様が休んだ所)」ⓒ詩経・伯兮「願言思伯＝願ひて言ここに伯を思ふ(一途に伯さんを思い詰める)」ⓖ荀子・王覇「爲五伯長＝五伯ハの長と為る([斉の桓公は]五覇のトップになった)」

【拍】 8(手・5) 常 常用音訓 ハク・ヒョウ

語音 *p'ăk(上古) p'ʌk(中古→呉ヒャク・漢ハク・[慣]ヒャウ〈＝ヒョウ〉) pāi(中) 박(韓)

語源 [コアイメージ] 平らで薄い・薄くくっつく。[実現される意味] 手のひらで打つⓐ。[英]clap

字源 「白ハク(音・イメージ記号)＋手(限定符号)」を合わせた字。「白」は「薄い」というイメージから、「平らで薄い」というイメージ、さらに「薄くくっつく」というイメージに展開する(⇩白)。「拍」は平らな面に手のひらを打ちつける様子を暗示させる。脈搏の搏ハク(うつ)は同源。「專」にも「薄くくっつく」というイメージがある。「平ら」「薄い」「くっつく」は可逆的な(相互転化可能な)三つ組みイメージである(⇩薄)。

語義 [展開] 手のひらを打ち合わせる意味ⓐから、音楽のリズムの意味ⓑを派生する。日本では搏(鼓動する意)の代用字ⓒとする。[英]clap; beat(ⓑⓒ); pulse [和訓]うつ [熟語] ⓐ拍手・ⓑ拍子ヒョウシ・一拍・ⓒ拍動・脈拍

文献 ⓐ韓非子・功名「一手獨拍、雖疾無聲＝一手独り拍てば、疾なりと雖も声無し(一つの手だけで打ちつけると、速度はあっても音は出ない)」

【泊】 8(水・5) 常 常用音訓 ハク とまる・とめる

語音 (1)*bak(上古) bak(中古→呉バク・漢ハク) bó(中) 박(韓) (2)p'ʌk(中古→呉ヒャク・漢ハク) pō(中) 박(韓)

語源 [コアイメージ] ㋐薄い・㋑くっつく。[実現される意味] 水が薄くて淡いⓐ。[英]thin, light

〔解説〕日本語の「とまる」は「物事の進みや動きがいっさいその場でおのずとおさまる意」で、㋐進むのをやめる、㋑居残る・生きながらえる、㋒宿泊する、㋓滞在・在留する意味などに展開するという(大野①②)。㋐は漢語の止・停、㋑は存(古訓に「とどむ」がある)、㋒は泊、㋓は留に当たる。

字源 「白ハク(音・イメージ記号)＋水(限定符号)」を合わせた字。「白」は「薄い」「くっつく」というイメージがある(⇩白)。「泊」は水の色や味が薄くて淡い様子を暗示させる。

語義 [展開] 水が淡い(うすい・あわい)意味ⓐから、あっさりしている、静かでひっそりしている意味ⓑに転じる(以上は1の場合)。また、「くっつく」というイメージから、水の浅い所に舟がくっついて止まる意味ⓒ、旅人がある場所で止まって宿る(とまる)意味ⓓ、浅い水たまり(沼や湖)の意味ⓔを派生する(以上は2の場合)。[英]thin, light; calm, still; berth, moor; stop, stay; pool, lake　[熟語] ⓑ淡泊・ⓒ停泊・ⓓ宿泊・漂泊・ⓔ湖泊・梁山泊

文献 ⓑ老子・二十章「我獨泊兮其未兆、如嬰兒之未孩＝我独り泊として其れ未だ兆さず、嬰児の未だ孩(ガイ)せざるが如し（私ひとりだけひっそりと何のきざしも示さない、まるで体のまだできていない赤ん坊のようだ）」ⓒ三国志・呉志・陸凱伝「船泊則沈漂＝船泊まれば則ち沈み漂ふ（船がとまれば沈んだり漂ったりするものだ）」

【迫】8（辵・5）　常　｜常用音訓｜ハク　せまる

語音 *păk（上古）　pʌk（中古→呉ヒャク・漢ハク）　pò（中）　박（韓）

語源 [コアイメージ] くっつく。[実現される意味] 対象に隙間なく近づく（せまる）ⓐ。[英]approach

〔解説〕白がコアイメージの源泉である。*păkという語は薄（せまる）・逼(ヒョク)（せまる）とも同源で、専・畐にも「くっつく」というイメージがある。日本語の「せまる」は「せむ」の自動詞形。「せむ」はセバシ（狭）と同根で、相手に接近し、距離をつめて寄ることが原義」という（大野②）。攻める・責めるの意味もここから展開する。漢語の迫は「せまる」と同義だが、攻や責の意味への展開はない。

字源 「白(ハク)（音・イメージ記号）＋辵（限定符号）」を合わせた字。「白」は「薄い」というイメージから、「くっつく」というイメージに展開する（⇩白）。「迫」は相手にくっつくほど近づく様子を暗示させる。

語義 [展開] 対象に限りなく近づく意味ⓐから、圧力をかけてせまる意味ⓑ、事態が急である（差し迫る）意味ⓒに展開する。[英]approach; press, threaten; urgent　[和訓] せる　[熟語] ⓐ迫真・迫力・ⓑ迫害・圧迫・ⓒ緊迫・切迫

文献 ⓐ楚辞・離騒「望崦嵫而勿迫＝崦嵫(エンジ)を望みて迫ること勿(な)からしむ（日の入る山を遠く眺めて、日がそこに近づくことのないようにする）」ⓑ荘子・刻意「迫而後動＝迫られて後動く（強制されて始めて行動を起こす）」

【柏】9（木・5）　人　｜音ハク　訓かしわ

語音 *păk（上古）　pʌk（中古→呉ヒャク・漢ハク）　băi（中）　백（韓）

語源 [コアイメージ] 白い。[実現される意味] コノテガシワⓐ。[英]Chinese arborvitae

字源 「白(ハク)（音・イメージ記号）＋木（限定符号）」を合わせた字。「白」は文字通りの意味。「柏」は白色を帯びた果実の生る木を暗示させる。コノテガシワの果実（柏実）の青白い色、あるいは、種子（柏子仁）の乳白色の特徴による命名。

語義 [展開] ヒノキ科の木、コノテガシワの意味ⓐ。常緑樹なので松とともに永遠性の象徴とされる。日本では誤って落葉樹のカシワⓑに当てる。[英]Chinese arborvitae; daimio oak　[熟語] ⓐ柏酒・松柏

文献 ⓐ詩経・天保「如松柏之茂＝松柏の茂るが如し（[君主の幸福は]マツやコノテガシワのように永遠なれ）」

【珀】9（玉・5）　人　｜音ハク

語音 p'ʌk（中古→呉ヒャク・漢ハク）　pò（中）　박（韓）

語源 [コアイメージ] 白い。[実現される意味] 琥珀ⓐ。[英]amber

字源 「白(ハク)（音・イメージ記号）＋玉（限定符号）」を合わせた字。樹脂が地中で化石化した物質を始めは虎魄といった（漢書・西域伝に出る）。魄は白骨に付着し、地中に残る「たましい」のこと。後に表記を玉偏で統一して琥珀と書く。「珀」は魄と同源で、「白い」がコアイメージである。琥珀の色は普通は黄色の透明だが、淡い色もあるという。透明や淡い色に着目して「白」と似た音で呼び、また「白」の記号を用いた図形が考案された。

語義 樹脂が化石化した物質で、宝石の名ⓐ。古代では薬物ともされ

た。[熟語] ⓐ琥珀

【剝】10(刀・8) 常 常用音訓 ハク はがす・はぐ・はがれる・はげる

語音 *pŭk(上古) pɔk(中古→呉ホク・漢ハク) bāo・bō(中) 박(韓)

語源 [コアイメージ] 表面をはぐ。[実現される意味] 表皮をはぎ取る(はぐ・はがす・むく)ⓐ。[英]skin, peel, strip

〔解説〕日本語の「はぐ」はハ(端)を活用させた語という(大言海)。ハゲルはハグの自動詞形で、頭髪が抜け落ちる意のハゲ(禿)はこれと同根。

字源 「彔ロク(音・イメージ記号)+刀(限定符号)」を合わせた字。「彔」は草木の皮をはいで、くずがぽろぽろと落ちる情景を描いた図形(⇩緑)。「剝」は刀で外皮をはぎ取る様子を暗示させる。

語義 [展開] 表皮をはがす・はぐ意味ⓐから、物を表面から引きはがすようにしてむりに取る意味ⓑに展開する。[英]skin, peel, strip(ⓐⓑ); deprive [和訓]むく・むける [熟語] ⓐ剝製・剝脱・ⓑ剝奪

文献 ⓐ詩経・楚茨「或剝或亨=或いは剝ぎ、或いは亨ニ[=烹]る([いけにえの]皮を剝ぐ者もあれば、肉を煮る者もある)」ⓑ詩経・七月「八月剝棗=八月棗を剝ぐ(八月にはナツメの実を枝から剝がして落とす)」

【舶】11(舟・5) 常 常用音訓 ハク

語音 *băk(上古) bak(中古→呉ビャク・漢ハク) bó(中) 박(韓)

語源 [コアイメージ] くっつく。[実現される意味] 大きな船ⓐ。[英]big ship

字源 「白ハク(音・イメージ記号)+舟(限定符号)」を合わせた字。「白」は「くっつく」というイメージがある(⇩白)。「舶」は水底にくっつきそうなほどの大きな船を暗示させる。

語義 大きな船の意味ⓐ。[熟語] ⓐ舶載・船舶

文献 ⓐ王褒・和庾司水修渭橋「波生従故舶=波生じて故舶に従ふ(波が発生して、古びた船の後に従う)」(漢魏六朝百三家集113)

【博】12(十・10) 常 常用音訓 ハク・バク

語音 *pak(上古) pak(中古→呉・漢ハク・[慣]バク) bó(中) 박(韓)

語源 [コアイメージ] ㋐平ら・㋑くっつく。[実現される意味] 広く大きいⓐ。[英]wide, big

〔解説〕甫にコアイメージの源泉がある。これは「くっつく」→「薄い」→「平ら」へとイメージ展開する記号である。「くっつく」「薄い」「平ら」は可逆的(相互転化可能な)イメージで、白もその例。甫と白はイメージが近いが、甫は「平ら」「平らに広がる」というイメージも表すことができる。*pakという語は布・普・巴などと同源で、「平ら」「平らに広がる」というイメージをもち、広がって大きい意味を実現する。一方、古典に「博は著なり」の訓があるように、甫の「くっつく」というイメージも根底にある。対象に打ちつけることを搏ハクという。ここから、対象に手をつけて取る意味や、碁石を盤面に打ちつける(着手する)という意味が生まれた。

字源 「尃フ(音・イメージ記号)+十(イメージ補助記号)」を合わせた字。「甫」は「びっしりくっつく」というイメージがある(⇩甫)。くっつくと隙間がなくなるから、「薄い」→「平ら」へとイメージが展開する。「甫ホ(音・イメージ記号)+寸(限定符号)」を合わせた「尃」は、平らに敷き広げる様子を暗示させる(⇩敷・薄)。「十」は「欠け目なくまとまっている」というイメージを示す記号。したがって「博」は平らに欠け目なく行き渡る様子を暗示させる。この意匠によって、大きく広がることを表象する。

(金) (篆)

語義 [展開] 空間的に広く大きい(ひろい)意味ⓐから、知識や学問の

範囲が広く行き渡る意味ⓑに展開する。また、「くっつく」というイメージから、手をつけてつかまえる(獲得する、博する)意味ⓒ、囲碁・すごろく・さいころなど、広く賭け事の意味ⓓを派生する。[英]wide, big; erudite, well-informed; gain; gamble 【和訓】ひろい・ひろめる 【熟語】ⓐ博大・博覧・ⓑ博識・博聞・ⓓ博徒・賭博

文献 ⓐ詩経・泮水「戎車孔博＝戎車は孔だ博し(戦車はとても大きい)」ⓑ論語・顔淵「博學於文、約之以禮、亦可以弗畔矣夫＝博く文を学び、之を約するに礼を以てすれば、亦た以て畔かざるべきかな(広く文を学んで、礼でびしっと締めれば、間違いはないぞ)」ⓓ論語・陽貨「不有博奕者乎、爲之猶賢乎已＝博奕なる者有らずや、之を為すは猶已むに賢れり(さいころや囲碁があるじゃないか。何もしないよりはそれをする方がましだ)」

【箔】14(竹・8)　人　音ハク　訓まぶし

語音 bak(中古→呉バク・漢ハク)　bó(中)　박(韓)

語源 【コアイメージ】㋐薄い・㋑くっつく。【実現される意味】すだれⓐ。[英]screen

字源 「泊(音・イメージ記号)＋竹(限定符号)」を合わせた字。「泊」は「薄い」「くっつく」というイメージがある(⇩泊)。「箔」は薄い竹をくっつけて作った「すだれ」を暗示させる。

語義 【展開】薄く平らなすだれの意味ⓐから、養蚕に用いるすだれ状のまぶしの意味ⓑ、薄く平らな金属片の意味ⓒに展開する。[英]screen; frame for silkworms; foil 【熟語】ⓐ珠箔・ⓑ蚕箔・ⓒ金箔・銀箔

文献 ⓐ王褒・僮約「編蔣織箔＝蔣を編みて箔を織る(マコモを編んで、すだれを織る)」(漢魏六朝百三家集6)

【薄】16(艸・13)　常　常用音訓 ハク　うすい・うすめる・うすまる・うすらぐ・うすれる

語音 *bak(上古)　bak(中古→呉バク・漢ハク)　báo・bó(中)　박(韓)

語源 【コアイメージ】くっつく。【実現される意味】厚みが少ない(うすい)ⓐ。[英]thin

〔解説〕釈名・釈言語に「薄は迫なり。単薄(平らで薄い)にして相逼迫するなり」とある。ここには「平ら」「薄い」「迫る」の意味が含まれている。迫は二点間の距離をくっつけるほどに近づけることであるから、「平ら」「薄い」「くっつく」が互いに連合するイメージといえる。これを表すのが甫という記号である。田んぼに苗がびっしり生えている情景を設定して、「くっつく」というイメージを暗示させるのが出発点である。前後や上下の幅がくっつくと、二つに挟まれた中間は空間的に厚みのない状態(すなわち「薄い」)になり、また、薄い状態の広がりは平らな状態になる。このように「くっつく」→「薄い」→「平ら」はイメージが連合する。「くっつく」「薄い」「平ら」は可逆的な(相互転化可能な)三つ組みイメージである。日本語の「うすい(うすし)」はウス(失)と同根で、「物理的に、物の厚みの少ないさま。また、物の密度が少なくまばらな意」という(大野②)。出発点は違うが、漢語の薄もこれと同じ。

〔グループ〕薄・博・縛・敷・傅(そばについてお守りする→かしずく[傅育])・搏(手のひらを平面に打ちつける[搏動]、また、手を当ててつかむ[搏執])・溥(平らに広がる[溥天])・膊(平らに広がる干し肉、また、肩甲骨[上膊])

字源 「溥(音・イメージ記号)＋艸(限定符号)」を合わせた字。「甫」は田んぼに苗がびっしり生えている形。「びっしりくっつく」というイメージを表すことができる(⇩甫)。びっしりくっつくと、上下の間隔が限りなく近づくから、「薄い」→「平ら」とイメージが展開する。「甫(音・イメージ記号)＋寸(限定符号)」を合わせた「尃」は、平らに敷き広げる様子を暗示させる(⇩敷)。「尃(音・イメージ記号)＋水(限定符号)」を合わせた「溥」は、水が薄く平らに広がる様子を暗示させる。かくて「薄」は草が隙間なくびっしりくっついて生える様子を暗示させる。具体的状

況の設定は田んぼの場面(甫)、行為の場面(尃)、水の場面(溥)、植物の場面(薄)と変化するが、どれも三つのイメージ(「くっつく」「薄い」「平ら」)を表しうる。しかし専ら「うすい」と「くっつく」を薄で表す。

〔字体〕「尃」に含まれる「甫」の下部を由の形にするのは常用漢字の字体。中国では尃に従う漢字はすべて甫の形である。博・縛・敷もこれに倣う。

(篆) [尃] (篆) [溥] (篆)

語義 [展開] 空間的に厚みが少ない意味ⓐから、数量が少ない意味ⓑ、味・色など物事の程度が小さい(淡い、軽い、乏しい)の意味ⓒ、情が厚くない意味ⓓに展開する。また、「くっつく」というイメージから、限りなく接近する(迫る・近づく)意味ⓔを派生する。また、草木がびっしり生える(叢生する)所という意味ⓕもあることから、日本では叢生する草であるススキⓖに当てる。[英]thin; few; slight, small; unkind; approach; bush; Japanese pampas grass [和訓]せまる・すすき [熟語] ⓐ薄氷・希薄・ⓑ薄謝・薄利・ⓒ薄弱・薄命・ⓓ薄情・軽薄・ⓔ薄暮・肉薄

文献 ⓐ詩経・小宛「戰戰兢兢、如履薄冰＝戦戦兢兢、薄冰を履むが如し(びくびくと浮き足立って、薄い氷を踏むかのよう)」ⓑ孟子・梁恵王上「省刑罰、薄税斂＝刑罰を省き、税斂を薄くす(刑罰を省き、税金を少なくする)」ⓒ論語・衛霊公「躬自厚而薄責於人、則遠怨矣＝躬み自ら厚くして、薄く人を責むれば、則ち怨みに遠ざかる(自分を厳しく責めて他人を軽く責めれば、怨みを買うことは少なくなる)」ⓓ孟子・万章下「聞柳下恵之風者、鄙夫寛、薄夫敦＝柳下恵の風を聞く者、鄙夫も寛く、薄夫も敦し(柳下恵の教えを聞けば、粗野な男も寛大に、薄情な男も情が厚くなる)」ⓔ書経・益稷「外薄四海＝外、四海に薄せまる(国外では四つの海まで迫っている)」

ばく

【麦】

7(麥・0) 常 | 常用音訓 バク むぎ

語音 *mluǎk(上古) muɛk(中古→呉ミャク・漢バク) mài(中) 맥(韓)

語源 [コアイメージ] もたらす。[実現される意味] ムギⓐ。[英] wheat, barley

〔解説〕藤堂明保は麦と来を同源と見、「上から下へくだる」という基本義があるとした(藤堂①)。羅振玉は来と麦は同字で、「(麦は)天より降下するに象る。天降すの義を示す」という。しかし甲骨文字では来を「くる」、麦をムギに用いており、同字とは考えられない。多くの学者は来を仮借とする。しかし麥が來から成るからには関係があるはずで、語源と字源を区別して考える必要がある。藤堂は麦と来の上古音に*ml-という複声母を想定する。殷代では「(人が)向こうからやってくる」「(時が)これからやってくる」という意味の言葉をmləgに近い音で呼んでいたらしい。またムギのことをmləkに近い音で呼んだらしい。似た音で呼ぶのは同源意識があるからである。ムギは新石器時代に中国に伝播した(原産地はオオムギが中央アジア、コムギが地中海沿岸)。上代にはムギは神のもたらしためでたい穀物という信仰があった。このためムギをmləg(やってくる意)と似た音でmləkと名づけたと考えられる。

字源 「麥」が正字。「來＋夊」に分析できる。「來」はムギを描いた図形(⇨来)。「夊」は足の形で、足の動作に関わる限定符号になる。したがって「來ライ(音・イメージ記号)＋夊(限定符号)」と解析する。説文解字の「來」の条に「周の受くる所の瑞麦…、天の来す所なり。故に行来の来と為す」とあり、ムギは神が周にもたらしためでたい穀物という信仰があった。「來」は殷代では「やてくる」という意味で使われているが、本来は「もたらす」というイメージの語であったと考えられる。したがって「麥」は神がムギをもたらす情景を設定した図形である。この意匠によって、ムギを表象する。

(甲) (金) (篆)

〔字体〕「麥」は旧字体。「麦」は隷書の段階で生まれた俗字。

語義 五穀の一つ、ムギの意味ⓐ。後に麰《ボウ》（オオムギ）と麳《ライ》（コムギ）を区別する。［熟語］ⓐ麦芽・麦穂

文献 ⓐ詩経・碩鼠「碩鼠碩鼠、無食我麥＝碩鼠よ碩鼠よ、我が麦を食ふ無かれ（大ねずみよ、大ねずみよ、私の麦を食べちゃだめ）」

【莫】

10（艸・7） [人] ― (音)バク・マク (訓)ない・なかれ

語音 (1)*mag（上古） mo（中古→(呉)モ・(漢)ボ） mù（中） 모（韓） (2)*mak（上古） mak（中古→(呉)マク・(漢)バク） mò（中） 막（韓）

語源 ［コアイメージ］隠れて見えない。［実現される意味］日がくれるⓐ。［英］set, draw in

〔解説〕「ない」という非存在を表す語には、莫のほか、無・毋・亡・罔・未・微・勿・没などがあり、語頭にM音をもつという特徴がある。藤堂明保は莫から罔までを同源語、未から没までを別の同源語としている（藤堂①）。「ない」を表象するためには、具体的な状況を表す語から抽象化されることが多い。莫は太陽が沈んで見えなくなる意味から、非存在の「ない」が抽象化される。もう一つの意味論的特徴として、「ない」から「無いものを求める」へ展開することである。莫・無・亡にはこのイメージ転化現象が見られる。また、隠れて見えないことの前提には「覆いかぶせる」というイメージもある。以上をまとめると、莫のイメージの論理的展開は「覆いかぶせる」→「隠れて見えない」→「無い」→「無いものを求める」が想定される。

〔グループ〕 暮・漠・募・墓・慕・幕・膜・模・莫・摸《モ》（無いものを手探りして求める［摸索］）・摹《モ》（手本の字をなぞって求める［臨摹］）・寞《バク》（姿が見えずひっそりと寂しい［寂寞］）・貘《バク》（＝獏。深山に隠れてめったに姿を見せない獣→悪夢を食うという想像上の動物）・糢《モ》（はっきり見えないさま［糢糊《モコ》］）・蟇《マ》（上から覆いかぶさるような姿をした虫、ヒキガエル［蝦蟇《ガマ》］）・蟆《マク》（小さくてよく見えない昆虫、ヌカカ）・謨《ボ》（企画して案を求める→はかる・はかりごと［宏謨］）・驀《バク》（何かを求めて突き進む［驀進］）

字源 分析すると「艸＋日＋艸」となる。「屮（くさ）」を四つ合わせたのは「茻」で、くさむらを示す記号。葬や莽（くさむら）にも含まれている。「茻（イメージ記号）＋日（限定符号）」を合わせた「莫」は、草原の間に日が沈む情景を設定した図形。この意匠によって、日がくれることを表したが、後に「ない」を表すようになったため、改めて暮が作られた。暮は莫から分化した字。

(甲) (金) (篆)

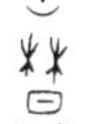

語義 ［展開］日が暮れる、また、年が暮れる意味ⓐ（1の場合）。また、「隠れて見えない」というイメージから、「無い」の意味ⓑ、〜しない、〜なかれの意味ⓒに展開する（以上は2の場合）。［英］set, draw in; nothing, not, no; don't ［熟語］ⓑ莫大・ⓒ莫逆

文献 ⓐ詩経・蟋蟀「歳聿其莫＝歳は聿《ここ》に其れ莫《く》れん（年はまもなく暮れかかる）」 ⓑ詩経・北門「莫知我艱＝我が艱を知るもの莫《な》し（私の苦しみを知るものはいない）」

【漠】

13（水・10） [常] ― (常用音訓)バク

語音 *mak（上古） mak（中古→(呉)マク・(漢)バク） mò（中） 막（韓）

語源 ［コアイメージ］見えない・無い。［実現される意味］砂原ⓐ。［英］desert

字源 「莫《バク》（音・イメージ記号）＋水（限定符号）」を合わせた字。「莫」は「隠れて見えない」というイメージから、「無い」「何も無い」というイメージに展開する（⇩莫）。「漠」は一面に何も見えない砂原を暗示させ

る。流砂を水流に見立てて「水」を限定符号とした。説文解字に「漠は北方の流沙なり」とある。

語義［展開］砂原の意味ⓐ。「見えない」「無い」というイメージから、何もない、とりとめがない意味ⓑ、だだっ広くて何も見えない意味ⓒ、物音がなくひっそりとしている意味ⓓを派生する。［英］desert; vague; vast; silent ［熟語］ⓐ砂漠・大漠・ⓑ漠然・漠漠・ⓒ空漠・広漠・ⓓ索漠・寂漠

文献 ⓑ荘子・知北遊「漠而清乎＝漠として清ならんか（[無為自然の境地は]何もなくひっそりと清々しい所だろうか）」

【縛】

16（糸・10）　常　｜常用音訓　バク　しばる

語音 *biuak（上古）　biuak（中古→㊙バク・㊕ハク）　fù（中）　박（韓）

語源 ［コアイメージ］くっつける。［実現される意味］縄やひもをからめてしばるⓐ。［英］tie, bind

〔解説〕釈名・釈言語に「縛は薄なり。相薄著（びっしりと着ける）せしむるなり」と語源を説く。*biuakという語は「くっつける」というイメージをもち、薄（くっつくように近づける、迫る）・迫と同源である。日本語の「しばる」はシマル（締）と同根で、強い力で締めつけるが原義という（大野①）。

字源「尃（音・イメージ記号）＋糸（限定符号）」を合わせた字。「尃」は「平らに敷き広げる」というイメージがあり、「表面が平らで薄く、下にくっつく」というイメージに展開する（⇩薄）。「縛」はひもを物の表面にくっつける様子を暗示させる。この意匠によって、縄などをぴったり当ててしばりつけることを表象する。

語義［展開］しばる意味ⓐから、しばりつけて身動きを取れなくする意味ⓑに展開する。［英］tie（ⓐⓑ）, bind（ⓐⓑ）［和訓］いましめる ［熟語］ⓐ緊縛・捕縛・ⓑ呪縛・束縛

文献 ⓐ春秋左氏伝・襄公18「自後縛之＝後ろ自ょり之を縛る（後ろ手に彼を縛りあげた）」

【曝】

19（日・15）　人　｜㊫バク　㊗さらす

語音 *buk（上古）　buk（中古→㊙ボク・㊕ホク・［慣］バク）　pù（中）　폭（韓）

語源 ［コアイメージ］四方に発散する。［実現される意味］日光にさらして乾かすⓐ。［英］dry(a thing) in the sun

〔解説〕日本語の「さらす」は「ものを外気や日光・水などに当てて放置し、ついている余分なものを落としつくす意」という（大野①）。漢語では曝と晒がほぼこれに当たる。曝と晒は語形は違うが、「分散」というコアイメージが共通である。日光に当てて水分を分散させるが基本の意味で、水につけてさらす（漂白する）といった意味はない。

字源「暴（音・イメージ記号）＋日（限定符号）」を合わせた字。「暴」は穀物を外に出して日光にさらす情景を設定した図形。この意匠によって、日にさらして乾かすことを表象する（⇩暴）。後に暴力の暴の意味に転じたため、改めて「曝」が作られた。曝は暴から分化した字。

語義［展開］日光にさらして乾かす意味ⓐ。また「四方に発散する」というイメージから、中身が表に出る、むきだしの状態になる意味ⓑを派生する。［英］dry(a thing) in the sun; expose ［熟語］ⓐ曝衣・曝書・ⓑ曝露・被曝

文献 ⓐ戦国策・燕二「蚌方出曝＝蚌ボウ、方まさに出いでて曝す（ドブガイが水から出てひなたぼっこをしていた）」

【爆】

19（火・15）　常　｜常用音訓　バク

語音 *pɔk（上古）　pɔk（中古→㊙ホク・㊕ハク・［慣］バク）　bào（中）　폭（韓）

語源 [コアイメージ] 激しく四方に発散する。[実現される意味] 火力で急にはじけるⓐ。[英]explode, burst

字源 「暴(バク)(音・イメージ記号)+火(限定符号)」を合わせた字。「暴」は「四方に発散する」というイメージがある(⇨暴)。「爆」は火熱を加えて物が急激に四方にはじけて飛び散る様子を暗示させる。瀑(バク)(水しぶきを飛び散らす滝)は同源の語。

語義 [展開] 火力で急にはじける意味ⓐから、火薬を使って急に飛び散らす、また、爆弾を打ち当てる意味ⓑ、はじけるように激しい意味ⓒに展開する。[英]explode, burst; bomb; violently [和訓]はじける・はぜる [熟語] ⓐ爆音・爆発・ⓑ爆撃・爆破・ⓒ爆笑・爆走

文献 ⓐ白虎通・亀蓍「爆見兆＝爆(バク)して兆を見(あらわ)す([亀卜とは]亀を火で焼いてはじけさせて兆しを現すことだ)」

はこ …………

【箱】→そう

はし …………

【箸】→ちょ

はた …………

【畑】

9(田・4) 常 ｜常用音訓 はた・はたけ　半国字

字源 和製の疑似漢字。漢字の「田」は水田と陸田を区別しないので、両者を区別するために日本で「畑」が創作され、「はたけ」の専用字とした。「畑」は「火+田(限定符号)」を合わせて、雑草などを焼いて耕作する陸田を暗示させる図形。中国で名前に用いた例があるので(明代の文献に出る)、半国字とする。

語義 陸田(はたけ)の意味。[英]field, farm

【畠】

10(田・5) 人 ｜純国字

字源 和製の疑似漢字。水を引かない陸田の「はた」「はたけ」の表記として畑が考案されたが、「畠」も創作された。「白+田(限定符号)」を合わせて、水気のない白く乾いた田を暗示させる図形。

語義 陸田(はた・はたけ)の意味。[英]field, farm

はだ …………

【肌】→き

はち …………

【八】

2(八・0) 常 ｜常用音訓 ハチ　や・やつ・やっつ・よう

語音 *puăt(上古)　puat(中古→呉ハチ・漢ハツ)　bā(中)　팔(韓)

語源 [コアイメージ] 八の形に(二つに、左右に)分かれる。[実現される意味] 数詞の8(やっつ)ⓐ。[英]eight

[解説] 古代漢語の数詞の造形法(成り立ち)は数の性質、数の位置、数え方の特徴に基づく。8は性質がきわめて明瞭である。すなわちまず4と4に分かれ、更に2と2、2と2という具合に、二段階で二等分できる数である。この特徴に着目して、*puătという語で呼んだ。説文解字にも「八は別なり」とあるように、*puătは別・伐・分などと同源で、「二つに(左右に)分かれる」というコアイメージをもつ。藤堂明保はさらに範囲を拡大させ、発のグループ、犮(ハツ)のグループ(抜など)、貝のグループ、半

のグループ、反のグループ(返・版)、また肺・敝・片・辺・弁(辧・辯)などとも同源とし、「ふたつに分ける」という基本義があるとした(藤堂①)。日本語の「や」は「よ(四)と母音交替による倍数関係をなす語」という(大野①)。漢語の八は四の倍数であるという認識はあったが、語源が四*sied と八*puăt は異なる。

〔グループ〕八・分・半・叭ハツ(音が八の形に分かれ出る楽器[喇叭ラッパ])・朳ハツ(表土を掻き分けて均す農具、えぶり)

字源 八の形に二つに分かれることを示す象徴的符号。

(甲) 八　(金) 八　(篆) 八

語義 [展開] 基数の8の意味ⓐから、序数詞の8番目の意味ⓑ、また、数が多い意味ⓒに展開する。[英]eight; eighth; numerous [熟語] ⓐ八景・八州・ⓑ八階・八月・ⓒ四苦八苦・四通八達

文献 ⓐ詩経・烝民「八鸞鏘鏘=八鸞鏘鏘ソウソウたり(八つの鈴の音チリンチリンと)」ⓑ詩経・七月「八月其穫=八月其れ穫かる(八月は稲の刈り入れ)」

【鉢】13(金・5)　常　常用音訓 ハチ・ハツ

語音 puat(中古→呉ハチ・漢ハツ) bō(中) 발(韓)

語源 [コアイメージ] 左右に分かれる。[実現される意味] 僧の用いる食器ⓐ。[英]alms bowl

字源 「本ホン(音・イメージ記号)+金(限定符号)」を合わせた字。口の大きく開いた僧の用いる食器を表す。梵語のpātra(鉢多羅)を音写するために創作された字。本(puən)は近似音によってpuatを喚起させる。外来語の音写はたいてい音意両訳である。「本」を選んだ理由は、「本」が根本↓太い・ふくれて大きいというイメージになりうるからである。見方を変えると、この器は口が左右に大きく分かれていると捉えることもできるので、後に「左右に分かれる」というイメージをもつ「犮(buat)」を用いて(⇨抜)、「犮バツ(音・イメージ記号)+皿(限定符号)」を合わせた「盋」ができた。

語義 [展開] 僧の用いる食器の意味ⓐから、口の大きく深い皿や器の意味ⓑに展開する。[英]alms bowl; bowl, basin [熟語] ⓐ衣鉢・托鉢・ⓑ乳鉢

文献 ⓐ仏国記(東晋・法顕撰)「月氏王、篤信佛法、欲持鉢去=月氏の王、篤く仏法を信じ、鉢を持して去らんと欲す(月氏国の王は仏法を厚く信じて、鉢を持って帰ろうとした)」

はつ

【発】9(癶・4)　常　常用音訓 ハツ・ホツ

語音 *puăt(上古) piuat(中古→呉ホチ・ホツ・漢ハツ) fā(中) 발(韓)

語源 [コアイメージ] ㋐左右に分かれる・㋑はね返る・㋒勢いよく出る。[実現される意味] 足がある地点から踏み出る(出かける)ⓐ。[英]start, go out

〔解説〕足が出発する際は両足が癶の形に分かれ、次の段階で前に踏み出す。踏み出す際は↓の形に後ろに引く力に抗して、↑の形に強く押し出す力が働く。このようにしてぱっと勢いよく出ていく。*puăt という語は足を開き、前に押し出すという行為を表す語で、前半に焦点を置くと「癶の形に(二つに、左右に)分かれる」というイメージ、後半に焦点を置くと「↑↓の形にはね返る」「(はね返って)勢いよく出る」というイメージが含まれる。前者の場合は別・伐・払・八・半・敗・拝・弊など、後者の場合は抜・髪・肺などと同源である。釈名・釈言語では「発は撥なり。撥はねて開かしむるなり」と正当に語源を説いている。英語のstart は「びっくりする、(びっくりして)急に体を動かす、跳ぶ」が原義という(下宮①)。急に跳ぶというイメージと漢語の発の「跳ね返る、勢

いよく出る」は何となく似ている。startは「出発する」のほかに、「始まる」「生じる、起こる」という意味がある。これは発の語義のⓓと同じ。しかしstartとは違って漢語の発は多くの意味に展開する。

〔グループ〕発・廃・撥ハツ（↑→の形にはねかえす［反撥］）・潑ハツ（はねかえる［潑剌］）・癈ハイ（体の機能がだめになる［癈人］）・醱ハツ（泡が勢いよく出る→発酵する［醱酵］）

字源 「發」が正字。「癹ハツ（音・イメージ記号）＋弓（限定符号）」を合わせた字。「癶」は両足を左右に開いた形。出発する直前の足の様子を描いている。「癶ハツ（音・イメージ記号）＋殳（限定符号）」を合わせた「癹」は、足を開いて踏み出す情景を設定した図形。足が出発することを表すにはこの図形で十分であるが、弓の意味領域に限定させるため「發」が生まれた。これによって、弓から矢をぱっと出す（発射する）様子を暗示させる。

（篆）［癶］　（篆）［癹］　（篆）

〔字体〕「發」は旧字体。「発」は由来不明の常用漢字の字体。中国の簡体字は「发」。廃もこれに倣う。

語義 ［展開］「左右に分かれる」「はね返る・勢いよく出る」というコアイメージは、足がある地点から踏み出る意味ⓐのほかに、弓から矢が勢いよく出る（矢や弾を放つ）意味ⓑを実現させる。また、内から外に現し出す意味ⓒ、現れ出る（起こる、物事を始める）意味ⓓ、左右に分け開く（ひらく）意味ⓔ、開いて明るみに出す意味ⓕ、開いて外に伸び出る（伸び広がる）意味ⓖを派生する。また、「はね返る」というコアイメージがあるので、魚などがはね返るさまの意味ⓗや、はね返る意味ⓘでは撥ハツと通用する。［英］start(ⓐⓓ), go out, set out, depart; throw out, shoot; send forth, issue, manifest, express; arise, begin; open; expose, discover; expand, develop; splash; rebound ［和訓］はなつ・ひらく・あばく・おこる・おこす・たつ ［熟語］ⓐ発車・出発・ⓑ発射・発砲・ⓒ発音・発火・ⓓ発起・発生・ⓔ発掘・開発・ⓕ発見・発表・ⓖ発達・発展・ⓘ活発・反発

文献 ⓐ詩経・載駆「齊子發夕＝斉の子は夕べに発す（斉の娘はよわに出かけた）」ⓑ詩経・吉日「發彼小豝＝彼の小豝に発す（小さいイノシシに矢を放つ）」ⓓ論語・述而「發憤忘食＝憤りを発して食を忘る（発憤して食事も忘れる）」ⓔ詩経・谷風「毋逝我梁、毋發我笱＝我が梁に逝く毋かれ、我が笱を發く毋かれ（私のやな［魚を捕る装置］に行っちゃだめ、私のうえ［魚を捕る道具］を開いちゃだめ）」ⓕ論語・述而「不悱不發＝悱せずんば発かず（表現しようといらだつくらいでないと、教えてやらない）」ⓗ詩経・碩人「鱣鮪發發＝鱣鮪発発たり（［網にかかって］チョウザメがぴちぴち跳ねる）」

【髪】14（髟・4）　常　常用音訓 ハツ　かみ

〔髮〕15（髟・5）　人　音 ハツ　訓 かみ

語音 *puăt（上古）　puət（中古→呉ホチ・漢ハツ）　fà（中）　발（韓）

語源 ［コアイメージ］ぱっと勢いよく出る。［実現される意味］かみの毛ⓐ。［英］hair

〔解説〕釈名・釈形体では「髪は抜なり。抜擢して出づるなり」とあり、髪と抜を同源と見ている。髪が抜けるのではなく、抜きん出るようにして生え出るという生理的な性質を捉えたものである。*puătという語は抜や発と同源で、「ぱっと勢いよく出る」というコアイメージをもつ。藤堂明保は発（ひらく）・祓フツ（はらう）と同源で、「発散するように開く」というイメージを取る（藤堂②）。日本語の「かみ」はカミ（上）と同根という（大野②）。

字源 「髮」が正字。「犮ハツ（音・イメージ記号）＋髟（限定符号）」を合わせ

た字。「犮」は「はねる」「はねかえる」というイメージから、「↰↱の形（二つに、左右に）分かれる」というイメージ、さらに「↑↓の形にはね返って、ぱっと出ていく」というイメージに転化する（⇩抜）。これは発（*pɪuăt）と同源である。したがって「髪」は頭の上に生えて勢いよく伸び出る「かみ」を暗示させる。

〔字体〕「髮」は旧字体。「髪」は抜→抜に倣った常用漢字の字体。現代中国の簡体字は「发」。

語義 ［展開］かみの意味ⓐ。また、小数の単位（尺の百分の一）や、わずかなものの喩えⓑに用いられる。［英］hair; unit of decimal ［熟語］ⓐ長髪・白髪・ⓑ一髪・毫髪

文献 ⓐ詩経・采緑「予髪曲局＝予が髪は曲局す（私の髪は乱れほうだい）」

ばつ

【伐】 6（人・4） 常 ｜ 常用音訓 バツ

語音 *bɪuăt（上古） bɪuʌt（中古→㊀ボチ・㊁ハツ・［慣］バツ） fá（中） 벌（韓）

語源 ［コアイメージ］二つに分ける。［実現される意味］武器や刃物で切り分ける（きる）ⓐ。［英］hew, cut

〔解説〕古典の注釈に「伐は敗なり」「伐は発なり」の訓がある。*bɪuăt という語は敗・発・廃・弊・別・抜・判・拝・肺などと同源で、「二つに分ける」というコアイメージをもつ。

〔グループ〕伐・閥・筏（バツ）（木を切り分けて並べた「いかだ」）

字源 「戈（ほこ。イメージ記号）＋人（限定符号）」を合わせた字。人を武器で撃つ情景を設定した図形。ただし図形にコアイメージは反映されていない。

（甲） （金） （篆）

語義 ［展開］二つに切り分ける（きる）意味ⓐから、敵を打ち破る（うつ）意味ⓑ、楽器などを打ちたたく意味ⓒ、破り損なう意味ⓓに展開する。また、「二つに分ける」→「開いて見せる」というイメージに展開し、他人にみせびらかす（自慢する、ほこる）意味ⓔを派生する。［英］hew, cut; attack; beat; harm; boast ［和訓］きる・うつ・ほこる ［熟語］ⓐ伐採・乱伐・ⓑ征伐・討伐・ⓓ伐徳・ⓔ功伐・克伐

文献 ⓐ詩経・汝墳「遵彼汝墳、伐其條枚＝彼の汝墳に遵ひ、其の条枚を伐る（汝水の堤に沿って、木の枝を断ち切る）」 ⓑ詩経・出車「薄伐西戎＝薄か西戎を伐つ（西のえびすを討ちとった）」 ⓒ詩経・采芑「伐鼓淵淵＝鼓を伐つこと淵淵たり（太鼓を打つ音ドーンドーン）」 ⓓ詩経・賓之初筵「酔而不出、是謂伐徳＝酔ひて出でざる、是れを伐徳と謂ふ（酔っ払って宴席に出ないのは、酒のしくじりというものだ）」 ⓔ論語・公冶長「願無伐善＝願はくは善に伐ること無からん（自分の善を自慢しないようにしたい）」

【抜】 7（手・4） 常 ｜ 常用音訓 バツ ぬく・ぬける・ぬかす・ぬかる

〔拔〕 8（手・5） 人 ｜ ㊥バツ ㊦ぬく・ぬける・ぬかす・ぬかる

語音 *băt（上古） bʌt（中古→㊀バチ・㊁ハツ・［慣］バツ） bá（中） 발（韓）

語源 ［コアイメージ］㋐はね返る・㋑ぱっと勢いよく出る。［実現される意味］引き抜くⓐ。［英］pull

〔解説〕犮（ハツ）にコアイメージの源泉がある。これは「はね返る」というイメージを表す記号である。「はね返る」とは↑の方向の力に抗して、↓の方向に力が働く（反発する）ことである。したがって、「↑↓の形や↰↱の形にはね返る」というイメージは「↑の方向（または↓の方向）に勢いよく出る」というイメージに転化し、このイメージから物を↰↱の形や↑の方

向に勢いよく引き抜くという意味が実現される。*bǎt(抜)という語は発と同源である。日本語の「ぬく」は「物を引いて取り去り、後にすっぽり穴を残す意」という(大野①)。取り出す、取り除くはその展開義である。漢語の抜とかなりイメージが異なるが、転義は似てくる。英語のpullは「一定の方向や位置へ(強く)引く、引っ張る」の意から、「歯、栓、草木などを引き抜く」の意に転じる(小島①)。

〔グループ〕抜・髪・祓(フツ)(丷の形に払いのける[修祓])・跋(バツ)(草を左右に払って進む[跋渉])・魃(バツ)(水気を払いのける神→日照り[旱魃])

字源 「抜」が正字。「犮(ハツ)(音・イメージ記号)＋手(限定符号)」を合わせた字。「犮」は「犬＋丿(斜めにはねる印)」を合わせて、犬が後ろ足ではねる情景を設定した図形。この意匠によって、「丷の形や↑↓の形にはね返る」というイメージを表すことができる。「抜」ははね返すようにして、手で物をぱっと引きぬく様子を暗示させる。

(篆)［犮］　(篆)

〔字体〕「拔」は旧字体。「抜」は書道に由来する常用漢字の字体。髪もこれに倣う。

語義 [展開] 引き抜く(ぬく)意味ⓐから、邪魔なものを取り除く意味ⓑ、他より抜け出る(飛び抜けて優れる、ぬきんでる)意味ⓒに展開する。[英]pull; remove; surpass [熟語] ⓐ抜擢・選抜・ⓑ抜本・ⓒ抜群・奇抜

文献 ⓐ孟子・尽心上「楊子取爲我、拔一毛而利天下、不爲也＝楊子は我が為にするを取り、一毛を抜きて天下を利するも、為さざるなり(楊朱[中国古代の思想家]は利己主義を取り、一本の髪の毛を抜いただけで天下の利益になるとしても、そんなことをしない)」ⓑ詩経・緜「柞棫拔矣、行道兌矣＝柞棫(サクヨク)抜き、行道兌(イタ)す(雑木林を切り払い、道がストンと通じた)」ⓒ孟子・公孫丑上「拔乎其萃＝其の萃(イス)より抜きんづ(多くのものから抜け出ている)」

【罰】14(网・9)　常　(常用音訓) バツ・バチ

語音 *bıuǎt(上古)　bıʌt(中古→呉ボチ・漢ハツ・[慣]バツ・バチ)　fá(中)　벌(韓)

語源 [コアイメージ] はね返る。[実現される意味] 罪をこらしめる(仕置きする)ⓐ。[英]punish

〔解説〕広雅・釈詁に「罰は伐なり」とある。藤堂明保は罰と抜・撥を同源と見ている(藤堂②)。伐は切る・打つ意味であるが、そのコアをなすのは「二つに分ける」というイメージである。これは「↑↓の形にはね返る」というイメージに展開する。*bıuǎtという語は発・撥(はね返る)とも同源といえる。罪を犯したものにはね返ってくるもの(つまり報い)が罰である。英語のpunishもpenaltyもラテン語のpoena(罪つぐない、苦しみ)から来ているらしい。これはpain(痛み)の語源ともいわれる(下宮①)。

字源 「网(イメージ記号)＋言(イメージ補助記号)＋刀(限定符号)」を合わせた字。「网」は罪にも含まれ、法の網を指す。「罰」は罪人を法の網に引っかけ、罪名を定め、刑を施す情景を設定した図形。図形にコアイメージは反映されていない。

(金)　(篆)

〔字体〕「罸」は異体字。

語義 [展開] 罪に対してこらしめる、また、仕置きの意味ⓐから、神仏による報いの意味ⓑを派生する。[英]punish, punishment, penalty; divine judgement [熟語] ⓐ刑罰・体罰・ⓑ神罰・天罰

文献 ⓐ書経・盤庚「罰及爾身、弗可悔＝罰、爾の身に及ぶも、悔むべからず(罰がお前の身に及んでも、悔やんではならない)」

【閥】14(門・6)　常　常用音訓 バツ

語音 *buăt(上古)　buat(中古→呉ボチ・漢ハツ・[慣]バツ)　fá(中)　벌(韓)

語源 [コアイメージ] みせびらかす(誇る)。[実現される意味] 功績のある家柄ⓐ。[英]established house

字源 「伐(音・イメージ記号)+門(限定符号)」を合わせた字。「伐」はみせびらかすという意味があり、手柄を自慢するという意味を派生する(⇨伐)。「閥」は門の柱に手柄を書いてみせびらかす様子を暗示させる。この意匠によって、功績を誇る家柄を表象する。閥は伐から分化した字。

語義 [展開] 功績のある家柄の意味ⓐから、誇るべき手柄・功績の意味ⓑ、また、共通の利害や縁故で結ばれた排他的な集団の意味ⓒに展開する。[英]established house, distinguished family; exploit; faction [熟語] ⓐ門閥・ⓑ閥閲・ⓒ財閥・派閥

文献 ⓑ論衡・程材篇「儒生無閥閲＝儒生、閥閲無し(学者には立派な功績も経歴もない)」

はん

【反】4(又・2)　常　常用音訓 ハン・ホン・タン　そる・そらす

語音 *piuăn(上古)　piuan(中古→呉ホン・漢ハン)　fǎn(中)　반(韓)

語源 [コアイメージ] ㋐↑↓の形にはね返る・㋑(の形にそり返る。[実現される意味] 手のひらなどをひっくり返す(くつがえす)ⓐ。[英]overturn

〔解説〕藤堂明保は反のグループを八・別・発・半・片などと同じ単語家族に入れ、「ふたつに分かれる」という基本義があるとした(藤堂①)。しかし反は「↑↓の形に分かれる」というイメージをもつけれども、他の語とは少し性質(意味論上の)が違う。↑の方向のものがはね返って↓の方向に行くというイメージが強い。「はね返る」というイメージでは発に近い。反の原初的な発想は、(の形にそり返った状態が次の段階で元に戻るという、日常経験する現象にあると考えられる。そり返る前提には薄く平らな状態がある。したがって、「薄く平ら」というイメージが「(の形や)の形にそり返る」というイメージに転化し、さらに「↑↓の形がはね返って↓の形に向きを変える」というイメージに展開する。これが反という記号のもつ深層構造である。日本語の「そる」はソ(背)と同根で、「背後に弓なりになる」意味という(大野①)。漢語の反に「そる」(弓なりになる)という意味は中国の字典類には記述されていないが、反のコアイメージには「(の形にそり返る」が含まれており、詩経に唯一「騂騂たる角弓、翩として其れ反す(赤く輝く角の弓、ぴんとはねてそり返る)」(角弓篇)という用例がある。反と対応する英語はre-のついた語が多い。re-は「元に・相互に・反対」「再び」の意味をもつ接頭語である(小島①)。漢語の反の「(はねかえって)元に戻る」というコアイメージと似ている。

〔グループ〕反・返・坂・阪・板・版・販・飯・叛(そむく[謀叛])・鈑(板金[鈑金])・魬(薄くて平らな魚、比目魚。〈日〉ハマチ)

字源 「厂(イメージ記号)+又(限定符号)」を合わせた字。「厂」は叚(=仮)や矦(=侯)・匹にも含まれており、垂れた布の形。「又」は手の形。「反」は布を手で押す情景を設定した図形。薄く平らなものに力を加えるとそり返る。「反」の図形的意匠によって、「(の形にそり返る」というコアイメージを表すことができる。

(甲)  　(金) 　(篆)

語義 [展開] 「(形や)形にそり返る」というコアイメージは、手のひらを)形から(形にする(裏返す、くつがえす)という意味ⓐを実現する。

また、(形にそり返ったものが)形にはね返って元に戻る(かえる)意味ⓑ、↑の方向に対して↓の方向になる(はねかえる)意味ⓒ、反対向きになる(逆になる、そむく)意味ⓓ、⇅形に同じことを繰り返す意味ⓔ、振り返る(かえりみる)意味ⓕに展開する。[英]overturn; return; rebound; reverse; repeat; look back, reflect 【和訓】かえる・かえす・かえりみる 【熟語】ⓐ反掌・輾転反側・ⓑ反魂香・反正・ⓒ反響・反射・ⓓ反対・違反・ⓔ反芻・反復・ⓕ反顧・反省

[文献] ⓐ孟子・公孫丑上「以齊王、由反手也＝斉を以て王たるは、由ほ手を反すがごときなり(斉のような大国で王になるのは、手のひらを返すように容易だ)」ⓑ詩経・載馳「不能旋反＝旋り反ること能はず(車の向きを変えて元に戻ることはできない)」ⓒ論語・述而「擧一隅不以三隅反、則不復也＝一隅を挙げて三隅を以て反せずんば、則ち復たせざるなり(一つの隅を示すと三つの隅をはね返すようでないと、二度と教えてやらない)」ⓓ論語・顔淵「小人反是＝小人は是に反す(つまらぬ人間はこれと反対だ)」ⓔ論語・述而「子與人歌而善、必使反之＝子、人と歌ひて善ければ、必ず之を反さしむ(先生[孔子]は人とうまく歌えた時は、必ず繰り返させた)」ⓕ孟子・公孫丑上「自反而縮、雖千萬人吾往矣＝自ら反りみて縮くんば、千万人と雖も吾往かん(反省して自分が正しいと思ったら、相手が千人や万人であっても向かって行こう)」

【半】 5(十・3) [常] [常用音訓] ハン なかば

[語音] *puan(上古) puan(中古→[呉]・[漢]ハン) bàn(中) 반(韓)

[語源] [コアイメージ] 二つに分ける。[実現される意味] 二つに分けた片方(二分の一)ⓐ。[英]half

〔解説〕藤堂明保も王力も半を分・判・別・片・弁(辨・辯)などと同源とする。*puanという語は八・伐・貝・肺とも同源で、「二つ(八の形、↑↓の形、□↙□の形)に分かれる」というコアイメージをもつ。図形化は牛を解体する場面から発想された。日本語の「なかば」はナカ(中)＋ハ(端)で、「明確に半分の所の意」という(大野①)。これは漢語の半のⓑに当たる。

〔グループ〕半・伴・判・畔・絆・叛(分かれてそむく[謀叛])・拌(固まったものを分けてほぐす→かきまぜる[攪拌])・胖(半分に切ったいけにえ)・袢(上半身に着る白い肌着。〈日〉襦袢は当て字)・泮(氷が割れて溶ける)・靽(馬の鞍から尻にかけてつなぐ革紐、しりがい) 鵥*(純国字。カケス)

[字源] 「半」が正字。「八(音・イメージ記号)＋牛(限定符号)」を合わせた字。「八」は「八の形に(二つに、左右に)分かれる」というイメージがある(⇨八)。「半」は牛を真っ二つに分ける様子を暗示させる。この意匠によって、物を真ん中で二つに分けることを表象する。

(金)  (篆) 

〔字体〕「半」は旧字体。「半」は古くから書道で行われた字体。半に従う他の常用漢字もこれに倣う。

[語義] [展開] 「□↙□の形に分ける」というイメージの□の部分に焦点を当てると、二つに分けた片方(二分の一)の意味ⓐになるが、↙の部分に焦点を当てると、一続きの物の真ん中あたり(中間、なかば)という意味ⓑになる。また、全体までは行かない、完全ではないという意味ⓒを派生する。[英]half(ⓐ～ⓒ); middle; partly 【熟語】ⓐ半円・半周・ⓑ過半・大半・ⓒ半解・半熟

[文献] ⓐ孟子・滕文公下「井上有李、螬食實者過半矣＝井上に李有り、螬の実を食ふ者半ばを過ぐ(町なかにスモモの木があったが、果実はジムシに半分以上食われていた)」

【氾】 5(水・2) [常] [常用音訓] ハン

[語音] *p'iăm(上古) p'iɐm(中古→[呉]ホム〈＝ホン〉・[漢]ハム〈＝ハン〉) fàn

(中) 범(韓)

語源 ［コアイメージ］枠をはみ出る。［実現される意味］水が川からあふれ出る㋐。［英］overflow

字源 「㔾(イメージ記号)+水(限定符号)」を合わせた字。「㔾」は「枠を突き破ってはみ出ていく」というイメージがある(⇩犯)。「氾」は水が堤防を突き破ってはみ出る様子を暗示させる。

語義 ［展開］水があふれ出る意味㋐から、広く広がる(あまねく)という意味㋑に展開する。㋑は汎・泛と通用。［英］overflow; extensive ［熟語］㋐氾濫・㋑氾愛(=汎愛)・氾論(=汎論)

文献 ㋐孟子・滕文公上「洪水横流、氾濫於天下=洪水、横流し、天下に氾濫す(洪水がでたらめに流れ、世界中にあふれ出た)」

【犯】 5(犬・2) 常 常用音訓 ハン おかす

語音 *bıuăm(上古) bıuam(中古→呉ボム〈=ボン〉・漢ハム〈=ハン〉) fàn (中) 범(韓)

語源 ［コアイメージ］枠をかぶせる・枠をはみ出る。［実現される意味］法やルールを破る(おかす)㋐。［英］commit, offend

［解説］従来、犯の語源については説文解字に「犯は侵なり」とあるぐらいである。犯の深層構造を初めて解き明かしたのは藤堂明保である。氏は犯・氾を法や、乏のグループ(泛など)、凡のグループ(汎など)と同じ単語家族にくくり、「枠をかぶせる・平らな面でおおう」という基本義があるとした(藤堂①)。社会生活を営む人間には法や道徳という枠がかぶせられている。この枠を突き破ることを*bıuăm(犯)という。洪水が堤防を突き破ってあふれることが氾濫の氾である。語のイメージの論理的展開を考えると、まず「表面を広く覆う」というイメージの語がある。表面を覆うことは下のものの上にかぶさることであるから、次に「覆いかぶさる」「枠をかぶせる」というイメージに展開する。更に、上に枠がかぶさった事態を打開しようと、上向きの力が働いて、突き破ろうとする。これは言語における自然の意味論的展開である。「覆いかぶさる」から「覆いを破って出ようとする」「枠をはみ出る」というイメージ転化現象は冒や濫にも見られる。犯と氾は「枠を突破する」というイメージをもつ語であるが、枠そのものを表す語が範・笵であり、また法である。英語のcommitはラテン語のcommittere、分析するとcom(=con、強意の接頭語)+mittere(送る)に由来し、「強いてある場・状態へ追い込む」の意(小島①、政村①)。これが罪を犯す意味になる。またoffendはラテン語のoffendere、of-(…に対して)+fendere(打つ)に由来するという(下宮①)。法やルールにぶち当たって触れることから法を犯す意味になると思われる。漢語の触(突き当たる→おきてに触れる)と意味転化が似ている。語源的にはcommitよりもoffendのほうが犯(枠を突く→犯す)と近い。

〔グループ〕犯・氾・範・笵ハン(型、枠［鎔笵］)・范ハン(型、模型)

字源 「㔾(㔾は変形。イメージ記号)+犬(限定符号)」を合わせた字。「㔾カン」は「フ+丂の略体」を合わせた形。「丂」は下から上に曲がりつつ伸び出ようとするものが「一」で止まる様子を象徴的に示す図形である(⇩朽・号)。この「一」を「フ」の形に替えたのが「㔾」で、下から伸び出ようとするものに上から枠をかぶせる様子を暗示させる図形。この意匠によって、「はみ出て行かないように上に枠をかぶせる」というイメージを表すことができる。一方、無理に枠をかぶせられた物は枠を破ろうとする力学が働くので、「枠を突き破ってはみ出ていく」というイメージにも転化しうる。かくて「犯」は枠にはめようとした犬が枠を突き破ってはみ出て、手に負えなくなる情景を設定した図形である。法やルールという枠を破ることを意味する*bıuămという視覚記号は、犬の情況に移し替えて(要するに比喩として)、図形化が行われた。

(篆)［㔾］ (篆)

語義 [展開] 法を犯す意味ⓐから、法を犯した人の意味ⓑを派生する。[英]commit, offend; offender [熟語] ⓐ犯罪・触犯・ⓑ主犯・戦犯

文献 ⓐ論語・学而「其為人也孝弟、而好犯上者鮮矣＝其の人と為なりや孝弟にして、上かみを犯すを好む者は鮮すくなし（人格的に親や兄を敬う人に、上位者に逆らうのを好むものはほとんどいない）」

【帆】6(巾・3) 常 ｜常用音訓｜ ハン ほ

語音 *bĭăm(上古) bıʌm(中古→呉ボム〈＝ボン〉・漢ハム〈＝ハン〉) fān(中) 범(韓)

語源 [コアイメージ] 広く覆う。[実現される意味] 船のほⓐ。[英]sail

〈解説〉釈名・釈船に「帆は泛なり。風に随ひて幔（長い幕）を張るを帆と曰ふ。舟をして疾く汎々然たらしむるなり」とある。汎（水上を覆って浮かぶ）・泛（浮かぶ）と同源の語である。

字源 「凡ハン（音・イメージ記号）＋巾（限定符号）」を合わせた字。「凡」は船の帆を描いた図形（⇩凡）。満遍なく張り広げるので、*bĭăm という語は「全体を広く覆う」というイメージがある。「帆」は満遍なく張り広げる船の「ほ」を暗示させる。

語義 [展開] 船の帆の意味ⓐから、船の意味ⓑを派生する。これは換喩的転義。[英]sail; ship [熟語] ⓐ帆走・帆布・ⓑ帰帆・出帆

文献 ⓐ三国志・呉志・丁奉伝「擧帆二日至＝帆を挙げて二日にして至る（帆を上げてから二日間で到着した）」

【汎】6(水・3) 常 ｜常用音訓｜ ハン

語音 *p'ĭăm(上古) p'ıʌm(中古→呉ホム〈＝ホン〉・漢ハム〈＝ハン〉) fàn(中) 범(韓)

語源 [コアイメージ] 覆いかぶさる・広く覆う。[実現される意味] 水上に浮かぶⓐ。[英]float

字源 「凡ハン（音・イメージ記号）＋水（限定符号）」を合わせた字。「凡」は「覆いかぶさる」「広く覆う」というイメージがある（⇩凡）。「汎」は水の上を覆いかぶさって浮かぶ様子を暗示させる。

語義 [展開] 水の上を覆うようにして浮かぶ意味ⓐから、全体に行き渡る意味ⓑに展開する。[英]float; extensive [和訓] ひろい・あまねし [熟語] ⓐ汎汎・ⓑ汎用・広汎

文献 ⓐ詩経・柏舟「汎彼柏舟、在彼中河＝汎たる彼の柏舟、彼の中河に在り（浮かび漂うかしわの小舟、川の真ん中であてもない）」ⓑ論語・学而「汎愛衆而親仁＝汎く衆を愛して仁に親しめ（広く大衆を愛して、仁者に接しなさい）」

【伴】7(人・5) 常 ｜常用音訓｜ ハン・バン ともなう

語音 *buan(上古) buan(中古→呉バン・漢ハン) bàn(中) 반(韓)

語源 [コアイメージ] 二つに分かれる。[実現される意味] カップルをなすものの片方（相棒・連れ）ⓐ。[英]pair, partner

〈解説〉半にコアイメージの源泉がある。「□↙□の形に分かれる」というイメージが基本で、甲と乙で組になったものの片方を伴という。甲と乙は対等の関係をなす仲間である。和訓の「とも」は「（主となるものに）そば近く寄り添って従うもの」の意であり、「ともなう（ともなふ）」は「主と従とが友のように同行する意」という（大野①）。漢語の伴と少しイメージが異なる。

字源 「半ハン（音・イメージ記号）＋人（限定符号）」を合わせた字。「半」は「真ん中で左右に（□↙□の形に）分ける」というイメージがある（⇩半）。「伴」はカップルになった二人の片方を暗示させる。

語義 [展開] カップルの片方の意味ⓐ。また、「□↙□の形に分ける」というイメージは視点を変えれば「□–□の形に並ぶ・くっつく」というイ

メージにもなり、並んだ仲間(カップル・連れ)になる、一緒になって何かをする(ともなう)意味ⓑが生まれる。[英]pair, partner, companion; accompany　[和訓]とも　[熟語]ⓐ伴侶・ⓑ随伴・同伴

文献　ⓐ楚辞・九章・惜誦「又何以爲此伴也＝又何を以て此の伴を為さんや(どうしてこんな連中と相棒になれようか)」ⓑ易林１「兩人相伴、相與悖戾＝両人相伴ひ、相与もとに悖戾はいれいす(二人はカップルをなしていたが、互いに背き合った)」

【判】 7(刀・5)　常　|常用音訓|　ハン・バン

語音　*p'uan(上古)　p'uan(中古→呉・漢ハン・[慣]バン)　pàn(中)　판(韓)

語源　[コアイメージ]二つに分ける。[実現される意味]二つに分けるⓐ。[英]divide

〔解説〕二つに分けるが原義。ここから、可否・善悪を分ける(判断する、判決する)、判然(はっきりしている)という意味に展開する。英語では下記の語がこれに対応するが、di-、de-、dis-などの接頭語は「分離」を表す。その語源はギリシア語のduo(=two)にあるらしい(小島①)。漢語の判のコアイメージが半(二つに分ける、半分)に源泉をもつのと非常に似ている。語義の展開(あるいは造語法)の普遍性が感じられる。

字源　「半ハン(音・イメージ記号)＋刀(限定符号)」を合わせた字。「半」は「真ん中で左右に(□／□の形に)分ける」というイメージがある(⇩半)。「判」は刀で左右に切り分ける様子を暗示させる。

語義　[展開]「二つに分ける」というコアイメージから、文字通り「二つに分ける」の意味ⓐ、のっぺらぼうな(分割・区別されていない)状態を二つに分けて、善し悪しを見定める意味ⓑ、白黒・可否を二つに分けてどちらかにはっきりと決める意味ⓒ、区別がはっきりついている意味ⓓに展開する。日本では、判断して許可する印を書き判(花押とも)といい、はんこの意味ⓔ、さらに、紙や書物のサイズの意味ⓕが生じた。[英]divide; distinguish, discriminate; decide, judge; distinct; seal ; size　[和訓]わかつ・わかる　[熟語]ⓐ剖判・ⓑ判断・判別・ⓒ判決・裁判・ⓓ判然・ⓔ血判・連判・ⓕ判型・菊判

文献　ⓐ荘子・天下「判天地之美、析萬物之理＝天地の美を判わかち、万物の理を析さく([統一体である]自然の美、万物の理法を分けてばらばらにしまう)」

【坂】 7(土・4)　常　|常用音訓|　ハン　さか

語音　*piuăn(上古)　piuan(中古→呉ホン・漢ハン)　bǎn(中)　판(韓)

語源　[コアイメージ](形にそり返る。[実現される意味]傾斜した地形や道(さか)ⓐ。[英]slope

字源　「反ハン(音・イメージ記号)＋土(限定符号)」を合わせた字。「反」は「(形にそり返る」というイメージがある(⇩反)。「坂」は(形にそり返った地形を暗示させる。坡ハ(傾斜した地形、さか)は同源。春秋・文公十二年の条に蒲坂(地名)の用例がある。

語義　阪と同義で、さかの意味ⓐ。阪が坂よりも古い。[熟語]ⓐ急坂・登坂

文献　ⓐ新序・雜事「趙簡子上羊腸之坂＝趙簡子、羊腸の坂を上る(趙簡子[人名]はくねくねした坂道を上った)」

【阪】 7(阜・4)　常　|常用音訓|　ハン

語音　*bǎn(上古)　bǎn(中古→呉ベン・漢ハン)　bǎn(中)　판(韓)

語源　[コアイメージ](形にそり返る。[実現される意味]傾斜した地形や道(さか)ⓐ。[英]slope

字源　「反ハン(音・イメージ記号)＋阜(限定符号)」を合わせた字。「反」は「(形にそり返る」というイメージがある(⇩反)。「阪」は(形にそり返

った地形を暗示させる。

語義 さかの意味ⓐ。坂より阪のほうが古い。日本では主として地名・人名に用いられる。［和訓］さか ［熟語］ⓐ阪路

文献 ⓐ詩経・車鄰「阪有漆、隰有栗＝阪に漆有り、隰に栗有り（坂にあるのはウルシの木、沢にあるのはクリの木）」

【板】8(木・4) 常 常用音訓 ハン・バン いた

語音 *păn(上古) păn(中古→呉ヘン・漢ハン・[慣]バン) bǎn(中) 판(韓)

語源 ［コアイメージ］㋐⌒形にそり返る・㋑薄く平ら。［実現される意味］薄く平らな木片（いた）ⓐ。[英]board

字源 「反ハン（音・イメージ記号）＋木（限定符号）」を合わせた字。「反」は薄く平らなものをそり返らせる様子を示す図形で、「⌒形にそり返る」というイメージがある。一方、そりかえる原因に視点を置くと、「薄く平ら」というイメージに転化する（⇩反）。したがって「板」は薄く平らな木の「いた」を暗示させる。

語義 ［展開］薄く平らな木片（いた）の意味ⓐから、文字を書いたり印刷したりする板の意味ⓑ、薄く平らなものの意味ⓒに展開する。また、「薄く平ら」というイメージから、変化に乏しい、代わり映えがない意味ⓓを派生する。このイメージ転化は「平ら」のイメージから単純・簡単の意味を生じた単と似ている。また、「そり返る」というコアイメージから、道理にそむく意味ⓔを派生する。ⓑは版、ⓔは反と通用。[英]board; printing block; board-like thing; flat; irrational ［熟語］ⓐ黒板・鉄板・ⓑ板刻・開板・ⓒ乾板・血小板・ⓓ平板

文献 ⓐ詩経・小戎「在其板屋＝其の板屋に在り（[君子は]板囲いした粗末な家に住んでいる）」ⓔ詩経・板「上帝板板＝上帝、板板たり（天の神様はそむいて常ならず）」

【版】8(片・4) 常 常用音訓 ハン

語音 *păn(上古) păn(中古→呉ヘン・漢ハン) bǎn(中) 판(韓)

語源 ［コアイメージ］㋐⌒形にそり返る・㋑薄く平ら。［実現される意味］工事用の板ⓐ。[英]board frame

字源 「反ハン（音・イメージ記号）＋片（限定符号）」を合わせた字。「反」は「⌒形にそり返る」というイメージから、「薄く平ら」というイメージに展開する（⇩反）。「版」は薄く平らな木片を暗示させる。この意匠によって、城壁や塀を築く際、土を入れて突き固めるために、両側に立てる木の板を表象する。

語義 ［展開］工事用の板の意味ⓐから、文字を記す木の札（戸籍簿）の意味ⓑ、印刷用の板（版木）の意味ⓒ、印刷して本を出すことや、また、その回数を数える語ⓓに展開する。[英]board frame; writing plate; printing block; publish, edition ［和訓］いた ［熟語］ⓐ版築・ⓑ版籍・版図・ⓒ版画・木版・ⓓ版権・初版

文献 ⓐ詩経・緜「縮版以載、作廟翼翼＝版を縮ねて以て載せ、廟を作ること翼翼たり（板を束ねて土を載せ、みたまやをきちんと作る）」ⓑ論語・郷党「式負版者＝版を負ふ者に式す（戸籍簿を持つ人に出会うと、車上で挨拶した）」

【班】10(玉・6) 常 常用音訓 ハン

語音 *puăn(上古) puăn(中古→呉ヘン・漢ハン) bān(中) 반(韓)

語源 ［コアイメージ］二つに分ける。［実現される意味］本体から分けて与える（分配する）ⓐ。[英]divide, distribute

〔**解説**〕王力は班・頒を同源とする（王力②）。それだけでなく*puănという語は判・分・辨（＝弁）などとも同源であり、「二つに（□↙□の形に）分ける」というイメージがある。「□↙□の形に分ける」というイメージは

「□→□」の形に本体から分ける」というイメージに展開し、本体から分けて与える意味を実現させる。

字源 「玨(二つの玉。イメージ記号)＋刀(限定符号)」を合わせて、玉を刀で分割する情景を設定した図形。

(金)　(篆)

語義 [展開] 本体から分けて与える(分配する)が本義ⓐ。また、「分かれたものが□-□の形に並ぶ」というイメージにも展開し、順序をつける、また、順序の意味ⓑ、一つ一つ分かれた等級(クラス)、いくつかに分かれたグループの意味ⓒを派生する。[英]divide, distribute; place in order; class, team, group [和訓] わかつ [熟語] ⓐ班給・班田・ⓑ班列・首班・ⓒ班員・班長

文献 ⓐ書経・舜典「班瑞于群后＝瑞を群后に班(わか)つ(瑞祥の玉を多くの君主に賜った)」 ⓑ孟子・万章下「周室班爵禄也、如之何＝周室の爵禄を班(わか)つや、之を如何(いかん)せん(周の王室が臣下に爵位や俸禄を与えるのにどんな順序をつけるのでしょうか)」

【畔】 10(田・5)　常 ｜ 常用音訓 ハン

語音 *buan(上古)　buan(中古→㊐バン・㊊ハン)　pàn(中)　반(韓)

語源 [コアイメージ] 二つに分ける。[実現される意味] 田の境界(あぜ)ⓐ。[英]ridge between fields

字源 「半(ハン)(音・イメージ記号)＋田(限定符号)」を合わせた字。「半」は「真ん中で二つに(左右に、□↙□の形に)分ける」というイメージがある(⇩半)。「畔」は田と田を分けるさかい目(あぜ)を暗示させる。

語義 [展開] 田と田を仕切る境界(あぜ)の意味ⓐから、水と陸の境界付近(水辺)の意味ⓑ、また、物の周辺の意味ⓒに展開する。[英]ridge between fields; riverside; beside [和訓] あぜ・くろ・ほとり [熟語] ⓐ畦畔・ⓑ河畔・湖畔・ⓒ橋畔

文献 ⓐ韓非子・難一「歴山之農者侵畔＝歴山の農者、畔を侵す(歴山[地名]の農民が田の境界に侵入した)」

【】 10(舟・4)　常 ｜ 常用音訓 ハン

語音 (1)*buan(上古)　buan(中古→㊐バン・㊊ハン)　pán(中)　반(韓)
(2)*puăn(上古)　puăn(中古→㊐ヘン・㊊ハン)　bān(中)　반(韓)

語源 [コアイメージ] ○(円形)・円く平らに広がる。[実現される意味] 円くめぐる(めぐり歩く)ⓐ。[英]turn around, stroll about

〔解説〕 藤堂明保は般のグループは番のグループ(盤・播など)と同源で、「放射状に開く・平らに広がる」という基本義をもつとする(藤堂①)。番は「円形を描くように四方に平らに広がる」というのがコアイメージである。前半に焦点を置けば「円形」のイメージ、後半に焦点を置けば「平らに広がる」のイメージになる。ぐるぐる回る(円くめぐる)ことが般の古い使い方である。

〔グループ〕 般・搬・盤・磐・槃(ハン)(平らに開いた大皿)・瘢(ハン)(平らに広がる傷痕[瘢痕])・鞶(ハン)(平らに広がる大帯)

字源 「舟(ふね。イメージ記号)＋殳(限定符号)」を合わせて、かじを切って舟を⌒形にめぐらす情景を設定した図形。説文解字に「舟の旋(めぐ)るに象る」とある。かじを切れば、船は円形を描くようにして元に戻ることから、般は「○(円形)」のイメージを表すことができる。「○」のイメージは「円く平らに広がる」というイメージに展開する。

(甲) 　(金) 　(篆) 

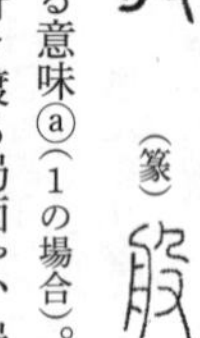

語義 [展開] 円くめぐる意味ⓐ(1の場合)。「円く平らに広がる」というイメージから、全体に行き渡る局面や、局面の様子の意味ⓑ、また、平板で一様である、どれも様子が同じである意味ⓒ、同じような種類と

いう意味ⓓを派生する(以上は2の場合)。[英]turn around, stroll about; aspect, phase, state; general, like; sort, kind 【熟語】ⓐ般桓(=盤桓)・般楽・ⓑ今般・全般・ⓒ一般・ⓓ百般・万般

【文献】ⓐ孟子・公孫丑上「及是時、般楽怠敖、是自求禍也=是この時に及びて、般楽・怠敖すれば、是れ自ら禍を求むるなり(こんな時になって、めぐり歩いて遊びほうけては、自らわざわいを招くようなものだ)」

【絆】11(糸・5) 人 ｜ 音ハン・バン 訓きずな・ほだす

【語音】*puan(上古) puan(中古→呉・漢ハン) bàn(中) 반(韓)

【語源】[コアイメージ] 二つに分ける。[実現される意味] 馬の足をつなぐ縄や紐ⓐ。[英]rope for tying horse's feet

【字源】「半ハン(音・イメージ記号)+糸(限定符号)」を合わせた字。「半」は「二つに(左右に、□↙□の形に)分ける」というイメージがある(⇩半)。二つに分かれたものは視点を変えれば「□-□の形に並ぶ・くっつく」というイメージにも転化する(⇩伴)。「絆」は暴れ馬が動けないように両足にかけてつなぐ紐を暗示させる。靽ハン(馬の鞍から尻にかけてつなぐ革紐)と同源。

【語義】[展開] 馬の足を縛る紐の意味ⓐから、紐などで足を縛る、また、動けないようにつなぐ(ほだす)意味ⓑ、人を束縛するもの(ほだし・きずな)の意味ⓒを派生する。[英]rope for tying horse's feet; bind, tie; bond, knot 【熟語】ⓑ絆創膏・脚絆キャハン・ⓒ羈絆キハン

【文献】ⓑ淮南子・俶真訓「絆騏驥而求其致千里也=騏驥キキを絆つなぎて其の千里を致すを求む(駿馬の足をしばりながら、千里を走ってくれと求める)」

【販】11(貝・4) 常 ｜ 常用音訓 ハン

【語音】*pıuăn(上古) pıuɐn(中古→呉ホン・漢ハン) fàn(中) 판(韓)

【語源】[コアイメージ] はね返る。[実現される意味] 品物を売るⓐ。[英]sell

【字源】「反ハン(音・イメージ記号)+貝(限定符号)」を合わせた字。「反」は「↑の形がはね返って↓の形に向きを変える」というイメージがある(⇩反)。言い換えれば「A⇅B」のイメージである。したがって「販」は↓の方向に物を求める(金銭を出す)ことに対し、↑の方向に物を与える(商品を売る)様子を暗示させる。

【語義】[展開] 品物を売る(ひさぐ)意味ⓐから、商売や商人の意味ⓑを派生する。[英]sell; commerce, merchant 【和訓】ひさぐ 【熟語】ⓐ販売・販路・ⓑ商販

【文献】ⓐ荀子・王覇「農分田而耕、賈分貨而販=農は田を分けて耕し、賈コは貨を分けて販ひさぐ(農民は田を分けて耕作し、商人は商品を分けて販売する)」

【斑】12(文・8) 常 ｜ 常用音訓 ハン

【語音】*păn(上古) păn(中古→呉ヘン・漢ハン) bān(中) 반(韓)

【語源】[コアイメージ] 二つに分ける・分散する。[実現される意味] 色彩が散らばってまだらをなす様子ⓐ。[英]variegated

【解説】広雅・釈詁に「斑は分なり」と語源を説く。色が入り混じって分散した状態を斑という。訓の「まだら」は「色や濃淡がまじっているさま」という(大野①)。漢語の斑とほぼ同じ。

【字源】「辬」が本字。「辡ベン(音・イメージ記号)+文(限定符号)」を合わせた字。「辡」は「二つに分ける」というイメージがある(⇩弁)。後に字体が「班ハンの略体(音・イメージ記号)+文(限定符号)」に変わった。「班」も「二つに(□↙□の形に)分ける」というイメージがある(⇩班)。「□↙□の形に分ける」というイメージは「↑↓の形に分かれる」、さらに「←↕→の形に分散する」というイメージにもなる。色彩が単色ならまとまった感じであるが、いろんな色が混じると散らばった感じがする。した

がって「辦(斑)」は分散してまとまりのないあやを暗示させる。

(篆)

語義 [展開] まだらをなす意味ⓐから、白黒などの入り混じった模様(まだら)の意味ⓑに展開する。[英]variegated; spot, patch, dapple [和訓]まだら・ふ・ぶち [熟語] ⓐ斑白・斑斑・ⓑ斑紋・死斑

文献 ⓐ楚辞・離騒「斑陸離其上下＝斑として陸離として其れ上下す(あやが分散したり連なったりして上下する)」

【飯】12(食・4) 常 常用音訓 ハン めし

語音 *bıuăn(上古) bıuan(中古→呉ボン・漢ハン) fàn(中) 반(韓)

語源 [コアイメージ] はね返る。[実現される意味] めしを食べるⓐ。[英]eat

字源 「反(ハン)(音・イメージ記号)+食(限定符号)」を合わせた字。「反」は「←の形がはね返って→の形に向きを変える」というイメージがある(⇩反)。言い換えれば「A⇅B」のイメージである。「飯」は食べ物に対して→の方向に箸を出すと、←の方向にはねかえって食べ物が来る様子を暗示させる。この意匠によって、箸などを使って食べ物を食うことを表象する。

語義 [展開] 食べる行為(くらう)の意味ⓐから、食べる内容、特に主食である米のめしの意味ⓑ、また、食事の意味ⓒに展開する。[英]eat; cooked rice; meal [和訓]いい・くらう [熟語] ⓑ炊飯・白飯・ⓒ飯店・一宿一飯

文献 ⓐ論語・述而「飯疏食飲水、曲肱而枕之、樂亦在其中＝疏食(シ)を飯(くら)ひ水を飲み、肱を曲げて之を枕とす、楽しみ亦た其の中に在り(粗末なものを食べ、水を飲み、肘を枕にして寝ても、その中にこそ楽しみがある)」ⓑ礼記・曲礼「毋揚飯＝飯を揚ぐる毋(な)かれ(飯を持ち上げて食うな)」

【搬】13(手・10) 常 常用音訓 ハン

語音 buan(中古→漢ハン) bān(中) 반(韓)

語源 [コアイメージ] ⊂の形にめぐらす・◯の形に円く回る。[実現される意味] 物を移し運ぶⓐ。[英]carry, transport, convey

字源 「般(ハン)(音・イメージ記号)+手(限定符号)」を合わせた字。「般」は「⊂の形にめぐらす」「◯の形に円く回る」というイメージがあり、「あちこちに回って移動する」というイメージに展開する(⇩般)。「搬」はあちこちに物を回すようにして移動させる様子を暗示させる。「般」自体に「移し運ぶ」という意味があったが、後に限定符号の「手」を加えたもの。搬は般から分化した字。「搬」は唐以前には遡れない。

語義 運ぶ意味ⓐ。[和訓]はこぶ [熟語] ⓐ搬送・運搬

文献 ⓐ龐蘊・雑詩「運水及搬柴＝水を運び、及び柴を搬(はこ)ぶ(水と柴を運搬する)」(全唐詩810)

【煩】13(火・9) 常 常用音訓 ハン・ボン わずらう・わずらわす

語音 *bıuăn(上古) bıuan(中古→呉ボン・漢ハン) fán(中) 번(韓)

語源 [コアイメージ] 数が多く広がる。[実現される意味] 物事がごたごたと多くてうるさい(わずらわしい)ⓐ。[英]complicated, tangled

〔解説〕釈名・釈言語に「煩は繁なり。物繁なれば則ち相雑撓(ザットウ)す(ごたごたと入り混じって乱れる)」とある通り、繁(数が増えて広がる)と同源の語。「数が多くなって広がる」というイメージから、物事の数が増えて広がり、わずらわしくなる意味が実現される。漢語の煩は煩雑→煩悶と展開する。日本語は「わずらう(わづらふ)」から「わずらわしい(わづらはし)」が派生する。「わづらふ」は難儀する、病気になる意味で、「わづらはし」は「事態を簡単に解決できなくて厄介だ」の意から複雑・煩雑の意に転じるという(大野①)。漢語の煩は事柄が多すぎてうるさいという意

味で、日本語の「わづらはし」とややイメージが異なる。

字源「火(イメージ記号)＋頁(限定符号)」を合わせて、頭に火のような熱が広がって痛む様子を暗示させる。この図形は派生義の「心が乱れる」を表象するための意匠である。

(篆)

語義[展開] 事態がごたごたと入り乱れてうるさい意味ⓐから、心がごたごたと乱れる、心をいらいらとかき乱す意味ⓑに展開する。[英]complicated, tangled; troublesome [和訓]うるさい [熟語]ⓐ煩瑣・煩雑・ⓑ煩悩・煩悶

文献 ⓐ孟子・滕文公上「何許子之不憚煩＝何ぞ許子の煩を憚からざる(なぜ許行[人名]は煩わしさをはばからないのか)」ⓑ孫子・九変「愛民、可煩也＝民を愛すれば煩はすべきなり([将軍が]自分の兵士を愛するならば[敵は]その心を悩ませることができる)」

【頒】13(頁・4)　常　―　常用音訓 ハン

語音 (1)*bɪuən(上古) bɪuən(中古→呉ブン・漢フン) fén(中) (2)*puăn(上古) puăn(中古→呉ヘン・漢ハン) bān(中) 반(韓)

語源 [コアイメージ] 二つに(左右に)分かれる。[実現される意味] (頭が)大きいⓐ。[英]big

[解説] 説文解字に「頒ハンは大頭なり」とある。頭が大きいことの形容語として、詩経に「頒ハンたる有り其の魚(頭がでかいよ、その魚は)」という用例がある。この場合、頒は盆(口が大きく広がった器)と同源。しかし普通は「二つに分ける」というコアイメージを利用して、分かち与えるという意味をもつ*puănを頒で表記する。この場合の頒は班と同源である。

字源「分フン(音・イメージ記号)＋頁(限定符号)」を合わせた字。「分」は「二つに(八の形や□↙□の形に)分かれる・分ける」というイメージがあり(⇩分)、「左右に離れる」「分かれて広がる」というイメージに展開する。「頒」は頭が左右に大きく広がる様子を暗示させる。

語義[展開] 魚などの頭が大きい意味ⓐ(1の場合)。また、「□↙□の形に分ける」というイメージは、「□→□の形に本体から分ける」というイメージにも展開し、分け与える(分けて配る)意味ⓑを派生する(2の場合)。[英]big; distribute [和訓]わける・わかつ [熟語]ⓑ頒価・頒布

文献 ⓑ周礼・地官・沢虞「頒其餘于萬民＝其の余を万民に頒かつ(残りの財物を万民に分け与える)」

【幡】15(巾・12)　人　―　音ハン・バン 訓はた・のぼり

語音 *p'ɪuăn(上古) p'ɪuʌn(中古→呉ホン・漢ハン・[慣]バン) fān(中) 번(韓)

語源 [コアイメージ] 平面がひらひらする。[実現される意味] ひらひらと翻るさまⓐ。[英]flutter

字源「番バン(音・イメージ記号)＋巾(限定符号)」を合わせた字。「番」は「四方に平らに広がる」「平面がひらひらする」というイメージがある(⇩番)。「幡」は平らな布切れがひらひらする様子を暗示させる。翻(ひるがえる)と同源の語。

語義[展開] ひらひらと翻る意味ⓐから、布を広げて垂らし、ひらひらと翻る旗(のぼり)の意味ⓑに展開する。ⓑは旛ハン(広げて垂らした旗、のぼり)と同義。[英]flutter; flag, banner [熟語]ⓐ幡然・幡幡・ⓑ幡蓋・幢幡ドウバン

文献 ⓐ詩経・瓠葉「幡幡瓠葉＝幡幡たる瓠葉コヨウ(ひらひら翻るユウガオの葉)」

【範】15(竹・9)　常　―　常用音訓 ハン

語音 *bıăm(上古) bıʌm(中古→呉ボム〈＝ボン〉・漢ハム〈＝ハン〉) fàn(中) 범(韓)

語源 [コアイメージ] はみ出ないようにかぶせる枠。[実現される意味] 鋳型(模型、モデル)ⓐ。[英]mold, pattern

〔解説〕古人が「範は法なり」と説いたのは正当である。しかしこれらの語の深層構造を明らかにしたのは藤堂明保以外にいない。氏は*bıămという語は「枠をかぶせる」という基本義をもつとした(藤堂①)。規則やルールを破る行為を犯という。破るのは破られないように人為的に設けた枠があるからである。人間がはみ出すことを禁じる枠、すなわち罪に対するおきてや決まりを*pıuăp(法)という。さらに従うべき手本や模範もはみ出してはならない枠であるから、これを*bıăm(範・笵)というのである。

字源 「軓(音・イメージ記号)＋竹(限定符号)」を合わせた字。「㔾」は「はみ出ていかないように枠をかぶせる」→「はみ出ないようにかぶせる枠」というイメージを示す(⇩犯)。「㔾(イメージ記号)＋車(限定符号)」を合わせた「軓(＝帆)」は、車の前部にかぶせる保護板を表す。これも「はみ出ないようにかぶせる枠」というイメージを示す記号になる。かくて「範」は同形のものを複製する時にかぶせる竹製の鋳型を暗示させる。笵(鋳型、枠)は同音同義の字。

語義 [展開] 鋳型の意味ⓐから、基準・手本となるものの意味ⓑに展開する。また、「かぶせる枠」のイメージから、区切られた枠(外枠、区切り)の意味ⓒを派生する。[英]mold, pattern(ⓐⓑ); rule, model; boundary, scope [和訓]のり [熟語] ⓐ範型・模範・ⓑ師範・典範・ⓒ範囲・範疇

文献 ⓐ易経・繫辞伝上「範圍天地之化而不過＝天地の化を範囲して過さず(易は天地自然の造化の働きを鋳型に入れ、枠で囲って、行き過ぎないようにする)」

【繁】16(糸・10) 常 (常用音訓)ハン

〔繁〕17(糸・11) 人 (音)ハン (訓)しげる・しげし

語音 *bıuăn(上古) bıuʌn(中古→呉ボン・漢ハン) fán(中) 번(韓)

語源 [コアイメージ] ごたごたと多く増える。[実現される意味] 物事がどんどん殖える(殖えて広がる・増えて多い)ⓐ。[英]abundant

〔解説〕古典の注釈に「繁は蕃なり」の訓がある。*bıuănという語は蕃(殖えて広がる)・煩(物事がごたごたしてわずらわしい)などと同源で、「物事がごたごたと増えて広がる」というイメージをもつ。

〔グループ〕繁・蘩(生命力が強くどんどん増える草、ヨモギ。また、ハコベ[蘩蔞])

字源 「緐」が本字。「毎(イメージ記号)＋糸(限定符号)」を合わせた字。「毎」は「(草が生じて)どんどん数が増える」というイメージがある(⇩毎)。「緐」は糸をたくさん集めて垂らした馬の房飾りを暗示させる。その形態的特徴から、物事がどんどん殖える意味を派生したため、字体が「敏(音・イメージ記号)＋糸(限定符号)」を合わせた「繁」に変わった。「敏」にも「次々に増える」というイメージがある(⇩敏)。

(篆)

語義 [展開] 物事が増えて多い意味ⓐから、特に草木がたくさん茂って殖える(しげる)意味ⓑ、物事がごたごたと多くてうるさい意味ⓒに展開する。[英]abundant; multiply, flourish; numerous, complicated [熟語] ⓐ繁栄・繁昌・ⓑ繁殖・繁茂・ⓒ繁雑・農繁期

文献 ⓐ詩経・正月「正月繁霜＝正月、霜繁し(正月は霜が多い)」ⓑ詩経・公劉「既庶既繁＝既に庶く既に繁し([その原野は]物産が多い上に、草木も繁茂していた)」

【藩】18(艸・15) 常 ｜常用音訓 ハン

語音 *pıuăn(上古) pıuʌn(中古→呉ホン・漢ハン) fān(中) 번(韓)

語源 [コアイメージ] まるく取り巻く。[実現される意味] 木や竹で編んだ垣根(まがき、生け垣)ⓐ。[英]hedge

字源 「潘ハン(音・イメージ記号)+艸(限定符号)」を合わせた字。「番」は「円形を描くように平らに広がる」というイメージがある(⇩番)。「番バン(音・イメージ記号)+水(限定符号)」を合わせた「潘」は、水がまるい渦を巻く様子を暗示させる。したがって「まるく取り巻く」というイメージを示す記号になる。「藩」は建物の周りをまるく取り巻く垣を暗示させる。

語義 [展開] 生け垣の意味ⓐから、比喩的に、周囲を遮蔽して中を守るもの(王室を守る諸侯)の意味ⓑ、諸侯の領土の意味ⓒを派生する。日本では、将軍によって封ぜられた大名の領地の意味ⓓに用いられる。[英]hedge; protective screen; vassal state; han(feudal clan) [熟語] ⓐ藩牆・藩籬・ⓑ藩翰・藩屏・ⓒ藩侯・藩鎮・ⓓ親藩・列藩

文献 ⓐ詩経・板「价人維藩、大師維垣=价人は維これ藩、大師は維れ垣(立派な人は国のまがき、大衆は国の垣根)」

ばん

【挽】10(手・7) 人 ｜音バン 訓ひく

語音 *mıuăn(上古) mıuʌn(中古→呉モン・漢バン) wǎn(中) 만(韓)

語源 [コアイメージ] 無理を冒して通る。[実現される意味] 引っ張るⓐ。[英]pull, draw

字源 「免メン(音・イメージ記号)+手(限定符号)」を合わせた字。「免」は「無理を冒して通る」というイメージがある(⇩免)。「挽」は物がこちらに通ってくるように無理に引っ張る様子を暗示させる。輓バン(車を引く)と同源。

語義 [展開] 引っ張る(ひく)意味ⓐから、霊柩車を引いて死者を弔う意味ⓑを派生する。輓と通用。[英]pull, draw; hold a funeral, lament one's death [熟語] ⓐ挽回・ⓑ挽歌

文献 ⓐ荘子・天運「今取猨狙而衣以周公之服、彼必齕齧挽裂=今、猨狙ソエンを取りて、衣きするに周公の服を以てすれば、彼必ず齕齧ゲッコツ挽裂せん(今、サルに周公の服を着せたとするなら、サルはかじって引き裂くだろう)」

【晩】12(日・8) 常 ｜常用音訓 バン

〔晚〕11(日・7) 人 ｜音バン 訓くれ・くれる・おそい

語音 *mıuăn(上古) mıuʌn(中古→呉モン・漢バン) wǎn(中) 만(韓)

語源 [コアイメージ] (見通しが悪くて)よく見えない。[実現される意味] 日の暮れる頃ⓐ。[英]evening

〔解説〕一日の時間帯の一つである夕方を表す漢語に夕・宵・晩がある。夕は夜と同源の語で、中心の時間帯である昼を両側に挟んだ時間帯というイメージの語である。これに対し、宵と晩は日光の状態によって名づけられた。日光が小さくなって消えていく頃を宵と名づける。一方、日光が微かになり、物の見通しが悪くなる頃を晩と名づけた。*mıuănという語は藤堂明保によれば微・味・泯(隠れて見えない)などと同源で、「小さい・よく見えない」という基本義をもつとする(藤堂①)。王力は暮や冥と同源とする(王力①)。いずれにしても日光が小さくなり、微かで暗く、物が見えにくいというイメージをもつ語である。この語の図形化は出産と縁のある免という記号が利用された。英語のeveningは「一日のうちの午後と夜との間、日没あるいは夕食ごろから夜寝るまでの間、すなわち、夕方・晩」の意という(小島①)。

字源「晩」が正字。「免メン(=免。音・イメージ記号)+日(限定符号)」を合わせた字。「免」は出産を設定した図形で、「無理を冒して通る」というイメージがある(⇩免)。スムーズに通るのではなく、どうにかしてやっと通るというイメージなので、「通りが悪い」というイメージを表すことができる。「晩」は薄暗くて見通しの悪くなる頃を暗示させる。

語義[展開]日暮れ・夕方の意味ⓐから、夕方と夜の中間ほどの時刻の意味ⓑ、また、時刻・時間が遅い、一定の時間(季節、一年、一生)の末の頃という意味ⓒに展開する。[英]evening(ⓐⓑ); late(ⓒ) [熟語]ⓐ晩鐘・晩来・ⓑ晩餐・今晩・ⓒ晩春・晩節

文献ⓐ戦国策・斉六「朝出而晩來=朝出でて晩に来る(朝出かけて日暮れに帰ってきた)」ⓑ老子・四十一章「大器晩成=大器は晩成す(有能な人物は遅く大成する)」

【番】12(田・7) 常 常用音訓 バン

語音 (1)*p'iuăn(上古) p'iuʌn(中古→呉ホン・漢ハン・[慣]バン) fān(中) 번(韓) (2)*puar(上古) pua(中古→呉・漢ハ) bō(中) 파(韓)

語源[コアイメージ]㋐平らに広がる・㋑四方に発散する。[実現される意味]かわりばんこに行うⓐ。[英]interchange, take turns

〔解説〕語源については、藤堂明保が般のグループ(盤など)や扁のグループ(遍など)と同源で、「放射状に開く・平らに広がる」という基本義を設けたのが妥当である(藤堂①)。字源については、説文解字で獣の足(掌)の形としてから、これに従う学者が多い。しかし語の深層構造と関連づけた学者は皆無である。足のうら(手のひら)は「平らに広がる」というイメージがある。高田忠周は番の古文である𤰈は手で種をまく形で、播種の播の原字とした。釆自体が種をまく形だと解したのは加藤常賢(加藤①)と藤堂明保(藤堂②)である。釆は巻・拳のもとになる「𢍏」に含まれている。手のひらを巻いて握り拳を作り、その中にある米粒(種)をばらまく図形と見ることができる。したがって釆・番は「円形を描くように四方に平らに広がる」「周囲をまるく取り巻く」「四方に発散する」「平面がひらひらする」などのイメージを示す記号になりうる。

〔グループ〕番・藩・翻・幡・播・蕃・繙ハ(平らに広げる→書物のひもを解いて開く、ひもとく[繙読])・旛ハ(ひらひら翻る旗、のぼり[玉旛])・潘ハ(まるく広がる渦巻き)・燔ハ(火が広がる燃える→焼く)・皤ハ(白い部分が広がる)・蟠バ(平面状にわだかまる、とぐろを巻く[蟠踞])・蹯ハ(平らに広がる獣の足うら) *鷭(純国字。鳥の名、バン)

字源「釆ハ(イメージ記号)+田(限定符号)」を合わせた字。「釆」は奥(=奥)や宷(=審)などにも含まれ、米粒(種)を四方にばらまく図形。「番」は手のひらを返して、田に米粒を四方にばらまく情景を設定した図形で、播種の播の原字。

(甲)  (金)  (篆) 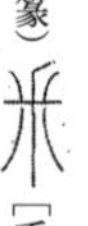 [釆]

(金)  (古) 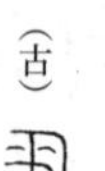 (篆)

語義[展開]手のひらを返して種子を播く動作には、平面が表になったり裏になったり同じ動作を繰り返すというイメージもあり、ここから番は、同じような物事がA→B→A→Bの形に展開する(かわりばんこに行う、順に従い入れ代わる)という意味ⓐ、順序や回数を数える語ⓑが実現される。また、日本では、順番で持ち場に当たる→見張りをする意味ⓒ、A⇅Bのように互いに組み合う(つがう)意味ⓓに用いる(以上は1の場合)。一方、「四方に発散する」というイメージから、力が有り余って発散する(勇ましい)意味ⓔに展開する(2の場合)。ⓔの使用例が古い。[英]interchange, take turns; time; mount guard; pair, mate; brave [熟語]ⓐ順番・輪番・ⓑ番号・番地・ⓒ当番

文献ⓐ列子・湯問「迭為三番=迭(かわるがわ)る三番を為す(三回交代する)」

ⓔ詩経・崧高「申伯番番＝申伯は番番(ハ)たり(申の殿様は勇ましい)」

【蛮】 12(虫・6) 常 常用音訓 バン

語音 *mlǎn(上古) mǎn(中古→呉メン・漢バン) mán(中) 만(韓)

語源 [コアイメージ]もつれる。[実現される意味]中国の南方に住んでいた異民族の総称ⓐ。[英]southern non-Han people

[解説]古代中国では中華意識が強く、周辺民族を蔑視した。南方の異民族を*mlǎnといい、蠻と表記する。Ml-という複声母を想定したのはカールグレンと藤堂明保である。この語は慢(ずるずると延びて締まりがない)などと同源で、「もつれるようにずるずると続く」というコアイメージをもつ。詩経に緜蛮(鳥のさえずる声の形容)という二音節語があるが、これも「声をずるずると長く引く」というイメージがある。孟子に南蛮鴃舌(ゲキゼツ)(モズのやかましくさえずる声のような野蛮人の言葉)という語があるように、中華の人の目からは、南方の人は無意味な音声をさえずる人種と見えた。

字源 「蠻」が正字。「䜌(ラン)(音・イメージ記号)＋虫(限定符号)」を合わせた字。「䜌」は「もつれる」というイメージがあり、「もつれるようにずるずると続く」というイメージに展開する(⇩恋)。「蠻」はもつれたように意味なくずるずるとしゃべる人種を暗示させる。「虫」は動物なみの人種であることを示す符号。

[字体]「蛮」は近世中国で発生した「蠻」の俗字。

語義 [展開]南方の異民族の意味ⓐから、一般に、文明を知らぬ民族(えびす)の意味ⓑ、また、礼儀や道理をわきまえない、行動が粗野である意味ⓒに展開する。[英]southern non-Han people; barbarian; savage, wild, rough [熟語]ⓐ南蛮・ⓑ蛮夷・蛮人・ⓒ蛮勇・野蛮

文献 ⓐ詩経・角弓「如蠻如髦＝蛮の如く髦(ボウ)の如し([あの連中は]えびすのように礼儀を知らぬ)」

【盤】 15(皿・10) 常 常用音訓 バン

語音 *buan(上古) buan(中古→呉バン・漢ハン) pán(中) 반(韓)

語源 [コアイメージ]円く平らに広がる。[実現される意味]口が大きく広がった円くて平らな皿ⓐ。[英]dish, tray, plate

字源 「般(ハン)(音・イメージ記号)＋皿(限定符号)」を合わせた字。「般」は「○(円形)」のイメージから、「円く平らに広がる」というイメージに展開する(⇩般)。「盤」は円形の平らな皿を暗示させる。

語義 [展開]円く平らな皿(さら)の意味ⓐから、円い皿に似たものの意味ⓑ、平らな面をもつ道具の意味ⓒ、勝負の局面の意味ⓓに展開する。また、磐と通用して、平らな大きい岩の意味ⓔ、下で支える土台ⓕの意味を派生する。また、「○(円形)」のイメージから、ぐるぐる回る・曲がりくねる意味ⓖを派生する。[英]dish, tray, plate; disk; board; game, set; rock; basis; turn around, wind [和訓]さら [熟語]ⓐ銅盤・杯盤・ⓑ円盤・骨盤・ⓒ鍵盤・碁盤・ⓓ終盤・序盤・ⓔ岩盤・落盤・ⓕ基盤・地盤・ⓖ盤根錯節

文献 ⓐ管子・弟子職「實水于盤＝水を盤に実(み)たす(水を大皿に満たす)」

【磐】 15(石・10) 人 音バン 訓いわ

語音 *buan(上古) buan(中古→呉バン・漢ハン) pán(中) 반(韓)

語源 [コアイメージ]円く平らに広がる。[実現される意味]大きな石(岩)ⓐ。[英]rock

字源 「般(ハン)(音・イメージ記号)＋石(限定符号)」を合わせた字。「般」は「○(円形)」のイメージから、「円く平らに広がる」というイメージに展開する(⇩般)。「磐」は平らに広がった大きな石を暗示させる。

語義 岩の意味ⓐ。[熟語]ⓐ磐石・落磐

文献 ⓐ易経・漸「鴻漸于磐＝鴻、磐に漸(すす)む(オオハクチョウが大きな岩

に進んできた)」

【蕃】15(艸・12) 人 ｜ 音バン・ハン 訓しげる

語音 *bıuăn(上古) bıuʌn(中古→呉ボン・漢ハン・[慣]バン) fán(中) 번(韓)

語源 [コアイメージ] 四方に平らに広がる。[実現される意味] 草木が茂ってどんどん殖える(多く盛んに増える)ⓐ。[英]multiply, luxuriant

字源 「番(バン)(音・イメージ記号)+艸(限定符号)」を合わせた字。「番」は「円形を描くように四方に平らに広がる」というイメージがある(⇩番)。「蕃」は草木が殖えて広がる様子を暗示させる。

語義 [展開] 人手を加えず草木がはびこる意味ⓐから、自然のままに生きる未開人(えびす)の意味ⓑを派生する。[英]multiply, luxuriant; barbarian [熟語] ⓐ蕃殖・蕃息・ⓑ蕃書・生蕃

文献 ⓐ詩経・椒聊「椒聊之實、蕃衍盈升＝椒聊の実、蕃衍(ハンエン)して升に盈(み)つ(サンショウの実は、たわわに茂って升にいっぱい)」ⓑ周礼・秋官・大行人「九州之外、謂之蕃國＝九州の外、之を蕃国と謂ふ(中国の外側をえびすの国という)」

ヒ

ひ……………………

【比】4(比・0) 常 ｜ 常用音訓 ヒ くらべる

語音 *pier(上古) pii(中古→呉・漢ヒ) bǐ(中) 비(韓)

語源 [コアイメージ] 二つがくっついて並ぶ。[実現される意味] びっしりと並ぶ・並べるⓐ。[英]range tightly

〔解説〕 王力は比・妣・妃・配・匹、また比・密、比・頻をそれぞれ同源とした(王力①)。藤堂明保は比のグループ、必のグループ、賓のグループ、頻のグループのすべてを同じ単語家族に含め、「ふたつくっつく」という基本義があるとした(藤堂①)。AとBが□-□の形に並んだ状態を表す語が*pierであり、「(二つが並ぶように)くっつく」というイメージにも展開する。訓の「くらべる(くらぶ)」は「二つ以上のものを並べ、その差異や優劣を見て、すり合わせる」意という(大野②)。これは漢語の比のⓔと同じ。

〔グループ〕 比・批・陛・庇・琵・毘・妣(ヒ)(父と並ぶ母[考妣])・屁(ヒ)(並んだヒップの谷間から出るもの→へ[放屁])・蚍(ヒ)(次々と並んで餌を運ぶ虫、オオアリ[蚍蜉(フヒ)])

字源 二人が同じ方向に並ぶ情景を設定した図形。

(甲) (金) (篆)

語義 [展開] 「二つがくっついて並ぶ」というイメージの空間性に視点を置くと、びっしりと並ぶ(ならぶ・ならべる)意味ⓐ、同列に並ぶもの、同類(たぐい)という意味ⓑが実現される。関係性に視点を置くと、親密に親しむ(べたべたとくっつく)意味ⓒ、特定の仲間とだけ結合する(ぐるになる)という意味ⓓ、また、AとBを並べて見る(くらべる)意味ⓔ、二つを比べた割合の意味ⓕ、AとBの間に類似性を見出して他方になぞらえる(たとえる)という意味ⓖに展開する。[英]range tightly; equal; close; combine; compare; ratio; compare to, draw an analogy [和訓]ならぶ・ならべる・たぐい・たとえる・ころ・ころおい [熟語]ⓐ比肩・櫛比・ⓑ比類・無比・ⓓ朋党比周・ⓔ比較・類比・ⓕ比率・等比・ⓖ比況・比喩

文献 ⓐ詩経・良耜「其比如櫛＝其の比すること櫛の如し(作物は櫛の

歯のようにびっしり並ぶ)」ⓒ詩経・杕杜「嗟行之人、胡不比焉＝嗟行の人、胡ぞ比しまざる(ああ他人というものは、なんで親しんでくれぬ)」ⓓ論語・為政「小人比而不周＝小人は比して周せず(小人物は特定の仲間とつるむだけで広く交際しない)」ⓖ論語・述而「竊比於我老彭＝竊かに我を老彭に比す(ひそかに自分を老彭[人名]になぞらえている)」

【皮】
5(皮・0)　[常]　[常用音訓] ヒ　かわ

[語音] *bɪar(上古)　bɪĕ(中古→[呉]ビ・[漢]ヒ)　pí(中)　피(韓)

[語源] [コアイメージ] 斜め(↗の形)にかぶさる。[実現される意味] 動物の表皮(かわ)ⓐ。[英]skin

〔解説〕釈名・釈形体に「皮は被なり。体を被覆するなり」とある。体に覆いかぶさるものという正当な解釈。王力は皮・被・披・帔(肩を覆う布、ショール)まで同源の範囲を広げる(王力①)。藤堂明保は皮のグループ全体、さらに罷・弁(かんむり)・蔽などまで範囲を拡大し、「かぶる・ななめ」という基本義を設定した(藤堂①)。古代漢語で動物の表皮を*bɪarと呼ぶ。形態的に見れば表面を覆うものであり、人がこれを衣料に利用すると、体の上にかぶるものでもある。形態・用途の両面から、*bɪarという語のコアに、「覆う」「かぶさる」「斜めに傾く」というイメージの存在をつかむことができる。

〔グループ〕皮・波・破・彼・披・疲・被・頗・坡(斜めに傾いた地形、さか)・跛(斜めに傾いて歩く)・簸(箕を傾けてあおり上げてもみがらを取る、ひる)・髲(髪が少ない時にかぶせるもの、かつら)・玻(音写字。ガラス[玻璃])

[字源]「皮」の「又」を除いた部分は獣の毛皮の形。それに「又(手の形)」を合わせたのが「皮」で、衣料用の毛皮を手でかぶる情景を設定した図形。

(金) 　(籀) 　(篆) 

[語義] [展開] 動物の表皮(かわ)の意味ⓐから、植物などの外皮の意味ⓑ、表面・うわべの意味ⓒに展開する。[英]skin(ⓐⓑ), fur; bark, peel; surface　[熟語] ⓐ皮膚・脱皮・ⓑ果皮・樹皮・ⓒ皮相・皮肉

[文献] ⓐ詩経・相鼠「相鼠有皮、人而無儀＝鼠を相れば皮有り、人にして儀無し(ネズミには皮があるけれど、人のくせ形が決まってない)」

【妃】
6(女・3)　[常]　[常用音訓] ヒ

[語音] (1)*p'ɪuər(上古)　p'ɪuəi(中古→[呉]・[漢]ヒ)　fēi(中)　비(韓)　(2)*p'uər(上古)　p'uəi(中古→[呉]ヘ・[漢]ハイ)　pèi(中)　배(韓)

[語源] [コアイメージ] くっつく・並ぶ。[実現される意味] 天子や王の妻(きさき)ⓐ。[英]empress, queen

〔解説〕古典の注釈に「妃は配なり」「妃は匹なり」の訓がある。王力は妃と配を同源とする(王力②)。藤堂明保はさらに非のグループ(俳など)、弗のグループ(払など)、分のグループとも同源とし、「ふたつに分かれる」という基本義があるとする(藤堂①)。A↑↓Bの形に分かれる状態は、視点を変えれば、A→←Bの形にくっつき並ぶことでもある。比のグループ(妣・媲など)、必のグループ(密など)、賓のグループ(嬪など)と非常に近くなる。

[字源] 甲骨文字・金文では「女＋巳」になっている。「巳」は胎児を描いた図形(⇩包)。子どもを生む目的をもつ女性、すなわち天子などの妻を表象する。篆文以後は「配(音・イメージ記号)＋女(限定符号)」を合わせた字体に変わった。「配」は「くっつく」「並ぶ」というイメージがある(⇩配)。「妃」は夫と並んでカップルをなす女を暗示させる。

(甲) 　(金) 　(篆) 

[語義] [展開] 天子の妻(きさき)の意味ⓐ(1の場合)。また、夫の配偶者(連れ合い)の意味ⓑに展開する(2の場合)。[英]empress, queen; wife　[和

訓］きさき ［熟語］ⓐ王妃・后妃・ⓑ妃偶ハイグウ(＝配偶)・妃匹ハイヒツ(＝配匹)

文献 ⓐ孟子・梁恵王下「昔者大王好色、愛厥妃＝昔者むかし大王は色を好み、厥その妃を愛す(昔周の大王は色好みであったが、自分の妻を愛した)」ⓑ戦国策・秦五「天下願以爲妃＝天下以て妃と為さんことを願ふ(天下の人は彼女を連れ合いにしたいと願った)」

【否】7(口・4) 常 ｜ 常用音訓 ヒ いな

語音 (1)*pɪuəg(上古) pɪəu(中古→呉フ・漢フウ) fǒu(中) 부(韓) (2)*bɪuəg(上古) bɪui(中古→呉ビ・漢ヒ) pǐ(中) 비(韓)

語源 ［コアイメージ］㋐丸くふくれる・㋑二つに分かれる。［実現される意味］相手の問いや要求に対して「いやだ」「そうじゃない」と打ち消す言葉ⓐ。［英］no, not

〔解説〕古人もすでに「否は不なり」と語源を説いているが、王力は弗フツとも同源とする(王力①)。事態を二つに分けて、違う、そうではないと言うことが否である。「二つに分ける」というイメージの根源には「丸くふくれる」というイメージがある。物事を違うと言って否定・拒絶する際の口や頬の形が丸くふくれるからだけではない。○(未分化)のイメージから㊀(分化、両分)のイメージへの展開は、意味論的に必然性があるからである(これについては不・倍の項参照)。日本語の「いな」は拒絶・否定を表す語。「〜するや否や」の「否や」は「同時に、すぐに」の意(大野①)。後者の用法は漢語の否にない。

〔グループ〕否・桮ハイ(＝杯。腹の丸くふくれた酒器)・痞ヒ(胸や腹が何かでつかえて通らない病気［痞結］)

字源 「不フ(音・イメージ記号)＋口(限定符号)」を合わせた字。「不」は「丸くふくれる」というイメージと「二つに分かれる」というイメージが同時に存在する(⇨不)。「否」は頬をふくらませ、口を丸めてブーと息を吐き出す様子を暗示させる。この意匠によって、事態を二つに分けること、つまり「いやだ」と言って拒絶することを表象する。

(金)  (篆)

語義 ［展開］違う、そうではないと打ち消す言葉(いな)ⓐから、ある事態を打ち消す(いなむ)意味ⓑに展開する。また、Aに対してAではない(反対の)事態を呈示する用法ⓒや、Aという事態を取り上げて「AであるかAでないか」と選択を求める用法ⓓが生まれた(以上は1の場合)。一方、よいと想定される事態や性質とは違うこと、特に都合良くいくことに対して、物事がスムーズに通じない意味ⓔを派生する(2の場合)。日本では1の場合も2の音で読む。［英］no, not; deny; not so; or not; obstructed ［和訓］いや・いなむ・しからず ［熟語］ⓑ否定・否認・ⓒ安否・賛否・ⓔ否運・否泰

文献 ⓐ詩経・何人斯「否難知也＝否いな知り難きなり(いやかえって知るのが難しい)」ⓒ詩経・賓之初筵「凡此飲酒、或酔或否＝凡そ此の飲酒、或いは酔ひ或いは否かしらず(およそ酒を飲む時、酔うものもあれば、酔わぬものもある)」ⓓ詩経・甫田「嘗其旨否＝其の旨きや否やを嘗む(それが旨いか旨くないかを試してみる)」ⓔ易経・否「天地不交、否＝天地交はらざるは否なり(天地が交わらないのは閉塞の状態である)」

【庇】7(广・4) 人 ｜ 音ヒ 訓ひさし・かばう・おおう

語音 *pier(上古) pii(中古→呉・漢ヒ) bì(中) 비(韓)

語源 ［コアイメージ］並ぶ・くっつく。［実現される意味］遮ったり覆ったりして中や下の物を保護する(かばう)ⓐ。［英］cover, shield, protect

〔解説〕古典に「庇は蔭なり」「庇は覆なり」の訓がある。庇は上から覆って下のものを守る(和訓は「かばう」)という意味である。和訓に「ひさし」もあるが、漢語の庇にこの意味はない。ひさしはヒサシ(日差し)が

語源という。

字源 「比ヒ（音・イメージ記号）＋广（限定符号）」を合わせた字。「比」は「並べる」「びっしりとくっつける」というイメージがある（⇩比）。「庇」は板をびっしりと並べくっつけて屋根を造る様子を暗示させる。この意匠によって、中の物を外部から遮断して、覆いかばうことを表象する。

語義 ［展開］覆って保護する（かばう）意味ⓐ。日本では日光や雨を防ぐために外側に張り出した建物の「ひさし」ⓑに当てる。［英］cover, shield, protect; eaves ［熟語］ⓐ庇蔭・庇護・ⓑ雪庇

文献 ⓐ春秋左氏伝・文公7「葛藟猶能庇其本根＝葛藟カツルイ猶能く其の本根を庇おおふ（クズやカヅラは木の根元を覆いかばってくれる）」

【批】7(手・4) 常 ｜常用音訓 ヒ

語音 *p'er（上古） p'ei（中古→呉ハイ・漢ヘイ・［慣］ヒ） pī（中） 비（韓）

語源 ［コアイメージ］㋐並んでくっつく・㋑←→の形に分かれる。［実現される意味］打ちつけるⓐ。［英］beat, slap

字源 「⿰扌𣬉」が本字（篆文の字体）。「𣬉ヒ（音・イメージ記号）＋手（限定符号）」を合わせた字。「𣬉」は「並んでくっつく」というイメージがあり、「両側からぴったりとくっつける」というイメージに展開する（⇩毘）。「𣬉」は手を対象に近づけて打ちつける様子を暗示させる。後に字体が「比ヒ（音・イメージ記号）＋手（限定符号）」を合わせた「批」に変わった。「比」は「二つがくっついて並ぶ」というイメージがある（⇩比）。これは「→←の形」のイメージである。視点を変えると、「←→の形に二つに分かれる」というイメージにも転化する。したがって「批」は二つに切り分ける様子を暗示させる。

（篆）

語義 ［展開］打ちつける意味ⓐが原義。また、「→←の形にくっつく」というイメージから、「←→の形に分かれる」というイメージに転化し、両側に切り開く（切り離す）意味ⓑを派生する。また、文章を点検して疑問の箇所を開いて示す意味ⓒ、文書を調べて善し悪しを決める意味ⓓに転じた。［英］beat, slap; cut off; criticize; ratify ［和訓］うつ ［熟語］ⓒ批正・批判・ⓓ批准

文献 ⓐ春秋左氏伝・荘公12「批而殺之＝批うちて之を殺す（彼を打ち殺した）」ⓑ荘子・養生主「批大郤＝大郤を批うつ（肉と骨の間の大きな隙間に刀を入れて切り離す）」

【彼】8(彳・5) 常 ｜常用音訓 ヒ かれ・かの

語音 *piar（上古） piě（中古→呉・漢ヒ） bǐ（中） 피（韓）

語源 ［コアイメージ］斜めに傾く。［実現される意味］ここから離れたあちらの方（かなた、あそこ）ⓐ。［英］there

〔解説〕説文解字に「彼ヒは往きて加はる所有るなり」とあり、加藤常賢は「はるか離れた前方の意」と解した（加藤①）。和名抄は彼に「かしこ」「かれ」の訓をつけた。日本語のカは「コ（此）・ソ（其）・カ（彼）・イ（如何）の代名詞の体系の中の一つで、遠称」という（大野②）。漢語の彼は空間的なかなたが原義で、転じて此に対して近くにない物、我に対して第三者を指すようになった。英語も漢語と同じく中称はなく、here と there の対があるだけという（小島①）。

字源 「皮ヒ（音・イメージ記号）＋彳（限定符号）」を合わせた字。「皮」は「斜めに傾く」というイメージがある（⇩皮）。「彼」は正位置（手前、こちら）から片方へずれて行く様子を暗示させる。この意匠によって、こちらから離れた位置である「あちら」を表象する。

語義 ［展開］空間的に離れたかなたの意味ⓐから、近くにない物や人を指す言葉（かの、かれ）ⓑに展開する。［英］there; that, he ［和訓］か・かしこ ［熟語］ⓐ彼岸・ⓑ彼我・彼此

文献 ⓐ詩経・采葛「彼采葛兮＝彼に葛を采らん（あそこにクズ摘みに行こうよ）」ⓑ詩経・柏舟「逢彼之怒＝彼の怒りに逢はん（あの人の怒りを買うことだろう）」

【披】8(手・5) 常 ― 常用音訓 ヒ

語音 *p'iar(上古) p'iĕ(中古→㊉・㊊ヒ) pī(中) 피(韓)

語源 [コアイメージ] 斜めに傾く。[実現される意味] 押し開くⓐ。[英]open, unroll

字源 「皮（音・イメージ記号）＋手（限定符号）」を合わせた字。「皮」は「⤵の形に斜めに傾く」というイメージがある（⇩皮）。「披」は手で両側に八の形に押しのけて中を開く様子を暗示させる。

語義 [展開] 両側に押し開く（ひらく）意味ⓐから、中のものを開いて見せる意味ⓑに展開する。[英]open, unroll; reveal [和訓]ひらく [熟語] ⓐ披見・開披・ⓑ披瀝・披露

文献 ⓐ戦国策・秦三「木實繁者披其枝、披其枝者傷其心＝木実繁き者は其の枝を披き、其の枝を披く者は其の心を傷る（果実がたわわに生っている木は枝を開かれ、枝を開かれると幹までこわされる）」ⓑ漢書・枚乗伝「披腹心而效愚忠＝腹心を披きて愚忠を効さん（心を開いて忠誠を示します）」

【肥】8(肉・4) 常 ― 常用音訓 ヒ こえる・こえ・こやす・こやし

語音 *buər(上古) buəi(中古→㊉ビ・㊊ヒ) féi(中) 비(韓)

語源 [コアイメージ] ㋐くっつく・㋑増える。[実現される意味] 体に肉がついて太る（こえる）ⓐ。[英]fat

〔**解説**〕巴は巴ではなく、卩の変形で、ひざまずく人を描いた図形である（色・邑の下部と同じ）。ストレートに取ると、ひざまずく人は運動不足なので肉がついて太りやすいなどといった俗解に陥りかねない。白川静は人が跪くとき、「下体の肥肉が著しくあらわれること」とした（白川①）。藤堂明保は語源に立脚して、墳・本・肥・頒などを同源の単語家族にくくり、「ふとい」という基本義があるとした（藤堂①）。筆者は配・妃と同源と見る。これらは「くっつく・並ぶ」というコアイメージをもつ語である。いくつかの物がくっついて並ぶと、全体の数量は増える。結果として「形がふとい」というイメージにも転化する。

字源 「配の略体（音・イメージ記号）＋肉（限定符号）」を合わせた字。「配」は「二つがくっついて並ぶ」というイメージがある（⇩配）。AにBがくっついて並ぶと数量が増える。したがって「多く増える」というイメージにも展開する。「肥」は脂肪がたっぷりついて肉が増える様子を暗示させる。

（篆）

語義 [展開] 肉がついて太る（こえる）意味ⓐから、比喩的に、財産・地味などが増えて豊かである意味ⓑ、また、こやしの意味ⓒに転じる。[英]fat; fertile, rich; fertilizer [熟語] ⓐ肥大・肥満・ⓑ肥饒・肥沃・ⓒ肥料・堆肥

文献 ⓐ詩経・伐木「既有肥牡、以速諸舅＝既に肥牡有り、以て諸舅を速く（まるまる太った雄羊を用意したので、わが伯父たちを招きます）」

【非】8(非・0) 常 ― 常用音訓 ヒ

語音 *puər(上古) puəi(中古→㊉・㊊ヒ) fēi(中) 비(韓)

語源 [コアイメージ] ㋐←→の形に分かれる・㋑二つが▯–▯の形に並ぶ。[実現される意味] ～ではないと否定する言葉ⓐ。[英]be not

〔**解説**〕ある事態が間違っていると打ち消す場合や、反対のことを言う場合、「それではない」「それとは違う」という意味合いをもつ語が生まれる。ここには「一つの事態を二つに引き裂く」というイメージがある。

藤堂明保は非・弗・分・憤などを同じ単語家族にくくり、「ふたつに分かれる」という基本義があるとした(藤堂①)。否定詞は抽象度が高く、図形化は難しいが、*puərという語には「左右に分かれる」というコアイメージがあるので、鳥の羽という具体物によって造形することができた。これが非である。非の深層構造は「二つに分かれる」にとどまらない。分かれたものは並んでいるし、また、くっついた姿を呈する。「分かれる」「並ぶ」「くっつく」は可逆的(相互転化できる)三つ組みイメージである。これは漢語意味論の特徴といってよい。白川静は非は櫛の形で、「あらず」に用いるのは仮借とする(白川①)。仮借説は語源の探究を諦めるものである。後漢の劉熙は「非は排(左右におしのける)なり」(釈名・釈言語)と述べ、ほとんど真相に近づいている。

〔グループ〕非・悲・扉・俳・輩・排・斐・緋・匪ヒ(左右に扉のついた箱、また、～ではない[匪躬])・徘ハイ(左に右にあてどなくぶらつく[徘徊])・悱ヒ(心中にあるものを押し出そうといらだつ[悱憤])・誹ヒ(悪口を言って人を退ける→そしる[誹謗])・剕ヒ(足を切り離す刑)・腓ヒ(すねの反対側→ふくらはぎ[腓骨])・篚ヒ(扉が二つ並ぶ箱)・榧ヒ(二列に次々と葉の並ぶ木、カヤ)・霏ヒ(雨や雪が分かれ飛ぶさま[霏霏])・翡ヒ(雌雄が仲良く並ぶとされた鳥、カワセミ[翡翠])・菲ヒ(主根と側根が並んで生じる草、ダイコン)・蜚ヒ(羽を並べて飛ぶ虫、イナゴ)・鯡ヒ(びっしりと並ぶ魚の卵。〈日〉ニシン)

字源 二枚の鳥の羽が左右反対の方向に分かれて並ぶ姿を描いた図形。説文解字に「飛の下の翄(=翅はね)に従ふ。其の相背くに取る」とある。この図形的意匠によって、「←→の形に分かれる」というイメージと、「二つが並ぶ」というイメージを同時に表すことができる。

(金)　　(篆)

語義 [展開]「←→形に分かれる」というイメージから、～ではないと否定する言葉(漢文で「～[に]あらず」と読む)ⓐが実現される。さらに、間違っている、また、間違いという意味ⓑ、間違いだと言って退ける(そしる)意味ⓒ、反対方向にそむく、道理に外れる意味ⓓに展開する。[英]be not; wrong, mistake, error; blame, censure; unreasonable [和訓]あらず・そしる [熟語]ⓐ非常・非凡・ⓑ是非・理非・ⓒ非議・非難・ⓓ非道・非礼

文献 ⓐ詩経・北山「溥天之下、莫非王土=溥天フテンの下、王土に非あらざるは莫なし(あまねく覆う空の下、王の土地でない所はない)」ⓑ詩経・斯干「無非無儀=非も無く儀も無し(間違いはないが、よい所もない[可もなく不可もなし])」

【卑】9(十・7)　常

常用音訓 ヒ　いやしい・いやしむ・いやしめる

〔卑〕8(十・6)　人

音 ヒ　訓 いやしい・いやしむ・いやしめる・ひくい

語音 *pieg(上古)　piě(中古→呉・漢ヒ)　bēi(中)　비(韓)

語源 [コアイメージ]㋐薄くて平ら・㋑くっつく。[実現される意味]丈や土地が低いⓐ。[英]low

〔解説〕王力は卑・婢・埤を同源としたが(王力①)、藤堂明保は卑のグループだけでなく、辟ヘキのグループ(壁など)、平のグループ、并ヘイのグループ(併など)にも拡大し、「平ら、平面に並ぶ」という基本義があるとした(藤堂①)。*piegという語は「薄くて平ら」というコアイメージをもつ語である。「薄くて平ら」のイメージは「厚みがなく低い」「薄くくっつく」というイメージに展開する。「平ら」「薄い」「くっつく」は可逆的な三つ組みイメージである。甫のグループ(薄・博など)にもこのイメージ転化現象が見られる。「薄くて平ら」→「(下に)くっつく」→「低い」というイメージに転化する。字源については朱駿声が椑ヘイ(円く扁平な酒器)の原字とするのがよい。白川静も同説であるが、卑賤の意味に用いるのは仮借とする(白川①)。仮借説は語源の探究の放棄に等しい。語の

深層構造(コアイメージ)を捉えることが肝腎である。日本語の「いやしい(いやし)」は「ひどく汚く貧しい。みすぼらしい」意から「身分が低い」などに展開する(大野①)。展開義は漢語の卑のⓑⓒに対応する。英語のlowは語源的にlie(横たわっている)と関係があるらしい(下宮①)。これは「平ら」というイメージであろう。平ら→低いへの展開は漢語の卑と同じである。lowは卑のⓐからⓒまでとぴったり対応する。

〔グループ〕卑・碑・婢ヒ(身分の低い女→はしため[奴婢])・埤ヘイ(丈の低い垣、ひめがき[埤堄ヘイゲイ])・睥ヘイ(背を低くして見回す[睥睨ヘイゲイ])・俾ヒ(人に付き従って仕事をする→～させる)・裨ヒ(そばについて助ける[裨益])・脾ヒ(胃を助ける臓器[脾臓])・稗ハイ(米麦より価値の低い穀物、ヒエ)・蜱ヒ(人畜の皮膚にくっついて血を吸う虫、ダニ)・髀ヒ(骨盤にくっついている大腿骨、また、大腿骨の外側の部分、もも[髀肉])・鵯ヒ(カラスの中で比較的小さなもの、コクマルガラス。〈日〉ヒヨドリ)・鞞ヘイ(軍用の小さい鼓[鞞鼓])・痺ヒ(ウズラの雌。麻痺の痺は痹ヒ[しびれる]が本字)

字源 「卑」が正字。扁平な酒器を手に持つ姿を描いた図形。この意匠によって、「平らで薄っぺら」というイメージを表すことができる。

(金) (篆)

〔字体〕「卑」は旧字体。「卑」は由来不明の常用漢字の字体。碑もこれに倣う。

語義 [展開]「薄くて平ら」というコアイメージから、空間的な幅が小さい(低い)意味ⓐが実現される。ここから比喩的に、地位・身分が低いⓑ、人格・品性が劣る(いやしい)ⓒ、低いレベルに下げる(いやしめる・へりくだる)意味ⓓ、また、自分のことをへりくだって言う言葉ⓔに展開する。[英]low(ⓐ～ⓒ); humble(ⓑ～ⓓ); mean, inferior; modest; humble word [熟語] ⓐ卑近・卑湿・ⓑ卑賤・尊卑・ⓒ卑怯・卑劣・ⓓ卑下・卑屈・ⓔ卑官・卑見

文献 ⓐ詩経・正月「謂山蓋卑、爲岡爲陵＝山蓋けだし卑ひくしと謂へど、岡と為し陵と為す(山はいくら低いと言っても、岡もあれば尾根もある)」ⓑ孟子・万章下「位卑而言高罪也＝位卑くして言高きは罪なり(地位が低いのに高言を吐くのは罪である)」

【飛】 9(飛・0) 常 | 常用音訓 ヒ とぶ・とばす

語音 *pɪuər(上古) pɪuəi(中古→呉・漢ヒ) fēi(中) 비(韓)

語源 [コアイメージ] 両側に(左右に)分かれる。[実現される意味] 鳥がとぶⓐ。[英]fly

〔解説〕藤堂明保は非のグループ、弗フツのグループ(払など)、分のグループ、憤・奔などと同じ単語家族に入れ、「ふたつに分かれる」という基本義があるとする(藤堂①)。*pɪuərという語は非・排(両側に押しのける)などと同源で、「←|→の形に分かれる」というコアイメージがある。鳥が翼を両側に分けてとぶ姿に着目した言葉である。

字源 鳥が両翼を広げて上方に向かってとぶ姿を描いた図形。

(篆)

語義 [展開] 鳥がとぶ意味ⓐから、鳥以外のものが空中を飛ぶように移動する意味ⓑ、また、飛ぶように速い意味ⓒ、速く行かせる(とばす)意味ⓓ、高い所に架かる意味ⓔ、架空である(根も葉もない)意味ⓕに展開する。[英]fly(ⓐⓑⓓ), flutter; flit, soar, flap; swift, speedy; let fly, issue; high; unfounded [熟語] ⓐ飛翔・奮飛・ⓑ飛行・雄飛・ⓒ飛電・飛報・ⓓ飛檄・ⓔ飛閣・飛瀑・ⓕ飛言・飛語

文献 ⓐ詩経・燕燕「燕燕于飛、頡之頏之＝燕燕エンエン于ここに飛ぶ、之を頡ケツし之を頏コウす(ツバメが飛んでいる、舞い上がったり舞い下りたりして)」ⓑ詩経・伯兮「首如飛蓬＝首こうべは飛蓬の如し(頭髪は乱れ飛ぶ蓬のようだ)」ⓕ易林1「飛言如雨＝飛言雨の如し(デマが雨のように飛ぶ)」

【疲】10(疒・5) 常 常用音訓 ヒ つかれる

語音 *biar(上古) bĭě(中古→呉ビ・漢ヒ) pí(中) 피(韓)

語源 [コアイメージ] 斜めに傾く。[実現される意味] 体力や気力を失ってぐったりする(つかれる)ⓐ。[英]tire

〔解説〕日本語の「つかれる(つかる)」はツク(尽)と同根で、体力を使い果たして消耗することからの転義である。漢語の疲は皮にコアイメージの源泉がある。これは「斜めに傾く」というイメージ。疲労の結果である体形の変化を捉えた語である。結果をもって原因を表現するのは換喩の一つ。転義のⓑに対応する英語のdeclineは傾く意味もある。「傾く」と「力が弱まる、衰える」のイメージ転化は漢語の疲と同じである。

字源 「皮ヒ(音・イメージ記号)+疒(限定符号)」を合わせた字。「皮」は「斜めに傾く」というイメージがある(⇩皮)。「疲」は体が元気なく傾いてぐったりする様子を暗示させる。

語義 [展開] つかれる意味ⓐから、力や勢いが衰える意味ⓑに展開する。[英]tire, be tired, weary; decline, wane [熟語] ⓐ疲労・ⓑ疲弊

文献 ⓐ荘子・天道「其魂不疲＝其の魂疲れず(彼の心は疲れることがない)」

【秘】10(禾・5) 常 常用音訓 ヒ ひめる

〔祕〕10(示・5) 人 音ヒ 訓ひめる・ひそか

語音 *pied(上古) pii(中古→呉・漢ヒ) bì・mì(中) 비(韓)

語源 [コアイメージ] 両側から中の物をぴったり締めつける。[実現される意味] ベールに覆われて内容がわからない・深く閉じられて外部に漏れないⓐ。[英]secret

〔解説〕古典の注釈に「秘は密なり」「秘は閉なり」「秘は毖ヒ(ひきしめる)なり」の訓がある。藤堂明保は、密だけではなく、必のグループ全体、さらに比のグループ、賓のグループ、頻のグループ、また、鼻・閉とも同源とし、「ふたつくっつく」という基本義を設けた(藤堂①)。必にコアイメージの源泉がある。これは「両側から中の物をぴったり締めつける」というイメージを示す記号である。外側から締めつけられて閉ざされ、内部がわからない状態になっていることが*piedの意味である。日本語の「ひめる(ひむ)」は「大事にしまい、人に示さない。奥深くしまう」意という(大野①)。英語のsecretはラテン語のsecernere(＝to set apart)が語源という(小島①)。分かれて離れている→人目につかない(隠れている)→秘密という意味になったようである。漢語の秘は閉ざされて内部が見えない→秘密となった。人目から遠ざける点では二つは似た発想の語である。

字源 「祕」が正字。「必ヒツ(音・イメージ記号)+示(限定符号)」を合わせた字。「必」は「両側から中の物をぴったり締めつける」というイメージがある(⇩必)。「祕」は神域の内部を隙間なく閉ざして外部から見えなくする様子を暗示させる。この意匠によって、内容がベールに包まれてわからないことを表象する。

〔字体〕「祕」は旧字体。「秘」は古くから使われていた俗字。

語義 [展開] ベールで覆われて内容がわからない(ひそか)の意味ⓐから、隠して内容が知られないようにする(ひめる)意味ⓑ、閉ざされて通じない意味ⓒを派生する。[英]secret, hidden, confidential; keep secret, hide, conceal; block [和訓]ひそか [熟語] ⓐ秘密・神秘・ⓑ秘蔵・秘匿・ⓒ秘結・便秘

文献 ⓐ史記・孝武本紀「天子獨喜其事祕、世莫知也＝天子独り其の事秘にして、世に知るもの莫なきを喜ぶ(天子だけはその事柄が秘密で、世間に知られていないのを喜んだ)」ⓑ管子・枢言「愛惡天下可祕＝天下を愛悪オするは秘すべし([帝王が]天下を愛したり憎んだりする感情は隠さねばならな

い）」

【被】10(衣・5) 常 常用音訓 ヒ こうむる

語音 *bıar(上古) bıĕ(中古→㊐ビ・㊑ヒ) bèi(中) 피(韓)

語源 [コアイメージ] 斜めにかぶさる。[実現される意味] 衣類などをかぶって着るⓐ。[英]cover, wear

〔解説〕釈名・釈形体に「皮は被なり。体を被覆するなり」とあるように、皮にコアイメージの源泉がある。動物のかわは肉を覆うものであり、それを材料にした衣類は人体を覆うものであるから、皮は「覆いかぶせる」「斜め(⌒の形)にかぶさる」というイメージを表すことができる。日本語の「かぶる」はカガフル→カウブル→カブルに転じたもの。また「こうむる(かうむる)」はカウブルから転じたもの。意味は頭にかぶる→恩恵などを受ける→傷などを身に受けるに展開する。これは漢語の被とほぼ同じである。

字源 「皮ヒ(音・イメージ記号)+衣(限定符号)」を合わせた字。「皮」は「斜めにかぶさる」というイメージがある(⇩皮)。「被」は衣類を斜めにかぶる様子を暗示させる。

語義 [展開] 衣類をかぶる意味ⓐから、上から覆いかぶさる意味ⓑ、表面を覆うもの(カバー)の意味ⓒ、かぶって着るもの(夜着など)の意味ⓓ、恩恵などが加わる意味ⓔ、良からぬことを身に受ける(こうむる)意味ⓕに展開する。また、何かを身にこうむることから、何かを受ける→何かをされるという用法ⓖが生まれた(漢文では「~る」「~らる」と読む)。[英]cover(ⓐ~ⓒ), wear; capsule; bedclothes, quilt; receive a favor; suffer; passive voice [和訓] かぶる・おおう・きる・かずく・ふすま・る・らる [熟語] ⓐ被堅・被甲・ⓑ被髪・被覆・ⓒ被膜・花被・ⓓ被衾・被服・ⓔ光被・ⓕ被害・被弾・ⓖ被写体

文献 ⓐ老子・七十章「聖人被褐懐玉=聖人は褐を被きて玉を懐いだく(聖人はぼろを着ながら、ひそかに玉を隠しもつ)」ⓑ荀子・賦篇「功被天下=功、天下を被おおふ(功績が天下に覆いかぶさる)」ⓔ詩経・既酔「天被爾祿=天、爾に禄を被る(天がお前に福禄を授ける)」ⓖ史記・屈原賈生列伝「信而見疑、忠而被謗=信にして疑はれ、忠にして謗そしらる(信義があるのに疑われ、忠義なのに非難される)」

【悲】12(心・8) 常 常用音訓 ヒ かなしい・かなしむ

語音 *pıuĕr(上古) pıui(中古→㊐・㊑ヒ) bēi(中) 비(韓)

語源 [コアイメージ] ←→の形に分かれる。[実現される意味] 胸が張り裂けるように切ない(かなしむ・かなしみ)ⓐ。[英]sad, sorrow

〔解説〕日本語の「かなしい(かなし)」は「自分の力ではとても及ばないと感じる切なさをいう語」(大野①)で、いとしい・いとおしむ(愛)と、つらく切ない(悲)を同時に含む。漢語の悲は後者の意味に近い。コアイメージの源泉は非にあり、「←→の形に割れる」というイメージ、つまり心が張り裂けるような感じ(英語のheartbreak)である。悲の深層構造を初めて指摘したのは藤堂明保である(藤堂①)。

字源 「非ヒ(音・イメージ記号)+心(限定符号)」を合わせた字。「非」は「←→の形に分かれる」というイメージがある(⇩非)。「悲」は心臓が二つに張り裂けるような痛切な感じを暗示させる。

語義 [展開] かなしむ意味ⓐから、悲しげである(物悲しい)意味ⓑ、哀れに思う意味ⓒ、哀れみの心(情け深い)という意味ⓓに展開する。[英]sad, sorrow; plaintive; feel pity; mercy [熟語] ⓐ悲哀・悲嘆・ⓑ悲秋・悲鳴・ⓓ悲願・慈悲

文献 ⓐ詩経・九罭「無使我心悲兮=我が心をして悲しましむる無かれ(私の心を悲しまさないで)」

【扉】12(戸・8) 常 常用音訓 ヒ とびら

語音 *pıuər(上古) pıuəi(中古→呉・漢ヒ) fēi(中) 비(韓)

語源 [コアイメージ] ㋐←→の形に分かれる・㋑|-|の形に並ぶ。[実現される意味] 観音開きの戸・開き戸。広く、とびらⓐ。[英]hinged double doors, door

〔解説〕王念孫は「門扇、左右有り。故に之を扉と謂ふ。扉の言は棐(ヒ)(左右から挟む)なり。夾輔(輔佐する)の名なり」と述べる(広雅疏証)。左右に戸のある開き戸を扉という。日本語の「とびら」はト(戸)+ヒラ(片)で、薄く平らな戸(開き戸)の意味。

字源 「非(ヒ)(音・イメージ記号)+戸(限定符号)」を合わせた字。「非」は「←→の形に分かれる」というイメージと、「|-|の形に分かれて並ぶ」というイメージがある(⇩非)。「扉」は|-|の形に並んで、左右に開けられる戸を暗示させる。

語義 とびらの意味ⓐ。[熟語] ⓐ開扉・門扉

文献 ⓐ春秋左氏伝・襄公28「抽桷撃扉三＝桷を抽(ぬ)きて扉を撃つこと三たび(たるきを引き抜いて、それで扉を三回撃った)」

【斐】12(文・8) 人 音ヒ 訓あや

語音 *pʻıuər(上古) pʻıuəi(中古→呉・漢ヒ) fěi(中) 비(韓)

語源 [コアイメージ] 二つに分かれる。[実現される意味] 模様がはっきりと目立って美しいさま(あやがあるさま)ⓐ。[英]ornate

字源 「非(ヒ)(音・イメージ記号)+文(限定符号)」を合わせた字。「非」は「二つに分かれる」というイメージがあり(⇩非)、「分かれ目(区切り目)がはっきりしている」というイメージに展開する。「斐」は切れ目(境目)がはっきりと目立つ文様を暗示させる。

語義 あやがあって美しい意味ⓐ。[熟語] ⓐ斐然

文献 ⓐ詩経・巷伯「萋兮斐兮、成是貝錦＝萋(セイ)たり斐(ヒ)たり、是(こ)の貝錦を成す(衣は盛んに、目もあやに、貝殻模様のにしき織り成す)」

【費】12(貝・5) 常 常用音訓 ヒ ついやす・ついえる

語音 *pʻıuəd(上古) pʻıuəi(中古→呉・漢ヒ) fèi(中) 비(韓)

語源 [コアイメージ] 八の形に(二つに、左右に)分かれる。[実現される意味] 金を使って減らす(ついやす)ⓐ。[英]spend, expend

〔解説〕日本語の「ついえる(つひゆ)」(「ついやす」は他動詞形)はツヒニ(遂・終)のツヒと同根。ツヒは物事が衰え消耗することで、ついえる(潰)と同義である。消耗する→使い減らすに転義する(以上は大野①による)。漢語の費はこれとイメージが違い、弗にコアイメージの源泉がある。「左右に分かれる」というイメージが「分散する」というイメージに展開し、金や財産が分散して数量が減少するというイメージの語が生まれた。これが費である。

字源 「弗(フツ)(音・イメージ記号)+貝(限定符号)」を合わせた字。「弗」は「八の形にはらい分ける」というイメージがあり、「左右に八の形に分かれ出る(分散する)」というイメージに展開する(⇩弗)。「費」は財貨を手元から分散させる様子を暗示させる。

語義 [展開] 金を使う(ついやす)意味ⓐから、あることに使う金(ついえ)の意味ⓑ、また、余計に使いすぎる意味ⓒに展開する。[英]spend, expend, consume, waste; expense, cost, charge, fee; use a lot of [熟語] ⓐ消費・浪費・ⓑ費用・学費・ⓒ費解

文献 ⓐ論語・堯曰「君子恵而不費＝君子は恵みて費やさず(君子は[民に対して]恵みを与えるが、無駄に金を使わない)」

【碑】14(石・9) 常 常用音訓 ヒ

〔碑〕13(石・8) 人 音ヒ 訓いしぶみ

語音 *pieg(上古) pie(中古→呉・漢ヒ) bēi(中) 비(韓)

語源 ［コアイメージ］ 薄くて平ら。［実現される意味］ 廟の前に立てる平らな石ⓐ。［英］stone pillar in front of a temple

字源 「碑」が正字。「卑ヒ(音・イメージ記号)＋石(限定符号)」を合わせた字。「卑」は「薄くて平ら」というイメージがある(⇩卑)。「碑」は人工的に薄く平らに削った石を暗示させる。

語義 ［展開］ 廟の前に立てる石の意味ⓐから、功績などを文字に刻んで記念に立てる石(いしぶみ)の意味ⓑに転用される。方形のいしぶみを碑、円形のそれを碣ケツという。［英］stone pillar in front of a temple; stone monument, tombstone ［熟語］ ⓑ碑文・墓碑

文献 ⓐ礼記・祭義「既入廟門、麗于碑＝既に廟門に入り、碑に麗つく(間もなく廟の門に入り、いけにえを碑に懸けた)」 ⓑ淮南子・道応訓「遯逃乎碑＝碑に遯逃す([その人は]石碑の陰に逃げて隠れた)」

【緋】 14(糸・8) 人 ─ 音ヒ 訓あか・あけ

語音 pıuəi(中古→呉・漢ヒ) fēi(中) 비(韓)

語源 ［コアイメージ］ 二つに分かれる。［実現される意味］ 鮮やかな赤色ⓐ。［英］scarlet

字源 「非ヒ(音・イメージ記号)＋糸(限定符号)」を合わせた字。「非」は「二つに分かれる」というイメージから、「分かれ目がくっきりと目立つ」というイメージに展開する(⇩斐)。「緋」はくっきりと目立つ染め糸を暗示させる。この意匠によって、鮮やかな赤色を表象する。

語義 鮮やかな赤色の意味ⓐ。［熟語］ ⓐ緋衣

【罷】 15(网・10) 常 ─ 常用音訓 ヒ

語音 (1)*băr(上古) bǎi(中古→呉ベ・漢ハイ) bà(中) 파(韓) (2)*bıar(上古) bıĕ(中古→呉ビ・漢ヒ) pí(中) 피(韓)

語源 ［コアイメージ］ 二つに分かれる。［実現される意味］ 仕事を中止する(やめる)ⓐ。［英］stop, quit

〔解説〕 古典の注釈に「罷は事を廃するなり」とある(漢書の顔師古注)。*bărという語は廃・弊・敗などと同源で、「二つに分かれる」というコアイメージをもつ。二つに分かれると、途中で上下(前後)が切り離されるから、「途中で止まる」というイメージに転化する。また、二つに分かれると、物は割れて形が崩れる。ここから、形が崩れてだめになるという意味が生まれる。後者は廃・弊にも見られるイメージ転化現象である。後者は疲(つかれる)と似た意味になったため、音が変わった(2は疲と同音)。

〔グループ〕 罷・擺ハイ(左右に押し開く)

字源 「能(イメージ記号)＋网(限定符号)」を合わせた字。「能」は粘り強いというイメージがある(⇩能)。「罷」は力強いものを網にかぶせて、力を失わせる情景を設定した図形。これは転義である「つかれる」を念頭に置いて考案された図形である。図形にコアイメージは反映されていない。

(篆)

語義 ［展開］「二つに分かれる」というコアイメージから、途中で中止する→仕事をやめる(やむ・やめる)意味ⓐ、役目をやめさせる意味ⓑが実現される(以上は1の場合)。また、力や勢いがだめになる(つかれる)という意味ⓒを派生する(2の場合)。日本では1の読みは2の読みで代用される。［英］stop, quit, abandon; dismiss; be tired, decline ［和訓］やむ・やめる・つかれる・まかる ［熟語］ ⓐ罷業・罷工・ⓑ罷免・ⓒ罷弊(＝疲弊)・罷労(＝疲労)

文献 ⓐ論語・子罕「欲罷不能＝罷やめんと欲すれども能あたはず([学問を]止めようと思っても止められない)」

【避】16(辵・13) 常 常用音訓 ヒ さける

語音 *bieg(上古) biĕ(中古→呉ビ・漢ヒ) bì(中) 피(韓)

語源 [コアイメージ] 中心から横にそれる。[実現される意味] わきに身を寄せてまともに当たらないようにする(さける)ⓐ。[英]avoid, evade

〔解説〕僻地の僻(中央からかたよる)と同源で、真っ向から来るものに対して、横の方向にずらして当たらないようにすることを避という。日本語の「さける(さく)」はサカル(離)の他動詞形で、「本体とは反対の方へ移す意」という(大野②)。英語のavoidはa-(=ex、外へ)+void(空の)が語源で、「嫌なものから空間・距離をとる→遠ざける」の意、evadeはex-(外へ)+vadere(行く)が語源で、「嫌いなことから逃れ出る」の意という(下宮①、政村①)。

字源 「辟(ヘキ)(音・イメージ記号)+辵(限定符号)」を合わせた字。「辟」は「中心から横にそれる」というイメージがある(⇩壁)。「避」は本道から横にそれて行く様子を暗示させる。この意匠によって、まともに来るものに対して、横に身をよけることを表象する。

語義 さける意味ⓐ。[和訓]よける [熟語] ⓐ避難・逃避

文献 ⓐ孟子・万章上「舜避堯之子於南河之南＝舜、堯の子を南河の南に避く(舜は堯[ともに古帝王の名]の子とまともに顔を合わさないように南河の南に身をよけた)」

び

【尾】7(尸・4) 常 常用音訓 ビ お

語音 *miuər(上古) miuəi(中古→呉ミ・漢ビ) wěi(中) 미(韓)

語源 [コアイメージ] 細い・小さい。[実現される意味] 動物のしっぽⓐ。[英]tail

〔解説〕釈名・釈形体に「尾は微なり。脊の末を承けて稍(やや)微殺するなり(背骨の末端を受けて次第に細くそがれるのである)」とある。*miuərという語は微と同源で、「細い」というコアイメージをもつ。藤堂明保はさらに範囲を拡大させて、末・眉・美・文・民なども同源とし、「小さい・よく見えない」という基本義を設けた(藤堂①)。

〔グループ〕尾・梶・娓(ビ)(たおやか)

字源 「毛(イメージ記号)+尸(限定符号)」を合わせて、しりの毛を暗示させる図形。図形にコアイメージは反映されていない。

(篆)

語義 [展開] 動物の尾(しっぽ)の意味ⓐから、物の末端(後ろ)ⓑの意味に展開する。また、魚を数える語ⓒに用いる。[英]tail(ⓐⓑ); end; classifier for fish [熟語] ⓐ牛尾・交尾・ⓑ後尾・首尾

文献 ⓐ詩経・狼跋「狼跋其胡、載疐其尾＝狼其の胡(した)を跋(ふ)み、載(すなわ)ち其の尾に疐(つまず)く(オオカミは顎の肉を踏んづけたり、自分のしっぽにけつまずいたり)」

【弥】8(弓・5) 常 常用音訓 や
〔彌〕17(弓・14) 人 音ビ・ミ 訓わたる・いよいよ・いや・や

語音 *miĕr(上古) miĕ(中古→呉ミ・漢ビ) mí(中) 미(韓)

語源 [コアイメージ] 近づく。[実現される意味] 端から端まで行き渡る(いっぱいになる、みちる)ⓐ。[英]fill

〔解説〕弓の上端と下端で弦を懸ける所を*miĕr(ゆはず)という。ゆはずは両端にあって、弦を端から端まで張り渡して結ぶものである。そこから、終点まで届く(止まる、やめる)という意味を派生する。この語を視覚

記号としては弭ビと書く。ゆはずが両端にあるところから、耳との類似性を利用したもの。一方、上端から下端まで張り渡すという部分に焦点を当てて、端から端まで行き渡ることを同じく*miĕrという。しかし視覚記号は弭と区別して瀰ビと書く。爾を用いた理由は、弦を張って矢を引いた際、弓が反って上端のゆはずと下端のゆはずが段々と近づく姿を呈するから、「近づく」というイメージをもつ爾との同源意識があるからである。和訓の「や」はイヨ(愈)のヨの母音交替形で、「程度が、より強く、甚だしく、盛んである意」という(大野①)。漢語の弥ビの転義ⓒにほぼ相当する。

字源 「彌」が正字。「爾ジ(音・イメージ記号)＋弓(限定符号)」を合わせた字(篆文では爾が璽になっている)。「爾」は「近づく」というイメージがある(⇩爾)。「彌」は上端のゆはずと下端のゆはずを近づけるように弦をいっぱいに張り渡す様子を暗示させる。

(金)　(篆)

〔字体〕「彌」は旧字体。「弥」は常用漢字の字体。中国の簡体字は旁が爾→尔となる。祢ネもこれに倣う。

語義 [展開] 端から端まで行き渡る(みちる)意味ⓐから、最後になるまで十分に間がある(長きにわたる)意味ⓑ、最後になるまで程度が段々と深くなる様子(いよいよ)ⓒという意味に展開する。また、梵語の音写字ⓓ。[英]fill; extend, last; more; phonetic loan of Sanskrit [熟語]ⓐ弥縫・ⓑ弥久・弥漫・ⓓ弥陀ミダ・弥勒ミロク

文献 ⓐ詩経・生民「誕彌厥月、先生如達＝誕ここに厥その月を弥わたり、先づ生むは達の如し(十月十日がたっぷり満ちて、生まれたのは羊のような子)」ⓑ詩経・巻阿「俾爾彌爾性＝爾をして爾の性を弥わたらしめよ(あなたはいつまでも長生きされるように)」ⓒ論語・子罕「仰之彌高＝之を仰げば弥いよいよ高し(彼[孔子]を仰ぎ見ればますます気高い)」

【枇】8(木・4)　人　音ビ・ヒ

語音 (1)*pier(上古) pii(中古→呉ビ・漢ヒ) bǐ(中) (2)*bier(上古) bii(中古→呉ビ・漢ヒ) pí(中) 비(韓)

語源 [コアイメージ] くっつく・薄い。[実現される意味] 食器に食べ物を盛ったり取ったりする木製のスプーンⓐ。[英]spoon

字源 匕→朼→枇と変わった。「匕」は先端が薄く尖った食事用ナイフを描いた図形。スプーンの用途もある。匕首の匕も表すので、それと区別するため、字体が「朼」、また、「比ヒ(音・イメージ記号)＋木(限定符号)」を合わせた「枇」に変わった。「比」は「くっついて(狭い隙間を置いて)並ぶ」というイメージがあり(⇩比)、「くっつく」→「(上下がくっつくほど)薄い」とイメージが転化する。「枇」は先端の薄いナイフまたはスプーンを暗示させる。一方、果樹のビワが西域から伝わった際、葉の形が楽器の琵琶に似ていることから、枇杷の表記に利用された。

語義 [展開] 先端が尖ったスプーンの意味ⓐ(1の場合)。また、果樹の名、ビワの意味ⓑ(2の場合)。[英]spoon; loquat [熟語]ⓑ枇杷

文献 ⓐ礼記・雑記「枇以桑＝枇は桑を以てす(スプーンにはクワの木を用いる)」ⓑ史記・司馬相如列伝「枇杷橪柹(ビワとサネブトナツメとカキ)」

【毘】9(比・5)　人　音ビ・ヒ

語音 *bier(上古) bii(中古→呉ビ・漢ヒ) pí(中) 비(韓)

語源 [コアイメージ] 並んでくっつく。[実現される意味] そばについて助ける(輔佐する)ⓐ。[英]assist

〔解説〕比にコアイメージの源泉がある。「並んでくっつく」というコアイメージから、主たるもののそばにぴったりとくっついて助けることを毘という。本来の表記は毗である(段玉裁の説による)。説文解字では「毗は人の臍なり」とある。AとBが並んでくっつくのはちょうど中間なの

で、人体の中間点に当たる部分である臍と解したのかもしれない。しかし用例はない。

〔グループ〕毘・捭《ヒ》(=批)・媲《ヘイ》(連れ合いになる)・膍《ヒ》(いくつかの室に分かれて並んだ反芻動物の胃袋)・篦《ヘイ》(節が次々に並ぶ櫛[竹篦])・螕《ヒ》(皮膚にくっついて血を吸う虫、ダニ)・蓖《ヒ》(ダニに似た種子をもつ草、トウゴマ[蓖麻《ヒマ》])・貔《ヒ》(皮膚に文様が分かれて並ぶ獣、豹の類)

[字源]「毘」が本字。「比《ヒ》(音・イメージ記号)+囟(イメージ補助記号)」を合わせた字。「比」は「並ぶ」「くっつく」というイメージがある(⇩比)。「囟」は幼児の頭蓋骨にある泉門(ひよめき、おどり)を描いた図形(⇩脳)。おどりは骨が縫合されていず、細い隙間のある部分である。しかし見方によっては、二つのものが両側から並ぶようにくっつくというイメージにもなりうる。したがって、「毘(=毘)」は赤ん坊の泉門のように並んでくっつく様子を暗示させる。

(篆)

[語義][展開]輔佐する意ⓐが本義であるが、梵語の音写字ⓑに用いることが多い。[英]assist; phonetic loan of Sanskrit [熟語]ⓐ毘益《ヒエキ》・ⓑ毘舎《ビシャ》・茶毘《ダビ》

[文献]ⓐ詩経・節南山「天子是毗=天子を是れ毗《たす》く(天子様を輔佐する)」

【眉】 9(目・4) [常]

[常用音訓] ビ・ミ まゆ

[語音] *mıuăr(上古) mıui(中古→[呉]ミ・[漢]ビ) méi(中) 미(韓)

[語源][コアイメージ]小さい・細い。[実現される意味]まゆⓐ。[英]eyebrow

〔解説〕釈名・釈形体に「眉は媚なり。嫵媚《ブビ》(なまめかしさ)有るなり」とあり、眉は美しくなまめかしいというイメージにつながるという。「眉は媚なり」は古人の同源意識である。藤堂明保は、微・尾・眉・美・未などは「小さい・よく見えない・微妙な」という基本義があるとする(藤堂①)。眉と媚、美と媄、尾と娓の関係は微妙さから美しさに転じたものである。

〔グループ〕眉・媚《ビ》(こびる。また、細やかで美しい[媚態・明媚])・楣《ビ》(目の上の眉のように、出入り口の上に渡した横木、まぐさ)・湄《ビ》(目と眉の関係のように、川に接近した所、岸辺)

[字源]「目」を除いた部分は細い毛の集まった「まゆ」を描いた形。それに限定符号の「目」を添えたのが「眉」である。

(甲)

(金)

(篆)

[語義][展開]まゆの意味ⓐから、眉の長い老人、長生きの老人の意味ⓑを派生する。[英]eyebrow, brow; long-lived person [熟語]ⓐ愁眉・焦眉・ⓑ眉寿

[文献]ⓐ詩経・碩人「螓首蛾眉=螓首《シンシュ》、蛾眉《ガビ》(セミのような額に、ガのような眉)」ⓑ詩経・七月「爲此春酒、以介眉壽=此の春酒を為《つく》り、以て眉寿を介《たす》く([新米で]春の酒を造り、老人の長寿の足しに)」

【美】 9(羊・3) [常]

[常用音訓] ビ うつくしい

[語音] *mıuər(上古) mıui(中古→[呉]ミ・[漢]ビ) měi(中) 미(韓)

[語源][コアイメージ]小さい・細い。[実現される意味]姿形がよい(うつくしい)ⓐ。[英]beautiful

〔解説〕古来、字形から意味を引き出す説が主流をなす。美は「羊+大」だから、大きなヒツジ→うつくしいという意味が生じたとするもの。これは俗説といってよい。新機軸を打ち出したのは藤堂明保である。氏は美を微・尾・眉や未のグループ(味など)、さらに勿のグループ・文のグループ・民のグループなどとともに同じ単語家族にくくり、「小さい・

よく見えない・微妙な」という基本義をもつとした(藤堂①)。美は特に微・眉・尾と近く、「小さい」「細い」「か細い」というイメージがある。か細くて微妙な姿に美観を見出して生まれた言葉が*muarである。眉(細い眉)から媚(か細くてみめよい)、尾(細いしっぽ)から娓(しなやかで美しい)、微(細くかすか)から媺(えも言えず美しい)へ展開する。美はこれらを統括する。これは視覚的イメージであるが、共感覚メタファーによって、味覚的イメージにも転じる。日本語の「うつくしい(うつくし)」は「親が子を、また、夫婦が互いに、かわいく思い、情愛をそそぐ気持ち」→「小さいものをかわいいと眺める気持ち」に転じたという(大野①)。この展開義が漢語の美に近い。

〔グループ〕美・媄(顔形が美しい)

字源 「大(イメージ記号)+羊(限定符号)」を合わせた字。「大」は「ゆったりしている」というイメージがある(⇩大)。「美」は体形がゆったりとした羊を暗示させる。これは図形的解釈であってヒツジを意味するのではない。図形にコアイメージは反映されていない。字源については頭に羽飾りをつけた人の形、羊の角に似た帽子をかぶった人の形などの説がある。

(甲)　(金)　(篆)

語義 [展開] 形が微妙で何とも言えずよい(うつくしい)意味ⓐから、微妙な味わいがあって何とも言えずうまい(おいしい)意味ⓑ、よいと褒める(ほめる)意味ⓒに展開する。[英]beautiful; delicious, tasty; praise [和訓]よい・うまい・ほめる [熟語] ⓐ美女・美貌・ⓑ美味・甘美・ⓒ賛美・褒美

文献 ⓐ詩経・野有蔓草「有美一人＝美なる一人有り(美しい一人の女性がおりました)」ⓑ孟子・尽心下「膾炙與羊棗孰美＝膾炙と羊棗と孰れか美なる(焼き肉とシナノガキはどちらがおいしいか)」

【梶】11(木・7)　人　音ビ　訓かじ

語音 wai(宋ミ・ビ)　wěi(中)　미(韓)

語源 [コアイメージ] 細い。[実現される意味] 木のこずえⓐ。[英]treetop

字源 「尾(音・イメージ記号)+木(限定符号)」を合わせた字。「尾」は「細い」というイメージがある(⇩尾)。「梶」は木のてっぺんの細くて見えにくい枝先を暗示させる。日本では舵(かじ)の別表記とする。舵は船尾に取りつけるので「尾」に木偏をつけたもの。したがって半国字である。大言海に「船尾木の合字」とある。

語義 [展開] こずえの意味ⓐ。日本では、舵の用材ということから、木の名のカジ(現在はカジノキ)の意味ⓑが生じた。漢名は楮(チョ)・構・穀(コク)。[英]treetop; paper mulberry

【備】12(人・10)　常　常用音訓 ビ　そなえる・そなわる

語音 *biuăg(上古)　biui(中古→呉ビ・漢ヒ)　bèi(中)　비(韓)

語源 [コアイメージ] (本体のそばに)くっつける。[実現される意味] 将来の事態のためにあらかじめ用意する(そなえる)ⓐ。[英]prepare

〔解説〕藤堂明保は備・服・伏・副・婦などを同じ単語家族にくくり、「ぴたりとくっつく」という基本義をもつとした(藤堂①)。杜預は下記(文献ⓑ)の春秋左氏伝に「備は服なり」と注釈している。*biuăgという語は副・服と同源で、「本体(A)のそばに控え(B)がくっついている(寄り添う)」というイメージがある。何かの目的や、次に来ると予想される事態(A)に対して、あらかじめある物(B)を用意しておくという意味の語が備である。日本語の「そなえる(そなふ)」は「必要な種類と数を欠ける所なく用意する意」という(大野①)。漢語の備のような「(予想されるものの)控えとして」「あらかじめ」というイメージは含まれていないよ

うである。英語のprepareはラテン語のpraeparare, prae-(before)＋parare (to get ready)が語源で、「物や人などを将来の出来事などに対処できるよう準備させる、用意させる」の意という(小島①)。これは漢語の備とぴったり合致する。

〔グループ〕備・憊(ハイ)(ぐったりと伏せるような気分→疲れる[困憊])・糒(ビ)(旅行などに備える食糧、ほしいい)・韛(フク)(＝箙。矢を入れる道具、えびら)

字源 「備」が本字。「葡(ビ)(音・イメージ記号)＋人(限定符号)」を合わせた字。「葡」は矢を入れておく道具(えびら)を描いた図形。この解釈は近代の文字学者(呉大澂や孫詒譲ら)の唱えたもので、定説となっている。矢はびっしりとくっついて蓄えられた状態にあり、また、それは控えとして用意されるものでもあるので、「本体のそばに控え・予備としてくっつく」というイメージを表すことができる。「備」は人の領域に場面を移したもので、予備として用意しておく人を暗示させる。

(甲) (金) (篆) [葡] (篆)

語義 [展開] 何かの事態にそなえてあらかじめ用意する(そなえる)意味ⓐから、控えとしてとっておく意味ⓑ、必要なものを取りそろえる意味ⓒ、全部そろえて(ことごとく、つぶさに)の意味ⓓに展開する。[和訓] つぶさに [英]prepare; reserve; equip; fully, thoroughly [熟語] ⓐ防備・予備・ⓒ具備・常備

文献 ⓐ書経・説命「有備無患＝備へ有れば患(うれ)ひ無し([不則の事態に対し]あらかじめ備えておけば心配がない)」ⓑ春秋左氏伝・哀公15「寡君使蓋備使＝寡君、蓋(ガイ)をして備使たらしむ(我が君は蓋[人名]を副使にした)」ⓒ詩経・楚茨「禮儀既備＝礼儀既に備はる(儀式は全部整った)」ⓓ詩経・有瞽「管簫備擧＝管簫備(ことごと)く挙ぐ(管楽器の音楽はみな挙行された)」

【琵】 12(玉・8) 人 音ビ・ヒ

語音 *bier(上古) bii(中古→呉ビ・漢ヒ) pí(中) 비(韓)

字源 「比(ヒ)(音記号)＋玨(限定符号)」を合わせた字。イラン語のbarbat(楽器の名)が初め批把と音写されたが、後に琵琶と書かれた(⇩琶)。玨は琴の原字で、琴に似た楽器に限定する符号に用いられる。

語義 楽器の名、琵琶(ビワ)の意味ⓐ。漢代に西域(中央アジア方面)から中国に伝わった。[英]Chinese lute

文献 ⓐ嵇康・声無哀楽論「琵琶箏笛令人躁越＝琵琶・箏・笛は人をして躁越ならしむ(琵琶や琴や笛の音は人をいらいらさせる)」(漢魏六朝百三家集35)

【微】 13(彳・10) 常 常用音訓 ビ

語音 *muer(上古) muai(中古→呉ミ・漢ビ) wēi(中) 미(韓)

語源 [コアイメージ] 小さい・細い。[実現される意味] (物の形や光などが)か細くてはっきり見えない・小さくて目立たない(かすか)ⓐ。[英]minute, small, faint

〔解説〕古人は「尾は微なり」という語源意識をもっていたが、その逆も可である。藤堂明保は尾・眉・美、さらに未のグループ(味など)、勿のグループ(忽など)、文のグループ(蚊など)、昏のグループとも同源とし、「小さい・よく見えない・微妙な」という基本義があるとした(藤堂①)。「細い」「か細い」というイメージも加えることができる。小さく、か細くて、はっきり見えない状態を微という。和訓の「かすか」はカスミ(霞)・カソケシ(幽)と同根で、「音や光などが、今にも消え入りそうに、小さく、少なく、弱いさま」という(大野①)。漢語の微とほぼ同じ。英語のminuteはラテン語のminutus(＝small)に由来し、「目に見えないくらい微小な、微細な」の意という(小島①)。漢語の微にほぼ当たる。

〔グループ〕微・黴・媺(ビ)(たおやかで美しい)・薇(ビ)(葉や茎が小さく弱々しいつる草、カラスノエンドウ。また、薔薇は墻薇[墻(かき)に絡みつく薇に似た草]が語源で、

ノイバラ)・黴バイ(薄黒い小さなかび[黴菌])

字源 「敉ビ(音・イメージ記号)+彳(限定符号)」を合わせた字。「敉」の左側は「長」の変形。「長」は細長い髪をなびかせる人の形で、「細くかすかで見えにくい」というイメージがある(これは二次的イメージ)。「長(イメージ記号)+攴(限定符号)」を合わせた「敉」は、見えないほど細くて小さいことを示す。「微」は人に見られないように、目立たないような姿にしてこっそり行く様子を暗示させる。この意匠によって、はっきりと目立たない(かすかである)ことを表象する。

(甲) (金) (篆) [敉] (篆)

〔字体〕「微」は正字(旧字体)。「微」は由来不明の常用漢字の字体。

語義 [展開]「小さい」「細い」というイメージから、か細くてはっきり見えない(かすか)の意味ⓐ、わずか・少ない・少しの意味ⓑ、力や勢いがか細くなる(なくなる)意味ⓒ、身分が低くて取るに足りない意味ⓓに展開する。また、見えない→無いという意味ⓔを派生する。このイメージ転化現象は莫などと同じ。[英]minute, faint; slight, small, few, little; decline, wane; low, humble; be not [和訓]かすか・ない [熟語]ⓐ微妙・隠微・ⓑ微細・軽微・ⓒ衰微・式微・ⓓ微官・微臣

文献 ⓐ詩経・十月之交「彼月而微、此日而微=彼の月にして微かなり、此の日にして微かなり(あの月も光がかすか、この太陽も光がかすか)」ⓒ論語・季氏「三桓之子孫微矣=三桓の子孫微なり(三桓の子孫は勢力が衰えた)」ⓔ論語・憲問「微管仲、吾其被髪左衽矣=管仲微なかりせば、吾其れ髪を被り衽を左にせん(管仲[春秋時代の政治家]がいなかったら、我々はざんばら髪で、着物を左前で着たこと[いずれも野蛮な風習]だろう)」

【鼻】 14(鼻・0) 常 | 常用音訓 ビ はな

語音 *bied(上古) bii(中古→呉ビ・漢ヒ) bí(中) 비(韓)

語源 [コアイメージ] 搾り出す。[実現される意味] はなⓐ。[英]nose

〔解説〕甲骨文字では自は鼻の象形文字で、鼻の意味もあったようであるが、「〜より」と起点を表す語の用例が圧倒的に多い。自(*dzied)と鼻(*bied)は語源的に系統の違う語である。鼻は春秋戦国時代の古典に現れる。藤堂明保が指摘したように(藤堂②)、*biedという語は分泌の泌(両側から締めて液体を出す)と同源で、生理的機能から命名された。図形化に畀という特殊な記号が使われている。特殊な記号には特別なイメージがあることが多い。日本語の「はな」はハナ(端)と同根という(大言海の説)。漢語の鼻にも突端→起点・始まりの意味がある。また、自は鼻の意味ではないが、起点というコアイメージがある。おもしろいことに英語のnoseにも先端・突出部分という意味がある。

字源 「鼻」が正字。「畀ヒ(音・イメージ記号)+自(限定符号)」を合わせた字。「畀」は本来は𢌿が正しく、𢌿→畁→畀と変化したもの(商承祚の説による)。「由」は「囟」の変形で、かごの形。「囟+廾(両手)」を合わせて、両手で液体を搾り出す情景を設定した図形が畀である。ここに「両側から締めて汁を搾り出す」というイメージがある。したがって「鼻」ははな汁を搾り出す働きのある「はな」を暗示させる。

(金) (篆) [畀] (篆)

〔字体〕「鼻」は旧字体。「鼻」は書道などから出た俗字。現代中国では正字を用いる。

語義 [展開] はなの意味ⓐ。鼻は顔面に突起しているので、物事の起点・始めという意味ⓑを派生する。[英]nose; start, beginning [熟語]ⓐ鼻孔・鼻腔・ⓑ鼻祖

文献 ⓐ孟子・離婁下「西子蒙不潔則人掩鼻而過之=西子、不潔を蒙むれば、則ち人、鼻を掩おひて之を過ぎる(西子[美女の西施]がもし汚れたら、みんな鼻をつまんで通り過ぎる)」

ひざ……………………………………………

【膝】→しつ

ひじ……………………………………………

【肘】→ちゅう

ひつ……………………………………………

【匹】 4(匸・2) 常 ｜ 常用音訓 ヒツ ひき

語音 *p'iet(上古) p'iĕt(中古→呉ヒチ・漢ヒツ) pǐ(中) 필(韓)

語源 [コアイメージ] 二つくっつく・並ぶ。[実現される意味] 二つで一組になるもの(カップル、ペア)ⓐ。[英]pair, couple, mate

〔解説〕王力は匹・妃・配・媲(ヘイ)(連れ合い)を同源とするが(王力①)、これは表層レベルの語源説。藤堂明保は深層構造を探り、匹・牝(ヒン)・弼(ヒツ)、また、比のグループ(妣など)、必のグループ(泌など)、賓のグループ(嬪など)、頻のグループを同源の単語家族に統括し、「ふたつくっつく」という基本義があるとした(藤堂①)。「くっつく」と「並ぶ」は相互転化可能のイメージである。もともと二つ並んで一組になるものを*p'ietという。人間の場合は男女のカップルであるが、二端で一そろいの布の場合も*p'ietという。*p'ietという語の視覚記号化は布を数える場面から発想された。和訓の「ひき」は引き(布をさらすために引く意)に由来するという(大野①)。

字源 「厂(垂れた布)」+「~(二筋を示す符号)」を合わせた字(金文の字体)。二つ垂れて並ぶ布地を暗示させる図形。一人分の布地を端といい、二人分の布地二端をこの図形で表した。篆文以後は「匸+儿」の字体に変わった。

(金)  (篆)

〔字体〕「匹」は旧字体。匸と匚は別であるが、古くから混同され、すでに隷書で「匹」と書かれた。

語義 [展開] 一対になるもの(ペア)の意味ⓐから、一対をなす意味ⓑ、釣り合う相手(たぐい)の意味ⓒに展開する。また、布の長さの単位ⓓ、馬やその他の動物を数える語ⓔを派生する。[英]pair, couple, mate; make a pair; equal, peer; a bolt of cloth; classifier for hoarses, etc. [和訓] たぐい [熟語] ⓐ匹偶・匹夫匹婦・ⓒ匹敵・ⓔ馬匹

文献 ⓐ書経・咸有一徳「匹夫匹婦不獲自盡、民主罔與成厥功＝匹夫匹婦、自ら尽くすを獲ざれば、民主与(とも)に厥(そ)の功を成す罔(な)し(匹夫匹婦〔ペアをなす男女、転じて庶民〕が十分に心を満足させないならば、民の主は彼らと共に成功することはできないだろう)」ⓑ詩経・文王有声「作豊伊匹＝豊を作りて伊(こ)れ匹(ヒ)す(豊の町を作って、一対とした)」ⓒ楚辞・九章・懐沙「懐質抱情、獨無匹＝質を懐(いだ)き情を抱き、独り匹(たぐい)無し(純粋な質と情をもつ自分には、ほかに対抗できるものはいない)」

【必】 5(心・1) 常 ｜ 常用音訓 ヒツ かならず

語音 *piet(上古) piĕt(中古→呉ヒチ・漢ヒツ) bì(中) 필(韓)

語源 [コアイメージ] 両側からぴったり締めつける。[実現される意味] ある事態がきっとそうならざるを得ないさま(かならず)ⓐ。[英]certainly, surely

〔解説〕必の深層構造を初めて解明したのは藤堂明保である。氏は必を比・畢・弼・賓・頻などと同じ単語家族にくくり、「ふたつくっつく」という基本義があるとした(藤堂①)。「ふたつくっつく」は「両側から締

めつける」「締めつけられて隙間がない」というイメージに転化する。締めつけられて動かしようがない（固定されてずれる余地がない）事態を指すのが*pietという語である。日本語の「かならず」は仮ならずの転で、仮ではない→確かにの意味。

〔グループ〕必・泌・秘・密・蜜・柲ヒツ（弓を締めつけてゆがみを直す道具、ゆだめ）・閟ヒ（両側から締めて閉じる[閟宮]）・謐ヒツ（閉じられて静か[静謐]）・毖ヒ（狭い穴から水が流れ出るさま）・鮅ヒツ（石の隙間に卵を産む魚、オイカワ[石鮅魚]）

字源 「弋（イメージ記号）＋八（イメージ補助記号）」を合わせた字。「弋」は先端が二股になった棒の形で、鳥を捕らえる「いぐるみ」という狩猟用具である（⇩代・式）。「八」は両側から中のものを締めることを示す符号。したがって「必」はいぐるみの柄の両側を締めつけて動かないようにする情景を設定した図形。この意匠によって、ある事態がずれる余地がなく動かないことを表象する。郭沫若が必を柲ヒ（ほこや斧にはめこむ柄）の原字としてから、これに従う文字学者は多いが、「かならず」に用いるのは仮借とされる。しかし上記の通り必と柲は「締めつけられてずれる余地がない」というイメージの共通性がある。柲の原字説からも解釈できる。

（金）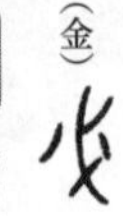　（篆）

語義 [展開] 普通は「かならず」という副詞的用法ⓐであるが、動かしようがなくきっとそうなるという動詞的用法ⓑもある。[英]certainly, surely, necessarily; be sure to, make certain [熟語] ⓐ必然・必要・ⓑ未必

文献 ⓐ詩経・南山「取妻如之何、必告父母＝妻を取めとるに之を如何いかんせん、必ず父母に告ぐ（妻をめとるにはどうすべき、必ず父母に先ず告げる）」ⓑ論語・子罕「毋必＝必する毋なかれ（物事はきっとそうなると決めつけてはならない）」

【疋】 5（疋・0）　人　｜　音ヒツ・ショ　訓ひき

語音 (1)*sïag（上古）　ṣïo（中古→呉ショ・漢ソ）　shū（中）　소（韓）　(2)*p'iet（上古）　p'iĕt（中古→呉ヒチ・漢ヒツ）　pĭ（中）　필（韓）

語源 [コアイメージ] 対をなして並ぶ・二つに分かれる・ばらばらに離れる。[実現される意味] 足ⓐ。[英]foot

〔解説〕足の機能的な特徴を捉えた語が足ソクであるが、形態的な特徴を捉えた語が疋ショである。足は二本ある。ここに「▯-▯の形に対をなして並ぶ」というイメージがある。これは「二つに分かれる」「ばらばらに離れる」というイメージに展開する。藤堂明保は疋ショのグループ、相のグループ、また素・索・喪・爽などを同じ単語家族とし、「ふたつに分かれる」という基本義を設定した（藤堂①）。「対をなす」というイメージがペア、カップルを意味する匹と似ており、しかも字形も似ているので、匹と同じ使い方が生じた。

〔グループ〕疋ショ・疎・礎・婿・楚・胥ショ（幾筋にも分かれるカニの肉）

字源 足を描いた図形。「足」の字と非常に似ているが区別される。

（篆）

語義 [展開] 足の意味ⓐが原義（1の場合）。しかし足の意味ではほとんど使われず、匹と通用させて、連れ合いの意味ⓑ、布や動物を数える語ⓒに使われる（2の場合）。[英]foot; couple; classifier for hoarses, etc. [熟語] ⓑ疋鳥（＝匹鳥）・疋夫疋婦（＝匹夫匹婦）

文献 ⓑ白虎通義・嫁娶（後漢・班固撰）「配疋者何、謂相與偶也＝配疋なる者は何ぞや、相与ともに偶するを謂ふなり（配疋[＝配匹]とは何か。一緒にカップルを作ることだ）」

【泌】 8（水・5）　常　｜　常用音訓 ヒツ・ヒ

語音 (1)*piet(上古) piĕt(中古→呉ヒチ・漢ヒツ) bì(中) 필(韓) (2)*pied(上古) pii(中古→呉・漢ヒ) bì(中) 비(韓)

語源 [コアイメージ] 両側からぴったり締めつける。[実現される意味] 隙間からにじみ出る水(細い水流)ⓐ。[英]gushing spring water

字源 「必(音・イメージ記号)+水(限定符号)」を合わせた字。「必」は「両側からぴったり締めつける」というイメージがある(⇩必)。「泌」は両側を挟まれた狭い隙間から水がちょろちょろとにじみ出る様子を暗示させる。1と2の音があった。

語義 [展開] 隙間からにじみ出る水の意味ⓐから、両側を締めてその中からぴっと液がにじみ出る意味ⓑに展開する。[英]gushing spring water; ooze, seep [熟語] ⓑ泌尿器・分泌

文献 ⓐ詩経・衡門「泌之洋洋、可以樂飢=泌の洋洋たる、以て飢ゑを樂す[=療]すべし(ちょろちょろ流れる泉の水でも、飢えはしのげる)」

【畢】10(田・5) 人 | 音ヒツ 訓あみ・おわる・ことごとく

語音 *piet(上古) piĕt(中古→呉ヒチ・漢ヒツ) bì(中) 필(韓)

語源 [コアイメージ] 隙間なく締めつける。[実現される意味] 鳥を捕らえる網ⓐ。[英]hand-net(for catching birds)

〔解説〕鳥を捕らえる網のことを古代漢語で*pietという。この語は鳥を隙間なく押さえ込んで取るという行為から生まれた。藤堂明保によれば、*pietという語は必・匹・弼などと同源で、「ふたつくっつく」という基本義をもつという(藤堂①)。これは「両側からぴったり締めつける」「隙間なく締めつける」というイメージに展開する。

〔グループ〕畢・篳(細い竹を隙間なくくっつけて並べたもの、竹垣・よしず[篳門])・蹕(天子が行幸する際、通行人を押さえ込んで通さないこと、先払い[警蹕])・韠(膝の前をぴったり押さえる布、膝掛け、前垂れ)

字源 狩猟用の柄のついた網を描いた図形。

(金) (篆)

語義 [展開] 鳥網が本義ⓐ。「隙間なく押さえる」というイメージから、物事が隙間なく完了する(おわる・おえる)意味ⓑ、漏れなく出し尽くす意味ⓒ、漏れなく全部(ことごとく)の意味ⓓを派生する。[英]hand-net(for catching birds); finish; exhaust; completely, all [熟語] ⓑ畢竟・畢生・ⓒ畢力

文献 ⓐ詩経・鴛鴦「鴛鴦于飛、畢之羅之=鴛鴦ここに飛ぶ、之を畢にし之を羅にせん(オシドリが飛んでいる、あみで捕らえよう)」ⓑ孟子・万章上「三年之喪畢=三年の喪、畢る(三年間の服喪が終わる)」

【筆】12(竹・6) 常 | 常用音訓 ヒツ ふで

語音 *pɪət(上古) piĕt(中古→呉ヒチ・漢ヒツ) bǐ(中) 필(韓)

語源 [コアイメージ] 締めつける。[実現される意味] ふでⓐ。[英]writing brush

〔解説〕古代中国では「ふで」の言い方が地方ごとに違っていた。南方の楚では聿(*diuet)、呉では不律、北方の燕では弗(*pɪuət)、西方の秦では筆といった(説文解字による)。釈名・釈書契では「筆は述なり。事を述べて之を書するなり」と語源を説くが、これは*diuetを念頭に置いたもの。藤堂明保は*pɪətを必と同源とした(藤堂②)。筆の製造過程に着目して、毛の束を引き締めて作ることに命名の動機があると見たもの。

字源 「聿(イメージ記号)+竹(限定符号)」を合わせた字。「聿」は筆を手で立てて持つ姿を描いた図形。図形にコアイメージは反映されていない。

(篆)

語義 [展開] ふでの意味ⓐから、広く書写道具の意味ⓑ、また、文字や絵図を書くこと、書いたものの意味ⓒ、文字の書き方、筆の運びの意

味ⓓに展開する。[英]writing brush; writing materials, pen, pencil; write, writing; stroke, touch ［熟語］ⓐ筆力・毛筆・ⓑ鉛筆・鉄筆・ⓒ自筆・随筆・ⓓ筆順・一筆

[文献] ⓐ国語・晋「臣以秉筆事君＝臣は筆を秉るを以て君に事ふ（私は筆を執る仕事で殿様に仕えております）」

ひめ

【姫】→き

ひゃく

【百】 6(白・1) [常] [常用音訓] ヒャク

[語音] *păk(上古) pak(中古→[呉]ヒャク・[漢]ハク) bǎi(中) 백(韓)

[語源] ［コアイメージ］多数。［実現される意味］数の単位（三番目の位）の名ⓐ。[英]the third digit, hundred

〔解説〕古代漢語の記数法は十進法で、10倍ごとに単位名が必要になる。最初の単位名が十。その次を*păkといい、これを百で表記する。この語はおそらく多数を象徴として発想されたものと考えられる。多数のイメージを具体的な物に求めると樹木の果実がある。ドングリから色の名が命名された。これが白である。これが数の名にも応用された。ただしイメージは「淡い・薄い」ではなく、二次的イメージの「多数」である。白が単位名、「一＋白」を合わせた百が数詞の100であるが、実際は百で単位名と数詞を兼ねる（一百の一は省略できる）。これは十でも万でも同じである。

[字源] 篆文以前は「一＋自」になっているが、自分の自ではなく、「白」の形を少し変えたもの。「白」はドングリの図形で（⇩白）、多数の象徴になりうる。「白ハク（音・イメージ記号）＋一」を合わせて、数詞の一百（100）を表した。甲骨文字では一白（100）、二白（200）、三白（300）など、合文（二つが合体した字）で記されている。

（甲） （金） （古） （篆）

[語義] ［展開］数の単位の一つⓐ、数詞の100の意味ⓑ、序数詞の100番目の意味ⓒ、また、数が多い意味ⓓに展開する。[英]the third digit, hundred; one hundred; hundredth; numerous ［和訓］もも ［熟語］ⓑ百人・百年・ⓒ百階・ⓓ百科・百計

[文献] ⓐ詩経・候人「三百赤芾＝三百の赤芾セキフツ（三百の赤いひざかけ）」ⓑ詩経・鵲巣「百兩御之＝百両之を御す（百台の車を操っていく）」ⓒ詩経・雨無正「凡百君子＝凡百の君子（もろもろの君子たち）」

ひょう

【氷】 5(水・1) [常] [常用音訓] ヒョウ こおり・ひ

[語音] *pɪəŋ(上古) pɪəŋ(中古→[呉]・[漢]ヒョウ) bīng(中) 빙(韓)

[語源] ［コアイメージ］割れて筋目が入る・ピンと張って割れる。［実現される意味］こおりⓐ。[英]ice

〔解説〕日本語の「こおり」は「こおる」の名詞形。「こおる（こほる）」はココル（凝）、コル（凝）と同根で、寒さで凝り固まる意である。漢語の氷はこれとイメージが異なる。藤堂明保は氷を北・負や、咅ホウのグループ（倍・部など）、朋のグループ（崩など）と同源で、「二つに割れる」という基本義をもつとする（藤堂①）。筋目を入れると割れやすい性質に着目して、こおりを*pɪəŋという言葉で呼んだ。あるいは、温度の変化でこおりに裂け目ができる現象を捉えたと解することもできる。「二つに（←→の形に）パンと割れる」というイメージは、視点を変えると、「中心

に向けて↓↑の形にくっつける」「バンとぶつかる」というイメージにも転化する。下記のグループの馮以下がこのイメージをもつ。

〔グループ〕氷・馮(馬が向こう見ずにぶつかっていく[暴虎馮河])・憑(怒りをぶつける、また、AとBをぶつけて証拠とする[憑依])・凴(台座に腰を当ててもたれる、よりかかる)

字源 「冰」が本字。「仌(冫は変形。音・イメージ記号)+水(限定符号)」を合わせた字。「仌」は水が凍ってパンパンに張り詰めて割れ目や筋目のついた様子を示す図形。この意匠によって、「こおり」を表象できるが、水の分野に限定するため「冰」とした。

(甲) (金) (篆) [仌]

(金) (篆)

〔字体〕「氷」は「冰」の俗字。「冫」が「丶」になり、水の左上に移った。

語義 [展開] こおりの意味ⓐ、こおる意味ⓑに展開する。また、こおりのように冷たい、清らか、溶けやすいなどの比喩ⓒになる。[英]ice; freeze; metaphor of cold, etc. [和訓]こおる [熟語] ⓐ氷河・流氷・ⓑ氷結・氷点・ⓒ氷解・氷肌

文献 ⓐ詩経・匏有苦葉「士如帰妻、迨冰未泮＝士如し妻を帰がば、冰の未だ泮けざるに迨べ(若者よ、妻がほしけりゃ、氷の溶けないうちに)」

【表】8(衣・2) 常

常用音訓 ヒョウ おもて・あらわす・あらわれる

語音 *pɪog(上古) pɪɛu(中古→呉・漢ヘウ〈＝ヒョウ〉) biǎo(中) 표(韓)

語源 [コアイメージ] 表面に浮かび出る・浮き上がる。[実現される意味] 外側にはおる衣(上っ張り、上着)ⓐ。[英]exterior garments

〔解説〕王念孫は「表と剽・標・幖は並びに通ず」(広雅疏証)と述べる。藤堂明保は票のグループのほかに暴のグループ、豹・駁とも同源とし、「軽く上がる・表に出る・はじける」という基本義をもつとした(藤堂①)。表は「表面に浮かび出る・浮き上がる」というコアイメージをもつ語である。具体的文脈における使い方(すなわち意味)は上着、外側、外側にあらわれることとである。日本語の「おもて」はオモ(面)+テ(方向)で、「ものの正面、社会に対する正式の顔、表面が原義」という(大野①)。また、「あらわす(あらはす)」はアラハ(顕)にすることで、アラハとは「内部にかくれているものがむき出しになっているさま」という(大野①)。「おもて」と「あらはす」は全く別語であるが、漢語では表の内的展開である。

〔グループ〕表・俵・裱(布や紙を表に貼る、表装する[裱具])

字源 楷書は形が崩れて分析不能。篆文は「毛(イメージ記号)+衣(限定符号)」を合わせた字。この意匠によって、毛のある部分を衣の外側にすることを暗示させる。縫い目のある部分を衣の内側にすることから造形された「裏」と相対する図形である。図形にコアイメージは反映されていない。

(篆)

語義 [展開]「表面に浮かび出る・浮き上がる」というコアイメージは、外側に着る衣、上着をつける意味ⓐを実現させる。また、物の外面に出た部分、外面・外側(おもて)の意味ⓑ、外側にあらわれ出る(あらわす・あらわれる)意味ⓒ、外に向けてはっきりとあらわし示す(あらわす)意味ⓓ、内側から外に現れ出るしるし、あるいは、目立つように表面にうち出す目印という意味ⓔ、人々にあらわし示す手本の意味ⓕ、全体がはっきりわかるように配列したものの意味ⓖ、意見を表明するために、お上に差し出す文書の意味ⓗに展開する。[英]exterior garments; outside, surface; display, show; manifest, express, represent; mark; example, model; list, table, chart; memorial to an emperor 【熟語】ⓑ表面・地表・ⓒ表示・表出・ⓓ表現・代表・ⓓ表明・発表・ⓔ表識・墓表・ⓕ儀表・師表・ⓖ図表・年表・ⓗ辞表・上表

文献 ⓐ論語・郷党「必表而出＝必ず表ヒョウして出づ（必ず上着をつけて外出する）」ⓓ韓非子・外儲説左上「明主表信＝明主は信を表す（賢い君主は誠実を表明する）」ⓔ呂氏春秋・召数「文者愛之徴也、武者悪之表也＝文なる者は愛の徴なり、武なる者は悪の表なり（文というものは愛のしるしであり、武というものは悪のしるしである）」

【俵】10（人・8）　常　常用音訓 ヒョウ　たわら

語音 *pıɔg（上古）　pıɛu（中古→呉・漢ヘウ〈＝ヒョウ〉）　biào（中）　표（韓）

語源 【コアイメージ】分散する。【実現される意味】分け与えるⓐ。［英］divide

字源 「表ヒョウ（音・イメージ記号）＋人（限定符号）」を合わせた字。「表」は「表面に浮かび出る」というイメージがあり（⇨表）、「内側から外側に向けて分散する」というイメージに転化しうる。「俵」は人に物を分けて与えることを暗示させる。この字は後漢の頃の使用例がある。

語義 【展開】分け与える意味ⓐ。日本では、この意味を利用して、官吏に与える扶持米を五斗ずつ分けて入れた袋を意味する「たわら」ⓑにこの字を当てた。「たわら」は田藁で、穀物を包む藁のこと。［英］divide; straw bag 【熟語】ⓑ土俵

【豹】10（豸・3）　人　音ヒョウ

語音 *pŏg（上古）　pău（中古→呉ヘウ〈＝ヒョウ〉・漢ハウ〈＝ホウ〉）　bào（中）　표（韓）

語源 【コアイメージ】軽く上がる。【実現される意味】獣の名、ヒョウⓐ。［英］leopard, panther

【解説】動物のヒョウを意味する*pŏgという語が表・票・暴などと同源で、「軽く上がる」という基本義をもつと指摘したのは藤堂明保である（藤堂①）。強い脚力で身軽に跳躍する習性に着目して命名された。

字源 「勺（イメージ記号）＋豸（限定符号）」を合わせた字。「勺」は「高く上がる」というイメージがある（⇨勺）。「豹」は高く跳躍する獣を暗示させる。

語義 猛獣の名、ヒョウの意味ⓐ。【熟語】ⓐ豹変・豹文

文献 ⓐ詩経・羔裘「羔裘豹飾＝羔裘コウキュウに豹の飾り（黒い羊の皮衣に豹の皮の飾り）」

【彪】11（彡・8）　人　音ヒョウ　訓あや

語音 *piŏg（上古）　pieu（中古→呉・漢ヒウ〈＝ヒュウ〉・［慣］ヘウ〈＝ヒョウ〉）　biāo（中）　표（韓）

語源 【コアイメージ】軽く浮き上がる。【実現される意味】模様が鮮やかなさま、また、鮮やかで美しい模様ⓐ。［英］brilliant

【解説】*piŏgという語は豹・票・飄（風が舞い上がる）などと同源で、「軽く浮き上がる」というコアイメージをもつ。あや・模様が特に浮き上がって目立つありさまを*piŏgという。

字源 「彡（イメージ記号）＋虎（限定符号）」を合わせた字。「彡」は「入り交じる」というイメージがある（⇨彡）。「彪」は虎の模様がたくさん入り交じる様子を暗示させる。図形はコアイメージを反映していない。

（篆）

語義 【展開】模様が鮮やかで美しい意味ⓐ。また、軽く上がる→身軽で飛び上がるというイメージに転化し、体が強く健やかという意味ⓑを派生する。［英］brilliant; strong, hefty 【熟語】ⓐ彪炳

文献 ⓐ漢書・礼楽志「景星顯見、信星彪列＝景星顕見ゲンケンし、信星彪

列す（めでたい星が出現し、土星とともに鮮やかに並ぶ）」

【票】11(示・6) 常 ｜ 常用音訓 ヒョウ

語音 *p'iɔg(上古) p'ieu(中古→呉・漢ヘウ〈=ヒョウ〉) piào(中) 표(韓)

語源 [コアイメージ] 軽く空中に浮き上がる。[実現される意味] 風で空中にふわふわと飛ぶ・軽く舞い上がるⓐ。[英]float(in the air)

〈解説〉王力は飆(=猋)・票・飄・漂・嫖・剽などを同源とし、これらの字は風や飛ぶことと関係があるとした(王力①)。藤堂明保は票のグループ全体からさらに表・豹・暴・駁にも拡大し、「軽く上がる・表に出る・はじける」という基本義があるとした(藤堂①)。古典ではすでに詩経に飄・漂・嘌・摽が出ているにもかかわらず、票は漢代に現れる。しかし詩経の時代にも票があったはずで、飄などは本来票と書かれていたらしい。漢代では太玄経(巻五)に「票の累なるが如きを見る(次々に重なって飛ぶ火の粉を見る)」という用例があり、火の粉の意味で使われている。これは票の図形が火の粉と関係があることを証拠立てる。ただし*p'iɔgという語の図形化のため具体的な場面・情況を設定したものであって、原義とは限らない。

〈グループ〉票・漂・標・瓢・飄(風で空中に舞い上がる→ひるがえる[飄然])・熛(空中に舞い上がる火の粉)・摽(空中に浮かぶようにふんわりと投げる)・剽(身軽、軽々しい[剽軽])・嫖(軽々しい、身軽に遊ぶ[嫖客])・慓(気性がすばしこくて荒い[慓悍])・驃(身軽で強い[驃騎])・瘭(皮膚の表面が浮き上がって膿む[瘭疽])・縹(ほんのりと浮かぶさま[縹渺])・薸(ウキクサ)・螵(枝先に架かったカマキリの卵[螵蛸])・鏢(刀剣の末や先、また、空中に投げる武器)・鰾(水に浮く働きをする魚の浮きぶくろ[魚鰾])

字源 楷書は形が崩れて分析不能。篆文は「䙴の略体(イメージ記号)+火(限定符号)」を合わせた字。「䙴」は死者の魂が体を抜け出て空中にふわふわと軽く上がる様子を暗示させる図形で、僊人(=仙人)の僊のもとになる字(⇨仙)。「䙴」は「軽く空中に浮き上がる」というイメージを示す記号となる。したがって「票」は火の粉が空中にふわふわと浮き上がる情景を設定した図形。この意匠によって、風で物(火の粉はその一つ)がふわふわと飛ぶことを表象する。

(篆) 

語義 [展開] 「軽く空中に浮き上がる」というイメージから、風で軽く舞い上がる意味ⓐが実現される。また、身軽、行動が速いという意味ⓑ、軽くひらひらした薄い紙片(証券・切符・紙幣など)の意味ⓒ、文字を書く小さな札(特に、選挙に用いる札)の意味ⓓを派生する。[英]float(in the air); agile; slip, card, ticket, bill; vote, ballot [熟語] ⓑ票軽・ⓒ原票・伝票・ⓓ投票・得票

文献 ⓐ漢書・礼楽志「票然逝=票然として逝く(ふわふわと軽く上がって去った)」ⓑ漢書・霍去病伝「為票騎将軍=票騎将軍と為る(票騎[=驃騎。すばしこい騎馬武者の意]将軍となった)」

【評】12(言・5) 常 ｜ 常用音訓 ヒョウ

語音 *bïăŋ(上古) bɪăŋ(中古→呉ビャウ〈=ビョウ〉・漢ヘイ・[慣]ヒャウ〈=ヒョウ〉) píng(中) 평(韓)

語源 [コアイメージ] ㋐平ら・平面・㋑ぶつける。[実現される意味] 意見をぶつけ合わせて(突き合わせて)、善し悪しを決めるⓐ。[英]judge, criticize

〈解説〉王力は評・平・枰(碁盤)・坪を同源とし、評は公平に(正しく)言う意味とする(王力①)。藤堂明保は抨(平等にぶつけあわせる)・併(平等にならぶ)と同源で、言い分を平等にぶつけあう意味とする(藤堂②)。平は「平ら」のイメージがある。平らな面はぴったり合うので、「平面どうし

がぴったり合う」「ぴったりぶつかる」というイメージに転化する。これと似たイメージ転化現象は尚(平ら)→當(当たる)などにも見られる。抨(ぶつける・ぶち当てる→批判する)・泙ホウ(波がぶつかる)・砰ホウ(物がぶつかる音)はこの平のイメージがコアにある。

字源 「平イ(音・イメージ記号)＋言(限定符号)」を合わせた字。「平」は「平ら」「平面」というイメージがあり(⇩平)、「平面どうしがパンとぶつかる」というイメージに展開する。「評」は意見をぶつけ合って物事をさばく様子、あるいは、AとBを突き合わせて善し悪しや優劣を定める様子を暗示させる。

語義 意見を突き合わせて善し悪しを決める意味ⓐ。[熟語] ⓐ評決・品評

文献 ⓐ商君書・賞刑「不可以評刑＝以て刑を評すべからず(刑法をあげつらってはならない)」

【漂】14(水・11)　常　常用音訓 ヒョウ　ただよう

語音 *p'iog(上古)　p'iɛu(中古→呉・漢ヘウ〈＝ヒョウ〉)　piāo(中)　丑(韓)

語源 [コアイメージ] 軽く空中に浮き上がる。[実現される意味] 水面にぷかぷかと浮かぶ(ただよう)ⓐ。[英]float, drift

〔解説〕コアイメージの源泉は票にある。「軽く空中に浮き上がる」というイメージが、水の領域において、水の上(表面)にふわふわと浮かぶ意味を実現させる。日本語の「ただよう(ただよふ)」のタダはトドム(留)やトドコホル(滞)のドドの母音交替形で、「物が水上・空中などで、微動はしていても進行の止まっている意」で、ここから「浮いて揺れ動く」に展開するという(大野①)。漂と「ただよふ」はコアイメージは異なるが実現される意味は近い。

字源 「票ヒョウ(音・イメージ記号)＋水(限定符号)」を合わせた字。「票」は「軽く空中に浮き上がる」というイメージがある(⇩票)。「漂」は水面に軽くふわふわと浮かぶ様子を暗示させる。

語義 [展開] 水面に浮かびただよう意味ⓐ。また、「軽く空中に浮き上がる」というイメージから、空中に浮かんでふわふわと舞い上がる(ひるがえる)意味ⓑに展開する。また、水面にふわふわと浮かばせて布を白くする(さらす)意味ⓓを派生する。ⓒは飄と通用。[英]float, drift; wave(in the wind), flutter; bleach [和訓]さらす [熟語] ⓐ漂泊・漂流・ⓒ漂白・漂母

文献 ⓐ書経・武成「血流漂杵＝血流れて杵ショを漂はす(〔戦死者の〕血が流れて杵〔武器の一種〕がぷかぷか浮かぶ)」ⓑ詩経・蘀兮「蘀兮蘀兮、風其漂女＝蘀タクよ蘀よ、風其れ女[＝汝]を漂ひるがえす(枯れ葉よ、枯れ葉よ、風がお前を吹き上げる)」

【標】15(木・11)　常　常用音訓 ヒョウ

語音 *piog(上古)　piɛu(中古→呉・漢ヘウ〈＝ヒョウ〉)　biāo(中)　丑(韓)

語源 [コアイメージ] 軽く空中に浮き上がる。[実現される意味] 木のいちばん高い所にある枝(こずえ)ⓐ。[英]treetop

字源 「票ヒョウ(音・イメージ記号)＋木(限定符号)」を合わせた字。「票」は「軽く空中に浮き上がる」というイメージがある(⇩票)。「標」は空中に浮き上がってふわふわと揺らぐ木の枝を暗示させる。

語義 [展開] こずえの意味ⓐから、物事の末端の意味ⓑに展開する。また、「空中に浮き上がる」から「表面にあらわれ出る」へとイメージが展開し、表面にはっきりと表し示す意味ⓒ、目立つようにかかげて示すもの(目印、目当て)の意味ⓓを派生する。[英]treetop; end; show, display; mark, label [和訓]すえ・こずえ・しめ・しるし・しるべ [熟語] ⓑ本標・ⓒ標示・標榜・ⓓ商標・門標

文献 ⓐ荘子・天地「上如標枝＝上は標枝の如し(〔上古の世は〕為政者は

こずえのようにただ上にいるだけだった）」ⓑ墨子・経説「相衡則本短標長＝相衡すれば則ち本短く標長し（物が釣り合う時は、本は［太いから］短いが、末は［細いから］長い）」

【瓢】17（瓜・11）　人　｜　音ヒョウ　訓ひさご・ふくべ

語音 ＊bıɔg（上古）　bıɛu（中古→呉ベウ〈＝ビョウ〉・漢ヘウ〈＝ヒョウ〉）　piáo（中）　표（韓）

語源 ［コアイメージ］軽く浮き上がる。［実現される意味］植物の名、ユウガオⓐ。［英］white flowerd gourd

字源 「票ヒョウ（音・イメージ記号）＋瓜（限定符号）」を合わせた字。「票」は「軽く空中に浮き上がる」というイメージがある（⇩票）。「瓢」は実をくり抜いて水に浮かべる用途のある瓜を表す。古代中国ではユウガオの果実を加工して川を渡る道具（浮き輪）として利用した。

語義 ［展開］ユウガオの意味ⓐ。ユウガオやヒョウタンの果実を割って酒や水を入れる器にしたところから、容器や柄杓（ひさご）の意味ⓑを派生する。日本ではヒョウタンⓒを瓢箪（本来は「ひさご」の意）と書く。［英］white flowered gourd; gourd ladle; bottle gourd ［熟語］ⓑ瓢飲・一瓢・ⓒ瓢箪・乾瓢

文献 ⓑ論語・雍也「一箪食、一瓢飲、在陋巷＝一箪の食シ、一瓢の飲、陋巷に在り（［顔回は］一杯の飯と一壺の飲み物だけで、狭い路地に住んでいる）」

びょう

【苗】8（艸・5）　常　｜　常用音訓　ビョウ　なえ・なわ

語音 ＊mıɔg（上古）　mıɛu（中古→呉メウ〈＝ミョウ〉・漢ベウ〈＝ビョウ〉）　miáo（中）　묘（韓）

語源 ［コアイメージ］細い・小さい・小さくかすか。［実現される意味］植物のなえⓐ。［英］seedling

［解説］王念孫は「苗は杪ビョウ（こずえ）なり」（広雅疏証）と述べるが、妥当な語源説である。藤堂明保は毛・秒・妙・貌・廟とも同源とし、「細い・かすかな」という基本義があるとする（藤堂①）。

［グループ］苗・描・猫・錨ビョウ（水中に没してかすかで見えにくい停船用の金属→いかり）

字源 「田（イメージ記号）＋艸（限定符号）」を合わせて、田に植えた草を暗示させる図形。この意匠によって、植物の「なえ」を表象する。図形にコアイメージは反映されていない。

（篆）

語義 ［展開］なえの意味ⓐから、細く連なる血筋（子孫）の意味ⓑを派生する。［英］seedling; offspring, descendant ［熟語］ⓐ育苗・種苗・ⓑ苗裔

文献 ⓐ詩経・碩鼠「碩鼠碩鼠、無食我苗＝碩鼠よ碩鼠よ、我が苗を食ふ無かれ（大ネズミよ、大ネズミよ、私の苗を食べちゃだめ）」

【秒】9（禾・4）　常　｜　常用音訓　ビョウ

語音 ＊mıɔg（上古）　mıɛu（中古→呉メウ〈＝ミョウ〉・漢ベウ〈＝ビョウ〉）　miǎo（中）　묘（韓）

語源 ［コアイメージ］小さい・細い。［実現される意味］稲ののぎⓐ。［英］awn, beard

［解説］王力は藐ビョウ・杪・秒・眇・妙を同源とし、「小さい」という意味があるとする（王力①）。藤堂明保はさらに範囲を拡大させ、毛・苗・貌・廟とも同源とし、「細い・かすかな」という基本義があるとする（藤堂①）。妙・杪（こずえ）・眇（片目が小さい→すがめ）などは「かすかで見えにくい」というイメージも含まれている。

字源「少(イメージ記号)＋禾(限定符号)」を合わせた字。「少」は「小さい」というイメージがある(⇩少・妙)。「秒」は稲の小さい穂先(のぎ)を暗示させる。

(篆)

語義［展開］細く小さいのぎの意味ⓐから、長さを計る小さい単位(一寸の一万分の一)ⓑ、また、時間・角度などの単位ⓒに転用される。［英］awn, beard; unit of measure; second ［熟語］ⓑ秒忽・ⓒ秒速・毎秒

文献 ⓑ漢書・叙伝「造計秒忽＝秒忽を造計す(秒と忽[ともに長さを計る小さい単位]を作って計測する)」

【病】10(疒・5) 常 ｜常用音訓 ビョウ・ヘイ やむ・やまい

語音 *bıăŋ(上古) bıaŋ(中古→呉ビャウ〈＝ビョウ〉・漢ヘイ) bìng(中) 병(韓)

語源［コアイメージ］両側に(←→の形に)ピンと張る。［実現される意味］病気が重くなるⓐ。［英］be seriously ill, extreme illness

［解説］釈名・釈疾病に「病は並なり。正気と並びて膚体中に在るなり」とある。並と同源と見たのはよいが、ストレートすぎる解釈。病の深層構造を初めて解明したのは藤堂明保である。氏は方のグループ、丙のグループ、並のグループなどは「パンと両側に張り出す」という基本義をもち、病とは「病気が進んで、両足がピンと硬直する意」という(藤堂①)。説文解字にも「病は疾加はるなり」とあるように、病気が進行した状態をいうのである。この状態を表す語をなぜ*bıăŋといい、なぜ丙の記号を用いたのか、従来誰も解明できなかった。日本語の「やむ」は「何ものかにおかされて心身に障害が生じ、悪い状態になる意」という(大野②)。漢語の病も展開義ではこの意味に近い。漢語の病は動詞であるが、英語のillとsickは形容詞である。病気を動作・行為で表現するか状態で表現するかの違いがある

字源「丙(音・イメージ記号)＋疒(限定符号)」を合わせた字。「丙」は「両側にピンと張る」というイメージがある(⇩丙)。「病」は人が手足をピンと張って硬直させる情景を暗示させる図形。この意匠によって、病気が危篤状態になることを表象する。

語義［展開］病気が重くなる意味ⓐから、広く、病気になる(やむ)、やまいの意味ⓑ、また、苦しむ、思い煩う(うれえる)意味ⓒ、悪いこと、欠点の意味ⓓに展開する。［英］be seriously ill, extreme illness; fall ill, sicken, disease, illness; worry, suffer; defect, fault ［熟語］ⓑ病気・疾病・ⓓ歌病・詩病

文献 ⓐ論語・子罕「子疾病＝子、疾、病なり(先生は病気が篤くなった)」ⓑ孟子・離婁上「今之欲王者、猶七年之病、求三年之艾也＝今の王たらんと欲する者は、猶七年の病に、三年の艾を求むるがごときなり(現在王になりたがる連中は、七年越しの病気に三年乾燥させたもぐさを求めるようなものだ[急で間に合わない])」ⓒ論語・衛霊公「君子病無能焉、不病人之不己知也＝君子は能無きを病ふ、人の己を知らざるを病へず(君子は自分に才能がないのを悩むけれども、自分が人に知られないことは悩まない)」

【描】11(手・8) 常 ｜常用音訓 ビョウ えがく・かく

語音 mıɛu(中古→呉メウ〈＝ミョウ〉・漢ベウ〈＝ビョウ〉) miáo(中) 묘(韓)

語源［コアイメージ］細かい。［実現される意味］物の姿をなぞって書き写す(えがく)ⓐ。［英］depict, trace, figure

字源「苗(音・イメージ記号)＋手(限定符号)」を合わせた字。「苗」は「細い」「細かい」というイメージがある(⇩苗)。「描」は手先で物の形を細かく(細々と)なぞる様子を暗示させる。摹(なぞる、模写する)と似た語である。

語義 絵や図をえがく意味ⓐ。[熟語] ⓐ描写・素描

文献 ⓐ劉綏・照鏡賦「護身符空處、宜應描＝護身符空しき処、宜しく応(まさ)に描くべし(護身のお札が消えたら、また描けばよろしい)」(歴代賦彙8)

【猫】11(犬・8) 常 | 常用音訓 ビョウ ねこ

語音 (1)*mıɔg(上古) mıɛu(中古→呉メウ〈＝ミョウ〉・漢ベウ〈＝ビョウ〉) (2)*mɔg(上古) mău(中古→呉メウ〈＝ミョウ〉・漢バウ〈＝ボウ〉) 묘(韓) māo(中)

語源 [コアイメージ] ㋐擬音語・㋑細い・小さくかすか。[実現される意味] ヤマネコ。[英]wildcat, lynx

〔解説〕 ネコ(イエネコ)はヤマネコが家畜化されたもの。ヤマネコは狸(リ)というが、猫(ビョウ)とも称された。下記の詩経に出る猫はヤマネコである。戦国時代にネコにネズミを捕獲させる風習が生まれた。愛玩用のネコの登場はもっと後の時代である。*mıɔgという語はネコの鳴き声を写した擬音語であるとともに、「細い」「小さい」というイメージのある苗・杪・秒などとの同源意識による命名。

字源 「貓」が本字。「苗(ビョウ)(音・イメージ記号)＋豸(限定符号)」を合わせた字。「苗」は「細い」「小さく微か」というイメージがある(⇩苗)。「貓」は小さく細い声で鳴く獣を暗示させる。1と2の音があったが、日本では1を用いる。

〔字体〕 「猫」は「貓」の異体字。

語義 [展開] ヤマネコが原義ⓐ。のち、ネコ(イエネコ)の意味ⓑになった。[英]wildcat, lynx; cat [熟語] ⓑ愛猫・怪猫

文献 ⓐ詩経・韓奕「有熊有羆、有猫有虎＝熊有り羆有り、猫有り虎有り(韓の国は物産が豊富で、クマもあればヒグマもあり、ヤマネコもあればトラもある)」ⓑ礼記・郊特牲「迎猫、爲其食田鼠也＝猫を迎ふるは、其れに田鼠を食はしむるが為なり(ネコを迎えるのはそれに田のネズミを食ってもらうためだ)」

【廟】15(广・12) 人 | 音ビョウ 訓みたまや・おたまや

語音 *mıɔg(上古) mıɛu(中古→呉メウ〈＝ミョウ〉・漢ベウ〈＝ビョウ〉) miào(中) 묘(韓)

語源 [コアイメージ] ほのかな姿。[実現される意味] 先祖を祭る建物ⓐ。[英]ancestral temple

〔解説〕 「廟は貌なり」が古典の通訓である。貌は「かすか、ほのかでよく見えない」というコアイメージがある。祭祀・供養をすることで、先祖の姿がほのかに、かすかに子孫の前に現れる、そのような祭場を古代漢語で*mıɔgといった。古今注に「廟は貌なり。先人の霊貌を髣髴する所以なり」とある。

字源 「朝(イメージ記号)＋广(限定符号)」を合わせた字。早朝に供え物をする建物を暗示させる。図形にコアイメージは反映されていない。

語義 [展開] 先祖を祭る建物の意味ⓐから、神仏や歴史的人物などを祭る所(ほこら)の意味ⓑ、政治をとる所(朝廷)の意味ⓒに展開する。[英]ancestral temple; mausoleum; court [熟語] ⓐ宗廟・ⓑ孔子廟・ⓒ廟議・廟堂

文献 ⓐ詩経・緜「作廟翼翼＝廟を作ること翼翼たり(みごとにみたまやを作った)」

ひん

【品】9(口・6) 常 | 常用音訓 ヒン しな

語音 *p'ıəm(上古) p'ıəm(中古→呉ホム〈＝ホン〉・漢ヒム〈＝ヒン〉) pǐn(中) 품(韓)

語源 [コアイメージ] 天から授かる。[実現される意味] さまざまな

もの ⓐ。[英]article, goods

〔解説〕説文解字に「品は衆庶（多い）なり」とあるが、これは字源的解釈である。たいていの学者が字源から「しなもの」の意味を導き出している。白川静は口は「祝禱を収める器」、品は「種々の祝禱をあわせて行うこと」で、ここから「多種の意」となったという（白川①）。語源について説いた学者はいないが、おそらくは稟*pıəmと同源であろう。稟は「上から授かる」というイメージをもつ語である。郭沫若によると金文では、玉、土田、氏族、国などについて一品、二品という使い方をするという。品の指す対象は広い。ここから逆に品のイメージをつかむことができる。天（自然）から授かったさまざまに性質の違う物質や事柄が品である。性質の違いから、等級、種類、ランク付け（品定め）などの意味に展開する。日本語の「しな」は「階段のように順次に高低の差別・序列のあるもの」の意という（大野①）。品物はこれからの派生義である。漢語の品とは逆の転義のようである。

〔字源〕「口」を三つ重ねて、多くの人や物を暗示させる図形。図形にコアイメージは反映されていない。

（甲） （金） （篆）

〔語義〕[展開] いろいろなもの、品物（しな）という意味ⓐから、いくつかそろったものに分けてランク付けをする（品定めする）意味ⓑ、ランク付けされたもの（等級、種類、ランク）の意味ⓒ、品定めされた人や物の質（行い、人格）の意味ⓓに展開する。[英]article, goods; size up, appraise; class, rank, degree, sort; quality, character [熟語] ⓐ逸品・物品・ⓑ品評・ⓒ品等・品類・ⓓ品性・気品

〔文献〕ⓐ書経・禹貢「厥貢惟金三品＝厥（そ）の貢は惟（こ）れ金三品（その貢ぎ物は金属の三つのしな［金・銀・銅］である）」ⓒ易経・巽「田獲三品＝田（かり）して三品を獲たり（狩りをして三つの等級の獲物を得た）」

【浜】

10（水・7） 常 ｜ 常用音訓 ヒン はま

〔語音〕*pien（上古） piĕn（中古→呉・漢ヒン） bīn（中） 빈（韓）

〔語源〕[コアイメージ] すれすれに近づく。[実現される意味] 水際ⓐ。[英]river bank, shore

〔解説〕日本語の「はま」は海や湖の水際の平地の意味であるが、漢語の浜はただ水際の意味で、必ずしも平地ではない。

〔字源〕「濱」が正字。「賓（ヒン）（音・イメージ記号）＋水（限定符号）」を合わせた字。「賓」は「そばに近づく、接する」というイメージがある（⇩賓）。「濱」は水と陸がすれすれに接近している所（水際）を暗示させる。

〔字体〕「浜」は近世中国で発生した「濱」の俗字。浜は本来はハウ（ホウ）と読み、川の小さな水路（クリーク）の意味の別字であったが、同形衝突した。現代中国の簡体字は旁が兵ではなく宾である。

〔語義〕[展開] 水際の意味ⓐから、天と地の接する所、大地の果ての意味ⓑに展開する。[英]river bank, shore, beach; limit of the earth [熟語] ⓐ河浜・水浜

〔文献〕ⓐ詩経・采蘋「于以采蘋、南澗之濱＝于（ここ）に以て蘋（ヒン）を采る、南澗の浜に（浮き草摘みましょう、南の谷の水辺で）」ⓑ詩経・北山「率土之濱、莫非王臣＝率土（ソット）の浜（ヒン）、王臣に非ざるは莫し（陸地の果てのどこまでも、王の家来でないものはない）」

【彬】

11（彡・8） 人 ｜ 音ヒン 訓あきらか

〔語音〕*pıăn（上古） pıĕn（中古→呉・漢ヒン） bīn（中） 빈（韓）

〔語源〕[コアイメージ] 二つに分かれる・並ぶ。[実現される意味] 文と質が並びそろっているさまⓐ。[英]having both appearance and substance

〔解説〕説文解字は彬を份（ヒン）の古文とする。王念孫は彬・份・斌（ヒン）の三字

を同音同義としている(広雅疏証)。*piănという語は分と同源で、「↑↓の形に分かれる」というイメージがある。これは「▯-▯の形に並ぶ」「二つそろう」というイメージに展開する。内面と外面のよさを兼ね備えたありさまを彬という。斌は文と武を兼ね合わせるという文字面であるが、意味は彬と変わらない。

字源 「林(イメージ記号)+彡(限定符号)」を合わせた字。「林」は「二つのものが並ぶ」というイメージがある(⇩林)。「彬」は質(内面)と並んで文(あや、外面)がはっきりと現れている様子を暗示させる。

(古)

語義 [展開] 文と質がそろっているさまの意味ⓐ。また、「二つに分かれる」というイメージから、あやがはっきりと分かれて明らかな様子の意味ⓑを派生する。[英]having both appearance and substance; clear, lively [熟語] ⓐ彬彬

文献 ⓐ論語・雍也「文質彬彬、然後君子＝文質彬彬として、然る後に君子なり(文[外面、形式]と質[内面、実質]がそろって初めて君子といえる)」

【貧】 11(貝・4) 常 ｜ 常用音訓 ヒン・ビン まずしい

語音 *bıĕn(上古) bıĕn(中古→呉ビン・漢ヒン) pín(中) 빈(韓)

語源 [コアイメージ] 分散する。[実現される意味] 財産が少ない(まずしい)ⓐ。[英]poor

解説 分のコアイメージ「分散する」から発展した語である。物は分散すると小さくなり乏しくなる。英語のpoorは印欧祖語の*pôu-(小さい、少ない)に淵源があるらしい(下宮①)。漢語の貧と英語のpoorは意味展開がよく似ている。ただし「気の毒な、あわれな」という意味は貧にはない。

字源 「分ﾌﾝ(音・イメージ記号)+貝(限定符号)」を合わせた字。「分」は「二つに分ける」というイメージがあり、「分散する」というイメージに展開する(⇩分)。「貧」は財貨が分散して乏しくなる様子を暗示させる。費と図形的意匠が似ているが、それによって表す言葉は別である。

語義 [展開] 財産が少ない(まずしい)意味ⓐから、物が乏しい、力や才能が少ない意味ⓑを派生する。[英]poor(ⓐⓑ); inadequate, deficient [熟語] ⓐ貧窮・貧乏・ⓑ貧血・貧弱

文献 ⓐ詩経・氓「自我徂爾、三歳食貧＝我の爾に徂ゅきし自ょり、三歳食貧し(あなたのもとに嫁いでから、ひもじい思いの三年間)」

【稟】 13(禾・8) 人 ｜ 音 ヒン・リン 訓 うける

語音 (1)*pıəm(上古) pıəm(中古→呉ホム〈＝ホン〉・漢ヒム〈＝ヒン〉) bǐng(中) 품(韓) (2)*lıəm(上古) lıəm(中古→呉・漢リム〈＝リン〉) lǐn(中) 름(韓)

語源 [コアイメージ] (1)天から授かる。(2)引き締める。[実現される意味] お上から給料を授かるⓐ。[英]receive a salary

解説 二つの語が一つの図形を占める。稟ﾘﾝ(*lıəm)はもともと米倉のことであるが、給料として穀物をお上から授かるという意味の語(*pıəm)の表記に転用されたので、米倉には廩ﾘﾝが別に作られて、稟ﾋﾝと区別するようになった。*pıəmという語は「天から授かる」というコアイメージをもち、品と同源。*lıəmという語は下記のグループを構成し、「引き締める」というコアイメージをもつ。なおカールグレンは上古音にpl-という複声母を想定している。これが正しいなら、1と2は同語で、転義の関係ということになる。

グループ (1)稟ﾋﾝ・(2)稟ﾘﾝ・凜・廩ﾘﾝ(米倉[倉廩])・懍ﾘﾝ(心を引き締める→おそれる・つつしむ)

字源 「㐭ﾘﾝ(音・イメージ記号)+禾(限定符号)」を合わせた字。「㐭」は米倉を描いた図形で、壇や圖(＝図)に含まれる。稟は廩ﾘﾝ(米倉)の原字。

穀物を収納するので、「多くのものを引き締めて、一所に集める」というイメージがある。後、この「稟」を*pĭəmという語の表記とした。説文解字に「稟は穀を賜ふなり」とある。

(篆)［亩］　(金)　(篆)

語義　［展開］「天から授かる」というコアイメージは、お上から禄(給料)を授かる意味ⓐを実現させる。また、上(天や自然)から本性を授かる意味ⓑや、単に受ける意味ⓒ、また、下の者が上に申し上げる意味ⓓに用いられる(以上は1の場合)。また、米倉の意味ⓔ、給料としての穀物の意味ⓕに用いる(以上は2の場合)。［英］receive a salary; be endowed with; receive; report; granary; official's salary　［熟語］ⓐ稟給・稟食・ⓑ稟性・天稟・ⓒ稟命・ⓓ稟議・稟告・ⓕ稟米(リンマイ)

文献　ⓐ墨子・七患「饑則盡無祿、稟食而矣＝饑ゑて則ち禄無し、食を稟(ず)くるのみ(饑饉で禄がなくなった。食物を給するだけだ)」ⓑ春秋左氏伝・昭公26「先王所稟受於天地、以其爲民也＝先王、天地に稟受する所、其れを以て民と為す(先王が天地から授かったもの、それが民である)」

【賓】15(貝・8)　常　|常用音訓| ヒン

〔賓〕14(貝・7)　人　|音 ヒン　訓 まろうど

語音　*pien(上古)　piěn(中古→呉・漢ヒン)　bīn(中)　빈(韓)

語源　［コアイメージ］くっつく・接する・近づく。［実現される意味］主人とペアになる客(大切に扱われる客)ⓐ。［英］guest

〔解説〕賓の語源を初めて解明したのは藤堂明保である。氏は比のグループ、必のグループ、頻のグループ、また匹・畢・弼・鼻などと同じ単語家族に入れ、「ふたつくっつく」という基本義があるとした(藤堂①)。*pienという語は「すれすれまで近づく、接する」というコアイメージをもつ。主人のそばに近づき、主人と寄り添ってペアをなす客というイメージの語が賓である。客(他人の家に一時的に足を止める人)とはイメージが違う。賓と客の違いについて王力は、賓は貴客の意、客は門客・食客などの総称で、動詞になると賓は服従、客は寄居の意になるという(王力②)。英語のguestは「家庭、食事、会合、式に招待した人」の意という(小島①)。これは客よりも賓に対応する。

〔グループ〕賓・濱(＝浜)・嬪(ヒン)(夫に寄り添う妻［妃嬪］)・儐(ヒン)(客をもてなす)・擯(ヒン)(近づかせないように押しのける［擯斥］)・殯(ヒン)(死体をそばに安置する→かりもがり［殯宮］)・繽(ヒン)(びっしりとくっついて並ぶさま［繽紛］)・鬢(ビン)(頭と両頬の間際に生えた髪の毛［鬢髪］)・矉(ヒン)(＝顰。眉と眉の間を近づける、しかめる)・臏(ヒン)(＝髕。膝関節にくっつく骨、膝蓋骨)・檳(ヒン)(賓客をもてなす果実の生る木、ビンロウジュ。もとはマレー語の音写［檳榔(ビンロウ)］)・薲(ヒン)(＝蘋(ヒン)。浜［水辺］に生える草、デンジソウ)・獱(ヒン)(浜［水辺］に棲む獣、カワウソの一種)・蠙(ヒン)(浜［水辺］に棲む貝、カラスガイ)

字源　楷書も篆文も形が崩れて分析困難。甲骨文字では「宀(いえ)＋兀(人の形)＋止(足の形)」、金文では「宀＋兀＋貝」、古文では「宀＋元(人の形)＋貝」となっている。図形の構造は「貝(イメージ記号)＋宀(イメージ補助記号)＋兀(人を示す限定符号)」と解析できる。したがって「賓」は人が貝(財貨、礼物)を持って家に訪れて来る情景を設定した図形である。図形にコアイメージは反映されていない。字源については諸説紛々であるが、「人の屋下に至るに象る」という王国維の説が比較的妥当である。

(甲)　(金)　(古)　(篆)

〔字体〕「賓」は旧字体。「賔」は異体字。「賓」は歩→歩などに倣った常用漢字の字体。現代中国の簡体字は「宾」。

語義　［展開］「そばまですれすれに近づく」というコアイメージから、

招かれて主人のそばにつく客の意味ⓐを実現し、また、寄り添い従う意味ⓑを派生する。［英］guest; obey　［熟語］ⓐ賓客・貴賓・国賓・ⓑ賓従・賓服

文献 ⓐ詩経・賓之初筵「賓之初筵、左右秩秩＝賓の初めて筵(エン)する、左右秩秩たり(客人の酒席に就くはじめ、左右に整然と居流れる)」ⓑ老子・三十二章「侯王若能守之、萬物將自賓＝侯王若し能く之を守れば、万物将に自ら賓せんとす(王がもしこれ［宇宙の根源である道］を守ることができれば、万物が自然に彼に服従するだろう)」

【頻】
17(頁・8)　常　｜　常用音訓　ヒン

語音 *bien(上古)　biĕn(中古→呉ビン・漢ヒン)　pín(中)　빈(韓)

語源 ［コアイメージ］くっつく・接する・近づく。［実現される意味］水と陸がすれすれに接する所(水際)ⓐ。［英］river bank, shore

〔解説〕王力は浜・瀕・頻・辺・墳・濆を同源とし、これらは水涯(水辺)の意味があるとする(王力①)。これは表層レベルの語源説。深層構造を究明したのは藤堂明保である。氏は範囲を拡大し、比のグループ、必のグループ、賓のグループ、また匹・畢(ヒツ)・弼(ヒツ)・鼻とも同源とし、「ふたつくっつく」という基本義があるとする(藤堂①)。水涯(水際)は□-□の形に二つが接した所であり、「二つくっつく」「すれすれに近づく」というイメージがコアにある。従来の漢語の語源説にはコアイメージという視点がないため、しばしば語の真相を捉え損ねる。加藤常賢は頻は顰蹙(ヒンシュク)の顰の原字で、水際は仮借とする(加藤①)。白川静は「水際での儀礼」とする(白川②)。頻の和訓に「しきる(しく)」「しきり」がある。シクはシク(及・敷)と同根で、「同じ物事が後から後から追いかけて追いつくように重なって起こる意」という(大野②)。これは漢語の頻のⓒとほぼ同じ。

〔グループ〕頻・瀕・顰(ヒン)(眉と眉の間を近づける→顔をしかめる［顰蹙(ヒンシュク)］)・嚬(ヒン)(顔をしかめる)・蘋(ヒン)(水の浅い所に生え、水面すれすれに葉を出す草、デンジソウ)

字源 「瀕」が本字で、「頻」はそれから分化した字。「涉」(イメージ記号)＋頁(限定符号)」を合わせた字。「涉」は徒歩で川を渡ることを表す。「頁」は頭を含めた人体に関わる限定符号である。「瀕」「頻」は人が水の浅い所を歩いていくことを設定した図形。この意匠によって、水際を表象する。ただし図形にコアイメージは反映されていない。

(金)　(篆)

〔字体〕「頻」は旧字体。「頻」は渉→渉に倣った常用漢字の字体。瀕は頻ではなく頻に従う。

語義 ［展開］「AとBがくっつく(近づく、接する)」というイメージから、水際の意味ⓐが実現される。また、このイメージはA-B-C-のようにぎりぎりに接しながらつながるというイメージに展開し、事態が差し迫る意味ⓑ、時間的に間を置かずに(ひっきりなしに、しきりに)という意味ⓒを派生する。［英］river bank, shore; be close to, be on the brink of; frequent, repeatedly　［和訓］しきり・しきる　［熟語］ⓒ頻発・頻繁・頻頻

文献 ⓐ詩経・召旻「池之竭矣、不云自頻＝池の竭(つ)くるは、頻自(よ)りすと云はずや(池の水がかれるのは、水際からと言うじゃないか)」ⓑ詩経・桑柔「國步斯頻＝国歩斯れ頻す(国の運命に危機が迫る)」ⓒ国語・楚「群神頻行＝群神頻(しき)りに行く(多くの神がひっきりなしに進んで行く)」

【瀕】
19(水・16)　人　｜　音　ヒン

語音 *bien(上古)　biĕn(中古→呉ビン・漢ヒン)　bīn(中)　빈(韓)

語源 ［コアイメージ］くっつく・接する・近づく。［実現される意味］水と陸がすれすれに接する所(水際)ⓐ。［英］river bank, shore

字源 「瀕」は「頻」の本字。字源については頻の項参照。
語義 [展開] 水際の意味ⓐから、限りなく接近する(差し迫る)意味ⓑを派生する。[英]river bank, shore; be on the brink of [熟語] ⓑ瀕死
文献 ⓐ墨子・尚賢「昔者舜耕於歴山、陶於河瀕＝昔者舜は歴山に耕し、河瀕に陶す(昔、舜[古帝王の名]は歴山で耕作し、黄河のほとりで陶器を造った)」ⓑ新唐書・杜如晦伝「楚客瀕死＝楚客、死に瀕す(楚客[人名]は死にかけた)」

びん

【敏】10(攴・6)　常 ― 常用音訓 ビン
〔敏〕11(攴・7)　人 ― 音 ビン　訓 さとい・とし

語音 *mĭĕn(上古) mĭĕn(中古→呉ミン・漢ビン) mǐn(中) 민(韓)
語源 [コアイメージ] 無理に勉める・休まずに手足をどんどん動かす。[実現される意味] 動作がきびきびとしてすばやいⓐ。[英]quick, agile
〔解説〕*mĭĕnという語は勉・黽(黽勉、一生懸命手足を動かして勉める)・亹(休まずに勉める)などと同源で、「無理に勉める」というイメージがある。これは「休まずに手足をどんどん動かす」というイメージに展開する。
字源 「敏」が正字。「毎(イメージ記号)＋攴(限定符号)」を合わせた字。「毎」は「どんどん(次々に)増える」というイメージがある(⇩毎)。「敏」は手の動作が次々に繰り出される様子を暗示させる。

(甲)  (金)  (篆)  

〔字体〕「敏」は旧字体。「敏」は書道に由来する常用漢字の字体。繁もこれに倣う。

語義 [展開] 「休まずに手足をどんどん動かす」というイメージは、具体的文脈では、動作がきびきびとしてすばやい意味ⓐ、てきぱきと行動に勉める意味ⓑ、また比喩的に、精神の働きがすばやい(さとい)意味ⓒが実現される。[英]quick, agile; diligent, active; bright, intelligent [熟語] ⓐ敏捷・機敏・ⓑ敏求・敏行・ⓒ敏感・鋭敏
文献 ⓐ詩経・甫田「農夫克敏＝農夫は克く敏なり(農夫はこまめによく働く)」ⓑ論語・述而「好古、敏以求之者也＝古へを好み、敏にして以て之を求むる者なり(私は古典を好み、一生懸命にそれを求めているものだ)」ⓒ論語・顔淵「回雖不敏、請事斯語矣＝回不敏なりと雖も、請ふ斯の語を事とせん(私は愚かですが、お言葉に従います)」

【瓶】11(瓦・6)　常 ― 常用音訓 ビン

語音 *bieŋ(上古) bieŋ(中古→呉ビャウ〈＝ビョウ〉・漢ヘイ) p'iaŋ(唐ビン) píng(中) 병(韓)
語源 [コアイメージ] 二つのものを並べる。[実現される意味] つるべⓐ。[英]well bucket
字源 「瓶」が正字。「并(音・イメージ記号)＋瓦(限定符号)」を合わせた字。「并」は「二つのものを並べる」というイメージがある(⇩併)。「瓶」は二つで組になった水汲み用の器(つるべ)を暗示させる。
〔字体〕「缾」は異体字。
語義 [展開] つるべが原義ⓐ。形の類似性から、酒を注ぐ小さな器(かめ)の意味ⓑ、口が小さく頸が長く腹の膨れた器(とっくり型の容器、びん)の意味ⓒにも転用される。[英]well bucket; bottle, jar; vase [和訓] かめ [熟語] ⓑ瓶子・水瓶・ⓒ花瓶・土瓶
文献 ⓐ易経・井「羸其瓶＝其の瓶を羸る(井戸のつるべが壊れた)」ⓑ詩経・蓼莪「缾之罄矣、維罍之恥＝缾(＝瓶)の罄くるは、維れ罍の恥(おちょこが空になるのは、酒樽の恥)」

フ

ふ

【不】 4(一・3) 常 ―― 常用音訓 フ・ブ

語音 (1)*pɪuəg(上古) pɪəu(中古→呉フ・漢フウ・[慣]ブ) bù(中) 부(韓) (2)*pɪuət(上古) pɪuət(中古→呉ホチ・漢フツ) bù(中) 불(韓)

語源 [コアイメージ] ㋐丸くふくれる・㋑二つに分かれる。[実現される意味] 打ち消しの言葉ⓐ。[英]not, no

〔解説〕打ち消しや否定を表す言葉を古代漢語で*pɪuəg、または、*pɪuətという。この言葉を口に出すときは、口を丸め、頰をふくらませた形を呈する。発音する器官の形だけでなく、この言葉自体が「丸くふくれる」というイメージを表す。古代漢語の意味論的特徴の一つに○(円形)→⊖(二つに割れる)というイメージ転化がある。未分化の全体性が二つに割れることが否定という認識の論理構造である。否定という事態は極めて抽象的である。*pɪuəg(または*pɪuət)という聴覚記号の視覚記号への変換は具体的な物のイメージを借りる工夫がなされた。こうして考案されたのが花の萼を表す不という図形である。詩経・常棣篇にある鄂不(ガクフ)(花弁を取り巻く萼片、うてな)という語に原初的イメージが残っている。不は「丸くふくれる」というコアイメージをもち、下記のグループを構成する。近代の文字学者(王国維や羅振玉ら)が不を花の萼の象形文字として以来ほぼ定説になっている。「ふくれる」という基本義があるとしたのは藤堂明保が最初である(藤堂①)。不を否定に用いるのは、たいていの学者が仮借とする。不と否定の結びつきを説明したのは筆者が最初である。

〔グループ〕不・否・杯・坏(ハイ)(ふっくらと丸い土器→つき)・丕(ヒ)(ふっくらと大きい[丕業])・胚(ハイ)(腹が膨れる[胚胎])・抔(ホウ)(手を丸めて物をすくう[抔土])・芣(フ)(輪形に広がった葉をもつ草、オオバコ[芣苢(イ)])

字源 花の萼(がく、うてな)を描いた図形。花の萼は丸くてふっくらしているイメージがある。1と2の音があったが、日本では1を用いる。

(甲) (金) (篆)

語義 [展開]「～しない」「～でない」と打ち消したり、「そうでない」と否定したりする言葉ⓐ。そこから、良くないという意味ⓑを派生する。[英]not, no; bad [和訓]ず・しからず [熟語]ⓐ不安・不屈・ⓑ不運・不況

文献 ⓐ詩経・関雎「求之不得＝之を求むれども得ず(彼女を求めたけれど得られない)」

【夫】 4(大・1) 常 ―― 常用音訓 フ・フウ おっと

語音 *pɪuag(上古) pɪu(中古→呉・漢フ) fū(中) 부(韓)

語源 [コアイメージ] 大きい。[実現される意味] おっとⓐ。[英]husband

〔解説〕藤堂明保は父・夫・伯・甫を同じ単語家族にくくり、「長輩の男」という基本義があるとした(藤堂①)。この基本義のさらなるコアには「大きい」というイメージがある。父は「(平らに)大きく広がる」というイメージから「大きい」というイメージに展開して成立した語である。単に身体が大きくなるだけでなく、社会的な力が大きくなった人が父であり、また夫である。古人は「夫は扶なり」と語源を説いている。君主や父を助ける人が丈夫の夫、また、おっとを助ける人が夫人だという見方である。しかし下記の一連のグループ語には「(平らに)大きく広がる」というイメージがコアにある。

〈グループ〉夫・扶・芙・趺ﾌ(足を組んで平らに広げて座る[趺坐])・鈇ﾌ(刃の広がったおの[鈇鉞])・麩ﾌ(小麦から粉を取り去ると、後に一面に敷き散らばって残るもの→ふすま)

字源 頭にかんざし(まげを結うもの)を挿し、大の字型に立つ人を描いた図形。説文解字に「大に従ひ、一は以て簪に象る」とある。髪飾りをつけた女を図形化した「妻」と対する。図形にコアイメージは反映されていない。

(甲) (金)  (篆)

語義 [展開] おっとの意味ⓐ、成人した男子の意味ⓑ、仕事に従事する人の意味ⓒに展開する。[英]husband; man; manual worker [和訓]おとこ・それ・かの [熟語] ⓐ夫妻・夫婦・ⓑ匹夫・凡夫・ⓒ漁夫・農夫

文献 ⓐ詩経・墓門「夫也不良、國人知之=夫や良からず、国人之を知る(夫は私に良くしてくれぬ[冷たい仕打ちをする]、それは町中の人に知れ渡る)」ⓑ詩経・黄鳥「維此奄息、百夫之特=維(こ)れ此の奄息(エンソク)、百夫の特(この奄息[人名]こそは、百人の男の中のずば抜けたもの)」ⓒ詩経・十月之交「仲允膳夫=仲允は膳夫(仲允は宮廷のシェフ)」

【父】 4(父・0) 常 常用音訓 フ ちち

語音 (1)*bɪuag(上古) bɪu(中古→呉ブ・漢フ・[慣]ホ) fù(中) 부(韓)
(2)*pɪuag(上古) pɪu(中古→呉フ・漢フ・[慣]ホ) fǔ(中)

語源 [コアイメージ] 大きく広がる・大きい。[実現される意味] ちちⓐ。[英]father

〈解説〉藤堂明保は父・夫・伯・甫を同源とし、「長輩の男」という基本義があるとした(藤堂①)。この基本義のさらなるコアには「大きい」というイメージがある。古人は「父は甫なり」と語源を説いている。甫も「平らに広がる」→「大きい」とイメージが転化し、長老の意味が実現された。同様に、大きな力をもつ人(一家・一族の長)を*bɪuagという。この聴覚記号の図形化はある種の武器から発想された。父を斧の原字と解したのは郭沫若である。これを父の意味に用いることについて、加藤常賢は権威の象徴、白川静は指揮権をもつもの、藤堂明保は単なる仮借とする。筆者は斧という実体からではなく、コアイメージから解釈する。

〈グループ〉父・斧・釜・布・甫

字源 おのを手に持つ姿を描いた図形。斧(おの)の原字。おのは刃の部分が大きく平らに広がった武器なので、「大きく延び広がる」というイメージがあり、「大きい」というイメージを表すことができる。

(甲)  (金)          (篆)

語義 [展開] ちちの意味ⓐから、目上の親族ⓑ、ちちになぞらえた存在ⓒの意味に展開する(以上は1の場合)。また、年長者に対する敬称ⓓ、年老いた男の意味ⓔを派生する(以上は2の場合)。[英]father; male relatives of a senior generation; person like father; honorific for elderly man; old man [熟語] ⓐ父母・実父・ⓑ叔父・伯父・ⓒ神父・ⓓ尼父(ホジ)(孔子の尊称)・ⓔ漁父

文献 ⓐ詩経・陟岵「父曰嗟予子=父曰く、嗟(ああ)予が子よ(父さんは言った、ああ、わが息子よ)」ⓑ詩経・伐木「以速諸父=以て諸父を速(まね)く([料理を用意して]伯父たちを招待する)」

【付】 5(人・3) 常 常用音訓 フ つける・つく

語音 *pɪug(上古) pɪu(中古→呉・漢フ) fù(中) 부(韓)

語源 [コアイメージ] くっつく。[実現される意味] 相手の手に物をつけて渡す(手渡す・与える)ⓐ。[英]hand over, give

〈解説〉藤堂明保は付のグループと丰(ホウ)のグループ(邦・峰など)を同じ単

語家族にくくり、「両方から⺀⺁型にくっつく」という基本義をもつとした(藤堂①)。もっと範囲を拡大して、服・傅フ(そばにつく)や匍匐ホフク(腹を地面につける)などとも同源で、「(→←の形や○→｜の形に)くっつく」というコアイメージがあると見てよい。AにBがくっつくことが*piugの意味であるが、具体的な文脈では、Aの後やそばにBがつき従う場合もあれば、AにBをつけて渡す場合もある。前者を附、後者を付と表記する。中国ではこの区別がはっきりしているが、日本では付で両者をカバーすることが多い。日本語の「つく」は「二つ以上のものが、ぴったりと一つになって離れず、一体化する意」という(大野①)。一体化する結果に主点があるが、漢語の付は→←の形や○→｜の形に近づいてくっつく所に焦点がある。

〔グループ〕付・符・附・府・咐フ(息を吹きつける、また、言いつける[吩咐])・拊フ(手を打ちつける[拊掌])・弣フ(手をつけて握る弓の中央部、ゆづか)・駙フ(ながえの外側につけておく馬、そえ馬[駙馬])・苻フ(他物に絡みつく蔓草、ヒヨドリジョウゴ)・鮒フ(びっしりとくっついて群れをなす魚、フナ)

字源 「人(イメージ記号)＋寸(限定符号)」を合わせて、人の方へ手を寄せて近づける情景を設定した図形。この意匠によって、物を相手のそばへ寄せて、相手の手につけて渡すことを表象する。

(金)　　(篆)

語義 [展開] 相手の手に物を渡す意味ⓐから、相手に物を寄せて預ける意味ⓑに展開する。また、附と通用して、後にぴたっとつく(付き従う)意味ⓒ。日本では附の代わりに付を用いることが多い。そばにくっつける・添える(つく・つける)意味ⓓ。[英]hand over, give; commit to; follow; stick, attach　[熟語] ⓐ付与・交付・ⓑ付議・付託・ⓒ帰付・親付・ⓓ付加・付属

文献 ⓐ書経・梓材「皇天既付中國民＝皇天、既に中国の民を付す(天は中国の民衆を[先王に]与えてその統治を託した)」ⓒ管子・正篇「致道、其民付而不爭＝道を致せば、其民付きて争はず(道にかなった政治をすれば、民はなついて争わない)」

【布】

5(巾・2)　常　常用音訓 フ　ぬの

語音 *pag(上古)　po(中古→呉フ・漢ホ)　bù(中)　포(韓)

語源 [コアイメージ] ㋐平らに延び広がる・㋑平ら・薄い・くっつく。[実現される意味] 麻や葛で織ったぬの。また広く、ぬのⓐ。[英]cloth

〔解説〕王力は布・敷・舗・普が同源で、「敷く」の意味があるとする(王力①)。これは表層の意味を捉えたに過ぎない。藤堂明保は甫のグループのほかに、巴のグループ(把など)、膚・拍・扶・歩などにも拡大し、「平らにうすくくっつく」という基本義があるとする(藤堂①)。藤堂は父を単なる音符としているが(藤堂②)、筆者は父にコアイメージの源泉があると考える。「平らに延び広がる」というイメージを表すのが父である。このイメージは、結果として、敷(平らに敷き広げる)・普(広く平らに行き渡る)などに近くなり、「平らに薄くくっつく」というイメージに展開する。平らで薄く、かつ、延びて広がるという形態的特徴を捉えて、ぬの(特に麻や葛で織ったぬの)を布という。「平ら」「薄い」「くっつく」のイメージの連合は薄・敷・白・巴などにも例がある。英語のclothは印欧祖語の*glei-(くっつく)に淵源があり、clay(粘土)と同源という(下宮①)。布は糸をくっつけて織ったものだからか、あるいは、地肌(平らな面)にくっつくほど薄い生地だからか。漢語の布のコアにも「薄くくっつく」というイメージがある。布とclothの造語法に共通性がありそうである。

〔グループ〕布・怖・佈フ(敷き広がる)

字源 楷書は形が崩れて分析困難。篆文は「父フ(音・イメージ記号)＋巾(限定符号)」を合わせた字。「父」は「平らに延び広がる」というイメージがある(⇩父)。「布」は平らに延び広がる反物を暗示させる。この意

匠によって、「ぬの」を表象する。

(金)  (篆)

語義 [展開]「平らに延び広がる」というイメージから、ぬのの意味ⓐ、平らに敷き広げる意味ⓑ、広く行き渡らせる意味ⓒに展開する。また、広く行き渡る意味から、世間に流通する銭(通貨)の意味ⓓを派生する。[英]cloth; spread; announce, declare; currency, money [和訓]しく

[熟語] ⓐ布衣・布帛・ⓑ布陣・分布・ⓒ布告・公布・ⓓ泉布・刀布

文献 ⓐ詩経・氓「氓之蚩蚩、抱布貿絲=氓の蚩蚩たる、布を抱きて糸を貿む(イヒヒと笑う風来坊が、布を抱えて糸の商い)」ⓑ大戴礼記・王言「布指知寸、布手知尺=指を布きて寸を知り、手を布きて尺を知る(指を敷き広げて寸を知り、手を敷き広げて尺を知る)」ⓒ荀子・勧学「君子之學也、入乎耳、著乎心、布乎四體、形乎動靜=君子の学や、耳に入り、心に著し、四体に布き、動静に形はる(君子の学問というものは、耳に入り、心に定着し、体に広がり、動作に現れるものだ)」

【扶】 7(手・4) 常 常用音訓 フ

語音 *buag(上古) bu(中古→呉ブ・漢フ) fu(中) 부(韓)

語源 [コアイメージ] ㋐平らに広がる・㋑↗↖形に支える。[実現される意味] 脇から支えて助けるⓐ。[英]assist, support

[解説] 藤堂明保は布・敷・薄などと同源で、「平らにうすくくっつく」を基本義とする(藤堂①)。「平ら」「薄い」「くっつく」は可逆的な(相互転化可能な)三つ組みイメージである(薄・布なども同例)。手のひらを平らに広げて人の両脇にくっつける動作(人を支えて助ける行為)を*buagという。ここに「↗↖の形に支える」というイメージがある。「↗↖の形」は視点を変えれば「↖↗の形」にもなり、これが「大きく広がる」というイメージに展開する。扶蘇(枝葉が↖↗の形に四方に広がる)、扶桑(枝葉の大きく広がったクワの意、東海にあるとされる神話的樹木)、扶寸(四本の指を平らに広げた長さ)などの語では、コアイメージが生きている。

字源「夫(音・イメージ記号)+手(限定符号)」を合わせた字。「夫」は父・布などと同源で、「大きい」「大きく平らに広がる」というイメージを表すことができる(⇩夫)。「扶」は親指を除いた四本の指を平らにして、両脇に当てがう様子を暗示させる。この意匠によって、両脇から中の物を↗↖形に支えて助けることを表象する。藤堂は夫を単なる音符としたが(藤堂②)、筆者は音・イメージ記号と見る。

語義 [展開] 支えて助ける意味ⓐ。また、「平らに広がる」というコアイメージから、植物の枝葉などが広がって大きいさまの意味ⓑを派生する。[英]assist, support; spread wide and large [和訓]たすける [熟語] ⓐ扶助・扶養・ⓑ扶桑

文献 ⓐ論語・季氏「危而不持、顚而不扶、則將焉用彼相矣=危ふくして持せず、顚して扶けざれば、則ち将た焉んぞ彼の相を用ゐんや(危ないときに支えず、転んだときに助けないならば、補佐役なんか必要がないね)」ⓑ詩経・山有扶蘇「山有扶蘇=山に扶蘇有り(山にはこんもりとした木がある)」

【芙】 7(艸・4) 人 音フ

語音 *buag(上古) bu(中古→呉ブ・漢フ) fu(中) 부(韓)

語源 [コアイメージ] 大きい・大きく広がる。[実現される意味] ハスの花ⓐ。[英]flower of lotus

字源「夫(音・イメージ記号)+艸(限定符号)」を合わせた字。「夫」は「大きく広がる」というイメージがある(⇩扶)。「芙」は大きく広がったハスの花を表す。

語義 [展開] ハスの花の意味ⓐから、植物名としてのハスの意味ⓑに転用される。また、ハスの花になぞらえて木の名のフヨウ(木芙蓉)の意

味ⓒに用いられる。[英]flower of lotus; lotus; cotton rose 【熟語】ⓐⓑ芙蓉・ⓒ木芙蓉

文献 ⓐ楚辞・離騒「集芙蓉以爲裳＝芙蓉を集めて以て裳を為(つく)る（ハスの花を集めてスカートを作る）」

【府】 8(广・5) 常 常用音訓 フ

語音 *pıug(上古) pıu(中古→呉・漢フ) fŭ(中) 부(韓)

語源 【コアイメージ】㋐くっつく・㋑多く集まる。【実現される意味】物(文書・財貨・武器など)を多く集めて貯蔵する建物ⓐ。[英]repository, storehouse

〔解説〕古典の注釈に「府は聚(あつまる)なり」とあるが、コアイメージの源泉は付にある。これは「二つのものがくっつく」というイメージである。物が□－□－□－のようにくっつくと多く集まることになる。「多く集まる」は二次的イメージである。

〔グループ〕府・腐・俯(フ)(体をふせて地面につける→うつむく)・腑(フ)(栄養物を集め貯える器官) 椨*(純国字。タブノキ)

字源 「付(フ)(音・イメージ記号)＋广(限定符号)」を合わせた字。「付」は「(→←の形に)くっつく」というイメージがある(⇩付)。「府」は多くの物をびっしりとつけて貯蔵する建物を暗示させる。

語義 【展開】物を貯蔵する建物(くら)の意味ⓐ。また、「多く集まる」というイメージから、多くの役人の集まる役所の意味ⓑ、政府のある所(みやこ)の意味ⓒを派生する。また、物が多く集まる所の意味ⓓ、栄養物などを貯蔵する器官の総称ⓔに用いる。ⓔは後に腑と書かれる。[英]repository, storehouse; government office; capital; aggregation, mass; viscera 【和訓】くら 【熟語】ⓐ府庫・秘府・ⓑ政府・幕府・ⓒ首府・都府・ⓓ怨府・学府・ⓔ蔵府(＝臓腑)

文献 ⓐ論語・先進「魯人爲長府＝魯人、長府を為(つく)る(魯の人たちが大きな貯蔵庫を造った)」ⓑ周礼・天官・大宰「以八法治官府＝八法を以て官府を治む(八つの法律で役所[政府]を治める)」ⓓ春秋左氏伝・僖公27「詩書、義之府也＝詩書は義の府なり(詩経と書経は義[正しい道]の集まる所である)」

【怖】 8(心・5) 常 常用音訓 フ こわい

語音 *p'ag(上古) p'o(中古→呉フ・漢ホ) bù(中) 포(韓)

語源 【コアイメージ】迫る。【実現される意味】びくびくとおじけづく(ぞっとする)ⓐ。[英]fear, scare, frighten, terrify

〔解説〕日本語の「こわい(こはし)」はコハシ(強)と同根。コハシは「表面が堅くて弾力性に乏しいのが原義」という(大野①)。堅くこわばる意味から、顔がこわばるほど恐ろしい意味に転じる。漢語の怖はこれとイメージが異なる。王力は怖と怕(ハ)、藤堂明保は怖と迫・怕を同源としている。白は「薄い」「くっつく」のイメージをもつ。「くっつく」は「迫る」のイメージに展開する。これが怖のコアイメージである。恐怖をもたらすものが身近に迫った結果、動作がびくびくすることが怖である。怖の古訓に「おづ」がある。「おじる(おづ)」とは「相手を恐ろしい物だと思い込んでいる結果、相手の前で萎縮して動作がにぶる意」という(大野①)。漢語の怖はこれに近い。

字源 「布(フ)(音・イメージ記号)＋心(限定符号)」を合わせた字。「布」は「平らに薄くくっつく」というイメージがあり(⇩布)、「迫る」というイメージに展開する。「怖」は何か(恐ろしいもの)に身近に迫られてびくつく様子を暗示させる。

語義 恐れてびくびくする(おじる・おじける)意味ⓐ。【和訓】おそれる・おじる・おじける 【熟語】ⓐ畏怖・恐怖

文献 ⓐ韓非子・説林「紂爲象箸、箕子怖＝紂、象箸を為(つく)り、箕子(シキ)怖る(殷の紂王が象牙の箸を造ったので、箕子は[将来を予測して]恐ろしくなっ

た)」

【斧】8(斤・4)　人　|　音フ　訓おの

語音 *pɪuag(上古)　pɪu(中古→呉ブ・漢フ・[慣]ホ)　fǔ(中)　부(韓)

語源 [コアイメージ] 大きく広がる。[実現される意味] おのⓐ。[英]ax

字源 「父(フ)(音・イメージ記号)+斤(限定符号)」を合わせた字。「父」はおのを手に持つ形。刃が大きく広がった形態的特徴から名づけられ、また、図形が考案された。

語義 鉞(まさかり)の一種で、それより小さなもの、おのの意味ⓐ。[熟語] ⓐ斧斤・石斧

文献 ⓐ詩経・破斧「既破我斧=既に我が斧を破る(もはや斧もこわれた)」

【阜】8(阜・0)　常　|　常用音訓 フ

語音 *bɪuog(上古)　bɪu(中古→呉ブ・漢フウ・[慣]フ)　fù(中)　부(韓)

語源 [コアイメージ] ふくれる。[実現される意味] ずんぐりと盛り上がった土山・丘ⓐ。[英]mound

〔解説〕藤堂明保は复(フク)のグループ(腹など)や包のグループ、また、保・宝などと同じ単語家族にくくり、「つつむ・丸くふくれる」という基本義があるとした(藤堂①)。蝮(フク)(腹のふくれた蛇、マムシ)や缶(フ)(腹のふくれた土器、ほとぎ)とイメージが似ているほか、墳(∩形に盛り上がった土盛り)とも近い。丘、山、土盛りなどに関係があることを示す限定符号の阝は阜の変形である。

字源 土が積み重なって盛り上がった姿を描いた図形。

(甲)　(篆)

語義 [展開] 小高い土山・丘が本義ⓐ。また、大きい、盛んである意味ⓑを派生する。[英]mound; abundant, prosperous　[和訓]おか　[熟語] ⓐ丘阜・山阜・ⓑ殷阜

文献 ⓐ詩経・天保「如山如阜=山の如く阜の如し(大きく盛んなことは山のようだ、丘のようだ)」ⓑ詩経・小戎「四牡孔阜=四牡孔(はなは)だ阜(おお)いなり(四頭の牡馬はとても肥えて大きい)」

【附】8(阜・5)　常　|　常用音訓 フ

語音 *bɪug(上古)　bɪu(中古→呉ブ・漢フ)　fù(中)　부(韓)

語源 [コアイメージ] くっつく。[実現される意味] そばや後にぴたっとくっつくⓐ。[英]stick, attach

字源 「付(音・イメージ記号)+阜(限定符号)」を合わせた字。「付」は「→←の形にくっつく、近づく」というイメージがあり、「↗↖の形に寄せる、近づける」というイメージに展開する(⇩付)。「附」は両側から↗↖の形に土を寄せた盛り土を暗示させる。小高い盛り土(土山)のことを附婁(部婁、培婁とも)というが、ほとんど用例がない。

語義 [展開] 「→←の形にくっつく」というコアイメージは、○⊥の形に物の後やそばにくっつく(つく・つける)意味ⓐを実現させる。また、Aの後にBをつけ加えて増やす(その上につけ足す)という意味ⓑを派生する。[英]stick, attach; add　[和訓]つく・つける　[熟語] ⓐ附随・附属・ⓑ附益・附加

文献 ⓐ詩経・角弓「如塗塗附=如し塗れば塗(どろ)附く(もし物に泥を塗れば、泥がくっつく)」ⓑ孟子・尽心上「附之以韓魏之家=之に附するに韓・魏の家を以てす(それにさらに韓や魏のような立派な家を増やしてやる)」

【訃】9(言・2)　常　|　常用音訓 フ

語音 *p'ɪug(上古)　p'ɪu(中古→呉・漢フ)　fù(中)　부(韓)

語源 [コアイメージ] 急に起こる。[実現される意味] 人の死亡を急いで知らせるⓐ。[英]announce one's death

字源 「卜(ボク)(音・イメージ記号)＋言(限定符号)」を合わせた字。「卜」は「何かが急に起こる」というイメージを示す記号(⇩卜)。急いで駆けつけることを赴といい、人の死亡を急いで知らせるという意味を派生する。後者の意味に限定するため、限定符号を走から言に替えて「訃」となった。したがって「赴ッの略体(音・イメージ記号)＋言(限定符号)」と解析してもよい。訃は赴から分化した字。

語義 死亡を通知する意味ⓐ。[和訓]つげる [熟語] ⓐ訃音(フイン)・訃報

文献 ⓐ礼記・雑記「凡訃於其君、曰、君之臣某死＝凡そ其の君に訃(つ)げて、曰く、君の臣某死すと(一般に、君主のもとに急いで駆けつけて死亡の通知をし、殿様の家来のなにがしが死にましたと述べる)」

【負】 9(貝・2) 常 ｜ 常用音訓 フ まける・まかす・おう

語音 *buəg(上古) bɪəu(中古→呉ブ・漢フウ・[慣]フ) fù(中) 부(韓)

語源 [コアイメージ] ←→の形(反対方向)にそむく。[実現される意味] 荷を背負うⓐ。[英]shoulder

〔解説〕 釈名・釈姿容に「負は背なり。項背(せなか)に置くなり」とある。王力は背・北・負・倍を同源とし、そむく意味があるとする(王力①)。藤堂明保はさらに不のグループ(否など)、咅(ホウ)のグループ(倍・剖など)、朋のグループ(崩など)などに範囲を広げて、「二つに割れる」という基本義があるとする(藤堂①)。「←→の形(反対方向)にそむく」というイメージから、前面とは反対方向である背面に荷物をかつぐことを*buəgといい、負の図形で表記した。日本語の「おう(おふ)」は漢語の負と同義である。負は「そむく」と「まける」に転義するが「おふ」は転義しない。日本語の「まける(まく)」はマク(巻)と同根で、「相手の力に巻き込まれること、圧倒され動きがとれなくなることが原義」という(大野②)。英語のdefeatはラテン語のdisfacere、分析するとdis(反対に)＋facere(作る)に由来し、「打ち負かす」の意(下宮①)。漢語の負にも反対のイメージがある。

字源 「人(⺈はその変形。イメージ記号)＋貝(限定符号)」を合わせて、人の背に財貨(貨物)をかつぐ様子を暗示させる図形。図形にコアイメージは反映されていない。

(篆)

語義 [展開] 荷を背負う意味ⓐから、厄介なものを背負い込む意味ⓑ、何かを背後に置いて頼みにする意味ⓒを派生する。また、「←→の形(反対方向)にそむく」というイメージから、背を向ける(そっぽを向く・そむく)意味ⓓ、前の敵に背を向ける(まける・まかす)意味ⓔを派生する。また、数学では、ゼロから←の方向の数をプラスとすればその反対の→の方向に進む数(マイナス)の意味ⓕに用いられる。[英]shoulder; take on, bear, assume; rely on; turn the back on, betray; defeat, lose; minus, negative [和訓]そむく [熟語] ⓐ負笈・負薪・ⓑ負債・負担・ⓒ自負・抱負・ⓓ孤負・ⓔ勝負・ⓕ負数・正負

文献 ⓐ詩経・生民「是任是負＝是れ任じ是れ負ふ([収穫した作物を]前に抱え、後ろに背負う)」ⓒ孟子・尽心下「虎負嵎＝虎、嵎を負う(トラは山のすみを背にする[有利な態勢を取る])」ⓔ孫子・謀攻「不知彼而知己、一勝一負＝彼を知らずして己を知れば、一たび勝ち一たび負く(味方のことは知っていても敵を知らない場合は、勝ったり負けたりする)」

【赴】 9(走・2) 常 ｜ 常用音訓 フ おもむく

語音 *p'ɪug(上古) p'ɪu(中古→呉・漢フ) fù(中) 부(韓)

語源 [コアイメージ] 急に起こる。[実現される意味] 目的地に急いで駆けつけるⓐ。[英]hurry to, hasten to

〈解説〉日本語の「おもむく」はオモ(面)＋ムク(向)で、ある方向に向かって行く意味。漢語の赴には急疾の意味が含まれている(段玉裁・説文解字注)。二つは微妙に違う。

字源「卜(ボク)(音・イメージ記号)＋走(限定符号)」を合わせた字。「卜」は「何かが急に起こる」というイメージを示す記号(⇨卜)。「赴」は目的地を目指して急いで駆けつける様子を暗示させる。

語義［展開］急いで駆けつける意味ⓐから、人の死亡を急いで知らせる意味ⓑを派生する。ⓑは後に訃と書かれる。［英］hurry to, hasten to; announce one's death ［熟語］ⓐ赴任・ⓑ赴告(＝訃告)

文献 ⓐ孟子・梁恵王上「天下之欲疾其君者、皆欲赴愬於王＝天下の其の君を疾(にく)まんと欲する者は、皆赴きて王に愬(うった)［＝訴］へんと欲す(自分の君主を憎みたいと思う世界中の人が、王様のもとに訴えに駆けつけて参りましょう)」

【浮】10(水・7) 常 常用音訓 フ　うく・うかれる・うかぶ・うかべる

語音 *bɪog(上古) bɪau(中古→㊐ブ・㊊フウ・［慣］フ) fú(中) 부(韓)

語源［コアイメージ］⌒形に上から覆いかぶさる。［実現される意味］水上(また空中)にうかぶⓐ。［英］float

〈解説〉藤堂明保は腹・包・保・宝などと同じ単語家族に入れ、「つつむ・丸くふくれる」という基本義を設定した(藤堂①)。しかし浮はこれらと少しイメージが異なる。「丸くつつむ」というイメージは「⌒の形に覆いかぶさる」というイメージに転化し、むしろ覆に近くなる。釈名・釈言語に「浮は孚なり。孚甲、上に在る称なり」とある。浮とは孚甲(種子の外皮)が上に覆いかぶさるのと似た事態をいう語といった解釈。また「覆は孚なり。孚甲の物外に在るが如し(種子の皮が外側にあるような事態が覆である)」とある。浮・孚・覆の三語に「外側を覆いかぶさる」というイメージの共通性を指摘した。見事な語源説である。何かが水上に覆いかぶさるように漂っている状態が浮であるが、漂うことに焦点を置くと、空中に漂っている事態も浮と言える。日本語の「うく」は「物が、地表や底から離れて空中や水面に漂う意」という(大野②)。漢語の浮もこれと近くなる。

〈グループ〉浮・孚(フ)(外皮の覆いかぶさった種子)・桴(フ)(水に浮かべる「いかだ」)・艀(フ)(水上に浮かぶ小舟、はしけ)・俘(フ)(手を覆いかぶせて捕まえた捕虜［俘虜］)・孵(フ)(鳥が卵に覆いかぶさってかえす［孵化］)・稃(フ)(穀物の種子を覆う外皮)・殍(ヒョウ)(道路に覆いかぶさるように倒れた餓死者［餓殍］)・罦(フ)(上に網を懸けて垂らし、ふんわりと浮いたようにした鳥網)・蜉(フ)(水上に覆いかぶさるようにゆらゆら飛ぶ虫、カゲロウ［蜉蝣(フユウ)］)

字源「孚(フ)(音・イメージ記号)＋水(限定符号)」を合わせた字。「孚」は「子(イメージ記号)＋爪(限定符号)」を合わせて、上から手で覆うようにして子どもをかばう情景を設定した図形。ここに「⌒形に表面に覆いかぶさる」というイメージがある。「浮」は水面に⌒の形に覆いかぶさる様子を暗示させる。

(甲)　(金)　(篆)　［孚］　(篆)

語義［展開］水上に浮かぶ(うく・うかぶ・うかべる)意味ⓐから、うわついて拠り所がない意味ⓑを派生する。［英］float; flighty, superficial ［和訓］うわつく ［熟語］ⓐ浮沈・浮遊・ⓑ浮薄・浮浪

文献 ⓐ詩経・菁菁者莪「汎汎楊舟、載沈載浮＝汎汎たる楊舟、載(すなわ)ち沈み載ち浮かぶ(ぷかぷか漂うヤナギの小舟、水のまにまに浮き沈み)」

【釜】10(金・2) 常 常用音訓 かま

語音 *bɪuag(上古) bɪu(中古→㊐ブ・㊊フ) fǔ(中) 부(韓)

語源［コアイメージ］大きく平らに広がる。［実現される意味］飲食物を煮炊きするための、平らに開いた大型の鍋(かま)ⓐ。［英］caldron, boiler

字源 「父フ(音・イメージ記号)＋金(限定符号)」を合わせた字。「父」は「大きく平らに広がる」というイメージがある(⇩父)。「釜」は平らに広がった大きな鍋を暗示させる。

語義 かまの意味ⓐ。[熟語] ⓐ釜竈フソウ・釜中

文献 ⓐ詩経・采蘋「于以湘之、維錡及釜＝于ここに以て之を湘にる、維これ錡キ及び釜(これ[摘み草]を煮ましょう、足付き鍋で、足無し鍋で)」

【婦】 11(女・8) 常 常用音訓 フ

語音 *bɪuəg(上古) bɪəu(中古→呉ブ・漢フウ・[慣]フ) fù(中) 부(韓)

語源 [コアイメージ] くっつく・そばに寄り添う。[実現される意味] つま・よめⓐ。[英]wife

[解説] 字源から意味を求めると「帚(ほうき)＋女」で掃除をする女になりかねない。字源と語源は分けて考える必要がある。白虎通義・三綱六紀篇に「婦は服なり。礼を以て屈服するなり」、同・嫁娶篇に「婦は服なり。家事に服し、人に事つかふる者なり」とある。漢代では「婦は服なり」は普遍的な語源意識であった。しかし儒教的色彩が強い。藤堂明保は服のほか、備・伏・副・陪なども同源とし、「ぴたりとくっつく」という基本義があるとした(藤堂①)。「二つのものがA—Bの形にぴったりくっつく」というのが*bɪuəgのコアイメージである。Aを本体とするとBは控えである。本体のそばに控えとして用意することが備、本体に寄り添う控えが副である。同じように夫のそばに寄り添う配偶者が婦である。つまを主たるものに寄り添う女と捉えて*bɪuəgという語が生まれたのは儒教的差別意識のせいではなく、父権社会における一般的な観念に由来する。一方では夫とA—Bの形に対等に並ぶ女という意識から生まれた語もある。これが妻である(殷代にすでにあった婦より後に成立した)。しかし儒教社会の成立後は妻と婦の言語的イメージが固定され、「婦は服なり」が服従・屈服のイメージで受け取られるようになった。夫妻と夫婦の語感の違いとして現在に及んでいる。婦は女の意味もある。婦と女の違いは、既婚(婦)か未婚(女)かで区別される。ただし女は両者を包括する称にもなるが、婦はならない(王力②)。英語のwifeは女が原義で、後に人の女→妻に限定されたという(下宮①)。

字源 「帚(イメージ記号)＋女(限定符号)」を合わせた字。「帚」はほうき(箒)を描いた形。「つま」を意味する*bɪuəgの視覚記号として、労働の一場面を捉えて発想されたもの。しかし図形にコアイメージは反映されていない。白川静は「帚を手に持って廟の中を祓い清めることを掃といい、そのことに当たる女を婦という」とする(白川②)。これは字形から意味を求める説である。なぜこれがいけないかというと、歴史の事実に反するからである。言葉が先にあり、これを表記するために文字が生まれた。意味は言葉にあり、文字にはない。また、形の解釈は何とでもこじつけられるからである。

(甲)  (金)  (篆)  

[字体] 「婦」は正字(旧字体)。「婦」は古くから書道で行われた字体。現代中国の簡体字は「妇」。

語義 [展開] つまの意味ⓐから、成人した女の意味ⓑを派生する。[英]wife; woman [和訓]つま・おんな・よめ・め [熟語] ⓐ主婦・夫婦・ⓑ婦人・妊婦

文献 ⓐ詩経・氓「三歳爲婦、靡室勞矣＝三歳婦つまと為り、室を労とすること靡なし(あなたの妻となって三年間、家事を苦とせず務めました)」ⓑ詩経・瞻卬「哲婦傾城＝哲婦、城を傾く(賢い女が国を危うくする)」

【符】 11(竹・5) 常 常用音訓 フ

語音 *bɪug(上古) bɪu(中古→呉ブ・漢フ) fú(中) 부(韓)

語源 ［コアイメージ］くっつく。［実現される意味］割り符ⓐ。［英］tally

字源 「付ㇷ(音・イメージ記号)＋竹(限定符号)」を合わせた字。「付」は「→←の形にくっつく」というイメージがあり、「二つをくっつけて合わせる」というイメージに展開する(⇩付)。「符」は竹の札を二つに割り、後日両片をくっつけ合わせて証拠とするもの、すなわち割り符を表す。

語義 ［展開］割り符の意味ⓐから、ぴったり合う意味ⓑ、約束のしるし・証拠の意味ⓒ、何かを表すための約束の記号の意味ⓓ、天や神が象徴的に下界に下す信号(徴証、しるし)の意味ⓔ、神に祈って禍を除き福を求める札の意味ⓕに展開する。［英］tally; accord, fit; evidence; sign, mark; symbol; amulet, talisman ［和訓］しるし・ふだ ［熟語］ⓐ符節・割賦・ⓑ符合・ⓒ免罪符・ⓓ符号・音符・ⓔ符瑞・ⓕ符水・護符

文献 ⓐ孫子・九地「夷關折符、無通其使＝関を夷ㇾし符を折り、其の使ひを通ずること無からしむ([開戦の暁には]関所を封鎖し、割り符を破り、外国の使者を通行させないようにする)」ⓑ韓非子・八経「四徴者符、乃可以観矣＝四徴の者符して、乃ち以て観るべし(四つの証拠がぴったり合って、はじめて事の善し悪しがわかる)」

【富】12(宀・9)　常　｜常用音訓｜フ・フウ　とむ・とみ

〔冨〕11(冖・9)　人　｜音フ・フウ　訓とむ・とみ

語音 *piuəg(上古)　piəu(中古→呉フ・漢フウ)　fù(中)　부(韓)

語源 ［コアイメージ］いっぱい満ちる。［実現される意味］財産が豊かにある(とむ)ⓐ。［英］wealthy, rich

〔解説〕下記の詩経ⓐの毛伝に「富は福なり」とある。古人は富と福の同源意識をもっていた。富の内容は物質的な豊かさであるが、精神的には幸福感につながる。釈名・釈言語では「福は富なり」という。日本語の「とむ」は「有用のものをたっぷり保有している意」という(大野①)。日本語の「とみ」は幸福のイメージを含まないようである。英語のrichは力がある→金がある・豊かである意、wealthは豊かであること、富の意という(政村①)。ともに物質的に満足な状態を指す。

字源 「畐ㇰ(音・イメージ記号)＋宀(限定符号)」を合わせた字。「畐」は「いっぱい満ちる」というイメージがある(⇩福)。「富」は家の中がいっぱい満ちる様子を暗示させる。この意匠によって、財産がたっぷり豊かにあることを表象する。

〔字体〕「冨」は近世中国に発生した「富」の俗字。

語義 ［展開］財産が豊かにある(とむ)意味ⓐから、豊かな財産(とみ)の意味ⓑに展開する。また、内容・中身が豊かである意味ⓒを派生する。［英］wealthy, rich(ⓐⓒ); wealth; abundant ［熟語］ⓐ貧富・富裕・ⓑ巨富・国富・ⓒ富歳・豊富

文献 ⓐ詩経・瞻卬「何神不富＝何の神か富ましめざる(いかなる神が富ましてくれぬ)」ⓑ詩経・我行其野「成不以富＝成に富を以てせず([新しい妻を求めたのは]財産のためではない)」ⓒ論語・顔淵「富哉言乎＝富める哉言や(何とすばらしいお言葉です)」

【普】12(日・8)　常　｜常用音訓｜フ

語音 *p'ag(上古)　p'o(中古→呉フ・漢ホ)　pǔ(中)　보(韓)

語源 ［コアイメージ］↓∨↓∨↓∨の形に広がっていく。［実現される意味］広く全体に行き渡るⓐ。［英］widespread, universal, prevailing

〔解説〕▯-▯の形に並んだものが連続的に展開すると、「↓∨↓∨↓∨の形に広がっていく」というイメージになる。このコアイメージが「全体に広く行き渡る」という意味を実現させる。普通とは全体に満遍なく行き渡っていることで、特別なものはない、一般的でありふれているという意味が生まれる。和訓の「あまねし」はア(接頭語)＋マネシ(度数が多

い意）で、「作用や状態が、ある範囲に余すところなく行きわたっている」意という（大野①）。

〈グループ〉普・譜

字源 「普」が本字。「竝ヘイ（音・イメージ記号）＋日（限定符号）」を合わせた字。「竝」は二人が横に並ぶ姿を描いた図形（⇩並）。「横に（▯－▯の形に）並ぶ」というイメージから、「▯－▯－▯の形に次々と並ぶ」、さらに「→V→V→Vの形に広がっていく」というイメージに展開する。「普」は日の光が差してどこまでも広がっていく様子を暗示させる。この意匠によって、広く全体に行き渡ることを表象する。

（篆）

語義 [展開] 広く行き渡る意味ⓐから、一般的でありふれている意味ⓑを派生する。[和訓]あまねし [熟語]ⓐ普及・普遍・ⓑ普通

文献 ⓐ墨子・尚賢「聖人之徳、若天之高、若地之普＝聖人の徳は、天の高きが若ごとく、地の普あまねきが若し（聖人の徳は、天が高いように気高く、大地がどこまでも広がっているように普遍的だ）」

【腐】14（肉・8） 常 ｜ 常用音訓 フ くさる・くされる・くさらす

語音 *bɪug（上古） bɪu（中古→㊐ブ・㊚フ） fǔ（中） 부（韓）

語源 [コアイメージ] くっつく。[実現される意味] 生物の組織がいたむ（くさる）ⓐ。[英]rot, decay

〈解説〉日本語の「くさる」はクサシ（臭）・クソ（糞）と同根で、「悪臭を放つようになる意」という（大野①）。きわめて感性的な名づけである。漢語の腐は腐敗現象における特徴を捉えた語である。

字源 「府フ（音・イメージ記号）＋肉（限定符号）」を合わせた字。「府」は「くっつく」というイメージから、「多くのものがくっつき合う」というイメージにも展開する（⇩府）。「腐」は肉の組織が崩れて、分かれた部分が互いにべたべたとくっつき合う様子を暗示させる。

語義 [展開] 物がくさる意味ⓐから、古くさくなる意味ⓑ、心をくたくたにさせる意味ⓒに展開する。[英]rot, decay; stale; exhaust [和訓]くちる・くたす [熟語]ⓐ腐敗・腐爛・ⓑ腐儒・陳腐・ⓒ腐心

文献 ⓐ呂氏春秋・尽数「流水不腐＝流水は腐らず（流れる水は腐らない）」

【敷】15（攴・11） 常 ｜ 常用音訓 フ しく

語音 *p'ɪuag（上古） p'ɪu（中古→㊐・㊚フ） fū（中） 부（韓）

語源 [コアイメージ] 平らに広がる。[実現される意味] 物を平らに敷き広げる（一面に敷き詰める）ⓐ。[英]spread, lay out

〈解説〉甫にコアイメージの源泉がある。これは「平ら」「薄い」「くっつく」という可逆的な（相互転化可能な）三つ組みイメージをもつ。「薄く平ら」というイメージは「平らに広がる」というイメージに転化する。物を一面に平らに広げることが敷の意味である。布ときわめて近い。日本語の「しく」は「一面に物や力を広げて限度まで一杯にする意」という（大野①）。漢語の敷とほぼ同じである。

字源 もとは「尃フ（音・イメージ記号）＋攴（限定符号）」を合わせた字。「尃」は「平面的に薄く平らに広がる」というイメージがあり（⇩博・薄）、一面にびっしりとしき広げることを表す。後、「旉フ（音・イメージ記号）＋攴（限定符号）」を合わせた字体に変わった。「方」は「両側に（←→形に）張り出る」→「四方に張り出る」というイメージがあり、「甫フ（音・イメージ記号）＋方（イメージ補助記号）」を合わせた「旉」は「四方に平らに広がる」というイメージを示す。したがって「敷」は四方に平らに広げる様子を暗示させる。

（金） （篆）［尃］ （篆）

語義 [展開] 平らに敷き広げる意味ⓐから、広げて全体に行き渡らせる意味ⓑに展開する。[英]spread, lay out; spread out widely [熟語] ⓐ敷設・ⓑ敷演

文献 ⓐ詩経・長発「洪水芒芒、禹敷下土方＝洪水芒芒たり、禹、下土の方を敷けり(洪水がはてしなく覆った時、禹王は[洪水を排除して]国土をあまねく敷き広げた)」

【】15(肉・11) 常 ｜ 常用音訓 フ

語音 *pɪuag(上古) pɪu(中古→呉・漢フ) fū(中) 부(韓)

語源 [コアイメージ] 表面に敷き広がる。[実現される意味] 体の表面を覆う皮(はだ)ⓐ。[英]skin

〔解説〕釈名・釈形体に「膚は布なり。布(し)きて表に在るなり」とある。*pɪuagという語は布・敷と同源で、「表面に敷き広がる」というイメージがある。敷は甫がコアになり、「平ら」「薄い」「くっつく」という可逆的な三つ組みイメージをもつ。「平ら」は「広がる」というイメージにも展開する。平らで、薄く、肉にくっついて、広がった外皮が膚である。肌とはイメージが異なる。

字源 籀文は「膚」、篆文は「臚」。「盧(イメージ記号)＋肉(限定符号)」を合わせた字。「盧(ロ)」は「ころころと丸い」というイメージがあり(⇨炉)、「表面が丸くすべすべしている」というイメージに展開する。「臚(＝膚)」は表面を覆う丸くすべすべした皮を暗示させる。図形にコアイメージは反映されていない。

(金)　(籀) 　(篆)

語義 [展開] 表面的である、薄っぺらなという意味ⓑを派生する。[英]skin; superficial, shallow [和訓]はだ・はだえ [熟語] ⓐ肌膚・皮膚・ⓑ膚見・膚浅

文献 ⓐ詩経・碩人「手如柔荑、膚如凝脂＝手は柔荑(ジュウテイ)の如く、膚は凝脂の如し([彼女の]手は柔らかいツバナのように白く、はだは獣の脂身のようにつややか)」

【賦】15(貝・8) 常 ｜ 常用音訓 フ

語音 *pɪuag(上古) pɪu(中古→呉・漢フ) fù(中) 부(韓)

語源 [コアイメージ] ㋐無いものを無理に求める・㋑一つまた一つと割り当てる。[実現される意味] 税金を取り立てるⓐ。[英]tax

字源 「武(ブ)(音・イメージ記号)＋貝(限定符号)」を合わせた字。「武」は領土や物を奪うために武力を用いることから、「無いものを無理に求める」というイメージがある(⇨武)。「賦」は財貨を無理に求める様子を暗示させる。

語義 [展開] 税金を取り立てる意味ⓐ。税金を取り立てるには一人一人に割り当てるから、「一つまた一つと割り当てる」「□・□・□・□・の形に分ける」「―・―・―・の形に連なる」という二次的イメージが生じる。ここから、一人一人に割り当てて兵役や労役につかせる意味ⓑ、一人一人に分かち与える(割り当てる)意味ⓒを派生する。また、「□・□・□・□の形に分ける」というイメージから、一面に敷き広げる意味ⓓを派生する。この場合は布・敷と近くなる。また、「―・―・―・の形に連なる」というイメージから、言葉を連ねて思いをありのままに表現する(詩歌を詠む、また、韻文の一体)の意味ⓔを派生する。[英]tax; levy; distribute, bestow; compose, chant [熟語] ⓐ賦税・貢賦・ⓑ賦役・ⓒ賦与・天賦・ⓔ賦詩・辞賦

文献 ⓐ孟子・離婁上「賦粟倍他日＝粟を賦すること他日に倍す(穀物を税金として取り立てるのが、ほかの日の二倍になっている)」ⓓ詩経・烝民「賦政于外＝政を外に賦す(政治を外に広め敷く)」

【譜】19(言・12) 常 常用音訓 フ

語音 *pag(上古) po(中古→呉フ・漢ホ) pǔ(中) 보(韓)

語源 [コアイメージ] □-□-□-の形に次々と並ぶ。[実現される意味] 系統的に並べて書き記した図表ⓐ。[英]table, chart

字源 「譜」が本字。「並(へ)(=竝。音・イメージ記号)+言(限定符号)」を合わせた字。「並」は「横に(□-□の形に)並ぶ」というイメージから、「□-□-□-の形に次々と並ぶ」というイメージに展開する(⇩並)。後、並を普に替えた。「普」は「→V→V→Vの形に広がる」というイメージがある。したがって「譜(=譜)」は事柄を□-□-□-の形に次々に敷き並べて見やすくした書き物を暗示させる。

語義 [展開] 系統的に並べて記す図表の意味ⓐ。また、「□-□-□-の形に次々と並ぶ」というイメージから、音楽の調子を記号で記して配列したものの意味ⓑにも転用される。[英]table, chart; music score [熟語] ⓐ系譜・年譜・ⓑ楽譜・採譜

文献 ⓐ史記・漢興以来諸侯年表「諸侯譜、其下益損之=諸侯の譜、其の下に之を益損す(諸侯の譜の下にそれ[諸侯の名や数]を増減させている)」

ぶ……………………………

【侮】8(人・6) 常 常用音訓 ブ あなどる

〔侮〕9(人・7) 人 音ブ 訓あなどる

語音 *muag(上古) mu(中古→呉ム・漢ブ) wǔ(中) 모(韓)

語源 [コアイメージ] 見えない・無い。[実現される意味] 人をばかにする(かろんずる、あなどる、あなどり)ⓐ。[英]look down on, make little of, despise, disdain, contempt, scorn

〔解説〕コアイメージの源泉は毎にあるが、さらにそのコアをなすのが母である。侮の古文は母と書く。母は暗い→見えない→無いとイメージが展開する記号である。人の存在をわざと見ないようにする(無視する)こと以上の侮辱はない。侮は蔑(ないがしろにする)とも非常に近い。日本語の「あなどる」はアナヅルの転で、「劣っているとして、見くびり馬鹿にする意」という(大野①)。英語のdespiseはラテン語de-(下に)+spicere(見る)が語源で、見下す意、disdainはラテン語dis-(反対)+dignus(価値ある)が語源で、(つまらないものと考え)見下す意という(下宮①、政村①)。「無い」のイメージを含む後者が漢語の侮と発想が近い。

字源 「侮」が正字。「毎(バ)(音・イメージ記号)+人(限定符号)」を合わせた字。「毎」は母と同じく、暗い→見えない→無いとイメージが展開する(⇩海・悔)。「侮」は人をわざと見ないようにする(無視する)様子を暗示させる。

語義 あなどる意味。[熟語] ⓐ侮辱・侮蔑

文献 ⓐ詩経・柏舟「覯閔既多、受侮不少=閔(うれ)ひに覯(あ)ふこと既に多く、侮りを受くること少なからず(心の病にもたびたび遭ったし、侮られたことも数知れず)」

【武】8(止・4) 常 常用音訓 ブ・ム

語音 *miuag(上古) mu(中古→呉ム・漢ブ) wǔ(中) 무(韓)

語源 [コアイメージ] 無いものを求めて突き進む。[実現される意味] 荒々しく勇ましい(たけだけしい)ⓐ。[英]martial, valiant

〔解説〕字源から意味を求めると、「戈+止」から成るから、戦をやめさせるのが武力であるといった解釈が生まれる。これは春秋左氏伝などに見える古人の解釈で、武器が戦争の抑止力になるという春秋時代の思想を反映している。釈名・釈言語では「武は舞なり。征伐し動行すること、物の鼓舞するが如きなり」と述べている。奮い立つことに舞と武の類似

を見たらしい。語源の観点から見るとこの説は捨てたものではない。というのは「無いものを求める」というコアイメージが武と舞に共通するからである。説文解字では「馬は武なり」とあるが、逆も真である。藤堂明保は武のグループ、馬のグループ、無のグループ(舞など)、莫のグループ(摸・慕など)、巫・望・明などを同じ単語家族にくくり、「探り求める」という基本義があるとした(藤堂①)。武は馬・罵・驀との関係では、「がむしゃらに突き進む」というイメージであるが、一方、何のために突き進むかを考えると、侵略や略奪のためにほかならないから、「こちらに無いものを相手から無理やりに求める」というイメージが*muagという語の本質だといえる。和訓の「たけし」はタカシ(高)・タケ(長・丈)と同根で、「背が高い意から転じて相手に対して見くだす態度である意」、ここから「威圧的で勇壮である」の意味に展開するという(大野①)。武は腕力・武力を持った勇敢さであるから、これと対応する英語はmartialやvaliantと考えられる。martialは軍神Marsに由来し、「好戦的な、勇ましい」の意、valiantはラテン語valere(強い)が語源で、「戦闘や危険で困難な状況において勇敢な、雄々しい」の意という(小島①)。

〔グループ〕武・賦・鵡ム(強力な足指で木によじ登れる鳥[鸚鵡オウム])　錻*(純国字。ブリキ)

字源 「戈(イメージ記号)+止(限定符号)」を合わせた字。「戈」はほこ、武器。「止」は足の形。したがって「武」は、武器を持ち、歩武堂々と行進する情景を設定した図形。図形にコアイメージは反映されていない。

(甲)　(金)　(篆)

語義 [展開]「無いものを求めて突き進む」というイメージから、がむしゃらに力で押して荒々しい(たけだけしい)意味ⓐ、敵に突っ込んで戦をすることや、軍事に関わることがらの意味ⓑに展開する。また、勇ましく進む足取り、一歩踏み出すこと、また足跡の意味ⓒにも用いられる。[英]martial, valiant; military; footstep [和訓]たけし [熟語]ⓐ武力・勇武・ⓑ武器・武将・ⓒ歩武

文献 ⓐ詩経・叔于田「洵美且武=洵まことに美にして且つ武なり([彼氏は]ほんとにハンサムで勇ましい)」ⓑ詩経・文王有声「文王受命、有此武功=文王命を受け、此の武功有り(文王は天の命を受け、戦の手柄を打ち立てた)」ⓒ詩経・下武「下武維周=武を下すは維これ周([殷の]足跡を継ぐものは周)」

【部】

11(邑・8)　常　(常用音訓)ブ

語音 (1)*buəg(上古) bəu(中古→㊐ブ・㊥ホウ) pǒu(中) (2)*buəg(上古) bo(中古→㊐ブ・㊥ホ) bù(中) 부(韓)

語源 [コアイメージ]㋐くっついて並ぶ・㋑二つに分かれる。[実現される意味]小高い盛り土(土山)ⓐ。[英]hillock

字源 「咅ホウ・フ(音・イメージ記号)+邑(限定符号)」を合わせた字。「咅」は「二つが←→の形に分かれる」というイメージと、「□-□の形にくっついて並ぶ」というイメージが同時に存在する(⇩倍)。「部」は両側から土をくっつけ合わせて盛り上げた所を暗示させる。春秋左氏伝に部婁ホウロウ(小高い盛り土、土山の意)という用例がある。附婁・培婁と同じ。

語義 [展開]小高い土山の意味が原義ⓐ(1の場合)。また、「二つに分かれる」というイメージから、全体をいくつかに区分けしたものの意味ⓑ、区分けされた持ち場や、組織などを小さく区分けした単位ⓒ、区分けした物や書物を数える語ⓓを派生する(以上は2の場合)。[英]hillock; part, section, division; department; volume, copy [和訓]べ [熟語]ⓑ下部・局部・ⓒ学部・本部・ⓓ部数・四部

文献 ⓐ春秋左氏伝・襄公24「部婁無松柏=部婁ホウロウ、松柏無し(小さな土山にはマツやコノテガシワは生えていない)」ⓒ墨子・号令「吏行其部=吏

は其の部に行く（役人は自分の部署に行った）」

【葡】 12(艸・9) 人 音ブ・ホ

語音 *buag(上古) bo(中古→呉ブ・漢ホ) pú(中) 포(韓)

語源 〔解説〕葡萄は外来語の音写字。漢代、西域（中央アジア）方面から伝来した植物、ブドウ（葡萄）の表記として考案された。大宛国の言葉であるbudaw（一説ではイラン語のbudawa）が最初は蒲陶と音写されたが、のち蒲桃→蒲萄→葡萄と変わった。

字源 「甫(ホ)（音記号）＋艸（限定符号）」を合わせた字。

語義 ブドウ科の蔓性木本、ブドウの意味ⓐ。［英］grape 【熟語】ⓐ葡萄

文献 ⓐ史記・大宛列伝「於是天子始種苜蓿蒲陶＝是(ここ)に於いて天子始めて苜蓿(モクシュク)・蒲陶［＝葡萄］を種(う)う（そのとき初めて天子はウマゴヤシとブドウを植えた）」

【撫】 15(手・12) 人 音ブ 訓なでる

語音 *p'ïuag(上古) p'ïu(中古→呉フ・漢フ・［慣］ブ) fǔ(中) 무(韓)

語源 ［コアイメージ］覆いかぶせる。［実現される意味］手をかぶせてそっとおさえるⓐ。［英］hold

〔解説〕日本語の「なでる（なづ）」はナダム（宥）と同根で、「手のひらなどで、体や表面をさする」意から、「慈しむ、いたわる」意に展開する（大野②）。漢語の撫のⓑにほぼ当たる。

字源 「無(ム)（音・イメージ記号）＋手（限定符号）」を合わせた字。「無」は「ない」「見えない」というイメージがある（⇩無）。覆いかぶさると隠されて見えなくなるから、「見えない」「隠れる」「覆う」は可逆的な（相互転化可能な）二つ組みイメージである。蕪(ブ)・幠(コ)（覆いかぶさる）はこのイメージをコアとする。同様に「撫」は手を物に覆いかぶせてそっとおさえることを表す。孚・浮と近いが、これらがただ「上から覆いかぶさる」というイメージであるのに対し、対象が動かないように（落ち着かせるために）上から手をかぶせてそっとおさえることが撫である。

語義 ［展開］手をかぶせてそっとおさえる意味ⓐ、手を当ててなでさする意味ⓑ、なだめて落ち着かせる意味ⓒに展開する。［英］hold; pat, stroke, caress; soothe, stabilize 【熟語】ⓑ愛撫・慰撫・ⓒ宣撫・鎮撫

文献 ⓐ孟子・梁恵王下「撫劍疾視＝剣を撫(ブ)して疾視す（剣を押さえてにらみつけた）」ⓑ墨子・節用「南撫交阯＝南のかた交阯［＝交趾］を撫す（南方では交趾［ベトナム北部］をなつけた）」

【舞】 15(舛・8) 常 常用音訓 ブ まう・まい

語音 *mïuag(上古) mïu(中古→呉ム・漢ブ) wǔ(中) 무(韓)

語源 ［コアイメージ］無いものを求める。［実現される意味］踊るⓐ。［英］dance

〔解説〕巫（みこ、シャーマン）と舞は全く同音で、王力は同源の語とした（王力①）。藤堂明保は巫だけでなく、無・武・馬・摸(モ)（無いものを探り求める）なども同源で、「探り求める」という基本義があるとした（藤堂①）。こちらに無いものを神に祈って求めるために行う行為（踊る、ダンス）が舞である。釈名に「武は舞なり」とあるが、その逆も真である。力ずくで無いものを求める行為が武にほかならない。日本語の「まう（まふ）」はマハル（廻）と同根で、「平面上を旋回運動する意」という（大野①）。漢語の舞は行為の形態からではなく目的から名づけられた。しかし娯楽のためのダンスの意味に転じると、語源的意識は薄れ、語源もわからなくなった。

字源 「無(ム)（音・イメージ記号）＋舛（限定符号）」を合わせた字。（篆文の字体。隷書で無の下部が略された）。「無」は人が両手に羽飾りを持って踊る姿を描いた図形で、舞の原字（⇩無）。舞をする目的は神に福を求めるこ

とにあるので、*muagという語には「無いものを求める」というイメージがある。「無」が「ないものを求める」→「ない」という意味に転じたため、改めて「舛」(ステップを踏む両足)を添えて「舞」とした。

(甲)　(金)　(篆)

〔字体〕「舛」の右側はもとは㐄と書き、6画の字。常用漢字では7画とする。舛に従う舜・隣・傑もこれに倣う。

語義 [展開] 踊る意味ⓐから、踊るように自在に手足を動かす意味ⓑ、かって気ままにする(身勝手にする、もてあそぶ)意味ⓒを派生する。[英]dance; move as in a dance; juggle [熟語] ⓐ舞踏・舞踊・ⓒ舞文弄法

文献 ⓐ詩経・賓之初筵「屢舞僊僊＝屢(しばしば)舞ふこと僊僊たり(しばしば軽やかに舞い踊る)」ⓑ礼記・楽記「不知手之舞之、足之蹈之＝手の之を舞ひ、足の之を蹈(ふ)むを知らず(手の舞い足の舞いを知らない)」

【蕪】15(艸・12)　人　｜　音ブ　訓かぶ・あれる

語音 *muag(上古)　mıu(中古→呉ム・漢ブ)　wú(中)　무(韓)

語源 [コアイメージ] 覆いかぶさる。[実現される意味] 雑草に覆われて荒れるⓐ。[英]overgrown with weeds

字源 「無(ム)(音・イメージ記号)＋艸(限定符号)」を合わせた字。「無」は「ない」「見えない」というイメージから、「隠れて見えない」「覆いかぶさる」というイメージに展開する(⇨無・撫)。「蕪」は雑草が覆いかぶさって土地が荒れる様子を暗示させる。

語義 [展開] 雑草に覆われて荒れる意味ⓐから、秩序がなく入り乱れる意味ⓑを派生する。また、アブラナ科の草である菁(カブ)に、はびこる意の蕪を冠して蕪菁(ブセイ)とも称したので、日本では蕪にカブⓒの訓を与えた。[英]overgrown with weeds; mixed and disorderly; turnip [熟語] ⓐ荒蕪・ⓑ蕪雑・蕪辞・ⓒ蕪菁

文献 ⓐ老子・五十三章「田甚蕪、倉甚虚＝田甚だ蕪(あ)れ、倉甚だ虚(むな)し([今の世の中は]田畑が荒れ果て、米倉は空っぽである)」

ふう

【封】9(寸・6)　常　｜　常用音訓 フウ・ホウ

語音 *pıuŋ(上古)　pıoŋ(中古→呉フウ・漢ホウ)　fēng(中)　봉(韓)

語源 [コアイメージ] ∧形に盛り上げる。[実現される意味] 土を盛り上げるⓐ。[英]raise a mound

〔解説〕王力は封と邦を同源とし、境界の意味があるとする(王力①)。これは表層レベルの語源説。藤堂明保は深層構造を探り、付のグループと丰(ホウ)のグループ(邦・峰・奉など)を同じ単語家族にくくり、「両方から∧∧型にくっつく」という基本義をもつとした(藤堂①)。言い換えれば「∧形や∧∧形に盛り上げる」というイメージである。土を盛り上げることが*pıuŋという語の意味であるが、境界の目印にするためでもあれば、祭壇や墓を造るためでもある。

〔グループ〕封・幫(ホウ)(＝幇。靴の両側で、∧の形や∧∧の形に紐を通す部分→両脇から支えて助ける[幫助])・犎(ホウ)(肉が盛り上がった牛、コブウシ)・葑(ホウ)(根茎が盛り上がって球形をなす野菜、カブ)

字源 甲骨文字・古文・籀文では「丰(ホウ)(音・イメージ記号)＋土(限定符号)」を合わせた字。「丰」は「∧形に盛り上がる」というイメージがあり(⇨邦)、土を∧形に盛り上げる情景を設定した図形。篆文ではそれに寸(限定符号)を添えた字体になり、土を盛り上げて領域の境界とすることを表す。楷書では左側が圭に変形した。

(甲)　(金)　(古)　(籀)　(篆)

語義 [展開] 土を盛り上げる意味ⓐ、祭壇を築く意味ⓑ。また、土を

盛り上げて領域の境界とすることから、領土の意味ⓒ、境界の意味ⓓ、領土を与える(封ずる)意味ⓔに展開する。また、境界をつけることから、仕切りをつけて閉じる(封じる)意味ⓕ、閉じられた書類の意味ⓖを派生する。[英]raise a mound; build an altar; territory, fief; border, boundary; grant, confer(a territory); blockade, seal; envelope, package 【熟語】ⓐ封樹・ⓑ封禅・ⓒ封土・封邑・ⓓ封疆・封人・ⓔ封建・冊封・ⓕ封鎖・密封・ⓖ封書・開封

文献 ⓐ易経・繋辞伝下「葬之中野、不封不樹＝之を中野に葬り、封せず樹せず([太古は]死体を野原に葬って、土を盛ることも、木を植えることも無かった)」ⓓ論語・八佾「儀封人請見＝儀の封人見えんことを請ふ(儀[地名]の国境守備官が面会を申し出た)」ⓔ孟子・告子下「太公之封於齊也、亦為方百里也＝太公の斉に封ぜらるるや、亦た方百里と為すなり(太公望が斉の領主になった際も、たった百里四方の領土だった)」

【風】 9(風・0) 常 常用音訓 フウ・フ かぜ・かざ

語音 *puəm(上古) piuŋ(中古→呉フ・フウ・漢ホウ) fēng(中) 풍(韓)

語源 【コアイメージ】㋐擬音語・㋑広く覆う。【実現される意味】かぜⓐ。[英]wind

【解説】白虎通義・八風篇では「風の言為るは萌なり」とある。風は生物を生み出す原動力といった思想に基づく。釈名・釈天では「風は氾なり。其の気博氾(四方に広がる)して物を動かすなり。…風は放なり。気、放散するなり」とあり、放散して万物に影響を与える気といった語源説である。その後見るべき語源説はない。最近では、藤堂明保はpl~という複声母を想定し、「ブルブルとふるえる」という基本義があるとした(藤堂①)。筆者は殷代以来の凡という記号がコアイメージの源泉と考える。これは「広く覆う」というコアイメージをもつ。発動すると下界の物を満遍なく覆う大気の流れというイメージの語が風である。風は万物を覆って刺激を与えるという考えから、生物のレベルでは、牡と牝を刺激して発情させる意味、人間のレベルでは、上に立つ者が民衆を感化するという意味が生まれる。また、男女が互いに求める恋の歌を風といい、詩経のジャンルの一つとなっている。字源については近代の文字学者(王国維・羅振玉ら)が甲骨文字の鳳と風が同一字として以来、これがほぼ定説になっている。日本語の「かぜ」にまつわるイメージとしては、「奈良以前には、風は生命のもとと考えられ、風にあたると受胎すると思われていた。転じて、風が吹くと恋人が訪れて来るという俗信があった」。また、かぜという語の転義としては、「それとなく伝わること」「しきたり(風習)」「風によって起こると考えられる病気や害」の意味に展開するという(以上、大野①②)。日本語の「かぜ」と漢語の風にはイメージ的に共通するものが多い。英語のwindは印欧祖語の*wē-(吹く)に淵源があるらしい(下宮①)。漢語の風に吹く意味があるのと似ている。意味展開は両者でかなり違いがあるが、共通する部分もある。windは息、管楽器、ガス、影響力・傾向・流行、ちょっとした情報・無駄話などに展開するが(小島①)、このうち、影響力は風のⓔ、ちょっとした情報は風のⓒと近い。

【グループ】風・楓・鳳・諷(それとなく刺激する、あてこする[諷刺])・瘋(外気の変動によって起こる頭痛、また、神経系の病気[瘋癲])

字源 甲骨文字では大鳥の形、または、それに「凡」を添えた図形(鳳)によって「かぜ」を表象した。その後、「凡(音・イメージ記号)＋虫(限定符号)」を合わせた「風」の字体に変わった。「凡」は船の帆を描いた図形。「凡(*bïăm)」は近似音によってかぜの音を写す擬音語であるだけでなく、帆の形態から「広く覆う」というイメージを作り出した記号でもある(⇩凡)。殷代では広く覆いかぶさる大鳥の翼のはばたきからかぜを連想したらしい。鳥が虫に変わったのは、かぜが動物に影響を与えるとする生物風化の思想と関係がある。

(甲)　(古)　(篆)

語義　[展開]　かぜの意味ⓐから、かぜが吹く意味ⓑ、かぜのたより、うわさの意味ⓒ、人体を刺激し病気をもたらすもの、また、病気の意味ⓓ、発情する(さかりがつく)意味ⓔ、影響を与える(感化する)、また、影響されて形成される教えや習わしの意味ⓕ、何となく心を動かされる様子や趣の意味ⓖ、何となく相手を刺激する意味ⓗに展開する。[英]wind; blow; rumor; disease; go into rut; influence, manner, custom; atmosphere, scene; satirize　[熟語]　ⓐ風力・春風・ⓒ風評・風聞・ⓓ風邪・痛風・ⓔ風馬牛・ⓕ風習・風俗・ⓖ風雅・気風・ⓗ風刺(=諷刺)・風諭(=諷諭)

文献　ⓐ詩経・蘀兮「蘀兮蘀兮、風其吹女=蘀(タク)よ蘀よ、風其れ女(なんじ)[=汝]を吹く(落ち葉よ、落ち葉よ、風がお前を吹きつける)」ⓑ論語・先進「風乎舞雩=舞雩に風す(雨乞い祭りの壇上で春風に吹かれる)」ⓓ書経・費誓「馬牛其風、臣妾逋逃、勿敢越逐=馬牛其れ風(フウ)し、臣妾逋逃す、敢へて越逐する勿れ(馬と牛にさかりがつくと、男と女が駆け落ちした、追ってはならぬ)」ⓕ孟子・万章下「聞伯夷之風者頑夫廉=伯夷の風を聞く者は頑夫も廉なり(伯夷の教えを聞けば、頑固な男も潔くなる)」

【楓】13(木・9)　人　｜　音フウ　訓かえで

語音　*pıuəm(上古)　pıuŋ(中古→呉フ・フウ・漢ホウ)　fēng(中)　풍(韓)

語源　[コアイメージ]　かぜ。[実現される意味]　木の名、フウⓐ。[英]Chinese sweet gum

〔解説〕フウ(漢名、楓香)という木の名であるが、中国側の文献に紅葉するという記事があるので、日本では誤ってカエデに当てる。語源について王引之は「楓の言は風なり」(経義述聞)という。枝が弱く風が吹くと葉が揺らぐ(あるいは鳴る)ので楓と名づけられた。

字源　「風(フウ)(音・イメージ記号)+木(限定符号)」を合わせた字。

語義　[展開]　マンサク科の木、フウの意味ⓐ。日本ではカエデの意味ⓑに用いる。[英]Chinese sweet gum; maple　[熟語]　ⓐ楓樹・丹楓・ⓑ観楓

文献　ⓐ山海経・大荒南経「有木生山上、名曰楓木、楓木蚩尤所棄、其桎梏是爲楓木=木有り、山上に生ず、名を楓木と曰ふ。楓木は蚩尤(シユウ)の棄つる所、其の桎梏(シッコク)是れ楓木と為る(その山の上に楓という木が生えている。楓木は蚩尤[中国神話の神の名]が棄てた足かせが変化したものである)」

ふく

【伏】6(人・4)　常　｜　常用音訓　フク　ふせる・ふす

語音　*bıuək(上古)　bıuk(中古→呉ブク・漢フク)　fú(中)　복(韓)

語源　[コアイメージ]　ぴったりくっつく。[実現される意味]　寄り添い従うⓐ。[英]submit, surrender

〔解説〕王力は伏と服を同源とし、ひれふす意味があるとする(王力①)。これは表層レベルの語源説。深層レベルを探究したのは藤堂明保である。氏は服だけではなく、備・婦・匐・逼・佩・陪・朋なども同源とし、「ぴたりとくっつく」という基本義をもつとする(藤堂①)。*bıuəkは「→|の形にぴったりくっつく」というイメージの語であるが、視点を縦(上下)に変えると、「↓の形に上から下のものにくっつく」というイメージに転化し、上から地面を覆うような姿になる(うつぶせになる)という意味を生じる。この場合は覆ときわめて近い。日本語の「ふす」は「うつむいた状態で、床や地面に接する意」(大野①)で、漢語の伏の展開義と一致する。英語のsubmitはラテン語のsubmittere(下に置く)に由来し、服従させる・服従する、また提出する意味という(下宮①)。

〔グループ〕伏・袱(フク)(物の上に覆いかぶせて包む布[袱紗])・茯(ブク)(松の根元に伏した形に生ずる菌類、ブクリョウタケ[茯苓])・鮲*(純国字。コチ)

字源 「人（イメージ記号）＋犬（限定符号）」を合わせた字。犬が主人に寄り添う場面を設定した図形。この意匠によって、主たるものや本体に寄り添い従うことを表象する。「人」と「犬」を並べただけの舌足らず（情報不足）な図形で、何とでも解釈できるが、*bıək という語の視覚記号化という観点から、右のように解釈する。

（金）　（篆）

語義 ［展開］「ぴったりくっつく」というイメージから、⊤の形に本体のそばに身を寄せてくっつく（寄り添い従う）意味ⓐ、物の陰に身を寄せて隠れる意味ⓑに展開する。また、上から覆いかぶさるように下のものにくっつくというイメージに転じ、地面に体をつける（うつぶせになる）意味ⓒを派生する。［英］submit, surrender; hide; lie on one's face, prostrate ［熟語］ⓐ屈伏・降伏・ⓑ伏兵・潜伏・ⓒ起伏・平伏

文献 ⓐ春秋左氏伝・荘公14「既伏其罪矣＝既に其の罪に伏す（やがて罪に服した）」ⓑ詩経・霊台「麀鹿攸伏＝麀鹿の伏する攸（雄ジカ・雌ジカの隠れる所）」ⓒ詩経・沢陂「寤寐無為、輾転伏枕＝寤寐為すこと無く、輾転して枕に伏す（寝ても覚めてもやるせなく、寝返り打って枕にふせる）」

【服】 8(月・4)　常　常用音訓 フク

語音 *bıuək(上古)　bıuk(中古→呉ブク・漢フク)　fú(中)　복(韓)

語源 ［コアイメージ］ぴったりつける。［実現される意味］身につけるもの（衣服）ⓐ。［英］clothes, dress, garment

〔解説〕藤堂明保は備・婦・服・伏・匐・逼などを同じ単語家族にくくり、「ぴたりとくっつく」という基本義があるとする（藤堂①）。くっつき方は⊤の形に本体のそばに寄ってくっつく、あるいは、→←の形に両側から迫ってくっつくのでもよい。詩経では体の外側にぴったりと寄せてつけるもの（つまり衣服）のほかに、矢をぴったりとつけておく道具（えびら）、轅（ながえ）の両側にぴったりつけて車を引かせる馬という用例がある。このように「ぴったりつける」が*bıuək という語のコアイメージである。図形化は船の装備の場面から発想された。朱駿声は「服の本義は舟の両旁の夾木」というが、これは図形的解釈と見るべきである。英語の clothes は cloth から来ている。cloth は「くっつく」が根源のイメージらしい（下宮①）。漢語の服のコアイメージと同じなのは偶然だろうか。衣服は身につけるものだから、cloth（布）と clothes（衣服）が同源であり、漢語も服（身につけるもの）というのであろう。

〔グループ〕服・箙ﾌｸ（矢をぴったりつけて備えておく「えびら」）・鵩ﾌｸ（夜行性で、昼間は木の陰に身を寄せて隠れる鳥、フクロウ）

字源 「𠬝ﾌｸ（音・イメージ記号）＋舟（限定符号）」を合わせた字。「𠬝」は「卩（ひざまずく人。イメージ記号）＋又（限定符号）」を合わせて、ひざまずく人の背に手をつける情景を設定した図形。これは人を服従させる姿である。ここに「ぴったりつける」というイメージがある。したがって「服」は舟を安定させるために、両脇に添え木をぴったりつける様子を暗示させる。舟と添え木の関係を比喩とする意匠によって、「本体のそばに添える」「ぴったりつける」というイメージを表すことができる。

（甲） 　（金） 　（篆） 　［𠬝］

（金）　（篆）

語義 ［展開］「ぴったりつける」というコアイメージから、体にぴったりと着けるものの意味ⓐ、衣などを身につける意味ⓑ、体内に取り入れる意味ⓒ、物をぴったり取り込んで離さない意味ⓓ、そばにぴったり寄り添い付き従う意味ⓔ、仕事について離れない（従事する）意味ⓕに展開する。［英］clothes, dress(ⓐⓑ), garment; clothe; take; keep; obey; serve

[熟語] ⓐ服装・衣服・ⓑ元服・ⓒ服薬・内服・ⓓ服膺・着服・ⓔ服従・心服・ⓕ服役・服務

文献 ⓐ詩経・有狐「之子無服＝之(こ)の子、服無し(この娘には衣がない)」ⓑ詩経・葛屨「好人服之＝好人之を服す([私の作った衣を]美しい人に着てもらう)」ⓔ論語・子路「上好義、則民莫敢不服＝上、義を好めば、則ち民敢へて服せざるは莫(な)し(お上が正義を好めば、従わない民はいない)」ⓕ論語・為政「有事、弟子服其勞＝事有れば、弟子其の労に服す(仕事があれば、若者が苦労を引き受けて働く)」

【副】 11(刀・9) 常 ｜常用音訓 フク

語音 *p'ıuk(上古) p'ıuk(中古→呉・漢フク) fù(中) 부(韓)

語源 [コアイメージ] ㋐分かれる・㋑くっつく。[実現される意味] 二つに分かれる(裂ける、割れる)ⓐ。[英]cleave, divide

〔解説〕王力は副と駙フ(添え馬)を同源とし、貳(そえる)の意味があるとする(王力①)。藤堂明保は副を北のグループ、不のグループ(否など)、音ウホのグループ(部・倍など)、朋のグループなどと同源とし、「二つに割れる」という基本義があるとする(藤堂①)。これらを概括するコアイメージはないだろうか。実は畐ッにコアイメージの源泉がある。畐は「丸い(ふくれる、いっぱい満ちる)」「二つに分かれる」「(分かれたものが)くっつく」という可逆的(相互転化可能な)三つ組みイメージがある。すべては「丸い」という根源のイメージからの展開なのである(福の項参照)。

字源 「畐フク(音・イメージ記号)＋刀(限定符号)」を合わせた字。「畐」は「いっぱい満ちる」というイメージがあるが(⇩福)、「隙間なくくっつく」というイメージと捉えることもできる。部分に焦点を合わせると、「↓↑の形にくっつく」というイメージと「↑↓の形に分かれる」というイメージが存在しうる。「副」は「↑↓の形に分かれる」というイメージを用い、刀で二つに切り分ける様子を暗示させる。

語義 [展開] 二つに分かれる(裂ける、割れる)が本義ⓐ。「二つに分かれる」と「くっつく」は分かれていると同時にくっついた姿でもあるから、A(本体)から分かれたB(添え物)、すなわち、主たるものにくっついて寄り添うもの(従や控えになるもの)の意味ⓑ、また、二つが寄り添う、ぴったり合う意味ⓒを派生する。[英]cleave, divide; assistant, deputy, vice-; fit [和訓]そう・そえる [熟語]ⓑ副将・正福

文献 ⓐ詩経・生民「先生如達、不坼不副＝先生達の如し、坼タクせず副フクせず(初めて生まれたのは羊のような子、胞衣が破れずのっぺらぼう)」ⓑ戦国策・燕三「令秦武陽爲副＝秦武陽をして副と為らしむ(秦武陽[人名]を添え役とさせた)」ⓒ後漢書・黄瓊伝「盛名之下、其實難副＝盛名の下、其の実は副(そ)ひ難し(輝かしい名は実質と合いにくいものだ)」

【幅】 12(巾・9) 常 ｜常用音訓 フク はば

語音 (1)*pıək(上古) pıək(中古→呉ヒキ・漢ヒョク) bì(中) 핍(韓)
(2)*pıuk(上古) pıuk(中古→呉・漢フク) fú(中) 폭(韓)

語源 [コアイメージ] くっつく。[実現される意味] すねあて・むかばき(脚絆、ゲートルの類)ⓐ。[英]gaiter

字源 「畐フク(音・イメージ記号)＋巾(限定符号)」を合わせた字。「畐」は「くっつく」というイメージがある(⇩副)。「幅」は布を脛にぴったりくっつけて巻いたものを暗示させる。

語義 [展開] すねあて・むかばきの意味ⓐ(1の場合)。すねあてには二尺二寸はばの布をそのまま用いたので、布の広さ、はばという意味ⓑ、また、書画の掛け軸の意味ⓒに転用される(以上は2の場合)。[英]gaiter; width(of cloth), breadth; hanging scroll [熟語]ⓑ幅員・紙幅・ⓒ画幅・三幅対

文献 ⓐ詩経・采菽「邪幅在下＝邪幅下に在り(すねあては股の下にあ

る)」ⓑ詩経・長発「幅隕既長＝幅隕[＝幅員]既に長し(領域の幅と周り[広さ]は長くなった)」

【復】 12(彳・9)　常　｜常用音訓｜フク

語音 (1)*bɪok(上古) bɪuk(中古→㊐ブク・㊒フク) fù(中) 복(韓) (2) *bɪog(上古) bɪəu(中古→㊐ブ・㊒フウ) fù(中) 부(韓)

語源 **[コアイメージ]** 同じ事態が⇅の形に重なる。**[実現される意味]** 同じ道をもどる(かえる)ⓐ。[英]return

〔解説〕 王力は復と報、復と複、覆と伏の三組に分けてそれぞれを同源とした(王力①)。藤堂明保も復・複・報・褒が「ひき返す・かさねる」という基本義、一方では、腹・覆・缶・包・保・阜・宝・孚などが「つつむ・丸くふくれる」という基本義をもつとした(藤堂①)。复のグループを一つのコアイメージに概括することはできないだろうか。それは「同じ事態が⇅の形に重なる」というイメージである。視点を横の軸から縦(上下)の軸に変えると、上から下のものにかぶさってふくれるというイメージに転化する。また、ふくれると、「いっぱい満ちる」というイメージにも転化する。下記のグループにはこれらのイメージのどちらかが含まれている。英語のreturnはラテン語retornāreに由来し、これはre(再び)+tornus(ろくろ)で、ろくろのように回ることから元に戻る意味になったようである(下宮①)。漢語の復がある種の器のイメージを元にして成立したのと不思議に暗合する。returnは復のⓐだけでなくⓑⓔと対応する。また他の対応語にもre-がつく。これは「元に、再び」を表す接頭語という。漢語の復には*bɪokという語のコアイメージの中に⇅のイメージ、つまり「重なる」「再び」というイメージが含まれている。

〔グループ〕 復・腹・複・覆・蝮(フク)(腹のふくれた蛇、マムシ)・鰒(フク)(ふっくらとふくれた貝、アワビ)・鍑(フク)(腹のふくれた釜)・愎(フク)(反発心を起こす、人に逆らう、もとる[剛愎])・馥(フク)(香りがいっぱい満ちる[馥郁])

字源 「复(フク)(音・イメージ記号)+彳(限定符号)」を合わせた字。「复」の甲骨文字は、真ん中がふくれて、上と下が同じ形状をした器の形と、「夊」とを合わせた図形。前者は「同じ物が重なる」「ふくれる」というイメージを示し、後者は足の動作に限定する符号である。この意匠によって、↑の方向に行って、同じ道をもう一度重ねて↓の方向に行く(かえる)様子を暗示させる。「復」はそれに限定符号の「彳」を添えたもので、复と同義である。古典時代になって、同じ事態や物が重なってふくれるというイメージが前面に現れ、畐のグループ(福・富など)との同源意識が生じたため、复の字体が「畐(フク)(音・イメージ記号)+夊(限定符号)」を合わせた形(篆文の字体)に変わった。「畐」にも「ふくれる」というイメージがある。「ふくれる」というイメージは物がたくさん重なった結果と捉えることができるので、「同じ物が重なる」というイメージと連合する。「ふくれる」と「重なる」は可逆的イメージである。藤堂は畐を単なる音符としたが(藤堂②)、筆者は音・イメージ記号と見る。

(甲)　(金)　(篆)　[复]

(金)　(篆)

語義 **[展開]** ↑の方向に行って、同じコースを↓の方向にかえる意味ⓐから、元の状態に戻る意味ⓑ、同じことを重ねて行う(繰り返す)意味ⓒ、返事をする(答える)意味ⓓ、仕返しする意味ⓔに展開する(以上は1の場合)。また、同じことをもう一度(重ねて、再び、また)という意味ⓕを派生する(2の場合)。[英]return(ⓐⓑⓔ); recover, restore; repeat; reply; revenge; repeatedly, again **[和訓]** かえる・かえす・また **[熟語]** ⓐ復路・往復・ⓑ復旧・回復・ⓒ復唱・反復・ⓓ復命・拝復・ⓔ復讐・報復

文献 ⓐ詩経・我行其野「爾不我畜、復我邦家＝爾は我を畜(やしな)はず、

我が邦家に復《えか》らん(あなたは私を愛してくれなかった、故郷の家に帰ります)」 ⓒ論語・先進「南容三復白圭＝南容、白圭を三復す(南容[人名]は白圭の詩を何度も繰り返し読んだ)」 ⓕ論語・述而「久矣、吾不復夢見周公＝久しいかな、吾復《ま》た夢に周公を見ず(久しいなあ、周公の夢を再び見なくなってから)」

【福】 13(示・9) 常 ― 常用音訓 フク

〔福〕 14(示・9) 人 ― 音 フク 訓 さいわい

語音 *piuək(上古) piuk(中古→呉・漢フク) fú(中) 복(韓)

語源 [コアイメージ] 丸くふくれる・いっぱい満ちる。[実現される意味] さいわい・しあわせⓐ。[英]happiness, blessing

〔解説〕 コアイメージの源泉は畐《フク》にある。「丸くふくれる」というコアイメージをもつ語が*piuək であり、その図形化として考案された記号が畐《フク》である。「丸くふくれる」は「いっぱに満ちる」というイメージに展開する。「丸くふくれる」「いっぱいに満ちる」は全体に視点を置いた状態だが、部分に視点を置くと、多くのものが分かれた状態でもあるし、くっついた状態でもある。畐のイメージを論理化すると、「丸くふくれる」のイメージは「○(円形)」のイメージに概括でき、○(未分化の全体性)→◎(分化、二つに割れる)→⦶(分かれたものがくっつく、再統合)というイメージ展開が考えられる。実はこれが漢語の意味論的特徴の一つである。不・否・倍などはこの例。下記のグループにはこれらのイメージがある。しあわせを意味する福は「丸くふくれる」「いっぱい満ちる」というイメージがコアになっている。藤堂は副・幅などの畐を単なる音符としたが(藤堂②)、筆者は音・イメージ記号と見る。英語の happy は happen(予期しないことが偶然起こる)と同根で、偶然の運(幸運)が原義らしい(下宮①など)。漢語では福ではなく幸(僥倖の意)に偶然の意味素がある。

〔グループ〕 福・富・副・幅・逼《ヒョク》(くっつくほど迫る[逼迫])・輻《フク》(↑↓の形にびっしり集まって放射する車輪の「や」、スポーク[輻射])・匐《フク》(腹を地面につけて這う[匍匐])・腷《ヒョク》(心に気が満ちる、胸が詰まる[腷臆《ヒョクオク》])・蝠《フク》(壁や軒などにくっついて止まる動物、コウモリ[蝙蝠])・蔔《フク》(根のふくれた植物、ダイコン[蘿蔔])

字源 「福」が正字。「畐《フク》(音・イメージ記号)＋示(限定符号)」を合わせた字。「畐」は腹のふくれた徳利状の器を描いた図形。外面に視点を置けば「ふくれる」、内面に視点を置けば「いっぱい満ちる」というイメージがある。また、いっぱい満ちるのは液体だが、物の集合と見れば、「物と物が隙間なく↓↑の形にくっつく」、また、「↑↓の形に分かれる」というイメージにも展開する。「福」は神の恩恵が豊かに満ちる様子を暗示させる。この意匠によって、しあわせを表象する。

(甲) (金) (篆) [畐]

(甲) (金) (篆)

〔字体〕 「福」は旧字体。「福」は古くから書道で行われた字体。

語義 [展開] さいわい・しあわせの意味ⓐから、豊かに恵まれている(めでたい)意味ⓑに展開する。[英]happiness, blessing; happy [熟語] ⓐ福祉・幸福・ⓑ福応・福相

文献 ⓐ詩経・賓之初筵「既酔而出、並受其福＝既に酔ひて出づれば、並びに其の福を受く(酒に酔って退出すると、みんなしあわせを授かった)」

【腹】 13(肉・9) 常 ― 常用音訓 フク はら

語音 *piok(上古) piuk(中古→呉・漢フク) fù(中) 복(韓)

語源 [コアイメージ] ふくれる・重なる。[実現される意味] はらⓐ。[英]abdomen, belly

〔解説〕釈名・釈形体に「腹は複なり、富なり。腸胃の属、自らを以て裏(つつ)みて盛ん。復(ま)た外に於いて之を複(かさ)ね、其の中、品多し、富に似たる者なり」と、適切な語源説がある。古代、精神の座は心臓のほかに、肺や腎や腸も想定されたが、それらを包む腹も心の意味をもつようになった。日本語の「はら」も「本心・真情・性根などを宿す所」（大野①）の意味に転じる。

字源 「复(フク)(音・イメージ記号)＋肉(限定符号)」を合わせた字。「复」は「ふくれる」「と「重なる」のイメージがある(⇩復)。「腹」はいくつかの臓器が重なってふっくらとふくれた「はら」を暗示させる。

語義 [展開] はらの意味ⓐから、胸のうちの意味ⓑ、物の中ほどの意味ⓒに展開する。[英]abdomen, belly, stomach; heart; middle [熟語] ⓐ腹腔・空腹・ⓑ腹案・立腹・ⓒ山腹・船腹

文献 ⓐ詩経・兎罝「赳赳武夫、公侯腹心＝赳赳たる武夫、公侯の腹心(勇敢なもののふは、殿様の腹と心臓[親密なもの])」ⓑ管子・七臣七主「暴主迷君、非無心腹也＝暴主迷君、心腹無きに非(あら)ざるなり(横暴な君主も暗愚な君主も、心がないわけではない)」

【複】 14(衣・9) 常 ｜常用音訓｜ フク

語音 *piok(上古) puk(中古→呉・漢フク) fù(中) 복(韓)

語源 [コアイメージ] 重なる。[実現される意味] あわせⓐ。[英]lined garment

字源 「复(フク)(音・イメージ記号)＋衣(限定符号)」を合わせた字。「复」は「重なる」というイメージがある(⇩復)。「複」は表のほかに裏地をつけて二重にした衣(あわせ)を暗示させる。

語義 [展開] 表裏を重ね合わせた衣(あわせ)の意味ⓐから、いくつかのものが幾重にも重なる意味ⓑ、物事が二つ以上ある意味ⓒ、同じことを繰り返す意味ⓓに展開する。[英]lined garment; repeated, redundant, complex, compound; double; repeat [熟語] ⓐ複衣・ⓑ複合・重複・ⓒ複数・単複・ⓓ複写・複製

文献 ⓐ塩鉄論・軽重「夏不失複＝夏に複を失はず(夏にもあわせが手放せない)」

【覆】 18(襾・12) 常 ｜常用音訓｜ フク おおう・くつがえす・くつがえる

語音 (1)*p'iog(上古) p'iəu(中古→呉フ・漢フウ) fù(中) 부(韓) (2)*p'iok(上古) p'iuk(中古→呉・漢フク) fù(中) 복(韓)

語源 [コアイメージ] 同じ事態が⇅の形に重なる。[実現される意味] おおいかぶさるⓐ。[英]cover

〔解説〕复(フク)・復にコアイメージの源泉がある。これは↑の方向に行くものが同じ道をたどって↓の方向にもどることを表す記号で、ここに「同じ事態が⇅の形に重なる」というイメージがある。横の視点を縦(上下)の視点に変えると、「上からかぶさって下のものに重なる」というイメージに展開する。また、↑の方向を変えて↓の方向になることは逆向きになることであるから、「上向きのものが下向きになる」というイメージを表すことができる。これがひっくり返る意味を実現させる。日本語の「おおう(おほふ)」は「一面にすっかりかぶせてしまう意」、「くつがえる(くるがへる)」はひっくり返る意で(大野①)、漢語の覆とほぼ同義。日本語では「おおう」と「くつがえる」は別語であるが、漢語では覆という一語における展開である。

字源 「復(フク)(音・イメージ記号)＋襾(イメージ補助記号)」を合わせた字。「復」は「同じ事態が⇅の形に重なる」というイメージがある(⇩復)。「襾」は蓋をかぶせることを示す符号(⇩価)。したがって「覆」は↑の方向を向いた蓋が↓の方向にかぶさって、ある物の上に重なる様子を暗示させる。

語義 [展開] 上から下のものに∩形におおいかぶさる意味ⓐ(1の場

合)。また、同じ事態が↑の方向から↓の方向になることから、方向が逆になって裏返しになる(ひっくり返る、くつがえる)意味ⓑ、同じことを繰り返す意味ⓒを派生する(以上は2の場合)。日本では1の読みは2の音で代用することが多い。[英]cover; overturn, upset; repeat 【熟語】ⓐ覆面・被覆・ⓑ覆水・顛覆・ⓒ覆刻・覆製

【文献】ⓐ詩経・生民「鳥覆翼之＝鳥、之を覆翼す(鳥が翼でこれ[捨て子]を覆いかぶせた)」ⓑ論語・陽貨「悪利口之覆邦家者＝利口の邦家を覆す者を悪(にく)む(私は国家をひっくり返す口達者なヤツが嫌いだ)」

ふつ

【払】5(手・2) 常 (常用音訓) フツ はらう
〔拂〕8(手・5) 人 (音)フツ・ホツ (訓)はらう

【語音】*p'ıuət(上古) p'ıuət(中古→(呉)ホチ・(漢)フツ・(宋)ホツ) fú(中) 불(韓)

【語源】[コアイメージ] 八の形に(左右に、二つに)分ける。[実現される意味] 左右にはらいのける(はらう)ⓐ。[英]brush off, wipe off

〔解説〕コアイメージの源泉は弗(フツ)にある。これは「八の形に(左右に、二つに)分ける」というイメージを示す記号である。藤堂明保は弗のグループを非のグループ、分のグループ、さらに飛・奔・噴などと同じ単語家族に所属させ、「ふたつに分かれる」という基本義があるとした(藤堂①)。弗はこのイメージを利用して否定詞に用いられる。不・否・非と同様、ある事態を二つに分けるという言語表現でもって、「それとは違う」と拒絶する気分を伝えることが弗である。ある領域から物をはらいのける行為が払である。日本語の「はらう(はらふ)」はハラス(晴)のハラと同根で、「いらないものをすっかり捨て去るように、振ったり、ゆすったりする意」という(大野①)。

〔グループ〕払・仏・沸・費・怫(フツ)(怒りが心からわき出る[怫然])・艴(フツ)(怒りが顔色に現れ出る[艴然])・狒(ヒ)(長い髪を左右に分けて垂らす獣、ヒヒ[狒狒])・髴(フツ)(＝彿。姿が分散してよく見えないさま[髣髴]) 梻*(純国字。シキミ)・鮄(半国字。ホウボウ[魴鮄])

【字源】「拂」が正字。「弗(フツ)(音・イメージ記号)＋手(限定符号)」を合わせた字。「弗」は「弓(絡みつく蔓の形)＋八(左右に分ける符号)」を合わせて、絡んだものを左右にはらい分ける情景を設定した図形。この意匠によって、「八の形に分ける」というイメージを表すことができる。「拂」は手で左右にはらいのける様子を暗示させる。

(甲) (金) (篆) [弗] (篆)

〔字体〕「拂」は旧字体。「払」は佛→仏に倣った常用漢字の字体。

【語義】[展開]「八の形に分ける」というコアイメージから、左右にはらいのける意味ⓐ、八の形に反対方向に分かれる(逆らう、背く)意味ⓑ、表面を(へ)形にさっとかすめる意味ⓒに展開する。すっかりなくなる意味ⓓ、代金を支払うⓔは日本的用法。[英]brush off, wipe off; go against, be contrary to; stroke; run out; pay 【熟語】ⓐ払拭・払子(ホッス)・ⓓ払底

【文献】ⓐ礼記・曲礼「進几杖者拂之＝几杖を進むる者は之を払ふ([貴人に]ひじかけやつえを差し出す場合はまず塵を払うものだ)」ⓑ詩経・皇矣「四方以無拂＝四方以て払(もと)るもの無し(四方の国はもはや逆らうものはいない)」

【沸】8(水・5) 常 (常用音訓) フツ わく・わかす

【語音】(1)*pıuər(上古) pıuəi(中古→(呉)・(漢)ヒ) fèi(中) 비(韓) (2)*p'ıuət(上古) p'ıuət(中古→(呉)ホチ・(漢)フツ) fú(中) 불(韓)

【語源】[コアイメージ] 八の形に(左右に、二つに)分かれる。[実現され

る意味］水が湧き出るⓐ。[英]gush forth

〔解説〕日本語の「わく」は「熱せられて、金属が溶解したり液体が煮え立つのが原義」という(大野②)。漢語の沸は泉や川の水が湧き上がることで、その転義が「わく」と同じ。

[字源]「弗(フツ)(音・イメージ記号)＋水(限定符号)」を合わせた字。「弗」は「↙↘の形に分かれる」というイメージがあり、視点を変えると、「左右に↰↱の形に分かれ出る」というイメージに展開する(⇩払)。「沸」は水が↰↱の形に分かれ出る様子を暗示させる。この意匠によって、水が湧き出ることを表象する。

[語義]［展開］水が湧き出る意味ⓐから、水が熱せられて煮え立つ意味ⓑに展開する(以上は1の場合)。また、水が湧き上がる音や、その様子の形容語ⓒに用いる(2の場合)。日本では1の場合も2の音で読む。[英]gush forth; boil; bubbling up ［熟語］ⓑ沸騰・煮沸・ⓒ沸乎

[文献]ⓐ詩経・采菽「觱沸檻泉、言采其芹＝觱沸(ヒツフツ)たる檻泉、言(ここ)に其の芹を采る(湧き出る泉のほとり、セリの葉を摘み取る)」ⓑ詩経・蕩「如沸如羹＝沸くが如く、羹(あつもの)の如し([民衆のあえぎは]水が沸くかのよう、あつものが煮えるかのよう)」ⓒ司馬相如・上林賦「沸乎暴怒＝沸乎として暴怒す(水はふつふつと怒り狂う)」(文選8)

ぶつ

【仏】4(人・2) [常] [常用音訓]ブツ ほとけ

〔佛〕7(人・5) [人] [音]ブツ・フツ [訓]ほとけ

[語音]*bɪuət(上古) bɪuət(中古→[呉]ブツ・ブチ・[漢]フツ) fú・fó(中) 불(韓)

[語源]［コアイメージ］㋐↗↖の形に支える・㋑分散する。［実現される意味］輔佐するⓐ。[英]assist

〔解説〕ほとけに使う以前に、古典に存在した字である。詩経では弼(ヒツ)(輔佐する)の意味で使われている。その後、仿仏(ホウフツ)(＝彷彿・髣髴)という二音節語に用いられた。後漢の頃、中国に仏教が伝わり、梵語のBuddha(覚者の意)が浮屠・浮図などと音写されたが、三国時代以後に仏陀に変わった。仏はその略称。和訓の「ほとけ」のホトは浮屠・浮図、ケは形の意味で、Buddha(ブッダ)の形(仏像)の意味という(大野②)。

[字源]「佛」が正字。「弗(フツ)(音・イメージ記号)＋人(限定符号)」を合わせた字。「弗」は「↙↘の形に分かれる」というイメージがあり(⇩払)、「↰↱の形に分かれ出る」「↗↖の形に両側で支える」というイメージに展開する。「佛」は両側から↗↖の形に支えて助けることを表す。また、「↙↘の形に払い分ける」というイメージから「↙↘の形に分散する」というイメージに展開する(⇩費)。「佛」は人の姿が分散してよく見えない様子を暗示させる。

〔字体〕「仏」は近世中国で発生した「佛」の俗字。現代中国では正字を用いる。

[語義]［展開］支えて助けるが本義ⓐ。また、姿がぼんやりと浮かぶ様子の意味ⓑ。普通は、音写字として、ほとけの意味ⓒに用いる。日本ではフランスの当て字ⓓとする。[英]assist; indistinct, faint; Buddha; France ［熟語］ⓑ仿仏(ホウフツ)・ⓒ仏教・成仏・ⓓ仏文・日仏

[文献]ⓐ詩経・敬之「佛時仔肩＝時(とき)の仔肩(シケン)を仏(たす)けよ(負担を軽くするよう助けなさい)」ⓒ後漢書・西域伝「西方有神、名曰佛＝西方に神有り、名づけて仏と曰ふ(西の国に仏という名の神がいる)」

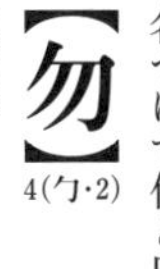

【勿】4(勹・2) [人] [音]ブツ・モチ [訓]ない・なかれ

[語音]*mɪuət(上古) mɪuət(中古→[呉]モチ・[漢]ブツ) wù(中) 물(韓)

[語源]［コアイメージ］はっきり見えない。［実現される意味］ないⓐ。

[英]not

〈解説〉勿は否定詞である。否定詞の成り立ちには二つのパターンがある。「二つに分ける」というコアイメージから「それとは反する、違う」といって否定する場合が一つ。不・否・非・弗などがこの例。もう一つは「見えない」というコアイメージから存在・行為を打ち消してしまう場合。無・未・莫・亡・罔・毋・没・蔑・微・靡などはこの例。勿は「はっきり見えない」というコアイメージをもち、後者と同例である。

〈グループ〉勿・物・吻・忽・惚・歾(この世から見えなくなる→死ぬ)・刎(首をはねて死ぬ)・昒(暗くて見えない)・笏(拝謁の際、命令などを忘れないようにメモするための、手に持つ板)

字源 いろいろな色の布を綴り合わせて吹き流しとした旗を描いた図形。雑多でこれといった特徴がないので、「目立たない」→「はっきり見えない」→「ない」とイメージが転化し、否定や禁止のことばに用いられる。字源については犂(すき)の形、笏の形などの説があるが、雑帛の旗の形とする説(説文解字など)が比較的妥当。

(甲) (金) (篆)

語義 打ち消しのことば(「ない」と読む)ⓐ、また、禁止のことば(「なかれ」と読む)ⓑに展開する。[英]not; don't [熟語] ⓐ勿論

文献 ⓐ詩経・園有桃「蓋亦勿思＝蓋し亦た思ふこと勿からん(もう[彼のことを]思うまい)」ⓑ詩経・甘棠「蔽芾甘棠、勿翦勿敗＝蔽芾たる甘棠、翦る勿れ敗る勿れ(こんもり陰なすマメナシの木、葉を切るな、枝をこわすな)」

【物】8(牛・4) 常 常用音訓 ブツ・モツ もの

語音 *mıuət(上古) mıuət(中古→呉モチ・モツ・漢ブツ) wù(中) 물(韓)

語源 [コアイメージ] 入り混じって目立たない・はっきり見えない。[実現される意味] 雑多な毛の色ⓐ。[英]color of cattle's fur

〈解説〉日本語の「もの」は「変えることができない、不可変のこと」が基本的意味で、これから運命、世間の習慣、儀式、存在する物体の意味に展開したという(大野②)。漢語の物は「目立たない」「はっきり見えない」というコアイメージから展開した語で、これといって特徴のないものごと、個別的なものではなく、一般的なものごとをいう。具体的には牛などの純色ではなく、いろいろの毛の入り混じった色を物といい、また、一色ではなくさまざまの色の帛(絹)を使った旗を物といった。そこから生物、器物、事物等々、感知しうる限りの種々雑多な存在を物という。玉篇に「凡そ天地の間に生ず、皆物と謂ふなり」とある。

字源 「勿(音・イメージ記号)＋牛(限定符号)」を合わせた字。「勿」は雑多なものが入り混じって、目立たずはっきりしないというイメージがある(⇩勿)。「物」は雑多に混じった牛の毛の色を暗示させる。

語義 [展開] 純色ではなく雑多な毛の色の意味ⓐから、目立った特徴のないもの→特定のものではなくさまざまなものごとの意味ⓑ、一般の人々(世間)の意味ⓒに展開する。また、「見えない」というコアイメージから、この世から見えなくなる(死ぬ)意味ⓓを派生する。[英]color of cattle's fur; thing, object; people, world; die [熟語] ⓐ物色・ⓑ物品・事物・ⓒ物議・物情・ⓓ物故

文献 ⓐ詩経・無羊「三十維物＝三十なり維れ物(牛の毛の色が三十種類)」ⓑ詩経・魚麗「物其多矣、維其嘉矣＝物其れ多し、維れ其れ嘉よし(物は多いよ、けっこうなものよ)」

ふん

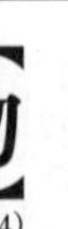

【吻】7(口・4) 人 音フン 訓くちびる

語音 *mıuən(上古) mıuən(中古→呉モン・漢ブン・慣フン) wěn(中) 문(韓)

語源 [コアイメージ] よく見えない。[実現される意味] くちびるⓐ。[英]lip

字源 「勿ブツ(音・イメージ記号)+口(限定符号)」を合わせた字。「勿」は「よく見えない」というイメージがある(⇩勿)。「吻」は口を覆い隠して見えなくする部分(くちびる)を暗示させる。

語義 くちびるの意味ⓐ。[熟語] ⓐ口吻・接吻

文献 ⓐ墨子・尚同「使人之吻、助己言談=人の吻を使ひ、己の言談を助けしむ(他人の口を使って、自分の話を助けさせる)」

【粉】10(米・4) 常 ― 常用音訓 フン こ・こな

語音 *pıuən(上古) pıuən(中古→呉・漢フン) fěn(中) 분(韓)

語源 [コアイメージ] 二つに分ける。[実現される意味] 穀物などを細かく砕いたもの(こな)ⓐ。[英]powder

〔解説〕 釈名・釈首飾に「粉は分なり。米を研ぎて分散せしむるなり」と、正当に語源を説く。日本語の「こ」は砕けて細かくなったものの意。こなす(熟)は「粉になす」が原義という(大野①)。

字源 「分ブン(音・イメージ記号)+米(限定符号)」を合わせた字。「分」は「二つに(八の形に)分ける」というイメージがあり、「分散する」「細かく(小さく)分ける」というイメージに展開する(⇩分)。「粉」は米を分けて小さい粒状になったものを暗示させる。

語義 [展開] こなの意味ⓐから、化粧用のこな(おしろい)の意味ⓑ、細かく砕く意味ⓒを派生する。[英]powder(ⓐⓑ); smash, crush [熟語] ⓐ粉末・花粉・ⓑ脂粉・白粉・ⓒ粉骨砕身・粉砕

文献 ⓐ書経・益稷「藻火粉米=藻・火・粉米([礼服には]水草と火と白米の文様)」ⓑ戦国策・楚三「彼鄭周之女、粉白墨黒=彼の鄭・周の女は、粉白く墨黒し(あの鄭や周の女は、おしろいは白く、まゆずみは黒い)」

【紛】10(糸・4) 常 ― 常用音訓 フン まぎれる・まぎらす・まぎらわす・まぎらわしい

語音 *p'ıuən(上古) p'ıuən(中古→呉・漢フン) fēn(中) 분(韓)

語源 [コアイメージ] 二つに分かれる。[実現される意味] ごたごたと入り乱れるⓐ。[英]mix in confusion, tangle

〔解説〕 紛は「八の形に分かれる」「細かく分かれて分散する」というコアイメージから、まとまっていたものが分散して入り乱れる状態をいう。日本語の「まぎれる(まぎる)」はマ(目)+キル(キラキラ、キララと同根で、目がちかちかする意)で、「まぶしくて目がくらみ、物の形がよく識別できなくなることが原義」という(大野②)。漢語の紛はごたごたと入り乱れる意味で、「見分けがつかない」というイメージは含まれているが、具体的文脈でこの意味では使われない。

字源 「分ブン(音・イメージ記号)+糸(限定符号)」を合わせた字。「分」は「二つに(八の形に)分ける」というイメージがあり、「分散する」「細かく(小さく)分ける」というイメージに展開する(⇩分)。「紛」は糸の束が分散し、小さいものが入り乱れる様子を暗示させる。

語義 [展開] ごたごたと入り乱れる意味ⓐから、争いなどで秩序のない(ごたごたした)状態の意味ⓑに展開する。他のものとの見分けがつかなくなる(まぎれる)意味ⓒや、本物と偽物の区別がつかない(まがう)意味ⓓは日本的用法。[英]mix in confusion, tangle; confusion, disorder; get mixed; be mistaken [和訓]まがう [熟語] ⓐ紛糾・紛失・ⓑ紛争・内紛

文献 ⓐ老子・四章「挫其鋭、解其紛=其の鋭を挫き、其の紛を解く(鋭いものはへし折り、もつれたものは解きほぐす)」

【焚】12(火・8) 人 ― 音フン 訓やく・たく

語音 *bɪuən(上古) bɪuən(中古→呉ブン・漢フン) fén(中) 분(韓)

語源 [コアイメージ] 二つに分かれる。[実現される意味] 焼く・燃やすⓐ。[英]burn

〔解説〕王力は焚と燔が同源で、焼く意味があるとする(王力②)。藤堂明保は非・弗・分の各グループのほか、飛・奔・噴・勃とも同源とし、「ふたつに分かれる」という基本義をもつとする(藤堂①)。特に噴(吹き上げる)と近い。「二つに(ハの形に)分かれる」というイメージは「両側に分かれて中からぱっと上がる」というイメージに転化する。炎を上げて燃やす(焼く)ことが焚である。

字源 樊が本字(篆文の字体)。「棥ハ(音・イメージ記号)＋火(限定記号)」を合わせた字。「棥」は「林(木を並べた形)＋爻(交差する印)」を合わせて、木の枝をハ形にそらせて絡める様子を暗示し、樊ハ(生け垣、まがき)の原字。「ハ形に分かれる」というイメージを示す記号になる。かくて「樊」は火がハの形に炎を上げて燃える様子を暗示させる。隷書では、「林(イメージ記号)＋火(限定符号)」を合わせた字体に変わった。多くの木を焼く情景を設定した図形。

(篆)

語義 火を吹き上げて燃やす意味ⓐ。[熟語] ⓐ焚刑・焚書

文献 ⓐ詩経・雲漢「旱魃爲虐、如惔如焚＝旱魃(カンバツ)虐を為し、惔(や)くが如く焚くが如し(日照りの神は虐げて、火をたいて燃やすよう)」

【雰】 12(雨・4) 常 常用音訓 フン

語音 *p'ɪuən(上古) p'ɪuən(中古→呉・漢フン) fēn(中) 분(韓)

語源 [コアイメージ] 二つに分かれる。[実現される意味] 雨と雪が入り乱れて飛ぶさまⓐ。[英]mixed(rain and snow)

字源 「分ブ(音・イメージ記号)＋雨(限定符号)」を合わせた字。「分」は「二つに(ハの形やハの形に)分かれる」というイメージがあり、「分散する」「細かく(小さく)分ける」というイメージに展開する(⇩分)。「雰」は雨や雪が細かく分かれて飛び散る様子を暗示させる。

語義 [展開] 雨と雪が入り乱れて飛ぶさまの意味ⓐ。また、分散してたちこめるもや・霧の意味ⓑを派生する。近代日本では英語の atmosphere の訳語として雰囲気と書いた。[英]mixed(rain and snow); mist, fog [熟語] ⓐ雰雰・ⓑ霧雰

文献 ⓐ詩経・信南山「雨雪雰雰＝雨雪雰雰たり(雨と雪が乱れ飛ぶ)」

【噴】 15(口・12) 常 常用音訓 フン ふく

語音 *p'uən(上古) p'uən(中古→呉・漢ホン・[慣]フン) pēn(中) 분(韓)

語源 [コアイメージ] ㋐中身が詰まる・㋑勢いよく飛び出る。[実現される意味] ぷっと勢いよくふき出すⓐ。[英]spout, spurt, jet, spray

〔解説〕賁フにコアイメージの源泉がある。これは「中身が詰まる」「丸くふくれる」というイメージを示す記号である。中身が詰まった状態が極限に達すると、はじけて(あるいは、二つに分かれて)飛び出そうとする。したがって「中身が詰まる」は「勢いよく飛び出す」というイメージに転化する。下記のグループはこれらのイメージを共有する。また*p'uən という語は奔・焚・忿などと同源である。日本語の「ふく」は口をすぼめて息を吐く意。また、風の起こる意」で、ここから「地中から蒸気や水が勢いよく出る意」に転義する(大野①②)。展開義は漢語の噴とほぼ同じになる。英語の spout は擬音語根*spūt- に由来するらしい。唾を吐く意の spit も同源という(下宮①)。漢語の噴*p'uən も「勢いよく飛び出る」というコアイメージをもつ一方、プッ、ペッという擬音語的要素も感じられる。

〔グループ〕噴・墳・憤・賁フン・ホ(ふくれて大きい)・賁フ(果実が実ってはち切

れそうにふくらむさま)・濆フン(土の盛り上がった岸辺)・僨フン(勢いよく前のめりになる→たおれる)・鱝フン(水面に飛び出す習性のある魚、エイ、トビエイ)・蕡フン(腹のふくれた大太鼓、陣太鼓)

字源 「賁フン(音・イメージ記号)＋口(限定符号)」を合わせた字。「卉(＝屮屮)」は「屮(くさ)」を三つ重ねた形で、草木がこんもりと群がり生える様子を暗示させる。「下から上の方に↑の形に(あるいは∩の形に)盛り上がる」というイメージを示す記号になる(実現される意味は花卉キの卉[くさ])。「卉(イメージ記号)＋貝(限定符号)」を合わせた「賁」は、↑の形に中身が飛び出しそうにふくれた貝、あるいは、∩の形に殻が盛り上がった貝を暗示させる。この意匠によって、「丸くふくれる」「中身が詰まる」「中身が詰まって盛り上がる(飛び出しそうになる)」というイメージを表すことができる。かくて「噴」は詰まった中身がはけ口を求めて一気にふき出す様子を暗示させる。

(篆) [賁] (篆)

〈字体〉「賁」の「卄」の部分は本来は「卄」であったが、古くから卉と書かれることが多い。「賁」に従う他の常用漢字もこれに倣う。

語義 ぷっと勢いよくふき出す意味ⓐ。[熟語]ⓐ噴火・噴射

文献 ⓐ荘子・秋水「子不見夫唾者乎、噴則大者如珠、小者如霧＝子は夫かの唾なる者を見ずや、噴けば則ち大なる者は珠の如く、小なる者は霧の如し(君は唾を見たことはないかね。唾を吐けば、大きいものは真珠のようで、小さいものは霧のようだ)」

【墳】15(土・12) 常 常用音訓 フン

語音 *bɪuən(上古) bɪuən(中古→呉ブン・漢フン) fén(中) 분(韓)

語源 [コアイメージ] 丸くふくれる・中身が詰まる。[実現される意味] 土を∩形に高く盛り上げた所(堤、丘)ⓐ。[英]raised bank

字源 「賁フン(音・イメージ記号)＋土(限定符号)」を合わせた字。「賁」は「中身が詰まる」「(∩の形に)盛り上がる」というイメージがある(⇨噴)。「墳」は中身が詰まって丸く盛り上がった土を暗示させる。

語義 [展開] 土を∩形に高く盛り上げた堤・丘の意味ⓐから、∩形をした土饅頭(はか)の意味ⓑ、また、高く盛り上がる意味ⓒに展開する。[英]raised bank; mound, tumulus, grave; heap up, raise [熟語]ⓐ墳丘・丘墳・ⓑ墳墓・古墳・ⓒ墳起

文献 ⓐ詩経・汝墳「遵彼汝墳、伐其條枚＝彼の汝墳に遵ひ、其の条枚を伐る(汝の川の堤に沿うて、細枝と太枝を切る)」ⓑ呂氏春秋・首時「鞭荊平之墳三百＝荊平の墳を鞭うつこと三百([伍子胥は]楚の平王の墓を三百回むちでたたいた)」ⓒ楚辞・天問「何以墳之＝何を以て之を墳する(大地は何でもって高く盛り上げたのだろうか)」

【憤】15(心・12) 常 常用音訓 フン いきどおる

語音 *bɪuən(上古) bɪuən(中古→呉ブン・漢フン) fén(中) 분(韓)

語源 [コアイメージ] ㋐中身が詰まる・㋑勢いよく飛び出る。[実現される意味] 怒りや恨みが心にいっぱい詰まるⓐ。[英]full of annoyance

〈解説〉王力は忿・憤・悶・煩・満・懣を同源の語とする(王力①)。憤には怒りなどの感情がはけ口がないほどいっぱい詰まる意味と、怒りなどの感情がはけ口を求めて奮い立つという二つの意味がある。これはコアイメージを提供する賁の二つの位相による。賁は「丸くふくれる」「中身が詰まる」というイメージがあり、中身が詰まった状態が限界に達すると、はけ口を求めて盛り上がり、飛び出ようとする。このように賁は二つのイメージをもつ。日本語の「いきどおる(いきどほる)」はイキダハシ(呼吸が困難だ)の母音交替形で、息がつまる意で、そこから、腹を立てる意に転じたという(大野②)。この展開義は漢語の憤ⓐにほぼ同じ。

字源 「賁フン(音・イメージ記号)＋心(限定符号)」を合わせた字。「賁」は

「中身が詰まる」と「勢いよく飛び出す」というイメージがある(⇩噴)。「憤」はある感情(怒りや恨み)が心中にいっぱい詰まること、また、いっぱい詰まった感情がはけ口を求めて今にもふき出そうとする様子を暗示させる。

語義 [展開] 怒りや恨みが心にいっぱい詰まる(いきどおる、いきどおり)の意味ⓐから、いっぱい詰まった感情がはけ口を求めて出ようとする(いきり立つ)意味ⓑに展開する。[英]full of annoyance, indignation, anger, resentment; full of dissatisfied eagerness [熟語] ⓐ憤慨・義憤・発憤

文献 ⓐ楚辞・九章・惜誦「發憤以抒情＝憤を発して以て情を抒ぶ(怒りを発して思いを述べる)」ⓑ論語・述而「不憤不啓＝憤せずんば啓せず(突破口を求めて奮い立とうとするくらいでないと教えてやらない)」

【奮】16(大・13)　常　常用音訓 フン　ふるう

語音 *pɪuən(上古)　pɪuən(中古→呉・漢フン)　fèn(中)　분(韓)

語源 [コアイメージ] 勢いよく飛び出す。[実現される意味] 鳥が力をこめて勢いよく飛び立つⓐ。[英]spread the wings, fly up

〔解説〕*pɪuən という語は憤・奔と同源で、「勢いよく飛び出す」というイメージがある。日本語の「ふるう(ふるふ)」は「物が自分の持つ生命力・活力を発揮して震動するのが原義」という(大野①)。これが震えるように勇み立つ(ふるい立つ)という意味に転義する。「ふるふ」と漢語の奮は、原義は互いに違うが展開義では一致する。

字源 「奞(イメージ記号)+田(限定符号)」を合わせた字。または「大(イメージ記号)+田(イメージ補助記号)+隹(限定符号)」と解析してもよい。「奞」は鳥が大きくはばたこうとする姿を設定した図形(⇩奪)。「奮」は鳥が翼を大きく広げて、地上からぱっとはばたく情景を設定した図形。図形にコアイメージは反映されていない。

(金)　(篆)

語義 [展開] 鳥が力をこめて勢いよく飛び立つ意味ⓐから、力をこめて勇み立つ(ふるい立つ)意味ⓑ、力をこめて勢いよく発する意味ⓒに展開する。[英]spread the wings, fly up; rouse, muster; rush [熟語] ⓐ奮飛・ⓑ奮起・興奮・ⓒ獅子奮迅

文献 ⓐ詩経・柏舟「不能奮飛＝奮飛すること能はず(鳥のように飛び立てないのが恨めしい)」ⓑ詩経・常武「王奮厥武、如震如怒＝王厥その武を奮ふこと、震ふが如く怒るが如し(王が武勇をふるう様は、雷がびりびり震わすよう、たけり狂うよう)」

ぶん

【分】4(刀・2)　常　常用音訓 ブン・フン・ブ　わける・わかれる・わかる・わかつ

語音 (1)*pɪuən(上古)　pɪuən(中古→呉・漢フン)　fēn(中)　분(韓)　(2)*bɪuən(上古)　bɪuən(中古→呉ブン・漢フン)　fèn(中)　분(韓)

語源 [コアイメージ] 八の形に(左右に、二つに)分ける。[実現される意味] 二つに分け離すⓐ。[英]divide, separate

〔解説〕王力は分・半・片・別・辨(＝弁)を同源とする(王力①)。藤堂明保は非・弗・分の各グループ、および焚・飛・奔・噴などを同じ単語家族にくくり、「ふたつに分かれる」という基本義があるとする(藤堂①)。分はコアイメージがそのまま具体的文脈で実現される。日本語の「わける(わく)」は「一体であるものに筋目を入れて二つまたはそれ以上に離す意」という(大野①)。漢語の分と全く同じである。見分ける意味に転義するのも両者に共通する。英語の divide、distinguish などの di-、dis- は「分ける、切り離す」の意を表す接頭語という(下宮①)。漢語の分はコアイメージの中に「二つに分ける」が含まれている。これらの英語は接頭

語という付け足しによって意味が明確化されるが、漢語では語のコアイメージによって意味がまるごと実現される。

〔グループ〕分・粉・紛・雰・貧・頒・盆・氛フン(分散する気体→蒸気・もや[氛霧])・忿フン(感情が発散する→怒る[忿怒])・芬フン(香りが発散する[芬芳])・枌フン(樹皮が二つに裂けて割れ目のできる木、ニレ)・鼢フン(=蚡。土を掻き分けてトンネルを掘るネズミ、モグラネズミ)

字源 「八ハツ(音・イメージ記号)+刀(限定符号)」を合わせた字。「八」は「二つに(八の形に、)(の形または、←→の形に)分かれる」というイメージがある(⇩八)。「分」は刀で二つにわけ離す場面を設定した図形。刀は意味素に入らない。

(甲)　(金)　(篆)

語義 [展開] 二つに分け離す(別々にする、わける)意味ⓐから、どちらかにはっきりと分ける(見分ける、区別がわかる)意味ⓑ、本体から分けて与える意味ⓒ、区別・区切り・けじめという意味ⓓ、時間や割合などの単位ⓔに展開する(以上は1の場合)。また、全体をいくつかに分けたもの(ある範囲だけの数量・程度・状態)の意味ⓕ、各人に分け与えられたもの(職責・身分・本分)という意味ⓖを派生する(以上は2の場合)。[英]divide(ⓐⓒ), separate; distinguish, differentiate; distribute; division, partition; minute; part, section, portion; duty [熟語] ⓐ分離・両分・ⓑ分別・分明・ⓒ分譲・分配・ⓓ区分・部分・ⓔ分秒・寸分・ⓕ成分・養分・ⓖ職分・天分

文献 ⓐ孫子・謀攻「用兵之法…倍則分之=用兵の法…倍なれば則ち之を分かつ(戦法では、味方の数が敵の二倍ならば、軍を二つに分けて戦う)」ⓑ論語・微子「四體不勤、五穀不分=四体勤めず、五穀分かたず(肉体労働をせず、五穀の区別もご存じない)」ⓒ孟子・滕文公上「分人以財、謂之惠=人に分かつに財を以てす、之を恵みと謂ふ(人に財貨を分けてやることを恩恵というのだ)」ⓖ孟子・尽心上「分定故也=分定まるが故なり(本分が定まっているからだ)」

【文】 4(文・0) 常 常用音訓 ブン・モン　ふみ

語音 *muən(上古) muən(中古→呉モン・漢ブン) wén(中) 문(韓)

語源 [コアイメージ] 細かいものが入り交じる・細々している。[実現される意味] 模様・あやⓐ。[英]figure, design, pattern

〔解説〕表層の意味は明白であるが、深層構造を初めて解明したのは藤堂明保である。氏は未のグループ、勿のグループ、民・昏のグループ、また微・美・尾・眉などと同じ単語家族に入れ、「小さい・よく見えない・微妙な」という基本義をもつとした。特に微・美と近く、「小さく細かくて見えにくいが…全体として美しい」というイメージをもつので「あや」の意味が生まれるという(以上、藤堂①)。コアイメージを「細かいものが入り交じる」と言い換えることができる。和訓の「あや」は綾織物が原義で、「物の面に現れるさまざまな筋や線の作る形・模様」の意味に転じるという(大野①)。文字も模様の一種であるので、文は文字の意味になる。日本語の「ふみ」は文字・書物の意味。フミは文の漢音が訛ったものとする説がある。英語のcharacterはギリシア語kharaktēr(しるし)が語源で、所有者などを示す刻印→記号・文字・字体の意味になったという(小島①)。またletterはラテン語littera(アルファベット文字)に由来。漢字はletterではなく、characterである。

〔グループ〕文・紋・蚊・紊ブン(細々と入り交じって乱れる[紊乱])・旻ビン(日光が細くなる秋の空[旻天])・閔ビン(細々と心配する→いたむ・うれえる[閔傷])・憫ビン(細やかに思いやる→あわれむ[憐憫])

字源 二種類の図形がある。Aは衣の襟元の飾り模様を描いた図形。Bは胸元に入れ墨などの模様を入れた図形。この意匠によって、細かいもの(彩り、絵、図)が入り交じって織りなした模様を表象する。

A(甲)  (金)  (篆) 

B(甲)　(金)

語義 [展開] 模様・あやの意味ⓐから、物の姿を細かい模様のように描いた文字(象形的な文字、また一般に文字)の意味ⓑ、文字で記したもの(言葉・文章・書物・手紙など)の意味ⓒ、外面を飾り、生活に潤いを与えるもの(教養・知識・学問・文化など)の意味ⓓ、また、外面を飾る意味ⓔ、外面的なこと(外見・形式)の意味ⓕに展開する。[英]figure, design, pattern; character, letter; writing, literary composition; literature, culture; embellish, ornate; appearance [和訓]あや・かざる [熟語]ⓐ文様・縄文・ⓑ文字・繁文・ⓒ文書・文章・ⓓ文化・文学・ⓔ文飾・ⓕ文質

文献 ⓐ易経・革「大人虎變、其文炳也＝大人は虎変す、其の文炳なり(人格者は虎の革のようにはっきりと自分を変える。虎の革の模様が秋になると色が鮮やかになるように)」ⓑ孟子・万章上「不以文害辭＝文を以て辞を害せず(文字にこだわって言葉を損ねない)」ⓒ詩経・大明「文定厥祥＝文もて厥(そ)の祥を定む(占いの言葉でめでたい日を決める)」ⓓ論語・雍也「君子博學於文＝君子は博く文を学ぶ(君子は広く教養・知識を学ぶ)」ⓔ論語・子張「小人之過也必文＝小人の過つや必ず文(かざ)る(小人物が過つと必ず弁解する)」ⓕ論語・雍也「質勝文則野＝質、文に勝てば則ち野(中身が外見にまされば、粗野になる)」

【蚊】10(虫・4)　常　常用音訓　か

語音 *muən(上古) muən(中古→呉モン・漢ブン) wén(中) 문(韓)

語源 [コアイメージ] 細かいものが入り混じる。[実現される意味] 昆虫の名、カⓐ。[英]mosquito

字源 「文(ブン)(音・イメージ記号)＋虫(限定符号)」を合わせた字。「文」は「細かいものが入り混じる」というイメージがある(⇩文)。「蚊」は細かいものが入り混じるように飛ぶ虫を暗示させる。

語義 昆虫のカの意味ⓐ。[熟語]ⓐ蚊雷・飛蚊症

文献 ⓐ荘子・応帝王「是欺徳也、其於治天下也、猶渉海鑿河、而使蚊負山也＝是れ欺徳なり、其の天下を治むるに於けるや、猶海を渉り河を鑿(うが)ち、而して蚊をして山を負はしむるがごときなり(そいつは偽の徳だね。それで天下を治めようなんて、まるで徒歩で海を渡り、素手で川を掘り、蚊に山を背負わせるようなものだ)」

【聞】14(耳・8)　常　常用音訓　ブン・モン　きく・きこえる

語音 *muən(上古) muən(中古→呉モン・漢ブン) wén(中) 문(韓)

語源 [コアイメージ] わからないものをわかろうとする。[実現される意味] 耳を傾けてきくⓐ。[英]listen to

[解説] 聞と問はともに*muənの音であり、図形はともに門を含む。その理由を探ることは漢語の意味論の特徴を捉えることになる。門の機能は閉じることによって内部を隠して見せないことにある。隠れて見えないという事態に対して、それを見たい、知りたいという欲求が起こる。このような人間のありふれた行動パターンが論理化されて、「わからない」というイメージから「わかろうとする」というイメージに展開する言葉が誕生する。莫(見えない)から募・慕(ないものを求める)へ、亡(姿が見えない)から望(ないものを望む)への展開はその例。聞・問もまさにこの例である。これらの語の深層構造を初めて解明したのは藤堂明保である(藤堂①②)。「きく」と「とう(たずねる)」は何ごとかを知ろうとして発動する点で似た行為であるから、ともに古代漢語で*muənという。日本語の「きく」は音声を感知する意味から、「相手からの言葉を耳にしたい(聞きたい)という意識を動作に表す用法が生じ、こちらから相手に働きかける動作、問う、尋ねる、承諾を求めるなどの意」に転じるとい

う(大野②)。この展開義は漢語の問にほかならない。漢語では聞と問で表記を異にしたため、別語の意識が強くなった(中世以後声調で区別される)。

字源 「門(モン)(音・イメージ記号)+耳(限定符号)」を合わせた字。「門」は「閉じて中が見えない」というイメージがあり、「隠れて見えない(わからない)ものを見ようとする」というイメージに展開する(⇩門)。「聞」はわからないものを耳できいてわかろうとする様子を暗示させる。

語義 [展開] 耳を傾けてきく意味ⓐから、むこうから来る声や音を耳でとらえる(きこえる)意味ⓑ、うわさや評判が立つ意味ⓒ、うわさや評判の意味ⓓに展開する。また、共感覚メタファーによって、香りを嗅ぐ意味ⓔに転用される。[英]listen to; hear(ⓑⓒ); rumor, reputation; smell [熟語] ⓐ寡聞・見聞・ⓑ仄聞・前代未聞・ⓒ風聞・ⓓ醜聞・新聞・ⓔ聞香

文献 ⓐ詩経・葛藟「亦莫我聞＝亦(ま)た我を聞くこと莫(な)し([彼は]私の声を聞こうともしなかった)」ⓑ詩経・鶴鳴「鶴鳴九皐、聲聞于野＝鶴、九皐に鳴き、声、野に聞こゆ(ツルは深い沢で鳴き、声は野に聞こえてくる)」ⓒ詩経・崧高「聞于四國＝四国に聞こゆ(四方の国に知れ渡る)」

へ

へい

【丙】 5(一・4) 常

常用音訓 ヘイ

語音 *pĭaŋ(上古) pɪaŋ(中古→呉ヒャウ〈＝ヒョウ〉・漢ヘイ) bĭng(中) 병(韓)

語源 [コアイメージ] 左右に(八の形や↑↓の形に)ピンと張り出る。[実現される意味] 十干の第三位ⓐ。[英]the third heavenly stem

[解説] 殷代から丙は十干の名に用いられる。その理由は、植物の生長段階を象徴として、甲(殻がかぶさる)→乙(芽が出かかって曲がってつかえる)→丙(芽が分かれ出る)というイメージで順位づけをしたと考えられる。釈名・釈天では「丙は炳なり。物生じて炳然として皆著見する(はっきり現れる)なり」と語源を説く。丙が方・並とともに「パンと両側に張り出る」という基本義をもつことを明らかにしたのは藤堂明保である(藤堂①)。

[グループ] 丙・柄・病・炳(ヘイ)(火の光が四方に出る→明るい[炳乎])・昺(ヘイ)(＝昞。日光が四方に広がって明るい)・怲(ヘイ)(心配して気を張り詰める→うれえる)・寎(ヘイ)(気を張り詰めて眠れない病気、神経症の一種)・蛃(ヘイ)(尾が二股に張り出た虫、シミ)・*鞆(純国字。とも)

字源 尻の方で二股に分かれている様子を暗示させる象徴的符号。この意匠によって、「左右に(八の形に)張り出る」というイメージを表すことができる。八の形に張り出るというイメージは植物の芽が分かれ出ることを連想させる。かくて*pĭaŋという語(十干の第三位)を丙で表記した。

字源については諸説紛々で、魚の尾(郭沫若)、矛の柄(呉其昌)、火打ち石(陳独秀)、机(葉玉森)、矛や槍の石づき(白川静)等々、きりがないくらいであるが、どの説も*pĭaŋという語の深層構造を捉えていないため、丙のグループを説明することができない。「何を」象ったかではなく、「どのように」象ったかが重要である。文字学者は往々「何を」にこだわるため、袋小路に入り、語の本質を見失う。

(甲) (金) (篆)

語義 [展開] 十干の第三位(ひのえ)の意味ⓐから、順位の三番目の意味ⓑに用いる。[英]the third heavenly stem; third [和訓]ひのえ [熟

語〕ⓐ丙午・丙丁・ⓑ丙科・丙種
文献 ⓐ春秋・桓公10「冬十有二月丙午、齊侯衛侯鄭伯來＝冬十有二月丙午、斉侯・衛侯・鄭伯来る(十二月のひのえうまの日、斉侯・衛侯・鄭伯が来た)」

【平】 5(干・2) 常 常用音訓 ヘイ・ビョウ たいら・ひら

語音 (1)*bıăŋ(上古) bıʌŋ(中古→㊡ビャウ〈＝ビョウ〉・㊥ヘイ・[慣]ヒャウ〈＝ヒョウ〉) píng(中) 평(韓) (2)*bian(上古) biɛn(中古→㊡ベン・㊥ヘン) pián(中) 편(韓)

語源 [コアイメージ] でこぼこがなくそろっている。[実現される意味] 空間的にでこぼこがなく平らであるⓐ。[英]flat, even, level

〔解説〕王力は平・評・枰・坪を同源とするが(王力①)、藤堂明保は同源の範囲を卑のグループ、辟のグループ、并のグループにも拡大し、「平ら・平面に並ぶ」という基本義があるとする(藤堂①)。漢語では一般に「平ら」というイメージは「薄く平ら」のイメージにも転化し、「平ら」「薄い」「くっつく」という可逆的な三つ組みイメージを構成する(薄・白などは同例)。「くっつく」から「平面に当たる」「ぶつかる」というイメージも生まれる。例えば「薄くて平ら」のイメージをもつ卑から捭(ハイ)(打つ)、辟から擗(ヘキ)(打つ・たたく)が造語される。平もこれに倣って抨(ホウ)(ぶつける)などを生み出した。日本語の「たいら(たひら)」は高低のないさまであるが、「ひら」は薄くて平らなさまを指すという(大野①)。薄くて平らなことから、並み・普通の意に転義する。漢語の平は平坦で何事もない(穏やか)、ふだん・普通の意に転義する。

〔グループ〕平・評・坪・枰(ヘイ)(平らな面をもつ碁盤[楸枰])・苹(ヘイ)(＝萍・蓱。ウキクサ)・抨(ホウ)(ぶつける・ぶち当てる[抨撃])・泙(ホウ)(波がぶつかる)・砰(ホウ)(物がぶつかる音[砰然])・鮃*(半国字。ヒラメ)

字源 「平」が正字。ウキクサを描いた図形。扁平な葉が水面にたいらに浮かぶ姿を捉えたもの。この意匠によって、「でこぼこがなくそろっている」というイメージを表すことができる。字源については諸説紛々であるが、水面に浮かぶ浮き草の形とする説(加藤常賢、藤堂明保)が妥当。

(金) (古) (篆)

〔字体〕「平」は旧字体。「平」は古くから書道にある字体。平に従う他の常用漢字の字体もこれに倣う。

語義 [展開] 空間的に平ら、平坦である(たいら、ひらたい)の意味ⓐから、物事にでこぼこ・アンバランスがなくそろっている意味ⓑ、世の中に戦争などのごたごたがなく穏やかである意味ⓒ、いつも通りで変わらない、特別なことがない(普段、普通)の意味ⓓ、混乱や無秩序をなくして鎮める(たいらげる)の意味ⓔに展開する(以上は1の場合)。また、穏やかに治まる様子の意味ⓕを派生する(2の場合)。[英]flat, even(ⓐ~ⓒ), level; equal, fair; calm, quiet, peaceful; average, common; suppress; comfortable [熟語] ⓐ平坦・扁平・ⓑ平均・平等・ⓒ平静・平和・ⓓ平常・平凡・ⓔ平定

文献 ⓐ詩経・皇矣「脩之平之＝之を脩め之を平らかにす([枯れ木や倒木を]きれいに整え、土地を平らにする)」ⓑ詩経・節南山「昊天不平＝昊天平らかならず(天の神は公平でない)」ⓒ詩経・伐木「終和且平＝終に和らぎ且つ平らか(和やかな上に穏やかだ)」ⓔ詩経・撃鼓「平陳與宋＝陳と宋とを平らぐ(陳と宋の国を討ち平らげる)」ⓕ詩経・采菽「平平左右＝平平(ベンベン)たる左右(穏やかに治まる家来たち)」

【兵】 7(八・5) 常 常用音訓 ヘイ・ヒョウ

語音 *pıăŋ(上古) pıʌŋ(中古→㊡ヒャウ〈＝ヒョウ〉・ヘイ㊥) bing(中) 병(韓)

語源 [コアイメージ] 併せそろえる。[実現される意味] 武器ⓐ。[英]

weapon, arm
〔解説〕説文解字では「力を幷(あわ)す皃(かたち)」とあり、幷(並べ併せる)と同源と見ている。藤堂明保も並・併と同源とする(藤堂②)。兵は両手を併せそろえて持つ武器、あるいは、力を併せて敵に立ち向かう兵隊というイメージの語である。

字源 「斤(おの。イメージ記号)＋廾(限定符号)」を合わせて、武器を両手で持つ情景を設定した図形。この意匠によって、武器や、武器を持って戦う人を表象する。図形にコアイメージは反映されていない。

(甲) (金) (篆)

語義 [展開] 武器の意味ⓐから、戦士(つわもの)の意味ⓑ、戦争・軍事(いくさ)の意味ⓒに展開する。[英]weapon, arm; soldier; war, military
[和訓] つわもの・いくさ [熟語] ⓐ甲兵・白兵戦・ⓑ兵士・歩兵・ⓒ兵役・挙兵

文献 ⓐ詩経・撃鼓「撃鼓其鏜、踊躍用兵＝鼓を撃つこと其れ鏜(トウ)たり、踊躍して兵を用ゐる(合図の太鼓がドンと鳴れば、勇み立って武器を執る)」ⓒ論語・顔淵「足食、足兵＝食を足らし、兵を足らす(食糧を十分にし、軍備を十分にする)」

【並】8(一・7) 常 常用音訓 ヘイ なみ・ならべる・ならぶ・ならびに

語音 *beŋ(上古) beŋ(中古→呉ビヤウ〈＝ビョウ〉・漢ヘイ) bìng(中) 병(韓)

語源 [コアイメージ] 二つのものが横に(▯-▯の形に)そろってならぶ。[実現される意味] 同列にそろって並ぶ(ならぶ・ならべる)ⓐ。[英]range, stand side by side
〔解説〕*beŋという語は幷・併と同源で、「二つのものが▯-▯の形にそろってならぶ」というイメージがある。「▯-▯の形に並ぶ」は「→←の形にくっつく」というイメージにも転化し、掽(ホウ)(二つがぶつかる)を派生する。幷→拼(ホウ)(打つ)の転化と似ている。日本語の「ならぶ」は「二つのものがそろって位置している意」、「なむ」は「横に一列にならぶ」意(大野①)。後者から、同じようにならんだもの、なみ一通り(普通)の意味が派生する。漢語の並にこの意味はない。
〔グループ〕並・普・譜(＝譜)・掽(ホウ)(ぶつかる)・椪(Poona の音写。椪柑(ポンカン))

字源 「竝」が正字。「立」(地上に立つ人の形)を二つ合わせて、二人の人が横にそろってならぶ情景を設定した図形。

(甲) (金) (篆)

〔字体〕「竝」は旧字体。「並」は古くから書道で行われた字体。現代中国では幷に統合している。

語義 [展開] 「▯-▯の形にならぶ」というイメージから、同列にそろって並ぶ意味ⓐ、AもBもそろって、みんな一緒に(ならびに)の意味ⓑ、A並びにB(＝A及びB、ならびに)と二つ並列する用法ⓒに展開する。普通(なみ)の意味ⓓは日本的用法。[英]range, stand side by side, be parallel; together; and; ordinary, common [熟語] ⓐ並行・並列

文献 ⓐ詩経・車鄰「竝坐鼓瑟＝並び坐して瑟を鼓す(〔二人は〕一緒に並んで琴を奏でる)」ⓑ詩経・賓之初筵「竝受其福＝並びに其の福を受く(みんなで幸せを授かった)」

【併】8(人・6) 常 常用音訓 ヘイ あわせる

語音 *pieŋ(上古) piɛŋ(中古→呉ヒヤウ〈＝ヒョウ〉・漢ヘイ) bìng(中) 병(韓)

語源 [コアイメージ] 二つのものを並べる・平らにそろう。[実現される意味] 二つ(以上)のものを合わせて一緒にする、兼ね合わせる(あわせる)ⓐ。[英]combine (two or more things)

〔解説〕王力は幷・併・並を同源とする（王力①）。藤堂明保は幷のグループ、卑のグループ、辟のグループが一つの単語家族をなし、「平ら・平面に並ぶ」という基本義があり、また、並のグループ、方のグループ、丙のグループを別の単語家族とし、「パンと両側に張り出す」という基本義があるとした（藤堂①）。しかし二つの基本義は一つのコアイメージに概括できる。併も並も並んだ結果「そろう」というイメージが生まれるため、非常に近くなるのである。並は二つが横にならぶこと、併は二つをあわせそろえることに主眼がある。日本語の「あわせる（あはす）」は「二つのものをしっくりと一つにさせる意」で、その展開義の一つに数量を合算する意味がある（大野②）。現代語では二つ以上のものを一つにする（兼ねあわせる）ことを「併せる」と表記するが、これは漢語の併の意味を受けた訓であろう。

〔グループ〕併・瓶・餅・幷（あわせそろえる）・屛（板などをあわせて並べたもの→垣・ついたて［屛風］）・姘（男女がくっつく、同棲する）・迸（一斉に吹き出す→ほとばしる）・拼（打つ・なげうつ）・胼（皮が平らに連なって厚くなったもの、たこ［胼胝］）・絣（さまざまな色の糸を並べて織った布。〈日〉かすり）・駢（対をなして並ぶ［駢文］）・栟（幹に繊維が環の形をなして並び重なる木、シュロ［栟櫚］）　塀*（半国字。へい）

[字源]「併」が正字。「幷（音・イメージ記号）＋人（限定符号）」を合わせた字。「幷」は甲骨文字・金文では「从（二人の人）＋二（並ぶことを示す符号）」を合わせて、二人を並べて一緒にあわせる情景を設定した図形。篆文では「幵（イメージ記号）＋从（イメージ補助記号）」に字体が変わった。「幵」は「（並べて）平らにそろえる」というイメージを示す記号（⇩研）。いずれにしても「幷」は「二つのものを▯-▯の形に並べる」というイメージがある。また、▯-▯の形に並べると表面が平らにそろうから、「表面を平らにそろえる」というイメージにも展開する。かくて「併」は二つのものを並べあわせて一つにそろえる様子を暗示させる。

（甲）　（金）　（篆）［幷］　（篆）

〔字体〕「倂」は旧字体。古くから幷→并と書かれた。幷に従う他の漢字もこれに倣う。

[語義]［展開］二つ（以上）のものを兼ね合わせる（あわせる）意味ⓐ。「二つのものを▯-▯の形に並べる」というイメージがあるので、単に並ぶ・並べる意味ⓑにも用いられる。ⓑは並と通用。［英］combine（two or more things）, merge; range, stand side by side, be parallel　［和訓］ならぶ・ならべる・しかし　［熟語］ⓐ兼併・合併・ⓑ併記・併存

[文献]ⓐ孫子・行軍「足以併力料敵＝以て力を併せて敵を料るに足る（［戦は］味方の力をあわせて、敵の実情をはかれば十分だ）」

【坪】8（土・5）　[常]　[常用音訓]　つぼ

[語音]*bĭăŋ（上古）　bɪaŋ（中古→[呉]ビャウ〈＝ビョウ〉・[漢]ヘイ）　píng（中）　평（韓）

[語源]［コアイメージ］平ら。［実現される意味］平坦な土地ⓐ。［英］level ground

[字源]「平ヘイ（音・イメージ記号）＋土（限定符号）」を合わせた字。平らな土地を表す。説文解字に「坪は地の平なり」とある。

[語義]［展開］平坦な土地の意味ⓐ。日本では壺の代用字とする。壺のように狭い中庭の意味ⓑ。また、敷地面積を計る単位ⓒ。［英］level ground; inner garden; unit of area　［熟語］ⓒ建坪率（＝建蔽率）

【柄】9（木・5）　[常]　[常用音訓]　ヘイ　がら・え

[語音]*pĭăŋ（上古）　pɪaŋ（中古→[呉]ヒャウ〈＝ヒョウ〉・[漢]ヘイ）　bǐng（中）　병（韓）

[語源]［コアイメージ］左右に（↑↓の形に）ピンと張り出る。［実現され

る意味〕器物の取っ手(え・つか)ⓐ。〔英〕handle
〔解説〕柄の古訓にカラがある。これは道具の柄(え)の意味で、漢語の柄の訓としてふさわしい。しかしカラの原義は「芽を出してまっすぐに伸びたもの」という(大野②)。これから、まっすぐ伸びた草木の茎(幹(から))、まっすぐにつながる血筋(はらから、族)、筋・素質(ひとがら)、筋をなす模様という意味に展開する。漢語の柄にはこのような意味はない。漢語の柄は握るもの→権力という意味に展開する。

字源 「丙(ヘイ)(音・イメージ記号)＋木(限定符号)」を合わせた字。「丙」は「左右に(←→の形に)ピンと張り出る」というイメージがある(⇩丙)。「柄」は器物から←□→の形に(あるいは□→の形に)張り出ている取っ手(手で握る所)を暗示させる。

語義 〔展開〕器物の取っ手の意味ⓐから、しっかり握る意味ⓑ、しっかり握って手放さない権力の意味ⓒ、つかまえて材料にするものの意味ⓓに展開する。模様(がら)の意味ⓔは日本的用法。〔英〕handle; hold, control; power; subject, topic; pattern, figure 〔和訓〕つか 〔熟語〕ⓐ斗柄・葉柄・ⓒ柄臣・権柄・ⓓ話柄

文献 ⓐ詩経・大東「西柄之掲＝西柄を之れ掲ぐ(［ひしゃく星は］西の方に柄を高く挙げている)」ⓒ荘子・天運「親權者不能與人柄＝権に親しむ者は人に柄を与ふる能はず(権力に親しんでいるものは他人に権力を譲れない)」

【陛】10(阜・7) 常 ｜ 常用音訓 ヘイ

語音 *ber(上古) bei(中古→呉バイ・漢ヘイ) bi(中) 폐(韓)

語源 〔コアイメージ〕くっついて並ぶ・順序よく並ぶ。〔実現される意味〕宮殿の階段ⓐ。〔英〕palace staircase

字源 「坒(ヘイ)(音・イメージ記号)＋阜(限定符号)」を合わせた字。「比」は「二つがくっついて並ぶ」というイメージがあり、「□-□-□-の形に順々に並ぶ」というイメージに展開する(⇩比)。「比(ヒ)(音・イメージ記号)＋土(限定符号)」を合わせた「坒」は、「順序よく並ぶ」というイメージを示す記号。したがって「陛」は一段一段と並び連なるきざはし(段々、階段)を暗示させる。

(篆) 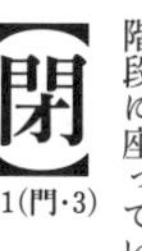 〔坒〕　(篆) 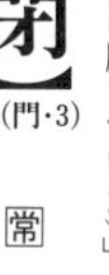

語義 〔展開〕宮殿の階段の意味ⓐ。また、天子に対する尊称ⓑ。臣民が天子を呼ぶ際、直接指さないで、階段の下に控える近臣を介するという形で、陛下(きざはしの下)と呼ぶ。換喩的な婉曲語法である。〔英〕palace staircase; Your Majesty 〔和訓〕きざはし 〔熟語〕ⓑ陛下

文献 ⓐ晏子春秋・内篇・諫上「公被狐白之裘、坐堂側陛＝公は狐白の裘を被(き)て、堂側の陛に坐す(殿様はキツネの毛皮を着て、表座敷のそばの階段に座っていた)」

【閉】11(門・3) 常 ｜ 常用音訓 ヘイ とじる・とざす・しめる・しまる

語音 *per(上古) pei(中古→呉ハイ・漢ヘイ) bi(中) 폐(韓)

語源 〔コアイメージ〕→←の形にくっつける。〔実現される意味〕入り口をびっしりと隙間なくふさぐ(しめる・とじる)ⓐ。〔英〕close, shut
〔解説〕王力は閉と閟(ヒ)を同源とする(王力①)。藤堂明保は範囲を拡大させ、比のグループ、必のグループ、賓のグループ、頻のグループ、また匹・畢・弼・鼻・閉を同じ単語家族にくくり、「ふたつくっつく」という基本義があるとした(藤堂①)。コアイメージは「→←の形にくっつく」と言い換えることができる。閟(びっしり隙間なくとじる)や秘・密と非常に近い。日本語の「とざす」は戸刺すの意。「しめる(しむ)」は「閉む」と「締む」があり、二つは別の語。前者は「開口部を戸や幕・蓋などの平面を有する物でふさぐ」ことで、「とじる(とづ)」と同義。後者は「紐・縄・腕などの細いもので力を加えて、対象物が動かないようにす

る」意味という（以上、大野②）。英語のcloseは「接近した」がコアイメージで、「端と端がくっつくように閉じる」の意味に展開する（田中①）。これは漢語の閉のコアイメージとその意味との関係とほとんど同じ。しかも閉に「接近した」の意味はないものの、ⓐからⓒへの意味展開はcloseと共通である。

[字源] 「才（イメージ記号）＋門（限定符号）」を合わせた字。「才」は水をせき止めるダムを描いた図形で、「途中で止める」というイメージを示す記号になる（⇩才）。「閉」は門をとじて進入を止める様子を暗示させる図形にコアイメージは反映されていない。

（金）　（篆）

[語義] [展開] 入り口を閉じる意味ⓐから、内部をふさいで通さなくする（ふさぐ）意味ⓑ、開催していた行事などを閉じて終わりにする（しめる）意味ⓒに展開する。[英]close（ⓐ～ⓒ）, shut; block, obstruct; finish [熟語] ⓐ閉門・開閉・ⓑ閉鎖・閉塞・ⓒ閉会・閉店

[文献] ⓐ孟子・万章下「欲見賢人而不以其道、猶欲其入而閉之門也＝賢人を見んと欲して其の道を以てせざれば、猶其の入らんことを欲して之（これ）が門を閉づるがごときなり（賢者に会いたいと思いながら正しい方法を用いないのは、入れたいと思いながら門を閉ざすようなものだ）」

【塀】 12（土・9）　[常]　[常用音訓] ヘイ　　半国字

[語源] [コアイメージ] 二つのものを並べる。[実現される意味] へいⓐ。[英]wall

[解説] 和製漢字にはコアイメージという発想がないから、普通は考慮する必要はないが、塀は漢語の屏をもとにしているので、屏のコアイメージを設定することができる。それは幷の「二つのものを並べる」というイメージである。視線を遮るために、板などを並べて作った垣やついたてが屏（へい）（屏風など）である。

[字源] 漢字の屏（へい）に土偏をつけた和製の疑似漢字。「幷」は「二つのものを▯-▯の形に並べる」というイメージがある（⇩併）。「幷（へい）（音・イメージ記号）＋尸（限定符号）」を合わせた「屛（＝屏）」は、板を▯-▯-▯-▯の形に並べて家や屋敷を見せないようにする垣を暗示させる。日本では「屏」に限定符号の「土」を添えて、土で築いたへいを表した。ただし中国で塀は人名に用いられた形跡がある。偶然に同形衝突したと考えられる。したがって塀は半国字とする。〈補注〉ヘイの読みは屏の音を流用した疑似音である。音とは漢字の読み方（呼び方）ではなく、漢語の読み方である。したがって国字に音はあり得ない。

[語義] 家や屋敷の目隠しにする囲い、へいの意味ⓐ。[熟語] ⓐ土塀・門塀

【幣】 15（巾・12）　[常]　[常用音訓] ヘイ

[語音] *biad（上古）　biɛi（中古→[呉]ベ・[漢]ヘイ）　bì（中）　폐（韓）

[語源] [コアイメージ] 二つに分ける。[実現される意味] 祭祀や礼物に用いる帛（＝絹織物。ぬさ、みてぐら）ⓐ。[英]offering of silk

[字源] 「敝（へい）（音・イメージ記号）＋巾（限定符号）」を合わせた字。「敝」は「二つに分ける」というイメージがある（⇩弊）。「幣」は長い帛（白絹）をいくつかに折り分けて束ねたものを暗示させる。この意匠によって、神前に供えたり、人に礼物として贈ったりする貴重な帛を表象する。

[語義] [展開] 祭祀や礼物に用いる帛の意味ⓐから、貴重な礼物の意味ⓑ、金銭・通貨の意味ⓒに展開する。[英]offering of silk; gift; currency, money [和訓] ぬさ・みてぐら [熟語] ⓐ幣帛・御幣・ⓑ幣物・例幣・ⓒ貨幣・紙幣

[文献] ⓐ孟子・梁恵王下「事之以皮幣＝之に事（つか）ふるに皮幣を以てす（毛皮や絹織物を献上して彼ら［異民族］に仕えた）」ⓑ春秋左氏伝・僖公10「幣

重而言甘、誘我也＝幣重くして言甘し、我を誘ふなり（礼物が手厚く、言葉が甘いのは、私を誘惑しようとするからだ）」

【弊】15（廾・12） 常 ｜ 常用音訓 ヘイ

語音 ＊biad（上古） biɛi（中古→呉ベ・漢ヘイ） bi（中） 폐（韓）

語源 ［コアイメージ］二つに分ける。［実現される意味］物がこわれてだめになる（やぶれる）ⓐ。［英］damage, break

〔解説〕王力は敝と敗を同源とし、やぶれる意味があるとする（王力①）。これは表層のレベルだが、深層のレベルではどんなイメージの語か。藤堂明保は敗のほか、発のグループ、犮（ハツ）のグループ（抜など）、貝（バイ）のグループ、半のグループ、また八・別・肺・拝・版・片・辨（弁）などまで拡大し、「ふたつに分ける」という基本義があるとする（藤堂①）。「二つに（八の形や←→の形に）分ける」というイメージは「八の形に横に伸びて広がる」「八の形に広がって下のものをおおう」というイメージにも展開する。藤堂は下記のグループのうち幣・蔽・瞥を別の単語家族としたが、すべてを敝のグループにまとめることができる。

〔グループ〕弊・幣・蔽・瞥・敝（ヘイ）（二つに裂ける、やぶれる［敝衣］）・斃（ヘイ）（ばったり倒れて地面に伸びた形や覆った形になる→倒れて死ぬ［斃死］）・獘（ヘイ）（倒れる）・撇（ヘツ）（横にはらう）・蹩（ヘツ）（足が横に開く）・鼈（ベツ）（甲羅が中央で二つに分かれた形状をしたシナスッポン［鼈甲］）・虌（ベツ）（葉がスッポンの足に似た植物、ワラビ）・鷩（ベツ）（頭から首に冠羽が覆いかぶさる鳥、キンケイ、鵔鸃（シュンギ））

字源 「敝（ヘイ）（音・イメージ記号）＋廾（限定符号）」を合わせた字。「㡀」は「八＋八（二つに分ける。ともにイメージ記号）＋巾（限定符号）」を合わせて、布を左右に切り分ける情景を設定した図形。「㡀（ヘイ）（音・イメージ記号）＋攴（限定符号）」を合わせた「敝」は、衣を切り裂く（破る）様子を暗示させる。この意匠で十分「衣が破れる」を表象できるが、手の動作を示す「廾」を添えて意味領域を明確にした。

（篆）［㡀］ （篆）［敝］

〔字体〕「弊」は正字（旧字体）。「獘」は古くから書道で行われた字体。幣もこれに倣う。

語義 ［展開］物がこわれてだめになる（やぶれる）意味ⓐから、衣などが破れてぼろぼろになる意味ⓑ、力や勢いがぐったりしてだめになる意味ⓒ、たるみから生じた害の意味ⓓを派生する。また、自分のことに関する謙遜語ⓔに用いる。［英］damage, break, ruin; worn out; exhaust; harm, malady; humble word ［和訓］やぶれる ［熟語］ⓑ弊衣・弊履・ⓒ疲弊・衰弊・ⓓ弊害・語弊・ⓔ弊社・弊店

文献 ⓐ老子・四十五章「大成若缺、其用不弊＝大成は欠けたるが若（ごと）し、其の用は弊（やぶ）れず（究極の完成は欠けた所があるように見える。しかしいくら使ってもこわれることはない）」ⓑ韓非子・外儲説左下「冠雖穿弊、必戴於頭＝冠、穿弊すと雖も、必ず頭に戴く（冠は穴が開いてぼろぼろでも、必ず頭にかぶせる）」ⓒ戦国策・西周「兵弊於周＝兵、周に弊す（兵士は周［国名］で疲れてしまった）」

【蔽】15（艸・12） 常 ｜ 常用音訓 ヘイ

語音 ＊piad（上古） piɛi（中古→呉ヘ・漢ヘイ） bi（中） 폐（韓）

語源 ［コアイメージ］八の形に横に伸びて広がる。［実現される意味］横に広くかぶさる・覆い隠す（おおう）ⓐ。［英］cover, conceal

字源 「敝（ヘイ）（音・イメージ記号）＋艸（限定符号）」を合わせた字。「敝」は「二つに（八の形に）分ける」というイメージから、「八の形に横に伸びて広がる」「八の形に広がって下のものをおおう」というイメージに展開する（⇨弊）。「蔽」は草が横に伸び広がって下をおおう様子を暗示させる。

語義 ［展開］横に広くかぶさる・覆い隠す（おおう）意味ⓐから、全体

をカバーする(ひっくるめる)意味ⓑに展開する。[英]cover, conceal; summarize　[和訓]おおう　[熟語]ⓐ隠蔽・遮蔽

文献 ⓐ詩経・甘棠「蔽芾甘棠＝蔽芾(ヘイハイ)たる甘棠(枝葉が覆いかぶさるマメナシの木)」ⓑ論語・為政「詩三百、一言以蔽之、曰思無邪＝詩三百、一言以て之を蔽はば、曰く思ひ邪無し(詩経の三百篇の詩を一言でカバーするなら、思いに邪心がないということだ)」

【餅】15(食・6)　常　|　常用音訓　ヘイ　もち

語音 *pieŋ(上古)　piɛŋ(中古→呉ヒャウ〈＝ヒョウ〉・漢ヘイ)　bǐng(中)　병(韓)

語源 [コアイメージ] 表面を平らにそろえる。[実現される意味] 小麦粉食品の一つⓐ。[英]round flat cake

〔解説〕釈名・釈飲食では「餅は并なり。麵を溲(シュウ)して(小麦粉をこねて)、合并せしむるなり」と語源を説く。小麦粉をこねて平らに延ばして焼いた食品を餅(ヘイ)という。日本語の「もち」はモチ(餅)イヒ(飯)の約。モチはモチ(糯・黐)と同根で、粘るものの意。もち米で作った粘り気のある食品が「もち」である。漢語の餅とは内容が違う。

字源 「餠」が正字。「并(ヘイ)(音・イメージ記号)＋食(限定符号)」を合わせた字。「并」は「二つのものを□-□の形に並べる」というイメージから、「表面を平らにそろえる」というイメージに展開する(⇩併)。「餠」は小麦粉をこねて平らにならした食品を暗示させる。

語義 [展開] 小麦粉食品の一種の意味ⓐから、後世では、小麦粉を円盤状にならして焼いたり蒸したりした食品(ピン)の意味ⓑに用いる。日本では「もち」ⓒにこの字を当てる。[英]round flat cake; moon cake; rice cake　[熟語]ⓐ画餅・煎餅・ⓑ月餅

文献 ⓐ漢書・宣帝紀「毎買餅、所従買家輒大讎＝餅を買ふ毎に、従(よ)りて買ふ所の家、輒(すなは)ち大いに讎(う)[＝售]る(彼が餅(へい)を買うたびに、それを買った家は、餅がよく売れた)」

べい

【皿】5(皿・0)　常　|　常用音訓　さら

語音 *miăŋ→miaŋ(中古→呉ミャウ〈＝ミョウ〉・漢メイ・[慣]ベイ)　mǐn(中)　명(韓)

語源 [コアイメージ] 上から∩形に覆う。[実現される意味] 食べ物を盛る器(さら)ⓐ。[英]dish, vessel, bowl

〔解説〕さらは形態的観点から見ると「∪の形」のイメージであるが、機能的観点から見ると、食物を盛りつけるので、「∩の形に覆う」というイメージがある。孟子・滕文公下に「器皿」(犠牲を載せる器)の語があり、その注釈に「皿は器を覆ふ所以の者なり」(漢・趙岐の注)とある。皿の形態的イメージが「覆う」という解釈。いずれにしても*miăŋという語は幎(ベキ)(顔を覆う布)や冪(ベキ)(かぶせる幕)と同源である。

〔グループ〕皿・盂・猛

字源 食べ物を盛りつける∪形の器を描いた図形。

(甲) 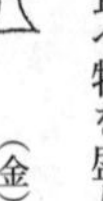　(金)  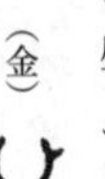　(篆)  

語義 さらの意味ⓐ。[熟語]ⓐ器皿

文献 ⓐ春秋左氏伝・昭公1「於文、皿蟲為蠱＝文に於いて、皿・虫を蠱(コ)と為す(皿と蟲[＝虫]を合わせたのが蠱[まじない]という文字だ)」

【米】6(米・0)　常　|　常用音訓　ベイ・マイ　こめ

語音 *mer(上古)　mei(中古→呉マイ・漢ベイ)　mǐ(中)　미(韓)

語源 [コアイメージ] ㋐小さい・細かい・㋑細かくて見分けがつかない。[実現される意味] 穀物の脱穀した実(特にイネの実、こめ)ⓐ。[英]

rice

〔解説〕語源について述べているのは藤堂明保のみである。氏は「小さくて、よく見えない」という基本義があるとする（漢字の話Ⅱ・植物編）。「小さい」「細かい」から「よく見えない」へのイメージ転化は漢語意味論の特徴の一つ。未・末・微などはその例。これらの音はMUERなどに概括できるから、小さく細かい穀物の実を呼ぶ*merという語はこれと同源と考えられる。

〔グループ〕米・迷・謎・眯（目にごみが入って見えなくなる）・麋（部分部分が他の動物に似て見分けにくい鹿、シフゾウ）

字源 一の符号の上下に、細かい粒が点々と散らばっている図形。穀物の穂から実を脱穀したありさまを念頭に置いた図形である。

（甲）　（篆）

語義 [展開] こめの意味ⓐ。また、音写字として、メートルの意味ⓑ、日本ではアメリカの意味ⓒに用いる。[英]rice; meter; America [和訓] よね [熟語] ⓐ米飯・白米・ⓑ平米・ⓒ米国・日米

文献 ⓐ荘子・庚桑楚「簡髪而櫛、數米而炊＝髪を簡（えら）びて櫛（くしけず）り、米を数へて炊（かし）ぐ（髪を一本一本選んで梳かし、米を一粒一粒数えて炊く）」

へき

【碧】 14(石・9) 人 ｜ 音ヘキ 訓みどり・あおい

語音 *piak(上古) pɪɛk(中古→呉ヒャク・漢ヘキ) bì(中) 벽(韓)

語源 [コアイメージ] 色が淡い。[実現される意味] 青緑色の宝石ⓐ。[英]green jade

字源 「白（ハ）（音・イメージ記号）＋玉（イメージ補助記号）＋石（限定符号）」を合わせた字。「白」は「色が淡い」というイメージがある（⇨白）。「碧」は淡く光る玉に似た石を暗示させる。

語義 [展開] 青緑色の宝石の意味ⓐ、青緑色、また、深い青色の意味ⓑに展開する。[英]green jade; green, blue [熟語] ⓐ碧玉・ⓑ碧眼・紺碧

文献 ⓐ荘子・外物「萇弘死于蜀、藏其血三年、而化爲碧＝萇弘、蜀に死し、其の血を蔵すること三年、化して碧と為る（萇弘[人名]が蜀で死んで、三年間その血液をしまっていたら、青い玉に変化した）」

【壁】 16(土・13) 常 ｜ 常用音訓 ヘキ かべ

語音 *pek(上古) pek(中古→呉ヒャク・漢ヘキ) bì(中) 벽(韓)

語源 [コアイメージ] ㋐左右に開く・㋑薄くて平ら。[実現される意味] 家屋の中や屋敷の周りに土を固めて築いた塀（かべ）ⓐ。[英]wall

〔解説〕辟（ヘキ）（*piekまた*biek）にコアイメージの源泉がある。辟のグループの解釈にヒントを与えたのは藤堂明保である。氏は辟のグループは卑のグループ、平のグループ、幷のグループ（併など）と同源で、「平ら・平面に並ぶ」という基本義があるとする（藤堂①）。一方、「横に平らに開く」という基本義があるともいう（藤堂②）。この二つは一つのコアイメージに概括できないであろうか。筆者は「左右に開く」がコアイメージと考える。「←□→の形や↶□↷の形に開く」というイメージから、「中心から横に開いて広がる」「横に平らに広がる」というイメージに転化する。古典の注釈に「辟は開なり」「辟は開広なり」の訓がある。また、「↶□↷の形に中心から横にそれる」というイメージにもなる。古典の注釈に「辟は僻なり」の訓がある。また、「平らに広がる」から「薄くて平ら」というイメージに転化する。以上、辟にはいくつかのイメージがあるが、これらは「左右に開く」というコアイメージからの展開である。かべは表面が薄くて平らに広がった形態のものだから古代漢語で*pekといい、壁と表記する。日本語の「かべ」は「カはアリカ・スミカのカ、へは隔

てとなるもの」で、「部屋などの間を隔てるもの」の意味という(大野①)。漢語の壁は形態からの命名だが、和語の「かべ」は機能からの命名のようである。英語のwallはラテン語のvallum(杭→防御柵→城壁)が語源という(下宮①)。これは材料・用途による命名。

〔グループ〕壁・避・癖・璧・辟(刑罰、君主[復辟])・劈(切り開く[劈頭])・僻(中心からそれた土地[僻地])・譬(主題や本筋からそらした言い方→たとえる[譬喩])・擘(左右に開く。また、丈が低く平らな親指[巨擘])・擗(平面をたたく・うつ)・闢(門を左右に開く[開闢])・臂(両側に開くひじ[猿臂])・嬖(君主のそばで偏愛される女[嬖妾])・甓(平らな敷き瓦)・襞(引っ張ると横に開くひだ[皺襞])・躄(足が横に開く)・霹(ぴりぴりと裂けるような音を出す雷[霹靂])・檗(皮が左右に裂けて溝のできる木、キハダ[黄檗])・薜(気根を横から出して壁を平らに這う植物、オオイタビ[薜茘])・鷿(平らな足で水をかいて移動する鳥、カイツブリ[鷿鷉])

字源 「辟(音・イメージ記号)+土(限定符号)」を合わせた字。「辟」の甲骨文字は「尸(=卩。しゃがんでひざまずく人の形)+辛(刃物の形)」を合わせた図形。金文では「○」を添え、篆文では「口」に変わった。「○」や「口」は中心から周辺に広がることを示す記号である。「尸(イメージ記号)+口(イメージ補助記号)+辛(限定符号)」を合わせた「辟」は、メスで人体を切り開く刑罰を行う場面を設定した図形。古代に生体を解剖する刑罰(後世では支解という)があり、これを念頭に置いて作られた図形である。この意匠によって、「左右に開く」というコアイメージを表すことができる。このイメージは上記の通り「薄くて平ら」というイメージに転化する。したがって「壁」は表面が薄くて平らな土のかべを暗示させる。辟の字源については説文解字では「法なり。卩に従ひ、辛に従ふ。其の罪を節制するなり。口に従ふは法を用ゐるなり」とある。ほかに璧の原字とする説(羅振玉)などがある。口に従ふは法を用ゐるなり」とある。辟は具体的文脈では、刑罰(死刑のことを大辟という)、また、刑罰の実権を握る君主という意味で使われる。

(甲)　(金) 　　(篆) [辟]　(篆)

語義 [展開] 塀・かべの意味ⓐから、軍の防御用に築いた壁(とりで)の意味ⓑ、壁のように切り立った岩場の意味ⓒ、壁に似た平らで薄い面の意味ⓓに展開する。[英]wall(ⓐⓑⓓ); barrier, rampart; cliff; something resembling a wall [熟語] ⓐ壁画・城壁・ⓑ障壁・防壁・ⓒ岸壁・絶壁・ⓓ胃壁・腸壁

文献 ⓐ韓非子・難一「琴壊於壁=琴、壁に壊る(琴は壁にぶつかってこわれた)」ⓑ史記・項羽本紀「遂走還入壁=遂に走り還りて壁に入る(とうとう逃げ帰って、とりでの中に入った)」

【璧】 18(玉・13)　常　常用音訓 ヘキ

語音 *piek(上古) piɛk(中古→呉ヒャク・漢ヘキ) bì(中) 벽(韓)

語源 [コアイメージ] ㋐中心から開いて広がる・㋑薄くて平ら。[実現される意味] 丸い穴の空いた円形の玉ⓐ。[英]circle jade

字源 「辟(音・イメージ記号)+玉(限定符号)」を合わせた字。「辟」は「中心から開いて広がる」「薄くて平ら」というイメージがある(⇩壁)。「璧」は、中央に丸い穴が開き、薄く平らに広がった玉を暗示させる。

語義 [展開] 玉の意味ⓐから、優れたものの喩えⓑに用いる。[英]circle jade; matchless things [和訓] たま [熟語] ⓐ完璧・ⓑ双璧・白璧

文献 ⓐ詩経・淇奥「如圭如璧=圭の如く璧の如し(君子の洗練度は)方形の玉、円形の玉のように素敵だ)」

【癖】 18(疒・13)　常　常用音訓 ヘキ　くせ

語音 *p'ek(上古) p'ek(中古→呉ヒャク・漢ヘキ) pǐ(中) 벽(韓)

語源 [コアイメージ] 中心から横にそれる。[実現される意味] 偏っ

た習性(くせ)ⓐ。[英]habit

〈解説〉日本語の「くせ」は「人にいやがられるような、異様な臭いを持つ意のクサ(臭)の変化形」で、くさみ・ゆがみ→よくない性癖に転義するという(大野①)。漢語の癖は僻(中心から偏る)と同源で、「本筋から偏る」というイメージの語である。

字源 「辟ヘキ(音・イメージ記号)+疒(限定符号)」を合わせた字。「辟」は「中心から横にそれる」というイメージがある(⇨壁)。「癖」は性質や好みが本来あるべき姿から偏る様子を暗示させる。

語義 [展開] くせの意味ⓐ。また、消化不良のため、体の両脇に偏ってしこりや痛みを感じる症状の意味ⓑを派生する。[英]habit, tendency; name of disease [熟語] ⓐ習癖・性癖・ⓑ痃癖ケンペキ

文献 ⓐ春秋繁露・天地陰陽「世亂而民乖、志癖而氣逆、則天地之化、傷氣生、災害起＝世乱れて民乖(そむ)き、志癖にして気逆すれば、則ち天地の化、傷気生じ、災害起こる(社会が乱れて人民が反目し、各自の志が偏って精神が逆らうと、天地自然の造化においては、悪気が発生して災害が起こるようになる)」

べつ

【別】 7(刀・5) 常 常用音訓 ベツ わかれる

語音 *biat(上古) bɪɛt(中古→呉ベチ・漢ヘツ・[慣]ベツ) bié(中) 별(韓)

語源 [コアイメージ] 二つに(▯↙▯の形や←→の形に)分ける。[実現される意味] 一体化したものに切れ目を入れて引き離す(わける・わかつ)ⓐ。[英]separate, divide

〈解説〉王力は別・半・片・分・辨を同源とする(王力①)。藤堂明保はこれらのほか、発のグループ、犮のグループ(抜など)、伐のグループ、貝のグループ、㡀のグループ(弊など)、また八・肺・版・辺などにも拡大し、「ふたつに分ける」という基本義があるとする(藤堂①)。*biatという語は「▯↙▯の形や←→の形に二つの部分に分ける」というイメージがあり、その図形化には関節の骨が利用された。関節は二つの骨のつなぎ目であるが、それが切断された状態を図形化したのが別である。ただし別は物を真っ二つに切断するという行為ではなく、一体化した物事に切れ目を入れて違った方向へ分離させることである。日本語の「わかれる(わかる)」はワク(分)と同根で、「入りまじり一体となっているものごと・状態が、ある区切り目を持って別のものになる意」という(大野①)。漢語の別とほぼ同じ。英語のseparateはラテン語separare、se(apart)+parare(to prepare)が語源で、つながっているものを引き離す→分ける意という(小島①、政村①)。これも漢語の別とほぼ同じである。

字源 「別」の左側は「冎」の変形。「冎」は骨・咼(過・渦・禍の旁)に含まれ、骨と骨のつなぎ目である関節の骨。「冎(イメージ記号)+刀(限定符号)」を合わせて、つながったものを切り離す情景を設定した図形。

(篆)  [冎] (篆)

語義 [展開] 「AとBを←→の形に分ける」というイメージから、一体化したものに切れ目を入れて引き離す(わける・わかつ)意味ⓐ、二つのもの(二人)が違った方向に離れ去る(わかれる)意味ⓑ、何かの違いでAとBに分ける(違いをはっきりと分ける)意味ⓒ、二つの間の違い(差別、けじめ)の意味ⓓ、それとは違ったほかのという意味ⓔに展開する。[英]separate(ⓐⓑ), divide; leave, part from; distinguish; distinction; different, other [和訓] わける・わかつ [熟語] ⓑ別離・決別・ⓒ区別・識別・ⓓ種別・性別・ⓔ別人・別名

文献 ⓐ書経・禹貢「禹別九州＝禹、九州を別(わか)つ(禹[伝説上の古帝王の名]は中国を九つの州に分けた)」ⓑ楚辞・九歌・少司命「悲莫悲兮生別離＝悲しみは生別離より悲しきは莫(な)し(生き別れより悲しいことはない)」ⓒ

論語・為政「不敬、何以別乎＝敬せざれば、何を以て別たんや（尊敬の念がなければ、［犬や馬と］何の区別があるのか）」ⓓ孟子・滕文公上「夫婦有別＝夫婦別有り（夫婦にはけじめというものがある）」

【蔑】14（艸・11） 常 ―― 常用音訓 ベツ　さげすむ

語音 *mǎt（上古） met（中古→呉メチ・漢ベツ） miè（中） 멸（韓）

語源 ［コアイメージ］よく見えない。［実現される意味］無視する（ないがしろ）ⓐ。［英］ignore, disregard, neglect

〔解説〕藤堂明保は末・滅と同源とし、「小さい・見えない」という基本義があるとする（藤堂①）。王力はそのほか無・毋・亡・罔・莫・靡・末・勿とも同源とする（王力①）。これらはすべて「よく見えない」というイメージから「ない」のイメージに転化し、否定詞になったことばである。蔑の場合は「よく見えない」というコアイメージから、わざと見ないようにする、つまり無視するという意味が生まれる。和訓の「ないがしろ」は「ナキ（無）がシロ（代）の音便形。無いも同然の意」という。また「さげすむ」はサゲシミ（下げし見）が語源という（以上、大野①）。「ないがしろ」は漢語の蔑にぴったりの訓である。英語のignoreはラテン語ignorare（知らない）が語源で、知ろうとしない、知らないふりをする、故意に無視する意。disregardはdis（否・非・不）＋regard（注目する）で、顧みない、注意を払わない意。neglectはラテン語neglegere、neg-(not)＋legere(to choose)が語源で、おろそかにする・無視する意という（下宮①、政村①、小島①）。これらの英語では接頭語に「無い」の意味があるが、漢語の蔑は語のコアイメージに「無い」が含まれている。またdespiseは、ラテン語despicere、de-(down)＋specere(to look)が語源で、見下す意という（小島①）。これは日本語の「さげすむ」と発想が似ている。

〔グループ〕蔑・幭ベツ（頭を包み隠す布、頭巾）・韈ベツ（＝韤。足指を隠す足袋・靴下）・蠛ベツ（小さくてよく見えない虫、ヌカカ。蠛蠓ベツモウ）・篾ベツ（細く小さい竹片）・鱴ベツ（細い竹片の形をした魚、エツ）

字源 「蔑」が正字。「苜ベツ（音・イメージ記号）＋伐（イメージ補助記号）」を合わせた字。「苜」は逆まつげの形で、「よく見えない」というイメージを示す記号。夢（はっきり見えないさま）や瞢ボウ（目が見えない）にも含まれている。「伐」は「人＋戈」を合わせて、人を伐つ様子で、戦争の場面が想定されている。したがって「蔑」は敵を伐って見えなくする（滅ぼす）様子を暗示させる。この意匠によって、「見えない」「微かで小さい」というイメージを表すことができる。

（甲）　（金）　（篆）

〔字体〕「蔑」の下部は戍が正しく、戌は誤った字体。「[illegible]」は異体字。

語義 ［展開］無いも同然と見なす（無視する、ないがしろ）の意味ⓐから、相手をばかにして軽視する（さげすむ）意味ⓑに展開する。また、「よく見えない」というイメージから、「無い」という意味ⓒに転化する。［英］ignore, disregard, neglect; despise, disdain, scorn; not ［和訓］ないがしろ・なみする ［熟語］ⓑ軽蔑・侮蔑

文献 ⓐ国語・周「蔑其官而犯其令＝其の官を蔑ないがしろにして、其の令を犯す（政府を無視して法令を犯す）」ⓑ韓非子・外儲説左上「宋君無道、蔑侮長老＝宋君は無道なり。長老を蔑侮す（宋の君主は道義がなく、長老をばかにする）」ⓒ詩経・板「喪亂蔑資＝喪乱に資蔑なし（乱のため資産を無くした）」

【瞥】17（目・12） 人 ―― 音 ベツ

語音 *p'iat（上古） p'iɛt（中古→呉ヘチ・漢ヘツ・［慣］ベツ） piē（中） 별（韓）

語源 ［コアイメージ］二つに（八の形や↑↓の形に）分ける。［実現される意味］ちらっと流し目で見るⓐ。［英］glance

字源 「敝（音・イメージ記号）＋目（限定符号）」を合わせた字。「敝」は「二つに（八の形や←→の形に）分ける」というイメージがある（⇨弊）。「瞥」は視線を╯の形や╮の形に横に（斜めに）走らせて見る様子を暗示させる。

語義 ちらっと流し目で見る意味ⓐ。［熟語］ⓐ瞥見・一瞥

文献 ⓐ張衡・思玄賦「遊塵外而瞥天兮＝塵外に遊びて天を瞥す（俗界の外に遊んで天を流し目で見る）」（文選15）

へん……………………………………

【片】4（片・0） 常 ｜常用音訓｜ヘン かた

語音 *p'ăn（上古） p'en（中古→呉・漢ヘン） piàn（中） 편（韓）

語源 ［コアイメージ］二つに（□↙□の形に）分ける。［実現される意味］二つに分けられたうちの片方（かた）ⓐ。［英］one half, one of two parts

〔解説〕古典の注釈に「片は半なり」「片は判なり」の訓がある。藤堂明保は半のグループのほか、発のグループ、伐のグループ、敝のグループ、また八・別なども同源とし、「ふたつに分ける」という基本義があるとする（藤堂①）。一つのものが二つに分かれた結果、分かれたその一つを*p'ănといい、片と表記する。日本語の「かた」は二つで一まとまり（一対をなすもの）のうちの一方の意が原義で、一つの物が二つに分かれた一方はその転義という（大野②）。

字源 「木」を二つに割って右半分を取った図形。木の切れ端を表す。片の展開義を図形にしたものである。

（甲） （篆）

語義 ［展開］「一つのものを二つに分ける」というイメージから、二つに分けられたうちの片方（かた）の意味ⓐ、分けられて小さくなった切れ端の意味ⓑ、切れ切れでわずかなさま、わずかなもの（かけら）の意味ⓒに展開する。また、薄く平らなものを数えることば（きれ・ひら）ⓓに用いる。［英］one half, one of two parts; piece, scrap, chip; partial, fragmentary, bit; piece, slice ［和訓］きれ・ひら ［熟語］ⓐ片頭痛・片務・ⓑ紙片・木片・ⓒ片言・片鱗・ⓓ一片

文献 ⓐ荘子・則陽「雌雄片合＝雌雄片合す（雌と雄は半分同士で合体する）」ⓒ論語・顔淵「片言可以折獄者、其由也與＝片言以て獄を折（さだ）むべき者は、其れ由なるか（かたことを聞いて判決を下せるものは由［子路］であろうか）」

【辺】5（辵・2） 常 ｜常用音訓｜ヘン あたり・べ

語音 *pān（上古） pen（中古→呉・漢ヘン） biān（中） 변（韓）

語源 ［コアイメージ］中心から両側に↑□↓の形に張り出る。［実現される意味］ある地域や範囲の周辺部（端、果て）ⓐ。［英］periphery, end, side

〔解説〕王力は辺・浜・瀕・墳・濆を同源とし、水際・果ての意味があるとする（王力①）。これは表層レベルの語源説。辺の深層構造は何か。ある地域や範囲の周辺部を古代漢語で*pānという。ある地域を中心とすれば、外部や端に接した所であるが、Aという地域の外側にあるBという地域との接点と捉えることもできる。つまりA―Bという形状の―の部分である。これは「↑□↓の形（中心から両側に張り出る）」というイメージであるが、視点を変えれば、「↓□↑の形（両側からくっつく・接する）」というイメージにもなりうる。藤堂明保は辺・片・半・反・辨（弁）などを同源とし、「ふたつに分ける」という基本義を設けたが（藤堂①）、これは「↑□↓の形（中心から両側に張り出る）」というコアイメージに概括できる。このイメージは方・丙のもつ「両側に張り出す」というイメージときわめて近い。古典の注釈に「辺は方なり」「辺は傍なり」などの訓がある。*pānという語の図形化は鼻の形状から発想され、鼻とい

う記号が考案された。これは邊以外に使われない特殊な記号である。特殊な記号には特別なイメージ作りがなされることが多い。日本語の「へ」(複合語では「べ」)は、ある土地と他の土地の境界線、中心から外れた境界線が原義で、そこから遠隔地、あたりの意味に転じたという。また、「あたり」はアタル(当)と同根で、見当をつけた所の意という(以上、大野②)。

字源 「邊」が正字。「臱㐅(音・イメージ記号)+辵(限定符号)」を合わせた字。「臱」を分析すると「自+丙+方」となる。「自」は鼻の形。「丙」は「左右に(八の形に)ピンと張り出る」というイメージを示す記号(⇩丙)。「方」は「両側に(←→の形に)張り出す」というイメージを示す記号(⇩方)。「丙+方(ともにイメージ記号)+自(限定符号)」を合わせた「臱」は、鼻梁の両側に鼻翼が←▯→の形に張り出している様子を暗示させる図形。具体はすべて捨象して「中心から両側に←▯→の形に張り出る」というイメージを示す記号とする。篆文では「方」の代わりに「耑(=端)」の下の一部に替えた形になっていて、「端まで行きつく」というイメージを添える。かくて「邊」は中心から左右・上下(四方)に進んで行って、行き尽くした末端を暗示させる。この意匠によって、ある地域や範囲の周辺部を表象する。

(篆)[臱] (金) (篆)

〔字体〕「邊」は旧字体。「邉」は異体字。「辺」は常用漢字の字体。近世中国の俗字および現代中国の簡体字は「边」。

語義 [展開] ある地域や範囲の周辺部(端、果て)の意味ⓐ、中央の地から行き尽くした所(国境)の意味ⓑ、ある物と接する所(へり)の意味ⓒ、周辺の近い所(あたり・ほとり)の意味ⓓに展開する。また、接するという意味ⓔの動詞的用法もある。[英]periphery, end, side; border, boundary; edge, margin; nearby, side; bound [和訓]へ・ほとり [熟語]ⓐ辺際・四辺・ⓑ辺境・辺塞・ⓒ辺幅・縁辺・ⓓ下辺・近辺

文献 ⓐ楚辞・遠遊「邊馬顧而不行=辺馬は顧みて行かず(ながえの両側の馬は私を振り返って進まない)」ⓑ呂氏春秋・先己「上失其道、則邊侵於敵=上、其の道を失へば、則ち辺、敵に侵さる(お上が政治にしくじれば、国境は敵の侵略を受ける)」ⓔ春秋穀梁伝・定公12「何危爾、邊乎齊也=何ぞ爾を危ふくす、斉に辺すればなり(あなたを危なくするのは何か。斉国に接しているからだ)」

【返】7(辵・4) 常 常用音訓 ヘン かえす・かえる

語音 *puăn(上古) puʌn(中古→呉ホン・漢ハン・[慣]ヘン) fǎn(中) 반(韓)

語源 [コアイメージ] ←→の形にはね返る。[実現される意味] もと来た方へ戻る(かえる)ⓐ。[英]return

〔解説〕*puănという語は「←の形がはね返って→の形に向きを変える」というイメージをもつ語である。手のひらなどがひっくり返る(裏返しになる)のが反、もとの方向へ戻るのが返である。日本語の「かえす(かへす)」は「同一のものの上下・表裏とか、運動の方向とかを逆にする意」(大野①)で、漢語の返や反とコアイメージが同じ。

字源 「反㐅(音・イメージ記号)+辵(限定符号)」を合わせた字。「反」は「←→の形にはね返る」というイメージがある(⇩半)。「返」は←の方向へ行ったものが→の方向に戻る様子を暗示させる。

語義 [展開] もと来た方へ戻る(かえる)意味ⓐ、もとの方へ戻す(かえす)意味ⓑ、はね返る意味ⓒに展開する。[英]return(ⓐⓑ); give back; rebound [熟語]ⓐ返路・往返・ⓑ返還・返却・ⓒ返景・返照

文献 ⓐ孫子・地形「可以往、難以返、曰掛=以て往くべく、以て返り難きを掛と曰ふ(行くことはできるが、戻るのが難しい地形を掛[進退がひっかかって邪魔される]の地形という)」

【変】9(夊・6) 常 ｜ 常用音訓 ヘン かわる・かえる

語音 *plıan(上古) pıɛn(中古→呉・漢ヘン) biàn(中) 변(韓)

語源 [コアイメージ] もつれて乱れる。[実現される意味] 本来とは違った事態・状態になる(かわる・かえる)ⓐ。[英]change

〔解説〕 Aという事態(姿・状態・性質など)がしっかり安定しないためにそれとは違ったBという事態になることが*plıanの意味である。カールグレンと藤堂明保はPL～という複声母を想定した。これは䜌という記号にコアイメージの源泉があると考えるからである。䜌は恋・蛮などに含まれる記号で、「ずるずると続いて絶えない」というイメージから「もつれる」「乱れる」というイメージに転じ、「同じ事態を維持できず、正常ではなくなる」というイメージに展開する。日本語の「かわる(かはる)」はカフ(交)と同根で、「甲乙別のものが互いに入れちがいになる意」、また「主体の性質や中身が、別の性質や中身と入れちがいになって、別物となる意」という(大野①)。英語のchangeはラテン語のcambire(交換する)に由来し、㋐別の物[性格]に変える、㋑ある物を別の物に取り換えるという意味(小島①)。これは日本語の「かえる」と同じだが、漢語では㋐が変、㋑が代または替に当たり、別語になる。

字源 「變」が正字。「䜌(音・イメージ記号)+攴(限定符号)」を合わせた字。「䜌」は「もつれて乱れる」「もつれてけじめがつかない」というイメージがある(⇩恋)。「變」はある事態がもつれ乱れてけじめがつかない様子を暗示させる。この意匠によって、本来とは違った(正常ではない)事態になることを表象する。

〔字体〕「変」は近世中国で発生した「變」の俗字。現代中国の簡体字は「变」。

語義 [展開] 本来とは違った事態・状態になる(かわる・かえる)意味ⓐから、普通ではない出来事の意味ⓑ、政治上の事件・内乱の意味ⓒに展開する。形などが普通ではなく奇妙である(怪しげである)の意味ⓓは日本的用法。[英]change; unusual event, disaster; incident; strange, odd [熟語] ⓐ変化・変形・ⓑ異変・天変地異・ⓒ事変・政変・ⓓ変死・変人

文献 ⓐ論語・郷党「迅雷風烈必變＝迅雷風烈には必ず変ず(〔孔子は〕疾風迅雷のような自然の異変には必ず態度を改めた)」ⓑ墨子・備城門「敵人為變、築垣聚土＝敵人変を為さば、垣を築き土を聚む(敵が変事をしかけた場合は、垣を築いて土を積み上げる)」

【偏】11(人・9) 常 ｜ 常用音訓 ヘン かたよる

語音 *p'ian(上古) p'iɛn(中古→呉・漢ヘン) piān(中) 편(韓)

語源 [コアイメージ] ㋐平らに広がる・㋑中心からそれる。[実現される意味] 中心や本筋から一方にそれている(かたよる)ⓐ。[英]lean, incline(to one side)

〔解説〕 日本語の「かたよる」は片寄る、つまり「中を外れて、一方へ寄る」の意(大言海)。これを漢語の偏の訓としたのはぴったりである。

字源 「扁(音・イメージ記号)+人(限定符号)」を合わせた字。「扁」は「薄く平ら」というイメージがあり、「平らに広がる」というイメージに展開する(⇩編)。中心から広がっていく空間を想定して、広がりの終点に視点を置くと、中心から遠くなっている。したがって「扁」は「平らに広がる」→「中心からそれて離れる」というイメージに転化しうる。「偏」は正しい位置からそれて離れる様子を暗示させる。この意匠によって、中心や本筋からそれて一方にかたよることを表象する。

語義 [展開] 中心や本筋から一方にそれている(かたよる)意味ⓐから、程度が基準を超えているさま(ひとえに)の意味ⓑに展開する。また、漢字の構成要素のうち左側の部分の意味ⓒを派生する。[英]lean, incline(to one side), bias; wholly; left-hand side of a Chinese character [和訓]ひと

えに ［熟語］ⓐ偏見・偏向・ⓒ偏旁冠脚

文献 ⓐ書経・洪範「無偏無黨、王道蕩蕩＝偏無く党無し、王道蕩蕩たり（偏ることなく、えこひいきしない。王道は公平に行き渡る）」

【遍】12（辵・9） 常 ｜ 常用音訓 ヘン

語音 *pian（上古） piɛn（中古→呉・漢ヘン） biàn（中） 편（韓）

語源 ［コアイメージ］平らに広がる。［実現される意味］全体にくまなく行き渡る（あまねし）ⓐ。［英］spread all over

［解説］普と遍に「あまねし」の訓がある。ア（接頭語）＋マネシ（数が多い意）で、「作用や状態が、ある範囲に広くすみずみまでいきわたっているさま」の意（大野②）。「まんべんない」という言い方もある。まんべんは満遍と書くが純粋の漢語（熟語）ではない。

字源 「扁（音・イメージ記号）＋辵（限定符号）」を合わせた字。「扁」は「薄く平ら」というイメージがあり、「平らに広がる」というイメージに展開する（⇨編）。偏の造形法に倣って、中心から広がっていく空間を想定する。広がりの過程に視点を置くと、「全体にくまなく行き渡る」というイメージが生じる。「遍」はすみずみまでくまなく行く様子を暗示させる。

語義 ［展開］全体にくまなく行き渡る意味ⓐから、始めから終わりまで行き渡って行われる行為を数えることばⓑに転用される。［英］spread all over, pervade, all round, universally; time ［和訓］あまねし ［熟語］ⓐ遍在・普遍・ⓑ一遍・百万遍

文献 ⓐ戦国策・燕三「議寡人者遍天下＝寡人を議する者、天下に遍（あまね）し（私のことをとやかく言うものが世界中にいっぱいだ）」

【篇】15（竹・9） 人 ｜ 音 ヘン

語音 *p'ian（上古） p'iɛn（中古→呉・漢ヘン） piān（中） 편（韓）

語源 ［コアイメージ］㋐薄く平ら・㋑くっつける（つなぐ）。［実現される意味］竹簡に文字を書いて編んだもの（書物）ⓐ。［英］writing slip, writing, book

字源 「扁（音・イメージ記号）＋竹（限定符号）」を合わせた字。「扁」は「薄く平ら」「くっつける」というイメージがある（⇨編）。「篇」は薄く平らな竹札（文字を書く竹簡や木簡）をくっつけて綴ったものを暗示させる。

語義 ［展開］書物の意味ⓐから、書物のまとまった構成部分の意味ⓑ、書物や詩文を数えることばⓒを派生する。［英］writing slip, writing, book; section in writing, volume; piece, sheet ［熟語］ⓐ短篇・長篇・ⓑ篇目・前篇・ⓒ千篇一律

文献 ⓒ墨子・貴義「昔者周公旦、朝読書百篇＝昔者（むかし）周公旦、朝に書百篇を読む（むかし周公旦は朝の間に百冊の書物を読んだ）」

【編】15（糸・9） 常 ｜ 常用音訓 ヘン あむ

語音 *pān（上古） pen（中古→呉・漢ヘン） biān（中） 편（韓）

語源 ［コアイメージ］㋐薄く平ら・㋑くっつける（つなぐ・連ねる）。［実現される意味］紐で竹簡をつないで書物にする（書物を作る）ⓐ。［英］bind bamboo slips, compile, edit

［解説］扁にコアイメージの源泉がある。扁の語源について言及しているのは藤堂明保のみである。氏は般のグループ、番のグループ、扁のグループ、また版・繁・瓣（弁）・斑・鉢などを同じ単語家族にくくり、「放射状に開く・平らに広がる」という基本義をもつとした（藤堂①）。扁は「平ら」というイメージが基本であるが、これは「平ら」「薄い」「くっつく」という可逆的な（相互転化可能な）三つ組みイメージを構成する記号である。薄・白・巴・布などもこの例。「薄く平ら」からは「平らに広がる」というイメージにも転化する。平らで薄い竹の札をくっつけて次々につなげていく行為を編という。これは書物に仕立てる行為であり、

こうしてできた書物を篇という。日本語の「あむ」は「繊維を組み合わせて布状の物を作る」意から、「書物などを編集する」意に転義するという(大野①)。この転義は漢語の編のⓑに「あむ」の訓をつけたため生じたものであろう。

〔グループ〕編・偏・遍・篇・扁ヘン(平らで薄い[扁平])・翩ヘン(薄く平らなものがひらひらする[翩翻])・蹁ヘン(足がひらひらと軽い→よろめく[蹁躚])・褊ヘン(衣が薄い→心が狭い[褊狭])・惼ヘン(心が狭い)・諞ヘン(薄っぺらな言葉を操ってへつらう)・騙ヘン(薄ぺっらな言葉でだます、かたる[騙詐])・匾ヘン(平らで薄い)・徧ヘン(平らに広く行き渡る)・猵ヘン(水と陸が接する所[水辺]に棲む獣、カワウソ。獱ヒンと同義)・萹ヘン(さやが扁平な豆、フジマメ、扁豆)・蝙ヘン(薄く平らな翼をもつ動物、コウモリ[蝙蝠])・鯿ヘン(体が扁平な魚、コイ科のヒラウオ)

字源 「扁ヘン(音・イメージ記号)+糸(限定符号)」を合わせた字。「戸」は薄い板でできた「と」のことから、「薄い」というイメージを表しうる(これは二次的イメージ)。「冊」は文字を書いた竹の札を綴った冊子。「戸(イメージ記号)+冊(限定符号)」を合わせた「扁」は、薄くて平らな竹の札を綴る様子を暗示させる図形。この意匠によって、「薄くて平ら」「くっつける」というイメージを表すことができる。したがって「編」は文字を書いた薄い竹札を紐で次々にくっつけて綴じる様子を暗示させる。

(篆) [扁]　(篆)

語義 [展開] 紐で竹簡をつないで書物にする意味ⓐから、糸や紐などで綴じ合わせる(あむ)意味ⓑ、材料を順序よく組み合わせてまとめる(あむ)意味ⓒ、書物の綴じ紐の意味ⓓ、編集された書物、また、書物の一部分の意味ⓔ、詩文や書物を数える語ⓕに展開する。ⓔとⓕは篇と通用。[英]bind bamboo slips, compile, edit; plait, weave, braid, knit; arrange, organize, group; binding cord; book, volume; piece [熟語] ⓐ編纂・編集・ⓑ編組・ⓒ編曲・編隊・ⓓ韋編三絶・ⓔ上編(=上篇)・長編(=長篇)・ⓕ一編(=一篇)

文献 ⓐ韓非子・難三「法者編著之圖籍、設之於官府、而布之於百姓者也=法なる者は之を図籍に編著し、之を官府に設け、而して之を百姓に布く者なり(法は書き著して書籍に編集して役所に備え、それから大衆に公布すべきである)」ⓑ荀子・勧学「以羽爲巣而編之以髪=羽を以て巣を為つくり、而して之を編むに髪を以てす([その鳥は]羽で巣を造るが、編むのに髪を用いる)」

べん

【弁】

5(廾・2)　常　常用音訓 ベン

語音 (1)[辨]*bɪan(上古)　bɪɛn(中古→㊺ベン・㊻ヘン)　biàn(中)　변(韓)　(2)[辯]*bɪan(上古)　bɪɛn(中古→㊺ベン・㊻ヘン)　biàn(中)　변(韓)　(3)[瓣]*bǎn(上古)　bʌn(中古→㊺ベン・㊻ハン)　bàn(中)　판(韓)　(4)[弁]*bɪan(上古)　bɪɛn(中古→㊺ベン・㊻ヘン)　biàn(中)　변(韓)

語源 [コアイメージ] (1)(2)二つに(↑↓の形に)分ける。(3)▯-▯の形に並ぶ。(4)上からかぶる。[実現される意味] 是非・善悪などの違いを見分けるⓐ。[英]distinguish

〔解説〕日本では辨・辯・瓣が弁に統合された。もとからある弁は別字である。1〜3の語源は同じであるが、4は異なる。1と2の*bɪanという語は半・片・伐・別・分などと同源で、「二つに分ける」というコアイメージをもつ。善悪を見分けることが辨、言葉で善悪をはっきりさせることが辯である。3は「↑↓に分かれる」というイメージが「▯-▯の形に並ぶ」というイメージに転化したもので、ウリのさねを瓣という。4の弁は皮(かぶる毛皮)・被(かぶる)・蔽(おおう)などと同源である。1の場合、英語ではdistinguishなどが対応する。これはラテン語のdistinguere(=to separate)に由来し、「ある物を別の物とはっきりと区別する、見分ける」の意という(小島①)。漢語の弁も「二つに分ける」のコアイメージをもつから、弁とdistinguishは造語法が似ている。

〔グループ〕辦(弁)・辯(弁)・瓣(弁)・辬(＝斑)・辧(事務をうまく切り分ける→さばいて処理する[辧理・多多益ます辧ず])・辮(髪を二つに分けて垂らしたもの[辮髪])

字源 「辡」がコアイメージと関わる記号である。これは「辛(刃物の形)」を二つ並べて、二つに切り分けることを示す。「辡(音・イメージ記号)＋刀(限定符号)」を合わせた「辨」は、刀でずばっと二つに切り分ける様子を暗示させる。この意匠によって、物事の白黒を分けてはっきりさせることを表象する。この語は言葉で善し悪しを分けてはっきりさせるという意味にも展開する。この派生義を表すために、「辡(音・イメージ記号)＋言(限定符号)」を合わせた「辯」が作られた。一方、「二つに(←→の形に)分ける」というイメージは、視点を変えると、「▢－▢の形に並ぶ」というイメージに転化する。「辡(音・イメージ記号)＋瓜(限定符号)」を合わせた「瓣」は、きれいに並ぶウリのさねを暗示させる。ウリのさねが原義であるが、並ぶというイメージの類似性から、重なって並ぶはなびらの意味に転じた。4の「弁」は「ㅅ」の形の冠を両手でかぶる情景を設定した図形。

(篆) [辡]　(篆)

(篆) [弁]

〔字体〕「辨」「辯」「瓣」は旧字体。これらを「弁」に簡略化した由来は不明。中国では四字を統合しない。

語義 [展開] 是非・善悪などの違いをはっきり分ける(見分ける)意味ⓐから、けじめ・区別の意味ⓑに展開する。日本ではけじめをつけて処理する意味ⓒにも用いる(以上は1の場合)。また、是非をはっきりさせようと議論する(理屈を立てて話す)意味ⓓから、日本では独特の(地方ごとの)しゃべり方の意味ⓔを派生する(以上は2の場合)。また、ウリのさねの意味ⓕから、はなびらの意味ⓖ、花弁に似たものの意味ⓗを派生する(以上は3の場合)。冠、また、冠をつける意味ⓘ(4の場合)。[英]distinguish, discriminate, discern; discrimination; manage; argue, debate, dispute; dialect, accent; pit(of gourd); petal; valve; cap [和訓]わかつ・わきまえる [熟語] ⓐ弁証・弁別・ⓒ弁済・弁償・ⓓ弁明・弁論・ⓔ関西弁・ⓖ花弁・単弁・ⓗ弁膜・僧帽弁・ⓘ弁官・武弁

文献 ⓐ論語・顔淵「子張問崇德辨惑＝子張、徳を崇くし、惑ひを弁ずるを問ふ(子張[人名]が、徳を高め、迷いをはっきりさせるにはどうしたらよいかと、質問した)」ⓓ老子・八十一章「善者不辯、辯者不善＝善なる者は弁ぜず、弁ずる者は善ならず(善人は議論せず、議論する者は善人ではない)」ⓘ詩経・甫田「未幾見兮、突而弁兮＝未だ幾くもせずして見れば、突として弁せり(しばらく会わないうちに、あっという間に冠姿)」

【便】

9(人・7)　常　常用音訓 ベン・ビン　たより

語音 (1)*bian(上古)　biɛn(中古→㊐ベン・㊊ヘン)　pián(中)　편(韓)　(2)*bian(上古)　biɛn(中古→㊐ベン・㊊ヘン・[慣]ビン)　biàn(中)　편・변(韓)

語源 [コアイメージ] ㋐でこぼこがなく平ら・㋑スムーズに通る。[実現される意味] つかえることなくたやすい(安らか)ⓐ。[英]comfortable

〔解説〕詩経・采菽篇に「平平(ベンベン)たる左右(穏やかな家来たち)」という詩句があり、異版では平平が便便になっている。*bianという語は平や扁(平ら)と同源で、「(でこぼこがなく)平ら」というコアイメージをもつ。具体的文脈では安らかの意味が実現される。また、「平ら」のイメージは「(障害や摩擦がなく)スムーズに通じる」というイメージに展開する。これが便利などの便の意味となる。都合がよいという意味にも展開するの

で、日本ではこれを取り入れ、船便や郵便などの「たより」の意味が生まれた。「たより」はタヨリ（手寄り）で、手づる→よい機会の意味（大野①）。

〔グループ〕便・鞭・箯（手軽な輿）・鯾（＝鯿。体が扁平な魚、コイ科のヒラウオ）

字源 「更（イメージ記号）＋人（限定符号）」を合わせた字。「更」は「たるみをぴんと張る」というイメージがあり（⇩更）、「でこぼこを平らにする」というイメージを表しうる（これは二次的イメージ）。「便」はでこぼこがなく平らである様子を暗示させる。この意匠によって、つかえることがなくたやすいことを意味する*bianという語を表記する。

（篆）

語義 ［展開］つかえることなくたやすい（安らか）の意味ⓐから、言葉がスムーズに出る（口先がうまい）という意味ⓑを派生する（以上は1の場合）。また、「スムーズに通じる」というイメージから、物事がさわりなく進行する（すらすらと事を運ぶ、都合がよい）意味ⓒ、都合のよい機会の意味ⓓ、スムーズに排泄すること（大小便）の意味ⓔを派生する。通信や交通の手立て（たより）の意味ⓕは日本的用法（以上は2の場合）。［英］comfortable; eloquent; convenient; convenience; bowel movement, shit, piss; communication, news, service ［和訓］すなわち ［熟語］ⓐ便寧・ⓑ便口・便佞・ⓒ便利・軽便・ⓓ便乗・ⓔ便通・便秘・ⓕ幸便・郵便

文献 ⓐ墨子・天志「便寧無憂＝便寧にして憂ひ無し（安らかで心配事がない）」ⓑ論語・郷党「便便言＝便便として言ふ（すらすらとしゃべる）」ⓒ荀子・勧学「學莫便乎近其人＝学は其の人に近づくより便なるは莫し（学問をやるには賢人に近づくのがいちばん都合がよい）」

【勉】10（力・8） 常 ｜ 常用音訓 ベン

〔勉〕9（力・7） 人 ｜ 音 ベン 訓 つとめる

語音 *miăn（上古） mıɛn（中古→呉メン・漢ベン） miǎn（中） 면（韓）

語源 ［コアイメージ］無理を冒して出る。［実現される意味］無理に力を出して励む（つとめる）ⓐ。［英］make effort

〔解説〕王力は勉・黽・忞・亹・励などを同源とする（王力①）。勉は敏とも同源で、「無理につとめる」というイメージがある。「つとめる」の訓のある字に努・勤・務があるが、勉は「無理を冒して」というイメージがあるところが他と異なる。免にコアイメージの源泉がある。

字源 「勉」が正字。「免（＝免。音・イメージ記号）＋力（限定符号）」を合わせた字。「免」は女性が出産する情景を設定した図形。「無理を冒して出る」というイメージがある（⇩免）。「勉」は無理に力を出す様子を暗示させる。

語義 ［展開］無理に力を出して励む（つとめる）意味ⓐから、力を出して何かをするように励ます意味ⓑに展開する。［英］make effort, endeavor, strive; encourage ［熟語］ⓐ勉強・勉励

文献 ⓐ詩経・白駒「勉爾遁思＝爾の遁思に勉めよ（どうか世捨て人の思いに励みなさい）」ⓑ春秋左氏伝・宣公12「王巡三軍、拊而勉之＝王、三軍を巡り、拊して之を勉ます（王は軍隊を回り、兵士の肩をたたいて［いたわって］励ました）」

【娩】10（女・7） 人 ｜ 音 ベン

語音 *miăn（上古） mıɛn（中古→呉メン・漢ベン） miǎn（中） 면（韓）

語源 ［コアイメージ］無理を冒して出る。［実現される意味］子を産むⓐ。［英］give birth to, childbirth, delivery

字源 「免（＝免。音・イメージ記号）＋女（限定符号）」を合わせた字。「免」は女性が出産する情景を設定した図形（⇩免）。狭い所を無理に通

り抜ける(まぬかれる)ことを免で表し、産道を通り抜けてやっと胎児を産み落とすことを娩で表す。

語義 子を産むⓐ。[熟語] ⓐ分娩

【鞭】18(革・9) 人 音ベン 訓むち

語音 *pian(上古) piɛn(中古→呉・漢ヘン・慣ベン) biān(中) 편(韓)

語源 [コアイメージ] 平ら。[実現される意味] むちⓐ。[英]whip

字源 「便ベン(音・イメージ記号)+革(限定符号)」を合わせた字。「便」は「平ら」というイメージがある(⇩便)。「鞭」は薄く平らな革を木につないだ「むち」を暗示させる。

語義 [展開] 人や馬を撃つために木の先に革をつけた道具(むち)の意味ⓐから、むちうつ意味ⓑに展開する。[英]whip(ⓐⓑ) [熟語] ⓐ教鞭・先鞭・ⓑ鞭戸

文献 ⓐ論語・述而「富而可求也、雖執鞭之士、吾亦爲之=富にして求むべくんば、執鞭の士と雖も、吾亦た之を為さん(富というものが求められるならば、私はたとえ御者にでもなってやろう)」

ホ

ほ

【甫】7(用・2) 人 音ホ 訓はじめ

語音 *pɪuag(上古) pɪu(中古→呉・漢フ・慣ホ) fǔ(中) 보(韓)

語源 [コアイメージ] ㋐平ら・平らに広がる。[実現される意味] 広く大きいⓐ。[英]wide, great

〔解説〕藤堂明保は甫のグループ、巴のグループ、および迫・拍・布・膚などを同じ単語家族にくくり、「平らにうすくくっつく」という基本義があるとした(藤堂①)。「平ら」というイメージは、平面の上部に視点を置けば、上下の幅が狭く厚みがない状態であるから、「薄い」というイメージ、また、「くっつく」というイメージにつながる。漢語の意味論において、「平ら」「薄い」「くっつく」は可逆的な(相互転化可能な)三つ組みイメージを構成する。甫のグループのほか、白・巴・布・扁なども同例。「平ら」というイメージは「平らに広がる」というイメージにも転化し、広く大きい意味や、大きな力をもつ年長の男子(長老、父)の意味が実現される。

〔グループ〕甫・捕・哺・浦・補・舗・博・縛・敷・薄・簿・圃・輔・蒲・葡・匍ホ(腹を地面につける、腹這う[匍匐])・脯ホ(平らにのばした干し肉[肉山脯林])・痡ホ(地面に腹這ってのびる、へたばって動けない)・逋ホ(距離を遠くまで広げていく→にげる[逋亡])・鋪ホ(門に貼りはける金具。また、敷き広げる[鋪装])・鬴フ(平らに広がった釜)

字源 甲骨文字・金文は「屮(草の芽)+田」を合わせて、田に苗が生えている情景を設定した図形。圃(菜園)の原字。この意匠によって、「平ら」というイメージを表すことができる。篆文では「父+用」に字体が変わった。「父」は「大きく広がる」というイメージがある(⇩父)。「用」は働き・人材のイメージを添える。「父フ(音・イメージ記号)+用(イメージ補助記号)」を合わせた「甫」は、働きや能力のある偉大な男性(年長者)を表象する。篆文は転義後に考案された図形である。この場合の甫は父・覇・伯と近くなる。甲骨文字の甫を圃の原字としたのは近代中国の文字学者(羅振玉)で、これが定説となっている。

(甲)  (金)  (篆)

語義 [展開] 広く大きい意味ⓐから、一族のトップに立つ長老の意味

ⓑ、年長者につける尊称ⓒ、また、トップ→始めの意味ⓒに展開する。[英]wide, great; patriarch; honorific for elder; beginning **[熟語]** ⓒ尊甫・台甫

文献 ⓐ詩経・甫田「無田甫田＝甫田を田(つく)る無かれ(広い畑を耕すな)」ⓑ老子・二十一章「以閲衆甫＝以て衆甫を閲(す)ぶ(「宇宙万物の大本である道は」すべての族長たちを統括する)」

【歩】 8(止・4) 常 ｜ 常用音訓 ホ・ブ・フ　あるく・あゆむ

〔步〕 7(止・3) 人 ｜ 音ホ・ブ・フ　訓あるく・あゆむ

語音 *bag(上古) bo(中古→呉ブ・漢ホ・[慣]フ) bù(中) 보(韓)

語源 **[コアイメージ]** 平面を(対象に)くっつける。**[実現される意味]** あるくⓐ。[英]walk, tread

〔解説〕 釈名・釈姿容では「歩は捕なり」と語源を説く。藤堂明保は甫のグループや拍・迫などと同じ単語家族に入れ、「平らにうすくくっつく」という基本義があるとする(藤堂①)。*bagという語はこれらと同源で、「平面を(対象に)ぺたっとくっつける」というイメージがある。平らな足の裏を地面にぺたっと踏んづけてあるくというのが歩のイメージである。日本語の「あるく」は「あちこち動きまわる意」、「あゆむ」は「一歩一歩足を運ぶ意」という(大野①)。英語のtreadは「踏む」と「歩く」の二つの意味がある。またwalkは古英語のwealcan(転がる)に由来するという(小島①)。「転がる」から「歩く」への転義を考えるのには漢語の転が参考になる。転は○○○…の形に転々と転がることから「移る」という意味が生まれる。同様に、転がる→一歩一歩と足を運んで移動する(歩く)と転じたのがwalkであろう。これは日本語の「あゆむ」に近い。

字源 「步」が正字。「止(足の形)＋𣥂(止の左右反転形)」を合わせて、左右の足を交互に踏み出す情景を設定した図形。図形にコアイメージは反映されていない。

(甲)　(金)　(篆)

〔字体〕 「歩」は近世中国で発生した「步」の俗字。現代中国では正字を用いる。渉もこれに倣う。

語義 **[展開]** 地面を踏んで進む(あるく・あゆむ)意味ⓐから、物事が移り行くこと、また、物事の進行の具合(あゆみ)の意味ⓑ、これまでのあゆみ方・境地の意味ⓒに展開する。また、跬(き)(片足を踏み出した長さ、半歩)に対して、両足を踏み出した長さのことから、長さの単位ⓓに用いられる。[英]walk, tread; move, step, space, course; state, situation; unit of length **[熟語]** ⓐ歩行・散歩・ⓑ国歩・天歩・ⓒ初歩・地歩・ⓓ五十歩百歩

文献 ⓐ春秋左氏伝・哀公11「徐歩而死＝徐(おもむ)ろに歩みて死す(ゆっくりと歩いていって死んだ)」ⓑ詩経・白華「天歩艱難＝天歩は艱難なり(天の歩み[国運]は困難である)」ⓓ孟子・梁恵王上「以五十歩笑百歩＝五十歩を以て百歩を笑ふ(五十歩逃げたことで、百歩逃げた人をあざわらう)」

【保】 9(人・7) 常 ｜ 常用音訓 ホ　たもつ

語音 *pog(上古) pau(中古→呉ホ・ホウ・漢ホウ) bǎo(中) 보(韓)

語源 **[コアイメージ]** ⊙の形に中のものを取り囲む。**[実現される意味]** 大切に守って養い育てるⓐ。[英]cherish, nurse, nourish

〔解説〕 古典の注釈に「保は孚なり」「保は宝なり」とある。王力は保・抱・孵・孚・伏を同源とし、だき抱える・覆う意味があるとする(王力①)。これは表層レベルの語源説。深層レベルで語源を探究したのは藤堂明保である。氏は保のグループは复(フク)のグループ(腹・覆など)、包のグループ、孚のグループ(浮など)、また缶(フ)・阜・宝とも同源とし、「つつ

む・丸くふくれる」という基本義があるとする(藤堂①)。保・抱・宝に共通するのは「周りを囲んで(中のものを丸く囲んで)大切に守る」というイメージである。*pogという語の図形化はおむつで包まれた赤ん坊から発想された。日本語の「たもつ」はタ(接頭語)+モツ(持)で、「十分に維持している意」という(大野①)。漢語の保のⓒに当たる。これと対応する英語はkeepである。keepは「自分のところに、比較的長いあいだ保つ」がコアイメージで、保持する意味のほかに、養う、守るなどの意味にも展開する(田中①)。

〔グループ〕保・褒・呆ホウ・ボウ(子どものようにぼんやりするさま[呆然])・堡ホウ・ホ(壁をめぐらして敵から守るとりで[堡塁])・褓ホウ・ホ(=緥。赤ん坊を大切に包むむつき[襁褓])・葆ホウ(草木が丸く包むように叢生する)

字源 「呆ホウ(音・イメージ記号)+人(限定符号)」を合わせた字。甲骨文字では「人+子」の組み合わせ。金文では右側が「子+ノまたは八」を合わせた字体に変わった。古文ではこれが「呆」となっている。「呆」は赤ん坊にむつきを着せた情景を設定した図形で、褓(むつき)の原字。この意匠によって、「中の物を周囲から包んで大切に守る」というイメージを表すことができる。「保」は子どもを大切に守り育てる人を暗示させる。説文解字では「保は養なり」とある。

(甲) 　(金) 　(古) 　(篆)

語義 [展開] 子どもなどを大切に守り育てる意味ⓐから、周囲を取り囲んで中のものを大事に守る意味ⓑ、物を取り込んで大事に持つ(たもつ)意味ⓒ、あることについての言質をしっかり守る(責任をもって請け合う)意味ⓓに展開する。[英]cherish, nurse, nourish; protect, preserve, conserve; keep, maintain, retain; guarantee, ensure, assure [和訓]やすんずる [熟語] ⓐ保育・保母・ⓑ保護・保養・ⓒ保持・保存・ⓓ保証・担保

文献 ⓐ詩経・烝民「保茲天子=茲の天子を保つ([天は]この天子を大切に育てた)」ⓑ詩経・天保「天保定爾=天は爾を保定ていす(天はあなたを加護する)」ⓒ詩経・山有枢「宛其死矣、他人是保=宛えんとして其れ死なば、他人是れ保たん(何もしないで死んでしまったら、他人が[お前のものを]取るだろう)」

【哺】 10(口・7)　常　(常用音訓) ホ

語音 *bag(上古)　bo(中古→呉ブ・漢ホ)　bŭ(中)　포(韓)

語源 [コアイメージ] くっつける。[実現される意味] 食べ物を口に含ませる(食べ物を与える)ⓐ。[英]feed

字源 「甫ホ(音・イメージ記号)+口(限定符号)」を合わせた字。「甫」は「くっつける」というイメージがある(⇨甫)。「哺」はまだ自分では食を取ることのできない子に親が食べ物を口にくっつけてやる様子を暗示させる。補(あてがう)や輔(たすける)は同源の語。

語義 [展開] 食べ物を口に含ませる意味ⓐから、口に含んだ食べ物の意味ⓑを派生する。[英]feed; food in the mouth [和訓]ふくむ [熟語] ⓐ哺育・哺乳・ⓑ吐哺握髪

文献 ⓐ呂氏春秋・務大「子母相哺=母子相哺ふくむ([ツバメの]母と子が互いにえさを与え合う)」ⓑ韓詩外伝3「一沐三握髪、一飯三吐哺=一沐に三たび髪を握り、一飯に三たび哺を吐く([周公旦は訪れた士を迎えるため]洗髪中に三度髪を握り、食事中に三度口に含んだ物を吐き出した)」

【圃】 10(囗・7)　人　(音) ホ

語音 *pag(上古)　po(中古→呉フ・漢ホ)　pŭ(中)　포(韓)

語源 [コアイメージ] 平ら。[実現される意味] 菜園ⓐ。[英]vegetable garden

字源 「甫ホ(音・イメージ記号)+囗(限定符号)」を合わせた字。「甫」は

「平ら」「平らに広がる」というイメージがある(⇩甫)。「圃」は土を平らにならして苗などを植える所、菜園を暗示させる。

語義 [展開] 菜園の意味ⓐ、苗や野菜を植える意味ⓑ、農夫の意味ⓒに展開する。[英]vegetable garden; plant, sow; peasant [熟語] ⓐ花圃・菜圃・ⓒ老圃

文献 ⓐ詩経・東方未明「折柳樊圃＝柳を樊圃ハンポに折る(園のヤナギを折る)」ⓑⓒ論語・子路「請學爲圃、曰、吾不如老圃＝圃を為さんことを請ふ。曰く、吾は老圃に如かず([弟子の樊遅ハンチが]野菜作りを教わりたいと請うた。[孔子は]私は老いた農夫にかなわないよ、と言った)」

【捕】10(手・7) 常 ―― 常用音訓 ホ　とらえる・とらわれる・とる・つかまえる・つかまる

語音 *bag(上古) bo(中古→呉ブ・漢ホ) bǔ(中) 포(韓)

語源 [コアイメージ] 平ら・くっつく。[実現される意味] 手を相手に当ててつかむ(つかまえる・とらえる)ⓐ。[英]seize, catch, capture, arrest

〔解説〕甫にコアイメージの源泉がある。これは「平ら」「くっつく」というイメージである。「平ら」「薄い」「くっつく」は可逆的な三つ組みイメージである。手のひらを対象にくっつけて(当てて)物を取る行為を捕という。搏ハク(平面を打ち合わせる)と非常に近い。日本語の「とらえる(とらふ)」はトル(取)＋アフ(合)で、逃げるものに手をぴったり合わせてつかまえる意。「とらふ」にはつかまえる意味のほかに、「ぴったりくっつく」の意味もあるから、コアイメージは漢語の捕とほとんど同じといってよい。「つかまえる(つかまへる)」はツカム(摑)＋アフ(合)。「つかむ」はツカ(束・柄)と同根で、「取りついて強く握る」意という(以上、大野①)。

字源 「甫ホ(音・イメージ記号)＋手(限定符号)」を合わせた字。「甫」は「平ら」「くっつく」というイメージがある(⇩甫)。「捕」は手の平らな面(手のひら)をぴたっと対象にくっつける様子を暗示させる。この意匠によって、人や物をつかまえることを表象する。

語義 つかまえる意味ⓐ。[熟語] ⓐ捕虜・逮捕

文献 ⓐ韓非子・外儲説左上「曾子欲捕彘殺之＝曾子、彘ぶたを捕へて之を殺さんと欲す(曽子[人名]はブタをつかまえて殺そうとした)」

【浦】10(水・7) 常 ―― 常用音訓 うら

語音 *p'ag(上古) p'o(中古→呉フ・漢ホ) p'ǔ(中) 포(韓)

語源 [コアイメージ] くっつく。[実現される意味] 水際ⓐ。[英]riverside

字源 「甫ホ(音・イメージ記号)＋水(限定符号)」を合わせた字。「甫」は「くっつく」というイメージがある(⇩甫)。「浦」は水と陸地がくっついている所(水辺)を暗示させる。

語義 [展開] 水際の意味ⓐ。日本では、海が陸地の方へ型に入り込んだ所(うら)の意味ⓑに用いる。[英]riverside; inlet [熟語] ⓐ曲浦・江浦

文献 ⓐ詩経・常武「截彼淮浦＝彼の淮浦ワイホを截おさむ(淮河のみぎわを平定した)」

【畝】10(田・5) 常 ―― 常用音訓 うね

語音 *mueg(上古) məu(中古→呉ム・モ・漢ボウ・[慣]ホ) mǔ(中) 무(韓)

語源 [コアイメージ] どんどん生み殖やす。[実現される意味] うねⓐ。[英]ridge

字源 「畮」が本字。「毎マイ(音・イメージ記号)＋田(限定符号)」を合わせた字。「毎」は「どんどん生み殖やす」というイメージがある(⇩毎)。「畮」は作物を繁殖させる「うね」を暗示させる。のち字体が「畝」に変わった(畝はさらにその変形)。「十(イメージ記号)＋久(イメージ補助記号)＋

田(限定符号)」を合わせた字。「十」は計に含まれ、数をまとめること。「久」は腰をかがめる人の形。したがって「畝」は人が田の面積を計る様子を暗示させる。転義後にできた図形である。

(金)　(篆)

語義 [展開] 作物を植えて育てる「うね」の意味ⓐから、耕地面積の単位(一畝は約1・8アール)の意味ⓑが生じた。[英]ridge; unit of area [和訓]せ [熟語] ⓐ畎畝ケンポ・壟畝ロウホ

文献 ⓐ詩経・南山「衡従其畝＝其の畝を衡従コウショウにす(縦横に畝を作る)」ⓑ詩経・十畝之間「十畝之間兮、桑者閑閑兮＝十畝の間、桑者閑閑たり(十畝の畑の中で、桑摘み女はのびやかに)」

【蒲】13(艸・10)　人　音ホ・ブ・フ　訓がま・かま・かば

語音 *buag(上古)　bo(中古→呉ブ・漢ホ)　pʻu(唐フ)　pú(中)　포(韓)

語源 [コアイメージ] くっつく。[実現される意味] ガマⓐ。[英]cattail

字源 「浦ホ(音・イメージ記号)＋艸(限定符号)」を合わせた字。「浦」は水と陸がくっついた(接した)所、水際のこと。「蒲」は水辺に生える草を暗示させる。

語義 [展開] ガマ科の草の名、ガマの意味ⓐ。また、柔らかさ・弱さの喩えⓑに用いられる。[英]cattail; metaphor of weakness [熟語] ⓐ蒲団フトン・ⓑ蒲柳

文献 ⓐ詩経・揚之水「揚之水、不流束蒲＝揚れる水、束蒲を流さず(早瀬のたばしる水でさえ、束ねたガマを流せない)」

【補】12(衣・7)　常　常用音訓 ホ　おぎなう

語音 *pag(上古)　po(中古→呉フ・漢ホ)　bŭ(中)　보(韓)

語源 [コアイメージ] くっつく。[実現される意味] 衣の綻びを繕う(おぎなう・つくろう)ⓐ。[英]patch, mend, repair

〔解説〕日本語の「おぎなう(オギナフ)」はオキ(置)ヌフ(縫)の転で、つぎ布を当てて縫いつづる意という(大野②)。漢語の補は甫の「くっつける」のイメージを取る。破れた所に別の布をくっつける(当てる)のが補である。

字源 「甫ホ(音・イメージ記号)＋衣(限定符号)」を合わせた字。「甫」は「くっつく」というイメージがある(⇨甫)。「補」は衣の破れ目に布をぴったりくっつけて繕う様子を暗示させる。

語義 [展開] 綻びをつくろう意味ⓐから、欠けた所や足りない所に別のものをあてがってうめる(おぎなう)意味ⓑ、欠けた官職に別の人員でうめる意味ⓒに展開する。日本では輔(そばに寄り添って助ける)の代用字ⓓとすることがある。[英]patch, mend, repair; supplement, supply; fill a vacant post; assist [熟語] ⓐ補修・補綴・ⓑ補助・補塡・ⓒ補任・候補・ⓓ補佐(＝輔佐)・補導(＝輔導)

文献 ⓐ荘子・山木「荘子衣大布而補之＝荘子、大布を衣きて之を補ふ(荘子はつぎはぎの大きな布を着ていた)」ⓑ詩経・烝民「維仲山甫補之＝維れ仲山甫之を補ふ([天子の政治の綻びを]仲山甫が補ってやる)」

【輔】14(車・7)　人　音ホ　訓たすける・すけ

語音 *buag(上古)　bu(中古→呉ブ・漢フ・[慣]ホ)　fŭ(中)　보(韓)

語源 [コアイメージ] くっつける。[実現される意味] 車の箱の両脇を支える板ⓐ。[英]protecting board on both sides of carriage

字源 「甫ホ(音・イメージ記号)＋車(限定符号)」を合わせた字。「甫」は「くっつく」というイメージがある(⇨甫)。「輔」は車の箱(荷台)の両脇につける板を暗示させる。

語義 [展開] 車の箱の両脇を支える板の意味ⓐから、両脇にぴたりと

ついて助ける意味ⓑ、天子のそばについて助ける人(大臣)の意味ⓒに展開する。[英]protecting board on both sides of carriage; assist; official assistant [熟語] ⓐ輔車・ⓑ輔佐・輔助・ⓒ王輔

文献 ⓐ詩経・正月「乃棄爾輔、載輸爾載＝乃ち爾の輔を棄つれば、載(すなわ)ち爾の載せたるを輸(おと)さん(もし車の箱の板を捨てると、荷物を落としてしまうだろう)」ⓑ詩経・閟宮「爲周室輔＝周室の輔と為れ(周の王室の輔佐となれ)」

【舗】 15(人・13) 常 常用音訓 ホ

語音 p'o(中古→㊅ホ) pù(中) 포(韓)

語源 [コアイメージ] 平らに広がる。[実現される意味] みせⓐ。[英]shop, store

字源 「舖」が正字。「甫(ホ)(音・イメージ記号)＋舍(限定符号)」を合わせた字。「甫」は「平らに広がる」というイメージがある(⇨甫)。「舖」は商品を平らに敷き並べておく家を暗示させる。敷(平らに敷き広げる)と同源の語。

〔字体〕「舖」(旧字体)は唐の頃に生まれた「鋪」の俗字。「舗」は舍→舎に倣った常用漢字の字体。現代中国では舖を鋪に統合している。

語義 [展開] 商品を陳列して売る店の意味ⓐから、平らに敷き並べる意味ⓑに展開する。[英]shop, store; spread, pave [和訓] しく [熟語] ⓐ書舗・店舗・ⓑ舗設・舗装

文献 ⓐ張籍・贈任道人「薬舗醫人亂索錢＝薬舗の医人、乱りに銭を索(もと)む(薬屋の医者は法外な銭を要求する)」(全唐詩386)

ぼ

【戊】 5(戈・1) 人 ㊀ボ ㊁つちのえ

語音 *mug(上古) məu(中古→㊇ム・㊅ボウ・[慣]ボ) wù(中) 무(韓)

語源 [コアイメージ] 覆いかぶさる。[実現される意味] 十干の第五位ⓐ。[英]the fifth heavenly stem

〔解説〕釈名・釈天では「戊は茂なり。物皆茂盛なり」と語源を説く。*mugという語は茂や冒・木・目と同源で、「覆いかぶさる」というコアイメージをもつ。この語の図形化は斧や鉞のような武器から発想された。これが戊である。父や戉(ツエ)は形態的特徴を捉えたものであるが、戊は機能的な側面からイメージを求めている。斧の類の武器は敵に対して上からかぶさるように打ちかかるので、「覆いかぶさる」というイメージを表すことができる。戊は殷代から十進法の序数詞である十干の第五位に用いられる。この理由を説明したのが釈名の語源説である。十干の名は植物の生長段階を象徴として作られたようである。甲(殻がかぶさる)→乙(芽が出かかって曲がってつかえる)→丙(芽が分かれ出る)→丁(茎や幹が⊥形にすっくと立つ)と進んで、次の順位を戊(枝葉が覆いかぶさる)と名づけた。

〔グループ〕戊・茂

字源 斧や鉞のような武器を描いた図形。郭沫若が斧鉞説を唱えて以来ほぼ定説になっている。ただし十干の名に用いるのは仮借とする文字学者が多い。

(甲)  (金)   (篆) 

語義 [展開] 十干の第五位(つちのえ)の意味ⓐから、順位の五番目の意味ⓑに用いる。[英]the fifth heavenly stem; fifth [熟語] ⓐ戊辰・ⓑ戊夜

文献 ⓐ詩経・吉日「吉日維戊＝吉日は維(こ)れ戊なり([狩猟の]良き日柄はつちのえの日)」

【母】 5(母・1) 常 常用音訓 ボ はは

語音 *mug(上古) mau(中古→呉ム・モ・漢ボウ・[慣]ボ) mŭ(中) 모(韓)

語源 [コアイメージ] ㋐無い・㋑(有を)生み出す。[実現される意味] ははⓐ。[英]mother

〔解説〕*mugという語の起源は幼児語であるかもしれないが、言語の発達とともに新たな観念が付与されるようになる。表層的な意味は「はは」であるが、説文解字に「母は牧なり」とあるように、牧(*muak)と同源の語と意識された。家畜を繁殖させる行為が牧である。母も子孫を繁殖させる存在というのが古代中国人(古典漢語の使用者)の観念である。*mugという語に「子を生み出す(生み殖やす)」というイメージがあることは容易に見てとれる。したがって母は毎(＝每)を派生し、梅(妊娠に効能のあるとされるウメ)・畝(作物を繁殖させる「うね」)などが造語される。一方、母は金文では否定詞にも用いられている(後世では毋と書く)。無と同じ意味である。この事実は母の深層構造を考えるのにヒントを与える。物を生み出す前提には無という事態がある。無から有を生み出すのである。母は子宮という本来何もない空間で生命を育み、外界に生み出し、形あるものを存在せしめる。このような体験から、人は、生とは暗く見えない世界から明るい世界への現出であることを実感する。母という語は「無、暗い、見えない」というイメージを前提にして、「子を生み出す、次々に繁殖させる」というイメージに展開するのである。母が「ない」という意味をもつのは母の深層構造に「無」のイメージがあるからであり、さらに「暗い」というイメージをもつ晦・海・悔・侮などが造語される。英語のmotherは「母は生み出すものである所から、比喩的に出所、源泉、起源の意味となる」(小島①)とあるように、漢語の母と同じ転義をする。ただし漢語の母は比喩ではなく、その語自体が「(無から有を)生み出す存在」という意味を持っていたのである。

〔グループ〕母・毎・苺・毋ブ(ない)・拇ボ(親指[拇指])・姆ボ(乳母

字源 「女」の字に二つの点を入れて、乳房を強調した図形。この意匠によって、ははを表象する。図形にコアイメージは反映されていない。

(甲)　(金)　(篆)

語義 [展開] ははの意味ⓐ。また母に見立てる存在の意味ⓑ、そこから出てくる根源、大本になる存在の意味ⓒを派生する。[英]mother(ⓐ～ⓒ) [熟語] ⓐ母子・父母・ⓑ国母・保母・ⓒ母校・酵母

文献 ⓐ詩経・蓼莪「無母何恃＝母無くして何をか恃(たの)まん(母がいなけりゃ当てがない)」 ⓑ老子・五十二章「天下有始、以為天下母＝天下始め有り、以て天下の母と為す(世界には始まりがあった。それが世界の母[根源]である)」

【牡】 7(牛・3)　人　音ボ　訓おす・お

語音 *mog(上古) mau(中古→呉ム・モ・漢ボウ・[慣]ボ) mŭ(中) 모(韓)

語源 [コアイメージ] 無理を冒して突き進む。[実現される意味] 動物のおすⓐ。[英]male

〔解説〕藤堂明保は矛・戊・卯・冒・目などを同じ単語家族にくくり、「おかす・むりに求める」という基本義があるとした(藤堂①)。*mogという語は矛・冒・眸と同源で、「無理を冒して突き進む」というコアイメージをもつ。動物のおすがめすを求める習性に着目した語である。牡と牝はすでに甲骨文字に出現する。最初は専ら獣(牛・羊・馬・豚・鹿・犬など)のおすを表したが、古典時代になると鳥の習性から発想された雄・雌という語が生まれ、その後、牡と雄、牝と雌の明確な区別はなくなった。ただしコアイメージはそれぞれ異なるので、転義で違いが生じる。

字源 「土(土は変形。イメージ記号)＋牛(限定符号)」を合わせた字。「土」は男の性器が立つ姿を描いた図形。「⊥形にまっすぐに立つ」というイ

メージがある(⇩士)。「牡」は性器が立つおす牛を暗示させる。図形にコアイメージは反映されていない。

(甲)　(篆)

語義 [展開] おすの意味ⓐから、突き出た形のものの意味ⓑを派生する。[英]male; convex thing [熟語] ⓐ牡馬・牝牡

文献 ⓐ詩経・匏有苦葉「雉鳴求其牡＝雉鳴きて其の牡を求む(キジはおすを求めて鳴いている)」

【姥】 9(女・6) 人 | 音 ボ 訓 うば・おば

語音 *mag(上古) mo(中古→呉モ・漢ボ) mǔ(中) 모(韓)

語源 [コアイメージ] 生み殖やす。[実現される意味] 乳母ⓐ。[英]nurse

〔解説〕王力は姥・母・姆・媽を同源とする(王力①)。年輩の女性で、母の代わりとして若い人妻に教えたり、乳母となったりするものをいう。

字源 「老(イメージ記号)＋女(限定符号)」を合わせた字。「老」は年を取っていることを表すとともに、尊敬の気持ちをこめた記号。姥は母と同源であるが、図形にコアイメージは反映されていない。

語義 [展開] 乳母の意味ⓐ、母の意味ⓑ、年取った女性の敬称ⓒに展開する。[英]nurse; mother; old woman [熟語] ⓑ公姥

文献 ⓑ古詩・焦仲卿妻「便可白公姥＝便(すなわ)ち公姥(コウボ)に白(もう)すべし(〔夫の〕父と母に打ち明けたい)」(楽府詩集73)

【菩】 11(艸・8) 人 | 音 ボ

語音 bo(中古→呉ブ・漢ホ・[慣]ボ) pú(中) 보(韓)

字源 「咅(ホ)(音記号)＋艸(限定符号)」を合わせた字。もとは草の名を表したらしいが、実体は不詳。後漢から六朝にかけて、仏典が翻訳された際、音写字に用いられた。

語義 菩提(ボダイ)は梵語bodhiの音写で、智慧・悟りの意味ⓐ。菩薩(ボサツ)は梵語bodhisattvaの音写菩提薩埵(ボダイサッタ)の略で、仏道を求める人の意味ⓑ。[英]wisdom; Buddhist

文献 ⓑ水経注1「菩薩入中西向＝菩薩、中に入り西に向かふ(菩薩は〔石窟の〕中に入り、西を向いた)」

【募】 12(力・10) 常 | 常用音訓 ボ つのる

語音 *mag(上古) mo(中古→呉モ・漢ボ) mù(中) 모(韓)

語源 [コアイメージ] 無いものを求める。[実現される意味] 広く捜し求める、広く求め集める(つのる)ⓐ。[英]search widely, seek

〔解説〕募・慕・摹(摸)には共通のイメージがある。これが「無いものを求める」というイメージである。求めるのはこちらに無いからであり、無を前提として、有らしめたいという意識と行動が起こる。このような人間の行動パターンが言語化され、漢語意味論の特徴の一つである「無い」→「無いものを求める」というイメージ転化現象が生まれる。同じ現象は亡(無い)→望(無いものを望む)、門(隠れて見えない)→問(わからないものを問う)などでも見られる。このイメージ転化現象を初めて指摘したのは藤堂明保である。氏は「およそ物がないから摸(手さぐり)し、募(つの)り、慕(した)うのであって、″ない″というコトバは、″なんとかして探り求めようと努力する″というコトバと、一連のつながりをもっている」と述べている(藤堂①)。日本語の「つのる」はいよいよ強くなる、激しくなる意味で、求めるという意味はないが、おそらく漢語の影響を受けて、求めたいという思いが強くなると転じたと考えられる。大槻文彦は前者の「つのる」とは別語と見、「強く宣(の)る意か、又、告げ宣る意か」と語源を説く(大言海)。

字源 「莫(バク)(音・イメージ記号)＋力(限定符号)」を合わせた字。「莫」は

「見えない」→「無い」とイメージが展開し、さらに「無いものを求める」というイメージに転じる(⇩莫)。「募」はこちらに無いものを求めようと力を尽くす様子を暗示させる。

語義 [展開] 広く捜し求める、広く求め集める(つのる)意味ⓐ。ますます激しくなる(つのる)意味ⓑは日本的用法。[英]search widely, seek, recruit, raise; grow more severe [熟語] ⓐ募集・徴募

文献 ⓐ荘子・説剣「募左右曰、孰能説王之意、止剣士者、賜之千金＝左右に募りて曰く、孰(たれ)か能く王の意を説(よろこ)ばせて、剣士を止むる者あらば、之に千金を賜はん([太子は]家来を募集して、"王様の気持ちをなだめて、剣士の暴力を止められるものがいたら、褒美に千金をやろう"と言った)」

【墓】 13(土・10) 常 | 常用音訓 ボ はか

語音 *mag(上古) mo(中古→呉モ・漢ボ) mù(中) 묘(韓)

語源 [コアイメージ] ㋐隠れて見えない・㋑覆いかぶせる。[実現される意味] はかⓐ。[英]grave, tomb

字源 「莫(バク)(音・イメージ記号)＋土(限定符号)」を合わせた字。「莫」は「隠れて見えない」「覆いかぶせる」というイメージがある(⇩莫)。「墓」は土を覆いかぶせて死体を隠す所を暗示させる。

語義 はかの意味ⓐ。[熟語] ⓐ墓穴・墳墓

文献 ⓐ詩経・墓門「墓門有梅、有鴞萃止＝墓門に梅有り、鴞(キョウ)有りて萃(あつ)まる(墓場の門にウメの木があり、フクロウが集まっている)」

【慕】 14(心・10) 常 | 常用音訓 ボ したう

語音 *mag(上古) mo(中古→呉モ・漢ボ) mù(中) 모(韓)

語源 [コアイメージ] 無いものを求める。[実現される意味] 無いものをほしがるⓐ。[英]want

〈解説〉日本語の「したう(したふ)」はシタ(下)＋オフ(追)で、「人に隠した心の中で、ある人・物を追う意」から、「関心・愛着を持ってあとを追う」意、さらに恋慕する意に転じるという(大野①)。漢語の慕はこちらに無いものを求めて心を寄せることで、転義では「したう」に近くなる。

字源 「莫(バク)(音・イメージ記号)＋心(限定符号)」を合わせた字。「莫」は「無いものを求める」というイメージがある(⇩莫)。「慕」はこちらに無いものを求めようと心に思いを寄せる様子を暗示させる。

語義 [展開] こちらに無いものをほしがる意味ⓐから、こちらにいない(身近にいない)ものに思いを寄せる(したう)意味ⓑに展開する。[英]want; think longingly of, yearn, love [熟語] ⓐ慕利・ⓑ思慕・恋慕

文献 ⓐ韓非子・六反「民慕其利而傲其罪、故姦不止也＝民、其の利を慕ひて、其の罪を傲(あな)どる、故に姦止まざるなり(民は利益を求めて、罪をみくびるから、悪事がやまない)」ⓑ孟子・万章上「人少則慕父母＝人少(わか)ければ則ち父母を慕ふ(人は幼い頃は父母を慕うものだ)」

【暮】 14(日・10) 常 | 常用音訓 ボ くれる・くらす

語音 *mag(上古) mo(中古→呉モ・漢ボ) mù(中) 모(韓)

語源 [コアイメージ] 隠れて見えない。[実現される意味] 日が沈む(くれる)ⓐ。[英]set, get dark

〈解説〉日本語の「くれる(くる)」はクラシ(暗)と同根で、「(日が沈んで)暗くなるが原義」という(大野②)。漢語の暮は莫の「隠れて見えない」というイメージがコアにある。暮とは日が隠れる(日が沈む)ことでもあり、あるいは、日光が隠れて(暗くなって)辺りが見えなくなることでもある。

字源 「莫(バク)(音・イメージ記号)＋日(限定符号)」を合わせた字。「莫」は草原の間に日が沈む情景を設定した図形(⇩莫)。これで十分「日がくれる」を表象できるが、「莫」が「隠れて見えない」→「無い」と、きわ

めて抽象化された転義をしたため、改めて「暮」が作られた。

語義 [展開] 日が沈む(くれる)意味ⓐ、日没の頃、夕方の意味ⓑ、ある時期が終わりになる意味ⓒ、ある期間の終わりの意味ⓓに展開する。月日を過ごす(くらす)意味ⓔは日本的用法。[英]set, get dark; sunset, evening; come to an end, be late; end; live [熟語] ⓑ旦暮・薄暮・ⓒ遅暮・ⓓ暮春・歳暮

文献 ⓐ呉子・治兵「日暮道遠＝日暮れて道遠し(日が暮れて道が遠くなる)」ⓑ孟子・公孫丑下「王驩朝暮見＝王驩、朝暮に見(まみ)ゆ(王驩[人名]は朝と晩に[孟子に]お目にかかった)」

【簿】 19(竹・13) 常 ― 常用音訓 ボ

語音 *bag(上古) bo(中古→呉ブ・漢ホ・[慣]ボ) bù(中) 부(韓)

語源 [コアイメージ] ㋐平ら・㋑薄い。[実現される意味] 文字を書く薄い竹の札ⓐ。[英]writing bamboo slip

字源 「溥ﾌ(音・イメージ記号)＋竹(限定符号)」を合わせた字。「溥」は「薄く平らに広がる」というイメージがある(⇩薄)。「簿」は文字を書くために薄く平らに削った竹の札を暗示させる。

語義 [展開] 文字を書く竹の札の意味ⓐから、財物・金銭などの出納を記入する冊子(帳面、ノート)の意味ⓑを派生する。[英]writing bamboo slip; notebook [熟語] ⓑ帳簿・名簿

文献 ⓑ孟子・万章下「孔子先簿正祭器＝孔子は先づ簿もて祭器を正す(孔子は始めに帳簿でもって宗廟の祭器を規定した)」

ほう

【方】 4(方・0) 常 ― 常用音訓 ホウ かた

語音 *pian(上古) pian(中古→呉・漢ハウ〈＝ホウ〉) fāng(中) 방(韓)

語源 [コアイメージ] 両側に(←□→の形に)張り出す・(□←→□の形に)並ぶ。[実現される意味] 向きⓐ。[英]direction

〔解説〕 方は方向、地方、方形、方正、方法などさまざまな使い方(すなわち意味)があるが、それらを統括する根源的なイメージを解明したのは藤堂明保以外にいない。氏は方のグループ、丙のグループ、並のグループ、彭(ホウ)のグループを同じ単語家族にくくり、「パンと両側に張り出る」という基本義があるとした(藤堂①)。視座の置かれた所から両側に(←□→の形に)張り出すというイメージをもつ語が*pianである。「←□→の形に張り出す」というイメージは、視点を変えれば、「□←→□の形に並ぶ」というイメージに展開する。さらに、左右だけでなく上下に張り出した形を組み合わせると、「✥(四方)」というイメージ、また「□(四角)」というイメージが生まれる。イメージの展開が語義の展開を導くのである。*pianの視覚記号化(図形化)は農具の耒(すき)から発想された。日本語の「かた」のカは場所の意、タはタ・テ(手)と同根で、指し示す方向の意。したがって「かた」は「場所を手ではっきりと指し示した方向の意」という(大野②)。漢語の方のⓐⓙとだけ対応する。英語のdirectionはdirect(まっすぐ、一直線)に由来し、一方向のイメージだが、漢語の方は両方向、さらに四方向のイメージである。だからsquare(四角形)にも当たる。また方に正しいの意味が派生するのはsquareに公正の意味があるのと似た転義現象である。

〔グループ〕 方・芳・放・倣・訪・坊・房・妨・防・紡・肪・傍・舫(ホウ)(舟を並べる→もやいぶね[画舫])・仿(ホウ)(似たものが並ぶ→まねる[仿宋])・彷(ホウ)(右に行ったり左に行ったりして歩き回る[彷徨])・髣(ホウ)(似たものが並んで紛らわしい→ぼんやりしたさま[髣髴])・雱(ホウ)(雨や雪が四方に広がるさま)・魴(ホウ)(菱形の魚、コイ科のトガリヒラウオ)

字源 両側に柄の張り出た鋤を描いた図形。方の字源は諸説紛々であるが、耒(すき)の形と解したのは徐中舒である(耒耜考)。柄のついた耒

は「両側に張り出る」というイメージを表すことができる。徐氏は耒は二人で耕す農具だから、並ぶの意味が生まれたとした。

(甲)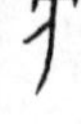 (金) (篆)

[語義] [展開]「↑□↓の形に張り出す」というイメージは、左右または上下に張り出す、または四方に張り出すというイメージに転化し、中心から左右・上下に出る向き(かた)の意味ⓐ、中心(都)から四方に延び出た地域(地方)の意味ⓑ、また、ある範囲の土地の意味ⓒに展開する。「□↑↓□や□-□の形に並ぶ」というイメージから、二つ並ぶ意味ⓓ、木を□-□-□の形に並べた「いかだ」の意味ⓔ、ある事態がある時点に向き合って並ぶ→ちょうどその時点に当たる意味(漢文で「〜にあたりて」「まさに」と読む)ⓕを派生する。また、「四角形(□)」のイメージから、四角形の意味ⓖ、きちんとかどめがある(正しい)意味ⓗ、きちんと決まった手本・模範・法則の意味ⓘ、手本に則って行うやり方(手立て、方法、技術)の意味ⓙを派生する。[英]direction; province, locality; region, place; put side by side; raft; just; square; right, upright; rule, norm, pattern; method, way [和訓]ならぶ・ならべる・あたる・まさに [熟語]ⓐ方向・四方・ⓑ方言・地方・ⓒ方外・遠方・ⓓ比方・ⓕ方今・ⓖ方形・方円・ⓗ方正・ⓙ方策・方法

[文献] ⓐ詩経・日月「出自東方=東方自ょり出づ([日や月は]東方から出る)」ⓒ詩経・大明「以受方國=以て方国を受く(四方の国を受け継ぐ)」ⓓ詩経・鵲巣「維鵲有巣、維鳩方之=維(こ)れ鵲(かささぎ)に巣有り、維れ鳩(キュウ)之に方(なら)ぶ(カササギの巣があると、カッコウ[の雌雄]が並んでいるよ)」ⓔ詩経・漢広「江之永矣、不可方思=江の永き、方(いかだ)すべからず(長江は長いよ、いかだで渡れない)」ⓕ詩経・定之方中「定之方中=定(テイ)の方(まさ)に中す(ペガサスがちょうど南を指す時)」ⓘ詩経・皇矣「萬邦之方=万邦の方([文王は]万国の手本だ)」ⓙ論語・雍也「能近取譬、可謂仁之方也已=能く近くに譬(たと)へを取る、仁の方と謂ふべきのみ(他人のことを自分の身にたとえて考える、これこそ仁を達成する方法と言える)」

【包】 5(勹·3) [常] [常用音訓] ホウ つつむ

[語音] *pŏg(上古) pău(中古→[呉]ヘウ〈=ヒョウ〉・[漢]ハウ〈=ホウ〉) bāo(中) 포(韓)

[語源] [コアイメージ] 周囲から中のものを⊙の形に取り巻く。[実現される意味] 中のものを周囲から丸く包む(つつむ・くるむ)ⓐ。[英]wrap

〔解説〕王力は包—胞、苞—茂—葆、抱—保—孚—孵、匏—瓢の四組をそれぞれ別の同源語とする(王力①)。藤堂明保は包のグループをすべて統括させるだけでなく、保のグループ、孚のグループ、さらに宝・腹・缶(フ)・阜などと同じ単語家族に入れ、「つつむ・丸くふくれる」という基本義をもつとした(藤堂①)。言い換えれば「周囲から中のものを⊙の形に取り巻く」というイメージである。これは「中のものを外から囲んで大切に守る」というイメージ、また、「丸くふくれる」というイメージにも展開する。図形化は胎児をはらむ子宮から発想された。古代の人たちは*pŏgということばのイメージが、中にあるものを丸く、大事に、取り巻いてつつむ母胎の姿こそふさわしいと考えたのであり、また、母胎を*pŏg(胞)と呼ぶ理由でもある。日本語の「つつむ」はツツシム(気持ちが外に現れないようにする)のツツと同根で、「物の全体を、中の物が外にこぼれたりあふれたりしないように別の物でくるむ意」という(大野②)。

〔グループ〕包・抱・泡・胞・砲・飽・鞄・庖(ホウ)(食料を中に入れて保存する建物→くりや[庖厨])・苞(ホウ)(物を包むわらづと[苞苴])・袍(ホウ)(綿を包み入れた衣[縕袍])・疱(ホウ)(水泡に似たできもの[疱瘡])・皰(ホウ)(=靤。皮膚に脂肪を包んだもの、にきび[面皰])・咆(ホウ)(丸く包んだ口を開いて大声を出す→ほえる[咆哮])・炮(ホウ)(=炰。包み焼きする、あぶる[炮烙])・跑(ホウ)(足を丸く回転させるように疾走する)・雹(ハク)

〈丸い氷の粒、あられ、ひょう〉・匏（丸くふくれた形の瓜、ユウガオ）・枹（皿状に丸く殻斗で取り巻いた果実の生る木、コナラ）・鮑（魚に塩を詰め込んだ食品。〈日〉アワビ）・髱（ひげが顔を包むように多いさま。〈日〉たぼ）・麭（丸い団子。〈日〉麺麭（パン））・麅（足が速い鹿、ノロ）　蚫*（純国字。アワビ）

字源「包」が正字。「巳（イメージ記号）＋勹（イメージ補助記号）」を合わせた字。「巳」は胎児の形（⇩巳）。「勹」は↷の形に取り巻くことを示す符号。したがって「包」は胎児が胞衣（えな）で丸くつつまれている情景を設定した図形。説文解字に「人の懐妊に象る。巳、中に在るは、子の未だ形を成さざるに象る」とある。

（篆）

〔字体〕「包」は旧字体。「包」は書道に由来する常用漢字の字体。包に従う他の常用漢字もこれに倣う。

語義［展開］つつむ・くるむ意味ⓐから、周囲を取り巻く意味ⓑ、中に含む意味ⓒ、全部をまとめる意味ⓓ、中に隠して外に現さない意味ⓔ、包み、包んだもの、またそれを数える語ⓕに展開する。［英］wrap; surround, encircle; include, contain; comprehend; hide; package, pack, bundle　［和訓］くるむ　［熟語］ⓐ包装・梱包・ⓑ包囲・ⓒ包含・内包・ⓓ包括・包摂・ⓔ包羞・包蔵・ⓕ一包・薬包

文献ⓐ詩経・野有死麕「野有死麕、白茅包之＝野に死麕（シキ）有り、白茅之を包め（野原にキバノロが死んでいる、白いチガヤで包みなさい）」ⓕ書経・禹貢「厥包橘柚＝厥（そ）の包みは橘柚（貢ぎ物の包みはミカン）」

【芳】7（艸・4）　常　｜常用音訓　ホウ　かんばしい

語音 *p'iaŋ（上古）　p'iaŋ（中古→呉・漢ハウ〈＝ホウ〉）　fāng（中）　방（韓）

語源［コアイメージ］左右上下に（✣の形に）張り出す。［実現される意味］香りが発散する（かんばしい）ⓐ。［英］fragrant

〔解説〕日本語の「かんばしい（かんばし）」はカグハシの転。カグハシはカ（香）＋クハシ（細）の複合語で、「こまやかなよい香りのする意」という（大野②）。漢語の芳は「四方に発散する」というイメージがコアをなす。香も似た意味だが、コアイメージが異なる。

字源「方（音・イメージ記号）＋艸（限定符号）」を合わせた字。「方」は「左右上下に（✣の形に）張り出す」というイメージがある（⇩方）。「芳」は花の香りが四方に発散する様子を暗示させる。

語義［展開］かんばしい意味ⓐから、よい香りの意味ⓑ、よい評判・名声の意味ⓒ、尊敬を示す語ⓓに展開する。［英］fragrant; fragrance, perfume; good reputation; honorific　［和訓］かぐわしい・こうばしい　［熟語］ⓐ芳潤・芳草・ⓑ芳香・佳芳・ⓒ遺芳・ⓓ芳紀・芳名

文献ⓐ荀子・宥坐「夫芷蘭生於深林、非以無人而不芳＝夫れ芷蘭（シラン）は深林に生ず、人無きを以て芳しからざるに非ざるなり（ヨロイグサやランは深林に生えるが、人がいないからといって芳香を発散させないことはない）」

【邦】7（邑・4）　常　｜常用音訓　ホウ

語音 *puŋ（上古）　pɔŋ（中古→呉ホウ・漢ハウ〈＝ホウ〉）　bāng（中）　방（韓）

語源［コアイメージ］∧形に盛り上がる。［実現される意味］諸侯の封ぜられる領域ⓐ。［英］territory of a feudal lord

〔解説〕釈名・釈州国に「邦は封なり」とある。王力は邦―封、丰―豊―芃、奉―捧―俸、夆―逢の四組をそれぞれ別の同源語とする（王力①）。藤堂明保は丰のグループのすべて（奉・夆・封を含む）を統括し、「両方から⋏型にくっつく」という基本義があるとする（藤堂①）。言い換えれば「∧形や⋏形に盛り上げる」というイメージである。邦も封も境界の目印にするために土を盛り上げるという共通の語源がある。

〔グループ〕邦・封・奉・峰・豊・丰（豊かに茂るさま）・蚌（殻が盛

り上がって∧形に蓋の合わさった貝、ドブガイ、また、カラスガイ）・梆（↗↖形に打ち合わせる拍子木）・綁（紐を両方から↗↖形にくくりつける）

字源 「丰（音・イメージ記号）＋邑（限定符号）」を合わせた字。「丰」は草木の枝葉が上に向かって茂っている図形。「↗↖形や∧形に盛り上がる」というイメージを示す記号になる。「邦」は土を盛り上げて領有の印とした領域を暗示させる。この意匠によって、諸侯の封ぜられる「くに」を表象する。

（甲） （金） （篆） ［丰］

（甲）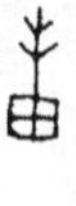 （金） （古） （篆）

語義 ［展開］諸侯の領有した領域ⓐを邦といったが、のち広く、比較的大きな国家のことⓑ。また、日本では、外国に対して「我が国（日本）の」という意味を添える語ⓒ。［英］territory of a feudal lord; state, nation; Japanese ［和訓］くに ［熟語］ⓐ邦君・邦伯・ⓑ邦国・連邦・ⓒ邦楽・邦人

文献 ⓐ詩経・雨無正「邦君諸侯、莫肯朝夕＝邦君諸侯、肯へて朝夕するもの莫し（くにの君主・諸侯は、朝夕の参内に来ない）」ⓑ詩経・君子偕老「邦之媛也＝邦の媛なり（国一番の美女だ）」

【奉】8(大・5) 常 ｜ 常用音訓 ホウ・ブ たてまつる

語音 *bıuŋ(上古) bıoŋ(中古→呉ブ・漢ホウ) fèng(中) 봉(韓)

語源 ［コアイメージ］↗↖の形に頂点で出会う。［実現される意味］恭しく両手でささげ持つ（おしいただく）ⓐ。［英］hold with both hands

〔解説〕丰にコアイメージの源泉がある。これは「↗↖形や∧形に盛り上がる」というイメージを示す記号である。このイメージは「先端が∧形をなす」というイメージ、また、「↗↖の形に頂点で出会う」というイメージに展開する。物を恭しく捧げ持つ姿は↗↖の形を呈する。釈名・釈姿容に「捧（ささげる）は逢なり。両手相逢ひて、以て之を執るなり」とあり、逢と同源と見たのは卓見。↗の方向から歩いて来る足が↖の方向から来る足と∧の形の先端（頂点）で出会うことが逢である。日本語の「たてまつる」のタテは立テ（目立つようにはっきり示す意）、マツルは物を供える意で、「相手に物や使者などをおくる意の謙譲語」という（大野①）。漢語の奉はささげ持つ意味で、謙譲語ではないが、ささげ持つという行為には尊敬の気分が含まれている。

〔グループ〕奉・俸・棒・捧・菶（草が∧形に盛り上がって茂るさま）・琫（刀の鞘の峰につけた飾り）・蜯（＝蚌。ドブガイ）

字源 楷書では形が崩れて分析困難。篆文は「丰（音・イメージ記号）＋廾（両手の形。イメージ補助記号）＋手（限定符号）」を合わせた字。「丰」は「↗↖形や∧形に盛り上がる」というイメージがあり（⇩邦）、「↗↖の形に頂点で出会う」というイメージに展開する。「奉」は物を両手で↗↖の形にささげ持つ様子を暗示させる。

（金） （篆）

語義 ［展開］恭しく両手でささげ持つ（おしいただく）意味ⓐから、恭しく差し上げる意味ⓑ、上からの命令をうける意味ⓒ、上に仕える意味ⓓに展開する。また、「謹んで〜する」と敬意を示す語ⓔに用いる。［英］hold with both hands; present, dedicate; receive; serve; respectfully ［熟語］ⓐ遵奉・信奉・ⓑ奉呈・奉納・ⓒ奉職・奉勅・ⓓ奉公・奉仕・ⓔ奉迎・奉祝

文献 ⓐ詩経・棫樸「左右奉璋＝左右、璋を奉ず（左右の家来は［君主から賜った］玉をおしいただく）」

【宝】8(宀・5) 常 ｜ 常用音訓 ホウ たから

語音 *pog(上古)　pau(中古→呉・漢ホウ)　bǎo(中)　보(韓)

語源 [コアイメージ] ⊙の形に中のものを大事に包む。[実現される意味] 大切にするもの(たから)ⓐ。[英]treasure

〔解説〕古典の注釈に「宝は保なり」とあるように、宝と保は同源の語である。藤堂明保は保のグループだけではなく、包のグループ、孚のグループ、また缶(フ)・阜・腹などとも同源とし、「つつむ・丸くふくれる」という基本義があるとした(藤堂①)。*pogという語は「周囲を⊙の形に取り巻いて、中の物を大切に守る」というコアイメージをもつ。包囲の包、保存の保はこのイメージがコアにある。たからものは大切にしまって守るものだから*pog(宝)という。

字源 「寶」が正字。「缶(フ)(音・イメージ記号)+玉+貝(ともにイメージ補助記号)+宀(限定符号)」を合わせた字。「缶」は腹の丸くふくれた土器を描いた図形で、「周囲が丸くふくれて、中にたっぷり包み入れる」というイメージがある(⇩缶)。「丸く取り巻く(つつむ)」と「丸くふくれる」は可逆的イメージである。「寶」は家の中に財物をたっぷりと包み入れておく様子を暗示させる。この意匠によって、たからを表象する。

(甲)　(金)　(篆)

〔字体〕「宝」は近世中国で発生した「寶」の俗字。

語義 [展開] たからの意味ⓐ、大切にする意味ⓑ、大切な・尊い意味ⓒ、また、通貨の意味ⓓ、天子の物事に関する尊敬語ⓔに展開する。[英]treasure(ⓐⓑ); value, cherish; precious, valuable; currency; honorific concerning emperor [熟語] ⓐ宝石・財宝・ⓑ重宝・ⓒ宝鑑・宝典・ⓓ通宝・ⓔ宝算・宝祚

文献 ⓐ詩経・桑柔「稼穡維寶＝稼穡は維(こ)れ宝なり(穀物はまことに宝物)」ⓑ孟子・尽心下「寶珠玉者殃必及身＝珠玉を宝とする者は殃(わざわ)ひ必ず身に及ぶ(宝石を大事にするものは、禍が振りかかる)」

【抱】 8(手・5)　常　(常用音訓) ホウ　だく・いだく・かかえる

語音 *bog(上古)　bau(中古→呉ボウ・漢ホウ)　bào(中)　포(韓)

語源 [コアイメージ] 周囲から中のものを⊙の形に取り巻く。[実現される意味] 両手を物の周りにぐるりと回す(だく・かかえる)ⓐ。[英]hold in one's arms

〔解説〕釈名・釈姿容では「抱は保なり。相親しみ保つなり」とある。二人が抱擁する姿を念頭に置いた解釈。保と同源としたのはよいが、深層構造を捉えていない。保も「中の物を⊙の形に大切に囲む」というのがコアイメージである。日本語の「いだく」「だく」はムダク→ウダク→イダク→ダクと転じた語。「ムは身の古形。タクは腕をはたらかせて何かをする意。従って、ムダクは相手の体を両手でかかえて締める意」という(大野①)。漢語の抱とほぼ同じ。「思いをいだく」という転義も共通する。また「かかえる(かかふ)」はカキ(懸)アフ(合)の約で、「手で抱くように持つ」の意味(大野①)。これも漢語の抱とほぼ同じだが、保護下に置く(かばう・養う)という意味への展開は抱にない。

字源 「包(ホウ)(音・イメージ記号)+手(限定符号)」を合わせた字。「包」は「周囲から中のものを⊙の形に取り巻く」というイメージがある(⇩包)。「抱」は手で物の周りを⊙の形に取り巻く様子を暗示させる。この意匠によって、「だく・いだく」ことを表象する。

語義 [展開] 両手を物の周りにぐるりと回す(だく・かかえる)意味ⓐから、胸中に思いをこめる(いだく)意味ⓑに展開する。庇護する(かばう)、また、世話をする(養う)の意味ⓒは日本的用法。[英]hold in one's arms, embrace, hug, enfold; hold, cherish; protect, take care of [熟語] ⓐ抱柱・抱擁・ⓑ抱負・懐抱・ⓒ介抱

文献 ⓐ詩経・氓「抱布貿絲＝布を抱きて糸を貿(もと)む(布を抱えて糸を商う)」

【放】8(攴·4)　常

常用音訓　ホウ　はなす・はなつ・はなれる・ほうる

語音 *pɪaŋ(上古)　pɪaŋ(中古→呉・漢ハウ〈＝ホウ〉)　fàng(中)　방(韓)

語源 [コアイメージ] 中心から四方へ出る(出す)。[実現される意味] 遠くへ追いやる(はなつ)ⓐ。[英]send away, banish

〔解説〕方にコアイメージの源泉がある。これは「←□→の形に張り出す」から「左右・上下に✣の形に張り出す」へとイメージが転じる。要するに「中心から、あるいは、ある場所に視座を置いて、そこから四方へ出ていく」というイメージになる。放はこのイメージからさまざまな意味に展開するが、説文解字に「放は逐なり」とあるように、放逐が最初の意味と考えられる。その物が占めていた場所から、別の方向へ、遠ざけるように出て行かせることが放である。日本語の「はなつ」は「物の中心・本体との連続や関係を絶ち切って自由にさせ、何処へでも行かせる意」という(大野①)。また、「ほうる(はふる)」はハブルが古形。ハブルは「遠くへ放ちやる意が原義」で、「放って捨てる・追放する」「うち捨てておく」の意味になるという(大野②)。これらの意味はおおむね漢語の放と一致する。

字源 「方(音・イメージ記号)＋攴(限定符号)」を合わせた字。「方」は「左右・上下に(✣の形に)張り出す」というイメージがある(⇨方)。「放」は中心から四方へ出る(出す)ことを表象できる。

語義 [展開]「中心から四方へ出る」というコアイメージから、中心(視座の置かれた所)から遠い所へ追いやる(はなつ)意味ⓐ、束縛されていたものを解いて自由にさせる(はなす)意味ⓑ、閉じていたものやまとまっていたものが上下左右に出ていく、四方に散らして出す(はなつ)意味ⓒ、手元にあったものが出てしまって失われる(出るままにさせる、ほうっておく、ほうり捨てる)意味ⓓ、締まりがなく勝手に出ていく(勝手きままにする)意味ⓔに展開する。投げる(ほうる)の意味ⓕは日本的用法。[英]send away, banish, expel, exile; release; shed, emit, shoot; leave, abandon; give free rein, indulge; throw [熟語] ⓐ放逐・追放・ⓑ解放・釈放・ⓒ放散・放出・ⓓ放棄・放置・ⓔ放縦・奔放・ⓕ放物線(＝抛物線)

文献 ⓐ論語・衛霊公「放鄭聲、遠佞人＝鄭声を放ち、佞人を遠ざけよ(淫らな鄭の音楽を追放し、口達者な連中を遠ざけなさい)」ⓑ書経・武成「放牛於桃林之野＝牛を桃林の野に放つ(牛を桃林の野に解き放った)」ⓓ孟子・告子下「人有鶏犬放、則知求之、有放心而不知求＝人、鶏犬の放つこと有れば、則ち之を求むるを知る、心を放つこと有れども、求むるを知らず(人は、鶏や犬がどこかへ行ってしまうと、捜し求めることを知っているが、心がなくなっても求めようとしない)」ⓔ孟子・滕文公下「葛伯放而不祀＝葛伯放にして祀らず(葛の殿様はわがままで先祖を祭らなかった)」

【朋】8(月·4)　人

音ホウ　訓とも

語音 *bəŋ(上古)　bəŋ(中古→呉ボウ・漢ホウ)　péng(中)　붕(韓)

語源 [コアイメージ] ▯-▯の形に並ぶ。[実現される意味] 友だちⓐ。[英]friend

〔解説〕藤堂明保は「ぴたりとくっつく」という基本義をもつ単語家族(備・婦・服・伏・幅・陪など)と、「二つに割れる」という基本義をもつ単語家族(北・負・不・否・倍・氷など)の両方に朋を所属させている(藤堂①)。しかし朋のコアイメージは「▯-▯の形に並ぶ」というイメージに概括できる。「▯→←▯の形にくっつく」「▯-▯の形に並ぶ」「←□→の形に割れる(分かれる)」は可逆的な(相互転化可能な)三つ組みイメージである。「分かれる」「並ぶ」「くっつく」は視点の置き方の違いに過ぎない。同じ例は非にも見られる。友だちやカップルは別々の個体が結びついて仲良く並んだものだから、*bəŋといい、朋で表記する。

〔グループ〕朋・崩・棚・鵬・繃(紐や布をくっつけて縛る、巻きつける[繃帯])・硼(二つの物がぶつかる音の形容)

【字源】甲骨文字・金文は貝を二つ連ねた図形。説文解字では朋を鳳の古文とする。これは大鳥の羽を描いた図形。二つは字源が異なるが、語源は同じで、ともに「二つ並ぶ」というイメージを示す記号になる。

(甲)  [glyph] (金) [glyph] (古) [glyph]

【字体】「朋」は旧字体。「朋」は古くから行われた字体。朋に従う他の字体もこれに倣う。

【語義】[展開] 友だちの意味ⓐから、カップル・ペアになるもの、向き合う相手(たぐい)の意味ⓑ、一緒に組む仲間の意味ⓒに展開する。[英] friend; pair, peer, equal; clique [熟語] ⓐ朋友・親朋・ⓑ無朋・ⓒ朋党

【文献】ⓐ詩経・桑柔「嗟爾朋友＝嗟(ああ)爾(なんじ)朋友よ(ああ、君ら友だちよ)」ⓑ詩経・椒聊「彼其之子、碩大無朋＝彼(か)の其の子、碩大にして朋(たぐい)無し(私のいとしいあの子は、ふくよかさはかなうものがない)」

【法】

8(水・5) 常 ｜ 常用音訓 ホウ・ハッ・ホッ

【語音】*pıuăp(上古) pıuʌp(中古→呉ホフ〈＝ホウ〉・漢ハフ〈＝ホウ〉) fă(中) 법(韓)

【語源】[コアイメージ] はみ出てはならない枠組。[実現される意味] おきて・きまり(のり)ⓐ。[英]law

【解説】従来、法の語源に触れているのは漢の劉熙のみである。彼は釈名・釈典芸で「法は逼なり。人、其の志を従(ほしいまま)にせんと欲せざるは莫(な)し。逼(せま)り正して、限る所有らしむるなり(誰もが欲望を遂げようとするから、それを正すため制限を強制するのである)」と述べている。要点をついてはいるが、法と逼を同源とするのは無理。法の深層構造を初めて解明したのは藤堂明保である。氏は法を乏のグループ、凡のグループ、犯のグループとともに同じ単語家族にくくり、「枠をかぶせる・平らな面でおおう」という基本義をもつとした(藤堂①)。「はみ出る行動をおさえる枠」、すなわち、おきて・きまりのことを古代漢語で*pıuăpという。おきてを設ける前提にはおきてを破るという行為がある。おきてやルールという枠を破る行為を*bıuămといい、犯と書く。また、はみ出ないように設けた型や枠を意味する語が*bıămであり、これを範・笵と書く。*pıuăpという語はこれらと同源である。この聴覚記号の視覚化は神秘的な動物の習性から発想され、灋の図形が考案された。和訓の「のり」は「みだりに口にすべきでないことを言う」意のノル(宣)の名詞形で、法律、規準の意という(大野②)。英語のlawはlay(置く)やlie(横たわる)と同根で、「置かれたもの、定められたもの」が原義という(小島①、下宮①)。これは日本語の「おきて」と発想が似ている。「おきて」はオキ(置)＋テ(方向の意)で、「前もって方向をこれときめて置いて物事に向かう意」が原義で、私的な心構え→取り決め、命令の意になったという(大野①)。日本語も英語も、漢語の「犯してはならない枠」というイメージをもつ法とはイメージが異なる。

【字源】「灋」が本字。「去(イメージ記号)＋廌(イメージ補助記号)＋水(限定符号)」を合わせた字。「廌」は獬廌(カイチ)とも呼ばれる想像上の動物である(薦にも含まれている)。古代中国で、この動物は罪を見分ける不思議な力があり、容疑者に罪があれば、角で突いて知らせたというところから、裁判に利用されたという。ここから獬廌は裁判官のシンボルとなった。「去」は「一線から後ろの方に引き下がる」というイメージがある(⇩去)。「水」は水際、境界線を示す比喩的限定符号。したがって「灋」は越えてはならない一線から引き下がるようにと、裁判官が境界の枠を設ける様子を暗示させる。この意匠によって、はみ出てはならない枠組というイメージを表象する。

(金)  [glyph] (篆) [glyph] [glyph]

【字体】「法」は灋から廌を省いた異体字。

語義 [展開] 人の行為にはめて外れないようにさせるおきて・きまり(のり)の意味ⓐから、誰もが従うべき決まった仕方・方法(手立て)の意味ⓑ、それから離れてはいけない基準・模範の意味ⓒ、基準としてならう(のっとる)という意味ⓓに展開する。また、梵語dharmaの訳語として、真理、仏の教えの意味ⓔに用いられる。[英]law(ⓐⓒ); method, means; standard, rule, model; imitate; Buddha's teachings [和訓]のり・のっとる [熟語] ⓐ法律・法令・ⓑ法式・方法・ⓒ法帖・ⓓ法象・ⓔ説法

文献 ⓐ論語・子罕「法語之言、能無從乎＝法語の言、能く従ふこと無からんや(法にかなった言葉は、従わないわけにはいかない)」ⓑ孫子・謀攻「凡用兵之法、全國爲上、破國次之＝凡そ用兵の法、国を全うするを上と為し、国を破るは之に次ぐ(一般に戦いの方法は、自国を保つのが上策、こわすのは下策である)」ⓓ老子・二十五章「道法自然＝道は自然に法る(宇宙の根源である道は何物をも根拠とせず、ただあるがままに従う)」

【泡】 8(水・5)　常　常用音訓 ホウ　あわ

語音 *p'ŏg(上古)　p'ău(中古→(呉)ヘウ〈＝ヒョウ〉・(漢)ハウ〈＝ホウ〉)　pào(中)　포(韓)

語源 [コアイメージ] 周囲から中のものを⦿の形に取り巻く。[実現される意味] 空気を包んでふくれた水の玉(あわ)ⓐ。[英]bubble, foam

字源 「包(音・イメージ記号)＋水(限定符号)」を合わせた字。「包」は「周囲から中のものを⦿の形に取り巻く」というイメージがある(⇩包)。「泡」は水滴が空気を包んで⦿の形にふくらんだものを暗示させる。漢書・芸文志に「水泡」の用例がある。

語義 [展開] あわの意味ⓐ。また、はかないものの喩えⓑに用いられる。[英]bubble, foam; metaphor of vanity [和訓]あぶく [熟語] ⓐ泡沫・水泡・ⓑ夢幻泡影

文献 ⓐ謝霊運・維摩経十譬賛「水性本無泡＝水の性、本、泡無し(水の性質は本来は泡がない)」(漢魏六朝百三家集65)

【胞】 9(肉・5)　常　常用音訓 ホウ

語音 *p'ŏg(上古)　p'ău(中古→(呉)ヘウ〈＝ヒョウ〉・(漢)ハウ〈＝ホウ〉)　bāo(中)　포(韓)

語源 [コアイメージ] 周囲から中のものを⦿の形に取り巻く。[実現される意味] 胎児を包む膜(えな)ⓐ。[英]placenta

字源 「包(音・イメージ記号)＋肉(限定符号)」を合わせた字。「包」は「周囲から中のものを⦿の形に取り巻く」というイメージがある(⇩包)。「胞」は胎児を包む皮膜を表す。

語義 [展開] えなの意味ⓐ、子宮・母胎の意味ⓑ、皮膜に包まれたものの意味ⓒに展開する。[英]placenta; womb, uterus; thing enfolded by membrane [熟語] ⓐ胞衣・ⓑ同胞・ⓒ気胞・細胞

文献 ⓑ荘子・外物「胞有重閬＝胞に重閬有り(母胎内には空っぽな空間がある)」

【俸】 10(人・8)　常　常用音訓 ホウ

語音 *bɪuŋ(上古)　bɪoŋ(中古→(呉)ブ・(漢)ホウ)　fèng(中)　봉(韓)

語源 [コアイメージ] ⺀の形にささげ持つ。[実現される意味] 給料ⓐ。[英]salary

字源 「奉(音・イメージ記号)＋人(限定符号)」を合わせた字。「奉」は両手を恭しく差し出しておしいただく意味から、お上からいただく給料の意味を派生する。この意味に限定するため、「俸」ができた。俸は奉から分化した字。

語義 給料の意味ⓐ。[熟語] ⓐ俸給・年俸

文献 ⓐ戦国策・中山「三軍之俸、有倍於前＝三軍の俸、前に倍する有り(全軍の給料は以前の二倍になった)」

【倣】10(人・8) 常 ―― 常用音訓 ホウ ならう

語音 *pɪaŋ(上古) pɪaŋ(中古→呉・漢ハウ〈＝ホウ〉) fǎng(中) 방(韓)

語源 [コアイメージ] ⊓－⊓の形に並ぶ・似たものが並ぶ。[実現される意味] 似せる・まねる ⓐ。[英]imitate, resemble

〔解説〕日本語の「ならう(ならふ)」は「物事に繰り返しよく接する意」(大野①)で、もともと習フと同じである。そこから、ある物事にしたがってそのまま繰り返す(模倣する)意味に転じる。漢語の倣はある物事と似るようにする(まねる)ことで、両者は少しイメージが異なる。「まねる(まぬ)」は「そっくり似せて行う」意という(大野①)。英語のimitateも「写しを作る→まねる」の意という(政村①)。倣は「まねる」の訓がふさわしい。

字源 「放(音・イメージ記号)＋人(限定符号)」を合わせた字。「方」は「左右に←⊓→の形に張り出る」というイメージから、「⊓－⊓の形に並ぶ」「似たものが並ぶ」というイメージに展開する(⇩方)。「方(音・イメージ記号)＋攴(限定符号)」を合わせた「放」は、Aがそれと似たBにまねる様子を暗示させる。放は追放・解放の放とは別に「まねる」という意味もあった。後に限定符号の「人」を添えて「倣」となった。倣は放から分化した字。なお、仿仏(似姿がぼんやりと現れるさま)の仿も倣と同義に使われる。

語義 似るようにする(にせる・まねる・ならう)意味 ⓐ。[熟語] ⓐ倣古・模倣

文献 ⓐ史記・日者列伝「越王勾踐倣文王八卦、以破敵國覇天下＝越王勾践、文王の八卦に倣ひ、以て敵国を破りて天下に覇たり(越王勾践は周の文王が作った八卦をまねて、敵國を破って天下の覇者となった)」

【峰】10(山・7) 常 ―― 常用音訓 ホウ みね

〔峯〕10(山・7) 人 ―― 音 ホウ・フ 訓 みね

語音 *p'ɪuŋ(上古) p'ɪoŋ(中古→呉フ・漢ホウ) fēng(中) 봉(韓)

語源 [コアイメージ] ∧の形に盛り上がる・⌃⌃の形に頂点で出会う。[実現される意味] ∧形をなす山、また、山の高い頂上(みね) ⓐ。[英]peak

〔解説〕コアイメージの源泉は丰にある。藤堂明保は「両方から⌃⌃型にくっつく」という基本義を設けたが(藤堂①)、「∧形や⌃⌃形に盛り上げる」というイメージと言い換えることができる。これは「⌃⌃の形に頂点で出会う」というイメージに展開する。Aの足が↗の形に進んできて、Bの足が↖の形に進んでくると、∧形の先端の所で出会う。二人が出会うことを夆(＝逢)という。山の場合は、↗形の稜線と↖形の稜線が頂点で出会い、∧の形を呈するものがすなわち峰である。日本語の「みね」はミ(神聖な)＋ネ(大地にくいいるもの、山の意)で、神聖な山が原義という(大野①)。英語のpeakはpike(矛や槍の穂先)と同根という(小島①)。漢語の峰と鋒(ほこさき)が同源であるのときわめて似ている。

〔グループ〕峰・蜂・縫・逢・蓬・鋒・烽(∧形に高く上がる「のろし」)・篷(∧の形に覆いかぶせるよしず、とま[篷舟])・髼(髪が∧の形に乱れる、ざんばら髪の様子)

字源 「夆(音・イメージ記号)＋山(限定符号)」を合わせた字。「丰」は「∧形に盛り上がる」というイメージがある(⇩邦)。「夂」は各・降に含まれる夂と同じで、足の形。足の動作を示す限定符号になる。「丰(音・イメージ記号)＋夂(限定符号)」を合わせた「夆」は、↗の方向から来る足と、↖の方向から来る足が⌃⌃の形にばったり出会う様子を暗示させる。この意匠によって、「⌃⌃の形に頂点で出会う」というイメージを表すことができる。「峰」は両側から⌃⌃の形にせり上がって、頂上がとがった山を暗示させる。

(金) (篆) ［夆］ (篆)

〔字体〕「峯」は異体字。

語義 みねの意味ⓐ。［熟語］ⓐ高峰・連峰

文献 ⓐ呉越春秋・勾践伐呉外伝「入三峰之下＝三峰の下に入る(三つの峰のある山の下に入った)」

【砲】10(石・5) 常 常用音訓 ホウ

語音 p'ǎu(中古→呉ヘウ〈＝ヒョウ〉・漢ハウ〈＝ホウ〉) pào(中) 포(韓)

語源 ［コアイメージ］㋐四方に発散する・㋑⦿の形に丸くふくれる。［実現される意味］丸い石をはじき飛ばす兵器(大型の石弓)ⓐ。［英］bombard

字源 「礮(＝礟)」が本字。「駮ハク(＝駁。音・イメージ記号)＋石(限定符号)」を合わせた字。「駮(＝駁)」はまだら模様が散らばることから、「四方に発散する」「四方にはじける」というイメージがある。「礮」は石をはじき飛ばす道具を暗示させる。爆(はじけ飛ぶ)・瀑(水しぶきを飛ばす滝)・抛(ほうり投げる)と同源の語。のち、飛ばす物体に焦点を当て、駮を包に替えて、「包ホウ(音・イメージ記号)＋石(限定符号)」を合わせた字体に変わった。「包」は「⦿の形に丸くふくれる」というイメージがある(⇩包)。「砲」は丸い石や弾丸を飛ばす武器を暗示させる。

語義 ［展開］石弓が原義ⓐ。火薬が発明されてから、弾丸を発射する筒型の火器の意味ⓑに転用される。［英］bombard; big gun, cannon ［熟語］ⓑ大砲・鉄砲

文献 ⓐ曹叡・善哉行「發砲若雷＝砲を発すること雷の若(ごと)し(砲を発射する音は雷のようだ)」(楽府詩集36)

【崩】11(山・8) 常 常用音訓 ホウ くずれる・くずす

語音 *pəŋ(上古) pəŋ(中古→呉・漢ホウ) bēng(中) 붕(韓)

語源 ［コアイメージ］↑□↓の形に分かれる。［実現される意味］物体がこわれて落ちる、崩れ落ちるⓐ。［英］collapse, fall

〔解説〕朋にコアイメージの源泉がある。「□－□の形に並ぶ」というイメージを表す記号であるが、視点を変えると「↑□↓の形に分かれる」というイメージに展開する。「くっつく」「並ぶ」「分かれる」は可逆的(相互転化可能な)三つ組みイメージである。物が割れることに焦点を当て、*pəŋという語が生まれたが、割れる方向はどうでもいいのではなく、古典の注釈に「上より下に堕つるを崩と曰ふ」「高きより下るを崩と曰ふ」などとある。つまり物がこわれてがらがらと落ちるというイメージが強い。天子の死を崩というのも山の崩落に喩えている。日本語の「くずれる(くづる)」はクダク(砕)・クヅ(屑)と同根で、「こわれてばらばらになる」意という(大野①)。必ずしも「上から下に」の方向ではない。英語のcollapseはラテン語のcollabi、分析するとcol-(＝together)＋labi(＝to fall)に由来し、倒壊する意という(小島①)。これは「上から下に」の方向が含まれていると見てよい。

字源 「朋ホウ(音・イメージ記号)＋山(限定符号)」を合わせた字。「朋」は「□－□の形に並ぶ」というイメージから「↑□↓の形に分かれる」というイメージに展開する(⇩朋)。「崩」は山の土砂が両側に割れて落ちる様子を暗示させる。

語義 ［展開］くずれ落ちる意味ⓐから、物がこわれてだめになる(くずれる・こわれる)意味ⓑ、天子が死ぬ意味ⓒを派生する。［英］collapse, fall, tumble; break, crash; die(death of emperor) ［熟語］ⓐ崩墜・崩落・ⓑ崩壊・土崩瓦解・ⓒ崩御・崩殂

文献 ⓐ詩経・天保「如南山之壽、不騫不崩＝南山の寿の如く、騫(か)けず崩れず(南山のとこしえの寿のように、欠けもせず崩れもしない)」ⓑ論語・陽貨「三年不爲樂、樂必崩＝三年楽を為さずんば、楽必ず崩れん(三年

間音楽を行わないと、音楽はきっとだめになるだろう）」

【捧】11(手・8) 人 | 音ホウ 訓ささげる

語音 *piuŋ(上古) pıoŋ(中古→呉フ・漢ホウ) pěng(中) 봉(韓)

語源 [コアイメージ] ↗↖の形に頂点で出会う。[実現される意味] 両手でささげ持つⓐ。[英]hold with both hands

〔解説〕 訓の「ささげる(ささぐ)」はサシ(指し)アグ(上ぐ)の約で、「手で上へ高くあげる」意(大野①)。漢語の捧もほぼ同じであるが、「ささぐ」と少し違った用法がある。胸や腹を自分の手でささげるような動作があり、捧心は悲しむときの動作、捧腹は大笑いする動作である。

字源 「奉ホウ(音・イメージ記号)+手(限定符号)」を合わせた字。「奉」は↗↖の形に両手でささげ持つことを表す(⇩奉)。ささげる動作は奉も捧も同じ。ただし奉はある人から与えられる物を恭しくささげ持つことであるが、捧は両手を胸の前に↗↖の形にして物をささげ持つという行為そのものを表す。

語義 [展開] 両手でささげ持つ意味ⓐ。自己を犠牲にしてすべてを差し出す(ささげる)意味ⓑは日本的用法。[英]hold with both hands; devote, dedicate [熟語] ⓐ捧持・捧腹絶倒

文献 ⓐ荘子・天運「西施病心而矉、其里之醜人、見而美之、帰亦捧心而矉＝西施、心を病みて矉ヒンす、其の里の醜人、見て之を美とし、帰りて亦た心を捧ホウじて矉す(西施[美女の名]は胸を病んで顔をしかめていた。村の醜女がその姿を見て美しいと思い、帰ると自分も両手を合わせて胸をかかえ、顔をしかめた)」

【萌】11(艸・8) 人 | 音ホウ・ボウ 訓もえる・きざす・きざし

〔萠〕11(艸・8) 人 | 音ホウ・ボウ 訓もえる・きざす・きざし

語音 *mǎŋ(上古) mɛŋ(中古→呉ミャウ〈＝ミョウ〉・漢マウ〈＝モウ〉・[慣]ハウ〈＝ホウ〉・バウ〈＝ボウ〉) méng(中) 맹(韓)

語源 [コアイメージ] ㋐見えない・㋑姿を現す。[実現される意味] 植物が芽を出すⓐ。[英]sprout

〔解説〕 植物の芽生えは無の世界から有の世界への出現である。植物は暗くて見えない地中から明るい地上へ現れる。これが萌(めばえ)という語の由来。萌を構成する明は「あかるい」が表層の意味であるが、「暗くて見えない・わからない」がコアイメージである。これは無に抽象化できる。有を生み出すものが無であるという観念は母ということばにも見られる。日本語の「もえる(もゆ)」は「芽が出る、春のきざしが見える意」という(大野②)。

字源 「明メイ(音・イメージ記号)+艸(限定符号)」を合わせた字。「明」は「暗い所を明るくする」というイメージがあり、「見えないものが見えるようになる」というイメージに展開する(⇩明)。「萌」は草が暗い所から明るい所へ現れ出る様子を暗示させる。この意匠によって、植物が芽を出すことを表象する。

〔字体〕「萠」は「萌」の俗字。

語義 [展開] 植物が芽を出す意味ⓐから、物事が起こり始める意味ⓑ、前触れ(きざし)の意味ⓒに展開する。[英]sprout; occur, start; sign, omen [熟語] ⓐ萌芽・萌生・ⓒ萌兆

文献 ⓐ孟子・告子上「非無萌蘖之生焉＝萌蘖ボウゲツの生ずること無きに非ず([牛山は木が伐採されたが]草木の芽生えがなくはない)」

【訪】11(言・4) 常 | 常用音訓 ホウ おとずれる・たずねる

語音 *p'iaŋ(上古) p'ıaŋ(中古→呉・漢ハウ〈＝ホウ〉) fǎng(中) 방(韓)

語源 [コアイメージ] 中心から四方へ出る。[実現される意味] 出向いて意見などを問い謀るⓐ。[英]inquire, interview

〔解説〕説文解字に「汎く謀るを訪と曰ふ」とある。段玉裁は「方は旁と通用し、溥(ひろい)なり」と述べている(説文解字注)。訪は単に「問う」「謀る」の意味だけではなく、「広く」の意味素が含まれる。方がコアイメージを提供する記号である。これは「左右、また左右上下(四方)に出ていく」というイメージである。四方に出向いて行き、意見などを問い謀ることを訪という。日本語の「おとずれる(おとづる)」は音連レの意で、「相手に声を絶やさずかける、手紙を絶やさずに出す意が原義」で、そこから「(いつも)相手を訪ねる」「音信する」意味に展開するという(大野①)。また、「たずねる(たづぬ)」は「綱につかまって先へ行くように、物事や人を追求する意」(大野①)で、これは漢語の尋や訊に当たる。転義に「目指すものを探し出す」や「人を訪問する」という意味がある。日本語の「おとずれる」「たずねる」は漢語の訪のⓑⓒとほぼ一致する。

字源 「方(音・イメージ記号)+言(限定符号)」を合わせた字。「方」は「(視座を置いた)中心から四方へ出る」というイメージがある(⇩方)。「訪」は視座を置いた場所からよそへ出向いて行って、意見などを問い謀る(諮る)様子を暗示させる。

語義 [展開] 出向いて意見を問う意味ⓐから、人と会うために出かけていく(面会する・訪問する、たずねる・おとずれる)意味ⓑ、また、あちこち出向いて探し求める意味ⓒに展開する。[英]inquire, interview; visit; seek, search [和訓]とう・おとなう [熟語] ⓐ諏訪・詢訪・ⓑ訪問・歴訪・ⓒ尋訪・探訪

文献 ⓐ書経・洪範「王訪于箕子＝王、箕子に訪ふ(周の武王は箕子[殷の賢人の名]に意見を問うた)」

【逢】 11(辵・7) 人 音ホウ 訓あう

語音 *bɪuŋ(上古) bɪoŋ(中古→呉ブ・漢ホウ) féng(中) 봉(韓)

語源 [コアイメージ] ∧の形に頂点で出会う。[実現される意味] 二つ(二人)がばったり出会うⓐ。[英]meet

字源 「夆(音・イメージ記号)+辵(限定符号)」を合わせた字。「夆」は「∧形や∧形に盛り上がる」「∧の形に頂点で出会う」というイメージがある(⇩峰)。「逢」は↗の方向から歩いて来た足と↖の方向から歩いて来た足が∧の形の先端(頂点)で出会う様子を暗示させる。

語義 [展開] ばったり出会う意味ⓐから、調子を合わせる(迎合する)意味ⓑを派生する。[英]meet; accomodate [熟語] ⓐ逢遇・逢着・ⓑ逢迎

文献 ⓐ詩経・柏舟「逢彼之怒＝彼の怒りに逢へり(彼の怒りに出くわした)」 ⓑ孟子・告子下「逢君之惡、其罪大＝君の悪を逢ふ、其の罪は大なり(君主の悪事に迎合する罪は大きい)」

【報】 12(土・9) 常 常用音訓 ホウ むくいる

語音 *pog(上古) pau(中古→呉・漢ホウ) bào(中) 보(韓)

語源 [コアイメージ] ⇅の形にはね返る。[実現される意味] お返しをする(むくいる)ⓐ。[英][英]reward, repay

〔解説〕王力は報と復を同源とする(王力①)。古典の注釈にも「報は復なり」とあるように、早くから二語の同源意識があった。藤堂明保はさらに復・褒とを加え、「ひき返す・かさねる」という基本義を設けた(藤堂①)。これは「⇅の形にはね返る」と言い換えることができる。↓の方向から来る物事に対して、↑の方向にはね返すことが*pog のコアイメージで、恩やあだ・恨みなど、善悪にかかわらずこちらに向かって来た物事に、それ相応のものでもって返すことを報という。日本語の「むくいる(むくゆ)」はムクイの動詞形。ムクイはムク(向)+イ(もの・ことの意の古語)の複合で、「自分への相手の行為、また、相手への自分の行為に対して、ちょうど正面から向き合うような事の意」という(大野①)。漢

語の報と同様、善悪にかかわらず仕返しをする意味である。英語のrewardはre(再び)ward(見守る)で、「しっかり功労を見抜く→功労に報いる」の意という(政村①)。repay、revenge、reportなどのre-も「元へ、再び」の意を持つ接頭語であるが、漢語の報はその語自体に「⇅の形にはね返る」というコアイメージが含まれている。

字源 「𠬝(イメージ記号)＋幸(イメージ補助記号)」を合わせた字。「𠬝」はひざまずく人の背に手をぴったりつける形(⇩服)。「幸」は手錠の形(⇩幸)。したがって「報」は犯人に手錠をはめて捕まえる情景を設定した図形。図形にコアイメージは反映されていない。図形からストレートに「捕まえる」という意味を取ると誤る。悪事に仕返しをするという一場面を設定することによって、仕返しをする意味をもつ*pogの視覚記号としたものである。漢字は意味→図形の方向に見ないと往々間違いが起こる。白川静は「手かせを加えて圧服するのは、刑罰に服させることであり、報復的な処罰であるから、報いる意となる」という(白川①)。字形→意味の方向で漢字を見ると、報復的刑罰の意味になってしまう。

(甲) 　(金) 　(篆)

語義 [展開]「⇅の形にはね返る」というコアイメージは、具体的な文脈では、善事なら「(恩などに)お返しをする」の意味ⓐ、悪事なら「(あだに)仕返しをする」の意味ⓑ、また、はね返るようにして情報を伝える(告げ知らせる)という意味ⓒが実現される。[英]reward, repay, recompense; revenge, avenge; announce, report [和訓]しらせる・しらせ [熟語] ⓐ報恩・報酬・ⓑ報復・ⓒ報告・報道

文献 ⓐ詩経・木瓜「投我以木瓜、報之以瓊琚＝我に投ずるに木瓜を以てす、之に報ゆるに瓊琚(ケイキョ)を以てす(私に贈るボケの実に、帯のルビーがその返し)」ⓑ孟子・告子下「受之而不報＝之を受けて報ぜず(受けたのに報告しなかった)」

【棚】12(木・8)　常　常用音訓 たな

語音 *bĕŋ(上古) bɛŋ(中古→呉ビャウ〈＝ビョウ〉・漢ハウ〈＝ホウ〉) péng(中) 붕(韓)

語源 [コアイメージ] □-□の形に並ぶ。[実現される意味] かけはしⓐ。[英]plank roadway on a cliff

字源 「朋(ホウ)(音・イメージ記号)＋木(限定符号)」を合わせた字。「朋」は「□-□の形に並ぶ」というイメージがある(⇩朋)。「棚」は板や棒を□-□-□-の形に並べて渡れるようにした建造物を暗示させる。説文解字に「棚は棧(架け橋)なり」とある。

語義 [展開] 架け橋の意味ⓐ。日本では物を載せる「たな」の意味ⓑに当てる。[英]plank roadway on the cliff; shelf, rack

【蜂】13(虫・7)　常　常用音訓 ホウ　はち

語音 *p'iuŋ(上古) p'ioŋ(中古→呉フ・フウ・漢ホウ) fēng(中) 봉(韓)

語源 [コアイメージ] 先端が∧形をなす。[実現される意味] ハチⓐ。[英]bee, wasp

字源 「夆(ホウ)(音・イメージ記号)＋虫(限定符号)」を合わせた字。「夆」は「∧形に盛り上がる」というイメージがあり、「先端が∧形をなす」というイメージに展開する(⇩峰)。「蜂」は∧の形にとがった毒針をもつ虫を暗示させる。

〔字体〕「蠭」は異体字。

語義 [展開] ハチの意味ⓐ。また、群がるものの喩えⓑに用いられる。[英]bee, wasp; in swarms [熟語] ⓐ蜂窩(ホウカ)・養蜂・ⓑ蜂起・蜂出

文献 ⓐ老子・五十五章「含徳之厚、比於赤子、蜂蠆虺蛇不螫＝徳を含むことの厚きは、赤子に比す、蜂・蠆(タイ)・虺(キ)・蛇も螫(さ)さず(徳を豊かに持つ人は赤ん坊にたとえられよう。ハチも、サソリも、マムシも、ヘビも赤ん坊を

刺すことはない)」

【豊】13(豆・6) [常] | [常用音訓] ホウ ゆたか

[語音] *p'ioŋ(上古) p'iuŋ(中古→[呉]フ・[漢]ホウ・[慣]ブ) fēng(中) 풍(韓)

[語源] [コアイメージ] ↗↖の形に盛り上げる。[実現される意味] 物や量がたっぷりある(満ち足りる)ⓐ。[英]abundant, rich, plentiful

〔解説〕王力は豊・丰ホウ・峯ホウ・芃ホウを同源とし、草が盛んに茂る意があるとした(王力①)。藤堂明保は豊を付のグループおよび丰ホウ(夆・奉を含む)のグループと同じ単語家族に入れ、「両方から↗↖型にくっつく」という基本義があるとした(藤堂①)。丰にコアイメージの源泉がある。これは「∧の形や↗↖の形に盛り上げる」というイメージを示す記号である。物が盛り上がってゆたかな状態を捉えた語が*p'ioŋであり、これの視覚記号として豐が考案された。字源については諸説紛々で、定説がないが、豐と丰の同源意識が起こってから生まれた篆文の字体が拠り所になる。日本語の「ゆたか」はユタ(寛)と同根で、空間的・心理的にゆったりしている、余裕がある、財産などが十分満ち足りるという意味。英語のabundantはラテン語のabundare、ab-(away)+undare(to flow)が語源で、「あふれるほどたくさん」の意という(小島①、政村①)。漢語の豊は「盛り上がる、せり上がる」のイメージなので、「あふれる」のイメージと一脈通ずる。

[字源] 「豐」が正字。「丰ホウ+丰ホウ(ともに音・イメージ記号)+山(イメージ補助記号)+豆(限定符号)」を合わせた字。甲骨文字・金文では禮(礼の旧字体)・醴(体の旧字体)に含まれる豊レイと同形であったが、篆文の段階で字体が変わった。それは*p'ioŋという語形が丰(*p'iuŋ)と同源と意識されるようになったからである。「丰」は「∧形や↗↖形に盛り上げる」というイメージがある(⇩邦・封)。「山」は山岳の「やま」ではなく、「∧形や△を呈する」というイメージを添える記号。「豆」はたかつきという器。したがって「豐」はたかつきの上に食物や供物を両側から↗↖の形に盛り上げる情景を設定した図形。この意匠によって、量がたっぷりあることを表象する。

(甲)  (金)  (篆) 

〔字体〕「豊」は近世中国で発生した「豐」の俗字。現代中国の簡体字は「丰」。

[語義] [展開] 物や量がたっぷりある(ゆたか)の意味ⓐから、草木が盛り上がるように盛んに茂る意味ⓑ、作物のみのりがたっぷりと多い意味ⓒに展開する。[英]abundant, rich, plentiful, affluent; flourish; good harvest [和訓] とよ [熟語] ⓐ豊富・豊満・ⓑ豊熟・豊穣・ⓒ豊作・豊年

[文献] ⓐ管子・君臣「民足於産則國家豐矣=民、産に足れば則ち国家豊かなり(人民に産物が足りれば、国家は豊かになる)」ⓑ詩経・湛露「湛湛露斯、在彼豐草=湛湛たる露、彼の豊草に在り(しっとり置いた夜の露、こんもり茂る草の上)」ⓒ詩経・無羊「實維豐年=実に維これ豊年(「魚の夢は豊作の年のしるし)」

【飽】13(食・5) [常] | [常用音訓] ホウ あきる・あかす

[語音] *pŏg(上古) pău(中古→[呉]ヘウ〈=ヒョウ〉・[漢]ハウ〈=ホウ〉) bǎo(中) 포(韓)

[語源] [コアイメージ] 中のものを⊙の形に取り巻く・丸くふくれる。[実現される意味] 腹いっぱい食べるⓐ。[英]eat one's fill

〔解説〕包にコアイメージの源泉がある。*pŏgはいっぱい食べて腹がふくれるという即物的なことば。飢(うえる、ひもじい)の反対である。日本語の「あきる(あく)」は「もうこれでいいと満足する」意で(大野①)、漢語の飽の派生義ⓑと対応する。漢語の飽には「嫌気がさす」の意味は

ない。この意味の漢語は厭(エン)である。

字源 「包(ホウ)(音・イメージ記号)＋食(限定符号)」を合わせた字。「包」は「中のものを⊙の形に取り巻く」というイメージがあり、「⊙の形に丸くふくれる」というイメージにも展開する(⇩包)。「飽」は食べ物を腹に入れて、腹が丸くふくらむ様子を暗示させる。この意匠によって、あきるほど十分に食べることを表象する。

語義 [展開] 腹いっぱい食べる意味ⓐから、十分満ち足りる意味ⓑを派生する。あきる(嫌になる)意味ⓒは日本的用法。[英]eat one's fill, satiate; satisfy; tire [熟語] ⓐ飽食・飽満・ⓑ飽和

文献 ⓐ詩経・権輿「今也毎食不飽＝今や毎食飽かず(今は食事のたびにひもじい思い)」ⓑ詩経・既酔「既飽以德＝既に飽くに徳を以てす(恩徳をたっぷり戴いて満足する)」

【蓬】 14(艸・11) 人 音ホウ 訓よもぎ

語音 *buŋ(上古) buŋ(中古→呉ブ・漢ホウ) péng(中) 봉(韓)

語源 [コアイメージ] ∧形に盛り上がる。[実現される意味] ヨモギの一種ⓐ。[英]fleabane

字源 「逢(ホウ)(音・イメージ記号)＋艸(限定符号)」を合わせた字。「逢」は「∧形や∧∧形に盛り上がる」「∧∧の形に頂点で出会う」というイメージがある(⇩逢)。「蓬」は叢生して∧∧形に盛り上がる草を暗示させる。

語義 [展開] キク科の草、ムカシヨモギの意味ⓐ。大きな葉が叢生する。日本では一般にヨモギⓑに当てる。[英]fleabane; mugwort [熟語] ⓐ蓬髪・飛蓬

文献 ⓐ詩経・伯兮「首如飛蓬＝首(こうべ)は飛蓬の如し(頭はまるでよもぎ髪[乱れ髪])」

【鞄】 14(革・5) 人 音ホウ 訓かばん

語音 *bŏg(上古) bău(中古→呉ベウ〈＝ビョウ〉・漢ハウ〈＝ホウ〉) páo(中) 포(韓)

語源 [コアイメージ] ㋐ふくれる・㋑柔らかい。[実現される意味] 皮革をなめす職人ⓐ。[英]tanner

字源 「包(ホウ)(音・イメージ記号)＋革(限定符号)」を合わせた字。「包」は「丸くふくれる」というイメージがあり、これをもとにした泡(空気を包んだあわ)や袍(ホウ)(綿を包み入れてふっくらとした衣)では「柔らかい」というイメージにつながる(これは二次的イメージ)。このイメージを利用して、「鞄」は革を柔らかくなめして製造する職人を表す。

語義 [展開] 皮革をなめす職人の意味ⓐが原義。のち「包＋革」の文字面から、革製の包みの意味ⓑが生まれた。日本では一般に「かばん」に当てる。[英]tanner; bag

【鳳】 14(鳥・3) 人 音ホウ 訓おおとり

語音 *bɪuəm(上古) bɪuŋ(中古→呉ブ・ブウ・漢ホウ) fèng(中) 풍(韓)

語源 [コアイメージ] ㋐擬音語・㋑広く覆う。[実現される意味] 空想上の大鳥(鳳凰)ⓐ。[英]phoenix

〔解説〕人間世界の政治や環境が理想に達した時に出現すると信じられた瑞鳥である。頭は鶏、頸は蛇、あごは燕、背は亀、尾は魚に似、五色が備わるという。最初は雌雄の区別はなかったが、後に雄が鳳、雌が凰とされる。殷代では風と同一視され、風を起こす鳥と考えられたらしい。鳳と風は同源の語で、凡(*bɪăm)にコアイメージの源泉がある。これは「広く覆う」というイメージを表す記号である。しかしそのイメージだけではなく、風の擬音語も兼ねている。大きな翼の姿、また、はばたいて大きな音を立てる状況を想定して*bɪuəmという語が生まれた。鳳凰は現実の鳥がモデルになったと見、フウチョウ(風鳥)に当てる説や、カンムリセイランに当てる説などがある。

字源「凡(ボン)(音・イメージ記号)＋鳥(限定符号)」を合わせた字。「凡」は「広く覆う」というイメージがある(⇩凡)。「鳳」は翼が広く覆う鳥を暗示させる。甲骨文字では象形文字で、「凡」の記号を添える形もある。

語義 [展開] 鳳凰の意味ⓐ。また、帝王・天子の象徴ⓑ、優れた者の喩えⓒに用いられる。[英](male)phoenix; symbol of emperor; metaphor of outstanding person [熟語] ⓐ鳳鳥・瑞鳳・ⓑ鳳闕・鳳輦・ⓒ鳳児・鳳雛

文献 ⓐ詩経・巻阿「鳳皇于飛＝鳳皇于(ここ)に飛ぶ(鳳凰が飛んでいるよ)」

【褒】15(衣・9) 常 ｜ 常用音訓 ホウ　ほめる

語音 *pog(上古) pau(中古→呉ホ・ホウ・漢ホウ) bāo(中) 포(韓)

語源 [コアイメージ] ㋐中のものを⊙の形に取り囲む・㋑ゆったりと大きい。[実現される意味] ゆったりと広く大きな衣ⓐ。[英]ample gown

〔解説〕呆・保にコアイメージの源泉がある。これは「中のものを外側から⊙の形に取り囲む」というイメージである。内部がゆったりと大きい衣を褒という。説文解字に「褒は衣の博き裾」とある。段玉裁は褒に大の意味が生じ、褒美(たたえる)の意味にもなったとする。日本語の「ほめる(ほむ)」のホはおそらくホ(秀)と同根で、「他よりもぬきんでてすぐれていると、口に出してたたえる」意味という。また「たたえる(たたふ)」はタタフ(湛)と同根で、「あふれるばかりにいっぱいで大きいとする意」という(大野①②)。漢語の褒の転義の仕方は「たたえる」と似ている。

字源「保(ホ)(音・イメージ記号)＋衣(限定符号)」を合わせた字。「保」は「中の物を外側から丸く包む」というイメージがある(⇩保)。「褒」は裾が広く、ゆったりと体を包む衣を暗示させる。古典に褒衣(ゆったりした衣)の用例がある。

〔字体〕「襃」は異体字。

語義 [展開] ゆったりと広く大きな衣が本義ⓐ。「ゆったりと大きい」というイメージから、大きい意味に展開し、相手の善行を大きいとほめたたえる意味ⓑを派生する。[英]ample gown; praise, commend [熟語] ⓑ褒美・過褒

文献 ⓑ春秋公羊伝・隠公1「與公盟者衆矣、曷爲獨褒乎＝公と盟ふ者衆し、曷為(なんす)れぞ独り褒むるか(君公と盟約したものは多いのに、なぜ彼だけを褒めるのか)」

【鋒】15(金・7) 人 ｜ 音ホウ　訓ほこさき

語音 *p'ɪuŋ(上古) p'ɪoŋ(中古→呉フ・フウ・漢ホウ) fēng(中) 봉(韓)

語源 [コアイメージ] ∧形に盛り上がる。[実現される意味] 刃物の尖った先(ほこさき)ⓐ。[英]point of a weapon

〔解説〕釈名・釈丙に「刀…其の末を鋒と曰ふ。蜂の刺すことの毒利なるが若(ごと)きを言ふなり」とあり、蜂の針との類似性を指摘している。蜂だけではなく、夆のグループ(根本は丰のグループ)のすべてと同源である。

字源「夆(ホウ)(音・イメージ記号)＋金(限定符号)」を合わせた字。「夆」は「∧形に盛り上がる」というイメージがあり、「∧形に先端が尖る」というイメージに展開する(⇩峰)。「鋒」は∧形に尖った刃物の先を暗示させる。

語義 [展開] ほこさきの意味ⓐ、物事の先端、さきがけの意味ⓑ、尖って鋭い意味ⓒに展開する。[英]point of a weapon, spearhead; point, tip, vanguard; sharp [熟語] ⓐ鋒尖・剣鋒・ⓑ舌鋒・筆鋒・ⓒ鋒利・鋭鋒

文献 ⓐ荘子・説剣「天子之劍、以燕谿石城爲鋒＝天子の剣、燕谿・石城を以て鋒と為す(天子の剣は燕谿・石城[ともに地名]をほこさきとする)」

【縫】16(糸・10) 常 ｜ 常用音訓 ホウ　ぬう

語音 *bɪuŋ(上古) bɪoŋ(中古→呉ブ・漢ホウ) féng・fèng(中) 봉(韓)

語源 [コアイメージ] ⺈(∧)の形に頂点で合う。[実現される意味] 糸を通した針で衣をぬい合わせるⓐ。[英]sew, stitch

字源 「逢(音・イメージ記号)＋糸(限定符号)」を合わせた字。「丰」は「∧形に盛り上がる」というイメージがある(⇩邦)。これをもとにした「夆」は「⺈の形に頂点で出会う」というイメージがある(⇩峰)。これをもとにした「逢」は双方から歩いてきた足が⺈の形に出会う様子を暗示させる(⇩逢)。具体は捨象して「⺈の形に頂点で合う」というイメージを取る。したがって「縫」は布に糸を通して⺈(∧)の形に寄せ合わせる様子を暗示させる。この意匠によって、ぬうことを表象する。

語義 [展開] 衣をぬう意味ⓐから、縫い目の意味ⓑ、裂け目・隙間の意味ⓒを派生する。[英]sew, stitch(ⓐⓑ); seam; slit, crack [熟語] ⓐ縫製・裁縫・ⓑ天衣無縫・ⓒ縫罅

文献 ⓐ詩経・葛屨「摻摻女手、可以縫裳＝摻摻たる女の手、以て裳を縫ふべし(いくら細い女の手でも、スカートぐらいは縫えるだろう)」

【鵬】19(鳥・8) 人 音ホウ 訓おおとり

語音 *bəŋ(上古) bəŋ(中古→呉ボウ・漢ホウ) péng(中) 붕(韓)

語源 [コアイメージ] ㋐並ぶ・㋑くっつく。[実現される意味] 空想上の大鳥ⓐ。[英]legendary bird, phoenix

〈解説〉説文解字では鳳の籀文が鵬、古文が朋となっていて、鵬と鳳を同一視している。ともに風の化身である。荘子は魚の鯤が鵬に変身し、風に乗って万里を飛行するという寓話を作り、鵬を極大の象徴とした。

字源 「朋(音・イメージ記号)＋鳥(限定符号)」を合わせた字。「朋」は大鳥の二つ並ぶ巨大な羽を描いた図形。一方、甲骨文字の「朋」は貝を二連つないで並べた形。いずれも「▯-▯の形に二つ並ぶ」というイメージを示す記号である(⇩朋)。「二つ並ぶ」は「二つに分かれる」「二つくっつく」というイメージに展開する。「並ぶ」「分かれる」「くっつく」は可逆的(相互転化可能な)三つ組みイメージである。二つのものがぶつかって大きな音を立てることを硼・磞という。同じように、翼をはばたいて大きな音(実は風の音)を立てて飛ぶ大鳥を鵬という。

語義 [展開] 伝説上の大鳥の意味ⓐ。また、大事業や優れた者の喩えⓑに用いる。[英]legendary bird, phoenix; metaphor of ambitious plan [熟語] ⓐ鵬翼・大鵬・ⓑ鵬図・鵬程

文献 ⓐ荘子・逍遥遊「北冥有魚、其名爲鯤、鯤之大、不知其幾千里也、化而爲鳥、其名爲鵬＝北冥に魚有り、其の名を鯤と為す、鯤の大きさ、其の幾千里なるを知らず、化して鳥と為る、其の名を鵬と為す(北海に鯤という魚がおり、その巨大さは幾千里かわからない。この魚が鳥に変身する。その名を鵬という)」

ぼう

【亡】3(亠・1) 常 常用音訓 ボウ・モウ ない

語音 (1)*mɪaŋ(上古) mɪaŋ(中古→呉マウ〈＝モウ〉・漢バウ〈＝ボウ〉) wáng(中) 망(韓) (2)*mɪuag(上古) mɪu(中古→呉ム・漢ブ) wú(中) 무(韓)

語源 [コアイメージ] 姿が見えなくなる。[実現される意味] 在ったものが何らかの原因・理由でその場から存在しなくなる(逃げる、死ぬ、消失する、消滅する)。[英]disappear

〈解説〉王力は亡—逋—捕—搏(にげる・うつ意)、亡—無—毋(ない意)、亡—忘(わすれる意)、亡—滅—蔑(ほろびる意)の四組をそれぞれ同源とする(王力①)。しかし意味の捉え方が表層的である。顧炎武が「亡に三義有り。ただ不在を以て之に名づくるのみ」(日知録)と言うのが亡の意味の深層をよく捉えている。「逃げる」も「死ぬ」も「滅びる」も「この場

にない」という一義の展開なのである。藤堂明保は亡(罔を含む)のグループ、莫のグループ、無のグループには「隠れて見えない」という基本義があるとした(藤堂①)。これで*maŋという語の深層構造が初めて明らかになった。このイメージをさらに抽象化すると、「無い」というイメージに転化する。無・莫・勿・未・末・靡・微・蔑にも同様のイメージ転化現象があり、これらもすべて亡と同源といえる。

〔グループ〕亡・忙・忘・望・妄・盲・荒・罔(無い。また、網などのコアをなす記号)・茫(水が広々として何も見えないさま[茫然])・氓(道理の見えない民[蒼氓])・肓(体内の奥深くに隠れている器官[膏肓])・芒(先端が細くて見えにくいのぎ、また、ススキ[光芒])・虻(姿が小さくて見えにくい虫、アブ)・鋩(のぎに似た刃の切っ先[鋩子])

字源 「亾」(篆文の字体)が本字。人をついたて状の縦線で遮る情景を設定した図形。この意匠によって、遮られて姿を隠すことを表象する。説文解字では「逃なり。入乚に従ふ」とし、段玉裁は「隠蔽の所に入ること」と解釈する。

(甲)　(金)　(篆)

語義 [展開] 「姿が見えなくなる」というコアイメージから、どこかへ行って姿が見えなくなる(逃げる)意味ⓐ、命を失ったために姿が見えなくなる(死ぬ)意味ⓑ、破壊されたりしてこの世から姿が見えなくなる(失う、滅びる)意味ⓒに展開する(以上は1の場合)。また、「姿が見えなくなる」から「無い」というイメージに転化し、無いの意味ⓓを派生する(2の場合)。[英] disappear, flee, escape; die; destroy; not exist, not [和訓] にげる・ほろびる・しぬ [熟語] ⓐ逃亡・ⓑ亡者・死亡・ⓒ存亡・滅亡・ⓓ亡聊(=無聊)

文献 ⓐ詩経・瞻卬「人之云亡、心之悲矣=人の云に亡する、心之れ悲しむ(民が逃げ出す今、私の心は痛み悲しむ)」ⓑ詩経・葛生「予美亡此=予が美は此に亡し(いとしい人は逝ってしまった)」ⓒ詩経・緑衣「心之憂矣、曷維其亡=心の憂ひ、曷か維れ其れ亡びん(思い悩む胸のうち、いつになったら消えるだろうか)」ⓓ論語・述而「亡而為有=亡くして有ると為す(無いのに有ると言いくるめる)」

【乏】 4(丿・3) 常 常用音訓 ボウ とぼしい

語音 *bïăp(上古) bïʌp(中古→呉ボフ〈=ボウ〉・漢ハフ〈=ホウ〉) fá(中) 핍(韓)

語源 [コアイメージ] ㋐上から枠をかぶせる・㋑上から押さえて、下にへこませる。[実現される意味] 必要なものが足りないⓐ。

[解説] 藤堂明保は法・乏・凡・氾・犯を同じ単語家族にくくり、「枠をかぶせる・平らな面でおおう」という基本義があるとする(藤堂①)。「上から覆いかぶせる」というイメージは、視点を↑の方向に置くと、「下から上に突き出る」というイメージに転化する。枠を突き破って出ていこうとする行為が犯である。一方、視点を↓の方向に置くと、「上からかぶさって、下の方に下がる」「上から押さえて下の方にへこませる」というイメージに転化しうる。このイメージは乏の下記のグループの中にはっきり表れている。ある範囲にへこみや欠落が生じた事態が物事が足りないということで、これを*bïăpといい、乏と表記する。日本語の「とぼしい(とぼし)」はトモシの転。トモシはトム(求)と同根で、「跡をつけたい、求めたいの意。欲するものがあって、それを得たいという欠乏感・羨望感をあらわす」という(大野①)。漢語の乏とかなりイメージが違うが、足りないという転義は乏と似てくる。

〔グループ〕乏・泛(水面を覆いかぶさるように浮かぶ[浮泛])・窆(土をかぶせて葬る)・貶(価値を下げる[褒貶])・砭(皮膚をへこませて打つ石針[砭石])

字源 説文解字に「反正を乏と為す」とある。「乏」は「正」の鏡文字(左右反転形)である。「正」は「一+止(足)」を合わせて、足が一線を目指して進む様子を示す図形。それの反転は、逆に一線から退く(下方にへこむ)ことを暗示させる。

(篆)

語義 [展開]「上から押さえて、下にへこませる」というイメージから、へこんで欠ける、物が足りなくなる意味ⓐ、また、疲れて気力がへこむ意味ⓑに展開する。[英]lack; tired [熟語] ⓐ欠乏・貧乏・ⓑ疲乏

文献 ⓐ韓非子・解老「畜生少則戎馬乏＝畜生まるること少なければ則ち戎馬乏し(家畜の生産が少ないと、軍馬が足りなくなる)」

【卯】5(卩・3) 人 ｜ 音ボウ 訓う

語音 *mlŏg(上古) mǎu(中古→呉メウ〈＝ミョウ〉・漢バウ〈＝ボウ〉) mǎo (中) 묘(韓)

語源 [コアイメージ] 両側に開く。[実現される意味] 十二支の第四位ⓐ。[英]the fourth earthly branch

〔解説〕殷代から十二進法の序数詞の名に用いられる。十干と十二支の命名法は植物の生長段階を象徴とする。古人は卯は茂や冒と同源で、植物が土を冒し出て茂る状態と解釈している。カールグレンは上古音にml〜という複声母を想定し、卯・貿・昴などではml〜の音、柳・留などではmが脱落してl〜の音になるという。卯のグループ全体を概括するコアイメージは「閉じたものを両側に開く」というイメージで、ここから「隙間を空けて通る」「するすると滑る」というイメージ、また、「隙間がなく止まる」というイメージに展開する。十二支は寅(植物の芽が伸びる)の次に植物が芽や茎や葉を両側に開く段階を想定して*mlŏg(卯)と称する。その次が辰(植物が盛んに生長する)である。

〔グループ〕卯・貿・柳・留・昴・劉・聊(リョウ)(しばらくつかえて留まる→とりえあず・いささか)・窌(コウ)(土を掘って穴を開ける、あなぐら)・茆(ボウ)(葉が丸く開いて水面に浮かぶ草、ジュンサイ)

字源 門のとびらが反対向きになっている姿を描いた図形。この意匠によって、「閉じたものを開く」というイメージを表すことができる。甲骨文字では十二支の名のほか、犠牲を切り開く(切り裂く)意味で使われている。閉じられている状態を切り開くという行為の過程に視点を置くと、「隙間が空いて滑らかに通る」「するすると滑る」というイメージであるが、行為の起点に視点を置くと、「閉じられて隙間がない」というイメージ、行為の結果に視点を置くと、「滑り終わって止まる」「隙間がなく止まる」というイメージに展開する。字源については諸説紛々であるが、説文解字に「開門の形に象る」とあるのがわかりやすい。

(甲) (金) (篆)

語義 十二支の四番目(う)の意味ⓐ。動物で兎(ウサギ)に当てたのは漢代である。[熟語] ⓐ丁卯・己卯

文献 ⓐ詩経・十月之交「十月之交、朔月辛卯＝十月の交、朔月辛卯(十月の変わり目、ついたちのかのとう)」

【忙】6(心・3) 常 ｜ 常用音訓 ボウ いそがしい

語音 *maŋ(上古) maŋ(中古→呉マウ〈＝モウ〉・漢バウ〈＝ボウ〉) máng (中) 망(韓)

語源 [コアイメージ] 何もなくうつろである。[実現される意味] せきたてられて落ち着かない(あわただしい)ⓐ。[英]urgent

〔解説〕日本語の「いそがしい(いそがし)」はイソグ(急)などと同根で、「短い時間ですべき仕事が多くある時の緊張した気持ち」のことという(大野①)。漢語の忙は茫然の茫(ぼんやりする)に近く、原因よりも心理状態に主眼を置いた語。忘と意匠が同じであるが、忘よりも後にできた語である。

字源「亡(ウボ)(音・イメージ記号)＋心(限定符号)」を合わせた字。「亡」は「姿が見えない」というイメージから、「何もなくうつろである」というイメージに展開する。「忙」は何かに迫られて心がうつろになる様子を暗示させる。

語義［展開］せきたてられて落ち着かない(あわただしい)意味ⓐから、用事が多くてせわしない(いそがしい)、仕事が多くて暇がない意味ⓑに展開する。[英]urgent; busy ［和訓］せわしい ［熟語］ⓐ慌忙・怱忙・ⓑ忙殺・多忙

文献 ⓐ古詩・木蘭詩「火伴皆驚忙＝火伴皆驚忙す([木蘭が女だと知って]仲間はみな驚きあわてた)」(楽府詩集25) ⓑ論衡・書解篇「汲汲忙忙(せかせかと仕事に追われて忙しい)」

【坊】 7(土・4) 常 ｜ 常用音訓 ボウ・ボッ

語音 pɪaŋ(中古→呉・漢ハウ〈＝ホウ〉) fāng(中) 방(韓)

語源［コアイメージ］中心から左右(←→の形)に張り出す。［実現される意味］方形に区切られた街路ⓐ。[英]lane, street

字源「方(ウホ)(音・イメージ記号)＋土(限定符号)」を合わせた字。「方」は「中心から左右(←→の形)に張り出す」というイメージがあり、「四方(⊹)に出る」「方形(□)」というイメージに展開する(⇩方)。「坊」は方形に区切った街路を暗示させる。

語義［展開］方形に区切られた街路(通り、ちまた・まち)が本義ⓐ。そこから、住居、へやの意味ⓑに展開する。漢語の坊は僧の住まいの専用語ではないが、日本では僧の住まいの意味ⓒに用いる。また、坊主(剃髪した僧)→髪のないもの→子どもの意味ⓓに転じた。[英]lane, street; residence, room; priest's quarter; child ［和訓］まち ［熟語］ⓐ坊間・坊本・ⓑ教坊・酒坊・ⓒ坊主・僧坊

文献 ⓑ晋書・五行志「震災其坊＝其の坊に震災あり(その住居に地震の被害があった)」

【妨】 7(女・4) 常 ｜ 常用音訓 ボウ さまたげる

語音 *p'ɪuaŋ(上古) p'ɪuaŋ(中古→呉・漢ハウ〈＝ホウ〉・[慣]〈＝ボウ〉) fáng(中) 방(韓)

語源［コアイメージ］中心から左右に(←□→の形に)張り出す。［実現される意味］邪魔をして物事をスムーズにさせない(さまたげる)ⓐ。[英]hinder, interfere, disturb, interrupt

字源「方(ウホ)(音・イメージ記号)＋女(限定符号)」を合わせた字。「方」は「視座の置かれた所から左右に(←□→の形に)張り出す」というイメージがある(⇩方)。「妨」は両手を←→の形に張り広げて女性を通らせないようにする様子を暗示させる。この意匠によって、邪魔をしてスムーズに通さないことを表象する。

語義 さまたげる意味ⓐ。［熟語］ⓐ妨害・妨礙

文献 ⓐ老子・十二章「難得之貨、令人行妨＝得難きの貨は、人の行ひを妨げしむ(得難い財貨は[それを争うため]人間の行動を異常に走らせる)」

【忘】 7(心・3) 常 ｜ 常用音訓 ボウ わすれる

語音 *mɪuaŋ(上古) mɪuaŋ(中古→呉マウ〈＝モウ〉・漢バウ〈＝ボウ〉) wàng(中) 망(韓)

語源［コアイメージ］姿が見えなくなる。［実現される意味］わすれるⓐ。[英]forget

〔解説〕「忘は亡なり」は古くからの通訓である。「亡」にコアイメージの源泉がある。英語のforgetはfor+getの結合。forは「拒否・破壊」を表す接頭語という(下宮①)。得たものが心から消えて無くなることがforgetの意味であろう。漢語の忘は亡の「無くなる」というイメージから展開した語である。忘とforgetの造語法(成り立ち)はよく似ている。

字源 「亡(音・イメージ記号)＋心(限定符号)」を合わせた字。「亡」は「姿が見えなくなる」というイメージがある(⇨亡)。「忘」は心の中から記憶のイメージがすっぽりと消える様子を暗示させる。

語義 わすれる意味ⓐ。［熟語］ⓐ忘却・健忘

文献 ⓐ詩経・有女同車「徳音不忘＝徳音忘れず(優しいお言葉忘れない)」

【防】7(阜・4)　常　常用音訓　ボウ　ふせぐ

語音 *bɪaŋ(上古)　bɪaŋ(中古→呉バウ〈＝ボウ〉・漢ハウ〈＝ホウ〉)　fáng(中)　방(韓)

語源 ［コアイメージ］中心から左右に(←□→の形に)張り出す。［実現される意味］水を押さえるために築いた土手ⓐ。［英］dike

［解説］日本語の「ふせぐ」は「他の侵入・攻撃をくいとめる意」(大野①)で、漢語の防のⓑと対応する。防は妨(さまたげる)と意味が近くなるが、妨は止めて通さない所にポイントがあり、防は通さないようにした後の守りや備えを予想している所にポイントがある。英語のpreventはラテン語のpraevenire(前に来る)が語源で、「ふせぐ」と「さまたげる」の意味があり(下宮①)、漢語の防と妨に対応する。またdefendはラテン語のdefendere、分析すると、de-(除去する、分離する)＋fendere(打つ)に由来し(小島①)、攻撃をかわすというイメージの語で、日本語の「ふせぐ」とよく似ている。漢語の防は堤防からの派生義で、攻める側と守る側に障害物を置いて、そこで止めて守るというイメージである。

字源 「方(音・イメージ記号)＋阜(限定符号)」を合わせた字。「方」は「視座の置かれた所から左右に(←□→の形に)張り出す」というイメージがある(⇨方)。「防」は土を堆積して、左右に張り出して、水を自由に通さないようにしたもの(すなわち「つつみ」)を暗示させる。

語義 ［展開］つつみの意味ⓐから、水際で止めて中へ通さないようにする→外から来るものを押さえて通さない(押さえ止める、ふせぐ)意味ⓑ、中のものを守るための備えの意味ⓒに展開する。［英］dike, embankment; prevent, defend, protect; defense　［熟語］ⓐ堤防・ⓑ防衛・防護・ⓒ海防・国防

文献 ⓐ詩経・防有鵲巣「防有鵲巣＝防に鵲巣有り(土手にカササギの巣があるよ)」　ⓑ呂氏春秋・達鬱「防民之口、甚於防川＝民の口を防ぐは、川を防ぐよりも甚し(民の口[政府に対する民衆の批判]を防ぐのは川を防ぐよりも難しい)」

【房】8(戸・4)　常　常用音訓　ボウ　ふさ

語音 *bɪuaŋ(上古)　bɪuaŋ(中古→呉バウ〈＝ボウ〉・漢ハウ〈＝ホウ〉)　fáng(中)　방(韓)

語源 ［コアイメージ］中心から左右に(←□→の形に)張り出す。［実現される意味］母屋の両脇に張り出した部屋ⓐ。［英］side-room

［解説］釈名・釈宮室に「房は旁なり。室の両旁なり」とある。古代中国の建築で、正室(母屋)の東西に張り出た部屋を房という。房と旁・傍は同源の語である。訓の「ふさ」は端の方に群がって垂れたもの(花房など)の意味で、漢語の房にこの意味はない。

字源 「方(音・イメージ記号)＋戸(限定符号)」を合わせた字。「方」は「視座の置かれた所から左右に(←□→の形に)張り出す」というイメージがある(⇨方)。「房」は中心の部屋の両脇に張り出した部屋を暗示させる。

語義 ［展開］脇部屋の意味ⓐ、夫婦の寝室の意味ⓑ、一般に部屋、住まいの意味ⓒに展開する。また、部屋のように仕切られたものの意味ⓓを派生する。［英］side-room; chamber, bedroom; room, house; house-like thing　［熟語］ⓐ洞房・ⓑ房中・閨房・ⓒ工房・暖房・ⓓ心房・蜂房

文献 ⓒ書経・顧命「竹矢在東房＝竹矢は東房に在り(竹製の矢は東の脇

部屋に置いてある)」ⓑ詩経・君子陽陽「右招我由房＝右に我を招くに房由りす(右手で私を寝室に招く)」

【肪】8(肉・4)　常　―　常用音訓 ボウ

語音 *bɪuaŋ(上古)　bɪuaŋ(中古→呉バウ〈＝ボウ〉・漢ハウ〈＝ホウ〉)　fáng　(中)　방(韓)

語源 [コアイメージ] 四方(✥)に張り出す。[実現される意味] 肉のあぶらⓐ。[英]fat

字源 「方(音・イメージ記号)＋肉(限定符号)」を合わせた字。「方」は「四方(✥)に張り出す」というイメージがある(⇩方)。「肪」は肉の中や皮膚の下に四方に張り詰めたもの、すなわち「あぶら」を暗示させる。

語義 肉のあぶらの意味ⓐ。[和訓]あぶら　[熟語]脂肪

文献 ⓐ曹丕・与鍾大理書「玉白如截肪＝玉白きこと肪を截るが如し(玉は脂肪を切ったように真っ白だ)」(文選42)

【茅】8(艸・5)　人　―　音ボウ　訓かや・ちがや・ち

語音 *mŏg(上古)　mău(中古→呉メウ〈＝ミョウ〉・漢バウ〈＝ボウ〉)　máo　(中)　모(韓)

語源 [コアイメージ] 突き進む。[実現される意味] チガヤⓐ。[英]cogon grass

字源 「矛(音・イメージ記号)＋艸(限定符号)」を合わせた字。「矛」は「突き進む」というイメージがある(⇩矛)。「茅」は敵に突き進むほこのように尖った葉をもつ草を暗示させる。

語義 イネ科の草、チガヤの意味ⓐ。白い穂を荑(つばな)という。[熟語]ⓐ茅屋・白茅

文献 ⓐ詩経・野有死麕「白茅純束＝白茅もて純束せよ([死んだキバノロを]白いチガヤで包みなさい)」

【昴】9(日・5)　人　―　音ボウ　訓すばる

語音 *mŏg(上古)　mău(中古→呉メウ〈＝ミョウ〉・漢バウ〈＝ボウ〉)　mǎo　(中)　묘(韓)

語源 [コアイメージ] 留める。[実現される意味] すばるⓐ。[英]Pleiades

[解説] 下記の詩経の毛伝に「昴は留なり」とあり、孔穎達は春秋元命包(緯書の一つ)を引いて、「昴は六星。昴の言為るは留なり。物、成就して繋留するを言ふなり」と述べる(詩経正義)。ばらばらな六つの星を一つにまとめて繋ぎ留めたもの、これが昴という解釈であろう。昴の語源を「留める」と見たものである。日本語の「すばる」の語源もこれと一脈通ずる。スバルは統括する意のスベル(統・総)に由来する。大槻文彦は「七星、相聚り、統べ括られたる如き象をなせるもの」と述べる(大言海)。

字源 「卯(音・イメージ記号)＋日(限定符号)」を合わせた字。「卯」は「滑り終わって止まる」「隙間がなく止まる」というイメージがあり(⇩卯)、「(動きを)留める」というイメージに展開する。「昴」は六つの星が繋ぎ留められてまとまったものを暗示させる。

語義 牡牛座のプレアデス星団、すばるの意味ⓐ。七つ(肉眼で見えるのは六つ)の星が集まったもの。二十八宿の一つ。[熟語]ⓐ昴宿・昴星

文献 ⓐ詩経・小星「嘒彼小星、維参与昴＝嘒たる彼の小星、維れ参と昴(ちらちら瞬く小さな星は、三つ星とすばる)」

【某】9(木・5)　常　―　常用音訓 ボウ

語音 *muəg(上古)　məu(中古→呉ム・モ・漢ボウ)　mǒu(中)　모(韓)

語源 [コアイメージ] ㋐無・暗い・㋑見えない・わからない。[実現される意味] 名がわからない物事を指す言葉ⓐ。[英]certain

〈解説〉説文解字に「某は酸果なり」とあり、楳(うめ)の原字である。古代には、ウメの実は妊娠や出産を容易にするという観念があった。妊娠や出産の根源は母胎にある。子は暗い世界である母胎から明るい世界に現れる。有の前提には無があるので、某のコアには「無」「暗い」というイメージがあり、「見えない」「わからない」というイメージに展開する。このイメージ展開は母や毎と似ている。毎から梅が生まれ、某に取って代わった。一方、「見えない」「わからない」というイメージから、名がわからない人や物事、また時・所を指して言う言葉に某を用いるようになった。和訓の「なにがし」はナニ(何)+ガシ(接尾語)で、「事物や人の名を明確に言わずに、およそその方と指していう語」という(大野①)。漢語の某とほぼ同じ。

〈グループ〉某・媒・謀・煤・楳(バイ)(=梅)・禖(バイ)(子授けの神[高禖])・腜(バイ)(妊娠する)

字源 「甘(口に果実を含む形。イメージ記号)+木(限定符号)」を合わせて、妊婦がその果実を口に含む木を暗示させる図形。図形にコアイメージは反映されていない。

(金)　　(篆)

語義 [展開] 名がわからない物事を指す言葉ⓐ。また、わざと自分の名を告げないで、自分を指す言葉(「それがし」と読む)ⓑに用いる。[英]certain; I [和訓]なにがし・それがし [熟語] ⓐ某国・某氏

文献 ⓐ論語・衛霊公「子告之曰、某在斯=子、之に告げて曰く、某、斯(ここ)に在り(先生は彼に告げて、"ここにいるのがなにがしだよ"と言った)」ⓑ礼記・曲礼「某有負薪之憂=某、負薪の憂ひ有り(それがしは気分がすぐれません)」

【冒】

9(目・4)　常　—　常用音訓 ボウ　おかす

語音 *mog(上古)　mau(中古→呉モウ・漢ボウ)　mào(中)　모(韓)

語源 [コアイメージ] 上から下に(↓の形に)かぶさる・下から上に(↑の形に)突く。[実現される意味] 上から下に覆いかぶさるⓐ。[英]cover

〈解説〉釈名・釈喪制では「嚢(ふくろ)を以て其の形を韜(つつ)むを冒と曰ふ。其の形を覆ひて人をして悪(にく)むこと勿(な)からしむ」とある。人に不快感を与えないため、死者の体に覆いかぶせるものといった解釈。*mogという語は「上から覆いかぶせる」というイメージをもつ。王力は冒・帽・鍪(ボウ)(覆ってかぶる「かぶと」)・霧・蒙(おおう)などを同源とする(王力①)。上から下のものに↓の方向に覆いをかぶせると、下のものは↑の方向に力が働いて覆いをはねのけようとする。これは日常経験することである。言語の意味の展開において論理化すると、「上から覆いかぶせる」→「覆いを破って突き進む」という構造が見える。これと似たイメージ転化現象は犯・氾などにも見られる。逆に「突き進む」→「覆いかぶせる」という転化もある。霧はこの例。「覆いかぶせる」⇅「突き進む」は可逆的(相互転化可能な)イメージである。冒は「覆いかぶせる」から、「無理に突き進む」と転義する。説文解字では「冡(おお)ひて前(すす)むなり」とある。目を覆って見えなくし、がむしゃらに前進するといった解釈。これは冒の転義にはうまい説明になっている。日本語の「おかす(をかす)」は「守るべき法制や、他の領分など、立ち入るべきでない部分に侵入し、これを害しそこなう意」という(大野①)。これは漢語の侵・犯に当たる。しかし「をかす」の転義にしのぐ(邪魔ものをむりやりおしのける)意味がある。これが冒に近い。

〈グループ〉冒・帽・媢(ボウ)(嫌って押しのける→ねたむ[媢嫉])・賵(ホウ)(死者を弔うため布をかぶせて物を贈る)・瑁(マイ)(鱗が屋根瓦のように厚く覆いかぶさった動物、タイマイ[玳瑁・瑇瑁])

字源 「冒」が正字。「冃(ボウ)(音・イメージ記号)+目(限定符号)」を合わせた字。「冃」は「冂(おおい)+二(ある物)」を合わせて、物に覆いをかぶ

せる様子を示す図形。「冒」は目の前に覆いをかぶせる様子を暗示させる。

〔字体〕「冒」は旧字体。「冒」は書道に由来する常用漢字の字体。帽もこれに倣う。

(篆) [冃] (金) (篆)

語義 [展開] 上から下に覆いかぶさるが本義ⓐ。「上から下に(↓の形に)かぶさる」というイメージは、視点を変えると、「下から上に(↑の形に)突く」というイメージに展開する。これが具体的文脈では、上から押さえようとするものをはねのけて(困難を顧みず)むりやりに突き進むという意味ⓑが実現される。[英]cover; advance rashly, risk, venture

[和訓]おおう [熟語]ⓐ冒頭・ⓑ冒険・冒瀆

文献 ⓐ詩経・日月「日居月諸、下土是冒＝日や月や、下土を是れ冒ふ(日の光も月の光も、大地をすっぽり包みます)」(居・諸はリズム調節詞) ⓑ春秋左氏伝・成公2「抽戈楯冒之＝戈楯を抽きて之を冒す(ほこと盾を引き出して敵に突き進んだ)」

【剖】 10(刀・8) 常 常用音訓 ボウ

語音 *p'ŭg(上古) p'əu(中古→呉フ・漢ホウ・[慣]ボウ) pōu(中) 부(韓)

語源 [コアイメージ] 二つに分ける。[実現される意味] 刃物で切り分けるⓐ。[英]cut open, cleave

字源 「咅(音・イメージ記号)＋刀(限定符号)」を合わせた字。「咅」は「一つのものを二つに分ける」というイメージがある(⇨倍)。「剖」は刀で物を二つに切り分ける様子を暗示させる。

語義 [展開] 刃物で切り分ける意味ⓐから、二つに開く・解き分ける意味ⓑに展開する。[英]cut open, cleave; analyze [和訓]ひらく・さく

[熟語]ⓐ剖検・解剖・ⓑ剖析・剖判

文献 ⓐ荘子・逍遥遊「剖之以為瓢＝之を剖きて以て瓢と為す(ヒサゴの実を二つに裂いて瓢簞を作る)」ⓑ漢書・鄒陽伝「剖心析肝相信＝心を剖き肝を析きて相信ず(心を開き誠意を示して信じ合う)」

【紡】 10(糸・4) 常 常用音訓 ボウ つむぐ

語音 *p'ɪaŋ(上古) p'ɪaŋ(中古→呉・漢ハウ〈＝ホウ〉・[慣]バウ〈＝ボウ〉) fǎng(中) 방(韓)

語源 [コアイメージ] ▯-▯の形に並ぶ。[実現される意味] 繊維を縒り合わせて糸を作る(つむぐ)ⓐ。[英]spin

字源 「方(音・イメージ記号)＋糸(限定符号)」を合わせた字。「方」は「←▯→の形に張り出す」というイメージから、「▯-▯の形に並ぶ」というイメージに展開する(⇨方)。「紡」は麻などの繊維を並べて縒り合わせて糸を作る様子を暗示させる。

語義 つむぐ意味ⓐ。[熟語]ⓐ紡織・紡績

文献 ⓐ墨子・非攻「婦人不暇紡績織紝＝婦人、紡績・織紝に暇あらず(女性は糸を紡いだり織ったりする暇がない)」

【望】 11(月・7) 常 常用音訓 ボウ・モウ のぞむ

語音 *mɪaŋ(上古) mɪaŋ(中古→呉マウ〈＝モウ〉・漢バウ〈＝ボウ〉) wàng(中) 망(韓)

語源 [コアイメージ] 無いものを求める。[実現される意味] 遠くを眺めるⓐ。[英]gaze into the distance

〔解説〕釈名・釈姿容に「望は茫なり。遠く視ること茫茫たり」とある。遠くを見るのはぼんやりとして見えにくいから望といった解釈。亡にコアイメージの源泉がある。見えない所を見ようとすることが望である。眺望の意味から希望の意味も生まれる。姿を求めることも目当て

のものを求めることも無いという事態が前提にある。「無い」→「無いものを求める」というイメージ転化現象は漢語の意味論の特徴である。莫(無い)→募(無いものを求める)、門(隠れて見えない)→問(わからないものを問う)などはその例。日本語の「のぞむ」はノゾク(覗)と同根で、「物事を求めて、遥か遠くまでを見る」意味で、希望する意味にも転じる(大野①)。転義の仕方まで漢語の望と似ている。

字源 「亡(音・イメージ記号)+壬(イメージ補助記号)+月(限定符号)」を合わせた字。「亡」は「隠れて見えない」というイメージがある(⇩亡)。「壬」は爪先立って背伸びする人の形。したがって「望」はまだ見えない月を見ようと、背伸びして眺めて待つ情景を設定した図形。甲骨文字と古文は「臣(目玉の形)+壬」を合わせた形。金文と篆文はそれに「月」を加えた形。「望」は篆文の別体で、「臣」を「亡」に替えたもの。「亡」は*mɪaŋという語の根底に「無い」「無いものを求める」というイメージがあることを明瞭に示すための記号である。

(甲) (金) (古) (篆)

〔字体〕「望」は旧字体。「望」は古くから書道に見られる字体。「朢」は異体字。

語義 [展開] 見えないものを見ようと眺める(遠くを見る)意味ⓐから、無いものを求める(待ちのぞむ)意味ⓑ、仰いで見上げる(慕う)意味ⓒ、人に慕われること、よい評判の意味ⓓに展開する。また、満月の意味ⓔにも用いられる。日と月が向かい合って望むので望という。[英]gaze into the distance; expect, hope; look up to, adore, admire; reputation; full moon [和訓]もち [熟語]ⓐ望郷・眺望・ⓑ希望・待望・ⓒ仰望・ⓓ人望・声望・ⓔ望月・望日

文献 ⓐ詩経・河広「誰謂宋遠、跂予望之=誰か謂ふ宋は遠しと、跂(つま)ちて予之を望む(宋は遠いなんて誰が言う、背伸びすれば見えるのに)」ⓑ詩経・宛丘「洵有情兮、而無望兮=洵(まこと)に情有れども、而(しか)も望み無し(思いはつのれど、望みかなわぬ)」ⓒ詩経・都人士「萬民所望=万民の望む所(〔あの都の人は〕よろずの民に慕われる)」ⓓ詩経・巻阿「令聞令望(うるわしい評判・人望)」

【眸】 11(目・6) 人 音ボウ 訓ひとみ

語音 *mɪog(上古) mɪəu(中古→呉ム・漢ボウ) móu(中) 모(韓)

語源 [コアイメージ] むりに求める。[実現される意味] ひとみⓐ。[英]pupil

〔解説〕ひとみを表す漢語に三つあり、それぞれコアイメージが異なる。瞳は目玉が穴を突き通っているという解剖学的特徴、睛は澄み切って汚れがないという形状、眸は視線が対象に突き刺すという機能に着目したもの。日本語の「ひとみ」は「人見の義か。眼の玉の黒き処」という(大言海)。

字源 「牟(音・イメージ記号)+目(限定符号)」を合わせた字。「牟」は「むりに求める」というイメージがあり、「むりを冒して突き進む」というイメージに展開する(⇩牟)。「眸」は視線を突き刺すようにして物を見る目玉(ひとみ)を表す。

語義 ひとみの意味ⓐ。[熟語]ⓐ双眸・明眸

文献 ⓐ孟子・離婁上「胸中正、則眸子瞭焉=胸中正しければ、則ち眸子瞭(あき)らかなり(心が正しければひとみは明るい)」

【傍】 12(人・10) 常 常用音訓 ボウ かたわら

語音 *baŋ(上古) baŋ(中古→呉バウ〈=ボウ〉・漢ハウ〈=ホウ〉) bàng(中) 방(韓)

語源 [コアイメージ] 中心から両側に(←□→の形に)張り出す。[実現される意味] 物のわき・そばⓐ。[英]side

〔解説〕方にコアイメージの源泉がある。これは「視座を置いた所（中心）から両側に↑□↓の形に張り出す」というイメージを示す記号である。左右の方向だけでなく上下の方向も組み合わせると「✢の形（四方）に出る」というイメージに展開する。藤堂明保は方は並のグループ、丙のグループ、彭のグループと同源で、「パンと両側に張り出す」という基本語をもつとする（藤堂①）。物のわき・そばを意味する傍はこのイメージである。一方、「四方に伸び出て広がる」というイメージは旁で表される。これは普・溥・敷・布などと近くなる。日本語の「かたわら（かたはら）」はカタ（片）＋ハ（端）＋ラ（場所・方向を表す接尾語）で、「物の一方の端の意で、物の側面と端に寄った部分。また、端に沿っている所、物や人のすぐ脇の位置」という（大野②）。漢語の傍は視座の置かれた所（中心）から横に延び出た所（すぐ近い所、脇）の意で、「かたわら」とほぼ同義。

〔グループ〕傍・旁（中心から四方に広がる［旁引］、また、両脇、漢字のつくり［偏旁］）・榜（両側に張り出た板、また、立て板や額に掲げ示す［標榜］）・徬（右に左にと当てもなくさまよう［徬徨］）・滂（水が四方に広がる［滂沱］）・膀（尿をためてぱんぱんに張るふくろ［膀胱］）・謗（悪口を言い広げる→そしる［誹謗］）・蒡（刺が物の脇にくっつく草、ゴボウ［牛蒡］）・螃（はさみが左右にぱんと張り出たカニ、モクズガニ［螃蟹］）

字源 「旁（音・イメージ記号）＋人（限定符号）」を合わせた字。「旁」を分析すると「凡＋方」となる。「凡」は船の帆の形。「方」は「中心から両側に（↑□↓の形に）張り出す」「四方に（✢の形に）張り出す」というイメージがある（⇩方）。「方（音・イメージ記号）＋凡（イメージ補助記号）」を合わせた「旁」は、船の帆を張るように、中心から両側に（または、四方に）張り広げる様子を暗示させる。したがって「傍」は視座を置いた場所から両側に張り出た所を暗示させる。旁の字源については定説がないが、「凡＋方」に分析する説（王国維など）に従う。ただし筆者は凡を帆の形と解する。

（甲） （金） （篆）［旁］ （篆）

語義 ［展開］物のわき（そば）の意味ⓐから、すぐそばに寄り添う意味ⓑを派生する。［英］side; be close to ［和訓］そば・はた・そう・おか ［熟語］ⓐ傍点・路傍

文献 ⓐ戦国策・趙一「田中傍有大叢＝田中の傍らに大叢有り（畑のそばに大きな茂みがあった）」

【帽】 12（巾・9） 常 ｜ 常用音訓 ボウ

語音 *mog（上古） mau［（中古→呉モウ・漢ボウ） mào（中） 모（韓）

語源 ［コアイメージ］上から覆いかぶせる。［実現される意味］頭にかぶるものⓐ。［英］hat, cap

字源 「冒（音・イメージ記号）＋巾（限定符号）」を合わせた字。「冒」は「上から覆いかぶせる」というイメージがある（⇩冒）。「帽」は頭に覆いかぶせる布を暗示させる。

語義 頭にかぶるものの意味ⓐ。［熟語］ⓐ帽子・脱帽

文献 ⓐ後漢書・南匈奴伝「單于脱帽、徒跣、對龐雄等＝単于は帽を脱ぎ、徒跣して、龐雄等に対す（単于［匈奴の王］は帽子を脱ぎ、はだしになって、龐雄らと向き合った）」

【棒】 12（木・8） 常 ｜ 常用音訓 ボウ

語音 *bŭŋ（上古） bɔŋ（中古→呉ボウ・漢ハウ〈＝ホウ〉） bàng（中） 봉（韓）

語源 ［コアイメージ］⌃⌃の形にささげ持つ。［実現される意味］武器の棍棒ⓐ。［英］club, cudgel

字源 「奉（音・イメージ記号）＋木（限定符号）」を合わせた字。「奉」は

「⺌の形にささげ持つ」というイメージがある(⇩奉)。「棒」は両手で持って人を打ちたたくこんぼうを暗示させる。

[語義] [展開] 武器の棍棒の意味ⓐから、一般に棒や棒状のものの意味ⓑを派生する。日本では細長く描いた線の意味ⓒ、一本調子の意味ⓓに用いる。[英]club, cudgel; stick, bar, rod; line; monotonous [熟語] ⓐ警棒・棍棒・ⓑ心棒・綿棒・ⓒ棒線・ⓓ棒暗記

[文献] ⓐ王延寿・夢賦「或棒痛而號呼＝或いは棒痛して号呼す(あるものは棒で痛打されて泣き叫ぶ)」(文選補遺32)

【貿】12(貝・5) [常] ｜[常用音訓] ボウ

[語音] *mog(上古) məu(中古→[呉]ム・モ・[漢]ボウ) mào(中) 무(韓)

[語源] [コアイメージ] ㋐無いものを求める・㋑閉じたものを両側に開く。[実現される意味] 品物を交易して利益を求めるⓐ。[英]barter, trade

〔解説〕下記の詩経の注釈では「貿は買なり」とある(陸徳明・経典釈文)。買は「無いものを求める」がコアイメージ。求める行為の前提には無いこと、無という事態がある。無い→無いものを求めるというイメージ転化は莫→募、亡→望なども同例。貿も無いというイメージから取り引きして商品や利益を求めるという意味を実現させた。古典では貿を「はっきりと見えない様子」の意味に使った例がある。これは貿の根源に無のイメージがあることを証拠立てる。貿の図形化には卯が利用された。交易の際に相手の門戸を開くことを比喩としている図形である。閉じた状態を開くことは「無いものを求めようと無理に開けさせる」というイメージを作り出すのである。

[字源] 「卯(ボウ)(音・イメージ記号)+貝(限定符号)」を合わせた字。「卯」は門戸を開く情景を設定した図形(⇩卯)。「閉じたものを両側に開く」というイメージから、「むりにこじ開ける」というイメージに展開する。「貿」はこちらに無いもの(商品)を求めて、相手(売り手)の門戸を開かせる様子を暗示させる。この意匠によって、品物を交易して利益を求めることを表象する。

[語義] [展開] 品物を交易して利益を求める意味ⓐから、無理に求める(むさぼる)意味ⓑ、はっきり見えないさまの意味ⓒを派生する。[英]barter, trade; covet; bad eye-sight [熟語] ⓐ貿易・ⓑ貿名・貿利・ⓒ貿然・貿貿

[文献] ⓐ詩経・氓「抱布貿絲＝布を抱きて糸を貿(と)む(布を抱えて糸を商う)」 ⓑ戦国策・楚二「甘茂與樗里疾、貿首之讎也＝甘茂と樗里疾は、貿首の讎なり(甘茂と樗里疾は頭を求めるあだ[不倶戴天の敵]だ)」

【貌】14(豸・7) [常] ｜[常用音訓] ボウ

[語音] *mɔ̆g(上古) mău(中古→[呉]メウ〈＝ミョウ〉・[漢]バウ〈＝ボウ〉) mào(中) 모(韓)

[語源] [コアイメージ] かすか・おおざっぱ。[実現される意味] 人の顔や体のあらまし(大体)の姿ⓐ。[英]face, looks

〔解説〕藤堂明保は毛のグループ、苗のグループ、また秒・妙などと同じ単語家族に入れ、「細い・かすかな」という基本義があるとする(藤堂①)。*mɔ̆gという語は眇(ビョウ)(目が細く小さい)・渺(ビョウ)(かすかでよく見えない)とも同源で、「かすか・ほのかでよく見えない」というコアイメージをもつ。特にどこかにはっきりと焦点を置くのではなく、おおざっぱにつかんだ物の姿を貌という。

〔グループ〕貌・邈(バク)(遠くてぼんやりしている[緬邈])・藐(バク・ビョウ)(小さくておぼろげ[藐藐]、また、小さいものとみなす・かろんずる[藐視(ビョウシ)])

[字源] 「皃(ボウ)(音・イメージ記号)+豸(限定符号)」を合わせた字。「皃」は「白(おおざっぱな顔の形)+儿(人体)」を合わせて、人のあらましの顔を示した図形。これだけで人の容貌を表象できるが、人だけでなく獣の姿も

意味領域に含めて、「貌」とした。

(籀)　(篆)

語義 [展開] 人の顔や体の姿の意味ⓐから、物の姿・外形・様子の意味ⓑに展開する。[英]face, looks; appearance, form, aspect [和訓]かたち・かお [熟語] ⓐ顔貌・美貌・ⓑ全貌・相貌

文献 ⓐ論語・季氏「貌思恭＝貌には恭を思ふ([自分の]姿については恭しくありたいと思う)」ⓑ詩経・葛覃・毛伝「萋萋茂盛貌＝萋萋は茂盛の貌(かたち)(萋々とは草木が盛んに茂るありさまの意である)」

【暴】15(日・11)　常　常用音訓 ボウ・バク　あばく・あばれる

語音 (1)*buk(上古) buk(中古→呉ボク・漢ホク・[慣]バク) pù(中) 폭(韓) (2)*bɔg(上古) bau(中古→呉ボウ・漢ホウ) bào(中) 포・폭(韓)

語源 [コアイメージ] 四方に発散する。[実現される意味] 日にさらして乾かすⓐ。[英]expose, dry

〔解説〕王力は暴・漠・爆を同源とする(王力①)。藤堂明保はさらに範囲を拡大し、票のグループのほか、表・豹・駁とも同源とし、「軽く上がる・表に出る・はじける」という基本義をもつとした(藤堂①)。*bukという語は「四方に軽々と飛び散る」というイメージがあり、濡れたものを日光にさらすと水分が空中に軽く飛び散るから、さらすことを*bukという。一方、「四方に(←↑→↓の形に)飛び散る」というイメージは「四方に激しく発散する」というイメージに展開し、激しくて荒々しい意味を派生する。この場合は音を少し変えて別語になった。日本語の「あばれる(あばる)」はアバラ(目が粗いこと)と同根で、「(住居などが)粗略で不完全である」「荒れて不完全になる」意。ここから、「はめがはずれる。放埓・粗暴にふるまう」意に転義する(大野①)。漢語の暴にはこの意味はない。英語のexposeはラテン語のexponere、ex-(外へ)＋ponere(置く)に由来し、日光や風雨などにさらす意という(下宮①)。中身を外部にさらす(露出する)意に転義するのは漢語の暴と同じ。

〔グループ〕暴・爆・曝・瀑(バク)(水しぶきが飛び散る滝[瀑布])

字源 楷書は形が崩れて分析困難。篆文は「米(イメージ記号)＋出(出る。イメージ補助記号)＋廾(両手。イメージ補助記号)＋日(限定符号)」を合わせた字。「暴」は穀物を外に出して日光にさらす情景を設定した図形で、曝(さらす)の原字。この意匠によって、日にさらして乾かす意味をもつ古代漢語の*bukを表記する。

(篆)

語義 [展開] 日にさらして乾かす意味ⓐから、むき出しにして見せる(はっきり示す、あらわにする、あばく)意味ⓑに展開する(以上は1の場合)。また、「四方に発散する」というコアイメージから、激しく荒々しい(手荒である)意味ⓒ、度を超してひどい意味ⓓ、手荒に(素手で)打ちかかる意味ⓔ、だしぬけである(にわか、急に)の意味ⓕを派生する(以上は2の場合)。[英]expose (ⓐⓑ), dry; disclose, reveal, uncover; violent, fierce, savage; overpower with bare hands; suddenly [和訓]あらい・にわかに・あらわす [熟語]ⓑ暴露・ⓒ暴虐・狂暴・ⓓ暴食・暴利・ⓔ暴虎馮河・ⓕ暴騰・暴落

文献 ⓐ孟子・滕文公上「江漢以濯之、秋陽以暴之＝江漢以て之を濯ひ、秋陽以て之を暴(さ)らす(長江・漢水の水で洗い、秋の日差しにさらす)」ⓑ孟子・万章上「暴之於民而民受之＝之を民に暴(あら)わして民之を受く([尭が舜を]民に示すと、民は彼を受け入れた)」ⓒ詩経・氓「言既遂矣、至于暴矣＝言(ここ)に既に遂げしに、暴に至りぬ(私は[妻の務めを]やり遂げたのに、[夫は]乱暴な仕打ちに至った)」ⓓ詩経・巧言「亂是用暴＝乱是(ここ)を用(も)って暴なり(乱はそのためひどくなる)」

【膨】16(肉・12) 常 ｜ 常用音訓 ボウ　ふくらむ・ふくれる

語音 *bǎŋ(上古) bʌŋ(中古→呉ビャウ〈=ビョウ〉・漢ハウ〈=ホウ〉・[慣]バウ〈=ボウ〉) péng(中) 팽(韓)

語源 [コアイメージ] 張り出す・張り詰める。[実現される意味] 腹が張ってふくれるⓐ。[英]distend

〔解説〕藤堂明保は彭を方・並・丙・博・溥・普と同じ単語家族に入れ、「パンと両側に張り出る」という基本義があるとした(藤堂①)。「中心から四方に張り出る」というイメージは「四方に伸び広がる」というイメージに展開する。これは博・敷・溥(平らに広がる)と近くなる。ある物の表面が張って伸び広がることを*bǎŋ(彭・膨)という。日本語の「ふくれる(ふくる)」は「中に入る気体や液体の量が増して、物の表面が伸び、張り出した形になる」意という(大野①)。漢語の膨とイメージが似ている。漢語の脹は「長く伸びる」がコアイメージである。

〔グループ〕膨・彭(ホウ)(張り詰めてふくれる、また、多くのものが四方に広がり盛んなさま)・澎(ホウ)(水が広がって盛んなさま[澎湃(ホウハイ)])・蟛(ホウ)(=蟚。殻が四角で、身が張り詰めて多いカニ、アカテガニ[蟛蜞(ホウキ)])

字源 「彭(ホウ)(音・イメージ記号)+肉(限定符号)」を合わせた字。「彭」は「壴(太鼓の形)+彡(音声が分かれ出る様子を示す符号)」を合わせて、太鼓をたたいている情景を設定した図形。太鼓の皮に焦点を当てれば、「皮がいっぱいに張り詰める」というイメージを表すことができる。「膨」は腹の皮がパンパンに張ってふくれる様子を暗示させる。

(甲)　(金)　(篆)　[彭]

語義 [展開] 腹が張ってふくれる意味ⓐから、広く、物の表面が張って伸び広がる(ふくれる)意味ⓑに展開する。[英]distend, abdominal distention; swell, expand [熟語] ⓐ膨満・ⓑ膨張・膨脹

文献 ⓐ素問・至真要大論「腹大満膨膨=腹大いに満ちて膨膨たり(腹がいっぱい満ちて、パンパンにふくれる)」

【謀】16(言・9) 常 ｜ 常用音訓 ボウ・ム　はかる

語音 *mɪuəg(上古) mɪəu(中古→呉ム・漢ボウ) móu(中) 모(韓)

語源 [コアイメージ] 無い・わからない。[実現される意味] あれこれと思いめぐらせて、わからないことを探り求める(計画する・相談する)ⓐ。[英]plan, consult

〔解説〕何かを求める前提には「無い」という事態がある。莫(無い)→募(無いものを求める)、亡(無い)→望(無いものを求める、のぞむ)、門(隠れて見えない)→問(わからないものを問う)などの例にあるように、「無い」→「無いものを求める」は漢語の特徴的なイメージ転化現象の一つである。謀は謨(ボ)(何も無い状態から企画や原案を探し求める)と非常に近い。訓の「はかる」は「仕上げようと予定した仕事の進捗状態がどんなかを、広さ・長さ・重さなどについて見当をつける意」という(大野①)。これは漢語の計・量に当たるが、「もくろむ・企てる」に転義するので、これが謀に近くなる。

字源 「某(ボウ)(音・イメージ記号)+言(限定符号)」を合わせた字。「某」は「無い」「見えない」「わからない」というイメージがある(⇨某)。「謀」はわからないものを求めて、あれこれと思考をめぐらせて探る様子を暗示させる。

語義 [展開] 計画する・相談する(はかる)意味ⓐから、良からぬことをたくらむ意味ⓑ、無いものを探り求める意味ⓒに展開する。[英]plan, consult; scheme, plot, contrive; seek [和訓] はかりごと・たばかる [熟語] ⓐ遠謀・深謀・ⓑ謀殺・陰謀

文献 ⓐ詩経・泉水「聊與之謀=聊か之と謀らん(ちょっと彼女らと相談してみよう)」ⓑ詩経・巷伯「彼譖人者、誰適與謀=彼の人を譖(そし)る者、

誰に適ひて与に謀る（人の悪口言う者は、誰かと良からぬ相談事）」ⓒ論語・衛霊公「君子謀道、不謀食＝君子は道を謀りて、食を謀らず（君子は道を求めるのであって、食を求めるのではない）」

ほお

【頬】→きょう

ほく

【北】5(ヒ・3) 常 ｜ 常用音訓 ホク　きた

語音 *puək(上古)　puk(中古→呉・漢ホク)　běi(中)　북(韓)

語源 [コアイメージ] ←→形に分かれる。[実現される意味] きたⓐ。

[英]north

〔解説〕方位はきわめて抽象的な概念である。しかし名づけは具体的な物のイメージで発想された。「きた」の方位は人間の背中をモデルとする。古代漢語で背中を*puəgといい、「きた」を*puəkという。背中は人体の正面の反対側であり、「きた」は南の反対側である。南は建築や住居の向きと関係があると思われる。古典の注釈に「南は陽位なり」「南は明陽の方なり」「北は陰位なり」「北は幽なり」などとあり、南・北には陽と陰、明と暗で対立する象徴性がある。藤堂明保は*puəkや*puəgという語は不（否を含む）のグループ、音のグループ、朋のグループ、丷（ヒョウ）のグループ（氷など）、また負・副と同源で、「二つに割れる」という基本義をもつとする（藤堂①）。貝・敗・拝・肺・発・伐・抜・別・分・半なども近く、これらは「二つに（←→の形に、反対方向に）分かれる」というコアイメージをもつ語である。中央を基準として南が↓の方向だとすれば、↑の方向に向く方位が*puəkである。日本語の「きた」はキタナシ（汚）のキタと同根で、「黒く、くらい意」に由来するという（大野①）。日の多く当たらない方位が「きた」である。英語のnorthは印欧祖語の*ner-（下、左）に淵源があり、「人が日の出時の太陽に面するときの左の方角、あるいは真昼の太陽から最も離れた方角」と関係があるらしいという（小島①）。

〔グループ〕北・背

字源 左に向く人と右に向く人を合わせた図形。この意匠によって、「反対方向（←→の形）に向く」というイメージを表すことができる。

(甲)　(金)　(篆)

語義 [展開] きたの意味ⓐ、北の方へ（きたのかた）の意味ⓑ。また「反対方向（←→形）に分かれる」というイメージから、戦う相手から反対方向に行く（敵に背を向けて逃げる）という意味ⓒに展開する。[英]north; northward; turn the back, be defeated　[和訓] にげる　[熟語] ⓐ北国・北方・ⓑ北上・北進・ⓒ敗北

文献 ⓐ詩経・桑中「爰采麦矣、沬之北矣＝爰（ここ）に麦を采る、沬（マイ）の北に（麦を摘もうよ、沬の村の北で）」ⓒ孫子・九地「投之無所往、死且不北＝之を往く所無きに投ずれば、死すとも且つ北（に）げず（兵を敵に向かっていくほかはない境地に追い込めば、死んでも逃げない）」

ぼく

【卜】2(卜・0) 人 ｜ 音ボク　訓うらない

語音 *puk(上古)　puk(中古→呉・漢ホク・[慣]ボク)　bǔ(中)　복(韓)

語源 [コアイメージ] ぽっくり割れる・急に起こる。[実現される意味] 亀の甲を焼いて、そのひび割れを判断して、吉凶を占うことⓐ。

[英]divine by tortoiseshell

〈解説〉語源については擬音語説がある。董作賓は亀を焼いたときに出る「爆裂の声」とした。藤堂明保は擬音語であると同時に、「ポクッと割れる」という基本義をもつとする（藤堂①）。白虎通義・蓍亀篇に「トは赴（急ぐ）なり。爆して兆を見（めし）すなり」とあり、トが急な動作・行為であること、また、*pukという音が爆に由来することを暗に示したものである。

〈グループ〉ト・朴・赴・訃・仆（フ）（急に倒れる［斃仆］）・扑（ボク）（ぽかっと急にたたく）

字源 亀を焼くときに現れるひび割れを描いた図形。

（甲）（金）（篆）

語義 ［展開］亀の甲を焼いて吉凶を占う意味ⓐから、一般に、未来のことを事前に予測する（うらなう）意味ⓑに展開する。［英］divine by tortoiseshell(or animal bone); tell fortune, divine, predict ［熟語］ⓐト辞・亀ト・ⓑト居・占ト

文献 ⓐ詩経・定之方中「ト云其吉＝トすれば云（ここ）に其れ吉なり（亀を焼いて占いを立てると吉と出た）」ⓑ詩経・天保「君曰ト爾、萬壽無疆＝君曰く、爾をトするに、万寿（バンジュ）無疆（ムキョウ）（先公が言うに〝お前の行く末うらなえば、長寿限りなし〟）」

【木】4(木・0) 常 ｜常用音訓｜ ボク・モク き・こ

語音 *muk(上古) muk(中古→呉モク・漢ボク) mù(中) 목(韓)

語源 ［コアイメージ］上から覆いかぶさる。［実現される意味］きⓐ。［英］tree

〈解説〉後漢の劉熙は「木は冒なり。華葉自ら覆冒する（覆いかぶさる）なり」（釈名・釈天）と語源を説く。木の特徴をみごとに捉えた語源説である。*mukは枝葉が覆いかぶさって茂る姿に着目した語で、まぶたのかぶさっている姿に着目した目とも同源である。これに対して、樹は「立つ」姿に重点を置いた語で、樹立のように動詞にもなる。しかし木は動詞にならない。

〈グループ〉木・沐（モク）（頭に水をかぶせて洗う［沐浴］）・霂（モク）（覆いかぶさるように降る小雨、霧雨［霢霂（ミャクモク）］）

字源 枝と幹と根から成る「き」の全体を略画的に抽象化した図形。

（甲）（金）（篆）

語義 ［展開］立ち木の意味ⓐから、材料としての木（材木）の意味ⓑに展開する。また、飾り気がない意味ⓒを派生する。［英］tree; wood, timber; plain, simple ［熟語］ⓐ樹木・草木・ⓑ木工・木製・ⓒ木強漢・木訥

文献 ⓐ詩経・伐木「伐木丁丁＝木を伐ること丁丁（トウトウ）たり（木を切る音はトーントーン）」ⓒ論語・子路「剛毅木訥近仁＝剛毅木訥、仁に近し（意志が強く屈しないこと、質朴で口べたであること、これが仁に近い）」

【朴】6(木・2) 常 ｜常用音訓｜ ボク

語音 (1)*p'ŭk(上古) p'ɔk(中古→呉ホク・漢ハク・［慣］ボク) pò(中) 박(韓) (2)*p'ŭk(上古) p'ɔk(中古→呉ホク・漢ハク・［慣］ボク) pŭ(中) 박(韓)

語源 ［コアイメージ］ぽっくり割れる。［実現される意味］植物の名（厚朴）ⓐ。［英］Magnolia officinalis

字源 「卜（ホク）（音・イメージ記号）＋木（限定符号）」を合わせた字。「卜」は「ぽっくり割れる」「二つに割る」というイメージがあり（⇨ト）、「割ったり打ったりして、剝ぎ取る」というイメージに転化する。「朴」は厚い皮を剝いで薬用にする木を暗示させる。この意匠によって、モクレン科の植物の一種（厚朴）を表す。この場合は剝（ハク）（表面を剝ぎ取る）と近い。ま

た、「卜」は「二つに割る」というイメージがあるので、「朴」は割ったばかりでまだ加工していない木を暗示させる。この意匠によって、手を加えず自然のままであることを表象する。この場合は樸(荒木→粗野で飾り気がない)と近い。

語義 [展開] モクレン科の植物の名ⓐ(1の場合)。日本では厚朴をホオノキⓑに誤解した。また、自然のままで飾り気がない意味ⓒ(2の場合)。[英]Magnolia officinalis; Japanese white bark magnolia; simple, artless [和訓]ほお・えのき [熟語] ⓐ厚朴・ⓒ純朴・素朴

文献 ⓐ史記・司馬相如列伝「楟柰厚朴＝楟(テイ)・柰(ダイ)・厚朴(ヤマナシとイヌリンゴと厚朴の木)」ⓒ荘子・山木「其民愚而朴、少私而寡欲＝其の民愚にして朴、私少なくして欲寡(すく)なし(その国の民は愚かで素朴であり、私欲が少ない)」

【牧】8(牛・4)　常　｜常用音訓　ボク　まき

語音 *mıuək(上古) muk(中古→呉モク・漢ボク) mù(中) 목(韓)

語源 [コアイメージ] 次々に繁殖させる。[実現される意味] 家畜を放し飼いするⓐ。

〔解説〕説文解字に「母は牧なり」とあるが、その逆も真である。藤堂明保は母(毎を含む)のグループ、某のグループと牧を同源とし、「子を生む」という基本義があるとする(藤堂①)。母が子を次々に生むように、家畜をどんどん繁殖させる行為を*mıuəkという。牧野という古い地名があり、牧を坶・娒とも書いた。この異体字が母と牧のつながりを示している。訓の「まき」はウマ(馬)＋キ(城、柵の意)の転で、柵を立てて馬を放し飼いする所の意。

字源 「牛(イメージ記号)＋攴(限定符号)」を合わせて、家畜を飼う情景を設定した図形。牛は家畜の代表として選ばれた。図形にコアイメージは反映されていない。

(甲)  (金)  (篆)

語義 [展開] 家畜を放し飼いする(飼育する)意味ⓐから、家畜を養う人の意味ⓑ、家畜を放し飼いする場所の意味ⓒに展開する。また比喩的に、人民を育てる意味ⓓ、治める人(長官)の意味ⓔを派生する。[英]herd; herdsman; pasture; nourish; director [熟語] ⓐ牧畜・放牧・ⓓ牧師・牧民・ⓔ州牧

文献 ⓐ詩経・無羊「牧人乃夢＝牧人乃ち夢みる(羊飼いは夢を見た)」ⓒ詩経・静女「自牧帰荑＝牧自(よ)り荑(つばな)を帰(おく)る([彼女は]牧場からツバナを送ってくれた)」

【睦】13(目・8)　常　｜常用音訓　ボク

語音 *mlıuk(上古) muk(中古→呉モク・漢ボク) mù(中) 목(韓)

語源 [コアイメージ] 次々に寄り集まる。[実現される意味] 仲良く寄り合って親しむ(仲良くなる)ⓐ。[英]get on well, harmonious, peaceful

〔解説〕和訓の「むつまじい」の原形はムツマシ。これは「血縁あるもの、夫婦の関係にあるものの間に、馴れ合い、甘える感情がある意。広くは身内のように感じている人や使用人に対する親しみの気持ちにも多く使う」という(大野①)。漢語の睦は多くの人が集まって仲良くすることで、親しみの感情は共通するものの、「むつまじい」や「むつむ」とイメージがやや異なる。漢語の睦のイメージの根源は六にある。これは「多くのものが集まって盛り上がる」というイメージで、陸に受け継がれた。多くの山や丘が集まって続く大地が陸であり、多くの人が寄り集まって一緒になごんでいる状況を捉えて睦という。カールグレンと藤堂明保は上古音にml-という複声母を想定した。六・陸(*lıok)と音・イメージが密接につながるからである。

字源 古文は「先(ロク)(音・イメージ記号)＋囧(イメージ補助記号)」を合わせ

た字。「宄」は「六」を含み、「集まって盛り上がる」「集まって次々に続く」というイメージがある(⇩六・陸)。「囧」は冏(=明)に含まれ、明かり採りの窓の形。気分や雰囲気が明るいというイメージを示す。したがって「𡕥」は人が次々に寄り集まってきて明るい雰囲気を作る情景を設定した図形。篆文では「坴リク(音・イメージ記号)+目(限定符号)」を合わせた字体に変わった。「坴」は「寄せ集める」「多く集まる」というイメージがある。多くの人が目を寄せ合う様子を暗示させる。以上の意匠によって、仲良く一緒に集まることを表象する。

(古)　(篆)

語義 仲良くなる意味ⓐ。[和訓]むつむ・むつまじい [熟語]ⓐ親睦・和睦

文献 ⓐ書経・尭典「九族既睦＝九族既に睦む(多くのやからは仲良くなった)」

【僕】14(人・12) 常 ―― 常用音訓 ボク

語音 *buk(上古) buk(中古→呉ボク・漢ホク) pú(中) 복(韓)

語源 [コアイメージ]荒削りでぎざぎざしている(形が整っていない)。[実現される意味]奴隷ⓐ。[英]slave

〔解説〕藤堂明保は菐ホクのグループと卜のグループを同源とし、「ポクッと割れる」という基本義があるとした(藤堂①)。樸と朴、撲と扑は非常に近い。折ったままで手を加えていない状態を朴という。素材を割ったり折ったりすると最初は形がぎざぎざで不ぞろいである。この状態を表す記号が菐である。手を加えて形を整えることを表す記号が台(治水・治病・治政の治はこのイメージ)、自然のものに手を加えて別のものにすることが為(人為、また偽)であるが、菐は手を加えても形を整えず、自然のままにしておくことである。ここからから「荒削りで形が整っていない」というイメージが生まれる。

〔グループ〕僕・撲・樸ボク(折ったままでまだ加工していない木、あらき[素樸])・璞ハク(掘り出したままでまだ加工していない玉、あらたま[璞玉])・襆ボク(切ったり織ったりしていない生地)・幞ボク(織ったままの布で頭を包む頭巾[幞頭])・蹼ボク(ぎざぎざした形の鳥のみずかき[蹼足])・鏷ボク(まだ精製していない金属、あらがね)

字源 甲骨文字・金文では、農具の箕みのような道具をささげ持つ人を描いた図形。篆文では字体が変わった。「菐ホク(音・イメージ記号)+人(限定符号)」を合わせた字。「菐」を分析すると「丵＋廾」になる。「丵」は先端がぎざぎざ(∧∧∧の形)で不ぞろいな木の形で、叢(くさむら)に含まれている(⇩叢)。「丵(イメージ記号)+廾(限定符号)」を合わせた「菐」は、木の工作で、ぎざぎざ(∧∧∧の形)のままでまだ仕上げていない様子を暗示させる。したがって「僕」は荒削りのままで完成していない粗野な人を暗示させる。この意匠によって、奴隷や従者など、身分の低い人を表象する。

(甲) 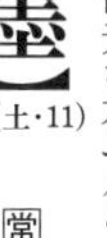 (金)  (篆) 

語義 [展開]奴隷の意味ⓐ、召使い・従者の意味ⓑ、御者の意味ⓒに展開する。また、男子が自分を卑下していうことばⓓに用いる。日本語の一人称「ぼく」はこれに由来する。[英]slave; servant; coachman; I [和訓]しもべ [熟語]ⓐ臣僕・奴僕・僮僕・ⓑ下僕・従僕・ⓒ僕御・僕夫

文献 ⓐ詩経・正月「民之無辜、幷其臣僕＝民の無辜ムなる、其の臣僕に幷あわす(罪のない民が、併せて奴隷にされる)」ⓑ詩経・巻耳「我僕痡矣＝我が僕は痡やめり(私のしもべはへたばった)」ⓒ詩経・出車「召彼僕夫＝彼の僕夫を召す(あの御者を呼ぶ)」

【墨】14(土・11) 常 ―― 常用音訓 ボク すみ

〔墨〕15(土・12) 人 ｜ 音ボク 訓すみ

語音 *muək(上古) mək(中古→呉モク・漢ボク) mò(中) 묵(韓)

語源 [コアイメージ] 黒い・暗い。[実現される意味] 書画に用いる黒色の顔料(すみ)ⓐ。[英]ink

〔解説〕釈名・釈書契に「墨は晦なり。物の晦黒なるに似るを言ふなり」と語源を説く。黒(くろい)と晦(くらい)はイメージの連合がある。日本語の「すみ」は炭と同源。ここにも「黒い」のつながりがある。

字源 「墨」が正字。「黑(音・イメージ記号)+土(限定符号)」を合わせた字。黒い土のような塊を暗示させる。

語義 [展開] すみの意味ⓐから、いれずみの意味ⓑ、すみなわの意味ⓒに展開する。[英]ink; tattoo; inked marking string [熟語] ⓐ墨書・水墨・ⓑ墨刑・ⓒ縄墨

文献 ⓐ荘子・田子方「舐筆和墨＝筆を舐め、墨を和す(［絵を描くために］筆を嘗めて、墨を調合する)」

【撲】15(手・12) 常 ｜ 常用音訓 ボク

語音 *pʻuk(上古) pʻuk(中古→呉・漢ホク・[慣]ボク) pū(中) 박(韓)

語源 [コアイメージ] ぎざぎざしている(ΛΛΛの形)。[実現される意味] 荒々しく打ちすえる(打ちたたく、なぐる)ⓐ。[英]hit very hard, strike, knock

字源 「菐(音・イメージ記号)+手(限定符号)」を合わせた字。「菐」は「割ったり折ったりして形がぎざぎざになる」「ぎざぎざで形が整っていない」というイメージがある(⇩僕)。「撲」は体に打ち身ができるほど荒々しくなぐる様子を暗示させる。打ちたたいた結果に視点を置いた語である。扑(急にたたく)と近い。

語義 打ちすえる意味ⓐ。[和訓]うつ・なぐる [熟語] ⓐ撲殺・打撲

文献 ⓐ書経・盤庚「若火之燎于原、不可嚮邇、其猶可撲滅＝火の原を燎けば、嚮邇すべからざるも、其れ猶撲滅すべきが若し(火が野原を焼くと、近づくことはできないが、打ちたたいて消すことはできるようなものだ)」

ぼつ

【没】7(水・4) 常 ｜ 常用音訓 ボツ

語音 *muət(上古) muət(中古→呉モチ・モツ・漢ボツ) mò・méi(中) 몰(韓)

語源 [コアイメージ] 隠れて姿が見えない。[実現される意味] 水などの中に沈むⓐ。[英]sink, submerge

〔解説〕*muətという語は物故の物(死ぬ)や歿(死ぬ)、また、勿・末・昧などと同源で、「姿が見えない」というイメージがある。「見えない」を極端に抽象化すると「無い」というイメージに転化する。これと同じイメージ転化現象は無・未・微・莫・勿・蔑などにも見られる。

〔グループ〕没・歿(死ぬ)

字源 「沒」が正字。「𠬛(音・イメージ記号)+水(限定符号)」を合わせた字。「夃」は「囘(＝回)」の変形で、渦巻き模様の形。「𠬛」は「囘(イメージ記号)+又(限定符号)」を合わせて、水中にもぐって渦巻きを残す情景を設定した図形。この意匠で十分隠れて姿が見えなくなることを表象できるが、水の領域に場面を限定したのが「沒」である。

(篆) [𠬛] (篆)

〔字体〕「没」は近世中国で発生した「沒」の俗字。

語義 [展開] 水などの中に沈む意味ⓐから、姿が隠れて見えなくなる意味ⓑ、死んでこの世から姿がなくなる(死ぬ)意味ⓒ、物事に深入りす

る意味ⓓに展開する。また、「見えない」というイメージから、「無い」という意味ⓔを派生する。［英］sink, submerge; disappear; die; get deeply into; not ［熟語］ⓐ水没・沈没・ⓑ陥没・埋没・ⓒ没年・戦没・ⓓ没我・没頭・ⓔ没交渉

文献 ⓐ管子・度地「歳高其隄、所以不没也＝歳ごとに其の隄［＝堤］を高くす、没せざる所以なり（毎年堤防を高くするから沈没しないのです）」ⓑ詩経・漸漸之石「山川悠遠、曷其没矣＝曷か其れ没せんや（山や川は果てしなく、いつ尽きるとも思われぬ）」ⓒ論語・子罕「文王既没＝文王既に没す（文王はすでに死んだ）」

【勃】9(力・7) 常 ｜ 常用音訓 ボツ

語音 *buət(上古) buət(中古→呉ボチ・漢ホツ・［慣］ボツ) bó(中) 발(韓)

語源 ［コアイメージ］勢いよくぷっと出る。［実現される意味］ある事態が急に起こるⓐ。［英］sudden

〔解説〕𣎵にコアイメージの源泉がある。これは肺の右側と同じ。釈名・釈形体に「肺は勃なり」とあるが、その逆も真である。𣎵には八という記号が含まれる。これは「八の形（両側・左右に）に分かれる」というイメージである。このイメージは「八→の形に中から分かれて出る」というイメージに展開する。したがって*buətという語は「（中から外に）勢いよくぱっと出る」というコアイメージをもつ。抜・発や憤・奮・奔ときわめて近い。

〔グループ〕勃・孛（勢いよく飛ぶほうき星［孛星］）・浡（勢いよく噴き出る）・渤（水が勢いよく沸き立つさま）・悖（道理に反発する→もとる［悖理］）・誖（もとる）・馞（香気が盛んに起こる）・桲（果実に香気がこもり、ぱっと発散する木、マルメロ［榲桲］）・鵓（ポッポと鳴くハト［鵓鴣］）

字源 「孛（音・イメージ記号）＋力（限定符号）」を合わせた字。「孛」を分析すると「𣎵＋子」となる。「𣎵」は「八形に左右に分かれる」というイメージがあり、「左右に分かれて、その中間から勢いよくぷっと出る」というイメージに展開する（⇩肺）。「𣎵（音・イメージ記号）＋子（限定符号）」を合わせた「孛」は、子が勢いよく飛び出る様子を暗示させる。したがって「勃」は力まかせに勢いよく奮い起こる様子を暗示させる。

（篆）［孛］　（篆）

語義 ［展開］急に起こる意味ⓐから、勢いが盛んなさまの意味ⓑに展開する。［英］sudden; vigorous ［熟語］ⓐ勃興・勃発・ⓑ勃然・鬱勃・勃勃

文献 ⓐ論語・郷党「色勃如也＝色、勃如たり（顔色を急に変えた）」

ほり

【堀】→くつ

ほん

【本】5(木・1) 常 ｜ 常用音訓 ホン もと

語音 *puən(上古) puən(中古→呉・漢ホン) běn(中) 본(韓)

語源 ［コアイメージ］ふくれて太い。［実現される意味］草木の根や幹ⓐ。［英］root

〔解説〕語源について述べているのは藤堂明保のみである。氏は*puənという語は墳（ふくれた土盛り）・笨（太い）・頒（頭が大きいさま）などと同源で、「ふとい」という基本義をもつとした（藤堂①）。木の根はふくれて太くなっているから*puənという。末（細かく小さい「こずえ」）に対する。日本語

の「もと」は「草木の株・根本が原義。古くはうら(末)・すゑ(末)の対」という(大野①)。漢語の本と同じ。

〔グループ〕本・鉢・笨(太い[粗笨])

字源 「木」の下部に「一」の符号をつけた図形。この意匠によって、木のねもとを暗示させる。ただし図形にコアイメージは反映されていない。

(金)  (篆) 

語義 [展開] 草木のねもとの意味ⓐから、物事のもとになるもの(おおもと、根源、始原)の意味ⓑ、あるものを根拠にする(もとづく)意味ⓒ、もともと(もとから、本来的)の意味ⓓに展開する。また、枝葉ではない幹のことから、中心となるもの(中心的、正式の、本当の)という意味ⓔ、自分側のもの(自分の、当方の、当面する、この)という意味ⓕを派生する。また、もとになるテキストのことから、広く書物の意味ⓖに転用される。日本では、棒状の物などを数えることばⓗ。[英]root(ⓐⓑ); origin, basis; base on; originally; central, regular; one's own, this; book; counter suffix

[熟語] ⓐ本末・木本・ⓑ基本・根本・ⓓ本分・本来・ⓔ本家・本庁・ⓕ本学・本年・ⓖ絵本・刊本・ⓗ本数

文献 ⓐ詩経・蕩「枝葉未有害、本實先撥＝枝葉未だ害有らざるも、本実先づ撥らふ(枝と葉はまだ無傷でも、根本と果実が先に切り払われるものだ)」ⓑ論語・学而「君子務本＝君子は本を務む(君子は根本を求めようと努力する)」ⓒ易経・乾「本乎天者親上＝天に本づく者は上に親しむ(天を根拠にするものは上と親しくする)」

【奔】 8(大・5) 常

常用音訓 ホン

語音 *puən(上古) puən(中古→呉・漢ホン) bēn(中) 분(韓)

語源 [コアイメージ] 勢いよく飛び出す。[実現される意味] 勢いよく駆ける(はしる)ⓐ。[英]run quickly

〔解説〕詩経に「鶉の奔奔たる、鵲の彊彊たる」(鶉之奔奔篇)という詩句がある。奔奔とは鳥の雌雄が互いに求めて突き進む様子を形容したことばである。別の古典の引用では奔奔が賁賁になっている。賁は「勢いよく飛び出す」というイメージがあり、噴・憤・墳などのコアになる。賁と奔は卉という共通の記号を含む。卉は*huər(呉音クヱ、漢音クヰ)の音で、音のつながりはないが、賁と奔に共通のイメージを提供する記号である。*puənという語は噴・憤・墳だけでなく、奮・焚・勃なども同源である。犇(走る。「ひしめく」は国訓)は図形的意匠(牛が驚いて走る様子の図形)は違うが、奔と全く同じ。

字源 「卉(イメージ記号)＋夭(イメージ補助記号)」を合わせた字。「卉(＝芔)」は「屮(くさ)」を三つ重ねて、草木がこんもりと群がり生える情景を設定した図形。「中身が詰まって盛り上がる」→「中身が詰まって勢いよく飛び出す」というイメージを示す記号になる(⇨噴)。「奔」は勢いよくぱっと飛び出して走る様子を暗示させる。金文では「夭(大手を振って走る形)」(夭折の夭とは別)と三つの「止(足の形)」を合わせた図形になっている。

(金)  (篆) 

語義 [展開] 勢いよく駆ける(はしる)意味ⓐから、走って逃げる意味ⓑ、正式の手続きを踏まないで夫婦になる(男女が駆け落ちする)意味ⓒに展開する。[英]run quickly, rush, dash; flee, run away; elope [和訓] はしる

[熟語] ⓐ奔走・奔放・ⓑ出奔・ⓒ淫奔

文献 ⓐ詩経・小弁「鹿斯之奔、維足伎伎＝鹿の奔る、維れ足伎伎たり(鹿が飛んで駆けるのは、足取り軽く仲間の方へ)」ⓑ論語・雍也「奔而殿＝奔りて殿す(敗走した際、しんがりをつとめた)」ⓒ詩経・大車「豈不爾思、畏子不奔＝豈に爾を思はざらんや、子の奔らざるを畏る(あなたが好きでた

まらないのに、駆け落ちしないのが怖いだけ)」

【翻】18(羽・12) 常 常用音訓 ホン　ひるがえる・ひるがえす
〔飜〕21(飛・12) 人 音 ホン　訓 ひるがえる・ひるがえす

語音 *p'ıuăn(上古)　p'ıuɐn(中古→呉ホン・漢ハン)　fān(中)　번(韓)

語源 [コアイメージ] 平面がひらひらする。[実現される意味] 平らなものがひらひらする(ひるがえる)ⓐ。[英]flutter

〔解説〕王力は反・返・幡・翩ヘンと同源で、かえる意があるとする(王力①)。これは表層で捉えた語源説。藤堂明保は翩・変・返などと同源で、「ひらひら・ひっくりかえる」を基本義とした(藤堂①)。番にコアイメージの源泉があり、「平面がひらひらする」というコアイメージをもつ語である。日本語の「ひるがえる(ひるがへる)」はひらりとかえることから、裏表になる→裏返る・くつがえる→旗などが風にひらめく意に展開する(大言海による)。

字源 「番ハ(音・イメージ記号)+羽(限定符号)」を合わせた字。「番」は「四方に平らに広がる」「平面がひらひらする」というイメージがある(⇒番)。「翻」は鳥が翼をひらひらさせて飛ぶ様子を暗示させる。

〔字体〕「飜」は異体字。限定符号を羽から飛に替えたもの。

語義 [展開] 平らなものがひらひらする(ひるがえる)意味ⓐ。また「平面がひらひらする」というイメージは、「反り返る」というイメージに転化し、表面が裏返る(ひるがえす・くつがえる)という意味ⓑに展開する。また、今までの事態をひっくり返す意味ⓒ、表現を裏返す(別の言葉に切り換える)意味ⓓを派生する。[英]flutter; turn over; reverse; translate [熟語] ⓐ翻弄・翩翻ヘンポン・ⓑ翻刻・翻然・ⓒ翻意・翻心・ⓓ翻案・翻訳

文献 ⓐ楚辞・九章・悲回風「漂翻翻其上下兮＝漂ひて翻翻として其れ上下す(水は漂い、ひらひらと飛び上がったり下ったりする)」

ぼん

【凡】3(几・1) 常 常用音訓 ボン・ハン

語音 *bıăm(上古)　bıɐm(中古→呉ボム〈＝ボン〉・漢ハム〈＝ハン〉)　fán(中)　범(韓)

語源 [コアイメージ] 広く(満遍なく)覆う。[実現される意味] 全体をひっくるめて(おおよそ、おしなべて、すべて)ⓐ。[英]all, generally

〔解説〕銭繹は「凡の言は汎(広く覆う)なり。一切を包挙(包括する)し、氾濫(全体に行き渡らせる)するの称なり」と語源を説く(方言箋疏)。藤堂明保は凡のグループは汎だけでなく、乏のグループ全部、氾のグループ(犯・範など)、また法とも同源とし、「枠をかぶせる・平らな面でおおう」という基本義をもつとする(藤堂①)。筆者は風のグループにも範囲を拡大し、*bıămという語は「広く覆う」というコアイメージがあると考える。「広く覆う」というイメージから、物事を全体に行き渡って統括すること、つまり、全体を満遍なくカバーする働きのあることばが生まれた。これが凡である。A・B・C…の中の一つ一つを個別的に取り上げるのではなく、これら全部をひっくるめて何かを言いたい場合に使うことばである。この語の図形化は船の帆から発想された。訓の「おおよそ(おほよそ)」はオホ(すべての意)+ヨソ(寄スの古形)で、「みな寄せ集めた所で、の意」という(大野①)。

〔グループ〕凡・帆・汎・風・鳳・芃ホウ(草が覆いかぶさって茂る[芃芃])・梵ボン(音写字。ブラフマン[梵天・梵語])

字源 船の帆を描いた図形。船の帆は満遍なく張り広げるものであるから、「全体を広く覆う」というイメージを表すことができる。近代の文字学者(羅振玉・郭沫若ら)は盤の形、カールグレンと馬叙倫は帆の形とする。

（甲）（金）（篆）

語義 ［展開］全体をひっくるめて（おおよそ）の意味ⓐ。また「個別的ではなく全体をひっくるめる」というイメージから、一般的で何の特徴もない、普通・なみの意味ⓑを派生する。［英］all, generally, on the whole; common, ordinary ［和訓］おおよそ・およそ・すべて ［熟語］ⓐ凡例・大凡・ⓑ凡人・平凡

文献 ⓐ詩経・常棣「凡今之人、莫如兄弟＝凡そ今の人は、兄弟に如しくは莫し（だいたい現在の人は、兄弟にかなうものはない）」ⓑ史記・絳侯周勃世家「才能不過凡庸＝才能、凡庸に過ぎず（才能は人並に過ぎなかった）」

【盆】9（皿・4） 常 常用音訓 ボン

語音 *buan（上古） buən（中古→呉ボン・漢ホン） pén（中） 분（韓）

語源 ［コアイメージ］二つに（八の形に）分ける。［実現される意味］口が大きく開き、底の浅い皿（鉢・たらい）ⓐ。［英］bowl, basin

字源 「分（音・イメージ記号）＋皿（限定符号）」を合わせた字。「分」は「二つに（八の形に）分ける」というイメージがあり、視点を変えると、「八の形に分かれる」というイメージに展開する（⇩分）。「盆」は口が八の形に分かれて開いた皿を暗示させる。

語義 ［展開］鉢・たらいの意味ⓐ。食器を運ぶ道具の意味ⓑは日本的用法。また、梵語 ullambana の音写（盂蘭盆）の略ⓒ。［英］bowl, basin; tray; Bon festival ［熟語］ⓐ盆栽・盆地・ⓑ角盆・ⓒ旧盆・新盆

文献 ⓐ荘子・至楽「荘子則方箕踞、鼓盆而歌＝荘子則ち方に箕踞し、盆を鼓して歌ふ（荘子はちょうどあぐらをかいて、盆をたたいて歌っていた）」

ま

【麻】 11(麻・0) 常

常用音訓 マ　あさ

語音 *măg(上古)　mă(中古→呉メ・漢バ)　ma(唐マ)　má(中)　마(韓)

語源 [コアイメージ] 柔らかくもみほぐす・こすってもむ。[実現される意味] アサⓐ。[英]hemp

〔解説〕アサは詩経の時代にすでに栽培されており、衣料の原料とされた。*măgという語は用途から生まれた。アサの茎から皮を剝ぎ取り、繊維を加工する工程に「柔らかくもみほぐす」「こすってもむ」というイメージを捉え、*măgと命名した。摩(こする)や磨(みがく)はこれから派生した語である。麻と摩・磨などとの関連性を初めて指摘したのは藤堂明保である(藤堂②)。もみほぐすと、柔らかくなり、また、小さく、細かくなる。「柔らかくもみほぐす」というイメージは「小さい・細かい・かすか」というイメージに展開する。春秋説題辞(緯書の一つ)に「麻の言為るは微なり」という語源説は正当である。

〔グループ〕麻・摩・磨・魔・糜(米をすりつぶして柔らかくした「かゆ」、また、どろどろになる[糜爛])・痲(筋肉がほぐれてしびれる[痲痺])・麽(＝麼。細かい、かすか)・靡(きめ細かく柔らかい、なびく[風靡])・麾(手で振るって靡かせ、指図する旗[麾下])・蘼(墻に靡いて生える植物、バラ、薔薇[墻蘼])・蘑(磨いたように白い色の茸、ハラタケ[蘑菇])・藦(柔らかくて弱々しい蔓草、ガガイモ[蘿藦])

字源 「痲」が正字。「𣏟(イメージ記号)＋广(限定符号)」を合わせた字。「𣎳」は「屮(アサの茎)＋八(分ける符号)」を合わせて、アサの皮を剝ぎ取る様子を示す図形。「𣎳」を二つ並べた「𣏟」は、やはり同じ意匠である。したがって「痲」は屋根の下でアサの皮を剝いで繊維を取る情景を設定した図形である。この意匠によって、アサを表象する。

(篆) [𣎳]　(篆) [𣏟]　(篆)

〔字体〕「痲」は旧字体。「麻」は古くから書道で行われた字体。麻に従う他の字体もこれに倣う。

語義 [展開] アサの意味ⓐ。後漢の時に華佗がアサの麻酔効果を利用して、世界医学史上初の外科手術を行ったといわれる。麻に「しびれる」という意味ⓑが加わったが、もみほぐす→皮膚の感覚をなくすというイメージ転化も考えられる。ⓑは痲と通用。[英]hemp; numb [熟語] ⓐ麻布・大麻・ⓑ麻酔・麻痺

文献 ⓐ詩経・東門之池「東門之池、可以漚麻＝東門の池、以て麻を漚すべし(東の門のそばの池、アサを漬けるとちょうどよい)」ⓑ鍼灸甲乙経8「熱痛、麻痺不擧＝熱痛あり、麻痺して挙がらず(熱い痛みがあり、[肩が]しびれて上がらない)」

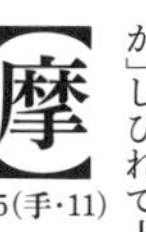

【摩】 15(手・11) 常

常用音訓 マ

語音 *muar(上古)　mua(中古→呉マ・漢バ)　mó(中)　마(韓)

語源 [コアイメージ] こすってもむ。[実現される意味] ごしごしとすりもむ(こする)ⓐ。[英]rub, scrape

字源 「麻(音・イメージ記号)＋手(限定符号)」を合わせた字。「麻」は「こすってもむ」というイメージがある(⇩麻)。「摩」は手でもんだりこすったりする様子を暗示させる。

語義 [展開] 対象をこする意味ⓐから、対象に触れる・迫る意味ⓑに展開する。また、梵語の音写字ⓒ。[英]rub, scrape; touch; phonetic loan of Sanskrit [和訓] する・さする・こする [熟語] ⓐ摩擦・按摩・ⓑ

摩天楼・ⓒ護摩・断末摩

文献 ⓐ孟子・尽心上「墨子兼愛、摩頂放踵、利天下爲之＝墨子は兼愛、頂を摩して踵に放るも、天下を利せんとして之を為す（墨子は兼愛主義者で、頭からかかとに至るまですり減らしても、天下の利益のためにしようとする）」ⓑ易経・繋辞伝上「剛柔相摩＝剛柔相摩す（剛と柔は互いに触れ合う）」

【磨】16(石・11)　常　常用音訓 マ　みがく

語音 *muar(上古)　mua(中古→呉マ・漢バ)　mó(中)　마(韓)

語源 [コアイメージ] こすってもむ。[実現される意味] 堅い物の表面をこすって平らにする（みがく）ⓐ。[英]polish, grind

字源 「礳」が本字（篆文の字体）。「靡ビ（音・イメージ記号）＋石（限定符号）」を合わせた字。「麻」は「こすってもむ」というイメージがある（⇨麻）。「非」は「二つに分かれる」というイメージがある（⇨非）。「麻マ（音・イメージ記号）＋非（イメージ補助記号）」を合わせた「靡」は、物体の表面をこすって、でこぼこを細かく砕いて破片を分散させる様子を暗示させる。この行為の前半に視点を置くと、「物をこすってみがく」というイメージ、後半に視点を置くと、「細かく分かれる」「分かれて一方にしたがう（なびく）」「小さくなって見えなくなる（無い）」などのイメージになる。「礳」は玉や石をみがいて、表面のでこぼこを取って滑らかにする様子を暗示させる。のち字体が「麻（音・イメージ記号）＋石（限定符号）」を合わせた「磨」に変わった。図形の意匠は「礳」と同じ。

（篆）［靡］　（篆）

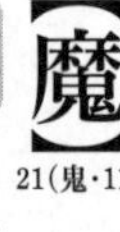

語義 [展開] みがく意味ⓐから、すり減る意味ⓑ、比喩的に、学問や技術を仕上げる意味ⓒに展開する。[英]polish, grind; rub, wear; cultivate, refine [和訓] とぐ・する [熟語] ⓐ磨製・研磨・ⓑ磨滅・鈍磨・ⓒ切磋琢磨・練磨

文献 ⓐ詩経・淇奥「如琢如磨＝琢するが如く、磨するが如し（[君子の仕上がり具合は]玉を削ったかのよう、石を磨いたかのよう）」

【魔】21(鬼・11)　常　常用音訓 マ

語音 mua(中古→呉マ・漢バ)　mó(中)　마(韓)

語源 [コアイメージ] しびれる。[実現される意味] 仏道の修行を妨げるもの（邪魔、悪魔）ⓐ。[英]demon, devil

字源 「麻マ（音・イメージ記号）＋鬼（限定符号）」を合わせた字。梵語の音写のために創作された字。梵語のmāra（仏道を妨げるものの意）を音写して魔羅、摩羅などと書いたが、やがて魔が独立した。仏教関係の音写字は音とイメージを兼ねるものが多い。「麻」はしびれるという意味がある。したがって「魔」は心身を麻痺させて修行を妨げる鬼（邪悪なもの）を暗示させる。

語義 [展開] 仏道の修行を妨げるものの意味ⓐから、一般に邪悪な存在（化け物・悪鬼）や不思議なものの意味ⓑを派生する。[英]demon, devil; monster, mysterious, magical [熟語] ⓐ悪魔・邪魔・ⓑ魔術・病魔

文献 ⓐ水経注1「樹下坐降魔得佛也＝樹下に坐し魔を降して仏を得たり（木の下に座り、魔物を退治して、仏となることができた）」

まい

【毎】6(母・2)　常　常用音訓 マイ

〔每〕7(毋・3)　人　音マイ・バイ　訓ごと・つね

語音 *muəg(上古)　muai(中古→呉マイ・漢バイ)　mĕi(中)　매(韓)

語源 [コアイメージ] ㋐無い・暗い・㋑次々に生まれる。[実現され

る意味〕同じような事態が次々に起こることを指すことば(そのたびごとにいつも、事あるごとに)ⓐ。[英]each, every

〔解説〕母にコアイメージの源泉がある。母は子を生む存在であり、「次々に生む」「生み殖やす(繁殖させる)」というイメージがある。生まれるとは無の世界から有の世界に出現することでもある。子は暗い母胎内から生まれ、植物は暗い地中から現れ出る。無の世界は「暗い」というイメージがある。このような日常経験する事実の認識から、生あるもの(有)と無と暗が連合したイメージを形成するのである。ことばを表す記号として母から毎へ展開し、「生む」「無い」「暗い」という三つ組みイメージをもつのは以上の理由による。「次々に生む」というイメージから、次々と起こる事柄を一つ一つ指すことばが誕生した。これが*mu̯əgであり、その視覚記号化(図形化)は植物の発生の情景を設定することによって実現された。藤堂明保は下記のグループのうち海・悔・侮・晦の毎を単なる音符としたが(藤堂②)、筆者は右のイメージ転化現象を踏まえて、音・イメージ記号と見る。英語ではeachとeveryが毎と対応するが、これらは各とも対応する。各が具体的な人や物について「めいめい」「それぞれ」の意を持つのに対し、毎は物や事の生起する時間について「そのたびにいつも」「事あるごとに」の意を示す。

〔グループ〕毎・海・悔・侮・梅・敏・晦・畮ボウ・ホ(=畝)・莓バイ(=苺)・誨カイ(わからないことを教える[教誨])・痗バイ(暗い気分、メランコリーになる、なやむ)・鋂バイ(首輪にいくつもの小さな輪を連ねた鎖)・霉バイ(次々に降り続く雨、梅雨)・黣バイ(皮膚が黒い)

字源 「毎」が正字。「母ボ(音・イメージ記号)+屮(限定符号)」を合わせた字。「母」は「どんどん生み殖やす」というイメージがある(⇩母)。「屮」は「艸」の半分の形で、草に関わる限定符号になる。したがって「毎」は草がどんどん生え出る様子を暗示させる。説文解字に「草、盛んに上出するなり。屮に従ひ母の声」とある。

(甲) (金) (篆)

〔字体〕「毎」は旧字体。「毎」は書道に由来する常用漢字の字体。毎に従う他の常用漢字の字体もこれに倣う。

語義 〔展開〕同じような事態が次々に起こることを指す語ⓐ。また、草が次々に生える意味ⓑもある。また、コアイメージの一つである「暗い」がそのまま意味として実現され、暗い意味ⓒ。[英]each, every; grow, flourish; dark 〔熟語〕ⓐ毎回・毎日

文献 ⓐ詩経・権輿「今也毎食無餘=今や毎食余り無し(今では食事の度に余りがなくなった)」ⓑ春秋左氏伝・僖公28「原田毎毎=原田毎毎たり(原や畑に草が次々に生い茂る)」ⓒ荘子・胠篋「天下毎毎大亂=天下は毎毎として大いに乱る(世界は真っ暗で大いに乱れる)」

【妹】

8(女・5) 常 常用音訓 マイ いもうと

語音 *muəd(上古) muai(中古→呉マイ・漢バイ) mèi(中) 매(韓)

語源 〔コアイメージ〕㋐まだ伸び切っていない・㋑小さくて見えない。〔実現される意味〕いもうとⓐ。[英]younger sister

〔解説〕白虎通義・三綱六紀篇では「妹なる者は末(すえ)なり」、釈名・釈親属では「妹は昧なり。猶お日の始めて入り、時を歴ふること少なく、尚昧きなり」とある。姉が年齢がいちばん上というイメージで名づけられたのに対し、姉に比べて時間があまり経っていないというイメージで名づけられたのが妹という見方である。日本語の「いもうと」はイモヒトの転。イモは年齢の上下に関係なく、兄弟から姉妹を指すことばという(大野①)。

字源 「未ミ(音・イメージ記号)+女(限定符号)」を合わせた字。「未」は木の小枝を描いて、「まだ伸び切っていない」「小さくてはっきり見えない」というイメージを示す(⇩未)。「妹」は小さくてまだ十分に成熟し

ていない女を暗示させる。この意匠によって、姉に対する「いもうと」を表象する。

語義 いもうとの意味ⓐ。[熟語] ⓐ姉妹・実妹

文献 ⓐ詩経・碩人「東宮之妹＝東宮の妹（[彼女は]太子の妹に当たるお方）」

【枚】8(木・4) 常 ―― 常用音訓 マイ

語音 *muəg(上古) muai(中古→呉メ・マイ・漢バイ) méi(中) 매(韓)

語源 [コアイメージ] 次々に数が増える。[実現される意味] 木の幹から次々に分かれ出る小枝ⓐ。[英]twig

〔解説〕銭繹は「枚の言は毎なり。一端に非ざるの辞なり」と語源を説く（方言箋疏）。一つにとどまらず次々に増えていくというイメージのことばである。下記の詩経の用例にある「小枝」が原義であるが、*muəgという語は毎（次々に生まれる）や牧（繁殖する）と同源である。説文解字に「枚は幹なり」とあるが、説文繋伝には「条より出づるなり」とある。木の幹から次々に分枝して生じる小枝を枚という。一本一本と勘定する意味はその転義である。

字源 「攴（イメージ記号）＋木（限定符号）」を合わせた字。「攴（＝攵）」は杖や棒を手に持つ形。「枚」は杖や棒の太さぐらいの木の枝を暗示させる。図形にコアイメージは反映されていない。

(甲) (金) (篆)

語義 [展開] 小枝の意味ⓐから、兵士や馬の口にはめる木片の意味ⓑを派生する。また、「次々に数が増える」というイメージから、一つまた一つと物を数える用法ⓒが生まれた。日本では特に薄く平らなもの（紙・板など）を数えることばに使用される。[英]twig; gag; piece, sheet, leaf, slice [和訓] ひら [熟語] ⓑ銜枚・ⓒ枚挙・枚数

文献 ⓐ詩経・汝墳「遵彼汝墳、伐其條枚＝彼の汝墳に遵ひ、其の条枚を伐る（汝の川の堤に沿うて、木の細枝・小枝を切る）」

【昧】9(日・5) 常 ―― 常用音訓 マイ

語音 *muəd(上古) muai(中古→呉マイ・漢バイ) mèi(中) 매(韓)

語源 [コアイメージ] かすかではっきり見えない。[実現される意味] 暗いⓐ。[英]dark

字源 「未（音・イメージ記号）＋日（限定符号）」を合わせた字。「未」は「小さくてよく見えない」「かすかではっきりしない」というイメージがある（⇨未）。「昧」は日の光がかすかで、あたりがよく見えない様子を暗示させる。

語義 [展開] 暗い意味ⓐから、かすかではっきりしない意味ⓑ、道理がわからない意味ⓒに展開する。[英]dark; obscure; ignorant, stupid [和訓] くらい [熟語] ⓐ昧旦・草昧・ⓑ曖昧・ⓒ愚昧・蒙昧

文献 ⓐ詩経・女曰鶏鳴「士曰昧旦＝士は曰く、昧旦（男は言った、"もう夜明け前の薄暗い頃だよ"）」ⓑ春秋左氏伝・僖公24「目不別五色之章爲昧＝目、五色の章を別かたざるを昧と為す（目が五色のあやを識別できないのを昧というのだ）」

【埋】10(土・7) 常 ―― 常用音訓 マイ うめる・うまる・うもれる

語音 *mləg(上古) mǎi(中古→呉メ・マイ・漢バイ) mái(中) 매(韓)

語源 [コアイメージ] 姿が隠れて見えない。[実現される意味] 地中にうずめて隠すⓐ。[英]burry

〔解説〕説文解字で「薶（＝埋）は瘞（地中にうずめて隠す）なり」、説文繋伝で「草下に蔵する（しまって隠す）なり」と解している通り、姿が隠れて見えないことにポイントがある。だから藤堂明保は墨・黙などと同源で、「黒い・暗い」を基本義とし、「土で隠して見えなくする」意味とした

（藤堂①）。日本語の「うずめる（うづむ）」は「穴を掘ってものをその中に入れ、上に別なものを重ねたりして、すっかりおおいかくす意」、「うめる（うむ）」は「穴やくぼみに入れていっぱいにする意」という（大野②）。漢語の埋は前者にほぼ対応する。後者の意味をもつ漢語は塡である。常用漢字表で「うずめる」を採用しなかったのは手落ちである。英語のburryは「隠す、保護する」が原義で、「埋める、埋めて隠す」「葬る」に転義したという（小島①）。漢語の埋も「姿が隠れて見えない」というイメージから「うずめる」の意味が実現された。

〔グループ〕埋・貍リ（＝狸。山中に潜み隠れるヤマネコ。「たぬき」は国訓）・霾バイ（砂やちりに覆われてあたりが見えなくなる）

字源 「薶」が本字（篆文の字体）。「貍リ（音・イメージ記号）＋艸（限定符号）」を合わせた字。「里」は「縦横にきちんと筋が通る」というイメージがある（⇩里）。「里リ（音・イメージ記号）＋豸（限定符号）」を合わせた「貍（＝狸）」は、筋をなして並ぶ模様のある獣、ヤマネコのこと。ヤマネコは山林に潜む習性があるので、「姿が隠れて見えない」というイメージを表しうる（これは二次的イメージである）。したがって「薶」は草の間に入って姿が見えなくなる様子を暗示させる。隷書では「貍リの略体（音・イメージ記号）＋土（限定符号）」を合わせた字体に変わった。土の中にうずめて姿が見えなくなる様子を表す。カールグレンと藤堂は埋の上古音に*ml-という複声母を想定している。

（篆）〔貍〕　（篆）

語義 〔展開〕地中にうずめて隠す（うずめる）意味ⓐから、姿が隠れて見えない、また、世間に知られない（うずもれる）意味ⓑに展開する。［英］burry; conceal, hide 〔和訓〕うずめる・いける 〔熟語〕ⓐ埋葬・埋蔵・ⓑ埋伏・埋没

文献 ⓐ墨子・節葬「其親戚死、朽其骨而棄之、然後埋其骨＝其の親戚死すれば、其の骨を朽ちせしめて之を棄て、然る後に其の骨を埋む（身内が死ぬと、骨を腐らせて放置し、その後で地中にうずめる）」

まき

【槇】→しん

まく

【幕】

13（巾・10）　常　｜常用音訓｜マク・バク

語音 *mak（上古）　mak（中古→呉マク・漢バク）　mù（中）　막（韓）

語源 〔コアイメージ〕隠れて見えない・覆いかぶさる。〔実現される意味〕覆って中を見えなくする布（テント）ⓐ。［英］tent

〔解説〕王力は幕・膜・幔は同源で、帳（とばり）の意味があるとする（王力①）。これは表層で捉えた語源説。藤堂明保は深層構造で捉え、莫のグループ、無のグループ、亡のグループ全体が、「隠れて見えない」という基本義をもつ単語家族とする（藤堂①）。

字源 「莫バク（音・イメージ記号）＋巾（限定符号）」を合わせた字。「莫」は「隠れて見えない」というイメージがある（⇩莫）。中に隠す前提として、「上から覆いかぶさる」というイメージもある。「隠れて見えない」「覆う」「無い」は可逆的な（相互転化可能な）三つ組みイメージである。したがって「幕」は上から覆って内部を隠して見えなくする布を暗示させる。

語義 〔展開〕テントの意味ⓐ、また、垂れ幕（カーテン）の意味ⓑ。ⓐから、大将がテントを張って作戦を立てる所（本陣）の意味ⓒに展開する。将軍が政治を執る所の意味ⓓは日本的用法。またⓑから、映画や演劇の垂れ幕や芝居の一場面の意味ⓔに転用される。［英］tent; curtain, screen（ⓑⓔ）; general's office; shogunate; act, scene 〔熟語〕ⓐ天幕・幔幕・ⓑ

開幕・閉幕・ⓒ幕営・幕僚・ⓓ幕府・倒幕・ⓔ銀幕・字幕

文献 ⓐ戦国策・斉一「連衽成帷、擧袂成幕＝衽ジを連ぬれば帷ィと成り、袂を挙ぐれば幕と成る（〔道路が人で混み合って〕えりを連ねるとカーテンになり、たもとを挙げるとテントになるほどだ）」

【膜】14（肉・10）　常　常用音訓　マク

語音 (1) *mak（上古）　mak（中古→呉マク・漢バク）　mó（中）　막（韓）　(2) mo（中古→呉モ・漢ボ）　mó（中）　모（韓）

語源 ［コアイメージ］隠れて見えない・覆いかぶさる。［実現される意味］器官を覆って保護する組織ⓐ。［英］membrane

［解説］釈名・釈形体に「膜は幕なり。一体を幕絡（覆いかぶせてつらねる）するなり」とあるように、膜と幕は同源の語である。

字源 「莫バク（音・イメージ記号）＋肉（限定符号）」を合わせた字。「莫」は「隠れて見えない」「覆いかぶさる」というイメージがある（⇩莫・幕）。「膜」は上から覆いかぶせて中のものを見えなくする薄皮を暗示させる。

語義 ［展開］器官を覆って保護する組織の意味ⓐから、表面を覆う薄い皮の意味ⓑを派生する（以上は1の場合）。また、「覆いかぶさる」というイメージから、ひざまずいて、相手の足下に額を覆いかぶせるようにして拝む（ぬかずいて神仏を拝む、ぬかずく）意味ⓒを派生する（2の場合）。［英］membrane; film; prostrate oneself　［熟語］ⓐ粘膜・皮膜・ⓑ被膜・油膜・ⓒ膜拝ボハイ

文献 ⓐ素問・太陰陽明論「脾與胃以膜相連耳＝脾と胃とは膜を以て相連なるのみ（脾と胃は膜で連なっているだけだ）」

まくら

【枕】→ちん

まさ

【柾】9（木・5）　人　半国字

字源 日本でマサキを表記するために創作された疑似漢字。マサキは真青木（まさおき）に由来するという（大言海）。この「まさ」に「正」を当て、木偏を添えたのが「柾」の字。ただしきわめてまれだが、中国の文献にも柾があった。竜龕手鑑に柩キュウ（ひつぎの意）の俗字として見える。偶然に同形衝突したと考えられるから、日本の柾は半国字とする。

語義 ニシキギ科の木、マサキの意味。また、正目まさめ（まっすぐな木目）を柾目とも書く。［英］Japanese spindle-tree

また

【俣】9（人・7）　人　半国字

字源 日本語の「また」を表記するために創作された疑似漢字。俁（まつ）を少し変えた俣、それから変わった俣でもって、「まつ」と音の近い「また」を表記したというが、詳らかではない。俣は中国では俁の俗字、俣は俁グの俗字とされるから、日本の俣や俣は半国字である。

語義 道などがY形に分かれた所、ふたまたの意味。［英］forked road

【又】→ゆう

まつ

【末】5（木・1）　常　常用音訓　マツ・バツ　すえ

語音 *muat（上古）　muat（中古→呉マチ・マツ・漢バツ）　mò（中）　말（韓）

語源 [コアイメージ] ㋐小さい・細かい・㋑細かくて見えない。[実現される意味] こずえⓐ。[英]treetop

〔解説〕藤堂明保は末・蔑・滅などを同源とし、「小さい・見えない」という基本義があるとする(藤堂①)。「小さい・細かい」というイメージは「見えない」というイメージに展開し、「見えない」というイメージを極端に抽象化すると、「無い」というイメージに転化する。王力は無・毋・亡・罔・莫・靡・蔑・末・勿を同源としている(王力①)。これらはいずれも「ない」「なかれ」という否定詞に使われる。

〔グループ〕末・抹・沫・茉・秣(細かく切ったまぐさ[糧秣])・韈(足を隠して見えなくする靴下)

字源 「木」の上部に「一」の符号をつけて、木の先端の部分(こずえ)を暗示させる図形。この意匠によって、「細かくて見えない」というイメージを表すことができる。

(金)　(篆)

語義 [展開] 「小さい」「細かくて見えない」というコアイメージから、小さくなって見にくいこずえⓐ、空間的・時間的に終わりの方(端、すえ)ⓑ、小さい粒ⓒ、主要ではない物事ⓓという意味に展開する。また、「無い」という否定詞ⓔに用いられる。[英]treetop; end, terminal, last, final; powder; nonessential, trivial; not [和訓]うら・ない [熟語]ⓐ末梢・本末・ⓑ終末・端末・ⓒ細末・粉末・ⓓ末技・瑣末

文献 ⓐ春秋左氏伝・昭公11「末大必折=末大なれば必ず折る(木の先端[こずえ]が大きければ必ず折れる)」ⓑ孟子・梁恵王上「明足以察秋毫之末=明は以て秋毫の末を察するに足る(視力は秋の獣の毛の細い先も十分見える)」ⓒ論語・子張「抑末也=抑も末なり([行儀作法などは]そもそも瑣末なことだ)」ⓔ論語・子罕「吾末如之何也已矣=吾、之を如何ともする末きのみ(私にはどうしようもない)」

【抹】8(手・5) 常 常用音訓 マツ

語音 *muat(上古) muat(中古→呉マチ・マツ・漢バツ) mǒ(中) 말(韓)

語源 [コアイメージ] 見えない。[実現される意味] なすりつけるⓐ。[英]smear

字源 「末(音・イメージ記号)+手(限定符号)」を合わせた字。「末」は「小さい・細かい」というイメージから、「見えない」「無い」というイメージに展開する(⇩末)。「抹」は物の表面に何かをなすりつけて見えなくする様子を暗示させる。

語義 [展開] 表面になすりつける意味ⓐから、物の形を見えなくする意味ⓑ、ちょっとなすった跡の意味ⓒに展開する。すりつぶして粉にする意味ⓓは日本的用法。[英]smear; erase; one brush; grind into powder [熟語]ⓐ塗抹・濃抹・ⓑ抹殺・抹消・ⓒ一抹・ⓓ抹香・抹茶

文献 ⓐ枚乗・梁王菟園賦「羽蓋繇起被以紅抹=羽蓋は繇起して紅を以て抹せらる(羽を飾った車蓋は揺れ動き、紅色を掃いたように塗ってある)」(文選補遺31)

【沫】8(水・5) 人 音マツ 訓あわ

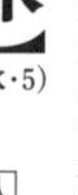

語音 *muat(上古) muat(中古→呉マチ・マツ・漢バツ) mò(中) 말(韓)

語源 [コアイメージ] ㋐小さい・細かい・㋑細かくて見えない。[実現される意味] 水の細かい粒・あわⓐ。[英]bubble, foam, froth

字源 「末(音・イメージ記号)+水(限定符号)」を合わせた字。「末」は「小さい」「細かくて見えない」というイメージがある(⇩末)。「沫」は細かいくて見えにくい水の粒(あわ)を暗示させる。

語義 水の細かい粒・あわの意味ⓐ。[熟語]ⓐ飛沫・泡沫

文献 ⓐ荘子・大宗師「泉涸、魚相与處於陸、相呴以濕、相濡以沫=泉涸れ、魚相与に陸に処り、相呴くに湿を以てし、相濡すに沫を

以てす（泉が干上がったため、魚たちは陸上にいて、お互いに湿気で吹き合い、あわで濡らし合った）」

【茉】8（艸・5）　人　｜㊣マツ

語音 muat（中古→㊁マチ・マツ・㊂バツ）　mò（中）　말（韓）

語源 〔解説〕晋代（4世紀の頃）、アラビア方面からモクセイ科の常緑低木が中国に伝えられた。この木の名である梵語のmallikāを音写して末利・末麗・抹麗・抹厲・没利・摩利などとした。唐代になって茉莉の表記が定着した。

字源 「末マツ（音記号）＋木（限定符号）」を合わせた字。

語義 茉莉はモクセイ科の木、マツリカの意味ⓐ。別名はアラビアジャスミン。つる性の植物で、香気が強い。［英］arabian jasmine　［熟語］ⓐ茉莉花

文献 ⓐ趙鸞鸞・檀口「咳唾輕飄茉莉香＝咳唾軽く飄がえり茉莉香し（つばが軽く漂い、マツリカがかぐわしい）」（全唐詩802）

まろ

【麿】18（麻・7）　人　｜純国字

字源 柿本人麻呂のように最初は「まろ」を麻呂と表記したが、やがて麻呂を組み合わせて麿が創作された。和製の疑似漢字である。麿と似た造字に粂（くめ）がある。

語義 男子の名につける語ⓐ。また、男子の自称ⓑ。［英］-maro; I

まん

【万】3（一・2）　常　｜常用音訓　マン・バン

〔萬〕12（艸・9）　人　｜㊣マン・バン　訓よろず

語音 *mıuăn（上古）　mıuʌn（中古→㊁モン・㊂バン・［慣］マン）　wàn（中）　만（韓）

語源 長く続く。［実現される意味］数の単位（五番目の位）の名ⓐ。［英］the fifth digit

〔解説〕古代漢語の記数法は十進法で、十倍数ごとに単位名を必要とする。十→百→千と進み、その次の単位を*mıuănという。この語は綿（連なる）・緬（細く長く続く）・蔓（長く続くつる）などと同源で、「長く続く」「ずるずると長く続いて絶えない」というイメージがある（藤堂②）。数詞の10000を長く続いて絶えない数と捉えて*mıuănと命名した。その図形化はサソリが利用された。サソリは卵胎生で、一度に多くの子を生む。だから多数の象徴になりうる。一方、サソリは猛毒をもつ虫なので、「激しい」というイメージを表す記号にもなる。これは厲に含まれる（⇩励）。

〔グループ〕万・邁マイ（どこまでもずんずん進む［邁進］）・勱マイ（力を進めて勉める→はげむ）

字源 「萬」が正字。サソリを描いた図形。蠆タイ（サソリ）に含まれる。

（甲） 　（金） 　（篆）

〔字体〕「万」は近世中国で発生した「萬」の俗字。本来の万はボクと読み、万俟ボクシという複姓に用いられる。二つが同形衝突した。

語義 〔展開〕数の単位の名ⓐ。また、数詞の10000の意味ⓑ。そこから、多数の意味ⓒを派生する。［英］the fifth digit; ten thousand; many, numerous　［熟語］ⓑ万戸・万年・ⓒ万民・巨万

文献 ⓐ詩経・閟宮「公徒三萬＝公徒は三万（公の兵卒は三万人）」ⓑ詩経・甫田「乃求萬斯箱＝乃すなわち万の箱を求む（［豊作で］一万の荷箱が入り用

だ）」ⓒ詩経・七月「萬壽無疆＝万寿（バンジュ）疆（かぎ）り無し（いついつまでも長生きを）」

【満】12（水・9） 常 ｜常用音訓 マン　みちる・みたす

語音 *muan（上古） muan（中古→呉マン・漢バン） mǎn（中） 만（韓）

語源 ［コアイメージ］ある範囲の全体にいっぱい詰まる。［実現される意味］枠いっぱいになるⓐ。［英］fill

〈解説〉日本語の「みちる（みつ）」は「ある範囲内が、一種類の中身でいっぱいになる意」という（大野②）。これは漢語の満と同じ。*muan という語は「ある範囲の全体にいっぱい詰まる」というコアイメージをもつ。藤堂明保は曼のグループ（慢・蔓など）、面のグループ、また綿・万と同源とし、「長い線で囲む、囲みいっぱいにみちる」という基本義があるとした（藤堂①）。平面的にいっぱいになる場合は面、立体的にいっぱいになる場合は満である。線条的な場合は「長く続いて絶えない」というイメージになる。これが綿・万である。漢の服虔は「数は一より万に至るを満と為す」と言っている（春秋左氏伝の注釈）。英語の fill は「容器、部屋、場所などの空間や時間を満たす」「食欲や要求を満足させる」の意味、また「穴や欠けている部分を埋める」の意味があるという（小島①）。前者は漢語の満、後者は塡に対応する。

〈グループ〉満・懣（マン）（心の中に怒りがいっぱい詰まる［憤懣］）・瞞（マン）（いっぱいに枠をかぶせて中身を覆う→真相を見えなくしてだます［欺瞞］）・蹣（マン）（道幅いっぱいにわだかまって行く、よろめく［蹣跚］）・蟎（マン）（血をいっぱい吸う虫、ダニ）

字源 「滿」が正字。「㒼（マン）（音・イメージ記号）＋水（限定符号）」を合わせた字。「廿」は革・席・度などに含まれる「廿」と同じで、獣の革。「㒳」は両と同じで、左右対称を示す記号（⇩両）。「㒳（イメージ記号）＋革の略体（イメージ補助記号）」を合わせた「㒼」は、太鼓に革を平均して張る様子を暗示させる図形。朱駿声は「今皮を以て鼓を冒（おお）ふを㒼と曰ふ。平らに帖（は）りて縫（縫い目）無きを言ふなり」（説文解字通訓定声）と述べる。「㒼」は「全体に平均して行き渡る」というイメージを示す記号になる。これは平面的なイメージだが、立体的なイメージにもなる。したがって「滿」は水が器全体に平均して行き渡る様子を暗示させる。

（金）　（篆）［㒼］　（篆）

〈字体〉「滿」は旧字体。「満」は由来不明の常用漢字の字体。

語義 ［展開］空間的にいっぱいになる（みちる・みたす）意味ⓐから、時間的に限度までいっぱいになる意味ⓑ、心理的に十分満たされて足りる意味ⓒに展開する。［英］fill(ⓐ〜ⓒ), be full of; expire; satisfy ［熟語］ⓐ満杯・充満・ⓑ満期・満了・ⓒ満足・円満

文献 ⓐ老子・九章「金玉滿堂、莫之能守＝金玉、堂に滿つるも、之を能く守る莫し（財宝が建物にいっぱいになっても、これを守ることはできない）」ⓑ史記・扁鵲倉公列伝「文王年未滿二十、方脈氣之趨也＝文王、年未だ二十に滿たず、方（まさ）に脈気の趨（はし）るなり（文王は年が二十歳にならないのに、今ちょうど脈の気が変動している）」ⓒ書経・仲虺之誥「志自滿、九族乃離＝志自ら滿つれば、九族乃ち離る（志が自ら満足すると、多くのやからは離れてしまう）」

【慢】14（心・11） 常 ｜常用音訓 マン

語音 *mǎn（上古） mǎn（中古→呉メン・漢バン・［慣］マン） màn（中） 만（韓）

語源 ［コアイメージ］㋐覆いかぶさる・㋑ずるずると長く延びる。［実現される意味］心に締まりがない（おこたる）ⓐ。［英］neglect

〈解説〉釈名・釈言語に「慢は漫なり。漫漫（だらだらと延び広がるさま）として、心に限忌する（制限して避ける）所無きなり」とあるように、古くから慢と漫の同源意識があった。藤堂明保はさらに範囲を拡大させ、曼の

グループ全体、および満・面・綿・万とも同源とし、「長い線で囲む、囲みいっぱいにみちる」という基本義があるとした(藤堂①)。これらの語群にはもともと平面に視点を置いた「ある範囲の全体に行き渡る(広がる)」というイメージがあり、立体的な軸に視点を置くと「枠内にいっぱい詰まる(満ちる)」というイメージ、線条的な軸に視点を置くと、「どこまでも長く延びる」というイメージになると考えられる。また、平面・立体の軸では、全体にあまねく広がりかぶさった状態になるので、「上から下に(外から中に)覆いかぶさる」というイメージに転化する。「あまねく行き渡る(枠いっぱいに広がる)」「覆いかぶさる」「長く延びる」というイメージは可逆的(相互転化可能)な三つ組みイメージを構成する。曼はこれら三つのイメージを表す記号である。「ずるずると長く延びる」というイメージから、心理的に延びて締まりがない状態(だらける、おこたる)の意味が実現される。英語のneglectはラテン語のneglegere(注意しない)、分析するとneg-(否定)+legere(選ぶ)に由来し、「不注意でおろそかにする、無視する、軽視する」「不注意[怠慢]から…しない」の意という(小島①)。漢語の慢もおこたる(怠慢)の意味ⓐと、あなどる(無視・軽視)の意味ⓒがある。

〔グループ〕慢・漫・蔓・曼マン(長く延びる[曼曼])・幔マン(広くかぶさる垂れ幕[幔幕])・謾マン(事実を覆い隠してあざむく)・鰻マン(ずるずると長く延びた魚、ウナギ)・鏝マン(塗料をかぶせて塗る道具、こて)・墁マン(壁に土をかぶせて塗る)・饅マン(餡に皮をかぶせて蒸した食品[饅頭])・鬘マン(髪が長く垂れて美しい、また、美しい飾り物[華鬘]。かつら・みずらは国訓)

字源 「曼マン(音・イメージ記号)+心(限定符号)」を合わせた字。「冃」(曰は変形)は覆いをかぶせることを示す符号(⇩冒)。「冃(イメージ記号)+目(イメージ補助記号)+又(限定符号)」を合わせた「曼」は、目の前に覆い(ベールや仮面)をかぶせる情景を設定した図形。この意匠によって、「広く覆いかぶさる」というイメージを表すことができる。またこれは「ずるずると長く延びる」というイメージに展開する。したがって「慢」は心に締まりがなくだらだらと長引く様子を暗示させる。

〔字体〕「曼」の上部は冃が正しいが、古くから曼と書かれることが多い。曼に従う漢字はこれに倣う。

(金)  (篆) [曼] (篆) 

語義 [展開] 心に締まりがない(おこたる)意味ⓐ。「ずるずると長く延びる」というイメージから、ずるずると長引く(間延びして遅くなる、ゆっくりする)という意味ⓑを派生する。また、「覆いかぶさる」というイメージは「見えなくなる」というイメージにも展開し、相手をわざと見ない(無視する、ばかにする、あなどる)という意味ⓒを派生する。[英]neglect(ⓐⓒ), negligent; defer, slow; slight [和訓]おこたる・あなどる [熟語]ⓐ怠慢・ⓑ慢性・緩慢・ⓒ慢心・傲慢

文献 ⓐ書経・益稷「惟慢遊是好=惟(た)だ慢遊を是れ好め(ただ気ままに遊ぶのがよい)」ⓑ詩経・大叔于田「叔馬慢忌=叔の馬は慢なり(叔さんの馬は足をゆるめる)」(忌はリズム調節詞)ⓒ論語・尭曰「無小大、無敢慢=小大と無く、敢へて慢(あな)どること無し(相手の大小に関わりなく、あなどることはしない)」

【漫】14(水・11) 常 (常用音訓)マン

語音 *muan(上古) muan(中古→呉マン・漢バン) màn(中) 만(韓)

語源 [コアイメージ] ㋐広く覆いかぶさる・㋑ずるずると長く延びる。[実現される意味] 水が果てしなく広がる(一面に覆いかぶさる)ⓐ。[英]flow widely

字源 「曼マン(音・イメージ記号)+水(限定符号)」を合わせた字。「曼」は「広く覆いかぶさる」「ずるずると長く延びる」「枠いっぱいに広がる」という可逆的な三つ組みイメージがある(⇩慢)。「漫」は水がずるずる

と延びて広がり、一面に覆いかぶさる様子を暗示させる。

語義【展開】水が果てしなく広がる意味ⓐから、道などがずるずると長く延びる意味ⓑ、だらだらと延びて締まりがない意味ⓒ、とりとめなく（みだりに、そぞろに）という意味ⓓに展開する。［英］flow widely, spread endlessly; very long; slow, loose, careless; unrestrained, free 【和訓】すずろ・そぞろ・みだり 【熟語】ⓐ瀰漫・渺漫・ⓑ漫漫・ⓒ散漫・放漫・ⓓ漫然・漫遊

文献 ⓐ揚雄・甘泉賦「指東西之漫漫＝東西の漫漫たるを指す（水は東西の方向に果てしない広がりを見せている）」（文選7） ⓑ荀子・正名「長夜漫兮＝長夜漫たり（夜は長いよ）」

【蔓】14(艸・11) 人 ㊥マン ㊞つる

語音 *mıuǎn(上古) mıuʌn(中古→㊐モン・㊊バン・［慣］マン) wàn・màn(中) 만(韓)

語源【コアイメージ】㋐広く覆いかぶさる・㋑ずるずると長く延びる。【実現される意味】植物のつるⓐ。［英］vine

字源「曼（マン）（音・イメージ記号）＋艸（限定符号）」を合わせた字。「曼」は「覆いかぶさる」「長く延びる」「一面に広がる」というイメージがある（⇨慢）。「蔓」は植物のつるがずるずると延びて、他物に絡み、一面に覆い広がる様子を暗示させる。この意匠によって、ずるずると延びる植物のつるを表象する。

語義【展開】植物のつるの意味ⓐから、ずるずると延びる（広がってはびこる）意味ⓑに展開する。［英］vine; creep, spread 【熟語】ⓐ蔓生・蔓草・ⓑ蔓延

文献 ⓐ詩経・野有蔓草「野有蔓草、零露漙兮＝野に蔓草有り、零露漙（タン）たり（野辺につる草があり、露が玉をなして降りている）」 ⓑ詩経・葛生「葛生蒙楚、蘞蔓于野＝葛は生じて楚を蒙（おお）ひ、蘞（レン）は野に蔓（は）ふ（クズが生えてニンジンボクを覆い、ヤブガラシは野の木に延びていく）」

み

【未】5(木・1) 常 常用音訓 ミ

語音 *mıuəd(上古) mıuəi(中古→㊐ミ・㊊ビ) wèi(中) 미(韓)

語源【コアイメージ】小さくてはっきりと見えない。【実現される意味】十二支の第八位ⓐ。［英］the eighth earthly branch

【解説】殷代で十二支の名として成立した語である。十二支は十二進法の序数詞である。その順位は主に植物の生長段階を象徴として工夫された。子・丑・寅…と進んでいくと、午（七番目）が折り返し点で、その次に来る順位を*mıuədといい、未と表記した。未は植物の枝がまだ伸び切らない状態を象徴とする。十分に枝が伸びた状態である申（九番目）の前に位置づけた。藤堂明保は未のグループを微・尾・眉・美・没・勿・民などと同じ単語家族に分類し、「小さい・よく見えない・微妙な」という基本義をもつとする（藤堂①）。「見えない」というイメージを極端に抽象化すると、「無い」というイメージに転じる。無・微・莫・勿・亡・罔・末・蔑などにも同じイメージ転化現象がある。未定の未はこのイメージ転化による意味である。

〔グループ〕未・味・魅・妹・昧・寐（ビ）（目を閉じて眠る［寤寐］）・眛（マイ）（よく見えない、暗い）

字源 木の小枝を描いた図形。この意匠によって、「小さくてはっきりと見えない」ということを表すことができる。字源については、穂

の形、木の実の形、木・末・未を同形とするなど諸説があるが、いずれも否定詞を説明できない。だから未定などの未は仮借とされる。

(甲) (金) (篆)

語義 [展開] 十二支の第八位(ひつじ)の意味ⓐ。動物の羊に当てたのは後漢の頃である。また、「小さくてよく見えない」というイメージは「無い」というイメージに転じる。ある事態がまだはっきりと現れていないことを言い表す場合、その事態を表す言葉にかぶせて「未〜」(漢文で「いまだ〜ず」と読む)という用法ⓑが生まれた。[英]the eighth earthly branch; not yet [和訓] ひつじ・いまだ・まだ・ない [熟語] ⓐ辛未(シンビ)・ⓑ未定・未来

文献 ⓐ春秋・桓公1「夏四月丁未、公及鄭伯盟于越＝夏四月丁未、公及び鄭伯、越に盟ふ(四月ひのとひつじの日、公と鄭伯が越で会盟した)」ⓑ詩経・草虫「未見君子、我心傷悲＝未だ君子を見ず、我が心傷悲す(背の君にお会いせぬ時、つらく悲しい胸のうち)」

【味】 8(口・5) 常 常用音訓 ミ あじ・あじわう

語音 *muəd(上古) muəi(中古→呉ミ・漢ビ) wèi(中) 미(韓)

語源 [コアイメージ] はっきり見えない。[実現される意味] 食べ物などのあじⓐ。[英]taste, flavor, savor

〈解説〉白虎通義・礼楽篇に「味の言為(た)るは味なり」、同書・五行篇に「未は味なり」とあるように、古人は未・味・味の同源意識があった。これらに共通するのは「はっきり見えない」というコアイメージである。事態の出現がまだはっきりしないことが未、暗くてはっきり見えないことが味である。では味とは何か。「はっきり見えない」というイメージは「はっきり見えないものをはっきり見ようとする」というイメージに展開する。「無い」というイメージが「無いものを求める」というイメージに転化するのは漢語意味論の特徴の一つである(⇩募・問・望)。味とは食べ物などに含まれる何か(はっきりとはわからないもの)をはっきり見分けようとする行為を表すことばである。古代中国人は味を実体と見ている。唐の孔穎達は「臭を気と曰ひ、口に在れば味と曰ふ」(尚書正義)と述べ、口に感じられる気の一種とする。英語のtasteはラテン語のtaxare(=to touch, to feel)に由来するという(小島①)。舌で接触して感じるものというイメージであろう。

字源 「未(ミ)(音・イメージ記号)＋口(限定符号)」を合わせた字。「未」は「はっきり見えない」というイメージがあり、「はっきりしないものをはっきりさせようと求める」というイメージに展開する。「味」ははっきりしないあじを舌先で見分ける(あじわう)ことを暗示させる。

語義 [展開] 食べ物などのあじの意味ⓐ、味をあじわう意味ⓑ。また比喩的に、物に含まれる内容(趣・味わい)の意味ⓒ、内容のおもしろみを感得する(試してみる)意味ⓓに展開する。[英]taste(ⓐ〜ⓓ), flavor(ⓐⓒ), savor(ⓐⓑ); content, meaning, interest; appreciate [熟語] ⓐ味覚・美味・ⓑ賞味・ⓒ意味・趣味・ⓓ味読・吟味

文献 ⓐ論語・述而「子在齊、聞韶三月、不知肉味＝子、斉に在りて、韶(ショウ)を聞くこと三月、肉の味を知らず(孔子は斉で韶という音楽を三か月も聞きほれて、肉の味を忘れるほどだった)」ⓑ老子・六三章「味無味＝無味を味はふ(味のないものを味わう)」

【魅】 15(鬼・5) 常 常用音訓 ミ

語音 *muĕr(上古) muì(中古→呉ミ・漢ビ) mèi(中) 매(韓)

語源 [コアイメージ] はっきり見えない。[実現される意味] 自然界の妖怪(もののけ・化け物)ⓐ。[英]evil spirit

字源 「未(ミ)(音・イメージ記号)＋鬼(限定符号)」を合わせた字。「未」は「はっきり見えない」というイメージがある(⇩未)。「魅」ははっきりと

姿を現さない化け物を暗示させる。

語義 [展開] 自然界の化け物(もののけ)の意味ⓐから、得体の知れない力で人を迷わす意味ⓑに展開する。[英]evil spirit, goblin, fairy; enchant, charm, bewitch, fascinate, captivate [熟語] ⓐ鬼魅・魑魅魍魎・ⓑ魅力・魅惑

文献 ⓐ韓非子・外儲説左上「齊王問曰、畫孰最難者、曰、犬馬最難、孰最易者、對曰、鬼魅最易＝斉王、問ひて曰く、画は孰(いず)れか最も難き者ぞ。曰く、犬馬最も難し。孰れか最も易き者ぞ。対へて曰く、鬼魅最も易し(斉王が質問して言った、〝絵は何が最も難しいか。〟[絵師は]言った、〝犬と馬が最も難しいです。〟〝では何が最もやさしいか。〟答えて言った、〝お化けが最もやさしいです。〟)」

みさき

【岬】→こう

みつ

【密】 11(宀・8) 常

常用音訓 ミツ

語音 *miĕt(上古) miĕt(中古→呉ミチ・漢ミツ) mi(中) 밀(韓)

語源 [コアイメージ] 両側から(中の物を)ぴったり締めつける・隙間なくびっしり閉ざす。[実現される意味] 内部が閉ざされて外からわからないⓐ。[英]secret

〔解説〕必にコアイメージの源泉がある。藤堂明保は必のグループ全体が比のグループ、賓のグループ、さらに畢・弼・閉と同源とし、「ふたつくっつく」という基本義があるとする(藤堂①)。「両側から締めつけて隙間なくくっつく」というイメージを示すのが必である。このイメージから、周囲から内部を隙間なく締めつけて閉ざした状態を表す語が実現された。これを*miĕtといい、その図形化は樹木に覆われた山の情景を念頭に置いてなされた。これが密である。漢の鄭玄は「密の言は閉なり」と正当に語源を説く(礼記鄭注)。

〔グループ〕密・蜜・樒(ミツ)(香気を内部に閉じ込めた木→ジンコウ属の木の名、木蜜・蜜香)・蔤(ミツ)(節がくっつくように並ぶハスの地下茎、蓮根)

字源 「宓(ミツ)(音・イメージ記号)＋山(限定符号)」を合わせた字。「必」は「両側から(中の物を)ぴったり締めつける」というイメージがある(⇩必)。「必(ヒツ)(音・イメージ記号)＋宀(限定符号)」を合わせた「宓」は、邪魔が入らないように家の周りを隙間なく締めつけてふさぐ様子を暗示させる。「宓」で十分*miĕtを表記できるが、意味表象をもっと容易にするために「山」の限定符号を加えた。したがって「密」は山が樹木に覆われて内部が閉ざされて見えない情景を設定した図形である。この意匠によって、内部が閉ざされて外部から見えないことを表象する。

(篆) [宓]　(金)　(篆)

語義 [展開] 「隙間なくびっしり閉ざす」というイメージから、内部が閉ざされて外からはわからない(ひそか)の意味ⓐが実現される。また、「両側から(中の物を)ぴったり締めつける」というイメージから、びっしりくっついて隙間がない(隙間のないほど近づく)意味ⓑ、人とくっつくほど親しくする(親しい)意味ⓒ、細かい所まで行き届いてすきがない意味ⓓに展開する。また、人に知られないように(ひそかに)の意味ⓔ。[英]secret; near, close, dense; intimate; fine, delicate, meticulous; secretly [和訓] ひそか [熟語] ⓐ密閉・秘密・ⓑ緊密・稠密・ⓒ親密・ⓓ精密・綿密・ⓔ密告・密造

文献 ⓐ韓非子・説難「夫事以密成＝夫れ事は密を以て成る(物事は秘密にすると成功する)」ⓑ詩経・公劉「止旅乃密＝旅を止むること乃ち密

なり(〔公劉は〕大勢の人をびっしりと一所に止めて定着させた)」ⓒ書経・畢命「密邇王室＝王室に密邇ミッせしむ(王室と親しくさせる)」

【蜜】14(虫・8) 常 常用音訓 ミツ

語音 *miĕt(上古) miĕt(中古→呉ミチ・ミツ・漢ビツ) mì(中) 밀(韓)

語源 [コアイメージ] 隙間なくびっしり閉ざす。[実現される意味] ミツバチの分泌する甘い物質(はちみつ)ⓐ。[英]honey

〔解説〕釈名・釈言語に「密は蜜なり。蜜の塗る所の如く、満たさざるは無きなり」とある。これは密の解釈だが、逆に「蜜は密なり」とも言える。古くから密と蜜の同源意識があったことがわかる。*miĕtという語は形態的特徴を捉えたもの。

字源 「宓ミツ(音・イメージ記号)＋虫(限定符号)」を合わせた字。「宓」は「隙間なくびっしり閉ざす」というイメージがある(⇩密)。「蜜」は蜂が巣の中にびっしり閉じ込めた物質を暗示させる。

語義 [展開] はちみつの意味ⓐ。また、甘いものの喩えⓑになる。[英]honey; sweet [熟語] ⓐ蜜蠟・餡蜜・ⓑ蜜月・密語

文献 ⓐ礼記・内則「棗栗飴蜜以甘之＝棗・栗・飴・蜜以て之を甘くす(ナツメ・クリ・あめ・みつで甘みをつける)」

みやく

【脈】10(肉・6) 常 常用音訓 ミャク

語音 *mĕk(上古) mɛk(中古→呉ミャク・漢バク) mài(中) 맥(韓)

語源 [コアイメージ] 幾筋にも分かれる。[実現される意味] 血管ⓐ。[英]blood vessel

字源 「𠂢ハ(音・イメージ記号)＋肉(限定符号)」を合わせた字。「𠂢」は「永」の鏡文字で、水が幾筋にも分かれて流れる様子を描いた図形(⇩派)。「脈」は体内で枝分かれして血を通すルートを暗示させる。

(籀)  (篆)

〔字体〕「脉」「衇」は異体字。

語義 [展開] 血管の意味ⓐから、気のルートの意味ⓑに展開する。中国医学では気の通る縦のルートを脈、横のルートを絡という。また、動脈の動きや、それが感じられる所の意味ⓒ、筋をなして連なるものの意味ⓓを派生する。[英]blood vessel; channels of Qi(vital energy); pulse; range, chain [熟語] ⓐ血脈・動脈・ⓑ経脈・絡脈・ⓒ脈動・脈搏・ⓓ金脈・山脈

文献 ⓐ周礼・天官・瘍医「凡薬以酸養骨、以辛養筋、以鹹養脈＝凡そ薬は酸を以て骨を養ひ、辛を以て筋を養ひ、鹹を以て脈を養ふ(一般に薬は酸味で骨を養い、辛味で筋を養い、塩味で血管を養う)」

みよう

【妙】7(女・4) 常 常用音訓 ミョウ

語音 *miog(上古) miɛu(中古→呉メウ〈＝ミョウ〉・漢ベウ〈＝ビョウ〉) miào(中) 묘(韓)

語源 [コアイメージ] 小さい・細い・微かで見えにくい。[実現される意味] 細かく微かで見分けられない(何とも言えず微妙である)ⓐ。[英]subtle

〔解説〕眇ビョウ(片目が小さい、片目が見えない)・秒(稲ののぎ)・杪ビョウ(こずえ)と妙は同源で、「小さい・細い・微か」というイメージがあり、これは「見えにくい」「見えない」というイメージに転化する。藤堂明保はさらに毛・苗・貌・廟とも同源とする(藤堂①)。下記の老子の注釈(魏の王弼)に「妙は微の極なり」とあり、老子は究極の存在、すなわち宇宙の根源

である道の在り方をこの上もなく微かで見えにくいものと定義し、妙と名づけた。老子の場合は哲学的な用語だが、要するに「小さく、細く、微かで見えにくい」というのが*miɔgの原義である。小さく、か細く、かすかな状態はほかに形容のしようのない微妙さであるので、人間の場合は、特に女性的は美を連想して、女の領域に関する図形化が行われた。これが妙である。和訓の「たえ(たへ)」は「人の知恵や力を超えた美しさや説得力をもつこと」が原義で、「超越的に美しい」「えも言われず美しい。だれよりも優れているさま」の意味に展開するという(大野②)。漢語の妙のⓑⓒと対応する。

〔グループ〕妙・秒・杪ビョウ(こずえ)・眇ビョウ(片目が小さい)・渺ビョウ(小さくてよく見えないさま)・緲ビョウ(かすかでよく見えない、縹渺)

字源 「少(イメージ記号)+女(限定符号)」を合わせた字。「少」は「小さい」「細い」というイメージがある(⇨少)。「妙」は女性がか細くて美しい様子を暗示させる。*miɔgという語の転義を図形化したものである。

語義 [展開] 何とも言えず微妙である意味ⓐから、何とも言えず美しい意味ⓑ、何とも言えずよい(すばらしい、たくみである)意味ⓒ、また、年が若い意味ⓓを派生する。不思議である(変である)意味ⓔは日本的用法。[英]subtle; exquisite(ⓑⓒ); wonderful; young; strange, odd [和訓] たえ [熟語] ⓐ玄妙・微妙・ⓑ妙音・妙麗・ⓒ巧妙・精妙・ⓓ妙年・妙齢・ⓔ奇妙・珍妙

文献 ⓐ老子・一章「常無欲、以観其妙=常に無欲にして、以て其の妙を観る(いつも欲望がない場合に、それ[宇宙の根源である道]の細かくかすかな在りようを見ることができる)」

みん

【民】

5(氏・1) 常 常用音訓 ミン たみ

語音 *miǎn(上古) miěn(中古→(呉)ミン・(漢)ビン) mín(中) 민(韓)

語源 [コアイメージ] よく見えない。[実現される意味] 普通の人(一般大衆)ⓐ。[英]people

〔解説〕郭沫若は民は左の目を刃物で刺す形で、盲目にされた奴隷の総称とし、古代奴隷制の証拠とした(甲骨文字研究)。白川静も図形的解釈により、異族の俘虜などが奴隷化され、神にささげられる際に、一眼を刺して害したものとする(白川①)。これらは形から意味を引き出す説。語源から*miǎnという語を探究したのは藤堂明保である。氏はこの語は微・尾・未・眉・美・没・勿・門・文などと同じ単語家族に属し、「小さい・よく見えない・微妙な」という基本義をもつとした(藤堂①)。古代漢語では仲間内の親しいひとを*nienといい、人と表記するが、これに対して、「人」以外の一般のひと、大衆を漠然と指す場合に*miǎnといい、民と表記した。これは少し軽蔑的、差別的なニュアンスのあることばと考えられる。というのは*miǎnは上記の語群の仲間で「よく見えない」というコアイメージをもち、比喩的に物の道理がわからない人間という意味で名づけられているからである。古人は「民は冥(暗い)なり」「民は瞑(目を閉じて見えない)なり」などと語源を説いたが、これは民の原初的なイメージである「目が見えない」が脈々と言語意識の中に伝えられたためである。日本語の「たみ」については、「治められている人。…タ(田)オミ(臣)の約か」(大野①)、あるいは、「田部たべの転、田を作る群生の意と云ふ」(大言海)などの説がある。統治者(官)の側から見た被治者を漢語では民といい、日本語では「たみ」といったようである。官・民の対語は現在に及んでいる。

〔グループ〕民・眠・蟁ブン(=蚊)・昬コン(=昏)・泯ビン(水に没して見えなくなる→ほろぶ[泯滅])・罠ミン(見えないように仕掛けた「わな」)・緡ビン(細くて見えにくい釣り糸)・敃ビン(見えないものを見ようと求める→無理につとめる)・愍ビン(見えないところまで気を配る→あわれむ[憐愍])

字源 目を針で刺した様子を暗示させる図形。この意匠によって、「目が見えない」「よく見えない」というイメージを表すことができる。

(甲)　(金)　(篆)

語義 [展開] 一般の人、人民大衆の意味ⓐから、官に対する人、政府側（支配層）にいない民間の人の意味ⓑに展開する。[英]people; civilian [熟語] ⓐ住民・人民・ⓑ官民・軍民

文献 ⓐ詩経・生民「厥初生民、時維姜嫄＝厥の初め民を生ずる、時れ維これ姜嫄（最初の民を生んだ、その人の名は姜嫄[周の始祖后稷の母]）」

【眠】10(目・5) 常 ｜ 常用音訓 ミン　ねむる・ねむい

語音 *măn(上古)　men(中古→呉メン・漢ベン・[慣]ミン)　mián(中)　면(韓)

語源 [コアイメージ] 目が見えない。[実現される意味] ねむるⓐ。

〔解説〕釈名・釈姿容に「眠は泯なり。知無く泯泯たるなり（知覚がなく暗い）」と語源を説く。目がくらんで見えないことを眩泯・眩眠・眩瞑という。泯・眠・瞑は同源で、「見えない」というコアイメージがある。民にコアイメージの源泉がある。これから、目を閉じて無意識の状態に入ることを表すことばが生まれた。これが眠である。日本語の「ねむる」はネブルの転。居眠りをするのが原義で、眠るはその展開義である。

字源 「民（音・イメージ記号）＋目（限定符号）」を合わせた字。「民」は「目が見えない」というイメージがある（⇨民）。「眠」は目を閉じて見えない（意識のない）状態になる様子を暗示させる。

語義 [展開] ねむる意味ⓐから、比喩的に、死ぬ意味ⓑに用いられる。[英]sleep; die [熟語] ⓐ就眠・睡眠・ⓑ永眠

文献 ⓐ山海経・東山経「有獣焉(…)見人則眠、名曰犰狳＝獣有り(…)人を見れば則ち眠る、名を犰狳と曰ふ（獣がいる。人を見ると眠ってしまう[寝た振りをする]。その名はアルマジロ）」

ム

む……………………

【矛】5(矛・0) 常 ｜ 常用音訓 ム　ほこ

語音 *mıog(上古)　mıəu(中古→呉ム・漢ボウ)　máo(中)　모(韓)

語源 [コアイメージ] 無理に突き進む。[実現される意味] ほこⓐ。[英]pike

〔解説〕武器は形態や機能から命名されることが多い。ほこは両刃の剣に長い柄をつけ、槍のように敵を突き刺す武器である。*mıogという語は冒と同源で、「無理に突き進む」というイメージをもつ。敵をめがけて突くという機能に着目して、ほこを*mıogという。釈名・釈兵では「矛は冒なり。刃の下に、矜（柄）を冒ふなり」とあり、冒を覆いかぶせる意味に用いているが、「覆いかぶさる」→「覆いをはねのけて突き進む（おかす）」というイメージに展開する。「覆いかぶさる」と「突き進む」は可逆的なイメージ転化である。矛・茂にも同じイメージ転化現象がある。

〔グループ〕矛・務・霧・茅・楙（木が覆いかぶさって茂る）・懋（困難を冒して求める→無理に勉める）・袤（南北にわたって地を覆う長さ[広袤]）・瞀（目が覆われてよく見えない[昏瞀]）・鍪（頭に覆いかぶせるかぶと）・蟊（＝蝥。作物の根を冒して食害する虫、根切り虫、ケラやジムシの類）・鶩（飛べないで、ただ突き進む鳥、アヒル）

字源 長い柄のある武器を描いた図形。

（金）　（篆）

語義 兵器の名、ほこの意味ⓐ。［熟語］ⓐ矛盾

文献 ⓐ詩経・無衣「脩我戈矛、與子同仇＝我が戈と矛を脩め、子と仇を同じくせん（戈と矛の手入れをして、君と一緒に仲間を組もう）」韓非子・難勢「此矛楯之説也＝此れ矛楯［＝盾］の説なり（これはつじつまの合わない話である）」

【牟】

6（牛・2）　人　｜　音ム・ボウ

語音 *mıog（上古）　mıəu（中古→呉ム・漢ボウ）　móu（中）　모（韓）

語源 ［コアイメージ］突き進む・突き出る。［実現される意味］オオムギⓐ。［英］barley

〔解説〕最古の用例は詩経に見える来牟の牟（オオムギ）で、ついで荀子に見える牟子の牟（＝眸）である。これらに共通するのは「突き出る」「突き進む」「突き刺す」など、上や前の方に先端が出ていくというイメージである。*mıogという語は矛や冒と同源で、「無理を冒して突き進む」というコアイメージをもつ。太古にムギが伝来した際、来と麦という語が生まれた。後にオオムギが登場し、これを*mıogと称した。穂が茎の先端から上に突き出ており、芒（のぎ）も多く突き出ているのが命名の由来。*mıogは牟と図形化された。牟（後に麰）がオオムギを表したので、コムギを来（後に麳）として区別した。

〈グループ〉牟・眸・鉾（敵に向かって突き進む武器、ほこ）・蛑（甲の両端が鉾のように突き出たカニ、ガザミ［蝤蛑］）・鴾（飛ぶ力が弱く、無理に力を出して飛ぼうとする鳥、ミフウズラ）・麰（オオムギ）

字源 「ム（イメージ記号）＋牛（限定符号）」を合わせた字。「ム」は私に含まれる「ム」と同じで囲みを示す記号。「牟」は牛が囲みから出ようとする情景を設定した図形。この意匠によって、「無理を冒して突き進む」というイメージを表すことができる。説文解字では「ム」は口から声が出る形で、牛が鳴く意味とする。牟は牛の鳴き声という意味もあるが、図形的解釈から発生したもの。

（篆）

語義 ［展開］オオムギが原義ⓐ。「無理に突き進む」というイメージから、無理に物を求める（むさぼる）意味ⓑを派生する。［英］barley; seek, covet　［熟語］ⓑ牟食・牟利

文献 ⓐ詩経・思文「貽我來牟＝我に来牟を貽る（［農の神は］我々にコムギとオオムギを贈ってくれた）」ⓑ戦国策・楚四「上干主心、下牟百姓＝上は主の心を干し、下は百姓を牟る（上では君主の心を侵犯し、下では人民から搾取する）」

【務】

11（力・9）　常　｜　常用音訓　ム　つとめる・つとまる

語音 *mıŏg（上古）　mıu（中古→呉ム・漢ブ）　wù（中）　무（韓）

語源 ［コアイメージ］無理に突き進む。［実現される意味］困難を顧みずに仕事や役目に力を出すⓐ。［英］devote one's efforts to

〔解説〕矛にコアイメージの源泉がある。冒と同源の語で、「困難を冒して突き進む」というコアイメージをもつ。日本語の「つとめる（つとむ）」はツトニ（夙に、朝早くの意）とツトと同根で、「朝早くから起きて精を出して事を行うの意」という（大野②）。漢語の場合、「無理に行う」というイメージでは務（無理を冒して仕事や役目に力を出す）と勉（無理に力を出して励む）は似ているが、勤（精を出し尽くして働く）・努（粘り強く頑張る）とはコアイメージが違う。日本語の「つとめる」はこれらをカバーする。意味を区別するときは「務める」「勉める」「勤める」「努める」と漢字を使う。

字源 「敄（音・イメージ記号）＋力（限定符号）」を合わせた字。「矛」は「無理に突き進む」というイメージがある（⇨矛）。「矛（音・イメージ記号）

＋攴（限定符号）」を合わせた「敄」は、危険を冒して突き進む様子を暗示させる。したがって「務」は困難を冒して力を出す様子を暗示させる。

（金）　（篆）［敄］　（篆）

語義［展開］困難を顧みずに仕事や役目に力を出す意味ⓐから、困難を冒してもやらねばならない事柄（仕事や役目、つとめ）の意味ⓑに展開する。［英］devote one's efforts to; affair, work, duty［熟語］ⓐ勤務・ⓑ職務・任務

文献 ⓐ論語・学而「君子務本＝君子は本を務む（君子は根本を求めようと努力する）」ⓑ孟子・尽心上「急親賢之爲務＝急ぎ賢に親しむを之これ務めと為す（賢人に親しむことを急務とした）」

【無】12（火・8）　常　｜常用音訓｜ム・ブ　ない

語音 *muag（上古）　mıu（中古→呉ム・漢ブ）　wú（中）　무（韓）

語源［コアイメージ］ないものを求める。［実現される意味］ないⓐ。［英］not exist, not have

〔解説〕「ない」というきわめて抽象的な否定詞は具体的な事態から抽象化された語である。「ない」を意味する*muag（無）という語は舞うという行為に起源がある。舞は演芸としてのダンスではなく、もともと神に祈るための行為である。祈るとはないもの（幸福など）を得たいと神に願うことであるので、*muag（舞）という語には「ないものを求める」というイメージがある。無と舞は完全に同源の語である。「ない」ということは「隠れて見えない」ということでもある。またその前提として「覆いかぶさる」という事態がある。漢語の意味論では覆いかぶさる→隠れて見えない→ないというイメージ転化が存在する。「姿が見えない」から「ない」に抽象化された否定詞に莫・亡・勿などがある。無は「ないものを求める」と「ない」という可逆的な（相互転化可能な）イメージだけでなく、「覆いかぶさる」「隠れる」「見えない」という可逆的な三つ組みイメージもある。藤堂明保は無を莫のグループ、亡のグループと同じ単語家族に入れ、「隠れて見えない」という基本義をもつとし、さらに舞のほかに巫・武・馬・摸・募・慕・望・盟・萌・孟などとともに別の漢語家族にくくり、「探り求める」という基本義があるとした（藤堂①）。筆者は両者を一つの語源（「ないものを求める」というコアイメージ）に概括できると考える。

〔グループ〕無・舞・撫・蕪・嘸ブ（驚いて何も言えない。「さぞ」は国訓）・憮ブ（空しい気持ちになるさま［憮然］）・嫵ブ（えも言われぬほど美しい）・廡ブ（堂の周囲に屋根を覆いかぶせた所、ひさし、また、廊下）・幠コ（覆いかぶさる）　*膴（半国字。ブナ）

字源 両手に舞具を持って踊る人の姿を描いた図形。舞の原字。別篆（2番目）は「無」に「亡」を添えた字体。「亡」は「隠れて見えない」というイメージがあり、「無いものを求める」というイメージに展開する（⇩望）。「無」は隠れて見えないものを求めて神前で舞う様子を暗示させる。この意匠によって、見えない→ないということを表象する。

（甲）　（金）　（篆）

語義［展開］物や事が存在しない（〜がない）意味ⓐから、行為や状態を「〜しない」「〜でない」と否定する用法ⓑ、「〜するな」と禁止する用法ⓒが生じた。［英］not exist, not have; not; don't［熟語］ⓐ無益・無罪・ⓑ無為・無視

文献 ⓐ詩経・有狐「之子無裳＝之この子、裳無し（この娘にはスカートがない）」ⓑ詩経・日月「德音無良＝德音良きこと無し（愛の言葉が冷たくなった）」ⓒ詩経・甫田「無思遠人＝遠人を思ふ無かれ（心の通わぬ人を思うな）」

【夢】13(夕・10) 常 常用音訓 ム ゆめ

語音 *muəŋ(上古) mıuŋ(中古→呉ム・漢ボウ) mèng(中) 몽(韓)

語源 [コアイメージ] はっきり見えない。[実現される意味] ゆめⓐ。[英]dream

〔解説〕王力は冒・霧・蒙・夢・冥・盲などが同源で、覆うという意味があるとする(王力①)。藤堂明保は黒のグループ、灰のグループ、毎のグループの一部(晦・悔など)、某のグループ、および瞢・夢・薨は「くろい・くらい」という基本義をもつ単語家族とする(藤堂①)。「暗い」も「覆う」も「見えない、明らかでない、はっきりしない」というイメージにまとめることができる。見えない状態(睡眠時)に現れる像を*muəŋという。日本語の「ゆめ」はイメの転で、「イは寝。メは目。眠っていて見るものの意」という(大野①)。漢語の夢も日本語の「ゆめ」も眠ることと関係があるが、印欧語では「夢」と「眠り」が同源語で表現されることがあるという(下宮①)。

〔グループ〕夢・儚ボウ(ぼんやりするさま。「はかない」は国訓)・懜ボウ(心がぼんやりするさま)・瞢ボウ(目が見えない)・薨コウ(死ぬ・みまかる[薨去])・甍ボウ(屋根を覆う瓦、いらか)

字源 「夢」が正字。「苜ベツ(音・イメージ記号)+冖(=宀。イメージ補助記号)+夕(限定符号)」を合わせた字。「苜」は蔑の上部に含まれており、逆まつげの形で、「よく見えない」というイメージを示す記号(⇩蔑)。「冖」は上から覆いかぶせる符号。したがって「夢」は夜になって闇に覆われて、あたりがはっきり見えなくなる様子を暗示させる。この意匠によって、眠っているときに見るゆめを表象する。

(篆)[苜] (篆)

〔字体〕「夢」は旧字体。古くから艹は卄・卄に誤って書かれた。現代中国の簡体字は「梦」。

語義 [展開] ゆめの意味ⓐから、ゆめを見る意味ⓑ、はかないものの比喩ⓒに用いられる。また、「はっきり見えない」というコアイメージが実現され、暗くてよく見えない意味ⓓを派生する。[英]dream(ⓐⓑ); metaphor of illusion; dark [熟語] ⓐ悪夢・占夢・ⓑ夢想・夢寐ビ・ⓒ夢幻・酔生夢死・ⓓ夢夢ボウ

文献 ⓐ詩経・斯干「乃寝乃興、乃占我夢=乃すなわち寝いね乃ち興き、乃ち我が夢を占ふ(寝起きするうち、私の見た夢を占う)」ⓒ詩経・正月「視天夢夢=天を視れば夢夢ボウボウたり(おぼろな天を見るばかり)」

【霧】19(雨・11) 常 常用音訓 ム きり

語音 *mıog(上古) mıu(中古→呉ム・漢ブ) wù(中) 무(韓)

語源 [コアイメージ] 覆いかぶさる。[実現される意味] きりⓐ。[英]fog, mist

〔解説〕矛にコアイメージの源泉がある。釈名・釈兵では「矛は冒なり」、同書・釈天では「霧は冒なり。気、蒙乱して物を覆冒する(覆いかぶせる)なり」とある。矛は「突き進む」というイメージがあるが、一般に漢語では「上から下に(↓の形に)覆いかぶさる」から「下から上に(↑の形に)覆いをはねのけて突き進む」というイメージに展開するから、「覆いかぶさる」と「突き進む」は可逆的なイメージ転化である。地上に覆いかぶさってあたりを見えなくする気象(きり・もやの類)を*mıogといい、霧と表記する。日本語の「きり」はキル(霧が流れる意)の連用形名詞。日本神話では息吹ときりが同一視されているという(大野①)。

字源 「務ム(音・イメージ記号)+雨(限定符号)」を合わせた字。音・イメージ記号は籀文では矛、篆文では敄、隷書で務となった。「矛」は「覆いかぶさる」⇅「はねのけて突き進む」という交替可能なイメージをもつ。「雺(=霚・霧)」は地上に覆いかぶさって物を見えなくする気象を暗

示させる。

語義 [展開] きりの意味ⓐ。また、多く集まるものの比喩ⓑになる。[英]fog, mist; gather like mist [熟語] ⓐ濃霧・噴霧・ⓑ霧集

文献 ⓐ荘子・秋水「子不見夫唾者乎、噴則大者如珠、小者如霧＝子は夫の唾なる者を見ずや、噴けば則ち大なる者は珠の如く、小なる者は霧の如し（君は唾を見たことはないかね。唾を吐けば、大きいものは真珠のようで、小さいものは霧のようだ）」

むすめ

【娘】→じょう

メ

めい

【名】 6(口・3) 常

常用音訓 メイ・ミョウ な

語音 *mieŋ(上古) miɛŋ(中古→呉ミャウ〈＝ミョウ〉・漢メイ) míng(中) 명(韓)

語源 [コアイメージ] わからないものをわからせる。[実現される意味] な・まなえⓐ。[英]name

〔解説〕名とはどういうものかについて古人は考察している。漢の董仲舒は「鳴きて命施す、之を名と謂ふ。名の言為たるは鳴と命なり」（春秋繁露・深察名号篇）と述べる。鳥が鳴くのは自分の名を呼ぶことだから、名・鳴・命は同源といった解釈。後漢の劉熙は「名は明なり。名実分明ならしむるなり」（釈名・釈言語）と述べる。名分と実体を明らかにさせるのが名という解釈。これらの考察は語源の究明にヒントを与える。名の深層構造を解明したのは藤堂明保である。氏は名・命・鳴・冥・脈・覓・買・売・眄を同じ単語家族にくくり、「かすかで見えない、わからぬ物をわからせる（ない物をあるようにする）」という基本義があるとした（藤堂①）。「な」がないものは存在しないに等しい。「な」をつけることによって、その物の存在が明らかになる。まさに*mieŋ(名)とはないものを存在せしめるものと言ってよい。日本語の「な」は名前・名称の意味から、評判、文字の意味に展開する。この転義の仕方は漢語の名と同じである。

〔グループ〕名・銘・酩（酒に酔って、はっきりした意識がはっきりしなくなる[酩酊]）・茗（精神を興奮させて意識をはっきりさせる薬効のある植物、チャノキ、また、飲料としての茶）

字源 「夕（イメージ記号）＋口（限定符号）」を合わせた字。「夕」は「暗くてはっきり見えない」というイメージを示す記号（⇨夕）。したがって「名」ははっきりとわからない物になづけることによって、その物をはっきりわからせる様子を暗示させる。この意匠によって、物につけて識別するための「な」を表象する。

（甲） （金） （篆）

語義 [展開] 人や物につけるなまえの意味ⓐから、実体を表す言葉の意味ⓑ、言葉と文字の混同により、文字の意味ⓒ、また、なづける（言葉で言い表す）意味ⓓに展開する。また、なまえが多くの人の口に上ることから、評判・誉れの意味ⓔ、名高い・優れている意味ⓕを派生する。[英]name(ⓐⓓⓔ); word; character; describe; fame; famous, well-known, noted, eminent, celebrated [熟語] ⓐ名称・人名・ⓑ名辞・題名・ⓓ名状・命名・ⓔ名声・功名・ⓕ名作・名人

文献 ⓐ論語・陽貨「多識於鳥獸草木之名＝多く鳥獣草木の名を識る(［詩経を学ぶと］鳥獣草木の名前をたくさん知ることができる)」ⓒ管子・君臣「書同名、車同軌＝書は名を同じくし、車は軌を同じくす(書は文字を統一し、車はレールを統一する)」ⓓ論語・泰伯「蕩蕩乎民無能名焉＝蕩蕩乎として民は能く名づくる無し(尭の徳は広大で民は名づけようがない)」ⓔ論語・衛霊公「君子疾没世而名不稱焉＝君子は世を没するまで名の称せられざるを疾む(君子は死ぬまでに名声が上がらないのを嫌う)」ⓕ詩経・猗嗟「猗嗟名兮、美目清兮＝猗嗟名なり、美目清なり(ああ、何ともすばらしい、目がすがすがしくて)」

【命】 8(口・5) 常

|常用音訓| メイ・ミョウ いのち

語音 *mɪĕŋ(上古) mɪaŋ(中古→呉ミャウ〈＝ミョウ〉・漢メイ) mìng(中) 명(韓)

語源 ［コアイメージ］わからないことをわからせる。［実現される意味］上の者から下の者に指図をして告げるⓐ。［英］order, command

〔解説〕*mɪĕŋという語は名・明・鳴と同源で、「わからないことをわからせる」というコアイメージがある。上の者が下の者に意図や命令をわからせるために告げる(言いつける)ことを命という。生命や運命という意味は天からの指図(天命)という意味から展開したもの。王力は命と令を同源とする(王力①)。白川静は命と令は同字で、神の命令の意味とする(白川①)。しかし意味は似ているが、二つはコアイメージが全く異なる。日本語の「いのち」は「イは息、チは勢力。したがって、〝息の勢い〟が原義」(大野①)という。ここから、生命力、寿命、運命という意味に展開する。漢語と比べて意味展開の様相がかなり違うようである。英語のlifeはlive(生きる)と同根。語源的には「生きる」から「いのち」の意を派生する生に近い。

字源 「令(イメージ記号)＋口(限定符号)」を合わせた字。「令」は「上(の者)から下(の者)に授ける」というイメージがある(⇩令)。「命」は天子などが自分の意図を知らせようと下の者に告げる様子を暗示させる。

(金)　(篆)

語義 ［展開］上から指示を授ける(指図して告げる、言いつける)意味ⓐから、天が授けるもの、すなわちいのちの意味ⓑ、受け入れざるを得ない定めの意味ⓒに展開する。また、名を授ける(名づける)意味ⓓ、名前の意味ⓔを派生する。［英］order, command; life; fate, destiny; name(ⓓⓔ) ［和訓］みこと ［熟語］ⓐ命令・天命・ⓑ寿命・生命・ⓒ運命・宿命・ⓓ命名・ⓔ亡命

文献 ⓐ詩経・大明「有命自天、命此文王＝命有り天自りす、此の文王に命ず(天から命は下った、周の文王に下った)」ⓑ詩経・羔裘「舍命不渝＝命を舍つるも渝らず(命にかけても変わらない)」ⓒ詩経・蝃蝀「不知命也＝命を知らざるなり(［女の］おきてを知らないのだ)」

【明】 8(日・4) 常

|常用音訓| メイ・ミョウ あかり・あかるい・あかるむ・あからむ・あきらか・あける・あく・あくる・あかす

語音 *mɪăŋ(上古) mɪaŋ(中古→呉ミャウ〈＝ミョウ〉・漢メイ) mɪaŋ(唐ミン) míng(中) 명(韓)

語源 ［コアイメージ］わからないものをわからせる。［実現される意味］光が差してあかるくなるⓐ。［英］bright, light

〔解説〕漢語には転義のパターンがある。わからない、知らない、見えないという事態があって、次に、それをわからせようとする、知らせようとする、見えるように求めるという行為や動作が起こる。*mɪăŋという語の深層構造にはこの転義のパターンがある。わからない存在をわからせるのが名や鳴、わからない意図を知らせるのが命である。同様に、暗くてはっきり見えない所をあかるくしてはっきり見えるようにすると

いうイメージをもつ語が明である。日本語の「あく」はアク(開)、アカ(赤)、アカシ(明かし)と同根で、「アク(開く)ことによって閉じられていた場所に光が射し込む」が原義で、「夜の闇があいて、東方が赤くなる」意味に展開するという(大野②)。暗い闇を開くというのが原初的イメージらしい。これは漢語の明に近い。

〔グループ〕明・盟・萌

字源 二つの字体がある。一つは「日＋月」を合わせた字(甲骨文字・古文)。明るい二つの天体を合わせて、明るさを暗示させる。もう一つは「囧(イメージ記号)＋月(限定符号)」を合わせた字(金文・篆文)。「囧」は明かり取りの窓を描いた図形。「朙」は月の光が暗い所を照らして明るくする様子を暗示させる。この意匠によって、暗い所に光を当てて明るくすること、また、暗い所に光が差して明るくなることを表象する。

(甲)　(金)　(古)　(篆)

語義 [展開] 光が差してあかるい意味ⓐから、光の意味ⓑ、夜があける意味ⓒ、明けて次の(あくる)という意味ⓓに展開する。「光があかるい」という物理的イメージは、「心や事態があかるい」という精神的・心理的イメージにも転用される。事態が明るくはっきりしている(あきらか)の意味ⓔ、事態をはっきり見分ける(理解する)意味ⓕ、道理に明るい、判断に明るく賢い意味ⓖ、物事を見分ける力の意味ⓗを派生する。[英]bright(ⓐⓖ); light(ⓐⓑ); dawn; next, following; clear, distinct, evident; understand; intelligent, wise; sight [熟語] ⓐ明暗・照明・ⓑ光明・灯明・ⓒ天明・黎明・ⓓ明日・明年・ⓔ明確・明白・ⓕ解明・説明・ⓖ賢明・聡明・ⓗ失明

文献 ⓐ詩経・蕩「靡明靡晦＝明と靡なく晦と靡なく(明るい時も暗い時も関わりなく[昼も夜も])」ⓒ詩経・鶏鳴「東方明矣、朝既昌矣＝東方明けたり、朝既に昌あきかなり(東の空が明けたよ、朝日が光る)」ⓖ詩経・烝民「仲山甫明之、既明且哲＝仲山甫之を明らかにす、既に明にして且つ哲なり(仲山甫はそれを見抜いた、明察の上に知恵があった)」

【迷】 9(辵・6)　常　常用音訓 メイ まよう

語音 *mer(上古) mei(中古→(呉)マイ・(漢)ベイ・[慣]メイ) mí(中) 미(韓)

語源 [コアイメージ] 細かく分散する・細かくて見分けがつかない。[実現される意味] 進むべき道がわからなくなるⓐ。[英]stray

〔解説〕米にコアイメージの源泉がある。これは細かく分かれる→見分けがつかないというイメージに展開し、行き先・方向がわからなくなることを*merといい、迷と表記する。日本語の「まよう(まよふ)」は「布がこすれて薄くなり、縦糸と横糸の間隔が粗くなり乱れて片寄るのが原義」という。しかし迷の古訓は「まどふ」である。「まどふ」は「どの道を行けばいいのかわからなくなる意」という(以上、大野②)。後者の「まどふ」がまさに漢語の迷に当たる。「まよふ」と「まどふ」は転義が似てくるため混同され、迷の訓が「まよふ」になった。

字源 「米べイ(音・イメージ記号)＋辵(限定符号)」を合わせた字。「米」は「細かく分散する」「細かくて見分けがつかない」というイメージがある(⇩米)。「迷」は道が細かく分かれていて、どっちに行っていいかわからなくなる様子を暗示させる。

語義 [展開] 行き先がわからなくなる(まよう)意味ⓐから、正しい行き方がわからない(どれが正しいかわからなくさせる、筋が通らなくする)意味ⓑ、あっちに行ったりこっちに行ったりしてさまよう意味ⓒに展開する。[英]stray; confuse, perplex, delude; wander [熟語] ⓐ迷宮・迷路・ⓑ迷信・迷惑・ⓒ迷走・低迷

文献 ⓐ詩経・節南山「天子是毗、俾民不迷＝天子を是れ毗たすけ、民をして迷はざらしむ(天子様をお助けして、民を迷わぬようにしてあげる)」

【冥】10(冖・8)　常　常用音訓 メイ・ミョウ

語音 *meŋ(上古)　meŋ(中古→呉ミャウ〈=ミョウ〉・漢メイ)　míng(中)　명(韓)

語源 [コアイメージ] 覆いかぶさって見えない。[実現される意味] 暗くてはっきり見えないⓐ。[英]dark

〔解説〕王力は冥・瞑・蒙・冒・夢・霧などを同源とし、覆う意味があるとする(王力①)。藤堂明保は冥を名・命・鳴・脈・覓(ベキ)・民・眄(ベン)などと同じ単語家族に入れ、「かすかで見えない・わからぬ物をわからせる」という基本義があるとした(藤堂①)。「覆う」と「かすかで見えない」は密接なつながりのあるイメージで、「覆いかぶさって見えない」というイメージに概括できる。冥はこのイメージを表す記号である。

〔グループ〕冥・瞑(メイ)(目を閉じる[瞑目])・溟(メイ)(世界の果てにある暗い海[北溟])・幎(ベキ)(死者の顔を覆い隠す布)・蓂(ベキ)(菥蓂(セキベキ)は果実の形が幎(ベキ)に似た草、グンバイナズナ[菥蓂(セキベキ)])・榠(メイ)(マボケよりも樹皮の色が暗い感じのする木、カリン[榠樝(メイサ)])・螟(メイ)(稲の茎に潜りこんで姿が見えない虫、ズイムシ、メイチュウ[螟虫]。また、深い青色の虫。チョウやガの幼虫、アオムシ[螟蛉])

字源 「冖(ベキ)(音・イメージ記号)+六(イメージ補助記号)+日(限定符号)」を合わせた字。「冖」は覆いをかぶせることを示す符号。「六」は盛り上がった土の形で、陸の原字。したがって「冥」は日が大地のかなたに沈み、夜のとばりが覆って暗くなる情景を設定した図形。

(金)　(篆)[冖]　(篆)

語義 [展開] 暗くてはっきり見えない意味ⓐから、道理に暗くて物事がわからない意味ⓑ、かすかで奥深い(人知で計れない、ひそかで知り難い)意味ⓒ、暗い世界(死後の世界、あの世)の意味ⓓに展開する。[英]dark; stupid; profound; underworld [和訓] くらい [熟語] ⓐ冥冥・晦冥・ⓑ頑冥・ⓒ冥合・冥利・ⓓ冥界・冥土

文献 ⓐ詩経・無将大車「無将大車、維塵冥冥=大車を将(すす)むる無かれ、維(こ)れ塵冥冥たり(大きな車を引いていくな、ちりが立って暗くなる)」

【盟】13(皿・8)　常　常用音訓 メイ

語音 *mıăŋ(上古)　mıʌŋ(中古→呉ミャウ〈=ミョウ〉・漢メイ)　méng(中)　맹(韓)

語源 [コアイメージ] わからないことをわからせる。[実現される意味] 互いの不信を解こうと誓いを立てる(約束を交わす、ちかう・ちかい)ⓐ。[英]swear

〔解説〕釈名・釈言語に「盟は明なり。其の事を神明(かみ)に告ぐるなり」と語源を説く。人や国の交際において、相手の心がわからない、信じられないという事態がある。そういった事態をはっきりさせて互いに真心を示す行為を*mıăŋという。古代では諸侯たちが血をすする儀式を行った。図形化はそのような情景から発想された。

字源 甲骨文字は「囧+皿」、金文・篆文は「朙+血」、古文は「明+血」、隷書では「明+皿」となった。「囧」は明かり取りの窓の形で、光が暗い所を照らして明るくすることから、朙(=明)と同じく、「わからないものをはっきりわからせる」というイメージを表すことができる(⇩明)。「囧(イメージ記号)+皿(限定符号)」、あるいは「明(メイ)(音・イメージ記号)+血(限定符号)」、あるいは、「朙(メイ)(音・イメージ記号)+皿(限定符号)」を合わせて、諸侯が皿に盛った血をすすって、互いにわからぬ胸の内をわからせようと、誓いを立てる様子を暗示させる図形。この意匠によって、互いの不信を解こうと誓いを立てる(約束を交わす)ことを表象する。

(甲)　(金)　(古)　(篆)

語義 [展開] 約束を交わす(誓う・誓い)の意味ⓐから、誓いを立ててグ

ループや国などが連合する意味ⓑに展開する。[英]swear, covenant; ally, alliance, league 【和訓】ちかう・ちかい 【熟語】ⓐ盟約・同盟・ⓑ連盟

文献 ⓐ詩経・巧言「君子屢盟、亂是用長＝君子屢しば盟ひ、乱是を用もって長ず（君子がしばしば会盟するから、だからこそ乱は育っていく）」

【銘】14（金・6） 常 ｜ 常用音訓 メイ

語音 ＊meŋ（上古） meŋ（中古→呉ミャウ〈＝ミョウ〉・漢メイ） míng（中） 명（韓）

語源 ［コアイメージ］はっきりわからせる。［実現される意味］金属に文字を刻んで記すⓐ。［英］engrave, inscribe

〔解説〕釈名・釈言語に「銘は名なり。其の功を記名するなり」とある。銘は名から分化した字である。古代では言葉と文字が混同（同一視）され、名は文字という意味もある。器物を製作する由来をわからせるために文字を刻んで記すことを銘という。

字源 「名ｲﾒ（音・イメージ記号）＋金（限定符号）」を合わせた字。「名」はなまえ→言葉→文字という意味を派生するが、コアには「わからないものをわからせる」というイメージがある（⇩名）。「銘」は金属に文字を刻み、由来をはっきりさせる様子を暗示させる。

語義 ［展開］金石に文字を刻んで記す意味ⓐ、また、その文字や文章の意味ⓑから、刻みつけたようにはっきり記憶する（心に刻んで忘れない）意味ⓒに展開する。日本では製品が上質で名が通っている意味ⓓに用いる。［英］engrave（ⓐⓒ）, inscribe（ⓐⓒ）; inscription, impress; well-known, superior brand ［熟語］ⓐ銘文・ⓑ碑銘・墓誌銘・ⓒ銘記・感銘・ⓓ銘酒・銘茶

文献 ⓐ春秋左氏伝・襄公19「作林鐘、銘魯功＝林鐘を作り、魯の功を銘ず（林鐘を鋳造して魯国の功績を刻み入れた）」

【鳴】14（鳥・3） 常 ｜ 常用音訓 メイ なく・なる・ならす

語音 ＊mĭěŋ（上古） mɪaŋ（中古→呉ミャウ〈＝ミョウ〉・漢メイ） míng（中） 명（韓）

語源 ［コアイメージ］わからないものをわからせる。［実現される意味］鳥や獣・虫などが声を立てる（なく）ⓐ。［英］cry

〔解説〕＊mĭěŋという語は名・命・明と同源で、「わからないものをわからせる」というコアイメージがある。鳥（また獣・虫）が自分の存在を告げて、他のものにわからせることが＊mĭěŋ（鳴く）という行為だと捉えたのが古代中国人（古典漢語の使用者）の言語感覚である。春秋繁露・深察名号篇に「名の言為たるは鳴と命なり」、また、広雅・釈詁に「命・鳴は名なり」とある。日本語の「なく」のナはネ（音）の古形で、「なく」は生物が何らかの刺激を受けて声を立てる意」という（大野②）。泣くと鳴くの意味の両方が含まれる。漢語では泣と鳴は全く別である。鳴は「わかるものをわからせる」というコアイメージをもつが、泣はそれがない。物体が音を立てる（なる）という意味の鳴は「なく」との表層的な類似性による転義である。

字源 「鳥（イメージ記号）＋口（限定符号）」を合わせて、鳥がなくことを表象する図形。図形にコアイメージは反映されていない。

（甲） （金） （篆）

語義 ［展開］鳥や獣・虫などが声を立てる（なく）意味ⓐ、物体が音を発する（なる・ならす）意味ⓑに展開する。［英］cry; sound, ring ［熟語］ⓐ鶏鳴・悲鳴・ⓑ鳴動・雷鳴

文献 ⓐ詩経・鶏鳴「鶏既鳴矣、朝既盈矣＝鶏既に鳴けり、朝既に盈みてり（とりが鳴いたよ、朝がいっぱい）」ⓑ論語・先進「小子、鳴鼓而攻之、可也＝小子よ、鼓を鳴らして之を攻めて可なり（弟子たちよ、太鼓を鳴らし

て攻めてもよいぞ)」

【謎】 17(言・10) 常 常用音訓 なぞ

語音 mei(中古→呉マイ・漢ベイ・[慣]メイ) mí(中) 미(韓)

語源 [コアイメージ] 見分けがつかず惑う。[実現される意味] なぞかけの遊び(なぞなぞ、クイズ)ⓐ。

字源 「迷(イ)(音・イメージ記号)+言(限定符号)」を合わせた字。「迷」は「見分けがつかず惑う」というイメージがある(⇩迷)。「謎」は意味を隠して、何が本当かわからなくさせて、それを当てさせる言語遊戯を表す。鮑照・字謎三首(漢魏六朝百三家集69)に初出。

語義 [展開] なぞかけ遊びの意味ⓐから、訳のわからぬ物事(なぞ、難問)の意味ⓑに展開する。[英]riddle, puzzle(ⓐⓑ); mystery [熟語] ⓐ謎語

文献 ⓑ元稹・酬楽天東南行詩一百韻「蠻語謎相呼=蛮語は謎のごとく相呼ぶよ(蛮人の言葉はなぞのように呼び合っている)」(全唐詩407)

めつ

【滅】 13(水・10) 常 常用音訓 メツ ほろびる・ほろぼす

語音 *miat(上古) miɛt(中古→呉メチ・メツ・漢メツ) miè(中) 멸(韓)

語源 [コアイメージ] 姿が見えなくなる。[実現される意味] 消えて跡形がなくなる(消える・消す)ⓐ。[英]put out, extinguish

〔解説〕王力は亡・滅・蔑を同源とし、ほろびる意味があるとする(王力①)。これは語の表層で捉えた語源説。藤堂明保は末のグループや蔑・慢と同源とし、「小さい・見えない」という基本義があるとする(藤堂①)。もっと範囲を拡大し、没・勿・泯(ビン)(水に没して見えなくなる)・毀(こわれてなくなる)・娓(焼けてなくなる)などとも同源と見てよい。*miat という語は存在していたもの、活動していたものが、姿を消して見えなくなるというイメージのことばである。日本語の「ほろびる(ほろぶ)」のホロはホロホロ(はらはらと落ちるさま)のホロで、「ばらばらになる意」が原義で、これから、跡形もないように崩れる・崩す意味に展開するという(大野①)。形あるものが消え去るというイメージでは漢語の滅に近い。英語の extinguish はラテン語の extinguere、ex-(外に)+stinguere(消す)が語源で「火や明かりを消す」の意、destroy はラテン語の destruere、de-(逆)+struere(築く)が語源で「何かを破壊する」の意という(下宮①、小島①)。

字源 「烕(メツ)(音・イメージ記号)+水(限定符号)」を合わせた字。「烕」は「戌(武器)+火」を合わせただけのきわめて舌足らず(情報不足)な図形で、何とでも解釈できる。しかし詩経・正月篇で「褒姒烕之=褒姒(ホウジ)、之を烕(ほろ)ぼす(褒姒[女性の名]がこれ[周国]をほろぼした)」という用例があるから、烕は滅の原字といえる。したがって「烕」は「戌(イメージ記号)+火(限定符号)」を合わせた字で、武器で火種を切ってかき消す情景を設定した図形と解釈できる。この意匠で「絶やしてなくする」ことを意味する語を表記できるが、水の領域に設定し直して、「滅」が作られた。水で火を消して跡形がなくなる情景を暗示させて、意味表象を容易にしたものである。

(篆) [烕] (篆)

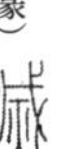

語義 [展開] 消えて跡形がなくなる、形や動きを消してなくする(消える・消す)意味ⓐ。また、こわしたり殺したりして物の存在をなくす(ほろぼす・ほろびる)意味ⓑ。また、仏や僧が死ぬことの婉曲的な言い方ⓒに用いる。[英]put out, extinguish; destroy, perish; monk's death [熟語] ⓐ消滅・摩滅・ⓑ滅亡・破滅・ⓒ寂滅・仏滅

文献 ⓐ書経・盤庚「若火之燎于原、不可嚮邇、其猶可撲滅=火の原を燎(ヤ)くが若(ゴト)く、嚮邇(キョウジ)すべからず、其れ猶撲滅すべけんや(火が野原を

焼くように、近づくことができない。ましてたたいて消すことができようか)」ⓑ詩経・雨無正「周宗既滅＝周宗既に滅ぶ(周の大本は滅んでしまった)」

めん

【免】 8(儿・6)　常　常用音訓 メン　まぬかれる

語音 *miăn(上古)　miɛn(中古→呉メン・漢ベン)　miǎn(中)　면(韓)

語源 [コアイメージ] やっと通り抜ける・無理を冒して出る。[実現される意味] (悪いことやいやなことから)やっと抜け出るⓐ。[英]get rid of

〔解説〕王力は免と娩を同源とし、子を生む意味があるとする(王力①)。これは表層的な意味である。深層構造を初めて解明したのは藤堂明保である。氏は免を問・聞・捫(手探りする)・敃(むりに力を出して励む)・敏などと同じ単語家族にくくり、「むりに取り出す」という基本義があるとした(藤堂①)。*miănという語は出産を表すことばであった。お産は胎児が狭い産道を通り抜けて出ることであるから、*miănという語には、「やっと通り抜ける」「無理を冒して出る」というイメージがある。この語の図形化は出産の情景を設定したもの。これが免。免が出産する意味で使われた例は古典にあるが、それより早く別の意味で使われた。悪いことやいやなことからやっと抜け出るという意味である。日本語の「まぬかれる(まぬかる)」はマ(接頭語)＋ノカル(逃)で、「危険・災難など、自分にとって好ましくない不利な状況に遇わずにすむ意」という(大野②)。漢語の免と似ているが、免は「やっとどうにかして」「むりやりに」というニュアンスがあり、また、「抜け出る」「通り抜ける」というところにポイントがある。

〔グループ〕免・勉・晩・娩・挽・輓(霊柩車をむりに引いて通す→ひく[推輓])・俛(むりに勉め励む。俛仰の俛は伏せる意)・冕(顔を覆い隠して見えないようにする礼装用の冠[冕服])　*鮸(純国字。ニベ)

字源 「兔」が正字。女性がお産をする情景を設定した図形。細かく分析すると、「⺈(しゃがむ人)＋宀(穴)＋儿(人体)」を合わせた形。免は説文解字にない。冕の原字とする説(郭沫若など)があるが、分娩の娩の原字とする藤堂の説(藤堂②)が妥当。

(金) 　(篆) 

〔字体〕「兔」(7画)は旧字体。「免」は常用漢字の字体で8画に数える。現代中国では免の6画目が「丿」になり7画。勉・晩もこれに倣う。

語義 [展開] やっと抜け出る意味ⓐから、罪や罰からどうにかして逃れる(見逃してやる、放してやる)意味ⓑ、辛い仕事や任に堪えない職務から抜け出させる(仕事をやめさせる)意味ⓒ、いやなことをしないですむ(まぬかれる)意味ⓓに展開する。試験などをして通してやる(許可する)意味ⓔは日本的用法。[英]get rid of; excuse; dismiss, remove; avoid, escape; permit　[熟語] ⓑ免罪・放免・ⓒ免職・罷免・ⓓ免疫・免責・ⓔ免許・免状

文献 ⓐ論語・陽貨「子生三年、然後免於父母之懐＝子生まれて三年、然る後に父母の懐を免る(子どもは生まれて三年たって、やっと父母のふところから離れる)」ⓑ論語・為政「民免而無恥＝民免れて恥無し(民は刑罰を逃れて恥を知らない)」ⓓ孟子・離婁下「我由未免爲郷人也＝我由お未だ郷人為るを免かれず(私はまだ田舎者のままだ)」

【面】 9(面・0)　常　常用音訓 メン　おも・おもて・つら

語音 *miăn(上古)　miɛn(中古→呉メン・漢ベン)　miàn(中)　면(韓)

語源 [コアイメージ] 平らに広がる・ずるずると延びる。[実現される意味] かお(顔面)ⓐ。[英]face

〔解説〕釈名・釈形体に「面は漫なり」とあるように、面は曼・漫・慢・蔓と同源の語。曼は「枠いっぱいに広がる」「覆いかぶさる」「長く延

びる」という可逆的(相互転化可能)な二つ組みイメージをもつ。面も三つのイメージが同時に存在する。漢語ではかおを表す語に顔・面・貌がある。横から見て┏形の額をもつのが顔、部分を省略して大雑把にかおを捉えた語が貌であるが、のっぺりと平らに延び広がり、四角い枠で覆いをかけた平面という視点から捉えた語が面である。日本語の「かお(かほ)」は「表面にあらわし、外部にはっきり突き出すように見せるもの」の意という。これは漢語の顔よりも面に近い。「つら」は頰から顎にかけての顔の側面」の意で、側面、顔面はその転義。「おも」は顔の正面。「おもて」はオモ(面)＋テ(方向)で、「ものの正面、社会に対する正式の顔、表面」の意という(以上、大野①)。英語のfaceは「頭部の前面という位置関係から、比喩的に事物の前面、表面、正面、額面、局面、ある方向を向く、直面する」などに転義する(小島①)。転義の仕方は漢語の面とよく似ている。

〔グループ〕面・麺・偭(ある方向に向かう)・湎(興味がどこまでも広がる→熱中する[沈湎])・緬(遠くまで長々と続く[緬邈])・蝒(額が大きく広がったセミ、クマゼミ、蚱蟬)

字源 「百(頁・首に含まれ、頭の形)」をぐるりと線で囲む図形(篆文の字体)。頭部のうち外枠で囲まれた部分を暗示させる。

(甲)  (篆)

語義 [展開] かおの意味ⓐ。「上から覆いかぶさる」というイメージから、顔を覆うものの意味ⓑを派生する。また、「ずるずると延びる」というイメージから、「一定の方向に延びて向かう」というイメージに展開し、ある方向を向く・向かう意味ⓒ、向いている側・向きの意味ⓓを派生する。また、「平らに広がる」というイメージから、平らに広がった部分(表面・平面)という意味ⓔ、平らなものを数える語ⓕを派生する。[英]face(ⓐⓒⓔ); turn one's face, look out; mask; side; surface; counter suffix [熟語] ⓐ顔面・洗面・ⓑ仮面・覆面・ⓒ面壁・直面・ⓓ下面・側面・ⓔ紙面・路面・ⓕ八面・百面

文献 ⓐ詩経・抑「匪面命之、言提其耳＝面もて之に命ずるに匪ざれば、言に其の耳を提げせん(面と向かって言うだけでなく、相手の耳を引っ張って言い聞かせよう)」ⓒ論語・雍也「雍也可使南面＝雍や南面せしむべし(冉雍[孔子の弟子の名]は南向きに座る[君主になれる]人物だ)」

【綿】 

14(糸・8)　常　常用音訓　メン　わた

語音 *mian(上古)　mien(中古→呉メン・漢ベン)　mián(中)　면(韓)

語源 [コアイメージ] 細く長く続く。[実現される意味] 細く長く続いて絶えないさまⓐ。[英]continuous

〔解説〕王力は曼・蔓・漫と同源で、連なる意があるとする(王力①)。藤堂明保は曼のグループのほか満・面・万とも同源とし、「長い線で囲む・囲みいっぱいにみちる」という基本義があるとする(藤堂①)。曼・面は「枠いっぱいに広がる」「覆いかぶさる」「長く延びる」という可逆的(相互転化可能)な二つ組みイメージをもつが、綿は「長く延びる」というイメージと関わりがある。生糸をつないで衣類の用途とするところからわたの意味が生じた。植物名のワタはその転義である。日本語の「わた」はハラワタ(腸)のワタと同根という。これはワタ(回所の転で、曲がる所、わだかまる所の意)に由来するらしい(大言海)。そうするとくねくねと曲がる腸との類似性からワタと称したようである。漢語ではずるずると長くのびるというイメージからワタを*mianと称した。

字源 「緜」が本字。「系(イメージ記号)＋帛(限定符号)」を合わせた字。「系」は「一筋につなぐ」というイメージを示す記号(⇩系)。「帛」は「白(音・イメージ記号)＋巾(限定符号)」を合わせて、白い絹布を表す。したがって「緜」は生糸をつないで絹布を作る情景を設定した図形。この意匠によって、細く長く続くことを表象する。後に絹わた→木わたと

転義し、「緜(メン)」の略体(音・イメージ記号)＋糸(限定符号)」を合わせた「綿」が作られた。

(篆) 

〈字体〉「緜」は本字。「綿」はその異体字。

語義 [展開] 細く長く続く意味ⓐから、細かく行き渡る意味ⓑ、細く長く連なる絹わた(真綿)の意味ⓒ、細長い繊維をもつ木わたの意味ⓓ、ワタから採った原料(木綿)の意味ⓔ、わたに似たものの意味ⓕ、また、植物の名のワタの意味ⓖに展開する。ⓖは棉と通用。[英]continuous, unbroken; meticulous; silk floss; cotton(ⓓⓔ); cotton-shaped thing; cotton plant [熟語] ⓐ纏綿・連綿・ⓑ綿密・ⓒ綿絮・綿羊・ⓓ綿布・綿毛・ⓔ純綿・木綿(もめん)・ⓕ海綿・石綿・ⓖ綿花・綿実油

文献 ⓐ詩経・葛藟「緜緜葛藟、在河之滸(コ)＝緜緜たる葛藟(カツルイ)、河の滸に在り(ずるずると続くカズラのつるは、河の堤に延びていく)」ⓓ呉越春秋・王僚使公子光伝「適會女子擊綿於瀨水之上＝適(たまた)ま女子の瀨水の上に綿を撃つに会ふ(たまたま早瀬のほとりで綿を打つ女性に出会った)」

【麺】16(麥・9) 常 常用音訓 メン

語音 *mān(上古) men(中古→呉メン・漢ベン) miàn(中) 면(韓)

語源 [コアイメージ] ずるずると延びる。[実現される意味] 麦粉ⓐ。[英]flour

〈解説〉面にコアイメージの源泉がある。これは「枠いっぱいに広がる」「覆いかぶさる」「長く延びる」という可逆的(相互転化可能)な三つ組みイメージをもつ記号である。麦を砕いて粉末にすると、小さい屑が枠いっぱいに覆いかぶさり、広がった姿を呈するので麺という。また、それを原料にして長く延ばした食品を麺という。

字源 「麵」が正字。「面(メン)(音・イメージ記号)＋麥(限定符号)」を合わせた字。「面」は上記のようなイメージがある(⇨面)。「麵」は砕いた粉末が一面に広がる麦粉を暗示させる。

〈字体〉「麵」は旧字体。「麺」は麥→麦に倣った常用漢字の字体。中国の簡体字は「面」。「麪」は異体字。

語義 [展開] 麦粉の意味ⓐ。「長く延びる」というイメージから、麦粉を打って長く延ばした食品(そば・うどんの類)の意味ⓑを派生する。[英]flour; noodle [熟語] ⓐ麺粉・麺棒・ⓑ麺類・乾麺

文献 ⓐ金匱要略24(後漢・張仲景撰)「莜麥麵多食之、令人髮落＝莜麦麵、之を多食すれば、人の髪を落とさしむ(そば粉を食い過ぎると、抜け毛がする)」

モ

も …………

【茂】8(艸・5) 常 常用音訓 モ しげる

語音 *mog(上古) məu(中古→呉ム・モ・漢ボウ) mào(中) 무(韓)

語源 [コアイメージ] 覆いかぶさる。[実現される意味] 草木の枝葉が覆いかぶさるようにして盛んにしげるⓐ。[英]flourish, luxuriant

〈解説〉釈名・釈天に「戊は茂なり」とあるが、その逆も真である。戊はまっすぐ突き進む矛とは違い、上から振りかぶって打ちかかる武器なので、「上から覆いかぶさる」というイメージを表すことができる。*mogという語は冒(かぶさる)と同源である。戊を比喩として、草木の枝葉が覆いかぶさることを表す茂が生まれた。日本語の「しげる」は「場所いっぱいに、長くはえてのびる」意味(大野①)。シゲシ(繁)・シク(頻)

と同根なので、「隙間がない」「次々に生起する」がコアイメージと考えられる。これは漢語の繁(しげる意)に合致する。漢語の茂はこれらとコアイメージは違うが、同じ意味になる。英語のflourish(草木が繁茂する)はラテン語のflorere(花が咲く)から来ており、flowerと同根という(小島①、下宮①)。

字源 「戊(ボ)(音・イメージ記号)＋艸(限定符号)」を合わせた字。「戊」は「覆いかぶさる」というイメージがある(⇩戊)。「茂」は草木の枝葉が覆いかぶさる様子を暗示させる。藤堂明保は戊を単なる音符としたが(藤堂②)、筆者は音・イメージ記号と見る。

語義 [展開] 草木がしげる意味ⓐから、勢いが盛んである意味ⓑ、体格や才能などが立派である意味ⓒを派生する。[英]flourish, luxuriant; prosperous; excellent [熟語] ⓐ茂林・繁茂・ⓑ茂徳・ⓒ茂才・俊茂

文献 ⓐ詩経・天保「如松柏之茂＝松柏の茂るが如し(マツやコノテガシワが茂るように永遠だ)」ⓑ詩経・南山有台「徳音是茂＝徳音是れ茂(かさ)んなり(恩愛の言葉はたっぷりと)」ⓒ詩経・還「子之茂兮＝子の茂なる(あなたの立派なお姿よ)」

【模】14(木・10) 常 ｜ 常用音訓 モ・ボ

語音 *mag(上古) mo(中古→呉モ・漢ボ) mú・mó(中) 모(韓)

語源 [コアイメージ] ㋐かぶせる・見えない・㋑無いものを求める。[実現される意味] 同形のものを作る型(鋳型)ⓐ。[英]mold, model, pattern

〔解説〕莫にコアイメージの源泉がある。これは「覆いかぶせる」「隠れて見えない」「無い」という三つ組みイメージをもち、さらに「無い」は「無いものを求める」というイメージに展開する。ある物をコピーするための型は、まだ形をなさないものから形を現出させるので、「無から有を求める」というイメージがあり、これを*magと呼び、模と表記した。型は素材の上にかぶせて原物通りの形を作るものでもあるから、「覆いかぶせる」というイメージも同時に含まれている。「模」は特に木製の鋳型に用いるが、竹製なら範(または笵)、土製なら型、金属製なら鎔という。それぞれコアイメージを異にして成立した語である。

字源 「莫(バク・ボ)(音・イメージ記号)＋木(限定符号)」を合わせた字。「莫」は「かぶせる」「見えない」というイメージから、「無いものを求める」というイメージに展開する(⇩莫)。「模」は鋳物を造る際に、素材にかぶせて、まだ形になっていないものを求めるための木の鋳型を暗示させる。

語義 [展開] 鋳型の意味ⓐから、元になるもの(モデル・手本・基準)の意味ⓑ、全体の形・大きさの意味ⓒ、原型の通りにまねる(手本とする)意味ⓓに展開する。また、「無いものを求める」というイメージから、見えない物を手探りして求める意味ⓔ、また、「見えない」というイメージから、ぼんやりとして見えないさまの意味ⓕを派生する。ⓔは摹・摸と通用。[英]mold, model(ⓐⓑⓓ), pattern(ⓐⓑⓓ); standard, example; scale, size; imitate; fumble, grope; unclear, vague [熟語] ⓐ模型・ⓑ模式・模範・ⓒ模様・規模・ⓓ模写・模倣・ⓔ模索・ⓕ曖昧模糊

文献 ⓐ論衡・物勢篇「必模範爲形＝必ず模範もて形を為す([器物の制作者は]必ず模型を使って形を作る)」ⓓ列子・周穆王「變化之極、徐疾之間、可盡模哉＝変化の極、徐疾の間、尽(ことごと)く模すべけんや([幻術は]変化が極まりなく、スピードがめまぐるしく、とてもなぞりきれない)」

もう

【毛】4(毛・0) 常 ｜ 常用音訓 モウ け

語音 *mɔg(上古) mau(中古→呉モウ・漢ボウ) máo(中) 모(韓)

語源 [コアイメージ] 小さい・細い・細かい。[実現される意味] 動

物の体表に生えている「け」ⓐ。[英]hair

〔解説〕藤堂明保は毛を妙のグループ（杪・眇・秒）、苗のグループ、また貌・廟と同じ単語家族に入れ、「細い・かすかな」という基本義をもつとする（藤堂①）。*mɔgは「小さい」「細い」「細かい」というイメージから、さらに「見えない」「無い」というイメージにも転化する。

〔グループ〕毛・耗・牦（毛深い牛、ヤク[牦牛]）・旄（ヤクの毛を飾った旗[羽旄]）・眊（視力が衰えてよく見えない）・耄（体が細く衰えた老人、八十歳の老人[耄碌]）・髦（細く長い髪の毛、また、馬のたてがみ）*魹（半国字。トド）

[字源] 細かく分かれ出ている獣の「け」を描いた図形。

（金）　（篆）

[語義] [展開] 体表に生えている「け」の意味ⓐから、地表に生え出る草木、また、植物が生える意味ⓑを派生する。また、小さいものや軽いものの喩えⓒに用いられる。小数の単位（一の千分の一）は日本的用法ⓓ。[英]hair(ⓐⓒ), down, fur, feather; plant; small, little; name of decimal place [熟語] ⓐ毛髪・体毛・毛筆・ⓑ不毛・二毛作・ⓒ毛頭・鴻毛・ⓓ一厘一毛・厘毛

[文献] ⓐ詩経・信南山「以啓其毛、以取血膋＝以て其の毛を啓き、以て血膋を取る（いけにえの毛をかき分けて、血と脂を割いて取る）」ⓒ詩経・蒸民「徳輶如毛＝徳の輶きこと毛の如し（徳の軽さは毛のようだ）」

【妄】6(女・3)　[常]　[常用音訓] モウ・ボウ

[語音] *mɪuaŋ(上古)　mɪuaŋ(中古→[呉]マウ〈＝モウ〉・[漢]バウ〈＝ボウ〉)　wàng(中)　망(韓)

[語源] [コアイメージ] 見えない。[実現される意味] 道理がなくでたらめである（うそっぱちで中身がない）ⓐ。[英]absurd

[字源] 「亡（音・イメージ記号）＋女（限定符号）」を合わせた字。「亡」は「見えない」「無い」というイメージがある（⇨亡）。「妄」は目先が見えず、むちゃくちゃに振る舞う様子を暗示させる。

[語義] [展開] 道理がなくでたらめの意味ⓐから、でたらめに（むちゃくちゃに、訳もわからずに、みだりに）の意味ⓑに展開する。[英]absurd; recklessly, rashly [和訓] みだり [熟語] ⓐ妄言・虚妄・ⓑ妄動

[文献] ⓐ孟子・離婁下「此亦妄人也已矣、如此則與禽獸奚擇哉＝此れ亦た妄人なるのみ、此くの如くんば則ち禽獣と奚ぞ択ばんや（これはでためな人だ。この通りなら獣と変わらない）」ⓑ管子・法法「上妄誅則民輕生＝上、妄りに誅すれば、則ち民、生を軽んず（君主がむやみに誅殺を行うと、民は生命を軽視する）」

【孟】8(子・5)　[人]　[音]モウ　[訓]はじめ

[語音] *măŋ(上古)　mʌŋ(中古→[呉]ミャウ〈＝ミョウ〉・[漢]マウ〈＝モウ〉)　mèng(中)　맹(韓)

[語源] [コアイメージ] ㋐上から∩形に覆う・㋑勢いよく突き進む。[実現される意味] 兄弟の年長のものⓐ。[英]eldest(of brothers)

〔解説〕皿にコアイメージの源泉がある。さらは形態的観点から見ると「∩の形」のイメージであるが、機能的観点から見ると、食物を盛りつけるので、「∩の形に覆う」というイメージがある。上から覆いが↓の形にかぶさると、下のものは覆いをはねのけて↑の形に出ようとするというイメージに転化する。犯や氾（枠をかぶせる→枠をはみ出る）、冒（かぶさる→突き進む）などにもこれと似たイメージ転化現象が見られ、これは漢語意味論の特徴の一つである。兄弟の序列において、下から上へ数えてトップになるものを*măŋといい、孟と表記する。三人兄弟なら孟・仲・季の順で、これは季節の順序にも適用される。

〔グループ〕孟・猛・蜢（勢いよく飛び跳ねる虫、ショウリョウバッタ[蚱蜢]）・艋（細長くて勢いよく走る船[舴艋]）

字源 「皿(音・イメージ記号)+子(限定符号)」を合わせた字。「皿」は「上から(形に覆う)」というイメージがあり、「下から上に勢いよく突き出る」というイメージに展開する(⇩皿)。「孟」は小さな子どもが圧力をおしのけるような勢いでよく伸びて成長する様子を暗示させる。この意匠によって、兄弟の序列の中でいちばん年長のものを表象する。

(金)　(篆)

語義 [展開] 兄弟の年長のものの意味ⓐから、季節を三区分したうちの最初の意味ⓑに展開する。また、孟子の略称ⓒ。[英]eldest(of brothers); first(of three months); Mencius [熟語] ⓑ孟夏・孟春・ⓒ孟母三遷・孔孟

文献 ⓐ詩経・桑中「云誰之思、美孟姜矣=云に誰をか之れ思ふ、美なる孟姜(誰のことを思っているの、美しい長女の姜さんのこと)」

【盲】8(目・3) 常 ｜ 常用音訓 モウ

語音 *măŋ(上古) mʌŋ(中古→呉ミャウ〈=ミョウ〉・漢マウ〈=モウ〉) máng(中) 맹(韓)

語源 [コアイメージ] 見えない。[実現される意味] 目が見えないⓐ。[英]blind

字源 「亡(音・イメージ記号)+目(限定符号)」を合わせた字。「亡」は「見えない」というイメージがある(⇩亡)。「盲」は目が見えないことを表す。

語義 [展開] 目が見えない意味ⓐ。[熟語] ⓐ盲点・盲目・ⓑ盲従・盲信

文献 ⓐ老子・十二章「五色令人目盲=五色は人の目をして盲ならしむ(五つの色は人の目を見えなくさせる)」

【耗】10(耒・4) 常 ｜ 常用音訓 モウ・コウ

語音 (1)*m̥ɔg(上古) hau(中古→呉・漢カウ〈=コウ〉) hào(中) 모(韓) (2)*mɔg(上古) mau(中古→呉モウ・漢ボウ) máo(中)

語源 [コアイメージ] 小さい・細い・見えなくなる。[実現される意味] すり減って少なくなる(すり減る・すり減らす)ⓐ。[英]diminish

字源 「秏」が本字。「毛(音・イメージ記号)+禾(限定符号)」を合わせた字。「毛」は「小さい」「細い」というイメージがあり、「(小さくて)見えない」「無い」というイメージに展開する(⇩毛)。「秏」は稲を搗いた結果、すり減って小さくなる様子を暗示させる。のち限定符号を禾から耒に替え、耕作した結果、土地がすり減ってやせる様子を暗示させる。この意匠によって、すり減って小さくなることを表象する。

語義 [展開] すり減って少なくなる意味(1の場合)ⓐ。また「見えない」というイメージから、尽きて無くなる意味ⓑを派生する(2の場合)。日本では1の場合も2の音で読むことがある。[英]diminish; run out, exhaust [熟語] ⓐ消耗・摩耗

文献 ⓐ管子・度地「利皆耗十分之五=利は皆十分の五を耗す(利益は半分に減らしてしまう)」ⓑ漢書・高恵高后文功臣表「靡有子遺、耗矣=子遺有る靡し、耗くるなり(子孫が絶えた。尽きたのである)」

【猛】11(犬・8) 常 ｜ 常用音訓 モウ

語音 *măŋ(上古) mʌŋ(中古→呉ミャウ〈=ミョウ〉・漢マウ〈=モウ〉) měng(中) 맹(韓)

語源 [コアイメージ] ㋐上から(型に覆う・㋑勢いよく突き進む。[実現される意味] 荒々しく強い(たけだけしい)ⓐ。[英]ferocious, violent, fierce

字源 「孟(音・イメージ記号)+犬(限定符号)」を合わせた字。「孟」は

「上から(形に覆う)」というイメージから、「覆いを払って突き進もうとする」というイメージに展開する(⇨孟)。「猛」は犬が抑えつけられないほど勢いよく突き進む様子を暗示させる。この意匠によって、荒々しく強いことを表象する。

語義 [展開] 荒々しく強い(たけだけしい)意味ⓐから、程度がひどい意味ⓑに展開する。[英]ferocious, violent, fierce; severe, heavy [和訓] たけし・たける [熟語] ⓐ猛獣・勇猛・ⓑ猛攻・猛烈

文献 ⓐ論語・述而「子温而厲、威而不猛＝子は温にして厲(はげ)し、威ありて猛(たけ)からず(孔子は性格が穏やかではあるが激しく、威厳はあるが荒々しくはなかった)」ⓑ礼記・檀弓「苛政猛於虎也＝苛政は虎よりも猛なり(過酷な政治は虎よりもひどい)」

【蒙】 13(艸・10) 人 音モウ 訓おおう・こうむる

語音 *moŋ(上古) muŋ(中古→呉ム・漢ボウ・[慣]モウ) méng(中) 몽(韓)

語源 [コアイメージ] 上から覆いかぶさる。[実現される意味] 覆うⓐ。[英]cover

〔解説〕藤堂明保は冡のグループは帽・茂・茅・霧・穆と同じ単語家族に属し、「かぶせる・覆い隠す」という基本義があるとする(藤堂①)。王力はそのほか冒・夢・冥・盲とも同源とし、覆う意味があるとする。*moŋという語は木・目・網とも近く、「上から覆いかぶさる」というコアイメージをもつ。「覆いかぶさる」というイメージは「隠れて見えない」「暗い」というイメージに転化する。

〔グループ〕蒙・曚(モウ)(薄暗くて見えない[曚昧])・朦(モウ)(月がぼんやりとかすむ、おぼろ[朦朧])・濛(モウ)(雨や霧が立ちこめて暗いさま[濛濛])・矇(モウ)(目が見えない人)・幪(モウ)(物を覆い隠す布)・懞(モウ)(心が覆われてぼんやりする)・艨(モウ)(牛の皮で覆い、敵船に突き進む船[艨艟(ドウ)])・蠓(モウ)(小さくてよく見えない虫、ヌカカ[蠛蠓(ベツモウ)])・檬(音写字。レモン[檸檬])

字源 「冡(モウ)(音・イメージ記号)＋艸(限定符号)」を合わせた字。「冃」は冂(おおい)＋一(物を示す符号)」を合わせて、ある物に覆いをかぶせる様子を暗示する図形。「冃(ボウ)(音・イメージ記号)＋豕(限定符号)」を合わせた「冡」は、豚の上に覆いをかぶせる情景を設定した図形。上から覆いをかぶせると、中の物は見えないから、「冡」は「覆いかぶせる」「隠されて見えない」というイメージを表す記号になる。かくて「蒙」は草に覆われて下(地面)が見えない様子を暗示させる。

(篆) [冡] (篆)

語義 [展開] 上から覆いかぶせる意味ⓐから、何かが覆いかぶさってきてそれを身に受ける(こうむる)意味ⓑに展開する。また、覆われて暗い意味ⓒ、道理に暗く物を知らない意味ⓓ、物を知らない子どもの意味ⓔを派生する。[英]cover; receive, suffer; dark; ignorant; child [熟語] ⓐ蒙密・ⓑ蒙塵・ⓒ蒙蒙・ⓓ蒙昧・啓蒙・ⓔ訓蒙・童蒙

文献 ⓐ詩経・葛生「葛生蒙棘＝葛は生じて棘(キョク)を蒙ふ(クズが生えて、つるがサネブトナツメに覆いかぶさる)」ⓑ孟子・離婁下「西子蒙不潔、則人皆掩鼻而過之＝西子、不潔を蒙(こうむ)らば、則ち人皆鼻を掩ひて之を過(よぎ)る(もし西施[美女の名]が汚れたものを体に受けたら、誰も鼻をつまんで通り過ぎるだろう)」

【網】 14(糸・8) 常 常用音訓 モウ あみ

語音 *mıuaŋ(上古) mıuaŋ(中古→呉マウ〈＝モウ〉・漢バウ〈＝ボウ〉) wǎng(中) 망(韓)

語源 [コアイメージ] 姿が見えない・覆いかぶせる。[実現される意味] 鳥獣や魚を捕るあみⓐ。[英]net

〔解説〕古代漢語で鳥獣などを捕らえるあみを*mıuaŋといい、それを代

替する視覚記号が网・罔である。あみは普通見えない（気づかれない）ように仕掛けるものである。形態的には糸を細く、目を細かくして、見えにくく作る。また、機能面から考えると、あみは獲物に覆いかぶせて捕らえることもある。このように*muaŋという語は「隠れて見えない」「覆いかぶせる」というイメージがある。このイメージを極端に抽象化すると「無い」というイメージになる。罔は「無い」という意味で用いられる。このイメージ転化現象は無・亡・勿・莫などにも見られる。藤堂明保は网を莫のグループ、無のグループ、亡のグループとともに同じ単語家族に所属させ、「隠れて見えない」という基本義があるとした（藤堂①）。日本語の「あみ」はアム（編）の連用形名詞。

〔グループ〕網・罔（ない[罔極]）・惘（心が何かに覆われてぼんやりする→がっかりする[惘然]）・誷（無いことをあるように言う→しいる[誣誷]）・輞（車輪の周囲に覆いかぶせる「たが」）・魍（姿を見せない化け物[魍魎]）

字源 「罔（音・イメージ記号）＋糸（限定符号）」を合わせた字。「罔」を分析すると「网＋亡」となる。「网」は二本の綱の間に冂形に張ったあみを描いた図形。これで十分「あみ」を表象できるが、「亡」を加えて「罔」が作られた。「亡」は「姿が見えない」というイメージがある（⇩亡）。したがって「亡（音・イメージ記号）＋网（限定符号）」を合わせた「罔」は、鳥や獣に見えないように仕掛けたあみを暗示させる。ところが「罔」は「無い」や「（覆われて）見えない、暗い」などの意味に用いられるようになったので、改めて「網」が作られた。

（甲）　（金）　（篆）［网］

（篆）　［罔］　（篆）

語義 ［展開］あみの意味ⓐから、網を打つ意味ⓑ、網に似た（なぞらえた）ものの意味ⓒに展開する。また、比喩的に、網のようにとりこにするもの（法など）の意味ⓓ、網のように張りめぐらしたシステム（ネットワーク）の意味ⓔを派生する。［英］net(ⓐ~ⓒⓔ); catch with a net; net-like thing; law; network ［熟語］ⓐ一網打尽・魚網・ⓑ網羅・ⓒ網膜・鉄条網・ⓓ天網・法網・ⓔ交通網

文献 ⓐ詩経・新台「魚網之設、鴻則離之＝魚網を之れ設く、鴻則ち之に離っく（魚の網を仕掛けたら、オオハクチョウが取りついた）」ⓓ老子・七十三章「天網恢恢疎而不失＝天網恢恢、疎にして失はず（天が定めた法の網は目が粗くてはっきり見えないが、悪人を逃すことはない）」

もく

【目】 5(目・0)　常　常用音訓 モク・ボク め・ま

語音 *muk(上古) muk(中古→呉モク・漢ボク) mù(中) 목(韓)

語源 ［コアイメージ］覆いかぶさる。［実現される意味］めⓐ。［英］eye

〔解説〕古代漢語では「め」のことを*mukといい、目と表記する。この語は木と同源である（藤堂②）。枝葉が覆いかぶさることに着目した言葉が木（*muk）であるが、同様に、まぶたが覆いかぶさっている形態的特徴に着目した言葉が目（*muk）である。これに対して、解剖学的・生理学的特徴を捉えた「め」は眼である。

字源 正面を向いた「め」を描いた図形。

（甲）　（金）　（篆）

語義 ［展開］「め」が本義ⓐであるが、転義に換喩と隠喩がある。目を使って物を見る機能から、目で見て何かを行う意味ⓑ、めくばせして意志を示す意味ⓒ、目で品定めする（見なす）意味ⓓに展開する（以上は換喩的転義）。また、重要で中心的な器官ということから、大切な所・中心

的な所(要点)の意味ⓔ、要点を取り上げて示すもの、目印として掲げるものの意味ⓕ、要点や内容を区分けしたものの意味ⓖ、中心的で目立つものの意味ⓗに展開する(以上は隠喩的転義)。[英]eye; see; wink; look, regard; main point; catalog, inventory, list, object; item; chief [熟語]ⓐ衆目・瞑目・ⓑ目撃・目測・ⓒ目礼・ⓔ眼目・要目・ⓕ目的・目標・ⓖ項目・綱目・ⓗ頭目

文献 ⓐ詩経・碩人「巧笑倩兮、美目盼兮＝巧笑倩(セン)たり、美目盼(ハン)たり(にっこり笑えば愛らしく、美しい目がぱっちりと涼しげだ)」ⓑ春秋左氏伝・桓公1「目逆而送之＝目逆(モクゲキ)して之を送る(目で迎えて彼を見送った)」ⓔ論語・顔淵「請問其目＝請ふ、其の目を問はん(その[仁の]要点は何でしょうか、おたずねします)」

【黙】15(犬・11) 常 常用音訓 モク だまる

〔默〕16(黑・4) 人 音モク 訓だまる・もだす

語音 *mək(上古) mək(中古→呉モク・漢ボク) mò(中) 묵(韓)

語源 [コアイメージ] 暗い・見えない・無い。[実現される意味] 声や言葉を出さない(だまる)ⓐ。[英]be silent, keep quiet

〔解説〕「もだす」が古訓である。「もだ」は「何もしないでいるさま。また、だまっていること」という(大野①)。大槻文彦はムナシ(空)のムナや、ムダ(徒)と同根とする(大言海)。「空っぽで何もない」というイメージをもつ語らしい。漢語の默も同様のイメージからだまるという意味が生まれた。コアイメージの源泉は黒にある。藤堂明保は黒は晦・悔・灰・煤などと同源で、「くろい・くらい」という基本義をもつとする(藤堂①)。「暗い」というイメージは「見えない」、さらに「無い」へ転化する。これと似たイメージ転化現象は漢語にしばしば見られる(亡・莫・蔑など)。「何も無い」というイメージは視覚においては「(暗くて)見えない」というイメージにつながるが、聴覚では「聞こえない」ではなく、「ひっそりとして音のない状態にする」→「物音を立てない」という意味を成立させる。

字源 「默」が正字。「黑(コク)(音・イメージ記号)+犬(限定符号)」を合わせた字。「黑」は暗い→見えない→無いへとイメージが展開する。「默」は犬が声を立てないで人についていく情景を設定した図形。犬を利用したのは語の意味・イメージを表象するため具体的状況を設定したのであって、犬が言葉の意味に含まれるわけではない。図形的解釈と意味は区別しなければならない。

語義 だまる意味ⓐ。[熟語]ⓐ寡黙・沈黙・

文献 ⓐ論語・述而「黙而識之＝黙して之を識(しる)す(口には出さず心に記憶する)」

もみ

【籾】9(米・3) 人 半国字

字源 日本語の「もみ」を表記するために考案された和製疑似漢字。「刄」は刃の俗字。「刄+米(限定符号)」で、刃のように先の尖ったもみがらのついた米を表す。字彙補に「籾」が収録されている(音はジ、意味は不詳)。偶然に同形衝突したと考えられるから、日本の籾は半国字とする。

語義 外皮がついたままで、脱穀していない米(もみ)の意味。[英]paddy

もみじ

【椛】11(木・7) 人 純国字

字源 和製の疑似漢字。「なぎ」「もみじ」「かば」などの訓に対応するが、「もみじ」が字源に合うようである。秋に美しく紅葉(または黄葉)するので、「花のような」という比喩によって、「花＋木(限定符号)」でもって「もみじ」を表した。「かば」は樺が正しい表記であるが、華＝花と見て、椛に「かば」の訓をつけた。主に人名・地名に用いられる。「なぎ」の訓の由来は不詳。

語義 もみじ。木の名としてはカエデの意味。[英]maple tree

もん

【門】 8(門・0) 常 常用音訓 モン かど

語音 *muən(上古) muən(中古→呉モン・漢ボン) mén(中) 문(韓)

語源 [コアイメージ] 閉じて見えない・隠れてわからない。[実現される意味] 家などの出入り口ⓐ。[英]entrance, gate, door

〔解説〕門*muən・問*mıuən・聞*mıuən はほぼ同音であり、図形も共通性があるが、訓で「かど」「とう」「きく」と全く別語に訳され、字典でも門がまえ、口偏、耳偏に分断されるので、三語が共通のコアイメージをもつことになかなか気づかない。中国人も無関係と思う人が多いかもしれない。しかし古代では説文解字に「門は聞なり」、広韻に「門は問なり」とあり、また釈名・釈宮室では「門は捫なり。外に在りて人の捫摸する(手探りする)所と為るなり」とあるなど、門・問・聞・捫は同源と考えられた。しかし漠然とした同源意識に過ぎない。これを学問(言語学、意味論)的に解明したのは藤堂明保である。氏は「門とは閉じて中を見えなくする作用をはたすものであるが、同時にまた、その間隙を通って出入りする所でもある。…狭い隙間をこえて、むりに引き出す意味は、問や聞に顕著に含まれている。もちろんそこには、閉じて中がわからないという前提がある。わからぬからこそ、口で問い、耳で聞いて、少しでもわかろうと務めるのである」と述べる(藤堂①)。まとめると、*muən という語は「閉じて見えない」「隠れてわからない」というコアイメージがあり、これから「見えないもの・わからないものを、見たい・わかりたいと求める」というイメージに展開し、問・聞・捫ということばが生まれた。「見えない(わからない、ない)」というイメージから「ないものを求める」というイメージへの転化は莫→募・慕・摸、亡→望などの例がある。

〔グループ〕門・問・聞・捫(見えないものを手探りして求める[捫虱])・悶(胸がふさがる→もだえる[煩悶])

字源 二枚の扉を閉じている情景を描いた図形。この形は「閉じる」にポイントがある。「開ける」にポイントを置くのが卯である。

(甲) (金)  (篆)

語義 [展開] 家などの出入り口の意味ⓐ。部分(門)と全体(家)の関係から、家・一族・家柄の意味ⓑに展開する(これは換喩的転義)。入る所に視点を置くと、学問・信仰などに入っていく所、指導者を中心とする一団・一派の意味ⓒ、また、学問の分かれた種類や、事物の分類の枠の意味ⓓを派生する(これは隠喩的転義)。[英]entrance, gate, door; family, house; school, sect; branch of study, category; [熟語] ⓐ門戸・校門・ⓑ権門・名門・ⓒ門人・入門・ⓓ専門・部門

文献 ⓐ詩経・何人斯「不入我門＝我が門に入らず(我が家の門に入ってくれない)」ⓑ論語・先進「由之瑟、奚爲於丘之門＝由の瑟、奚為れぞ丘の門に於いてするや(由[子路]の琴の演奏は、なぜ私[孔子]の家でやるのかね)」ⓒ論語・先進「不及門也＝皆門に及ばざるなり([昔行動を共にした人たちは]皆私の門[教団]に来なくなった)」

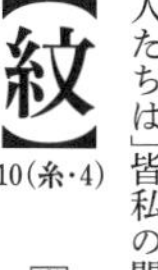

【紋】 10(糸・4) 常 常用音訓 モン

語音 *mɪuən(上古) mɪuən(中古→呉モン・漢ブン) wén(中) 문(韓)

語源 [コアイメージ] 細かいものが入り交じる。[実現される意味] 細かく入り交じった模様(文様、あや)ⓐ。[英]pattern

字源 「文ブン(音・イメージ記号)+糸(限定符号)」を合わせた字。「文」は「細かいものが入り交じる」というコアイメージをもち、模様・あやの意味。「紋」は織物の細かく入り交じった美しい文様を暗示させる。

語義 [展開] 模様・文様の意味ⓐ。家のしるしとする文様(紋所)の意味ⓑは日本的用法。[英]pattern; family crest [和訓] あや [熟語] ⓐ紋様・指紋・ⓑ紋服・家紋・定紋

文献 ⓐ班婕妤・擣素賦「閲紋練之初成＝紋練の初めて成るを閲す(出来上がったばかりのあや絹をじっくりと見る)」(文選補遺31)

【問】 11(口・8) 常 (常用音訓)モン とう・とい・とん

語音 *mɪuən(上古) mɪuən(中古→呉モン・漢ブン) wèn(中) 문(韓)

語源 [コアイメージ] わからないものをわかろうとする。[実現される意味] わからないことをとい尋ねるⓐ。[英]ask, question

〈解説〉門にコアイメージの源泉があり、門・問・聞は密接な関連のある同源語である。これを明らかにしたのは藤堂明保である(藤堂①②)。門は「閉じて見えない・隠れてわからない」というコアイメージがあり、「隠れて見えないものを見ようとする」「わからないものをわかろうと求める」というイメージに展開して成り立った語が問・聞である。不明なこと(疑点・安否・運命・罪など)を知ろうと求める(たずねる)ことを問という。日本語の「とう(とふ)」は「疑問・不明の点について、相手に直接にただして答えを求める意」という(大野①)。漢語の問とほぼ同じである。「とふ」の転義に㋐占いをして結果を聞く・㋑聞きただして罪を明らかにする・㋒行方をたずねておとずれるがあるが、㋒は漢語の訪に当たる。英語のaskは印欧祖語の*ais-(望む、探し出す)に淵源があるらしい。探し求める→助けを求める(依頼)、情報を求める(質問)の意になったようである。またquestionはラテン語のquaerere(尋ねる、求める)に由来し、「(不明・不審の答えを求めて)質問する」の意という(以上、下宮①、政村①)。これらの語は漢語の問に対応する。

字源 「門モン(音・イメージ記号)+口(限定符号)」を合わせた字。「門」は「閉じて中が見えない」というイメージから、「隠れて見えないものを見ようとする」「わからないものをわかろうと求める」というイメージに展開する(⇨門)。「問」はわからないことを口でたずねて探る様子を暗示させる。

語義 [展開] わからないことをたずねる(とう)意味ⓐから、たずねるべき事柄やその内容(とい)の意味ⓑ、相手のわからない安否をたずねる意味ⓒ、罪や責任を問いただす意味ⓓに展開する。[英]ask, question(ⓐ~ⓒ); query, problem; inquire after; interrogate [熟語] ⓐ質問・尋問・ⓑ設問・難問・ⓒ慰問・訪問・ⓓ問責・拷問

文献 ⓐ詩経・泉水「問我諸姑＝我が諸姑に問ふ(おばさまたちにお尋ねします)」ⓑ論語・八佾「大哉問＝大なる哉問ひや(いい質問だね)」ⓒ論語・雍也「伯牛有疾、子問之＝伯牛疾有り、子シ之を問ふ(冉伯牛[孔子の弟子の名]が病気になって、先生は彼を見舞った)」

もんめ

【匁】 4(勹・2) 人 純国字

字源 文目(もんめ)を表すために考案された和製漢字。「文」の草書と「メ」の合字とされる。一説では、銭の俗字、あるいは泉(銭の意)の草書、あるいは兩(両)が崩れた形などともいわれる。

語義 もんめ。重量などの単位。[英]unit of weight

や

【也】3(乙・2) 人 | 音ヤ 訓なり・や

語音 *diăg(上古) yiă(中古→呉・漢ヤ) yĕ(中) 야(韓)

語源 [コアイメージ] うねうねと曲がりくねる・ずるずると延びていく。[実現される意味]「〜である」と判断を示す助詞ⓐ。[英]particle

〔解説〕藤堂明保は也を含む地・弛を氏・易などと同じ単語家族に入れ、「薄く平らに伸びる」という基本義、また、池・施を移・延・帯などと同じ単語家族に入れ、「うねうねと伸びる・伸ばす」という基本義をもつとした(藤堂①)。二つは「うねうねと曲がりくねる・ずるずると延びていく」というコアイメージに概括できる。これはヘビの形態的特徴に由来する。ヘビを虵(=蛇)と書く。しかし也はヘビという意味ではなく、「A、B也(AはBなり)」「A之B也(AのBするや)」など、文末や文中に使う助詞に用いられる。この也はある事柄が紆余曲折を経た結果そうなる(そうである)ということを示す働きがある。判断を示すほか、疑問・反問の語気を示すこともある。また、事柄が複数の場合、「A也、B也、C也(Aや、Bや、Cや)」と列挙する働きがある。日本語の「や」にもこの用法がある。

〔グループ〕也・他・地・池・施・弛・馳・迆ィ(=迤。横にずるずると延びる、うつる)・扡タ(=拖・拕。横に引っ張る)・杝ィエ(水をかいて船を進めるかい)

字源 ヘビを描いた図形。ほかに女陰の形(説文解字)、匜ィ(器の一種)の形とする説(郭沫若)などもあるが、它と也を同字とする高田忠周と容庚の説がよい。

(金)　(篆)

語義 [展開] 断定の助詞ⓐのほか、「〜や」と疑問・反問を示すことばⓑに展開する。

文献 ⓐ詩経・君子偕老「邦之媛也=邦の媛なり(国いちばんの美女である)」ⓑ詩経・旄丘「何多日也=何ぞ日の多きや(どうしてそんなに日が長く延びるのか)」

【冶】7(冫・5) 常 | 常用音訓 ヤ

語音 *diăg(上古) yiă(中古→呉・漢ヤ) yĕ(中) 야(韓)

語源 [コアイメージ] ㋐人工を加える・㋑柔らかい。[実現される意味] 鉱物を溶かすⓐ。[英]smelt, fuse

〔解説〕王力は融・冶・鎔を同源とし、銷(とける)の意味があるとする(王力①)。藤堂明保は冶と同源で、「人工を加えて作業する」という基本義があるとする(藤堂②)。固いものや緊張したものに手を加えると柔らかくなる。柔らかいあめを飴ィといい、心が柔らかくなごむことを怡ィという。同様に、金属を溶かして柔らかくすることが冶である。「柔らかい」は「手を加える」から派生した二次的イメージである。

字源 「台ィタ(音・イメージ記号)+冫(限定符号)」を合わせた字。「台」は「道具を用いて手を加える」「人工を加える」というイメージがある(⇩台)。「冶」は人工を加えて、氷を溶かすように、鉱物を溶かす様子を暗示させる。

語義 [展開] 鉱物を溶かす意味ⓐから、比喩的に、美しく仕上げる意味ⓑ、姿態が柔らかくなまめかしい意味ⓒを派生する。[英]smelt, fuse; train; coquettish, sexy [熟語] ⓐ冶金・冶工・ⓑ陶冶・ⓒ冶容・遊冶

文献 ⓐ管子・禁蔵「夫法之制民也、猶陶之於埴、冶之於金也=夫れ法の民を制するや、猶陶の埴に於ける、冶の金に於けるがごとし(法が

民を制御するのは、陶工と粘土、鍛冶屋と金属の関係に似ている）」ⓒ易経・繫辞伝上「冶容誨淫＝冶容、淫を誨(おし)ふ（女性のセクシーな姿が淫乱を教える）」

【夜】 8(夕・5)　常　|　常用音訓　ヤ　よ・よる

語音 *dĭăg（上古）　yiă（中古→㊋・㊌ヤ）　yè（中）　야（韓）

語源 ［コアイメージ］同じものが両脇に（・|・の形に）もう一つある。［実現される意味］よるⓐ。［英］night, evening

〔解説〕漢語における一日の時間帯の捉え方は中心の時間帯である昼を両側に挟むのがよるという発想で、▯—▯の形を呈する。実際は朝—昼—夜という三区分で、夜には夕・宵・晩という語も含まれる（専用語ではないが昏・暮もある）。*dĭăgという語の深層構造を明らかにしたのは藤堂明保である。氏は度のグループ、睪(エキ)のグループ（駅など）、亦のグループ、また夕・尺などが同じ単語家族に属し、「数珠つなぎ、|・|型」という基本義があるとした（藤堂①）。夜は亦にコアイメージの源泉がある。これは両脇を表し、「同じものが両脇にもう一つある」というコアイメージをもつ記号である。日本語の「よ」はヒ（日・昼）の対で、太陽が出ていず暗い時間のこと。「ゆふ」は昼を中心にした時間帯という観点に立つ語で、「よひ」は夜を中心にした時間区分という観点に立つ語で、ユフベ→ヨヒ→ヨナカ→アシタの順の二番目という（以上、大野①）。漢語の夜も夕（ゆうべ）・宵（よい）・晩（よなか）の総称と考えてよい。しかし語の成り立ちは昼を中心として両脇にある時間という発想から生まれた。英語ではnightは「日没または寝る時間から明け方までをいい、〝暗い〟とか〝夜も遅い〟というイメージを伴う」のに対し、eveningは「夕暮れから寝る時刻までを指し、〝まだ早い〟という意味合いをもつ」という（小島①）。

〔グループ〕夜・液・腋(エキ)（わき［腋臭］）・掖(エキ)（両脇から支えて助ける［誘掖］）・鵺*(ヤ)（半国字。ぬえ）

字源 「亦(エキ)（音・イメージ記号）＋夕（限定符号）」を合わせた字。「亦」は大の字に立つ人の両脇に点をつけた図形で、「同じものが・|・の形にもう一つある」というイメージを示す記号（⇩亦）。「夜」は人の活動する時間帯（つまり昼）の両側にある時間帯（つまり「よる」）を暗示させる。

（甲）　（金）　（篆）

語義 よるの意味ⓐ。［熟語］ⓐ夜半・深夜

文献 ⓐ詩経・庭燎「夜如何其、夜未央＝夜は如何(いかん)、夜は未だ央(なかば)ならず（夜はいま何時、まだ宵のうち）」

【耶】 9(耳・3)　人　|　㊅ヤ　㊇か

語音 *dĭăg（上古）　yiă（中古→㊋・㊌ヤ）　yé（中）　야（韓）

語源 ［コアイメージ］食い違う。［実現される意味］疑問を示す助詞ⓐ。［英］particle

〔解説〕古代漢語では疑問を表す助詞に与（與・歟）、邪(ヤ)がある。與に含まれる与と、邪に含まれる牙は、ともに「ㄣの形にかみ合う」というイメージを示す記号である。これは「食い違う」というイメージにも展開する。事態の食い違いをただすときに疑問の気持ちを添える助詞として與（＝歟）と邪が使われる（漢文では「か」「や」と読む）。耶は邪の俗字であったが、後に独立し、専ら文末で疑問を表す助詞に使われる。耶は「食い違う」というイメージから「横にずれる」というイメージに展開し、揶揄の揶が生まれた。

〔グループ〕耶・椰・揶(ヤ)（＝揶。わざと横にずらしてはぐらかす→からかう［揶揄］）・爺(ヤ)（北方系言語の音写、父の意。〈日〉じい・じじ）

字源 邪が変わった形（⇩邪）。牙の隷書が耳に似るため邪→耶となった。

語義 [展開] 疑問の助詞ⓐ。また爺ャと通用し、父の意味ⓑに用いる。[英]particle; father [熟語] ⓑ耶嬢（＝爺嬢）

文献 ⓐ荘子・逍遥遊「天之蒼蒼、其正色耶＝天の蒼蒼たるは、其れ正色か（空が青いのは本当の色だろうか）」 ⓑ木蘭詩「巻巻有耶名＝巻巻、耶の名有り（毎ページに父の名があった）」（楽府詩集25）

【野】11（里・4） 常 ｜常用音訓 ヤ の

〔埜〕11（土・8） 人 ｜音 ヤ 訓 の

語音 *diăg（上古） yiă（中古→呉・漢ヤ） yĕ（中） 야（韓）

語源 [コアイメージ] 横に延びる。[実現される意味] 郊外の地ⓐ。[英]areas outside suburbs

〔解説〕古代日本では中心からサト（里）∧ノ（野）∧ヤマ（山）に広がる空間が想定されたらしい。サトは生活の本拠地、ノは普通は人の住まない場所、ヤマは恐ろしい異郷との境だという（大野②）。古代中国では都城（都市、町）を中心として、その外側百里の地を郊、その外側五百里の地を野という。山は想定されないが、中心から平面的にどこまでも伸びていく空間が想定されている。予（横に延びる）にコアイメージの源泉がある。日本語の「の」が「放置された自然のままの地」という意味を派生するのと同様、漢語の野は地理的には人の住まない荒れ地、辺境、また、文化的には、都会的ではない、礼儀に合わない、粗野であるという意味を派生する。英語のfieldはギリシア語のplatús（広い）に由来し、「平らで広々とした広がり」が原義らしい（下宮①、小島①）。漢語の野は手つかずの荒れ地のイメージである。ただし転義ではfield（野原）やplain（平野）も含まれる。

字源 最初は「林（イメージ記号）＋土（限定符号）」を合わせて、樹木の生えている土地を暗示させる図形（甲骨文字・金文の字体）。ついで「予ョ（音・イメージ記号）＋林（イメージ補助記号）＋土（限定符号）」を合わせて、樹木が生えて、横に延びて広い土地を暗示させる図形（古文の字体）。「予」は「横に延びる」というイメージを示す記号である（⇩予）。最後にまた字体が変わり、「予ョ（音・イメージ記号）＋里（限定符号）」を合わせた字（篆文の字体）となった。里（町・村・都城）から横に延びていく空間を暗示させる。

（甲） （金） （古） （篆）

〔字体〕「埜」「壄」は異体字。

語義 [展開] 郊外の土地の意味ⓐから、辺境の意味ⓑ、原野（荒れ地、また、野原）の意味ⓒ、横に延びた範囲の意味ⓓ、民間の意味ⓔ、都会的でない（ひなびている、俗っぽい）という意味ⓕ、自然のままという意味ⓖ、礼に外れている（荒々しい、野放図な）という意味ⓗに展開する。[英]areas outside suburbs; frontier; field(ⓒⓔ), wasteland; area, bound, territory; private, civil; rough, crude, vulgar; wild; rude [熟語] ⓐ野外・郊野・ⓒ原野・山野・ⓓ分野・領野・ⓔ下野・朝野・ⓕ野蛮・粗野・ⓖ野生・野草・ⓗ野心・野望

文献 ⓐ詩経・燕燕「之子于歸、遠送于野＝之（こ）の子于（ここ）に帰（とつ）ぎ、遠く野に送る（この娘が嫁に行き、町の外れまで見送った）」 ⓒ孟子・公孫丑上「天下之農、皆悦而願耕於其野矣＝天下の農、皆悦びて其の野に耕さんことを願ふ（天下の農民はみな喜んで田野を耕したいと願う）」 ⓔ孟子・万章下「在野曰草莽之臣＝野に在るを草莽の臣と曰ふ（民間にある人を草莽の臣という）」 ⓕ論語・雍也「質勝文則野＝質、文に勝てば則ち野（中身が外見にまされば粗野になる）」

【椰】13（木・9） 人 ｜音 ヤ

語音 *diăg（上古） yiă（中古→呉・漢ヤ） yĕ（中） 야（韓）

語源 ［コアイメージ］かみ合う。［実現される意味］ヤシⓐ。［英］palm tree, palm

字源 「枒」が本字で、枒→梛→椰と変わった。「牙ガ（音・イメージ記号）＋木（限定符号）」を合わせた字。「牙」は「かみ合う」というイメージがある（⇩牙）。また、與に含まれる「与」と同じで、「（いくつかが）組み合う」というイメージも表すことができる。「枒」は直上する幹の頂端で、葉が組み合うようにして叢生する木（ヤシ）を表す。

語義 ヤシ科の木、ココヤシの意味ⓐ。［熟語］ⓐ椰子・椰樹

文献 ⓐ張衡・南都賦「楈枒栟櫚＝楈枒ショと栟櫚ヘイロ（ヤシとシュロ）」（文選4）

や

【弥】→び

やく

【厄】4(厂・2) 常 ｜常用音訓｜ ヤク

語音 *·ĕk(上古) ·ɛk(中古→(呉)ヤク・(漢)アク) è(中) 액(韓)

語源 ［コアイメージ］押さえつけて動けないようにする。［実現される意味］進行を妨げられて行き詰まるⓐ。［英］block, be stranded

〔解説〕王力は厄・阨イア・隘イアを同源とし、狭い・塞がるという意味があるとする（王力①）。*·ĕkという語は「押さえつけて（または、狭めて、塞いで）動けないようにする」というイメージがある。この語を表記する視覚記号として厄と戹ヤクが考案された。戹は「戸＋乙（曲がってつかえる符号）」を合わせて、戸が閉まって、つかえて動けない様子を暗示させる図形。厄（行き詰まって動きがとれない）・戹（つかえて動きがとれない）は搤ヤク（締めつけられて動きがとれない）とも非常に近い。

〔グループ〕厄・扼ヤク（＝搤。押さえつける［扼腕］）・軛ヤク（＝軶。馬の首を押さえつける馬具、くびき［共軛］）・阨イア・ヤク（＝阸。行き詰まって進めない所［阨路］）

字源 「㔾（＝卩。かがんでひざまずく人の形。イメージ記号）＋厂（がけを示すイメージ補助記号）」を合わせた字。がけの下に落ちて進退に窮する情景を設定した図形。危の下部と同じで、図形的意匠も似ているが、それによって表記されることばが違う。「厄」は行き詰まって動きがとれないことを意味する*·ĕkを再現させる。

（篆）

語義 ［展開］「押さえつけて動けないようにする」というイメージから、進行を妨げられて行き詰まる意味ⓐ、順調な進行を妨げて行き詰まらせるもの（わざわい）の意味ⓑ、馬の首を押さえつけて車のながえに固定するくびきの意味ⓒに展開する。ⓒは後に軛と書かれる。［英］block, be stranded; adversity, disaster; yoke ［熟語］ⓑ厄運・災厄

文献 ⓐ荀子・宥坐「孔子南適楚、厄於陳蔡之間＝孔子南のかた楚に適ゆき、陳・蔡の間に厄せらる（孔子が南方の楚に行った時、陳と蔡の間で通行を遮られ、にっちもさっちも行かなくなった）」ⓑ晏子春秋・内篇・雑上「晏子有功、免人於厄＝晏子功有り、人を厄より免ず（晏嬰は人を災厄から免れさせる功があった）」ⓒ詩経・韓奕「鞗革金厄＝鞗革ジョウカクと金厄（手綱の革と、金属製のくびき）」

【役】7(彳・4) 常 ｜常用音訓｜ ヤク・エキ

語音 *diuek(上古) yiuɛk(中古→(呉)ヤク・(漢)エキ) yì(中) 역(韓)

語源 ［コアイメージ］㋐まっすぐ進む・㋑一人一人に割り当てる。［実現される意味］国が義務として課する戦争や土木工事などの肉体労働ⓐ。［英］forced labor, military service

〔解説〕*diuekという語は遠征・征伐の征や適（まっすぐ進んで行く）と同源で、「（目的地に向かって）まっすぐ進む」というイメージがある（藤堂②）。戦争や土木工事に駆り出されて、目的地にまっすぐ行かされるというイメージの語が役である。国の義務として課される労働なので、「一人また一人と割り当てる」という二次的イメージが生まれた。疫（一人また一人と次々にうつっていく病気）はそのイメージから生まれた語。

〔グループ〕役・疫

字源 「殳（イメージ記号）＋彳（限定符号）」を合わせた字。「殳」はほこを手に持つ形で、戦車の前に立てておく「たてぼこ（殳）」のことから、戦とかかわることを示す記号になる。「役」は戦争に駆り立てて行かせる情景を設定した図形。図形はコアイメージを反映していない。

（甲） （古） （篆）

語義 [展開] 割り当ててやらせる肉体労働、義務として務める仕事の意味ⓐから、戦争の意味ⓑ、召使いの意味ⓒ、こき使う意味ⓓに展開する。受け持つ仕事や職責の意味ⓔや、その人に割り当てられた任務（役割）の意味ⓕは日本的用法。[英]forced labor, military service; war, battle, campaign; servant; use as a servant; work, office; duty, role [和訓] えだち [熟語] ⓐ徭役・兵役・ⓑ戦役・ⓒ役夫・雑役・ⓓ役畜・使役・ⓔ役所・役人・ⓕ役者・主役

文献 ⓐ孟子・尽心下「有布縷之征、粟米之征、力役之征＝布縷（ルフ）の征、粟米の征、力役の征有り（[人民に割り当てる徴税には]布の税、米の税、労働の税がある）」ⓑ詩経・君子于役「君子于役、不知其期＝君子役に于（ゆ）き、其の期を知らず（あなたは戦に行ったきり、いつに帰るかわからない）」ⓓ孟子・離婁上「天下無道、小役大、弱役強＝天下道無ければ、小は大に役せられ、弱は強に役せらる（天下に道がない時は、小さいものが大きいものに使役され、弱いものが強いものに使役される）」

【約】 9（糸・3） 常 常用音訓 ヤク

語音 *·ɪɔk（上古） ·ɪak（中古→呉・漢ヤク） yuē（中） 약（韓）

語源 [コアイメージ] 細く締めつける。[実現される意味] ひもなどで束ねて縛るⓐ。[英]bind, cord

〔解説〕藤堂明保は要・約・邀（ヨウ）などを同じ単語家族にくくり、「細く引き締める」という基本義があるとする（藤堂①）。下記の論語ⓓの注釈でも「約は要なり」とある（朱子・論語集注）。要は「中心に向けて引き締める」というコアイメージをもつ語である。「紐で縛る」というのが約の意味であるが、そのコアには「細く締めつける」「引き締める」というイメージがある。約束・契約にはこのイメージが表層には現れないが、要約・節約などには明白である。英語のpromiseはラテン語のpromittere、pro-（前に）＋mittere（送る）が語源で、「物事が将来起こる兆し」「成功する見込み、将来性」「約束する、保証する」の意という（下宮①、小島①）。漢語の約（縛る→取り決め）とは語感が違う。

字源 「勺（シャク）（音・イメージ記号）＋糸（限定符号）」を合わせた字。「勺」は「（一部を取って）高く上げる」というイメージから、「（それだけ特に）目立つ」というイメージに展開する（⇨勺）。「約」は糸を結んで結び目を特に目立たせる様子を暗示させる。図形はコアイメージを反映していない。図形は転義のⓒを念頭において考案されたもの。

語義 [展開] 束ねて縛る意味ⓐから、縛りつけて自由にさせない意味ⓑ、紐で縛って結び目を作り取り決めの印とする（取り決め）という意味ⓒに展開する。また、「細く締めつける」というイメージから、まとまりにくいものを引き締めてまとめる意味ⓓ、むだを省いて引き締める意味ⓔ、つづめて言うと（あらまし、だいたい、ほぼ）の意味ⓕを派生する。[英]bind, cord; restrict, restrain; promise, agreement, appointment, contract; abbreviate; save, economize; about, approximately [和訓] つ

づめる・つづまる・つづまやか　［熟語］ⓐ約束・ⓑ制約・ⓒ契約・誓約・ⓓ縮約・要約・ⓔ倹約・節約・ⓕ約言・大約

文献 ⓐ詩経・斯干「約之閣閣＝之を約すること閣閣たり（［塀を造る板に］縄をぐるぐると縛りつける）」ⓓ論語・雍也「君子博學於文、約之以禮＝君子は博く文を学び、之を約するに礼を以てす（君子は広く学問を学び、礼で引き締める）」ⓔ論語・里仁「以約失之者鮮矣＝約を以て之を失ふ者は鮮なし（倹約して失敗することは少ない）」

【訳】11(言・4)　常　｜常用音訓　ヤク　わけ

語音 *d̥iak(上古)　yiɛk(中古→呉ヤク・漢エキ)　yì(中)　역(韓)

語源 ［コアイメージ］数珠つなぎ(○-○-○の形)につながる。［実現される意味］Aの言語をBの言語に移し替えて伝えるⓐ。［英］interpret, translate

〔解説〕睪にコアイメージの源泉がある。これは「A→B→C→の形（数珠つなぎ）につながる」というイメージを示す記号である。古代中国では周辺の異民族との交流のため通訳が必要とされた。Aという民族の言語をBという民族の言語に移し替えて伝えるのが*d̥iakという語の意味である。A→Bと一度の切り替えだけでなく、A→B→C→という具合にいくつかの言語を経由することもある。例えば史記・大宛列伝では九訳、つまり九つの言語を通す例がある。このため通訳を意味することばは訳だけではなく、南方の異民族の言語を通訳する人を象、北方を訳、東方を寄、西方を狄鞮といった。訓の「わけ」は分ける(わく)の派生語で、区別・分別→物事の筋道や道理→事情・由来の意味に転じたもの（大野①）。漢語の訳にこの意味はない。英語のinterpretはラテン語のinterpres(二つの側の間に立って世話をする)に由来し、通訳する意(小島①)、translateはラテン語のtransferre, trans-(越えて)＋ferre(運ぶ)が語源で、「移す、乗り換える」→翻訳する意という(下宮①・政村①)。これらはともに漢語の訳に対応する。

字源 「譯」が正字。「睪(音・イメージ記号)＋言(限定符号)」を合わせた字。「睪」は「数珠つなぎ(○-○-○の形)につながる」というイメージがある(⇨駅)。「譯」はAの言語をBの言語に(また更にB→C→D→という具合に次々と)置き換えてつなげていく様子を暗示させる。

語義 ［展開］ある国の言語を他の国の言語に言い換えて伝える(通訳する・翻訳する)意味ⓐから、それを仕事とする人(通訳)の意味ⓑを派生する。「わけ」(言葉の意味、また、何かの事情や理由)の意味ⓒは日本的用法。［英］interpret, translate; interpreter; meaning, reason　［熟語］ⓐ訳出・翻訳・ⓑ通訳

文献 ⓑ呂氏春秋・慎勢「凡冠帶之國、舟車之所通、不用象譯狄鞮＝凡そ冠帯の国は、舟車の通ずる所、象・訳・狄鞮を用いず(中華の国は交通の便がよいから、通訳の必要がない)」

【薬】16(艸・13)　常　｜常用音訓　ヤク　くすり

〔藥〕18(艸・15)　人　｜音ヤク　訓くすり・いやす

語音 *glïɔk(上古)　yiak(中古→呉・漢ヤク)　yào(中)　약(韓)

語源 ［コアイメージ］丸く小さい粒。［実現される意味］病気を治すもの(薬草、草根木皮などの生薬)ⓐ。［英］medicinal plant

〔解説〕漢の荀悦は「薬は療なり。疾を治す所以なり」(申鑒・俗嫌篇)と述べる。古く薬と療の同源意識があったらしい。藤堂明保と王力も薬と療を同源と認めている。藤堂はそのほか櫟・鑠とも同源とし、「小さくつぶす」という基本義があるとする(藤堂②)。楽にコアイメージの源泉がある。これは「丸く小さい粒」というイメージを示す記号である。車輪でひいて粒状につぶすのが轢、金属を熱でつぶして溶かすのが鑠である。そのほか、ごろごろした小さい石(つぶて)を礫といい、火光の

粒が四方に出ることを爍(シャク)という。以上から、薬がどんなイメージの語であるかが推定できる。草を小さくすりつぶした粒状のものが薬である。この語には神秘的な要素はない。日本語の「くすり」はクスシ(奇)と同根で、「人体や物品に神秘的な効果、変化のあるもの」で、霊薬・仙薬の意味という(大野②)。英語のmedicine(薬)はラテン語のmedicina(医術)に由来し、medicinaはmederi(治す)と同根という(下宮①)。漢語の薬にも「治す」の意味がある。

字源 「藥」が正字。「樂(ガク)(音・イメージ記号)＋艸(限定符号)」を合わせた字。「樂」は「丸く小さい粒」というイメージがある(⇩楽)。「藥」は草を小さくすりつぶした粒状のものを暗示させる。この意匠によって、病気を治すくすりを表象する。

〔字体〕「薬」は近世中国で発生した「藥」の俗字。現代中国の簡体字は「药」。

語義 [展開] 病気を治す効果のあるもので、自然界から素材を得たもの(生薬)の意味ⓐから、広く薬物の意味ⓑ。ここから、病気を治す(いやす)意味ⓒに展開する。また、くすりに似た(なぞらえた)ものの意味ⓓを派生する。[英] medicinal plant; medicine, drug; cure, remedy; chemicals with a certain function [熟語] ⓐ薬草・生薬・ⓑ薬品・薬物・ⓓ火薬・農薬

文献 ⓐ周礼・天官・疾医「以五味五穀五薬、養其病＝五味・五穀・五薬を以て、其の病を養ふ([内科医は]五味と五穀と五薬[草・気・虫・石・穀を素材とする生薬]で病気を治療する)」ⓑ書経・説命「若薬弗瞑眩、厥疾弗瘳＝若し薬瞑眩(メンゲン)せずんば、厥(そ)の疾瘳(い)えず(薬はそれを飲んで目が回るほどでないと、病気は治らない)」ⓒ詩経・板「不可救藥＝救薬すべからず([心の病は]もはや薬でも治せない)」

【躍】 21(足・14) 常

(常用音訓) ヤク おどる

語音 *diɔk(上古) yiak(中古→呉・漢ヤク) yuè(中) 약(韓)

語源 [コアイメージ] 高く上がる。[実現される意味] 高くはね上がる(おどり上がる)ⓐ。[英]leap, jump

〔解説〕「下から上に↑の形に上がる」というイメージでは跳・踊・躍は似たような意味で、区別が難しい。強いて区別するなら、跳は「下から上に離れていく」、踊は「下から突く反動で上がる」というところにポイントがある。躍は翟(テキ)にコアイメージの源泉があり、「高く上がる」というイメージである。跳ねたり、飛んだりした結果「高く上がる」というところにポイントがある。日本語の「おどる(をどる)」は「上方に飛び上がったり、跳ね上がったりするのが原義」という(大野②)。ポイントの置き所が漢語の躍と少し違うようであるが、意味は同じ。ただし舞っておどる(ダンスをする)という転義は躍にはない。

字源 「翟(テキ)(音・イメージ記号)＋足(限定符号)」を合わせた字。「翟」は「高く上がる」というイメージがある(⇩濯)。「躍」は足ではねて高くとび上がる様子を暗示させる。

〔字体〕「躍」は濯に倣った常用漢字の字体。現代中国の簡体字は「跃」。

語義 [展開] 高くはね上がる(おどる)意味ⓐから、目立って現れ出る(勢いよく動く、生き生きとする)意味ⓑに展開する。[英]leap, jump; active, vigorous [熟語] ⓐ跳躍・飛躍・ⓑ躍進・活躍

文献 ⓐ詩経・旱麓「魚躍于淵＝魚は淵に躍る(魚は淵で[水面に]はね上がる)」ⓑ孟子・尽心上「君子引而發、躍如也＝君子、引きて発せざるとき、躍如たり(君子[弓の名人]が弓を引いてまだ放たない瞬間は、力が生き生きとみなぎっている)」

やみ

【闇】 →あん

ユ

ゆ

【由】 5(田・0)　常　常用音訓　ユ・ユウ・ユイ　よし

語音 *d̥iog(上古)　yiəu(中古→呉ユ・漢イウ〈=ユウ〉)　yóu(中)　유(韓)

語源 [コアイメージ] ある所を通って出てくる・通り抜ける。[実現される意味] ある所や範囲を通り抜けるⓐ。[英]go through

〔解説〕王念孫は「由の言は道なり」「道の言は由なり。人の由る所なり」(広雅疏証)と語源を説く。藤堂明保は由のグループは首・中・融・竹などと同源で、「抜き出す・抜け通る」という基本義があるとする(藤堂①)。*diog は「ある所を通って出てくる」「通り抜ける」というイメージをもつ語である。これから、AからBが通って出てくるという意味が実現される。Aに視点を置くと、Bが出てきた根源であるから、あることが出てくるわけ(理由)という意味に展開する。訓の「よる」は「対象に近づいていく意」で、これは漢語の寄に当たる。転義の一つに「対象に基づく(起因する、原因となる)」があり、由に近くなるが、「通り抜ける」の意味はない。また、「よし」はヨシ(寄)と同根で、「物の本質や根本に近寄せ、関係づけるものの意」で、理由・手段はその転義という(大野①②)。

〈グループ〉由・油・抽・宙・軸・笛・柚・紬・袖・迪・釉・冑(チュウ)(頭を通してかぶるかぶと[甲冑])・胄(チュウ)(親から抜け出てきた子、後継ぎの子孫[胄裔])・舳(ジク)(船の抜け出た首に当たる部分、船首、へさき[舳艫])・蚰(ユ)(足が細長く抜け出る虫、ゲジゲジ[蚰蜒(ユウエン)])・鼬(ユ)(細長く抜け出たような体形をもつ獣、イタチ)

字源 字源については定説がない。王国維は甾(シ)または卣(ユウ)(いずれも酒器の一種)、唐蘭は冑(かぶと)、加藤常賢は「酒の糟を搾る籠」(加藤①)、藤堂は「酒や汁を抜き出す口のついた壺」(藤堂②)、白川静は「瓠(ひさご)の類で、実が熟して中が油化したものの形」(白川①)とする。カールグレンは、ある範囲から道が出ていく図形で、それによって「～から出ていく」ことを示したと解する(Grammata Serica Recensa)。この説は比較的妥当である。説文解字に由はないが、由のグループに含まれる篆文から推測すると、ある区画(曰)から上方に縦棒(丨)が抜け出る様子を象徴的に示した図形と考えてよい。

(篆)

語義 [展開] ある所や範囲を通り抜けていく意味ⓐから、あることから出てくる意味ⓑ、そのことが出てくる根拠→原因、手段という意味ⓒに展開する。[英]go through, pass through; cause(ⓑⓒ), derive; reason

[和訓] よる　[熟語] ⓐ経由・ⓑ由来・自由・ⓒ由縁・理由

文献 ⓐ詩経・南山「魯道有蕩、齊子由歸=魯道蕩たる有り、齊の子由りて帰(とつ)ぐ(魯に行く道ははるかに延びて、斉の娘はそこを通って嫁にいく)」ⓑ詩経・賓之初筵「由醉之言、俾出童羖=酔ひに由るの言は、童羖(ドウコ)を出ださしむ(酔いからくる言葉は角のない牡羊を出すようなもの[とりとめがない])」ⓒ論語・子罕「雖欲從之、末由也已=之に従はんと欲すと雖も、由(よし)末(な)きのみ(それに従いたいとは思うが、方法がない)」

【油】 8(水・5)　常　常用音訓　ユ　あぶら

語音 *d̥iog(上古)　yiəu(中古→呉ユ・漢イウ〈=ユウ〉)　yóu(中)　유(韓)

語源 [コアイメージ] 通り抜けて出る・スムーズに通る。[実現される意味] 液状のあぶらⓐ。[英]oil

〔解説〕日本語の「あぶら」は植物性と動物性の総称であるが、漢語では形状で区別して、おおむね流体のものを油、または膏、固体のものを脂という。

字源 「由ュ(音・イメージ記号)+水(限定符号)」を合わせた字。「由」は「通り抜けて出る」というイメージがあり、「スムーズに通る」というイメージに展開する(⇩由)。「油」はするすると滑らかで通りのよい液体を暗示させる。この意匠によって、液状のあぶらを表象する。

語義 [展開] あぶらの意味ⓐから、するすると滑って通りがよい意味ⓑを派生する。[英]oil; smooth [熟語] ⓐ油脂・肝油・ⓑ油然・油油

文献 ⓐ傷寒論・弁脈法(後漢・張仲景撰)「身汗如油=身汗して油の如し(体に油のような汗が出る)」ⓑ孟子・梁恵王上「天油然作雲=天、油然(ユウゼン)として雲作(おこ)る(空に雲がもくもくとわき起こる)」

【柚】 9(木・5) 人 ― 音ユ・ユウ 訓ゆず

語音 *diog(上古) yiau(中古→呉ユ・漢イウ〈=ユウ〉) yòu(中) 유(韓)

語源 [コアイメージ] スムーズに通る。[実現される意味] ブンタンⓐ。[英]shaddock

字源 「由ュ(音・イメージ記号)+木(限定符号)」を合わせた字。「由」は「スムーズに通る」というイメージから、「液体が滑らかに通る」というイメージに展開し、油の語が生まれる(⇩油)。この語源を利用して、「柚」は果肉に油腺が密生して汁の多い木であるブンタンを表す。

語義 [展開] ミカン科のブンタンの意味ⓐ。別名はザボン。日本では誤解してミカン科のユズの意味ⓑに当てる。酸味が強く、芳香がある。漢名は香橙。[英]shaddock; yuzu

文献 ⓐ韓非子・外儲説左下「夫樹橘柚者、食之則甘、嗅之則香=夫れ橘・柚を樹(た)つる者は、之を食へば則ち甘く、之を嗅げば則ち香し(ミカンとブンタンを植えるのは、食うと甘く、嗅ぐと香りがよいからだ)」

【喩】 12(口・9) 常 ― 常用音訓 ユ

語音 *diug(上古) yiu(中古→呉・漢ユ) yù(中) 유(韓)

語源 [コアイメージ] 中身を抜き取ってよそに移す。[実現される意味] 理解する(さとる)ⓐ。[英]understand

[解説] 和訓の「たとえる(たとふ)」は「甲を直接的には説明しがたい場合に、別のものではあるが性質・状態などに共通点を持つ乙を提示し、甲と対比させることによって、甲の性質・状態などを知らせる意」という(大野①)。これは漢語の喩のⓑに当たる。常用漢字表では例に「たとえる」の訓があるが、例に右のような意味はない。例では「たとえば」のみを残し、喩に「たとえる」の訓を採るべきである。英語のmetaphorはギリシア語のmetaphorá、動詞ではmetaphérein、分析するとmeta-(ラテン語のtrans-に当たり、「向こうに」の意)+phérein(運ぶ)、すなわち「向こうに移す」の意から来ている(下宮①)。これは漢語の喩の語源と非常に似ている。

字源 「兪ュ(音・イメージ記号)+口(限定符号)」を合わせた字。「兪」は「中身を抜き取ってよそに移す」というイメージがある(⇩愉)。「喩」は疑問点を抜き取って事態がよくわかる様子を暗示させる。

語義 [展開] 理解する(さとる)が本義ⓐ。また、「Aを抜き取って別に移す」というイメージから、Aをわからせるために、それの代わりにBをもってきてわかるようにする(たとえる・たとえ)の意味ⓑを派生する。[英]understand; compare, metaphor [和訓] たとえる・たとえ・さとる [熟語] ⓑ隠喩・比喩

文献 ⓐ論語・里仁「君子喩於義、小人喩於利=君子は義に喩(さと)り、小人は利に喩る(君子は道義のことがよくわかるが、小人は利益のことがよくわかる)」ⓑ孟子・梁恵王上「請以戰喩=請ふ、戦を以て喩へん(戦争でもってたとえて説明いたしましょう)」

【愉】 12(心・9) 常 ― 常用音訓 ユ

語音 *dịug(上古)　yiu(中古→呉・漢ユ)　yú(中)　유(韓)

語源 [コアイメージ] 中身を抜き取ってよそに移す。[実現される意味] 心のしこりが取れて楽しくなる(楽しむ・楽しい)ⓐ。[英]enjoy, pleasant

〔解説〕下記のグループから演繹される兪のイメージは「抜き取る」である(藤堂②)。*dịugという語は抽*t'ıog(抜き出す)に近い。しかしただ「抜き取る」だけではなく、「いらないもの、余計なものを抜き取って、よそに移す」というのが兪のコアイメージである。このイメージの図形化は丸木舟から発想された。舟を作るために、丸太の余計な中身を抜き取って外に捨てる。このような具体的な状況設定によって右のコアイメージを生き生きと表現できる。心理的、精神的な領域では、心の中に溜まったストレスを取り除くことがある。これを愉という。中間のいらないものを抜き取ると、進行の程度は速くなる。物事の進行が急速に増す状態(いよいよ、ますます)を愈という。また、いらないものを抜き取ると、質的には純化され、優れたものになる。愈は「まさる」という意味にも展開する。愉と愈は図形的意匠が似ているが意味は異なる。

〔グループ〕喩・愉・諭・輸・癒・愈ユ(いよいよ、まさる)・偸トウ・チュウ(他人の物を抜き取る→ぬすむ[偸盗])・窬ユ(中を抜き取って穴を空ける→うがつ[穿窬])・踰ユ(中間を抜かして飛び越える[踰月])・揄ユ(本音を抜き取ってごまかす、からかう[揶揄])・楡ユ(皮を剝ぎ取って薬用の粘液物質を採る木、ニレ)・渝ユ(中身が抜けて入れ代わる、質が変わる)・瑜ユ(質の優れた玉。瑜伽ユガは音写字)・鍮チュウ(自然銅を抽出した質のよい鉱物、鍮石。現在では銅と亜鉛の合金[真鍮])・蝓ユ(殻から身を出し入れする虫、カタツムリ[螔蝓ユイ])。また、殻から身が抜け出た虫、ナメクジ[蛞蝓カツユ])

字源 「愉」が正字。「兪ユ(音・イメージ記号)+心(限定符号)」を合わせた字。「兪」の金文を分析すると、「亼+舟+丿」となる。「亼」は余にも含まれ、ある種の道具(切ったり削ったりする道具)の形。「丿」は削りくずの形。篆文では「亼+舟+巜」に変わった。「舟(イメージ記号)+亼+巜(二つ合わせて、道具で削ることを示すイメージ補助記号)」を合わせた「兪」は、木をくりぬいて丸木舟を造る情景を設定した図形。説文解字に「木を空中にして舟を為つくる」とある。したがって「兪」は「中身を抜き取ってよそに移す」というイメージを表すことができる。「愉」は心のしこりやストレスを抜き取って気分がせいせいする様子を暗示させる。

(金) 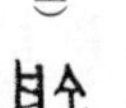　(篆)[兪]　(篆)

〔字体〕「愉」は旧字体。「兪」は書道では古くから「俞」と書かれることが多いので、「愉」はそれに倣った字体。兪に従う他の字体もこれに倣う(喩は例外)。

語義 心のしこりが取れて楽しくなる意味ⓐ。[和訓]たのしい・たのしむ　[熟語]ⓐ愉悦・愉快

文献 ⓐ詩経・山有枢「宛其死矣、他人是愉＝宛エンとして其れ死なば、他人是れ愉たのしまん(何もしないで死んじまったら、他人がお前の代わりに楽しむぜ)」

【諭】16(言・9)　常　(常用音訓)ユ　さとす

語音 *dịug(上古)　yiu(中古→呉・漢ユ)　yù(中)　유(韓)

語源 [コアイメージ] 中身を抜き取ってよそに移す。[実現される意味] 悟らないものを悟るように言い聞かせる(教える)ⓐ。[英]instruct

〔解説〕疑問点を抜き取ってわかるようになる(さとる)という意味では喩と諭は全くの同源である。これは自主的行為であるが、わからない者に対して誰かが教えて、わかるようにさせる(教えさとす)行為をいうこともある。この場合、前者は喩、後者は諭と書いて区別する。日本語の「さとす」はサトル(悟)・サトシ(聡)と同根で、「神仏が啓示・警告して、その人の本当に知らねばならぬことを気づかせる」意味という(大野①)。

漢語の論はこれとは少しイメージが違う。

字源 「兪ユ(音・イメージ記号)+言(限定符号)」を合わせた字。「兪」は「中身を抜き取ってよそに移す」というイメージがある(⇩愉)。「論」は心の不明な点を取り除いてよくわかるように教える様子を暗示させる。

語義 [展開] わからないことをわかるように教える意味ⓐから、上の者(皇帝・為政者など)が下の者(人民)に告げる、また、その言葉の意味ⓑに展開する。過ち・非行などをしないように忠告・警告する(戒める、さとす)意味ⓒは日本的用法。[英]instruct; proclaim, imperial edict; admonish [熟語] ⓐ教諭・説諭・ⓑ諭告・勅諭

文献 ⓐ荀子・儒効「教晦開導成王使諭於道=成王を教晦開導して道を諭らしむ(成王を教え導いて道をさとらせた)」

【輸】 16(車・9) 常 常用音訓 ユ

語音 *thiug(上古) ʃıu(中古→呉ス・漢シュ・[慣]ユ) shū(中) 수(韓)

語源 [コアイメージ] 中身を抜き取ってよそに移す。[実現される意味] 物をA地点からB地点に運ぶⓐ。[英]tranport

[解説] 古典に「輸ユシは写なり」の訓がある。A点からB点に中身を移す意味で写に近い。兪にコアイメージの源泉があり、「中身を抜き取ってよそに移す」が輸のコアイメージ。英語のtransportはラテン語のtransportare、trans-(越えて、向こう側へ)+portare(運ぶ)が語源で、「人や物をある場所から他の場所へ運ぶ」の意という(小島①)。これは漢語の輸に対応する。

字源 「兪ユ(音・イメージ記号)+車(限定符号)」を合わせた字。「兪」は「中身を抜き取ってよそに移す」というイメージがある(⇩愉)。「輸」はAの所にある物をごっそりと抜き取ってBの所に移す様子を暗示させる。

語義 [展開] 物をA地点からB地点に運ぶ意味ⓐ。AからBに中身が移ることから、賭け事で掛け金をごっそり取られる→負けるという意味ⓑを派生する。[英]tranport; lose [和訓] うつす [熟語] ⓐ輸送・運輸・ⓑ輸贏シュエイ

文献 ⓐ韓非子・十過「輸之於宮、以為食器=之を宮に輸ウツして、以て食器を為ツクる(これ[山の木]を宮殿に運んで、食器を作る)」

【癒】 18(疒・13) 常 常用音訓 ユ いえる・いやす

語音 *diug(上古) yiu(中古→呉・漢ユ) yù(中) 유(韓)

語源 [コアイメージ] 中身を抜き取ってよそに移す。[実現される意味] 病気が治る・治す(いえる・いやす)ⓐ。[英]heal, recover, cure

[解説] 日本語の「いやす」は病気や傷を回復させる(治す)意で、どのように治すのかはっきりしないが、漢語の治病を意味する言葉には二通りある。病原を外に移す(排出・抑止させる)という捉え方と、体調を調整するという捉え方である。前者に当たるのは癒・療・医、後者には治がある。これは古代中国の二つの病気観、すなわち存在論的病気観(病気を固体的な存在物と見る)と生理学的病気観(病気を体液などの不調和と見る)に対応したものである。

字源 「瘉」が本字。「兪エ(音・イメージ記号)+疒(限定符号)」を合わせた字。「兪」は「中身を抜き取ってよそに移す」というイメージがある(⇩愉)。「瘉」は病根を抜き取る様子を暗示させる。説文解字に「瘉は瘳いゆるなり」とある。のち字体が「愈ユ(音・イメージ記号)+疒(限定符号)」を合わせた「癒」に変わった。これは広雅・釈詁に初出。「愈ユ(音・イメージ記号)+心(限定符号)を合わせた「愈」は、心のしこりが取れて気分がよくなる様子を暗示させる。図形的意匠は愉と同じであるが、「愈」は病気が治って気分がよくなることを表す。しかし愈には別の意味が生じた。中間を抜かして一気に飛び越える→程度が速く進むさま(いよいよ、ますます)という意味、また、いらないものを抜き取って、質がいいものに変わる→勝るという意味である。そのため新たに「癒」が

作られ、意味領域を明確にした。そのあと「癒」も生まれたが、古典ではめったに使われず主として愈や瘉が使われる（現代中国では愈を使う）。

語義 病気が治る意味ⓐ。［熟語］ⓐ治癒・平癒

文献 ⓐ漢書・高帝紀「漢王疾瘉＝漢王、疾瘉ぃ［＝癒］ゆ（漢王［劉邦］は病気が治った）」

ゆい

【唯】11(口・8)　常　常用音訓 ユイ・イ

語音 *diuər(上古)　yiui(中古→呉ユイ・漢イ)　wéi・wěi(中)　유(韓)

語源 ［コアイメージ］一点に重みをかける。［実現される意味］ただそれだけ（ただ）ⓐ。［英］only

〔解説〕「ただ」という助詞や、ハイという返事の言葉に用いられるが、これにもコアイメージがある。維・惟・推などと同源で、「一点に重みをかける」というイメージである。ある事態だけを取り上げて、専らこれだけを言及する場合に唯という。また、「上から下に重みをかける」というイメージは、視点を換えると、「横や前の方向に重みを加える」というイメージに展開し、「後ろから前に押して進める」というイメージも生じる（推進の推のイメージ）。ここから「他の言いなりに従う」→「ハイハイと相手に答える」という意味が実現される。

字源 「隹ｲｽ（音・イメージ記号）＋口（限定符号）」を合わせた字。「隹」は「上から下にずっしりと重みをかける」というイメージがあり、「一点だけに集中的に重みをかける」「一つのことに重点を置く」というイメージに展開する（⇩維・推）。「唯」はただあることだけに重きを置く様子を暗示させる。藤堂明保は隹を単なる音符としたが（藤堂②）、筆者は音・イメージ記号と見る。

語義 ［展開］ただそれだけ（ただ）の意味ⓐから、すなおな返事のことば、また、ハイハイとすなおに従うさまの意味ⓑに展開する。［英］only; yes　［和訓］ただ　［熟語］ⓐ唯一・唯識・唯心論・ⓑ唯唯諾諾

文献 ⓐ詩経・斯干「唯酒食是議、無父母詒罹＝唯ただ酒食を是れ議はかり、父母に罹うれひを詒おくる無かれ（［女の子は］ただ食事だけを心掛け、父母に心配かけぬように）」ⓑ論語・里仁「曾子曰、唯＝曾子曰く、唯ィと（曾子［孔子の弟子の名］は〝ハイ〟と返事した）」

ゆう

【又】2(又・0)　常　常用音訓 また

語音 *ɦuəg(上古)　ɦiəu(中古→呉ウ・漢イウ〈＝ユウ〉)　yòu(中)　우(韓)

語源 ［コアイメージ］㋐枠を作ってその中に物を囲う・㋑中の物を周囲からかばって助ける。［実現される意味］その上に更に加えて（また）ⓐ。［英］moreover, further, also

〔解説〕すでに甲骨文字にあり、「また」の意味のほかに、右、有、祐（たすける）、侑（すすめる）の意味で使われている。なぜ「また」の意味があるのかの理由については、藤堂明保以外誰も説明していない。氏は*ɦuəgという語は「かばう・かこう」が基本義で、外側に輪をかける→外側に輪をかけてつけ加える→またその上にという意味が生じたという（藤堂①）。又は右手の機能から発生した言葉であり、文字である。右手は多くは利き手であり、物を取る際、右手で囲うようにして取るし、また、腕を回して物を抱えたりする。このような右手の働きから、*ɦuəgという語は「枠を作ってその中に物を囲う」「中の物を周囲からかばって助ける」というコアイメージをもつ。「枠を作ってその中に物を囲う」というコアイメージから、ある物の上に枠をかぶせて加える→その上にもう一つ加えてという意味が実現される。日本語の「また」は「同じ状

態や行為がふたたび現れる様子について、もう一度の意」で、「それとは別に（ある行為・状態のほかにもう一つ別に存在することを認めたときに用いる）」はその転義という（大野②）。

〔グループ〕又・友・右・有

字源 右手を描いた図形。右の原字。

（甲）　（金）　（篆）

語義 **[展開]** Aという事態（物事）の上にさらに別のBが加わっての意味ⓐから、同じような事態がもう一度、再びの意味ⓑに展開する。[英]moreover, further, also; again

文献 ⓐ詩経・破斧「既破我斧、又缺我斨＝既に我が斧を破り、又我が斨（ショウ）を欠く（我が軍は斧がこわれた上に、またちょうなの刃も欠けた）」ⓑ詩経・緇衣「敝予又改造兮＝敝（やぶ）れなば予（われ）又改めて造らん（衣が破れたら、私が再び造りましょう）」

【友】4（又・2）　常　｜　常用音訓 ユウ　とも

語音 *ɦuəg（上古）　ɦɪəu（中古→呉ウ・漢イウ〈＝ユウ〉）　yǒu（中）　우（韓）

語源 **[コアイメージ]** かばって助ける。**[実現される意味]** ともⓐ。[英]friend

〔解説〕荀子・大略篇に「友なる者は相有する所以なり」、釈名・釈言語に「友は有なり。相保有するなり」とあり、古くから友と有の同源意識があったらしい。守り（かばい合って）助けるというイメージでは友・有・祐は同源である。イメージの源泉は又にある。これは右手の機能から発生するイメージで、*ɦuəgという語は「中の物を周囲からかばって助ける」というコアイメージをもつ。これが友の深層構造である。日本語の「とも」は「（主となるものに）そば近く寄り添って従うもの」が本義で、仲間はその転義という（大野①）。漢語の友と意味（使い方）は同じだが、根源のイメージは異なる。

字源 「又（右手の形）」を二つ並べた図形。「又（*ɦuəg）」は「かばって助ける」というイメージをもつ音・イメージ記号を兼ねる。

（甲）　（金）　（篆）

語義 **[展開]** ともだちの意味ⓐから、仲良くする、親しみ合う意味ⓑに展開する。[英]friend; make friends with, get along with **[熟語]** ⓐ友人・親友・ⓑ友誼・友好

文献 ⓐ詩経・匏有苦葉「卬須我友＝卬（われ）は我が友を須（ま）つ（私は友を待っている）」ⓑ詩経・関雎「琴瑟友之＝琴瑟もて之を友とせん（琴を奏でむつみ合おう）」

【尤】4（尢・1）　人　｜　音ユウ　訓とが・もっとも

語音 *ɦuəg（上古）　ɦɪəu（中古→呉ウ・漢イウ〈＝ユウ〉）　yóu（中）　우（韓）

語源 **[コアイメージ]** 特定の場所に出現する。**[実現される意味]** 災い・罪過（とが）ⓐ。[英]fault, guilt

〔解説〕「その場にあるべきでないものが予期せずに出現する」というのがこの語のコアイメージである。藤堂明保は尤と有を同源と見て、「起こる・生じる」という基本義があるとした（藤堂①）。期待されない事物や出来事は災害のような異物でもある。したがって、あるべきでない（予期せぬ）災いを*ɦuəgという。この語の図形化は手にできる異物（いぼのようなできもの）から発想された。

〔グループ〕尤・就・疣（ユ）（＝肬。いぼ[疣贅]）・蚘（カイ）（＝蛕・蛔。体内に発生する寄生虫、カイチュウ）・訧（ユ）（言い誤り、言葉のしくじり）

字源 「又（手の形）＋一」を合わせて、手にできものが生じる情景を設

定した図形。字源については諸説があるが、疣(いぼ)の原字とする説(藤堂明保・孔広居・朱芳圃)が妥当である。

(甲)  (金) (篆)

語義 [展開] 予期せぬできごとが出現するというイメージから、災いや失敗の意味ⓐ、罪過や失敗を責める(とがめる)意味ⓑに展開する。また、特異な異物が出現するというイメージから、それだけ特に目立って(もっとも)の意味ⓒ、他よりひときわ優れている意味ⓓを派生する。[英] fault, guilt; blame; especially, most; excellent, outstanding [熟語] ⓓ尤異・尤物

文献 ⓐ詩経・四月「廢爲殘賊、莫知其尤=廃れて残賊を為し、其の尤を知るもの莫(な)し(世は廃れて殺し合い、自分のとがを知ろうともしない)」ⓑ詩経・載馳「許人尤之=許人之を尤(とが)む(許の人は私のしたことを責め立てる)」

【有】 6(肉・2) 常 | 常用音訓 ユウ・ウ ある

語音 *ɦiuəg(上古) ɦiəu(中古→呉ウ・漢イウ〈=ユウ〉) yǒu(中) 유(韓)

語源 [コアイメージ] ㋐枠の中に囲う・㋑予期せぬものが出現する。[実現される意味] 枠を囲ってしまいこむ(たもつ)ⓐ。[英]have

〔解説〕藤堂明保は有を二つの単語家族に分類する。一つは又のグループや、或のグループなどと同源で、「かばう・かこう」という基本義をもつもの、もう一つは尤と同源で、「起こる・生じる」という基本義をもつ単語家族である(藤堂①)。これらは一つのイメージに概括できないか。実は二つともコアイメージの源泉は又にあり、「枠を作ってその中に物を囲う」というイメージに概括できる。囲った枠の中に物を囲い込むのが保有・所有などの有の意味であるが、一方、ある枠(空間)を主体として見ると、その中におのずから物が囲い込まれた形で存在するという意味が生まれる。また、後者の事態を時間の流れにおいて見ると、気づかないうちに(予期せぬうちに)ある枠の中に物が現れて存在するようになるという意味に展開する。以上、有には所有、存在、現象の三つの用法がある。後の二者は文法が前者と違う。所有の場合、A(主語)+有+B(目的語)で、AがBを有すると解されるが、存在・現象の場合、A(空間・時間主語)+有+B(補足語)で、AにBが有ると解される。日本語の「ある(あり)」について大野晋は「アリは語形上、アル(生)・アラハル(現)などと関係があり、それらと共通なarという語根を持つ。arは出生・出現を意味する語根」と述べる(大野①)。日本語の「ある」は出現から存在へ展開した語のようである。英語では所有の有にはhave、存在の有にはbe、現象の有にはhappenなどが対応する。田中はhaveは「所有・経験空間に何かを持つ」がコアイメージで、所有の「…を持っている、所有する」のほかに、存在の「いる、ある」にも転義するという。またbeは「在る」がコアイメージで、「"A be B"においてBの空間の中にAが位置づけられる関係が示される」といい、存在の「在る」だけでなく、「…である」という意味もこれによって合理的に説明される(以上、田中①)。ただし漢語の有には「…である」の意味はない。またhappenは「予期せぬことが偶然起こる」がコアイメージという(田中①)。これは有のⓒに近い。「有事の際」などという場合の有とは何か予期せぬ事態がひょっこり起こる意味である。

〔グループ〕有・賄・郁・侑・宥・囿(ユ)(垣で囲った庭園[苑囿])・痏(イ)(体にできた傷)・蛕(カイ)(=蚘・蛔。体内に発生する寄生虫、カイチュウ)・鮪(イ)(冬の間穴に潜んでいて、春になると水面に姿を現すと考えられた魚、チョウザメ。「まぐろ」は国訓)

字源 「又(ユ)(音・イメージ記号)+肉(限定符号)」を合わせた字。「又」は「枠を作ってその中に囲う」というイメージがある(⇨又)。「有」は肉を

枠の中に囲う情景を設定した図形。白川静は「肉をもって神に侑すすめる意」とする。また「説文に〝宜しく有るべからざるなり〟と、春秋伝〝日月これを食するあり〟の例を引き、有とは異変ある意とするが、それは春秋の記載法の問題にすぎない」（白川①）と述べ、現象の有の用法を見落とした。〈補注〉説文解字では「又＋月（つき）」としているが、月ではなく肉とする説が妥当。したがって部首も康熙字典の月の部を肉の部（にくづき）に改める。

（金）　（篆）

語義 ［展開］ 枠の中に物を囲い込む（持つ、たもつ）意味ⓐから、ある空間に何かが存在する意味ⓑ、あるべきでない（予期せぬ）事態がひょっこり現れる（起こる、発生する）意味ⓒに展開する。［英］have(ⓐⓑ)hold, possess, own; be, exist; happen, occur ［和訓］ たもつ ［熟語］ ⓐ私有・保有・ⓑ有効・固有・ⓒ有事・未曽有

文献 ⓐ詩経・芣苢「采采芣苢、薄言有之＝芣苢イフを采り采る、薄いささか言ここに之を有もたつ（摘むよオオバコ、それ囲え腕の中へ）」ⓑ詩経・漢広「南有喬木、不可休息＝南に喬木有り、休息すべからず（南にのっぽの木があれど、木陰がなくて休めない）」ⓒ論語・学而「有朋自遠方來＝朋の遠方自ょり来る有り（友人が遠方からやってきた）」

【佑】 7(人・5) 人 音ユウ 訓たすける

語音 *ɦiuəg（上古） ɦiəu（中古→呉ウ・漢イウ〈＝ユウ〉） yòu（中） 우（韓）

語源 ［コアイメージ］ 枠を作ってその中に物を囲う・中の物を周囲からかばって助ける。［実現される意味］ かばい助けるⓐ。［英］help, protect

字源 「右ウユ（音・イメージ記号）＋人（限定符号）」を合わせた字。「右」は「枠を作ってその中に物を囲う」「中の物を周囲からかばって助ける」というイメージがある（⇩右）。「佑」は人を抱えるようにしてかばい、守り助けることを表す。

語義 かばい助ける意味ⓐ。［熟語］ ⓐ佑助・天佑

文献 ⓐ書経・泰誓「天佑下民＝天、下民を佑く（天は人民を守り助ける）」

【邑】 7(邑・0) 人 音ユウ 訓むら・くに

語音 *·iəp（上古） ·iəp（中古→呉オフ〈＝オウ〉・漢イフ〈＝ユウ〉） yì（中） 읍（韓）

語源 ［コアイメージ］ 中にふさぐ。［実現される意味］ 国都（くに）ⓐ。［英］capital, city, country

〔解説〕 藤堂明保は音・今・陰・禽・禁などと同源で、「中に入れてふさぐ」という基本義をもつとする（藤堂①）。人々を集めて住まわせ、城壁で囲った所を*·iəpという。

〔グループ〕 邑・悒ユウ（気分がふさぐ［鬱悒］）・挹ユウ（両手で囲みを作り、その枠の中に水を入れる→すくう）・浥ユウ（水分を中に閉じてふさいださま［厭浥ヨウユウ］）

字源 「卩（巴は変形。イメージ記号）＋囗（限定符号）」を合わせた字。「卩」はひざまずいた人の形。「囗」は「囗（周囲を囲う符号）」と同じ。「邑」は囲いの中に人を住まわせている情景を設定した図形。

（甲）　（金）　（篆）

語義 ［展開］ 多くの人が住む都（国都、くに）の意味ⓐから、地方の小さな町や村の意味ⓑに転じた。［英］capital, city, country; town, village ［熟語］ ⓐ城邑・都邑・ⓑ郷邑・領邑

文献 ⓐ詩経・文王有声「作邑于豐＝邑を豊に作る（豊の地に国都を作る）」

【酉】 7(酉・0) 人 | 音ユウ 訓とり

語音 *d̥iog(上古) yiəu(中古→呉ユ・漢イウ〈=ユウ〉) yǒu(中) 유(韓)

語源 [コアイメージ] 引き搾る・引き締まる・縮める。[実現される意味] 十二支の第十位ⓐ。[英]the tenth earthly branch

〔解説〕古代中国の序数詞の一種に十干のほかに、十二支がある。主に植物の生長段階を象徴として順位がつけられた。十二支の八番目が未(植物の枝がまだ伸び切らない状態)、九番目が申(十分に伸びた状態)で、その次の十番目が*d̥iogと呼ばれ、酉と表記された。その理由について史記・律書では「酉なる者は万物の老なり。故に酉と曰ふ」、釈名・釈天では「酉は秀なり。秀なる者は物皆成るなり」と語源を説く。植物が老いた状態、あるいは成熟した状態に因むといった解釈である。酉は甲骨文字では酒の意味でも使われている。酉・酒・酋は通用したらしい(酒*tsiogの音・イメージ記号が酉*d̥iog、また猶*d̥iogの音・イメージ記号が酋*dziogである)。酒・酋は「引き搾る」「縮める・引き締める」というコアイメージをもつ。したがって酉を植物が老いて成熟した段階とする古人の解釈は妥当である。酉の次が戌(ジュツ)(十一番目、いぬ)で、これは植物を刈り取る農具の形で(歳の項参照)、植物の収穫期を象徴とした。

〔グループ〕酉・酒・醜・猶・楢・槱(ユウ)(=栖。柴を集めて燃やし、天を祭る)・輶(ユウ)(=輏。細く引き締まって軽い[輶軒])

字源 酒壺を描いた図形。

(甲)  (金)  (篆)

語義 十二支の十番目(とり)の意味ⓐ。動物の鶏に当てたのは漢代に始まる。[熟語] ⓐ辛酉

文献 ⓐ春秋・隠公2「夏五月辛酉、公會齊侯=夏五月辛酉、公、斉侯に会ふ(夏五月かのととりの日、公は斉侯と会った)」

【侑】 8(人・6) 人 | 音ユウ 訓すすめる

語音 *ɦɪuəg(上古) ɦɪəu(中古→呉ウ・漢イウ〈=ユウ〉) yòu(中) 유(韓)

語源 [コアイメージ] 枠を作って中の物を囲う。[実現される意味] 人の食事を助けて勧めるⓐ。[英]urge to eat

字源 「有(ユウ)(音・イメージ記号)+人(限定符号)」を合わせた字。「有」は「枠を作って中の物を囲う」というイメージがあり、「中の物を周囲からかばって助ける」というイメージに展開する(⇨有)。「侑」は人を助けて世話する様子を暗示させる。この意匠によって、食事の際に人のそばで介添えをして飲食をすすめることを表象する。

語義 食事を助けて勧める意味ⓐ。[熟語] ⓐ侑觴・侑食

文献 ⓐ詩経・楚茨「以為酒食、以享以祀、以妥以侑=以て酒食を為(つく)り、以て享し以て祀り、以て妥(やす)んじ以て侑む(酒食を作ってから、供物を供えて神を祭り、席に落ち着いて飲食を勧める)」

【勇】 9(力・7) 常 | 常用音訓 ユウ いさむ

語音 *d̥iuŋ(上古) yioŋ(中古→呉ユ・ユウ・漢ヨウ) yǒng(中) 용(韓)

語源 [コアイメージ] 突き通す。[実現される意味] 気力が盛んで奮い立つ(いさむ・いさましい)。[英]brave, courageous

〔解説〕釈名・釈言語に「勇は踊なり。敵に遇ひて踊躍して之を撃たんと欲するなり」と、適切に語源を説く。上から下に突くように足踏みし、その反動で上に踊り上がるのが踊である。この行為を精神面に移すと、気力がぐっと上に湧き上がるように奮い立つ意味が生まれる。湧(わき上がる)とも同源の語である。日本語の「いさむ」は「気持ちが高ぶって、元気いっぱいになる意」という(大野②)。漢語の勇とほぼ同じ。英語のcourage(勇気)はラテン語のcor(=heart)に由来するらしい(下宮①)。

勇気の源が心臓にあると考えられたからであろう。漢語では胆(胆嚢、きも)が勇気の源とされ、胆に勇気の意味がある。

字源 「勇」が正字。「甬ヨウ(音・イメージ記号)＋力(限定符号)」を合わせた字。「甬」は「(中空を)突き抜ける」「突き通る」というイメージがある(⇩通)。「勇」は地面を突き通すように踏んづけていさみ立つ様子を暗示させる。

〔字体〕「勇」は旧字体。「勇」は書道に由来する常用漢字の字体。湧もこれに倣う。

語義 [展開] いさましい意味ⓐから、思い切りがよい意味ⓑを派生する。[英]brave, courageous; decisive [熟語] ⓐ勇敢・武勇・ⓑ勇退・勇断

文献 ⓐ詩経・巧言「爾勇伊何＝爾の勇は伊これ何ぞ(お前に勇気があるものか)」

【宥】9(宀・6) 人 音ユウ 訓なだめる・ゆるす

語音 *ɦiuɡ(上古) ɦiəu(中古→呉ウ・漢イウ〈＝ユウ〉) yòu(中) 유(韓)

語源 [コアイメージ] 枠を作って中の物を囲う。[実現される意味] 大目に見てかばう(なだめる・ゆるす)ⓐ。[英]excuse, forgive, pardon

〔解説〕古典の注釈に「宥は寛なり」とある。過失や罪を大目に見ることが宥である。大目に扱えば許すことにもなる。また、罪を許すことは、結果としてかばって助けたことになるから、*ɦiuɡという語は又・右・佑・侑と同源である。訓の「なだめる(なだむ)」はナヅ(撫)・ナダラカと同根で、「(規則などを)緩やかに取り扱う。寛大に処する」意という(大野①)。

字源 「有ユウ(音・イメージ記号)＋宀(限定符号)」を合わせた字。「有」は「枠を作って中の物を囲う」というイメージがあり、「中の物を周囲からかばって助ける」というイメージに展開する(⇩有)。「宥」は中の物に覆いや枠をかぶせて、かばい守って助ける様子を暗示させる。

語義 大目に見てかばう意味ⓐ。[熟語] ⓐ宥恕・宥和

文献 ⓐ易経・解「君子以赦過宥罪＝君子は以て過を赦ゆるし、罪を宥なだむ(君子は過失ある者を許し、罪ある者を大目に見る)」

【幽】9(幺・6) 常 常用音訓 ユウ

語音 *ʔiog(上古) ʔieu(中古→呉・漢イウ〈＝ユウ〉) yōu(中) 유(韓)

語源 [コアイメージ] 小さい・かすか。[実現される意味] 色がほの暗い・かすかで見えないさまⓐ。

〔解説〕コアイメージの源泉は幺ヨウにある。藤堂明保は幺のグループ(幼など)のほか、夭のグループ(妖など)、奥のグループ、憂のグループ、また杳ヨウ(暗い)とも同源とし、「ほそい・かすか」という基本義があるとする(藤堂①)。「ほそい・かすか」というイメージは「暗い・奥深い」というイメージに展開する。

字源 「丝ユウ(音・イメージ記号)＋山(限定符号)」を合わせた字。「幺」は「糸」の上の部分で、細く小さな糸のこと(⇩幼)。これを二つ並べた「丝」は、「小さい」「わずか」「かすか」というイメージを示す記号(幾にも含まれている)。「幽」は山の中がかすかでよく見えない様子を暗示させる。この意匠によって、かすかで見えない(暗い、奥深い)ことを表象する。

(金)  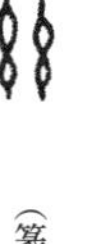 (篆) 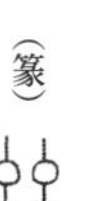 [丝] (金)   (篆) 

語義 [展開] かすか・暗い意味ⓐから、奥深い意味ⓑ、死後の世界の意味ⓒ、ひっそりとしている(人知れぬ)の意味ⓓに展開する。[英]dark, dim; deep, profound; underworld; quiet, hidden; [和訓] かすか [熟語] ⓐ幽暗・幽明・ⓑ幽玄・幽閉・ⓒ幽界・幽霊・ⓓ幽居・幽寂

文献 ⓐ詩経・隰桑「隰桑有阿、其葉有幽＝隰桑阿たる有り、其の葉幽たる有り(沢辺のクワはしなだれて、葉はほの暗く生い茂る)」ⓑ詩経・斯干「幽幽南山＝幽幽たる南山(奥深い南の山)」

【祐】9(示・5)　人　｜音 ユウ　訓 たすける
〔祐〕10(示・5)　人　｜音 ユウ　訓 たすける

語音 *ɦiuəg(上古)　ɦiəu(中古→呉ウ・漢イウ〈＝ユウ〉)　yòu(中)　우(韓)

語源 [コアイメージ] ㋐枠を作ってその中に物を囲う・㋑中の物を周囲からかばって助ける。[実現される意味] かばい助けるⓐ。[英]help, protect

字源 「祐」が正字。「右(音・イメージ記号)＋示(限定符号)」を合わせた字。「右」は「枠を作ってその中に物を囲う」「中の物を周囲からかばって助ける」というイメージがある(⇨右)。「祐」は神が福を下して、かばい助けることを表す。

〔字体〕「祐」は旧字体。「祐」は書道でしばしば示→ネと書かれるのに倣った字体。

語義 かばい助ける意味ⓐ。[熟語] ⓐ祐助・神祐

文献 ⓐ易経・大有「自天祐之＝天自り之を祐く(天が助けてくれる)」

【悠】11(心・7)　常　｜常用音訓 ユウ

語音 *diog(上古)　yiəu(中古→呉・漢イウ〈＝ユウ〉)　yōu(中)　유(韓)

語源 [コアイメージ] 細くて長い。[実現される意味] 物思いが長く続いて絶えないⓐ。[英]long-brooding

字源 「攸(音・イメージ記号)＋心(限定符号)」を合わせた字。「攸」は「細くて長い」というイメージがある(⇨修)。「悠」は、思いがいつまでも長く続く様子を暗示させる。

語義 [展開] 心理的イメージは時間的イメージに、また空間的イメージにも転化する。物思いが続いて絶えない意味ⓐから、時間・空間がいつまでも(どこまでも)長く続く意味ⓑ、のんびりしている(ゆったりしている)意味ⓒに展開する。[英]long-brooding; everlasting, long-drawn-out; unhurried, leisurely [和訓] はるか [熟語] ⓐ悠悠・ⓑ悠遠・悠久・ⓒ悠然・悠長

文献 ⓐ詩経・関雎「悠哉悠哉、輾転反側＝悠なる哉悠なる哉、輾転反側す(はるかはるかな我が思い、寝返り打ちてもだえつつ)」ⓑ詩経・黍離「悠悠蒼天＝悠悠たる蒼天よ(はるかに遠い青空よ)」

【郵】11(邑・8)　常　｜常用音訓 ユウ

語音 *ɦiuəg(上古)　ɦiəu(中古→呉ウ・漢イウ〈＝ユウ〉)　yóu(中)　우(韓)

語源 [コアイメージ] 次々に伝える。[実現される意味] 文書などを伝えて送る中継所(宿場・駅)ⓐ。[英]post station

〔解説〕下記の文献にも見えるように、古くから郵便が制度化されていたらしい。説文解字に「郵は境上、書を行らす舎なり(国境の方へ文書を送る建物)」とあり、中継所を郵といった。特に馬による場合を置または駅、歩行による場合を郵という。郵はもとは飛脚便のことであった。英語のpostは宿場→早馬・飛脚→郵便の意味になったという(田中①)。これは漢語の郵とほぼ同じ。またmailは袋が原義で、ここから郵便物→郵便の意味になったという(小島①)。

字源 「垂(イメージ記号)＋邑(限定符号)」を合わせた字。「垂」は「上から下に垂れ下がる」というイメージがある。視点を上下(垂直)の軸から横(水平)の軸に変えると、「中央から地方へ下る」というイメージに展開する。「垂」には中央から段々と下がっていく末端の土地(遠い辺境)と

いう意味がある(⇩垂)。「郵」は中央から地方に通信を次々に下していくための中継の村(宿場)を暗示させる。

(篆)

語義 [展開] 文書を伝送する中継所の意味ⓐから、文書を伝送する意味ⓑに展開する。また、文書を運ぶ人(飛脚)の意味ⓒ、通信の制度の意味ⓓを派生する。[英]post station; post(ⓑⓓ), mail(ⓑⓓ); postman, mailman; postal service [熟語] ⓐ郵駅・郵亭・ⓓ郵送・郵便

文献 ⓑ孟子・公孫丑上「德之流行、速於置郵而傳命＝徳の流行するは、置郵して命を伝ふるよりも速し(徳が伝わるのは、飛脚で伝令を伝えるよりも速い)」

【湧】 12(水・9) 常 常用音訓 ユウ わく

語音 *diuŋ(上古) yioŋ(中古→呉ユウ・漢ヨウ) yǒng(中) 용(韓)

語源 [コアイメージ] 突き通す。[実現される意味] 水などが中を突き通って勢いよく上に出る(わく)ⓐ。[英]gush

[解説] 日本語の「わく」は「熱せられて、金属が溶解したり液体が煮え立つのが原義。そこから、内にあったものが外に向かって、噴出・発生する意」という(大野②)。前者の意味は漢語の沸、後者が湧に当たる。

字源 「涌」が本字。「甬(ヨウ)(音・イメージ記号)+水(限定符号)」を合わせた字。「甬」は「突き通す」というイメージがある(⇩通)。「涌」は水が下から上に突き通ってわき上がる様子を暗示させる。のち字体は「湧」に変わったが、「勇」も「突き通す」というイメージがある。

[字体] 「涌」は異体字。

語義 水がわく意味ⓐ。[熟語] ⓐ湧水・湧泉

文献 ⓐ荘子・盗跖「且跖之爲人也、心如涌泉＝且つ跖の人と為(ナ)りや、心は涌[＝湧]泉の如し(しかも盗跖の人柄は湧き出る泉のように奔放だ)」

【猶】 12(犬・9) 常 常用音訓 ユウ

語音 *diog(上古) yiəu(中古→呉ユ・漢イウ〈＝ユウ〉) yóu(中) 유(韓)

語源 [コアイメージ] 引き締まる・細長く延びる。[実現される意味] テナガザルⓐ。[英]gibbon

[解説] テナガザルと猶予(ためらう)という意味がある。二つには何の関係があるのか。古人は猶という獣は疑い深いので、物事を決めかねることを猶予というと考えたが、これは俗説。語の深層構造を捉えれば正しく理解できる。*diogは「細長く延びる」というコアイメージをもつ語である。テナガザルは手の長い特徴を捉えて*diogと命名され、猶と表記された(後世では猿(エン)という)。一方、「細長く延びる」というイメージは「間延びする」というイメージに展開し、物事を間延びさせてやろうとしない(ぐずぐずする)という意味が生まれた。これを*diog-diagと二音節語にして、猶豫(＝猶予)と表記した。

[グループ] 猶・楢・酋(シュウ)(酒を造る職人の頭、杜氏。また、氏族の長[酋長])・遒(シュウ)(引き締まって強い[遒勁])・猷(ユウ)(考えをしぼり出す→はかる・はかりごと[聖猷])・蕕(ユウ)(花のしべが細長く延び出る臭草、カリガネソウ[薫蕕])・蝤(シュウ)(細長い棘が延び出ている甲殻類、ガザミ[蝤蛑(シュウボウ)]。また、体が搾ったように細長い虫、テッポウムシ[蝤蠐(シュウセイ)])・鰌(シュウ)(体形が引き締まって細い魚、ドジョウ[泥鰌])

字源 「猶」が正字。「酋(シュウ)(音・イメージ記号)+犬(限定符号)」を合わせた字。「酋」は「八(分かれ出る符号)+酉(酒壺)」を合わせて、酒壺から酒の香りが発散する様子を暗示させ、酒を搾る場面を設定した図形。「酋」は「搾る」→「縮める・引き締める」→「細長く延びる」とイメージが展開する。「猶」は手の細長く延びたサル(テナガザル)を表す。

(篆) [酋] (篆)

[字体] 「猶」は旧字体。「猶」は書道で行われた字体。現代中国の簡体

字は「犹」。

語義 [展開] テナガザルが本義ⓐ。「細長く延びる」というコアイメージから、間延びしてぐずぐずする(ためらう)という意味ⓑのほかに、「AはBだ」と断定せず、余裕を持たせて、「AはどうやらBに似ている」と認定する用法(漢文では「なお～(の)ごとし」と訓読する)ⓒや、「どうやらまだ～である」と判断する副詞的用法(「なお」と読む)ⓓが生まれた。[英]gibbon; hesitate; just as; still, yet [和訓] なお [熟語] ⓑ猶予・ⓒ猶子

文献 ⓑ老子・十五章「豫兮若冬渉川、猶兮若畏四鄰＝予として冬川を渉るが若く、猶として四鄰を畏るるが若し([道の体得者は]冬に川を渡るように、辺りをはばかるようにためらって行動する)」ⓒ論語・先進「過猶不及＝過ぎたるは猶及ばざるがごとし(過ぎたのも足りないのも似たようなものだ)」ⓓ詩経・氓「士之耽兮、猶可説兮＝士の耽るは、猶説くべし(男が色に深入りするのは、まだ抜け出せる)」

【裕】12(衣・7) 常 ｜ 常用音訓 ユウ

語音 *g̊iug(上古) yiu(中古→㊒ユ・㊗ユウ) yù(中) 유(韓)

語源 [コアイメージ] ゆったりと受け入れる。[実現される意味] 受け入れる余地がたっぷりある(せせこましくなくゆとりがある)ⓐ。[英]spacious

字源 「谷(音・イメージ記号)＋衣(限定符号)」を合わせた字。「谷」は「穴、くぼみ」というイメージから、「ゆったりと受け入れる」というイメージに展開する(⇩谷)。「裕」は着物が広くてゆったりしている様子を暗示させる。この意匠によって、空間に受け入れるゆとりがたっぷりあることを表象する。

語義 [展開] 受け入れる余地がたっぷりある(ゆったりしている)意味ⓐから、物がたっぷりあって(ゆとりがあって)困らない意味ⓑに展開する。[英] spacious, be room for; abundant, plentiful [和訓] ゆたか [熟語] ⓐ寛裕・余裕・ⓑ裕福・富裕

文献 ⓐ詩経・角弓「此令兄弟、綽綽有裕＝此の令き兄弟、綽綽(シャクシャク)として裕有り(仲のよい兄弟たちは、心がゆったりとゆとりあり)」

【遊】12(辵・9) 常 ｜ 常用音訓 ユウ・ユ あそぶ

語音 *diog(上古) yiəu(中古→㊒ユ・㊗イウ〈＝ユウ〉) yóu(中) 유(韓)

語源 [コアイメージ] あっちこっちに動いて一所にじっとしない。[実現される意味] 楽しみを求めて外に出ていくⓐ。[英]go out for pleasure

〔解説〕藤堂明保は悠・揺・濤などと同源で、「ゆらゆら・ゆらぐ」という基本義があるとする(藤堂①)。このイメージは「同じ所にとどまらず、一定しない」というイメージにつながる。猶予(ぐずぐずする)の猶とも近い。したがって*diogという語は「あっちこっちに動いて一所にじっとしない」というイメージに概括できる。何かの目的で、場所を定めずに、あっちこっちに動き回っていくことが遊である。日本語の「あそぶ」は「日常的な生活から別の世界に身心を解放し、その中で熱中もしくは陶酔すること」という(大野①)。日本語の「あそぶ」は漢語の遊とイメージが異なる。英語も遊にぴったり当たる語がないようである。遊のコアにあるのは「同じ所にとどまらないで動き回る」というイメージである。遊牧・遊星・遊弋など「あそぶ」では解釈がつかないが、遊のコアイメージを捉えれば意味がスムーズにわかる。

〔グループ〕遊・游(水上に浮かんであっちこっちに移動する→およぐ[游泳])・蝣(ゆらゆらと浮いて見える虫、カゲロウ[蜉蝣])

字源 「斿(音・イメージ記号)＋辵(限定符号)」を合わせた字(古文の字体。篆文では游)。「㫃」は旗の吹き流しの形。「子」はよちよち歩きの子どもの形。どちらに焦点を置くかによって二通りの意匠を捉えることができ

る。「子(イメージ記号)＋㫃(限定符号)」と解析すれば、ゆらゆらと揺れ動く旗の吹き流しを暗示させる図形。また、「㫃(イメージ記号)＋子(限定符号)」と解析すれば、子どもがあっちこっちに動き回る情景を設定した図形。前者は旗の吹き流しを意味する*liogを表記する。後世の旒(リュウ)と同じ。後者の意匠を用いて「遊」が生まれた。「遊」は決まった場所にいないであっちこっちに動くことを表象する。

(甲) (金) [斿] (古) (篆)

語義 [展開]「あっちこっちに動いて一所にじっとしない」というイメージから、楽しみを求めて外に出ていく意味ⓐ、のんびりと楽しむ(楽しみにふける)意味ⓑ、何かをするために住まいを離れてよその土地に行く意味ⓒ、定職がなく(または、仕事をしないで)ぶらぶらする意味ⓓ、行ったり来たりして付き合う意味ⓔに展開する。また、コアイメージがそのまま実現され、定位置につかずあちこちに移動する意味ⓕ。[英]go out for pleasure; amuse, enjoy, play; travel; idle, loaf; associate with; go from place to place, wander [和訓] すさぶ [熟語] ⓐ遊覧・漫遊・ⓑ遊楽・豪遊・ⓒ遊学・外遊・ⓓ遊侠・遊民・ⓔ交遊・ⓕ遊牧・回遊

文献 ⓐ詩経・泉水「駕言出遊、以寫我憂＝駕して言(ここ)に出でて遊び、以て我が憂ひを写(のぞ)かん(車に乗って野に遊び、心の憂さを晴らしたい)」ⓒ論語・里仁「父母在、不遠遊＝父母在(いま)せば、遠く遊ばず(両親が健在の時は、遠い所に出かけない)」

【釉】 12(釆・5) 人 音 ユウ 訓 うわぐすり

語音 iəu(宋イウ〈＝ユウ〉) yòu(中) 유(韓)

語源 [コアイメージ] 通り抜けて出る・スムーズに通る。[実現される意味] 陶磁器の表面に塗り、焼いて光沢を出すガラス質の溶液(うわぐすり)ⓐ。[英]glaze

字源 「由(ユ)(音・イメージ記号)＋釆(イメージ補助記号)」を合わせた字。「由」は「通り抜けて出る」「スムーズに通る」というイメージがあり、油の意味を実現させることがある(⇩油)。「釆」は「(薄いものが)平らに広がる」というイメージがある(⇩番)。「釉」は陶磁器の表面に薄く塗り、油のようにつやつやにするものを暗示させる。

語義 うわぐすりの意味ⓐ。[熟語] ⓐ釉薬

【雄】 12(隹・4) 常 常用音訓 ユウ お・おす

語音 *fiuəŋ(上古) fiuŋ(中古→呉ウ・ユ・漢ユウ) xióng(中) 웅(韓)

語源 [コアイメージ] 大きく張り広げる。[実現される意味] 鳥(また生物)のおすⓐ。[英]male

[解説] 生物のおすを表す漢語に雄と牡がある。「突き進む」「おかす」というイメージから牡が生まれた。これは主として獣のおす。では雄はどんなイメージか。厷(コウ)にコアイメージの源泉がある。手のひじを*kuəŋといい、厷(＝肱)と表記する。ひじは∠の形に張った姿を呈する。藤堂明保は厷のグループは弓と同源で、「外枠を張る」という基本義をもつとし、「肩の枠を広く張って威勢を示す」鳥が雄だという(藤堂①)。古代人の鳥の雌雄の見分け方については、爾雅・釈鳥に「鳥の雌雄の別つべからざる者は、翼右を以て左を掩ふは雄、左、右を掩ふは雌」とある。羽の畳み方が雌雄で違うということらしい。語の造形法(成り立ち)も翼の形態から雄と雌の違いが表象されたと考えられる。ある種の鳥は愛のディスプレーをする際、雄が派手に翼を広げる。こんな習性を捉えて「大きく張り広げる」というイメージによって鳥のおすが雄と命名された。日本語の「お(を)」は生物のおすの意味。漢語は獣のおすを牡、鳥のおすを雄といったが、後世では混用される。

[グループ] 雄・強・弘・宏・紘・肱(コウ)(ひじ[股肱])・泓(オウ)(水が広く深いさま[泓泓])・浤(コウ)(水が勢いよく広がるさま)・竑(コウ)(広く大きい)・閎(コウ)(外枠が大きく、

中が広く開いている〔閎達〕）

字源 「厷(ウコ)（音・イメージ記号）＋隹（限定符号）」を合わせた字。「ム」は∠の形に肘を張る様子を示し、肱（ひじ）の原字。「ム(ウコ)（音・イメージ記号）＋又（限定符号）」を合わせた「厷」は、「（ひじを）いっぱいに張り広げる」というイメージを示す記号になる。したがって「雄」は鳥が翼を大きく張り広げる様子を暗示させる。

（古）［ム］（篆）［厷］（篆）

語義 [展開] 鳥のおすの意味から、一般に生物のおすの意味ⓐ。ここから、勇ましく強い（雄々しい、威勢がよい）意味ⓑ、また、強く優れたものの意味ⓒを派生する。［英］male; gallant; powerful person or state [熟語] ⓐ雄蘂・雌雄・ⓑ雄大・雄弁・ⓒ英雄・群雄

文献 ⓐ詩経・雄雉「雄雉于飛＝雄雉于(ここ)に飛ぶ（おすのキジが飛んでいる）」ⓑ墨子・修身「雄而不脩者、其後必惰＝雄にして脩めざる者、其の後必ず惰なり（雄々しくても身を修めなければ、将来必ず惰弱になる）」

【楢】13（木・9）

人 ｜ ㊟ユウ ㊟なら

語音 *diog（上古） yiəu（中古→㊐ユ・㊟イウ〈＝ユウ〉） yóu（中） 유（韓）

語源 [コアイメージ] 引き締まる。[実現される意味] ニレⓐ。［英］Japanese elm

字源 「酋(シュウ)（音・イメージ記号）＋木（限定符号）」を合わせた字。「酋」は「引き締まる」というイメージがある（⇩酉・猶）。「楢」は材質が引き締まって粘り強い木を暗示させる。下記の山海経の楢を郭郛はハルニレに同定した（山海経注疏）。

語義 [展開] ニレ科の木、ハルニレの意味ⓐ。日本では「なら」の意味ⓑに当てる。ブナ科のナラ類、特にコナラを指す。漢名は枹(ウホ)。［英］Japanese elm; konara oak

文献 ⓐ山海経・中山経「岷山…其木多楢杻＝岷山…其の木は楢・杻多し（岷山の木にはハルニレとモチノキが多い）」

【熊】14（火・10）

常 ｜ 常用音訓 くま

語音 *ɦiuŋ（上古） ɦiuŋ（中古→㊐ユ・㊟ユウ） xióng（中） 웅（韓）

語源 [コアイメージ] 勇ましく強い。[実現される意味] クマⓐ。［英］bear

字源 「火（イメージ記号）＋能（限定符号）」を合わせた字。「能」はクマを描いた図形（⇩能）。「熊」は火のように勢いがあり、強い力を持つ動物、クマを表す。*ɦioŋという語は雄（勇ましく強い）と同源。

（金） （篆）

語義 [展開] クマの意味ⓐ。また、勇猛の喩えⓑに用いられる。［英］bear; metaphor of bravery [熟語] ⓐ熊掌・熊胆・ⓑ熊虎・熊羆(ユウヒ)

文献 ⓐ詩経・斯干「維熊維羆、男子之祥＝維(こ)れ熊維れ羆は、男子の祥（クマの夢、ヒグマの夢は、男子の生まれるしるし）」

【誘】14（言・7）

常 ｜ 常用音訓 ユウ さそう

語音 *diog（上古） yiəu（中古→㊐ユ・㊟イウ〈＝ユウ〉） yòu（中） 유（韓）

語源 [コアイメージ]（前に）抜け出る。[実現される意味] 先に立って人を前の方へ導くⓐ。［英］lead, guide, induce

〈解説〉誘と莠(ユウ)は同音である。莠はイネ科のエノコログサ（ネコジャラシ、狗尾草）で、穂が上方に（↑の形に）細く長く抜け出るような姿に着目した語である。「↑の形に抜け出る」というイメージは、視点を水平軸に換えると、「ある所から前方に（→の形に）抜け出ていく」というイメージに転化する。古典に「誘は導なり」「誘は引なり」などの訓がある。人をある所から前方へ抜け出ていくように導く（引っ張る）ことが誘である。

日本語の「いざなう(いざなふ)」は「積極的に相手に働きかけ、自分の目指す方向へと伴う意」、「さそう(さそふ)」は「相手が自然にその気持ちになるように仕向ける意」という(大野①)。漢語の誘は「いざなう」に近いが、「さそう」にも転義する。

字源 「秀(シュウ)(音・イメージ記号)＋言(限定符号)」を合わせた字。「秀」は「上に抜け出る」というイメージがあり、視点を変えると、「前に抜け出る、抜き出す」というイメージに展開する(⇨秀)。「誘」は言葉をかけて相手を前に抜け出るように仕向ける様子を暗示させる。

語義 [展開] 先に立って人を前の方へ導く意味ⓐから、何かをするように勧めて仕向ける(さそう)意味ⓑに展開する。[英]lead, guide, induce; entice, seduce, tempt, lure [和訓] いざなう [熟語] ⓐ誘導・勧誘・ⓑ誘拐・誘惑

文献 ⓐ論語・子罕「夫子循循然善誘人＝夫子は循循然として善く人を誘(いざな)ふ(先生は順序よく人を導いてくれる)」ⓑ詩経・野有死麕「有女懐春、吉士誘之＝女有り春を懐(おも)ふ、吉士之を誘(いざな)へ(春に目覚めた女がいるよ、いい男よ、彼女を誘え)」

【憂】 15(心・11) 常 常用音訓 ユウ うれえる・うれい・うい

語音 *·iog(上古) ·iəu(中古→呉ウ・漢イウ〈＝ユウ〉) yōu(中) 우(韓)

語源 [コアイメージ] (空間・時間・心理・行動が)ゆったりしている。[実現される意味] ずるずるといつまでも物思いに沈む(心配する)ⓐ。[英]worry, be anxious

〔解説〕憂(うれえる)と優(やさしい・すぐれる)は何の関係もなさそうに見えるが、同じ語源である。藤堂明保は幺のグループ(幼・幽など)、夭のグループ(妖など)、奥のグループ、憂のグループは同じ単語家族に属し、「ほそい・かすか」という基本義があるとする(藤堂①)。「細い」「か細い」というイメージは「しなやか」というイメージ、これは「伸び伸びとしている」「ゆったりしている」というイメージにつながる。*·iog という語は悠などと同源で、「(空間・時間・心理・行動が)長々と延びてゆったりしている」というイメージがある。心理状態がいつまでも長々と(ゆるゆると)物思いをしてふんぎりがつかないというイメージの語が憂である。一方、「か細い」「しなやか」は美的感覚としては「やさしい」「美しい」のイメージにつながり、後者から「美しく秀でる(すぐれる)」の意味が生まれる。これが優美の優である。日本語の「うれえる(うれふ)」は「心の苦しみを他人に打ち明け、申し立てるのが原義」で、「そうした悩み・心配を心の中に持つ意」はその転義という(大野①)。英語のworry(心配する)は絞め殺す意のゲルマン祖語から来ているらしい(下宮①)。またanxious(心配して)もラテン語のangere(強く圧迫する、首を絞める)に由来するという(小島①)。どちらも首を絞める→息が詰まり、胸が詰まるほど心配する意になった。漢語の憂は優雅の優と同源で、「ゆったりしている」がコアイメージであるが、英語は生々しい具象的イメージから発している。

〔グループ〕憂・優

字源 「㥑(ユウ)(音・イメージ記号)＋夊(限定符号)」を合わせた字。「頁」は人の頭部のことから、心が現れる顔を示す。「頁(イメージ記号)＋心(限定符号)」を合わせた「㥑」は、物思いに沈んだ表情をする様子を暗示させる。かくて「憂」は物思いに沈んだ表情で静々とすり足で歩く情景を設定した図形。この意匠によって、「(動作などが)ゆったりしている」というイメージを表すことができる。「㥑」によって「うれえる」こと、「憂」によってわざおぎ(俳優)を表象できるが、実際は憂が「うれえる」、優がわざおぎに使われる。藤堂明保は憂を「人が静々としなやかなしぐさをするさまを描いた象形文字」とする(藤堂②)。白川静は「喪に服して、頭に喪章をつけた人が哀しんで佇む姿」とする(白川②)。しかし憂は全体が象形ではなく、形声である。

(金) (篆) [㥑] (篆)

語義 [展開] 物思いに沈む(心配する)意味ⓐから、心配事・難儀の意味ⓑ、父母の喪の意味ⓒに展開する。[英]worry(ⓐⓑ), be anxious, be concerned; anxiety, suffering, hardship; mourning for a parent [熟語] ⓐ憂愁・憂慮・ⓑ深憂・内憂外患・ⓒ丁憂

文献 ⓐ詩経・載馳「我心則憂＝我が心は則ち憂ふ(私の心は物思いに沈む)」ⓑ詩経・兎爰「我生之後、逢此百憂＝我が生の後、此の百憂に逢へり(人生のこれからという時、多くの災難に出くわした)」

【融】16(虫・10) 常 ─ 常用音訓 ユウ

語音 *dioŋ(上古) yiuŋ(中古→呉ユ・漢ユウ) róng(中) 융(韓)

語源 [コアイメージ] ㋐細長い・㋑スムーズに通る。[実現される意味] 長く続いて絶えないⓐ。[英]long, everlasting

字源 「䖵(ウチュ)(音・イメージ記号)＋鬲(限定符号)」を合わせた字(籀文の字体)。「䖵」は虫のことから、「細長い」というイメージを示す記号になる(これは二次的イメージ)。「鬲」はかなえに似た蒸し器の形(⇩隔)。「融」は蒸し器で食材を蒸す時、蒸気が穴を細長く通って出ていく様子を暗示させる。この意匠によって、「細く長く通る」「スムーズに通る」というイメージを表すことができる。*dioŋという語は通・中・用などと同源。

(籀) (篆)

語義 [展開] 「細長く通る」というイメージは「スムーズに通る」というイメージに展開し、長く続いて絶えない意味ⓐ、滑らかに通っていく意味ⓑ、固体がとけて通りがよくなる(とける)意味ⓒが実現される。[英]long, everlasting, continuous; smooth; melt, thaw [和訓] とおる・とける・とかす [熟語] ⓑ融通・金融・ⓒ融解・溶融

文献 ⓐ詩経・既酔「昭明有融＝昭明融たる有り(栄光は絶えることがない)」ⓒ列子・黄帝「骨肉都融、不覺形之所倚＝骨肉都(す)べて融けて、形の倚る所を覚えず(骨と肉がみな溶けて、体がどこにあるかわからないほどだった)」

【優】17(人・15) 常 ─ 常用音訓 ユウ やさしい・すぐれる

語音 *·iog(上古) ·iəu(中古→呉ウ・漢イウ〈＝ユウ〉) yōu(中) 우(韓)

語源 [コアイメージ] しなやか・ゆったりしている。[実現される意味] 宮廷で人を楽しませる芸人ⓐ。[英]comedian

〔解説〕憂と同じく「(空間・時間・心理・行動が)長々と延びてゆったりしている」というイメージがコアをなす。しぐさがゆったりしてしなやかである人間が俳優の優である。美的感覚としては優雅なありさまという印象を与える。日本語の「やさしい(やさし)」はヤス(痩)と同根で、「身もやせ細る思いがする意」が原義で、細かく気を遣う→繊細・優美である→殊勝である→温和である意に転義する(大野①)。優美・温和の意味とだけ漢語の優と対応する。また、日本語の「すぐれる(すぐる)」はスグル(選)と同根で、「他よりも質や程度がまさる。ぬきんでる」の意味(大野①)。漢語の優は他と比較して抜きん出て良いというイメージではなく、その物の性質が優雅・上質ですばらしいというイメージである。

字源 「憂(ウユ)(音・イメージ記号)＋人(限定符号)」を合わせた字。「憂」は「しなやか」「動作がゆったりしている」「(空間・時間・心理・行動が)長々と延びてゆったりしている」などのイメージがある(⇩憂)。「優」はしなやかでゆったりしたしぐさをする人、つまりわざおぎ(芸人)を表す。

語義 [展開] 芸人が本義ⓐ。「ゆったりしている」「しなやか」というイメージから、ゆったりと余裕がある(豊か、手厚い)意味ⓑ、しなやかで美しい(やさしい)意味ⓒ、美しく秀でてすばらしい(すぐれる・まさる)意味ⓓに展開する。[英]comedian, actor, actress; ample, liberal, generous; tender, mild, gentle, elegant; surpass, excel　[和訓] まさる

[熟語] ⓐ倡優・俳優・ⓑ優遇・優待・ⓒ優雅・優美・ⓓ優秀・優良

文献 ⓐ韓非子・難三「一難也、近優而遠士＝一難や、優を近づけて士を遠ざく（第一の論難とは、俳優を近づけ、人士を遠ざけることだ）」ⓑ詩経・采薇「優哉游哉＝優なる哉、游なる哉（身も心もゆったりだ）」

ヨ

よ

【与】3(一・2)　常

常用音訓　ヨ　あたえる

〔與〕14(臼・7)　人

音ヨ　訓あたえる・ともに・と・くみする・あずかる

語音 *ɦiag(上古)　yio(中古→呉・漢ヨ)　yǔ・yù(中)　여(韓)

語源 [コアイメージ] いくつかのものがかみ合って一つになる。[実現される意味] 仲間になる(くみする)ⓐ。[英]associate with

〈解説〉王力は与と予を「あたえる」という意味で同源とするが(王力①)、二つはコアイメージが異なる。では与はどんなイメージか。藤堂明保は、与のグループ全体が、牙のグループ、五のグループ、午のグループ、印のグループ(迎・仰)、呉のグループ、また互・逆と同じ単語家族に属し、「かみ合う、×型、ㄣ型、↓↑型」という基本義をもつとした(藤堂①)。従来誰も気づかなかった明快な語源説である。*ɦiagという語のコアイメージは「いつくかのものがかみ合って一つになる」と言い換えることができる。「かみ合う」というイメージは「×の形」のほか「↑↓の形」「↗↖の形」のイメージにもなる。AとBの間に物のやり取りがある際、Aが→の方向に物を差し出すと、Bは←の方向に手を出して受け取る。ここに↑↓の形(かみ合う、交差する)がある。このようなイメージをもつ行為が漢語の与である。日本語の「あたえる(あたふ)」はアタ(当)＋アフ(合)で、「ぴったり相当するように、相手に物をやる」意という(大野①)。

〈グループ〉与・挙・誉・輿・舁ヨ(↗↖の形にかつぐ、かく)・嶼ヨシ(海中から持ち上げたように突き出た島→小島[島嶼])・旟ヨ(行軍の時に一緒に持ち上げる旗)・鱮ヨシ(一緒に群れを作る魚、ハクレン。「たなご」は国訓)・鸒ヨ(強力にかみ合うくちばしをもつ鳥、ハシブトガラス)

字源 「與」が正字。「与ヨ(音・イメージ記号)＋舁ヨ(音・イメージ記号。また、手の動作に関わる限定符号を兼ねる)」を合わせた字。「与」は牙と意匠が似ていて、二つのものがかみ合う形で、「ㄣの形にかみ合う」というイメージを表すことができる。「舁」は「臼(両手)＋廾(両手)」を合わせて四本の手(二人の手)。どちらも音・イメージ記号になりうる。「與」は手を組み合わせて仲間を作る様子を暗示させる。

(篆) [与]　(篆) [舁]

(金)　(篆)

〈字体〉「與」は旧字体。「与」は「与」の変形であろうが、由来不明。現代中国の簡体字は「与」。

語義 [展開]「いくつかのものがかみ合って一つになる」というイメージから、何人かが一緒になる(仲間を作る、同じ仲間になる、くみする)意味ⓐ、みんなそろって一緒にの意味(漢文で「ともに」と読む)ⓑ、また、A、B、Cなどを一つなぎにまとめて並列する用法(漢文で「〜と」と読む)ⓒに展開する。また、「かみ合う」というイメージは「×の形」「↑↓の形」「↗↖の形」のイメージに転化し、AとBの間で↑↓の形に物をやり取りする→あたえるという意味ⓓ、また、A×B、A↑↓Bの形に関わり

合いになる(あずかる)という意味ⓔを派生する。[英]associate with, get along with; together; and; give; take part, participate **[熟語]** ⓐ与国・与党・ⓓ授与・付与・ⓔ関与・参与

文献 ⓐ論語・先進「吾與點也＝吾は点に与《くみ》せん(私は点[人名]に味方するよ)」ⓑ詩経・丰「叔兮伯兮、駕予與行＝叔よ伯よ、駕して予《われ》与《とも》に行かん(叔さんよ、伯さんよ、車に乗って一緒に行こう)」ⓒ詩経・小星「嘒彼小星、維參與昴＝嘒《ケイ》たる彼の小星、維れ参《シン》と昴(あのきらきら星は、オリオンとスバル)」ⓓ論語・公冶長「乞諸其鄰而與之＝諸《これ》を其の鄰に乞ひて之に与ふ(これ[酢]を隣人に請い求めて彼に与えた)」ⓔ孟子・尽心上「君子有三樂、而王天下不與存終焉＝君子三楽有り、而して天下に王たるは与《あずか》り存せず(君子には三つの楽しみがあるけれども、世界の王になることはそれにあずからないのです)」

【予】 4(J・3) 常 ―― 常用音訓 ヨ

語音 (1)[予]*dịag(上古) yio(中古→呉・漢ヨ) yǔ・yú(中) 여(韓)
(2)[豫]*dịag(上古) yio(中古→呉・漢ヨ) yù(中) 예(韓)

語源 **[コアイメージ]** 横に延びる。**[実現される意味]** あたえるⓐ。[英]give

〔解説〕 予と豫は意味は異なるが、コアイメージは同じである。予は「あたえる」、豫は猶予(ぐずぐずする)や、「あらかじめ」という意味だが、ともに「横に延びる」というイメージがコアをなす。藤堂明保は予のグループを余(舎を含む)のグループ、射のグループと同源で、「緩んでのびる」を基本義とする単語家族に入れた(藤堂①)。「あたえる」という行為を表す語は予と与がある。AとBの間で物をやりとりする際、手の向きに視点を置いたのが与。これは×形や⇅形にかみ合うというイメージ。物をあたえるとき手が交差する。物に視点を置いたのが予。やり取りする際、物は横に移動していく。一方、空間的に延びることは、比喩的に時間が延びることにも転用される。時間の間隔が延びる→ぐずぐずする(猶予)、時間を間延びさせて余裕を置く(あらかじめ)という意味が生まれる。すべて*dịagという音であるが、「あたえる」の意味では予、ぐずぐずする、あらかじめの意味では豫と表記する。日本では豫を予に統合させた。

〔グループ〕 予・野・預・序・豫《ヨ》(＝予)・舒《ジョ》(のばし広げる、ゆったりする[舒緩])・抒《ジョ》(思いをのばして展開させる[抒情])・紓《ジョ》(のばして緩める)・杼《ジョ》(機織りで横糸を通していく「ひ」。また、「ひ」の形に似たドングリの生る木、クヌギ)・芧《ジョ》(根茎が横に長く延びる草、ミクリ)・魣《ヨ》(体形が「ひ」に似た魚、カマス)

字源 (1)「予」は機織りで横糸を通す舟型の道具を描いた図形。杼(ひ)の原字。この道具は縦糸の間を行ったり来たりして横糸を引き出すので、「横に延びる」「空間的(また時間的)な幅やゆとりができる」というイメージを表すことができる。(2)「豫」は「予《ヨ》(音・イメージ記号)＋象(限定符号)」を合わせた字。ゾウの歩みのようにゆったりと間延びしている様子を暗示させる。象は比喩的限定符号である。予を杼の原字としたのは謝彦華とされる(馬叙倫・説文解字六書疏証)。

(篆) [予] (篆)

〔字体〕 日本の常用漢字では「豫」を「予」に簡略化した。そのため二字が同形衝突した。中国では二字を使い分ける。

語義 **[展開]** 「横に延びる」というコアイメージから、物をこちらから相手の方へ移して渡す(あたえる)意味ⓐが実現される。また台(*dịəg)と同源で、行為の主体としての「われ」(一人称)の意味ⓑに用いられる(以上は1の場合)。また、「横に延びる」というイメージが「間延びする」というイメージに展開し、心身をのびのびとゆったりさせる(のんびり楽しむ)意味ⓒ、間延びさせてぐずぐずする意味ⓓ、また、時間のゆとり

を取っておく(前もって、あらかじめ)の意味ⓔを派生する(以上は2の場合)。[英]give; I; joy, pleased; hesitate; beforehand, previously 【和訓】あたえる・われ・あらかじめ・かねて 【熟語】ⓐ賜予・賦予・ⓑ予輩(=余輩)・ⓒ逸予・不予・ⓓ猶予・ⓔ予定・予備

【文献】ⓐ詩経・干旄「彼姝者子、何以予之=彼の姝なる子よ、何を以て之に予へん(私の好きな美しいお方、あなたに何をプレゼントしよう)」ⓑ詩経・揚之水「終鮮兄弟、維予與女=終に兄弟鮮なく、維れ予と女のみ(とうとう兄弟が少なくなって、おれとお前だけ)」ⓒ詩経・白駒「逸豫無期=逸予、期無し(気ままな楽しみ限りなし)」ⓓ老子・十五章「豫兮若冬渉川、猶兮若畏四鄰=予として冬川を渉るが若く、猶として四鄰を畏るが若し([道の体得者は]冬に川を渡るようにためらいがちに、辺りをはばかるようにためらいがちに行動する)」ⓔ荀子・大略「豫則禍不生=予なれば則ち禍生ぜず(あらかじめ備えれば禍は生じない)」

【余】 7(人・5) 常 —— 常用音訓 ヨ あまる・あます

【語音】(1)[余]*diag(上古) yio(中古→呉・漢ヨ) yú(中) 여(韓) (2)[餘]*diag(上古) yio(中古→呉・漢ヨ) yú(中) 여(韓)

【語源】[コアイメージ]㋐横に(平らに)伸ばす・伸びる・㋑ゆったりとゆとりができる。[実現される意味]われⓐ。[英]I

【解説】余と餘は全く同音でコアイメージも共通であるが、意味によって表記を変える。王力は余と予は同源で「われ」の意味があるとするが(王力①)、これは表層レベルの語源説。藤堂明保は余のグループと予のグループは「緩んでのびる」という基本義をもつとする(藤堂①)。「横に延びる」というイメージから、「空間的・時間的に間延びしてゆとりができる」というイメージに転化するのは予と同じ。必要以上にゆとりができて余分なものがはみ出ることを餘という。日本語の「あまる」はアマタ(数多)と同根で、「物事の分量や程度が一定の枠の中におさまりきらず、外にはみ出る意」という(大野①)。漢語の餘とほぼ同じ。英語の surplus はラテン語の superplus、super-(過度、超越)+plus(より多くの)に由来し、「必要以上を超えた余剰」の意という(小島①)。「はみ出る」というイメージがあるから、日本語の「あまる」、漢語の餘とほぼ対応する。

【グループ】余・除・徐・叙・斜・途・塗・荼・舎・畬(草を除き、地均しをした田)・稌(搗き均して食品にするイネの品種、粘性のあるイネ、もち米)・荼(心身をゆったりと寛げる薬効のある草、ノゲシ)・狳(いくつかの横帯の間の皮膚を伸ばしたり縮めたりして体を丸める動物、アルマジロ[犰狳])・蜍(平らにひしゃげたような体形のカエル、アジアヒキガエル[蟾蜍])・艅(ゆったりした大きな船)・賒(支払いの時期を延ばす→おぎのる)

【字源】(1)「余」の原形は「亇」の形をした本体に柄のついた道具を描いた図形。土を削る鍬のような道具と考えてよい。篆文ではそれに「八(左右に分ける符号)」を加えて「余」となった。でこぼこした土を農具で平らにかきならす情景を設定した図形。この意匠によって、「横に(平らに)伸ばす・伸びる」というイメージを表すことができる。(2)「餘」は「余(音・イメージ記号)+食(限定符号)」を合わせた字。「余」は「横に延びる」というイメージから、「空間的・時間的に間延びしてゆったりとゆとりができる」というイメージに展開する。したがって「餘」は食べ物にゆとりがある様子を暗示させる。余の字源については、木の柱で屋根を支えた舍の形(徐中舒)、把手のある細い手術刀の形(白川静)等々、諸説があるが、すきの刃の形(カールグレン)や、田を耕す刀の形(聞一多)、「スコップ型の道具で土や物を押し伸ばすさま」(藤堂①)とする説が比較的妥当である。

(甲) (金) (篆) [余] (篆)

【字体】「余」は近世中国で発生した「餘」の俗字。そのため別字であっ

た余と餘が同形衝突した。現在は日本でも中国でも餘を余に統合させている。

語義 [展開] *d̥iagという語は台・予と同源で、行為の主体としての「われ」(一人称)ⓐに用いられる(1の場合)。また、「ゆったりとゆとりができる」というイメージから、たっぷりあってはみ出る・はみ出て後に余分なものが残る(あまる、あまり)の意味ⓑ、当面のものからはみ出る・それ以外のという意味ⓒに展開する(以上は2の場合)。[英]I; surplus, remain, leave, remaider; spare, extra [和訓] われ [熟語] ⓐ余輩・ⓑ残余・剰余・ⓒ余人・余談

文献 ⓐ詩経・谷風「不念昔者、伊余來塈＝念(おも)はずや昔者(むかし)、伊(こ)れ余に来りて塈(いこ)ひしを(忘れたのか、昔あの時、私のもとで休んだこと)」ⓑ詩経・都人士「帶則有餘＝帯則ち余り有り(たっぷり余る長い帯)」

【誉】13(言・6)　常　｜　常用音訓 ヨ　ほまれ

語音 *ɡ̊iag(上古)　yio(中古→呉・漢ヨ)　yù(中)　예(韓)

語源 [コアイメージ] (手をそろえて)↗↖の形に持ち上げる。[実現される意味] 人をほめ上げるⓐ。[英]praise

〔解説〕與(＝与)にコアイメージの源泉がある。挙(上に持ち上げる)と同源の語で、人をほめることを譽という。実際に持ち上げなくても、上の方向に言葉で持ち上げるというイメージがある。日本語の「ほまれ」はホムの派生語。ホムのホは穂・秀と縁があるらしい。ホムは「他よりもぬきんでてすぐれていると、口に出してたたえる」意(大野①)という。穂は上に突き出るというイメージがあるから、漢語の譽と同じく、ホムに「上に持ち上げる」というイメージを読むこともできる。

字源 「譽」が正字。「與ヨ(音・イメージ記号)＋言(限定符号)」を合わせた字。「與」は四本の手を組み合わせることから、「手をそろえて↗↖の形に持ち上げる」というイメージに展開する(⇩与)。「譽」はみんなが声をそろえて人を持ち上げる様子を暗示させる。

〔字体〕「譽」は旧字体。「誉」は挙に倣った字体。中国の簡体字も「誉」。

語義 [展開] ほめ上げる意味ⓐから、ほめそやされること(よい評判、ほまれ)の意味ⓑに展開する。[英]praise; fame, reputation, honor, credit [和訓] ほめる [熟語] ⓐ過誉・称誉・ⓑ栄誉・名誉

文献 ⓐ論語・衛霊公「吾之於人也、誰毀誰譽＝吾の人に於けるや、誰をか毀(そし)り誰をか誉めんや(私は人に対して、誰かを非難するとか、誰かを称賛するということはない)」ⓑ詩経・蓼蕭「是以有譽處兮＝是(ここ)を以て誉れ有りて処る(かくて覚えめでたくなりました)」

【預】13(頁・4)　常　｜　常用音訓 ヨ　あずける・あずかる

語音 *d̥iag(上古)　yio(中古→呉・漢ヨ)　yù(中)　예(韓)

語源 [コアイメージ] 時間的なゆとりを取る。[実現される意味] 前もって(あらかじめ)ⓐ。[英]beforehand

〔解説〕豫(＝予)の意味の一部と、與(＝与)の意味の一部を代替させる字である。予は「空間的(また時間的)な幅やゆとりができる」というイメージがあり、時間的なゆとりを取って(あらかじめ)という意味が生まれる。これを豫・預と書く。一方、預と与は単に音が同じ(中古音はともにyio)である理由から、参与などの与を預に肩代わりさせることがある。日本では与の「あずかる(あづかる)」という訓を預にも流用させた。「あづかる」とは「他人の物事の一部に自分も加わり、関係をもつ意」、また、「他人の所有物、或いは他人と関係のある人を、その所有・人倫関係はそのままに、一時的に自分の下に引き受け、責任を持つ意」という(大野①)。前者は漢語の与に対応するが、後者は対応しない。与の訓である「あづかる」を預にも流用したため、預にあずける(保管する)の意味が生じた。これは日本だけの用法である。

字源 「予ヨ(音・イメージ記号)＋頁(限定符号)」を合わせた字。「予」は

「横に延びる」というイメージから、「空間的・時間的な幅やゆとりができる」というイメージに展開する(⇩予)。「預」は時間的なゆとりをとって人数をそなえておく様子を暗示させる。この意匠によって、豫(=予)の派生義の一つである「あらかじめゆとりを取っておく」と同じ意味を表象したもの。

語義 [展開] 前もって(あらかじめ)の意味ⓐ。また與(=与)と通用して、かかわる(参与する)という意味ⓑにも使われる。「あずける」「あずかる」(一時的に引き受ける、一時的に他人に委ねる)は日本的用法ⓒ。[英] beforehand, previously; take part, participate; check, deposit [和訓] あらかじめ [熟語] ⓐ預言・預備・ⓑ干預・参預・ⓒ預金・預託

文献 ⓐ戦国策・燕三「太子預求天下之利匕首=太子、預(あらかじ)め天下の利なる匕首を求む(太子は前もって天下に名のある鋭利なあいくちを要求した)」

【輿】17(車・10) 人 | 音 ヨ 訓 こし

語音 *giag(上古) yio(中古→呉・漢ヨ) yú(中) 여(韓)

語源 [コアイメージ] 組み合う・持ち上げる。[実現される意味] かつぎ上げる乗り物(こし)ⓐ。[英]palanquin

[解説] 釈名・釈車に「輿は挙なり」とある通り、挙(持ち上げる)と同源。根底にあるのは舁(ヨ)の「一緒に組み合う」というイメージである。日本では舁を「かく」(「駕籠をかく」の「かく」)と読む。

字源 「舁(ヨ)(音・イメージ記号)+車(限定符号)」を合わせた字。「舁」は「臼(両手)+廾(両手)」を合わせて、四本の手(二人の両手)を組み合わせる様子を示す図形。この意匠によって、持ち上げる、かつぎ上げることを表象する。「輿」は手を組み合わせて持ち上げる乗り物(こし)を表す。

語義 [展開] こしの意味ⓐから、広く、乗り物、車の意味ⓑ、比喩的に、万物をその上に載せるもの、すなわち大地の意味ⓒに展開する。また、「いくつかのものが一緒に組み合う」というイメージから、みんな一緒にそろったさま→皆の衆、世間という意味ⓓを派生する。[英] palanquin; vehicle, carriage; earth; crowd, public, popular [熟語] ⓐ肩輿・輦輿(レンヨ)・ⓑ車輿・乗輿・ⓒ輿地・堪輿・ⓓ輿望・輿論

文献 ⓑ老子・八十章「雖有舟輿、無所乗之=舟輿有りと雖も、之に乗る所無し(「小国寡民の理想国では」舟や車があっても、乗ることはない)」

よう ……………

【幼】5(幺・2) 常 | 常用音訓 ヨウ おさない

語音 (1)*・iog(上古) ・ieu(中古→呉・漢イウ〈=ユウ〉) yòu(中) 유(韓)
(2)*・iog(上古) ・ieu(中古→呉・漢エウ〈=ヨウ〉) yào(中) 요(韓)

語源 [コアイメージ] 小さい・細い・かすか。[実現される意味] 子がまだ小さくて未熟である様子(おさない)ⓐ。[英]young

[解説] 王力は幼と幺が同源で、小・少(わかい)の意味があるとする(王力①)。これは表層レベルの語源説。藤堂明保は幺のグループは憂のグループ、夭のグループ、奥のグループなどと同源で、「ほそい・かすか」という基本義があるとする(藤堂①)。幼は肉体的に未熟で小さい、か細いというイメージをもつ語である。日本語の「おさない(をさなし)」はヲサ+ナシ(無)。ヲサはヲサ(筬)・ヲサ(長)・ヲサ(訳)、またヲサム(治)と同根で、「年がゆかず、物事を理解し上手に処理する能力がないさま」の意という(大野②)。

[グループ] 幼・幽・窈(ヨウ)(かすか[窈窕])・呦(ユウ)(か細いシカの鳴き声[呦呦])・拗(ヨウ)(しなやかに曲げる、ねじる[拗音])・坳(オウ)(奥深いくぼみ)・黝(ユウ)(薄暗い、くろい)

字源 「幺(ヨウ)(音・イメージ記号)+力(限定符号)」を合わせた字。「幺」は細く小さな糸をより合わせた姿を描いた図形。「小さい、細い、わずか、かすか」というイメージを示す記号になる。「幼」は力がか細くて弱い

様子を暗示させる。白川静は「糸かせに木を通して拗っている形」で、「おさない」の意味は仮借とする(白川②)。

(金) (篆) [幺] (篆)

語義 [展開] おさない意味ⓐから、おさない子どもの意味ⓑに展開する(1の場合)。また、「細い、かすか」というコアイメージがそのまま実現され、か細い、かすかで見えにくい意味ⓒ(2の場合)。日本では1の場合を2の音で読む。[英]young; infant; dim, faint [和訓] いとけない [熟語] ⓐ幼児・幼童・ⓑ長幼・老幼・ⓒ幼眇

文献 ⓐ論語・憲問「幼而不孫弟＝幼にして孫弟ならず([この人は]小さい頃から従順でなかった)」ⓑ孟子・梁恵王上「幼吾幼、以及人之幼＝吾が幼を幼とし、以て人の幼に及ぼす(自分の幼い子を幼いものとして扱いかわいがり、他人の幼い子どもにも同じようにする)」

【用】

5(用・0) 常 | 常用音訓 ヨウ もちいる

語音 *diuŋ(上古) yioŋ(中古→呉ユウ・漢ヨウ) yòng(中) 용(韓)

語源 [コアイメージ] 突き通す。[実現される意味] 力や働きを対象に及ぼして、それを働かせるように使う(もちいる)ⓐ。[英]use

〔解説〕語源の説明が難しい語であるが、用の深層構造を初めて解明したのは藤堂明保である。氏は用のグループ(甬を含む)は東のグループ(重・童を含む)、同のグループなどと同じ単語家族に属し、「つきとおる」という基本義があるとした(藤堂①)。用とは「何のさわりもなく、他面へ押し通していく」こと(藤堂①)、または、「力・人・道などをある部面にまで及ぼして使う」意味(藤堂②)とする。中国の辞典(例えば漢語大詞典)では使用・施行・採用・管理・執政・行動・適用・作用・財用・器具等々多くの語義を列挙しているものの、これらの語義を貫く根本の意味は不明。用は「突き通す」というコアイメージをもつ語であり、このコアから、目的のところにスムーズに力や効果が通っていくようにする→そのものを使って働かすという意味が実現されるのである。日本語の「もちいる(もちゐる)」はモツ(持)＋ヰル(率)で、「取り上げ、引きつれていく意」が原義で、ここから、登用する、採用する、用に立たせる(使用する)意味に展開するという(大野①)。漢語の用とコアイメージは違うが、意味はほぼ重なる。英語のuseはラテン語のusare(使用する)に由来し、「道具などを使う」「頭を働かせる」「食料や資金を消費する」などの意という(小島①)。これは漢語の用とほぼ対応する。

〔グループ〕用・庸・傭・墉(土を突き固めた塀)・鏞(内部が突き抜けた鐘)・鱅(凡庸の魚→一般の人の食べる魚、コクレン)

字源 「⺝」は「同」に含まれる「⺝」と同じで、筒型を示す符号。これに「卜」の符号を加えたのが「用」である。筒型のものに上から下に縦棒を突き通す様子を象徴的に描いた図形。この意匠によって、「突き通す」「突き抜ける」というイメージを示す記号とする。字源に関しては諸説紛々で定説がない。鐘、塀、器、桶、亀甲、牛馬の檻の形、また、「牛羊の犠牲を繋留する牧場の木檻の垣の形」(加藤①)等々がある。藤堂が「長方形の板に棒杭で穴を開けるさま」(藤堂①)と解釈したのがよい。

(甲) (金) (篆)

語義 [展開] 使って働かせる(もちいる)意味ⓐから、使って費やす意味ⓑ、役に立つこと(働き)の意味ⓒ、使って役立たせるもの(元手)の意味ⓓ、役に立つ器具の意味ⓔに展開する。やるべき仕事や用事の意味は日本的用法ⓕ。[英]use[ju:z](ⓐⓑ); expend, expense; use[ju:s](ⓒⓓ), function, working; usefulness; implements; business, task [熟語] ⓐ使用・利用・ⓑ節用・費用・ⓒ効用・作用・ⓓ実用・日用・ⓔ用具・用度・ⓕ急用・雑用

文献 ⓐ詩経・十月之交「四國無政、不用其良＝四国政無く、其の良

を用ゐず（四方の国には政治がなく、善良な人を用いない）」ⓑ論語・学而「節用而愛人＝用を節して人を愛す（［諸侯の国を治める要は］費用を節約して、人民を愛することだ）」ⓒ論語・学而「禮之用、和爲貴＝礼の用は、和を貴しと為す（礼の働きは、和が貴重である）」

【羊】 6（羊・0）

常 ― 常用音訓 ヨウ　ひつじ

語音 *ĝiaŋ（上古）　yiaŋ（中古→呉・漢ヤウ〈＝ヨウ〉）　yáng（中）　양（韓）

語源 ［コアイメージ］めでたいもの。［実現される意味］ヒツジⓐ。［英］sheep

〔解説〕古人は「羊は祥なり」と語源を捉えている（漢代の春秋繁露などに見える）。古代中国でヒツジは食用とされただけでなく、大牢（牛・羊・豚のそろった供物）に入れられ、祭祀にも用いられたので、「めでたいもの」というイメージがある。ほかに味覚的特徴として「味がおいしい」というイメージ、形態的特徴から「姿・形が美しい」「たっぷりと豊か」というイメージを示す記号となった。羊のグループはたいていプラスイメージをもつが、マイナスイメージをもつ語もある（佯以下）。よい面が隠されて悪い面が表面に現れているという逆転したイメージが付与されたものであろう。祥に幸いと災いの意味があるのと似た意味のつながりである。これも一種のイメージ転化現象といえる。漢語にはこのような現象（これを反訓という）がままある。藤堂明保は下記のグループのうち洋・様・翔などの羊を単なる音符としたが（藤堂②）、筆者は右のイメージ転化を踏まえて、音・イメージ記号と見る。

〔グループ〕羊・洋・養・様・祥・詳・翔・羌《キョウ》（羊を放牧する人→西方にいた異民族の名、えびす）・蛘《キョウ》（異民族の男のような風貌の虫、タマオシコガネ［蛘蜋《キョウロウ》］）・姜《キョウ》（西方から起こった姓の一つ）・庠《ショウ》（子を養う建物→まなびや［庠序］）・徉《ヨウ》（四方に広がり行く→さまよう［徜徉］）・佯《ヨウ》（うわべだけよく見せる→いつわる［佯狂］）・恙《ヨウ》（心の悩みを表面に現す→なやむ・つつが［微恙］）・痒《ヨウ》（心の悩みが体に現れる→やむ。また、癢《ヨウ》と通用し、かゆい意［痛痒］）

字源 ヒツジを描いた図形。角の特徴を強調したもの。

（甲）　（金） 　（篆）

語義 ヒツジの意味ⓐ。［熟語］ⓐ羊毛・牧羊

文献 ⓐ詩経・君子于役「羊牛下來＝羊牛下り来る（ヒツジとウシが牧から下りてくる）」

【妖】 7（女・4）

常 ― 常用音訓 ヨウ　あやしい

語音 *・iŏg（上古）　・ɪɛu（中古→呉・漢エウ〈＝ヨウ〉）　yāo（中）　요（韓）

語源 ［コアイメージ］㋐細い・よく見えない。㋑か細い・しなやか。［実現される意味］女性がなまめかしい（色気がある）ⓐ。［英］charming, coquettish

〔解説〕藤堂明保は夭のグループは幺のグループ（幼・幽など）、憂のグループ、奥のグループ、また杳《ヨウ》（暗い）と同じ単語家族に属し、「ほそい・かすか」という基本義があるとする（藤堂①）。細いものはかすかでよく見えない。よく見えないことは「暗い」というイメージにつながる。一方、か細い形は美的感覚では「しなやか」「柔らかい」というイメージを生む。妖は女性美の一つの在り方を形容する語である。日本語の「あやしい（あやし）」は「自分の解釈し得ず、不思議と感じる異常なものに心をひかれて、アヤと声を立てたい気持ちをいうのが原義」という（大野①）。これは漢語の妖のⓑに当たる。この場合の妖は正体がわからない（不思議で計り難い）ため怪しいという意味。

〔グループ〕妖・沃・夭《ヨウ》（しなやかで若い［夭折］）・殀《ヨウ》（若死にする）・祆《ヨウ》（正体の知れない異変、わざわい）・訞《ヨウ》（正体が知れない）・窔《ヨウ》（奥深い）

字源 「夭《ヨウ》（音・イメージ記号）＋女（限定符号）」を合わせた字（篆文は夭ではなく芺に従う）。「夭」は体をくねらせ、頭をかしげる人を描いたもので、女性の姿態を念頭において造形された図形である。「しなやかで、か細い」というイメージがある。「妖」は女性がしなやかでなまめかしい様子を暗示させる。

(甲) (金) (篆) ［夭］ (篆)

語義 ［展開］女性がなまめかしい(色気がある)意味ⓐ。「かすか、暗い、よく見えない」というイメージから、正体がわからない(不気味である、怪しい)意味ⓑ、正体の見えない化け物の意味ⓒ、正体のはっきりしない異変(災い)の意味ⓓを派生する。［英］charming, coquettish; weird, ominous; evil spirit, demon; supernatural accident ［熟語］ⓐ妖艶・妖婦・ⓑ妖気・妖術・ⓒ妖怪・妖精・ⓓ妖異・妖変

文献 ⓐ曹植・美女篇「美女妖且閑＝美女妖にして且つ閑なり(美女はなまめかしく、しとやかである)」(文選27) ⓓ春秋左氏伝・荘公14「妖由人興也＝妖は人に由りて興るなり(自然の異変は人為によって起こるのだ)」

【洋】 9(水・6) 常 ｜常用音訓｜ ヨウ

語音 *ɡi̯aŋ(上古) yiaŋ(中古→(呉)・(漢)ヤウ〈＝ヨウ〉) yáng(中) 양(韓)

語源 ［コアイメージ］大きく広がる。［実現される意味］水が広大なさまⓐ。［英］flow with much water

字源 「羊《ヨウ》(音・イメージ記号)＋水(限定符号)」を合わせた字。「羊」は「たっぷりと豊か」というイメージがあり、「いっぱい満ちる」「大きく広がる」というイメージにも展開する(⇩羊)。「洋」は水が満ちて大きく広がる様子を暗示させる。

語義 ［展開］水が広がって大きい様子を意味する形容詞ⓐだが、後世では広大な海の意味ⓑに転じた。また、西洋(ヨーロッパ)の意味ⓒに用いられる。［英］flow with much water, vast; ocean; the West, the Occident ［和訓］なだ・ひろい ［熟語］ⓐ洋洋・茫洋・ⓑ遠洋・海洋・ⓒ洋学・洋服

文献 ⓐ詩経・碩人「河水洋洋＝河水洋洋たり(黄河の流れは広々と)」

【要】 9(襾・3) 常 ｜常用音訓｜ ヨウ かなめ・いる

語音 *·iɔg(上古) ·iɛu(中古→(呉)・(漢)エウ〈＝ヨウ〉) yào(中) 요(韓)

語源 ［コアイメージ］中心に向けて細く締めつける。［実現される意味］こしⓐ。［英］waist

〔解説〕釈名・釈形体に「要は約なり。体の中に在りて、約結(締めつける)して小なり」とある。これは腰の語源的説明である。腰は体部と足部の中央に当たり、中心の部分でくびれるような姿をしているから、「中心に向けて細く締めつける」というイメージがある。藤堂明保は約のほかに邀《ヨウ》(むかえる・もとめる)・竅《キョウ》(引き締まった細い穴)なども同源とし、「細く引き締める」という基本義があるとした(藤堂①)。要は腰の他に要点、要約、要求の意味がある。これら四つを結ぶものが「中心に向けて引き締める」というコアイメージである。日本語の「かなめ」は扇を閉じる釘の意味から大切な部分の意に転じた語。また、「いる」は入る意味から、必要なものの中に入る意に転義したもの。漢語の要は「手元に引き寄せて求める」「こちらの要求にかなうようにする」という意味で、「入る」とはイメージが異なる。

〔グループ〕要・腰・喓《ヨウ》(虫が細い声で鳴くさま)・葽《ヨウ》(巻きひげで他物に絡んで締めつける草、カラスウリ)

字源 金文と古文は腰の部分と「臼(両手)」と「女」を合わせた形。篆文はウェストが細い人の形と「臼」を合わせた形。いずれも女性が両手でウェストを細く締めつけている情景を設定した図形である。

(金) (古) (篆)

語義 ［展開］こしが本義ⓐ。腰は体部と足部の結節点にあたるから、

大切なポイント(かなめ)という意味ⓑを派生する。また、「中心に向けて細く締めつける」というイメージから、引き締めてまとめる(締めくくる)意味ⓒ、こちらの方へ無理に引き寄せて求める(是非ともなくてはならぬと求める)意味ⓓ、相手をこちらの方へ引き寄せて待ち受ける(むかえる)意味ⓔを派生する。ⓔは邀と通用。[英]waist; essential point, important; sum up, summarize; demand, require, need, necessary; meet [和訓] もとめる [熟語] ⓐ要領・ⓑ主要・重要・ⓒ要約・概要・ⓓ要求・需要・ⓔ要撃

文献 ⓐ墨子・兼愛「昔者楚靈王好士細要＝昔者楚の霊王、士の細要を好む(昔、楚の国の霊王は細い腰の男を好んだ)」ⓓ詩経・蘀兮「叔兮伯兮、倡予要女＝叔よ伯よ、予に倡ふれば女[＝汝]を要めん(叔さんよ、伯さんよ、わたしに声をかければあなたのものよ)」ⓔ詩経・桑中「要我乎上宮＝我を上宮に要ふ([彼女は]私を森の小屋で迎え入れた)」

【容】 10(宀・7) 常 ― 常用音訓 ヨウ

語音 *giuŋ(上古) yioŋ(中古→(呉)ユウ・(漢)ヨウ) róng(中) 용(韓)

語源 [コアイメージ] ㋐くぼみ・㋑くぼんだ所にゆったりと受け入れる。[実現される意味] 中に入れるⓐ。[英]contain, hold

〔解説〕 物を入れる前提に入れ物がある。これは一種のくぼみ(空所)である。くぼみがあって、それに物を入れようとし、また、くぼみがあって、それに満たそうとする。語のイメージの転化、意味の展開は、人間の自然の心理や認識に従う。「くぼみ」というイメージを表す記号が谷である。容や欲はこのようなイメージ転化によって生まれた語である。白川静は谷は祖霊の神気が現れる意味、容はその神容、欲はそれが現れるのを願う意味とする(白川①)。白川説ではコアイメージという発想がないから、形からストレートに意味を導くほかはないが、祖霊の神気などといった不純な意味素を混入させ、意味をゆがめてしまう。図形の解釈と意味(言葉の意味)が混然として区別されていないのが白川学説の特徴である。

〔グループ〕 容・溶・蓉・榕(枝の下に多くの人を受け入れる木、あるいは、枝がゆったりと広がる木、ガジュマル[榕樹])・鎔(金属をとかして流し込む鋳型[鎔笵])・熔(固体を火で熱してとかす[熔岩])

字源 「谷(音・イメージ記号)＋宀(限定符号)」を合わせた字。「谷」は「穴、くぼみ」というイメージから、「ゆったりと受け入れる」というイメージに展開する(⇩谷)。「容」は家という空所にゆったりと受け入れる様子を暗示させる。この意匠によって、「中に受け入れる」ことを表象する。

語義 [展開] 中に受け入れる意味ⓐから、中に入っている中身の意味ⓑ、中身を入れる外枠(形)の意味ⓒ、内面の現れる外面の姿・形、つまり、顔の様子や身振り・態度の意味ⓓ、姿・形を整える(かたちづくる)意味ⓔ、受け入れて許す(聞き入れる)意味ⓕに展開する。また、「ゆったりとしている」というイメージから、ゆったりとして余裕がある(ゆとりがある)意味ⓖに展開する。[英]contain, hold; content; outer frame, outline, shape(ⓐⓔ); looks, appearance, manner, attitude; form, shape; admit, permit, allow; easy, at ease [和訓] いれる・ゆるす・かたち [熟語] ⓐ受容・収容・ⓑ内容・ⓒ偉容・全容・ⓓ容貌・美容・ⓔ形容・ⓕ容認・許容・ⓖ容易・従容

文献 ⓐ詩経・河広「誰謂河廣、曾不容刀＝誰か謂ふ河は広しと、曽て刀を容れず(黄河は広いと誰が言う、刀一本入らない)」ⓓ詩経・都人士「其容不改＝其の容改めず(お姿はいつも変わらぬ)」ⓔ詩経・伯兮「誰適爲容＝誰に適ひて容を為さん(誰のためにお化粧しよう)」ⓖ詩経・芄蘭「容兮遂兮＝容たり遂たり([その子の態度は]おっとりどっしりと構えている)」

【庸】 11(广・8) 常 ― 常用音訓 ヨウ

語音 *ǫiuŋ(上古) yioŋ(中古→㊠ユウ・㊅ヨウ) yōng(中) 용(韓)

語源 [コアイメージ]突き通す・全体に満遍なく通す。[実現される意味]全体に力を及ぼして働かせる(用いる)ⓐ。[英]use

字源 「用(音・イメージ記号)+庚(イメージ補助記号)」を合わせた字。「用」は「突き通す」というイメージがある(⇩用)。「庚」は硬い心棒を手に持つ形(⇩庚)。したがって「庸」は棒でトントンと突き通して全体を満遍なくならす様子を暗示させる。この意匠によって、「全体に満遍なく突き通って及ぶ」というイメージを表すことができる。

語義 [展開]「全体に満遍なく突き通って及ぶ」というイメージから、全体に満遍なく力や効果を及ぼして、その働きを発揮させる(用いる)意味ⓐ、人を使って働かせる意味ⓑ、全体に平均して通用する(普通、つね)という意味ⓒ、平均的で代わり映えがしない(平凡)という意味ⓓに展開する。ⓐは用と通用、ⓑは後に傭と書かれる。[英]use; employ; ordinary, moderate; commonplace, mediocre [和訓]もちいる・つね [熟語]ⓐ登庸(=登用)・ⓒ中庸・ⓓ凡庸

文献 ⓐ書経・舜典「舜生三十徴庸=舜生まれて三十、徴庸せらる(舜は生まれて三十歳のときに、召されて用いられた)」ⓑ詩経・兎爰「我生之初、尚無庸=我が生の初め、庸ゐらるること無からんと尚ふ(わが人生の幼い頃は、[大人になって]働くまいと願っていた)」ⓒ論語・雍也「中庸之為徳也、其至矣乎=中庸の徳為るや、其れ至れるかな(中庸[偏りがなく全体にバランスが取れた在り方]は道徳として最高だ)」

【揚】 12(手・9) 常 ― 常用音訓 ヨウ あげる・あがる

語音 *ḍiaŋ(上古) yiaŋ(中古→㊠・㊅ヤウ〈=ヨウ〉) yáng(中) 양(韓)

語源 [コアイメージ]高く上がる。[実現される意味]高く上に上がる・上げるⓐ。[英]lift, raise

〈解説〉昜にコアイメージの源泉がある。藤堂明保は昜・陽を「明るい・はっきり」という基本義をもつ単語家族、揚を「うえ・たかい・大きい」という基本義をもつ単語家族に分類しているが(藤堂①)、「高く上がる」というコアイメージに概括できる。高く上がれば、明るい、はっきり目立つというイメージが生まれる。高く上に上がる・上げることを意味する語が揚であるが、上がった結果高い所にあることにポイントがある。高く上がったものははっきり現れて目立つ。日本語の「あげる(あぐ)」は「力や手を加えて、物の位置や状態を高くする意。高くした結果、その物の性質が変わったり、下との関係が切れたりする」という(大野①)。「あげる(あぐ)」は㋐位置を高くする、㋑程度を高くする、㋒高位の者の手許に達せしめる、㋓極点にまで至らせるなどの意味に展開するが、㋐のうちの「低い所から高い所へとうつす」、および㋑のうちの「高く目立つようにする」「ほめる」「名声を広く知らせる」という派生義が漢語の揚と対応する(その他は漢語の上・挙・騰などと対応するものがある)。英語のliftはゲルマン祖語の*luftuz(空気・空)が淵源にあるらしい(下宮①)。ドイツ語のLuft(空気)とも関係がある。もとは「(雨・霧などが)晴れ上がる」の意味で、「持ち上げる」は転義と考えられる。漢語の揚は太陽が上がることを原初的イメージとする昜に起源をもつ語である。自然現象から発想された点はliftと共通している。

字源 「昜(音・イメージ記号)+手(限定符号)」を合わせた字。「昜」は「高く上がる」というイメージがある(⇩陽)。「揚」は高く上に上げる様子を暗示させる。

語義 [展開]高く上がる・上げる意味ⓐから、気分が高ぶる意味ⓑ、はっきりと現し示す意味ⓒ、ほめ上げる意味ⓓに展開する。[英]lift, raise; excite, uplift; display, make known; praise, commend [熟語]ⓐ掲揚・飛揚・ⓑ高揚・発揚・ⓒ顕揚・宣揚・ⓓ称揚・賞揚

文献 ⓐ詩経・沔水「鴥彼飛隼、載飛載揚=鴥たる彼の飛隼、載ち飛び載ち揚がる(さっとすばやいハヤブサは、飛び立ってはまた上がる)」ⓑ荀

子・儒効「足以揜其口則揚揚＝以て其の口を揜おおふに足れば、則ち揚揚たり（食料がたっぷり口に入れば得意になる）」ⓒ孟子・滕文公下「我武惟揚＝我が武、惟これ揚がる（我々の威武ははっきり現れた）」ⓓ詩経・江漢「對揚王休＝王休を対揚す（王の幸いをほめ上げる）」

【揺】12（手・9） 常 ｜ 常用音訓 ヨウ ゆれる・ゆる・ゆらぐ・ゆるぐ・ゆする・ゆさぶる・ゆすぶる

〔搖〕13（手・10） 人 ｜ 音 ヨウ 訓 ゆれる

語音 *diog（上古） yiɛu（中古→呉・漢エウ〈＝ヨウ〉） yáo（中） 요（韓）

語源 ［コアイメージ］同じ所にじっとしないで動く。［実現される意味］ゆらゆらとゆれ動くⓐ。［英］shake

〔解説〕藤堂明保は游・遊・悠・揺・謡・滔・涛を同じ単語家族にくくり、「ゆらゆら・ゆらぐ」という基本義をもつとする。一方、謡・遥を道のグループ、寿のグループ、攸ユウのグループ（修など）などと同じ単語家族に入れ、「細長く伸びる」という基本義をもつとする（藤堂①）。前者は「同じ所にじっとしないで動く」というイメージともいえるから、細かい動きが連続的に続くと考えれば、「細く長く伸びていく」というイメージにつながり、二つの単語家族は一つに概括できる。細かい動きや波が連続的に続いていくことを*diogという。特にゆれ（振動）のイメージを表すために考案された記号が䍃である。これは土器を作る情景から発想された。日本語の「ゆれる（ゆる）」は「物全体が根柢から動揺・振動する意」という（大野①）。漢語の揺とほぼ同じ。

〔グループ〕揺・謡・遥・瑶・窰ヨウ（＝窯）・傜ヨウ（遠くへ駆り立てる→土木工事などの労役に徴発する［傜役］）・颻ヨウ（風が物を揺り動かす［飄颻］）・鰩ヨウ（ひれを振って空中を飛ぶ魚、トビウオ）・鷂ヨウ（翼を揺らして獲物を襲う鳥、ハイタカ）

字源 「搖」が正字。「䍃ユウ（音・イメージ記号）＋手（限定符号）」を合わせた字。「夕（＝肉）」は「柔らかい」というイメージがある（⇩肉）。「䍃」は「肉（イメージ記号）＋缶（限定符号）」を合わせて、土をこねて柔らかくして土器を作る情景を設定した図形。細かい手の動きに焦点を当て、「細かい動きが連続的に（～～の形に）続く」というイメージを表す記号とする。「搖」は手をゆらゆらと振り動かす様子を暗示させる。〈補注〉本字の出現する詩経の時代に轆轤があったとすればイメージがもっとはっきりするが、証拠がない。

（篆） ［䍃］ （篆）

〔字体〕「搖」は旧字体。「揺」は書道に由来する常用漢字の字体。現代中国では䍃の上部が爫、下部が缶の形になる。䍃に従う他の漢字もこれに倣う。

語義 ［展開］ゆらゆらとゆれる、ゆれ動く意味ⓐから、心がゆれて落ち着きを失う意味ⓑを派生する。［英］shake（ⓐⓑ）, sway, swing, rock, quake; agitate ［熟語］ⓐ揺曳・揺籃・ⓑ動揺

文献 ⓐ詩経・鴟鴞「風雨所漂搖＝風雨の漂揺する所なり（［家は］風雨のためにゆらゆらと漂い揺れる）」ⓑ詩経・黍離「中心搖搖＝中心揺揺たり（心の中は不安で落ち着かない）」

【葉】12（艸・9） 常 ｜ 常用音訓 ヨウ は

語音 *diap（上古） yiɛp（中古→呉・漢エフ〈＝ヨウ〉） yè（中） 엽（韓）

語源 ［コアイメージ］薄い。［実現される意味］植物のはⓐ。［英］leaf

〔解説〕コアイメージの源泉は枼ヨウにある。説文解字に「枼は薄なり」とあり、段玉裁は「凡そ木片の薄き者、之を枼と謂ふ。故に葉・牒・鍱・[illegible]・偞等の字、皆用ゐて以て意を会す」と述べる（説文解字注）。これは重要な指摘である。清朝の言語学者には漢字のこのような見方（これを右文説という）をもつものが何人かいたが、残念ながらすべての漢字の解釈に適用していない。全面的に行ったのは藤堂明保である。氏は枼のグル

ープはすべて「うすっぺら」という基本義があり、渉・閃・帖・淡・囁なども枼と同じ単語家族とする（藤堂①）。「薄い」というイメージは「平ら」「くっつく」というイメージにも転化する。「薄い」「平ら」「くっつく」は漢語に多くの例のある可逆的な（相互転化可能な）三つ組みイメージである。

〔グループ〕葉・喋・牒・蝶・諜（軽薄な言葉で人をだます→敵をだまして隙を伺うスパイ［間諜］）・鰈（薄い体形の魚、カレイ）・屧（薄く平らな靴敷き）・渫（川底をさらえて平らにする、さらう［浚渫］）・堞（薄く小さい塀、ひめがき）・媟（べたべたとくっつく、なれる、けがれる［媟瀆］）・碟（薄く小さな皿）・蹀（足を地面にべたべたとくっつける→ふむ）・鍱（銅などを薄く延ばした板金）・韘（＝弽。薄い革を延ばして作り、指にはめる道具、ゆがけ）

〔字源〕「枼（音・イメージ記号）＋艸（限定符号）」を合わせた字。「枼」は木の上に葉のある姿を描いた図形で、「薄っぺら」というイメージを表すことができる。「葉」は草木の薄っぺらな「は」を表す。

（甲）　（金）　（篆）［枼］　（篆）

〔語義〕［展開］「は」の意味ⓐから、葉に似た（なぞらえた）ものの意味ⓑ、薄いものを数える語ⓒ、昔の書物のページ（表と裏の2ページ分）の意味ⓓに展開する。また、「薄い」「平ら」というイメージは「（その上に）重なる、敷く」というイメージ、そこから「前のものの上に次のものが重なる」というイメージにつながるので、時代や子孫という意味ⓔを生じた。［英］leaf（ⓐⓓ）; leaf-like thing; counter suffix; page; period, descendant ［熟語］ⓐ紅葉・落葉・ⓑ前頭葉・肺葉・ⓒ一葉・ⓓ各葉・毎葉・ⓔ中葉・末葉

〔文献〕ⓐ詩経・桃夭「桃之夭夭、其葉蓁蓁＝桃の夭夭たる、其の葉蓁蓁たり（桃は若いよ、葉は生い茂る）」ⓔ詩経・長発「昔在中葉＝昔、中葉に在り（むかしむかし、ある時期の半ばの頃）」

【遥】12（辵・9）　人　音ヨウ　訓はるか

〔遙〕14（辵・10）　人　音ヨウ　訓はるか

〔語音〕*diog（上古）　yiɛu（中古→呉・漢エウ〈＝ヨウ〉）　yáo（中）　요（韓）

〔語源〕［コアイメージ］細かい動きが連続的に（～～～の形に）続く。［実現される意味］道などがはるかに遠いⓐ。［英］distant

〔字源〕「遙」が正字。「䍃（音・イメージ記号）＋辵（限定符号）」を合わせた字。「䍃」は「細かい動きが連続的に（～～～の形に）続く」というイメージがある（⇨揺）。「遙」は道がどこまでも細く長く（～～～の形に）続く様子を暗示させる。

〔語義〕［展開］道などがはるかに遠い意味ⓐ。また、動いてじっとしない（ぶらつく）意味ⓑを派生する。［英］distant, remote, faraway; stroll, ramble ［熟語］ⓐ遥遠・遥拝・ⓑ逍遥

〔文献〕ⓐ春秋左氏伝・昭公25「鸜鵒之巣、遠哉遙遙＝鸜鵒の巣、遠い哉遙遙たり（ハッカチョウの巣は遠くはるかかなたにあるよ）」

【陽】12（阜・9）　常　常用音訓 ヨウ

〔語音〕*diaŋ（上古）　yiaŋ（中古→呉・漢ヤウ〈＝ヨウ〉）　yáng（中）　양（韓）

〔語源〕［コアイメージ］㋐高く上がる・㋑明るい。［実現される意味］山の南側ⓐ。［英］south of a hill

〔解説〕昜にコアイメージの源泉がある。藤堂明保は陽・湯・昌・章・唐・宕などを「明るい・はっきり」という基本義をもつ単語家族、揚・場・上・尚・商などを「うえ・高い・大きい」という基本義をもつ単語家族、暢・丈・常・唱などを「ながい」という基本義をもつ単語家族とする（藤堂①）。昜のグループを三つに分けたが、これらは「高く上がる」というコアイメージに概括できる。*diaŋという語は上がった結果高い所

にあることにポイントを置く語で、高い所にあればはっきり現れて目立つから、「明るい」「明るく開ける」は「高く上がる」と連合するイメージである。また、「高い」というイメージは空間的に距離のある状態なので、「長い」「長く伸びる」というイメージに連合する。釈名・釈天では「陽は揚なり。気、外に在りて発揚するなり」とある。これは太陽を念頭に置いた語源説で、「高く上がる」というイメージで解釈したもの。「明るい」というイメージを取れば、明るい山の南側という意味が実現される。下記の詩経ⓐの毛伝に「山南を陽と曰ふ」とある。

〔グループ〕陽・揚・瘍・傷・場・腸・湯・楊・暢・暘(日が出る、また、日)・煬(物を燃やして火気を上げる→やく)・颺(風が吹き上がる)　鰑*(半国字。するめ)

字源 「昜(音・イメージ記号)＋阜(限定符号)」を合わせた字。「昜」は甲骨文字では「日＋丅(上に上がることを示す符号)」、金文と篆文では「日＋丂(上に伸びていくことを示す符号)＋彡(光が発散する形)」を合わせたもの。太陽が空高くのぼる情景を設定した図形である。この意匠によって、「高く上がる」というイメージを表すことができる。「陽」は日当たりがよくて明るい山の南側を暗示させる。

(甲)  (金) (篆) [昜]

(金) (篆)

語義 [展開]「明るい」というイメージが意味の中心をなし、山の南側の意味ⓐ、川の北側の意味ⓑ、日の意味ⓒ、明るい意味ⓓ、暖かい意味ⓔ、表をあらわにする(うわべを見せかける、いつわる)意味ⓕに展開する。また、中国哲学では存在や現象の在り方を二元的に捉え、プラスの面、積極性の性質ⓖを陽という。その反対が陰。[英]south of a hill; north of a river; sun; light, bright; warm; feint; positive principle [和訓] ひ・いつわる [熟語] ⓐ山陽・ⓑ洛陽・ⓒ陽光・太陽・ⓓ陽気・ⓔ陽春・陽和・ⓕ陽狂・陽動・ⓖ陽性・陰陽

文献 ⓐ詩経・殷其雷「殷其雷、在南山之陽＝殷たる其の雷、南山の陽に在り(とどろき渡る雷は、南山の南の方に)」ⓑ春秋公羊公・僖公22「戦于泓之陽＝泓の陽に戦ふ([宋公は]泓水の北で戦った)」ⓒ詩経・湛露「湛湛露斯、匪陽不晞＝湛湛たる露、陽に匪ざれば晞かず(しっとり置いた夜の露、朝日がないと乾かない)」ⓓ詩経・七月「我朱孔陽＝我が朱は孔だ陽なり(私が染めた朱色はとても明るい)」ⓔ詩経・七月「春日載陽＝春日載ち陽かなり(春の太陽は暖かい)」ⓕ戦国策・韓一「公仲必以率爲陽也＝公仲必ず率を以て陽と為すなり(公仲は率[人名]がきっと偽っていると思った)」ⓖ易経・繫辞伝上「一陰一陽之謂道＝一陰一陽之れ道と謂ふ(陰になったり陽になったりすることが道[宇宙の法則]である)」

【傭】 13(人・11)　人　音ヨウ　訓やとう

語音 *diuŋ(上古) yioŋ(中古→呉ユウ・漢ヨウ) yōng(中) 용(韓)

語源 [コアイメージ] 全体に満遍なく突き通る。[実現される意味] 賃金を払って人をやとうⓐ。[英]employ, hire

字源 「庸(音・イメージ記号)＋人(限定符号)」を合わせた字。「庸」は「全体に満遍なく突き通って及ぶ」というイメージから、全体に満遍なく力や効果を及ぼして、その働きを発揮させる→人を使って働かせるという意味に展開する。のち庸は中庸・凡庸の意味に転じたので、「傭」で「人を使って働かせる」の意味を表した。傭は庸から分化した字。

語義 やとう意味ⓐ。[熟語] ⓐ傭兵・雇傭

文献 ⓐ韓非子・外儲説右下「臣有子三人、家貧無以妻之、傭未反＝臣、子三人有り、家貧しく以て之に妻す無し、傭はれて未だ反らず(私に三人の子がいますが、家が貧しくて彼等を結婚させることができず、傭い人となって出たきり帰って参りません)」

【楊】13(木・9) 人 ｜ 音ヨウ 訓やなぎ

語音 *diaŋ(上古) yiaŋ(中古→呉・漢ヤウ〈＝ヨウ〉) yáng(中) 양(韓)

語源 [コアイメージ] 高く上がる。[実現される意味] ハコヤナギⓐ。[英]white poplar

字源 「昜ヨウ(音・イメージ記号)＋木(限定符号)」を合わせた字。「昜」は「高く上がる」というイメージがある(⇩陽)。「楊」は枝葉が上向きに上がるヤナギを暗示させる。ヤナギ科の仲間で、枝の垂れ下がるシダレヤナギを柳といい、枝が上向きになるハコヤナギの類を楊という。

語義 ヤナギ科の木、ハコヤナギの意味ⓐ。白楊(ウラジロハコヤナギ)や青楊など多くの種類がある。[熟語] ⓐ楊弓・楊柳

文献 ⓐ詩経・車鄰「阪有桑、隰有楊＝阪に桑有り、隰さわに楊有り(坂に生えてるのはクワの木、沢に生えてるのはハコヤナギ)」

【溶】13(水・10) 常 ｜ 常用音訓 ヨウ とける・とかす・とく

語音 *giuŋ(上古) yioŋ(中古→呉ユウ・漢ヨウ) róng(中) 용(韓)

語源 [コアイメージ] (くぼんだ所に)ゆったりと受け入れる。[実現される意味] 水が盛んなさまⓐ。[英]flow abundantly

字源 「容ヨウ(音・イメージ記号)＋水(限定符号)」を合わせた字。「容」は「(くぼんだ所に)ゆったりと受け入れる」というイメージがある(⇩容)。二つの語がこの図形で表記される。一番目の「溶」は水がくぼみをいっぱい満たして盛んに流れる様子を暗示させる。説文解字に「溶は水盛んなり」とある。これが古い用法。二番目の「溶」は水の中に物を入れて、その物が水と同化してしまう(とけこむ)ことを表す。日本語の「とける(とく)」は「締まり固まっているものをゆるくして流動できるようにする意」(大野①)。これの展開義に、「固く凍りついたものをゆるめる。ゆるめて液状にする」がある。これは漢語の解に当たる。溶の転義がこれに近くなる。

語義 [展開] 水が盛んなさまが原義ⓐ。後に、水の中にとけこむ意味ⓑとなり、熱を加えて固体をとかす意味ⓒを派生する。[英]flow abundantly; dissolve; melt [熟語] ⓐ溶溶・ⓑ溶液・水溶・ⓒ溶解・溶融

文献 ⓐ楚辞・遠遊「紛溶與而竝馳＝紛として溶与として並び馳す(多くの人たちがごたごたと、水が盛んに流れるように、一斉に駆けていく)」ⓑ肘後備急方2(東晋・葛洪撰)「如溶膠便愈＝如し膠を溶かせば便すなわち愈ゆ(もしにかわを溶かしこむと病気が治る)」

【瑤】13(玉・9) 人 ｜ 音ヨウ 訓たま

語音 *diog(上古) yieu(中古→呉・漢エウ〈＝ヨウ〉) yáo(中) 요(韓)

語源 [コアイメージ] ゆらゆらと(〜〜の形に)揺れ動く。[実現される意味] 白く美しい玉ⓐ。[英]white jade

字源 「瑤」が正字。「䍃ユウ(音・イメージ記号)＋玉(限定符号)」を合わせた字。「䍃」は「細かい動きが連続的に(〜〜の形に)続く」というイメージから、「ゆらゆら揺れ動く」というイメージに展開する(⇩揺)。「瑤」は光が揺らめき輝く美しい玉を暗示させる。王念孫は「瑤は揺と通ず。動くなり」という(広雅疏証)。

語義 [展開] 白く美しい玉の意味ⓐから、輝くばかりに美しい意味ⓑを派生する。[英]a kind of precious stone, white jade; beautiful [熟語] ⓐ瓊瑤・ⓑ瑤台・瑤殿

文献 ⓐ詩経・木瓜「投我以木桃、報之以瓊瑤＝我に投ずるに木桃を以てす、之に報ゐるに瓊瑤ケイヨウを以てす(私に贈った桃の代わりに、美しい帯玉で返します)」

【】13(肉・9) 常 ｜ 常用音訓 ヨウ こし

語音 *·iɔg(上古) ·iɛu(中古→(呉)・(漢)エウ〈=ヨウ〉) yāo(中) 요(韓)

語源 [コアイメージ] 中心に向けて細く締めつける。[実現される意味] こしⓐ。[英]waist

字源 「要(音・イメージ記号)+肉(限定符号)」を合わせた字。「要」は「中心に向けて細く締めつける」というイメージがある(⇩要)。体部と足部を結んで引き締めるつなぎ目の部分、「こし」を表す。「要」が「こし」の意味であったが、別の意味に転じたため、「腰」が作られた。

語義 [展開] こしの意味ⓐから、物の中程、中間に当たる部分の意味ⓑを派生する。[英]waist; middle [熟語] ⓐ細腰・柳腰・ⓑ山腰

文献 ⓐ荘子・斉物論「民溼寝則腰疾偏死=民、溼[=湿]に寝ぬれば、則ち腰疾みて偏死す(人は湿った所に寝ると、腰を病んで半身不随で死ぬ)」

【蓉】13(艸・10) 人 (音)ヨウ

語音 *ɡ̊iuŋ(上古) yioŋ(中古→(呉)ユウ・(漢)ヨウ) róng(中) 용(韓)

語源 [コアイメージ] くぼみにゆったりと受け入れる。[実現される意味] ハスの花ⓐ。[英]lotus flower

字源 「容(音・イメージ記号)+艸(限定符号)」を合わせた字。「容」は「くぼんだ所にゆったりと受け入れる」というイメージがある(⇩容)。「蓉」は中央がくぼみ、ゆったりと広がるハスの花を暗示させる。芙蓉という二音節語で使われる。

語義 [展開] ハスの花の意味ⓐから、植物名としてのハスの意味ⓑに転用される。また、美しさをハスの花になぞらえて、アオイ科の木芙蓉の意味ⓒに用いる。木を略して単に芙蓉とも呼ぶ。[英]lotus flower; lotus; cotton rose [熟語] ⓐⓑ芙蓉・ⓒ木芙蓉

文献 ⓐⓑ楚辞・離騒「集芙蓉以為裳=芙蓉を集めて以て裳を為つくる(ハスの花を集めてスカートを作る)」

【様】14(木・10) 常 常用音訓 ヨウ さま
〔樣〕15(木・11) 人 (音)ヨウ (訓)さま

語音 (1)*ɡ̊iaŋ(上古) yiaŋ(中古→(呉)・(漢)ヤウ〈=ヨウ〉) yàng(中) 양(韓) (2)*ɡ̊iaŋ(上古) ziaŋ(中古→(呉)ザウ〈=ゾウ〉・(漢)シャウ〈=ショウ〉) xiàng(中) 상(韓)

語源 [コアイメージ] 形がよい・決まった型。[実現される意味] 模倣する基準となる型・模型。[英]model, pattern, sample

[解説] 説文解字に「様は栩(クヌギ)の実なり」とあり、段玉裁は様は橡(クヌギ)の正字という(説文解字注)。クヌギの実はドングリである。象は似るという意味があり、殻斗のあるドングリが斗(ひしゃく)に似るのでクヌギを象斗といい、また、橡と書く。様も似ていることと関係がある。ある物が何かと似ている場合、それがなぞった原物、つまり型・タイプのことを様という。型に似せてコピーしたものが生まれる。ドングリは日常器具の一つと似ていて、それのコピーで次々に似た物が生まれると捉えて、様という。しかしクヌギの用例はなく、早い段階で橡に取って代わられた。型は形をもったものであるから、形、姿、様子という意味が派生する。日本語の「さま」はサ(方向を示す語)+マ(状態を示す接尾語)で、漠然たる方向が原義で、そこから「事をする方法、あるいは対象の外郭的な様子、容姿、趣」の意味に展開するという(大野①)。

字源 「樣」が正字。「羕(音・イメージ記号)+木(限定符号)」を合わせた字。「羊」は「形がよい」というイメージがある(⇩羊)。「永」は脉(=脈)に含まれ、血管のような水の流れ。「羊(音・イメージ記号)+永(イメージ補助記号)」を合わせた「羕」は、きれいに整った型に従って流れる水を暗示させる。水は捨象して、ただ「(きれいに整って)決まった型」と

いうイメージだけを取る。「様」は似た物をコピーするための木の型を暗示させる（1の場合）。また、ある物に似て、それと同じものが次々に生じるクヌギの実を表す（2の場合）。

〔字体〕「樣」は旧字体。「様」は由来不明の常用漢字の字体。現代中国の簡体字は「样」。

（金） （篆）［羕］ （篆）

語義 ［展開］模倣する基準となる型、模型、模範、見本、モデルの意味ⓐから、形、ありさまの意味ⓑに展開する。古くはクヌギの実（ドングリ）の意味ⓒがあった。［英］model, pattern, sample; shape, appearance; acorn ［熟語］ⓐ様式・和様・ⓑ模様・文様

文献 ⓑ四民月令（漢・崔寔（サイショク）撰）「以麪爲蒸餅様＝麪［＝麺］を以て蒸餅の様を為（つく）る（小麦粉で蒸し餅の形を作る）」（説郛69）

【瘍】 14（疒・9） 常 ｜常用音訓｜ ヨウ

語音 *diaŋ（上古） yiaŋ（中古→（呉）・（漢）ヤウ〈＝ヨウ〉） yáng（中） 양（韓）

語源 ［コアイメージ］高く上がる。［実現される意味］できものⓐ。［英］tumor

字源 「昜（ヨウ）（音・イメージ記号）＋疒（限定符号）」を合わせた字。「昜」は「高く上がる」というイメージがある（⇩陽）。「瘍」は皮膚に盛り上がって生じるできものを暗示させる。

語義 できもの・はれものの意味ⓐ。［熟語］ⓐ潰瘍・腫瘍

文献 ⓐ周礼・天官・瘍医「凡療瘍以五毒攻之＝凡そ瘍を療（い）やすに五毒を以て之を攻む（一般に瘍を治すには五つの毒薬［刺激の強い薬］で治療する）」

【踊】 14（足・7） 常 ｜常用音訓｜ ヨウ おどる・おどり

語音 *diuŋ（上古） yioŋ（中古→（呉）ユ・ユウ・（漢）ヨウ） yǒng（中） 용（韓）

語源 ［コアイメージ］突き抜ける・突き通る。［実現される意味］トンと地面を突いて足踏みする（飛び上がる・躍り上がる）ⓐ。［英］jump, leap

〔解説〕跳・躍と似た動作を表す語であるが、違いはコアイメージにある。甬は「突き抜く」というコアイメージを示す記号である。「↓の形に突く」というイメージは、視点を変えると、「↑の形に突き上がる」というイメージになる。踊は地面を突いて、その反動で上に上がることで、勇（いさみ立つ）や湧（水がわき上がる）ときわめて近い。日本語の「おどる（をどる）」は「足ではずみをつけて、上方へ飛びあがる」（大野①）という意味で、漢語の踊と同じ。「をどる」は歌や音楽に合わせて舞踏する意味を派生するが、漢語の踊にこの意味はない。

字源 「甬（ヨウ）（音・イメージ記号）＋足（限定符号）」を合わせた字。「甬」は「突き抜ける」「突き通る」というイメージがある（⇩通）。「踊」は足で地面をトンと突いて、その反動で上にとび上がる様子を暗示させる。

語義 ［展開］躍り上がる意味ⓐから、物価があがる意味ⓑを派生する。歌や音楽に合わせて舞う（ダンスをする）意味は日本的用法ⓒ。［英］jump, leap; appreciate; dance ［熟語］ⓐ踊躍・ⓑ踊貴・ⓒ舞踊

文献 ⓐ詩経・撃鼓「撃鼓其鏜、踊躍用兵＝鼓を撃ちて其れ鏜（トウ）たり、踊躍して兵を用ゐる（合図の太鼓がドンと鳴り、踊り上がって武器を取る）」

【窯】 15（穴・10） 常 ｜常用音訓｜ ヨウ かま

語音 *diog（上古） yieu（中古→（呉）・（漢）エウ〈＝ヨウ〉） yáo（中） 요（韓）

語源 ［コアイメージ］細かい動きが連続的に（〜〜〜の形に）続く。［実現される意味］粘土をこねて陶器などを焼くかまⓐ。［英］kiln

〔解説〕王力は陶・缶・窰（窯）を同源とし、瓦器を作るという意味があるとする（王力①）。窯は窰とも書かれるから、缶のグループと同源としてよい。これは「細かい動きが連続的に（〜〜〜の形に）続く」というイメージを示す記号である。手を細かく動かして粘土などをこねて、焼い

て仕上げるための装置を*diogという。土器や陶器を作る作業から生まれた語である。

字源 「窯」は「缶ユウ(音・イメージ記号)+穴(限定符号)」を合わせた字。「缶」は「細かい動きが連続的に続く」というイメージがある(⇩揺)。「窯」は粘土をこねて焼く「かま」を暗示させる。「窯」は「羔(イメージ記号)+穴(限定符号)」を合わせた字。「羔」は「羊+火」を合わせて、子羊を丸焼きにする様子。「窯」は土器を丸焼きにするかまを表す。後の図形はコアイメージを反映していない。

(篆)

語義 かまの意味ⓐ。[熟語] ⓐ窯業・官窯

文献 ⓐ墨子・備城門「塞之為窯＝之を塞ぎて窯を為つくる(それを塞いで窯を造る)」

【養】 15(食・6) 常 常用音訓 ヨウ やしなう

語音 *ɡi̯aŋ(上古) yiaŋ(中古→呉・漢ヤウ〈＝ヨウ〉) yǎng(中) 양(韓)

語源 [コアイメージ] 味がおいしい。[実現される意味] 食べ物を与えて体をやしなう・手当てをして体力をつけるⓐ。[英]feed, nourish

〈解説〉「羊+食」の字形からストレートに「羊を養う」とか、「羊を食べる」という意味を引き出すのは俗説である。ただし羊という記号はヒツジと無縁ではない。「羊は祥なり」という古人の語源意識は全く生活や体験に根ざしたもので、形態的には「姿・形がよい」、味覚的には「うまい」など、複合イメージを羊という記号に付与した。古代漢語で食べ物を与えて人をやしなうことを*ɡi̯aŋといい、養と表記するのは理にかなったことである。一方、羊のグループにプラスイメージの語とマイナスイメージの語があったように、養のグループにもある。詩経に養養という擬態語があり、むずむずして悶え、安定しない心理状態を表現する。羊の「よい」「おいしい」「豊か」「ゆったりする」などのイメージの反面が下記の癢以下に表れている。英語のfeed(食物を与える)はfood(食物)と同根。foodは印欧祖語の*pat-(養う)に淵源があるらしい(下宮①)。養う(feed)と食べ物(food)は意味論的にも密接な関係があり、これは漢語の養と羊(おいしいヒツジ→おいしい食べ物)の関係についても言えそうである。

〈グループ〉 養・鱶ショウ(おいしい魚の干物。「ふか」は国訓)・癢ヨウ(むずむずする、かゆい)・瀁ヨウ(ゆらゆらして安定しないさま)・懩ヨウ(やりたくてむずむずする[技懩])

字源 「羊ヨウ(音・イメージ記号)+食(限定符号)」を合わせた字。「羊」は「味がおいしい」というイメージがある(⇩羊)。「養」はおいしい食べ物で体をやしない育てる様子を暗示させる。

語義 [展開] 食べ物を与えて体をやしなう意味ⓐから、世話をして生活できるようにする意味ⓑ、知恵・知識・学問などを身につける意味ⓒ、他人の子を自分の子として育てる(義理の)の意味ⓓに展開する。[英]feed, nourish; support, maintain, provide; acquire, cultivate; foster, adoptive [熟語] ⓐ養生・滋養・ⓑ養育・養護・ⓒ教養・修養・ⓓ養子・養父

文献 ⓐ孟子・梁恵王上「養生喪死無憾、王道之始也＝生を養ひ死を喪ソウして憾み無きは、王道の始めなり(生者には十分体力をつけさせ、死者には十分弔いをするのが、王道政治の手始めである)」ⓑ論語・為政「今之孝者、是謂能養、至於犬馬、皆能有養＝今の孝なる者は、是れを能く養ふと謂ふ、犬馬に至るまで、皆能く養ふこと有り(今時の孝とは、親を食わせて養うことだとされている。だが、犬や馬でさえ親を養うことはやっている)」ⓒ論語・陽貨「唯女子與小人、為難養＝唯女子と小人とは、養ひ難しと為す(女子と小人だけは教育しにくい)」

【擁】 16(手・13) 常 常用音訓 ヨウ

語音 *·ıuŋ(上古) ·ıoŋ(中古→呉ユ・漢ヨウ) yōng(中) 옹(韓)

語源 [コアイメージ] 中のものを取り巻く。[実現される意味] 両手で抱きかかえるⓐ。[英]embrace

〔解説〕擁を次々に分解していくと邕という記号に行き着く。これは下記のグループ以外に使われない特殊な記号である。古代中国に天子が諸侯を招いて宴会や行事を行った建物があり、これを辟廱といい、廱の最初の形として考案されたのが邕である。この建物は周囲を水(池)で囲まれていた。*·ıuŋという語は「周囲を⊙の形に取り巻いて、中の物を閉じ込める」というイメージをもち、このイメージを邕にこめた。中の物を周囲から丸く囲むので、「抱きかかえる」というイメージ、「中に入れて閉じ込める」「閉じてふさぐ」というイメージに展開する。中の物はふさがれて外から刺激や干渉を受けないので、「やんわりとやわらぐ」というイメージも生まれる。

〔グループ〕擁・雍(やわらぐ[雍和])・壅(土で周囲をふさぐ[壅塞])・癰(中に膿を閉じ込めた腫れ物[癰疽])・甕(酒などを入れて封じるかめ、みか)・饔(容器に入れてふんわりと柔らかく煮た飯)

字源 「雍(音・イメージ記号)+手(限定符号)」を合わせた字。「雍」の本字は「雝」で、「邕(音・イメージ記号)+隹(限定符号)」を合わせた字。「邕」は「巛(=川)+邑(村、町)」を合わせて、町の周囲を水が取り巻く情景を設定した図形。「中の物を⊙の形に取り巻く」というイメージを表すことができる。「雝(=雍)」は鳥を両腕で取り巻いて抱く様子を暗示させる。かくて「擁」は腕の中に物を抱きかかえることを表す。

(篆) [邕] (篆) [雝] (篆)

語義 [展開] 両手で抱きかかえる意味ⓐから、周囲を囲って中の物を守る意味ⓑに展開する。[英]embrace, hug; support [熟語] ⓐ抱擁・ⓑ擁護・擁立

文献 ⓐ荘子・知北遊「神農隠几擁杖而起=神農、几に隠ょりて杖を擁して起つ(神農は肘掛けによりかかっていたが、杖をかかえると立ち上がった)」

【謡】 16(言・9) 常 ｜常用音訓 ヨウ うたい・うたう

〔謠〕 17(言・10) 人 ｜音ヨウ 訓うた・うたい・うたう

語音 *diog(上古) yiɛu(中古→呉・漢エウ〈=ヨウ〉) yáo(中) 요(韓)

語源 [コアイメージ] 細かい動きが連続的に(〜〜〜の形に)続く。[実現される意味] 伴奏なしで節回しをつけて歌うⓐ。[英]sing without incidental music

〔解説〕下記の詩経の毛伝に「曲、楽に合はすを歌と曰ひ、徒歌(伴奏なしで歌う)を謡と曰ふ」とある。また爾雅の注釈に「声、消揺するなり」、礼記の注釈に「楽無くして空歌し、其の声逍遥然たるを言ふなり」とあり、謡を揺・遥と同源と見ている。日本語の「うたう(うたふ)」は「歌の言葉に節をつけ、声をあげてとなえる」の意味(大野①)。漢語では歌と謡を区別するが、混用されることも多い。日本では特に謡曲を「うたひ」といい、謡の字を当てる。

字源 「謠」が正字。「䍃(音・イメージ記号)+言(限定符号)」を合わせた字。「䍃」は「細かい動きが連続的に(〜〜〜の形に)続く」というイメージがある(⇩揺)。「謠」は声を〜〜〜の形にゆらゆらと揺れ動かす様子を暗示させる。この意匠によって、楽器に合わせず、節回しをつけて歌うことを表象する。

語義 [展開] 伴奏なしで節回しをつけて歌う意味ⓐから、一般に、歌を歌う、また、歌の意味ⓑに展開する。また、世間に流れるうわさやデマの意味ⓒを派生する。うたいは日本的用法ⓓ。[英]sing without incidental music; sing, song; groundless rumor; Noh chanting [和訓] うた [熟語] ⓑ歌謡・童謡・ⓒ謡言・ⓓ謡曲

文献 ⓐ詩経・園有桃「心之憂矣、我歌且謡＝心の憂ひ、我は歌ひ且つ謡はん（心憂えて、歌でも歌おう）」

【曜】18(日・14) 常 ｜常用音訓 ヨウ

語音 *dioɡ(上古) yiɛu(中古→呉・漢エウ〈＝ヨウ〉) yào(中) 요(韓)

語源 [コアイメージ] 高く上がる。[実現される意味] 光が明るく輝くⓐ。[英]shine, illuminate

〔解説〕釈名・釈天に「曜は燿なり。光明照燿する（光が明るく照り輝く）なり」とある。曜・燿・耀は全くの同源語である。翟にコアイメージの源泉がある。

字源 「翟（キテ）(音・イメージ記号)＋日(限定符号)」を合わせた字。「翟」は「高く上がる」というイメージがある(⇩濯)。「曜」は日の光が高く上がって輝く様子を暗示させる。

語義 [展開] 光り輝く意味ⓐから、光る天体の意味ⓑに展開する。日本では、一週間のそれぞれの日につける接尾語ⓒに用いる。[英]shine, illuminate; luminary; suffix [和訓] かがやく [熟語] ⓐ黒曜石・ⓑ七曜・ⓒ日曜

文献 ⓐ詩経・羔裘「羔裘如膏、日出有曜＝羔裘膏（あぶら）の如し、日出でて曜たる有り（黒い毛皮はつやつやと、日の光に輝いた）」

【燿】18(火・14) 人 ｜音ヨウ 訓かがやく

語音 *dioɡ(上古) yiɛu(中古→呉・漢エウ〈＝ヨウ〉) yào(中) 요(韓)

語源 [コアイメージ] 高く上がる。[実現される意味] 明るく輝くⓐ。[英]shine

字源 「翟（キテ）(音・イメージ記号)＋火(限定符号)」を合わせた字。「翟」は「高く上がる」というイメージがある(⇩濯)。「燿」は火が高く上がって光り輝く様子を暗示させる。

語義 明るく輝く意味ⓐ。[熟語] 光燿・輝燿

文献 ⓐ詩経・東山「熠燿宵行＝熠燿（ユウヨウ）たる宵行（明るく輝くツチボタル）」

【耀】20(羽・14) 人 ｜音ヨウ 訓かがやく

語音 *dioɡ(上古) yiɛu(中古→呉・漢エウ〈＝ヨウ〉) yào(中) 요(韓)

語源 [コアイメージ] 高く上がる。[実現される意味] 光が明るく輝くⓐ。[英]shine, illuminate

字源 「翟（キテ）(音・イメージ記号)＋光(限定符号)」を合わせた字。「翟」は「高く上がる」というイメージがある(⇩濯)。「耀」は光が高く上がって照り輝く様子を暗示させる。

語義 [展開] 光が明るく輝く意味ⓐから、栄誉・名声などをはっきりと現し示す（かがやかす）意味ⓑを派生する。[英]shine, illuminate; glory [熟語] ⓐ炫耀（ゲンヨウ）・光耀・ⓑ栄耀・衒耀

文献 ⓑ国語・晋「以耀徳於廣遠也＝以て徳を広遠に耀（かがや）かす（徳を遠い所まであらわに示した）」

【鷹】24(鳥・13) 人 ｜音ヨウ・オウ 訓たか

語音 *·ɪəŋ(上古) ·ɪəŋ(中古→呉オウ・漢ヨウ) yīng(中) 응(韓)

語源 [コアイメージ] 先方から来るものを受け止める。[実現される意味] タカⓐ。[英]hawk

〔解説〕説文解字では雁が篆文、鷹はその籀文とする。字源については王国維の説が参考になる。彼は、雁は人の形と―と隹（とり）を合わせた形で、―は亦に含まれる八の左側と同じで、臂を表すとした。そして臂（腕）にタカを乗せて狩りに使う習俗に起源のある字とした。これは妥当な説であるが、―は臂ではなく胸とすべきであろう。藤堂明保は胸の前に抱き込む鳥と解釈する（藤堂②）。また氏はこの語は陰・音などと同源

で「中に入れてふさぐ」という基本義があるとする(藤堂①)。しかし胸の前にしっかり抱きとめて離さない姿は「中に入れてふさぐ」というイメージがあるにしても、*·ɪəmという語は「先方から来るものをしっかりと受け止める」というイメージに主眼がある。応(受け止める)、膺(胸で受け止める、服膺。また、むねの意)はこのコアイメージから生まれた。このように、鷹狩りのために飼い馴らした鳥を「先方から来るものを受け止める」というイメージで命名し、䧹の図形が考案された。

字源 「䧹(音・イメージ記号)+鳥(限定符号)」を合わせた字。「䧹」の金文は「人+|+隹」を合わせて、人が胸の前に鳥を受け止める情景を設定した図形。この意匠によって、狩りに使うために飼い馴らしたタカを表象する。のち限定符号の「鳥」を添えて「鷹」とした。

(金) (篆) (籀)

語義 タカ目の鳥の総称ⓐ。普通はオオタカを指す。鷹狩りに利用される。[熟語]ⓐ鷹揚・放鷹

文献 ⓐ詩経・大明「維師尚父、時維鷹揚=維れ師の尚父、時れ維れ鷹のごとく揚がる(軍師の尚父[太公望]は、タカのごとく躍り上がった)」

よく

【抑】 7(手·4) 常

常用音訓 ヨク おさえる

語音 *·ɪək(上古) ·ɪək(中古→呉オク・漢ヨク) yì(中) 억(韓)

語源 [コアイメージ] 上から下に押さえつける。[実現される意味] 上から押さえつけて止めるⓐ。[英]press down

解説 王力は抑・遏・按・圧・湮などは同源で、「止める」「押さえる」「塞ぐ」という意味があるとする(王力①)。そのほか印・押・軋・亜・凹などとも非常に近く、「上から下に押さえつける」というイメージがある。押さえられた対象は動きを止める。したがって「対象が動かないように押さえて止める」というイメージにも展開する。日本語の「おさえる(おさふ)」は押シ合フの約で、「相手を動かないように、相手の力の度合に応じて、こちらの力で押しつづける意」という(大野①)。ここから、「動かないよう、出ないようにおしとどめる」「抑止する」意に展開する。これは漢語の抑と同じである。

字源 「印(音・イメージ記号)+手(限定符号)」を合わせた字。「印」は仰・迎に含まれる卬とは別。説文解字に「反印」とある通り、印の鏡文字(左右反転形)である。鏡文字は普通は反対の意味を作るための意匠になるが、印と印の図形的意匠は変わらない。「爪(下向きの手)+卩(ひざまずく人)」を合わせたのが印で、人を上からおさえて下にひざまずかせる場面を設定した図形。それの反転形である印も「上から下におさえつける」というイメージを示す。言葉の上で印(*·ɪən)と印(=抑。*·ɪək)は同源で、コアイメージが同じ。しかし実現される意味が違うので、印と差別化するために、印の反転形にしたと考えられる。

(篆) [印] (篆)

語義 [展開] 上から押さえつけて止める意味ⓐ。「押さえ止める」というイメージから、話題になっていることを一旦押さえ止めて、話を転換させる用法ⓑが生まれた(漢文で「そもそも」と読む)。[英]press down, repress, restrain; or, but, or else, but also [和訓] そもそも [熟語] ⓐ抑圧・抑止

文献 ⓐ孟子・滕文公下「昔者禹抑洪水而天下平=昔者禹は洪水を抑へて天下平らかなり(昔、禹王が洪水を止めたので世界が平らになった)」ⓑ詩経・十月之交「抑此皇父=抑も此の皇父(いったいこの皇父という人は)」

【沃】7(水・4) 常 ｜ 常用音訓 ヨク

語音 *·ok(上古) ·ok(中古→呉・漢オク・[慣]ヨク) wò(中) 옥(韓)

語源 [コアイメージ] しなやかで柔らかい。[実現される意味] 柔らかい、また、柔らかくてみずみずしいⓐ。[英]soft, elegant

字源 「夭ヨウ(音・イメージ記号)＋水(限定符号)」を合わせた字。「夭」は「しなやかでか細い」とイメージがあり、「しなやかで柔らかい」というイメージに展開する(⇩妖)。「沃」は水分で潤って柔らかい様子を暗示させる。この意匠によって、しなやかで柔らかくみずみずしいことを表象する。

語義 [展開] 柔らかい、柔らかくてみずみずしい意味ⓐ、土地が柔らかくて肥えている意味ⓑ、水をかけて潤いを与える(水をそそぐ)意味ⓒに展開する。[英]soft, elegant; fertile; sprinkle, irrigate [熟語] ⓐ沃若・沃沃・ⓑ沃土・肥沃

文献 ⓐ詩経・隰桑「隰桑有阿、其葉有沃＝隰桑シュウソウ阿たる有り、其の葉沃たる有り(沢辺のクワはしなだれて、葉はうら若く柔らかい)」ⓑ呂氏春秋・審時「其米多沃而食之彊＝其の米、沃多くして、之を食へば彊つよし(その米はよく肥えていて、それを食うと体が丈夫になる)」ⓒ春秋左氏伝・僖公23「奉匜沃盥＝匜イを奉じて盥に沃そそぐ(水差しの器を捧げ持って、たらいに水を注ぎ入れる)」

【浴】10(水・7) 常 ｜ 常用音訓 ヨク 訓 あびる・あびせる

語音 *ɡĭuk(上古) yiok(中古→呉・漢ヨク) yù(中) 욕(韓)

語源 [コアイメージ] ㋐くぼみ・㋑くぼんだ所に受け入れる。[実現される意味] 水や湯の中につかって体を洗うⓐ。[英]bath, bathe

〔解説〕谷にコアイメージの源泉があり、くぼみの中に入れる→水の中に体をつけるという意味が実現される。日本語の「あびる」はアムが古形で、「水や湯を体にかける」意(大野①)。「上からかぶる」というイメージでは漢語の沐(頭から水をかぶる)に近く、浴とはイメージが違う。したがって悪口などを「あびせる」のような意味は浴にない。日光浴の浴はかぶるというイメージによる日本語だが、光を水の比喩と取れないことはない。英語のbathは印欧祖語の*bha-(温める)に淵源があるらしい(下宮①)。湯につかって体を温めることから、湯や水で体を洗ったり、つかったりする意味になった。漢語の浴は水・湯にかかわりがなく、目的は汚れを洗うことにある。

字源 「谷コク(音・イメージ記号)＋水(限定符号)」を合わせた字。「谷」は「穴、くぼみ」というイメージから、「(くぼんだ所に)ゆったりと受け入れる」というイメージに展開する(⇩谷・容)。「浴」は水のあるくぼんだ所に体をつける様子を暗示させる。この意匠によって、水の中につかって体を洗うことを表象する。

語義 [展開] 水や湯の中につかって体を洗う意味ⓐ。「受け入れる」というイメージから、恩などを身に受ける(こうむる)意味ⓑを派生する。水などをかぶせる(あびる・あびせる)意味ⓒは日本的用法。[英]bath, bathe; bask, pour, shower [和訓] ゆあみ [熟語] ⓐ浴槽・沐浴・ⓑ浴恩

文献 ⓐ論語・先進「浴乎沂＝沂キに浴す(沂水で体を洗う)」

【欲】11(欠・7) 常 ｜ 常用音訓 ヨク ほっする・ほしい

語音 *ɡĭuk(上古) yiok(中古→呉・漢ヨク) yù(中) 욕(韓)

語源 [コアイメージ] ㋐くぼみ・㋑くぼんだ所に受け入れる。[実現される意味] こちらに欠けているものを満たそうと願い求めるⓐ。[英]desire, want, wish

〔解説〕何かをほしいと思うのは、その何かが欠けているからである。足りない、欠けているからこそ、求めようとする気持ちが起こる。これ

は自然な人間の心理である。欠けていることは空間的に空所（くぼみ・へこみ）のイメージで捉えられ、その空所を満たそうとする情景がイメージとして描かれる。漢語ではこれに当たる聴覚記号を*giukと名づけ、欲という視覚記号が与えられた。谷は「くぼみ・へこみ・空所」というイメージを示す記号である。英語のwantは「〝欠けている〟が原義で、〝必要である〟、〝欲しい〟と意味変化した」という（小島①）。これは漢語の谷（くぼみ）から欲（くぼみを満たす→ほしい）へのイメージ展開と同じである。この類似は偶然ではなく、意味の成立・展開に一定の普遍性があるからであろう。日本語の「ほしい（ほし）」は「自分の物にしたい、また、そうありたい、望ましいの意」という（大野②）。「ほっする」はホル→ホリス→ホッスに転じた語。

字源 「谷（音・イメージ記号）＋欠（限定符号）」を合わせた字。「谷」は「くぼみ」「くぼんだ所にゆったりと受け入れる」というイメージがある（⇨谷）。「欲」は空っぽな腹や心にほしいものを満たそうとする様子を暗示させる。容・浴は同源の語。

語義 【展開】足りないものを求める、何かをほしいと願う意味ⓐから、不足・不満を満たしたいと追求する心の意味ⓑに展開する。また、ほしいと求めることは求められるものにもう少しで近づくことになるから、それまでなかった事態が今にも起こりそうだということを示す用法ⓒが生まれた（漢文で「（～せんと）ほっす」と読む）。ⓑは慾と通用。［英］desire（ⓐⓑ）, want, wish; greed, appetite; about to, just going to 【熟語】ⓐ欲求・貪欲・ⓑ食欲・性欲

文献 ⓐ詩経・蓼莪「欲報之徳＝之が徳に報ゐんと欲す（［父母の］恩徳にお返ししたいと思う）」ⓑ詩経・文王有声「匪棘其欲＝其の欲を棘やかにするに匪ず（自分の欲望を速く遂げようとするのじゃない）」ⓒ左思・蜀都賦「志未騁、時欲晩＝志未だ騁せず、時晩れんと欲す（志はまだ遂げていないのに、時は暮れようとする）」（文選4）

【翌】

11（羽・5） 常 | 常用音訓 ヨク

語音 *diak（上古） yiak（中古→呉イキ・漢ヨク） yì（中） 익（韓）

語源 【コアイメージ】同じものが別にもう一つある。【実現される意味】明くる日ⓐ。［英］tomorrow

【解説】今日という日を基準にして、一日前は前日、一日後は明日であるが、ほかにきのうは昨、あすは翌という専用語がある。昨は「重なっている」というイメージから生まれた（過去の方へ重なった日が昨日）。これに対し、未来の方へ「同じものがもう一つある」というイメージで成立したのが翌である。日だけではなく、ある時（時期）を基準にして、それと同じものがもう一つ来ることが予想される場合を翌という。藤堂明保は異・翼・翌を同源とし、「もう一つ別の」という基本義を設けた（藤堂①）。

字源 「羽（イメージ記号）＋立（イメージ記号）」を合わせた字。「羽」は同じ方向に並ぶ鳥の羽を描いた図形、「立」は両足を並べて立つ人の図形で、ともに「同じものが二つ並ぶ」というイメージを表すことができる。したがって「翌」という図形的意匠によって、「同じものが別にもう一つある」というイメージを表す記号とした。

（甲）  （金）  （篆）    

【字体】「翊」「昱」は異体字。

語義 【展開】今日という日のほかにもう一つある別の日（明日、あす）という意味ⓐから、ある時を起点として、その次に来る同じ時（あくる）の意味ⓑに拡大される。［英］tomorrow; next 【熟語】ⓐ翌日・ⓑ翌月・翌年

文献 ⓐ漢書・武帝紀「翌日親登嵩高＝翌日親ら嵩高に登る（［天子は］自ら嵩高［山の名］に登った）」

17(羽・11) 常 常用音訓 ヨク つばさ

語音 *diək(上古) yiək(中古→呉イキ・漢ヨク) yì(中) 익(韓)

語源 [コアイメージ] 同じものが別にもう一つある。[実現される意味] 鳥のつばさⓐ。[英]wing

〔解説〕異と翼を同源としたのは藤堂明保である。氏は異・翼・翌は「もう一つ別の」という基本義があるとする(藤堂①)。鳥のつばさは左右一対をなす。この形態的特徴を捉えて、つばさを*diəkという。

字源 「異イ(音・イメージ記号)+羽(限定符号)」を合わせた字。「異」は両手を挙げている人を描いた図形。「当面するもののほかに、もう一つのものがある」というイメージを示す記号になる(⇩異)。「翼」は同じものが左右にある羽を暗示させる。

語義 [展開] つばさの意味ⓐから、翼に似た(なぞらえた)ものの意味ⓑに展開する。また、左右に対をなす形態的特徴から、きちんと並んで整っている意味ⓒ、きちんとして恭しく対応する(つつしむ)意味ⓓを派生する。また、体を覆って保護するという機能的特徴から、覆ってかばう意味ⓔ、かばい助ける意味ⓕを派生する。[英]wing(ⓐⓑ); orderly; respectful, reverent; cover, protect; assist [和訓] たすける [熟語] ⓐ羽翼・比翼・ⓑ銀翼・鼻翼・ⓓ小心翼翼・ⓕ翼賛・輔翼

文献 ⓐ詩経・候人「維鵜在梁、不濡其翼＝維これ鵜梁に在り、其の翼を濡らさず(やなの上のペリカンは、翼を濡らそうとしない[折角の獲物を捕ろうとしない])」ⓓ詩経・烝民「小心翼翼(注意が行き届いて慎み深い)」ⓔ詩経・生民「鳥覆翼之＝鳥、之を覆翼す(鳥がこれ[捨て子]を覆って保護した)」ⓕ詩経・行葦「以引以翼＝以て引き以て翼(たす)く([老人の]前に手を引き、支え助ける)」

ら……

【拉】8(手・5) 常 ｜常用音訓 ラ

語音 *lap(上古) lap(中古→呉ロフ〈=ロウ〉・漢ラフ〈=ロウ〉・[慣]ラツ) la(唐ラ) lā(中) 랍・납(韓)

語源 [コアイメージ] ▯/▯の形や↑・↓の形に分かれる。[実現される意味] 物を折ってくだくⓐ。[英]break

字源 「立(リュウ)(音・イメージ記号)＋手(限定符号)」を合わせた「立」は「▯▯の形に並ぶ」というイメージがあり(⇩立)、視点を変えると、「▯/▯の形(あるいは↑・↓の形)に分かれる」というイメージに展開する。「拉」は途中で折って二つにする(くだく)様子を暗示させる。

語義 [展開] 折ってくだく意味ⓐから、AからBを無理に引きはがして引っ張る(連れ去る)意味ⓑを派生する。ひしぐ(ぺしゃんこに押しつぶす)は日本的用法。[英]break; pull, drag; crush [和訓] ひしぐ・ひしゃげる [熟語] ⓑ拉致

文献 ⓐ史記・斉太公世家「使力士彭生抱、上魯君車、因拉殺魯桓公＝力士彭生をして抱きて、魯君の車に上り、因りて拉(ラッ)して魯の桓公を殺さしむ(力士彭生に抱かせて、魯君の車に登らせ、そこで魯の桓公を砕き殺させた)」

【裸】13(衣・8) 常 ｜常用音訓 ラ はだか

語音 *luar(上古) lua(中古→呉・漢ラ) luǒ(中) 라・나(韓)

語源 [コアイメージ] ころころと丸みを帯びている。[実現される意味] 衣を脱いで肉体をあらわにする(はだか)ⓐ。[英]naked, bare, nude

[解説] 日本語の「はだか」の語源は「肌赤か」という(大野①)。下記の春秋左氏伝の注釈に「裸は赤体にして衣無きを謂ふ」とある。日本語の「はだか」はこの漢語の影響があるのかもしれない。一方、同書の別の注釈では「裸は臝(ラ)なり」とある。ころころと丸みを帯びたものでハチの場合は蜾蠃(カラ)、ウリの場合は果蓏(カラ)という。漢語の裸は衣を脱いで肌をあらわにした状態から命名されたようである。古典の注釈に「裸は露(あらわにする)なり」とあり、王力は裸と露を同源とする(王力②)。

[グループ] 裸・蠃(ラ)(尻が丸いジガバチ[蜾蠃(カラ)])・蓏(ラ)(ころころと丸いチョウセンカラスウリ[果蓏(カラ)])・驘(ラ)(=騾。ずんぐりと丸みを帯びたラバ)・鸁(ラ)(ずんぐりと丸みを帯びた小鳥、ミソサザイ)

字源 「臝」が本字。「𣎆(ラ)(音・イメージ記号)＋衣(限定符号)」を合わせた字。「𣎆」は肉の多い獣を描いた図形で、「ころころと丸みを帯びている」というイメージを表す記号となる。「臝」は衣を脱いで丸みを帯びた肉体をあらわにする様子を暗示させる。のち字体が「果(カ)(音・イメージ記号)＋衣(限定符号)」に変わった。「果」も「丸い」というイメージがある(⇩果)。

(篆)  [𣎆] (篆) [臝] [裸]

語義 はだかの意味ⓐ。[熟語] ⓐ裸体・全裸

文献 ⓐ春秋左氏伝・僖公23「曹共公聞其駢脅、欲観其裸＝曹の共公、其の駢脅なるを聞き、其の裸を観んと欲す(曹の共公は彼の胸が一枚あばらだと聞いて、彼の裸を見たいと思った)」

【螺】17(虫・11) 人 ｜音ラ 訓にし・つび・つぶ

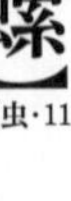

語音 *luar(上古) lua(中古→呉・漢ラ) luǒ(中) 라・나(韓)

語源 [コアイメージ] 次々に重なる。[実現される意味] 巻き貝の総称ⓐ。[英]conch

字源 「累（音・イメージ記号）＋虫（限定符号）」を合わせた字。「累」は「次々に重なる」というイメージがある（⇨累）。「螺」は殻が螺旋状に巻いて重なった虫（軟体動物）を暗示させる。

語義 [展開] 巻き貝の総称ⓐ。意味が縮小されて、タニシ科の総称ⓑとなる。また、回旋状（渦巻きの形）の意味ⓒを派生する。[英]conch; pond snail; spiral [熟語] ⓐ螺鈿・法螺・ⓒ螺旋

文献 ⓐ論衡・偶会篇「月毀於天、螺消於淵＝月、天に毀かくれば、螺、淵に消ゆ（空で月が欠けると、巻き貝は淵で姿を消す）」

【羅】19（网・14）　常　｜常用音訓｜ ラ

語音 *lar（上古）　la（中古→呉・漢ラ）　luó（中）　라・나（韓）

語源 [コアイメージ] くっつくように並ぶ。[実現される意味] 鳥獣を捕らえる網ⓐ。[英]bird-net

〔解説〕 方言・巻七に「羅は之を離と謂ひ、離は之を羅と謂ふ」とあり、郭璞は「羅・離は皆行列の物なり」と注釈する。離は「□‐□の形にくっつく」というイメージがあり、これは「□‐□‐□‐□‐の形にくっつくように並ぶ」というイメージに展開する。鳥獣を捕らえるあみは形態から見れば糸を並べたものであり、機能から見れば獲物をくっつけてひっかけるものである。

〔グループ〕 羅・罹リ（ひっかかる［罹患］）・蘿ラ（他の木にくっつき、枝が長く連なる植物、サルオガセ［女蘿］）・邏ラ（獲物を捕まえるため網を張るように、警戒して見回る［巡邏］）

字源 「隹（鳥。イメージ記号）＋糸（イメージ補助記号）＋网（限定符号）」を合わせた字。鳥を捕らえるために糸で編んだ網を暗示させる図形。図形はコアイメージを反映していない。

（甲）　（篆）

語義 [展開] 鳥獣を捕らえる網の意味ⓐ、鳥獣を網で捕らえる意味ⓑに展開する。また、コアイメージがそのまま実現され、くっつくように並ぶ（連なる）意味ⓒ。また、目が透けている網を比喩にして、目の薄い織物（うすもの・うすぎぬ）の意味ⓓに転用される。また、梵語の音写字ⓔ。[英]bird-net; catch birds with a net; spread out, display; thin silk, gauze; phonetic loan of Sanskrit [和訓] あみ・つらなる・うすもの [熟語] ⓐ鳥羅・門前雀羅・ⓑ網羅・ⓒ羅列・森羅万象・ⓓ羅衣・綺羅・ⓔ羅漢・阿修羅

文献 ⓐ詩経・兎爰「雉離于羅＝雉、羅に離かかる（キジが網にかかったよ）」ⓑ詩経・鴛鴦「鴛鴦于飛、畢之羅之＝鴛鴦ここに飛ぶ、之を畢あみにし之を羅にせん（オシドリが飛んでるよ、あみで捕まえよう）」

らい

【来】7（木・3）　常　｜常用音訓｜ ライ　くる・きたる・きたす

〔來〕8（人・6）　人　｜音ライ　訓くる・きたる・きたす

語音 *m̥ləg（上古）　lai（中古→呉・漢ライ）　lái（中）　래・내（韓）

語源 [コアイメージ] もたらす。[実現される意味] こちらへ向かってやってくるⓐ。[英]come

〔解説〕 來はきわめて由来が古く、殷代の甲骨文字にあり、「（空間的に）こちらへくる」「（時間的に）これからやってくる」、またムギの意味で使われている。殷代以前でも「くる」はおそらく日常語にあったと考えられるから、「くる」が最初の意味であろう。藤堂明保は上古音を*m̥ləgと推定している。殷代も（あるいはそれ以前も）、これに似て*ml～という

複声母をもつ語と考えられる。新石器時代にムギ(おそらく小麦)が中央アジア方面から中国に伝播した際、時期は不明だが、ムギを「くる」と同じく*m̥ləg、また、*mluǎkに近い音で呼んだ。來と音が似ているのは両者に同源意識があったからである(王力も來と麥を同源とする)。ムギは神がもたらしためでたい作物という命名の意図が感じられる。つまり*m̥ləg(來)は「もたらす」というのがコアイメージで、神によってもたらされたものが*mluǎk(麥)である。何かがこちらにもたらすというイメージから「(あるものが)やってくる」の來とムギの麥が生まれた。來は賚(もたらす、たまう)の原字といってよい。説文解字では「周の受くる所の瑞麦(…)、天の來す所なり。故に行來の來と為す」と記している。この解釈はムギの伝説と來の由来を字源から結びつけたものであるが、語源的には右の考察が合理的な筋道である。文字学者はたいてい仮借説を取り、語源を放棄する。日本語の「くる(く)」は「話し手がコ(此)という近称で指示する、身近な所へ向かって、空間的・時間的・心理的に近づくことを、話し手の立場でとらえていう語」という(大野①)。

〔グループ〕来・麦・徠・萊・賚(もたらす、たまう)・勑(酒食を賜い、ねぎらう)・逨(やってくる)・棶(木陰に人を呼び寄せる木、クマノミズキ、別名、即来・涼木)・麳(コムギ)

字源 「來」が正字。ムギ(麥)を描いた図形(⇩麦)。殷代で「やってくる」という意味の*m̥ləgをこの視覚記号で表記した。同時にムギの意味も*m̥ləgといい、この記号を用いた。その理由は両者の同源意識による。ただし表記として來(くる)と麥(ムギ)が分かれた。

(甲) (金) (篆)

〔字体〕「來」は旧字体。「来」は古くから中国で略字として用いられていた。現代中国の簡体字も同じ。

語義 [展開] こちらへ向かってやってくる意味ⓐから、何かをこちらにもたらす、来させる(きたす)意味ⓑ、何かを賜ってねぎらう(いたわる)意味ⓒ、また、時間的にこれからやってくる意味ⓓ、ある時点からのち(今まで)の意味ⓔに展開する。古くはムギ(特にコムギ)の意味ⓕもあった。[英]come; bring; bring gifts to, reward; coming, next; ever since; wheat [熟語] ⓐ往来・到来・ⓑ招来・将来・ⓓ来月・来年・ⓔ以来・従来

文献 ⓐ詩経・終風「莫往莫來=往くこと莫く、来ること莫し(行くこともなく、来ることもない)」ⓑ論語・季氏「遠人不服、則脩文德、以來之=遠人服さざれば、則ち文徳を脩めて、以て之を来す(遠国の人が服従しなければ、徳で彼等を招き寄せる)」ⓒ詩経・女曰鶏鳴「知子之來之、雜佩以贈之=子の之を来ふを知れば、雑佩以て之に贈らん(あなたが私をいたわってくれたから、帯玉をあなたに贈ります)」ⓓ論語・学而「告諸往而知來者也=諸に往を告げて来を知る者なり([彼は]過去のことを告げると未来のことがわかる人だ)」ⓔ孟子・公孫丑下「由周而來、七百有餘歳矣=周由り来、七百有余歳(周以来七百年余り)」ⓕ詩経・思文「貽我來牟=我に来牟を貽れ(私に小麦と大麦を贈りたまえ)」

【徠】11(彳・8) 人 音ライ 訓くる・きたる・きたす

語音 *m̥ləg(上古) lai(中古→呉・漢ライ) lái(中) 래・내(韓)

語源 [コアイメージ]もたらす。[実現される意味]やってくるⓐ。[英]come

字源 「來(音・イメージ記号)+彳(限定符号)」を合わせた字。「來」は「もたらす」というイメージがある(⇩来)。「徠」はこちらに向かってやってくることを表す。來から分化した字。

語義 [展開] やって来る意味ⓐ、物をもたらす(たまわる)意味ⓑに展開する。[英]come; bring [熟語] ⓐ徂徠

文献 ⓑ商君書・徠民「今以茅草之地、徠三晉之民=今、茅草の地を以て、三晋の民に徠す(今、草ぼうぼうの土地を三晋の民に与える)」

【萊】11(艸・8) 人 音ライ

語音 *mləg(上古) ləi(中古→呉・漢ライ) lái(中) 래・내(韓)

語源 [コアイメージ] もたらす。[実現される意味] アカザⓐ。[英]goosefoot

字源 「來(音・イメージ記号)+艸(限定符号)」を合わせた字。「來」は「もたらす」というイメージがあり(⇨来)、「やってくる」という意味のほかに「呼び寄せる・招く」という意味を実現させる。「萊」は放っておくとたちまち呼び寄せられるように耕地などを荒れ地と化する雑草を暗示させる。この意匠によって、アカザを表した。後に藜と書かれる。

語義 [展開] アカザの意味ⓐから、雑草の意味ⓑ、雑草の茂った荒れ地の意味ⓒに展開する。[英]goosefoot; weeds; land overgrown with weeds [熟語] ⓑ草萊・ⓒ萊蕪

文献 ⓐ詩経・南山有台「北山有萊＝北山に萊有り(北の山にはアカザが生えている)」 ⓒ詩経・十月之交「田卒汙萊＝田卒く汙萊たり(田畑はみな荒れ地となる)」

【雷】13(雨・5) 常 常用音訓 ライ かみなり

語音 *luər(上古) luai(中古→呉・漢ライ) léi(中) 뢰・뇌(韓)

語源 [コアイメージ] 重なる。[実現される意味] かみなりⓐ。[英]thunder

〔解説〕釈名・釈天に「雷は硠なり。物を転じて硠雷する所の声有るが如し(物を転がす際、ごろごろという音があるようなものだ)」とある。これは擬音語に由来するという説。藤堂明保は磊・厽(絫)・類・侖(倫・輪)などと同源で、「同じ物が順序よく並ぶ」という基本義があるとする(藤堂①)。□－□－□－の形に並ぶことは「(同じようなものが次々に)重なる」ということでもある。ごろごろという音声を視覚化して「重なる」というイメージで捉えたのが*luərという語である。日本語の「かみなり」はいかずちともいう。「いかずち(いかづち)」はイカ(厳)＋ツ(之)＋チ(霊)が語源。これについて大槻文彦は「上代の人は、厳く畏るべき神としたり。されば直ちに神と云ひ、鳴神とも云ひき」と述べる(大言海)。

〔グループ〕雷・累・蕾・擂(石臼を転がして穀類をすりつぶす→する[擂盆])・檑(高い所から転がして落とし、敵を撃つ木)・礌(高い所から木や石を転がし落とす)・罍(雷紋を描いた酒樽)

字源 甲骨文字では稲妻と渦巻き模様の組み合わせ。金文・籀文・古文では「雨」と渦巻き模様が二つ、または、四つ、または、六つの組み合わせ。雲が渦を巻いて起こる現象が「かみなり」と考えられて生まれた図形である。篆文では「畾(音・イメージ記号)＋雨(限定符号)」の字体に変わった。「畾」は「田」を三つ重ねて、丸いものがいくつも重なることを示す記号。視覚的イメージと聴覚的なイメージは互いに転用できる。かくて「靁(＝雷)」は音が重なってごろごろと転がるように鳴るかみなりを暗示させた。

(甲) (金) 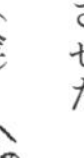 (籀)  (古)  (篆)

〔字体〕「靁」は本字。「雷」は畾を田に略したもので、古くから使われていた。

語義 [展開] かみなりの意味ⓐ。また比喩的に転用される。雷の音に物が一方的に反応することから、同調することの喩えⓑ。また、激しい音や速いものの喩えⓒ、爆発させる兵器の意味ⓓに用いる。[英]thunder(ⓐⓒ); following blindly; metaphor of big sound; mine [和訓] いかずち [熟語] ⓐ雷雨・落雷・ⓑ附和雷同・ⓒ疾風迅雷・万雷・ⓓ魚雷・地雷

文献 ⓐ詩経・殷其雷「殷其雷、在南山之陽＝殷たる其の雷、南山の陽に在り(とどろき渡る雷は、南山の南の方に)」

【蕾】16(艸・13) 人 ｜音ライ 訓つぼみ

語音 luəi(中古→呉・漢ライ) lěi(中) 뢰・뇌(韓)

語源 [コアイメージ] 丸いものが重なる。[実現される意味] つぼみⓐ。[英]bud

字源 「雷(ライ)(音・イメージ記号)＋艸(限定符号)」を合わせた字。「雷」は「丸いものが重なる」というイメージがある(⇩雷)。「蕾」は花がまだ開かず、花弁になるものが重なるように丸くふくらんだもの、つまり「つぼみ」を暗示させる。

語義 つぼみの意味ⓐ。[熟語] ⓐ摘蕾・味蕾

文献 ⓐ徐夤・詠白牡丹「蓓蕾抽開素練嚢＝蓓蕾(バイライ)抽きて開く素練の嚢(つぼみが白絹のふくろから出て開く)」(全唐詩708)

【頼】16(頁・7) 常 ｜常用音訓 ライ たのむ・たのもしい・たよる

〔賴〕16(貝・9) 人 ｜音ライ 訓よる・たよる・たのむ

語音 *lad(上古) lai(中古→呉・漢ライ) lài(中) 뢰・뇌(韓)

語源 [コアイメージ] (激しく)跳ね返す。[実現される意味] 他人にまかせてたよる(たよりにする)ⓐ。[英]rely, depend on

〔解説〕語源の難しい語であるが、コアイメージを把握することが重要である。コアイメージの源泉は剌(ラツ)にある。これは↓の方向の力に対抗して↑の方向に跳ね返すというイメージがあり、「激しい」というイメージもすでに含まれる。藤堂明保は頼・嬾を列・連・瀾などと同じ単語家族に入れ、「ずるずるつながる」という基本義をもつとし、一方、瀬・癩を烈・辣(ラツ)・厲(レイ)(はげしい)などと同じ単語家族に入れ、「はげしい刺激を与える」という基本義をもつとした(藤堂①)。この二つは「激しく跳ね返す」というイメージに概括できる。自分に負わされた仕事や責任を他人に跳ね返して、自分ではやらず他人任せにすることが頼の意味である。日本語の「たのむ」は「ひたすらよい結果を祈って、相手に身の将来をまかせる意」、「たよる」は「何かの手がかりに寄りかかって、相手に依存する意」という(大野①)。英語のrelyは「しっかり縛る」の意のラテン語religareが語源で、「頼る、すがる、当てにする」などの意になったという(小島①)。これは漢語の頼とは少しイメージが異なる。漢語の頼は自分ではやらないで他人に任せるという語感。自分でやらないから、なまける意味も生まれる。

〔グループ〕頼・瀬・嬾(ラン)(なまける[嬾婦])・懶(ラン)(なまける[懶惰])・癩(ライ)(激しい病)・籟(ライ)(穴から勢いよく音を出す笛、また、風が立てる物音[松籟])・藾(ライ)(勢いよく生長する草、ヨモギの類)・獺(ダツ)(水勢の激しい浅瀬に棲む獣、カワウソ)

字源 「賴」が正字。「剌(ラツ)(音・イメージ記号)＋貝(限定符号)」を合わせた字。「剌」は「束(イメージ記号)＋刀(限定符号)」を合わせて、束になったものを刀で切る場面を設定した図形。「(まとまっていたものが)ばらばらになって跳ね返る」というイメージを示す記号になる(⇩辣)。「頼」はこちらに来た負債を跳ね返して相手に押しつける様子を暗示させる。この意匠によって、自分ではやらないで他人に任せることを表象する。藤堂は剌を単なる音符としたが(藤堂②)、筆者は音・イメージ記号と見る。

(甲) (金) (篆) [剌] (篆)

〔字体〕「賴」は旧字体。「頼」は古くから賴の俗字として使われていた。現代中国の簡体字は「赖」。瀬もこれに倣う。

語義 [展開] 自分ではやらないで他人にまかせる(たよりにする)意味ⓐから、自分ではやらずなまける意味ⓑを派生する。人にものをたのむ意味ⓒは日本的用法。[英]rely, depend on; idle; ask, request, order [和訓] よる [熟語] ⓐ依頼・信頼

文献 ⓐ書経・呂刑「一人有慶、兆民頼之＝一人慶有れば、兆民之に

頼ょる（一人にいい事があると、多くの民が彼をたよりにする）」ⓑ孟子・告子上「富歳子弟多頼＝富歳には子弟頼(イラ)多し（豊作の年には、若者はなまけものが多い）」

【瀬】19（水・16） 常 ―（常用音訓） せ
〔瀨〕19（水・16） 人 ― 音ライ 訓せ

語音 *lad（上古） lai（中古→呉・漢ライ） lài（中） 뢰・뇌（韓）

語源 ［コアイメージ］激しく跳ね返る。［実現される意味］水勢の激しい急流（早瀬・浅瀬）ⓐ。［英］rapids, shallows

字源 「瀨」が正字。「賴(ライ)（音・イメージ記号）＋水（限定符号）」を合わせた字。「賴」は「激しく跳ね返る」というイメージがある（⇩頼）。「瀨」は川底が浅く（または石が多く）水が激しく跳ね返る所を暗示させる。厲(レイ)（はげしい。また、浅瀬を渡る）は同源の語。

語義 ［展開］早瀬・浅瀬の意味ⓐ。会う場所や機会など、「せ」の比喩的な意味ⓑは日本的用法。［英］rapids, shallows, shoal, ford; position, opportunity ［熟語］ⓐ急瀬・迅瀬

文献 ⓐ楚辞・九歌・湘君「石瀬淺淺＝石瀬(セキライ)浅浅たり（石の多い急流は浅くてさらさらと流れる）」

らく

【洛】9（水・6） 人 ― 音ラク

語音 *glak（上古） lak（中古→呉・漢ラク） luò（中） 락・낙（韓）

語源 ［コアイメージ］落ちる・低い所に下る。［実現される意味］陝西省にある川の名（渭水の支流）ⓐ。［英］Luo River in Shanxi

〔解説〕固有名詞にもコアイメージのある場合がある。河（黄河）、江（長江）、漢などはその例。洛はもとは陝西省の渭水の支流である。説文解字ではこの川を洛としている。宋の沈括は洛は落と同義で、水が上から下って他の水に入ることによる命名という（夢渓筆談）。後に河南省で黄河に注ぐ川も洛というが、もとは雒と書かれた。

字源 「各(カク)（音・イメージ記号）＋水（限定符号）」を合わせた字。「洛」は落の一部を構成する。「各」は「点々と連なる」というイメージがあり、水滴が点々と連なり落ちる様子を暗示させる。この意匠を借りて、比較的高い山地から落ちるように下って他の低い川に流入する川（支流）を洛と名づけた。

語義 ［展開］陝西省にある川の名ⓐ、また、河南省にある川の名ⓑ。ⓑの北岸に東周の首都洛陽があったので、みやこの意味ⓒが生じた。日本では京都の別名ⓓに用いる。［英］Luo River in Shanxi; Luo River in Henan; capital; Kyoto ［熟語］ⓑ洛書・ⓒ洛中・上洛

文献 ⓐ詩経・瞻彼洛矣「瞻彼洛矣、維水泱泱＝彼の洛を瞻(み)れば、維(こ)れ水泱泱(オウオウ)たり（あの洛の川を見やれば、水が深くたたえている）」

【絡】12（糸・6） 常 ―（常用音訓） ラク からむ・からまる・からめる

語音 *glak（上古） lak（中古→呉・漢ラク） luò（中） 락・낙（韓）

語源 ［コアイメージ］□―□の形にA点とB点をつなぐ・□―□―□―の形に次々と連なる。［実現される意味］二点間をつなぐ・連なるⓐ。［英］cord, tie, connect

〔解説〕日本語の「からめる（からむ）」は「巻きつけて動けぬようにする。捕らえて縛る」意という（大野①）。AをBに（AでBを）巻きつけたり縛ったりしてつなぐことと言い換えてよい。漢語の絡はA－Bの形につながる（連なる）意味から、Aの回りにBをめぐらす（繞る、纏う）という意味に転じる。後者が「からめる」に近くなる。

字源 「各(カク)（音・イメージ記号）＋糸（限定符号）」を合わせた字。「各」は

歩いてきた足が固いものにぶつかって止まる情景を設定した図形(⇩各)。□→□→□というぐあいに次々に止まるというイメージがある。視点を変えると、□—□というぐあいにA点とB点をつなぐというイメージ、また□-□-□…というぐあいに次々と連なるというイメージにも展開する。「絡」はA点とB点を糸でつないで連ねる(連絡をつける)様子を暗示させる。

語義 [展開] 二点間をつなぐ・連なる意味ⓐ。A点とB点を糸でつなぐことから、A点に紐をつないでB点にからませる(まとう)意味ⓑを派生する。中国医学では経脈から横につなぐ脈(気のルート)の意味ⓒに用いられる。[英]cord, tie, connect; twine, wind; branches of channels [和訓] まとう [熟語] ⓐ短絡・連絡・ⓑ籠絡・ⓒ経絡・刺絡

文献 ⓑ荘子・秋水「絡馬首、穿牛鼻、是謂人＝馬首に絡め、牛鼻を穿つ、是を人と謂ふ(馬の頭に引き綱を絡ませたり、牛の鼻に穴を開けたりすること、これを人為的なことという)」

【落】

12(艸・9) 常 | 常用音訓 ラク おちる・おとす

語音 *g̊lak(上古) lak(中古→㊮・㊲ラク) luò(中) 락・낙(韓)

語源 [コアイメージ] □-□-□-の形に次々と連なる。[実現される意味] 上から下におちるⓐ。[英]fall, drop

〔解説〕清の郝懿行は「落の言は絡なり。連綴の意なり」(爾雅義疏)と述べる。□-□の形に横に連絡をつけるのが絡であるが、視点を縦に変えると、「□-□の形や□-□-□-の形に次々と連なる」というイメージになる。物(固体・液体を問わず)が上から下に点々と(連なって)移動し、地面に達することが落の意味である。固体が一つの場合でもその軌跡が線条的に連なっていくことが想定されている。日本語の「おちる(おつ)」はオトル(劣)・オトウト(弟)のオトと同根で、オトは「低い位置、必要な力の少ししかない状態」の意。オツは「ささえから離れて、下に受けとめる物もなく、物が自然に下方へまっすぐに墜落する意。転じて、物が離れて脱ける、欠ける意、また、価値を失う、終わりに達する意をも表す」という(以上、大野①)。意味の展開の仕方も漢語の落とほぼ同じである。

字源 「各ｶｸ(音・イメージ記号)＋水(イメージ補助記号)＋艸(限定符号)」を合わせた字。「各」は「□-□-□-の形に次々と連なる」というイメージがある(⇩各・絡)。「落」は水滴がぽとぽとおちるように草木の葉が□-□-□-の形に次々と連なっておちる様子を暗示させる。この意匠によって、物体がおちることを表象する。

語義 [展開] 物体が上から下におちる(物体をおとす)意味ⓐから、ある範囲・程度から抜け落ちる意味ⓑ、支えや基盤を失って力や勢いをなくす(おちぶれる)意味ⓒを派生する。また、落ちる過程の最後に視点を置くと、決まりがつく、落ち着く意味ⓓ、帰着する(手に入る)意味ⓔ、落ち着く場所の意味ⓕを派生する。[英]fall(ⓐⓒ), drop(ⓐⓑ); fall away; decline; settle down; get; settlement [熟語] ⓐ落下・墜落・ⓑ欠落・脱落・ⓒ堕落・没落・ⓓ落成・落着・ⓔ落札・落手・ⓕ集落・村落

文献 ⓐ詩経・氓「桑之未落、其葉沃若＝桑の未だ落ちざるとき、其の葉沃若たり(桑の葉がまだ落ちない時は、はちきれそうな若さだった)」

【酪】

13(酉・6) 常 | 常用音訓 ラク

語音 *g̊lak(上古) lak(中古→㊮・㊲ラク) lào(中) 락・낙(韓)

語源 [コアイメージ] 固い。[実現される意味] 乳汁を固めた食品ⓐ。[英]jelly

字源 「各ｶｸ(音・イメージ記号)＋酉(限定符号)」を合わせた字。「各」は「固い」というイメージがある(⇩各)。「酪」は牛や羊の乳が発酵して凝固した食品を暗示させる。

語義 [展開] 乳汁を凝固させた飲み物の意味ⓐ。また、バターやチー

ズなどの固体の乳製品の意味ⓑにも展開する。[英]jelly; cheese, butter

[熟語] ⓐ酪漿・杏酪・ⓑ酪農・乾酪

[文献] ⓐ礼記・礼運「後聖有作…以為醴酪＝後聖作(おこ)る有り…以て醴酪を為(つく)る(後世の聖人が出現して、甘酒や酪[ゼリー状の飲み物]を作った)」ⓑ景差・大招「和楚酪只＝楚の酪を和す(楚国で製造された酪[バターないしチーズ]をその肉料理に和える)」(文選補遺30)

らつ

【辣】14(辛・7) [常] [常用音訓] ラツ

[語音] lat(中古→[呉]ラチ・[漢]ラツ) là(中) 랄・날(韓)

[語源] [コアイメージ] 激しく跳ね返る。[実現される意味] トウガラシやニンニクなどのような刺激性のある辛味(ぴりっと辛い)ⓐ。[英]peppery

[解説] 日本語にはないが、トウガラシなどのぴりっとした辛さをlatという。この語のコアイメージは剌の「激しく跳ね返る」に由来する。↓の方向から来るものに対して↑の方向に反発するというイメージである。説文解字に「剌は戻なり」とある。戻も「跳ね返る」というコアイメージをもつ。藤堂明保は剌・辣は烈・厲などと同源で、「はげしい刺激を与える」という基本義があるとする(藤堂①)。

[グループ] 辣・頼・剌・剌(ラツ)(逆方向に跳ね返る[潑剌])・喇(ラツ)(楽器の名[喇叭(ラッパ)])・*溂(ラツ)(純国字。ぴちぴち跳ねるさま[潑溂(ハツラツ)])

[字源] 「剌(ラツ)の略体(音・イメージ記号)＋辛(限定符号)」を合わせた字。「剌」は「激しく跳ね返る」というイメージがある(⇩頼)。「辣」は辛くて舌が跳ね返るようにきつい様子を暗示させる。

[語義] [展開] ぴりっと辛い意味ⓐから、ひどくきつい、はげしい意味ⓑを派生する。[英]peppery, hot; severe, vicious [熟語] ⓐ辣韮・ⓑ辣腕・辛辣

[文献] ⓐ抱朴子・極言「辣多傷肝＝辣多ければ肝を傷(やぶ)る(ぴりっと辛い味が多いと肝臓を痛める)」

らん

【乱】7(乙・6) [常] [常用音訓] ラン みだれる・みだす

[語音] *luan(上古) luan(中古→[呉]・[漢]ラン) luon([唐]ロン) luan(中) 란・난(韓)

[語源] [コアイメージ] もつれる。[実現される意味] 秩序ある事態がもつれて収拾がつかなくなる(みだれる・みだす)ⓐ。[英]disorder

[解説] 亂(＝乱)の語源を明らかにしたのは藤堂明保である。氏は乱・劣、および䜌(レン)のグループ(攣・恋)などを同じ単語家族にくくり、「もつれる」という基本義があるとした(藤堂①)。本来あるべき秩序が失われ、もつれ合って入り乱れた状態、あるいはそのような状態にすることを*luanという。説文解字では「亂は治なり」とあるが、段玉裁は「亂は不治なり」に改め、「治まらざれば則ち其の治まらんことを欲するなり」と述べている(説文解字注)。段の説は半ば真、半ば偽である。というのは亂には治と不治の意味があるからである。正反対の意味を同時にもつ漢語は少なくない(これを反訓という)。秩序が失われた事態の前提には本来あるべき秩序の状態があり、乱れているから乱れを治めようとする行為が起こる。「みだれる」と「おさめる」は盾の両面である。一定の枠(秩序)の中に収まっている物事が収まりきらないで枠をはみ出るというイメージ転化は濫などにも見られる。亂の両義性はこれと逆ではあるが、似たようなイメージ転化現象と言える。日本語の「みだる」は「保たれていた秩序や保たれるべき秩序を失わせる意」で、他動詞(みだす)は「整っていたもの、まとまっていたものをばらばらに入り交じらせる」、

自動詞(みだれる)は「整っていたもの、まとまっていたものがばらばらになる」意味に展開するという(大野②)。日本語の「みだる」はそのような事態の結果を表すが、漢語の亂は前段階の「整える」「まとめる」という行為をも表すのである。

字源 「亂」が正字。「𤔔(音・イメージ記号)+乙(押さえることを示すイメージ補助記号)」を合わせた字。「𤔔」は「爪(下向きの手)+幺(糸)+冂(枠を示す符号)+又(上向きの手)」を合わせて、上と下から力を加えて、糸を糸巻に収めようとする情景を設定した図形。無理に枠に収めようとすると、枠に収まりきれないではみ出たり、もつれたりする。「𤔔」は䜌と同源(同字と見る説もある)で、「もつれる」というイメージを表すことができる。したがって「亂」はもつれないように押さえて収めようとする様子を暗示させる。この意匠によって、「もつれて枠(秩序)をはみ出る」と「枠をはみ出ないように治める」の二つの意味を同時に表象する。

(金) (篆) [𤔔] (篆)

〔字体〕「乱」は近世中国で発生した「亂」の俗字。

語義 [展開] 秩序ある事態がもつれて収拾がつかなくなる(みだれる・みだす)意味ⓐから、世の中の秩序がなくなる意味ⓑ、枠をはずれて(みだりに)という意味ⓒに展開する。また、もつれを治める意味ⓓ、音楽などをまとめる(最後のまとめ)の意味ⓔを派生する。[英]disorder; chaos, turmoil; random; bring into order; end of a piece of music [熟語] ⓐ乱雑・混乱・ⓑ乱世・戦乱・ⓒ乱獲・乱用

文献 ⓐ詩経・小戎「亂我心曲=我が心曲を乱す(心の隅までかき乱す)」ⓑ詩経・節南山「亂靡有定=乱定まること有る靡し(乱はいっこう治まらない)」ⓒ書経・無逸「亂罰無罪、殺無辜=乱りに無罪を罰し、無辜を殺す(むやみに罪の無い者を罰したり、無実の者を殺したりする)」ⓓ書経・泰誓「予有亂臣十人=予、乱臣十人有り(私には乱れた天下を治める家来が十人いる)」ⓔ論語・泰伯「關雎之亂=関雎の乱(関雎[詩経のトップの詩]のまとめの楽曲)」

【卵】 7(卩・5) 常 (常用音訓) ラン たまご

語音 *g̊luan(上古) luan(中古→呉・漢ラン) luǎn(中) 란・난(韓)

語源 [コアイメージ] 丸い。[実現される意味] たまごⓐ。[英]egg

〔解説〕漢の鄭玄は鯤(魚の卵の意)と同源とする(礼記鄭注)。*g̊luan という語は丸や昆と同源で、「丸い」というコアイメージをもつ。

字源 魚や虫の丸く連なったたまごを描いた図形。

(篆)

語義 たまごの意味ⓐ。[熟語] ⓐ鶏卵・産卵

文献 ⓐ荀子・議兵「譬之若以卵投石=之を譬ふれば卵を以て石に投ずるが若し(たとえて言えば、卵を石にぶつけるようなものだ)」

【嵐】 12(山・9) 常 (常用音訓) あらし

語音 lam(中古→呉・漢ラム〈=ラン〉) lán(中) 람・남(韓)

語源 [コアイメージ] ひっきりなしに続く。[実現される意味] 山から吹く急な風ⓐ。[英]wind blowing down from a mountain

〔解説〕lam という語は霖(降り続く雨)や婪(際限なくひっきりなしに求める→むさぼる)と同源で、「ひっきりなしに続く」というイメージがある。嵐は後漢書では人名に使われているが、それ以前に形跡がない(実例は六朝以後)。おそらく説文解字に出ている葻から分化した字であろう。同書で「草、風を得る貌(風が草をなびかせる様子)。読んで婪の若し」とある。下記の文献の注釈に「嵐は山風なり」とある。山から急に吹きつのる風(日本のおろしの類)を嵐と同じく*lam と呼び、艸を山に替えて嵐の表記にしたと考えられる。

〔字源〕「嵐(ラン)の略体(音・イメージ記号)」＋山(限定符号)」を合わせた字。草木をなびかせる山の風を暗示させる。図形にコアイメージは反映されていない。

〔語義〕［展開］山から吹く急な風(おろし)の意味ⓐ、山に立ちこめる気の意味ⓑに展開する。あらしの意味ⓒは日本的用法。［英］wind blowing down from a mountain; vapor; storm, tempest ［熟語］ⓑ青嵐

〔文献〕ⓐ謝霊運・晩出西射堂「夕曛嵐氣陰＝夕曛(セキクン)、嵐気陰(くも)る(夕暮れ時、山の風が吹いて暗くなる)」(文選22)

【覧】17(見・10) 常 ―常用音訓― ラン

〔覽〕22(見・15) 人 ―音ラン 訓みる

〔語音〕*glam(上古) lam(中古→呉・漢ラム〈＝ラン〉) lǎn(中) 람・남(韓)

〔語源〕［コアイメージ］一定の枠の中に収める。［実現される意味］全体を視野に収めて見る(全体を見渡す)ⓐ。［英］view, overlook

〔解説〕監にコアイメージの源泉がある。これは「一定の枠の中に収める」というイメージである。見方にもいろいろあり、対象の姿が目の前に現れてみえることは見、対象にまっすぐ視線を向けてみることは視という。対象を枠の中に入れて全体を一度にみることが覧である。また監には「上から下を見下ろす」という意味も含まれているので、覧も同様である。

〔グループ〕覧・攬(ラン)(物をまとめて全部を手の枠の中に入れる→取りまとめて持つ[収攬])・纜(ラン)(船を留めるため、杙などにまとめてつなぐもの→ともづな[解纜])・欖(ラン)(音写字。橄欖はカンラン科の木の名)

〔字源〕「覽」が正字。「監(カン)(音・イメージ記号)＋見(限定符号)」を合わせた字(篆文の皿が隷書で罒に変わった)。「監」は「一定の枠の中に収める」というイメージがある(⇩監)。「覽」は枠の中の全体を視野に収めて見る様子を暗示させる。

〔字体〕「覧」は近世中国で発生した「覽」の俗字。現代中国の簡体字は「览」。

〔語義〕［展開］全体を視野に収めて見る(見渡す)意味ⓐから、全体が見渡せるようにしたものの意味ⓑに展開する。また、高い所から見る(見下ろす)意味ⓒを派生する。［英］view, overlook(ⓐⓒ), command(ⓐⓒ); list, table; look down ［熟語］ⓐ展覧・博覧・ⓑ便覧・要覧・ⓒ照覧

〔文献〕ⓐ荘子・盗跖「所以覽古今之時、是非之分也＝古今の時、是非の分を覧る所以なり([その見方は]古から今までの時の流れ、善と悪の行為の区別を見渡すものだ)」ⓒ楚辞・九歌・雲中君「覽冀州兮有餘＝冀州(キシュウ)を覧(み)れば余り有り(冀州を見下ろすと見渡し切れぬ)」

【濫】18(水・15) 常 ―常用音訓― ラン

〔語音〕*glam(上古) lam(中古→呉・漢ラム〈＝ラン〉) làn(中) 람・남(韓)

〔語源〕［コアイメージ］㋐一定の枠の中に収める・㋑枠をはみ出る。［実現される意味］川の水があふれるⓐ。［英］flood, overflow

〔字源〕「監(カン)(音・イメージ記号)＋水(限定符号)」を合わせた字。「監」は「一定の枠の中に収める」というイメージがある(⇩監)。視点を変えると、「枠に収まりきれないではみ出る」というイメージに転化する。㔾(枠にはめる)→犯・氾(枠からはみ出る)も似たイメージ転化の例。「濫」は水が枠からはみ出る様子を暗示させる。

〔語義〕［展開］川の水があふれる意味ⓐ。また、水上にはみ出た形になる、つまり、うかぶ・うかべる意味ⓑ。また「枠をはみ出る」というイメージから、限度を外れてむやみな振る舞いをする(道理に外れた行動をする)意味ⓒ、枠を外れて(むやみに・みだりに)という意味ⓓを派生する。

[英]flood, overflow; float; go to excess; excessively 【和訓】みだれる・みだり 【熟語】ⓐ氾濫・ⓑ濫觴・ⓓ濫造・濫伐

文献 ⓐ孟子・滕文公上「洪水横流、氾濫於天下＝洪水横流し、天下に氾濫す（洪水が所かまわず流れ、世界中にあふれた）」ⓑ荀子・子道「其源可以濫觴＝其の源以て觴を濫（うか）ぶべし（その水源はさかずきを浮かべられるほど浅い）」ⓒ論語・衛霊公「小人窮斯濫矣＝小人窮すれば斯（ここ）に濫す（小人はにっちもさっちも行かなくなると無茶な振る舞いをする）」

【藍】 18（艸・15） 常 ｜ 常用音訓 ラン あい

語音 *g̊lam（上古） lam（中古→呉・漢ラム〈＝ラン〉） lán（中） 람・남（韓）

語源 【コアイメージ】一定の枠の中に収める。【実現される意味】草の名、アイⓐ。[英]Chinese indigo

〔解説〕色の名が植物の名から取られることはよくある。植物の名が染色に由来することもある。そうすると植物と色の名が同時に命名されたことになる。アイという植物も用途から発想された。アイは青系の染料を採る草である。染料を採る工程に「枠の中に漬ける」ことを想定し、*g̊lamと命名され、藍と表記された。

字源 「監（カン）（音・イメージ記号）＋艸（限定符号）」を合わせた字。「監」は「一定の枠の中に収める」というイメージがある（⇩監）。「藍」は葉を容器の中に入れて浸し、染料の原料を採る植物を暗示させる。この意匠によって、植物のアイを表象する。

語義 【展開】植物の名、アイ、タデアイの意味ⓐから、色の名（あい色、青色）ⓑに転用される。[英]Chinese indigo; indigo 【熟語】ⓐ出藍・ⓑ藍綬

文献 ⓐ詩経・采緑「終朝采藍、不盈一襜＝終朝藍を采れど、一襜（イッセン）に盈（み）たず（ひと朝かかってタデアイ摘めど、エプロンいっぱいになりませぬ）」ⓑ荀子・勧学「青取之於藍、而青於藍＝青は之を藍より取りて藍よりも青し（青色はアイから採るが、あい色よりも青い）」

【蘭】 19（艸・16） 人 ｜ 音ラン 訓あららぎ

語音 *g̊lan（上古） lan（中古→呉・漢ラン） lán（中） 란・난（韓）

語源 【コアイメージ】遮り止める。【実現される意味】フジバカマⓐ。[英]thoroughwort

〔解説〕詩経に出る蕑（カン）と蘭は同じとされている。語源について宋の陸佃は「蘭艸を蘭と為す。蘭は不祥を闌す（遮る）。故に古へ防を為るに之を刈る。一名は蕑。蓋し蘭は之を闌し、蕑は之を間す（隔てる）。其の義一なり」（埤雅）と述べる。不祥を払うから蘭と名づけたという。これは妥当な語源説である。蘭は「遮り止める」とイメージをもつ記号である。フジバカマを蘭と名づけたのは香気が邪悪を退けるという古代人の信仰に基づいたものであろう。

字源 「闌（ラン）（音・イメージ記号）＋艸（限定符号）」を合わせた字。「闌」は「遮り止める」というイメージがある（⇩欄）。「蘭」は不祥なものを遮り止める効果のある草を暗示させる。この意匠によって、フジバカマを表象する。

語義 【展開】キク科のフジバカマが本義ⓐ。香気があるという共通の特徴から、ラン科植物の名ⓑに転用される。また、梵語の音写字ⓒ。日本ではオランダ（和蘭陀・和蘭）の略称ⓓ。[英]thoroughwort; orchid; phonetic loan of Sanskrit; Holland 【熟語】ⓐ蘭草・ⓑ春蘭・洋蘭・ⓒ蘭塔・蘭若（ランニャ）・ⓓ蘭学・蘭方

文献 ⓐ易経・繫辞伝上「同心之言、其臭如蘭＝同心の言は、其の臭は蘭の如し（心の合った者どうしの言葉は、フジバカマのように香りがよい）」ⓑ荀子・宥坐「夫芷蘭生於深林、非以無人而不芳＝夫れ芷蘭（シラン）は深林に生ずるも、人無きを以て芳しからざるに非ず（ヨロイグサやランは深林に生

えるが、人がいないからといって芳しくないことはない)」

【欄】20(木・16)　常　|常用音訓| ラン
〔欄〕21(木・17)　人　|音ラン　訓おばしま

語音 *g̊lan(上古)　lan(中古→呉・漢ラン)　lán(中)　란・난(韓)

語源 [コアイメージ] 枠を設けて遮り止める。[実現される意味] 家畜が逃げないように遮り止める「おり」ⓐ。[英]pen, fold

〔解説〕家畜を閉じ込める「おり」や建物のてすりなどは、そこから物がはみ出さないように設けた一種の枠である。ここに「枠を設けて遮り止める」というイメージがある。この語を*g̊lanといい、欄で表記する。闌にコアイメージの源泉がある。枠を設けるのははみ出さないようにするためであるが、往々物は枠をはみ出そうとする。したがって「はみ出さないように枠を設けて止める」と「押さえきれずに枠をはみ出る」は可逆的な(相互転化可能な)イメージである。

〔グループ〕欄・蘭・攔ラン(さえぎる)・闌ラン(盛りの時をはみ出る→たけなわ)・爛ラン(火熱がはみ出てあふれる→ただれる[爛熟])・瀾ラン(あふれんばかりの大波[波瀾])・讕ラン(枠を超えて発言する→でたらめを言う)・襴ラン(上衣と下衣を連ねて閉じ合わせた衣服)

字源 「欄」が正字。「闌ラン(音・イメージ記号)+木(限定符号)」を合わせた字。「柬」は「束+八(二つに分ける符号)」を合わせて、良いものと悪いものを選り分けることを示す記号(⇩練)。「柬カン(音・イメージ記号)+門(限定符号)」を合わせた「闌」は、門前で出入りをチェックするために設けた柵を表す。ここに「枠を設けて遮り止める」というイメージが生まれる。「欄」ははみ出ないように遮り止める木の枠を暗示させる。

(金)　(篆)　[闌]

〔字体〕「欄」は旧字体。「欄」は書道に由来する常用漢字の字体。現代中国の簡体字は「栏」。蘭もこれに倣う。

語義 [展開] 家畜が逃げないように遮り止める「おり」の意味ⓐから、人が落ちないように設けた木の枠(てすり)の意味ⓑ、罫線で囲った枠の意味ⓒに展開する。[英]pen, fold; rail, balustrade, parapet; column [熟語] ⓐ牛欄・ⓑ欄干・勾欄・ⓒ欄外・空欄

文献 ⓐ墨子・非攻「至入人欄厩＝至りて人の欄厩に入る(やって来て他人の家畜小屋に侵入する)」ⓑ後漢書・彭脩伝「朱雲攀毀欄檻＝朱雲、攀よじりて欄檻を毀こぼつ(朱雲[人名]は手すりに取りすがって壊した)」

リ

り ……………………

【吏】6(口・3)　常　|常用音訓| リ

語音 *liəg(上古)　lei(中古→呉・漢リ)　li(中)　리・이(韓)

語源 [コアイメージ] 筋道を通す。[実現される意味] 役人ⓐ。[英]official, officer

〔解説〕すでに漢の賈誼の新書・大政篇に「吏の言為たるは理なり」とあるように、理(筋道を通す)と同源である。藤堂明保はほかに力のグループ、夌リョウのグループ(陵など)とも同源とし、「すじ、すじめをたてる」という基本義があるとした(藤堂①)。したがって、事務をきちんと処理する人というイメージの語が吏である。吏は史・事と図形は似ているが、コアイメージが全く違う。ということは言葉が違うということである。英語のofficeはラテン語のofficium(仕事、職務)が語源で、officerは仕事を

する人が原義という(下宮①)。

字源 「史(イメージ記号)+一(イメージ補助記号)」を合わせた字。「史」は筆記用具を手に持つ形で、「まっすぐ立つ」というイメージがあるが、*liəgを表記するための意匠となるのはこれとは全く別。筆記用具をシンボルとして、仕事や事務という具体的な情況を設定するために選ばれた記号である。「一」は一つにまとめることを示す記号。「吏」は与えられた仕事をきちんとまとめる人を暗示させる。この意匠によって、役人を表象する。

(甲) (金) (篆)

語義 役人の意味ⓐ。[熟語] ⓐ官吏・能吏

文献 ⓐ孟子・万章上「天子使吏治其國=天子、吏をして其の国を治めしむ(天子は官吏にその国家を治めさせる)」

【利】 7(刀・5)

常 常用音訓 リ きく

語音 *lied(上古) lii(中古→呉・漢リ) li(中) 리・이(韓)

語源 [コアイメージ] スムーズに通る。[実現される意味] 刃物がよく切れるⓐ。[英]sharp

[解説] 鋭利、便利、利尿、利口、利益の利はそれぞれ意味が違うが、根源には共通のイメージがある。これが「何の障害もなくスムーズに通っていく」というイメージである。刃物を物に刺入するとスムーズに通っていき、よく切れる状態であること、これが鋭利の利である。他はこれの展開義である。日本語の「きく」はキク(聞)の派生で、「神経を働かせて、物事の感じをためし、手ごたえのある意」という(大野①)。これは効き目があることで、漢語の利のⓕがこれに近い。英語のprofit(利益)はラテン語のproficere(前進する、得る)が語源という(下宮①)。進んで行って手に入れるものが利益ということであろう。漢語の利益の利は「スムーズに通る」というコアイメージがあり、すらすらと手に入るものという語感である。

[グループ] 利・痢・俐・梨・莉・黎・悧リ(心がスムーズに働く[怜悧])・犂リ(=犁。土によく通って切れる農具、すき)・蔾リ(刺が体に突き通る植物、ハマビシ[蒺蔾シツリ])・蜊*(=鯏。半国字。浅蜊・浅鯏は二枚貝の一種、アサリ)

字源 利(篆文)と𥝢(古文)の二つの字体がある。篆文は「禾(いね。イメージ記号)+刀(限定符号)」を合わせた字。刃物で稲を刈る情景を設定した図形。古文は「禾+刀+〃(点々の印)」を合わせた字。耕作の際、農具が土を鋤き返す情景を設定した図形。これらの意匠によって、刃物がよく切れることを表象するが、図形は必ずしもコアイメージを反映していない。

(甲) (金) (古)

(篆)

語義 [展開] 「障害がなくスムーズに通る」というイメージから、刃物がよく通って切れる(鋭い)意味ⓐ、事がスムーズに通る、通りをよくする意味ⓑ、障りがなくすらすらと物事が運ぶ(都合がよい)意味ⓒ、口や心の働きがスムーズで理解が速い(賢い)意味ⓓ、得たいものがすらすらと手に入る(もうける・もうけ)の意味ⓔ、働きがすらすらといって役に立つ(きく)意味ⓕに展開する。[英]sharp; smooth, fluent; favorable, convenient; sharpwitted, wise; profit, benefit; work, be useful [和訓] とし [熟語] ⓐ鋭利・犀利・ⓑ利水・利尿・ⓒ利用・便利・ⓓ利口・利発・ⓔ利益・利潤

文献 ⓐ論語・衛霊公「工欲善其事、必先利其器=工、其の事を善くせんと欲せば、必ず先づ其の器を利にす(職人がよい仕事をしたければ、第一番にやることは道具を鋭利にすることだ)」ⓑ論語・里仁「知者利仁=知者

は仁を利す（知識人は［社会に］仁を活かすようにする）」ⓒ詩経・桑柔「爲民不利＝民に不利を為す（民にとってうまくいかないことを行う）」ⓓ論語・陽貨「惡利口之覆邦家者＝利口の邦家を覆す者を悪くむ（私は口先がうまく国家をひっくり返す者が嫌いだ）」ⓔ詩経・大田「伊寡婦之利＝伊これ寡婦の利（［田んぼの落ち穂は］やもめの取り分）」ⓕ越絶書・外伝計倪「苦藥利病＝苦薬、病を利す（苦い薬は治病によい）」

【李】 7(木・3) 人 ｜ 音リ 訓すもも

語音 *liəg(上古) lei(中古→呉・漢リ) lĭ(中) 리・이(韓)

語源 ［コアイメージ］筋目が通る。［実現される意味］スモモⓐ。［英］Chinese plum

〔解説〕段玉裁は李と理は通用したと述べる（説文解字注）。理は筋道、筋道を通す（治める）というイメージがあるので、獄を治める官（裁判官）を李という。藤堂明保は植物名の場合も理と関係があり、果実に細い筋が通っているので、スモモを*liəg（李）と名づけたという（漢字の話Ⅱ）。

字源 「子（イメージ記号）＋木（限定符号）」を合わせて、子が生まれるように、どんどん小さな果実が生る木を暗示させる図形。図形にコアイメージは反映されていない。

（篆）

語義 ［展開］バラ科の木、スモモの意味ⓐ。理と通用して、物事を取りさばく意味ⓑ、筋道を通して罪を裁く官（裁判官、法官）の意味ⓒに用いる。［英］Chinese plum; judge（ⓑⓒ）［熟語］ⓐ李下・桃李・ⓑ行李

文献 ⓐ詩経・丘中有麻「丘中有李＝丘中、李有り（丘にあるのはスモモの木）」

【里】 7(里・0) 常 ｜ 常用音訓 リ さと

語音 *liəg(上古) lei(中古→呉・漢リ) lĭ(中) 리・이(韓)

語源 ［コアイメージ］筋目・きちんと筋道を通す。［実現される意味］一定の区画内で縦横に道を通して人を住まわせる所（むらざと）ⓐ。［英］village

〔解説〕里およびそのグループの深層構造を初めて解き明かしたのは藤堂明保である。氏は里のグループは力のグループや夌リョウのグループ（陵など）、また吏などと同じ単語家族に属し、「すじ、すじめをたてる」という基本義があるとする（藤堂①）。のっぺらぼうな状態に筋目が通る（筋目をつける）ことを*liəgという。筋目の形は—（まっすぐな形）でも∧（ぎざぎざな形）でもよいし、方向は縦でも横でもかまわない。村落や都市は何もない平野などの空間に縦や横の切れ目（筋道）を通して区画され、住居が作られる。人の住むように区画し道を通した所（集落、町、村）を*liəgといい、視覚記号としては里と表記された。日本語の「さと」は「人の住めない山や野に対して、人家の集落をなしている場所」の意という（大野①）。漢語の里とほぼ同じ。

〔グループ〕里・理・裏・厘・埋・哩・浬・鯉・俚リ（いなか［俚諺］）・釐リ（筋を通して整える［釐正］）・貍リ（＝狸。体に筋模様のある獣、ヤマネコ。タヌキは国訓）・薶マイ（＝埋）

字源 「田」と「土」がドッキングして分析し難くなっているが、「田（イメージ記号）＋土（限定符号）」と解析できる。「田」は縦横に畝を通した田んぼの形（⇨田）。具体は捨象して、「縦横に通す」というイメージだけが取られる（これは二次的イメージである）。したがって「里」は縦あるいは横に道を通した土地を暗示させる。この意匠によって、むらざとを表象する。

（金）　（篆）

語義 ［展開］人の住む所（村・町）の意味ⓐから、自分の生まれた所（ふ

るさと）の意味ⓑ、いなか・民間・俗世間の意味ⓒに展開する。また、距離の単位ⓓに用いられる。［英］village; native place, hometown; country; unit of length ［熟語］ⓐ里人・里謡・ⓑ郷里・ⓒ里耳・里俗・ⓓ里程標・五里霧中

文献 ⓐ詩経・将仲子「將仲子兮、無踰我里＝将(と)ふ仲子よ、我が里を踰(こ)ゆる無かれ（ねえお願い仲子さん、私の村を越えないで）」

【俐】 9(人・7)　人　音リ

語音 lì(宋リ)　lì(中)　리・이(韓)

語源 ［コアイメージ］スムーズに通る。［実現される意味］賢いⓐ。［英］quick-witted, clever

字源 「利ﾘ（音・イメージ記号）＋人（限定符号）」を合わせた字。「利」は「障害がなくスムーズに通る」というイメージがある（⇩利）。「俐」は人がスムーズに物事を理解する様子を暗示させる。竜龕手鑑に初出。

語義 理解力がすばやくて賢い意味ⓐ。［熟語］ⓐ伶俐(レイリ)

【哩】 10(口・7)　人　音リ　訓マイル

語音 lǐ(宋リ)　lì・lǐ(中)　리・이(韓)

字源 (1)「里ﾘ（音記号）＋口（限定符号）」を合わせた字。歌曲などで口調を整えるliという語を哩と表記したもの。(2)「里ﾘ（音・イメージ記号）＋口（限定符号）」を合わせた字。距離の単位である里になぞらえて、マイルを表した。

語義 ［展開］語の口調を整える助詞ⓐ。また、英国の距離の単位であるマイルの意味ⓑ。後者は現在では英里という。［英］particle; mile

【浬】 10(水・7)　人　音リ　訓かいり

語音 lǐ(宋リ)　lǐ(中)　리・이(韓)

字源 (1)「里ﾘ（音記号）＋水（限定符号）」を合わせた字。ペルシアの族長の名の音写という（集韻に出る）。(2)「里ﾘ（音・イメージ記号）＋水（限定符号）」を合わせた字。距離の単位の里になぞらえて、海里を表す。現代中国では浬をhǎi-lǐ（海里）の二音節語として読む。

語義 海上の距離の単位である海里の意味ⓐ。［英］sea mile

【莉】 10(艸・7)　人　音リ

語音 lei(中古→呉ライ・漢レイ)　liai(宋リ)　lì(中)　리・이(韓)

語源 〔解説〕晋（四世紀）の頃にアラビア方面からジャスミンの一種が中国に伝わり、梵語のmallikāを末利・末麗・抹厲・没利・摩利などと音写したが、唐代になって茉莉が定着した。

字源 「利ﾘ（音記号）＋艸（限定符号）」を合わせた字。末利に草冠をつけて茉莉と形を整えたもの。

語義 モクセイ科の木、マツリカの意味ⓐ。別名はインドジャスミン。香気が強く、香料や飲料に用いられる。茉莉。茉莉花。［英］arabian jasmine

【梨】 11(木・7)　常　常用音訓 なし

語音 *lied(上古)　lii(中古→呉・漢リ)　lí(中)　리・이(韓)

語源 ［コアイメージ］スムーズに通る。［実現される意味］ナシⓐ。［英］Chinese pear

字源 「利ﾘ（音・イメージ記号）＋木（限定符号）」を合わせた字。「利」は「スムーズに通る」「よく切れる」というイメージがある（⇩利）。「梨」は歯でよく切れて食べやすい果実の生る木を暗示させる。古人は多く食べると下痢しやすいからと語源を説く（李時珍・本草綱目の説）。

〔字体〕「棃」は異体字。

語義 ナシの意味ⓐ。［熟語］ⓐ梨園・梨花

文献 ⓐ管子・地員「其陰則生之楂梨＝其の陰は則ち之を楂・梨を生ず(その陰にはサンザシとナシが生えている)」

【理】 11(玉・7) 常 ｜ 常用音訓 リ

語音 *lɪəg(上古) lɪei(中古→呉・漢リ) lǐ(中) 리・이(韓)

語源 [コアイメージ] 筋目・きちんと筋道を通す。[実現される意味] 木や皮膚などの表面に見える筋模様(きめ)ⓐ。[英]texture, grain

〔解説〕里にコアイメージの源泉がある。「筋目」「筋道を通す」というイメージが*lɪəgという語のコアをなす。木理、道理、修理、理解などは意味が異なるように見えるが、このイメージが共通にある。のっぺらぼうな状態に筋目がつくと、それは分けられてはっきり区別のついた形や状態になる。整った形・状態になることが修理・整理の理、訳の分からないことが分かるようになるのが理解の理である。筋や筋道そのものも理という。木にも玉にも皮膚にもそれぞれ特有の筋目があるが、一般的に自然と人間の世界に存在する筋道が天理や道理の理である。和訓の「ことわり」は「事割りの意。物事の筋道を見つけ出したり、作り出したりする意」という(大野①)。英語のreasonは「計算・推理・関係・問題・原因」などの意をもつラテン語ratioに由来し、「ものの道理・理屈」「理性」「理由・根拠」の意になったという(小島①)。計算や推理・関係の根底にあるのは「筋が通っている」というイメージであろう。rational(合理的)もこれから来ている。漢語の理、日本語の「ことわり」、英語のreasonはイメージが近い。

字源 「里(音・イメージ記号)＋玉(限定符号)」を合わせた字。「里」は「縦や横にきちんと筋道を通す」というイメージがある(⇩里)。「理」は玉を筋目に沿って磨く様子を暗示させる。

語義 [展開] 「筋目」「きちんと筋道を通す」というイメージから、宝石・樹木・皮膚・大地などの表面に見える筋目の意味ⓐ、物事に備わった筋道の意味ⓑ、縦や横の筋道を通す(おさめる)意味ⓒ、筋道を立ててきちんと整える意味ⓓ、わからないものにきちんと筋道をつける(わかる)意味ⓔ、自然の理を研究する学問ⓕの意味に展開する。[英]texture, grain; reason, principle, logic; regulate, manage; understand; natural science [和訓] おさめる・ことわり [熟語] ⓐ地理・木理・ⓑ真理・道理・ⓒ治理・ⓓ修理・整理・ⓔ理解・推理・ⓕ理科・理学

文献 ⓐ易経・繫辞伝上「仰以觀於天文、俯以察於地理＝仰ぎては以て天文を観、俯しては以て地理を察す(仰いで天の模様[日・月・星などの天体]を観察し、うつむいて大地の筋目[山や川などの地形]を観察する)」ⓑ孟子・告子上「心之所同然者何也、謂理也＝心の同然する所の者は何ぞや、謂はく理なり(みんなが同じと認めるものは何か、それは道理である)」ⓒ詩経・信南山「我疆我理、南東其畝＝我疆り我理め、其の畝を南東にす([田の]境を区切りあぜ道を通し、南また東に畝を走らす)」

 【痢】 12(疒・7) 常 ｜ 常用音訓 リ

語音 lɪi(中古→呉・漢リ) lì(中) 리・이(韓)

語源 [コアイメージ] スムーズに通る。[実現される意味] 腹を下すⓐ。[英]have loose bowels, have diarrhea

字源 「利(音・イメージ記号)＋疒(限定符号)」を合わせた字。「利」は「スムーズに通る」というイメージがある(⇩利)。「痢」は病気のため大便がさっと通って下る様子を暗示させる。釈名・釈疾病に「泄利(＝泄痢。下痢の意)とは、其の出づるに漏泄して利する(スムーズに通る)を言ふなり」とある。

語義 腹を下す意味ⓐ。[熟語] ⓐ疫痢・下痢

文献 ⓐ曹操・戒飲山水令「凡山水甚強寒、飲之皆令人痢＝凡そ山水甚だ強寒なり、之を飲めば皆人をして痢せしむ(一般に山の水はひどく冷たいから、これを飲むと下痢をする)」(太平御覧743)

【裏】13(衣・7)　常　｜常用音訓　リ　うら

〔裡〕12(衣・7)　人　｜音 リ　訓 うら・うち

語音 *lɪag(上古)　lɪei(中古→呉・漢リ)　lĭ(中)　리・이(韓)

語源 [コアイメージ] 筋目・(縦や横に)筋道を通す。[実現される意味] 衣の裏地ⓐ。[英]inside of a garment, lining

字源 「里リ(音・イメージ記号)+衣(限定符号)」を合わせた字。「里」は「筋目」「縦や横に筋道を通す」というイメージがある(⇩里)。「裏」は縫い跡の筋目がついている衣の内側を暗示させる。

〔字体〕「裡」は異体字。

語義 [展開] 衣の裏地の意味ⓐから、広く、物の内側(うら・うち・中)の意味ⓑに展開する。表の反対。[英]inside of a garment, lining; inner, inside, interior [熟語] ⓑ裏面・表裏

文献 ⓐ詩経・緑衣「緑兮衣兮、緑衣黄裏＝緑よ衣よ、緑衣黄裏(緑の色よ、その衣よ。緑の衣に黄の裏地がついている)」

【履】15(尸・12)　常　｜常用音訓　リ　はく

語音 *lier(上古)　lii(中古→呉・漢リ)　lǚ(中)　리・이(韓)

語源 [コアイメージ] □-□-□-の形に足跡をつける。[実現される意味] 足で一歩一歩と踏むⓐ。[英]tread, step

〔解説〕古典の注釈に「履は礼なり」「礼は履なり」とある。また釈名・釈衣服では「履は礼なり。足を飾りて礼を為す所以なり」とある。これは「くつ」の意味を説いたものだが、ストレートに礼と履を結ぶのは無理。語の表層ではなく、深層に掘り下げる必要がある。礼は「□-□-□-□-の形にきちんと並ぶ」というコアイメージをもつ。「□-□-□-の形(数珠つなぎ)に並ぶ、連なる」というイメージをもつ妻・楼とも近い。足跡あるいは靴跡を□-□-□-の形につけて道を踏んで行くというイメージの語が履である。日本語の「はく」は「細長い本体に物をとりつけたり、はめこんだりする意」で、「袴・くつ・足袋などを着用する」はその転義の一つ(大野①)。漢語の履は靴をはく意味に限定される。

字源 篆文は「舟(イメージ記号)+尸+彳(二つともイメージ補助記号)+夊(限定符号)」を合わせた字(楷書は形が崩れて「尸+復」となった)。「舟」は進む道具のイメージを示す記号で、比喩的に靴を表している。「尸」は人体。「彳」は道を進むこと。「夊」は引きずる足。したがって「履」は人が靴をはいて道を踏んで進む情景を設定した図形。古文は「舟+足+頁(人体)」を合わせた図形。図形はコアイメージを反映していない。

(古)　(篆)

語義 [展開] 「□-□-□-の形に足跡をつける」というイメージから、足で一歩一歩と踏む(地面を踏む)意味ⓐのほかに、順序を踏んで着実に行う(実際に行う)意味ⓑ、□-□の形に二足が並ぶ靴の意味ⓒ、靴をはく意味ⓓに展開する。[英]tread, step; fulfill, carry out; shoes, sandals; wear, put on [和訓] ふむ・くつ [熟語] ⓐ践履・ⓑ履行・履歴・ⓒ草履ゾウリ・木履

文献 ⓐ詩経・大東「君子所履＝君子の履む所([その道は]君子が踏んで行った所だ)」

【璃】15(玉・11)　常　｜常用音訓　リ

語音 *liar(上古)　lie(中古→呉・漢リ)　lí(中)　리・이(韓)

字源 「離リの略体(音記号)+玉(限定符号)」を合わせた字。宝石の名を表す梵語を音写するために作られた。塩鉄論・力耕篇に瑠璃の語形で初出。

語義 瑠璃ルリ・琉璃ルリはラピスラズリの意味ⓐ。玻璃ハリは梵語sphaṭikaの

音写で、水晶、また、ガラスの意味ⓑ。［英］lapis lazuli; crystal, glass

【鯉】18(魚・7) 人 ｜ 音リ 訓こい

語音 *lıəg(上古) lıei(中古→呉・漢リ) lı(中) 리・이(韓)

語源 ［コアイメージ］筋目・筋がきちんと通る。［実現される意味］コイⓐ。［英］carp

字源 「里ﾘ(音・イメージ記号)＋魚(限定符号)」を合わせた字。「里」は「筋目」「縦や横にきちんと筋が通る」というイメージがある(⇩里)。「鯉」は側線鱗がきちんと筋をなして並ぶ魚を暗示させる。この意匠によって、コイを表象する。コイは三十六枚の側線鱗があるとされ、六六魚・六六鱗の異名がある。

語義 ［展開］淡水魚の名、コイの意味ⓐ。昔、コイの腹中に手紙が入っていた故事から、手紙・便りの意味ⓑが生じた。［英］carp; letter ［熟語］ⓐ鯉魚・養鯉・ⓑ鯉素

文献 ⓐ詩経・衡門「豈其食魚、必河之鯉＝豈あに其れ魚を食ふに、必ずしも河の鯉のみならんや(魚を食べるのに、黄河のコイと限るまい)」

【離】19(隹・11) 常 ｜ 常用音訓 リ はなれる・はなす

語音 *lıar(上古) lıĕ(中古→呉・漢リ) lı(中) 리・이(韓)

語源 ［コアイメージ］㋐二つが□→←□の形にくっつく・㋑二つが□←→□の形に分かれる。［実現される意味］つく(くっつく・ひっかかる)ⓐ。［英］attach

［解説］釈名・釈天に「離は麗(つく)なり。物皆陽気に附麗して以て茂るなり(植物はすべて陽気にくっついて繁茂する)」とある。王力は離・麗・両を同源と見ている(王力①)。*lıarという語は麗と同源で、「□－□の形に並ぶ」というイメージをもつ。言い換えれば「二つが□→←□の形にくっつく」というイメージであるが、視点を変えれば、「二つが□←→□の形に分かれる」というイメージにも転化する。離に「くっつく」と「はなれる」という正反対の意味があるのはこのゆえである。日本語の「はなれる(はなる)」はハナツ(放)の自動詞形で、「一体となっていた物・人・場所が、自然に動いて別れた状態に変わる」意であるが、ワカル(分・別)とは違い、「いったん別になっても、旧に復しうる状態をいう」ようである(大野②)。これは興味深い指摘である。漢語の離では「はなれる」だけでなく、はなれたものが「くっつく」という意味も顕在化する。

［グループ］離・璃・籬ﾘ(竹などを並べ連ねた垣、いけがき・まがき[籬落])・漓ﾘ(液体がずるずると連なって滴るさま[淋漓])・醨ﾘ(アルコール成分が離れて薄まった酒)・縭ﾘ(許婚のしるしとして花嫁衣装につける紐)

字源 「离(イメージ記号)＋隹(限定符号)」を合わせた字。「离ﾁ」は説文解字では獣のような山神、あるいは、猛獣とする。恐ろしい動物を示す記号である。「離」は鳥が恐ろしい動物に襲われる様子を暗示させる。獣が鳥にとりついて互いに争う場面を想定した図形と考えてよい。豦(劇に含まれる)と造形の意匠が似ているが、二つがくっつく姿に視点を置き、「二つが□－□の形に並ぶ」というイメージを示す記号とする。

(篆)

語義 ［展開］「□－□の形に並ぶ」というイメージは「二つが□→←□の形にくっつく」というイメージに展開し、対象にとりつく・対象にくっついてひっかかる意味ⓐ、びっしりとくっつくように並ぶ意味ⓑが実現される。また、「二つが□←→□の形に分かれる」というイメージに転化し、分かれて別々になる(はなれる)意味ⓒが実現される。［英］attach, fasten, catch, fall into; range, stand in line; separate, part, leave

［熟語］ⓐ離騒・ⓑ離離・陸離・ⓒ別離・分離

文献 ⓐ詩経・新台「魚網之設、鴻則離之＝魚網を之これ設く、鴻則ち

之に離っく（魚の網を設けたら、オオハクチョウがとりついた）」詩経・兎爰「雉離于羅＝雉、羅に離かる（キジが網にかかったよ）」ⓑ詩経・黍離「彼黍離離＝彼の黍離離たり（キビはびっしり並び連なる）」ⓒ詩経・中谷有蓷「有女仳離＝女有りて仳離す（男と別れた女がいる）」

りく

【陸】 11(阜・8) 常 ｜常用音訓 リク

語音 *luok（上古） luk（中古→呉ロク・漢リク） lù（中） 륙・육（韓）

語源 ［コアイメージ］㋐∩の形に盛り上がる・㋑つつつ…の形に連なる。［実現される意味］小高い地形の続く大地（おか・くが）ⓐ。［英］land

〔解説〕王力は陸・隆・陵・隴は同源で、大きい丘、高いという意味があるとする（王力①）。藤堂明保は陸は隆（もりあがる）や麓・鹿・漉と同源で、「もりあがって連なる」という基本義があるとする（藤堂②）。陸を分析していくと最後に六に行き着く。六が陸の原字であり、土が集まって盛り上がった図形である。発生の順序は*luokという語があり、山や丘や山脈が盛り上がって断続的に続いていく地形を意味し、これの視覚記号として六が生まれた。六は∩のような図形であるが、実際はつつつ…のように続く形であってもよい。六は視点の置き所によって「∩の形に盛り上がる」というイメージと、「つつつ…の形に連なる」というイメージを表す。数字の六とキノコの意味は前者のイメージ、大陸や陸離・陸続という語は後者のイメージがコアをなす。

〔グループ〕陸・稑リク（稲の種子が∩形に盛り上がって熟する→わせ）・鯥リク（牛のように盛り上がった体形の魚。山海経に出る空想上の魚。「むつ」は国訓）

字源 「坴リク（音・イメージ記号）＋阜（限定符号）」を合わせた字。「六」は土を集めて∩の形に盛り上げた形。「圥」は「六ロク（音・イメージ記号）＋中（艸と同じ限定符号）」を合わせて、∩の形をなすキノコを表す（説文解字に「菌圥は地蕈チジン［キノコ］なり」とある）。「圥ロク（音・イメージ記号）＋土（限定符号）」を合わせた「坴」は、土を寄せ集めて∩の形に盛り上げる情景を設定した図形。かくて「陸」は土の盛り上がった地形を暗示させる。六から段々複雑化したが、結局は六と同じである。

（篆）［圥］ （篆）［坴］

（金） （籀） （篆）

語義 ［展開］小高い丘や山の続く大地の意味ⓐから、水面よりは高く上がって平らな土地の意味ⓑに転じる。また「つつつ…の形に連なる」というイメージから、次々に続く（連なる）意味ⓒが生まれる。また、六の大字ⓓに用いる。［英］land; level height; in succession; six ［和訓］おか・くが ［熟語］ⓐ陸地・大陸・ⓑ陸上・水陸・ⓒ陸続・陸離

文献 ⓐ詩経・九罭「鴻飛遵陸＝鴻は飛んで陸に遵ふ（オオハクチョウは丘の方へ飛んでいく）」

りつ

【立】 5(立・0) 常 ｜常用音訓 リツ・リュウ たつ・たてる

語音 *lıəp（上古） lıəp（中古→呉・漢リフ〈＝リュウ〉・［慣］リツ） lì（中） 립・입（韓）

語源 ［コアイメージ］（▯–▯の形に）並ぶ。［実現される意味］足を地面につけてしっかりとたつⓐ。［英］stand

〔解説〕釈名・釈姿容に「立は林なり。林木の森然たるが如く、各其の所に駐まるなり」とある。止まる所に視点を置いた解釈。しかし藤堂明保は立のグループは林のグループや臨・凜などと同じ単語家族に属し、「同じものが並ぶ」という基本義があるとする（藤堂①）。不安定な片足立

ちではなく、両足をそろえてしっかりとたつというイメージの語が立である。日本語の「たつ」はタテ(縦)と同根で、「平らなところから垂直方向に突出する状態」の意味という(大野②)。漢語の立はまっすぐにたつことを含みつつ、基盤・根拠の上に足場を置いてしっかりたつというイメージが強い。

〔グループ〕立・粒・拉・笠・鴗《リュウ》(水上からまっすぐなくちばしを立てるようにして水中に突入して魚を捕る鳥、カワセミ)

字源 人が大の字型に地上に立つ姿を描いた図形。両足を並べそろえて大地に踏ん張る所に視点を置いている。

(甲) (金) (篆)

語義 [展開] 両足をそろえて安定してたつ(まっすぐたつ・たてる)意味ⓐから、足場や根拠・基礎をしっかり定める意味ⓑ、位や地位を確かなものにする(位につく)意味ⓒに展開する。また、空間を時間の軸に転用して、立っている間に→たちどころに(すぐさま)の意味ⓓ、時の節目がたち現れる意味ⓔを派生する。[英]stand, erect; found, establish, set up; ascend; immediately; start [熟語] ⓐ起立・直立・ⓑ確立・樹立・ⓒ立太子・擁立・ⓓ立刻・ⓔ立夏・立春

文献 ⓐ詩経・燕燕「佇立以泣＝佇立して以て泣く(その場に立ち尽くして涙を流す)」ⓑ論語・為政「三十而立＝三十にして立つ(三十歳で独立した)」ⓒ孟子・万章上「立為天子＝立ちて天子と為る(天子の位につく)」ⓓ孟子・離婁下「可立而待也＝立ちどころにして待つべきなり(即刻待つべきである)」

【律】 9(彳・6) 常 　常用音訓 リツ・リチ

語音 *luət(上古) luĕt(中古→呉リチ・漢リツ) lǜ(中) 률・율(韓)

語源 [コアイメージ] ㋐ルートに従う・㋑順序よく並ぶ。[実現される意味] 行動を秩序づけるためのルール(従うべき基準)ⓐ。[英]law, rule, standard

〔解説〕唐の顔師古は「律の言は率なり。法を制し、以て下を率いるなり、一に曰く、述なり。具《つぶさ》に刑名を述ぶるなり」(急就篇の注)と言う。律と率《ソツ》は音が違うが、無関係ではない。率《ソツ》は「ルートに従う」というイメージがある。順序の順とも近い。「ルートに従う」というイメージは「順々に(間隔をそろえて)並ぶ」「きちんとそろえる」というイメージにも転化する。後者の場合、率《リツ》と読む。律はこの率と同源である。藤堂明保は雷・累・類・倫などと同源で、「同じ物が順序よく並ぶ」という基本義があるという(藤堂①)。人の行動などをきちんと秩序づける基準を律というが、その根底には「ルートやルールに従う」というイメージがある。

〔グループ〕律・葎《リツ》(茎に小さな刺が点々と並ぶ草、カナムグラ)・嵂《リツ》(山が立ち並んで険しいさま)

字源 「聿(イメージ記号)＋彳(限定符号)」を合わせた字。「聿」は筆を手に持つ形(⇩筆)。「律」は人の進むべき道(行い)を文書に記す様子を暗示させる。図形にコアイメージは反映されていない。

(篆)

語義 [展開] 秩序づけるためのルール・決まり(おきて、法)の意味ⓐから、ルールに従う(秩序づける)意味ⓑに展開する。また、「順序よく並ぶ」というイメージから、高低に従って順々に並ぶ音楽の調子という意味ⓒを派生する。中国音楽では六つの律(陽の調子)と六つの呂(陰の調子)を定めている。また古くは、山などが次々に立ち並ぶさまの意味ⓓもあった。[英]law, rule, standard; follow a model; tune; stand in rows [熟語] ⓐ規律・法律・ⓑ自律・他律・ⓒ韻律・旋律

文献 ⓐ易経・師「師出以律＝師出づるに律を以てす(軍隊は紀律を定め

て出陣する)」ⓒ孟子・離婁上「師曠之聴、不以六律、不能正五音＝師曠の聡も、六律を以てせざれば、五音を正す能はず(師曠[音楽家の名]がいくら耳がよくても、六つの音の調子を使わなければ、五つの音階を正すことはできない)」ⓓ詩経・蓼莪「南山律律＝南山律律たり(南の山が立ち並ぶ)」

【栗】10(木・6) 人 ｜ 音リツ 訓くり

語音 *lıet(上古) lıĕt(中古→呉リチ・漢リツ) lì(中) 률・율(韓)

語源 [コアイメージ] 小刻みに(∧∧∧の形に)連なる。[実現される意味] クリⓐ。[英]chestnut tree

〔解説〕古典の訓詁に「栗は秩なり」「離なり」「列なり」などがある。これは「(順序よく、びっしりくっつくように、列をなして)並ぶ」というイメージである。クリ(実)は表面にいががたくさん出ている。したがって「連なる」「並ぶ」というイメージと関連する。下記の論語にあるように、周代では社に植える神木にクリを用いたが、これは戦慄という象徴性があったからという。栗と慄の同源意識は古い。クリ(実)の形態的な特徴から「小さなとげ状のものが連なる」「∧∧∧の形に連なる」というイメージを読み取り、「小刻みにぶるぶると震える」というイメージに転化させた語が生まれたと考えられる。

〔グループ〕栗・慄・溧(リツ)(寒気で震える[溧冽])・篥(リツ)(音が甲高く震えるように出る楽器[觱篥(ヒチリキ)])

字源 「㮚」が本字。「卤(イメージ記号)＋木(限定符号)」を合わせた字。「卤」はいがのある果実を描いた形。「栗」はいがのあるクリの木を表す。

(篆)

語義 [展開] クリの木の意味ⓐ、クリの実の意味ⓑ。また「小刻みに(∧∧∧の形に)連なる」というイメージから、ぶるぶると震える意味ⓒを派生する。[英]chestnut tree; chestnut; tremble, shudder [熟語] ⓑ杼栗(チョリツ)・ⓒ栗烈

文献 ⓐ詩経・車鄰「阪有漆、隰有栗＝阪に漆有り、隰(さわ)に栗有り(坂にあるのはウルシの木、沢にあるのはクリの木)」ⓒ論語・八佾「周人以栗、曰、使民戰栗＝周人は栗を以てす、曰く、民をして戦栗せしむ([社の神体に]周の人はクリを用いていますが、これは人民を[刑罰で]震えさせるという意味でございます)」

【慄】13(心・10) 常 ｜ 常用音訓 リツ

語音 *lıet(上古) lıĕt(中古→呉リチ・漢リツ) lì(中) 률・율(韓)

語源 [コアイメージ] 小刻みに(∧∧∧の形に)連なる。[実現される意味] 恐怖で身震いするⓐ。[英]tremble, shudder, shiver

字源 「栗(リツ)(音・イメージ記号)＋心(限定符号)」を合わせた字。「栗」は「小刻みに(∧∧∧の形に)連なる」というイメージがある(⇨栗)。「慄」は恐怖のため小刻みに震える様子を暗示させる。

語義 恐怖で身震いする意味ⓐ。[和訓] おののく・ふるえる [熟語] ⓐ慄然・戦慄

文献 ⓐ詩経・黄鳥「臨其穴、惴惴其慄＝其の穴に臨み、惴惴(ズイズイ)として其れ慄(おのの)く(墓の穴に臨んだとき、ぶるぶると身震いした)」

りゃく

【掠】11(手・8) 人 ｜ 音リャク・リョウ 訓かすめる

語音 (1)*g̊lıak(上古) lıak(中古→呉ラク・漢リャク) lüè(中) 략・약(韓) (2)*lıaŋ(上古) lıaŋ(中古→呉ラウ〈＝ロウ〉・漢リャウ〈＝リョウ〉)

語源 [コアイメージ] 大きい・強い。[実現される意味] 強く打ちたたく(むちうつ)ⓐ。[英]lash, beat

〔解説〕カールグレンは*gliangと*gliakの二つの音を推定している。京

にコアイメージの源泉がある。京は「大きい」というイメージから「強大である」「強い」というイメージに展開する。説文解字に「勍は彊(強い)なり」「倞は彊なり」とある。掠はこれらと同源で、「強い」「無理に何かを行う」というイメージがある。強い力で無理にたたくことを*gliangといったが、後に強奪する意味に転じ、略と意味が似たので、音が*gliak(藤堂によれば*g̊liak)に変わったと考えられる。

字源 「京(キョウ)(音・イメージ記号)+手(限定符号)」を合わせた字。「京」は「大きい」というイメージがあり(⇩京)、「強い」というイメージに展開する。「掠」は強い力でたたく様子を暗示させる。1と2の音があったが、現在では1が普通。

語義 [展開] 強くたたく(むちうつ、拷問する)意味ⓐから、むりやりに奪い取る(かすめ取る)意味ⓑに展開する。[英]lash, beat; plunder [熟語] ⓐ掠笞(リョウチ)・ⓑ掠奪・侵掠

文献 ⓐ礼記・月令「毋肆掠、止獄訟=肆(ほしいまま)に掠(むち)うつこと毋(な)く、獄訟を止めしむ([仲春の月は]罪人を勝手にむちうたせず、裁判をしないようにする)」ⓑ春秋左氏伝・昭公14「己惡而掠美爲昏=己悪くして美を掠(かす)むるを昏と為す(自分が悪いのに他人の美しいもの[功績・名声など]をかすめ取るのを愚かという)」

【略】 11(田・6) 常 ｜ 常用音訓 リャク

語音 *g̊lak(上古) liak(中古→呉ラク・漢リャク) lüè(中) 략・약(韓)

語源 [コアイメージ] A点とB点をつなぐ・横に連絡をつける。[実現される意味] 領土や国家を経営するⓐ。[英] regulate, manage, administer

〈解説〉計略・省略・大略・侵略の略は意味がかなり違うように見えるが、根底には一つのイメージが貫いている。それはA→Bの形、すなわち「A点とB点をつなぐ」「A点から出て中間を抜けてただちにB点に連絡をつける」というイメージである。土地のAという地点からBという地点に線を引く(つまり境界線をつける)ということから出発して、これらの使い方(意味)が生まれた。

字源 「各(カク)(音・イメージ記号)+田(限定符号)」を合わせた字。「各」は「A点から来てB点で止まる」というイメージから、「A点とB点をつなぐ」「横に連絡をつける」というイメージに展開する(⇩各・絡)。「略」は土地を開き、横に連絡する境界をつける様子を暗示させる。この意匠によって、土地を経営することを表象する。説文解字に「土地を経略するなり」とある。

語義 [展開] 土地(領土・国家)を経営する意味ⓐから、仕事の筋道を立てて計画すること(はかりごと)の意味ⓑに展開する。また、「A点とB点をつなぐ」というイメージから「中間をすっぽり抜かす」というイメージに展開し、中間を省く(手間を省く)意味ⓒ、中身を省いて大雑把である意味ⓓ、大体(おおまか、あらまし、ほぼ)の意味ⓔ、手続きを省いてむりやり物を奪う(正当な方法によらずに奪い取る)意味ⓕを派生する。[英] regulate, manage, administer; plan, scheme; omit, leave out; brief, sketchy, simple; outline, summarily, slightly; plunder, rob [和訓] ほぼ [熟語] ⓐ経略・ⓑ計略・戦略・ⓒ省略・前略・ⓓ簡略・粗略・ⓔ概略・大略・ⓕ略奪・侵略

文献 ⓐ書経・禹貢「嵎夷既略=嵎夷(グウイ)は既に略す(嵎夷の土地はすでに平定され治められた)」ⓑ春秋左氏伝・定公4「吾子欲復文武之略=吾子、文・武の略を復せんと欲す(あなたは文王・武王の計略を回復させたいと思っている)」ⓒ春秋公羊伝・哀公5「喪數略矣=喪は数(しばしば)略せらる(喪[の期間]がしばしば省かれる)」ⓔ孟子・万章下「嘗聞其略也=嘗(かつ)て其の略を聞けり(以前そのあらましを聞いたことがある)」ⓕ春秋左氏伝・成公12「略其武夫、以爲己腹心=其の武夫を略して、以て己の腹心と為す(その武士を奪い取って自分の家来にした)」

りゅう

【柳】9(木・5) 常 ｜常用音訓｜ リュウ　やなぎ

語音 *liog(上古)　lɪəu(中古→呉ル・漢リウ〈＝リュウ〉)　liŭ(中)　류・유(韓)

語源 [コアイメージ] するすると滑る。[実現される意味] シダレヤナギⓐ。[英]weeping willow

字源 「卯ボウ(音・イメージ記号)＋木(限定符号)」を合わせた字。「卯」は「隙間が空いて滑らかに通る」「するすると滑る」というイメージがある(⇩卯)。「柳」は枝が上から下に筋をなしてするすると流れるように垂れた木を暗示させる。この意匠によって、シダレヤナギを表象する。

語義 [展開] シダレヤナギの意味ⓐ、また、ヤナギの汎称ⓑ。また、細いものやしなやかなものの比喩ⓒになる。[英]weeping willow; willow; willowy [熟語] ⓐ柳絮・垂柳・ⓑ楊柳・ⓒ柳腰・蒲柳

文献 ⓐ詩経・菀柳「有菀者柳＝菀ウツたる柳有り(こんもり茂るのはシダレヤナギ)」

【流】10(水・7) 常 ｜常用音訓｜ リュウ・ル　ながれる・ながす

語音 *liog(上古)　lɪəu(中古→呉ル・漢リウ〈＝リュウ〉)　liŭ(中)　류・유(韓)

語源 [コアイメージ] (筋をなして)滑らかに動く。[実現される意味] 水がながれるⓐ。[英]flow

〔解説〕王力は漏・霤・溜・流を同源とし、水が流下する意味があるとする(王力①)。これは表層的な意味である。深層を探り当てたのは藤堂明保である。氏は流のグループを劉のグループ、翏リョウのグループ(寥・戮など)と同じ単語家族にくくり、「すべる・するりと離れる・⇶型」という基本義があるとした(藤堂①)。液体が巛の形に(実際は目に見えないが)するすると移動していくことを*liogという。この聴覚記号の視覚化(図形化)は胎児が生まれる情景から発想された。日本語の「ながれる(ながる)」のナガはナガシ(長)やナグ(投)と同根で、「主に平面上を、線条的に伸びて行くさま」で、「ながる」は「液体などが線条的に移行する」意味という(大野①)。また「物が線条的に移行する」「広まり伝わる」などに展開する。これは漢語の流の転義と似ている。

〔グループ〕流・硫・琉・旒リュウ(巛の形に筋をなしてなびく旗の吹き流し[旗旒])・瑬リュウ(帝王の冠の前後に筋をなして垂れ下がる玉飾り[冕瑬ベンリュウ])・鎏リュウ(つるつるとして美しい黄金)

字源 「㐬リュウ(音・イメージ記号)＋水(限定符号)」を合わせた字。「㐬」は単独で用いられることはないが、上記のグループの音・イメージ記号になる(疏・梳ではイメージ記号)。「𠫓」は「子」の逆さ文字で、生まれ出る赤ん坊を表す記号(⇩育)。「川」は水が分かれて流れる形(荒の下部と同じ)。「𠫓＋川」を合わせた「㐬」は、赤ん坊が生まれる際、羊水が分かれて流れる情景を設定した図形。「巛の形に分散して(筋をなして)滑らかに動く」というイメージを示す記号になる。したがって「流」は水が巛の形にするするとながれる様子を暗示させる。

(古) [㐬]　(篆)

語義 [展開] 水がながれる意味ⓐから、二つの転義の仕方がある。一つは換喩的転義で、流れる水とともに移る(物が水とともにながれる、ながす)意味ⓑ、水や川の流れの意味ⓒになる。もう一つは隠喩的転義で、するすると移っていく意味ⓓ、滑らかに通るⓔ、伝わり広がる意味ⓕ、遠くへ追い払う意味ⓖ、水の流れに似たものの意味ⓗ、本筋から一筋ずつ分かれ出るもの、また、ある特徴でグループに分かれたもの(仲間、クラス)の意味ⓘになる。中止する(ながれる)意味ⓙは日本的用法。[英]flow

(ⓐⓒⓗ); drift, float; stream; move; fluent, smooth; spread; banish, exile; current; class, grade; call off 【熟語】ⓐ流血・流水・ⓑ流失・漂流・ⓒ海流・支流・ⓓ流光・流砂・ⓔ流暢・流麗・ⓕ流通・流布(ルフ)・ⓖ流罪・配流(ハイル)・ⓗ電流・ⓘ流派・女流・ⓙ流会

文献 ⓐ詩経・碩人「河水洋洋、北流活活＝河水洋洋たり、北に流れて活活たり(黄河の水はまんまんと、北に流れてゆうゆうと)」ⓑ詩経・揚之水「揚之水、不流束薪＝揚(あが)れる水、束薪を流さず(早瀬のたばしる水でさえ、束ねた薪は流せない)」ⓒ詩経・黍苗「泉流既清＝泉流既に清し(泉の流れは清らか)」ⓖ孟子・万章上「舜流共工于幽州＝舜、共工を幽州に流す(舜は共工を幽州に流刑にした)」ⓘ論語・子張「君子悪居下流＝君子は下流に居るを悪(にく)む(君子は下等なクラスに落ち込むのをいやがる)」

【留】 10(田・5) 常

常用音訓 リュウ・ル　とめる・とまる

語音 *liog(上古) liəu(中古→呉ル・漢リウ〈＝リュウ〉) liu(中) 류・유(韓)

語源 [コアイメージ] 滑り終わってとまる・隙間がなくなってとまる。[実現される意味] 進行するものを一時的に引きとめるⓐ。[英]detain

〔解説〕卯にコアイメージの源泉がある。これは門の扉を開くことから発想されて、十二支の名と切り裂く(切り開く)という意味で用いられた。閉じられている状態を切り開くという行為は、過程に視点を置くと、「隙間が空いて滑らかに通る」「するすると滑る」というイメージ、結果に視点を置くと、「滑り終わってとまる」「隙間がなくなってとまる」というイメージに展開する。留は後者のイメージが顕現された語で、進行するものをある場所でひきとめて動かないようにすることをいう。カールグレンがstop(止まる)ではなく、detain(引きとめる)、remain(ある場所にとどまる)、tarry(とどまる、滞在する)と訳したのが適切である。これは日本語の「とどまる」に当たる。「とどむ」のトドはトドコホル(滞)のトドと同根で、「小さな動きはあっても、そこで抑えて大きくは進ませないことが原義」で、そこから「ひきとめる、おさえる、中止する、あとに残すなどの意味が派生した」という(大野②)。常用漢字表に「とどまる」「とどめる」の訓を採らなかったのは手落ちである。

〔グループ〕留・瑠・溜・瘤(リュウ)(固まって動かないしこりや腫れ物、こぶ[腫瘤])・榴(リュウ)(中に種子が詰まって瘤状になった果実の生る木、ザクロ。安石榴は音写字)・霤(リュウ)(軒から流れる雨水を受けとめる水槽)・罶(リュウ)(獲物を押さえとめる網→川に仕掛ける捕魚装置)・鶹(リュウ)(物陰に身を寄せてじっととまる鳥、オオスズメフクロウ[鵂鶹(キュウリュウ)])・鎦*(半国字。ボラ)

字源 「卯(ボウ)(音・イメージ記号)＋田(限定符号)」を合わせた字。「卯」は二つの戸が反対向きになった形(⇩卯)。「両側に開ける」というイメージを示す記号になる(⇩貿)。一方、開く過程に視点を置くと、「するすると滑る」というイメージになる(⇩柳)。また、開いた結果に視点を置くと、「滑り終わってとまる」「隙間がなくなってとまる」というイメージに展開する。「卯」はこれら三つの複合イメージがある。「留」は流れていく水が田に入ってとまる様子を暗示させる。この意匠によって、進行するものを一所に引きとめることを表象する。

(金)　(篆)

語義 [展開] 進行するものを一時的に引きとめる意味ⓐから、進行をやめてその場所から動かずに一時的にとどまる(後に残る)意味ⓑに展開する。[英]detain; remain, tarry, stay [和訓] とどめる・とどまる 【熟語】ⓐ留置・抑留・ⓑ在留・駐留

文献 ⓐ詩経・丘中有麻「丘中有麻、彼留子嗟＝丘中に麻有り、彼(かしこ)に子嗟を留む(丘の中に麻畑があり、そこに子嗟さんを引き留めている[隠れている])」ⓑ孟子・告子下「願留而受業於門＝願はくは留まりて業を門に受けん(ここに滞在して先生の門下で学業を受けたい)」

【竜】10(立・5)　常　—(常用音訓) リュウ　たつ

〔龍〕16(龍・0)　人　—音リュウ・リョウ　訓たつ

語音 *lıuŋ(上古)　lıoŋ(中古→呉リュウ・漢リョウ)　lóng(中)　룡・용(韓)

語源 [コアイメージ] 太くて長い筒型をなす。[実現される意味] たつⓐ。[英]dragon

〔解説〕下記のグループのうち特に壟や隴に龍という語のイメージがよく表れている。それは「太くて長い筒型をなす」というイメージである。竜は大蛇や竜巻がモデルとされる。いずれも右のような形態的イメージがある。中国古代に発生した風水思想(風水術)では大地における気の通るルートを竜脈というが、竜は山脈に見立てられているので、ここにも「太くて長い筒型をなす」というイメージが生きている。

〔グループ〕竜・滝・寵・籠・壟ロウ(太くて長い筋をなす田のうね[壟畝])・隴ロウ(山脈の名、また、うねうねと長く延びたうねや丘)・嚨ロウ(筒型をしたのど)・朧ロウ(光が籠もって暗い[朦朧])・礱ロウ(筒型の石臼)・蘢ロウ(筒型の花穂が垂れ下がる草、オオケタデ)

字源 「龍」が正字。空想的動物である「たつ」の全形を描いた図形。四本の足を持ち、胴体と尾をくねらせ、頭にとさかのようなものを戴いた形に造形された。甲骨文字・金文では縦に描かれているが、篆文では左右に分割した形になっている。

(甲)　(金)　(篆)

〔字体〕「竜」は近世中国で発生した「龍」の俗字。現代中国の簡体字は「龙」。滝もこれに倣う。

語義 [展開] 空想的動物としての竜(たつ、ドラゴン)の意味ⓐから、皇帝・瑞祥などの象徴ⓑ、また、優れた人物の比喩ⓒに展開する。[英]dragon; symbol of emperor; metaphor of hero　[熟語] ⓐ昇竜・青竜・ⓑ竜駕・竜顔・ⓒ臥竜・伏竜

文献 ⓐ易経・乾「亢龍有悔=亢竜、悔い有り(天に上がりすぎた竜は後悔する)」

【琉】11(玉・7)　人　—音リュウ・ル

語音 *lıog(上古)　lıəu(中古→呉ル・漢リウ〈=リュウ〉)　liú(中)　류・유(韓)

語源 [コアイメージ] するすると滑る。[実現される意味] 宝石の名(瑠璃)ⓐ。[英]lapis lazuli

〔解説〕古代中国で梵語のvaidūrya(宝石の名)が璧珋璃(ヘキルリ)と音写されたが、璧を省略して珋璃→琉璃と変わった。瑠璃とも書かれる。卯・㐬・留は「するすると滑る」というイメージがある。琉は音意両訳の字である。

字源 「㐬リュ(音・イメージ記号)+玉(限定符号)」を合わせた字。「㐬」は流のコアイメージを提供する記号で、「(筋をなして)滑らかに動く」→「するすると滑る」というイメージを表す。「琉」は摩擦がなくつるつると滑るように滑らかな玉を暗示させる。

語義 [展開] 宝石の名、ラピスラズリの意味ⓐ。日本では、旧国名の一つ(今の沖縄県)の意味ⓑに用いられる。[英]lapis lazuli; old name of Okinawa　[熟語] ⓐ琉璃・ⓑ琉歌・琉球

文献 ⓐ古詩・焦仲卿妻「移我琉璃榻=我が琉璃の榻トウを移す(私の瑠璃製の寝台を移す)」(楽府詩集73)

【笠】11(竹・5)　人　—音リュウ　訓かさ

語音 *lıəp(上古)　lıəp(中古→呉・漢リフ〈=リュウ〉)　lì(中)　립・입(韓)

語源 [コアイメージ] 左右にそろう・安定する。[実現される意

味】かさⓐ。[英]bamboo hat
【解説】雨や日光を遮るために頭にかぶったり、上にかざして覆ったりする道具を、日本語では「かさ」という。漢語では柄がなくて直接頭に戴くものは笠、柄があって頭上にかざして覆うものは傘・繖といい、区別する。歴史的には笠が傘より早く出現した。
【字源】「立（音・イメージ記号）＋竹（限定符号）」を合わせた字。「立」は「左右に（‖の形に）並ぶ」というイメージがあり、「左右にそろう」「基盤の上に安定する」というイメージに展開する（⇩立）。「笠」は雨や暑さを防ぐために、頭上に安定して乗せる「かさ」を暗示させる。
【語義】かぶりものの一つ、かさの意味ⓐ。【熟語】ⓐ蓑笠・破笠
【文献】ⓐ詩経・無羊「何蓑何笠＝蓑を何ひ笠を何ふ（みのと笠を肩に担いでいる）」

【粒】11(米・5)　常　｜常用音訓　リュウ　つぶ

【語音】*lɪəp(上古)　lɪəp(中古→呉・漢リフ〈＝リュウ〉)　lì(中)　립・입(韓)
【語源】【コアイメージ】（‖の形に）並ぶ。【実現される意味】米つぶⓐ。[英]grain
【解説】日本語の「つぶ」は「丸く小さなもの」の意で、ツブル（潰）、ツブテ（礫）、ツブラ（円）、ツブリ（頭）などの語根になる。漢語の粒は米つぶという具体的な物の名で、「点々と小さなものがそろって並ぶ」というコアイメージをもつ語である。
【字源】「立（音・イメージ記号）＋米（限定符号）」を合わせた字。「立」は「‖の形にそろって並ぶ」というイメージがあり、「▫・▫・▫…の形に点々と並ぶ」というイメージに展開する（⇩立）。「粒」は点々と並ぶ米つぶを暗示させる。
【語義】【展開】米つぶの意味ⓐから、穀物の食糧の意味ⓑ、つぶ状をなすものの意味ⓒに展開する。[英]grain(ⓐ～ⓒ)　【熟語】ⓐ穀粒・麦粒・ⓑ粒食・ⓒ粒子・顆粒
【文献】ⓐ呂氏春秋・任数「七日不嘗粒＝七日粒を嘗めず（七日間、飯粒を食べなかった）」ⓑ孟子・滕文公上「樂歳粒米狼戻＝楽歳には粒米狼戻す（豊年には穀物が捨てられて散乱している）」

【隆】11(阜・8)　常　｜常用音訓　リュウ

【語音】*lɪoŋ(上古)　lɪuŋ(中古→呉ル・漢リュウ)　lóng(中)　륭・융(韓)
【語源】【コアイメージ】↑の形や∩の形に盛り上がる。【実現される意味】高く盛り上がるⓐ。[英]bulge, swell
【解説】藤堂明保も王力もともに隆と陸を同源とする。陸は「∩の形に盛り上がる」というイメージがある。陸は丘や大陸の意味を実現するが、隆は盛り上がるという行為そのものを実現する。
【グループ】隆・嶐（山が高く盛り上がるさま）・窿（⌒形の屋根や大空［穹窿］）・癃（背中が盛り上がって曲がる病気）・霳（音が盛んに鳴る雷）
【字源】「降（イメージ記号）＋生（イメージ補助記号）」を合わせた字（篆文の字体。隷書で隆に変わった）。「降」は「高い所から↓形に下る」というイメージを示す記号（⇩降）。「生」は草の芽が地上に出る図形で、「（草が）↑の方向に出る」というイメージがある。したがって「隆」は↓の方向に来る力を押し返すようにして、草が↑の形に勢いよく出る様子を暗示させる図形。この意匠によって、「↑の形や∩の形に盛り上がる」というイメージを表すことができる。カールグレンは隆にgl-という複声母と想定し、降を音符と見ている。

（篆）

【字体】「隆」は旧字体。「隆」は「一」を省いた常用漢字の字体。中国では隆を用いる。
【語義】【展開】「↑の形や∩の形に盛り上がる」というイメージから、

高く盛り上がる意味ⓐ、勢いが盛り上がるように盛んになる（勢いが盛ん）という意味ⓑに展開する。［英］bulge, swell, high; prosperous, grand

［和訓］たかい・さかん　［熟語］ⓐ隆起・隆車・ⓑ隆盛・興隆

文献 ⓐ易経・大過「棟隆、吉＝棟隆し、吉なり（棟木が高く上がっているのは吉である）」ⓑ礼記・檀弓「道隆則従而隆、道汚則従而汚＝道隆んなれば則ち従ひて隆なり、道汚るれば則ち従ひて汚る（［世の中の］道が盛んならば、自分もそれに従って盛んになり、道が汚れているなら自分もそれに従って汚れる）」

【硫】12（石・7）　常　常用音訓 リュウ

語音 lɪəu（中古→呉ル・漢リウ〈＝リュウ〉）　liú（中）　류・유（韓）

語源 ［コアイメージ］するすると流れる。［実現される意味］鉱物の名、いおう（硫黄）ⓐ。［英］sulfur

字源 「流の略体（音・イメージ記号）＋石（限定符号）」を合わせた字。火山の噴出物として流れ出る鉱物を暗示させる図形。もとはいおうを流黄と書いた。淮南子や神農本草経に出ている。抱朴子で硫黄の表記が現れる。硫は晋以後に創作された字と考えられる。流の限定符号を水から石に替えたもの。

語義 いおうの意味ⓐ。［熟語］ⓐ硫安・硫酸

【溜】13（水・10）　人　音リュウ　訓たまる・ためる

語音 *liog（上古）　lɪəu（中古→呉ル・漢リウ〈＝リュウ〉）　liú（中）　류・유（韓）

語源 ［コアイメージ］㋐するすると滑る・㋑隙間がなくなってとまる。［実現される意味］水滴や雨垂れがしたたり落ちるⓐ。［英］drip, drop

〔解説〕留にコアイメージの源泉がある。これは「隙間がなくなってとまる」というイメージであるが、その前提に「隙間が空いて滑らかに通る」「するすると滑る」というイメージがある。視点を縦の軸に変えると、「下にずるずると垂れ下がる」というイメージに展開する。水滴や雨垂れが垂れ落ちることを溜という。また、家の屋根から垂れ落ちる雨垂れを受けとめる所（雨樋）を溜という（霤と同じ）。後者には「（進行するものが）とどまる」というイメージもある。雨垂れを受けとめる所という意味から連想して、日本では「たまる」「ためる」の訓がついた。「たまる」とは「ものごとが満を持した状態のまま、じっと動かずにいる意」が原義で、ここから「（水などが）ひと所に集まったまま流れないでいる」意味に展開する（大野①）。

字源 「留（音・イメージ記号）＋水（限定符号）」を合わせた字。「留」は「するすると滑る」というイメージから、「摩擦がなくするすると滑るように、垂れ下がる」というイメージに展開する。「溜」は水滴がずるずると垂れ落ちることを暗示させる。

語義 ［展開］水滴がしたたり落ちる意味ⓐから、流れ落ちる雨垂れを受けとめる所の意味ⓑを派生する。また後世では、滑らかに動く（すべる）意味ⓒに用いられるが、これはコアイメージが表層に現れたもの。「たまる」「ためる」ⓓは日本的用法。［英］drip, drop; eaves gutter; slide; accumulate　［熟語］ⓐ乾溜・蒸溜・ⓓ溜飲・残溜

文献 ⓑ春秋左氏伝・宣公2「三進及溜＝三たび進みて溜に及ぶ（三回雨樋の所まで進んできた）」

【劉】15（刀・13）　人　音リュウ

語音 *liog（上古）　lɪəu（中古→呉ル・漢リウ〈＝リュウ〉）　liú（中）　류・유（韓）

語源 ［コアイメージ］両側に開く。［実現される意味］殺すⓐ。［英］kill

〔解説〕藤堂明保は流のグループ、劉のグループ、翏のグループ（寥・

戮・勠）、および柳・瑠を同じ単語家族にくくり、「すべる・するりと離れる・□型」という基本義があるとする（藤堂①）。卯にコアイメージの源泉がある。卯は「両側に開く」というコアイメージをもち、殷代では十二支の名のほか、「切り開く（左右に切り裂く）」という意味で使われている。人を刃物や武器で引き裂くようにして殺すことを劉という。殺戮の戮に近い。また「両側に開く」というイメージは「隙間が空いて滑らかに通る」「するすると滑る」というイメージに展開し、下記のグループを構成する。

〔グループ〕劉・嚠（音が滑らかに通るように冴えて鳴るさま［嚠喨］）・瀏（水が底まで透き通るほど清く深いさま、［瀏亮］）・懰（透き通るように美しいさま）

字源 「卯（音・イメージ記号）＋金（イメージ補助記号）＋刀（限定符号）」を合わせた字。「卯」は「両側に開く」というイメージがある（⇩卯）。「劉」は刃物や武器で体を切り裂く様子を暗示させる。

語義 ［展開］古典では斬り殺す意味ⓐで使われているが、後世では専ら姓ⓑに用いられる。［英］kill; surname

文献 ⓐ詩経・武「勝殷遏劉＝殷に勝ち、劉を遏とどむ（［周の武王は］殷に勝ったが、殺すことはとめた）」

りょ

【侶】 9（人・7）　常　｜常用音訓｜リョ

語音 *gliag（上古）　lio（中古→呉ロ・漢リョ）　lü（中）　려・여（韓）

語源 ［コアイメージ］二つが○-○の形に並ぶ。［実現される意味］連れ合い・仲間ⓐ。［英］companion, comrade

字源 「呂（音・イメージ記号）＋人（限定符号）」を合わせた字。「呂」は背骨の形で、「○-○-○-の形に並び連なる」というイメージがある（⇩呂）。隣り合った二つの関係に焦点を合わせると、「二つが○-○の形に並ぶ」というイメージになる。「侶」は並んだ二人を暗示させる。

語義 連れ合い・仲間の意味ⓐ。［和訓］とも　［熟語］ⓐ僧侶・伴侶

文献 ⓐ戦国策・趙一「有兩木焉、一蓋呼侶、一蓋哭＝両木有り、一蓋は侶を呼び、一蓋は哭す（二本の木がありました。一個は仲間に呼びかけ、一個は泣いておりました）」

【旅】 10（方・6）　常　｜常用音訓｜リョ　たび

語音 *liag（上古）　lio（中古→呉ロ・漢リョ）　lü（中）　려・여（韓）

語源 ［コアイメージ］□-□-□-の形に並ぶ。［実現される意味］兵士の集団ⓐ。［英］troop

〔解説〕王念孫は「膂は旅なり。旅の言は臚なり。肥美の称なり」（広雅疏証）と述べているが、肥美は間違いで、「連なる・並ぶ」という意味である。藤堂明保は呂・侶と同源とする（藤堂②）。*liagという語は呂・侶のほか婁・楼・虜・慮なども同源と見てよい。これらは「□-□-□-の形（数珠つなぎ）に並ぶ」というイメージがある。旅団（軍隊）や行旅（たび、たびびと）の旅はこのイメージから生まれた語である。日本語の「たび」は「住みかを離れて、一時よそへ行くこと。古くは必ずしも遠方へ行くことをいわず、住みかを離れることをすべて〝たび〟という」（大野①）。漢語の旅は多くの人が連なって（隊列を組んで）よそへ移動することである。英語のtravelはラテン語のtripalium（拷問台）に由来し、「苦労して旅をする」が原義という（小島①）。

〔グループ〕旅・膂（＝膐。○-○-○の形に並ぶ背骨［膂力］）

字源 「从（イメージ記号）＋㫃（限定符号）」を合わせた字。「从」は「人」を二つ並べた形で、Aの後にBが従い並ぶことを示す。従の原字であるが、「従う」に力点を置くのではなく、「並ぶ」に力点が置かれる。「旅」は旗の下に人たちが集まり並ぶ情景を設定した図形である。この意匠に

よって、隊を組んだ兵士の集団を表象する。説文解字で「旅は軍の五百人なり」とある。

(甲)　(金)　(篆)

【語義】［展開］集まり並ぶ兵士の意味ⓐから、隊を組んで移動する客(たびびと)の意味ⓑ、また、たびの意味ⓒに展開する。また、「□-□-□-の形に並ぶ」というイメージから、並び連なる意味ⓓを派生する。［英］troop; traveler; travel, journey tour, trip; arrange in a series ［熟語］ⓐ旅団・師旅・ⓑ逆旅・行旅・ⓒ旅行・旅程

【文献】ⓐ詩経・皇矣「爰整其旅＝爰(ここ)に其の旅を整ふ(わが軍勢を整えた)」ⓑ孟子・公孫丑上「關譏而不征、則天下之旅、皆悦而願出於路矣＝関、譏(き)して征せざれば、則ち天下の旅、皆悦びて路に出でんことを願ふ(関所では取り締まるだけで税金を掛けなければ、天下じゅうの旅人は大喜びで旅に出たいと願うものだ)」ⓒ易経・旅「旅卽次＝旅のとき次(やど)りに即(つ)く(旅をする時、はたごに宿る)」ⓓ詩経・賓之初筵「殽核維旅＝殽核(コウカク)、維(こ)れ旅(つら)ぬ(酒のさかなは盛りだくさん)」

【虜】13(虍・7)　常　｜常用音訓｜リョ

〔虜〕12(虍・6)　人　｜音リョ　訓とりこ

【語音】*lag(上古)　lo(中古→呉ル・漢ロ・［慣］リョ)　lü(中)　로・노(韓)

【語源】［コアイメージ］□-□-□-の形(数珠つなぎ)に連ねる。［実現される意味］生け捕りにされた敵(とりこ)ⓐ。［英］captive

【解説】藤堂明保は旅・侶・呂と同源とする(藤堂②)。*lagという語はそのほかに婁・楼・慮などとも同源で、「□-□-□-の形(数珠つなぎ)に並べる、連ねる」というイメージをもつ。捕まえて数珠つなぎにするものを虜という。

【字源】「虜」が正字。「虍ョ(音・イメージ記号)＋毌(イメージ補助記号)＋力(限定符号)」を合わせた字。「虍」は「丸い」「並び連なる」など複合イメージがある(⇩虎)。「毌」は貫くことを示す記号(⇩貫)。したがって「虜」は力ずくで敵を捕まえて、数珠つなぎにする様子を暗示させる。

(篆)

【字体】「虜」は旧字体。「虜」は古くから書道で行われた字体。現代中国の簡体字は「虏」。

【語義】［展開］生け捕りにされた敵の意味ⓐから、敵を生け捕りにする意味ⓑに展開する。［英］captive, prisoner; capture ［和訓］とりこ ［熟語］ⓐ俘虜・捕虜・ⓑ虜囚

【文献】ⓐ詩経・常武「仍執醜虜＝仍(かさ)ねて醜虜を執(と)らふ(更に多くの敵を捕らえた)」ⓑ荘子・則陽「受甲二十萬、爲君攻之、虜其人民＝甲二十万を受け、君の為に之を攻め、其の人民を虜(とりこ)にせん(二十万の兵士を授けてもらい、君主のために彼を攻撃し、彼の人民を捕虜にしましょう)」

【慮】15(心・11)　常　｜常用音訓｜リョ

【語音】*liag(上古)　lio(中古→呉ロ・漢リョ)　lü(中)　려・여(韓)

【語源】［コアイメージ］□-□-□-の形(数珠つなぎ)に連ねる。［実現される意味］いろいろ思いをめぐらす(謀り考える、考え)ⓐ。［英］consider, ponder

【解説】釈名・釈言語に「慮は旅なり。旅は衆なり」とある。旅は「□-□-□-の形に並ぶ」というイメージをもつ語である。慮は虜とも同源である。思いが数珠つなぎになってずるずると続いて絶えないことを慮という。和訓の「おもんぱかる」は「おもひはかる」の音便形で、「ああしようこうしようと考える」意味という(大野①)。

【グループ】慮・虜・濾ロ(隙間に水をずるずると流してかすをこす［濾過］)・藘

ョリ(蔓をずるずると延ばして他物に絡みつく草、アカネ[茹藘ジョリョ])・鑢ョリ(細かい溝が並び連なる道具、やすり)・擄ョリ(とりこにする)・艣ロ(＝艪。船を連続的にこいで進める道具、ろ[舳艫])

字源 「虍コ(音・イメージ記号)＋思(限定符号)」を合わせた字。「虍」は「並び連なる」というイメージがあり、「□－□－□－の形(数珠つなぎ)に並べる、連ねる」というイメージにも展開する(⇩虜)。「慮」は思いが次々に連なる様子を暗示させる。この意匠によって、あれこれと思いめぐらすことを表象する。

語義 [展開] いろいろ思いをめぐらす意味ⓐから、あれこれと思い悩む(心配する)意味ⓑに展開する。[英]consider, ponder; worry [和訓] おもんぱかる [熟語] ⓐ考慮・思慮・ⓑ苦慮・憂慮

文献 ⓐ詩経・雨無正「旻天疾威、弗慮弗圖＝旻天ビンテンは疾威にして、慮おもんぱかれず図られず(天は暴虐を下し、人はその意志を思いはかれぬ)」

りょう

【了】 2(亅・1) 常 常用音訓 リョウ

語音 *lïɔ̆g(上古) leu(中古→呉・漢レウ〈＝リョウ〉) liǎo(中) 료・요(韓)

語源 [コアイメージ] もつれる・もつれが解ける。[実現される意味] 事態が決着する(終わる)ⓐ。[英]finish, conclude

〔解説〕 藤堂明保は労のグループ、尞リョウのグループ(僚・繚・瞭など)、および了・料などを同じ単語家族にくくり、「ずるずると続く・からげる」という基本義があるとする(藤堂①)。了は「絡まった(もつれた)事態や物事が」ずるずると続くところにポイントがある。物事がもつれると、それを治めようとする力が働く。言語の上では「(もつれて)乱れる」↓「(もつれを)治める」というイメージ転化現象が乱に見られる。同じように了においては、「(もつれて)からまる」から「(もつれを)解く・解ける」というイメージへの転化がある。からまった事態がすっきりと解けて決着することが完了の了、訳が分からないもつれた事態がすっきりとなることが了解の了である。後者は明瞭の瞭と同源である。

字源 もつれてからまった状態が段々と解けていく様子を示す象徴的符号。§のような形が∫のような形に変化するさまを示したいが、漢字では動画的な意匠を表現できないので、了のような形だけを示したもの。この意匠によって、「もつれが解ける」というイメージを示す。字源については、手のない子の形(説文解字)、男根の形(陳独秀)、物を拗る形(白川②)などの説があるが、「物がもつれてぶらさがるさま、また、ぶらさがった物をからげるさま」(藤堂②)と解するのが比較的妥当。

(篆)

語義 [展開] 「もつれが解ける」というイメージは「もつれが解けてはっきりとけじめをつける」というイメージに転化し、事態がはっきりして決着する意味ⓐ、はっきり分かる(明らかになる)意味ⓑに展開する。[英]finish conclude, settle; know clearly, understand [和訓] おわる・さとる・ついに [熟語] ⓐ完了・終了・ⓑ了解・了察

文献 ⓐ王褒・僮約「食了洗滌＝食し了りて洗滌す(食べ終わって器を洗う)」(漢魏六朝百三家集6)ⓑ後漢書・仲長統伝「事總則難了＝事総すぶれば則ち了し難し(事は締めくくろうとすればわかりにくくなる)」

【両】 6(一・5) 常 常用音訓 リョウ

語音 *lıaŋ(上古) lıaŋ(中古→呉・漢リャウ〈＝リョウ〉) liǎng(中) 량・양(韓)

語源 [コアイメージ] □－□の形に並ぶ。[実現される意味] 二つで一組になるものⓐ。[英]pair

〔解説〕王力は両・輛・裲・麗・儷・離を同源とする（王力①）。藤堂明保は両のグループと梁・量・略などを同じ単語家族にくくり、「ふたつ対をなす」という基本義があるとする（藤堂①）。*lıaŋという語は梁（左右に張り渡す橋、また、はり）と同源である。また、麗・離とも近く、ともに「▯-▯の形に並ぶ」というコアイメージがある。

〔グループ〕両・倆《リョウ》（わざ［伎倆］）・緉《リョウ》（靴を数える語、一足）・裲《リョウ》（胸と背に当て着る衣、袖なし・チョッキの類［裲襠］）・輛《リョウ》（両輪のある車）・魎《リョウ》（影のそばにつく薄い影、罔両。転じて、得体の知れぬ化け物［魍魎］）

字源 「兩」が正字。古くは㒳とも書かれた。左右におもりのついたはかりを描いた図形。

（金）　（篆）

〔字体〕「両」は近世中国で発生した「兩」の俗字。現代中国の簡体字は「两」。

語義 ［展開］「▯-▯の形に並ぶ」というコアイメージから、並んでペアになるもの（二つで一組になるもの）の意味ⓐ、二つ、また、双方の意味ⓑ、二輪の車の意味ⓒ、重さや反物などの単位ⓓに展開する。［英］pair; two, both; chariot; unit of weight ［和訓］ふたつ・ふたつながら ［熟語］ⓐ両眼・両親・ⓑ両人・両立・ⓒ車両・ⓓ斤両

文献 ⓐ易経・繫辞伝上「易有大極、是生兩儀＝易に大極有り、是れ両儀を生ず（易に大極［根源の道］があり、それが陰陽の二つの形態を生む）」ⓑ詩経・還「竝驅從兩狼兮＝並び駆りて両狼に従ふ（並んで二頭のオオカミの後を追う）」ⓒ詩経・鵲巣「百兩御之＝百両もて之を御す（車百台に乗せて行く）」

【良】

7（艮・1）　常　｜　常用音訓　リョウ　よい

語音 *lıaŋ（上古）　lıaŋ（中古→㊐ラウ〈＝ロウ〉・㊦リャウ〈＝リョウ〉）　liáng（中）　량・양（韓）

語源 ［コアイメージ］汚れがなくきれいに澄む。［実現される意味］混じり気がなく質がよい（優れている）ⓐ。［英］good, fine

〔解説〕釈名・釈言語に「良は量なり。力を量りて動き、敢へて限を越えざるなり（限度を超えない）」とある。疑問のある語源説だが、量と同源と見たのはよい。良の語源を正当に説いたのは藤堂明保である。氏は良のグループは糧・露・鷺などと同源で、「透明な」という基本義があるとした（藤堂①）。また亮・涼・諒と同源で、「けがれのない」という基本義をもつとする（藤堂②）。これらは「汚れがなくきれいに澄む」というイメージに概括できる。日本語の「よい（よし）」は「吉凶・正邪・善悪・美醜・優劣などについて、一般的に、好感・満足を得る状態である意」という（大野①）。漢語の良は物の質が混じり気（けがれ・汚点・邪悪・醜悪なところ）がなく純一で優れている意味である。

〔グループ〕良・朗・郎・浪・廊・娘・狼・粮《リョウ》（＝糧）・琅《ロウ》（＝瑯。澄み切った色の玉［琳琅］。また、ガラス質の物質［琺瑯《ホウロウ》］）・稂《ロウ》（狼の尾に似た花穂をもつ草、チカラシバ、狼尾草）・莨《ロウ》（＝稂。チカラシバ。また、ヒヨス［莨菪《ロウトウ》］）・榔《ロウ》（音写字。ビンロウジ［檳榔］）・蜋《ロウ》（＝螂。郎に見立てた昆虫、カマキリ［蟷螂・螳螂］。また、タマオシコガネ［蜣螂《キョウロウ》］）

字源 器に入れた穀粒を水で研いで汚れを洗い流している情景を設定した図形。字源については諸説紛々であるが、粮（＝糧）の原字とする説（藤堂②）がよい。

（甲）　（金）　（篆）

語義 ［展開］「汚れがなくきれいに澄む」というコアイメージから、混じり気がなく質がよい意味ⓐ、人格が優れている意味ⓑ、人間関係がよい（愛情がある）意味ⓒ、まことに（本当に）という意味ⓓに展開する。［英］good（ⓐⓑ）, fine（ⓐⓑ）; excellent; tender, affectionate; indeed ［和

訓】まことに・やや　［熟語］ⓐ良質・良薬・ⓑ善良・優良・ⓒ良人
文献 ⓐ詩経・干旄「良馬四之＝良馬は四つ（良い馬が四頭）」ⓑ詩経・角弓「民之無良、相怨一方＝民の良きこと無き、一方を相怨む（性根のよくない人は、一方を逆恨みする）」ⓑ詩経・十月之交「不用其良＝其の良を用ゐず（優れたものを用いない）」ⓒ詩経・墓門「夫也不良＝夫や良からず（夫は優しくしてくれない）」

【亮】9（亠・7）　人　｜　音リョウ　訓あきらか

語音 *lıaŋ（上古）　lıaŋ（中古→呉ラウ〈＝ロウ〉・漢リャウ〈＝リョウ〉）　liàng（中）　량・양（韓）

語源 ［コアイメージ］高くて明るい。［実現される意味］明るくはっきりしているⓐ。［英］bright, light

字源 説文解字にないが、段玉裁は六書故によって篆文を補い、「儿に従ひ高の省に従ふ」と分析している。朱駿声は倞（キョウとは別でリョウと読む）と同じとする。「高の略体（イメージ記号）＋儿（限定符号）」を合わせた字。人が高い所にいる情景を設定した図形。この意匠によって、明るいことを表す。倞は「京（音・イメージ記号）＋人（限定符号）」を合わせた字。「京」は「高くて大きい」というイメージから「高くて明るい」というイメージに展開する（⇩京）。「倞（＝亮）」は人の表情や言葉などがはっきりしている様子を暗示させる。諒・朗と同源の語。

語義 ［展開］明るくはっきりしている意味ⓐから、分からないことをはっきりさせる（教え導く、助ける）意味ⓑ、心にうそ偽りがない（まこと、信じる）意味ⓒを派生する。［英］bright, light; instruct, guide, assist; sincere, believe　［熟語］ⓐ亮察・明亮

文献 ⓑ書経・舜典「亮天功＝天功を亮けよ（天子の功業を助けなさい）」ⓒ孟子・告子下「君子不亮＝君子は亮とせず（君子は何でも信じるということはない）」

【凌】10（冫・8）　人　｜　音リョウ　訓しのぐ

語音 *lıəŋ（上古）　lıəŋ（中古→呉・漢リョウ）　líng（中）　릉・능（韓）

語源 ［コアイメージ］∧形の筋をなす。［実現される意味］筋目のついた氷ⓐ。［英］ice

〔解説〕日本語の「しのぐ」は「物を自分の下へ踏みつけ押さえるようにすることが原義」という（大野②）。漢語の凌のⓑⓒとほぼ同義。

字源 「夌（音・イメージ記号）＋冫（限定符号）」を合わせた字。「夌」は「∧形の筋をなす」というイメージがある（⇩陵）。「凌」は筋目のついた氷を表す。

語義 ［展開］筋目のついた氷が本義ⓐ。「∧形の筋をなす」というコアイメージから、∧形や（形の線（高い山など）を踏み越えて行く意味ⓑ、力ずくで踏みつける意味ⓒに展開する。［英］ice; step across, rise above; invade　［熟語］ⓑ凌駕・凌雲・ⓒ凌辱

文献 ⓐ詩経・七月「三之日納于凌陰＝三の日、凌陰に納む（［切り出した氷を］三の日に氷室に入れる）」ⓑ張衡・東京賦「凌天池＝天池を凌ぐ（天上の池を踏み越えて行く）」（文選3）ⓒ戦国策・秦三「凌齊晉＝斉・晋を凌ぐ（斉と晋の国を踏みにじる）」

【料】10（斗・6）　常　｜　常用音訓　リョウ

語音 *lɔ̈g（上古）　leu（中古→呉・漢レウ〈＝リョウ〉）　liào（中）　료・요（韓）

語源 ［コアイメージ］○－○－○－の形に連なる。［実現される意味］物の多少をはかる（数を数える）ⓐ。［英］count, measure

〔解説〕王力は料と撩は同源で、整理・料理（おさめる）の意味があるとする（王力①）。これは表層的なレベルの話である。藤堂明保は深層レベルで料を労のグループや、尞のグループ（僚など）と同源とし、「ずるずると続く・からげる」という基本義があるとする（藤堂①）。「○－○－○－

の形に連なる」というコアイメージと言い換えることができる。料は穀類を量る際、穀粒が○-○-○-の形に点々と続く姿に着目した言葉である。ただし目方を量るという意味の用例はなく、物の多少を一つまた一つとはかる(数える)意味に用いられる。

字源 「米(イメージ記号)+斗(限定符号)」を合わせて、米をますではかる情景を設定した図形。図形にコアイメージは反映されていない。

(金)　(篆)

語義 [展開] 物の多少をはかる意味ⓐから、物事の展開や結果をあらかじめ推しはかってみる(予想する)意味ⓑ、何かに使うために予想を立てて準備するものの意味ⓒ、生活のために使われる手当ての意味ⓓを派生する。あることに支払う金の意味ⓔは日本的用法。[英]count, measure; expect, anticipate; stuff, material; salary; charge, fee, fare [和訓] はかる [熟語] ⓑ料簡・思料・ⓒ材料・資料・ⓓ給料・ⓔ料金・送料

文献 ⓐ国語・周「夫古者不料民而知其少多=夫れ古者(いにしえ)は民を料らずして其の少多を知る(昔は民を一々数えないで、少ないか多いかがわかった)」ⓑ韓非子・難三「王之料天下過矣=王の天下を料るは過てり(王様の天下に対する判断は間違っている)」

【崚】11(山・8)　人　音リョウ

語音 lıəŋ(中古→呉・漢リョウ)　léng(中)　릉・능(韓)

語源 [コアイメージ] ∧形の筋をなす。[実現される意味] 山が筋張って険しいさまⓐ。[英]steep, rugged

字源 「夌(リョウ)(音・イメージ記号)+山(限定符号)」を合わせた字。「夌」は「∧形の筋をなす」というイメージがある(⇩陵)。「崚」は山が∧形(ぎざぎざ)の筋をなして険しい様子を暗示させる。

語義 山が険しい意味ⓐ。[熟語] ⓐ崚嶒(リョウソウ)・崚崚

文献 ⓐ沈約・鍾山詩「崚嶒起青嶂=崚嶒として青嶂起こる(青々とした山が険しくそばだつ)」(文選22)

【梁】11(木・7)　人　音リョウ　訓はし・はり・やな

語音 *lıaŋ(上古)　lıaŋ(中古→呉ラウ〈=ロウ〉・漢リャウ〈=リョウ〉)　liáng(中)　량・양(韓)

語源 [コアイメージ] 両側・対をなす。[実現される意味] 橋ⓐ。[英]bridge

〔解説〕藤堂明保は梁と両などを同源とし、「ふたつ対をなす」という基本義があるとする(藤堂①)。日本語では「はし」「はり」「やな」は別語であるが、漢語ではともに*lıaŋという。その根底に「両端をつなぐもの」「一方の端から他方の端に渡る(渡す)もの」というイメージが共通にある。

〔グループ〕梁・粱(リョウ)(円筒形や円錐形の穂を梁(はり)に見立てた語。オオアワ)　簗*(純国字。やな)

字源 「刅(イメージ記号)+水(イメージ補助記号)+木(限定符号)」を合わせた字。「刅」は「刀」の両側に点をつけて、「両側」というイメージを示す記号。「梁」は両側の岸を結ぶ(一方の端から他方の端に架け渡した)木の「はし」を暗示させる。

(金)　(篆)

語義 [展開] 橋が本義ⓐ。また、魚を捕るために川の一方の端から他方の端まで架け渡した装置(やな)の意味ⓑ、家の屋根を支えるため、端から端まで架け渡した横木(はり)の意味ⓒに展開する。また、橋やはりのように中央が高く上がったものの意味ⓓを派生する。日本ではⓑを簗(やな)とも書くが、簗は純国字。[英]bridge(ⓐⓓ); weir; beam; ridge [熟

語】ⓐ河梁・橋梁・ⓑ魚梁・ⓒ梁上・棟梁・ⓓ脊梁・脳梁

文献 ⓐ詩経・大明「造舟為梁＝舟を造りて梁と為す（舟を造って橋とする）」ⓑ詩経・候人「維鵜在梁＝維れ鵜梁に在り（ペリカンがやなの上に止まっている）」ⓒ詩経・甫田「曾孫之嫁、如茨如梁＝曽孫の嫁、茨の如く梁の如し（曽孫が取り入れた穀物は、屋根やはりのようにいっぱい）」

【涼】11（水・8） 常 ―常用音訓 リョウ　すずしい・すずむ

〔涼〕10（冫・8） 人 ―音リョウ　訓すずしい・すずむ

語音 *gˡıaŋ（上古） lıaŋ（中古→呉ラウ〈＝ロウ〉・漢リャウ〈＝リョウ〉） liáng（中） 량・양（韓）

語源 [コアイメージ] 曇りがなく明るい・清らかに澄み切る。[実現される意味] ひえびえと冷たいⓐ。［英］cold

〔解説〕王力は涼と冷は同源という（王力①）。藤堂明保は涼は良・浪・糧・露などと同源で、「透明な」という基本義をもち、「透明につめたく光る氷の姿」という（藤堂①）。「明るく透き通る」というイメージは「清らかで澄み切る」というイメージに展開する。後者のイメージは「ひややかで冷たい」というイメージに転化する。令→冷、青→清（冷たい、涼しい）にも同じイメージ転化現象が見られる。これは漢語の意味論の特徴の一つである。日本語の「すずしい（すずし）」は「乾いた空気によって快く体温の奪われる感じ」、「つめたい（つめたし）」は「触れる物体が寒冷で痛いように感じられる意」で（大野①）、前者はプラスイメージ、後者はマイナスイメージがあるようである。漢語の涼は寒が本義で、微寒（やや寒い）は転義という（王力②）。古典では涼はⓐの意味で主に使われている。

字源 「京（音・イメージ記号）＋水（限定符号）」を合わせた字。「京」は「明るい」というイメージがあり（⇩京）、「曇りがなく澄み切っている」「清らかに澄み切る」というイメージに展開する。これは「ひんやりと冷たい」という皮膚感覚のイメージに転化しうる。かくて「涼」は水がつめたいことを表す。

〔字体〕「凉」は涼の俗字。現代中国では凉を用いる。

語義 [展開] ひえびえと冷たい・寒い意味ⓐ、ひんやりとすずしい意味ⓑ、ひえびえとして寂しい意味ⓒに展開する。［英］cold; cool; desolate [熟語] ⓐ涼冷・ⓑ涼風・清涼・ⓒ荒涼・凄涼

文献 ⓐ詩経・北風「北風其涼、雨雪其雱＝北風其れ涼なり、雨雪其れ雱たり（北風は冷たく吹きつけて、雨雪混じって降り進む）」

【猟】11（犬・8） 常 ―常用音訓 リョウ

語音 *lıap（上古） lıɛp（中古→呉・漢レフ〈＝リョウ〉） liè（中） 렵・엽（韓）

語源 [コアイメージ] たくさん集める。[実現される意味] 鳥獣を追って捕まえる（狩りをする）ⓐ。［英］hunt

〔解説〕藤堂明保は巤のグループ、劦のグループ（協など）、監のグループ、僉のグループの一部（倹・検・斂など）、兼のグループの一部（兼・簾）を同じ単語家族にくくり、「集めて引き締める」という基本義があるとする（藤堂①）。下記のグループのコアをなすのは「たくさん集める」というイメージである。鳥獣を集めて（追い込んで）捕らえるのが猟である。狩猟は季節ごとに名が違い、春は蒐、夏は苗、秋は獮、冬は狩といい、総称を猟といった。

〔グループ〕猟・蠟・臘（犠牲を集めて行う十二月の祭り［臘月］）・躐（足を一所に集める→前の人の足跡に重ねて踏む）・鑞（蠟に似た白い金属→鉛と錫の合金［白鑞］）・鬣（たてがみ）・鱲（猟をするように追い立てて捕らえる魚、オイカワ。「からすみ」は国訓）

字源 「獵」が正字。「巤（音・イメージ記号）＋犬（限定符号）」を合わせ

た字。「鬣」は「巛(髪の毛)＋囟(頭)＋鼠の略体」を合わせて、獣の頭の毛を暗示する図形。鬣(たてがみ)の原字。「(たてがみのように)たくさん集まる」というイメージを示す記号になる。「獵」は犬を使ってたくさんの獣を狩り集める様子を暗示させる。

(金) (篆) [鬣] (篆)

〔字体〕「獵」は旧字体。「猟」は由来不明の常用漢字の字体。現代中国の簡体字は「猎」。

語義 [展開] 狩りをするⓐから、広く捜し求める(あさる)意味ⓑを派生する。[英]hunt(ⓐⓑ) [和訓] かる・かり [熟語] ⓐ猟師・狩猟・ⓑ猟奇・渉猟

文献 ⓐ詩経・伐檀「不狩不獵、胡瞻爾庭有縣貆兮＝狩りせず猟せずんば、胡(なん)ぞ爾の庭に県貆(ケンカン)有るを瞻(み)んや(狩りをしなけりゃ、お前の庭にヤマアラシ一匹つるせまい)」

【菱】 11(艸・8) 人 | 音 リョウ 訓 ひし

語音 *lıaŋ(上古) lıaŋ(中古→呉・漢リョウ) líng(中) 릉・능(韓)

語源 [コアイメージ] ∧形の筋をなす。[実現される意味] ヒシⓐ。[英]water chestnut

字源 「夌(リョウ)(音・イメージ記号)＋艸(限定符号)」を合わせた字。「夌」は「∧形の筋をなす」というイメージがある(⇩陵)。「菱」は∧形に尖った角のある果実の生る植物を暗示させる。

〔字体〕「蔆」は異体字(篆文の字体)。

語義 ヒシ科の植物の名、ヒシの意味ⓐ。果実に稜(尖った角)がある。

[熟語] ⓐ菱花・菱角

文献 ⓐ呂氏春秋・恃君「夏日則食菱芡＝夏日は則ち菱・芡(ケン)を食す(夏の日にはヒシとオニバスの実を食べる)」

【陵】 11(阜・8) 常 | 常用音訓 リョウ みささぎ

語音 *lıaŋ(上古) lıaŋ(中古→呉・漢リョウ) líng(中) 릉・능(韓)

語源 [コアイメージ] ∧形の筋をなす。[実現される意味] ∧形の尾根のある高い丘ⓐ。[英]high mound, hill, height

〔解説〕釈名・釈山に「大阜(大きな丘)を陵と曰ふ。陵は隆なり。体、高隆なり」とある。王力は陵・隆・隴・陸を同源とする(王力①)。これらは⌒形に盛り上がった丘というイメージである。藤堂明保はさらに範囲を拡大し、里のグループ、力のグループ、夌のグループは同じ単語家族に属し、「すじ・すじめをたてる」という基本義があるとする(藤堂①)。これらの語のコアにあるのが「すじ」というイメージであるが、「縦や横に筋が通る」「筋道をつける」などさまざまに展開する。*lıaŋ(夌)のコアには「筋張る」「∧形の筋をなす」というイメージを捉えることができる。また∧形の筋をつけることから、∧形の筋をなして踏みつけて乗り越える(しのぐ)という意味にも展開する。陵は∧形の筋(尾根)をもつ高い丘の意味と、∧形に乗り越えていく意味がある。日本語の「みささぎ」は「天皇・皇后など皇室の墓所」(大野①)という意味であるが、陵は一般に大きな丘のように盛り上がった墓のことである。また、「しのぐ」は「ふみつけ、おさえる意が原義」で、「山・波などを押し分けのりこえる」意に展開するという(大野①)。陵ⓒとほぼ同じ。

〔グループ〕陵・凌・崚・稜・綾・菱・棱(リョウ)(方形で四つの角のある木→かど)・鯪(リョウ)(鯉のように鱗がきちんとした筋をなす動物、センザンコウ)

字源 「夌(リョウ)(音・イメージ記号)＋阜(限定符号)」を合わせた字。「夌」は「⌒形に盛り上がる」というイメージがある(⇩陸)。「圥(イメージ記号)＋夊(限定符号)」を合わせた「夌」は、⌒形に盛り上がった所(山の尾根)を踏み越えていく様子を暗示させる。山の稜線を踏み越えることから、「∧形の筋をなす」というイメージを示す記号になる。「陵」は∧形の尾

根のある高い丘を暗示させる。

(篆)  [麦] (金)  (篆)

語義 [展開] ∧形の尾根のある高い丘の意味ⓐから、土を∧形に盛り上げた墓の意味、特に帝王の墓(みささぎ)の意味ⓑ、力ずくで踏み越える(相手の上に出る、しのぐ)意味ⓒを派生する。ⓒは凌と通用。[英]high mound, hill, height; mausoleum, imperial tomb; invade, insult [和訓] おか・しのぐ [熟語] ⓐ丘陵・ⓑ陵墓・御陵・ⓒ陵駕・陵辱

文献 ⓐ詩経・十月之交「高岸爲谷、深谷爲陵＝高岸谷と為り、深谷陵と為る([天変地異で]高い岸は谷となり、深い谷は丘となる)」

【椋】12(木・8) 人 | 音リョウ 訓むく

語音 *lıaŋ(上古) lıaŋ(中古→呉ラウ〈＝ロウ〉・漢リャウ〈＝リョウ〉) liáng(中)

語源 [コアイメージ] 涼しい。[実現される意味] ミズキの一種、クマノミズキⓐ。[英]a species of dogwood

字源 「涼(リョウ)の略体(音・イメージ記号)＋木(限定符号)」を合わせた字。クマノミズキは枝葉が陰をなして夏に涼を取ることができるところから、涼木(現代の名は涼子木)と称された。爾雅・釈木に「椋は即来」とあるように、木陰に人を呼び寄せるところから即来の異名もある。後に涼の偏を木に替えて椋、また來に木偏をつけて棶(ライ)が生まれた。

語義 [展開] ミズキ科の植物、クマノミズキの意味ⓐ。日本ではニレ科のムクノキⓑに当てる。老いると樹皮が剝げるので「剝く」が語源。[英]large-leaved dogwood; muku tree

【量】12(里・5) 常 | 常用音訓 リョウ はかる

語音 *lıaŋ(上古) lıaŋ(中古→呉ラウ〈＝ロウ〉・漢リャウ〈＝リョウ〉) liáng・liàng(中) 량・양(韓)

語源 [コアイメージ] (きれいにして食べられる)穀粒。[実現される意味] 物の軽重・多少・大小などをはかるⓐ。[英]measure

〔解説〕釈名・釈言語に「良は量なり」とあり、古くは量と良の同源意識があったらしい。量と糧も同源である。したがって良—量—糧の系列と良—朗—浪などの系列が*lıaŋという語形の中に存在した。後者は穀粒を念頭に置いて「汚れを取り去り、きれいに澄む」というイメージがコアをなすが、前者は穀粒そのものに焦点を当てた語と考えられる。穀粒を食糧とする前提に穀粒をきれいにする行為があり、その次に食べられるようになった穀粒を計量する行為があり、最後に食べるために用意された食糧がある。この一連の事態から*lıaŋという音に包括される三つの語、良・量・糧が生まれた。ただし量は穀粒(食糧)をはかることだけではなく、軽重・多少・大小などをはかることに拡大される。日本語の「はかる」はハカ(予定した仕事の量)の動詞化で、「その分量が仕上がったかどうかの進み具合を見ることが原義」という(大野②)。ここから量や重さ・長さなどを計測する、予測する、見当をつける、もくろむなどの意味に展開する。「はかる」と訓じられる漢語は量・計・測・図・謀・諮・議・度・規・料・商など数多く存在するが、日本語の「はかる」の原義とほぼ合うのは量である。英語のmeasureはラテン語のmensura(測る)に由来し、「定規や秤などで長さ、重さ、量などを測る」の意という(小島①)。これは漢語の計・測・量と対応する。

〔グループ〕量・糧

字源 金文は「⊙＋重」を合わせた形。「⊙」は金文の良に含まれている「⊙」と同じで、穀粒の形。したがって「良(リョウ)の略体(音・イメージ記号)＋重(イメージ補助記号)」と解析できる。「良」は器に入れた穀粒を研いできれいにする様子を表す図形で、「きれいに澄む」というイメージを示すが(⇩良)、きれいにして食べる穀粒という具体物に用いることが

できる。したがって「量」はきれいにした穀粒の重さ、すなわち食べる分だけはかった穀粒、あるいは、穀粒(食糧)の重さをはかることを暗示させる。藤堂明保は「◉(穀物)+重の会意文字で、穀物の重さをてんびんではかること」(藤堂②)、また語源的には、両と同源で「ふたつ対をなす」という基本義をもち、「左右平均させて計る」こととする(藤堂①)。

(金)　(篆)

語義 [展開] 物の軽重・多少・大小などをはかる意味ⓐから、はかり・升目の意味ⓑ、はかって見積もられる中身や多少・大小の程度(かさ・分量)の意味ⓒ、心のスケールの意味ⓓ、心中で見積もりを立てる(予測する、思いはかる)意味ⓔに展開する。[英]measure(ⓐⓑ); gauge; capacity(ⓒⓓ), quantity; caliber, estimate, project [和訓] かさ・はか [熟語] ⓐ計量・測量・ⓑ量器・度量衡・ⓒ重量・容量・ⓓ器量・度量・ⓔ裁量・推量

文献 ⓐ孟子・公孫丑上「量敵而後進=敵を量りて後進む(敵の兵数を計算してから前進する)」ⓑ論語・郷党「唯酒無量、不及亂=唯酒は量無きも、乱に及ばず(酒は量を決めてないが、乱れるほどは飲まない)」

【稜】13(禾・8)　人　｜　音リョウ　訓かど・そば

語音 *laŋ(上古)　ləŋ(中古→呉・漢ロウ・[慣]リョウ)　léng(中)　릉・능(韓)

語源 [コアイメージ] ∧形の筋をなす。[実現される意味] ∧形に尖ったかどⓐ。[英]edge

字源 「夌(音・イメージ記号)+禾(限定符号)」を合わせた字。「夌」は「∧形の筋をなす」というイメージがある(⇨陵)。「稜」は穀物の∧形に筋張った部分、「かど」を表す。

語義 [展開] かどの意味ⓐ、ごつごつと角張る意味ⓑ、威勢・威厳があって角立っている意味ⓒに展開する。[英]edge; angular; dignified [熟語] ⓐ稜角・稜線・ⓑ気骨稜稜・ⓒ稜威

文献 ⓐ班固・西都賦「上觚稜而棲金爵=上は觚稜にして金爵を棲まはす(「門の」上の屋根はとがった角をなし、黄金のスズメが棲んでいる)」(文選1)

【僚】14(人・12)　常　｜　常用音訓　リョウ

語音 *lɔ̈g(上古)　leu(中古→呉・漢レウ(=リョウ))　liáo(中)　료・요(韓)

語源 [コアイメージ] ㋐次々に連なる・㋑明るい。[実現される意味] 一緒に仕事をする仲間や役人ⓐ。[英]comrade, colleague, official

[解説] 王力は僚—嫽、憭—了、また撩—繚—料、また療—愮—藥をそれぞれ同源とするが(王力①)、共通の深層構造で一つの語群にまとめられないだろうか。藤堂明保は労のグループ、尞のグループ、および了・料を同じ単語家族にくくり、「ずるずると続く・からげる」という基本義があるとした(藤堂①)。これらの語を通底するのは「ずるずると(次々に)連なる」というコアイメージである。同じ関係や同じ仕事をもつ人たちはばらばらの集まりではないので、○-○-○-のようにある縁でつながるというイメージをもつ。このような同類の仲間を*lɔ̈gという。「次々に連なる」というイメージには線条的なイメージがあるので、光線が筋をなして発散するというイメージに連合する。これは「明るく輝く」というイメージとも密接につながる。「次々に連なる」と「光が発散して明るい」を同時に表現する記号が尞である。

[グループ] 僚・寮・瞭・療・遼・燎・繚(長いものがずるずると続く[繚亂])・潦(路上や庭にあふれてずるずると流れる水→にわたずみ[潦水])・嘹(明るい声が続くさま)・嫽(明るく美しい)・撩(ずるずる連なったものをからげる)・憭(心がはっきりとしてさとい)・鐐(明るく輝く金属、白銀[南鐐])・蟟(連なり続く鳴き声の擬音語から、ミンミンゼミ[蛁蟟])・鷯(黒褐色の

横紋が連なる鳥、ミソサザイ[鷦鷯(ショウリョウ)]）」

字源 「尞(リョウ)(音・イメージ記号)＋人(限定符号)」を合わせた字。「尞」は火の粉を飛ばして燃えるかがり火の情景を設定した図形。薪に焦点を当てると「□－□－□の形に次々に並び連なる」というイメージ、火の粉に焦点を当てると「✧の形に発散する」「光が発散して明るい」というイメージを表すことができる。「僚」は同じ仕事などに関わって、同列に連なっている仲間を暗示させる。

(甲) (金) (篆) [尞] (篆)

語義 [展開] 一緒に仕事をする仲間や役人の意味ⓐ。「明るい」というコアイメージから、顔立ちがはっきりして美しいさまという意味ⓑにも展開する。[英]comrade, colleague, official; fine, beautiful [和訓] ともがら [熟語] ⓐ官僚・同僚

文献 ⓐ詩経・大東「私人之子、百僚是試＝私人の子、百僚に是れ試(もち)ふ(自分の家臣たちを、多くの官僚に取り立てる)」ⓑ詩経・月出「月出皎兮、佼人僚兮＝月出でて皎(コウ)たり、佼人(コウジン)僚たり(月が出て光鮮やか、美人の顔はくっきり浮かぶ)」

【綾】14(糸・8) 人 | 音リョウ 訓あや

語音 *lɪəŋ(上古) lɪəŋ(中古→呉・漢リョウ) lɪəŋ(唐リン) líng(中) 릉・능(韓)

語源 [コアイメージ] へ形の筋をなす。[実現される意味] 薄い地に筋目の模様をはっきりと織り出した絹織物(あやぎぬ)ⓐ。[英]damask silk, figured satin

[解説] 釈名・釈采帛に「綾は凌なり。其の文、之を望めば冰凌の理の如きなり(氷の筋目のような模様がある)」とある。正当な語源説である。

字源 「夌(リョウ)(音・イメージ記号)＋糸(限定符号)」を合わせた字。「夌」は「へ形の筋をなす」というイメージがある(⇩陵)。「綾」は筋目のある模様を織り出した絹織物を表す。

語義 あやぎぬの意味ⓐ。[熟語] ⓐ綾綺・綾羅

文献 ⓐ韓詩外伝7「綾紈綺縠、靡麗於堂＝綾・紈・綺・縠、堂に靡麗す(あやぎぬ・しろぎぬ・うすぎぬ・ちりめんを着た人たちが、座敷に美しく居並ぶ)」

【領】14(頁・5) 常 | 常用音訓 リョウ

語音 *lɪeŋ(上古) lɪɛŋ(中古→呉リャウ〈＝リョウ〉・漢レイ) lǐng(中) 령・영(韓)

語源 [コアイメージ] □－□－□の形にきちんと並ぶ・□－□の形につながる。[実現される意味] くびⓐ。[英]neck

字源 「令(レイ)(音・イメージ記号)＋頁(限定符号)」を合わせた字。「令」は「□－□－□の形にきちんと並ぶ」というイメージがあり、隣りあった二点に視点を置くと、「□－□の形につながる」というイメージに展開する(⇩令)。「領」は、頭と胴体をつなぐ首を暗示させる。

語義 [展開] 換喩的転義と隠喩的転義がある。くび・うなじの意味ⓐから、くびの回りを取り巻く衣のえりの意味ⓑ(以上は換喩的転義)。また、くびの形態や機能から、頭と胴体をつなぐ接点→要所・かなめの意味ⓒ、前の方へ導く(率いる)意味ⓓ、受け取る・受け入れる意味ⓔ、受け取って支配する(治める)意味ⓕ、心に受け入れる(納得する)意味ⓖに展開する(以上は隠喩的転義)。[英]neck(ⓐⓑ); collar; main point; head, lead; receive; possess, reign; accept, understand; [和訓] くび・うなじ・えり [熟語] ⓐ首領・頭領・ⓑ領袖・本領・ⓒ綱領・ⓓ総領・統領・ⓔ領収・受領・ⓕ領土・領有・ⓖ領会

文献 ⓐ詩経・碩人「領如蝤蠐＝領(くび)は蝤蠐(シュウセイ)の如し(〔彼女の〕くびはテッポウムシのように細くねっている)」ⓖ韓非子・難一「桓公不能領臣主

之理＝桓公、臣主の理を領する能はず（桓公は君臣の筋道を理解できない）」

【寮】15（宀・12）　常　｜常用音訓 リョウ

語音 *lɔ̈g（上古）　leu（中古→呉・漢レウ〈＝リョウ〉）　liáo（中）　료・요（韓）

語源 ［コアイメージ］㋐次々に連なる・㋑明るい。［実現される意味］役所で働く役人ⓐ。［英］comrade, official

字源 「尞（音・イメージ記号）＋宀（限定符号）」を合わせた字（金文の字体）。「尞」は「次々に連なる」というイメージがある（⇩僚）。「寮」は役所で席を連ねて働く役人を暗示させる。僚と同工異曲の字。のち「尞（音・イメージ記号）＋穴（限定符号）」（篆文の字体）に変わった。明かりを取る窓を暗示させる。この意匠によって、明かり取りのある建物を表象する。

（金）　（篆）

語義 ［展開］古典では僚と同じく役人や仲間の意味ⓐで使われる。後、寺に附属する僧の住まいの意味ⓑ、小さな建物の意味ⓒを派生する。また、日本では役所の意味ⓓ、学生などの寄宿舎の意味ⓔに用いられる。［英］comrade, official; monk's dwelling; small house; dormitory　［和訓］つかさ　［熟語］ⓐ寮佐・ⓑ禅寮・僧寮・ⓒ茶寮・ⓓ図書寮・ⓔ学寮・全寮

文献 ⓐ詩経・板「我雖異事、及爾同寮＝我は事を異にすと雖も、爾と寮を同じくす（君と仕事は違うが、同じ職場の仲間）」

【諒】15（言・8）　人　｜音リョウ　訓まこと・あきらか

語音 *liaŋ（上古）　liaŋ（中古→呉ラウ〈＝ロウ〉・漢リャウ〈＝リョウ〉）　liàng（中）　량・양（韓）

語源 ［コアイメージ］明るい。［実現される意味］うそ偽りがない・誠実である（まこと）ⓐ。［英］sincere

字源 「京（音・イメージ記号）＋言（限定符号）」を合わせた字。「京」は「明るい」というイメージがある（⇩京）。「諒」は言葉がはっきりしていてうそ偽りがないことを暗示させる。

語義 ［展開］うそ偽りがない（まこと）の意味ⓐ、本当に（まことに）の意味ⓑ、はっきりと理解する、相手の立場を理解して認める意味ⓒに展開する。［英］sincere; truely; understand, excuse　［熟語］ⓒ諒解・諒察・諒恕・諒承

文献 ⓐ詩経・柏舟「不諒人只＝諒ならざる人なり（不実な人だった）」ⓑ詩経・何人斯「諒我不知＝諒に我を知らず（本当に私を知ってくれない）」

【遼】15（辵・12）　人　｜音リョウ　訓はるか

語音 *lɔ̈g（上古）　leu（中古→呉・漢レウ〈＝リョウ〉）　liáo（中）　료・요（韓）

語源 ［コアイメージ］次々に連なる。［実現される意味］はるかに遠いⓐ。［英］distant

字源 「尞（音・イメージ記号）＋辵（限定符号）」を合わせた字。「尞」は「ずるずると（次々に）連なる」というイメージがある（⇩僚）。「遼」は道がどこまでもずるずると続いている様子を暗示させる。

語義 ［展開］空間的に遠い意味ⓐから、時間的に久しい意味ⓑにも転用される。［英］distant; long　［熟語］ⓐ遼遠・遼廓

文献 ⓐ墨子・非攻「道路遼遠＝道路遼遠なり（道が遠い）」

【燎】16（火・12）　人　｜音リョウ　訓かがりび・やく

語音 *liɔg（上古）　liɛu（中古→呉・漢レウ〈＝リョウ〉）　liáo（中）　료・요（韓）

語源 [コアイメージ] ㋐次々に連なる・㋑光が発散して明るい。[実現される意味] かがり火ⓐ。[英]bonfire

字源 「尞(音・イメージ記号)+火(限定符号)」を合わせた字。「尞」は「ずるずると(次々に)連なる」というイメージと、「⚹の形に発散する」「光が発散して明るい」というイメージがある(⇩僚)。「燎」はずるずると連なって明るく燃える火を暗示させる。

語義 [展開] かがり火の意味ⓐ。「⚹の形に発散する」というイメージから、雑草などを焼いて炎を発散させる(焼く、燃やす)意味ⓑを派生する。[英]bonfire; burn [熟語] ⓐ燎火・庭燎・ⓑ燎原

文献 ⓐ詩経・庭燎「庭燎之光=庭燎の光(庭で焚くかがり火の光)」ⓑ書経・盤庚「若火之燎于原、不可嚮邇=火の原を燎ゃくが若く、嚮邇すべからず(火が野原を焼くように、近づくことができない)」

【療】 17(疒・12) 常 | 常用音訓 リョウ

語音 *lɪɔg(上古) lɪɛu(中古→呉・漢レウ〈=リョウ〉) liáo(中) 료・요(韓)

語源 [コアイメージ] ⚹の形に発散する。[実現される意味] 病気を治すⓐ。[英]cure

〔解説〕 古代漢語では病気が治る(治す)ことを、病原を外に出すというイメージで捉える場合と、体調を整えるというイメージで捉える場合がある(癒の項参照)。癒は病原を排出するというイメージであるが、療は病根をばらばらにして無くすというイメージである。尞は「発散する」というコアイメージをもつ。また、病根をすりつぶして無くすというイメージでも捉えられる。これが異体字の𤻲である。*lɪɔg の語源は尞のグループと楽のグループの双方にまたがる。療と薬は同源で、同じ意味がある。英語の cure はラテン語の curare(魂の救済、信仰上の世話)に由来し、「病気や病人を治療する」の意になったという(小島①)。

字源 「尞(音・イメージ記号)+疒(限定符号)」を合わせた字。「尞」は「⚹の形に発散する」というイメージがある(⇩僚)。「療」は病根をばらばらに発散させる様子を暗示させる。

語義 病気を治す意味ⓐ。[和訓] いやす [熟語] ⓐ診療・治療

文献 ⓐ周礼・天官・瘍医「凡療瘍以五毒攻之=凡そ瘍を療やすに五毒を以て之を攻む(一般に瘍を治すには五つの毒薬[刺激の強い薬]で治療する)」

【瞭】 17(目・12) 常 | 常用音訓 リョウ

語音 *lɪ̆ɔg(上古) leu(中古→呉・漢レウ〈=リョウ〉) liǎo(中) 료・요(韓)

語源 [コアイメージ] (光が発散して)明るい。[実現される意味] 目が明るく物がはっきり見えるⓐ。[英]clear

字源 「尞(音・イメージ記号)+目(限定符号)」を合わせた字。「尞」は「光が発散して明るい」というイメージがある(⇩僚)。「瞭」は視力が明るくはっきり見える様子を暗示させる。

語義 [展開] 目がはっきり見える意味ⓐから、事態がはっきりしている(明白である)意味ⓑに展開する。[英]clear(ⓐⓑ) [和訓] あきらか [熟語] ⓑ瞭然・明瞭

文献 ⓐ孟子・離婁上「胸中正、則眸子瞭焉=胸中正しければ、則ち眸子瞭あきらかなり(心の中が正しければ、ひとみは明るい)」

【糧】 18(米・12) 常 | 常用音訓 リョウ・ロウ かて

語音 *lɪaŋ(上古) lɪaŋ(中古→呉ラウ〈=ロウ〉・漢リャウ〈=リョウ〉) liáng(中) 량・양(韓)

語源 [コアイメージ] きれいにした穀粒。[実現される意味] 主食として食べる穀物ⓐ。[英]grain

〔解説〕 良・量・糧は一連の語で、糧の根底にあるのは良のイメージである。良は質がよい意味であるが、その前提にあるのは穀粒を研いでき

れいな状態にし、食べられるようにすることである。おいしく食べられる主食（米などの穀物）を*liaŋといい、糧と表記する。日本語の「かて」はカリテの約で、これはカレイヒ（乾飯）と関係があるらしい。行軍や旅行の際の携帯食の意味である。漢語の糧のⓑに当たる。

字源 「量（リョウ）（音・イメージ記号）＋米（限定符号）」を合わせた字。「量」ははかることだが、はかる内容に視点を置くと、「良」のイメージが用いられている。すなわち、「（水で研いで）きれいにした穀粒」というイメージである（⇨良）。したがって「糧」は研いできれいにし、食べられるようにした米を暗示させる。この意匠によって、主食となる穀物を表象する。古人は糧が良と同源であることを知っていたので、粮という異体字も生まれた（現代中国ではこれを用いている）。

語義 [展開] 主食として食べる穀物の意味ⓐから、行軍や旅行に携帯する食物の意味ⓑを派生する。[英]grain, cereal, food; provisions [熟語] ⓐ糧食・食糧・ⓑ糧道・兵糧（ヒョウロウ）

文献 ⓐ詩経・公劉「徹田爲糧＝田を徹（おさ）めて糧を為（つく）る（田畑を治めて食糧を作る）」

りょく

【力】 2(力・0)　常　|常用音訓| リョク・リキ　ちから

語音 *lıək(上古)　lıək(中古→呉リキ・漢リョク)　lì(中)　력・역(韓)

語源 [コアイメージ] 筋をなす。[実現される意味] 筋肉の力ⓐ。[英] physical strength, muscle

〔解説〕説文解字に「力は筋なり」「筋は肉の力なり」とある。古人は力の源が筋肉にあることを理解していたようである。力が筋というイメージをもつという古人の認識は言語の上に刻印された。下記のグループを見れば明らかである。段玉裁は「力は其の条理に象るなり。人の理（すじ）を力と曰ふ。故に木の理を朸（ロク）と曰ひ、地の理を阞（ロク）と曰ひ、水の理を泐（ロク）と曰ふ」と述べる（説文解字注）。藤堂明保は理だけではなく、里のグループ全体、麦（リョウ）のグループ（陵など）、および吏などが同じ単語家族に属し、「すじ・すじめをたてる」という基本義をもつとする（藤堂①）。肉体の中に筋をなすものが筋肉であり、これの働きが力の源泉である。段玉裁は「筋と力は同物なり。今人之を殊にするのみ」という。形態上は筋、機能上は力であって、根は一つという意味であろう。英語のmuscleも筋肉と力の意味がある。日本語の「ちから」のチはチ（血）、カラはハラカラ・ヤカラのカラで血筋の意味らしい。「ちから」の「原義は、人や生物の筋肉によって何かをなしとげる働きのもととなるもの」という（大野②）。

〔グループ〕力・肋・朸（ロク）（木の筋目、木目）・阞（ロク）（大地の筋目、地脈・山脈）・泐（ロク）（風化で生じた石の筋目）・仂（ロク）（つとめる）・扐（ロク）（指に力を入れて挟む）・勒（ロク）（手に力を入れて馬の手綱を引く）

字源 腕の筋肉を筋張らせて力を込めている情景を写した図形。この意匠によって、「ちから」を表象する。徐中舒が力を農具の耒（すき）の形としてから、これに従う文字学者（例えば白川静）が多い。しかし「腕に力を入れている象形」（加藤①）、「手の筋肉を筋張らせて頑張るさま」（藤堂②）と解するのが妥当である。

（甲）　（金）　（篆）

語義 [展開] 筋肉の力の意味ⓐから、仕事をする力や腕前（能力）の意味ⓑ、精神的な力（気力）の意味ⓒ、また広く、物の働きや勢いの意味ⓓに展開する。動詞としては、力を出して励む（つとめる）意味ⓔに用いられる。[英]physical strength, muscle, power(ⓐ〜ⓓ), force(ⓐ〜ⓓ); strength, ability; vigor, vitality; energy; make efforts, strive [和訓] つとめる [熟語] ⓐ握力・腕力・ⓑ独力・能力・ⓒ気力・死力・ⓓ火力・

戦力・ⓔ助力・努力

文献 ⓐ詩経・簡兮「有力如虎＝力有ること虎の如し(トラのような強い力を持っている)」ⓑ論語・憲問「不以兵車、管仲之力也＝兵車を以てせざるは、管仲の力なり(［会盟に］戦車を使わなかったのは、管仲の力量である)」ⓒ孟子・梁恵王上「盡心力而爲、後必有災＝心力を尽くして之を為すも、後に必ず災ひ有り(気力を尽くして行っても、後で必ず災難がある)」ⓓ孟子・公孫丑上「以力假仁者霸＝力を以て仁を仮る者は覇(実力を使って仁者らしく振る舞う者が覇者である)」ⓔ詩経・烝民「威儀是力＝威儀に是れ力(つと)む(威儀を出すのにつとめる)」

【緑】14(糸・8) 常 ― 常用音訓 リョク・ロク みどり

〔綠〕14(糸・8) 人 ― 音 リョク・ロク 訓 みどり

語音 *luk(上古) lok(中古→呉ロク・漢リョク) lü(中) 록・녹(韓)

語源 [コアイメージ] ㋐表面を剝ぎ取る・㋑点々と垂れる。[実現される意味] みどりⓐ。[英]green

〔解説〕彔(ロク)にコアイメージの源泉がある。これは剝(ハク)と綠のために考案された記号である。藤堂明保は上古音にbl-ないしpl-という複声母を想定している。説文解字では「木を刻むこと彔彔たり(木を刻んで、その皮がぼろぼろと落ちる)」とある。削ったり剝がしたりして、皮などが点々と落ちる情景から発想された記号である。前半に視点を置くと、「表面を削る・剝がす」というイメージ、後半に視点を置くと「点々と連なる」「点々と垂れる・落ちる」というイメージを表すことができる。後者の場合は鹿のグループ(「点々と連なる」がコアイメージ)と近くなる。色の名の緑は染料を造る工程から生まれた。詩経・采緑篇に「終朝綠を采れど、一匊に盈(み)たず(朝の間カリヤス摘むけれど、てのひらいっぱいに満たぬ)」という詩句があり、緑は植物のカリヤスの意味で使われている。カリヤスは黄色の染料が採れるが、カリヤスにアイ(藍)を混ぜれば青黄色(みどり色)になる。カリヤスを刈り取ってアイと混ぜ、煮込んだ後、点々と汁を滴らせて漉したものが緑の成り立ちである。日本語の「みどり」は「草木のつややかな新芽やその色をいうのが原義」という(大野②)。英語のgreenはゲルマン祖語の*grō-(grow、成長する)に淵源があり、grass(草)と同根という。greenは若草の色から来ている(下宮①、小島①)。日本語の「みどり」の語源と同じ。

〔グループ〕緑・録・剝・禄・菉(ロク)(カリヤス)・淥(ロク)(点々と垂らして水や酒を漉す)・碌(ロク)(小石がごろごろと並ぶさま)・琭(ロク)(小粒の玉がころころ並ぶさま)・盝(ロク)(濁った水などを垂らして漉す、濾過する)・醁(ロク)(何度も漉した酒、美酒)・箓(ロク)(＝簏。竹片を連ねて編んだ箱)・簶(ロク)(矢を並べて入れる箱、やなぐい[箶簶])・籙(ロク)(予言などを記録した書物)

字源 「綠」が正字。「彔(ロク)(音・イメージ記号)＋糸(限定符号)」を合わせた字。「彔」は草木の皮を剝いで、くずがぽろぽろとこぼれ落ちる情景を設定した図形。「表面を剝ぎ取る」というイメージと、「点々と落ちる、垂れる」というイメージを表すことができる。「綠」は原料の植物の皮を剝ぎ取って煮た後、汁を点々と滴らせて染料を造る様子を暗示させる。この意匠によって、みどり色を表象する。

(甲) (金) (篆) ［彔］ (篆)

〔字体〕「綠」は旧字体。彔に従う字は古くから录と書かれることが多い。現代中国でも同じ。

語義 [展開] みどりの意味ⓐ。また特に髪の色、つやのある黒色の意味ⓑにも用いられる。[英]green; black [熟語] ⓐ緑草・新緑・ⓑ緑髪・緑鬢

文献 ⓐ詩経・緑衣「綠兮衣兮、綠衣黃裏＝緑よ衣よ、緑の衣に黄の裏(緑の色よ、その衣よ、緑の衣に黄の裏がついた)」

りん

【林】8(木・4) 常 ｜常用音訓 リン　はやし

語音 *lıəm(上古)　lıəm(中古→呉・漢リム〈=リン〉)　lín(中)　림・임(韓)

語源 [コアイメージ] (次々に)並ぶ。[実現される意味] はやし・もり ⓐ。[英]forest, grove, wood

〈解説〉藤堂明保は林のグループと立のグループを同源とし、「同じものが並ぶ」という基本義があるとする(藤堂①)。「□-□-□-の形に次々に並ぶ」と言い換えてもよい。日本語の「はやし」はハヤス(生)の名詞形で、「多くの樹木を生やした場所の意」、また「もり」は「こんもりと高くなっている所」の意という(大野②)。漢語でははやしともりの区別はなく、ともに林(リン)という(森(シン)を「もり」と読むのは国訓)。

〈グループ〉林・淋・琳・痳(リン)(小便とともにうみ状の液が出る病気[淋病])・霖(リン)(次から次へと降り続く長雨[霖雨])・醂(リン)(たらたらと水を垂らして柿の渋を抜く→さわす。〈日〉味醂(ミリン))・婪(ラン)(次々に物をほしがる→むさぼる[貪婪])

字源 「木+木」を合わせた字。この意匠によって、多くの木の立ち並ぶ所(もり・はやし)を表象する。

(甲)　(金)　(篆)

語義 [展開] はやし・もりの意味ⓐから、物がたくさん集まった所の意味ⓑ、多くのものが集まり並ぶ様子の意味ⓒに展開する。[英]forest, grove, wood; circles, group; stand in great numbers　[熟語] ⓐ山林・密林・ⓑ翰林・辞林・ⓒ林立

文献 ⓐ詩経・白華「有鶴在林＝鶴有り林に在り(ツルが森の中にいる)」ⓒ詩経・賓之初筵「有壬有林＝壬(ジン)たる有り林(リン)たる有り([酒宴の儀礼は]何とも豊かだ、盛りだくさんだ)」

【厘】9(厂・7) 常 ｜常用音訓 リン

語音 [釐]*lıəg(上古)　lıei(中古→呉・漢リ)　lí(中)　리・이(韓)

語源 [コアイメージ] 細かい筋をつける。[実現される意味] 長さ・重さ・面積などの小さな単位ⓐ。[英]unit of length, etc.

〈解説〉厘をリンと読むのは日本的用法である。古代中国で長さ・重さ・面積などの小さな単位を釐(リ)といったが、厘はこれに由来する。近代中国でも釐の略字として厘(リ)が使われた(現代中国では釐の簡体字を厘とする)。

字源 「釐(リ)」が本字。「里(リ)(音・イメージ記号)+𠩺(イメージ補助記号)」を合わせた字。「里」は「筋道を通す」というイメージがある(⇩里)。「𠩺」は「未(枝の伸びた木)+厂(石)+攵(=攴。限定符号)」を合わせて、荒れた畑を鋤ですく情景を設定した図形。「釐」は鋤で畑を耕して筋道を通す様子を暗示させる。この意匠によって、「細かい筋をつける」というイメージを表し、数の細かい単位の*lıəgを表記する。

(金)　(篆)

語義 [展開] 釐は長さ・重さ・面積などの小さな単位ⓐ。長さでは一尺の千分の一、面積では一畝の百分の一。日本では厘と書き、リがなまってリンと読む。小数の単位ⓑ。割合では一の百分の一、貨幣では一円の千分の一。[英]unit of length, etc.; name of decimal place　[熟語] ⓑ一厘一毛・九分九厘

【倫】10(人・8) 常 ｜常用音訓 リン

語音 *lıuən(上古)　lıuěn(中古→呉・漢リン)　lún(中)　륜・윤(韓)

語源 [コアイメージ] 筋が通るように順序よく並べる。[実現される意味] 同列に並ぶ仲間(ともがら)ⓐ。[英]peer, match

〔解説〕釈名・釈典芸に「論は倫なり。倫理有るなり」、同・釈水に「淪は倫なり。水文相次ぎて倫理有るなり」とあるように、古人は倫・論・淪に対する同源意識をもっていた。藤堂明保は侖のグループ全体が畾(イラ)のグループ（雷など）や磊・耒・類・律と同源で、「同じ物が順序よく並ぶ」という基本義をもつとする（藤堂①）。*luənは「筋が通る」と「並ぶ」が合体した「筋が通るように順序よく並べる」というイメージの語で、前半に重点を置くと理と近く、後半に重点を置くと令・歴・列などと近くなる。

〔グループ〕倫・輪・論・綸・淪(リン)（筋をなして並ぶ波、また、波に隠れて見えなくなる・沈む［沈淪］）

字源 「侖(リン)（音・イメージ記号）＋人（限定符号）」を合わせた字。「侖」は「亼（寄せ集めることを示す符号。イメージ記号）＋冊（限定符号）」を合わせて、書物を作る際、札を集めて整理する場面を設定した図形。「筋が通るように順序よく並べる」というイメージを示す記号になる。「倫」は順序よく並ぶ仲間を暗示させる。

(金) (籀) (篆)［侖］ (篆)

語義 ［展開］同列に並ぶ仲間（ともがら）の意味ⓐ。また「筋が通るように順序よく並べる」というイメージから、きちんと整った順序（筋道）の意味ⓑ、筋道の通った人間関係、人の守るべき正しい筋道の意味ⓒを派生する。［英］peer, match; logical sequence, order; human relation, ethics ［和訓］ともがら・たぐい ［熟語］ⓐ絶倫・比倫・ⓑ天倫・ⓒ倫理・人倫

文献 ⓐ呂氏春秋・誣徒「身狀出倫＝身状は倫を出づ（［弟子の］身形は仲間を抜きん出た）」ⓑ詩経・正月「維號斯言、有倫有脊＝維(こ)れ斯(こ)の言を号するに、倫有り脊有り（この言葉を唱えてみると、理にかない筋道がある）」ⓒ論語・微子「亂大倫＝大倫を乱る（大きな人倫を乱している）」

【淋】 11(水・8) 人 音リン 訓さびしい

語音 *liəm（上古） liəm（中古→呉・漢リム〈＝リン〉） lin（中） 림・임（韓）

語源 ［コアイメージ］□－□－□－の形に（次々に）並ぶ。［実現される意味］水が絶え間なく滴るⓐ。［英］drip, pour

字源 「林(リン)（音・イメージ記号）＋水（限定符号）」を合わせた字。「林」は「□－□－□－の形に次々に並ぶ」というイメージがあり、「点々と連なる」というイメージに展開する（⇨林）。「淋」は点々と水が滴る様子を暗示させる。

語義 ［展開］水が絶え間なく垂れ落ちる意味ⓐから、小便に血やうみが混じって垂れ出る病気の意味ⓑを派生する。「さびしい」の意味ⓒは日本的用法。［英］drip, pour; gonorrhea; lonely ［熟語］ⓐ淋漓(リンリ)・ⓑ淋菌・淋病

文献 ⓐ枚乗・七発「洪淋淋焉＝洪、淋淋たり（大水が絶え間なくそそぐ）」（文選34）

【琳】 12(玉・8) 人 音リン

語音 *liəm（上古） liəm（中古→呉・漢リム〈＝リン〉） lin（中） 림・임（韓）

語源 ［コアイメージ］㋐□－□－□－の形に（次々に）並ぶ・㋑形が美しい。［実現される意味］美しく清らかな玉ⓐ。［英］beautiful jade

字源 「林(リン)（音・イメージ記号）＋玉（限定符号）」を合わせた字。「林」は「□－□－□－の形に次々に並ぶ」というイメージがある（⇨林）。これは「形が整って美しい」「清らか」というイメージに展開する。令・麗にも似たイメージ転化現象が見られる。「琳」は美しく清らかな玉を暗示させる。

語義 ［展開］美しく清らかな玉の意味ⓐ。また、玉が触れ合って清らかに鳴る擬音語ⓑを派生する。［英］beautiful jade; onomatopoeia ［熟

語】ⓑ琳琅(リンロウ)

文献 ⓐ書経・禹貢「厥貢惟球琳琅玕＝厥(そ)の貢は惟(こ)れ球・琳・琅玕(ロウカン)(その土地の貢ぎ物は球と美玉と、玉に似た美しい石)」

【綸】14(糸・8) 人 ─ 音リン 訓いと

語音 *luən(上古) luěn(中古→呉・漢リン) lún(中) 륜・윤(韓)

語源 [コアイメージ] 筋が通るように順序よく並べる。[実現される意味] 絹糸をきちんと縒り合わせた紐(くみひも)ⓐ。[英]braid

字源 「侖(リン)(音・イメージ記号)＋糸(限定符号)」を合わせた字。「侖」は「筋が通るように順序よく並べる」というイメージがある(⇩倫)。「綸」は絹糸をきちんと組み合わせて編んだ紐を暗示させる。

語義 [展開] 組み紐の意味ⓐから、釣り糸の意味ⓑ、天子の言葉の意味ⓒ。また、「筋が通る」というイメージから、筋が通るように物事を整える意味ⓓを派生する。[英]braid; fishing line; emperor's word; govern [熟語] ⓑ垂綸・釣綸・ⓒ綸言・綸旨・ⓓ経綸

文献 ⓐ礼記・緇衣「王言如絲、其出如綸＝王言糸の如きも、其の出づるや綸の如し(王の言葉は絹糸のように細いけれども、いったん出ると組紐のように大きい)」ⓑ詩経・采緑「言綸之縄＝言(ここ)に之(これ)が縄を綸(つりいと)にせん(彼が釣りに出かけたら彼のために縄で釣り糸を作ってあげよう)」

【凜】15(冫・13) 人 ─ 音リン
〔凛〕15(冫・13) 人 ─ 音リン

語音 *lıəm(上古) lıəm(中古→呉・漢リム(＝リン)) lǐn(中) 름・늠(韓)

語源 [コアイメージ] 引き締める。[実現される意味] 冷たいⓐ。[英]cold

〔解説〕米倉のことを*lıəmといい、その視覚記号は㐭→稟→廩と変わった。㐭はイメージ記号として壇や圖(＝図)に含まれている。これは形態的特徴から「⌂形をなす」というイメージがある。一方、機能的特徴からは「多くのものを引き締めて、一所に集める」というイメージがあるので、音・イメージ記号としては「引き締める」というイメージを示す記号になる。ただし稟はヒンと読む場合は別語で、イメージが異なる(⇩稟(ヒン))。

字源 「稟(リン)(音・イメージ記号)＋冫(限定符号)」を合わせた字。「㐭」は米倉を描いた図形。「㐭(リン)(音・イメージ記号)＋禾(限定符号)」を合わせた「稟」は廩(リン)(米倉)の原字。米倉は穀物を収納するので、「多くのものを引き締めて、一所に集める」→「引き締める」というイメージを表すことができる。「凜」は冷たくて肌身を引き締める様子を暗示させる。

〔字体〕「凛」は「凜」の俗字。

語義 [展開] 冷たい意味ⓐから、尊敬・恐れなどで身が引き締まる様子、また、気持ちが引き締まってきっぱりする様子の意味ⓑを派生する。きりっとして勇ましい(りりしい)の意味ⓒは日本的用法。[英]cold; severe, stern, awe-inspiring; gallant, manly [熟語] ⓐ凜然・凜慄・ⓑ凜乎・凜凜

文献 ⓐ古詩十九首「凜凜歳云暮＝凜凜として歳云(ここ)に暮る(肌寒くなって歳が暮れた)」(文選29)

【輪】15(車・8) 常 ─ 常用音訓 リン わ

語音 *luən(上古) luěn(中古→呉・漢リン) lún(中) 륜・윤(韓)

語源 [コアイメージ] 筋が通るように順序よく並べる。[実現される意味] 車のわ(タイヤ)ⓐ。[英]wheel

〔解説〕日本語の「わ」は円い輪郭の意で、車輪はその転義。「わ」は円形がコアイメージであろう。漢語の輪は輻(や、スポーク)のある車輪のことで、何本も筋状にスポークを並べた作りから、「筋が通るように順

序よく並べる」のコアイメージをもつ侖によって名づけられた。「丸い」は二次的なイメージである。

字源 「侖リン(音・イメージ記号)＋車(限定符号)」を合わせた字。「侖」は「筋が通るように順序よく並べる」というイメージがある(⇨倫)。「輪」はや(スポーク)を順序よく並べた車の「わ」を暗示させる。

語義 [展開] 車のわの意味ⓐから、換喩によって、車の意味ⓑ、隠喩によって、丸いものや円形・回りの意味ⓒ、また、順序よくめぐる意味ⓓを派生する。[英]wheel; vehicle; ring, disk, circle; take turns [熟語] ⓐ車輪・脱輪・ⓑ輪禍・競輪・ⓒ輪郭・日輪・ⓓ輪読・輪番

文献 ⓐ詩経・伐檀「坎坎伐輪兮＝坎坎カンカンとして輪を伐る(カーンカーンと木を切って車輪を作る)」ⓒ春秋公羊伝・僖公33「匹馬隻輪無反者＝匹馬隻輪、反る者無し(一頭の馬も一台の車も帰らなかった)」

【隣】16(阜・13) 常 常用音訓 リン となる・となり

語音 *lien(上古) liĕn(中古→呉・漢リン) lin(中) 린・인(韓)

語源 [コアイメージ] ○-○-○-の形に点々と連なる。[実現される意味] 家やそこに住む人がすぐそばに連なっていること(となる・となり)ⓐ。[英]neighbor

[解説] 釈名・釈州国に「鄰は連なり。相接連するなり」とあり、連と同源と見ている。藤堂明保は隣を零・齢・麗・歴などと同じ漢語家族に入れ、「数珠つなぎ、…型」という基本義をもつとする(藤堂①)。「数珠つなぎ」は「○-○-○-」と言い換えてもよい。二つの点(○-○)に焦点を当てれば、すぐそばに並ぶ(となり合う)関係になる。これが隣である。日本語の「となり」は「区域が相接した位置にあること。また、その位置にある人・家など」の意という(大野①)。漢語の隣と同じ。英語のneighborはnēah(近くの)＋gebūr(住民)から成る古英語に由来し、「近くに住む者」が原義という(小島①)。近所(隣)の人→隣国の人→隣接する意となった。

[グループ] 隣・憐・鱗・麟・燐リン(点々と連なる鬼火[燐火])・嶙リン(山が重なり連なるさま)・粼リン(点々と連なり並ぶさま)・遴リン(連なって並ぶ)・轔リン(ごろごろと連なって鳴る車輪の音[轔轔])・驎リン(魚鱗のような斑紋の連なる馬、また広く、駿馬[騏驎])

字源 「鄰」が本字。「粦リン(音・イメージ記号)＋邑(限定符号)」を合わせた字。「粦」は「炎(ほのお。イメージ記号)＋舛(限定符号)」を合わせて、鬼火が踊っている情景を設定した図形で、燐(鬼火)の原字。「○-○-○-の形に点々と連なる」というイメージを示す記号になる。「鄰」は村や町の中で点々と連なり並ぶ人家を暗示させる。

(金) (篆) [粦] (篆)

[字体] 「鄰」は異体字。

語義 [展開] 家がそばに連なる(となる・となり)の意味ⓐ、親しい仲間の意味ⓑ、場所・区域などがすぐそばに連なる意味ⓒに展開する。[英]neighbor(ⓐ-ⓒ), adjoin; neighborhood; next, neighboirng, adjoining, adjacent [熟語] ⓐ隣接・近隣・ⓑ善隣・ⓒ隣室・隣席

文献 ⓐ詩経・正月「洽比其鄰＝其の鄰[＝隣]に洽比す(隣人と親しくする)」ⓑ論語・里仁「徳不孤、必有鄰＝徳は孤ならず、必ず鄰[＝隣]有り(徳のある人は孤立していない。きっと親しく集まってくるものがある)」

【臨】18(臣・11) 常 常用音訓 リン のぞむ

語音 *lıəm(上古) lıəm(中古→呉・漢リム〈＝リン〉) lin(中) 림・임(韓)

語源 [コアイメージ] 見下ろす。[実現される意味] 上(高い所)から下を見下ろすⓐ。[英]look down on

[解説] 古典の注釈に「臨は監なり」とある。監は水かがみを見ることから生まれた記号で、「一定の枠の中に収めて見る」というイメージが

あるが、その前提に「上から下を見下ろす」というイメージも含まれている。覧で表される見方もこれを受けつぐ。臨はこの覧に近い。日本語の「のぞむ」は「物事を求めて、遥か遠くまでを見る」という意味で、漢語の望に当たり、臨にはこの意味がない。しかし臨を「のぞむ」また「のぞく」と訓読したため、日本語の「のぞむ」に臨の意味が生じた(以上、大野①による)。

字源 「臣(イメージ記号)+品(イメージ補助記号)+人(限定符号)」を合わせた字。「臣」は目玉を描いた形で、家来が殿様の前で俯き加減にかしこまる時の目である。したがって「見下ろす」というイメージを表すことができる(これは二次的イメージ)。「品」はいろいろな物。したがって「臨」は下にある物を上から見下ろす情景を設定した図形。

(金)　(篆)

語義 [展開] 上(高い所)から下を見下ろす意味ⓐ。また、主観的に高いと感じられる所から、低いと感じられる所に至ること、すなわち、その場にやって来る意味ⓑ、ある物に面と向かう意味ⓒ、その時や事態に直面する意味ⓓ、手本をそばに置いて見るⓔを派生する。[英]look down on, overlook; approach, arrive, be present; face(ⓒⓓ), front onto; confront; copy [熟語] ⓐ君臨・照臨・ⓑ臨席・降臨・ⓒ臨死・臨戦・ⓓ臨時・臨終・ⓔ臨書・臨摸

文献 ⓐ詩経・小旻「戦戦兢兢、如臨深淵＝戦戦兢兢、深淵を臨むが如し(びくびくと恐れおののき、深い淵を見下ろすよう)」ⓑ楚辞・遠遊「夕始臨乎於微閭＝夕べに始めて於微閭(オビリョ)に臨む(夕方にやっと於微閭[伝説上の山名]にやって来た)」ⓒ論語・八佾「臨喪不哀＝喪に臨みて哀しまず(葬儀に直面して悲しまない)」

【鱗】 24(魚・13) 人 音リン 訓うろこ

語音 *lien(上古) liěn(中古→呉・漢リン) lín(中) 린・인(韓)

語源 [コアイメージ] ○-○-○- の形に点々と連なる。[実現される意味] 魚のうろこⓐ。[英]scale

字源 「粦(リン)(音・イメージ記号)+魚(限定符号)」を合わせた字。「粦」は「○-○-○- の形に点々と連なる」というイメージがある(⇩隣)。「鱗」は連なり並ぶ魚の「うろこ」を暗示させる。

語義 [展開] うろこの意味ⓐから、うろこ状(並んで連なる形)の意味ⓑを派生する。[英]scale(ⓐⓑ) [熟語] ⓐ魚鱗・逆鱗・ⓑ鱗次・鱗比

文献 ⓐ周礼・地官・大司徒「其動物宜鱗物＝其の動物は鱗物に宜し(その動物はうろこのある物[魚類など]がふさわしい)」

【麟】 24(鹿・13) 人 音リン

語音 *lien(上古) liěn(中古→呉・漢リン) lín(中) 린・인(韓)

語源 [コアイメージ] ○-○-○- の形に点々と連なる。[実現される意味] アンテロープの類ⓐ。[英]antelope

〔解説〕説文解字では「大牝鹿なり」(段注本では「大牡鹿なり」)とある。ニーダムらはAlcelaphus buselaphus(キタハーテビースト)に同定している(中国古代動物学史)。これはアンテロープ(羚羊)の一種で、毛の色は鹿、顔は馬に似る。大きな群れを作り、走るのが速い。古代中国で棲息していたが、絶滅したという。これが伝説化され、環境保護的な霊獣となった。始めは単に麟と称されたが、後に麒麟となり、麒が牡、麟が牝とされた。

字源 「粦(リン)(音・イメージ記号)+鹿(限定符号)」を合わせた字。「粦」は「○-○-○- の形に点々と連なる」というイメージがある(⇩隣)。「麟」はたくさん群れをなして連なり並ぶ鹿を暗示させる。アンテロープはウシ科である。

語義 [展開] アンテロープが原義ⓐ。古典時代ではすでに空想的な瑞

獣(麒麟)の意味ⓑとなった。また、優れた人物の喩えⓒ。後世ではジラフの意味ⓓが生まれた(この場合は音写字)。[英]antelope; legendary animal; metaphor of outstanding person; giraffe 【熟語】ⓑ獲麟・麒麟・ⓒ麒麟児・鳳麟・ⓓ麒麟

文献 ⓐ詩経・麟之趾「麟之趾、振振公子、于嗟麟兮＝麟の趾(あし)、振振たる公子、于嗟(ああ)麟よ(きりんの足よ。賑々しい公子らよ。おお、きりんのよう)」

る

【瑠】14(玉・10) 常 常用音訓 ル

語音 *liog(上古) lɪəu(中古→呉ル・漢リウ〈＝リュウ〉) liú(中) 류・유(韓)

語源 [コアイメージ] するすると滑る。[実現される意味] 宝石の名、ラピスラズリⓐ。[英]lapis lazuli

字源 「留(ル)(音・イメージ記号)＋玉(限定符号)」を合わせた字。梵語のvaiḍūryaが璧琉璃と音写されたが、璧を省略して琉璃→瑠璃となった。後に琉璃とも書かれる。卯・留・㐬はみな「するすると滑る」というイメージがあり(⇩卯・留・琉)、「滑るように滑らか」というイメージがこめられた。

語義 青色の宝石、ラピスラズリの意味ⓐ。【熟語】ⓐ瑠璃・浄瑠璃

文献 ⓐ塩鉄論・力耕「璧玉珊瑚瑠璃、咸爲國之寶＝璧玉・珊瑚・瑠璃、咸(みな)国の宝と為す(璧・珊瑚・瑠璃はすべて国の宝物である)」

るい

【涙】10(水・7) 常 常用音訓 ルイ なみだ
〔淚〕11(水・8) 人 音ルイ 訓なみだ

語音 *lıuəd(上古) luı(中古→呉・漢ルイ) lèi(中) 루・누(韓)

語源 [コアイメージ] はね返る・↑↓の形に反発する。[実現される意味] なみだⓐ。[英]tear

〔解説〕なみだを表す漢語に涙・泣・涕がある。泣は粒状をなすイメージ、涕は線条をなして流れる(垂れ落ちる)イメージで捉えたものであるが、涙はしずくが分散して出るイメージで捉えられた語である。日本語の「なみだ」はナミタが古い形で、ナ(泣く)ミ(水)タ(垂る)に由来するという説がある(大言海)。

字源 「淚」が正字。「戾(レイ)(音・イメージ記号)＋水(限定符号)」を合わせた字。「戾」は↓の方向に対し↑の方向にはね返すというイメージから、「↑↓の形に反発する」というイメージ、それから「↔の形に分散する」というイメージに展開する(⇩戾)。「淚」ははらはらと分散して出る水、つまり「なみだ」を暗示させる。

〔字体〕「淚」は旧字体。「涙」は戾→戻に倣った常用漢字の字体。現代中国の簡体字は「泪」。

語義 なみだの意味ⓐ。【熟語】ⓐ感涙・落涙

文献 ⓐ韓非子・和氏「淚盡而繼之以血＝涙尽きて、之に継ぐに血を以てす(三日三晩泣いて涙が尽き、続いて血の涙が出た)」

【累】11(糸・5) 常 常用音訓 ルイ

語音 *lıuăr(上古) luě(中古→呉・漢ルイ) lěi(中) 루・누(韓)

語源 ［コアイメージ］重なる。［実現される意味］積み重ねるⓐ。［英］accumulate, pile up

〔解説〕藤堂明保は累を雷・磊・厽・類・侖(倫・輪)などと同じ単語家族に入れ、「同じ物が順序よく並ぶ」という基本義があるとする(藤堂①)。ロ－ロ－ロ－の形に並ぶことは、縦の軸に視点を置くと、「(同じようなものが次々に)重なる」というイメージでもある。物が積み重なることを累という。この字は纍から分化した字。あるいは絫の俗字ともされる(説文解字注)。

〔グループ〕累・塁・雷・螺・騾(二つの違った種が重なった動物、ラバ[騾馬])・儡(土を積み重ねて作った人形[傀儡])・縲(罪人をつなぎ縛る縄[縲紲])・瘰(数珠状に連なる頸部の腫れ物[瘰癧])・藟(蔓を重ねて巻きつける草、カズラの類)・鸓(＝鼺。カズラのように段々と上によじ登る動物、ムササビ)

字源 「畾(音・イメージ記号)＋糸(限定符号)」を合わせた字。「畾」は「田」の印を三つ重ねて、丸いものがいくつも重なることを示す記号(⇨雷)。「累」は糸で次々とつなぎ重ねる様子を暗示させる。累は纍から分化した字。纍の意味の一部(積み重なる)を受け継ぎ、新たな意味(しきりに、わずらわす)を付け加えたもの。

(篆) 

語義 ［展開］積み重なる意味ⓐから、回を重ねて(次々に、しきりに)の意味ⓑを派生する。また、「重なる」というイメージは「つながる」というイメージにも展開し、あることに別のことがつながる・つなぐ意味ⓒ、余計なつながりができて面倒になる(わずらわす・わずらわしい)意味ⓓ、面倒な関わり合いの意味ⓔを派生する。［英］accumulate, pile up; repeatedly; bind, tie(ⓒⓔ); troublesome; bond, bodage ［和訓］かさなる・かさねる・しきり・わずらわす ［熟語］ⓐ累加・累積・ⓑ累進・累犯・ⓒ累紲・連累・ⓓ煩累・ⓔ係累

文献 ⓐ墨子・辞過「大國累百器＝大国は百器を累(かさ)ぬ(大国は[贅沢三昧をして]百個の食器を重ねている)」ⓑ孟子・梁恵王下「係累其子弟＝其の子弟を係累す(若者を捕まえて[獄に]つなぐ)」ⓓ荘子・譲王「雖貧賤、不以利累形＝貧賤なりと雖も、利を以て形を累(わずら)はせず(たとい貧乏でも、利益のために肉体をわずらわさない)」

【塁】12(土・9) 常 常用音訓 ルイ

〔壘〕18(土・15) 人 音ルイ 訓とりで

語音 *lıuer(上古) luı(中古→呉・漢ルイ) lĕi(中) 루・누(韓)

語源 ［コアイメージ］重なる。［実現される意味］土や石を積み重ねた防御用の陣地(とりで)ⓐ。［英］fort, rampart

字源 「壘」が正字。「畾(音・イメージ記号)＋土(限定符号)」を合わせた字。「畾」は「田」の印を三つ重ねて、丸いものがいくつも重なることを示す記号(⇨雷)。「壘」は土や石を積み重ねた建造物を暗示させる。

〔字体〕「壘」は旧字体。「塁」は由来不明の常用漢字の字体。現代中国の簡体字は「垒」。

語義 ［展開］とりでの意味ⓐ。野球のベースの意味ⓑは日本的用法。［英］fort, rampart; base ［熟語］ⓐ堅塁・孤塁・ⓑ盗塁・満塁

文献 ⓐ春秋左氏伝・宣公12「摩壘而還＝塁を摩して還る([敵の]とりでに近づいただけで帰ってしまった)」

【類】18(頁・9) 常 常用音訓 ルイ たぐい

〔類〕19(頁・10) 人 音ルイ 訓たぐい

語音 *lıuăd(上古) luı(中古→呉・漢ルイ) lèi(中) 류・유(韓)

語源 ［コアイメージ］(似たものどうしが)順序よく並ぶ。［実現される

【意味】似た特徴をもつ仲間(たぐい)ⓐ。[英]class, category

〔解説〕王念孫は「類の言は律なり」(広雅疏証)と述べる。藤堂明保は律のほかに、雷・累・倫なども同源とし、「同じ物が順序よく並ぶ」という基本義があるとする(藤堂①)。*lɪuə̆dという語は似た特徴をもって順序よく並ぶ仲間というイメージの語である。日本語の「たぐい(たぐひ)」は「似つかわしいもの、あるいは同質のものが二つそろっている意」という(大野①)。漢語の類とほぼ同じだが、類は二つとは限らない。偶も「たぐい」と読む。これは二つ並んだ似た物どうしの意味。

字源 「類」が正字。「頪(ルイ)(音・イメージ記号)+犬(限定符号)」を合わせた字。「米」は「細かくて見分けがつかない」というイメージがある(⇩米)。「頪」は「米(イメージ記号)+頁(限定符号)」を合わせて、見分けがつかない似た物どうしを暗示させる図形。したがって「類」は犬が互いに似ているように、特徴の似た仲間を暗示させる。犬は比喩的限定符号である。

〔字体〕「類」は近世中国で発生した「類」の俗字。現代中国の簡体字は「类」。

(金)　(篆)　[頪]　(篆)

語義 [展開] 似た特徴をもつ仲間(たぐい)の意味ⓐから、似たものを集めてグループに分ける意味ⓑに展開する。また、「同じような物が並ぶ」というイメージから、それらしく似ている意味ⓒを派生する。[英]class, category, type, kind, sort; classify, discriminate; resemble, similar

[熟語] ⓐ種類・人類・ⓑ類別・分類・ⓒ類似・類推

文献 ⓐ詩経・桑柔「貪人敗類=貪人、類を敗る(欲深い人が仲間を損なう)」ⓒ詩経・瞻卬「威儀不類=威儀類せず(威儀はふさわしくない)」

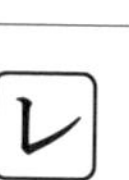

れい

【令】

5(人・3)　常　|　常用音訓　レイ

語音 *lieŋ(上古)　lɪɛŋ(中古→呉リャウ〈=リョウ〉・漢レイ)　líng(中)　령・영(韓)

語源 [コアイメージ] ㋐□-□-□-の形にきちんと並ぶ・㋑清らかに澄む。[実現される意味] 指図する(言いつける、言いつけ)ⓐ。[英]order, command,

〔解説〕王力は令―命、領―嶺、冷―涼、零―霝、笭―霊―櫺をそれぞれ同源とする(王力①)。藤堂明保は令および令のグループの一部(玲・冷・鈴)と、歴・麗・霊を同じ単語家族にくくり、「澄んできれいな」という基本義があるとする。また、令のグループの一部(零・齢など)と、隣・憐・麗・儷・歴・暦を同じ単語家族にくくり、「数珠つなぎ、・・・型」という基本義があるとする(藤堂①)。王力は五つ、藤堂は二つの語族に分けたが、全部を一つにまとめることはできないか。筆者は「□-□-□-の形にきちんと並ぶ」というイメージに概括できると考える。□-□-□-の形に整然と並んだ姿は美しくきれいであるという感覚を喚起させる。この感覚は「清らかである」「汚れがなく澄んでいる」などの感覚に容易に結びつく。霊・麗にもこれと似たイメージ転化現象がある。「□-□-□-の形にきちんと並ぶ」と「清らかに澄む」という二つのイメージを同時に表す記号が令である。人を集めて整列させて上からの命令を授けるのが命令の令、色などが美しいことが令色・令室などの令である。英語のorderは「順序正しく一直線に並んだもの」を意味するラテン語ordoに由来し、「上司や上官など、一般に上の位にある者からの命令、指令、指示」の意という(小島①)。順序よく並ぶことから命令に転義するのは漢語の令と同じである。

〔グループ〕令・冷・鈴・零・齢・領・伶・怜・玲・羚・嶺・澪・泠イレ(清らか[清泠])・聆イレ(耳が澄んでよく聞こえる、聞く)・翎イレ(澄んで清らかな鳥の羽)・苓イレ(花の清らかな草、カンゾウ、甘草)・蛉イレ(羽の清らかな虫、トンボ[蜻蛉])・鴒イレ(背のほっそりとして清らかな鳥、セキレイ[鶺鴒])・囹イレ(格子窓が□−□−□の形に連なる牢屋[囹圄])・舲イレ(格子窓のある舟)・軨イレ(車の格子窓)

字源 「亼(イメージ記号)+卩(ひざまずく人を示す限定符号)」を合わせた字。「亼」は三方から中心に集まることを示す符号。「令」は君主が人を集めてお告げ(命令・指図)をする場面を設定した図形。図形にコアイメージは反映されていない。

(甲)　(金)　(篆)

語義 [展開] 指図する(言いつける、言いつけ、お達し)の意味ⓐから、上から下されるおきて、法の意味ⓑ、上に立つもの(長、おさ)の意味ⓒに展開する。また、「清らかに澄む」というコアイメージから、清らかで美しい・良い意味ⓓ、敬意を示す語ⓔを派生する。また、ⓐの言いつけて物事をさせることから、使役の助動詞の用法ⓕが生まれた(漢文で「〜(せ)しむ」と読む)。[英] order, command, decree(ⓐⓑ); law; chief; good; honorific; make, cause [和訓] よい・しむ・せしむ [熟語] ⓐ指令・命令・ⓑ軍令・法令・ⓒ家令・県令・ⓓ令色・令聞・ⓔ令嬢・令息

文献 ⓐ詩経・東方未明「自公令之=公自ょり之を令す(お上から指図が下される)」ⓓ詩経・角弓「此令兄弟、綽綽有裕=此の令ょき兄弟、綽綽として裕有り(仲のよい兄弟たちは、心がゆったりとゆとりあり)」

【礼】 5(示・1) 常 — 常用音訓 レイ・ライ

〔禮〕 18(示・13) 人 — 音 レイ・ライ

語音 *ler(上古) lei(中古→呉ライ・漢レイ) li(中) 례・예(韓)

語源 [コアイメージ] □−□−□−の形にきちんと並ぶ。[実現される意味] きちんと順序よく整えられた礼儀作法ⓐ。[英] ceremony, rite

〔解説〕礼の語源説は古くからある。白虎通義・礼楽篇に「礼の言為たるは履なり。履践して行ふべきなり」、また、釈名・釈言語に「礼は體(=体)なり。事体を得るなり」とある。前者は履み行うべきものが礼という解釈。履のコアには「□−□−□−の形(数珠つなぎ)に並ぶ、連なる」というイメージがある。後者は事物の体裁にかなうものが礼という解釈。骨格が順序よく(形よく)組み立てられたからだを体という。礼と体は極めてイメージが近いが、*ler(礼)と*t'er(体)は同源とまでは言えない(カールグレンは同源とする)。「礼は理なり」という語源説もあり、むしろ礼・履・理が言葉としては近い関係にある。*ler(礼)という語は「□−□−□−の形にきちんと並ぶ」というコアイメージをもち、手順をきちんと踏んで整えた作法や儀式という意味が実現された。英語のrite(儀式・祭式・習慣)はラテン語のritus(宗教的しきたり)が語源という(小島①)。漢語の礼も広い意味では社会的規範・慣習(意味のⓑ)であるといえる。

〔グループ〕礼・醴イレ(儀礼用の甘酒)・澧イレ(川の名。また、断続的に打ち寄せる波の音)・鱧イレ(七つの斑点が順序よく並ぶ魚、ライギョ。「はも」は国訓)

字源 「禮」が正字。「豊イレ(音・イメージ記号)+示(限定符号)」を合わせた字。「豊」は豊富の豊とは別で、體(=体)に含まれている豊と同じ。豆(たかつき)の上に供え物を盛りつけた姿を描いた図形で、儀礼用の器のことである。この意匠によって、「形よく整う」というイメージを表すことができる。「禮」は神前で行う整った儀式を暗示させる。

(甲)　(金)　(篆)　[豊]

(古) [glyph] (篆) [glyph]

〔字体〕「禮」は旧字体(篆文の字体)。「礼」は古文の礼に由来する。現代中国の簡体字も礼を用いる。

語義 [展開] きちんと整った礼儀作法の意味ⓐから、社会的規範・慣習の意味ⓑ、ていねいに応対する(敬って拝む、お辞儀をする)意味ⓒ、謝意を示すもの(贈り物)の意味ⓓに展開する。[英]ceremony, rite, propriety; courtesy, custom; bow; gift, present [熟語] ⓐ礼儀・婚礼・ⓑ礼楽・儀礼・ⓒ敬礼・拝礼・ⓓ礼金・謝礼

文献 ⓐ詩経・相鼠「相鼠有體、人而無禮＝鼠を相(み)れば体有り、人にして礼無し(ネズミには体があるけれど、人間なのに礼がないなんて)」ⓑ論語・為政「道之以德、齊之以禮、有恥且格＝之を道(みち)びくに徳を以てし、之を斉(とと)のふるに礼を以てすれば、恥有りて且つ格(ただ)し(人民を徳で導き、礼で整えるなら、人民は廉恥を知って正しくなる)」

【伶】7(人・5) 人 | 音 レイ

語音 *leŋ(上古) leŋ(中古→呉リャウ〈＝リョウ〉・漢レイ) líng(中) 령・영(韓)

語源 [コアイメージ] 清らかに澄む。[実現される意味] 音楽官ⓐ。[英]musician

字源 「令(レイ)(音・イメージ記号)＋人(限定符号)」を合わせた字。「令」は「清らかに澄む」というイメージがある(⇩令)。「伶」は澄んで清らかな音色を奏でる人(音楽官)を暗示させる。

語義 [展開] 音楽官の意味ⓐ。またコアイメージから、心が澄んで賢い意味ⓑを派生する。[英]musician; clever, smart [熟語] ⓐ伶官・伶人・ⓑ伶俐

文献 ⓐ国語・周「鐘成、伶人告和＝鐘成りて、伶人告げて和す(鐘が完成し、音楽官が告げて唱和した)」

【冷】7(冫・5) 常 | 常用音訓 レイ つめたい・ひえる・ひや・ひやす・ひやかす・さめる・さます

語音 *lĕŋ(上古) lɐŋ(中古→呉リャウ〈＝リョウ〉・漢レイ) lĕng(中) 랭・냉(韓)

語源 [コアイメージ] 清らかに澄み切る。[実現される意味] つめたいⓐ。[英]cold

〔解説〕日本語の「つめたい(つめたし)」は「触れる物体が寒冷で痛いように感じられる意」、「ひえる(ひゆ)」は「氷のような低い温度になる」意、「さめる(さむ)」は「熱や気持ちの高ぶりが冷える意」という(大野①)。三つの異なった日本語が漢語の冷に対応する。ただし完全に一致するわけではない。冷は「さむい」も「すずしい」も含まれる。

字源 「令(レイ)(音・イメージ記号)＋冫(限定符号)」を合わせた字。「令」は「けがれがなく清らか」というイメージがあり、これは「汚れがなく澄み切っている」というイメージに展開する(⇩令)。水を念頭に置くと、澄み切っているという視覚的イメージは、つめたいという触覚的イメージの印象につながる。青(澄み切る)→清(涼しい、寒い)というイメージ転化現象と似ている。したがって「冷」は氷のようにつめたいことを暗示させる。

語義 [展開] つめたい・さむい意味が本義ⓐ。ここから、温度が低くなる(ひえる・ひやす)意味ⓑ、熱気がなくなりひっそりとする意味ⓒ、高ぶることなく落ち着く意味ⓓ、人に対して情が薄い意味ⓔに展開する。[英]cold(ⓐⓒⓔ); get cold, chill, cool(ⓑⓓⓔ); desolate; calm; coldhearted, frosty [熟語] ⓐ冷水・寒冷・ⓑ冷却・冷凍・ⓒ冷官・冷落・ⓓ冷静・冷徹・ⓔ冷遇・冷淡

文献 ⓐ荘子・則陽「暍者反冬乎冷風＝暍(エツ)する者は冬に冷風を反(かえり)みる(暑気当たりした者は冬の寒い風をなつかしがる)」

【励】7(力・5) 常 常用音訓 レイ はげむ・はげます

語音 *liad(上古) lɛi(中古→呉ライ・漢レイ) lì(中) 려・여(韓)

語源 [コアイメージ] 激しい。[実現される意味] 激しい力を出してつとめる(強い力をこめる、はげむ)ⓐ。[英]exert oneself, strive

〔解説〕王力は亹・閔・黽・勉・励・勱を同源とし、つとめるという意味があるとする(王力①)。これは表層のレベルである。深層のレベルで探究したのは藤堂明保である。氏は列のグループの一部(烈など)、剌のグループ(辣など)、厲のグループを同じ単語家族にくくり、「切れめ・はげしい刺激を与える」という基本義があるとした(藤堂①)。これらは「↑↓の形に裂ける・反発する・はね返る」から「激しい」というイメージに転化したと考えられる。厲は毒のイメージから発想された語である。毒は↓の方向に生体に作用すると、生体は↑の方向に反発しようとする。また礪(砥石)は摩擦力を応用したものだが、摩擦の場合も↑↓の力に対して↑の力で対抗しようとする。ここに「激しい」というイメージの根源がある。激しく力を出すことが励である。おもしろいことに日本語の「はげむ」もハゲシから派生した語で、「自分の心をはげしくする意」という(大野①)。

〔グループ〕励・厲(はげしい、はげむ[厲疫])・礪(といし[砥礪])・癘(激しく流行する病気)・糲(表面がごつごつした粗い米、玄米[粗糲])・蠣(ごつごつと起伏のある生物、カキ[牡蠣])

字源 「勵」が正字。「厲(音・イメージ記号)+力(限定符号)」を合わせた字。「萬」はサソリを描いた図形(⇨万)。サソリは猛毒をもつので、「激しい」というイメージを表す記号になる(これは二次的イメージ)。「萬(イメージ記号)+厂(がけや石を示す限定符号)」を合わせた「厲」は、刃物を激しく摩擦させて研ぐための石(砥石)を暗示させる図形。礪の原字。「厲」は砥石の意味から、激しい、激しく力を出すという意味を派生した。後の派生義を表すため、改めて「勵」が作られた。

(金) (篆) [厲]

〔字体〕「励」は近世中国で発生した「勵」の俗字。

語義 [展開] 強い力をこめる(はげむ)意味ⓐから、相手を力づけてやる(奮い立たせる、はげます)意味ⓑに展開する。[英]exert oneself, strive; encourage, stimulate [熟語] ⓐ励行・勉励・ⓑ激励・奨励

文献 ⓐ管子・法法「赦過遺善、則民不勵＝過を赦し善を遺るれば、則ち民励まず([君主が]罪あるものを許し、恩を施し忘れたら、人民は励まなくなるだろう)」

【戻】7(戸・3) 常 常用音訓 レイ もどす・もどる

語音 *lăd(上古) lei(中古→呉ライ・漢レイ) lì(中) 려・여(韓)

語源 [コアイメージ] はね返る・↑↓の形に反発する。[実現される意味] 反対方向にそむく(もとる)ⓐ。[英]be contrary to

〔解説〕説文解字に「剌は戻なり」とあるように、戻と剌は同源の語である。したがって*lădは「はね返る」というイメージをもつ。「はね返る」は「↑↓の形に反対方向になる」というイメージでも表せる。戻の古訓は「もとる」で、これから「もどる」が派生した。「もとる」はねじ曲がる意から、道理などに反する(そむく)意に転じる。一方、「もどる」は「物がきちんと収まらず、くいちがい、よじれる」意から、「出て行ったものが、帰って来る」意に展開する(以上、大野①)。後者の意味(もどる)は漢語の戻にはない。

〔グループ〕戻・涙・捩(反対方向にひねる、ねじる。「ねじ」は国訓)・唳(鶴が声を高く低く上げ下げして鳴く[鶴唳])・棙(弦をはね返して鳴らす撥)

字源 「戾」が正字。戸と犬を並べただけの舌足らず(情報不足)な図形で、何とでも解釈がつくが、上記のコアイメージに沿って解釈すると、

「戸（イメージ記号）＋犬（限定符号）」と解析し、犬が閉じ込められて、出ようと戸をはねる情景を設定した図形と解釈できる。この意匠によって、「↓の方向に対し↑の方向にはね返す」「↑↓の形に反発する」というイメージを表すことができる。

（篆）

〔字体〕「戾」は旧字体。「戻」は書道に由来する常用漢字の字体。

語義 [展開] 道理にそむく意味ⓐが本義。もどる・もどす意味ⓑは日本的用法。[英]be contrary to, disobey; return [和訓] もとる [熟語] ⓐ乖戻（カイレイ）・背戻・ⓑ返戻

文献 ⓐ詩経・抑「哲人之愚、亦維斯戻＝哲人の愚は、亦た維（こ）れ斯（こ）に戻（もと）る（智者の愚かしさは、まったく大きな罪だ）」

【例】8（人・6） 常 ｜ 常用音訓 レイ たとえる

語音 *liad（上古） lɛi（中古→呉レ・漢レイ） lì（中） 례・예（韓）

語源 [コアイメージ] ▯-▯の形に分かれて並ぶ。[実現される意味] 同列に並ぶ同じような事柄ⓐ。[英]example, instance

〔解説〕コアイメージの源泉は列にある。「▯-▯の形に分かれて並ぶ」というのがコアイメージ。現にあるAのほかに、同列に並ぶであろう同じたぐいのB・C・Dなどの事項、また、その中から見本として選び出した一つの事柄を例という。訓の「たとえる（たとふ）」は「甲を直接的には説明しがたい場合に、別のものではあるが性質・状態などに共通点を持つ乙を提示し、甲と対比させることによって、甲の性質・状態などを知らせる意」という（大野①）。これは「なぞらえる」という意味で、「例える」でもあるし「喩える」でもある。「例える」は普通は「例えば」という形で使い、同類の事柄を見本として挙げるならの意味。しかし比喩するという意味は漢語の例にない。この場合は「喩える」（または「譬える」）と書くべきである。英語のexampleはラテン語でex-（外へ）＋emere（とる）→eximere（取り出す）から派生したexemplum（例として取り出されたもの）が語源という（小島①、下宮①）。これは漢語の例と対応する。

字源 「列（レツ）（音・イメージ記号）＋人（限定符号）」を合わせた字。「列」は「▯-▯の形に分かれて並ぶ」というイメージがあり、「同じようなものが同列に並ぶ」というイメージに展開する（⇩列）。「例」はAと同じようなものがB、C、D…と並ぶ様子を暗示させる。この意匠によって、いくつか並んで存在する同類の事柄を表象する。

語義 [展開] 同類の事柄の意味ⓐから、見本・標準・規則となるものの意味ⓑ、同じようなことが引き続いて行われ、習慣になったもの（いつも同じように行われていること、いつもの習わし）の意味ⓒに展開する。[英]example(ⓐⓑ), instance, precedent; rule, regulation; usage, routine [和訓] ためし [熟語] ⓐ事例・文例・ⓑ凡例・範例・ⓒ慣例・通例

文献 ⓐ春秋公羊伝・僖公1「臣子一例也＝臣子、一例なり（[君や父の喪服に関しては]臣も子も同例である）」

【怜】8（心・5） 人 ｜ 音 レイ

語音 leŋ（中古→呉リャウ〈＝リョウ〉・漢レイ） líng（中） 령・영（韓）

語源 [コアイメージ] 清らかに澄む。[実現される意味] 賢いⓐ。[英]clever

字源 「令（レイ）（音・イメージ記号）＋心（限定符号）」を合わせた字。「令」は「清らかに澄む」というイメージがある（⇩令）。「怜」は心が澄んで賢いことを表す。

語義 賢い意味ⓐ。[和訓] さとい [熟語] ⓐ怜悧（レイリ）

【玲】9（玉・5） 人 ｜ 音 レイ

語音 *leŋ（上古） leŋ（中古→呉リャウ〈＝リョウ〉・漢レイ） líng（中） 령・

영(韓)

語源 [コアイメージ] 清らかに澄む。[実現される意味] 玉が触れ合って鳴る爽やかな音の形容ⓐ。[英]tinkling of pieces of jade

字源 「令レイ(音・イメージ記号)＋玉(限定符号)」を合わせた字。「令」は「清らかに澄む」というイメージがある(⇩令)。これは液体などについての視覚的イメージであるが、音響などの聴覚的なイメージにも転用できる。「玲」は玉が涼やかに鳴る様子を暗示させる。

語義 [展開] 玉の鳴る音の意味ⓐ。また、宝石・花・雪などが鮮やかにさえる様子ⓑに用いられる。[英]tinkling of pieces of jade; bright, clear

[熟語] ⓐ玲玲・玲瓏レイロウ・ⓑ玲瓏

文献 ⓐ班固・東都賦「鉌鑾玲瓏＝鉌[＝和]鑾ワランの玲瓏レイロウたり(鈴がリンリンと鳴る)」(文選1)

【羚】11(羊・5)　人　音レイ

語音 ＊leŋ(上古) leŋ(中古→呉リャウ〈＝リョウ〉・漢レイ) líng(中) 령・영(韓)

語源 [コアイメージ] 清らかに澄む。[実現される意味] アンテロープⓐ。[英]antelope

字源 「令レイ(音・イメージ記号)＋羊(限定符号)」を合わせた字。「令」は「清らかに澄む」というイメージがある(⇩令)。「羚」は体形の美しい動物、アンテロープを表す。羚羊はキタハーテビーストやサイガなどを含むウシ科の動物で、体形の優美なものの総称とされる。日本で羚羊をカモシカに当てるのは誤用。

語義 アンテロープの意味ⓐ。[熟語] ⓐ羚羊

文献 ⓐ神農本草経「羚羊角味鹹寒＝羚羊角、味は鹹にして寒なり(アンテロープの角は、味は塩辛く、寒の性質がある)」

【鈴】13(金・5)　常　常用音訓 レイ・リン　すず

語音 ＊leŋ(上古) leŋ(中古→呉リャウ〈＝リョウ〉・漢レイ) liaŋ(唐リン) líng(中) 령・영(韓)

語源 [コアイメージ] 清らかに澄む。[実現される意味] すずⓐ。[英]bell

字源 「令レイ(音・イメージ記号)＋金(限定符号)」を合わせた字。「令」は「清らかに澄む」というイメージがある(⇩令)。視覚的なイメージは聴覚的なイメージにも転用できる。「鈴」は澄み切った(涼やかな)音色を発する金属製の器具、「すず」を暗示させる。

語義 [展開] すずの意味ⓐ。また、呼び鈴やブザーの意味ⓑに転用される。[英]bell; doorbell, buzzer, alarm [熟語] ⓐ駅鈴・振鈴・ⓑ電鈴・予鈴

文献 ⓐ詩経・載見「和鈴央央＝和鈴央央たり(車の鈴の音ちりんちりん)」

【零】13(雨・5)　常　常用音訓 レイ

語音 ＊leŋ(上古) leŋ(中古→呉リャウ〈＝リョウ〉・漢レイ) líng(中) 령・영(韓)

語源 [コアイメージ] ▭-▭-▭の形にきちんと並ぶ。[実現される意味] 雨が降るⓐ。[英]rain

字源 「令レイ(音・イメージ記号)＋雨(限定符号)」を合わせた字。「令」は「▭-▭-▭の形にきちんと並ぶ」「|・|・|・の形(数珠つなぎ)につながる」というイメージがあり、「点々と○-○-○の形に連なる」というイメージにも展開する(⇩令)。「零」は雨の滴が点々と落ちる様子を暗示させる。

語義 [展開] 雨が降る意味ⓐから、水滴や草木の葉が落ちる意味ⓑ、

盛んなものが衰える(落ちぶれる)意味ⓒに展開する。また、一つの滴に焦点を合わせると、わずか・半端・はしたの意味ⓓ、無、ゼロの意味ⓔを派生する。[英]rain; fall, drop; descend; odd; zero, naught ［和訓］おちる・こぼれる・こぼす ［熟語］ⓐ零雨・ⓑ零露・ⓒ零落・ⓓ零細・零本・ⓔ零時・零点

[文献] ⓐ詩経・定之方中「靈雨既零＝靈雨既に零(お)つ(恵みの雨が早々と降る)」ⓑ詩経・野有蔓草「零露瀼瀼＝零露瀼瀼(ジョウジョウ)たり(降りた露がしとどに濡れる)」

【霊】

15(雨・7) [常] ｜ [常用音訓] レイ・リョウ たま

[語音] *leŋ(上古) leŋ(中古→[呉]リャウ〈＝リョウ〉・[漢]レイ) líng(中) 령・영(韓)

[語源] ［コアイメージ］㋐□-□-□の形に点々と連なる・㋑清らかに澄む。［実現される意味］神がかりになるシャーマン(巫女)ⓐ。[英]shaman

〔解説〕イメージの源泉は霊の旧字体である靈の中にある㗊の記号である。これが重要なイメージ記号で、「□-□-□の形に点々と連なる」というイメージを示す。等間隔に並ぶ姿は形が整ってきれいであるという印象がある。ここから「形が美しい」「汚れがなくきれいである」「澄み切って清らか」というイメージに転化する。これと似たイメージ転化現象は令や麗にも見られる。靈のグループは令と同様に二つのコアイメージをもつ。

〔グループ〉霊・櫺(レイ)(□□□の形に隙間を開けた櫺子(レンジ)窓)・醽(レイ)(澄み切った清酒)・麢(レイ)(＝羚。姿が清らかで美しい動物、アンテロープ)

[字源] 「靈」が正字。「霝(レイ)(音・イメージ記号)＋巫(限定符号)」を合わせた字。「霝」は「㗊(三つの雨粒の形。イメージ記号)＋雨(限定符号)」を合わせて、雨粒が点々と連なって落ちる情景を設定した図形。霝は零と同じで、「点々と□-□-□の形に連なる」というイメージがある。このイメージは「形がきれい、美しい」「清らかに澄む」というイメージに展開する。かくて「靈」は清らかな神の言葉を次々に連ねて告げるシャーマン(巫女)を暗示させる。

(甲)  (金)  (篆)  [霝] (篆) 

〔字体〕「霊」は近世中国で発生した「靈」の俗字。現代中国の簡体字は「灵」。

[語義] ［展開］シャーマンの意味ⓐから、神秘的な存在や現象(神、たましい、万物に宿る精気)の意味ⓑ、死者の魂、精神の意味ⓒ、不思議な力をもっている(人知では計り知れない)意味ⓓ、不思議なほど優れている意味ⓔに展開する。[英]shaman; spirit(ⓑⓒ), fairy; soul; mysterious; excellent ［和訓］たましい・みたま・くしび ［熟語］ⓐ霊巫・ⓑ神霊・精霊・ⓒ亡霊・幽霊・ⓓ霊験・霊獣・ⓔ霊秀・霊長

[文献] ⓐ楚辞・九歌・湘夫人「靈之來兮如雲＝霊の来ること雲の如し(神巫が群がりやってくる)」ⓒ詩経・生民「以赫厥靈＝以て厥(そ)の霊を赫(あらわ)す(［天の神は］不思議なことを現し示した)」ⓓ書経・泰誓「惟人萬物之靈＝惟(こ)れ人は万物の霊なり(人は万物の霊長である)」

【黎】

15(黍・3) [人] ｜ [音]レイ [訓]くろ・くろい

[語音] *ler(上古) lei(中古→[呉]ライ・[漢]レイ) lí(中) 려・여(韓)

[語源] ［コアイメージ］物がたくさん増える。［実現される意味］多いⓐ。[英]numerous

〔グループ〉黎・藜(レイ)(黒い種子の生る草、アカザ)・黧(レイ)(黒い)

[字源] 「𥝢(リ)の略体(音・イメージ記号)＋黍(限定符号)」を合わせた字。「𥝢」は利と同じ。「利」は「スムーズに通る」というイメージから、「得たいものがすらすらと手に入る(もうける・もうけ)」の意味を派生す

る(⇩利)。これは「物がたくさん増える」というイメージに展開する。「黎」はキビ(穀物)がたくさんできる(収穫が多い)様子を暗示させる。下記の詩経の鄭箋(漢の鄭玄の注釈)に「黎は衆なり」とある。また、庶民は冠をつけず、黒髪を剝き出しにするので、黒いという意味が生じた。

語義 [展開] 多い意味ⓐから、庶民、民衆の意味ⓑ、黒い意味ⓒに展開する。[英]numerous; multitude; black　[熟語] ⓐ黎民・ⓑ群黎・ⓒ黎黒・黎明

文献 ⓐ詩経・雲漢「周餘黎民＝周余の黎民(周の国に残った多くの民)」ⓑ詩経・天保「群黎百姓(多くの民衆)」ⓑ詩経・桑柔「民靡有黎＝民、黎(くろ)きもの有る靡(な)し(黒い頭をさらした[元気に生きている]民はいない)」

【澪】
16(水・13)　人　｜　音レイ　訓みお

語音 lieŋ(唐リン・慣レイ)　líng(中)　령・영(韓)

語源 [コアイメージ] □-□-□-の形にきちんと並ぶ。[実現される意味] 水滴や雨が滴り落ちるⓐ。[英]drop

字源 「零(レイ)(音・イメージ記号)＋水(限定符号)」を合わせた字。「零」は雨や水滴が落ちる意味。正字通は冷の俗字とする。

語義 [展開] 水滴や雨が滴り落ちる意味ⓐ。日本では「みお」ⓑに当てる。「みお(みを)」とはミ(水)ヲ(緒)の意で、水の流れによってできる溝、転じて、船の通る水路のこと。[英]drop; waterway, fairway

【隷】
16(隶・8)　常　｜　常用音訓　レイ

語音 *liad(上古)　lei(中古→呉ライ・漢レイ)　lì(中)　례・예(韓)

語源 [コアイメージ] □-□-□-の形に(数珠つなぎに)並ぶ。[実現される意味] 束縛されて使役されるもの(使用人・しもべ)ⓐ。[英]slave, servant

〈解説〉語のイメージと図形の意匠にはギャップがある。*liadという語は麗・漉・瀝などと同源で、「□-□-□-の形に(数珠つなぎに)並ぶ」というコアイメージをもつ。隷は数珠つなぎにされた奴隷というイメージの語である。藤堂明保は図形を「果実を手でもぎとって並べることを示す」と解釈し、「つないで並べる」という基本義があるとする(藤堂②)。⿱竹隸(レイ)(□-□-□-の形に竹を並べた習字用の札・帳面)などにコアイメージが生きている。図形は柰(ダイ)をイメージ記号とする。これは寒さに強い中国原産のイヌリンゴで、「粘り強く耐える」というイメージがある。このイメージを用いて奴隷を表す図形が考案された。

字源 「隸」が正字。「柰(イメージ記号)＋隶(イメージ補助記号)」を合わせた字。「柰」は「粘り強い」というイメージがある(⇩奈)。「隶」はしっぽに手が届く情景を設定した図形で、逮捕の逮(追いつく)に含まれている。したがって「隸」は捕まえて粘り強く使役させる様子を暗示させる。図形にコアイメージは反映されていない。説文解字では「附箸(つくなり)」とあるが、これは転義のⓑに当たる。別篆(二番目)は「祟(たたり)＋隶」を合わせて、罪人をつかまえる様子を暗示させる図形。

(篆)

〈字体〉「隷」は古くからある「隸」の俗字。現代中国の簡体字は「隶」。

語義 [展開] 使役されるもの(しもべ)の意味ⓐから、下につく(付き従う)意味ⓑ、また、下役人が用いた漢字の書体の意味ⓒを派生する。[英]slave, servant; be subordinate to; style of calligraphy　[熟語] ⓐ奴隷・ⓑ隷従・隷属・ⓒ隷書・秦隷

文献 ⓐ荘子・斉物論「以隷相尊＝隷を以て相尊ぶ([貴賤を無視して]奴隷のような卑しい者を尊重する)」

【嶺】
17(山・14)　人　｜　音レイ　訓みね

語音 *lıeŋ(上古)　lıɛŋ(中古→㊄リャウ〈=リョウ〉・㊅レイ)　lǐng(中)　령・영(韓)

語源 [コアイメージ] □-□-□-の形にきちんと並ぶ。[実現される意味] 峰の連なる山(山脈)ⓐ。[英]mountain range

字源 「領(音・イメージ記号)+山(限定符号)」を合わせた字。「領」は「□-□-□-の形にきちんと並ぶ」というイメージがある(⇩領)。「嶺」は□-□-□-の形に連なった山を暗示させる。

語義 [展開] 峰の連なる山(山脈)の意味ⓐから、山の高い峰の意味ⓑに展開する。[英]mountain range; peak, ridge [熟語] ⓐ嶺南・ⓑ海嶺・分水嶺

文献 ⓐ史記・河渠書「東至山嶺十餘里=東のかた山嶺に至ること十余里(東は十里余りで山脈に到る)」

【齢】
17(齒・5)　常　常用音訓 レイ

語音 *leŋ(上古)　leŋ(中古→㊄リャウ〈=リョウ〉・㊅レイ)　lǐng(中)　령・영(韓)

語源 [展開] □-□-□-の形にきちんと並ぶ。[実現される意味] 生まれてからの年数(とし)ⓐ。[英]age

字源 「齡」が正字。「令(音・イメージ記号)+齒(限定符号)」を合わせた字。「令」は「□-□-□-の形にきちんと並ぶ」というイメージがある(⇩令)。「齡」は寿命が一年たつごとに増えて点々と並ぶ「とし」を暗示させる。歯並びでとしが推定できるので、「齒」はとしを限定する符号になる。

〔字体〕「齡」は旧字体。「齢」は齒→歯に倣った常用漢字の字体。現代中国の簡体字は「龄」。

語義 としの意味ⓐ。[和訓] よわい・とし [熟語] ⓐ年齢・老齢

文献 ⓐ礼記・文王世子「古者謂年齡、齒亦齡也=古者(いにしえ)は年齢と謂ふ。歯も亦た齢なり(昔はとしのことを年齢といったが、歯もとしの意味である)」

【麗】
19(鹿・8)　常　常用音訓 レイ うるわしい

語音 (1)*lăr(上古)　lei(中古→㊄ライ・㊅レイ)　lì(中)　려・여(韓)　(2)*lıar(上古)　lıĕ(中古→㊄・㊅リ)　lí(中)　리・이(韓)　(3)*ler(上古)　lei(中古→㊄ライ・㊅レイ)　lí(中)

語源 [コアイメージ] □-□の形(両側)に並ぶ・□-□-□-の形(数珠つなぎ)に並ぶ。[実現される意味] 形がきちんと整って美しいⓐ。[英]beautiful

〔解説〕王力は両・麗・儷・離を同源とし、偶や両の意味があるとする(王力①)。これは表層的なレベルの意味である。藤堂明保は深層レベルに掘り下げ、麗を令のグループの一部(冷・鈴など)や霊と同源とし、「澄んできれいな」という基本義、また、麗を令のグループの一部(零・齢など)や、靈(レイ)・隣・歴・暦などと同源とし、「数珠つなぎ、…型」という基本義があるとする(藤堂①)。これら二つの基本義は一つに概括できないであろうか。「数珠つなぎ」は「□-□-□-の形に並ぶ」というイメージである。きちんと並んだ形は美的感覚を呼び起こす。つまり「形が整って美しい」というイメージに展開する。さらにこれは「清らかに澄む」というイメージもつながる。このようなイメージ転化現象は漢語の意味論の特徴で、ほかに令・霊などにも見られる。もともと「□-□の形に(二つ、左右に、両側に)並ぶ」というイメージ、さらに「□-□-□-の形(数珠つなぎ)に並ぶ」というイメージの語があり、ここから「□-□-□-の形をなす」「清らかに澄む」というイメージに展開したと考えられる。「□-□の形に並ぶ」からは「□-□の形(あるいは□→←□の形)にくっつく」というイメージにも転化する。日本語の「うるわしい(うるはし)」は「奈良時代に、相手を立派だ、端麗だと賞讃する気持ちから発して、平安時代

以後の和文脈では、きちんと整っている、礼儀正しいという意味を濃く保っていた語。漢文訓読体では、美・彩・麗・婉などの傍訓に使われ、多く仏などの端麗・華麗な美しさをいう」(大野①)とされる。漢語の麗は「形がきちんと整って美しい」という意味であるから、和文脈とも合致する。

〔グループ〕 麗・儷(並んでペアをなす人、連れ合い[伉儷])・驪(毛並みのそろった黒毛の馬)・鱺(体形がずるずると延びて連なる魚、ウナギ[鰻鱺])。また、七つの斑点が連なる魚、ライギョ)・鸝(頸に丸い輪が連なる鳥、コウライウグイス[黄鸝])

字源 「丽(イメージ記号)+鹿(限定符号)」を合わせた字。「丽」は二本の角が並ぶ形。「麗」は鹿の二本の角が左右に並ぶ情景を設定した図形。この意匠によって、「□-□の形に並ぶ」「□-□-□-の形(数珠つなぎ)に並ぶ」というイメージを表すことができる。丽は麗の造形のために考案された特別な記号である。したがって丽をレイと読む音・イメージ記号と考えてもよい。藤堂と白川は麗の全体を象形文字とする。

(金) (古) (篆)

〔字体〕 古文の字体は「丽」。現代中国ではこれを麗の簡体字に用いる。

語義 [展開] 「□-□の形に並ぶ」というイメージから、形が整って美しい(うるわしい)意味ⓐ、□→←□の形にくっつく意味ⓑに展開する(1の場合)。また、くっつくという意味から、ひっかかる意味ⓒを派生する(2の場合)。また、「□-□-□-の形(数珠つなぎ)に並ぶ」というイメージから、次々に並ぶ数という意味ⓓを派生する(3の場合)。[英]beautiful, elegant; attach, adhere; catch, hook; number [和訓] うららか・かず [熟語] ⓒ綺麗・端麗

文献 ⓐ呂氏春秋・達鬱「公姣且麗=公は姣にして且つ麗なり(公子様はあでやかでハンサムだ)」ⓑ易経・離「離麗也、日月麗乎天=離は麗なり、日月は天に麗っく(離は麗と同じ意味だ。日と月は天にくっついている)」ⓒ詩経・魚麗「魚麗于罶=魚は罶に麗かる(魚はやなすにかかったよ)」ⓓ詩経・文王「商之孫子、其麗不億=商の孫子、其の麗億のみならず(殷の子孫の数は一億に止まらない)」

れき

【暦】 14(日・10) 常 ― 常用音訓 レキ こよみ

〔曆〕 16(日・12) 人 ― 音 レキ 訓 こよみ

語音 *lek(上古) lek(中古→呉リャク・漢レキ) lì(中) 력・역(韓)

語源 [コアイメージ] 順序よく□-□-□の形に並ぶ。[実現される意味] 天体の運行を予測して、順を追って月日を配列し記したもの(こよみ・カレンダー)ⓐ。[英]calender

〔解説〕 古くから歴と暦が同源であることは気づかれていたが、語の深層構造を明らかにしたのは藤堂明保である。氏は歴・暦だけでなく、令のグループの一部(零・齢など)や隣・憐・麗・儷などが同じ単語家族に属し、「数珠つなぎ、…型」という基本義をもつとした(藤堂①)。言い換えれば「順序よく□-□-□の形に並ぶ」というイメージである。日付が順序よく□-□-□の形に並ぶものがカレンダーであり、A点、B点、C点…と要所要所(節目節目)を順序よく通過することが経歴・履歴の歴である。履歴書などは年月順に箇条書きにした形式の書類で、□-□-□の形に並ぶイメージが歴然としている。この歴然の歴も物の形が一つ一つはっきりと分かれて、整然として明白である様子を意味する。

字源 「曆」が正字。「厤」は「順序よく□-□-□の形に並ぶ」というイメージがある(⇩歴)。「曆」は日付が□-□-□-の形に順序よく並ぶ「こよみ」を暗

示させる。この意味では始めは厤・歴と書かれ、その後に暦が生まれた。論語・尭曰篇に厤数(順にめぐる月日の運行)の用例がある。

語義 [展開] こよみの意味ⓐから、順にめぐる月日の運行、めぐりあわせの意味ⓑに展開する。[英]calender; movement [熟語] ⓐ還暦・西暦・ⓑ暦象・暦数

文献 ⓐ呂氏春秋・勿躬「容成作暦＝容成、暦を作る(容成[人名]が初めて暦を作った)」

【歴】14(止・10) 常 ─ 常用音訓 レキ

〔歷〕16(日・12) 人 ─ 音 レキ

語音 *lek(上古) lek(中古→呉リャク・漢レキ) li(中) 력・역(韓)

語源 [コアイメージ] 順序よく□-□-□の形に並ぶ。[実現される意味] 各点を次々と(順を追って)通り過ぎるⓐ。[英]go through

〔解説〕歴史的には厤→歴→暦と分化した。論語に厤数の語があり、何晏は列次を謂ふなり」(論語集解)と述べている。次々に列をなして続くといった意味。これはある点(空間的、時間的)を次々に通過する月日の運行の姿、つまりこよみ、カレンダーのことであるが、運行という行為そのものに焦点を当てると、定点を次々に通っていくことでもある。厤は「順序よく□-□-□の形に並ぶ」というコアイメージをもち、暦と歴は全く源を同じくする語である。歴には「へる(ふ)」の和訓がある。フはへ(綜)と同根で、へを活用させた語という。大野晋によると、「機織りにおいて縦糸・横糸を一本ずつ丁寧に順次交差させていかねばならない動きをすることから、空間的に道を行く場合にも丁寧に一区切りずつ行き、時間的に一日一時を進む場合にも一区切りずつ時を過ごしていくことを、このフという動詞によって表した」という(大野②)。漢語の歴は日本語のフにぴったり相当する。普通は「経る」と書くが、本来は「歴る」がふさわしい。英語では歴にぴったり対応する語がない。

〔グループ〕歴・暦・瀝(水滴が点々としたたる[滴瀝])・櫪(馬の餌を並べて入れる容器→かいばおけ[槽櫪])・癧(数珠状に生じる腫れ物[瘰癧])・靂(ごろごろと続けざまに鳴る雷[霹靂])・藶(果実が茎の両側に□-□-□-の形に並び生じる草、グンバイナズナ[葶藶])・轣(車輪がごろごろと続けざまにきしる音の形容[轣轆])

字源 「歴」が正字。「厤(音・イメージ記号)＋止(限定符号)」を合わせた字。「秝」は「禾(いね)」を二つ合わせて、稲束を並べる形。「順序よく□-□-□-の形に並ぶ」というイメージを示す記号になる。「秝(音・イメージ記号)＋厂(覆い・屋根を示す限定符号)」を合わせた「厤」は、屋根の下で物を順序よく並べる様子を暗示させる。具体は一切捨象して、「順序よく並ぶ」「一つ一つ順を追って進む」というイメージだけを用いる。「止」は足の形で、足の動作(歩行)のカテゴリーに限定する符号である。したがって「歴」はA⤵B⤵C⤵という形に定点(通過点)を順を追って次々に通っていく様子を暗示させる。

(甲) (篆) [秝] (金) (篆) [厤]

(甲) (金) (篆)

〔字体〕「歷」は旧字体。「歴」は書道に由来する常用漢字の字体。現代中国の簡体字は「历」。暦もこれに倣う(簡体字も同じ)。

語義 [展開] 空間的に各点を通過する意味ⓐから、時間的に節目節目を通過する意味ⓑに展開する。また、「順序よく□-□-□の形に並ぶ」というイメージから、物が一つ一つ分かれて区別がはっきりしているという意味ⓒを派生する。[英]go through(in sequence); pass(in successin), experience; distinctly, clearly [和訓] へる [熟語] ⓐ歴訪・遍歴・ⓑ歴代・履歴・ⓒ歴然・歴歴

文献 ⓐ戦国策・秦一「横歴天下＝天下を横歴す(かってきままに天下を経めぐる)」ⓑ書経・畢命「既歴三紀＝既に三紀を歴たり(すでに三回の紀[十二年]が経過している)」ⓒ古詩十九首「衆星何歴歴＝衆星何ぞ歴歴たる(多くの星が実にくっきり見える)」(文選29)

れつ

【列】 6(刀・4) 常 ―― 常用音訓 レツ

語音 *liat(上古) lɪɛt(中古→呉レチ・漢レツ) liè(中) 렬・열(韓)

語源 [コアイメージ] □/□の形に分ける・□－□の形に並ぶ。[実現される意味] 二つに分けるⓐ。[英]divide

〔解説〕藤堂明保は列を裂・烈、および刺のグループ(辣・瀨など)、厲のグループ(励など)と一括りにして、「切れめ・はげしい刺激を与える」という基本義をもつとする一方、例・連・輦・聯・練、および闌のグループ(瀾など)と一括りにして、「ずるずるとつながる」という基本義をもつとした(藤堂①)。二つの基本義は一つに概括できないか。「□/□の形(あるいは□↑↓□の形)に分ける」がコアイメージである。これは「□－□の形に並ぶ」というイメージに展開する。さらに前者のイメージから「↑↓の形に裂ける・反発する・✣の形に分散する」というイメージに転化し、ここから「激しい」というイメージが生まれる。これと似たイメージ転化現象は厲にも見られる。

〔グループ〕列・例・烈・裂・冽ﾚﾂ(肌を切るように寒い[凛冽])・洌ﾚﾂ(水が冷たい、また、さらさらと流れる清流のさま[清洌])・茢ﾚﾂ(多数の小穂が並び生じるアシの花穂)・迾ﾚﾂ(物を並べて行く手を遮る)・鮤ﾚﾂ(体形が薄く切りそろえた竹片と似た魚、エツ)・鴷ﾚﾂ(樹皮を切り分けて虫を食べる鳥、キツツキ)

字源 「𣦼ﾚﾂ(音・イメージ記号)＋刀(限定符号)」を合わせた字。「𣦼」は「巛(三筋に分ける符号)＋歹(ばらばらになった骨)」を合わせて、骨を幾筋かに切り分ける情景を設定した図形。おそらく動物の解体の場面を想定したものであろう。説文解字では「水𣦼𣦼なり(水が分かれ流れる)」とする。「列」は刀で切り分ける様子を暗示させる。この意匠によって、□/□の形に二つに切り分けることを表象する。

(篆) 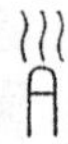 [𡿪・𣦼]　(篆)

語義 [展開] 二つに分けるが本義ⓐ。また「□/□の形に分ける」というイメージは「□－□の形に並ぶ」というイメージに転化し、□－□－□の形に順序よく並ぶ(連なる)意味ⓑ、□－□－□－の形に並んだもの、また、並んだ順序の意味ⓒに展開する。また、気性が激しく志操が堅い意味ⓓに用いる。ⓓは烈と通用。[英]divide; line(ⓑⓒ), queue(ⓑⓒ); row, rank; upright [和訓] つらなる・つらねる [熟語] ⓑ並列・羅列・ⓒ系列・序列・ⓓ列女

文献 ⓐ荀子・大略「列地建國＝地を列して国を建つ(領土を分割して、国を建てる)」ⓑ墨子・非攻「其爪牙之士、皆列舟車之衆＝其の爪牙の士、皆舟車の衆を列す(王の武臣は舟や車に乗った人たちを一列に並べさせた)」ⓒ韓非子・外儲説左上「宋人既成列矣＝宋人既に列を成す(宋の軍はすでに隊列を作った)」

【劣】 6(力・4) 常 ―― 常用音訓 レツ おとる

語音 *luat(上古) luɛt(中古→呉レチ・漢レツ) liè(中) 렬・열(韓)

語源 [コアイメージ] ↑↓の形に反発する。[実現される意味] 他と較べて能力や質が見劣りするⓐ。[英]inferior

〔解説〕語源の難しい語である。「力が少ない」は図形的解釈であって語の意味ではない。藤堂明保は捋ﾗﾂ・乱・䜌ﾚﾝのグループ(恋・攣)などと同源で、「もつれる」という基本義があるとする(藤堂①)。玉篇に㤡があり、劣と同字としている。寽ﾚﾂは段玉裁によれば五本の指で物を持ち、引い

て取ることという(説文解字注)。詩経・芣苢篇に「芣苢を采り采る、薄か言に之を捋る(摘むよオオバコ、その実をもぎとる)」という用例がある。寽は↑の方向の力に対抗して↓の方向に反発して引っ張ることを表し、「↑↓形にはね返る」「反発する」というイメージがある。このイメージは戻・剌ときわめて近い。ある仕切り(境界線)を設けて、↑の方向へ行こうとする力と↓の方向へ行こうとする力が対抗することが*luat の基本的なイメージで、↑の方向へ引っ張るという動作を捋といい、内外を分ける仕切りや基準線のことを埒といい、また優劣が等しいことを埒という。これと反対に、↓の方向へ引っ張られること、基準線から下に行くことを劣という。これは基準以下の状態、他と比べて見劣りする状態である。日本語の「おとる」はオトス(落)・オト(弟)と同根で、「(二つのものを比べると、一方が)他より程度が低く、質が悪い」意味という(大野①)。

字源 「少(イメージ記号)+力(限定符号)」を合わせて、力が少ないことを暗示させる。図形はコアイメージを反映していない。

(篆) 

語義 おとる意味ⓐ。[熟語] ⓐ劣等・優劣

文献 ⓐ後漢書・順帝紀「年老劣弱不任軍事=年老いて劣弱にして軍事に任へず(年を取って力が劣り、軍事に耐えられない)」

【烈】 10(火・6) 常 | 常用音訓 レツ

語音 *liat(上古) lıɛt(中古→呉レチ・漢レツ) liè(中) 렬・열(韓)

語源 [コアイメージ] ⟷の形に四方に分散する。[実現される意味] 火が燃え盛るⓐ。[英]burn, blaze

字源 「列(音・イメージ記号)+火(限定符号)」を合わせた字。「列」は「□-□の形に並ぶ」というイメージがあり、これは「↑↓の形に(両側に)分かれる」というイメージ、さらに「⟷の形に(四方に)分散する」というイメージに展開する(⇩列)。「烈」は炎が四方に分散する様子を暗示させる。この意匠によって、火が激しく燃え盛ることを表象する。

語義 [展開] 火が激しく燃え盛る意味ⓐから、勢いが激しい意味ⓑ、気性が激しく節操が堅い意味ⓒ、また、明るく輝く意味ⓓ、輝かしい功績の意味ⓔに展開する。[英]burn, blaze; fierce, vigorous; upright; brilliant; exploits [和訓] はげしい [熟語] ⓐ烈火・烈烈・ⓑ強烈・激烈・ⓒ烈女・烈婦・ⓔ功烈・武烈

文献 ⓐ詩経・長発「如火烈烈=火の烈烈たるが如し(火が燃え盛るかのようだ)」ⓑ論語・郷党「迅雷風烈必變=迅雷風烈には必ず変ず([孔子は]雷や風が激しいときは、態度を改めた)」ⓓ詩経・思斉「烈假不瑕=烈仮瑕あらず(輝かしく大きな誉れは欠け目がない)」ⓔ孟子・公孫丑上「功烈如彼其卑也=功烈、彼の如く其れ卑しきなり([管仲の]功績はあのようにつまらぬものだ)」

【裂】 12(衣・6) 常 | 常用音訓 レツ さく・さける

語音 *liat(上古) lıɛt(中古→呉レチ・漢レツ) liè(中) 렬・열(韓)

語源 [コアイメージ] ↑↓の形に反対方向に分かれる。[実現される意味] 両側に引きさくⓐ。[英]tear, split

[解説] コアイメージの源泉は列にある。これは「↑↓の形に反対方向に分かれる」というイメージである。日本語の「さく」は「一つのものに、反対方向に働く二つの力を加え、切れ目や割れ目を入れて二つにする意」という(大野②)。漢語の裂とイメージがほぼ同じ。

字源 「列(音・イメージ記号)+衣(限定符号)」を合わせた字。「列」は「□/□の形に分ける」というイメージがあり、「↑↓の形に反対方向に分かれる」というイメージに展開する(⇩列)。「裂」は衣を↑↓の形に反対方向に引きさく様子を暗示させる。*liat の図形化のために衣をさく

具体的な情況を作ったもので、*latに必ずしも衣の意味素が含まれるわけではない。

語義 ［展開］物を両側に引きさく意味ⓐから、物事がばらばらに離れる意味ⓑに展開する。[英]tear, split; break off ［和訓］きれ ［熟語］ⓐ破裂・分裂・ⓑ決裂・支離滅裂

文献 ⓐ韓非子・十過「大風至、大雨随之、裂帷幕＝大風至り、大雨之に随ひ、帷幕を裂く（大風の次に大雨が続いてテントを引き裂いた）」

れん

【恋】10(心・6) 常 ｜ 常用音訓 レン こう・こい・こいしい

語音 *luan(上古) luɛn(中古→呉・漢レン) liàn(中) 련・연(韓)

語源 ［コアイメージ］もつれる・ずるずるとつながる。［実現される意味］対象に思いが引かれて断ち切れないⓐ。[英]long for

〔解説〕䜌(ラン)にコアイメージの源泉がある。説文解字に「䜌は乱なり。一に曰く、治なり。一に曰く絶えざるなり」とあり、段玉裁は「糸を治むるに棼[＝紛]し易く、糸亦た絶えざるなり」と述べる(説文解字注)。糸を整理する場合、糸は乱れ易いし、ずるずると続いて絶えない状態にある。だから䜌には乱の意味も、治の意味も、不絶の意味も同時に存在するといった解釈。藤堂明保は䜌(ラン)のグループ(恋・攣)を捋・劣・乱などと同じ単語家族にくくり、「もつれる」という基本語があるとする(藤堂①)。「もつれる」は「∽の形や8の形にからまってずるずるとつながる」というイメージでもある。これは「ずるずると続いて絶えない」というイメージにも展開する。精神現象において、思いがずるずると続いて絶えない状態が*luanであり、これを戀と表記する。ただし戀という語の登場は漢代以後(説文解字にはない)。異性に対するloveを先秦時代の古典では何と言ったのか。詩経には愛という語が見える。愛は切なくて胸がふさがる(詰まる)というイメージの語、戀は千々に思い乱れるというイメージの語で、人間の恋愛感情は今も昔も変わらないことを物語る。日本語の「こう(こふ)」は「ある、ひとりの異性に気持ちも身もひかれる意」という(大野①)。

〔グループ〕恋・蛮・変・湾・巒(ラン)(ずるずると連なる山[翠巒])・孿(レン)(連なるように生まれる双子)・攣(レン)(筋肉がもつれて引きつる[痙攣])・圞(ラン)(丸く輪をなして集まる、団圞)・孌(レン)(女性が身をくねくねとさせる→なまめかしい[孌童])・臠(レン)(細かい切れ目の連なる肉、切り身)・欒(ラン)(花序に多数の花がずるずるとつながるように咲く木、モクゲンジ)・鑾(ラン)(音が絶え間なく続いて鳴る鈴[鑾輿])・鸞(ラン)(鈴の音が連なって鳴るように美声で鳴く瑞鳥[鸞鳳])

字源 「戀」が正字。「䜌(ラン)(音・イメージ記号)＋心(限定符号)」を合わせた字。「䜌」は「絲(いと。イメージ記号)＋言(限定符号)」を合わせて、言葉が糸のように途切れなく続く様子を暗示させる図形。古文は三本の糸を上下の手でつなぐ情景を設定した図形。「䜌」は「ずるずるとつながって絶えない」「もつれてけじめがつかない」というイメージを表す記号になる。「戀」は思いが途切れなく続いてもつれ乱れる様子を暗示させる。

(金)  (古) (篆) [䜌] 

〔字体〕「恋」は近世中国で発生した「戀」の俗字。

語義 ［展開］対象に思いが引かれて断ち切れない、何かに思いこがれる意味ⓐから、異性を思い慕うこと、異性を愛する気持ち(こい)の意味ⓑに展開する。[英]long for, feel attached to, yearn; love ［熟語］ⓐ恋着・恋恋・ⓑ恋愛・恋慕

文献 ⓐ史記・范雎列伝「以綈袍戀戀、有故人之意、故釈公＝綈袍恋恋として、故人の意有るを以て、故に公を釈(ゆる)す([あなたが私に施してくれた]どてらに思い引かれ、旧知の人をなつかしがる気持ちをくんで、あなたを許し

ます)」

【連】10(辵・7) 常 ｜ 常用音訓 レン　つらなる・つらねる・つれる

語音 *lian(上古) liɛn(中古→呉・漢レン) lián(中) 련・연(韓)

語源 [コアイメージ] —・—・—の形にずるずるとつながる。[実現される意味] A-B-C-と次々につながる(つらなる)ⓐ。[英]connect, unite, link

〔解説〕王力は聯・連・鏈を同源とし、連・続の意があるとする(王力①)。藤堂明保はさらに範囲を拡大し、列・例・輦・練・瀾なども同源とし、「ずるずるとつながる」という基本義をもつとする(藤堂①)。日本語の「つらなる」はツラ(列)・ツル(釣)・ツル(蔓・弦)・ツレ(連)と同根で、「縦に一列に並ぶ」意、「つれる(つる)」は「縦に一線につづく意」という(大野①)。ここから同伴する、同伴者・連れ合い・仲間の意味を派生する。漢語の連にはこの意味はない。

〔グループ〕連・蓮・漣・璉ﾚﾝ(供物を入れて並べ連ねる器)・縺ﾚﾝ(ずるずるとつながってもつれる)・鏈ﾚﾝ(ずるずると連なるくさり)・鰱ﾚﾝ(群れをなし、連なっていく習性のある魚、ハクレン[白鰱])

字源 「車(イメージ記号)+辵(限定符号)」を合わせた字。きわめて舌足らず(情報不足)な図形で、何とでも解釈できるが、コアイメージを考慮に入れると、動力(人や家畜)を車につないで引っ張って行く情景を設定した図形と解される。この意匠によって、「—・—・—の形にずるずるとつながる」というイメージを示す記号とする。

(篆)

語義 [展開] 次々につながる(つらなる)意味ⓐから、同じ事態が続く、続けざまにの意味ⓑ、いくつかが何かの関係で結ばれる意味ⓒ、つながりが生じて、掛かり合いになる意味ⓓに展開する。つれ(同伴者、仲間)の意味ⓔは日本的用法。[英]connect, unite, link; in succession; concern, relate; involve; companion [和訓] しきり・むらじ [熟語] ⓐ連結・連続・ⓑ連日・連敗・ⓒ連係・関連・ⓓ連坐・ⓔ連中・常連

文献 ⓐ荘子・譲王「民相連而従之＝民、相連りて之に従ふ(民は彼の後ろにずるずると連なってついていった)」ⓑ漢書・五行志「漢連發軍、征討戎邊＝漢、連りに軍を発し、征討して辺を戍る(漢朝は続けざまに軍を起こし、[匈奴を]征伐して国境を守った)」

【廉】13(广・10) 常 ｜ 常用音訓 レン

語音 *g̊liam(上古) liɛm(中古→呉・漢レム〈＝レン〉) lián(中) 렴・염(韓)

語源 [コアイメージ] ∧・∠・∟の形を呈する。[実現される意味] 部屋の∟形の隅ⓐ。[英]angle, corner

〔解説〕兼にコアイメージの源泉がある。二つのものを一つに合わせる(併せる)のが兼である。一点に合わせるのは＝形に並ぶものを単に一本にすることではなく、＝形に平行するものを端で合わせるのも兼である。これを図示すると、「∧形(先が尖る形)」「∨形(へこむ形)」「∟形(かどのある形)」などになる。いくつかのものが一点に合わさる姿は「一点にまとめる、引き締める」というイメージにもなる。兼(また廉)のグループはこれらのイメージを共有する。藤堂明保は兼・簾・斂・検・監などを同じ単語家族にくくり、「集めて引き締める」という基本義、また、廉・鎌・剣・険を同じ単語家族にくくり、「切り立ってとがる」という基本義をもつとした(藤堂①)。両者は全く異なるように見えるが、「一つに合わせる」から「∧形にとがる」「一点に引き締める」というイメージに展開したものであって、両者は一つのイメージに概括できる。∧・∠・∟のようなかどのある形を廉という。このような形は、古代中国人(古典漢語の使用者)の美的感覚では美しい形と意識された。圭(∧形のかど)

→佳(美しい)、我(ᐱᐱᐱの形)→義(正しい)・儀(よい姿・形)などは似たイメージ転化の例。したがって廉は廉潔・清廉のように「かどめがあって美しい、いさぎよい」という意味に展開する。

〔グループ〕廉・簾・鐮(＝鎌)

字源 「兼(音・イメージ記号)＋广(限定符号)」を合わせた字。「兼」は二つの稲を合わせて手に持つ場面を設定した図形(⇩兼)。‖形や‖形に並んだ二つのものを合わせることから、平行線が合わさって直線になるのではなく、二つの線が一点で合わさって∧・∠・∟の形を作るというイメージを表すことができる。これは角のある形で、「角立つ」「へこむ」というイメージである。「廉」は部屋の∟形を呈する隅を暗示させる。鎌(刃先が∧の形をなす「かま」)は同源。

語義 〔展開〕部屋の∟形の隅の意味ⓐから、物の∧形を呈するかどの意味ⓑに転じる。また、かどはのっぺらぼうなものに切れ目・けじめをつけるものでもあるから、かどめがあって美しい、けじめがあって正しい意味ⓒ、また、価格にけじめをつけて欲張らない(価格がやすい)意味ⓓに展開する。疑わしい箇条や理由(かど)の意味ⓔは日本的用法。[英]angle(ⓐⓑ), corner(ⓐⓑ); edge; honest, upright; cheap, inexpensive; charge, suspicion, grounds 〔和訓〕かど・いさぎよい・やすい 〔熟語〕ⓑ廉隅・ⓒ廉潔・清廉・ⓓ廉価・廉売

文献 ⓐ礼記・郷飲酒礼「設席於堂廉東上＝席を堂廉の東上に設く(座席を表座敷の隅の東側の上に設けた)」ⓒ論語・陽貨「古之矜也廉＝古への矜や廉なり(昔の自信家はけじめがあった)」

【煉】 13(火・9) 人 音レン 訓ねる

語音 *g̊lān(上古) len(中古→呉・漢レン) liàn(中) 련・연(韓)

語源 〔コアイメージ〕良いものと悪いものを選り分ける。〔実現される意味〕鉱物や薬物などの素材に手を加えて質の良いものに仕上げるⓐ。[英]refine

字源 「柬(音・イメージ記号)＋火(限定符号)」を合わせた字。「柬」は「良いものと悪いものを選り分ける」というイメージがある(⇩練)。「煉」は鉱石などに熱を加えて不純物を選り分けて取り除き、質の良い物に仕上げる様子を暗示させる。

語義 〔展開〕鉱物や薬物などを質の良いものに仕上げる意味ⓐから、比喩的に、手を加えて良いものにする意味ⓑを派生する。「こねたりして固める」は日本的用法ⓒ。[英]refine(ⓐⓑ); polish; knead 〔熟語〕ⓐ煉丹・ⓑ煉句・ⓒ煉瓦・煉乳

文献 ⓐ論衡・談天篇「女媧銷煉五色石、以補蒼天＝女媧、五色の石を銷煉し、以て蒼天を補ふ(女媧[中国神話の創造神]は五色の石を溶かして練り上げ、[破壊された]天空を補修した)」

【蓮】 13(艸・10) 人 音レン 訓はす

語音 *lān(上古) len(中古→呉・漢レン) lián(中) 련・연(韓)

語源 〔コアイメージ〕—・—・—の形にずるずるとつながる。〔実現される意味〕ハスの実ⓐ。

〔解説〕詩経ではハスを荷と呼び、その花を菡萏と呼ぶ。後世ではハスを蓮と呼ぶ。爾雅・釈草に「荷、其の実は蓮」とあるように、もともとハスの実を蓮といったが、意味が拡大してハス全体を蓮というようになった。ハスは部分ごとに名称があり、花を芙蓉・芙蕖、茎を茄、葉を蕸、根の細い部分を蔤、根の肥大した部分を藕、根の内部を薏という。日本語の「はす」はハチス(蜂巣)の転で、穴のあいた花托を蜂の巣に見立てる。

字源 「連(音・イメージ記号)＋艸(限定符号)」を合わせた字。「連」は「—・—・—の形にずるずるとつながる(つらなる)」というイメージがある(⇩連)。「蓮」は花托に無数の小さな孔が連なる植物を暗示させる。

語義 [展開] ハスの実の意味ⓐから、ハスの意味ⓑに拡大された。[英]lotus seed; lotus [熟語] ⓑ蓮華・蓮根

文献 ⓑ淮南子・本経訓「樹蓮菱以食鱉魚＝蓮・菱を樹ゑて以て鱉魚(ベツギョ)を食(やしな)ふ(ハスとヒシを植えて、スッポンを養殖する)」

【漣】14(水・11) 人 ─ 音レン 訓さざなみ

語音 *lian(上古) lıɛn(中古→呉・漢レン) lián(中) 련・연(韓)

語源 [コアイメージ] ─・─・─・の形にずるずるとつながる。[実現される意味] さざなみⓐ。[英]ripple

字源 「連(レン)(音・イメージ記号)＋水(限定符号)」を合わせた字。「連」は「─・─・─・の形にずるずるとつながる(つらなる)」というイメージがある(⇩連)。「漣」はずるずるとつながって寄せるさざ波を暗示させる。

語義 [展開] さざなみの意味ⓐ。また、涙がずるずると連なって落ちる意味ⓑを派生する。[英]ripple; continually flowing [熟語] ⓐ漣漪(レンイ)・清漣・ⓑ漣如・漣漣

文献 ⓐ詩経・伐檀「河水清且漣猗＝河水は清く且つ漣す(黄河の水は清らかに波が立つ)」(猗はリズム調節詞)ⓑ詩経・氓「泣涕漣漣＝泣涕漣漣たり(涙流れてずるずると)」

【練】14(糸・8) 常 ─ 常用音訓 レン ねる

〔練〕15(糸・9) 人 ─ 音レン 訓ねる

語音 *g̊lăn(上古) len(中古→呉・漢レン) liàn(中) 련・연(韓)

語源 [コアイメージ] 良いものと悪いものを選り分ける。[実現される意味] 生糸を熟させて柔らかく白いものにするⓐ。[英]boil and whiten silk

〔解説〕王力は練・湅・錬・煉を同源とする(王力①)。柬(カン)にコアイメージの源泉がある。これは「良いものと悪いものを選り分ける」というイメージである。素材(生地)に手を加えて不純物を選り分けて取り除き、質の良いものに仕上げることを*g̊lănという。金属などの場合は熱を加えて上質のものに仕上げる。これが錬・煉。布の場合は生糸を煮て柔らかく白くなった状態のものに仕上げる。これが練である。柬は闌のグループ(欄・蘭など)の音・イメージ記号にもなるが、この場合はイメージが変容する。日本語の「ねる」は「糸・布・金属・土などを柔らかにし、ねばり強さを与えるのが原義」という(大野①)。漢語の練・錬と共通点が多いが、漢語の練は「柔らかい」というイメージは含まれているものの、練り製品や練り歯磨きのように「ねちねちして柔らかい」「こねて粘りけのある状態にする」といった意味はない。

〔グループ〕練・錬・煉・柬(カン)(選り分ける→えらぶ)・揀(カン)(選り分ける→えらぶ[揀択])・諫(カン)(善し悪しを分けてとがめる、いさめる[諫言])・楝(レン)(邪悪なものを選り分けて除いてくれる植物、センダン)・湅(レン)(生糸を煮て柔らかく白いものに仕上げる)・闌(ラン)(欄・蘭などのコアになる記号) 鰊*(半国字。ニシン)

字源 「練」が正字。「柬(カン)(音・イメージ記号)＋糸(限定符号)」を合わせた字。「柬」は「束(たば。イメージ記号)＋八(イメージ補助記号)」を合わせて、束を分けてばらばらにする情景を設定した図形。この意匠によって、「良いものと悪いものを選り分ける」というイメージを示す記号とする。「練」は生糸を煮て、不純物を選り分けて除き、質の良いものに仕上げる様子を暗示させる。

(金) (篆)[柬] (篆)

〔字体〕「練」は旧字体。「練」は書道に由来する常用漢字の字体。現代中国の簡体字は「练」。

語義 [展開] 生糸を熟させて白く柔らかいものにする意味ⓐから、柔らかく白い絹(ねり絹)の意味ⓑに展開する。また広く、素(生地)に手を

加え、だんだんと成熟させて、上質のものに仕上げる(十分にこなして良いものにする)意味ⓒ、十分になれている・習熟している意味ⓓを派生する。練り歩く意味ⓔは日本的用法。[英]boil and whiten silk; white silk; refine, train, drill; well-trained, skillful; parade 【熟語】ⓐ練帛・ⓑ素練・ⓒ練習・訓練・ⓓ練達・熟練

【文献】ⓐ周礼・天官・染人「凡染、春暴練＝凡そ染は、春に練を暴らす(一般に染色は、春にまず練ったものをさらして干す)」ⓒ管子・大匡「吾士不練、吾兵不實＝吾が士練らざれば、吾が兵実ならず(我が兵士を訓練しないと、我が軍は本物ではない)」

【憐】16(心・13)　人 ｜ 音レン　訓あわれむ

【語音】*len(上古)　len(中古→呉・漢レン)　lián(中)　련・연(韓)

【語源】[コアイメージ] ○-○-○-の形に点々と連なる。[実現される意味] いとしくていつまでも思いが引かれる(愛する)ⓐ。[英]love

〈解説〉コアイメージの源泉は粦(リン)にある。これは「○-○-○-の形に点々と連なる」というイメージがあり、隣・鱗のコアにもなっている。思いがずるずると続いて断ち切れない状態が憐である。古典には「憐は哀なり」「憐は愛なり」の訓がある。同情して悲しむ気持ちが断ち切れないことと、思慕する気持ちが断ち切れないことを同時に表す。日本語の「あわれむ(あはれむ)」は感嘆詞のアハレの動詞化。アハレは「事柄を傍から見て讃歎・喜びの気持ち表す際に発する声。それが相手や事態に対する自分の愛情・愛惜の気持ちを表すようになり、平安時代以後は、多く悲しみやしみじみとした情感あるいは仏の慈悲を表す」という(大野①)。漢語の憐も愛情から同情へ、「あはれむ」とほぼ同じ展開をしたと考えてよい。憐は恋と非常に近い。憐は必ずしも異性に対する恋愛感情とは限らないが、漢詩の恋愛詩では憐と恋が二重写しになることが多い。

【字源】「粦(リン)(音・イメージ記号)+心(限定符号)」を合わせた字。「粦」は「○-○-○-の形に点々と連なる」というイメージがある(⇩隣)。「憐」はずるずると引かれて断ち切れない気持ちを暗示させる。

【語義】[展開] いとしくていつまでも思いが引かれる(愛する)意味ⓐから、相手がかわいそうでいつまでも思いが引かれる意味ⓑに展開する。[英]love; pity, sympathize, compassion 【熟語】ⓐ愛憐・可憐・ⓑ憐憫・哀憐

【文献】ⓐ荘子・秋水「夔憐蚿、蚿憐蛇＝夔(キ)は蚿(ゲン)を憐れみ、蚿は蛇を憐れむ([一本足の怪物である]夔は[多くの足がある]ヤスデを慕わしく思い、ヤスデは[足のない]ヘビを慕わしく思う)」ⓑ呉越春秋・闔閭内伝「同病相憐、同憂相救＝同病相憐れみ、同憂相救ふ(同じ病をもつもの同士は互いに同情し、同じ悩みをもつもの同士は互いに助け合う)」

【錬】16(金・8)　常 ｜ 常用音訓 レン
〔鍊〕17(金・9)　人 ｜ 音レン　訓ねる

【語音】*g̊lăn(上古)　len(中古→呉・漢レン)　liàn(中)　련・연(韓)

【語源】[コアイメージ] 良いものと悪いものを選り分ける。[実現される意味] 鉱石や金属を練りきたえて上質のものに仕上げるⓐ。[英]refine

【字源】「鍊」が正字。「柬(カン)(音・イメージ記号)+金(限定符号)」を合わせた字。「柬」は「良いものと悪いものを選り分ける」というイメージがある(⇩練)。「鍊」は鉱石から不純物を選り分けて除き、混じり気のないものに仕上げる様子を暗示させる。

〈字体〉「鍊」は旧字体。「錬」は練→練に倣った常用漢字の字体。現代中国では煉に統合している。

【語義】[展開] 鉱石や金属を練りきたえて上質のものに仕上げる意味ⓐから、比喩的に、心身や技をきたえて、質を良くする意味ⓑを派生する。

[英]smelt, refine(ⓐⓑ); train　[熟語]ⓐ錬金・精錬・ⓑ錬磨・鍛錬

文献 ⓐ韓非子・説林「以錬金百鎰遺晋＝錬金百鎰ツイを以て晋に遺おくる(精錬した黄金二千両を晋国に贈った)」

【鎌】18(金・10)　常 | 常用音訓 かま

語音 *gˡiam(上古)　lıɛm(中古→呉・漢レム〈＝レン〉)　lián(中)　겸(韓)

語源 [コアイメージ]への形を呈する。[実現される意味] 草や作物を刈り取る農具の名(かま)ⓐ。[英]sickle

字源 「兼ケン(音・イメージ記号)＋金(限定符号)」を合わせた字。「兼」は「への形を呈する」というイメージがある(⇩廉)。「鎌」は刃先が鋭くとがった金属製の道具を暗示させる。

語義 農具のかまの意味ⓐ。武器にも使われた。[熟語]ⓐ鉤鎌

文献 ⓐ墨子・備城門「一歩一長鎌、柄長八尺＝一歩一長鎌、柄の長さ八尺(一歩ごとに一つの長いかま、柄の長さが八尺)」

【簾】19(竹・13)　人 | 音レン　訓すだれ

語音 *gˡiam(上古)　lıɛm(中古→呉・漢レム〈＝レン〉)　lián(中)　렴・염(韓)

語源 [コアイメージ]冂の形を呈する。[実現される意味] 遮蔽するための冂の形をした垂れ幕(すだれ)ⓐ。[英]curtain, screen

字源 「廉レン(音・イメージ記号)＋竹(限定符号)」を合わせた字。「廉」は「∟形を呈する」というイメージがある(⇩廉)。∟形は┐形・┌形のイメージにもつながる。これらの形を組み合わせると冂の形(両側にかどのある形状)のイメージが生まれる。したがって「簾」は建物の入り口などで視線を遮るためのとばり(カーテン)の一種で、竹を裂いて作った冂の形に垂らすものを暗示させる。

語義 すだれの意味ⓐ。[熟語]ⓐ垂簾・暖簾ノレン

文献 ⓐ漢書・賈誼伝「盗者剟寝戸之簾＝盗者、寝戸の簾を剟さく(泥棒が寝室のすだれを裂いた)」

ろ

【呂】7(口・4)　常 | 常用音訓 ロ

語音 *gˡlag(上古)　lıo(中古→呉ロ・漢リョ)　lǚ(中)　려・여(韓)

語源 [コアイメージ]○-○-○の形に並び連なる。[実現される意味] 背骨ⓐ。[英]backbone

[解説] 王念孫は「凡そ呂と言ふ者は、皆相連なるの意なり。衆を旅と謂ひ、紩衣チツを絽ロと謂ひ、脊骨を呂と謂ひ、桷端櫋聯ベンレンするを梠と謂ふ。其の義一なり」(広雅疏証)と語源を説く。明解である。*gˡlag(*lag)という語は呂・侶・旅のほか婁・楼・膂・慮なども同源で、「▫-▫-▫の形(数珠つなぎ)に並ぶ」というイメージがある。

[グループ] 呂・侶・梠ロ(たるきの端に連なる横板)・閭ヨ(人家の並んだ村の門[閭里])・絽ロ(縞模様の並ぶ織物)・櫚ロ(幹に繊維が輪の形に並び連なる木、シュロ[棕櫚])

字源 背骨を描いた図形。膂力の膂ヨ(背骨)と同じ。

(甲)　(金)　(篆)

語義 [展開] 背骨の意味ⓐ。また「○-○-○の形に並び連なる」というイメージから、高低に従って順々に並ぶ音楽の調子(音階)という意味ⓑを派生する。律(陽の調子)に対して、陰の調子を呂ヨという。[英]

backbone; tune 〔熟語〕ⓐ脊呂・ⓑ律呂

文献 急就篇3「尻・髖・脊・膂・腰・背・呂(しり・こしぼね・せ・せぼね・せ・せぼね)」ⓑ周礼・春官・大司楽「歌大呂＝大呂を歌ふ(大呂の曲を歌う)」

【芦】7(艸・4) 人 ｜ 音ロ 訓あし

語音 *hlag(上古) lo(中古→呉ル・漢ロ) lú(中) 로・노(韓)

語源 〔コアイメージ〕ころころと丸い。〔実現される意味〕アシⓐ。〔英〕reed

字源 「蘆」が正字。「盧ロ(音・イメージ記号)＋艸(限定符号)」を合わせた字。「盧」は「ころころと丸い(円い)」というイメージがある(⇩炉)。「蘆」は円柱形で中空の茎をもつ草を暗示させる。

〔字体〕「芦」は近世中国で発生した「蘆」の俗字。

語義 イネ科の植物、アシの意味ⓐ。〔熟語〕ⓐ蘆花・蘆洲

文献 ⓐ淮南子・覧冥訓「積蘆灰以止淫水＝蘆灰を積みて以て淫水を止む(アシを焼いた灰を積んで洪水を止めた)」

【炉】8(火・4) 常 ｜ 常用音訓 ロ

語音 *hlag(上古) lo(中古→呉ル・漢ロ) lú(中) 로・노(韓)

語源 〔コアイメージ〕ころころと丸い。〔実現される意味〕火を炊いて物を焼いたり、暖を取ったりする壺型の道具ⓐ。〔英〕stove

〔解説〕盧がイメージと関わる部分であるが、その根底にあるのは虍コ(＝虎)のもつイメージである。トラの形態的特徴(丸みを帯びた頭部や模様の連なる体部)から、虍(*hag)は「丸い」「連なる」などの複合イメージを表す記号になる。古代漢語では、丸みを帯びたものを*hag-lag(あるいは*kag-lag)という語で呼んだ。ヒョウタンを壺盧コロ・葫蘆コロといい、カラスウリを果蠃ラカといい、カタツムリを蝸螺ラカといい、ジガバチを蜾蠃ラカという。単音節の*hagや*lagも同じイメージをもつことがある。藤堂明保は爐の上古音にhl~という複声母を想定している。hl~が二音節化した語形が*hag-lagと考えられる。爐とは丸みを帯びた壺のような形状の器(焜炉、香炉、かまど、火鉢など)である。

〔グループ〕炉・芦・鑪ロ(＝炉)・廬ロ(丸いつぼ形の小屋、いおり[草廬])・櫨ロ(樹冠が円形をなす木、ハグマノキ。「はぜ」は国訓[黄櫨])・罏ロ(酒壺)・艫ロ(壺の底部になぞらえて、船の後尾、とも[舳艫])・轤ロ(丸い輪の連なった水汲みの滑車[轆轤ロクロ])・臚ロ(円く太った腹)・顱ロ(丸くて黒い頭[顱頂])・矑ロ(丸くて黒いひとみ)・壚ロ(黒い土)・黸ロ(黒い)・驢ロ(体形が丸みを帯び、毛の色が黒い馬、ロバ[驢馬])・鱸ロ(黒い斑紋のある魚、ヤマノカミ。「すずき」は国訓)・鸕ロ(羽の黒い鳥、ウ[鸕鷀ロジ])

字源 「爐」が正字。「盧ロ(音・イメージ記号)＋火(限定符号)」を合わせた字。「虍」は虎の上部を独立させて、トラの頭を示す。トラの頭は丸みを帯びているので、「丸い」というイメージを示す記号になる(⇩虚)。「甾」は飯を入れる器の形。「虍コ(音・イメージ記号)＋甾(限定符号)」を合わせた「虘」は、丸い形をした食器を表す。「虘ロ(音・イメージ記号)＋皿(限定符号)」を合わせた「盧」は、丸いつぼを表す。「虍」「虘」「盧」はすべて「ころころと丸い」というイメージが共通である。かくて「爐」は火を入れて燃やす丸い器を暗示させる。この器の用途は燃やすことにあるので、「盧」には燃やす→黒いという二次的イメージが生じた。

(金)　(篆)　[虘]

(甲)　(金)　(篆)　[盧]

〔字体〕「炉」は近世中国で発生した「爐」の俗字。

語義 〔展開〕火を炊く壺型の道具の意味ⓐから、金属などを加熱する装置の意味ⓑに転用される。〔英〕stove; furnace, reactor 〔熟語〕ⓐ炉辺

・暖炉・ⓑ炉心・溶鉱炉

文献 ⓐ韓非子・内儲説下「奉熾炉＝熾炉（ロシ）を奉ず（火が盛んにおこる火鉢を用意する）」

【賂】13（貝・6） 常 ｜常用音訓 ロ

語音 *ɡ̊lag（上古） lo（中古→呉ル・漢ロ） lù（中） 뢰・뇌（韓）

語源 [コアイメージ] A点とB点をつなぐ。[実現される意味] 相手に金品を贈って頼むⓐ。［英］bribe

字源 「各（カク）（音・イメージ記号）＋貝（限定符号）」を合わせた字。「各」は「A点とB点をつなぐ」というイメージがある（⇩各）。「賂」はAがBに財貨を与えてつながりをつける様子を暗示させる。

語義 [展開] 金品を贈って頼む意味ⓐから、便宜をはかってもらうために贈る金品（まいない）の意味ⓑを派生する。［英］bribe（ⓐⓑ） [和訓] まいなう・まいない [熟語] ⓑ賄賂

文献 ⓐ韓非子・説林「戰必不剋、不如賂之＝戦へば必ず剋（か）たず、之に賂（まいな）ふに如かず（戦をすれば負けるから、わいろを贈るに越したことはない）」

【路】13（足・6） 常 ｜常用音訓 ロ じ

語音 *ɡ̊lag（上古） lo（中古→呉ル・漢ロ） lù（中） 로・노（韓）

語源 [コアイメージ] A点とB点をつなぐ。[実現される意味] 通りみちⓐ。［英］road, way

〔解説〕各にコアイメージの源泉がある。これは「二つの地点をつなぐ（連絡をつける）」というイメージである。また二点間を連ねて通すので、「スムーズに通る」「透き通る」というイメージにも展開する。目的地につなぐルートが路である。ここから、官職のルートにおいて、かなめに当たる地位（ポスト）という意味が生じる。「一定の方向に向けて通り抜けるルート」である道とはコアイメージが異なる。日本語の「じ（ぢ）」はチの転。チはオホチ（大路）など複合語で使われ、「決まった道、…に通じる通り道の意」という（大野②）。目的地につなぐというイメージがあることでは漢語の路とほぼ同じ。

〔グループ〕路・露・蕗・鷺・璐（ロ）（透き通るように美しい玉）

字源 「各（カク）（音・イメージ記号）＋足（限定符号）」を合わせた字。「各」は歩いてきた足が堅いものにぶつかって止まる情景を設定した図形で、「（堅いものに）つかえて止まる」というイメージがある（⇩各）。これは出発点（A）から出て終点（B）に止まることだから、「二点間を連ねる」「A点とB点をつなぐ」というイメージに展開する。「路」はA点からB点につなぐ「みち」を暗示させる。

語義 [展開] 通りみちの意味ⓐ、人の踏むべき筋道の意味ⓑ、権力につながる官職のルート、重要なポストの意味ⓒに展開する。また、二点間をつなぐ道の縁語として、車、特に天子・諸侯の車の意味ⓓを派生する。ⓓは輅（ロ）と通用。［英］road, way（ⓐⓑ）; line, logic, method; main road, important position; chariot [和訓] みち [熟語] ⓐ通路・道路・ⓑ活路・理路・ⓒ当路・要路・ⓓ路車

文献 ⓐ詩経・遵大路「遵大路兮＝大路に遵ふ（大通りに沿って行く）」ⓑ孟子・尽心上「路惡在、義是也＝路悪（いず）くにか在る、義是れなり（人の道はどこにあるのか、義こそこれである）」ⓒ孟子・公孫丑上「夫子當路於齊＝夫子、斉に路に当たる（先生［孟子］は斉国で要職に就いていらっしゃる）」ⓓ詩経・采菽「路車乘馬＝路車乗馬（大きな車と、四頭の馬）」

【魯】15（魚・4） 人 ｜音ロ 訓おろか

語音 *lag（上古） lo（中古→呉ル・漢ロ） lǔ（中） 로・노（韓）

語源 [コアイメージ] 同じようなものが点々と並ぶ。[実現される意味] 動作や精神が間延びして遅い（おろか）ⓐ。［英］stupid

〔解説〕語源も字源も難しい。古典の注釈では魯は旅と通用するという。

旅は「次々に並ぶ(連なる)」というイメージの語である。また、釈名・釈船では「櫓は旅なり」とある。したがって*lagという語は旅・鹵・虜・呂などと同源で、「いくつかのものが隙間を置いて点々と並ぶ」というイメージをもつ。塩の塊が点々と並ぶ場所が鹵ᵒで、愚鈍という意味では鹵と魯は通用される。櫓の異体字に樐・艣があるのは魯・鹵・虜の同源関係を裏づける。魯は行動や動作がぐずぐずと間延びして遅いことから、精神の働きが鈍い意味に転じた。

〔グループ〕魯・櫓・艪ᵒ(漕いで船を進めるために、船のわきに並べて取りつけた木の板)・穭ᵒ(=稆・旅。次々に並び生じる野生のイネ)・嚕ᵒ(くどくどと同じことを何度も言う)

字源 「魚(イメージ記号)+曰(限定符号)」を合わせた字。「魚」は「筋張る」というイメージがあるが、「隙間を置いて並ぶ」というイメージも表せる。「曰」は篆文では「白」になっている。これらは動作や言語行為に限定する符号である。したがって「魯」は動作がずるずると間延びして、次々に同じようなことを繰り返して、ふんぎりがつかない様子を暗示させる。この意匠によって、行動や精神の働きが遅いことを表象する。字源に関しては諸説紛々である。鹵の原字とする説、櫓の原字とする説がある一方、甲骨文字や金文を「皿に魚を乗せた形」と解釈し、嘉美という意味を引き出す説もある。

(甲)　(金)　(篆)

語義 おろかの意味ⓐ。[熟語] ⓐ魯鈍・朴魯

文献 ⓐ論語・先進「參也魯=参(シ)や魯なり(参[曽参]はにぶいやつだ)」

【蕗】16(艸・13)　人　|　音ロ　訓ふき

語音 *glag(上古) lo(中古→呉ル・漢ロ) lu(中) 로・노(韓)

語源 [コアイメージ] 連なる・透き通る。[実現される意味] カンゾウ(甘草)ⓐ。[英]licorice

字源 「路ᵒ(音・イメージ記号)+艸(限定符号)」を合わせた字。「路」は「連なる」「透き通る」というイメージがあり、露(透き通る水の玉)と同源。「蕗」は甘露のように甘い草を暗示させる。藘とも書かれる。

語義 [展開] 甘草が本義ⓐであるが、日本ではフキの意味ⓑに用いる。フキは雨露を避ける傘の代用になるので、露を略した路に草冠をつけて蕗を作ったと考えられる。したがって半国字である。[英]licorice; Japanese butterbur

【露】21(雨・13)　常　|　常用音訓 ロ・ロウ　つゆ

語音 *glag(上古) lo(中古→呉ル・漢ロ) lu(中) 로・노(韓)

語源 [コアイメージ] 連なる・透き通る。[実現される意味] つゆⓐ。[英]dew

字源 「路ᵒ(音・イメージ記号)+雨(限定符号)」を合わせた字。「路」は「連なる」「透き通る」というイメージがある(⇩路)。「露」は透き通った水の玉を暗示させる。この意匠によって、つゆを表象する。

語義 [展開] つゆの意味ⓐ。また、はかないものやうるおい(恩恵)の喩えⓑに用いる。また、「透き通る」というイメージから、内部が透き通ってはっきり見える(はっきり外に現れる)意味ⓒ、覆いや屋根がなく剝き出しになる意味ⓓ、屋外に宿る(雨ざらしになる)意味ⓔを派生する。日本ではロシアの音写字ⓕとする。[英]dew; metaphor of short life; reveal, disclose, emerge; bare, naked; expose; Russia [和訓] あらわ・あらわす・あらわれる [熟語] ⓐ甘露・結露・ⓑ露命・朝露・ⓒ露見・暴露・ⓓ露骨・露天・ⓔ露営・露宿・ⓕ露国・日露

文献 ⓐ詩経・蒹葭「白露為霜=白露、霜と為る(白い露が霜に変わる)」ⓒ礼記・孔子閒居「庶物露生=庶物、露(あら)われ生ず(万物が外に現れて生じる)」

【櫓】19(木・15)　人　｜　音ロ　訓やぐら

語音 *lag(上古)　lo(中古→呉ル・漢ロ)　lǔ(中)　로・노(韓)

語源 [コアイメージ] 同じようなものが点々と並ぶ。[実現される意味] 板を並べて作った大型の盾ⓐ。[英]big shield

字源 「魯ロ(音・イメージ記号)＋木(限定符号)」を合わせた字。「魯」は「同じようなものが点々と並ぶ」というイメージがある(⇩魯)。「櫓」は板を横に並べて作った大きな盾を暗示させる。

語義 [展開] 大型の盾の意味ⓐから、木組みを縦に並べて高くした物見用の建築物(物見やぐら)の意味ⓑを派生する。また、艪ロ(漕いで船を進める道具)の意味ⓒにも用いられる。[英]big shield; watchtower; scull
[熟語] ⓑ望櫓・ⓒ櫓声

文献 ⓐ孫子・謀攻「修櫓轒轀＝櫓と轒轀フンオンを修む(［城を攻める前に］大盾と城攻めの四輪車を整えておく)」

【鷺】24(鳥・13)　人　｜　音ロ　訓さぎ

語音 *g̊lag(上古)　lo(中古→呉ル・漢ロ)　lù(中)　로・노(韓)

語源 [コアイメージ] 連なる・透き通る。[実現される意味] シラサギⓐ。[英]egret

字源 「路ロ(音・イメージ記号)＋鳥(限定符号)」を合わせた字。「路」は「連なる」「透き通る」というイメージがあり(⇩路)、透き通るように色が白いというイメージにも展開する。「鷺」は色が白い鳥、シラサギを暗示させる。

語義 コウノトリ科サギ属のシラサギ類の総称ⓐ。羽の色は純白。[熟語] ⓐ白鷺・烏鷺

文献 ⓐ詩経・宛丘「値其鷺羽＝其の鷺羽を値たつ(［舞い手は］シラサギの羽を手で立てて持つ)」

ろう

【老】6(老・0)　常　｜　常用音訓　ロウ　おいる・ふける

語音 *log(上古)　lau(中古→呉・漢ラウ〈＝ロウ〉)　lǎo(中)　로・노(韓)

語源 [コアイメージ] 固い・固くてスムーズに動かない。[実現される意味] 肉体が言うことをきかない状態まで年を取るⓐ。[英]age, old

[解説] 説文解字に「老は考なり」、釈名・釈長幼に「老は朽なり」とあるが、これらと老を同源と見るのは無理。藤堂明保は牢および留のグループ(瘤・溜など)と同源で、「固く囲む・丸く固まる」という基本義があるとする(藤堂①)。*logという語は牢(家畜や人を固く閉じ込めて動けなくする所、また、がっしりと固く動かないさま)・瘤(固まって動かないしこりや腫れ物→こぶ)と同源で、「固くてスムーズに動かない」というイメージがある。骨組みが固くなって動きの悪くなるまで年を取ること、また、その人のことを*log(老)という。日本語の「おいる(おゆ)」はオヤ(親)と同根で、「人が盛りの年を経て、心身共に衰えてゆく成り行き」の意という(大野②)。「おゆ」は主として時間や世代にポイントがあるらしいが、漢語の老は肉体的特徴を捉えた語である。また「ふける(ふく)」はフカシ(深)のフカの活用形で、時が自然に深くなる意味から、年を取る意味に転じた(大野①)。

字源 髪が長く腰の曲がった人が杖をついている姿を描いた図形。

(甲)　(金)　(篆)

語義 [展開] 年を取る(おいる、古くなる)意味ⓐから、年を取った人、年長者の意味ⓑ、経験を積んでいる意味ⓒ、年長者・老人に敬意を表す語ⓓに展開する。また、老子の略称ⓔ。[英]age, old; old people, senior, elder; experienced, expert; honorific for seniors; Lao Zi　[熟語] ⓐ老衰

・不老・ⓑ元老・長老・ⓒ老練・宿老・ⓓ老兄・老公・ⓔ老荘・孔老

文献 ⓐ詩経・氓「及爾偕老、老使我怨＝爾と偕に老いん、老いて我をして怨ましむ（共白髪までと誓ったのに、老いた私に恨みが残る）」ⓑ詩経・正月「召彼故老＝彼の故老を召す（世故に長けた長老を召し出す）」

【労】7(力・5)　常　常用音訓　ロウ

語音 *lɔg(上古)　lau(中古→呉・漢ラウ〈＝ロウ〉)　láo(中)　로・노(韓)

語源 [コアイメージ] ずるずると続く。[実現される意味] 力を出しきって仕事をするⓐ。[英]labor, toil

〔解説〕王力は労と癆が同源で、疲れる意があり、また、澇と潦が同源で、雨水の意があるとする（王力①）。これらは表層の意味だが、藤堂明保は深層構造を求め、労のグループ、尞のグループ（僚・燎・潦など）、および了・料・礫などを同じ単語家族にくくり、「ずるずると続く・からげる」という基本義があるとする（藤堂①）。仕事や役目のためにずるずると力を出し続けることを労という。その結果として力が尽きた状態（疲れる）も労という。英語のlaborは「よろめく際の重荷・負担」が原義、toilは「かきまぜる」意のラテン語に由来し、いずれも骨の折れる仕事の意味となった（下宮①）。これらは漢語の労と対応するが、違いは労のように「つかれる」に転義しないことである。

〔グループ〕労・撈（ずるずると引き寄せてすくい上げて魚を捕る[漁撈]）・癆（疲労がずるずると蓄積して起こる病気、特に肺結核[癆痎]）・嘮（絶え間なくしゃべる）・澇（雨水が多くて、ずるずると物を水浸しにする）

字源 「勞」が正字。「𤇾（イメージ記号）＋力（限定符号）」を合わせた字。「𤇾」は熒の略体。「熒」は「火＋火＋冖＋火」を合わせて、枠の周りを火が取り巻く情景を設定した図形（⇨栄）。「光の輪が取り巻く」というイメージがあるが、視点を変えると、「○-○-○-の形に連なる、ずるずると続く」というイメージにもなる。「勞」は力を連続的に出し続ける様子を暗示させる。

（篆）

〔字体〕「勞」は旧字体。「労」は書道に由来する常用漢字の字体。現代中国の簡体字は「劳」。

語義 [展開] 精を出して働く意味ⓐ、また、つらい仕事、苦しい骨折りの意味ⓑから、力を出し尽くしてくたくたになる（疲れる、疲れさせる）意味ⓒ、苦労に対していたわり慰める意味ⓓに展開する。[英]labor(ⓐⓑ), toil(ⓐⓑ); fatigue(ⓑⓒ); exhaust, be tired; comfort, console [和訓] つかれる・いたわる・ねぎらう [熟語] ⓐ労役・労力・ⓑ苦労・功労・ⓒ心労・疲労・ⓓ慰労

文献 ⓐ詩経・凱風「有子七人、母氏勞苦＝子七人有り、母氏労苦す（七人の子があって、母は懸命に働いている）」ⓑ詩経・氓「三歳為婦、靡室勞矣＝三歳婦と為り、室を労とすること靡し（妻になって三年間、家事をつらいと思ったことはない）」ⓒ詩経・燕燕「實勞我心＝実に我が心を労す（本当に私の心をくたくたにする）」ⓓ詩経・碩鼠「三歳貫女、莫我肯勞＝三歳女[＝汝]に貫れしに、我を肯へて労わること莫し（三年間お前となじんだのに、私をいたわってくれなかった）」

【弄】7(廾・4)　常　常用音訓　ロウ　もてあそぶ

語音 *luŋ(上古)　luŋ(中古→呉ル・漢ロウ)　nòng(中)　롱・농(韓)

語源 [コアイメージ] なでまわす。[実現される意味] おもちゃにして遊ぶⓐ。[英]play, toy

〔解説〕藤堂明保は柔のグループ、丑のグループ（紐など）、農のグループ、また肉・弄・茸などを同じ単語家族にくくり、「やわらかい・なでまわす」という基本義があるとする（藤堂①）。*luŋという語は特に揉（手で柔らかくもむ）・擾（じゃれつく）・嬲（なぶる）と近く、「手でなでまわ

す」というコアイメージをもつ。日本語の「もてあそぶ」はモテ(接頭語)＋アソブ(遊)で、「遊び相手にする」意という(大野①)。

〈グループ〉弄・哢(ロウ)(鳥が玉を転がすような美しい声で鳴く)・挵(ロウ)(＝弄。「せせる」は国訓)

字源 「玉(イメージ記号)＋廾(限定符号)」を合わせて、両手の上で玉をなでまわして遊ぶ情景を設定した図形。

(金) (篆)

語義 [展開] おもちゃにして遊ぶ意味ⓐ、慰みものにする(なぶりものにする)意味ⓑ、思うがままに操る意味ⓒに展開する。[英]play, toy, fool with; trifle; handle, command [和訓] いじる [熟語] ⓐ玩弄・嘯風弄月・ⓑ愚弄・嘲弄・ⓒ弄筆・翻弄

文献 ⓐ詩経・斯干「載弄之瓦＝載(すなわ)ち之に瓦を弄せしむ(【女の子が生まれたら】おもちゃとして瓦を与えて遊ばせる)」

【郎】9(邑・6) 常 ｜ 常用音訓 ロウ

〔郞〕10(邑・7) 人 ｜ 音 ロウ 訓 おとこ

語音 *laŋ(上古) laŋ(中古→呉・漢ラウ〈＝ロウ〉) láng(中) 랑・낭(韓)

語源 [コアイメージ] 透き通る。[実現される意味] 主君に近侍する官ⓐ。[英]official title

〈解説〉 唐の顔師古は郎と廊に「堂下の周屋なり」と注をつけている(漢書注)。もともと郎は廊の原字であったらしい。主君などの住まう建物(宮殿)の周囲にめぐらされた廊下(屋根だけつけて素通しになった張り出しの部分)のことを*laŋ(郎)といい、主君に近侍する役を郎中、また近侍する人(男子)を単に郎といった。やがて建物には廊と書き、役名や男子の意味では郎と書いて、分化させた。

字源 「郞」が正字。「良(リョウ)(音・イメージ記号)＋邑(限定符号)」を合わせた字。「良」は「汚れがなくきれいに澄み切る」というイメージがあり、「澄み切って透き通る」というイメージに展開する。液体の場合は底まで見えるというイメージだが、空間の場合は中間に障害物がなくこちらからあちらまで透き通って見えるというイメージである。「郞」は壁やしきりがなく、一方の端から他方の端まで透き通って見える(素通しになった)所、つまり廊下を暗示させる。藤堂明保は地名が原義で、男子の美称は良の当て字とする(藤堂②)。

〈字体〉「郞」は旧字体。「郎」は古くから書道で行われた字体。廊・朗もこれに倣う。

語義 [展開] 廊下の意味は廊に譲り、主君に近侍する官名ⓐに用いられ、そこから、役人の意味ⓑ、男子の美称ⓒ、女性が恋人を呼ぶ語ⓓに展開する。日本では家来・従者の意味ⓔに用いる。[英]official title; official, officer; man; darling; follower [熟語] ⓐ郎中・ⓑ郎官・ⓒ新郎・白面郎・ⓔ郎党・下郎

文献 ⓐ韓非子・有度「勢在郎中＝勢は郎中に在り(権勢は郎中が握っている)」ⓑ史記・五宗世家「愛幸少年爲郎＝少年を愛幸して郎と為す(少年を寵愛して、彼を郎に取り立てた)」ⓓ孫綽・情人碧玉歌「感郎千金意＝郎が千金の意(おも)ひに感ず(あなたのありがたいお気持ちに感じました)」(玉台新詠10)

【朗】10(月・6) 常 ｜ 常用音訓 ロウ ほがらか

〔朗〕11(月・7) 人 ｜ 音 ロウ 訓 ほがらか・あきらか

語音 *laŋ(上古) laŋ(中古→呉・漢ラウ〈＝ロウ〉) lǎng(中) 랑・낭(韓)

語源 [コアイメージ] 汚れがなくきれいに澄む。[実現される意味] 曇りがなく明るいⓐ。[英]light, bright

〈解説〉コアイメージの源泉は良にある。「澄み切っている」から「明るい」の意味が実現される。日本語の「ほがらか」は明るく光る意味から、心理的に晴れ晴れする意味に転じる。この転義の仕方は漢語の朗と同じ。

【字源】「朗」が正字。「良(リョウ)(音・イメージ記号)＋月(限定符号)」を合わせた字。「良」は「汚れがなくきれいに澄む」というイメージがある(⇩良)。「朗」は月の光が澄み切って明るい様子を暗示させる。

【語義】[展開] 曇りがなく明るい意味ⓐから、明るくて快活である(ほがらか)の意味ⓑ、声が明るくてよく通る意味ⓒに展開する。[英]light, bright; cheerful; clear [熟語] ⓐ朗月・晴朗・ⓑ朗報・明朗・ⓒ朗詠・朗読

【文献】ⓐ詩経・既酔「高朗令終＝高朗、終りを令(よ)くす(高く明らかなもの[誉れ]が人生の最後を輝かす)」

【浪】10(水・7)　常　(常用音訓)ロウ

【語音】*laŋ(上古) laŋ(中古→呉・漢ラウ〈＝ロウ〉) láng(中) 랑・낭(韓)

【語源】[コアイメージ] 汚れがなくきれいに澄む。[実現される意味] 水がきれいに澄む(清らか)ⓐ。[英]clear

【字源】「良(リョウ)(音・イメージ記号)＋水(限定符号)」を合わせた字。「良」は「汚れがなくきれいに澄む」というイメージがある(⇩良)。「浪」は清らかに流れる水を暗示させる。

【語義】[展開] 流水が清らかの意味ⓐから、水がさらさらと流れる様子の意味ⓑ、水の流れで起こる「なみ」の意味ⓒ、また、波が絶え間なく動くことから、気ままに出ていく(さすらう)意味ⓓ、気ままでとりとめがない意味ⓔに展開する。[英]clear; flow; wave; wander; unrestrained [和訓] なみ・みだり [熟語] ⓐ滄浪・ⓑ浪浪・ⓒ巨浪・波浪・ⓓ放浪・流浪・ⓔ浪費

【文献】ⓐ孟子・離婁上「滄浪之水清兮、可以濯我纓＝滄浪の水清(す)まば、以て我が纓を濯ふべし(清らかな流水が澄んでいるなら、冠の紐を洗えばよい)」ⓑ楚辞・離騒「沾余襟之浪浪＝余が襟の浪浪たるを沾(うるお)す(涙がしとどに流れて襟を湿らす)」ⓒ左思・呉都賦「修鯢吐浪＝修鯢、浪を吐く(長い雌鯨は波を噴き出す)」(文選5)ⓔ詩経・終風「謔浪笑敖＝謔浪(ギャクロウ)し、笑敖(ショウゴウ)す(気ままにふざけて、あざわらう)」

【狼】10(犬・7)　人　音ロウ　訓おおかみ

【語音】*laŋ(上古) laŋ(中古→呉・漢ラウ〈＝ロウ〉) láng(中) 랑・낭(韓)

【語源】[コアイメージ] 汚れがなくきれいに澄む。[実現される意味] オオカミⓐ。[英]wolf

〈解説〉形態的特徴による命名。オオカミは冷たく澄んだ感じを与える蒼灰色の毛色をもつところから、良のコアイメージと結びついた*laŋという語で呼ぶ。日本語のおおかみ(オホカミ)は大神の意という(大野①)。

【字源】「良(リョウ)(音・イメージ記号)＋犬(限定符号)」を合わせた字。「良」は「汚れがなくきれいに澄む」というイメージがある(⇩良)。「狼」は澄んだ感じの毛色をもつ獣を暗示させる。

【語義】[展開] オオカミの意味ⓐ。また、獰猛なものの喩えⓑ。また、狽(バイ)(空想的なオオカミの一種)と組んで、ぐるになる意味ⓒ、また、うろたえる意味ⓓに用いる。[英]wolf; metaphor of fierceness; act in cahoots; dismay [熟語] ⓐ狼藉・群狼・ⓑ餓狼・豺狼・ⓒⓓ狼狽

【文献】ⓐ詩経・狼跋「狼跋其胡、載疐其尾＝狼、其の胡を跋(ふ)み、載(すなわ)ち其の尾に疐(つまず)く([太った]オオカミは自分の下くびを踏んづけ、自分のしっぽにけつまずく)」

【廊】12(广・9)　常　(常用音訓)ロウ

〔廊〕13(广・10)　人　音ロウ

語音 *laŋ(上古) laŋ(中古→呉・漢ラウ〈=ロウ〉) láng(中) 랑・낭(韓)

語源 [コアイメージ] 透き通る。[実現される意味] 宮殿の周りにめぐらした張り出しの通路ⓐ。[英]side-gallery, veranda

字源 「廊」が正字。「郎ロウ(音・イメージ記号)+广(限定符号)」を合わせた字。「郎」は「透き通る」というイメージがある(⇨郎)。「廊」は宮殿の四方にめぐらした、柱だけを立てて遮るものがなく、素通しにずっと見通せる通路を暗示させる。廊は郎から分化した字。藤堂明保は郎を単なる音符としたが(藤堂②)、筆者は音・イメージ記号と見る。

〔字体〕「廊」は旧字体。「廊」は郎→郎に倣った字体。

語義 [展開] 宮殿の周りにめぐらした張り出しの通路の意味ⓐから、部屋と部屋、建物と建物を結ぶ細長い通路の意味ⓑに転用される。[英]side-gallery, veranda; corridor [熟語] ⓐ廊廟・廊門・ⓑ廊下・回廊

文献 ⓐ韓非子・十過「伏于廊室之間=廊・室の間に伏す([殿様は]廊下と部屋の間に身を伏せた)」

【楼】13(木・9) 常 ― 常用音訓 ロウ

語音 *lug(上古) ləu(中古→呉ル・漢ロウ) lóu(中) 루・누(韓)

語源 [コアイメージ] ー・ー・ー形(数珠つなぎ)に並べる。[実現される意味] 層を重ねた高い建物(たかどの)ⓐ。[英]several-storied building

〔解説〕唐の顔師古は「楼は重屋の離楼然(多くの木が交わり加わるさま)たるを謂ふなり」という(急就篇の注)。また、清の郝懿行は「楼の言は婁なり」(爾雅義疏)という。コアイメージの源泉は婁にある。*lugという語は麗・隷・歴・履・鹿などと同源で、「ー・ー・ー形(数珠つなぎ)に並ぶ(連なる)」というコアイメージをもつ。視点を横(水平)の軸から縦(垂直)の軸に変えれば、「下から上に一段一段と重なる」というイメージに転化する。

〔グループ〕楼・数・屢ル(回数が次々に続いて、しばしば[屢次])・縷ル(細長く連なる糸筋[一縷])・褸ル(つぎはぎの衣、ぼろ切れ[襤褸ランル])・摟ロウ(ずるずると引き寄せる)・瘻ロウ(連なり生じた腫れ物[痔瘻])・螻ロウ(三つの節が連なった虫、ケラ[螻蛄ロウコ])・蔞ロウ(多数の小花が連なる草、ハコベ、繁縷[蘩蔞ハンル])・鏤ロウ(細かい模様をちりばめる[鏤刻])・髏ロウ・ロ(いくつかの骨が連なった頭の骨[髑髏ドクロ])

字源 「樓」が正字。「婁ロウ(音・イメージ記号)+木(限定符号)」を合わせた字。「婁」を分析すると「毋+中+女」となる。「毋」は「女」を横棒で貫く形。「中」は縦棒で真ん中を貫く形。「毋+中(二つ併せてイメージ記号)+女(限定符号)」を合わせた「婁」は、女奴隷を紐で通して引っ張る情景を設定した図形。「ー・ー・ー形(数珠つなぎ)に並べる」「次々に連なる」というイメージを示す記号になる。したがって「樓」はフロア(階層)が一つまた一つと上に連なり重なった建物を暗示させる。

(金) (籀) (篆) [婁] (篆)

〔字体〕「楼」は近世中国で発生した「樓」の俗字。

語義 [展開] 層を重ねた高い建物の意味ⓐから、物見やぐらの意味ⓑを派生する。[英]several-storied building; watchtower [和訓] たかどの [熟語] ⓐ楼閣・高楼・ⓑ鐘楼・望楼

文献 ⓐ孟子・告子下「方寸之木、可高於岑樓=方寸の木も、岑楼よりも高からしむるべし(小さい木でも[測り方次第では]高楼よりも高くすることができる)」ⓑ墨子・号令「樓高臨里中=楼高く里中を臨む(物見やぐらは高く町中が臨み見下ろせるほどだ)」

【滝】13(水・10) 常 ― 常用音訓 たき

〔瀧〕19(水・16) 人 ― 音ロウ 訓たき

語音 *lŭŋ(上古) ləŋ(中古→呉ロウ・漢ラウ〈=ロウ〉) lóng(中) 룽・농

(韓)

語源 [コアイメージ] 太くて長い筒型をなす。[実現される意味] 土砂降りの雨のありさまⓐ。[英]rain in buckets

字源 「瀧」が正字。「龍(リュウ)(音・イメージ記号)+水(限定符号)」を合わせた字。「龍」は「太くて長い筒型をなす」というイメージがある(⇩竜)。「瀧」は水が上の方から筒状をなしてどっと下る様子を暗示させる。説文解字に「瀧は雨の瀧瀧(ロウロウ)たる皃(かたち)」とある。

語義 [展開] 土砂降りの雨の形容語ⓐであったが、水の流れが急であること、また、急流の意味ⓑに転じた。日本では「たき」ⓒに当てる。[英]rain in buckets; rapids; waterfall

文献 ⓑ元結・欸乃曲「下瀧船似入深淵＝滝を下る船、深淵に入るに似たり(急流を下る船は深い淵に入っていくかのようだ)」(全唐詩28)

【漏】14(水・11)　常　｜　常用音訓 ロウ　もる・もれる・もらす

語音 *lug(上古)　ləu(中古→呉ル・漢ロウ)　lòu(中)　루・누(韓)

語源 [コアイメージ] —・—・—の形(数珠つなぎ)に連なる。[実現される意味] 雨や水などが隙間を通して抜け出る(もる)ⓐ。[英]leak

[解説] 王力は漏・霤・溜・流を同源とし、水が流下するという意味があるとする(王力①)。王引之は「漏の言は漉なり」という(読書雑志)。後者の説が妥当である。*lugという語は漉や落と同源で、「—・—・—の形(数珠つなぎ)に連なる」というコアイメージをもつ。「点々と(ずるずると)連なってもれ出る」というイメージの語が漏である。日本語の「もる」は「自然に、水・涙・光などが、隙間から通りぬけて出る」意から、情報が他に知れる、選から抜けてしまう意に転じる(大野①)。この転義の仕方は漢語の漏と同じ。

(篆)　[屚]　(篆)

字源 「屚(ロウ)(音・イメージ記号)+水(限定符号)」を合わせた字。「屚」は「尸(屋根の形。イメージ記号)+雨(限定符号)」を合わせて、屋根から雨がもる情景を設定した図形。「漏」は水がもれることを表す。

語義 [展開] 水がもる・もれる意味ⓐから、秘密や情報が外部に抜け出る意味ⓑ、必要なものをとりこぼす意味ⓒに展開する。また、「点々と連なって出る」というイメージから、落ちる水を目盛りで計って時を知らせる水時計の意味ⓓを派生する。[英]leak(ⓐⓑ); divulge; be missing; water clock　[熟語] ⓐ漏水・漏電・ⓑ漏泄・漏洩・ⓒ遺漏・粗漏・ⓓ漏壺・漏刻

文献 ⓐ易経・井「甕敝漏＝甕敝(やぶ)れて漏る(かめが破れて水が漏れる)」ⓑ春秋公羊伝・文公6「君漏言也＝君、言を漏らすなり(君主が秘密を漏らした)」

【蠟】21(虫・15)　人　｜　音ロウ

語音 *lap(上古)　lap(中古→呉・漢ラフ〈＝ロウ〉)　là(中)　랍・납(韓)

語源 [コアイメージ] たくさん集める。[実現される意味] 動物や植物から採れる脂肪に似た物質(ワックス)ⓐ。[英]wax

字源 「巤(リョウ)(音・イメージ記号)+虫(限定符号)」を合わせた字。「巤」は「たくさん集まる」というイメージがある(⇩猟)。「蠟」はミツバチが巣の中にたくさん集めて貯える物質(蜜蠟)を暗示させる。

語義 [展開] ワックスの意味ⓐから、ろうそくの意味ⓑ、淡黄色の意味ⓒを派生する。[英]wax; candle; light yellow　[熟語] ⓐ蠟燭・蜜蠟・ⓑ蠟炬・ⓒ蠟梅

文献 ⓐ潜夫論・遏利「知脂蠟之可明燈也、而不知其甚多則冥之＝脂蠟の灯を明らかにすべきを知り、而して其の甚だ多ければ之を冥くするを知らず(脂蠟が灯火をともすことは知っていても、多すぎると暗くするのは知らない)」

【籠】22(竹・16) 常 常用音訓 ロウ かご・こもる

語音 *luŋ(上古) luŋ(中古→呉ル・漢ロウ) lóng・lǒng(中) 롱・농(韓)

語源 [コアイメージ] 太くて長い筒型をなす。[実現される意味] 竹を編んで作った物入れ(かご)ⓐ。[英]basket, cage

〔解説〕王力は籠・笭(かご)・篚(はこ)を同源とする(王力①)。令・鹿は数珠つなぎに並ぶ(連なる)というコアイメージをもつから、籠は竹を「数珠つなぎにして編んだかご」というイメージの語になる。しかし竜のグループの「太くて長い筒型をなす」というイメージから解釈したい。和訓の「こもる」はコム(込)と同根で、「殻のようにかこまれた所に入って、外界と接触を断っている意」という(大野①)。漢語の籠と一部重なるところがあるが、籠城などのような「こもる」の使い方は漢語にはない。

字源 「龍(音・イメージ記号)+竹(限定符号)」を合わせた字。「龍」は「太くて長い筒型をなす」というイメージがある(⇨竜)。「籠」は筒型をした竹製の器具を暗示させる。

語義 [展開] かごの意味ⓐから、物を中に包んで覆う意味ⓑ、回りを囲んでひっくるめる意味ⓒに展開する。中に閉じこもる意味ⓓは日本的用法。[英]basket, cage; envelop, cover; cajole; keep in [熟語] ⓐ灯籠・薬籠・ⓑ籠蓋・ⓒ籠括・籠絡・ⓓ籠城・参籠

文献 ⓐ荘子・庚桑楚「以天下爲之籠、則雀無所逃=天下を以て之が籠と為さば、則ち雀は逃るる所無し(天下をそれの籠としたら、スズメは逃げ場がない)」

ろく

【六】4(八・2) 常 常用音訓 ロク む・むつ・むっつ・むい

語音 *liok(上古) luk(中古→呉ロク・漢リク) liù(中) 륙・육(韓)

語源 [コアイメージ] ∩形に盛り上がる。[実現される意味] 数詞の6(むっつ)ⓐ。[英]six

〔解説〕数の名にもコアイメージがある。漢語の数詞は数の性質や数え方の特徴によって名づけられた。六は数え方に由来する。指を折り曲げて数を数えるとき、5まで数えたら五本の指は握り拳の形になり、次の6では指が一本突き出る。この形状を∩形に盛り上げた土(おか)に見立てる。おかという具体的な物のイメージを借りて、数詞の6を、おかを意味する語と同音の*liokで呼んだと考えられる。*liokという語は「∩形に盛り上がる」というコアイメージをもつ(⇨陸)。

〔グループ〕六・陸・睦

字源 ∩の形に盛り上がった図形。象徴的符号であるが、陸の原字である。六→圥→坴→陸と展開した。たいていの中国の文字学者は甲骨文字の六を入と同形と見て、数詞の六を入の仮借とするが、ひとり張秉権は六は拇指と小指を伸ばし、中の三指を折り曲げた形で、現在の中国の六の数え方と同じだという。手前から見ると∪の形だが、先方から見ると∩の形になる。この説もよいが、*liokの語源の説明ができない。藤堂明保は「覆いをした穴を描いた象形文字」で、数詞は仮借とする(藤堂②)。白川静は「小さなテントのような形の建物の形」で、数の意味は仮借とする(白川②)。筆者は、漢数詞の造語において仮借説を採らない。図形化(文字)は具体物を仮りるが、コアイメージの表現の工夫であって、いわゆる仮借とは異なる。

(甲) (金) (篆)

語義 [展開] 数詞の6の意味ⓐ、序数詞の6番目の意味ⓑに展開する。[英]six; sixth [熟語] ⓐ六根・六法・ⓑ六階・六月

文献 ⓐ詩経・無衣「豈曰無衣、六兮=豈に衣無しと曰はんや、六つあ

り(衣が無いとは言えないよ、六つもあれば)」

【肋】6(肉・2)　[人]　｜　[音]ロク　[訓]あばら・あばらぼね

[語音] *lak(上古)　lək(中古→[呉]・[漢]ロク)　lèi(中)　륵・늑(韓)

[語源] [コアイメージ] 筋をなす。[実現される意味] あばら骨ⓐ。[英]rib

〈解説〉釈名・釈形体に「肋は勒ロクなり。五臓を検勒(締めつけて制止する)所以なり」とあるが、迂遠な語源説である。力のコアイメージから説くのがよい。日本語の「あばら」は「目が粗い」「隙間が多い」意で、あばら骨はその形態的特徴で名がついた。漢語の肋もイメージは少し違うが、形態的特徴による命名である。

[字源] 「力リキ(音・イメージ記号)+肉(限定符号)」を合わせた字。「力」は「筋」「筋をなす」というイメージがある(⇩力)。「肋」は一本一本筋をなして並ぶあばら骨を暗示させる。

[語義] あばら骨の意味ⓐ。[熟語] ⓐ肋骨・肋膜

[文献] ⓐ後漢書・楊彪伝「鶏肋食之則無所得、棄之則如可惜=鶏肋は之を食すれば則ち得る所無く、之を棄つれば則ち惜しむべきが如し(ニワトリのあばら骨は食べても取り柄はないが、捨てるには惜しい)」

【鹿】11(鹿・0)　[常]　｜　[常用音訓] しか・か

[語音] *luk(上古)　luk(中古→[呉]・[漢]ロク)　lù(中)　록・녹(韓)

[語源] [コアイメージ] ―・―・―の形(数珠つなぎ)に連なる。[実現される意味] シカⓐ。[英]deer

〈解説〉王力は濾ロ・漉ロク・瀝レキを同源とし、水をこすという意味があるとする。淥ロクも水をこす意味がある。また、籠・簏ロク・箓ロクを同源とする(王力①)。また、古典に「鹿は禄なり」という訓もある。以上から、鹿・虜・歴・彔ロクは同源と考えられる。さらに*lukという語は呂・楼・列・麗・令・林・隣などとも近い。これらはすべて「―・―・―の形(数珠つなぎ)に連なる、並ぶ」というイメージがある。シカは群れをなして連なる習性があり、また、中国で普通に見られる梅花鹿(ニホンジカ)は斑点が点々と連なる。これらの特徴を捉えて、シカを*lukと呼んだ。鹿と禄が同音であるので、シカはめでたい動物として吉祥図で使われる。しかし鹿と禄は単なる語呂合わせではなく、コアイメージが同じである。

〈グループ〉鹿・麓・漉ロク(水が連なって垂れる→こす)・簏ロク(竹を並べて編んだかご)・轆ロク(丸い輪の連なった水汲みの滑車[轆轤ロクロ])

[字源] シカの全身を描いた図形。

(甲) 　(金) 　(篆) 

[語義] [展開] シカの意味ⓐ。また、帝位の象徴ⓑに用いられる。[英]deer; symbol of throne [熟語] ⓐ鹿角・鹿鳴・ⓑ逐鹿

[文献] ⓐ詩経・鹿鳴「呦呦鹿鳴=呦呦ユウユウとして鹿鳴く(くんくんと鹿が鳴いている)」

【禄】12(示・8)　[人]　｜　[音]ロク　[訓]さいわい

〔祿〕13(示・8)　[人]　｜　[音]ロク　[訓]さいわい

[語音] *luk(上古)　luk(中古→[呉]・[漢]ロク)　lù(中)　록・녹(韓)

[語源] [コアイメージ] 点々と連なる・点々と垂れる。[実現される意味] さいわい・恵みⓐ。[英]blessing

〈解説〉古人は「禄は録なり」「禄は穀なり」というが、これは給料の意味を念頭に置いた語源説。詩経の毛伝に「履は禄なり」とあることや、また、鹿と禄との同源意識から見て、*lukは履・鹿などと同源で、「―・―・―の形に(数珠つなぎに、点々と)連なる、並ぶ」というコアイメージをもつ語である。

字源 「祿」が正字。「彔ロク（音・イメージ記号）＋示（限定符号）」を合わせた字。「彔」は「点々と連なる」というイメージがあり、視点を横軸から縦軸に変えると、「点々と垂れる」というイメージに展開する（⇩緑）。「祿」は天や神が民に垂れて下すもの（恵み、幸福）を暗示させる。

語義 [展開] さいわい・恵みの意味ⓐから、上（天子、政府）が官吏に下し与える扶持（給料）の意味ⓑに展開する。[英]blessing; official's salary
[熟語] ⓐ美禄・福禄・ⓑ高禄・俸禄

文献 ⓐ詩経・天保「受天百祿＝天の百禄を受く（天から多くの恵みを受ける）」 ⓑ論語・為政「子張學干祿＝子張、禄を干(もと)むるを学ぶ（子張[孔子の弟子の名]は給料の取り方を学ぼうとした）」

【録】16(金・8) 常 ｜常用音訓 ロク

〔錄〕16(金・8) 人 ｜音 ロク

語音 *luk(上古) liok(中古→呉ロク・漢リョク) lù(中) 록・녹(韓)

語源 [コアイメージ] 点々と連ねる。[実現される意味] 金石などに文字を刻みつけるⓐ。[英]engrave, inscribe

〔解説〕 彔ロクにコアイメージの源泉がある。説文解字に「木を刻むこと彔彔たり（木を刻んで、その皮がぼろぼろと落ちる）」とある。木などの表面を削ると皮が点々と剝がれ落ちる。こんな情景から発想されたのが彔である。前半に視点を置くと、「表面を削る・剝がす」というイメージ、後半に視点を置くと「点々と連なる」というイメージになる。彔は「点々と連なる・並ぶ」というイメージを表すが、その前提には「削る・剝ぐ・刻む」という行為がある。彔をもとにして緑と録が生まれた。金石の表面に文字を刻んで、点々と連ねる行為を録という。馬叙倫は録を鏤ロウ・ル（金属に模様を刻みつける）の本字とする。婁ルも「数珠つなぎに（点々と）連なる」というコアイメージがある（⇩楼）。

字源 「彔ロク（音・イメージ記号）＋金（限定符号）」を合わせた字。「彔」は「点々と連ねる」というイメージがある（⇩緑）。「錄」は金属の表面に文字を点々と刻んで連ねる様子を暗示させる。

〔字体〕 「錄」は旧字体。「録」は古くから書道などで行われた字体。現代中国の簡体字は「录」。

語義 [展開] 金石に文字を刻み込む意味ⓐから、文書に書き記す意味ⓑ、書き記したものの意味ⓒに展開する。また、文字などを他の所に写し取る意味ⓓを派生する。[英]engrave, inscribe(ⓐⓑ); write down, record(ⓑⓒ); writing, document, collection; copy [熟語] ⓑ記録・収録・ⓒ語録・図録・ⓓ録画・録音

文献 ⓐ韓非子・大体「不錄功於盤盂＝功を盤盂に録せず（[平和な時代には]功績を盤や盂の器に刻むこともない）」 ⓑ春秋公羊伝・隠公10「春秋錄内而略外＝春秋は内を録して外を略す（春秋[五経の一つ]は内部のことは書き記すが、外部のことは省略する）」

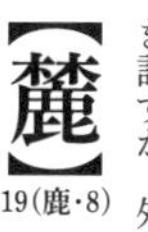【麓】19(鹿・8) 常 ｜常用音訓 ロク ふもと

語音 *luk(上古) luk(中古→呉・漢ロク) lù(中) 록・녹(韓)

語源 [コアイメージ] ―・―・―の形（数珠つなぎ）に連なる。[実現される意味] 山のすそ（ふもと）ⓐ。[英]wooded foot(of a mountain)

〔解説〕 古典に「林の山に属する者を麓と曰ふ」「麓は山足なり」とある。日本語の「ふもと」は踏み本の意で、山のすその部分をいう（大野①）。漢語の麓は鹿にコアイメージがある。麓の古文に⿱林彔があるように、鹿と彔はコアイメージが同じで、「点々と連なる」というイメージがある。山の下で点々と樹木が連なる所が麓である。

字源 「鹿ロク（音・イメージ記号）＋林（限定符号）」を合わせた字。「鹿」は「―・―・―の形（数珠つなぎ）に連なる」というイメージがある（⇩鹿）。「麓」は山から下方へ樹木が点々と連なる一帯を暗示させる。

語義 ふもとの意味ⓐ。[熟語] ⓐ岳麓・山麓

文献 ⓐ詩経・旱麓「瞻彼旱麓、榛楛済済＝彼の旱麓を瞻れば、榛楛済済たり(旱の山のふもとを見れば、ハシバミとヤマエノキが立ち並ぶ)」

ろん

【論】 15(言・8)　常　｜　常用音訓 ロン

語音 *luən(上古)　luən(中古→呉・漢ロン)　lùn(中)　론・논(韓)

語源 [コアイメージ] 筋が通るように順序よく並べる。[実現される意味] 筋道を立てて述べるⓐ。[英]discuss, argue

[解説] 釈名・釈典芸に「論は倫なり。倫理(筋道)有るなり」とある。正当な語源説である。また、段玉裁は「凡そ言語、其の理に循ひて其の宜(意味)を得る、之を論と謂ふ」と述べる(説文解字注)。論は倫とも理とも同源で、「きちんとした筋」というイメージをもつ。筋の通った言説が論である。英語では論にぴったり当たる語がない。discuss(議論する)はラテン語のdiscutere、dis-(分離)＋quatere(振る、揺する)に由来し、物を粉々に打ち砕く→分散させる→一つ一つ詳しく調べる→討議する→話し合うと展開したらしい(小島①)。またargue(議論する、言い争う)はラテン語のarguere(はっきりさせる、証明する)に由来し、「賛否の理由を述べて議論する」「理論立てて主張する」「相手を理屈で説得する」の意という(小島①)。後者が漢語の論にやや近い。

字源 「侖(音・イメージ記号)＋言(限定符号)」を合わせた字。「侖」は「筋が通るように順序よく並べる」というイメージがある(⇩倫)。「論」は言葉を順序よく並べ、筋を通して述べる様子を暗示させる。

語義 [展開] 筋道を立てて述べる意味ⓐから、筋を通した意見・見解の意味ⓑに展開する。詩経・霊台では「於論鼓鍾＝於(ああ)論(とと)のへる鼓鍾(おお、太鼓と鐘はきちんと整い並んでいる)」と、コアイメージがそのまま使われている。[英]discuss, argue; opinion, view, theory [和訓] あげつらう

[熟語] ⓐ論証・推論・ⓑ序論・理論

文献 ⓐ論語・憲問「世叔討論之＝世叔、之を討論す(世叔[人名]がこれを隅々まで調べ論じた)」

わ

【和】 8(口・5) 常

常用音訓 ワ・オ やわらぐ・やわらげる・なごむ・なごやか

語音 *ɦuar(上古) ɦua(中古→呉ワ・漢クヮ〈＝カ〉) huo(唐ヲ〈＝オ〉) hé・hè(中) 화(韓)

語源 [コアイメージ] ㋐丸い・㋑しなやかに従う。[実現される意味] Aが先に歌うと、Bが後について歌う(Aが先に言い出すと、Bがその後に従う、前のものに声や調子を合わせる)ⓐ。[英]respond in singing

[解説] 王力は諧・和・龢ワを同源とし、やわらぐという意味があるとする(王力①)。これは表層的なレベルでの語源説。藤堂明保は深層的なレベルに掘り下げ、和を禾のグループ(委・倭)とともに、瓦・臥・丸や、果のグループ、咼のグループ(渦など)、元のグループ、原のグループ、亘のグループ、宛のグループ、袁のグループ(園・環など)、巻のグループ、官のグループ、員のグループなどと同じ単語家族にくくり、「まるい・とりまく」という基本義があるとした。一方、和・龢を会・話・歓・喧・喚などと同源とし、「合わせそろえる」という基本義があるとする(藤堂①)。これらは一つのコアイメージに概括できないか。根源のイメージは「○(まる・円形)」であろう。円形のイメージは円満・完全のイメージだけでなく、全体的に統一が取れたありさまから、まとまる(和合・調和)・穏やか(温和)のイメージ、さらに、角がないことから、しなやか(柔和)・逆らわない(柔順)のイメージに展開する。*ɦuarという語は「逆らわずしなやかに従う」というコアイメージをもち、上記の意味が実現される。日本語の「やわらぐ(やはらぐ)」はヤハラ(柔)の動詞化で、「(人あたりが)とげとげしくなくなる。柔軟性をもつ」意という。これは漢語の和の展開義ⓓにほぼ対応する。また、「なごやか」はナゴシ(穏やかの意)・ナギ(凪)と同根で、「波立たず、おだやかなさま」の意という(以上、大野①)。

字源 「禾カ(音・イメージ記号)＋口(限定符号)」を合わせた字。「禾」は稲の穂が丸く実って垂れ下がる姿を描いた図形(⇨禾)。「禾」は「丸い」というイメージのほかに、「しなやかに垂れ下がる」というイメージがあり、これは「逆らわずしなやかに従う」というイメージに展開する。「和」はAに対してBが穏やかに応じて物を言う様子を暗示させる。この意匠によって、Aが先に言い出すと(これを唱という)、Bもそのまま逆らわずに従って応じる(これを和という)ことを表象する。唱と和はペアになる語である。

(金) (篆)

語義 [展開] 「しなやかに従う」というコアイメージから、Aが先に歌うとBが後について歌う意味ⓐを経て、角が立たず穏やかに調子を合わせる意味ⓑ、調子が合ってうまくまとまる(穏やかに治まってまとまる)意味ⓒ、穏やかで角が立たない(やわらぐ、やわらいださま)の意味ⓓ、混ぜ合わせる(溶け合う、あえる)意味ⓔ、数をまとめる、また、合わせた数の意味ⓕに展開する。日本では倭の字を嫌い、表記を和に替えたため、日本の意味ⓖが生じた。[英]respond in singing; attune; harmony, harmonious, peaceful, peace; soft, gentle, mild; blend, mix; sum; Japan [和訓] あえる・なぐ・にこやか [熟語] ⓐ唱和・ⓑ附和雷同・ⓒ和合・調和・ⓓ穏和・柔和・ⓔ混和・中和・ⓕ総和・ⓖ和歌・和算

文献 ⓐ詩経・蘀兮「叔兮伯兮、倡予和女＝叔よ伯よ、予に倡(とな)ふれば女[＝汝]に和さん(叔さんよ、伯さんよ、あなたが歌えばお相手しましょう)」ⓑ論語・子路「君子和而不同、小人同而不和＝君子は和して同ぜず、小

人は同じて和せず（君子は調子を合わせてうまくまとまるが雷同はしない、小人は雷同するがうまく調子を合わせない）」ⓒ詩経・伐木「終和且平＝終に和らぎ且つ平らぐ（穏やかで何事もない）」

【倭】10（人・8） 人 音ワ 訓やまと

語音 (1)＊・ɪuar（上古）・ɪuĕ（中古→呉・漢ヰ〈＝イ〉） wēi（中） 위（韓） (2)＊・uar（上古） ・ua（中古→呉・漢ワ） wō（中） 왜（韓）

語源 [コアイメージ] ㋐しなやかに従う。㋑しなやかに垂れ下がる。[実現される意味] 道などがくねくねと曲がるさまⓐ。[英]winding, snaky

字源 「委ィ（音・イメージ記号）＋人（限定符号）」を合わせた字。「委」は「しなやかに従う」「しなやかに垂れ下がる」というイメージがあり、まっすぐでなく柔らかい→くねくねと曲がるというイメージに展開する（⇩委）。「倭」は道などがくねくねと曲がって遠い様子を暗示させる。逶ィと同じ。

語義 [展開] くねくねと曲がるさまの意味ⓐ（1の場合）。また、「しなやかに垂れ下がる」というイメージから、「低く下がる」というイメージに転化し、背丈の低い人という意味合いの蔑称となる（2の場合）。古代中国で日本人や日本を指した語ⓑである。[英]winding, snaky, meandering; Japan [熟語] ⓐ倭遅チイ・ⓑ倭寇・倭国

文献 ⓐ詩経・四牡「周道倭遅＝周道は倭遅たり（周への道はくねくねとして遠い）」ⓑ山海経・海内北経「倭属燕＝倭は燕に属す（倭は燕国に属している）」

【話】13（言・6） 常 常用音訓 ワ はなす・はなし

語音 ＊ɦuăd（上古） ɦuăi（中古→呉ヱ〈＝エ〉・漢クヮ〈＝カ〉） hua（唐ワ） huà（中） 화（韓）

語源 [コアイメージ] 穴を開けてスムーズに通す。[実現される意味] 言葉を出してしゃべる（はなす、はなすこと）ⓐ。[英]speak

〔解説〕 藤堂明保は活（水が勢いよく流れるさま）・闊ツカ（ゆとりがある、広々としている）・聒ツカ（がやがやと言う、わいわいと騒ぐ）と同源とする（藤堂②）。𠯑にコアイメージの源泉がある。これは舌（した）ではない。舌を操ってしゃべると解釈するのは全くの俗説。𠯑は「ゆとりを開けてスムーズに通す」というイメージを表す記号である。言葉をすらすらと出してしゃべることが話である。和訓の「はなす」は「相手を意識して、内容のある事柄を言葉に出す意」であるが、上古から中古まで用例がないという（大野②）。話の古訓はモノカタリ、カタラフである。

字源 「𠯑ツカ（舌は変形。音・イメージ記号）＋言（限定符号）」を合わせた字。「氒」はY形または∪形の彫刻刀を描いた図形。「𠯑」は「氒ツカ（音・イメージ記号）＋口（穴を示すイメージ補助記号）」を合わせて、∪形に穴を開ける様子を暗示させる。「𠯑」は「∪形に穴をえぐる」「穴を開けてスムーズに通す」というイメージを示す記号になる（⇩活）。したがって「話」は言葉が口からスムーズに通って出てくる様子を暗示させる。この意匠によって、すらすらと勢いよく言葉を出してしゃべることを表象する。

語義 [展開] はなす意味ⓐから、ことばの意味ⓑ、話す内容（物語）の意味ⓑに展開する。[英]speak, tell, talk; word; story, tale [熟語] ⓐ談話・対話・ⓑ白話・ⓒ説話・童話

文献 ⓐ書経・盤庚「話民之弗率＝民の率いられざるを話タカる（民が引率できないと語った）」ⓑ詩経・板「出話不然＝話を出だすこと然カしらず（話す言葉はうそだらけ）」

【窪】14（穴・9） 人 音ワ 訓くぼ・くぼむ

語音 ＊・uĕg（上古）・uă（中古→呉・漢ワ） wā（中） 와（韓）

語源 [コアイメージ] V形や∪形をなす。[実現される意味] くぼむ

ⓐ。［英］hollow

〈解説〉王力は汙(＝汚)・洿ォ・窊・窪を同源とする(王力①)。藤堂明保は圭のグループと携・崖・危・頃が同源で、「ヘ型・ななめ」の基本義があるとする(藤堂①)。日本語の「くぼ」は「周囲が高くて中央が低くなっている所」の意という(大野②)。「くぼむ」はそれの動詞化。

〈字源〉「洼ワ(音・イメージ記号)＋穴(限定符号)」を合わせた字。「圭」は「ヘ形」のイメージがあり(⇩圭)、視点を変えれば「V形や∪形をなす」というイメージに転化する。「圭イケ(音・イメージ記号)＋水(限定符号)」を合わせた「洼」は、∪形にへこんだ水たまりを暗示させる。かくて「窪」は穴があいて∪形にへこむ様子を暗示させる。

〈字体〉「漥」は異体字。

〈語義〉[展開]∪形にへこむ(くぼむ)意味ⓐから、低くくぼんだ所の意味ⓑを派生する。［英］hollow; depression [熟語]ⓐ窪下

〈文献〉ⓐ老子・二十二章「窪則盈＝窪めば則ち盈みつ(窪んでいるからこそ、水がいっぱいになる)」

わい

【隈】12(阜・9) 人 音ワイ 訓くま・すみ

〈語音〉*·uər(上古)・·uəi(中古→呉ヱ〈＝エ〉・漢ワイ) wēi(中) 외(韓)

〈語源〉[コアイメージ]へこむ。[実現される意味]山や川の曲がって奥まった所(くま)ⓐ。［英］bend

〈解説〉畏にコアイメージの源泉がある。力で威圧しておそれさせるのが畏であるが、そのコアには「へこむ」というイメージがある。上から下に力で押さえつけると、下にVの形にへこむからである。心理的なイメージは物理的なイメージにも転化する(その逆も可)。上から下ではなく、平面から横にへこむこともある。これは∠の形のイメージである。山や川が∠の形にへこんだ所を隈という。日本語の「くま」や「すみ」に当たる。「くま」は「道や川の曲がり込んだ所」、「すみ」は「四角な平面の、はずれの角の所の意」という(大野①)。

〈字源〉「畏ィ(音・イメージ記号)＋阜(限定符号)」を合わせた字。「畏」は「へこむ」というイメージがある(⇩畏)。V形をなすというイメージは、視点を変えれば∠形のイメージでもある。これが「かど」や「すみ」の意味を実現させる。「隈」は山の∠形になった所(くま)を暗示させる。

〈語義〉[展開]山や川のくまの意味ⓐから、奥まって陰になった所の意味ⓑ、また、すみ・かどの意味ⓒに展開する。［英］bend; nook, recess; corner [熟語]ⓐ界隈・ⓒ隅隈グウワイ

〈文献〉ⓐ管子・形勢「大山之隈＝大山の隈(大きな山のくま)」ⓑ春秋左氏伝・僖公25「隈入而係輿人＝隈入して輿人を係つなぐ(物陰に入って駕籠かきを捕らえた)」

【賄】13(貝・6) 常 常用音訓 ワイ まかなう

〈語音〉*huəg(上古) huəi(中古→呉クヱ〈＝ケ〉・漢クワイ〈＝カイ〉・慣ワイ) huì(中) 회(韓)

〈語源〉[コアイメージ]枠の中に囲う。[実現される意味]財貨・財産ⓐ。［英］goods, property

〈解説〉日本語の「まかなう(まかなふ)」はマカス(任)のマカにオコナフ(行)のナフをつけた形で、「事を相手の性質や意向に合わせて差配し用意する意」で、ここから、物を用意し整える→食事などを供給する意に展開する(大野①)。しかし漢語の賄にこの意味はない。

〈字源〉「有ユウ(音・イメージ記号)＋貝(限定符号)」を合わせた字。「有」は「枠の中に囲う」というイメージがある(⇩有)。「賄」は囲い込んだ財貨を暗示させる。

〈語義〉[展開]財貨・財産の意味ⓐから、財貨を贈る意味ⓑ、物事を頼

むために贈る金品(わいろ)の意味ⓒを派生する。「まかなう」の意味ⓓは日本的用法。[英]goods, property; present; bribe; supply 【和訓】まいなう・まいない 【熟語】ⓒ賄賂・贈賄

文献 ⓐ詩経・氓「以爾車來、以我賄遷＝爾の車を以て来れ、我が賄を以て遷らん(車で迎えに来てください、財産を積んで移ります)」ⓒ春秋左氏伝・宣公14「薦賄則無及也＝賄を薦めて則ち及ぶ無きなり(賄賂を贈ったが間に合わなかった)」

わき

【脇】→きょう

わく

【或】8(戈・4) 人 音ワク 訓ある・あるいは

語音 *ɦuək(上古) ɦuək(中古→呉ワク・漢コク) huò(中) 혹(韓)

語源 【コアイメージ】枠を区切る。【実現される意味】一定の範囲の中に何かがあるⓐ。[英]be

【解説】古典の注釈に「或は有なり」とあり、古くから或と有の同源意識があった。或は域・国の原字で、「一定の土地を区切る」というイメージをもつ語で、ここから「一定の区切られた範囲の中に何かが存在する」という意味が生まれ、有と近くなる。しかし存在するのは確定したものではないので、「Aというものがある」というぐあいに、未確定のものを取り出して言う表現が生じた。これが或の使い方である。「或A～」はAというもの(物事、事態、場合など)があるという意味であるが、Aを略して単に「或～」ということもできる。この場合は「何かあるものは」と不定のものを主語に立てる表現である。日本では或を有の訓を用いて「ある」「あるいは」と訳す。

【グループ】或・域・国・惑・閾(仕切り・しきみ[識閾])・馘(首を切る[馘首])・彧(枠で区切られた部分だけあやが目立つ→目立って美しい)・淢(城の周りを仕切った溝)・罭(細かく仕切った目のある網)・戫(＝郁)・蜮(人を惑わすという空想的な昆虫)

字源 「囗」(四方を区切る印。イメージ記号)＋戈(限定符号)」を合わせて、ここが自分の領土だと、区切って境界線をつけ、武器で目印とする情景を設定した図形(⇨域・国)。この意匠によって、「一定の枠を区切る」というイメージを表すことができる。

(甲) 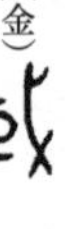 (金) (篆)

語義 【展開】一定の範囲の中に何かある意味ⓐから、不定のもの(人、物、事態、場合など)を指すことばⓑ、また、または(あるいは)の意味ⓒ、ひょっとしたら(あるかも知れない)の意味ⓓに展開する。[英]be; someone, certain; or; perhaps, maybe 【熟語】ⓑ或体・或問

文献 ⓐ詩経・殷其雷「莫敢或遑＝敢へて遑或ること莫し(何かをする暇がない)」ⓑ詩経・無羊「或降于阿、或飲于池＝或いは阿より降り、或いは池に飲む(あるものは丘から降り、あるものは池に水を飲む)」

【惑】12(心・8) 常 常用音訓 ワク まどう

語音 *ɦuək(上古) ɦuək(中古→呉ワク・漢コク) huò(中) 혹(韓)

語源 【コアイメージ】枠を区切る。【実現される意味】正しい判断を失って心が乱れるⓐ。[英]be puzzled

【解説】心が何かにとらわれて正しい判断ができず、どうしたらよいか迷うことを古代漢語で*ɦuəkという。これは或のコアイメージ、すなわち「枠を区切る」から精神現象へ展開した語である。心を、自由に思考を生み出す場と見て、これが何かに仕切られたため自由な思考が妨げら

れるといった情景を想定して、或に精神に関わる限定符号をつけて*ɦuək を代替する視覚記号の惑が生まれた。日本語の「まどう(まどふ)」は「事態を見極め得ずに混乱して、応対の仕方を定めかねる意」で、ここから㋐行く先を見定めかねて混乱する、㋑どうすればよいか決めかねて、心が乱れる意味に展開する(大野①)。㋐は漢語の迷、㋑は漢語の惑にほぼ当たる。

字源 「或(クヮ)(音・イメージ記号)＋心(限定符号)」を合わせた字。「或」は「枠を区切る」というイメージがある(⇩或)。「惑」は心が狭い枠に区切られて良い判断を妨げる様子を暗示させる。

語義 正しい判断を失って心が乱れる(まどう)意味ⓐ、正しい判断を狂わせて誤らせる(まどわす)意味に展開する。[英]be puzzled, be perplexed; mislead, delude [熟語] ⓐ疑惑・困惑・ⓑ迷惑・誘惑

文献 ⓐ論語・為政「四十而不惑＝四十にして惑はず(四十歳になったら迷うことがなくなった)」

わく

【枠】 8(木・4) 常 常用音訓 わく 純国字

字源 和製の疑似漢字。「卆」は卒の略字。卒は卒業の卒で、「まとめて締めくくる」というイメージから派生した語。「卆(＝卒)＋木(限定符号)」を合わせた「枠」は、糸を巻いて締めくくるもの、つまり糸巻を表した。漢語ではɦuak(呉音ワク、漢音クヮク)といい、籰または篗と書く。「わく」はその呉音が訓化したもの。読みは漢語由来であるが、字は和製である。

語義 縦横の木を組み中心の軸で回転させて蚕の糸を巻き取る道具の意味ⓐから、周囲を縁取りした枠組の意味ⓑに転じた。[英]reel, spool; frame [熟語] ⓑ総枠・別枠

わん

【椀】 12(木・8) 人 音ワン 訓まり

語音 *·uan(上古) ·uan(中古→呉・漢ワン) wǎn(中) 완(韓)

語源 [コアイメージ] 丸く曲がる。[実現される意味] 食物や飲み物を入れる木製の丸い容器ⓐ。[英]bowl

〔解説〕椀・碗・埦・鋺・盌は言葉としてすべて同じで、丸みを帯びた容器の意味。素材によって限定符号を替えただけである(最初にできた字は盌)。日本語の「まり」はマリ(鞠)・マロ(丸)と同根で、「球形のものの意」という(大野①)。

字源 「宛(ヱン)(音・イメージ記号)＋木(限定符号)」を合わせた字。「宛」は「丸く曲がる」というイメージがある(⇩宛)。「椀」は丸い形の木製の入れ物を暗示させる。

語義 飲食物を入れる丸い容器の意味ⓐ。[熟語] ⓐ玉椀・飯椀

文献 ⓐ曹植・車渠椀賦「惟新椀之所生＝惟(こ)れ新椀の生ずる所(新しい椀がここに生まれた)」(漢魏六朝百三家集26)

【湾】 12(水・9) 常 常用音訓 ワン

語音 ·uǎn(中古→呉ヱン〈＝エン〉・漢ワン) wān(中) 만(韓)

語源 [コアイメージ] ⌒形に曲がる。[実現される意味] 川が⌒形に曲がった所ⓐ。[英]bend

〔解説〕藤堂明保は彎を円・丸・環などと同源とし、「まるい」という基本義があるとする(藤堂②)。彎の実現された意味は弓を引くことであるが、弓を引いた結果は⌒の形を呈する。ここに「⌒形に曲がる」というイメージがある。「まるい」と「曲がる」は相互転化可能なイメージである。·uǎnという語は綰(ワン)(丸く曲げる、わがねる)・捥(ワン)(丸く曲がる手首)な

どと非常に近い。

【字源】 「灣」が正字。「彎ワン(音・イメージ記号)+水(限定符号)」を合わせた字。「䜌」は「もつれる」というイメージがある(⇩恋)。⌒の形や∞の形にもつれることから「⌒の形に曲がる」というイメージに展開する(これは二次的イメージである)。「彎」は「䜌(イメージ記号)+弓(限定符号)」を合わせて、弓に矢をつがえて、弓が⌒形に曲がる様子を暗示させる。かくて「灣」は水辺が⌒の形に曲がった地形を暗示させる。

(篆)　[灣]

〔字体〕「湾」は近世中国で発生した「灣」の俗字。

【語義】 [展開] 川が⌒形に曲がった所の意味ⓐから、海岸線が⌒形に曲がった入り江(海が陸地に入り込んだ所)の意味ⓑ、また、曲がる意味ⓒに展開する。ⓒは彎と通用。[英]bend; bay, gulf; curve [熟語] ⓐ河湾・ⓑ湾岸・港湾・ⓒ湾曲・湾入

【文献】 ⓑ晋書・南蛮伝「大灣中其境廣袤三千里=大湾の中、其の境の広袤コウボウ三千里(大きな湾の中は、境界の広さが三千里ある)」

【腕】 12(肉・8)　常　｜　常用音訓 ワン　うで

【語音】 *・uan(上古)　・uan(中古→呉・漢ワン)　wàn(中)　완(韓)

【語源】 [コアイメージ] 丸く曲がる。[実現される意味] 手首ⓐ。[英]wrist

〔解説〕釈名・釈形体に「腕は宛なり。宛曲(曲げる)すべきを言ふなり」と語源を説く。手のうちで∠形に張り出す部分を肱コウ(ひじ)というのに対し、⌒形に丸く曲げることのできる部分を*・uanという。これは手首である。日本語の「うで」は「肘と手首との間」、「かいな(かひな)」は、「肩から肘までの間」であるが、後に両者は混同されたという(大野①)。漢語の腕は手首の意味である。うでとかいなを含めたものは膊ハク(区別する場合は下膊、上膊)という。

【字源】 「宛エン(音・イメージ記号)+肉(限定符号)」を合わせた字。「宛」は「丸く曲がる」というイメージがある(⇩宛)。「腕」は手の丸く曲がる部分、つまり手首を表す。

【語義】 [展開] 手首の意味ⓐから、力量の意味ⓑを派生する。うで・かいなの意味ⓒは日本的用法。[英]wrist; ability; arm [和訓] かいな [熟語] ⓐ腕骨・腕力・ⓑ手腕・敏腕・ⓒ腕章・鉄腕

【文献】 ⓐ墨子・大取「斷指與斷腕、利於天下相若、無擇也=指を断つと腕を断つと、天下に利すること相若しけば、択ぶ無きなり(指を断つことと手首を断つことが、もし天下を利することが等しいならば、選択の余地がない)」

【碗】 13(石・8)　人　｜　音ワン　訓まり

【語音】 *・uan(上古)　・uan(中古→呉・漢ワン)　wǎn(中)　완(韓)

【語源】 [コアイメージ] 丸く曲がる。[実現される意味] 飲食物を入れる丸い形の容器ⓐ。[英]bowl

【字源】 「宛エン(音・イメージ記号)+石(限定符号)」を合わせた字。「宛」は「丸く曲がる」というイメージがある(⇩宛)。「碗」は鉱物製の丸い器を暗示させる。

【語義】 飲食物を入れる丸い容器の意味ⓐ。[熟語] ⓐ酒碗・茶碗

限定符号解説

(注)①康熙字典の部首とは必ずしも一致しない(＊印は康熙字典にないもの)。②図形を示していないものについては本文参照。

2画

人 人と関係があることを示す。楷書で偏になる場合は「亻」の形をとる。部首としての呼び名は「にんべん(人偏)」。伊・位・依・偉・俺・億・仮・何・伽・価・俄・佳・伎・偽・儀・休・供・俠・仰・僅・倶・偶・係・傾・傑・件・倹・倦・健・個・伍・俟・候・倖・傲・佐・債・催・作・仕・伺・使・偲・似・侍・借・儒・住・傷・償・伸・信・侵・仁・仙・僧・像・促・側・俗・他・代・但・値・仲・儲・低・停・偵・伝・佃・倒・働・任・俳・倍・伯・伐・伴・備・俵・侮・仏・併・偏・便・保・俸・傍・僕・佑・侑・優・傭・俐・侶・僚・倫・伶・例／以・臥・介・企・死・重・卓・臨

儿 人体の下半部を描いた形。人、人体、二本の足と関係があることを示す。部首としての呼び名は「にんにょう(人繞)」(俗に「ひとあし」)。充・先・亮

(篆)

冖 覆いをかぶせる形(⇒冥)。覆いやかぶりものと関係があることを示す。部首としての呼び名は「わかんむり(ワ冠)」。冠

冫 仌(＝冫)は水が凍って割れ目や筋目のついた様子を示す図形(⇒氷)。「冫」は氷や寒さと関係があることを示す。部首としての呼び名は「にすい(二水)」。寒・凝・冴・凄・冬・凍・冰(＝氷)・冶・凌・凜・冷

几 机や台などと関係があることを示す(⇒机)。凱

刀 刀や刃物と関係があることを示す。楷書で偏になるときは「刂」の形をとる。部首としての呼び名は「りっとう(立刀)」。刈・割・刊・刑・劇・剣・剛・刻・剤・削・刷・刹・刺・剰・制・前・創・罰・判・班・副・別・辨(＝弁)・剖・利・劉・列／解・初・分

力 力や力を働かす行為と関係があることを示す。部首としての呼び名は「りきづくり(力旁)」。劾・勘・勧・勤・勲(＝勳)・勁・功・劫・効・助・勝・勢・男・勅・努・動・勉・募・勃・務・勇・幼・虜・励・劣・労

匚 箱や枠と関係があることを示す。部首としての呼び名は「はこがまえ」。匡・匠

(金)　(篆)

卜 亀の甲を焼いた時に現れる割れ目の形。占いと関係があることを示す。外・貞

厂 がけと関係があることを示す(⇒岸)。部首としての呼び名は「がんだれ(雁垂)」。原

又 手の動作と関係があることを示す。灰・及・兼・取・収・叔・叙・隻・雙(=双)・奴・度・反

3画

口 口や言葉と関係があることを示す。部首としての呼び名は「くちへん(口偏)」。哀・咽・加・可・嘩・害・嚇・喝・喚・含・喜・喫・吸・嗅・叶・叫・吟・喰・君・喧・言・呼・呉・吾・喉・号・唆・哉・嗣・叱・若・惹・呪・如・召・咲・哨・唱・嘱・唇・吹・舌・占・噂・唾・啄・嘆・知・喋・嘲・呈・哲・唐・呑・唄・否・吻・噴・哺・味・名・命・鳴・問・唯・哩・和

囗 四角く(または円く)周囲を囲う様子を示す象徴的符号。物の周りを囲うことや囲いに関わることを示す。部首としての呼び名は「くにがまえ(国構)」。囲・園・圓(=円)・圏・固・国・困・囚・図・団・圃・邑

(篆)

土 土や土地などと関係があることを示す。部首としての呼び名は「つちへん(土偏)」。圧・域・垣・堰・堺・塊・壊・塙・堪・基・埼・毀・境・金・均・堀・型・堅・壕・墾・坐・在・塾・城・場・壌・埴・塑・噌・増・塞・堕・堆・坦・壇・地・塚・墜・堤・塡・堵・塗・塔・堂・培・坂・坪・塀・壁・墓・墳・坊・墨・埋・塁/垂・里

士 男と関係があることを示す。壻(=婿)・壮

夂 下向きの足の形。降りたり下ったりする動作に関係があることを示す。処

(篆)

夊 止(footの形)の逆さ文字で、引きずる足を示す図形。歩くのが遅いことや、歩行と関係があることを示す。部首としての呼び名は「すいにょう(夊繞)」。愛・慶・致・麦・憂・履

(甲) (篆)

夕 夜と関係があることを示す。夢・夜

大 立つ人と関係があることを示す。奎・乗

女 女と関係があることを示す。部首としての呼び名は「おんなへん(女偏)」。娃・委・威・姻・媛・嫁・姫・嬉・嫌・娯・好・婚・妻・姉・始・姿・嫉・娘・嬢・娠・姓・婿・嫡・姪・妬・妊・婆・媒・妃・婦・娩・姥・妨・妹・妙・妄・妖

子 子どもと関係があることを示す。部首としての呼び名は「こへん(子偏)」。学・季・孤・孝・仔・存・孫・孟

宀 屋根を描いた図形。屋根・家・覆いなどに関わることを示す。部首としての呼び名は「うかんむり(ウ冠)」。安・宇・宛・宴・奥・家・寡・完・官・寛・寄・宜・客・宮・寓・宏・宰・察・字・実・室・寫(=写)・寂・守・宿・宵・冗・寝・宣・宋・宗・宅・宙・寵・定・宕・富・宝・宥・容・寮

(甲) (篆)

寸 手の動作の意味領域に関わることを示す。尉・寺・射・将・辱・専・対・耐・奪・導・付・封

尸 ┗の形に垂れたもの(垂れ幕、軒、屋根など)と関係があることを示す限定符号。屏・扉にも含まれる。屋・層

尸 人が尻を突き出した形。尻や体と関係があることを示す。部首としての呼び名は「しかばね」。届・居・屈・尻・屑・展・尾

(甲) (金) (篆)

屮 草の芽が出る形。草と関係があることを示す。毎

(甲)  (金)  (篆) 

山 山と関係があることを示す。部首としての呼び名は「やまへん(山偏)」。峨・崖・嶽(=岳)・岸・巌・岐・崎・峡・岬・岡・嵯・峻・崇・嵩・島・峰・崩・密・幽・嵐

・峻・嶺

工 工作と関係があることを示す。左・式

巾 布と関係があることを示す。部首としての呼び名は「きんべん(巾偏)」(俗に「はばへん」という)。希・幌・常・飾・帥・席・帯・凧・帖・帆・幡・布・幅・幣・帽・幕

干 棒などと関係があることを示す。幹

广 片流れの屋根を描いた図形。家屋・建物と関係があることを示す。部首としての呼び名は「まだれ(麻垂)」。庵・廐・庫・広・座・庶・序・庄・床・厨・庁・底・庭・店・度・廃・庇・廟・府・麻・廊・廉/斥

(篆)

廴 「彳」の下の部分を引き延ばした形で、「のびる」ことを示す限定符号になる。部首としての呼び名は「えんにょう(延繞)」。延・廻・建・廷

(篆)

廾 両手の形(⇒共)。両手または手の動作と関係があることを示す。部首としての呼び名は「こまぬき」。戒・棄・具・庚・丞・奏・兵・弊・弁・弄

弓 弓と関係があることを示す。部首としての呼び名は「ゆみへん(弓偏)」。引・弦・弧・弘・弛・弾・張・發(=発)・弥

彡 髪や飾りの模様を描いた形(⇒杉)。飾りやあや・模様と関係があることを示す。部首としての呼び名は「さんづくり(彡旁)」。影・形・彩・参・修・彰・彫・彬

彳 行の左半分だけを取った形。道、行く、行いなどと関わることを示す。部首としての呼び名は「ぎょうにんべん(行人偏)」。往・御・径・後・循・徐・征・待・徹・得・徳・彼・微・復・役・徠・律

(篆)

兀* 人体と関係があることを示す。尭・賓

(篆)

4画

心 こころや思考など精神現象と関わることを示す。偏では「忄」の形をとり、部首としての呼び名は「りっしんべん(立心偏)」。脚では「㣺」の形をとり、「したごころ(下心)」と呼ぶ。惟・悦・憶・快・怪・恢・悔・懐・慨・慣・憾・慧・憬・悟・恒・恰・慌・惚・恨・惨・惇・憧・情・慎・性・惺・惜・憎・惰・悌・悩・怖・憤・忙・慢・愉・怜・憐/悪・意・慰・怨・応・恩・患・感・忌・急・恐・愚・恵・懸・忽・懇・志・思・恣・慈・悉・愁・恕・想・怠・態・恥・忠・懲・怒・忍・念・悲・忘・悠・恋・惑/恭・慕

戈 両刃の身に長い柄をつけた「ほこ」を描いた形。武器や戦争と関係があることを示す限定符号になる。部首としての呼び名は「ほこづくり(戈旁)」。幾・戯・戟・戦・賊・或

(甲) (金) (篆)

戸 戸と関係があることを示す。扉・房

手 手の動作と関係があることを示す。楷書では偏につくときは「扌」の形をとる。部首としての呼び名は「てへん(手偏)」。挨・握・按・援・押・拐・掛・拡・摑・括・換・揮・技・擬・掬・扱・拒・拠・据・挟・掘・掲・携・捲・抗・拘・控・拷・採・搾・拶・撮・撒・擦・指・持・捨・授・拾・抄・招・捷・摺・拭・振・推・拙・接・摂・措・揃・撰・捜・挿・掃・操・捉・損・打・托・択・拓・担・探・挑・抵・挺・提・摘・擢・撤・投・搭・撞・捺・捻・把・播・拝・排・拍・抜・搬・挽・批・披・描・扶・撫・払・捕・抱・撲・抹・揚・揺・擁・抑・拉・掠/挙・拳・承・掌・撃・摯・惣・奉・摩

支 竹の棒を手に持つ形。棒でたたく動作に関わることを示す。鼓

攴 杖や棒を手に持つ形。打つ動作や、一般に動作を示す限定符号になる。楷書では「攵」の形をとる。部首としての呼び名は「ぼくにょう（攴繞）」または「ぼくづくり（攴旁）」。改・敢・救・教・啓・敬・故・攻・效（＝効）・散・孜・赦・数・政・肇・敵・敦・敗・敏・敷・變（＝変）・放・牧／更・敍（＝叙）

（篆）

文 あや・文様などと関係があることを示す。斐

斗 ひしゃくと関係があることを示す。部首としての呼び名は「とます」。斡・科・魁・斜・料

斤 おのや、おので切ることと関係があることを示す。部首としての呼び名は「おのづくり（斧旁）」。斬・斯・所・新・析・折・断・斧

日 太陽や日時と関係があることを示す。「日」と「曰（ひらび）」が同じ形になる場合もある。部首としての呼び名は「ひへん（日偏）」。曖・暗・晏・映・旺・暇・晦・暉・暁・旭・景・昂・昊・晃・晄・皓（晧）・晒・昨・暫・時・春・旬・暑・曙・昇・昭・晋・晨・晟・晴・昔・暖・昼・曇・莫・曝・晩・普・暮・昴・暴・昧・冥・曜・暦

曰 「口」に印をつけた形で、声を発する様子を暗示させる図形。言語行為にかかわることを示す限定符号になる。部首としての呼び名は「ひらび」。昌・曹・替・智・沓・魯

月 月や日付と関係があることを示す限定符号になる。部首としての呼び名は「つきへん（月偏）」。「月」と同じ形をとるものに肉と舟がある（各項参照）。期・朔・望・明・朗

木 樹木と関係があることを示す。部首としての呼び名は「きへん（木偏）」。案・椅・栄・桜・横・架・榎・樺・械・楷・檜・概・格・核・楽・樫・柑・栞・棺・閑・榦（＝幹）・机・棋・槻・機・橘・朽・杏・橋・極・桂・検・権・枯・梧・杭・校・桁・梗・構・根・査・栽・材・柴・榊・柵・桟・杉・枝・柿・梓・櫛・柘・株・樹・柊・集・柔・楯・杵・松・梢・樟・条・杖・植・榛・槙・枢・栖・棲・栓・桑・槍・槽・村・樽・楕・檀・築・柱・枕・椿・椎・槌・梯・杜・樋・桃・桐・桶・棟・橙・櫂・栃・柰（＝奈）・梛・楠・杷・杯・梅・柏・板・枇・梶・標・楓・柄・棚・某・棒・朴・枚・柾・模・椰・柚・楢・楊・様・欄・李・梨・栗・柳・梁・椋・櫓・楼・枠・椀

欠 かがんで行う行為や、口を開けて行う行為と関係があることを示す。部首としての呼び名は「あくび」。欧・歌・款・歓・欺・欣・欽・次・欲

止 足と関係があることを示す。此・武

歹 関節の骨の下半部を描いた形。崩れた骨や死亡と関係があることを示す限定符号になる。部首としての呼び名は「がつへん（歹偏）」。残・殊・殉・殆

（篆）

殳 「几（ほこの形）＋又（手）」を合わせて、戦車の前に立てるほこ（たてぼこ）を表す（⇒投）。たたく動作に関わることや、また一般に動作を示す限定符号になる。部首としての呼び名は「ほこづくり（殳旁）」、俗に「るまた」。殴・殻・毅・殺・段・殿・般

毛 毛と関係があることを示す。毬

氏 氏と関係があることを示す限定符号。祇

水 水や液体と関係があることを示す。楷書で偏になる場合は「氵」の形をとる。脚になる場合は「氺」の形をとる。部首としての呼び名は「氵」は「さんずい（三水）」、「氺」は「したみず（下水）」。溢・淫・泳・液・沿・演・淵・汚・温・河・渦・海・潰・涯・活・渇・滑・汗・漢・汽・汲・泣・漁・況・渓・激・決・潔・減・源・湖・江

・洪・洸・港・浩・滉・溝・沙・済・漬・治・滋・湿・漆・洒・濡・洲・汁・渋・淑・洵・準・潤・渚・汝・沼・消・渉・湘・浄・津・浸・深・清・汐・浅・洗・染・潜・漸・湊・漱・漕・測・汰・滞・沢・濯・濁・淡・湛・灘・池・沖・注・潮・澄・沈・汀・泥・滴・溺・添・淀・渡・湯・洞・濃・波・派・泊・漠・氾・汎・泌・漂・浜・浮・沸・浦・法・泡・没・満・漫・滅・油・湧・遊・洋・溶・沃・浴・洛・濫・流・瀬・浬・溜・涼・淋・涙・澪・漣・浪・滝・漏・湾／尿・氷／泰

火 火と関係があることを示す。楷書で脚になるときは「灬」の形をとる。部首としての呼び名は「火」は「ひへん(火偏)」、「灬」は「れんが(連火)」または「れっか(列火)」。焰・煙・灰・炎・煌・災・燦・灼・秋・焼・燭・炊・燥・炭・灯・燃・煤・爆・焚・炉／煕・煮・熟・焦・照・然・熱・燿・燎・烈・煉／赤・票 ▽烝(蒸)・威(滅)

爪 手の動作と関係があることを示す。⺤や爫に変化することが多い。部首としての呼び名は「そうにょう(爪繞)」。爲(=為)・采・妥

片 薄い板と関係のあることを示す。部首としての呼び名は「かたへん(片偏)」。牒・版

牛 牛と関係があることを示す。部首としての呼び名は「うしへん(牛偏)」。犠・犀・牲・特・物・牡・牧・牟／半

犬 犬や獣に関係があることを示す。偏になるとき楷書では「犭」の形をとる。部首としての呼び名は「けものへん(獣偏)」。猿・獲・狂・狭・牽・獅・狩・狙・猪・独・犯・猫・猛・猶・猟・狼／献・獣・奬(=奨)・状・伏・黙・類(=類)・戾(=戻)

丮* 両手を差し出す人の形。両手の動作と関係があることを示す限定符号になる。楷書では「丸」「丮」「凡」の形をとる。執

(甲) (金) (篆)

5画

玉 玉や宝石などと関係のあることを示す。偏になるときは「王」の形をとる。部首としての呼び名は「たまへん(玉偏)」。瑛・珂・珈・環・玩・玖・球・現・琥・瑚・瑳・珊・珠・瑞・全・珍・珀・瑤・理・琉・琳・玲／璽・璧

瓜 瓜と関係があることを示す。瓢

瓦 かわらや土器と関係があることを示す。瓶

生 生(生む・生きる・生命)と関係があることを示す。薩・産・毒

田 田畑や耕作と関係があることを示す。部首としての呼び名は「たへん(田偏)」。畫(=画)・界・畿・畜・町・當(=当)・畑・畠・畔・番・畝・略・留

疒 「爿(ベッドの形)＋人」を合わせて、人が病臥する情景を設定した図形。病と関係があることを示す限定符号になる。部首としての呼び名は「やまいだれ(病垂)」。疫・痕・疾・症・痩・痴・痛・痘・疲・病・癖・癒・瘍・痢・療

(甲) (篆)

癶 左右の足が開く形。出ていく足と関係があることを示す(⇒発)。部首としての呼び名は「はつがしら」。登

白 白色と関係があることを示す。部首としての呼び名は「しろへん(白偏)」。皐・皓・的

白 白色の白ではなく、「自」(鼻の形)の別体である。「自」は「それを起点として何かを始める」というイメージをもち、人の行為を示すための限定符号となる。皆・習／替

(篆)

皿 皿や物を盛る器と関係があることを示す。

付録

監・盡(=尽)・盛・盜・盤・盆・盟
目 目や視覚と関係があることを示す。部首としての呼び名は「めへん(目偏)」。叡・看・眼・瞬・盾・睡・省・相・眺・直・督・眉・瞥・冒・眸・睦・眠・盲・瞭／衆
矢 矢と関係があることを示す。部首としての呼び名は「やへん」。矯
石 岩石や鉱物と関係があることを示す。部首としての呼び名は「いしへん(石偏)」。確・岩・磯・研・硯・碁・硬・砂・砕・砦・砥・磁・硝・礁・礎・碓・砧・破・磐・碑・碧・砲・磨・硫・碗
示 祭壇や神と関係があることを示す。常用漢字では偏のときは「ネ」の形をとる。部首としての呼び名は「しめすへん(示偏)」。禍・祈・祉・社・祝・祥・神・禅・祖・禎・祷・祢・福・祐・礼／禁・祭・斎・禱・禰・祕(=秘)
禾 稲などの穀物と関係があることを示す。部首としての呼び名は「のぎへん(禾偏)」。移・穏・稼・穫・稀・稿・穀・私・種・秀・称・秤・穣・秦・稔・穂・税・積・租・稚・秩・程・稲・年・秒・稟・秏(=耗)・稜
穴 穴と関係があることを示す。部首としての呼び名は「あなかんむり(穴冠)」。窺・究・穹・窮・空・窟・窄・窃・穿・窓・窒・突・窯・窪
立 立つことと関係があることを示す。竣・靖・端
丘* 丘と関係があることを示す。虚
戉* まさかりと関係があることを示す(⇒越)。戚

6画

竹 竹や竹の製品などと関係があることを示す。部首としての呼び名は「たけかんむり(竹冠)」。箇・筈・竿・管・簡・箕・笈・策・笹・算・笙・篠・籍・節・箋・箱・第・簞・箸・笛・答・等・筒・箔・範・筆・符・簿・笠・簾・籠
米 米や穀物と関係があることを示す。部首としての呼び名は「こめへん(米偏)」。氣(=気)・糊・粥・粧・粋・精・粗・粟・糖・粘・粉・粒・糧／康
糸 糸や糸の製品と関係があることを示す。部首としての呼び名は「いとへん(糸偏)」。維・緯・縁・絵・緩・紀・綺・徽・級・糾・給・緊・経・継・系・繫・結・絢・絹・繭・絃・紅・紘・絞・綱・縞・紺・紗・細・索・纂・紙・紫・終・紬・繡・縦・縮・純・緒・紹・縄・織・紳・績・絶・線・繊・繕・組・素・総・綜・繰・続・綻・緻・紐・紬・締・綴・纏・統・納・縛・絆・繁・緋・紛・編・縫・紡・綿・網・籾・紋・約・絡・綾・緑・綸・累・練
缶 土器と関係があることを示す。部首としての呼び名は「ほとぎへん(缶偏)」。罐(=缶)・缺(=欠)
羊 ヒツジと関係があることを示す。部首としての呼び名は「ひつじへん(羊偏)」。義・群・羞・羨・美・羚
羽 鳥のはねや、飛ぶことと関係があることを示す。翁・翔・翠・翻・翌・翼
老 老人に関係があることを示す。「耂」の形をとることもある。部首としての呼び名は「おいかんむり(老冠)」または「おいがしら(老頭)」。考・壽(=寿)
耳 耳や聴覚と関係があることを示す。部首としての呼び名は「みみへん(耳偏)」。職・聲(=声)・聡・耽・聴・聞
聿 筆を立てて手に持つ形。筆と関係があることを示す。書
(甲) (金) (篆)
肉 肉や身体と関係があることを示す。楷書で偏になる時は「月」の形をとる。部首としての呼び名は「にくづき」。胃・育・胤・臆・肝・肌・脚・胸・脅・脇・筋・肩・股・胡・肯・肴・膏・散・肢・脂・膝・腫・脩・肖・脣(=唇)・腎・脊・腺・膳・臓・

胎・脱・胆・肘・脹・腸・胴・脳・背・肺・肥・膚・腹・胞・肪・膨・膜・脈・有・腰・肋・腕/腐

自 鼻と関係があることを示す。鼻

至 至ることと関係があることを示す。到

舛 「夂(ひきずる足の形)+㐄(夂の反転形)」を合わせて、ステップを踏む両足を表す。ダンスや両足の動作に関わることを示す限定符号になる。部首としての呼び名は「まいあし」。舜・舞

(篆)

舟 船と関係があることを示す。部首としての呼び名は「ふねへん(舟偏)」。楷書で「月」に変形したものもあり、「ふなづき」と呼ぶ。艦・舷・航・船・艁(=造)・舵・艇・舶/朕・服

色 色や色つやと関係があることを示す。艶

艸 屮(くさ)を二つ並べた形(⇒草)。草と関係があることを示す限定符号になる。楷書では「艹」「艹」の形をとるが、本書ではすべて「艹」に統一した。部首としての呼び名は「くさかんむり(草冠)」。萎・葦・蔭・芋・英・苑・薗・茄・芽・花・荷・華・葛・菓・芥・蓋・莞・菅・萱・葵・菊・蕎・芹・菌・菫・苦・薫・茎・芸・蕨・荒・藁・蓑・菜・芝・茨・蒔・萩・茸・蒐・菖・蒋・蕉・茸・蒸・芯・薪・茜・薦・蘇・草・荘・葬・蒼・藻・蔵・苔・茶・蓄・著・蔦・薙・荻・萄・董・芭・苺・薄・蕃・藩・苗・芙・葡・蕪・蔽・蒲・菩・芳・萌・蓬・茅・薶(=埋)・茉・蔓・茂・蒙・椛・薬・葉・蓉・蕾・落・藍・蘭・莉・菱・芦・蕗

虍 トラと関係があることを示す。「虎」の形をとることもある。部首としての呼び名は「とらがしら(虎頭)」。號(号)・處(処)・彪

(篆)

虫 広く「むし」の類と関係があることを示す。部首としての呼び名は「むしへん(虫偏)」。蝦・蟹・強・蛍・虹・蚕・蟬・蛇・蝶・蛮・風・蚊・蜂・蜜・螺・蠟

行 道や行くことと関係があることを示す。部首としての呼び名は「ぎょうがまえ(行構)」。衛・街・術・衝

衣 衣類と関係があることを示す。楷書で偏になるときは「衤」の形をとる。部首としての呼び名は「ころもへん(衣偏)」。襖・褐・裾・衿・襟・袈・袴・裟・袖・裳・被・複・補・裕・裸/裁・雑(=雜)・襲・製・装・袋・衷・表・褒・裏・裂

㫃* 旗の吹き流しを描いた図形。旗に関する意味領域に限定する符号になる。旗・施・旋・族・旅

(甲) (金) (篆)

光* 光と関係があることを示す。輝・耀

死* 死ぬことや死体と関係があることを示す。葬

7画

見 見ることと関係があることを示す。覚・観・視・親・覧

角 動物の角と関係があることを示す。部首としての呼び名は「つのへん(角偏)」。触

言 言葉や言語行為と関係があることを示す。部首としての呼び名は「ごんべん(言偏)」。謂・詠・謁・課・諧・該・記・誼・議・詰・許・謹・訓・計・謙・詣・警・訣・諺・誇・語・誤・護・講・詐・讃・詞・詩・試・誌・諮・識・謝・諏・詢・訟・証・詳・詔・譲・診・訊・誰・誠・誓・請・説・訴・詫・託・諾・誕・談・註・調・訂・諦・謄・読・認・評・訃・譜・辯(=弁)・訪・謀・謎・訳・諭・誘・誉・謡・諒・論・話

豆 たかつきと関係があることを示す。まめの意味領域を示すこともあるが、常用漢字・人名漢字にはない。豊

豕 ブタ、イノシシ、また、それに似た獣と

関係があることを示す。部首としての呼び名は「いのこへん(豕偏)」。豪・豬(=猪)・豚

(甲) (金)  (篆)

豸 獲物を狙って体を曲げた獣を描いた図形。獣と関係があることを示す限定符号になる。部首としての呼び名は「むじなへん(豸偏)」。豹・貓(=猫)・貌

(甲) (篆)

貝 貝や金銭・財貨と関係があることを示す。部首としての呼び名は「かいへん(貝偏)」。貨・賀・貫・貴・賢・貢・購・財・賛・資・賜・質・賞・賑・貰・責・贈・貸・貯・貼・賃・貪・貮(=弐)・買・賠・販・費・貧・負・賦・貿・賴(=頼)・賂・賄

走 走る動作と関係があることを示す。部首としての呼び名は「そうにょう(走繞)」。越・起・赳・趣・超・赴

足 足や足の動作と関係があることを示す限定符号になる。部首としての呼び名は「あしへん(足偏)」。距・跨・蹴・跡・蹟・践・踪・跳・蹄・踏・躍・踊・路

車 車と関係があることを示す。部首としての呼び名は「くるまへん(車偏)」。轄・較・軌・軍・軽・軒・載・軸・輯・陣・転・軟・輩・輔・輪・輿・輸

辛 刃物や辛いことと関係があることを示す。童・辣

辵 「彳(行の左半分)+止(足の形)」を合わせて、道を進む様子を表す図形。歩行や道と関係があることを示す限定符号になる。楷書では「辶」の形(旧漢字では⻌の形)をとる。部首としての呼び名は「しんにゅう(之繞)」または「しんにょう」。違・遺・逸・迂・運・遠・迦・過・還・迄・近・遇・迎・遣・這・込・遮・週・述・巡・遵・進・迅・遂・随・逝・選・遷・遡・送・遭・造・速・遜・退・逮・達・遅・逐・追・通・辻・逓・逞・適・辿・迭・途・逃・透・逗・道・遁・迫・避・辺・返・遍・逢・迷・遊・遥・遼・連／御・従・徒

(甲) (篆)

邑 村・町・都市や地名など、比較的大きな範囲の土地と関係があることを示す。楷書では「阝」の形をとる。部首としての呼び名は「おおざと」。「阝」が左側につく「こざと(阜)偏」に対する。郁・郭・祁・郡・郊・巷・邪・邸・鄭・都・那・部・邦・耶・郵・鄰(=隣)・郎

酉 酒壺・酒・発酵食品などと関係があることを示す。部首としての呼び名は「とりへん(酉偏)」または「ひよみのとり(日読みの酉)」。醫(=医)・醐・酵・酷・酢・酸・酌・酬・醤・醸・酔・醍・酎・酪

里 村里と関係があることを示す。部首としての呼び名は「さとへん(里偏)」。野

男* 男と関係があることを示す。甥

尾* しっぽと関係があることを示す。属

臼* 両手の形。両手の動作と関係があることを示す。農

(篆)

8画

金 金属や金属製品と関係があることを示す。部首としての呼び名は「かねへん(金偏)」。鋭・鉛・鍋・鎧・鑑・鋸・鏡・銀・鍵・錮・鉱・鋼・鎖・錯・鍬・銃・鐘・錠・針・錘・錐・錆・錫・釧・銑・銭・鍛・鋳・釣・鎮・釘・鉄・銅・鈍・鉢・釜・鋒・銘・鈴・錬・鎌

門 門と関係があることを示す。部首としての呼び名は「もんがまえ(門構)」。闇・閲・開・閣・関・閤・閏・閥・閉

阜 盛り土、段々、丘、山などに関わることを示す。楷書で偏になるときは「阝」の形をとる。部首としての呼び名は「こざとへん(阜偏)」。形の上では「阝(おおざと)」と

区別がつかないが、「こざとへん」は偏、「おおざと」は旁になる。阿・院・陰・隠・階・隔・陥・隅・隙・険・限・降・際・除・障・陣・阻・陀・隊・陳・陶・陪・阪・附・陛・防・陽・陸・隆・陵・隈

隹 尾が短く、丸みを帯びて、ずんぐりした鳥の形(⇒推)。鳥と関係があることを示す限定符号になる。部首としての呼び名は「ふるとり」。雅・雁・雇・雌・雀・隼・雛・難・奮・雄・離

雨 雨、気象、自然現象に関わることを示す。部首としての呼び名は「あめかんむり(雨冠)」。雲・霞・雫・需・震・雪・霜・電・霸(=覇)・雰・霧・雷・零・露 ▽霝(靈=霊)・屚(漏)

彖* 頭の大きなイノシシの形。イノシシやそれに似た動物と関係があることを示す。彙

(篆)

帛* 絹織物に関わることを示す。錦・緜(=綿)

(篆)

取* 取ることと関係があることを示す。最

舎* 宿舎や建物と関係があることを示す。舗

林* 並ぶ立ち木(林や森)と関係があることを示す。楚

9画

革 皮革と関係があることを示す。部首としての呼び名は「かわへん(革偏)」。鞍・鞠・靴・鞘・鞭・鞄

音 音と関係があることを示す。部首としての呼び名は「おとへん(音偏)」。韻・響

頁 人体の上に大きな頭を描き、頭部を強調した図形。頭部や人体と関係があることを示す限定符号になる。部首としての呼び名は「おおがい(大貝)」。額・頑・顔・願・類・頃・顕・顧・項・順・頌・碩・題・頂・顛・頭・頓・頗・煩・頒・頻・瀕・預・領

風 風と関係があることを示す。几はその略体。例・凰・颯

飛 飛ぶことと関係があることを示す。飜(=翻)

食 食べ物や食べる行為と関係があることを示す。偏になると「⻞」の形(例外は餌・餅、旧漢字は飠の形)をとる。部首としての呼び名は「しょくへん(食偏)」。飲・餓・館・飢・飼・餌・飯・餅・飽・餘(=余)/饗・養

香 香りと関係があることを示す。馨

思* 思いと関係があることを示す。慮

10画

馬 馬と関係があることを示す。部首としての呼び名は「うまへん(馬偏)」。駅・駕・騎・驚・驍・駆・駈・駒・験・駿・馴・騒・駄・馳・駐・騰・篤

骨 骨と関係があることを示す。部首としての呼び名は「ほねへん(骨偏)」。體(=体)

高 高い建物と関係があることを示す。臺(=台)・亭

髟 長(長い髪をなびかせる人の形)+彡(髪の毛の形)」を合わせた図形。髪と関係があることを示す限定符号になる。部首としての呼び名は「かみがしら(髪頭)」。髪

(篆)

鬥 二人が向き合って打ち合う形(⇒闘)。戦いと関係があることを示す。鬭(=闘)

鬼 霊魂や化け物と関係があることを示す。部首としての呼び名は「きにょう(鬼繞)」。魂・醜・魅・魔

珡* 琴の本字で、琴やそれと似た楽器にかかわることを示す。琴・琶・琵

能* クマと関係があることを示す。熊

11画

魚 魚と関係があることを示す。部首としての呼び名は「うおへん(魚偏)」。鰯・鯨・

付録

鱒・鯛・鮎・鯉・鱗

鳥 鳥と関係があることを示す。部首としての呼び名は「とりへん(鳥偏)」。鳶・鴨・鷗・鶴・鳩・鶏・鴻・鷲・鵜・鳳・鵬・鷹・鷺

鹵 塩田や塩地を描いた図形。塩やアルカリと関係があることを示す限定符号になる。鹽(=塩)

(篆)

鹿 シカと関係があることを示す。部首としての呼び名は「しかへん(鹿偏)」。麒・麟

麥 ムギの種類やムギの製品と関係があることを示す。部首としての呼び名は「ばくにょう(麦繞)」。麵

12画

黍 キビと関係があることを示す。黏(=粘)・黎

(篆) 

黑 黒いことや黒色と関係があることを示す。黨(=党)・黛・點(=点)

䖵* 昆虫と関係があることを示す。蠶(=蚕)・蟁(=蚊)・蠭(=蜂)

(甲)  (金)  (篆)

雈* フクロウと関係があることを示す。舊(=旧)

(篆) 

象* ゾウと関係があることを示す。豫(=予)

晶* 星と関係があることを示す。曐(=星)

13画

鼻 鼻と関係があることを示す。部首としての呼び名は「はなへん(鼻偏)」。齅(=嗅)

15画

齒 歯と関係があることを示す。部首としての呼び名は「はへん(歯偏)」。齡

●限定符号のない漢字一覧

亜・已・夷・畏・異・一・壱・允・因・印・員・寅・右・烏・云・永・曳・営・益・奄・炎・燕・於・王・凹・央・乙・下・化・果・夏・嘉・牙・我・会・回・亥・各・干・甘・侃・函・巻・乾・敢・韓・丸・危・其・奇・既・規・亀・器・吉・乞・却・虐・九・久・弓・臼・求・巨・去・凶・共・喬・京・享・協・郷・競・業・曲・局・禽・区・句・矩・兄・圭・契・稽・血・県・憲・元・幻・玄・彦・厳・己・戸・乎・古・虎・五・互・午・口・公・勾・孔・甲・亙・交・向・后・亨・幸・皇・興・衡・合・轟・克・告・谷・獄・今・叉・些・差・坐・才・再・歳・冊・三・山・之・士・子・巳・史・司・只・四・市・旨・糸・志・師・而・事・乱・爾・竺・七・失・且・者・卸・勺・尺・釈・爵・主・朱・首・受・竪・州・周・就・十・廿・重・粛・出・盾・准・女・小・升・少・笑・商・章・晶・嘗・上・丈・畳・心・申・臣・身・辰・真・森・人・刃・壬・甚・尋・須・彗・寸・是・世・正・成・西・聖・夕・赤・千・川・亘・尖・扇・閃・鮮・善・疎・疏・争・早・倉・曽・巣・爽・喪・叢・即・束・則・息・卒・率・尊・巽・太・戴・乃・大・台・丹・旦・単・短・筑・着・丑・中・丁・弔・兆・長・暢・弟・帝・鼎・天・典・兎・兜・土・刀・豆・東・套・同・匿・凸・屯・丼・内・凪・南・二・尼・匂・入・乳・寧・能・巴・配・売・博・八・比・皮・非・卑・毘・匹・必・疋・畢・百・不・夫・父・覆・勿・丙・平・並・蔑・甫・歩・戊・母・方・包・朋・報・亡・乏・卯・北・卜・本・凡・俣・末・磨・万・未・民・矛・無・免・面・匁・也・由・又・友・尤・釉・与・予・余・要・庸・来・乱・卵・吏・竜・隆・了・両・良・力・厘・令・六

部首索引

・部首と限定符号は一致するものもあるが概念が異なる。部首は漢字を配列するためにいくつかの漢字に共通する符号を立てたもの、限定符号とは漢字の造形法において意味領域を限定する符号である（限定符号解説参照）。違いは例えば、亠は部首であるが、限定符号ではない。甥の部首は生だが、限定符号は男である（ただし康煕字典の部首に男はない）。

・部首配列は康煕字典による。部首は旧字体。数え方と配列位置が違う部首は次の通り。

忄→心　扌→手　月（にくづき）→肉　氵→水　犭→犬　王→玉　ネ→示　耂→老　罒→网　ネ→衣　臣→6画　舛→6画　艹→艸　辶・辶→辵　阝（右）→邑　阝（左）→阜　飠→食

・同じ部首では画数順。小さな数字は部首を除いた画数。同画数では五十音順。

・*印は人名用漢字表（戸籍法別表）にある字。

・°印は字体の変化などで康煕字典の部首配当が不明または不当となったので、本書で独自に部首を配当したもの。

・国字の部首配当は康煕字典に倣う。

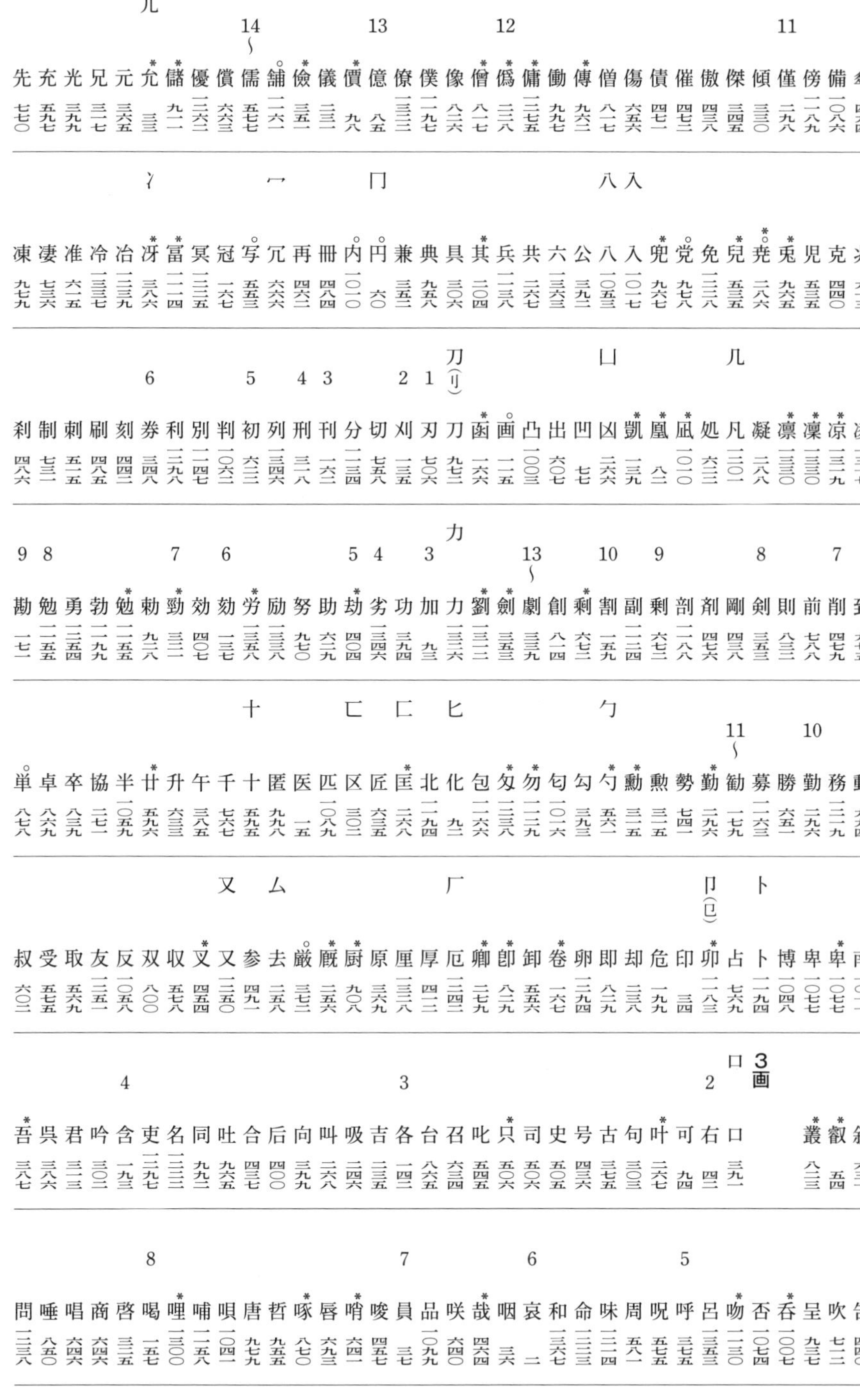

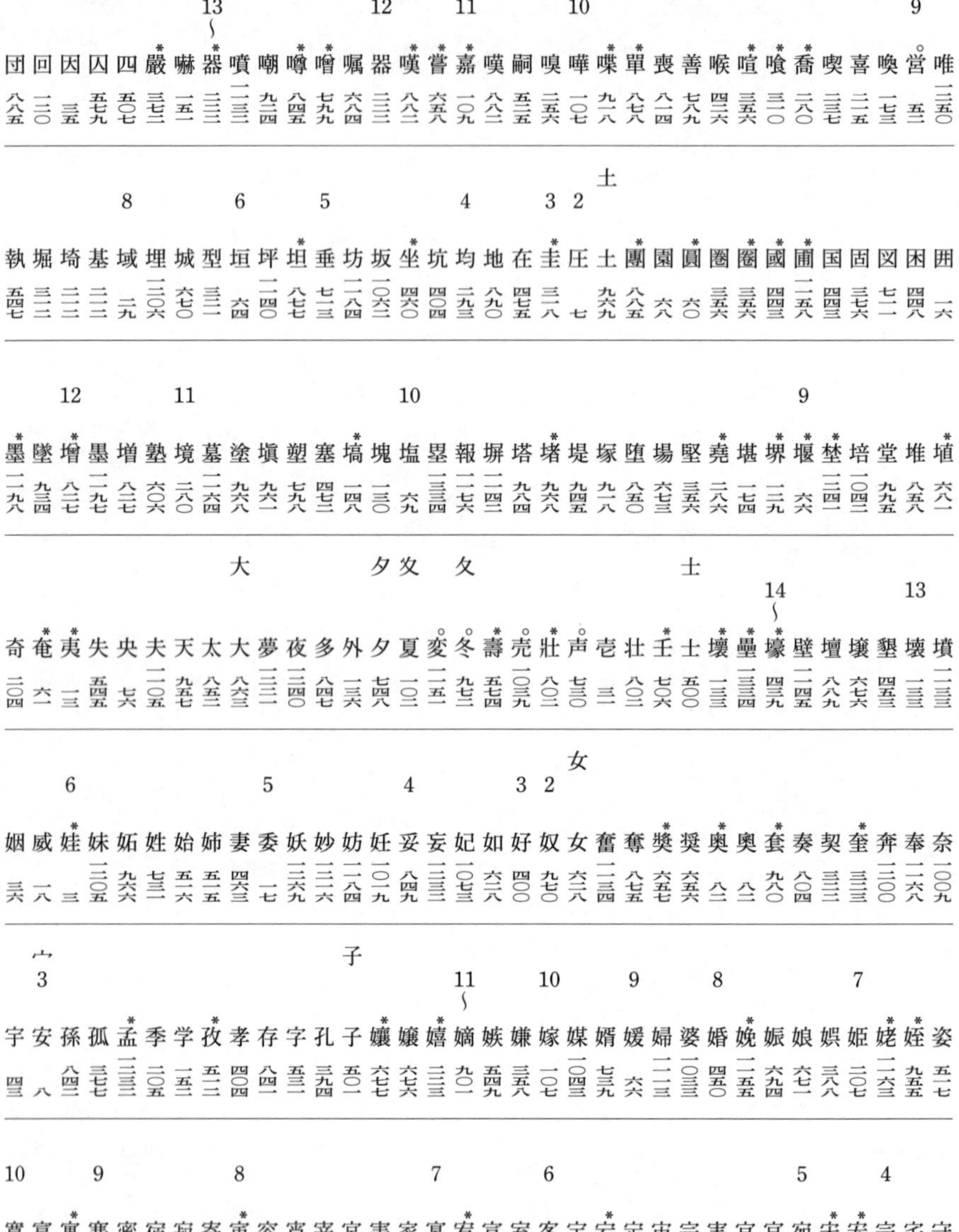

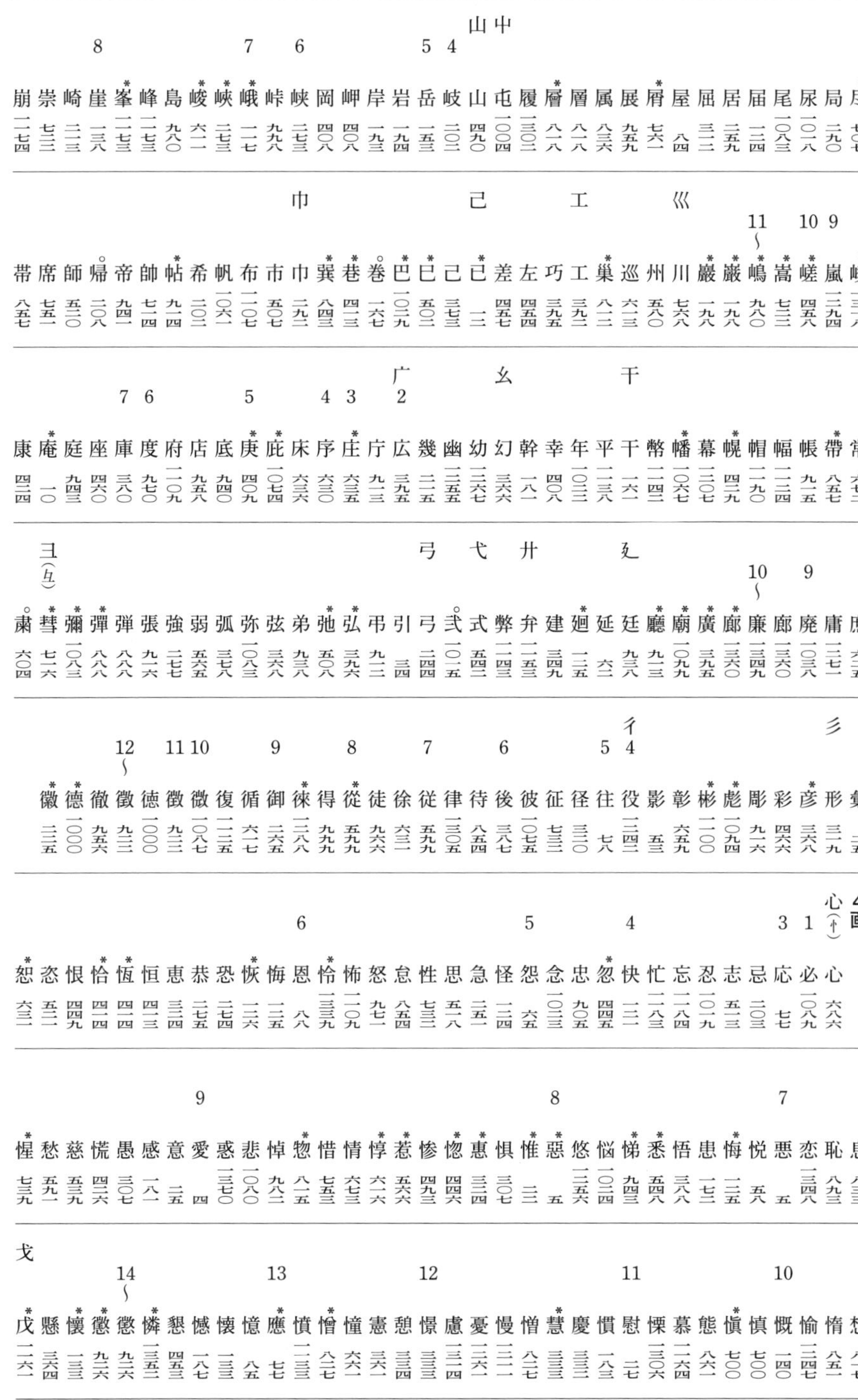

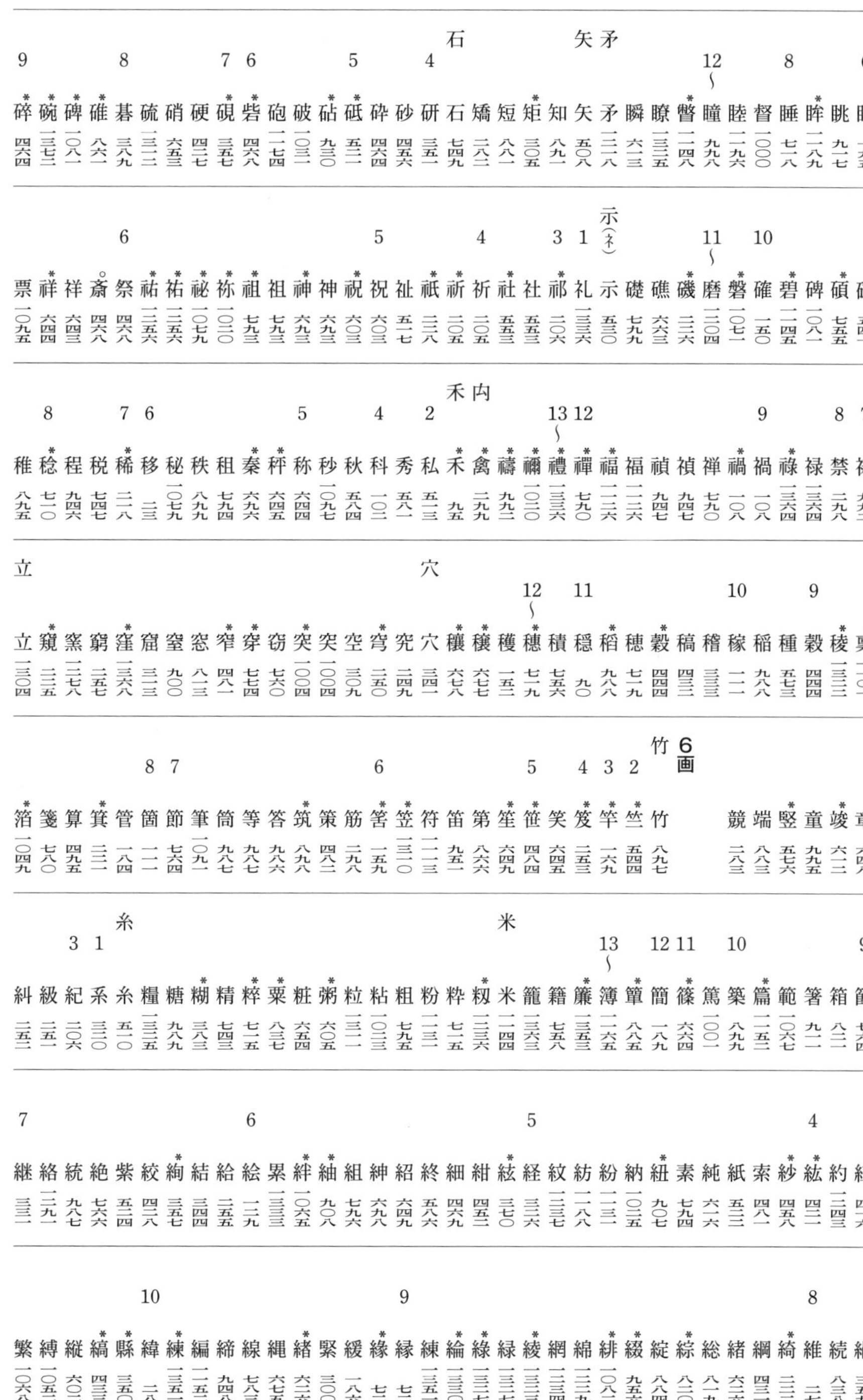

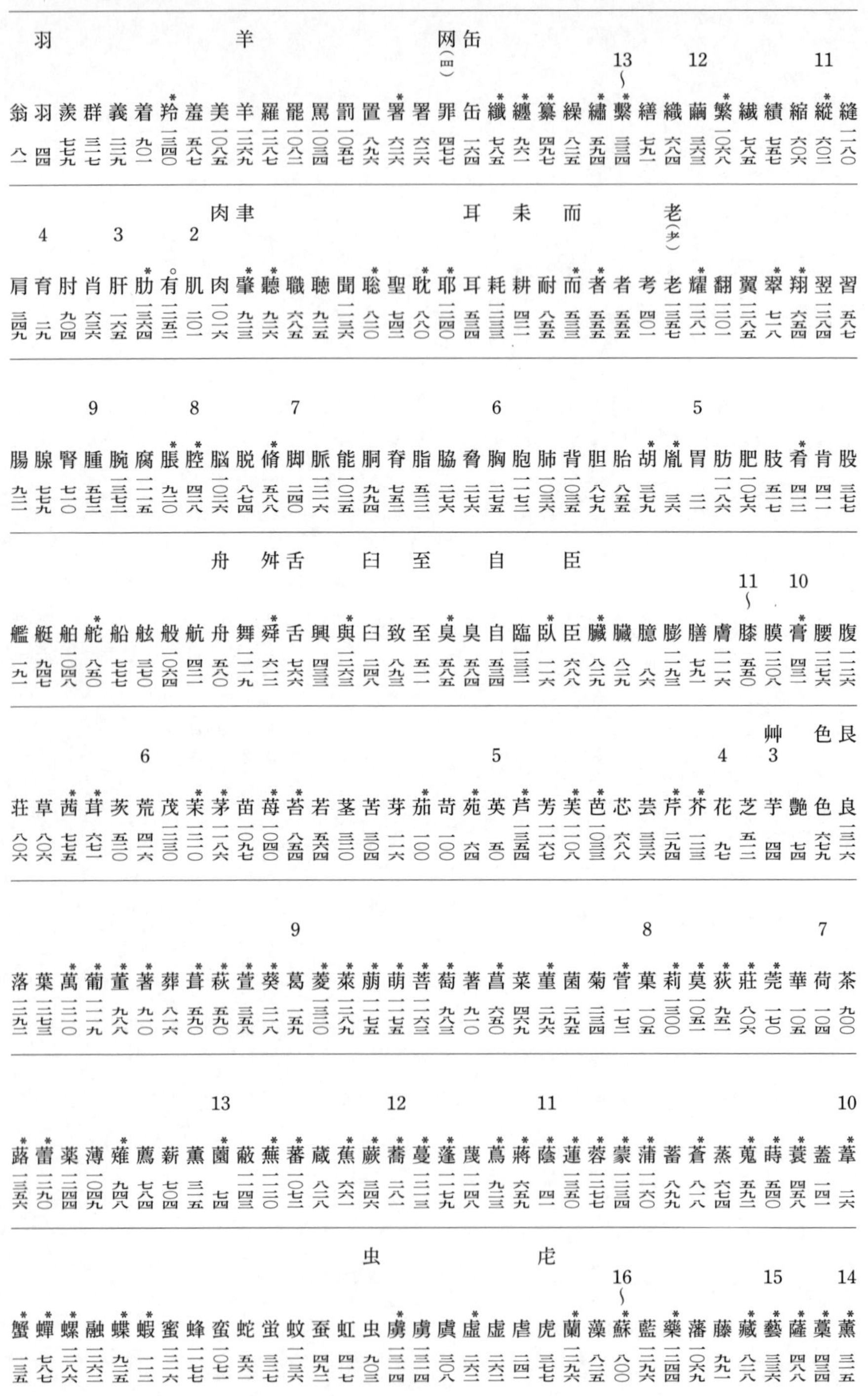

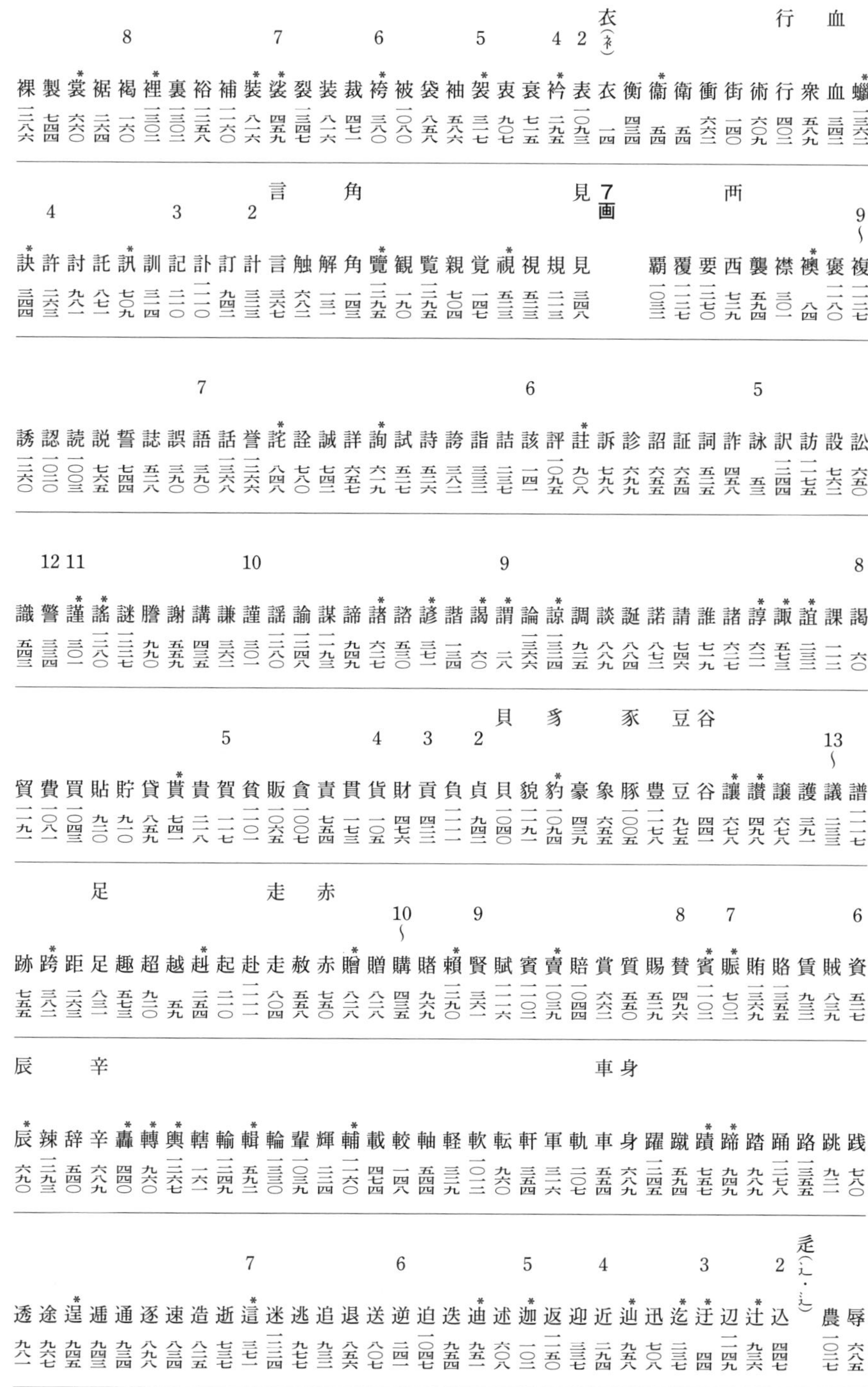

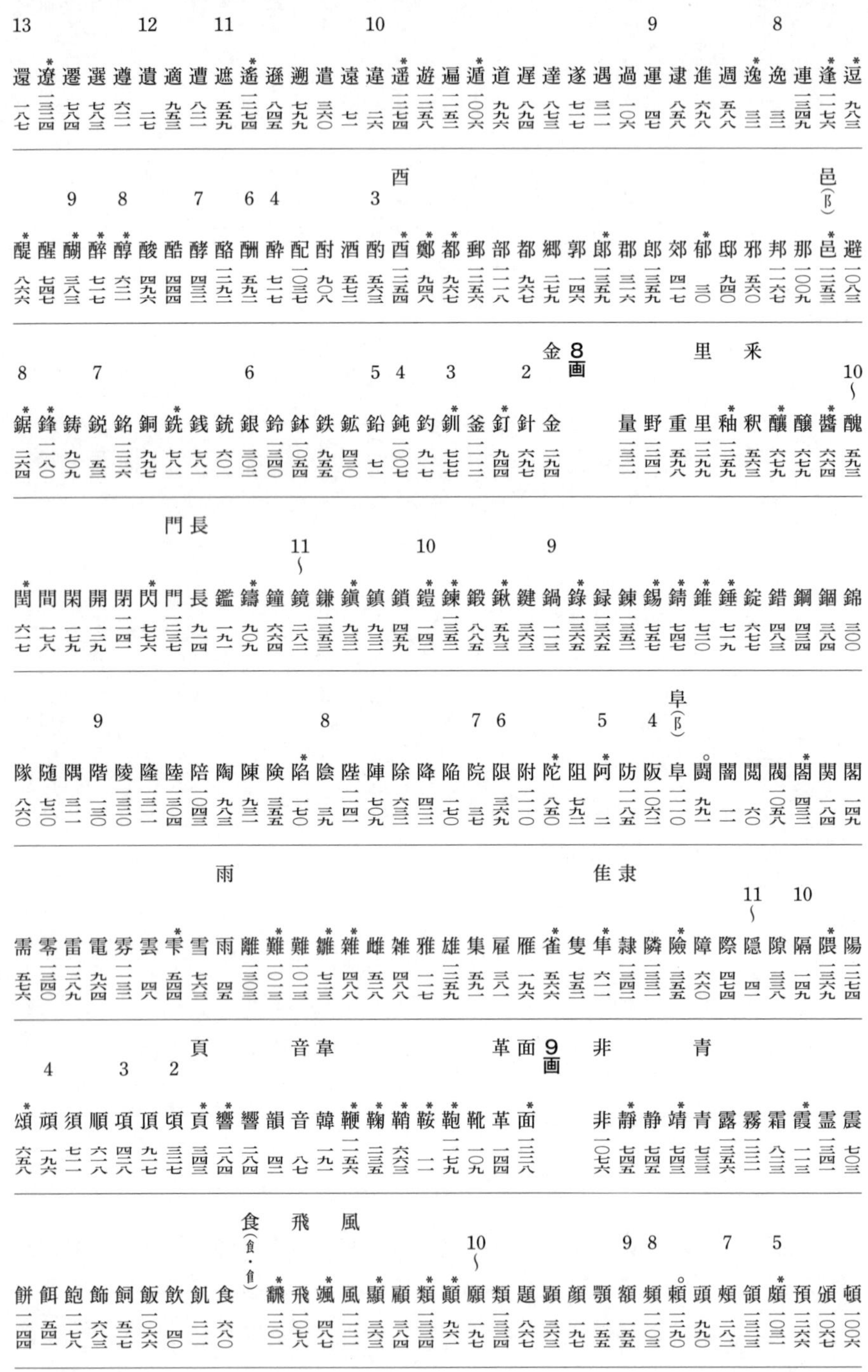

逗* 九八三
*逢 一一七六
連 一三四九
8
逸 三三
*逸 三三
週 五八八
進 六九八
逮 八五八
9
運 四七
過 一〇六
遇 三一一
遂 七一七
達 八七三
遅 八九四
道 九九六
*遁 一〇〇六
遍 一一五三
遊 一三五八
*遥 一三七四
10
違 二六
遠 七一
遣 三六〇
遡 七九九
遜 八四五
*遙 一三七四
11
遮 五五九
遭 八二一
適 九五三
12
遺 二七
遵 六二一
選 七八三
遷 七八四
*遼 一三三四
13
還 一八七

避 一〇八三
邑（阝）
*邑 一三五三
那 一〇〇九
邦 一一六七
邪 五六〇
邸 九四〇
*郁 三〇
郊 四一七
郎 一三五九
郡 三一六
*郞 一三五九
郭 一四六
郷 三七九
都 九六七
部 一一一八
郵 一三五六
*都 九六七
*鄭 九四八
酉
*酉 一三五四
3
酌 五六三
酒 五七二
酎 九〇八
配 一〇三七
4
酔 七一七
6
酬 五九二
酪 一三九二
7
酵 四三三
酷 四四四
酸 四九六
8
*醇 六二一
*醉 七一七
9
*醐 三八三
醒 七四七
*醍 八六六

10〜
醜 五九三
*醬 六六四
醸 六七九
*釀 六七九
采
釈 五六三
*釉 一三五九
里
里 一三九九
重 五九八
野 一三四一
量 一三三一
8画
金
金 三九四
2
針 六九七
*釘 九四四
3
釜 一二一二
*釧 七七七
釣 九一七
4
鈍 一〇〇七
5
鉛 七一
鉱 四三〇
鉄 九五五
鉢 一〇五四
鈴 一三四〇
6
銀 三〇二
銃 六〇一
銭 七八一
*銑 七八一
銅 九九七
銘 一三三六
7
鋭 五三
鋳 九〇九
*鋒 一一八〇
8
*鋸 三六四

錦 三〇〇
錮 三八四
鋼 四三四
錯 四八三
錠 六七七
*錘 七一九
*錐 七三〇
*錆 七四七
*錫 七五七
錬 一三五三
録 一三六五
*錄 一三六五
9
鍋 一一三
鍵 三六三
*鍬 五九三
鍛 八八五
*鍊 一三五三
10
*鎧 一四三
鎖 四五九
鎮 九三三
*鎭 九三三
鎌 一三五三
11〜
鏡 二八二
鐘 六六四
*鑄 九〇九
鑑 一九一
長
長 九一四
門
門 一三三七
*閃 七七六
閉 一二四一
開 一二九
閑 一七九
間 一七八
*閏 六一七

閣 一四九
関 一八四
*閤 四三三
閥 一〇五八
閲 六〇
闇 一一
°闘 九九一
阜（阝）
4
阜 一二一〇
阪 一〇六二
防 一二八五
5
*阿 二
阻 七九二
*陀 八五〇
附 一二一〇
6
限 三六九
7
院 三七
陥 一七〇
降 四三三
除 六三三
陣 七〇九
陛 一二四一
8
陰 三九
*陷 一七〇
険 三五五
陳 九三一
陶 九八三
陪 一〇四三
陸 一三〇四
隆 一三一一
陵 一三三〇
9
階 一三〇
隅 三一一
随 七三〇
隊 八六〇

陽 一二七四
*隈 一三六九
10
隔 一四九
隙 三三八
11〜
隠 四一
際 四七四
障 六六〇
*險 三五五
隣 一三三一
隶
隷 一三四二
隹
*隼 六二一
隻 七五二
*雀 五六六
雁 一九六
雇 三八一
集 五九一
雄 一三五九
雅 一一七
雑 四八八
雌 五二八
*雜 四八八
*雛 七三三
難 一〇一三
*難 一〇一三
離 一三〇三
雨
雨 四五
雪 七六三
*雫 五四四
雲 四八
雰 一一三三
電 九六四
雷 一二八九
零 一三四〇
需 五七六

震 七〇三
霊 一三四一
*霞 一一三
霜 八二三
霧 一三二一
露 一三五六
青
青 七三三
*靖 七四三
静 七四五
*靜 七四五
非
非 一〇七六
9画
面
*面 一三二八
革
革 一四四
靴 一〇九
*鞄 一一七九
*鞍 一一
*鞘 六六三
*鞠 三三五
*鞭 一二五六
韋
韓 一九一
音
音 八七
韻 四三
響 二八四
*響 二八四
頁
*頁 三四三
2
頃 三三七
頂 九一七
3
項 四二八
順 六一八
須 七二一
4
頑 一九六
*頌 六五八

頓 一〇〇六
頒 一〇六七
預 一三六六
5
*頗 一〇三一
領 一三三三
7
頬 二八二
頭 九九〇
8
°頼 一二九〇
頻 一一〇三
9
額 一五五
顎 一五五
顔 一九七
顕 三六三
題 八六七
類 一三三四
10〜
願 一九七
*顚 九六一
*類 一三三四
顧 三八四
*顯 三六三
風
風 一一二一
*颯 四八七
飛
飛 一〇七八
*飜 一三〇一
食（食・飠）
食 六八〇
飢 二一一
飲 四〇
飯 一〇六六
飼 五二七
飾 六八三
飽 一一七八
餌 五四一
餅 一一四四

音訓索引

・常用漢字と人名漢字を五十音順に配列。音はカタカナ、訓はひらがなで表示した。各項の順序は音読みの語は画数順（算用数字は総画数）、同画の場合は部首順、訓読みの語は常用訓を先に出し、それ以外は漢字の五十音順で出す。
・その音ないし訓が常用漢字表にない字には*印をつけた（イツ—*乙　あい—*間）。
・人名漢字には◦印をつけた（◦阿）。
・同音異義語は別立てとせず同じ読みでまとめた（あおい—青・葵）。

18 °藏 八二八　贈 八二八　19 臓 八二九　°贈　22 °臟 八二九
そうろう　候 四一八
そえる　添 九六〇　*副 一一二四
ソク　7 即 八二九　束 八三〇　足 八三一　9 促 八三二　則 八三二　°即 八二九　10 息 八三三　捉 八三三　速 八三四　11 側 八三四　12 測 八三五　13 塞 四七二　17 °燭 六八四
そぐ　*削 四七九　*殺 四八六
ゾク　9 俗 八三五　11 族 八三六　12 属 八三六　°粟 八三七　13 続 八三八　賊 八三九

そげる　*削 四七九　*殺 四八六
そこ　底 九四〇
そこなう　損 八四四　*害 一三七　*残 四九八　*賊 八三九
そこねる　損 八四四
そしる　*毀 三三〇　*刺 五一五　*非 一〇七六
そそぐ　注 九〇五　*濯 八七一
そそのかす　唆 四五七
そぞろ　*漫 一二一三
そだつ　育 二九
そだてる　育 二九
ソツ　8 卒 八三九　9 *帥 七一四　11 率 八四〇
そで　袖 五八六
そと　外 一三六

そなえる　供 二七一　備 一〇八六　*具 三〇六
そなわる　備 一〇八六　*具 三〇六
そねむ　*嫉 五四九　*妬 九六六
その　園 六八　°苑 六四　°薗 七四　°其 三〇四
そば　°蕎 二八一　*側 八三四　*傍 一一八九　*稜 一三三三
そばだてる　*側 八三四
そばめる　*側 八三四
そまる　染 七七三
そむく　背 一〇三五　*倍 一〇四〇
そむける　背 一〇三五
そめる　初 六三二　染 七七三

そもそも　*抑 一二八二
そよぐ　*戦 七七八
そら　空 三〇九
そらす　反 一〇五八
そる　反 一〇五八
それ　°其 三〇四　*夫 一一〇五
それがし　*某 一一八六
それる　*逸 三
そろう　°揃 七七
ソン　6 存 八四一　7 村 八四二　10 孫 八四三　12 尊 八四三　°巽 八四三　13 損 八四四　14 遜 八四五　15 °噂 八四五　16 °樽 八四五　23 °鱒 八四五
ゾン　6 存 八四一

た……

タ　4 太 八五二　5 他 八四七　6 多 八四七　7 汰 八四八　13 °詑 八四八
た　手 五六七　田 九六二　*誰 七一九
ダ　5 打 八四九　7 妥 八四九　8 °陀 八五〇　11 唾 八五〇　°舵 八五〇　蛇 五六一　12 堕 八五〇　惰 八五一　13 °楕 八五一　14 駄 八五一
タイ　3 大 八五三　4 太 八五二　代 八五四　5 台 八五五　7 体 八五二　対 八五三　8 °苔 八五四　9 待 八五四　怠 八五四　°殆 八五五　胎 八五五

耐 八五五　10 退 八五六　帯 八五七　泰 八五七　11 堆 八五八　°帯 八五七　袋 八五八　逮 八五八　12 替 八五九　貸 八五九　隊 八六〇　滞 八六〇　13 °碓 八六一　14 態 八六一　°滯 八六〇　16 *諦 九四九　°黛 八六二　17 戴 八六二
たい　°鯛 八六二
ダイ　2 °乃 八六三　3 大 八六三　4 内 一〇一〇　5 代 八六四　台 八六五　7 弟 九三八　11 第 八六六　12 *提 九四六　16 °醍 八六六　18 題 八六七
だいだい　°橙 九八九
たいら　平 一一三八　°夷 一三　°坦 八七七

たえ　*妙 一二三六
たえる　堪 一七四　絶 七六六　耐 八五五　*勝 六五一
たおす　倒 九七八
たおれる　倒 九七八
たか　高 四二三
たかい　高 四二三　°喬 二八〇　°尭 二八六　°昂 四一〇　°峻 六二一　°崇 七三三　°隆 一三二一
たがい　互 三八五
たがう　*違 二六　*回 一二〇　*爽 八二二
たがえる　*違 二六
たかどの　*閣 一四九

*楼 一三六一
たかまる　高 四二三
たかめる　高 四二三
たがやす　耕 四二二
たから　宝 一一六八　*財 四七六
たかる　*集 五九一
たき　滝 一三六一　°瀧 一三六一
たきぎ　薪 七〇四
タク　6 宅 八六七　°托 八六八　7 択 八六八　沢 八六九　8 卓 八六九　拓 八七〇　9 度 九七〇　10 °啄 八七〇　託 八七一　11 °琢 八七一　3 °琢 17　濯 八七一
たく　炊 七一四　°焚 一一三一
ダク

な…………

に…… ニ

10 勉 一二五五
○娩 一二五五
18 ○鞭 一二五六

ほ ホ ……

5 *布 一二〇七
7 ○歩 一二五七
○甫 一二五六
8 歩 一二五七
9 保 一二五七
10 哺 一二五八
○圃 一二五八
捕 一二五九
*浦 一二五九
*畝 一二五九
12 補 一二六〇
13 ○蒲 一二六〇
14 ○輔 一二六〇
15 舗 一二六一
ほ
火 九三
穂 七一九
帆 一〇六一
ボ
5 ○戊 一二六一
母 一二六一
7 ○牡 一二六二
9 ○姥 一二六三
12 募 一二六三
○菩 一二六三
13 墓 一二六四
14 慕 一二六四
模 一三三一
暮 一二六四
19 簿 一二六五
ホウ
4 方 一二六五
5 包 一二六六
7 芳 一二六七
邦 一二六七
8 奉 一二六八
宝 一二六八
抱 一二六九
放 一二七〇
○朋 一二七〇
法 一二七一
泡 一二七三
9 封 一二二〇
胞 一二七三
10 倣 一二七三
俸 一二七三
峰 一二七三
○峯 一二七三
砲 一二七四
11 崩 一二七四
○捧 一二七五
○萌 一二七五
○萠 一二七五
訪 一二七五
○逢 一二七六
12 報 一二七六
*棚 一二七七
13 蜂 一二七七
豊 一二七八
飽 一二七八
14 ○蓬 一二七九
○鞄 一二七九
○鳳 一二七九
15 褒 一二八〇
○鋒 一二八〇
16 縫 一二八〇
19 ○鵬 一二八一
ボウ
3 亡 一二八一
乏 一二八二
5 ○卯 一二八三
*矛 一三一八
6 妄 一三三三
忙 一二八三
7 坊 一二八四
妨 一二八四
忘 一二八四
防 一二八五
8 房 一二八五
肪 一二八六
○茅 一二八六
9 ○昴 一二八六
某 一二八六
冒 一二八七
10 剖 一二八八
紡 一二八八
11 望 一二八八
○眸 一二八九
○萌 一二七五
○萠 一二七五
12 傍 一二八九
帽 一二九〇
棒 一二九〇
貿 一二九一
14 貌 一二九一
15 暴 一二九二
16 膨 一二九三
謀 一二九三
ほうき ○彗 七一六
ほうむる 葬 八一六
ほうる 放 一二七〇
ほお 頬 三八二
*朴 一二九五
ほか 外 一三六
他 八四七
ほがらか 朗 一三五九
ホク 5 北 一二九四
ボク
2 ○卜 一二九四
4 木 一二九五
5 目 一三三五
6 朴 一二九五
8 牧 一二九六
13 睦 一二九六
14 僕 一二九七
墨 一二九七
15 ○墨
撲 一二九八
ほぐす *解 一三一
ほこ 矛 一三一八
ぼこ *凹 七七
ほこさき ○鋒 一二八〇
ほこる 誇 三八二
*伐 一〇五六
ほころびる 綻 八八四
ほし 星 七三五
ほしい 欲 一三八三
ほしいまま *恣 五三二
*縦 六〇二
ほす 干 一六一
*乾 一七一
ほそい 細 四六九
*繊 七八五
ほそる 細 四六九
ほたる 蛍 三一七
ホツ 9 発 一〇五四
ホッ 8 法 一二七一
ボツ 7 没 一二九八
9 勃 一二九九
ボッ 7 坊 一二八四
ほっする 欲 一三八三
ほど 程 九四六
ほどく *解 一三一
ほとけ 仏 一二三九
ほどける *解 一三一
ほどこす 施 五一九
ほとり *上 六六五
*頭 九九〇
*畔 一〇六四
*辺 一二四九
ほとんど *幾 二一五
○殆 八五五
ほね 骨 四四六
ほのお 炎 一六三
○焰 一六八
ほぼ *粗 七九五
*略 一三〇七
ほまれ 誉 一三六六
ほむら *炎 一六三
ほめる 褒 一二八〇
*賛 四九六
○讃 四九八
*賞 六六二
○頌 六五八
*美 一〇八五
*誉 一三六六
ほら 洞 九九三
ほり 堀 三一二
○壕 四三九
ほる 掘 三一三
彫 九一六
ほろびる 滅 一三一七
*亡 一二八一
ほろぼす 滅 一三一七
*喪 八一四
ホン
4 反 一〇五八
5 本 一二九九
8 奔 一三〇〇
9 *品 一〇九九
18 翻 一三〇一
21 ○飜 一三〇一
ボン
3 凡 一三〇一
9 盆 一三〇二
13 煩 一〇六六

ま マ ……

11 麻 一三〇三
15 摩 一三〇三
16 磨 一三〇四
21 魔 一三〇四
ま 間 一七八
真 六九五
目 一三三五
馬 一〇三三
マイ
6 毎 一三〇四
米 一二四四
7 ○毎 一三〇四
8 妹 一三〇五
枚 一三〇六
9 昧 一三〇六
10 埋 一三〇六
まい 舞 一二一九
まいない *賂 一三五五
*賄 一三六九
まいなう *賂 一三五五
*賄 一三六九
まいる 参 四九一
マイル ○哩 一三〇〇
まう 舞 一二一九
まえ 前 七八八
まが

やしろ *字 五三一 / 社 五五三
やすい 安 八 / *易 五五 / °靖 七四三 / *康 四二四 / *泰 八五七 / *寧 一〇二一 / *廉 一三四九
やすまる 休 二四五
やすむ 休 二四五 / *息 八三三
やすめる 休 二四五
やすらか 安 八 / *康 四二四 / °靖 七四三 / *寧 一〇二一
やせる 痩 八一五
やつ 八 一〇五三 / *奴 九七〇
やっこ *奴 九七〇
やっつ 八 一〇五三
やど 宿 六〇四

やとう 雇 三八一 / *賃 九三三 / °傭 一二七五
やどす 宿 六〇四
やどる 宿 六〇四 / *次 五三三 / *舎 五五四
やな °梁 一三一八
やなぎ 柳 一三〇八 / °楊 一三七六
やに *脂 五三三
やぶる 破 一〇三一 / *壊 一一三三 / *毀 二三〇 / *傷 六五六
やぶれる 破 一〇三一 / 敗 一〇三八 / *壊 一一三三 / *弊 一一四三
やま 山 四九〇
やまい 病 一〇九八 / *疾 五四七
やまと °倭 一三六八

やみ 闇 二
やむ 病 一〇九八 / °已 一三 / *休 二四五 / *止 五〇三 / *疾 五四七 / *息 八三三 / *罷 一〇八二
やめる 辞 五四〇 / *休 二四五 / *止 五〇三 / *廃 一〇三八 / *罷 一〇八二
やもめ *寡 一一〇
やや *良 一三一六
ややもすれば *動 九九四
やり °槍 八一八
やる *遣 三六〇
やわらか 柔 五九七 / 軟 一〇二三
やわらかい 柔 五九七 / 軟 一〇二三
やわらぐ 和 一三六七 / *諧 一三四 / °凱 一三九

ゆ……

ユ 5 由 一三四六 / 8 油 一三四六 / 9 °柚 一三四七 / 12 喩 一三四七 / 愉 一三四七 / 遊 一三五八 / 16 諭 一三四八 / 輸 一三四九 / 18 癒 一三四九
ゆ 湯 九八五
ゆあみ *浴 一三八三
ユイ 5 由 一三四六 / 11 唯 一三五〇 / 15 遺 二七
ユウ 2 *又 一三五〇 / 4 友 一三五一 / °尤 一三五一 / 5 右 四三 / 由 一三四六 / 6 有 一三五二 / 7 °佑 一三五三 / °邑 一三五三 / °酉 一三五四 / 8 °侑 一三五四 / *油 一三四六 / 9 勇 一三五四 / °宥 一三五五 / 幽 一三五五 / °祐 一三五六 / 10 °祐 一三五六 / 11 悠 一三五六 / 郵 一三五六 / 12 湧 一三五七 / 猶 一三五七 / 裕 一三五八 / 遊 一三五八 / 13 °釉 一三五九 / 雄 一三五九 / 14 °楢 一三六〇 / *熊 一三六〇 / 誘 一三六〇 / 15 憂 一三六一 / 16 融 一三六二 / 17 優 一三六二
ゆう 結 三四四 / 夕 七四八
ゆえ 故 三七八
ゆか 床 六三六
ゆかり *縁 七二
ゆき 雪 七六三
ゆく 行 四〇二 / 逝 七三七 / *往 七八 / °之 五〇〇 / *征 七三二 / *適 九五三

ゆさぶる 揺 一三七三
ゆず °柚 一三四七
ゆすぐ *濯 八七一
ゆすぶる 揺 一三七三
ゆする 揺 一三七三
ゆずる 譲 六七八 / *禅 七九〇 / *遜 八四五
ゆたか 豊 一一七八 / °穣 六七七 / *裕 一三五八
ゆだねる 委 一七
ゆばり *尿 一〇一八
ゆび 指 五一九
ゆびさす *指 五一九
ゆみ 弓 二四四
ゆめ 夢 一三三一 / *努 九七〇

ゆらぐ 揺 一三七三
ゆる 揺 一三七三
ゆるい 緩 一八六
ゆるぐ 揺 一三七三
ゆるす 許 二六三 / *赦 五五八 / °恕 六三一 / *縦 六〇二 / °宥 一三五五 / *容 一三七一
ゆるやか 緩 一八六 / *寛 一八〇
ゆるむ 緩 一八六
ゆるめる 緩 一八六
ゆれる 揺 一三七三
ゆわえる 結 三四四

よ……

ヨ 3 与 一三六三 / 4 予 一三六四 / 7 余 一三六五 / 13 誉 一三六六 / 預 一三六六 / 14 °與 一三六三 / 17 °輿 一三六七
よ 四 五〇七 / 世 七二六 / 代 八六四 / 夜 一三四〇
よい 酔 七一七 / 宵 六四二 / 善 七八九 / 良 一三一六 / *可 一九四 / *佳 九八 / °嘉 一〇九 / *宜 一三七 / *義 一三九 / °誼 一三三 / *吉 一三五 / *好 四〇〇 / *淑 六〇五 / *美 一〇八五 / *令 一三三五
ヨウ 5 幼 一三六七 / 用 一三六八 / 6 羊 一三六九 / 7 妖 一三六九 / 9 洋 一三七〇 / 要 一三七〇 / 10 容 一三七一 / 11 庸 一三七一 / 揚 一三七二 / 12 揺 一三七三

ら

り

12 琳° 一三三九
13 稟° 一一〇一
鈴 一三四〇
14 綸° 一三三〇
15 凜° 一三三〇
凛° 一三三〇
輪 一三三〇
16 隣 一三三一
18 臨 一三三一
24 鱗° 一三三二
麟° 一三三二

る

ル 10 流 一三〇八
留 一三〇九
14 瑠 一三三三

ルイ 10 涙 一三三三
11 淚° 一三三三
累 一三三三
12 塁 一三三四
18 壘° 一三三四
類 一三三四
19 類° 一三三四

れ

レイ 5 令 一三三五
礼 一三三六
7 伶° 一三三七
冷 一三三七
励 一三三八
戻 一三三八
8 例 一三三九
怜 一三三九
9 玲° 一三三九
11 羚° 一三四〇
13 鈴 一三四〇
零 一三四〇
15 霊 一三四一
黎° 一三四一
16 澪° 一三四二
隷 一三四二
17 嶺° 一三四二
齢 一三四三
18 禮° 一三三六
19 麗 一三四三

レキ 14 暦 一三四四
歴 一三四五
16 曆° 一三四四
歷° 一三四五

レツ 6 列 一三四六
劣 一三四六
10 烈 一三四七
12 裂 一三四七

レン 10 恋 一三四八
連 一三四九
13 廉 一三四九
煉° 一三五〇
蓮° 一三五〇
14 漣° 一三五一
練 一三五一
15 練° 一三五一
16 憐° 一三五二
17 錬 一三五二
鍊° 一三五二
18 鎌* 一三五三
19 簾° 一三五三

ろ

ロ 7 呂 一三五三
芦° 一三五四
8 炉 一三五四
13 賂 一三五五
路 一三五五
15 魯° 一三五五
16 蕗° 一三五六
19 櫓° 一三五七
21 露 一三五六
24 鷺° 一三五七

ロウ 6 老 一三五七
7 労 一三五八
弄 一三五八
9 郎 一三五九
10 朗 一三五九
浪 一三六〇
狼° 一三六〇
郎° 一三五九
11 朗° 一三五九
12 廊 一三六〇
13 廊° 一三六〇
楼 一三六一
滝* 一三六一
14 漏 一三六二
18 糧 一三三五
19 瀧° 一三六一
21 蠟° 一三六二
露 一三五六
22 籠 一三六三

ロク 4 六 一三六三
6 肋° 一三六四
11 陸* 一三〇四
鹿* 一三六四
祿° 一三六四
禄° 一三六四
14 緑 一三三七
16 録 一三六五
錄° 一三六五
19 麓 一三六五

ロン 15 論 一三六六

わ

ワ 8 和 一三六七
10 倭° 一三六八
13 話 一三六八
14 窪° 一三六八

わ 我 二四
輪 一三三〇
環* 一八九
吾° 三八七

ワイ 12 隈° 一三六九
13 賄 一三六九

わかい 若 五五四
少* 六三四

わかす 稚* 八九五
沸 一二一八

わかつ 分 一一三四
判* 一〇六二
班* 一〇六三
頒* 一〇六七
別 一二四七
弁* 一二五三

わかる 分 一一三四
解* 一三一
判* 一〇六二

わかれる 分 一一三四
別 一二四七
岐* 三〇二

わき 脇 三七六

わきばさむ 傍* 一一八九
挟* 二七三

わきまえる 弁* 一二五三

ワク 8 或° 一三七〇
12 惑 一三七〇

わく 沸 一二一八
湧 一三五七
枠 一三七一

わけ 訳 一三四四

わける 分 一一三四
班* 一〇六三
頒* 一〇六七
別* 一二四七

わざ 業 二八七
技 三二七
伎* 一九九
術* 六〇九
態* 八六一

わざおぎ 伎* 一九九

わざわい 災 四六二
禍* 一〇八

わずか 僅 二九八

わずらう 患 一七二
煩 一〇六六

わずらわす 煩 一〇六六
累* 一三三三

わすれる 忘 一一八四
遺* 二七

わた 綿 一二三九
腸* 九二一

わたくし 私 五一三

わたし 私 五一三

わたす 渡 九六八
度* 九七〇

わたる 渡 九六八
亙° 三九七
亘° 七七〇
済* 四六七
渉* 六四八
度* 九七〇
弥* 一〇八三

わびる 詫° 八四八

わめく 喚* 一七三

わら 稿* 四三二
藁° 四三四

わらう 笑 六四五
咲* 六四〇

わらび 蕨° 三四六

わらべ 童 九九五

わらわ 童* 九九五

わり 割 一五九

わる 割 一五九
破* 一〇三一

わるい 悪 五

われ 我 二四
吾° 三八七
台* 八六五
朕* 九三〇
予* 一三六四
余* 一三六五

われる 割 一五九
破* 一〇三一

ワン 12 椀° 一三七一
湾 一三七一
腕 一三七二
13 碗° 一三七二

総画索引

・常用漢字・人名漢字を総画数順に掲載。
・同画では音の五十音順に配列。

吒 五四五　失 五四五　且 五五二　写 五五三　主 五六七　囚 五七九　汁 五九六　出 六〇七　処 六二三　召 六三四　申 六八七　世 七一六　正 七一七　生 七一八　斥 七四八　石 七四九　仙 七六八　占 七六九　他 八四七　打 八四九　代 八六四　台 八六五　凧 八七三　旦 八七六　庁 九一三　汀 九三六　田 九六二　奴 九七〇　冬 九七二　凸 一〇〇三

丼 一〇〇八　尼 一〇一五　白 一〇四四　半 一〇五九　氾 一〇五九　犯 一〇六〇　皮 一〇七三　必 一〇八九　疋 一〇九〇　氷 一〇九二　付 一一〇六　布 一一〇七　払 一一二八　丙 一一三七　平 一一三八　皿 一一四四　辺 一一四九　弁 一一五三　戊 一一六一　母 一一六一　包 一一六六　卯 一一八三　北 一一九四　本 一一九九　末 一二〇八　未 一二一三　民 一二一七　矛 一二一八　目 一二三五　由 一二四六

幼 一二六七　用 一二六八　立 一三〇四　令 一三二五　礼 一三二六

6画

安 八　伊 一三　夷 一三　衣 一四　印 二四　因 二五　宇 四三　羽 四四　芋 四四　曳 四九　亦 五五　汚 七五　凹 七七　仮 九五　瓜 九六　会 一一九　回 一三〇　灰 一三一　亥 一三七　各 一四三　汗 一六三　缶 一六四　企 一九九　伎 一九九

危 一九九　机 二〇〇　気 二〇一　肌 二〇一　吉 二二五　休 二四五　吸 二四六　扱 二四七　朽 二四七　臼 二四八　共 二六七　匡 二六八　叫 二六八　仰 二八五　旭 二八九　曲 二八九　刑 三一八　圭 三一八　血 三四二　件 三四七　伍 三八六　亙 三九七　交 三九八　光 三九九　向 三九九　后 四〇〇　好 四〇〇　江 四〇一　考 四〇一　行 四〇二

合 四三七　再 四六二　在 四七五　弛 五〇八　旨 五〇九　此 五〇九　死 五一〇　糸 五一〇　至 五一一　芝 五一二　字 五三一　寺 五三二　次 五三二　而 五三三　耳 五三四　自 五三四　式 五四二　守 五六八　朱 五六九　收 五七九　州 五八〇　舟 五八〇　充 五九七　巡 六一三　旬 六一四　如 六二八　汝 六二九　匠 六三五　庄 六三五　丞 六六七

色 六七九　尽 七〇七　迅 七〇八　成 七三九　西 七三九　汐 七四九　舌 七六六　亘 七七〇　先 七七〇　尖 七七一　全 七八七　争 八〇一　壮 八〇二　早 八〇三　存 八四一　多 八四七　宅 八六七　托 八六八　団 八八五　地 八九〇　池 八九一　竹 八九七　仲 九〇三　虫 九〇三　兆 九一三　辻 九三六　伝 九六二　吐 九六五　当 九七三　灯 九七四

同 九九二　凪 一〇一〇　弐 一〇一五　肉 一〇一六　任 一〇一八　年 一〇三三　伐 一〇五六　帆 一〇六一　汎 一〇六一　妃 一〇七三　百 一〇九二　伏 一一三三　米 一一四四　忙 一一八三　朴 一一九五　毎 一二〇四　牟 一二一九　名 一二二三　妄 一二二三　有 一二五三　羊 一二六九　吏 一二九七　両 一三一五　列 一三四六　劣 一三四六　老 一三五七　肋 一三六四

7画

亜 一　位 一五

医 一五　囲 一六　壱 三一　迂 四四　応 七七　何 九七　伽 九七　花 九七　我 一二四　快 一三一　戒 一三二　改 一三三　芥 一三三　角 一四二　串 一六四　完 一六四　肝 一六五　含 一九二　岐 二〇二　希 二〇二　忌 二〇三　汽 二〇三　技 二一七　迄 二一七　却 二一八　求 二四八　汲 二四九　灸 二四九　究 二四九　杏 二六九

狂 二六九　局 二九〇　均 二九三　芹 二九四　近 二九四　吟 三〇二　玖 三〇四　君 三一三　形 三一九　系 三三〇　芸 三三六　迎 三三七　決 三四二　見 三四八　言 三六七　冴 三八六　呉 三八六　吾 三八七　亨 四〇三　劫 四〇四　坑 四〇四　孝 四〇四　宏 四〇五　抗 四〇五　攻 四〇五　更 四〇六　克 四四〇　告 四四〇　谷 四四一　困 四四八

佐 四五五　沙 四五五　坐 四六〇　災 四六二　材 四七六　作 四七八　杉 四九〇　伺 五一三　孜 五一三　志 五一三　私 五一三　似 五二五　児 五二五　社 五三五　車 五五四　灼 五六二　寿 五七四　秀 五八一　住 五九七　初 六二三　助 六二九　序 六三〇　床 六三六　抄 六三六　肖 六三六　条 六六七　杖 六六八　状 六六八　伸 六八八　芯 六八八

8画

9画

11画

12画

13画

14画

〔著者略歴〕 加納　喜光（かのう・よしみつ）
1940年　大阪府生
1971年　東京大学大学院人文科学研究科修士課程（中国哲学専攻）修了
1979年　茨城大学人文学部助教授
1985年　同　教授
2006年　同　定年退職　現在　同・名誉教授

主な著書
「詩経　上・下」（学習研究社、1982）「中国医学の誕生」（東京大学出版会、1987）「漢字の博物誌」（大修館書店、1992）「漢字の成立ち辞典」（東京堂出版、1998）
「学研新漢和大字典」（共編著、2005）「動物の漢字語源辞典」（東京堂出版、2007）「植物の漢字語源辞典」（東京堂出版、2009）「人名の語源辞典」（東京堂出版、2009）「常用漢字コアイメージ辞典」（中央公論新社、2012）

漢字語源語義辞典

ISBN978-4-490-10852-1　C3581

2014年9月20日　初版印刷
2014年9月30日　初版発行

著　者　加納喜光
発行者　小林悠一
印刷製本　東京リスマチック株式会社
発行所　株式会社東京堂出版
http://www.tokyodoshuppan.com/
〒101-0051　東京都千代田区神田神保町1-17
電話03-3233-3741　振替00130-7-270

英語索引

・漢字（漢語）の意味と対応する英語を載せる。
・英語は単語を原形で出し、熟語（二語以上から成るもの）は載せない。
・同じ綴りの異義語は………線で分けた。
・漢字が二字以上ある場合は五十音順に配列した。

F

S